国现代
林业建设实务

RY CONSTRUCTION
RACTICE

本书编委会 编

上

经济日报出版社

图书在版编目（CIP）数据

中国现代林业建设实务 / 《中国现代林业建设实务》编委会编. -- 北京 : 经济日报出版社, 2015.6
ISBN 978-7-80257-807-4

Ⅰ. ①中… Ⅱ. ①中… Ⅲ. ①林业经济－经济建设－中国 Ⅳ. ①F326.23

中国版本图书馆 CIP 数据核字(2015)第 096832 号

中国现代林业建设实务

主　　编	本书编委会编
责任编辑	胡子清
责任校对	董在仁
出版发行	经济日报出版社
地　　址	北京市西城区右安门内大街 65 号(邮政编码:100054)
电　　话	010-63567683（编辑部）63588445（发行部）
网　　址	www.edpbook.com.cn
E - mail	edpbook@126.com
经　　销	全国新华书店
印　　刷	北京神州伟业印务有限公司
开　　本	1/16
印　　张	98
字　　数	1500 千字
版　　次	2015 年 6 月第一版
印　　次	2015 年 6 月第一次印刷
书　　号	ISBN 978-7-80257-807-4
定　　价	979.00 元

《中国现代林业建设实务》
编　委　委　员

（以姓氏笔画为序）

刘　强	刘中义	刘吉仓	刘志清	刘志辉	刘建伟
刘建兵	刘建新	刘林业	刘炳华	刘得花	刘惠东
刘新军	刘新芳	刘德祥	吉　加	吕永钧	吕高翔
孙世才	孙玉山	孙立明	孙怀胜	朱　静	朱其增
朱宗能	次仁加布	次仁卓拉	次仁格力	毕连松	江贵恒
汲传成	色　结	许　明	许民伟	许春富	达　娃
达娃落桑	闫华元	何　超	何丙敬	何国万	何继恩
余祖德	冷建伟	吴永生	吴宗凯	吴海鹏	吴继荣
宋　俊	宋文慧	宋国军	宋孟欣	宋政梅	张　开
张　银	张　瑛	张　谦	张　耀	张万喜	张卫明
张中武	张巧兰	张建军	张建荣	张林珍	张金龙

张健前	张晓峰	张辉彬	张福元	张福军	张翠红
张豪杰	李　龙	李　剑	李　祥	李文铭	李永刚
李庆海	李自红	李　观	李运藏	李奉波	李承寿
李昌惠	李明忠	李明喜	李波娘	李绍辉	李英杰
李爱民	李继文	李铁生	李登福	杜月飞	杜进新
杜春林	杜惠文	杨　军	杨　青	杨　勇	杨　康
杨书忠	杨代长	杨玉玮	杨玉乾	杨官道	杨建秋
杨浩章	杨爱民	杨新文	汪志华	纽庆武	肖卫前
邱池美	邵胜宽	邵常水	阿旺登增	陆志旺	陈卫民
陈元飞	陈元飞	陈发智	陈立仁	陈光寿	陈志刚
陈来曲珍	陈武锋	周　帅	周　晖	周　强	周祥岩
周继才	孟吉金	孟庆安	孟增朝	官学军	宜春明
明　东	林义先	林世春	欧阳立东	武　丽	武文军

泽仁多吉	泽仁欧珠	罗炎生	罗祥毅	郑凤鸣	金明光
侯悦龙	姚永彬	姜天纯	姜兆忠	查菊山	柳振誉
柳钰明	洛松多吉	胡天新	胡平如	胡龙兴	胡志华
胡苏英	胡建和	胡爱良	胡景东	贺大吉	赵　东
赵秀英	赵国志	赵金其	赵春辉	赵德清	倪诗文
唐　忠	夏　谦	夏凤林	夏志强	夏理华	奚修志
姬志波	徐功元	徐克才	格桑巴珍	桑晓峰	益西次仁
索朗罗布	耿　倩	聂　虎	袁苏宁	郭永宏	郭光华
郭喜军	郭瑞权	顾　斌	高宏丽	常　峰	康　康
曹五生	曹兴林	梁　净	梁军兵	梁庆旭	梁作雄
梁学军	梁栓科	黄　珉	黄连如	黄烈忠	黄筑森
龚　伟	彭志明	彭景福	普布扎西	温光宝	程小源
程俊志	舒明玉	蒋建安	蒋明宽	蒋林奇	谢小虎

谢东黎　谢国勋　催海芮　蒙敏泽　詹顺龙　薛怀玉

雷以国　廖文荡　熊　军　魏文利　魏世峰

《中国现代林业建设实务》
编　审　人　员

（以姓氏笔画为序）

于　燕　王　峰　王　燕　朱　琳　李　佳　孙建国

金　瑞　杨克文　杨　军　郑　辉

前　言

随着中国可持续发展战略的推进，中国林业发展进入了快车道。当前，我国正处在全面建成小康社会和大力推进生态建设的关键时期，建设天蓝、地绿、水净的美好家园，创新绿色、低碳、环保的生活方式，已经成为增进民生福祉的重要内容。面对资源约束趋紧、环境污染严重、生态系统退化的严峻形势和不断增加的经济下行压力，必须加快转变发展方式，调整产业结构，实现绿色发展、循环发展、低碳发展。林业是生态建设的主体，肩负着建设森林生态系统、保护湿地生态系统、改善荒漠生态系统、维护生物多样性的重要职责，发展生态林业民生林业是建设良好生态环境的根本途径，责任十分重大而紧迫。

生态决定人类文明兴衰、生态就是生产力、生态就是民生福祉、改善生态任重道远、创新林业治理体系、充分调动各方面造林育林护林积极性、增强森林生态功能，要以保护和发展森林资源为中心，以科教兴林和依法治林为手段，全面实施以生态建设为主的林业发展战略，加速推进传统林业向现代林业转变，着力构建林业生产和产业体系，实施工程带动，深化体制改革，强化科技创新，加强科学管理，转变增长方式，大力提高林业发展的质量和效益，进一步提升生态产品、林产品、生态文化产品的供给能力，充分发挥生态、经济、社会效益，不断开发林业的多种功能，满足社会的多样化需求，努力把我国林业推向又快又好发展的新阶段，为促进人与自然和谐，建设社会主义新农村、构建社会主义和谐社会作出新贡献。为加强中国现代林业建设发展工作，系统反映我国林业建设发展的成就、经验及其发展动态，我们特组织了林业建设发展方面的专家、学者编写《中国现代林业建设实务》一书，将于近期出版。

本书详细介绍了现代林业的建设与开发，森林资源监督管理与可持续发展，林业政策法规与生态文明建设，林业经济及产业发展，同时收录了各地林业建设方面的生态建设方案、经验总结以及具体工作实施过程。内容翔实、覆盖面广、与时俱进、数字具体、资料权威，将理论与实践相结合，把科学性与实用性相融合，既有系统性，又有可读性，对推进现代林业建设发挥应有的作用，将成为全国林业工作人员全面了解现代林业发展的一部有益的参考书。

编　者

2015 年 3 月于北京

目 录

第一篇 现代林业概述

第二篇　当代中国的林业建设与开发

第三篇　森林资源与林业可持续发展

第四篇　林业政策与法规

第五篇　森林资源监督管理

第六篇　林业经济管理

第七篇　生态文明建设

第八篇　重点国有林区绿色转型发展

第一篇
现代林业概述

第一章　绪　论

第一节　概　述

一、现代林业的概念、内涵和主要特征

20 世纪七八十年代以来，随着生态危机的凸显，人们对传统林业经营思想和经营模式进行了反思，提出了生态林业概念，后又逐渐演化为可持续林业、现代林业。然而，到目前为止，现代林业这个概念，还未被人们真正认识和正确理解，业外人士往往错误将“现代林业”当做“现代化林业”。业内人士也有不少人将“现代林业”抽象化，使“现代林业”远离社会，脱离实际，严重影响了中国现代林业的建设。

（一）世界各国林业建设观念的转变

林业，顾名思义，指培育、保护、管理和利用森林的事业。一般认为，林业是大农业的组成部分，与农业中的种植业相似，区别在于其种植对象是木本植物。这种认识在 20 世纪以前的传统林业概念中还是具有代表性的，但随着人类文明的进步和社会经济的发展，林业的内涵和范畴已经发生了巨大的变化。古代的林业主要是开发利用原始林，以取得燃料、木材及其他林产品。中世纪以后，随着人口增加及森林资源渐次减少，局部地区出现缺林少材现象，人们开始关心森林的恢复和培育，保护森林和人工种植森林逐渐成为林业的经营内容。近代林业认识到森林资源，特别是木材的永续利用的必要性，要使开发利用森林和培育保护森林相对均衡，开始把林业经营放在比

较科学的基础之上。现代林业则正在逐渐摆脱单纯生产和经营木材的传统观念，重视森林的生态和社会效益，以多目的综合经营森林和高效率深度利用森林资源为其特征。

现在世界各国林业经营思想都发生了巨大变化，在具体的经营目标和重点上，虽然千差万别，但总体思路和发展方向基本一致，都在不断重视生态环境作用，兼顾生态与经济的协调。其中比较有代表意义的有奥地利的“森林经营新模式”，其目的是实现不破坏生态平衡的环境保护与经营；瑞典的“立地特点林业”，认为“合理林业可与小规模自然保护和景观并存”；德国的“正确林业”，采取“与健全的科学知识和经验证明的实践准则一致的经营方法，同时，保证林地的经济与生态生产率，从而实现物质与非物质机能的永续”；加拿大的“模式森林计划”，以森林生态经营思想为基本原则，大力倡导公众参与，积极引入科学技术和生态技术，持证经营，充分实现森林多种价值；修正的热带“近自然森林经营”，要求从整体出发，经营森林生态系统，以保证生态系统的生产率与稳定性；日本的“牵林·林业流域管理系统”，则从日本国情出发，把森林作为“绿色和水”的源泉，按照流域来进行经营管理。

林业不再只是一个经济部门，而是环境建设的主体，是人类社会健康和谐发展的基础产业——这已是大家的共识。

（二）“现代林业”的定义

国内较早的现代林业定义是：现代林业即在现代科学认识基础上，用现代技术装备武装和现代工艺方法生产及用现代科学方法管理的，可持续发展的林业。后来，这一概念进一步发展，定义为：现代林业是充分利用现代科学技术和手段，全社会广泛参与保护和培育森林资源，高效发挥森林的多种功能和多重价值，以满足人类日益增长的生态、经济和社会需求的林业。

前一个概念一连使用了四个“现代”，关于“林业”之前，就其观点的实质而言，不过是“现代化”“林业”的定义。后一个概念，具有较强的可操作性，其实，这个定义的实质并未超越可持续林业的范围。

林学自创立以来，各国对于林学、森林、林业的认识发生了很大变化；在深度和广度上都有了许多新的发展。林学经历了传统林学的各个阶段（从“大木头”林业到“永续利用”林业），向现代林学转变。“现代林学”成了以森林生态系统的营造、恢复、经营、管理为研究对象，以发挥森林生态系统的生态环境功能为核心，以全面发挥森林生态系统的多种效益和多种功能为目的的学科。对森林的认识也经历了由单株树木、树木群体到森林生态系统的转变。由于人们对森林和林学认识的变化，人们对林业的认识也发生了变化，从“木头”林业向“生态”林业转变，从“伐木”行业转变为以生态环境建设为中心，以全面发挥森林生态系统的生态、经济和社会功能作为林业建设的指导思想和目标，从而实现林业的可持续发展。

基于上述转变，以及当前生态危机和社会危机的日益突出，人们又认识到，“社会”与“生态”是一个复杂的复合大系统，人类活动必须遵守其竞争、共生、自生三大原则，实行“资源共享、适时协同、按需生产、和谐共荣”，实现“人地共荣”，社会－生态系统的竞争、共生和自生机制的完美结合，环境合理、经济高效、社会文明、系统健康地发展。

因此，现代林业可以归纳表述为“和谐林业”：充分利用现代科学技术和手段，研究并协调社会－生态系统中的社会关系和生态关系，实现社会高度文明，生物圈永久稳定和繁荣，人类共同幸福与进步。

只有通过科学高效的手段，协调人与人、人与自然之间的关系，使这些关系和谐协调，才能迅速克服日益突出的生态危机和社会危机。显然，这种定义克服了传统割裂“社会”与“生态”的观点的弊端，强调了“关系”的重要性；突出了“关系和谐与协调”在人类社会发展中的重要性。

现代林业是以可持续发展理论为指导，以生态环境建设为重点，以产业化发展为动力，以全社会共同参与为前提，推进全球交流与合作和新科技革命，实现林业资源；环境与产业协调发展，生态、经济和社会效益高度统一的林业。

（三）“现代林业”的内涵

基于上述分析，我们应该从以森林生态系统为经营对象，和谐地协调人与人（包括组织与组织、人与组织）、人与环境的关系（即竞争、共生、自生），以“人地共荣”为最高目标等几个方面来理解现代林业。

因此，现代林业的内涵可以理解为：以和谐发展理论为指导，以现代科学技术为手段，全社会参与社会－生态系统的研究与管理，协调人与人的社会关系和人与自然的生态关系，实现人与自然的和谐共荣。

显然，现代林业产业体系具有复杂系统所具有的网络性、多区域性、开放性、动态性、耗散性、作用过程多样性、多维数性、非线性等特性，我们应该运用整体复杂性研究方法、3d 方法（全社会共同参与系统诊断、参与方案设计、参与推广与实施），对现代林业进行研究，对人地系统进行模拟分析，寻求系统和谐发展的新途径。

1. 经营对象

现代林业的经营对象是森林生态系统。森林生态系统是陆地最大的生态系统，具有其他生态系统所具有的结构特征。当把森林生态系统作为经营对象时，必须尊重生态系统的自然规律，人类的经营活动不应超出其调节能力的阈值，以免造成生态失衡。就现代林业而言，就是要按照森林生态系统的演替规律，开展森林经营活动，通过各种措施，减少对于林地的养分耗损，增加林地养分补充，增加对系统的投人，建立新的高效的生态链，形成高级有序循环，促进林业系统向高级有序态进化。

2. 经营目标

现代林业的经营目标是森林利用达到“零废弃物”，实现“清洁生产”。实现林业“清洁生产”，就是通过改进森林资源经营利用手段，达到削减和控制 CO_2 排放，加强废弃物循环利用，少产生或不产生生产性垃圾和生活垃圾。通过对有限森林资源的节约和循环使用，创造健康有序的森林资源使用机制，实现和谐发展的循环性社会：①开发可再生能源利用新技术，如生物发电、低公害车、自然能源；②建立废弃物回收、再生、利用循环系统，确保环境卫生安全；③加大木质系列材料开发利用力度，提高木质系列产品生产效益；④培育人与自然友好相处的森林文化和生活文化氛围。

3. 经营原则

在目前矿物燃料日渐枯竭、人口压力加大和环境不断恶化的情况下，现代林业的经营原则应该坚持：①开发短轮伐期速生丰产林；②营造高产能源林，解决农村燃料短缺状况，加快“绿色能源”替代矿物能源的步伐；③促进区域社会能源自给化、多元化，最终达到区域社会“可持续”发展的战略；④有效利用荒山荒漠资源，提高土地利用率和生产力水平。

4. 经营之路

除了加强生态建设之外，就目前而言，我国的林业发展有必要解决以下几个问题：①加强行业建设。加强林业能力建设，逐步把我国的林业建设成大生态产业，实现林业的和谐发展。②加强林业意识建设。加强生态安全和生态关系知识宣传教育，强化领导的林业意识，提高全民对林业观念的认识，倡导清洁和勤俭的生活方式，合理分配资源，按需生产，实行清洁生产和节约生产。③加强林业行政能力建设。加强林业组织建设，提高林业行政能力；加强林业质量建设，提高林业工程质量；加强林业制度建设，完善林业法律法规体系和林业行政体制；加强林业工程同其他工程建设的联系，使它们有机结合，实现整体与局部同步健康发展。

二、城市林业的概念及内涵

“城市林业”一词自1965年加拿大Erik Jorgensen首次提出后，各国学者与组织从不同侧面、不同角度，对城市林业的概念进行了分析和探讨。比较有代表性的主要有以下几种。

Erik Jorgensen指出“城市林业并非仅指城市树木的管理，而是指对受城市居民影响和利用的整个地区所有树木的管理，这个地区包括服务于城市居民的水域和供游憩的地区，也包括行政上划为城市范围的地区”。美国林业工作者协会城市林业组于1972年为城市林业下的定义为“城市林业是林业的一个专门分支，是一门研究潜在的自然、社会和经济福利学的城市科学。目标是城市树木的栽培和管理，任务是综合设计城市树木和有关植物及培训市民，其范围包括城市水域、野生动物栖息地、户外娱乐场所、园林设计、地面污水再循环、树木管理和木质纤维的生产等”。

总结对城市林业的各种诠释；现代城市林业内涵至少体现四点思想内容：一是体现了服务城市，带动周边农林地区，取大林业、园林之所长，补其之所短，达到持续发展、共同进步；二是体现了市区；郊区及远郊区一体化绿化体系的指导思想；三是体现了有别于大林业和乡村林业的不同特点，特别是融合了园林、园艺的优势与长处；四是体现了大都市林业的典型性、示范性、生态性、服务性的特点。因此，城市林业作为现代林业的一个重要专门分支，是为城市生存和发展创造最佳状态的生态林业，是园林与林业融为一体的多功能林业，是城郊一体化、林园融一体的高效林业。它既是园林的扩大，又是林业的提高与升华。

三、数字林业的概念和内涵

数字林业属于数字地球的大背景下的数字行业范畴，是一项集地球科学、信息科学、计算机科学、空间对地观测、数字通信、林业资源、林业管理决策、森林保护及林业开发等众多学科的理论、技术于一体的专业科学体系，是由理论、技术和工程构成的三位一体的庞大的系统工程。该项研究工作在国内外尚属起步阶段，没有完整的研究范例，属于多学科的综合研究工作。

“数字林业”（digital forestry）目前较为公认的定义是用数字化技术，以自然规律为基础，以生态环境、森林经营可持续发展为目标，对林业所涉及的对象和全过程进行数字化和可视化的表达、设计、控制与管理等，它是对林业资源及其工程建设的静态、动态和分析决策等特征的统一的数字化表述与认识，以林业空间数据为依托，用宽带网络连接各分布式数据库，以虚拟现实技术为特征，具有三维显示和无边无缝多级分辨率浏览的开放系统。

数字林业的本质是把信息技术作为林业生产力的重要因素，使之参与到林业各个环节中并成为不可缺少的组成部分。通过计算机、地理空间、网络通讯、电子工程等高新科学技术与林业的融合，在数字水平上对林业生产、管理、经营、流通、服务及林业资源环境等领域进行数字化设计、可视化表达和智能化控制管理。

数字林业主要涉及的范畴为：①对林业各个方面（森林保护，营林、造林，森林防火，森林采伐，森林经营，木材运输、储存、销售等）、各种过程（生物的、环境的、经济的过程）全面实现数字化，并应用数字模型加以表达；②把各种数字化技术广泛地应用于林业；③在林业的各个部门（生产、科研、教育、管理、流通、服务等）全面地实现数字化与网络化管理。

第二节　中国林业

一、中国林业的发展阶段

中国是世界上的文明古国之一，五千年璀璨文化在其形成和发展过程中也伴随林业的兴衰。中国林业的发展大致分为以下几个阶段。

（一）狩猎林业阶段（公元前 475 年以前）

这一阶段包括原始社会和奴隶社会。远古时期，中国森林茂密，先民生活在森林中，衣食住行都离不开森林。《庄子》记载："古者禽兽多而人少，于是民皆巢居以避之，昼拾橡栗，暮栖木上"。进入到奴隶社会，农牧业有较大的发展，但人口密度低，生产力低下，人们仍然依赖森林的恩赐维持部落的生存，主要活动是狩猎、采集或原始的农业耕作，这一阶段的主要特点是森林共有，人口少，资源丰富。

（二）农耕林业阶段（公元前 475 ~ 公元 1949 年）

这一阶段包括封建社会和半殖民地半封建社会。从春秋开始，中国进入了农业社会，早期人们尚注意保护森林，把发展林业看成是发展农业和富国富民，衡量人心向背、国势盛衰的关键标志。例如，司马迁在《史记》中记载，秦始皇焚书坑儒也焚“种树之书”；《孟子》和《荀子》提出了“斧斤以时入山林”和“不夭其生，不绝其长”这些朴素的森林永续利用理论；西汉的《汜胜之书》和东汉的《四民月令》中有关于植树技术的详细记载；北魏《齐民要术》中有关于林农间作和林木轮伐的记述。但随着人口增加，社会对耕地的进一步需求，森林一度变成农牧业发展的主要障碍。人们大肆毁林开荒，如《阿房宫赋》有“蜀山兀，阿房出”的感叹。但在隋朝至元代，中国古代林业曾有很大的成就和创新，如宋代的《东坡杂记》和元代的《农桑辑要》、《王祯农书》，其中关于针叶树栽培技术的描述细致而完善，几乎与当今的育苗技术别无二致。唐宋时期的木工技术高度发展，木材用途更加扩展，应州木塔、汴京木拱桥、木雕板的雕版活字印刷、胶合板的雏形——襞叠板都闻名于世。封建社会的后期，由于朝廷的腐败、封建经济基础根深蒂固及外族侵略，中国林业遭受巨大损失，仅沙俄和日本就割占了7000万 hm_2 以上的原始森林。闭关锁国的大门被外国列强暴力打开后，西方国家发展林业的思想和林业科学技术也随之传入。如德国和日本的森林经营理念、森林抚育理念和技术相继引入中国，逐渐形成了中西交融的中国近代林业科学技术。一些省先后成立设有林科的高等农业学堂，1917年中国第一个林学学术团体“中华森林会”（后改名为中华林学会）诞生，以及1937年陈嵘《中国树木分类学》的出版，都对近代中国林业的发展产生了积极的影响。

（三）工业利用型林业阶段（1949～1992年）

中华人民共和国成立初期，全国的森林覆盖率仅为8.6%。为了医治战争创伤，恢复国民经济，新中国参照苏联的模式确定了以实现国家工业化为主要目标的初期发展模式。林业政策开始改变优先照顾农业的做法，高度重视林业对工业发展的贡献。林业以采伐森林、提供国家建设急需的木材为主要任务，把90%的森林资源当做用材林，以30～50年为一个经营周期，分别在东北的大小兴安岭、中南、福建和西南等地建立采伐基地，而森林的后续资源等问题没有被充分地考虑。直到1957年，国家意识到森林资源的有限性，开始强调对森林资源的恢复、保护和扩大。全国建立国有林场418处，营造 $3.4 \times 105hm^2$ 用材林和经济林。并开始在全国范围内营造以杉木、杨树、泡桐、落叶松、油茶、油桐和板栗等为主的速生丰产林。相关林业科学研究也蓬勃发展，先后成立了北京林学院、东北林学院、南京林业学院；在13所农学院内设立林学系，建立20所林业中等学校，完善了林业教育体系。

此时期的林业科学技术主要来自苏联。1966～1976年“文化大革命”期间，国民经济发展面临崩溃的边缘，林业也同样受到严重冲击，行政管理机构瘫痪，林业科学研究停滞，全国林地减少了超过 $6 \times 10^6 hm^2$。党的十一届三中全会以后，国家工作重点转移到现代化建设方面，林业发展也取得了重大进展，突出表现为：注重森林的多目标经营，提倡全社会办林业；大力开展山区综合开发；全面推进生态环境建设，提高林业中的科技含量。

（四）走向可持续发展林业阶段（1992 年至今）

1992 年在巴西里约热内卢召开联合国环境与发展大会以后，中国认识到作为发展中国家所面临的发展经济和保护环境的双重任务，强调经济发展必须与环境保护相协调，并把实现经济、社会、资源、环境的协调可持续发展作为国家发展的战略选择，先后制订了《中国 21 世纪议程》和《中国 21 世纪议程 · 林业行动计划》，提出实现森林可持续发展在社会、经济发展中不可替代的作用，确立了科教兴林战略，并逐步建立起比较完备的林业生态体系和比较发达的林业产业体系，随着中国六大林业重点工程（天然林资源保护工程、退耕还林工程、“三北”和长江中下游地区等重点防护林体系建设工程、京津风沙源治理工程、野生动植物保护及自然保护区建设工程、重点地区速生丰产用材林基地建设工程）的全面推进，中国林业走向了一个崭新的发展阶段。

二、中国林业资源现状

根据第七次全国森林资源清查（2004 ~ 2008 年）结果：全国森林面积 19545.22 万 hm^2，森林覆盖率 20.36%。活立木总蓄积 149.13 亿 m^3，森林蓄积 137.21 亿 m^3。除港、澳、台地区外，全国林地面积 30378.19 万 hm^2，森林面积 19333.00 万 hm^2，活立木总蓄积 145.54 亿 m^3，森林蓄积 133.63 亿 m^3。天然林面积 11969.25 万 hm^2，天然林蓄积 114.02 亿 m^3；人工林保存面积 6168.84 万 hm^2，人工林蓄积 19.61 亿 m^3，人工林面积居世界首位。

中国国土辽阔，森林资源少，森林覆盖率低，地区差异很大。全国绝大部分森林资源集中分布于东北、西南等边远山区和台湾山地及东南丘陵，而广大的西北地区森林资源贫乏。全国平均森林覆盖率为 12.0%，其中以台湾省为最高，达 70%。森林覆盖率超过 30% 的有福建（62.9%）、江西（60.5%）、浙江（60.5%）、黑龙江、湖南、吉林等 6 省，超过 20% 的有广东、辽宁、云南、广西、陕西、湖北等 6 省、区，超过 10% 的有贵州、安徽、四川、内蒙古等 4 省、区，其余各省、区多在 10% 以下，而新疆、青海不足 1%。

在第六次清查与第七次清查间隔的 5 年期间，中国森林资源变化有以下几个主要特点。

①森林面积蓄积持续增长，全国森林覆盖率稳步提高。森林面积净增2054.30万hm^2，全国森林覆盖率由18.21%提高到20.36%，上升了2.15个百分点。活立木总蓄积净增11.28亿m^3，森林蓄积净增11.23亿m^3。

②天然林面积蓄积明显增加，天然林保护工程区增幅明显。天然林面积净增393.05万hm^2，天然林蓄积净增6.76亿m^3。天然林保护工程区的天然林面积净增量比第六次清查多26.37%，天然林蓄积净增量是第六次清查的2.23倍。

③人工林面积蓄积快速增长，后备森林资源呈增加趋势。人工林面积净增843.11万hm^2，人工林蓄积净增4.47亿m^3。未成林造林地面积1046.18万hm^2，其中乔木树种面积637.01万hm^2，比第六次清查增加30.17%。

④林木蓄积生长量增幅较大，森林采伐逐步向人工林转移。林木蓄积年净生长量5.72亿m^3，年采伐消耗量3.79亿m^3，林木蓄积生长量继续大于消耗量，长消盈余进一步扩大。天然林采伐量下降，人工林采伐量上升，人工林采伐量占全国森林采伐量的39.44%，上升12.27个百分点。

⑤森林质量有所提高，森林生态功能不断增强。乔木林每公顷蓄积量增加1.15m^3，每公顷年均生长量增加0.30m^3，混交林比例上升9.17个百分点。有林地中公益林所占比例上升15.64个百分点，达到52.41%。随着森林总量的增加、森林结构的改善和质量的提高，森林生态功能进一步得到增强。中国林业科学研究院依据第七次全国森林资源清查结果和森林生态定位监测结果评估，全国森林植被总碳储量78.11亿t。我国森林生态系统每年涵养水源量4947.66亿m^3，年固土量70.35亿t，年保肥量3.64亿t，年吸收大气污染物量0.32亿t，年滞尘量50.01亿t。仅固碳释氧、涵养水源、保育土壤、净化大气环境、积累营养物质及保护生物多样性等6项生态服务功能年价值达10.01万亿元。

⑥个体经营面积比例明显上升，集体林权制度改革成效显现。有林地中个体经营的面积比例上升11.39个百分点，达到32.08%。个体经营的人工林、未成林造林地分别占全国的59.21%和68.51%。作为经营主体的农户已经成为我国林业建设的骨干力量。

第七次全国森林资源清查结果表明，我国森林资源进入了快速发展时期。重点林业工程建设稳步推进，森林资源总量持续增长，森林的多功能多效益逐步显现，木材等林产品、生态产品和生态文化产品的供给能力进一步增强，为发展现代林业、建设生态文明、推进科学发展奠定了坚实基础。

上述情况表明，以生态建设为主的林业发展战略已初见成效，林业发展后劲较大。但是，我国森林资源保护和发展仍面临一些不容忽视的问题，主要表现在以下几方面。

①森林资源总量不足。我国森林覆盖率只有全球平均水平的2/3，排在世界第139位。人均森林面积0.145hm^2，不足世界人均占有量的1/4；人均森林蓄积10.151m^3，只有世界人均占有量的1/7。全国乔木林生态功能指数0.54，生态功能好的仅占11.31%，生态脆弱状况没有根本扭转。生态问题依然是制约我国可持续发展最突出的问题之一，生态产品依然是当今社会最短缺的产品之一，生态差距依然是我国与发达国家之间最主要的差距之一。

②森林资源质量不高。乔木林每公顷蓄积量85.88 m^3，只有世界平均水平的78%，平均胸径仅13.3cm，人工乔木林每公顷蓄积量仅49.01m^3，龄组结构不尽合理，中幼龄林比例依然较大。森林可采资源少，木材供需矛盾加剧，森林资源的增长远不能满足经济社会发展对木材需求的增长。

③林地保护管理压力增加。清查间隔的5年内林地转为非林地的面积虽比第六次清查有所减少，但依然有831.73万hm^2，其中有林地转为非林地面积377.00万hm^2，征占用林地有所增加，局部地区乱垦滥占林地问题严重。

④营造林难度越来越大。我国现有宜林地质量好的仅占13%，质量差的占52%；全国宜林地60%分布在内蒙古和西北地区。今后全国森林覆盖率每提高1个百分点，都需要付出更大的代价。

我国的野生动植物资源十分丰富。全国约有脊椎动物5371种，占世界脊椎动物种类的10%。其中，兽类约500种，鸟类约1294种，爬行类约376种，两栖类约370种，鱼类约2831种。全国有3万多种植物，仅次于马来西亚和巴西，居世界第三位。但目前，有300多种陆栖脊椎动物、419种和13类野生动物濒临灭绝，特别是大熊猫、朱鹮、金丝猴、扬子鳄、虎、藏羚羊、兰科植物、红豆杉、苏铁等动植物种处于极度濒危状态。为保护这些濒危野生动植物，我国先后颁布了《国家重点保护野生动物名录》和《国家重点保护野生植物名录》，将398种野生动物，8类、246种野生植物确定为国家一、二级保护对象，予以重点保护。

我国自然保护区总数2349个（截至2005年），总面积1.5亿hm^2，约占陆地国土面积的14.99%，林业系统建立和管理的自然保护区1766个（截至2007年），总面积1.22亿hm^2，全国国家级自然保护区303个（截至2007年），其中林业系统建立和管理的213个，面积7583.6万hm^2。

在林业系统建立和管理的各类自然保护区中，野生动植物类型458个，森林生态系统类型544个，荒漠生态系统类型29个，湿地生态系统类型125个。目前，我国共有22处自然保护区加入联合国教科文组织“人与生物圈”保护区网络，21处被列入国际重要湿地名录，3处被列为世界自然遗产地，相当一部分自然保护区是全球生物多样性保护的重点地区。

三、中国林业发展的现状

对中国林业的现状进行估价，可以用两句话来概括：一是成就巨大；二是问题严重。

“十一五”期间，我国林业全面实施以生态建设为主的林业发展战略，推进传统林业向现代林业转变，逐步构建完善的林业生态体系、发达的林业产业体系和繁荣的生态文化体系，林业建设取得了显著成就。

（一）“传统林业”向“现代林业”转变

首先，造林绿化步伐加快，森林资源快速增长。5年来，全国完成造林面积3.78亿亩以上，全国参加义务植树者达21.8亿人次、植树近百亿株。全国森林面积达29.25亿亩，森林覆盖率达20.36%，我国成为森林资源增长最快的国家。

其次，我国克服了国际金融危机及重大自然灾害等不利因素影响，林业经济得到壮大。2010年全国林业总产值突破2万亿元，林产品进出口贸易额达到900亿美元，我国已跃升为世界林产品生产和贸易大国。

再次，林业改革大力推进，林区民生明显改善。集体林权制度改革全面推开，相关配套改革政策措施进一步完善。同时，完成了52.43万户国有林区棚户区和危旧房改造任务，成为新中国成立以来惠及林区人口最多的一项民生工程。

此外，生态文化理论体系和组织体系逐步完善，生态文明理念广泛普及。

（二）林业在很多方面实现了“突破”

5年来，林业在很多方面实现了“突破”。

对林业和生态建设的认识有了新的突破。党和国家对林业和生态建设有了新认识、新创新和新提升，提出了新时期林业的“四个地位”和“四大使命”，即林业在贯彻可持续发展战略中具有重要地位，在生态建设中具有首要地位，在西部大开发中具有基础地位，在应对气候变化中具有特殊地位；实现科学发展必须把发展林业作为重大举措，建设生态文明必须把发展林业作为首要任务，应对气候变化必须把发展林业作为战略选择，解决“三农”问题必须把发展林业作为重要途径。

集体林改实现了历史性突破，农民收入大幅增加。目前，全国已完成集体林地确权面积21.76亿亩，占总面积的79.5%；6779万农户拿到林权证，直接惠及近3亿农民。同时，林业支持保护、林业金融支撑、林木采伐管理、林权保护和流转及林业社会化服务体系建设也得到不断推进和完善。

生态建设取得新突破，提前两年实现2010年森林覆盖率达20%目标。我国造林绿化每年以7000万～8000万亩的速度推进。通过实施京津风沙源治理、“三北”防护林体系建设、退耕还林等林业重点工程，生态状况脆弱、生态区位重要的地区得到了集中治理，重点区域生态状况明显改善。以自然保护区为主体、湿地公园和湿地保护小区等多种方式并存的湿地保护体系逐步建成，生物多样性保护得到加强。

强林惠林政策体系建设取得重要突破，国家对林业的扶持力度前所未有。支持林业发展的公共财政制度、林业金融政策和林业税费政策进一步完善。政策性森林保险逐步施行，林权抵押贷款规模继续扩大；全国已有25个省区面向农户开展林权抵押贷款业务，贷款金额221.4亿元。

（三）现代林业为农民增收提供大舞台

我国山区多，对于广大山区农民来说，不仅要耕好“一分田”，更要经营好“八分山”。发展现代林业，为山区农民提供了就业、创业和增收的大舞台。从“十一五”发展经验来看，发展现代林业，能有效促进林业发展模式的优化、农业经济结构的调整和区域经济发展方式的转变，从而大幅度增加农民收入。当前，经济林产品的种植与采集业成为林业第一产业的亮点，以木、竹加工为主的林业第二产业主要产品产量持续增长，森林旅游业等战略性新兴产业成为林业第三产业新的增长点。

林业经济实现了由“砍伐森林树木”向“利用森林环境”转变。过去主要是利用木材的价值，靠“砍树”来实现，现在主要是利用森林的生态价值，靠“看树”来实现。从“砍树”到“看树”，看似只有一字之差，其实是使林业实现了从资源消耗型向资源节约型的根本转变。

农村经济实现了由“耕地为主”向“耕地林地并重”转变。过去农民主要是向18亿亩耕地要效益，现在通过集体林改，农民把27亿亩集体山林当做大舞台，通过精心经营林地、发展林下经济和森林旅游等多种经营，唱出了一幕幕“发家致富”的神奇剧目，成为加快农村经济社会发展的强大引擎。据对2550个林改县不完全统计，农民林业收入占人均年收入的20%以上，重点林区县超过60%，明显高于非林改县。

地方区域经济实现了由“传统发展”到“绿色发展”转变。绿色环保、可持续发展的林业产业不断壮大，正在成为不少地方农民增收的龙头产业。发展现代林业，有效地拓宽了农民就业、创业的渠道，极大地增加了农民的收入，整个农村社会的消费能力随之明显提高，为整个经济持续快速增长添加了强大动力。

（四）存在的问题

林业存在的问题，集中体现在生态恶化的局面并未从根本上改变，主要有三个方面。

①土地沙化。我国是世界上受沙化危害最严重的国家之一，全国共有八大沙漠、四大沙地，南方沿江、沿河、沿海地区也有零星沙地分布。多年来，我国采取了大量行之有效的措施植树造林，防沙止漠，延缓沙化扩展。但由于乱采滥挖、乱砍滥伐、滥用水资源等人为因素破坏，我国土地沙化仍呈不断扩展之势。20世纪五六十年代，沙化土地每年扩展1560 km^2，七八十年代，每年扩展2100 km^2；90年代，每年扩展2460 km^2；目前，每年扩展3460 km^2。强沙尘暴天气50年代发生5次，70年代发生13次，90年代发生23次，近几年来每年都发生10余次，沙尘暴发生的频率越来越高，范围越来越广，危害越来越大。

目前，全国沙化土地面积达到174.3万 km^2，占国土面积的18%，受沙化影响的人口达4亿多，由于沙化每年直接经济损失540多亿元。

②水土流失严重。全国水土流失总面积356万 km^2，占国土面积的1/3，每年流失土壤养分相当于4000万t标准化肥。目前，全国平均每年新增水土流失面积1万 km^2，每年流失土壤50亿t。20世纪50年代，长江流域的水土流失面积为36万 km^2，90年代已经上升到56万 km^2。西部地区的黄土高原水土流失尤为严重，每年输入黄河的16亿t泥沙中，约有80%来自这一地区。

③旱涝灾害严重。森林＋湿地的破坏，造成调节气候、调节径流和蓄水功能下降，导致旱情、涝灾加剧。我国20世纪50年代受旱农田1.2亿亩，90年代达到3.8亿亩。全国500多座城市有300多座缺水，40多座严重缺水。1972年黄河第一次断流，1985年以后连续出现断流，1997年断流时间达226天。全国因干旱每年损失2300亿元。在我国，洪涝灾害也十分严重，近50年来，每3年就发生一次大洪水，我国平均每年罹涝耕地面积1.5亿亩，成灾面积1.2亿亩，损失粮食100亿ks左右。由于泥沙淤积，黄河下游已成为地上悬河；长江的荆江河段河床已高出两岸8 m；全国8.2万座水库总库容被淤积1/3。

客观分析生态建设面临的严峻形势，其主要原因为：一是森林资源底子薄、总量不足、分布不均；二是人口、经济高速增长对森林资源造成巨大消耗；三是林业投入长期不足，税费较重；四是林业改革滞后，体制、机制不顺。根据对林业现状的分析，可以做出这样的基本判断：中国林业处在社会主义初级阶段的较低层次，森林资源增长缓慢与社会对林业日益增长的多种需求之间的矛盾成为现阶段林业的主要矛盾。生态需求成为社会对林业的主要需求，林业建设成为生态建设的首要任务。

四、中国林业展望

基于现状和国民经济发展要求，中国林业当前和今后一个时期工作的基本思路明确为：以邓小平理论和“三个代表”重要思想为指导，践行科学发展观，以“确立以生态建设为主的林业可持续发展道路，建立以森林植被为主体的国土生态安全体系，建设山川秀美的生态文明社会”为总纲，以保护和发展森林资源为中心，以科教兴林和依法治林为手段，按照“严管林、慎用钱、质为先”的要求，切实抓好六大工程建设，努力推进中国林业由以木材生产为主向以生态建设为主的历史性转变，跨越世界多数发展中国家都走过的边破坏边治理的漫长历程，直接进入可持续发展的新阶段。

中国林业建设的目标是：到2010年，使森林覆盖率达到20.3%，大江大河流域的水土流失和主要风沙区的沙漠化有所缓解，全国生态环境恶化的趋势得到初步遏制，林业产业结构趋于合理，全国适应入世后的国际竞争要求；到2020年，使森林覆盖率达到23.4%，重点地区的生态问题基本解决，全国的生态环境明显改善，林业产业实力显著增强，并具有较强的国际竞争力；到2050年，使森林覆盖率达到28%以上，基本实现山川秀美和木材自给自足，生态环境步入良性循环，林业经济发展水平跻身世界中等发达国家水平，建立比较完备的森林生态体系和比较发达的林业产业体系。

为了实现上述发展目标，国家对原有的17个工程项目进行了系统整合，形成了天然林资源保护、退耕还林、“三北”和长江中下游地区等重点防护林体系建设、京津风沙源治理、野生动植物保护及自然保护区建设、重点地区速生丰产用材林基地建设等六大林业重点工程。六大工程覆盖了我国97%以上的县，规划造林任务超过11亿亩，工程规划总投资7000多亿元，工程范围之广、规模之大、投资之巨为历史所罕见。特别是退耕还林工程、天然林资源保护工程，其投资超过了前苏联斯大林改造大自然计划、美国罗斯福工程和北非五国绿色坝工程，成为世界生态工程之最，在国内外具有巨大影响。

实现林业跨越式发展是我国现代化建设的战略任务，需要采取一系列重大政策措施。

1. 深化林业改革，解决林业建设的体制、机制问题

重点是以下几方面：一是继续深入推进林业分类经营改革。按照森林主导利用目的的不同，将林业区分为公益林业和商品林业两大类，分别采取不同的管理体制、经营机制、政策措施。公益林业作为社会公益事业，实行事业化管理，以政府投资为主，并吸收社会力量共同建设。商品林业作为基础产业，实行企业化管理，主要由市场配置资源调节其发展，政府给予必要的扶持，其林木采伐按市场需要尽量满足采伐限额。二是集体林权制度改革。2008 年 6 月 8 日中共中央国务院制定了关于全面推进集体林权制度改革的意见，明确提出了以明晰产权、勘界发证、放活经营权、保障收益权、落实责任为主要任务的集体林权制度改革。三是国有林权制度和国有林场改革。

2. 调整完善不适应的林业政策，理顺林业生产关系

一是完善林业投入政策。建立健全公共财政支持体系，逐步使公益林业建设和林业基础设施建设得到各级财政长期稳定的投入保证。二是制定商品林建设的信贷优惠政策。坚决调减林业税费中不合理的部分，包括育林基金和维简费，使务林者得其利，植树者受其益，形成有利于林业发展的良性机制。三是建立科学合理的林业管理政策。完善林木所有权和林木使用权的流转、承包、租赁、抵押、继承政策，增强林业活力。改进林木采伐管理，对人工林特别是工业原料林尽量满足采伐限额，做到管死一块，放活一块。

3. 放手发展非公有制林业

鼓励各种社会主体跨所有制、跨行业、跨地区投资林业。凡有能力的农户、城镇居民、科技人员、私营业主、外国投资者、企事业单位等，均可单独或合伙参与林业建设，从事植树造林，所造林木归投资者所有。建立健全有关法规，强化非公有制林业的法律地位。切实贯彻“谁造谁有谁受益、合造共有齐发展”的政策，使林业投资者的财产所有权真正落到实处。统一相关政策，包括投资政策、税收政策、经营利用政策等，促进各种经营主体的平等竞争。公有制林业，也要引入民营机制，降低经营成本，提高经营效率。

第三节　世界林业

一、世界林业大会

世界林业大会（World Forestry Congress）是1926年成立的国际林业工作者科学技术性会议，前身是1900年和1913年先后在法国巴黎举行的国际营林大会。1943年联合国粮食及农业组织（以下简称联合国粮农组织）在美国召开的一次国际会议上提出，世界林业大会作为联合国的一种特别组织，每6年定期召开一次。中国作为特邀代表于1954年参加在印度召开的第四届林业代表大会，在1972年的第七届大会上成为正式代表。1971年第七届世界林业大会确定每年3月21日为世界林业节，以引起各国充分重视保护森林资源，让森林为人类服务，促进社会经济发展。

机构宗旨：世界林业大会的主旨是针对全球生态的热点问题，开展广泛的国际交流与合作，协调各国政府对森林问题的认识。

世界林业大会始于1926年，至2003年已召开了12届，第十三届大会于2009年10月18日至10月25日在阿根廷布宜诺斯艾利斯召开。

二、世界森林资源的消长

随着工业化进程的加快和对森林资源需求的增加，全球森林已减少了一半。在过去的30年间，世界森林资源的消长大体有截然不同的两种趋势，即发展中国家的森林资源大幅度减少与森林生态环境的恶化；西方发达国家的森林资源缓慢增加与森林生态环境的改善。但发展中国家森林面积和蓄积下降的幅度远远超过发达国家森林资源的增加幅度，因此，世界森林资源总体上仍然大面积减少。根据联合国粮农组织2001年的报告，全球森林从1990年的39.6亿hm^2下降到2000年的38亿hm^2，全球每年消失的森林近千万公顷。1995年世界森林资源的总面积为34.5亿hm^2，森林覆盖率32.2%，分别较1980年减少了20.1%和5.3%，据该组织的估计，发展中国家近20年每年森林面积减少平均达150万hm^2，而与其相关的森林质量、森林的多种功能及生物多样性损失更是难以估量。

全球森林主要集中在南美、俄罗斯、中非和东南亚。这4个地区占有全世界60%的森林，其中尤其俄罗斯、巴西、印度尼西亚和民主刚果为最多，拥有全球约40%的森林，南美洲共拥有全球21%的森林和45%的热带森林。仅巴西一国就占有世界热带森林的30%，该国每年丧失的森林高达230万 hm^2。根据联合国粮农组织报告，巴西仅2000年就生产了1.03亿 m^3 的原木。俄罗斯2000年时有8.5亿 hm^2 森林，占全球总量的22%，占全世界温带森林的43%；俄罗斯20世纪90年代的森林面积保持稳定，几乎没有变化，2000年生产工业用原木1.05亿 m^3。中部非洲共拥有全球森林的8%，全球热带森林的16%。1999年森林总面积达3.3亿 hm^2。2000年森林面积3.11亿 hm^2，10年间年均减少190万 hm^2。东南亚拥有世界热带森林的10%，1990年森林面积为2.35亿 hm^2。2000年森林面积为2.12亿 hm^2，10年间同比均减少面积233万 hm^2。与世界其他地区相比，该地区森林资源消失速度更快。

森林面积减少受诸多因，素的影响，如人口增加，当地环境因素，政府发展农业开发土地的政策等，此外，森林火灾损失也不可低估，但是导致森林面积减少的最主要因素则是开发森林生产木材及林产品。由于消费国大量消耗木材及产品，全球森林面积的减少已成为一个国际性问题。发达国家是木材消耗量最大的群体，部分发展中国家对木材的消耗也不可忽视。非法砍伐森林是导致森林锐减的另一个重要的因素。据联合国粮农组织2002年报告，全球四大木材生产国（俄罗斯、巴西、印度尼西亚和民主刚果）所生产的木材有相当比例来自非法木材，努力使全世界森林资源达到消长平衡是世界各国林业工作者的共同目标。

三、当前世界林业热点问题

世界林业的发展史就是一部人类文明的发展史。原始林业支撑着以筑木为巢、钻木取火为基本特征的原始农业文明；传统林业以提供原材料、能源等方式哺养了近代工业文明；伴随着工业文明的扩展，对森林的破坏也达到了顶峰；森林面积的减少，生物物种加速灭绝、荒漠化的推进、水土流失的加剧、厄尔尼诺现象的形成，使整个生态环境质量急剧恶化。如何开展森林可持续经营、保护生物多样性、建设生态文明社会，如何发挥林业在应对全球气候变暖及化石能源逐渐枯竭中的重要作用，已成为当今林业热点问题，引起了国际组织、各国政府及社会公众的广泛关注并为之付出努力。

（一）森林覆盖减少与森林可持续经营

历史上地球森林总面积曾达76亿 hm^2，19世纪减少到55亿 hm^2，1950

年减少到43.2亿hm^2，根据《2005年全球森林资源评估报告》，2005年全球森林面积为39.52亿hm^2，2000～2005年全球年均净减少森林面积730万亿hm^2。工业化国家的森林覆盖呈增加趋势，而发展中国家森林面积总体上仍在减少。森林的破坏不仅造成巨大的直接损失，而且还产生严重的环境恶果，如洪水泛滥频繁、水土流失严重、土地沙化进程加快、温室效应更加明显、生物物种锐减等。

一些国际组织从1980年起就开始讨论并制定热带森林可持续经营的有关准则。到90年代，研究人员侧重于对林业的可持续发展和森林可持续经营的概念、目标和哲学基础进行探讨。1992年联合国环境与发展大会上产生的《关于森林问题的原则声明》阐明“森林资源和林地应以可持续的方式经营，以满足这一代人和子孙后代在社会、经济、生态、文化和精神方面的需要”，确立了森林可持续经营思想在森林经营中的主导地位。环境与发展大会后，实现森林可持续经营作为林业发展方向，得到了国际社会的广泛认同。世界各国，特别是林业发达国家，将实施森林可持续经营纳入国家林业中长期发展规划，并在林业建设中贯彻实施，取得了重要进展。

森林可持续经营的实现受多方面因素影响，如政策、技术、市场及其他方面。由于政策决定着经营者对森林资源经营的权力，调节着森林资源经营者的利益分配、进而影响着人们对森林资源的利用方式和程度，因此，政策在森林可持续经营实践中起重要作用。要实施可持续发展战略，就要求对发展的过程进行评价。森林到底应该持续什么，如何来评价和评估森林的可持续经营？森林可持续经营的标准和指标从技术层面回答了这一问题。森林认证是通过独立的第三方对某一森林经营单位或区域的森林进行可持续经营的总体评价，以验证该单位或区域的森林经营是否良好，是否符合可持续发展原则和标准的要求，并颁发证书的过程，它是森林可持续经营有效的市场手段。其他影响因素如山区综合开发、非木质林产品开发利用、林业传统知识的利用等促使当地林农脱贫致富，为森林可持续经营提供有利条件。目前，森林可持续经营标准和指标的国际进程有9个，即热带木材组织进程、蒙特利尔进程、赫尔辛基进程（也称泛欧进程）、塔拉波托（Tarapotc）倡议、非洲干旱地区进程、莱帕塔瑞克（Lepaterique）进程（也称中美洲进程）、近东进程、非洲木材组织进程、亚洲干旱森林进程。这几大进程标准和指标在内容、目标和方法上都比较相似，一般都包括森林资源和全球碳循环，森林生态系统的健康和活力，森林生态系统的生物多样性，森林的生产功能、保护功能、社会经济功能和条件、机构、政策及法律框架。但它们在侧重点和适用范围上有所不周。到 2004 年，世界上有近 150 个国家参与了标准与指标的国际进程。

世界上影响较大的森林认证体系主要有 4 个，森林管理委员会体系（FSC）、森林认证认可计划（PEFC）、可持续林业倡议体系（SFI）和加拿大标准化协会体系（CSA）。其中 FSC 认证是目前全球最具影响力的森林认证体系。FSC 制定了 10 个原则和 56 个标准来衡量森林经营单位是否实现了良好经营，如果能较好地满足这些标准，就可以获得 FSC 颁发的认证证书，并有权在其木材产品上使用 FSC 全球统一的特有商标。FSC 森林认证有两种：FSC：FM 森林管理认证和 FSC：COC 连锁管理认证。FSC：FM 认证适于所有的森林，包括天然林、人工林及用于保护生态环境的生态林，也适用于各种所有制形式，例如，私有林、国有林、社区所有林、公私合营林和少数民族所有林等。FSC：COC 认证主要适用于直接或间接以木材为原料的加工企业。FSC：COC 认证的基本要求是其使用的原料直接或间接来自管理良好的森林，即已经获得 FSC：FM 认证的森林。据森林管理委员会国际总部统计，截至 2006 年 12 月 21 日，全世界共有 76 个国家的 875 处的森林通过认证，认证面积达 842.9149 万 hm^2。全世界共有 5400 处森林通过 COC 认证，位居前 3 名的是美国、英国和德国。我国的森林认证工作也已开展。国家林业局于 2001 年 7 月成立了中国森林认证工作领导小组，以协调建立中国森林认证标准指标体系，制定森林认证政策，研究森林认证机构的设立和运作等。2002 年 2 月，浙江省国营昌化林场在我国率先通过 FSC 森林认证。2004 年 11 月，黑龙江省的友好林业局和吉林省的白河林业局也进行了 FSC 认证主评估，认证面积分别为 24 万 hm^2 和 18 万 hm^2，使我国也一跃成为亚洲获得 FSC 认证森林面积最大的国家。北京八达岭林场也通过 FSC 森林经营认证工作组审核，成为我国首家通过 FSC 国际森林经营认证的生态林区。2007 年 7 月，海南金华林业有限公司工业原料林通过雨林联盟 FSC 预认证。

（二）物种灭绝加速与生物多样性保护

地球历史上出现过五次由自然原因造成的生物大灭绝。在人类作为猎人、食物采集者和耕种者之后，特别是近 400 年里，先进技术和人口数量的增多，使生物栖息地遭到严重的破坏，造成大量物种的灭绝。当前大量的生物灭绝是第六次，灭绝速率远远超过了前五次。生物资源是人类赖以生存的基础，保护生物多样性就是保护人类自己。在联合国的推动下，世界自然保护联盟（IUCN）起草了生物多样性公约，1992 年 6 月 5 日，包括我国在内的 150 多个国家在巴西里约热内卢召开的联合国环境与发展大会上签署了这份文件。

生物多样性保护在全世界开展起来。

何谓生物多样性，不同的学者定义不同；蒋志刚等于1997年在《保护生物学》一书中给生物多样性所下的定义为："生物多样性是生物及其环境形成的生态复合体及与此相关的各种生态过程的综合，包括动物、植物、微生物和它们所拥有的基因及它们与其生存环境形成的复杂的生态系统"。生物多样性包含三个层次：遗传多样性、物种多样性和生态系统多样性。遗传多样性是指种内基因的变化，包括同种显著不同的群体间或同一群体内的遗传变异；物种多样性是指地球上所有生物物种及其各种变化的总体；生态系统多样性是指生物圈内生境、生物群落和生态过程的多样化及生态系统内生境、生物群落和生态过程变化的多样性。生物多样性的直接价值体现在食用、饲料和草料、木材、藤木和藤条、药用、观赏、微生物用途、娱乐和旅游等；其间接价值主要与生态系统的功能有关，如固定太阳能、调节水文过程、防止水土流失、调节气候、吸收和分解污染物、储存营养物质并促进养分循环、维持进化过程等。如果这些间接价值能够核算出来，会大大超过它的直接价值。

生物多样性保护途径总体有三类。一是就地保护，是指在原产地进行的生物多样性保护。主要形式是自然保护区，包括以下类型（依据IUCN）：科学研究保护区、国家公园、国家自然遗迹和标志、野生生物管理庇护地或自然保护区、景观保护区、自然资源保护区、自然生物区、多重用途管理区。二是迁地保护，是指将濒危动植物迁移到人工环境或易地实施保护，如植物园、树木园、野外基因库、动物园、野生动物园等；三是离体保护，是指把濒危物种的遗传资源脱离母体而进行长时间的保存，一般用低温或超低温保存，如种子库、花粉库、"试管"基因库、精子库、细胞库、DNA库等。

为了加强生物多样性保护，我国政府已颁布了《中华人民共和国森林法》、《中华人民共和国环境保护法》、《中华人民共和国野生动物保护法》等法律法规；制定了《中国21世纪议程》、《中国生物多样性保护行动计划》、《中国21世纪议程·林业行动计划》等纲领性文件；加入了《濒危野生动植物种国际贸易公约》、《湿地公约》和《生物多样性公约》等国际公约；实施了许多保护生物多样性的政策和措施，生物多样性保护成效显著。至2006年年底，全国林业系统共建设有管理自然保护区1740处，面积1.21亿hm^2，占全国国土面积的12.6%，使300多种重点保护的野生动物和130多种重点保护的野生植物的主要种群及其栖息地得到良好保护。全国共建设野生动物拯救繁育基地250多处，野生植物种质资源保育或基因保存中心400多处，已对大熊猫、朱鹮、扬子鳄等200多种濒危野生动物和红豆杉等上千种珍稀野生植物建立了稳定的人工种群，使一批极度濒危物种得到保护，摆脱了灭绝危险。建立了470多处湿地自然保护区和9处国家湿地公园，30处湿地列入了国际重要湿地名录，使45%的天然湿地得到有效保护。发展各类野生动物驯养繁殖单位24500多家，野生植物人工培植基地17000多处，野生动物园、动物园330多家，植物园、树木园上千处。

（三）全球气候变暖与造林碳汇项目

据一项研究报告指出：在过去的100年（1906～2005年）中，全球平均地表气温升高0.74℃；过去50年的全球平均气温在过去的500年和1300年中可能是最高的。据IPCC预测，从现在开始到2100年，全球平均气温最有可能升高1.8～4℃。全球气候变暖，导致冰川削减速度加快、冰川面积缩小，极地冰层变薄，干旱、水涝、沙尘暴等灾害性天气增多，厄尔尼诺现象频频出现，火山喷发也进入高潮。全球气候变暖的重要原因是世界各国尤其是工业发达国家无节制排放温室气体如二氧化碳（CO_2）、甲烷（CH_4）、氧化亚氮（N_2O）、氢氟碳化物（HFC）；全氟化碳（PFC）、六氟化硫（SF_6）造成的，其中二氧化碳（CO_2）排放量列为首位。

为了使人类免受气候变暖的威胁，1997年12月，《联合国气候变化框架公约》第三次缔约方大会在日本京都召开。149个国家和地区的代表通过了旨在限制发达国家温室气体排放量的《京都议定书》，它列出了缔约方1990年二氧化碳排放量，其中美国占36.1%、苏联占17.4%、日本占8.5%、德国占7.4%、加拿大占3.3%、意大利占3.1%。并规定2008～2012年，主要工业发达国家的温室气体排放量要在1990年的基础上平均减少5.2%，其中欧盟将6种温室气体的排放量削减8%，美国削减7%，日本削减6%。中国于1998年5月签署并于2002年8月核准了该议定书。欧盟及其成员国于2002年5月31日正式批准了《京都议定书》。2004年11月5日，俄罗斯总统普京在《京都议定书》上签字，使其正式成为俄罗斯的法律文本。2001年，美国总统布什刚开始第一任期就宣布美国退出《京都议定书》，理由是议定书给美国经济发展带来过重负担。2005年2月16日，《京都议定书》正式生效。截至2005年8月13日，全球已有142个国家和地区签署该议定书，其中包括30个工业化国家，批准国家的人口数量占全世界总人口的80%。2007年12月3日联合国气候变化大会诞生了“巴厘岛路线图”，原协议文本具体减排目标为“发达国家2020年前将温室气体排放量相对于1990年排放量减少25%～40%”，由于美国、加拿大、日本等国的反对而被删除，但“巴厘岛路线图”明确规定，《联合国气候变化框架公约》的所有发达国家缔约方都要履行可测量、可报告、可核实的温室气体减排责任，这把到目前为止唯一一个没有签署《京都议定书》的发达国家美国也纳入其中。

《京都议定书》不仅为发达国家规定了具有法律约束力的温室气体减排、限排指标，还建立了旨在减排温室气体的三个灵活合作机制——国际排放贸易机制、联合履行机制和清洁发展机制（CDM）。国际排放贸易机制和联合履行机制是在发达国家之间进行，清洁发展机制是在发达国家与发展中国家之间进行。清洁发展机制的主要内容是指发达国家通过提供资金和技术的方式，与发展中国家开展项目合作，通过项目所减少的温室气体排放量，可以充抵发达国家在《京都议定书》中承诺的减排量。森林以其巨大的生物量储存着大量的碳，是陆地上最大的储碳库。据2000年联合国政府间气候变化专门委员会报告，森林面积占全球面积的27.6%，森林植被的碳储量约占全球植被的77%，森林土壤的碳储量约占全球土壤的39%，森林生态系统碳储量占陆地生态系统碳储量的比例为57%。同时森林还在通过光合作用吸收二氧化碳，放出氧气，把大气中的二氧化碳以生物量的形式固定下来，这个过程被称为碳汇。森林固碳已经成为缓解气候变化的重要措施之一。发达国家（《京都议定书》中附件I国家）通过在发展中国家（《京都议定书》中非附件I国家）实施清洁发展机制下的造林再造林碳汇项目获取碳信用以履行《京都议定书》承诺的减排义务，发展中国家通过造林碳汇项目能为其林业和社区发展引入大量的国际资金，碳汇项目对发达国家和发展中国家有着各自的吸引力，因此CDM碳汇试点项目在许多国家开展起来。

中国是发展中国家，不承担温室气体减排义务。但中国是温室气体排放大国，对缓解全球气候变暖理应做出贡献。中国及时启动了林业碳汇试点项目。根据CDM造林再造林碳汇项目相关规定，我国国家林业局与意大利环境国土资源部共同签署了“中国东北部敖汉旗防治荒漠化青年造林项目”，这是我国第一个碳汇造林项目。项目第一个有效期5年时间内投资153万美元，在荒沙地造林3000 hm^2。2003年，日本GGI公司与我国签订了新造林11万 hm^2，低产林改造15万 hm^2 的林业合作项目，总投资1.5亿美元，该合同规定日方负责投资，只要求中方每年提供经过专家论证的森林吸收 CO_2 数量的证明。2004年我国林业碳汇项目继续推进，国家林业局在广西利用世界银行生物碳基金开展的造林再造林项目作为碳汇试点实施，四川、云南也在利用保护国际筹集的资金启动碳汇试点工作。

（四）化石能源枯竭与林木生物质能源开发

近一二百年的高强度开采与消费使不可再生的化石资源渐趋枯竭，据国际能源机构统计，煤、石油、天然气可供人类开采的年限分别只有240年、40年和50年。另外，无节制地使用化石能源，使得数十亿年储存的能量在一二百年的时间释放出来，引发了生产方式、经济增长方式、自然和社会环境一系列的问题。大量CO_2、粉尘、SO_2等废弃物的排放，对环境和生态造成了严重污染和破坏。

全球植物每年光合作用产生的生物质循环约950亿t碳，而世界化石燃料的消耗每年为65亿t碳，因此，可再生的生物质是人类能够长久依赖的理想资源和能源。生物质燃料燃烧所释放出的CO_2大体上相当于其生长时通过光合作用所吸收的CO_2。所以，应用生物质能源时CO_2的排放可以认为是零，这是煤、石油、天然气等常规化石能源所无法比拟的。生物质能源是一种清洁的、环境友好的绿色能源，有利于环境保护和治理。地球植物每年固定的生物质能源，约有2/3存在于占全球面积27.6%的森林之中，所以，林业生物质能源是主要的生物质能源。发展林业生物质能源有明显优势：林业生物质主要包括林木（含薪炭林、灌木林、经济林或能源林、抚育间伐材等）、林业“三剩物”（森林采伐剩余物、伐区造材剩余物和木材加工剩余物）、林副产品及废弃物（油料树种果实、果壳、果核等）、木制品废弃物、草本植物等，林业生物质能源开发可以变废为宝，提高森林综合利用率；林业生物质资源种植，可以利用宜林荒山荒地及不适宜种植粮食作物的沙地、盐碱地等边际性土地，不需要占用农地，不与粮食争土地；林业植物种类丰富，大多数能源树种适应性强，适合于在非农耕土地上大面积培育发展，林业生物质资源充分。林业生物质能源开发利用途径主要包括作为薪材直接燃烧、发电、生产燃料乙醇、生产生物柴油等。

就目前而言，薪材是继石油、煤炭和天然气之后的世界第四大能源。据联合国粮农组织调查，2005年全世界薪材消耗量达15.5亿m^3，占木材总消耗量31亿m^3的1/2。在国外，林木生物质发电技术正在不断走向完善和成熟。美国1986年在加利福尼亚州修建了25MW林木生物质发电厂，以树木采伐、加工和使用的废料等作为燃料。此后，又不断有此类电站相继建成。用从甘蔗、玉米等农业作物中提炼出的糖和淀粉生产燃料乙醇，巴西和美国等有成功实践。林木生物质的主要部分是由纤维素构成的，它们不像糖和淀粉那样容易被分解。由于技术上的限制，目前还没有一家纤维素乙醇制造厂的产量达到商业规模，但很多大的能源公司都在竞相改进将纤维素转化为乙醇的技术。最大的技术障碍是预处理环节，即将纤维素转化为通过发酵能够分解的成分，其费用过于昂贵。

我国的生物质产业在21世纪起步，于2000年开始了燃料乙醇试点工作，到2006年乙醇生产达到897万t。国家批准定点的燃料乙醇生产厂家有吉林燃料乙醇公司、河南天冠燃料乙醇有限公司、安徽丰原生化股份有限公司和黑龙江华润酒精有限公司，2006年这4家企业的总产能达163万t。生产原料主要是玉米、薯类、高粱、小麦和糖蜜，利用纤维素为原料生产乙醇中试项目进展顺利。生物柴油每年产量约5万t。中国国能生物发电有限公司拟在黑龙江省庆安县建设一座装机容量215万kW的林木生物质能发电厂，这意味着我国林木发电技术已经逐渐成热。国家林业局把发展生物质能源作为现代林业建设的重要内容，并将规模化培育能源林列入了林业“十一五”发展规划。“十一五”期间，将重点在云南、四川、贵州等省发展小桐子40万 hm^2，在河北、陕西，安徽、河南等省发展黄连木25万 hm^2，在湖南、湖北、江西等省发展光皮树5万 hm^2，在内蒙古、辽宁、新疆等省区发展文冠果约13.33万 hm^2，并推动在这些地区合理布局生物柴油产业化项目。到2020年培育能源林约1333.33 hm^2，以满足600万t生物柴油和装机容量1500万kW年发电原料供应的林业生物质能源发展目标。生物法制乙醇在“十一五”期间很可能会获得突破性发展，形成一个新的产业。据预测，20年后纤维素水解制造乙醇将大踏步跨入工业化的时代。

林业在经济社会发展中的地位和作用越来越突出，发达的林业已成为国家文明、社会进步的重要标志。森林既是林业可持续发展的基础，也是一个国家经济、生态和社会可持续发展的重要物质条件，在解决人类面临的环境和经济问题如生物多样性锐减、气候变化、能源危机等中扮演着重要的角色。世界主要发达国家都已进入森林可持续经营与林业可持续发展阶段，我国及其他发展中国家还任重道远。加快林业建设；实现森林可持续经营，修复生态系统、改善生态环境，发挥森林在应对气候变化中的作用，发展林木生物质能源，是历史赋予林业光荣而艰巨的任务。

第二章　森林概述

第一节　森林的概念与类型

一、森林的概念

森林的概念应该是：以乔木为主体，包括下木、草被、动物、菌类等生物群体与非生物类的地质、地貌、土壤、气象、水文等因素构成一体的绿色自然体。

森林是由树木为主体所组成的地表生物群落。它物种丰富，结构复杂，功能多种多样。森林与所在空间的非生物环境有机地结合在一起，构成完整的地球上最大的陆地生态系统，是全球生物圈中重要的一环。森林是地球上最大的物种基因库和生态环境庇护地，是陆地生物的主要栖息地。地球上的森林庇护着生物圈中70%的植物种，40%～50%的动植物种。森林内的动植物物种的生存完全依赖于森林植被及其生态功能，它们本身也是生态系统及其功能的一部分，并在其中不断演化和多样化。森林不仅是地球上的基因库、碳储库、蓄水库和能源库，而且对维系整个地球的生态平衡起着至关重要的作用，是人类赖以生存和发展的资源和环境。森林是人类的摇篮，原始人类栖息、取食、劳动和防御敌人的场所，树叶蔽身，摘果为食，钻木取火，刳木为舟，构木为巢，弦木为弧，剡木为矢，人类依靠森林而繁衍进化。

二、森林的类型

（一）针叶林

针叶林在中国分布广泛，但作为地带性的针叶林则只见于东北和西北两隅及西南、藏东南的亚高山针叶林，其余的则常为次生性针叶林，如各种次生松林，更多的则是人工营造而成，如杉木林等。北方针叶林和亚高山针叶林分别为高纬度水平地带性植被和较低纬度的亚高山带植被类型。在分布区和地理环境方面差异很大，但都属于亚寒带类型，其外貌、组成、结构都十分相似。暖温带针叶林主要分布在华北和辽东半岛，主要的建群种有油松、赤松、侧柏和白皮松（Pinus bungeana）。亚热带针叶林类型很多，如马尾松、云南松（P. yunnanensis）、细叶云南松（P. yunnanensis var. tenuifolia）、卡西亚松（p. kesiya）、华山松（P. armandii）、高山松（P. densata）、杉木、柳杉、柏木、冲天柏（干香柏）（Cupressus duclouxiana）、油杉（Keteleeria fortunez）、铁坚杉（K. davidiana）、银杉（Cathaya argyrophylla）等。热带针叶林树种很少，且多零星分布，不成林，如南亚松（P. latteri）、海南五针松（P. fenzeliana）和喜马拉雅长叶松（P. roxburghii）。

（二）针叶与落叶阔叶混交林

红松阔叶混交林是中国温带地区的地带性类型，主要分布于东北长白山和小兴安岭一带山地，向东一直延伸至俄罗斯阿穆尔州沿海地区及朝鲜；比部，主要建群种是红松（P. ko raiensis）和一些阔叶树，如核桃楸（Juglans mandshurica）、水曲柳（Fraxinus mand shurica）、紫椴（Tilia amurensis）、色木（Acer mono）、春榆（Ulmus davidiana var. jdponica）等。铁杉、阔叶树混交林主要分布在中国亚热带山地，是常绿阔叶林向亚高山针叶林过渡的一种垂直带森林类型，主要有长苞铁杉（Tsuga longibracteata）和铁杉（T. chinensis）与壳斗科植物混交的森林。亚热带西部山地海拔较高，在海拔2500～3000m形成特殊的针阔混交林带，云南铁杉（T. dulnosa）与阔叶树混交林常常占据主要的地位。

（三）阔叶林

落叶阔叶林广泛分布在温带、暖温带和亚热带的广阔范围。主要的森林类型有华北、西北地区的落叶阔叶混交林、栎林、赤杨（Alnus japonica）林、钻天柳（Chosenia arbutifo lia）林、尖果沙枣（Elaeagnus oxycarpa）林；由亚热带常绿阔叶林被破坏后形成的栗树林、赤杨叶（Alniphyllum fortunei）林、枫香（Liquidambar formosana）林；北方针叶林和亚高山针叶林的次生林类型的山杨林和桦木林及发育在亚热带山地的山毛榉林和亚热带石灰岩山地的化香（Platycarya strobilacea），林、青檀（Pteroceltis tatarinowii）林；榔榆（Ulmus parvifolia）林和黄连木（Pistacia chinensis）林等。

常绿阔叶林是中国湿润亚热带森林地区的地带性类型，所含物种丰富，就高等植物而言，约占全国种类的1/2以上。常绿阔叶林的优势种不明显，经常由多种共建种组成。有青冈林、栲类林、石栎林、润楠林、厚壳桂林、木荷林、阿丁枫林、木莲林。硬叶常绿阔叶林在川西、滇北和藏东南一带曾为古地中海的地区，有类似地中海硬叶常绿阔叶林残遗的群落存在。主要见于海拔2000～3000m的山地阳坡，一般山地常见的类型为滇高山栎（Quercus aquifolioides）林、黄背栎（Q. pannosa）林、长穗高山栎（Q. longispica）林、帽斗栎（Q. guayvaefolia）林、川西栎（Q. gilliana）林、藏高山栎（Q. semicarpifolia）林。而河谷地区常见铁橡栎（Q. COCCiferoides）林、锥连栎（Q. franchetii）林、光叶高山栎（Q. rehderlan）林和灰背栎（Q. senescens）林的分布。落叶阔叶与常绿阔叶混交林种类组成相当复杂。它又可分成几种不同的类型，如分布在北亚热带地区的落叶常绿阔叶混交林，主要见于东部亚热带山地海拔1000～2200m的山地常绿、落叶混交林，以及分布于亚热带石灰岩山地的石灰岩常绿、落叶阔叶混交林等。

中国季风热带的地带性代表植被类型，大多数分布在较干旱的丘陵台地、盆地及河谷地区。它们多数属于长期衍生群落性质，如麻楝（Chukrasia tabularis）林、毛，麻栎（C. tabularis var. velutina）林、中平树（Macaranga denticulata）林、山黄麻（Trema orien talis）林、劲直刺桐（Erythrina stricta）林、木棉（Bombax malabarium）林、楹树（Albizzia chinensis）林、海南榄仁树（Terminalia hainanensis）林、厚皮树（Lannea coromandelica）林、枫香、红木荷（Schima wallichii）林等最为常见。雨林、季节性雨林多见于我国热带地区海拔500～700m以上山地，海南岛一带山地以陆均松（Dacrydium pectinata）、柯类（Lithocarpus）等为主，云南南部则多为鸡毛松（Dacrycarpus imbricatus）、毛荔枝（Nephelium chryseum）等；石灰岩季节性雨林主要见于广西南部，组成种繁多。

现代森林的形成和发展，经历了一个漫长的演化过程，一般分为三个阶段：①蕨类古裸子植物阶段。在晚古生代的石炭纪和二叠纪，由蕨类植物的乔木、灌木和草本植物组成大面积的滨海和内陆沼泽森林。其中鳞木和封印木高可达20～40m，直径1～3m，是石炭纪重要的造煤植物。现在热带地区还有孑遗的树蕨。②裸子植物阶段。中生代的晚三叠纪、侏罗纪和白垩纪为裸子植物的全盘时期，苏铁、本内苏铁、银杏和松柏类形成地球陆地上大面积的裸子植物林和针叶林。③被子植物阶段。在中生代的晚白垩纪及新生代的第三纪，被子植物的乔木、灌木、草本植物相继大量出现，遍及地球陆地，形成各种类型的森林，直至现在仍为最优势、最稳定的植物群落。

三、森林的演替

1. 森林群落发生的进程

森林群落的发生一般都由简单的先锋植物入侵、定居，逐渐改变环境条件，导致后继植物入侵、定居，形成新的群落，经过不同植物群落的更替、发展，最后形成复杂而稳定的森林群落。

（1）迁移或侵移

从繁殖体开始传播到新定居的地方为止，这个过程称为迁移。繁殖体主要指植物种子、孢子、鳞茎；根状茎，以及能繁殖的植物体的任何部分。植物繁殖体的传播取决于繁殖体的可移动性和传播因子（主要有风力、水力、流水、动物及人力等）。利用风力来传播的种子或果实有长翅状毛，风一吹就会飘到较远的地方，如蒲公英、黑板树、昭和草等。若走在草丛中，会有许多植物的种子或果实黏在衣服或裤子上，或黏附在其他动物的身上，或者是动物的食物如鸟类未被消化的种子排泄出来，被带至更远的地方，如鬼针草、雀榕、车前草等，这类种子利用动物来传播。一些成熟的果实轻轻一碰就会裂开，借助果皮反卷的弹力将种子弹出，如非洲凤仙、羊蹄甲、洋紫荆等；一些生长在水边的植物，通常会借助水力来传播种子，如睡莲等。

繁殖体的数量能反映树种迁移的能力。繁殖体数量大，不仅可以弥补结构上迁移能力的不足，而且是对传播途径中所受的损失及竞争中处于弱势等因素的有力补偿。

（2）植物定居

定居过程指植物的繁殖体被传播到新的地点以后，进入定居过程，定居包括发芽、生长和繁殖三个环节。每个环节能否顺利通过，取决于物种的生物学、生态学特性和定居地的生存环境。

定居能否成功，首先决定于种子的发芽率与发芽的条件，其次是幼苗的生长状况。一般裸地有利于植物种子发芽，而有地被覆盖的地面，不利于种子直接与地面接触，不利于植物种子的发芽和扎根生长。繁殖是定居的最后一个环节，只有植物迁移之后，能成功繁殖下一下代，才能真正定居下来。

（3）竞争

植物定居成功之后，繁殖体的数量和种类会不断增多，出现地上和地下两部分营养空间不足，这时易产生竞争，最后是“最适者生存”。

竞争能力决定于个体或种的适应性和生长速度。种类不同，生态学特性也不同，对同一生境的适应必定有差异。因此，在一定的生境中只能有最适应的一种或几种生存，其他物种即使能发芽、生长，也只能是短暂的，最终必将被排挤掉。同种的不同个体，即使年龄相同，由于遗传特性的好坏、所处生态环境的优劣不同，也同样会表现出竞争能力强弱的差异。遗传性差、生活力弱或所处生态环境较劣的个体，必然生长逐渐落后，以致死亡。

群落中的不同植株，即使种类、年龄都相同，也必然会在形态、生活力和生长速度上表现出或大或小的差异。这种现象在森林群落中称为“林木分化”。分化反映出竞争能力的强弱；而剧烈的生存竞争，必然加速分化的进程。竞争的结果是使森林群落随年龄的增加单位面积上林木株数不断减少，即森林群落的“自然稀疏”。

（4）反应

通过定居过程，群落内生物与非生物环境间的能量转换和物质循环不断进行，原有生态环境条件也随之逐渐发生变化，这就是“反应”。这种变化是由初期侵入的种类引起的。这种变化的生态环境条件在多数情况下，不适于初期种类本身的生存而导致另外一些较适应种类的侵入，这样另一个新群落就开始形成。

2. 森林群落发育时期

从一个群落形成到被另一个群落代替，每一个森林群落都有一个发育过程。这个过程一般划分为发育初期、发育盛期、发育末期三个时期。

（1）发育初期

在这一时期中，群落建群种的良好发育是一个主要标志。由于建群种在群落发展中的作用，导致了其他植物种类的生长和个体数量上的变化，因此，在演替的各个阶段中，一个群落的发育初期，种类成分不稳定，每种植物个体数量的变化也较大；群落的结构尚未定型，主要表现在层次分化不明显，每一层中的植物种类也不稳定。在生态方面，群落所特有的生态环境正在形成之中，特点不突出。同样，群落的生活型组成和植物的物候进程都还没有一个明显的特点表现。

（2）发育盛期

在这一时期，适应于群落生态环境的植物种类能得到良好的发育。因此，群落的植物种类组成也相对地稳定，与其他植物群落有着比较明显的区别。

群落结构已经定型，主要表现在层次有了良好的分化，每一层都有一定的植物种类，呈现出一种明显的结构特点。在生态学特性方面，群落的生活型组成和季相变化，以及群落内生境都具有较典型的特点。如果群落的建群种是比较耐阴的种类，则在发育盛期还可以见到它们在群落中有良好的更新状况。

（3）发育末期

在一个群落发育的整个过程中，群落不断对内部环境进行改造。最初，这种改造作用对该群落的发育起着有利的影响。但当这一改造作用加强时，则被群落改变了的环境条件多数情况下对自身产生不利的影响，表现为原来的建群种生长势逐渐减弱，缺乏更新能力。同时，一批新的植物侵入和定居，并且旺盛生长。由于这些原因，此时期植物种成分又出现一种混杂现象，原来群落的结构和生态环境特点也逐渐发生变化。

3. 森林群落演替的主要类型

运动和变化是森林生态系统最基本的特征之一。群落演替是指在同一地段上，一种森林被另一种森林所替代的现象，是森林内部各组成成分间运动变化和发展的必然结果。例如，在某一林区，一片土地上的树木被砍伐后辟为农田，种植作物；以后这块农田被废弃，在无外来因素干扰下，就发育出一系列植物群落，并且依次替代。群落的演替是由低级到高级、由简单到复杂，一个阶段接着一个阶段，一个群落代替另一个群落的自然演变现象。森林群落演替类型的划分可以按照不同原则进行，因而存在各种各样的演替名称。

森林群落演替按初始生境水分条件可划分为以下三种。

（1）旱生演替

开始于裸露岩石、砂地等干旱基质上的原生演替称为旱生演替。以岩石表面开始的群落演替大致经过地衣植物群落阶段、苔藓植物群落阶段、草本植物群落阶段和木本植物群落阶段等四个阶段。地衣、苔藓两个阶段与环境之间的关系主要表现在土壤的形成和积累方面，而对岩石表面小气候的影响还很不显著。草本植物群落阶段，土壤继续增加，小气候也开始形成。同时土壤微生物和小型土壤动物的活力增强，植物的根系可深入到岩石缝隙，因此环境条件得到了大大的改善，为一些木本植物的生长创造了条件，在旱生演替系列中，演替的速度相对最快，到了森林群落阶段，演替速度又开始减慢。

（2）水生演替

由湖泊、池沼水体经过沉水植物、漂浮植物、浅水植物、草甸植物阶段而发展为木本植物群落的过程称水生演替系列。水生演替依次出现下列群落的演替系列：沉水植物阶段、浮水植物阶段、苇塘植物阶段、苔草草甸植物阶段、疏林阶段、中生森林阶段。

（3）中生演替

中生演替开始于具有一定肥力的土壤母质上，如火烧后发生大面积表层土壤侵蚀可发生中生演替。

按演替起始地性质可划分为以下两种。

①原生演替

原生演替指在原生裸地上开始进行的群落演替，演替系列称为原生演替系列。原生裸地是原来就没有植物群落的土地。

②次生演替

次生演替指在次生裸地上开始进行的群落演替，演替系列称为次生演替系列。所谓次生裸地，是指那些原生群落虽被破坏，但原生群落下的土壤条件还保留了一部分，且土壤中还多少保留着原生群落中某些种类的繁殖体的地段，如火烧迹地、放牧草场、采伐迹地或撂荒地等。由于次生裸地具有这些特点，而且有的次生裸地附近还保存着未受破坏的原生群落，次生演替各阶段的演替速度要比原生演替快。

按主导因素可划分为以下两种。

①外因动态演替

外因动态演替是指由于群落以外的因素所引起的演替。例如，气候性演替，是气候变化而引起的演替，其中，气候的干湿度变化是主要的演替动力；土壤性演替，是由于土壤条件向一定方向改变而引起的群落演替；动物性演替，是由于动物的作用而引起的群落演替，如原来以禾本科植物为优势的草原，植株较高种类较多，在经常放牧或过度放牧之后，即变成以细叶莎草为优势成分的低矮草原；火成演替，是指由于火灾的发生引起的群落演替；人为因素演替，是指在人为因素干扰之下引起的群落演替。在所有外因性动态演替中，人类活动对自然界的作用引起的群落演替，占有特别显著和特别重要的地位。

②内因动态演替

内因动态演替是指群落内部的植物体改变了生态环境而引起的演替。如东北东部山地的阔叶红松林受破坏之后，林地裸露，光照条件增强，其他生态因子也发生相应变化。这时，原来群落中或附近生长的山杨、桦树等阳性树种，以其结实丰富、种粒小、传播能力强而很快进入迹地，又以其发芽迅速、幼苗生长快、耐日灼、耐霜冻等特性，适应迹地的环境条件而迅速成林，实现定居。杨桦林在其形成过程中，逐步改变了迹地条件而形成一个比较耐阴而中生的群落生境。在这个新的群落生境中，红松种子虽然发芽困难、幼年期生长缓慢，但它幼年期耐阴，适应中生环境，因而，当种源充足时，能够得到良好的更新。相反，在这个新的群落生境中，杨桦类阳性树种的幼苗由于得不到充足的光照而逐渐枯死，无法更新。随着年龄的增加，红松进入林冠上层与杨桦木争夺营养空间。杨桦木由于不耐阴，寿命较短，逐渐衰退死亡，被红松林所更替。

四、森林三大效益

作为林业经营的对象，森林的水平分布广、占有空间大、成分复杂、结构稳定；与其他植被相比，森林固定太阳能的效率最高，生物量最大。森林在生产过程中既能带来直接的产品效益，同时在经营过程中又带来了巨大的间接效益，人们称之为森林的三大效益，即经济效益、生态效益、社会效益。

（1）经济效益

经济效益也称直接效益。森林是林业生产的物质基础，为社会提供木质产品和非木质产品，满足工业生产、建筑建设和消费者的日常生活需求，林业是国民经济基础，主要提供下列物质和能源的效益。

①木材。森林的主产品。可制作原木、板方材、三板材（纤维板、胶合板、刨花板）和削片，用于建筑、车辆、船舶、枕木、矿柱、造纸和家具制造等。

②能源。每立方米木材可产生热量约1670万kJ。世界每年作为薪炭燃烧而耗费的木材约有12亿m^3，占世界木材总产量46.9%。在发展中国家，薪炭能源占总能源的比例达84.7%。现在有的国家正试验从森林植物中提炼石油，以解决能源危机。

③食物。林木种子可用作油料资源的有核桃、花椒、油茶、油橄榄、油棕等；可作为食品的有板栗、枣、柿、榧子、松子等；从植物枝、干、叶中还可提炼食用淀粉、维生素、糖等。林副产品中蘑菇、猴头、木耳、银耳等都是佳肴珍品。森林中的鸟兽、两栖、爬行类等狩猎资源占陆生动物资源的绝大多数，出产大量肉、皮、毛、羽、骨、蛋、角等。

④化工原料。如松脂、单宁、紫胶、芳香油、橡胶、生漆等。

⑤医药资源。药用植物如刺五加、毛冬青、人参、灵芝、猪苓、平贝母、冬虫夏草及来源于动物的熊胆、鹿茸、麝香、五灵脂等都是名贵中药。20世

纪70年代已从喜树、三尖杉等提炼出抗癌药物。

⑥物种基因资源。生存于森林中的生物种类甚多，其中有不少属于珍稀或濒危种类。

此外，森林还可为多种科学研究，如遗传、进化、生态和水文等研究提供科研材料或基地。

（2）生态效益

生态效益是指森林是陆地生态系统的主宰，是国土保安和改善环境的主体，有着别的物质无法替代的作用，由于森林环境的调节作用而产生的有利于人类和生物种群生息、繁衍的效益。森林的生态效益主要表现在以下几方面。

①调节气候。浓密的林冠阻挡太阳辐射，使林内呈现巨大的温室效应。与无林地相比，冬暖夏凉、夜暖昼凉，温差较小，有利于林下植物生长和动物栖息，在生长季节，森林强大的蒸腾作用有助于消耗热能而使温度下降；空气湿度的增加，则有利于形成雾凇、露、霜等水平降水；同时对垂直降水也有一定影响。

②涵蓄水源、保持水土、防风固沙。森林的覆盖、截留降水作用，使森林土壤免于雨水溅击和地面径流的冲刷。而降水渗透到地下，变成缓慢的地下径流，既有利于削弱洪峰水量，又有利于森林水分、土壤的保存。

③减少旱灾、洪灾、虫灾等自然灾害。夏季森林使地面温度降低，空气垂直温差变化减少，上升气流速度减弱，因而还可削弱形成雹灾的条件。

④改良土壤。枯枝落叶层经微生物分解变为有机质而增加了土壤肥力。

随着全球环境和自然资源问题的日趋恶化，全球范围内的环境意识日益浓厚，保护森林资源、充分发挥森林的生态效益，正成为这个时代的主旋律。

（3）社会效益

社会效益是指茂密的森林可以满足人们精神需求、陶冶情操、提高健康水平，是精神文明建设的重要组成部分，也就是森林对人类生存、生育、居住、活动及在人的心理、情绪、感觉、教育等方面所产生的作用。如目前比较流行的回归大自然的生态旅游热。此外，林业也为社会提供大量的就业岗位。林业的发展同时也能增加山区农民收入，为农民提供致富的途径，促进“三农”问题的解决。

社会效益难与生态效益截然分开。如降水经森林土壤渗透过滤，水中所含有毒物质如砷、汞、铅和氰、氯、氟等化合物及病菌被阻滞在土壤里。森林通过光合作用吸收二氧化碳，放出氧气。林冠枝叶表面吸附灰尘和有毒微粒，吸收有毒气体如二氧化硫、一氧化碳、氟化物、氯气等，都有助于消除污染，有益于人体健康。森林植物的叶、芽、花、果能分泌具有芳香挥发性的杀菌素，有的森林植物释放的氧离子，都可杀死细菌。因此森林常成为疗养的理想场所。此外，枝叶树干对声波阻挡吸收作用还有利于消除噪声。森林所具有的优美的林冠，千姿百态的叶、枝、花、果，以及随季节而变化的绚丽多彩的各种颜色，还可为人们提供游憩的场所和陶冶性情的环境条件。

第二节　森林文化

文化是人类适应自然的生存方式。人以“文化”把自己同动物区别开来，动物以本能的方式生存，人以文化的方式生存，这是人与动物的本质区别。文化作为人类的生存方式，它是人类取得文明成果、达到文明社会的手段。人类社会的发展是从文化到文明，由此构筑了人类世界的历史。人类是从森林里走出来的，人类创造的最初文化形式是森林文化，并传承发展至今，还将继续发展。森林文化经历并丰富了农耕文明和工业文明，也必将在生态文明建设中发挥重要的纽带作用，人类通过森林文化连接人类文明历史。

一、森林文化的概念

森林文化是以森林为背景的一种文化现象和精神表述。是指人对森林的敬畏、崇拜与认识，及对其各种恩惠表示感谢的朴素感情基础上，反映人与森林关系的文化现象。

森林文化是人类在社会实践中，对森林及其环境的需求和认识及相互关系的总和。

几千年来，人类与森林朝夕相处，在人类认识和利用森林的过程中，森林的品格影响人类，人类也把自身的情感与人格融进森林，形成以森林为背景、以木竹为载体的一种文化现象。我国人民对于森林十分敬畏，从傣族首领“没有森林便没有水，没有水就没有田地，没有田地就没有粮食，没有粮食就无法生存”到各民族都有的诸如“砍山三年富，山秃几代穷”的谚语；从体现古朴的生态意识的绿色图腾到如今阐释为政之道的生态文明；从商汤时“桑林祈雨”的典故，到土家族水杉的传说、哈萨克族胡杨树的神话、哈尼族祭寨母的民谣；从布依族、侗族和水族祭奉山神、树神到黎族同胞就连欢度节日也要给住宅前后的绿色果木敬奉果实、酒米的虔诚之心……这些以尊崇森林、珍惜森林为主旨的传统森林文化，生动地说明了人类与莽莽森林是一荣俱荣、一损俱损的关系。

二、森林文化的内涵

森林文化包括技术领域的森林文化与艺术领域的森林文化两大部分。技术领域森林文化是指合理利用森林而形成的物质层面的文化现象，如不同森林类型造林技术、培育技术、采伐技术、相关法律法规、森林计划制度、森林利用习惯如茶文化、竹文化、花文化、古树名木文化，木竹工艺文化等。

艺术领域森林文化是指反映人对森林的情感、感性的具体作品，如诗歌、绘画、雕刻、建筑、音乐、文学等艺术作品的总称。其中包括森林美学的内容：我国历代有关森林的诗歌、小说，画家笔下的山水、草木、飞禽走兽，宫廷与民居建筑，园林艺术，家具及工艺雕刻等都属艺术领域森林文化。

（一）竹文化

中国素有“竹子王国”之美誉，1 万年前人们开始利用和栽培竹子，7000 年前制造竹席等竹制品。甲骨文中有“竹”字和竹部文字。从西周到汉代，使用简策、竹简。人们种竹、赏竹、用竹、爱竹、画竹、咏竹，借竹寓意，以竹抒情。青翠洒脱的风姿，昂首挺拔的气势，虚心有节的情操，刚柔相济的品德一竹文化中沉淀着中华民族情感、观念、思维和理想等深厚的文化底蕴。竹的文化载体有竹工艺、竹食品、竹建筑、竹服饰、竹器物、竹文房、竹工具、竹乐器、竹园林、竹盆景等。

（二）茶文化

茶文化是指以茶为物质媒介的精神财富，包括茶史、茶诗词、茶道、茶艺、茶栽培、茶叶制作等，其中最核心的是茶道和茶艺。通过品茗饮茶修身养性、陶冶情操、品味人生、参禅悟道，得到精神上的享受和人格上的洗礼，这就是中国饮茶的最高境界——茶道。茶艺讲究人、茶、水、器、境、艺 6 个要素，以及雅俗共赏，“和、静、怡、真”。中国是世界上最早种植茶、利用茶的国家。茶源于晋，而盛于唐，至今 5000 多年历史。茶圣陆羽，一生嗜茶，精于茶道，呕心沥血 30 年完成世界上第一部茶叶专著——《茶经》。茶品质有清、雅、静、寂，是日常饮料。西汉，茶叶出海至印度；南北朝，出口土耳其；唐宋时期，日本人从中国带回茶籽和茶叶栽培技术及饮茶方法，以后发展为日本的茶道；明代起，茶叶传入欧洲各国，清朝初年更被转运到北非和美洲大陆。茶分绿、红、白、黄、黑、青六类，品种多。传统名茶有：

西湖龙井、洞庭碧螺春、武夷大红袍、黄山毛峰、铁观音、云南普洱茶等。绿茶就是“新茶是宝，陈茶是草”。普洱茶“爷爷做茶，孙子卖茶”，富有收藏价值。在杀死癌细胞、防癌、抗突变及减肥降血脂等方面作用比较明显。我国传统茶俗“泛花邀坐客，代饮引清言”，敬茶时托杯至胸前，添水时叩桌以示感谢。客来敬茶，蒙古族人献奶茶、藏族人献酥油茶、景颇人献烤茶、苗族人献打油茶；春节中的元宝茶、立夏时的七家茶等。寄送新茶以表示问候也是流传已久的民族习惯。魏晋茶宴，文人饮茶赋诗作画、男女定亲饮茶为礼、民间纠纷饮茶讲和、茶话会等。茶馆、茶楼、茶室、茶摊、茶坊、茶肆等饮茶习俗是我国悠久历史的缩写。

（三）花文化

花文化植根于森林文化之中，源于自然，是与人文精神结合的集中体现，是人格与花格的完美融合。集形、色、香于一体，更以其通灵人性、依附人格、充满无限生机而博得人们的喜爱。以花拟人、以花喻事、以花寄情，用人格寄托于花格，以花格依附于人格。人生的盛衰荣辱，人情的喜怒哀乐，无不寄寓于花，象征于花，移情于花。栽花、赏花、爱花、咏花、绘花、写花，孕育出丰富多彩的花文化。花文化的核心精神就是花的人格化，赋花以人格，赋人以花格，追求人花相融、心物相通的境界。

三、森林文化与生态文明

森林文化是地区的形象。地区的对外形象，不仅表现在这个地方的高楼大厦、宽畅交通和经济的对外交流，同时还表现在该地区深厚的文化品位和该地区人的思想文化素质。森林文化是林区经济发展的强大动力。这种动力的作用主要表现在三点：一是先进的森林文化能够极大地促进人的思想道德和科学文化素质的提高，这必然要为林区的经济发展带来强有力的精神动力；二是先进的森林文化可以为林城带来深厚的文化品位，一个没有文化底蕴的林城是一个不完整的林城；三是先进的森林文化是一种与时俱进、不断创新的文化，必然要给林区的经济发展带来日新月异的生机与活力。

第三章　城镇园林绿化

随着生产力水平的不断提高，工业化和城市化的不断发展，人类赖以生存的环境越来越多地受到其自身发展的威胁，城市污染日益严重，城市居住环境日益恶化，保护人类自身的生存环境，为子孙后代留下良好的生态环境，是我国保持可持续发展的重要组成部分。城镇园林绿化是衡量城市现代化和文明程度的重要标志。今天，越来越多的人清楚地认识到城镇园林绿化对城市生态环境和提高人民生活质量的重要作用，保持一定的城市绿地面积，合理的绿地系统布局，对解决各类城市用地紧张造成的矛盾和改善城市生态环境有着重要意义。

第一节　园林绿化概念与分类

一、城镇园林绿化的有关概念

（一）园林

园林是在一定的地段范围内，运用工程和艺术的手段，通过因地制宜的改造地形，整治水系，栽种植物，营造建筑和布置园路等方法创作而成的一个供人们观赏、游憩、居住的优美环境。

（二）绿地

绿地的含义比较广泛，种植了树木花草（自然植被或人工栽培）形成的绿化地块，都称为绿地。包括农、林、牧生产用地及园林用地。

城镇园林绿地指在城镇行政管理辖区范围内，为改善城镇生态环境供居民户外游憩，美化市容，栽植树木花草形成的绿化地块，是城镇居民用地中的重要组成部分，包括以下三种含义。

广义的绿地，指城市行政管理辖区范围内由公共绿地、专用（单位附属）绿地、防护绿地、园林生产绿地、郊区风景名胜区、交通绿地等构成的绿地系统。

狭义的绿地，指小面积的绿化地段，如街道绿地、居民小区绿地等。有别于面积相对较大、具有较多游憩设施的公园。

作为城市规划专门术语，指在用地平衡表中的绿化用地，是城市建设用地的一个大类，下分公共绿地和生产防护绿地两个类。

（三）绿化

人类为了农林业生产，减轻自然灾害，改善生态环境和卫生条件，美化生活环境而栽种植物的活动均称为绿化。如荒山造林、退耕还草、果园建植、铺植草坪、城镇园林建设等活动都属于绿化。

二、城镇园林绿地的功能

（一）保护城市环境

园林绿地可以净化空气、水体和土壤，改善城市小气候，降低噪音，保护农田，保持水土，有的园林植物可检测环境污染，有的还可以过滤、吸收和阻隔放射性物质，具有安全防护功能。

（二）文教和游憩功能

城市中的公共绿地是环境优美的重要地段，对美好环境的向往和追求是人们的天性和愿望，到公园中去休息、活动，是居民的重要生活内容之一。公共绿地也是开展文化教育的场所。

（三）城市绿化的景观功能

许多风景秀丽的城市，不仅有优美的自然地貌和良好的建筑群体，园林绿地的好坏对城市面貌常起决定性的作用。各种植物柔和的线条、多样的色彩、随季节变化的形态和不断发展的生机与城市中人工构筑物的僵硬、单调、缺乏变化形成对比，给人以美的感受。

三、城镇园林绿地的特点与分类

（一）城镇园林绿地的特点

城镇园林绿地是结合城市其他组成部分的功能要求，而进行综合考虑、全面安排的结果。它具有以下特点：

①以植物造景为主，充分发挥其改善气候、净化空气、美化生产和生活环境等作用。

②因地制宜，城镇园林绿地多利用山冈、低洼地和不宜建筑的零碎地形。

③交通安全、便利。

④绿地设施较为完备。

⑤考虑不同人群生理、心理的需求特点，设置老年人活动区、儿童活动区等。

随着社会生产的发展，对城镇环境污染日益严重，一块绿地、几个公园或几条林荫道很难发挥其改善和保护环境的功能，这就需要提高绿地率，使城镇园林绿地整体化，形成一个园林绿地系统，从而有效地发挥其保护环境、美化城镇、改善人民生活条件的功能。

（二）城镇园林绿地类型划分

城镇园林绿地尚无统一的分类方法，按照分类依据的不同，对城镇园林绿地类型划分的结果有所不同。按绿地位置可将城镇园林绿地划分为城区绿地（指城区范围内的绿地）、郊区绿地（指郊区范围内的绿地）。按规模分为大型绿地（面积$>50hm^2$）、中型绿地（面积$5\sim50\ hm^2$）和小型绿地（面积$<5hm^2$）。按服务范围分为全市性绿地（指为全市市民服务的公园绿地）、区域性绿地（指为地区服务的公园绿地）和局部性绿地（指为小地区服务的绿地）。

目前我国大多将城镇园林绿地分为以下6类，这6类绿地包括了城镇中的全部园林绿化用地。

①公共绿地。是指由市政建设投资修建，供全城镇居民休息、游览的公园绿地。它包括市、区级综合公园、花园、动物园、植物园、儿童公园、体育公园、纪念性公园、名胜古迹园林，游憩林荫带等。

②专用绿地。是城镇分布最为广泛的绿地形式，指由群众和单位负责修建、使用和管理的私人住宅和工厂、企业、机关、学校、医院、居民区等单位范围内的绿地。

③街道绿地。泛指道路两侧的植物绿地。在城市规划中，指公共道路红线范围内除铺装路面以外全部绿化及园林布置的内容，包括行道树、分车带、交通环岛、立交口、桥头、安全岛等绿地。但不包括城镇园林绿地中已专门划定的公共绿地和林荫道、小游园。

④风景区绿地。指位于市郊或市内具有较大面积的自然风景区或文物古

迹名胜的绿地，包括风景游览区、休养疗养区绿地等。

⑤生产绿地。指专为城镇绿化而设的生产科研绿地，如苗圃、花圃、药铺、果园、林场等绿地。

⑥防护绿地。为防御、减轻自然灾害或工业交通等污染而建的绿地，如风沙防护林、水源涵养林、水土保持林、护路基林等。

第二节　城镇园林绿地规划

一、城镇园林绿地规划设计原则

（一）以生态学原理为指导，走绿地的生态建设之路

21 世纪的城市绿化工作应以生态学原理为指导，建设结构优化、功能高效、布局合理的绿地系统。在这个系统中，乔木、灌木、草本和藤本植物被因地制宜地配置在一个群落中，种群间互相协调，有复合的层次和相宜的季相色彩，具有不同生态特征的植物能各得其所，能充分利用阳光、空气、土地、空间、养分、水分等，构成一个和谐有序的、稳定的群落。

（二）以“生态平衡”为主导，合理规划布局园林绿地系统

在绿地的生态建设中，应强调生态平衡原理的主导作用，使绿地系统的结构和布局形式与自然地貌和河湖水系相协调，并注意与城市功能分区的关系，着眼于整个城市生态环境，合理布局，使城市绿地不仅围绕在城市四周，而且把自然引入城市之中，以维护城市的生态平衡。

（三）保持“物种多样性”，模拟自然群落结构

在稳定的群落中，各种群对群落的时空条件、资源利用等方面都趋向于互相补充而不是直接竞争，系统越复杂也就越稳定。因此，在城镇园林绿化中应尽量多造混交林，少造或不造纯林；乔灌结合，模拟自然群落结构；物种多样性高、结构接近自然的群落抗干扰能力强，养护方面的要求也低。反之，群落则易受伤害、养护要求也高。

遵循“整体协调发展”、“以人为本”和“回归自然”的设计理念。

我们必须把维护居民身心健康，维护自然生态平衡，作为城镇园林绿地的主要功能，遵循、“整体协调发展”、“以人为本”和“回归自然”的设计理念，在城镇园林绿地设计中应做到如下几点。

1. 增加绿色空间，创造适宜的小气候条件

进行城市建设时，不能忽视绿化环境的同步建设，特别要利用闲置及零星的室外绿化空间，尽可能提高绿地面积，为居民营造接近自然的绿化环境，提高人居环境质量。

2. 创造具有区域文化特征的城市绿地

规划设计时，应对所在地区文化特征进行深入分析。不同地域、不同城市，其气候、地理、居民生活习惯及历史文化都有不同的特点，只有具有地方文化特征的绿化环境才具有特色，才有生命力。

3. 创造具有美感的城市绿地环境

城市绿地环境是优美人居环境的重要组成部分，只有具有艺术感染力、具有特色的园林绿色环境，才能给人美的享受，才是舒适、优美的生活环境，满足人们对美的心理需求。

4. 为人们的社会交往创造条件

社会交往是人的心理需求的重要部分，是人类的精神需求，处于信息时代的人们对此需求更趋迫切。城市绿地则具有提供居民社会交往场所的先决和优势条件，通过各种绿化空间以及适当设施的设置，可以为居民的社会交往提供场所和优良环境。

5. 创造内容丰富、功能齐全的绿色空间

城市园林绿地空间是人们使用率较高的日常户外生活空间，是满足城市居民休闲、室外体育、娱乐和游憩活动需要的主要场所。因此，在城市园林绿地环境的塑造中，应尽可能从人们休息、体育、娱乐的功能需求出发，并满足不同结构层次人们的需要。

二、城镇绿地规划知识

（一）绿地率

绿地率指绿地在一定用地范围中所占面积比例。如全市绿地率，居住小区绿地率，工厂绿地率等。是城市用地规划的重要指标之一，屋顶绿化不计入绿地面积。

（二）绿化覆盖率

绿化覆盖率指各种植物垂直投影占一定范围土地面积的比例。乔、灌木和地被植物等重要覆盖的地方只按最大的外缘计算一层。绿化覆盖率不是用地指标，但可作为衡量绿化量和反映绿化程度的相对数据，是研究、测算绿化环境效益的重要依据，因此也是城镇环境质量的重要标准之一。

（三）城镇园林绿地系统布局

城镇园林绿地，必须按照客观规律科学规划，使它们之间相互联系、协调配置。通过规划布局，逐步形成城镇园林绿地系统，才能更好地发挥园林绿地的重要作用。园林绿地系统规划布局也是城镇总体规划布局的一个重要组成部分。

1. 城镇园林绿地系统的规划布局原则

城镇园林绿地系统的规划布局过程中应遵循以下原则。

①城镇园林绿地系统的规划布局，应结合城镇其他组成部分的规划，综合考虑，全面安排，如与工业区布局、居住区规划、道路系统规划等密切配合。

②城镇园林绿地系统的规划布局，必须从实际出发，结合当地特点，因地制宜。我国地域辽阔，地区差异大，不同城镇自然条件差异很大；另外，各城镇的绿化现状、特点、规模等各不相同。因此，在进行城镇园林绿地系统的规划布局时，各类绿地的选择，布局方式、面积大小、定额指标等都要从本地区实际出发，因地制宜编制，不要片面地追求各种形式和指标等。

③城镇园林绿地系统的规划布局，应使绿地均衡分布，比例合理，满足全城镇居民游憩的需要。我国城镇园林绿地面积较少，这要求城镇园林绿地均匀分布，做到点（公园、游园）、线（街道绿化、林荫带、滨水绿地等）、面（分布广的小块绿地）有机结合；大中小相结合；集中与分散相结合；重点和一般相结合。构成园林绿地有机的统一整体。

④城镇园林绿地系统的规划布局，既要有远景目标，又要有近期安排，做到远近结合。

2. 城镇园林绿地系统布局的形式

我国城镇园林绿地系统布局，从形式上可归纳为以下四种。

①块状绿地布局。目前我国大多数城镇属于此。这种绿地布局形式，可以做到均匀公布，但对构成城市整体的艺术面貌作用不大，对改善城镇小气候的作用不明显。

②带状绿地布局。这种布局多数由于利用江河湖水系、城市道路、旧城墙等因素，形成纵横绿带、放射状绿带与环状绿地交织的绿地网。带状绿地的布局形式日益表现城镇的艺术面貌。

③楔形绿地布局。凡城市中由郊区伸入市中心的、由宽到狭的绿地，称为楔形绿地。其优点是能使城市通风条件好，有利于城市艺术风貌的体现。

④混合式绿地布局。是前三种形式的综合运用，可以使城市绿地做到点、

线、面结合；组成完整的体系。其优点是：可以使生活居民区获得最大的绿地接触面，方便居民游憩，有利于改善小气候，丰富城市总体与各部分的艺术面貌。

（四）城镇园林绿地的树种规划

树种规划是城镇园林绿地规划的一个重要部分，绿化的重要材料是树木，树木需要经过多年的培育生长，才能达到预期效果。树种选择恰当，生长良好，观赏价值高，则绿地效益发挥得好。

1. 绿化植物的观赏特征

植物是园林绿地中最基本的材料，在绿地系统中除保护环境外，比较强调其观赏特性，植物的外部形态如树冠、枝叶、根干、花果等都可作为观赏对象，特别是植物随着季节和树龄的变化而不断变化，充满活力，给人以美的享受。

①树冠。远观轮廓形态和色彩变化，近视其枝叶而给人不同的感受。树冠轮廓形态主要有以下几种：尖塔形（如雪松、水杉、铁杉、冷杉等）、圆锥形（如圆柏等）、椭圆形（如法国梧桐等）、平顶形（如合欢、凤凰木、南阳楹等）、垂枝形（垂柳、龙爪槐等）。

②枝、叶。叶形、叶色和落叶后的枝条均可观赏。秋季红叶有红枫、枫香、黄栌等；黄叶有银杏、栾树、法国梧桐等；叶形奇异，能引起人们兴趣的有形似马褂的马褂木，形似扇的银杏树，叶大的芭蕉、蒲葵，叶形破裂似龟背的龟背竹等。

③干、根。主干直立高大的乔木，气势雄伟，整齐美观，有些植物如水杉地上部分的板状根，给人以力的美感。有些植物的干具有特殊的形状，如纺锤状的大王椰子树，竹节突出的佛肚竹等，其观赏价值很高。

④花、果。植物的花果，由于具有奇特的形状和艳丽的色彩而成为主要的观赏对象。花和果主要从姿、色、香三个方面来欣赏：以花大取胜者，如荷花、广玉兰、大丽菊等；以形怪而取胜者，如蝴蝶兰、鸽子树、马蹄莲等；以繁取胜者，如紫薇、紫荆等。花色不胜枚举，观之眼花缭乱，常见的有白色、红色、黄色、紫色等。花香有浓如桂花、淡如兰花等。

2. 城镇园林绿地的植物配置

在园林空间中，无论是以植物为主景，还是植物与其他园林要素共同构成主景，在植物种类的选择、数量的确定、位置的安排和方式的采取上都应强调主体，做到主次分明，以表现园林空间景观的特色和风格。

对比和衬托：利用植物不同的形态特征，运用高低、姿态、叶形叶色、花形花色的对比手法，表现一定的艺术构思，衬托出美的植物景观。在树丛组合时，要注意相互间的协调，不宜将形态姿色差异很大的树种组合在一起。运用水平与垂直对比法、体形大小对比法和色彩与明暗对比法三种方法。

动势和均衡：各种植物姿态不同，有的比较规整，如杜英；有的有一种动势，如松树。配置时，要讲求植物相互之间或植物与环境中其他要素之间的和谐协调；同时还要考虑植物在不同的生长阶段和季节的变化，不要因此产生不平衡的状况。

起伏和韵律：韵律有两种，一种是“严格韵律”；另一种是“自由韵律”。道路两旁和狭长形地带的植物配置最容易体现出韵律感，要注意纵向的立体轮廓线和空间变换，做到高低搭配，有起有伏，产生节奏韵律，避免布局呆板。

层次和背景：为克服景观的单调，宜以乔木、灌木、花卉、地被植物进行多层的配置。不同花色花期的植物相间分层配置，可以使植物景观丰富多彩。背景树一般宜高于前景树，栽植密度宜大，最好形成绿色屏障，色调加深，或与前景有较大的色调和色度上的差异，以加强衬托。

园林植物的配置包括两个方面：一方面是各种植物相互之间的配置，考虑植物种类的选择，树丛的组合，平面的构图、色彩、季相以及园林意境；另一方面是园林植物与其他园林要素相互之间的配置。主要有如下配置方法。

（1）孤植

多为欣赏树木的个体美而采用的方法。适合孤植的树木要求有较高的观赏性：一要姿态优美或体形高大雄伟或冠大荫浓；二要求叶色；三要花大色艳芳香；四可观果；五树干颜色突出。孤植树一般设在空旷的草地上、宽阔的湖池岸边、花坛中心、道路转折处、角隅、缓坡处等。

（2）规则式种植

在纪念性区域、入口、建筑物前、道路旁等地方，以衬托严谨、肃穆、整齐的气氛。

①对植。将乔灌木依一定的轴线关系对称或均衡地配置在其两侧的种植方式。一般选用圆球形、尖塔形、圆锥形的树木，如海桐、圆柏、雪松等，多数植于建筑物前或入口处。

②列植。按一定的株间距，以直线或规则曲线成行成排种植。多应用于行道树和林荫道的种植设计。

（3）丛植

丛植是指由几株乔木或灌木组合的群体配置方式。丛植或群植在园林绿地中应用最多，属自然布置的人工植物群落。在种植搭配上除考虑生态习性、种间关系以外，以叶色为主进行组合，一般采用针阔叶树搭配，常绿与落叶树搭配，乔、灌、草搭配，形成具有丰富的林冠线和春花、夏绿、秋色（实）、冬姿季相变化的人工植物群落。

（4）群植

群植是一种混合种植的植物配置方式，树群的组成数量为 20～30 株。它主要表现群体美，一次构成园林绿地的主景，而对单株植物的选择不严格。在群植周围应留一定的空旷地，以供游人观赏树群景观，它适宜配置在靠近林缘的大草坪上、宽广的林中空地、水中小岛屿上以及山坡、土丘上。

（5）林植

为风景林，成片、成块地大面积种植树木。林植有纯林和混交林两种。纯林一般形成整齐、壮观的整体效果，但缺少季相变化，如马尾树、银杉等；混交林由多树种组成的近自然林，往往有明显的季相变化，景观丰富。在城镇园林绿地中林植一般在大的公园、林荫道、小型山体、较大水面的边缘。

（6）基础栽植

凡在建筑物和构筑物的基部附近种植植物，都称为基础栽植。基础栽植能缓和建筑物的直线条，丰富建筑艺术，也有利于环境卫生。对一般体形高大、轮廓整齐对称的建筑物，基础栽植以整齐对称的形式较好；如果建筑物正面的造型富于变化或属于玲珑别致的小型建筑，则采取自然式的绿化形式较好。

三、城镇园林绿地规划设计的一般程序和内容

（一）基础资料的收集

进行城镇园林绿地规划设计，需要搜集较多的资料，在实际工作中常根据具体情况有所增减。一般除收集城市规划的基础资料外，还需下列资料。

①自然资料。重要的是气象资料、土壤资料和地质地貌资料。包括历年及逐月的气温、湿度、降水量、风向、风力、霜冻期、冰冻期及土壤类型、土层厚度、土壤性质、地下水位等。

②现状资料。现规划绿地的位置、范围、面积、性质，现有建筑物情况等。

③植物资料。规划绿地上的现有植物情况，当地现有的园林绿化植物种类及使用情况，特别是乡土树种情况以及附近地区的植物种类。

④图纸资料。包括地形图、局部放大图；现有建筑物的平面、立面图；

现状树木分布位置图，地下管线图等。

⑤社会文化资料。城市概况，城市历史文化，名胜古迹，影响较大的民间传说，浓郁奇特的风土人情等。

（二）城镇园林绿化规划设计的内容

1. 总体规划图设计

总体规划图设计由图纸和文字说明两部分组成。

①图纸部分。包括以下内容：总体规划平面图（比例尺 1∶200～1∶1000），整体鸟瞰图；重点景区、主要景点或景物的平面图和效果图；公用设施、管理用设施、管线的位置和走向图等。

②说明书。总体规划图设计文字说明部分应包括以下内容：设计的主要依据；设计的规模和范围、面积、游人容量、设计项目组成、对生态环境的影响分析等；艺术构思、主题立意、园林艺术特色和风格、景区和景点布局的艺术效果分析、游览路线布置等；园林植物选择的原则，植物造景等；功能和效益，对城市绿地系统和城市生活影响，各种效益分析；技术、经济指标，用地平衡表，土石方概算，主要材料和消耗概算，总概算。

③总体规划图文件编排顺序。总体规划图文件编排顺序为封面—目录—说明书—总图与分图—概算。

2. 初步设计

初步设计应在总体规划设计文件得到批准后进行。初步设计文件包括设计图纸、说明书、工程量总表和概算。

①设计图纸部分。包括总平面图、竖向设计图、道路设计图、建筑设计图、植物种植设计图。植物种植设计图要求表明树林、树丛、孤立树和花卉位置；定出重要树种；重点树木或树丛要标出与建筑、道路、水体的相对位置。

②初步设计说明书。对照总体规划图文件中文字说明部分，提出全面技术分析和技术处理措施，材料、造型、色彩和植物的选择原则。

③工程量总表。包括各类园林植物种类和数量，整理地形的土石方量，道路广场的铺装面积，各类园林小品树林，园林设施数量等。

④初步设计文件编排顺序。初步设计文件编排顺序为封面—扉页—说明书—图纸目录—总图与分图—工程量表—概算。

3. 施工图设计

在初步设计批准后，进行施工图设计，施工图设计文件包括施工图、文字说明和预算，施工图设计分为种植、道路、广场、山石、水池、驳岸、建筑、土方等施工设计。种植施工图包括平面图、立面图、剖面图、局部放大图、苗木表和预算。

第三节　城镇园林绿化与养护

一、园林植物栽植技术

（一）园林绿化植树工程

包括乔、灌木的栽植，必要的土壤改良和排水、灌溉设施的铺设，是造园和城市绿化工程中的单项工程，一般在整地工程完成后进行。内容程序包括放线定位、掘苗包装、运输、修剪、栽植和栽后养护管理。园林植树的质量标准不是仅仅成活，而是尽可能少伤元气，栽后迅速恢复长势。其技术要求、操作内容和难度随地区气候、土质、树木种类、规格和不同季节而有很大差异；在寒冷干旱地区比在温暖湿润地区技术要求复杂。

园林植树的放线定位必须依据确切标志，符合设计图纸；掘苗须掌握休眠季节，尽量保持根系完整，依不同树种采用裸根或带土，包装根据苗木大小、土壤质地及运距远近确定使用软质或硬质材料，必须保证土球不散，须根不干；栽植时的修剪目的在于保持树内水分和养分收支平衡，同时整理树形；修剪根部是为防止断口和伤口处腐烂，促发吸收根并促使根系发育平衡；栽植的要领，包括根系舒展与土壤密接，深浅适度，填土松紧适宜；栽后灌溉不仅为了供给水分，而且使新填的土壤颗粒重新排列，形成毛管孔隙并与四周原有土壤连通；在多风的地区植树要立支柱以防树干摇摆伤及根部；在易受人畜损伤的地方还需设置保护栅、筛盖等设施。

土壤质地和结构状况是植树成活和栽后生存的关键问题之一。不同树种对土壤理化性质和土壤水分状态的适应性存在差别。理化性质方面最常遇到的问题有酸碱度（pH）不适应，多数树木在 pH6～8 的土壤中生长良好；毛管孔隙度和非毛管孔隙度的比例大小影响土壤的持水和透气能力。毛管孔隙度为 30%～40%、非毛管孔隙度大于 10% 的土壤适于大多数树木生存；而两种孔隙度的高低取决于土壤中各种不同径级颗粒的比例、土壤结构状态和紧密度。如果土壤不具备树木生存的适宜条件就需加以改良。排走下层土壤多余的水分也是绝大部分树种能够生存的重要条件之一；必要时需安排地下排水设施。

植树时填土的紧密度影响土壤总孔隙、毛管孔隙和非毛管孔隙的多少。过松时毛管孔隙小，持水能力差；过紧时非毛管孔隙减小，影响根的呼吸，也影响土壤中有益微生物的生存。长期遭受践踏的土壤紧密度很高，不但阻碍土壤透气，干燥时甚至对根的延伸产生机械阻抗。

在植树过程中和栽后的树势恢复期内，树木抗逆性较弱，有些病虫易乘虚而入，需特别注意防治。

植树应慎用异地苗木，以避免因不适应生存环境而死亡。即使是同一树种，生长在不同的地理气候和土壤条件下其各部分组织形态和生态习性也可能有很大差异，对环境的适应性不同，影响成活和栽后的生长。

（二）裸根栽植

落叶树冬、春季移植一般都采用裸根挖掘，因质量大，包装简单，省工力和运输力，成本低，还可保留较多的根系。技术关键是尽量保存须根，搬运过程中要包裹严密，不能及时栽植时要立即假植，栽时根系要舒展，与土壤密接，并配合适当修剪。在干燥多风地区远途运输裸根树木除外有时还对树根蘸浆保护，须使泥浆始终保持潮湿，否则须根更易断落。有些须根极细或肉质根极易折断的落叶树或在非休眠移植时则需带土移植。

（三）带土栽植

一般用于常绿树或须根极细易损伤以及肉质根极易折断的落叶树，此法既不损伤须根又可保持水分，根与土壤不易分离，易成活。但包装、搬运成本高，由于带土一般不能过多，因此保存根系较少；对长久未经移植的苗木尤其如此。因此大树移植前应在2~3年内分批断根，使带工范围内分生多量须根，一般带土球的直径为树干胸径的7~10倍。包装材料可用编织物或用板材组成木箱，包装必须紧实牢固，勿使土壤松散。

（四）大树移植

移植已定植多年的大树，除需掌握一般植树要领外，还应采取一系列特殊措施。

大树移植后长势恢复较慢，移时树冠不宜修剪过重；因此应尽量多带根系。要根据根系延伸远近确定挖掘范围。对根系分布很广的大树，应从移植前1~2年在挖掘范围内侧30cm处分批断根。落叶树在休眠期裸根移植可保留较多根系；但需包裹严密并设框架以使搬运中不受损伤。土质为壤土或较黏重、所移树木较小时带土移植可用软包装材料；沙质土或移植很大的树木则需用板箱包装。树木掘好后、装运前要妥为支撑固定，以防风吹倾倒。运输大树要预先检查沿途通行条件。对必须处理的障碍物要确定配合措施。栽植时应严格掌握适度；不易腐烂的包装材料必须全部清除。

（五）树木假植

移植裸根掘出的树木不能及时栽植时，用湿润土壤暂时掩埋根部。如需假植数周或数月，则常带土挖掘或裸根掘出后栽于容器内，四周培土，按时浇水，可随时除去容器栽植。

（六）植树季节

植树应选择树根能再生和枝叶蒸腾量最小的时期，由于各地气候和不同树种间生态习性的差异具体时间不尽相同，大致可分为：①冬季植树。冬季土壤不结冻地区，一般落叶树在落叶后，发芽前均可栽植，常绿树则可带土栽植，土壤冬季冻结的寒冷地区，对耐寒常绿树种用冻土球方法移植，可避免土球松散，延长植树季节，但必须防止根部失水，注意早春灌溉。②春季植树。寒冷地区在土壤解冻、树木萌动前可栽植各种落叶树，包括不耐寒的边缘树种；常绿树常带土球栽植，干旱地区需注意灌溉。③秋季栽植。寒冷地区耐寒性强的落叶树可在落叶后栽植，在土壤冻结前树根仍可生长，需灌足冻水。④雨季植物。夏季多雨时期是热带和一些亚热带阔叶常绿树的主要休眠期，其他树木此时也进行短暂的休眠，此时空气湿度高，栽后蒸发量少，易成活，宜栽植阔叶常绿树，必要时也可栽植针叶树，作为冬、春季植树的补充。雨季植树应在春梢生长停止后进行。⑤非休眠期植树。为了特殊造园工程的需要，有时植树不能等待休眠期进行，一般可采取在休眠期内带土掘出或裸根掘出后栽于容器内长期保养的方法，用时随时栽植。

（七）树木支柱

在多风地区栽植较大乔木必须立支柱以防倾斜或倒伏。根据树的大小设1～4根，支撑绑扎的方法有1根支柱、3根支柱和牌坊形支柱等形式，绑缚材料各地有所不同，有竹竿、木棍、钢筋水泥柱。支柱须能固定树干，又不磨伤树皮，不使支柱与树干接触。若支柱一年后不能撤除时要重新绑缚，以免影响树液流通和树干发育。

（八）植树成活率和保存率

植树后当年成活株数占植树总数的百分比称为成活率，是衡量植树质量的标准之一。次年或数年后仍生存的株数的百分比，则为该时期的保存率，其高低与养护管理水平、树种对当地环境适合程度及配置设计是否合理等条件有关。

（九）草坪的建造

草种的选择是草坪建造能否成功的首要问题。一方面要选那些与当地气候条件、土壤条件相适应的种类，并考虑不同地段的光照情况，分别使用喜阳或耐阴的种类；另一方面考虑所建草坪的用途。草坪一般可分为观赏型、功能型和覆盖型三种类型。各类型适用的草种也不同，此外要考虑所建草坪的造价标准与管理条件。冷季型草对水、肥要求较高，而暖季型草管理上可相对粗放。草坪的土壤厚度最好在40cm以上，不能含砖瓦、石块等杂物，否则种草后无法正常养护管理。为避免积水，地面应保持1‰~5‰的坡度。在雨水多的地方草坪需要地下排水设施。对足球场、高尔夫球场的进球区、发球区等排水设施尤为重要。通常是在30~40cm的土层下铺设砂层、砾层及排水管道。

种草可采用播种、栽根和铺草块等不同方法。根据草种的不同及投资多少决定。用播种法时需平整土地、播后应经常喷水，并反复、多次剔除杂草。冷季型草最好秋播，此时杂草生长高峰已过，气温逐渐下降，适于小草生长。暖季型草出苗时要求温度较高，又因进入休眠期早，所以应在5~6月播种。栽根（分株）法适用于有根状茎或匍匐茎的种类（狗牙根、野牛草、匍匐剪股颖等）。1m^2草源可分栽成3~10m^2。为使迅速延展，及早盖满地面，穴与穴之间的距离要小。在需要迅速见效的地方，如有商品草块供应，可在平整好的地面上直接铺植，铺后容易管理。

（十）草坪植生带

一种易于操作种植草坪技术。把优良混合草籽按比例以一定密度均匀地夹在涂有黏着剂的两层纸或无纺布中间，经滚压而成，作为商品出售。通常每卷长100m宽1m，质量约7kg。种植时摊开铺平，上面覆1cm的薄土，经过镇压后按时喷淋灌溉即可形成完美的草坪。

（十一）漏空植草铺装

绿地、广场等处铺装允许人行走或车辆通行的有空洞的砖块，在空洞中种草或其他地被植物既不缩小活动面积，又可产生绿化效益，减少尘土飞扬，陡坡上可防止水土流失。

铺装时根据不同用途和地形进行基础处理，一般只适当镇压不铺灰浆，需通行车辆的可铺热砂石。在空洞中填入2/3的种植土，种草应低于砖面2~3cm。

二、园林绿化养护

（一）园林乔木整形修剪

城市园林乔木修剪的目的在于调节养分，扩大树冠，尽快发挥绿化功能；

整理树形，理顺枝条，使树冠枝繁叶茂，疏密适宜，充分发挥观赏效果；同时又能通风透光，减少病虫害的发生。有些行道树还需要解决好与交通、电线等的矛盾。常有台风经过的地方则需缩小树冠，以防倒伏。根据树木本身的自然树形和生长习性，可分为无主轴型和有主轴型。前者如槐树、栾树、馒头柳、元宝枫等；后者如白毛杨、银杏、白蜡等，修剪要领各不相同，此外对松柏类的修剪又另有要求。

1. 无主轴型（以中国槐为代表）

中国槐适应性强，不定芽萌生力强，耐修剪。从定植开始就应注意培养树形，主要修剪在冬季进行；夏季则进行对小树掰芽、对生长过旺的枝条剪梢、摘心以及针对妨碍电线等设施安全的修剪等。修剪时应注意：①掌握定干高度。定植树木时一般进行抹头，要根据不同栽植地点和要求，确定分枝点的高度，在快车道旁应保持 2.8m 以上，在慢性道或公园、绿地等处，可适当低些。②选留好主枝。对抹头后剪口以下萌生的许多新枝，选留方向匀称、角度适宜的留三四个作为主枝，其余的即使掰芽或疏枝，次冬对所留枝根据强弱、长短情况适当进行中度或轻度短截，以保证主枝粗壮，二次分枝适度。为了防止有些枝条由于生长过旺、过长而向下弯垂或基部无分枝，夏季应对过旺枝进行轻截或摘心，促使分枝。③经两三年树形骨架基本形成后，则以疏枝为主，使枝条逐年发展，疏密适度，保持树冠通风透光。按去弱留强原则，适当地疏剪丛生枝、轮生枝、过密枝、交叉枝，并剪去枯枝、病虫枝，理顺骨干枝系统，达到树冠内部不乱又不空，外围丰满又通风透光。④解决好树冠与电线、交通等的矛盾。电线下面应栽植无主轴型树，当直立枝距电线尚远时，就应进行轻剪，改为斜向生长，同时注意及早疏去一些不必要的直立枝，选留斜向枝，以加大冠顶开张角度，躲开电线生长。⑤做好大树整形修剪。树大后需要吸收水分养分量加大，而城市立地条件多较差，常难以保持吸收水分与蒸腾的平衡，除及时补充水肥外，还应本着去弱留强的原则整理树形，减少消耗，及时疏剪掉过密枝、交叉枝、病虫枝等。

2. 有主轴型（以白毛杨为代表）

这类树具有很强的顶端生长优势，直立壮观，不耐抹头或重截，应以疏剪为主。主要修剪在冬季进行。应注意以下几点：①保持树冠与树干的适当比例，高度一般保持 3∶2 左右，以保持足够的枝叶供应树木生长。在快车道旁边分枝点至少应高 2.8m 以上；②最下方三大主枝着生位置要上下错开，方向匀称，角度适宜，防止生在一个平面上，影响主尖生长；③及时剪掉三大主枝上基部贴近树干的侧枝，防止截留养分，影响主干往上生长；④选留好三大主枝以上的其他各主枝，使呈螺旋形循序排列，保持适当距离（一般为40～100cm），避免重叠。适当疏剪过密枝、主枝的背上枝、内向枝、弱枝、徒长枝、病虫枝等；⑤锯掉树干上的大枝时，锯口要落在大枝基部皮较粗糙、色较深的皮脊环外侧，留下保护颈，防止微生物等进入主干，造成木质部中央腐朽。

对有主轴型的大树不能轻易抹头。对于树和电线已共生多年的大树的修剪，既要照顾安全，又要照顾树形，对各枝条的生长要因势利导，不能大拉大砍。

松柏类的修剪：一般要保留全部侧枝，只修剪干枯枝、折损枝、严重病虫枝。如果提高松树的分枝点，应从幼树时逐年修剪，不宜一次修剪过多，剪口要稍离主干，不要剪掉基部膨大部分，防止伤口过大，流胶过多，影响树势。

（二）灌木修剪

为保持灌丛状态的修剪主要在于逐年循序更新老枝，使上下部枝叶都能丰满，避免下部空虚，一般在每年进入生长期前，在根生枝中选1/3较老的自地面剪除，同时整修株形，控制高度，除去过密枝并随时清理死枝和病虫侵害的枝条。

（三）观花灌木修剪

目的在于花繁叶茂，保持树形美观，枝条疏密适度，减少病虫害，延缓衰老；群团栽植的修剪应使整体形态和谐。

修剪的一般原则是：幼龄树轻剪，壮年树充分利用立体空间多开花，老弱树重剪复壮。修剪时间：休眠期修剪在落叶后进行，生长期修剪在花开谢后开始，不耐寒树种的修剪在萌动前进行。

为使花繁色艳，应根据不同开花习性掌握下列原则：①当年生枝开花的种类如紫薇、木槿、珍珠梅等，选留适当高度的健壮枝留2～4个饱满芽短截；一年内多次开花的种类花后在花下4～6芽处剪去，同时适当施肥。②二年生枝开花的种类如碧桃、榆叶梅、丁香、连翘、锦带花等春季剪去内膛过密枝，对开花枝适度轻剪。花后半月对弱枝留2～4芽强剪；对强枝留2/3轻剪，除去直立的徒长枝。③多年生枝上开花的种类如紫荆、贴梗海棠等着重更新修剪，即剪去衰老枝即细弱枝，选留壮枝适度短截以促生短花枝，同时剪除枯病枝即老枝枯梢。

（四）绿篱修剪

准备用做绿篱的苗木，在育苗过程中就应进行整形修剪。对乔木应按所需高度截去主干并逐年修剪侧枝，使上下侧枝密茂，株形整齐丰满；灌木也应修整株形。重要可使绿篱栽后立即成形，而节省苗木用量，延长绿篱寿命。

栽好后的绿篱应每年在春季萌动前和雨季休眠期用绿篱剪进行整形。绿篱的高度应符合各种植物不同的习性，亦即不同高度的绿篱应选用恰当的植物种类。绿篱可修剪成不同的集合形状，但对喜光的种类必须注意上部密度不大于下部，以免下部枝叶稀疏衰弱。当若干年后绿篱过高时，对萌发力强的树种可进行截短更新，降低高度。对自然式绿篱不用绿篱剪整，只按一般灌木修剪。

（五）草坪养护管理

在不同的环境中草坪养护管理的复杂程度有很大差异。即使在气候条件很好的地区，欲使草坪生长茂盛并满足观赏和功能方面的各种要求仍需定期养护；而气候条件较差的地区若缺乏必要的养护管理，草坪会很快消失。草坪养护管理主要包括灌水、施肥、剪草、打洞、除杂草、清理枯草、病虫害防治和维护等。

灌水与施肥：虽然大多数草坪植物较耐旱，耐瘠薄，但干旱时仍需灌水。而某些种类如匍匐剪股颖、草地早熟禾等对水、肥要求较高。草坪渗水较慢，灌溉要求既深入地下又不形成地表径流。通常采用供水均匀、缓慢而时间长的喷灌方法。施肥与否根据草的生长势来决定。冷季型草以秋季施肥为主、暖季型草在春、夏季。肥料种类以氮肥为主。

剪草与打洞："草坪"的含义一般包括修剪在内，所以剪草机的发明被列为草坪发展史上划时代的大事，修剪使草坪平整，均匀，并使叶片加密，叶面变窄，从而提高草坪质量。剪草也有清除杂草的作用。剪草的次数视不同草种和生长情况而定，一般以剪去叶面积的1/3为原则。剪留高度一般在4cm左右，通常每周至每月剪一次不等。功能型草坪常受踩踏、土壤紧实，根系生长条件不良，可撒些粗砾以增加地表的承载力，减少土壤结构恶化。为改善土壤通气状况，用带有空齿的机具在草坪上定期打洞极有利，冬季休眠的草坪在枯黄后应进行修剪，以防火灾，并使翌春返青提前，整齐美观。

除杂草：草坪中常会滋生杂草，对于那些当地的立地条件不适应的草坪草来说，如不及时清除杂草，短期内即可将人工草坪吞没。修剪可抑制某些一年生杂草的繁衍。对多年生杂草除可用人工挑除外，用化学药剂（除莠剂）杀灭或抑止杂草也很有效。但使用不当极易对目的草造成损害。必须严格遵照使用说明应用。药剂与草坪草种类必须适合，而且必须严格掌握单位面积用药量和施药时期。同一药剂由于用量或使用日期的不同可能产生完全相反的效果。加强草坪的肥水管理，促使目的草旺盛生长也可在一定程度上抑止杂草滋生。

清理与维护：对草坪上的枯草和其他异物需及时清除。对于践踏过度的草坪应及时封闭、加强养护，以恢复生机。

（六）树木越冬防护

树木越冬防护指寒冷干旱地区保护不耐寒树种，特别是一些原产较温暖、湿润地区的树种安全越冬的技术措施。树木冬季受害主要有两方面原因：一是低温使组织内水分结冰而使细胞死亡；二是早春树木萌动后土壤未解冻而植株无法吸收水分，不能保持组织内水分收支平衡，致使枝芽干枯，此时如遇干旱大风则更易致树木死亡。对于第一种原因，只能通过选择耐寒树种和利用背风向阳处的小气候条件等途径加以解决。对于第二种原因的防护措施除利用有利的小气候条件外还有：①春季施用含磷、钾的肥料。②夏末秋季不灌水、施肥；避免秋稍徒长，组织柔嫩；同时要防止土壤内积水。③秋季不修剪。④秋末土壤封冻前灌足冻水。⑤在树下地面上覆盖树叶或堆肥等防寒材料，覆盖面多超出根系范围，有大风地区表面要压土以防吹散，这样可使冻土层减薄，封冻时间缩短。⑥风害极大地段可设置风障。⑦早春土壤解冻后立即充分灌水。

上述各项措施尤其适于新植树后的 2 或 3 个冬季。

（七）树木保护栅

在人流多或可能遭车辆碰撞、牲畜啃咬的地段，多安装防护栅；也可与支柱结合设置。

三、古树名木养护管理

古树是林木资源中的瑰宝，是珍贵的文化遗产，也是社会文明与历史进步的见证。它具有重要的科研、文化、生态、历史价值。我国的古树分布之广，树种之多，树龄之长，数量之大，均为世界罕见，所以极应保护，加强深入研究，使之永葆青春，为我国园林事业创造更大的价值。

（一）古树名木的概念

古树：一般情况下，树龄达 100 年的树木即可称之为古树。

名木：稀有、珍贵、奇特树木或具有重要历史意义、文化科研价值、纪念意义或其他社会影响的树木。

古树名木是指在人类历史过程中保存下来的、年代久远的树木，或在科学研究、文化艺术上具有一定价值、形态奇特或珍稀濒危的树木。古树按树龄可分为：国家一级古树，树龄500年以上；国家二级古树，树龄300~499年；国家三级古树，树龄100~299年。国家级名木不受树龄限制，不分级。

古树名木一般包含以下几个含义。

①已列入国家重点保护野生植物名录的珍稀植物。

②天然资源稀少且具有经济价值。

③具有很高的经济价值、历史价值或文化科学艺术价值。

④关键种，在天然生态系统中具有主要作用的种类。

古树、名木往往一身而二任，当然也有名木不古或古树未名的，都应引起重视，加以保护和研究。

（二）古树名木的调查、登记、存档

古树名木是我国的活文物，是无价之宝，大多数名木古树数量稀少，分布零散或局限于小区域，天然资源有限。各省市应组织专人进行细致的调查，摸清我国的古树资源。

调查内容如下。

①分布区的基本情况，包括地理位置、气候条件和小气候环境、土壤类型、生态类型和起源。

②群落的特征，包括生态系统类型和群落结构、目的种在群落中的位置、建群种和主要伴生种的组成、目的种的组成结构。

③母树资料情况，包括树种、树龄、树高、树冠、胸径、生长势、开花结实情况。

④资源和利用情况，包括可利用的种子资源、幼树幼苗资源、抽穗资源，或可利用程度。

⑤其他资料：古树名木对观赏及研究的作用、养护措施等。同时还应搜集有关古树的历史资料，如有关古树的诗、画、图片及神话传说等。

总之，只有群策群力，才能建立和健全我国的古树资源档案。

在调查、分级的基础上，要进行分级养护管理，对于生长一般，观赏及研究价值不大的，可视具体条件实施一般的养护管理。对于年代久远；树姿奇特兼有观赏价值和文史等及其他研究价值的，应拨专款、派专人养护，并随时记录备案。

（三）古树名木复壮养护管理技术

古树是几百年乃至上千年生长的结果，一旦死亡则无法再现，因此我们应该非常重视古树的复壮与养护管理，避免造成不可挽回的损失与遗憾。

1. 地下复壮措施

地下部分复壮目标是促使根系生长，可以做到的措施是土地管理和嫁接新根。一般地下复壮的措施有以下几种。

①深耕松土。操作时应注意深耕范围应比树冠大，深度要求在 40cm 以上，要重复两次才能达到这一深度。园林假山上不能进行深耕的，要查察根系走向，用松土结合客土覆土保护根系。

②埋条法。分放射沟埋条和长沟埋条两种方法：放射沟埋条法是在树冠投影外侧挖放射状沟 4～12 条，每条沟长 120cm，宽为 40～70cm，深 80cm。沟内先垫放 10cm 厚的松土，再把剪好的树枝缚成捆，平铺一层，每捆直径 20cm 左右，上撒少量松土，同时施入粉碎的饼肥和尿素，每沟施饼肥 1kg、尿素 50g。为了补充磷肥可加入少量动物骨头和贝壳等物，覆土 10cm 后放第二层树枝捆，最后覆土踏平。

③开挖土壤通气井（孔）。在古树林中，挖深 1m，四壁用砖砌成 40cm × 40cm 孔洞，上覆水泥盖，盖上铺浅土植草伪装。各地可根据当地材料就地取材，可利用当地毛竹，取竹筒去节，埋插。若用有裂缝的旧竹筒，筒壁不需打孔腐烂后可直接做肥料。

④地面铺梯形砖和草皮。在地面上铺置上大下小的特制梯形砖，砖与砖之间不勾缝，留有通气道，下面用石灰砂浆衬砌，砂浆用石灰、砂子、锯末配置比例为 1∶1∶0.5. 同时还可以在埋树条的上面种上花草，并围栏杆禁止游人践踏，或在其上铺带孔的或有空花条纹的水泥砖。此法对古树复壮都有良好的作用。

⑤耕锄松土时埋入聚苯乙烯发泡。将废弃的塑料包装撕成乒乓球大小，数量不限，以埋入土中不露出为度。聚苯乙烯分子结构稳定，目前没有分解它的微生物，故不会刺激根系。渗入土中后土壤容重减轻，气相比例提高，有利于根系生长。

⑥挖壕沟。一些名山大川上的古树，由于所处地位特殊，不易截留水分，常受旱灾，可以在距树上方 10m 左右处的缓坡地带挖水平壕，深至风化的岩层，平均为 1.5m，宽 2～3m，长 7.5m。向外沿翻土，筑成截留雨水的土坝，底层填入嫩枝、杂草、树叶等，拌以表土。这种土坝在正常年份可截留雨水，同时待填充物腐烂后，可形成海绵状的土层，更多地蓄积水分，使古树根系长期处于湿润状态，如果遇到大旱之年，则可人工浇水到壕沟内，使古树达到水分平衡。

⑦换土。古树几百年甚至上千年生长在一个地方，土壤里肥分有限，常出现缺肥症状；再加上人为踩实，通气不良，排水也不好，对根系生长极为不利。因此造成古树地上部分日益萎缩的状态。

⑧施用生物制剂。可对古树施用农抗120和稀土制剂灌根，根系生长量明显增加，树势增强。

2. 地上部分复壮措施

地上部分的复壮，指对古树树干、枝叶等的保护，并促使其生长，这是整体复壮的重要方面，但不能孤立地不考虑根系的复壮。

①抗旱与浇水。古树名木的根系发达，根冠范围较大，根系很深，靠自身发达的根系完全可满足树木生长的要求，无需特殊浇水抗旱。但生长在市区主要干道及烟尘密布、有害气体较多的工厂周围的古树名木，因尘土飞扬，空气中的粉尘密度较大，影响树木的光合作用，在这种情况下，需要定期向树冠喷水，冲洗叶面正反两面的粉尘，以利于树木同化作用，制造氧分，复壮树势。

②抗台防涝。台风对古树名木危害极大，深圳市中山公园一株110年的凤凰木，因台风吹倒致死。台风前后要组织人力检查，发现树身弯斜或断枝要及时处理，暴雨后及时排涝，以免积水，这是防涝保树的主要措施。特别是对耐水能力差的树种更应抓紧时间及时排水。松柏类，银杏等古树均忌水渍，若积水超过2天，就会发生危险。忌水的树种有：银杏、松柏、腊梅、广玉兰、白玉兰、桂花、枸杞、五针松、绣球、樱花等。忌干的树种有：罗汉松、香樟等。

③松土施肥。根据树木生物学特性和栽培的要求与条件，其施肥的特点是：首先，古树名木是多年生植物，长期生长在同一地点，从肥料种类来说应以有机肥为主，同时适当施用化学肥料。其次，古树名木种类繁多，作用不一，观赏、研究或经济效用互不相同。因此，就反映在施肥种类、用量和方法等应有差异。在这方面各地经验颇多，需要系统地分析与总结。再次，名木古树生长地的环境条件也很悬殊，有高山，又有平原肥土，还有水边低湿地及建筑周围等，这样更增加了施肥的困难，应根据栽培环境特点采用不同的施肥方式。同时，对树木施肥时必须注意园容的美观，避免发生恶臭有碍游人的活动，应做到施肥后立即覆土。

④修剪、立支撑。古树由于年代久远，主干或有中空，主枝常有死亡，造成树冠失去均衡，树体倾斜。有些枝条感染了病虫害，有些无用枝过多耗费了营养，需进行合理修剪，达到保护古树的目的。对有些古树结合修剪进行疏花果处理，减少营养的不必要浪费；又因树体衰老，枝条容易下垂，因而需要进行支撑。在复壮时，可修去过密枝条，有利于通风，加强同化作用，且能保持良好树形，对生长势特别衰弱的古树一定要控制树势，减小质量，

台风过后及时检查，修剪断枝，对已弯斜的或有明显危险的树干要立支撑保护，固定绑扎时要放垫料，以免发生缢束，以后酌情松绑。对某些体型姿态优美或具有一定历史意义的枯古木，过去均一概挖除，这无异损失不少风景资源。具有积极意义的做法是首先将枯木进行杀虫杀菌和防腐处理，以及必要的加固处理，然后在老干内方边缘适当位置纵刻裂沟，补植幼树并使幼树主干与古木干嵌合，外面用水苔缠好，再加细竹，然后用绳绑紧，如此经过数年，幼树长粗，嵌入部长得很紧，未嵌入部向外增粗遮盖了切刻的痕迹，宛若枯木逢春。

⑤堵洞、围栏。古树上的树干和骨干枝上，往往因病虫害、冻害、日灼及机械操作等造成伤口，这些伤口如不及时保护、治疗、修补，经过长期雨水浸泡和病菌寄生，易使内部腐烂形成树洞。因此，要及时补好树洞，避免被雨水浸蚀，引发木腐菌等真菌危害，日久形成空洞，甚至导致整个树干被害。

⑥防止病虫害。古树名木因长势衰退，极易发生病虫害，病虫的危害直接影响其观赏价值，同时也影响其正常生长发育。因此要有专人定期检查，做好虫情预测预报，做到治早、治小，把虫口密度控制在允许范围内。

⑦装置避雷针。据调查千年古树大部分都受到过雷击，严重影响树势。有的在雷击后未采取补救措施导致很快死亡。所以，凡没有装备避雷针的古树名木，要及早装置，以免发生雷击损伤古树名木。如果遭受了雷击，应立即将伤口刮平，涂上保护剂。

第四章 发展现代林业

第一节 林业的地位、使命与功能

“三个系统一个多样性”是陆地生态系统的基石，建设和保护好“三个系统一个多样性”是促进社会—经济—自然的复合生态系统协同发展，实现人与自然和谐的基础。林业肩负着建设和保护好“三个系统一个多样性”的神圣职责。因此，我们必须牢记党中央赋予林业的“四个地位”，坚持以生态建设为主的林业发展战略，努力承担起时代赋予的“四大使命”，为建设生态文明和推动科学发展做出应有的贡献。

一、林业的四个地位

2009 年召开的中央林业工作会议上，温家宝总理代表党中央、国务院对林业确立了四个新的历史定位。即林业在贯彻可持续发展战略中具有重要地位，在生态建设中具有首要地位，在西部大开发中具有基础地位，在应对气候变化中具有特殊地位。对林业四个地位的定位，是党中央深刻分析我国面临的新形势和全球面临的新挑战做出的科学判断，赋予了林业在我国经济社会发展战略全局中新的更加突出的地位。

（一）在可持续发展战略中的重要地位

1992 年联合国环境与发展大会后，可持续发展理念逐渐为世界各国接受。1996 年，我国正式把可持续发展战略作为我国的基本发展战略，可持续发展理念贯穿于中国经济和社会发展的各个领域，体现了中华民族对于自身发展道路的正确选择和对于生态环境问题的迫切关注，在国际上引起巨大反响。当前，生态问题已成为制约我国经济社会可持续发展的最大瓶颈，生态差距是我国与世界发达国家之间的最主要的差距之一。森林、湿地、荒漠和生物多样性在提供人类社会巨量的物质产品、维持生态安全、保护生物多样性等方面发挥着决定性和不可替代的作用。以“三个系统一个多样性”为主体的林业建设是生态建设中最根本的措施，肩负着维护生态安全、促进科学发展的重大使命。要实现我国经济社会的全面协调可持续发展，促进经济发展与人口资源环境相协调，必然要求我们加快林业发展，赋予林业重要地位。

（二）在生态建设中的首要地位

随着人类对森林、湿地和荒漠的过度利用和肆意破坏，全球气候变化问题日益突出，土地退化、湿地缩减、水土流失、旱涝频发、物种灭绝等一系列本已严重的生态危机日益加剧，生态灾难频发，生态危机成为迄今为止人类面临的最大威胁。从国内情况看，尽管林业生态建设取得了举世瞩目的成就，实现了森林资源增长，局部生态明显改善，沙化土地缩减的历史性转变，但是我国森林资源仍然严重不足，森林生态系统整体功能仍然非常脆弱，湿地生态系统面积减少、功能退化的趋势仍然没有得到根本遏制；水土流失现象也未从根本上得到有效治理，生物多样性锐减，荒漠化在局部地区还在扩展，治理和破坏还有可能反复，生态状况依然脆弱。总之，生态产品是我国当今社会最短缺的产品之一。作为生态建设的主体，林业承担着建设森林生态系统、保护湿地生态系统、改善荒漠生态系统和维护生物多样性的重要职责。因此必须加强生态建设，在生态建设中赋予林业首要地位。

（三）在西部大开发中的基础地位

西部大开发是党中央、国务院总揽全局、面向新世纪做出的重大决策。我国西部国土面积占全国的56%，人口占全国的22.8%，实施西部大开发，是实现全国现代化必不可少的前提。在西部大开发中，脆弱的生态是西部各省份发展面临的共同难题，如果不以加强生态保护为前提，恣意破坏，无度索取，带来的将是毁灭性的后果。国家把加强林业建设和生态保护作为西部大开发的根本和切入点，相继启动了退耕还林、天然林资源保护、京津风沙源治理等一批重点林业生态建设工程，工程的实施明显改善了西部地区生态恶化的状况，巩固了国家西部生态安全屏障，确保了西部地区可持续发展的基础。在西部大开发中赋予林业以基础地位，充分体现了党中央坚持走科学发展、可持续发展的执政理念。

（四）在气候变化中的特殊地位

全球气候变化问题已成为全人类生存与发展面临的重大挑战，成为当今国际社会关注和谈判的焦点之一。应对全球气候变化，最有效的途径有两条：一是工业直接减排，减少温室气体的排放；二是森林间接减排，也就是我们通常所说的森林固碳。据统计，全球陆地生态系统中约储存了2.48万亿t碳，其中有1.15万亿t储存在森林生态系统中。《京都议定书》把发展林业列为应对气候变化的重要途径。为应对全球气候变化，国家主席胡锦涛在2007年的亚太经济合作组织（APEC）会议上发出了建立"亚太森林恢复和可持续经营网络"的重要倡议，被国际社会誉为应对气候变化的森林方案。2007年12月，联合国《气候变化框架公约》第13次缔约方大会将植树造林列为巴厘岛路线图的重要内容。2010年的墨西哥坎昆大会上，减少毁林和森林退化得到广泛共识，增强森林碳汇功能，已成为应对气候变化的全球共识和行动。

二、林业的四大使命

从我国经济社会发展全局来看，我国正处于继续全面建设小康社会、加快推进社会主义现代化的关键时期，建设生态文明已成为我国现代化建设的战略任务，维护生态安全已成为全球面临的重大课题，林业工作肩负着更加重大的历史使命。

（一）实现科学发展必须把发展林业作为重大举措

科学发展是指引当代中国经济社会发展的最新理论成果，发展是第一要义，核心是以人为本，基本原则是全面协调可持续，根本方法是统筹兼顾，统筹城乡发展、统筹区域发展、统筹经济社会发展、统筹人与自然和谐发展。今后一个时期，我国经济社会发展都将面临经济增长资源环境约束强化的现实，城乡区域发展不协调等矛盾问题突出。实现科学发展，必须坚持全面协调可持续的发展原则，必须要求加强生态建设，夯实发展基础，必须转变林业发展方式，提高资源能源利用效率，促进农民就业增收。一是林业建设在维护生态平衡、提高生态承载力中发挥着决定性作用。建设和保护好"三个系统一个多样性"可以提高和改善生态系统的各项功能，提高生态承载力，对于保障我国生态安全、淡水安全和物种安全等关系国计民生的重大问题具有突出作用。二是林业建设是推动绿色发展的重要力量。林业资源是可再生的绿色资源，林业产业是巨大的循环经济体，林业还可以提供可再生生物质能源，林业在绿色经济中的作用不容忽视。

（二）建设生态文明必须把发展林业作为首要任务

党的十七大报告首次提出了"把建设生态文明作为建设小康社会的重要目标"。建设生态文明，强调要建立人与自然和谐相处关系。具体说，建设生态文明，重点包括三个层面：一是建设和改善自然生态，二是转变生产方式和生活方式，三是增强全社会的生态文明意识和提高全社会的生态道德水平。建设生态文明的最基础任务就是改善生态环境，要达到目标必须发展林业。一是林业在生态建设中具有首要地位，林业生态建设承担着建设和保护森林生态系统、管理和恢复湿地生态系统、改善和治理荒漠生态系统、维护和发展生物多样性的多种艰巨任务，对保持陆地生态系统的整体功能发挥重要作用，是实现人与自然和谐的重要桥梁，是夯实生态文明建设的基石。二是林业在绿色增长中作用重要，为转变发展方式和生活方式提供了先导。林业生态建设是发展低碳经济、循环经济的重要选择，森林作为循环、可再生的资源对于促进节能减排，建设“资源节约型”、“环境友好型”社会具有重要作用。三是建设生态文化，弘扬生态道德，提高全社会生态意识也是林业建设的重要使命，林业建设尊重自然，亲和公众，必将促进社会公众生态文明意识提高。

（三）应对气候变化必须把发展林业作为战略选择

全球气候变化是全人类面临的巨大威胁和必须面对的重大挑战。应对全球气候变化有减缓和适应两条基本对策，一方面可以通过工业直接减排和林业碳汇减排，减少二氧化碳气体排放量，另外一方面就是提高生态系统的适应性，提高生态系统的稳定性，减少风险。林业应对气候变化的独特作用已经得到国际社会的普遍认可，土地利用和土地利用变化、减少毁林排放和森林退化以及可持续管理机制作为应对气候变化的重要发展战略得到了广泛共识，必须把发展林业作为应对气候变化的重要战略选择。一是要继续加强森林可持续经营，全面提高森林质量，增强森林的碳汇功能和生态系统适应能力。加大科技支撑力度，研究森林经营应对气候变化的行动方案。二是要更加重视国际合作和区域合作，分享林业应对气候变化和绿色发展中的经验，提高我国林业在应对气候变化谈判中的地位和作用。

（四）解决“三农”问题必须把发展林业作为重要途径

“三农”问题关系党和国家事业发展全局，解决“三农”问题是全党工作的重中之重。我国山区面积占国土面积的69%，山区人口占全国人口的56%，山区经济是我国经济最薄弱的环节。加快山区发展是实现全面协调可持续发展的应有之义，是统筹城乡发展最艰巨的任务。首先林业是重要的基础产业，在维护国家木材安全、粮食安全和能源安全方面具有重要而独特的作用，在建设社会主义新农村中发挥越来越重要的作用。第二，林业是劳动密集型行业，林业产业在吸纳农民就业方面具有重要作用。有关研究表明，目前我国林业产业吸纳4500万人就业，绝大多数在农村。第三，林产品作为纯天然、无污染的绿色产品越来越受到消费者青睐，森林旅游、林下经济发展迅速，林业产业对于促进农民增收作用明显。

三、林业的多种功能

林业既是一项重要的公益事业，又是一项重要的基础产业。随着国家经济、社会的发展，林业的地位越来越重要，林业的功能不断拓展、内涵不断延伸。

（一）林业关系着生态安全

荒漠化、土地退化加剧、全球气候变化、生态灾难频发等问题已经成为威胁我国乃至全世界可持续发展的巨大挑战，加强生态建设，维护生态安全成为世界各国的必然选择。国际著名科学家指出，由于大量森林被毁，已经使人类生存的地球出现了比任何问题都难以对付的严重生态危机，生态危机将有可能取代核战争成为人类面临的最大威胁。英国著名生态学家戈德·史密斯称，当前的生态危机是“第三次世界大战”。联合国粮食及农业组织前总干事萨乌马深刻地指出，“森林即人类之前途，地球之平衡”。森林是地球之肺，湿地是地球之肾，生物多样性是地球之免疫系统，因此林业关系着生态安全，关系着人类的生存发展。

（二）林业关系着气候安全

全球气候变化问题已经成为21世纪人类面临的最大威胁之一。2007年，英国政府气候变化与发展顾问尼古拉斯·斯特恩发表的《气候变化评估报告》指出，如果不采取有效措施，到2035年大气中的温室气体浓度将达到工业化前的两倍，气候变暖造成的损失将相当于20世纪上半叶经济大萧条和两次世界大战损失的总和。为减少二氧化碳排放，《京都议定书》提出采取直接和间接两种办法减排。直接减排就是各国对现有企业进行技术改造，减少二氧化碳排放；间接减排就是通过造林再造林吸收二氧化碳，通过减少毁林和森林退化，减少森林碳排放。目前全球气候变化谈判陷入僵局，发展林业碳汇、减少毁林和森林退化等林业议题最有可能率先取得突破，形成国际共识。林业在维护全球气候安全和国家外交中将发挥越来越重要的作用。

（三）林业关系着淡水安全

淡水资源安全是我国面临的又一重要战略问题，洪涝灾害、干旱缺水、水生态环境恶化三大问题，特别是水资源短缺问题，将越来越成为制约我国经济社会发展的重要因素。我国水资源总量28000多亿m^3，居世界第6位，但人均水资源占有量只有2300m^3，约为世界人均水平的1/4。我国约有400座城市供水不足，农村有4300多万人饮水困难，农田年均干旱面积达3.75亿亩，每年造成的经济损失达2300亿元，最近几年干旱缺水在我国北方和南方地区都频繁发生，造成了巨大的经济损失。研究表明，我国森林共涵养水源3743亿m^3，相当于全国水库库容总量的75%；湿地被称为“地球之肾”，我国湿地维持和保存了全国96%的可用淡水资源。同时，湿地生态系统对净化水质有着明显作用，每年全国湿地可净化水量154亿t。加强林业建设，保护和恢复森林生态系统和湿地生态系统，对于维护我国淡水安全具有重要作用。

（四）林业关系着生物安全

生物多样性是当今生态领域中研究热点之一，是人类赖以生存的条件，是社会经济持续稳定发展的基础。生物多样性对维持区域生态平衡及可持续发展具有十分重要的意义。然而，由于资源的过度利用，生态环境不断恶化，生物的生存和生物多样性的维持面临巨大的压力，大量物种急剧消亡，生态系统严重退化，各种资源不断枯竭。生物多样性是最珍贵的自然遗产和人类未来的财富。一个物种一旦灭绝，那么与之相联系的一系列物种都将受到不同程度影响，严重的可能破坏生态平衡，这将是一种无法挽回的巨大损失。据专家测算，现在物种的灭绝速度是自然灭绝速度的1000倍，有许多物种在人类还未认识它之前，就携带着它们特有的基因从地球上消失。保护生态系统多样性、物种多样性、基因多样性，已成为全球和我国重要而紧迫的任务之一。保护好森林、湿地和荒漠生态系统，对保护好生物多样性有重要意义。

（五）林业关系着木材安全

新中国成立60年来，林业行业为国家提供木材60多亿m^3、竹材182亿根。近30年来，我国木材年均消耗量为3.79亿m^3，木材消耗量年均增长3.71%，而年均木材产量为5928.03万m^3。2009年国内木材产量为7068.29万m^3，木材产量年均增长1.85%，供需矛盾日益突出。2003年以来进口木材和木质林产品已占国内消费总量的40.9%，2005~2010年，年均进口木材和木质林产品达到1.31亿m^3，对外依存度达到43.6%。随着我国经济高速增长，仅仅依靠进口解决我国的木材需求问题，是十分困难和不可持续的，也是国际木材市场难以承受的，必须立足国内46亿亩林地解决13亿人口的木材需求问题，这是维护国家木材安全的唯一选择。

（六）林业关系着能源安全

随着我国工业化进程的深入，对能源需求不断增长，我国自然资源禀赋不足，能源消耗的结构性矛盾突出，加上国外能源利用难度加大，发展新能源、可再生能源，将是替代化石能源的必然选择。最近几年，我国能源消耗稳居世界第二位，仅次于美国，石油对外依存度已超过40%。生物质能就其能源当量而言，是仅次于煤、石油、天然气的第四大能源，占生物物种50%以上和占生物质总量70%以上的森林和野生动植物资源，以其可再生性，已成为各国能源战略的现实选择。据调查测算，我国现有的林业“三剩物”加上灌木、薪炭林每年可以提供3亿多吨的生物质能源生物量，可替代2亿t标准煤；培育能源林的潜力和空间很大。加快发展林木生物质能，对改善我国能源结构、维护国家能源安全十分重要。

（七）林业关系着粮油安全

“民以食为天”，粮食安全一直是关系国家长治久安的根本性问题。一方面我国政府实施了最严格的耕地保护政策，保护和加强农业生产能力，另一方面对于非耕地资源，特别是林业对粮食安全的贡献也不容忽视。森林是农业的生态屏障，能够有效地改善农业生态环境，增强农牧业抵御干旱、风沙、干热风、冰雹、霜冻等自然灾害的能力，促进农业高产稳产。木本粮油林是我国森林资源的重要组成部分，除了调节气候、保持水土、涵养水源、防风固沙等多种功能外，它还可以提供人们生活所需要的、营养丰富的多种食物品种。我国可栽培利用木本粮油资源丰富，目前有木本粮油面积1.6亿亩，年产量850多万t；不少资源为我国特有，如板栗、核桃、枣、柿、仁用杏、白果、香榧、油茶等在不少适宜的山区、丘陵区，基本形成了区域规模。我国木本粮油资源发展的潜力巨大。我国8亿亩可治理的荒地沙地，可挖掘数亿亩立地条件较好的荒山荒地发展木本粮油林。充分利用我国丰富的林地、树种资源，大力发展木本粮油，对于保障我国粮食安全具有重要作用。

（八）林业关系着社会就业与和谐稳定

就业是民生之本，是社会和谐的基石，解决就业问题是我国当前和今后很长一个时期内重大而艰巨的任务。林业横跨一、二、三产业，产业链条长，市场空间广，就业容量大，是解决我国社会就业问题、维护社会和谐稳定的重要途径。我国有45亿亩林业用地，还有8亿亩可治理的沙地和近6亿亩湿地，三者合计相当于我国耕地总面积的3倍多。同时，我国有4万多个物种，其中很多物种可以开发成大产业，就业潜力十分广阔。仅25亿亩集体林业用地，按每户经营50亩计算，就可使5000万农户、2.5亿农民得到最适宜、最直接、最可靠的就业机会，实现安居乐业。这对于我国缓解就业难题，维护社会稳定，构建和谐社会，意义十分重大。

此外，林业还是发展绿色经济、促进绿色增长的基础和关键。胡锦涛主席在亚太经济合作组织第十九次领导人非正式会议和首届亚太经济合作组织林业部长级会议上指出，森林在推动绿色增长中具有重要功能，要加强森林可持续恢复和管理，为绿色增长做出贡献。促进绿色增长，为我国林业发展提供了更为广阔的舞台，也对加快林业发展提出了迫切要求。首先，实现绿色增长离不开良好的生态，这就需要林业大力提升生态服务功能，进一步增强经济社会发展的承载能力。其次，实现绿色增长离不开绿色资源能源和绿色产业，这就需要林业大力提升产品供给功能，不断满足经济社会发展的需要。第三，实现绿色增长离不开普及的生态文明观念，这就需要林业大力发挥生态文化传承功能，增强绿色增长的活力和动力。总之，促进绿色增长，要求我们必须大力加快林业发展，充分发挥林业的综合功能。在绿色经济下，森林将被作为资产进行管理和投资，实现各种效益。林业在绿色经济中的作用可以概括为三个方面。一是生产“工厂”（生产从木材到食品的私人产品）；二是生态基础设施（提供从气候调节功能到水资源保护的公共产品）；三是创新和保险服务的提供者（森林生物多样性保护）。绿色林业投资的五个重点领域主要包括，保护区、生态补偿机制、森林经营与认证、人工造林及混农林业（林下经济）。实现林业绿色转型的五个促成条件是，森林治理与政策改革，打击非法采伐，筹集绿色投资、以财政政策改革和经济手段推进公平竞争，改善森林资产信息，利用减少毁林和森林退化所致排放量（REDD+）促进绿色林业发展。总的来看，林业已经成为一个事关经济社会发展全局的重大战略问题。经过多年努力，我国林业建设已经取得巨大成就，不少地方生态状况有了明显改善，但是离经济社会可持续发展的要求相比还有很大差距，应将林业放在更加突出的战略地位来认真考虑、超前谋划，从思想上、政策上、投入上，对林业建设给予更大支持，让其为维护全球和国家生态安全发挥更大作用。

第二节　现代林业发展的思路与布局

一、现代林业的基本思路

现代林业是一个具有时代特征的概念。2007 年全国林业厅局长会议明确提出，要加快由传统林业向现代林业转变。之后连续多年对现代林业建设进行探索和实践，进一步完善和创新了现代林业的概念、内涵、任务、目标、布局和要求等要素。我们认为，现代林业，就是科学发展的林业，以人为本、全面协调可持续发展的林业。现代林业以建设生态文明为目标，以可持续发展理论为指导，以现代科学技术为支持，以现代法律制度和体制机制为保障，以不断改革创新为动力，努力提高林业科学化、机械化和信息化水平，提高林地产出率、资源利用率和劳动生产率，提高林业发展的质量、素质和效益。

三步走的现代林业建设目标包括以下几点。

（1）到2015年，使森林覆盖率达到21.66%，森林蓄积量达到143亿m^3以上，森林植被总碳储量力争达到84亿t，重点区域生态治理取得显著成效，国土生态安全屏障初步形成，林业产业总产值达到3.5万亿元，特色产业和新兴产业在林业产业中的比重大幅度提高，产业结构和生产力布局更趋合理。

（2）到2020年，比2005年新增森林面积4000万hm^2，新增森林蓄积量13亿m^3，使森林覆盖率达到23%以上，林业产业总产值达到4万亿元，重点地区的生态问题基本解决，全国的生态状况明显改善，林业产业实力显著增强。

（3）到2050年，建立起与国民经济和社会可持续发展相适应的完善的林业生态体系、发达的林业产业体系和繁荣的生态文化体系。使全国森林覆盖率达到并稳定在26%以上，生态环境明显改善，基本实现中华大地的山川秀美；主要木材及林产品基本自给，供需平衡；森林生产率和林业综合实力达到世界林业中等发达国家的水平。

二、发展现代林业的基本要求

发展现代林业的要求主要有以下九个方面。

（1）用现代发展理念引领林业。中国现代林业的发展理念，是以可持续发展理论为指导，坚持以生态建设为主的林业发展战略，全面落实科学发展观，最终实现人与自然和谐的生态文明社会。这一发展理念既符合当今世界林业发展潮流，又符合中国的国情和林情。

（2）用多目标经营做大林业。森林具有多种功能和多种价值。中国现代林业多目标经营，就是充分发挥林业资源的多种功能和多种效益，不断增加林业生态产品、物质产品和文化产品的有效供给，持续不断地满足社会和广大民众对林业的多样化需求。中国现代林业的最终目标是建设生态文明社会，具体目标是实现生态、经济、社会三大效益的最大化。

（3）用现代科学技术提升林业。现代科学技术是建设现代林业的坚强基石，是检验林业管理经营水平和生产力发展水平的重要标志。全面依靠科技进步是突破资源和市场对我国林业的双重制约的根本出路，主要内容有：加快林业创新体系建设，加强林业实用技术研究开发体系建设，推进林业科技的推广应用体系建设等三个方面。

（4）用现代物质条件装备林业。就是不断加强现代林业基础设施和技术装备建设，充分利用国际国内成熟技术和装备，广泛应用于林业生产和经营，大幅度提高林业劳动生产率、林地生产率和林业资源综合利用率，提升林业生产力和管理水平，实现林业生产过程的机械化、智能化。

（5）用现代信息手段管理林业。管理的现代化不仅包括管理理念的现代化，同时也包括管理手段的现代化。要充分利用现代科学技术成果，在现代林业管理中引入数字化、网络化等先进的信息化技术手段。实现森林资源管理、生态状况动态监控、林业发展规划布局、野生动植物保护、森林自然灾害监控、植树造林成果评价、林业行政审批等方面的科学管理、科学经营、科学决策。

（6）用现代市场机制发展林业。建设现代林业的市场引导机制，包括政策激励、市场引导、完善服务三个方面，按照“政府制定政策、市场配置资源”的原则，建立健全和不断完善有利于现代林业发展的社会化服务体系，包括金融服务、技术服务、信息服务等，并把配套服务贯穿于林业生产的全过程，加快推进现代林业产业集约化、规模化、专业化进程。

（7）用现代法律制度保障林业。现代林业是建立在完整的、适合国情、林情的林业政策、法律、法规和制度体系基础之上的林业。第一，要完善立法，强化执法，搞好普法。第二，完善强林惠林政策体系。第三，全面推进林权制度改革，建立现代林业产权制度。第四，遵循统一的、与国际接轨的、公平公正的市场运行法则，建立和完善“统一、开放、规范、有序”的社会主义市场经济体系。

（8）用扩大对外开放拓展林业。现代林业是面向全球环境和经济一体化的开放型林业。首先是责任的国际性。包括共同应对全球气候变暖、物种锐减、自然灾害频繁等问题，还包括充分利用国际国内两个市场、两种资源，积极面对经济全球化、贸易自由化以及我国加入世界贸易组织（WTO）面临的机遇与挑战等。其次是广泛的参与性。包括认真履行与林业有关的国际公约，积极参与国际森林政策对话和区域进程，参与相关规则制定，大力发展外向型经济，扩大林业发展空间等。

（9）用培育新型务林人推进林业。我国林业人力资源主要由林业公务员、林业专业技术人员、林业企业经营管理者、林业工人和林农组成。要紧紧围绕未来林业发展和生态建设全面进入依靠科技进步和提高劳动者素质的轨道这个目标，充分激发林业从业人员积极性和创造力，不断提高林业从业人员的学习能力、实践能力和创新能力，切实提升林业从业人员专业知识水平和教育程度，形成布局合理、总量充足、结构优化、有序流动、社会广泛参与的林业人力资源新格局。

通过上述工作，努力提高林业科学化、机械化和信息化水平，提高林地产出率、资源利用率和劳动生产率，提高林业发展素质、质量、效益和竞争力，转变林业增长方式、不断推进林业可持续经营。

三、现代林业建设的总体布局

（一）构建完善的林业生态体系

通过培育和发展森林资源，着力保护和建设好森林生态系统、荒漠生态系统、湿地生态系统，在农田生态系统、草原生态系统、城市生态系统等的循环发展中，充分发挥林业的基础性作用，努力构建布局科学、结构合理、功能协调、效益显著的林业生态体系，满足社会对林业的生态需求。主要包括四个方面的内容：一是保护和建设森林生态系统。实施林业重点生态工程，全面加快国土绿化步伐。加强森林资源管护，切实保护天然林和原始森林。大力开展植树造林，巩固和扩大退耕还林成果，建设“三北”、长江和沿海等重点防护林体系，推进全民义务植树，促进森林生态系统的自然恢复和人工修复，努力建设以林草植被为主、布局合理、结构稳定、功能完善的绿色生态屏障。二是保护和恢复湿地生态系统。实施湿地保护工程，全面加强对湿地的抢救性保护和对自然湿地的保护监管，对退化或面临威胁的重要湿地进行生态补水、污染治理、限养限用、保育结合等综合治理，重点建设国际和国家重要湿地、各级湿地保护区、国家湿地公园以及滨海湿地、高原湿地、鸟类迁飞网络和跨流域、跨地区湿地，有效保护和恢复湿地功能。三是治理和修复荒漠生态系统。坚持科学防治、综合防治、依法防治的方针，统筹规划全国防沙治沙工作，加大《中华人民共和国防沙治沙法》宣传和执法力度，全面落实防沙治沙目标责任制，启动实施沙化土地封禁保护区建设，建设重点地区防沙治沙工程和全国防沙治沙综合示范区，恢复林草植被，构建以林为主、林草结合的防风固沙体系。四是维护和发展生物多样性。大力推进野生动植物保护及自然保护区建设工程，保护和改善珍稀、濒危野生动植物栖息地，建立健全野生动植物救护、驯养繁殖（培植）、基因保护体系，提高野生动植物保护能力和自然保护区管理水平。加强野生动植物种进出口管理，推动我国野生动植物保护事业再上新台阶。最终通过林业重点生态工程的实施，加快实施国土生态安全屏障战略。加快推进林业重点生态工程。主要包括14项重点工程。

同时，按照国家推进形成主体功能区的要求，以重点工程为依托，加快在东北森林区、西北风沙区、沿海区、西部高原区、长江、黄河、珠江、中小河流及库区、平原农区、城市区等构筑十大生态屏障，形成维护国土生态安全的保障体系。

（二）构建发达的林业产业体系

通过加强第一产业，全面提升第二产业，大力发展第三产业，不断培育新的增长点，积极转变增长方式，努力构建门类齐全、优质高效、竞争有序、充满活力的林业产业体系，满足社会对林业的经济需求。主要思路是：以《林业产业政策要点》和《林业产业振兴规划（2010～2012年）》为指导，大力提升传统产业，积极扶持战略性新兴产业，促进林业产业转型升级，重点培育十大主导产业，在全国建立起一大批布局科学合理、主导优势明显、产业特色突出、市场竞争力强的用材林基地县、油茶县、核桃县、红枣县、板栗县、花卉县、竹子县和林业产业集群，逐步形成能够在农民增收致富和县域经济乃至全国经济发展中发挥主导性、支柱性作用的产业。

第三节　坚持科学发展

我国林业发展正站在新的历史起点上，既面临着新的发展机遇，又面临着新的矛盾和挑战。如何处理好林业发展中面临的一些重要矛盾和关系，采取有力措施，促进林业又快又好发展，充分发挥林业的多种功能，满足社会的多样化需求，是当前一项亟须解决的重大课题，也是今后一个时期林业工作的主要内容。经过对这一问题的深入调查研究，发展现代林业要认真处理好十个重要关系，着力做好十大保障措施。

一、十个重要关系

（一）处理好兴林与富民的关系

处理好兴林与富民的关系，是现阶段我国林业发展最核心、最根本的问题。兴林为了富民，这是林业工作的根本宗旨和主要目的；富民才能兴林，这是林业的生存之基和主要任务。两者相互依存、相辅相成、相互促进。一切发展都是为了人民。通过发展林业，可以为社会提供大量的就业机会、增加农民收入，还可以提供良好的生态环境、丰富的林产品，让人民群众从中获取多方面的利益，不断提高生活质量。一切发展都要依靠人民。如果人民群众不能从林业发展中获得利益，就不会自觉自愿地投身林业建设，林业就会成为无源之水。只有老百姓生活真正富裕了，才会产生更高的精神追求，逐步由吃、穿、用、住等基本生存消费向优质、高档、享受型消费转变，才会追求生态改善、生态质量，也才会进一步关注、支持、参与生态建设，拿出更多的资金和资源投入到林业建设中，为林业发展提供物质保障和精神动力。历史一再证明，民穷则林毁，民富则林兴。正确认识兴林与富民的关系，坚持在兴林中富民，在富民中兴林，林业才能获得在国家发展全局中的地位，才能获得不竭的发展动力。

处理好兴林与富民的关系，一要紧紧围绕社会主义新农村建设，找准林业在新农村建设中的位置和工作着力点，大力挖掘林业潜力，充分发挥骨干作用，促进农民增收致富。二要千方百计调动群众发展林业的积极性。尽快建立现代林业产权制度，还权于民；减轻林业税费负担，还利于民；兑现森林生态效益补偿费，保障群众利益。三要进一步加强林业基层服务体系建设，为群众提供更加优质高效的服务。切实搞好良种、技术、信息、生产资料和政策法规服务，抓好林农技能培训。四要组织开展“创绿色家园、建富裕新村”创建行动，兴建“绿色小康县”、“绿色小康村”、“绿色小康户”，树立兴林致富的典型，引导和扶持农民通过造林绿化改善生产生活条件。五要着力解决“三林”问题。重点解决林业职工最关心的饮水、行路、用电、文化、教育、卫生等问题，不断改善林区人民群众生产生活条件。

（二）处理好生态与产业的关系

林业既是一项十分重要的社会公益事业，也是一项十分重要的基础产业，两者有着不可分割、相互促进的密切关系。发展现代林业必须以充分发挥森林的多功能、满足社会的多样化需求为宗旨。只有建立起比较完备的林业生态体系，满足了社会的生态公益和精神文化需求，才能腾出更多的空间和更大的余地，发展林业产业；只有建立起比较发达的林业产业体系，既满足了社会对林产品的需求，又积累了丰富的物质财富，才能更好地支持、保障林业生态体系的发展。只有将生态与产业结合起来，积极推进生态建设产业化、产业建设生态化的发展模式，实现生态建设与产业发展良性互动、协调推进，才能最大限度地发挥林业特有的优势，使林业由弱势变为强势，真正发挥林业的重要作用。

处理好生态与产业的关系，一要坚持走生态建设产业化的路子。继续实施好林业重点工程，适时筹划和启动一批新的生态建设和保护工程，在保证生态效益的前提下，大力发展后续产业，努力提高工程建设的经济效益，带动生态建设产业化。二要坚持走产业发展生态化的路子。按照建设资源节约、环境友好型社会和发展循环经济的要求，深入挖掘我国林地资源、树种资源和劳动力资源的潜力，充分利用林产品可再生、绿色无污染的“生态化”优势，大力发展速生丰产林、工业原料林、能源林、森林食品、森林药材、野生动物驯养繁殖等特色产业，并提高资源、能源利用率，促进产业发展生态化。三要认真落实林业产业政策。因地制宜地落实林业产业发展规划和优惠政策，扶持发展林业龙头企业和名牌产品，加强对林业产业发展的指导和引导。

（三）处理好改革与稳定的关系

正确处理改革发展与和谐稳定的关系，是我国经济社会发展取得巨大成就的一条基本经验，也是实现林业又快又好发展的重点和难点。改革发展与和谐稳定互为条件，没有改革发展，就难以解决林业发展的深层次矛盾，难以释放林业的巨大潜力，难以发挥林业对增加就业、促进林农和林业职工增收的作用，也就谈不上和谐稳定；和谐稳定是一切工作的基石，没有和谐稳定，改革发展就无法顺利进行，多么美好的计划和蓝图也就无法变成现实，甚至会毁掉我们已有的建设成果。稳定则发展，乱世必倒退，这是一条基本规律。

改革发展与和谐稳定互为因果，只有深化改革，才能消除林业发展的体制机制性障碍，调动全社会发展林业的积极性，增强林业发展的活力，发挥林业应有的效益，推动农村和林区社会和谐稳定；只有和谐稳定，才能进一步凝聚人心、集聚力量，为改革发展创造一个良好的环境，确保改革发展顺利有序进行，实现改革发展的预期目的。改革发展与和谐稳定相辅相成，改革发展促进和谐稳定，和谐稳定促进改革发展，进而实现更高层次的和谐稳定，这是一个螺旋式上升的过程。处理好改革发展与和谐稳定的关系，一要深化林业各项改革，消除林业发展的体制机制性障碍。二要坚持民主、公开、透明、有序的改革原则，做到合民心、顺民意。三要处理好国家、企业、职工之间的利益，确保森林资源增加、企业盈利、职工受益、林区社会和谐稳定。四要把握好改革的步骤和方法。先试点，后推开，积极稳妥，渐进式推进，努力做到在和谐稳定中推进改革发展，在改革发展中实现林区的和谐稳定。

（四）处理好保护与利用的关系

正确处理严格保护与合理利用森林资源之间的关系，是实现林业又快又好发展的关键环节。保护是手段，利用是目的。林业发展首先必须保护好现有森林资源，同时进行科学合理的开发利用，以充分发挥林业的多种功能，满足人们多样化的需求。严格保护是为了更好地利用，合理利用可以促进保护。森林是十分珍贵的战略资源，严格保护的目的是发展壮大森林资源，巩固已有建设成果，更好地发挥林业的三大效益；森林又是十分重要的可再生资源，林业是最大的循环经济体，合理利用能够使林业成为群众的增收之路、致富之源，进一步拉动保护工作的开展，实现在科学利用中进行自觉有效的保护。

处理好保护与利用的关系，一要实行依法治林。坚持“严格保护、积极培育、科学经营、持续利用”的方针和“保护优先，开发有序”的原则，通过严格管理、严密防范、严厉打击，加强森林、野生动植物、湿地、自然景观和荒漠植被等资源的保护管理。二要发展高效林业，提高资源利用附加值。重点筛选一批技术成熟、见效快、效益好的科技成果，通过组装配套和优势集成，推广应用，努力提升林产品的技术含量和附加值。三要重视生态利用。积极探索森林资源保护与利用最佳结合的新途径、新方法、新模式，大力发展景观林业，积极开发生态旅游，科学合理地利用森林和野生动植物资源，既发挥重要的经济效益，又发挥重要的生态效益，实现以利用促保护、以保护促发展。四要发展节约型林业，提高森林资源利用水平。进一步完善资源节约管理体系，创新资源节约机制，延长林业产业链条，积极探索“资源—产品—再生资源—再生产品”的循环经济发展模式。

（五）处理好数量与质量的关系

森林资源是数量与质量的统一，稳定的森林生态系统要靠大面积与高质量相统一的森林资源来体现，所以，加快林业发展，既要保证“快”，又要保证“好”，既要有数量，又要有质量。数量是质量的前提，没有数量，就谈不上质量；质量是数量的保证，没有质量，数量就失去了意义；质量又是数量的延伸，一亩林子经过抚育，可以增产几倍的木材，发挥几倍的效益，这就相当于多造了几亩林子。我们所要求的发展数量，是有质量保证的数量；我们所要求的质量，是有一定数量的质量。关键是要把握一个度，既不能只抓数量不抓质量，也不能只抓质量不抓数量，而要在坚持质量第一的同时，加快发展。

处理好数量与质量的关系，一要坚持质量第一，努力转变林业增长方式。牢固树立质量第一、效益第一的观念，由以数量扩张为主、兼顾质量向以质量为主、确保数量转变，将质量第一的思想贯穿到林业工作的始终。要加强林木良种繁育体系建设，不断提高良种壮苗使用率。切实加强营造林全过程质量监督，合理选择造林方式、植被搭配方式，提高营造林质量。全面提高森林经营水平，将其作为一项战略性工程加以实施。全面贯彻森林健康理念，不断提高森林生态系统的抗逆性和稳定性。二要保持一定的规模，确保发展总量。坚持重点工程带动，保持工程造林有一定的规模；坚持依靠社会力量，扩大社会造林，努力使森林面积较快增长。三要加强科技支撑，提升林业建设的科技含量。加强林业科技原始创新、集成创新、引进吸收消化再创新，注重发挥其在新兴领域、重要方向上的引领作用，在林业发展全过程、全方位中的支撑作用，在产业结构调整、新兴产业培育中的带动作用，全面提高林业建设的科技水平。四要实行集约经营，保证建设效益。遵循自然规律和科学规律，强化科学管理，实行集约经营，努力提高林地生产力、林业资源利用率，提高森林的综合效益和整体功能。

（六）处理好培育与采伐的关系

森林是可再生循环利用的资源，处理好培育与采伐的关系，可以为社会创造更多的财富，是打破林业发展瓶颈、加快林业发展的关键所在。林业发展的主要目的之一，是为国家经济社会发展提供四大原材料之一的木材。培育与采伐，是辩证的统一，两者相互联系、相互促进，不能把培育与采伐对立起来，而应科学地认识和处理这一对矛盾和关系。培育是采伐的基础和前提，采伐是培育的目的和动力。离开培育的采伐，如竭泽而渔，必然导致森林资源枯竭，最终无林可采。离开采伐的培育，必然削弱培育的积极性，导致林业发展失去活力。实践证明，重采轻育，或者重育轻采，都会导致林业畸形发展，甚至出现严重的倒退。

处理好培育与采伐的关系，一要加快森林资源培育，以培育供采伐。当前，要坚持以培育为主，这是缓解森林供需压力、解决我国林业主要矛盾最重要、最基本、最急迫和最有效的措施。只有森林资源足够多了，才能为采伐奠定坚实的基础，才能更好地满足经济社会发展的需要。二要积极调整采伐政策，以采伐促培育。当前，要改变“怕采”的思想观念，按照自然规律和经济规律，通过完善和改革森林采伐制度，进行科学抚育、合理采伐，促进森林健康生长，实现森林资源货币化，充分调动人民群众培育森林资源的积极性。三要严格实行森林分类经营管理。对速生丰产林、工业原料林等，该放活的一定要放活；对国家重点生态公益林、自然保护区的森林等，该管严的一定要管严，坚决杜绝乱砍滥伐等违法行为的发生。

（七）处理好人工培育与自然恢复的关系

人工培育与自然恢复，是发展森林资源的两大手段，两者互为补充，既有相同点，又有不同点，既有各自的优势，又有各自的不足。两者都是为了增加森林资源，恢复森林生态系统。其区别是一个主要依靠人力，一个主要依靠自然力。实际上，人工培育也需要借助大自然的力量，自然恢复许多情况下也需要人工辅助，如天然林保护、封山育林等。人工培育见效快，但成本高，恢复的生态系统也比较脆弱；自然恢复的生态系统比较稳定良好，成本也较低，但见效缓慢。专家指出，北京市西山的植被如果仅靠自然恢复，则需要数百年的时间才能达到目前的水平。只有因地制宜，既充分发挥人工培育的作用，又充分发挥自然恢复的作用，才能实现多快好省，才能取得最好的效果。

正确处理人工培育与自然恢复的关系，一是既要反对唯人工培育论，更要反对唯自然恢复论。一个良好的生态系统，是经过非常漫长的自然演替过程形成的。通过自然力恢复已遭到破坏的生态系统，少则需要几十年、几百年，多则需要上千年，有的甚至已经遭到完全破坏，仅通过自然力根本无法恢复。在许多情况下，只有依靠人工培育，才有可能使生态系统得以恢复和重建。那种只强调人工培育而忽视自然恢复的观点，是错误的，我们坚决反对。同时，那种不分条件、不分情况，完全依靠自然恢复的观点，也是错误的，也要坚决反对。二是既要积极进行人工培育，又要积极进行自然恢复。在林业具体实践中，这两种方式如何运用，必须坚持实事求是，根据具体情况，恰当地选择和实施。在适宜人工培育的地方，要积极实行人工培育，通过植树造林，恢复重建生态系统；在适宜自然恢复的地方，要充分利用自然恢复的方式，借助大自然的力量恢复林草植被；在需要人工促进自然恢复的地方，要采取封山育林、围封禁牧等措施，积极以人工促进自然恢复。总之，要将人工培育与自然恢复有机结合起来。实行人工培育，不排斥自然恢复。在人工培育的同时，根据实际情况充分利用大自然的力量，尽量地培育近自然的森林植被。实行自然恢复，也不排斥人工培育。在自然恢复的同时，也要根据实际情况适时适地实行人工促进，加快自然恢复进程。

（八）处理好眼前与长远的关系

森林具有生长周期长的显著特点，林业是一项需要长期坚持不懈才能成功的事业，尤其要处理好眼前与长远的关系。林业既有眼前利益，又有长远利益，不能为了眼前利益而忽视长远利益，也不能为了长远利益而忽视眼前利益。眼前是长远的起锚之春，长远是眼前的收获之秋。只有全力以赴从眼前起航，划起眼前之桨，才能胜利到达长远的彼岸。眼前与长远是相互转化的，长远是由一个个眼前组成的，今天的长远可能就是明天的眼前，明天的眼前也可能就是今天的长远。立足当前，是促进林业发展的关键所在；着眼长远，是推动林业发展的根本要求。

处理好眼前与长远的关系，一要努力解决眼前的实际问题。随着林业工作的深入推进，制约林业发展的一些深层次问题开始显露，我们必须脚踏实地，稳扎稳打，坚持从群众最关心、要求最急迫、受益最直接和条件最成熟的问题抓起，切实解决林业经营者的眼前收益、切身利益问题。二要着眼林业长远发展。用战略眼光和思维，本着对历史负责，替未来着想的态度，超前谋划、建立健全促进林业持续发展的长效机制。在满足当代人现实需求的同时，以对子孙后代高度负责的精神，维护好长远利益，实现林业可持续发展。三要长短结合。制定政策时，我们既要使林业经营者获得短期收益，又要确保林业经营者和国家长远利益的实现，这样制定出来的政策才会更加符合实际，更加符合经济规律，从而获得更大的整体利益。

（九）处理好部门与社会的关系

林业与社会是融为一体的。林业具有明显的效益外部性特征，是一项社会性很强的公益事业，必须依靠全社会的积极参与。但目前存在一种体制惯性，就是林业投资只能用在林业系统，社会造林特别是非公有制林业得不到应有的扶持，没有享受到国民待遇。一方面，我们强调要动员全社会力量发展林业；另一方面，又在政策上设置了很多门槛，实际上阻碍了社会力量向林业的进入。今后要正确处理部门与社会的关系，既要支持林业部门发展林业，又要支持社会团体、法人等发展林业，为社会进入林业创造公平、平等的竞争环境，这样才能集聚全社会的力量，共同推动林业发展。林业作为国民经济和社会发展的重要组成部分，其与社会的关系，就是局部与全局、个体与整体的关系，就如同树木与森林的关系一样，林业只有融入整个社会，才能获得不竭的发展动力。林业与社会是相互促进、相辅相成的。林业的发展一方面依赖于经济社会的发展，另一方面又推动着经济社会的发展。

处理好部门与社会的关系：一要主动适应和自觉服务国家建设大局。将林业放在经济社会发展全局中来运作，紧紧围绕落实科学发展观、构建和谐社会、建设新农村和维护资源能源安全等国家重大战略，找准林业的定位，适时调整林业工作的内容、重点和方式，使林业更好地为国家建设大局服务，并在这个过程中发展壮大自己。二要继续完善各项林业政策，调动各方面的积极性。要完善林业的产权、投资、采伐等政策，对参与林业建设的各种社会主体一视同仁，使其享受到与林业系统一样的政策待遇，充分调动全社会办林业的积极性；三要积极开展社会造林，不断壮大国土绿化的力量。实践证明，义务植树、部门绿化、绿色通道建设，以及外资造林、非公有制林业等，是对林业重点工程建设的有效补充，是加快国土绿化进程的有效形式，必须长期坚持。四要吃透“三头”，为林业发展创造良好氛围。只有吃透“上头”，认真领会中央的指示精神，才能贯彻好、体现好中央对林业的要求；只有吃透“下头”，了解基层的实际情况和群众的利益诉求，工作才能有针对性和实效性；只有吃透“外头”，才能获得有益的启示和经验，增强工作的主动性。五要把林业建设与农业、牧业、水利、城建、交通等行业建设紧密结合起来，做到互为补充，协同推进。林业既要实行林地严格保护、用途管制、占补平衡，又要为其他行业发展创造条件；既要主动搞好配套服务，也要在服务中发展自己，实现互利双赢。

（十）处理好林业与农业的关系

林业建设的主战场在广大农村，重点服务对象是农业，主体依靠力量是农民，林业与农业的关系十分密切。林业是新农村建设的重要承担者，是实现农村全面发展的骨干力量。从生态效益来说，林业是农业的生态屏障，可以为农业稳产高产创造良好条件，有效提高农业的综合生产能力，维护粮食安全。从经济效益来说，林业是农村经济的重要组成部分，竹藤花卉、经济林果、林木种苗、森林旅游、野生动植物繁育利用等林业产业，已经成为许多地方农村经济发展的支柱产业。从社会效益来说，林业是一个劳动密集型行业，可以解决大量农村剩余劳动力就业，促进农村和谐稳定。

处理好林业与农业的关系：一要坚决执行耕地保护政策，防止在基本农田里植树造林，注意充分利用现有林地资源发展林业，制止以退耕还林、绿色通道、农田防护林的名义占用基本农田。二要大力营造高标准的农田防护林网，改善农业生产条件，提高粮食综合生产能力。三要大力发展木本粮油，进一步拓展粮食生产空间，维护国家粮食安全。

二、十大主要措施

（一）加强林业资源保护与管理

（1）加强森林资源保护。认真落实《全国林地保护利用规划纲要》，完成省级县级林地保护利用规划编制工作。分解落实全国“十二五”期间年森林采伐限额，继续推进林木采伐管理制度改革。开展保护森林资源目标责任制监督检查。做好第八次全国森林资源清查工作。启动国家级公益林监测与评价试点。严厉打击毁坏林木、侵占林地、破坏野生动植物资源等违法犯罪行为。

（2）加强湿地资源保护。大力推进湿地保护立法和制度建设，建立健全湿地生态效益补偿制度。深入实施湿地保护工程，加快构建湿地保护长效机制。研究建立湿地生态系统健康、价值和功能评价指标体系。加强国际重要湿地建设和管理，促进湿地公园健康发展。

（3）加强荒漠资源保护。编制《全国防沙治沙规划（2011～2020年）》，启动国家级沙化土地封禁保护区项目。开展防沙治沙目标责任考核。做好岩溶地区第二次石漠化监测工作。完成京津风沙源治理、石漠化综合治理工程林业建设任务，抓好防沙治沙综合示范区建设。推动石羊河流域、新疆等重点地区防沙治沙规划报批工作。

（4）加强生物多样性保护。编制野生动植物保护及自然保护区建设相关规划和《大熊猫保护工程规划》。推进自然保护区示范省和示范自然保护区建设。推动落实全国极小种群野生植物拯救保护实施方案。加强珍稀濒危物种拯救和保护，扩大回归自然范围。推动《国家重点保护野生动物名录》、《国家重点保护野生植物名录（第二批）》的调整和颁布。做好第二次全国野生动物资源调查、野生植物资源调查试点和第四次大熊猫调查。

（二）着力提高林业建设质量

（1）加快林木良种化进程。有效保护我国林木种质资源，加大林木良种选育力度，加强林木良种基地营建与管理，建立和完善国家、省、市、县四级林木种苗管理机构和质量检验机构，建立健全种苗服务体系。

（2）加大造林绿化力度。全面落实造林绿化任务。优化造林绿化方式，增加混交林、乡土树种、珍贵树种造林比重。抓好油茶造林项目，开展核桃标准化园、碳汇造林、能源林基地建设试点。抓好义务植树和部门绿化，努力提高尽责率。

（3）突出抓好森林经营。对公益林和商品林采取不同的经营机制和政策措施。对于公益林，要立足于森林多功能多效益的发挥，加大中幼林抚育、封山管护和低质低效林改造等森林抚育经营力度，增强公益林的生态功能。对于商品林，要逐步放开抚育经营活动，由各种投资主体自主决定抚育经营方式和强度，提高商品林的经济效益。国家鼓励和支持森林抚育经营与林产品加工、林业生物质能源利用等相结合，与市场消费相连接，不断增强森林经营的动力和后劲。

（4）建立健全营造林质量监管体系。推进从造林绿化招投标、作业设计、采种育苗、整地栽植、抚育管护、有害生物防治到采伐更新全过程的质量管理和标准化生产。政府投入的造林绿化工程，逐步推行招投标管理制度，评标机构必须有造林绿化专家参加。规范造林绿化设计管理，定期对造林设计单位进行资质审查；工程造林组织有资质的设计单位进行作业设计，按规定程序审批。逐步实行工程造林监理制，建立营造林工程监理单位、监理工程师、监理员资格准入制度。推行造林绿化作业前科学设计、作业中全程监理、作业后严格验收的质量监管，坚持实行县级自查、省级核查、国家抽查的三级检查验收制度，保证造林绿化质量。

（三）建立健全林业防灾应急体系

（1）加强森林防火。全面落实《森林防火条例》和《全国森林防火中长期发展规划》，强化森林火灾预防、扑救、保障三大体系，重点加强森林火险预警和林火监测、森林防火通信和信息指挥、森林航空消防、专业森林消防队伍装备和基础设施以及科技支撑系统建设；加强法制建设，推进依法治火；完善森林防火科研开发、宣教培训、火灾损失评估和火案勘查体系，推进现代化林火管理进程，全面提高森林火灾综合防控能力。

（2）加强林业有害生物防治。切实加强以检疫御灾、监测预警、应急防控和服务保障四大体系为主体的林业有害生物防控体系建设。加强对松材线虫病、美国白蛾、森林鼠（兔）害、薇甘菊等重点林业有害生物灾害治理；继续开展松蠹虫、松蚧虫、松象虫等松树病虫害，杨树天牛、杨树食叶害虫等杨树病虫害以及其他针叶林、阔叶林病虫害和林业有害植物的治理。加强京津冀地区和“三峡”库区等重点区位、黄山和张家界等重要风景名胜区，新疆和云南等特色林果基地等重要区域的林业有害生物防治基础设施建设。大力推进以生物防治为主的无公害防治措施，积极推行森林健康恢复与示范林建设。

（3）加强野生动物疫源疫病监测防控。加强陆生野生动物疫源疫病监测预警体系建设，进一步加强基础设施建设，充实监测防控队伍，完善运行保障机制和政策措施，全面提升监测预警能力和防范控制水平，更好地发挥野生动物疫源疫病监测防控在动物疫病防控和公共卫生安全中的前沿作用。

（4）强化林业应急体系建设。按照“预防为主、积极消灭，科学防控、依法处置”的原则，建立和完善重大林业灾害应急体系。处置重特大森林火灾应急预案，建立和完善森林火险预警响应机制，加强瞭望监测、通信能力和专业队伍建设，提升应急处置能力，确保实现火灾“打早、打小、打了”，最大限度减少灾害损失；重大外来林业有害生物灾害应急预案，建立外来有害生物风险评估机制和快速反应机制，加强专业队伍和应急物质储备建设，全面提升应对重大外来林业有害生物控制能力，保障国家生物安全；重大林业生态破坏事故应急预案，针对重大破坏森林和林木事故、重大破坏林地和湿地事故、重大破坏野生动植物事故、重大林权纠纷和破坏生态设施事故等，提高快速反应和应急处理能力，保护森林资源，保障国家生态安全；加强沙尘暴灾害应急体系建设，推进沙尘暴监测预警基础设施建设，在沙尘暴高发区新建15个地面监测站，建立沙尘暴救灾物资储备库和1～2处应急演练培训基地，充实监测队伍，完善监测预警运行机制，建立沙尘暴灾害信息快速报送与共享平台和灾害快速评估系统，做好重大沙尘暴灾害应急预案的宣传、培训和演练工作，提高各级应急处理能力和水平；针对我国目前自然灾害频发的实际情况，强化林业应对地震、极端天气事件、山洪泥石流等自然灾害的应急救灾和处置能力建设。

（5）加强森林公安建设。全面推进森林公安队伍正规化、执法规范化、警务信息化、保障标准化、警民关系和谐化建设。合理增加队伍专项编制，规范机构名称和内部机构，逐级落实领导协管和高配制度；逐级落实刑事、行政和治安执法权，强化“三情”、“四网”和“两个管理”，适时部署专项行动；建设“森林金盾工程”，公安网接入率全部达标；落实中央政法经费保障政策，各级森林公安经费全部纳入同级财政预算，加强森林公安基础设施建设，按标准配备各类警用装备；坚持从严治警、从优待警，加强警务督察、抚优抚恤、宣传教育等工作，确保林区社会和谐稳定。

（四）加快林区建设和民生改善

（1）加快林区基础设施建设。第一，林业棚户区改造工程。按照林业棚户区（危旧房）改造规划，“十二五”期间要完成林业棚户区改造工程。林业棚户区改造要与新林区建设结合起来，与林区的生产与生活布局调整结合起来，与保护森林资源结合起来，与建设绿色生态宜居环境结合起来，与推进城乡一体化结合起来，高起点规划，高水平设计，高质量施工，确保将符合条件的危房改造内容都纳入政策范围。重点改善国有林区、国有林场、国有苗圃和国家重点良种基地、林业工作站职工住房条件。第二，林区路、水、电、广播电视和医疗卫生、教育等基础设施建设。林区道路立足现有路网基础，以保障林区人民出行，有利于森林资源安全、生态建设和促进林区经济可持续发展为根本，逐步将已由交通部门完成公路基础数据和电子地图调查的林区民生公路，纳入《全国农村道路“十二五”建设规划》统筹解决。林区供水重点解决严重影响林区职工身体健康的水质问题，以及局部地区的严重缺水问题，使国有林区基本实现生产生活用水供应有保障，并达到安全卫生标准。将林区320万人口饮水不安全问题，纳入《2010～2013年全国农村饮水安全工程规划》统筹解决。完善林区供电设施，建立完善以国家和地方电网为主、小型水电为辅、太阳能和风电为补充的林区非营利性供电网络体系，解决林区生活用电和非营利性公共设施用电。解决边远林区（居住在乡镇以下）群众收听收看广播电视难问题，按照因地制宜、注重实效、经济适用的原则，采取地面无线、直播卫星和有线网络等方式，切实加强林区广播电视基础设施建设，扩大广播电视对林区的有效覆盖。加大对林区医疗卫生、教育等社会职能机构基础设施建设的支持，改善林区医疗卫生机构的基础设施条件和林区办学条件，消除危房校舍，加快建立设施比较齐全、运转有效的林区卫生服务网络和多层次、多形式、多功能的开放型学习教育体系。

（2）加快提高林区职工和林农收入。第一，创造就业岗位保障职工工资性收入。针对林区保护森林资源和木材减产的现实性，把促进职工就业、稳定职工收入作为改善林区民生的重要着力点，通过森林管护、中幼林抚育、后备资源培育、公益林建设、湿地保护等，为林区下岗职工和社会人员提供大量就业岗位，保障林区职工工资性收入不断增长。第二，发展林副特产业增加职工和林农收入。积极调整林区产业结构，大力发展非林非木产业，努力实现林区从单纯国有经济向多种所有制经济发展转变。巩固集体林权制度改革成果，保障农民的财产性收入。依托林区丰富的林地资源，通过发展林下种养业、特色养殖业、森林旅游业、小木制品加工业等，千方百计为林区职工和林农创造增收途经，带动林区经济整体跃升，增加职工和林农收入。第三，建立健全林区社会保障体系。将林业职工和林区居民纳入地方社会保险保障覆盖，并与地方同类人员享受同等待遇。从林区社会可持续发展的要求出发，根据社会经济发展水平，继续实施林区社会保险补助，逐步健全完善林区社会保险保障体系，不断提高保障水平，使职工收入和社会保障接近或达到社会平均水平，为林区改革发展和社会稳定创造宽松的政策环境。

（五）深化林业改革开放

（1）深入推进集体林权制度改革。第一，完成“明晰产权、承包到户”的改革任务。贯彻落实《中共中央国务院关于全面推进集体林权制度改革的意见》和中央林业工作会议精神，全面落实集体林地家庭承包经营制度，加快明晰产权步伐。切实加强对集体林权制度改革薄弱环节和滞后地区的指导，加强林改宣传、政策培训、典型示范和现场指导，搞好分区分类指导，确保到2013年左右，全国基本完成明晰产权、承包到户的改革任务。实现产权到户、林权证发放到户和确立以农民为主的经营主体地位。加大支持力度，抓好督促检查，确保责任落实，做到确权率和林权证发放率均达到90%以上，集体林地家庭承包经营率山区不低于70%，丘陵地区不低于60%，平原区不低于50%，确权准确率、纠纷调处率和档案管理合格率不低于95%。第二，建立健全林权保护管理体系。加快推进林权保护管理法律法规体系建设，推动林权流转、集体林改档案管理等方面部门规章制度。建立和完善林业改革和林权保护管理机构，全面加强林权登记及档案、林权流转、林权争议调处、林地承包经营纠纷调解仲裁等管理，搞好林权管理信息系统和林权交易平台建设。第三，完善林权改革的管理体制和运行机制。建立健全相关规章制度，构建较为规范、完备的农民林业专业合作组织体系。指导建立各类林业专业合作组织，引导林农走专业化合作道路，提高林业组织化、专业化、产业化水平，巩固改革成果。进一步完善统分结合的林业双层经营体制，基本建立符合集体林业特点的林业管理体制和运行机制。完成“明晰产权、承包到户”的改革任务。

（2）推进国有林场改革。第一，坚持以抓改革为主题，解决长期以来制约国有林场发展的深层矛盾，理顺管理体制，激活经营机制。第二，坚持以促发展为核心，不断改善国有林场发展环境。坚持以惠民生为重点，按照以人为本的原则，切实加强基础设施建设，着重解决国有林场职工生存条件恶劣和生活贫困问题；妥善解决现有职工养老保险，完善社会保障制度；多渠道妥善安置国有林场富余职工，确保林区社会稳定；妥善解决国有林场分离办社会职能。第三，坚持保生态为目标，提高国有林场森林资源整体质量。按照因地制宜、分类指导、先易后难、稳步推进的原则，指导各地积极探索国有林场不同类型的改革模式。建立适应以生态建设为主林业发展战略的国有林场森林资源产权制度和经营体制，将国有林场划分为生态公益型林场和商品经营型林场。生态公益型林场按从事公益事业单位管理，人员经费和机构经费纳入同级人民政府财政预算；商品经营型林场全面推行企业化管理，按市场机制运作。

（3）稳步推进国有林区改革。按照政、企、事分开的原则，稳步推进重点国有林区改革。第一，政企分开，社企分离。继续把森工企业承担的社会管理和公共服务职能移交给地方政府负责，建立和完善以政府为主导的林区社会管理体制。第二，企事分开，资企分离。不断促进国有森林资源管理与企业生产经营分开，逐步建立国有林管理新体制，强化国有林区森林资源监管职能，建立健全国有森林资源资产管理制度。制定并出台重点国有林区森林资源管理体制改革的指导意见，编制改革试点方案。第三，企业重组，市场运作。按照社会主义市场经济发展的要求，加快主辅分离改革，建设充满生机活力的新机制。通过股份制改革，促进企业经营机制的转换，按照专业化协作的原则进行企业重组，推动建立现代企业制度。第四，积极推进林区区划调整，加快林区城镇化水平，为提高社会资源利用效率创造基础条件。

（4）扩大林业对外开放。第一，积极提升互利共赢的林业对外合作水平。继续加强与我国林业建立合作机制的多边、区域组织、国际进程和国家、地区的国际合作，以及重要非政府国际组织和民间机构的合作，加强林业对外宣传工作，建立林业国际合作项目交流、示范与推广机制。加强林业国际履约和谈判工作。积极参与《联合国防治荒漠化公约》、《湿地公约》、《濒危野生动植物种国际贸易公约》和《气候变化框架公约》、《生物多样性公约》等的履约、谈判，以及联合国森林论坛、蒙特利尔进程等相关国际规则的制定，有效应对木材非法采伐等国际林业热点问题。第二，优化林产品对外贸易结构。加快转变林产品对外贸易发展方式，促进出口产品由初级产品、低附加值为主向精深加工产品、高附加值、高集成创新技术转变，增强林产品竞争力，巩固和扩大产品外需市场份额。加快推进多元化贸易战略，巩固和拓展林产品出口国的份额和数量。建立健全安全有效的林产品贸易体系，加强对林产品国际贸易预警体系的建设和完善。第三，提高利用外资水平。继续争取国外赠款和贷款投资林业生态建设及产业和生态文化发展。进一步发挥外资对我国林业建设的重要推动作用。加强对外科技交流与合作，加大智力、人才、技术和先进管理理念引进力度。第四，加快实施林业“走出去”战略。加强境外林业资源开发利用合作，探索和开拓林业援外工作。

（六）加快林业科技创新

（1）加快林业科技攻关。攻克现代林业重大关键技术，重点加强林业生态建设、森林经营和保护、资源培育与高效利用、林业生物产业；林业碳汇、木本粮油、林业生物能源、林业装备等领域的重大关键技术研究。实施“国家林业科技引领计划”专项，研究林木、竹藤、花卉、林特产品资源高效分子育种及转基因技术，引领林业生物产业发展；研究生物反应器规模化合成林源活性物质技术，引领林药产业发展；创制新型生物质材料与绿色化学品，引领林业新材料产业发展；研究林业生物质能源固化、液化、气化等高新技术，开发第二代生物质能源产品；探索林木光合作用调控、高性能纳米生物基新材料制备、生物质定向解聚与分子重组等前沿技术。加强林业基础科学研究，增强林业原始创新能力，为现代林业发展提供基础理论支撑。

（2）提升科技成果推广应用水平。建立林业科技示范体系，实施《“百县千村万户”林

业科技示范行动实施方案》，选择资源丰富、技术水平高、有典型示范带头作用的地区，建立林业科技示范点、示范基地。以林业科技富民示范工程、科技成果转化专项资金为载体，提高林业科技成果转化率。构建林业产业技术创新战略联盟，优先选择产业发展比较成熟、企业基础好、能够带动产业技术升级的林业产业，建设一批林业科技产业示范园区、林业生物产业基地等。加强林业科技推广体系建设，逐步完善和建立各级林业科技推广站，进一步强化基础设施和能力建设，初步建立起覆盖全国的林业科技推广服务网，提高社会化服务能力。

（3）完善林业标准化与质量监督体系。加快现代林业标准化进程，加强标准制修订工作，形成以国家标准和行业标准为核心，地方标准和企业标准相配套，强制性标准与推荐性标准互有侧重的林业标准体系。建立标准实施的检查、评估和信息反馈机制，突出典型示范，大力开展林业标准化示范区建设。建立健全林产品和林木种苗质量监督体系，加强林产品质量安全管理、监测、监督机制、检验检测服务体系和林产品质量检验机构建设，确保林产品质量安全。推进林产品数量计量评价体系建设，确保林产品计量评价准确。加强对涉及人类身体健康和生命安全的经济林果、花卉、野生动植物产品、人造板材、竹藤制品、林业药材和林业装备等产品的质量检测和安全评估。

（4）加强林业科技创新平台和服务体系建设。第一，强化科技创新平台建设。组建国家林业科学中心、区域林业科技中心、国家大型林业科技公共平台，建设国家大型林业综合试验（林）基地、重点实验室、生态定位站、工程（技术）研究中心和大型林业分析测试中心，全面提升基础条件水平。加强林业机械装备研发制造水平，形成集研究、开发、生产为一体的，技术水平高、质量可靠，物美价廉的林业机械装备产业基地。第二，加强林业生物安全和遗传资源管理。推进林业转基因生物安全法律法规建设，完善管理

制度，健全检测监测、监督管理体系。实行林业生物物种资源优先保护和分级保护，开展遗传资源特别是我国珍稀林木遗传资源本底调查与编目，开展遗传多样性分析并确定优先保护名录，建立珍稀林木遗传资源空间地理信息系统。第三，强化林业知识产权管理。进一步完善林业植物新品种保护测试体系和行政执法保护体系，重点建设测试中心和林业知识产权试点示范单位、产业化示范基地，建立重点领域林业知识产权预警机制和林业知识产权专家咨询、决策分析系统，支持建设10个林业知识产权保护联盟。第四，推进林业认证体系建设。建立符合我国国情、林情并与国际接轨的国家森林认证体系，制（修）订发布森林认证、碳汇林、竹林、非木质林产品、森林生态环境服务和生产经营性珍稀濒危物种认证等行业和国家标准；加大森林认证试点示范力度，探索不同类型森林认证模式，扩大认证面积。扩展林业认证范围，逐步建立林业行业认证制度，培育认证市场。

（七）加快推进林业信息化

以《全国林业信息化建设纲要》为引领，深化信息技术在林业资源、评价、规划、管理、保护与合理利用各环节的应用，形成布局科学、高效便捷、先进实用、稳定安全的全国林业信息化格局，为现代林业发展提供强大支撑。

（1）加快推进生态建设信息化。第一，加强林业资源监管和综合营造林管理信息化建设。加快森林、湿地、荒漠化和生物多样性等资源数据库系统建设，提高林业资源基础信息服务能力，为制定国家政策和重大工程规划等工作提供翔实可靠的林业资源信息。加快建设森林、荒漠化和沙化土地、湿地、种质资源、生物多样性等资源监管系统，支撑林业资源监测、管理和林业碳汇计量、监测工作。加强综合营造林管理信息化建设，建立国家和地方营造林管理系统，实现对营造林建设现状和发展动态的信息化管理。第二，加强林业灾害监测体系和应急信息化建设。加快建设森林防火监控和应急指挥系统、林业有害生物监测预警和防控管理系统、野生动物疫源疫病监测管理系统，沙尘暴防治等林业灾害管理系统，提高林业防灾减灾和应急处置的信息保障能力。第三，建设国家卫星林业遥感应用平台。研发包含遥感数据接入、业务运行管理、数据管理、林业数据标准化处理、林业遥感应用处理、林业产品共享、林业产品服务、数据产品质量评价等分系统及北斗卫星导航林业应用系统的国家卫星林业遥感数据应用平台，提高林业遥感应用水平和监测、服务能力。积极推动发射林业卫星，提升现代林业管理水平。

（2）加快推进产业发展信息化。第一，建立林业经济运行信息系统。建立公平、透明、开放的林业产业信息系统，提供丰富的网站交互功能，全面提高林业产业发展预测、预警、重点林产品监测分析、林业行业重点企业、市场动态监控和林产品市场产销存预警预报能力。建立全国林业产业基础数据库，制定数据采集规程和标准，规范产业基础信息的采集和应用，全面掌握林业产业发展情况。第二，建设林业电子商务平台。建立统一的林权交易网，实现林地、林木、股权、债权、项目工程和林业技术等项目统一挂牌，交易会员、经纪会员和中介会员统一在线服务，形成林权交易信息统一发布和聚集平台；开发统一的网上交易系统，实现林权等的网上拍卖、招标、议价和网络报价等交易方式，提供一个公开、公正、全程监管的林权交易平台；建立林产品网上商城，为广大林农和中小林业企业提供一个网上市场，实现林产品交易的电子商务化。

（3）加快推进生态文化信息化和林业信息化基础建设。第一，加强生态文化信息化建设。建设林业数字图书馆、中国林业网络博物馆、中国网络博览会，完善中国林业网络电视，整合林业系统门户网站，形成中国林业网站群；开展多层次的林业信息化技能培训，建设覆盖全国的现代化远程教育系统，加强生态文化传播与宣传，不断推动生态文化体系发展和完善。第二，加强林业信息化统一基础平台建设。构建包括基础设施、数据库、应用支撑、应用系统等多个层次的林业信息化基础平台，为林业内网、外网建设提供统一、稳定、先进、高效的运行环境。加快推进物联网、云计算、IPV6 等新一代信息技术应用。加强网络安全与综合管理体系建设，修订现有标准，优先制定林业信息化建设急需、共性、基础性和关键性标准。积极做好林业信息化网络及运行维护体系建设工作。加强林业信息化标准建设和安全等级保护工作，提高信息安全保障能力和水平。

（八）加强林业法制建设

（1）加快林业立法进程和提升林业政策制定能力。第一，加强林业立法。认真做好《中华人民共和国森林法》修改工作，加大力度研究拟定林业生态建设促进、湿地保护、沿海防护林保护、森林公园和森林旅游、国有林场、公益林等方面法律法规；加快林权登记流转立法，制定林权档案管理办法等与社会主义市场经济相适应的法律、法规、规章，形成比较完善的林权保护管理法律体系。同时，根据现代林业发展的新形势和新情况，对现行法律法规进行修改完善。第二，强化政策制定能力。在全国范围内选取具有代表性、典型性的重点林业生态建设县（市）、国有林场、重点国有林区林业局，建立500 个林业政策固定观察点，设定观察指标体系，为林业科学决策提供实时的、可评价的、可对比的参考依据。进一步完善林业政策制定过程中的民主参与制度。开展重大林业政策前瞻性研究，探索建立林业政策后评估制度，提高林业政策民主化、科学化水平。

（2）提升林业执法能力。进一步加强森林和野生动植物资源保护管理，依法严厉打击乱砍滥伐林木、乱采滥挖、乱捕滥猎野生动物、违法调运森林植物及其产品等违法犯罪行为。提高林业综合行政执法能力，调整林业行政执法职能，整合林业行政执法资源，积极做好林业综合行政执法工作，建立100个综合行政执法示范点。推进林业行政执法规范化建设，明确执法权限，落实执法责任，健全执法保障。推进林业行政许可办理体系建设，逐步建立起国家林业局—省级林业主管部门—县级林业主管部门之间完备、便捷、高效运行的行政许可业务咨询、业务办理、审批流程、结果公开体系。

（3）加强林业普法。建立健全领导干部法制讲座制度、理论中心组学法制度、法律培训制度、重大决策前法律咨询审核制度，县级以上林业行政主管部门每年应当定期举办法制讲座。加强法制宣传教育阵地建设，林业系统各级各类学校开设法制教育课程。建立健全林业普法考核制度。“六五”普法期间，林业系统公务员将全部参加法律知识培训。

（九）加大林业投入扶持力度

（1）建立林业生态建设投入保障制度。建立与社会主义市场经济体制相适应的林业生态建设投入保障制度，中央对林业生态建设的投入力度不断加大，地方政府对林业生态建设的投入要保持稳步增长。对国家林业生态建设重点工程实行工程管理，中央逐步提高投入标准，逐步完善配套政策。

（2）加大林业基础设施建设投入。加强国有森工局（林业局）、重点营林局、国有林场、省级以上自然保护区和森林公园中的林区道路建设。加强林区饮水设施建设投入，着力解决林区安全饮水问题。加大对林业工作站、种苗站、技术推广站、森林病虫害防治检疫站、木材检查站、林政稽查机构、森林派出所、林权保护管理服务机构等基层林业站所以及林业执法监督体系、林业综合行政执法机构的基本建设投入。

（3）建立健全生态补偿和林业补贴制度。第一，完善林业生态补偿制度。进一步完善森林生态效益补偿基金制度，逐步提高补偿标准，充分调动广大农民保护公益林的积极性，建立和完善地方森林生态效益补偿机制，研究制定分级分类的森林生态效益补偿标准。第二，建立健全财政补贴制度。逐步建立林业补贴政策的普惠制，完善中央财政造林、森林抚育补贴制度，在逐步扩大试点规模基础上全面实施。逐步扩大国际重要湿地、国家重要湿地、省级以上湿地自然保护区和国家湿地公园开展湿地保护补助试点范围和加大补助力度，并在试点基础上逐步推开。建立林木良种补贴制度，对国家重点林木良种基地和良种苗木培育给予补贴。实行林业机具购置补贴。研究制定深化集体林权制度改革、促进集体林和林下经济发展的财政政策。制定和完善我国荒漠化治理财政支持政策，研究实施国家级沙化土地封禁保护区的支持政策。进一步加大对油茶、核桃等木本油料产业和林业生物质能源发展的支持力度。第三，加大对林业有害生物监测和防治的支持力度。完善林业金融税收扶持政策。进一步争取金融机构加大对林业建设的贷款投入力度，争取各级财政加大贷款贴息力度，完善贴息政策。建立和完善财政支持下的森林保险机制，进一步扩大中央财政对森林保险的补贴规模和范围，根据实际需要，逐步提高中央财政对森林保险保费的补贴标准，健全林业基层服务森林保险体系和工作机制。积极鼓励金融机构开发与林业多种功能相适应的金融产品，建立面向林农的小额贷款和林业中小企业贷款扶持机制，适度放宽贷款条件，降低贷款利率，简化贷款手续，积极开展包括林权抵押贷款在内的符合林业产业特点的多种信贷融资业务。同时，完善林业税费扶持政策，减轻农民和企业负担。对林业综合利用产品实行税收优惠政策，对劳动密集型和高附加值林产品争取提高出口退税标准，推动低碳经济和劳动密集型企业发展。

（4）完善林业发展的市场体系。第一，引导社会资金投入林业发展。积极发展非公有制林业，鼓励各类社会化投资，包括民营企业、社会团体和个人投资造林绿化，鼓励以股份制、股份合作制、个体承包等形式参与林业建设。进一步明确非公有制林业的法律地位，切实落实“谁造谁有、合造共有”的政策，依法保护投资者权益。降低民间资本进入林业的门槛，在投融资、林木税费、林地使用、森林采伐利用等方面制定有利于社会资金进入林业的政策措施，大力发展林业产权要素市场，促进并规范森林资源资产评估等中介机构的建立和发展，为多元投资主体提供创业舞台。第二，大力培育林产品市场体系。按照社会主义市场经济规律，加强市场需求研究，及时搜集分析林产品市场信息，准确掌握行业和市场发展变化趋势，大力发展订单林业，按照市场需求组织产品生产。加大林产品消费政策引导，积极培育国内市场需求，加快建设区域性林产品市场，健全林产品市场流通体系。在稳定城市消费市场的基础上，结合新农村建设、灾后重建、山区综合开发、棚户区改造等工程，推动“林产品下乡”，建立适应农民需要的农村林产品市场。充分发挥现有木材加工企业的生产能力，挖掘林产品城乡市场消费潜力，建立和完善多元、稳定、安全的林产品市场体系。第三，建立和完善林产品市场准入制度。开展中国名牌林产品评认定活动，打造能在国内外立足的自主品牌。严格限制对资源消耗高、产品质量不达标、环境污染严重的林产品加工企业进入市场。制定和修订林产品国家标准和行业标准，强化林产工业企业环境认证和质量认证的监督检查，规范林业产业市场行为。

（十）提升林业管理水平

（1）强化林业行政管理体系。将各级林业部门的行政事业经费纳入财政预算，将森林防火、有害生物防治、林木种苗以及林权保护管理、林业行政执法体系等方面的装备和基础设施建设纳入基本建设规划和相关营造林工程规划。加强中央派驻地方林业监管机构的建设，健全基层各级林业工作机构设置，制定符合各级林业机构设置、人员编制的相关政策。

（2）加强林业人才培养。加强林业高等教育、培训、人才开发、职业技能鉴定与人才评价体系的建设。实施林业科技领军人才、急需紧缺骨干人才培养引进、青年英才培育、党政领导干部能力提升、专业技术人员知识更新、高技能与基层实用人才开发、西部和基层一线人才援助等重点林业人才工程，加快林业人才资源开发和人才队伍能力建设。建立完善现代林业教育培训与技能人才开发体系，重点加强教育培训重点基地、党政领导干部培训、关键岗位干部培训、林业重大改革培训、重点工程配套培训、基层林业实用人才培训、林业高等教育学科共建、林业职业教育支持等8项工程建设，积极开展远程培训、出国培训和技能人才培训与鉴定工作，重点加强高层次专业技术人才与高技能人才的培养。

（3）加强林业基层单位建设。第一，加强林业工作站建设。按照建设标准化、规范化、科学化的要求，强化林业站基础设施建设，理顺管理体制和经费渠道，建立比较完备的省、市、县林业站管理体系；加强队伍和能力建设，充分发挥林业站政策宣传、资源管护、林政执法、生产组织、科技推广和社会化服务等职能作用，确保林业各项工作在基层全面落实。第二，加强木材检查站和森林植物检疫检验站建设。重点在林业重点工程区、松材线虫等检疫性有害生物发生区和重点预防区、交通干线以及通往木材集散地的主要路段，完善全国木材运输和检验检查监督网络体系；完成一级木材检查站基础设施和设备的标准化建设。

（4）实行林业生态建设目标责任制。合理划分中央和地方在生态建设方面的事权，建立激励约束机制，实行地方政府林业生态建设目标责任制。林业主管部门要履行好组织、协调和指导等职责，搞好任务落实和监督检查等工作。各有关部门要发挥各自优势和潜力，按职责分工，各司其职，各负其责，密切配合，建立起由地方政府统一领导下的部门分工协作的生态建设目标考核机制，共同推进本地区的生态建设任务。

（5）建立“全国动员、全民动手、全社会办林业”的新机制。强化舆论宣传，提高全民参与生态建设的认识。广泛发动和组织各行各业、社会各界人士积极投身国土绿化和生态保护事业，提高义务植树尽责率和生态保护参与意识。努力调动各部门力量，共同推进国土绿化事业。倡导认种认养绿地，实现全民动手参与城乡绿化美化。大力普及林业科学技术和法律知识，加强全民生态道德教育，采取各种有效形式，调动社会各界参与林业建设的积极性，建立起全社会办林业的新机制，促进全民共建共享。

总之，发展现代林业是林业工作的总任务，建设生态文明是林业工作的总目标，推动科学发展是林业工作的总要求，三者紧密联系、有机统一，共同构成了我国林业发展总体思路的核心和主题，共同成为林业建设的旗帜和方向。我们之所以要大力发展现代林业、建设生态文明，就是要全面贯彻落实科学发展观，真正为推动经济社会科学发展做出贡献。当前，我国林业发展正处于大有作为的战略机遇期和黄金发展期，发展林业已成为深入贯彻落实科学发展观的重大实践，成为全党、全国工作的战略重点。发展林业已成为建设生态文明的首要任务，林业部门已成为生态文明建设的主体部门。发展林业已成为全球政治的重大议题，成为应对气候变化的战略选择。发展林业已成为增加农民收入的重要途径，成为拉动国内需求的战略举措。我们一定要用世界眼光和战略思维来认识林业，深刻领会和准确把握党中央、国务院关于林业建设的一系列重要论述、决策和部署，高举中国特色社会主义伟大旗帜，以邓小平理论和“三个代表”重要思想为指导，深入贯彻落实科学发展观，全面实施以生态建设为主的林业发展战略，以推动林业科学发展为主题，以加快转变林业发展方式为主线，以确保如期实现“双增”目标为核心，以兴林富民为宗旨，坚持依靠人民群众，坚持依靠科学技术，坚持依靠深化改革，加大生态建设保护力度，加强森林抚育经营，加速培育主导产业，加快繁荣生态文化，全面开创现代林业科学发展新局面，为夺取全面建设小康社会新胜利做出新贡献。

第五章　发展现代林业　完善造林绿化

以创建国家森林城市为契机
造林绿化工作再跃新台阶

河北省石家庄市林业局　杨建秋

2014 年是石家庄市造林绿化工作不平凡的一年。该市全年完成造林绿化面积 62 万亩，植树 5000 多万株，占市级年度造林任务的 124%、占省下达造林绿化任务的 150%。在过去的一年，该市认真贯彻落实省委、省政府关于着力改善生态环境一系列部署和要求，以“创建国家森林城市、打造绿色生态省会”为目标，以创建国家森林城市、国家生态文明典范城市为载体，充分利用春、雨、秋冬多种造林时机，以“绿色省会”攻坚行动为主线，高位推动，层层动员，精细谋划，优化措施，同创同建，强力推进，全市造林绿化工作取得扎实成效。截至目前，全市森林面积已达 720 万亩，森林覆盖率达到 36%，中心城区绿化覆盖率 43.37%，绿地率 40.38%，人均公园绿地面积 $15m^2$，城市品位进一步提升，人居环境进一步优化，为省会生态环境和大气污染改善起到了推动作用。

一、加强组织领导，形成林业建设的强大合力

市委、市政府多次专题研究，全面部署造林绿化工作。2 月 27 日，全市召开了由四大班子出席的、高规格的春季造林绿化工作动员大会；3 月 12 日，孙瑞彬书记、王亮市长在参加完省会义务植树活动后，率领一同参加植树的市四大班子领导视察了西山森林公园绿化工程，听取了林业工作汇报，对全

市林业工作作出指示；3 月 19 日，孙瑞彬书记、王亮市长和张树志副市长相继对春季绿化工作再次做出批示，提出具体要求。3 月 27 日、11 月 28 日，孙瑞彬书记先后两次给各县（市）主要领导写亲笔信，要求全市上下决心、坚定如铁，以前所未有的力度，全面开展绿色石家庄攻坚战，确保完成春季和秋冬季造林绿化任务。9 月 11 日，召开了全市秋冬季造林绿化动员会，王亮市长主持会议并与各县市区主要负责人签订了目标责任状，孙瑞彬书记亲自对造林绿化工作进行动员部署，要求各县（市）区，加强领导，高站位认识，大手笔绿化，扎扎实实落实秋冬季造林绿化任务。11 月 6 日孙瑞彬书记赴鹿泉区督导秋冬季造林暨农村面貌提升工作，再次对全市秋冬季造林工作作出重要指示。为加强对全市造林绿化工作的组织领导，市委、市政府成立了由孙瑞彬书记任政委、王亮市长任指挥长、张树志、李雪荣副市长分任农村和城镇领导小组组长的城乡造林绿化指挥部。各县（市）区也都建立了由主要领导为指挥长的造林绿化领导小组，统一指挥，加强调度。按照“实化、细化、量化”的原则，逐级建立目标责任制，层层分解任务指标，全市上下统一认识，目标明确，形成了林业建设的强大合力和共同行动。

二、坚持工程带动，构建林业发展的有效载体

年初，省下达给该市的造林绿化任务 40 万亩，为保证造林有效面积，该市自我加压，制定出台了《绿色石家庄攻坚工程实施意见》，全年安排造林绿化任务 50 万亩，植树 5000 多万株。重点实施了“2345”工程，即：“两环”（环省会生态绿化、环省会经济林）、“三片”（东部平原农田林网、中部丘陵区经济林、西部山区生态绿化）、“49 条道路”（5 条铁路、7 条高速、4 条国道、33 条省道完善提升绿化工程）、“五河”（滹沱河、大沙河、木刀沟、槐河、洨河五条河流绿化工程）。进入秋冬季后，相继谋划了西山区域绿化、环省会防护林和京港澳高速公路绿化等重点建设工程，全年完成造林绿化 62 万亩。其中，西山区域绿化完成 1.2 万亩，环省会生态重点工程完成 0.5 万亩，环省会经济林完成 15.4 万亩，绿色通道建设工程完成 3.1 万亩，五河绿化工程完成 8.6 万亩，中央财政造林试点、太行山绿化、退耕还林完成人工造林 6 万亩，封山育林完成 8 万亩，农村面貌提升改造、县乡道路和农田林网等工程完成 19.2 万亩。另外，据不完全统计，全市（含各县市区）有 520 多万人参加义务植树活动，植树 1500 多万株，占计划任务 1300 万株的 115%。各项造林任务均提前和超额完成。

三、坚持产业拉动，增强林业发展的活力和后劲

为进一步做大做强果品产业，增强林业发展的活力和后劲，该市及时调整发展思路，优化产业布局，充分挖掘资源优势和品牌优势，强力推进建设果品强市战略。一是引进优新品种，进一步深化果树结构调整、优化生产布局，大力发展名优果品，2013、2014 两年完成环省会经济林 30 万亩；二是引入应用避雨栽培、省力化管理、有机栽培等高新技术，转变我市果品业生产和发展方式，大力推广无公害标准化生产技术，面积达到 210 万亩，建设科技含量高、经济效益好、辐射带动作用明显的现代果业示范园区 10 个，建成有较大规模、配套设施较完善、有较大影响的观光采摘基地果园 20 个，加快都市果业发展步伐，推动果品业转型升级、科学发展；三是进一步建立健全果品质量安全监测体系，加强基层果品基地、企业、专业合作组织监测平台建设，新建果品质量安全追溯点 10 个，加大抽检和监管执法力度，年抽检样品 600 个，每县月开展定性检测果品 40 个，确保果品食用安全；四是扶持发展一批大型、超大型龙头企业组织，大力发展农民专业合作组织，加快产业化发展。

四、加强资源保护，确保林业发展的良好环境

一是开展了以森林公安执法为重点的“金盾行动”和“金网行动”。重点对省森林公安局指定的 14 起刑事案件和 3 起行政案件进行了摸排、打击，共出动人员 2874（人次），其中森林公安民警 1164（人次），出去车辆 977（台次），受理行政案件 27 起，查处 27 起，行政罚款 37.448 万元。同时，还开展了“金网行动 2014 · 2 号”行动，“2014 利剑行动”，主要针对破坏森林和野生动物资源违法犯罪活动进行打击。全市共出动森林公安民警 737 人次，出动车辆 290 台次，清查整治木材市场等重点场所 12 处；清理整顿木材加工利用场所 8 处；查处林政案件 27 起，行政处罚 29 人次，林政罚款 22.7 万元，刑事案件 2 起。二是开展了以加强资源保护为重点的，打击非法侵占林地专项行动。从省厅召开专项行动动员会后，该市迅速行动，局党组立即召开会议，专题研究部署相关工作，成立了专项行动领导小组，制定了活动方案，召开了全市专项行动动员会，安排部署了相关工作，要求在全面清理排查的基础上，做好重点区域的详查工作，尤其做好省会“一山一河”的详查工作（一山：即西山森林公园，一河：即滹沱河城市森林公园）。我市共清理排查

180余个乡镇，发现非法侵占林地行为169项，面积约99hm^2。对涉嫌违法侵占林地行为及时下达了停止违法行为通知书，其中，对3项已经立案侦查。下一步将进行逐项排查，拿出明确的处理和整改意见并抓好落实。同时，加紧办理省、市督办的正定县塔元庄村违法占地案件，案件经调查、询问、取证、立案后，已经刑事拘留一名犯罪嫌疑人，对同案3名犯罪嫌疑人已经采取网上追逃措施，从重从快打击了涉林违法行为。三是加大了森林防火工作力度。进入秋冬季森林防火期后，市政府及时召开了全市森林防火工作会议，实行24小时干部值班和领导带班制度，严格执行火灾报告和归口管理。同时，全面启动防火工作责任制考核和秋冬季防火督导检查工作，抽调人员组成考核组、督导组，深入基层防控一线，对各县（市）区落实防火工作责任制情况进行检查考核及督导，坚决消除火灾隐患。四是抓好森林有害生物防治工作。突出抓好飞机防治美国白蛾，继续抓好飞防工作，全年完成防治作业534架次，喷洒药剂10.32t，26万亩，涉及新乐、栾城、平山、灵寿、行唐、高邑、赞皇、鹿泉、藁城、晋州、长安区等11个县（市）区。对市内五区及鹿泉市施放了2亿头美国白蛾“天敌”——周氏啮小蜂，进行了生物防治。并及时做好美国白蛾等食叶害虫的防治、测报和督导检查工作，组织召开了现场会，明确了督导检查时间表。

五、创新机制，拓宽林业发展的融资渠道

市委、市政府逐年加大对林业的投入力度，不断放活政策，支持民营企业、个人等非公有经济主体投资林业产业，政府在基础设施、种苗等方面给予适当补助或以奖代补，极大地调动了全社会参与林业建设的热情。2014年全市各大林业工程计划投资总额达到16.2亿元，其中市财政投资6.2亿元，县（市）财政投入10亿元，建立了政府投入主导、金融部门积极支持、全民参与的多渠道、多形式投入机制。如高邑、藁城、井陉分别落实资金1270万元、6000万元、5000万元，吸引社会投资达5390万元，占绿化总投入的43.9%。创新造林机制方面，坚持“政府要绿、农民得利、社会受益”的思路，以激发市场活力为基础，着力创新土地流转机制、市场化造林机制、产业化管护机制等造林绿化机制，坚持以工程项目带动造林绿化，鼓励和引导大户、联户承包经营，支持龙头企业、合作组织、个体私营组织、工商企业兴建经济林基地，参与林果产业开发，进一步完善了“合作社+农户”、“公司+合作社+农户”等造林机制，实现了绿化造林与农民利益的有机结合，极大调动起广大群众参与造林的积极性。

六、加强督导检查，深化林业服务内容

春季全市造林绿化动员会召开后，市建立了环省会经济林建设督导通报、验收考核、技术指导3项通报制度；市林业局会同市群众路线教育实践活动办印发了关于开展春季造林绿化活动的通知，组建6个春季植树督查指导组，同时，落实了市林业局领导班子成员包县督导责任制，会同市委、市政府督查室，组成了秋冬季造林绿化工作督导组，强力推进秋冬季造林绿化工作。市林业部门及各县林业局积极当好本地党委、政府的参谋，加强市场引导，科技培训，深入山场地块，进行现场指导和服务，普遍采取了市局领导包县、县局领导包乡、技术人员分片包干办法，及时解决技术问题，确保造林质量。

七、广泛动员，大力营造盛世兴林的舆论氛围

3月12日市林业局在《石家庄日报》上开辟了“实施绿色省会攻坚工程，创建国家森林城市”的专刊；在石家庄电视台、市城管LED视屏制作了“大力开展植树造林，努力改善生态环境”的公益广告，并在“黄金时段”滚动播出。同时在石家庄多家新闻媒体开辟专栏，对全市造林绿化进展情况进行了全方位报道。组织安排3.12、3.23省、市党政机关干部、企事业单位工作人员、驻石部队官兵共计4000余人在省会西山、平山西柏坡开展的大规模义务植树活动，完成植树2.5万余株，带动全市“公仆林”“八一林”“巾帼林”、“新闻林”等各界义务植树活动的蓬勃开展。各县（市）主要领导率先垂范，积极参加义务植树活动，全市春季造林绿化迅速掀起高潮。截至目前，全市约520万人参加义务植树1500万株。

企业参与造林　农户绿富兼收

河北省行唐县林业局　王荣林　王书刚　常　峰

河北省行唐县在京昆高速绿化工作中，坚持科学化、社会化、规模化、市场化等原则，大胆创新，为实现绿化效果统一、建设大型苗木生产基地进行了有益的尝试，取得了良好的生态效益和经济效益，实现了政府要绿、企业得利、农民受益。

京昆高速行唐段绿化工作共涉及4006个占地农户、栽植标准要求高、绿化路线长，任务十分艰巨。为确保苗木栽得上、能成活，经过多方调研，行唐县在兼顾国家、企业和农户三方利益的情况下，提出了“政府引导、公司经营、农户得利、确保效果”的思路，采用“企业化造林”的模式，引进专业绿化公司参与绿化。通过公司化运作，把京昆高速行唐段两侧4200亩土地全部流转，建成全长25.49km两侧各50m宽的高标准绿化林带，平整的路面，清晰的标线，配以花草树木，形成了“标准统一、林带连贯”的生态路、景观道，达到了“人在车中坐，车在画中行”的意境。

行唐县是如何做到企业得利，农户绿富兼收呢?

首先是推进土地流转。行唐县林业局、涉及乡镇与该绿化企业签订绿化合作协议，乡镇根据农户意愿，对高速路两侧50m以内的土地全部进行流转，将流转的土地交给绿化公司，由公司进行统一绿化管护。采取了机械化挖坑，专业队栽植的新方法。统一放线定点、统一机械挖坑、统一专业队栽植、统一浇水灌溉、统一培土涂白的“五统一”工作法，确保横成行、竖成列、连成网。

其次是统一补偿标准。行唐县政府经过多次调研，对绿化公司制定了统一补偿标准，即：外环路以外每亩每年1200元现金补贴，外环路以内每亩每年2400斤粮食补贴，补偿年限为16年。绿化公司得到流转的土地后，按“上打租”每年每亩1600元的标准补偿农户，且每三年以12.8%速度递增，这样，从根本上保证了群众利益。

第三是明确管理主体。行唐县将京昆高速行唐段两侧各50m绿化林带，交由绿化公司经营管护。由公司按照造林规划设计进行高标准绿化并负责道路两侧林带的更新管理工作。同时，公司在不影响绿化景观效果的前提下，可发展林下经济自主经营，收益全部归公司所有。

与此同时，县政府组织力量，加大督导。对主干路重点绿化工程的划线、点穴、挖坑、栽植、浇水、苗木等进行“一条龙”管理，做到人员、时间、进度、质量四落实，对苗木、挖坑、栽植、浇水等工作逐地块验收，全程监管，坚决保证绿化效果。

绿化公司的收益主要是在保证绿化效果的前提下，通过间作种植绿化苗木或栽植的树木成材后，分批次采伐补植更新收益。目前，京昆高速、京赞线等公路两侧分别建成50m和30m宽的高标准绿化林带，形成了一道亮丽风景线。

通过行唐县开展的企业化造林，可以得到三点启示：

启示一：各方面利益得到保障。过去植树补助标准低，与种植粮食作物相比，收益较少，所以农户管护苗木的积极性不高。如今，企业化造林规模大、绿廊景观效果好，生态建设成效显著；绿化企业用于大片造林或建设育苗基地，并由绿化企业承担育苗基地的投资、经营及管护，育苗所得收益归企业所有；政府交由企业采用“上打租”方式补偿农户，农户没有种地就先拿了钱，不但有了保障，而且一年比一年拿得多，由此，真正实现了政府要绿、企业得利、农民受益的三赢。

启示二：苗木成活率有保障。企业包栽包管护包成活，直接与自己经济利益挂钩，有力地激发了企业种活树、管好树、早见效的积极性，保证了树木成活率和绿化效果。采取的这些措施，从根本上解决了多年来造林绿化成效不太理想、占地补偿标准较低致使农民管护积极性不高的难题，为土地流转发挥了很好的示范带动作用。

启示三：造林新模式值得推广。京昆高速行唐段绿化实现了一步到位、一次成型，不仅节约资金，而且达到了整齐美观的效果。同时，对苗木的管护，采取“栽、管、护”一包到底的方法，明确责、权、利，有力地保证了绿化效果。在新形势下，推进企业化造林模式，可有效破解资金、土地、人工、管护等多方面的难题，需要继续坚持“谁造林、谁所有、谁管护、谁受益”的原则，保障各方面的利益。

创新机制　科技引领
扩林增绿　富民强县

河北省邢台县林业局　孟增朝

邢台县位于河北省南部，太行山南端东麓，地势西高东低，依次构成中山、低山、丘陵、平原四种地形，自然形成“四川三河”的地理景观。全县属暖温带半干旱季风气候区，四季分明，雨热同季，降雨时空分布不均，年均降雨量为400～650mm，多集中在夏、秋季节，年均气温在11～13℃，无霜期174～194天，土壤以褐土为主。全县辖16个乡镇，520个行政村，33.55万人口，总面积277.2万亩，其中山区面积262.2万亩，山场面积188.2万亩，是一个典型的山区大县、林业大县。

多年来，历届县委、县政府非常重视山区开发治理，始终把治山造林作为改善生态环境、增加群众收入的战略措施，将造林绿化与林业产业发展有机结合，确立了“生态产业化和产业生态化”的发展思路，坚持“因地制宜，三效并重，科学发展”，促进了林业建设的良性循环和可持续发展。特别是近三年来，邢台县以通道绿化、环市区防护林带、浅山丘陵区绿化、林果基地建设等为重点，大力植树造林，改善生态环境，发展林业产业，取得了显著成效，全县绿化总投资达5亿多元，完成造林22.5万亩，植树1500余万株。其中：通道绿化总长度155.7km，造林2.7万亩，植树164万株；环邢台市区防护林带建设58.4km，造林2.1万亩，植树115万株；果品基地建设11.7万亩，植树702万株；浅山丘陵区营造以侧柏为主的生态林6万亩，飞播造林9万亩，封山育林14万亩。

可以说，邢台县林业发展实现了“三效”并举，即生态、经济、社会三大效益的高度统一。目前，全县有林地面积达135万亩，森林覆盖率达45.1%，植被覆盖率91%以上，活立木蓄积255万m^3，果树面积64.5万亩，果品产量1.5亿kg，产值6.8亿元，山区农民纯收入的70%以上来自于林果业，有的村高达90%以上，全县280个村、4.5万个农户靠林果业实现了小康，走上了致富路。邢台县的林业发展得到上级领导及社会各界的高度评价。“八百里太行，邢台县最绿”名符其实，“太行明珠”前南峪被评为全球环境500佳提名奖，涌现出了郭成志、王志琪、郭爱妮等一大批全国治山造林劳动模范。邢台县先后荣获全国义务植树先进县、全国绿化模范县、全国造林绿化百佳县、全国国土绿化突出贡献单位、全国造林绿化先进单位、全国太行山绿化工程先进单位、全国退耕还林先进集体等荣誉称号。

一、领导重视，网格管理

县委、县政府对山区治理、造林绿化工作历来十分重视，努力做到“四个到位”：一是认识到位。就是将造林绿化放到全县发展的大局去考虑、去定位，转变观念，提高认识，在全县上下形成三项共识：其一生态是山区发展的基础，也是邢台县发展的根本，大力开展造林绿化活动，就是抓生态、优环境、促发展；其二造林绿化是落实市委、市政府“还邢台青山绿水，走生态发展之路”发展战略的具体抓手，只有全民行动、造林绿化，才能调优发展战略、转变发展方式；其三植树造林是一项功在当代、利在千秋的民生工程，只有搞好造林绿化，才能进一步改善生态环境、提高生活质量、更好地惠及民生。二是组织到位。县里成立了由县委、县政府主要领导挂帅的造林绿化指挥部，各乡镇、村也成立了相应组织，形成了县、乡、村三级协调联动、齐抓共管的组织领导体系。三是规划到位。县委、县政府先后制定了《关于进一步加快山区建设的实施方案》、《邢台县植被恢复总体规划》、《邢台县浅山丘陵区绿化总体规划》等，保证了造林绿化工作的有序开展，扎实推进。四是责任到位。每年年初，围绕全县造林绿化目标，制定造林绿化工作方案，专门召开全县大会进行专题部署，分解任务，落实责任，并与各乡镇签定责任状，定任务，定时间，定场地，定树种，真正把造林绿化的目标任务落实到乡镇、村和地块、人头。实行领导分包责任制，县级领导包乡、包重点工程，乡级领导包村、包片，做到责任分工无缝隙、目标任务全覆盖。县委、县政府主要领导经常到一线现场指挥，现场调度，极大地促进了造林绿化工作。

二、创新机制，激发活力

本着“政府要绿，群众得利”的原则，县委、县政府制定了《大力推进山区建设和生态保护优惠政策 30 条》，活化机制，分类施策，建立政府推动与利益驱动相结合的造林绿化新机制。通过多年实践，探索出适合县情的五种造林绿化模式：一是“反租倒包”模式。在通道绿化、环市区防护林带、环大型企业绿化建设中，实行“反租倒包”的造林机制，由政府或企业出资向农户租用土地搞绿化，既保证了群众利益不受损失，又实现了生态效益最大化。二是“农户+林业项目”模式。对于群众积极性高、立地条件较好的村，采取统一规划，分户治理，林业项目优先支持，起到典型示范带动作用。如依托退耕还林项目南石门镇南岗西村建成了5000亩优质核桃基地，亩均收入达6000元。三是“大户+项目整合”模式。针对浅山丘陵区造林投入大、成本高、周期长、见效慢等现实问题，邢台县按照“突出重点，整合项目，规模开发，打造精品，示范带动，全面推进”的原则，将林业、水务、农开、国土等涉农部门项目，统筹运作，捆绑使用，重点向浅山丘陵区倾斜，集中力量办大事，力求实现“1+1>2”的效果，确保项目效益最大化。几年来，先后打造了于家庄、东候兰2个万亩核桃基地，建成了黑垴、袁家庄、黑里岗等13个优质核桃示范基地，近8万亩荒山得到了高标准治理，实现了经济、社会、生态三效共赢；四是“农户+政府补贴”模式。政府补贴与群众意愿相结合，坚持群众自愿造林，林种、树种不限，政府补贴每亩500元，极大地调动了群众造林绿化的积极性。五是专业队工程造林模式。对于经济效益差，群众造林积极性低的浅山丘陵区荒山生态林建设，利用国家项目资金和政府投资，实行专业队承包造林，树随山走，造管结合，实现了造林工程责、权、利的统一，责任主体明确，规范了造林程序，提高了造林质量，为一次性造林成功打下了坚实的基础。目前，全县有专业造林队20多家，固定从业人员500多人，其中常年从事造林活动的有邢台县景香林果科技开发中心、邢台县焦庄建国绿化队、邢台县殿林生态园、邢台县追璞林果开发有限公司等8家，累计造林面积达10.8万亩，造林成活率达90%以上，先后营造出董家沟、黄店、黄旮旯、太子井等一大批在全市乃至全省叫得响的荒山绿化精品工程，起到很好的典型示范带动作用，推进了整个太行山浅山丘陵区造林绿化步伐。

三、因地制宜，科技引领

一是科学治山，不断探索造林新模式、新技术。邢台县在多年的治山实践中，在全国率先提出了生态经济沟概念，创出了一条“山水林田路综合治理，农林牧副渔协调发展，顶坡沟滩源立体开发”的太行山绿化之路，探索出了“三个三结合，一个大发展”的生态经济沟治理模式，即在总体规划上，工程与生物相结合，乔灌草结合，封造管结合；在工程措施上，坡面坑坪结合，梯壕结合，沟谷谷坊坝小塘坝结合；在生物措施上，川道杨柳结合，山顶松橡槐结合，坡面干鲜果结合，大力发展爆破水平沟整地造林，形成“材林头，干果腰，水果脚”的格局。生态经济沟治理模式被确定为国家标准。二是积极探索抗旱造林新技术、新模式。针对浅山丘陵区立地条件差，山场贫瘠，岩石裸露，“干、旱、薄、蚀”情况严重，邢台县在大力推广地膜覆盖、生根粉、保湿剂、容器苗造林、客土造林等抗旱造林技术的基础上，探索总结出一套浅山丘陵区抗旱造林新技术，从树种选择、苗木规格、苗木起运、苗木蘸浆、苗木假植、挖坑栽植、套保湿袋、苗木定干、刨鱼鳞坑、靠育林板等10个环节进行了技术规范，保障了树木的成活率和保存率，提高了造林质量和成效，改变了过去“年年造林不见林，年年植树不见树”的现象。尤其是在2014年几十年不遇的大旱之年，抗旱造林新技术凸显奇效，新植的3万亩300多万株侧柏，造林成活率达95%以上。三是科学规划，坚持生态与经济并重的原则，宜林则林，宜果则果，做到规划设计科学化，栽植模式合理化，树种选择优良化，三个效益最大化，让群众种树跟利益挂上钩，提高群众栽树种果的积极性。四是严把造林良种壮苗、起苗运苗、分级修剪、整地挖坑、栽植浇水、管护抚育“六关”，保证“栽一棵活一棵，造一片成一片”，保证造林质量，确保造林成效。

四、多元投入，聚财增绿

实行政府、部门、集体、企业、个人多元化投入机制，多层次、多渠道筹措绿化资金。一是财政投资。县政府将工程建设、种苗补贴、租地资金等费用列入财政预算，近三年来县政府直接投资造林绿化资金就达1.5亿多元，各乡镇政府也相应列支一定资金用于植树造林。二是争取项目资金。县林业、水务等多部门加强与上级部门沟通协调，积极争跑项目和资金，并进行资金整合，用于造林绿化。三是吸纳社会资金。积极利用经济转型、产业结构调整的有利时机，引导房地产开发商、矿老板等大户及社会闲散资金投资山场治理开发。目前全县承包山场造林500亩以上的大户有110多家，总面积8万多亩，吸纳资金4亿多元。旭阳、德龙两家大型企业每家出资1000多万元营造自己的生态固碳林。

五、真督实查，严格奖惩

邢台县坚持把较真碰硬、强化督导贯彻造林工作始终。县委、县政府两办督查室加大督查力度，进行全程督导检查，对在造林绿化工作中不负责、不落实、不作为的部门和乡镇，对其一把手进行诫免谈话，主管副职、分包干部就地免职。2014 年以来，全县乡镇有 1 名正职、2 名副职被问责。县电视台对造林绿化工作进行跟踪报道，大力宣传植树造林的先进典型，对反面典型公开曝光。县考核办年终对造林绿化工作进行专项考核，对倒排靠后的乡镇在全县通报批评，通过跟踪问效，严肃问责，反向激励，奖前罚后，确保造林质量和效果。

市场引导　社会融资
任县打造通道绿化亮点工程

河北省邢台市任县林业局　刘新芳　刘嘉君　刘丽娟

任县，是邢台市一城五星都市区的重要组成部分，位于河北省中南部，地处滏西平原。总面积431km^2，人口33万，财政收入1亿元，辖4个镇、4个乡，县境以西有京港澳高速、京广铁路、京广高铁，邢衡高速、邢德公路、邢济公路横贯东西，因此，通道绿化工程建设成为任县近年来造林绿化的重点难点和亮点。近两年来，任县持续坚持把通道绿化做为治理大气污染、农村面貌改造提升和建设生态任县的重点工作来抓，以市场引导为抓手，着力加强社会融资，使该县通道绿化工程建设成为加强造林绿化，改善生态环境的亮点工程。

一、领导重视，高端设计

任县县委县政府认真贯彻落实“科技兴县，生态立县”的科学决策，把坚持绿色发展和生态理念有机融合，同时，坚持高站位，加强项层设计。2014年在通道绿化改造提升和景观廊道建设中，将邢巨线“绿晴蜓翡翠走廊”工程做为任县总体布局重点来抓。县委县政府领导高度关注，多方联系，工程聘请北京农业大学专业设计团队设计，在邢巨线两侧各500m范围内实施美化、绿化，打造集观光、旅游、休闲、采摘、高效种植为内容的景观廊道。两侧各100m内建设景观廊道，100～500m范围内发展林苗一体化种植，葡萄、核桃、桃等高效经济林种植。高端设计理念奠定了该县打造通道绿化亮点工程的基础。

二、加大投入，行政推动

石武高铁、邢巨线、邢衡高速通道绿化涉及多个乡镇，造林面积9500多亩，是任县近年头号绿化工程。任县是全省财政困难县之一，在财力十分紧张的情况下，县政府坚持优先保证通道绿化造林投入，县财政积极筹集租地款1380万元，从召开常委会、县委书记批示、县长批示、县财政局长批示都把通道绿化所需资金作为急办事项，极大地推动植树进度和工程建设速度。在县委、县政府推动下，各乡镇、村积极筹资投劳，支持造林绿化，有力推进了通道绿化的顺利开展。

三、市场引导，社会融资

加快林业产业转型升级，转变林业发展方式和投资营林机制是通道绿化的亮点。为此，石武高铁、邢巨线、邢衡高速等工程建设中，政府想方设法出台优惠条件，大力吸引社会、公司资金，从设计施工、管护等方面将造林绿化建设引入市场。引进邢台政昌农业开发公司，实施公司化、市场化经营，租地费、造林施工、管理管护投入全部由承包商负责，租地费每亩每年 1200 元，切实减轻县财政负担。工程计划植树 65 万株，造林面积 11500 亩。2013 年 9 月份完成合作意向及协议签订，10 月建设资金陆续落实到账，12 月完成冬季植树 8.25 万株，造林面积 1500 亩；今春计划植树 30 万株，造林面积 5500 亩。

县委、县政府还科学决策，把邢巨线两侧建设成为高效林果、苗木花卉产业带，打造万亩高效林果产业示范区。仅该项工程就吸纳民间投资 700 多万元。每亩每年支付群众地租 1200 元。同时邢衡高速、邢德线等路段也采取这种方式，承包商以每亩每年 600 元标准交纳地租。

四、协调联动，加强服务

为了确保通道绿化工作顺利开展，该县实行了县领导包乡镇包工程包路段，县林业局、农业局、农开办、县农提办等部门分工负责，乡村具体协调和落实的工作机制。同时，县林业局全体人员分成三个技术服务组，由三位副局长带队，全面抓好植树造林的组织协调、督导落实和总体把关，把好树苗标准和栽植关，深入造林一线搞好技术服务和指导。县两办督查室重点开展专项督查，及时掌握植树进度并定期全县通报，将通道绿化工作开展情况列入各乡镇年终综合考核的重要内容，推动了通道绿化的顺利进展。

推进造林绿化工作　打造塞北绿色海洋

山西省大同市新荣区林业局

一、全区造林绿化情况

近年来，全区认真贯彻落实中央、省、市关于加快林业发展的一系列方针政策，提出了“头五年起好步，再五年成规模，十五年大见效”的发展思路，认真实施国家京津风沙源治理、退耕还林及成果巩固和省六大造林绿化工程建设，完成荒山造林45万亩，四旁植树350万株，通道绿化340km，基本实现了“荒山绿树成林，通道绿树成荫，乡村绿树成景”，取得了良好的生态效益和社会效益。

特别是2008年以来，全区紧紧围绕市委、市政府“转型发展、绿色崛起”发展战略，以构建“名城生态区、古都后花园”为目标，把林业生态建设摆上全区经济社会发展的突出位置，大力开展以造林绿化为重点的生态环境治理工程，林业建设进入了建区以来发展最快、规模最大、势头最好的时期。以大呼高速、204省道、得大高速绿化、古长城和新龍公园“三路两园”为重点，坚持做到高标准、高质量、上规模、出精品，完成成片造林12万亩、通道绿化里程120km，栽植各类苗木850万株，各项目间相辅相成，精益求精，做到了一次投资、一次成林、一次成景，实现了林地面积和森林覆盖率的“双增长”目标。

截至目前，全区现有林业用地72.9万亩。全区森林覆盖率为29%，林木覆盖率为43.2%，是全省24个国家级生态示范县（区）之一。

2014年8月被省政府授予“山西省林业生态县”荣誉称号。

二、主要做法

在工程实施中，我们体现了八化植管法，即：科学化布局、规模化开发、精细化实施、景观化体现、多元化投资、专业化栽植、区域化管理、网格化监管。其特点是大手笔规划、连大片开发、规模化治理、高标准实施。

1. 因地制宜，科学规划。在造林规划中，我区尊重自然规律，讲求科学方法，突出集中连片治理，严格实行“规划一张图、全区一盘棋”的绿化理念。坚持按照上级营造林质量技术规程，对于每一项绿化工程都结合实际，科学决策，因地制宜，突出特色，高起点规划，高标准设计，注重项目间的相互配套与衔接，在规划布局、树种搭配上实行统筹安排，点、线、面结合，相互促进、协调发展，做到综合规划，全面绿化，形成工程的完整性、科学性，确保各项工程建设的整体成效。在荒山绿化工程项目设计上，体现“乔灌混交、针阔结合、灌木铺底、乔木点缀”的特点，形成乔灌混交突出生态效益的格局，实现了山上增绿与身边治本有机结合。在通道绿化工程设计上，注意用大树，一次成景，一次成林，突出景观的生态格局。在村庄绿化设计上，注意用传统树种和经济适用树种相结合，形成自然和谐的生态格局。

2. 提高认识，加强领导。近年来，全区各级、各部门主要领导从改善全区生态环境的大局出发，牢固树立“爱绿、植绿、护绿、兴绿”的意识，成立了由书记和区长任组长的造林绿化领导组，上到区级领导下到部门负责人，无不高度重视，精心组织，把造林绿化作为一项重要任务来抓，全面搞好组织发动、任务落实、责任分解、协调服务等工作，做到为官一任，绿化一方。区、乡两级每年签定工程建设目标责任状，建立四套班子领导包乡镇、包项目的工作机制。区委常委会、区政府常务会议定期听取造林绿化工作进展及投资预算汇报，及时研究解决工作中出现的困难和问题。造林期间主要领导亲自挂帅，指挥在一线，经常深入施工地督促检查造林绿化工作的落实情况，强势推进各项造林绿化工作。全区上下形成了主要领导亲自抓，分管领导具体抓，业务部门全力抓，相关部门配合抓的良好氛围，确保了工程造林的质量和进度。

3. 广泛宣传，积极参与。生态建设是一项社会性公益事业，为了使人民群众这一主力军真正走上改善自身生存环境、建设美好家园的主战场，我区深入贯彻上级关于全民义务植树的有关政策规定，积极组织适龄公民参加义务活动，发动了全区 9.7 万个农村劳动力、5.52 万人次机关干部和中学生参加了义务植树。造林绿化工作的有效开展起到了很好的辐射带动作用，社会各界从事林产业的积极性日益提高，全区以拍卖、租赁、承包方式转让“四荒地”11 万亩，其中大部分得到了治理。生态建设也带动了苗木产业迅速发展，全区育苗面积达到 5 万多亩，成为引领农民脱贫致富的支柱性产业，林业发展呈现出上下互动、城乡联动、全社会发动、全民行动的良好态势，保证了各项林业建设的快速稳步推进。

4. 科学造林，保证质量。在造林绿化过程中，我们把加强管理贯穿于造林工作的各个环节。在机制创新上，我区立足实际，拓宽思路，加快推进林地流转，创造性开展造林绿化工作。由政府主导，省、市、区三级配套出资，农民以入股的形式转让闲置土地，树随地走，三年后林权归属农民所有，提高农民发展林业的积极性，增加农民收入。较好地解决了林农“有地无钱”和政府“有钱无地”等长期制约林业快速发展机制不活的因素。在工程建设上，我们注重效果，强化质量意识，打造精品工程，从整地到调苗、栽植、浇水等各道工序严格把关，严格按设计标准施工，坚持做到高标准、高质量、上规模、出精品。在苗木使用上，选择适合本地立地条件造林樟子松、油松等针阔叶苗木，严格执行苗木“四证一签”管理制度，保证良种壮苗用于工程建设，真正做到适地适树。在队伍组建上，采用有营林资质专业队为主的施工方式，对施工人员实地进行岗前培训和技术示范，确保栽一棵活一棵，植一片活一片。在资金使用上，专款专用、专人管理。重点工程全部推行工程招标制、营林资质制、项目监理制和资金报账制，工程三年期付款，包栽植、包管护、包成活，提高了资金的使用效益。在工程验收上，坚持从规划到实施，高标准严要求，严格执行进度服从质量、形式服从内容、规划服从效益的原则，层层签字负责，分工把关，坚持做到整地不合格不栽植，苗木不合格不使用，栽植不合格不验收。

5. 多元筹资，保障投入。近年来，针对我区立地条件差、造林成本高的实际，区委、区政府积极探索多元化投资渠道，做到了政府资金持续向造林绿化“投”，企业资金踊跃向造林绿化“用”，社会资金广泛向造林绿化“聚”，从煤炭建设基金收入中安排专项资金用于通道绿化、环城绿化和荒山绿化。全面整合区域内国家及省级各项林业生态工程项目，捆绑使用京津风沙源项目、农林水等涉林资金。同时，广泛动员各乡镇和厂矿企业单位筹资，通油路、建景点、搞绿化，重点搞好村庄绿化、生态移民、厂矿绿化和森林旅游。近年来，全区各级、各部门投入造林资金达6.8亿多元，为全力以赴搞好各项植树造林工作奠定了基础，有力地保障了全区造林绿化工程的顺利实施。

6. 依法治林，巩固成果。在全面抓好各项造林工作的同时，全区不断加强封山禁牧、森林防火和资源保护工作：一是在政策落实上，结合实际，区政府制定出台了《林木管护、防火和封山禁牧通告》、《森林防火应急预案》、《封山禁牧办法》、《森林防火公告》和《集体林权制度改革公告》等规章制度，为全区森林资源保护工作的顺利开展提供了保障。二是在队伍组建上，成立森林公安派出所，各乡镇组建成立了林政稽查队伍，所有执法人员都做到持证上岗，多次组织开展了声势浩大的打击破坏森林资源违法犯罪行为专项整治行动，查处了一批涉林案件，有效震慑了犯罪，保护了林木资源。三是组建森林消防专业队，落实防火专项经费，购置防火器材，加强技能培训和演练，做到防火工作有备无患，确保万无一失。同时，进一步健全和完善了区、乡、村三级管护网络，签订管护合同，明确了管护责任和奖惩措施。各项工作多措并举，多管齐下，全区森林资源保护形成了一个上下联动、整体配合的管护体系。

新荣区将围绕“党的十八大”提出大力推进生态文明建设要求，以科学发展观为指导，按照省委省政府提出的“绿化山西，生态兴省”的绿化理念，围绕“山上治本，身边增绿，产业富民，林业增效”战略部署，加大政策扶持和资金投入力度，持之以恒地推进造林绿化，力争使全区森林覆盖率达到30%以上，林木覆盖率提升到50%以上，努力把新荣建设成为“大同生态屏障，塞北绿色海洋”。

大力推进林业生态工程建设
全面提升生态林业民生林业发展

山西省长治市林业局　江声华

2014年，在市委、市政府高度重视和省林业厅的大力支持下，长治市林业局全面贯彻落实党的十八大和十八届二中、三中、四中全会精神，深入学习贯彻习近平总书记系列重要讲话精神，紧紧围绕省委、省政府提出的“三加三不减”要求，以“生态林业、民生林业”建设为目标，以“提质增效、扩量转型”发展为重点，创新林业体制机制，大力推进林业生态工程建设，增强生态林业民生林业发展内生动力，全面提升生态林业民生林业发展水平。

一是领导重视，精心谋划林业工作目标。长治市委、市政府认真贯彻执行省委、省政府林业生态建设“三个只增不减”要求，研究制定了长治林业三步走发展战略，出台了《林业生态建设“三步走”实施方案》和《“绿色生态乡（镇）”、“绿色生态村”活动实施方案》，为林业生态建设健康稳定推进奠定了基础。2014年3月，市政府组织召开全市造林绿化和森林防火动员会议，确立推进全市林业生态建设提质增效扩量的“585”工作思路，即造林绿化提质量、资源安全抓三防、基地建设增效益、林权改革求完善、成果巩固强管理“五项”林业重点工作，两山治本、两林富民、双十示范、两区恢复、两网覆盖、双改提效、两防安全、双创增绿“八大”林业生态重点工程和造林绿化、资源管理、森林安全、基地增效、强化基础“五项”主要考核指标。

二是多元筹资，积极构建林业投入体系。坚持政府投资为主，把造林绿化作为城市的重要基础设施建设，作为政府必须提供的生态产品，保证林业生态建设投入，市县两级投入造林绿化资金将达到4.5亿元；广泛组织社会筹资，采取煤炭提取、企业出资、自愿捐资、冠名赞助、股份造林、义务植树等多种方式，不断拓宽筹资渠道，为全市造林绿化筹集资金3亿多元。初步形成了“政府投资，部门筹资，煤企出资，社会集资，劳务代资”的造林绿化多元融资机制，保证造林绿化工程建设的顺利实施。

三是规划先行，不断优化林业工程布局。坚持以重点工程建设为统领，在布局上突出集中连片、综合治理、规模发展。全市将40万亩市级营造林任务，30 万亩省级任务落实到 12 个县市区的 75 个乡镇 186 个行政村。将 40 个 16 万亩的市县重点工程落实到 11 个县市的 48 个乡镇 176 个行政村，占省级营造林工程总任务的 50% 以上。其中：万亩以上工程 2 处，5000 亩以上工程 5 处，3000 亩以上工程 9 处，1000 亩以上工程 22 处。这些工程启动实施以来，全市共有 120 余支造林专业队伍，11000 余人投入造林绿化工程建设，各项工程取得了进度快、标准高、效果好的建设成效。全市全年共完成造林 41.2 万亩，分别占市任务 40 万亩和省任务 30.7 万亩的 103% 和 134.2%。

四是创新理念，夯实产业发展根基。大力实施以核桃为重点的干果经济林和以连翘为重点的生态经济兼用林“两林”富民工程，推进林业产业发展。开展“百千万”经济林培训活动，组建了全市干果经济林管理技术服务队 300 余人，随时对基层群众进行点对点服务，推广先进技术。同时，将干果经济林项目与现代农业示范区建设和国家贫困重点县干果经济林项目有机结合起来，全市 13 个县市区有 80% 以上享受国家、省级政策补贴。大力发展林下经济，全市已建立林下经济发展示范基地 2000 余亩，推广林苗、林药、林菌等林下经济高效栽植模式 5000 余亩，为山区农民拓宽就业渠道和增收致富开辟了新途径。

五是提质增效，强化森林资源管护。全市造林绿化工程建设严格实行行政首长负责制，重点工程实行项目法人制，项目法人对工程建设负直接责任，每个工程都分解落实到人，明确建设目标、任务、时限、奖惩。对造林绿化工程建设进行全程跟踪督查，对工程建设的进展情况实行月报制，一月一通报，半年一排队，对进度快、质量高的予以表彰奖励；对不达进度要求和标准质量的，予以通报批评，并严肃追究主要领导和有关人员责任。这些措施的落实，有效推进了各项造林绿化工程的顺利实施。

与此同时，全市认真实行网格化管理制度，共划分森林防火责任网格 6700 个，巡查队伍 3193 支，人数 12704 人，完成森林防火通道建设 723km，建设防火瞭望塔 126 个，特别是通过多措并举，森林火灾的发生次数、受害面积明显下降，森林火灾受害率仅为 0.26‰。同时，开展打击各类破坏森林资源的专项行动，排查各类非法侵占林地情况，全面排查、突出重点，强化全市森林资源管理，坚守林地红线，确保全市森林资源的安全。

六是转变作风，不断加强林业队伍建设。2014 年，以党的群众路线教育实践活动为契机，全市林业系统着力加强林业干部廉洁从政教育和林业行风政风建设，结合当前林业中心工作的林地保护利用规划、国有林场改革、民营林场建设和管理、林下经济发展、资源管护模式、集体林权制度配套改革等方面热点、难点问题，深入细致地进行调研，找准问题的原因，找出解决的办法，加强各级林业领导干部和专业技术人才队伍建设，提升林业干部队伍综合素质。全年先后召开教育实践活动的动员会、推进会、通报会等相关会议20余次；组织单位140党员干部学习培训50学时，局党组专题讨论培训15次；带着课题广泛调研，开展明查暗访8次，召开各类座谈会8次，实地调研了解企业7个，走访农户20户，处理解决问题20余件。切实转变职能、转变作风，服务大局、服务基层，科学谋划全市林业"十三五"发展规划，认真解决群众反映强烈和制约林业发展的突出问题，推进全市林业健康快速发展。

完善造林绿化建设
推进现代林业建设步伐

山西省沁县林业局

沁县地处太行、太岳两山之间，位于长治市北部，地形地势四周隆起，中间低平，山恋起伏，沟壑纵横。全县总面积199万亩，其中林业用地90万亩，辖6镇7乡，总人口17.3万。近三年以来，全县以太行山绿化工程为依托，按照我县规划的两山防护林区、北部水源涵养林区、东南部商品林区、中东部干果经济林区、湿地植被恢复区五大板块的建设思路，强力推进灭荒造林、核桃产业、三环绿化、森林湿地公园以及自然保护区建设五项基础工作，对全县所有荒山、荒坡、荒沟、荒滩进行造林攻坚，营造了以水土保持林、水源涵养林为主，防护林、经济林相结合的丘陵山区绿化生态体系。

几年来，沁县林业工作一步一个新台阶，一年一个新局面。我们把林业工程作为全县一项生命工程，致富工程来对待，书记、县长亲自抓，分管领导具体抓，林业局抽调精兵强从区划、规划、设计、施工、验收、建档、管护一杆子插到底，实行工程目标化管理，使造林质量不断提高，造林速度不断加快，造林成效不断显现，整体推进了林业工程建设水平，经林业部西北设计院和省厅抽查核实，都较为满意，造林合格率均在95%以上。截至目前，全县林业绿色框架现已基本形成，为建设较为完备的绿色生态体系奠定了坚实的基础。

沁县是资源贫县，财政穷县，投入资金十分有限，在林业工程建设中为保证工程质量和顺利实施，我们主要做法是：

一、坚持义务植树、推动生态建设常抓不懈

作为省定贫困县、财政补贴县，我们坚持领导带头举旗子，创新机制开路子，没有资金想法子，将干部群众义务植树作为造林绿化的主抓手，在义务植树中锻炼队伍、检验干部、塑造精神。县委规定：县四套班子领导每人每年义务植树时间不少于30个工作日，党员干部不少于20个工作日，农民、个体户及其他群众义务投工不少于5个。开展了“党员干部跟我来”活动，

全县机关单位党员干部累计义务投工60余万个，成活率达到98%以上，建成了一批党员干部义务植树示范工程。积极调动各方力量参与植树造林，在全县建成“先锋林”、“三八林”、“青年林”、“民兵林”等纪念林20多个。多年来，全县累计有100万多人参加义务植树劳动，义务投工达到500多万人次，在全县形成了“千沟万壑摆战场、千军万马绿沁洲”的造林绿化新局面。

二、坚持四季造林、促进生态建设全面提档

为了全面完成太行山绿化任务，我们坚持春季、雨季、秋季、冬季“四季”造林不断档，全年植树不断线。每年春季早安排、早动手，将造林绿化工作作为全年首要工作之一来抓。县委、政府每年年初都要与各乡镇、各部门签订绿化目标责任书，明确任务，严明责任，压死担子，确保春季完成全年造林绿化任务的80%以上。雨、秋两季预整地，推广种植容器袋育苗和乡土树种，充分利用一切有利时机植树造林，确保两季完成全年造林预整地任务，为冬季造林打下基础。冬季实验推广了“顶凌”植树，抢时间、抢进度，近几年来，“顶凌”植树成活率达到了98%以上，效果良好。

三、坚持圃园育苗、确保生态建设苗木供应

针对近年来大规模造林绿化造成的林地矛盾，我们既着眼于农民增收、提高林木保存率，又立足于种苗供应、降低造林成本，大力发展林下经济，推广“科学建园，良种育苗”的林业产业开发模式。在208国道、南沁线、栋漫线等主干公路两侧林带内，充分利用一切可利用地，实施育苗基地建设工程，因地制宜发展花卉苗木小苗圃20多个，扦插杨树苗200余万株，地埂育侧柏、油松、文冠果苗300余万株，在形成大树小苗立体覆盖景观效果的同时，有效解决了全县林业重点工程用苗问题。同时，在乡村公路两侧绿化带内，鼓励土地所有农户发展侧柏、杨柳等育苗产业，发展绿化金叶、彩叶特色树种，林业部门定向回购；倡导社会各界大搞示范苗圃、彩叶苗圃以及大中型良种苗木基地、形成圃园产业特色景观。有效地解决了育苗地紧缺、品种单一、资金周转慢、经济效益差等问题。

四、坚持突出重点，推动全县造林攻坚战

为实现林业可持续发展，极力打造一个生态良好、生产发展、生活富裕、人与自然和谐相处的新沁县，我县在实施灭荒造林工程主要经验是：

一是攻坚克难，坚持向岩石裸露，土壤瘠薄的远山瘦山和深山腹地进行绿化攻坚。随着造林面积不断扩大，条件好点的造林空间逐年减少，我县的造林工作开始在边远山区展开，主动寻找空间开展植树造林，形成了万亩以上荒山造林工程10个。

二是改变模式，经济林以核桃为主，适当搭配灌木经济林连翘。荒山造林选用油松、侧柏等二年生容器苗，针对以前造林林种单一，林木病虫危害和防火形势日益严重的问题，我县积极引导，采取针阔混交，乔灌结合的造林模式，造林成活率和保存率显著提高，给我县植树造林结构调整带了好头。

三是严把质量，造林工作中，我们始终把质量意识贯穿于植树造林全过程，采取重点工程先修环山路，第一年整地，第二年营养杯苗上山定植的办法，林业技术人员深入一线，进行技术指导。全县形成乡镇整地、专业队栽植、县林业局统一调苗的造林新格局，从高标准预整地到苗木筹集、栽植、管护严格把关，做到大苗、大水、大土堆，确保栽一颗活一棵，造一片成一片。

近年来，我们先后高标准实施了石柱山、观音山、九连山、夫子山、华山、凤凰山以及官卧山、磨盘岭等沁县腹部荒山造林工程。2013 年 10 月 25 日，省林业厅植树造林观摩团观摩督查我县，霍转业厅长充分肯定了我县植树造林和低效林工作的成绩，表扬我县林业工作的四个特点：①标准没有降；②作风没有丢；③领导力度没有减；④决心和干劲没有变。

五、坚持依靠科技兴林，推广林业新技术、新品种，逐步加快林业现代化步伐

近年来，我县大力实施科技兴林战略，切实加强林业科研、推广、培训工作，依靠科技进步和创新，走出一条“引项目、建基地、抓科技、起示范、促推广、增效益”的科技兴林路子，取得了明显的经济、生态和社会效益，为我县林业事业的发展起到了重要支撑作用。在历年林业工程建设中，我们广泛开展科技下乡活动，组织专业技术人员送科技下乡，通过召开不同形式、不同层次的林特产业基地现场会，技术人员到实地手把手地教，细心向群众讲解技术要点，将科技直接送到田间地头。

六、坚持造管结合、保证生态建设安全运行

以“成活、成林”为目的，把栽植与管护紧密结合起来，建立了管护工作长效机制。全面推行施工专业队伍投标制、工程建设监理制、苗木成活验

收制、资金兑现报账制，严把起苗关、运苗关、栽植关和浇水关，实行包栽植、包抚育、包管护、包成活。组建了 9 支共 560 人的专业管护队伍，在浇水、抹芽、修枝、喷冠、支架等重要环节，实行全程指导、跟踪管护，做到栽一片、成一片、活一片、绿一片。县政府出台了《沁县封山禁牧办法》，划定了封山禁牧区域，同时出台优惠政策鼓励舍饲圈养，对停止散养，实行舍饲圈养的饲养户予以补贴和奖励，极大地提高了林木保存率。全面推行护林防火联防联治责任制、防火宣传入户通知制、智障人员监管责任制、县乡主要领导包片制和防火执法责任制，将责任进行了层层落实。组建了 60 人的专业森林消防大队，配备了专业灭火设备，实行统一食宿，统一训练，统一管理。县林业公安稽查大队实行全天候巡逻，见烟就查，见火就罚，对烧根茬者进行批评教育、电视曝光，对烧荒燎坡者一律拘留。在 3 个国营林场、8 个重点林区乡镇设立了火情瞭望台 20 个，实行 24 小时值班。132 个重点村全部设立入山检查站，严禁一切人员带火种入山，杜绝了森林火灾的发生，有效地促进了森林资源的持续、健康发展。

2014 年，我县以太行山工程为契机，抓住植树造林的关键时期，以创建全国生态文明县为目标，以绿化沁县，建设森林沁州为宗旨，规划实施 10 个有自然景观特色和文化品位的森林公园，整合开发 30 个相对规模连片的荒山造林重点工程，整体推进 20 个集约经营核桃产业示范基地，巩固完善 100 个美丽乡村景观景点绿化，积极引进培育 1 万亩彩叶树种名品苗木示范园，努力构建区域性森林湿地生态体系、规模化林业产业惠民体系和地方特色的森林生态文化旅游体系，实现“北方水城、美丽沁州”极目之处森林化目标。

打造北疆靓丽风景线 构筑大青山生态屏障

内蒙古自治区包头市石拐区林业局　李　祥

石拐是蒙古语“什桂图”的音译，其意为“有森林的地方”，这个以煤起家、靠煤建区、煤竭而衰的老工业基地于2011年被列入国家第三批资源枯竭试点地区。如今，按照党的十八大关于生态文明建设的总体部署，深入贯彻落实自治区“8337”发展思路，建设我国北方重要生态安全屏障，结合区委、区政府在新形势下提出的“生态立区、科学转型、创新驱动、富民兴区”发展定位和建设“一轴三核联动发展、生态隔离科学转型发展”战略目标，我区全面加快绿化造林，积极打造“一线三区”林业生态工程，从根本上改善生态环境，提升全区生态文明建设水平。

一、总体情况

石拐区位于阴山山脉大青山腹地，属山丘地带，四面环山，中部为沟壑相间的黄土山丘。地形特征为山峦重叠、沟壑纵横、河谷发育为侵蚀构造的中低山区。气候干旱少雨（近几年年平均降水量200mm以下，多集中在7~9月份），是水土流失严重地区，故石拐区生态功能定位于以涵养水源减少水土流失的生态防护为主。石拐区总土地面积114.15万亩，其中林地面积101.88万亩（有林地13.5万亩，灌木林地22.6万亩，疏林地2.9万亩，未成林造林地26.96万亩，苗圃地0.04万亩，宜林地20.85万亩，辅助生产林地15.03万亩），非林地面积12.27万亩。经过多年来的努力，生态环境明显好转，森林覆盖率由1998年的8.9%增加到如今的32%，位居全市第一，森林活立木蓄积量由10.1万m^3增加到37.2万m^3，并且在2013年获得“全国绿化模范县”的荣誉称号。

二、林业生态保护与建设情况

自2007年正式成立石拐区林业局以来，经过多年的奋斗，石拐人在积极进行生态建设方面取得了一定的成绩，累计投入3.1亿元，完成重点工程沙源、天然林保护、三北防护林、退耕还林、大青山南坡绿化和自主实施的五大重点区域绿化工程建设任务56.88万亩，其中，造林完成23.88万亩，封山育林完成33万亩。年均造林4.3万亩、封育5.4万亩、投入6300万元。

三、主要做法及经验

我区领导高度重视林业生态建设和保护工作，在新形势下提出了“生态立区”，并出台相关政策及政府预算资金的支持，其就是为将我区建设成为生态优美、宜居宜业的品味新城、生活富裕、居有新屋的幸福新城，文化繁荣、社会和谐的文明新城，实力较强、结构优化的活力新城，努力把我区打造成为自治区资源枯竭型地区转型发展示范区。

（一）建设生态隔离林带，实现生态隔离科学转型

基于过去这些年我区扎实的绿化造林工作，目前在工业园区与新区之间、工业园区与五当召风景旅游区之间都已各自形成了二条生态隔离带。

（二）实施五当召风景旅游区生态恢复项目

我区的五当召与西藏的布达拉宫、青海的塔尔寺以及甘肃的抗卜楞寺齐名，是我国喇嘛教的四大名寺之一，有着深厚的文化底蕴。目前，我区已经在五当召风景旅游区周边重点实施投资5000多万元的高标准绿化工程以及已经落实的总投资570万元的内蒙古大青山国家级自然保护区五当召天然油松白桦林恢复保护项目；五当召油松白桦古树群落综合治理项目；五当召天然油松、白桦林恢复保护项目三个项目。通过实施这些项目我们将对已经过熟的五当召的天然油松和白桦林进行修复及更新。

（三）积极打造“一轴三核”林业生态工程

积极推进实施“一线三区”林业生态工程。“一线”既石拐一级公路为主轴，“三区”既喜桂图新区、老工业区、五当召生态旅游区3个核心区。在新区，打造环绕新城周边以及新城区道路美化的绿化带，打造机关义务植树基地、企业绿化基地，重点打造美百纳中央公园的绿化建设；在老工业区。围绕老工业区，重点在棚户区、沉陷区实施地质灾害恢复、生态恢复治理工程。五当召生态旅游区。围绕五当召生态旅游区，在保护区范围内针对矿山企业历史破坏形成的创面进行生态修复，努力使保护区恢复原貌；在五当召旅游开发区，实施重点绿化、植被恢复工程。重点是围绕“一轴”打造通道绿化工程，服务我区打造生态文化旅游产业。

（四）全面推进全区五大重点区域绿化

2013～2020年，用8年时间，全面完成全区五大重点区域绿化任务，实

现高标准的全覆盖，使全区生态状况得到根本改善。具体绿化任务：县区公路绿化111km，公路出口绿化3个，厂矿园区绿化8000亩，村屯绿化16个行政村，城镇周边绿化14000亩，大青山南坡绿化11000亩。全区五大重点区域绿化任务计划投资84970万元。

（五）尊重自然规律，促进自然修复

一是全区防沙治沙初显成效，根据我区的实际情况，提出科学合理的防沙治沙方案。二是根据地区实际情况，摸索科学的防沙治沙模式。实行生物与工程措施兼顾，造、封、飞、管并举，草、灌、乔，带、片、网结合，沙、水、田、林、路综合开发，提高了防沙治沙成效。三是森林防火保障有力，杜绝了重特大森林火灾发生。建立健全了乡镇村森林防火联防体系，组建了石拐区森林公安局，森林灭火队，完成了一定规模的森林防火隔离带、防火道路、防火设施设备等基础设施建设任务，进一步提高了森林防火的快速反应能力。四是森林病虫害防治检疫成效明显。全区进一步加强森林病虫害的监测和预报工作，加大了森林病虫害的检疫和防治力度，坚持对调运的木材、苗木核发森林植物检疫证书，积极组织开展森林病虫害防治工作。五是加强森林资源管理。切实加强林木采伐管理，严格按照林木采伐限额标准执行。加强对野生动植物的保护，同时加大对私挖乱采等违法行为的打击力度。六是大力调整林业产业结构，推进林业产业发展。全区林业产业发展以实现“生态建设产业化，产业发展生态化”为目标，充分发挥森林资源优势。大力发展森林旅游、林木种苗繁育等林业产业，有力地推进了林业产业的发展。七是禁牧工作颇见成效。相继制定出台了《关于在全区范围内开展围封禁牧攻坚专项整治行动的实施意见》，并动员全区各相关部门、单位参与开展专项行动，同时进行政策上的引导，科学转型，淘汰产值地下的羊只品种，依托古顺园等龙头企业发展圈养羊只品种。八是为贯彻落实自治区“8337”发展思路，我区下发了《关于进一步加强荒山荒坡绿化工作的通知》，深入开展荒山荒坡承包户清理整治工作，为我区进一步引进有能力的社会力量参与造林绿化腾出空间，切实提高我区荒山荒坡绿化水平。

通过我们以上几种方式的管护，现我区生态环境建设以有明显的改善，林业用地面积由23.1万亩增加到101.9万亩，森林覆盖率由8.9%增加到32%，林草覆盖度由24.5%增加到66.9%，入黄泥沙量由88.2万t/年减少到19.64万t/年。土壤侵蚀模数由4500t/km下降到3840t/km，年流失表土由1.64cm下降到1.42cm，全区林业产值由1998年的227万元上升到2010年年底的 1442 万元。林业生态建设取得了可喜的成绩。

四、综合举措，多管齐下提升生态保护与建设成效

（一）广泛宣传引导，形成全民参与绿化的浓厚氛围

区林业部门已与新华社、内蒙古日报、内蒙古晨报、包头日报、包头晚报等多家新闻媒体加强联系，建成了义务植树基地记者林，加大对重点区域绿化及相关政策举措的宣传力度。

（二）生态效益补偿制度

实行非林业资金转入生态补偿基金的模式，从直接受益行业的经营收入中安排一定的资金用于公益林补偿，国家级自然保护区管理部门征收的经济建设项目补偿费用于保护区内矿坑回填和植被恢复，国土部门严格要求矿山企业对企业周边生态环境进行治理，若矿山企业未能对生态环境按要求按标准进行治理，国土部门将利用征收的生态环境治理保证金按要求按标准进行生态治理，林业部门上交的罚没款、征占用国有林地的补偿等资金全额返还林业部门，全部支持用于重点区域的绿化造林工作，形成多层次、多渠道的森林生态效益补偿机制。

（三）科技支撑，为高质量绿化保驾护航

我区加强与中科院的合作，积极推动半干旱区域资源枯竭型地区环境修复植物资源筛选及快繁技术研究与示范项目的实施。目前已依托石拐区林业局猫土塔苗圃和爬榆树苗圃，结合园区改造初步建立了环境修复植物种质资源筛选基地 14 亩，包括 700m^2 的育苗温室。共引进以丁香属植物为主的乔木、灌木和草本植物资源 189 种。初步建立了适合半干旱区环境的快繁技术和配套栽培技术体系；为北方生态屏障建设和社会发展提供了具有环境修复、景观和经济功能的植物材料。同时，在林业生态项目实施过程中，根据我区具体的地理环境特点，采取适用当地的科学方式方法，如：菌根剂的应用、抗旱覆膜。

（四）加大工程监管范围及工程措施

由于我区近些年造林绿化工程多、规模大、范围广，因此我区实行项目的招投标工作；聘用监理，全程负责对工程实施的监督管理；组织工程监督验收小组，对工程的验收进行把关。确保工程项目可以高质量的实施完成。同时，由于我区地理环境的原因，项目立地条件差，降雨量严重不足，为确保造林绿化成效，我区针对立地条件差的问题，采用爆破、空压机打坑、回填土等方式进行整地、平地。并引水上山，架设大型水罐，保证树种到哪，

水引到哪。

（五）强化重点区域绿化工程防火设计

我区一改往年建设绿化植树工程与打造防火通道分步进行的模式，在进行重点区域绿化过程中就完成了防火通道的建设，不但有效地节省了人力物力，使整个项目区域设计更加合理，而且可以有效的保护重点区域绿化成果，防患于未然。

（六）积极开展义务植树活动

义务植树是一个全民性的活动，有助于激发人们爱林、造林的感情；能够切实提高人们对森林功用的认识，增强环保意识；达到绿化环境、扩大国土绿化面积、改善生态环境的目的。为此，2013 年起，我区连续两年开展了“五当召祈福生态绿色基地”的大型义务植树活动，并邀请社会各界参与进来，建立了机关义务植树基地、记者林、青年生态林基地，除此之外，我区还将陆续建设更有特色的义务植树基地，如：结婚纪念林、大学生义务植树基地等。

五、前景展望

通过打造重点林业生态工程，践行“生态立区、科学转型、创新驱动、富民兴区”发展定位和建设“一轴三核联动发展、生态隔离科学转型发展”战略目标我区将形成由五当召生态恢复林区、生态隔离林带与新区的城市森林以及公路两侧绿化带组成的森林生态系统，森林生态系统将对我区生态平衡、控制环境污染、防止土壤流失和退化；涵养水源等方面起到积极的作用，并且推动地区旅游文化、工业经济、农牧业产业化的联动发展，使我区成为自治区生态转型示范城区，真正实现我区经济建设、政治建设、文化建设、社会建设、生态文明建设的全面突破。

保护好森林资源
提高森林功能

内蒙古自治区阿尔山市林业局　姜天纯　赵国志

阿尔山林区是大兴安岭森林重要组成部分，是东北“三江”水源的重要涵养地，是中国北疆千里绿色长廊，是东北商品粮基地的重要生态防护屏障，是内蒙古发展国际性生态旅游的重要窗口，也是我国生态最为脆弱、生态区域功能最为重要、各种矛盾最为凸显、森林资源最需要优先保护的地区。因此，保护好阿尔山森林资源，是创建生态文明体验区，健康阿尔山不可推卸的责任。

一、历史上阿尔山林业三局一场对我国的重大贡献

（一）较好地发挥了东北主体生态功能区的防护屏障作用

阿尔山市位于大兴安岭西南麓，总面积7408km^2，森林覆盖率64%，植被覆盖率95%，域内大小河流16条，水资源总量9.09亿m^3，是一个以营林为主的城市。阿尔山林业局、五岔沟林业局和白狼林业局属于阿尔山市行政辖区；阿尔山林业局隶属内蒙古大兴安岭林管局，五岔沟林业局、白狼林业局均隶属兴安盟行政公署管理，阿尔山市杜拉尔林场隶属阿尔山市林业局。现三局一场经营的主要是国有生态公益林，森林资源以落叶松、桦树、柞树、杨树为主，其中70%为落叶松，生长缓慢，如落叶松树要在100年以上才能长大成材。而我国南方的松树树种长大成材只需30年左右，由于阿尔山林区大都是天然林，且森林覆盖率比较高，对阻挡蒙古高原风沙、涵养水源、保持水土、调节气候、构建东北生态绿色屏障发挥了不可替代的作用。

（二）有力地支援了全国各地的经济建设

经过多年的开发和建设，阿尔山林业局、五岔沟林业局、白狼林业局和阿尔山市杜拉尔林场依托得天独厚的天然林优势，截至2008年，累计共为国家生产商品材2322.24万m^3，板方材242万m^3，上缴利税2.43亿元，人工造林185万亩。特别是1992年，阿尔山林业局率先在内蒙古自治区实现了人工更新造林有效保存面积100万亩。自1998年实现天保工程以来，上述三个

林业局认真贯彻落实国家实施天保工程的各项方针和政策，努力实现由森林资源采伐为主到森林资源保护为主的转变，实现了森林资源面积和蓄积的双增长，彰显了天保工程的巨大功效。

（三）为发展生态旅游和就业提供了重要支撑

阿尔山市是革命老区，自然资源丰富，尤其是矿泉资源和旅游资源得天独厚，开发潜力巨大。阿尔山市具有世界罕见的大矿泉群，在温泉街南端的狭长地带有48眼矿泉，是世界上除南斯拉夫以外的第二大功能矿泉群。这里还有亚洲最大的火山熔岩群落——面积为200km^{2}的石塘林，堪称今古奇观。经过多年的精心培育和打造，阿尔山已成为中国优秀旅游城市，4A级景区，成为内蒙古旅游业的发展亮点和兴安盟旅游业的龙头。迄今，一个健康阿尔山和生态文明体验区的品牌正在北疆迅速崛起。随着阿尔山市旅游业的快速发展，必将为林区职工的就业提供更加广阔的空间。

二、当前阿尔山林业发展主要矛盾和突出问题

（一）森林草原毁坏严重

由于受旱灾、虫灾、火灾、人为大量采撷、挖掘、砍伐、开荒种地和放牧等影响，造成了阿尔山林区水源减少，森林萎缩，高原湿地变小，活木蓄积量下降，生物的多样性受到了严峻挑战，整个阿尔山市的生态环境不容乐观。近年来，阿尔山降雨量明显减少，已由正常年份的450mm减少到300mm，降雪量由20mm减少到9mm，境内16条大小河流已有8条干涸、2条断流，位居全盟第二大的哈拉哈河年平均流量由过去的21.7m^3/s减少到8.3m^3/s，上游的三潭峡出现了有气象资料以来的第一次断流，阿尔山地下水位比1980年平均下降1.5m，号称阿尔山矿泉之首的五里泉1975年日涌量达到1054t，迄今仅700多t。这里水土流失逐年增加，仅三角山地带就有20km^{2}出现沙化，明水一带已开始出现沙尘暴天气，直接威胁着大兴安岭森林草原的安全，野生动植物资源大幅度减少，高原天然湿地面积比20世纪50年代减少一半。阿尔山著名景区好森沟五花草原过去颇有名气，写进了大学教科书，可现在已经是名存实亡。以往遍地都是“防风”药用的植物现已灭绝，若自治区和国家不加大保护力度，这片来自大兴安岭高原的唯一的“热的圣泉”，随时都有消亡的危险。

（二）森林采伐资源枯竭

从上个世纪初期，沙俄、日本列强相继不同程度地对阿尔山林业资源进行了掠夺性采伐，严重地破坏了这里原始森林生态环境。新中国成立初期，

百废待兴，阿尔山林区又成为国家重要木材供应地，曾为我国社会主义建设做出了巨大贡献。目前，阿尔山地区可采伐林木已不多，成熟林面积仅存 1.8 万 hm^2，占用材林面积的 16.5%。面对此情况，市委、市政府积极找门路、想办法，经过工作，阿尔山市林业局杜拉尔林场于 2009 年率先实施了禁伐，2011 年开始，林业三局也逐步实行了禁伐。

（三）森林产业结构单一，林业转产转型缺乏资金、政策支持

产业结构基本是以一、三产业为主，其中一、三产业为 85%，二产页为 15%，以加工木材为主，林区经济仍没有摆脱对木材生产的依赖。主要原因是林业经济发展门路不多，国家没有把林区纳入新农村建设的范畴，在政策、项目、资金、基础设施上没有给予重点投入，每年自治区和国家下拨的林业项目资金微乎其微，办一些特色养殖项目贷款又十分困难。以往项目多是低水平，重复建设，产品趋于雷同，均是以木材加工为主。为拓宽生产门路，提高林区职工生活水平，过去，三个林业局利用林间空地开荒种田，养畜放牧，虽然，就业问题有所缓解，产生了一些短期的经济效益，但却带来了生态环境遭受严重破坏的苦果。为此阿尔山市委、政府制定出台了《阿尔山地区禁牧退耕实施方案》和《阿尔山市产业转型实施方案》，要求三年内实现退出和转产转型家庭生态林场 360 户，现已有 368 户家庭养殖场完成拆迁和退出，林业转产转型及替代产业项目较多，但却没有得到应有的重视，没有形成支柱产业，林业的第二个春天迟迟没有到来。

（四）私有化造林积极性不高

由于历史原因，我市私有化造林一直没有确权，严重影响了种植户造林热情，私有化造林工作较其他地区严重滞后。

（五）对林业项目投入少、且力度不够

近几年国家到地方对林业越来越重视，国家及上级部门批复的林业项目（如造林补贴和植被恢复）资金少，项目不多，远远不能满足林业高速发展需要。

三、下一步工作思路和发展目标

林区的首要任务就是始终不渝保护好现有森林资源，这是务林人天职。根本出路是做大产业，没有产业支撑，林区发展是单腿走路，走不稳，行不远。下一步工作中，我们应以“举生态旗、走特色路、打产业牌”为工作主线，以林业健康、稳定、可持续发展，实现林业职工增收为目标，重点做好以下方面工作：

（一）建设中蒙森林草原防火联防联络站

根据我市在防火期内5级以上大风天气较多，而且处于蒙古国的下风头，每年都面临蒙古国入境火多次侵袭的特殊情况，特别是我市处于重点林区和四大草原交汇处，生态环境和生态区位十分重要，扑火工作压力大，任务十分繁重。应在我市建立重点林区及中蒙防扑火联防联络站，以协调解决蒙古入境火的联防阻截和扑救工作。

（二）实现区内林业企业可持续发展，延长禁伐补偿资金年限

本着为阿尔山地区林业三局一场企业今后发展和职工利益着想，针对阿尔山林区生态特别脆弱、生长周期长、病虫害多、造林和护林难度大、国有森林资源面积广、与蒙古国大草原有着126.08km的边界线、冬春两季防火时间长、管护成本高、冬季取暖时间长、耗费林木资源大的突出问题，本着公平、公正的原则，应延长禁伐补偿资金年限。

（三）做大做强林木种苗产业

林木种苗产业发展在我市具有悠久的历史，从20世纪70年代开始，林业工人就利用房前屋后的空地发展树苗种植，随着近年来国家对绿化工作的重视以及城市绿化美化的需要，对树苗的需求量剧增，阿尔山地区的树苗销售形势逐年向好，一部分种植大户实现了致富的目标。成规模的苗木基地8个，直接从事林木种苗产业人数3000多人。为与国内外林木种苗市场实现无缝接轨，应在我市建设交易中心（即期货交易），为种苗产业交易提供交易平台，造福林区职工，提高我市种苗产业知名度，为全力打造蒙东地区较大的种苗集散地，提供硬件保障。

（四）大力发展山野菜种植

阿尔山市地处兴安盟西北部，长期以来，以经营管护森林资源为主，广大林区职工依赖传统的林业经济生存，生活步履维艰，近两年市场对山野菜（主要是苣荬菜、东风菜、大叶芹、猴腿等）需求量增大，但随着上山采集人员逐年增多，给山野菜繁养生息环境造成了严重破坏，山野菜数量和质量已经锐减和下降，开展山野菜种植已经刻不容缓。可以利用我市独特的资源禀赋，大力发展山野菜种植。该项目的实施，将使阿尔山地区的农业向着产业化发展的步伐迈进，充分利用当地丰富的土地资源，发展现代化高效农业，保护生态环境，生产绿色及无公害产品，打造阿尔山绿色品牌，为阿尔山乃至兴安盟农业发展、林区职工增收起到带动作用。

（五）开展柳树种植及深加工项目

利用退耕地鼓励退耕户种植柳树（如沼柳、红毛柳），引进柳树加工企业，市林业局提供技术支持，招商企业与种植户签订回收合同，企业对红毛柳进行深加工，提取木纤维或制成生物质发电颗粒。

（六）野生动物养殖

利用我市资源优势，结合野生动物及其制品市场缺口大的实际情况，大力发展野生动物养殖，新建有一定规模的养殖基地，在政策和资金上给予倾斜、扶持，主要养殖品种为野猪、鹿、狍子、野鸡；该项目建设不仅使职工增收，还会对当地野生动物资源起到有效保护作用，同时对改善当地自然环境，增加物种多样性，维持生态平衡，促进人与自然和谐都将起到积极推动作用。

保护利用好现有森林资源
做好现代林业工作

黑龙江省萝北县林业局　陈志刚　赵　东　王惜志

目前，在世界范围内，由于受自然或人为因素的影响，造成森林面积正在大幅度地锐减，逐渐使生态环境产生着变化，全球变暖趋势逐年上涨。为此，森林作为地球的“肺”，急需保护。森林维系着大气中二氧化碳和氧气的平衡，环境靠森林来净化。森林与人类的发展，与自然界的生态平衡息息相关。如何保护利用好现有的森林资源、改善生态环境是我们林业人刻不容缓而又艰巨的任务。

一、萝北县森林资源现状

（一）地理位置

萝北县林业局始建于1958年，位于黑龙江中下游的南岸，小兴安岭东段北麓，地理坐标为北纬47°33′45″～48°20′19″，东经130°21′50″～130°53′46″。东及东北部与俄罗斯隔江相望，南部是共青农场、宝泉岭农场、延军农场及太平沟乡、凤翔镇、环山乡、鹤北镇等大面积的农业区相互交错，西及北部同鹤北林业局相毗邻。局址设在凤翔镇。

（二）自然地理概况

1. 气候为中温带大陆性季风气候，冬季漫长、严寒、干燥；夏季炎热多雨，春季气温适宜，秋季晴朗凉爽，年均气温为1.6℃，无霜期为100～130天，年降水量530mm左右。

2. 地势为北高南低，北部山高坡陡，峻岭起伏叠嶂，南部为低山丘陵地形，山形外貌和缓，平均坡度在17℃左右，海拔高57～777m，平均在200～300m左右，东南部是三江平原北部边缘部分。

3. 土壤有暗棕壤、白浆土、黑土、草甸土和沼泽土，暗棕壤是本区的主要的土壤类型。

4. 植被属于小兴安岭－老爷岭植物区，小兴安岭－张广才岭植物亚区，地带性植被是红松阔叶混交林。森林植被以柞、桦次生林分布最广。主要乔木树种有蒙古栎、黑桦、山场、白桦、紫椴、枫桦、冷杉、云杉、红松、落叶松等，初步统计有木本植物26科107种，其中乔木树种有54种，灌木树种有50种，如榛子、胡枝子、忍冬、杜鹃、刺五加等，藤本3种，如山葡萄、五味子、狗枣子、猕猴桃等，草本植物800余种，如乌苏里苔草，铃兰、苍术、蕨类等。

（三）森林资源概况及变化情况分析

2013年萝北县林业局有林地面积为93530.1hm^2，蓄积量为1015万m^3，其中天然林面积为78566.5hm^2，蓄积量为885万m^3，人工林面积为14963.6hm^2，蓄积量为130万m^3。2007年有林地面积为91326hm^2，森林总蓄积量为955万m^3，其中天然林面积78591hm^2，蓄积860万m^3，人工林面积12735hm^2，蓄积95万m^3。

分析2007年和2013年资源数据变化，有林地面积增加了2204.1hm^2，主要是人工林增加较多，比2007年增加了2228.6hm^2，而天然林减少了24.5hm^2，森林蓄积量2007至2013年天然林蓄积量增加了25万m^3，人工林蓄积量增加了35万m^3。但由于重点公益林禁止主伐，一级公益林禁止采伐，萝北县林业局一级公益林占全局总面积的50%，加上太平沟自然保护区22199hm^2，对此部分林分只能进行保护，不进行资源利用，所以近十年的木材生产作业全部在所划分20%的商品林和30%的一般公益林中进行，至使此部分林分中可采资源全部用光，并且现有林分质量急剧下降。2013年萝北县林业局总采伐限额3.06万m^3，只完成了2.5万m^3。综合来看虽然在面积、蓄积上保持了“双增长”，但林分公顷蓄积不高，林分平均胸径偏低，可利用资源减少。

二、保护与利用

萝北县属农业大县，森林覆被率只有32.3%，远低于发达国家水平。由于林木生长周期长，短期经济效益不明显，进而影响了林业的发展，人们对自然界都是索取的多，投入的少，加上如火灾、虫灾、风雪灾害等也加剧了对森林的破坏。面对森林资源的严重不足，对现有森林资源的保护就日益重要。合理保护、经营和利用好森林资源，充分发挥森林的生态、社会、经济效益成为目前乃至今后工作的重中之重。

1. 完善机制。首先保护森林资源，要依据《森林法》等有关法律法规，建立和完善林业机构，建立健全各项规章制度，以法兴林，加强执法队伍建设，全面提高执法人员的整体素质和依法行政水平，造就一支作风过硬、业务熟练、清正廉洁、严格执法的林业执法队伍，真正做到有法必依、执法必严，违法必究；加强林业法制宣传教育，增强职工群众爱林、护林思想意识，做到保护森林、人人有责。

2. 合理利用森林资源。合理利用森林资源，一定要合理采伐，按照限额任务对采伐类型、方式、出材量等严格审批，把好审批环节。作业时加强现场管理，按设计施工，严禁超面积、超计划、超强度采伐。伐后及时更新，使森林面积的保有量不变或增加。同时要提高木材利用率，不造成浪费。

3. 加大对森林资源的培育管护。在采伐利用森林资源的同时，要切实加强对后备资源的培育，国家近几年下达了一些森林抚育、封育、补植任务，也给予了一些资金补贴，由于地方财力有限，资金量不足，只能进行少量的，初步的建设。以森林抚育为例，2014 年森林抚育任务为 1.5 万亩，国家投资为 100 元/亩，从准备作业到抚育任务完成，包括人工、机械、物资、修路等各项费用，所需费用为 150 元/亩。为此，国家投入只是一方面，还需要地方配套及林区职工自身的努力。特别是现在林业即将面临体制改革，抓住这个有利时机，在政策允许的情况下，争取一些社会资金的投入，加大人工造林力度，通过人工更新、人工促进天然更新及对现有中幼龄林进行抚育等措施，扩大森林面积，提高森林质量，加强森林后备资源的储备。森林资源培育任重道远，加强森林资源的管护和培育是一项长期而艰苦的工作，只有充足的后备资源，才能实现“青山常在、永续利用”。

4. 发展产业，开发林下经济。萝北县林业局经济收入单一，经济转型缓慢。多年来，木材生产一直是林业局主要经济来源，采伐量决定了林业发展进度和生产生活水平。由于可采资源越来越少，且林业局地处边境，属大小兴安岭生态功能区，承载着国防的重大责任，为此靠生产木材来推进林业的发展已比较困难。所谓“靠山吃山”不应该只是吃林子，吃老本，摒弃旧的观念，发展林下经济，搞综合开发利用。林业局施业区内经济植物繁多，资源丰富。有党参、黄芪、桔梗、北五味子等多种名贵药材；也有荠菜、蒲公英、蕨菜等 58 种山野菜植物；蜜源植物 91 多种，这些都可利用开发。中草药种植、山野菜深加工、蜜蜂养殖或利用林间空地养殖山地鸡、人工驯养野猪，利用河套养殖林蛙等。利用宜林荒山荒地种植榛子，建立种苗基地，发展多种经营，齐抓共管，搞活经济。

5. 加强资金管理。在工程建设项目上资金使用和监管方面建立健全加强资金管理的长效机制。虽然国家对林业投入资金规模不算大，但是存在实施主体多、资金分散、规模偏小等特点，管理头绪多、难度大，容易出现问题。

因此要把项目和资金管理作为基本业务，严格落实管钱用钱的责任，切实管好用好每一分钱。

6. 增强防灾减灾能力。森林火灾、林业有害生物等自然灾害严重威胁森林资源安全和人民群众生命财产安全。加强源头防控，坚持预防为主、积极消灭，做到早防范、早发现、早报告、早处置。严格火源管控，规范林业植物检疫，加强组织领导，落实责任，全面提高灾害应急处置能力。

党的十八大以来，习近平总书记十分重视生态文明建设和林业改革发展，关于“生态兴则文明兴、生态衰则文明衰”的科学论断，“保护生态环境就是保护生产力，改善生态环境就是发展生产力”的战略思想，突出强调了生态与文明的关系，深刻论述了生态与生产力的内在关系，突出强调了自然生态在生产力系统中的重要作用。为此对森林资源的保护就是对生态的保护，保证生态、社会、经济三者协调发展，把生态效益一直放在首要工作来抓，有效调和“生态与生存”、“保护与发展”之间的对立关系，建立系统稳定、生物多样性丰富的森林生态系统。自觉提高生态保护意识，树立生态价值观、道德观，保护森林、保护绿色，共创美好家园！

宝清县“造林、林改”双花齐放

黑龙江省宝清县林业局　夏凤林　王雅弘　孙立明

近年来，宝清县县委、县政府高度重视林业工作、宝清县在“抓经济是抓发展、抓生态是更好发展”的高度指导下以创建“生态文明宜居宝清”为目标，以河流两岸插柳、村屯绿化、城镇绿化、绿色通道绿化和营造农田防护林为重点，按照“全县上下齐动员，全民参与共推进”的思路，强化宣传发动、创新造林机制、破解各种难题，强力推进造林绿化工作。同时宝清县县委、县政府高度重视集体林权制度改革工作，通过不懈的努力，以后进敢先进，顺利完成了集体林权制度改革主体改革的各项任务。2011 年宝清县被评为“全国造林绿化先进集体”、县委书记朱海涛同志被 2011 绿色中国年度焦点人物组委会授予“绿色中国年度焦点人物生态人物奖”、被黑龙江省人民政府评为黑龙江省湿地建设“先进个人”、林业局被黑龙江省委、省政府评为“全省三年造林绿化会战先进单位”，宝清县集体林权制度改革工作被省人民政府授予“先进单位”称号。这些荣誉的取得也充分地证明我们宝清县林业人流出的汗水，所取得的成绩都是值得的。

一、在造林绿化方面成绩显著

宝清县成立了由县委书记、县长任总指挥的造林绿化指挥部，为完成任务指标提供了组织保证。在造林期间，县主要领导经常亲临现场督促、检查和指导工作，在全县形成了主要领导亲自抓、分管领导具体抓、所有领导齐上阵、干部人人头上有指标的浓厚氛围。在每年 3 月中旬召开的全县春季造林绿化动员大会上，下发《造林绿化工作实施方案》和《造林绿化优惠政策》，并与各乡镇、县属 8 个林场等责任单位签定了责任状，明确任务、落实责任。在造林绿化过程中，“两办”督察室定期检查、定期督办、定期推进。

宝清县把每年 4 月 10 日至 5 月 10 日作为全县造林绿化工作宣传月，充分利用报刊、电视和网络等宣传载体，通过开辟专版、专栏、专题节目，集中力量、集中时间、集中版面，广泛宣传开展植树造林的现实意义和优惠政策，全面普及造林绿化知识，在全县营造了爱绿、植绿、护绿和上下齐动、全民参与的良好环境和浓厚氛围。同时，加大对进展情况和正反典型的播报力度，不断总结先进典型，推广经验；对造林绿化工作滞后、标准低、进展慢及破坏造林成果、阻碍造林绿化进程的反面典型予以公开曝光，以儆效尤。

为更好的完成河流两岸及生态走廊绿化。在每年2月份，举办科技造林培训班，提高全县10个专业造林队伍的技术水平和造林质量。一是高标准整地。通过采取出台政策租地源、丈量土地增地源、宜林两荒扩地源、科学流转拓地源等方式，努力寻找和挖掘造林用地。并对重点造林地块进行了标准化整地、挖穴，采取“人机结合，全民参战”的方式，对全县造林地块进行深挖边沟、细致坐床，根据苗木标准，挖好植树穴，达到待造状态，实现造林整地规模化、标准化、样板化。同时，在裸露山体、废弃石料场等地质较差的地块，在人力无法完成的情况下，采取机械挖坑、客土栽植等方式进行造林绿化。二是高标准选苗。成立由财政局牵头，监察局、林业局等相关部门配合的苗木购买小组，按照“适地适树、苗龄一致、高矮相当、粗细相等”的要求，统一购买苗木，杜绝了弱苗造林、病苗造林。三是高标准栽植。在苗木运输至栽植过程做到“五不离水”，改变了往年活人栽死树的现象。在栽植过程中采取品字型造林方式，进行科学规划、定点拉线、座水栽植，做到横成行、斜成线。对不同的土壤条件及栽植时间采取不同栽植方式，在土壤条件较差的沙石地，栽植柳树或樟子松，在土质较好的农田，扦插柳段，做到了适地适树，因地制宜。在栽后浇水上，对土壤墒情好的造林地块保证最低浇四次水；对土壤墒情不好（裸露山体、废弃石料场、高岗地区）的造林地块重点“照顾”，进行特殊浇灌，确保造林成活率。

宝清县突出抓好河流两岸造林绿化工作，河流两岸造林绿化是近年来的造林绿化的重点工作。加大县内挠力河、宝石河、七星河三条生态河流两岸造林绿化力度，力争在三年内把三条生态河流全部绿化，共计完成河流两岸插柳规划1.2万亩。宝清县同时加强四条生态走廊建设。要在巩固原有成果的基础上增加护路林营造面积，宝清县四条生态走廊造林绿化以公路绿化为最。宝清县公路绿化从2010年开始到现在为止，共绿化宝清至七星泡镇、宝清镇至朝阳乡八五二交界处、宝清县外环公路、外环南端至密山交界处、宝清镇至七台河交界处、七星泡镇民主村至七星河乡六条主要公路，绿化长度120km，绿化面积4000亩。共用苗木148万株，其中银中杨38万株，云杉5.5万株，樟子松容器苗4.5万株，小黑杨2万株，紫穗槐98万株。所有公路段造林质量全部达到造林技术规程要求标准，达到绿化美化相结合。

二、集体林权制度改革精心组织、切实推进、高标准完成主体改革任务

在全省部署林权制度改革任务后，宝清县上下级领导极为关注，同时也派生了一系列的思想问题，如个别地方存在着领导怕乱、干部怕难、担心林权多样化暴露历史遗留问题引发林权纠纷、影响社会稳定。受这些因素的影响，不想深入改，不想彻底改成为某一些干部的共同心理，给宝清县集体林改前期启动和推进林改工作造成了很大阻力。宝清县县委、县政府紧紧抓住这些问题的症结，通过加强宣传、会议动员等形式，宣读政策，解疑释惑、明确林改意义，使广大干部充分认识到不改革就无法激活群众的造林热情，就无法从根本上解决历史遗留问题，就不能有效地建立现代林业制度，从而在“为什么改”“具体怎么改”等方面形成了广泛的共识。在此基础上，通过成立领导组织，学习先进经验，深入基层摸清底数，高标准、超严格制定改革政策的建立操作细则等措施，进一步明确林改工作的战略重点、推进步骤和主攻方向，使这一重大改革在领导高度重视、群众积极支持、社会广泛参与的浓厚氛围中不断向前推进。

要改革就会有难度，在林改工作中出现了一些个性问题，利益分成不清问题、合同问题、私自流转问题、口头协议问题、自留山、自留地无合同问题。针对以上这些棘手的情况，宝清县集体林权制度改革领导小组注重实效，把强化组织领导作为搞好林改工作的根本保证，各级党委书记负总责，行政一把手亲自抓，主管领导具体抓，各级行政一把手对上级签订集体林权制度改革责任状，推行一步一动员，一步一部署，一步一会战，一步一宣传“四部工作法”，抽调精干力量，把开展“一普两清”作为搞好林改工作的重要基础，在搞好资源普查，搞好合同清理。搞好宜林地清理的基础上摸清了底数，高密度，拉网式的组织开展合同清理。对流转范围、流转程序、流转金额进行严格把关，严格审核，严格认定，明晰了林木产权，为林改工作深入推进，落实经营主体和确定发证工作提供了重要依据。

宝清县集体林业用地面积 25 万多亩，现已全部明晰产权，发放林权证 4 千多本，发证率 100%。为真实反映林改工作历史过程，为将来解决纠纷提供重要依据，宝清县把档案管理作为林改的重要内容，确定了“四级建档”、“五级分类”的工作标准，做到了管理有专人、存放有专柜、保管有专室、使用有专机、建设有专款。让群众相信每一本林权证都有法可依、有据可查。宝清县推进林改工作、客观上使多年的各种矛盾暴露，我们本着尊重历史，

以群众协商为主的原则，及时排查和调处各类矛盾纠纷，做到能协商解决的不走行政诉讼，能民间调解的不走司法程序程序，尽早将矛盾解决在基层。为真实反映林改工作历史过程，为将来解决纠纷提供重要依据，宝清县把档案管理作为林改的重要内容，

通过集体林权制度改革工作，宝清县农业农村发展特别是林业生态建设出现了一系列变化，呈现出了资源更清，林业产权更明，群众造林，护林积极更高，产业发展更快，生态保护效果更好，农村社会更稳的可喜局面。宝清县在巩固主体林改成果的同时，重点在林木采伐管理制度，林权抵押贷款，政策性森林保险，森林资源、资产评估，林权管理服务平台建设，林业专业合作社组织，建立林木管护系统等配套改革方面进行探索实践。最终实现生态得保障、产业得发展、农民得实惠的改革目标。

宝清县集体林权制度改革工作加强了农民的造林积极性，农民造林积极性促进了宝清县林业、农业经济的发展和社会稳定，从造林到林改，二者有相辅相成的关系。总之，宝清县林业有了长足的发展，也有了让生命怒放的前景，希望这两朵并蒂莲花开遍宝清，红上龙江。

大力发展现代林业
努力建设绿色、生态、宜居的美丽长清

山东省济南市长清区林业局　王庆波

长清区位于济南市西南，全区辖4个街道、6个镇，共613个行政村，总面积1178km²，人口70余万，地势东南高、西北低，由东南向西北依次是山区、丘陵、山前平原和黄河洼区，有“八山一洼一平原”之称，是省城南部山区保护与发展带的重要组成部分和省城西南部重要的生态功能区、城市重要的水资源补给区、森林资源保育区。

近年来，长清区认真贯彻落实《森林法》等法律法规及中央和省市关于加快林业发展的一系列指示要求，紧紧围绕“保护生态、发展产业、服务民生、促进发展”这一主题，坚持“抓工程促生产，抓产业增效益，抓改革添活力，抓森防保生态，抓执法护成果”的工作思路，创新机制，强化措施，扎实工作，加快推进现代林业发展，精心描绘绿色、生态、宜居的秀美长清。特别是2010年以来，长清区结合市委市政府制定的“创建国家森林城市”的战略部署，提出“利用5~8年时间建成全国绿化模范区”的奋斗目标，全党动员，全民动手，双城同创，推动林业建设实现新的突破，工作得到省市领导的充分肯定。截至2013年年底，全区林业用地面积79.53万亩，森林覆盖率41.28%，林业总产值22.74亿元。

一、创新荒山造林机制，努力提高绿化成效

长清的区情、林情决定了荒山绿化是全区林业建设的主阵地，这也是多年来最难啃的“硬骨头”。过去很长一个时期，长清采取的主要是“政府大包揽、全民大动员、造林大轰隆”的粗放式荒山绿化方式，其结果是“年年造林不见林”，不但浪费了大量的人力、物力、财力，而且也造成了很坏的社会影响，损害了林业的形象。

自2007年全市启动实施“造林绿化行动”以来，长清区积极探索荒山绿化的新路子，并在全市最早建立起“公开招投标，合同化管理，公司化运作，专业化施工”的工程造林新机制，做到了“四明确”、“五统一”，即：明确

施工标准、明确施工质量、明确施工进度、明确施工安全，统一规划设计、统一建设标准、统一工程监理、统一检查验收、统一组织实施。另外，在抓好栽植环节的基础上，该区还采取了“三级一队，四位一体”的模式加强栽后管护：一队，即施工队，在三年的养护期内，由各施工队搞好补植和管护，达不到要求的，根据合同扣发质保金或进行经济处罚；三级，即区级、镇级、村级，各级按照各自职权范围负责所辖区域内的管护工作。通过这一机制，不但选出了技术过硬、施工可靠的专业造林队伍，明确了荒山绿化的建设标准和职责分工，保障了工程建设的进度和质量，而且形成了一整套的工程管理体系和质量控制体系。7 年时间共完成荒山造林 15 万亩，造林成活率、保存率分别达到 90% 和 85% 以上，实现了“当年栽树，次年看林，三年成景”的总体效果。

二、大力推进经济林建设，积极打造林果强区

长清是传统的林果之乡，具备发展林果业的优越自然条件、便利区位优势和浓厚人文基础。近年来，长清区立足这一优势，坚持将其作为促农增收的重要富民工程来抓，改变了过去“小打小闹，各自为战”的作法，整合资金力量开展大规模的退耕还果行动，在充分尊重群众意愿的基础上，坚持走“规模化、基地化、标准化、良种化”的路子，有效运用行政和市场两个手段，在对张夏玉杏、马山雪桃和万德武庄柿子、板栗等传统名优果品加强保护发展的同时，适时调整种植结构，将核桃和大樱桃作为全区经济林的主栽树种进行大规模发展，同时兼顾适当发展苹果、梨、石榴等鲜食水果，优化发展树种品种，拉长果品成熟供应期，并采取了“市区林业局牵头统一规划和把关验收，街镇政府具体组织实施和村户集中栽植”的组织方式，实行了“一不、三放、三统一”的工作机制，即：对不落实土地政策的，一律不栽植；放手由工程承担单位（农户）自己筹苗、自己建设、自己管护；统一把握苗木质量关、栽植质量关、工程检查验收关。为调动群众特别承包大户发展林果的积极性，该区在全市最早出台了以奖代补政策，并根据栽植苗木品种的优劣分别给予 200～300 元不等的扶持，同时对实施果树劣种改良的给予每株至少 1 元的补助政策，年终根据验收结果及时兑现扶持资金。另外，林业部门加大科技推广力度，靠上搞好指导服务，积极引进优质良种，年年组织开展改劣换优工作，并连续多年持续举办各类林果赏花摘果休闲观光旅游节庆活动，有力地促进了经济林产业的发展。

通过“高位推动、政策拉动、市场撬动、大户带动、科技驱动”，在全区

掀起了经济林建设高潮，2010 年以来全区每年退耕还果面积都在万亩以上，近两年更是达到每年 3 万亩的规模，成为近年来全市发展速度最快的县（区）。目前全区经济林总面积达到 25 万亩，品种达到上百个，建成了南部山区 10 万亩核桃基地和济南樱桃谷 2 万亩樱桃基地等一批布局合理、特色鲜明的产业带和优势产区，建成省市经济林示范园和标准化生产基地 18 处，注册认证省级以上果品品牌 20 余个，地理标志产品 2 个，国家有机食品认证 5 个，绿色食品认证 3 个，国家级无公害产品 7 个，省级无公害产品 2 个；果树专业种植合作社达到 70 余家。

三、加强森林公安队伍建设，为林业发展提供坚强后盾

围绕打造一支素质过硬、精干高效的森林公安队伍，近年来长清区先后开展了一些探索和实践。2004 年该区针对林业执法力量薄弱的状况，实行了公安、林政合署办公的办法，并整合了森保、种苗等执法部门，组建成立了林业联合执法大队，并在此基础上加强了与地方公检法及国土、城管等部门的密切协作，在全市率先开展系统内外联合执法办案，先后组织开展了一系列严打整治行动，并适时与区公安分局开展联合办案，对到期不履行林业行政处罚的依法申请区法院强制执行，对造成失职渎职、违法乱纪等行为的及时申请检察院介入调查，有力地震慑了违法犯罪分子，较好地维护了全区正常的林业秩序。

2009 年后，根据形势和工作需要，长清区森林公安机构更名为济南市森林公安局长清区分局（济南市公安局长清区分局森林警察大队），公安与林政分开办公，理顺了管理体制，落实了政法编制，分局局长实行高配并进入局领导班子，森林公安正式走上了正规化、信息化、标准化建设的轨道。全区建立起以森林公安为主的涉林案件查处机制，制定出台了案件受理 10 项规定，实行了案件首问负责制、信访接待制等制度，与公检法进行联合办案已成为常态。2014 年森林和陆生野生动物刑事、治安和林业行政案件全部放到森林公安机关以来，该区认真按照上级要求扎实搞好森林公安办案区及警务装备等基础建设，进一步建立健全各项规章制度，规范了执法程序和办案时限，设立了工作台账，并在全市率先正式开展独立办理刑事案件工作，工作得到上级部门领导的肯定。

四、全力抓好森防工作，切实维护生态安全

森林火灾是一种突发性强、破坏性大、处置救助较为困难的灾害，森林

防火是一项长期而艰巨的系统性工作。特别是由于该区山区面积大、森林覆盖率高，因此森林防火工作的压力很大，各级都很重视。为此，长清区多年来一直在积极探索创新行之有效的机制，加强森林防火能力建设。一是建立健全制度，严格实行行政首长负责制、24 小时值班和领导带班制、火情火灾报告制、责任追究制，并先后推出实施了火灾曝光通报、收取防火抵押金和区森林防火指挥部成员单位包街镇（景区、林场）、街镇机关干部包村、村干部包山头等制度。二是坚持“以防为主”的工作思路，把加强宣传教育作为第一位的工作，把加强野外火源管理作为最基础的工作，把开展防火巡查督导作为一项经常性的工作，并推行了隐患排查整顿和烧制防火隔离带等预防措施。三是狠抓队伍建设，在全区组建了 380 人的专职护林员队和 210 人的季节性森林消防队。防火期内，护林员全部出动到责任区进行巡山看护；各街镇（景区、林场）和重点有林村的消防队、应急队也都严阵以待，随时应对突发火情；莲台山林场和大峰山林场两支区级森林消防队分别驻防在东西两线，昼夜值班备勤，主要用于较大火灾的扑救。特别是崮云湖街道充分发挥基层党组织的战斗堡垒作用，在全市率先“把支部建在防火队上”，使森林消防中队的凝聚力、战斗力明显增强，作法得到上级领导的肯定。四是加强基础建设和物资装备。全区共建设护林房、了望台、蓄水池等各类防火设施 120 余处，区、街镇（景区、林场）都配齐备足了高效的灭火机具、通讯设备和交通工具。2013 年，该区又统一购置了 13 辆防火运兵车，为 400 余名护林防火人员配备了 GPS 卫星定位手机，并启动了森林防火指挥中心和视频监控系统建设，以提升森林火灾预警扑救能力和突发事件应急处置水平。

森林病虫害被称为“不冒烟的森林火灾”。长清历来十分重视森林病虫害防控工作，特别是 2007 年发生美国白蛾疫情后，该区连续 5 年采取强力措施，通过组建“一个指挥部、两个办公室、七个工作组、三个督导组”的组织架构，采取“一票否决”和每个区直部门包 5 ~ 10 个村的措施，将防治经费列入财政预算，强化技术培训，组建专业防治队，统一购置药械和防治时间，实行“群防群治为基础，专业队为骨干，有偿服务为补充”的工作方式和“人工、药物、生物”的综合防治措施，累计投入资金 4500 余万元，购置器械 2000 余台、300 余 t，投入人力 80 余万人次，有效控制了美国白蛾疫情，实现了“有虫不成灾”的目标。这也为该区近两年林业有害生物工作的开展打下了坚实基础、提供了丰富经验，特别是通过采取飞防统一防治措施，克服过去全民防治“既浪费人力物力财力、防治成效又差”的弊端，在实践中取得很好的效果。目前，该区林业有害生物工作重点已从防治美国白蛾为主转向方翅网蝽、杨尺蠖、杨扇舟蛾和松材线虫等病虫害的防控。

五、积极发展花卉苗木产业，努力打造林业经济新亮点

花卉苗木业是近年来长清区重点培育的一项新兴产业。工作中，该区立足优势，抢抓机遇，积极引导、扶持和培育花卉苗木产业，坚持“两抓两带”（抓龙头带基地，抓市场代农户）的总体思路，通过以国有苗圃、园林绿化公司为龙头，花卉苗木基地为依托，以群众积极参与为基础，在全区规划建设了“一区三带”产业体系：即以文昌街道西李、南王村、后三村为主建设1.5万亩集苗木生产、经营、赏花、踏青、游乐、休闲一体的生态都市花卉苗木精品园产业区，以国道220国道为轴线2万亩乔灌苗木产业带，以104国道为轴线的2万亩针叶苗木产业带和以104省道为轴线万亩针阔叶苗木产业带。同时，强化技术指导，靠上信息服务，健全服务网络，从过去单一的生产型逐渐向经营型、企业型发展，先后培育了远景、川大、东岳、港基、澳利、平安等10余家龙头企业和文昌西李、汇侨、归德天国、孝里南北凤、金谷等一批苗木繁育基地，促进了花卉苗木产业的健康发展。

特别是文昌街道以西李村、南王村、后三村为中心，辐射周边20多个村、近千户农民，建成了1.5万亩的苗木精品园，通过实行标准化生产，组建花卉苗木协会和专业合作社，大力培育龙头企业，变苗农单个闯市场为集体抢占市场，有效地规避了风险，提高了收益。目前该街道已涌现出了4家拥有国家一、二级资质的绿化企业，并辐射带动20余家中小绿化企业（队伍），占据了全区绿化市场80%以上的份额，先后被授予全市苗木标准化生产基地和全省花卉苗木生产百强镇称号。2014年以来，该区依托文昌1.5万亩精品园，重点规划实施了“济南苗木交易市场”建设工作，计划投资1.2亿元，利用2年时间打造集名特优及乡土树种苗木花卉展示展览、产品销售、商品拍卖、商品物流、科普教育、电子商务平台为一体的高新技术集聚区和一站式交易产业平台，并以此为核心打造3万亩的苗木花卉产业基地。项目在达到预期投入产出情况下，第一年可实现交易额10亿元，三年内实现交易额70亿元，实现利税2.1亿元。项目区的种植户可实现年人均增收3000元，直接或间接提供就业岗位2万个，并可辐射带动周边县、区、市苗木产业的规模化、产业化跨越发展。

六、深入挖掘林业潜力，大力发展林下经济

2011年以来，长清区积极响应上级号召，坚持把发展林下经济作为壮大

林业产业、增加农民收入的重要手段，按照“近期得利、长期得林、以短补长、协调发展、高效建设”的发展思路，科学谋划产业布局、模式，因地制宜制定发展规划，重点打造了近郊区都市型休闲观光、平原区循环型集约化生产示范和水源涵养区仿野生、近自然生产示范等3大产业群。通过引进技术，搭建高校、科研院所、企业与农民和经营业户之间的合作平台，大力开发研究、引进推广一批适宜林间种植、养殖和加工经营的新品种、新技术、新项目，推出了林畜、林禽、林药、林苗、林蝉、林鱼、林粮、林菜等10多个易推广、好操作、见效快的成熟生产经营模式。通过出台扶持政策，建立健全“政府引导，农民、企业和社会为主体”的多元化投入机制，落实林业、农业、畜牧等各职能部门的技术指导责任，建立起了发展林下经济产品的产前、产中、产后的服务保障体系，解决了资金、技术、生产、销售等问题。通过走生态优先、绿色发展、低碳发展的路子，充分考虑当地生态承载能力，严守森林资源保护红线，严禁以发展林下经济为名擅自改变林地性质或乱砍乱伐、毁坏林木，适量、适度、合理发展林下经济，对具备发展条件的林区先期进行试点，成熟一个推出一个的，积极稳妥地开展工作，实现了生态建设与产业发展的互促共赢。

截至目前，全区建成了马山镇林下中药材、归德镇万亩林下蔬菜、双泉镇林下油菜和牡丹、张夏镇八宝峪林下养殖等一批示范基地。如：马山镇与环球医药集团合作建立了中药材原料生产基地，大力发展林下中草药2000亩，实现了“树上采果、树下收药，每年林地两收获”，每亩增收3000余元，另外该镇还依托山场和林木资源优势，建成了全市规模最大的林下芦花鸡养殖基地。归德镇把冬季林地做菜园，形成了“弥补人、地、林三闲，林地年年出银元”的种植模式。截至目前，该镇已发展林菜、林粮、林畜等多种林下经济模式，总面积1万余亩，农民实现增收2000余万元，成为农村经济发展和农民增收的重要经济增长点。双泉镇实施了3000亩林下油菜种植项目，充分利用油菜“冬季生长、春天开花、夏天收获”的特点，弥补了冬春季节经济林的生长空闲。同时该镇还大力发展林下油用牡丹，并出台每亩补助300元的优惠政策，采取“村带村，户带户，党员干部带农户”等多项举措发展了2000亩，通过林下套种油菜和油用牡丹，既增加了农民收入，又改善了生态，美化了环境，带动了当地乡村旅游业的发展。张夏镇八宝峪林下养殖生产的乒乓Q鸡蛋先后获得中国绿色食品和有机食品博览会金奖，并被评为上海世博会专供产品、济南市百花奖十大农产品品牌和市民最喜爱的十大品牌农产品之首，产品远销北京、上海、深圳、香港等大中城市，驰名全国。

大力发展现代林业　加快建设美丽滕州

山东省滕州市林业局　奚修志　杨尚基

滕州市位于山东省南部，总面积 1485km^2，辖 21 个镇（街道）、1246 个村（居），总人口 170 万，是山东省人口最多的县级市。滕州历史悠久，文化灿烂，古为“三国五邑之地、文化昌明之邦”，是“科圣”墨子、“工匠祖师”鲁班、勇于自荐的毛遂、招贤纳士的孟尝君、人类造车鼻祖奚仲的故里。近年来，滕州市认真贯彻落实科学发展观，牢固树立生态文明理念，提出了建设“生态林业、民生林业、创新林业、法制林业、科技林业、文化林业”六大林业的发展思路，在实现林业跨越式发展的同时，有力带动了县域经济增长和城乡生态环境的改善。先后被评为全国林改典型县、首批全国农民林业专业合作社示范县、全国林下经济发展示范县、全国森林防火示范县和山东省森林城市。

一、以科学发展观为统领，工程带动，加快建设生态林业

近年来，滕州市牢固树立生态立市的发展战略，围绕建设布局合理、功能完善、景观丰富的林业生态体系，以创建山东省级森林城市和全国绿化模范市为载体，积极实施“六大森林”体系建设。水系森林实施了秀美荆河绿色长廊建设工程、小清河生态治理、荆泉水源地上游生态绿化等重点工程，建成了滕州滨湖国家湿地公园万亩“水上森林”，形成了涵养水源、生态修复的天然“净化器”。山丘森林实施了东沙河镇、柴胡店镇、羊庄镇山坡地经济林建设等工程，完成荒山造林 4. 67 万亩，有利促进了生态林业和民生林业的发展。城市森林实施了北辛公园、高铁站站前广场绿化建设，改造治理了龙泉广场、荆河公园等公共绿地，创建省、市级花园式单位 96 个，新增城区绿化面积 300 万 m^2。平原森林实施了大坞镇新建农田林网绿化、高铁沿线林网加密改造、鲍沟镇万亩林网建设等重点项目，新增平原绿化 3. 01 万亩，高标准建设农田防护林网 102. 9 万亩。通道森林实施了青龙山绿道、京台高速、红荷大道、新 104 国道、龙泉路、东木路等 20 余条道路的绿化提档升级，完成城乡道路绿化 627. 8km，打造特色休闲旅游绿道 99km。镇村森林完成造林

5047 亩，新建围镇围村林 9 处，新发展美丽乡村 184 个；累计建设市级绿化模范村 373 个，其中 2 个村被评为全国生态文化村，64 个村被评为省级绿化示范村，5 个镇被评为省级绿化模范镇。2013 年，滕州市成功创建山东省级森林城市。

二、以维护群众利益为根本，兴林富民，加快建设民生林业

坚持把改善民生作为林业工作的出发点和落脚点，切实发挥好林业在建设社会主义新农村和调整县域经济产业结构中的重要作用，逐步形成了森林旅游、湿地旅游、花卉苗木、林产品加工、经济林和林下经济“六大”林业产业，极大拓宽了林农增收致富的渠道。一是扶持壮大森林旅游业。依托特有的森林资源优势，加快生态旅游景区景点建设，健全完善了景区管理制度，整合墨子省级森林公园、柴胡店省级森林公园和莲青山省级地质公园等景区资源，成功创建了滕州墨子国家森林公园，为滕州森林旅游业发展打下了坚实的基础。二是巩固发展湿地旅游业。通过滨湖涝洼地治理、退田还湿、湿地修复等工程，积极打造湿地红荷旅游品牌，成功创建滕州滨湖国家湿地公园，被评为国家 4A 级景区、全国生态文明教育基地；成功申报薛河和城郭河 2 处省级湿地公园，规划建设了墨子湿地公园和上善公园，进一步丰富发展了湿地旅游资源。三是做大做强种苗花卉业。成功承办第五届山东省花卉博览会后，鲁南省级花卉交易中心落地滕州。先后在张汪发展了融和花卉苗木产业园、在龙阳建设了北方珍稀苗木基地、在姜屯建立了滕国花卉苗木繁育中心等种苗花卉项目，示范带动了全市种苗花卉产业迅猛发展，目前全市共有大型花卉繁育交易市场 3 处，经营公司 50 余家，花卉苗木种植经营户达 1000 多家，苗木花卉面积达到 5. 72 万亩。四是全面推进林产品加工业。充分发挥滕州杏花村市场、嘉誉商贸城辐射带动作用，大力发展果脯、罐头等林产品精深加工业，加大对林产品加工龙头企业的支持，新创建省级林业龙头企业 3 家，全市各类林产品加工企业发展到 432 家，年产值达到 27 亿元，进一步培育了林业品牌产品，提高了林产品附加值。五是深化扩张经济林产业。积极推行山区坡地退耕还林还果，加快推进有机栽培园、观光采摘园、新品种示范园“三园”建设，发展核桃、酥梨、板栗等特色经济林，全市新增山坡地经济林面积 4. 1 万亩，成为带动农民增收致富新的增长点。六是创新发展林下经济产业。结合境内东部山区、中部平原、西部滨湖的特点，科学确立了“林下荷”、“林下渔”、“林下禽”、“林下菌”、“林下游”五种林下经济发展

模式，成立了盛世红荷藕业有限公司，大自然农业投资有限公司，建设了微山湖生态鱼养殖场，培育了湿地渔家、薛河梨乡、龙阳果香、幸福龙庄、情山情趣等乡村旅游“五朵金花”，有效扩大了林农就业机会，实现了“零距离就业，不出户赚钱”。

三、以全面深化改革为动力，增强后劲，加快建设创新林业

以深化林权改革为切入点，不断创新林业管理体制。因地制宜、积极稳妥推进集体林权制度主体改革，深化完善配套改革，着力破解产权制度、经营方式、管理体制、金融支持等长期制约林业发展的难题，有效解放了林业生产力，增强了林业发展活力。全市38.4万亩集体林地已全部完成主体改革，共发放林权证32511份、股权证31284份，真正做到了“树定根、山定权、人定心”。一是以人为本推进集体林改。始终坚持以维护人民群众根本利益为核心，根据林地的不同类型，采取“均分”、“均股”、“大户承包、群众均利”等多种模式推进林权改革。林权登记勘验做到镇、村（组）干部到场、申请当事人到场、四邻相关人员到场，现场填写《林权登记勘验调查表记录卡》，确认四至界线签字制度，切实维护了确权过程公平正义，群众利益不受损害。二是转变职能提升服务水平。成立了深化集体林权制度改革领导小组和林改办公室，制定出台了配套改革实施意见，建立了森林资源评估中心、林地流转服务中心，为广大林农提供信息咨询、林权登记、交易管理、森林资源评估等全方位的优质服务，真正做到“面向基层、服务林农、规范运作、便捷高效”，调动了林农参与林权流转的积极性。三是银林携手激发发展活力。摸索出“五个抵押条件、四个权利证明、三项优惠措施、二项保障机制、一个贷款合同”的“五四三二一”林权抵押贷款操作管理模式，既盘活了森林资源资产，又为林农开辟了新的融资渠道，提高了林农参加林改的积极性。目前，已在滕州农商银行、邮政储蓄银行等金融机构开展了林权抵押贷款、林业合作社社员小额贷款、林业企业经营性抵押贷款、林业龙头企业+农户贷款等贷款业务，共发放林权抵押贷款1.5亿元。四是林权流转促进规模发展。鼓励农民按照“依法、自愿、有偿”的原则，在不改变林地用途、所有权、承包权的前提下，通过转让、出租、转包、抵押等形式，加快推进林地承包经营权和林木所有权流转。引导农民自愿联合，成立专业合作社“抱团”闯市场，切实加强对农民林业专业合作社的指导、规范、扶持和服务，并选择发展潜力大、

示范带动作用强、运作规范的农民林业专业合作社，作为示范社进行重点培育。全市累计流转林地8万亩，各类林业经济合作组织发展到108家，其中，省级林业专业示范合作社9家，加入农民林业专业合作社达到16000余人，资产总额达到3.9亿元，农民比入社前人均增收1200元。五是招商引资注入发展活力。通过强化政策引导，提高各级对林业投资者的服务意识和服务质量，进一步优化了林业投资环境，全市林业招商引资工作取得了明显成效。先后引进北京沁川科技有限公司、临沂世标园林公司等23家企业落户滕州投资林业发展，累计投资11亿元，建立林业产业园17家，为滕州现代林业发展注入了活力。

四、以保障森林资源为重心，依法治林，加快建设法制林业

坚持将生态法治作为依法治国的具体实践，加快林业依法治林进程，构建现代林业治理体系。一是突出抓好森林资源保护。严格按照《森林防火条例》和《森林病虫害防治条例》，大力抓好“两防”工作。严格执行森林防火24小时值班备勤制度，建立完善了森林防火监控网络，强化了防扑火队伍建设和野外火源管理，在重点防火部位建立了护林房、瞭望台、防火墙、防火阻隔带等设施，全面提升了预防和扑救森林火灾的综合能力，近年来未发生一起较大的森林火灾事故；加强林业有害生物防控能力建设，突出抓好检疫和监测预报，做好植物检疫，严防外来有害生物入侵，利用飞机防治、药物人工防治和周氏啮小蜂生物防治技术构建了多角度多层次的立体防治体系，初步建成了林业有害生物监测预警、检疫御灾、防治减灾体系。全市共累计飞机防治美国白蛾81万亩次，人工药物防治美国白蛾130万亩次，林业有害生物防控“四率”全部达标，被评为全省美国白蛾防控工作先进单位。二是推行林业综合行政执法改革。着重从创新林业管理体系和林业执法队伍建设入手，大力推行林业综合行政执法改革，集中整合林业执法力量，成立了林业综合行政执法大队，理顺了执法关系，实现了行政执法职能与监管职能相对分离，有效解决了多头执法、职能交叉等问题，打击破坏森林资源违法犯罪行为的力度进一步加大，林业行政执法中存在的问题得到有效解决，全市未出现一起因申请复议而改变处罚决定或不服行政处罚提起诉讼而败诉的案件。三是严格林业行政许可审批。严格按照法定程序审批林木限额采伐，实行林木采伐许可证公示制度，林木采伐量始终控制在年采伐限额以内；严格按照有关规定办理林地征占用手续，确保林地资源不流失。依法加强种苗、

木材调出调入检疫，严防林业有害生物传播。对木材运输、经营、加工和林木种苗生产经营等依法严格调查核实后，对符合条件的核发生产或经营许可证，确保林业生产合法，经营有序。四是广泛开展法律宣传活动。大力普及《森林法》、《森林防火条例》等林业法律知识。充分利用宣传车、固定宣传牌、标语、广播电视和报刊等手段，加大宣传；利用每年森林防火期、爱鸟周、植树节等重要节点，开展专题宣传；建立送法下乡服务队，举办“防火知识赶大集”等活动，深入农村一线开展法律知识服务，面对面为林农普及林业法律知识。

五、以基层科技需求为导向，科技兴林，加快建设科技林业

紧紧围绕林业生态建设和产业发展要求，以林业科研及科技推广工作为突破口，狠抓工作落实，全市林业科技支撑、引领、服务作用明显提升。一是提升林业科技攻关能力。先后组织局内技术骨干实施了优质核桃品种筛选及其集约化经营管理技术研究项目、海州常山资源评价及造林技术研究项目、破损山体综合治理模式研究项目等科技项目，在经济林推广、林木良种评选引进、破损山体治理绿化模式等方面取得了技术突破，有力带动了相应工程实施。二是建立健全林业标准体系。制订了《雨季造林技术标准》、《桃树栽培管理技术标准》等一系列技术标准，编制了《林下种养手册》等示范手册，推广了一系列林业技术标准，全面覆盖造林绿化、林下养殖、林产品加工、优质经济苗木栽培等多个种类，实现了林业产品品质全面提升，增强了我市林业发展的后劲。三是大力推进林业科技推广工作。通过实施林下种养试点、标准化示范区建设等多项措施，推动林业行业技术升级，辐射带动基层林业单位和广大林农运用先进技术；成立了由林业、农业、水产、畜牧等部门技术人员联合组成的技术服务队伍，大力推广先进科技成果和实用技术，每年举办林业技术培训班 10 余期次，培训人员 8000 余人次，进一步提升了广大林农经营管理水平。

六、以人与自然和谐相处为理念，文化引领，加快建设文化林业

坚持以生态文明理念引领生态文明建设，树立全新的生态价值观、生态消费观和生态政绩观。先后在荆河两岸建设了滕州生态文化长廊，在微山湖国家湿地公园建设了生态文化廊道、水生植物园和湿地文化博物馆；举办了

十届微山湖湿地红荷节、两届湿地保护发展高层论坛、六届梨花节、采摘节和花卉书法摄影比赛、“滕州绿之梦”征文等生态文化节会活动；编辑出版了《绿色畅想》、《一花一世界》、《滕州林业》等生态文化读物。组织开展了古树名木资源专项调查，对1.2万余株古树名木逐一登记挂牌；滕州市人大常委会开展了“绿化滕州、认养古树”活动，市政府制定出台了古树名木保护管理办法，编纂出版《滕州古树名木》，提高了全社会保护古树、尊重自然的生态意识。同时，充分利用世界湿地日、植树节、爱鸟周等节日，通过广播、电视、报刊、网络、短信、宣传栏、横幅标语、万人签名等形式开展生态文明教育活动，每年受教育人数达15万人次以上。

下一步，滕州林业将坚持以发展六大林业为着力点，以保护和发展森林资源为中心，以科教兴林和依法治林为手段，创新林业治理体系，构建林业生产和产业体系，进一步提升生态产品、林产品和森林文化产品的供给能力，将林业资源优势尽快转化为经济发展优势、生态环境优势，实现我市社会经济绿色发展、循环发展、低碳发展。

发展现代林业　建设“森林城市美丽莱州”

山东省莱州市林业局　王俊荣　邓永桂

林业兴，则生态兴，文明兴。林业作为一项重要的社会公益事业和基础产业，是生态文明建设的重要基础和主力军。当前，林业的地位比以住任何时期都更加突出，林业的任务经任何时期都更加繁重，林业的机遇比任何时期都更加难得。近年来，莱州市紧紧围绕“市强民富、文明宜居”新莱州建设的目标，贯彻中国特色社会主义生态观，以构建布局合理、持续发展、功能完备的林业生态体系、林业产业体系、资源保护体系、林业治理体系为己任，通过破解“树往哪里栽、钱从哪里来”这一多年来困扰林业持续发展的瓶颈难题，不断加快造林绿化步伐，真刀真枪推进改革，坚守林业生态红线，各项工作取得阶段性成果，实现了新的突破。

一、以建设“森林城市美丽莱州”为主题，始终把造林绿化作为生态林业、民生林业建设的重要任务

按照市委、市政府的总体部署，我们把扩大森林问题、提升生态承载力作，建设“天蓝、地绿、水净”的生态城市作为林业工作的中心任务，拓展思路，创新机制，掀起新一轮绿化莱州高潮。与往年相比，我们改变了那种“零打碎敲，遍地开花”的做法，本着生态优先、效益兼顾的原则，提出了“整体规划、连片造林、逐年实施”的工作思路，实行“一山、一沟、一坡连片造林，一路、一村、一镇整体绿化”的造林模式，一张蓝图干到底，实现生态环境改善与农民增收同步发展。

1. 工程化造林成为新亮点。对市、镇财政投资的重点工程全部面向社会公开招标，“包苗源、包栽植、包质量、包成活”，专业队施工，集中力量打造出了一批精品工程。土山镇突出丰产林传统优势，在沿海成片栽植杂交杨1500余亩。沙河镇在朱马村规划核桃基地3000亩，2014年完成定植面积680亩。朱桥镇新建高标准农田林网1万亩，绿化道路32km，植树5万多株。此外，驿道镇水源地绿化，程郭、郭家店、虎头崖等镇街的雨季造林均开展的有声有色。

2. 社会化造林蔚然成风。通过反租倒包、企业租赁、拍卖、合资合作、

股份经营等多种土地流转和经营方式，激活经营机制，鼓励、引导企业、造林大户等社会资金广泛参与，“借绿发展”、“借绿转型”。程郭镇马家庄现代农业示范园项目由西由建设集团投资建设，占地面积1320亩，总投资1亿元，集农作物种植、水果采摘、林下养殖、生态休闲观光等多功能为一体，成为烟台市唯一一个以农牧科技合作社为主体申报获批的现代农业示范项目。虎头崖镇引入个人投资80万元，对朱马王家荒山进行综合开发，面积500亩，栽植各类绿化、经济苗木5万余株。我市一家矿山开采企业转型发展林业产业，投资1千多万元建设的玫瑰产品深加工项目也正在筹建之中。通过深化集体林权制度改革，盘活林业资产，在扩大林权抵押贷款规模，推广森林保险等一系列利好政策的扶持下，以大户承包、合作股份等形式为主的生态林场建设发展较快，鼓励他们发展林下经济、生态旅游、农家乐等林业一、三产业，实现“山绿、场活、人富”的目标。目前，全市已建成28处，涵盖公益林面积10万余亩。社会、工商资本的引进、参与，强力推动了全市林业产业向纵深、集群发展，也在一定程度上解决了财政资金投入不足的难题。

3. 多样化造林成为新趋势。以往提起造林，就是杂交杨、黑松当家，现在，这些树种已不再是绿化主角，核桃、板栗、月季的栽植比重在全市逐年攀升。2014年，我市又引进了楸树、文冠果、油用牡丹、杜仲、白皮松等10多个优新品种，示范推广面积500多亩，进一步优化了我市的苗木品种结构和造林树种结构。

4. 大投入为生态建设增色。2014年，金城、三山岛、金仓、城港4处镇街作为省乡村文明行动观摩现场，坚持高起点规划、高标准施工，严格要求管理，投入资金3500多万元，绿化县、乡、村公路45.8km，为全市生态文明建设增添了一道亮丽的风景线，达到了较好的示范引领效果。

5. 城镇乡村绿化美化彰显特色。在全市深入开展乡村文明行动和绿化示范村（镇）创建活动，利用村居荒废地、闲散地、垃圾堆放地、零碎隙地、流转出来的低产地进行绿化，大力提倡部门绿化、庭院绿化、立体绿化，提高四旁树覆盖率，形成道路与河岸乔木林、房前屋后果木林、公园绿地休憩林、村庄周围护村林相掩映的村镇绿化格局，建设“村在林中、户在花中，生态优美”的人居环境。

二、以提高森林火灾预防和扑救能力为手段，始终把森林防火工作作为生态林业、民生林业建设的重要举措

面对当前我市森林防火形势异常严峻的情况，市森防指强化措施，积极应对，常抓不懈，不断提高森林火灾预防和扑救能力建设，森林防火实现大险之年无大灾目标。

1. 高度重视，责任到位。市委李明书记作出了“森林防火压倒一切”的重要批示；宫权市长亲自安排召开现场会对各防火重点镇街工作进行实地观摩点评。全面落实市委领导包片、防指成员包镇街、镇街干部包村、村干部包林地坟头的包保责任制。同时，强化考核问责，把森林防火纳入了全市科学发展考核，凡发生森林火灾的镇街在全市通报批评，损失较大的“一票否决”，并严肃问责相关责任人。

2. 注重实效，宣传到位。整合市电视台、《今日莱州》、室外 LED 广告屏等媒体、平台，通过公益宣传、防火专栏、滚动字幕、手机短信等形式，聚焦宣传教育。组织开展森林防火教育进学校、进村镇、进机关活动，在全社会营造“森林防火、人人有责”的浓厚氛围。在进山路口、墓地等重点部位，设置“坟头放鞭，拘留十天”、“林边点地堰，抓了就蹲监”等老百姓一看就懂，一看就明白的宣传横幅、标牌，起到了很好的警示效果。全市共制作防火公益片、案例警示片 15 期，出动防火宣传车 1800 台次，悬挂、印刷横幅（标语）6300 余条，群发手机短信 100 万条。

3. 严堵深查，防范到位。把关键人群监管和关键节点巡查做为着力点，对林缘地带承包户、坟地坟主逐一造册登记，及时跟进监控。在主要进山路口设置了 156 个检查站点，严格执行全面排查、哨卡排查、巡逻排查的“三查”制度，严防火种入山。17 支野外巡查队伍在重点区域、重点时段不间断巡逻，加强对“林缘火、地堰火、坟头火”的管控，防患于未“燃”。

4. 狠抓处罚，整治到位。争取上级公安机关支持，发布了“凡在林内或距林地边缘 500m 范围内非法野外用火的，一律行政拘留”的通告，开展了打击野外违规用火专项行动，见烟就查，见火就罚，破解了林区防火执法难的历史性难题。共处理违章用火人员 27 人，刑事拘留 6 人，行政拘留 21 人，形成了“打击一个，震慑一片”的高压态势。

5. 着眼实战，能力建设到位。组建起 100 人的市级森林消防专业队，下设 5 个中队，每个中队 20 人，经费由市财政全额保障；12 个重点防火镇街也分别成立了 25 ~ 40 人不等的扑火专业队。市镇两级队伍在防火期内集中食

宿，战备待命。全市共投入资金1500多万元，用于队伍建设和大型防火设备购置，推行以水灭火方式。全市共配备风力灭火机855台、消防车12部、高压水泵36套、车载细水雾13台，森林火灾预防和扑救能力得到全面提升，被评为“全省森林防火能力建设达标县”。

三、以加快林业产业化为引领，始终把富民兴林作为生态林业、民生林业建设的根本目的

2014年5月25日至26日，以“中国月季、美丽莱州”为主题的第六届中国月季花展在我市成功举办，这是第一次由县级市承办全国性的月季专题展会，来自省内外的53家单位参会、36家单位参展；友好城市、有关企业投资700多万元，在中华月季园新建永久性景点10个，展出面积2.2万m^2。花展、花节期间，共吸引党政考察团、学者、商会等组织20多个，接待省内外游客15万余人次；中华月季园与江苏淮安月季园举行了友好公园签字仪式，与杭州园林文物局签订了合作协议；我市企业现场签订月季订单意向300多万株，从杭州引进月季品种98个。通过展会，有力地提高了“莱州月季”的品牌影响力，激发了月季产业发展活力，全市林业产业迎来了前所未有的发展机遇期。

1. 产业格局初步构建。经多方洽谈协商，我局与三亚兰德玫瑰谷公司达成合作意向，协助本地企业玫瑰深加工产品的市场开发、推介。龙头企业的引入，将会极大促进我市月季产业的转型升级，目前虎头崖镇已初步形成“公司+基地+农户”的月季（玫瑰）产业发展格局，发展协会成员单位50个，建立种植基地500亩。

2. 月季种植取得突破。受良好市场前景和发展需求的影响，有产品深加工企业的承诺订单，广大农户有了定心丸，全市月季规模化种植发展迅猛。虎头崖镇新增月季育苗500亩，嫁接繁育新品种63万株，朱桥镇新增月季400亩。全市种植面积达到2000多亩。

3. 林业育苗方兴未艾。经营理念、经济效益较前几年有了明显改观，逐步从以前的简单粗放型向集约效益型转变，从单纯追求数量化向开发培育优势乡土树种、名优良种转变，从育小苗向大规格、艺术造型苗木转变。全市林木种苗面积达到15000多亩，为烟台市育苗面积、销售收入最大的县市，在全省名列前矛。2014年，我市虎头崖镇被评为“省花卉苗木强镇”。

4. 经济林凸显出良好发展态势。我局在经济林的科技创新、技术指导、政策扶持等方面进行了大胆探索。以核桃、板栗为主的干杂果在我市异军突起，全市新增栽植面积2000多亩。选育栽培的大樱桃新品种获得了上级的奖

励；承担了与山东农业大学合作的核用银杏推广项目；与烟台市林业技术推广站合作板栗良种推广项目，并签订了推广合同。

四、以保护就是发展为方针，始终把森林资源管理作为生态林业、民生林业建设的重要保障

1. 从严执法，依法治林力度不断加大。规范梳理了8项林业行政审批事项，将设定依据、收费标准、办理时限、工作流程等相关内容在林业局办公楼电子屏幕上滚动播放，为群众提供便利，接受群众监督。截至2014年9月份，共审批发放林木种苗生产许可证、经营许可证24份，林木经营加工许可证2份。严格执行森林采伐限额和凭证采伐制度，健全“伐前审批、伐中监督、伐后验收”制度，2014年上半年，共办理林木采伐许可证64份、9181株，没有超限额采伐。林权制度配套改革不断深入，市林权管理服务中心运转顺利，2家林业合作社入选省、市级合作示范社。紧扣“让群众更满意”这一目标，针对非法采石、采砂、乱征滥占林地、盗伐林木等群众反响较大的热点难点问题，由森林公安局牵头，与公安机关密切配合，逐项进行摸底排查，先后开展了“春季行动”、“冬季行动”、“一打击、两整治”等专项打击行动，加大涉林案件的查处力度，不手软、不留情，集中力量突破、解决，打点震面，有效遏制了个别林区破坏林地资源的势头。2014年以来，共受理盗伐林木案2起，滥伐林木案1起，擅自改变林地用途案13起；已结案8起，取保候审3人，收缴罚款55.7万元。

2. 多措并举，林业有害生物防控扎实推进。2014年，我局承担了省森保站下达4种林业有害生物监测任务。通过加强林业有害生物测报防控体系建设，有效遏制了外来有害生物的入侵和危险性有害生物的传播蔓延，达到了有虫不成灾的治理效果，省厅督导组给予了很高评价。一是新建松材线虫病固定监测点6个，监测覆盖率达到100%，10月上旬，完成了24万亩松林拉网式普查，对金仓、三山岛、金城、朱桥等镇街的死亡黑松进行了现场鉴定，均未发现线虫病。二是在城区、中华月季园、城港路等区域设置了5处监测点，即时向镇街发布虫情信息；争取上级资金，在荣乌高速路两侧实施飞防面积1万亩，释放周氏啮小蜂2亿头，防治面积5000亩。三是主要河流、水库、沿海滩涂湿地野生动物疫源疫病监测工作逐渐走上正规，处置了程郭、沙河等3起野生鸟类死亡事件。

加强森林资源保护管理 强力推进造林绿化工作

山东省嘉祥县林业局 黄连如

一、基本情况

近年来，县委、县政府高度重视造林绿化工作，把造林绿化作为建设生态文明的重要举措，作为提升嘉祥形象的重要方面，强化措施，强力推进，我县林业工作成效显著。据统计，全县现有林地面积达到29万亩，其中用材林13.6万亩，防护林11.9万亩，经济林3.5万亩；林业育苗1.9万亩；荒山绿化5.2万亩；全县村镇四旁树木总株数902.7万株；林木绿化率达到29.7%，全县活立木总蓄积量达到132.8万m^3，林业产值达到32亿元。我县造林绿化工作在全市林业工作观摩中，连续三年取得前三名的好成绩。县林业局多次被市委、市政府和市绿化委员会评为造林绿化先进单位、林业有害生物防控先进单位。

推进造林绿化。我县始终把维持森林安全，构建绿色屏障作为林业建设的重中之重，大力开展绿化造林，注重生态建设，打造青山绿水。积极创建省级绿化模范县，采用“县级领导包保、乡镇牵头、部门捆绑”的工作机制，绿化荒山58座，造林3.2万亩。通过土地流转，高标准完成了济菏、日兰高速公路、G327、S252和大黄线、焦核线、王满路绿色通道建设。完成了新赵王河、洙水河、洙赵新河等河堤绿化。完成了梁宝寺镇、马村镇、孟姑集镇等农田水利开发区农田林网建设。完成了金屯镇、大张楼镇、嘉祥街道等7个绿化示范乡镇建设。完成了四合村、贾海、杨山、董王等46个绿化示范村庄建设。尤其是荒山绿化工作涌现出一批先进典型，既有实力雄厚的欧隆公司绿化纸坊镇九顶山、凤凰山，又有实力中等的联户通过整理山体绿化满硐乡关山，还有个人长期投资不懈裸岩垒梯田绿化仲山乡猪山。这些先进典型为我们下步荒山绿化提供了可贵的经验。

发展林业产业。协助企业积极应对金融危机，出台扶持政策，组建林业行业协会，推进木材加工业，林业企业得到稳步发展。全县木材经营加工大型企业已达300家，形成木屑、芯板、包装板、纤维板、家具等产品，精深加工比例逐年提高，有10家市级龙头企业，2家省级龙头企业，12家市级林业专业合作社示范社，3家市级农民林业专业合作社重点社，2家省级农民林业专业合作社示范社。

保护森林资源。严格执行森林采伐限额管理和木材凭证运输制度，控制森林资源消耗；加强林地征占用审核审批管理，保护和合理利用林地资源；认真抓好野生动植物保护、涉林信访办理和林权纠纷调处工作。深入宣传，签定责任状，购置设备，开展演练，突出重点时期关键地段的野外火源管理，森林防火工作全面加强，多年未出现大的森林火灾，森林火灾发生率和受害率均低于市政府规定。全面加强主要森林病虫害监测预报，做好春尺蠖、美国白蛾、杨树病害等林业有害生物的防控工作，全县没有发生大面积连片林业有害生物灾害，有害生物成灾率控制在0.5‰以内，无公害防治率100%，测报准确率100%，种苗产地检疫率100%。

坚持科技兴林。开展林业科技入户工程，把先进适用的林业科技送到千家万户，组织林业专家、技术骨干，深入各乡镇村，举办林业实用技术讲座7期14场次，培训人员近3000人次；送致富技术项目9个，参加活动的科技人员60人，发科普资料5000余份。积极参加了第十三届农民文化艺术节暨2013年文化、科技、卫生“三下乡”活动，发放宣传材料2000余份，捐助树木价值5000元。参加了第十届中国林交会，我县广胜木雕和昌达门业参展产品获得银奖，我局被评为“第十届中国林交会组织工作先进集体”。

推进林业民生工程建设。加大生态公益林建设力度，全县国家级生态公益林8.98万亩，每年直接兑现给农民公益林生态补偿金89.8万元。争取资金改善国有林场、苗圃基础设施建设，修沙石路2.5km，架设动力电线3.5km，已全面完成棚户区改造工程的规划，上报省厅，维持林场苗圃的正常生产秩序。我局把减轻农民负担工作当作一项政治任务，该发的按时发到位，不应收的一分不收，决不新开口子搭车收费，林业系统没有发生一起乱收滥收农民费用行为。

二、存在的问题

绿量不足，造林压力大。按照创建省级绿化模范县标准，山区县森林覆盖率必须达到30%以上，平原县必须达到25%以上，要初步建成覆盖面广、布局合理、结构完善、质量优良、功能稳定的森林生态体系。我县目前统计的森林覆盖率是29.7%，我县还有很大数量的荒山没有绿化，绿色通道还有断档，一些农田林网网格大、树木行数少、村庄大多没有绿化，这些都是我们下步工作的重点和难点。

资源质量差，管理形势严峻。森林质量低，中幼林面积大，用材林亩均蓄积量小，经济林经营粗放，品质次，产量低。乱砍滥伐林木、乱侵滥占林地、乱捕滥挖野生动植物的现象屡禁不止；随着城镇化水平不断提高，城镇面积急剧扩张，对城镇原周边区域森林造成灾难性的破坏；物流日益扩大，经济活动频繁增加了森林有害生物传播与扩散的风险，温室效应等极端天气灾害，加剧了森林火灾和森林病虫害发生，缺乏信息化、现代化管理手段，森林火灾扑救、森林病虫害防治都处于原始阶段；县里一些大项目建设不按程序办理有关手续，林业执法难。

林业产业化水平低。优势产业少，产业链短，竞争力差，大部分产业徘徊于初始阶段，大部分加工企业规模小，管理落后，消耗量大，附加值和整体效益不高，大部分产品为半成品，产品科技含量低，工艺流程简单，林业资源综合利用率较低。

林业系统负担重，规费收入减少。随着经济的发展，林业建设的任务越来越重，难度越来越大，要求越来越高，特别是林权制度改革后，面对林权主体多元化、经营形式多样化、森林资源资本化、服务对象分散化的新情况，我们必须把工作中心转移到政策引导、行政执法、科技推广、森林防火、林业有害生物防治等公共服务上来。国家惠农政策越来越多，逐步取消了一些收费，各项费用严重不足。

扶持政策落实不到位，乡镇压力大。为促进林业发展，县政府出台了绿色通道补偿、荒山绿化、经济林补助等一系列扶持政策，但在操作过程中资金不能按时到位，农户经常到乡镇上访，给乡镇工作带来了被动。

三、工作建议和措施

继续大力抓好造林绿化工作。？造林绿化是林业的基础。近年来，我县林业建设虽然取得了很大成绩，实现了森林面积和蓄积量双增长，但总的来看，我县森林覆盖率、人均森林面积和蓄积量还远远低于全市平均水平，大力植树造林，增加森林资源在今后相当长一段时期内仍将是林业建设的一项根本性任务，不仅不能放松，而且还要大力加强。要紧紧抓住落实造林绿化规划不放松，采取各种有效手段，千方百计地保证造林进度，扩大森林面积，增加森林蓄积，提高森林质量，确保规划任务的全面完成。要继续坚持全党动员，全民动手，全社会办林业，全民搞绿化的方针；坚持多年来已被实践证明行之有效的荒山承包、绿色通道土地流转、经济林补助等基本制度和政策措施；坚持落实和完善领导干部任期造林绿化目标责任制。加大林业宣传力度，提高造林绿化意识，推动整个造林绿化和义务植树运动进一步发展。

全面加强森林资源保护管理工作。加强对森林资源的保护，提高森林质量，建立森林防火、森林病虫害防治应急体系，严厉打击破坏森林资源违法犯罪活动，维护森林安全，林区稳定。一是严格控制森林资源消耗，加强对森林资源的宏观调控。要坚持森林资源全额管理和限额采伐制度，做到管住一块，管好一块，管活一块。对防护林、风景林、特种用途林要坚决管住，不允许商业采伐；对一般用材林要管好，严格进行限额采伐；对工业原料林基地要管活，允许按定向培育的目的及市场需求采伐利用。二是要切实加强森林防火工作。要继续坚持和大力强化森林防火工作县长、乡（镇）长负责制，切实把森林防火工作落实到各级行政领导肩上。三是要高度重视森林病虫害防治工作。要继续坚持“谁经营、谁防治”的方针，并对森林病虫害防治实行目标管理。四是要继续抓好森林及野生动物保护执法大检查，严厉打击破坏森林和野生动物资源的违法犯罪活动，切实加强依法治林。

转换经营机制，大力发展林业产业。制定《嘉祥县关于加快林业产业化发展的意见》，鼓励大户和企业，发展速丰林、经济林，苗木和花卉产业，引导农民因地制宜，见空插绿，发展林果产业。重点扶持培育相关林业龙头企业，延伸林业产业链，增加产业附加值。加大对全县木材市场的整治力度，合理布局和建设林木产品交易市场；组建林业合作组织，逐步建立“农户+协会+基地+企业”的林业产业发展体系。

加大林业投入。保持林业平稳较快发展，完成各项林业任务，为农民提供全方位服务，必须将政策性减少育林基金列入预算，继续加大对林业的公共投入，增加森林防火、集体林权制度改革公共投入份额，将森林公安、林业执法和案件查处所需经费列入公共预算，为林业的发展提供支撑。

创新机制　加大投入
全面加快现代林业建设步伐

山东省新泰市林业局　夏　谦

新泰地处鲁中腹地、泰山东麓，面积1946km^2，其中山区丘陵面积占78.8%，人口140.3万，辖21个乡镇街道、916个行政村居。近年来，全市各级认真贯彻落实国家、省和泰安市关于林业发展的一系列方针政策，以科学发展观为指导，积极开展造林绿化，切实加强资源管护，大力发展林业产业，生态林业民生林业建设成效显著，实现了森林面积、森林蓄积、森林覆盖率和林业产值“四个”增长。截至目前，全市有林地面积达到113.8万亩，森林覆盖率达到39%，果品产量达到25.2万t，林业产业总产值达到72亿元。先后荣获“全国绿化模范市”、“山东省森林防火能力建设达标示范市”、“山东省集体林权制度改革先进单位”等荣誉称号。

一、坚持生态优先，建设绿色新泰

市委、市政府制定出台了《关于加快林业发展建设绿色新泰的决定》等一系列文件规定，实行领导干部任期绿化目标责任制和市级领导、市直部门单位、驻地企业包保绿化点制度，采取财政补助、以奖代补、对上争取等方式，大力实施荒山、水系、道路、村镇、平原“五大绿化工程”，实施“灭荒”工程，每年荒山造林在2万亩以上，全市生态公益林面积发展到44.6万亩，其中国家级公益林30.4万亩，荒山绿化率达到96%。实施东周、金斗、光明三座大中型水库淹没线以上1000m范围环库绿化和柴汶河干流及支流两岸绿化工程，水系绿化面积达到23万亩。实施绿色通道建设工程，境内高速公路、国道、省道和铁路全部按标准完成绿化，完成各级道路绿化1231km，县乡公路绿化达到宜绿化里程的96.3%。实施村外建绿围、主街建绿廊、河塘建绿屏、出入口和公共场所建绿园、户户门前建绿篱的“五绿”工程，乡镇驻地绿化覆盖率达到37.7%，村居绿化覆盖率达到35.6%，创建全国绿色小康村1个，山东省绿化模范镇3个。实施平原农田林网建设工程，按照网格规范、树种优良、林相整齐的要求，高标准建设农田林网4万亩，全市农田林网化面积达到27.3万亩，宜林网化区域林网化率达到97.3%。

二、坚持规模经营，做大林业产业

以规模化、特色化为方向，突出抓好核桃、大樱桃、苹果三大主导树种，大力培育新型林业经营主体，总结推广了五种经营方式，提升林业经营管理水平，推进集约化、规模化发展，促进林业产业提质、增效、扩量，打造生态富民“升级版”。一是兴办民营林场。发展民营林场，能够充分发挥市场机制在资源配置中的决定性作用，吸引更多社会资本向农村和林业集聚，将农民的财产权利转化为实实在在的财富。近年来，全市共兴办民营林场52家，营林面积达到7.5万亩，比新泰境内莲花山、太平山、土门三处国有林场总面积多出近2万亩。小协镇安家庄村民王恩海承包本村荒山1750亩，建立民营雷山林场，先后投资52万元，栽植核桃、侧柏等苗木21万株，打深机井3眼、建集雨池5座，架设高压线路2000m，硬化营林生产道路3.5km，注册了“贵润”牌核桃商标，获得国家有机产品认证，年销售额达到100余万元，带动周边南岭、横山、雷鸣等村栽植核桃1500亩。二是建设集体农场。以村为单位，建立集体农场，统一经营管理，壮大集体经济，增加村民收入。翟镇玥庄村在去年成功建设千亩核桃基地、组建集体农场、实行集中经营管理的基础上，2014年又新发展核桃1000亩，示范带动周边大港、唐立庄两个村调整土地2000亩，全部发展核桃。三是实行社企联姻。针对大多数农民虽然拥有土地、劳动力，但缺乏资金、技术、经营管理能力等现状，我们积极吸引工商资本入住，将土地整体流转给企业承包经营，解决发展林果土地流转难、资金难问题。泰安城平置业有限公司租赁石莱镇南、北官庄村和岳家庄乡孟家屯、涝西、涝北、涝南4个村土地8000余亩，注册成立“山东泰茶农业发展有限公司”，建设集“茶叶种植、南植北引、生态养殖、休闲旅游”于一体的生态观光茶艺园。目前，已投资2800万元，发展有机茶园5700亩，引进菩提树、棕榈树、香樟等高档绿化树木80万株。四是发展合作组织。发展林业专业合作组织，能够有效促进林业生产要素优化组合、保护农民土地权益、提高集约经营水平、促进农民就业增收。新泰益民核桃专业合作社采取村民以土地入股，租给合作社建立核桃基地1000亩、良种采穗园150亩、苗圃400亩，每年生产优质核桃嫁接苗50余万株、销售核桃5万kg，销售收入800万元，村民每年除赚取土地租金外，再到合作社务工，赚取工资，并参与合作社年终分红，经济收入大幅度提高。目前，全市共成立林业专业合作社261家，入社社员达32万人，其中12家合作社被省林业厅评为省级示范社，

1家获省十佳合作社。五是培植龙头企业。“农业产业龙头化是做好现代农业的根本”。大力培植龙头企业，构筑“企业+基地+农户”林业产业化生产格局，拉长产业链条，实施品牌战略，能够实现产业发展、企业增效、农民增收多赢效果。谷里镇新博木业有限公司，年产各种规格中高档密度板18万 m^3，单条生产流水线全国最大，每年带动周边地区商品林基地更新6万亩。目前，全市林产品加工企业达到68家，其中省级8家。

三、坚持改革创新，激发发展活力

新泰作为全省集体林权制度改革试点县，在全面完成主体改革任务的基础上，不断深化林权配套改革，总结探索出了五种造林模式，有效解决了“树往哪里栽、钱从哪里来”两大难题。一是大户承包引领式。在依法、自愿、有偿的前提下，指导农民灵活采取入股、租赁、互换、转包等有效形式，将零散的土地向有资金、懂技术的能人集中，形成大户效应，带动周边群众兴林致富。石莱镇卢家庄村村民卢宗硕在承包本村50户1000多亩山岭地后，投资80万元改善了生产条件，栽植核桃3万余株，不仅获得了可观的经济效益，还带动起周边600余户农民一起栽植核桃5600亩。目前，全市林果大户发展到3.2万户。二是招商引资助推式。充分利用荒山、丘陵资源，积极吸引工商资本入驻林业，用工业化理念发展林业，激活了林业发展活力。天宝镇吸引山东明瑞集团公司的工商资本入驻后，指导5个村的1860户村民，以每亩每年1000元的价格，签订了2600亩丘陵地30年的承包合同，栽植矮化、优质大樱桃，不仅发挥资本优势解决了农民无法完成的土地改良和基础设施配套问题，村民还实现了土地租赁和工资“双赢”。三是合作协会促动式。通过鼓励村两委创办、支持龙头企业领办、倡导“能人”牵头办等形式，全市发展起林果专业合作社261家，林业龙头企业达到68家，吸引农户8.6万家，其中创建省级示范社12家。谷里镇于家枣林峪村于2011年3月，成立山东新泰枣林峪土地股份合作社，农民以人均2.1亩耕地作为1股入股合作社，入社社员217户，合作社通过工商部门注册，颁发了泰安市首份“土地承包经营权入股企业”营业执照。合作社将土地整体流转给山东新圣火能源科贸有限公司，由公司统一承包经营，建设高标准农业科技示范园1536亩，社员除每年每股获得最低1050元的保底分红外，年底还有合作社的经营效益分红，同时，社员还可以在示范园内打工，每年可实现增收9000余元。果都镇瑞谷庄村成立了由村两委领办的“新泰市瑞丰果品专业合作社”，入社社员60余户，建成大樱桃基地2000亩。四是特色果品拉动式。在树特色牌、打优势仗，努力培植起具有新泰特色的知名品牌后，注重发挥品牌效应，充分借力发展。依托天宝镇“中国樱桃第一镇”、“新泰苹果”中国地理标志、龙廷杏梅、双山核桃等品牌优势，带动全市发展千亩以上名优经济林基地74片，面积达到16万亩。五是一三产业互动式。改变传统林业单一种植模式，走立体林业发展之路，分层次发展林下种植、养殖、森林旅游餐饮、采集加工等产业，多元增收。目前，全市林下经济经营面积达到13万亩，年产值达到10亿元。民营信通森鑫林场在禹村镇4000多亩的老寨山上，栽植香椿、核桃等经济林树种200万株，发展起林下鸡、猪、鱼养殖及餐饮服务业，年收入达1500多万元，以此为基础，又栽植侧柏、刺槐等生态树种60万株，实现了全面灭荒。我市莲花路旅游专用通道修通以后，辖区泉沟镇、青云街道借势发展，在沿途坡改梯田发展大樱桃5000亩，雕塑了高50m的大佛，形成了集采摘园、农家乐、生态游为一体的理想去所，实现了林业生态、经济和社会效益的良性互动。

四、坚持政策引导，持续加大投入

林业发展，政府投资是引导，社会投资为主体。为切实加大牵引力度，我市广拓融资渠道。一是强化财政支撑。市财政对集中连片新发展经济林1000亩以上的，每亩扶持100元；每年近400万元租赁重点水系及道路土地实施绿化；对荒山造林每亩补助200元；投资近4000万元，全面完成了三处国有林场防火道路、水源设施建设和林下可燃物清理及防火指挥中心建设，经费全部由市财政承担。二是引导乡镇投入。市委、市政府把经济林基地建设、道路绿化和荒山绿化纳入对各乡镇年度绩效管理考核内容，激励引导乡镇加大林业生产投入。三是加大对上争取。近年来，共争取上级林业发展扶持项目18个，到位资金9000多万元。四是吸引社会投资。通过深化集体林权制度配套改革，创新招商推动、协会拉动、租地促动、置换互动、地企联动五动造林机制，大力培育民营林场、合作组织等新型林业经营主体，激发了林业发展活力。近年来，我市用于林业生产的对上争取、市财政、乡镇财政三级投资累计达6亿元，广泛吸引社会资本1.2亿元入驻林业，实现林权抵押贷款1.7亿元。

今后，我们将认真贯彻落实党的十八届三中全会精神，全面深化林业改革，创新林业治理体系，不断开创新泰林业改革发展新局面，为建设生态文明、促进人与自然和谐、构建社会主义和谐社会作出新的贡献。

作者简介：

夏谦，男，现任山东省新泰市林业局局长、党委书记。

自1984年12月参加工作起，历任新泰市宫里镇党委秘书、党办主任、宣传委员、纪委书记，新泰市刘杜镇党委副书记、政协工委主任、镇长，新泰市农业局副局长(正局级)、新泰市农业高新技术开发中心主任、党支部书记，新泰市林业局局长、党委副书记等职。2014年10月至今，任新泰市林业局局长、党委书记。

发展现代林业　打造绿色生态宜居城市

山东省威海市文登区林业局　于柳红

文登，这个城市的名字因秦始皇东寻长生不老的秘诀而得名，是中国最适合人类居住的城市——威海市下属一个区，西傍于昆嵛山，与烟台市牟平区和威海乳山市相接，北连威海市环翠区，东邻荣成市，南濒黄海，总面积1570km^2，辖12个镇、3个街道办事处、2个省级经济开发区，城市建成区面积30.88km^2，城市人口23.07万人，林地面积72.3万亩，是一座与山海林木和谐融为一体的生态宜居城市。

作为全省重点林区之一，近年来，文登始终把生态立市这一发展战略放在首位，把植树造林、加快经济增长方式转变，改善生态环境作为现代化幸福文登建设的重要任务之一，动员全社会的力量，不断推动文登现代林业的发展，并取得了长足发展。全区至2014年实有林地面积72.3万亩，覆盖率40%，绿地率达到40.6%，人均公共绿地面积达到15.56m^2，林业社会总产值将超过40亿元，年均增长7%。先后获得全国绿化模范市、全国沿海防护林先进单位、山东省封山育林先进市、山东省园林城市等一系列荣誉，是国家级森林城市。一张张的名片擦亮着文登现代林业的品牌，不断丰富着“蓝色休闲之都，世界宜居城市”的生态内涵。

总结文登经验，文登区委、区政府通过转变林业发展方式，坚持统筹城乡林业发展，以森林资源增量提质为基础，以深化改革为动力，以兴林富民为宗旨，以创建品牌为方向，以休闲林业发展为依托，全面推动现代林业建设转变，打造一片绿色生态宜居的海边城市。

一、保持森林资源增量提质，夯实现代林业发展的根基

本着高起点规划、高质量建设、高效能管理的原则，科学规划，认真组织，精心建设，城乡绿化水平不断提高，城乡生态环境质量明显改善。近年来，文登区依托沿海防护林带造林、水系造林、荒山绿化等重点造林工程，连续五年每年都成片造林2万亩以上，植树600多万株，达到了人均10株以上，森林覆盖率年均提高0.2个百分点，成功争取了2000多万元的欧洲贷款投资造林项目，申报了国家木材战略储备试点县，将天福山林场等2.5万亩

林地列入到了国家战略储备林。先后对圣海路、滨海路、309线、桃威铁路、石泽线、威石线、上泽线、环海路、俚李线等干线公路进行绿化升级，绿化总长160多km，造林5000多亩。为打造人文和谐的城市“绿肺”，文登建起了文登学公园、体育公园、天福山起义群雕公园、抱龙河公园、文山公园、召文台古迹游览地及市中广场等一系列城市绿化精品工程，并已成为市民耳熟能详的“城市地标”。另外，文登还坚持四旁植树与新农村建设、绿化示范镇村建设相结合、与庭院开发相结合、与义务植树相结合的建设方针，发动全市广大干部群众充分利用四旁、庭院栽植各类树种，建设园林化村镇，全区80%以上的村绿化覆盖率达到25%以上，所有镇驻地绿化覆盖率都达到了32%，人均占有公共绿地面积达到7m^2，全区适宜林网的7150hm^2农田基本实现了林网化。

二、深化林业制度改革，形成多元化的现代林业投入机制

牢固树立森林资源就是资产理念，积极引导鼓励社会力量参与林业发展，开展林权抵押贷款，盘活森林资产，破解林业发展融资难题，近年来文登区在完成林权制度改革、明确林地所有权的前提下，鼓励农民通过转包、出租、互换、转让、股份合作等形式进行林地承包经营权流转，促进林地向种植大户、龙头企业集中，流转100亩以上的林地100余宗、2万多亩，开展森林资源评估金额5000多万元，森林资源抵押贷款2000多万元。立足林业资源和生态优势，按照民办、民管、民受益的原则，积极发展林药、林禽、林果、林菌等专业合作组织，并采取资金扶持、无偿提供苗木等措施，推动其做大做强，不断提高其组织化水平，在全区发展林业专业合作社85家，培植起了华兴、百良工贸、山泰等一批林业产业龙头，打造了“汇润”、“传福”、“昆嵛山”、“汇泉”、“新河”等一批竞争力强的林业品牌。坚持“引进来”和“走出去”相结合，引进国内外林业先进的科学技术、管理理念、管理方式、人才和资金，在开放中求发展，在合作中求共赢，逐步建立对外开放的林业新格局。

三、向绿色要效益，激活产业发展持久生命力

效益是产业发展的生命，树立兼顾生态建设与科学利用的发展理念，实现“生态建设产业化，产业发展生态化”。近年来，文登区围绕实现“五增”，即增加森林覆盖率、增加森林蓄积量、增加农民收入、经济新增长点、

新增创业渠道的目标，以米山、葛家等镇传统育苗村为中心，采取示范引导、基地带动等综合措施，鼓励引导周边群众发展水果、银杏等传统育苗产业发展到2万余亩，使种苗繁育成为带动农民增收的重要产业之一。在此基础上，大力发展特色育苗产业，积极试验培育引进适应本地生长的名优特新品种，在张家产建设了1000亩的新式核桃育苗基地，在草场庵林场建设了500亩的刺五加、刺龙芽药材育苗基地，在葛家镇建设了1000亩的红豆杉育苗基地，在高村镇建起了500亩的紫皮云杉育苗基地，在天福山建起了100亩的猕猴桃育苗基地等一大批特色育苗基地，目前，全区林业苗木已发展到4万余亩，年产成苗5000万株，带动农民增收6亿多元，极大的带动了群众发展林业产业积极性。

四、打造现代林业品牌，凸显文登林业地域特色

文登是威海重要的苗木供应基地，自20世纪七八十年代起群众就开始繁育苹果、银杏等树种，胶东黑松四季常青，是园林绿化的首选树种，也是制作景观树和盆景的良好素材，近年来市场需求量逐年攀升。为了进一步推动文登黑松产业发展，打响“文登黑松”地域品牌，文登区在米山镇309国道南侧规划建设了5000亩黑松苗木繁育基地，组建了黑松培育专业合作社，配套建设了专门的胶东黑松交易市场，打造出了天福花卉市场、胶东黑松交易市场、胶东农资物流中心沿309国道线“三点一线”的花卉苗木产业带，围绕该产业带辐射带动环山、宋村、米山、葛家等镇新发展成片连方黑松苗木基地5000多亩，年流通黑松苗木10万余棵，文登黑松地域特色已经凸显。文登当前正在对胶东黑松园区建设进行上档升级，在水利设施、农业设施、政策补贴等方面重点向园区倾斜，逐步开始进行黑松盆景、景观造型等景观松栽植，建立健全发展森林生态旅游的利益协调机制，联动发展园区周边采摘园发展，力争打造一处观光休闲旅游、黑松盆景文化、黑松交易销售等为主题的多种森林生态的高效农业生态示范园区，逐步探索我区由“砍树”经济向“看树”经济、由“卖木头”向“卖生态、卖景观”转型，走以人为本、崇尚自然、统筹兼顾的综合效益发展之路。

五、向休闲林业转变，挖掘生态多功能发展潜力

文登是一座历史悠久、文化底蕴深厚的历史文化名城，有被誉为“海上仙山之祖”的昆嵛山，有雕有老子《道德经》上下卷计6000余字的圣经山摩

崖石刻，有金元时期的七真人庙、东华宫、白玉台、朝阳洞、烟霞洞等道教遗迹，有山东半岛最早的庙宇无染寺等；城东的文山，是秦始皇东巡时召贤士文人论功颂德的地方，山上建有古召文台、秦庙等；小观南海旅游度假村、北海旅游开发区、天福山革命起义观光区；建成有昆嵛山国家级自然保护区、天福山省级森林公园、香水河省级湿地公园、旸谷山市级森林公园。近年来，文登依托良好的生态资源，积极拓展森林的旅游休闲、科普教育、健康疗养等多样化功能，充分挖掘文登学文化、道教文化、红色文化、李龙文化、养生文化等生态文化内涵；大力发展林业休闲产业，构建主题突出、内容丰富、贴近生活、富有感染力的森林文化体系，举办国际温泉节、昆嵛山樱桃节、南海沙雕节、圣经山旅游文化节、李龙文化山会等等一系列品味高雅、特色鲜明的森林生态旅游文化节会，传播健康向上的生态文化知识，其中昆嵛山樱桃节被评为山东最具竞争力旅游品牌，国际温泉节被评为中国最佳县域旅游节庆，全区建成林业观光园区 18 个，培育示范农家乐 130 户，森林旅游收入达 10 亿元，为社会提供就业岗位 8000 多个。

围绕发展现代林业、建设生态文登，打造宜居城市、产业强市的战略，文登计划到“十三五”，全市森林面积达到 5.5 万 hm^2，活立木蓄积量达到 200 万 m^3，森林覆盖率达到 42.3%，城市建成区绿化覆盖率达到 46%，林业总产值达到 50 亿元，初步建立比较稳定的林业生态体系、比较发达的林业产业体系、比较先进的生态文化体系、比较高效的林业保障体系，形成现代林业体系框架。

结合聊城林业发展现状 推进聊城现代林业发展

山东省聊城市林业局　梁学军　王小雷　郭喜军

在市场经济和社会发展大环境影响下，以木材生产为主要标志的传统林业向以生态建设为主、注重林业经济质量和生态文化传播的现代林业建设方向深刻变革，林业在生态、经济、文化等多领域深度契合，多层次齐聚发展，对农村经济社会发展产生了重要影响。本文主要从林业生态建设、产业发展、生态文化宣教的角度，评述聊城林业发展现状，进一步探讨、思考推进聊城现代林业发展的思路和措施。

一、聊城市林业发展现状

（一）林业资源概况

聊城属温带季风气候区，地处黄河冲击平原，气候有显著的季节变化，土壤肥沃，适宜林木生长，林木生长周期短，森林资源丰富，蕨类植物和高等植物600多种，植物类药材183种，野生动物260余种，全国唯一的毛白杨基因库分布在聊城冠县。聊城现有林地面积达355万亩，活立木蓄积量达到1300多万 m^3。经济林栽培面积87多万亩，年均鲜果产量90多万t，主要果树品种有苹果、梨、桃、樱桃、葡萄等。湿地资源丰富，尤其是城区湿地面积占建成区面积的1/3，有“江北水城”之美誉，全市湿地面积达到22.2万亩。这些资源优势为推进现代林业建设、促进生态林业和民生林业发展提供了坚实的物质基础。

（二）林业生态建设

保障生态是现代林业建设的中心任务，多年来，我市各级政府秉承生态理念，以工程建设为载体，坚持不懈地推动造林绿化和湿地修复工作，尤其近三年，以年均造林25万亩的速度推进城乡绿化，积极打造城乡生态保障体系，改善生态环境。截至目前，全市绿色通道5700多km，河道、沟渠防护林3400多km，农田林网629万亩，全市林木绿化率达到37.5%。湿地保护和修复面积11.5万亩，湿地保护率达到51.8%。省级绿化模范乡镇5个，全国绿化模范县2个，全国平原绿化示范县1个，省级绿化模范县1个。通过持续不断地推进造林绿化和湿地保护，全市基本建立起了比较完备的林业生态保障体系，为保障农业生产安全和改善生态环境奠定了坚实的基础。

（三）林业产业建设

林业产业建设关系民生福祉，是实现林业可持续发展的重要环节。近几年，我市推动社会资本广泛参与林业产业建设，从苗木种植到森林培育，从木材加工到林浆林纸、家具制造，从果品储藏到果品加工，林产品呈现多样化发展趋势，林业产业的投资规模在不断扩大，产品市场占有率有了较大幅度的提高，市场发展潜力巨大。截至目前，全市现有板材加工、林果加工、家具制造、苗木种植、资源培育等企业5000多家，500万元规模以上企业168家，其中省级龙头企业21家，市级龙头企业27家。林业专业合作社285家，入社人数达到20864人，经营林地面积93886亩，其中有2家国家级示范社，22家省级示范社，72家市级示范社。标准化经济林示范基地47家，其中省级特色经济林示范基地6家。无公害、绿色认证、地理标志果品61个。全市林业产业产值达到210亿元。

（四）生态文化建设

随着生活水平的提高，人民群众对生态休闲旅游激发了极大热情，催生了生态文化、生态旅游业的大发展，截至目前，全市有森林公园10处，其中国家级森林公园1处，省级森林公园2处，市级森林公园7处，森林旅游总规划面积10.5万亩；湿地公园有7处，其中国家湿地公园2处，省级湿地公园1处，市级湿地公园2处，县级湿地公园2处，湿地公园总规划面积9.9万亩；采摘休闲园、农家乐54家。以森林资源、湿地资源为依托建设的森林公园、湿地公园、采摘休闲园等都建立了生态文化宣教中心，集中展示教育生态文化，举办相关文化节20余次。生态休闲场所年均接待游客125万人次，实现生态旅游直接收入12.85亿元，社会旅游收入约18亿元以上。

（五）林业建设质量方面

在工业化、城镇化、信息化快速推进的背景下，取代农户、散户等传统林业经营主体和“重栽轻管”的林业经营方式，林业龙头企业、专业合作社、专业大户、家庭林场等作为新型经营主体，利用现代林业管理技术，推动林业经营模式向专业化、标准化、规模化、集约化管理转变，注重品牌效应和效益产出，大大提高林业发展的质量、素质和效益。而且这种专业化、规模化的经营模式有效盘活了生产要素和市场要素，开辟了一条林业工业化、林业产业化的新路子，极大地推动了林业转型升级和民生林业发展。政府推进造林绿化也更多地采取项目造林的形式，集中财力打造精品工程，大大提高了造林绿化、美化质量和效果。

（六）新兴产业发展方面

油用牡丹产业成为一项新兴的、高附加值产业。油用牡丹主要是林下间作，我市有丰富的林下资源，环境条件非常适合油用牡丹生长。2007 年，我市开始推动油用牡丹栽培试验，到目前已到 8.6 万亩，东阿县被誉为“中国油用牡丹之乡”。我市油用牡丹发展的规模和质量，受到国家林业局和省林业厅的高度关注，国家林业局原副局长李育才 2014 年三次到东阿调研油用牡丹发展情况，全国油用牡丹座谈会、全省油用牡丹现场会在我市东阿县召开。2011 年 3 月山东省人民政府颁布的《山东省油料等四个产业振兴规划》中把菏泽、聊城、济宁市同时被列为油用牡丹种植发展基地，且重点建设菏泽市、聊城市 2 个省级种苗繁育基地。

二、林业改革与发展中存在的问题

（一）森林质量不高，林地产出率较低

在上级政策和当地政府推动下，工程造林质量有了显著提高，但从全社会看，因林业经营者更加注重经济效益和便于管理，林业质量不高，林种结构比较单一，主要以杨树为主，杨树面积约占森林总面积的 80%，而且杨树中近、成、过熟林面积较少，中幼树林面积的比例高达 70% 以上。大多数林木处于重采轻育、粗放经营状态，病虫害较为严重，森林的生态效益和经济效益都比较低，严重浪费了地力，无论从经济效益上还是从生态效益上还有很大的潜力可挖。

（二）科技力量薄弱，林产品科技含量低

我市林产品的种类虽然繁多，但林产品科技含量低，林业企业生产的产品大多处于低端市场，产业链短，附加值低，绝大多数林产品不是从土地上生长的木材、水果等，就是加工附加值不高的中纤板、刨花板、细木工板、建筑模板、复合地板等初级产品，缺乏特色支柱产业，名牌产品和品牌，在市场中竞争力差、占有率低，经济效益低。各级林业部门也存在重工作量、轻科技推广的现象。大中专毕业生不愿在基层、企业就业，基层、企业技术人员老化现象严重。

（三）林产品市场流通体系不健全

林业市场体系和物流产业发育不全，发展连锁经营、电子商务等现代林业产品的物流手段和设施落后，价格、市场需求等行情分析信息不能共享，产生大宗旋切板皮、果品、种苗等产品流通渠道不畅，产生滞销或低价销售等问题，影响林农和企业收益。近几年，聊城出现了几处木材、林板、种苗等产品交易市场，但总体来说，其集约能力、技术指导能力以及行业牵头带动能力均比较弱，从生产、流通和技术服务还未真正抓成一个拳头，形成合力，管理比较松散。

（四）生态产品、生态文化产品有效供给明显不足

多年来，我市大力推进林业生态建设，生态林绝大部分是兼顾生态和经济效益的纯林，混交林比例很少，古树名木存量不多，缺乏历史和生态韵味。对生态文化宣传载体建设不够，聊城以水著称，有湿地城市之美，素有“江北水城”美誉，但湿地文化宣教中心设施建设的很少，普遍缺乏文化传播载体。依托森林资源建设的森林公园往往以休闲、餐饮为主，没有把森林生态文化的理念传递给游人，缺乏文化引导。

我市林业发展现状及存在的主要问题，可以概括我市林业发展有三个特点：一是资源优势明显，产业发展滞后；二是现代林业建设的各方面已全面展开，但规模化、标准化、品牌化程度低；三是现代林业建设从认识上和实践中尚未实质性突破。

三、现代林业发展的思路目标和推进措施

（一）现代林业发展的思路

我市发展现代林业需以自身条件为基础，以科学发展观为统领，坚持优化生态环境与大力发展林业经济并重的指导思想，坚持在开发中保护，在保护中科学开发的工作方针，走“生态产业化、产业生态化”的林业发展道路；坚持以解放思想、更新观念、深化改革为突破口，积极打造有规模、成亮点、高效益、广带动的生态林业、民生林业；坚持以整合资源、招商引资、做优项目、做大产业为重点，全力推动林业全面转型发展，奋力夺取现代林业建设经济效益、生态效益、社会效益和文化效益互促互赢，努力实现跨越式发展。

（二）推进现代林业建设的措施

一是建立更加牢固的林业生态保障体系。围绕“十纵九横，一网三环十片，两大经济绿色长廊”生态建设的空间布局，大力开展植树造林工作，大幅增加森林资源总量。“十纵九横”就是把聊城境内纵横交织的主要公路、河渠穿上厚厚的绿衣，打造大的生态保护骨架；“一网”就是以“十纵九横”为骨架的农田林网建设体系，打造更加巩固、完整的生态保障网络；“三环”绿化好环城林带、环镇林带、环村林带建设，推进城乡生态建设一体化；“十片”就是建设八大经济林基地，包括樱桃、圆铃大枣、浆果、优质苹果、优质梨、大棚设施栽培、材果兼用核桃、油用牡丹等生产基地和沉沙池生态林区、黄河故道（北沙河）生态林区；“两大经济绿色长廊”就是建设好黄河故道（西沙河）沿线名优果品经济绿色长廊和南水北调流域生态产业绿色长廊，保障区域生态安全和水质安全。通过这些工程建设，增加全市森林植被覆盖率，提升森林生态系统整体保障功能，在全市范围内基本实现绿化、美化，使全市生态环境得到明显改善，环境承载力有显著提高。

二是实施湿地保护与修复工程，推进区域生态环境改善。根据《聊城市湿地保护与合理开发工程规划（2014～2020年）》，以“构建全市河流、库塘湿地交错相通、功能完备的湿地保护体系，体现出‘江北水城’的湿地生态场景，促进湿地生态型创新城市建设”为总目标，以湿地恢复与综合治理工程项目为支撑，全面提升全市生态环境质量，推动创新型湿地城市建设，进一步打造“江北水城”城市品牌的影响力。围绕东昌湖、鱼丘湖、金水湖、仙鹤湖、金牛湖等湿地区建设湿地公园，促进湿地开发利用，发展湿地旅游业，实施湿地保护建设和合理开发利用；围绕黄河、徒骇河、马颊河、金堤河、京杭大运河、干渠等流域实施湿地生态保护与修复工程，与“十纵九横”相结合，构筑牢固的生态保障体系，并在可开发利用地段建设湿地公园和湿地宣教中心，丰富湿地文化建设；围绕黄河沉沙池湿地区、古漯河湿地区两大湿地功能区，实施聊城饮用水源地保护、湿地生态恢复与保育和典型湿地区保护与修复。

三是促进产业转型升级，提高林业经济效益。以国有场圃、林业龙头企业重点，加大科技投入和产品研发能力，积极转变增长方式，促进林业产业转型升级，提高产品质量和知名度，增强其辐射带动作用，全面推进第一、二、三产业等优势产业发展，实现林业产业特色化、规模化、专业化、标准化、品牌化建设，使大地绿起来、林农富起来、林业产业活起来，提升林业产业对经济发展的贡献率。第一产业：以提高林地生产力为核心，大力发展以森林培育业为基础的第一产业，重点发展速生丰产林基地、花卉和林木种苗基地、经济林生产基地等。第二产业：以增加产品科技含量和附加值为核心，提高森林资源综合利用率，全面提升以林产品加工和果品加工为主的第二产业，重点发展以板材为主的林产品加工业，以鲜果储藏、加工为主的林业食品加工业。第三产业：以改善森林景观、湿地景观为核心，大力推进森林休闲、湿地观光、生态旅游、生态文化等为主的第三产业。重点发展以森林资源、湿地资源为主的生态旅游业，以林业要素市场、花卉和林木种苗市场、林产品交易市场为主的林产品服务业。

四是积极引导林木种苗、油用牡丹产业健康发展。随着经济社会的不断发展，特别是生态建设和林业产业的发展，对林木种苗提出了新的更高要求。我市种苗面积已突破15万亩，但质量上、管理上、市场监管上还存在很多问题。今后我们以行政执法为手段，以服务管理为措施，大力推进种苗合作社、专业大户规范化建设，积极引导建立专业市场，利用现代网络技术，搭建种苗信息联络平台，促进种苗产业转型升级，提高经济效益。我市作为省重点支持油用牡丹产业发展的地方，我们一定会充分利用好发展机遇，积极引导建立成方连片的油用牡丹种植示范基地建设，发挥示范作用；加大油用牡丹品种选育工作，功课栽培技术难题，培育优质种苗；积极引进以开发油用牡丹深加工产品为主的药品、保健品、食品加工等，延长产业链，促进油用牡丹产业发展。

五是培育生态文化载体，传播生态文明理念。充分挖掘和保护地方社会发展过程中形成和蕴含的地方文化、森林文化、湿地文化、植物文化、生态旅游文化和果园文化等生态文化，大力培育茌平圆铃大枣、冠洲梨园、东昌湖湿地、东阿黄河森林公园、临清桑葚园等知名度较高的生态文化场所，传播生态文化。巩固、发展和完善以森林公园、湿地公园、旅游风景林、古树名木资源为依托的生态物质文化建设，为群众提供回归自然、享受生活的理想场所。加大生态制度文化和生态精神文化建设，普及生态知识，宣传生态典型，增强生态意识，繁荣生态文化，树立生态道德，弘扬生态文明，倡导人与自然和谐的重要价值观，努力构建主题突出、内容丰富、贴近生活、富有感染力的生态文化体系。

六是加强林业基础支撑保障体系建设。基础支撑体系建设是现代林业发展最基本的保障和基石。推进现代林业建设着重做好以下几个方面的基础支撑体系建设：加强林地保护、林政资源管理，划定生态红线，打击违法占用林地和损害森林资源的行为；科学指导、做好林业有害生物防控工作，促进森林资源健康；建立长效的、稳定的科技支撑技术体系，普及科技技术，提高森林培育技术，增强林产品市场竞争力；建立完善电子信息交流平台、交易平台，提高信息化水平，转变发展方式，促进林业提质增效；加快推进林业分类经营管理体制和林权制度改革，形成主体功能定位清晰、区域发展目标明确、建设重点突出的协调发展格局，进一步明确林地林木所有权属、经营权关系，释放改革红利，促进林地林木集约化经营，促进规模化生产，提高质量和效益。

建和谐美丽西华
铸中原绿色明珠

河南省西华县林业局 张巧兰 李永刚

西华历史上曾历经沧桑，1938年至1947年十年黄泛，给西华留下了大面积的沙荒，西华人民饱受了风沙灾害之苦，“风起飞沙扬，风停白茫茫，做饭难揭锅，十种九不收”是过去沙区的真实写照，生态环境差，粮食产量低，经济收入少，吃粮靠救济，花钱靠贷款。为治理风沙，从20世纪60年代以来，历届西华县委、县政府带领全县人民几十年坚持不懈地植树造林，防沙治沙，改善生态环境，使风沙化土地得到了基本治理，取得了显著的生态效益、经济效益和社会效益。为贯彻1981年中共中央、国务院《关于保护森林发展林业若干问题的决定》精神，西华县新一届的县委、县政府，明确地提出了建设林业生态县的奋斗目标，始终坚持绿色生态建设和经济建设的和谐发展，如今的西华县已从昔日风沙肆虐、贫穷落后的黄泛区，变成了林茂粮丰、经济繁荣的“豫东大林海，平原花果乡”。

林业是西华的特色和优势，是西华对外开放的一张“绿色名片”和展示的平台。近5年来，在县委、县政府的正确领导下，我县的林业生态建设，按照“建生态西华，创效益林业”的工作思路，以林业生态工程建设为重点，先后实施完成了农田林网建设、退耕还林工程、生态廊道网络体系建设、村镇绿化、经济林发展、防沙治沙和环城防护林建设、林业育苗等一大批林业重点工程，初步形成了具有西华特色的林业生态、林业产业体系和林业生态文化体系。大力发展速生丰产用材林基地、优质经济林基地、特色苗木花卉基地和林产品加工基地，初步形成了区域优势突出、特色鲜明、三大效益协调发展的具有西华特色的林业生态体系和林业产业体系，林业生态建设取得了显著成绩。原国务院总理温家宝、原国家林业局长贾治邦、原河南省委书记徐光春等领导视察西华县后，对西华林业都给予了高度评价。目前，全县四旁树总株数2600万株，林木绿化率25.6%，活立木蓄积量195.2万m^3，2014年林业总产值15亿元，西华县林业先后获得各项荣誉称号，2001年被授予“全国经济林建设先进县”、2001年被授予“河南省平原绿化高级标准先进单位”、2002年被授予“河南省造林绿化十佳县”、西华县2007年被授予“全国绿色小康县”、2009年荣获“河南省林业生态县”，2012年被河南省绿化委员会授予“河南省绿化模范县”、“河南省林业生态县”。

一、造林绿化工作开展情况

为做好造林绿化工作，我县积极号召各乡镇和有关单位在林业生态工程建设中，大胆探索、创新营造林机制，积极推行土地流转工作，采取拍卖、租赁、承包、股份合作等形式，不断吸引社会资金发展林业，鼓励各种社会主体跨所有制、跨行业、跨地区投资发展林业。同时，在造林中不栽无主树，不造无主林，做到“林有其主，主有其权，权有其责，责有其利”，充分调动全社会造林绿化的积极性和确保造林绿化成果。

在深化林权改革的同时，西华县委、县政府连续出台了《年度造林绿化实施方案》、《关于创建全国绿化模范城市的实施方案》、《关于进一步推进县境内高速公路两侧绿化的实施意见》等文件，对农田林网建设、生态廊道绿化和经济林建设，按标准栽植且成活率达到要求的，每成活1棵奖励1.5元，新发展的经济林每验收合格1亩，县财政对乡镇（办事处）以奖代补100元；县财政对廊道两侧绿化占地补贴每亩每年1000元，连续补贴5年；同时，县财政将年度造林绿化先进单位表彰和奖励经费纳入财政预算，采取以奖代补措施，对创建全国绿化模范城市先进单位进行重奖。

二、森林资源保护工作开展情况

（一）健全队伍，规范执法管理

林业局成立了三个行政执法队和三个森林公安队所，并对执法人员进行林业相关法律法规及执法程序等业务知识培训，制定了《行政执法四严四不准》，即“严守执法权限，不准越权执法；严守执法标准，不准纵容、包庇被查处的对象；严守执法秘密，不准泄露案件和稽查行动计划；严守廉政纪律，不准吃拿卡要。”全县分三个区域进行森林资源管理，取得了显著成绩。首先对全县所有涉林经营加工企业登记造册，符合条件的核发木材加工许可证，对不符条件的坚决取缔，做到合法经营。在办理林木采伐手续时，分辖区发放林业局服务联系卡，变等待服务为上门服务，尽量做到便民服务，切实体现出为人民服务的热情和态度。再者对外地客商来西华经营木材苗木生意，做到热情服务，文明公平执法，一视同仁，有困难协助解决，既保护了客商的利益，又使客商感到了温暖。2014年全年办理采伐证、木材运输证、检疫证等均居全市前茅。

（二）防控结合，做好病虫害防治

认真落实“预防为主，科学防控”的方针，近几年重点开展了杨树草履蚧和杨小舟蛾的防治工作。一是科学做好预测预报。在全县设置固定测报样地 37 个。二是搞好技术指导与服务。与县电视台、广播电台结合。制作了防治专题节目。组织森防站技术人员深入乡镇、行政村，现场开展技术指导与服务，印发草履蚧、杨小舟蛾防治技术资料 6000 份。三是多措并举综合防治。对杨小舟蛾的防治，政府防治与群众群防群治相结合，林业局累计投入资金 100 多万元，对县境内高速公路、省道及主要河流采取飞机喷药和地面防治，累计防治面积 12.12 万亩；四是认真开展检疫工作。产地检疫率 93% 以上；每年签发调运检疫证书 2000 多份，苗木 1620 万株，防止了危险性有害生物的人为传播，保护了林业生态安全。

三、林业产业发展情况

通过拉长产业链条，大力培植林业产业快速发展。西华县林业的发展，创造了丰富的林产品资源，目前已初步形成七大林业产业体系。一是木材加工体系。全县现有木材加工企业 180 多家，年木材加工能力 12 万 m^3，年加工产值达 1.5 亿元；二是果品加工体系。三是果品贮藏体系。四是苗木产业体系。全县以杨树苗、泡桐苗和绿化苗木为主的苗木品牌，每年育苗面积 2 万亩以上，是远近闻名的“苗木之乡”；五是形成了桃、梨、柿子、大枣、苹果和小杂果等特色经济林体系。黄桥乡裴庄村是大桃生产专业村，大桃亩均收入 3500 多元，收入高的已达每亩 6000 多元；六是林下经济体系。通过多年的探索，我县总结推广了林菌、林粮、林牧等多种林下经济模式，取得了较高的经济效益。田口乡滩上村村民在杨树围村林内种植黑木耳、双孢菇等，成为远近闻名的小康村，也被评为全国食用菌生产百强村；迟营乡、黄桥乡、聂堆镇等乡镇群众，在杨树围村林内，养羊、鸡、鸭、鹅等畜禽发展养殖业，也取得了很好的经济效益。七是生态旅游产业体系。黄桥乡连片发展桃树近万亩，成为闻名遐迩的桃园之乡。每逢阳春三月颍河两岸桃花盛开，金灿灿的油菜花，绿油油的麦苗，粉红的桃花，相映成趣构成了五彩缤纷的人间仙境，依托优美的生态环境，连续举办了十届桃花节，累计接待省内外游客 350 余万人次，提升了西华知名度。

西华县林业的快速发展，为西华创造了良好的生态环境，推动了社会主义新农村建设，促进了西华经济和社会的良性发展，今后，也必将为西华经济和社会又好又快跨越式发展，发挥巨大的作用。结合党中央、国务院对林业在国家建设全局中的地位和作用的全面阐述和发展林业的大好时机，我们要紧紧抓住这个林业发展机遇，围绕在壮大发展林业产业、打击非法占用林地、乱砍滥伐、保护森林资源等方面的工作任务和工作重点，下一步我们将全面贯彻落实党的十八大提出的建设生态文明的新要求，把生态建设摆上更加突出的位置，努力实现生态效益与经济效益的有机统一，打造绿色西华、生态西华，发展效益林业，实现林业生态县，建设一个和谐秀美的新西华。

绿色之花扮靓太康

河南省太康县林业局　杨　勇

2015年，以林业生态县建设工程和创建全国绿化模范城市为主的造林绿化工作如火如荼，深入开展，经过1年的不懈努力，全县造林绿化水平明显提升，实现了跨越式发展，全县投入造林专项资金2000万元，其中省级工程投入1147.7万元、市级工程投入852.3万元，林业总面积达到50万亩，林木覆盖率提高了0.9个百分点，达到24.9%。荣膺“全国国土绿化模范县”、“河南省林业生态县”、“河南省绿化模范县”、“全国第七、八次森林资源清查先进单位”和“周口市林业生态建设先进县”等6项荣誉称号。

一、营造生态工程，筑起农业生态屏障

开展林业生态县建设和创建全国绿化模范城市以来，我县坚持“高起点规划、高标准植树、高效能管护”的工作方针。如期召开林业生态建设动员会、促进会、现场会等，签订目标责任书，层层分解造林任务，夯实责任。采取高位带动，政策驱动，部门联动等措施，林业生态建设工作取得了明显成效，2014年全县新增造林1.46万亩，超额完成省、市下达目标任务，林木成活和保存率均为97.6%，完成林网建设1万多亩，农田林网控制率达90%以上，有效提高了农业抵御自然灾害的能力，全市林业生态建设观摩中位居第一，在省、市检查验收中，上级领导给予高度评价。县四大班子领导率先垂范，积极领办绿化点，共建点6个，350亩，建立全民义务植树基地5个，义务植树尽责率达92%以上，建卡率达95%以上，做到了规范化、基地化、科学化和制度化，有力地推动了全民义务植树活动的深入开展。

二、发展精品林业，实现林业生态、经济双丰收

在高标准完成林网建设的同时，我县立足实际，坚持经济效益、社会效益、生态效益相统一的原则，走发展与利用并重的路子，大力发展以林果业为主的精品林业。目前，全县已发展油桃5000多亩，其中大棚油桃2600亩；葡萄2000多亩；其他优质杂果10多万亩。绿化苗木及花卉专业合作社38家，种植面积达5000多亩，特别是楸树苗木远销上海、南京等一线城市，产值达

到3亿元。如常营会城寺的油桃，种植面积1000多亩，被国家农业部命名为中国“油桃之乡”，所生产的“华寿”牌大棚油桃取得无公害农产品标志证书。马厂李麦的千余亩土地上培育栽种了法桐、国槐、楸树等30余种绿化花卉苗木，被国家农业部命名为“一村一品千佳村”，成为了名副其实的苗木花卉专业村。

三、建设绿色林带，打造廊道绿化精品

为确保植树效果，积极创新工作机制，探索出了“政府投资，专业栽植，反租承包，产权到户，齐抓共管”的新路子。对县境内重点廊道大广高速、106国道两侧100m以内的造林绿化用地租赁5年，每年每亩给予农户1000斤小麦价值的租金。由县财政统一拨付到农户的“一折通”。创新植树模式。实行承包造林，由县政府通过招投标，选定3家造林绿化公司，对廊道绿化分标段施工，造林3720亩。绿化公司按照造林设计方案和省定标准负责苗木采购、栽植、前期管理等。为确保新植树木达到整齐划一、整洁美观，实行专业队植树，做到统一供苗、统一挖坑、统一栽植、统一浇水、统一培土刷白。县林业局派出20名技术人员，深入植树现场，全程跟踪问效，提供技术服务指导。骨干河道和道路实现了乔灌结合，花、草、树立体配置，一般道路达到单侧植树2行以上，呈现出“千里林廊一线天”的美好景观。

四、开展城区绿化，创造适宜的人居环境

我县把城镇绿化作为打造宜居、生态县城的总抓手，提出了“绿化美化太康，创建美好家园”的奋斗目标，大力推进森林城市建设，召开机关绿化专题会议，由县林业局具体指导实施，结合各机关单位的地理位置和特点，分门别类进行个性化的设计，如今绿化进社区、进机关、进庭院活动蔚然成风。形成了春有花、夏有荫、秋有果、冬有绿，乔灌草结合的城市绿化景观新格局。建成了县城区4个生态游园，各种名贵树种高低搭配，绿意盎然，郁郁葱葱，绿色生态文化十分浓厚。南北两条新、老涡河绕城而过，结合升级改造项目，栽植高大乔木、灌木、竹林等，一条条蜿蜒曲折的林荫小道与观光亭相连，形成了观光休闲的天然氧吧，打造了“城市生态环“，对改善市区的生态环境起到了重要的支撑作用。一个绿草如茵、四季有花、林带掩映、城在绿中的现代化城市初步形成。

五、强化服务、规范管理，集体林权制度改革不断深化

按照省政府《关于深化集体林权制度改革的意见》，我县把林改作为林业生态县建设的突破口来抓，县政府印发了《太康县关于集体林权制度改革工作的实施方案》，成立了林改工作领导小组，建立了林改工作办公室，林改档案室，制订了规章制度，为林农提供“一站式”服务。按照“树有其主、主有其权、权有其责、责有其利”的工作要求，坚持林改与林业生态县建设同步安排部署、同步落实责任、同步贯彻实施。完成林权制度改革25万亩，发放林权证9550份，近10个造林大户承包了河渠两岸的林地，种植速生杨和经济林，一万多人从林改中得到可观的经济效益。林改工作成效已初步显现，林地利用率得到了大幅提升，以往低质低效林无人打理，现在彻底得到了抚育和更新，打破了以往有人栽没人管的被动局面，成活率、保存率和生长量得到很大提升，林业经济驶入了发展的快车道。

六、狠抓管护，注重实效。

坚持造管并重，以管为主，打造全方位，多层次，立体化管护网络。一是采用“专业管护、个人管护、职能部门监管”三位一体的管理方式。对高速公路和106国道新植树木，在合同履行期间由绿化公司管护，合同结束后由农户负责管护，林业部门全程监督。二是狠抓管护重要节点。在“三夏”和“三秋”期间，严防森林火灾和人为损坏，坚持做到“三个全覆盖”，即舆论宣传全覆盖，县森林公安局对高速公路和106国道沿线的村庄，逐村召开绿化管护工作会，张贴县政府公告7000份，发放护林宣传单4000余张，切实提高群众爱林、护林意识和法律意识；执法监管全覆盖，县林政执法大队组织20余人，配带执法红袖章，定点执法，严格监管，加大对毁林案件的打击力度，有效震慑了违法犯罪行为；实地督查全覆盖，林业部门坚持不间断、不定时对定点执法人员到岗情况进行抽查，监督指导管护工作，确保栽一棵活一棵，栽一片成一片。

规划引领　突出特色
全力打造高速公路最美景观带

贵州省习水县林业局

按照陈敏尔省长、市委王晓光书记对“四河·四带”规划建设要求和工作部署，我县注重科学规划、突出特色亮点，积极筹措资金，扎实有效推进工程建设。

一、建设情况

遵赤高速公路习水段上接仁怀市火石岗柏杨坪，途径我县二郎、土城8个乡镇（区），下接赤水市元厚镇，全长62.652km。我县高速公路景观绿化美化以1km可视范围内的绿化美化建设规划范围，涉及10个镇乡的34个村，规划面积61171亩，工程规划总投资8552.97万元。现完成马临石林、隆兴柑甜、二郎后槽等5个重要景观节点打造；完成高速公路网内主干道绿化、边坡护坡绿化提升改造，重点实施二郎、石板田、土城及柑甜等4个互通立交的提升改造；完成栽植刺桐、侧柏等绿化苗木及红枣、枇杷、桃、李、葡萄等经果林苗木共计251.13万株，完成荒山绿化17930亩，培植经果林12780亩。在高速公路100米范围栽植景观绿化大苗12.58万株，完成高速公路沿线景观绿化28km，边坡绿化320亩，运填客土1800m^3。累计完成投资4300.0余万元。通过建设，基本达到“四季有花开、各段有美景”的预期效果，充分展示习水对外窗口形象。

二、几点做法

（一）规划引领，重在“四线”

按照“整体规划、生态优先、突出特色、连片推进、因地制宜”的原则，特邀浙江大学园林绿化专家到我县实地调研规划，编制规划方案，制定短期和长期建设目标，用高端规划引领建设，并始终坚持“四线”规划。一是以现有村庄为主体，围绕“美丽乡村·四在农家”建设的要求，守住村庄建设红线。按照黔北民居风格，着力改造原有村庄建筑，重点加强以水、电、路为主的基础设施建设，按照道路林荫化、农民庭院花果化的要求，开展进村道路绿化和庭院绿化美化，建设环村绿化带，大力发展特色林果、花卉苗木的种植，美化亮化村庄环境，改善人居条件，实现“富、学、乐、美”在农家。二是按照“四河四带”的建设要求，在高速公路沿线习水段和赤水河流域我境内规划建设生态屏障绿线。以现有退耕还林工程为依托，加强生态修复与景观打造。凡25°坡耕地纳入退耕还林规划，加强营造林工程、天然林保护工程建设力度，将植树造林与封山育林相结合，全力构筑赤水河流域绿色生态安全屏障，让我们“四河”里的水更清、“四河”边的山更绿。三是以水利设施建设和水资源开发利用为目的，在高速公路习水段沿线规划建设水体蓝线。以“三小”水利工程建设为主体，切实加强水利基础设施建设，除了发挥水利用于人畜饮水、农耕灌溉基本功能外，通过改造治理修复河道水塘，让原有水塘变成清澈的湖、原有沟渠变成明净的溪，形成让人赏心悦目的蓝色水体景观带；同时加强水资源保护，划定湿地生态保护红线，推进湿地公园建设进程，确保人畜饮水不犯难、水体景观常流水。四是在高速公路习水段沿线25°以下坡耕地规划耕地黄线。加快农业产业结构调整，以绿色食品生产与加工为主导，大力发展绿色农业和观光农业，同时守住农耕文化，留住“乡愁”，吸纳游客，带动乡村旅游业发展；再有根据地理环境和土质结构的区别，在不同区域种植烤烟、红粱、水稻、玉米、大棚蔬菜等经济作物，实现秋收的金黄铺满四季。

（二）整合项目、统筹资金

以“美丽乡村·四在农家”建设和六项行动计划为契机，按照“党政领导、市场运作、项目捆绑、财政奖补、群众主体、镇村发力”的工作思路，整合项目、统筹资金。一是县财政预算专项资金800万元用于工程建设；二是整合林业、财政、水利、扶贫等项目资金500余万元；三是通过调剂其他有关项目，统筹资金1000余万元；四是积极向省市争取专项资金800万元；五是创造宽松投资环境，面向市场吸纳资金。

（三）培植产业、突出特色

在景观打造的同时，更加注重生态效应和产业培植。始终以“点缀景观、改善生态、造福百姓”为宗旨，坚持生态保护与产业发展同步，用好用活退耕还林、营造林、产业化扶贫等政策。例如：在完成高速公路景观绿化的同时，积极发展特色经果林产业，打造以隆兴镇的葡萄、回龙镇的红枣、二郎乡的李子、土城镇的桃子和樱桃等为品牌的特色经果林产业带，形成“一村一品、一乡一特”的产业格局，实现“生态、景观、民生”三大效益的快速提升，打造独具特色的产业带、生态文化旅游带、美丽乡村带和绿色城镇带。

（四）专业施工、强化监管

一是所有景观打造建设项目，均采用公开招投标的形式，纪检、审计全程参与跟踪监督；二是全体施工队伍均具备乙级以上建筑资质，具有园林绿化和生态修复的专业化水平和施工经验；三是县委政府将高速公路景观打造和“四河四带”建设纳入重要调度事项，采用“日调度、周汇总、月考核”工作机制，全程监管、保质保量。

三、下步工作打算

我县将在市委、市政府的坚强领导和市主管部门的指导下，全面落实省、市有关“四河·四带”创建工作重大部署，按照本次会议要求，进一步加强领导，落实责任，拓宽筹资渠道，强化工作措施，全面完成仁习赤高速路绿化美化和“四河·四带”创建任务。一是利用今冬明春落实高速公路沿线1.6万亩25°坡耕地的退耕还林工程和3.9万亩的县乡村绿化工程任务；二是进一步拓宽筹资渠道、积极争取项目，为后续工程建设注入后劲；三是树立“修复生态、惠及民生、改善环境”的创建理念，更加注重“点线结合、长短互补、城乡一体”的规划布局，全面推进高速公路沿线景观打造二期工程和四河四带创建。

建立“一站式服务”模式 开通便民直通车

广西壮族自治区百色市右江区林业局　王忠实　卢　涛

2013年广西百色市右江区开展林业站“一站式服务”试点以来，在区乡两级党委政府的大力支持和自治区林业厅的精心指导下，根据因地制宜，分类指导，分级实施，按照“便民、利民、为民”的工作思路，把林业服务管理的阵地前移乡镇，积极探索林业站“一站式服务”的载体和模式，为当地林农提供高效优质的政务服务、科技服务和信息服务，实现了“林事乡办“的目标。

一、基本情况

右江区是百色市政治、经济、文化中心，2002年10月由县级百色市撤市设区建立，全区辖7个乡镇2个街道118个行政村（社区），常住人口37万人，集体林业用地395.98万亩，占土地总面积的75.67%，森林覆盖率71.76%，用材林主要为松、杉、桉，经济林主要为八角、油茶、芒果、板栗等。

右江区乡镇林业站实行“县管为主，县乡共管”的管理体制，林业站人、财、物归林业部门管理，在编人员工资、经费财政全额拨款。全区9个乡镇（街道）林业站按照管辖森林面积设置编制2~5人不等，人员编制共计30名，实有人员42人，其中在编人员20人，聘用人员22人。各站按工作需要设置站长，副站长，纠纷调处及内勤档案管理员，森林资源管理员，营林生产技术员，沼气、森防、防火综合管理员等工作岗位。目前7个乡镇林业站均建有独立办公综合楼，2个街道林业站随街道办事处办公。在办公设备配置方面，标配LED显示屏1块、55寸液晶显示屏1台、台式电脑6台，复印机1台，照相机1台、GPS1台、扫描仪1台、站务公开栏1块，重点站增设触摸屏。

二、右江区开展林业站“一站式服务”试点工作呈现三大特点

一是领导重视，动力足。右江区林业局成立了以局党政主要领导为组长，分管领导为副组长，局属相关部门负责人为成员的乡镇林业站“一站式服务”工作领导小组，形成了主要领导亲自抓，分管领导具体抓，职能股室配合抓、林业站具体实施的工作格局，从优化流程、资金落实、人员培训等方面层层落实责任，确保了试点工作顺利开展。百色市人民政府市长周异决、林业局局长蒋正辉、右江区委书记韦晓东等领导多次深入局机关和试点站检查指导工作，为试点工作提供了强大动力。

二是注重创新，重实效。选择群众关心、关注的事项作为切入点，利用网络技术和林业信息平台创新搭建服务载体，畅通服务渠道，加快了涉林行政审批速度，减轻了群众负担，增加了林农收入，干部也提高了工作能力和执行力，有效解决了群众利益与林业行政管理和服务的关系，促进了干群关系的和谐。

三是工作规范，利于民。试点过程注重处理好群众意愿、政策规定和规范操作三者之间的关系，努力做到程序优化、操作简单、便民利民。

三、便民审批转变职能

林业行政审批程序繁杂，特别是基层群众办事难，是长期存在于林业部门的老大难问题，也是广大人民群众反映强烈的焦点问题。右江区林业局树立“让群众少跑路，让数字多办事”的服务理念，以建设林业信息化平台为载体，在推进林业站“一站式服务”工作中，在百色市率先探索网络审批模式，实现了农民办理涉林行政审批事项不出乡，有效解决服务群众“最后一公里”问题。2013 年以来，通过引进电子政务办公系统、林木采伐管理系统和开发木材运输管理系统，把林木采伐、木材运输证办理等 4 个涉林行政审批和 6 个非行政审批事项纳入林业站“一站式服务”和网络审批内容。农民只需要到林业站提交材料，林业站提供申请材料报送、协调解决申请材料审核中出现的各种问题、督促相关业务科室加快审核审批等“一站式”服务，林农在家等待通知，让群众少跑路，极大方便群众。例如林木采伐证审批，群众需要往返城乡 6 次以上减少到只要往返乡村 2 次，办结时间从 1 ~ 2 个月缩短到 10 ~ 15 天。推行林业站“一站式服务”，促进了管理职能向服务职能的转型和行风的转变，已办理的各类审批 3252 宗，群众满意率达 100%。

2013 年右江区林业局公众评议得分 960.273 分，在右江区经济管理类部门排名第三，较 2012 年第 15 名提升 12 名。

四、搭建信息服务平台畅通供销渠道

右江区是百色市重要的林业县（区），有较为丰富的林业资源，但林区交通不便，信息闭塞，闲置的林地、林农种植的林木和林产品销路窄，收购价低，影响了农民参与林业建设的积极性，阻碍了林业的发展。开展林业站“一站式服务”后，依托林业站直面群众，服务一线的优势，利用网络信息系统、触摸屏、LED 显示屏等载体，搭建“林农 + 林业站 + 企业”的信息发布平台，为林农和涉林企业提供木材供销、种苗供求、林木林地流转和涉林劳务需求等信息发布服务，努力将信息服务延伸至“家门口”，让广大群众切身感受到了信息化带来的实惠和便利。

五、科技服务到林间夯实发展基础

大资源、小产业、低效益是林业存在的普遍现象，其中的主要原因之一就是农民缺乏林业技术。针对存在问题，他们把“打好科技牌”作为“一站式服务”的重要内容，集中征集技术服务需求，了解林农对林业技术服务的评价、技术服务的项目、改进服务的建议等，掌握实际情况，问需于农，分类培训。一是科技培训到“家门口”。组织邀请广西林科院等科研机构的专家，在重点林区村屯举办林业科技培训班，为林农林业生产经营提供保障。2013 年以来，共举办各类培训班 33 期，印发各类培训资料 5 万份，培训林农 8000 余人次。二是技术服务送到林间山头。在八角、油茶、鸭胆子抚育季节组织本地土专家和技术员深入林间山头，接受林农现场咨询，现场演示操作技巧，现场提供“一对一”操作指导，在现场解决实际问题的同时，拉近了干群关系，增进了干群感情。

六、为民办实事再续鱼水情

右江区是糖蔗的主产区之一，许多村屯因过度开发山林种植甘蔗导致人畜饮水困难，党委政府通过实施地头水柜建设，一定程度缓解了人畜饮水问题，但仍是治标不治本，特别是旱季，部分村屯人畜饮水依然困难。在“一站式服务”中，把实施退耕（蔗）还林还果和解决人畜饮水问题有机结合起来，采取政府无偿补助苗木、林业站技术指导、群众投工投劳的方式，在动员群众退耕（蔗）还林还果的同时，实施水源点植被恢复，在水源点附近种植野芋头和野芭蕉等涵养水源的植物，既恢复了生态环境，拓宽农民增收渠道，又从根本上解决了等天喝水的问题，得到了广大群众的拥护和支持。2013 年以来，右江区已在 7 个乡镇 18 个村 29 个自然屯实施水源点恢复造林 1750 亩，解决 9000 余人 1200 余头牲畜饮水问题。

广西的林业站一站式服务是一项探索性的工作，仍有待进一步实践和创新，我区将在国家林业局的指导下，进一步加强领导，加大工作力度，不断探索新方法，拓展新路子，完善和提升林业站一站式服务水平，让这辆经过提速的便民直通车更好的服务基层，服务群众，为实现美丽广西，促进农民增收作出更大的贡献。

作者简介：

王忠实，男，壮族，本科学历。现任广西壮族自治区百色市右江区林业局副局长。

自 1987 年 1 月参加工作起。历任百色市大楞乡林业工作站站长，龙和乡林业站站长，百色市林业局林政站副站长、站长，百色市右江区林业局营林站站长等职。2010 年 12 月至今，任百色市右江区林业局副局长。

卢涛，男，壮族，中共党员，现任广西壮族自治区百色市右江区林业局办公室主任。

发展现代林业 建设“秀美纳溪”

四川省泸州市纳溪区林业局 黄烈忠

青山绿水，如诗如画里遨游……这是台湾三大著名音乐人之一的小虫游览纳溪后，有感而发所写歌曲《那溪那山》里面的歌词，是对纳溪林业大力发展后的真实写照。拥有“全国造林绿化百佳县（市）”、“全国十三大杂竹县（区）”、“中国特色竹乡”、“中国林业产业突出贡献奖”和“四川省林业产业强县”、“四川省林业产业深化续培五强县”等12项国家荣誉和5项省级荣誉的泸州市纳溪区2013年实现林业产值26.5亿元，森林覆盖率达44.19%，林木绿化率为61.6%。作为幅员面积1150km^2，面积在四川省排名第100位之后的泸州市纳溪区，林业产业发展能够获得诸多殊荣，与纳溪区林业产业发展提出“夯实两大基地、做强四大产业”的思路密不可分。

一、夯实两大基地 打牢产业基础

纳溪区位于四川省盆地南缘丘陵与低山区，永宁河与长江交汇处的两岸，境内最高海拔963.2m，最低海拔234.2m，属亚热带湿润性季风气候区，四季分明、热能充足、雨量充沛、雨日多、霜期短、湿度大，非常适合桢楠等珍稀树木和各类竹子的生长。境内拥有麻竹等竹类品种39个，约占全国竹类品种的1/10。根据林业产业发展必须“因地制宜、适地适树，依托优势、做强产业”的原则，纳溪区确定了大力发展竹产业和珍稀树木两大林业产业，并以区委和区政府的名义出台了《关于加快竹产业发展的实施意见》、《关于加快珍稀树木发展的实施意见》和《关于加快推进“百亿林产业”发展的实施意见》，大力鼓励和扶持夯实竹基地和珍稀树木基地，打牢产业基础。

有64.23万亩的竹资源作后盾，目前纳溪区加工生产经营销售竹笋、竹纸、竹炭、竹酒等规模以上企业6家、个体加工作坊130多家。丰富的竹资源推动了相关竹产业企业的发展，同时，企业的发展也必将带动基地的建设。为了更好的实现资源与企业之间的良性互动，纳溪区加大了对高产优质竹基地建设的力度，近五年来，已新建高产优质竹基地30万亩，纳溪因此也获得了“全国造林绿化百佳县（区）”、“四川省长江上游生态保障建设先进县（区）”等荣誉称号。同时也特别注重加大低产竹林改造的力度，近5年来也改造低产林25万亩，进一步助推竹产业的又好又快发展。据统计，2013年，纳溪区竹产业的产值已达14亿元。

在纳溪丰富的森林资源中，除了竹资源具有绝对的优势外，香樟、桢楠、红豆杉、皂角等17种珍稀树种也有10.28万亩面积的分布，而且生长快、品质好。近年来，纳溪区针对实际，在征得上级主管部分同意的前提下，注意保护与利用并重，出台了《纳溪区珍稀树木采伐管理办法》，在对野生珍稀树木严格保护的同时，允许林农在经过审批的前提下，对人工栽植的珍稀树木进行有序采伐，极大地鼓励了林业农种植珍稀树木的积极性。现已发展珍稀树木种苗繁育苗圃38个，面积达2500亩，成立珍贵树种林业专合组织3个，建设了“中国香海桂花公园”等6个生态旅游景区。有了林农种植的积极性，加上现代林业发展项目的支撑、企业的引进，纳溪区近年已人工造林种植银杏、桢楠、香樟、红豆杉等珍稀树木5万亩。目前引进泸州市红豆杉产业发展有限公司、泸州市茂鑫林业有限公司等企业建设珍贵树种基地，计划在3年内投入珍贵树木种苗培育资金2160万元，其中政府投入660万元，新发展珍稀树木10万亩，其中：南方红豆杉1万亩、香樟7000亩，使其产值达到10亿元。

二、依托优势资源　做强四大产业

竹资源是纳溪林业的优势资源，竹纸产业也是纳溪的传统优势产业。纳溪充分利用自身优势，成功引进了具有中国草浆第一股美誉之称的上市公司——河南银鸽集团有限公司，在纳溪注册成立了四川银鸽竹浆纸业有限公司，从事竹、浆、纸一体化生产，经过近年来的发展，现已成功培育成为“中国竹业龙头企业”、“四川省林业产业龙头企业”，2013年生产销售竹浆纸80000t，实现产值9亿元。有了丰富的资源作依托，纳溪还成功引进具有日本、韩国技术的高科技竹炭生产企业——“泸州九头鸟炭业有限公司”，年生产高活性竹炭、高活性竹炭有机吸附剂等30000t，广泛用于工业、农业、电子、医药卫生、食品加工、环境保护等领域，远销售北京、上海、杭州等地，年产值达3.7亿元，年上缴国家利税2500万元。为了保障竹炭、竹纤维等高科技竹加工项目的成功引进，提高林产业附加值，纳溪区林业局从项目引进之初就为企业提供“保姆式”服务，积极为业主协调联系项目用地、建设手续办理、环评手续审批，以及企业用工、原材料收购等。在新建竹基地和低产林改造的过程中，纳溪区林业局有针对性的引进加工竹炭和生产竹纤维最佳的竹种进行种植，努力为企业的发展壮大大开“方便之门”。并将力争在2年内，使竹业产值达到20亿元以上。

纳溪区44%的森林覆盖率不仅为相关的林业产业企业提供了丰富的资源，还极大地改善了生态环境。生态环境的改善也催生了生态旅游的发展，2013年纳溪生态旅游产值已达4.5亿元。生态旅游是林业与旅游的有机结合，是林业发展的又一新兴产业，也是对林业发展的“褒奖”。为了更好地发展生态旅游，打造泸、自、成、赤后花园，纳溪区在近年的植树造林中，大力实施“闻香观彩工程”，重点发展珍稀树木，力争3年建设10万亩桂花、银杏、桢楠等珍稀树木基地，建成“中国香海桂花公园”、“大旺竹海国家森林公园”、“凤凰湖国家湿地公园”，争创“国家珍稀树木培育基地示范县（区）”，实施“全域旅游”，努力使纳溪生态旅游产值到2015年达到10亿元。

随着纳溪区森林面积的增加，森林覆盖率也在不断的提升，其林下经济带来的效益更是无法估量。在纳溪区44.19%森林覆盖率的条件下，区委、区政府提出发展林下经济的思路则主要是进行林下种植和养殖。大力发展林下鸡，并以“13531”的战略构想，提出年出栏林下鸡2万只的规划，并出台贴息贷款、鸡苗补贴、鸡舍补贴等一系列奖励扶持林下鸡产业发展的政策，引进育雏公司，向林农提供有质量保障、成活率高的林下鸡苗。2011年4月15日，中央电视台七套科技苑栏目专题播放了纳溪区林下鸡养殖。2012年，纳溪区林下鸡还被评为“四川名牌”。据统计，2013年纳溪共出栏林下鸡1200万只，还有5万多只的林下野鸡等珍禽及鸡蛋，年产值15亿元，林农人均增收550元。与此同时，为了探索林下养殖的多元化模式，还积极引进“香猪”进行林下养殖。纳溪独特的地理、气候和良好的生态环境，是发展林下有机茶绝佳条件。在林业、农业项目的打捆扶持下，目前，林下有机茶的种植面积达25.63万亩，年产值20亿元，并以获得“中国特早茶之乡”、“中国名茶之乡”，“纳溪特早茶”也获国家地理标识认证，“早春二月”获2013年四川省第二届茶博会“金奖”、“瀚源”有机茶已获“四川名牌”、2014年四川省第三届茶博会“金奖”。随着林业产业的大发展，目前纳溪已发展林下苗圃10000亩，年生产合格苗木1亿株。

现代林业产业的发展，必须要有资源作后盾、企业作支撑、市场作依托。纳溪既有高产、优质的竹资源和珍稀树木资源，又有众多的林业产业企业，而且距泸州机场仅8km，厦蓉高速等多条高速公路在境内设有4个连接口，能通航2000t船只的长江黄金水道在境内有4个码头，隆叙铁路在纳溪也建有站台，具有“海、陆、空”的交通优势，发展现代林产业可谓“天时、地利、人和”。纳溪区依托自身优势，紧紧抓住机遇，规划建设占地面积1000亩的“泸州高新林产业园”已经启动。将建设木材加工和交易市场、花卉交易市场、林地产权流转中心、木材加工厂，并引进木屑加工企业等木材交易加工的下游产业链，充分利用剩余“下角料”，进一步延伸林业产业链条，并力争到2015年使木材交易市场的产值达到8亿元。

三、合理区划管理　因地制宜开发

从更大范围来看，现代林业建设也还有很多工作需要我们林业人不懈的努力。一是现代林业建设不能盲目发展，必须坚持“优势区域优先发展”的原则。科学、合理规划，将沙漠化、石漠化、坡度大的生态脆弱区划为“生态保护区”，由国家予以补助，将生态良好和气候、土壤等适宜发展珍稀树木等用材林的区域划为国家“现代林业发展重点区”，从国家层面予以“政策倾斜”。二是随着木材资源的相对贫乏，应加大发展竹木替代品的研发力度。因树木生长速度慢，特别是经济价值高的珍稀树木，成材时间长，人们生产、生活需求量大，导致木材资源相对贫乏。因此，在保护与开发并重的同时，应加大发展竹木替代品的研发力度，满足人们日益增长的需求，提高人民生活质量。三是现代林业产业建设应按照“突二、带三、提一”的思路发展，即：现代林业产业建设应以突出二产业的发展为重点，以此带动相关三产业的发展，从而促进一产业的提升发展。通过加大招商引资力度、优化投融资环境、建设林产品加工园区等鼓励扶持发展措施，引进竹、木加工生产等二产业“链条”上的相关企业，努力形成竹、木加工从物理利用到化学利用的完整产业链，提高终端产品附加值。有了林产品加工园区及竹根雕旅游产品加工、竹纤维纺织、制衣等二产业的发展，从而进一步带动和促进生态旅游、物流服务业等第三产业的发展。通过现代林业建设二、三产业的发展，提升和促进林下种植、林下养殖、珍稀树木种植，以及珍稀树木盆景培育等一产业的发展，带动林产基地、生态旅游景区的林区公路、游步道等道路基础设施通过“一事一议”、整合涉农资金进行建设，从而降低林产品原材料生产运输成本，提升生态旅游景区品位和档次，努力促进现代林业建设第一产业的升档提速发展。

作者简介：

黄烈忠，男，1973 年 1 月出生，本科学历。现任四川省泸州市纳溪区林业局党组书记、局长。

自参加工作起，历任打古镇副镇长，镇长、书记，纳溪区政府办公室副主任等职。2011 年 10 月至今，任纳溪区林业局党组书记、局长。

探索国家湿地公园保护与建设模式 提升生态和绿色的城市形象

四川省西昌市林业局　周继才　杨　军

邛海，四川省独自拥有的第一大天然淡水湖，是我国西南地区特有的封闭与半封闭湿地类型，在重要基因资源保护和闭合型湿地生态系统保护方面，具有国家意义。

一、邛海湿地基本情况

（一）概况

邛海，古称邛池，形成距今约180万年前，为乌蒙山和横断山边缘断裂陷落形成的高原湖泊湿地，见证了横断山区东缘的地史演变过程。作为安宁河支流海河源头的高原淡水湖泊，水域面积28.3km^2，蓄水量2.89亿m^3，是西昌城区40万各族群众的饮用水源地，被誉为西昌的母亲湖。

（二）邛海湿地资源情况

邛海湿地资源丰富独特，西岸背靠泸山森林公园，山、水、城、林相依相融，湖面烟波浩渺，山光云影，一碧千顷，是四季皆宜的阳光型湖泊湿地。

1. 植物资源：邛海湿地具有亚热带高原气候特点，雨量充沛，干湿分明，这也使得邛海湿地野生植物资源十分丰富。被誉为“植物王国”和“动物天堂”，湿地内当前有高等维管植物366，隶属105科，238属，其中被子植物349种，水生维管植物77种。

2. 鸟类资源：经过多年的湿地保护与恢复，邛海湿地生态环境得到了极大的改善，乡土植被得到了有效的恢复，野生动物栖息地得到了良好恢复。邛海每年有大量水鸟在此过冬，水鸟的种类和数量明显增加，迄今在公园范围内已观察到鸟类182种，分属14目45科，较之前本底调查的10目，32科，121种增加了4目，12科，61种。其中有紫水鸡、中华秋沙鸭、红嘴鸥及红头潜鸭等166种珍稀鸟类被列入世界自然保护联盟（IUCN）国际鸟类红皮书。

3. 鱼类种群资源：邛海鱼类有40种，分属5目10科，其中有20种为土著鱼种，有20种为外来鱼种，有3种为特有种。邛海水质清澈透明，平均水深11m，非常适合鱼类生长繁殖，共有鱼类40种。其中土著鱼类20种，邛海红鲌、邛海白鱼、邛海鲤，为邛海特有鱼种。

4. 其他动物资源：邛海有浮游动物42种，以枝角类和桡足类为优势类群，底栖动物16属29种，软体动物门5属12种，节肢动物门9属14种，在邛海湿地内共发现观赏昆虫9目44科91种。9种两栖动物，隶属1目、5科、7属。有爬行动物2目、7科、10属、12种。

二、邛海湿地国家湿地公园保护与恢复模式

邛海湿地是长江上游生态安全的重要屏障，在重要基因资源保护和闭合型湿地生态系统保护方面，具有国家意义。一个城市需要灵魂，它展现的是城市丰富的内在和美丽的外表。邛海就是西昌的灵魂，城市发展的前提应是保护好邛海，而不能让城市发展的污垢流向邛海。凉山州、西昌市两级党委、政府高度重视邛海湿地保护与恢复重建，站在国家战略高度，2011年提出了创建邛海国家湿地公园的战略构想。

（一）性质定位和建设目标

1. 性质定位。结合邛海和西昌市的具体情况和发展定位，邛海国家湿地公园定位为“著名的高原淡水湖泊湿地；湿地动植物栖息的天堂；邛海土著鱼类的家园；四川省湿地科普宣教基地；居民休闲游憩的城郊湿地乐园以及西昌生态旅游的精品”。

2. 建设目标。最终建成最具魅力的高原淡水湖泊国家湿地公园。成为横断山区东缘森林－高原断陷湖泊湿地复合系统保护的样板以及湿地生物多样性保护的典范，形成国家湿地公园建设与城市人居环境质量优化协同共生模式。

（二）邛海湿地保护与恢复重建的模式

1. 坚持立法保护，用法律法规规范邛海湿地保护和建设。充分利用少数民族自治地区立法权限，1997年经四川省人大常委会批准，凉山州出台《凉山州邛海保护条例》，成为全国少数民族地区第一部生态环境保护法规。它的颁布实施为凉山州、西昌市依法治湖和保护邛海流域生态环境提供了强有力的法律支持。后来又相继制定了《西昌市人民政府＜凉山彝族自治州邛海保护条例＞实施细则》等一系列规范性文件，使邛海保护、建设、管理步入法制化轨道。

2. 坚持规划引领，用一流的规划指导邛海湿地保护和建设。2002年，西

昌市政府成立了邛海总体规划领导小组，先后聘请中国城市规划设计院、国家林业局调查规划设计院等专业机构，高起点编制了《邛海流域环境规划》、《四川邛海国家湿地公园总体规划》等规划，形成了较为科学完整的保护、建设、利用规划体系，突出了邛海保护区在西昌建设现代化生态田园城市中的核心地位。根据邛海自身的生态优势、资源特点和区位条件，确立了以湿地生物多样性保护、城市重要饮用水源地保护为主的建设目标。

3. 坚持政府主导，勇于担当全力推动邛海湿地保护和建设。邛海湿地恢复规划总面积2万亩、概算总投资40亿元，分六期进行恢复建设，是国内目前最大的城市湿地。作为一个县级市，资金投入和建设规模都是空前的，需要统筹协调的事项也是极其繁杂的。在州委、州政府坚强领导下，市委、市政府勇于承担工程实施主体责任，调动各级、各部门投身融入湿地建设，有效发挥在各环节、各节点、各项重点工作中的主体、协调和引导作用，为邛海湿地保护和建设提供了强大的正向合力。

4. 坚持全民参与，群众的广泛支持极大地推进邛海湿地保护和建设。邛海湿地恢复建设，需搬迁邛海周边五乡一镇村民9000余户，3.8万余人。我们围绕“恢复一片湿地，助推多项产业，造福全市百姓”的目标，坚持“三个结合”（即：湿地建设与改善村民的居住环境相结合、湿地建设与产业发展相结合、湿地建设与环湖基础设施配套相结合）的指导思想，按照“搬得出、住得好、发展得好”的要求，把拆迁群众利益放在首位，制定高于全省平均水平的安置标准，用最好的地段高标准规划建设安置小区，补偿安置费用占到工程总投入的70%以上；多渠道有效解决拆迁群众就业和长远发展问题，得到广大拆迁群众的支持和拥护，保证了湿地恢复建设顺利推进。

5. 坚持科学利用，确保邛海湿地保护和建设的持久永续。注重湿地科学保护、挖掘和利用的可持续性，严格划定合理利用区。严格控制开发建设项目，在利用中综合考虑湿地保护及湿地生态、社会、经济等多种功能的有效发挥。

6. 举全市之力，大力开展邛海保护和湿地恢复工程。西昌作为西部边远落后民族地区县级市，财力十分有限，但我们不等不靠，在中央、省、州的大力支持下，举全市之力，持之以恒开展邛海保护和湿地公园建设。2010～2014年累计投资40亿元实施1～6期湿地恢复工程。（含征地拆迁、安置及湿地恢复工程各项建设费用）。

（三）实施邛海湿地保护

1. 原生湿地保护：在建设过程中尽量维护和保留邛海湿地自然生态功能

区原有的地形地貌、水系湖泊、河口水鸟栖息地和原有的湿地物种、生物群落，尽量维护和保持自然生态系统的完整性。

2. 湿地植被恢复乡土化：在湿地保育及生态体系修复过程中，尽量使用和优化本地乔灌木及湿地水生植物，尤其是以芦苇、菖蒲、茭白、荇菜、苦草、席草等乡土水生植物，严格控制外来物种的进入。

3. 开展本底调查及湿地保护措施制定：与四川省林科院、西昌学院、西南林业大学、国家高原湿地研究中心、凉山州气象局、凉山州环境监测中心站等院校及专业科研机构合作，组织各专业的科研技术人员对公园现有植物，浮游、底栖、两栖、爬行动物，鸟类、鱼类等湿地相关资源进行生物多样性调查，摸清家底建立数据库，同时根据各自特点，分类分级制定并认真落实了保护措施。

4. 动植物保护：注重白鹭、紫水鸡、红嘴鸥、红头潜鸭、银杏、苏铁、野菱等特定保护物种生境营造，切实加强乡土珍稀动植物的保护。在候鸟迁飞季节，除了认真做好水禽栖息地营造等基础保护工作外，还适时适量建立水禽避难所、候鸟救护站和野外补食点，并加强日常巡护管理，帮助候鸟安全过境。

5. 外来物种控制：加大紫茎泽兰、凤眼莲和大薸及空心莲子草等外来有害物种治理力度，并建立外来有害物种治理对比实验区，积极探索外来有害物种治理的有效途径和方法。通过几年的治理，有效抑制了紫茎泽兰、凤眼莲和大薸及空心莲子草等外来有害物种的滋生蔓延，维护了湿地生态系统结构的良性平衡状态以及生物多样性。

6. 农业面源污染控制：实施生态农业示范工程，大力调整邛海周边乡镇农业产业结构，发展生态农业。针对入湖的面源污染问题，在主要的河流入湖口设置了湿地立体生态净化系统净化北岸未进入截污干管的面源水。目前已在3期内建了土城河、干沟河、缺缺河3个人工湿地生物净化系统，还将在5期湿地内建7个人工湿地。通过人工湿地对入湖河流起到了很好的净化水质作用，自然湿地恢复及人工湿地科学结合，较大提升了邛海湿地生态系统功能，大大改善了邛海国家湿地公园生态环境，湿地面积得到提升，湿地水质改善明显，生态系统功能得以全面提升，生态意义突出。

7. 环保交通：大力推进低碳减排，积极践行绿色生活。在公园游览区使用电瓶车接送游客，严禁一切机动车辆进入园区，湿地公园内全部采用太阳能路灯实现低碳环保的目的，减少尾气排放对环境的污染。

8. 生态渔业：彻底取消网箱养鱼，推行邛海渔业天然养殖、科学养殖，科学合理投放鱼苗品种和数量，减少水体污染。

（四）实施邛海湿地恢复工程

1. 截污工程：邛海湿地投资1亿多元实施了截污治污工程，建成沿岸46km的截污管网，从而消除了周边生产生活污水对湖区的威胁；通过采取切实有效措施加强污染源治理和水质保护，积极推进以污染源治理和水质保护为核心的社区参与、整体联动的公园周边环境综合治理工作，取得了良好的成效。

2. 实施1~6期湿地恢复工程建设。邛海湿地恢复规划分6期进行建设，总面积2万亩，概算投资40亿元，规划搬迁村民9000户，3万余人。①、2009~2013年实施了邛海湿地1~4期湿地恢复工程。通过实施“三退三还”、湿地恢复、山洪泥石流防治等工程、恢复滨水天然湿地，有效缓解官坝河、小青河、鹅掌河等入湖河流对邛海造成的淤积问题，最大限度地减少对邛海的水体污染，邛海环境保护工作取得了显著成效。现已累计投资15.3亿元，已建成四期湿地共8500亩；②2014年将完成5~6湿地恢复工程。5~6湿地恢复工程规划面积1200亩，预计市级财政投资40亿元（含征地拆迁、安置及湿地恢复工程各项建设费用）。以恢复高原淡水湖泊湿地修复和珍稀鱼类、鸟类栖息地重建为目标，实现天然湿地与农耕湿地为主的田园湿地有机结合。将开展湖滨湿地生态恢复与保护，步道观光车道建设；截污管网、入湖河流治理；节点建设、生态厕所、小品建设、绿化水生植物种植等工程建设。为了综合解决湿地建设与当地解决社会发展以及村民生活改善的关系，将规划区以内的原有民房全部搬迁拆除用于恢复湿地，根据各村庄文化特色并结合景区旅游功能布局进行选址建设安置点。工程于2014年10月主体完工，12月17日竣工开园。

3. 野生动物栖息地恢复：累计投资5000多万元，完成了约2万m^2的野生动物栖生境小岛及周边500万m^2浅水河滩地的生态修复，为水鸟的生息繁衍营造了良好的生境。

4. 入湖河流综合治理工程：投资2亿元实施入湖官坝河、鹅掌河综合治理工程，上游建拦砂坝、谷坊等水利设施；下游对几大入湖河口进行试验性浅滩疏浚、泥沙清理，控制入湖河流泥沙淤积总量。

5. 邛海流域生态恢复：州、市在先后投入投资3.5亿元实施邛海流域生态恢复工程，联动周边喜德等县实施天然林资源保护工程、退耕还林工程、邛海周边可视范围植被恢复工程，累计实施人工造林10万亩，封山育林6.2万亩，从而使得每年减少排入邛海泥沙30万t。

6. 污水处理工程：投资2亿元建成了日处理1万t污水的城市污水处理厂一座、5万t污水的城市污水处理厂一座。

7. 实施生态搬迁。对规划控制区居民实施生态搬迁是开展邛海保护和湿地公园建设的基础，也是涉及群众利益最直接、工作难度最大、社会最关注、干群矛盾最突出的“天下第一难事”。我们坚持“三个结合”（即：湿地建设与生态环境保护相结合，湿地建设与改善村民的居住环境相结合、湿地建设与基础设施配套相结合）的指导思想，按照“搬得出、住得好、能发展”的要求，高标准补偿安置（人均安置住房面积70m²，人均经营性用房20m²），得到广大拆迁群众的理解支持。至2013年8月，环邛海周边控制区内五乡一镇村民9000余户，3万余人已全部搬迁完毕。完成生态搬迁，是邛海保护和湿地公园建设的里程碑，是广大拆迁群众理解支持、无私奉献的结果，凝聚了西昌市广大基层干部的艰辛努力。

8. 实施科普宣教基础建设。完善湿地科普设施。建成占地1400余m²，以生态展示、科普教育、生态示范为主要内容的邛海湿地科普宣教中心，设立了科普宣传栏、科普教育陈列室、科普文化长廊；完善湿地观测设施。

（五）科研与监测

1. 湿地资源调查：为了准确掌握公园资源情况，摸清家底，为湿地公园的建设和管理提供科学依据，从2010年年底开始，湿地公园管理部门组织四川省林科院、西昌学院、国家林业局昆明林业调查设计院等单位和市林业局、邛管局的科普工作者实地对邛海生物多样性进行详细的调查，又经过半年时间的样本鉴定、样品分析和内业资料整理，于2011年、2012年完成了对公园自然地理条件、社会经济文化背景、野生动植物资源等的综合考察，形成了《邛海生物多样性本底资源调查报告》、《邛海湿地生物多样性调查报告》，基本摸清了园内动植物资源的基本情况。

2. 科研合作：邛海湿地已结合西昌学院、国家高原湿地研究中心等高校及科研院所开展多方面科学研究。已开展的研究领域有：邛海湿地卫星影像遥感数据分析、国家湿地公园保护与建设模式、邛海土著鱼类研究、邛海浮游生物研究、邛海冬候鸟研究、邛海湿地生态系统研究、邛海湖盆形态研究、邛海鱼类资源研究、邛海渔业生态研究、邛海湿地公园水生植物研究、邛海污染现状及治理对策研究、邛海国家湿地公园保护与建设模式研究、邛海湿地生态重建模式研究等。目前已发表相关研究论文20余篇，并已有大量科研成果用于邛海湿地保护实践工作中，并取得了较好的成效。

3. 监测体系建设：从湿地公园建设和管理的实际出发，制定明确的监测目标，并围绕监测目标制定详细的监测计划。成立湿地科学研究机构，提升湿地保护及恢复技术。市政府与西昌学院等单位合作，成立了“邛海湿地生态旅游和环境保护研究中心”，建立了湿地气象观察站、环境监测站、“全天候动态音视频监控系统”等设施，逐步完善邛海湿地气象、鸟类、植物等基础数据库。积极争取资金修建监测管理用房，购置必要的监测设施设备。凉山州环境监测中心站、凉山州气象局在园区内建立水质监测点4个，在公园主要功能区分别建立环境、气候和其他湿地因子监测点6个，同时对围栏封闭试点区域开展凤眼莲、空心莲子草等外来有害物种治理对比实验区3个。

4. 建立监测档案：与市环保、水务、气象、国土等部门合作，依托他们的技术优势、人才优势和设备优势，对公园的生态、环境和资源变化情况进行实时监测，监测资源和成果共享。委托西昌市爱鸟协会长期坚持邛海湿地鸟类的观测研究，长期撰写、整理观测日记，并建立了专门的鸟类观测档案。落实林业专业技术人员负责长期收集邛海历年地形图、卫星影像资料，通过科学分析邛海变化情况，有针对性的开展湿地保护与恢复工作，现已完成9个历史时期的影像资料和3个对比技术分析，并建立比较完备的湿地监测档案。

5. 科研和监测：与国家行政学院、北师大环境学院、西昌学院、凉山州环境监测中心站、凉山州气象局等高校和科研机构建立横向联系，建立教育、科研工作站及教学实习基地，借助科研院所和高校的教学科研实力和人才优势，搞好湿地科研和监测，为有效保护和科学修复湿地生态系统提供依据。

（六）科普宣教

湿地的保护是一个切实需要全民参与的大型社会工程，提升民众的湿地保护意识，营造一个人人参与湿地保护的社会局面对促进湿地保护意义重大。近年来，我们高度重视并切实加强了湿地科普宣传教育，坚持以宣教活动为载体，提升群众生态文明意识，使生态保护理念深入人心。

1. 建设邛海湿地宣教中心：邛海湿地重视科普宣传教育的硬件投入和建设，在资金非常困难的情况下，投资近5000万元建立了湿地宣教中心，免费向游客开放，以推进湿地科普宣教。

2. 健全科普标识系统：在原有标识标牌系统的基础上，投入100万元改进设计和重新制作安装了各类湿地解说和旅游标识、植物科普标牌600余个，进一步完善和提升了公园湿地科普宣教解说系统功能。

3. 制作科普标本：制作了湿地公园有代表性的动、植物标本200多个，摆放在湿地宣教中心，供游人观赏、学习。

4. 制作宣传片：制作了国家生态文明教育基地、邛海国家湿地公园、探索邛海湿地、中国最佳野生鸟类观赏地、神鸟天堂等科普宣教片，在市电视台和公园户外宣传窗口中滚动播放，以更加直观综合的方式向市民及外来游客展示湿地公园的功能和价值。

5. 制作和印发宣传册：编印了《邛海湿地申报国家生态文明教育基地》、《邛海湿地植物宣传册》、《邛海湿地动物宣传册》、《湿地科普画册》等科普宣教画册5000本，向党政机关、企事业单位、学校和游客赠送，增加了湿地科普宣教的针对性，强化了宣传效果。

6. 开展湿地科普活动：精心组织、周密安排，认真搞好每年的“世界湿地日”、“爱鸟周”等主题活动，并有效地利用广播、电视、报纸、网站、户外媒体进行广泛宣传，让湿地科普知识深入人心。先后组织开展“感受湿地魅力”讲演大赛、“环境保护和经济发展”电视辩论赛、全国书画大家邀请展、梦里水乡岛屿征名、“镜头里的湿地公园”摄影大赛、我爱湿地、保护湿地等数十项活动。

7. 组织湿地管理人员培训：采取聘请湿地专家咨询、授课和外出考察学习等方式，对湿地管理人员进行湿地管理业务培训和湿地科普知识教育，让每一个参与湿地管理人员明白什么是湿地、人类为什么要保护湿地、怎样做好湿地保护保育等根本性问题，增强湿地保护工作的自觉性、主动性和针对性。

8. 开展青少年科普活动：在全市中小学校深入开展环境教育活动，组织中小学生走进湿地，参与环境保护、观察野生鸟类、听取鸟类保护知识讲座。开展以学校、班级为单位的“我与湿地、我与环境”征文活动、“共享生态文明，共建美丽西昌”中小学生演讲大赛，帮助青少年认识湿地，了解湿地，增强环保意识。

三、邛海湿地保护与建设取得的主要成效

（一）生态效益

一是生态环境明显改善。经长期监测，湖水水质从Ⅲ类全面恢复并稳定在Ⅱ类；二是生物多样性得以恢复。其中，鸟类种类和数量恢复较为明显，近年来新发现紫水鸡、中华秋沙鸭、钳嘴鹳等在邛海栖息。

（二）社会效益

通过精心打造安置小区建设，极大改善了人居环境，提升了群众就业和生活水平，优先招聘符合条件的搬迁群众到景区从事导游、驾驶、协管、船

工、保安、保洁等服务，邛海湿地建设工程成为一项实实在在的生态工程、民生工程。具体体现在以下几方面：一是生态搬迁群众安居乐业。精心打造，位于城市、景区双核心区，集居住、旅游、商务功能为一体的一、二期湿地生态搬迁安置小区（海门渔村）已建成回迁。二是通过已实施的6期湿地恢复工程，邛海景区功能、品牌效应全面提升，西昌正逐渐成为国内外游客热捧的旅游目的地。三是2013年被国家林业局、评为"国家生态文明教育基地"、"国家湿地公园"（试点）、"中国最具网络人气最佳野生鸟类观赏地"，被国家旅游局和国家环保部评"国家级生态旅游示范区"。

（三）经济效益

实施湿地恢复建设后，邛泸景区2012年接待游客1133万人次，五年增长4.3倍，实现旅游收入14.23亿元，五年增长2.6倍。邛海湿地保护与恢复重建工程的实施，使西昌形成了山、水、城相依相连，人与自然和谐相融的独特城市景观，极大地推动了西昌的结构调整、产业转型升级，为建设生态文明城市、打造国际休闲度假旅游目的地奠定了坚实基础。

四、存在的问题

（一）行政区划不明确问题

由于历史原因，西昌市与喜德县、昭觉县交界处地界不清，权责不明确，行政管理和执法工作难以落实，该地段原住人口和自由迁居户毁林开荒、乱砍滥伐现象得不到有效治理，林区生态环境遭受严重破坏，生态防护作用急剧削弱，水土流失日益严重，地质灾害频发，大量泥沙经山溪河流入邛海并在入海口淤积，造成邛海湖面萎缩，库容量降低。

（二）生态旅游产业有待深入开发

建设邛海国家湿地公园是凉山州、西昌市两级党委、政府实践生态文明建设的最好体现，也是实施保护湿地的一种积极而重要的方式，既有利于调动社会力量参与湿地保护与可持续利用，又有利于充分发挥湿地多种功能效益，同时满足公众追求优美生态环境的需求和社会经济发展的要求；达到保护湿地生态系统、维持湿地多种效益持续发挥的目标。通过邛海国家湿地公园的湿地保护、旅游基础设施建设，提高了周边居民的生活环境和生活质量，并为生态环境保护和湿地知识的普及提供了教育基地，已具备发展当地生态旅游发展的能力。

五、建议

1. 建议凉山州人大常委会会同州人民政府、有关县市和部门针对当前存在的问题加强专题研究和论证，尽快修订和完善现行《邛海保护条例》，全方位为邛海的保护、治理和开发提供有力的法制保障。同时要加大宣传力度，提高全社会对邛海保护工作重要性和紧迫性的认识，增强广大干部群众的忧患意识、法制意识、大局意识和责任意识，营造良好的法制环境。专题研究尽快组建邛海流域综合治理工作领导小组，采取生态治理、工程治理和执法管理相结合的方式，加快推进邛海周边山溪河综合治理工作，由单纯的末端治理向污染预防转变。①进一步完善官坝河、鹅掌河、小箐河等流域的生态治理工程，整合林业、水利、国土、邛管局等资源，坚持生态治理和工程治理相结合，落实退耕还林、荒山造林、封山育林等生物治理措施，修筑拦沙坝和河堤，增强生态修复和工程防护功能；②积极探索小流域可持续发展的管理机制，建立严密的环境监控体系，加强重点流域动态监管，加大综合执法力度，加大对毁林开垦的打击力度，保护好现存飞播林区和巩固综合治理工作成效；③对官坝河中、上游林区内的原住人口和自由迁居户进行全面彻底的清理，按照移得出、住得下、能发展的要求，加大生态移民工作力度，解决他们的安置和生产生活等问题；④国家2014年将启动新一轮的退耕还林工程，建议把邛海作为工程实施的重点区域，联合喜德、昭觉县共同把官坝河、小青河、鹅掌河上游水土流失严重的区域实施退耕还林、封山育林等措施尽快恢复生态植被。

2. 建议依托邛海湿地品牌建设的建设成果（现已取得“国家湿地公园”、“国家生态文明教育基地”、“国家环保科普基地”、“国家生态旅游”），目前还在申报“全国科普教育基地”、“国际重要湿地”，通过保护湿地生态系统和湿地景观，充分发挥湿地的生态服务功能，大力促进邛海湿地生态旅游经济，提升西昌市生态和绿色的城市形象，有力的推动西昌的综合建设进程，最终建设成为高原湿地保护的样板、生物多样性保护的典范，形成国家湿地公园建设与城市人居环境质量优化协同共生的模式。

作者简介：

周继才，男，1961年5月出生，中共党员，大学学历。现任四川省西昌市林业局局长。

自1983年2月参加工作起，历任副乡长、乡党委副书记、乡长，镇党委副书记、镇长、党委书记兼人大主席，西昌市农委主任等职。现任西昌市林业局局长。

杨军，男，中共党员，大学学历。现任四川省西昌市林业局林业高级工程师。

“抓”基础　“优”造林“护”成果

西藏自治区昌都市林业局　格桑巴珍

近年来，西藏自治区昌都市林业局认真贯彻落实党的十八大和十八届三中、四中全会精神，按照中央第五次西藏工作座谈会和西藏自治区昌都工作会议的决策部署，以确保西藏生态安全、构建国家重要生态安全屏障为目标，坚持“保护优先、积极建设”的总体思路，确立了“抓”基础、“优”造林、“护”成果“三步”工作法，推动林业工作不断前进。

一、昌都市林业基本情况

昌都是西藏的第二大林区，据2012年第八次全国森林资源清查结果，全市森林覆盖率已由“十一五”末的34.18%上升到34.78%，增长了0.6个百分点，森林蓄积量达到2.88亿m^3，森林面积由“十一五”末的375万hm^2增长到382万hm^2，增长了7万hm^2。同时也是西藏野生动植物资源较丰富的地区之一，据不完全统计，全市有高等植物1000多种，其中木本植物600多种，隶属70多科，约180余属。有各类野生动物400余种，其中列为国家一级保护野生动物17种、国家二级保护动物57种。共建立自然保护区38个，其中2个国家级自然保护区、1个国家级森林公园、1个自治区级湿地保护区、1个市级珠角唐代古柏自然保护区、33个县级自然保护区，总面积达81.38万hm^2，占全市国土面积的7.49%。

全市11县（区）均设立林业局（正科级），挂靠设森林公安局（副科级），芒康县、类乌齐县建立了自然保护区管理局，八宿县建立了湿地自然保护区管理局，11县（区）均设立1个木材加工点。市林业局下设办公室、造林绿化科、林业有害生物防治科、计划财务审计科、林政资源管理科（政策法规监督科、生态效益补偿基金领导小组办公室）、森林公安局（防火办）、市林业局自然保护区管理局（野生动植物保护办公室）、滇金丝猴国家级自然保护区管理局、城镇园林绿化管理局、林业科技推广服务中心（退耕办）、市中心苗圃，同时还设立了昌都市长江上游天然林资源保护工程办公室（副处级建制），机关行政编制33名，森林公安政法专项编制12名，事业编制49名，全市市、县林业部门、市林场、中心苗圃共有干职228人，护林员

27250 人。

二、“三步法”确保“十二五”以来林业工作取得实效

近年来，在市委、市政府的高度重视下，在自治区林业厅的大力支持下，特别是市委、市政府主要领导经常性关心过问林业工作，多次做出批示，对全市林业工作提出新的更高的工作要求。昌都市林业局确定了“抓”基础、“优”造林、“护”成果“三步”工作法，不断推进林业各项工作稳步前进，取得了阶段性的成效。

（一）“抓”基础，强化林业基础设施建设

1. 改善基层林业设施条件。一是新建苗圃 8 个，现有苗圃达到 20 个。2013 年育苗达 1051.9 万株，缓解了昌都市造林苗木短缺问题。二是进一步做好森林防火物资储备库建设工作。昌都市森林防火物资储备库总体建设资金 2573 万元。其中，发改委下达投资批复 1873 万元，因山体滑坡追加滑坡治理资金 700 万元，正在积极协调中；三是加大与自治区林业厅的沟通协调力度，2012 ~ 2014 年累计拨付采购水泵、水枪、油锯、灭火服等防火物资资金 1000 万元；四是 2012 ~ 2014 年，共建成森林火险预警系统监测站 58 个，其中国家级监测站 18 个，自治区级监测站 40 个，火情瞭望塔 3 个，并建成市森林防火指挥视频通讯系统。

2. 优化林业公司经营模式。公司生产经营六个部门。具体为：粗加工车间、林业加油站、昌林液化加气站、森林公园、木炭车间、精深加工家具车间。截至 2014 年 12 月底，公司资产总额 3200 万元。2014 年全年实现营业收入 2719 万元，营业总支出 2459 万元，总毛盈利 260 万元；上缴国家税金 230 万元。

（二）“优”造林，打造绿色生态景观

围绕“天蓝、地绿、水清、气净、人和、环境优、宜人居”为目标，坚持“以城带乡、以乡促城，城乡联动、共同发展”的原则，按照“高标准设计、高标准整地、高标准栽植，确保造林一次性成活、一次性高标准成林”的要求，制定实施了《昌都市造林管理办法》。近年来共完成人工造林及封育 138.97 万亩，其中完成重点区域造林 36.36 万亩，防护林建设 12.84 万亩，防沙治沙 2469.1 亩，“环周一线”造林 2051.6 亩，经济林木 5.93 万亩；退耕还林和荒山荒地造林 6.25 万亩，封山育林 2.8 万亩；天保工程完成公益林建设 21.39 万亩，森林抚育 52.9 万亩。完成了“两江四河”怒江流域造林绿化工程规划设计。

（三）“护”成果，有效保护森林资源

1. 加大新造林地管护力度。一是加大林政执法监督及宣传工作。按照《森林法》、《森林法实施条例》及《占用征用林地审核审批办法》规定要求，严格程序申报，落实行政许可制度，截至目前，已完成在昌都重大项目征占用林地审批工作，有效保护了我市现有的林地资源；积极落实生态效益补偿基金，结合昌都实际，制定修改完善了《昌都市森林管护办法》，为昌都市森林管护工作顺利开展提供了有效的制度保障，“十二五”期间，共落实管护资金7.12亿元，该项目使全市45万多农牧民群众直接或间接从中受益，另有27250名农林群众专（兼）职护林员，每人每年还可获5400元左右的劳务收入；二是深入开展林木采伐、野生动植物保护、木材经营加工、林地征占用等大规模林业综合执法行动，及时查处各类违法案件，严厉打击各种破坏森林资源行为，有效遏止和惩处了各类违法犯罪。2012～2014年，全市共查处盗伐滥伐林木、违法收购运输木材、非法经营加工木材、破坏苗木和非法猎捕、收购、出售、运输野生动物及其产品等各类林业行政案件100余起，出动林政人员300多人次，罚款12.615万元（已上缴县财政），处罚54人，案件查处率达到100%，据统计，目前昌都市境内国家一级保护动物滇金丝猴由原来的300多只上升到现在的700多只，国家二级保护动物马鹿由2005年的5000多只上升到现在的近8000只。三是积极协调落实野生动物肇事补偿资金工作。2011～2013年，按照6：3：1的比例落实区、地、县肇事补偿基金2026.92万元。四是强化森林病虫害防治。大力开展林业有害生物防治工作，有效控制了森林病虫害的发展。2012年以来，全市未发生一起森林病虫害事件。昌都市森林病虫害防治检疫站已于2014年9月29日正式成立，对规范我市植物检疫、森林病虫害防治和防止外来有害生物的入侵、有效保护藏东森林资源，进一步规范藏东林业植物检疫法规、规章的严格执行起到积极的推动作用和促进作用；五是狠抓森林防火工作。坚持以人为本、警钟长鸣、预防为主、积极消灭的方针，以“确保一般火灾隐患100%整改、重大火灾隐患100%挂牌督办，严格落实属地管理责任和行业部门职责，定期不定期组织开展森林防火安全隐患大排查，严格落实森防、技防、人防等措施，森林防火取得显著成效，全市累计投入资金2070万元，2012年下半年以来，全市未发生重大森林火灾。

2. 大力实施“天保”工程。西藏长江上游天然林资源保护工程（以下简称“天保”工程）于2000年5月6日开始实施，工程区三县（芒康、贡觉、江达）于1999年1月1日，全面停止了天然林商品性采伐。“天保”工程在各级政府、有关部门的共同努力下，工程区生态环境的改善效果明显，乱砍滥伐和森林火灾得到有效遏制，天然林资源得到有效保护，各项工程建设进展顺利，成效显著。“天保”工程一期（2000~2010年）总投资5.6亿元，完成生态搬迁2508户，15183人，完成苗圃建设265亩，建立川西云杉等乡土树种基地3000亩，设立84个森林资源管护站卡，完成公益林建设33万亩；全面落实了森林管护责任制，配备专职、兼职护林员2715名，对工程区120万hm^2天然林实行了常年管护，增加群众现金收入2.07亿元，森林蓄积增加465万m^3；“天保”工程二期（2011~2020年）总投资11.9亿元，截至目前，共完成公益林建设13.2万亩（封山育林11.6万亩，人工造林1.6万亩），落实管护人员6000余名，兑现管护人员工资3.06亿元。

通过“三步”工作法，昌都市的林业工作不断取得骄人的成绩，生态保护与建设得到快速发展，生态环境状况不断改善，生态屏障功能逐步增强，为构建国家重要生态安全屏障、推进生态文明建设、实现经济社会可持续发展提供了有力保障，不断开创现代林业改革发展新局面。

三、积极响应国家发展改革变化，全面推动下一步林业发展

（一）强化造林绿化工作

一是城市园林绿化。积极响应撤地设市工作提出的高标准、新要求，为全面提升昌都形象，改善昌都面貌，昌都市城市园林绿化率计划在2017年力争达到3.6%，绿化面积达到12345亩。二是预计完成重点区域造林80036.5亩，预计投资1.08亿元。三是积极建设八宿、芒康、察雅等五县成片及庭院经济林，预计投资2732.25万元。四是天保工程计划完成封山育林29000亩，预计投资203万元；人工造林4000亩，预计投资120万元。五是计划完成森林抚育16.8万亩，预计投资2016万元。力争在2020年，我市森林面积达到385万hm^2，森林覆盖率达到35.78%，比“十二五”期间增加1个百分点。

（二）加大对各县（区）森林资源管护的监督检查力度

进一步完善修订我市森林资源保护有关法律规，加大宣传力度，创新管护办法，提升执法能力。借助全国林业援藏工作会议契机，即将对国有生态公益林提高补偿标准的机会，在重点林区建设7个一级木材检查站，总投资694.3万元；继续加强天保三县森林资源管护；试点组建专业森林管护队伍，其中昌都、类乌齐、芒康、江达、洛隆、边坝作为试点县，探索森林管护新

模式，就能全面、直接、及时掌握各村、各林区公益林管护成效情况。专业管护队伍的组建，将进一步加强和规范我市的公益林管理工作。

（三）做好野生动物保护及保护区建设工作

进一步完善规范野生动物肇事补偿档案管理工作，加大类乌齐马鹿国家级自然保护区、芒康滇金丝猴国家级自然保护区三期项目建设及四期项目申报工作，以及紫曲河国家级湿地公园建设工作。将贡觉拉多、八宿仁措湖、芒康莽措湖、丁青布托湖纳入市级湿地自然保护区；努力完成昌都市 1 个国家级自然保护区和 4 个县级自然保护区的申报工作。

（四）建立和完善基层林业工作机构

大力引进林业专业技术人才，健全基层林业工作机构，充分发挥基层政权作用，提高林业基础工作的规范性。建立健全林业工作机制体制，形成符合我市实际的林业工作模式，使我市林业执法水平、管理水平得到进一步提高。

（五）深入推进林业公司改革

市林业局及市林业有限责任公司深化改革领导小组已基本完成对市林业有限责任公司的公司性质、企业基本情况的清理工作。目前，正按照现有企业性质，完善工商登记、土地使用权证、房产权证、换届选举、职工退休等前期工作，根据中央、自治区及市委、市政府有关政策要求，待国家政策明朗和全区国有林场改革全面铺开后，再稳步推进昌都市林业有限责任公司的改革相关工作。

作者简介：

格桑巴珍，女，藏族，1978 年 9 月出生，中共党员，研究生学历。现任西藏自治区昌都市林业局党组副书记、局长。

自 2001 年 7 月参加工作起，历任类乌齐县林业局科员、副局长、局长，类乌齐县建设局局长，类乌齐县县府副县长，昌都地区林业局党组副书记、副局长等职。2012 年 12 月至今，任昌都地区林业局副书记、局长。

生态保护利用兼顾　经济发展不断转型

西藏自治区类乌齐县林业局　陈来曲珍　杨玉明　罗　淋

森林是以乔木为主体的，具有一定面积和密度的植物群落，这个群落中的所有生物，彼此互相影响，并且在一定程度上影响周围的环境；而这个群落的全体又受环境的支配和影响。森林是陆地生态系统的主体，是人类社会赖以生存和发展的物质基础，在满足人们生产生活需要、改善人类居住环境、维护全球生态平衡、保障国土生态安全中发挥着不可替代的作用。

1992年世界环发大会提出了国际森林问题，通过了《关于森林问题的原则声明》。森林作为一种重要的可再生自然资源，为经济社会可持续发展做出的贡献越来越受到社会的重视。自上世纪50年代以来，联合国粮农组织（FAO）致力于开展以“获取全球森林信息”为目标的森林资源定期评估工作，得到了各国政府的积极参与。2013年召开的联合国森林论坛第十届大会呼吁，将森林产品和服务对国家和地区经济的贡献，以及森林的社会、文化和环境价值对城乡社会的影响，纳入国民经济核算体系及各级政策与规划之中。党的十八大强调，将生态文明建设融入经济建设、政治建设、文化建设、社会建设各方面和全过程，着力推进绿色发展，把资源消耗、环境损害、生态效益纳入经济社会发展评价体系。中共十八届三中全会审议通过的《中共中央关于全面深化改革若干重大问题的决议》中明确提出“建立国家公园体制”。

随着经济社会的不断发展，人与自然之间的矛盾日益尖锐，缓解矛盾的关键在于生态文明建设。我局积极响应国家号召，争做时代弄潮儿，努力开展了一系列尝试，试图本着以人为本、道法自然的原则，坚持节约资源和保护环境的基本国策，坚持节约优先、保护优先、自然恢复为主的方针，着力推进绿色发展、循环发展、低碳发展，形成节约资源和保护环境的空间格局、产业结构、生产方式、生活方式，从源头上扭转生态环境恶化的趋势，为建设天蓝、地绿、水净的美好家园添砖加瓦。

一、造林责任到人，分工明确

我局牵头组织、协调全县造林绿化规划、种苗供应、技术指导，并以工程建设为载体，以建设生态类乌齐为目标，多措并举，行动迅速，全面扎实推进造林绿化工作。成立以分管县长为组长，林业局和相关单位为成员单位的造林绿化工作领导小组，加强对造林绿化工作的检查指导。对造林档案管理的体制、机构、形成和借阅制度等做出了明确的规定。

我局把造林绿化纳入民生工程的重要项目，建立党政主要领导抓造林绿化的工作机制，全局职工责任到人，每人负责一个乡镇，要求造林期间必须蹲守早造林地点，全程监管。层层签订责任状，对造林绿化责任追究做出明确规定。

根据我局2014年调查核实，类乌齐县森林面积222978.853hm^2，同比上年增加466.67hm^2，森林覆盖率35.18%，林木绿化率36.11%。森林资源蓄积15959008m^3，其中有林地蓄积15914721m^3，占99.72%；疏林地蓄积44287m^3，占0.28%。

二、护林保质保量，精益求精

作为一名林业人，造林是关键，护林是重中之重。只有通过科学、合法的管理才能将上一辈林业人兢兢业业留下的不朽成果传到子孙后代手中。

截至2014年年底，我局从广大农牧民群众中招募具有较强责任心、有一定沟通协调能力的护林员986名，定期组织专业培训，将依法管林、依法护林切实落到实处。同时，县政府同各乡镇签订目标责任书、各乡镇同各村签订目标责任书、林业局同各护林员签订目标责任书，将护林责任落实到单位、个人，形成层层抓责任的考核机制；并且，我局成立护林巡回检查组，由专人检查护林员上岗和巡山情况，将护林责任切实落到实处。

为加强森林资源保护，进一步提高公益林管护水平，根据《中华人民共和国森林法》、《国家级公益林管理办法》、《西藏自治区公益林管护办法（试行）》等法律法规，结合我县实际，制定了《类乌齐县林业局公益林管护办法（试行）》，将公益林保护和建设纳入国民经济和社会发展规划、林地保护利用规划，并将其作为政府工作目标考核重要内容；督促下级人民政府和有关部门切实履行对公益林的保护和管理职责。

2014年11月，我局将卡玛多乡作为我县专业护林管护队伍建设试点乡，本着公平公正的原则在卡玛多乡选定5名技术骨干组成一支专业试点管护队伍，逐步形成准军事化管理的护林队伍，并建立管理站房、配备必要的管护工具，监督、管理以卡玛多乡为单位的公益林责任区。这支队伍负责监督、管理卡玛多乡的护林员，既可以有效解决我局对个村护林员队伍管理“脱节”的问题，又真正落实了公益林管护的各项责任、规定和要求。我局决定通过

1～2年的试点运行，总结分析试点工作经验，在条件成熟的情况下逐步推广并覆盖全县公益林实施乡镇，切实实现公益林管护补助和责任的统一。

三、强化生态环境保护

我局自1993年建立、2005年正式挂牌类乌齐马鹿国家级自然保护区以来始终将保护生态环境放在首要位置。类乌齐马鹿国家级自然保护区位于我县西部，31°13′N～31°31′N、95°48′E～96°30′E之间，总面积120614.6hm²，其中核心区49320.0hm²，缓冲区25441.7hm²，实验区45852.9hm²。保护区涉及类乌齐县长毛岭乡、卡玛多乡、类乌齐镇和岗色乡等4个乡镇。

类乌齐马鹿国家级自然保护区自建立以来，不断完善保护区管理机构，成立了类乌齐马鹿国家级自然保护区管理局，与类乌齐县林业局合署办公，下设保护管理科、科研宣教科、综合办公室、公安派出所等科室，其中保护区下设长毛岭、北同、类乌齐、卡玛多、岗色等5个管理站；科研宣教科主管马鹿驯养繁殖场。保护区管理局业务方面受西藏自治区林业厅、昌都地区林业局监督管理，行政方面受类乌齐县政府领导。

保护区自建立以来，在国家林业局和西藏自治区人民政府及林业主管部门的关怀和支持下，各项条件逐步改善，保护区的基本建设已初具规模。保护区编制了《西藏类乌齐马鹿国家级自然保护区总体规划》（2006～2015），迄今为止，国家已经投资建设完成了两期基础设施建设项目，累计投资经费1480万元，设置了界桩、界碑、标牌，完成了保护区管理局、标本陈列室、管理站、野生动物救护站和动物笼舍等基础设施建设。修建了巡护步道15.0km，购置了部分科研、监测、宣教设备以及防火设备。我县野生马鹿得到很好的保护和繁育。通过调查，目前保护区范围内有野生马鹿8000余只，较设立之初增长了60%。

四、转变观念，生态保护利用兼顾

湿地可作为直接利用的水源或补充地下水，又能有效控制洪水和防止土壤沙化，还能滞留沉积物、有毒物、营养物质，从而改善生态环境，同时还能以有机质的形式储存碳元素，减少温室效应。2011年、2012年、2013年、2014年、2015年世界湿地日的主题分别是：湿地与森林、湿地与旅游、湿地与水资源、湿地与农业、湿地——我们的未来，由此可见湿地与我们的生活息息相关，保护并合理利用湿地将改善我们的生活质量。

我局于2010年将滨达乡至岗色乡、桑多镇至长毛岭乡的紫曲河流域地上分水岭以内，均划定为湿地保护范围，面积916.0hm²。于2011年6月成立保护管理机构，落实人员编制。相对于发挥生态系统功能和保护生物多样性的自然保护区，2014年国家林业局开展的类乌齐紫曲河国家湿地公园试点工作更加注重保护与利用兼顾的作用，为实现我县更好更快的发展提供了崭新的平台。

类乌齐紫曲河国家湿地公园的建立将成为我县宣传风景名胜的圣地、倡导生态保护的重地、推广旅游与休闲的福地、传播名族文化的基地。我局将保护始终定为第一准则，将推广旅游定为第一要务，不断向社会宣传我县风景名胜、生态保护理念。以生态旅游为前沿阵地，最终将我县赋有地域特色的民族文化传播推广，实现全县经济转型，为建设新型类乌齐而不断努力。

五、引进科研力量，实现绿色发展（展望）

我局从建设国家级自然保护区逐步过渡到建设国家湿地公园的过程中，逐步将生态、环保的理念宣传到了千家万户，使得广大农牧民群众意识到保护生态环境就是改善自身福祉、就是造福子孙后代；同时在这样的过渡中使广大农牧民受益，有助于让广大农牧民意识到环境质量、生态质量乃我县发展之根基、命脉，通过发展自身优势，以点抓面，就可以实现我县经济、生态协调发展。

我县野生动植物资源丰富，其中雪豹是全球最濒危的猫科动物之一，已被列入国家一级保护动物名录、国际濒危野生动物红皮书和CITES附录一。

我局结合自身实际，认为自己捧的是“玉饭碗”，但是也可以通过探索走出自己的发展之路，联合中国科学院动物研究所和中国林业科学院森林生态环境与保护所等科研机构建立西藏雪豹研究中心是实现我县开发利用森林、林下产品的突破口。通过科技的支撑将更好的保护我县雪豹资源，而雪豹的研究会带动更多野生动植物资源的研究，提升我县林下产品的价值，促进广大农牧民增收致富，刺激我县经济更好更快的可持续发展。

六、结语

面对中国经济调速换挡的新形势，面对过去30年来高速发展的同时积累下来的各种问题和矛盾，面对日益尖锐化的保护与发展的矛盾，面对世界经济复苏缓慢的外部压力，我们必须加快转变发展方式，调整产业结构，实现绿色发展，以期为建设天蓝、地绿、水净的美好家园添砖加瓦。

抓好林业各项工作　发展现代林业

西藏自治区萨嘎县林业局　加　布　旦增达瓦　巴桑次仁

近几年来我县林业工作在上级林业主管部门及县委、县政府领导的关心和大力支持下，紧紧围绕建设生态文明、林业又好又快发展为首要任务，以深化改革为动力、以科技创新为支撑、继续解放思想、抓住发展机遇、提升可持续发展能力、发展现代林业。近年来全县生态公益林面积持续增加，林业资源得到有效保护，扎实落实生态惠民政策，林业工作者始终坚持开拓创新、求真务实、扎实工作、全面抓好各项任务的落实，较好地完成了各项工作任务，把我县的林业工作推上一个崭新的台阶。

一、林业工作的主要成效和做法

一是明确职责、建章立制促发展。结合林业工作实际，进一步调整充实了林业工作领导小组，年初与各乡（镇）签订目标责任书，明确了各乡（镇）每年度的保护动植物等方面的目标要求，制定出台《萨嘎县生态公益林管护工作检查验收制度》，明确职责任务，实行分级负责，分级管理责任制，切实加强了我县动植物的保护，为我县生态建设提供组织保障。

二是项目带动、造林绿化促发展。近年来我县实施了重点区域生态公益林建设工程、村庄绿化美化工程、封山育林及防沙治沙工程。近几年我县内重点区域总造林 580 亩、拉萨及其周边项目造林 970 亩、封山育林 2500 亩、义务植树 100 亩、防沙治沙 7000 亩、重点区域造林点共修建简易水渠 10 处 9000m。同时我县积极组织各方力量，扩大造林覆盖面，积极主动跟各乡镇驻村工作队、驻寺工作队及各驻军部队联系，为他们无偿提供各种树苗 2000 株左右，并在农村人居环境综合整治所涉及的几个行政村进行试种。截至目前，造林绿化区域中的江孜沙棘、青杨、藏青柳、藏川杨及左旋柳长势良好。

三是落实政策、调动积极促发展。我县按照上级拨付的资金，及时兑现林业惠民资金，让广大群众及时享受国家惠民政策，调动了广大群众林业工作的积极性。一方面严格落实森林生态效益补偿。目前我县纳入生态补偿基金范围的生态公益林面积 115. 105 万亩，涉及本县 8 个乡镇、38 个行政村及 2 个自然村。我县林业部门并协同县人大、财政等部门组成联合工作组，走乡进村入户，及时兑现森林生态效益补偿资金，调动群众参与林业工作的积极性和主动性。另一方面加强陆生野生动物肇事补偿工作。根据上级林业主管部门的要求，结合我县实际情况，县林业局、县财政局及乡（镇）人民政府每年开展全县野生动物肇事损失补偿的审核工作，确保数据的真实性，同时为兑现野生动物肇事补偿提供依据。

四是健全机制、管护动植物促发展。近年来，我县积极争取野生动植物保护及自然保护区建设及其投入，促进林业持续、稳定、健康发展。一方面自然保护区的保护、宣传教育、资源可持续利用等各项工作有序展开，保护区基础管护设施不断完善，制度逐步健全，并通过大力开展野生动物肇事损失补偿工作，提高全民保护野生动植物的积极性和主动性，有效防止私开滥占、乱砍滥伐、乱捕滥猎等现象，一批珍稀濒危物种栖息地和环境得到有效保护。另一方面重视野生候鸟疫病防控监测工作。为了进一步做好野生动物疫病检测和防控工作，充分发挥各乡（镇）监测点的作用，近几年与各乡镇兽防所联合开展野生动物小反刍疫病监测工作，认真落实责任，制定专人负责，严格执行24小时值班制度和“日报告”、“零报告”制度；高度重视藏珍稀动物巡护工作，加大野生动物及其栖息地和雅江上游湿地的保护和管理力度，截至目前，全县未发生野生动物及野生候鸟非正常死亡情况，也未发生破坏藏羚羊等野生动物的违法案件。

二、几点经验和体会

一是必须把握县情，因地制宜开展林业工作。开展林业工作必须要结合县情实际，认真分析研究萨嘎县自然环境，有计划、有步骤、有组织、有区别、因地制宜地开展林业工作，确保林业工作的针对性和时效性。

二是必须加强领导，动员全社会参与林业工作。林业工作是一项系统工程，仅凭当地政府的力量是不够的，必须加强对林业工作的领导，广泛动员全社会人员参与林业工作，集各种力量形成合力，握成一个拳头，举全县之力、全社会之力共同推进林业工作。

三是必须狠抓管理，加强项目的后续管理。多年的工作实践要求我们必须加强林业工作的管护工作，林业工作是持久战，几十年的努力才能出成效，才能把树苗培育成参天大树，这要求我们制定可行的项目后续管理，加强林业管护工作，持续性地开展林业工作。

三、存在的问题及困难

近几年的工作在广大干部职工的努力下，虽然取得了一定的成绩，但还存在一些不容忽视的问题。

一是造林绿化难度大。萨嘎县地处高海拔地区，平均海拔4600m，高寒冻土，植被低矮、生物种类单调，生态十分脆弱，草场沙化、退化现象严重，加之雪灾、风灾、干旱、冰雹等自然灾害频繁，冬长夏短。，直接影响了造林绿化，影响了林木成活率和保存率。

二是林业产业化发展滞后。我县由于林产业发展起步较晚，自然条件恶劣，资金短缺等原因，在林业产业和林产品发展几乎为空白，没形成以林业发展产业的路子。

三是野生动物肇事工作难度大。野生动物肇事损失发生地段偏僻，交通不便，工作量大，加之没有业务经费，对县林业局和各乡镇人民政府带来了相当大的困难。

四是林业队伍不完善。随着林业项目逐年增多，建设时间紧、任务重、要求高，但与此不相适应的是我县林业机构刚单独设立，办公设施及人员配置不齐全，力量非常薄弱，林业系统队伍建设还需进一步加强，林业科技水平有待提高。

四、下一步改进的方向及打算

近年来我局林业工作将紧紧围绕建设生态文明的目标，牢牢把握“建设生态、生态富民”宗旨，以“巩固成果、突出重点”为抓手，扎实做好以下工作：

一是做好项目申报和落实工作。根据县情实际，因地制宜地申报重点领域造林、村庄绿化、防沙治沙、封山育林（草）、湿地保护等林业项目，及时落实项目，发挥项目效益的最大化。

二是认真落实各项惠民政策。资金到位后，及时落实各项惠民政策，严格按照相关规定及时兑现每年的中央森林效益补偿资金和野生动物肇事损失补偿资金。

三是高度重视和加强资源林政管理工作。严格执行森林采伐限额制度，加大对执行情况监督检查力度，全面停止天然森采伐，严厉打击破坏林业资源的各种违法现象，全面开展一次资源管理检查活动。

四是认真做好公益林管护工作。按照《中央财政森林生态效益补偿基金管理办法》以及西藏出台的相关管理规定，进一步建立健全我县管理机构，充实完善管护队伍，落实管护责任，做到管护合同、人员、责任到到位，确保全县115.1055万亩公益林的管护。

五是切实做好森林防火和有害生物防治工作。认真贯彻落实全国森林防火工作会议，高度重视森林防火工作，野外用火管理力度，保护好西藏高原生态安全屏障，为全面建设小康社会提供强有力保障。继续做好人工林病虫害防治和监测预报工作，积极采取措施坚决防止外来有害生物的入侵。同时抓好新造人工林地鼠兔害防治工作，确保人工林建设成果。

六是做好野生动物保护工作。做好雅江一带黑颈鹤、丹顶鹤等国家级自然保护动物的保护工作，继续做好野生候鸟疫病防控工作以及藏羚羊等国家级保护动物的巡护工作。

七是加大林业宣传力度，争取社会各界支持。一方面大力宣传中央、自治区、地区《关于加快林业发展的决定》以及林业法律、法规和政策。另一方面大力培养宣传推广先进典型，做到以点带面，使全社会了解、支持、参与林业建设。

八是提高自身队伍素质。加强林业工作人员培训工作，着力提高林业工作人员业务素质；加强林业系统干部思想作风建设，转变林业发展理念，增强服务意识，改善工作方式，提高工作效率，努力打造一支政策坚定、业务精通、作风扎实、勤政廉政的林业干部队伍；加强党风廉政建设，认真落实党风廉政建设责任制和领导干部廉洁自律各项规定，建立反腐倡廉长效机制，切实抓好纠正和治理林业行业不正之风，从源头上预防和治理腐败。

作者简介：

加布，男，1984年12月出生，中共党员，本科学历。现任西藏自治区萨嘎县林业局局长。

自2004年7月参加工作起，历任雄如乡人民政府科员，萨嘎县委组织部科员，萨嘎县扶贫办副主任等职。2014年11月至今，任萨嘎县林业局局长。

发展现代林业　建设生态林芝

西藏自治区林芝地区林业局　扎西顿珠　赵　庆

建设生态文明，关系人民福祉、关乎民族未来。党的十八大把生态文明建设纳入社会主义现代化建设“五位一体”总布局，为林业改革指明了方向，为林业发展提出了新的要求。

近年来，林芝地区林业局在地委、行署的正确领导下，紧紧围绕建设高原生态安全屏障和生态林芝的目标，着力转变林业发展方式，不断激发生态林业、民生林业发展活力，呈现出森林资源持续增长、生态环境明显改善、生物多样性有效保护、林业产业加快发展的良好局面，现代林业发展体系逐步形成。先后荣获全国森林防火、保护森林和野生动植物资源先进集体等荣誉称号。

一、从战略的高度谋划现代林业建设

（一）整体谋篇布局，制定发展思路

林芝地区是西藏的主要林区，全地区活立木蓄积量达 12.10 亿 m^3，林地面积 607 万 hm^2，森林覆盖率 51.95%，生物多样性十分丰富，拥有国家保护植物 28 种，国家保护动物 96 种，是西藏高原生态安全屏障保护与建设的重要组成部分，是我国乃至全球自然垂直带谱最完整、最典型的地区，是我国自然生境和自然生态系统类型多样性、原始性保存最好的区域，战略地位十分重要。

林芝地区林业局始终坚持以科学发展观为统领，深入学习贯彻党的十八大、十八届三、四中全会精神，牢固树立“生态就是生产力”的思想，坚定不移地贯彻“保护第一”的原则，制定“243”林业发展思路，即“优化生态、改善民生”两条主线，突出“资源、项目、产业、惠民”四项重点，实现“生态美、经济绿、百姓富”三个目标。指导全地区的林业发展，实现了林业经济发展、资源高效利用和生态环境改善的良性循环。

（二）加强林业队伍建设，筑牢发展根基

我局始终树立“人才资源是第一资源”的观念，不断完善和创新人才工作措施，着力打造一支能担当起推进现代林业发展历史使命的林业队伍。

一是高度重视干部职工思想政治教育，结合党的群众路线教育活动的相关要求，以中心组学习会、支部生活会为抓手，认真制定学习计划，从反分裂斗争、民族团结、理想信念、宗旨意识、党纪法规和业务工作等方面对干部职工进行教育。二是不断加强组织建设，全面加强党支部，工青妇等各项工作，多次组织党员义务植树、重温入党誓词、党章知识竞赛等特色活动。三是深化作风建设，深入贯彻中央《八项规定》和自治区“约法十章”，切实改进机关工作作风。加强监督检查，定期不定期对局各部门纪律、作风进行检查，定期进行评比。四是加强林业人才培训，提高林业队伍专业化程度。把干部培训情况作为干部考核内容和任职、晋升的重要依据，鼓励技术人才通过参加本专业继续教育、业务培训等方式，进一步提升专业技能水平。五是加强森林公安队伍建设，推进队伍正规化、执法规范化、警务信息化、保障标准化、警民关系和谐化等“五化”建设，提高处置突发事件的应变能力，坚持不懈维护林区稳定。

二、发展生态林业，建设美丽林芝

（一）坚持护防并举，大力保护生态

我地区森林管护工作始终贯穿“以保护为先”的原则，强化组织领导，规范管理措施，加强队伍建设，管护水平显著提高，2014 年成功举办全区森林管护工作现场会，林芝森林管护经验在全区推广。

一是强化湿地公园和森林公园申报工作。将申报自然保护区、森林公园作为推进生态保护工作的重要手段，截至目前全地区已建成自然保护区 3 个，其中国家级 2 个，自治区级 1 个，国家森林公园 3 个，国家湿地公园 3 个，全地区受保护的林地面积得到不断扩大。二是加强生态公益林管护。创新管护机制，通过建立和完善巡护日志、人员管理、管护考核、资金发放、林业监管等生态公益林管护制度，做到因村施策。逐步将林政管理、野生动物保护纳入到管护责任中，真正做到管护成效与管护费用挂钩。2014 年底至 2015 年，我局在部分试点县组建了专业管护队伍，预计 2016 年在全地区铺开专业管护队伍建设，森林资源管护正逐步走向专业化、规范化。三是强化森林防火工作。地县林业部门始终把森林防火工作作为林业工作的重中之重，形成了主要领导负总责、分管领导抓落实、班子成员分片包干”的森防责任体系，实行奖惩制、一票否决制，层层把责任落实到政府领导、林业局长、乡镇长、村主任、护林员和家庭户主这六个关键人。实行财政专项资金保证，每年地区不低于 60 万元、县级不低于 20 万元的森林防火资金。建立健全隐患排查

机制，在防火期内地区林业部门每月不少于2次，各县每月不少于4次，护林员每天不少于1次，2014年度地区各级林业部门开展隐患排查活动累计达210多次，全年未发生1起森林火灾，实现森林防火历史最好成绩。四是强化病虫害防治，严防森林病虫害发生，推进基层设施建设，提前编制下一年度林业有害生物防治方案。针对灾害线路长、分布广、害虫种类多、治理难度大、破坏性强等特点，积极研究治理措施，采取先易后难，先试点后推广治理的方式，通过喷洒生物农药噻虫啉开展科学治理，有效遏制了森林病虫灾害的进一步扩大和蔓延。2014年，共投入防治经费68万元。成功处置杨树杨二尾舟蛾、林芝县、米林县高山栎朱锦鹤锦斑蛾、卷叶蛾等森林病虫害，防治面积达20多万亩。五是加强生物多样性保护。定期开展检查，加强对集贸市场、饭店、宾馆和旅游商店的监管，禁止非法采集、采挖，重点加强对红豆杉、兰草、乌木等珍稀植物保护。加强野生动物救治，近三年累计救治并放归黑颈鹤、白唇鹿、猕猴、苏门羚、秃鹰等各类野生动物数量达100余只。先后破获10多起非法猎捕野生动物行为。

（二）用现代营林手段推动生态建设

我们坚持把植树造林作为林业生态建设的重要举措，严格种苗、整地、栽植、检查验收等各环节管理，形成了以工程造林为主、社会造林和义务植树共同发展的生态绿化新格局。先后实施了重点区域生态公益林建设、退耕还林、森林抚育、防护林体系建设、封山育林、迹地更新、自然保护区建设等一批生态造林重点工程和防沙治沙工程，使森林面积进一步增加，荒漠化土地得到治理。六年来，全地区共完成义务植树151.23万株，工程造林40.29万亩，封山育林9.5万亩，森林抚育30万亩，沙化土地综合治理29.96万亩，更新采伐迹地4.49万亩，林业生态建设总投资4.16亿元。

（三）夯实发展基础，强化林业管理

在坚持服务地区经济发展、积极配合重大项目建设的同时，依法依规开展林地的管理。一是严格按照自治区下达的木材生产限额组织生产，绝不允许突破，有效控制森林资源总消耗量。二是强化伐区管理。认真执行森林采伐规程，严禁“丢件子”、“剃光头”、伐桩过高等行为，减少资源浪费。三是不断加强群众自用材的管理，建立了乡镇初审申报、林业部门审批的采伐管理制度。四是对全地区木材加工场点进行综合治理，严格控制场点数量，对非法加工场点，发现一处，查处一处。五是通过采取缴纳保证金、跟车押运、限时运输等措施，强化木材运输环节管理，超宽运输、超方运输等行为得到遏制，木材运输秩序进一步好转。六是加强对采矿、探矿、采石和林区内各项工程建设征占用林地管理，逐步规范林地管理。七是严厉打击破坏森林资源违法活动，对木材经营领域的各种不法活动开展整治，严肃查处恶意聚集、闯关冲卡等行为，2009 年以来，累计查处各类林业违法犯罪案件近 400 起，有效震慑了违法犯罪分子，保护了森林资源。

三、发展民生林业，促进民生改善

林业既是生态建设的主体，又是绿色经济的宝库，是未来能源、化学品的重要来源。新常态下，发展林业产业有着巨大的优势和潜力。近年来，我地区着力培育林业特色产业，引导农牧民参与林业建设，实现地绿、富民“双丰收”。

（一）用产业化思维推动民生林业建设

一是深挖森工产业潜力。大力推进企业的木材精细加工，提高资源利用率，增加了产品附加值。目前，板皮、锯末、树枝等都可以得到有效利用，木材综合利用率可达 95%。二是大力发展经济林木，围绕建设西藏水果基地的目标，重点建设八一至米林至朗县水果、干果产业带、察瓦龙核桃产业带和墨脱热带水果基地，并初见成效。三是大力扶持林下特色产品加工种植业，初步形成了以松茸为主的菌类特色产品。四是全力发展生态旅游业，通过合理开发森林公园、湿地公园、自然保护区的旅游小区，进一步丰富了森林旅游产品，促进了生态旅游发展。

（二）吸纳群众参与林业建设

一是在林业项目实施过程中，全力吸纳当地群众参与，优先采购群众个体苗圃所育种苗，鼓励群众成立专业造林队伍，优先把工程承包给农牧民施工队。二是吸纳群众加入公益林管护队伍以增加收入。目前全地区共有生态公益林管护人员 24400 人，全部为当地群众，每年的森林生态补偿金全部作为管护费发给群众，仅此一项全地区每个农牧民群众年均增收 1069 元，特别是墨脱县人均可达 3080 元，按每个家庭 4.5 人计，全地区家庭年增收 4800 余元，墨脱县的家庭可达 13800 余元。许多家庭因参与管护，生活质量大幅提高。

（三）开展野生动物肇事补偿

自治区实施野生动物肇事补偿工作以来，林业工作人员常常深入山沟牧场，调查了解群众受侵害情况，登记核实受侵害对象损失，积极申报，落实发放补偿资金。自 2009 年以来，全地区累计申报野生动物肇事补偿金 3132 万元，确保了每一个受侵害对象都得到了应有的补偿，维护了群众的切身利益，提高了群众保护野生动物的积极性。

作者简介：

扎西顿珠，男，藏族，1968 年 2 月出生，中共党员。现任西藏自治区林芝地区林业局（自然保护区管理局）党委副书记、局长。

自 1992 年 7 月参加工作起，历任林芝地区工会办事处办公室科员，林芝地委组织部办公室科员，林芝地委组织部办公室副主任、主任，林芝地区林业局副局长、党委委员、林芝地区林工商公司总经理（副县），林芝地区林业局党委委员、副调研员，林芝地区驻拉萨办事处行政事务负责人，林芝地区水利局党组成员、副局长，察隅县委副书记、人大主任等职。2013 年 12 月至今，任林芝地区林业局（自然保护区管理局）党委副书记、局长。

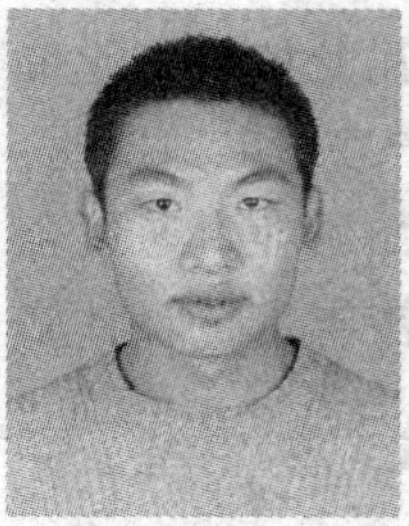

赵庆，男，汉族，1989 年 9 月出生。现任西藏自治区林芝地区林业局造林绿化科科员。

重点地段实现绿肥黄瘦
“三年植绿大行动”完美收官

陕西省定边县林业局　孙怀胜　武　丽

定边县地处毛乌素沙地南缘，属黄土高原与内蒙古荒漠草原过渡地带，年降雨量316.9mm，自然灾害有干旱、沙尘、风暴、霜冻等。县域内北部是一望无际的盐碱风沙滩地，南部是千沟万壑的白于山区。新中国成立前，定边的树很少，有林地超不过总土地面积的4%。“山高尽秃头，滩地无树林，黄沙滚滚流，十年九不收”是定边从前的真实写照。

植树造林，是新中国成立后的任务之一。1972年定边县林业局成立后，承担着植树造林的重任。特别是西部大开发以来，造林绿化，建设绿色家园，封山禁牧，保护生态环境，成为定边林业工作的主题。

多年来，定边县林业局在县委、县政府的正确领导和省、市林业部门的大力支持下，为改变定边大地生态面貌进行了艰苦卓绝的努力。三北防护林、天然林保护、退耕还林、防沙治沙等工程的实施，以及封山禁牧的实行，生态环境有了明显的改善。

一、“三年植绿”再建绿色“长城”

2011年11月，榆林市委、市政府为了贯彻原省委赵乐际书记8月5日视察榆林时关于生态建设的指示，决定利用三年时间，投资60亿元以上资金，在全市开展“三年植绿大行动”活动。定边县积极贯彻落实榆林市委、市政府关于“三年植绿大行动”的决定，县林业局付诸实施，在漫漫黄沙中植树，在荒山秃岭上植树。

2012年，作为“三年植绿大行动”开局之年，定边县完成新造林10万亩。完成投资1.5864亿元。定边县财政加大造林绿化投入力度，投资达1.11亿元。

2013年是“三年植绿大行动”深入开展的关键之年，定边县实施重点林业工程项目22项，新造林面积11万亩。总投资1.7131亿元，其中中央投资3031万元，省财政投资454万元，市级财政投资4789万元，县级财政投资及自筹资金 8857 万元。重点打造城郊防护林、贺红公路绿化、火车站广场绿化、农业示范园绿化等一批重点工程。

2014 年是“三年植绿大行动”的收官之年，县林业局以“走群众路线，建生态文明”为抓手，坚持“稳中求进、提质增效”，以新气魄、新机制推进造林绿化，截至目前，完成林业工程项目 21 项，完成造林 9 万亩。

三年时间完成造林 30 万亩，全县林木保存面积达 330 万亩，森林覆盖率达 31.8%，主要交通干线两侧绿化林带和环城林带基本建成，24 个村庄达到绿化、美化，完成樟子松基地建设 9 万亩，完成长柄扁桃基地建设 1.8 万亩，完成“两杏”基地建设 2.7 万亩，完成能源企业造林 1.35 万亩，城区绿化和森林公园建设步伐加快，人均公共绿化地实现 $3m^2$，构筑了定边绿色家园。

绿色草木的崛起，犹如绿色长城，阻挡了毛乌素沙漠的南下，扭转了风沙长驱直入、沙临城下、直逼城门的逆境，实现沙退人进的良性局面；以“围城、围镇、围路为重点的绿化布局的实现，使定边的一些地段，呈现杨柳依依、牧草青青的优美图像。

二、站在风沙口上的城郊防护林

在“三年植绿大行动”造林绿化工作中，获得关注与赞扬最多的是城郊防护林工程。

由于定边县城地处毛乌素沙地南缘，时常的遭受风沙不断的侵袭。建设城郊防护林不但是县城群众的呼唤，也是定边县创建国家级卫生县城的需要。

为了有效防风挡沙，改善人居环境，提高幸福指数，2012 年春，定边县林业局在县委、县政府的大力支持下，积极启动城郊防护林工程建设。

工程建设时，在城北的沙地上，彩旗招展，机声隆隆，铲土机一刻不停地平整着沙地，打坑机有条不紊地挖下外形整齐、规格统一的植树坑，一车一车的大树被小心翼翼地搬下来，放进树坑里，扶直、填土、踩实，浇水，撑支架……植树人做得一丝不苟。栽植樟子松、国槐、新疆杨等近百个树种，苗高大都在 2m 以上，造林总株数达到 45 万株。林带全长 54km，西起老爷庙，途经十里沙北、马莲滩森林公园东侧、贺红路、307 国道，后交汇至老爷庙。平均宽度 200m，总面积 8216 亩，四周距县城中心平均 7.2km，总控制防护面积 $208km^2$，是绿化定边县城区的百年构想之首。该工程计划 2014 年完成，总投资达 1.54 亿元，市、县财政投资。此外，工程建设中，还采用了盐碱地换土，每 30 亩打一口压压井，安装滴灌设施等措施，保证成活多、绿得快。

2012 年实施了北侧防护林带 14km，2013 年实施东侧防护林带 14.1km，并在林带中间修一条 12m 宽砂砾石生产道路。

2014 年重点建设在县城西北侧的老爷庙及县城东侧：在 2012 年实施的防护林的基础上向南扩展 100m，同时沿长城西侧栽植宽 120m，长 2.3 公里的林带；东侧防护林是在 2013 年防护林基础上向西扩展 200m，达总宽度 300m。在环城防护林带上又点缀了三个园林景观园区，即：树木园、景观园和四季园，园内花朵盛开，草木欣荣，美景如画。三个“园”是防护林带上的点睛之笔，美轮美奂，聚集了鲜活亮丽的风景元素，是城区百姓假日休闲理想之地。

定边县城郊防护林建在漠漠沙地中，采取栽植大树、一次成林的方式建成，工程实现了苍劲与柔美结合，聚集了立体绿化、彩色绿化、多物种美化，震撼人心，创造了沙地绿化造林的新理念、新奇迹。建成后，整体上可形成四面封闭合围防护林体系，是定边县第一个闭合式防护林体系，对定边城区防风作用大大加强，形成城区林间小气候，氧气含量增加，空气湿度提高，居民生活和工作环境将会得到明显改善。

北部防护林建成后，成为定边县北面绿色“城墙”，飞沙走石减少，鸟语花香渐多。碧蓝的天空，常绿的松柏，秀清的中槐，茂密的新疆杨，明媚的景观园，构成了定边城郊的精彩画卷，这也是响应十八大“建设美丽中国”的壮美实践。

防护林带被打造成了围城的生态画廊，精彩亮相，获得无数赞扬。2013 年，国家濒危等级保护动物遗鸥来到了距离防护林不远的苟池，振翅飞翔，载歌载舞，繁衍后代，为定边县北城郊增添动景。

三、杏子经济林方兴未艾

三年植绿大行动中，定边县经济林建设方兴未艾，杏产业异军突起，深受群众喜爱。

定边县群众栽植杏树历史悠久，房前屋后的经济林最多的是杏树。山沟沟，坡洼洼，最常见的是杏树。省市林业部门对发展杏树经济林十分支持。2012 年度退耕还林工程山杏嫁接改良实施 9000 亩，其中：白马崾先乡牛圈圪坨村 400 亩，铁角城村 100 亩；学庄乡胡尖山村 500 亩，桃树梁村 500 亩；砖井镇王圈村 4000 亩；郝滩乡郝滩村 3500 亩。同年，在杨井镇孙克崾先村，建立了定边县大扁杏采穗圃，面积 800 亩，以满足全县山杏嫁接插穗的供应。

2013 年仁用杏、大扁杏基地建设嫁接任务 5000 亩，分别是砖井镇 100

亩，郝滩乡2030亩，学庄乡2870亩；新建任务5000亩，分别是郝滩乡400亩，石洞沟乡300亩，学庄乡1000亩，治沙公司1400亩，绿海公司1100亩，姬塬镇800亩。

2014年度建成仁用杏经济林示范基地，总面积19880亩。其中新建仁用杏经济林示范基地5160亩，低产林改造14520亩，良种采穗圃200亩。

杏树嫁接成活后，第3年就挂果，5、6年后进入丰产期，可连续结果至30年。每亩产杏仁按150kg算，价格16元/kg计算，每亩年可获收入2400元。

除了经济效益，杏树的观赏性价值很高，杏树的花瓣娇娇而洁白，装点了黄土地上每一个村庄的春天；秋天，杏树的叶子变红，明媚靓丽，层林尽然，与萧瑟的秋草形成鲜明的对比，把黄褐色的沙滩、山峁装扮得活力四射，引人入胜。摄影爱好者纷至而来，用相机留住山峦叠影中杏叶塑造的景致，享受美艳的陶醉，温暖内心的希望。定边的秋山秋景中，还数大河畔林场的杏树林，最富有迷人色彩，染尽山色，时髦不已，吸引人们秋夕观赏，让人们赞叹不绝。

四、多措并举推进“三年植绿大行动”

为了快速有效地推进“三年植绿大行动”，定边县采取了多项工作措施。

加强领导，夯实责任。成立专门的工作小组，主管副县长任组长，林业局局长任副组长，由林业、财政、监察、审计及有关乡镇、林场为成员单位，领导小组下设办公室，办公室设在林业局，办公室主任由林业局局长担任。

实行定进度、定责任、定质量。定边县林业局专门安排或聘请专业技术人员进行全程监理，严格实行监理制度。监理人员从整地、换土、苗木、栽植和管理各个环节严格进行把关，每一道环节经验收合格后方可进入下一环节。监理员做好事前监督，现场监理，发现问题，必须立即要求施工单位进行整改。坚决杜绝不合格苗木用于造林，对运到现场的苗木要进行查验，所用苗木必须是经过检验、检疫的合格苗木，同时苗木规格必须符合要求。在施工过程中我局进行了全面督查，确保工程质量。

领导包片，夯实责任。重点工程由县林业局领导班子成员每人包抓标段，实行领导包片制，全程指导、监督、检查各项工作，及时处理实施过程中遇到的具体问题，有效保证工程进度和质量。

优化造林机制，实行包栽、包活、包管护。资金兑付实行单株核算，分期付款。实行包栽、包活、包管护，承包期限为3年，工程投资按5：2：3

的比例分三年兑现。即每年春季完成造林后，到当年9月份进行第一次验收，兑付造林成活株数投资的50%资金，第二年9月进行第二次验收，兑付造林成活株数投资的20%资金，第三年9月份进行竣工验收，兑付造林成活株数投资的30%资金。确保多成活，能成林，见成效。

五、排头雁的新起点

“三年植绿大行动”完美收工，离不开广大林业战线的务林人的艰苦奋斗，离不开定边县委、县政府和省市林业部门的领导和支持，更离不开林业局领导班子全面指挥和协调。

2011年，定边县林业局新一届领导班子组建成立后，他们按照上级部门的指示，兢兢业业，以少有的睿智，挥洒自如的工作豪情以及与众不同的领导风格赢得了广大职工的赞许。

2011年至今，他们带领林业职工谱写着绿化定边大地的壮歌。冬去春来，“一年之际在于春”，县林业局领导班子带领林业干部雄心勃勃的策划具体的施工方案，心中那篇未曾抒写的“植绿”篇章转眼明朗起来。他们要带领林业人种植四季常青的风景，他们要用鲜活的绿叶做成最美的服装，把定边大地装扮一新。

正月刚过，大地稍有解冻，实地勘察拉开了造林绿化工作的序幕，寒风在切割肌肤，县林业局领导带领林业技术骨干走进山头沟峁，走进风沙滩地，按照“适地适树”的原则，设计造林树种，超前谋划，提早安排，把准备工作做得万事俱备。他们要以林业生态工程建设为抓手，以新思路、新方法、推进造林绿化，打造精品靓点，构建生态屏障，构筑生态文明。

为了高起点、高标准、高质量地完成各项林业工程项目建设任务，整个春季，林业局领导班子和他们带领的林业人没有节假日，顶着北方料峭的春寒，披着滚滚沙尘，深入林业工程建设第一线，深入造林户，奔波在工程建设现场，或督促检查，或协调解决造林用地矛盾等，强化工程建设监督管理工作，并着重强调要把好“六关”，要求造林企业做到包栽、包活、包管护、包成林、保证造林质量，掀起“绿染山川、美驻沙滩”的植绿热潮。

俗语说“树挪死，人挪活”加之定边县地处毛乌素沙地南缘，干旱少雨，土壤贫瘠，植树造林成活不易一直是困扰该县生态建设步伐的最大障碍。造林绿化工程不但挪树，还要树活，这绝对不能依靠侥幸心理，而要实实在在的专业技术，来不得一点马虎。土壤改良、树种选择、水分调节、肥料配搭，哪一样都得有依有据。

除此之外，防病防虫防火，样样少不了。在局领导班子的领导下，加上行之有效的工程管理办法，三年来的造林质量全面提升，造林规模前所未有，当年成活率达85%以上，造林成活率创历史新高，打造了城郊防护林、303省道绿化等造林精品工程，提升了定边林业形象，创造了定边林业的新辉煌。

定边县“三年植绿大行动”得到了广大群众、领导干部和新闻媒体的高度关注。许多群众携妻带子到城郊防护林带观赏、休闲，称赞不已。榆林市市委书记胡志强亲临定边视察“植绿”工作。榆林原地委书记李凤阳等老干部实地考察“三年植绿工程”后，给予了很高的评价。定边县委书记、县长多次来到植树造林第一线调研指导；《陕西日报》以专版刊发了“黄土高原上的新绿洲”，《西北信息报》在头版头条刊发了“看：那一方青蓝蓝的天，绿油油的地”，央视网在醒目位置刊登了定边县“植绿”建设成效。榆林市“三年植绿大行动”现场会参会人员参观了定边三年植绿工程后，一致认为规划超前，规模宏大，震撼人心，是一项起点高、决心大、效果好的造林绿化工程，是建设塞上生态文明的重要实践，具有重要的示范意义。

“三年植绿”以来，定边县主要城镇、村庄、道路绿色葱茏，树影婆娑。白于山秋天的红叶装点着定边昔日的荒坡秃岭；沙滩地上绿树成荫，取代了沙土赤裸的荒凉景象。广阔无边的定边大地上，最迷人的变化是绿肥黄瘦。

定边生态建设任重道远。以定边县林业局领导班子为排头雁的定边林业人，站在新的起点，突出城镇道路美化绿化提档荒山荒坡造林、干果经济林基地建设，全面提升林业生态建设水平，实现大地增绿、林业增效、环境增色和农民增收。

红色华池　绿潮澎湃

甘肃省华池县林业局　林世春　王明珠

华池以境内二将川河古名华池水而得名，位于甘肃省东部。这里是中国第一块旧石器的出土地，战国秦长城恒亘北端，秦直道纵贯东部，一代名臣范仲淹修筑的大顺城等古城寨堡遍布南北；雕刻精细、失而复得、易地保护的金代双石造像塔天下闻名；这里是评剧《刘巧儿》中“刘巧儿”艺术原型封芝琴的家乡；这里是中国的革命老区，为新中国的建立做出过不可磨灭的贡献。1934 年 11 月 7 日，刘志丹、谢子长、习仲勋等老一辈无产阶级革命家在华池南梁建立了西北第一个陕甘边苏维埃政权——南梁政府，开辟了以南梁为中心的陕甘边革命根据地，成为第二次国内革命战争后期“硕果仅存”的革命根据地，为长征中的党中央和红军提供了落脚点，是八路军三大主力开赴抗日前线的出发点。华池县共辖 3 镇 12 乡，总人口 13.4 万，总土地面积 3791km^2，是典型的人口小县、地域大县。林业三大工程在华池启动后，华池的林业取得了长足的发展，全县自然生态发生了翻天覆地的变化，山绿了，水清了、民富了、县美了，全县干部群众共同绘就了一幅盛世美图。

一、林业工程铸就绿色屏障

1999 年以来，退耕还林、三北防护林工程、天然林保护工程、造林补贴、退耕还林成果巩固等林业项目工程在华池县一一启动实施。16 年来，华池县完成林业项目工程总投资 3.587 亿元，新增造林面积 64 万亩，全县森林面积达到 151.83 万亩，森林覆盖率较 1998 年的 16.3% 提高了 12.46 个百分点，达到 28.76%，全县活立木蓄积总量达到 379.97 万 m^3，全县生态环境明显改善，国家林业工程对地方生态环境建设起到了支柱性作用。2006 年华池县被省政府评为全省退耕还林先进县，2010 年 3 月被省政府评为甘肃省绿化模范县。

1999 年以前，华池公路面山沿线基本全是坡耕地，山上群众随意放牧砍柴，雨后洪流滚滚，春季沙尘天气频发。此后让群众生活得更好，把青山绿水还给人民，为人民营造宜居的生态环境成了全县上下的共识。华池县历届书记县长年年同群众一起苦干实干，正在逐步实现这个绿色梦想。县林业局一班人更是身先士卒，不怕苦、不怕累，规划施工、验收管护等处处渗透着全体林业人的心血与汗水。为提高造林成活率，华池县林业局试验推广油松容器苗抗旱造林12万亩，该项目于2012年获国家三北局科技推广三等奖。造林绿化实现了由春秋两季抓栽植向“一季设计、两季栽植、三季整地、四季管护”的转变。在抓好生态工程项目建设的同时，华池县统筹各种资源，把造林绿化同水土保持小流域治理相结合、同建设草畜强县相结合、同农业产业结构调整相结合、同新农村建设相结合，实行规划捆绑、资金捆绑、管理捆绑，探索出了一条整合项目、总体规划、科学实施、综合发展的造林绿化建设新路子。如今，这里的山山沟沟郁郁葱葱，风调雨顺，林茂粮丰，政通人和。县北山梁上长起了茂密的万亩防护林带，25度以上坡耕地全部退耕还林，150万亩公益林全部封禁管护，全县30万亩全膜玉米年年丰产，森林资源总量年年递增，林业为全县经济社会发展提供了可靠的生态保障，西部“生态优县”的目标即将变为现实。

二、全民动员共建美丽乡村

义务植树成果丰硕。走进华池县城映入眼帘的是周围面山上郁郁葱葱的油松林，县城被森林包围着，这是华池县长期坚持义务植树的成果。30多年来，华池县年年动员全体机关干部、学生、武警、个体工商户等，按照造一片、成一片、绿一片的总要求，开展全民义务植树运动，将县城面山及支沟全部栽上了油松；把省道打庆路沿线建成了绿色通道；给二将川沿线面山披上了绿装；各乡镇建义务植树基地30个，使乡镇驻地被绿色包裹。全县累计完成义务植树7万亩，每个居民都在为美丽华池建设贡献着自己的力量。

绿色和谐家园建设惠及千家万户，美丽乡村建设起步早。建设新农村，绿化美化要跟进，这是建设文明生态村镇、改善农村人居环境、提高农民生活质量、全面加快小康社会建设、构建和谐社会的一项重要内容。从2006年开始，华池县着手实施“一个突破，四个重点”的绿色和谐家园建设工程，全面加快以公路、县城、机关、学校、小城镇和新农村为重点的绿化、美化工作，与近两年国家倡导的美丽乡村建设不谋而合。先后完成公路绿化35条850km；完成84个机关、企事业单位及家属区绿化、288所学校绿化、15个乡镇111个行政村驻地绿化，全县31200户农户完成围庄栽树600多万株；完成21个新农村建设点绿化和15个绿化示范村建设，完成道路、小城镇、新农村建设和绿化示范村的面山绿化8.6万亩。通过多年实施，全县公路都成了林荫道，学校、机关、村驻地变成了小花园，农村生态面貌整体改观。

南梁红色景区绿化，提升红色圣地档次。南梁红色景区绿化意义重大，省、市、县各级党委政府、林业部门高度重视此项工程建设。2009年3月，该工程由华池县正式启动实施，对以南梁为中心的南梁革命纪念馆、列宁学校、刘志丹和习仲勋在寨子湾的办公旧址、抗大七分校、军民大生产基地等红色景点及其沿途120km公路进行了全面绿化。2012年，在景区面山营造油松、侧柏林1.3万亩。2013年10月甘肃省委提出对南梁红色景区绿化工程进行全面提升。2014年华池县完成年度建设任务，投资0.93亿元，栽植各类乔灌木47.76万株，种铺草坪花草14.3万m^2。工程依据大森林景观理念构思，采用大群体布局，高标准设计，施工精细，景观提升效果明显，得到了广大游客的广泛好评，2014年十月一期间南梁革命纪念馆日均客流量达4万人次。

三、生态经济开发实现双赢

生态经济是实现经济腾飞与环境保护、物质文明与精神文明、自然生态与人类生态的高度统一和可持续发展的经济。只搞生态造林，只管护不开发、不采挖、不流通，群众得不到实惠，没有积极性，群众参与度低，生态建设资金少速度慢。在荒山上搞经济开发本身难度就大，栽的树全部卖掉生态又难以保护。苗林产业开发、沙棘产业开发找准了生态与经济开发的平衡点，实现了生态与经济共赢。充分利用荒山荒地培育林木种苗产业、沙棘产业，可有效盘活林地资源，拓宽农民增收和就业渠道，既有显著的生态效益，又有可观的经济效益。

苗林产业遍地开花。苗林产业自2013年在华池县发起以来，已向庆阳市推开，有辐射带动全省之势。2014年，庆阳市苗林产业培育面积118.98万亩，相当于历年国家下达造林任务的4倍。市政府用1000万元补贴撬动了3.57亿元的民间投资，堪称政府启动民资发展生态经济的典范。当前，苗林产业在华池县呈现起步快，规模大，群众参与度高等显著特点。2014年春季，华池县明确提出把苗林产业培育作为全县最大的富民工程全面推开。县财政从2014年开始，连续7年，每年列支1000万元专项资金，对苗林培育经营主体进行补贴，每年发展15万亩，力争到2020年发展100万亩，实现“再造三个大凤川”的目标。2014年，华池县苗林产业完成17.66万亩，已探索出“农户单干，大户大包干、入股分红合作干和企业带动跟着干”四种模式。全县通过招商引资5户企业和个体老板租赁承包栽植3.1万亩，16个农民专业合作社集中栽植1.56万亩，8883户林农户自主栽植10.04万亩，151个双联单位3184名干部职工帮扶栽植2.96万亩。华池县苗林栽植50亩以上的农户

372户，农户栽植面积最大的有1334亩。华池县乔河乡、柔远镇通过招商引资引进企业，采取农户土地入股，企业负责苗木购买、栽植，企业农户共同管护，按比例分配收益的形式，2014年春季完成土地流转22000亩，完成栽植22000亩。这些典型为华池县苗林产业的发展起到了示范带头作用。我们坚信到2020年，华池县在苗林产业的带动下森林覆盖率将提高17个百分点，达到45%，预期农民人均苗木纯收入达到1万元以上，实现小康目标。

沙棘产业开拓新财源。沙棘属灌木，是华池县乔灌混交林的主栽树种之一，能改良土壤，是造林的先锋树种，沙棘属药食两用植物，采集沙棘果能促进沙棘林复壮更新，沙棘是典型的生态经济兼用型树种。为使全县30万亩沙棘林充分发挥经济效益，增加农民收入，2007年华池县通过招商引资由甘肃高原圣果沙棘开发有限公司投资兴建的华池县高原圣果沙棘开发有限公司，投资2000万元，建成3条生产线。生产沙棘冻纯果、220kg装沙棘原浆、20mL沙棘原浆复配口服液、沙棘籽、沙棘果皮和果泥等10个系列产品，年加工沙棘枝条果3000t。目前公司通过林地流转在华池县建有7万亩沙棘原料基地，联合农户共建梯田沙棘示范园6000亩，全县沙棘林丰年沙棘枝条果产量可达5000t以上，对促进农民增收，增加当地农民就业，改善生态环境发挥着积极作用。

四、造管并举巩固生态成果

封山禁牧促进生态植被快速恢复。为管好森林资源，华池县组建了封山禁牧稽查大队，坚持以森林公安和乡镇护林队为主体，以乡村专职、兼职护林员为补充，整合乡镇林业站，建立了县、乡、村“三位一体”森林资源管护队伍，壮大了管护力量。目前，全县护林员队伍达到150人，现有林地、林木实现了应管尽管。2002年，华池县在甘肃省率先推行封山禁牧，并长期坚持不动摇。按照“堵疏结合”的办法开展禁牧工作，积极引导舍饲养畜，有效促进了植被恢复。如今“羊下山，林（草）上山，山变绿，人变富”的发展思路已经变为现实。过去羊多，放养户也多，草、树啃光了，山变秃了，一遇上大雨，就发洪水，而现在山绿了，人也富了，洪水少了，农户受益了。禁牧13年来全县林草植被覆盖率上升了27个百分点，“建陇上生态强县、生态优县”的目标正在实现。

强化森林防火和有害生物防治确保森林资源安全。火灾是森林的头号“天敌”，一直以来，华池县坚持“预防为主，积极消灭”的方针，将森林防火工作纳入了安全生产考核范畴，建立了预警约谈问责机制，按照森林防火行政首长负责制的要求，县乡两级突出宣传教育、火源管理、隐患整改、应急准备、监测值班、处置打击六个重点，做到领导责任、部门责任、岗位责任、地块责任、包片责任和对特殊人群的监管责任六个到位，保持了连续30年无森林火灾的良好成绩。先后被评为2003～2005年度甘肃省护林防火先进县和2011～2014年度庆阳市护林防火先进县，2012～2013年被陕甘两省子午岭联防委员会连续评为护林防火先进单位。森林病虫害又称无烟的森林火灾，对森林资源构成严重威胁，全县不断加强有害生物防治工作。森林病虫害发生率控制在5‰以内，防治率达到100%，近年来连续开展松针小卷叶蛾、河曲丝叶蜂等虫害防治，有效遏制了虫害蔓延，确保了森林资源安全。

五、生态依然脆弱　问题不容回避

一是各地造林任务下达缺乏科学性。在造林指标任务的分解中，给一些不适合造林或没有宜林地的区域下达造林任务造成人力物力浪费，而适合造林的地区却任务偏少。

二是年度林业生产任务下达过迟，影响林业生产。现在每年的造林等林业生产任务都在年底下达，对基层科学组织生产不利。

三是各类工程规划落实情况差。多年来，基层的林业发展规划基本就是墙上挂挂，真正按规划实施的不多见，全部按国家下达的为准，各类林业工程规划的实施性可操作性差，对林业长远发展不利。

四是国家投资林业生态建设的力度不够，生态建设资金投资依然偏少，难以快速扭转全国的生态现状。急需治理的生态脆弱地区依然很多，不能再等了。

五是林业法规体系建设滞后。《森林法》的一些制度对推动林业生产力的发展有制约，违法处罚规定过于简单可操作性不强。

六、建议深化改革　共铸华夏生态安全屏障

一是继续加强生态建设，增加生态建设投资，增加生态总量。继续加大生态治理力度，重点绿化全国宜林荒山荒坡，加强重点区生态屏障建设，加大荒漠化治理力度，积极构筑“三北”生态屏障。大力推进农村“四旁”绿化，改善人居环境，推进美丽乡村建设。强化通道、水系绿化，构建全国绿化骨架。

二是整合林业工程项目，集中人力财力造林护林。多年来，林业部门为

争取国家投资，把简单的造林与护林分解成了造林补贴项目、三北防护林工程、天然林保护工程、退耕还林工程等等若干子项目，如此增加了工程实施的成本，增加了人力，分散了工作精力，对整个生态建设不利。建议整合简化项目类别，把同类的工程归为一个实施，提高资金利用率和工作效率成效。

三是在造林工程投资中建议新增防火隔离带、施工管护道路投资，便于森林资源管护和防火。

四是增强规划的刚性和科学性，确保年度造林任务按总体规划下达实施，便于基层林业部门长远安排苗木生产、整地等具体事物。在规划时注重当地的自然地理气候条件，宜林则林、宜灌则灌、宜草则草、宜封则封，把造林规划在最需要最适合的地方。

五是对现行《森林法》进行修改。下放和放宽林木采伐（挖）许可、运输证等审批权限至县级林业主管部门，废除部分审批事项，以简政放权、以流通促进林业发展。完善私有林权，给予林权所有人更多的自主权，真正实现谁造谁有、谁投入谁收益。把封山禁牧列为林木保护的主要措施，明确在林地内放牧毁林的处罚额度。

六是开展农村林地私有化试点，并逐步立法推开，将林地所有权归林权所有人，激发群众向林业投资的热情，坚定群众投资林业的信心。鉴于林业投入周期长，林木生长漫长，很多树种的成林、成材见效周期在70年以上，70年的林地使用权难以满足林业生产的现实需要，况且全国绝大多数林地地处深山自然条件差林木生长周期更长，农村林地私有化后，老百姓就没了后顾之忧，我栽的树我见不到收益不要紧，我的子孙可以继承受益。

七是推动林业现代化装备普及。实现苗木生产机械化自动化、造林机械化、病虫害监测预报、防火监测自动化。

八是加快国有林场改革步伐，参与国企混合所有制改革，让民资参与其中，推进林业发展。

人民对美好生活的向往，就是我们的奋斗目标。让山更绿、让水更清、让天更蓝、让空气更清新、让人民更富裕、更幸福是全体人民的共同期盼。未来，华池干部群众将团结一心，发扬“面向群众、坚守信念、顾全大局、求实开拓”的南梁精神，坚持项目带动，发动群众、依靠群众，以务实的工作作风，更好地服务群众、造福群众，为生态文明建设、美丽乡村建设做出新贡献。

作者简介：

林世春，男，汉族，中共党员，大学学历。现任甘肃省华池县林业局局长。

自1984年12月参加工作起，历任华池县科学技术委员会副主任、紫坊畔乡经委主任、政府乡长、党委书记等职。2009年4月至今，任华池县林业局局长。

曾获“全县优秀共产党员”、“全县优秀公务员”等荣誉。

辛勤耕耘　播绿陇原

甘肃省陇西县林业局　李　龙

这是一个魅力无穷的古城，青山翠拥，碧水环绕。蜿蜒东去的渭水，柔声的讲述着她的神秘与悠远。威居城中的鼓楼，雄壮的映照着她的历史与文化。这就是黄土大地上一颗绿色、纯静、自然、耀眼的明珠—陇西县。

陇西县位于甘肃省东南部，定西市中部，渭河上游，总面积2408km^2，辖9镇8乡，215个村，11个社区，总人口51.3万，其中农业人口43.5万，耕地面积165.2万亩。全县地处西北黄土高原边缘与秦岭支脉丘陵地带之间，为典型的黄土梁峁与河谷地形，海拔1612～2778m，年平均降水量445.8mm、蒸发量1440mm、气温7.7℃、日照时数2292h，无霜期146天，属温带大陆性季风气候。全县现有林地面积103万亩，占土地总面积361.2万亩的28.8%，天然林3.94万亩，人工造林累计50.94万亩，活立木蓄积55.29万m^3，森林覆盖率7.28%，林木绿化率15.34%。

长期以来，由于自然、人为等原因影响，陇西县成了少林县、干旱县、贫困县。随着改革开放的春风，迎着西部大开发的号召，勤劳朴实的陇西人民在县委、县政府的正确领导下，以科学发展观为指导，认真贯彻落实党和国家关于发展现代林业、建设生态文明的一系列方针政策，紧紧围绕“大地增绿、农民增收”这一目标，展开了与大自然艰苦卓绝的斗争，大兴林业建设之风，经过多年，特别是近十年的生态建设与保护，连片推进与整流域治理，今日的陇西山川大地披上了绿色的盛装，到处绿意盎然，成为一片尽显着绿色的土地。

一、生态建设成效显著

2000年，国家启动实施西部大开发战略，这对于干旱少雨、缺林少绿的陇西来说，无疑是“久旱逢甘露”。陇西林业人抓住这前所未有的历史机遇，按照建设“生态陇西、美丽陇西”的总体要求和构筑渭河源区生态屏障的总体目标，以林业生态工程建设为主导，坚持保护与治理并重，生态与经济协调，努力打造全县生态战略平台，推进林业建设转型跨越发展。

自2000年以来，全县先后投入劳力50万人（次），累计完成退耕还林工程 42.61 万亩，三北防护林工程 4.3 万亩，造林补贴 2.4 万亩，中幼林抚育 3.7 万亩，森林生态效益补偿 50.8 万亩。在狠抓林业生态工程建设的同时，不断加快面山绿化和绿色通道建设步伐，先后完成了巩昌火焰山 3 万亩乔灌混交林精品示范点、文峰塔坪山 0.5 万亩优质树种造林示范点、云田倾家大山 1.5 万亩针阔混交林示范点、盘龙山流域生态综合治理 1 万亩、天定高速公路沿线高标准面山绿化 6.5 万亩等精品示范点，定陇路、渭蒲路、马宏路等通道绿化 300 多 km，天兰铁路文明线建设 70km，面山绿化与绿色通道交相辉映，成为陇西林业绿化的窗口和亮点，成为陇西生态形象改善的样板和典型。

在工程建设中，实行大户承包和专业队造林，合同制管理，县上组建技术服务工作组，实行划段包干责任制，从规划设计、工程整地、苗木选用、栽植技术等各个环节进行跟踪指导、跟班服务、严格把关，提供技术保证。一是严把整地关。按照“不整地不栽植，整地不规范不栽植”的要求，工程全部实行反坡台整地；二是严把种苗关。按照“因地制宜、适地适树、乔灌混交、针阔搭配”的要求，杜绝栽植病虫苗、劣质苗；三是严把栽植关。按照“苗正、踏实、规范”的要求，切实把好栽植质量关，坚决杜绝根系外露、栽植虚浅，确保栽植后及时浇水覆膜。为提高造林成活率，大力推广造林适用新技术，高起点、高标准、高质量地实施面山绿化、绿色长廊和林业重点生态工程。重点推广带土球栽植、截杆造林、穴坑覆膜、乔灌结合、针阔搭配和使用壮苗生根剂等抗旱造林技术，使当年造林成活率达到 90% 以上，历年株数保存率达到 85% 以上，退耕还林开展较早的区域林木已郁闭成林，局部实现了“水不下山、泥不出沟”，控制了水土流失，改善了生态环境。同时，结合当地实际，实行北山以造为主，南山以封为主，西北山及川区造封管结合，提高了造林绿化水平，促进了生态植被恢复。

目前，在全县上下的共同努力下，塔坪山、火焰山森林公园晋升为省级森林公园，火焰山林场被纳入省级管理序列，陇西县先后被授予“2007 年全省退耕还林工程建设先进单位”、“1978 ~ 2008 年三北防护林体系建设突出贡献单位”、“2011 和 2013 年度三北防护林体系建设优质工程”、“2012 年全省造林绿化重点工程建设先进单位”和“全国绿化模范县”等荣誉称号。成绩来自于人民群众的理解和支持，来自于全县林业人的辛勤付出，更来自于上级林业部门的关心指导和县委、县政府的正确领导。

二、林果产业发展迅猛

陇西县突出核桃、软儿梨两个特色优势品种，以规模化种植、基地化布局、良种化建设、集约化管理为载体，鼓励引导千家万户庄前屋后栽，发展庭院经济；动员倡导企业、合作社流转土地，集中规模栽，建设标准化林果基地，主体多元化，服务专业化，建立顺应林果产业发展的能人大户带动机制、政策导向机制、技术支撑机制，全县林果产业发展势头迅猛。

近年来，在没有项目支撑的前提下，鼓励林业企业、专业合作社和能人大户积极发展林果产业，撬动民间资金6500万元，调运辽核4号、西扶1号、陕核1号等优质核桃苗木80万株，栽植核桃3.5万亩，品种优良，建基示范，努力打造全县样板工程，引领核桃产业健康发展。在文峰镇乔门、渭阳乡本驮、权家湾乡袁家岔、通安驿镇黑家岔、巩昌镇河那坡、福星镇蒋家山等村建千亩以上核桃示范点9个；在文峰镇火焰、巩昌镇牙河、云田镇神家川等村建500亩核桃示范点7个。同时，完成软儿梨0.2万亩、文冠果0.9万亩、野樱桃0.1万亩。顺应现代林业发展需要，充分发挥育苗基地龙头带动作用，调整育苗结构，繁育优质壮苗，年均良种育苗1000亩以上，为全县林业建设提供了优质苗木，并销往全国各地，提高了农民生产生活水平。

全县现有林果经济林8.5万亩，其中核桃5万亩、梨1.7万亩、其他1.8万亩，水果总产量1.6万t，林果业总产值6500万元。

三、城乡绿化美化并进

城乡绿化按照“村镇森林化、农田林网化、庭院花果化、道路林荫化”的建设标准，以居民区绿化为基础，村委会驻地绿化为样板，农田林网建设为重点，通道绿化为窗口，村镇周围、房前屋后、沟渠路旁等空闲地块绿化为目标，乔、灌、草合理搭配，点、线、面协调配合，因地制宜，科学规划，突出重点，分类实施，全面促进乡村绿化快速发展。近年来，结合林业重点生态工程建设，开展“创绿色家园，建富裕新村”活动，大规模进行植树造林，绿化家园。绿化乡镇所在地884.3hm^2、村庄11969.5hm^2、农田林网2874km、乡村道路338km，建制镇绿化覆盖率达到26.9%，村屯绿化覆盖率达到20.5%。

在城市园林绿化上，按照“城在林中，路在绿中，房在园中，人在景中”的布局要求，积极实施“绿化、美化、亮化”工程，重点推进“城区美化、道路亮化、面山绿化”建设，以单位庭院、广场为点，以道路行道树、隔离带为线，以仁寿山、火焰山、塔坪山为面全面进行绿化美化。为提高绿化美化水平，近年来，积极筹措资金，采取招投标办法，在古楼广场、人民广场及崇文路、东城路、长安路、渭州路、滨河路等道路绿化带内栽植各类优质苗木3500多万株，完成绿化面积238.4万m^2，基本实现了“三季有花、四季常绿”的绿化目标，有效提升了城市品位。同时采取身边增绿行动，对单位庭院、居住区、厂区和城区面山进行绿化美化。建成区绿地面积538hm^2，绿地率23.9%，绿化覆盖面积652.6hm^2，绿化覆盖率28.6%，公共绿地面积90.3hm^2，人均公共绿地8.2m^2。

四、森林资源保护开发

管护与造林齐头并进。以巩固成果为目标，工程建设为基础，宣传管护为抓手，实施封山禁牧，确保资源安全。从健全队伍入手，加大林地管护，消除火灾隐患，促进植被恢复；从违法查处入手，加大行政执法，查处毁林案件，保护森林资源；从检疫苗木入手，加强病虫害源头控制，减少对林木的危害；从规范办证入手，加强木材经营、运输和市场管理，进一步规范木材运营秩序。近年来，无乱砍林木、破坏林地的现象，无重大森林火灾和林业有害生物发生，没有破坏古树名木的现象，全县植被得到了有效恢复。

按照“预防为主、积极消灭”的森林防火工作方针，建立健全了县森林防火指挥部成员单位包乡镇和重点林区、乡镇领导包村、乡镇和村社干部包山头地块的责任体系，以强化宣传教育、排查火灾隐患、组建扑火队伍、健全领导值班为抓手，在县电视台滚动播放森林防火宣传标语2月、县林业局电子显示屏滚动播放100多天，重点区域和交通路口制作护林防火固定宣传牌2500个，出动宣传、督查车辆85余次，散发防火宣传手册2万份、宣传年画5万份，发布防火宣传信息15万条；对火焰山、塔坪山、张家坪、安家山等城区面山实施重点监管，严防死守，同时建立墓地管理台账，靠实监护人责任，及时消除火灾隐患；各乡镇和林业部门坚持24小时值班和领导带班制度，严格落实森林火灾“零”报告制度和月报告制度，制定应急预案，组建由村社干部和护林人员组成的半专业扑火队伍，确保一旦发生火灾，能够立即组织扑救，做到“打早、打小、打了”，全县没有发生大的森林火灾，确保了森林资源安全。

充分利用森林资源，鼓励和引导林业企业、农民专业合作社、能人大户等组织和个人，积极流转林地，开发森林资源，大力发展林下种植、养殖、生态旅游等林下经济，实现兴林富民、生态文明、社会和谐。目前，全县成立林业企业6个、农民专业合作社20个、行业协会2个，流转林地1.5万亩，林权抵押贷款1900万元，发展林下种植0.65万亩、养殖1万只（头）、育苗0.1万亩，兴办森林人家、农家乐20户，林下产值达到4500万元。同时，与甘肃华盛文化影视有限责任公司合作，建设生态文化示范基地，展示陇西厚重的历史文化和丰富的生态资源。

五、工作思考及建议

今后，我们要坚持以构建黄土高原地区综合治理林业示范县和渭河源区生态保护与综合治理为依托，以统筹发展生态林业、民生林业为导向，以项目建设统揽生态环境建设，加快造林绿化，增加林地面积，规范林地管理，保护森林资源，生态民生并举，促进农民增收，提高林业成效。一是积极争取项目，加快生态文明建设。我县受立地条件限制，宜林荒山地块分散，不能够集中连片，部分地块距离村屯较远，造林较为困难，导致人工费较高，国家每亩乔木造林补贴300元，县财政困难，无力落实地方配套，不能满足造林生产需要，严重影响森林资源培育。为实现小康目标，必须以项目建设为依托，抓住黄土高原国家生态文明建设示范区和渭河源区生态保护与综合治理实施，向国家和省上积极争取项目，加大国家扶持力度，同时，积极动用民间资金，着力推进全民绿化，加快生态文明建设步伐。二是整合社会资本，发展林果产业。陇西县现有适宜发展经济林的土地达117.6万亩，林果产业发展空间和潜力巨大，突出核桃、软儿梨两个特色优势品种，以规模化种植、基地化布局、良种化建设、集约化管理为载体，鼓励引导千家万户庄前屋后栽，发展庭院经济；动员倡导企业、合作社流转土地，集中规模栽，建设标准化林果基地，主体多元化，服务专业化，建立顺应林果产业发展的能人大户带动机制、政策导向机制、技术支撑机制，促进全县经济林果产业快速发展。三是加强林地保护，确保资源安全。森林资源是林业可持续发展的根本，是国民经济和社会发展的重要物质基础，维护生态安全，巩固生态成果，必须一手抓造林，一手抓保护。要认真贯彻落实林地保护利用规划，严禁随意调整林地保护利用规划或擅自改变林地用途，建立生态红线保护和林地管理台账制度，健全林地管理机制，加强林地管护力度，依法打击非法占用林地、毁林开垦、乱砍滥伐林木等违法犯罪行为，加大违法占用林地案件查办和行政问责力度，坚决刹住以项目建设为名随意破坏林地资源行为，确保森林资源安全。四是开发生态资源，促进林业发展。充分利用森林资源，建设生态文化示范基地，把生态文化和森林旅游有机结合，实现保护与建设的“双赢”目标。近期重点做好火焰山生态文化示范基地建设，展示陇西丰富的生态资源和厚重的历史底蕴，满足全县人民对生态公共产品的需求，增进全社会生态民生福祉，建设生态文化，弘扬生态文明，扩大林业的社会影响，促进林业事业的快速发展。

建议国家加大项目支持，加快面山绿化、绿色长廊为主的生态屏障建设和核桃、软儿梨为主的林果产业开发，建设生态文明，实现兴林富民。陇西县现有林地103万亩，天然林和人工造林达到55万亩，还有宜林地48万亩，25°以上需要退耕还林的坡耕地有23.4万亩，全县需要生态造林的土地面积达71.4万亩，适宜发展经济林的耕地达117.6万亩，全县要完成造林绿化、建设生态屏障任务艰巨，需上级部门深入调研出台扶持政策，加大项目支持。

勤劳朴实的陇西人民将在县委、县政府的正确领导下，同心同德，开拓创新，奋力拼搏，以科学发展观为指导，大力推进生态文明建设，加快现代林业建设步伐，不久的将来，展现在人们面前的必将是一个风景靓丽、山川秀美、生态宜人、和谐发展的新陇西。

作者简介：

李龙，男，1968年2月出生，研究生学历。现任甘肃省陇西县林业局局长。

自1988年8月参加工作起，历任教师，陇西县民政局副局长，双泉乡乡长，通安驿镇镇长，宏伟乡党委书记等职。2012年1月至今，任陇西县林业局局长。

加大林业科技创新　促进现代林业发展

青海省德令哈市林业局　杜进新

近年来，德令哈市林业局在省、州林业主管部门的大力支持下，紧紧围绕德令哈市委、市政府提出的“城在林中、林在城中，城市自然化、自然城市化”的目标，以“一带十廊多绿地”为发展思路，不断促进工作落实，开拓创新，求真务实，林业工作取得了一定成绩。

一、德令哈市生态现状及基本情况

德令哈市属典型的荒漠半荒漠高原干旱气候区，干旱少雨，林木稀少，草地退化，土地沙化严重，是柴达木盆地生态极其脆弱的地区之一。年均气温2.5oC，年均降水量210mm，年均蒸发量2400mm，为降水量的11倍；年大风日数110天，平均风速在3.2~4.4m/s；无霜期一般为84~89天。德令哈市现有林地697.08万亩，其中：有林地8.18万亩，占1.2%；疏林地13.74万亩，占2.0%；灌木林地317.67万亩，占45.6%；未成林地79.06万亩，占11.3%；苗圃0.05万亩，宜林地278.38万亩，占39.9%。全市森林覆盖率为7.29%。境内有丰富的野牦牛、野驴、雪豹、麝、岩羊、黄羊、雪鸡和沙棘、枸杞、锁阳等驰名中外的野生动植物资源。

德令哈市是柴达木盆地沙化较为严重的地区之一，沙漠化面积较大、类型较多、治理难度大，生态建设和保护任务艰巨。据沙漠普查资料显示，沙化土地总面积1601.2万亩，占全州沙化土地总面积的8.6%，潜在沙化土地265.8万亩。

二、采取的主要措施

（一）认真开展宣传教育工作

以“1.31”湿地保护纪念日、“3.12”义务植树节、“6.17”世界防治荒漠化和干旱日等为抓手，利用通俗易懂的标语和广播、报纸、电视等多种形式进行宣传，并组织人员深入街道办事处、农村牧区宣传我国在生态环境保护工作中取得的成就，面临的形势。同时，对从事生态保护建设管理工作的各级领导干部和专业技术人员进行培训，以先学带后学，提高了全民参与生态建设的积极性。据统计，近年来我市累计发放宣传资料3万余份，悬挂大型横幅、标语160余条，制作展图及展板35块，建设大小宣传牌400块，开展普法、技术培训达5000余人（次）。

（二）积极推广使用造林新技术

为提高苗木成活率，在整地上，采用挖沙换土、客土阻盐、穴状整地、开沟整地的方式；在栽植上，采用生根粉浸泡、打泥浆、带土球、容器苗、截干、抹树蜡等抗旱技术；在树种选择上，以抗逆性强的乡土树种为主，确保良种壮苗定植率达到90%以上，同时引进观赏性强的灌木花卉等；在灌溉上，针对盐碱地、荒漠地等立地条件差的造林地段，大面积推广使用节水灌溉技术，用水量仅为漫灌的十分之一，极大程度的节省了水资源。

（三）大力发展林业产业

近年来，我市按照省委、省政府提出的“东部沙棘，西部枸杞”的发展思路，我市将枸杞产业发展作为农业结构调整、农牧民增收及防沙治沙的重点工程，采取补贴种苗、集中连片种植、配套推广滴灌等方式大规模推广种植，枸杞产业发展迅速，种植规模不断扩大，已成为农牧民增收的重要产业。截至2014年，全市枸杞种植面积达10.4万亩，采果面积达7万亩。

（四）加强林木管护工作

按照高标准、高成活率的造林要求，我市始终坚持做到“三个到位”，扎实做好城市周边及市区内林木管护工作：一是认识宣传到位，通过印发宣传单、树立环卫警示牌等方式，提高广大群众管护树木的自觉性，使林木管护政策家喻户晓，人人皆知。二是管护技术到位，重点抓好浇水、培土、扶植、补植、涂白防虫五个关键，确保栽一棵活一棵、植一片成一片。由于措施得力，我市新造林成活率均在90%以上，保存率达85%。三是管理到位，林业主管部门与林权所有者及管护人员层层签订管护责任书，把管护责任具体落实到林地管护人员。目前，全市建立护林管护站点35个，安排专职护林员318名，及时划定护林责任区，明确责任，并严格落实“三看两查”制度，减少了人为损伤、破坏、盗伐林木等现象的发生。

（五）加大林政执法工作力度

我市始终认真贯彻“执法就要办案”的思想，积极参加省、州林业部门等上级机关开展的各项活动，并及时组织开展以打击盗伐滥伐、乱收滥购、乱捕滥猎、乱征滥占为重点的森林资源保护行动，对武装团伙犯罪和有组织犯罪加大查处力度，确保了林区社会治安的稳定，为我市林业发展提供了和谐稳定的社会环境。据统计，2010年至今全市累计受理各类涉林案件共20

起，收缴野生药材1340kg，上缴财政罚没款收入16.251万元。

（六）大力开展全民义务植树活动

我市始终坚持全区动员、全民动手的方针，把绿化造林工作同全民义务植树结合起来，不断完善全民义务植树的制度和机制，大力提倡和推进义务植树基地化建设。自2010年以来，全市人民累计完成义务植树165万株，全民义务植树尽责率达到了92%以上。同时，继“三八林”、“公安林”之后，我市积极动员各乡（镇）认真搞好新农村绿化及田间路网绿化活动。截至目前，已实施完成村庄绿化9个，完成村级主道路绿化22656m，巷道绿化8550m，庭院绿化1014户，建成公共绿地面积224.35亩。

三、取得的主要成效

（一）森林资源明显增加

自2003年以来，全市累计实施完成退耕还林工程及后续产业105.36万亩，三北防护林工程105.27万亩，公益林管护面积339.59万亩，新增林地面积170.24万亩。随着生态建设重点工程的实施，德令哈市气候条件得到有效改善，降雨量显著增加，森林覆盖率由2010年的5.04%增加到现在的7.29%。

（二）城市居住环境得到持续改善

2007年以来，在省、州及相关部门的大力支持下，德令哈市委、市政府按照建设“高原绿色生态城市”的目标，先后实施了城市道路、街头花园、广场及巴音河道等绿化项目，初步形成了以公园绿地绿化为中心，道路绿化为骨架，环城防风林带为屏障，庭院绿化为依托的城市绿化格。城市绿化覆盖率、绿地率、人均公园绿地面积也由2010年的29.9%、29.3%、6.01m^{2}分别增加到现在的42.46%、41.56%、13.6m^2。有效改善了人居环境，形成了林带环绕、城在林中、人在景中的美好景观。2011年德令哈市获得“全省绿化模范城市”荣誉称号。

（三）防沙治沙效果明显

结合实际情况，我市以水域、路域为重点，实行统一规划、集中连片、大面积封育。据统计，集中连片在千亩以上的封育地块，占封育总面积98%以上，有效地发挥了规模效益，防风固沙和涵养水源作用极大增强。特别是近年来实施的青藏铁路沿线防风固沙、315国道绿化、机场路及农田林网等重点项目，不仅使沙化扩展趋势初步得到遏制，有效保护了附近的农田、村庄及道路，还为我市创造了良好的投资环境，有力地推进了德令哈市经济社会发展。

（四）森林资源得到有效保护

通过开展公益林管护、林政执法及宣传教育等一系列工作，乱砍滥伐林木、乱采滥挖野生植物、乱捕滥猎野生动物、乱垦滥占林地等现象得到明显控制，林区各类涉林案件大幅下降，林区群众爱林、护林的积极性明显提高。通过开展卓有成效的管护工作，全市85%的陆地生态系统类型、85%的野生动物种群和65%的高等植物群落得到有效保护，绝大多数野生保护物种活动范围不断扩大、部分珍稀濒危野生动物种群数量得以恢复性增长。

（五）加快了农村产业结构调整

自我市发展以枸杞为主的退耕还林后续产业以来，通过从事枸杞种植、管理和采摘等工作，全市累计安置下岗失业人员230余人，每年吸纳农村劳动力达15000余人（次），解决了农村剩余劳动力转移难的问题，使大量剩余劳动力向非农产业和多种经营方向转移，壮大了第三产业的发展机遇。随着收入的增加，农牧民生活质量得到显著提高，进一步加快了我市新农村新牧区的建设步伐。目前，全市采果面积近7万亩，平均单产100kg/亩，预计干果总产量达7000t，产值4.9亿元，每年可带动周边4500余户农牧户平均增收6000余元，与种植小麦相比每亩可增加收入近20倍左右，是增加农牧民收入的一个重要途径。

四、今后的工作重点及措施

（一）继续开展生态林业建设工作

紧紧围绕省委、省政府确定的柴达木盆地生态园，组织实施好柴达木盆地东北边缘及市区周边沙化土地治理项目的申报工作；继续抓好三北防护林、退耕还林、重点公益林及城市园林绿化等重点工程，进一步加大人工造林和封沙育林力度，努力构建功能完备的林业生态体系，力争在“十三五”期间，全市有林地和灌木林地达到384.67万亩。

（二）加大林业科技创新力度

结合德令哈实际，努力推动造林绿化投资、公益林家庭管护承包及林业资金拨付使用管理等机制创新，并大力推动林业科技技术的推广与应用，充分发挥好工厂化育苗基地作用，广泛推广枸杞嫩枝扦插等技术，坚持走科技兴林之路。

（三）着力构建林业社会化服务体系建设

通过落实各项扶持政策，大力支持林业合作社组织的专业化、规模化发展；积极推进"林业科技富民示范工程"建设，发挥示范作用。同时，通过开展各类宣传活动，努力营造关心支持林农合作组织发展的社会氛围，加强对林农在育苗、种植栽培、抚育经营、后期管护、采伐利用等各个环节的技术培训，提高林业产业化水平。

（四）加强日常管护做好"三防"工作

认真落实《森林法》、《野生动物保护法》和《自然保护区条例》等法律法规，依法严厉打击破坏森林和野生动植物资源等违法行为；继续坚持"预防为主、科学防控、依法治理、促进健康"的方针，采取有效措施，切实开展林业有害生物防治工作，力争将全市林业有害生物成灾率控制在2‰以下，无公害防治率达到90%以上；认真贯彻落实森林防火责任制及分片包干制度，采取有效措施，扎实做好森林防火工作，确保我市不发生重大森林火灾事故。

团结奋进　求实创新
全力推进现代林业建设

青海省玛可河林业局

青海省玛可河林业局始建于1965年，原为全国136家重点县级森工企业之一，2006年，由森工企业转为社会公益类县级事业单位，为青海省林业厅直属单位，核定编制203人。青海省玛可河林业局所辖青海省玛可河林区地处青海果洛藏族自治州班玛县境内，特殊的地理位置，造就了玛可河林区显要的生态地位、独特的民俗民生和复杂的社会关系。

多年来，青海省玛可河林业局以科学发展观为统领，以森林资源培育为中心，以森林资源保护为重点，艰苦奋斗，锐意进取，林业建设取得了突出业绩，林区森林生态系统整体功能得到增强，维护了区域生态安全。全林区森林覆盖率由林业重点工程实施前的50.2%增加到58.99%，森林蓄积量由410万m^3增长到446万m^3，区域生态环境得到迅速恢复，野生动植物种群数量快速增加。

1998年，玛可河林业局荣获国家林业局森林防火先进单位称号，被国家民族事务委员会、青海省人民政府评为民族团结模范单位，2002年，又被评为国家林业局全国森林防火工作先进单位。2005年评为国家林业局全国森林资源管理先进单位，天保一期工程建设先进单位。玛可河林业局林业公安分局被国家林业局、国家森林公安局评为全国森林公安系统优秀公安局。2006年8月被青海省林业局评为十五期间野生动物保护先进单位，2007年12月，被国家林业局授予全国林政资源管理先进单位称号。2011年3月荣获青海省绿化工作先进单位称号。2011年3月被省总工会评为省女职工建功立业标兵岗。2011年3月被省绿化委评为全省绿化模范单位。2011年5月被国家林业局评为保护森林和野生动植物资源先进单位。2011年6月被中共省直机关工作委员会评为省直机关先进基层党组织。2011年6月被省林业厅党组评为先进党委。2011年6月被省林业厅评为青海省天保工程一期先进集体。2012年7月被中共青海省委评为全省创先争优先进基层党组织。

显要的生态地位，促使玛可河林业局林业建设“以林为根”，全力推进资源培育和保护工作，开创了资源快速恢复，林区安全稳定的良好局面。

青海省玛可河林区距青海省会西宁833km，总面积10.16万hm^2，平均海拔3200m。是青海省内长江上游大渡河源头面积最大、分布最集中、海拔最高的一片天然原始林区，在全国林业区划中界定为重点生态公益型林区，并划定为三江源自然保护区18个功能分区之一，具有水源涵养、水土保持等显要的生态功能，是维护大渡河源流域生态安全的重要屏障。

森林资源是林业发展的基础和根本，玛可河林业局成立以来，始终把资源培育和保护作为重点工作内容来抓。自1965年以来，玛可河林业局严格贯彻了边伐边造，永续利用的方针，组织职工完成了5.1万亩采伐迹地更新造林，采伐迹地全部得到更新。1998年，玛可河林业局在青海省率先实施了天然林资源保护工程试点建设，全面停止了天然林采伐，进入了森林资源快速恢复的建设阶段。

至“十一五”末，累计完成林业重点工程人工造林1.14万亩，封山育林5.6万亩，义务植树20万株，保护天然林92.08万亩，落实中央森林生态效益补偿面积26.86万亩。

“十二五”建设以来，完成新育苗35.6亩，出圃种苗250余万株，完成天保工程人工造林1550亩，封山育林2万亩，完成公益林造林3000亩，中幼林抚育9.1万亩，完成三江源生态保护和建设工程封山育林7万亩。

资源保护工作是维护林区生态安全，维护林业建设成果的重要措施，天然林停止采伐后，随着林木资源的短缺和市场需求增加，玛可河林区森林资源保护工作形势日渐严峻，压力逐年增加。为有效保护林区资源安全，玛可河林业局增设了三个派出所，三个管护站，并在青海省省委省政府的大力支持下，增加了20名森林公安政法编制，极大地充实了资源保护工作力量。构建起了以森林公安、林政资源管理、基层管护站点紧密配合的横向三级管护体系和玛可河林业局、林场、基层管护站点层层负责的纵向三级管护体系。

另一方面，始终坚持展开“三防一打”工作，一是全力防控资源破坏行为，加强资源巡护管理，落实管护责任制管理，完善责任追究制度。二是全力防范森林火灾，玛可河林业局组建有45人的专业扑火队伍，机关和各林场还组建有150人左右的群众扑火队，冬季防火警戒期内集中管理，定期训练，保证了火灾扑救工作的人员力量。截止目前，玛可河林区自1985年以来连续27年未发生重大森林火灾。三是全力防治有害生物，2000年至2014年期间，累计完成病虫害防治近10万亩，完成计划的158%，达到了主要病虫害的控灾、减灾目的。四是严厉打击破坏森林资源的违法行为，在青海省森林公安局的统一部署下，积极展开了“猎隼行动”“春雷行动”等专项打击行动，对重点监控的村社和牧户集中力量进行治理，震慑了不法分子，遏止了林区偷砍盗运林木的势头，维护了林区社会治安稳定和资源安全。

林业事业的新要求、新目标，促使玛可河林业局林业发展“以人为本”，积极促进内部管理和基础建设，开创了管理规范科学，单位朝气蓬勃的良好局面。

2006 年，青海省玛可河林业局成功由森工企业转变为社会公益类县级事业单位，新的发展机遇和挑战促使玛可河林业局转变管理模式，抓紧对职工队伍的建设与管理，形成了科学规范的内部管理模式。

资金管理方面，严格执行报账制，坚持收支两条线，加强工程资金使用和管理，先后通过了国家审计署郑州特派办专项资金审计组审计，国家林业局、青海省发展计划委员会项目稽查办审计和青海省审计厅审计。实现了工程资金“零违纪”。工程管理方面，严格执行项目法人责任制、招投标制、监理制、合同制等四项制度管理，建立工程质量检查验收工作领导小组、施工单位、施工林场、现场技术员相互监督的四级管理模式，对工程展开每日跟踪检查，确保了工程建设质量。近年来，玛可河公益林建设质量合格率均达到 100%。同时，在干部队伍建设方面，完成各类培训人数 237 人次，通过在职研究生进修班教育的有 5 人，取得成人高考学历的有本科 5 人，大专 29 人，中专 21 人，取得高级职业技能的工人有 63 人，公开招录 50 人，职工思想政治和思想道德、行业道德建设取得了突出成绩，知识结构和年龄结构得到改善。内部管理的逐步规范，转变了工作作风，提高了玛可河林业局的工作执行力，形成了高效廉洁、求真务实的良好工作机制。

玛可河林区地处偏远，由于当地经济发展相对滞后，职工生活条件十分落后，玛可河林业局党委不断加快基础设施建设，推进林区小民生建设，为提高林业职工和地方群众生活条件做出了不懈努力。从 1998 年开始，新建基层职工宿舍 28 间 684m^2，新建棚户区项目住宅楼 2 栋 156 套 7652m^2，修建了基层各个单位 7 座生活用水井，更新了饮用水管道、日光温室等工程，配备了照明发电设施，解决了基层职工住宿难、吃水难、用电难、吃菜难等生活问题，为王柔和友谊桥两个贫困林场改建了办公住宿楼，为基层新建林业公安派出所办公楼两栋，修建林区防火道路 117km，林区通车里程比 1998 年前翻了四倍，修建防火瞭望塔 5 座，载荷 3t 吊桥 3 座，为各个基层站点配置林区巡护摩托车 36 辆，小型运输车 3 辆，提高了各项工作开展的机动性，有效缩短了工作周期。基础设施的不断完善，提高了林业建设与发展能力，和职工工作积极性和行业凝聚力，单位内部展现出蓬勃向上，紧密团结的良好氛围；同时，为林区开展森林旅游、林下中草药、食用菌利用等资源后续产业的开发奠定了基础，为促进地方经济发展，建设和谐林区奠定了基础。

紧紧围绕“共同团结进步，共同繁荣发展”这一民族工作主题，以“构建和谐社会、和谐林区”的目标要求，把民族团结进步创建工作纳入重要议事日程。

2010 年，果洛州班玛县灯塔乡忠智牧委会被省林业厅确定为帮扶对象，在省林业厅的具体安排部署下，玛可河林业局党委将定点帮扶工作列入重要工作议程。认真谋划，统筹安排，大力扶持定点帮扶对象的生产生活，采取各种切实可行的措施提高贫困群众的自我造血功能，引导和帮助困难农牧民群众走创业致富之路。一是开展了结对帮扶活动。对贫困牧民家庭开展了“送温暖”活动，给他们送去急需的生活用品。二是为群众提供生产资料，传受技术，增强自我发展能力。推广种植小麦、洋芋等 10 亩，在洋芋种植、发芽、生长期间局党委组织技术人员多次到现场查看生长情况，现场向牧民群众进行技术指导。在秋收时，小麦亩产达到了 600 斤（比当地青稞产量高 300 斤），洋芋亩产 1000 斤（比当地亩产提高 500 斤），通过亩产量的前后对比，进一步增强了牧民群众的生产积极性。三是积极争取资金和项目切实解决林区群众生活困难。针对林区牧民群众长期用电紧张和人畜饮水困难的问题，局党委积极筹措项目资金 30 万余元，为林区 87 户牧户家庭，每户解决了一台太阳能发电照明设备；争取 100 余万元资金，进行水源改造，改善村民的吃水条件，同时为林区寺院和部分村庄安装路灯 51 盏，使部分村庄告别了夜间出行无照明设施的历史。通过定点帮扶，牧民群众的观念逐步转变，收入不断增加，加快了林区牧民群众脱贫的步伐，得到林区群众的拥护和满意。玛可河林业局职工医院做为我局对外服务的窗口，承担着玛可河林区 90% 以上的牧民群众就诊，为进一步做好群众的医疗救治工作，更好地为林区群众服务，从 2009 年开始，玛可河林业局拨出专款近 30 余万元，购置了 B 超、心电仪等现代医疗器械，对医院进行了改扩建，增加了床位，扩大了面积，并且加强了大夫培训，医疗救护能力有了进一步增强。赢得了牧民群众的信任和赞誉。

青海玛可河林区是雪域高原上一颗璀璨的绿色明珠，玛可河林业局全体职工将会以更加饱满的工作热情和更加科学的管理，保护好、建设好这片珍贵的原始森林，在未来取得更加辉煌的成绩。

发展现代林业 推进生态建设

宁夏回族自治区吴忠市利通区林业局 袁苏宁

一、植树造林管理情况

(一) 全区生态林建设总体情况

自分属办公以来，我区按照“发展现代林业，建设生态文明，推动科学发展”的总体要求，实施了国家三北防护林五期、退耕还林、天然林保护、森林抚育、优势特色产业、封山育林和荒山造林等重点林业生态建设工程，全区生态林业建设工作取得了阶段性成果。三年来，全区共完成营造林17.35万亩，栽植各类苗木5000余万株。先后开展了惠丰园、南环水系、南环路、南一环、吴青路、清水沟西岸生态景观林、卫宁路、慈善大道、金积快速通道、金积北大街、南干沟等城市绿化工程0.65万亩。同时，依托国家三北防护林和自治区“六个百万亩”等林业建设工程，着力培育金银滩、扁担沟优质苹果和东塔寺、郭家桥鲜食葡萄和板桥小杂果等经果林产业带3.78万亩。结合国家天然林保护工程的实施，在扁担沟镇五里坡地区封山育林和荒山造林10.6万亩。对辖区内农村造林、单位庭院、居住小区、工业园区和养殖园区树木全部进行整形修剪管护，共计完成修枝抚育12.6万亩。

(二) 2014年生态绿化完成情况

截至目前，我区已高标准、高质量完成各类营造林任务46168.2亩，占下达任务的43500亩的106%，其中：人工造林面积21168.2亩，占计划任务23500亩的90%；完成封山育林和荒山造林25000亩，占计划任务的125%。另外完成飞播造林20000亩。在2013年秋季完成8400亩主干道路大绿化任务的基础上，我区按照“统一规划、因地制宜、适地适树、特色鲜明”的原则，本年度我区又高质量完成主干道路大绿化21662.7亩（其中封山育林12300亩），栽植各类乔灌木220余万株，超额完成了我区主干道路大绿化工程建设任务。围绕罗山大道、慈善大道、一号连接线和苦水河沿线，在东塔寺乡、郭家桥乡、扁担沟镇和吴忠林场新建了以苹果、灵武长枣、小杂果等为主的经济林产业带林5500亩，经济林产业正在成为我区农民增收的一个重要渠道。同时，我们不断加大工作力度，支持鼎力公司投资新建黑果枸杞种植基地1200亩，提高农业产业化经营水平；完成枸杞种植区的土地改良、节水灌溉、苗木栽植、抚育、修剪、管护、病虫害防治等工作；建成特色黑果枸杞示范园和良种培育基地300亩，完成了宁夏鼎力Ⅰ号、Ⅱ号、Ⅲ号等六个黑果枸杞新品种的研发，目前每个品种都已繁育了几百株，并在进一步扩大繁育数量，很快将开始大规模种植。通过与陕西海升现代农业有限公司的合作，我局在五里坡地区建成了自治区第一家苹果矮砧引种密植栽培科技示范基地，尝试性地引进了（荷兰）无病毒原种 M9－T337 系矮化自根砧5700株，种植面积30亩，栽培示范取得了良好的成效。起到了引领我区苹果产业向现代化、标准化目标发展，推动乔砧密植向矮化密植栽培技术革新，

（三）林木管护工作情况

俗话说："一分栽、九分管"。近年来，区政府一直把林木管护工作作为生态建设中的一项重点工作来抓，有效的保护了现有的森林资源，巩固了多年来的生态建设成果。

1．林木管护体系不断健全。一是完善了林木管护机构，建设了区、乡、村三级护林体系。区林业局设有林技中心、林政科、森林防火办，根据各自职责分工进行监管，各乡镇设有林业站对林木管护工作具体抓，每个村都配备了一名护林员，全区现有护林员共计105名，负责辖区林木巡查工作。二是林木管护制度不断健全，根据我区实际，先后制定了《利通区林木管护制度》、《乡镇护林员聘任办法》、《乡镇护林员职责》等多种管护制度，使林木管护工作有法可依、有章可循。

2．护林设施及经费投入情况。为了完善乡镇林业站的设施建设，每年都发放林木修剪工具和森林防火器材到各乡镇林业站。在滨河大道、教育园区、高速公路东侧板桥段、高闸镇、扁担沟镇设有护林点五处，并设立了大型标志牌。林业局每年都积极争取林木管护相关项目，2010年～2013年6月，共争取到林业各类项目资金1609.92万元，其中，天保管护资金265.2万元，中央财政森林抚育补贴试点项目资金102万元，森林生态效益补偿资金360.5万元，利用项目资金拨付给各乡镇的修枝抚育经费达到154万元。

3．林木管护责任制落实情况。一是实行林木管护负责制。年初由区政府与各乡镇、林业部门签订林木管护责任书，各乡镇和各村签订林木管护责任书，林业局和护林员签订管护责任书，形成一级抓一级、层层抓落实的长效机制。二是实行林木管护巡查制度。林业局制定了《利通区造林绿化暨林木管护巡查制度》，由一名副主任专门负责林木管护工作，每周一、二定期进行林木管护巡查，发现问题及时通知整改。三是实行林木管护奖惩制。对管护

工作完成任务较好的乡镇予以通报表扬。对管护措施不到位，造成林木毁坏的，给予通报批评，并将护林员管护情况与工资挂钩，对于管护不力的停发工资并予以辞退。

4. 林业有害生物防治工作常抓不懈。坚持“预防为主，防治结合”的方针，每年春季，林业局都组织专业技术人员对城区各居住小区进行一次化学防治，对43个绿化面积大的重点居民小区绿地喷施石硫合剂，实行无公害化防治，年喷药达290余车，防治面积1367亩。在林木病虫害高发的6～8月份，采取制作“裙子”、打孔注药、化学喷雾、人工干预等多种措施重点开展了臭椿沟眶象、杨树天牛、木蠹蛾、蚜虫等病虫害防治，年防治面积均达到3万亩以上。经过多年的努力，杨树天牛危害已经得到有效控制，臭椿沟眶象危害正在监测防治中，使我区逐步实现了有虫不成灾并持续减小危害面积的目标，巩固了我区的造林绿化成果，确保了林木资源的安全。

二、农村林业改革发展情况

（一）集体林权制度改革基础工作完成情况

我区集体林权制度改革试点工作是从2010年7月开始启动，2012年2月全面推进并同步深化改革。在自治区党委、政府的正确领导和自治区林业局的大力支持下，我区立足特殊的区情、林情和民情，以不甘落后、赶超先进的工作劲头，发挥后发优势，三步并作两步走，因地制宜、大胆创新，快速稳妥，扎实推进。截至目前，我区涉及林改的10个乡镇，90个行政村已全面完成了集体林权制度主体改革工作。据统计，林改工作中，共勘界确权林地面积25446.9亩，确权率100%；其中，集体统一经营11791.7亩，占确权林改面积的46.3%；承包到户面积13655.2亩，占确权林改面积的53.7%；发放林权证1313本，发证面积25446.9亩，发证率达到100%。林权登记合格率到达97%，形成林改档案1440盒（其中区级360盒，乡镇、村1080盒）；建档率和档案管理合格率达到95%以上。调查走访农户165户，检查合格率为100%；群众满意率达96%；林权纠纷调处率达到100%。

（二）深化集体林权改革工作

随着集体林权制度林改工作的深化，我区发展农民林业专业合作社24家，合作社成员达1千多户，建立健全林业专业协会10个，涌现出了吴忠市天祥特禽养殖专业合作社曾志祥在滨河大道利用集体林地养殖朗德鹅6000多只，唱出了一首“林下生态鹅　曲向唱富歌”的美妙乐曲；吴忠市三郎水果蔬菜种植农民专业合作社利用林权证抵押贷款达200万元；吴忠市利通区玉灵林果专业合作社利用抵押贷款 100 万元，解决了农民合作社发展生产的资金问题。使得林改这项惠民政策让我区收获了农民增收，山川增绿的“双增果”。走出了一条西部生态脆弱区林改的创新之路，得到了自治区林业局的充分肯定。

（三）成立了集体林权管理服务

根据《中共中央　国务院关于全面推进集体林权制度改革的意见》（中发［2008］10 号）、《自治区党委　人民政府关于全面推进集体林权制度改革工作的意见》（宁党发［2011］59 号）、《自治区人民政府关于深化集体林权制度改革工作的意见》（宁政发［2013］106 号）和《自治区林改办关于加强林权管理服务平台建设工作的通知》（宁林改办发［2014］1 号）精神，我区首先制定《吴忠市利通区林权管理服务平台建设工作实施方案》。并和新成立的利通区农村集体产权改革服务中心合署办公，抽调正式职工 2 名，独立在林业局一楼办公，设立 1 个服务窗口，制定了林权信息咨询服务、林地林木权属管理、林权流转监管、林权抵押贷款、森林保险、指导发展林下经济等规章制度。

（四）林权流转抵押运行良好

林业产权流转面积 2730 亩，其中，集体林业产权流转面积 850 亩，流转方式为转包，流转费平均为 800 元/亩/年；国有林业产权流转 1880 亩，流转方式为转包，流转金额为每亩 500 元。流入集体经济组织为果蔬种植专业合作社和个体经营大户。主要用于发展林下种植及养殖。贷款 6 笔，贷款总额为 940 万元。

（王）林下种养殖初具规模

林下养殖达 9000 亩的，林下种植 5000 亩，其中林下种植 5610 亩，产值 1113 万元，参与农户 1855 户。林下养殖 9219 亩，养殖各类禽类 33920 只（头），产值 287 万元，参与农户 599 户；林下养殖鸡 18210 只，产值 207.85 万元，参与农户 509 户。

林下种植主要有种植蔬菜、黄豆、山芋、中药材、造林绿化苗木培育等；林下养殖田鸡、鸭、鹅及人工驯养的呱呱鸡、雉鸡、麻鸭等野生动物。林下种植中药材起步比较晚，种植板蓝根 500 亩。

第二篇
当代中国的林业建设与开发

第一章　当代中国的林业方针政策与管理体制

第一节　我国保护和发展林业的方针政策

在中共中央、国务院林业文件出台的背后，是党和国家对林业的认识程度的不断提高。新中国成立以来，党和国家的林业思想与方针的变迁大约经历了4个阶段：

1. 单纯注重木材生产阶段

新中国成立伊始至改革开放之初，我国林业处于以木材利用为主的阶段，这也是传统的林业思想在新中国的延续。在这一阶段，林业的首要任务是生产木材。几十年来，我国广大林区实际上都在实行“以原木生产为中心”的方针，形成了所谓的“大木头挂帅”局面。森林作为人类生存环境不可缺少的组成部分，本来具有调节气候、净化空气、涵养水源、保持水土、防风固沙、美化环境、生产木材、提供能源等多种功能，但“大木头挂帅”却只看到森林提供木材的功能，忽视了森林的其他功能，只重视林业的经济效益，忽视了林业的生态效益和社会效益，对森林资源实行了掠夺式的采伐，使得我国森林资源日益枯竭，茂林青山越来越少，荒山秃岭越来越多。据统计，1949年至1980年，全国木材总产量达106907.5万m^3。从“一五”时期到“五五”时期，除个别年份外，每年全国的木材产量基本上呈逐年上升趋势，1980年的木材年产量（5359.3万m^3）几乎是1949年（567万m^3）的10倍，而且所采伐的都是原始天然林。

这一阶段单纯地注重木材生产，对林木采伐过度重视，对森林营造则予以轻视。新中国成立以来，国家针对林业建设与发展制定了一系列的正确方针政策。如1949年中国人民政治协商会议通过的《共同纲领》制定的林业发展基本方针是："保护森林并有计划地发展林业"；1950年政务院制定的全国性林业建设总方针是："普遍护林，重点造林，合理采伐利用木材"；1953年"一五"时期林业方针是："普遍护林护山，大力造林育林，合理采伐利用木材"；1964年提出的林业建设方针是："以营林为基础，采育结合，造管并举，综合利用，多种经营"；1979年颁布的《森林法（试行）》更是以法律的形式明确规定：林业建设实行"以营林为基础，造管并举，造多于伐，采育结合，综合利用"。这些方针都带有保护和营造森林的理念，但无论是对森林的保护还是营造，其基本的目标却仍在于对森林木材的获取。如1964年林业部颁发的《更新跟上采伐的标准》中就明确规定，每年完成的更新面积相当于上年的采伐面积，其中人工更新面积要相当于上年的皆伐面积。更为严重的是，一些正确的理念，如林业建设要"以营林为基础"，却没有得到实际地贯彻。由于人们在思想根源上没有意识到森林保护和营造的重要性，因而造林积极性远远跟不上伐木积极性。从新中国成立至20世纪80年代初，我国每年平均造林315万hm^2，累计造林超过9000万hm^2，但成林面积却只有2800万hm^2，保存率不到三分之一。

总之，这一阶段林业建设的主要任务是以木材生产为主，林业建设重砍伐轻营造，没有坚持"以营林为基础"的方针，森林的生态效益和社会效益未能引起人们的普遍关注和重视。

2. 木材生产和生态环境并重阶段

从改革开放之初到20世纪末期，是我国林业木材生产和生态环境并重阶段。随着我国改革开放的不断深入，经济发展与生态环境之间的矛盾日益突出，从而迫使人们在注重发展经济的同时，不得不考虑生态环境的承受能力。林业建设在肩负着木材生产重任的同时，也逐步加强了森林营造和保护的力度。从"六五"到"九五"时期，我国木材产量基本上稳定在每年5000万~6000万m^3的水平。20世纪80年代末曾出现"森林资源危机、企业经济危困"的林业"两危"局面，于是国家下决心调减木材产量，彻底改变"木材生产为中心"的状况，给林业以休养生息的机会。从1987年到1990年，我国木材年产量一度逐年递减，但1991年之后产量又迅速反弹，可见全国木材生产的压力依旧很大。

人们对森林的生态效益日趋重视，国家对森林营造和保护的力度逐步加大。1980 年 3 月 5 日，中共中央、国务院联合发出《关于开展植树造林的指示》（简称《指示》），指出：大规模地开展植树造林，加速绿化祖国，是在实现四个现代化过程中的一项重大战略任务。这是首次将森林事业上升到国家战略的高度。《指示》也制定了绿化祖国的具体目标：将我国森林覆盖率提高到 30%，并力争到 20 世纪末使全国森林覆盖率达到 20%。1981 年 12 月 12 日第五届全国人大第四次会议通过的《关于开展全民义务植树运动的决议》，更是将公民义务植树造林上升到国家法律层面予以固定。

国家还开展了防护林体系建设。1978 年，国家决定在我国西北、华北北部、东北西部风沙危害和水土流失严重地区建设防护林体系，简称三北防护林体系。1986 年开始又陆续开展绿化太行山、沿海防护林、长江中上游防护林、平原绿化、黄河中游防护林等工程。这些生态工程的建设，为我国建立完备的林业生态体系和发达的林业产业体系奠定了基础。

中共中央和国务院还多次发文，强调坚决制止乱砍滥伐和加强护林防火。20 世纪 80 年代，我国林业出现了“南砍北火”两大事故。改革开放后，南方集体地区进行了一些改革，将部分林权下放给林农，不料却造成了严重的乱砍滥伐，甚至一些国营林场和自然保护区的林木也遭到哄抢。1980 年 12 月 5 日，国务院发出《关于坚决制止乱砍滥伐森林的紧急通知》。1982 年 10 月 20 日，中共中央、国务院再次联合发出《关于制止乱砍滥伐森林的紧急指示》，指出：保护森林、发展林业是我国社会主义建设中的一个重大问题，对森林的保护和管理必须加强，在任何时候都不能丝毫放松，对乱砍滥伐应当随起随刹，绝不能手软。1987 年 6 月 30 日，中共中央、国务院又联合发布《关于加强南方集体林区森林资源管理坚决制止乱砍滥伐的指示》，再次强调保护和发展森林资源，要正确处理当前利益和长远利益、经济效益和生态效益的关系。乱砍滥伐是人祸，大火则是天灾。1986 年春，我国多个省区连续发生森林火灾 1200 多起，烧林 52 万多亩，损失严重。国务院发出紧急通知，要求各地加强护林防火工作。然而不幸的是，1987 年 5 月 6 日至 6 月 2 日大兴安岭林区又发生特大森林火灾，过火林地面积 114 万 hm^2，其中受害森林面积 87 万 hm^2，烧毁贮木场存材 85 万 m^3，死亡 213 人，受伤 226 人。这是新中国成立以来最严重的一次森林大火，引起了党和国家对森林防火更高度的重视。1987 年 7 月，国务院、中央军委批准成立了中央森林防火总指挥部，按照“预防为主，积极消灭”的方针，加强对森林防火工作的领导。

总之，在这一时期，经济、社会的发展对林业的要求尚未发生根本性的变化，林业以木材生产为主的特征并没有本质性的改变，但同时，国家对森林营造和保护的重视程度在不断提高。因此，一对矛盾的现象似乎并存着：一方面仍在砍伐森林、生产木材以求获得森林的经济效益，另一方面又在植树造林、保护森林以求获得森林的生态效益。旧的观点和新的理念并存成为这一时期的显著特点。

3. 三大效益兼顾、以生态效益为主阶段

1998 年，我国三江（长江、嫩江、松花江）流域的特大洪灾引发了世人对生态危机的广泛关注，人们开始更加注重林业的生态效益。1998 年 6 月入汛到 8 月底，汛期主雨带一直在我国长江流域徘徊，造成长江中下游干流长时间维持高水位，长江中游大部分江段超过警戒水位两个多月，超过历史上高水位达一个多月。与此同时，北方的嫩江、松花江流域也从 6 月上旬开始持续出现强降雨过程，多次发生超过历史记录的特大洪水。据国家权威部门统计，当时全国共有 29 个省（区、市）受到不同程度的洪涝灾害，受灾面积 2000 多万 hm^2，直接经济损失 1666 亿元。然而 1998 年长江流域降水量虽大，但在历史上并不是最高的，并未超过 1954 年的总降雨量。雨量虽然不是历史最大，但长江中下游的水位却达到了有史以来的最高值，也就是说洪水并不是历史最高纪录，却创造了最高水位记录。这就不得不令人深思：这场百年洪灾到底因何而起？有识之士指出，洪灾与长江流域生态环境的破坏有直接关系。长期以来，长江流域上游无节制的森林采伐，使得当地的森林覆盖率急剧降低，流域内水土大量流失，同时长江沿江流域又大肆围湖造田，使得泄洪区面积显著缩小，因而降低了对洪水的调节能力。北方嫩江、松花江流域的洪灾成因也一样，由于流域内的森林被过度采伐，植被减少，水土严重流失，泥沙淤积于河流之中，因而蓄水能力大幅降低。在灾情还未结束时，1998 年 8 月 5 日，国务院就发布了《关于保护森林资源制止毁林开荒和乱占林地的通知》，指出：保护和发展森林资源，关系经济和社会的可持续发展，关系到人民生活水平的提高，关系到子孙后代的生存和繁衍，要正确处理好森林资源保护和开发利用的关系，正确处理好近期效益和远期效益的关系，绝不能以破坏森林资源、牺牲生态环境为代价换取短期的经济增长，决不能干那些急功近利而损害全局、贻害将来的事情。1998 年洪灾之后痛定思痛，人们迫切要求加强林业建设、改善生态环境，对森林生态效益的认识和需求达到了前所未有的高度。

21 世纪伊始，国家林业局和中国林业科学院组织专家开展了“中国可持续发展林业战略研究”，提出确立以生态建设为主的林业可持续发展道路，建立以森林植被为主体、林草结合的国土生态安全体系，建设山川秀美的生态文明社会的“三生态”林业发展战略思想。“三生态”的战略突出了林业在我国可持续发展战略中的地位和作用，明确了我国林业要实现由以木材生产为主向以生态建设为主的历史性转变。

2003 年 6 月 25 日，中共中央、国务院作出《关于加快林业发展的决定》（简称《决定》），这是 21 世纪我国林业发展的纲领性文件，标志着我国林业开始了由以木材生产为主向以生态建设为主的历史性转变。《决定》明确指出林业不仅要满足社会对木材等林产品的多样化需求，更要满足改善生态状况、保障国土生态安全的需要，生态需要已成为社会对林业的第一需求。同时，《决定》确立了加快林业发展的指导思想：确立以生态建设为主的林业可持续发展道路，建立以森林植被为主体、林草结合的国土生态安全体系，建设山川秀美的生态文明社会，大力保护、培育和合理利用森林资源，实现林业跨越式发展，使林业更好地为国民经济和社会发展服务。《决定》明确了林业建设的基本方针：坚持全国动员，全民动手，全社会办林业；坚持生态效益、经济效益和社会效益相统一，生态效益优先；坚持严格保护、积极发展、科学经营、持续利用森林资源；坚持政府主导和市场调节相结合，实行林业分类经营和管理；坚持尊重自然和经济规律，因地制宜，乔灌草合理配置，城乡林业协调发展；坚持科教兴林；坚持依法治林。《决定》还提出林业建设的主要任务：力争到 2010 年使我国森林覆盖率达到 19%，全国生态状况整体恶化的趋势得到初步遏制；到 2020 年森林覆盖率达到 23%，全国生态状况明显改善；到 2050 年森林覆盖率达到 26%，基本实现山川秀美，生态环境步入良性循环。

4. 关系到国家战略全局的特殊地位阶段

科学发展观和构建和谐社会是进入新世纪以来，中国共产党提出的重要的发展理念和奋斗目标。2002 年中共“十六大”提出了全面建设小康社会的目标，将改善生态环境，促进人和自然的和谐，确定为全面建设小康社会的重要内容之一。2004 年，中共十六届四中全会提出了构建社会主义和谐社会的目标，将包括统筹人与自然和谐发展在内的“五个统筹”作为构建和谐社会的要求之一。2007 年，中共“十七大”将科学发展观写入了党章，要求坚持走包括生态良好在内的文明发展道路，建设环境友好型社会，使人民在良好生态环境中生产生活，实现经济社会永续发展。可见，无论是落实科学发展观还是构建和谐社会，以生态建设为主的林业都是必不可少的重要环节，林业建设好坏直接关系能否实现科学发展、能否构建和谐社会。林业在经济建设和社会发展全局中的战略地位日趋重要。

2009 年的哥本哈根大会令世人瞩目，人类从来没有如此一致地关注自己的未来。人们的焦点集中于如何应对全球气候变暖。引起气候变暖的主凶是排放到空气中的二氧化碳，因此减少二氧化碳排放量是应对气候变暖的重要途径。在这次会议上，我国政府庄严承诺，到 2020 年我国单位国内生产总值二氧化碳排放量比 2005 年下降 40% ~45%。至于如何降低二氧化碳排放量，有两种途径：一种是直接减排，另一种是通过植树造林吸收二氧化碳间接减排。直接减排是减少二氧化碳排放量的当然选择，是处于转型时期的中国经济应该也必须做的。但是也应该看到，直接减排会从某种程度上影响经济发展，特别是作为发展中国家的中国，工业化和现代化尚未完成，发展仍然是首要任务，过量减排可能会阻碍甚至扼杀我国工业化和现代化的进程，因此直接减排空间有限且不可持续。如果是间接减排，通过植树造林提高森林覆盖率，以吸收更多的二氧化碳，就可以在不影响经济发展的同时实现减排目标。在哥本哈根大会上，我国政府在承诺减排的同时，也提出通过植树造林和加强森林管理，使我国实现 2020 年森林面积比 2005 年增加 4000 万 hm^2，森林蓄积量比 2005 年增加 13 亿 m^3 的目标。通过增加森林覆盖率，提高森林储蓄量，不仅可以间接减排，还可赢得外交工作的主动权，提升国家在世界舞台上的形象。更为重要的是，植树造林还能促进国土绿化，维护生态安全，促进人和自然和谐，实现科学发展，如此就能获得减排、发展、生态三者兼顾的“三赢”效果。

在 2009 年 6 月召开的中央林业工作会议上，国务院总理温家宝明确指出，林业在贯彻可持续发展战略中具有重要地位，在生态建设中具有首要地位，在西部大开发中具有基础地位，在应对气候变化中具有特殊地位。国务院副总理、全国绿化委员会主任回良玉也指出，实现科学发展必须把发展林业作为重大举措，建设生态文明必须把发展林业作为首要任务，应对气候变化必须把发展林业作为战略选择，解决“三农”问题必须把发展林业作为重要途径。这“四个地位”和“四大使命”是新时期历史条件下，党中央、国务院对林业的最新概括，充分表明林业建设已经上升至事关国家发展战略全局的特殊地位。

第二节　我国林业的法律法规体系

依法治林是依法治国方略在林业建设中的体现，也是中央确立的加快林业发展的一项基本方针。法律是统治阶级意志的体现，有狭义和广义之分。狭义的法律专指由国家立法机关制定的规范性文件，在我国是由全国人民代表大会及其常务委员会制定的规范性文件。广义的法律是指由国家制定或认可，并以国家强制力保证实施，具有普遍约束力的行为规范的总和。林业法律法规体系既包括全国人大及其常务委员会制定的林业法律，也包括由国务院制定的林业行政法规，国务院各部委制定的林业部门规章，地方人大和政府制定的林业地方法规和地方规章，民族自治机关制定的地方条例、单行条例中的林业条例，以及有关国际条约和国际惯例中与林业相关的条款。

2004 年 9 月，全国林业依法治林工作会议召开，这是新中国林业发展史上第一次最高规格的林业法制建设专题会议。这次会议提出，到 2010 年，我国要基本建立起“由《森林法》等 10 部法律、30 部法规、100 部部门规章、500 部地方法规和政府规章组成”的林业法律法规体系。

一、林业法律

林业法律由全国人民代表大会及其常务委员会制定，主要有以下几部

1.《关于开展全民义务植树运动的决议》(1981 年公布)

1981 年 7、8 月，我国四川、陕西等省先后发生了历史上罕见的特大洪水灾害。长江、黄河上游连降暴雨，造成洪水爆发、山体崩塌，给人民群众生命财产和国家经济建设造成了巨大损失。专家学者以大量的数据和事实论证了森林植被遭到破坏、生态失去平衡是造成这次洪灾的主要原因。人们开始普遍意识到长期以来我国林业建设中出现的问题，即没有认真贯彻“以营林为基础”的正确方针，相反却有着以木材为中心、重采伐轻营造的错误倾向。水灾引起了中央的关注。邓小平对当时的国务院副总理万里表示：最近水灾问题涉及林业，涉及林木的过量砍伐，看来宁可进口一点，也要少砍一点。同时邓小平还建议全国人大通过议案，规定凡是有劳动能力的中华人民共和国公民每人每年都要种 3 ~ 5 棵树，包栽包活，多者受奖，无故不履行此项义务者受罚。中共中央书记处经过讨论，一致同意邓小平同志的意见，责成林业部代拟草案。林业部高度重视，经过充分调研讨论，拟定了《关于开展全民义务植树的决议（草案)》，在经过中共中央书记处讨论通过后，国务院将决议提交第五届全国人民代表大会常务委员会第二十一次会议讨论，并提请全国人民代表大会审议。1981 年 12 月 13 日，第五届全国人大第四次会议审议并通过了这个议案，从此植树造林成为我国公民的义务，并用法律的形式固定了下来。

《决议》公布后不久，国务院就制定了《关于开展全民义务植树运动的实施办法》，同时成立了中央绿化委员会，统一领导全国全民义务植树运动。在中央的带动下，各省（市、区）绿化委员会相继成立，从组织上保证了对开展义务植树运动的领导。自《决议》公布至今，每年春天，党和国家领导人都会带头植树，履行自己的义务，全社会逐渐形成植树养树、护林兴林的良好风尚。至2010年年底，全国参加义务植树人数累计达127.3亿人次，植树588.96亿株。

2.《中华人民共和国森林法》（1979年试行，1984年颁布，1985年施行，1998年修订）

《中华人民共和国森林法》是我国林业建设的根本大法。

1949年，中国人民政治协商会议通过的、起着临时宪法作用的《共同纲领》中有“保护森林，并有计划地发展林业”的规定，这是新中国法律性文件中出现的关于林业建设的最早条文。1950年，国务院公布的《中华人民共和国土地改革法》中，也有数条针对林业的条款。如规定大森林归国家所有，由人民政府管理经营；没收和征收的山林按适当比例，折合普通土地统一分配；土地所有者有自由经营、买卖及出租其土地的权利；等等。1963年5月，国务院发布了《森林保护条例》。这是中华人民共和国成立以来制定的第一个保护森林的重要法规，分别从护林组织、森林管理、预防和扑救火灾、防治病害虫害以及奖惩制度等方面进行了规定。但这些林业法律，都不是由全国人大及其常务委员会制定的，而且有的还只是相关法律中的若干条款，因此离作为林业根本大法的森林法还有相当的距离。

1979年2月23日，第五届全国人大常委会第六次会议原则通过了《中华人民共和国森林法（试行）》。这是十一届三中全会以后全国人大常委会通过的第一部经济法，也是新中国第一部林业根本大法，在我国林业立法史上具有里程碑的意义，它的出台标志着我国林业建设开始进入依法治林轨道。经过5年的试行和讨论，1984年9月20日，第六届全国人大常委会第七次会议审议正式通过了《中华人民共和国森林法》（简称《森林法》，1985年1月1日起施行）。《森林法》是我国林业建设正式的根本大法，对林业建设的方针、森林的经营管理、保护、营造以及法律责任都作出了明确规定，使林业从人治走上了法治的健康道路，对我国林业发展起到了有力的推动作用。

1985年正式实施的《森林法》共分7章、42条，其基本内容包括：（1）强调了稳定森林、林木、林地的所有权和使用权，保护所有者和使用者的合法权益；（2）确定了林业建设实行“以营林为基础，普遍护林，大力造林，采育结合，永续利用”的方针；（3）规定了对现有森林试行限额采伐，鼓励造林育林，并对造林育林的集体和个人给予经济扶持和建立林业基金制度等保护森林资源的措施；（4）制定了森林经营管理、森林保护、植树造林、森林采伐的各项制度及违法毁林等应承担的法律责任。《森林法》的颁布适逢国内林业“三定”工作开展之时，因而将部分林权下放给了农民。不料，一些农民担心政策会改变，林权会再次上收，于是“先下手为强”，纷纷将自家承包的山林砍掉换钱，以获取短暂和现实的经济利益，从而造成乱砍滥伐现象严重。《森林法》的实施，从法律层面保护了森林资源，规模较大而普遍的各种乱砍滥伐得到一定程度的遏制。此外，《森林法》颁布后，由于加强了森林防火的力度，因而我国森林火灾受害率大幅度降低。

随着经济社会的发展，至 20 世纪 90 年代，我国林业建设又出现了一些新的情况，《森林法》已经不能适应当时形势的发展需要。首先，林业的性质和定位发生了变化。《森林法》过分强调了林业的经济效益，对林业的生态效益和社会效益重视不够，而随着人类生存环境的恶化，森林在保护和改善生态环境方面的作用越来越突出，人们对森林生态效益要求也越来越高。其次，《森林法》产生于改革开放之初，计划经济的痕迹明显，一些地方明显不能适应建立社会主义市场经济的需要。如在市场经济条件下，森林、林木、林地是不是商品、能不能进入市场、可不可以转让等问题亟待解决。再次，在某些条款行文上本身存在缺陷和漏洞。如对违法毁林行为处罚力度不够，对倒卖、伪造运输证，倒卖野生动物驯养繁殖许可证等没有具体的处罚规定，等等。1998 年 4 月 29 日，第九届人大常委会第二次会议审议并通过了《全国人民代表大会常务委员会关于修改〈中华人民共和国森林法〉的决定》，并于同日公布了根据《决议》修订后的《森林法》。

1998 年新修订的《森林法》与原《森林法》相比，主要不同点在于：（1）设立了森林生态效益补偿基金。森林生态效益补偿基金用于提供生态效益的防护林和特种用途林的森林、林木的营造、抚育、保护和管理。这一规定有利于激发生态公益林生产者的积极性。（2）强化了有关林地的法律制度。在维持了原《森林法》关于森林、林木和林地确权发证规定的同时，增加了林业主管部门可以在国务院的授权下，对国务院确定的国家所有的重点林区的森林、林木和林地进行登记发证；针对征占用地特别规定，首先要求不占或者少占林地，如果必须占用或者征用林地的，一定要经过县级以上人民政府林业部门审核同意，用地单位还要缴纳森林植被恢复费。（3）确保了林业生产者的利益。规定保障林农合法权益，减轻林农负担；任何单位和个人不得侵犯他人合法林木所有权及其他权益；用材林、经济林、薪炭林及其林地使用权可以合法转让、作价入股或者作为合资、合作造林的条件，但不得将林地转为非林地。（4）明确了森林执法的任务。森林公安的执法职责得到明确，并且规定为了履行好这一职责，森林公安机关在国务院林业主管部门授权的范围内，可以依法行使行政处罚权。

1998年《森林法》的修订是20世纪末期我国林业建设的重大事情，也是国家实现可持续发展战略的重要法律保障，有力地推动我国林业建设迈向21世纪。时至今日，随着我国经济社会环境的变化、人们法治观念的不断增强以及对生态环境的日益重视，《森林法》与时代发展又产生了不合时宜之处。首先，1984年制定《森林法》时处于计划经济时代，1998年修订《森林法》时处于社会主义市场经济正在建立的过程之中，尽管当时对计划经济色彩有所淡化，但是仍然在诸如林业产权制度、林业资金管理、国有森林资源管理等方面保留了一些计划经济的遗痕。在社会主义市场经济体制框架已经基本成型的今天，有必要更进一步地修改，使《森林法》与社会主义市场经济更加协调。其次，今天人们对林业的地位又有了新的认识。林业不仅仅具有经济效益，而且还具有生态和社会效益。在生态建设日益重要的当下，林业在生态建设中具有首要地位。从国家经济和社会发展来看，林业还在贯彻可持续发展战略中具有重要地位，在西部大开发中具有基础地位。近些年全球气候变化越来越引人关注，林业在人类应对地球变暖问题上还具有其他行业难以替代的特殊地位。这一些新的思想和理念，应该反映到作为林业发展根本大法的《森林法》中。再次，现行《森林法》在某些概念表述和具体政策上有需要进一步完善的地方。例如，林业生态效益补偿机制，虽然在1998年修订的《森林法》中有所体现，但是还不够，目前公益林和商品林就没有截然分开，几乎仍然使用相同的法律。又如，《森林法》第三十九条规定："盗伐森林或者其他林木的，依法赔偿损失；由林业主管部门责令补种盗伐株数数十倍的树木，没收盗伐的林木或者变卖所得，并处盗伐林木价值三倍以上十倍以下的罚款。"而《刑事诉讼法》第一百九十八条规定："对被害人的合法财产，应当及时返还。"两者之间产生了矛盾：按照《森林法》，被盗林木由林业主管部门予以没收；按照《刑事诉讼法》，被盗的合法林木要及时返还被盗者。这显然让林业执法者无所适从，因此亟待修改。

3.《中华人民共和国野生动物保护法》（1988年颁布，1989年施行）

森林资源不仅仅包括森林植物，还应该包括在森林中栖息的动物。《森林法》第二条规定，"从事森林、林木的培育种植、采伐利用和森林、林木、林地的经营管理活动”都必须遵守该法，没有涉及对森林动物的保护。由此，1988年11月8日第七届全国人民代表大会常务委员会第四次会议审议通过了《中华人民共和国野生动物保护法》（简称《野生动物保护法》，1989年3月1日起实施），旨在“保护、拯救珍贵、濒危野生动物，保护、发展和合理利用野生动物资源，维护生态平衡”，对从事野生动物的保护、驯养繁殖和开发利用的活动进行了规范。野生动物包括陆生和水生动物，由国家林业和渔业主管部门分别管理。

《野生动物保护法》分5章、42条，其基本内容包括：（1）规定了野生动物资源归国家所有；（2）制定了国家在野生动物保护、管理方面的各项制度；（3）明确了国家保护依法开发利用野生动物资源，打击危害野生动物资源的非法活动，并规定了违法活动相应的法律责任。

由于长期以来非法捕杀野生动物对我国野生动物资源造成了极大破坏，一些珍禽异兽濒临灭绝，因此全国人大委员会在审议并通过《野生动物保护法》的同时，还专门作了《关于惩治捕杀国家重点保护的珍贵、濒危野生动物犯罪的补充规定》：“非法捕杀国家重点保护的珍贵、濒危野生动物的，处七年以下有期徒刑或者拘役，可以并处或者单处罚金；非法出售倒卖、走私的，按投机倒把罪、走私罪处刑。”1997年修订《中华人民共和国刑法》（简称《刑法》）时，将这一补充规定修改后纳入了新修《刑法》（第三百四十一条）之中，规定：“非法猎捕、杀害国家重点保护的珍贵、濒危野生动物的，或者非法收购、运输、出售国家重点保护的珍贵、濒危野生动物及其制品的，处五年以下有期徒刑或者拘役，并处罚金；情节严重的，处五年以上十年以下有期徒刑，并处罚金；情节特别严重的，处十年以上有期徒刑，并处罚金或者没收财产……违反狩猎法规，在禁猎区、禁猎期或者使用禁用的工具、方法进行狩猎，破坏野生动物资源，情节严重的，处三年以下有期徒刑、拘役、管制或者罚金。”原补充规定自新《刑法》施行之日起废止。

2004年8月28日，第十届全国人大常委会第十一次会议对《野生动物保护法》作了修改，将第二十六条第二款修改为：“建立对外国人开放的猎捕场所，应当报国务院野生动物行政主管部门备案。”目前，国家施行的是2004年修订的《中华人民共和国野生动物保护法》。

4.《中华人民共和国防沙治沙法》（2001年颁布，2002年施行）

我国是世界上土地荒漠化和沙化危害最为严重的国家之一，土地荒漠化和沙化严重威胁着中华民族的生存空间，制约着我国经济社会的发展，影响着全面建设小康社会的进程。国家林业局第二次土地荒漠化和沙化土地监测结果表明，截至1999年年底，我国共有荒漠化土地267.4万km^2，占国土面积的27.9%，沙化土地174.31万km^2，占国土面积的18.2%，而且土地荒漠化和沙化呈扩展趋势。为了防止土地荒漠化和沙化，早在新中国成立之初，我国就在沙区组织开展了农田防护林和防风固沙林建设；改革开放之后，又实施了三北防护林体系建设工程；20世纪90年代初，又启动了全国防沙治沙工程对全国防沙治沙工作进行专门部署。至20世纪末，我国防沙治沙工作尽管取得了一些成效，但是“沙进人退”的局面仍未改变，土地沙化扩展速度甚至由20世纪70年代每年1500多hm^2发展到90年代末每年3400多hm^2。造成土地荒漠化和沙化的原因有自然和人为方面的多种因素，自然因素（如全球气候变暖）难以在短时间内调节，但是人为因素（如开荒、过度放牧、乱砍滥伐、不合理用水等）却可以通过立法等手段加以控制。

为了更加有效地预防人为造成土地沙化，治理沙化土地，维护生态安全，促进国家经济和社会的可持续发展，2001年8月31日，第九届全国人大常委会第二十三次会议审议并通过了《中华人民共和国防沙治沙法》（简称《防沙治沙法》，自2002年1月1日起施行），这是我国也是世界上第一部关于防沙治沙的专门法律。《防沙治沙法》分7章、47条，主要内容包括：（1）明确了立法目的、适用范围、防沙治沙应遵循的基本原则和管理体制；（2）制定了防沙治沙规划、土地沙化的预防、沙化土地的治理和防沙治沙保障措施等各项制度；（3）规定了违反防沙治沙应担负的法律责任。

《防沙治沙法》确立了我国开展防沙治沙工作的基本原则和各项制度，强化了各级政府部门防沙治沙各种责任，使社会各方面在防沙治沙上的责任和义务更加明确，让预防、治理和开发利用沙化土地有法可依，对我国防沙治沙事业有重要的推动作用。时至今日，我国的防沙治沙事业已取得重大进展。据2005年6月国家林业局公布的第三次全国荒漠化和沙化状况公报，截至2004年年底，全国荒漠化土地总面积为263.62万km^2，占国土总面积的27.46%，与1999年相比，5年内荒漠化土地面积净减少37924km^2，年均减少7585km^2；全国沙化土地面积为173.97万km^2，占国土总面积的18.12%，与1999年同监测范围内相比，5年内沙化土地面积净减少6416km^2，年均减少1283km^2。2011年1月，国家林业局又公布了第四次全国荒漠化和沙化监测结果：截至2009年年底，全国荒漠化土地面积262.37万km^2，沙化土地面积173.11万km^2，分别占国土总面积的27.33%和18.03%，与2004年相比，5年间全国荒漠化土地面积年均减少2491km^2，沙化土地面积年均减少1717km^2，这表明我国土地荒漠化和沙化整体得到初步遏制。

5.《中华人民共和国农村土地承包法》(2002 年颁布，2003 年施行)

土地是重要的生产资料，按《中华人民共和国宪法》规定，我国农村土地，除由法律规定属于国家所有的以外，属于集体所有。20 世纪 70 年代末，我国某些地方农村进行土地制度改革，即在农村土地集体所有权不变的前提下，农民通过承包可以获得土地的使用权和产品的经营权。1980 年 9 月 27 日，中共中央下发了《关于进一步加强和完善农业生产责任制的几个问题》的通知，对农村这项制度创新予以肯定。从此，以家庭联产承包责任制为基础、集体统一经营和家庭分散经营相结合的统分结合双层经营体制，作为中央对农村的一项基本政策，成为我国农村的一项基本经营制度。到 1982 年年底，全国农村 67% 的基本核算单位实行了包干到户，1984 年以后一直稳定在 99% 以上，实行家庭承包经营的耕地一直占耕地总面积的 97% 左右。但是在实行承包责任制之初，承包期一般都比较短，难以调动承包人增加投入、合理开发土地的积极性，甚至可能导致短期行为和对土地的掠夺式、破坏式经营。因此，1984 年 1 月 1 日，中共中央发出《关于 1984 年农村工作的通知》，明确了土地承包期限应适当延长，“一般应在 15 年以上”。根据这一精神，全国各地陆续将土地承包期确定为 15 年。1993 年，一些较早实行承包责任制的地方土地承包即将到期，为了及时指导，中共中央、国务院联合出台了《关于当前农业和农村经济发展的若干政策措施》，提出在原定的耕地承包期到期之后，“再延长 30 年不变”，对于开垦荒地、营造林地、治沙改土等从事开发性生产的，承包期可以更长。此后，各地农村又陆续启动了第二轮土地承包(简称“延包”)。截至 2000 年年底，全国 98% 左右的地方基本完成了延包。由于林业生产周期长，为了鼓励农民大面积承包荒山，早在 1984 年 3 月，中央就制定了林地“承包期限可以延长到 30 至 50 年”的政策。1984 年年底，全国各种形式的林业生产责任制林地面积 11. 8 亿亩，给近 5700 万农户划定自留山 4. 7 亿亩。截至 2001 年年底，全国 70% 的集体林地已承包到户。

1993 年 3 月 29 日，第八届全国人大第一次会议通过修宪案，将农村“家庭承包经营为基础、统分结合的双层经营体制”载入了国家根本大法《宪法》。然而，总体而言，自 20 世纪 80 年代实施起至 21 世纪初，我国农村土地承包制的推行几乎全部依赖于中央不断出台政策指导。政策的频繁出台虽然满足了不断探索、不断变迁的现实需要，但某种程度上也容易引起“政策多变”的负效应。由于土地承包关系缺乏法律的规范和保护，一些基层干部和农民对“承包期 30 年不变”的政策心存疑虑，总是担心承包政策会发生变化。更重要的是，中央政策在地方实行中往往容易被有意无意地误读和曲解，一些村干部甚至利用职权随意调整承包地，并通过调整承包地变相加重农民负担，损害农民承包权益，致使农民不敢在土地上做长期投资。因此，亟待出台比中央政策更为规范、便于操作的国家法律来稳定农村土地承包关系。1998 年 10 月 14 日，中共十五届三中全会作出了《中共中央关于农业和农村工作若干重大问题的决定》，明确要求坚定不移地贯彻土地承包期“再延长 30 年”的政策，同时要抓紧制定确保农村承包土地关系长期稳定的法律法规，赋予农民“长期有保障的土地使用权”。2002 年 8 月 29 日，全国人大常委会第二十九次会议通过了《中华人民共和国农村土地承包法》（简称《农村土地承包法》2003 年 3 月 1 日起施行），从此农村土地承包制成为法律上的正式制度，保障了中央在农村基本政策的长期稳定，维护了农民的合法权益，为加快农业现代化提供了法律和制度基础。

《农村土地承包法》的主要内容包括：（1）农村土地承包采取农村集体经济组织内部的家庭承包方式，不宜采取家庭承包方式的荒山、荒沟、荒丘、荒滩等农村土地，可以采取招标、拍卖、公开协商等方式承包；（2）关于土地承包期，耕地为 30 年，草地为 30～50 年，林地为 30～70 年，特殊林木的林地经国务院林业行政主管部门批准可以延长；（3）承包方有权依法自主决定土地承包经营权是否流转和流转方式，但未经依法批准不得将承包地用于非农建设；（4）在承包期内，发包方不得单方面解除承包合同，不得任意收回和调整承包地。

农村林地是农村土地的一种，《农村土地承包法》也是我国农村林地承包的基本法律制度。它以法律的形式赋予了广大林农长期的、有保障的林地承包经营权，是对 20 世纪 80 年代以来林业“三定”的完善和发展，有利于进一步调动林农的积极性，促使他们能够安心地投入资金用于生产周期较长的林业之中。另外，《农村土地承包法》规定的包括林地在内的土地流转制度、土地承包合同管理、承包方和发包方的权利义务等，能够促进林业资源配置市场化、生产经营规模化，从而保障和加快我国农村林业进一步发展。

6.《中华人民共和国种子法》(2000 年颁布、施行)

种子是农业和林业生产中最基本的生产资料之一。种子业的发展，直接关系到农业的增产、农民的增收，关系到森林覆盖率的提高、生态环境的改善，关系到经济和社会的可持续发展。早在 1989 年 3 月 13 日，国务院就颁布了《中华人民共和国种子管理条例》来规范种子行业的行为。但随着时间推移，这部作为行政法规的《种子管理条例》越来越不能适应时代的要求，不能满足现实的需要。我国是个农业大国，2001 年加入世贸组织后，农、林产品在国内外市场竞争上日趋激烈，产品的品种和质量成为竞争的主要方面，可以说新品种和优良品种决定着我国农业在国际市场上的竞争能力。另外，随着我国社会主义市场经济体制的逐步建立，种子的管理、生产、经营上的弊病越来越明显。如种子行业在技术、经营、管理上“三位一体”，政、事、企不分，行政执法主体不明确，既当运动员又当裁判员，这种体制很容易带来执法管理上的不公正。更有甚者，由于政策法规不完善，管理调控不力，一些地方种子市场混乱，假冒伪劣种子坑农害农事件时有发生。人们迫切要求出台《种子法》来规范我国的种子市场和种子行业。

2000 年 7 月 8 日，第九届全国人大常委会第十六次会议通过了《中华人民共和国种子法》（简称《种子法》，2000 年 12 月 1 日起施行）。该法是在原《种子管理条例》实施十多年的基础上制定出来的法律，法律效力大为增强，内容也比《种子管理条例》的内容更加全面。《种子法》对种质资源保护，品种选育与审定，种子生产、经营、使用，种子质量管理以及进出口等方面进行了规范。其主要内容包括：（1）调整对象既包括农作物和林木的种子，还包括苗木，意味着林木“种子”的概念包含林木种子和林木苗木两者在内；（2）强调了对种质资源的保护，明确规定国家依法保护种质资源，任何单位和个人不得侵占和破坏种质资源，国务院及地方林业行政主管部门根据需要建立种子资源库、种质资源保护区或种质资源保护地；（3）规范了品种选育与审定工作，保护植物新品种权所有人的合法权益，主要林木品种在推广应用前应当通过国家级和省级审定，未通过的，不得作为良种经营推广；（4）施行林木种子生产与经营许可制度，主要林木商品种子的生产、经营实行许可制度，这有利于规范种子生产者和经营者的行为，并加重了种子生产、经营者的法律责任；（5）加强了对种子质量的管理，明确了种子质检机构的职责；（6）落实了政企分开原则，规定种子生产、经营机构不得参与和从事种子行政管理工作，解决了种子行业政、事、企不分的问题。

《种子法》的出台，是我国加强依法治林的又一重要举措。它结束了长期以来我国苗木生产、经营和管理无法可依的状况，有力地推动了林木种苗业发展，促进了包括林木种苗业在内的我国种业尽快与国际接轨并积极面对各种国际挑战和国际竞争，从而有利于在整体上提高我国种业的市场竞争力。

2004 年 8 月 28 日，第十届全国人大会常委会第十一次会议通过了《关于修改〈中华人民共和国种子法〉的决定》，对《种子法》作如下修改：（1）第十七条第三款修改为：“应当审定的林木品种未经审定通过的，不得作为良种经营、推广，但生产确需使用的，应当经林木品种审定委员会认定。”（2）

第三十三条修改为："未经省、自治区、直辖市人民政府林业行政主管部门批准，不得收购珍贵树木种子和本级人民政府规定限制收购的林木种子。"目前，施行的是2004年修订的《中华人民共和国种子法》。

二、林业行政法规

林业行政法规是国务院为领导和管理国家林业行政工作，根据宪法和法律，按照法定程序制定的有关林业的规范性文件。林业行政法规的效力仅次于林业法律，主要有以下几部：

1.《关于开展全民义务植树运动的实施办法》(1982年发布)

1981年12月，第五届全国人大第四次会议通过《关于开展全民义务植树运动的决议》，规定全民植树的义务，并责成国务院制订具体实施办法。1982年2月27日，国务院常务会议通过了《关于开展全民义务植树运动的实施办法》，对全民义务植树运动作了进一步具体规定。例如，规定县级以上各级人民政府均应成立绿化委员会，统一领导本地区的义务植树运动和整个造林绿化工作；参加义务植树运动的公民年龄，男11~60岁，女11~55岁；义务植树的树木权属，在国有土地上的，归经营管理这些土地的单位所有，在集体土地上的，归集体单位所有；义务植树所需的苗木费、管护费由林权所有单位解决，等等。

2.《森林采伐更新管理办法》(1987年发布)

《森林采伐更新管理办法》是我国关于森林采伐和森林更新的实施管理法则，1987年8月25日由国务院批准，同年9月10日由林业部发布施行。在森林采伐更新方面，我国曾先后颁发过三个规程：1956年由林业部颁发的《国有林主伐试行规程》、1960年由林业部颁发的《国有林主伐试行规程》和1973年由农林部颁发的《森林采伐更新规程》。《森林采伐更新管理办法》是在总结上述三个规程的制定和实施经验的基础上制定的，共5章、27条，对森林采伐的种类，林木采伐许可证的管理，用材林的主伐方式及其技术规程，水库和湖泊周围、大江大河及其主要支流两岸、铁路和公路干线两侧等特殊地带森林采伐的特殊要求，国营林业局和国营、集体林场采伐作业的技术规程，采伐作业质量检查验收，森林更新的原则，更新质量必须达到的标准，对违法违规行为的惩罚等，做出了明确具体的规定。

3.《中华人民共和国种子管理条例》(1989年颁布，2000年废止)

《中华人民共和国种子管理条例》由林业部与农业部共同起草，1989年1月20日国务院第三十二次常务会议审议通过。1989年3月13日以国务院第

31号令发布，2000年12月1日《中华人民共和国种子法》施行之日起废止。

4.《森林病虫害防治条例》（1989年颁布）

森林病虫害与森林火灾、人工乱砍滥伐并称为森林三大害。20世纪50年代，我国森林的生态系统相对良好，森林病虫害对林木的危害不甚突出。进入60年代，随着对森林的干扰程度加重，森林生态系统遭到破坏的程度加大，我国森林病虫害问题日趋显现，每年森林病虫害发生面积约260万～400万hm^2。此后，由于对森林的过量采伐，且人造林树种又过于单一，森林生态系统进一步恶化，再加上大量农药的滥用，因而森林病虫害进一步扩大。据1987年的统计数据，当年我国森林害虫达100多种，病害30多种，鼠害12种，森林病虫害发生面积达937.5万hm^2。而且，森林病虫害还处于上升趋势，到1988年，全国森林病虫害发生面积升至967.3万hm^2，比1987年增加了3.2个百分点。全国多个省份连续多年发生大规模的森林病虫害，引起了中央高度重视。为了控制森林病虫害，使森林病虫害防治逐步走向制度化、规范化，林业部起草了《森林病虫害防治条例》，并报请国务院审核。1989年11月17日，国务院第五十次常务会议审议通过该《条例》，并于12月18日以国务院第46号令发布施行。这是我国第一部具有法律效力的全面防治森林病虫害防治行政法规，对我国森林病虫害的防治起到了规范和推动作用。

5.《植物检疫条例》（1983年颁布，1992年修订）

新中国成立后，我国的植物检疫工作在旧中国一片空白的基础之上逐步发展起来，曾经先后制定过若干有关植物检疫的规章制度和管理办法。如1951年对外贸易部颁布了《输出输入植物病虫害检疫暂行办法》，1954年对外贸易部制定了《输出输入植物检疫暂行办法》及《输出输入植物检疫对象名单》，1957年农业部颁布了《国内植物检疫试行办法》，1964年林业部制定了《国内森林植物检疫暂行办法（草案）》，1966年农业部和对外贸易部联合颁布了《关于执行植物检疫工作的几项规定（草案）》和《进口植物检疫对象名单（草案）》，1978年农林部颁布了《国外林木检疫对象名单》和《进出口木材、林木种子、苗木检疫操作方法》等。但由于我国植物检疫工作基础薄弱，因而仍有不少危险性病虫害从国外转入和在国内蔓延。为了进一步规范和加强植物检疫工作，1983年1月3日，国务院颁布了《植物检疫条例》，标志着我国植物检疫工作又进入一个新阶段。

随着我国经济的发展，应实施检疫的植物和植物产品数量大大增加，植物检疫工作出现了一些新情况和新问题，国家及时地修订了《植物检疫条例》。1992年5月13日，新修订的《植物检疫条例》以国务院第98号令发布并施行。新《条例》在原来的基础上增加和调整了一些内容，如增加了设立植物检疫检查站，对检疫的地域范围作了适当调整，明确了国外引种审批的制度，对奖惩制度和法律责任作了更为具体的规定，等等。

6.《城市绿化条例》(1992年颁布)

1992年5月20日，国务院第一百零四次常务会议通过《城市绿化条例》，6月22日以国务院令第100号发布，8月1日起施行。《城市绿化条例》主要内容有：(1) 明确了城市政府应当组织城市规划行政主管部门和城市绿化行政主管部门等共同编制城市绿化规划，并将城市绿化纳入国民经济和社会发展计划之中；(2) 提出了城市绿化工程设计、施工的具体要求；(3) 规定了城市绿地保护和管理的责任单位及具体负责事项；(4) 强调了对城市古树名木的保护；(5) 制定了对违法者惩罚的制度。《城市绿化条例》是我国城市绿化事业规范化和法制化的重要保障，有力地推动了城市绿化事业的发展。至2010年年底，全国城市建成区绿化覆盖面积达149.45万 hm^2，绿地面积133.81万 hm^2，公园绿地面积40.16万 hm^2；建成区绿化覆盖率38.22%，绿地率34.17%，人均公园绿地面积10.66 m^2。

7.《中华人民共和国陆生野生动物保护实施条例》(1992年颁布)

1988年11月8日，第七届全国人大常委会第四次会议通过了《中华人民共和国野生动物保护法》，1989年3月1日起实施（2004年8月28日修订）。陆生野生动物管理工作则由林业主管部门负责。1992年2月12日，经国务院批准，3月1日由林业部颁布了《中华人民共和国陆生野生动物保护实施条例》。这是我国在陆生野生动物保护方面的一个新条例，标志着我国陆生野生动物保护的法制建设迈上了一个新的台阶。

8.《中华人民共和国自然保护区条例》(1994年颁布)

1985年7月6日，经国务院批准，林业部颁布了《森林和野生动物类型自然保护区管理办法》。这是新中国较早的关于自然保护区的法规。随着时间的发展，这部法规已经不能适应现实的需要。1994年9月2日，国务院第二十四次常务会议讨论通过，10月9日以国务院第167号令颁布了《中华人民共和国自然保护区条例》（简称《自然保护区条例》），并于12月1日起施行。《自然保护区条例》包括总则、自然保护区的建设、自然保护区的管理、法律责任、附则等5章、44条。《自然保护区条例》的公布和实施标志我国自然保护区工作进入了法制化轨道。

9.《中华人民共和国野生植物保护条例》(1996年颁布)

1996年9月30日，以国务院第204号令颁布了由林业部、农业部共同起草的《中华人民共和国野生植物保护条例》（简称《野生植物保护条例》），1997年1月1日起施行。这是我国第一部专门保护野生植物的行政法规，包括总则、野生植物保护、野生植物管理、法律责任及附则等5章、32条，从法律上明确了我国野生植物行政主管部门和对野生植物的保护政策，对重点保护野生植物的采集、出售、收购、进出口及违法活动的处罚作了相应规定。《野生植物保护条例》对于我国野生植物保护工作的法制化建设起到了促进作用。

10.《中华人民共和国植物新品种保护条例》（1997年颁布）

1997年3月20日，以国务院213号令颁布了《中华人民共和国植物新品种保护条例》（简称《植物新品种保护条例》），1997年10月1日起施行。《植物新品种保护条例》包括总则，品种权的内容和归属，授予品种权的条件，品种权的申请和受理，品种权的审查批准，品种权的期限、终止和无效，罚则，附则等8章、46条，对于保护植物新品种权，鼓励培育和使用植物新品种起到了积极作用。

11.《中华人民共和国森林法实施条例》（2000年颁布）

2000年1月29日，以国务院第278号令颁布了《中华人民共和国森林法实施条例》（简称《森林法实施条例》），自发布之日起施行。《森林法实施条例》是在1998年4月新修《森林法》出台后，对1986年5月由林业部发布的《森林法实施细则》进行修订的基础上形成的。《森林法实施条例》分为总则、森林经营管理、森林保护、植树造林、森林采伐、法律责任、负责等7章、48条。《条例》对原《细则》多有修改，特别是对新修《森林法》作了重要修改和补充，一方面使《森林法》规定的法制制度更加具体化，增强了法律的可操作性，另一方面也在《森林法》已有原则规定的基础上，在法规的权限内增加了相应责任条款，增加了法律法规的约束力，同时还进一步理顺了各方面关系，减少了执法上的困难。

12.《退耕还林条例》（2002年颁布）

2002年12月6日，国务院第六十六次常务会议通过了《退耕还林条例》，同年12月14日以国务院第367号令颁布，自2003年1月20日起施行。《退耕还林条例》包括总则，规划和计划，造林、管护与检查验收，资金和粮食补助，其他保障措施，法律责任，附则等7章、65条。《退耕还林条例》的颁布实施是我国生态建设的一件大事，将国家之前实施的退耕还林政策措施用法律形式固定了下来，也是实行退耕还林工程的法律保障，标志着退耕还林从此步入了法制化管理轨道。

13.《中华人民共和国濒危野生动植物进出口管理条例》(2006 年颁布)

2006 年 4 月 12 日，国务院第一百三十一次常务会议通过了《中华人民共和国濒危野生动植物进出口管理条例》(简称《濒危野生动植物进出口管理条例》)，同年 4 月 29 日以国务院第 465 号令发布，自 2006 年 9 月 1 日起施行。这是继《野生动物保护法》《森林法》《野生植物保护条例》等法律法规之后，我国制定颁布的一部专门规范濒危野生动植物及其产品进出口管理活动的行政法规。《濒危野生动植物进出口管理条例》共计 21 条，确立了我国濒危野生动植物进出口管理的法律地位，进一步提升了保护濒危野生动植物资源的重要性，有利于推动我国濒危野生动植物资源保护事业的发展，为我国野生动植物资源可持续发展奠定了法律基础，也极大地提升了我国保护濒危野生动植物种的国际地位，有利于树立我国良好的国际形象。

14.《森林防火条例》(1988 年颁布，2008 年修订)

1988 年 1 月 16 日国务院颁布的《森林防火条例》，曾在预防和扑救森林火灾方面发挥了非常重要的作用。但随着森林防火事业的发展，森林防火工作出现了新情况、新问题，旧《森林防火条例》已不能适应森林防火工作。2008 年 11 月 19 日，国务院第三十六次常务会议通过了新修订的《森林防火条例》，同年 12 月 1 日以国务院第 541 号令发布，自 2009 年 1 月 1 日起施行。新修《森林防火条例》包括总则、森林火灾的预防、森林火灾的扑救、灾后处置、法律责任、附则等 6 章、56 条，进一步完善了森林防火责任制，强化了森林防火管理制度和措施，明确了森林火灾划分级别和标准，加强了应急管理机制，加大了处罚力度。新修《森林防火条例》对于规范森林防火工作，加强依法治火，促进森林防火事业健康发展具有重要意义。

三、林业部门规章

林业部门规章是指国务院林业行政主管部门根据法律和国务院行政法规，在本部门的行政管理权限内按照法定程序制定的规范性文件。自 1989 年林业部与农业部一起发布部令始，迄今已经发布林业相关规章 40 余件。

根据 2004 年 4 月 11 日国家林业局第 10 号令发布的《国家林业局关于废止部分部门规章和部分规范性文件的决定》，《林地管理暂行办法》和《中华人民共和国种子管理条例种子管理实施细则》两部部门规章废止。2011 年 1 月 25 日，国家林业局第 26 号令发布《国家林业局关于废止和修改部分部门规章的决定》，《林业系统内部审计工作的规定》部门规章废止，并对《森林公园管理办法》等 10 部部门规章做了修改。至此，我国现行有效的林业部门规章共有42部。这些部门规章在细化林业法律、林业行政法规，填补相关领域法律空白，规范林业管理，保护发展和合理利用森林资源，维护生态安全，促进林业发展等方面起到了积极作用。

四、地方法规、地方规章、自治条例和单行条例

地方林业法规是由省、自治区、直辖市以及省、自治区人民政府所在地的市或经国务院批准的较大的市的人民代表大会及其常务委员会根据本地区的具体情况和实际需要，在不与宪法、法律、行政法规相抵触的前提下，按照法定程序制定的林业规范性文件。地方林业规章是指由省、自治区、直辖市及省、自治区人民政府所在地的市或经过国务院批转的较大的市的人民政府，根据法律、行政法规和地方性法规，按照规定程序制定的，普遍适用于本地区行政管理工作的林业规范性文件。林业自治条例和单行条例，是由民族自治地方的自治机关根据宪法和法律制定的适合本民族自治区域行政管理事务的林业规范性文件。

第三节　我国林业的管理体制与职责

一、全国绿化委员会

全国绿化委员会为国务院议事协调机构。根据1982年国务院《关于开展全民义务植树运动的实施办法》的规定，县以上各级人民政府均应成立绿化委员会。1982年2月，国家成立了中央绿化委员会，1988年以后改称全国绿化委员会。全国绿化委员会统一领导全国全民义务植树运动和整个造林绿化工作。全国绿化委员会成立以来，基本上每年都开一次全体委员会议，截至2010年已经召开28次。每次会议主要听取有关全国绿化工作进展情况的报告，决议有关推动全民义务植树运动的措施和决定，研究解决绿化工作中的问题，部署下一阶段的工作任务。全国绿化委员会主任由国务院副总理担任，国家林业局局长担任副主任和办公室主任。

全国绿化委员会办公室设在国家林业局，作为常设办事机构，承担全民义务植树和国土绿化的宏观指导、宣传发动、组织协调、督促检查和评比表

彰等日常工作。目前，全国绿化委员会下还设有治沙组、农村组、种草组、部队组、城市组、综合组等6个小组，分别负责各自的工作。在全国绿化委员会之下，各省、自治区、直辖市和有关部门也相继成立了相应的各级绿化委员会，设立了专门办公室，负责统一领导本地区、本部门的义务植树运动和造林绿化工作。

二、林业管理机构

（一）国家林业行政主管部门

新中国成立以来，我国一直设有从中央到地方的各级林业行政主管部门，管理全国林业事业。中央林业行政主管部门的演变经历了7个阶段。

1. 林垦部（1949年10月~1951年11月）

1949年10月新中国成立后，根据《中华人民共和国中央人民政府组织法》，设立了中央人民政府林垦部，管理全国营林、森林工业和垦殖工作。林垦部下设办公厅、林政司、造林司、森林经理司和森林利用司。

林垦部作为中华人民共和国首届政府组成单位中主管林业的行政部门，对新中国的林业建设起着重要的开拓之功。在成立的两年多的时间内，林垦部主要工作及成就在于确定了新中国林业建设的基本方针。1950年2月初，林垦部在北京召开的第一次全国林业工作会议上，确定了林业工作“普遍护林，重点造林，合理采伐和合理利用”的方针。之后不久，国务院总理周恩来和林垦部部长梁希联合署名发布了《关于全国林业工作的指示》，进一步明确规定林业建设的方针是：“普遍护林，选择重点有计划地造林，并大量采种育苗；合理采伐，节约木材，进行重点的林野调查；及时培养干部。”同时，《指示》还对林业机构设置等问题作了规定，要求地方各级政府设立相应的林业机构，如在大行政区设农林部（或林业部），各省设农林厅，行政专署和市县设农林科等。此外，林垦部还在1950年年末召开了全国木材工作会议，决定统一调配木材，管理木商，合理使用木材。总之，处于草创时期的林垦部初步建立了新中国林业管理机构，提出和制定了林业建设的总体方针任务。

林垦部时任部长为梁希。

2. 林业部（1951年11月~1956年5月）

1951年11月5日，经中央人民政府第十三次会议决定，林垦部改名为林业部，垦殖工作交农业部管理。1954年11月30日，中央人民政府林业部改名为中华人民共和国林业部。

这一时期基本上处于新中国建设起步和社会主义改造时期，林业部的主要工作和成就在于：（1）积极推进普遍护林林业方针，加强森林防火工作和禁止乱砍滥伐森林。（2）根据《中华人民共和国土地改革法》，至1952年在全国范围内确立于国有林和私有林两种林业所有制；1953年进行社会主义改造后，又引导农民走上了合作化道路。（3）重点营造了东北西部、冀中、陕北、苏北沿海等地的防护林和冀西、豫东、永定河下游的防沙林。（4）提出有计划地开发新林区，并明确了森林工业部门的基本任务是：既要保证供应发展国民经济建设所需的木材，又要为森林更新、森林扩大再生产创造良好条件。（5）初步确立了全国木材和管理工作体制由林业部统一布置全国国营木材生产，统一资金和财政管理，施行全国统一木材规格、木材检尺办法和木材材积表，根据国家分配计划统一组织调拨木材，对私有林区进行统一收购与管理。

林业部时任部长为梁希。

3. 林业部、森林工业部（1956年5月~1958年2月）

1956年5月12日，全国人大常委会议第四十次会议决定，成立中华人民共和国森林工业部（简称森工部）。新成立的森工部与林业部并列，林业部管理营林事业，重点抓造林，森工部管理森林工业，专管木材生产和利用。两个部的工作本来都是以森林为对象的，但是由于新中国成立初期重视森林工业而不太关心营林工作，因此将营林和森工两种职官分开，由不同的部门管理。其初衷在于希望能将营林工作做好，从而更有利于林业的长期发展。但是，由于这两个部的职能关系太密切，一个造林护林，一个伐木取材，分开管理不但没有解决矛盾，反而使这两个部门、两种工作之间的矛盾更为尖锐，因此不到两年，森工部便被撤销，并回了林业部。

在这两年内，由林业部主管的营林护林工作维持、继续了上一时期的规模，而森林工业发展迅速，木材产量由1955年的2093万m^3猛增到1957年的2756万m^3，1958年更是增加到3579万m^3，而1950年的木材产量仅为664万m^3。

林业部时任部长为梁希：森工部时任部长为罗隆基。

4. 林业部（1958年2月~1970年5月）

1958年2月11日，第一届全国人大第五次会议决定撤销森林工业部，其机构和职能并入林业部。林业部重新主管营林和森林工业两项基本事业。这一时期，林业部的主要工作和成就在于：（1）针对“大跃进”和人民公社化运动对森林资源的严重破坏和对农民林业生产积极性的严重挫伤，中央及时调整了林业方针政策，于1961年制定了以确定和保证山林所有权为核心内容的《林业政策十八条》。1964年中央又提出了“以营林为基础”“采育结合”的林业建设方针。为了及时贯彻这些中央政策，林业部调整了山林所有权，规定造林“谁种谁有”；山林归谁所有，林木的产品和收入就归谁支配。（2）根据1957年制定颁发的《国营林场经营管理试行办法》和1958年国务院《在全国大规模造林的指示》，林业部主持兴办了大量的国有林场。至1959年，国营林场就达3959处，是1957年418处的10倍。至1965年，全国国营林场经营面积达6800万hm^2，其中森林面积2930多hm^2。（3）为了满足国家木材需求，加快了林区开发步伐。如1964年成立了大兴安岭特区，归林业部直接领导，以供应国家所需木材。（4）在森林工业建设上，林业部制定了森林《更新跟上采伐的标准》，规定每年完成的森林更新面积相当于上年的采伐面积，其中人工更新面积要相当于上年的皆伐面积。

时任林业部部长相继为梁希（1958年2月～12月）、刘文辉（1959年4月～1967年10月）。1966年“文革”开始，1967年10月林业部开始实行军事管制（王云为军管会主任），原有的行政管理体制被打乱，林业建设基本陷入混乱之中。

5. 农林部（1970年5月～1979年2月）

1970年5月，林业部撤销军事管制，与农业部合并为农林部。农林部下设林业组，后改为林业局。这一时期基本上继续了“文革”时期极“左”路线，林业建设总体上乏善可陈，唯有飞机播种造林可称亮点。在“文革”之前，我国南方一些条件优越的地区就已经试验成功了飞播造林，1972年，南方各地开始大规模利用飞机播种，共造林1980万亩，创造了历史最高纪录。20世纪70年代初，北方飞播造林也开始恢复，播区面积逐步扩大。据统计，1967～1978年，全国飞播总面积1000万hm^2，平均每年83万多hm^2。1978年一年飞播面积比1967年之前年份飞播总面积还大。

1978年4月，农林部分设出国家林业总局，为国务院直属机构，局长为罗玉川。国家林业总局的设立，说明国家开始意识到林业作为一项国家和社会事业，必须由专门的国家行政主管部门管理，将林业与农业事业合并起来归入农林部一起管理的做法不符合林业的发展。

6. 林业部（1979年2月～1998年3月）

1979年2月16日，撤销农林部，重新设立林业部，下设办公厅、政策研究室、林业工业局、造林经营司、资源司、林政保护司、公安局、计划司、财务司、科学技术司、教育司、宣传司、外事司、人事司、行政司、老干部管理局以及三北防护林建设局（办公地设在银川）等司局。这是改革开放之后，我国林业事业开始拨乱反正、恢复发展的标志。

在恢复建制到改组为国家林业局的20年内，林业部作为国务院主管林业行政的组成部门之一，主要工作和成就有：（1）制定了新时期林业发展的目标。1993年年初，林业部阐述了走中国特色社会主义林业建设的基本内涵，提出林业工作要做到“该放的真正放开，该抓得继续抓紧，该管的坚持管好”，这是对新时期林业工作经验的总结。1994年年底，林业部又进一步针对当时的林业形势，明确了林业发展要“建立比较完备的林业生态体系和比较发达的林业产业体系”的奋斗目标。（2）推行林业“三定”工作，落实了中央林业政策。1981年3月，中共中央、国务院发布了《关于保护森林发展林业若干问题的决定》，要求推行以“稳定山权林权，划定自留山，确定林业生产责任制”为主要内容的林业“三定”工作。这项林业政策是农业生产承包责任制向林业领域的延伸，林业部加紧研究具体措施，部署落实。至1984年，全国绝大部分县市完成了林业“三定”工作，完成定权发证的山林面积达14.5亿亩，建立各种形式的林业生产责任制山林面积达11.8亿亩，给近5700万农户划定自留山4.7亿亩。通过林业“三定”，大多数地方林业生产关系得到适当调整，权、责、利得到进一步明确，这对于调动林农生产积极性起到了一定积极作用。但是由于一些农民担心下放的林权又会被收回，决定将眼前的林木换成直接的经济收益最为实际，因此造成一些地方乱砍滥伐盛行，这就违背了林业“三定”工作的初衷。（3）加快了林业立法，促进林业走上依法治林的发展道路。林业部于1979年2月16日恢复建置，2月23日，第五届全国人大常委会就通过了《中华人民共和国森林法（试行）》，这标志着我国林业建设开始走向依法治林的道路。在1984年《中华人民共和国森林法》发布并施行后，林业部立即组织起草与发布大量与森林法配套的林业法规草案。法规和部门规章为进一步建立林业法律体系奠定了坚实的基础。（4）动员、鼓励全社会大搞植树造林运动。1981年全国人大《关于开展全民义务植树运动决议》、1982年国务院《关于开展全民义务植树运动的实施办法》相继出台后，植树造林成为新时期国民的一项义务。按照中央的部署，成立了全国绿化委员会领导全国植树造林运动。全国绿化委员会办公室设在林业部，因此林业部实际上承担了全民义务植树运动的总体宣传、部署和推进工作。（5）陆续启动了“三北”防护林体系建设工程、长江中上游防护林体系建设工程、沿海防护林体系建设工程、平原绿化工程、太行山绿化工程、防沙治沙工程、淮河太湖流域综合治理防护林体系建设工程、黄河中游防护林工程、辽河流域综合治理防护林体系建设工程、珠江流域综合治理防护林体系建设工程等林业十大重点生态建设工程。（6）先后主持开展了1977～1981年第二次、1984～1988年第三次、1989～1993年第四次、1994～1998年第五次全国森林资源清查工作，为政府掌握宏观的全国森林资源动态变化、制定合理的方针政策提供了依据。

时任林业部部长为：罗玉川（1979年2月～1980年8月）、雍文涛（1980年8月～1982年4月）、杨钟（1982年4月～1987年6月）、高德占（1987年6月～1993年3月）、徐有芳（1993年3月～1997年7月）、陈耀邦（1997年7月～1998年3月）。

7. 国家林业局（1998年3月至今）

1998年3月，根据国务院政府机构改革的部署，中华人民共和国林业部改为国家林业局，为国务院直属机构。国家林业局设办公室、政策法规司、造林绿化管理司（全国绿化委员会办公室）、森林资源管理司（木材行业管理办公室）、野生动植物保护与自然保护区管理司、农村林业改革发展司、森林公安局（国家森林防火指挥部办公室）、发展规划与资金管理司、科学技术司、国际合作司（港澳台办公室）、人事司等司局。其主要职责有，（1）负责全国林业及其生态建设的监督管理；（2）组织、协调、指导和监督全国造林绿化工作；（3）承担森林资源保护发展监督管理的责任；（4）组织、协调、指导和监督全国湿地保护工作；（5）组织、协调、指导和监督全国荒漠化防治工作；（6）组织、指导陆生野生动植物资源的保护和合理开发利用；（7）负责林业系统自然保护区的监督管理；（8）承担推进林业改革，维护农民经营林业合法权益的责任；（9）监督检查各产业对森林、湿地、荒漠和陆生野生动植物资源的开发利用；（10）承担组织、协调、指导、监督全国森林防火工作的责任和林业行政执法监管的责任；（11）参与拟订林业及其生态建设的财政、金融、价格、贸易等经济调节政策，组织、指导林业及其生态建设的生态补偿制度的建立和实施；（12）组织指导林业及其生态建设的科技、教育和外事工作，指导全国林业队伍的建设；（13）承办国务院交办的其他事项。

国家林业局自1998年成立以来的主要工作和成就有：（1）组织和领导开展了新世纪中国林业发展战略研究工作。21世纪之后，我国进入全面建设小康社会新阶段，国家对林业和生态建设的重视日益提高。2001年3月，第九届全国人大第四次会议通过的《关于国民经济和社会第十个五年计划纲要》中，将生态建设和林业重点建设工程纳入其中，赋予了新世纪林业建设新的历史使命。国民经济和社会发展对林业的需求发生重大转变，要求林业必须完成重大转型，中国林业的发展应当确定什么样的战略思想、战略目标、战略途径和战略措施，成为摆在人们面前一项亟待解决的问题。自2001年6月起，国家林业局组织了由近60位院士和资深专家领衔，来自林学、林业工程学、生态学、环境学、农学、生物学、法学、经济学和社会学等40多个学科的300多位研究人员组成的中国可持续发展战略研究项目组，历时两年，经过充分调研，站在中国可持续发展的战略高度，对新世纪的林业做出了科学定位，提出了“确立以生态建设为主的林业可持续发展道路，建立以森林植被为主体的国土生态安全体系，建设山川秀美的生态文明社会”的“三生态”战略思想和“严格保护、积极发展、科学经营，持续利用”的指导方针。(2) 整合和提升林业十大建设工程为六大林业重点工程。根据国家“十五”计划的部署和“三生态”的战略思想的要求，国家林业局将原来的林业十大生态重点建设工程整合和提升为天然林资源保护工程、退耕还林工程、三北及长江流域等防护林体系建设工程、京津风沙源治理工程、野生动植物保护及自然保护区建设工程、重点地区速生丰产用材林基地建设工程等六大林业重点工程。这六大工程不仅涵盖了原来工程中的森林资源保护、森林资源培育、防沙治沙等内容，还增加了退耕还林、野生动植物保护及自然保护区建设等新项目，是原十大林业生态重点建设工程的升级版。(3) 落实国家集体林权制度改革政策。2008年6月，中共中央、国务院颁发了《关于全面推进集体林权制度改革的意见》，要求用5年左右时间基本完成明晰产权、承包到户的集体林权制度改革任务。即坚持集体林地所有权不变的前提下，依法将林地承包经营权和林木所有权，通过家庭承包方式落实到本集体经济组织的农户，确立农民作为林地承包经营权人的主体地位，林地的承包期为70年，承包期满，可以按照国家有关规定继续承包。这项改革是农村生产关系的重大变革，关系到稳定和完善农村基本经营制度和农民就业增收，关系到建设生态文明和发展现代林业发展，也关系到全面建设小康社会和落实科学发展观。国家林业局作为国务院林业行政主管部门，是《意见》的起草单位。《意见》以中共中央、国务院的名义颁布后，又继续宣传《意见》精神，部署改革的各项举措并深入调研，进一步完善推进改革的具体方式方法。截至2010年6月，福建、江西、辽宁、浙江、云南、河北、安徽、湖北、重庆、贵州、四川、湖南等12个省（区、市）基本完成了明晰产权、承包到户的改革任务，全国已完成确认权属的林地面积19.5亿亩，占全国集体林地面积的71.3%。(4) 先后主持开展了1999~2003年第六次、2004~2008年第七次全国森林资源清查工作，为政府掌握宏观的全国森林资源动态变化，制定合理的方针政策提供了依据。

时任国家林业局局长为：王志宝（1998 年 3 月 ~2000 年 11 月）、周生贤（2000 年 11 月 ~2005 年 11 月）、贾治邦（2005 年 12 月 ~2012 年 3 月）、赵树丛（2012 年 3 月至今）。

综上所述，我国国家林业行政主管部门从林垦部、林业部，到林业部与森林工业部并列，再到并入农林部，最后重新回归林业部、国家林业局，走了一条从对营林和森工统一管理到分开管理，从与农业合并经营再到单独经营的路程。事实证明，将森林营造和森林工业分开管理的做法不合理，将林业事业并入包括农业、林业在内的大农业部门中的做法也不科学，只有在林业各项事业归入国家林业主管部门统一管理的前提之下，对森林营造和森林工业等进行分类经营，走采育结合的路子，才是适合我国林业发展现实的科学选择。

（二）国家森林防火指挥部

国家森林防火指挥部既是全国森林防火工作的最高指挥机构，也是一个跨部门、跨行业、跨系统的重要议事协调机构。早在 1987 年大兴安岭特大森林火灾发生后，国务院和中央军委就曾于 1987 年 7 月 18 日批准成立过中央（国家）森林防火总指挥部。当时的中央森林防火总指挥部，是检查、监督、组织、协调社会各方面力量做好预防、扑救重大森林火灾的指挥机构，总指挥由国务院副总理田纪云担任，国务院副秘书长李昌安、林业部部长高德占、解放军总参谋部作战部副部长王守仁任副总指挥，成员单位包括林业部、总参作战部、国家计委、城乡建设环境保护部、公安部、财政部、铁道部、交通部、农牧渔部、邮电部、民政部、卫生部、商务部、民航局、国家物资局和国家气象局。总指挥部办公室设在林业部，同林业部森林防火办公室合署办公，承担总指挥部的日常工作，由林业部副部长刘广运兼任总指挥部秘书长及办公室主任。国家森林防火总指挥部每年召开 1 ~2 次全体会员会议。

1993 年 4 月，国家精简机构，撤销了国家森林防火总指挥部。同年 5 月，国务院批转林业部《关于进一步加强森林防火工作报告》、要求国家森林防火总指挥部撤销后，地方各级人民政府要进一步负起森林防火的责任；同意由林业部组织有关部门建立部际联席会议制度，协调解决森林防火工作中的重大问题；原国家森林防火总指挥部的政策性、规范性文件仍然有效。

进入新世纪以来，由于全球气候持续变暖，极端气候增多，气候条件不利；加上我国实施林业六大工程以来，森林营造面积逐步扩大，进入林区活动的人员日益频繁；同时林区体制改革不断深化，部分地区森林防火工作力度有所减弱等因素影响，使得我国突发森林火灾的概率和不确定性增加，森林防火形势严峻、任务繁重。为进一步加强对全国森林防火工作的领导，完善预防和扑救森林火灾的组织指挥体系，充分发挥各部门在森林防火工作中的职能作用，2006 年 5 月，国务院决定成立国家森林防火指挥部。指挥部总指挥由国家林业局局长担任，成员单位包括外交部、发展改革委、公安部、民政部、财政部、铁道部、交通部、信息产业部、农业部、民航总局、广电总局、中国气象局、国务院新闻办、总参动员部、总参陆航部和武警森林指挥部。国家森林防火指挥部办公室设在国家林业局。

国家森林防火指挥部是全国森林防火工作的最高指挥机构，负责统一指挥、协调、检查和监督全国森林防火工作，其成立标志着全国森林防火指挥体系的进一步健全和完善。

（三）森林公安局

森林公安局是国家林业局和公安部的重要组成部分，受两者共同领导，是具有武装性质的兼有刑事执法和行政执法职能的专门保护森林及野生动植物资源、保护生态安全、维护林区社会治安秩序的重要力量。

1951 年，东北人民政府作出《关于建立森林公安机关的决定》，在森林工业总局下属的松江、黑龙江、伊春、牡丹江、吉林、辽东 6 个森林工业管理局设立森林公安处，在森林工业管理分局设立森林公安分局或派出所。这是我国最早的森林公安机构。1953 年，东北公安局、东北森林工业管理局联合指示，决定将森林工业管理局下设的森林公安分局、派出所改为森林工业公安局，在松江省、黑龙江省和吉林省公安厅增设森林工业保卫处、科，撤销松江、吉林、辽东等 6 个森林公安处。随着大面积国有林区的开发建设，又先后在内蒙古自治区牙克石林业管理局、黑龙江省林业总局以及所属的伊春、牡丹江、松花江等林业管理局和林业部大兴安岭林业管理局设立公安处，改吉林省公安厅森林工业保卫处为森林保卫处，在东北、内蒙古森林工业局普遍建立了公安局。20 世纪 60 年代初，华北、西北、华东、华南、西南林区也相继建立林业公安分局和派出所。“文革”期间，林业公安机构被撤销、削弱。

1979 年 1 月，国务院发布《关于保护森林，制止乱砍滥伐的布告》，要求“设立林区公安派出所，整顿林区社会治安”，此后，在全国重点林区普遍建立了林区公安派出所。同年 2 月全国人大常委会通过的《中华人民共和国森林法（试行）》也明确规定：“应当根据实际需要，在重点林区设立公安局、派出所，配备森林警察，加强治安，保护森林。”1980 年 12 月，林业部、司法部、公安部、最高人民检察院联合发出《关于在重点林区建立与健全林业公安、检察、法院组织机构的通知》，要求在全国重点林区建立健全林业公安处、科、派出所。1981 年 3 月，中共中央、国务院《关于保护森林发展林业若干问题的决定》中再次指出："林区要抓紧建立健全公、检、法机构。" 1984 年 5 月，国务院批准林业部设立公安局，列入公安部序列，为公安部第十六局，各级地方林业公安机关列入国家公安序列，实行双重领导。1985 年 10 月，林业部、公安部联合召开全国林业公安工作会议，并发出了《关于印发〈全国林业公安工作会议纪要〉的通知》，进一步明确了林业公安机关是公安机关的组成部分，是公安机关派驻林区的治安行政力量；林业部公安局是林业部的职能机构，也是公安部业务局序列，受林业部和公安部双重领导。林业公安机关的机构建设和执法工作进入了一个新的历史时期，在打击乱砍滥伐、乱捕滥猎、维护林区社会治安等方面作出了重大贡献。

1998 年 7 月开始实施的新修《森林法》规定："依照国家有关规定在林区设立的森林公安机关，负责维护辖区社会治安秩序，保护辖区内的森林资源。" 这是从最高林业法律角度，再次明确了森林公安的法律地位。2003 年 12 月，国家林业局、公安部发布《关于加强森林公安队伍建设的意见》，这是自森林公安成立以来，两部局首次就全面加强森林公安队伍建设作出重大部署，对森林公安队伍作出了明确规定，指出："森林公安是国家林业部门和公安机关的重要组成部分，是具有武装性质的兼有刑事执法和行政执法职能的专门保护森林及野生动植物资源、保护生态安全、维护林区社会治安秩序的重要力量。" 2005 年 7 月，国务院办公厅颁布《关于解决森林公安及林业检法编制和经费问题的通知》，明确规定将森林公安编制纳入政法专项编制序列，经费列入各级财政预算。这标志着长期以来制约森林公安和林业检察、法院生存、发展的瓶颈问题得到了解决。2007 年 3 月，中央编制办公室正式核定森林公安和林业检、法的政法专项编制数，同时明确，森林公安继续实行林业和公安部门双重领导的管理体制，党政工作以林业主管部门管理为主，公安业务工作以公安部门管理为主。森林公安队伍正规化建设迈出坚实步伐。截至 2008 年，全国除上海外，其他 30 个省（自治区、直辖市）都设立了森林公安机构，总数近 7000 个，实有警力近 60000 万人。

（四）武警森林部队

武警森林部队是中国人民武装警察部队的一个警种，其基本任务是承担森林防火灭火任务和保卫森林资源，同时承担依法执行国家赋予的维护社会稳定和处置突发事件的任务。

1948年，东北行政委员会决定成立了武装护林队，这是我国森林武警部队的滥觞。1950年，由于东北林区火灾频发，因而东北人民政府发出《关于加强防火护林紧急措施的决定》，决定成立辽东、吉林、松江、黑龙江4省护林武装大队，编制1500人，其中，辽东、吉林、松江三省各设400名，黑龙江设300名，统归林政局领导。1952年，内蒙古自治区也组建了护林武装大队，编制300人。1953年，根据中央的决定，将护林队改建为护林警察，编制增至3000多人。1954年，因省（区）划分变更，松江、辽东两省护林警察大队分别并入黑龙江省和吉林省护林警察大队。1956年，按照林业部要求，吉林省和内蒙古自治区武装护林警察都改为护林员，唯有黑龙江省武装护林警察保留建制。1960年，东北航空护林局（位于黑龙江嫩江）从伞兵部队接收伞兵300多人，组建了空降灭火大队，属森林警察建制。1962年、1963年，吉林省和内蒙古自治区的森林警察部队先后恢复建制，兵力增至7000多人。森林警察部队受各省、自治区林业厅（局）和公安厅双重领导，以林业部门领导为主。1967～1972年，武装森林警察部队实行军管。1972年、1974年，黑龙江、吉林两省先后结束军管，重新将森警部队交各省林业部门领导。

1978年，经国务院、中央军委批准，规定森林警察部队实行义务兵役制，服役期为三年。1980年，又规定连排职干部实行现役制。1988年1月，鉴于大兴安岭特大森林火灾的教训，国务院、中央军委下发《关于批准黑龙江、吉林、内蒙古武装森林警察列入武警序列实施方案的通知》，规定森林警察列入中国人民武装警察序列，全部实行现役制；在领导体制上，实行林业部门和公安部门双重领导，以林业部门为主，中央和地方，以地方为主的管理体制。森林警察列入武警部队序列，标志着森林部队建设进入一个新的阶段。1993年10月，云南省森林警察支队正式组建（其前身为黑龙江省机降支队）；1995年12月，经国务院批准，扩建成云南省森林武警总队（师级）。

1999年2月，国家实行天然林保护工程后，森林防火力度增大，根据国务院、中央军委的指示，组建了中国人民武装警察部队森林指挥部（军级），结束了原来的多重领导管理体制，开始实行新的集中统一管理。2001年12月，鉴于西部地区生态环境脆弱，森林防火形势严峻，又组建了四川、西藏、新疆三个森林警察总队。2008年6月，组建了武警森林机动支队（旅级）和福建省武警森林总队、甘肃省武警森林总队（师级）。2009年7月，组建了武警森林直升机支队。至此，我国森林警察部队形成森林指挥部下辖黑龙江、吉林、内蒙古、云南、四川、西藏、新疆、福建、甘肃9省（自治区）9个总队和机动（驻北京市）、直升机（驻黑龙江省大庆市）2个支队的格局。

据统计，1999年以来，武警森林部队出动兵力187万余人次，扑灭森林火灾3500余起，完成执勤任务23000余次，平均每天有400名官兵在一线作战。此外，武警森林部队还配合地方林业公安，在长白山、西双版纳、青藏高原、天山脚下、锡林郭勒大草原等20余处国家级自然保护区，发起以打击盗猎野生动物不法分子为主要目的“保护藏羚羊一号”“版纳雨林二号”“飞鹰”等行动。2007年，中共“十七大”提出“建设生态文明”后，武警森林警察又开始了从“灭火铁军”向“生态劲旅”的转变。目前，武警森林部队已经成为扑防森林火灾、保卫森林资源、维护国家生态安全的重要力量。

第二章　当代中国的林业建设

第一节　新中国成立以来的十大林业生态工程

一、三北防护林体系建设工程

“三北”指的是我国西北、东北和华北地区。三北地区分布着我国八大沙漠、四大沙地和广袤的戈壁，总面积达 148 万 km^2，约占全国风沙化土地面积的 85%，形成了东起黑龙江、西至新疆的万里风沙线。这一地区风蚀沙埋严重，沙尘暴频繁，流沙压埋农田、牧场、村镇、村庄，威胁着公路、铁路、水利设施的安全。从 20 世纪 60 年代初到 70 年代末的近 20 年间，这一地区有 667 万 hm^2 土地沙漠化，有 1300 多万 hm^2 农田遭受风沙危害，粮食产量低而不稳，有 1000 多万 hm^2 草场由于沙化、盐渍化，牧草严重退化，有数以百计的水库变成沙库。据调查，三北地区沙漠化土地在 20 世纪 50 ~ 60 年代每年扩展 1560km^2；70 ~ 80 年代初每年扩展 2100km^2。三北地区大部分地方年降水量不足 400 mm，年水土流失面积达 55.4 万 km^2，黄土高原的水土流失尤为严重，每年每平方公里流失土壤万 t 以上。干旱、风沙危害和水土流失导致的生态灾难，严重制约着三北地区经济和社会的发展，使各族人民长期处于贫穷落后的境地，同时也对中华民族的生存和发展构成了严峻挑战。

为了从根本上改变我国三北地区风沙危害和水土流失的状况，1978 年 11 月，国务院批准了林业部国家林业总局《关于在西北、华北、东北风沙危害和水土流失重点地区建设大型防护林的规划》，将三北防护林建设工程正式纳入国家建设计划。该工程不仅对改善三北地区生态环境起着决定性的作用，而且对改善全国生态环境有着举足轻重的作用。按照总体规划，三北防护林体系建设工程从1978年开始到2050年结束，历时73年，分3个阶段、8期工程进行建设。1978～2000年为第一阶段，分3期工程：1978年～1985年为一期工程，1986～1995年为二期工程，1996～2000年为三期工程；2001～2020年为第二阶段，分2期工程：2001～2010年为四期工程，2011～2020年为五期工程；2021～2050年为第三阶段，分3期工程：2021～2030年为六期工程，2031～2040年为七期工程，2041～2050年为八期工程。3个阶段、8个时期的建设共需造林3560万hm^2，其中人工造林2688万hm^2，封沙封山育林760万hm^2，飞播造林112万hm^2。三北防护林体系建设工程范围东起黑龙江的宾县，西至新疆的乌孜别里山口，北抵国界线，南沿天津、汾河、渭河、洮河下游、布长汗达山、喀喇昆仑山，东西长4480 km，南北宽560～1460 km，包括陕西、甘肃、宁夏、青海、新疆、山西、河北、北京、天津、内蒙古、辽宁、吉林、黑龙江13个省（区、市）的551个县（旗、市、区）。工程建设总面积409.9万km^2，占全国陆地总面积的42.4%。工程完成后，将使工程区内的森林覆盖率由5.05%提高到14.95%，从根本上改善三北地区的生态环境。

至2000年，三北防护林体系建设工程第一阶段、全部3期工程顺利完成，规划造林1801.68万hm^2（其中人工造林1485.72万hm^2，飞播造林45.83万hm^2，封山封沙育林270.13万hm^2），实际完成造林保存面积2203.72万hm^2（其中人工造林1538.6万hm^2，飞播造林88.17万hm^2，封山封沙育林576.95万hm^2），为规划任务的122%。三北地区的森林覆盖率由5.05%提高到了6.62%。

二、长江中上游防护林体系建设工程

20世纪80年代以来，我国长江流域生态环境的恶化引起了国人的广泛关注。由于长期不合理的耕作方式和人为破坏，特别是对森林的过度樵采，长江中下游地区的森林植被遭到大量破坏，流域地区保持水土能力日趋削弱，全流域的水土流失面积由20世纪50年代的36万km^2增加到20世纪80年代的56万km^2（占当时全国水土流失面积的36%），年土壤侵蚀量22.4亿t。水土流失造成了水利工程和江河湖泊的严重淤积，全流域每年损失的水库库容量为12亿m^3，相当于报废12座大型水库。20世纪50～80年代，长江中下游流域内的湖泊面积由2.2万km^2锐减为1.2万km^2，损失调蓄能力100亿

m^3。由于泥沙淤积，部分河段的河床高出地面几米、十几米，形成“地上河”。生态环境的恶化，使洪水、干旱、泥石流成为长江流域的三大灾害。长江流域严峻的生态形势已危及国土安全，阻碍和制约了当地经济建设的发展。

1986 年 4 月，六届全国人大四次会议通过的《国民经济和社会发展第七个五年计划》中，明确提出要“积极营造长江中上游水源涵养林和水土保持林”。林业部根据这一要求，在组织专家进行可行性研究的基础上，提出了长江中上游防护林体系建设工程的总体设想：计划用 30 ~40 年时间，在长江中上游地区植树造林，增加森林面积 2000 万 hm^2，建设布局科学、结构合理及生态、经济、社会效益相统一的防护林体系。整个工程分两期进行。1989 年 6 月，国家计委批准了《长江中上游防护林体系建设一期工程总体规划》，确定：1989 ~2000 年，长江中上游防护林体系建设一期建设，在安徽、江西、湖北、湖南、贵州、重庆、四川、云南、陕西、甘肃、青海、河南 12 省（市）271 个县，采取多种形式，新增森林面积 666. 7 万 km^2。1991 年，林业部正式发布实施《长江中上游防护林体系建设工程管理办法》。这是我国防护林建设工程建设管理上的第一个部门规章，标志着长江防护林工程建设管理开始走上规范化、制度化的轨道。1992 年，林业部发布《长江中上游防护林体系建设标准》和《长江中上游防护林体系建设工程检查验收办法》，使工程管理更加标准化、可操作化。

至 2000 年一期工程结束，长江流域防护林体系建设累计完成营造林面积 685. 5 万 hm^2。其中，人工造林 422. 5 万 hm^2，飞播造林 7. 5 万 hm^2，封山育林 221. 0 万 hm^2，幼林抚育 34. 5 万 hm^2。工程实施 11 年来，森林覆盖率由 1989 年的 19. 9% 提高到 29. 5%，净增 9. 6 个百分点。治理水土流失面积 6. 5 万 km^2，治理区土壤侵蚀量由治理前的 9. 3 亿 t 降低到 5. 4 亿 t，减少了 42. 0%。改善了农业生产环境，增强了流域内抵御旱、洪、风沙等自然灾害的能力，维护了水利工程效益的发挥。同时，工程还取得了一大批科技攻关成果，探索出一系列成功的建设经验，为后期防护林工程建设奠定了基础。

三、沿海防护林体系建设工程

我国的大陆海岸线北起辽宁鸭绿江口，南至广西北仑河口，绵延 18340km，横跨热带、亚热带、温带 3 个气候带，贯穿辽宁、河北、天津、山东、江苏、上海、浙江、福建、广东、广西、海南 11 省（区、市）的 195 个县（市、区）。沿海地区总面积 2510 万 hm^2，占全国土地面积的 2. 6%，是我国经济最发达、城市化进程最快、人口最稠密的地区，在我国国民经济和社会发展全局中具有举足轻重的地位和作用。据统计，2004年我国大陆沿海省区的国内生产总值（GDP）已占到全国的69.3%。沿海地区人口稠密，原始森林几乎破坏殆尽，次生林也残缺不全，生态环境恶劣，加上该地区的台风、风暴潮、灾害性海浪、赤潮、海啸等自然灾害发生频繁，每年的经济损失极大。1949～2004年，平均每年有6.9次台风登陆，每隔3～4年就发生一次特大风暴潮。据统计，1990～1999年间，沿海地区因风暴潮等自然灾害造成的直接经济损失高达2134亿元，严重影响着该区域乃至全国经济社会的发展。

新中国成立后，为了改善沿海地区的生态环境，党和政府领导沿海人民开展植树造林运动。1949～1984年，我国在沿海地区人工营造防护林71万hm^2。进入20世纪80年代，我国沿海防护林建设提速。1981～1982年，林业部组织对沿海地区沿海防护林情况进行了调查。1984～1986年，林业部又先后组织到广东、福建、浙江、山东、辽宁、河北等省沿海展开调查研究，进一步了解营造沿海防护林体系的必要性和紧迫性。在此基础上，1987年，林业部制定了《全国沿海防护林体系建设可行性研究报告》，并于1988年通过林业部科技委审议通过。1988年7月，国家计委批复了《全国沿海防护林体系建设工程总体规划》。根据规划，该工程范围包括辽宁、河北、天津、山东、江苏、上海、浙江、福建、广东、海南、广西11个省（区、市）计划总工程量356万hm^2、其中人工造林269万hm^2，飞播造林27万hm^2，封山育林60万hm^2。工程分两期实施：1988～2000年为第一期，工程量为249万hm^2，占总工程量的70%，具体又分三个阶段进行，“七五”期间为24.91万hm^2，“八五”期间为124.57万hm^2，“九五”期间为99.64万hm^2；2000年以后，为第二期，工程量106.6万hm^2。体系建成后，沿海地区的森林覆盖率将由24.9%提高到39.1%。

1991年，林业部先后颁布了《沿海防护林体系建设工程管理暂行办法》和《沿海防护林体系建设县级总体设计规定》，使得工程建设走上制度化、规范化道路。同年，林业部在福州召开了全国沿海防护林体系建设工作会议，总结了沿海防护林建设40年的工作，明确了沿海防护林体系建设任务、目标和原则。这次会议以后，沿海防护林体系建设工程进入实质性建设阶段。1994年，国务院批准将沿海基干林带划为国家特殊保护林带。

至2000年，沿海防护林体系建设一期工程累计完成造林323.6万hm^2，其中人工造林246.44万hm^2，封山育林71.98万hm^2，飞播造林5.26万hm^2。工程区森林覆盖率由一期建设前的24.9%增加到35.45%，上升10.55个百分点，平均每年增加1个百分点。通过一期工程建设，沿海基干林带建设取得突破性进展，全国18340 km的大陆海岸线，有17146 km的海岸基干林带已基本合拢。

四、平原绿化工程

我国有着广袤的平原，主要有东北平原、华北平原、长江中下游平原和珠江三角洲平原等。这些平原地区是我国重要的粮油、棉花等农产品生产基地，也是经济文化相对发达的地方，在国民经济中具有重要地位。但由于历史上的过度垦殖，森林植被破坏，因而农区生态环境失衡，旱涝、风沙、盐碱等自然灾害频发，严重影响经济社会发展。平原绿化工程就是在平原地区建立以农田林网为主体，结合“四旁”（宅旁、村旁、路旁、水旁）植树、农林间作、成片造林，构成带、网、片、点相结合的农田综合防护林体系。它既能发挥综合的防护作用，维持农区生态平衡，又能改造单一农业经济结构，取得多重效益。

新中国成立之初，党和政府就非常重视平原沙荒地区的造林，将陕西北部、河南东部、河北西部、永定河下游、东北西部、内蒙古东部，以及严寒一些风沙灾害严重的地区列为全国沙荒造林重点地区。1956年，中共中央发布的《一九五六年到一九六七年全国农业发展纲要（草案）》要求，各地“在一切宅旁、村旁、路旁、水旁，只要是可能的，都要有计划地种起树来”。平原绿化重点由此由沙区向农业腹地，由以往的宅旁、村旁零星植树逐渐向路旁、水旁成行连带造林发展，形成护田林带。到20世纪70年代中后期，绿化的地域逐渐从“四旁”扩展到大田。有些县结合农田基本建设，以道路、河流、渠道为骨架营造林带，从而发展成为方田林网的格局。农林部还先后几次召开平原绿化现场会，推动了全国平原绿化事业向农田林网化方向发展。

1987年、1988年，林业部先后颁布了《华中中原平原县绿化标准》《南方平原县绿化标准》和《北方平原县绿化标准》。1988年，林业部还编制了《全国平原绿化“五、七、九”达标规划》，提出平原绿化“五、七、九”奋斗目标，要求：“七五”期间（1986～1990年）我国有500个县达到林业部颁发的平原绿化标准；“八五”期间（1991～1995年），有700个县达到标准；“九五”期间（1996～2000年），902个（后调整为920个）平原、半平原、部分平原县要全部达到平原绿化标准。从此，我国平原绿化进入一个蓬勃发展工程化建设新时期。20世纪90年代，为了适应发展社会主义市场经济新形势，林业部又先后在全国37个县（市）开展了高标准平原绿化试点，在带动部分地区实现绿化达标基础上，进一步开展了美化、香化、净化及产加销一体化平原林业产业建设，推进平原绿化向更高水平发展。

至2000年年底，全国平原绿化达标县达876个，占全国920个平原、半平原、部分平原县的94.5%。全国累计完成造林绿化面积698万hm^2，平原地区森林覆盖率由1987年7.3%提高到15.7%，林网控制率相应由59.6%提高到70.7%。

五、太行山绿化工程

太行山脉北起北京西山，南达黄河北岸，绵延于晋冀之间，呈西南—北东走向，是中国陆地地形第二阶梯的东部边缘。太行山地区涉及北京、河北、河南、山西4省（市）的110个县（市、区），总面积1200多万hm^2。历史上，这里曾经森林茂密、山清水秀，但由于长期乱砍滥伐及战争毁林的影响，这里便成了童山濯濯、岩石裸露的不毛之地。新中国成立时，太行山地区森林覆盖率低，水土流失严重，生态环境恶化，群众生活十分贫困。

1983年，胡耀邦同志在河北易县视察时，看到新中国成立30多年来太行山地区人民的生存环境仍十分恶劣，生活水平仍十分低下，便提出了加速太行山绿化，使太行山这条“黄龙”变成“绿龙”的要求。根据这一精神，1984年，林业部组织编制了《太行山绿化总体规划》，同年12月，国家计委批准了这一规划。根据规划，1986～2000年，绿化太行山地区面积395.68万hm^2，其中造林育林329.91万hm^2，占83.4%；种草育草65.76万hm^2，占16.6%。工程完成时，太行山绿化面积将由规划时的300万hm^2增加到693万hm^2，净增绿化面积396万hm^2，绿化率由24.5%上升到54.5%。其中森林面积将由规划时的186.66万hm^2，增加到531.33万hm^2，净增森林面积340万hm^2，森林覆盖率由15.3%上升到43.6%。太行山地区的生态环境将得到根本改善。

1987～1993年，林业部先后在北京、河北、山西、河南4省（市）的52个县开展了太行山绿化工程建设的先行试点工作。据统计，1986～1992年，7年共计完成造林育林109.6万hm^2，占造林育林任务的33.2%。1993年8～9月，林业部在石家庄召开了太行山绿化工程建设工作会议，总结交流了试点经验，研究、部署太行山绿化工作，全面推行太行山绿化工程。会后，各省（市）从形势发展和太行山绿化工程建设的实际出发，调整修订了1984年《规划》，加大了飞播造林和封山育林比重。

1994年，太行山绿化工程全面启动。同年，林业部还颁布了《太行山绿化工程管理办法（试行）》《太行山绿化工程检查验收办法（试行）》和《太行山绿化工程县建设标准（试行）》。太行山绿化工程建设朝着更加规范化、标准化的方向发展。至2000年，太行山绿化一期工程累计完成造林295.2万 hm^2，其中人工造林164.57万 hm^2，飞播造林30.63万 hm^2，封山育林100万 hm^2。此外，还完成四旁植树1.7亿株。工程区森林覆盖率从15.3%提高到了21.6%，增加了6.3个百分点。森林植被的保护和增加，美化了环境，净化了空气，使太行山区的生态环境大为改观。太行山绿化一期工程建设还探索了高标准的径流技术整地、爆破整地和鱼鳞坑、水平沟、反坡梯田、石坝梯田整地，以及就地培育大容器苗、生物制剂浸根和石片或地膜、草皮、秸秆覆盖等一套适用的技术办法，对后续工程积累了技术和经验。

六、全国防沙治沙工程

我国是世界上沙漠面积较大、分布较广、沙漠化危害严重的国家之一。在我国西北、华北北部及东北西部干旱、半干旱地区分布着诸多的沙漠和沙地，其中较大的有塔克拉玛干沙漠、库姆塔格沙漠、古尔班通古沙漠、巴丹吉林沙漠、腾格里沙漠、柴达木沙漠、乌兰布和沙漠、库布奇沙漠和毛乌素沙地、科尔沁沙地、浑善达克沙地、呼伦贝尔沙地等。这些沙漠和沙地在干旱少雨的气候下，对农田、牧场、交通、水利设施及人民群众居住环境会造成巨大危害。

1958年，国务院在呼和浩特召开西北6省（区）治沙会议；1959年，又成立了中国科学院治沙队（后来发展为中科院沙漠研究所）。从此，国家在冀中、冀西、陕北、豫东、东北西部、内蒙古东部等广大沙区组织实施了广泛的群众性防沙治沙工作。1978年以后，随着三北防护林体系建设的实施，我国防沙治沙工作又取得新的成绩。至1988年年底，全国以治沙为主要目的的造林保存面积1000多万 hm^2。但由于认识不足，未能将治沙工作纳入到国民经济和社会发展计划中作为一个系统工程来抓，因此从总体上来看，治沙工作未能扭转沙漠推进和沙漠化土地扩大的趋势。1950～1970年，我国沙漠化土地平均每年扩大1560 km^2，进入20世纪80年代更是扩大到每年2100 km^2，而且扩大的趋势还在继续。至1990年，我国沙漠和沙漠化土地面积约153.3万 km^2，占国土面积的15.9%，主要分布在新疆、甘肃、青海、宁夏、陕西、内蒙古、山西、河北、辽宁、吉林、黑龙江等11省（区），形成了长达万里的风沙危害线，有将近1/3的国土面积受到风沙威胁。

为了有效遏制国土沙漠化扩大趋势，改变沙区生态环境，促进沙区经济社会发展，1991年，国务院在兰州召开全国防沙治沙大会，明确了治沙工作的重要性，落实了治沙任务和政策措施。会议之后，国务院批复了由林业部编制的《1991～2000年全国治沙工作规划要点》。1992年，防沙治沙工程作为一项纳入国民经济和社会发展计划的重点工程正式启动。1993年，根据《规划要点》，林业部又编制了《1991～2000年全国防沙治沙工程规划》。根据规划，全国防沙治沙工程建设范围包括沙漠、戈壁、沙漠化土地或风沙化土地分布的北方大部分地区和南方部分地区，共27个省（区、市）的598个县，总面积2.64亿hm^2，占国土面积的27.5%。10年规划总任务为718.57万hm^2，其中治沙造林174.39万hm^2，封沙育林育草283.11万hm^2，飞播造林种草67.32万hm^2，人工种草及改良草场131.15万hm^2，治沙造田及改造低产田37.64万hm^2，种植药材及经济植物15.22万hm^2，开发利用水面9.73万hm^2。工程建设重点是20个重点工程建设项目，20个治沙重点县，22个实验示范基地。任务完成后，将控制风沙危害面积1352.6万hm^2，使我国沙漠化与风沙化土地治理面积由10%提高到31.66%，平均每年防沙治沙面积78.82万hm^2，沙漠化不断扩大的趋势得到遏制。至1998年年底，全国防沙治沙工程完成治理面积768.8万hm^2，其中人工造林231.5万hm^2，封沙育林育草254万hm^2，飞播造林种草55.9万hm^2，人工种草及改良草场106万hm^2，治沙造田及改造低产田70.8万hm^2，开发利用水面8.7万hm^2，其他治理措施6.4万hm^2。

进入新世纪后，防沙治沙工程提升、融入京津风沙源治理工程和以防沙治沙为主攻方向的三北防护林体系建设四期工程之中，全国防沙治沙工作步入以大工程带动大发展的新阶段。2001年8月31日，第九届全国人大常委会第23次会议通过了《中华人民共和国防沙治沙法》，2002年1月1日起正式实施，进一步理顺了防沙治沙管理体制，规范了沙区经济行为，标志着我国防沙治沙工作进入法制化管理轨道。第三次全国荒漠化和沙化监测结果表明，2004年，全国沙化土地面积为173.97万km^2，占国土总面积的18.12%。全国沙化土地面积开始出现净减少，由20世纪末年均扩展3436 km^2转变为年均缩减1283km^2，沙区生态建设状况已从治理小于破坏进入了治理与破坏相持的阶段。

2005年9月，国务院作出了《关于进一步加强防沙治沙工作的决定》（简称《决定》），并在同年批准了由国家林业局编制的《全国防沙治沙规划（2005～2010年）》（简称《规划》）。根据《决定》要求和《规划》设计，在规划期内，在全面保护已有林草植被的基础上，划定若干沙化土地封禁保护区，封育保护面积372万hm^2，完成治理任务1300万hm^2，力争到2010年，重点治理地区生态状况明显改善。据第四次全国荒漠化和沙化监测结果显示，至2009年年底，沙化土地面积173.11万hm^2，占国土总面积的18.03%。2005~2009年5年间，全国沙化土地面积年均减少1717km^2。我国土地沙化整体得到初步遏制，沙化土地持续净减少，总体上实现了由“沙进人退”转变为“人进沙退”。2010年，国家林业局部署开展了《全国防沙治沙规划(2011~2020年)》编制工作。

七、淮河、太湖流域综合治理防护林体系建设工程

淮河流域南、北分别以长江、黄河分界，西起河南桐柏山、伏牛山，东至黄海，是我国重要的粮棉生产基地，占全国国土面积的2.8%，拥有占全国13.3%的耕地面积，养育着全国1/8的人口。该流域的粮食产量为全国产量的1/6，棉花、油料分别占全国产量的1/4。太湖流域西起浙江茅山、天目山，东至长江中下游的尾闾和杭州湾北岸，是我国经济发达地区，素有“金三角”之称。2005年，太湖流域国内生产总值达21221.0亿元，约占全国的11.6%。淮河、太湖两流域历史上曾经林茂粮丰、地肥水美，但由于长期的过度开发，该区域的土地资源和森林植被被严重破坏，经常发生严重的自然灾害。

1991年5~7月，淮河和太湖两流域发生严重洪涝，给国家财产和人民生产生活造成了极大损失。治水必治源，治源必治山，治山必兴林。根据中央领导同志关于“大灾之后，在兴修水利时要实行综合治理，要注意搞好林业建设”的指示精神，林业部于1991年11月分别在北京、江苏无锡召开了淮河、太湖流域综合治理造林绿化会议。会议提出了编制“淮河、太湖流域防护林体系建设总体规划”。1992年，《淮河、太湖流域防护林体系建设总体规划》（简称《规划》）编制工作完成；1995年，国家计委批准了该规划。根据《规划》，淮河、太湖流域防护林体系建设范围包括河南、安徽、江苏、山东、浙江、湖北、上海7省（市）的208个县（市），总建设规模104.7万hm^2，建设时间从1992年至2000年。建成后，淮河、太湖流域实现全面绿化，有林地面积达到380万hm^2，森林覆盖率由13.79%提高到17.6%。1995年批准实施后，工程开始在7省（市）的34个县开展试点工作。

八、珠江流域综合治理防护林体系建设工程

珠江流域地跨云南、贵州、广西、广东、湖南、江西等6省（区），总面

积44.21万km^2，占国土面积的4.6%。珠江是我国年径流量仅次于长江的第二大水系，它包括西江、北江和东江三条主要河流，是沟通我国西南地区至广东沿海地区的主要内河运输线。珠江流域是我国经济社会相对发达地区，以约占全国1.16%的国土面积创造了全国约10%的国内生产总值，在全国国民经济发展中具有十分重要的地位。但这一区域长期以来由于森林植被大量减少，水土流失面积由20世纪50年代的4.11万km^2增加到20世纪90年代的7.67万km^2，土壤侵蚀量达4.6亿t，岩石裸露面积以每年3%~6%的速度递增，洪灾、干旱、泥石流等自然灾害频繁，威胁着当地的经济社会发展和人民的生命财产安全。

1993年，林业部主持编制了《珠江流域综合治理防护林体系建设工程总体规划（1993~2000）》（简称《规划》）。按照《规划》，珠江防护林工程范围包括广东、广西、云南、贵州4省（区）的177个县（市），建设规模为120万hm^2。整个工程建成后，将新增森林面积120万hm^2，森林覆盖率将由35.01%提高到37.94%；林种结构也将得到调整，防护林比重由11%提高到38.16%，用材林比重由72.55%下降到43.38%；工程区水土流失将基本得到控制，生态环境明显改善。1995年11月，国家计委批复了该《规划》。1996年，林业部正式启动珠江防护林工程，初步确定将177个县（市）分三批组织实施，第一批启动50个重点县，"九五"期间（1996~2000年）建设规模为57.8万hm^2。第一批首次启动了13个县，1998年国家实施积极的财政政策，加大了珠江防护林建设的资金投入和支持力度，先后试点启动了34个县。

到2000年，珠江防护林工程建设共完成营造林67.5万hm^2，其中人工造林23.45万hm^2，飞播造林2.76万hm^2，封山育林28.19万hm^2；完成低效防护林改造任务12.88万hm^2，四旁植树1.7亿株。由于一期工程建设启动晚、建设时间短，因而营造的防护林的效益至今还没有充分发挥出来。但通过实践，培养了一批工程技术管理骨干和懂技术的林农，尤其是工程区技术人员和广大干部群众在实践中摸索出一套符合珠江流域石漠化综合治理的造林绿化技术和适用与本地区的治理模式，为后期工程建设及大规模开展石漠化治理奠定了基础。

九、辽河流域防护林体系建设工程

辽河流域地处我国东北地区的西南部，是我国重要的工业、能源和农牧业生产基地，是国家经济建设中的重要地区。但辽河流域的生态破坏也极为严重，至20世纪90年代中期，水土流失面积为611.5万hm^2，占流域面积的25.9%，全年表土流失总量1.66亿t。流域内洪涝灾害频发，平均每两三年就有一次，如1985年辽河干流特大洪水，农田被淹达84.6万hm^2，近300眼油井、300多座输油站被迫停产。同时，西辽河流域几乎每年都有不同程度的干旱，科尔沁沙地平均每年增加1.1万hm^2，以每年30～50 m的速度向东南推移。

为了改善辽河流域的生态环境，提高当地人民生产、生活条件，根据中央关于“大灾之后，在兴修水利时要实行综合治理，要注意搞好林业建设”的指示精神。1995年，国家计委批复了《辽河流域综合治理防护林体系建设工程总体规划》（简称《规划》）。根据《规划》，工程范围包括河北、内蒙古、吉林、辽宁4省（区）的77个县，建设规模为120万hm^2，建设期间从1994年至2005年。工程建成后，流域内的森林覆盖率由18.6%提高到了27.9%，611.5万hm^2的水土流失面积得到控制，近133.3万hm^2的流动和半流动沙地将被固定，318.7万hm^2的土地免受风沙危害。

辽河流域防护林体系建设工程于1997年正式启动后，至2000年年底，共完成任务38.7万hm^2。

十、黄河中游防护林体系建设工程

黄河是中华民族的摇篮。黄河中下游地区在历史上一直是我国政治、经济和文化的中心地区。目前，该地区是我国主要的农业产区，小麦产量居全国麦区之首；玉米种植面积占全国40%以上，产量占全国的50%；棉花种植面积和产量占全国的50%。该区域还蕴藏着大量的煤炭和石油资源，是我国重要的能源基地。但由于历史和人为的原因，这一区域的水土流失极为严重，流失面积达24.5万km^2，占黄河中游流域面积的78%；年均输入黄河的泥沙达16亿t，占整个黄河输沙量的90%。至20世纪90年代中期，黄河中游已建成的130多座大中型水库及3万多座淤地坝中，水库淤积库容已1/3以上，很多淤地坝已经淤满。

20世纪90年代初，国家准备在黄河中游尾端建设小浪底水利枢纽重点工程。但按照当时的泥沙量计算，该工程的使用寿命可能只有20年。因此，有必要在黄河中游建设水土保持林，以控制水土流失，减少输入黄河的泥沙量，延长水利设施寿命，保障黄河中下游地区的经济社会发展和人民生产生活安全。为此，时任国务院总理李鹏作出了“在小浪底水利枢纽工程以上流域的水土流失地区进行生物治理”的指示。根据指示精神，1995年，国家计委批复了《黄河中游防护林工程总体规划》（简称《规划》）。根据《规划》，黄河中游防护林工程范围包括山西、陕西、甘肃、宁夏、内蒙古、河南6省（区）的177个县，总面积3200万 hm^2，区内含有黄河干流及其主要的26条一级支流。工程建设规模为315万 hm^2，其中人工造林270万 hm^2，飞播造林30万 hm^2，封山育林15万 hm^2；建设期限为15年（1996～2010年），分3期进行，1996～2000年完成105万 hm^2，2001～2005年完成14.5万 hm^2，2006～2010年完成61万 hm^2。工程完成后，工程区森林覆盖率由14.9%提高到24.9%，减少土壤流失达30亿t，涵水量达60亿t。

自1995年启动实施到1999年，黄河中游防护林工程共完成造林51.79万 hm^2，占规划任务的16.44%。通过工程建设，黄河中游地区的生态环境初步得到改变。

第二节　我国的六大林业生态工程

世纪之交，我国政府从经济社会发展对林业的客观要求和具体国情、林情出发，遵循自然规律和经济规律，围绕新时期林业建设的总体目标和任务，将以往实施和规划建设的林业重点工程系统整合为天然林资源保护、三北和长江中下游等地区重点防护林体系建设、退耕还林（草）、京津风沙源治理、野生动植物保护及自然保护区建设、重点地区速生丰产用材林基地建设等六大林业生态工程。

一、天然林资源保护工程

天然林资源保护工程（简称天保工程）是我国投资最大的生态工程，主要解决长江上游、黄河上中游地区，东北、内蒙古等重点国有林区和其他地区的天然林资源保护、休养生息和恢复发展的问题。

天然林资源是我国森林资源的主体，在维护生态平衡、提高环境质量及保护生物多样性方面发挥着不可替代的主体作用，具有良好的生态效益和环境效益。但由于历史上战争、自然灾害、人为砍伐等因素的长期影响，我国逐渐成为一个森林资源总量较少、天然林比例较低的国家。新中国成立后，我国木材采伐的对象主要是天然林。据统计，从1949年到2000年全国木材产量累计50亿 m^3，其中60%以上来自天然林。根据1997年（天保工程实施前）组织的全国商品材产量调查，1997 年全国商品材产量 5614 万 m^3，其中天然林占 60%，人工林占 39%，而东北、西北、西南国有林区 131 个木材采伐企业 1984 万 m^3 的商品材产量中，98.5% 来自天然林。无节制地采伐天然林，使天然林面积急剧减少，质量下降，水源涵养能力、水土保持能力、生物多样性、非木质林产品供应能力普遍下降，对经济社会可持续发展的支撑能力明显削弱，林区群众与全社会的生活差距越拉越大。据 1994～1998 年第五次全国森林资源清查结果，我国有天然林 16 亿亩，其中 11 亿亩分布在长江、黄河流域和东北、内蒙古及海南、新疆等 17 个省（自治区、直辖市）。这些区域是我国生态地位最重要的地方，在全国生态环境建设中具有举足轻重的作用，保护好这些区域的天然林资源，对于促进我国经济社会发展，维护国家生态安全具有重要的意义。

天保工程于 1998 年开始试点，2000 年正式启动。1998 年特大水灾后，中共中央、国务院作出了《关于灾后重建、整治江湖、兴修水利的若干意见》，提出要“全面停止长江黄河流域上中游的天然林采伐，森工企业转向营林管护”。根据这一精神，国家林业局在原《重点国有林区天然林资源保护工程实施方案》的基础上做了进一步调整和补充，将长江上游、黄河上中游地区部分地方森工企业和国有林场纳入工程实施范围，编制了《长江上游、黄河上中游地区天然林资源保护工程实施方案》和《东北、内蒙古等重点国有林区天然林资源保护工程实施方案》，上报国务院。同时，对天然林资源保护工程分布集中、生态地位重要的 12 个省（自治区、直辖市）进行试点，云南、四川、重庆、贵州、陕西、甘肃、青海等地相继全面停止天然林采伐，内蒙古、吉林、黑龙江（含大兴安岭）、新疆、海南等地开始有计划地调减天然林采伐量，并加大造林和管护力度。2000 年 10 月，国务院正式批准了这两个方案，至此，天保工程经过两年试点后正式启动。

天然林资源保护工程共涉及 17 个省（自治区、直辖市），分为长江上游、黄河上中游和东北、内蒙古等重点国有林区两大区域：（1）长江上游、黄河上中游地区的天保工程。长江上游地区以三峡库区为界，包括云南、四川、贵州、重庆、湖北、西藏等 6 个省（自治区、直辖市）；黄河上中游地区以小浪底库区为界，包括陕西、甘肃、青海、宁夏、内蒙古、河南、山西等 7 个省（自治区）、总共 13 个省（自治区、直辖市）。2000～2005 年为第一期，以停止天然林采伐、大力建设生态公益林、分流和安置下岗职工为主要内容。2006～2010 年为第二期，以保护天然林资源、恢复林草植被为主要内容。工程预期投资 533 亿元。（2）东北、内蒙古等重点国有林区的天保工程。这主要包括内蒙古、吉林、黑龙江（含大兴安岭林业集团公司）、海南、新疆（含新疆生产建设兵团）共5个省（自治区）境内的86个国有重点森工企业、16个地方森工企业、23个县及12个县级林业局（场）。2000～2003年为第一期，以调减木材产量、加大森林资源保护力度、妥善分流安置富余职工为主要内容。2004～2010年为第二期，以保护天然林资源、恢复森林植被、促进经济和社会可持续发展为主要目标。工程预期投资429亿元。两大区域的天保工程预期用2000年至2010年的10年时间实施。

天保工程的建设目标在于全面停止长江上游、黄河上中游地区天然林商品性采伐，大幅度调减东北、内蒙古等重点国有林区的木材产量；同时保护好其他地区的天然林资源，加快宜林荒山荒地造林种草，加强森林管护，妥善安置富余人员，缓解企业社会负担，为林区发展和改善生态创造条件，解决这些地区天然林资源的休养生息和恢复发展问题。其主要任务是：全面停止长江上游、黄河上中游地区天然林的商品性采伐，停伐木材产量1239.0万m^3；东北、内蒙古等重点国有林区木材产量由1853.6万m^3减到1102.1万m^3；管护好工程区内14.3亿亩（9533.3万hm^2）的森林资源；在长江上游、黄河上中游工程区营造新的公益林1.91亿亩（1273.3万hm^2）；分流安置由于木材停伐减产形成的富余职工74万人。为了保证天保工程的顺利实施，国家还采取了一系列的保障措施：（1）森林资源管护。每人管护5700亩，每年补助1万元。（2）生态公益林建设。飞播造林每亩补助50元；封山育林每亩每年14元，连续补助5年；人工造林长江流域每亩补助200元、黄河流域每亩补助300元。（3）森工企业职工养老保险社会统筹。按在职职工缴纳基本养老金的标准予以补助，因各省情况不同补助比例有所差异。（4）森工企业社会性支出。教育经费每人每年补助1.2万元；公检法司经费每人每年补助1.5万元；医疗卫生经费，长江黄河流域每人每年补助6000元，东北、内蒙古等重点国有林区每人每年补助2500元。（5）森工企业下岗职工基本生活保障费补助。按各省（区、市）规定的标准执行。（6）森工企业下岗职工一次性安置。原则上按不超过职工上一年度平均工资的3倍发放一次性补助，并通过法律解除职工与企业的劳动关系，不再享受失业保险。（7）因木材产量调减造成的地方财政减收。中央通过财政转移支付方式予以适当补助。

从1998年试点至2001年，天保工程累计完成造林面积219.47万hm^2，其中人工造林137.65万hm^2，飞播造林81.82万hm^2；封山育林面积188.36万hm^2，年均森林管护面积9000万hm^2，累计育苗面积17.16万hm^2。4年累计妥善安置和分流富余职工51.18万人，占规划应安置人数的69.16%。工程区内森林管护人员由 1998 年的 5.5 万人增加到 2001 年的 1.5 万人。长江上游、黄河中上游地区 13 个省（自治区、直辖市）在工程区内全面停止了天然林的商品性采伐；东北、内蒙古等重点国有林区木材产量调减到 2001 年的 1160 万 m^3。中央累计投入各类资金 318.9 亿元，其中中央国债资金 96.3 亿元，中央财政专项资金 177.1 亿元，中央财政转移支付资金 45.5 亿元。2001～2005年的“十五”期间，天保工程共完成造林面积 355.87 万 hm^2，新封山育林面积 406.54 万 hm^2，森林管护面积每年保持在 9000 万 hm^2 以上。共安置和分流企业富余职工 66.5 万人。“十五”期末，工程区已有 112.48 万职工参加了基本养老保险社会统筹。长江上游、黄河上中游工程区 13 个省（自治区、直辖市）全面停止了天然林商品性采伐；东北、内蒙古等重点国有林区木材产量调减到 2005 年的 1122.60 万 m^3。据 1999～2003 年第六次全国森林资源清查结果，天保工程区森林面积净增 815.7 万 hm^2，森林蓄积净增 4.6 亿 m^3。

到 2010 年年底，天保工程国家累计投入资金 1186 亿元。据 2004～2008 年第七次全国森林清查结果，工程区森林面积净增 1000 万 hm^2，森林蓄积净增约 7.25 亿 m^3，森林覆盖率增加 3.7 个百分点。长江上游、黄河上中游地区已在 2000 年全面停止天然林商品性采伐，东北、内蒙古等重点国有林区木材产量由 1997 年的 1854 万 m^3 按计划调减到 2003 年的 1102 万 m^3 以下，木材产量已按计划调减到位。天保工程森林管护面积 1.08 亿 hm^2，超管护补助面积 1266.7 万 hm^2，建成了有效的森林管护网络体系。累计完成公益林任务 1586.67 万 hm^2，其中，人工造林 228.67 万 hm^2，飞播造林 339.2 万 hm^2，封山育林 1013.33 万 hm^2，超额完成计划任务。分流安置国有企业富余职工 67.5 万人，其中一次性安置 42.34 万人。职工养老、医疗、工伤、失业、生育等 5 项保险补助政策基本得到落实，教育、医疗卫生、公检法司等政社性人员补助政策落实到位。

天保工程的实施，取得了巨大的效益。在生态方面，森林资源长期过量消耗得到了有效控制，森林资源呈现逐年增长趋势。据 2004～2008 年第七次全国森林资源清查情况来看，我国森林面积 1.95 亿 hm^2，森林覆盖率 20.36%，森林蓄积 137.21 亿 m^3，其中人工林面积 0.62 亿 hm^2，保持世界首位。仅“十一五”期间，中国森林面积就净增 2054.30 万 hm^2，森林蓄积净增 11.23 亿 m^3。从 1998 年天保工程试点至 2010 年的 13 年里，我国累计少砍木材 2.2 亿 m^3，相当于少消耗森林蓄积量 3.79 亿 m^3，有 1.07 亿 hm^2 的森林得到有效保护，森林面积净增 1000 万 hm^2，森林蓄积量净增 7.25 亿 m^3。天保工程带来的这些变化产生了良好的生态效益，工程区生态环境逐步好转，水土流失减轻，输入长江、黄河的泥沙量明显减少。据黄河中游水土保持委员会宜川水文监测站观测，天保工程实施以来，陕西每年向黄河输入的泥沙量由1999年的530多万t降低到2007年的507万t，减少了23万t；土壤侵蚀模数由1998年的每平方公里1800t下降到2007年的每平方公里1726t。生态环境的显著改善，也促进了生物多样性的有效保护，野外大熊猫数量明显增加，珍稀褐马鸡数量比工程实施初期增加了一倍多，珙桐、苏铁、红豆杉等国家重点保护野生植物数量也明显增加。在经济效益方面，随着天然林保护工程的深入实施，各地都在积极探索适合本地区经济发展特点的天然林保护与林区经济发展的路子。依托天保工程建设，工程区逐步摆脱了“独木支撑”的经济格局，发掘优势，因地制宜发展林区接续产业，大批替代产业、新兴产业兴起，产业结构得到调整优化，经济总量和质量都有所提高。例如，近年来云南省天保工程区通过森林管护，改善了生态环境，促进了林下资源的增长，仅野生食用菌采集每年就为农民和企业增收20亿元左右，每年出口创汇超过8000万美元。另外，松香松脂也成为林区增收的新亮点，仅2006年，云南省松脂产量就达到11万t，松香达到10t，产值达7亿多元，出口创汇超过5000万美元。在社会效益方面，通过天保工程的实施，人们的生态意识、环保观念得到了提高，人民群众认识到实施天然林保护工程是关系到中华民族生存和发展的关键，是功在当代、利在千秋的大事。例如，1999年3月，在天保工程试点之初，曾经一辈子以伐木为职业的黑龙江省祭力林业局贮木场的老退休工人孙江，认为自己与木头打了一辈子交道，但遗憾的是没栽过一棵树，于是特意向工程捐献1万元人民币，表现了林业人对天保工程的支持。此外，更为重要的是，天保工程提高了广大林业职工的生活条件和福利水平，对于促进社会稳定，建设社会主义和谐社会具有积极的意义。例如，通过启动实施林业棚户区和危旧房改造工程，国有林区规划改造61.67万户，新建住宅3083.66万m^2。西藏天保工程区实施生态移民工程，将深居林区的贫困农牧民群众搬迁到条件相对较好的地方，完成搬迁安置2503户、15121人。在工程区，有的职工通过森林管护和公益林建设，从伐木人变为看林人、种树人，成为生态建设的新生力量；有的职工在森工企业改革转制中，变成了新企业的股东、员工；有的职工创办家庭经济，自主经营，积极开发林下资源，实现了稳定就业。天保工程实施以来，林业职工工资收入也不断增长，年平均工资由2000年的4437元提高到2008年的12645元。同时，历史遗留问题也得到解决，社会保障政策不断完善。四川省解决了2003年前重点森工企业部分死亡职工一次性抚恤和遗属困难补助，从2006年起将重点森工企业拖欠退休职工的医疗费纳入了财政预算。

至2010年，天保工程工期基本完成了各项任务。为巩固建设成果，进一步提升森林质量，中央决定实施天保工程二期，建设时间为2011年至2020年。按照规划，天保工程二期总投入2440.2亿元，其中，中央财政1936亿元，中央基本建设投资259.2亿元；地方投入245亿元（长江上游、黄河上中游地区，主要是集体所属的地方公益林补偿基金）。工程实施过程中，根据工资水平和物价变动等因素，适时调整有关补助标准。其主要目标是：到2020年，新增森林面积7800万亩，森林蓄积净增11亿m^3，增加碳汇4.16亿t；生态状况从逐步好转进一步向明显改善转变，工程区水土流失明显减少，生物多样性明显增加；林区经济社会发展由稳步复苏进一步向和谐发展转变，为林区提供就业岗位64.85万个，基本解决转岗就业问题，确保林区社会和谐稳定。天保工程二期主要任务有5个方面：（1）长江上游、黄河上中游地区继续停止天然林商品性采伐，东北、内蒙古等重点国有林区进一步调减木材产量，一期定产的每年木材采伐量1094.1万m^3，在“十二五”期间分3年调减到402.5万m^3；（2）强化森林管护，管护森林面积17.32亿亩；（3）继续加强公益林建设，建设公益林1.16亿亩；（4）加强森林经营，国有中幼林抚育2.63亿亩，培育后备资源4890万亩；（5）保障和改善民生，增加林区就业，提高职工收入，完善社会保障，使职工收入和社会保障接近或达到社会平均水平。

为了保证任务的实施实现和保持政策的延续性，天保工程二期主要从5个方面进一步采取措施：（1）继续实施森林管护中央财政补助政策。对国有林，中央财政安排森林管护费每亩每年5元。对集体林，属于国家级公益林的，由中央财政安排森林生态效益补偿基金每亩每年10元；属于地方性公益林的，除由地方财政安排补偿基金外，中央财政每亩每年补助森林管护费3元。（2）完善社会保险补助政策。中央财政继续对森工企业和国有林场等国有林业单位负担的在职职工基本养老、基本医疗、失业、工伤和生育等5项社会保险给予补助，并相应提高补助标准；对符合现行就业政策的国有林业单位代管的灵活就业的就业困难人员，地方人民政府按国家有关规定统筹解决这部分人员的社会保险补贴，对国有林业单位跨行政区域的由所在地、市或省级人民政府统筹解决。（3）完善政策性社会性支出中央财政补助政策。中央财政继续对国有林业单位负担的教育、医疗卫生、公检法司经费及政府经费给予补助，并相应提高补助标准；为鼓励推进改革，对将国有林业单位承担的消防、环卫、街道等社会公益事业移交地方政府管理的省（区、市），中央财政给予补助。（4）继续实行公益林建设投资补助政策。中央基本建设投资继续对长江上游、黄河上中游地区安排公益林建设，人工造林每亩补助300元，封山育林每亩补助70元，飞播造林每亩补助120元。（5）增加森林培育经营补助政策。中央财政对国有中幼林抚育每亩补助120元；中央基本建设投资对东北、内蒙古重点国有林区后备资源培育中的人工造林和森林改造培育每亩分别补助300元和200元。

与工程一期相比，天保二期工程的国家投入和政策扶持力度加大，总投入增加了一倍；取消地方配套，中央财政对中央投资的项目实行全额补助。同时，大幅度提高森林管护、公益林建设和社会保险补助标准，并将进行动态调整；将森林经营纳入天保工程，增加中幼林抚育和森林改造培育补助政策；工程实施范围扩大，增加了丹江口库区11个县（其中湖北7个、河南4个，这11个县既是国家生态重点保护区域，也是国家级重点公益林建设区，还是国家南水北调中线工程的水源发源地）。天保工程二期与一期相比，中央投入政策更加体现以人为本的精神，符合实际，更加具有针对性和可操作性。

二、退耕还林工程

退耕还林工程是我国林业建设上涉及面最广、政策性最强、工序最复杂、群众参与度最高的生态建设工程，主要解决重点地区的水土流失问题。退耕还林就是从保护和改善生态环境出发，对水土流失严重的耕地，沙化、盐碱化、石漠化严重的耕地及粮食产量低而不稳的耕地有计划、有步骤地停止耕种，因地制宜地造林种草，恢复植被。这是调整国土利用结构、增加森林覆盖、治理泥沙危害的根本性措施。

长期以来，盲目毁林开垦和进行陡坡地、沙化地耕种，造成了我国严重的水土流失和沙化危害。至2010年，全国水土流失面积356.92多万km^2，占国土面积的37.2%；我国沙化土地面积已达174万km^2，占国土面积的18.2%。造成我国水土流失和土地沙化的重要原因，主要是长期以来人们盲目毁林开荒。据全国土地资源调查材料，全国仅25度以上的坡耕地就达9100多万亩（606.67万hm^2）。毁林开荒虽然暂时增加了一些耕地面积和粮食产量，但我国在生态环境方面却付出了巨大的代价。长江、黄河上中游地区因为毁林开荒，陡坡耕种，已使之成为世界土水土流失最严重的地区之一，每年流入长江、黄河的泥沙量达20多亿t，其中2/3来自坡耕地。不断加剧的水土流失，导致江河湖库不断淤积，使两大流域中下游地区水患加剧，水资源短缺的矛盾日益突出，给国民经济和人民生产生活造成了巨大危害，国家也不得不年年花费大量人力、物力和财力，投入防汛、抗旱和救济灾民。因此，实施退耕还林，改善生态环境，不仅能够促进长江、黄河流域等地区林业生产力及社会生产力的快速发展，也有利于全国生产力的健康发展，为社会经济的可持续发展奠定坚实的基础。

新中国成立以来，我国政府曾多次出台退耕还林政策。1952 年 12 月，由周恩来总理签发的《关于发动群众继续开展防旱抗旱运动并大力推行水土保持工作的指示》指出："首先应在山区丘陵和高原地带有计划地封山、造林、种草和禁开陡坡，以涵蓄水流和巩固表土。"1957 年 5 月，国务院第二十四次全体会议通过的《中华人民共和国水土保持暂行纲要》中规定："原有陡坡耕地在规定坡度以上的，若是人少地多地区，应该在平缓和缓坡地增加单位面积产量的基础上，逐年停耕，进行造林种草。"但由于"大跃进"及"文化大革命"，这些政策难以真正落实下来，毁林、毁草开荒依然严重。1985 年 1 月，《中共中央国务院关于进一步活跃农村经济的十项政策》中规定："山区 25 度以上的坡耕地要有计划有步骤地退耕还林还牧，以发挥地利优势。口粮不足的，由国家销售或赊销。"1991 年 6 月公布的《中华人民共和国水土保持法》第 14 条规定："禁止在 25 度以上陡坡地开垦种植农作物……本法实施前已在禁止开垦的陡坡地上开垦种植农作物的，应当在建设基本农田的基础上，根据实际情况，逐步退耕，植树种草，恢复植被，或者修建梯田。"这时已经将禁止任意垦殖、逐步退耕还林写入了法律条文之中。1998 年 8 月，《国务院关于保护森林资源制止毁林开垦和乱占林地的通知》指出："各地要在清查的基础上，按照谁批准谁负责，谁破坏谁恢复的原则，对毁林开垦的林地，限期全部还林。"1998 年 8 月修订的《中华人民共和国土地管理法》第 39 条规定："禁止毁坏森林、草原开垦耕地，禁止围湖造田和侵占江河滩地。根据土地利用总体规划，对破坏生态环境开垦、围垦的土地，有计划有步骤地退耕还林、还牧、还湖。"1998 年 10 月，十五届三中全会通过的《中共中央关于农业和农村工作若干重大问题的决定》指出："禁止毁林毁草开荒和围河造田。对过度开垦、围垦的土地，要有计划有步骤地还林、还草、还湖。"可见改革开放以来，特别是 1998 年特大洪灾之后，我国政府对退耕还林的认识越来越深刻，措施越来越具体。

将退耕还林进行工程化运作，并进一步上升为国家重点工程是在 20 世纪末、21 世纪初。1999 年，朱镕基总理先后视察了西南、西北 6 省，提出"退耕还林、封山绿化、以粮代赈、个体承包"的综合措施，并在四川、陕西、甘肃3省先行退耕还林试点。当年即完成退耕地造林572.2万亩，宜林荒山荒地造林99.7万亩。2000年1月，国家又将退耕还林列为西部大开发的重要内容。同年3月，经国务院批准，国家林业局、国家计委、财政部联合发出了《关于开展2000年长江上游、黄河上中游地区退耕还林（草）试点示范工作的通知》，将试点范围扩大到中西部地区17个省（自治区、直辖市）和新疆建设兵团。为推动试点工作健康发展，同年9月，国务院又下发了《关于进一步做好退耕还林还草试点工作的若干意见》。2001年3月，九届人大四次会议通过《中华人民共和国国民经济和社会发展第十个五年计划纲要》，正式将退耕还林列入我国国民经济和社会发展“十五”计划。2001年10月朱镕基总理在国务院西部地区开发领导小组第二次全体会议上强调，要正确分析国际、国内形势，坚持扩大内需，推进西部大开发。当前，发展农村经济、促进农民增收的一项重要措施，就是要抓住粮食库存较多的有利时机，加快实行退耕还林，开仓济贫。2002年1月，退耕还林工程全面启动。为了保障工程顺利进行，同年4月，国务院下发了《国务院关于进一步完善退耕还林政策措施的若干意见》；同年12月，国务院颁布了《退耕还林条例》，退耕还林步入规范化、法制化管理轨道。

退耕还林工程建设范围包括北京、天津、河北、山西、内蒙古、辽宁、吉林、黑龙江、安徽、江西、河南、湖北、湖南、广西、海南、重庆、四川、贵州、云南、西藏、陕西、甘肃、青海、宁夏、新疆等25个省（自治区、直辖市）和新疆生产建设兵团。工程建设以西部地区为重点，任务量占全国总任务的近2/3；中部地区突出重点区域，优先安排江河源头及其两侧、湖库周围、风沙危害和水土流失严重等生态地位重要地区。

根据自然条件、社会经济状况及需要退耕地的情况，将工程区划分为10个类型区，即西南高山峡谷区、川渝鄂湘山地丘陵区、长江中下游低山丘陵区、云贵高原区、琼桂丘陵山地区、长江黄河源头高寒草原草甸区、新疆干旱荒漠区、黄土丘陵沟壑区、华北干旱半干旱区、东北山地及沙地区。分区确定相应的植被类型和主要树种、草种。同时，根据突出重点、先急后缓、注重实效的原则，将长江上游地区、黄河上中游地区、京津风沙源区及重要湖库集水区、红水河流域、黑河流域、塔里木河流域等地区的856个县作为工程建设重点县。

退耕还林工程规划到2010年，完成退耕地造林2.2亿亩（1466.67万hm^2），宜林荒山荒地造林2.6亿亩（1733.33万hm^2），陡坡耕地基本退耕还林，严重沙化耕地基本得到治理，工程区林草覆盖率增加4.5%。工程分两个阶段进行，第一阶段2001～2005年，确保水土流失比较严重的1.7亿亩陡坡耕地基本退下来，扩大宜林荒山荒地造林面积2亿亩，使工程区林草覆盖率增加3.5%，控制水土流失面积近10亿亩，防风固沙控制面积11.8亿亩，使工程区脆弱的生态状况得到初步治理。第二阶段2006～2010年，退耕地造林0.5亿亩，宜林荒山荒地造林0.6亿亩，新增林草植被1.1亿亩，工程区林草覆盖率增加1%。到2010年，退耕还林工程总体控制水土流失面积13亿亩，防风固沙控制面积15.4亿亩，工程治理地区的生态状况得到较大改善。

退耕还林工程试点以来，国务院颁布了《退耕还林条例》（2002年），并先后出台了《关于进一步做好退耕还林还草试点工作的若干意见》（2000年）、《关于进一步完善退耕还林政策措施的若干意见》（2002年）、《关于完善退耕还林粮食补助办法的通知》（2004年）、《关于切实搞好“五个结合”进一步巩固退耕还林成果的通知》（2005年）。这5个政策性文件和法规出台的过程，也是退耕还林政策措施不断完善的过程，对退耕还林的实施原则、规划和计划编制、造林和管护及检查验收、资金和粮食补助、保障措施、法律责任等作了规定。其中，最受广大农民关注的是资金和粮食的补助政策。其主要包括：（1）国家无偿向退耕户提供粮食补助。每退耕地1亩，长江流域及南方地区每年补助粮食150kg，黄河流域及北方地区每年补助粮食100kg。（2）国家对退耕户给予适当现金补助，每亩退耕地每年补助现金20元。（3）粮食和现金补助年限，还生态林的8年，还经济林的5年，还草地的2年。（4）国家向退耕户提供种苗补助费，每造林1亩，补助50元。（5）国家从2004年起原则上向退耕户补助的粮食改为现金补助，补助粮食（原粮）的价款按每公斤1.4元折价计算。补助粮食（原粮）的价款和现金由中央财政承担。

2007年，国务院下发了《关于完善退耕还林政策的通知》，对退耕还林政策做了新的完善，主要内容就是在原有的补助政策到期后，继续对退耕农户给予适当补助，以巩固退耕还林成果，解决退耕农户生活困难和长远生计问题。退耕还林完善政策措施的要点有：（1）原有退耕还林补助政策结束后，再延长一个周期，即还生态林再补8年；还经济林再补5年；还草再补2年。（2）在延长期内，从粮食补助资金中拿出一半对退耕农户进行直接补助，即长江流域及南方地区每亩退耕地每年补助现金105元，黄河流域及北方地区每亩退耕地每年补助现金70元。从粮食补助资金的另一半作为巩固退耕还林成果专项资金，主要用于西部地区、京津风沙源治理区和享受西部政策的中部地区追耕农户的基本口粮田建设、农村能源建设、生态移民等方面，并对特殊困难地区倾斜。(3) 每亩退耕地每年20元生活补助费，继续直接补助到户，并与管护任务挂钩。(4) 中央有关补助资金，按核实的还林还草面积，逐年核定各省的补助总量，包干到省。其中，巩固退耕还林成果专项资金，按8年集中安排，逐年下达。(5) 逐步提高退耕还林、宜林荒山荒地造林的种苗和造林补助标准。

自实施以来，退耕还林工程进展顺利。2001年，全年完成退耕地造林面积48.91万 hm^2，其中造林面积40.54万 hm^2；荒山荒地造林种草面积54.53万 hm^2，其中造林面积48.49万 hm^2。截至2001年年底，三年退耕还林工程试点示范共完成退耕还林101.36万 hm^2，荒山荒地造林87.85万 hm^2。2001年全年粮食预付数量400亿kg，完成投资32.14亿元，其中粮食折资20.36亿元，种苗费补助7.37亿元，现金补助3.5亿元，科技支撑及其他费用0.91亿元。2002年，完成退耕造林203.98万 hm^2，荒山荒地造林238.38万 hm^2。全年兑现粮食补助51.62亿kg，现金补助4.58亿元。完成投资110.61亿元，其中粮食折资63.08亿元，种苗费补助33.07亿元，科技支撑及其他费用14.46亿元。2003年，完成退耕地造林34181万 hm^2，荒山荒地造林342.28万 hm^2。全年兑现粮食补助54.81亿元，生活费补助28.18亿元。完成投资225亿元，其中中央财政专项资金149.74亿元，国债资金59.24亿元。从1999年试点至2003年，退耕还林工程实施5年以来，累计完成造林面积1332.58万 hm^2，其中退耕地造林643.64万 hm^2，荒山荒地造林688.93万 hm^2；累计完成投资394.54亿元，其中国家投资366.42亿元。2004年，完成退耕地造林101.66万 hm^2，荒山荒地造林255.16万 hm^2。全年兑现粮食159.05亿kg，国家从2004年起原则上向退耕户补助的粮食改为现金补助，全年应兑现粮食改为兑现现金金额168.24亿元；种苗补助费29.81亿元；当年新退耕地生活费补助3.89亿元。全年完成投资235.74亿元，其中国债资金46.52亿元，中央财政专项资金166.56亿元。2005年，完成退耕地造林86.12万 hm^2，荒山荒地造林133.17万 hm^2，新封山育林116.02万 hm^2，种草面积4.76万 hm^2。全年完成粮食兑现284.18万t，生活费兑现25.33亿元。全年完成投资268.12亿元，其中中央财政专项资金203.57亿元。

“十五”期间，退耕还林工程共完成退耕还林任务1976.99万 hm^2，其中退耕地造林798.58万 hm^2，荒山荒地造林1041.75万 hm^2，封山育林136.66万 hm^2。累计完成投资882.99亿元，其中国家投资811.02亿元，国家投资占全部投资的91.85%。工程营造生态林比重达80%以上。2006年，完成退耕地造林17.71万 hm^2，荒山荒地造林63.15万 hm^2。全年中央投入资金270.3

亿元，其中种苗造林费补助10亿元，生活费补助27.1亿元，粮食补助资金233.2亿元。2007年8月，国务院下发了《关于完善退耕还林政策的通知》（简称《通知》），确定了完善退耕还林政策的内容：一是继续对农户直接补助，二是建立巩固退耕还林成果专项资金。《通知》的主要目的在于解决随着退耕还林政策补助陆续到期，部分退耕农户生计将出现困难的问题，明确国家将继续对退耕农户实行直接补助。现行退耕还林粮食和生活费补助期满后，中央财政安排资金，继续对退耕农户给予适当的现金补助，解决退耕农户当前生活困难。同时，考虑到"十五"期间大规模的退耕还林成为我国耕地面积紧逼18亿亩红线的主要因素，为确保全国耕地不少于18亿亩（1.2亿 hm^2），国务院决定原定"十一五"期间退耕还林2 000万亩（133.33万 hm^2）的规划，除2006年已安排400万亩（26.67万 hm^2）外，其余暂不安排，因此在"十一五"期间，不再进行大规模退耕地造林。另外，由于近几年退耕还林增加的林草植被，绝大多数仍是幼林、未成林，如果管护不好，存活率将难以保证。尤其是西北地区，自然条件差，干旱少雨，树木一般难以存活，当务之急是完善后期管护制度，建立长效机制，所以退耕还林工程建设将更多的精力投入到了保证退耕地造林的质量和荒山造林、封山育林之中。2007全年完成退耕还林工程造林105.60万 hm^2。2008年，为巩固退耕还林成果，国家林业局决定自该年起至2014年，连续7年开展退耕还林工程退耕地造林验收工作。另外，2007年起暂不安排退耕地造林任务后，2008年继续安排荒山荒地造林74万 hm^2、封山育林46.7万 hm^2。退耕还林工程造林投资规模由2007年的10.5亿元增加到2008年的16亿元，并且从2008年起提高退耕还林工程种苗造林国家补助标准，由原来的每亩50元提高到了人工造林每亩100元、封山育林每亩70元。2008年退耕还林工程中央投入共达341亿元。该年，工程受到了冰雪灾害、汶川地震、干旱等不利因素影响，但截至2009年2月底仍然完成退耕还林任务108.7万 hm^2。

截至2009年年底，全国累计实施退耕还林任务2766.67万 hm^2（4.15亿亩），其中退耕地造林926.67万 hm^2（1.39亿亩），荒山荒地造林和封山育林1840万 hm^2（2.76亿亩）。工程范围涉及25个省（区、市）和新疆生产建设兵团的2279个县、3200万农户、1.24亿农民。根据现有退耕还林政策标准和已完成任务测算，退耕还林中央总投入将达4300多亿元，其中，到2009年年底中央已投入2332亿元。2010～2021年，中央还将继续投入2000多亿元。

三、三北及长江中下游流域等重点防护林体系建设工程

三北和长江流域等重点防护林体系建设工程是我国涵盖面最大、内容最丰富的防护林体系建设工程。该工程的实施，主要解决三北地区的防沙治沙问题和其他区域各不相同的生态问题。这是构筑覆盖全国的完整的森林生态体系、保护和扩大中华民族生存和发展空间的历史性任务。三北和长江流域等重点防护林体系建设工程涉及28个省（区、市）的1696个县，计划造林2267万hm^2，管护森林7187万hm^2，包括三北防护林体系建设四期工程、长江流域防护林体系建设二期工程、珠江流域防护林体系建设工期工程、沿海防护林体系建设二期工程、太行山绿化二期工程、平原绿化二期工程。

1. 三北防护林体系建设四期工程

三北防护林体系建设四期工程（简称三北四期工程）对原三北工程进行了整合，将原工程中的86个县（旗、市、区）划入京津风沙源治理工程等其他工程（其中，划入京津防沙治沙工程67个，沿海防护林工程15个，太行山绿化工程4个），将东北地区原属松嫩辽流域工程的98个县（旗；市、区）纳入其中。这样，经过重新整合后的三北四期工程涉及三北地区的北京、天津、河北、山西、内蒙古、辽宁、吉林、黑龙江、河南、甘肃、青海、宁夏、新疆（含新疆建设兵团）等13个省（自治区、直辖市）的590个县（旗、市、区），总面积405.39万km^2，占国土总面积的42.2%。

三北四期工程建设时间为10年（2001～2010年）。工程由第一阶段三期建设的数量扩张开始向追求质量效益转变，由资金推动型向需求拉动转变，由生态经济型向生态产业化转变，为的是让三北的山川变得更加秀美。三北四期工程的目标是，到2010年，在有效保护好工程区内现有2787万hm^2森林资源的基础上，完成造林950万hm^2，其中人工造林630.2万hm^2，封山（沙）育林193.7万hm^2，飞播造林126.1万hm^2。工程建设区内的森林覆盖率由8.63%提高到10.47%，净增1.84个百分点，建成一批比较完备的区域性防护林体系，初步遏制了三北地区生态恶化的趋势。在沙区，力争用10年左右时间，使40%的沙化土地得到初步治理，使风沙危害程度和沙尘暴发生频率有效降低。毛乌素、科尔沁、呼伦贝尔三大沙地基本得到治理，生态环境有较大改善。在水土流失区，使50%以上的水土流失面积得到基本治理，治理区的土壤侵蚀模数下降30%以上，流入黄河的泥沙量明显减少。在平原农区，以现有农田防护林为基本框架，建成多林种、多树种、网带片相结合的高标准农田防护林体系。

经过30多年的建设，三北工程取得了重大阶段性成果。至2009年，工程区森林覆盖率由20世纪70年代末的5.05%提高到10.51%，治理沙化土地27.8万km^2，控制水土流失面积38.6万km^2，改善了生态环境，促进了粮食稳产高产，为促进区域经济社会可持续发展做出了突出贡献。然而，时至今日，三北地区仍是全国生态最脆弱的地区，区域内沙化土地面积占全国沙化土地面积的85%，水土流失面积占全国水土流失面积的67%，这一地区森林覆盖率仍远低于全国平均水平，风沙、干旱等生态灾害发生频繁，生态环境仍然十分脆弱。为了巩固三北工程的建设成果，进一步改善三北地区的生态环境，三北防护林体系建设五期工程（2011～2020年）已经开始实施。工程目标是：新造林1000万hm^2，使三北地区的森林覆盖率由现在的10.51%提高到2020年的12%；使工程区内30%的沙化土地得到初步治理，使水土流失区50%的水土流失面积得到有效控制，使工程区80%的农田实现林网化；在有条件的区域建成大规模、集中连片、比较完备的区域性防护林体系。

2. 长江流域防护林体系建设二期工程

1978年，三北防护林体系建设工程启动实施后，为从根本上扭转我国长江、珠江、海河等大江大河及沿海地区生态环境恶化的状况，国家先后启动长江中上游防护林、沿海防护林、平原绿化、太行山绿化、珠江流域防护林体系建设工程。到2000年年底，5个防护林工程一期建设结束。根据《国民经济和社会发展“十五”计划纲要》，2000年，国家林业局组织编制了长江、沿海、珠江、太行山绿化、平原绿化等5个防护林体系建设二期工程规划。

长江流域防护林体体系建设工期工程范围包括：长江、淮河、钱塘江流域的汇水区域，涉及青海、西藏、甘肃、四川、云南、贵州、重庆、陕西、湖北、湖南、江西、安徽、河南、山东、江苏、浙江、上海17个省（区、市）的1033个县（市、区）。规划造林任务687.6万hm^2，其中人工造林313.2万hm^2，封山育林348万hm^2，飞播造林26.45万hm^2；规划低效防护林改造388.1万hm^2。

3. 珠江流域防护林体系建设二期工程

2001年起，珠江流域防护林体系二期工程建设开始实施。工程范围包括：江西、湖南、云南、贵州、广西和广东6个省（自治区）的187个县（市、区）。规划造林227.87万hm^2，其中人工造林87.5万hm^2，封山育林137.2万hm^2，飞播造林3.1万hm^2；规划低效防护林改造99.76万hm^2。

至2010年，珠江防护林工程区6省（区）累计完成营造林121.16万hm^2，完成低效林改造105.87万hm^2，工程区森林覆盖率由2000年的44%提高到 51.5%，森林面积由 2558 万 hm^2 增加到 2970 万 hm^2。

4. 沿海防护林体系建设二期工程

2000 年以后，我国沿海防护林体系建设工程进入二期建设时期，规划造林 136.00 万 hm^2，其中人工造林 68.3 万 hm^2，封山育林 61.4 万 hm^2，飞播造林 6.33 万 hm^2，同时规划改造低效防护林 97.93 万 hm^2。

2004 年，印度洋海啸发生后，我国加强了对沿海防护林体系建设工程的重视程度。温家宝总理、回良玉副总理明确指示，要求抓紧编制《全国沿海防护林体系建设工程规划》。2005 年开始，国家林业局开始在沿海各省（区、市）编制相关规划的基础上，编制了《全国沿海防护林体系建设工程规划（2006～2015 年）》。2007 年 12 月，国务院对之作了批复。该规划成为新世纪以来，国务院批复的第一个防护林工程建设规划。《全国沿海防护林体系建设工程规划（2006～2015 年）》对之前的规划作了提升：在目标定位上，从一般性生态防护功能，向以应对海啸和风暴潮等突发性生态灾难为重点的综合防护功能扩展；在建设布局上，由过去的一条绿化带、防风固沙林带的单一布局，调整为由消浪林带、海岸基干林带和纵深防护林网 3 个层次构成的复合布局，由单一线状布局向因害设防、网状立体布局扩展；在建设内容上，由过去海岸基干林带建设、荒山荒地绿化、村屯绿化，向以基干林带为主，滩涂红树林、城镇乡村防护林网、荒山绿化有机配合的多层次防护林体系扩展，将沿海防护林体系建设与农田、道路、矿区、居民区绿化美化有机地结合起来。

根据规划，全国沿海防护林体系建设工程范围包括辽宁、河北、天津、山东、江苏、上海、浙江、福建、广东、广西、海南等沿海 11 个省（区、市）和大连、青岛、宁波、深圳、厦门等 5 个计划单列市中的直接受海洋性灾害危害严重的 261 个县（市、区）。规划土地总面积为 44.71 万 km^2，占国土总面积的 4.7%，总投资为 99.84 亿元。到 2015 年，沿海地区森林覆盖率将达到 37.3%，林木覆盖率 37.8%，基干林带达标率 92.3%，红树林恢复率 95.1%，造林成活率 85% 以上，造林保存率 90% 以上，农田林网控制率 85.0%，村屯绿化率 90.0%。红树林建设与保护取得重大进展，沿海防护林体系的生态防护功能进一步发挥，防灾减灾功能进一步增强，城乡人居环境得到明显改善，生态建设步入良性循环。

2008 年 4 月，全国沿海防护林体系建设工程启动，《全国沿海防护林体系建设工程规划（2006～2015 年）》正式进入实施阶段。

5. 太行山绿化二期工程

2001 年开始，太行山绿化工程进入二期建设阶段，规划范围包括河北、山西、河南、北京4省（市）的73个县（市、区）。规划造林146.2万hm^2，其中人工造林67万hm^2，封山育林50.7万hm^2，飞播造林28.5万hm^2；规划低效防护林改造45.1万hm^2。

6. 平原绿化二期工程

2001年，国家林业局编制完成并上报了《全国平原绿化二期规划》。我国平原绿化事业进入新的发展时期。根据规划，平原绿化建设内容得到了丰富和发展，由原来的农田林网、农林间作、围村林、片林和庭院林发展为新时期的高标准农田林网建设，荒滩荒沙荒地绿化，路、沟、渠绿化，村屯绿化和园林化乡镇建设。全国平原绿化二期工程建设范围包括：北京、天津、河北、山西、山东、河南、江苏、安徽、陕西、上海、福建、江西、浙江、湖北、湖南、广东、广西、海南、四川、辽宁、吉林、黑龙江、甘肃、内蒙古、宁夏、新疆26个省（自治区、市）的944个县（市、旗、区）。规划建设总任务552.1万hm^2，其中新建农田防护林带折合面积41.6万hm^2，荒滩荒沙荒地绿化294.5万hm^2，村屯绿化112.7万hm^2，园林化乡镇建设30.4万hm^2，改造提高农田林网面积72.9万hm^2。

2004年，国家林业局印发了《关于大力开展村屯“四旁”植树和农田防护林建设的通知》，组织制定了《村屯“四旁”植树和农田防护林建设试点方案》，积极推行村屯“四旁”植树和农田防护林建设示范县工作。全国广大平原地区及时调整平原林业建设思路，大力开展村屯“四旁”植树和农田防护林建设，进一步丰富了和完善了新形势下平原绿化工作思路。

四、京津风沙源治理工程

京津风沙源治理工程是北京乃至中国的“形象工程”，主要通过封沙育林、飞播造林、人工造林、退耕还林、草地治理和小河流与综合治理等措施，解决北京周围地区的风沙危害问题，保障首都及周边地区的工农业生产，美化人民生活环境，提高人民生活质量。

20世纪90年代以来，我国北方地区的沙尘天气越来越频繁，严重地影响着北京及周边地区的生态环境。据资料记载，我国北方地区20世纪50年代沙尘暴发生5次，90年代则发展到23次，而2000年3、4月间，短短一个月时间内，沙尘暴就12次影响北京和京津地区，给人民的生产生活带来了很大影响，造成了越来越严重的经济损失，引起了党和国家的高度重视。2000年5月，朱镕基总理专程到河北、内蒙古考察治沙工作；同年6月，朱镕基总理主持召开国务院党组会议，决定紧急启动京津风沙源治理工程试点；同年10

月，党的十五届五中全会进一步提出加强生态建设，遏制生态恶化，抓紧环京津生态圈工程建设。为此，国家林业局会同相关部门共同组织编制了《京津风沙源治理工程规划（2001～2010）》。2002 年 3 月，国务院正式批准实施该规划。

京津风沙源治理工程建设区西起内蒙古的达茂旗，东至河北的平原县，南起山西的代县，北至内蒙古的东乌珠穆沁旗，范围涉及内蒙古、河北、山西及北京和天津的 75 个县（旗、市、区），总土地面积为 45.8 万 km^2。根据工程建设的内容和任务，考虑不同地区的实际情况和应采取的技术措施，将工程建设区域划分为 4 个类型区：（1）北部干旱草原沙化治理区。该区位于北京上风向的西部和西北部，包括锡林郭勒盟、乌兰察布盟、包头市的 7 个旗（县、市）。本区是以牧为主的草原沙区，长期严重超载放牧，草地沙化、退化严重。治理对策是：强化草原管理，加强草场建设，改进牧业生产方式，把恢复植被和雨水资源开发利用统筹考虑，以水定畜，以草定畜，扭转草原退化、沙化的趋势。实行以草定畜，实现草畜平衡；改良草场，提高草场生产力；积极营造草原灌木林网，建设草原防护屏障，保护牧场免受风沙危害。规划造林 1283.60 万亩（85.57 万 hm^2，不包括退耕还林），草地治理 3942.6 万亩（262.84 万 hm^2），建设暖棚 48 万 m^2，购买饲料机械 4000 台（套），水源工程 9800 处，节水灌溉 9800 处，小流域综合治理 800km^2。（2）浑善达克沙地治理区。该区位于北京上风向的北部，包括锡林郭勒盟和赤峰市的 17 个旗（县、市、区）。该区是以牧为主、农牧结合的沙区，由于过牧、开垦、樵采等不合理人为活动的长期作用，灌草面积减少，草场退化，植被严重破坏，致使固定沙丘活化，流沙面积迅速增加。治理对策是：在保护好现有林草植被的基础上，固定活化沙丘，遏制沙地的活化趋势；加快草原建设，扩大林草植被。规划造林 2897.50 万亩（193.17 万 hm^2，不包括退耕还林），草地治理 5966.9 万亩（397.79 万 hm^2），建设暖棚 58.8 万 m^2，购买饲料机械 4900 台（套），水源工程 16000 处，节水灌溉 16000 处，小流域综合治理 3080km^2。（3）农牧交错地带沙化土地治理区。该区主要指内蒙古乌盟阴山南北、山西雁北及河北坝上西部地区，包括内蒙古乌盟、山西大同、朔州和河北张家口市的 24 个旗（县）。该区风蚀沙化严重，治理对策主要是：禁垦限牧、扩大植被，对沙化严重地段的耕地实行退耕还林，全部退耕的种田户转为造林专业户，国家为其无偿提供口粮和饲料粮；加大封育治理力度，积极推行封山封沙育林育草，加快植被恢复；改变传统牧业方式，变放养为圈养。规划造林 1208.67 万亩（80.58 万 hm^2，不包括退耕还林），草地治理 2858.6

万亩（190.57 万 hm^2），建设暖棚 139.2 万 m^2，购买饲料机械 12200 台（套），水源工程 11516 处，节水灌溉 11590 处，小流域综合治理 10810km^2。（4）燕山丘陵山地水源保护区。该区主要指河北张家口坝下及其以东的山地丘陵区，包括北京、天津、张家口地区南部和承德地区，是官厅、密云和潘家口三大水库的水源地。该区主要问题是人工樵采、陡坡耕种破坏植被，导致水土流失严重和土地沙化。其主要对策是：封禁保存现有的森林，在荒山荒地营造乔、灌、草结合的复层水源涵养林，大力营造防风固沙林；改变农牧业生产方式，变放养为圈养。规划造林 2026.43 万亩（135.10 万 hm^2），草地治理 3173.6 万亩（211.57 万 hm^2），建设暖棚 40 万 m^2，购买饲料机械 2000 台（套），水源工程 28743 处，节水灌溉 10440 处，小流域综合治理 8755km^2。

京津风沙源治理工程目标：从 2001 年到 2010 年，完成退耕还林 3943.1 万亩，其中退耕 2012.57 万亩，荒山荒地荒沙造林 1931.04 万亩；营造林 7416.19 万亩；草地治理 15941.70 万亩，其中禁牧 8526.70 万亩，建暖棚 286 万 m^2，购买饲料机械 23100 套，建水源工程 66059 处，节水灌溉 47830 处，完成小流域综合治理 23445km^2；生态移民 18 万人。通过对现有植被的保护，封山（沙）育林、飞播造林、人工造林、退耕还林、草地治理等生物措施和小流域综合治理等工程措施，使工程区可治理的沙化土地得到基本治理，生态环境明显好转，风沙天气和沙尘暴天气明显减少，从总体上遏制沙化土地的扩展趋势，使北京周围生态环境得到明显改善。

截至 2010 年，国家已累计安排资金 412 亿元，其中，中央基本建设资金 176 亿元，财政补助资金 236 亿元。工程建设累计完成退耕还林及营造林 9002 万亩，草地治理 13012 万亩，暖棚 973 万 m^2，饲料机械 11.4 万套，小流域综合治理 11823km^2，节水灌溉和水源工程共 16.5 万处，生态移民 176660 人。

京津风沙源治理工程取得了明显的效益：

（1）工程区的植被盖度和生物多样性显著改善。2001～2009 年，治理工程区的植被盖度总体呈上升态势（年际间受气候条件的影响有所波动），最高的年份为 2008 年，达到 55%，比 2001 年的 41% 提高 14 个百分点。工程区的生物多样性指数也显著上升，群落层片由单一的草丛植被或灌草丛植被，逐渐转变为乔、灌、草或灌、草结合的复合植被系统，植被生态系统的稳定性增强，防护效益提高。在典型草原区，多样性指数在未治理区域约 1.80，而在治理区域达到 2.013，已接近原生状态的 2.2～2.5 范围；浑善达克沙地未治理区的多样性指数仅约 1.15，而治理区域可达 1.60 以上，接近沙地植被的原生状态。

（2）土壤的侵蚀强度明显下降，风沙或浮尘天气明显减少。通过从实地采集数据和模型模拟测算，工程区的土壤风蚀、水蚀总量总体上呈现下降趋势。土壤风蚀总量，2009 年比 2001 年减少了 5.2 亿 t，减幅达 44%，消除风力环境差异的影响后，土壤风蚀总量比 2001 年减少 2.5 亿 t，减幅为 28%。土壤水蚀总量呈持续降低趋势，2009 年比 2001 年减少 2.87 亿吨，减幅达 82%，消除降雨环境差异的影响后，土壤水蚀总量比 2001 年减少 10.2 亿 t，减幅为 94%。工程区 2001 年和 2009 年地表释尘总量分别为 3124 万 t 和 1772 万 t，两年相比减少了 1352 万 t，减幅为 43.3%，消除风力环境差异的影响，释尘量比 2001 年减少 337 万 t，减幅为 16%。与地表释尘量的减少相对应，北京地区的沙尘天气总体上呈现减少减弱的趋势；2010 年共遭受 3 次浮尘天气影响，少于近 10 年同期均值 4.9 次，且 2007 年以来没有出现过扬沙天气。

（3）工程区的经济社会发展保持了高速增长。生态建设对当地经济社会可持续发展作出了贡献，促进了经济发展。据国家林业局对内蒙古的乌兰察布、锡林郭勒、赤峰，以及河北的承德、张家口等 5 盟（市）进行的可持续发展能力评价显示，5 盟（市）可持续发展能力综合评价得分由 2001 年的 56.4 上升到 2009 年的 71.2，其中工程建设对区域可持续发展贡献率保持在 23.0% ~28.3%。工程区经济发展并没有因为工程建设受到负面影响，事实上取得了生态和经济的双赢，实现了生态持续改善，经济持续发展。工程区 5 省（区、市）75 个县（市、区），总人口 3800 万人，10 年中人均地区生产总值的年均增长速度是 15.4%，地区生产总值的年均增长速度为 17.3%，均高于全国平均水平。

（4）农民收入持续快速增长。10 年中，工程区农民人均纯收入从 2178 元增长到 5788 元，年均增长速度是 11.5%，高于全国的平均水平。北京、天津的农民收入相对较高，如北京市工程区农民人均纯收入已达到 10971 元。内蒙古工程区农牧民收入尽管较低，但增长速度很快，从 2000 年的 1934 元增长到 2009 年的 4900 元，增长幅度高于全国平均水平。

（5）工程区经济社会发展方式转型成效初显。经过 10 年的建设，工程区产业结构发生了重大的变化，已初步实现从游牧放养到舍饲圈养、从毁林开荒到植树种草、从传统农业向设施农业的转变。退耕还林、生态移民等工程实施后，一部分农牧民从第一产业进入二、三产业，拓宽了就业门路和收入渠道。北京市的黄芩加工、天津市的葡萄产业、河北的刺槐食用菌原料林、山西的山杏林等都形成了规模化优势，走上了产业化的道路，促进了当地农民的增收致富。生态改善后，围绕生态旅游的第三产业开始发展。通过 10 年的工程建设，各级领导干部对生态建设的重视程度明显提高，干部群众生态意识明显增强，全社会的生态建设氛围日益高涨，增绿、爱绿、护绿成为工程区的普遍行为。

五、野生动植物保护及自然保护区建设工程

野生动植物保护及自然保护区建设工程是一个面向未来、着眼长远、具有多项战略意义的生态保护工程。通过物种保护、自然保护、湿地保护可以拯救一批国家重点保护野生动植物，扩大、完善和新建一批国家级自然保护区、禁猎区和种源基地及珍稀植物培育基地，恢复和发展珍稀物种资源。

森林、湿地和野生动植物共同构成陆地生态系统的主体，在维护和优化生态环境中发挥着不可替代的作用。同时，野生动植物还是重要的战略资源，保存着丰富的遗传基因多样性，在拓展人类的未来生存空间等方面具有难以估量的价值。我国是世界上生物多样性最为丰富的国家之一。据统计，我国的脊椎动物有6300多种，其中兽类450多种，鸟类1200多种，爬行类300多种，两栖类200多种，鱼类3000多种，占世界动物种类总数的14%；有高等植物3万多种，仅次于马来西亚和巴西，位居世界第三位。我国湿地面积约6600万 hm^2，其中天然湿地面积2600多万 hm^2（不包括河流），内陆和海岸湿地为亚洲之最。但随着人口的持续增长和经济的快速发展，我国一些地方未能妥善地处理好人口增长、经济发展和资源保护的关系，乱捕滥猎、乱采滥挖、倒卖走私野生动植物及其产品的违法犯罪活动非常猖獗，侵占、破坏野生动植物栖息地和自然保护区的现象十分普遍。我国现有300多种陆栖脊椎动物、约410种和13个类的野生植物处于濒危状态。极度濒危的脊椎动物有大熊猫、朱鹮、虎、金丝猴、藏羚、亚洲象、长臂猿、麝、普氏原羚、白鹤、丹顶鹤等；大量的兰科植物和苏铁等植物，在野外已处于非常濒危状态。若不采取有力措施，长此以往，我国生物多样性将会锐减，一些物种可能灭绝，严重影响经济社会可持续发展。

为了保护野生动植物和加强自然保护区建设，全国人大和国务院先后颁布实施了《野生动物保护法》《陆生野生动物保护实施条例》《野生植物保护条例》《中国珍稀濒危保护植物名录》《国家重点保护野生动物名录》《自然保护区条例》和《森林和野生动物类型自然保护区管理办法》等一系列法律法规，取得了一定的效果。截至2000年年底，全国共建立各类型自然保护区1276处，总面积1.23亿 hm^2，占国土面积的12.81%，居世界前列。但是，随着经济社会的发展与生态环境之间矛盾加剧，一些地方乱捕滥猎、乱采滥

挖、倒卖走私野生动植物及其产品、盗猎走私、侵占破坏野生动植物栖息地和自然保护区的现象时有发生，濒危物种的恢复进展缓慢，部分物种减少的势头尚未得到有效遏制，野生动植物养殖培植和利用水平不高。为进一步加强野生动植物保护和自然保护区建设，提高全民族的生态保护意识，促进生态系统的良性循环，确保经济社会的可持续发展，2001 年 6 月，国家计委批准了国家林业局组织编制的《全国野生动植物及自然保护区建设总体规划》；同年 12 月，工程正式启动。

根据《规划》，野生动植物保护及自然保护区工程建设分三个阶段进行：2001～2010 年为第一阶段，2011～2030 年为第二阶段，2031～2050 年为第三阶段。第一阶段（2001～2010 年）的目标是：重点实施 15 个野生动植物拯救工程，新建野生动物驯养繁育中心 15 个和 32 个野生动植物监测中心（站），建设 94 个国家湿地保护与合理利用示范区。到 2010 年，使全国自然保护区总数达到 1800 个，其中国家级自然保护区数量达到 220 个，自然保护区面积为 1.55 亿 hm^2，占国土面积的 16.14% 左右。90% 的国家重点保护野生动植物和 90% 的典型生态系统类型得到有效保护。第二阶段（2011～2030 年）的目标是：全国自然保护区总数达 2000 个，总面积达 1.6128 亿 hm^2，其中国家级自然保护区数量达到 280 个，自然保护区总面积占国土面积达到 16.8%，使 60% 的国家重点保护野生动植物种数量得到恢复和增加，95% 的典型生态系统类型得到有效保护。在全国建设 76 个国家湿地保护与合理利用示范区，建立健全全国湿地保护和合理利用的机制。第三阶段（2031～2050 年）的目标是：在 2050 年，使全国自然保护区总数达 2500 个左右，其中国家级自然保护区 350 个，自然保护区总面积为 1.728 亿 hm^2，占国土面积达到 18%。85% 的国家重点保护野生动植物种数量得到恢复和增加。建立比较完善的湿地保护、管理与合理利用的法律、政策和监测体系，恢复一批天然湿地，在全国完成 100 个国家湿地保护与合理利用示范区。

根据国家重点保护野生动植物的分布特点，将野生动植物及其栖息地保护总体规划在地域上划分为东北山地平原区、蒙新高原荒漠区、华北平原黄土高原区、青藏高原高寒区、西南高山峡谷区、中南西部山地丘陵区、华东丘陵平原区、华南低山丘陵区 8 个建设区域。

目前，野生动植物保护及自然保护区建设工程成果显著：

在野生动植物保护方面，2001～2010 年，重点实施了 15 个野生动植物拯救工程。

（1）大熊猫保护。大熊猫分布在四川西部、陕西西南部和甘肃南部的狭小地带，野外种群数量1000只左右。目前，四川、陕西、甘肃三省共建立了34个大熊猫保护区，总面积176万 hm^2。规划新建28处保护区，使大熊猫主要分布区连成片。同时，加大对大熊猫饲养繁殖和野外放归等研究，扩大野生种群数量。

（2）朱鹮保护。朱鹮在20世纪60年代曾一度被认为已经灭绝。1981年5月在陕西省洋县重新发现7只繁殖群体，经过20年的保护，现已发展到248只。规划建立朱鹮保护区，另建2～3处异地繁育种群；再建2～3处人工繁育基地，使人工种群达到550只。

（3）老虎保护。历史上曾有5个虎亚种广泛分布于我国，目前仅存4个亚种，即华南虎、东北虎、孟加拉虎和印度虎，野外种群数量不足百只。规划重点加强15个现有虎保护区的建设；再建2处东北虎自然保护区；建立4处种源繁育基地；进行野外放归试验，补充并扩大野外种群数量。

（4）金丝猴保护。金丝猴有川金丝猴、黔金丝猴和滇金丝猴3个亚种，主要分布于四川、云南、贵州、西藏、陕西、甘肃、湖北7省（区）。目前已建立保护区30多处。规划再建1处保护区；建立3处人工繁育基地。

（5）藏羚羊保护。藏羚羊是我国青藏高原特产动物。20世纪80年代以来，种群数量急剧下降至5万头左右。目前已建保护区3处。规划在西藏、青海和新疆建立3处禁猎区。

（6）扬子鳄保护。扬子鳄为我国特有物种，过去广泛分布于长江中下游及其支流，目前野外种群仅有几百条。1983年建立了林业部与安徽省政府合建了扬子鳄繁殖研究中心，经过努力，已经解决了扬子鳄人工繁殖等难题，现每年可人工繁殖1000至2000条。规划在原扬子鳄国家级自然保护区的基础上，将周边适合扬子鳄栖息的2万 hm^2 划入保护区范围。

（7）亚洲象保护。我国野生亚洲象约有200至250头，集中在云南西双版纳、江城、沧源和盈江。完善西双版纳和南滚河2处保护区的建设，扩大其面积；在保护区外约10万 hm^2 的活动区建立保护站；建立亚洲象驯养繁殖中心。

（8）长臂猿保护。我国有黑长臂猿、白眉长臂猿、白掌长臂猿和白颊长臂猿4种，主要分布在云南、海南等省，野外种群数量不足500只。目前全国共有涉及长臂猿的保护区13处，面积60万 hm^2。规划扩建保护区2万 hm^2；在保护区外约40万 hm^2 的栖息地建立12处保护站；建立2个人工驯养繁殖中心。

（9）麝保护。我国有原麝、林麝、马麝、黑麝和喜马拉雅麝5个种类，曾广泛分布于全国各地。由于大量捕杀和栖息地严重破坏，全国麝资源已由20世纪60年代的250万头下降到目前的20万至30万头，主要分布范围减至13个省（区），涉及保护区66处。规划在麝分布较为集中的地区建立4处禁猎区，面积60万 hm^2；建立2处麝的人工驯养繁殖基地。

（10）普氏原羚保护。普氏原羚是我国特产濒危动物，曾广泛分布于内蒙古、宁夏、甘肃、青海、新疆等地，目前仅在青海湖周围有少量分布，数量300只左右。规划加强青海湖自然保护区建设，扩建保护区面积3万 hm^2；对周边约4万 hm^2 的觅食、活动区进行强化保护，建立保护站4处；探讨普氏原羚人工饲养繁殖途径。

（11）野生鹿类保护。重点加强海南坡鹿、麋鹿、梅花鹿、白唇鹿、驼鹿和马鹿的保护，加强13处保护区的保护能力建设，在保护区周边区域约1500万 hm^2 的栖息地，建立140个保护站；在云南、江西、东北设立种源基地；开展人工驯养梅花鹿和麋鹿的野外放归。

（12）鹤类保护。世界鹤类现存15种，我国有记录的9种，其中黑颈鹤、丹顶鹤、白头鹤、白枕鹤、灰鹤、蓑羽鹤6种是繁殖鸟。我国现有鹤类保护区40多个，面积1000多万 hm^2。规划重点加强已有保护区建设，扩大其面积；在鹤类繁殖地和迁徙停歇地建立保护站120处；建立人工繁育基地。

（13）野生雉类保护。全世界有雉类183种，我国有49种，其中18种为我国特有。规划加大现有保护黄腹角雉、褐马鸡、绿尾虹雉等10处保护区的建设力度；在陕西再建1处保护区；在保护区外约100万 hm^2 的主要分布区建立保护站；开展雉类人工驯养工作。

（14）兰科植物保护。兰科野生种均属《濒危野生动植物种国标贸易公约》的保护范围，大多为珍稀濒危种类，约有60至120种濒临灭绝。规划在兰科植物较为集中的区域和即将灭绝物种的原产地建立保护区和保护站；在全国范围内禁止乱采滥挖野生兰花，严禁野生兰花的市场贸易；建立兰科植物异地保存物种基因库和兰花良种生产基地；开展兰科植物繁育技术研究。

（15）苏铁保护。全世界苏铁科有9属约110种，我国只有苏铁属1属。该属全球约有17种，我国仅有8种，主要分布在福建、广东、广西、四川、贵州、台湾等地。规划加强现有3个保护区的建设；在贵州新建1.5万 hm^2 的保护区；在其他苏铁重要分布区及原生地建立保护站；在云南、四川建立人工繁育基地。

在自然保护压建设方面，至2010年，我国已建国家级自然保护区319处（含非林业系统自然保护区），国家级森林公园738处。

六、重点地区速生丰产用材林基地建设工程

天然林资源保护等5项工程都以林业生态建设为主，而重点地区速生丰产用材林基地建设工程则是林业产业建设为主的工程。该工程是解决我国国民经济和社会发展与木材和林产品供需矛盾的根本之策，也是推进天然林资源保护工程和其他生态建设工程顺利实施的根本保障。

木材与钢材、水泥、塑料并称为世界四大原材料，是一个国家国民经济发展所不可或缺的重要战略资源。伴随着经济社会的持续快速增长，我国木材需求不断增加，而与此同时，我国实行了天然林资源保护措施，全面禁止了对天然林的商品性砍伐，造成国内木材和林产品供需矛盾进一步紧张。早在20世纪80年代后期，国家曾经一度规划过“1亿亩速生丰产商品材基地建设”，计划大体用30年时间，在我国建设速生丰产林基地3亿亩，到2000年先建设1亿亩。但由于种种原因，该计划到1994年实施不到1/4后基本未有进展。近些年来，我国木材的需求量不断增加，预计到2015年，供需缺口达1.4亿~1.5亿 m^3（届时我国能生产用材3.3亿~3.4亿 m^3，但森林资源储备只能供应1.95亿 m^3）。因此，我国不断增加木材进口量，以满足国内市场的需求。但随着世界森林资源越来越少，木材出口国保护意识越采越强，我国木材和林产品的供应从长远角度来看只能立足于国内。因此，实施速生丰产用材林基地建设工程，通过高度集约化经营，用较少的林业用地和较短的经营周期，大力营造速生丰产用材林，增加木材和林产品供给，是解决我国木材和林产品供需矛盾的根本之策，也是推进天然林资源保护工程和其他生态建设工程的顺利实施、确立和巩固生态建设在林业发展中主导地位的根本保证。鉴于此，2000年国家林业局提出了要实施“重点地区以速生丰产用材林为主的林业产业基地建设工程”。2002年7月，国家发展计划委员会批准实施《重点地区速生丰产林基地建设工程规划》，决定在河北、湖北等18个省（区）建设速丰林工程。2002年8月国家林业局宣布重点地区速生丰产林基地建设工程正式启动。

根据《规划》，重点地区速生丰产用材林基地建设工程建设期确定为2001~2015年，分成两个阶段按三期实施。第一阶段（2001~2005年），实施一期工程，重点建设以南方为重点的工业原料林产业带，建设速生丰产用材林基地469万 hm^2。基地建成后，每年可提供木材4905万 m^3，可支撑木浆生产能力620万t、人造板生产能力640万 m^3，提供大径级材337万 m^3。第二阶段（2006~2015年）分两期实施。其中，2006~2010年为二期，建设速

生丰产用材林基地达到 920 万 hm^2。基地建成后，每年可提供木材 9670 万 m^3，可支撑木浆生产能力 1190 万 t、人造板生产能力 1315 万 m^3，提供大径级材 732 万 m^3。2011～2015 年为第三期，全面建成南北方速生丰产用材林产业带，共建设速生丰产用材林基地 1333 万 hm^2。全部基地建成后，每年可提供木材 13337 万 m^3，占国内生产用材需求量的 40%。可支撑木浆生产能力 1386 万 t、人造板生产能力 2150 万 m^3，提供大径级材 1579 万 m^3。加上原有森林资源的采伐利用，国内木材供需基本平衡。预计整个工程建设规划总投资 718 亿元，所需资金主要通过银行贷款、企业和个体林农自筹解决，国家适当安排一部分投资，主要用于森林防火、病虫害防治和优良种苗的开发推广等。

重点地区速生丰产用材林基地建设工程的布局，主要是根据森林分类区划的原则，在现有速生丰产用材林基地建设的基础上，主要选择在 400mm 等雨量线以东，优先安排 600mm 等雨量线以东范围内自然条件优越、立地条件好（原则上立地指数在 14 以上）、地势较平缓、不易造成水土流失和对生态环境构成影响的热带与南亚热带的粤桂琼闽地区、北亚热带的长江中下游地区、温带的黄河中下游地区（含淮河、海河流域）和寒温带的东北内蒙古地区。具体建设范围涉及河北、内蒙古、辽宁、吉林、黑龙江、江苏、浙江、安徽、福建、江西、山东、河南、湖南、湖北、广东、广西、海南、云南等 18 个省（区）。截至 2009 年，根据对 19 个重点省（区、市）的初步统计，重点丰产用材林基地建设累计完成基地建设 730.9 万 hm^2。

第三节　义务植树与城市绿化

一、义务植树

1981 年夏，我国四川、陕西等省先后发生了历史上罕见的特大洪水灾害。长江、黄河上游连降暴雨，造成洪水爆发、山体崩塌，给人民群众生命财产和国家经济建设造成了巨大损失。专家学者以大量的数据和事实论证了森林植被遭到破坏、生态失去平衡是造成这次洪灾的主要原因。1981 年 12 月，第五届全国人大第四次会议审议并通过了《关于开展全民义务植树的决议》，将植树造林、绿化祖国视为一项治理山河，维护和改善生态环境的重大战略措施，规定："凡是条件具备的地方，年满十一岁的中华人民共和国公民，除老弱病残外，因地制宜，每人每年义务植树三至五棵，或者完成相应劳动量的育苗、管护和其他绿化任务。”从此，一场世界上持续时间最长、参与人数最多、成效最显著的全民义务植树运动在中华大地蓬勃开展。30 多年来，全国动员、全民动手，义务植树运动轰轰烈烈开展，通过形式多样、内容丰富的植绿爱绿护绿行动，有力促进了国土绿化和生态建设。

1. 立法规范

1982 年 2 月，国务院根据《关于开展全民义务植树的决议》精神，制定了《关于开展全民义务植树运动的实施办法》，进一步具体规定：“凡是中华人民共和国公民，男十一岁至六十岁，女十一岁至五十五岁，除丧失劳动能力者外，均应承担义务植树任务，各单位要将人数据实统计上报当地绿化委员会，作为分配具体任务的依据。”与此同时，国务院、中央军委还联合发出《关于军队参加营区外义务植树的指示》，要求“军队和地方应紧密配合，主动协作，搞好军队营区外义务植树造林”。1984 年 3 月，中共中央、国务院《关于深入扎实地开展绿化祖国运动的指示》，也要求深入开展全民义务植树运动，“全国凡能植树的地方都要把全民义务植树运动认真地开展起来，坚持下去”。1984 年 9 月颁布的《中华人民共和国森林法》又以林业根本大法的形式，再次重申：“植树造林，保护森林，是公民应尽的义务，各级人民政府应当组织全民义务植树，开展植树造林活动。”此外，江苏、安徽、江西、重庆、天津、河南、河北、甘肃、新疆等省（区、市）及一些城市也相继颁布了专门的《义务植树条例》。这些法律法规的颁布、实施，为我国义务植树的开展提供了法律支撑，保障了义务植树的规范进行。

2. 组织领导

在《关于开展全民义务植树的决议》及其《实施办法》颁布后不久，为了加强对全民义务植树的领导，1982 年 2 月，国务院决定成立了中央绿化委员会（1988 年后改称为全国绿化委员会），作为中央机构统一领导全国全民义务植树和造林绿化运动。全国绿化委员会办公室设在国家林业主管部门，初设城市组、农村组、部队组 3 个组，现已发展为治沙组、农村组、种草组、部队组、城市组、综合组等 6 个小组。全国绿化委员每年召开一次会议，总结部署义务植树和造林绿化工作，有力地推进了义务植树和造林绿化事业的发展。同时，按照《实施办法》的规定，全国县级以上政府及相关部门也相继成立绿化委员会，负责领导本地区、本部门的义务植树工作。很多地方还实行了领导任期绿化目标责任制。目前，全国义务植树和造林绿化工作，已经形成了从中央到县级地方的一级抓一级，层层抓落实的领导组织和管理体制。

3. 管理实施

义务植树在全国广泛开展之后，各地在实践中不断总结经验，逐步形成义务植树“基地化、规范化、制度化、科学化”的管理实施体系。首先，各地根据本地区的自然社会条件，在有较大面积荒山或荒滩的大中城市郊区、小城市小集镇周边荒山荒地等处建立了大量不同类型的义务植树基地。其次，从1990年开始在城市全面实行了义务植树登记卡制度，以建立义务植树档案和提高义务植树尽责率，以此作为考核义务植树完成情况的重要依据。再次，采取了多种形式履行植树义务，主要有：（1）使用义务工。这是广大农村普遍采用的一种形式，即从每年农民应出的义务工中，拿出一定工月来履行植树造林义务。（2）交纳绿化费以钱代劳。城镇一些单位无法直接参加植树活动，按规定，可以通过交纳绿化费的形式履行植树义务。为了规范绿化费的管理使用，1989年，中央绿化委员会、财政部、林业部还联合颁发了《全民义务植树和国营企业、事业单位造林绿化资金的使用管理办法》。（3）以出运输工具、物资折算植树义务。城市绿化工程需要较多的运力和物资，一部分单位有运输力量和绿化工程所需物资，经批准可以运力和物资代替义务植树任务。（4）组织各类主题绿化活动。如共青团组织的“万里铁路万里林”“绿化万里长征路”“青年黄河防护林建设工程”、妇联组织的“三八绿色工程”、中小学生植树活动、大学生村官植树活动、外籍友人植树活动，以及植纪念树、造纪念林和绿地认种认养活动等。

4. 舆论宣传

从1982年首个义务植树节开始，每年3月12日，党和国家领导人都会带头执行全国人大决议，以身作则参加植树活动，履行植树义务。以此为标杆，植树节前后，全国从中央到地方各级机关广泛开展义务植树，各级领导同志深入造林绿化现场，发挥表率作用，有力地推动全民义务植树运动深入的发展。此外，各家新闻媒体也长期不断地宣传报道绿化祖国义务植树的意义和义务植树的发展形势，宣传全国各地的绿化先进人物、劳模和先进单位的模范事迹，宣传党和国家有关保护森林、发展林业、绿化国家、建设生态文明的政策和法律法规等。通过宣传教育，有力地促进了国民义务植树、绿化祖国自觉意识的形成。

截至2010年年底，全国参加义务植树人数累计达127.3亿人次，植树588.96亿株，以正常造林每亩165株计算，折合面积2379.6万hm^2。

二、城市绿化

城市绿化是改善生态环境和提高广大人民群众生活质量的公益事业，是全民义务植树和国土绿化的重要组成部分，是城市建设和发展的重要标志，是建设社会主义精神文明的重要内容，也是构建资源节约型、环境友好型社会的重要载体。新中国成立60多年来，我国城市绿化事业取得巨大成就。

1. 召开城市绿化会议，确定建设目标和政策

1958年2月，国家城市建设部在北京召开了新中国第一次全国城市绿化会议，提出必须放手发动群众，开展一个广泛的群众性的植树运动，掀起城市绿化高潮，各市应当制定绿化全市的规划，争取在一定的时间内达到城市普遍绿化的目标。1959年12月，国家建筑工程部在无锡召开了第二次全国城市园林绿化工作会议，强调要继续深入发动群众，争取基本实现城市普遍绿化的目标。20世纪60年代中期，全国已经形成了比较完整的城市园林绿化管理体系，并有了一支相当数量的绿化专业队伍。1966～1976年“文革”期间，我国城市绿化事业进展不大，基本上处于停止状态。十一届三中全会以后，我国城市绿化事业开始恢复。1978年12月，国家建委在济南市召开了第三次全国城市绿化工作会议，会后，国家城市建设总局转发了会议通过的《关于加强城市建设工作的意见》。这次会议及通过的《意见》首次提出了城市园林绿化的规划指标，进一步明确了城市园林绿化工作方针和基本任务、园林绿化工作的职责和范围，强调普遍绿化是城市园林绿化的基础，每个城市都要结合当地的特点和条件，充分发动群众，有规划地种树，迅速扩大绿地面积，提高绿化覆盖率，城市中一切能够植树的地方和荒山荒地都要尽快绿起来。

1981年全国人大《关于开展全民义务植树运动的决议》和1982年国务院《关于开展全民义务植树运动的实施办法》相继颁布后，在全民义务植树运动推动下，我国城市绿化事业进入了蓬勃发展的新时期。为贯彻《决议》及其《实施办法》，1982年2月，国家城建总局在北京召开了第四次全国城市绿化工作会议。这次会议研究了加强城市绿化建设的措施，强调把普遍绿化作为城市园林部门的工作重点，要求认真搞好城市园林规划，加强城市园林绿化苗圃建设，加强城市园林绿化成果保护。会议还提出凡是有条件的城市绿化覆盖率近期应达到30%，20世纪末达到50%；人均公共绿地面积近期应达到3～5m^2，20世纪末达到7～11m^2的建设目标。同年4月，国务院办公厅转发了国家城建总局《关于全国城市绿化工作会议的报告》，强调开展义务植树，

搞好城市绿化，对于建设优美、清洁的社会主义现代化城市有着重要的意义，同时也是建设社会主义精神文明的一项重要内容。1994 年 4 月，建设部主持召开了第五次全国城市园林绿化工作会议，总结了改革开放以来我国城市园林绿化建设所取得的经验，研究在加快发展社会主义市场经济的形势下，如何搞好城市园林绿化行业的改革和管理，进一步促进城市园林绿化建设的发展。1997 年 10 月，建设部召开了第六次创建园林城市暨全国城市绿化工作会议，总结了创建园林城市的经验，对进一步开展园林城市活动、推动城市绿化工作全面发展做出部署。

进入新世纪，随着中央深入贯彻落实科学发展观、实现可持续发展和建设资源节约型、环境友好型等一系列新的发展理念的提出，对我国城币绿化工作也提出了新的更高要求。2001 年 2 月，国务院召开了全国城市绿化工作会议。同年 5 月，国务院发布《关于加强城市绿化建设的通知》，要求各级政府充分认识城市绿化对调节气候、保持水土、减少污染、美化环境，促进经济社会发展和提高人民生活质量所起的重要作用，增强对搞好城市绿化工作的紧迫感和使命感，采取有力措施，加强城市绿化建设，提高城市绿化的整体水平。同时，还提出了今后一个时期城市绿化的工作目标和主要任务：到 2005 年，全国城市规划建成区绿地率达到 30% 以上，绿化覆盖率达到 35% 以上，人均公共绿地面积达到 $8m^2$ 以上，城市中心区人均公共绿地达到 $4m^2$ 以上；到 2010 年，城市规划建成区绿地率达到 35% 以上，绿化覆盖率达到 40% 以上，人均公共绿地面积达到 $10m^2$ 以上，城市中心区人均公共绿地达到 $6m^2$ 以上。2007 年 8 月，建设部发布了《关于建设节约型城市园林绿化的意见》，要求各地按照建设资源节约型、环境友好型社会的要求，全面落实科学发展观，因地制宜、合理投入、生态优先、科学建绿，将节约理念贯穿于规划、建设、管理的全过程，引导和实现城市园林绿化发展模式的转变，促进城市园林绿化的可持续发展。2008 年 10 月，全国城市园林绿化工作座谈会在北京召开，会议指出，建设节约型城市园林绿化是践行科学发展观的具体行动，是构建资源节约型、环境友好型社会的重要载体，是城市可持续发展的生态基础，是我国城市园林绿化事业必须长期坚持的发展方向。

2. 制订规划，合理布局城市绿化

1963 年，国家建筑工程部发布了《关于城市园林绿化工作的若干规定》，要求各地试行。这是新中国第一个有关城市绿化的较为全面的部门规章，对城市园林绿地的范围、建设和管理、园林植物的培育和养护提出了要求，指出："每个城市的园林部门，应当配合城市规划部门，编好城市绿化规划。绿化规划，要做到合理布局、远近结合、点线面结合，把城区、郊区组成一个完整的城市绿地系统。”1990年4月起施行的《中华人民共和国城市规划法》和1992年8月起施行的《城市绿化条例》提出城市绿地系统（城市绿化规划）纳入城市总体规划。1993年11月，建设部印发《城市绿化规划建设指标的规定》。1994年4月，建设部在第五次全国城市园林绿化工作会议上要求各地集中技术力量在3~5年内全面完成各设市城市绿地系统规划的编制和审批工作。2001年5月，国务院发布《关于加强城市绿化建设的通知》，要求各级地方政府加强和改进城市绿化规划编制工作，编制好《城市绿地系统规划》。规划中要求按规定标准划定绿化用地面积，力求公共绿地分层次合理布局；要根据当地情况，分别采取点、线、面、环等多种形式，切实提高城市绿化水平。

3. 出台法律法规，规范城市绿化

1982年12月，城乡建设环境保护部颁发《城市园林绿化管理暂行条例》，对园林绿化的规划和建设、园林绿地的管理、园林植物的养护和管理、城市绿化机构设置与队伍建设等作了具体的规定。1992年6月，为进一步推进城市绿化事业发展，国务院颁布了《城市绿化条例》，这是比部门规章内容更规范、级别更高的法规，标志着我国城市绿化走上了规范化、法制化管理和发展的轨道。此外，各级地方政府也纷纷出台有关城市绿化的地方法规，如1990年《北京市城市绿化条例》（1997年修订），1987年《上海市植树造林绿化管理条例》（2007年新修《上海市绿化条例》），1995年《天津市实施〈城市绿化条例〉办法》（2004年新修《天津市城市绿化条例》），1992年《江苏省城市绿化管理条例》（1997年、2003年相继修订），1999年《南京市城市绿化管理条例》（2004年修订）等。这些从中央到地方各级有关城市绿化的法律法规的出台，规范了城市绿化工作，有力地保障和推动了我国城市绿化事业的顺利进行。

4. 开展评比活动，推动城市绿化

1993年，为了调动群众造林积极性和促进城市造林开发事业的扎实开展，全国绿化委员会提出在全国开展争创“十佳”造林绿化城市的活动。1994年出台了活动的专门实施方案。1995年评出珠海市、南京市等11个首批“十佳”造林绿化城市。2002年，全国绿化委员会又发出了《关于印发〈全国绿化评比表彰活动实施办法〉的通知》，决定在全国范围开展“全国绿化模范城市”的评比，每两年评比一次。2004年评出了北京市朝阳区、江苏省常熟市等9个首批“全国绿化模范城市”。

1992 年 12 月，建设部在全国城市环境综合治理的基础上，探索具有中国特色的城市环境建设模式，制定了“园林城市评选标准”。1996 年 5 月，建设部在安徽马鞍山市召开全国园林城市工作座谈会，制定了《国家园林城市评选办法》。至 2010 年年底，建设部共命名了 13 批国家园林城市（城区）。

截至 2010 年，我国城市建成区绿化覆盖面积已达 149.45 万 hm^2，绿地面积 133.81 万 hm^2，公园绿地面积 40.16 万 hm^2；建成区绿化覆盖率 38.22%，绿地率 34.17%，人均公园绿地面积 10.66m^2。同时，各地根据地域特色，建设了一大批高质量的公园绿地、城市片林和林荫大道，加强了城市自然资源和生物多样性保护。

第三章　当代中国林权的演变与制度改革

第一节　林权的演变

新中国成立60年多年来，随着国家政治、经济状况的变化，农村土地制度发生了多次变革，相应的，我国林权制度也经历了5个不同阶段的演变：(1) 20世纪50年代初期土地改革后的分林到户阶段，实现了山林由封建地主所有制向农民个体所有制的转变；(2) 20世纪50年代中期的农业化合作时期的山林入社阶段，林地制度实行农民所有、集体经营的模式；(3) 20世纪50年代中后期至70年代末人民公社时期的山林集体所有、统一经营阶段；(4) 20世纪80年代开始的林业“三定”阶段；(5) 20世纪末、21世纪初起步至今的林业改革新阶段。

一、土地改革后的分林到户阶段（1949～1953年）

新中国成立后的土地改革，是中国共产党关于农村土地问题的政策主张和根据地“分田分地”探索在夺取政权条件下的一次充分的实现，是抗日战争和解放战争时期解放区土地改革的延续、扩展和深化。按照《中国人民政治协商会议共同纲领》的规定，国家要“有步骤地将封建半封建的土地所有制改变为农民的土地所有制”，要求凡已实行土地改革的地区，必须保护农民已得土地的所有权；凡尚未实行土地改革的地区，必须发动农民群众，建立农民团体，经过清除土匪恶霸、减租减息和分配土地等项步骤，实现“耕者有其田”。1951年6月，中央人民政府委员会通过和颁布实施的《中华人民共和国土地改革法》，成为指导土地改革的基本法律依据。《土地改革法》规定：“废除地主阶级封建剥削的土地所有制，实行农民的土地所有制，借以解放农村生产力，发展农业生产，为新中国的工业化开辟道路。”按照这条规定，中央和地方各级政府通过没收地主的土地，无偿地平均分配给无地、少地的农民。到 1953 年，除了中共中央决定不进行土地改革的一些少数民族地区（约 700 万人）外，中国大陆的土地改革已宣告完成，3 亿多无地和少地的贫苦农民获得了 7 亿多亩土地，免除了 350 亿公斤的粮食地租，实现了几代人“耕者有其田”的夙愿。

《土地改革法》专门规定：“没收和征收的山林、鱼塘、茶山、桐山、桑田、竹林、果园、芦苇地、荒地及其他可分土地，应按适当比例，折合普通土地统一分配之。”林农作为当时广大农民的一部分，也分到了林地。《土地改革法》还规定：“承认一切土地所有者自由经营、买卖及出租其土地的权利。”也就是说，这一时期的林农既是林地、林木的所有者，又是林地、林木的使用者，完整地享有林地、林木的所有权、使用权、收益权和处置权，林权的界定很清晰。农民拥有完整的产权，特别是独享其中的收益权，因而极大地激发了广大农民的林业生产积极性。

二、农业合作化时期的山林入社阶段（1953～1958 年）

1953 年 12 月，在土地改革基本完成后，中共中央通过了《关于发展农业生产合作社的决议》，指出：“为了进一步提高农业生产力，党在农村工作的最根本任务，就是要逐步实行农业的社会主义改造，使农业能够由落后的小规模生产的个体经济变为先进的大规模生产的合作经济。”1954 年年初，我国广大农村开始掀起了大办农业合作社的热潮。

农业合作社分为初级社和高级社。在初级社阶段，土地所有权仍归入社农民拥有，土地的使用权则由合作社统一集体行使，这就使得土地所有权和使用权分离。这一时期的林权界定为：林农个人拥有林地和林木的所有权；合作社拥有部分林木的所有权和林地的使用权；收益权在林地所有者和合作社之间分配；农民的林地处分权受到限制，入社林农虽然可以自由退社，但不能按照自己的意志来出租、出卖土地；林木处分权也受到限制，据 1951 年 8 月政务院发布的《关于节约木材的指示》，木材由国家统一管理、统一采伐和统一调拨，农民也无法自由处置林木。

1955 年 10 月，中共七届六中全会通过了《关于农业合作社问题的决议》，指出：“要重点试办农业生产合作社；在有些已经基本实现半社会主义合作化的地方，根据生产的需要、群众觉悟和经济条件，从个别试办，由少到多，分期分批地由初级社变为高级社。”1956 年 1 月，由毛泽东主编的《中国农村的社会主义高潮》一书出版，在书中毛泽东大力提倡创办高级社和大社。从此，农业合作社由初级社迅速向高级社发展。1956 年 6 月第一届全国人大第三次会议审议通过的《高级农业生产合作社示范章程》明确规定：“入社的农民必须把私有的土地……转为合作社集体所有”，“少量的零星的树木，仍属社员私有……大量的成片的果树、茶树、桑树、竹子、桐树、漆树和其他经济林……作价归合作社集体所有”，“大量的成片的用材林……转为合作社集体所有”。因此，在高级社阶段，林地所有权不再归农民拥有，而归合作社集体所有，林地由集体统一经营和使用；除了少数零星树木之外，成片的用材林和经济林也都归集体所有，农民不再拥有林木的所有权；与之相应的，入社农民也基本不再拥有原有林地和林木的收益权和处置权（入社农民虽然在名义上能够自由退社，但是在实际上成本过高，这种名义上的处置权无法真正实现）。总之，在高级社里，合作社已经比较完整地拥有了林地和林木的所有权、使用权、收益权和处置权。

三、人民公社时期的山林集体所有、统一经营阶段(1958～1978 年)

1958 年 3 月，中共中央政治局扩大会议讨论并通过了《关于小型的农业合作社适当地合并为大社的意见》，提出：“为了适应合作社生产和文化革命的需要，在有条件的地方，把小型的农业合作社有计划地适当地合并为大型的合作社是有必要的。”按照这一精神，全国各地迅速开始了小社并大社的工作。1958 年 8 月，中共中央政治局北戴河扩大会议又讨论并通过了《关于在农村建立人民公社的决议》。从此，全国各地在小社并大社的基础上纷纷组建人民公社。在人民公社时期，林地收归公社集体所有，由公社对土地进行统一生产经营，同时入社农民所保留的退社自由被取消，农民名义上的林地处置权也不复存在了。林地的所有权、使用权、收益权和处置权彻底由农民私有转变为人民公社公有。

由于农民的土地权利被剥夺，生产积极性降低，因而导致国民经济陷入了困境。1960 年 11 月，中共中央下达了《关于农村人民公社当前政策问题的紧急指示信》，规定：人民公社实行“三级所有，队（相当原高级农业生产合作社）为基础”，同时允许社员经营少量的自留地和家庭副业。1962 年 6 月，中共八届十中全会通过了《农村人民公社工作条例（修正草案）》，再次明确规定："农村人民公社一般地分为公社、生产大队和生产队三级，以生产大队的集体所有制为基础……全大队范围内的土地，都归生产大队所有"，"原来高级农业生产合作社所有的山林和生产大队新植的林木，一般都归生产大队所有。国有山林和公社所有的山林，如果国家和公社不便于经营，也可以划给大队所有。大队可以把小片的零星的山林和路旁、村旁的林木，分别划给生产队和社员所有"。针对林业问题，1961 年 6 月，中共中央还专门发布了《关于确定林权、保护山林和发展林业的若干政策规定（实行草案）》（简称《林业 18 条》），对确定和保护山林所有权问题进行了规定：允许社员拥有一定的自留山；坚持"谁种谁有"的原则，社员个人种植的零星树木，归社员个人所有；山林归谁所有，林木的产品和收入就归谁支配。这些政策，将部分林地、林木的使用权和所有权下放给了农民，一定程度上提高了农民的林业生产积极性。

1963 年，在中共八届十中全会之后，有些地方开展起了"四清运动"。运动将当时主管农业工作的邓子恢的"三自一包"（多留自留地、多搞自由市场、多搞自负盈亏、包产到户）有利于搞活农村经济、发展农业生产和改善农民生活的正确政策视为"修正主义的国内纲领"和有"资本主义倾向"的错误思想。在农村，收入多的富裕农民被视为"资产阶级"而受到批判，自留地和农民房前屋后"四旁（宅旁、村旁、路旁、水旁）"植树被作为"资本主义尾巴"割掉。"四清"运动还只是局限于某些局部地区，未造成全国性的影响，不久以后，"文化大革命"（1966～1976 年）开始，割"资本主义尾巴"在全国开展起来，农民的"四旁"种树、多种经营统统被视为"资本主义尾巴"而被割掉了。"文革"时期，正确的林业方针政策无法贯彻执行，林业管理机构大都瘫痪，大批林业干部下放，大部分群众护林组织撤销，林业生产处于无政府状态，林权制度得不到保障，森林资源因乱砍滥伐受到破坏。

四、20 世纪 80 年代开始的林业"三定"阶段（1981～2003 年）

20 世纪 70 年代末期，我国农村土地制度发生重大变革，原来"三级所有、队为基础"土地制度被家庭联产承包责任制替代。具体做法是农村土地所有权仍然归集体所有，将土地分配给农民耕种，农民获得土地的承包经营权。家庭联产承包责任制作为我国农村一项基本制度，必然会向林业领域延伸。在此背景之下，林业领域开始了林业“三定”（稳定山权林权，划定自留山，确定林业生产责任制）工作。1981 年 3 月，中共中央、国务院发出《关于保护森林发展林业若干问题的决议》，指出：国家所有、集体所有的山林树木，或个人所有的林木和使用的林地，以及其他部门、单位的林木，凡是权属清楚的，都应予以承认；要根据群众的需要，划给社员自留山，由社员植树种草，长期使用；社队集体林业，应当推广专业承包、联产计酬责任制。这个《决议》是林业“三定”政策的指导性文件。按照《决议》，林地所有权仍归集体，林地使用权由集体所有转向归农民所有，一些林地被分给农民当作为自留山和责任山。截至 1984 年年底，全国应开展“三定”工作的 78% 的县完成“三定”工作，完成定权发证的山林面积 14.5 亿亩，建立各种形式林业生产责任制的山林面积 11.8 亿亩，近 5700 万农户划定自留山 4.7 亿亩。

1985 年，中共中央、国务院又出台了《关于进一步活跃农村经济的十项政策》，规定在集体林区实行取消木材统购，开放木材市场，允许林农和集体的木材自由上市，实行议购议销的政策，旨在促进集体林区的林业生产。但是，有一些地方由于简单照搬农业“分田到户”的做法，实行“分林到户”“两山（自留山、责任山）并一山（自营山）”做法，而相关政策和管理未能跟上，加上农民对政策的稳定性缺乏信任感，决定“先下手为强”，因而使得南方集体林区超量采伐普遍存在，乱砍滥伐屡禁不止，愈演愈烈，森林资源损失严重。对此，1987 年中共中央、国务院紧急发出了《关于加强南方集体林区森林资源管理，坚决制止乱砍滥伐的指示》，指出要“严格执行年森林采伐限额制度”，“集体所有集中成片的用材林，凡没有分到户的不得再分”，“重点产材县，由林业部门统一管理和进山收购……不允许私人倒卖和购运木材”。

1992 年，我国确立了社会主义市场经济体制改革的目标，林权制度改革也开始进入市场化改革的阶段。1998 年 4 月，第九届人大常委会第二次会议修订的《中华人民共和国森林法》规定：森林、林木、林地使用权可以依法转让，也可以依法作价入股或者作为合资、合作造林、经营林木的出资合作条件，但不能将林地改为非林地。同年 8 月，第九届人大常委会第四次会议修订的《中华人民共和国土地管理法》也规定：国有土地和农民集体所有的土地，可以依法确定给单位或者个人使用。这些法律促进了我国林权制度改革的进一步发展。

五、2003 年起步的林业改革新阶段（2003 年至今）

纵观21世纪前的我国集体林权制度变革的历程，集体和林农对于森林、林木和林地的权益在“分与统”“放与收”中屡次变更和调整，但是由于计划经济体制及其思想观念的长期束缚，因而林业产权制度改革始终不能到位。南方集体林区“大资源、小产业、低效益”的现象仍然比较普遍，我国林业大大落后经济社会的发展速度。其根本原因，在于林农还未真正成为产权意义上的经营主体。

进入21世纪之后，鉴于我国经济社会可持续发展迫切要求林业有一个大转变，2003年6月，中共中央、国务院做出了《关于加快林业发展的决定》，要求“加快林业体制改革，增强林业发展活力”，规定：已经划定的自留山，由农户长期无偿使用，不得强行收回，自留山上的林木，一律归农户所有；分包到户的责任山，要保持承包关系稳定；集体经营的山林，除经营状况良好林场外，可采取“分股不分山、分利不分林”的形式将产权逐步明晰到个人；鼓励森林、林木和林地使用权的合理流转。此外，《农村土地承包法》（2002年）和《物权法》（2007年）也明确了农村集体林地实行承包经营制度，为推进集体林权制度改革工作奠定了法律和政策基础。从2003年开始，福建、江西等省率先进行以“明晰所有权，放活经营权，落实处置权，确保收益权”为主要内容集体林业产权制度改革，取得了“农民得实惠、生态受保护”的显著成效，得到了广大农民的拥护。通过三年的试点，2006年开始，我国集体林权制度改革由试点阶段开始准备进入全面推行阶段。2006年出台的《国民经济和社会发展第十一个五年规划纲要》和2007年中共十七大报告都明确提出要“推进集体林权改革”。

中央对此次集体林权制度改革非常重视，2006～2010年连续五年的“中央一号”文件均提出要推进林权制度改革，都将集体林权制度改革确定为深化农村改革的重要内容。

2008年开始，我国集体林权制度改革进入全面推进和深入阶段。2008年4月，中共中央政治局专门召开会议，研究部署推进集体林权制度改革和林业发展问题。同年6月，中共中央、国务院出台了《关于全面推进集体林权制度改革的意见》，要求用5年左右时间，基本完成明晰产权、承包到户的改革任务。2009年6月，中央召开林业工作会，这是新中国成立60年来中央召开的首次林业工作会议。会议要求全面推进集体林权制度改革，建立以家庭承包经营为基础的现代林业产权制度。至此，一场涉及27亿亩集体林地、涵盖

70%国土面积、惠及5亿农民的农村社会变革，在中华大地上全面展开。

此次集体林权制度改革是要从体制机制和制度建设上全面落实“四权”的综合性改革，要确立林农的经营主体地位，“明晰产权，放活经营权，落实处置权，保障收益权”，重新构建一个公正合理的利益分配格局，特别是林地使用权，在承包期内要给予林农相对完整的物权，从而有效释放农村劳动力的巨大潜能和林地的巨大生产潜力。截至2010年年底，全国已有18个省（自治区、直辖市）基本完成明晰产权任务，确权到户林地24.31亿亩，占全国集体林地总面积的88.6%，7260万农户拿到林权证，3亿多农民得到实惠。集体林改激发了农民兴林致富的热情，全国林地直接产出率已由2003年的每亩84元提高到2010年的每亩198元。

第二节　集体林权制度改革

我国有45亿亩的林地，其中27亿亩属于集体林地，与18亿亩耕地一起是我国农村土地的重要组成部分。改革开放以来，我国耕地通过家庭联产承包责任制分配给了农户，极大地调动了农民生产积极性，提高了农业生产力，粮食产量养活了13亿人口，基本满足了国人的吃饭需求。然而，我国包括集体林地在内的45亿亩林地却未能满足我国经济社会对木材的需求，更没有满足经济社会对生态的需求，林地的巨大的潜力没有释放出来。据测算，我国耕地的亩均产出水平约为四五百元，而林地亩均产出水平只有几十元。造成林业产出率低，林区发展落后，林农收入不高，经济、社会、生态效益低下的根本原因在于：我国农村林权制度未能适应社会主义市场经济的发展要求，林业改革不到位，产权归属不清，权利责任不明，经营机制不活，利益分配失调，林农负担过重。在经济社会高速发展，人们对森林的生态、经济和社会效益渴求越来越大的今天，我国林业迫切需要有一个重大的转变，这个转变有赖于我国集体林权制度的改革。

集体林权制度改革是我国新一轮经济和社会发展的历史选择，是生产资料从耕地向（集体）林地的扩展，通过改革，把生产要素引向山区、引向林业，使“山有其主、主有其权、权有其利、利有其责”，为林业发展、林农增收提供可靠保证，为维护国家生态安全、满足木材需求奠定坚实基础。

一、林权的概念和林权制度的构成

（一）林权的概念

林权是一种复合性权利，指权利主体对森林、林木、林地的所有权、使用权、收益权和处分权。

（1）所有权。所有权指森林、林木与林地的财产归属的权利。

（2）使用权。使用权指林权所有者或使用者根据森林、林地、林木的性质加以利用，以满足生产和生活需要的权利。如林权所有者或使用者可以利用林地种植树木的权利。使用权可以由林权所有者行使，也可以由非林权所有者（如经营者或使用者）行使。

（3）收益权。收益权指林权所有者或者使用者在对森林、林地、林木的经营过程中获得收益的权利。这种收益可是实物形态的，如树木、果实、树叶、树皮等，也可以是非实物形态的，如货币、作价入股、资产评估。收益的数量，可以是全部，也可以是部分，在所有权和使用权相分离的情况下，收益权将在所有者与使用者之间按照法律或合同的规定进行分配。

（4）处分权。处分权也叫处置权，指林权所有者或使用者对森林、林地、林木进行处分的权利，如对林木进行采伐、销售的权利，对林地进行出让、转让的权利等。在所有权和使用权相分离的情况下，所有者与使用者的处分权的内容不同。

（二）林权制度的构成

林权制度是对林权所包含的权能的界定，以及主客体的设定、确立和保护的一系列行为规范。林权包括林权客体和林权主体两大要素。

1. 林权客体

林权客体是指林权权利人的权利所指向的对象，包括森林、林木和林地。

（1）森林。按照联合国粮食及农业组织（FAO）的定义，森林是指凡生长着任何大小林木为主题的植物群落，不论采伐与否，具有生长木材或其他林产品的能力，并能影响气候和水文状况，或能庇护家畜和野兽的土地。森林又分为防护林、用材林、经济林、薪炭林和特种用途林5种。

（2）林木。林木是森林的主体，指生长在林地上的树木和竹子。被砍伐掉的树木或竹子，不能称之为林木，而叫做木材或竹材。

（3）林地。林地是用于经营林业的用地，是森林的基础和载体，包括郁闭度0.2以上的乔木林地及竹林地、灌木林地、疏林地、采伐迹地、火烧迹地、未成林造林地、苗圃地和县级以上人民政府规划的宜林地。

从林权客体的角度来讲，林权包括森林产权、林地产权和林木产权。林权与森林资源产权不是同一概念。森林资源产权不仅包括森林、林木、林地的产权，还包括依托森林、林木、林地生存的野生动物、植物和微生物的产权，也就是说，森林资源产权客体比林权客体要丰富。林权与林业产权也有区别。林业产权是一个行业产权，包括林业行业第一、第二、第三产业的经营主体或对象的产权；产权客体的内容更为丰富。

2. 林权主体

林权主体是指依法享有林权的权利人，包括自然人、法人、其他社会组织和国家。

（1）森林、林地所有权与使用权主体。我国森林、林地所有权的主体只有国家和集体，个人或单位不能拥有森林、林地的所有权。但由于国家不可能直接作为森林、林地的经营、管理和利用的主体，施行家庭联产承包责任制后，集体也不直接作为森林、林地经营、管理和利用的主体，而是以一定形式提供给个人或单位经营、管理和利用，这样，个人或单位就可以拥有森林、林地的使用权。森林、林地的所有权和使用权实现了分离，林权主体就分为了所有者和使用者，所有权和使用权成为产权中的基本权利，收益权和处分权将在所有者与使用者之间进行分配。

（2）林木所有权。按照我国法律规定，林木不但可以归国家、集体所有，还可以归个人所有。

二、集体林权制度存在的问题及改革的必要性

按照目前的林权制度安排，我国林业存在着自留山经营、承包经营、租赁经营和股份制（合作）经营、集体统一经营等几种形式。

（1）自留山经营。林地的所有权归集体所有，个人拥有林地的使用权和林木的完全占有权、使用权、收益权及部分处分权。这是产权最为明晰的一种。

（2）承包经营。林地的所有权归集体所有，林木的所有权、使用权、收益权和部分处分权归承包者所有。其主要形式有家庭承包（即以家庭为单位承包山林，收益由集体和承包户分成）、联户承包（即由若干户组成联合体，与村集体双方签订合同，农户从经营收入中获取收益）、外来户承包（即由外来的单位、个人承包山地、山林）3 种。

（3）租赁经营。租赁者通过公开招标的形式，租赁集体林地（一般是采伐迹地、火烧迹地、疏林地和零星荒山），一次性或定期上缴林地租金。承租

的形式有农户租赁、外企租赁、私企租赁、国有林场或其他单位租赁。

（4）股份合作经营。山权不变，林权共享，实行资源、资金、技术的组合。其主要形式有农户之间或者农户和村组之间合作开发经营，以林地、劳力、资金入股，收益按比例分红；国有林业企事业单位以资金、技术入股，乡镇以管理入股，农户以林地、管护入股，收益按股分红；外商或民营企业与村组、农户合作，外企或民企以资金、技术入股，村组或农户以林地、劳力入股，收益按股分红。这几种形式的经营中，大多都存在问题。

（5）集体统一经营。林地由村林业股东会或村集体经济组织招聘人员进行责任管护。其主要形式有：乡村林场经营；成立管护组织，按劳取酬；成立股东会，折股经营，按股分红。

（6）其他形式的产权交易。林地所有权不变，林地使用权及其他权益交易和转让。主要形式有宜林荒山荒沙荒滩荒地拍卖或转让、活立木拍卖或转让、经济林等经营权转让。

1. 林权不明晰

林权不明晰是我国集体林权制度最大的弊病，严重制约着林业的健康、快速、持续发展，其主要表现在以下几个方面：

（1）林地所有权虚置。我国《土地管理法》规定："集体所有的土地依照法律属于村农民集体所有，由村农业生产合作社等农业集体经济组织成员或村民委员会经营、管理。已经属于乡镇农民集体经济组织所有的，可以属于乡镇农民集体所有。"这一规定其实并未对土地所有权作出明确规定。集体本身就是一个模糊的概念，作为一个整体，在行使所有权时必须由具体代理人来执行，在许多地区，林地所有权代理执行人是村委会。一般认为，由村委会代理农民集体拥有山林的所有权。但是问题是，这种代理人和被代理人之间缺乏具体而实在的信托关系，缺乏制度约束，在实际操作过程中造成的结果是，林地所有权主体被架空，林地集体所有权无法有效行使。

（2）林地使用权和林木所有权主体称谓不统一。我国《森林法》规定："国家所有的和集体所有的森林、林木和林地，个人所有的林木和使用的林地……"可知，集体林地的使用权和林木所有权归"集体""个人"所有。《土地管理法》又规定："农民集体所有的土地，可以由本集体经济组织以外的单位或者个人承包经营。"也就是说，集体林地的使用权和林木所有权归"单位""个人"所有。《农村土地承包法》也规定："农村土地承包采取农村集体经济组织内部的家庭承包方式"，"家庭承包的承包方是本集体经济组织的农户"。按此，集体林地的林地所有权和林木所有权主体是"家庭""农户”。也就是说，我国《森林法》《土地管理法》《农村土地承包法》这三部涉及农村集体林地法律，在林地使用权和林木所有权主体的描述上称谓不统一，存在法律用语上的不科学现象。

（3）林地所有权与使用权边界不清晰。我国《森林法实施条例》规定："国家依法保护森林、林木和林地经营者的合法权益……用材林、经济林和薪炭林的经营者，依法享有经营权、收益权和其他合法权益。防护林和特种用途林的经营者，有获得森林生态效益补偿的权利。"这一规定仅说明了森林、林木经营者应该依法拥有正当权益，但对集体林地所有权和使用权之间的责权利关系没有进一步明确。在集体林地承包经营后，农户获得了集体林地的使用权，使得林地所有权和使用权发生分离。这种产权分离之后，林地所有者和林地使用者之间的各自的责任、权利及利益分配安排在法律没有明确界定，如果农户在与集体签订承包合同中不界定甚至连合同都不签订的话，就极易造成在实践过程中农民的林地使用权受到侵犯。如一些不尊重林地承包关系，随意剥夺农户承包权，有的随意频繁地调整林地承包期，侵犯农民林地使用权。

（4）林权纠纷多。集体林权产权不明晰还有一个表现就是林权纠纷多。造成林权纠纷主要原因在于林地权属的"四至"界限不清。20世纪80年代林业"三定"时期，由于受当时历史条件限制，确权发证工作粗放，造成诸多林地权属变动而形成林地手续不全：有的林地尚未发放林权证；发放的林权证也由于是由各级政府自行制定，样式不统一，内容不规范，制作不精细，档案管理不完善；林权证的发放过程也不规范，部分林权证只定地名，没有面积，"四至"范围不清，或填写的面积与实际不符；有的地方林木、林地使用权发生了流转，但没有及时变更登记，出现有地无证、有证无地的情况——这些都为林权纠纷留下了隐患。此外，随着经济社会的发展，人们开始意识到林地的潜在价值，各种利益团体、经济组织和个人为了追求林地的最大经济利益，也是引起林权争议和林地权属抢夺的原因。

2. 林地和林木处置权和收益权不完整

林地和林木处置权和收益权不完整，主要体现在4个方面：

（1）林木采伐限额制度和发放运输证制度导致林木所有权和处分权不完整。根据《森林法》规定，农户在集体林地上种植的树木"谁造谁有"。但名义上"谁造谁有"的林木，农户却无法自由地到市场上去买卖而获得收益。因为农户要砍伐林木，必须要向林业主管部门申请采伐许可证，按许可证的规定进行采伐；采伐后的林木在运出山林时，还必须获得林木运输证，这

"两证"的设置使得农民的林木处置权和收益权不完整。

（2）国家强制征用土地导致集体林地所有权、使用权受到侵犯。按照《土地管理法》规定："国家为了公共利益的需要，可以依法对土地实行征收或者征用并给予补偿。"随着我国城镇化步伐的加快，城市工程建设用地需求加大，征用农村集体土地的现象严重。据国家林业局统计资料显示，仅 2008 年，国家林业局审核同意 217 个占用征用林地项目，审核同意占用征用林地面积 3.9 万 hm^2；全国各省级林业主管部门审核同意的占用征用林地项目 10724 项，审核同意面积 5.4 万 hm^2。大量的集体林地被征用，如果都是"公共利益需要"，如水库建设、修建道路、学校建设、水电站建设还好，而实际上被征收的土地有的却被用来搞房地产开发，与征收的初衷相违背。同时，政府征用林地的补偿范围过窄，补偿标准偏低。总之，地方政府用较低的成本征收林地后，再高额出让给其他的土地使用者，原属于集体和农民的巨大林地资产及本应属于农民的林地收益权被剥夺。

（3）林业税过重导致农民经营森林、林木收益低下。1994 年税费制改革后，按照国家政策规定，我国对木材经营及其加工产品征收的税费有 4 税 5 费，即农业特产税、增值税、教育费附加和城市维护建设税、育林基金、维简费、林业保护建设费、植物检疫费和市场管理费。在南方集体林区，林农所实际担负的税费种类甚至远远超过这 9 种。有人曾经对作为全国林业重点县的江西省崇义县做过调查，崇义县境内 1999 年 3 月 22 日木材公路边交易价为每立方米 420 元（直径 14cm、长 4m 的杉原木）。这 420 元需要交的费用包括：农业特产税按 15.84% 计征 66.53 元，个人小型企业所得税按 2% 计征 8.4 元，增值税按 3% 计征 12.6 元，育林基金按 15% 计收 63 元，维简费按 10% 计收 42 元，护林防火费以每立方米 2 元计收，森防检疫费按每立方米 3.2 元计收，林价基金按 2.5% 计收 10.5 元，企业管理费按每立方米 10.5 元计收，林区建设保护费按每立方米 5 元计收，森工行业管理法按每立方米 2.9 元计收，森林病虫害防治费按每立方米 5 元计收，物价基金按每立方米 2.4 元计收，公路维修基金按每立方米 5 元计收，木材代销费按 5% 计收 21 元，工商交易费按 1% 计收 4.2 元，沼气池建设基金按每立方米 1 元计收，防护保安基金按 0.5% 计收 2.1 元，县提留按 5% 计收 21 元，乡提留按 7% 计收 29.4 元。此外还有世行贷款配套资金、检疫服务费、副食品价格调节基金、自然保护区基金等。这 20 余种税费共收取 317.73 元，农民实际收入 102.27 元，仅占销售价的 24.35%。如此繁重的林业税费严重地影响了林农的生产积极性，有的林农为了逃避税收，甚至偷砍偷运林木，对森林资源造成破坏。

(4) 生态公益林补偿标准不高。自1996年林业分类经营以来，我国将森林资源划分为公益林和商品林，其中生态公益林禁止商业性采伐。也就是说，林木所有者所造的山林如果被划转为公益林的话，是不能通过砍伐、买卖林木而获取利益的，这就限制了林木所有者对林木的处置权和收益权。为了弥补生态林不能商业性砍伐而对农民造成的损失，《森林法》(1998年)和《森林法实施条例》(2000年)规定：国家专门“设立森林生态效益补偿基金，用于提供生态效益的防护林和特种用途林的森林资源、林木的营造、抚育、保护和管理。森林生态效益补偿基金必须专款专用，不得挪作他用”，生态林经营者“有获得森林生态效益补偿的权利”。《中央森林生态效益补偿基金管理办法》(2004年)规定，中央补偿基金平均补助标准为每年每亩5元，其中4.5元用于重点公益林专职管护人员的劳务费或林农的补偿费。按此标准，若平均每个护林员看护150hm^{2}的森林，一年所得为10125元，月平均护林工资仅为843.75元。尽管2007年新修订的《中央财政森林生态效益补偿基金管理办法》，将4.5元的森林管护费提高到4.75元，一个看护150hm^{2}的护林员月工资仍仅为890.63元。

3. 配套措施不到位

(1) 森林资源资产评估体制不健全。林权制度改革催生了林木、林地流转和林权抵押等新生事物，这就涉及森林资源资产价值的评估问题。森林资源资产价值评估对规范森林资源资产产权交易市场，盘活森林资源资产存量，保证林农利益起到重要作用。林业部和国资局分别于1996年和1997年联合发布了《森林资源资产评估技术规范》和《关于加强森林资源资产评估管理若干问题的通知》，对森林资源资产评估的内容和方法作了原则上的规定。但是我国目前森林资源价值评估在实际操作中存在一系列的问题，具体表现为：森林资源资产化管理工作缓慢；森林资源资产评估法规和相应管理办法不健全；森林资源资产评估专业性强，森林资源调查难度大，资料残缺；森林资源资产评估机构间恶意竞争，机构内部管理松散；评估标准、评估方法使用随意；森林资源资产评估资格及林业调查规划设计单位资格认证问题。

目前，从事森林资源资产评估的机构有两类：一类是由国资系统批准成立的林业资产评估机构，另一类是各省林业行政管理部门批准成立的评估机构。国资系统的批准的评估机构，由于森林资源资产评估的业务量少，均未配备林业专业人员或不熟悉森林资源资产评估业务；林业部门批准的评估机构，主要负责集体森林资源资产评估，但由于资产的特殊性，多年以来游离于资产评估的大家庭之外，在资产评估师国家考试中，一直没有设置森林资源资产评估这一专业门类。

（2）林业发展财政、金融支撑制度不成熟。改革开放以来，中央财政政策有力地促进了林业的改革和发展，但林业投入政策始终未能形成有效的体系。20世纪90年代以前，中央财政对林业的一些专项投入多集中在造林方面，对森林资源尤其是生态林的保护性投入很少，在专项投入中仅有森林病虫害防治资金补助政策，而且中央批准并明确指示要建立林业基金制度始终未能建立。进入90年代以后，中央财政逐步加大了对重点林业生态工程建设的投入，但林业投入政策面对林业急需发展的实际，仍显投入不足。此外，林业是一个具有巨大生态效益的公益性产业，应该实行轻税制度，但我国林业税收实际是把林业当做一般产业对待，尽管这些年在着力减轻林业税费，但仍未达到轻税程度。

林业发展仅靠国家财政政策支撑还不够，还需要国家金融政策的支撑。集体林权制度改革后，农民真正彻底地获得了林地的使用权和林木的所有权，农民造林、育林、护林的积极性空前高涨，林农投资林业的热情极高。但是，农民有愿望投资而无力解决资金来源，这使得农民集约经营林地，充分挖掘林地生产力的梦想难以实现。在此背景之下，中央和地方开始小额林权抵押贷款和森林保险试点。但目前小额林权抵押贷款和森林保险都存在一些问题：在小额林权抵押贷款方面，贷款期限过短，还没有与林业生产长周期特点相适应的金融产品；贷款利率偏高，在一定程度上抑制了农民投资林业的热情；抵押物处置困难，处置程序复杂，限制因素较多；林业信用担保体系建设不完善，缺乏实力雄厚的林业信用担保机构等问题。在森林保险方面，也存在投保面低，森林保险覆盖面积不大；保费补贴低，林农投保的积极性不高；林农投保意愿低，对自然灾害的发生存在一定程度的侥幸心理，投保的主动性不强；保额低，保额远远低于成林的实际市场价值；保费较高，林农负担较重；保险品种单一，未能满足农民对保险品种多样化的需求等诸多问题。

（3）林业社会化服务水平不高。林业社会化服务是指包括各级林业技术部门、乡村合作经济组织及社会各方面为林业生产提供多形式、全方位的服务，包括技术指导、政策咨询、提供信息、联系政府等。目前，我国林业社会化服务存在一些问题：一是林业社会化服务组织机构一般由政府出资创办，受政府委托承担一定的社会管理职能，具有浓厚的官方色彩，它需要帮助政府承担行政管理职能，而不是为农民提供真正意义上的社会化服务。二是林业社会化服务内容主要集中于林业技术的指导，其他诸如林业金融保险、林产品销售信息、林权交易平台、森林资源资产评估等服务严重不足。三是林业社会化服务人员专业素质和业务技能不高。这些问题导致我国林业社会化服务水平总体不高。

三、集体林权制度改革的内容和措施

（一）指导思想

根据2008年中央《关于全面推进集体林权制度改革的意见》（简称《意见》），集体林权制度改革的指导思想是：全面贯彻党的十七大精神，高举中国特色社会主义伟大旗帜，以邓小平理论和“三个代表”重要思想为指导，深入贯彻落实科学发展观，大力实施以生态建设为主的林业发展战略，不断创新集体林业经营的体制机制，依法明晰产权、放活经营、规范流转、减轻税费，进一步解放和发展林业生产力，促进传统林业向现代林业转变，为建设社会主义新农村和构建社会主义和谐社会作出贡献。

林业发展的制度设计滞后，特别是林地经营制度这一根本性问题没有解决，就难以适应经济社会发展和现代林业建设的需求。因此，中央选择集体林权制度改革为突破口，用改革的办法解决林业发展中的制度建设问题。《意见》从战略的高度，对集体林权制度改革进行了科学定位，以科学发展观统领林业改革与发展的全过程，妥善处理好农村改革、发展、稳定关系，为建设社会主义新农村和构建社会主义和谐社会作出贡献；明确提出了大力实施以生态建设为主的林业发展战略，坚持生态优先，生态效益、经济效益和社会效益相统一，促进传统林业向现代林业转变；重点突出了以农民得实惠为根本要求，依法还山于民、还权于民、还利于民，依法保障农民的经营权、处置权、收益权，进一步解放和发展生产力。制度建设是基础，政策措施是保证，要统筹考虑、协调推进集体林权制度改革。

（二）基本原则

根据《意见》，集体林权制度改革的基本原则是：坚持农村基本经营制度，确保农民平等享有集体林地承包经营权；坚持统筹兼顾各方利益，确保农民得实惠、生态受保护；坚持尊重农民意愿，确保农民的知情权、参与权、决策权；坚持依法办事，确保改革规范有序；坚持分类指导，确保改革符合实际。

“五个坚持、五个确保”的基本原则，可以说是对历次改革实践的深刻总结和高度概括，原则内涵丰富，全面把握了集体林权制度改革的方向。其主要精神体现在以下几个方面：（1）坚持农村基本经营制度，确保农民平等享有集体林地承包经营权。实行农村基本经营制度是农村改革实践的经验总结，也是集体林权制度改革的核心政策。要公平地落实本集体经济组织成员的林地承包经营权和林木所有权，维护农民平等享有集体林地承包经营权，实现真正意义上的“还山于民”。(2) 坚持统筹兼顾各方利益，确保农民得实惠、生态受保护。改革涉及相关利益群体，需要妥善处理好各方利益关系，既要维护集体利益，又要做到“还利于民”，让农民在林业生产经营中多得利，得“大头”，同时要坚持不以牺牲生态为代价，把生态受保护作为改革的底线，维护生态安全。(3) 坚持尊重农民意愿，确保农民的知情权、参与权和决策权。农民是改革决策和实施主体，改革的政策、内容、方法、程序要让农民明白，改革的结果要让农民满意，真实体现大多数农民的意愿，特别是改革方案必须依法经集体经济组织成员同意，切实维护本集体经济组织成员的民主决策权。(4) 坚持依法办事，确保改革规范有序。集体林权制度改革政策性强、情况复杂，从改革一开始就要进行科学谋划，严格执行《物权法》《农村土地承包法》《森林法》《村民委员会组织法》等法律法规和党在农村的各项政策，做到“依法、规范、有序”，做到公开、公平、公正。(5) 坚持分类指导，确保改革符合实际。在改革中必须做到实事求是、因地制宜、分类指导、分区施策。集体经济组织可以在依照法律规定的前提下，选择适合当地实际的改革模式，不搞一刀切，使改革更加符合实际，更加具有特色，更加适应发展要求。

（三）改革目标和内容

本次集体林权制度改革的总体目标是用5年左右时间，基本完成明晰产权、承包到户的改革任务，并在此基础上，通过深化改革，完善政策，健全服务，规范管理，逐步形成集体林业的良性发展机制，实现资源增长、农民增收、生态良好、林区和谐的目标。其主要内容包括以下几个方面：

1. 明晰产权

明晰产权是集体林权制度改革的核心，即在坚持集体林地所有权不变的前提下，依法将林地经营使用权和林木所有权，通过家庭承包经营方式落实到本集体经济组织的农户，确立农民作为林地承包经营权人的主体地位。这是此次集体林权制度改革与历次改革的根本不同和突破所在。

明晰产权必须维护林地承包经营权的物权性和长期性。《意见》明确规定：“林地的承包期为70年。承包期届满，可以按照国家有关规定继续承包。”这是目前我国土地承包政策的最长年限，完全符合林业生产周期长的特点。根据《物权法》的规定，林地承包经营权为用益物权，有三层含义：(1) 林地承包经营权是由林地所有权派生的用益物权，林地所有权是权利人对林地依法享有占有、使用、收益和处分的权利；（2）林地承包经营权相对于林地所有权是不全面的、受一定限制的物权，主要表现为在承包期届满时应将林地返还给所有人；（3）林地承包经营权一经设立，便具有独立于林地所有权而存在的特性，林地所有权人不得随意收回或调整林地，不得妨碍林地承包经营权人依法行使权利，林地承包经营权人具有对林地的直接支配性和排他性，可以对抗所有权人的干涉和第三人的侵害。

明晰产权关键是要做到“三个坚持”：一是坚持以分为主。《意见》明确要求，除村集体经济组织保留少量林地以外，凡是适宜实行家庭承包经营的林地，都要通过家庭承包方式落实到本集体经济组织的农户。对不宜实行家庭承包经营的林地，经本集体经济组织成员同意，也要通过均股、均利等方式明晰产权。二是坚持“四权”同落实。《意见》对明晰产权、放活经营权、落实处置权、保障收益权等都规定了相应的政策，提出了明确的要求。目的就是要把这“四权”作为一个有机整体统筹考虑，理顺各方面的利益关系，建立完善的政策体系，确保农民在获得林地承包经营权和林木所有权后，能依法实现自主经营、自由处置、自得其利，即确保农民获得的林地承包经营权是完整的用益物权。三是坚持颁发“铁证”。勘界发证是明晰产权的基本要求，也是保证改革质量的关键环节。这次改革必须按照《意见》的要求，依法进行实地勘界、登记，核发全国统一式样的林权证，做到图、表、册一致，人、地、证相符，“四至”清楚、权属明确，确保登记的内容齐全规范、数据准确无误，做到“铁证如山”，经得起历史的检验。

2. 放活经营权

《意见》明确规定：“实行商品林、公益林分类经营管理。”“对商品林，农民可依法自主决定经营方向和经营模式，生产的木材自主销售。”其中有三方面含义：（1）只要不违背法律的禁止性规定，对其林地要种什么树、什么时间种、培育目标是什么等可以自主决定；（2）只要不违背法律的禁止性规定，可以选择单独经营、合作经营、委托经营、租赁经营等多种经营模式，享有生产经营自主权；（3）农民生产的木材，要不要卖、怎么卖、卖给谁，农户可以自主决定。

《意见》还规定：“对公益林，在不破坏生态功能的前提下，可依法合理利用林地资源，开发林下种养业，利用森林景观发展森林旅游业等。”这项政策相对放活了公益林经营，将进一步提高公益林经营者的收益。

3. 落实处置权

《意见》明确规定：“在不改变林地用途的前提下，林地承包经营权人可以依法对拥有的林地承包经营权和林木所有权进行转包、出租、转让、入股、抵押或作为出资、合作条件，对其承包的林地、林木可依法开发利用。”这项政策赋予了林地承包经营权人依法对森林、林木和林地使用权的流转权利。

林权流转方式包括转包、出租、互换、转让、入股、抵押等。其中，转包是指承包方将部分或全部林地经营权转交给本集体经济组织内部的其他农户经营的行为。承包方与发包方的承包关系不变。受转包人按转包合同约定享有林地经营权，并向转包人支付转包费。转包无须经发包方同意，但转包合同需向发包方备案。

出租是指承包方将部分或全部林地经营权，租赁给本集体经济组织以外的单位或者个人，并收取租金的行为。承包方与发包方的承包关系不变，无须经发包方同意，但出租合同需向发包方备案。

互换是指承包方之间对属于同一集体经济组织的林地承包经营权进行交换的行为。互换林地承包经营权引起相互权利的交换。因此，互换林地承包经营权应当报发包方备案，当事人要求登记的，可向林权管理机构申请变更登记，未经登记的，不得对抗善意第三人。

转让是指林地承包经营权人将其拥有的部分或全部林地承包经营权和林木所有权以一定的方式和条件转移给他人的行为。林地承包经营权和林木所有权的受让方可以是本集体经济组织的成员，也可以是本集体经济组织以外的农户。但是，林地承包经营权转让应当经发包方同意，转让后，原承包方将丧失对林地的承包经营权，其与发包方在该林地上的承包关系即行终止，并进行林权变更登记。

入股是指承包方将林地承包经营权作为股权，自愿联合或组成股份公司、合作组织等形式，从事林业生产经营，收益按照股份分配的行为。

抵押是指承包方可以将林权证作为抵押，向金融机构贷款。

关于流转，《意见》进一步规定：“流转期限不得超过承包期的剩余期限，流转后不得改变林地用途。”这可以从4个方面理解：（1）允许林地承包经营权人流转林地经营权和林木所有权，放活了林权流转市场，有力推进森林资源经营向资产、资本经营转变，增加了农民资产性收入，但不包括森林内的野生动物、矿藏物和埋藏物；（2）以“依法、自愿、有偿”为必要前提，有利于维护农民利益，为依法公平交易提供了政策保障；（3）只要法律没有禁止，林地承包经营权人可以自主选择流转方式；（4）明确流转期限不得超过承包期的剩余期限，流转后不得改变林地用途。鉴于土地是农民赖以生存和安身立命的生产资料，应当引导农民充分考虑耕山致富、生活保障的需要，流转期限不宜过长，不要轻易改变林地原始承包关系，防止农民失山失地。

4. 保障收益权

保障收益权主要包括4个层次：（1）农户承包经营林地的收益，归农户所有。（2）征收林地必须补偿。依法征收的林地，应当依法足额支付林地补偿费、安置补助费、地上附着物和林木的补偿费等费用，安排被征地农民的社会保障费用，保障被征地农民的原有生活水平不降低，维护被征地农民的合法权益。家庭承包经营的林地被依法征收的，承包经营权人有权依法获得相应的补偿。林地补偿费是给予林地所有人和林地承包经营权人的投入及造成损失的补偿，应当归林地所有人和林地承包经营权人所有。安置补助费用于被征林地的承包经营权人的生活安置，对林地承包经营权人自谋职业或自行安置的，应当归林地承包经营权人所有。地上附着物和林木的补偿费归地上附着物和林木的所有人所有。（3）经政府划定为公益林的要落实森林生态效益补偿政策。《意见》规定："各级政府要建立和完善森林生态效益补偿基金制度"，"逐步提高中央和地方财政对森林生态效益的补偿标准"，"经政府划定的公益林，已承包到农户的，森林生态效益补偿要落实到户；未承包到农户的，要确定管护主体，明确管护责任，森林生态效益补偿要落实到本集体经济组织的农户"。对集体林地被划入公益林范围的，不管采取哪种承包方式，都要求补偿资金落实到农户，进一步从政策上维护了农民的利益。（4）严禁对林地承包经营权人乱收费、乱摊派，依法维护其合法权利。

（四）制度保障

集体林权制度改革"明晰产权，放活经营权，落实处置权，保障收益权"四位一体，明晰产权是核心，放活经营权、落实处置权是方式和手段，保障收益权是目的。这需要有6个方面的制度保障：

1. 集体林地林木承包经营制度

在坚持集体林地所有权不变的前提下，依法将林地承包经营权和林木所有权通过家庭承包方式落实到本集体经济组织的农户，确立农民作为林地承包经营权人的主体地位。对不宜实行家庭承包经营的林地，依法经本集体经济组织成员同意，可以通过均股、均利等其他方式落实产权。村集体经济组织可保留少量的集体林地，由本集体经济组织依法实行民主经营管理。林地的承包期为70年。承包期届满，由林地承包经营权人按照国家有关规定继续承包。

根据法律规定，农村集体经济组织实行家庭承包经营为基础、统分结合的双层经营体制。其中，农民集体所有的耕地、林地、草地以及其他用于农业的土地，依法实行土地承包经营制度。这次集体林权制度改革，包括林地和林木的改革，进一步丰富和完善了集体林地基本经营制度的内涵，主要体现以下4层含义：

（1）坚持集体林地所有权不变，本集体经济组织成员平等享有林地承包经营权和林木所有权，林地的承包期为70年。承包期届满，由林地承包经营权人按照国家有关规定继续承包，给予农民承包经营林地林木的“定心丸”。需要明确的是：林地承包期为70年，是指依法通过家庭承包方式取得的林地承包经营权期限，不包括集体流转和其他方式承包等方式取得的林地使用权期限。

（2）村集体经济组织可以保留少量的集体林地，由本集体经济组织依法实行统一管理，民主决定经营方式。根据法律规定，集体林地应当实行承包经营制度，但是，考虑到全国各地林业生产经营状况差异较大的情况，以及集体经济组织提供公共服务的需要，村集体经济组织可保留少量的集体林地。对于保留多少、“少量”是多少，大部分改革地区的做法是一般控制在10%以内。当然，能不保留的，尽量不要保留。

（3）实行集体林地承包经营制度，采取农村集体经济组织内部的家庭承包方式，不宜采取家庭承包经营的林地，可以采取招标、拍卖、公开协商等方式承包。

所谓家庭承包，是指以农村集体经济组织内部的每一农户作为承包人与集体经济组织建立承包关系，承包林地林木用于林业生产经营的方式。家庭全体成员享有平等的初始产权。因此，集体经济组织将林地林木发包给农产承包经营时，应当按照每户所有成员的人数来确定承包林地林木的份额，也就是通常所说的“按户承包，按人分地”，也叫“人人有份”。

所谓其他方式承包，是指不宜采取家庭承包经营方式的集体林地和林木，由集体经济组织通过招标、拍卖、公开协商等方式发包，与本集体经济组织的农户或集体经济组织以外的单位或个人建立承包关系，承包林地林木用于林业生产经营的方式。这些不宜实行家庭承包的荒山、荒沟、荒丘、荒滩等林地，经本集体经济组织成员的村民会议2/3以上成员或者2/3以上村民代表同意，由集体经济组织采取招标、拍卖、公开协商等方式发包。在同等条件下，本集体经济组织成员享有优先承包权。

（4）集体林木所有权随林地承包经营权转移，通过家庭承包方式落实到本集体经济组织的农户。这是林地承包经营制度改革与耕地承包经营制度改革的不同点，林地承包经营制度改革实行“树随地走”的政策，确保改革后农户能继续经营。

这次集体林权制度改革是在数次改革的背景下展开的，许多集体林权已经确定了经营主体，包括集体划定的自留山、集体确定的责任山、集体流转的经营山、集体划拨给国有森林经营单位的经营管理区，以及集体林地林木被占用等情况，需要区别对待、认真梳理，逐步解决存在的问题后，落实林地承包经营制度，确立农民经营主体地位。

对于问题要分类处理：一是自留山，由农户长期无偿使用，不得强行收回，不得随意调整。也就是按林业"三定"政策划定的自留山，要保持政策的连续性和稳定性，由农户长期无偿使用和经营。一些地方改革中把责任山转为自留山或者补划自留山，这种做法没有实质性的意义，因为自留山在林权抵押、林权流转时还会遇到法律障碍，权利受到限制。如《物权法》第184条规定，自留山是不能作为抵押的。二是已承包到户或流转的集体林地，符合法律规定、合同规范的，要予以维护；合同不规范的，要予以完善；不符合法律规定的，要依法纠正。这里"已承包到户或流转的集体林地"，包括集体流转（承包）到本集体经济组织的农户和本集体经济组织以外的单位或个人，也包括集体确定的农户责任山。这次改革前集体流转的林地，在一定程度上存在着流转期限过长、面积过大、租金过低等问题。中央《意见》提出的处理办法，充分体现了尊重历史的政策，通过完善合同可以处理好的，宜采取完善合同、继续经营的办法；对违反法律规定，大多数成员要求解除合同的，要依法纠正。按林业"三定"政策确定的责任山，属于均等方式分配的，可以确立林地承包经营权。三是"自然保护区、森林公园、风景名胜区、河道湖泊等管理机构和国有林（农）场、垦殖场等单位经营管理的集体林地、林木，要明晰权属关系，依法维护经营管理区的稳定和林权权利人的合法权益"。明确提出了集体林地、林木的权属关系要在这次改革中依法确立。在此基础上，逐步解决好经营管理区的稳定和林权权利人的合法权益问题。四是"对权属有争议的林地、林木，要依法调处，纠纷解决后再落实经营主体"。《意见》提出了妥善处理林权争议的方法，明确有权属争议的林地林木不得随意确定经营主体和发放《林权证》，必须先解决纠纷，后落实经营主体，防止强行占用林地林木，避免事态扩大和矛盾激化，影响林区稳定的局面。

2. 林权登记发证制度

《意见》指出，明确承包关系后，要依法进行实地勘界、登记，核发全国统一式样的林权证，做到林权登记内容齐全规范，数据准确无误，图、表、册一致，人、地、证相符。通过设立用益物权，确保农民拥有长期而稳定的林权。

林权实地勘界、登记工作量非常大，也是把好集体林权制度改革质量的关键环节。历次林权制度改革往往忽视了这一点，留下了有证无山、有山无证、山证不符、界线不清等许多隐患，给林区生产经营稳定造成很大的影响。因此，这次集体林权制度改革要派出熟悉农村工作的干部和专业技术人员深入到改革第一线，现场指导农民进行勘界确权，做到“四至”清楚，权属明确。确保林权权利人、林地与林权证记载相符，权源资料准确完整，避免发生林权纠纷。

林地承包经营权和林木所有权属于不动产物权，应当依照《物权法》和《森林法》的规定，进行林权登记并核发林权证，通过登记公示而发生法律效力，以对抗第三人，防止自己利益受到侵害。

3. 林业分类经营制度

实行商品林、公益林分类经营管理，依法把立地条件好、采伐和经营利用不会对生态平衡和生物多样性造成危害区域的森林、林木和林地，划定为商品林；把生态区位重要或生态状况脆弱区域的森林、林木和林地，划定为公益林。

对商品林，农民可依法自主决定经营方向和经营模式，生产的木材自主销售。这里体现了三项政策的放开：（1）只要不违背法律的禁止性规定，对其林地要种什么树种、什么时间种、培育目标是什么等经营方向可以自主决定。（2）只要不违背法律的禁止性规定，可以选择单独经营、合作经营、委托经营、租赁经营等经营模式，享有生产经营自主权。（3）木材作为商品，可以自主决定要不要卖、怎么卖、卖给谁。政策赋予承包经营人的生产经营自主权，发包人和其他任何第三人都无权进行干涉。

商品林经营涉及森林采伐限额制度，现阶段主要有两个观点。物权保障的观点认为，林业分类经营管理后，公益林可以依法限制采伐利用，商品林要取消采伐限额管理和行政许可制度，保障林木所有者的处置权，通过市场机制调动农民造林育林护林的积极性。同时，农民在改革后保护自有财产的意识普遍增强，不会发生大面积的森林采伐。资源保护的观点认为，取消采伐限额管理和行政许可制度，必然造成森林过量采伐，危及生态安全，目前取消森林采伐限额制度的条件尚不具备，并且森林限额采伐制度是《森林法》规定，取消森林限额采伐制度涉及法律问题。综合两个方面的观点，《意见》提出“编制森林经营方案，改革商品林采伐限额管理，实行林木采伐审批公示制度，简化审批程序，提供便捷服务”。如何解决好林木采伐自主权，即如何落实处置权，这是当前需要重点研究的问题。

对公益林，在不破坏生态功能的前提下，可依法合理利用林地资源，开发林下种养业，利用森林景观开发森林旅游业等。严格管理和保护公益林，是林业建设中需要长期坚持的一项基本政策。当前，公益林补偿标准低，在一定程度上损害了农民的利益。因此，需要从政策上进行适当调整，弥补公益林经营者的经济损失，在不降低生态效益补偿标准的情况下，允许依法合理利用林地资源，开发林下种植业和养殖业；允许利用森林景观，开发森林旅游业。同时设定了两个条件：一是不破坏生态功能，也就是不同类型的公益林区，其所发挥的生态功能不因经营活动而受到破坏；二是依法，也就是经营活动不得违背法律法规的规定。

公益林采伐受到严格限制，《意见》规定：“严格控制公益林采伐，依法进行抚育和更新性质的采伐，合理控制采伐方式和强度。”实行禁止性或控制性公益林采伐利用政策。

4. 权益保障制度

林地承包经营权人对其承包的林地、林木可依法开发利用，农户经营林地的收益，归农户所有。其主要包括以下三个方面：

（1）可以进行林权流转。在不改变林地用途的前提下，林地承包经营权人可依法对拥有的林地承包经营权和林木所有权进行转包、出租、转让、入股、抵押或作为出资、合作条件。在依法、自愿、有偿的前提下，林地承包经营权人可依法采取多种方式流转林地承包经营权和林木所有权。流转期限不得超过承包期的剩余期限，流转后不得改变林地用途。集体统一经营管理的林地经营权和林木所有权的流转，要在本集体经济组织内提前公示，依法经本集体经济组织成员同意，收益应纳入农村集体财务管理，用于本集体经济组织内部成员分配和公益事业。

（2）征收集体所有的林地，要依法足额支付林地补偿费、安置补助费、地上附着物和林木的补偿费等费用，安排被征林地农民的社会保障费用。家庭承包经营的林地被依法征收的，承包经营权人有权依法获得相应的补偿。林地补偿费是给予林地所有人和林地承包经营权人的投入及造成损失的补偿，应当归林地所有人和林地承包经营权人所有。安置补助费用于被征林地的承包经营权人的生活安置，对林地承包经营权人自谋职业或自行安置的，应当归林地承包经营权人所有。地上附着物和林木的补偿费归地上附着物和林木的所有人所有。

（3）经政府划定的公益林，已承包到农户的，森林生态效益补偿要落实到户；未承包到农户的，要确定管护主体，明确管护责任，森林生态效益补偿要落实到本集体经济组织的农户。对集体林地被划入公益林范围的，无论是否承包到户，特别强调补偿资金要落实到农户，进一步从政策上维护农民的利益。

5. 公共财政支持集体林业发展制度

公共财政支撑制度包括以下几个方面：

（1）各级政府要建立和完善森林生态效益补偿基金制度，按照“谁开发谁保护、谁受益谁补偿”的原则，多渠道筹集公益林补偿基金，逐步提高中央和地方财政对森林生态效益的补偿标准。

（2）建立造林、抚育、保护、管理投入补贴制度，对森林防火、病虫害防治、林木良种、沼气建设给予补贴，对森林抚育、木本粮油、生物质能源林、珍贵树种及大径材培育给予扶持。

（3）改革育林基金管理办法，逐步降低育林基金征收比例，规范用途，各级政府要将林业部门行政事业经费纳入财政预算。

（4）森林防火、病虫害防治以及林业行政执法体系等方面的基础设施建设要纳入各级政府基本建设规划，林区的交通、供水、供电、通讯等基础设施建设要依法纳入相关行业的发展规划，特别是要加大对偏远山区、沙区和少数民族地区林业基础设施的投入。

（5）集体林权制度改革工作经费，主要由地方财政承担，中央财政给予适当补助。对财政困难县乡，中央和省级财政要加大转移支付力度。中央财政将按照1元/亩的标准，全国安排25.48亿元林改工作经费补助，以支持各地开展集体林权制度改革工作。

（6）加大林业信贷投放，完善林业贷款财政贴息政策，大力发展对林业的小额贷款。

6. 林业社会化服务制度

林业社会化服务制度包括以下几个方面：

（1）建立健全产权交易平台，加强流转管理，依法规范流转，保障公平交易，防止农民失山失地。

（2）引导和规范森林资源资产评估中介服务健康发展。加强森林资源资产评估管理，加快建立森林资源资产评估师制度和评估制度，规范评估行为，维护交易各方合法权益。

（3）扶持发展林农专业合作组织，培育一批辐射面广、带动力强的龙头企业，促进林业规模化、标准化、集约化经营。特别是重点扶持农民林业专业合作社的发展。

（4）发展林业专业协会，充分发挥政策咨询、信息服务、科技推广、行业自律等作用。

（5）加快建立政策性森林保险制度，提高农户抵御自然灾害的能力。

四、改革成果的评价

按照2008年中共中央、国务院《关于推进集体林权制度改革的意见》，集体林权制度改革的目标在于4个方面，即资源增长、农民增收、生态良好、林区和谐，这也是检验集体林权制度改革成败的标准。通过近几年的集体林权制度改革实践，改革成效开始显现：

一是森林资源持续增长。林地承包到户后，农民真正成为山林的主人，山林成为农民的宝贵资产，原来的集体林由“我们的”变成了“我的”，极大地激发了农民的生产积极性。造林面积大幅度增加。据全国绿化委员会办公室调度统计，截至2010年3月底，全国已完成整地118万多hm^2，培育苗木46亿多株，完成造林151万多hm^2。重庆市2009年造林798万亩，超过了过去10年造林面积的总和。福建、广西、江西等省（自治区）去年造林均创历史新高。森林质量也明显提升。辽宁省2009年造林447万亩，个人造林占80%以上，成活率达到90%以上。林地的发展潜力和产出效益开始显现。据相关资料统计，全国林地直接产出率已由2003年的每亩84元提高到现在的每亩155元。较早开展改革的福建省和江西省，林改以来，每公顷森林蓄积量分别增加了6.9m^3和6.8m^3。森林资源得到了有效的保护。林改后并没有出现过去担心的乱砍滥伐，反而出现了全家护林、合作护林、精心护林的可喜局面。广大农民像爱护自己的眼睛一样保护树木，像抚养孩子一样精心培育树木，出现了全家护林、合作护林、精心护林的可喜现象。农民群众每天进山经营和巡护，有的还搭了护林棚晚上守护，有的装了电子眼24小时监控。2009年，全国森林火灾发生起数和受灾面积比2008年分别下降了38.4%和18.4%，受理森林案件数量下降了23.1%。

二是农民的就业收入明显增加。林改后，林业产业发展步伐大大加快，2009年全国林业产值达到1.75万亿元，在2008年高位增长的基础上又增长21.43%，带动了农民就业增收。农民在自己的林地上精心经营，发展用材林，种植油茶、核桃、板栗、红枣、枸杞、橡胶、松脂林等经济林，培育人参、香菇、木耳等生物药材、生态食品，放养鸡鸭、林蛙等，开拓林下生态养殖业，发展森林旅游等林业产业，收入明显增加。据统计，2009 年全国 27 个省（区、市）1818 个林改县，农民人均收入 4961 元，其中来自林业的收入 643 元。浙江山区林改县农民来自林业的收入达到 3584 元，占总收入的 55%。2009 年，山西“林改第一县”祁县群众共出售苗木 3000 万株左右，实现销售收入 2.1 亿元，仅此一项，人均收入就达 1000 余元。辽宁省林改后从事林业产业的人数已达 1205 多万人，是林改前的 2.3 倍。

三是资金等生产要素加快向林业流动。随着林改的深入推进，林业成为新的投资热点，社会资金开始迅速流向林业。重庆市 2009 年全市林业投资达到 178 亿元，为过去 10 年总投入的 2.6 倍。2009 年，广西林业部门与金融机构签订协议，林业贷款授信额度达到 1050 亿元。近年来，浙江、山东省全社会投入林业的资金均达到 600 多亿元。福建省南平市近年来民间林业投资达到 80 亿元，占全社会总投资的 96.4%。辽宁省本溪市以森林资源为依托的五大林业产业成为社会投资的新热点，正在逐步更替原来的钢铁、煤炭和水泥三大传统产业，为实现发展方式转变，推动区域科学发展奠定了基础。

四是林权纠纷调处效果明显，促进了社会和谐。长期以来，多次林权变动导致的林权纠纷，成为一些地方影响农村社会和谐的因素之一。林改后，许多地方的林权纠纷得到了化解。据统计，林改过程中，累计调处林权纠纷 67.6 万起，调处率为 85%，调处争议面积 3944 万亩，调处率为 81%，解决了大量历史遗留问题，消除了不稳定因素。海南省海口市甲子镇加朝、旧州镇美本两村通过 24 次村民会议协商，解决了两村 30 多年的林权纠纷，多次发生的械斗事件再也不会发生了。改革后，农民专注于山林经营，学科技、搞经营、跑市场，农村各种社会矛盾大量减少，许多“贫困村”变成了富裕村，一些“上访村”变成了“稳定村”。

集体林权制度改革涉及面广、情况复杂、任务艰巨，在改革执行过程中不可避免地会出现一些问题，例如：林改宣传工作还不到位，一些农民不了解林改的政策、办法、措施等，甚至有的还不知道要进行林权制度改革；有农民认为林权下放到户后，国家不让随便采伐林木，而现行的林木采伐审批手续复杂，采伐指标统得过死，加之国家公益林补偿标准又太低，因此生产积极性不高；还有农民认为，林权到产后，森林防火和林木病虫害防治工作，投资多、任务重、责任大，存在畏难情绪；有的地方林权证发放工作不彻底，林权不清纠纷多，村民心存疑虑，积极性不高；个别地方对历史遗留问题处理不够得力，发证率不高，林改工作难度大；林改过后，有些地方基层林业资源管理工作不到位，防火、防虫、防盗“三防”力度跟不上，造林质量下降，林业产业发展滞后，林业科技推广不广泛；还有一些村干部过多地考虑任期内可支配的财力，一卖了之，忽视村民利益，出现大面积的林子拍卖集中到少数人手中，而一些需要生产资料的村民却因资金等原因而无法得到，违背了集体林权制度改革的初衷；等等。这些问题的解决有赖于进一步深化集体林权制度改革，通过持续改革和发展来化解改革带来的问题。

第三节　国有林场和国有林区林权制度改革

我国林权制度改革大致来讲分为三步：第一步是集体林权制度改革，第二步是国有林场制度改革，第三步是国有林区林权制度改革。如果说集体林权制度改革是农村家庭承包责任制从耕地向林地延伸的话，那么国有林场改革和国有林区林权制度改革则是国企改革向林业领域的延伸。

一、国有林场改革

新中国成立初期，国家为加快森林资源培育，保护和改善生态，在重点生态脆弱地区和大面积集中连片的国有荒山荒地上，采取国家投资的方式建立起来了专门从事营林造林和森林管护的林业事业单位，至2007年，我国国有林场总数达4507个，分布于31个省（自治区、直辖市）的1600多个县（市、旗、区）。拥有职工总数66万人，其中在职职工47万人，离退休职工19万人。经营总面积9.3亿亩，其中林业用地面积7.5亿亩，森林面积6亿亩，森林蓄积量22亿m^3，分别约占全国林业用地面积、森林面积和森林蓄积量的18%，23%和17%。

国有林场在我国林业建设和发展中发挥了巨大的作用，不仅培育了大量的森林资源，为国家和社会提供了大量的木材，也为我国生态安全起到了重要的屏障作用。但是随着时间的推移，国有林场出现了很多困难和问题，急需进行全面改革。

（一）国有林场改革历程

改革开放以来，国有林场的改革经历过三个阶段：

第一阶段：20世纪80年代中期至90年代初期。改革主要围绕国有林场内部经营管理展开。其主要内容包括：全面推行场长负责制，确立场长在生产、经营、管理中的中心地位，以实现责任和权利的统一；建立多种形式的承包责任制，使责、权、利有机结合起来，调动广大职工的积极性；缩小经济核算单位，推行一级管理两级核算或两级管理三级核算，以提高经济效益。在此期间，国家提出了国有林场实行“以林为主，多种经营，综合利用，以短养长”的办场方针，许多林场利用自身资源优势，广开生产门路，兴办多种产业，改变了长期以来主要是单一营林生产的格局。由于当时处于物资短缺时期，国有林场通过开展多种经营生产的各类初级产品不愁没有市场，取得了较好的经济效益，林场收入增加，经济实力增强。

第二阶段：20 世纪 90 年代初期至 90 年代后期。这一阶段改革主要围绕强化内部管理，转换经营机制，适应市场经济体制要求展开。改革的重点内容包括：（1）推行人事、劳动、分配三项制度改革。在人事制度上，打破干部与工人的界限，推行干部聘任制；在劳动制度上，推行全员劳动合同制；在分配制度上，实行按劳分配为主，推行多种形式的分配方式，按照效率优先、兼顾公平原则，根据岗位技能和实际劳动贡献确定职工的收入。（2）强化内部管理；转换经营机制。按照“精简、效能”的原则，合理设置内部管理机构，压缩非生产人员，充实生产第一线，建立和完善了各种岗位责任制、生产责任制和经济责任制，从生产经营的各个环节入手，规范内部管理，形成了有效的竞争机制、激励机制和约束机制，提高管理水平和管理效益。（3）大力提倡发展职工家庭自营经济。林场创造条件并提供优惠政策，允许并鼓励职工发展种植、养殖和小型加工项目，增加职工收入。通过改革，国有林场的内部管理得到加强，经济机制得到改善。但是随着市场竞争的日益激烈，国有林场生产经营的初级产品的市场竞争力下降，经济效益下滑，林场经济危困局面开始显现。1997 年，全国国有林场出现全行业亏损。为此，中央财政从 1998 年开始安排国有林场扶贫专项资金，帮助国有林场解决面临的经济困难。

第三阶段：20 世纪 90 年代后期至今。这一阶段的改革，主要围绕国有林场如何摆脱困难，建立健康发展的长效机制。随着国家经济社会的快速发展和综合实力的增强，人民的物质生活水平不断提高，精神文化需求日益增加，人们对林业的需求从木材转向了生态产品。国家对林业的指导思想进行了及时调整，提出了以生态建设为主的林业发展战略，林业工作的重点从以木材生产为主转向了以生态建设为主。在这一背景下，国家自 1998 年起，开始实施了天然林保护工程、退耕还林工程等重点生态工程，在加大对林业投入的同时，调减木材产量，特别是地处长江上游、黄河中上游的地区实行了禁伐。国有林场以木材收入为主要经济来源受极大影响，国有林场的经济危困加剧，进入了多年的全行业亏损。国有林场面临的困局，引起了社会的广泛关注。2003 年，国家林业局会同中央机构编制委员会、发展和改革委员会、民政部、财政部、人事部、劳动保障部等 6 部委起草了《关于加快国有林场改革与发展的实施意见》，经过 4 年的修订，2007 年呈报国务院，并开始在 7 个省（自治区、直辖市）进行试点。

（二）国有林场目前存在的问题

1. 定位不清楚，体制不通顺

我国国有林场长期以来实行事业单位企业管理的模式，林场职工身份既不是国家产业工人，又不是国家事业单位员工，也不是农民或农民工。这种“不事、不企、不工、不农”的模糊定位，导致国有林场被边缘化，成为国家扶持和发展政策的“盲区”：在管理上，国有林场为事业单位，但是得不到政府财政预算拨款；在经营上，国有林场按企业化操作，但又受限额采伐、公益林禁伐制度限制而无经营自主权；林场职工拥有城镇户口，生活却远离城市，无法享受城镇居民应享受的各项待遇，职工进不了城镇职工医疗保险行列，下岗职工也难以享受城市职工最低生活保障；国有林场地处农村，但其国有性质又限制其享受到国家对农业的诸如村村通、农村电网改造、人畜饮水项目等扶持政策。

2. 经营模式单一，经营机制不活

在改革开放特别面对市场经济的冲击过程中，我国国有林场也进行了产业结构的调整，兴办了一些第二、第三产业，但总体上没有按照市场经济规律运行，导致林场第二、第三产业项目成功的不多，国有林场经营项目仍然以第一产业为主。在经营机制上，国有林场虽然也进行过创新的尝试和努力，但由于受到各种因素和自身条件影响，也未能建立健康、灵活的经营机制。

3. 债务缠身，包袱过重

长期以来，国有林场造林育林、发展多种经营得不到国家投入或者投入不足，一般采取向银行贷款的方式来筹措资金。但由于林业生产及林木生长周期长，同时受可采森林资源下降、森林限额采伐制度等因素影响，经营效率一直不高，因而造成了林场度日艰难、还债困难的两难境地。20 世纪 90 年代后期，国家又实行了天然林禁伐政策，许多林场的木材产量锐减，经营状况更为糟糕，陷入了债务缠身的困境。另外，由于我国国有林场大多建在偏远的荒山荒地之上，林场的生产建设、后勤服务、学校教育、医疗卫生、职工养老等均需自己解决，因而林场的发展背负着沉重的社会负担，在经营困难、债务缠身的局面下，这种负担日益成为国有林场发展越来越重的包袱。

4. 基础设置落后，职工生活困难

我国国有林场大都始建于20世纪五六年代，时至今日普遍存在交通不便、信息闭塞，林区道路、供电、通讯、生活用水设置落后等困难。许多营林区“上山没路、进屋没电、做饭没水”，除场部外，大部分护林点不通电话，许多林场没有专用车辆，生产、防火只能借车、租车。据不完全统计，国有林场场部不通公路的486个，不通电的170个，不通电话的575个，存在饮水安全和吃水困难的1575个，涉及210万人；在19055个工区中，不通公路的6606个，不通电的6474个，不通电话的10150个，吃水困难的9384个；7117个护林站不通公路，6773个护林站不通电，1.2万个护林站不通电话，7906个护林站吃水困难。

（三）国有林场改革思路和措施

2007年，《关于加快国有林场改革与发展的实施意见》上呈国务院后，国家层面的国有林场改革思路和措施正在形成。综合一些试点省（自治区、直辖市）的改革思路和措施，主要有以下几个方面：

1. 改革思路

（1）进一步明确国有林场的发展方向和目标。国家设立国有林场的目的是大力造林、育林，加快森林资源培育，以保护和经营管理森林资源为根本任务。在全面实施以生态建设为主的林业发展战略，大力推进现代林业建设的新时期，必须对国有林场发展方向和目标进行重新定位，也就是要集中精力把培育扩大森林资源作为根本任务。要采取多种方式加快造林绿化进程，加强森林资源保护，强化经营措施，不断提高森林资源质量。

（2）改革管理体制，完善相关配套政策。国有林场实行的是事业单位、企业化管理、自收自支的管理体制，不符合新时期林业发展的要求，必须从根本上进行改革。按照森林分类经营的原则，把国有林场承担的社会公益事业和以获取经济效益为目的的商品经营性活动相对分离开来，使以承担生态公益事业为主要任务的国有林场纳入政府管理体系，所需投入主要由政府财政负责，使以商品经营性活动为主要任务的国有林场及场办经营性项目，按照市场经济的要求进行运作，给予更灵活的政策，让其在市场竞争中求得更好的发展。

（3）建立符合市场经济要求和国有林场特点的运行机制。要彻底改变国有林场管理机构庞大、供养固定职工多、管理成本高、经济负担沉重的现状，变国家出钱养人为国家出钱办事，生态公益性林场要按照所承担的任务和管理的难易程度，合理核定事业编制。用人上全面推行聘用制和岗位责任制，林业生产性活动通过多种形式由社会力量来完成，商品经营性活动面向市场经营。

2. 主要改革措施

（1）实行林业分类经营，改变国有林场管理体制。按照公益林和商品林的要求，界定两类林场。将生态区位重要、以保护和培育森林资源为主要任务，主要发挥生态效益，为国家和社会提供生态产品的林场界定为生态公益性林场，按公益事业单位管理；将自然条件好、以商品林和其他产业经营为主要任务，主要发挥经济效益，为国家和社会提供物质产品的林场界定为商品经营性林场，逐步推行企业化管理，自主经营，自负盈亏，实行灵活多样的经营形式。

（2）推进林权制度改革，促进森林资源资产有效流转。对国有林场进行全面清产核资，明晰产权，由各级林业主管部门行使国有资产收益权和处置权，并对国有林场国有资产的保值增值负责。在明晰产权的前提下，鼓励国有林场以森林资源为资本控股或参股组建股份制企业；鼓励林场职工承包管护森林和开发林地，兴办家庭林场；鼓励国有林场及其职工与乡村、林农通过联营等形式，组建股份制合作林场；鼓励非公有制经济组织采取承包、租赁等多种形式在国有林场搞经营开发。国有林场可将零星分散、不便管护的山头地块，采取承包、租赁、转让、拍卖、协商、划拨等形式进行流转，让其发挥更大效益。

（3）加强基础设施建设，改善职工生产生活条件。按照国有林场事权划分的政策规定，把国有林场基础设施建设列入各级政府国民经济和社会发展规划及财政预算，加大投入，加强管理。农业综合开发、农林科技、生态建设及林业重点工程建设等项目要尽量将国有林场纳入项目实施区域，统一规划，重点安排。将林区公路纳入全县交通建设的总体规划及“村村通”工程；将国有林区饮水纳入农村人畜饮水解困工程；将国有林区电网改造纳入农网改造范围，享受相关政策优惠，充分保障国有林场公路、饮水、电力、电话、电视等“五通”。

（4）加快森林资源培育，促进林业产业开发。国有林场一方面要推进退耕还林、天然林保护等林业重点工程建设，加快森林资源的培育和发展，增加森林资源总量，大力实施低效林改造、中幼林抚育和封山育林工程，合理调整林种、树种结构，加大野生动植物及珍稀古危树种的保护力度，不断优化林分结构，改善林木生长环境，提高林分质量，培育健康森林。另一方面，国有林场也要注重整合资源，发挥优势，积极发展花卉苗木、森林旅游、动物养殖和山野食品、珍贵药材，培育国有林场新的经济增长点，增强发展后劲。积极鼓励林场职工承包、租赁、购买集体荒山造林，发展用材林、经济林、苗木、花卉、养殖、旅游服务、小型加工等项目。

二、国有林区林权制度改革

国有林区在我国国民经济发展中占有重要地位。国有林区主要分布在东北、西北和西南的主要省（自治区、直辖市），是东北平原、华北平原、长江中下游平原等重要商品粮基地和重要工业基地，以及三峡等重大水利工程和水利设施的天然屏障，在涵养水源、保持水土、维护国家生态安全方面具有巨大的作用。国有林区也是我国最大的木材供应基地和森林资源战略储备基地。新中国成立以来，国有林区为国家建设提供了的一半以上的木材，目前全国森林蓄积量的 39.6% 依然集中于国有林区，天然林蓄积量更是高达 54.6%。国有林区也是我国最重要的生物多样性宝库，全国约有 3 万种野生植物、2340 种陆栖脊椎动物分布在国有林区。国有林区还多是少数民族聚居地，其发展直接关系到少数民族地区的繁荣、发展和稳定。长期以来，由于国家社会经济发展的需要，国有林区一直奉行以木材生产为中心的经营方针，对森林资源造成极大的消耗和破坏。从 20 世纪 80 年代中期开始，国有林区陷入资源危机。经济危困的“两危”境地。1998 年，天然林保护工程启动，国有天然林区虽然得到了国家的部分政策支持，一些林区也做过一些改革探索，但是国有林区的困局没有实质性改变。

（一）国有林区的“三林”问题

我国国有林区存在着森林资源枯竭、林区经济危机、林工生活困难的“三林”问题。

1. 森林资源枯竭

我国国有林森林资源存在可采资源枯竭与林木蓄积总量的锐减、成过熟林比重过低、林分质量差等问题。当前东北、内蒙古国有林区用材林可采资源仅剩 1.9 亿 m^3。每年木材产量中，70% 左右是中、幼龄林。按森林可持续经营要求，东北、内蒙古重点国有林区合理年采伐消耗量应为 998.2 万 m^3，而目前实际采伐消耗量却为 3231.1 万 m^3，是合理采伐量的 3.24 倍。黑龙江省伊春市素有“祖国林都”“红松故乡”的称号，为了支援国家建设，从 1948 年开始起进行大规模的森林开采，累计生产木材 2.4 亿多 m^3，导致森林蓄积量由开发初期的 4.28 亿 m^3 下降到 2.1 亿 m^3，下降了 51%；可采成熟林蓄积量更由开发初的 3.2 亿 m^3 下降到了 610 万 m^3，下降了 98%。伊春是我国国有林区森林资源枯竭的一个缩影。

2. 林区经济危机

我国国有林区产业发展仍处于较低层次，没有形成支柱性的后续产业。林区“大木头经济”的传统生产格局仍未打破，支撑林区经济的主要还是木材收入。2006 年，全国国有森工企业总销售利润为 51.9 亿元，其中来自木材的有 40.37 亿元，占到了全部利润的 77.8%。此外，林业发展背负着沉重的社会负担。仅东北、内蒙古四大森工企业，每年支付的社会费用就高达 30.04 亿元，其中企业承担 13.88 亿元，占到近 47%，而其中的大兴安岭林区企业承担的社会性支出更是高达 67.6%。社会负担几乎吃掉了企业的全部利润，削弱了企业的竞争力和扩大再生产能力。

3. 林工生活困难

国有林区公路、住房、电力、饮水等基础设施建设严重滞后，在国家对城市、农村基础设施建设投入不断加大的情况下，国有林区由于非城非乡、非工非农的特点，享受不到国家政策支持，与其他地区差距越拉越大。据统计，2006 年东北、内蒙古国有森工企业在岗职工年平均工资只有 5238 元，仅为全国国有单位职工平均水平的 27%。许多一线林场职工收入不及城市低保，相当一部分低于当地农民。林区职工形象地比喻自己处于增收难、就业难、住房难、看病难、子女上学难、吃水难、行路难、用电难、找对象难、养老难的“十难”困境。

(二) 伊春国有林区林权制度改革的实践

伊春因林而建，因林而兴，也因林而困。伊春是我国东北、内蒙古开发最早的林区，由于历史上过度开采，所属 16 个林业局有 12 个无成熟林可采，另外 4 个严重过伐。林区始终面临着“资源危机、经济危困”的局面，体制性、结构性矛盾突出，各种社会负担沉重，严重制约了伊春林业的可持续发展。2006 年，伊春林业职工平均月工资仅为 310 元，很多职工生活处于贫困线以下，一些林场（所）行路难、上学难、就医难、就业难等问题不同程度地存在。伊春林区的现状在我国东北、内蒙古重点国有林区具有一定的典型性和代表性，在伊春进行林权制度改革试点，具特殊的意义。

历史上，伊春也曾做过一些改革。早在 1968 年，针对林区农场耕地的扩张，伊春林管局就尝试过解散经营农场，鼓励自费造林。1979 年，伊春再次尝试职工个人承包造林。但这两次的个人造林计划都因为林管局无法给予造林职工劳动补偿而最终夭折。1983 年，最早陷入困境的伊春桃山林业局上呼兰经营所开始实施职工承包林地的管护和搞林下经营，取得了一些成果。但是，由于缺少改革依据，国家的补偿又不到位，因而这一改革在施行两年后无疾而终。2003年，中央作出《关于加快林业发展的决定》后，国有林区林权制度改革成为人们议论的话题，伊春再次面临千载难逢的机遇。2004年4月，伊春被国家林业局确定为全国唯一的国有林区林权制度改革试点单位。2006年1月，国务院原则通过了伊春的林权制度改革试点方案。2006年4月29日，伊春市敲响了国有林权改革试点的林地拍卖槌声，拉开了中国国有林区林权制度改革的序幕。

1. 伊春试点的目标、原则和任务

伊春国有林区改革试点的目标是推进森林资源经营机制转换，提高林地的生产力，提高森林资源的集约经营水平，实现森林资源可持续经营，建立森林资源统分结合的经营管理新机制，以林权制度改革为带动，推进国有林区的全面改革，为实现经济发展、生态良好、人民安居乐业的社会主义新林区目标奠定坚实的基础。

为了确保试点改革积极、稳妥推进，伊春市提出了改革必须坚持的5项原则，即稳定压倒一切的原则，确保生态优先、森林不能逆转的原则，改革收益资金不能流失、国有森林资产保值增值的原则，坚持公开、公平、公正的原则，坚持积极有序、配套推进的原则。

通过试点，需完成的主要任务有：建立国有森林资源经营管理的新模式；建立国有森林资源承包经营的新机制；建立国有森林资源资产评估体系和管理办法；积极发展社会中介组织，完善社会服务体系。

2. 伊春试点的范围、内容和实施方式

伊春国有林区改革试点选取了具有代表性的5个国有林业局中的15个林场（所）为范围，试点规模仅限于商品林地，面积为8万hm^2，公益林地不纳入试点范围；承包经营林地的对象是试点林业局的林业在册职工，伊春林业管理局及试点林业局机关干部和离退休职工，暂不参加林地的承包经营。在伊春试点期间，东北、内蒙古的其他重点国有林区一律不开展此项工作。

试点的主要内容是：对浅山区林农交错、相对分散、零星分布、易于分户经营的部分国有商品林，由林业职工家庭承包经营；对大面积、集中连片的公益林和商品林，由伊春林业管理局依法加强经营管理。具体实施方式是按一沟一系一坡的自然界限，并结合森林经营区划，按每户5～10hm^2的规模，实行林地承包经营，承包人获得国有林地经营权、国有林木所有权和处置权。林地承包经营期限不超过50年，期间内允许转让、继承和变卖。

3. 伊春试点改革的初步效果

2006年12月，伊春8万hm^2的试点林全部完成承包任务。几年来，伊春试点改革取得了初步成效。

（1）经济效益方面。国家通过林地林木的承包和转让，获得大量改革收益；林业职工通过对森林资源的立体综合经营、发展林下经济和家庭经济，取得了长久稳定收益，等于每一家都开办了一个“绿色银行”。据初步综合测算，按现行的木材市场价格，如果流转 8 万 hm^2 现有林，30 年后约可收益 72 亿元；如果发展 60 万 hm^2 民有林，30 年后约可收益 540 亿元，并且国家和企业可节约育林投入 10 亿元（现行营造林成本每公顷 1650 元）。这将有力缓解森工企业危困局面，提高职工现实收入，为新林区建设提供物质保障和财力支撑。

（2）生态效益方面。通过把森林资源交给林业职工分户承包经营，可以有效地解决防火、护林、造林等一系列问题，森林的恢复发展速度必然加快，林分质量必将大幅度提高，森林生态系统的整体功能必将进一步增强，森林涵养水源、保持水土、防风固沙的作用也将得到加强。这不仅对于恢复和改善小兴安岭的生态环境能起到决定性作用，而且对于保障松嫩平原和三江平原两大“粮仓”的安全，对于维持黑龙江和松花江两大水系及其流域的生态平衡，对于保障国家生态安全都将发挥重要作用。

（3）社会效益方面。大力发展民有林，随着民间资本的大量进入，必然带来营林产业的加快发展和就业岗位的大量增加。实施“三林”流转以可流转的资源抵顶工资和其他职工欠款，不仅可以使拖欠职工工资及医药费等历史遗留问题得以逐步解决，有效地减轻森工企业包袱，而且把林业职工转变成投资者，既扩大了就业渠道，缓解社会就业和职工下岗再就业的压力，又大幅度增加林业职工收入，还可以有效解决社会稳定等问题。这对于林业职工奔小康，对于林区和谐社会的构建，具有重大的现实和历史意义。

4. 伊春试点改革过程中存在的问题

伊春试点改革也存在一些争议。伊春试点改革最需要解决的是国有林区政企合一、企事合一的体制弊端，解决企业既管资源又管采伐、责权利不分的弊端。但试点经验表明，林权制度改革后，承包职工是通过发展林下经济和家庭经济，即通过养殖木耳、香菇、药材种植和狐、鹿、林蛙、野猪等发家致富的。有人认为，这种致富的方式是“离林致富”，与林改的初衷有较大的距离。此外，在林改过程中，也存在其他一些问题，如林业职工承包林地需要缴纳林地使用费，而林地使用费总额有的甚至比林木流转的金额还要高。由于林业生产周期长，收益见效慢，因而这种高额的使用费严重挫伤了林业职工的承包积极性。

5. 国有林区改革的新思路

经过5年的改革试点，2011年7月，我国国有林区终于明确了“两减少、两剥离、一确立”改革思路，即减少森林资源采伐，减少和分流富余人员，剥离森工企业社会职能，剥离森工企业木材加工等第二产业，确立林管局管理经营森林资源的主体地位，加快建立政企分开、企事分开、责权利相统一的国有林管理新体制。我国国有林区全面改革即将由试点进入全面实施阶段。

第四章　当代中国森林的培育、保护和利用

第一节　森林培育

一、种子生产与苗木培育

林木种苗是林业发展的基础，是林业生态建设和产业发展的最基本的生产资料。优质的种苗是实现较为发达的林业生态体系和较为完备的林业产业体系，保障林业可持续发展，建设生态文明社会的重要保证。新中国成立以来，我国林木种苗生产事业大致经历了初步发展、大规模种苗基地建设、种苗管理体制改革、种苗生产法制化管理和工程化建设等4个阶段。

（一）1949～1978年：林木种苗事业初步发展阶段

新中国成立初期，我国林木种苗事业主要是发动群众自己采种和育苗。1953年7月，政务院发布《发布群众开展造林、育林、护林工作的指示》，要求“群众造林所需苗木，主要依靠发动各村、各户、各互助组、合作社自己采种、育苗来解决”。1959年12月，全国林业厅（局）长会议提出林业建设“基地化、林场化、丰产化”方针后，林木种苗事业逐步摆脱“有种就采，有苗就栽”的粗放局面，开始摸索科学采用和育苗。

（1）种子生产方面。早在1956年7月，林业部在召开第一次全国林木种子工作会议上提出“自用自采积极支援缺种地区”方针的同时，也开始提出了要建立种子基地等种子生产经营措施。20世纪60年代初，全国各地相继开

展了种源调查、种子基地规划、种子检验等工作，采取了合理解决采种报酬、议购议销、奖售等经济政策以发展种子生产，同时国家还有计划地收购种子来调剂余缺。1964 年 6 月，中国林学会召开了林木良种选育学术会议后，我国有关科研单位开始了杉木、油松、马尾松、油茶、落叶松等树种优树选择和建立种子园试点，至 1965 年，福建、湖南、黑龙江等省已建立实验性的初级种子园 200 多亩。1965 年，林业部成立了林木种子公司，大部分省（自治区、直辖市）也相继成立了种子（苗）机构，国家也逐步形成和制定了保护种源、种子检验、调拨等一系列较为成熟的制度。当时，全国林木种子年采收量达 2500 余万 kg，种子质量也较为提高，基本能够满足造林需要。

（2）苗木培育方面。1950 年 5 月，政务院发布《关于全国林业工作指示》，要求“各县应保留一定数量之土地，准备经营苗圃”。据此，全国各地恢复了大部分旧有苗圃，同时也新建了一批国营苗圃。1955 年 9 月，林业部召开全国种苗工作座谈会，提出“当前育苗工作要以提高单位面积产量、保证质量为中心，加强国营苗圃的经营管理，依靠农业生产合作社积极开展合作社的自育、自造”，并强调在全国贯彻推行群众“自采种、自育苗、自造林”的“三自”方针。为了鼓励群众育苗，1956 年 4 月；林业部、财政部联合颁发《关于农业生产合作社培育树苗收入免纳农业税的规定》，指出对种苗特别困难地区由国家适当资助，对某些缺少的树种采取贷种、贷苗、贷苗奖励或有价供应等办法来实现各地互通有无。1959 年全国林业厅（局）长会议后，全国队社林场纷纷由互助组、合作社育苗组过渡到生产队、组育苗和社队林场育苗，并逐步发展成为县（旗）、公社、大队、生产队四级育苗，同时坚持就地造林、就地育苗的原则。国营苗圃的发展方向则是以巩固、提高为主，适当发展，主要任务是供应国营造林用苗，城镇、“四旁”绿化用大苗和资助一部分群众造林用苗，对群众育苗进行示范和技术指导。

“文革”十年期间，我国林木种苗事业受到极大摧残，种子管理机构被撤销，多数地区的种苗工作处于停滞状态。队社育苗流于形式，国营苗圃约 1/3 被撤销或转向，成为机关、部队的果园或副食生产基地；继续经营的国营苗圃生产管理也极混乱，一半以上经营亏损。

（二）1978～1989 年：林木种苗生产大规模建设阶段

1978 年 11 月，国家林业总局召开了林木种子工作会议。会议制定了《林木种子发展规划》，提出“实现林木种子生产专业化、质量标准化、造林良种化”的目标，并决定恢复和健全各级林木种子机构，建设一批种子生产基地和建立良种繁育体系。1979 年，国务院批准林业部恢复组建了中国林木种子公司，全国各地也相继恢复种子（苗）机构。同年，国家将林木种子生产建设纳入基本建设计划，实行专项投资。根据1980年、1981年中共中央、国务院《关于大力开展植树造林的指示》《关于保护森林发展林业若干问题的决议》等文件中“一定要按照造林计划，选育良种，培育壮苗。要建立布局合理的种子生产基地，努力实现种子生产专业化、质量标准化、造林良种化……国营苗圃要繁殖、推广优良树种，直到队社育苗”和“建立林木种子公司和种子管理制度，抓紧良种基地和苗圃建设，培育良种壮苗”的精神和要求，1982年、1983年，林业部相继召开林木种子会议，制定了《全国林木种子生产基地建设规划》和《依靠技术进步发展林木种子生产的意见》，明确了到20世纪末林木种子生产发展方向，并调整了种子生产基地布局和生产任务，有计划地建立种苗生产基地，全面发展种苗生产事业。从此，我国林木种苗生产进入大规模建设阶段。

（1）林木种子基地方面。林木种子基地包括采种基地和良种基地。20世纪60年代初期，我国就已经初步建立了一批落叶松、杉木、紫穗槐等树种的采种基地，但发展缓慢。1982年，林业部《全国林木种子生产基地建设规划》将采种基地纳入国家建设项目之后，采种基地开始迅速发展起来。良种基地大多设在国营林场内，少部分单独设立，实行科研与生产相结合，包括母树林、种子园、采穗圃及无性系繁殖圃、试验示范林等。1989年年底，全国共建有采种基地120处（其中部、省合建35处），良种基地608处，面积4.8万多hm^2（其中部、省合建良种基地160处，面积2.3万hm^2）。1989年当年，全国共采收林木种子2300多万kg，其中良种基地共产良种53.81万kg。林木采种基地和良种基地的建设，不仅满足了全国造林绿化的需要，而且提高了林木种子的质量。

此外，为了加强种子检验工作，1982年《林木种子检验方法》标准由国家标准局发布实施，1983年林业部分别在北京和南京成立了北方林木种子检验中心和南方林木种子检验中心，对良种和大量调拨、贮存的种子实施正规检验，确保了林木种子的质量和苗木生产的安全。

（2）苗木生产方面。改革开放之初，我国育苗生产有队社集体育苗和国营苗圃育苗两种形式。1980年11月，林业部在湖北咸宁召开了全国林业育苗经验交流会，提出了“采用良种，培育壮苗，因地制宜建立苗木生产基地，为植树造林提供足够的苗木”和“以社队育苗为主，积极搞好国营苗圃，鼓励各行各业和社员个人育苗”的任务和方针。随着农村经济体制改革和林业生产承包责任制的建立，农村广泛实行了以家庭（个人）育苗为主的承包责任制形式。至此，我国育苗生产形成了国营育苗、集体育苗和个人育苗三种形式，后两种又称为群众育苗。为了鼓励农村群众育苗，各级地方政府都给予了一定的技术和经济上的扶持，不少地方实行苗木产销合同制，育苗专业户、重点户迅速发展，群众育苗积极性高涨，有力地促进了苗木生产的发展。国营苗圃方面，1981 年 3 月，林业部、财政部联合颁发《国营苗圃经营管理试行办法》，对国营苗圃的性质、任务、经营方向、管理制度等做了明确规定，要求国营苗圃贯彻执行以"育苗为主，开展多种经营，把苗圃经济搞活"的方针。1989 年全年，全国共完成育苗面积 325.2 万亩，其中新育 177.4 万亩（占 54.6%）；国营育苗 51 万亩（占 15.7%），集体育苗 104.3 万亩（占 32.1%），个人育苗 160.3 万亩（占 49.3%），其他 9.6 万亩（占 2.9%）。

（三）1990～2000 年：林木种苗管理体制改革阶段

1990 年 9 月，国务院批准实施林业部《1989～2000 年全国造林绿化规划纲要》（简称《纲要》），规划到 2000 年，全国新建种子园 0.9 万 hm^2，母树林 4.6 万 hm^2，年育苗面积稳定在 26 万 hm^2 左右。届时，全国年产合格种子 2500 万 kg、良种 150 万 kg，苗圃生产合格苗木 200 亿株。为实现《纲要》目标，1991 年 5 月，林业部发出了《关于进一步加强种苗工作的决定》（简称《决定》），这是新中国成立以来发布的第一个关于种苗工作的决定，要求各级林业主管部门"下大力气抓种苗，超前抓种苗，一把手抓种苗"，采取有力措施，努力提高种子合格率、基地供种率、良种使用率、一级苗出圃率、自育苗率和容器苗率，并把它作为衡量各地种苗工作优劣的主要标志。《决定》还重点强调了种苗生产与造林计划的衔接，超前安排种苗生产的指导性计划。《纲要》的出台和《决定》的颁布，使得我国林木种苗生产管理更加科学化、规范化和超前化。

随着我国社会主义市场经济目标的确立，林木种苗行业管理机构也进行了改革。1990 年 2 月，按照企事分开的原则，林业部成立了林木种苗管理总站（1994 年改名为国有林场和林木种苗工作总站），负责林木种苗行业管理。中国林木种子公司成为独立经营、自负盈亏、直属林业部管理的国有企业。

这一阶段，林木种苗生产成就显著。截至 2000 年，全国共建采种基地 162 处（可采种面积 186.9 万 hm^2），良种基地 583 处（总面积 14.9 万 hm^2）；全国共完成育苗面积 24.83 万 hm^2，总产苗量 350.9 亿株。2000 年全年共采种子 22144 万 kg，共采良种 185.6 万 kg，共产合格苗木 221.72 亿株，基本实现了《1989～2000 年全国造林绿化规划纲要》的目标。此外，为了调整格局，改变良种基地点多分散、树种单一、基地小而全的模式，1993 年 1 月，全国林业厅局长会议提出了集中力量，重点建设一批高起点、高层次具有示范性的林木良种繁育中心的计划。1995 年，林业部国有林场和林木种苗工作总站颁发《林木良种繁育中心建设要点》，计划正式启动。1996 年，林业部提出在“九五”期间建设北京、山西等21 处林木良种繁育中心的建设计划。1997 年，林业部陆续批复了贵州、浙江、四川、广东省林木良种繁育中心及结合日本援助项目的湖北省林木育种中心，林木良种繁育中心进入实质性建设阶段。

（四）2000 年至今：林木种苗事业进入法制化管理、工程项目化建设新阶段

2000 年 7 月，第九届全国人大常委会第十六次会议审议通过了《中华人民共和国种子法》（2000 年 12 月 1 日实施）。这是我国第一部关于种子的专门法律，它标志着我国林木种苗事业进入了法制化管理新阶段。1989 年，国务院颁布了《中华人民共和国种子管理条例》；1995 年，原林业部发布了《中华人民共和国种子管理条例林木种子实施细则》，这两部行政法规和部门规章成为我国林木种业的行为规范和法则，对促进林木种子事业和林业发展发挥了重要作用。但行政法规和部门规章毕竟不是正式法律，而且随着社会主义市场经济的发展，在实践过程中出现了一些迫切需要制定法律加以规范和调整的地方。《中华人民共和国种子法》的出台适应了时代发展的需求，它不仅是一部正式的专门法律，而且其调整对象包括了苗木，结束了苗木生产、经营和管理一直处于无法可依的状况，使得我国林木种苗事业的发展更加规范和更具法律效应。《种子法》的出台，时逢我国即将加入世贸组织之际，是我国尽快与国际种业接轨，积极参与国际竞争和提高种业市场竞争力方面所采取的重大举措，标志着我国林业在依法治种进程中向前跨出了坚实的一大步。

为适应国家生态环境建设总体要求，保证林业六大工程的顺利实施，2000 年，国家林业局编制了《全国种苗工程建设总体规划（2000 ~ 2005）》，决定实施林木种苗工程项目建设，主要包括国家级林木种苗示范基地、省级林木种苗示范基地、林木良种繁育中心、林木良种基地、林木采种基地、苗圃、林木种苗质量监督监测站、林木种子加工贮备设施设备和林木种苗信息化等项目，计划用 6 年左右的时间，初步形成以良种、采种基地、国有苗圃为依托，集体、个体育苗为补充的种苗生产、加工、贮备、供应、质量检验和信息服务体系，这标志着我国林木种苗事业进入工程项目化建设阶段。为保证工程的顺利实施，2001 年，国家林业部颁发了《林木种苗工程管理办法》，对加强林木种苗工程管理提供了规范性依据。2003 年，国家林业局进一步研究了林木种苗工程项目建设的总体设想，明确了种苗工程项目建设要以“围绕一个中心，突出四个重点，健全四大体系”为工作重点，重点建设良种繁育中心、良种基地、采种基地、种质资源收集保存、种子贮备和信息及质量监督检测等基础性工程项目，规划全国共建设林木良种繁育中心25个、良种基地300处、采种基地150处。截至2007年年底，全国共开工建设种苗工程项目3415个，其中国家级林木种苗示范基地项目2个，省级林木种苗示范基地项目31个，林木良种繁育中心项目35个，良种基地项目751个，采种基地项目663个，苗圃项目1775个，种子加工调制项目6个，种质资源项目27个，省级种苗基础设施项目38个，地县种苗基础设施项目107个。据统计，全国已建成国家级重点林木良种基地131处，国家级林木种质资源库13处，各类林木良种基地累计达到700多处，面积380多万亩，采种基地1360多万亩，国有苗圃育苗200万亩。开展了70多个主要造林树种和部分珍稀濒危树种良种选育，审（认）定推广了2776个林木良种。最近10年来，全国累计提供林木种子2.3亿多kg，其中林木良种2200多万kg，供应合格苗木3000多亿株，有效保障了7亿多亩人工造林和飞播造林的种苗需求。全国主要造林树种良种使用率由2002年的20%提高到51%。2009年全国林木种苗产业总产值达1200亿元。

林木种苗工程建设极大地促进了全国种苗事业的发展，普遍改善了林木种苗生产条件，提高了种苗的生产水平，扩大了林木种苗生产面积，较大幅度地提高了林木种苗的产量和质量。种苗生产不仅在数量上满足了国家林业建设快速发展的需要，而且在良种使用率和基地供种率上也有了显著提高。我国种苗生产正从低投入、低起点、低水平向高投入、高起点、高水平方向发展。随着种苗工程项目建设的整体推进，我国初步形成了以种子基地（良种繁育中心、良种基地、采种基地）为主体，非基地生产为补充的种子生产体系；以省内调剂为主体、国家宏观调控相结合的种子供应体系；以市场为导向，国家、集体、个人等多种所有制共同发展的苗木生产供应体系；由国家、省级种苗质量检验中心，地县种苗质量检验站组成的林木种苗质量检验体系也在日趋完善。目前，我国林木种苗工程各项目年均供林木种子2300万kg，良种220多万kg，苗木300亿株左右；造林基地供种率63%，良种使用率51%。

自2000年《中华人民共和国种子法》颁布和林木种苗工程项目实施以来，我国的林木种苗在种子收集保存、良种选育、种苗生产、种苗质量检验、种苗信息化等建设方面都取得了长足的进步，良种壮苗生产能力明显提高，林木种苗产业蓬勃发展，产业规模持续壮大。2010 年 11 月，在全国林木种苗工作会议上，国家发展改革委、财政部、国家林业局又联合发布了《全国林木种苗发展规划（2011～2020 年）》，提出：到 2015 年，全国造林基地供种率和造林良种使用率将分别由现在的 63% 和 51% 提高到 80% 和 65%，主要造林树种种子供应全部实现基地供种，商品林造林全部使用良种；到 2020 年，全国造林全部实现基地供种，造林良种使用率达到 75%。我国林木种苗事业又将翻开新的篇章。

二、森林的营造、抚育

森林的营造、抚育，开发更为丰富的森林资源，是林业建设的根本，也是发展国民经济、改善生态环境、实现可持续发展、建设生态文明的基础。新中国成立至今，我国森林营造、抚育事业大致经历了三个阶段。

（一）1949～1978 年：由“重点造林”到“普遍造林”

新中国成立伊始，我国森林营造方针是“重点造林”。1950 年政务院发布的《关于全国林业工作的指示》中要求，在风沙水旱灾害严重的地区，发动群众，有计划地造林并大量采种育苗，以备来年造林之用。当时确定的全国造林重点是：在淮河、辽河、永定河及黄河上游的汾、洛、泾、渭等流域，重点营造水源林；在豫东、东北西部、西北的三边、榆林等地营造防沙林。据统计，1949～1952 年以防护林的营造面积最大，共完成 1334 万亩，占同期全国总造林面积的 52%。1953 年，政务院发布了《关于发动群众开展造林、育林、护林工作的指示》，确定开展造林、育林、护林工作应成为各级人民政府，特别是山区人民政府的主要任务之一，应成为各级人民代表大会的重要议题之一。根据这一精神，林业部在下达《1954 年全国林业工作重点》中，强调要“大力营造用材林”。从此，全国造林工作方针由“重点造林”转向“普遍造林”。

1. 生态防护林营造

（1）防护固沙林。1949 年，华北人民政府率先在风沙严重的河北省正定、行唐、灵寿、新乐、无极、藁城等 6 县营造防风固沙林，拉开了新中国森林营造和防护林建设的序幕。随后，河南东部、陕西北部、辽宁省彰武、内蒙古赤峰和磴口、甘肃省民勤等风沙灾害严重地区也相继开展了治沙造林活动。1958～1959 年，宁夏中卫固沙林场在沙坡头地段铺设方格草沙障，实行草、灌、乔结合，完成固沙护路林的营造。此后，新疆、甘肃、青海、宁夏、山西、内蒙古、辽宁、吉林、黑龙江等有大片流沙分布地区也普遍开展了固沙造林活动。到 1978 年，全国共营造防风固沙林 147 万 hm^2。

（2）农田防护林。1952 年，东北人民政府发布《关于营造东北区西部防护林带的决定》，原计划营造范围南起辽东半岛和山海关，北至黑龙江省富裕、甘南县，长 1100km，宽 300km，包括 21 个县（旗），后又扩大范围，规划造林面积 300 万 km，成为当时全国范围最广、规模最大的防护林工程。1952～1963 年，该工程实际保存面积 12.7 万 hm^2。该工程带动了全国各地农田防护林的营造。不久，河北永定河下游、新疆农垦区、广东雷州半岛、海南岛等地都相继开展农田防护林营造工作。20 世纪 60 年代，东北、内蒙古、新疆等地开展农田防护林的科研实践，提出了窄林带、小网格的营造方式。从 70 年代开始，新疆、甘肃、青海绿洲农区、宁夏前套灌区、内蒙古中部、华北平原、长江中下游平原等地都广泛开展了以窄林带、小网格为特点的农田防护林营造活动。到 1978 年，西北、华北北部、东北西部共营造农田防护林 42 万 hm^2。

（3）沿海防护林。1952 年，江苏省首先做出营造沿海防护林的决定。随后，辽宁、山东、河北等沿海省份也相继开始了防护林的营造。20 世纪 50 年代中期，广东省电白县在海滩流沙上营造木麻黄林带成功，山东省在沿海沙滩营造黑松获得成功，江苏省在沿海盐碱地营造刺槐、紫穗槐获得成功。南、北海岸林带的营造初具规模。到 80 年代前期，我国共营造沿海防护林 330 多万 hm^2。

（4）水土保持林。1955 年 7 月，第一届全国人大第二次会议通过《关于根治黄河水害和开发黄河水利的综合规划的决议》，根据决议精神，黄河中游各省、自治区开始了水土保持林的营造工作。到 1978 年，黄土高原地区营造水土保持林 140 万 hm^2。

2. 用材林营造

1953 年，政务院发布《关于发动群众开展造林、育林、护林工作的指示》后，我国造林的战略布局由营造的防护林为主转向以用材林为主，造林重点由风沙等自然灾害多的西北华北，转到自然条件好、树木生长快、能较快地建成国家后备森林资源的南方 9 省（自治区）。1954 年，全国共营造用材林 593.9 万亩，占当年造林面积的 54.5%。此后，在各林种造林面积中，用材林一直居于领先地位，最高如 1974 年曾达到 75.5%。到 1979 年，南方的浙江、福建、安徽、江西、湖北、湖南、广东、广西、贵州等 9 省（自治区），新造用材林 1.4 亿亩，蓄积量占全国人工林总蓄积量的 57.73%。除人工造林外，在这一阶段，我国还开始了飞播造林实验并取得成功。1956 年 3

月，广东省尝试在吴川县潭八乡的万亩荒山上飞播马尾松和台湾相思种子，拉开了新中国飞播造林的序幕。1958 年，全国大面积飞播实验全面展开，南至广东、广西、四川、云南，北至内蒙古、北京，跨越 15 个省（自治区、市），试播面积 500 万亩，但几乎全部失败。1959 年，四川凉山彝族自治州大面积飞播云南松首次获得了成功。为了总结经验，推广科研成果，林业部分别于 1963 年、1965 年、1967 年召开了三次飞播造林经验交流会。经过多年的试验总结，各地特别是自然条件优越的南方各省（自治区），基本上掌握了大面积飞播造林的技术。20 世纪 70 年代中期以后，南方一些重点省（自治区）每年飞播作业面积都在 1000 万亩以上。1973 年和 1975 年河北省隆化、平山两县飞播油松获得成功后，北方地区的飞播造林也逐渐打开了局面。1978 年和 1980 年，林业部又分别在四川凉山和河北承德召开飞播造林经验交流会，总结南北方开展飞播造林实验和生产的情况。我国飞播造林事业进入一个新的阶段。

3. 森林抚育

（1）封山育林。1950 年，第一次全国林业会议上，封山育林被列为绿化祖国、增加森林资源的重要途径。同年政务院发布的《关于全国林业工作的指示》，也号召各地开展封山育林。1953 年，政务院发布《关于发动群众开展造林、育林、护林工作的指示》再次强调："封山育林是使荒山自然成林和保持水土的最有效方法，仍应号召和领导群众进行。"1954 年、1955 年，林业部分别发出关于《巩固已有成绩改进封山育林工作》和《继续开展封山育林工作》的通知，进一步明确了封山育林的方针、任务和工作重点，为封山育林工作提供了政策上的保证，从此封山育林在全国范围内开展起来。

（2）森林抚育改造。主要集中在天然次生林的抚育改造上。1953 年，政务院发布《关于发动群众开展造林、育林、护林工作的指示》中，强调"对各地已成之林，则应根据林相和生长情况，分别加以修枝或间伐，并进行其他必要的抚育工作"。1957 年，林业部颁发《关于积极做好国有林抚育间伐工作的通知》。1958 年，许多省（自治区）成立森林经营机构，负责森林抚育改造工作。1959 年，林业部组织召开次生林经营工作会议，总结了前期森林抚育改造的经验，明确了森林抚育的经营方针和技术要求。1962 年，森林抚育改造列入国家计划后，全国森林抚育改造规模不断扩大。1962 年、1963 年，林业部先后发布《关于次生林改造若干问题的决定》《关于开展次生林抚育利用工作的通知》《国有林抚育改造技术规程》和《国有林抚育改造作业设计办法》，使得森林抚育改造事业更加趋于规范。

据“五五”全国森林资源清查，1950～1981年，全国新造人工林保存面积2781万hm^2，加上封山育林成果，全国森林覆盖率由8%上升至12%。

（二）1978～2000年：工程建设时期的大规模造林绿化

1. 生态防护林营造

1978年11月，国家计委批准了三北防护林体系建设规划。三北防护林体系建设工程是新中国林业史上的一个跃进，开创了我国林业生态工程建设的先河，也标志着我国森林营造事业站在了一个新的起点上。1978～2000年为工程建设的第一阶段，共完成造林保存面积2203.73万hm^2，其中人工造林1538.60万hm^2，飞播造林88.17万hm^2，封山育林576.96万hm^2。1978～1985年第一期工程，共完成造林534.93万hm^2，其中人工造林459.33万hm^2，飞播造林3.77万hm^2，封山育林71.83万hm^2。1986～1995年第二期工程，共完成造林1428.55万hm^2，其中人工造林1077.62万hm^2，飞播造林45.49万hm^2，封山育林305.44万hm^2。1996～2000年第三期工程，共造林591.38万hm^2，其中人工造林352.80万hm^2，飞播造林38.91万hm^2，封山育林199.67万hm^2。从营造林分来看，三北防护林体系建设第一阶段三期工程，累计营造防风固沙林476.10万hm^2，水土保持和水源涵养林662.60万hm^2，农田防护林212.90万hm^2。

以三北防护林体系建设工程为标杆，国家又先后上马了长江中上游防护林体系等建议工程：（1）长江中上游防护林体系建设工程。截至2000年，共完成造林37.5万hm^2，其中人工造林17.1万hm^2，封山育林19.3万hm^2，飞播造林1.1万hm^2。（2）太行山绿化工程。截至2000年，共完成造林11.3万hm^2，其中人种造林5.9万hm^2，封山育林4.9万hm^2，飞播造林0.5万hm^2。（3）沿海防护林体系工程。截至2000年，共完成造林10.4万hm^2，其中人工造林4.5万hm^2，封山育林5.9万hm^2。（4）平原绿化工程。截至2000年，全国平原绿化达标县（市、区、旗）876个，占全国920个平原（半平原、部分平原）县的95.2%。全国累计完成造林绿化面积698万km^2。（5）辽河流域防护林工程。截至2000年，共完成造林面积38.7万hm^2。（6）黄河中游防护林工程。截至2000年，共完成造林51.79万hm^2。这些大型生态体系建设工程为我国森林营造事业提供了资金支撑，在管理上也使得营林事业更加规范化、标准化，极大地促进了我国森林营造事业的发展。

在实施这些生态工程建设的同时，1990年，国务院还批准了林业部《1989～2000年全国造林绿化规划纲要》（简称《纲要》），规划用12年时间，共造林5717.1万hm^2，其中人工造林3957.9万hm^2，封山育林1142.6万

hm^2，飞播造林616.6万hm^2。《纲要》将当时已经上马实施的三北防护林体系建设、长江中上游防护林体系建设、沿海防护林体系建设、太行山绿化、平原绿化等生态防护林工程纳入其中。

2. 用材林营造

1978年之前，国家所需的木材大多采伐于原始林，1978年之后，我国开始大力营造用材林特别是速生丰产林，以满足经济社会发展对木材的需求。1980年，中共中央、国务院《关于大力开展植树造林的指示》中明确提出，为解决木材和经济林产品供应不足，各地应“大力营造速生丰产林”。从此，我国速生丰产林基地建设逐步蓬勃发展起来。1980年起，林业部开展了部省联营营造速生丰产用材林试点工作，至1990年，先后与22个省（自治区）共签订实施了34个速生丰产林建设项目。这些项目对全国速生丰产林建设起到了导向、示范作用。1987年，林业部正式向国务院上报了《关于抓紧建设一亿亩商品材基地的报告》，规划大体用30年时间，在我国建设速生丰产林基地3亿亩，到2000年先建设1亿亩。1988年，国家计委批准了这一规划。1990年，国务院复批的《1989～2000年全国造林绿化规划纲要》中，将“一亿亩速生丰产商品材基地建设”规划内容纳入其中。按照《纲要》规划，在大、小兴安岭到滇黔一线的东南半壁国土上，以自然条件优越的南方集体林区为主，区划为20大片和5个国营林场群，总面积4035万hm^2，用于建设用材林基地；在用材林基地20大片和5小片的范围内选择交通方便、立地条件较好的一、二类林地培育速生丰产用材林，远景规划用30年时间，营造速生丰产用材林2000万hm^2，到2000年，营造速生丰产用材林798万hm^2；预计到2000年，每年可提供木材2250万m^3。1989～1994年，全国速生丰产用材林实际累计完成339.13万hm^2。此后由于管理机构不健全、资金严重不足、群众造林积极性不高等原因，速生丰产用材林基地建设进程缓慢。

3. 森林抚育改造

1978年之后，之前营造的人工林陆续进入中幼龄林阶段，因此森林抚育改造的重点也由之前的天然次生林转向了人工林。1978年，国家林业总局颁发了《国有林抚育间伐、低产林改造技术实行章程》。同年，国家计委、国家物资总局、国家林业总局联合发出《关于下达1979年人工、天然中幼龄林抚育间伐计划的通知》，计划间伐面积16万hm^2。1981年，中共中央、国务院《关于保护森林发展林业若干问题的决定》中要求：“积极开展抚育间伐和次生林改造，提高森林质量”，森林抚育“要纳入各级林业计划，逐年增加投资，加快抚育进度”。1979～1983年，国家共投资1.7亿元，主要用于改善抚育改造林区范围的交通条件，推动森林抚育工作的开展。1982 年，林业部下发《关于进一步提高国有林抚育间伐作业质量的通知》，要求抚育间伐须以培育为主，加强作业前的审批和作业中的管理工作。1985 年，全国大部分省（自治区、直辖市）进一步放宽政策，允许间伐材议购议销；推动了森林抚育改造工作的发展。至 1990 年，全国共抚育中幼龄林 1760.2 万 hm^2，占当时全国总中幼龄林总面积 7216.5hm^2 的 24.4%。同年，国务院复批的《1989～2000 年全国造林绿化规划纲要》中，将中幼龄林抚育纳入其中，规划抚育中幼龄林面积 3960.7 万 hm^2，同时在条件适宜的地方积极开展封山育林。1992 年，林业部颁发《关于加强中幼龄林抚育工作的决定》，要求各地把中幼龄林抚育放在与造林同等重要的位置。但是由于缺乏中幼龄林抚育的资金扶持，经营者缺乏积极性，因而中幼龄林的抚育工作一直处于徘徊状态。

（三）2000 年至今：生态文明视野下的森林营造和抚育

进入 21 世纪，国家对建设生态文明社会和实现可持续发展的目标越来越清晰，对林业发展的要求也越来越高。国家迫切需要林业有一个大的转变，规划了林业六大工程建设，并将其纳入到《国民经济和社会发展第十个五年计划纲要》，上升为国家层面的规划。林业六大工程，是对之前十大林业生态工程的整合和提升，不仅囊括了原来各项林业生态工程，还将曾经一度徘徊停滞的“一亿亩速生丰产商品材基地”建设项目重新激活，并赋予新的内涵。林业六大工程规划范围覆盖了全国 97% 以上的县，规划造林任务达 7300 万 hm^2。因此，随着林业六大工程的出台和实施，我国森林营造和抚育事业也随之进入了一个新的发展阶段。截至 2010 年，我国三北防护林工程造林 2400 多万 hm^2，工程区森林覆盖率提高了 1 倍；天然林保护工程有效保护天然林 9500 多万 hm^2，减少森林资源消耗 4.26 亿 m^3；退耕还林工程造林 2600 多万 hm^2；全国沙化面积由 20 世纪末的年均扩展约 3436km^2，变为目前的年均缩减约 1283km^2，总体上实现了从“沙逼人退”向“人逼沙退”的历史性转变。

林业六大工程范围大，涵盖面宽，能够科学地组织实施好六大工程，培育出高质量林分，成为工程建设的重点，也是林业能够实现跨越式发展的关键。因此，国家林业局提出了森林营造“质为先”的方针，加强了对造林质量的监督管理。2002 年，全国营造林质量工作会议召开，这是新中国成立以来第一个关于营造林质量的会议。会议总结了以往造林质量管理的基本经验，确立了营造林质量管理的新思路，要求建立健全质量标准体系，实行全面质量管理，是我国森林营造事业上的一次重要会议。围绕着会议精神，国家林业局相继颁发了《造林质量管理暂行办法》《造林质量事故行政责任追究制度的规定》和《营造林质量考核办法（试行）》，共同构成了营造林质量管理的制度框架，为森林营造质量管理和考核提供了依据。同时，还专门组织人员长期开展对全国造林质量的检查、稽查工作，并加强群众监督。通过这些措施，我国人工造林成活率平均达到90%以上，达到国家标准。

1995年，国家发布了《造林技术规程》。随着林业建设的不断进步和造林绿化要求的不断提高，该标准已经不能完全适应新形势对林业建设要求。因此，2006年7月，国家质检总局、国家标准化委员会发布了新的《造林技术规程》，自2006年12月1日起实施。《造林技术规程》适应了新时期对人工造林工作的要求，有力地推动了人工造林的健康发展。

飞播造林随着林业六大工程的推进，也有了较大程度发展。为了发挥飞播造林在国土绿化和生态建设中的作用，国家在林业重点工程2001～2010总体规划中，加大了飞播造林的规模和投资力度。2005年3月，国家质检总局、国家标准化管理委员会发布了《飞播造林技术规程》的国家标准。《飞播造林技术规程》的发布，使得我国飞播造林技术更加规范，造林质量大为提高。

长期以来，由于国家对中幼龄林抚育没有专项资金扶持，经营主体对中幼龄林抚育没有积极性，使得我国占林分总面积84%的2600万hm^2中幼林得不到有效抚育，造成我国人工林纯林多、密度大、质量不高的状况。为了改善这一局面，2004年国家林业局下发了《国家重点生态公益林中幼龄林抚育及低效林改造实施方案》。2005年，国家又在此基础上，启动了重点生态公益林中幼龄林抚育示范项目，实现了中幼龄林抚育国家扶持零的突破。项目主要针对过纯、过密的国家重点生态公益林进行有效抚育，以优化林分结构，提高森林质量。目前，该项目正在稳步推进中。

第二节　森林保护

森林保护是营林工作中的重要环节，是指预防和消除森林的各种破坏和灾害的措施，以保证树木健康生长，是避免或减少森林资源损失的重要措施。森林在成长过程中会遭到火灾、病虫害、鸟兽害、风沙、泥石流等自然灾害和人为乱砍滥伐的破坏，其中，尤以森林火灾、林业有害生物和乱砍滥伐的危害最大，故被称为“森林三害”。

一、森林防火

新中国成立以来到1987年，全国年均发生森林火灾15932次，年均受害森林面积94.7万hm^2，因森林火灾年均伤亡788人。1988～2008年，全国年均发生森林火灾7936次，年均受害森林面积9.2万hm^2，因森林火灾年均伤亡194人，比1950～1987年间年均分别下降了50.2%，90.3%和74.3%。截至2008年，全国共建有县级以上森林防火指挥部3327个，办事机构3545个，指挥部成员63157人，办事机构人员近2万人，森林防火检查站1.6万多个；专业、半专业森林消防队1.7万支51万人，义务森林消防队12.5万支343万人，1支武警森林部队；建有东北和西南两个航空护林中心（总站），19个航空护林站。全国共建有防火瞭望台15524座、防火公路130.7万km、防火隔离带120万km，购置电台17.2万部、防火专用车近6.3万辆、风力灭火机近25.6万台；在北京、西南的昆明、东北的黑龙江建有3个国家森林防火物资储备中心和1.1万多个地方扑火物资储备库。目前已建立了能够准确监测林火、快捷传递信息、高效处理数据等功能的国家级森林防火指挥中心；开发了全国林火信息系统，能为全国各地提供林火预报信息、监测信息等内容；卫星林火监测体系已覆盖全国，建有3个林火监测地面站；火场应急通信装备建设不断加强，实现了多种卫星通信结合的应急通信体系。

60多年来，我国森林防火事业大致经历了4个阶段，即1949～1956年的起步阶段、1956～1987年的曲折发展阶段、1987～2006年的全面加强管理阶段和2006年至今的全面提升阶段。

（一）1949～1958年：森林防火起步阶段

1950年10月，东北人民政府组建东北武装护林大队，可视为新中国森林防火事业的嚆矢。由于新中国成立初期一些地方对森林防火重视不够，措施不当，林区居民又缺乏护林知识，在野外随意用火，因而经常发生森林火灾。1951年，全国发生森林火灾5100多次，受害面积达225万hm^2。其中，松江省和黑龙江省在当年4、5月火灾最为严重，火势蔓延近50个工作日，烧死烧伤340多人，大片森林被烧毁。鉴于此，1952年3月，中共中央和中央人民政府政务院分别发出了《关于防止森林火灾问题给各级党委的指示》和《关于严防森林火灾的指示》，要求各级政府在每年春季把护林防火工作列为中心工作之一，并根据行政区划，实行分区分段负责制，在谁的地区起火，就由谁负责，并根据损失情况的轻重给予应得的处分。按照指示精神，各地成立了森林防火指挥机构，建立起了群众性森林防火组织，森林防火事业开始有所加强。但由于护林人员和设备有限，对偏远的大面积的森林火灾仍缺乏控制能力。1955 年内蒙古自治区小孤山，黑龙江省额穆尔河、鹤岗，1956 年大、小兴安岭偏远原始林区又相继发生特大森林火灾，受害森林面积分别占当年全国受害森林面积的 35.4% 和 73.2%。1956 年 4 月，中共中央、国务院发出《关于加强护林防火的紧急指示》，要求各地，特别是黑龙江、吉林、内蒙古、四川、云南、陕西、甘肃、青海、新疆等省（自治区）的重点国有林区抓紧建立森林经营机构。同年 8 月，林业部召开了东北、内蒙古林区护林防火科学技术座谈会，确定加强群众性的护林防火活动，同时在林区积极建立基层森林经营机构，有计划地推行护林防火技术措施。1957 年 1 月，林业部成立护林防火办公室，主管全国护林防火工作。

（二）1958～1987 年：森林防火曲折发展阶段

1958 年 10 月，林业部在吉林省靖宇县召开北方 13 省（自治区）护林防火现场会。1959 年 1 月，林业部在广东省广宁县召开南方 12 省（自治区）护林防火现场会。1960 年 3 月，林业部在郑州市召开全国森林保护工作会议。这三次会议总结、推广了各地的护林防火经验。1961 年 3 月，林业部、公安部、农业部、农垦部联合发布《关于烧垦烧荒、烧灰积肥和林副业生产安全用火试行办法》，对农业、牧业和副业的野外生产用火的管理作了具体规定。1962 年 4 月，国务院批转林业部《关于加强护林防火工作的报告》，指出各地应当建立健全护林防火组织和护林防火制度。1963 年 5 月，国务院颁发《森林保护条例》，其中，第七章“预防和扑救火灾”将多年来护林防火的成功经验和行之有效的办法用法令形式固定下来，作为全国护林防火工作的准则。1964 年 12 月，林业部在内蒙古自治区海拉尔市召开东北、内蒙古林区护林防火工作会议，着重研究林区护林防火建设问题，并制订了《关于大、小兴安岭林区护林防火设施建设规划方案》。按照会议精神和方案规划，呼伦贝尔盟护林防火指挥部负责建立了大兴安岭林区护林防火建设指挥部，并在一些容易发生火灾的林区开始兴建和配置防火站、瞭望台、防灭火器具、通讯设备等护林防火设施。

“文革”期间，我国森林防火事业处于停滞状态，各地森林防火机构瘫痪，防火规章制度废弛，重点林区的护林防火设施停止兴建，以致森林火灾和乱砍滥伐十分严重。为了防止森林火灾和制止乱砍滥伐，1967 年 9 月，中共中央、国务院等联合发布了《关于加强山林保护管理，制止破坏山林、树木的通知》；1968 年 2 月，国务院、中央军委发出《关于护林防火工作的通知》；1970 年 5 月，国务院发出《关于加强护林防火工作的通知》；1971 年 3

月，国务院、中央军委发出《关于加强护林防火工作的通知》；1974 年 1 月，周恩来在公安部电话摘报《江西发生两起重大火灾损失九十余万元》上作出“森林起火是每年的大事”的批示。1975 年邓小平同志主持中央工作期间，针对当时森林火灾的严重情况，国务院专门在哈尔滨市召开全国护林防火工作现场会议，研究制定了制止森林火灾的具体措施。但在当时特定的历史背景下，这些政策和措施难以落实，成效甚微。

1978 年十一届三中全会之后，森林防火事业开始逐步恢复。1979 年 2 月，全国人大常委会通过《中华人民共和国森林法（试行）》，规定各级政府和有关部门“必须采取有效措施，防止森林火灾，保障森林的安全”。1981 年 2 月，国务院发出《关于加强护林防火工作的通知》。同年 3 月，中共中央、国务院发布《关于保护森林发展林业若干问题的决定》中也明确要求要认真“搞好护林防火工作”。林业部根据这些文件精神和林区实际情况，多次召开护林防火工作会议，部署护林防火工作，加强了森林防火组织和重点林区防火设施建设。1981 ~ 1985 年，东北、内蒙古林区森林火灾次数下降，特别是一些重点地区，基本没有大森林火灾发生。

（三）1987 ~ 2006 年：森林防火加强管理阶段

1987 年 5 月，黑龙江大兴安岭地区漠河县和塔河县发生森林火灾，由于扑救不及时酿成了震惊中外的大兴安岭特大森林火灾。这次火灾过火有林地和疏林地面积 114 万 hm^2，其中受害面积 87 万 hm^2，烧毁大量的森林资源和生产生活资料，是新中国历史上毁林面积最大、伤亡人员最多、损失最为惨重的一次火灾。火灾暴露了我国森林防火存在不足，从此党和政府对森林防火事业全面加强了管理和支持力度。

1987 年 7 月，国务院和中央军委成立了国家（中央）森林防火总指挥部，负责检查、监督、组织、协调各地区、各部门做好预防、扑救重大森林火灾工作，办公室设在林业部。同年 8 月，林业部会同公安部、武装警察部队总部共同编制《关于武装警察列入中国人民武装警察部队序列的实施方案》，明确指出森林警察列入武警序列，实行林业部和公安部双重领导，以林业部门为主。同年 10 月，国务院批转林业部《关于加强森林防火工作报告》，指出森林防火工作实行省长、市长、县长、乡长负责制。1988 年 1 月，国务院颁发《森林防火条例》，规定森林防火工作实行“预防为主，积极消灭”方针，并实行各级人民政府行政领导负责制。《森林防火条例》是关于森林防火的专门性行政法规，为有效预防和扑救森林火灾，保护森林资源提供了行为规范和准则。它的出台及森林防火方针和行政领导负责制的确立，标志着我国森林防火事业的法制化管理迈上了一个新的台阶。

1988 年 12 月，林业部和国家森林防火总指挥部下发《关于制定 1989～1992 年森林防火基础设施建设规划的通知》，要求各级森林防火指挥部办公室或林业主管部门制定包括森林防火瞭望台、通讯系统、交通工具、风力灭火机等基础设施的兴建和配置规划。1989 年，国家森林防火总指挥部、人事部、林业部联合下发《关于加强森林防火体系建设的通知》。这两个通知分别从基础设施和组织机构方面对森林防火工作作了规划和要求，促使我国森林防火事业向着更规范、更高水准迈进。这些法规、政策的出台和实施，也使得我国森林防火事业取得初步成效，1988～1990 年，我国森林火灾次数和受害森林面积连续三年有所下降。

1991 年和 1992 年，我国森林火灾呈现回升势头。1993 年 2 月，国家森林防火总指挥部发布了《关于切实抓好森林防火工作的紧急通知》，要求坚持行政领导负责制，切实加强对森林防火工作的领导。同年 6 月，国务院批转林业部《关于进一步加强森林防火工作报告》，明确森林防火工作属于抢险救灾性质，同意国家森林防火总指挥部撤销后，由林业部牵头组织建立部际联席会议制度，协调解决森林防火工作中的重大问题。

2000 年，国家林业局批准实施了 18 个国家级重点火险区综合治理工程建设项目。“十五”期间，中央对项目共投入 10.2 亿元国债资金，对涉及 28 个省（区、市）的 157 个重点森林火险区实施了综合治理。2001 年 12 月，国家林业局出台《全国森林防火和森林公安（检、法）“十五规划”及 2010 年规划》，对近此后 5～10 年的森林防火进行了科学规划。2005 年 5 月，国务院发布实施《国家处置重、特大森林火灾应急预案》（简称《预案》），该《预案》适用于我国境内发生的重、特大森林火灾的应急处置，作为国家级自然灾害类专项预案，其出台有利于提高森林火灾的应急处理能力，我国森林防火事业又向前迈出了坚实的一步。

（四）2006 年至今：森林防火全面提升阶段

2006 年春，我国华北、西南及南方部分省（区）降水偏少，风干物燥，森林火险等级居高不下，河北、山西、云南等地森林火灾呈暴发态势，黑龙江、内蒙古等地因雷击相继引发 3 次特大森林火灾，全国森林防火形势严峻。鉴于此，同年 4 月，国务院办公厅发出《关于切实加强当前森林防火工作的紧急通知》，要求各省、部切实增强做好森林防火工作的责任感和紧迫感，努力提高全民防火意识，进一步强化火源管理，全面加强应急处置，科学组织指挥扑火，严格落实防火责任制，加强防火组织领导。5 月，国务院批准成立了国家森林防火指挥部，指导全国森林防火工作和重特大森林火灾扑救工作。

2008 年 12 月，国务院颁布修订后的《森林防火条例》（简称《条例》），2009 年 1 月 1 日起正式施行）。这是 1988 年《森林防火条例》施行 20 年来的首次修订，其修订对于我国森林防火事业的发展具有里程碑意义。修订后的《条例》更体现了以人为本、依法治火的理念和原则，确立了森林防火行政首长负责制，进一步完善了各项管理制度和措施，健全了森林防火组织，着力提高森林火灾预防和扑救能力，确保国家和人民群众生命财产安全和生态安全。

2009 年 3 月，国务院常务会议审议并原则通过了《全国森林防火中长期发展规划》。该规划由国家林业局于 2006 年 5 月着手组织编制，历时两年多，于 2008 年 8 月编制完成。这是新中国成立以来第一个国家层面的森林防火规划，确立了我国森林防火建设预防、扑救和保障三大体系的目标。其编制和实施对于解决森林防火存在的基础设施薄弱、扑救手段落后等问题，全面提升森林防火综合能力，预防重特大森林火灾的发生，消除森林火灾隐患，巩固生态建设成果，保护国家森林资源和人民群众生命财产安全具有重要意义。

国家森林防火指挥部的成立，新修订《森林防火条例》的颁布，《全国森林防火中长期发展规划》的实施，既是对以往森林防火经验措施的总结，又对今后森林防火事业进行了顶层设计和科学规划，标志着我国森林防火事业进入了全面提升的新的发展阶段。

二、防治林业有害生物

林业有害生物是造成我国森林灾害主要因素之一。据 2004 ~ 2008 年第七次全国森林资源清查结果显示，我国林业有害生物年均发生面积 1000 多万 hm^2，年致死树木 4000 万株，年均成灾面积占乔木林受自然灾害总面积的 50.69%，是全国森林火灾面积的 3 倍，因此林业有害生物有“不冒烟的森林大火”之称。林业有害生物对我国林业和经济社会发展产生了巨大的负面影响，“十一五”期间，我国林业有害生物造成的年均经济损失高达 1100 亿元，产生的碳排放更不容忽视。据统计，仅松材线虫病一项每年造成的木材损失就达 2551 万 m^3，形成了直接的碳排放；同时，还造成了国际贸易摩擦。欧美一些国家以舞毒蛾、星天牛等林业有害生物为由，设置贸易壁垒，限制我国有关产品出口，影响我国产品出口竞争力。新中国成立以来，我国对林业有害生物的防治开展了卓有成就的工作，大致经历了三个阶段。

（一）1949～1989 年：防治工作逐步开展阶段

新中国成立初期，我国森林的生态环境较好，森林受到干扰活动较少，森林和林中生物之间处于相对稳定状态，因此森林病虫害不太突出，发生面积较小，成灾种类少。当时对林木危害较大的是松毛虫，每年防治面积约 15 万～35 万 hm^2，通过人工捉虫除卵，或使用少量农药如“六六六”药剂，即可取得较好效果。20 世纪 60 年代，随着森林的开发和受到干扰增加，以及人工纯林的出现，林分结构逐步劣变，林中生物相互制约的关系受到破坏，森林病虫害开始扩展，发生面积逐步扩展，每年发生面积约 300 万 hm^2左右，危害种类也逐步增多，主要种类有松毛虫、松干蚧、竹蝗、竹螟和苗木立枯病、枣疯病等。这一时期，每年防治面积 60 万 hm^2左右，防治面积约占发生面积 20%，防治方法采用以化学药剂为主兼用生物防治。

20 世纪 70 年代特别是中后期以来，由于森林过量采伐，松、杉、杨等人工纯林面积进一步扩大，林木管理普遍粗放，降低了森林自身抗御病虫害的能力，以及大量使用农药干扰了森林病虫的发生周期，并杀伤了病虫有益天敌等原因，我国森林病虫害迅速扩大蔓延，每年发生面积达 600 多万 hm^2，主要病虫害种类有松毛虫、松干蚧、杉白蚁、杉梢小卷蛾、油茶翅蛾、杨树天牛和落叶松落叶病、杉木叶枯病、毛竹枯梢病、枣疯病等。每年防治面积 200 万 hm^2左右，占发生面积 30% 左右，防治手段主要采用化学药剂防治，同时也加强了生物防治力度。20 世纪 80 年代，我国森林病虫害进一步蔓延，每年发生面积由 70 年代的 600 多万 hm^2增加到 1000 多万 hm^2，主要病虫害种类有松毛虫、松突圆蚧、美国白蛾、多种天牛、春尺蛾、榆树金花虫和松针褐斑病、落叶松枯梢病、泡桐丛枝病等。防治仍然采用化学药剂，但在用药种类上开始采用高效低毒、用药量少的菊酯类（如溴氰菊酯、氯氰菊酯）农药及无公害污染、不杀伤天敌的仿生性农药（如灭幼脲等）。同时，开始尝试和推广综合治理技术措施，即从森林生态系统出发，充分利用森林病虫与环境之间的关系，根据不同的被害类型，合理地协调运用营林、化学、生物、物理等防治措施，发展森林生物群落中不利于病虫害发生而有利于林木生长的因素，以达到长期控制病虫的不成灾的目的。

这一阶段，我国逐步建立起了森林植物检疫体系。1951 年对外贸易部颁布了《输出输入植物病虫害检验暂行办法》，1954 年制定了《输出输入植物检疫暂行办法》及《输出输入植物应施检疫种类和检疫对象名单》。1957 年，农业部颁发《国内植物检疫试行办法》。1964 年，对外植物检疫工作转由农业部管理，在国境、水陆空口岸建立了动植物检疫所。同年，林业部制定了

《国内森林植物检疫暂行办法（草案）》。1966 年，农业部、对外贸易部联合颁布了《关于植物检疫工作的几项规定（草案）》和《进口植物检疫对象名单（草案）》。1978 年，农林部颁发了《国外林木检疫对象名单》和《进出口木材、林木种子、苗木检疫操作方法》。1979 年，林业部发布《杨树苗木检疫暂行规定》。1980 年，根据国务院规定，林业部开始协助农业部开展口岸动植物检疫所工作。1982 年、1983 年，国务院相继颁发了《进出口动植物检疫条例》和《植物检疫条例》，标志着我国植物检疫工作进入一个新阶段。1984 年，根据《植物检疫条例》规定，林业部制定了《植物检疫条例实施细则（林业部发）》，并公布了 20 种国内森林植物检疫对象和应施检疫的森林植物、林产品名单。1985 年，林业部修订了 1978 年《国外林木检疫对象名单》，确定了 11 种进口林木检疫对象名单和禁止进口植物名单（林业部分）。植物检疫法规制度的不断完善的同时，我国森林植物检疫机构也相继建立起来，截至 1986 年年底，全国共建立 1370 多个省、地、县三级森林植物检疫站或森林病虫害防治检疫站。

（二）1989～2004 年：加强防治管理体系建设阶段

1989 年 12 月，国务院颁布《森林病虫害防治条例》，规定了森林病虫害防治实行“预防为主，综合治理”的方针和“谁经营、谁防治”的责任制度。新中国成立以后的相当长一段时间内，我国森林病虫害防治一直在借用森林防火的“治早、治小、治了”原则和“预防为主、积极消灭”方针，没有正式制定专门的森林病虫害工作方针。但是，森林防火的原则和方针在指导森林病虫害防治上存在问题，因为在自然界中要想人为地“治了”和“消灭”一个具有庞大种群优势的小型物种是不切实际的。“预防为主，综合治理”方针的确立，结束了森林病虫害防治没有工作方针的历史，为森林病虫害科学防治奠定了基础。“谁经营、谁防治”的责任制度，则是将 20 世纪 80 年代以来所大力推行的多种形式的森林病虫害防治承包责任制用法令的形式固定下来。《森林病虫害防治条例》作为第一部具有法律效应的专门针对防治森林病虫害的法规，其颁布实施，对加强森林病虫害防治工作、减轻森林病虫害危害程度具有重要意义。从此，我国森林病虫害防治工作进入一个新的发展阶段。

1991 年，林业部制定了《森林病虫害防治目标管理办法》，要求在全国实行森林病虫害“四率”（发生率、防治率、监测覆盖率和种苗产地检疫率）为基本内容的森林防治目标管理。1992 年，森林病虫害防治目标管理正式实行，制定的全国森林病虫害防治工作的“四率”目标是：发生率由“七五”

期末的9%下降到“八五”期末的6%，防治率由40%提高到60%，监测覆盖率由30%提高到60%，种苗产地检疫率由60%提高到80%。1996年，下达“九五”期间防治目标时，改变了过去每年下达年度指标的做法，采取5年期间一次性下达。2001年，国家林业局颁发《关于下达“十五”期间各地森林病虫害防治目标管理指标的通知》，用“成灾率”取代“发生率”的新的“四率”目标管理，制定的“十五”期间的目标是：成灾率控制在5%，防治率达到75%以上，监测覆盖率达到85%以上，种苗产地检疫率达到90%以上。

1990年，林业部印发了《关于加强森林病虫害防治管理体系建设的意见》，并制定了《1991～2000年全国森林病虫害防治管理体系建设规划纲要》；1993年，《规划纲要》通过专家论证，付诸实施。根据《意见》和《纲要》的要求，各地要以森林病虫害防治检疫站为基础，建立森林病虫害防治、森林植物检疫、森林病虫害测报三大网络组成的防治管理体系。

1. 森林病虫害防治

为了防止主要病虫害，1991年开始，国家在重点地区开展了对松毛虫、松材线虫病、杨树天牛、松突圆蚧、泡桐大袋蛾、日本松干蚧、美国白蛾、湿地松粉蚧等主要病虫害的治理。1997年，林业部提出了对全国主要森林病虫害实行工程治理的意见。1998年、1999年，相继开展了5个试点工程。2000年，全面正式启动松材线虫病、红脂大小蠹虫、杨树天牛、美国白蛾、松毛虫和森林鼠害六大病虫害治理工程。2003年，对工程进行了整合：继续实施松材线虫病和红脂大小蠹工程，扩大森林鼠害工程，杨树天牛工程扩展为杨树病虫害工程（包括蛀干害虫、食叶害虫、病害及美国白蛾），启动松纵坑切梢小蠹和萧氏松茎象工程。国家级森林病虫害治理工程的实施，减少了森林病虫害发生面积，减轻了病虫害的危害程度，并在一定程度上控制了病虫害的扩散。

2. 森林植物检疫

1992年，国务院重新修订了《植物检疫条例》；1994年，林业部发布新的《植物检疫条例实施细则（林业部分）》。新的《植物检疫条例》及其《实施细则（林业部分）》从法律法规方面对森林植物检疫进行了保障。1999年，国家林业局发出了《关于开展森林病虫害防治检疫标准站建设的通知》，提出到2003年建成1000个森林病虫害防治检疫标准站的目标。2002年，全国共建成标准站1262个，实现了阶段目标。2003年起，又开展了森林病虫害防治检疫先进站建设工作，提出到2006年建成100个先进站的目标。此外，1998

年、2000年，国家林业局先后下发了《植物检疫技术规程》和《关于发布杨干象等35种森林植物检疫对象检疫技术操作办法的通知》，对森林植物检疫技术做了标准化规定。

3. 森林病虫害预报

1987年《森林病虫害预测预报管理办法》颁布之后，从1989年至1998年，国家林业主管部门相继发布了春尺蠖（1989）、油松毛虫（1990）、赤松毛虫（1990）、落叶松毛虫（1990）、落叶松落叶病（1990）；落叶松枯梢病（1990）、黄脊竹蝗（1993）、黄斑星天牛（1993）、青杨天牛（1993）、杨干象（1993）、落叶松鞘蛾（1993）、大袋蛾（1994）、榆蓝叶甲（1994）、泡桐叶甲（1994）、美国白蛾（1997）、日本松干蚧（1998）等森林病虫害预测预报方法。这些预测预报方法的发布，对提高预测预报的准确性，使我国森林病虫害预测预报工作逐步走向科学化、规范化有重要意义。1999年，国家林业局下发了《国家级森林病虫鼠害中心测报点建设方案》，决定从1999年起将投资建设510个国家级中心测报点，对全国11种（类）主要森林病虫害实行监测预报。至2001年，全面完成了中心测报点的建设。根据规划，国家森林病虫害测报网络工程将在全国建立1000个国家级森林病虫害中心测报点和国家、省、地、县四级信息网络平台。

（三）2004年至今：防治工作提升、转型阶段

2004年12月，全国林业有害生物防治工作会议召开。这次会议是在2003年中共中央、国务院作出《加快林业发展的决定》的背景下召开的。会议考虑到森林在病虫害之外，还有鼠害、兔害和杂草危害，因此以"林业有害生物"取代了沿用多年的"森林病虫害"这一概念。更为重要的是，会议还将森林有害生物防治指导方针由"预防为主，综合治理"发展为"预防为主，科学防控，依法治理，促进健康"，突出了在林业发展新时期，森林有害生物防治工作要依靠科学和法律两项武器，确立了实现防治工作由重除治向重预防转变的新思路。这次会议的召开及新的指导方针的确立，标志着我国林业有害生物防治工作进入提升、转型的新的发展阶段。

为了加强林业有害生物预防和应急处置工作，2005年，国家林业局正式启用了《林业有害生物警示通报》，对在国内局部地区发生且危害严重的林业有害生物及时做出警示。要求各地在接到《林业有害生物警示通报》后，发生区及重点警示区林业主管部门要制定防治方案和预案，开展专项普查，加强监测、检验检疫和信息交流。同年，国家林业局发布了《重大外来林业有害生物灾害应急预案》和《突发林业有害生物事件处置办法》。2006年，国家林业局完成了全国林业有害生物普查工作，摸清了我国主要病虫种类（292种）、分布和危害状况，并对70种主要林业有害生物进行了风险分析，将林业有害生物分为极度、高度、中度和低度危害4个等级。

松毛虫是我国林业有害生物中发生量大、为害面广的主要害虫之一。为提高科学测报水平和推广新的科技应用，2006年，国家林业局植树造林司发布了《松毛虫性信息素技术监测预报示范方案》。科学技术在我国林业有害生物防治中的作用将越来越大。

截至2009年，全国已建立各级林业有害生物防治检疫站31个，从业人员2万余人，建设完成各级测报站点26500多个，其中国家级中心测报点1000个；在部分省区建设完成检疫隔离试种苗圃，检疫检查站和区域性除害处理设施，测报基础设施得到重点加强，监测、检疫和防治体系基本形成。全国林业有害生物发生率5%以下，成灾率4.5‰以下，防治率75%以上，无公害防治率60%，其中食叶害虫无公害防治率达到80%以上。2011年8月，国家林业局发布了《关于进一步加强林业有害生物防治工作的意见》（简称《意见》），对林业有害生物防治工作的重要性提到了前所未有的高度，同时将林业有害生物防治方针由“预防为主，科学防控，依法治理，促进健康”调整为“预防为主，科学治理，依法监管，强化责任”。《意见》还对“十二五”期间的林业有害生物防治工作提出新的“四率”指标，即到2015年，全国林业有害生物成灾率控制在4.5‰以下，无公害防治率达85%以上，测报准确率达85%以上，种苗产地检疫率达95%以上。

三、林业执法

乱砍滥伐林木、乱采滥挖野生植物、乱捕滥猎野生动物、非法占用林地等，是我国“森林三害”之一，不仅破坏我国的森林资源，威胁林区社会治安稳定，而且威胁我国生态安全。因此，加强林业执法，保护森林和野生动植物资源，维护林区社会政治和治安稳定，保障林业建设和国家生态安全，成为我国森林公安的重要职责。新中国成立以来，全国森林公安在防范和打击涉林违法犯罪、守卫林区平安、促进林业可持续发展、保护生态环境中发挥了突出作用，为国家生态文明、现代林业建设做出了积极贡献。

（一）1949～1984年：林业执法曲折发展、逐步完善阶段

新中国成立前夕，刚刚解放的东北、内蒙古地区许多土匪、特务、反革命、坏分子潜逃进林区，造成林区社会治安混乱，为此，各林务局由所在县公安局派员做秘密保卫工作，这可视为我国森林公安的前身和雏形。20世纪

50年代，鉴于全国木材供需日趋紧张，加上执法不严，使得我国森林资源屡遭破坏，因而有继续进行剿匪、防奸的需要，东北、内蒙古国有林区普遍加强了林业公安工作，相继成立了林业公安局、公安分局、公安处、派出所等各级林业公安机构。“大跃进”期间，我国森林资源遭到破坏严重，为此，国家相继采取了一系列保护森林资源的措施，进一步加强了林业公安工作。20世纪60年代初，华北、西北、华东、华南、西南林区也相继建立了林业公安分局和派出所。“文革”期间，林业公安机构被撤销、削弱，林业执法陷入停滞状态。

十一届三中全会之后，我国林业公安机构开始恢复，林业执法工作重新开展。1979年1月，国务院发布《关于保护森林，制止乱砍滥伐的布告》，要求“设立林区公安派出所，整顿林区社会治安”。同年2月，全国人大常委会通过的《中华人民共和国森林法（试行）》也明确规定：“应当根据实际需要，在重点林区设立公安局、派出所，配备森林警察，加强治安，保护森林。”1984年5月，经国务院批准，劳动人事部发出《关于林业公安体制问题的通知》，指出：同意林业部设立公安局，列入公安部序列，为公安部第十六局，各级地方林业公安机关列入国家公安序列，实行双重领导。这是我国中央级别的林业公安机构建立的开始，从此林业公安机关的机构建设和林业执法工作进入一个新的历史时期。

（二）1984～1998年：林业执法稳步推进阶段

20世纪80年代开始，我国实行“林业三定”工作。但遗憾的是，“林业三定”一度引发了全国性的森林乱砍滥伐，盗伐、滥伐、哄抢林木案件屡屡发生，破坏了我国森林资源，造成了森林资源的严重损失。在此背景之下，林业部设立了公安局。1985年10月，林业部与公安部联合召开了新中国历史上第一个林业工作会议，会议再次明确了林业公安工作是公安工作的一个重要方面；林业公安机关是公安机关的组成部分，是公安机关派驻林区的治安行政力量，主要任务是保卫森林资源安全，维护林区社会治安，保障林业生产建设顺利进行。林业部公安局的设立，林业公安会议的召开，明确了我国林业执法的主体和职能，规范了我国林业执法的行为，有利于林业执法向正规化、规范化方向发展。

这一阶段，我国林业执法主要围绕打击哄抢、盗伐和滥伐林木，非法猎杀、倒卖和走私国家重点保护野生动物，维护林区治安稳定等方面展开。

1. 部署专项斗争

1990年5月，中央政法委召开关于集中开展严厉打击严重刑事犯罪活动电话会议，林业部公安局开始部署全国林业公安机关开展“严打”斗争。从此，我国林业公安机关连年部署“严打”和专项斗争。如1991年11月，林业部公安局发出《关于认真开展反盗窃斗争的通知》，对盗伐林木、盗窃木材等犯罪活动进行重点打击。1992年10月，林业部公安局下发《关于组织开展冬春季节打击破坏森林资源犯罪活动专项斗争的通知》，重点打击哄抢、盗伐林木，非法运输木材，非法猎杀、走私、倒卖野生动物，报复、伤害执法人员等犯罪行为。1993年，全国林业公安机关先后组织两次专项斗争，打击破坏森林资源的违法犯罪活动。1994年，针对日益严峻的林区治安形势，国务院办公厅发出了《关于加强森林资源保护管理工作的通知》，林业部随之召开专门会议，决定在全国范围内开展1994年秋冬严厉打击破坏森林资源违法犯罪专项斗争。1996年，林业部公安局发出《关于认真贯彻“严打”斗争》的通知，在全国范围内部署开展打击破坏森林和野生动植物资源、危害林区社会治安的违法犯罪活动。1998年8月，国务院发出《关于保护森林资源直至毁林开垦和乱占林地的通知》；同年10月，最高法、最高检、国家林业局、公安部、监察部联合发出《关于开展严厉打击破坏森林资源违法犯罪活动的专项斗争的通知》，重点开展对毁林开垦，哄抢、盗伐和滥伐林木，盗窃木材，非法猎杀、倒卖和走私国家重点保护的野生动物，殴打、伤害执法人员等犯罪活动。这些专项斗争，严厉打击了破坏森林和野生动物资源的犯罪分子，破获了一批影响恶劣的重大、特大案件，使得林区治安有所改善，森林案件持续上升的趋势得到遏制。

2. 办理森林案件

1986年8月，林业部、公安部联合发出《关于森林案件管辖范围及森林刑事案件立案标准的暂行规定》，对森林案件的管辖范围做了具体规定，明确了林业公安机关管辖的11种森林案件。1987年9月，最高法、最高检联合制发了《关于办理盗伐、滥伐林木案件应用法律的几个问题的解释》。1994年5月，林业部、公安部正式发布《陆生野生动物刑事案件的管辖及其立案标准的规定》。这些立案标准和司法解释的出台，使得林业执法的标准更加明确，对于规范林业执法行为，加大林业执法力度，打击乱砍滥伐、乱捕滥猎犯罪，促使林业执法正规化、法治化具有重要意义。据统计，1986年以来，全国森林公安机关共办理森林和野生动物案件309万余起，查处案件299万余起，打击处理人员441万余人次，收缴木材1006万余m^3、野生动物1800万余头（只），涉案总额达234亿余元。

我国还在森林案件报告制度基础上建立了重特大森林案件督查制度，由林业部公安局和林业部、督查办具体负责。1989 年 2、3 月，鉴于乱砍滥伐森林问题严重，国务院办公厅分别发出了《关于当前乱砍滥伐森林情况的通报》和《关于云南省文山州不断发生重大毁林案件情况的通报》。当年，以林业部、督查办和林业部公安局名义，先后派 12 个工作组，分赴全国各地检查、督查大案查处工作。从 1993 年至 1998 年，仅林业部公安局负责督查重、特大森林案件共有 240 多起，成功侦破了“11 · 21”非法收购出售野生动物制品案、“11 · 28”非法收购运输出售猕猴案、“4 · 16”走私穿山甲片案、“5 · 17”非法买卖木材运输证案等大案要案，取得了良好的社会效果。

此外，为解决林业公安机关人民警察警源和对在职人民警察的教育、培训问题，1993 年 11 月，林业部决定将南京林业学校改建为南京警官学校。1994 年，经中央机构编制委员会同意，南京林业学校正式更名为南京人民警察学校，仍为林业部属中专学校。学校设有林业公安、治安管理两个专业，面向全国定向招收初中毕业生，主要培养林业公安管理人才和政工、刑侦、治安、预审等方面的专业人员。1998 年 7 月，经过 4 年学习，第一批招收的 148 名学员顺利毕业，充实到了林业公安基层机构。

（三）1998 年至今：林业执法全面提升阶段

1998 年新修的《森林法》，2003 年国家林业局、公安部发布的《关于加强森林公安队伍建设的意见》，从林业最高法律层面和林业、公安主管部门角度，对森林公安的性质、职能作出规定，指出：森林公安是国家林业部门和公安机关的重要组成部分，是具有武装性质的兼有刑事执法和行政执法职能的专门保护森林及野生动植物资源、保护生态安全、维护林区社会治安秩序的重要力量。我国森林公安执法行为更具权威性。2000 年 11 月，最高人民法院通过了《关于审理破坏森林资源刑事案件具体应用法律若干问题的解释》和《关于审理破坏野生动物资源刑事案件具体应用法律若干问题的解释》；2005 年 12 月，又通过了《破坏林地资源刑事案件司法解释》。这三个司法解释明确规定了破坏森林和野生动物资源和非法占用林地等犯罪定罪量刑的具体标准，为林业执法提供了明确的法律依据。2005 年 7 月，国务院办公厅颁布的《关于解决森林公安及林业检法编制和经费问题的通知》，将森林公安编制纳入政法专项编制序列，经费列入各级财政预算，长期制约森林公安生存发展的瓶颈问题也得到解决。森林公安队伍性质和职责的明确，林业刑事案件司法解释的出台，森林公安（检法）经费的落实，标志着我国林业执法进入全面提升阶段。

我国森林公安机关部署的一系列跨省区、大规模的专项行动，成为这一阶段的林业执法的显著特点。1999 年 4 月和 2000 年 1 月，分别针对我国青藏高原藏羚羊长期遭到大量猎杀和南方部分省（区）破坏野生动物资源违法犯罪活动十分猖獗的严峻形势，为保护国家野生动物资源，加大打击力度，威慑犯罪分子，国家林业局森林公安局分别组织青海、新疆、西藏三省（区）的森林公安机关开展了集中打击盗猎藏羚羊违法犯罪活动的“可可西里一号行动”和云南、广东、广西、福建四省（区）开展的“南方二号行动”。“可可西里一号行动”和“南方二号行动”是我国森林警方首次开展的跨省区、大规模的集中打击破坏野生动物资源违法犯罪的统一行动，得到国内、国际广泛关注，向世界展示了中国政府依法保护野生动物资源、履行国际公约的决心和能力。此后，国家林业局、森林公安局联合其他相关部门开展了一系列的专项行动。如 2000 年 12 月至 2001 年 2 月，配合国家天保工程，保证工程起好头、开好步，威慑违法犯罪的“天保行动”；2001 年 11 月至 12 月，打击一些大中城市非法收购、运输、出售国家重点保护动物及其制品的“猎鹰行动”；2002 年 12 月，打击在迁徙停歇地和栖息地张网捕鸟、投药毒鸟，公开买卖各种珍稀鸟类和非法加工经营鸟类的“候鸟行动”；2003 年 4 月，针对破坏野生动物资源违法活动有所抬头的“春雷行动”；2003 年 11 月，打击大量非法占用林地、林权纠纷和非法放牧等故意毁坏林木，以及团伙盗伐国有林区等犯罪活动的“绿剑行动”；2004 年 3 月，为防止禽流感病毒在野生鸟类和家禽之间传播，保护野生鸟类资源和国家生态安全的“候鸟二号行动”；2004 年 4 月，为加强保护藏羚羊，严厉打击非法捕猎、杀害、收购、运输、出售藏羚羊及其产品的“高原二号行动”；2006 年 11 ~ 12 月，为遏制破坏林地和野生动物资源违法犯罪上升势头的“绿盾行动”；2007 年 5 ~ 9 月，以保护森林和林地资源的“绿盾二号行动”；2008 年 3 ~ 5 月，集中打击破坏野生动物资源的“飞鹰行动”；2008 年 11 ~ 12 月，为保护鸟类资源，确保候鸟安全越冬的“候鸟三号行动”。这些专项行动，有力地打击了破坏森林和野生动物资源、非法占用林地等犯罪行为，确保了我国森林和野生动物资源的安全，对于树立良好的国际形象，促进林业可持续发展，保障国家生态安全起到了积极作用。

第三节　木材生产与林产工业

新中国成立初期，为了满足国民经济恢复和发展对木材的迫切需要，国家有计划地在黑龙江、吉林、内蒙古、陕西、甘肃、新疆、四川、云南等省（自治区）开发国有林区，习惯上称为东北、西北、西南国有林区；在贵州、广东、广西、湖南、湖北、福建、江西、浙江、安徽等省（自治区）发展南方集体林区。新中国成立60余年来（截至2011年），国有林区先后建立了135个国有林业局，南方集体林区建立了158个产材县，累计为社会提供木材60多亿m^3。其中，累计提供商品材29.56亿m^3，竹材2113157万根，锯材86395.43万m^3。目前，我国的人造板、松香等产品的产量已跃居世界首位，60多年来（截至2011年）共为社会提供人造板108646.43万m^3，松香2137.26万t，栲胶106.69万t，紫胶6.46万t。

一、木材生产

木材生产是收获木材的生产过程，与木材加工、林产化学加工组成森林工业，也是森林工业的基础生产部分。木材生产大体可分为森林采伐、木材运输和贮木场三个生产阶段。木材运输分为陆运和水运，而陆运中又可分为森林铁路运材和汽车运材。

（1）在采运技术设备方面。新中国成立之初，我国森林采伐运输十分落后，除了在东北林区有少部分窄轨森林铁路外，其他生产作业基本上完全采取人工操作，如用伐木斧或弯把锯采伐，用框锯造材，用牛牵引爬犁或滑道集材（少数伐区也有用平车集材），靠人抬肩扛将木材装车，因此生产效率低，木材损失浪费大。20世纪50年代初期，我国开始引进苏联、民主德国等国家的集材设备和技术。1956年，林业部在黑龙江省带岭林业实验局召开全国木材生产机械化现场会，对全面引进国外采伐、集材、运输、贮存及作业方式等技术和设备，以及对林木采伐作业方式、生产手段等改革，起到了很大的推动作用。例如从国外引进先进技术设备，开始用油锯、电锯伐木、造材，用打枝机打枝桠，用履带式拖拉机或动力架空索道集材，用汽车、森林机车、拖拉机或机动船运材，用起重机或绞盘机装车、卸车、归楞，由原木生产工艺转为原条生产工艺。至60年代中期，贮木场也开始使用抛木机、木材抓具和固定造材锯机，使森林工业主要工序基本实现机械化作业。

（2）在森林采伐管理方面。1950年，中央人民政府政务院发布《关于全国林业工作指示》，提出采伐林木要制订合理的采伐计划，任何单位不得自行采伐。这一时期，全国各大区以及各省、自治区都对森林采伐做了原则规定。如1949年东北林务管理局公布实施《东北国有林暂行伐木条例》，规定采伐国有林应取得采伐许可证。1950年，福建省颁布实施《福建省山林保护及管理暂行办法》，规定采伐公有林或私有林应当于采伐前填伐木申请书，提交更新造林计划，呈请当地政府核准，取得采伐证后方可采伐。鉴于南方林区的现实状况，国家对其实施“中间全面管理，两头适当控制”的政策，使得在南方林区凭证采伐林木的制度基本没有实施。1956年，林业部专门针对国有林区颁发了《国有林主伐试行规程》，规定了森林的主伐年龄和采伐量，采伐方式为连续带状皆伐，每3～5年采1次，以及采伐国有林必须申领林木采伐许可证。1960年，经国务院批准，林业部发布了《国有林主伐试行规程（修订本）》，进一步对国有林采伐作了比较详细的行为规范。例如，规定森林年采伐量要以林场为单位，把长期经营、永续利用作为重要原则；采伐采取等带间隔皆伐、连续带状皆伐、块状皆伐、单株择伐和块状择伐等多种方式；森林更新要以人工更新为主，天然更新为辅，当年采伐当（次）年更新；采伐国有林必须提交采伐更新设计文件，由上级主管机关批准后方可采伐，但取消了1956年《规程》中关于采伐国有林须申领林木采伐许可证的规定，用伐区拨交验收制度取代了林木采伐许可制度。1973年，农林部在前两个规程基础上又修订并颁发了《森林采伐更新规程》，将规程的实施范围由国有林扩大到集体林，规定集体林采伐要参照国有林办法；规定将单纯主伐改为森林采伐，对成过熟林实行采育择伐、经营择伐、二次渐伐和小面积皆伐，对中幼龄林实行抚育间伐；森林更新方式为人工更新为主、人工更新和天然更新相结合。1987年，经国务院批准林业部发布《森林采伐更新管理办法》，针对之前规程中出现的对森林采伐量缺乏有力控制、采伐方式不尽合理等问题作了修订和补充。新的管理办法根据《森林法》，将森林采伐和更新管理纳入到依法治林的轨道，规定全民、集体和个人所有的森林、林木的采伐和更新都必须遵守该《办法》；森林采伐范围、采伐不准超过限额及不准超过采伐证规定数量；要严格控制皆伐，在采伐带、采伐块之间均应保留相当于采伐面积的林带、林块；森林采伐要凭证采伐和对采伐更新进行检查验收。

1987年的《森林采伐更新管理办法》中建立森林采伐限额制度是森林采运业上一项重大的变革。从1949年至20世纪80年代中期的几十年中，我国木材生产计划很大部分都是通过“层层加码”或者巧立名目的方式进行的，客观上森林采伐处于无计划状态，这不仅造成森林严重过伐，同时也妨碍了国家木材生产和供应的统一计划管理。因此，从客观上需要国家制订统一的木材生产计划，实行全国木材生产计划“一本账”管理。1984年颁布的《森林法》开始明确规定，年度木材生产计划不得超过批准的年度采伐限额。随后颁布实施的《森林法实施细则》更明确规定，任何单位和个人对自己所有或经营的林木进行任何形式的采伐，都必须纳入到国家的年度木材生产计划。年度木材生产计划经国家批准后下达，是控制全国总采伐量的法定指标。在具体管理措施上，实行林木凭证采伐和木材凭证运输制度。林木凭证采伐，即把单位和个人分散采伐林木的数量纳入到国家年采伐限额和年度木材生产计划中去，采伐许可证由林业主管部门根据采伐林木者的申请，依据现有可采森林资源和木材生产计划发放，采伐者取得采伐许可证后，才可按规定内容进行采伐，并及时完成更新任务。木材凭证运输，即从林区运出的木材，除国家统一调拨木材外，都必须持有林业主管部门发给的运输证件，依法发放的木材运输证从木材起运点到终点全程有效。木材运输许可制度可保障林区木材运输正常秩序，防止非法采伐的木材进入流通领域。林木凭证采伐制度和木材凭证运输制度配合实施，能够较好地监督采伐计划的执行，更好地保护森林资源合理有效利用。

为落实年森林采伐限额制度，国务院先后批准了全国各省（自治区、直辖市）“七五”至今的年森林采伐限额。年森林采伐限额即每年采伐胸径 5cm 以上（含）林木蓄积的最大限量。“八五”期间，还照消耗结构将年森林采伐限额分为商品材、农民自用材、培植业用材、烧材等分项限额，以往实行的木材生产计划作为采伐限额总量中的商品材采伐量限额，成为其中的一个组成部分。1998 年，针对各地林木采伐年度在时间上的混乱，开始实行统一的林木采伐年度，规定全国统一为每年 1 月 1 日至 12 月 31 日，森林采伐限额、森林总采伐量计划指标和木材生产限额计划的年度执行期与林木采伐的年度一致，禁止跨年度使用。

1998 年特大洪灾之后，针对新形势下保护生态环境和天然林资源的需要，国家开始加强对木材生产计划的管理，严禁超过批准的商品材限额下达木材生产计划和超木材生产计划采伐林木。2000 年以后，国家开始实施天然林保护工程，加快推进由采伐利用天然林向采伐利用人工林转变，要求各地切实加强对木材生产计划的管理，严禁超过批准的商品材限额下达木材生产计划和超木材生产计划采伐林木。对列为东北、内蒙等重点国有林区天然林保护工程区的单位，要严格按照方案调减木材产量，坚决停止禁伐区的一切采伐活动；划为限伐区的，严格按照规定的采伐方式和强度作业。对纳入长江上游、黄河上中游天然林保护工程区的单位，严禁任何形式的天然林商品性采伐。2008 年，国家开始实施集体林权制度改革。现行的森林采伐管理与落实林农处置权的要求和森林经营的矛盾日益突出，特别是采伐申请程序复杂、渠道不畅，指标分配不合理、不及时等问题日趋明显，为此国家林业局开始开展了森林采伐管理改革试点工作，目前这项工作正在进行之中。

二、木材加工

木材加工业包括制材、人造板（胶合板、纤维板、刨花板）、家具制造和木制品生产等。在森林工业中，木材加工与林产化工同为森林采伐运输的后续产业，是木材资源综合高效加工利用的重要部门。新中国成立前，我国木材加工业起点很低，全国仅十几家胶合板厂和几家防腐厂，生产规模很小。新中国成立后，我国木材加工业开始发展，逐步形成了木材加工业体系。按历史发展进程来看，从新中国成立到1958年是以原木生产为主的阶段，木材加工业只有锯材和少量的胶合板。1959年开始有了硬质纤维板，1962年有了刨花板。1978年改革开放后，随着国外先进技术和设备的引进，我国木材加工业得到长足进步。到2011年，我国锯材年产量达4460.25万m^3，比1950年344万m^3增长了十几倍。人造板产量增长更快，1950年只有胶合板1种产品，产量为1.7万m^3；2011年人造板产品包括胶合板、纤维板、刨花板，总产量达20919.29万m^3，增长了1万多倍。

1. 锯材

新中国成立前，我国锯材厂（锯木厂）大部分设在东北林区。1948年东北解放后，东北林务总局把日伪时期遗留下来的40多个制材厂，调整合并为28个，分别归口林业有关部门管理。此外，还有一部分锯材厂设在沿海大、中城市。新中国成立后，在恢复国民经济和“一五”期间，我国木材加工业主要发展制材工业，生产锯材。1952年，东北人民政府农林部成立东北制材工业管理局，统一管理制材企业。1953年，林业部重点抓东北林区旧有制材厂的调整和改造，提高企业的经营管理水平，挖掘生产潜力。同时，在南方重点生产木材省（自治区）建设一批制材厂。各地区和其他工业部门也纷纷建设制材厂，结果使制材能力过剩，制材厂的布局也不尽合理。1954年，全国制材能力达到900万m^3，而当时的加工任务仅700多万m^3。新建的制材厂有60%分布在大、中城市，需要从很远的林区运输原木，浪费很多运输力。针对这个问题，林业部于1955年4月向国务院写了报告，经国务院批准后，盲目建厂的情况得到基本控制。1956年，对城市制材工业进行了一次整顿。“大跃进”期间，我国木材产量猛增，促使林区的制材工业迅猛发展，仅东北林区就新增锯材生产能力100万m^3。此后，在国家的计划安排下，林业部先后颁布并适时修订了国家统一的锯材标准，建立健全了各项规章制度，推广合理下锯法，陆续制定了各项经济技术定额指标。1978年以后，又大力引进了国外先进技术和设备，锯材产业得到长足进步。

2. 纤维板

我国纤维板工业起步于20世纪50年代末期。1956年冬，林业部派专家考察团到瑞典、挪威、芬兰三国考察提高木材利用率问题，建议学习三国经验，利用木材采伐和木材加工的剩余物发展人造板生产。1958年8月，国家经济委员会提出大力发展人造板工业的意见；同年，从瑞典引进成套年产1.8万m^3的湿法硬质纤维板设备。1959年，又从波兰引进了4套1.5万m^3湿法硬质纤维板成套设备。这5套设备分别于20世纪60年代中期至70年代初建成投产，成为我国纤维板生产的骨干设备。1959年，林业部确定了发展木材综合利用，并以纤维板为主的技术政策。60年代初，国家组织技术力量以引进的设备和工艺为样板，结合国情自行设计制造了年产2000m^3和5000m^3的湿法硬质纤维板成套设备。自1966年投产并在全国迅速推广后，以棉秆、蔗渣、稻草、芦苇和葵花子壳等非木质作物和灌木为原料的年产2000m^3纤维板亦纷纷建成投产。经过多年生产实践和技术改造后，纤维板工业日益完善，自成体系，从单一产品发展到多品种。在纤维板的深度加工和应用方面，也有了新的发展。1980年起，国家开始有计划、有重点、有步骤地对人造板企业进行技术改造，许多纤维板企业由减法制浆改为热磨机械制浆，相应更新了主机和辅机配套。至1985年，我国建成投产的硬质纤维板厂（车间）达300多个，总设计能力达100万m^3左右。

1965年，林业部下达科研任务，在上海建设人造板厂，研制国产年产5000m^3湿法软质纤维板的生产工艺和设备，并于1971年年初正式投产。经过多年实践和改进，至20世纪80年代中期，该厂年产软质纤维板1万m^3。80年代，广州纤维板厂也建成一条生产能力为年产5000m^3的湿法软质纤维板生产线。

此外，我国还于1979年从美国引进一套具有当时国际先进水平的年产5万m^3的中密度纤维板成套设备，建立了福州人造板厂，并于1986年正式投产。从瑞典引进的年产5万立方米中密度纤维板成套设备，部分主机从瑞典引进的年产1.5万m^3的中密度纤维板生产线也于1986年建成投产。经过10年的快速发展，中密度纤维板成为我国纤维板制造业的主要产品，至1996年，我国已投产的中密度纤维板厂48家，生产能力113.8万m^3。

3. 刨花板

我国刨花板是从1958年开始研制的，自力更生建设了北京市木材厂刨花板车间，1962年开始投产。但由于工艺和设备没有完全过关，加上当时的胶料供应不足，影响了刨花板的发展，至1977年前，我国刨花板的年产量始终徘徊在2万~3万m^3，质量也不稳定。1978年后，刨花板工业开始长足发展，一方面引进了联邦德国的成套设备和技术；一方面组织力量进行攻关，陆续建成年产3万和5万m^3的成套设备。1986年，已经建成的和在建的刨花板生产能力达到42万m^3（使用价值相当于增产原木126万m^3）。

4. 胶合板

新中国成立前，胶合板技术已经由俄、英、日等国的商人于20世纪初在上海、天津、东北等地以办厂的方式传入我国。当时，采用东北的椴木和进口的柳桉和北美黄杉为原料，胶料大部分采用天然蛋白质的血胶和豆胶，生产方式有干冷压法和湿热压法。但生产规模小，产量低，1949年全国胶合板产量不到1万m^3。新中国成立之初，全国17家小胶合板厂经过调整改造后，提高了生产能力。1953年和1954年，先后又在哈尔滨和北京各新建1家胶合板厂。“一五”期间（1953~1957年），从日本、芬兰、捷克斯洛伐克等国引进胶合板主机，改建、扩建了哈尔滨、长春、北京、成都、天津、上海等地的胶合板厂。采用椴木、水曲柳和桦木为原料，生产方式由冷压转向热压，由湿热压转向干热压，形成了适合我国特点的胶合板工艺和技术，生产能力得到了发展。1957年，全国胶合板产量已近7万m^3，并从1955年起开始出口椴木胶合板。20世纪50年代末，我国又生产出合成树脂胶，胶合板材树种也扩大到马尾松、云南松、木荷、海南材等。“二五”期间（1958~1962年），为了适应出口和国内建设的需要，改建、扩建了一批胶合板厂，并在东北和北京、福建、江西、湖南、广东、广西、云南等省（自治区、直辖市）新建成了一批胶合板厂，提高了胶合板的生产能力。到1964年，我国胶合板产量已达14万m^3。60年代，在国民经济“调整、巩固、充实、提高”时期，对已建厂进行了填平补齐的改造。1965年12月，林业部在南京召开木材综合利用技术会议，强调建立样板厂，提高人造板生产技术水平。会上安排建设上海木材一厂的胶合板车间和北京市木材厂的胶合板车间为胶合板样板车间。对胶合板生产连续化、芯板整张化和主要设备的改进做了探索，以求进一步缩小与国外先进水平的差距。“文革”期间，胶合板生产发展较为缓慢。

1978年以后，林业部根据国民经济调整方针，提出大搞木材综合利用的原则，制定了木材综合利用的发展规划，并把木材综合利用投资专列一项。同时，国家每年拨出技术改造专款，用于木材加工企业的技术改造，扶持发展木材加工工业。1981~1983年，以提高生产能力、产品质量和经济效益为中心，改造了一批胶合板厂，使胶合板的生产能力提高了一倍。“六五”期间

(1981～1985年)，国家又引进了国外先进技术和设备，改造了一批胶合板厂。1985年，长春胶合板厂引进了日本胶合板生产连续化、芯板整张化和薄表板厚芯板的工艺、技术和设备，进行改造、消化后，以促进我国胶合板生产技术水平和产品质量的提高。通过胶合板厂的技术改造，还开发了胶合板车厢地板和竹材胶合板等新品种。“六五”期间，我国还采用国外先进技术设备，在无锡、青岛与外商合资建厂，在长沙建设了大型胶合板车间。至1986年，我国胶合板产量达61.1万m^3。20世纪90年代后，我国胶合板工业通过引进外资、技术改造等方式，又先后新建和扩建了一批大型胶合板生产企业。至1995年，我国胶合板年产量达137.37万m^3，占人造板产量的30.5%，胶合板成为人造板工业的主导产品。

三、林产化工

林产化工是以林产品为原料进行加工和利用的工业，是森林工业的重要组成部分之一。林产化工的主要产品有松香、栲胶、紫胶、纸浆、纸、纸板、单宁酸、芳香油、活性炭等。新中国成立以来，我国林产化工作为一项工业得到迅速发展。

1. 松香

松香是一种天然化工原料，是我国林产化工业最为重要的产品，广泛应用于轻工、化工、军工、医药等行业。新中国成立之前，我国松香年产量已达16260t。新中国成立之后，松香产业迅速发展。1951年，我国松香产量达到22851t，1956年产量突破10万t，1969年突破20万t，1980年突破30万t，2010年年产量高达120多万t。新中国成立60余年，累计生产松香2137万多t。我国是世界第一大松香生产国，也是世界第一大松香出口国。我国松脂加工技术也取得很大进步。在新中国成立之初的三年经济恢复时期，只有一家蒸气法加工厂，其余全是直接火滴水法。至20世纪80年代初，凡具有一定规模和条件的工厂，基本上已技术改造成为蒸气法加工。

由于松香是我国传统大宗出口商品，为了保护松香资源，保障供给，满足出口和国内需要，1981年，国家改变了由林业部门管生产、商业部门管国内销售、外贸部门管出口的局面，改为由林业部门统一经营。1987年，林业部又与国务院其他部委共同研究后，发出了《关于加强松香管理的联合通知》。通知决定：出口和内销计划均实行地方林业部门统一供货；计划确认后各级政府和部门不得层层加码；松香调运实行发放通行证制度；整顿生产企业；发放生产许可证等。同时，林业部专门制定了《脂松香生产许可证实施细则》和《脂松香生产许可证对企业质量保证体系的考核标准》。由于松香生产长期多头经营，抬价抢购，重复建厂，幼树采脂等现象严重，导致产品质量下降，出口的产品甚至因质量发生索赔，国际信誉下降，因而1990年起，我国松香开始出现积压现象。

1992年，林业部成立了振兴松香产业工程领导小组，提出了振兴松香产业的指导思想：原料从依靠天然林的次生林为主转变到以高产优质的人工林为主；产品结构从以松香初级产品为主转变为以松香深度加工为主；企业管理从粗放经营为主转变为依靠科学实行集约经营为主。并且，编制了松香产业科技发展规划，共列科研课题30项。

时至今日，我国的松香产量与出口量稳居世界第一，却面临着量大而利薄、量大而竞争力不强的窘境。我国松香资源丰富，用于采脂的树种主要有马尾松、云南松、思茅松、湿地松、油松、火炬松等，根据第七次全国森林资源清查结果，资源总面积达2106.74万hm^2。我国以脂松香、松节油及其深加工产品、木质活性炭、香精香料等林产化工产品为主的工业体系比较完善。但近些年，受自然灾害、发展人工桉树、过度采脂等多种因素的影响，我国松树资源呈逐年下降趋势，第七次全国森林资源清查间隔期内松树资源面积减少达395.23万hm^2。适宜并具备采脂条件的资源实际并不充裕。

在深加工产品上，目前我国松香企业生产的产品附加值较低，深加工利用率仅为40%，造成我国天然资源的巨大浪费。相比之下，欧美等发达国家对松香的深加工利用率接近100%。我国松香企业由于技术含量较低，大部分是常规产品如歧化松香、聚合松香、氢化松香、松香甘油酯、松香季戊四醇酯等老产品。我国松香行业很大程度上是低端产品的重复生产，歧化松香、松香树脂等产品的产能严重过剩，企业往往以价格作为竞争手段，从而导致一系列的恶性竞争。目前国内松香加工企业大约有500家，而深加工企业却不足200家。尽管目前我国是脂松香出口量最大的国家，占世界贸易量的60%左右，但许多发达国家从我国进口原料松香，经过一系列加工后产品又高价销售回中国，这对我国的资源保护和经济发展十分不利。

要改变我国松香产业的小而不强、缺乏核心竞争力的局面，只有走科技创新的道路，松香生产企业只有与科研单位加深合作，尽快走出低技术含量、低门槛产品重复生产的局面，松香行业才可能真正变强变大。

2. 栲胶

我国栲胶工业最早开始于1942年陕西石泉县的一个小厂。新中国成立之初，全国也只此一家栲胶厂，设备落后，产量少质量差。1957年，我国栲胶厂增至3家，年产栲胶1633t，仅为全国需求量的十分之一，国内使用栲胶基本依赖进口。为了改变这种状况，国家开始有计划地新建栲胶厂。1956年从民主德国引进年产5000t的栲胶生产成套设备，并于1960年正式投产。至1967年，全国栲胶厂增至14家，年产栲胶14320t。1978年以后，我国栲胶生产又有新的发展，栲胶产区发展到19个省（自治区），其中广西、内蒙古两省（自治区）产量最高。

3. 紫胶

紫胶是紫胶虫吸取寄主树树液后分泌出的紫色天然树脂，也是我国林产化工的重要产品。我国紫胶工业是从新中国成立之后开始发展起来的。1956年，云南昆明虫胶厂建成投产，这是我国第一家紫胶厂。但当时产量少；质量差，国家所用的紫胶主要靠从印度进口。经中国林科院紫胶研究所与四川、广西、广东、福建、江西等省（自治区）林业科技人员的多年努力，紫胶虫越冬保种技术取得成功，紫胶产区由云南扩展到四川、广东、广西、福建、江西等省（自治区），紫胶生产不断扩大。

第四节　其他林业产业

近年来，在传统林业产业发展的同时，森林旅游、花卉、竹林、能源林等非木质产品林产业迅速增长。

一、森林旅游

森林旅游是指利用和依托森林的生态环境和自然条件，在林区内进行的旅行及游憩活动。我国森林旅游资源丰富，截至2010年，共建立各类森林公园2583处，总面积1677万hm^2，其中国家级森林公园740处、国家级森林旅游区1处，经营面积1152万hm^2；共建立各类自然保护区2012处，总面积1.237亿hm^2，其中国家级自然保护区247处，面积7597.42万hm^2。这些森林公园和自然保护区形成了丰富多彩、类型各异的森林旅游资源，为我国森林旅游业的发展奠定了坚实基础，有力地支撑了国家生态建设和自然保护事业的发展。张家界、千岛湖、流溪河、太白山、琅琊山等森林公园已经成为中国著名旅游胜地，吸引了大量的中外游客。仅2008年，我国森林公园共接待游客2.74亿人次，直接旅游收入达187.37亿元。据测算，2008年度全国森林公园共带动社会综合旅游收入1400多亿元，有173处森林公园旅游收入超过1000万元，24处超亿元，森林旅游产业使全国2700个乡1.2万个村近2000万农民受益，带动森林公园周边4654个村脱贫，直接吸纳农业人口就业数量近50万个。

作为新兴的林业产业，我国森林旅游起步于20世纪80年代初期。1980年8月，林业部发出了《关于风景名胜区国营林场保护山林和开展旅游事业的通知》，指出：风景名胜区的国营林场和有条件的自然保护区，可以根据具体情况“采取不同形式积极开展旅游事业”。同年11月，林业部在山东泰安召开了开展森林旅游座谈会，对国营林场开展森林旅游做了部署。1981年6月，国家计委在北京召开有林业部、国家旅游总局等单位参加的座谈会，认为兴建森林公园，开展森林旅游，在我国还是个空白点，应该积极兴办，并明确由林业部门主办，旅游部门大力支持。不久，林业部经过调查和探讨，提出了在有条件的国营林场兴建森林公园的报告，报国家计委批准。从此，拉开了我国森林公园建设和森林旅游业发展的序幕。

1982年9月，我国第一个国家森林公园——张家界国家森林公园建立，成为我国森林旅游业的开端。此后，林业部相继批准建立了一批国家森林公园，至1992年，经过10年建设，我国森林旅游业初步发展起来，经林业部批准建立的森林公园达255个，各地审批建立的97个，森林公园形成接待3000万人的能力，累计接待中外游客1.1亿人次，拥有接待床位近万张，张家界、千岛湖、嵩山、琅琊山、流溪河等一批较早建立的国家森林公园基本形成交通、通讯、游娱、吃住、购物一条龙服务体系，成为旅游热点。张家界国家森林公园还于1992年通过联合国教科文组织检查，列为世界自然遗产目录，成为世界性的自然风景区。1992年8月，林业部在大连召开全国森林公园暨森林旅游工作会议，总结了森林公园、森林旅游10年的工作情况，并对未来工作作了部署。同年，林业部组建、成立了森林公园管理办公室和中国森林旅游管理服务中心，各省（区、市）也相继成立森林公园（旅游）管理部门，海南、新疆、四川、武汉、大连、重庆、安徽黄山等地林业部门还率先成立了森林旅行社。这一时期也出现了一些在森林旅游区内大规模的修路、盖房和建设许多现代化设施，大量占据土地，破坏景观协调和自然风光的建设性破坏现象，森林公园（旅游）管理上存在一些问题。鉴于此，1994年1月，林业部颁布了《森林公园管理办法》，明确了森林公园的主管机构和各级森林公园的管理机构、管理权限、管理范畴以及建园的基本条件和审批程序，提出森林公园的开发建设方式及基本建设的要求。森林公园（旅游）

管理机构的设立，《森林公园管理办法》的颁布实施，对于促进森林公园规范化、法制化管理，推动森林旅游业的发展具有重要意义，我国森林旅游业的发展也由此迈上一个新的台阶。据统计，“八五”期间，我国森林旅游业得到长足发展，森林公园接待游客近2亿人次，旅游业收入10多亿元，经济效益明显。森林公园还发挥着保护和改善环境、保护自然历史遗产的作用。张家界国家森林公园连续多年举办了国际森林保护节，唤起了人们保护生态、生存环境的意识，产生了良好的社会影响。

1996年，全国已建立森林公园811处，规划经营面积720万hm^2，开辟自然保护区的旅游小区32处，开放狩猎场、野生动物园等其他森林旅游区45处，总经营面积达900万hm^2，全国成立森林旅行社（公司）36个。许多地方政府也把森林公园（旅游区）建设纳入当地经济发展计划，森林旅游业快速发展。1997年，在森林公园（旅游区）硬件设施如公园道路、水电、通讯等基础设施和宾馆、商店、娱乐中心等旅游服务设施全面加强的基础上，林业部开始在全国开展了创建“文明森林公园”活动，对森林公演（旅游区）的软件管理建设提出了更高的要求。1999年，国家旅游局确定该年为“生态环境旅游年”，各地也借机推出了一批生态旅游产品，在我国展开了轰轰烈烈的森林生态旅游实践活动。如湖南张家界国家森林公园举办了国家森林保护节，浙江千岛湖国家森林公园推出“好山好水好空气，千岛碧水生态游”活动，重庆仙女山国家森林公园举办了“重庆市1999生态环境游首游式暨新婚夫妇爱之旅”活动，北京绿色度假村、浙江富春江国家森林公园、宁夏六盘山森林公园、黑龙江牡丹峰国家森林公园、陕西太白山国家森林公园、安徽琅琊山国家森林公园等也都相继举行和推出了一系列的活动。我国森林旅游由此获得长足发展，以国家森林公园为骨干，国家、省和市（县）级不同层次的森林公园森林旅游发展框架体系基本形成。据统计，“九五”期间(1996~2000年)，全国森林公园接待的森林旅游人数达到2.78亿人次，其中国外旅游者人数由1996年的51万人次增加到2000年的150万人次；全国森林公园以门票为主的直接旅游收入达到45亿元，是“八五”期间收入10.4亿元的4.3倍。全国涌现出一批年直接旅游收入超千万的森林公园，各地通过多种方式平均每年筹集直接投入到森林公园建设和森林旅游发展的资金数量超过10亿元，平均每年实现森林旅游的社会综合产值达200亿元，直接和间接创造各种就业机会约350万个。

进入21世纪，我国森林公园建设和森林旅游业发展稳步快速推进。2000~2010年，我国森林公园总量从1078个增加到2583处，翻了一番多，年均增长约150个；国家级森林公园从344个增加到740个，增加了396个，年均增长近40个。森林公园的快速建设，使我国一大批珍贵的自然文化遗产资源得到有效保护，有力地促进了国家生态建设和自然保护事业的发展。与此同时，我国森林旅游产业发展壮大，据不完全统计，"十五"期间（2001~2005年），全国森林公园旅游人数达6.32亿人次，直接旅游收入达260亿元，累计投入资金250多亿元；"十一五"期间（2006~2010年），全国森林公园共接待旅客14.79亿人次，直接旅游收入980多亿元，综合旅游收入7700亿元，提供就业岗位280多万个，累计投入建设资金220多亿元，有力地促进了不少边远地区道路、交通、通讯、水电和城镇建设的发展。森林公园的综合效益得到社会广泛认可。森林公园逐步成为人们休闲度假、游览观光、回归自然等户外活动的首选目的地，森林旅游产业逐步成为林业产业中最具活力和最具发展前景的新兴产业。此外，在国家实施天然林保护工程后，森林利用方式和发展理念也在迅速转变，我国的森林公园建设和森林旅游事业走出了一条不以消耗森林资源为代价，又能充分发挥森林的社会、经济、生态三大效益，促进林业全面可持续发展的新路子。森林旅游业已成为林业产业中最具活力和最有希望的新的经济增长点，被誉为正在崛起的"朝阳产业"。2009年10月，国家林业局、国家发改委等单位联合印发的《林业产业振兴规划（2010~2012）》中，明确将森林生态旅游作为今后林业产业发展的重点。目前，国家林业局和国家旅游局正在共同制定《全国森林旅游发展规划》，我国森林旅游业必将迎来新发展高潮。

二、花卉

花卉有狭义、广义之分。狭义的花卉是指可供观赏的鲜花、切花；广义的花卉除了可供观赏的鲜切花之外，还指盆栽、观叶植物、花灌木、地被草坪等。花卉产业即指从事花卉育种、种植、加工、运输、销售，以及与之相关的其他辅助行业。

我国花卉种植、栽培历史悠久。《周礼·天官》就有"园圃毓草木"的记载；《诗经》也有很多花卉描写，如"棠棣之华，鄂不韡韡""芄兰之支，童子佩觿""彼泽之陂，有蒲有荷""维士与女，伊其相谑，赠之以芍药"；《楚辞》中提到的花卉也很多，如"白苹兮骋望""播芳椒兮成堂""辛夷楣兮药房""罔薜荔兮为帷""缭之兮杜衡"等。后世更出现众多的花卉植物著作，如晋嵇含《南方草木状》、唐李德裕《平泉山居草木记》、宋周师厚《洛阳花木记》、明王象晋《群芳谱》，这些著作既记载了我国众多的花卉品种，还总结了花卉的栽培种植经验。我国花卉资源丰富，有“世界园林之母”的美誉。原产于我国的观赏植物达100多科、500多属、1万~2万多种，当今世界上许多名花如牡丹、梅花、菊花、百合、山茶、杜鹃、月季等均原产我国。欧洲重要观赏植物杜鹃花，全世界共有800多种，而我国就有600多种；山茶花全世界常见栽培的只有几种，我国却有100余种，仅最稀有的金花茶就有10多种；报春花全世界约有450种，我国就有390种；百合花世界有100多种，我国有60余种。但是由于历史、社会的诸多原因，历史上我国花卉生产长期处于自发分散状态，没有发展成为比较成规模的商品化生产阶段。

新中国成立之初至改革开放之前，我国的花卉栽培大多也只是在传统产区零散进行，因而发展缓慢。1958年，中央提出改造自然环境，逐步实现大地园林化，种植观赏植物美化全中国的号召。为迎接1959年建国十周年庆，各地园林部门还多方试验，精心培育花卉植物，这成为新中国花卉事业的发轫。1960年7月，在中国园艺学会召开的第一次全国花卉科学技术会议和1961年12月在北京举办的第一次梅花学术座谈会，明确了花卉植物的意义，确定了花卉生产化、大众化、科学化、多样化的发展方向。在“大跃进”和“文革”期间，花卉事业一度受到“左”倾思想的影响而遭到破坏。十一届三中全会后，我国花卉事业开始恢复。20世纪80年代初，我国农村政策好转，在普遍推行家庭联产承包责任制之际，农民可以在自家责任田上自由种植花卉，此外，一些地方的国营苗圃、林场开始尝试花木经营。到1984年，全国花卉生产面积1.4万hm^2，产值6亿元，出口额约200万美元。但由于当时我国花卉产业处于无组织的传统分散生产状态，因此整个行业规模小、品种杂、产品质量不高。

1984年11月，我国成立了中国花卉协会，主要负责研究花卉生产的方针、政策，统一规划，协调全国花卉生产、销售、科研和出口工作。协会的办事机构设在当时的农牧渔业部。中国花卉协会的成立标志着我国花卉产业进入新的发展阶段。1985年12月，中国花卉协会召开第一次理事会，拟订了花坛科研“七五”规划方案，起草了花卉资源调查提纲，并积极筹建花卉生产基地。此后，林业部成立了林业花卉协会，其他部委和全国各地的花卉协会也相继成立，花卉生产开始进入有组织发展阶段，花卉生产、市场和流通日趋活跃，生产规模、产品质量逐步提高。到1996年，我国花卉种植面积达7.5万hm^2，产值48亿元，出口创汇6000多万美元。

经过十几年的发展，我国形成了苗木、切花、盆花、盆景、观叶植物协调发展的花卉产业格局，中国也成为世界花卉生产和出口国之一，在世界花卉市场上占据一定份额。1996年10月，为了适应发展需要，便于开展工作，中国花卉协会的业务主管部门由农业部转换到了林业部。此外，1995年12月，由中国花卉协会组织以八部委的名义制订并下发了《全国花卉业“九五”计划》。1996年10月，林业部在北京组织召开了首届全国花卉工作会议，全面部署了“九五”期间（1996~2000年）花卉业发展的目标和任务。此后，我国花卉生产快速发展，产品质量稳步提高，区域化布局初步形成，花卉业业已成为一项前景广阔的新兴产业，同时也成为农业产品结构调整、发展高效现代农业的重要途径。到2001年，全国花卉生产面积达24.6万hm^2，销售额215.8亿元，出口额8亿美元，鲜切花产量更是由20世纪80年代的空白发展为37亿支。至此，我国花卉业生产面积已居世界第一，占世界生产总面积的三分之一。

进入新世纪以来，随着经济全球化的逐步深入，花卉生产由高成本的发达国家向低成本的发展中国家进一步转移，特别是在我国经济社会不断发展、花卉需求不断扩大的新形势下，花卉生产面积大幅增加。但与此同时，同世界花卉业发达国家相比，我国花卉业也存在着大而不强的问题。首先，我国的花卉品种自主知识产权很低。如云南省是我国选育花卉新品种最多的省份，占全国选育花卉新品种总数的80%以上，但成功选育的花卉新品种却只有145个，其中54个获得了植物新品种权证书，只有3个获得国际授权。由于没有自主知识产权，因此我国所生产的花卉，需要向国外育种商缴纳高额种苗费和专利费。其次，我国花卉国内需求不足。每年我国花卉的消费总量20亿枝左右，人均年消费不到2枝，而发达国家如日本人均每年300支，法国100支，美国40支。由于人均消费量低，因而我国花卉的消费层次也非常低，鲜花消费的品种绝大多数都是常见的玫瑰、康乃馨、百合、非洲菊等，这些品种很多都是国外育种商已使用多年的品种，有的在国外已属于淘汰的品种。基于国内长期、低层次的消费，国内花商和花农也没有尽快更新花卉品种的动力，很多花农多年来都种植同一品种的花卉。再次，我国花卉业与世界主流消费市场尚有一定差距。由于我国花卉产品质量非常低，缺乏国际竞争力，进入不了国际主流消费市场，因而我国花卉年出口额目前也仅为5亿美元左右，只占世界花卉消费总额2000多亿美元极小的一部分。鉴于以上种种问题的存在，我国花卉产业目前正处于由数量扩张向质量提高、由资源依赖向创新驱动、由生产推动向消费拉动转变的新的发展时期。

截至2010年，我国花卉种植面积91.8万hm^2，销售额862亿元，出口额4.6亿美元；花卉市场2865个，花卉企业5.58万个，其中大中型企业1.08

万个；在产业格局上，基本上形成了以云南、北京、上海、广东、四川、河北为主的切花生产区域，以山东、江苏、浙江、四川、广东、福建、海南为主的苗木和观叶植物生产区域，以江苏、广东、浙江、福建、四川为主的盆景生产区域，以四川、云南、上海、辽宁、陕西、甘肃为主的种球（种苗）生产区域；全国现有省级以上花卉研究单位100多个，50多所省属以上的农林院校设置了观赏园艺或园林专业。我国已成为世界最大的花卉生产基地、重要的花卉消费国和花卉进出口贸易国。

三、经济林

经济林是指以生产果品、食用油料、饮料、调料、工业原料和药材等为主要目的的林木。经济林不仅能为人们提供粮食、果品和油料产品，而且还具备净化空气、保持水土、涵养水源等功能，在国民经济中具有重要的作用。

新中国成立之初，国家对经济林采取鼓励、支持政策。1956年国务院发布的《关于新辟和移植桑园、茶园、果园和其他经济林木减免农业税的规定》，极大地刺激了经济林的发展。至1957年，全国共营造经济林310多万 hm^2。此后，由于“大跃进”和“文革”影响，经济林一度被视为“资本主义尾巴”，发展建设受到严重挫折。1978年以后，随着国民经济的全面发展；特别是随着果品等经济林产品市场价格的全面放开，经济林迎来良好发展环境，迅速恢复并发展起来。根据“五五”森林清查，至1981年，我国拥有经济林1127万 hm^2，占有林地面积10.2%。“六五”期间（1981～1985年），我国经济林生产由过去以发展木本油料为主转向大力发展新鲜果品、饮料原料生产基地建设，由单纯生产原料开始向生产、贮藏、加工、销售“一条龙”的方向发展。同时，积极开发沙棘、猕猴桃、刺梨、酸枣等野生资源，扩大了经济林生产领域，加快了资源优势向经济优势转化。主要的经济林产品有油茶、油桐、核桃、板栗、红枣、乌桕、柿子、猕猴桃、沙棘、漆树、胡椒、八角等。根据1980年不变价格计算，1984年经济林产品产值15亿元；经济林创汇由1981年的1.5亿美元增加到1985年的3亿多美元。经济林产业成为一些地方农村的主要产业。

1985年年底，林业部召开了全国经济林生产汇报会，并于1986年年初发出了《关于调整林业结构大力发展经济林的通知》，明确了“七五”期间（1986～1990年）经济林建设的主要方面，要抓好名特优商品基地建设，实行集约化经营，以内涵扩大再生产为主，产供销加工统一经营。为了搞好经济林名特优商品基地建设，1987年，林业部发出了《关于编制经济林名特优商品基地建设规划的通知》，并于1988年颁布了《1988～2000年全国经济林名特优商品生产基地建设规划》，同时还从林业贴息贷款中安排6000多万元用于经济林生产。整个“七五”期间（1986～1990年），全国共营造经济林6000余万亩，经济林人工造林占人工总造林面积由“六五”期间（1981～1985年）的12%上升到15.2%；经济林的树种结构中，木本油料占造林面积由50%下降到了15%，各种果树、木本药材和经济效益较高的林木得到较快发展，沙棘、猕猴桃、黑豆果等野生资源开始得到开发利用，大多数主要经济林产品如板栗、核桃、枣、柿、山楂、生漆、棕片、杏仁、白果、八角、花椒、油茶等产量均比前期有所提高。1991年，林业部在《1988～2000年全国经济林名特优商品生产基地建设规划》基础上重新调整和制定了《1991～2000年全国经济林名特优商品生产基地建设规划》。同时国家还开始加强经济林低产林（园）的改造工作。如1990年，林业部在湖南、江西、广西、广东、浙江、福建、湖北等7省（区）开展了100万亩油茶低产林改造工作，至1992年项目结束，共改造低产油茶林6.9万hm^2，改造后的油茶林生长旺盛，开花结果多，落花落果少，产量明显增加，平均每公顷增产茶油105kg，不少高产示范林甚至可达到每公顷300kg，普遍比改造前增产2～3倍。1993～1995年，林业部开始实施了第二期油茶低产林改造、干果药材调香料高产优质示范基地和名特优经济林高产优质示范基地等3个项目建设。“八五”期间（1991～1995年），全国共营造经济林724.01万hm^2，主要经济林产品中油桐产量为202.3万t，油茶籽产量299.2万t，核桃产量82.3万t，板栗产量94.40万t，均比“七五”期间（1986～1990年）有大幅度提高。此外，随着我国林业各大工程的展开，经济林发展逐渐深入到各大林业工程建设之中，在各大工程的人工造林之中，都占有相当的比例。1996年，林业部下发《关于加快经济林开发建设的通知》，提出“九五”期间（1996～2000年），全国经济林建设力争在建成十大经济林开发区和若干经济林建设示范点、名优特经济林基地县。“九五”期间（1996～2000年），我国11种主要经济林产品产量达1459万t，其中可使用油茶籽、竹笋干、核桃、板栗产量分别达到389.11万t、129.47万t、134.09万t和232.11万t；工业原料中生漆、油桐籽、五倍子、棕片、松脂产量有所增加，分别达到2.37万t、219.73万t、5.19万t、31.31万t和295.10万t；乌桕、紫胶产量有所下降，产量分别为19.49万t和1.09万t。2000年，国家林业局公布了北京市昌平区等62个县（市、区）为“全国经济林建设示范县”。2001年，全国经济林种植面积达2700多万hm^2，主要经济林产品总量达6900多万t。

进入21世纪，在我国加入世界贸易组织和国家实施林业六大工程的背景之下，我国经济林产业建设开始步入新的发展阶段。第一，经济林产业规模迅速扩大，产量、产值快速增长。尤其是核桃、板栗、大枣、柿子、油茶、香榧、山核桃、枸杞等木本粮油产业发展迅速，规模不断扩大，单位面积产量、种植效益明显提高，已成为山区农民增加收入的重要来源。据初步统计，核桃、板栗面积已超过 200 万 hm^2，大枣 150 万 hm^2，并有继续增加的趋势。第二，区域化、规模化、品牌化、产业化生产格局初步形成，名特优新品种、名牌产品数量快速增加，结构调整成效显著。经济林产业示范基地建设成效显著，绿色、无公害和标准化生产技术得到大面积推广应用，各种果品质量、优质果品率明显提高，果品出口量显著增加。自 2001 年以来，国家林业局先后命名了 4 批 300 多个“中国名特优经济林之乡”，命名“全国经济林建设示范基地”100 个。第三，经济林产品加工、贮藏保鲜能力增强，品牌化速度加快，带动产业发展能力加强。一大批经济林精深加工、保鲜龙头企业如雨后春笋在经济林主产区纷纷建立起来，“企业 + 基地 + 农户”已成为促进经济林产业发展的有效模式，有力地带动了当地经济林产业的发展。2006 年，国家林业局命名了 40 家全国经济林产业龙头企业。第四，各种经济林合作组织、协会、中介组织纷纷建立，信息技术交流咨询服务、经贸活动频繁，大流通、大发展格局基本形成。为促进产业发展和信息技术资源的交流与合作，在国家林业局植树造林司的组织下，先后成立了大枣、核桃、树莓和蓝莓、香榧和山核桃全国产业发展协作组，近期还将陆续成立板栗、油茶、柿子、枸杞等产业协作组织。省、地、县级产业协会、协作组织发展迅速，据不完全统计，全国涉及经济林产业的各种协会组织已达到 6700 多个，成员数达 278 万人（个），对促进经济林产业持续快速和健康发展起到很大作用。同时，社会各界发展经济林的积极性空前持续高涨，社会资金投入大幅度增加，在经济林主产省（区）涌现了一大批依靠经济林产业强县富民的先进典型。第五，经济林产业已成为林业生态文化产业的重要内容之一。各种以经济林产业为核心内容的各种文化节如红枣节、板栗节、核桃节、香榧节等已成为各地传承历史文化、丰富群众生活、促进交流与合作、提高经济林产品的社会知名度和产业水平的重要手段。“十五”期间（2001～2005 年），我国经济林总面积每年增加 133 多万 hm^2，部分地区通过品种结构调整和中、低产林改造，全国经济林产品产量和产值均有明显增长。截至 2010 年，全国经济林栽培面积 3200 万 hm^2，其中木本油料（油茶、油桐、核桃、乌桕等）和木本粮食（红枣、柿子、板栗等）的栽培面积分别为 697 万 hm^2 和 642 万 hm^2；经济林果品产量 1.26 亿 t，总产值 5158 亿元，从事经济林种植的农业人口 18284

万人；各类经济林果品加工企业11889家，加工产值1142亿元，各类经济林仓储企业10031家，实现产值482亿元。经济林产业已经成为促进区域经济发展的重要支柱产业和农民增加收入的主要途径，在促进我国社会主义新农村建设中发挥着越来越重要的作用。

四、竹林

我国竹资源十分丰富，有竹类植物34属534种，约占世界竹种的40%。中国是世界上最早使用竹子、竹文化源远流长的国家。陕西西安半坡村和浙江余姚河姆渡等新石器遗址中就有竹物出土；商周时期的甲骨文、金文中出现了竹旁字20多个；春秋战国，竹简已普遍使用；秦代造笔以竹为管；汉司马迁《史记·货殖列传》有“渭川千亩竹”的记载；晋代戴凯之《竹谱》、北魏贾思勰《齐民要术》对竹子的栽培、生长均有全面论述；宋苏易简《纸谱》、赞宁《笋谱》则专门载述了竹子的利用情况。此外，宋苏轼《格致粗谈》，元王祯《农书》《月庵种竹法》，明李时珍《本草纲目》、徐光启《农政全书》，清汪灏等《广群芳谱》等著作中，对竹子的分类、分布、习性、栽培技术、用途等都有较详尽的记载。

新中国成立之初，我国竹林面积大约200万hm^2，其中毛竹林130多万hm^2。1950年，林垦部向全国发布的第一个《春季造林指示》中，就将竹子列为主要造林树种．鼓励大量种植。1956年，国务院专门发出《关于保护和发展竹林的通知》，要求各级政府采取有效措施，保护、发展竹林，督促各地制订发展规划，扩大竹林资源。1962年，林业部在江苏省宜兴县召开了全国竹子生产会议，研究生产问题，部署基地建设，探讨丰产途径，同时抓紧与财经部门商洽，争取国家投资。1963年，《人民日报》发表了《广种竹子，节约用竹》的社论，号召“竹子产区的各级领导机关，应当把发展竹子生产放在重要地位”。同年7月，经国务院批准，由财政部、林业部和中国人民银行发出通知，决定“垦复竹子所必需的生产资金，可以从长期农业贷款中适当解决”，并由国家拨出专款在浙江、江西、福建、湖南、湖北、四川和贵州7省的18个毛竹基地垦复荒芜竹林，适当发展。至1965年，全国竹林面积达237万hm^2，竹林垦复面积约30万hm^2。“文革”期间，我国竹林生产遭到破坏。

1978年之后，竹林生产逐渐恢复，中央和地方政府加强了毛竹商品生产基地建设。1982年，国家决定从基本建设费中拨出专款，在湖南、江西、四川、湖北、安徽等省共约9300多hm^2林地进行毛竹垦复和丰产林试点。同年7月，林业部在北京召开南方12省（区）竹林经营利用汇报会，针对竹林经营粗放，单位面积产量低的现状，提出主攻方向，重视内涵发展，要求巩固好一类竹林，提高二类竹林，积极垦复三类竹林，大力挖潜，增进效益。我国竹林生产迅速恢复、发展起来。据第三次全国森林资源清查（1984～1988年），全国有竹林面积约354.6万hm^2，比第二次清查320万hm^2增加了约35万hm^2，竹林面积超过500万亩的有福建、江西、湖南、浙江、四川5省，全国竹材产量1.52亿根。这一时期，我国竹林生产开始由粗放经营向集约经营发展，一些地方加大了对竹林投资、经营力度，注重采取先进技术培育竹林，竹林产量和质量都有所提高；在竹材加工应用上，也由原来的单一产材向建设笋竹两用基地和竹纸综合经营转变，各地由生产原竹和粗加工品向多层次、深加工系列产品发展，有的地方还形成了一定规模的出口创汇能力。

1991年10月，林业部在杭州召开了全国竹业工作会议，会议确立了今后竹业发展的方针和任务。1992年11月，林业部成立了竹产业管理办公室，加强了对竹产业的管理。同时，林业部还颁布了《毛竹林丰产技术标准》，制定了竹产业“九五”计划和1996～2010年竹林发展规划，并于1993年成立了中国竹产业协会。此外，为了提高竹林产业的科技含量，林业部还于1993～1995年组织有关单位编写了《中国竹林培育》，并于1997年、1999年、2001年分别联合相关单位在浙江安吉、湖南益阳、四川宜宾连续举办了三届中国竹文化节，对于弘扬竹文化、发展竹产业起到了宣传和促进作用。这些措施有力地推动了我国竹业产业的发展。据全国第六次森林资源清查（1999～2003年），我国有竹林面积484.3万hm^2，比第五次清查结果增加63.2万hm^2，年均增加12.6万hm^2；福建、江西、浙江3省竹林面积占全国的一半，南方13个省（区）竹林面积在15万亩以上的县（市）有130多个；中西部省（区）结合退耕还林等林业重点工程建设，建立了一大批竹林培育示范基地，同时竹种结构得到优化，一批优良竹种得到大面积发展和开发利用，形成生态、经济竹林综合发展的新格局。

进入21世纪以后，我国竹业发展提速。2000年，国际竹藤组织总部在中国落户。该组织是第一个落户中国的政府间国际组织机构，对于加快竹产业发展速度，扩大竹产业规模、提高竹资源的质量和数量均有积极意义。2002年10月，中国竹产业发展论坛在福建永安举行，论坛交流和研讨了竹类植物的生物多样性保护、竹林的可持续经营、竹子的加工与利用、竹文化、竹产业的发展趋势等问题，从理论角度对新世纪竹产业的发展提出了合理化建议。2003年、2006年、2011年，国家林业局、国际竹藤中心及相关省级地方政府分别在湖北咸宁、福建武夷山、江西宜春等举办了第四、五、六届中国竹文化节，不仅通过竹业博览会、文艺晚会宣传弘扬了竹文化，而且召开竹产业研讨会研究商讨了竹产业的发展方向，并且在竹文化节中开展项目推介暨经贸洽谈会，为竹产品贸易提供了平台。至2010年，我国拥有竹林面积约538.1万hm^2，占全球竹林面积的33%，竹材年产量超过2000万t，发展潜力巨大；全国生产竹材已达14.30亿根，竹产业年产值达821亿元，竹产品出口额为15.2亿美元，产品远销30多个国家和地区；竹材加工企业已达数万家，年产值达上亿元的企业超过10家。竹产业已成为中国在国际市场上具有很强竞争力的绿色朝阳产业。

五、能源林

我国从20世纪80年代初开始实施薪炭林工程。1981年3月，中共中央、国务院颁布的《关于保护森林发展林业若干问题的决定》中指出："在烧柴困难的地方，要把发展薪炭林作为植树造林的首要任务。"1980~1981年，在国家农委主持下，林业部组织调查了全国薪材资源基本情况，全国年提供薪材8858万t。1981年，建立了全国薪炭林发展统计制度；1982年，薪炭林列入"六五"国家农村能源发展（指导性）计划。"六五"期间（1981~1985年），全国完成薪炭林种植面积205万hm^2。1985年起，国家拨出专项经费，在24个省（区、市）的49个县开展了营造薪炭林试点，旨在推动各地薪炭林发展和营造技术进步。1989年，林业部制定了《薪炭林试点检查验收标准》，对薪炭林试点工作提出了要求，并对薪炭林营林技术做了原则规定，提出了单位面积产柴量指标。为了推动全国薪炭林营造技术进步，同年，林业部还监制了《怎样营造薪炭林》推广片，着重介绍了我国薪炭林营林技术和发展薪炭林的先进典型。1984年起，国家还专门拨出经费，由林业部委托中国林科院等单位进行了薪炭林树种筛选、引种和薪炭林营造技术试验研究，并在"七五"期间（1986~1990年），将薪炭林研究列入国家科技攻关计划。该研究在全国设置了13个试验区26个试验点，经过7年试验研究，于1990年成功地筛选出60多个引进和乡土优良薪炭林树种，并提供了科学栽培经营薪炭林技术。至1990年，全国营造薪炭林累计面积357万多hm^2。1991年，为了加快薪炭林建设，林业部决定"八五"期间（1991~1995年）在全国新增50个薪炭林试点县，由部省共同扶持，规划"八五"期间每试点造林1万亩，每年2000亩；同时，以薪炭林试点为样板，全县面上营造薪炭林万亩以上。至1992年，全国薪炭林试点县发展到100个，其中财政部农村能源专项经费薪炭林试点和林业基建费"八五"薪炭林试点各50个。除上海市外，各省（区、市）都有薪炭林试点县。据89个县的统计，1986～1992年，累计完成试点造林6.73万hm^2，并在各地带动了面上薪炭林建设的发展。1995年，林业部召开了全国薪炭林建设现场会，在总结15年薪炭林建设经验和分析形势发展的基础上，提出了建设森林能源工程的目标，计划用20年的时间，在我国建立1200万hm^2森林能源基地。至2000年，全国已经营造551.3万hm^2的薪炭林，国家新发展的薪炭林年生物量2000万t，相当于900万～1100万t标准煤。

21世纪以来，随着化石能源的日益减少，生物质能源逐渐成为重要替代能源之一。我国有着丰富的林业生物质资源。我国尚有宜林荒山荒地5400多万hm^2，还有近1亿t盐碱地、沙地以及矿山、油田复垦地等不适宜农耕的边际性土地，这些地方大都适宜培育特定的能源林。如果仅将不适宜农耕的5400多万hm^2宜林荒山荒地中20%的土地用来种植能源植物，按照每公顷年生长量20t计，每年产生的生物质量就可达2亿t，相当于1亿t标准煤。此外，我国有种子含油率超过40%的木本植物154种，油桐、黄连木、文冠果、油茶等现有面积420万hm^2，果实产量约559万t；全国橡子年产量约为2000万t，可生产燃料乙醇近500万t。2006年，国家林业局从国家能源发展的战略需求出发，根据林业的特点和优势，把发展生物质能源作为现代林业的重要内容，制订了《全国能源林建设规划》，初步提出了培育能源林1333.33万hm^2，以满足600万t生物柴油和装机容量1500万千瓦年发电原料供应的发展计划。同年，国家林业局选定了首批能源林培育示范基地，在云南、四川、河北等17省（区）启动了能源林培育示范基地建设。根据《林业生物柴油原料林基地“十一五”建设方案》，2007年，国家林业局与中国石油天然气股份有限公司合作，在云南等7省（区）开展小桐籽、黄连木、光皮树、文冠果4个油料树种生物柴油能源林基地项目建设。2007年、2008年两年合作完成生物柴油原料林示范基地造林12.7万hm^2。2007年，国家林业局与中国石油合作开展林业生物质能源建设，2007年、2008两年合作完成生物柴油原料林示范基地造林190万亩。此外，国家还开展了内蒙古毛乌素生物质热电厂、吉林辉南宏日新能源有限公司试点示范企业建设。毛乌素生物质热电厂在毛乌素沙地大力营造沙柳基地，利用沙柳进行生物质发电，2008年11月投产以来已累计发电6000万余度，并带动当地建成33万亩沙柳能源林基地。吉林辉南宏日新能源有限公司利用林业剩余物加工成型燃料，已形成年产3万t成型燃料生产能力。

2010年，我国制定了《全国林业生物质能源发展规划（2011～2020年）》，方兴未艾的林业生物质能源产业必将迎来更加光明的未来。

第五章　当代中国的林业科技与林业教育

第一节　林业科技

一、林业科研机构

截至2010年，全国共有地（市）级以上林业科研机构232个，研究开发人员1.4万人，有局级重点实验室34个，国家级和局级陆地（森林、湿地、荒漠）生态系统定位观测研究台（站）79个。

（一）中国林业科学研究院

中国林业科学研究院（简称中国林科院）是国家林业局直属的综合性、多学科、社会公益型国家级科研机构，主要从事林业应用基础研究、战略高技术研究、社会重大公益性研究、技术开发研究和软科学研究，着重解决我国林业发展和生态建设中带有全局性、综合性、关键性和基础性的重大科技问题。中国林科院于1958年10月在北京原中央林业部林业科学研究所基础上建立，其前身可以追溯到1912年由北洋政府农林部创建的林艺试验场，1941年更名为国民政府农林部中央林业实验所。新中国成立后，中央林业实验所由华北农业研究所接管，1950年移交中央人民政府林垦部。1953年1月，成立中央林业部林业科学研究所。1958年10月，经国务院科学规划委员会批准正式成立中国林科院。1970年撤销建制，一部分与中国农科院合并成立了中国农林科学院，一部分下放地方。1978年4月重新恢复建制。建院以来，中国林科院为国家林业发展战略和林业重大工程提供了强有力的科技支撑，对加快林业发展、改善生态环境、维护生态安全、建设生态文明做出了重大贡献。截至2010年，中国林科院由21个研究所、中心和16个共建机构组成。

截至2007年年底，中国林科院拥有科研仪器设备8000多台（套）。依托中国林科院和院属所、中心，先后建设了江西大岗山、海南尖峰岭和甘肃民勤3个国家级陆地生态系统定位观测站，15个国家林业局陆地生态系统定位观测站（生态站），占地5000m^{2}的重点实验楼，林业行业第一个“稳定同位素比率质谱实验室”，林业生物质能源国家工程实验室，4个实验中心，6个自然保护区。国家林产化学工程技术研究中心已建成植物资源利用、精制活性炭、乳液胶粘剂以及松香松节油深加工等多条中试生产线；木材工业国家工程研究中心建有人造板工程材料、胶粘剂及木材处理剂和木材改性及加工等3个中试车间。南方国家级林木种苗示范基地建成了我国林业一流的林木良种研究和繁育基地，具有林木良种选、引、育、繁整体功能；中国林业科学研究院（南京）科技园已建成环氧树脂、聚酰胺固化剂、丙烯酸酯聚合乳液、松香乳液增粘剂、生物柴油5条中试示范线。中国林科院还建成了80多个拥有自主知识产权的林业科技信息数据库群。2007年建成了中国林业信息网虚拟专网管理系统，实现了中国林业信息远程接入和授权访问查询。引进了20多个国内外数据库，其中全文数据库17个。中国林科院的图书馆已与国内150个单位、世界上37个国家或地区145个科研单位、林业院校建立并保持文献交换关系，现有馆藏文献40余万册，所收藏的国外林业期刊和图书文献种类均居国内首位。中国林科院还主办有《林业科学研究》《中国林业科技》（英文版）等23种中英文林业科技期刊，是支撑现代林业建设与林业科技创新的重要平台。

（二）重点实验室

1. 国家级重点实验室——林木遗传育种国家重点实验室

林木遗传育种实验室是我国林业行业唯一的国家级重点实验室，于2011年4月由科技部立项。该国家重点实验室由中国林科院与东北林业大学联合，以国家林业局林木培育重点实验室和林木遗传育种与生物技术教育部重点实验室为基础进行共建而成。国家林业局林木培育重点实验室于1995年由林业部批准建立，依托中国林科院，1996年正式对外开放。林木遗传育种与生物技术教育部重点实验室于2007年由教育部批准建立，依托东北林业大学。

林木遗传育种国家重点实验室以林木遗传育种国家级重点学科为核心，

主要研究林木重要性状形成的分子基础、林木育种目标性状表达的生理学基础、林木种质创新与利用、林木分子育种四大内容。其目标是建成具有世界影响力的创新平台，使之成为林木遗传育种研究的学术中心和人才培养基地，以提高我国林木遗传育种的原始创新能力和国际竞争力。近几年，实验室先后承担了“973”“863”、国家自然科学基金等课题 80 余项。在林木遗传育种研究领域取得了一批重要的具有国际先进及领先水平的研究成果，如林业系统目前唯一的国家科技进步特等奖“ABT 生根粉系列的推广”，国家科技进步一等奖的“沙棘良种选育”“杉木种源试验”“木材性质改良”“棕榈藤研究”“林木菌根化技术”，以及占林业系统 60% 以上的国家科技进步二等奖。在新品种培育方面，广泛涉及我国杨树、杉木、落叶松、白桦、马尾松、桉树、红松、樟子松等主要造林树种，其优良品种占我国推广品种的 70% 以上，为我国林业发展战略和林业重大工程提供了强有力的科技支撑，对加快林业发展、改善生态环境、维护生态安全做出了重大贡献。

2. 局级重点实验室

国家林业局重点实验室是我国林业科学研究和科技创新体系的重要组成部分，是组织开展高水平林业科学研究、聚集和培养优秀林业科技人才、开展林业科技国际合作与交流的重要基地。1995 年，林业部首批挂牌成立了 29 个重点实验室，此后又陆续建立了 2 个。截至 2005 年，国家林业局重点实验室总数达 32 个。

二、林业科技发展规划

科技发展规划，是国家根据未来一定历史时期内经济社会及科学技术发展的形势与需求，对科技发展的总体思路、发展目标、战略部署、重点项目及实行措施作出的整体布局。新中国成立以来，我国组织编制过多次大规模的全国性科技发展规划，林业作为国民经济的重要部门，也相应组织编制了林业科技发展规划。

1. 1956 ~ 1967 年林业科技发展远景规划

新中国成立后不久，为了系统地引导科学研究为国家建设服务，国务院成立了科学规划委员会，组织编制了新中国第一个中长期科技规划《1956 ~ 1967 年科学技术发展远景规划纲要（草案）》（又称《十二年科技发展规划》）。该规划第 47 项“扩大森林资源及森林合理经营和合理利用”为专门针对林业的发展远景规划，包括营林和森林工业两个方面的内容：在营林方面，研究各种重要树种和各种森林的特性，不同环境条件下的造林方法，优良种子与苗木的供应，森林火灾和病虫害的预防和控制方法，森林抚育、更新、采伐方式及其组织原则；在森林工业方面，研究不同地区机械化采伐和运材技术，各种木材的材性和用途，及其机械加工与化学加工技术。

2. 1963～1972 年林业科技发展规划

1960 年冬，中央提出了“调整、巩固、充实、提高”八字方针，要求对各行各业的工作进行调整。经中共中央批准，决定在“十二年规划”执行的基础上，根据社会主义建设的任务，参照世界科学技术进展的情况，制订了《1963～1972 年十年科学技术规划（草案）》（简称《十年规划》）。林业包含在大农业范围内，由当时国家科委林业组和林业部共同组织编制。《规划纲要》第四章第三节从经营保护好现有森林，提高现有林的生长量；选育优良树种，提高速生用材林及木本粮油林的丰产培育技术；加速荒山造林、提高水土保持林、固沙林和农田防护林的营造技术及其防护效益；提高营林和木材采运生产机械化的水平等共 4 个方面规定了林业科技发展的方向。具体规划主要内容包括木材采伐运输、木材加工、林产化学、林副特产利用和林业经济等 6 个方面，共 16 个重点研究项目。

3. 1978～1985 年全国林业科技发展规划

“文革”结束后不久，百业待兴。1977 年 11 月，国家科委召开了全国科学技术规划会议，编制了《1978～1985 年全国科学技术发展规划纲要（草案）》（即《八年科学技术发展规划》）。1978 年 3 月，中共中央召开全国科学大会，讨论并通过了规划。规划确定 108 个项目作为全国科学技术研究的重点，其中第九项“研究林木速生丰产优质、森林防火灭火技术，建立现代化综合科学实验基地”和第十项“研究森林资源综合利用的新工艺、新设备、新技术”为林业项目。在这个规划的基础上，1982 年制定了《第六个五年计划科学技术攻关项目计划》，即 38 项国家科技攻关项目，其中第 4 项“速生树种良种选育及木材综合利用研究”为林业项目。

4. 1986～2000 年林业科技发展规划

1983～1984 年，在国务院科技领导小组领导下，由国家计委、国家经委和国家科委组成科技规划办公室，从各行各业抽调 200 多名专家，编制了《1986～2000 年全国科学技术发展规划轮廓设想纲要（草案）》，即 15 年科技发展规划，提出了各传统产业及新兴技术领域共 500 多个重点科技项目。其中，在大农业部分，提出了 8 个林业科技项目。根据规划办公室的统一部署，林业部还编制了《1986～2000 年林业科学技术发展规划轮廓设想》，提出了包括森林生态系统、现有林经营和保护、扩大森林资源、林木速生丰产和木材综合利用等6个方面18个科技发展项目。

5. 中长期林业科技发展纲要（1990～2000～2020）

1988年6月，国家科委召开国务院各部门负责人会议，部署编制《中长期科学技术发展纲要》（1990～2000～2020）工作，会议决定林业作为全国重点行业之一，独立编制《中长期林业科技发展纲要》（即《中长期科学技术发展纲要之十三》）。《纲要》提出了到2000年，林业科技主要领域达到20世纪80年代初的国际水平，到2020年力争达到国际先进水平的战略目标，明确了“现有森林资源经营管理和保护研究”“建立短周期工业用材林技术体系研究”“生态林业工程研究”“木材深度加工及高效利用研究”“森林植物资源多效利用研究”“软科学在林业科学决策及现代化管理中的应用研究”“林业应用基础研究”等7项林业科技发展重点。

6. 林业科技发展“九五”计划和到2010年长期规划

为了全面贯彻《中共中央关于制定国民经济和社会发展“九五”计划和2010年远景目标的建议》，1995年，林业部组织编订了《林业科技发展“九五计划”和到2010年长期规划》，明确提出“九五”林业科技发展的重点是：推广10项系列配套新技术，突破林业生产建设中亟待攻克的六大关键应用技术，切实解决200项重点科学技术难题，引进200项国外、境外先进技术，同时抓好基础研究和高新技术应用研究。

7. 林业科学和技术中长期发展规划（2006～2020年）、林业科学和技术“十一五”发展规划和国家林业科技创新体系建设规划纲要（2006～2020年）

2006年，国家林业局制订了《林业科学和技术中长期发展规划（2006～2020年）》《林业科学和技术“十一五”发展规划》和《国家林业科技创新体系建设规划纲要（2006～2020年）》。《中长期规划》重点是研究提出未来15年内林业科技发展的远景目标，规划和布局我国林业科技发展的11个重点领域（即生物技术与良种培育、森林与环境关系研究、生态体系构建与退化生态系统修复、荒漠化防治、森林灾害防治、森林定向培育与可持续经营、林业生物质材料与资料高效利用、林业生物质能源、信息技术与数字林业、现代林业装备技术和宏观战略与林业政策）和六大科技工程（即生态建设与生态安全、林业生物技术与良种培育、森林生物种质资源保护与利用、林业生物产业发展、数字林业、林业创新能力建设）。《“十一五”规划》是针对《中长期规划》前5年内容的进一步细化，是对“十一五”林业科技工作的具体部署和安排；《创新体系规划纲要》是对《中长期规划》中《国家林业科技创新体系建设》专题的具体化。三个《规划》是相互联系、相辅相成的有机整体，共同构成了对2006～2020年林业科技工作的全面部署。

三、林业科技成就

至2010年，我国林业取得各类科技成果约1.6万多项，获国家级科技进步奖254项，其中特等奖2项、一等奖7项；获国家科技发明奖43项。

第二节　林业教育

新中国成立之前，我国林业教育初具规模，高等教育有20所大学和农学院设立森林系，1949年在校学生541人；中等教育有9所高、初级农业学校中设有林科，1949年在校学生1300人。经过60多年的发展，我国林业教育已经形成了普通高等林业教育，高、中等林业职业技术教育和林业培训协调发展、较为健全的林业教育培训体系。截至2010年，全国独立设置的普通高等林业本科院校6所，独立设置的林业（生态）职业技术学院12所、中等林业（园林）职业学校31所，另有346所其他普通高等院校和高等职业院校、587所中等职业学校招收林科专业学生。此外，国家林业局管理干部学院专门负责林业干部培训工作，设有国家林业局教育培训信息中心、成人教育研究中心、职业教育研究中心、自学考试管理中心。全国共有林业行业关键岗位培训单位57个、林业职业技能鉴定站61个。截至2011年，全国林科类专业在校研究生1.9万人，其中本科生和高职、高专生21.2万人，中专生28.2万人；全行业年培训林业从业人员300多万人次，3.8万人次通过林业行业职业技能鉴定考核，获得国家职业资格证书。

一、高等林业教育

1. 高等林业院校

1949年新中国成立前夕，我国大陆地区共有20所高等院校设有森林系，分别是北平大学（北京大学）农学院、河北农学院、东北大学农学院、浙江大学农学院、中央大学（南京大学）农学院、金陵大学农学院、山东农学院、河南大学农学院、安徽大学农学院、武汉大学农学院、湖北农学院、中正大学（南昌大学）农学院、湖南大学农学院、西北农学院、福建农学院、中山大学农学院、广西大学农学院、四川大学农学院、云南大学农学院和贵州大学农学院，此外，台湾地区的台湾大学农学院和中兴大学农学院也设有森林系。1950年，新建的平原农学院也设有森林系。1952年7月，高等教育部在北京召开全国农学院院长会议，拟定高等农林院校调整方案，决定成立北京、东北、南京林学院，并在13所农学院中保留或增设林学系。

1958~1960年“高校教育大革命”期间，很多农学院中的林学系分出来独立成立了林学院，一些大专甚至中专升格为大学。至1960年，全国高等林业院校（系）由16所发展为40多所，其中独立的林业院校就达到24所。这种盲目的扩张不符合高等教育的发展规律，严重影响了高等林业教育的发展。1961年开始，国家对高等林业院校进行了调整，林业部直属的北京、东北、南京3所林学院不变，合并湖南林学院与华南农学院林学系成立中南林学院，另外保留福建、内蒙古、吉林、四川和天目林学院。至此，全国高等林业院校调整为9所。1966~1976年“文革”期间，绝大部分林业高等院校被搬迁、撤并，新中国成立以来的高等林业教育成就被一概否定，林业高等教育再次遭到重大挫折甚至停顿不前。1968年年末，东北林学院大部分教师和干部被下放到农村插队落户。1969年，北京林学院迁往云南，大批师生被分散安置到云南的14个林业局接受劳动锻炼。1972年，南京林学院被改名为南京林产工业学院。此外，中南、福建、内蒙古、吉林、四川和天目林学院相继撤并。在林业高校搬迁、撤并过程中，很多教职工被遣散改行，校舍被改作他用，教学图书、设备损失惨重。

1978年十一届三中全会之后，我国高等林业教育逐渐得到恢复和发展。北京、东北林学院相继迁回原址重办，南京林学院更回原名，中南、福建、内蒙古、吉林、浙江（原天目）林学院相继恢复，另新成立云南（后改为西南）、西北、河北3所林学院。至1986年，我国高等林业院校发展到11所，其中，北京、东北、南京、中南、西北、西南6所林学院由林业部直属，分别设在我国华北、东北、东南、中南、西北、西南六大行政区。此外，还有18所农业大学或农学院设有林学、园林系。

从20世纪80年代中期至今，我国高等林业院校与其他高校一样经历了学校改名、大学扩招和高校合并等一系列改革，高等林业教育格局得到重新调整。1985年，北京、东北、南京3所林学院分别改名为林业大学；1995年，河北林学院并入河北农业大学（下设林学院）；1999年，内蒙古林学院、吉林林学院、西北林学院分别并入新组建的内蒙古农业大学（下设林学院）、北华大学（下设林学院）、西北农林科技大学（下设林学院）；2000年，福建林学院并入新组建的福建农林大学（下设林学院）；2006年，中南林学院更名为中南林业科技大学；2010年，西南林学院、浙江林学院分别改名为西南林业大学、浙江农林大学。此外，2000年国家林业局南京人民警察学校升级为南京森林公安高等专科学校，2010年再次升级为南京森林警察学院。至此，迄今我国独立设置的高等林业院校共有6所，即北京林业大学、东北林业大学、南京林业大学、中南林业科技大学、西南林业大学和南京森林警察学院。其中，北京林业大学、东北林业大学由教育部直属，为国家高等教育“211”工程院校；南京林业大学、中南林业科技大学、西南林业大学分别由江苏、湖南、云南、浙江省属；南京森林警察学院为国家林业局直属。此外，我国还有340多所其他普通高等院校和高等职业院校招收林科专业学生。

2. 高等林业教育专业设置

1952年，我国林业高校院系调整后，参照苏联高校专业目录，开始设置林业专业。1954年，经过高等教育部批准，我国高等林业院校设置造林、森林经营、森林采伐及运输机械化、木材机械加工4个专业。当时，林业部直属的北京林学院设立森林经营、造林2个专业；东北林学院设森林经营、森林采伐及运输机械化、木材机械加工3个专业；南京林学院设森林经营、造林、木材机械加工3个专业。随着林业生产建设的发展和高等林业教育体系的日趋完善，院校中又逐步增设了水土保持、城市及居民区绿化、经济林、林产化学加工、林业机械设计及制造5个专业。

1958年以后，受到“高校教育大革命”和“大跃进”的影响，高等林业院校所设专业数量急剧增加至42个，但限于办学条件，有的根本无法落实，即便勉强上马也因条件不够而难以保证质量。1961年，教育部提出对高等院校专业设置全面调整。1963年，全国高等学校专业调整会议召开，会后国务院颁布了《高等学校通用专业目录》。这是我国第一次由国家统一制定高校专业目录，其中列入目录高等林业院校设置的专业有16种，即林业、亚热带林业、森林病虫害防治、水土保持、特用经济林、林区野生动物繁殖与利用、园林、森林采伐运输、木材水运、木材机械加工、林产化学工艺学、林业经济与组织、林业机械、木工机械、治沙、林区道路工程。

“文革”期间，我国高等院校的专业设置变得很混乱。“文革”结束之后，从1982年开始，教育部开始组织专业目录的修订工作，这是第二次由国家组织的高校专业目录制定。1984年，教育部发出《关于修订普通高等学校农科、林科本科专业目录的通知》，要求从实际出发，遵循教育规律，修订林科专业目录，以适用林业建设的需要。1986年，国家教育委员会公布了修订的《普通高等学校农科、林科本科专业目录》，列入其中的林科专业有6类20种，即林学基础类（森林生物学、木材学）、营林类（林学、森林保护、经济林）、资源环境类（水土保持、沙漠治理、园林、野生动物保护与利用、自然保护区资源管理）、森林工程类（森林采运工程、森林道路与桥梁工程、林业机械）、林产加工类（木材加工、林产化工、木材保护与改性、家居设计与制造）、经济管理类（林业经济管理、木材贸易、林业信息管理）。

为了进一步适应我国社会和经济发展的需要，1989年，国家教育委员会开始着手第二次本科专业目录修订，1993年正式公布了《普通高等学校本科专业目录》。列入其中的林科专业有4类17种，即林业工程类（森林工程、林业与木工机械、木材加工、林产化工、室内与家具设计）、森林资源类（林学、森林保护、经济林、野生植物资源开发与利用、野生动物保护与利用）、环境保护类（园林、风景园林、水土保持、沙漠治理）、管理类（林业经济管理、自然保护区资源管理、林业信息管理）。随着我国社会主义市场经济体制的建立和完善，现代经济社会的发展对我国高等教育提出了更高的要求，1997年开始，国家教育委员会开始对普通高校本科专业目录进行了第三次修订。1998年正式公布了新修的《普通高等学校本科专业目录》。列入其中的林科专业有4类9种，即林业工程类（森林工程、木材科学与工程、林产化工），森林资源类《林学、森林资源保护与游憩、野生动物与自然保护区管理），环境生态类（园林、水土保持与荒漠化防治），农业经济管理类（农林经济管理）。

进入21世纪以来，1998年公布的《普通高等学校专业目录》已不能适应经济社会发展、社会需求的变化，不能适应高校多类型、人才培养多规格的需要，存在新兴学科和交叉学科专业设置困难，不利于复合型、创新型人才的培养，而且与研究生培养《学科目录》的专业划分衔接不够等诸多问题。因此，教育部组织对普通高校专业目录进行了第四次修订。2012年公布了新修的《普通高等学校本科专业目录》。列入其中的林科专业有4类9种，即林业工程类（森林工程、木材科学与工程、林产化工）、自然保护与环境生态类（野生动物与自然保护区管理、水土保持与荒漠化防治）、林学类（林学、园林、森林保护）、农业经济管理类（农林经济管理）。这4类9种专业涵盖了工学、农学、管理学三大门类。

3. 研究生教育与学科建设

新中国成立之前，我国林科没有研究生教育，林科研究生培养是从新中国成立之后才开始的，但从1949年至1976年“文革”结束，我国林科研究生教育发展非常缓慢，近30年内，仅招收林科专业研究生167人，且都是在“文革”之前招收的，“文革”十年中林科研究生教育甚至一度中断。1977年，国家恢复了研究生招生后，我国林科研究生教育和学科建设才得以恢复和发展。截至2005年，全国共有林科研究生硕士点达183个，博士研究生点达77个。

我国自20世纪80年代初开始，先后制定了若干林科研究生培养方案和基本要求，对林业研究生的培养规格、课程设置、论文写作、学习年限等作了规范。1983年，林业部专门召开会议讨论林科硕士研究生的培养方案。1984年，根据会议成果，颁发了森林植物学等19个学科、专业攻读硕士学位研究生培养方案（试行草案），成为各林科硕士生培养单位参照执行的标准。1994年，林业部又对1983年林科硕士研究生培养方案（实行草案）进行了修订，颁发了造林学等20个学科、专业硕士研究生培养方案。1998年，国家林业局开始组织对1994年林科硕士研究生培养方案进行修订。1999年，正式颁布实施了林木遗传育种学等14个学科、专业硕士研究生培养方案。同时，还颁布了《林科博士学位研究生培养基本要求》。我国林科学科、专业硕士研究生培养方案及博士研究生培养基本要求，是林科各学位授予单位加强研究生培养，规范和完善研究生培养制度的执行标准，对提高研究生培养质量，推动林科各学科发展具有重要的指导意义。

伴随着林科研究生教育的发展，我国林业学科也经历了由单一到综合的建设过程，目前我国林业学科分属农学、工学、管理学三大学科门类，形成了以林业学科为特色、生物学学科为基础，管理、人文等学科并存的、层次较完整的多学科体系。1983年，国务院学位委员会颁布了《高等学校和科研机构授予博士和硕士学位的学科、专业目录（试行草案）》，其中林科研究生的学科有20个二级学科，即森林植物学、森林生态学、森林土壤学、林木遗传育种学、造林学、森林经理学、森林保护学、经济林、水土保持、园林植物、园林规划设计、野生动物、林业经济、木材采伐运输、木材加工、林区道路与桥梁工程、林产化学加工、林业机械、森工电气化自动化、木材学。1990年，国务院在1983年目录基础上，修订并重新颁布了《授予博士、硕士学位和培养研究生的学科、专业目录》。其中，林科研究生学科、专业有林学和林业工程2个一级学科，下设16个二级学科，即林木遗传育种、造林学、森林经理学、森林保护学、经济林、水土保持、园林植物、野生动物、林业经济及管理（以上属林学一级学科）、森林采运工程、木材加工与人造板工艺、林产化学加工、林区道路与桥梁工程、林业与木工机械、林业自动化、木材学（以上属林业工程一级学科）。此外，生物学一级学科下的植物学、生态学2个二级学科，建筑学一级学科下的风景园林规划与设计二级学科，农学一级学科下的土壤学二级学科为交叉学科，也是属于林学一级学科下的二级学科。1997年，国务院学位委员会再次对专业目录进行调整，公布了新的《授予博士、硕士学位和培养研究生的学科、专业目录》。其中，林科研究生专业设有林学、林业工程、农林经济管理3个一级学科，下设11个二级学科，即林木遗传育种、森林培育、森林保护学、森林经理学、野生动植物保护与利用、园林植物与观赏园艺、水土保持与荒漠化防治（以上属于林学一级学科）、森林工程、木材科学与技术、林产化学加工工程（以上属于林业工程一级学科）、林业经济管理（属于农林经济管理一级学科）。此外，生物学一级学科下的植物学、生态学2个二级学科，建筑学一级学科下的城市规划与设计（含风景园林规划与设计）二级学科等学科，环境科学与工程一级学科下的环境科学二级学科，农业资源利用一级学科下的土壤学二级学科，一般也被视为林业学科。

截至2007年，我国林科4个一级学科点、29个二级学科点被评为国家重点学科，61个二级学科点被评为国家林业局重点学科（另有重点学科培育点1个）。

4. 林业高校教师与学生

我国高等林业教育自1952年成立独立林业高等院校以来，经过60年的发展，不断充实、提高，已经形成了一支具有较高素质的教师队伍。几十年来，先后有10名高等林业院校教师当选为中国工程院院士。

截至2008年，我国7所林业高等院校共有教职工10965人，其中专任教师6709人（包括正高级职称925人，副高级职称1962人，中级职称2412人，初级职称1389人，无职称21人）。

1949年至1986年，我国林业高等院校共向社会培养了6.4万名本专科毕业生。1949~1965年，共招收林科类研究生167人；1977年恢复林科研究生招生至1986年，共招收林科研究生1135人。近20多年来，我国高等林业教育共培养毕业研究生1.95万人和本专科、高职生34.2万人。

总之，1949年来，我国高等林业教育取得了巨大的历史成就，独立设置的高等林业院校从无到有，本专科专业设置自成体系，研究生教育与学科建设成就斐然。60多年来，林业高校领域共成长出10名中国工程院院士，并为国家输送了2万多名林科研究生和40多万名林科本专科和高职毕业生，为新中国的林业和生态建设做出了巨大的贡献。

二、中等林业教育

1949 年新中国成立之前，我国大陆地区仅有 9 所中等专业学校设有林科，分别是张家口农业学校、太原农业技术学校、西北农学院附属郡县林业学校、甘肃高级农业技术学校、兴城农科职业学校、宜兴高级农业学校、贵州高级农业学校、四川高级农业学校、云南昆华农业学校，当年共有在校生 1300 人。1950 年，国家开始在一些中等农学学校增加林科，当年各地农学学校招收林科生 1677 人。

从 1952 年后，我国开始设立独立的中等林业学校。1953 年，根据政务院《关于整顿和发展中等技术教育的指示》的精神，高等教育部、农业部、林业部联合提出中等农林学校调整，决定将当时的农业学校林科整合起来，设立中等林业学校。全国经过调整、改建后，共设立中等林业学校 17 所，归林业部统一领导，当年在校学生 6713 人。经过几年的发展，至 1957 年，我国中等林业学校达到 24 所，改由各省（自治区）林业厅（局）领导，当年在校学生 14913 人。

1958 年后，在“大跃进”的影响下，我国中等林业学校经历了不切实际的超常规发展。到 1960 年，中等林业学校发展到 200 多所，在校生 4. 8 万人，甚至还有 10 多所林业中等学校直接升格为大学。为了纠正错误，从 1961 年开始，林业部对中等林业学校进行调整，仅保留了 1957 年的 24 所基础较好的中等林业学校，除了个别设有森林工业方面的专业外，大部分林业院校只设立林业专业。到 1965 年，全国共有 25 所中等林业学校，在校学生 12690 人。“文革”期间，我国中等林业教育濒于崩溃，25 所中等林业学校中 21 所被撤销，大部分校舍被挪作他用，图书设备遭到毁损和散失。

改革开放后，1979 年和 1982 年，林业部先后召开了两次全国中等林业教育会议，要求各省、自治区做好中等林业学校的调整、整顿工作，我国中等林业教育开始逐渐恢复。至 1988 年，全国中等林业学校由 1978 年的 24 所发展到 49 所，在校生也由 1978 年的 7558 人发展到 2. 33 万人。此外，还有内蒙古大兴安岭、伊春、牡丹江、黑龙江省大兴安岭 4 所林业师范学校和内蒙古大兴安岭、黑龙江省、黑龙江省大兴安岭 3 所林业卫生学校。

20 世纪 80 年代至 20 世纪末，我国中等林业学校发展比较平稳，一直维持着 50 所左右的规模。进入新世纪后，中等林业学校开始发生较大变化，除了新办少数中等林业（园林）学校外，原来的中等林业学校有的撤销停办，有的并入其他高等院校成为其中专部，有的直接升格为高等院校，使得独立设置的中等林业学校数量急剧下降。截至2008年，我国中等林业（园林）学校仅有13所。此外，还有28所职业高中、职业中专、成人中专、干部学校、广播电视学校等中等林业职业学校。2008年，这41所中等林业（园林）职业学校总计在校学生4.15万人。

在专业设置上，1957年，我国中等林业学校除了个别设有森林工业方面的专业外，大部分只设立林业专业。1989年，国家教育委员会组织编写了《中等专业学校专业目录》，列入其中的林科专业有：林业、森林保护、经济林、森林调查规划、园林、园林绿化、园林规划设计、森林采运工程、木材加工、林业经济管理、自然保护区资源管理、森林资源综合利用、林业机械、野生植物等。1993年，国家教委组织修订了《中等专业学校目录》，列入其中的林科专业有：林业、森林保护、经济林、园林、水土保持、沙漠治理、森林防火、森林资源管理、自然保护区资源管理、野生植物栽培与利用、林特产品加工、野生动物保护与饲养、野生动物产品开发利用、森林采运工程、木材加工、林业机械、林产化学、林业财务会计、林业计划统计、林业经济管理、林产品贸易、森林旅游、林业公安等。2000年，教育部重新修订并公布了《中等职业学校专业目录》，其中，林科专业有林业、园林、木材加工、林特产品加工、森林资源与林政管理、森林采运工程、野生动植物保护、水土保持生态环境、林产化工9个专业，以及森林生态旅游和林业公安2个专门化专业。

第三节　国际交流与合作

新中国成立初期，林业（垦）部就设立了技术合作科和专家工作室，1957年成立外事处，1961年成立对外联络司。“文革”时期，林业部并入农林部，林业外事工作由农林部外事局承担。1979年恢复林业部后，设立外事局，分别于1982年和1994年改名为外事司和国际合作司。1998年林业部改为国家林业局后，林业外事工作归国家林业局国际合作司承担。

1971年，第26届联合国大会恢复了中国的一切合法权利，中国作为最大的发展中国家开始积极参与国际重大活动。1972年10月，我国农林部首次作为正式代表团参加了第七届世界林业大会，这是新中国正式参与林业有关的国际重大活动的嚆矢。但由于当时我国正处于“文革”期间，自顾不暇，很少再参加林业国际活动。1978 年以后，进入改革开放新阶段，我国开始恢复参与林业国际活动，并进一步发展、扩大。30 多年来，林业主管部门代表我国政府先后加入了联合国防治荒漠化公约等国际公约和联合国粮农组织林业委员会等多个国际机构，并同世界上几十个政府间、非政府间的国际组织建立了工作联系和合作关系。我国林业国际活动的扩大，对于发挥我国国际影响，掌握世界动向，发展同各方面的友谊合作产生了重要影响。

一、国际会议

1. 联合国环境与发展大会/可持续发展大会

联合国环境与发展大会于 1992 年 6 月 3 日至 14 日在巴西里约热内卢召开，共有 183 个国家的代表团和联合国及其下属机构等 70 个国际组织的代表出席了会议，102 位国家元首或政府首脑亲自与会。我国由时任国务院总理李鹏带团出席了会议。这次会议是 1972 年联合国人类环境会议之后举行的讨论世界环境与发展问题的筹备时间最长、规模最大、级别最高的一次国际会议，也是人类环境与发展史上影响深远的一次盛会。这次会议不但提高了人们对环境问题认识的广度和深度，而且把环境问题与经济、社会发展结合起来，树立了环境与发展相互协调的观点，找到了在发展中解决环境问题的正确道路，即被普遍接受的“可持续发展战略”。会议通过了《里约热内卢环境与发展宣言》《21 世纪议程》和《关于森林问题的原则声明》，签署了《气候变化框架公约》和《生物多样性公约》。

这次会议以后，林业不再被视为一个狭窄、封闭的产业，而被视为在全球环境与发展格局中具有举足轻重地位和广泛影响的事业。为此，我国于 1995 年制订了《中国 21 世纪议程林业行动计划》，确立了 21 世纪中国林业发展的总体目标，该《行动计划》成为制定中国林业中长期发展计划的指导性文件。

2012 年 6 月 20 日至 22 日，联合国可持续发展大会在巴西里约热内卢举行。本次大会是自 1992 年联合国可持续发展领域举行的又一次重要会议，近 130 位国家元首和政府首脑出席会议，来自各国政府、国际组织、新闻机构及主要群体等共 5 万多名代表与会。大会围绕“可持续发展和消除贫困背景下的绿色经济”和“促进可持续发展机制框架”两大主题，就 20 年来国际可持续发展各领域取得的进展和存在的差距进行深入讨论，最终达成了题为《我们憧憬的未来》的成果文件，重申了“共同但有区别的责任”原则，维护了国际发展合作的基础和框架。在这次大会中，森林、生物多样性、荒漠化、土地退化和干旱以及山区发展等议题，凸显了林业在可持续发展中的重要地位。我国国务院总理温家宝亲率中国政府代表团参加了这次大会，并在大会开幕式后首先发表了《共同谱写人类可持续发展新篇章》的演讲，集中表达了中国愿与国际社会一道推进全球可持续发展的立场和主张，宣布了包括帮助发展中国家培训加强生态保护和荒漠化治理等领域的管理和技术人员，向有关国家援助森林保护设备在内的4项援助举措。

2. 世界林业大会

世界林业大会（World Forestry Congress）是1926年成立的国际林业工作者科学技术性会议，前身是1900年和1913年先后在法国巴黎举行的国际营林大会。1943年，联合国粮食及农业组织在美国召开的一次国际会议上提出，世界林业大会作为联合国的一种特别组织，每6年定期召开一次，其主旨是针对全球生态的热点问题，开展广泛的国际交流与合作，协调各国政府对森林问题的认识。大会以宣言的形式建议采取行动，在相关国家、地区或世界范围内实施。大会成果将提请联合国粮农组织注意。

第十三届世界林业大会于2009年10月18日至23日在阿根廷布宜诺斯艾利斯召开，共有来自世界160多个国家以及国际组织、科研机构、企业界的代表约6000人出席了大会。联合国粮农组织总干事迪乌夫出席会议开幕式并代表联合国致开幕词；我国国家林业局局长贾治邦率中国政府林业代表团出席会议，并在开幕式上发表了题为《切实发挥林业制衡作用　促进经济社会协调发展》的讲话。中国共有来自不同部门和地区的80人参加。本次大会主题为“森林在人类发展中发挥着至关重要的平衡作用”，并设立了7个专题，即“森林与生物多样性”“生产促进发展”“森林服务于社会”“爱护我们的森林”“发展机遇”“实施可持续森林管理”和“人与森林和谐相处”。大会召开了7个专题领域的全体大会、2个论坛——“森林与生物质能源”和“森林与气候变化”、7个专题领域下的60多个技术分会、多个墙报分会和边会。此次大会从社会、生态和经济的视角，全方位讨论森林的重要作用，进一步强化森林对人类可持续发展的重要贡献。大会最终形成了一份宣言，包括9项研究结果，强调了27项战略行动。大会认为，通过这些研究结果与战略行动，“森林与发展之间的关键平衡能够得以改进”。同时，大会向《联合国气候变化框架公约》递交了包括12项建议的咨文，呼吁对下述主要问题采取紧急行动：促进森林可持续经营、采取气候变化减缓与适应行动、改进森林监测与评估技术、加强部门之间的合作。

二、国际公约/协定

目前，我国由林业主管部门牵头履约国际公约有4项，即《联合国防治荒漠化公约》《濒危野生动植物种国际贸易公约》《国际湿地公约》和《国际森林文书》。同时，国家林业主管部门还参与了《联合国生物多样性公约》《国际植物新品种保护公约》《联合国气候变化框架公约》及《京都议定书》《国际热带木材协定》等国际公约的履约工作。

1. 《联合国防治荒漠化公约》

《联合国防治荒漠化公约》，全称《联合国关于在发生严重干旱和/或荒漠化的国家特别是在非洲防治荒漠化的公约》（英文缩写UNCCD），是1992年巴西里约热内卢环境与发展大会《21世纪议程》框架下的三大重要环境公约之一。该公约于1994年6月17日在法国巴黎外交大会通过，并于同年10月14日、15日在巴黎开放签署，1996年12月26日生效。公约常设秘书处设在德国波恩，截至2009年8月，已有193个缔约方。公约的宗旨和原则是在发生严重干旱和/或荒漠化的国家，尤其是在非洲防治荒漠化和缓解干旱影响，在各级采取有效措施，并在符合《21世纪议程》的基础上建立国际合作和伙伴关系，以期协助受影响地区实现可持续发展。公约定期举行缔约方大会。公约缔约方大会也是公约的最高决策机构。从1997年至2001年，每年举行一届公约缔约方大会；2002年以后，每两年举行一届缔约方大会。2001年第五次缔约方大会设立公约履约审查委员会，负责审查、督促缔约国履行公约，每年举行一届会议。

中国政府代表于1994年10月14日在法国巴黎签署了该公约，全国人大常委会于1996年12月30日批准，1997年2月18日交存加入书，同年5月9日公约对我国生效。自1997年公约缔约方第一届大会以来，我国林业主管部门代表中国政府连续参加了九届公约缔约方大会。

防治荒漠化公约历届缔约国大会开得都较为艰难，原因在于发达国家和发展中国家的矛盾，双方在资金和技术援助问题上严重对立。发达国家对履约进程持消极态度并一味强调发展中国家应依靠自身的力量防治荒漠化，发展中国家则要求发达国家提供履约所需的资金和技术，一致呼吁发达国家兑现承诺，确保公约的全球机制能进行实质性运作。

2. 《濒危野生动植物种国际贸易公约》

《濒危野生动植物种国际贸易公约》（英文简称CITES），因在华盛顿签署，又称《华盛顿公约》。“二战”以后，世界范围内的野生动植物贸易不断发展，对野生动植物保护产生了十分不利的影响。1972 年 6 月在瑞典首都斯德哥尔摩召开的联合国人类环境大会，提议由各国签署一项旨在保护濒危野生动植物种的国际贸易公约。1973 年 3 月 3 日，有 21 个国家的全权代表受命在华盛顿签署了《濒危野生动植物种国际贸易公约》，1975 年 7 月 1 日该公约正式生效。到 2009 年，已有 175 个缔约方加入。

《公约》的宗旨是通过各缔约国政府间采取的有效措施，加强贸易控制来切实保护濒危野生动植物种，确保野生动植物种的持续利用不会因国际贸易而受到影响，并通过许可制度控制濒危物种及其产品的国际贸易，从而使《公约》成为打击濒危野生动植物非法贸易、限制过度利用的有效手段。《公约》还运用经济手段促进该公约的执行，对不遵守该《公约》条款或大会决议的国家，采取限定、暂停或号召其他国家终止与其贸易，或由缔约国大会、常委会强制执行的措施。缔约国大会是《公约》最高机构，大会每两三年召开一届，至今已召开了 15 届。主要任务是：讨论各缔约国提交的对公约附录所列物种进行修订的提案，调整有关贸易的管制范围；讨论公约在执行过程中遇到的各种问题，在此基础上修订和制定一系列决议和决定；对公约缔约国大会下设的常务委员会、动物委员会、植物委员会、命名委员会等进行改选等。从第一届大会形成的几十项决议扩大到今天的 500 多项决议，涉及范围越来越广泛，各项规定越来越严格；从初始管制的数百个物种扩大到将 3. 3 万多种动植物列入公约附录，使世界范围 60% ~65% 的野生动植物贸易得到有效管制。

我国在 1979 年以观察员的身份参加了公约缔约国第二届大会；1981 年正式加入公约，成为第 63 个缔约国；1983 年第一次以成员国身份出席了缔约国第四届大会。2000 年至今，我国一直被选举为公约常委会副主席国和亚洲地区代表，在参与公约各项工作、协调亚洲地区缔约国履约等方面做了大量工作。

该《公约》发展迅速，组织体系和实施机制不断健全和完善，并逐渐与政治、经济、文化融为一体，在保护野生动植物资源方面取得的成就及享有的权威和影响举世公认，已成为当今世界最具影响力、最有成效的环境保护公约之一。

3. 《国际湿地公约》

《国际湿地公约》（英文简称 RAMSAR），全称为《关于特别是作为水禽栖息地的国际重要湿地公约》。由于人口增长和人类经济活动，世界各地的大片湿地被开垦，多种水鸟丧失了栖息之地。1962 年 11 月，当时的国际自然及自然资源保护联盟（即今世界自然保护联盟的前身）、国际水鸟与湿地研究局（即今湿地国际的前身）、国际鸟类保护理事会（即今国际鸟类组织的前身）第一次在法国召开会议，讨论湿地的保护。随后，经过长达8年的多次会议协商，最终形成了《国际湿地公约》文本。不过，当时文本的核心内容是保护水禽。1971年2月2日，来自18个国家的代表在伊朗南部海滨小城拉姆萨尔召开国际会议，签署了《关于特别是作为水禽栖息地的国际重要湿地公约》。根据公约规定，只有当第7个缔约国递交批准书后4个月，公约才生效。于是，在希腊递交批准书后，《公约》于1975年12月正式生效。至2009年，《国际湿地公约》缔约方达158个，全球有1831块在生态学、植物学、动物学、湖沼学或水文学方面具有独特意义的湿地被列入国际重要湿地名录，《公约》成为国际重要的自然保护公约之一。公约最高机构为缔约方会议，每三年举行一次，审议成员国和国际组织共同关心的湿地保护问题，通过决议或决定的方式，确定工作计划和努力方向。

我国于1992年7月31日正式参加湿地公约，并于1993年首次以缔约国身份出席了第五届缔约国大会。2005年，我国首次以亚洲地区代表当选为常务理事国。自加入《公约》以来，我国积极履行公约，于2006年颁布了《中华人民共和国濒危物种进出口管理条例》作为履约的国家法规。至2008年年底，我国已建立了550多处湿地自然保护区、80处湿地公园和26处国际重要湿地，基本形成了以湿地自然保护区为主体，国际重要湿地、湿地公园等相结合的湿地保护网络体系，1790万hm^2、约49%的自然湿地得到了有效保护。

4.《国际森林文书》

《国际森林文书》，全称为《关于所有类型森林的无法律约束力文书》。在《国际森林文书》通过之前，国际上有几十项与森林有关的具有或不具有法律约束方的文书和进程，但这些文书和进程只是国家或地区级别的，在森林问题的处理上各自为政，缺乏协调，不利于林业的可持续发展。为推动林业可持续发展，在政府间森林问题工作组（IPF）和政府间森林论坛（IFF）进行了10年的政策对话的基础上，联合国经济和社会理事会于2000年通过决议，成立了专门的联合国森林论坛。又经过7年的艰苦谈判，2007年4月，联合国森林论坛第七次会议通过了《国际森林文书》。2007年12月17日，第62届联合国大会审议并通过了《国际森林文书》。这是第一个关于森林可持续经营的综合性全球协定，也是联合国第一次把森林可持续经营和全球粮食危机、气候变化放在了同等高度，因此意义重大。

《国际森林文书》的宗旨在于在处理森林问题方面增进国家和国际合

作，共设立了争取到2015年要实现的4个全球目标：（1）通过可持续森林管理，包括保护、恢复、植树造林和再造林，扭转世界各地森林覆盖丧失的趋势，更加努力地防止森林退化；（2）增强森林的经济、社会和环境效益，方法包括改善依靠森林为生者的生计；（3）大幅增加世界各地保护森林和其他可持续经营森林的面积以及可持续经营森林林产品所占比例；（4）扭转在可持续森林管理方面官方发展援助减少的趋势，从各种来源大幅增加新的和额外的金融资源，用于实行可持续森林经营。为实现上述目标，《国际森林文书》提出了通过国家行动和国际合作方式履约，其中国家行动涉及政策、法律、造林、资源管理、教育、能力建设等方面25项条款，国际合作涉及19项条款。

我国作为世界上具有影响力的林业大国，积极参与国际森林论坛的谈判工作，对《国际森林文书》的形成起到了作用。《文书》形成后，我国积极履约，国家林业局于2009年4月专门成立了国际森林文书履约处，负责协调国内相关机构落实《国际森林文书》，开展国际合作示范项目，组织国内林业发展与国际森林问题研究，参与联合国森林论坛国际森林问题谈判等工作。

5.《联合国生物多样性公约》

《联合国生物多样性公约》（英文简称CBD）是一项保护地球生物资源的国际性公约，于1992年6月在巴西里约热内卢召开的世界环境与发展大会上由150多个国家签署，并于1993年12月29日正式生效。该公约具有法律约束力，旨在保护濒临灭绝的动植物和地球上的多种多样的生物资源。公约主要目标有三个：（1）保护生物多样性；（2）生物多样性组成成分的可持续利用；（3）以公平合理的方式共享遗传资源的商业利益和其他形式的利用。截至2010年，《公约》已有193个缔约方。公约最高权力机构是公约缔约方大会。2000年、2010年分别在公约缔约方大会上通过了《卡塔赫纳生物安全议定书》和《名古屋议定书》，作为公约的补充协定。

我国于1992年6月11日签署该公约，同年11月7日获全国人大常委会批准。1993年1月5日交存批准书，同年12月29日《公约》正式对我国生效。

6.《联合国气候变化框架公约》

《联合国气候变化框架公约》（英文简称UNFCCC），是世界上第一个为全面控制二氧化碳等温室气体排放，以应对全球气候变暖给人类经济和社会带来不利影响的国际公约，也是国际社会在应对全球气候变化问题上进行国际合作的一个基本框架。《公约》于1992年5月在联合国纽约总部通过，同年6月在巴西里约热内卢举行的联合国环境与发展大会期间开放签署，1994年3月21日正式生效。《公约》的最终目标是将大气中温室气体的浓度稳定在防止气候系统受到危险的人为干扰的水平上。截至2009年，《公约》已有192个缔约方。《公约》最高权力机构是公约缔约方大会。我国于1992年联合国环境与发展大会期间签署了《联合国气候变化框架公约》，1993年1月5日批准该公约，1994年3月21日正式对我国生效。

1997年12月，在日本京都举行的联合国气候变化框架公约第三届缔约方大会上，通过了著名的《京都议定书》。《京都议定书》是《联合国气候变化框架公约》的补充，两者最主要区别是：《公约》鼓励发达国家减排，但它没有设定强制性减排目标；而《议定书》强制要求发达国家减排，具有法律约束力。《京都议定书》对2012年前主要发达国家减排温室气体的种类、减排时间表和额度等作出了具体规定，于2005年2月开始生效。根据《议定书》，从2008年到2012年第一承诺期间，主要工业发达国家的温室气体排放量要在1990年的基础上平均减少5.2%，其中欧盟作为一个整体要将温室气体的排放量削减8%，美国削减7%，日本和加拿大各削减6%。截至2009年，已有184个联合国气候变化框架公约缔约方签署《京都议定书》。1998年5月，我国签署并于2002年8月核准了《京都议定书》。

7.《国际植物新品种保护公约》

《国际植物新品种保护公约》（英文简称UPOV），是旨在保护育种者权益的重要国际协定，是国际开展优良品种的研究开发、技术转让、合作交流和新产品贸易的基本框架。《公约》通过建立植物品种保护的有效机制，来保护植物新品种的知识产权，鼓励植物新品种的开发。《公约》于1961年12月2日在法国巴黎通过，1968年8月10日生效。随着植物繁育技术的提高和新的进展，《公约》分别于1972年、1978年和1991年作了修订。截至2011年7月，《公约》已有70个缔约方，其中，绝大多数公约缔约国执行的是1978年文本和1991年文本。1978年文本对植物新品种保护范围、权力内容和保护期限的要求较低，易于实施；而1991年文本保护品种的范围宽、保护力度大，加入的条件也较严格。根据规定，自1999年4月起，所有新加入公约的国家均须按1991年文本要求制定或修订本国法律。

我国于1999年4月23日在日内瓦向国际植物新品种保护联盟递交了加入《国际植物新品种保护公约（1978年文本）》的文书，成为国际植物新品种保护联盟的第39个成员国。

8.《国际热带木材协定》

《国际热带木材协定》（英文简称 ITTA），是国际社会为保护热带森林生态系统，实现可持续利用和养护热带森林及其遗传资源而订立的国际法律文件。该协定于 1983 年 11 月 18 日在日内瓦通过，1985 年 4 月 1 日生效。随着国际木材贸易的发展，《协定》分别于 1994 年、2006 年作了修订。协定的实施与管理机构是总部设在日本神户的国际热带木材组织。我国于 1986 年 7 月 2 日加入国际热带木材组织，执行《国际热带木材协定》。

三、国际合作组织

目前，由我国林业部门代表中国政府加入的国际组织有联合国森林论坛、湿地国际、国际竹藤组织、国际林联、亚太森林组织等。此外，我国还同联合国粮农组织、联合国开发计划署、联合国教科文组织、联合国工发组织、世界粮食计划署、世界银行、亚洲开发银行、国际热带木材组织、全球环境基金、国际农业发展基金、亚太经济合作组织等国际组织建立了良好的合作关系。同时，同世界自然基金会、世界自然保护联盟、保护国际、国际野生动物保护理事会、国际爱护动物基金会、野生救援、大自然保护协会、国际林业研究中心、森林管理理事会等主要国际非政府组织也有着密切的合作。其中，我国政府发起的有国际竹藤组织和亚太森林恢复与可持续管理网络两个国际性组织。

1. 国际竹藤组织

国际竹藤组织是（INBAR）第一个总部设在中国的独立的非营利性政府间全球性国际组织，总部设在北京。1997 年 11 月 6 日成立，由中国、加拿大、孟加拉国、印度尼西亚、缅甸、尼泊尔、菲律宾、秘鲁和坦桑尼亚等 9 国共同发起而签署《国际竹藤组织成立协定》。组织已与世界 50 多个国家的政府、私人和非营利机构建立了广泛的联系，形成了一个覆盖全球的网络。国际竹藤组织通过确定和实施以竹藤资源的可持续发展为基础的全球性战略，提高竹藤资源的社会、经济及环境效益。

2. 亚太森林恢复与可持续管理网络

亚太森林恢复与可持续管理网（APFNet）是由中国于 2007 年 9 月在澳大利亚举行的亚太经济合作组织第 15 次领导人非正式会议上倡议，得到与会国的一致支持，写入了会议通过的《悉尼宣言》及其行动计划后建立的。该倡议旨在通过信息共享、政策对话、能力建设、示范项目，促进亚太地区森林的恢复与可持续经营，增强森林生态系统的生产能力和生态功能，充分发挥森林在减缓气候变暖中的作用。2008 年，中、美、澳三方在北京组织前期发展的框架文件，组织秘书处投入运行。经过初期的筹备和发展，2011 年 4 月，亚太森林恢复与可持续管理网在中国正式注册为国际性组织。同年 9 月，在首届亚太经合组织林业部长级会议上，中、美、澳三方和亚太经合组织代表正式为亚太森林组织揭牌。

第六章　创新城乡林业面貌
加快现代林业建设步伐

小小林业站　助推大产业

河北省辛集市林业局　李运藏

辛集市林业技术站隶属于河北省直管县辛集市林业局，是具有独立法人的事业单位，在职干部职工 42 人，其中具有正高级职称的 1 人，具有副高级职称的 24 人，全站 95% 为中专以上毕业，技术力量雄厚，因此在辛集林业生产中发挥着巨大的作用。在这个 960km^2 的土地上，果品产业是辛集市农村经济的主导产业，全市现有果树面积 40 万亩，其中梨树面积达到 25 万亩，是全国闻名的“梨果之乡”。2013 年全市果品产量达到 65 万 t，出口量 5.5 万 t，占全省梨果出口的 40%，农民从果品业获得收入占农民人均收入的 35%。果品业成为辛集市名副其实的富民产业，成为广大农民增收致富的主要途径之一。辛集市也先后被命名为“全国经济林建设先进县”、“国家鲜梨出口示范县”“河北省优质梨生产基地县”等称号。由于工作突出，林业站多次被评为“河北省林业技术推广先进单位”、“人民满意的先进集体”及“果农的知心站”等光荣称号。

一、多措并举　促进果品结构调整

辛集市的果品产业在 1995 年由于品种单一、品质下降，曾一度造成果品销售不畅，甚至出现滞销，果农开始纷纷刨树，果树面积由原来的 22 万亩下降到了 15 万亩。面对形势，1999 年辛集市林业局提出了调整果树品种结构的思路，组织召开了“辛集市果品产业结构调整研讨会”，邀请省、市林业主管部门的领导、科研单位、大专院校的专家教授及国内外水果经销商到会，共同为辛集市的果品结构调整把脉指路，并科学地制定我市果树结构调整的品种、布局和目标，确定了以“高接换头”为主要手段，大力发展市场俏销的黄金、黄冠、绿宝石、红香酥、大果水晶等优新品种的调整思路。由此一场轰轰烈烈的“人换思想树换头、调整结构促增收”的大活动在全市展开．林业站全体技术人员在这场调整果品结构活动中更是首当其冲，充分发挥自身的技术优势，发挥了重要作用。一是创办科技示范园。为让广大果农看到实实在在的效果，本着“做给农民看、带着农民干、帮着农民赚”的想法和思路，技术站技术人员和农民，按照股份制形式，建立了“辛集市优新果树苗木繁育基地”和“辛集市优新果树示范基地”两个科技示范园。引进了国际领先、市场畅销的黄金梨、黄冠梨等梨树新品种，进行试验示范。通过在示范园高接换头优新品种，实施果品套袋技术、网架生产技术、生草栽培技术、病虫害防治无公害生产等措施，使优新品种在示范园内得到了充分展示，黄金梨单个卖到了50元，商品果收购价达到了10元/kg。示范园受到了广大农民的欢迎，参观者不仅有辛集市的农民，而且辛集周边地区也来参观取经，取得了非常好的效果。二是宣传推动果品结构调整。林业技术站技术人员深入到田间果园、深入到乡村通过召开不同形式的培训会、座谈会、动员会、现场会、观摩会，向果农传授新技术、新信息，并组织技术骨干编写了《果树优新品种介绍及栽培技术要点》让果农学，制作了日韩梨管理技术光盘让果农看。通过广播、电视、报纸等宣传工具传授新技术。通过示范带动、宣传推动，农民开始纷纷效仿，通过高接换头及建立新品种果园，果品业得到了大发展，到2004年全市果树面积增加到40万亩，其中高接换种面积10万亩，种植新品种5万亩。

二、科技培训，提高农民素质

果树结构调整是实现农业增效、农民增收的重要步骤。新品种引进来了，但是如果新技术跟不上，同样收不到增收致富的目的。只有提高果农的整体技术水平，才能展示出果树结构调整的成果，才能真正促进果农增收致富，让果农享受结构调整带来的财富，才是林果业可持续发展的基础和保证。因此，林业技术站把农村科技培训列入当前全站的主要工作，根据农村工作的实际情况，紧紧围绕发展外向型梨果经济，以梨果富民为中心，抓住优新果树管理关键期，以果农关心关注的热点、难点问题为突破口，结合自身工作特点，结合农民增收的需要，创造性地展开一系列的科技培训工作：一是加强领导，量化培训。由技术站林业技术骨干组成3个科技培训组，对所有技术干部定任务、定目标、定奖惩。将培训任务落实到每位技术人员，并签定责任状。二是提早计划，超前培训。林业技术人员每年自冬天开始，利用农闲季节，采取市场分析与效益分析相结合，室内培训班与田间技术指导相结合，常规管理与高新技术相结合，无公害、标准化管理与新品种改造相结合的方式，对果农进行超前技术培训，解除广大果农对发展优新果树的种种顾虑。三是主动出击，上门培训。辛集市的果树发展一直呈现南多北少，南优北劣的不均衡格局，为使结构调整全面开展，林业技术干部一改往日有人请才讲课的作法，对果树结构调整面积大的村、白点村和果树管理技术相对落后的村，有针对性的主动找上门去对果农进行技术培训。四是集中时间，突击培训。每到果树管理关键期，林业技术人员分片包乡，在全市结构调整重点村，日以继夜地为果农传信息、送技术，在农忙季节，果农白天没有时间听讲课，技术人员就利用晚上的时间到村里去传授技术。五是多措并举，全面培训。在林业科技培训上，利用一切可利用的宣传工具，如电视台、广播电台、报纸、农技电波以及中国移动通信短信平台向果农及时传送技术信息，编写了“农村科普教材”以及“梨果标准化栽培技术”等技术资料、刻制了果树管理技术 VCD 光盘、赶农村科技大集以及结构调整示范户现身说法等方式向果农传送先进技术。林业技术站每年举办各类技术培训班 150 多场次，电视台录制技术节目 10 期以上，编写技术短信 150 余条，发送科技资料 2 万余份，直接培训果农 6 万人次以上。辛集市的果树品种由单一的晚熟鸭梨品种发展到现在的绿宝石、黄冠梨、黄金梨等早、中、晚熟不同的品种，上市时间由原来的集中 9 月份为从 7 月初开始一直持续到 9 月份，果农的效益也由原来的亩收入 2000 元，提高到现在的 8000～10000 元。2014 年辛集市的黄冠梨收购价达到了 9 元/公斤，每亩地收入达到了万元以上，果树真正成了农民的摇钱树、致富树。

三、科学试验，提高自身素质

打铁还得自身硬，为实现梨果富民的目标，提高技术人员自身的技术水平，才能更好地为广大的果农提供更好的技术服务。林业站技术人员每年都要针对农民在果树生产上出现的一些问题、普遍关心的热点、难点问题，做好抓科学试验，解决生产中的实际问题。并积极与农科院、大专院校联系共同探索果树新技术，推动技术的更新换代。近几年来，先后完成了十几项果树不同品种的试验课题，如黄金梨、黄冠梨枝叶果生长动态试验、梨木虱害虫防治实验，元黄梨不同肥料品种施肥对果实生长发育的影响，黄冠梨“鸡爪病”防控试验，梨小食心虫在桃树上的预测预报及防治，黄金梨省工、高效栽培技术试验等。通过大量的调查和试验，不但解决了农民生产中的问题而且提高了技术人员的业务水平，科技人员在工作中也积累了丰富的成果和经验，取得了一批科技成果，其中《黄金梨早丰优质高效配套栽培技术示范推广》获石家庄市科技进步二等奖，《果品优质标准化栽培技术示范与推广》获石家庄市科技进步二等奖，《梨标准化产业化技术与示范》获教育部科技成果奖。2014 年由辛集市林业技术站主持的《桃树斜拉式密植栽培早期丰产技术》经专家鉴定属国内先进水平，获河北省科技成果证书。每年技术站人员撰写发表有价值的科技论文多达 20 多篇，登载在国家、省级期刊上。

四、帮助企业，推进果品产业化

果品企业是产业化经营的根本要素，也是果品能不能占领市场的决定性因素，有了果品规模及果品质量，如果没有果品企业，果品就形不成产业化，因此，我们帮助果品龙头企业建设发展也是果品结构调整的重要内容。一是组建辛集市优质果品产业协会。将果农的无序生产变为有序生产，依托河北天华实业有限公司组建了辛集市优质果品产业协会，通过协会向果农提供农药、化肥和技术指导，组织果农按要求进行生产，由协会统一销售产品。协会的建立，使广大果农在生产信息上有了“耳朵”，在管理技术上有了依托，在果品销售上有了靠山，同时也使龙头企业在货源组织上有了保障，果品生产由过去的以产定销达到现在的以销促产。目前协会会员涉及辛集市及周边 7 个县市 220 个村的 5300 户，辐射面积 12 万余亩。二是培育果品专业合作社，为了使果品生产销售更具有竞争力，积极帮助成立果品专业合作社，为果品专业合作社社员提供全程技术服务，截至目前，全市果品专业合作社已达 103 个，覆盖了全市 80% 以上的果农。三是帮助企业提高果品市场的竞争力，协助天华公司、裕隆果品公司制定了“四统一”原则，基地园全部实行标准化生产，即：统一技术标准，统一生产标准，统一收购标准，统一定单收购，从而保证了果品的内在品质及外观质量，2013 年出口梨果 5.5 万 t，创汇 600 多万美元，出口品种由原来的鸭梨增加到现在的黄金梨、黄冠、丰水等五个品种，出口国家也由东南亚扩展到欧、美等十四个国家和地区。四是为了提高果品的档次，积极帮助果品龙头企业基地园进行绿色食品生产，2010 年河北龙华果品有限公司、辛集市翠王果品有限公司率先通过了中国绿色食品发展中心认证，“谦和牌”黄冠梨、“翠王牌”鸭梨取得了绿色食品认证，不仅提高了公司的知名度，也最大限度的提高了产品效益。帮助企业建立了食品安全编码溯源制度，为企业升级奠定了基础。五是积极发展绿色生态观光园建设，目前柳润庄园、欢乐谷果园、木邱生态园及桃源人家已被河北省林业厅命名为省级生态观光采摘园。

辛集市林业技术站在辛集市的林业发展中，虽然做了一些工作，取得了一些成绩，但是离领导的要求以及老百姓的对技术的渴望，还有很大的差距。技术人员的新老更替、新品种、新技术的更新换代、生态绿色农业的发展是摆在林业站面前的重要问题，“英雄关漫道真如铁而今迈步从头越”林业站任重道远，今后林业站将抓住省直管县这一契机，开拓创新，更加努力工作，加强林业站的自身建设，使辛集市的林业产业再上一个新台阶！为实现林果富民、建设社会主义新农村而努力奋斗！

强力推进造林绿化上水平 打造山青水秀新邢台

河北省邢台市林业局　纽庆武　赵金其　马秋红

太行山最绿的地方——邢台市地处河北省南部，太行山脉南段东麓，华北平原西部边缘。辖区东西最长处约185km，南北最宽处约80km，总面积12486km^2。目前全市有林地面积达到500.1万亩，林木覆盖率26.7%，活立木蓄积820万m^3。2012年以来，邢台市紧紧围绕十八大关于生态文明建设的总体要求，把增加森林资源、提高森林覆盖率作为改善大气质量、优化人居环境、促进农民增收的一项民生工程来抓，按照有城就有树、有山就有树、有水就有树、有路就有树、有村就有树"五有"目标，动员全市上下，大打植树造林攻坚战，全力打造绿色邢台、生态邢台，取得了明显成效。2012年邢台市取得了森林覆盖率净增量考核全省第一名的好成绩。省政府和省林业厅先后两次在我市召开造林现场会，推广邢台通道绿化、林果产业化发展新经验、新路子。走进邢台，一种绿美邢台的新景象扑面而来。

一、依托工程，推进造林绿化上规模

2012年以来，全市共累计投资30.5亿元，共完成人工造林122.55万亩，植树7200多万株，是多年来造林数量最多、投入最大、标准最高、效果最好的一个时期。重点实施了七大造林工程：一是通道绿化工程。按照高速公路、国道每侧100m宽、省道、县道每侧50m宽的标准，新造林30.41万亩，涉及67条道路1635.2km。到目前该市已全面完成了境内所有县级以上道路林带建设任务。二是环市区绿化工程。造林2.24万亩，全面建成了长66.9km、宽400~1000m的环市区防护林带。三是环县城绿化工程。共完成造林2.95万亩，全市16个县市普遍建成了一条以上宽100~200m的环县城防护林带。四是农田林网建设工程。按照一路两沟四行树的模式，在平原区新增农田林网控制面积132.3万亩。五是河渠绿化工程。共绿化河渠597.8km，造林2.06万亩，平原区河渠绿化率达到了86.4%。六是村庄绿化工程。结合农村环境整治，以街道绿化、环村绿化和进村路绿化为重点，共完成村庄绿化2538

个。七是浅山丘陵区绿化工程。新种植核桃30.72万亩，容器苗造林7万亩，同时完成飞播造林24万亩，封山育林28万亩，加快了荒山绿化进程。

二、多措并举，保障造林绿化上台阶

（一）加大投入，夯实造林绿化基础

该市把造林绿化作为一项重要的公益事业，不断加大政府资金投入力度。对生态公益林建设所需资金，全部列入当地财政预算，实行全额投资；对经济林和用材林，适当给予补助；对造林占用的农民土地，全部给予合理的资金补偿。三年来，在财力十分紧张的情况下，全市用于造林绿化的财政资金达到20.7亿元。2013年市财政专项列支1128万元实施飞播造林、封山育林和容器苗造林等。南和县对乡村道路和环村林占地政府每亩补贴1100元，并统一供苗，总投资达到1亿多元。资金投入的增加，为圆满完成绿化任务夯实了基础。

（二）政策调动，创新造林绿化机制

坚持“政府要绿、群众要利”的原则，努力建立政府推动与利益驱动相结合的造林绿化长效机制。在通道和环市区绿化中，将造林任务划出标段，公开招标，依靠大公司、大企业实施造林，吸引了社会力量参与林业建设，有效保证了树栽得上、好成活、有人管。桥西区在环市区防护林带建设中，区财政按照每年每亩2150元的标准对群众给予补偿，然后承包给4家绿化公司负责造林和管护，绿化公司享有林下间作、树木间伐等收益，完成造林面积5000多亩，确保了环城绿化任务的顺利完成。在山区林果基地建设中，大力推行了大户、公司承包以及“公司+基地+农户”利益联结等成功经营模式，较好解决了一家一户种植规模小、标准低、资金不足的问题，加快了荒山绿化进程。据不完全统计，荒山造林面积在100亩以上的绿化企业、大户有458家，共承包治理面积37.4万亩。

（三）严格管理，确保造林绿化成效

围绕保质量、提效益、上水平，注重科技支撑，强化质量管理。一是严格把关。林业部门实行了技术人员包村包片责任制，派出技术人员现场把关，规范操作，基本做到了挖大坑、用大苗、浇大水，全市平均造林成活率达到了90%以上。二是科学指导。特别是在浅山丘陵区创新造林模式，采用雨淋板抗旱造林新技术，有效解决了丘陵区土壤瘠薄、造林成活难的问题。在飞播造林中，对所有种子进行了ABT生根粉和驱避剂拌种，极大地提高了种子发芽率。三是创新模式。大力推行了多树种混交造林模式，特别是2014年速

生杨树种在生态林中的比例不足30%，国槐、法桐、白蜡等树种明显增多，既提高了绿化档次，又增强了林分的生态功能和抵御病虫害的能力。

（四）强化督导，推动造林绿化工作落实

邢台市委、市政府对造林绿化工作高度重视，每年都及时召开会议、印发文件进行安排部署，将造林绿化任务全部分解到各县市区和有关部门，把责任砸到各级干部头上，明确标准，限定时限，分期要账。为确保任务完成，加大了督促检查力度，市两办督查室三年来先后开展了10多次专项督查。造林期间，市林业部门实行局长和科站长包县责任制，深入县市进行不间断督查。对各县市区的绿化进度每周两次进行通报，每十天在《邢台日报》上公布排位情况，并对造林动作慢或标准低的县市区，下达整改通知书。通过一系列督导措施，有力地推动了工作落实。同时，还建立了考核激励机制，明确对年度造林进行三次核查：麦收前查造林成活率，麦收后查林木损毁率，秋后查补植补造率，年终进行大排队，综合评价结果纳入市委、市政府对各县市区实绩考核的内容。市委、市政府已连续两年对先进单位和个人进行了隆重表彰奖励，为推进造林绿化再创佳绩树立了良好的舆论导向。

（五）依法治林，巩固造林绿化成果

围绕抓好林木管护，动真招、下死手，建机制、求实效。一是狠抓森林防火。面对严峻的森林防火形势，市政府及时做出了二十条具体规定，从财政投入、队伍建设、物资购置、林区通讯、蓄水设施等方面提出了详细的建设标准和目标，责令各县市三年内必须完成达标工作。同时对县乡防火工作实行逆向激励、名次倒排，每年在山区和平原县市，分别排出1个落后县和3个落后乡镇，全市通报，有力推动了各项防火工作措施的落实。几年来，除山西蔓延至我市的一场山火外，没有发生其他较大火灾，远低于省政府下达的防控目标。二是加强森林病虫害防治。针对美国白蛾等林木病虫害不断加重的趋势，按照发现一片、治理一片的要求，抓住虫害防治的最佳时间，及时组织技术人员和群众开展打药防治等工作，每年完成防治面积30多万亩，取得了较好成效。在周边地市美国白蛾大面积暴发的情况下，我市疫情得到了有效控制。三是强化依法治林。开展了一系列打击乱砍滥伐、乱占林地、野外非法用火等专项执法行动，共出动执法人员2万人次，查处各类涉林案件248起，其中刑事案件7起，行政案件241起，行政拘留18人，行政罚款205.4万元，有力地保护了造林绿化成果。特别是为了培育更多的大树资源，在广泛调研听取意见的基础上，在全国率先出台了《邢台市大树培育保护管理办法》。办法的实施将有效改善新树多大树少、景观效果差、生态功能弱的问题。

三、超前谋划，建设山青水秀新邢台

根据河北省《关于实施绿色攻坚工程的意见》和实现林业“双增”的目标，该市在调查研究的基础上，对今后造林绿化工作进行了认真谋划，邢台市将围绕林业建设扩规模上水平这一目标，动员全市人民大搞造林绿化，全力推进生态文明建设。总的目标是每年完成造林绿化26万亩以上，净增森林覆盖率0.9个百分点，净增造林合格面积17万亩以上。重点抓好四项工程：一是山区绿化。深山区植被较好，主要任务是调整果树种植结构，增加优质果树品种，促进群众增收。浅山丘陵区要坚持飞、封、造相结合，在立地条件相对较好的部位，大力种植核桃、板栗等经济林；在土层较薄、立地条件相对较差的荒山荒岗或灌木林地营造生态林；在坡度较大、地势较陡的区域实施飞机播种造林；同时对营造的生态林和飞播造林以及偏远山场等生态脆弱区，实施封山育林、严禁牛羊上山。二是平原区优质果树基地建设。重点沿西沙河流域、干线公路两侧，结合群众意愿，大力发展梨、桃、苹果等优质特色经济林基地，夯实农民增收基础。三是南水北调干渠绿廊建设工程。按照省政府《关于加快山水林田湖生态修复的实施意见》，要求南水北调干渠每侧营造100m宽林带。四是其他绿化工程。包括农田林网、村庄绿化、乡村道路绿化等。

大力保护森林资源　共建绿色家园

河北省南宫市林业局　孟庆安　耿　倩　许民伟

河北省南宫市地处华北南部黑龙港流域，土地面积128万亩，人口47万，东部为东沙河流域、西部为西沙河流域，东西部土壤沙化严重。近年来南宫市把植树造林作为防风固沙、改善生态的主要手段，森林面达到18万亩，森林覆盖率达14%，森林植被对于防风固沙、调节地风小气候、改善生存环境起到了重要作用。如何保护森林资源，使森林资源的作用更好发挥，南宫市狠抓了以下几点：

一、加大宣传力度、使广大群众自觉维护森林资源

近年来，南宫市林业局大力宣传国家林业法律法规，大力宣传森林改善生态的重要意义。自2012年以来，制作并播放电视宣传片8期，利用会议、集市发放宣传品3万余份，制作宣传录音光盘500多张，林业局工作人员深入乡村宣传90多次。通过宣传国家林业法律法规。在广大人民群众中得到普及，森林的重要作用得到广大人民群众的认可，调动了广大人民群众植树造林、爱林护林、遵守林业法规的自觉性。同时毁林案件降低30%，有力保护了森林资源。

二、加强管理、防患未然

自2012年以来，我市加大森林资源管护力度，全市共配备366名护林员，统一由市财政发工资、由市林业局统一管理，护林员按照分工经常不断地进行巡逻护理，三年来发现并制止毁林行为68起，发现毁林案件6起，护林员对保护森林资源起到了重要作用。各乡镇每年年初都向市绿委会签订保护森林资源责任状，市委、政府把森林资源保护作为考核乡、镇的一项重要指标，有力促进了森林资源的保护。

三、依法行政、强化服务

自2012年来，市林业局强化依法行政、强化服务意识，共办理林权证

128 本，办理林木采伐证 167 份，种苗生产许可证 16 本，查处涉林违法案件 13 起。在办理以上事项中林业局坚持依法行政、强化服务意识，严格按规定程序不走样、群众满意率 100%，没有发生群众投诉行为。市林业局的依法行政、优质服务得到群众依赖、有力保护森林资源。

四、加大森林有害生物防治工作

近年来南宫市扎实搞好以美国白蛾防控为主的林木病虫害监测和防治工作，在全市设立 23 个监测点，安装杀虫灯 23 盏，培训和配备查访员 23 名，建立健全了林业有害生物防控体系。2012 年以来全市投入林木病虫害资金 200 余万元，购置高压喷雾器 24 台，农药 30t，飞机喷药防治一次，剪除网幕 4 万多个，防治森林病虫害 9 万亩，没有发生重大病虫危害，促进了林木的健康生长。

加强森林资源保护工作是一项长期而艰巨的任务，南宫市提出了森林资源一分都不能少的要求。今后南宫市森林资源保护工作，一是进一步加大宣传力度，做到家喻户晓；二是层层分解落实责任制，使各级党委、政府高度重视；三是进一步加强管护队伍建设，管护工作横向到底，纵向到边；四是进一步依法行政，强化服务，使严厉打击涉林案件成为常态，通过强化服务，激活林业体制机制，使林业造福于民。

大力实施退耕还林
推进"森林云南"建设

云南省寻甸县林业局　陈元飞

在建设美丽中国，推进"森林云南"建设，实现中华民族永续发展的大背景下，谋划好退耕还林工程建设具有十分突出的现实意义。笔者认为，推进退耕还林工程，当前必须选准着力点和突破口，抓重点、攻难点、防热点、出亮点，从全局和战略的高度出发，确保这一系统工程造福一方百姓。通过退耕还林的实施，助抓"森林云南"创建。

一、抓重点

（一）要实施奖励占用林地分配指标政策，调动地方政府积极性

退耕还林工程说到底是政府主导，政府要出钱。地方政府的积极性、主动性、创造性是决定因素。当前招商引资，城镇上山、工业上山等都需要占用大量的林地。林地征占用指标难争取。要调动地方政府的积极性，应把征占用林地指标和退耕还林完成数量挂起钩来，完成一亩退耕还林，奖 1 亩或者 0.5 亩征占用林地指标或一定数额的征占用林地指标，将会有力地调动起地方政府的积极性。这样，既可以实现林地总量的动态平衡，和林木质量的不断提升，也能促进项目落地，推进城镇上山等各项工作的互惠双赢，解决种种难题和政策法规障碍。

（二）要培育特色产业，调动农民积极性

退耕还林说到底要让老百姓支持，老百姓满意，要让老百姓在退耕还林工程中得到实惠，促进其增收致富，他就会积极参与、真心支持。因此，在科学规划组织实施的过程中，首先要把因地制宜、把培育特色产业作为工作重点，把市场前景好、有竞争力的经济林果和用材林列入首选，培育特色产业，实现生态与经济的良性发展，这样便能有效地推动退耕还林这一生态工程的顺利快速发展。以寻甸为例，按昆明市政府的要求，规划用 5 年时间完成 20 万亩退耕还林任务，主要发展适宜当地气候、土壤、市场需求的泡核桃种植。现在，寻甸仅用 2 年时间就已完成 8 万亩退耕还林种植泡核桃的任务，

呈现出群众积极性高、规模连片大、种植规格高的特点。通过几年的努力，完全有希望将核桃产业培育成支撑脱贫致富的特色产业，起到生态效益与经济效益的双赢目标。寻甸的老百姓还积极要求加快项目推进速度，提前完成规划种植20万亩的任务。

（三）整合资金项目，为退耕还林工程提供有力保障

退耕还林是一项系统工程，需要大量的人力、物力、财力支撑。因此，要确保工程项目的持续发展，必须整合中央、省、市上下左右的资金项目，为退耕还林工程提供有力的保障。特别是云南，近年来连续持续干旱少雨，极端气候多发，致使造林难度大，造林成本高，管护难度大，种植苗木成活率、保存率要达到验收标准，实现绿色增长难度极大，这些客观因素要求我们在政策扶持上多下功夫，在项目资金的整合上给予基层最有力的支持，给予基层特别是基层林业主管部门理解和支持。

二、攻难点

（一）资金到位慢

这一问题已成为制约退耕还林工程的一大因素。要确保工程顺利推进，应当在整个资金计划保障方面保证及时到位。解决这一难题可以采取政府预算一点，群众出一点，占用林地企业出一点，各种项目整合一点的方法，确保退耕还林林资金项目及时到位。

（二）基础设施差

必要的基础设施是确保退耕还林的条件。运输苗木的路、栽植抗旱的水源水利条件、防火护林的基础，在一定程度上制约着退耕还林的质量和成效。破解此难题，一方面加大农田水利建设项目的争取力度；另一方面在林业工程项目中要转变以往做法，综合考虑把交通水利条件一并纳入造林工程项目规划，科学测算，加大林业投入，这样才能从根本上转变林业工程基础设施较差的局面。

（三）技术指导难

退耕还林工程涉及面广，种苗的检疫、检验，整地挖塘的规格，整个实施过程中需要统筹安排，力戒顾此失彼，做到科学安排。

（四）思想统一难

退耕还林说到底是一个造林工程。俗话树十年树木，对地方政府而言，政绩显现不突出，一届政府一届任期5年，到绿树成荫时，也许政府领导已经调往他乡，因此，有的领导由于种种原因，不热心、不重视、支持少。因此，从国家战略的高度出发，应将退耕还林工程纳入绿色 GDP 考核干部，纳入森林云南建设的重要抓手，从用人导向上下工夫，逐步地解决难题。

三、防热点

退耕还林工程政策性极强。要把好事做好，办出成效，必须规范执行政策，科学组织实施，严防各种矛盾纠纷的发生。

1. 要防止丈量面积的不实，从而导致人民群众的不满，损害政府的形象。因此，务必要公开、公正、透明的确认退耕地面积。

2. 要防止打白条。力争做到退耕还林补助农户资金及时到位，及时兑现到农户手中，避免上访，损害政府的公信度。

3. 要防治假种苗。假种苗、假化肥害人不浅，而假种苗危害更大，它不但损害当前，而且遗害无穷、后患无穷。因此，要最大限度把好苗木关，杜绝假种苗上山，从根本上保护农民的利益。

四、出亮点

退耕还林工程要在原有已取得过成效的基础上，力求通过出效益、出亮点，进一步提高各级党委政府的认识，统一思想，振奋精神，增强推进这一德政工程、民心工程、惠农工程的信心。

1. 要打造绿色廊道示范工程。力争把退耕还林工程与道路绿化工程有机结合起来，形成绿色大通道，绿色走廊示范，形成车在林中走，路在林荫中的美景。

2. 要打造绿色家园示范工程。把退耕还林工程与幸福乡村建设、新农村建设工程有机结合起来，在幸福乡村、新农村建设中突显绿色亮点、退耕亮点、生态特色。

3. 要打造绿色扶贫示范工程。把退耕还林工程与扶贫工程有机结合起来，统一规划，统一实施，为扶贫工作注入绿色生机与活力，突显生态扶贫功能，增强贫困地区绿色造血功能。

4. 要打造成特色产业示范工程。着眼于长远生态效益与当前经济效益的结合与统一，就是要选准突破口。着力发展特色产业，实现退耕还林一片，实现一个或几个特色产业和产业链条。诸如，把退耕还林工程与林下种植一同谋利一同落实，把退耕还林与中药材种植，与粮食作物间作，与花卉种植，与特色养殖业结合，把绿水青山与金山银山的目标统一起来，形成众星拱月，亮点纷呈的天空。

因此，在实施退耕还林过程中，从全局的高度出发，统筹兼顾各方积极因素，我们就能有效地推进“森林云南”建设，实现绿绿青山，实现经济发展的目标，造福后代子孙。

培育林业新型经营主体 推进林业快速稳步发展

河北省南和县林业局 吕高翔 胡苏英

南和县位于冀中平原地带，河北省南部，太行山东麓冲积平原，处于京津石经济辐射圈内。西邻京珠高速、107国道，东西有邯黄铁路、邢临高速通过，交通便利，通讯发达，已被纳入邢台市“一城五星”大格局之中，而且在不久的将来将成为邢台市主城区，与邢台市区融为一体。南和地势平坦，土质肥沃，水资源丰富，是传统的农业县，自古就有“小江南”的美誉。自2010年以来，县委、县政府提出实现“绿色南和”、“森林南和”、“生态南和”的宏伟目标，利用五年时间，以“通道绿化、环县城、环乡村绿化”建设为契机，通过加快土地流转，积极培育新型林业经营主体，发展多种林业经营模式，打造“省级苗木花卉基地县”，稳步推进我县林业改革和发展，将南和塑造成一座“和谐首善”、“繁荣舒适”的魅力新城。

一、发展现状

截至目前，我县苗木产业和特色经济林产业已成为我县林业新型经营主体，林苗一体化、林药间作、林禽共养等多种林业经营模式得到迅速推广。全县林木面积已达15.4万亩，森林覆盖率25.3%。其中苗木花卉面积8.5万亩，林下经济1.2万亩，特色经济林面积0.5万亩。苗木品种由原来的杨柳槐榆椿等几个品种发展到80多个，年生产各类苗木9600万株，年产值13亿元以上，经营业户达到500余户，其中100亩以上120家，500亩以上32家，1000亩以上15家，2000亩以上6家，带动吸收农村剩余劳动力8000余人。

二、新型林业经营主体模式及规模

1. 着力培育苗木种植经营主体。以郝桥、三召、闫里、三思东部为重点区域，鼓励和引进大户承包经营，发展苗木种植合作社，建设以企业（合作社）为引领、全民参与的现代化苗木种植示范园区。先后成功引进和培育苗木大户30余家，发展苗木面积达到3.2万亩，建成了16个苗木专业村。

2. 打造特色经济林种植经营主体。以引进龙头企业为重点，在贾宋镇南师等村建设发展树莓特色种植基地5000亩，在史召乡南张李等村建设发展葡萄特色种植基地3500亩。两个特色经济林项目的建设，有力地促进我县农产品结构调整，推动林业产业发展，将更好的发挥示范园辐射带动周边产业发展作用。

3. 实施通道绿化林苗一体化苗圃模式。在乡级以上道路两侧实施50～100m林苗一体化苗圃建设模式3.5万亩，即栽植林木行距在6～8m，行间间作其他苗木，以后轮换替补。

4. 推广林药间作模式。在郝桥镇大林村和闫里乡段村积极推广林药间作绿化种植模式6000亩，即栽植林木行距在6～8m，行间间作药材。

5. 推广林禽共养模式。在三思乡前郭平村和闫里乡段村积极推广林禽共养模式1000亩，即栽植林木行距在6～8m，林下散养和圈养鸡、鸭、羊等。

三、主要措施

1. 领导重视，健全组织。一是县委、县政府把培育苗木种植林业新型经营主体作为林业改革发展重中之重，列入到“十二五规划”和“十三五规划”，每年印发《关于大力发展苗木花卉产业的实施意见》，《南和县重点经济工作奖励办法》以及《苗木花卉生产工作考核办法》，明确了补贴办法和奖励政策。二是强化管理和服务，县政府成立苗木花卉产业管理办公室（简称苗木办），聘请市技术人员常年进行技术服务，并加强与国家和省、市林木种苗管理站、河北省林科院等科研院所联系。县苗木办技术人员从苗木花卉的订购、播种、挖坑、栽植等环节，全程提供“保姆”式服务。

2. 行政推动、强力实施。近年来，我县将苗木花卉产业作为一项重点工程来抓。按照属地管理原则，确定各乡镇长是第一责任人，负责苗木花卉产业发展的规划、组织实施和任务落实等工作。

3. 加快土地流转，重奖重补。进一步规范县乡两级土地流转平台建设，建立和完善流转机制。县政府统一制定了“双五百”的土地流转标准。由村委会与通道绿化涉及农户签订土地流转协议，并通过招商引资，实行大户承包土地经营苗圃，县政府给予承包大户苗木补贴或土地流转补贴。对发展苗木花卉100～300亩且成方连片的，每亩一次性补贴200元；发展苗木花卉300～500亩且成方连片的，每亩一次性补贴350元；达到500亩以上且成方连片的，每亩一次性补贴500元。目前，县财政已累计拨付资金3.2亿元用于苗木花卉基地建设。

4. 加大项目倾斜，完善基础设施配套。建立政府牵头的涉农项目联席会议制度，加强项目统筹，有关部门各尽其责、齐心协力，全力支持苗木产业发展。所有农口部门争取的相关项目，必须向已确定的苗木区投放。同时，国土、电力、交通等部门争取的所有项目要大力向苗木区内倾斜，形成“各炒一盘菜，共办一桌席”的大好局面。

5. 培育龙头企业。通过招商引资，积极引进产品优势突出、带动能力强、经济效益好的龙头企业，带动产业发展。按照“双赢”的原则，帮助企业做好与广大苗农的对接，形成“公司 + 农户”，“利益共享、风险共担”的紧密型利益链接机制，增强企业的带动能力。

打造绿色易州　建设京津后花园

河北省易县林业局　许　明

易县古称易州，是河北省保定市的山区大县，全县总面积2534km²，总人口57万。党的十八大提出：良好的生态环境是人和社会持续发展的根本基础，建设生态文明是关系人民福祉、关乎民族未来的长远大计。习总书记指出“山水林田湖是一个生命共同体，人的命脉在田，田的命脉在水，水的命脉在山，山的命脉在土，土的命脉在树”。

为贯彻十八会议要求和习总书记指示精神，把易县打造成京津地区人民群众理想的休闲场所，易县林业局立足我县实际，坚持科学发展观，紧紧围绕“建设生态文化旅游强县”的总体目标，动员全社会力量，以文明生态村创建、生态文化旅游、建设经济林基地、发展林业产业化项目为载体，大搞植树造林、绿化、美化。造林面积以每年10万亩的速度递增，森林覆盖率达45.4%，林业资源不断扩充。特别是近三年来共投入资金1.61亿元植树造林，绿化美化家园，有林面积达172.5万亩，人均林果面积突破3亩。国家林业局连续两年检查验收位居全国前列，省、市林业工作现场会先后在易县召开，并荣获“全国退耕还林管理先进集体”、“全国林业系统先进集体”、“全国三北防护林建设突出贡献单位”、“河北省造林绿化先进集体”、“河北省省级园林城市”等多个荣誉称号，易县林业产业发展兼顾了社会、经济、生态三大效益和谐并重，实现了山青、水秀、路绿、景美，走出了一条“举全县之力，建设生态文化旅游强县，打造京津后花园”的可持续发展新路。

一、科学谋划，强力实施，造林绿化取得新成效

抓住春季造林、雨季整地、秋冬造林的关键时期，科学谋划，严密组织，大力实施通道绿、景区绿、村村绿、城区绿、河堤绿“五绿”工程，做到了“一强二抓三保”，以项目实施推动造林绿化，落实机制促进非公有制林业发展，形成了全县抓造林、全年抓造林、全面抓造林的良好氛围。实施通道绿工程。构筑了乔灌结合、树花搭配长达200km彩色长廊。实施景区绿工程。在景区景点周围栽植彩叶树和花灌木20余万多株，提升景区品位。实施村村绿、环城绿工程。以农村面貌改造提升和省级园林城市创建为契机，按照

“五绿”原则，在县城主要街道、社区和农村面貌改造提升示范村新植树40多万株，栽植花灌木15万多株，建成绿色精品走廊3条，使城区和示范村的生态环境得到明显改善。在造林绿化过程中坚持做到：一是强化责任，保证质量。为提高造林质量，在栽植过程中，做到统一树种选择、统一苗木标准、统一栽植技术、统一把关验收“四统一”，并明确人员，明确责任，采取先进技术措施，确保群众全部按照管理技术进行栽植。二是抓管护，保成果。统一制定下发了《植树造林技术管理规程》，分片召开了造林质量调度会。同时，按照县政府《禁牧令》和《关于加强林木资源管理的通告》，与森林公安等部门相互配合，严厉打击破坏林木行为，保护造林成果。三是抓资金使用。按照“严管林、慎用钱、质为先”的要求，对林业专项资金捆绑使用，严格按照项目工程管理办法，严格施工标准，把项目专项资金投入到积极性高、工程质量好的专业村和承包大户，有力地促进了林业的快速发展，在专项资金使用中没有发生一起违纪违规现象。

二、抓项目引进，落实机制，为造林绿化提供保证

资金是造林绿化的保障，在造林绿化中坚持项目推动、机制促动，保障林业生态建设的快速推进。一是积极谋划引进项目。实施跑部进厅，积极向国家、省、市林业主管部门争取资金。年引进实施项目不低于3个，引进到位资金1600余万元，重点实施了三北防护林造林、封山育林、中幼林抚育等重点林业工程项目，通过项目的实施，有利的推动了造林绿化进程。二是创新机制，促非公有制林业发展。始终坚持“务林有其山，山林有其主，林主有其权，林权有其利”，大力推行“谁造林、谁所有，谁投资、谁受益，谁管理、谁得利”的造林机制，明晰产权，签定合同，并积极探索出了大户承包、联户承包、农民个体承包和集体栽植、分户经营四种造林模式，促小户成大户，以大户带万户。在规划造林范围内，每个地块都有人栽，栽植的每棵树都有人管，实现了“政府要绿、群众得利、社会获益”的有机统一。在加强领导、高位启动林改工作的基础上，采取宣传发动、政策促动、典型带动、督导推动“四动”举措强化林改工作，总结出了“保持一个不变、把握两个关键、坚持三项原则，确保四个到位”的推广经验。林权制度改革的深入实施，极大的促进了易县林业生态建设进程。目前，全县涌现出承包大户200余户，荒山治理面积达50万亩，非公有制林业迅速发展。

三、强化三个结合，实现造林绿化生态化、产业化

按照树立和落实科学发展观的要求，易县不仅把林业作为富民强县的支柱产业，而且将其做为优化全县生态环境、谋求长远经济效益、社会效益的根本保证，把林业做为全县第一特色产业来经营。为了实现生态、经济和社会三效统筹，做到了三个结合：一是与发展林果业相结合。易县是“全国磨盘柿之乡”，是华北地区最大的李子基地，围绕这两个特色产品，积极发展林果业，总面积达 32.5 万亩，占有林地面积的 19.8%，果品产量达到 2.5 亿斤，实现年销售收入 1.8 亿元，仅此一项人均增收 300 元。二是与发展旅游业相结合。围绕清西陵、荆轲塔、南湖、狼牙山等景区景点景区，以松树、柏树、火炬、山杏、刺槐、栾树等景观树种和花卉为主，合理配置树种，栽植彩叶树和花灌木 8300 亩、18 万株。实现了车在树中行，人在花中游，景中有绿，绿中有花的观赏效果，让游客置身于天然氧吧，进一步提升景区品位。全县游客达 169 万人次，旅游业总收入 2.197 亿元。

四、加强林政执法，保护生态资源

在林业发展中始终坚持“造管并重”的发展原则，以加大林业执法力度、保护造林成果为切入点，促进林业快速、健康、持续发展。主要抓了三个方面：

一是抓宣传，不断提高群众法制意识。从提高群众的法制意识入手，加大《森林法》及各项林业法律法规的宣传力度。成立了由宣传、广播、林业、交通等部门为成员的法律法规宣传领导机构，具体协调组织林业法律法规的宣传工作。确定以林区为重点，通过发放明白纸、法律讲座等多种形式，深入到基层宣传《森林法》、《种子法》、《森林防火条例》、《植物检疫条例》等法律法规，每年发放防火明白纸 10000 份，开展宣传讲座 30 多次。在广播电台、电视台、《易州报》开辟宣传专栏，宣传林业法律法规 200 多次，在乡村和重点林区张贴《森林法》、《森林防火条例》布告 2000 张。通过宣传增强了广大群众的法制意识、护林意识和发展意识，在全县形成了“户户造林，人人护林”的良好氛围。

二是依法治林，加大案件查处力度。针对有林面积广，森林覆盖率高，林木资源保护难度较大的现状。从完善制度，加大打击力度入手，确保依法治林落到实处。严格落实林木采伐许可制度，对不按林木采伐许可证规定进

行采伐的，依法严肃处理。近几年来，全县共查处林业违法案件 100 余起，通过严厉的打击涉林违法行为，震慑了不法分子，教育了广大群众，保护了森林资源。

三是合理开发，确保林业资源持续利用。为有效保护森林资源，使之合理开发，永续利用。主要采取了以下措施：第一，严格控制采伐限额。根据林木资源现状，把年度木材生产计划控制在 1 万 m^3 以内，有效地控制了森林资源的消耗；第二，严格采伐审批程序。在采伐审批过程中，制定了一套行之有效、层层把关的管理机制。先由采伐的单位或个人，写出书面申请，经技术人员实地勘查，符合采伐规定的由主管局长审批签字后方可采伐。同时，严格执行伐前设计、伐后验收的监督管理制度，对伐后不按期补植或超伐的集体或个人，根据《森林法》的有关规定，除给予必要的处罚外，停止下年度的采伐审批，做到采伐有申请、伐前要调查、审批有签字、采伐重监管；第三，加强木材经营摊点管理。重点严格控制活立木蓄积消耗，对木材经营摊点进行规范化管理，对无证非法经营的收购摊点坚决予以取缔，近年来共清理取缔木材经营摊点 32 家。对中密度纤维板厂实行定点管理，明确专人进行监督，严禁销售天然林木，有效控制了全县乱砍滥伐、乱收滥伐、乱收滥售的现象。第四，严厉打击林区内违法放牧活动。妥善解决林牧矛盾，县政府出台了《禁牧令》，对林区放牧进行了专项治理，使林区放牧毁坏林木现象得到了有效遏制；第五，严格清理非法侵占林地行为，特别是 2011 年，根据国家林业局卫片监测结果，对非法侵占林地行为进行了认真清理。开展了声势浩大的集中整治旱砂开采、非法采矿专项活动，对全县境内采矿、采砂、矿产进行了认真清理。第六，加强森林防火工作。针对全县山多、林密、景点多、防火任务重的实际，始终把森林防火工作作为一项重要工作来抓，坚持预防为主、防打结合的原则，强化宣传，完善机制，依法治火，多年来全县未发生一起森林火灾，为了进一步加强防火工作，科学预防，建成了全县防火指挥中心，确保社会稳定和林业健康发展；第七，加大野生动物保护力度。对全县的野生动物驯养场和饮食摊点进行了认真清理，对随意捕杀、销售野生动物的单位和个人进行了严肃处理，共查处非法经营、销售、捕杀野生动物案件 5 起，收缴、放飞各种鸟类 1000 多只，处罚 5 人。

播绿植绿　管护保护
着力打造京津冀生态安全屏障

河北省承德市围场满族蒙古族自治县林业局　张　开　冷建伟　催海芮

随着京津冀协同发展战略的深入实施，位于河北省最北部的围场满族蒙古族自治县，坚持“生态优先、科学发展、绿色崛起”的理念，以建设“京津冀水源涵养功能区”为核心，以建设林业强县、增加林农收入为目标，全面加强生态建设，大力开展城乡绿化，积极培育林果产业，切实加强资源管护，通过多年来的持续用力，在木兰围场大地上为京津冀地区构筑起了一道绿色生态屏障，涵养了源源不断的滦河水，阻滞了浑善达克的南侵风沙。

一、重创新，抓管理，生态建设大跨越

在近年来的生态建设中，围场县林业局积极探索建立生态造林新机制、新体制，大力推进了以京津风沙源治理二期、退耕还林后续产业基地、中央政策性资金补助和再造三个塞罕坝等项目造林为主体的生态建设。一是注重政策引导。先后制定出台了《关于大力实施合资合作造林加快推进绿化进程的意见》、《关于加快林业经济发展的意见》等支持和鼓励生态造林的政策性文件，大力推行企业、单位和村组合资合作造林新模式。几年来，承德宇航人、承德木兰林业集团等企业先后与卡伦后沟牧场、半截塔镇和御道口等乡镇采取合资、合作的方式，完成生态造林 3 万多亩，带动社会造林 10 万亩以上，有效地提升了全县造林绿化工作的规模和水平。二是实行工程招投标制。坚持以市场化运作的方式推进生态工程建设，对所有经过省市批准的造林工程全部实行公开招投标，由中标的林业工程公司组织专业施工队进行施工，每个施工队不少于 20 人，有效地保证工程进度和质量。三是坚持全过程监管。每个专业施工队由局指定一名专业技术人员任监管员，对造林整地、苗木质量、栽植技术和补植补造等进行全程指导和监管，在确保造林成活率的同时，建设了一批造林精品工程。2010 年以来，共规划实施了生态造林万亩精品工程 10 个，千亩精品工程 35 个，百亩精品工程 280 多个。

连续多年的生态建设，有力地推动了全县生态环境的持续改善。全县年

均完成生态造林10万亩以上，森林覆盖率由2010年的53.1%，提高到现在的57.6%，年均增长1.1个百分点。沙尘和扬沙天气较2010年减少了15天以上，降雨量也随之明显增多。在有效改善生态环境的同时，更为“北京阻沙源、天津蓄水源”发挥了重要作用。

二、重引导，建基地，林果产业增效益

坚持把林果产业作为促进农民增收的主导产业进行重点培育。针对林果产业发展周期长、投资大、成本高、见效慢的特点，围场县林业局通过采取奖励补助、示范引导、科技支撑等有力举措，全县“苹果、干果、沙棘、苗木花卉、药材林”等林果产业得到了迅速发展。一是资金补助。建立资金奖励补助机制，通过整合涉林资金、争取财政专项投入等方式，对果树栽植、采摘园建设、设施果品发展、山杏林和榛子林流转、杏扁改接、林下种药、林下养殖、果品贮存库建设等项目进行补助。2010年以来，累计投入资金3000多万元用于支持林果产业发展。二是示范引导。全面开展示范工程建设，通过示范引导群众发展林果产业。几年来，围绕林果产业先后建设了金红苹果采摘园、果苗一体化、林果经济沟、红玫瑰、红海棠种植、果药间作、杏扁栽植和改接、平欧榛子种植与复壮等示范工程260多个，总面积6万多亩。并建设了四道沟金红苹果专业乡、张家湾乡巴头沟村金红苹果专业村、朝阳湾镇五间房村杏扁专业村，起到了非常好的示范引导作用。三是科技支撑。成立了林果产业办公室和林业技术推广总站，录制林果栽培技术专题片在县电视台循环播放，编写了《果农实用手册》，重点实施了以“一人带一村组、一人带一产业、一人带一基地”为主要内容的“能人（大户）带动”工程，培养和发展林果产业能人（大户）1760多人（户），有效地带动了林果产业的发展。

到2014年年底，全县经济林面积达到187万亩，其中苹果15万亩、山杏（杏扁）75万亩、榛子30万亩、沙棘60万亩、苗木花卉4万亩、药材林3万亩。实现林业产值12亿元，林果产业在农民人均纯收入中的比重达到27%。

三、重投入，出精品，城乡绿化见成效

结合实施农村环境综合整治、农村面貌改造提升等专项治理行动，大力开展城乡绿化工程，农村环境得到有效改善。一是通道绿化工程。自2012年开始，规划实施了以高速公路、国省干道和旅游沿线为重点的通道绿化工程。

两年来，累计投入资金500多万元对承赤高速、国道111线等道路两侧2万亩可视山体实施了绿化。二是村镇绿化工程。累计投入资金1000多万元，对旅游公路沿线村和乡镇政府所在地村等120个重点村进行了绿化美化，共栽植杨树、柳树、油松、云杉、花灌木等绿化树木150多万株。三是园林绿化工程。近两年，结合县城实施路街改造工程，投入资金1500万元启动实施了县城“五路五街两河一山十节点”绿化工程，有效地改善了人居环境。四是休闲节点工程。投资770万元在龙头山、半截塔、城子和哈里哈4个乡镇设计建设集游客休憩和景观观赏于一体的历史文化节点7处，有力拉动了全县休闲旅游产业发展。五是义务植树活动。创新义务植树形式，立足各乡镇实际，在全县37个乡镇规划建立全民义务植树基地37处，总面积1.5万亩，年均栽植各类树木110万株以上。

四、重管护，严执法，保障体系日益完善

切实抓紧抓实资源管理、森林防火、有害生物防治三大体系建设，全面构筑森林资源安全“保护伞”。一是资源管理体系。加强管护队伍建设，建立起了覆盖县、乡、村三级的管护网络，全县管护队伍达到4500多人。严格执行采伐限额，强化采伐作业设计审批、监管验收和补植补造各个环节，营林工作得到加强。全力做好征占用林地和野生动植物保护工作，积极调处林权纠纷，确保了资源科学合理永续利用。二是森林防火体系。深入开展了防火宣传，建立了“五清”机制，组建了县级扑火大队和38支乡镇专业扑火队，年均开展扑火演练2次以上，扑防能力全面提升。投入力度不断加大，2010年以来，累计投入资金5000多万元为全县各专业、半专业扑火队伍配备了防火物资。2013年投入资金335万元在全县312个行政村实施了森林防火无线广播安装工程，2014年投入资金1500万元在6个主要林区安装了防火视频监控系统。严打非法用火行为，每年部署开展打击野外违法用火专项行动2次以上，全年多年来未发生大的森林火灾。三是有害生物防治体系。全力做好产地检疫和出境入境木材与苗木检疫工作，检疫率均达到99%以上。严密监控美国白蛾和松材线虫疫情，积极防治鼠兔危害，全县连续多年未发生大面积的森林病虫害。

五、重扶持，强龙头，产业化经营上水平

扎实推进林业产业化经营，通过深入实施“项目强林”战略，全县林业

产业化经营迈上新台阶。一是全力争取上级专项资金支持。紧紧围绕国家和省市在生态建设、经济林发展、护林防火、有害生物防治、资源管护等方面的专项投资，全力进行争取，2010 年以来，每年争取的专项资金都在 1 亿元以上，有力地推动了全县林业产业的发展。二是积极培育龙头企业。立足“苹果、干果、沙棘、苗木、药材林、用材林”六大林业产业，先后引进了承德宇航人、北京东方园林、承德保承中草药、深圳天河兴木业、承德木兰林业集团等龙头企业。为使龙头企业做大做强，推进林业产业化经营，2010 年以来，围场县林业局累计争取省林业厅产业发展资金 3000 多万元支持龙头企业建设，带动企业新上了沙棘籽油萃取、苹果果酸提取、中药材精细包装、中高档家具生产等一批精深加工项目，有力地提升了林业产业化经营水平。三是组建林业集团。自 2012 年起，围场林业局就积极筹建隶属于自己的林业集团，2013 年 4 月承德木兰林业集团有限公司正式成立，注册资本金 1.18 亿元，并同时完成了 9 个林业工程子公司的注册。2014 年集团通过招标实施了全县大部分的生态建设工程，实现经营收入 3000 多万元，利税 500 多万元，为今后生态建设实现市场化运作进行了有益尝试。目前，全县基本形成了龙头企业拉动产业发展，产业助推龙头企业做大做强的林业产业化发展格局。

多年来的持续用力，全县生态建设取得了长足发展。截至到 2014 年年末，全县有林面积达到 778 万亩，森林覆盖率达到 57.6%，活立木蓄积 2610 万 m^3。森林覆盖率和蓄积分别占全市的 23.5% 和 38.4%；全省的 10.6% 和 21.8%；全国的 2.65‰和 1.98‰。围场也先后被省林业厅评选为“全省造林大县”、“国土绿化突出贡献单位”、“果品产业工作先进单位”、“林业科技推广宣传先进单位”、“森林防火工作先进单位”。

发挥职能作用
为经济发展构筑绿色屏障

河北省阜城县林业局　何丙敬

阜城县地处华北冲击平原，位于河北省黑龙港流域的中部。全县5乡5镇，610个行政村，总土地面积105万亩，农田58万亩，林业用地30.5万亩。全县人口35万，农业人口31万，是一个地势平坦，气候、土壤条件比较优越、人多地少的农业大县。近几年，阜城县林业局紧紧围绕“十二五”末实现“一人一亩林”的总目标，带领全县人民大力开展植树造林、退耕还林、城乡村庄环境绿化、通道绿化，林业工作取得了巨大的成绩。连续五年每年完成造林2.6万亩以上，截至2013年年底，全县林地面积达26.7万亩，其中经济林11.2万亩，森林覆盖率达到25.4%，在全县范围内消灭了荒地荒滩，逐步实现了农田林网化、村庄密林化、城镇花园化、通道林带化、河渠林荫化。先后被省林业局授予“河北省林果产业工作先进单位”、“林木种质资源普查先进单位”、“全省集体林权制度改革工作先进单位”，连续五年被市林业局授予“造林绿化工作先进单位”、“林业技术推广先进单位”“林果病虫害防治检疫先进单位”等集体荣誉。

一、政府给力，领导重视，努力实现造林绿化工作新突破

林业作为生态建设的主体，县委、县政府高度重视，把林业中长期发展纳入全县经济发展总体规划，实现了造林绿化工作的新突破，我们具体做到了四个到位：

一是领导到位，筹备了由林业、住建、交通、财政、水利、公安等为成员单位的县绿化委员会，由县长任组长，形成了组织健全、运转协调、保障有力的造林绿化组织领导机构。

二是责任到位，对造林工程或造林任务实行县乡村三级责任状，乡镇党委书记为第一责任人，主管副职为主要责任人，村级地块为目标责任人，县

委县政府把造林绿化工作列入年度考核的重要内容。

三是宣传到位，我们利用电视、网络等媒体，广泛宣传发展林业的重要意义，通过印发宣传资料、广播、科普大集等形式普及林果新技术，吸引广大群众参与林业，投资林业。

四是技术指导到位，林业局技术人员全年活动在基层一线，普及常规技术，推广新技术、新品种，特别是在造林季节林业局技术人员巡视指导，严把整地、挖坑、定植及定植后的管理各个环节，保证了造林质量。

二、统筹兼顾，创新思路，做到六个结合

在工作中，我们始终坚持生态效益、经济效益、社会效益相统一，在保证生态、社会效益的前提下，实现经济效益的最大化。我们的做法是坚持六个结合：

一是把增林扩绿和产业结构调整结合起来。在造林绿化工作中，我们坚持因地制宜，宜林则林，宜果则果，大力推广密植梨新技术，先后引进日韩梨系列、葡萄、苹果新品种20多个，先后实施了“东果西移”战略和“百里果蔬长廊”工程，拓宽了农民致富的渠道。

二是把造林绿化和林权制度改革结合起来。按照“谁种谁有，谁管理，谁受益”的原则，通过招标、拍卖、租赁、承包等形式，鼓励企业、大户通过土地有偿流转参与造林绿化，确权到户，明确了责任主体，落实管护责任，实现了责权利统一，管护结合。

三是把经济林的发展和规模效益结合起来。鼓励工商资本投资林业生产，通过土地流转，实行成方连片大面积种植，创新产业模式，发展集约林业，把林业的发展同规模经营结合起来。

四是把果树管理和示范园建设相结合。全县共建立果树示范园10个，通过推广密植梨栽培、鸭梨无公害标准化生产、果树病虫害综合防治等12项新技术，以点代片，以片带面，促进科技成果的转化。

五是把造林绿化和环境治理结合起来。按照生态文明建设的要求，优化设计，合理布局，采用乔灌结合、林粮间作、林药间作、林苗间作、林菜间作，立体种植，提高土地利用率，增强生态效益的稳定性，把林业在环境治理，改善生态方面的作用发挥到极致。

六是把造林绿化和资源管理结合起来。种管并举，通过大力宣传《森林法》等有关的林业法规，提高全社会护林爱林的自觉性和积极性，同时筑牢有害生物防治网，在以美国白蛾、杨扇舟蛾、杨小舟蛾为主的林业有害生物

发生面积逐年加大、危害程度逐年加重形势下，我们通过科学防治，有效遏制了危害的发生和蔓延。特别是美国白蛾，2008 年 9 月传入我县，2010 年疫情局部发生，2010 年春我们开始采取飞防和人防相结合的方法进行防治，疫情得到有效控制。中央电视台新闻频道对我县 2013 年二次飞防做了现场报道。

大同县30年造林绿化百万亩

山西省大同县林业局　赵德清

大同县经过30多年的造林绿化，造林101.75万亩，森林覆盖率达31.8%。放在全省看，面积不算最大，成绩不算最优。但历届党委政府的“层层加码”和本届党委政府的“大手笔”，却彰显了一个财政收入不高的穷县、一个人口不多的小县的政绩观。

经过30多年的造林绿化，大同县建起了一道南起落鹰山北至采凉山，长达百余公里的绿色屏障。生态改善了环境，风沙在这里放慢了脚步。截至2014年5月，全县造林101.75万亩，森林覆盖率达31.8%，先后被评为全省林业生态县和全国绿化模范县。

大同县从1983年开始大规模植树造林。历届县委、县政府认准一个理：要想让百姓过上好日子，必须治理风沙；要治理风沙，必须艰苦奋斗植树造林。当初，主攻荒山造林绿化，全县干部自带干粮，和群众一道进入绿化主战场，加快科技营林步伐，在荒山上种植松树3万亩，在落鹰山建成了全省第一个樟子松示范造林工程。如今，樟子松、油松等松树在大同县的种植面积已达50多万亩。

特别是在2011年以后，该县提出了林业生态建设由过去主攻荒山造林，向山川大地营造景观、壮大林果产业、发展生态旅游业转变的思路。实施了“山上治本”与“身边增绿”、生态林与经济林、单一树种与乔灌草混交、自然美化和打造景观四个并重的具体举措。经过近4年的努力，该县走出了一条以生态聚资源，以生态创环境，以生态显文明，以生态催生新产业的转型跨越发展之路。

“每到春季，县四套班子领导都要深入造林一线、包联乡村，与乡村干部群众一起植树造林。”全国造林模范、县林业局局长赵德清对县里种树的力度，感慨万千，“近几年，县里每年用于林业建设的投资达5000万元，每年推进建设一个万亩连片造林工程，每年栽植各类林木4万亩。2012年到2014年三年间，全县累计林业投资2.6亿多元，种植各类树木、大片造林13.2万亩，绿化村庄71个，通道绿化250多km。”

该县现有集中连片30万亩火山群生态绿化工程、30万亩南山涵养林工程、20 万亩采凉山京津风沙源治理工程以及万亩以上的绿化工程 10 处，南北绵延百万多亩，形成一片茫茫林海。此外，该县还依托大同火山群国家地质公园的文化旅游资源，先后打造了云冈机场至县城连接线绿色通道、火山群旅游路绿色通道、老虎山景观等一批精品绿化工程。

在注重生态林发展的同时，地处偏僻山区的聚乐乡，生产的“哈密杏”也享誉华北。近年来，该县把巨乐乡确立为林果之乡，大力发展杏果经济林种植，目前已达 3.3 万亩。仅此一项，全乡果农年人均收入 3000 多元。到目前，全县经济林已达 10 万亩，有百亩以上的造林专业户 23 户，种植经济林已成为农民增加收入的一条新路子。

前人栽树后人乘凉。在前人与后人的抉择中，作为历届党委政府，对于实施植树造林只有前任与后任之分，没有奉献与享受之说。在雁门关以北，面对水土流失和土地沙化问题，植树造林从未停止过。各级党委政府持之以恒抓绿化，久久为功谋长远的施政理念，是客观条件与科学发展的正确选择；在栽树与乘凉两者之间，换个角度就是奉献与享受。群众路线是让群众得实惠。也就是说，咬定青山不放松是永远的政绩观。因为，不管种多少树，最终实惠的是群众。

建设绿色走廊　打造大好方山

山西省方山县林业局　李文铭　张林珍

方山县位于山西省西部，吕梁山中段西翼，北川河纵观南北，两座山横卧东西，国土总面积215.1万亩，其中林业用地面积161.67万亩，占国土总面积的75.2%，森林覆盖率41%。境内名胜古迹众多，有北武当山、南阳沟等可供开发的旅游景点24处，既是一个林业大县，又是一个旅游资源强县。

近年来，县委、县政府立足方山“生态环境良好，旅游资源丰富，地处吕梁城郊”三大比较优势，确立了全县生态文明建设的总体思路：坚持绿色发展战略，大搞造林绿化，以建设“省级生态县”和“吕梁市后花园”为目标，以高速公路、国省道绿化为轴心，以东西两山绿化为两翼，以“一山（北武当山）一湖（横泉水库）一城（方山县城）一场（吕梁机场）”为重点，按照“适宜山地经济林、荒山荒坡生态林、沿川大道景观林、河槽两岸护岸林”的原则，用三至五年的时间，把方山由北到南建成绿色装点城市、绿色覆盖乡村、绿色环绕道路、绿色笼罩荒山，处处绿意盎然的“百里绿色走廊”，打造宜居宜业的“大好方山”。

围绕这一总体思路，全县上下创新机制，多措并举，全民参站，全力推进，重点实施“六大工程”，经过2年的不懈努力，全县完成绿化总面积42.52万亩，六大工程取得明显成效，造林绿化取得可喜成绩。一是吕梁机场绿色生态圈工程，以吕梁机场周边为主区域，完成高标准绿化1.39万亩，为吕梁山生态脆弱区造林绿化摆出了样板工程，成为吕梁山上一颗耀眼的绿色明珠。二是环城绿化工程，以横泉水库为重点区域，绿化总面积0.25万亩，建成了绿树成荫、碧水蓝天的吕梁水源地，也为方山建造了一座天然氧吧，培育了一颗生态之肺。三是城市绿化工程，以西山森林公园为主区域，完成高标准绿化0.7万余亩，为县城周边群众提供了休闲、娱乐、避暑的好去处，营造出“城在林中，林在城中”的良好生态格局。四是景区绿化工程，以北武当山为核心，完善提高绿化面积0.3万亩，为国家级风景名胜区披绿加彩，春粉、夏绿、秋红、冬白的景色让人流连忘返。五是通道绿化工程，以全县228.9km可绿化国省道、高速路、旅游路沿线内宜林荒山及坡耕地为主区域，完成造林绿化面积36.82万亩（坡耕地新发展核桃经济林面积7.3万亩），可绿化的宜林荒山绿化率达到80%以上，建成了“一纵七横”绿色走廊，形成了一张纵贯南北，覆盖全县的绿色网络。六是村镇绿化工程，以209国道沿线村庄为主阵地，完成主要通道沿线村庄绿化105个，义务植树0.56万亩，育苗面积2.5万亩，采用林苗一体化模式，生态景观效果良好，农民增收效益明显。

我们的主要做法是：

一、抓领导，形成生态建设的强大合力

成立了由县委书记任政委，县长任总指挥的林业生态建设指挥部，吸收林业、农业、国土、城建、政法、纪检等相关部门为成员单位，负责对造林绿化工作综合协调，统筹安排。出台了《方山县林业工作实施方案》，实行县四大班子领导包乡镇、包工程，乡镇干部包村、包标段，林业部门包工队、包地块的工作责任制，层层分解任务，形成了县、乡、村、工队上下联动，统一步调，齐抓共管，一级抓一级，层层抓落实的工作机制，做到了领导到位、责任到位、措施到位。

二、抓队伍，确保工程建设的质量

为确保工程质量，方山林业工程普遍推行“市场化运作、工程化管理、专业队施工、标准化验收”的运行机制，同时把技术培训作为队伍建设的重点，采取以会代训、现场指导等多种形式，对工程施工人员进行规范化操作培训，明确提出施工标准和注意事项，确保施工人员切实掌握造林关键技术环节。

三、抓规划，探索科学合理的造林模式

一是在规划设计中，认真踏查，现地调绘，采取“乔灌结合、针阔混交”栽植方式，力求达到“低投资工程大部分少乔多灌交好帐、少部分多乔少灌出精品；高投资工程远近有别均创优、视线范围要成林；封育工程集中连片大规模，既好管护又见效”的最佳治理效果。二是在工程布局中，采用“省级工程布局通道沿线，国家工程布局可视外线；多树种块状混交，适用技术整体渗透；近山大苗出景观，远山小苗搞铺垫；山梁沟壑综合治，不留死角显整体”的科学方式，山水田村路统一规划，梁峁沟坡川连片治理，做到了树木成荫，绿不断线。三是在工程实施中，实行技术人员跟班作业，按规划抓质量，按质量抓验收，从打坑、整地、选苗、栽植到浇水、管护的每一个环节都进行严格把关，提高成活率和保存率。

四、抓资金，形成多元统筹的投入机制

一是积极争取国家、省、市立项，确保上级投入。二是引入“一企一矿绿化一山一沟”机制，给重点碳排放企业划定区域，下达任务，限期绿化。三是县财政根据各项工程建设标准，足额预算配套资金，对重点区域进行高标准绿化。四是捆绑项目，整合涉农资金，统筹使用，集中投入到造林绿化工程中。五是把民营林业作为推进生态建设的重要手段，出台“政府补苗、村镇组织、部门指导、谁栽谁有”的优惠政策，挖掘民间资金，充分调动企业、社团、农户全社会力量，采取直接投入与以劳抵资相结合的方式，积极投身绿化事业，形成全民参与绿色走廊建设的良好氛围。

五、抓考核，建立求真务实的激励机制

积极倡导“右玉”精神，树立栽树就是“栽人文，栽政绩”的发展理念，把林业生态建设作为干部绩效考核的重要内容，每年年终对全县承担造林绿化任务的单位和个人严格进行考核奖惩，凡成绩突出的单位和主要负责人要给予表彰奖励，凡工作落后的单位及主要负责人要给予通报批评，有效推动了全县造林绿化工作的进程。

六、抓宣传，营造氛围

一是早安排、早部署，每年春季植树节及时召开动员大会，对林业工作进行全面的安排部署。二是县电视台、新闻办开辟专栏，不断加大林业生态建设中的典型人物和事迹的宣传力度。三是在造林关键阶段，坚持“一日一汇总，一日一通报，一日一简报”的工作制度，组织县委、政府督查室、纪检委等部门对绿化工作开展专项督查，评比排队，营造人人参与生态建设、人人关注生态建设，全社会广泛监督、广泛支持生态建设的良好氛围。

春来百花争艳，盛夏绿树成荫，秋深硕果累累，冬至松柏迎宾。通过近年实施的一系列绿化工程建设，方山县的水土流失得到有效治理，生态环境得到持续改善，人居环境得到不断优化，空气质量得到清洁净化，森林旅游得到蓬勃发展，一个天蓝、地绿、山青、水秀的靓丽家园呈现在人民群众面前。今后，方山将一如既往地继续高举生态建设大旗，再接再厉，再鼓干劲，再加力度，再添举措，在建设绿色走廊，打造“大好方山”的道路上再立新功，再创辉煌，为实现“绿色崛起”而不懈努力，不断奋斗。

打造绿色荷乡 建设秀美宝应

江苏省宝应县农业委员会 吴永生 顾 斌 胡天新

加强造林绿化工作，对于改善生态环境、提升城市综合实力具有重要意义。历年来，宝应县紧紧围绕“绿化家园、美化环境、保护生态、持续发展”主题，坚持政府主导，部门联动，全民参与，强势推进造林绿化工作，全县资源总量不断增加、森林质量不断提升、综合效益不断提高。截至2013年，我县“六纵七横”国道、省道和县道全部建成绿色通道，河道圩堤绿化率90%以上，90万亩农田基本实现了林网化，

创成湿地公园国家级、省级各1个，森林覆盖率19.79%、林木覆盖率20.43%，城市绿化覆盖率40.8%，先后获得“全国平原绿化先进县”、“全国义务植树先进县”、“全国绿化先进县”、“全国造林绿化先进单位”、“江苏省绿化先进单位”等称号，多次获得扬州市委、市政府考核一等奖。我县的主要做法是：

1. 从周密部署入手，坚持行政推动，着力夯实造林绿化基础。我县认真贯彻执行国家、省市有关国土绿化方针政策和法律法规，将绿化造林工作列入全县经济和社会发展总体规划，坚持政府主导，精心组织，有序推进。一是强化组织领导。为加快提高全县森林和绿化覆盖率，我县实行党政领导绿化工程责任制，将县镇造林绿化重点工程落实为县主要领导、各镇党政一把手的绿化责任工程。在工程实施过程中，县相关部门、各镇区分管负责同志深入现场对接落实，深入小班地块实地查看，协调解决好各种矛盾和问题，切实保证造林绿化按时有序开展。二是注重全员发动。在抓好常年宣传工作的同时，将每年3月份确定为绿化宣传月，充分发挥主流媒体作用，做到电视有图像、电台有声音、报纸有文章，努力形成强大声势和舆论氛围。每年植树节前后，县四套班子全体成员、县直各部门负责人及干部代表、各镇（区）负责人、部分企业负责人以及老干部、工青妇、城市居民等社会各界代表主动参加义务植树活动。全县每年有51万人参加义务植树活动，建立红领巾林、共青林、大学生村官林、廉政文化林等义务植树基地20多个。三是严格督查考核。县政府每年都专题召开造林绿化工作会议，与各镇区签订工作责任状，明确工作目标，落实相关责任，并将造林绿化完成情况纳入对各镇

区农业农村工作和三个文明建设考核，确保完成各项目标任务。同时，组织县四套班子分管领导及农业、监察等部门，不定期地到各镇区开展造林绿化专项督查，重点督查工作进展、完成质量和亮点工程建设情况，及时通过印发简报、发送短信等方式，进行排序、通报和点评。

2. 从整体推进入手，实施重点工程，着力提升造林绿化总量。按照“成片造林有规模、骨干道路提标准，亮点工程上水平，集镇绿化增品位”的思路，进一步调整完善规划，提高建设标准，全力建设重点工程，整体推进造林绿化工作。一是成片造林工程。新建骨干公路两侧各植50～120m宽林带；其他骨干公路两侧林带按照加宽、加厚、加量的要求进行完善，每侧林带宽度不少于20m。结合水利工程建设，对新开挖的河堤、新拓宽的圩堤，高标准实施造林绿化，有条件的将林带拓宽至30～50m。认真组织实施城镇景观大道绿化，坚持体量大、深度厚、树种丰富、乔灌花草搭配，切实增强绿化效果。新建中心村的绿化覆盖率达30%以上，并新建百亩以上的成片林。二是农田林网工程。在做好大中型圩堤、道路造林绿化，建好骨干林带的同时，坚持高起点建设高标准农田林网，结合农业综合开发、农田水利和土地复垦等项目建设，不断加强二三级排灌河的圩堤绿化及田间主要道路绿化，重点打造十个连片万亩高标准林网建设工程，确保新建和完善后的林网控制面积达到Ⅰ级林网要求。三是村镇绿化工程。从村庄道路、庭院绿化、公共绿地、家塘家沟、村中空地、围村林带等方面，对村庄绿化进行全面规划。结合新农村建设和高效特色林业建设，确保村庄绿化覆盖率达30%以上。同时，将集镇绿化纳入集镇建设总体规划，大力发展城郊林业、镇郊林业，对集镇企事业单位、工业集中区、道路、农民广场等，努力做到见缝插绿，千方百计增加绿地面积。四是高效林业工程。积极发展以林果、花木、森林湿地旅游、木材加工、林下种养等为主的高效林业，不断提高林业综合效益。全县花木面积达1.11万亩，年产苗木850万株，产值2.75亿元；经济林果面积达9000多亩，年产量9000多t，产值7220万元；宝应湖国家湿地公园和射阳湖省级湿地公园年接待游客52万人次，旅游收入4240万元；全县林木加工企业68家，年产值2.5亿元。五是城区美化工程。围绕打造生态宝应、绿色宝应，着力抓好主要道路两侧、各类广场和住宅小区等绿化带、公共绿地的建设配套完善，坚持多树种、乔灌花草相搭配，坚持增绿量、扩体量、提质量，努力为市民创造更加舒适的宜居环境。

3. 从重点环节入手，强化要素落实，着力加快造林绿化进程。为加快推进造林绿化工作顺利开展，我县狠抓造林用地、资金和苗木等要素落实。一是抓林地落实。针对县域林业用地较少实际，我县结合绿色通道建设工程，适度拓宽林业用地；通过建设高效林业园区，流转部分农业用地发展高效林业；将低产的高亢农用地及废弃场头等土地调整为林业用地；结合镇村绿化及防护林带建设，整治镇村周边零散地为林业用地。二是抓苗木落实。根据每年造林绿化任务，对全县可造林绿化苗木进行摸底调查，查清造林绿化苗木数量，落实和调剂好苗木品种、数量，确保优质壮苗造林，同时要求严禁从相关疫区调入一切苗木。三是抓资金落实。全面落实国家、省在林地使用、林木采伐、资金投入等方面的优惠政策，积极争取造林绿化项目，多渠道筹措资金，确保造林绿化资金足额及时到位。同时，在县财政对造林绿化实行专项补助外，各镇区也结合本地实际，从高效林业园区基础设施配套建设、土地租金减免、担保贷款等方面，出台了相应的激励政策。

4. 从种管结合入手，把好五个关口，着力保障造林绿化质量。一是把好树种关。加大推广不同树种混交造林力度，在低洼地、沿水青坎栽植 1～2 行杂交柳，在圩堤引进多个杨树品种混交造林，在农田圩堤、塘口利用高干女贞、紫薇等树种进行混交造林。在城区重点路段选用优良乡土树种作为行道树，同时引进红叶石楠、红花继木等色叶绿化树种，不断提高树种多样性。二是把好苗种关。坚持用优质大苗、壮苗造林，杜绝小苗、弱苗、人情苗，努力提高苗木规格、质量。坚持选用乡土树种，以及本地适生树种和品种的大苗、壮苗造林绿化，不断提高造林绿化质量。三是把好栽植关。坚持科学合理栽植，按照大苗、大塘、大株行距和深栽的“三大一深”标准栽植杨树，其他苗木实行深挖塘、挖大塘、适当深栽，保证苗木早成活、快生长。四是把好管护关。按照现代林业产权制度要求，抓好新造林确权工作，明确责任人，将管护责任落实到人。同时，做好新造林病虫害防治，确保栽一棵活一棵、栽一片成一片。五是把好规范关。对道路绿化、河道绿化、村庄绿化等工程建设进行规划先行，对重点绿化工程实行招投标，并全部实行工程监理制度，严把造林绿化施工质量关。

多措并举　扎实推进绿化造林工作

安徽省当涂县林业局　徐克才　李承寿

随着经济全球化，工业的发展，环境问题已举世瞩目，国际社会联合制定了《联合国气候变化框架公约》等一系列应对气候公约，我国是最早的缔约国之一，环境问题已经成为当今世界的主题，保护好生态环境一方面要大量的减排，更重要的是进行固碳，为此安徽省委、省政府决定在全省范围内实施千万亩森林增长工程，我县和全省各地一样进行千万亩森林增长工程建设，根据省千万亩森林增长工程建设领导小组下达的目标任务，编制了《当涂县实施省千万亩森林增长工程建设美好家园2012～2016年总体规划》。规划目标任务为23.1万亩，其中2012年2.9万亩、2013年4.7万亩、2014年5.1万亩（调整为3.1万亩）、2015年5.0万亩、2016年5.4万亩，到2016年森林覆盖率达到20.36%。在县委、县政府的正确领导下，在全县人民的努力下2012～2014年累计完成造林10.9万亩，其中2012年完成2.9万亩、2013年完成4.9万亩，2014年完成3.1万亩，占省下达计划任务的101.8%，县森林增长办公室组织人员对三年来的工程建设成果进行了调研，工程建设已取得了明显的成效，全县的森林覆盖比较普及、功能比较齐全、结构比较稳定，已形成了比较完善的森林生态系统。截至2014年全县森林覆盖率（扣除水面）达到21.02%，每天可以放氧5304t、吸收二氧化碳7226t。改善了生态环境质量，提高了全县人民的幸福指数。

一、工程取得的成绩

为了实施好千万亩森林增长工程，中共当涂县委以党办（2012）34号文件成立了以县长张志强任组长，相关部门主要负责同志组成的“当涂县实施省千万亩森林增长工程绿化家园领导组”，各乡镇（园区）也成立了相应的组织机构，使得全县千万亩森林增长工程有了充分的组织保障，县政府和各乡镇、园区签订了森林增长责任状。工程建设在充分踏查的前提下进行年度作业设计，下达工程建设任务，根据当涂县森林分布特点和土地利用情况，森林增长工程建设围绕“七大林业工程”进行实施，以促进全县林业产业化发展。

（一）三项创建工程

一是森林城镇创建活动。坚持以“让森林走进村庄、让村庄拥抱森林”为主题，以镇的建成区和规划区为重点，按照“绿量第一、丰富色彩、提升景观、改善生态”的要求，大力建设集镇片林和各类公共绿地，加强集镇出入口通道森林长廊、森林景观建设，积极创建森林城镇。工程建设以围绕创建绿色家园为切入点，在全县集镇、村庄进行街道绿化、小区绿化、庭院绿化、大力推进各类工业园区绿化，建设风景片林，逐步建成园林式的园区，两年来创建了太白镇、护河镇、江心乡三个省级森林城镇。二是森林村庄创建活动。坚持以行政村为单位，以自然村为基础的村庄环境综合整治，开展“万村栽万树”活动，大力营造“五林四园”（即围村林、护路护堤林、庭院林、水口林、游憩林和小果园、小竹园、小桑园、小药园）。创建了太白村等18个省级森林村庄，促进美好乡村建设。三是森林长廊创建活动。全县的森林增长工程结合“三线三边”绿化提升，在芜马高速、常合高速、314省道、围乌路建设林带62km，同时同步推进城市规划内的山体绿化，营造小黄山、凌云山城市森林公园，结合护城河综合治理，襄城河路带景观工程建设，完善周边的生态景观。高标准、高起点推进城市出入口片林建设，提升城市品位和档次，加强城乡结合部的绿化建设，努力实现城乡绿化一体化，工程的实施在全县范围内完成一般沟渠、道路绿化153.4km，完成农田林网庇护面积24.5万亩，营造了水源涵养林、水土保持林、护路林、护岸林等林种，彻底改变了当涂县以松林为主要树种的种植模式，使得全县林种结构日趋合理，同时降低了土壤侵蚀模数，有效地遏制了水土流失，改善了生态环境。

（二）实施特色万亩经果林工程

在全县范围内引进桃、板栗、山核桃、蓝莓、牡丹等经济林新品种，改造老品种，新建新果园1.05万亩，改造果园0.25万亩，提高我县果树品牌“果满园”的市场占有率，同时在全县范围内大力发展葡萄产业，全县建设葡萄新品种基地0.48万亩，其中：葡萄之乡大陇乡新建葡萄0.1万亩，进一步扩大了大陇“葡萄之乡”的影响。

（三）实施万亩速生丰产林工程

经济的发展，生态环境建设的要求，木材供需矛盾已不断突出，进行千万亩森林增长工程建设从合理配制全县林业生产力的布局出发，通过对全县林业资源，土地资源，社会经济情况及林业产业建设等综合分析，本着因地制宜，集中连片，规模经营，项目管理的发展思路，在全县外滩地、低畦地、丘岗地，选择杨树、外松、枫香、榉树，建设了1.3亩的州地速生丰产林、滩地速生丰产林和丘岗地速生丰产林基地。

（四）实施苗木花卉基地建设工程

近几年来分别在大公圩片、沿江片建设了林苗两用林 2.15 万亩，依据本地区的区域优势以培育城市绿化用苗为主，项目基地造林为辅。城市绿化用苗主要品种为香樟，桂花，木兰科植物、同时兼顾绿篱、板块植物苗木和盆花、盆栽观叶植物的生产，重视外向型科技含量高的苗木生产，主攻容器苗和全冠苗，苗木品种和规格做到了与上海、南京等近邻城市全面接轨，使之成为“长三角”地区重要的苗木基地，江林公司建设了近 4000 黄山栾木基地，也是全省最大的栾木基地。

（五）实施林业血防工程

在规划千万亩森林增长工程建设时，在全县血吸虫的重点疫区和一般疫区，通过林粮种植模式建设抑螺防病林 1.3 万亩，改变了疫区血吸虫的滋生环境，促进了全县人民的身心健康。

（六）实施湖滩增绿工程

在全县重点生态区域范围内，选择根系发达，株冠浓密的树种，营造水土保持林、水源涵养林 1.1 万亩亩。同时对 0.75 万亩亩郁闭度小于 0.2，天然下种更新能力强的残次林进行封山育林，有效地遏制水土流失，降低土壤的侵蚀模数。

（七）实施“三线三边”绿化提升工程

根据县委、县政府出台了《关于进一步推进全县“三线三边”城乡环境治理工作的若干意见》、县文明委《关于建立当涂县“三线三边”城乡环境治理工作开展情况，“线长、边长、重点长”制度的通知》，千万亩森林增长工程树立建设城市森林生态体系的理念，确立城市林业的管理体系，统一规划建设城区、郊区的绿地，实现城乡一体化的建设目标，在现有的城市绿化规划布局基础上，提升森林质量；增加社区片林地建设，提高城市边缘地区的城市森林覆盖；着重加强城郊森林生态圈建设、城市外围森林公园与风景林建设；建设护城河、襄城河周边城市森林景观，加强线路绿化和森林长廊建设，对国道、省道、高速迎面的山体进行林相改造，大力恢复废弃塘口植被，新建林带 60km，在涂山大道、G205、旅游大道新建线路绿化 38.8km，进行线路补植株数 17.14 万株，林带补植株数 2.3 万株，在全县城镇及其周边完成成片造林 0.2 万亩在马芜高速东侧进行植被恢复两处面积 7 亩。进行大青山景区林相改造，改造面积 400 亩。

二、存在问题

（一）森林增长工程难以完成，造林空间拓展有限

2015～2016年森林增长工程从我县国土面积构成来看，一是造林空间非常狭小，难以拓展。我县国土总面积153万亩，其中农村土地145.5万亩，占国土总面积的96.77%。在农村土地中耕地63.6万亩，林地10.4万亩，镇村及工矿用地16.8万亩，交通运输用地2.7万亩，水域及水利设施用地52万亩，境内耕地全部为基本农田。二是工程推进难度大，干部群众反响大。主要原因是工程投资大、管护成本高，基层干部、群众对工程有异议。三是造林代价高，维护成本高，群众抵触情绪大。虽然我县已完成10.9万亩工程造林任务，但其中有8.7万亩都栽植在基本农田中，基本农田造林面积占已完成的总造林面积79.8%。

（二）工程造林参差不齐亟待加强管护、抚育

一是部分小班树种配置不合理，造林地选择不当，苗木不论大小全上，无分级、无检疫等正规程序，导致造林"两率"（成活率和存活率）低。同时，栽植的实际操作不规范，起苗、运苗不遵循技术规范要求，造林方与施工单位脱节，给后续各项管理工作留下隐患。二是工程管理不规范。林业是"三分造七分管"，甚至是"一分造九分管"，但在实际造林过程部分乡镇缺乏有效的管理机制和方法，同时对林种树种搭配和经营模式等缺乏研究推广，致使投资收益率、土地产出率偏低，造成"年年造林不见林"或"有绿色、无资源"的现象。三是优惠政策没有落实到位。总体来说对林业建设的投入不足，鼓励林业发展的优惠政策还不多。四是科技知识推广普及不够。未形成地方政府牵头，相关部门配合的齐抓共管的科技服务网络，管理比较粗放，科技含量较低，林产品市场网络不健全。

三、下一步建议

（一）进一步拓展造林空间，完成创建省、国家生态县绿化指标

工程进展至今，我县森林覆盖率（扣除水面）已达21.02%，根据《安徽省人民政府办公厅关于进一步完善千万亩森林增长工程规划落实2014年度植树造林任务的通知》（皖政办明电［2013］33号）精神，我县紧紧围绕"三线三边"绿色提升行动，本着因地制宜、实事求是的原则，建议调整实施省千万亩森林增长工程原规划目标任务，计划2015年完成工程建设任务4500

亩，2016年完成工程任务5575亩，工程建设重点为村庄道路绿化、森林长廊建设、沟渠绿化。与此同时，加快林相改造步伐，加快森林培育，提高森林质量，发展森林旅游和林果产业。按此造林计划实施后，到2016年年底，我县森林覆盖率（扣除水面）将达到23.22%，工程任务完成后，我县森林覆盖率（扣除水面）将超过创建国家生态县的绿化标准，同时，也超过了省下达的森林覆盖率指标。

（二）坚持适地适树，保证造林质量

做到科学规划，因地制宜，适地适树，宜林则林，宜果则果，推行立体种植模式，合理间作，达到生态效益、经营效益的最大化。注重科学栽植，使用良种壮苗，推广普及实用栽培技术。实行科学管理，针对不同树种，不同地理条件，开展针对性的抗旱、施肥、防虫、防病措施，不断提高造林质量和效益。

（三）加强造林后期管理，保证造林成果

对新造林既要重栽更要重管，要明确责任，做到“谁栽、谁管、谁受益”，组织经常性的造林检查，发现管护工作中存在的问题，及时采取措施，将管理工作落到实处，保证新造林能成活、能成材。同时对荒山造林要实行封山育林，对造林大户要落实专人对口服务。同时增加农民收入，提高农民参与林业的积极性。加快林业发展应与促进农民增收、提高人民生活水平相同步，要协调畜牧、农业、扶贫及能源等部门，搞好新能源开发利用和种植养殖业结构调整，充分发挥各部门的协调作用，进一步完善组织管理机构，制定相应政策，活化林权、搞活机制、调节利益分配，提高农民参与林业管理的积极性。

（四）加强宣传，增强群众植树造林意识

利用各种宣传媒体，在全社会开展广泛深入持久的宣传教育，使公民充分认识到造林绿化的重要性、迫切性，认识到自己应尽的责任义务，调动参与植树造林的自觉性。通过工程的建设未来当涂将是“有山皆绿、无水不清、鸟语花香、万鸟争鸣”

发挥林业优势　实现绿色崛起

江西省进贤县林业局

在2008年江西省委、省政府提出建设造林绿化“一大四小”工程和2009年南昌市建设“森林城乡　花园南昌”大好形势下。我县林业已进入有史以来发展的最佳时期。领导高度重视，投入不断加大，政策日臻完善，发展速度令人振奋，为“十二·五”进贤县林业发展打下坚实基础。

一、“十一五”林业建设回顾

（一）林业建设实现新成效

1. “森林城乡　花园南昌”工程建设项目：2009年度“森林城乡　花园南昌”工程实施以来，全县共完成造林12.487万亩，占市下达总任务的104.1%，栽植各类苗木1170万亩，其中山上造林4.1万亩，完成山下造林8.387万亩，其中完成通道绿化2.56万亩，2009年工程建设特色明显，成效突出。

2. 退耕还林工程：为大力改善生态环境，提高森林覆盖率，我县自2002年起共实施退耕还林面积11.3万亩。其中“十一五”期间实施退耕还林面积1.3万亩即2006年实施退耕还林项目坡耕地造林0.3万亩，2007年实施退耕还林项目荒山造林1.0万亩。

3. 林业血防工程：我县自2006年开始共实施血防林4.8万亩，其中2006年实施造林2.0万亩，2007年实施造林0.5万亩，2008年实施造林2.3万亩，2009年实施造林2.25万亩。建设期限为10年，需完成血防林工程造林11.7万亩。

4. 防护林工程：为加快灾后重建建设步伐，进一步巩固防护林建设成果。2008年，我县实施了中央扩内需新增长防林人工造林2.0万亩，建设期限为1年。

5. 油茶产业示范县建设项目：为进一步加快低产林改造力度，提高森林质量，培育新的经济增长点，带动我县油茶产业健康有序发展。我县自2008年起共实施油茶产业示范县建设项目新造高产油茶林1.5万亩，油茶低改0.4万亩。其中2008年实施新造高产油茶林1.0万亩，油茶低改0.2万亩；2009

年实施新造高产油茶林0.5万亩，油茶低改0.2万亩。根据省林业厅的安排，2010年计划实施新造高产油茶林1.0万亩。

6. 巩固退耕还林成果项目：为进一步巩固退耕还林建设成果，切实解决退耕户长远生计问题，加快后续产业发展和补植补造工作进度。根据规划，我县从2008年开始实施巩固退耕还林成果项目，每年度需实施后续产业发展新造油茶5625亩、补植补造6250亩，建设期限为八年。现已实施了2008年和2009年的后续产业发展新造油茶共11250亩，补植补造12500亩。

（二）林业建设存在的问题

“十一五”期间，林业虽然得到了较快的发展，但制约着进贤县林业发展的许多不利因素依然存在，其主要表现在以下几个方面：

1. 森林资源存在“四多四少”现象，即针叶林多、阔叶林少；中幼林多、成熟林少；单层林多、复层林少；残次林多、高效林少。总之，森林资源质量不高。

2. 农田林网建设进展缓慢，现有农田林网建设标准不高，没有把现代林业建设贯穿于循环农业发展全过程。

3. 部分群众对山下平原绿化认识尚未到位，对生态环境保护意识还有待于进一步提高。

4. 有的单位领导对现代林业的认识不足，投入造林绿化的建设资金不足。

5. 乡镇林业工作站未建立，人员和经费没有保障，林业发展受到一定制约。

（三）2010年工作小结

2008、2009两年度我县共造林22.97万亩，其中完成山上造林9.41万亩，山下造林13.56万亩，2009年工程建设特色明显，成效突出：一是得到了上级部门的高度肯定。二是工程建设整体呈现出“三大特色”：造林主体落实好、绿化标准起点高、建成之后成林快。我县在2009～2010年度全省造林绿化“一大四小”工程建设先进市县（区）表彰中荣获综合先进县称号。回顾我县去冬今春的造林绿化工作，我们重点做好了以下“三个三”：

1. 立足“三个”基点，加快“森林城乡、花园南昌”工程建设步伐。完成通道绿化任务，通道总里程288.9km，其中已绿化里程192.6km；通道达标里程153.1km，其中高标里程118.4km。打造了生态亮点村镇，完成了乡镇重点造林绿化任务，提高了绿化标准。

2. 突出“三个”理念，展现“森林城乡、花园南昌”工程建设特色。因地制宜、科学谋划，明确责任、强化督查，形成共识、强化保障。

3. 狠抓“三个”环节，保障“森林城乡、花园南昌”工程建设成效，在下步工作中我们将重点抓好以下三个环节，即“抚育管理”、“长效机制”，“补植补造”。

二、“十二五”林业建设布局

（一）林业发展总体目标

到2015年，通过加强全县绿化造林力度，全县新增有林地面积3万亩，森林覆盖率达到23.4%以上，林木绿化率达到26.09%；森林火灾受灾率控制在0.3‰以内，不发生重特大森林火灾和人员伤亡事故，森林病虫害成灾率控制在3‰以下；大力发展林业产业；推进低效林改造，充分发挥林地生产潜力，提高林分质量，培育优质丰产高效的森林资源，继续保持森林生长量大于消耗量；完善林木采伐管理制度，规范林地、林木流转制度，建立支持集体林业发展的公共财产制度，晚上林业投融资政策，健全林业社会服务体系；水土流失得到有效遏制，生态环境明显改善，初步建立起与国民经济和社会可持续发展相适应的良性生态环境系统和初具规模、特色鲜明的林业产业体系，产业结构趋于合理。

1. 林地面积及覆盖率目标

“十一五”期末全县森林覆盖率预计达到22.36%、林木绿化率预计达到24.09%。“十二五”时期我县林业发展将站在一个全新的起点上，林业建设、林业工作和目标将因此发生新变化。将以现林业在固碳释氧、营造景观、净化空气、涵养水源等一系列林业生态功能全新凸显。

因此，在未来林业发展中，将完善全县生态防护林体系建设，做到以林业项目为载体，以生态公益林等林业生态工程建设为中心，发挥森林资源的碳汇功能，巩固我县现有国家和省级生态公益林面积22.24万亩；以增加森林质量和林地蓄积量为目标，全面推进荒山造林、封山育林等工程建设，实施低效残次林改造工程，提高森林覆盖率；以城镇、通道、村庄绿化和平原绿化为重点，全面提升林业生态体系建设整体水平，提高林木绿化率。

2010～2015年期间，林地面积达68.8万亩，到2015年新增有林地3万亩，全县实现有林地达到57.9万亩，“十二五”末全县森林覆盖率达到23.4%。林木绿化率达到26.09%。

2. 湿地资源保护工程

现状：根据1996年调查数据，全县湿地总面积为820026亩。其中天然湖泊540677亩；天然河流129730亩；人工水库17196亩；人工水田132423亩。

现已将15000亩湿地（青岚湖区域）列入了保护范围。规划：2010～2015年期间把青岚湖区域湿地保护面积扩大到30000亩，军山湖区域32万亩列入保护范围（市人大已出台军山湖保护条例），争取到2020年把金溪湖、陈家湖等天然湖泊纳入保护范围。预计我县湿地保护面积可达到60万亩。

3. 林业产业建设规划

为打造环鄱阳湖生态经济圈，结合进贤县县情、林情，“十二五”期间，围绕全县森林覆盖率达到23.4%这一总体目标，我县防护林和生态林工程计划实施造林26.15万亩，防护林的中幼林抚育26.3万亩。具体计划建设任务如下：

环鄱阳湖沿水防护林：建设环鄱阳湖沿水防护林4.0万亩。充分利用现有湿地资源，以水土保持为目的，在大型水库库区和湖泊周边、赣抚灌渠两侧、抚河两侧等地，进行全方位环水绿化，建成高标准、高品位的沿水防护林绿化带。

农田防护林：建设以道路为基础骨架的农田林网防护林2.0万亩。结合造林绿化“一大四小”工程建设，实现县、乡、村道林荫化和赣抚平原、北部滨湖地区农田林网化。

高产无性系油茶林建设：营造生态和经济效益兼顾的高产无性系油茶林10万亩。以高氏集团在我县建设高产油茶林基地为依托，以油茶建设项目为示范，进一步加大低产低效马尾松林改造力度，加快灾后重建（林相改造）生态修复工程建设步伐，切实提高林分质量，增加林农收入。

速生丰产林建设：营造泡桐、湿地松等速生丰产林2.5万亩。利用采伐迹地、火烧迹地和疏林地补阔，大力开展以泡桐为主的速生丰产林建设，减少针叶林面积，增加阔叶林面积，调整针阔比重，实现生态、社会、经济效益共赢。

血防工程建设：营造林业血防工程4.65万亩。利用荒滩荒地和在疫区内的可绿化地段，全面开展造林绿化，切实改善疫区生态环境，达到兴林、抑螺与生态、经济、社会效益多赢的效果。

森林资源培育：中幼林抚育面积26.3万亩。根据省林业厅的统一安排，“十二五”期间，我县重点对国家级公益林4.2万亩、省级公益林5.8万亩、其他公益林3.2万亩和商品林13.1万亩中幼林实行全面抚育，切实提高林分质量，促使公益林和商品林发挥出更大的生态、防护效益。

4. “森林城乡　花园南昌”续建规划

进贤县“森林城乡　花园南昌”续建规划的主要内容为：建设生态村镇

绿化工程3万亩。（重点开展对县城、乡镇、村庄以及工业园区四个区域的绿化）坚持生态优先，绿色宜居的建绿理念，全面改善县城、乡镇、村庄和工业园区的绿化状况，打造“人在城中、城在林中，城乡一体”的一流的生态环境。

（二）支撑保障体系建设

1. 森林防火体系建设

总体目标是：实现全县不发生较大以上森林火灾，并将全县森林火灾发生率控制在5次/10万hm^2以内，受害率控制在0.5‰以内，火灾控制率不突破10hm^2/次，每年减少森林火灾各类经济损失500万元。主要措施：一是实施防火阻隔系统建设；二是进一步发展专业、半专业扑火队伍；三是加大基础设施投入。

2. 森林公安建设

一是加强队伍建设，解决人员老龄化问题，“十二五”规划内增加3名干警，以缓解警力严重不足；二是加强信息平台建设，建设10个特勤耳目，扩大信息来源；三是加强基础设施建设。

3. 林地管理所建设

主要举措：一是坚持“总量控制、定额管理、严格保护、持续利用”的方针，将全县林地使用面积总量控制在1800hm^2内；二是加强林地管理执法队伍建设，通过培训学习，规范行为准则；三是稳定执法队伍，改善办公条件。

4. 野保站建设

主要举措：一是根据地理分布情况，设立实地调查监测点和实地保护管理站；二是在自然保护区开展宣传教育，提高人们对生态环境保护的意识和湿地保护的意义；三是依托科研教学单位，深入开展实地生态监测研究。

5. 木材检查站建设

主要举措：一是加大对木材流通领域的监管力度；二是加强对木材经营（加工）企业的管理；三是抓好源头管理，加强交通、通讯、监测等配套设备。

6. 森林病虫害防治

主要举措：进一步建立和完善测报、防治和检疫体系的基础设施建设，加强森防人员技术培训，提高森防人员专业技术水平，全面提高对森林病虫的防灾、御灾和减灾能力，有效控制森林病虫害发生的局面，遏制危险性森林病虫害的扩散蔓延和阻止外来有害生物的入侵，将森林病虫害造成的损失降低到最低限度，不断提高森林质量。

（三）未来林业发展的机遇和有利条件

在2008年江西省委、省政府提出建设造林绿化“一大四小”工程和2009年南昌市建设“森林城乡　花园南昌”大好形势下。我县林业已进入有史以来发展的最佳时期。领导高度重视，投入不断加大，政策日臻完善，发展速度令人振奋，为“十二·五”进贤县林业发展打下坚实基础。一方面世界林业生态建设发展形势逼人，生态安全已成为全球性共同关注的国际问题。我国的林业建设催人奋进，政策日趋完善，投入不断加大，力度不断加强，体系不断健全，生态有效改善，产业加速发展，给进贤林业建设提出了更高的要求。二方面国家林业局站在全国林业发展的高度，提出了以生态建设为主的基本方略，全面推进我国城乡林业协调发展，促进人与自然和谐进步。这也是广大人民群众的根本利益和共同愿望。三方面是进贤县病虫害防治、森林防火形势严峻。以科学发展观为指导，统筹人与自然和谐发展，走以生态建设为主的林业可持续发展道路任务重。因此，我们要紧紧抓住目前难得的发展机遇，顺应时代发展要求，解放思想，实事求是，与时俱进，为全面建设和谐进贤、生态进贤而努力。

总结经验 深化改革
推进林业建设迈上新台阶

江西省余江县林业局 金明光 夏卫东

2014年以来，在县委、县政府的正确领导下，在上级业务部门的大力支持下，我局以党的十八届三中、四中全会精神为指导，认真开展党的群众路线教育实践活动，按照年初制定的林业工作思路，认真思谋，真抓实干，在林业重点工程建设、“森林城乡、绿色通道”工程建设、森林资源保护、国有林场改革等方面做了大量的工作，林业建设迈上了新台阶。

一、认真组织开展党的群众路线教育实践活动

一是精心组织，我局成立了以党委书记、局长金明光为组长的党的群众路线教育实践活动领导小组，并制定了工作实施方案；二是组织全体党员干部学习习近平总书记关于党的群众路线教育实践活动一系列讲话精神及有关文件；三是组织全体干部职工开展“四进三改两覆盖”活动，深入基层开展民情家访；四是结合实际为春涛乡坞桥村做好事实事3件，并多次筹资5万元为该村搞公益事业；五是着力聚焦“四风”，广泛听取各方面意见建议；六是善于揭短亮丑，批评和自我批评动真碰硬；七是坚持边学边改边查，整改落实、建章立制取得实效，重点对13项制度进行了完善，形成了《余江县林业局管理制度汇编》和《中共余江县林业局委员会党建工作制度汇编》。

二、认真组织实施“森林城乡、绿色通道”工程建设

按照省林业厅、省财政厅《关于对全省“森林城乡、绿色通道”建设实行项目化管理的通知》文件要求，结合我县实际，我县编制了《2013～2014年度余江县“森林城乡、绿色通道”建设实施方案》、《余江县“森林城乡、绿色通道”建设项目申报书》，经省厅批复，总任务为1063.5亩。截至目前，全县已完成工程建设任务1063.5亩，占省下达计划任务的100%。其中完成森林城市创建工程246.5亩、森林乡镇167亩、森林村庄250亩、通道绿化提升200亩、绿道建设120亩，生态示范乡镇、村建设80亩。

按照全县“森林城乡、绿色通道”建设工程任务，主要做好了四大工程建设：一是森林城市创建工程。重点协助抓好县城城东片区绿化及城南大道绿化，城市绿化新建绿化面积246.5亩。二是森林乡村创建工程。重点完成了潢溪镇、锦江镇、春涛乡政府驻地绿化，结合画桥镇南桥村井丘组，黄庄乡黄庄村罗家组，锦江镇乐泉村徐家组、团黄村林家组，中童镇良种场鱼家塘组、五脑组，春涛乡坞桥村邵家组、武昌村丁溪渡组，平定乡双鱼村汗塘源组，白塔渠管理局仙塘新村等十个自然村的新农村建设的村庄绿化予以项目支持。三是绿道建设工程。协助抓好了县城城南大道、磨仂洲环洲绿道建设。正在大力打造白塔河血防大堤绿道绿化工程。四是通道绿化工程。重点抓好济广高速通道绿化提升工程。

三、坚持生态优先，推进项目建设

去冬今春，我县紧紧围绕“抓质量、促进度”的工作思路，精心组织，周密部署，共完成人工造林1.26万亩，其中完成长防林项目造林0.25万亩、工业原料林项目造林0.7万亩、其他社会造林0.31万亩；完成封山育林0.4万亩，完成森林抚育2.2万亩，全县共培育造林苗木1415亩，产苗量289万株，其中培育绿化苗木1380亩，产苗量86万株；培育山上造林苗35亩，产苗量203万株。

四、加强林政资源管理，保护森林资源

1. 严格限额采伐管理，将木材生产计划分解下达至林权所有者。截至目前，全县共办理林木采伐1015m^3（出材量），占省下达木材生产计划的18%。

2. 建立伐区检查验收，督促工作站进行伐前拨交、伐中监督、伐后验收，采伐山场检查验收率达100%。

3. 加强木材运输管理，截至目前共办理木材放行326m^3。

4. 认真开展“严厉打击破坏森林资源违法犯罪”专项整治行动，2014年以来共立刑事案件13起（其中5起失火案），林业治安案件2起；侦破刑案10起，刑拘2人，转逮捕1人，起诉9起12人。查处各类林业行政案件102起，行政处罚102人次。同时，扎实开展了野生动物保护专项整治行动、禽流感防控工作，化解山林权属矛盾纠纷5起。

5. 加强了重点生态公益林的管理。我县现有国家级和省级重点公益林面积24.378万亩，占林业用地面积的41.6%；其中国家级公益林15.1179万

亩、省级公益林9.2601万亩。为建设我县较完备的生态体系，一是落实了管护责任制，形成了由林业部门和地方政府共同管理的双重管护机制，并确保管护资金的到位。二是加强了公益林的档案管理。完善公益林地理信息系统，理顺了县界之间公益林重叠问题，严格按照公益林档案管理要求进行分类建档，做到图、表、卡、证、书相一致。三是开展了公益林年度检查验收工作，发放生态公益林资金415万元。

6. 严格林地保护管理。一是认真落实征占用林地定额管理规定，加强了我县林地征占用的审核、服务工作，有效地保护林地资源，2014年共办理征占用林地项目2宗，面积27亩，收缴森林植被恢复费10.8万元。二是制止非法占用林地行为10起；行政处罚3起，处罚人民币18余万元，移交森林公安案件2起。

7. 积极开展林地流转服务，全年共审核发证的林地共21宗，面积3388.65亩。开展林权抵押贷款服务，通过发挥“财政惠农信贷通”作用，协助合作银行为农民林业专业合作社、家庭农场等5家林企授信贷款资金达520万元。

8. 全面完成了我县林地年度变更暨森林资源补充调查的内外业工作，并按时按质将成果材料上报省厅，顺利通过了省厅组织的检查验收。

9. 对全县建立和执行保护发展森林资源目标责任制情况进行了检查，并形成检查材料报县政府予以通报。

五、稳妥推进国有林场改革

我县参加改革的林场有三个，分别是高公寨林场、塘潮源林场和马岗岭林场，林地总面积5.8万亩，职工总数2124人。为搞好我县国有林场改革，县委、县政府高度重视，成立了以张子建县长为组长，县财政、人事、林业、社保等相关单位负责人为成员的国有林场改革领导小组。目前，对职工身份的认定核实、社保缴费核算工作已顺利完成，改革单位多方筹集改制经费，林场定性定编已落实，林场社会稳定、和谐，积极准备迎接省政府组织的国有林场改革评估验收。

六、坚持预防为主，落实森林防火

我县自进入森林防火重点期以来，特别在全国、省、市“两会”期间，着力加强了森林防火工作。一是提高思想认识，加强组织领导。主要领导亲自抓、分管领导具体抓；二是加强值班调度，严格执行森林防火零报告制度；三是与各乡（镇、场）签订了2014~2015年度的森林防火责任状；四是在重点地区新竖立森林防火宣传牌200块，张贴禁火令6000份，春节期间利用广播电视、宣传媒体滚动播放森林防火宣传标语，利用手机短信平台发送手机短信30万条；3月9日，邀请省航空护林站派直升机来我县进行“校园”宣传活动，发放森林防火宣传单3000余份；五是加强了野外巡查力度，狠抓了火源管理，把火情杜绝在萌芽阶段，实现了“打早、打小、打了”。六是做好了综合火险区二期项目实施的准备工作。一年来，全县共发生10起森林火灾，受害面积740亩，未发生人员伤亡事故。

七、坚持科学防控，确保森防成效

1. 开展了松材线虫病的春季普查工作。首先是加大了《松材线虫病防治办法》的宣传力度，在主要街道、路口悬挂横幅4条、张贴标语7条；其次是实行伐前检疫，充分发挥林业工作站的作用，通过林业工作站对危险性林业有害生物进行监测，有效地控制了松材线虫病疑似病株的流通；三是及时清理枯死松木，对有枯死松木的乡镇场及时下发限期除治通知书。

2. 开展了马尾松、杨树等病虫害监测预报工作及防治。制定了杨树病虫害监测预报方案和防治方案，在杨树集中地段悬挂杀虫灯共8台，监测食叶害虫及天牛等各虫态发生期及危害症状。2014年以来，投入6万余元，对我县通道两侧杨树进行了药物防治，成效显著。

3. 开展了木材及其制品检疫及种苗产地检疫工作。一是对阳光集团等单位内外调运313m^3木材进行了检疫；二是对蓝天园林种苗公司、嘉森园林绿化有限公司、鹏程花卉苗木公司的绿化大苗及造林用小苗全部进行了产地检疫；三是对“森林城乡、绿色通道”等林业工程造林的所有苗木进行了产地检疫。

抓好森林抚育项目管理 全面提升森林经营质量

江西省吉水县林业局　邓九平

吉水县位于江西省中部，赣江中游，吉安市东北部。县域内地形以丘陵岗地为主，气候温和，雨量充沛，光照充足，四季分明，无霜期长，属中亚热带季风湿润性气候。全县管辖18个乡镇、11个国有林场，总人口52万。国土面积385.36万亩，其中林业用地面积共253.35万亩，占国土总面积的65.7%，活立木总蓄积量558万m^3，森林覆盖率63.4%，是江西省林业重点县之一。近20年来，我县历届领导，都高度重视林业工作，积极争取林业项目，通过项目的带动，全县林业有了长足发展。据2013年森林资源补充调查统计，全县目前有人工造林面积150多万亩，其中中幼林达90万亩。

我县自1990年实施世界银行贷款造林以后，陆续营造了15万亩，各实施林场逐年对速丰林进行了三次抚育间伐，培育了一大批速生丰产林基地，也积累了不少好的经验与做法。2010年实施森林抚育补贴试点工作以来，更进一步把森林抚育试点作为提高森林亩均蓄积量重点项目来抓，严格按照国家和省厅关于森林抚育试点工作的有关要求，认真遵循“稳步集中、先急后缓、自愿公开、科学有效”的抚育原则，抓质量、抓进度、抓奖惩，全县四年来共完成森林抚育补贴项目9.4万亩，其中幼龄林抚育4.9万亩、中龄林抚育间伐4.5万亩。较好的完成了全县森林抚育试点工作任务，取得了一定的成效，初步探索了一些可行的抚育模式和管理机制，我们的主要做法和经验是：

一、加强组织领导，严格落实工作责任

我县对森林抚育补贴项目工作高度重视，自2010年森林抚育补贴试点项目在我县实施后，及时成立了以县林业局、财政局主要领导为组长的森林抚育补贴试点工作领导小组，领导小组下设办公室，确定专人负责办理日常业务。承担试点任务的各国有林场也相应成立了组织领导机构，具体负责本单

位试点工作的组织、领导、协调和森林抚育的实施和管理工作。为切实强化责任落实，县林业局与承担试点任务的单位签订责任书，各试点单位与工程实施队签订责任书，通过责任书的签订，进一步明确了抚育任务、具体要求、资金管理和工作责任，确保了在规定时限内高质量地完成森林抚育试点工作任务。

二、紧密结合林情，合理确定抚育重点

长期以来，由于森林经营工作普遍存在人种天养，重造轻管的现象，导致森林生长不良，质量低下。从全县森林资源状况来看，一是森林单位面积蓄积量低，亩平蓄积只有2.2m^3。二是树种结构不合理，针叶林面积196.56万亩，占88%；具有多功能效益的阔叶林和针阔混交林只有26.9万亩，仅占12%。三是中幼林面积大，近、成、过熟林面积小，中幼林面积达191.7万亩，占86%。要改善目前森林资源质量不高的现状，必须加强森林经营，开展森林抚育。2010年全县森林抚育补贴试点实施后，我们紧紧抓住这一难得的历史机遇，及时组织专业技术人员，对全县现有森林资源现状进行彻底清查，组织完成了《吉水县中幼龄林资源现状调查》和《吉水县2011~2020年中幼龄林抚育规划》，根据我县人工中幼林面积大和林分密度高这一基本林情，按照国家森林抚育相关技术规程的要求，确定了以人工幼龄林抚育为主，适当进行中龄林抚育间伐和“先近后远，先易后难，稳步推进”的工作思路。

三、坚持科学规划，合理确定抚育措施

为确保森林抚育作业设计的科学性、针对性和有效性，我们组织具有丙级资质的局调查设计队统一组织编制森林抚育作业设计，根据年度抚育任务，认真编制年度工作实施方案，专业技术人员严格按照《国家林业局中幼龄林抚育补贴试点作业设计规定》和国家有关技术标准要求，深入山头地块，实地进行勘察，合理确定抚育对象和抚育措施。幼龄林抚育主要采取割灌除草、综合抚育、修枝、剩余物清理、简易作业道修建等抚育措施。综合抚育主要针对初植密度过大，通风透光不良，林木生长纤弱的林分，按照去劣留优、间密留疏的原则，对弱苗、病苗、无顶芽、有机械损伤的幼树进行砍除；修枝主要是对自然整枝不良、枝条、死枝过多、通风透光不畅的林分，同时在作业中结合割灌、除草等抚育措施，促进林木健康生长。中龄林抚育主要以

生长伐和卫生伐为主，在对林分进行全面调查的基础上，根据目的树种的生长需求和培育要求，合理确定间伐强度，调整林分布局和径阶结构，增强林分的生态防护和生产功能。同时对林分内的病腐木、风折木等进行清理，改善林分卫生状况，促进林分生态功能恢复。

四、加强技术培训，规范落实抚育措施

搞好技术培训，是规范落实各项抚育措施的一项基础性工作，为了提高抚育技术水平，我们组织对各试点单位的管理人员、技术人员和施工人员进行了系统培训，学习掌握森林抚育的作业技术规程和质量标准要求，并在工作实践中边抚育边总结经验，不断进行完善，每年举办森林抚育培训班 2 期，培训人员达 260 人（次）。在施工过程中，县林业局分管领导带领有关股室负责人和专业技术人员深入现场进行督导检查，及时发现和解决问题。对没有按作业设计施工的地块，责令限期整改，先后有 4 个林场的 9 个作业小班进行了返工，保证了抚育作业质量，杜绝了部分林场领导和职工消极应付的思想。2013 年 6 月份，县林业局组织各森林抚育单位相互观摩，参观学习了白沙林场抚育间伐小班、万华山林场割灌小班以及水南林场综合抚育小班，大家通过探讨交流，互相学习，提高了干部职工森林抚育工作技能，确保了抚育作业质量，推动了森林抚育补贴试点工作的顺利开展。

五、创新管理模式，提高抚育间伐质量

为提高全县森林抚育间伐质量，我县创新管理模式，实行了间伐材分径级大小定单价结算的方式，即间伐径级 10cm 以下林木，径级越小价格越高，径级 12cm 以上林木，径级越大价格越低，使采伐工自学按照“砍小留大”的质量要求采伐。同时，实行间伐质量评比奖励，对间伐材生产管理中参与工作人员分别给予施工奖、质量奖，奖励标准是杉木间伐质量合格小班奖 3 元/m^3，间伐材 10cm 以下的奖 5 元/m^3，12cm 以上的不奖，促进工作人员质量管理积极性。

创新抚育间伐管理模式后，白沙林场野鸡垇工区Ⅰ林班 2 号小班 2012 年抚育间伐第二年标准地调查，单株林木平均胸径年生长量是对照（未间伐）的 3 倍。自 2010 年始，我县白沙林场连续三年实施国家森林抚育补贴试点项目 8000 亩，其中 2010 年度 1200 亩、2011 年度 2300 亩、2012 年度面积 5500

亩。实施山场落在野鸡坰工区，属 1996 年至 1998 年人工促进天然更新造林。采取割灌、间伐等抚育措施，促使林分进入快速生长时期。据标准地调查，项目实施山场亩平蓄积年生长量 1.6708m^3，比未实施对照山场多 0.2098m^3；林木平均胸径年增长 0.9cm，比对照多 0.6cm；树高年生长量 1.6m，比对照多 0.6m。

六、严格检查验收，确保森林抚育质量

坚持全过程的质量管理，严格执行三级验收制度（林场全面自检，营林股进行抽查，县局组织复查）。作业期间，加强对生产中的指导服务，林场分管领导深入生产一线，巡回检查，发现问题，及时纠正，现场施工员全程跟踪指导，对采伐木进行检尺登记，随时掌握采伐蓄积的消耗及出材情况，认真做好施工日记。施工结束后，各项目实施单位按照省、市有关规定和要求，及时组织有关人员对抚育面积实行跟踪验收，对未按设计作业到位的责令其补足，对抚育质量达不到要求的不予验收，在抚育任务完成后统一提交自查报告。县林业局根据各单位的自查情况组织专业技术人员进行复查，并将检查结果作为年终考核的一项重要内容，严格考评，落实奖惩。通过严格的检查验收，使抚育任务落到了实处，质量得到了保证。

七、强化档案管理，搞好抚育成效监测

为加强中幼林抚育补贴项目的管理，积极总结森林抚育工作的做法、经验，汲取工作中存在的问题，我们加强工程档案管理工作，对项目申报、组织管理、实施方案、任务文件、作业设计、施工作业合同、施工日志、检查验收、财务管理等方面的图、表、文进行整理归档，设置专柜存放，安排专人管理。并及时组织人员对作业区实施前后的林分状况和调查设计、施工过程、施工质量进行了摄像，保存了电子照片，从而能够更全面、直观地反映我县中幼林抚育补贴项目工作的全过程。同时各工程实施单位制定了切实可行的监测方案，设立固定监测点 11 个，通过各项林分因子的测定，记录、汇总，分析森林资源的消长变化，为下一步全面开展森林抚育工作提供准确可靠的科学数据。

总之，通过四年的森林抚育工作实践，取得了一定成效，但与省厅的要求和兄弟单位相比，还有许多不足之处，主要表现在：一是受政策的制约，我县近 10 年来实施的退耕还林、日元贷款造林等大面积人工林不能及时得到

抚育；二是在精度设计、抚育措施的落实和成效监测上还有许多不到位的地方。我们决心以这次会议为契机，认真学习和借鉴兄弟单位的宝贵经验，进一步开拓思路，扎实工作，积极推进森林抚育补贴项目工作，全面提升我县森林经营管理水平。

作者简介：

邓九平，男，汉族，1962 年出生，中共党员，大学学历。现任江西省吉水县林业局局长。

自 1982 年 7 月参加工作起，历任教师，县政府办秘书、副主任，镇长、镇党委书记等职。2011 年 12 月至今，任吉水县林业局局长。

推进森林城市建设 打造秀美幸福丰城

江西省丰城市林业局 刘志清 王国龙

绿，是一曲澎湃的歌、一首激情的诗、一幅灵空的画，也是一种希冀和向往，体现生活的朝气与魅力。

建设森林城市是一项让丰城人们充满期待和引以自豪的事业，是一项改善人居环境、建设秀美幸福丰城的重要举措，放眼城乡，郁郁葱葱的树苗沐浴着阳光茁壮成长；绿化国土，经济社会伴随着生态文明建设飞速发展。注目丰城版图，新型工业强势崛起、城市建设日新月异、现代农业方兴未艾，生态建设风生水起，使这座历史悠久、底蕴深厚的城市充满生机与活力。

曾几何时，缺林少绿、少山多水的丰城，林业发展滞后，生态脆弱，改革的步履渐受羁绊，发展的质量渐入困境。尤其是进入二十一世纪以来，随着城区框架的拉大、新型工业的崛起，经济社会发展与生态文明建设矛盾日益尖锐，环境保护和生态建设面临着巨大的压力。

党的十七大报告已提出强化对生态文明建设，十八大报告对生态文明建设提出了更高要求。2013 年 4 月，习近平总书记在海南考察时提出“保护生态环境就是保护生产力，改善生态环境就是发展生产力。良好的生态环境是最公平的公共产品，是最普惠的民生福址。”

当“生态文明”的概念成为一种时代的呐喊和主流时，物华天宝之地，却更彰显出了人杰地灵的真正远见卓识、气魄力量。“即要金山银山，更要绿水青山”。丰城不仅要加快经济发展，更要强化“大绿化”理念，以绿色崛起，实现“生态立市”目标。

从 2009 年开始，丰城市委、市政府遵循科学发展规律，顺乎广大市民心愿，高定位、高境界、大气势、大气魄作出了用 5 年时间创建“省级森林城市”、冲刺“全国森林县市”的决定。从此，一场旨在创建“森林城市”的全民参与性活动在全市城乡轰轰烈烈、如火如荼地激情演绎。

仅仅数年时间，绿色已成为丰城的一张靓丽名片，森林已成为丰城的一面动人旗帜。截至目前，全市森林覆盖率达到 40. 2%，城镇人均公共绿地面积达到 13m^2，建有 110 多个城乡森林公园（生态游园），4 个工业园区（基地）评为国家或省级生态示范园区（基地），26 个乡镇（村）评为国家级或省级生态乡镇（村）称号。昔日“煤海粮仓”变成了今朝“中国富硒之乡”、“中国高产油茶之乡”、“中国长寿之乡”、“全省生态工业示范园区”，过去“江南最大的废旧物集散地”变成今天“中国工业固废综合处理利用十大示范基地”，建有全国首个县级“中国生态硒谷园”，兴建了“中国养生硒谷基地”、“中国生态花谷基地”，丰城市县域经济基本竞争力4年蝉联全国百强。

一、高标定位谋划，以高规格组织高位推进“创森”工作

创建森林城市是丰城市创建“三城”（文明城市、卫生城市、森林城市）主题之一，也是丰城市城市发展的根本要求和提升人居环境的根本需要。五年来，丰城市围绕创建省级森林城市总体目标，超前部署，精心组织，科学谋划，把森林城市建设作为融入鄱阳湖生态经济区建设的重要举措，作为生态立市、绿色崛起的重要手段，以培育森林资源来改善生态环境，提高人们幸福指数，以生态的改善助推经济、文化、社会同步发展，实现丰城“丰物长宜、城和业市”目标，开创丰城“担当领头羊、领先中西部、百强再进位”新局面。成立了由市委书记任组长、市长任第一副组长、市四套班子分管领导担任副组长、相关部门（单位）一把手为成员的高规格领导小组，负责全市森林城市建设的组织、协调、监督和考核工作，编制了《江西省丰城市森林城市建设总体规划》（2010～2020）、《丰城市森林城市建设实施意见》等文件。为有序推进森林城市建设，市委、市政府主要领导多次亲临一线，召开调度会、促进会和现场办公会指导各地造林绿化工作，市两办成立督查组，及时通报工作进度。

二、拓宽筹资渠道，以巨资投入创造“创森”工程大成效

丰城市在“创森”工作中，坚持按照高起点规划、高标准建设、高资金投入要求，强化“大手笔、大投入、大效益”的工作措施，坚持大苗进城入院，全冠树上路入村，因地制宜，乔灌搭配，色彩相应，增绿添彩。为保障建设资金，丰城市积极采取“向上争资、财政投资、社会融资、个人捐资”等形式，多元化、多渠道、多门路筹措造林绿化建设资金。自实施工程建设以来，全市共投入资金24.218亿元，完成造林绿化面积50.25万亩，打造了以高速路、国、省道及高等级公路为主的310km通道绿化精品和剑邑广场、行政广场、杨柳湖广场等城市绿化精品工程，建设了药湖国家湿地公园、玉

龙河省级湿地公园、龙津湖省级森林公园、丰水湖文化公园、竹山、仙姑岭县级自然保护区。按照“4+1”模式，建立森林示范集镇10个，森林示范农村90个，新农村绿化561个，“森林十创”达标单位40余个。同时实施退耕还林面积14万亩，营造防护林2万亩、血防林0.55万亩，划定公益林60.61万亩（国家级公益林18万亩，省级公益林42.61万亩）。

三、打造优势产业，以产业发展实现强林富民目标

在“创森”工作中，丰城市充分利用区位和资源优势，大力发展林业产业，培育优势产业，促进林业增效，林农增收。一是发展油茶产业。以“中国高产油茶之乡”品牌为基础，做大做强高产油茶产业，每年完成新造油茶林面积2万亩，改造低产油茶林面积1万亩。为提高产油茶规模化种植，我市强化典型示范带动作用，已重点引进、培育了上海御润坊、江西好口福、天玉油脂等油茶企业，从事高产油茶种植和精深加工。目前御润坊“五位一体”油茶产业科技园建设已全面峻工，园区栽植高产油茶近2万亩，投资1亿元年产能力300t的精炼油生产线计划年底正式投产，力争2~3年内达到5000t的产能。天玉油脂有限公司已建成一条15t/天山茶油生产线，年产值可达1亿元以上，实现利税超1000万元。为提高农民个体种植油茶组织度，我市全面推广“五统二分一委托”种植经营模式（即：统一规划、统一整地、统一标准、统一苗木、统一栽植，分户经营、分户受益，委托第三方整地）开发经营，极大地调动群众发展油茶产业的积极性，仅丽村镇游坊村采取此经营模式高标准、连片开发面积近6000余亩。目前，全市油茶种植面积达57万亩，其中高产油茶14万亩，近25万林农增收，其中白土岗霞村人平均增收20000余元。建立了高产油茶培训基地和500亩高产油茶示范林，集科技培训、技术推广、种植示范于一体，年培训种植户1000余人次，建立了袁白线万亩高产油茶产业长廊、“中国生态硒谷”万亩富硒高产油茶产业区和丰抚线两侧万亩高产油茶产业板块。二是精心培育樟树产业。依托国家樟树工程研究中心的樟树基地，建设樟树产业科技园，目前樟树产业基地规模达1000亩；三是壮大苗木花卉产业。启动了中国生态花谷建设。中国生态花谷规划面积3万亩，以丰城丰禾园艺科技有限公司为龙头，计划引进20~30家有实力、有影响的花卉苗木知名企业落户，努力打造产值超100亿元集苗木花卉研发、生产、销售、博览观光、旅游休闲、养生度假为一体的花卉产业园，成为全省乃至全国现代林业示范的窗口。目前，已引进丰禾园艺科技有限公司、江西洪顺景观有限公司两家企业入驻园区，完成投资2.16亿元，栽种桂

花、樱花、紫薇等名贵树种和各种花卉苗木3000亩，建成1座智能温室火棚，现代花卉苗木研发中心、生产技术示范中心、花卉苗木交易中心、花卉苗木企业孵化中心及花卉文化博览中心等五个中心等基础设施正在建设中。园区已对外开放。2014年11月份省委书记强卫同志、省长鹿心社同志先后亲临我市中国生态花谷调研花卉苗木发展情况。中国生态花谷作为2014年江西省县域经济升级发展推进现场会参观点，与会代表全程参观。

四、强化爱绿意识，以全民参与提升“创森”成效

创建森林城市需要全民动手，全社会参与，才能取得成效，才能确保成效。为激发全民植绿、爱绿、护绿的积极性，2010年9月，丰城市总工会、市绿化委员会等多单位和社团组织发动树木认养活动，在全市引起了强烈凡响，各机关、企事业单位、社会团体、各界人士和广大市民踊跃捐资认养，至目前，认养金额近1200万元，培育“八一林”、“金婚林”、“友谊林”、“廉政林”等纪念林2.5万亩。每年开展春节植树团拜活动，在市四套班子的带领下，大力推进全民义务植树活动，义务植树尽责率达100%，五年来全市参与义务植树人数达340万人次，完成义务植树1450余万株。并通过在学校开展“我与小树同成长”等校园植树活动，在机关、农村开展“我为家乡献片绿”等乡村植树活动来提高全民植绿意识，引导全民爱护树木，保护建设成果。

回眸“创森”历程，充满艰辛与汗水；展望“创森”成果，心存慰藉与自豪。在森林城市建设中，我们还须扬优锐进，再接再厉。

一要拓宽思路，在创新监管机制上求突破。建设森林城市非朝夕之功，也非短期效益，要以机制监管实现成果永续共享。创新宣传机制，充分利用媒体，通过各式活动再宣传、再造声势，日益浓厚创森氛围，使创森活动鼓舞人心，爱绿意识永驻人心；创新管护机制，采取有效措施，加强栽后苗木管理，预防人畜破坏，严查毁林行为，提高苗木保成率；创新激励机制，通过督查、通报、表彰来推动各乡镇、各部抓好创森后续工程建设。

二要再接再厉，在打造创森亮点上求突破。要成功建设森林成市，还须瞄准更远目标，大气势、大气魄地打造创森亮点。按照“林有厚度、树有高度、绿有浓度”的要求，通过造管结合，形成“以通道绿化为线、城镇村庄绿化为点、山上绿化为面”的森林城市框架网络，做到通道绿化无缝炼接不断档，城乡绿化有人文特色，山上全绿化；按照“变园区为城区、变企业为花园、变道路为绿廊”的理念，补绿造绿增绿，使园区公共地绿地率达到

40%以上，企业绿地率达到30%以上。接合城区环境整治，提升老城区绿化，加快新老城区接合点绿化。接合“森林城乡，绿色通道”建设，全面提升、延升通道绿化，路修到哪，绿化到哪，绿随路走，路绿同行。

三要立足优势，在培育林业产业上求突破。继续大力发展绿色产业，加快推进御润坊油茶产业科技园、森禾花卉苗木科技示范园建设，抓好林下经济发展。大力扶持森禾、天缘等省级重点绿色企业，发挥绿色产业引领作用。加快推进“中国生态花谷”建设，打造产业群体，做大做强花卉苗木产业，带动旅游、观光、休闲、养生、度假等第三产业发展，促进新型城镇化建设，提高城乡宜居水平，为我市现代林业产业化发展起到引领作用，成为江西省乃至全国现代林业示范的窗口。

四要夯实生态基础，在林业重点项目建设上求突破。继续实施好退耕还林、血防林、公益林、天然林保护、自然保护区建设等林业重点工程建设，重点抓好紫云山、潘桥等大中型水库及仙姑岭、龙津湖、药湖等生态薄弱区域进行低产低效林改造，营造水源涵养林，调整林种结构，提高林分质量。加快江河滩涂、荒山沙地治理，提高林地生产力，提高森林生态功能。

五要以国有林场改革为契机，在现代林业建设上求突破。重组后的丰城市国有株山生态林场，依托株山省级森林公园优势，以“生产、生活、生态”为发展理念，以生态建设为根本点，致力于森林资源培育和林业产业发展，改善生态环境，发展生态经济，打造丰城现代林业发展示范园区。

根据《丰城市株山现代林业示范园区建设总体规划》，要着力抓好树种展览区、林业科技成果展示区、林业科技创新示范区、林业重点专项工程建设区、森林文化与旅游观光区等五大区建设，建成融生态化、产业化、集约化、科技化于一身，集生态建设、产业发展、科技积聚、研发创新、示范推广、信息交流及旅游观光于一体的生态园区。

感受今日丰城，品位森林城市，踏着绿色旋律，一种心旷神怡感油然而生。相信在全市人们的共同努力下，在“美丽中国梦”的牵引下，森林丰城将走向更加璀璨的明天。

实施“创森”工作　强化城乡绿化

山东省枣庄市薛城区林业局　朱其增　韩　强

2012年以来，山东省枣庄市薛城区牢固树立“创建只为惠民生”工作理念，以“城区、镇村、林网、主干道路、主要河流、风景区和绿道周围可视山体”为重点，着力改善生态环境，提升城市形象，提高城市品位，增强城市竞争力，吹响了国家森林城市创建“集结号”，激荡出强化城乡绿化、打造社区景点、促进生态富民的宏伟篇章。

盘点两年多的创森工作，薛城区递交了一份群众满意、社会认可、领导首肯的漂亮答卷：累计完成投资近10亿元，栽植各类苗木1200万株，完成造林面积6.6万余亩，森林覆盖率达到35.7%，城区实现绿化覆盖率40.28%，人均公园绿地达到14.71m^2。城郊森林化、道路林荫化、农田林网化、城乡绿化一体化的现代林业生态建设格局悄然形成。翻开辖区地图，森林公园、各类湿地、速生林丰产方等星罗棋布，犹如一颗颗绿色翡翠镶嵌在鲁南大地，绿色逐渐成为薛城最大的亮点与特色。

一、决策：需要金山银山，更要绿水青山

2012年年初，薛城区积极响应市委、市政府号召，围绕“薛城发展需要金山银山，更要绿水青山”共识，作出了“举全区之力，集全民之智，全力创建国家森林城市”的决策。自此，“创森”工作列入各级各部门“一把手工程”，魅力薛城开始追寻森林梦想，演绎绿色传奇。?

创建森林城市，组织领导是关键。区委、区政府印发《薛城区创建国家森林城市工作方案》，成立了以吴磊任组长，区委副书记韩惊涛，区委常委、副区长刘真政等四名县级领导任副组长，林业、财政、住建、交运、国土等相关部门主要负责人为成员的创森工作领导小组，层层签订目标责任书，逐级分解落实任务，领导带头义务植树，科学开展督导检查……创建森林城市，薛城踏出了坚实的脚步。

“创森”工作要成功，宣传规划必先行。为了提高宣传教育效果，薛城区充分利用报纸、电视、网络等载体，开辟创森宣传专栏、刊登创森标语，大力进行创森宣传；深入大街小巷发放宣传手册；组织志愿者到森林公园义务

植树；开展“绿色薛城”摄影大赛；举办了生态科普周等生态文化节，提高了全社会参与创建工作的自觉性和积极性。聘请澳大利亚 BHI 公司、苏州空间规划设计院等顶尖团队，高标准编制了生态绿化、水系景观等控详规，科学编制创建规划，清晰地绘出了“创森”工作的路线图和时间表，保障了创建工作的高起点起步、高标准推进。

二、推进：创新四项机制，形成共创局面

创建资金怎么保障？造林与种粮用地矛盾怎样解决？管养后续动力如何提供……这是创建之初摆在薛城区委、区政府面前的一项项难题。

上下同欲者胜。围绕破解难题，富有创新精神的薛城人砥砺斗志，迎难而上，探索出了一整套科学可行的工作推进机制，全民共创蔚然成风。

创新投入机制。为保障绿化资金投入，薛城区走“政府主导、市场运作、社会参与、多方合作”的多元化筹资路子，对创森绿化工程实行企业认建和公开招标，由中标企业先期垫资绿化。2012 年创森工作一开始，区林业局就第一时间联系了捷利木业有限公司，做出利用蟠龙河湿地建设原材料林基地的决定，由此带动全区各企事业单位和造林大户进行造林绿化。

创新用地机制。在农村，通过积极运作，切实加大土地流转和结构调整的力度，鼓励建设“千亩方”绿化基地和利用“三荒地”种植经济林。引导周营镇对枣临高速绿色通道两侧新栽植杨树的农户出台了优惠政策，每年每亩补贴 260 元，连补六年，有力地调动了农户参与绿道建设的积极性。在寸土寸金的城区，舍得拿出土地“增绿留白”。所有新开发的住宅小区，均要求留出一定地块用于绿地和广场公园建设；在完善道路、建筑等钢筋混凝土设施的同时，要更多地增加绿树、绿地等有生命的设施建设。严格控建拆违，严禁见缝插建、挤占城市公共空间，严格要求为群众生活、城市发展多留余地和空间，促进了城市可持续发展。

创新管养机制。围绕“三包”（包种、包活、包管养）政策，实行绿化工程公开招标，根据绿化养护保活情况，按照“三三三一”的付款方式，分四年拨付资金，保障了绿化建设与养护的延续性，苗木成活率达到 98% 以上，确保验收时达到 100%。对于镇村绿化，则推行“拍卖承包、明确产权、缺损自补”的管护模式，使林木管护工作责任到人、落实到位。

创新监督机制。充分发挥人大代表、政协委员的监督作用，动员工青妇及社会各界组建千人“增绿添彩”志愿服务队，大力开展社会宣传、强化植树造林及绿化管养。积极开展社会共建活动。将每周五下午定为全区机关人

员义务植绿护绿爱绿补绿时间，工会、团委、妇联还组织志愿者服务队伍积极投身到创森工作，使“创森”工作形成了良性互动，越来越多市民参与到植绿、护绿行动中来，或为家庭植绿添绿，或为城市绿化管理出谋献策，在全区上下形成了“全民动手、人人参与、共建绿色家园”的良好局面。

三、创建：打造工作亮点，做活特色文章

为全面提升生态品质，薛城区以21项创森重点工程为重点，大力实施6大森林体系建设，全区创建工作亮点频频、成效显著：

立足打造“城市之肺”，在城南新区设计建设了集生态防护、休闲游憩、生态教育、林木种质资源收集保护等功能于一体的城市森林公园。公园占地面积2291亩、总投资2.7亿元。目前，一期工程基本完成，已栽植各类树木2.5万株。

突出“时尚、活力、灵动”主题，融入线性理念、活力环等元素，高标准实施了珠江路线性森林公园建设，栽植各类花灌木1万株，模纹色块120余万株，美人蕉、鸡冠花、金盏菊等草花15万余株，整体绿化面积达到了51万 m^2。

按照生态复式绿化及线性森林公园建设要求，实施泰山南路绿化升级改造，栽植乔灌木1.3万棵。栽植色块苗木40.6万余株，整体绿化面积达17万 m^2。

实施了大、小沙河和锦阳河生态治理工程，仅蟠龙河湿地公园中心区域绿化面积就达3000余亩，建设生态长廊13km。全区水系水岸可绿化132km，已绿化长度131.4km，水岸绿化率99.5%。

投资1.2亿元，以龙潭湖为中心实施了龙潭公园建设，栽植苗木60万株，新增绿化面积11.5万 m^2。

投资1.4亿元，实施了整体占地500余亩祁连山路休闲公园建设，栽植乔灌木4.2万株、地被草坪27.67万 m^2。

投资2400万元，依托日月山山地公园，建设总长度4.5km自驾车凤凰绿道和2处驿站，目前，日月山休闲驿站、日月山拓展运动驿站已完成施工投入使用。

遵循生态化、园林式绿化理念，对城区65家沿街单位和居民小区实施“透绿、让绿”工程，创建“花园式小区”42个，建设街头绿地、广场游园22处，基本实现小区居民5分钟达到街头绿地和游园的目标。

邹坞、陶庄等镇村绿化及“四旁”四荒植树1000余万株，周营镇新发展

樱桃、核桃区级林果专业村 11 个，常庄镇已成功创建为市级林荫乡镇，高速公路管理处等 15 个单位成功创建为市级林荫单位。

“创建森林城市只有起点，永无止境。今天我们搞森林城市创建，让森林走进城市，让城市拥抱森林，明天森林就会荫及我们的子孙后代，这是我们建设森林生态的永恒主题。”薛城区区委书记吴磊如是说。

造、管、产、改“四轮驱动”全力打造美丽登封

河南省登封县林业局　郑凤鸣

登封，地处郑州西南，作为石质山区，石厚土薄，十年九旱，立地条件差，“十山九秃头，十河九断流”曾是登封最真实的写照，然而进入新世纪以来，登封市十分重视生态环境建设工作，把“植树存水”、“兴林富民”作为长期发展战略，全力推进生态文明建设。经过多年的发展，目前，登封市森林覆盖率已由2002年的21.4%提高到34.32%，生态环境明显改善，天蓝、地绿、水清、气爽——正向生态登封、美丽登封的目标一步步地走近。

一、大力植树造林，打造生态宜居家园

登封“十年九旱、石厚土薄”的自然地理条件，植树造林困难很多。为加快生态建设，2003年登封市委、市政府制定出台了《关于加快林业发展的决定》，并且根据全面建设生态文明小康社会的需要，高起点、高标准、高品位地编制了《登封市林业中长期发展规划》、《登封市城市绿地系统规划》和《登封市城市园林植物物种多样性保护规划》，把荒山绿化、道路绿化、景区绿化、城区绿化通盘纳入全市林业发展总体规划。通过全面实施退耕还林、嵩山山脉水源涵养林等六大林业重点工程，采取建设党员先锋林、政协生态林、青年林、新婚林、巾帼林等形式，组织全市市直党政机关、企事业单位干部职工进行义务植树活动。从市领导到普通老百姓，从干部到学生，全市植树造林高潮迭起。2003以来，完成营造林43.75万亩，建成省级绿化模范单位8个，市级绿化模范单位（花园式单位）92个，市级生态乡镇6个，林业生态村102个，森林公园总数达到9处。生态廊道作为登封新型城镇化“六项”工作切入点之一，“高密度、大绿量、乔灌花、四季青”和“依山就势、自然和谐、整洁美观”是登封生态廊道建设的特色，2012～2014年高标准完成生态廊道66条677.6km。森林覆盖率由2002年的21.5%增加到目前的34.32%。

二、科学保护资源 促进林业健康发展

登封市作为著名的旅游城市，景区、林区人员流动量大，野外火源管理非常困难，并且随着“天地之中”历史建筑群的申遗成功，野外火源管理尤为重要。

2006年11月，我市成立郑州地区第一个县（市）级森林公安分局。2009年经郑州市编委批准，森林公安分局升格为正科级森林公安局，纳入地方政法编制，并于2011年配强配齐森林公安领导班子，森林公安建设步入正规化轨道。

森林消防大队下设7个中队，共有队员139名，队伍实行军事化管理，是全省专业森林消防队伍的一面旗帜。“雁形”森林防火队伍体系，全省闻名的登封市森林消防大队，就是这个编队中的“领头雁”。目前，全市现有专业森林消防队员139人，按照靠前驻防的战略布局，下设的7个中队分别部署在森林防火重点林区和重点乡镇，相邻中队可在10分钟内集结完毕，互相驰援，从而在最短时间内以优势兵力扑灭林火。

为提高管护水平，登封市投资1850万元建成了郑州市西南山区森林防火自动监测网络，32个野外自动监测站对全市80%的重点林区实行24小时监控，火情信息传递时间由过去的1至6小时缩短到10分钟之内，为森林火灾的早发现和科学扑救提供了科学的技术支撑。为了适应新形势下森林防火工作的需要，不断提高防火科技含量，走科学防火之路，进一步提高入山人员的防火意识和约束他们的用火行为，在全市重点林区的66个路口和重要地段，实施安装了“太阳能森林防火语音提示系统”工程。该系统利用太阳能，可在5m范围内24小时实施语音提示，提醒入山人员注意森林防火。

在病虫害防治方面，连年组织飞机开展森林病虫害防治工作，有效地预防了大面积森林病虫害的传播和蔓延，2005年以来开展飞机防治有害生物面积近50余万亩。加强与气象部门的协作，在电视、网络等气象栏目发布预测预报。加强苗木原产地检疫和调运检疫，检疫率达到97%以上，有效预防森林病虫害的传播和蔓延。

三、优化产业结构 拓宽林农增收渠道

发展民生林业，强化林业经济是现代林业健康发展的科学之路。2010年以来，登封市出台了《关于加快林业产业发展的意见》和《关于加快推进核

桃产业发展的意见》和《关于加快花卉苗木产业发展的意见》。把核桃确立为登封市林业的主导产业，果断提出了建设“郑州市第一核桃大市”的发展战略，制定了每种植一亩核桃一次性补助550元，占地补偿费每亩补助230元，连补3年的政策。并聘请河南农业大学、省林科院等4名专家教授作为核桃产业发展常年顾问，引进核桃专业硕士研究生，全程服务核桃产业发展，建立《嵩山核桃网》，及时发布核桃管理、政策扶持、供求信息等，为广大林农和社会各界提供交流平台。从种植、夏季管理、嫁接、越冬管理、病虫害防治等方面加强林农技术培训，促进核桃产业健康发展，目前核桃种植面积已达14.31万亩，年产值近1.31亿元。同时，大力发展林下经济，套种迷迭香、金银花、油用牡丹等作物近1万余亩，可谓是“金银花满山”。

登封充分发挥区位优势、森林生态和人文生态优势，合理利用丰富的自然景观、人文景观、历史遗址和动植物资源，大力发展森林生态旅游。目前，全市有国家级森林公园1个，省级森林公园2个，郑州市级森林公园1个，新建提升森林公园5个，森林公园总数达到9处。在保护和合理开发生态资源、文化资源的基础上，又以文化创意激活森林旅游、生态旅游的更新升级，形成了以嵩山为引领，以音乐大典、禅武文化为主要内容的生态旅游品牌。依托乡村独特的自然环境、田园风光、生产经营形态，以及独特的民俗风情、农耕文化、乡村院落等资源，建成了以“雅新园艺、开心农场”为代表的集采摘观光、休闲养老的生态基地。

四、规范林权改革　激发林业生产活力

登封市自2008年集体林权制度改革以来，严格执行了中央的集体林改政策，完成了48.2万亩的“山定权、树定根、人定心”的集体林权基础改革任务。按照“明晰产权、承包到户”的原则，将全市集体林地依法、依规、依程序均分到户39.41万亩，集体统一经营和其他承包经营形式8.79万亩。通过流转，将固化林业资产转化为可变现、可流通的活化资本，释放了林地林木的生产活力，为促进林农增收致富奠定了基础。通过培育新型林业经营主体－－林业专业合作社，搭建了经营平台，通过开展林权抵押贷款，为巩固集体林权改革成果、拓展林业建设提供了活力。改革激发活力，改革产生动力，改革带动生产力，有力促进生了生态林业、民生林业规模化、专业化、标准化协调发展，实现了农民收入倍增和林业“双增”目标稳步提升。

如今的登封，走在嵩岳大地上，就像进入林海中，到处绿树葱茏，鸟语花香，让人感受到“路在树中、村在林中、街在绿中、人在景中，城在林

中”，人与自然和谐发展。

几年的不懈努力，汗水换来了丰厚回报，生态林业建设使登封获得了诸多荣誉：先后荣获全国绿化模范县（市）、全国封山育林先进单位、全国森林防火先进单位、全国退耕还林先进单位、全国林业站建设合格县、河南省林业生态县、河南省森林防火先进单位、河南省造林绿化“十佳”县（市）等殊荣。

如今，河南省又把登封确定为省级核桃产业集群，作为郑州市林业大县，登封林业将按照“产业发展生态化、生态建设产业化”的理念，按照“标准化建园、规模化发展、良种化栽植和科学化管理”的思路，大力发展核桃主导产业，坚持深化改革、造管并重、产业助推，全力推进生态林业、民生林业、智慧林业建设，打造“蓝天、碧水、绿地”生态登封、美丽登封。

作者简介：

郑凤鸣，男，汉族，1963年6月出生，中共党员，研究生学历。现任河南省登封市林业局党组书记。

建设绿色家园　改善人居环境

河南省新乡县林业局　梁庆旭

在农村城镇化进程中，村镇绿化起着重要的作用，它关系到村镇的可持续发展、村镇的长远利益及居民的切身利益。近年来，河南省新乡县按照党的关于建设生态文明的发展要求，以建设新型农村社区为契机，加强领导，强化责任，加大投入，重点推进，下大力气改善生态环境，优化人居环境，全县村镇绿化工作取得了显著成效。目前，全县村镇林木覆盖率达43.8%，形成了“一路一树，一街一景，四季常青，三季有花”的良好生态环境，“村庄园林化、庭院花果化、道路林荫化、农田林网化”的绿化格局已初步形成。我们的主要作法是：

一、领导重视，强力推进

新乡县牢固树立“生态优先”的理念，先后制定了《林业生态建设规划》、《村镇绿化建设规划》、《林业生态县建设实施意见》、《林业生态文明村建设实施方案》等一系列专项规划，把村镇绿化作为改善生态环境、提高人居质量的关键措施纳入村镇建设的总体规划同步实施。县委、县政府主要领导高度重视林业生态建设工作，多次亲自主持召开会议，专题听取汇报，安排部署工作，并经常深入造林一线检查指导，及时解决工作中遇到的问题和困难。在推进林业生态文明村建设方面，实行县级干部分包重点村制度，分别从政策、资金、精力等方面进行倾斜和支持，建成了一批林业生态文明建设典型村。县委、县政府成立专门督查组，对全县林业生态建设定期进行检查督导，强化责任，严格奖惩。

二、深入动员，社会联动

新乡县通过广播、电视、宣传标语等多种形式，广泛宣传，动员全县广大干部群众参与绿化美化家园的积极性和主动性。县林业局牵头负总责，交通、公路、水利、工业、农办、城管等相关部门明确职责任务和工作要求，发挥优势抓好各自责任区的造林绿化工作，形成了政府分级管理、部门相互配合、上下良性互动的推进机制。在林业生态文明村创建工作中，全县70多个县直部门有的出人，有的出资，组织干部职工开展义务植树活动，帮助 73 个重点村庄完成造林绿化任务。县林业局、教育局、团委、妇联联合下发《关于共青团、妇联和中小学生参与林业生态文明村建设的通知》，号召全县中小学生动员家长每户栽植 8 棵树；各级学校开设林业生态科普课；各级团委、妇联分别组织团员、妇女栽植“青年林”、“三八林”。各乡镇也积极组织机关干部、辖区内的工商户和居民开展了多种形式的义务植树活动。全县公民义务植树尽责率达 95% 以上，进一步加快了林业生态建设的步伐。

三、财政支持，加大投入

在造林绿化投入方面，新乡县坚持“政府主导、市场运作、企业经营、社会参与”的原则，逐步形成了多渠道、多层面、多元化的投入机制。县、乡两级政府分别将林业生态建设资金列入年度财政预算，建立林业建设专项资金，并采取以奖代补的形式对林业生态建设工作先进乡（镇）、村进行奖励，千方百计增加对林业的投入，全力以赴支持村镇绿化建设。各乡镇、村分别采取免费向群众发放树苗、发放造林占地补偿、对新植林木的单位和农户给予奖励或补助等多种形式加大林业建设投入。县林业、财政、发改委等部门积极与上级对口部门衔接，最大限度地争取上级资金和项目支持。同时，组织和动员社会各界人士通过拍卖、租赁、承包、以资代劳等多种方式参与造林绿化建设。据初步统计，五年来，全县村镇绿化建设共投入资金 8500 多万元。

四、突出重点，抓出特色

在村镇绿化工作中，新乡县以新型农村社区建设为契机，结合本地实际，抓出了自己的特色和亮点。全县新型农村社区绿化按照城乡绿化一体化的要求，坚持“速生林围村、常绿树种上路、果品树种进院、闲置土地建园”的原则，确保绿化标准高、质量好、品种全、亮点多。围村林坚持经济效益与防护效能并重，道路绿化突出景观效果，村民住宅绿化以庭院经济为主，闲置土地绿化注重休闲娱乐，涌现出一批错落有致、风景如画的生态景观村镇，改善和提高了农村居民的生产、生活环境和质量。

在选择村镇绿化类型及模式方面，新乡县结合村镇的自然条件、经济发展水平、地理位置、人文环境等实际情况，探索出了多种村镇绿化建设类型及配置模式。一是生态景观模式。在经济条件好，农民收入较高的村，采取乔、灌、花、草结合，常绿树种和落叶树种结合，观花与观叶植物搭配，建筑休闲游园、绿色文化广场，建设“全年常绿、四季有花、色彩丰富、错落有致”的生态景观村镇。二是生态经济模式。在条件一般，产业发展潜力大的村，通过调整农业种植结构，大力发展名优经济林和苗木花卉等，在美化环境的同时，发展农村经济，增加农民收入，实现生态经济良性发展。三是生态防护模式。在经济条件较差，生态比较脆弱的村，利用村庄原有的自然景观和资源（河渠、池塘、林地等），以建设绿色生态屏障，提高防灾减灾能力为目标，按照“有路必有树、有荒皆植绿”的原则，建成绿化防护型的生态村镇，改善人居环境。四是生态旅游模式。在环境优雅、绿化率高、交通便利、具备生态旅游条件的村镇，大力发展“农家乐”、“生态游”和“休闲观光”等第三产业，强村富民。

五、科学造林，加强管护

在村镇绿化工程实施过程中，新乡县坚持科学规划设计，提高造林质量，建设精品工程。树种选择以乡土树种为主，适当引进外来树种，选择生长快、适应性强、抗病虫害能力强、生态和经济效益较高的植物。注重多林种、多树种搭配，以乔木为主，实行乔灌花草相结合，用材林、经济林和防护林相配合，大力营造混交林。

同时深化集体林权制度改革，明晰产权，落实管护责任，充分调动农民群众造林育林护林的积极性。建立管护责任制，县政府制定出台《林木管护办法》，将主要通道绿化林木的管护工作列入公路养护目标，进行严格考核。乡镇、村制订乡规民约，每个村庄设专职护林员，明确责权利，及时做好林木管理，确保绿化成效。林业部门通过落实森林采伐政策、全力防控森林火灾、不断强化林业有害生物防治工作、持续加大森林公安执法力度等措施，切实保护造林绿化成果。

生态建设谱新章　绿色茶乡焕新颜

湖北省五峰土家族自治县林业局　张万喜

中国茶叶之乡，绿色清凉世界。三峡深处人家，世外桃源五峰。走进五峰土家山寨，处处翻青卷绿，满目青山叠翠。走在这座“土家茶乡”，时时能感受到清新宜人的空气，也能感受到一个林业强县的绿色生机。

镶嵌在鄂西南群山深处的五峰土家族自治县，素有“三峡后花园”和“中国茶叶之乡”的美誉。具有独特的林地资源、珍稀植物种群资源、林下资源、中药材资源和森林旅游资源，全县林业用地面积 275 万亩，占国土总面积的 76.9%，人均拥有 14 亩林地，是湖北省重点林区县。

千山叠翠满眼绿，万木竞秀满眼春。近年来，五峰县林业局通过停伐天然林商品性采伐、关闭一批木材消耗企业和改燃节柴五大等控管并举的综合措施，减少森林资源消耗和破坏，促进森林植被恢复，全县森林资源总量和质量大幅提高，森林生态环境明显改善，森林资源结构日趋合理。森林覆盖率由 1999 年的 79.1% 增加到现在的 80.86%，仍居全省县市之首。

春风化绿，土家山寨寨寨叠翠；绿染千山，绿色五峰山山流金。随着 2009 年非木科技产业园落户、2012 年国家非木质林产品生物产业基地授牌，五峰县林业产业步入了健康发展的快车道。一连串改变，见证着绿色五峰向林业强县的跨越之路。

一、打造绿色经济，精制茶叶、旅游两张名片

有道是“高山云雾出好茶，低山丘陵出早茶”。五峰气候温和，雨量充沛，光照充足，空气湿度大，昼夜温差大，具有明显的长江河谷气候特征，土壤富含锌、硒等多种对人体有益的微量元素，十分适宜茶树生长。正是因为有这样的地理天赋，自然底蕴，才造就了五峰盛产上等名茶好茶。

近年来，县委、县政府确立了“提升绿茶、复兴红茶、拓展保健茶”的茶业发展战略。五峰林业局通过退耕还茶、争取贴息贷款等措施，大力促进了全县茶叶产业发展，以湖北采花茶业公司为龙头的茶产业不断壮大。截至 2013 年，采花茶业公司茶叶加工产量 4 万 t，实现产值 17 亿元，完成税收 1.6 亿元，茶农收入达到 3.8 亿元。在采花茶业的带动下，全县发展茶叶基地 18

万亩，初步形成了“以名优绿茶为主，以保健茶、有机茶、红茶、乌龙茶为辅”的一主四辅产品格局。

此外，五峰县还被命名为“全国十大生态产茶县”。“采花毛尖”被认定为“中国驰名商标”。2013 年 4 月，“五峰宜红茶”被国家农业部认定为农产品地理标志保护产品；7 月，“五峰宜红茶”在“宜昌十佳红茶”鉴评活动中取得优异成绩，座座茶山成为了五峰农民的绿色银行。

除茶叶这张名片外，五峰处处是美景，境内峰峦叠翠，碧水长流，有百里幽峡国家 4A 级景区“柴埠溪国家森林公园”、国家级自然保护区“后河原始森林”、“暑天冰穴”白溢寨和“地下迷宫”长生洞等优质旅游资源。五峰依托歌山画水逐步做大旅游产业，旅游“名片”逐渐响亮，旅游经济初具规模，经营体制不断完善，五峰将成为“北接大三峡，南连张家界”的桥梁，在湘鄂西大旅游经济圈中发挥重要作用。

二、不断转型升级，培育林业支柱产业

五峰最大的优势在山，出路也在山。为此，五峰决策者先后提出并实施建设山上五峰、建设林业强县、构建绿色五峰的林业发展战略，按照“把握绿色生态方向，精制茶叶、旅游两张名片”的县域经济发展思路，走出了一条“靠山吃山、以山养山”的新路子。

自天保工程实施以来，五峰县林业局确定了林业生产转向以生态建设为主的方针。为弥补因天然林限伐造成的地方经济减收，林业局逐渐探索出了一条“不砍树、能致富”的保护与发展共赢之路，培育了一批依托森林和林地资源开展种植、养殖、相关产品采集加工和森林景观利用等经营活动的林下经济龙头企业。

截至目前，全县已初步形成茶叶、五倍子、高山野菜、木本油料、苗木花卉、中药材等六大支柱产业，林业产业化龙头企业已达 18 家，入园企业达 10 家，初步形成了非木产业集群格局，累计建成各类基地 20 余万亩，基地从业人员 4 万人，完成林业总产值近 21 亿元。林业产业已成为该县低投入、高就业、高产出的朝阳产业。

此外，五峰采取政府引导、企业主导、市场运作的方式，累计为非林非木企业争取贴息贷款 3000 多万元，帮助企业通过林权抵押贷款 1000 多万元，扶持壮大长乐科技、新桥科技等产业化龙头企业，一批非木产品成为市场新宠。一家家非木龙头企业的崛起，让五峰山区农民走出了守着金山受穷的困境。

龙头企业的强力带动，助推五峰农民向青山深度掘金。在农业局的支持下，五峰农民积极组建产业协会和产业合作社等中介组织，农民组织化程度不断提高、林业板块基地不断壮大，非林非木产业撑起了山区农民的钱袋子。

三、力抓重点工程，不断巩固和扩大绿化成果

绿色五峰，叠翠流金。五峰县拥有“七山一水二分田”的资源优势，近年来通过实施天然林保护、退耕还林等大型林业生态项目工程，山更绿了，生态优势更为明显，五峰人也开始对“绿色五峰”有了更透彻的认识和更为深刻的希望。

2013年，全县共完成林业重点项目造林19072亩，其中天保2000亩、退耕还林2500亩、长防林3000亩、巩固退耕还林成果3192亩、石漠化综合治理3630亩、造林补贴试点4750亩。结合“三万”活动和全民义务植树活动，广泛开展“绿化美化行动”，全民义务植树和农村四旁植树共130万株，“三万”活动专项植树56万株，实现了“户平新增十棵树”的目标。将大力发展以五倍子和红花玉兰等特色经济林和乡土珍贵林木为重点的种苗基地，全年完成景观绿化树基地2000亩，大田育苗1000亩，可产各类优质苗木1200万株。

在努力做好新一轮退耕还林项目争取工作的同时，五峰县林业局将进一步做好天保工程区的人工造林、退耕还林、荒山造林、长防林、农发项目造林、油茶基地造林、低产林改造等国家和省级重点营造林工作，保质保量完成年度任务，巩固绿化成果。同时把项目的实施与生态旅游、水源涵养、产业发展、龙头培育相结合，提高绿色GDP在五峰经济总量中的比重。

辛勤耕耘终获丰硕成果，绿色五峰将由此完成林业大县向林业强县的漂亮转身。

护绿　扩绿　兴绿
多措并举加快岳阳绿化建设

湖南省岳阳县林业局　周方年　谢小虎

岳阳县地处湘北，全县国土总面积 282086.7hm^2，人口 72 万。地形从东北幕阜山余脉向西南东洞庭湖呈降阶梯状倾斜，境内山岗、丘陵、平原、湖区泾渭分明，地形地貌多样，森林资源丰富，全县有林地面积 83718.1hm^2，湿地面积 125493.3hm^2，物种 1674 种，森林覆盖率 30.46%，是湖南的林业和湿地大县之一。近年来，岳阳县以“绿色”为主题，通过大力护绿、扩绿、兴绿，岳阳县林业发生了翻天覆地的变化，到处青山叠翠，林海苍茫，绿波荡漾。岳阳县先后获得“全国防沙治沙综合示范单位”、“湖南省林业工作先进单位”、“湖南省林木种苗工作先进单位”等荣誉称号

一、护　绿

林子“三分造，七分管”，岳阳县林业人对这句话理解颇深，2014 年，岳阳县森林蓄积量达到 278 万 m^3，相比 2008 年增加 60 万 m^3，年均增长速度 3.5%。在探索资源管护的道路上，岳阳县林业人抓住重点，大胆创新，摸索了一套自己管林护林的法子。

（一）守住生态安全线，护好绿色屏障

随着森林资源不断增长，森林火灾、虫灾、病灾等发生概率也随之增加。在这种形势下，岳阳县火灾发生率年年保持在 1‰的红线以下，林业病虫害成灾率保持在 4‰安全线以下，林地保有量每年只增不减。一是注重预防监测。森林灾害的预防是护好森林资源的重中之重，在建设岳阳县林业灾害预警体系中，县林业局 5 年内先后投入了 500 余万元，建立了火灾瞭望系统、火灾视频监控系统、虫害监测系统，在全县建立 2 个火灾监测站、2 个虫情监测站。林业灾害监测预警系统基本健全。二是注重宣传教育。我们把群众护林意识的提升作为宣传的主要目的，结合党的的群众路线活动，让全县党员干部参与到护林工作中来，特别是 2014 年清明节，我们实现了清明火灾零发生的突破。2014 年，岳阳县还成功举行了湖南省首次空地一体森林防火宣传活

动，利用飞机散发宣传单8万份，地面发动宣传车20台次。三是注重队伍建设。组建了专门的护林员队伍和专业扑火队，加强野外火源管理和巡查值守，强化森林植物检疫工作，到目前为止，成功将岳阳市云溪区的松材线虫病拒之门外。四是注重严格执法。在查处森林火灾和林地案件上，坚持抓住典型，严肃处理，先后查处大型征占用林地和森林火灾案件25起，破案率100%。

（二）狠抓林业改革，推动绿色发展

在政策上，省、市、县越来越重视林业，财政预算年年增加，2008年我县林业财政预算只有400万元，2014年为1100多万元，增加近2倍，林业在省、市、县发展规划中的比例越来越重。在管理上，随着乡镇机构改革，乡镇林业站列入乡镇事业单位序列，林业站实施县乡共管，以县管为主，明确了林业站管理职权的问题。在林权制度改革中，岳阳县扎实工作，截至2014年，林权改革发证率100%，纠分调处率100%，人民满意度100%，案件发生率同比下降41%。随着改革深入，岳阳县将森林纳入保险范围，并逐年增加保险范围和额度，到2014年为止，全县78.1万亩公益林已经全部纳入森林保险范围，另外还有20多万亩的商品林也纳入了森林保险范围。政策、管理上的改革，真正实现了“树定根、人定心”的良好局面。

（三）强化森林资源管理，促进绿色增长

随着森林资源不断增长，资源管理成了林业发展的难题。为了摸清森林资源总量，理顺资源管理重点，岳阳县先后组织开展林木测土配方、二类森调，湿地监测等普查工作，全面掌握了县内森林资源总体情况。在林木采伐上，大力开展封山育林，全县贯彻落实限额采伐，凭证采伐，特别是在库区采伐上，采取全面禁采禁伐，开展大规模的涉木企业清查行动，从2008年开始，先后关闭关停库区木材加工厂14家。近5年以来，我县采伐指标均有剩余。在野生动植物保护上，岳阳县生态环境多种多样，物种丰富，其中国家重点保护野生动物就有400多种，近几年，岳阳县通过大力宣传，开展爱鸟护鸟活动，野生动植物市场执法行动等，先后放生野生鸟类1000余只，蛇类4000余条，其他野生动物300余只，救助野生动物50余只，其中国家一级保护动物麋鹿一头，中华鲟一只。

二、扩　绿

2008年，湖南省一场历史罕见的特大冰灾给岳阳县森林带来了巨大损失，到处的残根断肢，满目苍痍，全县森林覆盖率降至历史最低的28.1%，森林蓄积量减少40万m^3，在灾害面前，岳阳县林业人没有畏惧退缩，开始了一段凤凰涅磐的造绿征程。

（一）依托大工程，实现大发展

项目是推进林业快速发展的动力，2008 年以来，岳阳县林业人以“依托大工程，实现大发展”为指导思想，积极争取林业项目，先后争取退耕还林、防沙治沙、兴抑螺、血防造林、森林抚育、世行造林、林业科技、农业综合开发、湿地公园等 20 余个林业项目，争取国家项目资金近 2 亿元，项目造林 22 万亩，全县有林地面积由 2008 年的 118.6 万亩增加到 2014 年的 125.6 万亩，增加 7 万亩；森林覆盖率增长到 30.46%，年均增长 0.46 个百分点，森林资源总量实现了稳步增长。

（二）凝聚大力量，营造大氛围

为加快我县生态建设步伐，岳阳县人注重群策群力。首先是加强林业宣传，坚持让群众参与到全县绿化队伍中来，营造浓厚的造林氛围。先后在全县 20 个乡镇建立了 20 个义务植树基地。2014 年，全县 3·12 义务植树数量 50 万株，参与人次 18 万人次，仅一个乡镇的义务植树数量已经超过 2008 年全县义务植树总数。其次，大力鼓舞大户造林、集体造林、合作造林。从 2008 年开始，民营资本注入林业增长迅速，2014 年全县有 1200 万民营资本注入，相比 2008 年增长了 5 倍，给林业发展注入了新能量。另外，岳阳县人将秀美村庄建设与新农村建设、农村卫生环境整治相结合，将绿色通道建设和园林县城、文明县城相结合，统一目标，明确责任，共同推进生态建设。

三、兴　绿

造好了绿森林，护好了绿城墙，岳阳县林业人并没有满足，他们还想方设法的用好这片绿，让林业变成岳阳县人自已家的绿色银行。鼓励发展林下经济，开发绿色产品，推动绿色产业，成了岳阳人追求的更高目标。2008 年全县林业产值仅有 2.1 亿元，2014 年全县林业产值突破了 5.7 亿，增长 171%。

（一）发展林下经济

2008 年，岳阳县林下经济还只是起步阶段，到 2014 年，岳阳县林下经济已经遍地开花，林药、林牧、林菌等在岳阳县被大力推广，林下经济产值突破了 1 亿元大关，其中，盛源林下经济专业合作社王学林从事林业 20 余年，其专业合作社林下经济年产值达 3000 万元，大大提高了当地群众的收入。2014 年盛源林下经济专业合作社被评为省林下经济合作社示范基地。

（二）开发绿色产业

绿色产业是符合生态文明建设的一个朝阳产业，岳阳县在绿色产业上下了大力气，做了大量文章，在不断努力下，大云山国家森林公园森林旅游产业已经小有名气，很多外地游客慕名而来，森林旅游产值增长迅速。2014 年，大云山森林公园被纳入现代农业特色产业园省级示范园。另外，在岳阳县人的积极努力下，岳阳县芭蕉扇业产品已经远销国内外，品牌已被评为湖南省林业知名品牌。

绿色是活力的颜色，朝气的颜色，更是自然的颜色，而在岳阳县，岳阳县人用实际行动告诉我们它是属于岳阳县城市的颜色，也是岳阳县人心中的颜色。

向生态转型　推进中方绿色崛起

湖南省中方县林业局　谢东黎　聂　虎

中方县位于湖南省西部边陲，沅水上游，雪峰山东麓。于1998年4月建县，全县辖22个乡镇、214个行政村，总人口28万，国土总面积1479km²。其中林业用地面积103473.1hm²，占国土总面积的72.1%，森林覆盖率65.85%，活立木蓄积量达331.7万m³。是全国生态示范县、全国油茶产业示范基地建设县、全省旅游重点县和湖南省重点林区县，是“舞水文化”中心和发源地，也是“五溪文化”孕育地之一。近年来，中方县生态建设平稳较快发展，对外形象持续提升，知名度、美誉度大幅攀升。然而，跳出中方看中方，生态建设发展理念落后，发展方式粗放、发展速度偏低的问题仍比较突出。面对严峻挑战，县委、县政府提出了以“构筑文化旅游高地、建设山水园林新城”的战略目标，全面实施“旺市融城、强工促农、兴旅活商、生态立县”发展战略，强化生态转型，不断加强林业生态、林业产业和生态文化体系建设，突出林业产业结构调整，因地制宜发展绿色经济，大力发展生态林业、旅游林业、效益林业，全力打造全国生态示范县，奋力建设生态中方、法治中方、智慧中方、幸福中方。

一、审时度势，充分认识生态转型重大意义

党的十八大报告将生态文明建设放在突出地位，强调要将生态文明建设融入经济建设、政治建设、文化建设、社会建设各方面和全过程，推动形成人与自然和谐发展的现代化建设新格局。省委省政府提出“四化两型”战略和“两个加快、两个率先”的奋斗目标，市委市政府提出“奋力新创业?、建设新怀化”的战略定位。中方县首次被纳入武陵山片区区域发展与扶贫攻坚试点的国家战略、新一轮湘西地区开发并计划在未来十年投资两千亿元打造大湘西生态文化旅游圈和鹤中洪芷一体化的发展机遇，以及中方县拥有独特的区位、森林资源优势。同时近年来国家大力推行退耕还林工程、长防林工程、“碳汇”造林工程、油茶基地建设、工业原料林基地建设等林业重点项目的实施，不仅解决了森林经营长期没有投入的问题，而且加快了生态转型和林业产业结构调整步伐，促进了林业新兴产业的发展。

二、以林业生态体系建设为结合点，夯实生态转型基础

良好的生态是转型发展的根基。我们始终突出生态建设的核心地位，把改善生态环境作为转型发展的首要任务，着力建设山、水、城、林融为一体的绿色中方。一是积极推进城乡绿化一体化。扎实开展“3.12”植树节活动，提高全民绿化意识和绿化尽责率，创建全国绿化模范县城和国家级园林绿化县城，建设秀美村庄，启动生态环境综合治理工程，确保生态建设成果。二是做好“三边绿化”的提质升级。加大穿境中方的沪昆高铁、高速公路、国道、省道、舞水、沅水两旁及县城和22个乡镇驻地周边的造林绿化进度，对全县的零星荒山、空地和已通车的高速公路两旁的“天坑”进行造林绿化，对现有幼林加强补植补造、抚育管理和封山育林，巩固绿化成果，扩大绿化覆盖面积，保持青山绿水。三是加强自然保护区管理和建设。加大康龙自然保护区的资源管理力度，确保保护区内森林资源的安全；积极筹备帽子坡森林公园建设，重点抓好乌溪至五龙溪连片区域森林生态维护。四是抓好森林资源保护。坚持一手抓森林资源培育、一手抓森林资源保护。建立健全公益林管护、商品林放活的相关制度，进一步探索68万亩公益林的管理机制，确保取得生态效益；抓紧以舞水、沅水流域为基础，积极申报国家级湿地公园，维护森林野生动植物资源的多样性。

三、以林业产业发展为支撑点，增强生态转型实力

优化林业产业结构是生态转型的重中之重，积极抢抓创建全国绿化模范县的重大机遇，突出绿色经济的主体地位、旅游产业的优势地位，着力构建特色林业产业引领区，增强转型发展的驱动力。一是集中力量抓好油茶产业开发。重点打造以花桥、聂家村、泸阳、下坪为主的万亩高产油茶基地建设，抓好以福民、洪源公司为主的油茶产业基地建设和采穗圃、良种育苗基地建设。加快林地集约，统筹调度造林苗木，强化造林技术服务，确保圆满完成建设任务。二是扎实推进产业基地建设。继续抓好工业原料林基地建设、楠竹林、核桃、“湘珍珠”葡萄和新一轮退耕还林等造林工程，进一步扩大产业基地规模。三是突出发展林产品加工业。重点服务发展林纸、林板、林化、林油、和木竹制品加工业，重点抓好细木工板、茶油精品加工等项目建设，扶持壮大一批产值过亿的林业龙头企业。四是突出发展生态旅游和林下经济。以康龙、黄溪、仙人谷为重点，强化森林资源保护，引导加强基础设施建设，

努力形成优势互补、相互链接的生态景区。大力发展以林药、林果、林菌、林禽、林畜复合经营、合作化推进的新模式，推进林下经济快发展、大发展，加快由“采山”到“种山”的转变。五是加快科技兴林步伐。加大测土配方、油茶科研、竹材加工、信息化和新品种、新技术的推广应用，不断提高服务林农的水平，用科技促发展，以科技富林农，全面提升林业发展的质量与效益。突出发展林下经济。以深化森林管护经营承包责任制为动力，采取

四、以林业项目建设为突破点，提升生态转型水平

林业项目建设是生态转型的主要动力。一是狠抓重点项目实施。按照“认真实施一批，谋划储备一批，积极争取一批”的思路，切实抓好油茶产业示范基地建设、工业原料林基地建设、生态公益林工程建设、退耕还林等林业重点工程项目建设。根据国家、省市林业投资政策方向，结合我县实际，认真谋划一批大项目、好项目，特别是要对林业基础设施建设、无公害林果产品生产销售、科技推广服务、生态保护等项目，积极争取上级支持，力争更多的林业项目落户中方。二是用好用活项目资金。贯彻“严管林、慎用钱、质为先”的方针，内部挖潜，开源节流。健全林业项目资金管理办法，建立纪检监察“事前介入、事中监督、事后跟踪”的全程全方位监督机制，确保项目资金合理使用。三是坚持龙头企业带动。大力招商引资，重点引进 1 到 2 家林业产业龙头企业，以项目带动全县林业发展，以项目支撑提高全县林农收入。

五、以平安林区建设为发力点，保障生态转型成果

一是加快林业法治进程。全面推进林地、林木、种苗、林产品、野生动植物保护等各类林业执法，重点在乡（镇）村组源头、流通运输环节、竹木加工企业，古树名木、征占用林地、森林火灾等方面加大违法案件的查处，加强林区社会治安综合治理和维护稳定工作，全力打造平安林区。二是加强涉林纠纷调处力度。进一步完善林业信访工作网络，切实加强纠纷调处力度，及时化解各类矛盾，确保林区秩序稳定，防止因山林纠纷矛盾引发群体性事件。三是落实行政执法责任制。进一步规范完善林业行政执法办案程序，使报案查处、审批、卷宗管理等做到规范化；定期不定期组织开展以清查毁林开垦和乱征滥占林地为重点的林业执法大检查，严肃查处破坏森林资源及非法经营加工运输木材案件。

借万千山水　建美丽新化

湖南省新化县林业局

新化地处梅山腹地，自古以来就以山高路险、溪深谷幽著称于世。煌煌《宋史》，提到以新化为中心的这片广袤地区时，第一句话就是："梅山峒蛮，旧不与中国通"。

新化境内多为山丘盆地，溪河众多，属中亚热带季风性湿润气候，环境宜人，素有"湘中宝地"之称。

近年来，新化县紧紧围绕"生态立县"发展目标，以"绿色新化建设"和"绿化新化四年行动计划"为抓手，加快推进生态建设、生态保护和生态文化提升等一揽子工程，先后荣获全省生态公益林保护和建设工作先进单位、森林防火先进单位、中央财政森林抚育补贴试点工作先进单位、造林绿化先进单位和全国林业信息化工作示范县等荣誉称号。

2014 年，全县共投入造林绿化资金 9800 余万元，栽植各类苗木 1580 余万株。建设绿色通道 248 公里。完成了 66 个联村建绿村的四边绿化苗木栽植任务；全县全民义务植树参与人数达 76. 5 万人次，完成义务植树 397. 5 万株，适龄公民义务植树尽责率达 98. 1%。

通过森林资源二类调查数据显示，自绿化新化四年行动计划开展以来，全县新增加林地面积 18 万亩，森林保有量增加 21 万亩，森林资源的蓄积量增加 37 万 m^3，森林覆盖率增加 1. 7%。

目前，新化全县森林覆盖率达 54. 9%，林地保有量稳定在 324. 624 万亩，森林资源蓄积量 699. 138 万 m^3，森林保有量达 299. 5 万亩，超额完成了省市确定的目标任。初冬的暖阳，宽厚而敦纯。11 月 23 日，记者驱车体验即将建成通车的新溆高速公路，一阵风吹过，沁人心扉的桂子花香扑鼻而来。公路沿线绿树相随，路边山坡大片的人工林茁壮成长；放眼望去，山水与民居相映成趣，无时不感觉到村在林中、人在景中、房在园中、行在绿中……这是新化县林业局继娄新高速开通后，又一高速通道路网绿化工程。

新化县绿化动作大早有耳闻，通过走访，记者深切感受到绿满千山、叠翠蔽日的无穷魅力。梯田王国紫鹊界梯田、上梅镇的北塔、洋溪镇的文昌阁、资水河畔的梅山龙宫、大熊山国家森林公园等名胜古迹，宛如一颗颗晶莹剔透的碧玉，镶嵌在古老的梅山大地上。绿色，俨然已成为新化这座生态家园的主色调。

正如娄底市委书记龚武生11月6日在新化调研旅游产业发展时指出的，新化生态环境保护得好，山地资源丰富，植被覆盖率高，是天然“氧吧”，新化已成为“绿”色旅游目的地。

一、立足生态建设　打造良好人居环境

新化县位于娄底市西部，资水中游，雪峰山东南麓，是省级重点生态功能区、湖南省重点林区县、全国石漠化治理试点县和楠竹基地县，全国最具魅力文化旅游百强县和湖南省文化旅游特色县域经济重点县。

该县采取规划建绿、建景增绿、见缝插绿、拆墙透绿、拆建还绿等措施，全面推进点、线、面、环、块有机结合的绿化体系建设，全力打造“园林式、盆景式、常绿式、立体式、休闲式”城市生态景观。

新化县委政府高度重视，把绿化造林工作作为书记、县长工程来抓。全县层层签订了责任状，绿化工作纳入了绩效考核范围。授予绿化四年行动小组办公室督查权、考核权和问责权。

据介绍，紫鹊界梯田景区至古桃花源及中峒梅山寺公路沿线区域共12.53万亩，已经纳入“大紫鹊界百里画廊”绿化项目建设范围。新化县已完成景区规划范围内路旁、屋旁、水旁绿化苗木栽植12.39万株，完成山地新造与补造用苗85.2万株。林业部门千方百计挤资解决苗木补贴经费80余万元；农村公路管理局负责景区主道两旁行道树栽植，直接绿化投入200余万元；水车、奉家、油溪、大熊山等乡（镇、场）投入景区绿化建设经费均在100万元以上。

“今天阳光明媚，我们去二桥走走看。”在新化，这已经成为了市民茶余饭后的休闲趣事。资江风光带是新化县政府斥巨资打造的一项民生工程，集休闲、娱乐、健身和景观于一体，如今已形成一道靓丽风景线。

新化县积极开展“园林式单位”创建活动，截至目前，县内庭院基本按要求绿化到位的有173家，其中符合园林式单位标准的有130余家，已获县以上园林式单位（小区）荣誉称号的共103家，园林式单位占单位庭院总数的51.5%。

二、开展联村建绿　“三边”绿化成效卓著

2014年十一期间，新化乡村旅游持续火爆。在省旅游局组织的“最美乡村”评选活动中，新化县有多个乡村入选，仅奉家镇就有四个乡村入选“省

最美乡村”的候选名单。

近年来，新化县以“三边”绿化为重点，开展了包括新农村建设在内的66个村的联村建绿工作，着力建设“村在林中，人在景中”的绿色新村。

88家县直单位驻点包干上梅、石冲口、科头三个乡镇，连片15个村联村建绿，“三边”绿化效果明显，荒山绿化基本完成。曹家镇连片11村“三边绿化”整体推进，绿化苗木档次高，规格大；娄底市委书记龚武生挂点扶贫的娘家村，“三边”栽植八月桂4000余株，村民自发成立油茶专业合作社，整合土地资源，栽植油茶1000余亩。各乡镇各包干负责1~2个村的造林绿化，以点带面，效果明显。

各联村建绿村群众积极性高涨。洋溪镇白地村“三边”绿化与河道整治同步进行，保障了防洪安全，改善了人居环境；吉庆镇的大门坳村筹集社会绿化资金50余万元，高标准营造油茶林300亩，小水果林260亩，绿化村组公路17.2km、水库三座、农户庭院300余处，栽植红叶石楠、樟树、桂花等各类苗木25000余株，新增造林绿化面积1200余亩，基本实现了全村绿化全覆盖，造林成活率与绿化管护率均达到了100%。

在“秀美村庄”建设中，全县参与的机关事业单位达167家，投入造林绿化资金3000余万元，栽植各类苗木86.5万株。

三、形成绿色网络　造林项目稳步推进

2014年，新化县林业局在娄新高速新化段绿化林带苗木补栽，共投入补造资金100余万元，栽植红叶石楠1.53万株。

新化县公路局完成了S312线上梅至槎溪路段、S217线上梅至石冲口路段、S225线孟公至坪口路段近60km省道绿化，共新植樟树、红叶石楠等苗木1.42万株，绿化总投入逾100万元。

新化县交通局以年度计划X048线桑梓至温塘、X050线祟山至圳上公路为重点，完成公路绿化里程188.3km，栽植红叶石楠、樟树、杜英、罗汉松等各类苗木4.69万株；铁路部门采取补、封、管相结合措施，完成湘黔铁路新化段绿化苗木补植4500余株，基本达到了内灌外乔和绿化护坡固坡的效果。

据介绍，资水河道绿化设计栽植苗木29.7万株，绿化工作结合风光带建设、沿江公路绿化、两岸第一层山脊可视范围内坡耕地和荒山荒地造林正在紧张有序的进行。截至目前，共栽植杨梅、垂柳、杨树、马尾松、柏木等各类苗木27.5万株；各乡（镇、场、办）结合联村建绿、义务植树及新农村建设，绿化村组公路500余km，景观效果与生态效益交相辉映的绿色网络基本

形成。

以曹家镇万亩油茶基地和维山乡千亩毛竹丰产林基地为中心，全方位、高标准推进全县林业重点工程造林和社会面上造林。

有关统计资料显示，新化县已完成山地人工造林 4.59 万亩，完成封山育林 8 万亩，完成率均为 100%。

四、提高资源管理　建立保护长效机制

2014 年，新化县采取一系列非常措施，切实加大了对候鸟保护的力度。按照省公安厅、市公安局“天剑专项行动”要求，该县开展了十余次规模浩大的集中整治行动，抓获、刑事拘留非法猎捕候鸟嫌疑人 22 人，收缴候鸟 270 余只、鸟铳 10 支。

目前，新化县公民生态意识明显增强，乱捕滥猎野生动物的现象得到有效遏制，经营野生动物的市场得到有效规范，生态环境明显改善。

按照省人民政府《关于加强森林防火群防群治工作的意见》，新化县出台了《森林防火工作责任追究办法》，狠抓了森林防火各项工作措施和“五包责任制”的落实，取得了明显成效。

新化县林业部门的相关负责人告诉记者，2014 年，全县火灾发生次数、过火面积、受害森林面积分别比 2013 年同期下降 44.45%、47.25%、12.61%，森林防火各项指标均控制在省、市下达的控制指标内，没有发生重、特大森林火灾和人员伤亡事故，维护了新化县农村社会大局稳定，得到了省、市森林防火督查组的充分肯定。

11 月 5 日，国家林业局湿地保护管理中心处长赵明忠专家组一行来到新化县的龙湾国家湿地公园进行考察评估。至此，新化县成功申报国家级的湿地公园。

多年来，新化县大力开展国土绿化，致力改善人居环境，不仅让全县生态质量得到显著改善，还确保了经济增长不断提速。

面对新形势和新任务，新化县县长邓光吕对记者说：“造林绿化是我县发展生态旅游的基础，我们将参照生态文明示范县的建设要求，大力发展现代林业，积极建设生态文明，致力于把新化建设成群山叠翠、水碧天蓝，集生态和观光于一体的美丽家园。”

站在郁郁葱葱的紫鹊界梯田贡米岭之巅，观林海起伏，听松涛回荡。记者仿佛看到崇文尚武的梅山儿女正在举如椽之笔，在这片红壤上挥洒豪情。他们，酣畅淋漓地播撒着生态文明与百姓富足的种子，引来芬芳馥郁绿满园！

抓好造林绿化工作 加快推动地方经济发展

广西壮族自治区贺州市林业局　邓少龙

近两年来，贺州市林业局部门紧紧围绕自治区党委政府“生态立区，绿色发展”的战略思路和市委市政府“推进生态文明，建设美丽贺州”的决策部署，把发展林业作为建设生态文明的首要任务，以森林生态为基础，以绿色发展为引领，突出生态建设与产业发展并重这一特点，大力实施生态林业、民生林业建设，林业改革发展质量得到全面提升，各项林业工作取得明显成效。2013 年贺州市成功创建“国家森林城市”；龟石水库湿地公园规划通过国家级评审；姑婆山国家森林公园被评为首批“国家生态旅游示范区”；七冲自然保护区晋升国家级自然保护区；林业总产值首次突破 100 亿元大关。2014 年贺州市荣获“广西园林城市”称号。

一、突出抓好造林绿化工作，加快推进生态林业建设

贺州市以创建自治区级生态市为抓手，以创建国家森林城市和实施“绿满八桂”工程为契机，积极动员全社会力量，大力实施造林绿化工作，在保持山上造林优势的同时，重点抓好城区绿化、通道绿化、村屯绿化、江河绿化，确保山上造林与山下绿化同步推进；在市区打造 30km 香樟绿化景观大道，高标准建设富川下湾、大岭、牛背岭，八步西南、黄屋排，平桂马岭等一批村屯绿化点，对马尾河、市区至姑婆山、市区至昭平等江河两岸和景区沿线进行了重点整治，恢复植被。同时，严格林地定额管理，规范征占用林地审批，严打各类破坏森林资源行为，确保森林资源提质增效，打造贺州生态建设“升级版”。建立西岭山自治区级自然保护区生态补偿基金，市本级和受益县区每年共安排 1000 万元划入基金账户，有效加强西岭山保护区生态建设。2014 年贺州市完成造林 29. 5 万亩，占年度任务的 128%；森林面积 85. 7 万 hm^2，活立木蓄积量达 4900 万 m^3，森林覆盖率达到 72. 91%；办理行政审批业务 14278 件，依法审核征占用林地 36 宗；受理各类森林案件 1085 起，破刑事案件 153 起，完成全年任务的 150%，没收涉案木材 $1232m^3$，为国家挽

回经济损失1800多万元。

二、突出抓好产业转型升级，加快推动地方经济发展

一是以建立林产加工园区为平台，加快形成产业聚集。依托八桂木材集散中心充足的人造板资源优势，投资10亿元重点规划建设桂粤家具集散中心项目，因地制宜发展木地板家具等深加工产业链。大力发展林浆纸、木材加工、油茶、花卉、森林旅游等优势产业，推动了林业产业迅猛发展。现已建成市级林业加工园区2个，县级林业加工园区6个，园区建设规模超过5000亩。二是以引进龙头企业和产业项目为抓手，做大做强林业产业。率队赴广州召开贺州市林产家具产业招商推介洽谈会，成功签约5个重大招商合同项目和1个意向合作项目，总投资25亿元。全市招商年产加工木材10万m^3以上企业9家，在各地级市中排在首位；培育广西现代林业产业龙头企业11家；人造板生产能力180万m^3、纸浆生产能力10万t、松香及深加工产品生产能力3万t；2014年全市实现林业总产值155亿元，占林业产业“十二五”规划目标任务的124%。三是结合县区林业特点，创新独具特色的林业产业发展模式。创新发展“企业+基地+农户”的产业化联动发展模式，以欣荣星林业、远高林业、威龙林化、新凯骅集团、富森油茶等企业为龙头，加快推进用材林、脂材两用林、高产油茶林等多样化自用商品林基地建设，重点打造八步速丰林、林产品加工园区，平桂生态旅游、油茶，昭平生态育林、人造板，富川松脂及深加工，钟山人造板及深加工产业，林业产业初步呈现出规模化、多元化、特色化的发展势头。目前，全市营造各类商品林355万亩。2013~2014年姑婆山自然保护区创收1.2亿元，实现生态保护与经济效益双赢。四是注重龙头企业和项目的一体化建设。以项目建设为载体，加快推进“林纸、林板、林化”三大产业集群，培育和发展壮大林业现代化龙头企业，发挥欣荣星、远高、威龙、新凯骅、富森等龙头企业的辐射带动和规模效应作用，提高林业产业的经营水平，全市纯木材加工企业达150？家，规模以上企业26家。林业产业的发展壮大，带动地方经济的快速发展。如昭平县重点抓好林产精深加工产业，辐射带动农副产品、生物医药、新能源新材料等产业的快速发展，2014年实现工业总产值30.63亿元，同比增13.5%。

丰富的森林资源为贺州市林产工业发展提供基础保障，林产加工业的快速发展助推第一产业的发展；林业产业的规模化、集约化发展，促进形成生态建设产业化、产业发展生态化，推动实现林业产业的可持续发展、绿水青山与“金山银山”的良性循环。

统筹城乡绿化　建设美丽眉山

四川省眉山市林业局　王澄琳　吉　加

为全面贯彻落实党的十八大关于推进生态文明、建设美丽中国的战略部署，加快推进城乡绿化一体化进程，谱写建设“美丽眉山”新篇章，2013年年初，眉山市委、市政府在全市启动“绿海明珠”建设工程，决定围绕做足“绿”字，掀起城乡绿化热潮，力争用3至5年的时间，实现全域生态化、全域景区化，将眉山建设成为四川盆地的一颗璀璨、耀眼的“绿海明珠”。通过近两年的不懈努力，全市城乡绿化成效显著，截至2014年年底，全市森林覆盖率增长1.97个百分点，达到45.97%，城乡绿化覆盖率增长3个百分点，达到50%，开创了眉山城乡绿化新局面。

一、统筹部署，高位推动

市委、市政府将建设“绿海明珠”作为全市最大的民生工程，写进党代会报告和政府工作报告，纳入“两化”互动、统筹城乡战略，出台建设“绿海明珠”实施意见。先后四次召开全市千人电视直播动员大会和现场会，市“四大家”一把手全部出席会议，市长主持会议，市委书记亲自作动员部署。成立以分管副市长为组长，林业、城管、国土、建设、水务、交通、农业、规划、财政等部门主要负责人为成员的“绿海明珠”建设工作领导小组，领导小组办公室设在市林业局，由市林业局局长兼任办公室主任，统筹协调全市“绿海明珠”建设的日常事务工作。将“绿海明珠”作为全市重点工作，纳入目标绩效考核，由市政府与区县政府、市级部门立下“军令状”，层层签订目标责任书，强力保障“绿海明珠”建设工作落到实处。同时，着力破解“钱”与“地”的瓶颈难题，创新机制、整合项目、强化投入，仅2014年全市投入“绿海明珠”的建设资金就高达13.21亿元，为“绿海明珠”建设提供了有力保障。

二、党政带头，全民参与

近两年，市“四大家”及军分区领导率先垂范，积极参加市级机关集中义务植树活动。全市655个直接联系服务群众单位、部门的近2万余名干部职工到联系村义务植树8500余亩，带动全市144.8万人次植树栽花1000万株以上。市委宣传部统筹电视、报刊、网络等多种媒体，开辟“绿海明珠”建设宣传专版、专栏，营造全民参与的舆论氛围；市总工会、团市委、市妇联等群团组织充分发挥联系群众紧密的优势，发动中心城区居民开展“绿色阳台”建设活动，着力绿化阳台、美化庭院，为“绿海明珠”建设增绿添彩；市直机关工委组织各机关事业单位按照“院内三包、绿化达标”的要求开展“绿色庭院”建设活动；市教育局组织师生及学生家长参与“绿色校园”建设，举办“大手牵小手”主题活动，让“谢师宴”变为“绿化宴”，鼓励学生认养、捐赠树木，绿化校园；市卫生局牵头负责中心城区七家医院院内绿化工作，积极建设“绿色医院”；市住房城乡建设局组织居住小区居民，以拆墙透绿、屋顶增绿、垂直延绿等方式绿化居住小区，开展“绿色小区”建设活动；市现代工业新城办指导工业园区企业开展“绿色企业”建设活动。全市党政部门积极奋战在“绿海明珠”建设工作第一线，开展了多项声势足、影响大、效果好的绿化建设活动，广大群众积极参与，纵深推进了“绿海明珠”建设向全社会蓬勃开展。

三、打造载体，搭建平台

市委、市政府以沿路沿江“绿带工程”、中心城区和五县城“绿肺工程”、集镇“拥翠工程”、百村“绿色家园工程”等“四大工程”为载体，逐年细化了每项工程的建设目标和建设内容，并明确了指导单位、实施单位和配合单位。2014年，以开展“六大行动”为抓手，发起了声势浩大的“绿海明珠”大会战。一是全民绿化大行动。发起七大绿色建设活动，激发了全市人民参与植树造林的热情；结合党的群众路线教育活动、直接联系服务群众工作和学习焦裕禄精神搭建“绿色基地”建设平台，市、县（区）两级每个单位、部门到联系村建立5~20亩的“绿色基地”；独立办公单位广泛开展屋顶增绿、垂直延绿、拆墙透绿工程；积极加强生态文明意识建设，注重宣传和引导，使全市绿化总量与市民生态意识同步提高。二是城市增绿大行动。市、区县两级创新机制，加大投入，以大气魄、大手笔规划建设了31个城市“绿肺”工程。东坡城市湿地公园、苏辙公园、彭山“寿乡水岸·五湖四海”湿地公园、仁寿高滩湿地公园、青神竹林湿地公园等十余个大型综合性公园建成并投入使用，为市民休闲度假提供了好去处，深受群众好评；中心城区十大休闲广场、十条特色生态街景、六条城市干道景观绿化带、十万亩环城森林生态屏障等城市“绿肺”项目也全面推进，逐渐勾勒出城在绿海中的生态美景。三是通道添彩大行动。在全市主要交通干道实施多色谱林业景观带建设项目。沿成赤高速、省道103线和106线建成“两纵一横”、总长148.15km、不同景观带交替组合、自然呈现四季不同色彩的多色谱林业景观带，并合理配置24个园林景观节点；在省道106线沿线适宜栽植一串红的路段以乡土高杆一串红打底，配置红继木球和黄花槐，打造一串红景观带，初步呈现“四季见花，四季见彩，步移景移，花叶共赏”的景观效果；在仁寿县华青路按照“近处有花草、灌木，远处有乔木”的理念打造乔、灌、草结合的立体林带，选择在不同季节开花的植物种类进行搭配，从而形成四季有彩、立体美化的13km“多彩大道”。四是集镇拥翠大行动。将人口多、离城近、绿化用地足的乡镇作为重点建设对象，在做足“绿”字的同时，注重提升品质，在每个集镇建设了不少于8000m^2的公共绿地，累计建成公共绿地30万m^2，绿化场镇道路36.9km。并以集镇区主要出入口、主要街道、窗口单位绿化为重点，建成了一批规划合理、绿量充足、配置自然、感官舒适的景观绿化林带，初步形成了“集镇联袂拥翠绿，拱卫绿海大明珠”的格局。五是乡村美化大行动。结合幸福美丽新村、新农村综合体建设和乡村旅游业发展，同步规划，配套实施新农村绿化。并结合林业产业发展，注重利用既开花又结果、观赏实用两相宜的藤蔓植物进行辅助绿化，着力发展葡萄、枇杷、花卉苗木等绿色生态产业，建成56个“绿色家园村”，建设万亩现代林业产业示范基地25个，发展林业专业合作社55个，家庭林场17个，做到了增绿与增收并重，造林与造福并举。六是园区绿化大行动。坚持园区绿化与项目建设同步规划、同步实施，突出抓好进出通道、重要节点、重点区域绿化，以绿化提升园区形象，塑造园区特色，提升招商软实力。2014年，全市13个工业园区开展了“一廊、两园、三带、四路”的规划与建设工作，将“绿色走廊”、“湿地公园”、“景观绿化带”、“主干道道路绿化”等元素融入园区绿化之中，新增绿地3600亩，建成甘眉（铝硅）工业园区工业大道绿化、眉山经开区新区扁鹊湖湿地公园、彭山经开区天府青龙湿地公园等一批精品绿化项目。

四、坚持标准，强化督查

为将“绿海明珠”建设成为千秋工程、精品工程，我市参照国家和省城乡绿化相关指标，结合眉山实际，由林业部门牵头制定了《眉山市“绿海明珠”建设标准》，并由眉山市政府办公室印发给各单位、部门，进一步规范、细化、量化了“四大工程”，让各地各单位在推进“绿海明珠”建设时方向明、目标清、有遵循、有抓手，确保了工程建设质量。同时，注重加强成果保护，建立绿化管护长效机制，中心城区实行分类分级管护；各机关单位、学校、医院、住宅小区落实专人管护；县城、乡镇、村社、道路、水系绿化管护实行辖区负责制；建立上年建设项目与当年新建项目一并检查一并考核的工作机制，加大对破坏建设成果行为的曝光力度和打击力度。此外，着力加大督查力度，由市委督查室、市政府督查室对建设进度和建设成效实行每月一通报、一季一督查，强力推进工程建设。年终邀请市和县（区）人大代表、政协委员以及市民代表共同参与检查验收及目标考核，确保“绿海明珠”建设工作取得实效。

作者简介：

王澄琳，男，汉族，1959年5月出生，中共党员，研究生学历。现任四川省眉山市林业局党组书记、局长。

自1983年7月参加工作起，历任讲师，乐山市人大秘书处副处长、处长，乐山市人大常委会副秘书长，眉山地区人大工委秘书长，眉山市委政策研究室主任，彭山县委副书记，眉山市公安局党委副书记、交警支队政委，眉山市广播电视局局长、党组书记，眉山市委副秘书长、市林业局党组书记等职。2009年5月至今，任眉山市林业局党组书记、局长。

建设“绿海明珠” 美化东坡故里

四川省眉山市东坡区林业局 刘建兵

2013年以来，我区按照市委、市政府统一安排部署，在区委、区政府的坚强领导和市上的精心指导下，结合全区实际情况，全力推进绿海明珠建设工作。

一是坚定信心，明确目标，牢牢把握“四个坚持”。坚持方向不变，始终贯彻市委、市政府推进眉山生态文明建设的重要决策，坚定不移建设“绿海明珠”美丽眉山；坚持重心不偏，科学规划“绿海明珠”项目建设，坚定不移实施“四大工程”、“六大行动”；坚持力度不减，积极营造舆论氛围，坚定不移推动党政带头全民参与；坚持标准不降，牢固树立责任感使命感，坚定不移打造惠民工程千秋工程。

二是主动作为，勇担重任，努力实现“四个提升”。自觉增强生态意识，思想上努力实现由被动到自觉的提升；勇于承担建设重任，行动上努力实现由常规到超越的提升；细致分解建设任务，工作上努力实现由面上到点上的提升；全力提升建设品质，效果上努力实现由量变到质变的提升。

三是攻坚破难，务求实效，持续深化“四个创新”。着力打造建设平台，下工夫在创新机制上出新招；努力破解建设难题，下工夫在打造亮点上出新招；扎实推进经验交流，下工夫在推广典型上出新招；全力确保建设成效，下工夫在督促检查上出新招。

到2014年年底，全区森林覆盖率达到35%，全区城乡绿化覆盖率达到48%，中心城区绿化覆盖率达到38%，“绿海明珠”建设成效显著，成为惠及全区人民的重大民生工程。

一、建设成效

（一）广泛动员，推进全民绿化大行动

1. 大力开展全民义务植树活动。广泛动员市、区和乡镇（街道）三级党政机关春季义务植树，带动并掀起全区广大群众义务植树活动热潮，2013～2014年完成义务植树160万株。

2. 大力开展“绿色基地”创建活动。动员全区78个联系单位到联系乡

镇或联系村大力开展义务植树活动，已建立“绿色基地”72个，参加人数986人，建设面积578亩，栽植桂花、天竺桂、桢楠、蓝花楹等71756株。

3. 大力开展“绿色庭院”创建活动。投入1200万元，引导这些单位和小区开展园内绿化、立体绿化、阳台绿化、周边绿化工程建设，建成绿地面积21万多m^2，栽植香樟、桂花、桢楠等园林绿化树木2万余株。金府丽景Ⅱ期、惠通食品有限公司、邓仕食品有限公司已完成创建市级园林式单位，阳光森林半岛、领秀东方正申报省级园林式居住小区。

4. 大力开展“绿色校园”创建活动。东坡中学、东坡二中、东坡小学、太和初中、车辆厂小学、尚义小学、尚义中店中学共投资150多万元，建设草坪3850m^2，屋顶露台绿化600m^2，拼图案绿化600m^2，楼道盆景100盆，植树922株，已完成“绿色示范学校”创建工作。

（二）主动参与，推进城市增绿大行动

1. 十万亩环城森林生态屏障建设。围绕建成10万亩城市森林生态屏障的任务目标，我区依托中心城区周边乡镇自然条件和现有森林资源情况，组织各乡镇政府，加强现有森林资源的抚育管护，大力发展乡土树种、珍稀树种、花卉园林苗圃等，2013～2014年完成6.33万亩，为目标任务105.5%。

2. 积极参与中心城区“绿肺工程”建设。区级各部门积极响应市政府办公室的要求，按市园林局指定地点，栽植15cm以上天竺桂100株，12cm以上天竺桂100株，8cm以上红叶杨100株。同时还协助市级相关部门做好征地拆迁等相关工作，确保城区各项“绿肺工程”建设顺利开展。2014年秋季战役开始后，我区国税局、苏祠中学、三苏路小学等20多家机关、企事业单位进行拆墙透绿，新栽植苏铁等1360株、草坪5000m^2。大石桥街道办、实验中学、苏南小学等七个单位投入资金68万元，栽植爬山虎1248株、紫花三角梅5172株（盆）、红花三角梅660盆、法国冬青4120株、八角金盘434m^2、朴树45株、香樟76株、蓝花楹5株、红豆杉10株、造型小叶榕10株、麦冬草坪200m^2。3个街道办事处在市区妇联、团委、工会指导下，开展临街面住户阳台绿化，完成红花天竺葵1200盆、西洋杜鹃3600盆、红花三角梅1100盆、其他盆花1500盆。

（三）提升拓展，实施通道添彩大行动

1. 提升并拓展多色谱林业景观带。2013年完成S106线东坡区段道路标段22.9km、园林绿化节点3个的多色谱林业景观带建设，栽植栾树、香樟、红叶杨等各观色观花观景树木26897株，草坪13600m^2。2014年补植栾树、紫薇等2000多株，并进行锄草、修枝、施肥等管护工作。完成象耳－思蒙工业环线公路绿化20.3km，栽植香樟、天竺桂等乔木树种2699株，黄花槐、紫薇等灌木树种3096株。

2. 建设岷江水上绿色走廊。在岷江一桥南3.5km堤埂栽植柳树700株，并在外坡种植草坪35000m²。

（四）乡镇为主，实施集镇拥翠大行动

落实乡镇建设主体责任，集中力量在全区重点乡镇开展集镇拥翠绿化活动，主要围绕公共绿地绿化、干道绿化、窗口单位绿化及风貌保护进行。到2014年年底，复兴乡已建成12000m²的休闲广场，主要栽植桂花、银杏等200余株。永寿镇已建成15000m²寿文化广场，主要栽植桂花等200余株。万胜镇已建成10000m²的中心广场和滨河广场，主要栽植小叶榕、桂花等300余株。白马镇已建成文化广场和营盘新村广场16000m²，主要栽植天竺桂、栾树、鱼尾葵及草灌。多悦镇已建成古悦广场和连接通道11000m²，主要栽植桂花、银杏、蓝花楹，绿量充足。思蒙镇已建成文化广场和滨河路12000m²，文化广场绿量偏少。6个乡镇的街道绿化、窗口单位绿化及风貌保护都达到市上标准。

（五）项目带动，实施乡村美化大行动

结合土地整理双挂钩、幸福美丽新村、新农村综合体等项目建设，推动乡村美化工程建设。包括公共绿地绿化、道路绿化、庭院绿化及产村相融等主要内容。2013年完成白马镇龚村、三苏乡望苏村、思蒙镇铧头村、尚义镇七里村等4个“绿色家园”村建设。2014年11月底，柳圣乡八井村建成村公共绿地1300m²，打造精致，引进业主绿化庭院3百多亩。复盛乡观盛村建成新村居住区公共绿地1200m²。复兴乡西湃村建成新村居住区公共绿地达2300m²，道路庭院已绿化。盘鳌乡张庙村建成村公共绿地达2000m²，建成柚类产业上万亩。多悦镇华藏村建成村公共绿地达1200m²，建成林竹、柚类产业上万亩，正积极打造两河口湿地公园。

（六）产城一体，实施园区绿化大行动

中国泡菜城产业园区按照全市统一安排部署实施园区绿化大行动，除全面完成2014年目标任务外，重点打造泡菜风情街、泡菜城广场、生态绿廊、及沿厂区外的风貌墙和节点小品，另补植园区5、6号路及水天花月次通道，投入资金800多万元。

二、取得的经验

（一）加强组织领导，明确工作职责

区委、区政府高度重视“绿海明珠”工作，成立了区“绿海明珠”建设领导小组，统筹负责全区“绿海明珠”建设工作。区级各部门、各乡镇（街道）也成立了相应组织机构，负责本单位、本辖区“绿海明珠”建设工作。区委书记、区长多次召集牵头单位研究推进“绿海明珠”各项工作，明确“绿海明珠”建设土地和资金分级承担的具体办法。

园区、乡镇、街道、机关企事业单位是“绿海明珠”建设的责任主体，把“绿海明珠”作为生态文明建设的重要抓手和载体，主要领导要亲自抓、亲自动手，解决好工程建设中的“人、地、钱”问题。区级有关部门各司其职、齐心协力、主动配合，形成牵头单位指导督促、建设单位具体实施、配合单位积极参与的联动机制。区林业局（区绿海办）做好总体协调工作；区委农工办、区住建局分别牵头做好“百村绿色家园工程”、“拥翠工程”的指导督促工作；区教育局牵头做好各学校的校内绿化工作；区总工会、团区委、区妇联引导企业、青少年、妇女等积极投身绿化工作；区新闻中心进行全方位、多层次、高密度宣传，营造浓厚的舆论氛围。区委、区政府督查室和区绿海办加大督查力度，动态跟踪重点项目实施进度，及时通报情况，严格逗硬奖惩，加快进度，确保“绿海明珠”大会战取得全面胜利。

（二）创新工作机制，破解建设难题

在落实建设用地上，我区结合实际，主要采取了租用、一次性补偿、调整集体土地以及“谁栽谁管谁受益”等激励机制，破解土地从哪里来的难题。租用土地900余亩主要用于S106线、千禾大道等通道路绿化；一次性补偿面积110余亩，主要用于白马镇、万胜镇、思蒙镇、多悦镇等集镇拥翠工程绿化；调整集体土地面积70余亩，主要用于白马镇营盘村、复盛乡观盛村、复兴乡西湃村、盘鳌乡张庙村、多悦镇华藏村等美丽新村建设。按照“谁出土地谁受益”的方法，共落实土地6000余亩，主要用于绿色基地建设、环城森林生态屏障建设。

在落实建设资金上，积极探索多元化投入方式，主要采取财政投入、项目整合、群众筹资筹劳、社会捐助等破解资金难题。2013～2014年“绿海明珠”建设共投入资金14725.76万元。其中财政资金10035.76万元，项目资金2130万元，公司、业主、农户资金2560万元。

（三）严格工程管理，确保建设质量

在建设过程中，加强工程管理，严格实行“一把手”负总责，从源头上和实际操作过程中严把工程建设质量。坚持招投标制、合同制、报帐制、监理制“四制”管理。坚持以专业队施工为主，严把施工质量关，确保工程建设质量，并落实管护措施，抓好锄草、浇水、施肥、补植补造等工作。

一是严把建设标准。严格执行市政府制定的《眉山市“绿海明珠”建设标准》，重点在绿化宽度、面积规模、栽植密度、树种配置等方面严格要求，确保建设标准。

二是严把质量关。在绿化施工中，对清理场地、种苗进场、栽植和管护落实等重要环节，各建设单位要落实专人现场把关，严格检查验收程序，努力做到绿化施工完成后“点成景、线成带、片成林”，确保绿化建设工程质量和建设成效。

（四）认真组织验收，全面完成任务

按照眉山市《“绿海明珠”大会战检查验收办法》的要求，每年12月初，我区组织区林业局（“区绿海办”）、区城管执法分局、区直机关工委、区农办、区住建局、区水务局、区教育局、区总工会、区团委、区妇联、眉山“中国泡菜城”管委会等相关牵头部门和单位组成多个自查验收组，严格依据《眉山市“绿海明珠”建设标准》，对照我区《“绿海明珠”大会战实施方案》的各项目标任务，认真开展全面自查验收，形成自检材料，迎接市级检查验收。

三、下一步打算

（一）找准差距，增添措施

我区根据市上统一安排部署，按照市上“绿海明珠”建设标准，对全区“绿海明珠”建设工作进行逐项检查，制定好各项措施，确保全面完成各项目标任务。

（二）突出重点，突破难点

把眉青快速通道竹海景观带建设、岷江水上绿色走廊打造、集镇拥翠建设和“百村绿色家园”建设作为重点工作，解决好土地和投资两大问题，确保2015年大会战有大的突破。

（三）加强管理，确保成效

加大宣传力度，不断提高群众爱绿护绿的意识，落实具体管护措施，及时做好开沟排湿、实时浇水、补植补造、锄草、增彩等相关工作，使树木长得快、长得好，尽快见到成效，巩固“绿海明珠”建设成果。

作者简介：

刘建兵，男，汉族，1963年8月出生，中共党员，大学学历。现任四川省眉山市东坡区林业局局长。

自1984年6月参加工作起，历任东坡区白马镇民政司法助理员，白马镇副镇长、镇长，松江镇镇长，象耳镇副书记，太和镇镇长，复兴乡政府乡长、党委书记等职。2008年5月至今，任眉山市东坡区林业局局长。

立足增绿　突出添彩
全面推进“绿海明珠”建设工作

四川省眉山市洪雅县林业局　孔令兵

洪雅县2014年“绿海明珠”建设工作，按照市委、市政府总体要求，在县委、县政府的领导下，在市“绿海办”及相关部门的指导下，以保护和利用好洪山雅水优美环境为前提，突出“增绿添彩”工作主线，统筹抓好“美丽乡村”、“彩色长廊”和“城市会客厅”建设工作，圆满完成阶段性目标任务。

一、建设成效

（一）以“增绿添彩”为重点，按景区标准绿化县城

1. 打造“山花烂漫”自然生态野趣城市。3月12日在县城瓦屋山大道举行了全县义务植树活动，组织全体县级领导、县级部门负责人、企业家代表和学生代表、县林业局全体干部职工300余人参与了义务植树，栽植紫薇、木芙蓉、桂花470株，撒播野花1万余m^2，现在野花盛开、山花烂漫、姹紫嫣红，成为遂资眉高速入城景观大道一道亮丽的风景。并以“3？12”植树节活动为载体，发动全县22万人次义务植树40余万株，掀起全县“绿海明珠”建设高潮。

2. 加大财政投入，全面推进“生态洪雅”建设。县财政完成绿化投入专项资金1400余万元。一是投资530余万元，完成县城滨堤路（新大桥至旧大桥）绿化升级改造项目建设，移植乔木167株，灌木180笼。二是投资400万元，完成引青入城项目A段绿化，栽植皂角、朴树、银杏、香樟、桢楠、垂柳等绿化景观树380株。三是投资480余万元，积极实施城区瓦屋山大道大乔栽植，对已建成的西环线、修文路、封河大道的道路进行绿化，打造“一街一树、一街一景”的行道树绿化景观。

3. 继续深化“我为森林之城植棵树”活动。编制《“我为森林之城植棵树”春季活动实施方案》，鼓励和发动全县广大市民参与县城绿化，努力提高全民生态文明意识，新栽植主题树木250株，累计栽植1253株。

（二）突出“林旅相融”，深入推进多色谱林业景观带建设

1. 拓展S106线多色谱林业景观带建设。积极加强S106线多色谱林业景观带养护和补植，紫薇、黄花槐、木芙蓉、栾树长势良好。2014年投资50余万元，完成上边坡3000余m景观带打造，以乡土高杆一串红打底，配置红继木球和黄花槐，进一步提升了绿化档次和景观效果，“四季见花，四季见彩，步移景移，花叶共赏”的多色谱景观效果初步呈现。

2. 推进全县主要旅游干道多色谱林业景观带建设。结合生态旅游业发展，落实涉农项目资金290万元，乡镇筹资500余万元，用于旅游干道多色谱林业景观带建设。一是全面推进洪瓦路、洪高路、S305线、柳桃路桃源段、洪三路、东竹路等全县主要旅游干道多色谱林业景观带建设，提升景观效果和绿化档次。二是以乡镇为实施主体，抓好场镇集中公共绿地建设维护和乡镇主要路口节点绿化，打造了余坪镇安溪桥节点、中山乡碾盘桥节点、花溪镇水韵新村等一批绿化特色和亮点。三是完成乐雅高速洪雅出口、东岳出口和瓦屋山雅女湖库区的多色谱林业景观带建设。

（三）实施农村绿化，统筹建设美丽乡村

1. 大力开展绿化创建活动。开展“绿色基地”创建活动，完成创建单位86个，参加人数2821人，植树株数20.9万株，面积2609.86亩。开展“绿色校园”和“绿色医院”创建活动。在全县各学校广泛开展生态文明教育，引领青少年从小树立生态文明意识，爱绿护绿，积极做好“绿色医院”创建工作。

2. 积极推进集镇“拥翠工程”和“百村绿色家园”工程。一是根据“做出彩、做足色”原则，切实做好中山、汉王、槽渔滩集镇绿化，提升景观效果，实现拥翠显绿目标。二是按照“新村变景点、农居变旅居”思路，突出生态美、自然美、人文美，实施止戈、余坪、花溪、高庙等6个生态新农村综合体（聚居点）绿化美化，完成高庙鲜湾村、止戈镇莲花村、花溪镇孔坝村“百村绿色家园”建设。

3. 以退耕还林项目为载体实施乡村绿化美化。落实退耕还林项目补偿资金到户2737.5万元，巩固退耕还林成果专项建设资金1194.8万元，打造止戈镇青杠坪村茶叶主题公园示范点，完成1000亩桂花示范片建设。以点带面，全县累计完成成片造林2.6万亩（占目标任务的83%），四旁植树80.5万株（已完成目标任务），育苗472亩（超额完成目标任务），苗木培育2000亩以上。

二、工作措施

（一）统一思想，提高认识

深入贯彻落实党的十八大精神，围绕县委“两化互动、旅游驱动、统筹城乡、科学发展”总体思路，按照“全域生态化，全域景区化，全域产业化”的总体要求，突出“林旅相融、增绿添彩、溢香显贵、美丽洪雅”主题，扎实推进林业生态建设和城乡绿化工作，全力加快美好家园、美丽洪雅和生态文明建设步伐。县委、县政府研究印发了《洪雅县2014年城乡绿化大会战实施方案》（洪委办［2014］9号），进一步统一思想、提高认识，扎实开展“绿海明珠”建设。

（二）认真谋划，狠抓落实

县“绿海明珠”推进办公室、县绿委办以及县林业局，提前谋划，认真规划，将建设目标任务进行了细化分解，落实了项目指导单位和实施单位，责任到人。同时，积极做好建设资金筹备，坚持“政府投资、部门筹资、企业出资、社会集资、群众捐资、劳务代资”的筹资方式，多渠道筹措绿化资金，充分发挥“一事一议”资金杠杆作用，整合项目建设资金，为全县“绿海明珠”建设提供资金保障。

（三）严格施工，保证质量

“三分栽植，七分管护”，坚持把“保质量、保成活”贯穿绿化造林工作始终。一是严把苗木关。实行苗木采购责任制，苗木采购要严格按照品种、规格等要求统一进行采购，严禁弱苗和不合格苗，确保苗木质量。二是严把栽植关。安排技术人员深入山头地块把好栽植技术关，做好栽植技术指导，规范操作。三是严把管护关。切实加强抚育和管护，做到谁栽植、谁保活，确保栽一棵、活一棵，植一片、绿一片。

（四）强化督导，确保成效

按照目标任务，由县委督查室、县政府督查室和县绿委办组成联合督查组，深入绿化一线，明察暗访，督导检查绿化质量和进度。建立每周五汇总工作制度，收集全县工作进度，协调解决工作中存在的矛盾和问题，确保圆满完成年度建设各项任务。

三、工作打算

下一步，我县将认真贯彻落实本次会议精神，按照“六大行动”建设任务，查漏补缺、深入推进，全面完成洪雅“绿海明珠”建设目标任务。

1. 以创建“省级园林县城”为抓手，打造县城“第一会客厅”。在管护好城市绿地存量基础上，强力抓好城市绿地增量发展，突出重点、打造亮点，深度打造瓦屋山大道和高速公路入城景观节点建设，完成“引青入城”和滨河路绿化改造项目建设，进一步提升县城绿化品质。

2. 紧抓秋季绿化造林时节，持续加快美丽洪雅建设。围绕秋季绿化，确保全面完成成片造林任务。加强绿化管护和补植，巩固建设成果，抓好灾后重建项目，完成580万元城乡多色谱林业景观带建设和120万元植被恢复建设。同时，进一步提升槽渔滩镇、三宝镇“集镇拥翠”工程和“百村绿色家园”工程。

3. 积极谋划明年工作。按照县委、县政府确定的“养心之地·山水洪雅”和“绿海明珠·天府花园”的城市发展定位以及“增绿添彩·溢香显贵”的城市绿化建设理念，提前谋划明年春季绿化建设项目，细化“六大行动”建设目标任务，增添举措、聚力干事、确保成效！

作者简介：

孔令兵，男，汉族，1964年7月出生，中共党员，大学学历。现任四川省眉山市洪雅县林业局党委书记、局长。

自1990年3月参加工作起，历任林业站林业员，林业站站长，槽渔滩镇副镇长、镇长，高庙镇党委书记等职。2011年5月至今，任眉山市洪雅县林业局党委书记、局长。

曾获“四川省建设长江上游生态屏障先进个人”，“森林防火工作先进个人”，“四川省林业系统先进个人”等荣誉。

让原始森林的根扎得更深 用绿色托起更美的明天

贵州省荔波县林业局　何继思　蒙敏译

党的十八大以来，生态文明成为当仁不让的热词，生态文明之所以成为民众关注的焦点和热点，在现实中“为了金山银山，毁了绿水青山”的情况屡见不鲜的原因，着手解决生态问题已到刻不容缓的地步。一年多来荔波县林业局在当地县委、政府的领导下，在上级主管部门的指导下，荔波林业正奋进前行，加快了林业巩固，发展的步伐，生态文明建设提升到前所未有的高度，取得了让人满意的效果。

近年来，荔波县林业局以生态建设强县，以林业产业兴县为抓手。以保护原始生态为管控，狠抓退耕还林、林政资源管理、公益林管理、林权制度配套改革、防护林工作、林业产业建设、森林防火、营林、森林公安、林业科技推广等各项工作的开展，成效显著，业绩骄人。2013 年完成林业投资 4653 万元，营造林 7. 48 万亩，占州下达任务的 133. 5%，森林火灾受害控制率为 0. 079‰，低于州下达控制率 0. 601 个千分点，全县实现林业总产值 22100 万元，较上年同比增长 15. 17%，林业综合治税实现 306. 62 万元，占州下达任务的 102. 2%，森林覆盖率达 61. 02%。林业工作 2013 年度在全州考核中荣获森林防火工作三等奖，营造林工作二等奖，全州林业年度目标综合考核中获一等奖。

一、加强森林管护，林政改革稳步推进

荔波县是典型的锥状喀斯特地貌，石漠化程序严重。如何走出一条即让生态得到恢复，又能让农民增收的路子？近年来，该县林业局通过退耕还林，耕地造林、封山育林和种植经果林，至今累计争取国家退耕还林项目 22. 6 万亩，争取退耕还林专项资金 1. 1 亿元（其中 2012 年以来争取资金为 1150 万元）。截至 2013 年年底，全县共完成退耕还林 22. 6 万亩，其中，坡耕地退耕造林 3. 9 万亩，配套荒山造林 11. 9 万亩（其中 2012 年以来完成 2. 2 万亩），封山育林 6. 8 万亩（其中 2012 年以来完成 0. 5 万亩），全面完成上级下达的

工程建设任务。工程涉及17个乡镇98个村（居）委会，涉及退耕农户30236户97570人。工程实施以来，退耕还林工程均通过国家、省州的多次复查、核查。经过9年的实践，荔波县逐步探索出生态效益、经济效益与社会效益有机结合，生态建设和产业发展协调一致的退耕模式，把绿山与富民、生态与产业融为一体，森林覆盖率达62.05%，农民人均收入大幅增加。2011年2月11日，国家领导人李克强登上驼背树山顶，实地察看石漠化治理环境情况，与正在对果树进行压枝矮化的村民覃继恒，秦绍波等亲切攀谈，并指出，治理石漠化一定要和促进农民增收结合起来，不能种粮食的地方要大力发展经果林，而且要走规模化经营的路子，只有形成产业规模，才能产生更大的效益。弱的要加以修复，加以完善，优势的要挖掘潜力，这也是贵州的后发优势。

退耕还林工作经国家核查验收，面积保存率、发证率、管护率、建档率均为100%。2013年荔波县退耕还林兑现合格面积35761.09亩，涉及农户9722户，兑现政策补助资金4791986.06元，共核发林木采伐证60张，采伐积蓄9530.77m^3，出材6238.2m^3。切实抓好伐区检查，严格落实迹地更新工作，确保迹地更新率达100%。狠抓林地管理工作，严格林地用途管制，打击违法使用林地行为。2013年开展了林地占用清理工作，办理了6件林地占用审批，征占用林地164.442hm^2。采取有力措施，切实加强公益林区的管护力度，确保公益林区管护效果良好，林区生态保护完好。从县到村都建立了公益林管护办公室，从县到乡、村、组、农户均层层落实管护责任，并在全县招聘有专职护林员134人，开展日常巡山管护工作。2013年，全县公益林区管护效果良好，没有发生违法占用林地、非法采伐、森林火灾、林业有害生物侵害森林现象。认真兑现公益林补偿资金。2013年，在严格考核，自查验收的基础上，认真兑现了2012年度补偿资金1045万元。大力扶持农民林业专业经济合作组织建设。2013年，新增了荔波县播龙生态农业发展有限公司、荔波县嘉林种植专业合作社、荔波县勇琦生态种养殖产销专业合作社、荔波县方村枇杷种植专业合作社、荔波县瑶山乡孟塘旅游服务专业合作社、荔波喀斯特瑶山鸡繁育专业合作社、荔波县森林区生态开发有限公司七个农民林业专业经济合作组织。切实抓好林权抵押贷款工作的开展。2013年，荔波县完成林权抵押贷款登记面积5953.8亩，截至2014年5月份贷款金额达2260万元。启动了森林保险试点工作。2013年，与人保财险荔波支公司共同制定了森林保险实施方案和理赔机制，将全县国家公益林区和地方公益林区共142.77万亩纳入森林保险，其中；国家重点公益林为110.89万亩，地方公益林31.88万亩，年缴保费199.88万元。真正做到促进了生态效益与经济效益，社会效益的相互协调，人与自然的和谐发展。

二、合理利用资源，做好森林管护工作

荔波县林下经济目前以林下养殖为主，林下种植为辅。全县林下养殖主要为林下养鸡、林下养羊等。林下养鸡出栏上万只的大户有8户，主要以林业专业合作社成员为主，小规模饲养有400余户，年出栏本地鸡10万只。林下养羊70户，年出栏1.8万只。林下种植主要有香菌、冻菌、水蕨菜等，种植面积共计6000余亩。

切实抓好育苗工作，全年共育苗亩，完成育苗600万株，完成率120%。狠抓育苗用种质量管理，确保合格率达到省级以上标准。严格依法办理种苗生产相关证照，为7家种苗生产经营单位全部办理了《种子生产许可证》及《种子经营许可证》，种苗调运严格执行“两证一签”。认真抓好种苗执法检查工作，2013年开展了两次种苗执法检查行动。

组织管理上，成立有珠防工作领导小组，领导小组下设珠防工程管理办负责组织实施珠防工程；施工管理上，严格按照批准的作业设计施工，严把质量关，加强施工培训，坚决做到“四不准”，严格验收，落实管护责任和措施。2013年，完成珠防工程造林0.5万亩。严格工程项目资金管理。资金使用严格按照财务制度执行，没有违规违纪使用资金情况发生。完善项目工程资料管理，工程档案规范齐全，保管完好。

三、做好基础工作，强化产业化发展

2013年林业科技推广工作重点抓好林业科技示范、林业科技培训和农村林业科技示范户建设三项工作。截至12月20日，已完成荔波县1000亩油茶、1000亩樟江蜜柚标准化示范区项目建设，完成了三期林业实用技术培训，培训人数130余人；扶持了5户农村林业科技示范户。

根据林业年报统计，2013年，全县实现林业产值22100万元，同比增长15.17%，其中，第一产业增长5.26%，第二产业同比增长19.78%，第三产业同比增长28.47%。

荔波县林业局依托林业项目，在确保林业生态绿化工程建设任务的基础上，利用退耕荒山造林、巩固退耕还林、植被恢复工程、造林补贴等林业项目，继续强化经果林基地建设，在甲良、玉屏、洞塘等8个乡镇发展了刺梨、

油茶、板栗、蜜柚、血桃、枇杷等经果林基地 0.45 万亩，成为促进农村经济发展，使当地农民脱贫致富奔小康的有效途径之一。狠抓林业综合治税工作。全县 2013 年完成林木产品综合治税 306.62 万元，其中：国税 50.92 万元，地税 135.55 万元，育林基金 74 万元，检疫费 7.6 万元，林业部门林木产品罚没收入 38.55 万元。林业综合治税完成州局下达任务 300 万元的 102.2%，占县下达国税 40 万元任务的 127.3%。狠抓项目资金和招商引资工作。2013 年，共争取到中央、省、州林业项目 14 个，实际到位项目资金达 3926.95 万元，占县下达 3000 万元任务的 130.89%，固定资产 3412 万元，占县下达任务 3000 万元的 113.73%。认真编制规模 2 万亩，总投资 5000 万元的荔波油茶基地招商项目，在广州农业招商洽谈会上成功与广州市富侬生物科技有限公司签约。目前项目资金已到位 900 万元，种植面积 1000 余亩。

四、加强监督管理，强化监测力度

组织开展林业有害生物监测调查和防治，全县森林病虫害成灾率为零，无公害防治率 100%、病虫害预测预报准确率 90.77%，种苗产地检疫率 100%，均超额完成省州下达指标。切实加大推进“绿盾 2013”林业植物检疫执法检查行动，提高检疫执法水平、检疫监管能力和公共服务水平，全年共开展检疫执法检查 8 次，结合森林防火下乡上街宣传、检疫培训班等活动，开展检疫防治宣传活动 20 次。办理调运检疫胶合板（木片）454t、锯材 144.19m^3、原木 5600.74m^3，检疫产地苗木 389.3 万株，种苗产地检疫率达 100%。切实抓好松材线虫病预防工作。认真落实松材线虫病春、秋两季普查，严把质量关，至今未发生松材线虫病疫情。

从严治警，切实加强队伍建设。狠抓干警队伍业务知识和政治理论知识的学习培训，切实贯彻落实公安部“五条禁令”、“五个严禁”、“三项纪律”和“贵州省十条警规”。建立健全工作制度，使森林公安工作制度化、规范化。在干警队伍中切实抓好警示教育，反腐倡廉教育。全年未发生干警违法现象。充分发挥职能作用，大力开展打击涉林违法犯罪活动。一年来共开展了“天网行动”、“扫毒害保平安行动”、“雷霆行动”等专项行动，查处涉林案件 79 起，其中刑事案件 14 起，破 13 起，抓获犯罪嫌疑人 18 人；行政案件 65 起，查处 65 起，行政处罚 65 人，罚没收入 22.14 万元。

加强防火宣传工作。荔波县林业局通过采取手机短信、荔波电视台、印发宣传手册、建立林区沿线大型广造宣传碑牌标语、深入乡镇村组、学校开展防火宣传培训等多种形式加强防火宣传；印发各类森林防火宣传资料 31 万份，设立固定户外防火警示宣传牌碑30个，确保森林防火深入人心，家喻户晓。强化值班制度，坚持24小时值班及领导带班制度。加强重点林区的巡查，排查火灾隐患。狠抓森林防火队伍建设。全县共组建县、乡、村各类森林消防队伍115支共6551人，其中专业扑火队5支180人，乡村义务扑火队110支6371人。组建专职护林员队伍1支134人，兼职护林员900人。2013年，全县发生森林火灾8起，其中一般火灾4起，较大火灾4起，过火面积21.88hm^2，森林受害面积10.1hm^2，没有发生重大森林火灾和人员伤亡事故，森林火灾受害率0.079‰，较州控制指标0.68‰低0.601个千分点。火案查处率100%。

实施了珠防、退耕还林、荒山造林、巩固退耕还林成果，森林抚育、低效林改造、造林补贴试点、森林保险、石漠化治理等林业工程项目，全面保质保量完成了省州下达的各项营林工作任务，共营造林7.4827万亩（其中人工造林5.8126万亩，封山育林1.6701万亩），森林抚育1万亩。围绕“四在农家，美丽乡村”决策部署，对甲良、翁昂、水利、洞塘、瑶山、小七孔等乡（镇）进行了村寨绿化，义务植树83.7万株。森林覆盖率达62.05%。

构建林业科学发展体系
建设陆良绿色美好家园

云南省陆良县林业局　刘　强

林业既是一项重要的基础产业，又是具有特殊功能的公益事业，在经济建设和社会发展中具有重要地位。近年来，陆良县紧紧抓住国家实施西部大开发、云南省建设“绿色经济强省”和“森林云南”、曲靖市建设“昆曲绿色经济带”和“森林曲靖”的战略机遇，坚持以改革促保护、以改革促发展的发展方式，确立了“生态立县、产业强县，构建富强、活力、生态、和谐陆良”的发展目标，明确了“生态建设产业化、产业发展生态化”的发展思路，始终把生态建设放在林业工作的首位，林业工作重心由过去以造林绿化和资源保护为主，逐步转移到生态建设、产业发展和森林保护并重的轨道上，通过实施国家重点生态公益林保护、退耕还林、珠江防护林工程、速生丰产林建设、核桃产业发展和中低产林改造等林业重点工程项目，全县森林资源总量不断增长，生态环境不断改善。一是造林绿化成效显著。认真组织实施重点林业工程，全县人工造林、封山育林、全民义务植树活动有效开展，均完成或超额完成了省、市下达的年度任务。从2008年至今，共完成各类林业重点工程造林绿化4.6万亩，发展并保存核桃经济林23.6万亩，封山育林3.6万亩，全民义务植树1225万株。二是国家级重点生态公益林建设顺利推进。全县纳入中央森林生态效益补偿面积73.78万亩，占林业用地面积134.5万亩的54.9%，落实专业管护人员450人，通过采取“封、管、造、抚”等综合治理措施，加强抚育管理，提高林分质量，不断加强森林资源保护力度，森林植被得到有效恢复。三是林业产业快速发展。全县共培育省级林业龙头企业4户，有木材经营加工企业（个体）122户、林木种苗生产经营企业（个体）53户、野生动物驯养加工经营企业7家，形成了以林浆纸一体化、速生丰产林、木材经营加工、绿化苗木、核桃产业、野生动物驯养繁育为主的6大林业产业。2014年，全县实现林业总产值4.37亿元，较2008年的2.42亿元增加1.95亿元，年均增16.1%。四是集体林权制度改革稳步推进。全县集体林权制度主体改革从2007年开始，截至2010年6月基本完成了主体改革任务。2011年7月成立了县级林权管理服务中心，林权服务得到有效提升，进一步促进了林业产业发展。自2010年7月全面启动配套改革以来，共办理林权流转144宗17592.4亩，办理林权抵押贷款6110万元。五是“平安林区”建设全面加强。从2011年开始，全县大力推进“平安林区”创建工作，按照严守防火红线，强化林业有害生物监测、预报和处置，从严打击破坏森林资源的违法犯罪行为等工作要求，严格落实森林资源保护措施，力争通过5年的努力，实现“资源增长、农民增收、生态良好、林区和谐”发展格局。

在充分肯定成绩的同时，我们也清醒地认识到，全县林业改革发展中也还存在一些不容忽视的困难和问题：一些影响和制约林业改革发展的体制机制还有待进一步完善；林业科技服务体系不够完善，科技服务水平和人才队伍建设亟待加强；林产业发展水平不高，传统生产和粗放的经营方式没有得到根本转变；林业管理方式滞后，与现代林业发展要求不相适应。这些都是影响和制约我县林业又好又快发展的关键问题，必须引起高度重视，并切实加以解决。占我县国土面积60%以上的广大山区半山区以及占我县总人口40%收入水平相对较低的山区半山区人口，恰恰显示出林业发展的重要性和巨大潜力。生物地理专家把森林喻为“地球之肺”，把湿地喻为“地球之肾”，把荒漠化喻为一种很难医治的疾病，把生物多样性喻为地球的“免疫系统”。森林每生长一立方米木材，需吸收1.83t二氧化碳，释放1.62t氧气，生态效益十分显著，可以说，离开森林，人类将无法生存。因此，加快林业改革发展意义十分重大，关系国计民生，关乎社会经济各个方面。

当前，我县经济社会发展正处在重要的战略机遇期，林业发展也处在一个十分难得的有利时期，林业发展也进入了由传统林业向现代林业转变的关键时期，林业的多种功能逐渐显现。在经济社会发展全局中的地位越来越重要，作用越来越突出，任务越来越繁重。我们要充分认识新时期加快林业改革发展的重大意义，准确把握新时期林业在经济社会发展全局中的战略地位，形成适应新时期林业生产力发展的新型管理体制、运行机制和发展模式。县委、县政府提出，到2015年全县森林覆盖率达39%，林业产值达5亿元；到2017年新建速生丰产工业原料林10万亩，使速生丰产工业原料林基地建设达30万亩；新建核桃木本油料林16万亩，使木本油料林达30万亩；农村能源建设沼气3.5万口，新能源推广1万户。森林资源总量不断增长，分布趋于合理，森林生态功能不断增强，林业产业进一步发展，生态文化逐步显现。到2020年，江河上游水土流失面积明显减少，石漠化得到有效控制，生态安全屏障作用不断巩固，生物多样性得到有效保护，全县森林覆盖率达到

40.0%以上。务林人肩负着加快林业发展，建设生态文明的历史重任，我们要居安思危，改革创新，立足陆良、把握当前，放眼未来，转变观念，切实增强发展陆良林业的责任感和使命感。当前和今后一个时期，要着力推进四大林业体系建设，构建绿色美好家园。

一要构建现代林业经营体系。县委、政府将林果产业确定为六大高原特色优势主导产业之一，着力打造30万亩核桃产业基地，把核桃产业作为调整农村经济结构，促进农民增收的核心产业来培育。要大力发展以核桃为主的特色经济林的同时，继续推进林（竹）浆纸一体化建设，扶持一批野生动植物繁育利用示范产业。积极发展林产化工产品精深加工、木材加工、森林生态旅游等林产业。按照“宜种则种，宜养则养”的原则，充分发挥林下土地资源和林荫优势，因地制宜发展林下经济。大力实施三年城乡绿化攻坚行动，不断增强全民绿化美化环境意识。实施绿色城市、绿色村镇、绿色通道、绿色屏障四大工程建设，努力探索县城、城郊、农村“三位一体”，林网、路网、水网“三网合一”的城乡绿化新模式。

二要健全现代林业服务体系。加强林业科技服务机构建设，重点加大对县林业科技推广中心和林业产业协会的建设力度，加强基层林业技术推广人员、农村林业技术员队伍培训。打破区域封锁，促进林产品自由流通，使林权所有者拥有的林木所有权和林地使用权在依法、自愿、有偿、规范的原则下合理流转。创新林业贷款模式，积极开展林权抵押贷款。鼓励广大林农和不同所有制企业、个人投资者及其他社会各界参与林业建设。

三要建立森林资源流转体系。以县级林权管理服务中心为依托，设立林权登记管理、林业产权交易、林业信贷和投融资、林业综合服务窗口，实行一体化综合管理服务。建立健全县森林资源资产评估机构，积极培养森林资源专业评估人才。完善商品林采伐管理制度，按照“以县为主、乡村操作、双线运行、两榜公示、确保到户”的原则，确保采伐指标落实到农户（经营者）。

四要完善森林资源“三防”体系。一是加强森林防火基础设施建设工作。抓好边远重点林区，防火通道和林火阻隔网建设，打牢防火基础。二是抓好森林病虫害防治和检疫。建立健全预测预报网络，强化县、乡、村三级防御体系建设，对危险性森林病虫害有重点、有计划地进行综合治理。三是加强资源林政管理。依法使用林地，强化林木采伐限额管理，规范木村流通渠道和林产品、林副产品经营行为。以森林公园、重要湿地等为依托，通过就地、近地保护等方式，加强生物多样性保护。做好白水塘省级湿地公园的规划、申报工作。四是继续推进平安林区建设。构建林区治安防控体系，推行林业“一二二一”综合执法模式，强化相对林业集中执法职能，严厉打击各类破坏森林资源的违法犯罪行为。

林业工作既是一项功在当代、利在千秋的伟业。又是一项富民、惠民、利民的德政工程。我们要抓住机遇，锐意进取，真抓实干，加快林业发展，着力建设人与自然和谐的天蓝、地绿、水净的美好家园，为全县经济社会科学发展、和谐发展、安全发展、跨越发展作出新的更大贡献！

加快实施林业生态工程
建设绿色鲁甸

云南省鲁甸县林业局　朱宗能　汪志华

森林是自然界中的一个重要的生态系统。我国是一个森林资源十分丰富的国家，林业作为生态文明建设的主体，在国民经济各部门中发挥着不可替代的基础性作用。然而，由于长时间的木材生产，使得我国的生态环境遭到了一定程度的破坏，虽然近年来实施了植树造林、退耕还林、天保工程等项目，恢复和改善了现有的生态环境，但森林资源和林业发展仍面临着严峻的形势，为此，我们要继续加快实施以追求生态经济最佳平衡为核心目的的林业生态工程，使其所具有的经济、生态、社会效益得到最大限度的发挥。

"十一五"期间，我国林业生态建设取得了令人瞩目的成绩，这也为"十二五"的建设奠定了基础。为了实现党的十七大所提出的目标要求——"到2020年全面建设小康社会目标实现之时，我们这个历史悠久的文明古国和发展中社会主义大国将建成生态环境良好的国家"，在实施林业生态工程建设过程中，我们要做到"三个坚持"：第一，坚持"按客观规律办事"，即在遵循自然规律和经济规律的基础上，从我国的国情、林情出发，统筹规划、突出重点、因地制宜；第二，坚持"预防为主、综合治理"，即要做到建设与管理、保护与治理、兴利与除害并重、并举，以此实现提高人民生活质量、改善生态环境、经济社会可持续发展的建设目标；第三，坚持"生态建设产业化、产业发展生态化"，即将增加资源总量、优化资源结构、提高林分质量和加强资源保护作为工作重点，把林业生态建设与区域经济发展紧密结合起来。现就我县具体情况作如下汇报：

一、鲁甸县基本情况

鲁甸县有国土面积1489km^2，辖3镇9乡，86个村（居）委会、1641个村民小组，有汉、回、彝、苗、布依等14个民族，总人口43.8万人。由一江（牛栏江）、两山（乌蒙山、五莲峰）、三河（龙树河、沙坝河、昭鲁河）、两个坝子（文桃坝子、龙树坝子）构成。全县共有林业用地96.95万亩，森林覆盖率32%，林木绿化率46%。

二、林业建设成果

至今，我县林业建设各项工作已取得明显成效，主要体现在以下方面：

（一）示范园及样板情况

1. 完成昭通市核桃产业科技示范园所有空块空地的补植补造工作，完成核桃的高枝换头和品种改良1234亩，辐射带动5000亩，并租用10台旋耕机对园区内的所有农地进行土地整理、深翻和精耕细作，完成核桃产业示范园内现有核桃树的病虫害防治工作，完成宽5m的环行公路建设17km，并进行铺沙面石和压路机碾压，树立标志碑牌。

2. 是落实乡镇级核桃示范样板10个20831亩，乡镇级花椒示范样板6个8896亩，村级核桃示范样板53个20978亩，村级花椒示范样板14个6123亩。

（二）林产业发展情况

完成核桃种植5万亩、花椒种植0.6万亩；完成采穗100万余条，培育优质核桃嫁接苗300亩410万株；组织26名专业技术人员，按照《昭通市高原特色农业核桃产业科技示范园总体规划》的要求，完成1234亩昭通市核桃产业科技示范园内的现有核桃高枝换头和品种改良工作，并租用10台旋耕机对园区内的所有农地进行土地整理、深翻和精耕细作；完成江底镇箐脚村县级核桃科技样板建设新植2400亩，整型修剪、扩塘施肥、提质增效4000亩；完成龙头山镇沿河村县级花椒科技示范样板整形修剪6500亩；组织专业队完成小寨大坪、江底公路沿线、火德红乡村样板修枝整型和高枝换头1.3万亩；完成全县核桃大面抚育50万亩，花椒抚育11万亩。

（三）生态建设情况

完成天保工程人工造林5000亩，退耕还林荒山造林2600亩、巩固成果7500亩，完成陡坡地生态治理1.5万亩，完成石漠化综合治理4000亩；农村能源太阳能1500台，沼气池300口，完成森林抚育试点工作任务4.5万亩，完成公益林生态效益补偿基金兑现664.17万元，完成鲁甸县地丘缓坡土地综合开发利用试点项目（第一期）拟征收林地的报件上报工作，积极开展松材线虫病防控工作。

三、核桃、花椒产业发展现状

（一）基地建设初具规模

近年来，特别是“十一五”以来，我县按照“生态建设产业化、产业发展生态化”的总体要求，根据省委、省政府提出的建设绿色经济强省和市委、市政府提出到2015年建设核桃基地300万亩、花椒基地70万亩的安排部署，紧紧围绕“生态受保护、农民得实惠、产业得发展、林区更和谐”的林产业发展目标，在对全县土壤、气候、地理条件等因素进行全面调研的基础上，结合生态效益、经济效益、社会效益进行综合分析后，决定把种植历史悠久、最适宜鲁甸气候环境、最具有发展前景和潜力的核桃、花椒两大优势产业作为鲁甸主要的林产业做大做强，在省、市的大力关心、帮助、支持和指导下，在县委、政府的坚强领导下，在全县干部群众的积极配合参与下，自2006年以来，全县新增核桃种植面积70.4万亩，新增花椒种植面积17.4万亩，截至2012年年底，全县核桃种植面积已达85万亩（其中：投产14.6万亩，产前期70.4万亩），花椒种植已达21.5万亩（其中：投产16.4万亩，产前期5.1万亩）；2012年，全县核桃产量已达795万kg，产值达3.98亿元，花椒产量已达615万kg，产值达3.38亿元。

（二）良种选育成果显著

从1999年起，我县就积极开展积极开展本地核桃资源调查和良种选育工作，截至2012年年底，全县共收集优良核桃样品1050个，并建立标本室长期保存。通过市级决选认定306个，通过云南省林木良种委员会认定品种9个（其中：鲁甸大麻1号，在2011年9月河北邢台举办的首届中国核桃节上获得金奖；鲁甸大麻2号、鲁甸大泡3号核桃等，已得到省内外核桃专家及客商的一致好评），取得历史性进步，结束了本地区无良种的历史。

（三）种苗基地建设基础坚实

从2007年起到2012年，我县共建立核桃良种采穗圃1520亩，建立云南省滇东北乌蒙核桃良种繁育基地400亩，建立优质核桃嫁接苗培育基地400亩，每年能提供良种穗条200万条（每条有5~6个芽），每年能培育优质核桃嫁接苗500万株以上，被云南省林业厅评定为核桃良种定点采穗基地和定点育苗基地。现在，我县的核桃采穗圃和优质核桃苗木除能满足本地核桃产业发展自给外，还可向周边地区提供良种、苗木及穗条。

（四）科技样板建设初见成效

按照“产业化发展、规模化经营、基地化建设”的建设要求，我县在核桃、花椒产业发展工程中，实行县、乡、村层层创建核桃、花椒科技示范样板，打造核桃、花椒种植核心示范区，明确样板建设规模、建设年限、样板覆盖、预期目标、挂钩领导、行政负责人、技术负责人和主要技术要求，树立样板标志碑牌，积极优化品种结构，加强资金和技术投入，加大补植补造和抚育管理，强化技术培训，适时进行定干整形、扩塘施肥、嫁接修剪、中耕除草、病虫害防治，引领、辐射、带动大面种植。截至目前，全县共建立市级核桃科技示范园1234亩，县级核桃科技示范样板5800亩、花椒科技示范样板6500亩，乡镇级核桃样板10个20831亩、花椒样板6个8896亩，村级核桃样板53个20978亩、花椒样板14个6113亩。

（五）综合服务体系不断完善

为加强核桃、花椒产业发展的综合服务体系建设，我县成立林产业发展服务中心，在核桃、花椒种植重点村落实技术辅导员80名，成立县级核桃产业商会1个、花椒商会1个，指导建立乡镇核桃产业协会10个，村核桃产业协会1个，乡镇花椒产业协会5个，村花椒产业协会1个，不断完善核桃、花椒产业发展的基层服务组织。

（六）加工销售网络初步形成

积极引导理世、大成、鑫辉、恒远、老匡家等农特产品加工企业扩大生产领域，积极参与核桃、花椒产品的精深加工、包装和营销，积极推出“鲁甸核桃”、“鲁甸花椒”等绿色品牌，提高产品知名度和市场竞争力。

四、主要做法及工作措施

（一）狠抓组织领导，强势快速推进

发展核桃产业是县委、政府因地制宜、调整农业产业结构的重大战略部署，是解决“三农”问题、促进农民增收、构建和谐鲁甸的主要措施，为切实把核桃产业做大做强，县人民政府成立了以县长任组长的林产业发展工作领导组，在县林业局设立林产业发展服务中心；实行县级领导挂钩到乡镇、部门乡镇领导挂钩到村，林业技术人员挂钩到地块负责技术指导的责任制，一级抓一级，层层抓落实，切实做到工作措施到位、宣传发动到位、服务指导到位，形成“政府主导、乡镇和部门落实、社会参与”的工作机制和“财政上安排资金，农业上整合土地，水利上配套水池，林业上负责种苗和技术指导，县、乡、村各级党委、政府负责宣传、发动、组织、指挥，林农共同参与、投工投劳”的项目整合格局，快速度、上规模、高质量推进核桃、花椒产业发展。

（二）狠抓责任落实，严格考核机制

为确保全县核桃、花椒产业健康有序发展，县人民政府进一步建立健全目标责任制，把种植任务下达到各乡镇，与各乡镇签订目标责任书，把核桃、花椒产业发展工作作为检验乡镇、部门领导工作成效的一项重要指标，作为干部考核晋升的重要依据之一。对种植任务完成较好，核桃、花椒产业发展成绩显著的乡镇和个人进行表彰奖励；对在规定时限内完不成种植任务的乡镇，严肃追究主要领导的责任，并对具体责任人实行问责。各乡镇又结合自身实际，把种植任务分解到村、到组、到农户，形成了一级抓一级，层层抓落实的工作机制，为核桃、花椒产业的持续发展提供了保障。

（三）狠抓宣传动员，积极发动群众

在核桃、花椒产业发展过程中，我县切实加大宣传力度，采取编印发放宣传资料、召开群众会议等方式，深入乡镇、村组、农户大力宣传发展核桃、花椒产业的政策背景和栽培管理技术。印制发放了《鲁甸核桃栽培与管理技术手册》、《鲁甸花椒栽培与管理技术手册》、《鲁甸县特色经济林实用丰产栽培技术》、《崛起中的鲁甸核桃产业》等宣传手册，把种植核桃、花椒的经济效益与种植其他农作物的经济效益进行对比，详细分析核桃、花椒的市场前景和市场潜力，帮助农民算好帐，让群众形成“种植核桃、花椒就能发家致富，发展林产业就能奔小康”的共识，充分调动农民群众发展核桃、花椒产业的积极性，使广大农民群众成为发展核桃、花椒产业的主体。

（四）狠抓苗圃建设，强化种苗保障

种苗是核桃、花椒产业发展的基础工作，鲁甸多年来一直高度重视种苗工作，积极建立核桃、花椒良种采穗圃，自已育苗，坚持使用良种选优的乡土树种，适当引进外地的名、特、优、新品种实验试种观察共建立核桃良种采穗圃1520亩，花椒采穗圃1000亩，云南省滇东北乌蒙核桃良种繁育基地400亩，获得了首批云南省核桃良种定点育苗和定点采穗基地。现在，我县的核桃采穗圃除能满足本地核桃嫁接苗穗条自给外，还可向周边地区提供良种及穗条。

（五）狠抓技术指导，提高种植标准

围绕核桃、花椒产业发展规划，我县切实加大核桃、花椒栽培管理技术培训和指导工作，每年都派出技术人员挂钩到乡镇、村进行核桃、花椒产业发展的技术培训和指导工作，督促农户按照“六个一”（即：选一块好地，打一个一立方米种植塘，施一担农家肥，选一株优质苗，浇一担定根水，盖一块地膜）和“三个百分百”（100%使用保水剂，100%使用农家肥，100%地膜覆盖）的技术标准进行核桃种植，确保实现种植的规模化、规范化。

（六）狠抓科技培训，促进提质增效

“一分种，九分管”，为提高农户的栽培管理技术，省、市林业主管部门领导和专家长期深入我县作技术指导和解决实际困难问题，每年都多次深入我县乡镇、村组、农户，召开现场会，亲自为农户做示范；我县也经常组织专业技术人员，采取为培训人员提供食宿，在林业局统一进行培训和到各乡镇实地进行培训的方式，每年举办集中培训10余次，实地培训200余次，大力开展核桃、花椒规范种植、抚育管理、定干整形、扩塘施肥、松土除草、品种改良、病虫害防治等技术培训活动，并在全县种植重点村设立核桃技术辅导员，全面督促农户对已经种植成活的核桃、花椒进行科学管理，保证最大科技投入，最强有力的技术指导，确保全县核桃、花椒产业尽早见到实效。

（七）强化资金扶持，保证健康发展

在核桃、花椒产业发展过程中，我县积极争取资金，整合统筹项目，全力加大扶持力度，无偿为农户提供核桃、花椒苗木和栽培管理技术，从2009年以来，全县投入核桃、花椒产业发展资金3924.06万元（其中：中央资金2031.54万元，省级资金1341.6万元，市级资金147.2万元，县级资金403.72万元）。

五、下步工作计划

一是抓好核桃、花椒提质增效工作。当前，我县核桃产业发展已初具规模，工作重点应从规模扩张转移到提质增效上，大力整合各方面的资金，加大现有核桃、花椒的扩塘施肥、定干整型、品种改良、病虫害防治、科技投入等后续抚育管理措施，全力促进木核桃、花椒产业提质增效。力争到“十二五”末，实现全县核桃种植面积达100万亩以上，核桃仁产量达3.55万t，产值达17.75亿元以上；花椒种植面积达25万亩以上，花椒产量达1.36万t以上，产值超过9.79亿元。

二是强化精深加工，打造鲁甸核桃、花椒品牌。加强招商引资和扶持本土企业发展，不断延伸核桃、花椒产业链，强化产品精深加工和市场开拓；鼓励企业申报无公害产品、绿色食品、有机食品认证；积极帮助龙头企业、农民专业合作组织和农业产业化基地开展无公害、绿色、有机产品、原产地证明等认证，加强无公害农产品生产基地建设，争创各级名牌产品和著名商标，提高农产品市场竞争力；继续举办中国．鲁甸青花椒节，争取举办核桃节或者核桃论坛，提高鲁甸核桃、花椒知名度和影响力。

三是进一步完善专业合作组织建设。围绕生产资料供应、基地建设管理、技术培训服务、产品供应销售、产业信息咨询等环节，大力培育各种形式的林产业专业合作经济组织，逐步完善各种服务体系，提高核桃花椒产业的生产经营管理水平。

四是加大投入，多渠道筹措建设资金。一要以政府投入为主，多渠道、多层次、多方位地吸引社会力量筹措林业生态建设资金，引导有关单位和个人积极投资、共同建设林业生态工程；二要在税收、信贷、服务等方面实行倾斜，对一些重大项目应给予直接投资或资金补助、贷款贴息或税收优惠等方面支持；三要进一步提高地方公益林补偿标准，扩大公益林补偿面积，鼓励各类投资主体向林业生态建设投资。

五是突出重点，以大工程带动大发展。第一，大力加强植被恢复工程；第二，继续实施好退耕还林、天然林保护、等林业重点生态工程，提高建设水平，确保建设质量；第三，进一步加强城市绿地系统建设，城乡结合部要大力发展环城绿化带、隔离林带。

六是科技引导，强化工程的技术含量。第一，要重点开展困难立地造林技术、植被恢复技术，并加快低质低效林改造，做好国家森林抚育试点；第二，围绕林业良种壮苗选育、中幼林抚育、森林病虫害防治、森林防火、综合利用、多种经营等开展科学研究和科技攻关；第三，加强生态建设。严格把关，更加自觉的运用科学发展观统领林业工作全局，不断开创现代林业改革发展新局面。

提升造林绿化质量　建设美丽生态景洪

云南省景洪市林业局　苏光荣　陈显兵　李青红

西双版纳州是北回归线上唯一仅存的一块绿洲，享有“物种基因库”和“动植物王国”的美誉，其热带雨林的珍贵性和地理区位的敏感性在一定程度上限制了我们对林地和林木资源的开发利用，制约了我们林业产业的发展前景和发展空间。景洪市作为西双版纳州的首府，集边疆、民族、山区为一体，辖区总面积6959km^2，总人口52.72万，95%的土地都是山区，80%的人口都生活在农村，全市森林覆盖率达到84.46%，2013年林业总产值占地区生产总值的24.28%。就全市发展布局而言，困难在山，希望在山，潜力在林，出路在林，很显然林业发展已成为调整全市农村产业结构，拓宽农村经济增长方式的新亮点。

当前，由于市场的调节作用和经济利益的驱使，橡胶和茶叶的开发种植已经达到热带雨林环境所承受的生态极限，严重威胁到热带雨林生态系统的安全，其引发生态功能退化演变、种群优势衰弱、生物多样性减少、水土流失等现象逐年加剧。另外受地理环境、土地资源等因素的制约，橡胶和茶叶的发展潜力和适度空间已达到饱和状态，如何“保生态、促民生”？就成为我们景洪市做大做强林业产业所必须面对的一个重要课题。

党的十八大以来，习近平总书记高度重视生态文明建设和林业改革发展，多次作出重要指示和批示，为我们边疆少数民族地区科学开展造林绿化指明了方向。景洪市自然地理条件优越，夏季湿热多雨，雨量充足，有利于植物的自然生长和发育，雨季从五月份开始一直延续到九月份，有利于广泛开展造林绿化工作。近年来，景洪市坚持以“建设生态文明和美丽云南”为总体目标，以“打造宜居宜业宜游国际生态旅游城市”为主导，以建设“美丽生态景洪”为主题，以构筑“绿色生态屏障”为主线，紧紧围绕“生态增量、林业增效、农村增产、农民增收”的工作方针，不断深化集体林权制度改革，不断推进天然林保护工程、巩固退耕还林成果、低效林改造工程，重点发展珍贵用材树种产业、木本油料澳洲坚果产业，有效推进各项造林绿化产业发展进程，着力提升造林绿化质量，积极推动全市林场产业发展再上新台阶。

一、景洪市造林绿化成果

（一）重点林业建设工程实施情况

1. 天然林保护工程

景洪市天保工程二期实施期限为10年，总体目标为：从2011到2020年，有效管护森林资源703.63万亩，公益林建设24万亩（其中，人工造林4万亩、封山育林20万亩）。目前，云南省下达景洪市森林资源管护计划416.31万亩，其中，国有林管护352.43万亩、集体地方公益林63.88万亩。从2011年到2014年为止，景洪市按照分级分类、零距离管护的方式，不断加强天保工程区基础设施建设，开辟防火通道，构筑防火隔离带，建设森林资源管护站，有效进行天然林管护，并对水源涵养林和水土保持林完成封山育林6万亩。

2. 巩固退耕还林成果

自启动巩固退耕还林工程建设以来，景洪市严格遵循群众自愿的原则、谁造谁有谁受益的原则，认真落实领导责任、落实目标责任和落实管护责任，2011～2014年共完成了退耕还林工程种植业3.8万亩，发展巩固退耕还林工程农村后续种植业2.01万亩、补植补造0.1万亩，种植树种以澳洲坚果、杉木、思茅松、橡胶、桉树、咖啡等为主，安装太阳能3264个、组织农民群众开展技能培训1490人。

（二）经济林木发展

景洪市经济林木发展以低效胶林改造、木本油料澳洲坚果种植、珍贵用材林基地建设为重点，大力推进经济林、产业林、生态林、景观林“四林共建”。

1. 低效林改造

景洪市经济林木以种植橡胶为主，中低产林改造作为我市转变林业发展方式、应对气候变化、发展现代林业主要的措施之一，主要采取更新改造橡胶林的方式，对景洪市农场管委会的橡胶林进行树种更新和树种更替。2011～2014年，景洪市共完成5万亩橡胶林改造，更新和更替树种以橡胶、思茅松、杉木、澳州坚果为主。

2. 木本油料澳洲坚果种植

澳洲坚果作为一个新兴的林果类品种，其潜在的社会效益、生态效益和经济效益远远高于橡胶和茶叶，被视为西双版纳州继橡胶和茶叶之后农村最佳替代种植项目和最有发展潜力的新兴产业。景洪市按照“生态建设产业化、产业发展生态化”的总体布局，根据国家发展木本油料基地建设的发展战略，通过实施“以集中连片为主、零星种植为辅”的发展模式，累计种植澳洲坚果3万亩，主要以344、788、800、246、294、O·C、H2六个优质品系为主。

3. 珍贵用材树种种植

根据西双版纳州委、州人民政府提出“把西双版纳州建设成为中国最重要的珍贵用材林基地”的战略部署，景洪市全面开展珍贵用材林基地建设，制订了利用8年的时间发展珍贵用材树种建设任务35万亩、1210万株的发展规划。同时，紧密结合国家林业局中央预算内特殊林木后备资源培育项目、木材战略储备基地试点建设项目，以及环境友好型生态胶园建设项目，以点-线-面相结合的发展方式，采取荒山荒地种植、四旁种植、园区和城镇绿化、道路绿化、低质胶园改造、经济林套种6种种植模式，大力发展降香黄檀、印度紫檀、沉香、桃花心木、铁力木等9种树种。截至目前，景洪市完成珍贵用材树种种植10万亩、325万株。

4. 中央财政造林补贴试点种植

为加快造林绿化步伐，提供造林成活率，景洪市根据国家林业局关于中央财政造林补贴试点项目的支农惠农政策，把中央财政造林补贴试点项目作为增加林业产值和农民增收的一个重要产业，将农户自愿和国家扶持种苗相结合，以前期种苗补贴的方式，2011年开始累计种植思茅松和杉木1.5万亩、珍贵用材树种0.5万亩。

（三）乡村造林绿化

1. 庭院经济绿化种植

根据新农村建设整乡整村推进项目，景洪市深入村寨开展“绿化村寨、美化家园、发展庭院经济”建设生态示范村工作，大力推进乡村庭院绿化，建设美丽乡村。目前，全市完成11个乡镇100个生态示范村建设，主要种植杨桃、柠檬、木乃果、芒果、柚子五种水果苗木，和降香黄檀、沉香等珍贵用材树种，提高了乡村绿化质量，有效改善了乡村生活环境。

2. 四旁绿化种植

在推进庭院经济生态示范村建设的同时，在四旁绿地、田边地脚、路旁沟畔等开展绿化工作，种植降香黄檀、沉香、印度紫檀等珍贵用材树种，加大乡村造林绿化，改善乡村生活环境，提高村民生活质量。同时，深入开展“1123”工程，种植降香黄檀、印度紫檀、沉香等两年生珍贵用材林树种70889株，使村容村貌有较大改变，村寨道路、农户庭院及空地上都得到绿化、美化。其中“1123工程”是指：第一个“1”指一条乡村生态道路，第二个“1”指一条乡村生态河流，“2”指两个生态村寨，“3”指三个生态农庄。

（四）义务植树造林

为加快城乡绿化进程，增强广大民众生态文明建设意识，景洪市在各单位、各部门的办公区、住宿区、群众路线联系乡镇等地，全面开展义务植树活动，种植降香黄檀、沉香等珍贵用材树种，加强部门的领导带动作用。此外，景洪市委、市人民政府高度重视全民义务植树活动，每年组织机关单位义务植树活动，建立义务植树示范基地，由主要领导带领广大群众参与义务植树活动，以此带动社会各界积极参与义务植树。2011 年到现在，全市共完成义务植树 221 万株，以种植降香黄檀、沉香等珍贵用材树种为主。

二、积累的经验

景洪市是一个边疆少数民族地区，由于地理环境的特殊性，以及经济社会发展的滞后性，在实施造林绿化工程的过程中，积累了一定的成功经验，主要体现在五个方面：

一是政府主导、政策扶持。提升造林绿化质量是景洪市造林绿化工作的重点，市委、市政府高度重视，严格按照国家、云南省关于造林绿化的政策和要求，召开造林绿化工作会议，签订年度目标责任书，落实绿化任务和责任。同时，遵循政府主导、市场参与、全民动员的原则，制定支农惠农的扶持政策，通过种苗、资金等扶持方式，充分调动各部门和社会各界造林绿化积极性，

二是科学规划，协调发展。为加强造林绿化项目建设管理，确保工程建设质量和投资效益，景洪市在分析需求和建设可能的基础上合理确定建设规模，科学制定项目发展规划和作业设计。并加大建设资金和人力资源等方面的投入，积极与农业、水利等部门加强沟通合作，推进建设及管理，协调发展。

三是整合项目，同步推进。目前，景洪市经济发展以橡胶和茶叶为主，澳洲坚果、珍贵用材树种、思茅松等适宜我市发展的替代型新兴产业，得到国家、省级、州级的高度重视和大力支持，多项利于民生发展的造林绿化项目陆续落户。为推进产业发展，加快造林绿化进程，景洪市合理整合了各级建设项目，使产业发展和造林绿化同步推进。

四是四旁绿化，城乡结合。目前，景洪市森林覆盖率已达到 84.46%，土地资源的限制，使得我们没有大规模连片种植的土地，我市以城乡结合的方式，全面开展四旁绿化造林。城区以各单位、各部门的办公区、住宿区、道路、公园等公共绿地为主，乡村以四旁绿地、田边地脚、路旁沟畔为主，以

点带线、以线连面，全面开展造林绿化。

五是加强经营，提升质量。建设生态文明和发展现代林业，不仅需要我们创新机制和改革管理，更重要的是需要加强森林经营管理，提升造林绿化质量。景洪市具有丰富的物质资源和优越的气候条件，这在适地适树、种苗管理、造林整地、树种配置等多方面为我市造林绿化提供了有利条件，在加强科技支撑的基础上，进行科学育林、造管并举。

三、今后造林绿化工作的建议

丰富的热带雨林储备是景洪市最大的特点和特色，良好的生态资源环境是景洪市最大的资源和资本，在土地资源有限的背景下，景洪市如何进一步开展造林绿化工作，全方位打造“雨林景洪”，多角度构筑“生态屏障”，为建设“美丽生态景洪”多储资源、多创条件？

当前，景洪市已完成“打基础”起步阶段的各项计划任务，正处于“固基础、强产业”快速推进的关键时期，因此“培资源、提质量、促发展”、发展新兴的林业绿色生态经济产业，是今后一段时期我市造林绿化工作的重点内容。在巩固现有成果的基础上，景洪市将着重抓好以下几项工作：

1. 加大宣传力度。坚持全民动手的基本方针，采取多方面的宣传措施，让广大农民群众充分了解造林绿化的社会效应、经济效益和生态效果，推进全社会造林和义务植树。

2. 加强经营管理。从种苗管理、造林整地、树种配置等森林经营管理措施开始，建立造林绿化绩效考核奖惩机制，按照“谁种谁负责、谁经营谁管理”的原则，逐级分片包干落实管护责任，确保造林绿化的成活率和成材率。

3. 壮大绿色经济。大力推广“一根草（石斛）、一枚果（坚果）、一棵竹（竹浆原料林）、一种树（珍贵用材林），着力壮大林业绿色经济项目，构筑林业特色示范园区，加强基地建设，建成集林木种植、加工、培训、展示为一体的产业加工基地。

4. 推进生态工程。大力实施天然林保护、退耕还林、城乡生态绿化、低效林改造、林业民生六大工程建设，争取优惠政策和资金倾斜，加紧资源配置，保生态、促发展。

5. 扩大点线面。通过“点线面”结合，将“点”扩大到校园、工厂、庭院、田间、景区、公共绿化地，将“线”延伸到乡村道路、田间小路、河道两岸、沟渠沿线，将“面”拓宽到茶地、橡胶林地，全方位构筑绿色生态屏障。

创建国家森林城市 全力建设大美临沧

云南省临沧市林业局 杨红俊

近年来，临沧市牢固树立“生态立市、绿色崛起”发展理念，以构建完备的森林生态体系、发达的森林产业体系、繁荣的森林文化体系、合理的森林城镇体系为主要内容，依托“十百千万”工程和林业项目建设，充分发动各族群众，创新机制、完善措施、明确责任、突出重点抓落实，创建国家“森林城市”，全面推动“森林临沧”建设，实现了经济社会可持续发展，成就天、地、人高度和谐的“大美临沧”。临沧先后获得了“中国十佳绿色城市”“中国恒春之都”“云南最佳生态州市”等荣誉称号，成了“全国低碳国土实验区”“国家可持续发展实验区”，彰显了亚洲微电影艺术节永久举办地的特色和魅力。

一、“森林临沧”建设的主要做法

（一）理念创新，“三个结合”抓修复

按照“生态立市、绿色崛起”的发展理念，着力抓生态保护与修复。一是结合规划抓修复。积极探索国土规划、发展规划、林业规划、城镇规划“四规合一”的规划模式，合理划定城镇区、耕地保护区、生态保护区、旅游休闲区等各类具体功能区的“红线”，突出主体功能区定位，抓好规划编制工作，通过划分功能区，构建科学合理的城镇化格局、农业发展格局、生态安全格局，同时也确保规划更具科学性、前瞻性和可操作性；通过“四规合一”实现空间布局更加合理，功能定位更加科学，促进生产空间集约高效、生活空间宜居适度、生态空间山清水秀。二是结合区域发展重点抓修复。围绕“苗木产业带、生态景观带、林果产品交易带”“万元山、万元田、万元人”的建设目标，突出抓好南汀河一线、边境一线、澜沧江一线、城镇沿河面山、陡坡耕地等生态脆弱区域生态修复，积极做好沿河、沿路的生态建设，组织市、县（区）林投公司在南汀河流域启动建设了7个具有一定规模的苗木基地，带动企业、大户在南汀河流域发展苗木培育基地44个，南汀河流域累计启动建设苗木基地51个，共完成育苗3.45万亩。在巩固提升已建成的南汀河流域10个万亩连片生态农业园的基础上，着力抓木本油料示范基地、珍贵

用材林示范基地和竹木示范基地建设，仅2014年就建成南汀河流域林产业基地109.29万亩。生态景观带建设，在加大生物多样性保护力度的基础上，在南汀河流域主干公路、河道两侧各50m范围内，实施以种植高山榕为主的林荫大道、林荫河道建设，修复生态功能、重现自然景观，形成良好的生态景观带。目前，完成林荫大道建设178.8km。三是结合民生保障抓修复。以改善民生为重点，着力抓好水源防护林修复，有效改善农村饮用水条件，通过退蔗、退耕还林，转换调整用地等方式集约土地资源，重点营造蓄水、保土能力强的树种，增加蓄水供水能力。目前仅沧源、镇康两县就完成水源防护林修复9799亩，改善了8500人的日常饮用水困难。沧源自治县勐省镇和平村在确保当地村民用水富余的情况下，还将多余的水供应到农场，增加了一定的收入。

（二）模式创新，“三个途径”抓投入

一是抓项目及财政投入。一方面市、县积极筹措建设资金，从2013年开始，市级财政每年安排资金2000万元，各县（区）财政每年安排1000万元，专项用于“森林临沧”建设；另一方面认真研究和诸备建设项目，有效整合林业、扶贫、农业、水利等相关项目，不断增强“森林临沧”建设的项目支撑。二是抓融资投入。成立林业投资公司，支持重点林业龙头企业上市融资，带动林农以林地、林木、劳动力等生产要素入股，促进森林资源、资产、资本的良性循环；创新金融机构信贷模式，探索“金融机构+担保公司+农户”“金融机构+龙头企业+农户”林农联保贷款等多种贷款模式，加大金融机构对“森林临沧”建设的信贷支持力度。三是抓林权抵押贷款投入。不断深化林权配套改革，重点深化林木采伐与经营、林权交易体制机制改革，依法规范林木采伐、林地林木流转和林权抵押贷款管理。加快建立和完善县（区）林权服务中心，开展林业资源资产评估、林权抵押贷款、政策法律咨询等综合服务。大力发展林农专业合作社，在全市范围内形成纵向相通、横向相连的林农专业合作社组织网络，提高林农发展林业的组织化程度。到2014年年底，全市累计完成林权流转面积231.05万亩，流转金额11.53亿元；累计完成林权抵押贷款面积203.97万亩，贷款金额38.54亿元。

（三）载体创新，“三大活动”抓发展

创新机制，开展“城乡植树造林建设森林临沧”活动，大力开展“十百千万”工程，努力建设“林在城中、城在绿中、人在景中”的绿色生态森林城市。在全市各级党委、政府的高度重视和高位推动、强势推进下，“城乡植树造林建设森林临沧”活动得到高质量快速推进，城市建成区的绿化成效明显，全市累计完成“十百千万”工程投资8.71亿元，完成城乡植树造林1083万株。依托滇西南生物多样性保护、“七彩云南　秘境临沧保护行动”以及林业项目等工程，推动全民义务植树活动，通过各项活动的开展，临沧年增加森林面积达33万亩，实现了产业发展从农户做起；同时组织党员和机关干部积极开展义务植树，2014年全市有154.8万人参加义务植树，完成义务植树645万株，其中40543名党员完成义务植树34.38万株。

（四）机制创新，“三大举措”抓监管

一是建立有效的管理保护机制。2013年市人民政府发布了森林资源管理七条禁令，对强化森林资源管理提出了具体而明确的要求；积极组织“平安林区”创建活动，将其作为维护林区稳定的长效机制，严厉打击破坏森林资源违法犯罪行为，整合森林公安、资源林政和林政稽查等林业行政执法力量，先后组织开展了“严厉打击盗伐滥伐林木”“天网行动”“抓防范、排火患、保平安”等专项行动；建立森林防火联防机制，加大了周边地区的联防群治能力，镇康县积极与缅甸掸邦地区协调，建立了森林防火联防机制，有效地防止了过境火的蔓延。二是建立监督检查机制。结合“十百千万”工程建设和资源保护，一方面根据工作开展情况由纪委监察部门牵头对工程建设进度进行不定期监督检查，或者由市委督查室牵头组织相关部门进行督查；另一方面自觉接受人大、政协监督，市县人大、政协将“森林临沧”建设作为视察监督的工作内容，适时组织人大代表、政协委员对“森林临沧”建设开展情况进行调研、督查。三是实行无效问责机制。“森林临沧”建设活动中，市县乡高度重视，把无效问责作为重要工作措施，对失职、渎职的单位和个人进行行政问责。

二、“森林临沧”建设的成效

（一）生态体系框架基本形成

全市以生态公益林为核心、商品林为辐射的森林生态体系基本框架初步形成，促进了森林面积、森林蓄积量双增长。目前全市活立木蓄积达9882万m^3、森林蓄积量达9784万m^3，森林覆盖率达66.5%。森林面积、蓄积的不断增加，促进全市森林生态系统更加完善，经济效益、社会效益和生态效益不断提高，生态功能进一步增强，2013年全市森林生态服务功能总价值达1230亿元。随着生态建设的加强，森林生态效益的提高，全市水土流失得到有效控制，泥沙流量进一步减少，重点公路沿线、江河流域、库区、城市面山等生态环境有了明显改善，有力地保障和支撑了临沧经济社会的持续发展。

在强化资源保护加快森林生态体系建设中，双江自治县、凤庆县、镇康县成效明显，先后被评为全省“平安林区”创建先进单位。

（二）林业产业体系初具雏形

一是建成了规模化林产业基地。以木竹板浆纸、木本油料、茶叶、咖啡、林化工、苗木、林下经济七大产业，形成了一批集群式发展的林产业基地。全市累计建成林产业基地1629.1万亩，其中：经济林1094.35万亩（核桃800.39万亩、澳洲坚果109.56万亩、红花油茶24.2万亩、油橄榄0.02万亩、其他经济林160.18万亩）、短周期原料林439.88万亩（竹子199.72万亩、以桉树为主的速丰林240.16万亩）、以西南桦为主的珍贵用材林39.98万亩、其他54.89万亩。以核桃为主的木本油料、竹子等林产业区域特色基本形成，集群优势逐步显现。仅一项核桃产业，2014年全市核桃挂果面积达382万亩，预计核桃产量20万t，核桃产值60亿元。凤庆县被国家林业局评为“中国核桃之乡”；沧源县被中国竹产业协会、国家林业局、国际竹藤中心授予“中国特色竹乡”称号；永德县被评为“澳洲坚果之乡”。二是龙头企业不断成长壮大。目前，全市有林业企业334户，总资产98.16亿元，固定资产40.74亿元，实现总产值27.1亿元。有国家级林业龙头企业1户、省级龙头企业20户、市级龙头企业25户。

（三）森林城镇体系日趋完善

深入开展“乡土大树不出临、万棵树木进县城、千棵树木进乡镇、村头村尾树成林、农家屋前十棵树”活动，森林生态系统和湿地生态系统建设相结合，全面开展植树造林活动，建立林水生态涵养洁净水源模式。2013年以来完成城乡植树造林1083万株，其中，城区种植19万株、乡镇19万株、村38万株、农户1007万株。累计完成国道、省道、县乡道路绿化5299km，绿化面积3.18万亩。城镇绿化在县城主城区、乡镇的城镇建成区和新农村美丽家园居民区建起了一批小公园、小广场、小湿地，形成了董棕一条街、糖胶树一条街、茶花一条街、云南樱花一条街、凤凰木一条街、铁力木一条街等具有临沧特色的城市风景；建成了一批以珍稀植物、名贵花木为主体的城市公园和休闲绿岛，以临翔区城市森林公园、花果山森林公园、旗山森林公园、耿马县的金海棠森林公园为代表的一批城市森林公园建设先后启动，“百米有绿地、千米有公园、路旁树成荫”的城市绿化格局和“三季有花，四季常青”绿色景观基本形成；建成了一批安石村、腾龙村、忙蚌村及凤庆一中等单位和机关为代表的森林村庄、森林机关和森林乡镇；城市建成区绿化覆盖率达33%，城市建成区绿地率达28%，乡（镇）建成区绿地率达18.13%。临沧人居环境得到有效改善，成了名副其实的绿色“大氧吧”。

（四）森林文化体系更加繁荣

以突出反映临沧茶文化、佤文化，反映临沧各民族与林业生态的依存关系等为题材的电视连续剧《云南往事》《茶马古道滇红人》，数字电影《茶香》《红茶镇》《小站长》，电影《春华秋实》《翻山》《司岗里天空下》等先后开机或上影；《大美临沧》图集，《秘境临沧》《云南的河》《送公主的地方》《两个村庄》《软软的构纸与软软的傣乡》《冰岛茶神性的饮品》《白莺山间访佛茶》《滇红茶里是故乡》《灵魂如茶》《恒春之都》《天娥女》等文学作品的相继面世，进一步丰富了生态文化的内涵；一批以野茶树群落为重点的珍稀植物群落划定和村寨周边古树名木的挂牌保护，进一步拓展了生态文化的渠道。双江古茶山国家级森林公园通过国家林业局专家评审，凤庆县安石村和临沧市花果山城市森林公园成为第一批“云南省生态文明教育基地”；“摸你黑”狂欢节和“世界佤乡·天下茶仓”的品牌效应逐步显现，临沧成了亚洲微电影艺术节暨亚洲微电影“金海棠奖”评奖活动永久举办地，为临沧生态文化的发展注入更加强大的生机和活力。

作者简介：

杨红俊，男，汉族，1971年8月出生，中共党员，本科学历。现任云南省临沧市林业局党组书记、局长。

自1992年7月参加工作起，历任县委常委、镇党委书记，中央云县委副书记、纪委书记，临沧市水务局党组副书记、副局长等职。2013年12月至今，任临沧市林业局党组书记、局长。

建绿色屏障　造秀美山川

西藏自治区芒康县林业局　仁青平措

芒康县位于藏、滇、川三省交界处，地处金沙江、澜沧江流域，是西藏的东南大门，“茶马古道”在西藏的第一站。全县幅员面积1157620.92hm^2，林业用地面积635374.534hm^2，占全县面积的54.89%，其中森林面积416097.396hm^2，占林业用地面积的65.49%，森林覆盖率为35.94%，林木绿化率为52.46%。

自2000年天然林资源保护工程在西藏正式启动以来，作为昌都市三个“天保工程”实施县之一的芒康，在县委、县政府的坚强领导，上级业务部门的大力支持与关心下，紧紧抓住这一难得的历史机遇，以走“生态文明强县”的路子为目标，逐步开展了天保公益林建设、森林抚育、重点区域造林、退耕还林、防护林体系建设以及芒康县滇金丝猴国家级自然保护区等林业重点工程建设，县境内生态环境得到明显改善。

一、取得的主要成效

（一）森林资源恢复速度加快

天然林资源保护工程启动后，全县商品林全面停伐，每年减少森林资源消耗50余万m^3，森林资源迅速回升，使林地面积由2009年的628223.2hm^{2}增加到了635374.534hm^2，森林覆盖率由2009年的33.9%增加到现在的35.94%。

芒康县天保二期工程自2011年启动以来，共完成生态公益林建设37400亩，落实管护面积891.7万亩，新建林区管护卡站38个；实施退耕还林6398亩；重点区域造林23981.8亩；营造防护林24120亩；开展森林抚育264000亩。

（二）群众环境保护意识大幅提高

根据《芒康县天保资金管理办法》和《芒康县护林员队伍管理实施意见》按时发放护林员工资，保证了护林员的利益。群众在森林管护等工作中受益，在保护、建设生态环境方面有了较大的认识和转变，实现了由过去的砍树人到现在的植树人、管护人的重大转变，生态环境保护意识的逐渐深入人心。

（三）生态环境明显好转，生态效益日渐显著

通过天保工程的实施，由“伐”到“管”，因高原生态脆弱导致的生态环境恶化的局面得到了遏制，局部地区生态环境明显好转，县境内的滇金丝猴由80年代的500余只增加到现在的700余只，其他藏马鸡、岩羊等国家一、二级保护动物也逐渐增多，林下资源产量减少趋势得到有效控制，有效拓宽了群众增收渠道。生态环境的改善，还有效带动了旅游业的发展，从而有力拓宽了农牧民群众的增收渠道。

（四）增加农牧民收入，推动各项事业发展

每年为4333名护林员人均最少增加现金收入6720元。天保工程实施后，国家每年下拨天保财政减收补贴，有效缓解了财政困难，夯实了基层基础工作，生态环境的改善间接带动了旅游等行业的发展，在推动全县各项事业发展、维护社会稳定等方面发挥了积极有效的作用。

（五）赢得的荣誉

芒康县林业局忠诚守护和培育芒康大地的勤奋工作，也赢得了众多荣誉：2004年被评选为“全国封山育林先进单位”和“全国林业法制工作先进集体”以及“西藏昌都地区森林防火工作先进单位”、2007年被评选为“林业工作先进集体”、2010年被评选为“全国森林防火工作先进单位”、2011年被评选为“全国保护森林和野生动植物资源先进集体”。

二、管护措施

（一）加强领导，强化责任

森林资源对于社会发展、经济建设和人民生活的作用十分巨大，保护好森林资源是改善我国生态环境的基础，因此，我县始终高度重视森林管护工作。严格按照中央、自治区的要求，不断深化和完善领导责任制，形成政府主要领导是第一责任人，分管领导是主要责任人的分级行政领导包片负责制，县级领导包乡镇，乡镇领导、普通干部包村，村干部、护林员包山头的负责制。明确每个领导、普通干部以及护林员的分片包干负责区，层层签订责任状，落实责任。

（二）完善制度，规范管理

认真总结往年的管护经验，打破以往的护林员队伍模式，择优聘请了4333名护林员，其中天保护林员2427名，中央森林生态效益补偿基金护林员1906名，建立了县、乡（镇）、村、组四级护林队伍体系，制定了《芒康县护林员队伍管理实施意见》和《芒康县护林员奖惩办法》，明确了护林员职责和管理办法，进一步调动了护林员的积极性。严格按照《芒康县天保资金管理办法》、《芒康县中央森林生态效益补偿基金绩效工资发放方案》，规范了管护人员工资发放程序，严格执行，保证把工资按时足额发放到管护人员手中；无挤占、挪用、扣税、还贷、滞留或调剂工程建设资金的现象。

（三）强化森林管护，责任落实到位

根据森林分布状况，各乡（镇）的行政区划，界定管护地段、面积及管护责任人。在重点林区、高火险区、交通要道等特殊管护区共设立了66个林业管护卡站和2个出省木材检查站，并指定专人进行管护。通过巡护为主、设卡为辅的管护方式，切实将管护责任落实到山头、地块、人头，做到了山有人管、林有人护、责任有人担。在森林防火期间，抽调林政人员和森林公安干警组成三个森林防火督查小组，督查组对16个乡（镇）进行分片包干，在森林防火期间，深入各个乡（镇）进行督查和森林防火宣传。

（四）加大培训力度，不断提升业务水平

为切实提高管护人员的业务水平，增强管护人员的工作责任感，加强和规范森林管护工作，提高管护效益，保障森林资源安全，我局定期对管护人员进行专业技能培训外，还专门给管护人员印发标有藏、汉两种文字说明的《森林法》、《野生动物保护法》、《森林防火条例》、《森林病虫害防治条例》、《天保工程森林管护管理办法》等，使他们能通过学习各项林业政策和相关法律法规，并结合当地实际，切实落实管护责任。

（五）层层签订责任书责任状，责任落实到人

针对我县森林面积大，且森林分布不均匀等特点，建立了由县、乡、村三级管护站和管护点组成的完善的森林管护体系，同时责成4333名森林管护人员加强对林区的巡查，每年年初与16个乡（镇）党委政府签订《森林防火目标管理责任书》、《林业工作责任状》和《重点公益林管护合同（A)》，与护林员个人签订了《重点公益林管护合同（B)》，每年平均签订责任书责任状8714份，召开护林大会34次，形成了主要领导亲自抓、分管领导具体抓，一级抓一级、层层抓落实的良好工作局面。

（六）实行奖惩制度，充分调动管护积极性

森林防火期过后，我县根据《护林员队伍管理实施意见》和《护林员奖惩办法》，对森林管护成效进行定期考核和评价。对森林管护效果好工作突出的乡（镇）或管护人员给予表彰和奖励；对森林管护效果差、保护森林资源不力的乡（镇）或管护人员进行处罚，并责令限期整改；对玩忽职守、造成森林资源严重破坏的乡（镇），依法追究相关领导的责任，对管护人员除给予辞退外，还依法追究其相关刑事责任。管护奖惩措施的实施，充分调动了乡（镇）对林业工作的支持力度，以及管护人员的工作积极性，同时，我局也在考核工作中不断总结森林管护的经验和教训，完善管护措施和方法。在管好现有天然林的基础上，进一步发挥好管护人员的作用，全力维护林区社会稳定。

（七）提倡能源代替，减少生活用柴

提倡和鼓励薪柴代替工程，减少群众用柴，减轻森林管护压力。努力改变农牧民生产生活能源主要依靠烧柴的习惯，实施薪柴代替工程，通过以电代柴、推广太阳能、建立沼气池、引进液化气站等措施，切实减少群众用柴量。大力提倡和鼓励农牧民群众使用钢铁门窗代替能源和旧房屋拆除的旧木料，采取鼓励群众上山清理风倒木、枯立木等做法，有效的控制了薪柴自用柴的用量。

（八）大力宣传，广泛教育，营造氛围

坚持把林业政策、相关法律法规宣传作为重要环节和重点内容常抓不懈，有效发挥广播、电视、网络等媒体覆盖面广、效果明显的作用，灵活采取印发宣传单（册）、悬挂横幅、电子显示屏、张贴标语、制作宣传牌、走村入户等到多种宣传教育方法，对天保相关政策和林业法律法规进行广泛、持久的宣传。不断提升群众保护森林、保护生态的法制观念和意识。并组建了一个林业宣传小组，负责在全县范围内进行林业相关政策和法律法规的宣传。

（九）严明纪律，严格执法，严查林政案件

以高度的政治责任感，精心组织，严明纪律，落实责任，把林业工作作为关系芒康稳定与发展和群众切身利益的大事抓紧抓好，对玩忽职守、推委扯皮、造成重大经济损失或伤亡事故的，要追究相关领导的责任，坚持严格执法，狠抓林政案件的查处，高度重视，查清每起林政案件的详细情况和原因，汲取教训，严惩肇事者，有效杜绝人为火灾、乱砍滥伐、乱捕乱猎、非法运输木材等违法现象的发生。

三、下一步工作思路

大力发展林业产业，充分发挥林业产业在促进农牧民增收中的直接带动作用。

1. 重点发展有农村特色、有市场潜力、农牧民参与度高、农牧区受益面积大的林业产业，比如森林旅游、林下资源开发利用、经济林木种植等。

2. 依托纳西、曲孜卡葡萄产业，木许核桃产业等已初具规模和效益这一优势，依托两江流域大力发展经济林木产业。

3. 加快优质苗木培育步伐，促进苗木产业化快速发展。

4. 充分挖掘林下资源，重点开发松茸、木耳、藏药材等芒康特色林下资源产品。

5. 大力开展森林旅游，搞好重点森林景区、景点旅游开发。力争打造曲孜卡温泉、盐田、茶马古道、红拉山滇金丝猴国家级自然保护区这一条极富有高原特色又富有民族文化气息的旅游路线。

构建绿色屏障，再造秀美山川。展望未来，芒康县林业工作任重道远。努力实现芒康林业又好又快发展，坚持芒康林业可持续发展，坚持依法治林、构建比较完备的森林生态体系，加大森林资源保护力度，大力探索和发展生态产业，强化自然保护区的建设和管理，这些任务都要求我们必须要解放思想、更新观念。随着国家林业重点工程的有序推进，我们将牢牢把握林业发展转变的有利契机，一如既往地做好林业各项工作，以良好的生态环境为芒康县的经济发展和社会主义文明建设提供有力的保障。

加大造林绿化　促进群众增收

西藏自治区贡嘎县林业局　洛松多吉　杜　欣　卓　嘎

贡嘎县林业局于1998年成立，现有工作人员7人，贡嘎县高度重视绿化工作，全局干部在学中干，在干中学，千方百计破解高原造林难栽、难活、难管、难保的老难题，不断探索提高成活率、保存率和林木覆盖率的新路子，2002年森林资源二类调查时全县共有林地面积78.43万亩，森林覆盖率7.8%，到2013年年底进行森林资源二类调查时全县林地面积已达到136.5万亩，森林覆盖率达到了32.56%，活立木总蓄积量达到了49万m^3，在拉萨贡嘎机场周边形成了长达50多km的雅江防护林体系，谱写了兴绿、播绿、爱绿、护绿的新篇章。

2012年洛松多吉局长上任以来，全县大力开展工程造林工作，依托西藏重点区域生态公益林建设工程、西藏高原生态安全屏障防护林体系建设工程、拉萨周边防护林体系建设工程等项目的大力实施，全县共完成营造林面积175735.8亩，总投资超9000万元，分布在全县8个乡镇。其中重点区域生态公益林建设项目32870.8亩；拉萨及周边地区造林绿化工程造林5600亩，封育14200亩；高原生态屏障防护林体系（人工造林）建设项目23315亩，防沙治沙87750亩。

一、绿色欠债　沙尘横行

贡嘎县地处青藏高原南部，雅鲁藏布江中游河谷地带，气候属高原温带半干旱。全县海拔在3500～4500m，全县总面积2283.8km^2，地理位置东经91013'～95058'，北纬28059'～29019'。东与扎朗县、南与浪卡子县、西与日喀则市、北与拉萨市接境。西藏航空港贡嘎机场位于我县甲竹林镇，素有西藏“窗口”、“门户”之称。

贡嘎县由于地处雅鲁藏布江中游河谷地带，再加之高原特殊的地理环境，每年三、四月的风沙期整日狂风乱舞，不但影响了当地群众的生产生活质量，而且严重影响了贡嘎机场的航空器的正常飞行和安全。据民航西藏区局提供，每年因风沙原因，造成贡嘎机场航班延误和不能起降达296次/年。

二、宣传到位　思想统一

自贡嘎县成立以来，针对全县的实际情况，清醒地认识到了林业对发展工、农业生产和提高人们生活质量的重要作用。在贡嘎县林业工作会上，提出了“绿化机场周边，美化我们家园”的号召。常言说得好“兵马未动，粮草先行”，提高全民的绿化意识，打一场没有硝烟的“绿化战争”首当其冲的是宣传发动。在贡嘎县广袤的土地上，都开展了以“植树造林”为主要内容的强大舆论宣传。立体的、交叉的、全方位的宣传如润物无声的春雨，将希望的种子播进了贡嘎人民期盼幸福的心田。

三、重点突出　整体推进

快速绿化的关键在于示范。造林绿化的各个重要时期，在得到县委、政府及上级业务部门的支持下，积极组织全县各级部门参加绿化工作，大办示范片，大搞绿化点，既做到了以点带面，发挥超强辐射作用，又做到了点面结合，发挥了特有的帮带优势。

贡嘎县全体干部职工在贡嘎县这场播洒绿色的战役中更是冲锋在前。全局领导班子成员齐心协力，不仅为县上的决策提供大量的第一手材料，还经常深入基层顶风沙抗烈日进行造林试点，为贡嘎县在短短几年中实现绿化发挥了重要的作用。

据统计，通过全体干部职工多年的不断努力，目前，全县人工造林保存面积1.5万hm^2，天然灌木林68949hm^2，在雅江上形成了一条绿色通道和高原生态绿色安全屏障。县中心苗圃面积550亩，年出圃各类苗木80万株，全县林地覆盖率由2002年7.8%增长到目前的32.56%。并在2004年向国家林业局成功申报本县杰德秀湿地为国家森林公园，面积达8498hm^2。

这些成绩在内地人的眼中也许微不足道，但对地处青藏高原腹地年降雨量不足400mm的贡嘎是何其艰难。干部带头，群众加油。通过努力，在他的带领下，杨苗、柳树苗天女散花般在贡嘎的荒山野岭、田边地头、庭院角落、大小路旁生根成长，一张张封山育林公约、森林防火公约犹如无声的忠诚卫士，让广大村民纷纷树立起牢固的爱树、护树、植树的意识。绿色的幼苗以星火燎原之势迅速染绿了古老而又年轻的贡嘎县。

四、责任上肩　群众增收

“严造林、质为先、慎用钱”是林业营林工作的最高准则。在春季造林中她带领全局始终按照“一窗口、二促使、三承包、四定责”的总体目标，即：努力打造我县“窗口”形象；在植树造林中着重促使群众美化环境的意识不断提高、促使群众通过参与植树造林收入得到不断增加；在绿化环境工作中，责任上肩，达到“包栽、包活、包质量”和“定任务、定时间、定地点、定标准”的目标。通过“统一、分工、责任、目标”的方式加强领导，明确全体干部职工的工作任务、目标，使全局工作有条不紊开展。针对以往工程造林承包至营林地块乡镇，其成活率、保存率不太理想的实际，上任以来全县工程造林全部改为由县局直接雇用本县民工进行造林，这样既提高了成活率、保存率，又解决了部分群众因2～3月无外出务工机会无收入的困难。由于坚持了始终坚持群众增收这条主线，所有工程造林、行道树建设皆由本县群众承担，如2012年以来在造林工作中将造林地块直接交由当地村委会负责，雇佣当地农牧民群众聘请民工3万余人次，购买当地树苗90多万株，为群众增收3000多万元。

整体治理 快速推进
全面做好林业工作

西藏自治区那曲地区林业局 吴海鹏 白 净

一、那曲林业基本情况

（一）林业资源现状

1. 森林资源。全地区森林资源集中分布在东部的比如、索县、嘉黎三县，巴青县和那曲县有少量天然灌木林分布。目前，全地区林地面积76.75万hm^2，其中：有林地面积20.55万hm^2，灌木林地面积55.6万hm^2，疏林地面积0.13万hm^2，未成林地面积0.082万hm^2。无立木林地面积0.041万hm^2，宜林地面积0.35万hm^2，苗圃地面积7.63hm^2。全地区林地面积比2009年调查统计增加了20万hm^2。

2. 湿地资源。那曲地区湿地总面积299.12万hm^2，其中河流湿地41.51万hm^2、湖泊湿地164.78万hm^2、沼泽湿地92.82万hm^2、人工湿地0.0016万hm^2。涉及4类17个湿地类型。相对全区湿地资源类型而言，属全区湿地类型最丰富地区之一。主要建有麦地卡国际重要湿地、麦地卡自治区级湿地自然保护区、昂孜错—玛尔下错自治区级湿地自然保护区、嘉乃玉错和当惹雍错国家湿地公园等。

3. 野生动植物资源。目前已知生存在藏北草原的野生动物有110多种，其中被国家和自治区列为重点保护的Ⅰ、Ⅱ级保护野生动物有40余种，其中：藏羚羊、野牦牛、藏野驴等大型野生动物的种群分布占全区的80%以上。草原生态资源主要分布在那曲地区中东部，盛产虫草、贝母、雪莲花等名贵中药材，是全区的主产区和原产地，目前已发现的种子植物有90多种。

（二）那曲林业机构设置现状

那曲目前在地区设有正县级林业局，同时在比如、索县、嘉黎、巴青、尼玛、双湖、安多、申扎等县分别设有正科级林业局。建立了野生动物保护及湿地保护管理分局6个、保护站16个。地区林业局与羌塘国家级自然保护区那曲管理局、色林错国家级自然保护区管理局实行三块牌子一套人马。全地区共有林业干部职工120多人（包括森林公安民警36人），有护林员4090名，野保员386名。2004年组建了森林武警那曲大队，有森林防火灭火突击队19个，灭火突击队员443名。

二、2010年以来林业发展成就

（一）高原森林生态系统保护与建设取得新成就

一是生态系统保护与建设工作逐步走向了整体治理、快速推进的道路。全地区林业部门紧紧依托高原生态安全屏障、退耕还林、天然林保护、湿地保护与恢复、自然保护区建设等林业重点工程，加大人工造林种草、封山育林（草）等防沙治沙力度，2010年以来全地区新增造林面积3.26万亩，其中退耕地还林0.72万亩，荒山造林0.5万亩，封山育林1万亩，重点区域造林1.04万亩。2010年以来新增育苗面积60亩，累计育苗10万株。二是森林病虫害防治体系初步建立。建成了地区级森防检疫站1个，县级监测站3个，全地区配备专职检疫员人员6名，2010年以来治理森林病虫害0.12万亩。三是森林资源管理法制化、制度化进一步提高，森林资源总体呈良好发展趋势。全地区盖度30%以上的荒漠灌木林，全部纳入国家重点公益林补偿范围，森林生态效益补偿面积达到了目前的823.63万亩，全地区配备了护林员4090名。四是在落实责任、强化管理、转变观念、优化服务及能力建设等方面取得了一定成效。2010年以来，协助解决农牧民安居工程木材供应指标6.8万m^3，累计调运3.7万m^3。

（二）湿地生态系统建设初具规模

建成了麦地卡、昂孜错－玛尔下错等2个湿地类型自治区级自然保护区和嘉乃玉错、当惹雍错2个国家湿地公园。麦地卡自治区级湿地保护区列入了国际《湿地公约》重要湿地名录。以恢复湿地生态功能为主攻方向，实施了麦地卡、昂孜错－玛尔下错自然保护区湿地保护与恢复工程、那曲镇赛马场及周边湿地保护与恢复工程和麦地卡国际重要湿地中央财政湿地保护与补助资金项目，有效地促进了我地区湿地生态系统的保护工作。配合西藏自治区完成了《西藏自治区湿地保护工程规划（2005～2020年）》的编制，编制了嘉乃玉错和当惹雍错2个国家湿地公园湿地保护与恢复建设工程可行性研究报告。

（三）努力推进了生物多样性建设

一是以维持健康生态系统为目标，加强自然保护区建设，突出就地保护，积极开展珍稀濒危物种保护工作，实施了羌塘国家级自然保护区二期建设项目、羌塘国家级自然保护区基础设施建设工程、色林错国家级自然保护区二期项目建设等生物多样性建设工程；二是开展了全地区第二次野生动植物资源调查、羌塘和色林错两个国家级自然保护区本底资源专项调查工作；三是建立了野生动物疫源疫病监测体系，建成了国家级野生动物疫源疫病监测站5处、自治区级野生动物疫源疫病监测点2处，提高了野生动物疫源疫病监测水平；四是认真做好了野生动物保护、救护工作，在申扎县、尼玛县、班戈县、安多县实施了中欧生物多样性保护社区协议保护项目、防熊措施和野牦牛栖息地保护，示范生物多样性保护的体制和机制初步形成。

（四）林业执法力度不断加强

地区森林公安局、森林武警大队及各县森林公安机关，不断加大了执法力度，依法对发生在全地区境内的各类重大破坏森林和野生动植物的案件进行了立案侦查。2010年以来，全地区森林公安机关共查办案81起，其中刑事案件23起，行政案件58起，多次开展各类专项治理行动，有效地打击了林区内违法犯罪活动。?

（五）野生动植物保护和自然保护区管理体系初步形成

全地区共建成了各级各类自然保护区17个，其中国家级自然保护区2个，自治区级自然保护区2个，县级自然保护区13个。建成了国际重要湿地1个，国家湿地公园2个，国家级野生动物疫源疫病监测站5个，自治区级野生动物疫源疫病监测站2个，野生动物救护站2个。与此同时，野生动物驯养繁殖工作在我地区已初具规模，目前经自治区审批建立的野生动物驯养繁殖场所3个，涉及驯养的野生动物达10多种，其中斑头雁存栏数达800多只。

（六）高度重视了森林防火工作

2010年以来，以科学发展观为指导，紧紧围绕构建社会主义和谐社会、建设社会主义新农村的目标要求，认真落实国家、自治区森林防火工作会议精神，理清工作思路，狠抓制度建设，落实各级责任，加强宣传教育，制定防火预案，排查火灾隐患，积极组织协调，认真检查督促，抓好各项工作落实，取得了全地区连续30年无较大森林火灾的优异成绩，切实保护了我地区宝贵的森林资源，巩固和发展了生态建设成果，为促进全地区经济全面协调可持续发展做出了贡献。

三、存在的问题和困难

（一）生态保护压力大、生态建设难度高

随着经济社会的快速发展，森林、湿地和野生动植物资源的经济价值日益显现，加之受经济利益的驱动、经济社会发展的需要、资源开发等影响，森林资源保护和管理面临的压力越来越大。

（二）野生动物的生存和当地群众保护草场的矛盾日趋凸显

羌塘保护区地域广阔，野生动物种类、数量众多，加之保护区内农牧民人口的快速增长，群众生活生产区不断侵蚀野生动物生存区域，交叉重叠现象不断扩大。同时，野生动物造成家畜、设施损害案件持续高发，而野生动物肇事补偿资金标准太低。

（三）自然保护区管理人员、森林公安执法人员和林业科技人员严重不足

羌塘国家级自然保护区虽然成立了管理机构，但管理局、分局与林业局属“两块牌子、一套人马”，造成保护区管理机构的职责职能难以得到发挥，保护区依法管理保护能力十分薄弱。根据国家行业标准《自然保护区工程设计规范》（LY/T5126－04）和国家林业局《自然保护区工程项目建设标准》，羌塘属于超大型荒漠类型国家级自然保护区，应按每 2200hm² 的标准设置一名管理人员，而现在羌塘人均管护面积是 6. 25 万 hm²。与此同时，森林公安人员编制太少，全地区仅有 36 名森林公安干警，执法办案力量严重不足。另外，高寒造林科技人才严重匮乏，各乡镇至今无林业科技人员，缺乏林业科技带头人。现有人员素质与构建国家重要生态安全屏障的要求尚有一定差距。

四、今后发展建议

1. 健全管理体系，解决管理、科研人员编制紧缺的问题。设立独立的羌塘国家级自然保护区管理局、管理分局，健全管理、科研机构。并根据国家行业标准《自然保护区工程设计规范》（LY/T5126－04）和国家林业局《自然保护区工程项目建设标准》，结合我地实际按照羌塘国家级自然保护区内人为干扰强弱和管理易难程度，解决羌塘国家级自然保护区专项管理、科研人员编制 500 名左右，实行聘用制，管理、科研人员月工资拟定为 2000 多元。

2. 增加森林公安编制，提升执法办案能力，以便缓解森林公安办案人员缺乏的实际问题。

3. 为保护好羌塘保护区内独特的生态环境及其珍贵的生态资源，根据中央第五次西藏工作座谈会“加快生态效益补偿机制建设”“探索生态效益补偿试点”，及《国务院办公厅关于做好自然保护区管理有关工作的通知》（国办发［2010］63 号）“加快建立自然保护区生态补偿机制”精神，结合羌塘保护区内野生动物与牲畜争草争地现象，本着“先行试点、积累经验、逐步推开、辐射带动”的原则，建议将羌塘保护区纳入全国自然保护区生态效益补偿试点范围。

4. 加大保护力度，建立羌塘国家公园，提升羌塘国家级自然保护区知名度，让全社会更好的参与到保护工作中来。

5. 争取更多的政策性支持，继续深入实施退耕还林、重点区域造林绿化等工程，进一步加大生态保护力度。

加大生态环境保护建设
增加农牧民收入

西藏自治区阿里地区林业局

阿里地处藏北高原，土地面积3.45×107hm^2，人口接近10万，其中农牧民占总人口的80.0%，全地区平均海拔4500m，被誉为世界屋脊的屋脊，这里植被稀少、空气稀薄、气候干燥寒冷、多大风天气，年均降雨69mm，年平均气温0.2℃，无霜期110天，太阳辐射强烈，生态条件十分恶劣。交通不便、生态条件恶劣严重制约着本地区经济和社会的发展，阿里目前也是全国生活、工作综合条件最为艰苦的地区。

阿里地区哺乳类动物30余种，鸟类90多种，还有鱼类、爬行类和昆虫类其他种类。在野生陆上动物中，属于国家一级重点保护的有：野牦牛、金丝野牦牛、藏羚羊、藏野驴、雪豹、北山羊等；属国家二级保护的有：藏原羚、岩羊、盘羊、猞猁、兔狲、棕熊、藏狐等；属国家三级保护的有豹猫等。属国家一级重点保护的鸟类有：黑颈鹤、白尾海雕、玉带海雕、胡兀鹫、金雕、黑头角雉、高原山鹑、西藏毛腿沙鸡等；二级保护鸟类有：秃鹫、藏雪鸡、猎隼、红隼、草原雕等。此外，还有狼、赤狐、高原兔、狗獾等动物和海鸥、麻鸭、棕头鸥、斑头雁、绿头鸭、麻鸭等鸟类。

一、阿里地区林业概况

阿里地区有林历史较早，1.3亿年前，这里曾经是一片广阔湿润的陆地，生长着高大的乔木。从大约两万年前开始，随着地质结构的变化，湖水面积不断缩小，气候逐渐转暖、趋于干旱，生态环境不断退化，适生植物种类不断减少。古格王朝时期，在扎达县和普兰县低谷，群众就有栽种树木的历史，据传当时古格有人口10万，村庄井然，树木茂密。以后随着气候的变迁和人为活动的影响，适生树种越来越少，森林植被被破坏，环境不断恶化，土地沙化、荒漠化较为严重，生态系统极为脆弱。

因海拔、地形、气候等多种因素的制约，阿里地区植物资源十分匮乏，灌木林是阿里地区的主要木本植物群落，也是维系生态安全的重要屏障，主要分布在扎达、普兰、日土和噶尔四县，东部革吉、改则、措勤三县仅有零星灌木林分布。

目前阿里地区分布树种仅 11 科 31 个种，优势树种以班公柳、杨树和红柳为主。乔木树种仅有新疆杨、班公柳、乔松、西藏白皮松等，以班公柳较为常见；灌木树种以红柳（秀丽水柏枝）、沙棘、蔷薇、变色锦鸡儿为主，以红柳为常见种；经济林仅核桃、苹果、杏、桃，品种资源也十分单一；草本植物资源较多，有麻黄科、蓼科、禾本科、毛茛科、忍冬科、莎草科等植物，其中极其珍贵的药用植物资源有雪莲、冬虫夏草等。据 2002 年灌木林县森林资源二类调查结果表明，阿里地区四个灌木林县共有林地面积 $8.6059 \times 105hm^2$，森林覆盖率 6.57%（仅占全地区总土地面积的 2.4%），其中森林 $1597hm^2$，灌木林 $8.58989 \times 105hm^2$，主要树种为红柳、班公柳，少量杨树、柏树和沙棘；人工造林保存总面积 $1813hm^2$，其中杨树 $2hm^2$，红柳 $1181hm^2$，班公柳 $500hm^2$，经济林 $104hm^2$；活立木总蓄积 $2.56 \times 105m^3$，其中森林蓄积 $2.5453 \times 105m^3$，散生木蓄积 $17m^3$，四旁树总株数 1.020987×107 株，蓄积 $1568m^3$。

从森林植被的水平分布而言，主要集中分布在水热条件较好的西南及西部的札达、普兰、日土及噶尔四县（西四县）的朗钦藏布、马甲藏布、班公湖及森格藏布等流域的低海拔谷地。东部和北部的措勤、改则和革吉县基本上为无林县，植被为高寒草原，仅在改则县的麻米乡、革吉县的“八一桥”、文部当桑等地段，生长有少量的秀丽水柏枝（红柳）灌木林。

二、阿里林业发展情况

阿里林业比较落后的现状主要是受其独特的自然条件决定的，同时也受到当地经济、社会条件、传统习惯等多方面因素的制约和影响。近年来，随着当地社会、经济、文化的发展，人们逐渐认识到生态环境建设的重要性，各级政府对林业建设高度重视，先后启动实施了治沙造林、城镇周边绿化、退耕还林、生态效益补偿等林业重点工程，林业建设迎来了前所未有的发展机遇，林木面积不断扩大，局部地区生态环境逐步得到治理。

一是努力实现“生态改善”和“农牧民增收”的双赢，加大森林生态效益补偿基金项目和退耕还林工程建设。抓住国家实施森林生态效益补偿基金项目的大好机遇，加强项目前期工作，顺利启动了森林生态效益补偿基金项目。我地区已纳入重点公益林管护总面积为 12878856 亩，其中：噶尔县 1820470 亩、普兰县 2958831 亩、日土县 3762585 亩、札达县 4336970 亩。我们积极引导农牧民参与重点公益林管护，努力提高农牧民工资性收入。目前为止，农牧民群众参与重点公益林管护的人员增加到4202人，并由自治区财政厅每年直接向项目县拨付中央森林生态效益补偿基金3863.66万元，其中：日土县1128.78万元、噶尔县546.14万元、札达县1301.09万元、普兰县887.65万元。

开展生态效益补偿以来，有效的保护了以变色锦鸡儿、驼绒藜、秀丽水柏枝、金露梅等原始灌木林为主的1288万亩国家和地方重点公益林，改善了人居环境，促进了林业产业发展，尤其是札达县底雅乡苹果、杏子种植面积不断扩大，产量不断增多。同时，森林资源总量不断增长，从2013年森林资源二类调查结果显示，林地10年间增加了313375.036hm^2。

二是以城镇绿化为突破口，狠抓义务植树和荒滩造林工作。为了改善阿里恶劣的自然生态环境，地区林业局多方争取项目，加大植树造林力度。十二五以来重点区域生态公益林项目总投资3280.362万元（2011年投资620.34万元，2012年投资829.59万元，2013年投资1212万元，2014年投资618.432万元），计划造林18775.5亩（2011年造林5114.5亩，2012年造林4144.5亩，2013年造林7759亩，2014年造林1757.5亩），实际完成投资3280.362万元（2011年投资620.34万元，2012年投资829.59万元，2013年投资1212万元，2014年投资618.432万元），实际造林17045.5亩（2011年实际造林4187.5亩，2012年实际造林7144.5亩，2013年实际造林3956亩，2014年实际造林1757.5亩）。

三是加大宣传教育力度，依法保护野生动植物资源。①加大宣传教育力度，通过各种渠道，采取多种形式在群众中广泛宣传《野生动物保护法》和《森林法》，并采取以案说法的形式，增强了群众学法、懂法、守法、用法的自觉性。②积极从阿里实际出发，制定了《野生动物保护目标管理责任书》，把野保的责任落实到了乡、村、户，初步建立了以乡村为基础的从下而上的野生动物保护与管理体系。③把经常性的巡逻和专项严打整治结合起来。认真开展"春雷行动"、"利剑行动"、"高原二号行动"等打击非法捕杀国家珍稀野生动物犯罪的专项行动，深入保护区武装巡逻。

四是加强种苗培育工作。突破红柳人工栽培不能成活的常规，大胆尝试利用人工扦插和花粉基因培养，使这种阿里特有品种人工栽培获得成功，为我地区这种特有品种的保护、推广、繁育、种植开创了先河，地委书记、专员等领导多次到苗圃基地视察指导红柳的繁殖工作，对我们人工繁育红柳成功的做法给予了充分的肯定和赞扬。此举不仅在阿里地区引起了强烈反响，而且受到了《西藏日报》等媒体的关注。

三、狮泉河盆地生物防沙工程效果明显

（一）昔日的狮泉河盆地

1965 年之前，从加木村到扎西岗乡，狮泉河两岸方圆 50km 全是原生秀丽水柏枝（红柳）灌木林和锦鸡儿灌丛，面积约有 1.5 万 hm^2，每逢春夏季节，狮泉河盆地郁郁葱葱，绿意盎然，俨然一派生机勃勃的景象。

1965 年之后，由于当时阿里地委、行署、部队、政府机关等单位冬季缺薪少柴，无煤炭等矿物质燃料和可供取暖的电能，为了生存，只能以原生秀丽水柏枝为冬季取暖和做饭的燃料，每年大量砍伐原生灌木，至 1983 年，狮泉河盆地的原生秀丽水柏枝灌木林基本灭绝，生态环境也随之恶化，狮泉河盆地逐步变成了沙漠荒地，风沙日趋严重，出现了“一年一场风，从春刮到冬，终年不下雨，干旱鬼神愁”的恶劣局面，严重影响了狮泉河广大城镇居民的生存环境。

为改善狮泉河镇日益恶化的生态环境，缓解风沙对狮泉河镇居民的危害，阿里地委、行署从 1989 年开始把狮泉河镇盆地沙害治理问题提上了议事日程，相继几次邀请中国科学院兰州沙漠研究治理所专家来狮泉河镇考察，完成了《西藏阿里地区噶尔县县城风沙形成因素和治理方案》及《西藏阿里狮泉河镇风沙危害与整治规划》，并逐步开始实施狮泉河盆地生物防沙工程，从此，狮泉河镇生态保护与建设工作拉开了帷幕。

（二）狮泉河盆地生物防沙工程概况

经过多方努力，狮泉河盆地生物防沙工程从 1994 年正式开始实施，截至 2011 年 6 月，共实施三期治沙工程建设，并且在十多年来，组织狮泉河党政军警民每年开展义务植树活动。

1. 第一期工程

从 1994 年开始建设，共投资 280 万元，新修水渠 3. 55km，修建挡沙墙 1025m，挖掘排沙沟 980m，营造防风阻沙林 7 亩。

2. 第二期工程

从 1996 年 6 月开工建设，2002 建 6 月竣工验收。总投资 2371. 53 万元，共修建主水渠 12. 22km，支渠 318m，人工湖 761. 23 亩，修建冲沙闸、引水闸各一座，布设网围栏 9800m，完成生物防沙面积达 7936. 6 亩，其中营造防风固沙林 2059. 84 亩，种植红柳、班公柳等苗木 124. 93 万株，种草 5876. 76 亩。

3. 第三期工程

从2003年4月开工建设，2003年9月底竣工，总投资2585.86万元，修建总干渠4.08km，中干渠5562m，南二级干渠2305m，东干渠1335m，中南干渠、中北干渠共4200m，完成生物防沙面积达10395亩，其中营造防风固沙林10195亩，种植红柳、班公柳、银白杨、新疆杨和沙棘等苗木124.93万株，种草200亩。

截至2011年6月，狮泉河镇生物防沙工程投入资金达6029.39万元，修建水渠总长度为212220m，完成生物防沙面积18338.6亩，其中营造防风固沙林12261.84亩，种草6076.76亩。

2002年，全地区完成义务植树15万株，2003年，全地区完成义务植树17万株，2004年，全地区完成义务植树57.3万株，2005年，全地区完成义务植树35万株，2006年，全地区完成义务植树35万株，2007年，全地区完成义务植树15万株，2008年，全地区完成义务植树15万株，2009年，全地区完成义务植树13万株。

（三）如今的狮泉河盆地

通过实施狮泉河盆地生物防沙工程和坚持不懈地开展义务植树活动后，收到了良好的防风固沙、恢复植被的效果，狮泉河镇生态环境有了明显改善，风沙带来的危害明显减少，年大风天数大幅减少，气候日趋好转，“风沙围城”的局面得到了有效缓解，城镇居民生活质量明显提高。

春末夏初，狮泉河盆地一片茵绿，人民群众安居乐业，这要归功于阿里地委、行署对防沙治沙工作的高度重视，要归功于狮泉河盆地生物防沙治沙工程的建设，归功于坚持不懈奋战在生态保护与建设战线上广大务林人员的辛勤劳动，归功于社会各界对阿里林业的支持。现如今，一道绿色的生态屏障在狮泉河盆地矗立，狮泉河镇正朝着“确保生态环境良好、建设高原绿色宜居城镇”的发展目标奋进。

四、取得的基本经验

（一）坚持走保护第一、积极建设的发展之路

通过实施森林生态效益补偿基金和重点区域造林、防沙治沙等项目，在管护中增加了农牧民收入，也促进了重点公益林管护，阿里林业逐步走上了保护与发展并重的良性循环轨道。

（二）工程建设与农牧民增收相结合

在生态保护与建设中，通过实用技术培训、鼓励农牧民参与林业产业的发展、引导和组织农牧民群众积极参与重点工程项目建设，既增加了农牧民收入，又提高了农牧民建设与保护生态环境的积极性。

（三）生态效益与产业开发相结合

在实施天然林资源保护、野生动植物保护和、湿地保护等生态工程的同时，开展了以班公湖湿地鸟岛、嘎尔县红柳花节、玛旁雍措湿地的神山、圣湖为生态旅游的开发利用；开发了以札达县底雅苹果、杏子等森林资源，以保护推动开发，以开发促进了保护。

（四）落实“严管林、慎用钱、质优先”的要求

加强森林资源保护管理，严厉打击破坏野生动植物资源的违法犯罪活动；强化资金管理，保证重点工程项目资金使用效率；加强工程项目质量管理，严格检查验收制度，提高重点工程建设质量。

五、当前林业发展存在的主要问题

（一）造林任务艰巨，劳动力和苗木资源短缺

根据有关资料，阿里地区未被利用的土地面积 1. 0039 × 107hm^2，占土地总面积的 29. 1%，其中有待造林绿化的荒滩荒地有 9. 4067 × 104hm^2，且大多分布在交通不便、地形复杂的河谷地带，同时，由于干旱、沙化、过度放牧等原因，大面积草场退化、沙化，全地区约有 5. 00 × 106hm^2 土地退化、沙化严重，水土流失现象加剧，需要进行绿化治理，全地区地区人口仅 8. 77 万，劳动力紧缺，且大多文化水平低，缺乏造林基本知识，造林技术差，开展大面积造林绿化将面临投工投劳不足、专业造林人才紧缺的问题。目前阿里地区在狮泉河镇、普兰县、札达县和日土县建立了中心苗圃，育苗面积大约 60hm^2，苗圃基本设施不健全，一些苗圃管理不善，出圃苗木从数量和质量两方面，都远远不能满足大面积工程造林的需求，每年都需要从新疆、日喀则等地等地调运大量苗木。

（二）造林难度大，成林难

阿里地区年平均降雨量仅 69mm，干旱十分严重，但由于太阳辐射强度大，多大风天气，年蒸发量却在 1000mm 以上，尤其在春季造林季节干旱尤为严重，造林地土壤一般为沙质土，多石快，保水保肥能力差，造林难度大，特别是沙地造林需要长期浇水养护才能成活，平均造林成活率仅 50% 左右，即使勉强成活，由于自然条件差、水分、营养的缺乏也难以成林，杨树、柳树等用材树种也很难长大成材，不能充分发挥森林的生态、经济和社会效益。

（三）林木资源消耗严重

由于长期交通不便，自然条件差，基本没有工业基础，阿里地区经济发展较为落后，能源短缺，农业用地面积很小，秸杆资源非常有限，长期以来，占总人口80%的农牧民主要依赖牲畜粪便和红柳、班公柳等薪柴能源，近年来，随着经济的发展和交通条件的改善，煤炭、石油液化气、太阳能等新能源逐渐引进，但尚未全面普及，每年每户牧民平均消耗600kg以上干柴资源，一些偏远农村的学校等单位甚至仍然是完全依靠灌木薪柴作为生活能源，林木砍伐比较严重，有些地方甚至还有挖红柳根烧柴的习惯。据资料记载，现阿里行署所在地狮泉河镇附近，1965年时约有红柳灌木林和锦鸡儿灌丛10000hm^2，由于人为破坏，1971年时仅剩4000hm^2左右，1983年后彻底灭绝。

（四）林业基本建设落后

阿里地区林业起步很晚，基础设施建设十分落后。地区林业局到2002年才正式成立，人员编制短缺，目前只有正式职工16人，局内机构设置不全，不能满足正常业务工作开展的需要。全地区林业系统普遍存在机构不健全，人员编制和经费短缺，办公条件和设备差，从业人员专业知识严重不足、专业素质低下等问题，远远不能满足林业现代化发展的需要，严重影响了本地区林业建设的步伐。由于机构不健全，人员编制少，使得保护力度离生态功能区所需还有很大距离。仅已经建立的各类生态功能保护区面积达20多万km^2，但是全地区保护人员加起来不到100人，与国家自然保护区的管护标准相差160倍，很难保护好这些生态功能区。

切实保护好森林资源和野生动物资源 做好林业各项工作

西藏自治区革吉县林业局　普布扎西

革吉县位于西藏西部、狮泉河的源头。面积 4.7km^2，共设有 1 镇 4 乡，19 个行政村，总人口 1.3 万。革吉县是羌塘草原的重要组成部门，是阿里三大纯牧业县之一，该县地处羌塘高原大湖盆区，平均海拔 4800m 左右。这里生存的野生动物有，藏羚羊、野牦牛、盘羊、黑颈鹤、斑头雁、魚、黄鸭、野驴、青羊、（黄羊）岩羊 \ 雪豹等。革吉县林业局成立于 2010 年，是独立的正科级林业主管部门，下设有局办公机构，现有林业职工 4 人，合同制 2 人，另聘各乡镇野保员 19 人。

革吉县林业局成立以来，在县委、县政府的正确领导和上级业务主管部门支持指导下，以“三个代表”重要思想、科学发展观为指导，深入贯彻党的十八大精神，加强林业资源、财务管理，认真开展“党的群众路线教育”活动，切实抓好思想组织、作风、制度、业务与机关建设，在保护森林资源和野生动物资源方面取得了较好的成绩，现我局的主要工作开展如下：

一是革吉县委、县政府一直对林业造林绿化工作引起高度重视，为了更好造林革吉生态绿化与保护好狮泉源头，上报“两江四河”项目相关资料，邀请地区林业局领导和西藏自治区“两江四河”技术人员到我县调研，协调我县政协给西藏自治区“两江四河”办公室为了革吉段狮泉河流域纳入项目提案。实地考查测量并积极上报 2015 ~ 2017 年生态安全屏障防护林和防沙治沙实施方案编制工作。

二是在县委、县政府高度重视防沙治沙工作，把植树造林作为防沙治沙的重要措施，以“生态富民”为目的，把治沙造林纳入全县国民经济和社会发展的战略目标之中，确立了“统一规划，分步实施，项目拉动，规模发展”的工作思路，围绕防沙治沙，大打植树造林攻坚战，通过全县上下合力奋战，积极上报防沙治沙项目 3300 亩并已经得到批复。在县中学对面，自治区财政厅解决的革吉镇加布村防沙治沙项目 95% 已完成，我们雇用民工在面积 20 亩的土地上种了 17500 棵树苗，以班公柳为主、札达柳树、沙棘、红柳树、封育种草、拉围栏。2014 年我县“5.05”开展义务植树造林活动，我局组织了县级干部及县直机关、学生、驻军部队、退休干部1000余人，栽树6670棵；其他个别乡镇、单位、学校、村组等也分别在植树当天组织了义务植树活动（我局提供了6670棵树苗）。组织我县中学生完成了义务植树县城周围主街道树木补栽170棵，并且我局经常维修树木护栏网。

三是加强羌塘自然保护区巡护，高度重视野外巡逻工作，我局主要领导参与羌塘保护区巡护工作，巡护时间为一个月。2014年4月22日自治区森林武警、那曲森林武警、阿里地区、革吉、那曲森林公安在革吉县盐湖乡全面搜查共缴获60多野生动物的（皮子、头、角），参加人员62人，出动车辆11辆。

四是解决实际存在的问题，2014年之前林业局水车没有接水站，在局主要负责人的不断努力下，上级领导的支持下，我局对原来废掉的水井进行维修、改造，现有了林业局固定的接水站。按照上级要求根据实际情况我局从2013年12月份一直到2014年4月份每天给干部职工送水。

五是把群众的利益摆在首位，针对野生动物肇事，在一定程度上影响了牧民群众的切身利益，我局为进一步积极开展野生动物肇事补偿工作，对各乡镇每年野生动物造成的损失情况进行调研、统计、整理并且上报到地区。

六是宣传国家和我区野生动植物保护法律法规和方针政策，普及科普知识，弘扬生态文明理念，每年给牧民进行培训，宣传法律法规，进一步提高社会公众对保护湿地和野生动植物资源重要性的认识，倡导文明、绿色的生活方式，通过引导牧民群众逐步认识保护森林资源和野生动物资源的重要性，形成人与自然和谐共处的局面。

在今后的工作中，我局将继续深入贯彻落实上级领导的方针政策，与时俱进，开拓创新，求真务实，真抓实干，进一步加强保护和巡查，对境内森林、野生动物资源特别是羌塘国家级自然保护区的保护和管理，实现全县经济可持续发展和社会稳定。

持续推进造林绿化建设
加快敦煌生态文明

甘肃省敦煌市林业局　孔　爱　张　谦　刘吉仓

加快造林绿化，改善生态环境，是从根本上改善人居环境的一项基础建设。近几年，随着国家西部大开发战略的实施，我市相继承担了“三北”防护林工程，平原绿化工程和防沙治沙工程、退耕还林工程、国家重点公益林补偿工程等国家重点工程项目的规划建设任务。近三十年来，在上级业务部门的指导下，在市委、市政府的高度重视下，在全市广大干部、职工、群众的不懈努力下，我市在生态林业建设方面，取得了重大的建设成就。截至2014年，累计完成人工造林21.3万亩，封沙育林育草157.84万亩。曾先后被评为全国平原绿化先进县，全国“三北”二期工程建设先进县和全国造林绿化先进单位。

一、生态林业建设的基本情况

敦煌地处河西走廊最西端，位于甘、青、新三省区交界处，总面积4680万亩，境内多戈壁沙漠，绿洲农区面积124万亩，仅占总面积的2.6%。截至2014年，全市森林面积为274.5万亩，全市森林覆盖率为6.85%。生态公益林159.4万亩，其中109.4万亩已纳入国家重点公益林补偿范围；经济林21.8万亩。在树种上，生态公益乔木林以杨树为主，有少量沙枣、胡杨等，灌木林以柽柳为主，有部分梭梭、沙拐枣、白刺等；经济林以葡萄、枣、杏、桃等为主。

二、在生态林业建设方面所取得的成就

1. 实施封滩育林工程，促进天然植被恢复和野生动物保护

据《敦煌志》载：建国初期，敦煌境内的东、西、北湖及南山一带分布有天然植被594万亩，其中宜牧草场375万亩，以柽柳、胡杨为主的天然乔灌木林219万亩，生长极为茂盛。但1979年调查资料显示，因党河、疏勒河断流、人口增加、砍伐薪柴、地下水位不断下降等因素影响，敦煌境内的天

然植被减少到22万亩，其中覆盖度40%以上的成林面积仅有9万亩。1980年敦煌市天然植被封育被纳入三北防护林建设规划，二十多年来，市委、市政府和林业部门高度重视，采取了一系列行之有效的封育管护措施，收到了明显的成效。截至2008年，全市共封育恢复天然林面积157.84万亩，是70年代末天然林保存面积的7倍多。1994年和1998年的沙漠化土地普查资料显示，我市境内林草综合覆盖度30%以上的土地面积达到690多万亩。使全市近50万亩流动沙丘得以基本固定，农区沙化趋势局部得到了遏制，农区小气候得到初步改善，大风日数和沙尘暴日数有所减少；野生动物得以繁衍生息，种群数量有所增加，现我市境内野生动物共有4纲，21目，42科，143种；野生植物的种群数量得以恢复，现全市有种子植物127种，裸子植物2种，被子植物125种，分属于26科，83属。

2. 制定规划，加强湿地保护工作

敦煌湿地主要为自然湿地，可分为两类。一类是永久性湿地，一类是季节性湿地。建国初期，敦煌共有湿地面积375万亩，现仅存275.5万亩，其中：西湖国家级自然保护区170.5万亩，南泉湿地自然保护区75万亩，其他地区约分布有30万亩。天然湿地不仅有良好的蓄水作用，而且能像水库一样长期储存水分，起到调节空气湿度，改良气候，防止土地沙化的作用。近年来，我市在湿地保护方面，通过建立自然保护区、实施封滩清牧、规划湿地保护项目等措施，减少人为因素对湿地的干扰破坏，。

3. 大力实施防沙治沙和农田林网改造工程

敦煌绿洲农区的人工造林主要是营造周边防护林、农田林网及绿色通道，重点风沙口营造防风固沙林。1983年，全市人工造林面积约为4.79万亩，集中分布在敦煌绿洲内部的主干渠路两侧和沙滩地边沿，由于当时归集体统一管护，虽然每年植树面积不大，但管护容易，保存面积较完整。1983年后，敦煌实行家庭联产承包责任制，人工生态公益林也随之划归农户承包管护，由于长期的分散管理，加之农民的眼前经济利益与生态防护林矛盾突出，致使采伐与更新失调，防护林网不同程度的受到损坏，全市人工林保存面积减少了2.79万亩。从九十年代开始，随着国家“三北”防护林工程和平原绿化工程的付诸实施，地方各级组织十分重视生态公益林建设，相继出台了一些好的实施方案和管护政策，使我市生态公益林建设有了较大进步。截至2008年，全市人工生态公益林总面积为24.7万亩，和90年代初相比，增加了22.7万亩，增长了10倍多，其中人工防护型乔木林有13万亩，人工防护型灌木林有11.7万亩。改建和营造周边防护林带17条，全长82公里；农田主副林带410条，全长840km，构成林网网格1500个，使全市95.3%的农田控制在了林网内。

4. 加快自然保护区建设进度

建立自然保护区对重点区域和重点保护对象进行重点封育管护，杜绝人为破坏与干扰，使天然植被的保护纳入了依法管护的轨道。我市在近年来先后建成自然保护区3个，其中，国家级自然保护区1个，县级自然保护区2个。

敦煌西湖国家级自然保护区，区划总面积66万公顷，保护对象主要为湿地生态系统、荒漠生态系统和野生动植物。该保护区于2001年9月份由敦煌市政府提出申报国家级自然保护区，在市委、市政府的大力支持和协调下，申报工作历时1年零9个月，共计投资68万元，于2003年由国务院正式批准，2005年成立了敦煌西湖国家级自然保护区管理局。目前管理局各项工作已步入正常。

南泉湿地自然保护区，区划面积11.14万hm^2，主要保护对象为湿地候鸟及其生态系统。该保护区经市政府于1999年9月批准为县级自然保护区，2000年开始申报省级自然保护区，现资料收集整理、区划以及界桩埋设等工作已全面完成，已顺利通过专家组评审，报省政府待批。

东湖县级自然保护区，区划面积12万hm^2，主要保护对象野生动植物、湿地生态系统及荒漠生态系统。该保护区经市政府于2004年11月批准为县级自然保护区。

5. 实施国家级公益林补偿工程

我市已纳入国家重点公益林补偿范围的公益林面积109.4万亩，每年争取到国家森林生态效益补偿基金达600多万元。近几年主要从健全管护组织，落实管护责任，加强宣传，提高全民保护意识，建立档案，保证工程资料完备，修建基础设施，提高管护效能等方面着手，保证国家级公益林补偿工作的顺利进行。

6. 林政执法逐步走向规范

加强森林资源保护，加大对破坏森林资源违法犯罪行为的查处力度，对木材市场进行监督管理，是林政执法工作的重点。近年来，我市严格控制林木采伐限额、严厉打击破坏森林资源行为。有效保护了敦煌市森林资源安全。

三、生态林业建设存在的突出问题

近些年来，通过“三北”防护林工程、封滩育林（草）工程、退耕还林工程、经济林基地建设、国家重点公益林管护及保护区建设等各大工程的实施，加快了敦煌生态环境的治理与改善步伐，使绿洲内部的环境恶化得到了缓解，但是，局部的缓解并未有效遏制外围环境恶化的趋势。主要表现在以下几个方面：

1. 地下水位不断下降，水资源利用矛盾突出。随着社会经济的发展，人口增加，耕地面积扩大且种植作物种类单一，党河水源已不能完全满足全市灌溉用水，只能靠采取地下水来缓解生产、生活用水矛盾。目前，全市共有机井3180眼，每年抽取地下水6000多万m^3。加之渠道硬化，减少了对地下水的渗漏补给，使农田保水能力越来越差，灌水次数增加，周期缩短，形成“越旱越采，越采越旱”的恶性循环。据敦煌市水务局监测，敦煌地区地下水位平均每年下降0.41m。世界自然奇观月牙泉，1960年最大水深9m，泉水面积22.5亩；1980年，最大水深下降到2.5m，泉水面积减小到9.8亩；1999年，最大水深下降到1.49m；2004年，下降到1.3m，泉水面积减小到8.3亩。

2. 农田林网严重退化，防护功能逐年减弱。我市农田林网多数建设于上世纪六、七十年代，由于党河、疏勒河断流，地下水不合理超采，渠道硬化等原因，致使地下水位持续下降、土壤水分环境恶化，使敦煌" 树跟水走，以渠养林" 的农田林网建设格局受到冲击，林网逐年枯萎。目前林网树木上部已严重干枯、老化，很多地段林带断带、缺失，林带树种单一，网格不健全或配置不合理。

3. 天然林面积减少，草场退化，土地沙化日趋严重。敦煌地处疏勒河下游，由于中上游建坝截流，致使其断流，党河成为敦煌的唯一水源，但近几十年来，随着人口的增加，党河上游的肃北、阿克塞两县大面积开发种植业，使进入敦煌的水源明显减少，导致敦煌的绿洲外围天然植被日趋退化。建国初期，敦煌东湖、西湖、北湖及南山一带分布有天然林219万亩，天然草场375万亩，是维系敦煌绿洲生存的一道天然“绿色屏障”。随着地下水位的持续下降，又无地表水源给予补充，加剧了敦煌土地沙化趋势。据监测数据显示，库姆塔格沙漠每年向绿洲及天然植被区推进3～4m，增加沙化土地面积2万亩，使全市50多万亩土地出现沙化，对敦煌绿洲的生存构成了巨大威胁。

4. 湿地萎缩加剧，生态系统遭到破坏，生物多样性降低。自上世纪六十年代初双塔水库建成，到1975年敦煌党河水库建成，两河断流不能交汇，导致湖泊、沼泽逐年萎缩。据记载，建国初期敦煌共有湿地面积375万亩，现存面积275.5万亩，减少了28%，平均每年减少2万亩；绿洲区内的新店湖、韩家湖、孟家湖等处的1万余亩咸水湖和南泉、天桥墩等处的1000多亩淡水湖已有80%不复存在。

5. 造林成本大，国家补助低。敦煌营造生态林每亩当年成本达到700元，其中：苗木费近210元；整地、栽植费400元；每亩每年的水费、管护人员工资为90元。而上级部门给予我市的造林补助仅为造林当年每亩70元，这仅仅是我市当年造林实际投入的1/11，水费与管护人员工资的延续费用还不计算在内。由于造林成本过大，国家补助低，敦煌市财力不足，配套资金少，严重影响了我市生态林业建设。

6. 封育管护经费短缺。由于我市财力不足，投入到天然植被保护上的费用除人头工资以外，基本没有进行其他投资，使得日常管护工作不能正常进行，一些必要的封管措施不能落到实处。管护站交通车辆破旧，办公设施陈旧不堪，已不适应新形势下的工作需要。

7. 天然植被保护与矿产资源开发矛盾突出。我市天然植被区内有大量的硭硝、食盐、矿产资源的开发利用，对天然植被和地下水资源将造成极大的破坏和浪费。

四、今后工作打算

1. 继续申报国家级公益林补偿项目

我市现有生态公益林159.4万亩，其中109.4万亩已纳入国家重点公益林补偿范围，建议省委、省政府将剩余50万亩争取纳入国家重点公益林管护范围。

2. 加快农田林网改造工程

针对敦煌农田林网老化、退化的现状，建议三北工程项目加大对敦煌的投入。实施农田林网更新改造工程，按照每年建设300km，2250亩的规划，坚持新建与改造并重，按照高起点规划、高标准实施、高质量施工，科学规划，统一网格标准，统一苗木规格，科学搭配树种的原则，确保一次成型。利用10年时间，完成3000km，22500亩农田林网更新、改造建设，使全市主、副林带配置达到合理化、完整化，发挥最佳防护效益。

3. 优化产业结构，发展节水产业

敦煌是一个典型的农业县市，经济作物主要是棉花。据市农牧局资料，每亩棉花每年灌溉用水量为800m^3，亩毛收入仅为1500元左右，且由于我市农户大面积种植棉花，导致产业单一，需水期集中，造成水源紧张。而每亩葡萄每年灌溉用水为560m^3，亩收入可达到8000~10000元。与棉花相比，年

每亩可节约用水 240m^3，亩收入增加 6500～8500 元，是一项高效、节水产业。截至 2014 年，全市葡萄面积达到 15 万亩，年可节水 3600 万 m^3。规划到 2020 年，全市优质葡萄面积达到 18 万亩，到丰产期，每年全市可增加收入 117000 万～153000 万元，年可节水 4320 万 m^3，既改变了种植结构单一的现状，又缓解了全市水情，同时可将葡萄产业发展成拓宽农民增收渠道的又一主导产业。

4. 全面实施风沙口治理工程

敦煌地处库姆塔格沙漠边缘，每年都遭受风沙侵袭，给全市人民的生活、生产造成危害。在我市的沿边共分布有国营阳关林场、南湖乡阳关村、黑山嘴、佛爷庙湾、吴家沙窝、西戈壁、墩湾、莫高农园、中渠、秦家湾、芭子场、东沙门等 12 大风沙口。近些年来，在风沙沿线栽植了防风林带，缓解了局部地区的风沙危害，但每年一部分农田仍然遭受风沙的侵袭，建议全面实施风沙口治理工程，形成乔灌结合的防沙体系。

5. 继续实施封滩育林工程

建议“三北”工程的封滩育林资金和退耕还林工程的封滩育林资金加大对敦煌地区的投入。在东湖县级自然保护区、北湖封育管护区等天然林区继续实施封滩育林工程。采取在重点地段修建管护站，埋设围栏，开设防火隔离带，整修通道，修建永久性标志牌，修建宣传牌等抚育管护措施，加快天然植被的恢复速度。

6. 加强自然保护区建设，依法管理自然植被保护区

加快自然保护区建设，促进自然植被恢复能力，有计划地进行封滩清牧，动员湖区的牧民从传统放养转向圈养。推广舍饲精养技术，按照统一规划、集中发展、高标准建设的原则，为牧民划定区域，集中养殖。

作者简介：

孔爱，男，中共党员，本科学历。现任甘肃省敦煌市林业局局长。

自 1984 年 6 月参加工作起，历任教师，敦煌市旅游局副局长，七里镇人大副主席，敦煌市工业园区管理委员会副主任，阳关镇党委书记等职。2013 年 10 月至今，任敦煌市林业局局长。

分析玉树林业发展形势
筹划安排好林业工作

青海省玉树藏族自治州林业局　昂江多杰　才　旦

为了认真贯彻落实党的十八大提出的"大力推进生态文明建设"和玉树灾后重建要达到"将结古镇建设成为具有浓郁康巴地域文化特色、生态宜居、节能可持续的，具有灾后重建示范作用的高原山水生态城市"的目标，以玉树灾后重建造林绿化工程为依托，把林业工作推上了一个前所未有的新高度，赋予林业工作新的使命、新的任务，为生态环境保护和建设工作创造了新的发展机遇和条件，我们深感使命光荣、任务艰巨、责任重大。为此，我们站在历史的高度，深刻分析当前我州的林业发展形势，牢牢把握时代的脉搏和潮流，与时俱进地筹划和安排好林业工作。

一、玉树林业资源概况

我州地处三江源头，地理位置特殊，地域辽阔，交通不便，森林面积较大，野生动物种类多。在全州土地总面积中林业用地面积为 110.54691 万 hm^2，占全州土地总面积的 5.2%。其中：有林地 11.14699 万 hm^2、疏林地 0.5549 万 hm^2、灌木林地 50.02447 万 hm^2、宜林地 48.81542 万 hm^2、其他 0.00513 万 hm^2。宜林地包括可造林地和达不到灌木林标准经封育有望恢复为灌木林的林地。森林覆盖率为 3.2%，森林活立木蓄积量 716.3 万 m^3。我州的天然林是我国西南森林分布的最北线，也是全国林地分布海拔最高的类型之一，为森林分布的极限地带，一旦遭受破坏，极难恢复。据调查统计，境内有野生哺乳动物 59 种、鸟类 147 种、鱼类 20 种、爬行类动物 5 种、两栖动物近 10 种，许多是青藏高原特有的珍稀种类，国家一级保护动物有 19 种。野生种子植物 1440 种，其中牧草植物 1000 余种，食用植物 80 余种，观赏植物 400 余种，药用植物 88 种。我州下辖三个国家级自然保护区（即：可可西里国家级自然保护区、隆宝湖国家级自然保护区、三江源国家级自然保护区），国家级自然保护区面积为 1547 万 hm^2（三江源国家级自然保护区面积为 1096 万 hm^2，可可西里国家级自然保护区面积为 450 万 hm^2、隆宝湖国家级自然保护区面积为 1 万 hm^2），占全州土地总面积的 73.6%。

二、所做的工作

（一）高度重视灾后重建的生态环境保护

做好灾后重建的生态环境保护工作，对推进玉树跨越发展、绿色发展、和谐发展、统筹发展至关重要，我们把灾后重建生态环境保护工作摆上了重要位置、落到了具体建设项目和实质工作中去。一是统筹抓好生态保护与民生改善。重建过程涉及城镇、公共设施、民房、基础产业、生态等方方面面，是一项庞大、复杂、繁重的系统工程，我们必须站在一个更高起点上，因地制宜，紧紧抓住灾后重建给民生和生态环境保护带来的契机，在积极借鉴汶川地震后重建经验的基础上，努力自主创新。充分考虑当地生态环境资源承载能力，对灾区生产力布局、资源配置、畜牧业及生态特色旅游等进行合理规划安排，紧密结合三江源国家级自然保护区总体规划的实施，我们制定和完善了生态保护和生态经济发展方案，着力建设标准化生态城镇、标准化牧区新村，打造高原生态型旅游城市。切实把改善民生与生态保护作为重建的出发点和落脚点，增强环境意识，完善环境管理，努力实现民生改善与环境保护的共赢。二是统筹抓好生态保护与资源开发。由于自然和人类长期活动的双重作用，特别是受此次地震灾害的影响，三江源地区生态环境更为脆弱，直接影响当地群众的生产生活。我们尽力保护三江源，就是保护地球生物多样性资源，保护人类的珍贵遗产。在玉树恢复重建过程中，我们切实坚持生态先行，对于必要的资源开发，坚持慎之又慎。三是统筹抓好生态保护与全民参与。生态保护与经济发展应该是全民参与协调推进的过程，只有如此，三江源生态保护事业才能可持续发展。我们应本着对生态环境负责、对国家和人民负责、对子孙后代负责的态度，坚定确立服务科学重建、坚持绿色重建的发展思路，加强与承担重建规划等任务部门的协调联系，积极为灾后重建提供优质服务，前期介入，具体指导，主动承担起生态修复、造林绿化、完善林业基础设施等责任。我们深入灾区村户广泛开展生态环境保护主题宣传活动，努力使生态环保理念在灾区深入人心。

（二）高度关注三江源头生态环境保护

玉树特殊的地理位置和自然条件，决定了玉树是祖国西部重要的生态屏障。坚持生态优先，建设和保护好玉树的生态，不仅对促进玉树经济社会的可持续发展，保持民族地区的长治久安具有重要意义，而且对保护长江、黄河和澜沧江流域乃至全国都具有举足轻重的作用。一是确立有利于三江源生态环境保护的三江源地区发展模式。在三江源地区生态环境保护和建设是首要的任务，鉴于三江源地区在生态上的重要地位，以及现在仍然处于恶化趋势的状态，应当将三江源地区作为“生态特区”来建设，应该对三江源地区的发展模式进行审视定位。三江源区的经济和社会发展也是以当地的独特的生态环境为依托的。作为生态特区，应当树立以保护生态环境为中心、实现经济发展与生态保护相协调的指导思想，各项工作的开展应从保护生态环境的大局出发，统筹经济、社会和环境的全面、协调发展。灾后重建应当建立在三江源的生态保护和建设的基础上，转变传统经济发展模式是三江源地区生态环境恶化趋势得到遏制的根本举措，而三江源地区的经济只有依托于当地的自然环境资源才能得到可持续的发展，灾后重建中我们要坚持科学重建、和谐重建、环保重建的理念，正确处理好灾后重建与环境保护的关系，一切为了生态，一切围绕生态，经过上下左右坚持不懈地艰苦努力，遏制生态环境恶化的趋势、保护生态环境才是唯一的和最终的出路。玉树的发展，必须寻找一条适合于生态保护的途径，否则既不能高效的发展经济，也不能有效的保护生态环境。以在三江源地区发展生态畜牧业、旅游业和文化产业，以及实现城市化、现代化和小康社会，也都要走以生态环境保护为主、实现经济社会环境协调发展之路。二是努力加强三江源区生态环境保护的公众参与。三江源区是少数民族聚集区，民族构成以藏族为主，占90%左右，宗教氛围浓厚，完全依赖于当地的草原生态环境的畜牧业是该区域主导产业。作为拥有游牧文化传统的藏民族，自古以来其生态文化和利用自然资源的乡土知识就在传统的生态保护中发挥着积极的作用。灾后重建中，生态环境保护是一项长期而艰巨的工作，除生态环境本身的问题外，还涉及民族问题和宗教问题。因此，单靠政府的监督管理是不够的，还需要公众的广泛合作、支持和参与。民主原则或政府与民众合作原则最重要的内容是公众参与。通过公众参与，一方面能够促进形成政府和公众在灾后重建生态环境保护和建设方面的共识，凝聚保护力量；另一方面可以起到对公众在生态环境保护方面良好的教育作用，提高全社会的环境意识，从而使公众对灾后重建生态环境的保护变成一种自觉行为。另外，生态环境管理在某种意义上是对生态环境这类公共资源的分配和控制，不仅需要有效，还需要公正、合理，使这种分配有益于实现社会的共同利益。所以，公众参与是实现正义与公平的必要条件。公众只有参与到政府的相关决策之中，才能使决策民主、科学、公正和合理，从而有助于灾后重建生态环境保护和建设的顺利实施。三是依法加强三个国家级自然保护区的保护、建设和管理工作。在重点抓好三江源国家级自然保护区、可可西里国家级自然保护区、隆宝湖国家级自然保护区的基础上，应该逐步加强、改进和完善整个三江源区的生态环境保护和建设的行政监督管理体制。即使原有的行政格局大体不变，也应该在生态环境保护和建设管理体制方面进行适当的改进或调整，从而保证政策出台以后可以得到有效的落实，有利于各个部门做好协调配合工作。突出和强化政府在生态环境保护和建设方面的职能，特别是基层一线工作岗位和生态环境保护执法队伍，以缓解生态环境保护和建设基层管理、执法人员匮乏的局面，加强和突出生态环境保护和建设工作。从根本上纠正在三江源国家级自然保护区有法不依、执法不严、违法不究的状况，严格追究违反《自然保护区条例》的单位和个人的法律责任。同时要围绕三江源区生态环境保护和建设的能力建设，特别是生态环境监测（观测）、考察、科研、信息、教育的建设，切实加强、改进和完善防治水土流失、土地退化、草原沙漠化、环境污染和自然灾害等方面的行政监督管理体制。

三、今后林业发展的思路

根据发展我州民生林业和生态林业的总体要求，当前和今后一个时期林业工作的基本思路是：全面贯彻落实党的十八届三中全会、省第十二次党代会精神，用科学发展观统领林业工作全局，以全面推进现代林业建设为主题，以增加森林资源总量和改善生态环境为首要任务，以提高建设质量为关键手段，以保有现有成果为根本动力，充分发挥林业的三大效益，为建设社会主义新玉树、构建社会主义和谐社会做出更大贡献。

按照这个思路，今后我州林业工作的总体框架概括为“一、二、三”，即：围绕一条主线，夯实两大基石，狠抓三个突破。

（一）围绕一条主线

即围绕落实科学发展观、构建和谐社会、实现人与自然和谐发展这一主线抓好林业工作，努力为推进玉树现代林业和建设玉树“生态立州”战略做出新贡献。

（二）夯实两大基石

一是求发展。就是要以人为本，坚持保护优先，以生态建设为主，全面协调可持续发展的林业。首先要实施“小治理、大封育”战略。根据我州的自然环境和造林立地条件，在玉树、称多和囊谦县开展工程造林、义务植树、流域治理等“小治理”，要以庭院绿化为“点”，街道和河岸绿化为“线”，林区和防护林带为“面”，点、线、面结合，重点搞好重要城镇的城市林业和乡村林业，创建省级森林城市。在造林绿化困难的杂多、治多、曲麻莱县和重要生态功能区、生态脆弱区，以“大封育”为主，结合林业重点工程，大面积、跨区域实施封山育林、育草和禁牧，促进生态功能的恢复。其次要实施“全社会办林业”战略。要跳出林业谋发展，从自我建设中走出来，加强宣传教育，提高全社会对林业重要性的认识，使发展林业成为各级领导、全社会的自觉行为。扎实开展全民义务植树活动，积极推进机关、驻地军警、寺院和学校等部门绿化，建立义务植树基地，完善全民义务植树制度，加快造林绿化步伐，扩大造林绿化规模。努力构建多主体、多层次、多形式的造林绿化格局。第三要实施“工程带动”战略。要以提高质量，巩固成果为核心，继续抓紧抓好四大林业工程、国家重点公益林建设等工程的实施，积极争取落实新的林业重点项目，用林业工程建设确保林业建设规模、投资规模、建设速度和生态效益的稳步提高和扩增，推进林业增长方式的逐步转变，带动全州林业加快向现代林业发展。二是保安全。就是要确保资源安全和资金安全。一方面要重点抓好森林防火、林业有害生物防治、野生动植物保护和自然保护区建设、防止人为破坏森林资源和破坏生态环境等工作，实行控制关口前移、责任追究前移，完善保护体系，切实保护生态资源安全。另一方面要进一步加大对林业资金的监督检查力度，健全完善林业资金监管体系，对重点项目、重点单位加强检查稽查，严格管理，确保项目资金安全运行，确保干成事、不出事。

（三）狠抓三个突破

一是宣传上突破。把加强林业宣传作为进一步提高各级领导和全社会对林业的认识，动员全社会力量支持林业建设的重要手段，采取多种有效方式，集中开展重点工程、资源保护等专项宣传行动，广泛宣传建设玉树现代林业的思想和理念，积极争取社会各个方面的关心和支持，在全社会营造推动玉树现代林业建设的良好氛围。二是借力上突破。加强组织协调，积极向当地党委、政府及上级林业部门汇报工作，给县、乡党委、政府加压力、增动力，千方百计争取各级党委、政府主要领导、主管领导的支持，上级行政主管部门的认可，依靠行政推动，促进林业发展。三是执法上突破。把加强林业执法作为提高林业地位和权威的重要手段，进一步加大执法力度，组织开展几次大规模的打击非法征占用林地、破坏森林资源和野生动物资源案件的专项行动，对性质严重、影响较大的案件挂牌督办，重点查处，公开曝光，为林业发展创造良好的法制环境。

创新城乡林业面貌　推进城乡林业建设

宁夏回族自治区银川市林业局（园林管理局）

多年来，生态建设始终作为银川市最重要的工作之一，受到国家、自治区和银川市党委、政府的高度重视以及多方面的指导、支持和帮助。在党的十八大“大力推进生态文明建设，努力建设美丽中国”精神指导下，随着西部大开发的进一步深入，全市生态建设克服自然条件恶劣、经济水平相对欠发达的不利影响，经过多年、特别是近几年的不懈奋斗，生态环境总体恶化趋势初步得到遏制，生态环境大为改善，生态保护力度显著加大，城乡居民的生产生活环境质量得到大幅提升，生态文明程度逐步提高，并在2008年成功创建“国家园林城市”后，为创建“国家生态园林城市”而继续努力。

一、全市城乡林业建设成绩和经验

自创建“国家园林城市”以来，全市城市园林绿化以每年新建和完善500多hm^2的速度递增，全市林业建设以每年超过15万亩营造林的速度增长。截至2013年年底，我市城市（三区）建成区绿化覆盖率、绿地率、人均公园绿地面积三项指标分别达到了41.06%、41.06%和15.13m^2/人，比2008年分别提高了4.43、5.46个百分点和6.74m^2，均超过全国平均水平，在西北五省省会城市中名列前茅。全市林业用地面积达473.98万亩，累计完成草原围栏面积440.5万亩，林木蓄积量80.3万m^3。全市森林覆盖率达到15.38%，草原植被覆盖率由2004年的平均40%提高到2013年的56%以上。银川市先后被命名为“国家园林城市”、“全国绿化模范城市”、“中国十大新天府”、“国土绿化突出贡献单位”和“中国喜鹊之乡”。先后参加了济南、重庆、北京园博会并获得多个金奖，同时通过积极申办园博会和绿博会，有力提高银川市的知名度及美誉度，大幅推进全市城乡生态文明建设。

（一）城市绿量加速增长，中心城区绿化水平大幅提升

坚持按照“持续增量、快速提质”的工作思路，城市园林绿化相继建设了滨河新区大环境绿化、黄河军事主题公园、海宝公园、览山公园、凤凰公园、德馨公园、银川火车站广场公园、职业教育园区绿化、黄河金岸生态景观绿化、七子连湖公园绿化、唐徕公园五期和六期、西夏风情园建设、10个

小微公园、绿博园区绿化、红花渠和二排沟景观绿化以及城市生态景观林带建设等多处城市景观和公园绿地，全市城市园林绿地面积增至2013年的6100多hm^2，公园绿地面积达到2033hm^2，城市道路绿化里程达到324km，三区建成区内共建成公园17个、广场8个、街头游园30个、湿地公园10多处，其中国家湿地公园3处，国家城市湿地公园1处，中山公园被住建部评为第三批“国家重点公园”。全面实现了“中心城区基本绿化，城市园林快速提质”的目标，有效改善了人居环境，提升了市民幸福指数，广大市民群众不出500m就能融入一片绿色当中。通过开展“星级公园”评定活动，积极做好城市绿地系统防灾避险规划的编制和实施，把“为民、利民、便民、亲民”的服务宗旨体现在细微之处。花卉展摆成为提升城市形象的点睛之笔，大力普及了露地草花及宿根耐旱地被植物的种植，成功举办了三届菊花展和四届花艺大赛，2008年至今累计展摆各类花卉5600万盆，美化了城市，展示了行业风采。2009年，银川市人大立法颁布了《关于将凤凰公园等5处城市绿地确定为永久性城市生态绿地的决定》和《关于市徽市歌市树市花市鸟的决定》，全市园林绿化依法管理的水平上升到了一个新高度，有效提升了城市生态文明建设的水平。

（二）林业建设快速发展，特色经济林产业化水平明显提高

认真贯彻落实“抓生态就是抓发展”的精神，先后启动了滨河新区生态环境治理、黄河金岸生态绿化、宁东大环境绿化、绿色通道及新农村庄点绿化等林业建设工程，在城市及周边区域形成了以黄河金岸生态绿化、唐徕公园绿化建设、爱伊河绿化美化、银西防护林建设组成的四条重点生态线，成为城市强有力的生态屏障。累计治理沙漠化土地180多万亩，有效遏止了生态环境恶化的趋势，实现了由“沙进人退”到“人逼沙退”的根本性转变，灵武市成为国家级“防沙治沙示范区”。水土流失面积和侵蚀强度呈“双减”态势，土壤侵蚀模数大幅度下降，每年入黄泥沙量大幅减少；城市环境大为改善，空气污染指数连年下降；银川平原农田林网化程度平均达85%以上，近10余万hm^2农田受到庇护。2013年年底，预计全市有林地面积将达到129.86万亩，灌木林地面积88.26万亩，疏林地面积4.05万亩，未成林造林地面积33.35万亩，苗圃地面积2.66万亩，宜林地213.14万亩，现有四旁零星树木4497.9万株，折合面积2.66万亩，有力促进了全市生态环境恢复。林业产业化快速推进，全市新发展经济林面积14.7万亩，主要建成了以灵武长枣为主的产业基地6.35万亩，以鲜食、酿酒葡萄为主的产业基地4.75万亩，发展有机枸杞基地1.5万亩、苹果1.13万亩、杂果0.97万亩；发展设施林产业2.4万亩。已逐步形成以长枣、葡萄和枸杞为代表的银川市特色林产业，形成灵武的长枣、兴庆区的花卉、西夏区的枸杞、贺兰的苗木以及贺兰山东麓的葡萄等多个园林产业群。并在延展“灵武长枣”系列品牌的基础上，成立了葡萄酒产业发展局，大力推进贺兰山东麓葡萄酒产业带建设，延伸葡萄种植产业链，使园林产业建设实现了由单纯的生态型向生态优先与产业发展相结合的转变。“灵武长枣”、“加贝兰”等葡萄酒品牌享誉全国，林业产业已经成为农民增收致富的重要途径，为农村生态文明建设奠定稳固的物质基础。

（三）社会绿化工作深入推进，全民育绿的浓厚氛围已经形成

结合全国文明城市的创建巩固，我们把“热爱绿化、美化市容”写进市民文明公约，把绿色文明新风播洒到千家万户，融入百姓心中。通过广泛开展园林式单位（居住区）评选活动，使一批园林社区应运而生，全市园林式单位（居住区）比例分别达到61.4%和64%，各机关、学校、医院、部队营区等单位绿地率达35%以上。大胆探索义务植树基地化形式，累计建立义务植树基地281处，绿化面积1.62万hm^2，树木成活率和保存率均达到了85%以上。形成了专业绿化、社会部门绿化、县市区辖区绿化、单位庭院绿化并举，多渠道投资建绿的大好局面。结合全市旧城改造和道路畅通工程，充分发挥“绿色图章”的作用，继续加大拆建还绿工作力度，积极实施拆墙透绿工程，全市主干道已实施拆墙透绿的单位158家，实施长度26km，主干道沿街90%以上的单位实施了拆墙透绿工程，同时深入落实园林绿地精细化养护管理工作，对建成区内的110余处、37hm^2裸露空地全面进行了种植完善，有效提升了园林绿化精细化养护管理水平，以行业引领全民融入全市生态文明建设。

（四）湿地保护与管理大力加强，“塞上湖城”的特色日益彰显

全市现有湖泊湿地5.3万hm^2，大小湖泊近200处。按照自治区、银川市党委、政府打造“塞上湖城、西北水乡”的战略构想，通过逐步完善《银川市湿地保护与合理利用规划》，全力实施以水系改造为重点的湖、河、渠、沟综合整治工程，依法加强了湿地保护管理，初步形成了合理、协调的湿地保护体系。精心组织实施了鸣翠湖、阅海、黄沙古渡等国家重点湿地保护与恢复工程、阅海和西湖连通工程、市区主要湖泊环境整治工程、银川东南部水系及西北部水系建设工程等项目，新增湖泊湿地1250hm^2，爱伊河绿化美化效果靓丽展现。银川市被授予“保护湿地政府贡献奖”，鸣翠湖、阅海、黄沙古渡被授予国家湿地公园称号，鸣翠湖获得“中国生态保护最佳湿地”，银川市湖泊湿地保护与恢复项目和唐徕渠城市段环境治理项目双获“中国人居环境范例奖”，逐步恢复“塞上江南”的生态文明景观。

（五）园林绿化管理体制机制改革迈出了坚实的步伐，“以费养事”的全新模式逐步建立

2009 年，酝酿多年的园林绿化管理体制机制改革在全市事业单位改革中试点推开，打破了沿袭多年“以费养人”的格局，以绿地养护面积核拨养护经费的方式，推行并实现了“以费养事”的新模式，城市园林绿化养护管理体制实现了“市区共建、适度下移，分级管理、以奖代补”的管理格局。三区成立了园林局，灵武市林业局增设了园林局。通过不断完善绩效考核制度，规范行业管理，使园林系统目前在编的 1228 名干部职工中，大专以上文化程度 198 名，占总人数的 16%。特别是拥有 126 名专业技术人员，占总人数的 10%；其中正高级工程师 6 人，副高级工程师 32 人，中级及以下职称 88 人，总比例虽然不高，但初步实现了园林绿化队伍的专业化、知识化，为全市生态文明建设以及未来发展奠定了必备的组织和人才基础。

（六）园林绿化工作投入逐步加大，建设和管理水平逐年提高

城市生态建设是一项耗资巨大的社会公益性事业，银川市率先提出“政府主导、政策引导，全民参与、多元投入”的园林绿化投资机制，加强建设和管护资金的管理，开源节流。首先以政府投入为主导，将园林绿化建设纳入国民经济与社会发展计划，园林绿化投资逐年持续增长，2000 年至 2011 年的 12 年间，园林绿化年投资从 1495 万元最高增至 27956 万元，累计投入园林绿化建设和管护的资金达 190925 万元，平均每年近 1.6 亿元。特别是 2008 年至 2011 年间，园林绿化总投资为 88584 万元，其中园林绿化养护管理投资为 40133 万元，年平均达 1 亿元，养护管理资金几乎占到了总投入的一半，充分体现了市委政府对全市园林绿化建设和管护的高度重视。同时还通过争取贷款项目及政策补贴，社会多元化融资认建认养，项目带动和发动造林大户等具体方式，有力拓宽了城市生态建设的投入渠道，节约财政资金，也为全市生态文明的建设和发展给予了必要的资金支撑。

二、存在的困难和问题

银川市多年的园林绿化建设，形成了四条绿线，新建了大批公园，在城市主干道两侧广植林带、建设片林，为市民提供了沟通城乡的绿色通道和改善城市“热岛效应”的氧吧，创造了一个个自然遮荫休憩的空间。但目前，全市生态环境尚未根本好转，与先进城市相比差距依然巨大；产业延伸不够，产业层次较低，综合实力不强，国内竞争力较弱；绿地基础设施不够完善，公共服务能力不足，与人民群众对城市园林绿化发展的要求尚有差距，民生园林任重道远。具体的困难和问题体现在：

一是城市绿地总量依旧不足，分布不均衡，特别是公园绿地过于集中于城市中部；上档次的精品绿地不多。

二是规划衔接和规划深度不够。城市总体规划与园林绿化规划的衔接不够；城市园林绿化规划深度不够，缺乏科学性、系统性的论证和评审，方案变更较普遍和随意；规划特色不明显，植物结构仍很单一。

三是土地和资金仍制约全市生态环境的建设和发展，尤以土地问题更为突出。许多的园林绿化项目由于土地问题长期得不到实施；计划项目因土地因素造成工程受阻，直接影响建设。土地问题造成的重复性建设带来了高额的征地拆迁补偿，占用了大量的资金。工程建设经费的不足使得一些工程建设档次、水平降低，规模缩小，工期受到很大影响。

四是生态环境整体恶化的形势仍然十分严峻，生态环境建设的系统性、整体性不够强，绿化规模不大，空白多，难点多。水资源短缺，森林覆盖率低，自然条件差，造林难度大。稻作区和稻旱轮作区大网格林网绿化普遍存在大面积空缺，整个林木覆盖率不均衡，直接影响着全市平原绿化的达标，绝大多数干道、干渠、干沟及黄河沿岸、贺兰山东麓的绿化框架还不完善，绿化质量不高。林网布局、结构、造林机制都有待于改革、创新；村镇、庄点绿化还没有引起足够的重视。林业经营机制不活，经营主体单一。园林绿化产业发展不快，产业链延伸不够。

五是科技支撑依旧不足。全市园林科技发展滞后，科研机制不健全、研究人才缺乏，专业技术人员断档，经费短缺，设备陈旧，科研成果和经验推广力度不够，专业队伍整体科研能力较弱，管理的科技含量不高，缺乏科学化、数据化管理，树木品种应用研究不系统且滞后，景观营造能力薄弱。

六是政策引导园林绿化苗木储备不够。苗木供求市场因缺乏政策指导和信息引导而不成熟，外地调苗现象普遍，本地苗和大规格苗的生产能力不足。

七是节水型园林绿化系统尚未形成。全市没有完整的城市绿化节灌系统，很多绿地采用漫灌、人工或水车浇水。水资源利用不足，自然水系和中水利用不充分，对自来水和地下水依赖较重。

八是对破坏和乱占绿地的行为，处罚力度不够，全民爱绿护绿的风尚尚未形成。

九是城市规划考虑水系与湖泊湿地的保护与管理、绿地系统设置上不够充分，城市蓝线和绿线尚不明确，城市绿地和湿地规划的执行不具备法律效力，强制性不足；城市水系湿地多头管理，难以协调实施保护与合理开发。

三、思路和建议

一是编制完善银川市《城市绿地系统规划》，并尽快配合市规划局纳入城市总体规划，促进今后城市绿地分布趋于合理；完善银川市《城市绿线管理办法》，尽快上报市人大讨论后颁布，使绿线保护有法可依。

二是建议政府统筹，加强与城市规划、建设、水务等部门的协调沟通，将全市园林绿化建设和湿地保护开发工作纳入城市近期规划，并统筹湿地管理体制。同时积极引入先进地区园林绿化的超前理念和资深专家，对城市园林绿化规划进行科学性、系统性的编制、论证和评审，避免变更的普遍性和随意性。

三是建议政府按照《中共中央　国务院关于分类推进事业单位改革的指导意见》和《中共中央办公厅　国务院办公厅印发 < 关于进一步深化事业单位人事制度改革的意见 > 的通知》等精神，健全全市园林绿化管理机构，在政策上对园林行业的编制、待遇等问题给予优惠或倾斜，按照实际需要提高公益性绿化养护管理经费。

四是建议加大投入激活生态林业巨大的发展潜力，特别是在保护森林资源加强森林防火、防治森林病虫害和湿地保护方面，政府要在每年的财政预算上加大林业投入和提高补贴力度，以利于更好的发挥生态林业发展潜力，实现自治区第十一次党代会提出的生态文明建设目标。

五是进一步加大政策扶持力度，充分发挥林产品市场需求的巨大潜力。要深入制定扶持林业产业发展的优惠政策，适应特色优势经济林产业快速发展的趋势，充分调动全社会的力量，配置更加具有吸引力的最惠待遇，重点提高林产品质量，尽快形成农村经济新的增长点，增加农民收入。

六是充分发挥生态林业建设可解决很大一部分农村剩余劳动力的优势。按照国家林业发展总体部署，林业建设在国民经济发展中的比重将逐年加重，营造林、森林抚育经营等方面需要大量的劳动力完成繁重的任务，为就地解决农村剩余劳动力提供了就业空间，同时可增加农民收入，缓解城市就业压力。

加快造林绿化步伐
做好森林资源保护工作

新疆维吾尔自治区和硕县林业局

2014年是林业“十二五”规划深入展开之年，也是推进我县林业跨越式发展的关键一年。和硕县林业局在县委、县人民政府的正确领导下，在自治区林业厅、州林业局业务部门的具体指导下，认真贯彻党的十八会议精神，以群众路线教育实践活动统领工作全局，2014年经过全局干部、群众的共同努力，全县造林绿化步伐明显加快，森林资源得到了有效保护，各项工作取得了较好的成绩。

一、造林绿化工作

1. 造林情况：2014年州林业局下达我县人工造林防护林指导性计划任务6000亩。2014年完成造林面积12013亩。其中：完成防护林6700亩，种植于青杨为主。经济林5313亩，其中：葡萄1618.3亩，红枣1500亩，核桃956亩，其他1238.7亩。

2. 育苗情况：2014年，我县完成育苗面积1558亩，其中：新育1287.5亩，留床270.5亩。

3. 义务植树情况：全县应参加义务植树人数0.166万人，实际参加义务植树人数0.158万人，占应参加人数的95%，义务植树6.33万株。

4. 退耕还林阶段性验收情况：2006年阶段性检查验收面积2000亩，其中：生态林面积1700亩，经济林面积300亩，保存合格率100%；林权证发放面积2000亩。

5. 集体林权制度改革情况：纳入林改的集体林总面积9.9430万亩，已确权集体林地面积9.355万亩，发放林权证203本。农民林业合作社有24个，加入合作组织的农户数0.574万人数，合作组织经营林地面积有6.366万亩。

6. 办理林权证情况。2014年我县加大林权证办理力度，截止发放林权证147本，面积648亩。

7. 特色林果业建设情况。截止到目前，全县现有林果业面积已达158715

亩，其中：葡萄96165亩（新增面积：6960亩）、杏34620亩、红枣5880亩（新增面积：825亩）、核桃1665亩、香梨1335亩、苹果3105亩，李13065亩，其他2880亩，已挂果面积为：71265亩，新增林果面积：8475亩。2013年林果业总产量达3.4266万吨，总产值达3.04亿元（其中：种植产值为3667万元，加工产值为7588万元）。农民人均林果纯收入183元，林果业收入比例逐年递增。

8. 林下种植发展概况。我县主要以林粮模式为主，其他为辅。林粮模式主要以林下种植小麦为主，根据气候地理优势进行特色林下种植，如种植葡萄的林果模式。

投入资金3000万元作为葡萄产业发展专项资金，用于扶持葡萄基地建设、葡萄酒庄建设、葡萄酒研发和葡萄酒品牌打造等。成立葡萄产业技术服务中心并配备专业技术人员和农民技术服务员，实行分块分片包杆制度为农户进行标准化种植技术服务。大力推进和硕葡萄酒地理标志产品认证工作，自治区级葡萄酒检测中心建成并通过验收。新引进葡萄酒庄7家，目前已开工建设5家。积极组织企业参加新疆糖酒展销会、“亚洲葡萄酒质量大赛”、“中国葡萄酒年度百大葡萄酒评比赛”等活动，2家葡萄酒加工企业通过国家有机食品认证，“国菲”、“法桐堡”创建为巴州知名商标，和硕产区葡萄酒知名度不断提高。

二、森林经营管理工作

1. 林政资源管理工作

（1）加大查处滥砍盗伐和乱捕滥猎等打击力度，认真保护好森林资源，大力宣传《森林法》、《野生动物保护法》及有关法律、法规，按照“打防、标本兼治、重在治本、综合治理”方针，严厉打击各种破坏林业资源的违法犯罪活动，对各类乱砍滥伐林木、毁林开荒等破坏森林资源的违法犯罪行为，发现一起、查处一起。据统计，2014年共受理接处警82起，立案16起：其中立刑事案件2起，2起移交至和硕县公安局刑警大队；立林业行政案14起，查结13起，林业行政处罚13人，共计行政罚款34428.2元，补种树木20株，调解纠纷2起。我所共出动警力178人次，车辆82台次。办理林木采伐证45份，活立木蓄积量2574.37m^3，商品材出材量1364.65m^3。

（2）资源管理方面。冬季严打专项行动期间共计出动警力46人次，检查清理宾馆酒店12家、野生动物驯养繁殖场所3处、检查野生动物活动区域3处、野生动物加工经营场所1处；出动车23台次。

(3) 严厉打击非法毁林开荒。按照州森林公安局统一安排部署，集中开展为期 92 天的“打击毁林开垦和非法侵占林地专项行动”。自专项行动开展以来，我所领导精心安排，周密部署，民警积极参加，出动警力 46 人次，车辆 21 台次，对山区进行了为期两个星期的巡护。

(4) 固定资产管理方面。年初制定了固定资产管理制度，与各护林点签订的责任书中，把公物管理方面作为年终考核的重要指标。

(5) 档案管理情况。为了进一步做好国家级公益林管护工作，我局为各站配置了档案柜，并指定责任心强的管护员专门管理，把国家级公益林各项档案分类进行了归档。为随时了解管护工作中出现的新情况、新问题、各个管护站建立了工作日记、巡护记录本、学习记录本、考勤记录本、入林登记本、会议记录本、交接本、护林员人事档案等。我局总站对基层各管护站也分类进行了归档。

2. 国家级公益林建设与管理情况

(1) 按国家级公益林区划标准，全县共区划界定公益林面积 176 万亩，共区划 46 个林班，1533 个小班，国家级公益林中，有林地 16.4652 万亩，占国家级公益林 9.81%；疏林地：6.1843 万亩，占国家级公益林 3.68%；灌木林地：145.2031 万亩，占国家级公益林 86.51%。

(2) 管护合同签订情况。截止目前共招收管护员 152 人，签订管护合同 152 份。管护总站与各管护站签订和硕县国家国家级公益林管护目标责任书 13 份，各管护站站长又与各管护站护林员签订和硕县国家级公益林各项目标责任书 152 份，对于工作中发现的问题，能及时整改。截止目前，共出管护简报 25 份。

(3) 管护任务落实情况。为做好管护工作，提高管护质量和管护效益，实行层层签订管理目标责任书。并于 2 月 2 日开展了第 18 个“世界湿地日”宣传活动，加大了管护力度。

(4) 国家级公益林项目及样地检测点、征占林地情况。为了有效的加强国家级公益林的管护，及时掌握森林资源变化情况，按照样地设立的要求，在各国家级公益林区内共设立样地监测点 5 块，由技术人员带领各管护站责任人对样地进行了监测，并认真详细的填写了样地监测登记表，以及时掌握辖区内重点公益林的资源变化情况。在资源管理方面，各管护站加大了各自管辖的巡护力度，基本上杜绝乱砍滥挖森林植被、乱捕滥猎野生动物现象。

三、护林防火及野生动植物保护工作

2014 年上半年为确保护林防火及野生动植物保护工作各项指标顺利完成，主要采取以下几项措施：

（1）层层签订护林防火责任书：根据自治州护林防火指挥部关于签订责任书的要求，2014 年年初县人民政府与各乡、镇、场签订《2014 年度护林防火责任状》共计 8 份；县管护站与林区管护站签订责任状 13 份，与管护员签订责任状 152 份；县护林办与木材加工点签订《2014 年度木材经营加工安全生产责任状》共计 20 份；林区各管护站与辖区农牧民签订《2014 年度护林防火责任状》8000 余份，并且进一步完善了的国家级公益林管理制度、考勤制度、工作制度等各项制度。

（2）建立健全县、乡（镇、场）、村三级护林防火组织机构队伍，同时调整了县护林防火办公室的成员，大大加强了组织协调能力；其次，调整完善了各乡（镇）、场护林防火组织共 9 个，成员 54 人，义务扑火队有 201 人，具体负责本辖区的护林防火工作；第三，到目前为止有专职山区护林站 13 个，湿地管护站 2 个，半专业扑火队一个，成员共计 25 人，为我县护林防火工作打下了坚实基础。

（3）根据我县实际情况，我县林区共划分 9 个责任区，分片划包给全县 28 个行政单位。通过上述调整充实，逐步建立健全了县、乡（镇、场）、村三级护林防火组织，形成点、线、面相结合，上下联动的网络格局，充分发挥了领导组织机构的作用。

（4）加大宣传护林防火及野生动植物保护力度。2014 年上半年采取形式多样的宣传方式，深入林区、乡镇及街道主要路口开展宣传活动 14 次，发放汉、蒙、维文宣传单 25000 余份，口头宣传人数达 8000 余人次，出简报 11 期，受教育人数达 3 万余人次，充分发挥了舆论导向作用。

（5）积极开展清山清林活动。针对南山实际情况，局领导高度重视林区管护工作，5 月 27 日开展了为期 3 天的清山清林活动。

第三篇
森林资源与林业可持续发展

第一章　中国的森林资源概况

中国是世界森林资源最丰富的国家之一，在俄罗斯、巴西、加拿大和美国之后，位居世界第五。联合国粮农组织《2010 年全球森林资源评估》主要结果显示，目前世界森林面积达 40 亿 hm^2，约占全球陆地总面积的 31%，人均森林面积 0.6hm^2。全球原始林占世界森林面积的 36%；全球人工林面积 2.64 亿 hm^2，约占世界森林面积的 7%。从森林功能来看，全球商品林面积接近 12 亿 hm^2，生物多样性保护林面积超过 4.6 亿 hm^2，防护林面积 3.3 亿 hm^2，分别占世界森林面积的 30%，12% 和 8%。从森林权属来看，公有林面积占世界森林面积的 80%。全球森林碳储量达到 2890 亿 t。

第一节　中国林区区划

所谓林业区划，是指根据林业特点，在研究有关自然、经济和技术条件的基础上，分析、评价林业生产的特性与潜力，按照地域分异的规律进行分区划片；亦即以全国或省（自治区、直辖市）、县（旗）为总体，在区域之间，区别差异性，归纳相似性，予以地理分区，使之成为各具特点的“林区”。进而研究其区域的特点、生产条件以及优势和存在的问题，提出其发展方向、生产布局和实施的主要措施与途径，以便因地制宜，扬长避短，发挥区域优势，为林业建设发展和制定长远规划等提供基本依据。

1954 年，林业部曾成立过林区区划研究组，准备组织编写《全国林业区划草案》，但因为种种原因没能继续下去。1979 年，林业部根据国家科学技术委员会和全国农业区划委员会的统一部署，重新组织全国林业部门开展林业区划工作；其基本方法是：先以各省（自治区、直辖市）现有资料为基础，必要时进行若干补充调查，编写省级林业区划初稿；然后在此基础上把地域相连、发展方向相同或相似的省级区合并，组成为具有独立特点的“林区”（即能在一定程度上发展林业，其区域内部的林业发展主要方向又相同的地理单位）；进而将地带性气候、地貌、森林植被类型等因素相似和地域连接的“林区”归并为一个“林业地区”，在编写省级和全国林业区划初稿时，同步开展县级林业区划工作；最后在全国林业县级林业区划完成后，对省级和全国林业区划进行修正，完成定稿。至1981年夏，全国大部分省（自治区、直辖市）林业区划初稿完成，同年9月完成了全国林业区划草稿。1982年11月，《中国林业区划》初稿完成。1983年7月，经林业部部长会议审议通过，并决定正式刊行。至1987年12月，《中国林业区划》初稿正式出版。这是新中国第一部全国林业区划的著作，对于制定正确的林业方针政策，科学营林，深化林业改革，调整林业产业结构等具有重要的基础性作用。按照《中国林业区划》的划分，我国林区分为8个一级区、50个二级区。

1991年，全国县级林业区划完成，此时距全国林业区划草稿出台已有10年，国家林情已经发生了变化，因此林业部又组织修订了全国林业区划，但原区划的8个林业地区和50个林区除个别地区略作调整外，基本上没有变动。

时至今日，我国林业发展所面临的形势、森林资源、经营理念等都发生较大变化，森林面积已从原来的1.25亿hm^2上升到1.95亿hm^2，森林覆盖率也由12.98%上升到20.36%；原来国家木材生产主要来源于对天然林的砍伐，今天国家已经实施天然林保护工程，全面禁止对天然林的商业性采伐；原来林业发展实际上以木材生产为主，今天则转变为以生态建设为主；等等。这些变化与20世纪80年代所作的林业区划已经不相适应，因此国家于2007年开始了新的林业发展区划工作，以便为今后制订和落实林业发展规划，制订林业方针政策提供基本的依据。在国家林业局新的林业区划出台之前，目前比较翔实的林业区划方案可以以中国可持续发展林业战略研究项目组在21世纪初为我国林业发展所制定的发展战略中所作的划分作为参考。项目组将我国林业发展区域划分为7个区，分别是：东北地区、三北地区、华北中原地区、南方地区、东南沿海热带地区、西南峡谷地区、青藏高原地区。各区基本情况如下。

一、东北地区

东北地区是我国森林资源最丰富的林区，总面积98.24万km^2，林地面积5245.47万hm^2，林地占土地面积53.38%，区域森林覆盖率为38.78%。林地按权属划分，国有林占83.36%，集体林占16.64%。林地中，有林地面积3811.27万hm^2，疏林地面积86.67万hm^2，灌木林地161.46万hm^2，未成林造林地81.09万hm^2，苗圃地1.52万hm^2，无林地面积1103.46万hm^2。

有林地中，林分面积3636.48万hm^2，蓄积量301866.60万m^3，单位面积蓄积量每公顷82.01 m^3。按起源分，天然林面积3200.28万hm^2，占林分面积的88.00%，蓄积量284485.00万m^3，占林分蓄积量的94.24%，单位面积蓄积量每公顷88.89 m^3；人工林面积436.20万hm^2，占林分面积12.00%，蓄积量17381.60万m^3，占林分蓄积量的5.76%，单位面积蓄积量每公顷39.85 m^3。按权属分，国有林面积3287.99万hm^2，占林分面积的90.24%，蓄积量285272.11万m^3，占林分蓄积量的94.50%，单位面积蓄积量每公顷86.76 m^3；集体林面积348.89万hm^2，占林分面积的9.58%，蓄积量16594.50万m^3，占林分蓄积量的5.50%，单位面积蓄积量每公顷47.62 m^3。

东北林区森林资源总量大，森林覆盖率高，森林分布相对集中，但森林资源林种结构、林龄结构不尽合理，特别是可采资源已趋于枯竭，总体上森林资源质量偏低，人工林和集体林单位产量偏低，且无林地面积较大。东北区既是全国最主要的林产品生产基地，也是全国生态环境建设的主体和示范点，其区域林业发展战略是：通过合理调整林地利用结构，加强现有天然林和天然次生林的保护，建设完善的防护体系，防止内蒙古东部沙地的东移；通过加强平原农田林网的建设，尽快完善农田防护林体系；通过推行径级作业法，提高森林经营水平和效率；通过加强与俄罗斯东部区域的合作，合理开发利用境外的森林资源，加强林业产业尤其是深加工能力的建设；通过合理利用林区生物资源和丘陵浅山区的森林景观，调整林业经济结构，发展非木质产业和森林旅游业。

二、三北地区

三北地区总面积378.80万km^2，林地面积3930.25万hm^2，林地占土地面积的10.38%，区域森林覆盖率为3.88%。林地按权属划分，国有林占52.69%，集体林占47.31%。林地中，有林地面积1469.13万hm^2，疏林地面积124.81万 hm^2，灌木林地570.13万 hm^2，未成林造林地50.89万 hm^2，苗圃地3.14万 hm^2，无林地面积1712.15万 hm^2。

有林地中，林分面积1225.97万 hm^2，蓄积量83691.20万 m^3，单位面积蓄积量每公顷68.27 m^3。按起源分，天然林面积836.13万 hm^2，占林分面积的68.20%，蓄积量69307.78万 m^3，占林分蓄积量的82.81%，单位面积蓄积量每公顷82.89 m^3；人工林面积389.84万 hm^2，占林分面积的31.80%，蓄积量14383.42万 m^3，占林分蓄积量的17.19%，单位面积蓄积量每公顷36.90 m^3。按权属分，国有林面积751.19万 hm^2，占林分面积的61.27%，蓄积量66435.94万 m^3，占林分蓄积量的79.38%，单位面积蓄积量每公顷88.44 m^3；集体林面积474.78万 hm^2，占林分面积的38.73%，蓄积量17255.26万 m^3，占林分蓄积量的20.62%，单位面积蓄积量每公顷36.34 m^3。

三北地区由于历史上的长期过度采伐，因而森林资源数量少、质量低，分布不均匀，东部多、西部少，主要分布在山区，且无林地和灌木林地面积较大，林业生产力较低。三北地区林业发展战略重点在于大力开展荒漠化治理，通过国家生态建设的投入，发展生态与经济效益较高的治理模式，建设农牧林网，形成完善的防护林体系，减少沙尘暴危害；在加强现有植被保护的前提下，大力发展以灌木为主，乔、灌、草相结合的植被，开发、推广以抗旱为主的抗逆性强的种植材料，提高造林成活率，提高植被生长活力；在适宜地区合理开发经济型防护林、用材林和经济林，发展治沙产业、节水林业和林果产品的深加工。

三、华北中原地区

华北中原地区总面积56.64万 km^2，林地面积961.68万 hm^2，林地占土地面积的16.98%，区域森林覆盖率为3.88%。林地按权属划分，国有林占9.91%，集体林占90.09%。林地中，有林地面积521.20万 hm^2，疏林地面积33.86万 hm^2，灌木林地89.58万 hm^2，未成林造林地18.91万 hm^2，苗圃地3.02万 hm^2，无林地面积275.11万 hm^2。

有林地中，林分面积293.61万 hm^2，蓄积量9325.24万 m^3，单位面积蓄积量每公顷31.76 m^3。按起源分，天然林面积112.45万 hm^2，占林分面积的38.30%，蓄积量3655.76万 m^3，占林分蓄积量的39.20%，单位面积蓄积量每公顷32.51 m^3；人工林面积181.16万 hm^2，占林分面积的61.70%，蓄积量5669.48万 m^3，占林分蓄积量的60.80%，单位面积蓄积量每公顷31.30 m^3。按权属分，国有林面积54.46万 hm^2，占林分面积的18.55%，蓄积量

2578.99 万 m^3，占林分蓄积量的 27.66%，单位面积蓄积量每公顷47.36 m^3；集体林面积 239.15 万 hm^2，占林分面积的 81.45%，蓄积量 6746.25 万 m^3，占林分蓄积量的 72.34%，单位面积蓄积量每公顷 28.21 m^3。

华北中原地区山地少、平原多，因此森林资源分布不均，天然林分布在山区，人工林主要分布在平原区，人工林和集体林面积较大，且主要为农田防护林，部分地区林粮间作多。本区域森林资源破坏严重，森林单位面积蓄积量极低，山区生态环境恶化，因此急需提高森林质量。这一区域林业发展战略是：在保护好现有的少量天然次生林的基础上，开展人工造林，尤其是继续扩大农田防护林网和营造农田速生丰产林；在部分区域发展如淮北平原、山东平原、太湖流域等发展薪炭林和经济林；在泰山、黄山等地建设一批保护区。

四、南方地区

南方地区总面积 161.25 万 km^2，林地面积 9451.73 万 hm^2，林地占土地面积的 58.62%，区域森林覆盖率为 37.88%。林地按权属划分，国有林占 16.63%，集体林占 83.37%。林地中，有林地面积 6108.70 万 hm^2，疏林地面积 298.56 万 hm^2，灌木林地 1227.39 万 hm^2，未成林造林地 235.16 万 hm^2，苗圃地 2.67 万 hm^2，无林地面积 1579.25 万 hm^2。

有林地中，林分面积 4746.24 万 hm^2，蓄积量 270950.17 万 m^3，单位面积蓄积量每公顷 57.09 m^3。按起源分，天然林面积 3478.11 万 hm^2，占林分面积的 73.28%，蓄积量 226060.84 万 m^3，占林分蓄积量的 83.43%，单位面积蓄积量每公顷 65.00 m^3；人工林面积 1268.13hm^2，占林分面积的 26.72%，蓄积量 44889.33 万 m^3，占林分蓄积量的 16.57%，单位面积蓄积量每公顷 35.40 m^3。按权属分，国有林面积 903.99 万 hm^2，占林分面积的 19.03%，蓄积量 108294.85m^3，占林分蓄积量的 39.97%，单位面积蓄积量每公顷 119.88 m^3；集体林面积 3842.85 万 hm^2，占林分面积的 80.97%，蓄积量 162655.32 万 m^3，占林分蓄积量的 60.03%，单位面积蓄积量每公顷 42.33 m^3。

南方地区是我国重要的集体林区和商品林生产基地，自然环境良好，非常适宜森林生长。其区域林业发展战略是：选择优良立地发展速生丰产林，实行集约栽培，尤其是发展大型林业企业进行集约经营；结合消灭宜林荒山，进行多种树造林，积极发展阔叶林，培育珍贵阔叶用材林；大力发展竹林，发展竹产业；发展经济林及其加工业；保护与经营好次生林，保护江河源头、水土流失风险大的地区、石漠化严重地区的森林植被和生态环境。

五、东南沿海热带地区

东南沿海热带地区总面积47.71万km^2，林地面积2315.67万hm^2，林地占土地面积的48.54%，区域森林覆盖率为32.34%。林地按权属划分，国有林占13.15%，集体林占86.85%。林地中，有林地面积1452.88万hm^2，疏林地面积57.35万hm^2，灌木林地267.11万hm^2，未成林造林地60.4万hm^2，苗圃地1.08万hm^2，无林地面积386.83万hm^2。

有林地中，林分面积1253.21万hm^2，蓄积量60444.33万m^3，单位面积蓄积量每公顷48.23 m^3。按起源分，天然林面积772.34万hm^2，占林分面积的61.63%，蓄积量46563.38万m^3，占林分蓄积量的77.04%，单位面积蓄积量每公顷60.29 m^3；人工林面积480.87万hm^2，占林分面积的38.37%，蓄积量13880.95万m^3，占林分蓄积量的22.96%，单位面积蓄积量每公顷28.87 m^3。按权属分，国有林面积183.23万hm^2，占林分面积的14.62%，蓄积量20179.58万m^3，占林分蓄积量的33.39%，单位面积蓄积量每公顷110.13 m^3；集体林面积1069.98万hm^2，占林分面积的85.38%，蓄积量264.75万m^3，占林分蓄积量的66.61%，单位面积蓄积量每公顷37.63 m^3。

东南沿海热带地区是我国重要的集体林区和商品林生产基地，占全国4.99%的土地面积，却拥有全国林地总面积9.01%、全国森林面积9.70%、全国森林蓄积5.99%、全国竹林面积14.48%以及中国热带雨林的全部和红树林资源的大部，生物物种极为丰富，拥有许多热带珍惜速生树种。其区域林业发展战略是：抢救性地保护好已为数不多的热带雨林、季雨林和红树林；通过加强对人工林和集体林的集约化管理，尤其是热带珍惜速生树种的基地建设，提高森林资源质量；通过加大造林力度，绿化宜林地，并把灌木林地减到最少；发展外向型的集团化林业企业，行政较大型的木材产业和纸浆业；通过热区特有经济作物的集约化栽培，形成大规模的热区林业。

六、西南峡谷地区

西南峡谷地区总面积66.53万km^2，林地面积3059.65万hm^2，林地占土地面积的45.99%，区域森林覆盖率为24.95%。林地按权属划分，国有林占51.60%，集体林占48.40%。林地中，有林地面积1659.74万hm^2，疏林地面积97.29万hm^2，灌木林地794.20万hm^2，未成林造林地12.80万hm^2，苗圃地0.60万hm^2，无林地面积494.02万hm^2。

有林地中，林分面积 1526.68 万 hm^2，蓄积量 230684.22 万 m^3，单位面积蓄积量每公顷 151.10 m^3。按起源分，天然林面积 1382.77 万 hm^2，占林分面积的 90.57%，蓄积量 226055.61 万 m^3，占林分蓄积量的 97.99%，单位面积蓄积量每公顷 163.48 m^3；人工林面积 143.91 万 hm^2，占林分面积的 9.43%，蓄积量 4628.61 万 m^3，占林分蓄积量的 2.01%，单位面积蓄积量每公顷 32.16 m^3。按权属分，国有林面积 828.83 万 hm^2，占林分面积的 54.29%，蓄积量 18099964 万 m^3，占林分蓄积量的 78.46%，单位面积蓄积量每公顷 218.38 m^3；集体林面积 697.85 万 hm^2，占林分面积的 45.71%，蓄积量 49684.58 万 m^3，占林分蓄积量的 21.54%，单位面积蓄积量每公顷 71.20 m^3。

西南峡谷地区是我国第二大林区和重要的木材生产基地，天然林多、人工林少，森林资源丰富但分布不均，大面积原始林主要集中在人烟稀少、经济落后、交通不便的川西、滇西北和西藏东南部，树种资源丰富，特有种类和珍惜种类繁多。其区域林业发展战略是：按照保护优先、积极培育、合理利用的方针，在严格保护天然林、重点地区森林资源的基础上进行森林资源多功能利用，发展林区经济；大力开展防护林体系建设、坡耕地退耕还林和荒山造林，努力提高森林覆盖率；在少林地区营造薪炭林；发展经济林，培育优质经济果品；加强非木质资源的研发和森林旅游开发；营建部分速生丰产林基地，培植集约型经营林业企业；设立自然保护区，加强对野生动植物的保护。

七、青藏高原地区

青藏高原地区总面积 147.50 万 km^2，林地面积 740.27 万 hm^2，林地占土地面积的 5.02%，区域森林覆盖率为 1.70%。林地按权属划分，国有林占 80.61%，集体林占 19.39%。林地中，有林地面积 250.31 万 hm^2，疏林地面积 20.96 万 hm^2，灌木林地 334.68 万 hm^2，未成林造林地 2.26 万 hm^2，苗圃地 0.22 万 hm^2，无林地面积 131.84 万 hm^2。

有林地中，林分面积 237.75 万 hm^2，蓄积量 51602.48 万 hm^2，单位面积蓄积量每公顷217.04 m^3。按起源分，天然林面积 223.44 万 hm^2，占林分面积的 93.98%，蓄积量 51136.39 万 m^3，占林分蓄积量的 99.10%，单位面积蓄积量每公顷 228.86 m^3；人工林面积 14.31 万 hm^2，占林分面积的 6.02%，蓄积量 466.09 万 m^3，占林分蓄积量的 0.90%，单位面积蓄积量每公顷 32.56 m^3。按权属分，国有林面积 191.69 万 hm^2，占林分面积的 80.63%，蓄积量

48657.18 万 m^3，占林分蓄积量的 94.29%，单位面积蓄积量每公顷 253.83 m^3；集体林面积 46.06 万 hm^2，占林分面积的 19.37%，蓄积量 2945.30 万 m^3，占林分蓄积量的 5.71%，单位面积蓄积量每公顷 63.95 m^3。

青藏高原地区是我国长江、黄河、雅鲁藏布江、澜沧江等大江、大河的发源地，其生态环境的变化直接关系到区域乃至国家的生态安全。但由于本区生态环境恶劣，不适宜乔木生长，森林资源数量较少，且一旦破坏则难以恢复，因而该区域林业发展战略是：通过加强现有森林资源的保护，圈定大范围的自然保护区以及通过退牧还灌、还草等治理措施，逐步恢复和提高林草植被，减轻和消除区域生态系统的退化，恢复并形成良好的区域生态系统。

以上是一级林区森林资源概况。据第七次（2004～2008 年）全国森林资源清查数据，我国森林面积 1.95 亿 hm^2，森林覆盖率 20.36%，活立木总蓄积量 149.13 亿 m^3，森林蓄积量 137.21 亿 m^3；除港、澳、台地区外，全国林地面积 3.04 亿 hm^2。天然林面积 1.2 亿 hm^2，天然林蓄积量 114.02 亿 m^3；人工林保存面积 0.62 亿 hm^2，蓄积量 19.61 亿 m^3。我国有林地面积 1.81 亿 hm^2，公益林和商品林各占 52.41% 和 47.59%。有林地面积中，防护林 8208 万 hm^2，占 45.81%；特种用途林 1198 万 hm^2，占 6.60%；用材林 6416 万 hm^2，占 35.38%；经济林 2041 万 hm^2，占 11.25%，薪炭林 175 万 hm^2，占 0.96%。这表明我国森林资源进入了快速发展时期。与第六次全国森林资源清查结果相比，森林面积净增 2054.30 万 hm^2，全国森林覆盖率由 18.21% 提高到 20.36%，活立木总蓄积量净增 11.28 亿 m^3，森林蓄积量净增 11.23 亿 m^3。但我国森林资源总量仍然不足，森林覆盖率只有全球平均水平的 2/3，人均森林面积 0.145hm^2，不足世界人均占有量的 1/4，人均森林蓄积量 10.151m^3，只有世界人均占有量的 1/7。

第二节　新中国成立以来的森林资源清查

森林资源是地球上最重要的资源之一，是生物多样化的基础，它不仅能够为生产和生活提供多种宝贵的木材和原材料，为人类经济生活提供多种食品，而且还有净化空气、消除噪音等功能。更重要的是，森林能够调节气候、保持水土、防止和减轻旱涝、风沙、冰雹等自然灾害。森林还是天然的动植物园，哺育着各种飞禽走兽和生长着多种珍贵林木和药材。所谓森林资源，是指林地及其所生长的森林有机体的总称。森林资源以林木资源为主，还包括林下植物、野生动物、土壤微生物等资源。林地包括乔木林地、疏林地、灌木林地、林中空地、采伐迹地、火烧迹地、苗圃地和国家规划宜林地。森林可以更新，属于再生的自然资源。反映森林资源数量的主要指标是森林面积和森林蓄积量。

全国森林资源清查，是国家为了及时、准确掌握全国森林资源的现状及动态变化，以保证宏观决策需要而进行的统计调查工作。森林资源清查可以为制定国家发展战略提供依据，为调整林业发展方针和政策提供决策依据，为全国生态质量监测提供重要数据，为编制林业发展计划提供直接信息，为满足森林宏观管理提供决策依据，对林业重点工程实施效果和森林经营效果进行监测与评价，对影响与制约林业发展的因素综合评价。每次清查的周期为5年。通过定期的清查，可以了解森林生长和消耗的规律，分析经营效果，预估森林资源变化的趋势。

我国是建立全国森林资源清查体系较早的国家之一。新中国成立以来，先后完成了1次全国森林资源整理统计汇总、7次全国森林资源清查，为我国各个时期制定林业方针政策、编制林业计划和规划等提供了重要依据，在国民经济发展和林业生态建设中发挥了不可替代的作用。

一、全国森林资源整理统计汇总（1950～1962年）

民国时期没有进行过大面积森林资源调查，尽管当时也有一些森林资源方面的数据，但是这些数据，大多是通过局部调查或踏查的估测数，不能准确反映全国森林资源的全貌。

新中国成立后，党和政府高度重视这项工作。1950～1962年，我国就开始对全国范围内的森林资源进行普查。1950年，林垦部组织了甘肃姚河林区的森林资源调查。1951年，东北局农林部组织了小兴安岭汤旺河流域森林资源调查。1953年，根据全国林业调查会议的部署，由中央直属调查队负责完成主要国有林区森林经理调查和航空调查，以及其他重大项目的专项调查；由各大区和各省调查队负责完成本地区的森林资源调查、概查及其他项目的调查。在分工的基础上，国有林区逐步开展了森林经理调查，各省（区）相继开展了森林资源调查。1953年，林业部组织进行了西南、西北部分林区航空视察。1954～1959年，先后完成了大兴安岭、小兴安岭、长白山、秦岭、巴山、神农架及云南、川西等林区的航空调查。

1950～1962年期间，除台湾、西藏及新疆的部分地区和部分集体林区，以及各主要林区的边缘地区和小片分散森林以外，全国森林资源基本上清查了一遍。1964 年，林业部对全国各地森林资源统计资料进行了整理，汇总为全国性统计数据。这项工作于 1965 年年底结束。此次数据汇总是中国有史以来第一次通过大面积森林资源调查而得到的。

总体来看，由于调查对象不全，调查方法不统一等多方面的原因，此次调查的数据不够全面、准确，难以完整反映全国森林资源实际情况，但是，此次调查却为以后的森林资源清查奠定了基础。

为全面准确掌握全国森林资源状况，自 20 世纪 70 年代开始，我国实施了以省（区、市）为单位、5 年一次的国家森林资源连续清查制度。截至 2008 年；已完成 7 次全国森林资源清查。历次清查为准确掌握各省及全国森林资源的现状及发展趋势、研究我国森林经营管理和林业建设提供了宝贵基础资料。

二、第一次全国森林资源清查（1973～1976 年）

第一次全国森林资源清查（1973～1976 年）是在十分困难条件下开展的。1970 年 5 月，在国家机关机构改革中，林业部与农业部、农垦部、水产部、中央农政、农办合并为农林部。“机关 90% 同志下放去‘五七’干校”，“各项工作都面临机构撤销、队伍下放、工作停顿，林业调查规划工作也不例外”。

1971 年召开了全国林业工作会议，会议中的一项工作就是制订《全国林业发展规划》，要求各地执行。1972 年毛泽东主席就林业问题做出指示，即林业要计算覆盖面积，算出各省、各地区、各县的覆盖面积比例，做出森林覆盖面积规划和《全国林业发展规划》。为落实这一指示，农林部组织开展全国森林资源“四五”清查工作，并以农林部名义发布《关于加强 林业调查规划工作的意见》由各地执行。

1973 年，农林部在湖北省咸宁市召开了全国林业调查规划工作会议。会议提出了全国林业调查规划工作的方针和任务；部署了全国森林资源“四五”清查工作的任务。这次会议明确指出，林业调查分为三类，即全国森林资源清查、规划设计调查和作业设计调查，明确了各类调查的目的和相互关系。

为了组织实施全国“四五”清查工作，1973 年，农林部部署在内蒙古克一河林业局（北方试点）和湖南省会同县（南方试点）分别开展森林资源清查试点。试点后制定并颁布了《全国林业调查规划主要技术规定》。1973～1976 年，以行政区县（局）为单位的森林资源清查工作在全国各省（区、市）展开。这是新中国成立以来第一次在全国范围（台湾地区暂缺），在比较统一的时间内进行的较全面的森林资源清查。这次清查除部分地区按林班、小班开展资源调查外，大部分采用了抽样调查方法。整个清查工作到1976年完成，并于1977年完成了全国森林资源统计汇总工作。

“四五”清查成果是我国历来最完整的森林资源实际调查成果，基本上反映了当时森林资源状况。但是，包括“四五”清查在内的既往调查，均不能反映森林资源变化情况和发展趋势，因而需要设置固定样地，定期复查，建立全国森林资源连续清查体系。

第一次全国森林资源清查（1973～1976年）结果表明，当时我国森林面积12186.00万hm^2，森林覆盖率12.70%，活立木蓄积量为95.32亿m^3，森林蓄积量为86.56亿m^3。

三、第二次全国森林资源清查（1977～1981年）

由于以往森林资源清查均侧重于查清资源现状，每次调查只是独立的一次性调查，因而不能客观估测资源消长变化动态。1977年，农林部为进行森林资源清查的技术改革，在江西省组织了全国森林资源连续清查试点工作。在取得初步经验的基础上，于1978年制定并颁布了《全国森林资源连续清查技术规定》。同时，按照《全国森林资源连续清查技术规定》的要求，先后在全国各省（区、市）全面推广，陆续建立了以省（区、市）为总体的森林资源连续清查体系，开展了连续清查的初查工作。全国共设置样地16万余个，其中固定样地14万个。全国清查工作于1981年完成。1983年，林业部对全国各省（区、市）清查成果组织了统计汇总和资源分析。

本次全国森林资源清查，采用世界公认的“森林资源连续清查”方法，建立了以抽样技术为理论基础、以省（区、市）为抽样总体的森林资源连续清查基本框架。这是一种宏观资源控制的调查方法，即以数理统计随机抽样的原理，在大面积的森林中设置固定样地，按照统一的方法和技术标准，通过定期复测和统计分析，寻找各时期森林资源消长变化的信息及其变化的趋势。至1981年，在除西藏、上海、天津、台湾外的26个省（区、市）建立了以固定样地抽样调查为基础的森林资源连续清查体系。全国森林资源连续清查体系的建立，是我国森林资源清查工作体系和技术体系建设的重大转折，为以后开展全国森林资源的动态监测打下了良好基础。

第二次全国森林资源清查（1977～1981年）结果表明，当时我国森林面积11527.74万hm^2，森林覆盖率12.00%，活立木蓄积量为102.61亿m^3，森林蓄积量为90.28亿m^3。

四、第三次全国森林资源清查（1984~1988年）

为全面掌握全国森林资源现状以及森林资源生长和消耗规律，分析林业经营措施的效果，预测森林资源变化趋势，林业部于1984~1988年组织了第三次全国（台湾地区、西藏自治区除外）森林资源清查工作。

第三次清查采用森林资源连续清查复查方式，在全国范围内以省（区、市）为主体，对1977~1981年第二次清查时所设立的14万个固定样地进行复查，同时新设了11万个样地。因而，这次清查也叫全国森林资源连续清查第一次复查。

为保证此次清查技术标准的一致性，林业部组织有关专家对1982年颁发的《森林资源调查主要技术规定》进行了修改完善，各省（区、市）据此并结合本地的实际情况，制定了清查工作方案和技术操作细则。在各省（区、市）完成调查的基础上，1989年，林业部进行了全国森林资源统计汇总和分析业务。为保证清查成果的质量，林业部还制定了有关调查质量管理办法，并要求各级林业主管部门及调查设计单位成立专职质量检查机构，按有关规定进行检查，严把质量关。据统计，在本次清查期间，部、省、县及各级调查设计部门进行质量检查与抽查的样地数量在1万多个，占调查样地总数的5%以上，通过检查，合格率皆达90%以上。本次清查还采取了当时较为先进的电子计算机技术，利用了林业部组织力量研发的全国统一内业数据处理程序，采用了全国统一的数据格式和统一的资源数据编码，为后来森林资源清查多期数据的统计和分析工作及建立全国森林资源信息管理系统打下了良好的基础。

第三次全国森林资源清查，进一步证明了连续清查是最为有效的森林资源动态监测方法，它有较好的同一时态性、较高的可比性，对加强资源宏观管理工作起到很大作用。第三次全国森林资源清查（1984~1988年）结果表明，当时我国森林面积12465.28万hm^2，森林覆盖率12.98%，活立木蓄积量为105.72亿m^3，森林蓄积量为91.41亿m^3。

五、第四次全国森林资源清查（1989~1993年）

1989~1993年，林业部组织开展了第四次全国森林资源清查。为做好本次清查，林业部资源和林政管理司于1989年在昆明召开了全国森林资源连续清查工作总结座谈会，并印发了《关于完善与提高全国森林资源连续清查有关问题的意见》，作为开展第四次全国森林连清复查在技术方面的主要依据。本次清查，按照要求扩大了连清复查的范围，全国共调查地面样地 22.72 万个，卫星照片和航空像片判读成数样地 10.63 万个。在全国范围内，除成片大面积沙漠、戈壁滩、草原及乔灌木生长界限以上的高山外，基本上都进行了调查，调查总面积 578.05 万 km^2，占国土面积的 61.2%。本次清查仍以复查固定样地为主，同时，在一些省（区）采用了新技术，提高了样地、样木复位率。如西藏自治区、青海省和吉林省西部地区采用了航天遥感技术与地面固定样地调查相结合的方法，宁夏回族自治区采用了红外像片与地面固定样地调查相结合的调查方法，均收到了较好的效果。

第四次全国森林资源清查（1989～1993 年）结果表明，全国森林面积 13370.35 万 hm^2，森林覆盖率为 13.92%，活立木总蓄积 117.85 亿 m^3，森林蓄积 101.37 亿 m^3。

六、第五次森林资源清查（1994～1998 年）

1994～1998 年，林业部组织了第五次全国森林资源清查。本次清查沿用森林资源连续清查的方法，共设地面样地 18.45 万个，其中固定样地 18.13 万个，另外还有卫星像片和航拍像片判读样地 9 万个，对全国 29 个省（区、市）都进行了新一轮复查，覆盖面积 575.15 万 km^2。本次森林资源清查的外业调查由各省（区、市）负责完成，国家林业局各直属调查规划设计院负责监测区内各省清查方案的审查、技术指导、外业质量检查和内业统计分析工作。

第五次森林资源清查按林业部于 1994 年颁布的《国家森林资源连续清查主要技术规定》要求实施，与第四次全国森林资源清查相比，技术标准有了较大变化，主要有：(1) 森林郁闭度标准由郁闭度 0.3（不含 0.3）调整为国际通用标准——郁闭度 0.20 以上（含 0.20）。2000 年颁布的《森林法实施条例》对这一标准予以了确认。(2) 按保存株数判定为人工林的标准，由每公顷保存株数大于或等于造林设计株数的 85% 调整为 80%。(3) 判定为未成林造林地的标准，由每公顷保存株数大于或等于造林设计株数的 41% 调整为 80%。(4) 灌木林地的覆盖度标准由大于 40% 调整为大于 30%（含 30%）。除技术标准有所变化外，第五次森林资源清查还科学、合理地规范了各省（区、市）地面样地的数量；提高了固定样地与样本复位率；增加了统计成果产出的信息量；逐步引入了遥感、地理信息系统、全球定位技术等高新技术，为全面提高调查工作的效率和调查成果的精度奠定了基础。此外，本次清查成果的内业统计分析采用全国统一的数据库格式、统一的统计计算程序，严格执行成果产出审核上报程序，并对成果进行了认真核实，保证了清查成果的客观性、连续性和可比性。清查质量更加客观可靠，准确反映全国森林资源现状和消长动态。

第五次全国森林资源清查（1994～1998年）结果表明，全国森林面积为15894.09万 hm^2，森林覆盖率16.55%，活立木总蓄积124.88亿 m^3，森林蓄积量112.67亿 m^3。

七、第六次全国森林资源清查（1999～2003）

1999～2003年间，国家林业局组织开展了第六次全国森林资源清查。本次清查推广应用了遥感技术，对西藏、新疆、甘肃、青海、四川等省（区）首次开展了全范围清查。全国共调查了地面固定样地41.50万个，遥感判读样地284.44万个，覆盖了全国除台湾地区、香港特区和澳门特区外的31个省（区、市），第一次实现了大陆范围内的全覆盖调查。

第六次全国森林资源清查广泛运用了遥感（RS）、地理信息系统（GIS）、全球定位系统（GPS）“3S”技术，适时增加了林木权属、林木生活力、病虫害等级、经济林集约经营等级等调查因子，以及天然林保护工程区森林区划分类因子和全国各大流域信息，建立健全了工作管理和成果审查机制，加强了汇总分析评价工作，进一步增强了清查成果的空间分布信息，丰富了成果内容，提高了清查工作效率和成果质量，使清查数据更加全面、翔实、准确，清查结果更加客观、科学、可靠。

第六次全国森林资源清查（1999～2003年）结果表明，全国森林面积17490.92万 hm^2，森林覆盖率为18.21%，活立木总蓄积136.18亿 m^3，森林蓄积124.56亿 m^3。

八、第七次全国森林资源清查（2004～2008年）

这次清查于2004年开始，历时5年，清查面积957.67万 km^2，实测固定样地41.50万个，判读遥感样地284.44万个，获取清查数据1.6亿组，参与清查工作的技术人员2万余人。清查工作由国家林业局统一部署，局森林资源管理司组织实施，各省（区、市）林业主管部门负责组织完成本地调查任务，各区域森林资源监测中心负责技术指导、质量检查和成果编制。

第七次全国森林资源清查在调查内容、技术方法、监测手段、制度保障、汇总分析等方面取得了重大进步，尤其在生态监测技术上取得了突破性进展。清查成果更加客观翔实、准确丰富，与第六次清查相比有如下5个特点：

（1）拓展监测领域，丰富了调查内容。本次清查完善了地类划分和林种分类系统，增加了反映森林健康、生态功能、生物多样性等方面的调查内容，增补了52项调查因子，共计达157项，采集数据量比第六次清查增加45%。

（2）完善清查方法，尝试了综合监测。强化和规范了地面实测调查，引入了社会调查和综合评价方法；在广东、内蒙古等省（区）开展了森林资源和生态状况综合监测试点，对森林生物量、森林碳汇、水源涵养、保育土壤等方面的监测方法进行了探索和实践。

（3）应用高新技术，改进了监测手段。采用RS与GIS结合，开展森林资源空间信息分析；利用GPS自动采集样地坐标和调查航迹，并通过GIS与数字地图叠加，减轻了外业工作量，提高了样地定位精度和复位率；集成采用PDA、3S、数据库、模型等技术，增强了数据采集、传输和校验的效率，提高了调查数据综合处理与分析评价能力。

（4）创新工作机制，加强了清查管理。在坚持三级检查制度基础上，强化了清查质量的全过程监控管理，实行了调查队伍组建审核、技术培训评估制度，加强了持证上岗、技术质量责任制、跨期质量责任追究等制度的落实，建立了省级成果初审、复审、终审“三审制”，确保了调查成果质量。样地、样木复位率分别达到99.95%和98.57%，清查工作质量整体达到“优”级。

（5）强化汇总分析，提升了成果水平。成立了汇总领导小组，设立了专家咨询组和汇总工作组（下设数据汇总、成果编制、成果审核、宣传策划、后勤保障5个小组），组织130余名专家和技术人员，历时1年多，对31个省（区、市）的统计数据进行了审核、汇总、分析、评价，完成了区域和专项森林资源分析，形成了《第七次全国森林资源清查主要结果报告》等10项综合性成果和42项专题成果。

第七次全国森林资源清查（2003～2008年）结果表明，全国森林面积19545.22万hm^2，森林覆盖率20.36%。活立木总蓄积149.13亿m^3，森林蓄积137.21亿m^3。除港、澳、台地区外，全国林地面积30378.19万hm^2，森林面积19333.00万hm^2，活立木总蓄积145.54亿m^3，森林蓄积133.63亿m^3。天然林面积11969.25万hm^2，天然林蓄积114.02亿m^3；人工林保存面积6168.84万hm^2，人工林蓄积19.61亿m^3，人工林面积居世界首位。

第七次清查与第六次清查间隔的5年内，中国森林资源呈现6个重要变化：

（1）森林面积、蓄积持续增长。森林面积净增2054.30万hm^2，全国森林覆盖率由18.21%提高到20.36%，上升了2.15个百分点。森林蓄积净增11.23亿m^3，年均净增2.25亿m^3，继续呈现长大于消的良好态势。

（2）天然林面积、蓄积明显增加。天然林面积净增393.05万hm^2，天然林蓄积净增6.76亿m^3。天然林保护工程区，天然林面积净增量比第六次清查多26.37%，天然林蓄积净增量是第六次清查的2.23倍。

（3）人工林资源快速增长。人工林面积净增843.11万hm^2，人工林蓄积净增4.47亿m^3。未成林造林地面积1046.18万hm^2，后备森林资源呈增加趋势。

（4）森林质量有所提高。乔木林每公顷蓄积量增加1.15m^3，每公顷年均生长量增加0.30m^3，每公顷株数增加57株，混交林比例上升9.17个百分点，有林地中公益林面积比例达到52.41%，上升15.64个百分点，森林龄组结构、树种结构和林种结构发生可喜变化。

（5）森林采伐逐步向人工林转移。天然林采伐量下降，人工林采伐量上升，人工林采伐量占全国森林采伐量的39.44%，上升12.27个百分点，以采伐天然林为主向以采伐人工林为主的战略转移稳步推进。

（6）个体经营面积的比例明显上升。随着集体林权制度改革的推进，有林地中个体经营的面积比例上升11.39个百分点，达到32.08%。个体经营的人工林、未成林造林地分别占全国的59.21%和68.51%。作为经营主体的农户已经成为我国林业建设的骨干力量。

据中国林科院依据本次清查结果和森林生态定位监测结果评估，我国森林植被总碳储量达到了78.11亿t。森林生态系统年涵养水源量达到了4947.66亿m^3，年固土量达到了70.35亿t，年保肥量达到了3.64亿t，年吸收大气污染物量达到了0.32亿t，年滞尘量达到了50.01亿t。仅固碳释氧、涵养水源、保育土壤、净化大气环境、积累营养物质及生物多样性保护等6项生态服务功能年价值达10.01万亿元。

第七次全国森林资源清查结果表明，我国森林资源进入了快速发展时期。重点林业工程建设稳步推进，森林资源总量持续增长，森林的多功能多效益逐步显现，木材等林产品、生态产品和生态文化产品的供给能力进一步增强，为发展现代林业、建设生态文明、推进科学发展奠定了坚实基础。

第三节　当前林业领域存在的问题与推进林业发展的对策措施

一、当前林业领域存在的问题与纠正方法

一是森林资源总量不足。我国森林覆盖率只有全球平均水平的2/3，排在世界139位。人均森林面积0.145hm^2，不足世界人均占有量的1/4；人均森林蓄积10.151m^3，只有世界人均占有量的1/7，全国乔木林生态功能指数0.54，生态功能好的仅占11.31%，生态脆弱状况没有根本扭转。生态问题依然是制约我国可持续发展最突出的问题之一。生态产品依然是当今社会最短缺的产品之一，生态差距依然是我国与发达国家之间最主要的差距之一。

二是森林资源质量不高。乔木林每公顷蓄积量85.88m^3，只有世界平均水平的78%，平均胸径仅13.3cm，人工乔木林每公顷蓄积量仅49.01m^3，龄组结构不尽合理，中幼龄林比例依然较大。森林可采资源少，木材供需矛盾加剧，森林资源的增长远不能满足经济社会发展对木材需求的增长。

三是林地保护管理压力增加。清查间隔5年内林地转为非林地的面积虽比第六次清查有所减少，但依然有831.73万hm^2，其中有林地转为非林地面积377.00万hm^2，征占用林地有所增加，局部地区乱垦滥占林地问题严重。

四是营造林难度越来越大。我国现有宜林地质量好的仅占13%，质量差的占52%；全国宜林地60%分布在内蒙古和西北地区。今后，全国森林覆盖率每提高1个百分点，需要付出更大的代价。

二、进一步推进林业发展的对策措施

我国的林业建设已经形成了一定的规模，取得了一定成就，但林业发展还面临着许多问题，需要多措并举以期进一步推动林业的发展。今后，要以科学发展观为指导，以兴林富民为宗旨，紧紧围绕建设生态文明，加快造林绿化步伐，全面推进森林经营，加强森林资源保护管理，着力增加森林总量，提高森林质量，增强森林功能。

（1）加快造林绿化步伐，确保2020年实现森林面积增加4000万hm^{2}的目

标。坚持把加快发展作为林业工作的第一要务，攻坚克难，扎实推进造林绿化进程。加快构筑北方防沙治沙和沿海防风消浪两大绿色生态屏障，推进主要江河流域生态保护网络建设。加强重点区域生态修复，推进石漠化综合治理和矿区植被恢复。大力推进“身边增绿”，扩大植树造林，不仅让森林上山，还让森林进城、入村、进厂区、入校园和营区，充分挖掘森林资源增长潜力。

（2）全面推进森林经营，着力提升森林质量和效益。建立健全造林、抚育、保护、管理投入补贴制度，全面加强森林经营工作。建立森林经营技术体系，推动森林分类经营向纵深发展，以科技支撑森林经营。改革和完善采伐管理，科学编制并严格执行森林经营方案，建立森林可持续经营新机制。

（3）立足国内增强木材供给能力，维护国家木材安全。科学制订林业发展规划，优化发展布局，强化森林资源培育，有效提高木材供给能力。在南方集体林区，大力推进速生丰产林、工业原料林及珍贵大径材基地建设，形成我国商品林发展和木材生产的重点区域。在东北内蒙古林区，尽快将木材产量调减到合理定产水平，加大森林抚育经营和保护管理的力度，建成大径材和珍贵用材战略储备基地。在平原地区，大力发展生态经济型防护林和四旁植树，建成以人工林为主体的补充木材供给的新兴产业基地。

（4）实行严格的林地保护制度，保障林业发展空间。坚持把林地放在与耕地同等重要的位置严加保护，建立基本林地保护制度。严格落实《全国林地保护利用规划纲要（2008～2020年）》，编制省、县级林地保护利用规划。按照《占用征收林地定额管理办法》，对涉及占用征收的林地严格定额管理，提前介入，加强监管。

（5）大力增加森林固碳总量，提高林业应对气候变化能力。大力培育碳汇林和生物质能源林，增强森林生态系统整体固碳能力。抓好森林防火和森林病虫害防治，预防和减少各类灾害造成森林资源的损失。严格林业行政执法，打击乱砍滥伐林木行为，减少毁林，防止森林退化。尽快建立森林碳汇计量标准和监测体系，提高森林固碳监测能力。

（6）加强森林资源管理基础建设，提升森林资源保护管理水平。强化各级队伍建设，加大基础设施建设投入，全面提高森林资源管理能力和执法水平。建立国家森林资源监测的专门机构，增强综合监测与评价能力。加快林业数表修编进程，构建实物度量、效益评估和经营评价标准化体系。加快推进重点国有林区森林资源管理改革，建立国有森林资源管理的新机制。

（7）增强环境保护观念，转变林业经营思想。林业不仅具有经济效益，而且还具有生态效益和社会效益。由于林业产业周期较长、见效慢，因而部分群众思想认识不充分，从而使得林业发展不平衡，产业化发展进程深受影响。从林业发展历程来看，很多人都只是将林业作为产业或经济部门，没有重视林业的生态效益与社会效益，乱砍滥伐，导致了林业生态建设出现了严重的问题。今后林业发展过程中要进一步增强环境保护观念，转变林业经营思想，重视林业生态效益和社会效益。加大监管力度，加大基础设施建设投入力度，严防乱砍滥伐现象，提高森林质量，扩大森林的人均占有面积。

（8）加大林业建设资金投入。长期以来，我国对林业建设的资金投入远远不能达到林业发展的需求，建设资金短缺，设备陈旧落后，管理费用短缺，营林方式粗放，都严重影响了林业建设规模的扩大和林业的产品质量，同时也减少了林业发展的社会效益和经济效益。因此，今后各级政府要加大财政、税收、信贷政策倾斜力度，将林业生态建设的维护管理及基础设备设施建设的各项资金列入年度财政预算，并对部分重点生态建设项目，加大林业建设的资金投入。另外，要逐步完善林业生态效益补偿体系。各级政府要严格按照《中华人民共和国森林法》与《中共中央国务院关于加快林业发展的决定》的相关要求，遵循"谁开发谁受益"和"谁受益谁补偿"的基本原则，健全森林生态效益补偿机制，利用多方手段筹集资金，为林业建设提供充足的资金，以推动林业健康发展。

（9）加强林业管理。各级政府要转变管理理念，建立健全的林业管理体系。林业管理人员要改变传统管理套路，学习先进的管理知识，提高林业部门的工作水平和专业素质，建立健全林业管理体系，提高工作效率。积极引入市场机制，创新林业管理方式，建立节约成本和提高效益的激励机制，加快建立相关市场的监管构架，制定公正、公开、透明的程序和规则，实行林务公开制度，提高林业行政事务透明度。林业部门职能定位要准确，职责要明晰，避免缺位、错位等情况发生，避免多重管理现象的发生。要逐步建立部门间的沟通协调机制，树立林业职工的效能意识、成本意识、效率意识，提高广大工作人员的服务及自律意识。

（10）建立健全林业法律体系。我国正处在工业化、城镇化和农业现代化的关键时期，林业所面临的压力尤为沉重。对此，需要进行法律和治理方面的变革，促使走向可持续林业，弃用根深蒂固的森林不可持续经营方式和做法。目前，我国现行的林业法律法规主要由《中华人民共和国森林法》《中华人民共和国森林法实施条例》《森林防火条例》《森林病虫害防治条例》等国家法律法规、地方森林法规和与林业有关的法律法规组成，"这些法律法规对我国的林业发展起到了巨大的作用。但是总体而言，林业法制建设还有待完善”。另外，林业法律法规中的一些条例已经不适合现代社会和林业的发展，需要作进一步修改，进行简化清理，并结合当前林业建设发展的需求，制定符合实际林业发展需求的法律法规。除了对林业相关的法律进行修订以外，还需要加强法律实施的力度，不能使法律成为一纸空文。对于破坏林业建设的不法分子一定要严厉查处，不能姑息纵容，使其影响我国林业的发展。

（11）提高林业建设中的科技含量。当前我国的林业产业面临着科技含量比较低，成果转化很慢的问题。我国从事林业工作的人员整体素质较低。林业生态建设工作是否具有足够的科技含量，在很大程度上决定了其成败与否。而要提高林业生态建设的科技含量，首先，要提高林业工作者的知识含量和技术水平，特别是从事林业研究的工作人员要实现理论知识高新化；其次，要善于借鉴其他行业的先进科研成果，将林业生态科研的起点拉高；再次，应该对林业生态科技研究的课题进行科学的布局，以免造成资源浪费和劳动重复；最后，要对科研评价体系进行补充和完善，提高对基础林业理论的研究力度。此外，积极地实现林业生态建设科研成果共享也是提高林业生态建设科技含量的一大举措。通过以上几点措施，不断加强与林业生态建设相关的科技研究和技术开发工作，大力研发与林业生态建设相关的技术，促进林业生态建设工作更加快速稳定的发展。

第二章　可持续发展概述

第一节　可持续发展的由来

一、可持续发展思想的萌芽

（一）古代朴素的可持续发展思想

可持续性的概念源远流长。在中国春秋战国时期就有保护正在怀孕和产卵的鸟、兽、鱼、鳖以利“永续利用”的思想和封山育林定期开禁的法令。春秋时齐国为相的管仲，从发展经济、富国强兵的目标出发，十分注意保护山林川泽及其生物资源，反对过度采伐，他说：“为人君而不能谨守其山林菹泽草莱，不可以天下王”（《管子·地数》）。战国时期的荀子也把自然资源的保护视为治国安邦之策，特别注意遵从生态系统的季节规律，重视自然资源的持续保存和永续利用。西方经济学家马尔萨斯、李嘉图和穆勒等的著作中也是认识到人类消费的物质限制，即人类的经济活动范围存在着生态边界。

（二）现代可持续发展思想的产生

现代可持续发展理论的产生经历了相当长的历史过程。20 世纪五六十年代，人们在经济增长、城市化、人口、资源等所形成的环境压力下，对增长等发展的模式产生怀疑并展开研究。1962 年，美国女生物学家莱切尔·卡逊（Rachel Karson）发表了一部引起很大轰动的环境科普著作《寂静的春天》，作者描绘了一幅由于农药污染所带来的可怕景象，惊呼人们将会失去“春光明媚的春天”，在世界范围内引发了人类关于发展观念上的争论。10 年后，两位美国著名学者巴巴拉·沃德（Barbara Ward）和雷内·杜博斯（Rene Dubos）的享誉全世界的《只有一个地球》问世，把人类对生存与环境的认识推向一个新境界即可持续发展的境界。同年，一个非正式国际著名学术团体——罗马俱乐部发表了著名的研究报告《增长的极限》，明确提出“持续增长”和“合理的持久的均衡发展”的概念。

1. 《寂静的春天》——对传统行为和观念的早期反思

20 世纪中叶，随着环境污染的日趋加重，特别是西方国家公害事件的不断发生，环境问题频频困扰人类。20 世纪 50 年代末，美国海洋生物学家蕾切尔·卡逊（Rachel Karson）在潜心研究美国使用杀虫剂所产生的种种危害之后，于 1962 年发表了环境保护科普著作《寂静的春天》。作者通过对污染物富集、迁移、转化的描写，阐明了人类同大气、海洋、河流、土壤、动植物之间的密切关系。初步揭示了污染对生态系统的影响。她告诉人们：“地球上生命的历史一直是生物与其周围环境相互作用的历史……只有人类出现后，生命才具有了改造其周围大自然的异常能力。在人对环境的所有袭击中，最令人震惊的，是空气、土地、河流以及大海受到各种致命化学物质的污染。这种污染是难以清除的，因为它们不仅进入了生命赖以生存的世界，而且进入了生物组织内。”她还向世人呼吁我们长期以来行驶的道路，容易被人误认为是一条可以高速前进的平坦、舒适的超级公路，但实际上，这条路的终点却潜伏着灾难，而另外的道路则为我们提供了保护地球的最后唯一的机会。这“另外的道路”究竟是什么样的，卡逊没能确切告诉我们，但作为环境保护的先行者，卡逊的思想在世界范围内，较早地引发了人类对自身的传统观念和行为进行较为系统和深入的反思。

2. 《增长的极限》——引起世界反响的“严肃忧虑”

1968 年，来自世界各国的几十位科学家、教育家和经济学家等学者聚会罗马，成立了一个非正式的国际协会——罗马俱乐部（The Club of Rome）。它的工作目标是关注、探讨与研究人类面临的共同问题：使国际社会对人类面临的社会、经济、环境等诸多问题，有更深入的理解，并在现有全部知识的基础上推动采取能扭转不利局面的新态度、新政策和新制度。受俱乐部的委托，以麻省理工学院 D·梅多斯（Donella Meadows）为首的研究小组，针对长期流行于西方的高增长理论进行了深刻反思，并于 1972 年提交了俱乐部成立后的第一份研究报告——《增长的极限》。报告深刻阐明了环境的重要性以及资源与人口之间的基本联系。报告认为：由于世界人口增长、粮食生产、工业发展、资源消耗和环境污染这五项基本因素的运行方式是以指数增长而非线性增长，全球的增长将会因为粮食短缺和环境破坏于下世纪某个时段内达到极限。就是说，地球的支撑力将会达到极限，经济增长将发生不可控制的衰退。因此，要避免因超越地球资源极限而导致世界崩溃的最好方法是限制增长，即“零增长”。

《增长的极限》一发表，在国际社会特别是在学术界引起了强烈的反响。该报告在促使人们密切关注人口、资源和环境问题的同时，因其反增长情绪而遭受到尖锐的批评和责难，因此，引发了一场激烈的、旷日持久的学术之争。一般认为，由于种种因素的局限，《增长的极限》的结论和观点，存在十分明显的缺陷。但是，报告所表现出的对人类前途的“严肃的忧虑”以及唤起人类自身的觉醒，其积极意义却是毋庸置疑的。它所阐述的“合理的、持久的均衡发展”，为孕育可持续发展的思想萌芽提供了土壤。

3. 联合国人类环境会议——共同迎接环境问题的挑战

1972 年，联合国人类环境会议在斯德哥尔摩召开，来自世界 113 个国家和地区的代表汇聚一堂，共同讨论环境对人类的影响问题。这是人类第一次将环境问题纳入世界各国政府和国际政治的事务议程。大会通过的《人类环境宣言》宣布了 37 个共同观点和 26 项共同原则。它向全球呼吁：现在已经到达历史上这样一个时刻，我们在决定世界各地的行动时，必须更加审慎地考虑它们对环境产生的后果。由于无知或不关心，我们可能给生活和幸福所依靠的地球环境造成巨大的无法换回的损失。因此，保护和改善人类环境是关系全世界各国人民的幸福和经济发展的重要问题；是全世界各国人民的迫切希望和各国政府的责任，也是人类的紧迫目标。各国政府和人民必须为全体人民和自身后代的利益而作出共同的努力。

作为探讨保护全球环境战略的第一次国际会议，联合国人类环境大会的意义在于唤起各国政府共同对环境问题，特别是对环境污染的觉醒和关注。尽管大会对整个环境问题认识比较粗浅，对解决环境问题的途径尚未确定，尤其是没能找出问题的根源和责任，但是，它正式吹响了人类共同向环境问题挑战的进军号。各国政府和公众的环境意识，无论是在广度上还是在深度上都向前迈进了一步。

二、可持续发展理论的提出

1. 可持续发展思想的提出

斯德哥尔摩会议之后，发达国家普遍加强了对环境保护的投入，生态面貌得到了很大的改善，空气开始逐渐变得清新，鱼儿重新出现在绝迹多年的河流中。许多人陶醉于改善环境的成果，产生了一种乐观而模糊的认识，似乎环境问题已经得到了基本控制，甚至有人认为，只要政府做好准备，环境随时都可以得到清理。

在纪念斯德哥尔摩会议10周年之际，一些专家撰文指出，新的问题已经出现了。一方面，虽然发达国家在治理环境污染方面取得了一些进展，但环境问题的焦点却逐渐转移到了发展中国家——热带雨林正在消失，良田由于过度开垦而逐渐变成不毛之地；另一方面，越来越多的证据使人们开始关注全球性环境问题的发展，酸雨、全球变暖和臭氧层耗竭等，给人类带来了更大的威胁。在这样的前景下，各国政府逐渐开始认识到，环境问题决不只是一个国家内部的问题，只有通过国际合作，才有可能真正取得进步。实际上，即使是在斯德哥尔摩会议之后，世界上公害事件仍时有发生，而1984～1986年那场横扫非洲大陆的饥荒似乎也向人们提出，环境问题如果不能很好地得到解决，那将是人类的一场悲剧。

1983年12月，联合国成立了世界环境与发展委员会（World Commission of Environment and Development，WCED）。委员会的宗旨在于：为持续的发展提出长期的环境战略，把对环境的关注转化成南北双方的更大合作，找到国际社会更有效地保护环境的途径等。经过5年细致的实地调查研究，WCED于1987年4月出版了其最终报告《我们共同的未来》。同年12月，该报告经过联合国第42届大会通过，在全球范围内引起了巨大的反响。

该报告以翔实的资料，针对世界环境与发展方面存在的问题，提出具体而现实的建议。最引人注目的是，报告中首次采纳“持续性”和“可持续发展”的概念，把环境与发展紧密地结合在了一起。报告指出，需要一种全新的发展道路，在这条道路上，持续的发展不仅仅能够于某一时期在某些地区实现，而是要在整个星球上延续到遥远的未来。这种全新的发展道路，就是“可持续发展”。

随着《我们共同的未来》的发表和可持续发展理论的提出，一条新的发展道路开始出现在人类面前。

2. 联合国环境与发展大会

1992年6月5日在巴西里约热内卢举行的联合国环境与发展大会（UNCED）上，183个国家和70个国际组织的代表通过了《里约环境与发展宣言》（地球宪章）和《21世纪议程》两大纲领性文件。前者是为保护地球永恒活力和整体性，建立公平的全球伙伴关系行为准则的宣言，提出了实现可持续发展的27条基本原则；后者是为保障人类共同的未来所采取的全球性战略措施。会上还签署了联合国《气候变化框架公约》《生物多样性公约》

和《关于森林的原则声明》等重要文件。走可持续发展的道路得到人类最广泛、最高级别的政治承诺。

这次大会与1972年的第一次人类环境大会相比，有3点不同：

一是认识的一致性和认识的进一步深化。1972年的会议上发达国家高喊环境问题的严重性，而发展中国家大多未予响应，甚至说环境问题是发达国家的事。而20年后的联合国环境与发展大会上发达国家和发展中国家都认识到了环境问题对人类生产和发展的严重威胁，认识到了解决环境问题的紧迫性。

二是找到了解决环境问题的正确道路。斯德哥尔摩会议的最大功绩在于唤起世人的环境觉醒，并在西方国家开始了认真治理。1992年的联合国环境与发展大会不仅扩展了环境问题的认识范围和深度，而且把环境问题与经济社会发展结合起来研究，探求它们之间的相互影响和相互依托的关系，故定名“环境与发展大会”，这是人类认识的一大飞跃。

三是明确了责任，开辟了资金渠道。从影响全球性和区域性的环境问题看，重要责任逐渐地或间接地来自工业发达国家，这是历史事实。由此，他们就有义务承担环境治理的费用。

第二节　可持续发展的定义与内涵

一、可持续发展的定义

与任何理论的形成和发展一样，可持续发展定义形成了不同的流派，这些流派或对相关问题有所侧重，或强调可持续发展中的不同属性，从全球范围来看，比较有影响的有以下几类；

1. 从自然属性定义可持续发展

持续性这一概念是由生态学家首先提出来的，即所谓生态持续性。它旨在说明自然资源及其开发利用程度间的平衡。1991年11月，国际生态学联合会（INTECOL）和国际生物科学联合会（IUBS）联合举行关于可持续发展问题专题研讨会。该研讨会的成果发展并深化了可持续发展概念的自然属性，将可持续发展定义为：“保护和加强环境系统的生产和更新能力”，即可持续发展是不超越环境系统更新能力的发展。从生物圈概念出发定义可持续发展是从自然属性方面表征可持续发展的另一种代表，即认为可持续发展是寻求一种最佳的生态系统以支持生态的完整性和人类愿望的实现，使人类的生存环境得以持续。

2. 从社会属性定义可持续发展

1991 年，由世界自然保护同盟（INCN）、联合国环境规划署（UNEP）和世界野生生物基金会（WWF）共同发表了《保护地球——可持续自下而上战略》（Caring for the Earth：A Strategy for Sustainable Living）（以下简称《生存战略》）。《生存战略》提出的可持续发展定义为："在生存于不超出维持生态系统涵容能力之情况下，改善人类的生活品质"，并且提出人类可持续生存的 9 条基本原则。在这 9 条原则中，既强调了人类的生产方式与生活方式要与地球承载能力保持平衡，保护地球的生命力和生物多样性，同时，提出了人类可持续发展的价值观和 130 个行动方案，着重论述了可持续发展的最终落脚点是人类社会，即改善人类的生活品质，创造美好的生活环境。《生存战略》认为各国可以根据自己的国情制定各不相同的发展目标。但是，在"发展"的内涵中应包括有提高人类健康水平、改善人类生活质量和获得必需资源的途径，并创造一个保障人们拥有平等、自由、人权的环境，"发展"只有使我们的生活在所有这些方面都得到改善，才是真正的"发展"。

3. 从经济属性定义可持续发展

从经济属性定义可持续发展也有不少表达方式。不管哪一种表达，都认为可持续发展的核心是经济发展。Edward B. Barbier 在其著作《经济、自然资源、不足和发展》中，把可持续发展定义为"在保持自然资源的质量和其所提供服务的前提下，使经济发展的净利益增加到最大限度"。还有的学者提出，可持续发展是"今天的资源使用不应减少未来的实际收入"。当然，定义中的经济发展已不是传统的以牺牲资源与环境为代价的经济发展，而是"不降低环境质量和不破坏世界自然资源基础的经济发展"。

4. 从科技属性定义可持续发展

实施可持续发展，除了政策和管理因素之外，科技进步起着重大作用。没有科学技术的支撑，无从谈起人类的可持续发展。因此，有的学者从技术选择的角度扩展了可持续发展的定义，认为"可持续发展就是转向更清洁、更有效的技术——尽可能接近'零排放'或'密闭式'工艺方法——尽可能减少能源和其他自然资源的消耗"。还有的学者提出"可持续发展就是建立极少产生废料和污染物的工艺或技术系统"。他们认为污染并不是工业活动不可避免的结果，而是技术差、效率低的表现。他们主张发达国家与发展中国家之间进行技术合作，以缩小技术差距，提高发展中国家的经济生产力。同时，应在全球范围内开发更有效地使用矿物能源的技术，提供安全、经济的可再生能源技术来限制导致气候变暖的二氧化碳的排放，并通过恰当的技术选择，停止某些化学品的生产与使用，以保护臭氧层，逐步解决全球环境问题。

5. 布氏可持续发展定义

1987 年前挪威首相布伦特兰夫人（Gro Harlem Brundland）及她所主持的有 21 个国家的著名的环境与发展问题专家组成的联合国世界环境与发展委员会（World Commission on Environment and Development），在其长篇调查报告《我们共同的未来》（Our Common Future）（以下简称《报告》）中，系统地阐述了人类面临的一系列重大经济、社会和环境问题，提出了可持续发展定义。布氏提出的可持续发展定义是："满足当代人的需求，又不损害子孙后代满足其需求能力的发展"。这一定义在最概括的意义上得到了广泛的接受和认可，并在 1992 年联合国环境与发展大会上得到共识。

二、可持续发展的内涵

从全球普遍认可的概念中，我们可以梳理出可持续发展有以下几个方面的内涵：

1. 共同发展

地球是一个复杂的巨系统，每个国家或地区都是这个巨系统不可分割的子系统。系统的最根本特征是其整体性，每个子系统都和其他子系统相互联系并发生作用，只要一个系统发生问题，都会直接或间接影响到其他的系统，甚至会诱发系统的整体突变，这在地球生态系统中表现最为突出。因此，可持续发展追求的是整体发展和协调发展，即共同发展。

2. 协调发展

协调发展包括经济、社会、环境三大系统的整体协调，也包括世界、国家和地区三个空间层面的协调，还包括一个国家或地区经济与人口、资源、环境、社会以及内部各个阶层的协调，持续发展源于协调发展。

3. 公平发展

世界经济的发展呈现出因水平差异而表现出来的层次性，这是发展过程中始终存在的问题。但是这种发展水平的层次性若因不公平、不平等而引发或加剧，就会因为局部而上升到整体，并最终影响到整个世界的可持续发展。可持续发展思想的公平发展包含两个纬度：一是时间纬度上的公平，当代人的发展不能以损害后代人的发展能力为代价；二是空间纬度上的公平，一个国家或地区的发展不能以损害其他国家或地区的发展能力为代价。

4. 高效发展

公平和效率是可持续发展的两个轮子。可持续发展的效率不同于经济学的效率，可持续发展的效率既包括经济意义上的效率，也包含着自然资源和环境的损益的成分。因此，可持续发展思想的高效发展是指经济、社会、资源、环境、人口等协调下的高效率发展。

5. 多维发展

人类社会的发展表现出全球化的趋势，但是不同国家与地区的发展水平是不同的，而且不同国家与地区又有着异质性的文化、体制、地理环境、国际环境等发展背景。此外，因为可持续发展又是一个综合性、全球性的概念，要考虑到不同地域实体的可接受性，因此，可持续发展本身包含了多样性、多模式、多维度选择的内涵。因此，在可持续发展这个全球性目标的约束和指导下，各国与各地区在实施可持续发展战略时，应该从国情或区情出发，走符合本国或本地区实际的、多样性的、多模式的可持续发展道路。

三、可持续发展的内容

可持续发展思想认为发展与环境是一个有机的整体。《里约宣言》强调："为实现可持续发展，环境保护工作应当是发展进程的一个重要组成部分，不能脱离这一进程来考虑。"可持续发展理论大体包括以下几个重要内容：

（1）可持续发展不否定经济增长（尤其是穷国的经济增长），但需要重新审视任何实现经济增长的方式。要得到实现可持续发展的经济增长，必须将生产方式从粗放型转变为集约型，减少每单位经济活动造成的环境压力，研究并解决经济上的扭曲和误区。既然环境退化的原因存在于经济过程中，其解决答案也应该从经济过程中去寻找。我国目前在实行的两个转变其中就有一个经济增长方式的转变。

（2）可持续发展以自然资本为基础，强调与环境承载力相协调。"可持续性"可以通过适当的经济手段、技术措施和政府干预得以实现。要力求降低自然资本的消耗速率，使之低于资源的再生速率或替代品的开发速率。要鼓励清洁工艺和可持续消费方式，使每单位经济活动所产生的废物数量尽量减少。

（3）可持续发展以提高生活质量为目标，同社会进步相适应。"经济发展"的概念远比"经济增长"的含义更广泛。经济增长一般被定义为国民生产总值的提高，发展则必须使社会和经济结构发生进化、使一系列社会发展目标得以实现。

(4) 可持续发展承认并要求体现出环境资源的价值。这种价值不仅体现在环境对经济系统的支撑和服务价值上，也体现在环境对生命保障系统的存在价值上。应当把生产中环境资源的投入和服务计入生产成本和产品价值中，并逐步修改和完善国民经济核算体系。

(5) 可持续发展的实施以适宜的政策和法律体系为条件，强调“综合决策”和“公众参与”。需要改变过去各个部门封闭地、分隔“单打一”地分别制定和实施经济、社会、环境政策的做法，应根据周密的社会、经济、环境因素和科学原则、全面的信息和综合的要求来制定政策并予以实施。可持续发展的原则要纳入经济发展、人口、环境、资源、社会保障等各项立法及重大决策之中。

四、可持续发展的原则

可持续发展是一种新的人类生存方式。这种生存方式不但要求体现在以资源利用和环境保护为主的环境生活领域，更要求体现到作为发展源头的经济生活和社会生活中去。贯彻可持续发展战略必须遵从一些基本原则：

1. 公平性原则（fairness）

可持续发展强调发展应该追求 2 个方面的公平：一是本代人的公平即代内平等。可持续发展要满足全体人民的基本需求和给全体人民机会以满足他们要求较高生活质量的愿望。当今世界的现实是一部分人富足，而占世界 1/5 的人口处于贫困状态；占全球人口 26% 的发达国家耗用了占全球 80% 的能源、钢铁和纸张等。这种贫富悬殊、两极分化的世界不可能实现可持续发展。因此，要给世界以公平的分配和公平的发展权，要把消除贫困作为可持续发展进程特别优先的问题来考虑。二是代际间的公平即世代平等。要认识到人类赖以生存的自然资源是有限的。本代人不能因为自己的发展与需求而损害人类世世代代满足需求的条件——自然资源与环境。要给世世代代以公平利用自然资源的权利。

2. 持续性原则（sustainability）

持续性原则的核心思想是指人类的经济建设和社会发展不能超越自然资源与生态环境的承载能力。这意味着，可持续发展不仅要求人与人之间的公平，还要顾及人与自然之间的公平。资源和环境是人类生存与发展的基础，离开了资源和环境，就无从谈及人类的生存与发展。可持续发展主张建立在保护地球自然系统基础上的发展，因此发展必须有一定的限制因素。人类发展对自然资源的耗竭速率应充分顾及资源的临界性，应以不损害支持地球生命的大气、水、土壤、生物等自然系统为前提。换句话说，人类需要根据持续性原则调整自己的生活方式、确定自己的消耗标准，而不是过度生产和过度消费。发展一旦破坏了人类生存的物质基础，发展本身也就衰退了。

3. 共同性原则（common）

鉴于世界各国历史、文化和发展水平的差异，可持续发展的具体目标、政策和实施步骤不可能是唯一的。但是，可持续发展作为全球发展的总目标，所体现的公平性原则和持续性原则，则是应该共同遵从的。要实现可持续发展的总目标，就必须采取全球共同的联合行动，认识到我们的家园——地球的整体性和相互依赖性。从根本上说，贯彻可持续发展就是要促进人类之间及人类与自然之间的和谐。如果每个人都能真诚地按“共同性原则”办事，那么人类内部及人与自然之间就能保持互惠共生的关系，从而实现可持续发展。

第三节　可持续发展的理论基础

一、环境承载力理论

1. 环境承载力概述

环境承载力（Environmental Bearing Capacity）是环境系统对人类社会发展活动的支持能力。不少学者对环境承载力的概念从理论和应用两方面进行了思考与探索，也初步给出了它的定义和表述方法。

实践表明，人类赖以生存和发展的环境是一个具有维持其稳态效应能力的系统，它既为人类活动提供资源并容纳废弃物，又为人类活动提供空间和载体。由于环境系统的组成物质在数量上存在一定的比例关系，在空间上有一定的分布规律，所以它对人类活动的支持能力就有一个限度，或者说，存在一个阈值。我们把这个阈值定义为环境承载力，确切地说，环境承载力是指“某一时期，某种环境状态下，某一区域环境对人类社会经济活动的支持能力的阈值”。这里，“某一区域”是广义的，可以大到整个地球。

不难理解，当前出现的种种环境问题，大多是人类社会的发展活动与环境承载力之间出现冲突造成的。也就是说当人类社会发展活动对环境的作用超过了环境所能支持的极限，即外界的“刺激”超出了环境系统维持其动态平衡的抗干扰能力时，人类社会行为对环境的作用力就超出了环境承载力，从而造成了种种环境问题。因此，环境承载力可以作为衡量人类社会经济活动与环境协调程度的一个判据。

环境承载力最主要的特点是客观性和主观性的结合。客观性体现在一定的环境状态下其环境承载力是客观的，是可以衡量和把握的；主观性表现在环境承载力的指标及其数值将因人类社会行为内容的不同而不同，而且人类可以通过自身的行为，特别是社会经济行为来改变环境承载力的大小，控制其变化方向。

环境承载力的另一特点是具有明显的区域性和时间性，地区不同或时间范围不同，环境承载力可以不同。

环境承载力的衡量包括衡量的指标体系和衡量方法两部分内容。由于环境承载力必须能体现出环境系统和社会、经济系统之间在物质、能量和信息方面的联系，所以环境承载力应是一个矢量。显然，表示这个量的指标体系必须从环境系统与社会经济系统的物质、能量和信息的交换上入手。

由此可见，在构造环境承载力的指标体系时，首先要对人类的社会、经济行为进行分类，然后再针对不同的行为类型给出不同的指标体系。比如，欲表达某个地区对发展工业的环境承载力时，其指标体系是一种，而欲表达其对发展农业的环境承载力时，其指标体系又是另一种；欲表达某个地区对发展工业城市的环境承载力时，其指标体系是一种，而欲表达其对发展风景旅游城市的环境承载力时，其指标体系又是另一种。

然而，不论人类的社会经济行为可能属于哪一类型，一般来说，环境承载力的指标体系总是由以下三部分的指标所构成：

①自然资源供给类指标：如水资源、土地资源、生物资源、生态状况等；

②社会条件支持类指标：如经济实力、公用设施、交通条件等；

③污染承受能力类指标：如污染物的迁移、扩散和转化能力，绿化状况等。

关于环境超载能力有以下几种观点：

①完全从环境保护主义的立场出发看这个问题，会将一切“坏现象”如森林破坏、沙漠化、水土流失、能源危机和环境污染等视为环境超载能力被突破的表现，但如果接受这个观点，就会发现环境超载能力本身已成为一种没有多大意义的概念。

②另一类观点是将承载能力与所谓“短板效应”挂钩。认为制约人口进

一步发展或生活水平进一步提高的资源或环境因素构成了环境超载力的短板，应该将这些因素的承载极限视为承载能力的极限。但需要注意的是，“短板”常常具有很强的相对性。如果水是一个地区的“短板”，那么，通过发展节水技术，加强管理和建设水利工程，“短板”就会获得修补。至于资源一类“短板”，20 世纪 70 年代的石油危机的前因后果更证明了其局部性和暂时性。

2. 环境承载力的确定

环境质量（Environmental Quality）是环境科学中表征环境本质属性的一个重要概念。从哲学层次看，它是一种客观存在，是不以人的意志为转移的环境系统的基本属性。在科学层次上，目前存在着二种解释：一是从近代物理学中的“熵”、“场”理论出发，认为环境质量是环境系统的表达；二是从“功能观”出发，认为它是环境状态品质的表示。不管从哪一种解释出发，环境质量都应该既是体现环境系统组成的要素又是体现其整体状况的量。从技术含义（应用层次）看，人们对环境质量的描述与量化表示都必然具有一定的主观性。目前世界各国的环境质量指标仅仅局限于污染物在环境要素中的含量和浓度上。因此，在实践中目前的环境质量概念只能作为污染程度的同义词来解释。显然，环境质量评价应该是一项估计在人类社会行为的作用下环境质量发生了什么样的变化，并在此基础上判断它对人类社会生存发展需求满足的程度，它无法起到判断经济发展与环境是否协调的作用。因此，环境质量这一概念不是一个判断环境与发展是否协调的尺度。

“环境承载力”这一概念的提出，其思想前提是环境的“资源观”和“价值观”。环境作为一种资源，它包含了两层含义：一是指环境的单个要素（如土地、水、气候、动植物、矿产等）以及它们的组合方式（环境状态）；二是指与环境污染相对应的环境纳污能力，即“环境自净能力”。环境的这种资源观告诉我们，环境要素的供应量和产出速度是有限的，环境要素组合方式的形成速度是极其缓慢的，环境的自净能力更是有限的，也就是说在一定的时空条件下环境对人类社会经济发展活动的支持能力是有限的，我们应根据环境资源的有限的支持能力来确定人类社会经济活动的方向和速度。另外，环境又是有价值的，这种价值的含义“客体对主体需求的满足程度”，环境资源的价值是指环境对人类这一主体在物质、精神、文化、情感、美学、经济诸方面需要的满足度。环境价值与经济价值是两类不同的价值，对人类社会的永久生存而言，环境价值的重要性绝不低于经济价值的重要性。因此，决不能简单、片面地追求环境价值的货币化。但为使环境资源得以永续利用、环境价值得以保持或提高，必须对环境作一定经济投入。因此，环境价值与经济价值之间又有十分密切的联系，人们需要经济价值，更需要环境价值。

3. 环境承载力的实质内涵

“环境承载力”的科学定义可表述为：在某一时期，某种状态或条件下，某地区的环境所能承受的人类活动作用的阈值。这里，“某种状态或条件”，是指现实的或拟定的环境结构不发生明显不利于人类生存的方向改变的前提条件。所谓“能承受”是指不影响环境系统正常功能的发挥。由于它所承载的是人类社会活动（主要指人类经济发展行为）在规模、强度或速度上的限值，因而其大小可用人类活动的方向、速度、规模等量来表现。

从哲学层次上来看，环境承载力是一个表征环境系统属性的客观的量，是环境系统活力的表现，是环境系统产出能力和自我调节能力的表现。当人类活动对环境的索取超过一定的限度时，环境系统的结构和功能就会发生质的变化，它将反过来危及人类的生存与持续发展。这一观点可以表示为人类经济活动（载荷现量）/环境承载力。

此值≥1，表明经济发展对环境的索取远大于环境对经济活动的支持度，环境已“严重超载”；此值=1，表明环境处于基本满负荷状态；此值≤1，表明环境尚未满负荷，允许进一步发展。

从技术层次上讲，由于在一定时期内，区域环境系统在结构、功能方面不会发生质的变化，而环境承载力是环境系统结构特征的反映，故其“量”和“质”2个方面的规定性是客观的，可以把握的，并能定量和定性表达。但环境承载力的客观性，不等于它一成不变；相反，它可因人类对环境的改造而发生变化。例如，对某些环境限制因子采取适当的改善措施（如缺水城市的调水）则可大大提高其环境承载力；这种可调节性告诉我们，人类在经济活动过程中应有目的地寻求环境限制因子并降低其限制强度，以使环境承载力在量和质2个方面向人类预定的目标变化。

从技术层次上把握环境承载力，还应该掌握它的“多向性”和“多层次性”，即环境承载力将因人类社会经济发展活动的层次、内容不同而具备不同的表现形式和可能得到不同的结论值。因此，正确表述和理解人类经济发展行为，是进行环境承载力研究的前提。我们认为可在一个特殊的四维空间中来表现人类活动，第一个坐标用以确定人类经济发展所处的层次，包括战略层次、宏观布局层次、微观技术层次等；第二个坐标用以确定人类经济活动的性质，即对资源的经济部门的分配或再分配及产业结构的构建等；第三个坐标是确立人类活动范围（边界辨识），包括大、中、小3个尺度；第四个坐标用以确立人类经济发展行为所处的“时序”，根据实施过程可分为筹划阶段、规划阶段、实施阶段、运行阶段和反馈阶段等。以上四维空间坐标的组合可以完整地表现出人类社会经济行为的主要内容和基本特点。这种高维矢量矩阵形态充分地显示出人类社会经济活动的复杂性和多样性。由此可见，不能简单去追求一种一成不变的，固定的环境承载力的量化指标和计算模式。

以上分析表明，提高环境承载力和调整人类经济发展行为是协调环境与发展的 2 条基本途径，其中降低环境阻力的作用程度、强化环境管理、优化环境规划方案等是提高环境承载力可行的途径和手段，而调整人类社会经济发展行为则比较复杂并具相当的难度。

二、环境价值论

1. 环境价值概述

环境价值论是可持续发展思想的核心理论之一。

环境究竟有没有价值的问题，是一个似乎已经解决而实际上还远远没有解决的问题。说它“似乎已经解决”是指在常识上、口头上没有人说它没有价值；说它“远远没有解决”是指在理论上和实际经济生活中，从来也不重视甚至不考虑它的价值的存在。导致在实际上不承认环境有价值的根源在于迄今为止在实际经济生活中占统治地位的传统经济学理论。因为根据传统经济学的理论，由于环境，特别是天然环境，它既没有劳动的参与，又不能拿到市场上去交换所有权和使用权。所以，尽管环境为人类社会的生存、发展提供了所需的全部物质资源和状态条件，它也是没有价值的。

要真正处理好环境与发展的关系，推动人类社会走上可持续发展的轨道，当前最迫切要解决的问题是建立正确的价值观并解决其经济化的问题。而这又必须首先从哲学的高度上来进行分析。

究竟什么是“价值”呢？细想一下不难发现，通常人们说某事物有价值，总是指该事物对人们有用，这就是说，有价值的事物必须能满足人类的某种需要，如空气供人们呼吸，水供人们饮用及工、农业生产使用，土壤供种植农作物，太阳能是地球上供人类利用的一切能源的最终来源等。由此可见，价值实质上是反映了客体与主体需要之间的一种特定关系。

这里所指主体需要是一种客观的、社会的需要，而不是某个具体的人或集团的主观需要。比如一片森林或草原，对一位渔民来说，他可能并不需要它们，或至少绝大多数时候不需要，但是对于整个人类社会而言，它们无论在维持生态平衡、绿化美化环境、防止风沙和水土流失，还是在提供木材与牧草方面，都能直接或间接地满足人类社会生存发展的不同方面的需要。由此可见人类社会对环境的需要是一种客观存在，它不会因某个具体的人或集团的不需要而不存在。另外，还有一些主体需要可能会由于人类社会发展阶段的局限性而一时未被认识和提出，但也不能因此而否认它的客观性。

明确指出价值是主体需要与客体之间的关系，对于澄清“价值”的概念具有十分重要的意义。首先，任何客体，只有当它与主体发生联系，并成为主体活动的组成部分时，才会对主体发生有益或有害的影响，成为主体的价值对象。因此价值关系的载体是客体与主体两个方面，离开任何一方，价值都无从谈起，而且，同一个客体，与不同的主体发生联系，成为不同活动的组成部分时，所形成的价值也会不同。

其次，客体的价值不是自然生成的，只有当主体在认识和改造客体的社会活动中，将自己的主观愿望在客观对象中展现以后，客体才会显示出它的价值属性，才具有价值。由此可见，客体的价值属性不是类似于物理、化学或生物学意义上的纯自然属性，也不是由主体根据自己的主观愿望随意赋予客体的，而是在客体的自然属性的基础上，通过主体的社会实践活动后获得的社会属性。

2. 环境价值的体现

一个事物（环境）的价值应该从以下 3 个层次来认识：①响应主体（人类社会）需求的价值。例如地球上蕴藏的矿物资源、生物资源、水资源、土地资源、阳光资源、空气资源等，它们具有满足人类社会生存、发展需求的条件和能力，我们不妨把这种价值称为“需求响应价值”。②符合主体需求的价值。这是“需求响应价值”与“劳动价值”之和。比如矿物资源，它的天然形态并不符合人类社会生存、发展的需求，必须在经过人类的采掘和有目的的加工后，才能符合人类社会生存、发展的需求。因此，我们在这一层次上把事物的价值称为“需求符合价值”。③满足主体需求的价值。这是“需求符合价值”与“市场价值”之和。这是因为任何一个经过加工后的产品（或状态）都必须通过市场的流通才能真正满足主体的需求。这个价值才是客体主体化后所具有的价值。

由以上的分析可知，环境之所以能够直接或间接（通过人类劳动）地满足人类社会生存、发展的需求，首先是因为它具有响应需求的自然属性，因此在实际经济生活中和理论上不承认环境有价值，不把环境的价值考虑在内，显然是不正确的。

三、协同发展论（环境场论）

历史的教训是，不注意保护环境的发展，以损害后代人的发展条件和发展能力为代价，或以损害别的地区、别的国家的发展条件和发展能力为代价的发展，带来的必然是全球性的资源破坏、环境污染、生态退化以及世界性的频繁战乱。这就是说过去的发展道路不是可持续的，或至少是持续性不够的，因而是不可取的。无论如何，人类从工业文明的阴影中走出来，改变过去的发展思想和发展模式已经是势在必行了。

不管怎样理解，可持续发展一词的概念都必须是以“发展”为前提的。没有发展，也就谈不上是否可持续发展。至于“发展”一词，不管如何去理解，其首要内容也必然是人类社会物质财富的增长和人类生活质量的提高。因此，可持续发展绝不意味着停止或放弃物质财富的增长，正相反，它要追求的是更好、更快、更健康的增长。这意味着可持续发展的核心是在每一个历史时段中如何发展的问题，特别是社会物质财富的生产如何增长的问题。这里“如何增长”指的是：

①人类社会物质财富的增长与人类生活质量的提高、消费模式的选择如何相互调适；

②人类社会物质财富的增长与环境条件、环境状况如何相互匹配；

③人类社会物质财富的增长在经济系统内部各产业、行业部门如何恰当的分布。

从上述3点可以看出，可持续发展的核心问题实质上是在每一个历史时段中社会、经济、环境三大系统的协同发展问题。也就是人类社会通过采取适当的发展行为，使这三大系统相互作用的结果达到社会效益、经济效益和环境效益统一的问题。

协同发展是一个理论原则，也是一个行动准则，如果说“可持续发展”是从时间域上表达了人类社会的追求和信念的话，那么“协同发展”则是从由发展要素构成的空间域上表达了人类社会的追求和信念。与“可持续发展”相比，“协同发展”更具有可操作性，只有实现了“协同发展”才能从过程上保证“可持续发展”目标的实现。

第四节 可持续发展的评价

一、可持续发展指标体系的研究状况

自从可持续发展的概念被确认之后，很多研究机构为寻求它们的测量指标作出了不懈的努力。1994 年联合国可持续发展委员会（UNCSD）召开的国际会议上，着重鼓励世界各国为制定指标体系作出自己的贡献。根据归纳，比较有影响的可持续发展的指标体系大致有：

1. 人类活动强度指标（HAI）

人类活动强度指标由以色列希伯来大学所建，并已应用于全球的评价与预测，但其理论基础和方法论均存在某些缺陷，因此还未得到广泛承认。

2. 人文发展指数（HDI）

人文发展指数是联合国开发计划署（UNDP）所创立的著名指标，它是一项由："预期寿命、教育水准和生活质量"三项基础变量所组成的综合指标，并得到了世界各国的赞同，但对指标变量的选择与计算，仍有较多的争议。此外，人文发展指数更多地偏重于现状的描述和历史序列的分析，预测和预报的功能还有待改善。

3. 持续发展经济福利模型（WMDS）

持续发展经济福利模型是世界银行直接资助、由资深经济学家代尔和库伯（Daly and Cobb）所制定。该模型考虑的因素相当全面，计算也比较复杂，但目前仅适用于发达国家尤其是美国，广大的发展中国家尚无法使用。

4. 调节国民经济模型（ANP）

这是由莱依帕（Leipert）提出，旨在将原先单一的国内经济生产总值（GNP）衡量贫富标准，转换到考虑更多调整因素后再去对国民经济加以分析，并且更多地涉及所产生的社会效果。该模型引起不少人的兴趣，但仍未进入实用化阶段。

5. 环境经济持续发展模型（EESD）

该模型由加拿大国际持续发展研究所提出，以科玛纳尔（Commoner）的环境经济模型和穆恩（Munn）的持续发展框架为依据，发展了一类综合性的可持续发展指标体系，目前正在试用中。

6. “可持续发展度”模型（DSD）

该模型1993年由中国的牛文元、美国的约纳森和阿伯杜拉共同提出，发表于国际SCI核心刊物《Environmental Management》上，建造了独立的理论框架，扩展了重要的附加因素和计算程序，并特别考虑了发展中国家的特点。该模型的理论体系较完备，但实用程度还有待改进。

以上这些模型，大体上可以归纳为三大类型：其一，测定可持续发展的“单项指标”，如人均GNP，调整的人均GNP，调节国民经济等。虽然这种指标简单易行，但是无力反映可持续发展的复杂内容。其二，测定可持续发展的“复合指标”，例如联合国开发署的“人文发展指数”，希伯来大学的“人类活动强度模型”等。这些指标方法比较全面地反映了可持续发展的基本内涵，而且资料收集容易，计算程度不太繁杂，是目前大多数研究者和管理者所追求的方向。其三，测定可持续发展“系统指标”，例如牛文元等的“可持续发展度”及改型的Commoner方程等，此类指标体系试图从理论层次上去解析可持续发展的本质特征，并将它们纳入到统一的系统模型之中。但由于各方面的限制，目前此方向的研究还很薄弱。综观上述，从应用和可操作的角度去考虑，第二类指标体系（复合型）是现阶段的研究主体。

二、林业可持续发展指标体系的研究状况

第十届世界林业大会指出，林业面临的“真正挑战在于通过综合的与可持续的发展，协调自然资源的经济利用和环境保护，”因此林业的发展应当是综合的和可持续的，使区域内生态、经济、社会协调地发展。可持续林业的概念提出后，关于可持续林业的测度问题一直是学者们关注的焦点。国际热带木材组织于1992年5月制定了世界上第一个关于森林可持续经营的标准和指标体系，它的对象是热带国家。欧洲森林保护的部长级会议1993年6月在赫尔辛基举行，会议确认了欧洲森林可持续经营的标准和指标，文字虽不长，但操作性强，适合欧洲。欧洲安全合作会议（CSCE）1993年9月在加拿大蒙特利尔召开了北方及温带森林可持续发展专家研讨会，会上对森林可持续发展的常用术语构筑了一个层序关系，包括目标、原则、标准、方针、指标和监测等，并提出了温带和北方森林可持续发展的7项标准，共80多个指标。这些指标体现了森林可持续发展的全局性、多面性和深刻性，但显得庞杂。1995年2月在塔拉波托形成了亚马孙森林可持续经营的标准和指标，确定了国家水平上的7个标准和47个指标、森林经营单位水平上的4个标准和23个

指标以及国际水平上的1个标准和7个指标；1995年11月在内罗毕制定了非洲干旱区森林可持续经营的标准和指标体系；1996年10月在开罗制定了近东地区的森林可持续经营的标准和指标；1997年制定了中美洲森林可持续经营的标准和指标以及非洲木材组织森林可持续经营的标准和指标。以上标准和指标大多数是在国家水平上，少数包含森林经营单位的标准和指标，也有包含区域和全球水平的标准。由于各国的森林面积、质量和类型以及所有制、社会、经济条件差异极大，因此，有些指标只适应于一些特定的国家和区域，而不适应于其他国家和区域。

我国学者刘璨等结合国内外经验提出了我国林业可持续发展评价指标体系，突出了时间空间的观念，但有些指标数据的获得必须扩大现有的资源监测范围，目前操作起来有一定的难度。苏喜友等认为评价森林资源可持续发展指标分为状态指标和技术经济指标两类，状态指标用其承载力、生产力、稳定性、持续性、多样性、调控力来识别，技术经济指标包括森林资源的结构、功能、效益等几乎包罗万象的指标，操作起来难度很大。纵观国内外对可持续林业的研究，迄今为止，大部分研究是关于森林可持续经营的评价，对可持续林业的评价则相对较少，绝大部分都仅停留在建立评价指标体系上，不但显得庞杂，而且有些数据目前我国难以获得，操作起来难度很大，并且很少涉及评价指标的具体量化和综合，即目前尚没有建立一套完整的区域可持续林业评价指标体系和评价标准。

三、可持续发展的支撑体系

1. 可持续发展的决定因素

就一个国家和地区而言，其可持续发展水平主要取决于以下几种能力：

①人口承载能力　指一个国家或地区按人口平均的资源数量和质量对于该空间范围内人口的基本生存与发展的支撑能力。如果在充分考虑资源的代际分配问题的前提下，该空间范围的资源无论从数量上还是质量上都可以满足人们的基本生存与发展需要，则说明该国或地区具备了可持续发展的初步条件。反之，缺乏这一基本条件，就需要通过依靠科技进步，寻找替代资源。

②区域生产能力　指一个国家或地区的资源、人力和技术等可以转化为产品或服务的总体能力。要实现可持续发展，必须保证区域生产能力在不危及其他能力的前提下，与人的需求的增长保持同步。

③环境的缓冲能力　也可称为环境的容许能力。发展与环境相辅相成，人类对区域的开发、对资源的利用、对废物的处理等，都必须维持在环境的

允许范围内，否则，发展就是不可持续的。

④社会稳定能力　指社会保持和恢复“自然－社会－经济”系统运行的能力。实现可持续发展就是人类对“自然－社会－经济”复合系统的调控过程。然而，无论是由特大自然灾害等不可抗拒的外力干扰引起的自然波动，还是由于战争的干扰或重大决策失误造成的经济社会波动，对该系统都是一种灾难。如果系统本身具有较强的抗干扰能力或较强的弹性，说明该国家或地区具有一定的支撑可持续发展的社会稳定能力。反之，则较差。

⑤管理调节能力　即人们驾驭“自然－社会－环境”复合系统的能力。可持续发展要求人的认识能力、行动能力、决策能力等适应可持续发展的要求。

2. 可持续发展的支撑体系

既然一个国家或地区的可持续发展水平取决于人口承载能力、区域生产能力、环境缓冲能力、社会稳定能力和管理调节能力，那么要实现可持续发展就必须不断加强这些方面的能力建设。由于这些能力的建设，与一个国家或地区的管理、法制、科技、教育、公众参与等体系的构建密切相关。因此可以说，可持续发展的能力建设，就是要构建可持续发展的管理体系、法制体系、科技体系、教育体系、公众参与体系等。

①可持续发展的管理体系　实现可持续发展需要有一个非常有效的管理体系。历史与现实表明，环境与发展不协调的许多问题是由于决策与管理的不当所造成的。因此，提高决策与管理能力就构成了可持续发展能力建设的重要内容。可持续发展管理体系要求培养高素质的决策人员与管理人员。不断提高他们的决策能力及其综合运用规划、法制、行政、经济等手段的能力，建立可持续发展的管理组织机构与机制。

②可持续发展的法制体系　与可持续发展相关的法律法规的制定与实施，是实现可持续发展的重要保障。只有完善立法，严格执法，才能保证可持续发展的顺利进行。

③可持续发展的科技体系　科技是可持续发展的主要基础之一。它对可持续发展的作用是多方面的。它可以加深人类对人与自然关系的理解，扩大自然资源的可供给范围，提高资源的利用效率，提供保护生态环境与控制环境污染的有效手段，提高可持续发展的管理水平等，总之，没有较高科技支持，可持续发展的目标就难以实现。

④可持续发展的教育体系　可持续发展要求人们有高度的知识水平，明白人的活动对自然和社会的长远影响与后果，要求人们有高度的道德水平，

认识自己对子孙后代的高度责任，自觉地为人类社会的长远利益而不惜牺牲一些眼前利益和局部利益。这都需要在可持续发展能力建设中大力发展符合可持续发展的教育事业。这种教育体系，不仅应该使人们获得可持续发展的科学知识，而且要使人们具备可持续发展的道德水平。这种教育既包括学校教育这种主要形式，而且还应包括广泛的潜移默化的社会教育。

⑤可持续发展的公众参与体系　公众参与是可持续发展的必要保证，也是可持续发展能力建设的主要方面。这是因为，可持续发展的目标和行动，都必须依靠社会公众参与，才能正确和顺利实现。因此，公众参与的程度，直接决定可持续发展目标的正确与否，决定可持续发展的正确目标能否最终实现。

第五节　全球《21 世纪议程》和《中国 21 世纪议程》

一、全球《21 世纪议程》

以联合国环境与发展大会为标志，人类对环境与发展的认识提高到了新的阶段，可持续发展的实践活动也开始在全球范围内普遍展开。全球《21 世纪议程》正是贯彻实施可持续发展战略的人类活动计划。这份文件是 1992 年环境与发展大会上通过的重要文件之一。该文件虽然不具有法律的约束力，但它反映了环境与发展领域的全球共识和最高级别的政治承诺，提供了全球推进可持续发展的行动准则。

1. 全球《21 世纪议程》的基本思想

全球《21 世纪议程》深刻指出，人类正处于一个历史的关键时刻，世界面对国家之间和各国内部长期存在的经济悬殊现象，贫困、饥荒、疾病和文盲有增无减，赖以维持生命的地球生态系统继续恶化。如果人类不想进入这个不可持续的绝境，就必须改变现行的政策，综合处理环境与发展问题，提高所有人，特别是穷人的生活水平，在全球范围更好地保护和管理生态系统。要争取一个更为安全、更为繁荣、更为平等的未来，任何一个国家不可能仅依靠自己的力量取得成功，必须联合起来，建立促进可持续发展全球伙伴关系，只有这样才能实现可持续发展的长远目标。

《21 世纪议程》的目的是为了促使全世界为下一世纪的挑战做好准备。它强调圆满实施议程是各国政府必须首先负起的责任。为了实现议程的目标，各国的战略、计划、政策和程序至关重要，国际合作需要相互支持和各国的努力。同时，要特别注重转型经济阶段许多国家所面临的特殊情况和挑战。它还指出，议程是一个能动的方案，并视需要和情况的改变不断调整。

2. 全球《21 世纪议程》的主要内容

《21 世纪议程》涉及人类可持续发展的所有领域，提供了 21 世纪如何使经济、社会与环境协调发展的行动纲领和行动蓝图。它共计 40 多万字，整个文件分 4 个部分。

第一部分，经济与社会的可持续发展。包括加速发展中国家可持续发展的国际合作和有关的国内政策、消除贫困、改变消费方式、人口动态与可持续能力、保护和促进人类健康、促进人类住区的可持续发展、将环境与发展总是纳入决策进程。

第二部分，资源保护与管理。包括保护大气层；统筹规划和管理陆地资源的方式：禁止砍伐森林、脆弱生态系统的管理和山区发展；促进可持续农业和农村的发展；生物多样性保护：对生物技术的环境无害化管理；保护海洋，包括封闭和半封闭沿海区，保护、合理利用和开发其生物资源；保护淡水资源的质量和供应——对水资源的开发、管理和利用；有毒化学品的环境无害化管理，包括防止在国际上非法贩运有毒废料、危险废料的环境无害化管理；对放射性废料实行安全和环境无害化管理。

第三部分，加强主要群体的作用。包括采取全球性行动促进妇女的发展；青年和儿童参与可持续发展、确认和加强土著人民及其社区的作用；加强非政府组织作为可持续发展合作者的作用、支持《21 世纪议程》的地方当局的倡议；加强工人及工会的作用、加强工商界的作用、加强科学和技术界的作用、加强农民的作用。

第四部分，实施手段。包括财政资源及其机制；环境无害化（和安全化）技术的转让；促进教育、公众意识和培训、促进发展中国家的能力建设、国际体制安排；完善国际法律文书及其机制等。

二、《中国 21 世纪议程》

《中国 21 世纪议程》是中国实施可持续发展战略的行动纲领，是制定国民经济和社会发展中长期计划的指导性文件，同时也是中国政府认真履行 1992 年联合国环境与发展大会的原则立场和实际行动，表明了中国在解决环境与发展问题上的决心和信心。《中国21世纪议程》为中国21世纪的发展描绘了一幅宏伟蓝图。

1.《中国21世纪议程》的基本思想

制定和实施《中国21世纪议程》，走可持续发展之路，是我国在21世纪发展的需要和必然选择。中国是发展中国家，要提高社会生产力，增强综合国力和不断提高人民生活水平，就必须毫不动摇地把发展国民经济放在第一位，各项工作都要紧紧围绕经济建设这个中心来开展。中国是在人口基数大、人均资源少、经济和科技水平都比较落后的条件下实现经济快速发展的，这使本来就已经短缺的资源和脆弱的环境面临着更大的压力。在这种形势下，我国政府认识到，只有遵循可持续发展的战略思想，从国家整体的高度协调和组织各部门、各地方、各社会阶层和全体人民的行动，才能顺利完成预期的经济发展目标，才能保护好自然资源和改善生态环境，实现国家长期、稳定的发展。

2.《中国21世纪议程》的主要内容

《中国21世纪议程》共20章，78个方案领域，主要内容分为4个部分。

第一部分，可持续发展总体战略与政策。论述了实施中国可持续发展战略的背景和必要性，提出了中国可持续发展战略目标、战略重点和重大行动，建立中国可持续发展法律体系，制订促进可持续发展的经济技术政策，将资源和环境因素纳入经济核算体系，参与国际环境与发展合作的意义、原则立场和主要行动领域，其中特别强调了可持续发展能力建设，包括建立健全可持续发展管理体系，费用与资金机制，加强教育、发展科学技术，建立可持续发展信息系统，促使妇女、青少年、少数民族、工人和科学界人士及团体参与可持续发展。

第二部分，社会可持续发展。包括人口、居民消费与社会服务，消除贫困，卫生与健康，人类住区可持续发展和防灾减灾等。其中最重要的是实行计划生育、控制人口数量、提高人口素质，包括引导建立适度和健康消费的生活体系。强调尽快消除贫困，提高中国人民的卫生和健康水平。通过正确引导城市化，加强城镇用地规划和管理，合理使用土地，加快城镇基础设施建设，促进建筑业发展，向所有的人提供住房，改善住区环境，完善住区功能。建立与社会主义经济发展相适应的自然灾害防治体系。

第三部分，经济可持续发展。把促进经济快速增长作为消除贫困、提高人民生活水平、增强综合国力的必要条件，其中包括可持续发展的经济政策，农业与农村经济的可持续发展、工业与交通、通信业的可持续发展、可持续能源和生产消费等部分。着重强调利用市场机制和经济手段推动可持续发展，提供新的就业机会，在工业活动中积极推广清洁生产，尽快发展环保产业，提高能源效率与节能，开发利用新能源和可再生能源。

第四部分，资源的合理利用与环境保护。包括水、土等自然资源保护与可持续利用，还包括生物多样性保护、防治土地荒漠化、防灾减灾、保护大气层（如控制大气污染和防治酸雨）、固体废物无害化管理等。着重强调在自然资源管理决策中推行可持续发展影响评价制度，对重点区域和流域进行综合开发整治，完善生物多样性保护法规体系，建立和扩大国家自然保护区网络，建立全国土地荒漠化的监测和信息系统，开发消耗臭氧层物质的替代产品和替代技术，大面积造林，建立有害废物处置、利用的新法规和技术标准等。

3.《中国21世纪议程》的特点

《中国21世纪议程》体现了新的发展观，力求结合中国国情，分类指导，有计划、有重点、分区域、分阶段摆脱传统的发展模式，逐步由粗放型经济发展方式过渡到集约型经济发展方式。具体内容如下：

①我国东部和东南沿海地区经济相对比较发达，在经济继续保持稳定、快速增长的同时，重点提高增长的质量，提高效益，节约资源与能源，减少废物，改变传统的生产模式与消费模式，实施清洁生产和文明消费。

②我国西部、西北部和西南部经济相对不够发达地区，重点是消除贫困，加强能源、交通、通讯等基础设施建设，提高经济对区域开发的支撑能力。

③对于农业，重点提出了一系列通过政策引导和市场调控等手段，逐步使农业向高产、优质、高效、低耗的方向发展，发展我国独具特色的乡镇企业，引导其提高效益、减少污染，为农村剩余劳动力提供更多的就业机会。

④能源是我国国民经济的支柱产业。根据我国能源结构中煤炭占70%以上的特点，在能源发展中重点发展清洁煤技术，计划通过一系列清洁煤技术项目和示范工程项目，大力提倡节能、提高能源效率以及加快可再生能源的开发速度。

4.《中国21世纪议程》的实施进程

《中国21世纪议程》的实施，将为逐步解决中国的环境与发展问题奠定基础，有力地推动中国走上可持续发展的道路。自《中国21世纪议程》颁布以来，中国各级政府分别从计划、法规、政策、宣传、公众参与等不同方面，加以推动实施。主要包括以下4个方面：

一是在实施《中国21世纪议程》过程中，既充分发挥市场对资源配置的基础性作用，又注重加强宏观调控，克服市场机制在配置资源和保护环境领域的“失效”现象；二是促进形成有利于节约资源、降低消耗、增加效益、改善环境的企业经营机制，有利于自主创新的技术进步机制，有利于市场公平竞争和资源优化配置的经济运行机制；三是加速科技成果转化，大力发展清洁生产技术、清洁能源技术、资源和能源有效利用技术以及资源合理开发和环境保护技术等。加强重大工程和区域、待业的软科学研究，为国家、部门、地方的经济、社会管理决策提供科技支撑；四是坚持资源开发与节约并举，大力推广清洁生产和清洁能源。千方百计减少资源的占用与消耗，大幅度提高资源、能源和原材料的利用效率；五是结合农业、林业、水利基础设施建设、“高产、高效、低耗、优质”工程和生态农业的推广，调整农业结构，优化资源和生产要素组合，加大科技兴农的力度，保护农业生态环境；六是研究、制定和改进可持续发展的相关法规和政策，研究可持续发展的理论体系，建立与国际接轨的信息系统；七是研究、改进、完善和制定一系列的管理制度，包括使可持续发展的要求进入有关决策程序的制度、对经济和社会发展的政策和项目进行可持续发展评价的制度等，以保证《中国21世纪议程》有关内容的顺利实施。

根据国务院决定，《中国21世纪议程》将作为各级政府制定国民经济和社会发展中长期计划的指导性文件，其基本思想和内容要在计划里得以体现。国务院要求各有关部门和地方政府要按照计划管理的层次，通过国民经济和社会发展计划分阶段地实施《中国21世纪议程》。主要是创造条件，优先安排对可持续发展有重大影响的项目，对建设项目进行是否符合可持续发展战略的评估，对不符合可持续发展要求的项目，坚决予以修改和完善。特别是按照可持续发展的思想，对经济和社会发展的政策和计划进行评估，以避免重大失误。大力提高全民可持续发展意识。

一是要加强可持续发展教育。各级教育部门逐步将可持续发展思想贯穿于从初等到高等教育全过程中。

二是要加强可持续发展宣传和科学技术普及活动，充分利用电视、电影、广播、报刊、书籍等大众传媒，积极宣传可持续发展思想。

三是要加强可持续发展培训。《中国21世纪议程》的实施需要群众的广泛参与，各级领导干部担负着组织实施的重任。因此，应把各级管理干部，特别是各级决策层干部的可持续发展培训，放在突出重要的位置。

四是利用国际合作实施《中国21世纪议程》。为了加强中国可持续发展能力建设和实施示范工程，国家从各地方、各部门实施可持续发展战略的优先项目计划中，选择有代表性的适合于国际合作的项目，列入中国21世纪议程优先项目，以争取国际社会的支持与合作。1994年和1997年，中国政府和联合国开发计划署（UNDP），先后在北京召开了中国21世纪议程高级国际圆桌会议，推出了一批《中国21世纪议程》优先项目。许多国际组织、外国政府和企业，以及非政府组织对优先项目表示了不同程度的合作意向，有的正在进行实质性的使用。此外，中国本着“新的全球伙伴关系的精神”，充分利用可持续发展是当今国际合作热点的有利时机，通过广泛宣传，引进资金、技术和管理经验，拓宽国际合作渠道。

第六节　中国要走可持续发展之路

一、中国必须走可持续发展之路

改革开放以来，我国经济一直保持着高速增长的态势，然而一个突出的问题是，这种增长仍处于依靠大量的物质资本投入的发展阶段。20世纪90年代中后期，我国能源和钢铁等生产资料相对过剩，随着要素投入的增加，势必会出现生产的规模报酬递减效应，且在原有生产方式下无法克服。进入21世纪后，资源性产品供不应求，同时，大量消耗能源和原材料的经济增长方式又给生态环境和资源供给带来了更大的压力。因此，这种粗放型的增长实际上给经济发展带来了损失。所以重申对经济发展的理解，中国实施可持续发展战略是自身发展、世界潮流与历史机遇的选择。

（1）中国存在人口、能源、环境各方面发展的制约，中国要发展必须突破人口、能源、环境的困境；而中国现在的经济发展依旧是粗放式的发展，中国经济发展方式急需转变。由此中国经济发展必须以可持续发展为依托，以人口、能源、环境协调发展为基础，积极转变经济发展方式，使经济发展真正落入循环的可持续链条当中，实现未来高速、可持续的发展。

（2）自20世纪80年代后，人们相继发现了“全球变暖”、“臭氧层空洞”和“酸雨沉降”三大全球性的环境问题，这些问题都与人类的生存休戚相关。在联合国环境与发展大会上，世界各国对可持续发展达成了《21世纪议程》等5个重要文件的共识，确定未来发展的指导原则和行动纲领。中国作为世界的一员，中国实施可持续发展战略应当是作为世界一员的责任，顺应世界经济发展的潮流。

（3）和平和发展是当代的主题。中国要抓住这个历史机遇期发展，中国在过去已经丧失了100年的发展时间，100年间频繁的战乱，内乱骚动，而如今正是战后发展的黄金时期。中国实施可持续发展战略，正是为赶上这个机遇期，实现未来的可持续发展，在未来赢得更多的主动权。

二、中国可持续发展的指导思想、目标与原则

1. 指导思想

我国实施可持续发展战略的指导思想是：坚持以人为本，以人与自然和谐为主线，以经济发展为核心，以提高人民群众生活质量为根本出发点，以科技和体制创新为突破口，坚持不懈地全面推进经济社会与人口、资源和生态环境的协调，不断提高我国的综合国力和竞争力，为实现第三步战略目标奠定坚实的基础。

2. 发展目标

我国21世纪初可持续发展的总体目标是：可持续发展能力不断增强，经济结构调整取得显著成效，人口总量得到有效控制，生态环境明显改善，资源利用率显著提高，促进人与自然的和谐，推动整个社会走上生产发展、生活富裕、生态良好的文明发展道路。

①通过国民经济结构战略性调整，完成从“高消耗、高污染、低效益”向“低消耗、低污染、高效益”转变。促进产业结构优化升级，减轻资源环境压力，改变区域发展不平衡，缩小城乡差别。

②继续大力推进扶贫开发，进一步改善贫困地区的基本生产、生活条件，加强基础设施建设，改善生态环境，逐步改变贫困地区经济、社会、文化的落后状况，提高贫困人口的生活质量和综合素质，巩固扶贫成果，尽快使尚未脱贫的农村人口解决温饱问题，并逐步过上小康生活。

③严格控制人口增长，全面提高人口素质，建立完善的优生优育体系和社会保障体系，基本实现人人享有社会保障的目标；社会就业比较充分；公共服务水平大幅度提高；防灾减灾能力全面提高，灾害损失明显降低。加强职业技能培训，提高劳动者素质，建立健全国家职业资格证书制度。

④合理开发和集约高效利用资源，不断提高资源承载能力，建成资源可持续利用的保障体系和重要资源战略储备安全体系。

⑤全国大部分地区环境质量明显改善，基本遏制生态恶化的趋势，重点地区的生态功能和生物多样性得到基本恢复，农田污染状况得到根本改善。

⑥形成健全的可持续发展法律、法规体系；完善可持续发展的信息共享和决策咨询服务体系；全面提高政府的科学决策和综合协调能力；大幅度提高社会公众参与可持续发展的程度；参与国际社会可持续发展领域合作的能力明显提高。

3. 基本原则

①持续发展，重视协调的原则。以经济建设为中心，在推进经济发展的过程中，促进人与自然的和谐，重视解决人口、资源和环境问题，坚持经济、社会与生态环境的持续协调发展。

②科教兴国，不断创新的原则。充分发挥科技作为第一生产力和教育的先导性、全局性和基础性作用，加快科技创新步伐，大力发展各类教育，促进可持续发展战略与科教兴国战略的紧密结合。

③政府调控，市场调节的原则。充分发挥政府、企业、社会组织和公众四方面的积极性，政府要加大投入，强化监管，发挥主导作用，提供良好的政策环境和公共服务，充分运用市场机制，调动企业、社会组织和公众参与可持续发展。

④积极参与，广泛合作的原则。加强对外开放与国际合作，参与经济全球化，利用国际、国内2个市场和2种资源，在更大空间范围内推进可持续发展。

⑤重点突破，全面推进的原则。统筹规划，突出重点，分步实施；集中人力、物力和财力，选择重点领域和重点区域，进行突破，在此基础上，全面推进可持续发展战略的实施。

三、中国可持续发展的重点领域

1. 经济发展

产业结构调整。对农业和农村经济结构进行战略性调整，提高土地和水资源的利用率，减少对环境的污染和对生态环境的破坏；调整种植业、养殖业内部结构，优化农业生产区域布局，大力推进农业产业化经营，推进乡镇企业技术进步和体制创新。对工业进行改组改造和结构优化升级，减少产业发展对资源环境造成的压力，用高新技术和先进适用技术改造提升传统产业，有重点地改造一批骨干企业和发展一批高技术工程。大力发展服务业，提高供给能力和服务水平，满足人民生活质量日益增长的需要，发展以住宅为重点的房地产产业，加强旅游基础设施和配套设施建设，优化配置和充实社区服务设施，壮大社区服务业，改造提升传统流通业、运输业和邮政服务业；

发展信息产业，实施信息化战略，推进政务、金融、外贸、广播电视、教育、科技、医疗卫生、社会保障和公用事业等重点领域信息化进程。加强基础设施建设，加强以大江大河治理为重点的防洪工程建设，加快南水北调等水资源宏观配置工程，加快重点公路国道主干网建设，建设改造主要铁路通道。

区域发展与消除贫困。调整区域结构，减缓区域发展不平衡，通过扶贫和推进西部大开发战略，加快西部地区的水利、交通、能源、通信、广播电视和城市基础设施建设，加快发展特色经济，提高资源利用效率，减少污染物排放；逐步消除绝对贫困和减少相对贫困，继续实行开发式扶贫，实行政府主导，社会各界参与扶贫开发，采取社会、经济、生态环境综合配套的扶贫措施，改善贫困地区生产、生活、医疗卫生等基本条件；积极稳妥地开展生态移民，减轻生态恶化地区的压力，促进生态保护和恢复。

城镇化与小城镇建设。加强城镇体系规划，积极发展中小城市，完善区域性中心城市的功能，发挥大城市的辐射带动作用，有重点地发展小城镇。适时、科学、稳妥地调整城镇行政区划设置，构建适应我国城镇可持续发展的体制框架、政策框架和规划体系，积极稳妥地推进城镇化进程，完善城镇社会经济综合发展规划，分类指导不同类型的城镇发展。发展城乡一体化的劳动力、资金等要素市场，加快农村人口向城镇转移的步伐。把引导农村中小企业合理集聚、完善农村市场体系、发展农业产业化经营和社会化服务等与小城镇建设结合起来，通过繁荣小城镇经济，提高小城镇对农村人口的吸纳能力。加强城镇基础设施建设，提高城镇的就业容量，健全城镇居住、公共服务和社会服务等功能。

积极应对经济全球化。优化出口商品结构，完善进口商品管理，扩大机电产品和高新技术产品的出口，限制和禁止影响人类健康和安全、破坏环境的商品和技术进出口；逐步提高进出口商品的环境质量标准，建立健全保护人类健康、动植物健康和环境的管理体制；大力发展国际经贸，吸引外资投向我国鼓励发展的领域和地区，鼓励有实力的国内企业向海外发展；提高产业国际竞争力，将传统的资源密集型产业调整为劳动密集型、技术密集型和资本密集型相结合的产业；积极参与多边贸易、环境等规则制定，与国际社会共同努力，反对利用环境、人权等问题制造新的贸易壁垒，切实保障可持续发展战略的顺利实施。

2. 社会发展

加强人口综合管理。坚持计划生育基本国策，稳定现行生育政策，加快我国有关人口方面的法律法规体系建设；切实加强计划生育基层工作，农村抓村组，城市抓社区，落实企事业单位计划生育法人责任制，加强计划生育技术服务网络建设，提高干部队伍管理和服务水平；加强社会主义新型生育观念和生育文化宣传教育，加强计划生育利益导向机制建设，加强与计划生育相关的社会保障制度建设；采取多种综合措施，鼓励家庭实行计划生育，加强计划生育人群权益保护；加强对流动人口的综合管理；高质量、高水平地普及九年义务教育，做好学前教育工作，在城市和发达地区普及高中阶段教育，加强高等教育，发展继续教育，提高人口素质。

完善社会保障体系。建立独立于企业事业单位之外，资金来源多元化、保障制度规范化、管理服务社会化的社会保障体系。调整和完善城镇职工基本养老保险制度；稳步推动国有企业下岗职工基本生活保障向失业保险并轨，健全失业保险制度；努力扩大基本医疗保险覆盖面，稳步推进工伤保险和生育保险；加强和完善以城市居民最低生活保障制度为基础的社会救济制度，加快社会福利特别是社区老年福利事业的发展；在有条件的地区探索建立农村养老、医疗保险和最低生活保障制度；实现社会保障管理和服务的社会化；加强社会保障资金的筹集和管理；加快社会保障立法步伐；加快社会保障信息系统建设；实行积极的就业政策，千方百计扩大就业，广开就业门路，发展劳动密集型产业；引导全社会转变就业观念，推行灵活多样的就业形式，鼓励自谋职业和自主创业；完善就业服务体系，加强职业技能培训，提高劳动者素质。

发展卫生事业。建立健全卫生法律法规体系、监督执法体系。继续深化医疗卫生管理体制改革，完善政府调控下的各项医疗卫生管理政策；优化卫生资源配置，合理布局，逐步形成以社区卫生服务为基础、分工合理、方便、快捷的新型城镇卫生服务体系；加强农村卫生事业建设，建立适应农村社会经济发展要求，具有预防保健和基本医疗功能的农村卫生服务体系，基本实现农民人人享有初级卫生保健目标；提高对突发事件、紧急疫情的迅速反应和处理能力，加强对重大疾病的预防与有效控制；切实加强妇女儿童的预防保健工作，提高儿童全程免疫接种率，全面提高妇女儿童的保健水平；加强社会养老保障建设，完善老年医疗、康复服务以及医院、社区卫生服务与家庭护理服务体系；加强职业病的防治，保护从业人员健康；全面普及卫生知识，提倡健康的生活习惯与生活方式。

加强灾害综合管理。进一步完善灾害管理法律法规，增强全民防灾减灾意识；制定防灾减灾规划和应急方案；建立和完善主要自然灾害以及重大事故的监测、预报预警系统，全面提升和整合信息处理能力，提高预报的时效性和准确性；加强部门协作与配合，建立完善的灾害处理应急指挥系统和减灾救灾综合协调机制，加强防灾减灾工程建设、救援物资和设备储备，形成一支快速反应的救灾力量，提高紧急救援能力，减少灾害造成的人员伤亡和经济损失；推进经常性社会捐助工作网络建设和制度建设，逐步形成良好的社会化灾害救助机制。

3. 资源优化配置、合理利用与保护

水资源优化配置、合理利用、有效保护与安全供给。健全水资源开发、管理与保护的法律法规体系，实施更严格的水资源管理政策；实施水资源流域管理与行政区域管理相结合的管理体制；明确水权，实施流域与区域水资源总量的分配制度，合理调配生活、生产和生态用水；实施国民经济和社会发展规划、城市总体规划、重大建设项目水资源论证制度，促进水资源利用与人口、环境、经济社会协调发展；建立合理的价格机制和激励机制，实施计划用水与定额用水相结合的综合管理措施，推行用水审计，促进水资源的合理利用；鼓励发展节水农业、节水工业，建设节水型城市和节水型社会，全面节约用水，提高水的利用率；实施水功能区划管理制度，有效保护水资源；实施南水北调工程，改善水资源的宏观布局；大力提倡污水再生利用等非传统水资源的开发利用。

土地合理利用。贯彻执行十分珍惜、合理利用土地和切实保护耕地的基本国策，坚持实行世界上最严格的土地管理制度；加强土地资源调查、评价和监测，科学编制和严格实施土地利用总体规划；加强耕地保护和基本农田建设，防止耕地质量退化，确保国家粮食安全；加强林地保护和森林资源建设，确保国土生态安全；合理调整土地利用结构与布局，提高土地利用效率；加强建设用地管理，控制建设用地规模，促进农民居住向城镇集中、工业向工业园区集中，保障经济建设必需的土地；积极开展土地整理和复垦，适度开发土地后备资源；加强土地资产管理，深化土地使用制度改革，大力推进土地使用权市场建设，完善地价管理制度和土地税费体系，引导集约高效利用土地资源；完善土地产权制度，保障农产承包经营权；改革征地制度；深入开展土地科技的研究与应用，扩大土地遥感监测，逐步完善土地利用管理信息系统；加强土地法制建设，完善土地管理法律法规，健全土地执法体制，加大土地执法力度。

改善能源结构，提高能源效率。大力发展天然气、水电、可再生能源、新能源等清洁能源，发展清洁燃料公共汽车和电动公共汽车，积极利用国外油气资源，努力降低煤炭在一次能源消费中的比重；大力发展清洁利用煤炭和热电联产集中供热技术，强化能源节约，提高能源利用效率，减少环境污染；在适宜地区大力发展沼气、节能灶、太阳能、风能等，改善农村能源结构；实施“西气东输”、“西电东送”等重大工程，改善能源布局。

森林资源的可持续利用。加大森林资源保护、管理、监督和执法力度，禁止乱砍滥伐林木、毁林开垦等行为，提高全民保护森林资源的意识；积极落实森林资源管护经营责任制，明确“责、权、利”关系，理顺森林资源管理体制；深化林业的分类经营改革；调整和完善不适应的林业政策，切实减轻林业税费负担；提高科技含量，以高新技术改造传统产业和淘汰落后生产方式，加快发展速生丰产用材林基地和林业产业；加大生态环境建设力度，全面实施天然林资源保护等林业重点工程建设。

草地资源的可持续利用。加强草原管理机构建设，强化管理职能，加大执法力度；积极落实草原承包制，明确草原使用的“责、权、利”关系；提高科技含量，改变草原资源利用方式，变传统的粗放数量型为质量效益型；加大以人工种草、飞播种草、围栏封育、草场改良、划区轮牧和草地鼠虫害防治等为主要内容的天然草原保护建设实施力度，防止超载过牧，强化“三化”草地治理，恢复天然草场植被。

矿产资源的可持续利用。进一步健全矿产资源法律法规体系；科学编制和严格实施矿产资源规划，加强对矿产资源开发利用的宏观调控，促进矿产资源勘查和开发利用的合理布局。进一步加强矿产资源调查评价和勘查工作，提高矿产资源保证程度；对战略性矿产资源实行保护性开采。健全矿产资源有偿使用制度，依靠科技进步和科学管理，促进矿产资源利用结构的调整和优化，提高资源利用效率。

海洋资源的可持续利用。制定合理利用和保护海洋的发展规划；严格执行海洋功能区划，强化海域使用管理，加强海域使用审批，全面推行海域有偿使用制度。

气候资源的可持续利用。进一步增强全民的气候资源意识；建立和健全气候资源开发利用与保护的法律法规体系；制定气候资源合理开发利用与保护规划；及时修订、更新气候资源区划；采用先进的计算机信息处理技术和遥感技术，加强对气候资源的监测与评估；建立气候资源合理开发利用的试验示范基地。

矿产资源战略储备。建立战略矿产资源储备制度，完善相关经济政策和管理体制；建立战略矿产资源安全供应的预警系统，在大城市实行多水源供给的水资源战略储备制度；采用国家储备与社会储备相结合的方式，实施石油等重要矿产资源战略储备。

4. 生态保护和建设

生态环境监测及安全评价。建立完善的生态环境监测与安全评估技术和标准体系，形成国家级、区域级、保护区等多层次的生态环境监测体系；采用遥感和地面监测等现代技术手段对森林、草地、湿地、农田、自然保护区、沙漠、水土保持、农业生态环境、生物多样性、大型生态建设工程、重点资源开发区及土地利用变化等进行有效监测与管理，对严重突发污染事故和海上赤潮、石油污染、沙尘暴等灾害进行应急跟踪监测；建立生态环境安全评价及预警预报系统。

建设林业重点生态工程。重点保护长江上游、黄河中上游和东北国有林区天然林资源，治理水土流失，减少风沙危害，加强生物多样性保护，建立速生丰产林基地，逐步满足人们对生态环境和林副产品的需求。加快实施天然林保护，退耕还林，京津风沙源治理，“三北”和长江中下游地区等重点防护林建设、野生动植物及自然保护区建设、重点地区速生丰产用材林基地建设六大林业生态工程。

建立自然保护区。加强现有森林生态系统、珍稀野生动物、荒漠生态系统、内陆湿地和水域生态系统等类型自然保护区建设，强化现有草原与草甸生态系统、海洋和海岸生态系统、野生植物、地质遗迹、古生物遗迹等类型自然保护区的建设。

建立生态功能保护区。加强现有生态功能保护区的建设和管理；在江河源区，长江、黄河和松花江等流域重要湿地（湖泊），塔里木河、黑河等内陆河流域，南方红壤丘陵区、黄土高原、北方土石山区，农牧交错区、干旱草原地区，近海重要渔业水域建立生态功能保护区；调整生态功能保护区内的产业结构，发展生态“友好型”的产业，最大限度地减轻人为活动对生态系统的影响；坚持“封育为主，宜治则治，宜荒则荒”的原则，尽快恢复与重建生态功能。

防治土地沙化。制定适合土地沙化地区经济发展的经营机制和政策，研究、推广防治土地沙化的适宜耕作制度；形成防、治、用有机结合的土地沙化防治体系。

加强水土保持。完善水土保持政策，落实国家对退耕还林、还草的各项政策，加强基本农田和草原水利建设；坚持水资源保护与开发相结合，水土流失治理与群众脱贫致富、发展地方经济相结合的原则，实施以大流域为骨干、以小流域为单元的综合治理，防止大规模开发建设过程中造成新的人为水土流失；建立工程措施、生物措施和耕作措施相结合的综合防治体系；研究、开发和推广水土保持实用技术，加强国际合作与交流，引进和推广先进技术、优良品种、管理方法和手段。

加强风景名胜区保护。按照“严格保护、统一管理、合理开发、永续利用”的原则，编制风景名胜区规划，并严格实施。风景名胜区规划中要划定核心保护区（包括生态保护区、自然景观区和史迹保护区）保护范围，制定专项保护规划，确定保护重点和保护措施。核心保护区禁止开发与资源保护无关的工程建设。风景名胜区规划要与当地土地利用总体规划协调一致。

重视城市生态环境建设。合理规划城市建设用地，建立并严格实施城市“绿线”管制制度。按现代化城市的标准，确保一定比例的公共绿地和较大面积的城市周边生态保护区域。加大城市绿化建设力度，提高城市大气环境质量。大力推动园林城市创建活动，减轻“城市热岛效应”。加强城市建设项目的环境保护及市容环境管理，减少扬尘和噪音。

5. 环境保护和污染防治

流域水污染防治。加大重点河流和湖泊水污染防治力度，加强饮用水源地保护、富营养化湖泊治理、面源污染控制；推行清洁生产，进一步减少污染物排放量；实行流域污染物排放总量控制，提高污水处理率，在一些行业推行污水零排放；继续加大城市污水和垃圾处理设施的建设力度；优化产业、产品结构，发展环保高技术，加快研发和推广适合中国国情的重污染行业污染治理技术，提升我国整体的产业水平和水污染治理水平。

海洋污染防治。完善全国海洋环境监测网络，强化海洋污染及生态环境监测。

大气污染防治。控制致酸物质、有毒有害工业气体排放，防治酸雨、可吸入颗粒物、光化学烟雾和室内空气污染。

城市交通管理。整合城市交通结构，优先发展公共交通，特大城市要注重发展轨道交通，建立公共交通优先的路网系统，控制城市机动车尾气污染和噪声污染。

固体废物污染防治。逐步实行垃圾分类收集，实现垃圾的无害化、减量化、资源化，提高垃圾无害化处理率和综合利用率；进一步提高固体废弃物中可利用物质的综合利用率，加强矿山环境保护和生态恢复治理；加强危险废物的安全处置。

环保产业发展。规范环保产业市场，优化环保产业结构，通过推进污染治理市场化、企业化、产业化，构筑面向市场的环保技术服务体系和良好的市场运行机制；制定引导环保产业发展的配套政策，加强环境保护关键技术和工艺设备的研究开发，提高高效实用环保设备的生产能力，促进重大环保设备的成套化、系列化和标准化；通过环境标准、技术政策、示范工程和重点实用技术等引导环保产业发展；实施 ISO14000 环境管理体系、环境标志产品认证制度，大力加强环保中介、环保技术和工程服务。

6. 能力建设

可持续发展的立法与实施。加强可持续发展立法，完善有关法律制度；以可持续发展为原则，制定和完善人口、资源、生态环境、自然灾害防治以及信息资源共享和利用等方面的法规；根据市场经济运行规律和世贸组织的规则，修订相应的法规。建立健全可持续发展的法律实施保障体系，严格依法行政，加强执法监督，切实保证可持续发展的各项法律制度得以实施。

可持续发展指标体系与监测评价。逐步建立符合我国国情的、多层次的可持续发展指标体系和监测评价系统，开展国家和地区的可持续发展水平监测评价，定期发布监测评价报告。

可持续发展的信息共享。建立公共基础数据、人口、社会经济、资源、生态、环境和灾害等信息库，实现基于高速网络基础上的、面向社会各界的、具有数据分析与处理能力的信息共享和信息服务体系；建立适应于政府决策的信息共享网络。

面对新世纪的国际国内环境，为了实现《中华人民共和国国民经济和社会发展第十二个五年规划纲要》（以下简称《纲要》）中提出的各项目标，必须采取行政、经济、科技、法律等手段，从加强部门协调、拓宽融资渠道、依靠科教支撑、健全法规制度等方面采取切实有效的保障措施。按照科学发展观的要求，以高度的责任感和使命感，切实推进可持续发展战略的顺利实施。

1. 运用行政手段，提高可持续发展的综合决策水平

加强领导，抓好管理。各级政府都要认真贯彻可持续发展战略，将《纲要》所确定的有关人口资源环境等方面的任务纳入日常工作议程。继续坚持和认真落实人口资源环境工作党政一把手亲自抓、负总责的制度，逐级建立和完善严格的责任制。

强化监督，狠抓落实。各级政府应当确保将可持续发展工作纳入相关的战略、规划和计划，并且贯穿到计划实施的全过程。逐步将领导干部实施可持续发展战略的评估结果和最后验收结果作为定量考核指标。

统一协调，综合决策。建立和完善人口资源环境与经济社会的统一协调

机制与综合决策激励机制；制订有利于综合考核地区和企业可持续发展水平的指标体系，试行将资源环境成本纳入国民经济核算体系；试行重大项目和重大决策的可持续发展影响评价制度，建立公众参与综合决策的渠道，提高政府推进可持续发展的公共服务水平。

2. 运用经济手段，建立有利于可持续发展的投入机制

建立有利于可持续发展的相对稳定的资金投入筹措机制。逐步加大各级政府在可持续发展方面的必要投入，引导非国有资金甚至国外资金投入可持续发展领域，大幅度提高实施可持续发展战略的资金保障程度和稳定性，提高对投入可持续发展资金使用的管理水平和投入资金的经济效益。

建立有利于引导各类利益主体参与可持续发展的价格调节机制。通过价格调节，引导各类相关利益主体的法人强化节约资源，严格保护城乡生态环境，真正发挥价格机制在资源的市场供求和可持续利用等方面的调节功能。

3. 运用科教手段，为推进可持续发展提供强有力的支撑

深化科技体制改革，建设国家创新体系。通过机制创新和管理创新，逐步形成既顺应市场经济要求，又符合科技发展自身规律的科技体制。优化科技资源配置，进一步加强与可持续发展相关的科学研究体系、技术开发体系、科技服务体系建设，调动科技人员从事可持续发展领域研究和产业化的积极性、创造性，促进实现人口资源环境的可持续发展。

依靠科技，大力开发、推广和应用先进适用的生态“友好型”实用技术。集中力量研究开发一批对可持续发展有重大影响的关键技术，提高可持续发展技术水平和能力；在加快企业结构调整的过程中，推行清洁生产，并与企业技术进步、节能降耗、资源综合利用和加强企业管理结合起来，加快各类企业环境污染由末端治理向全过程控制的根本转变。加快建立和完善以开展清洁生产为重点的工业污染综合防治模式，鼓励和支持企业采用高新技术，使用新型能源，走低能耗、物耗、少排污的清洁生产发展道路；选择具备条件的地区或企业，扶持建立若干生态和环保研发中心，组织开展技术和装备攻关，提高环保设备成套化、系列化水平。

积极发展各级各类教育，提高全民可持续发展意识。强化人力资源开发，提高公众参与可持续发展的科学文化素质。在基础教育以及高等教育教材中增加关于可持续发展的内容，在中小学开设“科学”课程，在部分高等学校建立一批可持续发展的示范园（区）。政府有关部门要在经费投入和工作安排上加大面向全社会宣传、普及、推广、应用等软环境建设的力度。科研机构定期向社会开放。利用大众传媒和网络广泛开展国民素质教育和科学普及。

4. 运用法律手段，提高实施可持续发展战略的法制化水平

继续加强可持续发展方面的立法工作。研究、制定一些新的法律法规，加快修改完善现有法律法规，形成基本完善的可持续发展法律制度。各地区要按照国家法律法规，根据当地实际情况，制定实施一些地方性法规，以促进发展各具特色的区域性可持续发展模式和道路。

做好相应的配套制度建设和标准制定工作。建立健全有关可持续发展的各项管理制度，包括现行的各项环境管理制度、自然资源权属管理制度、有偿使用制度和使用权（产权）流转制度、流动人口综合管理制度等，逐步形成具有中国特色社会主义的人口资源环境工作管理制度体系。

大力提高全社会的公共监督和法制化管理水平。加强执法队伍建设，加大执法力度，注意发挥新闻单位、社会中介组织的监督作用，切实保障各级政府和执法部门依法行使管理职能；注重人口资源环境有关法律法规知识的宣传、普及和教育，尽快提高社会大众的可持续发展法律意识和法制观念。

5. 运用示范手段，做好重点区域和领域的试点示范工作

加强可持续发展的试点示范工作，总结经验，逐步推进可持续发展战略的实施。通过开展试点示范工作，建立一批可持续发展基地，形成集技术、管理、政策、机制于一体的综合示范；围绕可持续发展领域的重大问题，开展政策、战略和关键技术研究。

6. 加强国际合作，为可持续发展创造良好的国际环境

积极参与全球环境合作，就参与各类环境条约问题制定对策，认真履行参加的各类国际条约，贯彻落实可持续发展世界首脑会议等相关国际会议达成的决议和决定；重视并积极推动双边和多边国际合作，利用各种渠道促进国内环境保护，维护我国利益，为可持续发展创造良好的国际环境；适应经济全球化和我国加入世贸组织的新形势，逐步建立和完善以绿色产品、技术、服务为主导的投资贸易政策体系，充分利用国际国内两种资源和两个市场，促进我国可持续发展战略的顺利实施。

第三章　林业可持续发展与森林可持续经营

第一节　林业可持续发展

一、林业可持续发展的背景

走可持续发展之路，是中国未来发展的自身需要和必然选择。可持续发展作为一种全新的发展观，它不仅是一种理论，其本身也包含着把这种新的发展观念、发展目标和相应的发展战略付诸实践。随着科学技术的迅猛发展和人类生态环境日益恶化，备受世人关注的能源消耗、资源枯竭、人口膨胀、粮食短缺、环境退化和生态失调等六大危机都与林业的开发利用和保护有着直接或间接的关系。林业工作的重点在于保护森林资源，森林资源已成为人类生存与可持续发展不可缺少的资源宝库，许多国家纷纷把目光转向森林，强烈希望扩大森林的面积和提高森林的质量，以便获得“绿色宝库”及其资源，使人们对森林地位作用的认识发生质的变化。森林作为林业的主体，林业的发展离不开森林，林业的作用显而易见。

二、林业可持续发展的含义及目标

（一）林业可持续发展的含义

林业可持续发展是对森林生态系统在确保其生产力和可更新能力，以及森林生态系统的物种和生态多样性不受到损害前提下的林业实践活动，它通过综合开发培育和利用森林，发挥其多种功能，并且保护土壤、空气和水的质量，以及森林动植物的生存环境，既满足当前社会经济发展的需要，又不损害未来满足其需求能力的林业。可持续林业不仅从健康、完整的生态系统、生物多样性、良好的环境及主要林产品持续生产等诸多方面，反映现代森林的多重价值观，而且对区域乃至整个国家、全球的社会经济发展和生存环境的改善，都有着不可替代的作用，而且这种作用几乎渗透到人类生存时空的每一个领域。

（二）林业可持续发展的目标

林业可持续发展的目标，是由一个个具体的区域对林业发展的需求来决定的。一般说来，应当从森林所发挥的作用方面来考虑。而森林的作用受制于特定区域的社会意义和国民经济意义，就其作用来划分，主要体现在社会、经济与生态环境 3 个方面。

1. 林业可持续发展的社会目标

林业可持续发展的社会目标，强调满足人类基本需要和较高层次的社会文化要求，持续不断地提供林产品以满足社会需要，这是林业可持续发展的一个主要目标。作为社会经济大系统的林业产业，担负着为社会发展提供生活资料（燃料、食品等）与生产资料（原材料）的双重任务。随着全球范围内不可再生资源的不断消耗，森林作为主要的可再生资源，其满足人类社会物质需求的作用是不会消失的。人类对森林的社会、文化功能要求的不断提高，是社会经济发展的总趋势。满足人们对森林的多种需要和愿望，是林业的根本任务。在中国，林业可持续发展的特殊意义，还在于为广大山区农民提供就业机会与生存条件，为脱贫致富提供经济来源。

2. 林业可持续发展的经济目标

林业可持续发展的经济目标，主要关注于林业生产者的长期利益。这里必须明确的是林业经济可持续性发展的主体是林业生产经营者。当前对经济利益实现方式的考察，主要还是通过为社会提供物质产品的形式，实现自身的利益，其中起主导作用的是林产品产量的持续产出。而林产品的产出，除了取决于林业生产力水平外，同时还受到自然生态环境的制约，更受制于非林业部门的影响。林业经营者经营的森林生态系统所提供的环境产品，具有经济利益的外部特征，必然造成林业利益难以在市场条件下完全实现。面对这种情况，林业可持续发展的经济目标，必须有其他实现途径。最可行的方式，一是实行生态补偿；二是国家扶持。因此，林业持续发展的必要条件之一，是必须保障林业生产者的经济可持续性。

3. 林业可持续发展的生态环境目标

林业可持续发展的生态环境目标，关注的是森林生态系统的完整性和稳定性。通过退化生态系统的重建与已有森林生态系统的合理经营，保障森林生态系统在维护全球、国家、区域等不同层次上所发挥的环境服务功能的持续性。其中关键是无退化地使用林地和保护生物多样性，保持森林生态系统的生产力和可再生产能力以及长期健康。林业可持续发展的生态环境目标，不仅是保障林业自身社会经济可持续的基础，更重要的意义还在于持续发挥森林生态系统在维护全球生命支持系统中的重要性与不可替代性。可持续发展思想提出的主要背景是以水土流失、荒漠化、二氧化碳浓度增高、工业污染等为主的全球性环境问题，而森林生态系统的局部消失、退化是其中最关键的因素。因此，林业可持续发展的生态环境目标，从全人类根本利益来看，应当处于最重要地位，这也是森林问题成为全社会关注焦点的本质原因。

综上所述，林业可持续发展目标应当包括社会、经济、生态环境 3 个方面，其中社会与生态环境目标，体现的是全人类的利益，即可持续发展的社会经济，需要林业持续的提供物质产品与生态环境服务功能。而作为人类群体中的林业生产经营者来说，不仅需要自身的实践活动所提供的产品服务，更要求其自身经济利益的持续性，这也是不同利益主体对林业问题构成不同态度的深刻原因。三大目标的统一，是林业可持续发展最理想的境界。但是，由于不同利益主体的存在，实践中 3 个目标常常处于矛盾之中。虽然全社会对林业重要性的认识，随着环境意识的提高在逐步深化，但至今仍没有建立起合理的利益分配机制，其结果使林业处于一种不利的发展环境。在林业内部，除自身不合理的经营活动所造成的困境外，更主要的是林业始终处于一种自我发展的封闭系统中，为了生存不得不砍伐森林。结果，不仅失去了自身发展的条件，也与社会要求相背离。可持续发展的提出，为重新认识林业以及重构林业与社会经济大系统之间合理关系提供了机遇。

三、林业可持续发展存在的问题及对策

（一）林业可持续发展存在的问题

新中国成立以来，中国林业取得了举世瞩目的成就：造林绿化取得显著进展，生态环境得到了较大的改善；防护林体系建设全面开展；林业迅速发展，综合实力不断增强；森林资源保护管理工作走上正规化、制度化的轨道；林业和林业队伍自身建设得到了明显加强。我国林业建设虽然取得了显著成

就，但是要实现林业的可持续发展还存在很多问题，主要表现在两个方面。

1. 林区可采资源萎缩，企业经济危困，生态平衡受到破坏

①没有建立资源的补偿机制，违背了资源再生产规律和价值规律。采取重采轻予的政策，只向森林索取，不承认森林的价值，只计算采运成本，没看到森林的生态价值。再加上“原”字号、初加工的林产品较多，木材价格偏低，使资源的消耗得不到必要的投入和补偿。

②林业管理体制没有理顺，条块分割，责权分离，产销脱节。

③经济政策和投资政策不当，长期实行以木材为中心的单一产业结构，忽视了对森林的保护培育和多种资源综合开发利用的投入。

④林业技术研究、推广与信息发展滞后。由于林业科研投入严重不足，造成林业科技进步滞后，科技贡献份额仅占20%左右，远远低于其他行业。由于采伐与更新方式不当，林区生态失衡问题日益明显。林地更新树种单一，大多形成针叶纯林的单层林分。林木生长率低，病虫害严重，导致植被破坏、水土流失，气候异常等现象。

2. 发展林业的意识与林业可持续发展战略不相适应

①在计划经济时期，我们在造林营林工作中，大多数是急于求成，没有按照林业的自然规律和经济规律办事，出现了森林植株过密，林木分化严重，树种单一，形成大面积纯林，加剧了森林的病虫害，使林木成活率不高，经济效益差。

②林业基础设施薄弱，发展后劲不足。国家对林业基础设施建设投入欠账太多，林业基础脆弱，导致森林环境建设与发展后劲不足。如火情瞭望台覆盖率仅为50%左右，预防森林火灾和防治病虫害的综合能力差。

③发展林业的意识同林业的地位作用不相适应。林业作为国民经济的基础产业和社会公益事业，肩负着维护国土生态安全，促进经济可持续发展的重要使命。但由于宣传教育工作不够深入，还没有形成全民的共同意识。

④当前林业经济的发展水平同国民经济和社会发展的需要不相适应。随着木材产量调减政策的实施，使木材市场的供求关系发生变化，林区的生产结构调整尚未全部到位，因此，使一些地方林业产业的发展处于低迷状态。

（二）林业可持续发展的对策

1. 解放思想，更新观念，大胆改革旧体制和旧机制，使林业管理体制顺畅，机制灵活

长期以来，我国经济发展一直是以粗放的外延发展为特征，即通过高投入、高消耗、高污染实现经济的较高增长。这和人们认识上的片面性与局限

性有直接关系。因此，必须提高思想，统一认识，处理好当前利益和长远利益、局部利益和全局利益的关系，走可持续发展的道路，坚持资源开发和资源节约并重的方针，积极开发有利于环境保护和可持续发展的先进技术。

2. 加快林业改革步伐，建立既适应社会主义市场经济又反映林业特点的林业经济体制

当前，首先要转变政府职能，加强和改善对林业的领导，逐步建立有利于可持续发展的综合决策体系，按照区域化、社会化原则，合理设置林业生产管理组织，调整生产力布局，建立和完善森林资源产权制度，明确产权关系。逐步推行森林资源有偿使用、转让和资源资产化管理，参照建立现代企业制度的做法，调整林业企事业组织，构建新的产业群体。同时，应加快研究建立可操作的森林资源与环境综合核算体系，使有关统计信息和林产品价格能够较准确地反映经济活动所引起的森林资源和环境变化。

3. 制定和完善可持续发展的政策体系和法制体系

①通过政策引导和调控、法律规范约束和行业标准规范，促进全社会参与林业建设，消除非可持续发展的各种因素。要综合运用经济、法律和必要的行政手段，强化林业管理。运用税收、金融、价格、投资等经济手段和产业政策，调整利益结构，保证林业投入和防止短期行为。

②开征生态税收，提高资源的利用率。由于现行税收体制的缺陷，使得自然资源与能源价格过低（鼓励了低效和浪费），而劳动力成本过高（抑制了就业的扩大）。在这种税收政策引导之下，其结果必须是企业特别注重提高劳动生产率，而不是重视提高能源和原材料的生产率，导致自然资源的过度利用和生态环境的加速退化。同时，劳动力资源的利用不足，出现严重的失业现象。通过征收生态税，将有助于经济发展的优先领域从提高劳动生产率转向提高能源和原材料的利用率。与此同时，削减劳动所得税（社会保障体系的资金来源），这样可以实现税收的转移，从而明显地扩大就业机会。

③逐步建立和完善保障林业可持续发展的政策体系、法律体系，建立促进林业可持续发展的综合决策机制。尤其要以法治林，在全社会营造良好的保护林业发展的法制环境。

4. 建立林业可持续发展的保障体系

林业的行业特点和社会性，使得林业的总体效益非常巨大，而直接经济效益在很多地方并不显著。我国亟须建立一套完整的林业可持续发展保障体系，其原因有 3 个方面。第一，我国人口数量众多，且人口素质相对不高；第二，国民经济的发展离不开林业基础产业的发展，并且森林资源相对短缺，

中国人均森林占有量只有世界人均森林占有量的20%；第三，我国山地多，土地瘠薄，各种自然灾害频繁，且环境污染和生态破坏日益加剧。

林业可持续发展的保障体系包括以下几个方面的内容：①政府调控（政策支持）；②科技支持；③资金支持；④文化支持；⑤公众参与。

5. 加强林业可持续发展的理论、方法及应用技术研究

首先，加强林业科技研究。当前，应尽快研究建立人工林集约经营技术体系，林业生态环境监测网络及其配套技术系统，研究开发森林资源综合高效利用技术和森林灾害预测、预报、预防和应急反应能力等技术。使林业可持续发展具有科学的理论基础和技术依据。其次，建立林业可持续发展试验示范区。开展林业可持续发展示范区建设。其目标是探索林业实现可持续发展的途径和措施，研究解决林业可持续发展中的重大理论和技术问题，为林业实现可持续发展提供理论依据和典型示范。

第二节　森林可持续经营

一、森林经营思想的演变

（一）林业发展过程

1. 原始林业时期

原始林业时期与落后的社会经济发展水平相对应，人与自然环境的关系直接而密切，森林不仅是人类进化的场所，更是人类所需食物和住所的唯一来源。当时的人口密度低，科学技术不发达，相对于森林的生产供应能力，人对森林的影响是微弱的。

随着农牧业的发展，森林被认为是妨碍人类农耕经济继续发展的障碍，毁林开荒、毁林取薪，成为这一时期的重要特征，从本质上讲“破坏森林的数量”成了人们展示发展业绩的重要内容。

历代统治者大兴土木、频繁的战争导致了森林资源的破坏，当森林减少到一定程度时，原先认为取之不尽的资源出现了供应能力问题，一些国家和地区先后认识到了森林的合理利用和保护的必要性。如中国的园圃制、德国在10世纪所形成的地方性森林资源管理制度，以及不同规模人工林的出现，逐步形成了原始林业。这一时期对森林的利用主要以薪材和原木的利用为主。

从经营方式上看，林业活动集中于对原始林的盲目开发利用，而森林的更新基本上依赖于自然的力量。

2. 传统林业时期

传统林业伴随着产业革命的兴起而产生和发展。17 世纪末到 18 世纪初，森林资源成为重要的工业原料，对原木直接或间接的工业利用逐步取代了民用材，成为森林利用的主要方式，特别是取代了以薪材利用为主的森林利用格局。随着木材工业的进一步发展，新型相关产业（如铁路、建筑、造纸业、家具行业等）的不断出现，客观上加快了森林资源的消耗速度。森林采运和原木生产以及后来所开展的大规模人工造林实践是这一时期林业活动的主要内容。

传统森林经营理论的理论框架如下：

①目的：以单一木材生产为中心，通过对森林资源的管理，向社会均衡地提供木材。

②理论：以法正林思想为核心，不论是完全调整林还是广义法正林，不论是同龄林还是异龄林都体现为以木材生产为中心这一本质特征。

③技术：以收获调整和森林资源蓄积量的管理为技术保障体系的核心。

④管理：以林场或林业局为范围的部门生产组织管理形式，并以林班和小班为基本单元组织森林经营单位。

3. 现代林业时期

尽管在 20 世纪五六十年代，许多国家和地区在林业实践中已经注意到了森林经营与生态环境、社会经济发展的关系，注意到了维持森林生态系统健康的问题。但是，森林经营思想和理论的真正变革是 1992 年联合国环境与发展大会以后正在形成的“森林可持续经营”理论。

从“永续收获”（sustained yield）到“森林可持续经营”（sustainable forest management），森林经营思想的内涵扩大了，各国政府都承诺森林要可持续地加以经营，然而对这一概念并不存在统一的、精确的解释。

（二）森林经营思想的演变

1. 永续经营——曾主宰世界森林经营 200 年的经营思想

1669 年，法国率先颁布了《森林与水法令》，明确规定森林经营原则是，既要满足木材生产，又不得影响自然更新。这是木材的使用极限和永恒生产首次被列入国家法规。18 世纪末，德国提出了“永续生产”的理论，对世界森林经营思想的演变产生了深远的影响。所谓永续生产，就是在良好经营的基础上，使国家森林每年的产量保持恒定；即多年生植物的收获量不能大于生长量。这一理论后来成为欧美国家现代森林经营思想的精髓，也逐渐成为包括我国在内的世界大多数国家的森林经营指导思想。

19 世纪末，曾留学法国的美国首任林务局长、林学家平肖，把这一理论正式引入美国。20 世纪 60 年代，美国对这种森林经营思想又进行了完善，制定了“森林的多种利用和永续生产条例”，以法律的形式规定，美国的森林除生产木材外，还要在游憩、保护野生动物和环境保护等方面进行多种利用，而且要达到永续生产。

20 世纪 70 年代，美国学者提出了森林多功能主导利用的经营思想，在理论上对森林的多种利用做了进一步完善。80 年代，美国又有人提出了“新林业”理论，主张以森林生态学和景观生态学为基础，并吸收森林永续经营理论中的合理部分，以实现森林的经济效益、生态效益和社会效益相互统一的经营目标，形成不但能永续生产木材和其他林产品，而且也能持久发挥保护生物多样性及改善生态环境等多种效益的林业系统。80 年代中期，“近自然林业”的理论在中欧又得到了复苏。欧洲许多国家都不同程度地采纳了这一理论。

2. 可持续经营——当今森林经营的主体思想

可以说，老一代林业工作者为完善森林的永续生产政策花费了数百年时间，但全球的森林不但没有实现越采越多的目标，反而到了日益枯竭的地步。尤其是热带林，竟然仍在以每年超过 $1000 \times 10^4 hm^2$ 的速度消亡。如按此速度发展下去，地球上的热带林将在百年之内全部消失。森林资源的破坏不仅造成了重大的经济损失，同时给人类赖以生存的环境带来了严重的危害：水旱灾害频繁发生、生物多样性锐减、生态失衡、大气污染、气候变暖等，人类正饱尝着自己酿成的恶果。

所幸的是，20 世纪中期，人类自然保护意识开始觉醒，保护森林亦即保护人类赖以生存的环境逐渐由科学家的呼吁变为国际社会和各国政府的行动。“可持续发展”一词是 1987 年世界环境与发展委员会（又称布伦特兰委员会）在《我们共同的未来》这一报告中提出的。“可持续发展”的核心是“既满足当代人的需求，又不会对满足后人需求能力构成危害的发展”。1990 年，国际热带木材组织（1TTO）率先制定了热带森林可持续经营指南，把可持续发展的概念转化为行动。

1992 年，在巴西里约热内卢召开了联合国环境与发展大会，大会上签署的《关于森林问题的原则声明》，又一次明确地提出了森林的可持续经营。如今，森林可持续经营和林业可持续发展已成为各国森林经营和发展林业的准则。

3. 从森林永续经营发展到森林可持续经营

从词意上来看，永续经营和可持续经营并没有实质性的差异，其分别译自英文单词“sustained management”和“sustainable management”。但其真正含义却有本质的差别。“永续经营”是针对几百年来人类对森林的破坏和木材生产发生危机的情况而提出的一种森林经营思想，其目的是确保森林可以源源不断地生产木材。而“可持续经营”是以保障满足当代人和后代人对社会、经济、生态、文化和精神等方面的需求为目的的。这些需求包括森林产品和服务（如木材及其产品、水、食物、饲料、药品、燃料、庇阴、就业、游憩、野生动物生境、景观多样性和自然保护区）和其他森林产品。它强调的是森林多种功能的持久利用。从理论上讲，它是永续经营的升华。

自20世纪50年代以来，人类对森林的利用已经逐渐由单一的木材及其产品转变为多种利用。特别是在许多西方国家，森林已成为全民的共同财富，林业成为社会的公益行业。爱护树木、保护森林成为全民的自觉意识和共同责任。近几年来，林业在我国的地位也发生了根本变化。过去那种轻视林业、歧视林业工作者的现象也得到初步扭转。随着生活水平的提高，人民群众热爱自然、喜爱森林的意识和需求开始复苏。我国的六大林业工程就是造福于中华民族的公益型事业，受到了全社会的欢迎。

从森林的永续利用到森林的可持续经营经过了质的飞跃，是理论的升华。它是林学家和政治家共同智慧的结晶。在其间200年的发展过程中经历了无数的重大事件，但促其发展的主要动因在于森林无休止的破坏不仅仅导致木材及其产品的短缺，从而造成重大的经济损失，而且更重要的是，由于生物物种的不断丧失而导致生态失衡、自然灾害频发和气候变暖，严重地危害人类的生存环境。最终，森林问题被摆上了政治家的议事日程。在1992年联合国环境与发展大会上，经各国首脑签署的《21世纪议程》和《关于森林问题的原则声明》等文件应运而生，从而正式确立了森林可持续经营思想的主导地位。

森林经营思想的发展与演变也体现在历届世界林业大会的主题上。世界林业大会是国际林业的重要活动，也是各国林业工作者重要的交流场所。第一届大会于1926年在罗马举行，其后由于世界大战而中断。联合国粮农组织成立后，规定世界林业大会每6年召开一次。前5届大会的主题基本上是根据林业学科本身的发展确立的，其后的主题则把林业置于整个国民经济和人民生活之中。1966年在西班牙召开的第六届世界林业大会的主题是“林业在变化中的世界经济中的作用”，但会议的核心内容是讨论木材的作用和木材生产问题。1972 年在阿根廷召开的第七届世界林业大会的主题为“林业与社会经济的发展”，首次把野生生物保护列入大会内容。1978 年在雅加达举行的第八届世界林业大会的主题为“森林为人民”，强调林业的发展必须与山区开发和消除农民贫困相结合。正是在这次大会以后，社区林业（社会林业）得到了蓬勃发展。1985 年在墨西哥召开的第九届世界林业大会，主题定为“森林资源如何为社会的综合发展服务”，强调了森林的多种利用和综合服务功能。1991 年在法国召开的第十届世界森林大会的主题是“森林：未来的遗产”，大会的首要议题是森林的生态效益。林学家们谈论最多的话题是控制温室效应、保持水土和涵养水源、生物多样性保护及乡村发展等，把森林的作用提到影响人类生存和地球前途的高度。这次大会为 1992 年的联合国环境与发展大会确立森林和林业问题的重要地位提供了舆论和理论基础。1997 年在土耳其召开的第十一届世界森林大会的主题是“森林可持续：迈向 21 世纪”。森林可持续经营和林业可持续发展成为本届大会的重要内容。本次大会通过的《安塔利亚宣言》指出，“各种类型的森林不仅为世界人民提供重要的社会、经济及环境产品与服务，而且为保障食物供给、净化水和空气及保护土壤作出了重大贡献，实现可持续发展的关键就在于森林的可持续经营”。作为联合国环境与发展大会的后续行动，本次大会系统地总结了联合国环境与发展大会以来有关森林问题的国际行动的进展，指出目前世界上有 100 多个国家参与了制定和实施森林可持续经营标准与指标的行动。

二、森林可持续经营的内涵

（一）森林可持续经营的目的及意义

1. 森林可持续经营的目的

新的历史条件下，为了顺应世界林业的发展趋势，根据中国社会经济发展、生态环境建设和自然资源保护对森林经营的现实需求，结合我国森林资源分布、结构以及森林经营现状，要切实推进中国森林可持续经营的发展进程，提高森林生态系统环境服务功能和森林产品生产能力。从森林与人类生存和发展相互依赖关系的角度来看，森林可持续经营的总体目标，是通过森林生态系统的科学管理和合理经营、维持森林生态系统的健康和活力、维护生物多样性及其生态过程来实现的，以此来满足社会经济发展过程中对森林产品及其环境服务功能的需求，保障和促进社会、经济、资源、环境的持续协调发展。

2. 森林可持续经营的意义

从宏观层面明确中国森林可持续经营的基本要求和重点领域，指出中国实现森林可持续经营的途径。为林业管理和科技部门探索森林经营管理的体制和机制，为调整和制定森林经营政策，完善森林经营规程，建立健全森林经营保障体系、支撑体系等提供理论指导和行为规范。

人类文明发展史证明，森林是人类文明的摇篮，森林繁茂，文明兴旺。实现森林的可持续经营管理，关系到人类的生存和发展，因此，具有十分重要的意义。

（二）森林可持续经营的含义与特征

1. 森林可持续经营的含义

随着森林问题的凸显，全球对森林问题的关注达到了空前的高度。国际上不少机构和学者纷纷指出森林可持续经营的重要性，提出要逐步开展森林的可持续经营，实现人与森林的和谐共存。国内外对森林可持续经营给出了多种解释。

联合国粮农组织对森林可持续经营的定义是：一种包括行政、经济、法律、社会、技术以及科技等手段的行为，涉及天然林和人工林。它是有计划的各种人为干预措施，目的是保护和维持森林生态系统的各种功能。与此同时，通过发展具有社会、环境和经济价值的物种，来满足人类日益增长的物质和环境需要。从技术上讲，森林可持续经营是各种森林经营方案的编制和实施，从而调控森林目的产品的收获和永续利用，并且维持和提高森林的各种环境功能。

森林多种效益中包含非木材生产、净化水质、调节洪峰、污染物的吸收分解、养分的循环、土壤生成与保持、控制植物病虫害、提供动物生息地和避难场所、缓和自然干扰、调节局部与全球气候等。森林服务包括提供就业和舒适环境、保健、教育、游憩和文化等方面。

2. 森林可持续经营的特征

森林可持续经营，要求以一定的方式和强度管理、利用森林和林地，有效维持其生物多样性、生产力、更新能力和活力，确保现在和将来都能在经营单位、区域、国家和全球水平上发挥森林的生态、经济和社会综合效益，同时对其他的生态系统不造成危害。森林可持续经营关注的重点是：

①林业必须服从和服务于国家经济社会可持续发展目标，不断满足经济社会发展和人民生活水平提高对森林物质产品和生态服务功能的需要。

②不仅强调森林的木材生产功能，更要注重森林生态系统整体功能的维

持和提高。

③努力协调均衡相关利益群体，特别是林区居民的利益，促进参与式森林经营。

④完善森林经营支撑体系，加强机构、财政支持、法律法规、科研培训等体系建设，建立灵活的应急反应机制，以应对异常干旱年、严重森林火灾和林业有害生物等意外事件。

⑤强化对森林经营各环节的有效监管，切实维护森林生产力，确保森林效益持续发挥。

（三）森林可持续经营的原则

森林可持续经营就是在维护森林生态系统的健康、活力、生产力、多样性和可持续性的前提下，结合人类的需要和环境的价值，通过生态途径达到科学经营森林的目的。森林可持续经营必须遵循以下几条基本原则：

①保持土地健康（通过恢复和维持土壤、空气、水、生物多样性和生态过程的完整），实现可持续的生态系统；

②在土地可持续能力的范围内，满足人们依赖森林生态系统得到食物、燃料、住所、生活和思想经历的需求；

③对社区、区域、国家乃至全球的社会和经济的健康持续发展作出贡献；

④寻求人类和森林资源之间和谐的途径，通过协调地区之间，世代之间和不同利益团体之间的利益关系，使森林的经营不仅满足当代人对森林产品和服务的需求，而且为后代人满足他们的需求提供保障。

（四）森林可持续经营的指标与标准

标准（criteria）是指用于评价森林可持续经营的条件或过程的类目。标准是由一系列定期监测以评价变化的相关指标所表示的特征。指标（indicator）指的是标准的某一方面的度量（测量），可以测量或描述的定量或定性变量，并可定期地观测变化的趋势。

衡量是否达到森林可持续经营水平必须制定相应的审核标准，为了便于审核，各条标准下又制定相应的指标对标准进行描述。制订标准和指标不仅是衡量森林可持续经营本身所需要的，国际上普遍认为，标准还具有作为重要政策和信息的工具作用。标准与指标要具有反映事物本身特征的真实性，如反映森林特征和森林外部条件的真实性；要有明确的含义和可度量性，即标准与指标的明确性和可应用性；要有方便性，即尽可能采用已有的、为公众所熟悉的度量技术等；要成一个体系，即各项指标构成一个标准，几个标准构成一个整体衡量的体系；要有一定的灵活性，因为任一标准和指标，都有一定的时效性和变化趋势，即任何标准和指标都是在一定条件下、一定目标下采用的。这就要求我们在必要时要将其作为趋势来估量（历史的、现实的），不要根据一时的静态值来衡量，因此，指标变化的动态监测是国家水平评价森林可持续经营目标的基础。选用什么标准和指标也不是一成不变的，不同国家或同一国家在不同时期采用的标准和指标可能不同。

采用什么样的标准和指标是衡量一个国家和区域森林可持续经营水平的重要标志，也是研究和制定森林可持续经营战略和林业可持续发展战略的重要内容。1992 年联合国环境与发展大会后，全球范围内开展了森林资源可持续经营标准和指标体系的研究与协调行动。就研究和实践现状来看，研究与协调行动是在 3 个层次上进行的。

第一层，国际组织立足于全球或大的地区所开展的指标协调行动。迄今为止，已有 8 个大的组织或团体开展这方面的研究和行动。它们分别是国际热带木材组织进程、赫尔辛基进程、蒙特利尔进程、塔拉波托倡议、非洲干旱区进程、近东进程、中美洲进程、非洲木材组织进程。

第二层，各个国家本着既从自己国家的实际出发，又与国际接轨的原则，分别制定各自国家森林可持续经营的标准与指标体系。目前已有新西兰、日本、俄罗斯、加拿大、美国、印度尼西亚等国家先后制定了国家级的标准与指标体系框架。就内容来看，基本上与国际进程中所提出的核心内容类似，同时也反映出了由于各国国情、林情不同所带来的差异。

我国政府在《21 世纪议程：林业行动计划》中明确提出，要建立林业可持续。中国林业科学研究院林业可持续发展研究中心就中国森林保护和可持续经营标准和指标体系进行了探索和研究，编制了林业行业标准《中国森林可持续经营标准与指标》（LY/T 1594—2002），对我国开展森林可持续经营实践起到了一定的指导作用。该标准包括 8 个标准：生物多样性保护；森林生态系统生产力的维持；森林生态系统的健康与活力；水土保持；森林对全球碳循环贡献的贡献；长期社会效益的保持和加强；法律及政策保障体系；信息及技术支撑体系。该指标体系还需要在实践中进一步修改和完善，不断提高其科学性和可操作性。

第三层，在各国家内部，根据地域差异和规律，进行区域级森林可持续经营标准的研究和实践。此层次标准和指标体系的研究是森林资源可持续经营由理论走向实践的重要步骤和内容。

三、森林可持续经营的实现

（一）森林可持续经营的目标

森林可持续经营的目标，可以按照森林的主导功能和作用分为社会目标、经济目标、生态环境目标和可持续的森林目标4个方面。

1. 社会目标

长期以来，森林持续不断地提供多种林产品，满足人类在生存发展过程中对森林生态系统中与衣食住行密切相关的多种林产品的需求是森林可持续经营的一个主要目标。森林可持续经营的社会目标，还包括为社会提供就业机会、增加收入、满足人的精神需求目标（如森林文化与森林美学、陶冶情操、教育、学术研究、宗教信仰、旅游观光等）。对于大多数发展中国家而言，森林可持续经营还具有发展经济、消除贫困的目标。

2. 经济目标

森林可持续经营的经济目标可从4个方面来考虑：

①获得多种林产品，带动林产工业发展，为国家或区域的社会、经济发展做出贡献。在一些发展中国家和地区以及森林资源丰富的国家，经营森林的主要目的就是要为其他产业的发展提供原始积累，因此，林业是国家重要的经济部门。

②使森林经营者和森林资源管理部门获得持续的经济收益。没有坚实可靠的经济基础做保障，不从根本上改善经济条件，森林可持续经营是难以想象的。在森林生态系统环境允许的范围内，追求经济目标的最大化和应得收益，是改善林业经济条件的关键，忽视经济目标，森林可持续经营就会失去动力，而超越生态环境界限，一味追求自身的经济目标，则会丧失森林可持续经营的基础。

③促进和保障与森林生态系统密切相关的水利、旅游、渔业、运输、畜牧业等一大批产业的发展，提高相关产业经济效益的目标。

④提高国家、区域（流域）等不同空间尺度防灾减灾的实际效果。

3. 环境目标

森林可持续经营的环境目标取决于人类对森林环境功能、森林价值的认识程度。目前广泛认同的目标主要包括：水土保持、涵养水源、二氧化碳储存、改善气候、生物多样性保护、流域治理、荒漠化防治等。这些目标的实现可为人类社会的生存和发展提供适宜的和可利用的生态环境，为满足人的精神、文化、宗教、教育、娱乐等多方面需求，提供良好的生态景观及其环境服务。

4. 生态目标

健康的森林生态系统是森林可持续经营的社会、经济、环境目标得以实现的基础和前提。可持续经营的生态目标体现了人类经营森林的意愿和目的。也就是说，人类经营森林的目的最终反映在森林的分布、数量、质量等许多方面。因此，可持续经营的生态目标，同时也是森林经营思想的具体体现，反映了人类经营森林的生物、经济和社会的综合价值。值得注意的是，可持续经营的生态目标，不仅受特定区域社会经济发展水平的制约，同时也受制于特定区域的自然生态环境条件。在实践中，对可持续经营的生态目标的具体界定，应根据经营森林的社会、经济、自然环境等综合背景来考虑，以满足社会经济发展过程中对森林的多种产品及其环境服务功能的需求。

（二）森林可持续经营机制

1. 影响森林可持续经营的环境

森林可持续经营的任务，就是要协调需求与限制之间的矛盾，寻求在区域自然、社会、经济条件支持下，符合区域及其更大空间尺度上生存和发展所需要的森林经营模式和途径。

①森林可持续经营的生物自然环境　生物自然环境是指森林经营过程中所依托的自然界（可资利用的多种自然资源和自然条件）。从生态学的观点看，生物与自然环境需要维持合理的生态关系，才能为森林生态系统的生长和发育以及森林生态系统完整性的维持提供适宜的环境。区域生物自然环境决定了现实与潜在的森林生态系统的基本结构、森林群落类型、生态过程特征、森林生态系统生产力、生物多样性丰富程度，影响并决定了特定区域森林生态系统的功能及其承载力，从根本上制约了森林生态系统促进和保障区域可持续发展的潜在作用。深入、系统地研究和掌握特定区域的生物自然环境，结合区域可持续发展对森林生态系统产品及其环境服务功能的需要，确定的森林可持续经营目标体系才能既符合生物自然环境特征，又最大限度地满足社会经济发展的需要。

②森林可持续经营的社会政治环境　社会政治环境是指影响森林可持续经营的社会政治要素，对森林的价值认定和政府、公众对发展林业的态度，政府对开展森林可持续经营工作的政策、法律法规的目标取向。

③森林可持续经营的经济技术环境　经济技术环境是指森林可持续经营过程中所依赖的经济条件与技术体系所构成的综合环境。

④森林可持续经营的市场环境　森林可持续经营的市场环境是指完善的

林地产权制度与充分发育、运行规范的林业要素市场。

2. 森林可持续经营的调控机制

①政府宏观调控　政府有效的宏观调控是实现森林可持续经营目标的社会经济基础。森林可持续经营具有外部性特征，且受到自然生态环境条件的制约，政府不能仅局限于解决林业内部的微观管理，更要搞好整个国家的林业宏观调控，构建森林可持续经营宏观调控体系。通过有效的行政管理手段，建立和完善森林可持续经营的宏观条件，为林业发展提供坚实的基础。

市场经济条件下，政府宏观调控的具体任务是：a. 制定林业发展战略和政策；b. 制定森林可持续经营宏观调控目标：c. 担负全国林业科教体系建设工作；d. 制定全国森林可持续经营的法律、法规；e. 培育和调控森林经营市场，制定市场规则，维护市场秩序；f. 保护森林经营者利益；g. 保护森林资源和生态环境。

当前需要调控、解决的是：a. 林业投入不足与国家财政资金短缺之间的矛盾；b. 剩余劳动力的大量存在与二、三产业吸纳能力不足之间的矛盾；c. 林产品需求压力与资源保护之间的矛盾。

②综合决策与公众参与

A. 综合决策：综合决策既是一个探索的过程，又是一个参与的过程。探索指在制订综合决策之前，决策者会同专家对决策的目标和实际状况进行研究和评估，提出目标和运作手段，并随着政策的实施进行监督和修正；参与是指被实施政策的地区和产业的各利益群体和个人都将参与政策的讨论和政策的制订，以及政策的实施。森林可持续经营的综合决策就是要在对各种利益群体目标的协调中达到可持续发展的总目标。综合决策的政策框架必须与政府目前正在执行的其他政策有一个合理的、明确的关系，同时还要处理好与其他合作伙伴的关系。

B. 公众参与制度：社区实施的森林经营政策和林业生态工程项目须由当地人参与和表决。

C. 政策与制度：政策植根于社会环境之中。制定政策必须对这个政策在社会政治经济环境中如何发挥作用有充分的估计和全面的了解。成功的政策应与它所处的环境建立动态的平衡。政策制订受制于国家宏观社会经济发展战略，政府的林业发展政策、森林经营政策源于一定时期政府确定的宏观发展战略和政府对特定时期具体情况的判断。政府的社会经济发展战略对森林可持续经营政策进行了角色定位，它影响着制订制度的基础、运行机制和社会利益结构，为森林可持续经营政策的选择划定了空间。森林可持续经营政策体系的制订，须满足3个原则：a. 完整性原则；b. 协调性原则；c. 互补性原则。制度是以政策（特别是长期政策）为支撑的生产关系、产权制度、经营形式、组织类型以及收入分配原则等所共同构成的综合体。完善的森林可持续经营制度是长期、稳定地进行森林可持续经营的一个基本前提，同时又是衡量发展程度的一个重要标志，有利于森林可持续经营的社会化服务体系建设。林业社会化服务体系指专门从事为森林经营提供服务的行业、部门和单位按社会化生产分工协作的要求所组成的服务系统。

3. 森林可持续经营的动力机制和激励与制约机制

森林可持续经营的动力机制指推动森林可持续经营所必需的动力的产生机理，以及维持和改善这种作用机理的各种物质基础、经济关系、法律制度和组织措施等构成的综合系统。

构建森林可持续经营的激励与约束机制，就是要形成一种能够有效地将森林经营者个人的理性行为与社会的理性行为统一起来的机制，使森林经营者对利益的追求在一定的约束条件下作出有利于增进社会福利的选择，从而提高社会整体效益。

4. 调控保障手段的综合运用

森林可持续经营调控保障手段多种多样，按照性质的不同，可分为经济手段、技术手段、政策手段、行政手段和法律手段；按照作用的不同，可分为直接手段和间接手段；按照内容的不同，可分为财税政策、金融政策、投资政策、环境保护政策和资源政策等手段。

（三）森林可持续经营的途径

1. 森林区域化经营

地域分异规模的客观存在决定了区域森林可持续经营的自然环境基础，决定了潜在的森林生态系统的承载力和森林生态系统的结构、组成和功能。

森林可持续经营过程，要不断满足特定区域、特定时期社会经济发展对森林产品及其环境服务功能的多种需求。

森林可持续经营目标是由社会经济发展需求和自然资源环境基础共同决定的。森林可持续经营的实践，有赖于区域复合系统中相关部门的协调统一，有赖于政府行为、市场行为、公众行为的协调统一，这一切只有在区域可持续发展框架内才能找到答案。

2. 森林分类经营

森林分类经营是实现社会、经济、资源、环境持续协调发展的手段和具体途径。

由于社会经济发展水平的差异，特定区域产业结构的制约，不同区域和利益主体在社会经济发展过程中，对森林的主导需求是有差异的。此外，由于森林所处地理区位特征、林地生产力、森林结构、质量等森林生态系统本身差异性的客观存在，决定了森林经营者必须根据现实或潜在的森林资源所在地区的生态环境保护和社会、经济发展的需要，将现实或潜在的森林生态系统，按不同的经营目标进行分类和空间定位，并采取相应的技术、经济、行政和法律手段进行经营管理。森林分类经营涉及的内容包括如下 3 个方面。

①森林的分类　明确分类对象、分类原则、分类指标体系、分类基本单元和划分方法等问题。

②经营主体的分类　国有林，私有林经营主体的确立、经营主体权利与义务的规范、界定。

③理论与实践问题　构建森林分类经营技术体系、管理机制、经济政策、林政管理法规、组织形式、管理制度、生态补偿、产权问题、政府宏观调控以及相应的保障体系等一系列涉及社会、政治、经济、文化、技术等领域，这是森林分类经营研究、实践的重点和核心。

森林分类经营的根本任务是要在类型划分的基础上，依据所确定的经营森林主导目标，采取相应的组织形式、经营形式、技术措施体系，建立相应的森林经营管理模式。其中各种类型经营主体的培育、组织形式的建立，经济上可行，社会上可接受，生态上合理的森林经营模式体系的构建，是分类经营由理论走向实践的关键。而可持续的森林分类经营技术体系的确定要在对现有技术进行合理组装的同时，进行相应的技术创新。

森林分类经营是包含社会、经济诸多因素的系统工程，它的最终落实还要配套有科学、合理的符合市场经济基本原则和可持续发展思想的法律法规、经济政策、管理机制、分配机制、投入机制，以及政府行为、公众行为、市场行为的规范化作保障。

3. 森林生态系统经营

森林生态系统经营即运用生态经济学原理，充分利用当地自然条件和自然资源，在促进林产品发展的同时，为人类发展创造最佳的生态环境。其本质特征是自然和人工森林生态系统的生态平衡，是森林经营生态化的体现。其行动步骤如下：

①改进传统的调查理论、方法和技术；

②制定森林生态系统经营战略；

③实施和监测森林生态系统经营战略；

④确定森林生态系统经营的空间系统途径。

森林生态系统经营是合理利用和保护森林资源，实现森林可持续发展的有效途径，然而森林生态系统的复杂性和管理难度远远超出我们的想象。由于人们对生态系统的功能及其变化规律认识不足，在森林生态系统经营实践上往往只注重短期利益和经济效益，而不是长期的可持续性收益。森林生态系统受到破坏所引起的环境问题具有滞后效应，人类只有进行科学的经营管理，才能避免由于失误带来的不可挽回的后果。

森林生态系统经营的目标，是森林经营管理思想的体现，反映了生物、经济和社会的综合价值。在实践中，对森林生态系统经营的可持续目标的界定，应根据森林经营的生态、经济和社会背景综合考虑。

4. 森林资源产业化经营

随着经济的发展，人们对森林资源的物质产品和环境服务的需求日益增大，依靠森林资源的自然再生产远不能解决森林资源短缺的问题，必须发展森林资源的社会再生产，增加投入来扩大森林资源再生产，提高森林资源的生产力、稳定性和持久性，扩展环境容量，以满足社会经济发展中对森林资源产品及其环境的需求。

作为一种社会分工，森林经营者需要在市场经济规律与自然规律双重制约下从事森林资源培育、保护和经营等工作，也就是森林资源产业化经营。

森林资源产业化经营分为森林产品资源产业化经营和森林环境资源产业化经营 2 个方面，其内容包括：

①生态环境保护和治理专业化；

②加大对森林资源产业的投入；

③产业化经营；

④建立合理的森林资源产业结构。

以市场为导向，以经济为纽带，以生态环境建设为主导，依托林副产品加工、销售以及森林生态旅游业等的发展，围绕区域性支柱产业，实行专业化生产、一体化经营、社会化服务、企业化管理，逐步形成森林培育、经营、保护和利用一体化的生产经营体系和利益共同体。

四、森林可持续经营的模式

（一）森林可持续经营的宏观模式

1. 分类经营

①林业分类经营的法律依据　林业分类经营是在社会主义市场经济条件

下，根据社会对生态和经济的需求，按照森林多种功能主导利用的方向不同，将森林五大林种相应划分为生态公益林和商品林两大类，分别按各自的特点和规律运营的一种新型的林业经营管理体制和发展模式。

《中华人民共和国森林法》第八条规定：国家设立森林生态效益补偿基金，用于提供生态效益的防护林和特种用途林的森林资源、林木的营造、抚育、保护和管理。第十五条规定：用材林、经济林、薪炭林的森林、林木和林地使用权可以依法转让，也可以依法作价入股或者作为合资、合作造林的出资、合作条件，但不得将林地改为非林地。

②林业分类经营的客观依据　在市场经济条件下，林业生产可分为两大类产品和服务，一类是有价格的各种林产品，它们是可以用于交换的商品，这些产品可以为经营者独占，并且可以以出售、转让、租赁等方式获取利润，可以通过市场进行资源配置。另一类是无价格的各种服务，这些服务是社会公共产品，经营者无法获得利润，也不可能通过市场去进行资源配置。

在市场经济体制下，首先要区分政府和企业的职能，然后确定不同的经营体制、投资渠道和资金来源。为社会大众提供公共产品和服务的应该是政府职能，由政府来配置其资源，资金投入应由财政负担。为社会提供各种林产品，使林产品能进入市场的林业企业，由市场来配置其资源，按市场经济规律企业自主经营、自负盈亏。

在这种情况下有 2 种选择：一是整个林业作为事业管理，实行收支两条线，即林业的全部收入交国家，林业的所有支出由国家预算提供。二是对林业实行分类经营，把提供公共产品的林业公益部分按事业区分出来，主要由国家来管理，同时采取社区、收益者和经营者共同经营并承担一部分费用的办法来经营。能进入市场的部分则进入市场。

③林业分类经营与森林分类经营　林业分类经营的内涵比森林分类经营要广，森林分类及森林分类经营是林业分类经营的基础。分类是手段，不是目的。具体可分为三大部分：林业经营对象——森林的分类及其森林分类经营；经营主体的分类；管理体制、运行机制、经营模式、经济政策的分类。

A. 林业经营的对象——森林分类及森林分类经营。森林分类是森林分类经营的基础，森林分类经营又是林业分类经营的基础。森林分类经营是以森林功能为主的类型划分，以林种经营目标为依据的组织经营模式，便于目标管理。《中华人民共和国森林法》第四条规定：森林划分为防护林、用材林、经济林、薪炭林和特种用途林。按照有关规定，森林分类工作由省级以上林业主管部门负责组织实施。国家重点的防护林和特种用途林的确定，由国务院林业主管部门提出意见，报国务院批准公布。森林分类是森林分类经营的前提，属政府行为，特别是生态公益林的确定由政府根据社会发展需要进行配置。森林分类经营是指根据森林所处的自然环境和社会经济条件，以及森林的结构特点，根据功能划分为几种不同类型，按照各自的经营目的，采用相应的经营模式。

B. 经营主体的分类。经营生态公益林的是政府提供经费的事业单位，经营商品林的是各种企业单位和个人。有一部分既有生态公益林，也有商品林的可以作为企业对待，但国家和社区要给予一定的补偿。对林农经营的生态公益林，国家和社区也要根据其损失给予补偿。

④分类经营的基本思路　将防护林和特种用途林划分为生态公益林，将用材林、经济林、薪炭林划分为商品林，分别采用不同的经营机制、经营模式和经营手段。

把商品林的经营推向市场，在生态约束下，按经济规律来经营；而生态公益林的经营采取政府为主，社会参与和受益者补偿的经营机制，由各级政府和社区负责经营管理，按自然规律来经营。

⑤分类经营的理论基础

A. 森林经营原则：包括永续性原则、经济性原则和公益性原则。

B. 森林经营目标。在经营原则指导下，根据所在地区社会经济发展的需求来确定。当目标之间有冲突时，需要确定优先次序。

传统的森林经营目标以林木及其副产品的生产为主，具体包括：充分提供食物和生活材料、货币收益最大、森林纯收益最大和林地纯收益最大。

森林分类经营的经营目标要求：森林生态系统的健康、完整；水土保持等生态效益最大；森林游憩等社会效益最大；林产品等经济效益最大。

森林经营目标可依时间、空间分为 3 种情形：a. 同一时间，不同小空间的不同森林经营目标的镶嵌（静态分类经营）；b. 同一空间，不同时间有不同的森林经营目标（动态分类经营）；c. 同一空间，同时有多种森林经营目标。

2. 回归自然林业

①回归自然林业的提出　18 世纪末的农业指导思想认为：农业是以获取货币收益为目的的产业，合理的农业应是获取最大纯收益的农业。受其影响，森林经营目标从森林永续利用转向追求最大经济利益，开始大规模采伐天然林和营造人工林。针对“大砍大造”的作法及其后果，不少林学家提出了异议。

19 世纪末，林学界开始重视在森林经营中起主导作用的自然规律，提出森林经营要符合自然规律，其中的代表人物是慕尼黑大学校长盖耶尔教授。他提出要尽可能地利用森林生产力，尽可能地保护和维持森林，并尽可能地多收获的回归自然思想，反对营造人工同龄纯林，主张利用天然更新经营混交林。

盖耶尔的思想可以用一句话来表示，即“森林经营应回归自然，应尊重自然规律，应利用自然的全部生产力。”当时的造林与森林经营方法被形式化了，盖耶尔主张：造林学应建立在自然科学基础上，对经验的正确理解和细心观察的基础上，废除传统针叶树纯林造林，尽可能地适地适树，努力营造混交有山毛榉等阔叶树的混交林，充分利用和诱导天然更新，在考虑林分结构的同时提高林木生长量，防止各种天然危害。

②恒续林思想　恒续林思想认为：森林是生物与土壤、气候的集合，森林经营必须以恒续作为指导原则。恒续林思想的代表人物是缪拉。缪拉认为林学家的作用就是林木相互间生存竞争的裁判，单一森林作业法的做法不够合理，必须采用择伐作业。恒续林思想的基本内容大致可分为以下 7 个方面。

A. 林业与农业。缪拉认为把林业与农业等同起来，把农业上的一些做法照搬到林业上来是林业经营失败的根源，农业与林业有本质的差异。林业的基础森林可以天然下种更新，没有一定的收获期和死亡期，能够生生不息地继续存在下去。

B. 森林有机体与恒续林经营。人们一般认为森林是树木的集合，缪拉认为这种错误的认识是对森林缺乏洞察所至。他说：“没有树木当然谈不上森林。但森林不是仅由树木组成的。树木和土地是特殊的，不可分的结合。”他还指出森林不仅仅包含树木和土地，除地被植物外，森林中还包含鸟类及动物等。缪拉指出：构成森林的各成分都具有一定的地位和意义。我们目前仅对其中的一小部分有所认识，对其复杂的关系还不理解。在自然界原来有众多树种组成的地方，人为栽植赤松、云杉的单一树种，有时因为害虫会破坏我们的经营。排除其他树种栽植单一树种对于林地会有影响，无论是肉眼能观察到的，还是肉眼观察不到的。所以对这种做法必须确定限度。

C. 恒续林经营与作业法。缪拉指出：恒续林经营不是一种特定的经营方法名称，为达到恒续林经营目的，可以通过多种多样的方法来维持健全的森林有机体的构成与状态。有些人认为把恒续林经营理解为择伐作业是一种误解。择伐作业是传统作业法中恒续确保森林有机体的一种作业法。

D. 恒续林经营与木材生产。林业的目的是永续生产尽可能多的木材。因此，恒续林经营必须比皆伐作业生产更多的木材。缪拉认为，皆伐作业只采伐优良林木，从而妨碍了其他林木生长的同时又中断了木材恒续生产，是最不经济的方法，恒续林经营实践证明了其木材产量是同类皆伐作业林分的3倍。

E. 恒续林思想的要求。恒续林经营不存在固定不变的作业法，随各林分组成及状态而千差万别，但存在经营基本要求：不采用皆伐；在全林每年进行单株挂号采伐；维持或营造异龄混交林；以天然更新为主，不排除人工更新；不使用外来树种的种子和苗木。

F. 恒续林经营与森林经理。传统森林经理规定在一定的森林类型实施一定的作业方法，森林经营只不过是严格遵循其规定的过程。缪拉认为：森林经理是森林经营的记录。通过定期证明森林的财产、收支现状，经常确定经营与收获对森林的影响，来保证永续。因此，森林经理应是森林经营及其发展的结果。

G. 恒续林经营与森林美学。缪拉认为：对于有坚定信仰的、行动始终如一的，对自然界崇高作品及其无限美持敬畏态度的林学家来说，其行为的点滴都无意识地与森林美学是一致的，只有恒续林经营能满足森林美学的要求。恒续林是完全独特的，能与森林美学要求一致的森林经营方法，恒续林能创造有价值的、美的作品。

缪拉还向恒续林经营者呼吁：恒续林思想适用于全部森林。无论在何地都不采用皆伐。每年在全林中手提斧子去维持健康的森林有机体。这样能每年增加森林收入，而要求你们有高度的精神和肉体勤劳。至今为止你们是樵夫。现在开始你们要对每一株收获与抚育的林木进行挂号。所以，你们的工作已经从手工劳动走向艺术，真正的森林艺术高度。你们的行为将是置于森林美学指导下的自由创造劳动。经营方案对你们来说已不再是作业命令。哪怕伐去一株林木也要判断是否对森林的健康、生产力和森林美学有利。众多树种的混交，多龄级林木的集合，丰满树形的形成，生长良好幼树的抚育等都将通过你们的手来实现，你们的工作就是艺术，是无价的艺术。随着你们的认识的增加，你们对森林美学法则的理解也将愈加深入，经济效益也将越大。最美的森林也是收获最大的森林，对于成功的森林经营者来说，它能协调森林美学与经济的要求。

3. 森林生态系统经营

①森林生态系统经营的提出　20世纪70年代，美国林学家提出了生态系统经营；80年代，又提出了森林生态系统经营的思想。森林生态系统经营把

人类对林产品和服务的需求，与生态系统健康的长期保护综合为一体，是森林经营历史上的一次重大转变。

②森林生态系统经营的概念　在可接受的社会、生物和经济上的风险范围内，维持或加强生态系统的健康和生命力，同时生产基本的商品及其相关方面的价值，以满足人类需要和期望的一种资源经营制度。

③森林生态系统经营的内涵　内涵包括：重视人文社会科学在森林经营中的作用；以生态学原理为指导，以生态系统保护和恢复为重点；超越传统的时空尺度和专业分工，实行综合资源经营；以社会需要为基础，根据政策、法规等制定经营目标；适应性经营。

（二）森林可持续经营的微观模式

1. 平分法

我国《齐民要术》中有有关杨树经营的记载“岁种三十亩，三年九十亩；一年卖三十亩。周而复始，永世无穷。”在 14 ~ 16 世纪的德、法等欧洲国家出现了森林经营的简单区划轮伐法。它将全林面积用轮伐期年数等分区划，每年采伐相等的森林面积。这种方法主要适用于阔叶薪炭林，采伐后利用天然更新，几十年后又可收获利用。

18 世纪末，各国林学家相继提出材积平分法、面积平分法和折中平分法。前 2 种方法是将轮伐期分为若干施业期（分期），然后将全林材积或面积平分于各分期，每个分期的收获相等。折中平分法要求实现材积永续收获的同时，实现面积的法正状态。

2. 法正林

①概念与理论模型　法正林的名称及其理论产生于 18 世纪，从此法正林作为传统森林经营管理的理想目标，发展成为法正林思想，一直是森林经营管理的理论基础。能持久地每年提供一定数量木材的森林称为法正林。通常指经营类型或作业级的森林。

②法正林的条件　a. 法正龄级分配；b. 法正林分排列；c. 法正生长量；d. 法正蓄积量。当森林满足以上 4 个基本条件时叫做法正状态，即法正林。

③检查法　检查法顾名思义，通过定期重复调查来检查森林结构、蓄积和生长量的变化情况。检查法是一种集约经营的方法，它的基本思想和方法论至今仍有指导意义。

检查法森林经营原则是：a. 尽可能多的持续生产；b. 用尽可能少的资料进行生产；c. 尽可能生产最好的材种。

第三节　森林可持续经营与林业可持续发展的关系

林业可持续发展的基础是森林可持续经营。森林可持续经营已从概念走向了实践，各国都在实践森林可持续经营。第 11 届世界林业大会上有论文指出，林业可持续发展是指林业对整个国家或全球发展的贡献，它经常涉及林地向其他用途的永久性或暂时性转化；而森林可持续经营是指地区性的森林经营必须满足林业对实现地区经济、社会和环境目标的需要，同时在国家或全球意义上它又是保障可持续发展的服务性手段。

森林可持续经营与林业可持续发展之间，是一种从属关系（前者从属于后者），但也是一种交互作用的过程。林业可持续发展的核心（或基础）是森林可持续经营，没有森林的可持续经营就谈不上林业的可持续发展。但如果没有林业可持续发展的其他条件存在，森林的可持续经营也难以实现。包括森林可持续经营在内的林业可持续发展的许多因素之间，也存在相互促进和相互制约的关系。

第四章　中国林业可持续发展战略

第一节　中国林业发展的历史性转变与定位

进入21世纪后，人们已越来越认识到自然资源和生态环境是维持经济社会可持续发展的重要因素。如何以人为本，协调人与自然的关系；如何平衡资源消耗在行业之间、区域之间、国家和地区之间、代际之间的利益；如何以较低的生态成本减少贫困，走上经济稳步增长，生态环境持续改善的“双赢”之路，已成为世界经济社会发展的主流话题和中国可持续发展的必然选择。林业作为经济与社会可持续发展的基础、生态环境建设的根本措施，在国家可持续发展战略中具有重要的地位。

一、中国林业的历史性变化

新中国成立初期，国民经济处于逐步恢复发展时期，社会对林业的主导需求主要是木材，加之受“以粮为纲”思想的影响，使得林地成了扩大耕地面积的重要来源。人们把森林当做一种单纯的经济资源，把林业仅仅当做一项基础产业，把林业部门当做一个产业部门，以木材生产为中心来组织和安排林业工作，而且采伐的主要是天然林，社会对森林的生态价值没有经济回报，毁林开荒屡禁不止，林业工作基本上是林业一个部门的事情。

改革开放以后，随着经济社会的不断发展和人民生活水平的不断提高，人们开始逐渐认识到林业既是一项重要的基础产业，又是一项重要的公益事业，同时兼有三大效益。林业部门开始实施以三北防护林建设工程为代表的生态工程，提出了建立林业生态体系和林业产业体系的目标，人工林得到大力发展，毁林开荒现象有所减缓，森林生态效益补偿问题提上日程，社会办林业的格局渐具雏形。但改革开放初期的经济社会发展特征，决定了以木材生产为中心的发展模式仍然难以改变。

到20世纪末，中国已实现了“三步走”战略的第一、二步目标，在党的“十五大”上将邓小平设计的第三步战略目标进一步具体化，明确提出了到21世纪中叶达到现代化的阶段目标：“到本世纪中叶建国100年时，基本实现现代化，建成富强民主文明的社会主义国家”。跨入新世纪，我国已进入全面建设小康社会，加快推进社会主义现代化的新的历史发展阶段。与此同时，生态环境、自然资源和经济社会发展的矛盾也日益突出，自然资源不足和恶劣的生态环境成为制约我国经济与社会可持续发展的主要因素之一，社会对生态环境的关注达到了前所未有的程度，改善生态环境日渐成为社会对林业的主导需求。

显然，面对社会主导需求、消费层次、资源配置方式和经济增长方式的变化，加强生态建设成为林业工作的主要任务，我国林业正经历极其深刻的历史性转变。

1. 以木材生产为主向以生态建设为主的转变

这一转变意味着对林业的定性、定位和指导思想进行了重大调整，实现林业认识上的巨大飞跃。在社会主义市场经济条件下，只有实现由以木材生产为主向以生态建设为主的根本性转变，确立以生态建设为主的林业可持续发展道路，才能充分认识新时期林业在国民经济和社会发展中的地位与作用，进一步明确政府和市场在林业建设上不同的责任和义务，真正建立起以政府投入为主的财政支持体系，形成适应新时期林业生产力发展要求的新型管理体制、运行机制和发展模式。这一转变是由以木材生产为主向以生态建设为主的转变的核心和根本，其他转变是这一转变的重要标志和表现形式，是推动这一转变的重要力量。

2. 以采伐天然林为主向以采伐人工林为主的转变

天然林在调节气候、涵养水源、保持水土、保护生物多样性、维持生态平衡等方面，具有人工林所无法比拟的重要作用，是无可替代的可再生资源。我国的天然林大部分处于大江大河的源头，在维护国土生态安全方面发挥着巨大的作用，保护这些宝贵的天然林资源刻不容缓。要保护我国的天然林资源，必须加大人工林培育，用较少的林地产出较多的木材，解决木材供需矛盾，逐步实现采伐天然林为主向以采伐人工林为主转变，保护好天然林。

3. 由毁林开荒向退耕还林的转变

毁林开荒在中国延续了几千年，为此我们付出了惨重的生态代价。坡耕地开垦造成水土流失、土地沙漠化，使生态环境不断恶化。1999年，国家抓住有利时机，做出了以粮食换生态，实施退耕还林工程的重大决策，是一个伟大的历史性转折。实施退耕还林，恢复以森林为主体的植被，从长远看，是治理水土流失和土地沙漠化的根本措施；从近期看，又是调整农村产业结构，拉动内需，增加农民收入的有效途径。

4. 由无偿使用森林生态效益向有偿使用森林生态效益的转变

长期以来，人们无偿使用森林的生态效益，森林经营者得不到价值回报。这一转变，旨在建立起新时期林业发展的良性循环机制，通过生态效益补偿或促进森林生态效益进入更大范围的市场进行交易等，调动各种森林经营者营林护林的积极性，解决林业发展的动力问题。

5. 实现由部门办林业向社会办林业的转变

这一转变主要在于动员全社会力量，调动一切积极因素参与林业建设，保障林业的持续快速健康发展。六大林业工程的启动，使林业成为一项民众参与程度高、需要各方面大力配合和支持的社会性工程。推进这一转变，有利于赢得大家对林业的关心、重视和支持；有利于充分吸引社会生产要素投入林业建设；有利于激活林业内部的运行机制，使林业成为一个有义务、有责任、有利益、有活力的事业；有利于促进林业部门的职能转变，不断强化执法监管、宏观调控和公共服务职能。

二、新世纪中国林业的定位

加强生态建设，维护生态安全，是21世纪人类面临的共同主题，也是我国经济社会可持续发展的重要基础。全面建设小康社会，加快推进社会主义现代化，必须走生产发展、生活富裕、生态良好的文明发展道路，实现经济发展与人口、资源、环境的协调，实现人与自然的和谐相处。

森林是陆地生态系统的主体，林业是一项重要的公益事业和基础产业，是生态建设最根本、最长期的措施，承担着生态建设和林产品供给的重要任务。我国经济与社会发展的快速发展以及世界林业的发展趋势，要求把林业建设放在更加突出的位置，概括起来：在贯彻可持续发展战略中，要赋予林业以重要地位；在生态建设中，要赋予林业以首要地位；在西部大开发中，要赋予林业以基础地位。在应对气候变化中，要赋予林业以特殊地位。

第二节　中国可持续发展的林业战略

中国可持续发展林业战略主要从战略思想、战略方针、战略目标和任务、战略布局、战略途径等方面进行概括。

一、林业发展的战略思想

林业是经济和社会可持续发展的重要基础，是生态建设最根本、最长期的措施。森林作为陆地生态系统的主体，对改善生态环境、维护生态平衡具有不可替代的作用；森林作为一个巨大的可再生的自然资源宝库，与其他生态系统有着多方面的关联，是维系人与自然和谐统一的纽带，更是国土生态安全的保障。必须高度重视森林资源总存量的可持续增长，森林的生态、社会、经济三大效益在中国现代化建设中的重要战略地位。

在新的历史时期，中国林业发展的战略思想是：确立以生态建设为主的林业可持续发展道路，建立以森林植被为主体、林草结合的国土生态安全体系，建设山川秀美的生态文明社会，大力保护、培育和合理利用森林资源，实现林业跨越式发展，使林业更好地为国民经济和社会发展服务。

林业发展总体战略思想的核心是"生态建设、生态安全、生态文明"。这三者之间相互关联，相辅相成。生态建设是生态安全的前提，生态安全是生态文明的基础和保障，生态文明是生态建设和生态安全所追求的最终目标。这一思想既代表了先进生产力发展的必然要求和最广大人民群众的根本利益，又顺应了世界发展的大趋势，展示了中华民族对自身发展的慎重选择，对生态建设的高度责任感和对全球森林问题的整体关怀，体现了可持续发展的理念。这一新的战略思想，标志着中国林业发展将由以木材生产为主向生态建设为主的重大历史转变。

二、林业发展的战略指导方针

林业发展的战略指导方针是："严格保护，积极发展，科学经营，持续利用。"

在新的历史时期，围绕国家可持续发展的整体目标，林业发展要按照

"生态建设、生态安全、生态文明"的战略思想，严格保护天然林、野生动植物以及湿地等典型生态系统；积极发展人工林、林产品精深加工、森林旅游等绿色产业；高新技术与传统技术相结合，加强森林科学经营：实现森林木质和非木质资源以及生态资源的持续利用。

三、林业发展的战略目标

经过50年的不懈努力，到20世纪中叶，全国适宜治理的荒漠化土地基本得到治理，适宜的土地基本得到绿化，典型森林、湿地与荒漠生态系统和国家重点保护野生动植物种群得到有效保护；全国生态环境明显改善，基本实现山川秀美；基本建成资源丰富、功能完善、效益显著、生态良好的现代林业，满足国民经济与社会发展对林业的生态、经济和社会需求，实现我国林业可持续发展。

四、林业发展的战略布局

按照林业总体战略思想、指导方针和目标，规划中国林业发展战略布局。林业生态建设应在外延上有扩展，内涵上更加突出生态优先、保护为主，体现新时期林业发展态势及其以生态建设为主，经济社会效益兼顾的时代特征。在以往林业建设成效的基础上，进行林业生产力结构、布局的重新配置，形成以重点工程为中心，生态建设主线突出的林业生产力布局。

1. 总体布局

21世纪林业发展要以天然林资源保护、退耕还林、三北及长江流域等重点防护林体系建设、京津风沙源治理、野生动植物保护及自然保护区建设、重点地区速生丰产用材林基地建设等六大林业工程为框架，构建"点、线、面"结合的全国森林生态网络体系，即以全国城镇绿化区、森林公园和周边自然保护区及典型生态区为"点"；以大江大河、主要山脉、海岸线、主干铁路公路为"线"，以东北地区，北方干旱、半干旱地区，黄土高原和太行山、燕山地区，华北与长江下游丘陵平原地区，南方山地丘陵地区，东南沿海及热带地区，西南高山峡谷地区，青藏高原地区、城市化地区八大区为"面"，实现森林资源在空间布局上的均衡、合理配置。

2. 区域布局

①东北地区　东北林区以实施东北内蒙古重点国有林区天然林保护工程为契机，促进林区由采伐森林为主向管护森林为主转变，通过休养生息恢复

森林植被。这一地区主要具有原料的指向性（且可以来自俄罗斯东部森林），兼有部分市场指向（且可以出售国外），应重点发展人工用材林，大力发展非国境线上的山区林业和平原林业；应提高林产工业科技水平，减少初级产品产量，提高精深加工产品产量，从而用较少的资源消耗获得较大的经济产出。

②北方干旱、半干旱地区　实行以保护为前提、全面治理为主的发展策略，在战略措施上应以实施防沙治沙工程和退耕还林工程为核心，并对现有森林植被实行严格保护。一是在沙源和干旱区全面遏制沙化土地扩展的趋势，特别是对直接影响京津生态安全的两大沙尘暴多发地区，进行重点治理。在沙漠仍在推进的边缘地带，以种植耐旱灌木为主，建立起能遏制沙漠推进的生态屏障；对已经沙化的地区进行大规模的治理，扩大人类的生存空间；对沙漠中人们集居形成的绿洲，在巩固的基础上不断扩大绿洲范围。二是对水土流失严重的黄土高原和黄河中上游地区、林草交错带上的风沙地等实行大规模退耕还林还草，按照“退耕还林、封山绿化、以粮代赈、个体承包”的思路将退化耕地和风沙地的还林还草和防沙治沙、水土治理紧密结合起来，大力恢复林草植被，以灌草养地。为了考虑农民的长远生计和地区木材等林产品供应，在林灌草的防护作用下，适当种植用材林和特有经济树种，发展经济果品及其深加工产品。三是对仅存的少量天然林资源实行停伐保护，国有林场职工逐步分流。

③华北与长江下游丘陵平原地区　在策略上适宜发展混农林业或种植林业。一方面建立完善的农田防护林网，保护基本耕地；另一方面，由于农田防护林生长迅速，应引导农民科学合理地利用沟渠路旁、农田网带、滩涂植树造林，通过集约经营培育平原速生丰产林，从而不断地产出用材，满足木材加工企业的部分需求，实现生态效益和经济效益的双增长。同时，在靠近城市的地区，发展高投入、高产出的种苗花卉业，满足城市发展和人们生活水平逐渐提高的需要。

④南方山地丘陵地区　其主要任务是有效提高森林资源质量，建设优质高效用材林基地；集约化发展经济林，大力发展水果产业，调整森林资源结构和林业产业结构，提高森林综合效益。在策略上首先应搞好分类经营，明确生态公益林和商品林的建设区域，结合退耕还林工程加快荒山荒地绿化、陡坡耕地还林和灌木林的改造，利用先进的营造林技术对难利用土地进行改造，尽量扩大林业规模，强化森林经营管理，缩短森林资源的培育周期，提高集体林质量和单位面积的木材产量。另外，通过发展集团型林企联合体，对森林资源初级产品进行深加工，提高精深加工产品的产出。

⑤东南沿海及热带地区　其主要任务是在保护好热带雨林和沿海红树林资源的前提下，发展具有热带特色的商品林业。在策略上主要实施天然林资源保护工程、沿海防护林工程和速生丰产用材林基地建设工程。在适宜的山区和丘陵地带大力发展集约化速生丰产用材林、以培育大径材为目标的热带地区珍稀树种用材林、热带水果经济林、短伐期工业原料林，以及发展木材精深加工和林化产品。

⑥西南高山峡谷地区　其主要任务是建设生态公益林，改善生态环境，确保大江大河生态安全。在发展策略上应以保护天然林、建设江河沿线防护林为重点，以实施天然林资源保护工程和退耕还林工程为契机，将天然林停伐保护同退耕还林、治理荒山荒地结合进行。在地势平缓、不会形成水土流失的适宜区域，可发展一些经济林和速生丰产用材林、工业原料林基地；在缺薪少柴地区，发展一些薪炭林，以缓解农村烧柴对植被破坏的压力。同时，大力调整林业产业结构，提高精深加工产品的产出，重点应发展人造板材。

⑦青藏高原地区　其主要任务是保护高寒高原典型生态系统，应采取全面的严格保护措施，适当辅以治理措施，防止林、灌、草植被退化，增强高寒湿地涵养水源功能，确保大江大河中下游的生态安全。同时，要加强对野生动物的保护、管理和执法力度。

⑧城市化地区　加大城市森林建设力度，将城市林业发展纳入城市总体发展规划，突出重点，强调游憩林和人居生态林建设，从注重视觉效果为主向视觉与生态功能兼顾的转变；从注重绿化建设用地面积的增加向提高土地空间利用效率转变；从集中在建成区的内部绿化美化向建立城乡一体的城市森林生态系统转变。

在重视林业生态布局的同时也要重视林业产业布局。东部具有良好的经济社会条件，用政策机制调动积极性，将基干林带划定为国家重点公益林并积极探索其补偿新机制，出台适应平原林业、城市林业和沿海林业特点的木材采伐管理办法，延伸产业，形成一、二、三产业协调发展的新兴产业体系，全面提高林业的整体水平，实现少林地区的林业可持续发展。

在西部的山西、内蒙古中西部、河南西北部、广西西北部、重庆、四川、贵州、云南、西藏、陕西、甘肃、宁夏、青海、新疆等地为我国生态最脆弱、治理难度最大、任务最艰巨的区域，加快西部地区的生态治理步伐，从而为西部大开发战略的顺利实施提供生态基础支撑。

在南部的安徽南部、湖北、湖南、江西、浙江、福建、广东、广西、海南等林业产业发展较具活力的地区，充分利用南方优越的水热条件和经济社会优势，全面提高林业的质量和效益；加大科技投入，强化科技支撑，以技术升级提升林业的整体水平，充分发挥区域自然条件优势，提高林地产出率，实现生态、经济与社会效益的紧密结合和最大化。

北部应深入推进吉林、黑龙江和内蒙古大兴安岭等重点国有林区天然林休养生息政策，大力改革东北林区森林资源管理体制、经营机制和管理方式，将产业结构由单一的木材采伐利用转变到第一、二、三产业并重上来。加速构筑东北地区以森林植被为主体的生态体系，以森林资源为依托的产业体系，以森林发展为对象的服务体系，最终实现重振东北林业的目标。

此外，在进行区域布局的同时应加强生态文明建设，“文明不仅是人类特有的存在方式，而且是人类唯一的存在方式，也就是人类实践的存在方式。”生态文明是在生态良好，社会经济发达，物质生产丰厚的基础上所实现的人类文明的高级形态，是与社会法律规范和道德规范相协调，与传统美德相承接的良好的社会人文环境、思想理念与行为方式；是经济社会可持续发展的重要标志和先进文化的重要象征，代表了最广大人民群众的根本利益。建立生态文明、经济繁荣的社会，就是要按照以人为本的发展观、不损害后代人的生存发展权的道德观以及人与自然和谐相处的价值观，指导林业建设，弘扬森林文化，改善生态环境，促使人们在思想观念、思维方式、科学教育、审美意识、人文关怀诸方面产生新的变化，逐步从生产方式、消费方式、生活方式等各方面构建生态文明的社会形态。

五、林业发展的战略途径

中国是最大的发展中国家，一方面，人口、资源、环境的现状决定了林业建设的任务是长期而又十分艰巨的；另一方面，经济社会发展对林业的迫切需求，又不允许我国再继续走世界多数发展中国家生态环境先破坏、后治理，边破坏、边治理的老路。

中国林业要走上可持续发展道路，其战略途径是：以六大林业工程为载体，以科技创新为先导，以体制改革为动力，推动林业跨越式发展，使之从以木材生产为主跨入以生态建设为主的新阶段。通过上述途径，促进我国的生态环境由目前的局部治理、整体恶化转向生态稳定、良性发展，林业经济增长方式由目前的粗放、低效、高耗转向集约、高效、低耗，最终实现中国林业的可持续发展。

第三节　中国现代林业体系建设

一、现代林业的基本内涵

中国现代林业的基本内涵可表述为：以建设生态文明社会为目标，以可持续发展理论为指导，用多目标经营做大林业，用现代科学技术提升林业，用现代物质条件装备林业，用现代信息手段管理林业，用现代市场机制发展林业，用现代法律制度保障林业，用扩大对外开放拓展林业，用高素质新型务林人推进林业，努力提高林业科学化、机械化和信息化水平，提高林地产出率、资源利用率和劳动生产率，提高林业发展的质量、素质和效益，建设完善的林业生态体系、发达的林业产业体系和繁荣的生态文化体系。

1. 现代林业发展理念

现代林业的发展理念，就是通过科学论证和理性思考而确立的未来林业发展的最高境界和根本观念，主要解决林业发展走什么道路、达到什么样的最终目标等根本方向问题。因此，现代林业的发展理念，必须是最科学的，既符合当今世界林业发展潮流，又符合中国的国情和林情。

中国现代林业的发展理念应该是：以可持续发展理论为指导，坚持以生态建设为主的林业发展战略，全面落实科学发展观，最终实现人与自然和谐的生态文明社会。这一发展理念的四个方面是一脉相承的，也是一个不可分割的整体。建设人与自然和谐的生态文明社会，是党的“十七大”报告提出的实现全面建设小康社会目标的新要求之一，是落实科学发展观的必然要求，也是“三生态”战略思想的重要组成部分，充分体现了可持续发展的基本理念，成为现代林业建设的最高目标。

在建设现代林业的过程中，要充分考虑发展的可持续性，既充分满足当代人对林业三大产品的需求，又不对后代人的发展构成危害。大力发展循环经济，建设资源节约型、生态良好和环境友好型社会，是实现可持续发展的必然要求。可持续林业从健康、完整的生态系统、生物多样性、良好的环境及主要林产品持续生产等诸多方面，反映了现代林业的多重价值观。

2. 多目标经营

森林具有多种功能和多种价值，从单一的经济目标向生态、经济、社会多种效益并重的多目标经营转变，是当今世界林业发展的共同趋势。由于各国的国情、林情不同，其林业经营目标也各不相同。德国、奥地利等国家在总结几百年来林业发展经验和教训的基础上提出了近自然林业模式；美国提出了从人工林计划体系向生态系统经营的高层过渡；在日本则通过建设人工培育天然林、复层林、混交林等措施来确保其多目标的实现。20 世纪 80 年代中期，我国对林业发展道路进行了深入系统的研究和探索，提出了符合我国国情林情的林业分工理论，按照林业的主导功能特点或要求划类，并按各类的特点和规律运行林业经营体系和经营模式，通过森林功能性分类，充分发挥林业资源的多种功能和多种效益，不断增加林业生态产品、物质产品和文化产品的有效供给，持续不断地满足社会和广大民众对林业的多样化需求。

中国现代林业的最终目标是建设生态文明社会，具体目标是实现林业的生态、经济与社会效益的最大化。

①生态目标　生态目标关注的是森林生态系统的完整和稳定。通过退化生态系统的重建与现有森林生态系统的合理经营，保障森林生态系统在维护全球、国家、区域等不同层次上所发挥的环境服务功能的持续性。其中关键是可持续地使用林地和保护生物多样性，保持森林生态系统的生产力和可再生产能力以及长期健康。现代林业的生态目标，不仅是保障林业自身社会经济可持续的基础，更重要的意义还在于持续发挥森林生态系统在维护全球生命支持系统中的重要性与不可替代性。林业发展的生态目标，从全人类根本利益来看，应当处于十分重要的地位，这也是森林问题成为全社会关注焦点的根本原因。

②经济目标　经济目标主要关注林业生产者的长期利益。这里必须明确的是林业经济可持续性的主体是林业生产经营者。当前经济利益的实现方式，主要还是通过为社会提供物质产品的形式；实现自身的利益，其中起主导作用的是林产品产量的持续产出。而林产品的产出，除了取决于林业生产力水平外，同时还受到自然生态环境的制约，更受制于非林业部门的影响。林业经营者经营的森林生态系统所提供的环境产品，具有生态产品公益化、生态效益共享化、生态价值无量化、经济利益外溢化的特征，必然造成林业利益难以在市场条件下完全实现。因此，建设现代林业，必须要建立起森林生态产品投入产出的良性循环机制。现代林业经济目标的特殊意义，还在于为广大林区农民提供就业机会与生存条件，为脱贫致富提供经济来源。

③社会目标　社会目标强调满足人类基本需要和较高层次的社会文化要求，努力建设生态文明社会，这是现代林业的又一个主要目标，也是现代林

业的根本任务。作为社会经济大系统的林业产业，担负着为社会发展提供生物质能源、生活资料与生产资料的任务。随着全球范围内不可再生资源的不断消耗，森林作为主要的可再生资源，其满足人类社会物质需求的作用是绝对不会消失的，人类对森林的社会、文化需求的不断扩大，是社会经济发展的总趋势。

3. 现代科学技术

全面依靠科技进步是突破资源和市场对我国林业的双重制约的根本出路，它将伴随着林业科技自主创新和重大突破而产生质的飞跃。一是要致力于加快林业创新体系建设，通过加强国家林业科学中心、区域林业研究中心和林业创新基地建设，形成国家稳定支持的、配置优化、布局合理的林业创新队伍。二是要建设以企业为核心的林业实用技术研究开发体系，用现代科学技术指导森林经营全过程的林业。尤其要加强森林培育技术、森林保护技术、经营管理技术及开发利用技术等领域的研究开发，争取在以分子生物学和基因组学为依托的生物技术，以3S技术（遥感技术、地理信息系统、全球定位系统的统称）和IT（信息技术）产业为依托的信息技术，以生命科学、现代生物技术和生物化学为依托的林业生物质新材料、新能源技术等领域实现重大突破，大幅度提高科学技术对林业的贡献率和显示度。三是着力推进林业科技的推广应用，通过实施科技服务林改、科技下乡、科技进村入户等活动，使林业科技推广、成果转化、技术培训工作真正落实到林业重点工程建设区、落实到基层、落实到千家万户。进一步健全和完善科技服务基层的长效机制，充分发挥基层林业科技推广体系的骨干作用和科技能手、科技大户的示范带动作用。

4. 现代物质装备

现代林业以现代物质条件装备和技术装备为前提，并与国家工业化进程同步发展。当今世界，林业发达国家林业新技术革命的重要标志是：以工业化带动林业现代化，以机械动力代替人力，以智能控制代替人工操作。在现代林业建设中，必须进一步加强现代林业基础设施和技术装备建设，充分利用国际国内成熟技术和装备，广泛应用于林业生产和经营，大幅度提高林业劳动生产率、林地生产率和林业资源综合利用率，提升林业生产力和管理水平。特别是针对林业生产实践中所急需的种子采集和储存、工厂化育苗、营林造林、采运和加工、病虫害监控与防治、森林火灾预警与扑救等基础设施和技术装备，设备引进与消化吸收相结合，通用机械与专用机械相结合，技术集成与组装配套相结合，大幅度提高林业生产力发展水平。充分发挥政府政策支持，市场配置资源的作用，积极鼓励和引导大中型专业企业成为技术创新的主体，大力推进产学研结合，形成协作研究开发、互动多赢的机制，开展林业重大装备的技术攻关，实现林业生产过程的机械化、智能化。

5. 现代管理手段

科学高效的管理是现代林业发展的重要保障。管理的现代化不仅包括管理理论的现代化，同时也包括管理手段的现代化。当今世界，科技发展日新月异，3S、IT 等技术的迅速发展，把经济社会的发展带入了数字化时代，也为现代林业管理提供了方便、快捷、准确的管理平台。世界林业发达国家已经在森林资源管理、生态状况动态监控、林业发展规划布局、野生动植物保护、森林自然灾害监控、植树造林成果评价、林业行政审批等林业生产、经营与管理的全过程实现了数字化、网络化，成为科学管理、科学经营、科学决策的有效手段。在现代林业建设中，不仅要不断地推进林业管理体制改革，引入科学的管理理念，建立高效的管理机制，同时还要充分利用现代科学技术成果，在现代林业管理中引入先进的技术手段。

6. 现代市场机制

随着我国社会主义市场经济体制发育的日趋成熟，林业分类经营和产业化步伐明显加快，尤其是林权制度改革，极大地激发了国有林区企业职工和广大农产发展林业的积极性，在生态公益林由国家投入的前提下，按照市场运行机制，加快现代林业产业体系的建设。建设现代林业的市场引导机制至少包括三层含义：其一，政策激励。政府制定和不断完善与林业分类经营发展模式相适应的各项扶持、激励政策，包括制定社会（包括团体、企业和林农等）投入发展人工商品林的权益保障政策法规、建立社会在国家统一规划指导下营造生态公益林的政府采购政策、完善生态公益林补偿制度以及鼓励扶持林业发展的政策等。其二，市场引导。按照市场机制的要求，积极鼓励、引导和依靠社会力量建设现代林业，形成多元化、多形式、全方位的林业投入机制和合作机制，支持林业企业和林业生产经营者大力发展以林业生物质材料、生物质能源为龙头的新技术产业以及各类商品林业、林产品加工业、森林食品、竹藤产业、花卉业、林药业、林果业及森林旅游业等林业产业。其三，完善服务。按照“政府制定政策、市场配置资源”的原则，建立健全和不断完善有利于现代林业发展的社会化服务体系，包括金融服务、技术服务、信息服务等，并把配套服务贯穿于林业生产的全过程。通过完善服务体系，促进林业骨干企业、科技、林农以及各类林业经济合作组织和专业协会之间架起一座宽阔而畅通的桥梁，结成经济联合体和技术同盟，联合起来闯市场，加快推进现代林业产业集约化、规模化、专业化进程。

7. 现代法律制度

现代林业是建立在完整的、适合国情、林情的林业政策、法律、法规和制度体系基础之上的林业。首先，要完善立法，强化执法，搞好普法，真正做到有法可依，执法必严，违法必究；其次，国家应建立并实行对培育、保护生态公益林以国家财政投入为主，全社会共同参与的投入机制和国家给予生态补偿机制；对发展商品林实行扶持政策，给予信贷、税收等方面的优惠措施；第三，全面推进林权制度改革，建立现代林业产权制度，落实相关的配套政策，充分调动广大林业生产者特别是广大林农投入和投身林业的积极性；第四，在完全市场经济条件下，开展国内、国际间林产品贸易，遵循统一的、与国际接轨的、公平公正的市场运行法则，建立和完善“统一、开放、规范、有序”的社会主义市场经济体系，开展森林论证、制定林产品标准和认证认可制度。

8. 扩大对外开放

现代林业是面向全球环境和经济一体化的开放型林业。首先是责任的国际性。地球好比是一个“生态村”，由于气候变暖、物种锐减、自然灾害频繁等许多全球性问题，都直接与林业资源的保护和利用、与全球资源环境和经济社会发展紧密相关。扩大对外开放，加强国际合作，全面推进我国现代林业建设，能让全人类共同受益，体现了全球共同的发展理念和利益。21 世纪的林业发展，必须积极面对经济全球化、贸易自由化以及我国加入 WTO 后的机遇与挑战，充分利用“绿箱政策”，特别是有效利用结构调整支持、环境计划支持、地区援助支持等手段，加强林业可持续发展的能力建设，提高产业的国际竞争力；实施木材资源进口替代和木材加工产品出口导向相结合的开放战略，充分利用国际国内两个市场、两种资源，在国际贸易中加大林产品进口力度，在实施“走出去”战略中，加大在国外开发林业资源以满足国内需求的力度，充分利用国际资源，弥补国内需求缺口，发挥比较优势以形成多层次的对外开放格局。其次是广泛的参与性。我国作为一个负责任的发展中大国，要提高和维护我国在国际社会的地位，就要不断提升国际林业经济、技术和贸易合作与交流的层次，认真履行与林业有关的国际公约，积极参与国际森林政策对话和区域进程，参与制定相关的森林认证和林产品认证标准；加强林业领域的国际合作，加快与国际接轨的步伐，大力发展外向型经济，扩大林业发展空间。特别是在防治全球变暖、生物多样性保护等领域发挥重要的作用。

9. 高素质的新型务林人

拥有一支具有较高的科学素质的务林人队伍，这也是现代林业的重要标志。从广义上讲，林业人力资源是所有从事林业生产活动的人所蕴涵的劳动能力的总和。我国林业人力资源主要由林业公务员、林业专业技术人员、林业企业经营管理者、林业工人和林农组成。不断提高我国现代林业人力资源的数量和质量，建立和完善现代林业人力资源的流动机制和激励机制，有效配置我国现代林业人力资源，发挥我国现代林业人力资源的潜力，对于加快我国现代林业建设具有十分重要的战略意义。

培育高素质的新型务林人是一项夯实基础、立足当前、着眼长远的战略性任务。未来我国林业人力资源培育与开发，必须牢固树立“人才资源是第一资源”的思想，紧紧围绕未来林业发展和生态建设，全面进入依靠科技进步和提高劳动者素质的轨道这个目标，坚持以人为本的原则，以林业人力资源能力建设为重点，充分激发林业从业人员积极性和创造力。努力建设林业科技创新、科技推广和教育文化普及三支队伍，抓好岗位技能培训、职业技术教育和林业高等教育、科学普及三项工作。大力推进以用人制度和分配制度为核心的人力资源管理体制改革，不断提高林业从业人员的学习能力、实践能力和创新能力，积极培养林业拔尖人才和后备人才，全面实施林业人才战略，加大林业人力资源培育与开发力度，加快实施提高林业人员素质的培训计划，切实提升林业从业人员专业知识水平和教育程度，形成布局合理、总量充足、结构优化、有序流动、社会广泛参与的林业人力资源新格局。通过人力资源管理体制和运行机制的创新，营造一个吸引人才、留住人才、人尽其才、各类人才脱颖而出的良好环境，为实现林业发展的总体目标提供可持续的人力资源保障。

综合上述对现代林业内涵的理解，建设现代林业，就是坚持以科学发展观为指导，以建设生态文明为最高目标，不断调整林业生产关系和经营管理方式，大幅度提高林业集约化、机械化和信息化水平，提高林地产出率和林业劳动生产率，提高林业发展素质、质量、效益和竞争力，转变林业增长方式、不断推进林业可持续经营，充分发挥林业多种功能和多重价值的过程。

二、现代林业的基本特征

1. 公益性特征

现代林业的首要任务，就是建立以森林生态系统为主体的、完备的国土生态安全保障体系。我国生态与环境问题十分突出，推进现代林业建设，恢复和重建森林生态体系，发挥林业巨大的生态功能，是治理生态和环境问题的根本措施。生态建设是林业工作的永恒主题，是林业部门最重要、最基本的任务。全面推进现代林业建设，必须坚持以生态建设为主的林业发展战略不动摇，努力为人民提供更多更好的生态产品。而生态产品本质上是一种公共产品，其消费具有非排他性、外部性和非市场性特点，这就决定了现代林业首先具有公益性特征。在现代林业的生态体系建设中，要按照公共事业的管理模式，建立以财政投入为主的、长期稳定的资源配置体系。

2. 市场性特征

现代林业的另一个显著特征，就是市场成为林业经济运行的载体。发展现代林业产业，必须遵循市场原则，按照我国经济体制转型的要求，在不断深化和完善林业分类经营管理体制改革的基础上，以全面抓好林业产权制度改革为重点，带动形成符合现代林业发展要求的新型体制机制、经营形式、市场主体、动力机制、行政方式、政策措施等，努力构建符合现代社会发展要求的林业生产关系。在现代林业的产业体系建设中，行政手段将逐步退出资源配置环节，充分发挥市场功能，面向市场组织生产，实现投入—产出—消费的良性循环，逐步形成第一、二、三产业紧密衔接，产加销融为一体的多功能、可持续发展的林业产业体系。这是林业经济由传统的计划经济形态走上现代的、商品市场形态的必由之路，也是传统林业向现代林业趋近的一个重要组成部分。

3. 协调性特征

能否有效地实现上述各个方面的协调发展，是衡量现代林业的一个重要指标。现代林业强调从系统的角度认识林业，以系统的标准衡量林业建设成效，追求系统结构合理、功能稳定、效益最大化。不仅注重生态建设，同时也重视林业产业发展和生态文化建设，不能顾此失彼，以偏赅全。在生态方面，应该具有完善和高效的森林生态系统、湿地生态系统、荒漠生态系统，充分发挥林业维护国土生态安全、改善生产生活环境、维持生物多样性、增加碳汇、减缓全球气候变暖中的重要作用。在经济方面，应该具有门类齐全、品种丰富、规模可观、布局合理、优质高效、环境友好、竞争有序、充满活力的林业产业体系，为社会提供丰富的物质产品。在社会方面，应该具有主题突出、内容丰富、贴近生活、富有感染力的生态文化体系，充分发挥林业在普及生态知识、增强生态意识、繁荣生态文化、树立生态道德、弘扬生态文明、促进人与自然和谐等方面的重要作用。

林业的协调发展，主要体现在森林资源之间的协调、林业系统功能和结构之间的协调、区域之间的协调、林业与经济社会发展的协调。现代林业的布局必须是科学、合理的，既能够反映不同地区的特色，具有明确的建设重点和发展方向，整体上又能够构成一个功能齐全、突出重点，因地制宜、优势互补，均衡适度、结构稳定，布局合理、协调发展的格局，从而最大限度地满足国民经济发展和人民生活的需要，实现林业生态效益、经济效益和社会效益的统一。林业的协调发展，更要保持数量与质量、外延与内涵、总体推进与重点突破，以及区域之间和支撑保障体系各领域、各环节之间的相互协调发展；要正确认识和处理好林业与农业、牧业、水利等国民经济相关部门协调发展的关系，处理好资源保护与发展、培育与利用的关系；要用科学发展观统领林业发展全局，实现经济结构转型和增长方式转变，充分发挥林业作为生态建设主体，在解决城乡差距拉大、区域发展不平衡、经济社会发展不协调、资源环境压力加大等问题方面发挥重要作用。

4. 高效性特征

现代林业既是生态、产业、文化等功能齐备的林业，更是集约、高效的林业。现代林业应该是充分体现现代社会生产力发展水平，拥有当今时代最先进的科学和技术水平，以现代信息技术管理的林业。建设现代林业的过程也是实现林业现代化的过程，一是实现传统技术向现代技术转变，通过品种良种化、施肥有机化、用药仿生化、手段信息化，实现良种壮苗普及、栽培技术实用、防火防虫高效、采伐全树利用、产品加工循环，使现代技术覆盖林业生产的全过程；二是实现传统装备向现代装备转变，现代林业必须彻底改变传统的生产方式，改变林业各生产环节劳动强度大、装备简陋、效率低下的状况，不断提高营林生产、采伐作业、产品加工的机械化和智能水平，实现林业生产和经营的现代化。充满活力的、高效率、高效益的体制机制，是解放和发展社会生产力的必然要求，是发展现代林业的强大动力。全面推进现代林业建设的过程，实际上是一个不断深化林业改革，建立新型体制机制，理顺生产关系的过程。实现陈旧管理模式向现代管理模式转变，实现管理组织、管理方法现代化，是现代林业的重要标志。

5. 开放性特征

现代林业的开放性主要体现在全社会的广泛参与和全方位的对外开放。现代林业建设是一项十分复杂的系统工程，需要全社会的共同努力。深入宣传林业在维护生态安全、实现兴林富民、弘扬生态文明中的重要作用，大力普及生态知识和林业知识，努力传播人与自然和谐相处的生产生活方式，进一步提高全社会的生态忧患意识，动员更多的社会力量参与生态建设，为实现林业又好又快发展、营造良好的社会氛围，是现代林业建设的重要组成部分。

在环境问题的全球化、世界经济一体化、国际贸易自由化的时代，现代林业必须是全方位开放的。建设现代林业就要抓住机遇、迎接挑战、顺应潮流、扩大开放，以外促内、优化结构，趋利避害、稳步推进。要加强林业可持续能力建设，积极应对经济全球化和贸易自由化挑战；积极参与制定并遵循国际规则，转变政府职能，切实维护国家权益；认真履行国际公约，承担应有的责任和义务；充分利用国内国外两种资源、两个市场，全面提高国际竞争力；扩大国际合作与交流，在国际林业事务中发挥重要作用。

三、现代林业建设的主要目标

现代林业理论的基础是森林。人类从森林中走来，生存于森林，依赖于森林，发展于森林，兴旺于森林。森林是人类生存的物质基础，人类利用它，并逐渐认识到保护它的重要性。当人类过度利用森林，威胁人类自身生存环境时，人类终于清醒，森林不是可以无限制利用的，而是需要保护和可持续利用。森林在赋予人类社会意义、经济意义的同时，其生态意义更为重要和伟大，事关人类和地球的可持续发展。产生于森林的林业，终于在森林的自然属性（生态属性）中被重新认知，现代林业便是这种认知的深刻思考和反省的结果。

到21世纪中叶，围绕建设生态文明的战略目标，建立起与国民经济和社会可持续发展相适应的完善的林业生态体系、发达的林业产业体系和繁荣的生态文化体系，使全国适宜治理的水土流失地区基本得到治理，水土流失和沙漠化所造成的生态环境问题基本得到解决；宜林地植树种草；天然林资源、国家重要湿地和国家重点保护动植物种群得到有效保护；森林覆盖率达到并稳定在26%以上，全国生态环境明显改善，基本实现中华大地的山川秀美；木材及主要林产品基本自给，供需平衡；森林生产率和林业综合实力达到世界中等发达林业国家的水平。

四、现代林业建设的基本原则

实现上述目标，必须从我国国情出发，根据客观规律，有重点、按步骤、分阶段地向前推进。要坚持贯彻以下重要原则：

1. 坚持实施以生态建设为主的林业发展战略

在地球生态系统中，除海洋外，森林、湿地两大陆地生态系统以70%以上的程度参与和影响着生物地球化学循环和生物地球物理过程，在生物界和非生物界的物质交换和能量流动中扮演着关键角色，对保持陆地生态系统的整体功能、维护生态平衡发挥着中枢作用。以森林、湿地为主要经营对象的林业，就是通过这些复杂的循环和过程来间接地生产出生态产品的，包括吸收二氧化碳、制造氧气、涵养水源、保持水土、净化水质、防风固沙、调节气候、清洁空气、减少噪音、吸附粉尘、保持生物多样性、减轻洪涝灾害等。科学家断言，假如这些生态系统从地球上消失，那么，全球90%的淡水将白白流入大海，陆地90%的生物将灭绝，生物固氮将减少90%，生物放氧将减少60%，从而引发一连串的生态灾难，人类生存就会失去根基。中国可持续发展林业战略研究课题组提出了“生态建设、生态安全、生态文明”的林业发展战略思想的核心，在中共中央、国务院《关于加快林业发展的决定》也确立了以生态建设为主的林业可持续发展道路，因此，全面推进现代林业建设，必须牢牢把握以生态建设为主的发展方向，这是现代林业建设的根本任务。

2. 坚持以深化改革为动力

全面推进现代林业建设的过程，实际上是一个不断深化林业改革，建立新型体制机制，理顺生产关系的过程；是一个改造和提升传统林业，转变增长方式，发挥多种功能，满足社会多样化需求，实现可持续经营的过程。因此，要按照我国经济体制转型的要求，在不断深化和完善林业分类经营管理体制改革的基础上，以全力抓好林业产权制度改革为重点，带动其他各项林业改革的不断深化，逐步形成符合现代林业发展要求的新型体制机制、产权制度、经营形式、市场主体、动力机制、行政方式、政策措施等。一方面，该由市场做的，让市场的作用发挥充分；该由政府做的，把政府的责任落实到位。另一方面，充分激发林业的内在活力，调动林业经营者的积极性，增强林业发展动力。要切实推进集体林区、重点国有林区和国有林场改革，要不失时机地积极推进集体林权制度改革，走出集体林业发展的新路子。重点国有林区和国有林场的改革，关键要寻找国有森林所有权和经营权分离的有效方式，理顺管理体制和机制，提高国有林经营效率，促进林区综合发展。

3. 坚持以科技进步为支撑

建设创新型国家，是在我国发展的关键时期在国家发展方向上做出的一个重大战略决策，对现代林业建设具有特别重要的意义。这是挖掘、调动内源性力量促进林业发展的又一个重大举措。要通过加强林业科技原始创新、集成创新、引进消化吸收再创新，重点发挥其在新兴领域、重要方向上的引领作用，在林业发展全过程、全方位中的支撑作用，在核心技术、重点难题上的突破作用，在产业结构调整、新兴产业培育中的带动作用，全面提高林业建设的质量，提高林地生产力，提高林业自然资源的利用效率，提高林业的综合效益和整体功能，做到地尽其力、物尽其效；同时，要积极推进林业科技成果转化，大力推广和普及先进成熟的科技成果和实用技术，努力将科技成果转化为现实生产力，提高林业发展的科技进步水平。

4. 坚持以产业发展为依托

森林有多方面的功能，社会有多样化的需求，两者最充分的结合才是现代林业发展的最佳状态。按照现代林业的理念，森林的生态和社会效益，远比经济效益大，必须正确处理森林三大效益的关系，将生态建设与产业发展割裂开来、对立起来的认识和做法，都是违背林业自身发展规律的。建立起完备的生态体系，满足了社会和人们的生态公益和精神文化需求，才能腾出更多的空间和更大的余地，发展林业产业；只有建立起发达的产业体系，既满足了社会和人们对林产品的需求，又积累了丰富的物质财富，才能更好地支持、保障公益林业的发展，巩固生态建设成果。要协同推进两大体系建设，在生态建设中不忘发挥产业功能，在产业发展中不忘兼顾生态要求，既突出重点，又不以偏赅全，实现共赢互补。

5. 坚持以依法治林为保障

坚持依法治林，积极推进现代林业法治进程，是现代林业发展的重要保障。随着《中华人民共和国物权法》的颁布实施，《森林法》修订工作需要及时摆上议事日程，一系列原有的权利义务关系也需要进行相应调整。适应林业分类经营改革的政策和法律需要不断调整和完善。商品林与公益林的采伐管理问题，严重的林地逆转问题，种苗管理、物种引进与保护、资源利用、进出口贸易等问题都需要引起我们的高度重视，及时研究对策，加强监管，使林业经营活动都纳入法治轨道；同时，要积极履行国际公约，建立健全与国际惯例相适应的法律框架。

6. 坚持树立人与自然和谐的生态价值观

从某种意义上讲，人类文明的进步是与林业发展相伴相生的。森林孕育了人类，也孕育了人类文明，并成为人类文明发展的重要内容和标志。生态文明是继农业文明、工业文明之后迄今为止人类文明的最高形态，是现代社会高扬的精神旗帜，是现代人类共同的价值追求。发展林业是实现人与自然和谐的关键和纽带，是推进生态文化建设的载体和平台。在生态文明建设中，林业居于基础地位，处在前沿阵地，扮演关键角色，发挥先导作用，肩负着不可替代的历史使命。所以，我们不仅要担当起生态建设的重任，还要做发展生态文化的先锋，不仅要创造大量的生态成果和物质成果，还要尽可能多地创造出丰富的文化成果，努力推进重要价值观的树立和传播，做生态文明的倡导者、实践者和推动者，为现代文明发展做出自己独特的贡献。

五、现代林业体系建设

（一）建设完善的林业生态体系

2003年6月，中共中央、国务院颁布了《关于加快林业发展的决定》，把确立以生态建设为主的林业可持续发展道路、建立以森林植被为主体、林草结合的国土生态安全体系、建设山川秀美的生态文明社会作为林业发展的指导思想。这对建设完善的林业生态体系提出了新的要求，也创造了良好的条件。我国生态与环境问题十分突出，推进现代林业建设，恢复和重建林业生态体系，发挥林业巨大的生态功能，是治理生态和环境问题的根本措施。通过培育和发展森林资源，着力保护和建设好森林生态系统、荒漠化生态系统、湿地生态系统，充分发挥林业在农田生态系统、草原生态系统、城市生态系统循环发展中的基础作用，努力构建布局优化、结构合理、功能协调、效益显著的林业生态体系。使森林和湿地生态系统与其他生态系统共同营造和谐的生命支持系统，使林业生态体系在生物多样性保护、增加碳汇、减缓全球气候变暖中发挥重要作用，保证人与自然的和谐共存。林业生态体系建设要重点实施好12项生态工程。

1. 天然林资源保护工程

天然林资源保护工程主要解决天然林的休养生息和恢复发展问题。这项工程1998年开展试点，2000年在全国17个省（自治区、直辖市）全面启动。“十一五”期间，工程建设的主要任务是：继续全面停止长江上游、黄河上中游工程区天然林商品性采伐；根据东北、内蒙古等重点国有林区资源承受能力，进一步调减木材产量，使全国重点地区天然林资源真正得到休养生息。对工程区内的$9418\times10^4hm^2$天然林和其他森林实行全面有效管护，加快宜林荒山荒地造林种草，计划造林$579.3\times10^4hm^2$，其中人工造林$88.1\times10^4hm^2$，封山育林$390.9\times10^4hm^2$，飞播造林$100.3hm^2$。

该工程的中长期目标为，以天然林培育为主，加速其顺向演替的进程，到2030年，继续全面停止长江上游、黄河上中游工程区天然林商品性采伐；根据东北、内蒙古等重点国有林区资源承受能力，进一步调减木材产量，使全国重点地区天然林资源真正得到休养生息。

2. 退耕还林工程

退耕还林工程主要解决重点地区的水土流失和土地沙化问题。1999 年，按照“退耕还林，封山绿化，以粮代赈，个体承包”的政策，四川、陕西、甘肃 3 省率先试点，2002 年在全国 25 个省（自治区、直辖市）和新疆生产建设兵团全面启动。“十一五”期间，要在原有基础上，巩固已有成果，研究制定相关后续政策，按照“巩固成果，确保质量，完善政策，稳步推进”的总体要求，积极稳妥地推进工程建设，进一步突出长江上游、黄河上中游、京津风沙源区、南方重点石漠化地区和南水北调中线工程水源区、东北西部风沙区等重点区域，优先安排 25°以上坡耕地和严重沙化耕地的退耕还林。

“十一五”期间，退耕还林总任务 $1566.7\times10^4hm^2$，其中，退耕地造林 $233.3\times10^4hm^2$（含京津风沙源治理工程退耕地还林任务），配套宜林荒山荒地人工造林 $666.7\times10^4hm^2$，封山育林 $666.7\times10^4hm^2$。到 2020 年，争取将 25°以上的坡耕地全部退耕，实现退耕区的宜林荒山荒地基本恢复森林植被，森林资源结构质量和规模效益进一步提高，工程治理区的生态环境明显改善，农村产业结构更加优化，为建设社会主义新农村打下良好的基础。

3. 京津风沙源治理工程

京津风沙源治理工程是构筑京津生态屏障的骨干工程，也是中国履行《联合国防治荒漠化公约》、改善世界生态状况的重要举措。建设范围西起内蒙古的达茂旗，东至内蒙古的阿鲁科尔沁旗，南起山西的代县，北至内蒙古的东乌珠穆沁旗，涉及北京、天津、河北、山西、内蒙古 5 省（自治区、直辖市）的 75 个县（旗、市、区），总面积为 $45.8\times10^4km^2$。计划用 10 年时间，通过采取多种生物措施和工程措施，增加森林覆盖率，治理沙化土地，减少风沙和沙尘天气危害，最终使京津及周边地区生态有明显的改观，从总体上遏制土地沙化的扩展趋势。按工程计划，从 2001 ~ 2010 年，将完成退耕还林 $262.93\times10^4hm^2$ 营林造林 $494.4\times10^4hm^2$、草地治理 $1062.8\times10^4hm^2$，修建水利配套设施 113889 处，小流域综合治理 $23446km^2$，生态移民 18×10^4 人。

“十一五”期间，要在京津风沙源治理工程中期评估报告的基础上，继续保持总体推进的同时，更加注重突出重点，强调治理成效，强化治理区域和植被恢复方式的针对性，使该地区的生态环境得到显著改善。“十一五”期间，工程建设的主要任务是：退耕还林 $34.2\times10^4hm^2$，配套宜林荒山荒沙造林 $28.73\times10^4hm^2$；人工造林 $127.18\times10^4hm^2$，飞播造林 $144.94\times10^4hm^2$，封沙育林育草 $94.54\times10^4hm^2$。草地治理 $290.8\times10^4hm^2$。小流域治理 177.5

$\times10^4hm^2$，配套水利设施建设 6.05×10^4 处，生态移民 6.06×10^4 人。

4. 三北及长江流域等防护林体系建设工程

该工程包括三北地区、长江流域、珠江防护林体系建设工程和太行山以及平原绿化工程，主要通过因地制宜、因害设防，营造各种防护林，解决三北地区的土地沙化问题和其他地区各不相同的生态问题。

①三北防护林体系建设工程　从 1978 年开始到 2050 年结束，分 3 个阶段、八期工程进行建设。建设任务是在保护好现有森林植被的基础上，采取人工造林、飞播造林、封山封沙育林育草等多种措施建设恢复森林植被。规划造林 $3508.3\times10^4hm^2$（包括林带、林网折算面积），其中人工造林 $2.537.1\times10^4hm^2$，飞播造林 $111.4\times10^4hm^2$，封山封沙育林 $759.8\times10^4hm^2$。四旁植树 52.4×10^8 株。“十一五”期间，主要调整重点是：继续突出防沙治沙和水土流失治理，注重建设完善农田防护林体系，重点抓好一批区域性防护林体系和示范区建设。主要任务是：造林 $775\times10^4hm^2$，其中，人工造林 $258\times10^4hm^2$，封沙育林育草 $429\times10^4hm^2$，飞播造林种草 $88\times10^4hm^2$。

②长江、珠江和太行山绿化等工程　为从根本上扭转我国长江、珠江、海河等大江大河及沿海地区生态环境恶化的状况，从 1989 年起，先后启动长江中上游防护林、平原绿化、太行山绿化、珠江流域防护林体系建设工程。“十一五”期间，根据不同区域治理的客观要求，长江防护林要加强“两湖两库”（鄱阳湖、洞庭湖、三峡水库、丹江口水库）的治理，搞好低效林改造，巩固建设成果；珠江防护林要突出重点石漠化地区治理，加大封山育林力度，建设高效的水源涵养林和水土保持林；太行山绿化要着眼华北平原的生态屏障，搞好海河源区的水源涵养林保护和建设，因地制宜，发展特色经济林；平原绿化要重点建设华北平原、东北等平原农区高标准农田防护林体系，大力发展农村四旁植树，进一步改善农业生产条件和农村环境。主要任务是：营造林 $547.7\times10^4hm^2$，其中，人工造林 $255.3\times10^4hm^2$，封山（滩）育林（草）$261\times10^4hm^2$，飞播造林种草 $31.4\times10^4hm^2$；同时，完成低效防护林改造 $482.6\times10^4hm^2$。

5. 沿海防护林体系建设工程

以增强抵御台风、风暴潮和海啸等自然灾害能力为核心，从建立沿海经济发达地区巩固完善的防灾减灾体系的要求出发，以海峡西岸、长三角、珠三角、环渤海湾、海南岛及北部湾等为重点区域，全面推进沿海防护林体系建设，努力构建结构稳定、功能完整的我国海疆绿色屏障。该工程建设的总体思路是：认真吸取印度洋海啸的教训，以增强沿海防护林维护国土生态安全、抵御台风、风暴潮和海啸等自然灾害能力为核心，以保护现有森林资源为基础，进一步拓宽和完善沿海基干林带建设，以沿海基干林带建设、红树林发展、湿地保护与恢复、农田林网建设和城乡绿化美化为重点，全面推进沿海防护林体系建设，努力构建结构稳定、功能完整的我国海疆绿色屏障。

2006～2015 年的主要任务是：建设基干林带和防护林 $128.2\times10^4hm^2$，保护和恢复红树林 $9.06\times10^4hm^2$，保护和恢复湿地 $160.43\times10^4hm^2$，建设各类示范区。“十一五”期间，建设基干林带和防护林 $103.1\times10^4hm^2$，完成森林经营任务 $128.5\times10^4hm^2$，保扩和恢复红树林 $8.5\times10^4hm^2$，保护和恢复湿地 $103.6\times10^4hm^2$，建设各类示范区 41 个。到 2010 年，森林覆盖率达到 38.5%，林木绿化率 38.6%，基干林带达标率 60.5%，红树林恢复率 54.9%，湿地恢复率 56.8%，农田林网控制率 78%，城镇人均拥有绿地面积超过 $3.7m^2$，城镇绿化率 91.8%，村屯绿化率 89.9%。

到 2015 年，沿海地区率先实现林业现代化，森林覆盖率达到 38.5%，林木绿化率 40.6%，基干林带达标率 92.3%，红树林恢复率 95.1%，湿地恢复率 90.6%，农田林网控制率 85%，城镇人均拥有绿地面积超过 $18.6m^2$，城镇绿化率 95.0%，村屯绿化率 95.0%。

6. 全国野生动植物保护及自然保护区建设工程

这是具有多项战略意义的生态和物种保护工程，主要解决物种保护、自然保护等问题。工程建设思路和任务是，重点建设和完善一批国家级自然保护区，建设一批示范保护区；突出建设好一批大熊猫、朱鹮等保护繁育基地；健全野生动植物进出口管理体系，有效控制并杜绝濒危野生动植物种的流失，促进野生动植物保护事业的健康发展。到 2010 年，各级自然保护区面积达 $1.25\times10^8hm^2$，占国土面积的 13%，其中国家级自然保护区面积达 $0.8\times10^8hm^2$，占国土面积的 8.3%，使 90% 的国家重点保护野生动植物种和 90% 的典型生态系统类型得到保护。

到 2030 年，各级自然保护区的数量达到 2000 个，面积达 $1.612\times10^8hm^2$，占国土面积的 16.8%，使 95% 的国家重点保护野生动植物种和 95% 的典型生态系统类型以及 90% 的自然湿地得到有效保护，并使 60% 的国家重点保护物种资源得到恢复和增加。重点建设和完善一批国家级自然保护区，着力搞好三江源等重点自然保护区建设，建设一批示范保护区。继续实施大熊猫等一批极度濒危野生动植物种拯救工程。

7. 湿地保护与恢复工程

湿地与森林、海洋并称为全球三大生态系统，被称为“地球之肾”。我国是世界上湿地类型齐全、数量丰富的国家之一。按照《湿地公约》对湿地类型的划分，31类天然湿地和9类人工湿地在我国均有分布。加强湿地保护工程建设，对我国生态建设具有重要意义。

根据国务院批复的《全国湿地保护工程实施规划（2005～2010年）》，"十一五"期间，要全面实施对湿地的抢救性保护，加强对自然湿地的保护监管，通过湿地及其生物多样性的保护与管理，使我国50%的自然湿地、70%的重要湿地得到有效保护，基本形成自然湿地保护网络体系，使我国湿地保护区达到523个，建设各级湿地保护区222个，其中建设国家级湿地保护区49个。通过对水资源的合理调配和管理、退耕（养、牧）还湿（泽、滩）、植被恢复、栖息地恢复等措施，有计划地恢复重要湿地，使自然湿地面积萎缩和功能退化的趋势得到遏制和初步扭转。

2011～2020年，工程建设的思路和目标是，进一步加强我国湿地保护区网络建设、建立和完善湿地保护的法律法规体系、管理体系、科研监测体系建设，全面提高我国湿地保护、管理和合理利用能力，使我国60%以上天然湿地得到良好保护，天然湿地无净损失，湿地生态环境得到明显好转，建设湿地自然保护区120个，其中重点建设国家级保护区35个，建设国际重要湿地30个，恢复野生动物栖息地$14 \times 10^4 hm^2$；建立湿地可持续利用示范区18处；进行科研监测体系，宣传教育体系和保护管理体系建设。

8. *南方岩溶地区石漠化综合治理工程*

石漠化是指在亚热带湿润地区岩溶地貌极其发育的自然环境下，受人为活动的干扰和破坏，地表呈现类似荒漠化景观的土地退化现象，是岩溶地区土地劣化、生态恶化的顶级形态，石漠化严重制约了当地人民群众的生产生活和经济社会的可持续发展。贵州、云南、广西3个省（自治区）是我国石漠化危害的重点地区。

工程实施范围包括我国南方的贵州、云南、广西、湖南、湖北、四川、重庆、广东等8个省（自治区、直辖市）。工程建设思想，一是对南方石漠化土地通过封山育林（草）、退耕还林（草）、人工造林种草等措施进行综合治理，采取多项措施逐步恢复森林植被；二是加强石漠化地区基本农田建设和农村能源以及人畜饮水工程建设，并在石漠化危害极其严重地区有计划、有步骤地开展生态移民，改善石漠化地区的生产生活条件；三是根据岩溶地区自然资源条件特点，在不破坏生态的前提下，积极发展特色产业，促进区域经济社会协调发展。

主要建设内容，一是以退耕还林和封山育林为重点的植被恢复；二是配套建设小型水利工程、农村能源、基本农田建设并辅以必要的生态移民，力争促进石漠化地区资源、环境、人口、经济、社会的可持续发展。

到2010年，石漠化综合治理面积不低于$1000\times10^4hm^2$，占需治理面积的60%以上，新增有林地和灌木林地不低于$100\times10^4hm^2$，扭转石漠化面积占需治理面积的20%以上。

到2020年，石漠化状况得到全面控制，建立和完善以森林植被为主体的石漠化地区的国土生态安全体系，实现区域经济社会的可持续发展。

9. 重点水源区林业生态建设

搞好三江源地区、三峡库区和丹江口库区等重要水源区林业生态建设，保护和改善生态环境，是保证三江源地区、三峡库区和丹江口库区等重要水源区发挥涵养水源、减少入库泥沙、保障水利工程长期发挥效能的重大措施。主要思路是：以水源涵养、水土保持为核心，以提供优质水源为目标，按照"保、退、治"的方针，保护和巩固已有建设成果，恢复和扩大森林植被，加快对水土流失严重和生态地位重要的陡坡耕地退耕还林步伐，加大生态脆弱区域的综合治理。

继续实施由国家发展和改革委员会批准的《三江源自然保护区生态保护和建设总体规划》，基本扭转整个三江源地区生态环境恶性循环的趋势，保护和恢复林草植被，遏制草地植被退化、沙化等高原生态系统失衡的趋势，增加保持水土、涵养水源能力。主要建设任务：一是生态保护与建设项目，包括退牧还草$644\times10^4hm^2$，退耕还林还草$0.65\times10^4hm^2$，生态恶化土地治理$80\times10^4hm^2$，森林草原防火、鼠害防治、水土保持、保护区管理设施与能力建设等；二是农牧民生产生活基础设施建设项目，包括生态移民1万多户、小城镇建设、草地保护配套、人畜饮水等；三是支撑项目，包括人工增雨、科技支撑与生态监测。

南水北调中线工程水源区林业生态建设工程，实施范围包括河南、湖北、陕西3省45个县（市、区）。初步规划："十一五"期间，完成营造林任务$109.37\times10^4hm^2$，完成森林经营$36\times10^4hm^2$，新建自然保护区12处，保护并恢复湿地$3.08\times10^4hm^2$，建设各类示范区17个。

10. 林业血防工程

全国林业血防工程是"十一五"期间我国启动的第一个林业重点工程，是新时期林业建设和发展的一个新亮点。这项工程体现了党中央提出的以人为本的科学发展观，对发挥林业行业功能、推进和谐社会建设作用十分巨大，同时有利于全国林业又好又快发展目标的实现。按照国家发展和改革委员会批复的《林业血防工程规划》，工程建设范围包括湖南、湖北、江西、安徽、江苏、四川和云南7个省的194个县（市），建设期10年。

《林业血防工程规划》提出的总体目标是：加强抑螺防病林、退耕还林、重点防护林工程和湿地保护以及监测体系、试验示范区和科技支撑项目建设。到2015年，在项目区完成林业血防工程造林 $68.73\times10^4hm^2$，工程以营造抑螺防病林为主体，配合卫生、水利、农业等血防措施的实施，对钉螺孳生环境进行综合治理，压缩钉螺分布面积与流动区范围，显著降低滩地钉螺密度与阳性感染螺密度，最大限度地减少人畜血吸虫病的感染几率，促进项目区生态、经济协调发展、农村产业结构调整及新农村建设。

工程分两阶段实施。第一阶段（2006～2008年）营造血防林 $33.07\times10^4hm^2$，造林保存率达到85%以上，钉螺面积下降30%以上，钉螺密度降低50%以上，阳性螺密度降低50%以上，使疫区群众生活水平有明显提高；第二阶段（2009～2015年）营造血防林 $35.67\times10^4hm^2$。

11. 森林公园建设

森林公园建设的思路和任务是：适应人民生活水平提高后对休闲、游憩等需求增长的要求，将林地范围内地质地貌独特、景观资源优美、自然美学价值和人文美学价值较高的地域划建为森林公园；以国家级森林公园为重点，研究制定国家森林风景资源保护的政策和措施，逐步建立对国有森林风景资源开发利用的国家特许制度和有偿使用制度，加强森林景观资源的保护和管理；加大风景林营造和景观改造等公益性设施的建设，进一步完善现有565个国家级森林公园的基础设施，建立和完善生态旅游对森林公园景观和环境等影响与变化的监管制度；进一步整合现有森林公园，努力形成布局合理、类型齐全、功能完备的森林公园保护和管理体系。

12. 城市林业发展

城市森林是构建城市生态系统的基础，在改善城市生态环境质量，维护城市生态系统稳定，促进城市可持续发展中发挥着不可替代的作用。城市林业发展的思路和任务是：以我国加速推进城市化进程为契机，以构建良好的人居环境为目标，按照改善城市生态环境、建设生态文明城市的总体要求和“城在林中、路在绿中、房在园中、人在景中”的布局要求，建设以林木为主体、总量适宜、植物多样、景观优美和以城区为重点，近远郊协调配置的，融城区公园及绿地、河流及道路林网等相结合的城市森林。

城市林业发展的区域重点：一是以珠江三角洲、长江三角洲和环渤海京津冀鲁等为重点的东部沿海经济发达地区；二是以省会城市为代表的大中型城市（群）。

要将城市森林建设和城市林业发展纳入到各级各类城市建设总体规划之中，实行同步规划，同步建设。

（一）建设发达的林业产业体系

森林有成千上万种的植物、动物资源，是一个巨大的物种库、资源库、能源库、基因库。随着经济社会的发展，越来越多的森林资源、野生动植物资源被开发利用，依赖于森林、野生动植物等为原料的航天、环保、医药和生活用品、能源替代品等越来越多，显现出巨大的经济功能。发展林业产业和生态建设紧密相连，互相促进，相得益彰。大力发展林业产业，不仅可以促进生态建设，满足维护生态安全的要求，也可以发挥林业的经济效益，满足农民增收致富的要求。因此，建设发达的林业产业体系是实施以生态建设为主的林业发展战略的内在要求，是建设资源节约型、环境友好型社会的客观需要，是实现兴林富民的必然途径，是全面建设小康社会的有效保障，对维护国家生态安全、促进经济社会可持续发展、建设社会主义新农村、提升人民的生活品质具有重要意义。

随着我国经济社会的快速发展，林业产业的外延在不断拓展，内涵在不断丰富。林业产业的发展方向是建设以森林资源为基础，以获取经济效益为目的，以技术和资金为手段，有效组织和提供各种物质和非物质产品的行业。林业产业横跨一、二、三产业，主要包括林木种植业、经济林培育业、花卉和林木种苗业、木竹加工业、人造板制造业、木浆造纸业、林产化工加工业、林机制造业、林业生物质产业、林源生物制剂产业、林业绿色化学品行业、野生动植物驯养和繁育业、林副产品采集加工业、生态旅游业、生态文化产业等。林业产业作为重要的基础产业，除具有一般产业的共同属性外，还有自身的四大特性，即资源的可再生性，产品的可降解性，三大效益的统一性，一、二、三产业的同体性。要遵循市场经济规律和林业发展规律，通过提高林业科学化、机械化和信息化水平，提高林地产出率、资源利用率和劳动生产率，努力构建品种丰富、规模可观、布局合理、优质高效、环境友好、竞争力强的林业产业体系。

1. 加快发展以森林资源培育为基础的林业第一产业

培育丰富的森林资源，既是产业发展的重要任务，也是产业发展的重要基础。要以提高林地生产力为核心，以资源培育为基础，做大第一产业。要立足当前，加快发展短周期木竹工业原料林、速生丰产林，切实解决木竹材供需总量不足的问题；也要着眼长远，积极发展珍贵树种、大径级用材林，逐步缓解木材供需的结构性矛盾。要根据林业产业发展的需要，按照林板一体化、林纸一体化的要求，建设一批丰产优质高效的木竹工业原料林基地。同时，要努力壮大花卉和林木种苗产业，要积极发展以种植养殖业、非木质采集业为主的林下产业。

①大力发展木竹工业原料林　大力发展和加速培育短周期木竹工业原料林，为国民经济建设提供大量的森林资源，满足木竹产品加工企业对木竹材的大量需求，是林业建设的重要任务。

A. 统筹规划、合理布局。在我国林业发展战略总体布局的前提下，南方林区发展工业原料林要根据区域的自然条件、资源的比较优势、市场需求及前景，从实际出发、突出重点，确定区域性林业产业的主导产业及建设工业原料林基地。具体规划上，在位于我国热带和南亚热带气候区的南方沿海地区，可大力发展以纸浆、人造板为主的短周期短纤维浆、人造板纸原材料林基地建设，适当发展柚木、桃花心木、紫檩等珍贵用材林树种。在位于我国亚热带气候区的长江中下游地区，包括安徽、江西、湖北、湖南等省，适宜大力发展以杉木、杨树等速生丰产林为主的工业原料林基地建设，以及杉木、柳杉、楠木、樟木等大径级用材树种培育。在经营模式上，可采用“基地＋农产＋公司”、“企业＋基地”、“龙头企业＋基地”等多种模式，大力发展南方区工业原料林生产，通过工业原料林基地建设直接为林产加工企业提供生产原料，实现资源要素的优化配置。

B. 建设主体多元化、生产经营规模化与集约化。在工业原料林基地建设主体上要实行社会办林业、主体多元化，坚持多渠道、多形式、多成分发展工业原料林。南方集体林区，逐步实行的林业产权制度改革，山地使用权到户占很大比重，给基地的规模发展带来了一定的难度。因此，通过一定的机制将农产、工业原料林基地和林产企业连接在一起，把分散的山地有效地组合成一个有机整体，以适应社会化大生产、大市场所必需的规模。发展工业原料林要实行基地集约化经营，推行企业化经营，实行林工一体化，通过加大科技、资金、劳力、管理等生产要素的投入，提高单位林地面积的产出水平。工业原料林基地运用企业管理模式，把传统的相对分散的生产及其产品规范化和标准化，大幅度减少成本，降低消耗、提高效率、增加效益。

C. 加大科技投入，建立健全科技推广体系。加大对工业原料林建设的科技投入，要充分应用现有的如无性系繁殖、选种育苗、ABT 生根粉等成熟的造林先进技术和科研成果；也要充分应用现代化的如 3S 技术和计算机信息管理对工业原料林的生长过程和生长环境进行监测和管理，对在一定的市场条件和政策环境下不同的要素组合实行优化管理，最终实现工业原料林基地的最大经济效益。

D. 加强政策支持和引导。发展工业原料林需营造良好的政策环境。要进一步完善林业资源管理政策、经济调节政策和社会支持政策，建立健全“三权”（森林或林地使用权、林地使用权、森林或林地所有权）管理制度，完善山地流转和活立木转让制度，调整资源林政管理制度，在采伐限额、采伐周期的确定上要有所突破，要减轻林农和企业的税赋负担，取消不合理收费，切实落实国家、省、市有关优惠政策，公正、公平对待一切形式和经济成分的工业原料林基地。

②积极培育大径级珍贵树木　我国是一个林地有限的少林国家，近年来，造林绿化虽有很大发展，森林面积、蓄积量实现了双增长，但是，森林质量和林地生产力低的问题却日益凸显出来。在我国实施天然林资源保护工程后，对珍贵大径级树木的采伐得到了限制，我国市场急需的大径级珍贵树木多依赖于进口；同时，过去在以木材生产为中心的思想指导下营造起来的新林中，用材林、纯林、针叶林的比重过大，树种单调，致使许多林区森林生态系统质量下降、林木生长不良，病虫危害严重，珍贵林木资源锐减或枯竭，经济效益不高，生态效益较差。目前，我国南方以桉树、针叶松为主的短周期工业原料林发展迅速，在取得一定经济效益的同时，也带来了许多生态问题，而珍贵的大径级树木有着与速生工业原料林不可比拟的优点。南方地区自然地理环境优越，有优良的水热条件，树种丰富，有着培育大径级珍贵树木的有利条件，为了满足我国生态建设和经济社会可持续发展的需要，使有限的林地发挥最佳的经济、生态和社会效益，应积极培育大径级珍贵树木，以弥补我国森林资源不足，结构不合理带来的不利影响。

A. 培育以阔叶林为主的珍贵用材林，调整和优化林种树种结构。在南方各区域，选择部分立地条件好、水热条件好的优质林地，以发展用材林为主，重点培育经济价值高、市场前景好并能改善林木生境的大径级阔叶林用材林树木，如山茶科、樟科、木兰科等树种，用以更替和丰富林种树种，提高森林郁闭度和生长量，增强森林综合效益。以国有林场为主导，培育一批大径级珍贵树木资源示范基地，以示范基地的建设来影响和带动乡村珍贵、优质、高效森林的发展。

B. 实行定向培育、集约经营，加强对培育大径级珍贵树木的管理。根据本地实际情况，因地制宜地确定发展大径级珍贵森林的树种、规模和目标。研究制定专门的技术规程和标准，坚持良种壮苗、科学栽培、精细管理，严格检查验收，确保成林成材，达到优质、丰产、高效的要求。要建立严格的管理制度，对项目建设实行全程指导、检查、监督和管理。

C. 加大对大径级珍贵树木培育的政策支持。大径级珍贵树木的培育是一项成本高、周期长、投入大、见效慢的林业建设工程，在资金投入方面，完全依赖社会资金投入存在一定困难，国家应给予必要的经济扶持政策，加大对大径级珍贵树木培育的资金投入；同时，在政策制定方面，鼓励多种形式的资金投入。

③加大生物质能源林发展　能源是现代人类生存和发展所依赖的重要资源。随着我国国民经济的快速发展，资源短缺和生态环境问题已成为制约我国经济社会可持续发展的主要因素，开发利用新能源和发展可再生能源已成为我国调整能源结构、解决生态环境问题的国家战略。林业生物质能源是十分重要的可再生能源，林业生物质能源品种丰富，发展潜力巨大。随着开发利用步伐的加快，林业生物质能源在维护国家能源安全、改善生态环境中将会发挥越来越重要的作用，将成为应对我国能源发展战略转型、解决能源与生态环境突出问题的重要战略手段。我国发展林业生物质能源优势明显、潜力巨大，要充分利用我国现有的宜林荒山荒地和边际性土地（盐碱地、沙地以及矿山、油田复垦地等）的资源优势，加大生物质能源林发展，为生物质能源提供丰富的生物质资源量。

A. 因地制宜、分类指导，加快生物质能源林的发展。按照因地制宜、分类指导、分步实施的原则，对南方地区生物质能源林建设进行科学规划，选择适宜的林种、树种，营造速生、短轮伐期的生物质能源林，大力发展高效、多效生物质能源林，加快生物质能源林的发展。

B. 定向培育生物质能源林，加快生物质能源林基地建设。南方地区山地资源辽阔，有着适宜优越的气候条件，同时林农又具备培育速生丰产用材林基地建设、工业原料林基地建设经验，应合理布局、科学规划，依靠科技力量，实施集约经营，给予必要的优惠政策，选择速生、高产、热值高、适合当地气候条件生长的树种，建设一批生物质能源林示范基地，建立能源示范工厂。并将经验推广应用，促进生物质能源林发展，解决农村缺乏能源的矛盾，从而实现山区经济发展、农民脱贫致富，同时产生较好的经济、社会和生态效益。

C. 不断提高生物质能源林资源利用水平。改革低效利用生物质资源的方法，经济合理开发利用生物质能源林，对树种不同，选择科学的取薪方式，通过对不同区域采取各自的建设模式和对不同的林分采取不同的作业方式，提高生物质能源林资源整体利用水平。

D. 合理开发，多种经营，加大资金投人。改变原有的低效开发方式，调整森林资源结构和林种比例；增加生物质能源林在森林资源中的权重；迅速扩大生物质能源林面积，提高生物质能源林林地生产力和增加生物质能源林蓄积量。采取灵活多样的经营形式，权属方面可个人、集体和国家一齐上；规模方面可点、线、面三者结合；树种方面可乔、灌、草有机搭配；经营水平可集约粗放或二者结合；培育方面可人工、天然或二者结合，在资金投入方面，采取多种形式，加大对生物质能源林建设投入。

④切实推进经济林产业迈上新台阶　发展经济林，是维护国家粮食安全、改善人们膳食结构的一条战略途径。我国山区面积大，经济林树种丰富，许多木本粮油、干鲜果品为我国独有，市场前景十分广阔。要扶持名特优新经济林基地建设，以木本粮油、干果为重点，以调整鲜果品种结构和提高产品质量为主攻方向，推进经济林发展由数量型向质量效益型、品牌型、外向型转变。重视野生经济林（灌木）树种保护、改良及开发利用。加强经济林品牌建设，提高市场竞争力；扶持龙头企业的发展和产品深加工，增强对产业发展的带动力。各地要根据自然条件和形成优势产业带的需要，建立具有区域特色的经济林产业基地，形成一个个集生产、加工、销售为一体的经济林产业集群。要打破部门、行业和所有制的界限，共同搭建生产、加工、流通、科研等平台，引导地方形成区域性规模生产，引导企业提高产品质量，引导科研和生产加工的有效联合，切实解决经济林发展中“小生产与大市场”不对称的问题。

⑤努力壮大花卉和林木种苗产业　花卉和林木种苗培育已发展成为一个产业，是种植业的重要组成部分。合理利用野生花卉、林木种质资源，通过加强育种、良种繁育、良种生产、科研示范、市场示范等基地的建设，在基地上运用高科技，集中力量进行协作攻关，提高花卉和林木种苗质量，提高生产和销售水平，以此来带动整个花卉和林木种苗产业发展。要通过产业化经营，把生产、加工、运输、销售组成有机整体，产加销一条龙，贸工农一体化，提高综合效益。进一步促进个体与企业联合，切实改变一家一户的生产方式，规模生产，降低生产和经营成本，共同开拓市场和抵抗市场风险。通过产业化经营，努力提高产品出口创汇能力。积极引导企业投资规模化、集约化和专业化的生产基地；企业承建和企业经营。要进一步强化政府职能，建立和健全有关花卉和林木种苗产业方面的政策法规。加强品种资源保护、新品种开发专利、投资税收、进出口贸易、产品价格等工作的研究，提出政

策措施。

⑥积极发展以种植养殖业、非木质采集业为主的林下产业　林下产业是与老百姓利益密切相关的产业。要充分发挥林下土地资源和环境优势，大力发展林农、林草、林菌、林药、林禽、林畜等林地立体复合经营，积极推进林下种植养殖业资源共享、循环相生、协调发展，全面提高林地产出率。要积极推广适宜林间种植养殖的新品种、新技术，努力探索适合区域特点的林间种养模式，坚持林下经济因地制宜、突出特色。要积极培育生产大户、专业经济组织和龙头企业，发挥他们的示范和带动作用，推进规模化、基地化、标准化生产，不断提高林下产业的聚集效应，推进林下经济向大规模、深层次发展。要通过产品的精深加工，不断延长产业链，提高产品附加值，以加工业的大发展来带动林下经济的大发展。

⑦适当发展野生动植物驯养和繁育利用产业　在严格保护珍稀濒危野生动植物资源和严格执行有关法规、国际公约的前提下，鼓励野生动植物基因资源保护、种源繁育和基地建设，促进由利用野生资源为主向以利用人工资源为主转变。建立规范的驯养繁殖（培植）及利用管理制度和严格的市场管理制度，对经济利用度大的物种，推行资源论证、拍卖和限额制度。引导、扶持一批野生动植物繁育利用示范产业和产业群。

2. 全面提升以木竹加工为主的林业第二产业

以木竹加工为主的第二产业是发达的林业产业体系的中心环节。要以提高科技含量和附加值为核心，以信息化、机械化、高科技为手段，改造提升第二产业；要运用现代科技、装备和工艺，大力培植一批原料有保障、规模适度、辐射面广、竞争力强的木竹加工龙头企业，充分发挥林业第二产业的牵引作用；要积极培育林业龙头企业，推进林业产业化经营。

①加快木竹加工业的升级改造　木竹加工业是指以木材及竹材为原料，通过制材、干燥、改性及重新组合等工艺，生产各种木竹材产品及木竹制品的一系列加工制造业的总称。木竹材产品及制品具有任何人工合成材料无法模拟和替代的特性；是唯一可再生的生物资源，最容易达到可持续利用的目标；具有质量轻、强度高、吸音、绝缘、美观、易于加工、优质纤维含量高等优良特性；另外，木材作为纯天然产品，在其加工过程中能耗低、在使用过程中无污染、在处理过程中易于降解。因此，尽管在科技较为发达、新材料辈出的现在，木材作为建筑及家具用材还是无法完全被替代，并且伴随着全球森林的不断减少，世界各国对森林在国家安全中的作用有了更进一步的认识，对森林保护日益重视，木材尤其是珍贵木材及其产品的贸易，已成为

全球环境政治、环境外交的核心内容之一，木材已成为越来越重要的战略物资。

要积极调整木材加工业的产品结构和企业布局，在林区及重点产材地区推进木材加工企业以提高出材率及产品质量为主要内容的技术改造，重点发展定制材和干燥刨光材生产，尽快实现原木就地加工增值；城市木竹加工厂要提高产品档次，加强生产最终产品的技术改造，重点发展高档家具和与之相关的连接件生产。要强化木材保护，提高木材干燥和防腐的比重。不断完善人工木材的改性技术，提高木材的硬度、强度、密度、环保、耐腐、抗虫及阻燃等性能，替代优质木材。努力拓宽竹产品应用领域，缓解木材供需矛盾，满足社会需求。要大力发展各种竹质建筑模板、车厢板、竹地板以及竹工艺品等加工产品，提高竹材的科技含量和附加值。要大力发展以木材和竹藤为原材料的家具生产，在充分发挥现有的先进生产设备作用的基础上，开发木竹材家具生产设备的潜力，加强生产设备应用软件的开发和应用，提高木竹材家具生产的自动化水平，提高生产设备的利用率，不断采用新的加工设备，提高木竹材家具生产工业化水平。

②努力提升人造板制造业的水平　要大力发展人工速生材、小径材、“三剩物”为原料的人造板，适度发展大径材为原料的人造板，努力推进林板一体化。南方、东北的人造板产业集群，要以企业改制改造为重点，加快建立现代企业制度，扩大产品生产规模，提高产品质量。中东部地区的人造板产业集群，要针对小型民营企业居多的特点，引导和促进企业联合重组、技术改造和设备更新换代，提升人造板企业的素质和效益。

A. 制订好中长期发展规划，实现传统产品的升级改造。根据我国的实际情况和总体布局，制订好中长期发展规划，从宏观上制定相应的政策，优化人造板的产品结构；适度限制胶合板的发展、继续稳步发展非单板类人造板，积极开发结构用人造板，加速中小企业的重新整合，积极引进国外先进的造纸技术，着力提高当地人造板的平均生产能力和技术水平，使人造板工业从单纯地依靠量的扩张转移到依靠科技进步促使产品质量的提高，促使能源、材料消耗的下降，促进清洁、高效率的生产环境的形成。

B. 提高人造板的生产技术水平，实现资源的再利用。充分利用制造业和信息业的先进技术，提高人造板成套设备的制造水平，实现人造板生产过程的自动化和各工序半成品、成品质量的自动检测、自动显示和自动控制，做到产品质量优、原材料及能源消耗低，确保高效、安全、清洁生产。遵循循环经济的原则，开发废旧木材和废弃人造板资源的再利用技术，把人造板资源的再生同城市环境保护与垃圾处理有机地结合起来。

C. 拓宽人造板的应用途径，形成自己的品牌。坚持有所为有所不为的原则，大力开发有自主知识产权的创新技术和产品，形成中国人造板工业的优势与特色，当前应优先开发结构用人造板（如单板层积材、定向结构板等）；复合人造板（如木塑复合、竹木复合、草木复合等）；装饰类人造板（如人造薄木仿真技术、金属非金属材料贴面技术、科技木等）。结合南方地区资源特点；如南方生产的部分优质原材料树种，拓宽人造板的应用途径，吸收国外经验，着重开发在建筑和包装方面的应用，形成有特色和品牌的专用产品。

③积极推进木浆造纸业的发展　要以市场为导向，以产权、资本和利益为纽带，通过技术升级、管理升级、产品升级，培育和发展林纸一体化的大公司、大集团，形成集制浆造纸与原料林基地建设于一体的发展新格局。

A. 提高纸浆生产企业的生产技术水平，实现其产品功能多样化。造纸技术的集成化程度不断提高，是世界造纸工业发展的趋势。目前，世界先进国家造纸企业依靠科技创新，调整技术结构，优化科技资源配置，广泛使用信息网络、自动化控制等技术，提高了技术集成化程度，制浆、造纸设备已向大型化、自动化、高效率方向发展。同时，世界纸产品需求已由数量型向质量型转变，纸制品由单一功能向多功能方向发展，低档的书刊纸、包装纸及纸板市场逐渐萎缩，而高质量的胶印新闻纸、彩色书刊纸、高级文化用纸、高档生活用纸、牛皮纸和牛皮箱纸板、涂布纸等已成为需求主流。我国南方地区部分省（自治区）拥有良好的纸浆生产原材料生产林基地，如桉树等纤维长的树种，并结合其较为发达的工业体系和良好的市场经济基础，积极推进造纸企业的生产技术改造，提升其技术的集成化水平，实现产品功能多样化。

B. 扩大纸浆生产企业的经济规模，实行集约化经营。目前，国际造纸产业中企业的平均生产规模达到 $8\times10^4\sim10\times10^4$t，先进国家已超过 20×10^4t，规模效益十分明显。2003 年，世界前 50 家最大的造纸公司已占据了全球纸及纸板产量的一半以上。世界先进的造纸工业生产方式已经实现了由资源粗放型，向资源集约型的转变。世界纸业强国如美国、加拿大、芬兰等国，90%以上的企业实现了资源集约化，原料实现自给、生产消耗逐年下降。南方地区的造纸企业可以借助其较好的市场融资环境和地理优势吸纳资金，改变当前生产规模小、生产成本较高的粗放经营现状，扩大企业的生产规模，实行集约化经营。

C. 实现林纸一体化。林纸一体化是当今世界造纸工业普遍采用的发展模式。国际大型制浆造纸企业以多种形式建设速生丰产林基地，并将造林、营林、采伐、制浆、造纸与销售结合起来，形成了良性循环的产业链。世界先进国家造纸工业的木材原料已达 90%，美国、瑞典等国达到95%以上。我国南方地区林业资源非常丰富，造纸企业可以充分依托当地的林业资源，形成良性循环产业链，实行林纸一体化工程。

④提高林化工业精深加工水平　要加快调整林化工业结构，提高林化产品的精深加工水平。先进的林化工业结构应是将原料资源合理地加以多方面利用，获取各类不同产品，做到物尽其用。传统的林化工业仅限于用树木产物，而忽略林下产物，如大量的香料植物、药用植物、食品植物等，并未得到充分重视。南方地区的林化工业必须全盘统筹，充分利用当地林业的资源优势，将资源最大限度的开发好，利用好，换取高的经济效益，使林化工业有实力成为南方地区林业经济发展的“造血机构”，促进当地林业产业的良性循环。积极开辟林化工业新资源（如特种经济树种、林化香料、林化药用和林化天然色素等），努力提高林化产品的使用价值和附加价值，延长产业链，提高资源的利用率，引进资金和先进技术，进行松脂、造纸胶、栲胶及活性炭等林化产品深加工生产工艺的改造和新产品的开发，实现由松脂初级加工向精深加工、由生产单一产品向生产系列产品的转变；充分利用本地区资源丰富的优势，开发天然林化产品的精深加工产品，树立自己的品牌，把精深加工作为林化企业今后的发展方向，达到提高林化企业核心竞争力的目的。

⑤积极发展林业生物质产业　生物质产业是新世纪的朝阳产业，是未来人类文明发展的重要支撑。林业以丰富的物种资源优势，将在这一产业发展中扮演极其重要的角色。要重点扶持林业生物质能源和生物质材料的发展。要充分利用山区、沙区等边际土地和宜林地，大力发展麻疯树、黄连木、油桐、文冠果、光皮树等乡土树种，建设一批林业生物柴油示范基地。要充分利用退耕还林、防沙治沙发展起来的灌木林资源，以及间伐材和主伐剩余物，加工成固体成型高效燃料，供直接燃烧或发电使用。必须加大对生物质能源利用技术的研究，特别是在生物质资源的培育、采伐、收获、运输、能源转化、供给系统等技术问题上开展大量的开发研究工作，尤其是生物质能源利用的汽化、液化技术的提高，实现生物质能源的现代化利用，提高生物质能源利用率。积极发展生物柴油、生物质致密成型燃料、生物质发电和供热、燃料乙醇等生物质能源产品的开发利用技术，引导、扶持一批林业生物质能源开发利用企业，提高生物质能源的产业化水平。逐步形成从原料培育、加工生产、市场销售、科技开发的“林能一体化”格局，以达到提高农村生活

水平、改善生态环境、保障国家能源安全的目的。

⑥大力发展林源生物制剂产业　我国南方各省区由于气候条件、森林环境资源状况较好，对于形成生物农药、生物肥料及植物生长调节剂等产业具有独特的资源优势。与传统的生物制剂相比较，南方地区生产的林源生物制剂具有“高效、安全、经济”等优势。高效：生物活性高且可靠，选择性高，作用方式独特，内吸性强（即在植物中可均匀分布），持效期适度，作物耐受性好，抗性产生几率低。安全：对环境而言，对有益生物低毒，易于降解，土壤中移动性低，在食品和饲料中无或无明显残留；对使用者而言，施用剂量低，急性毒性低，积蓄毒性低，包装安全，制剂性能优良，使用方便，长期贮存稳定。经济：花费少，效益高，应用范围广，产品性能独一无二。而这些林源生物制剂恰恰是当前世界发展生态食品所需要的基本原料。因而，大力发展林源生物制剂等新兴产业对于进一步保持南方地区的良好的森林资源及生态系统有着十分重要的意义。要根据南北方人工造林和林分经营管理目标，开发专用生物肥料；重点开发松材线虫病、松毛虫、枯梢病和蛀干性害虫等广谱高效生物农药，加紧对高效高毒毒株的筛选，研究利用生物工程技术重组构建工程菌，提高杀虫生物农药的质量和产量；开发广谱和高效植物生长调节剂，逐步实现林业生产绿色、有机、无公害目标。

⑦进一步开拓林业绿色化学品行业　松香、松节油、专用治污活性炭、高性能环保胶黏剂、基于木质素及纤维素的精细化学品等，具有环保性能好，附加值高等特点。银杏、红豆杉、五倍子等特产资源都是我国重要药用资源，其中银杏，又名白果，是现存种子植物中最古老的孑遗植物，其食用和药用较高；红豆杉又称紫杉，也称赤柏松，是世界上公认的濒临灭绝的天然珍稀抗癌植物，素有“植物黄金”之称。五倍子是我国南方地区各省份的重要资源昆虫产物，近年来又开发了许多在物理等其他领域的新用途。对于这些药用价值高、经济效益好的林业绿色化学产品，南方地区可以充分利用其丰富的森林资源优势，并结合自身特点，积极引入资金，加强植物活性提取物及植物源新药的开发，促进紫杉醇、青蒿素、喜树碱、印楝素、石斛碱、银杏黄酮和银杏内脂等特色资源加工产品的规模化生产，以此进一步推动松香及其精深加工产品、专用治污活性炭、高性能环保剂、银杏、红豆杉及五倍子等新兴产业的发展。

⑧重视发展林机制造业　改善和加强现代林业产业体系的支撑条件，要特别重视发展林机制造业，为林业产业发展提供现代化装备。林机行业要通过技术引进、技术改造、科技攻关、改善制造工艺，提高林机技术水平；坚

持“服务林业，面向社会，走向世界”的发展方向，扩大产品开发领域，提高产品质量，加速产品更新换代。重点做好中幼林抚育配套机械、木片生产成套设备、大型成套人造板生产设备，木材装载机系列产品、速生丰产林综合利用设备、竹材加工利用设备、木材精加工设备开发，做好引进设备的消化吸收和引进生产线零部件的国产化工作。特别是要加大林产品深加工及资源综合利用的设备制造的研发力度。鼓励原始和集成创新，高起点引进林产品深加工核心技术和关键设备，促进引进技术的消化吸收再创新，以提高生产能力、监控检测、自动化控制水平为重点，提高设备装备水平。

3. 大力发展以生态服务为主的林业第三产业

要以保护森林、湿地和沙漠生态景观，提高生态文化品位为核心，以突出人性化、多样化、功能化的特色，拓展生态文明理念为目标，大力发展以生态服务为主的林业第三产业。

生态旅游是世界旅游业的新趋势，是极具发展潜力的新兴产业。据统计，近年来，全球生态旅游的年增长率高达30%，美国每年有20多亿人次到森林中旅游，是全国人口数量的7倍左右。我国现有自然保护区1700多处；森林公园2000多处，国有林场4000多个，是做大做强生态旅游的重要资源。要在不破坏生态功能的前提下，依法推进以森林公园、湿地公园和自然保护区、狩猎场为主的生态旅游产业发展。要加强风景林营造和更新改造，提升景观质量和生态文化内涵，打造特色生态旅游品牌。要加大对生态旅游的规划指导、合理布局和系统开发，打造许许多多各具特色并相互衔接、相互补充、相互带动的生态旅游精品线，形成大大小小的以生态景观为主体、以其他景观为辅助、以“森林人家”为补充的生态旅游圈，满足人们多层次、多样化的休闲娱乐需求。重点是：一要围绕西双版纳、九寨沟、张家界、神农架、武夷山、五指山、长白山等优质森林景观，全面构建森林生态旅游区；二要围绕鄱阳湖、洞庭湖、太湖、千岛湖、三江源、白洋淀、黑龙江大沾河等优质湿地景观，大力打造湿地生态旅游区；三要围绕塔里木河两岸、腾格里沙漠边缘、甘肃酒泉、浑善达克沙地、河北坝上等优质沙漠景观，加快形成沙漠生态旅游区；四要大力拓展“林家乐”、“森林人家”等新型生态休闲服务的内容。“森林人家”是以良好的森林资源环境为背景，以有游憩价值的景观、景点为依托，以林农和大户为经营主体，充分利用林区动植物资源和乡土特色产品，融森林文化与民俗风情为一体的，为城市游客提供价廉物美的吃、住、游、娱、购等旅游要素服务的生态休闲旅游产品。

（二）建设繁荣的生态文化体系

人民群众对林业发展的需求是多方面的，在现阶段生态需求成为社会对林业第一需求，此外还包括生态旅游、休闲观光等精神文化需求，木材和非木质林产品等经济需求。坚持林业发展与促进人的全面发展相统一的原则，就要求林业发展必须从社会需求出发，发展生态林业、富民林业和人文林业等多效益林业，不仅建设乡村林业而且发展城市林业，不仅包括山区林业也包括平原林业，不仅发展物质林业，也需要发展生态文化，以不断满足社会和子孙后代对林业的多层次、多功能、全方位的需求。

构建繁荣的生态文化体系的指导思想是：以邓小平理论和“三个代表”重要思想为指导，全面落实科学发展观，紧紧围绕建设中国特色社会主义生态文明，把发扬民族优秀生态文化传统与吸收现代先进生态文明理念结合起来，全面加强生态文化理论研究，深入开展生态文化传播教育，不断丰富生态文化产品，积极发展生态文化产业，着力完善生态文化基础设施，大力倡导人与自然和谐的生态价值观、生产方式和生活方式，为加快现代林业建设，建设社会主义和谐社会提供强大的思想保证和精神动力。主要目标是：通过不懈努力，逐步建成相对完善的生态文化基础设施，专群结合的生态文化建设队伍，健全高效的生态文化工作机制，覆盖广泛的传播教育网络，比较发达的生态文化产业，推出一大批具有广泛影响力和示范作用的生态文化作品和生态文化建设示范基地，使全社会不断增强人与自然和谐的生态价值观，逐步形成热爱自然、尊重自然、善待自然的良好风尚，明显提高生态文明素养。

1. 构建生态文化物质载体

生态文化的建设除了需要提高全民族的生态道德、科学和文化水平，即主体——人的生态文化素质之外，还需要加强客体——物质载体方面的建设。而物质载体不仅包括图书文献信息资料，也包括生态文化示范教育基地建设、生态旅游区建设等。因此，要广泛吸引社会投资；在有代表性的林区、森林公园、自然保护区、湿地、荒漠，建设一批规模适当、独具特色的生态文化博物馆、文化馆、科技馆、标本馆、科普教育和生态教育示范基地；以当地的森林资源为基础，将丰富的植物、动物配置在一起，创建花卉园、竹园、经济作物品种园、果树品种园、乡土植物园、中草药园、抗逆植物园、热带鱼类园、鸟园、动物园等；以当地自然生态系统的景观为基础，创建不同类型的人工景观生态园，如岩石园、热带风光园、沼泽园、水景园等。要对现有的生态文化基础设施进行改造、整合、完善功能，丰富内涵，使生态文化基础设施不断完善，发挥更大的作用。要充分利用现有的公共文化基础设施，积极融入生态文化内容，丰富和完善生态文化教育功能。要在全国授予一批生态文化教育示范基地，树立典型，规范引导，促进生态文化基础设施建设。

2. 促进生态文化产业发展

生态文化产业是生态文化体系建设的重要支撑，是一项前途光明、市场广阔的朝阳产业。要充分利用各地的自然、人文、社会、经济等条件，积极拓展和努力壮大山水文化、树文化、竹文化、茶文化、花文化、药文化等森林休闲和森林文化产业。在做大做强以上这些物质文化产业的同时，也要努力发展生态文化影视、音乐、书画等精神文化产业，还要充分挖掘生态文化培训、咨询、论坛、传媒、网络等信息文化产业。要鼓励各种投资者投资生态文化产业，提高生态文化产品生产的规模化、专业化和市场化水平。

3. 加大生态文化传播普及

传播是提高人们认识、改变人们行为的有效途径。要充分利用报纸、杂志、广播、电视等媒体和互联网、手机短信、博客等新兴媒体和方式，全面深入系统地传播生态文化的丰富内涵和科学知识，传播生态文化对人类进步和社会发展的积极作用，传播生态道德、生态伦理、生态哲学、生态美学、生态艺术的重要内容。要特别注重发挥网络传播教育的巨大作用，让先进的生态文化思想在网络传播阵地中占据重要位置。

4. 加强生态文化基础教育

生态教育是生态文化体系建设的基础。要坚持把生态教育作为全民教育、全程教育、终身教育的重要内容，把增强全民生态意识上升到提高全民素质的战略高度，大力倡导生态伦理和生态道德，提倡先进的生态价值观和生态审美观，唤起全民的生态意识和生态正义，使广大公民自觉地承担更多的生态责任和生态义务，共建共享生态文明建设成果。要突出抓好未成年人的生态道德教育；做到生态道德教育进教材、进课堂、进校园文化、进户外实践，通过启发式、体验式等教育方法，培育青少年良好的生态道德品质和情操。

5. 提高生态文化体系建设的保障能力

一是要切实加强组织领导，把生态文化体系建设摆上重要位置，与林业生态体系和林业产业体系统筹谋划、共同推进；二是建立稳定的经费保障渠道，形成政府、社会、个人多种资金齐投入、共受益的良好机制：三是制定科学规划，编制《全国生态文化体系建设规划》，明确方针原则、推进步骤、制度保障、工作机制等；四是抓好队伍建设，立足于生态文化体系建设的现实需要和长远发展，重点建设好生态文化团体、经营管理队伍、基层骨干队伍3支力量。

6. 开展生态文化体系建设的理论研究

推进重大课题研究。这是解决生态建设重大现实问题，满足全社会对林业多种需求的必然要求。没有科学研究的创新，传播和教育就是无源之水，无本之木。要深化三个领域的研究，一是围绕国家安全需要，不断研究和宣传林业在生态安全、能源安全、淡水安全、粮食安全、木材安全、气候安全、森林安全、物种安全中的地位和作用；二是围绕经济社会发展，不断研究和宣传林业在构建社会主义和谐社会、建设社会主义新农村、推进城镇化进程、山区综合开发中的地位和作用；三是围绕人民群众身心健康，不断研究林业在提高人们生理健康、心理健康中的不可替代的作用，为提升林业的地位、加强生态建设和保护提供科学依据。

第五章　森林认证

第一节　森林认证概述

一、森林认证的起源与发展

森林认证是由非政府环保组织作为促进森林可持续经营的一种市场机制于20世纪90年代初逐渐兴起和发展起来的，在近10年时间中取得了飞速发展。目前在全球最有影响的两大森林认证体系分别是国际体系森林管理委员会（PSC）认证和森林认证认可计划（PEFC）。其中，FSC认证得到了购买者集团和全球森林与贸易网络的支持，具有较为可靠的市场基础。

1. 国家政策改革

一些国家制定并实施了向森林可持续经营转变的基本政策，着手解决林业上存在的问题，优先发展林业和保护环境。

2. 国际政府间进程

通过国际政府间进程，鼓励和促进国家水平上林业的可持续发展。主要进程有：联合国粮农组织发起了《热带林业行动计划》，后改为更广泛的《国家林业行动计划》，但其影响力却越来越小。国际热带木材组织（ITTO）制定了《ITTO热带天然林可持续经营指南》（即ITTO进程），并通过了ITTO2000年目标，即到2000年，所有在国际上贸易的热带木材和木材产品都必须源自可持续经营的热带森林，但此目标没有按时实现。

联合国可持续发展委员会成立了政府间森林问题工作组及后续的政府间森林问题论坛，2000年联合国经济与社会理事会成立了直接隶属于它的联合国森林论坛。它们为讨论全球林业政策问题提供了一个国际论坛。

3. 非政府组织和其他私营部门的活动

国际非政府组织，特别是环境保护组织，如世界自然基金会、绿色和平组织和地球之友等，对上述活动促进森林良好经营的效果表示一定的怀疑，并和民间团体开始探索新的途径。如20世纪80年代非政府组织发起的抵制热带木材运动，虽然成效不大，并遭到联合国的反对，但提高了人们改善森林经营的意识。一些私营企业自行制定操作规程并“自行宣布”的持续生产标签虽然可信度差，但使工业部门开始关注社会与环境状况。

森林认证正是由环境非政府组织和民间组织在认识到一些国家在改善森林经营中出现的政策失误，国际政府间组织解决森林问题效果有限，以及林产品贸易不能证明其产品源自何种森林以后，作为促进森林可持续经营的一种市场机制，在20世纪90年代初发起并逐渐发展起来。它力图通过对森林经营活动进行独立的评估，将“绿色消费者”与寻求提高森林经营水平和扩大市场份额，以求获得更高收益的生产商联系在一起。促进森林可持续经营的传统方法（如发展援助、软贷款、技术援助和海外培训等）大多忽视了商业部门，特别是忽视了木材产品的国际贸易。在世界范围内，仅20%的林产品进入国际市场，但贸易对森林的直接影响是很明显的。人们认识到，以森林可持续经营为基础的林产品贸易也能促进环境保护。森林认证的独特之处在于它以市场为基础，并依靠贸易和国际市场来运作。1992年以前，非政府组织就有认证设想，但在联合国环境与发展大会上没有取得进展。环发大会以后，他们开始大力推行这种新的体系。为了监督认证的独立性和公开性，1993年非政府保护组织成立了森林管理委员会（PSC）。1994年FSC通过了原则和标准，开始授权认证机构根据此原则和标准进行森林认证。一些国家和地区也开始了自己的认证进程。从此，森林认证在世界范围内逐渐开展起来。

二、森林认证的含义和特征

1. 森林认证的含义

森林认证即对森林可持续经营进行认证，是通过独立的第三方对某一森林经营单位或区域的森林进行总体评价，验证其是否符合可持续发展原则和标准的要求，并签发证书的过程。森林认证包括两个基本内容，即森林经营认证（FM）和产销监管链认证（COC）。

森林经营认证是根据所制定的一系列原则、标准和指标，按照规定的和公认的程序对森林经营业绩进行的认证，即对森林经营过程中林木的种植、抚育、更新以及采伐等一系列经营行为进行评估。产销监管链认证是对木材加工企业的各个生产环节，即从商品原木的运输、加工、流通直到最终消费者的整个过程进行的认证；进行产销监管链认证的目的是为了保证林木从森林经营地采伐之后到最终消费者整个过程受到监督，防止商品原木从运输到加工以及流通过程中发生调换行为。森林认证之所以由独立的第三方进行评价，其目的就是为了保证森林认证的公正性和透明性。

森林认证是对森林可持续经营进行的认证，是对森林进行的总体评价，而目前国际上森林认证主要是针对木材产品，没有对整个森林资源进行认证，这就使森林认证在一定程度上具有局限性。森林有广义的森林和狭义的森林，因此森林认证也应该有广义和狭义之分。广义的森林认证主要是指对森林资源进行认证，而狭义的森林认证则主要是针对木材进行认证。

2. 森林认证的特征

①自愿性　森林认证是森林经营单位或企业在市场机制的驱动下，认识到认证的必要性后，主动向认证机构申请认证的。森林认证有别于国家制定的法律和法规，它是由与森林经营活动密切相关的利益团体广泛参与的自愿行为，没有人或组织强迫其必须开展森林认证。随着认证的广泛开展，根据各国不同情况，也不能排除有的国家政府将森林认证作为本国推行森林可持续经营的一种强制政策的可能性。

②参与性　森林认证最初由非政府组织发起，它强调了群众广泛的参与，除了作为认证对象的森林经营单位以外，必须让与森林经营有关的利益方，如相邻的社区、政府部门、消费者、企业、科研单位和宣传媒体等单位参与。只有利益相关者的广泛参与，才能保证森林认证的评估代表了各方的利益，保证森林认证的公开性、透明性、公正性和可靠性，才能调动公众的积极性，主动参与森林认证，才可能推动森林认证在全球范围内的发展。

③市场化　森林认证是以市场为基础的。森林经营单位和企业要求开展森林认证的动力主要来源于林产品的销售市场，如果没有市场对认证林产品的需求，森林经营单位和企业不可能要求主动开展认证。随着人们环保意识的提高，越来越多的消费者愿意购买经过认证的林产品，他们通过只购买贴有认证标签的林产品的行动来支持森林的可持续经营。因此，随着时代的进步，与未经认证的产品相比，经过认证的林产品在商业上更具有竞争力，这是促进森林的拥有者和木材加工企业自愿开展森林认证的主要动力。

三、森林认证的目的及意义

1. 森林认证的目的

森林认证是在独立第三方评估的基础上，根据制定的一系列标准，按照规定和公认的程序对森林经营质量进行认定并发放证书的程序；是一个对森林进行检验的过程，以检验其是否按照公认的原则和标准进行经营，旨在促进对环境负责、对社会有益和在经济上可行的森林经营活动。其主要目的有2个：

①提高森林经营单位的森林经营水平，促进森林的可持续经营；

②稳定企业现有产品市场份额，并为进入新市场创造市场准入条件。

除此之外，森林认证还可以实现以下目标：区分产品、促进利益各方的参与、森林服务的商品化、获取财政资助、降低投资风险、加强法律实施等。

2. 森林认证的意义

1992年联合国环境与发展大会后，森林可持续经营和林业可持续发展已成为世界各国林业发展的共同目标，许多国际组织、国家和地区都进行了森林可持续经营理论与实践的探索，并相继启动了森林认证。森林认证是通过对森林经营活动的独立评估，以证明森林是否实现了可持续经营。森林认证作为推动森林可持续经营的手段，目前已在全球范围内快速发展。

党的“十七大”报告指出：加强能源资源节约和生态环境保护，增强可持续发展能力……加快形成可持续发展的体制机制。中共中央、国务院《关于加快林业发展的决定》确定林业要走以生态建设为主的可持续发展道路，明确指出“积极开展森林认证工作，尽快与国际接轨”。2007年国家林业局提出了“以全面推进现代林业建设为主题，以根本转变林业增长方式为主线，以全力构建林业三大体系为目标”的林业工作基本思路，为森林认证工作的开展指明了方向，创造了良好环境。

森林认证作为推动森林可持续经营的具有创新意义的手段和工具，能有效地促进我国森林经营方式由粗放型向可持续方向转变，促进林区经济、社会、环境的协调发展，提高我国林产品的市场竞争力。开展森林认证试点工作，就是要根据我国林业的特点，结合国际森林认证的基本做法和经验，探索我国森林认证体系的制度建设、运行机制和政策措施，完善我国的森林可持续经营标准与指标，为建立我国森林认证体系和森林可持续经营实践探路子、出经验。具体来说有以下几方面的意义：

①有利于提高森林可持续经营技术和能力，促进森林可持续经营　中国

森林要实现可持续经营，需要在经营技术和管理方式上有很大的转变，相应林业企业的能力也要得到提高。通过认证提高了认证机构的评估能力和森林经营单位长期的造林和森林经营、质量管理技术。它提供了一套切实可行的森林可持续经营标准，供森林经营单位参考与使用。认证进程对公司所有的森林经营活动进行评估，它使得森林处于“健康”状态，对于企业来说本身就是向林业专家学习和提高的过程。按照认证标准进行经营从长期来看能增加木材总产量，提高森林生产力。这对于解决中国当前森林经营水平低下，森林生产力低的问题意义重大。从长远来看，实施森林认证可解决目前的木材的供需矛盾，实现供需平衡。实施森林认证有利于当前我国政策法规的执行，一并可与当前的林业政策结合起来。中国目前为实现林业可持续发展采取的一系列的政策和措施，带有政策性和一定的强制性。它的作用是不可替代的。作为一种市场机制，森林认证同国家法规政策相比，具有更大的灵活性，更能发挥企业的积极性和自主性。企业通过认证可以获得经济回报。在此过程中，企业是主动的，自觉地将森林经营活动纳入可持续标准框架之内。同时在制定森林认证标准时，必须遵守国家的法规政策，在实践上可将森林认证与有关法规的执行结合起来。如限额采伐制度，发放采伐许可证，在某种意义上也是一种林业认证。在自愿森林认证体系中它是最低要求。由于有定期检查的程序，它可以从根本上杜绝过度采伐的现象。再如森林认证也可以与国家的分类经营政策以及天然林保护工程结合起来，严格划分生态公益林和商品林，对一般保护区的森林按照可持续经营标准经营，如果能实施认证，对生态林的经营活动进行管理和监督，就可达到既保护森林又适当利用的目的。

②利于保护环境和生物多样性　中国政府为保护生物多样性，划定了很多自然保护区和森林公园，制定了《中华人民共和国野生动物保护法》《中华人民共和国野生植物保护条例》，并公布了《国家重点保护野生动物名录》。认证不仅要遵守国家的有关法规，而且对保护一般生物多样性及野生动植物的生境也提出了要求。同时，认证不仅要求森林经营活动在经济上是可持续的，而且要求其符合环境的要求。它确保了森林经营活动不对环境造成破坏，并维持整个森林的生态功能。这有利于保护中国日益恶化的森林生态环境。

③森林认证对现有森林具有示范效应　由于认证的对象首先是具有良好经营体系和经营能力的公司，也就是说其本身就具备相当的经营水平，所以上述潜在作用在认证初期对于经营水平较差的公司不能表现出来或需经过一段时间。但是如果有森林首先被认证，它的影响及示范作用将是巨大的。一

方面经过认证的森林肯定符合可持续经营的标准，同时还规定了持续提高的标准，这无疑会促进认证森林的可持续经营；另一方面，它为其他森林经营单位提供了可供借鉴的森林可持续经营的典范和模板，表明经营良好的企业不必破坏森林资源。由于普遍缺乏可持续经营的技术与概念，其他森林经营单位会仿而效之。同时，它还会引起林业主管部门的重视，加以推广和宣传。这样森林经营单位即使不进行认证，森林认证对森林经营的影响也是巨大的。对于中国现阶段森林经营的发展具有极为重要的现实意义。

④开展森林认证是中国林业及林产品与国际接轨的要求　当前无论是国际市场还是国内市场，消费者的环境意识都在提高，绿色产品广受欢迎。在欧美环境敏感市场，林产品经过认证已成为市场准入的必要条件，所以中国开展森林认证有助于保住和开拓中国林产品特别是家具在欧美环境敏感市场的份额，同时认证为林业企业参与公平竞争创造了良好的外部环境。企业拥有良好的生产、销售循环系统，就可以增强企业自身的可信度与市场竞争力，提高企业形象。采用受到世界承认的森林认证标准对森林进行认证，可以消除各国对林产品贸易的环境保护壁垒；发展对外贸易，对所有贸易伙伴都是有益的。中国已加入 WTO，中国经济与世界将全面接轨，森林认证的开展就显得尤为迫切，面对广阔的国际市场，中国林产品必须满足这些市场的准入条件。

⑤开展森林认证将有助于确保各方利益得到尊重和实现　森林认证强调公正性和广泛参与性，其社会效益主要是确保利益各方的权利得到尊重和实现，它表现在尊重和维护当地居民进入森林采集水果、薪材、建筑材料和药用植物的传统权利，尊重和考虑依靠森林生活的居民的生计问题，以及森林提供的娱乐、文化和其他社会价值等。森林认证提供了一种新的途径；即所有利益方的参与，包括一些弱势团体如林区内的居民、农产、林业工人等；尊重和实现他们的权利，将造林绿化、发展林业与当地经济发展、脱贫致富结合起来，实现利益各方的平等性与共同参与。

⑥改善企业森林经营管理，发挥企业的积极性和自主性　目前，中国许多林业企业陷入经济危困与企业只注重眼前的经济利益、忽视企业的长远发展有很大关系。林业企业、林农或地方政府为实现利润最大化，不顾长远利益，采用资源耗竭式经营，超限额采伐林木，结果是森林资源越采越少。同时，由于森林培育周期长，很多企业不愿长期投入。森林认证通过保证和开拓企业林产品市场，并提供一定的利润回报，鼓励企业开展可持续经营，在一定程度上可以限制企业只顾盲目采伐森林而忽视森林培育和更新的短视行

为，发挥了企业的积极性与主动性。当然，激励的程度要视它能为企业带来多大的效益，这将根据认证的成本、产品价格和市场开拓情况而定。同时，通过森林认证，很多原来在森林经营中所忽视的问题将得到企业重视。

⑦有利于我国当前林业政策法规的实施　中国目前为实现林业可持续发展采取的一系列的政策和措施，带有政策性和一定的强制性，对保护中国的森林资源，解决中国的森林问题起到了非常重要的作用，但它们也有一定的局限性。木材的永续利用仅是森林可持续经营的一个重要方面，木材采伐限额的制定和执行缺乏灵活性，它不一定适合于每个森林经营单位的具体情况，在某种程度上也限制了他们的积极性。同时，严格执行森林限额采伐制度，并不意味着森林实现了可持续经营。目前，我国林区还存在超额采伐的现象。在分类经营中，对一般保护区的森林和商品林具体如何经营和管理也尚待讨论。虽然中国制定了国家和地区级森林可持续经营的标准与指标体系，但并没有落到实处。从整体上来说，森林经营单位对如何实现森林的可持续经营并没有真正的理解，同时我们还缺乏有效的森林可持续经营监督和指导机制。

作为一种市场机制，认证能弥补国家政策在这方面的不足。同国家法规政策相比，森林认证具有更大的灵活性，更能发挥企业的积极性和自主性。它是通过市场的力量，促使森林经营单位向可持续经营转变，自觉地将森林经营活动纳入可持续标准框架之内。通过认证，企业也能获得经济效益。

森林认证的开展还有利于我国法律法规的实施。认证标准的第一要求就是遵守国家的法规和政策，在审核时也必须与相应的法律法规结合起来，包括《森林法》《野生动物保护法》《水土保持法》《森林防火条例》以及《森林病虫害防治条例》等。限额采伐制度，是我国森林资源管理体制的核心，在自愿森林认证体系中它也是最低要求。由于森林认证有定期检查的程序，它可以在一定程度上限制过度采伐和乱砍滥伐的现象。再如，森林认证也可以与国家的分类经营政策以及天然林保护工程结合起来，严格划分生态公益林和产业林，如果能实施森林认证，按照可持续经营标准经营，对生态林的经营活动进行管理和监督，就可达到既保护森林又适当利用的目的。

同时，森林认证也有利于当前正在进行的政策讨论。它虽为市场机制，但如果国家将其作为提高法律实施、促进森林可持续经营的工具，它实际上成为了一种新的政策。它为国家实现林业可持续发展提供了一种新的途径。

⑧有利于准确地确定我国林业发展方向　森林认证过程针对特定的森林经营实践，根据森林认证的标准来评估这些活动的影响，并根据符合标准的程度对评估单位的森林经营状况作出结论。这些结论指出了现有森林经营实

践的缺陷，其中一些问题要通过科学研究来解决。森林认证将有助于更准确地确定我国林业科学研究的方向。

四、森林认证的组成要素和标准

1. 森林认证的组成要素

一般来说，认证包含标准、认证和认可三大要素（见下图）。标准规定了森林经营者通过认证必须达到的森林经营的要求，它是认证评估的基础。认证是由认证机构验证森林经营单位或企业是否达到认证标准要求的过程。而认可是对认证机构的能力、可靠性和独立性进行认定，以提高第三方认证机构的可信度。如果要为产品作出认证声明，还需建立产品跟踪和标签体系，即产销监管链认证和标签制度。以这几大要素为基础而成立的机构、制定的规则并开展相应的活动就组成一个完整的森林认证体系。森林认证和林产品标签体系的基本要素如图所示。

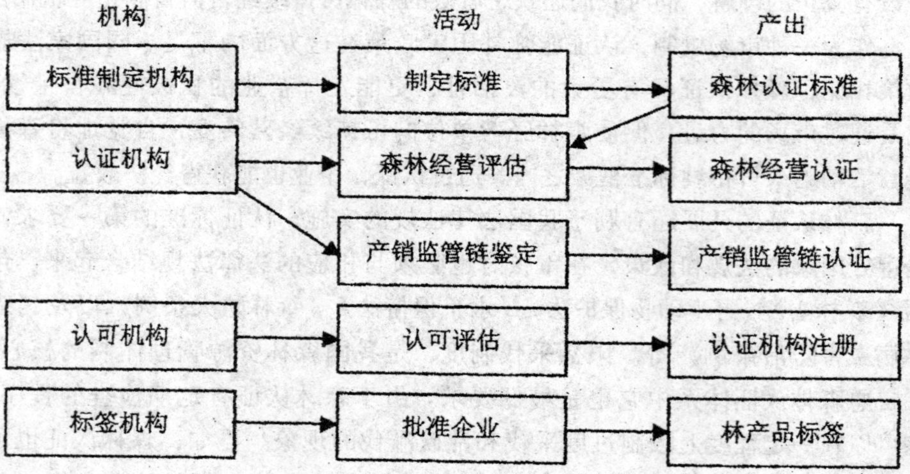

森林认证和林产品标签体系的基本要素

2. 森林认证的标准

标准是认证的基础，认证是针对标准的评估过程。森林认证的标准主要有2种：业绩标准（performance standards）和进程标准（procedure standards or process standards）。

业绩标准规定了森林经营现状和采取的经营措施必须满足认证要求的定性和定量目标或指标，如FSC的原则和标准。在应用上，业绩标准具有一定的局限性，即不可能制定出适应于各种森林的详细标准，必须在一般的国际标准框架内制定区域或地方标准。不同区域的业绩标准存在着一定的差别，但通常具有兼容性和平等性。

进程标准又称环境管理体系标准，它规定了管理体系的性质，即利用文件管理系统执行环境政策。除法律规定的环境指标外，这种标准对企业业绩水平并没有作出最低要求。申请认证的森林经营单位必须不断改善环境管理体系、承担政策义务、依照自己制定的目标和指标进行环境影响评估，并解决认证涉及的所有环境问题。ISO14001 标准就是一种环境管理体系标准。

上述 2 种标准在概念上存在明显差别，但在应用上却有一定联系，可以根据实际情况将它们组成一套标准。首先，业绩标准体系包括许多管理体系因素，而环境管理体系的 ISO14001 标准也明确指出森林经营单位必须制定环境业绩标准，因此在许多业绩标准的制定过程中，环境管理体系可以对森林认证体系提供有益的帮助。其次，这 2 种标准都包括了持续提高的原则。在业绩认证体系中，可以通过定期调高业绩标准来不断提高森林经营单位的经营水平。而在管理认证体系中，它要求森林经营单位不断改善经营水平并达到各阶段目标。当前的业绩标准和进程标准之所以分开设定，原因在于这样可以有利于评估结果的审核和统一。

在实践中，2 种方法的结合将更适于对森林经营进行认证。进程标准可以提供框架、时间表和控制机制，而业绩标准则可以提供所要实现的具体目标。有人总结到对单个国家而言，也许最有益的做法就是成立一个有各种股东参与的国家认证工作小组，这样工作组就会考虑森林和贸易问题以及国家的发展机遇，草拟一些符合 FSC 和 ISO 原则的标准和程序，并把这些视为他们的基础工作。如今已有若干个国家采用这种开放式的组合方法，对森林经营进行评估。

五、森林认证的效益和费用

1. 森林认证的效益

森林认证的效益主要表现在 3 个方面：环境效益、社会效益和经济效益。

①环境效益　森林认证的环境效益包括：保护生物多样性及其价值、水资源、土壤、独特而脆弱的生态系统和自然景观等；维持森林的生态功能和生态系统的完整性，促进森林的可持续经营；保护濒危物种及其生境。

②社会效益　社会效益主要是确保所有利益方的权利得到尊重和实现。认证强调各利益相关方共同参与经营标准的制定。在中国，它表现在尊重和

维护当地居民进入森林采集水果、薪材、建筑材料和药用植物的传统权利，尊重和考虑依靠森林生活的居民的生计问题，以及森林提供的娱乐、文化和其他社会价值等。

③经济效益　森林认证的经济效益包括：对于参与认证的企业尤为重要的确保木材的长期供应，提高森林生产力，稳定森林经营权；不断加强企业的基础管理和环境管理，保持或增加市场份额，企业生产有差别产品；防止产品溢价；改善与各利益方的关系，加强与管理者的联系，获得森林经营的优先权；提高职员的士气和能力，吸引人才，提高企业产品在国际市场上的竞争能力和信誉，获取更多的财政和技术支持。

2. 森林认证的费用

①直接费用　又称固定费用。主要是认证人员对申请认证的森林经营单位进行森林评估和审核的费用和年度审核的费用，其中包括认证人员的工资、差旅费等费用，直接费用通常付给认证机构。

由于各方面的原因，不同认证机构对森林认证的收费标准是不同的。所以，森林经营单位在申请森林认证前，应该进行多方咨询，选择声誉好、收费合理的认证机构开展认证。一般来说，由于受森林经营管理水平、林型、气候条件和生物多样性等方面的影响，热带雨林的认证费用要高于温带林，天然林的认证费用要高于人工林。另外，如果森林经营单位的所在国没有认证机构和认证专家，需要从国外的认证机构聘请认证专家进行认证，也会提高认证费用。

②间接费用　又称可变费用。它是指申请认证的森林经营单位，为了使经营水平达到森林认证标准所做工作的费用。间接费用可以较少，也可能很高，与其经营状况直接相关。经营状况良好的森林经营单位，其经营水平达到或基本达到认证标准，所用的间接费用较少；而经营状况差的森林经营单位，为使其经营水平达到认证的标准，就必须对现有的森林经营长远规划、森林作业操作规程做大的调整，增加对职工进行能力建设（包括生产技术、操作安全和管理方面的培训）、改善经营状况等方面的投入，因此间接费用就高，而且，经营状况越差的森林经营单位费用就越高，甚至远远高于直接费用。

六、森林认证的程序

到目前为止，全球已出现了多种多样的森林认证体系，在不同的体系下其认证的程序也不完全一样，但主要步骤是相同的，即申请、检查（或审计）、作出决定和颁发证书。

1. 森林认证前的准备工作

森林经营单位在申请森林认证之前要进行自我评估，为正式认证做准备。其步骤为：

①评估森林认证的必要性　森林经营单位（或企业）首先应该确认自己是否有必要开展认证，必须对认证的费用、认证产品的销路、认证的收益等问题进行周密的调查。

②选择合适的认证证书和认证机构　目前，全球有不同森林认证体系，一些体系适用全球，得到国际社会和市场的认可，如 FSC，而一些体系只能在一定范围应用，如 SFI 只能在北美应用。森林经营单位应该根据消费者或市场对某种认证证书的需求，决定选择哪种认证体系。

③开展内部认证　森林经营单位在正式申请认证之前，应自己对本单位的情况进行初步评估，即内部审核。运用标准对其经营活动进行审核，了解本单位符合认证要求的程度，以确定在现有条件下，能否开展森林认证或开展认证尚需做的准备工作。

④改善和完善森林经营管理以实现森林良好的经营　在内部评估之后，森林经营单位应针对其森林经营中存在的问题，采取措施，加以改进，例如制定明确的经营目标，通过与当地居民进行沟通使他们了解其森林经营活动没有损害他们的利益，加强对职工的培训，采取切实可行的可持续经营的步骤，制订森林环境监测计划等。

在上述工作完成之后，森林经营单位就可以正式申请认证。

2. 森林认证的程序

①申请森林认证　森林经营实体向森林认证机构提出森林认证书面申请。申请书中应该说明森林经营单位的基本情况（名称、权属、地址、规模、资产状况、经营情况等）、林权证、管理体系文件、森林经营方案及其他相关文件、执行森林认证标准和技术觌范的声明、经营单位的组织机构、林种、森林类型和主要树种、主要森林经营活动、木材产量、木材加工等。

②签订森林认证合同　森林认证机构收到森林经营单位申请后，10 个工作日内与森林经营单位联系，说明森林认证程序，认证依据标准和认证收费标准，认证机构和申请人的权利和义务，认证机构处理申诉、投诉和争议的程序，批准、暂停和撤销认证的规定和程序，核实申请书内容，必要时进行面谈和现地考察。共同制定森林认证工作计划和预算，双方法人签订森林认证合同。合同基本内容包括双方权利和义务，基本工作内容和要求、费用及

其支付方法、违约处罚等。

森林经营单位要向森林认证机构提供森林经营相关利益者名单，双方进行确定和完善，商定其他事宜。

③预评估　按照合同，森林认证机构在规定时间，委派审核员去申请单位进行预评估。

审核员可以根据申请单位的实际情况选择2/3以上的指标进行审核，在审核中发现有严重不符合项/不符合项时，应通知申请单位，并及时记录备案。在预评估结束前，把发现的严重不符合项/不符合项及其限期改进时间等通知森林经营单位。双方确定主评估时间。

森林认证机构在预评估结束15个工作日内完成预评估报告，并把预评估报告送交申请单位。

④主评估　森林认证机构在约定时间，委派审核员去申请单位进行主评估。主评估的第一双方会议上，相互介绍相关人员，主审核员介绍主评估日程计划，申请单位根据主评估日程计划提供相关必要文件、现场和其他条件。

审核员要对所有的指标进行审核，重点是预评估中发现的严重不符合项/不符合项。在审核中发现预评估指出的严重不符合项/不符合项没有实质性改进时，原来的不符合项可升级为严重不符合项，连同本次主评估中发现的严重不符合项/不符合项一并通知申请单位，并及时记录备案。

在主评估的最后一次双方会议上，主审核员要通告主评估经过和发现的严重不符合项/不符合项及其限期改进时间、经营单位的长处和认证建议结论（通过或不通过）；森林经营单位有权对上述内容提出保留意见。

⑤同行审查　森林认证机构在主评估结束30个工作日内完成主评估报告，并把主评估报告送交同行专家审查。同行专家在接到主评估报告后，5个工作日完成审查，并提出书面意见，转交中国森林认证委员会。中国森林认证委员会应及时把同行专家意见转告森林认证机构，森林认证机构在收到同行专家意见书后5个工作日对主评估报告做修改和说明。

⑥核查和批准　森林认证机构接到同行专家审查意见后10个工作日内进行修改和做出书面说明，提出评估结论，即同意通过或不同意通过森林认证。并在10个工作日内送达申请森林认证单位。同时向中国森林认证委员会提交书面的森林认证简括表备案，领取森林认证证书编号。

申请单位收到森林认证主评估报告及其结论后，20个工作日内提出书面意见，并送达认证机构，逾期则视为同意。

⑦发放森林认证证书　森林认证机构向获得森林认证的森林经营单位发

放森林认证证书、证书使用说明和标签使用管理办法。在证书和标签有效期间，森林经营单位要接受中国森林认证委员会的监督管理。

⑧定期年审　年审重点审核前一次审核中发现的严重不符合项/不符合项。在年审中发现上次指出的严重不符合项/不符合项没有实质性改进时，原来的不符合项升级为严重不符合项，连同本次发现的严重不符合项/不符合项一并通知申请单位，并及时记录备案。

在年审结束前，审核员把发现的严重不符合项/不符合项及其限期改进时间等通知森林经营单位。双方确定下一次年审时间和审核员。

森林认证机构在年审后10个工作日完成年审报告，及时送达森林经营单位。

七、森林认证的模式

1. 独立认证

独立认证是指对独立经营者经营的森林进行认证。这里的森林经营者可以是国家、集体或企业，也可以是私有林主，他们拥有的森林面积各异，从上百万公顷到数公顷不等。由于森林经营者的经营活动是独立的，其森林类型、经营方案和社会状况等条件相对较一致，因此这种模式的优点是开展森林认证较容易。独立认证一般适用于森林面积比较大的森林经营单位。

2. 联合认证

联合认证也称团体认证，即将多个森林经营者拥有的，分散的、相互独立的小片森林联合在一起，组成一个“联合经营实体”来开展认证。联合经营实体可以是个人、组织、公司、协会或其他法律实体，负责组织整个认证进程。国际体系森林认证体系认可计划（PEFC，原名泛欧森林认证体系）本身就是为适应欧洲的小私有林主进行森林认证而设计的，它的特点就是小林主联合起来开展森林认证。目前，另一大国际森林认证体系FSC也开展了联合认证。实践证明，联合认证减少了咨询、审查手续的重复性操作，由联合会员共同承担认证费用，大幅度降低了个体成本；同时，那些分散在偏远地区的分散的小林主能够及时获得信息和专家技术服务，还可以相互交流获取认证的经验，全面提高经营水平。在美国和欧洲等以私有林小林主占多数的国家，对联合认证更为青睐。

3. 资源管理者认证

资源管理者认证是由若干个林主将其拥有的森林委托给资源管理者（可以是一个组织，也可以是个人）经营管理，由资源管理者来负责这些森林的认证。这实际上也是小林主联合起来认证的一种方式，只不过资源管理者拥有经营权。资源管理者必须具有一定的森林经营管理能力，按照森林认证原则与标准来经营森林，使其管理的森林达到良好经营状态，能够通过森林认证。资源管理者认证省去了由小林主成立联合认证协会带来的一系列组织工作，同样达到了简化手续、节省费用的目的。PEFC 和 FSC 都采用了这种类型的认证，在欧洲应用较多。

4. 区域认证

区域认证的概念是由 PEFC 体系提出的，它可以对一个区域内的全部森林进行认证。区域认证的申请者必须是一个法律实体，并且必须代表在该区域经营了 50% 以上森林面积的林主或经营者。申请者负责让所有的参与者满足认证要求，保证认证参与者和认证森林面积的可信性，并实施区域森林认证条例。林主或森林经营者可以在自愿的基础上参加区域认证，具体方式可以是单独签署的承诺协议，也可以服从代表该地区林主的林主协会的多数决定。只有参与区域认证的林主或经营者采伐的木材才能被认为是来自经过认证的森林，并可贴上 PEFC 标志。PEFC 认为，在很多国家区域认证是避免针对小林主的认证歧视的最佳方式。但由于此种模式不能确保区域内所有的森林达到认证标准的要求，很多环保组织认为这种模式不可信。

5. 其他认证模式

①小规模低强度经营森林认证项目　为了应对小规模低强度经营森林（small and low intensity managed forests，SLIMF）的现实需要，降低其认证成本，对于经营面积不超过 100 ~ 1000hm^2（依各国实际情况确定），以及年采伐率不超过年生长量的 20% 且认证期间年采伐量或平均年采伐量不超过 5000m^3 的低强度经营森林，FSC 专门提出了 SLIMF 认证项目。该项目简化了认证程序，并可依据专门制定的 SLIMF 认证标准进行审核。仅生产非木质林产品的非人工林也可申请该项目。

②阶段式认证　这种方法也称做阶梯式认证，是由国际热带木材组织针对较难一次性达到森林认证标准的热带木材生产国而提出来的。这种方式是将认证的最终目标分步、分阶段实现，寻求认证的经营单位或企业通过不断努力提高森林经营水平，在一定期限内分阶段逐步达到认证要求。阶段式认证也可先满足一部分企业对“合法性”的需求。目前，各认证体系还未制定可行的阶段性认证方法。但一些认证机构已经开展了阶段性认证，如美国雨林联盟的 Smart Wood 开展了针对 FSC 认证的“Smart Step”项目，为多家林业企业提供了分阶段认证服务。

第二节　森林认证体系

一、世界森林认证体系

目前世界上共有两大森林认证体系，即森林管理委员会 FSC 和国际标准化环境管理体系 ISO 14000。

1. 森林管理委员会（FSC）认证体系

①森林管理委员会（FSC）及其简介　为了监督认证的独立性和公开性，森林管理委员会（Forest Stewardship Council，FSC）于 1993 年 11 月成立。该委员会由来自 50 个国家的环境保护组织、木材贸易协会、政府林业部门、当地居民组织、社会林业团体和木材产品认证机构的代表组成。这是目前较为成熟和完善的森林认证体系。FSC 是一个独立的、非营利性的非政府组织，旨在促进对环境负责、对社会有益和在经济上可行的森林经营活动。FSC 认证体系得到了国际环保组织的广泛支持，是一种推动森林可持续经营的有效市场手段，在国际上得到了迅速的发展。FSC 森林认证体系是国际社会需要的、得到广泛承认的一个高标准的国际体系。FSC 的主要任务是评估、授权和监督认证机构，为制定国家和地区认证标准提供指导和服务，通过教育培训和建立国家认证体系，来提高国家认证和森林可持续经营的能力。

到目前为止，FSC 发展了 38 个国家参与，包括 14 个国家工作组和 24 个国家联络员。这些国家是阿根廷、比利时、玻利维亚、巴西、保加利亚、喀麦隆、加拿大、智利、哥伦比亚、克罗地亚、捷克、丹麦、厄瓜多尔、爱沙尼亚、芬兰、德国、加纳、匈牙利、爱尔兰、意大利、日本、墨西哥、莫桑比克、荷兰、巴布亚新几内亚、秘鲁、波兰、罗马尼亚、俄罗斯、斯洛伐克、南非、西班牙、瑞典、瑞士、英国、美国、越南和赞比亚。

②FSC 体系运作　FSC 自身并不直接认证森林，它是标准制定机构和认证授权机构，通过授权认证机构来认证森林。授权包括 2 个方面：森林经营认证和产销监管链认证。FSC 森林认证以业绩标准为基础，是个自愿的过程。经过森林认证和产销监管链认证后，林产品就可以贴上 FSC 商标和标记。绿色市场需要此类商标来证明林产品来自经营良好的森林，这是 FSC 认证发展的动力。在某种程度上，WWF/WB 联盟、消费者集团等组织促进了市场对该

标签的需求。目前，欧洲、北美洲和大洋洲活跃着一大批消费者集团，另外法国、中国香港、爱尔兰、意大利和日本等国家或地区也正致力于建立类似的组织。FSC 的资金来源于认可费、会费，以及政府、环境组织和个人的捐赠。

③FSC 原则标准　1994 年，FSC 通过了全球统一的《FSC 原则与标准》，1999 年和 2000 年进行了 2 次修订。这些原则和标准为认证森林经营提供了框架或一般标准，适用于热带、温带和寒带森林，有些也可应用于人工林和部分人工补植的森林，但需辅以适用于不同国别、区域、地方的更详细标准。已批准的 FSC 区域/国家标准有玻利维亚、英国、瑞典、加拿大海岸林区、美国密西西比河流域的标准。

认证机构在对森林经营方式进行审核的时候都有自己的一套标准，这些标准均符合 FSC 的原则和标准框架。为了保证全球不同地区 FSC 标准的一致性和完整性，任何地区标准都须经过 FSC 董事会的批准。这要求地区标准符合 FSC 标准制定的所有要求，包括标准的内容和制定过程，以保证 FSC 认证的可信性。一旦通过了 FSC 批准，在该标准适用的地理区域或范围内，任何认证机构都须应用此标准开展认证评估。

到目前为止，FSC 已经批准的地区标准包括 9 个国家的 21 个标准：玻利维亚（巴西坚果人工林和低地森林）、巴西、加拿大（海岸林区、大不列颠哥伦比亚地区和温带林区）、哥伦比亚（天然林和人工林）、德国、秘鲁（巴西坚果和亚马孙林区）、瑞典、英国、美国（多石山区、密歇根州中部阔叶林区、东南地区、东北地区、西南地区、太平洋沿海地区、密苏里州活希托河地区和阿巴拉契亚地区）。另外，还有 20 多个国家的 FSC 标准正在制定之中。

④FSC 认证方法

独立认证：林主聘请 FSC 认可的认证机构对其森林和经营状况进行独立的评估，最适合大型林主。

联合认证：不同的林主将森林联合起来作为一个经营单位寻求认证，并分担认证的费用。它通常由相邻的林主组成的林主协会或合作社负责管理，适合于小型林主。

资源经理者认证：由不同的林主联合聘请专业的咨询员或资源经理人代表他们经营，森林，负责认证过程，并共同分担认证的费用。评估采取抽样的方式进行。

⑤森林认证的现状　2007 年，获得认证的森林面积接近 $1000 \times 10^4 hm^2$，累计达到 $9400 \times 10^4 hm^2$。2008 年，全球 FSC 认证将继续大幅度地增长。参加

FSC认证国家达到77个，森林认证面积较大的国家有俄罗斯、加拿大、瑞典和美国。从各国森林认证情况看，截至2008年，FSC认证林面积超过千万公顷的国家有加拿大（$2532.7\times10^4hm^2$）、俄罗斯（$1748.4\times10^4hm^2$）和美国（$1031.4\times10^4hm^2$）；达到数百万公顷的国家有瑞典（$970.1\times10^4hm^2$）、巴西（$541.7\times10^4hm^2$）和波兰（$516.1\times10^4hm^2$）；超过百万公顷的国家有南非（$170.5\times10^4hm^2$）、英国（$162.7\times10^4hm^2$）和拉脱维亚（$162.5\times10^4hm^2$）。

同时截至2008年，全世界取得FSC产销监管链认证（COC）的件数已达到10613件，涉及88个国家，与2005年的4328件（73个国家）相比，认证件数增加了约1.5倍。在此期间，美洲的认证件数增加了2.4倍，大洋洲和亚洲增加了1.9倍，欧洲增加了1倍。从国家来看，认证件数增加较多的国家是美国（1675件）、英国（993件）、日本（476件）、加拿大（456件）和德国（365件）。

2. ISO14000环境管理认证体系

①ISO概述 ISO是一个国际标准化组织，其成员由来自世界上100多个国家的国家标准化团体组成，该组织于1947年创立于日内瓦，是一个全球性的非政府组织。其资金来源各异，有政府拨款、私人捐款以及出售各项标准及文件所获的收益等。它的目的是本着促进全球商品及服务贸易的方针，制定和发展自愿性的标准。商品和服务的提供者可以雇佣认证机构根据这些标准对其产品和行为进行审核并加以认证。一些标准也可用来互相审核。代表中国参加ISO的国家机构是国家质量监督检验检疫总局。

ISO的组织机构包括ISO的个体成员大会、理事会和各技术委员会及必要时设立技术处等。ISO组织设主席1人、副主席2人、司库1人及秘书长1人。ISO全体大会由各成员团体指定的代表组成，每年一次的全体大会是ISO的最高权力机构。ISO中央秘书处是理事会、理事会的各委员会及其附属部门的办事机构。理事会下设工作委员会包括：执行委员会、合格评定委员会、消费者政策委员会、发展委员会、情报委员会、ISO情报网、标准物质委员会、标准化原理委员会、ISO/IEC联合委员会等。

②ISO14000环境管理体系标准 ISO14000系列标准是由国际标准化组织（ISO）第207技术委员会（ISO7/TC207）组织制订的环境管理体系标准，其标准号从14001~14100，共100个标准号，统称为ISO14000系列标准。它是顺应国际环境保护的发展，依据国际经济贸易发展的需要而制定的。之前正式颁布的有ISO14001、ISO14004、ISO14010、ISO14011、ISO14012、ISO14040 6个标准，其中ISO14001是系列标准的龙头标准，也是唯一可用于第三方认

证的标准。

③ISO 森林认证现状　由于林业企业包括森林经营单位了解 ISO 环境管理体系认证现状的信息不多，也未见有系统收集。一部分木材加工企业和制浆造纸企业参与了认证。由于其认证的是环境管理体系，因此全球范围认证的森林单位经营面积也没有详细的统计数据。

二、区域森林认证体系

1. 森林认证认可计划体系（PEFC）

①森林认证认可计划体系（PEFC）简介　森林认证认可计划体系（PEFC）由欧洲私有林场主协会于 1999 年 6 月发起成立，总部设在卢森堡。原名泛欧森林认证体系（ Pan European Forest Certification Scheme)，2003 年根据在全球开展森林认证工作的需要，将英文名称改为现名，英文缩写和标签不变，从而由一个区域性森林认证体系发展成为全球性、自愿性森林认证体系。其主要目标是为各国提供认证体系评估和相互认可的全球框架，进而推动认证体系的相互认可。1999 年来自 11 个 PEFC 国家管理机构的代表签署了 PEFC 委员会章程，标志着这一体系的正式启动。

到目前为止，PEFC 共吸纳了来自澳大利亚、奥地利、白俄罗斯、比利时、巴西、加拿大、智利、捷克、丹麦、爱沙尼亚、芬兰、法国、加蓬、德国、爱尔兰、意大利、拉脱维亚、立陶宛、卢森堡、马来西亚、挪威、波兰、葡萄牙、俄罗斯、斯洛伐克、斯洛文尼亚、西班牙、瑞典、瑞士、英国和美国共 31 个国家体系作为会员（每个国家以体系名称或组织名称加入，如澳大利亚是澳大利亚林业标准有限公司），并批准了澳大利亚、奥地利、比利时、巴西、加拿大、智利、捷克、丹麦、芬兰、法国、德国、意大利、拉脱维亚、挪威、葡萄牙、西班牙、瑞典、瑞士、SFI 和英国 20 个国家认证体系。

PEFC 体系产生的起因是一些欧洲林主协会认为 FSC 不适合中小规模林地的认证，而且认证过程费用也过于昂贵，FSC 体系不能满足他们的需求，而更多的是受非政府组织控制。FSC 认证针对森林经营单位，PEFC 则不同，它可以对整个地区进行认证，该地区内所有的中小林主都可持有认证证书。因此，它受到林场主协会以及林产工业和贸易协会的欢迎和支持。但是，PEFC 也受到那些倾向于 FSC 的环境组织的反对，他们怀疑 PEFC 体系的可信度。WWF 在 2001 年 4 月的一份报告中指出，“PEFC 没有要求对具有高保护价值的森林进行保护，不反对在森林经营中使用杀虫剂和遗传改良的品种。还没有一个综合机制解决社会冲突或认可原住居民的权利，甚至没有统一要求或证实认证森林的经营符合法律。它也不能满足世界贸易组织有关贸易技术壁垒协定中的几项基本要求。”

②PEFC 体系运作　在国家层面，所有利益团体均应参加国家森林认证认可计划体系管理机构，该机构的职责是制定国家森林认证标准，设计国家森林认证体系。这些国家机构对森林认证认可计划体系负责，并选举森林认证认可计划体系管理机构成员。国家森林认证标准和认证体系要提交给森林认证认可计划体系机构，委员会根据森林认证认可计划体系的原则和标准对所提交的国家森林认证标准和认证体系进行严格的评价，最后决定该体系能否通过并授予森林认证认可计划标志。

③PEFC 原则标准　PEFC 没有制定统一的认证标准，但对国家认证体系的认证标准提出了要求，包括标准制定的过程和内容。

从总体上，PEFC 要求认证标准应包括森林可持续经营的所有有关方面，包括森林的全部功能，即经济、生态和社会功能，还应考虑森林状况，以及与实施森林可持续经营有关的经营或管理体系等要素。

PEFC 认可以《泛欧经营水平指南（PEOLG）》和其他 7 个森林可持续经营进程的标准与指标为基础制定的认证标准。这些标准与指标是由政府提出的，主要用于国家层次上监督并汇报森林状况，并不是为评估森林经营绩效而制定的。因此，目前已获 PEFC 委员会批准的 18 个体系的标准大相径庭。一部分体系，比如瑞典，很明显是以绩效为基础的，而大部分是以体系标准为基础的，并没有明确在颁发证书之前需要达到什么样的最低业绩水平，其中尤以法国的认证体系最为明显。

PEFC 还要求国家标准必须以国际公约和国家法律作为基础。国家森林认证标准和认证森林的经营必须遵守有关法律法规的要求。在国际公约方面，PEFC 的要求非常具体，它列举的公约有国际劳工组织（1LO）核心公约、《生物多样性公约》《联合国气候变化框架公约》《濒危野生动植物物种的国际贸易公约》《生物安全协议》等。

④PEFC 认证方法　PEFC 认为，根据不歧视、自愿、可信和节约成本的原则和各国的具体情况，可以选择适宜的认证方法或认证单位。PEFC 有 3 种认证方式，即区域认证、联合认证和独立认证。

对以上 3 种方式，PEFC 的总体要求是：无论何种选择，都必须提出申请书、认证面积、所有参与者的文件；所有参与者都必须满足认证要求，并受认证机构监督；所有开展独立认证或参与区域或联合认证的企业都要负责保证其合作方（承包商）的活动和经营满足认证的要求。森林认证体系可以制定针对承包商的标准和承包商参与联合认证或区域认证的条例。在后一种情形下，承包商就是区域认证或联合认证的参与成员。

⑤PEFC 认证现状　截至 2008 年 2 月 29 日，PEFC 体系在全球的 20 个国家共认证了 20370. 5 × 10^4 hm^2 森林，向 33 个国家颁发了 3733 个 COC 证书。

2. 泛非森林认证体系（PAFC）

2000 年由非洲木材贸易组织 13 个成员国的部长批准的一项建立泛非森林认证体系计划，旨在其成员国内制定并实施森林认证体系，包括标签制度，与 PEFC 形成两大区域认证体系。但由于动力不足等原因，尚未开展森林认证工作。

三、国家森林认证体系

1. 美国可持续林业倡议（SFI）体系

①机构及特征

发起：1995 年由美国林业和纸业协会（AF&PA）发起。该协会是美国木材和造纸工业的国家级贸易协会，其会员拥有美国绝大部分的工业林。它要求其所有的会员企业都参加 SFI 计划，也鼓励其他机构参与。

机构：由各利益方组成的可持续林业理事会负责标准制定和认证体系管理。

经费：主要由参与 SFI 认证的机构提供经费支持。

适用范围：AF&PA 在美国和加拿大都有会员，因此它在美国和加拿大两国开展认证，故也被视为北美的区域体系。它在企业和林主层面上开展认证，主要针对大规模的工业林。在与美国林场体系（ATFS）达成相互认可协议以后，现在也通过该体系认证非工业私有林。

特点：开展独立第三方审核，自我评估和第二方评估也被认可。

②体系发展

认证标准：制定了《Sn 标准》，包括 6 条原则 11 个目标以及相应的操作指标、核心指标和非核心指标。它侧重于对体系标准和指标的评估，而不是实地绩效，所以基本上是以体系标准为基础的认证。

监测：第一次重审是在初次认证后的 3 年内进行，以后重审每 5 年进行 1 次。要求对在产品上使用 SFI 标签的公司要进行不定期的“阶段性监测”，事实上这些后期审计往往很粗略。

产销监管链和标签：未采用传统的产销监管链体系作为产品标签的基础，但要求企业具有一个木材供应责任体系，要求所使用的木材的 2/3 来源于正规渠道（经认证或未经认证的）。

透明度：虽然SFI政策中要求提供通过认证企业的书面认证报告，但至今SFI的网站和认证机构的网站都未公开认证摘要。

③认证现状　到目前为止，森林认证面积达$0.54 \times 10^8 hm^2$，位居世界第4位。

2. 加拿大标准化协会（CSA）

①机构及特征

发起：由森林工业利益团体发起森林可持续经营体系。

机构：加拿大标准化协会是制定标准和实施认证的自愿会员协会。其下属的林产品工作组负责“CSA森林可持续经营项目”和“林产品标签项目”（即森林经营认证和产销监管链认证）。

经费：由加拿大林产品协会和加拿大联邦政府提供资助。

适用：要求认证的林地界线明确，对认证面积没有限制。

②体系发展

认证标准：以《CSA森林可持续经营标准》和《ISO14001标准》为基础制定了CSA标准，共17个标准，由申请的森林经营单位负责制定和提供标准的具体量值、目标、指标和应用对象；制定了合理机制确保公众参与标准制定及当地森林可持续经营的价值和目标的确定。

监督审查：证书有效期3年，每年进行1次年审。

标签或产销监管链机制：具有相关制度，并提供了3种标签方法。

透明度：《CSA标准》可从网上获取，认证机构也被要求公开认证报告和年度复审报告。

③认证现状　到目前为止，森林认证面积达$7256 \times 10^4 hm^2$，位居世界第3位。已成为PEFC的会员。

3. 美国林场体系（ATFS）

①机构及特征

发起：由私有林主发起，旨在鼓励私有林主开展可持续经营。建立于1941年，已有50多年历史，是世界上最早的森林认证体系。

机构：由美国森林基金会（AFF）负责体系运作，包括48个州委员会。AFF是成立于1982年的一个非营利的教育和保护组织。

资金：由个人、基金会、政府机构和公司共同资助。

适用：主要认证美国非工业的私有林和家庭林。

②体系发展

认证标准：2002 年制定了新的《ATFS 标准和指南》，包括 9 个标准、15 个绩效措施和 21 个指标，强调可持续性、合法、长期的经营计划和特别地带保护问题。

监督审查：证书有效期 5 年，无监督审查制度。由经过认可的自愿的林场审核员进行审核。

标签或产销监管链机制：无。

透明度：要求认证机构公开认证报告和年度审计报告。

③认证现状　到目前为止，森林认证面积约为 $500 \times 10^4 hm^2$。

4. 马来西亚木材认证委员会（MTCC）体系

①机构及特征

发起：1998 年由马来西亚政府发起的独立第三方认证体系。

机构：马来西亚木材认证委员会是由各利益方代表组成的董事会负责管理的非营利性组织。

资金来源：政府从木材出口税收中给予拨款。

适用范围：在马来西亚各州层次上开展认证。

②体系发展

认证标准：制定了以《ITTO 森林可持续经营标准与指标》为基础的《马来西亚森林经营认证标准、指标、生产和操作标准》（MC&I）来评估森林经营绩效，现正按照《FSC 原则与标准》的框架对标准进行修改，以符合 FSC 的要求。

监督审查：证书有效期 5 年，每 6～12 个月进行 1 次复审。

透明度：认证标准、认证报告都可从网站上获取。

③认证现状　到目前为止，森林认证面积为 $473 \times 10^4 hm^2$。

5. 印度尼西亚生态标签研究所（LEI）体系

①机构及特征

发起：由印度尼西亚前环境部长领导的工作组发起。

机构：由印度尼西亚生态标签研究所通过“多利益方进程”发展和实施认证体系。

应用范围：印度尼西亚，应用于天然林、人工林和社区林。

②体系发展

认证标准：以《FSC 原则与标准》《ITTO 森林可持续经营标准与指标》以及《ISO 14001 环境管理体系标准》为基础制定了 LEI 的标准《商品林可持续经营标准框架》，包括 3 个方面 10 个标准。在此框架下，制定了针对天然林、人工林和社区林的指标，以此评估森林经营绩效。

监督审查：证书有效期5年，5年内至少开展2~3次审查。

透明度：认证标准可从网站上获取，认证报告不详。

标签或产销监管链机制：具有产销监管链认证和产品标签机制。

③认证现状　到目前为止，森林认证面积为105×$10^4$$hm^2$。

6. 巴西森林认证体系（CERFLOR）

①机构及特征

发起：由私有林业组织“巴西造林协会”发起，并得到研究机构和政府部门的支持。

机构：由巴西国家度量、标准化和工业质量委员会（INMETRO）负责体系发展和认可认证机构，巴西技术标准协会（ABNT）负责标准制定。

资金来源：由ITTO提供部分资金，其他资金不详。

应用范围：巴西，目前仅应用于人工林，将发展到天然林。

②体系发展

认证标准：目前只有人工林认证标准，包括5项原则19个标准和100个指标，天然林的标准正在制定之中。

监督审查：证书有效期5年，每年接受1次复审。

标签或产销监管链机制：已经具有产销监管链和标签机制，但未正式实施。

③认证现状　到目前为止，森林认证面积约为76×$10^4$$hm^2$。2002年成为PEFC委员会会员。

7. 澳大利亚林业标准（AFS）体系

①机构及特征

发起：由澳大利亚林渔水产部和林产工业部门联合发起。

机构：2003年7月澳大利亚林业标准有限公司成立，负责管理AFS体系的发展。

资金来源：由政府、木材和森林工业组织资助。

适用范围：适用于澳大利亚所有的森林类型、经营规模和森林权属，包括联合认证。

②体系发展

认证标准：以蒙特利尔进程为基础，根据国家林业政策和地区森林协议对蒙特利尔标准进行了区域性解释。

监督审查：证书有效期3年，每年进行年审。

标签或产销监管链机制：已制定了标签和产销监管链制度，但尚未实施。

透明度：认证标准可从网上获取，认证报告不能获取。

③认证现状　到目前为止，森林认证面积约 $572\times10^4hm^2$。2003 年成为 PEFC 的成员，2004 年已得到 PEFC 批准，成为 PEFC 认可的国家认证体系。

第三节　中国森林认证概述

一、中国森林认证进展

1. 成立机构

2001 年 3 月，国家林业局在林业科技发展中心成立森林认证处；2002 年 8 月，国家林业局加入全国认证认可部级联席会议，森林认证体系正式纳入国家统一的认证认可制度之中；2003 年，成立了由多方利益代表参加的非营利性的中国森林认证委员会（CFCC），并使用我国特有树种——银杏树的叶子作为标志；2008 年，经批准成立并正式对外发布“全国森林可持续经营与森林认证标准化技术委员会”，标志着我国森林认证体系进一步发展，主要负责中国森林可持续经营和森林认证领域的标准化工作，为中国森林认证体系提供技术支持：2009 年，经认监委批准成立了中林天合认证中心，这是我国国内第一家具有森林认证资质的中介机构；2010 年，成立了森林认证工作领导小组、中国森林认证管理委员会，形成了我国森林认证体系组织架构。

2. 创建刊物和网站

2001 年，由世界自然基金会（WWF）资助，中国林科院主办了《森林认证通讯》杂志；2006 年，中国林科院、世界自然基金会、雨林联盟共同筹建了专业性和综合性的中国森林认证网（http：//www. cfcn. cn），网站由中国林科院维护；2007 年，CFCC 建立了“中国森林认证委会员”网站（http：//www. cfcs. org. cn），这是我国森林认证的官方网站。

3. 制定相关标准与规范

2002 年，国家林业局将制定森林认证标准列入林业标准体系；2007 年，国家林业局发布了《中国森林认证　森林经营》（LY/T 1714—2007）和《中国森林认证产销监管链》（LY/T 1715—2007）2 个标准，标志着我国森林认证体系建设以及我国森林可持续经营工作步入了科学、规范发展的新阶段；

2008 年 6 月，国家林业局与认监委发布了《国家认证认可监督管理委员会国家林业局关于开展森林认证工作的意见》；2009 年 3 月，根据该意见和《中华人民共和国认证认可条例》等有关规定，我国开始实施《中国森林认证实施规则（试行）》，规范国内的森林认证活动；2010 年，国家林业局发布了《国家林业局关于加快推进森林认证工作的指导意见》，颁布了《森林经营认证审核导则》。

4. 开展国际合作与交流

森林可持续经营和森林认证是当前国际林业发展的热点之一，除了 FSC 和 PEFC 两个国际认证体系外，还有许多区域性或国家的森林认证体系。几年来，我国在森林认证方面开展了广泛的国际交流，已经建立起与 FSC 和 PEF 两大国际认证体系的良好合作关系，保持了与 SFI 和 ATFS 等的区域性认证体系的交流，加强了与周边国家和发展中国家在森林认证领域的合作。2010 年，我国正式向 PEFC 提交了会员意向申请。

5. 开展试点

2006 年 3 月，国家林业局首次批准开始在全国开展森林认证试点工作。试点目的包括测试标准、培养人才、积累经验。试点为期 2 年，第一年以能力建设为主，第二年以模拟认证为主，为后期认证工作奠定基础。2007 年 1 月、12 月和 2008 年 12 月，分别开展了第二、三、四批的试点，目前全国正在开展的 24 个试点分布于 21 个省份。2010 年，举办了第一期森林认证审核员培训班，启动了森林经营认证审核试点，标志着以我国标准为基准的认证正式开展。

6. 开展认证

在试点的基础上，2010 年起我国开始了本国森林认证体系的认证实践工作，当前我国拟开展和已开展的森林经营认证的面积逾 $300 \times 10^4 hm^2$，其中部分已通过了主评估工作；许多木材经营企业拟开展产销监管链认证。从总体上看，我国体系实践应用仍处于起步阶段。

二、中国在森林认证开展过程中存在的问题

1. 木材市场对森林认证的推动作用不明显

市场是森林认证的推动力。但是，目前我国木材及林产品出口量不大，要求认证的林产品的市场就更小，而国内木材市场目前还没有森林认证的需求。因此，除少数有认证林产品需求的外向型企业外，大部分木材企业并不关心森林认证，不了解森林认证，更谈不上会主动要求，并拿出经费来开展

森林认证。我国还缺乏木材市场对森林认证的驱动力。因此，至少是在目前，市场对我国森林认证的推动作用不大。

2. 森林经营单位缺乏开展森林认证的驱动力

目前我国的状况是，木材生产是按国家下达的指标执行砍伐任务，企业生产的木材供不应求。所以对生产木材的森林经营单位来说，他们不愁木材没有销路，木材销售不受木材是否通过森林认证的限制。另外，即使目前有经过森林认证的木材，也缺乏这种木材的销售市场。所以，目前森林经营单位缺乏开展森林认证的驱动力；从另一方面看，我国近些年来一直在倡导森林可持续经营，但是，目前对检验可持续经营的标准是什么？采取什么方式来达到可持续经营等问题并没有解决。在人们对森林认证缺乏认识，政府没有采取有效激励措施，经营者不能切切实实地看到森林认证带来的利益的条件下，森林经营单位不会有主动开展森林认证的积极性。

3. 森林认证费用高

森林认证费用较高，森林经营单位和大多数企业难以接受。目前，我国刚开始建立自己的森林认证机构，各方面还不够完善，所以开展森林认证必须从国外认证机构聘请认证专家，这样森林认证的直接费用就很高，而且，由于我国目前大多数森林经营单位的森林经营管理水平较低，要达到认证体系规定的原则和标准，即规定的经营水平，必须花较多的人力和物力改善森林经营状况，提高管理者的管理水平，这样，又需花费一定数量的间接费用，而且经营水平越差，所花费用越高。我国大多数森林经营单位经济状况欠佳，经费紧张，在看不到直接经济效益的情况下，他们不可能自觉自愿地付出高额的费用来开展森林认证。我国的木材加工企业也大多存在类似状况。我国第一个开展森林认证的是浙江省昌化林场，他们的认证费用是由需要产品的外商资助的，依靠其本身的经济能力，他们是不愿意进行森林认证的。

4. 消费者购买意愿不足

大多数消费者在短期内还不会自觉自愿地花较多的钱购买认证产品，环保意识与国家的经济发展水平和文化水平有直接的关系。生活水平较低的人群很难首先考虑环境保护。目前，我国公众的环境保护意识还不强，在我国经济发展水平还不高，大多数人的生活还不富裕的条件下，不会有太多的消费者愿意拿出高于非认证产品较多（大约20%）的钱，来购买质量并不一定比非认证产品高的认证林产品，通过这种方式来支持森林的可持续经营。

三、促进中国森林认证发展的对策建议

1. 加强国际交流与合作，尽早建立与 FSC 互认的认证体系

中国自身的森林认证才刚刚起步，国内还没有成熟的认证体系。中国林业产业协会正着手建立与我国林业相符合的认证体系，目前已经在认监委获得注册。我国林业产业积极参与国际市场的竞争，因此要加强与国际同行间的交流与合作，尽早与 FSC 认证体系达成协议，进行有利于我国林产品出口的磋商，争取我国自主森林认证发展的空间，吸收国外成功认证体系的经验，结合我国森林资源丰富，地域广阔，南北东西差异大的林情，制定符合我国当前林业发展水平的认证标准和规则。

2. 强化政府监管，规范森林认证市场

国内认证市场混乱，目前没有一家国外森林认证机构在我国认监委进行注册备案。这主要是因为我国政府没有制定出可行的认证标准和规则来约束认证机构造成的，导致森林认证机构间不公平竞争加剧，与国内从事认证的机构委托－代理关系模糊，影响森林认证在公众中的公信力。因此，政府要加快制定认证标准和规则，明确政府、认证机构和林场、企业之间的权利和责任，规范森林认证市场，为促进我国森林认证市场的发展创造一个公平透明的平台。

3. 深化集体林权制度的改革，加快林业信息化的建设

申请森林认证是一种自愿行为。在 FSC 经营认证申请表中对经营类型，林产品种类都有细致的要求。深化集体林权制度改革有助于推进有实力的经济实体获得森林的完整产权，规模化经营，优化资源的组合。也有助于吸引民间资本投资林业，从而使森林经营者申请进行森林认证的资金缺口难题得以解决。各森林认证体系普遍要求对木材的来源、养护和经营状况做出详细的登记，以备每年的审查。目前我国林场普遍存在着林业经营档案更新慢，纸质档案居多，内容残缺模糊和保存不完整的现象。要加快森林认证，必须早日实现林业电子化和信息化，及时了解森林经营状况动态，减少申请的障碍。信息化是森林认证发展的重要突破口，对优化林业资源配置，提高经营管理水平、促进林产品流通和提升劳动力素质、推动林业科技进步都具有重要作用。

4. 政府应对获得森林认证的出口企业提供政策支持

林业是朝阳产业，同时也是弱质产业，亟须政策扶持。政府产业政策对提升林业产业实力和出口竞争能力的提高有积极意义。虽然近年来政府对林

业产业实施财政补贴、贴息贷款、税收减免等一系列金融措施，但整个产业还未形成一个完整、系统的政策体系。特别是近来严峻的国际宏观经济形势对中国林产品的出口造成了重大的损害，国家及相关部门应该出台相应的应对措施，包括将林业产业特别是获得森林认证的林产品出口企业纳入各级政府产业基金扶持范畴、加大政策性贷款扶持力度、实行更为优惠的税收政策、降低林业收费项目等，来帮助林业产业走出困境。

5. 努力争取森林认证，避免市场过分集中

我国很多林产品出口企业有进行森林认证的强烈愿望，因此要鼓励这些企业早日通过森林认证，更顺畅地参与国际市场竞争。由于利用森林认证对我国林产品设置贸易壁垒的国家主要是美国和欧盟，我国林产品出口企业应该尽量减少采购印尼，俄罗斯等受到重点监控国家的木材，优先寻找能顺利供应美国或欧洲木材商的木材，或直接从加拿大、美国进口木材。此外，减少木材进口渠道或减少树种采购种类。同时还要充分开发南美洲、东南亚和非洲等国际市场，对于存在行业内竞争的国家的市场，要实施产品差异性战略，根据不同目标市场的区域特点与消费者选择偏好，开发出有特色、能实现优势互补的产品，真正实现产业内的良性共存，为我国认证标准和规则的制定争取更多的空间和时间。这不仅有利于企业的发展，也有利于加快森林认证组织制定适合我国森林的认证体系。

6. 充分发挥行业协会的作用

各级林产品行业协会要真正发挥作用，首先要多收集、整理和分析国外FSC认证发展动态、产销信息、质量标准等，为各林产品出口企业提供高价值的信息。其次，多开展国际间的交流与合作，帮助中国企业开拓国际市场；再次，多进行市场调研及法律、政策咨询服务；最后，规范行业行为，对相关企业进行监督、管理。特别是近来面临着国外针对中国林产品贸易壁垒的加剧，相关协会可以起到政府所无法起到的作用，担负起应对反倾销调查与突破贸易壁垒的重任。行业协会发挥了解并熟悉国际贸易相关规则的优势，激励林产品出口企业合理运用世界贸易组织规则这个法律武器维护自身的合法权益。

中国现代林业建设实务

CHINA MODERN FORESTRY CONSTRUCTION PRACTICE

本书编委会 编

中

经济日报出版社

第六章　加强林木资源保护促进可持续发展

京畿胜景　山水兴隆

河北省兴隆县林业局　李铁生

党的“十八大”提出大力推进生态文明建设，并提出了具体的目标和要求，举国上下从重视生态建设的大局出发，努力探寻符合本地实际情况的生态发展道路。“昔日荒山秃岭，如今花果满山”，这是30年来兴隆县实施“林果立县”重视生态建设的真实写照。改革开放以来，兴隆县历届领导从山区实际出发，因地制宜，实事求是，以生态建设为重点，以资源保护为基础，以林果产业化为突破，以富民强县为目标，走出了一条生态优先和谐发展的富民之路。

一、兴隆县生态建设的今昔对比

兴隆县地处河北北部山区，长城沿线，毗邻京、津。早在清代顺治年间，兴隆被划为清东陵后龙风水禁地，封禁270年。当时古树参天、植被茂盛，林茂粮丰。解放以后，特别是“以粮为纲”年代，兴隆县片面追求粮食产量，陡坡开荒、毁林种粮，造成了严重的水土流失，农业内部结构比例失调，自然灾害连年不断。1978年全县有林地面积104万亩，森林覆盖率仅30%，农民人均收入不足120元。兴隆山多地少，自然条件非常适合发展林果业。鉴于此，一届又一届县委、县政府领导班子牢固树立以林为主的山区建设思路，从80年代的“林果牵头、八业并举”，到现在的“林果立县”战略，始终坚持以增加农民收入为核心，以发展林果业为主导，借助退耕还林、京津风沙源治理等项目实施的政策机遇，大力调整农业结构，以林果业为主的农业产业格局已经形成并发挥了良好效益。几年来，林地面积增加了100多万亩，果品产量翻了两番，森林覆被率提高了30个百分点，50%的乡镇实现了全部退耕。目前，全县有林地面积达到310万亩，森林覆盖率达到65.76%，居河北省及华北地区县级第一位，先后被授予“全国甲级绿化县”、“全国绿化先进县”、“全国造林模范县”、“全国经济林建设示范县”等称号。

二、生态建设的成功举措

（一）依托项目建设增加森林资源

1. 实施退耕还林工程：全县已完成退耕19.5万亩、匹配造林25万亩，完成国家投资1.4亿元，全县20个乡镇有退耕户7.1万户，占农户总数的95%，每年钱粮补助3200万元。

2. 实施风沙源治理工程：全县共完成防沙治沙工程69.6万亩，其中飞播造林27.5万亩、封山育林31万亩、人工造林10.1万亩，农田林网1万亩；

3. 实施京冀水源林造林工程：京冀生态水源保护林合作建设项目是河北省与北京市共同合作造林项目，计划总造林任务2.7万亩，分四年实施，截至目前全县已经完成造林任务1万亩，下一年度的造林任务正在规划申报当中。

（二）发展果树富民增收

1. 政策引导，扩大果品基地规模

按照林果立县的发展战略，县政府积极引导农民发展林果产业，实施了大栽大育工程和一系列推广果树技术的措施，截至2013年年底，全县各类果树面积发展到86万亩，其中板栗51万亩、山楂17.6万亩、苹果3万亩、梨3.6万亩、核桃2万亩，其他果树8.8万亩。年果品总产量达44万吨。山楂、板栗的栽培面积和产量均居全国县级首位，被国家林业局命名为“中国山楂之乡”和“中国板栗之乡”。全县90%以上的农户从事果品生产，农民人均林果收入突破3000元，占农民人均纯收入的60%以上。围绕京津两大市场建设的鲜销果基地和依托我县怡达、北区果品加工集团、兴伊、韩氏、长城绿源等龙头企业，建设的加工原料生产基地已经初具规模。

2. 发展加工企业，重视果品品牌

果品加工企业形成规模。全县果品加工企业整合完成后有89家，其中国家和省市级龙头企业17家，果品就地转化率达到75%以上，创产值17亿元，

3.5万农村劳动力直接从事果品加工业。早在2010年，兴隆县12.09万亩山楂正式通过农业部绿色标准生产基地验收，同时认证有机山楂1.5万亩，有机板栗2.11万亩。全县注册各类品牌32个，其中农业部“绿色食品”品牌5个，“紫瑜珠”板栗、“富兴”苹果等省级优质名牌产品8个。

3. 积极发展农民专业合作组织

积极发展农民专业合作组织和经纪人队伍，与专业市场互补。自2007年《农民专业合作社法》正式分布以来，全县登记注册涉林农民专业合作社156家，年实现营业性收入4亿余元，被省农业厅确定为全省农民专业合作社建设与发展示范县。

4. 建设果品销售市场

建立了果品专业销售市场。现已形成以半壁山镇车道峪村为中心的优质苹果销售市场、以蓝旗营乡佟家沟村为中心的板栗销售市场和以兴隆镇为中心的果品专业销售市场，年销售量达20万t左右，果品销售市场建设已初具规模并取得较好效益。

5. 提高果品质量

制定并大力推广山楂、板栗、苹果等主导树种绿色果品生产技术规程，果品质量大幅度提高，果农质量安全意识显著增强。推广普及山楂矮化复壮修剪技术、板栗轮替更新修剪技术、板栗密植丰产栽培技术。建成百亩以上板栗高标准示范园30多个，建设绿色优质山楂基地15万亩，有机板栗基地3万亩，完成了40万亩无公害果品基地环境检测。

（三）限额管理加强资源管护

1. 加强公益林管理

按照《国家级公益林区划界定办法》，兴隆县积极争取公益林划定的份额，对重点林分实施全面保护，截至目前，兴隆县已经划定省级以上公益林总面积116.19万亩，每年国家和省级部门兑现公益林补偿资金1300多万元，林权所有者收益增加，林业资源管护体系初步建成，公益林划定后，按照《国家级公益林管理办法》执行最为严格的管护措施，兴隆县的森林生态环境保护意识不断得到巩固和提升。

2. 全面实施林地保护利用规划

严格征占用林地管理。一是坚定不移的实施《兴隆县林地保护利用规划2011～2020年》，保障重点生态用地，留足发展用地，到2020年实现公益林地与商品林地比例为6：4，林地保有量为233563.5hm^2，占国土面积的比重为77.7%的发展目标。二是对全县林地进行系统评价定级，分级保护，严格按照保护等级控制林地使用。三是实施林地用途管制，严格控制林地转为建设用地，严格控制林地转为其他农用地，严禁擅自改变国家级公益林地的性质和随意调整面积、范围和保护等级，临时占用林地和灾毁林地必须恢复森林植被。

3. 严格执行省级下达我县森林采伐限额

“十二五”期间森林采伐限额，是各编限单位“十二五”期间每年采伐胸径5cm以上林木蓄积的最低限量。兴隆县严格按采伐限额控制的采伐量核发林木采伐许可证，严禁超限额核发林木采伐许可证。严格把握国家级公益林中的一级公益林禁止采伐，在使用采伐限额指标中严格把握：“人工林采伐可以占用同采伐类型的天然林采伐限额，商品林抚育采伐和其他采伐可以占用主伐限额，其他各分项限额严禁互相挪用、挤占”。

4. 县政府出台严格的森林资源消耗的限额措施

兴隆县政府，根据该县生态立县的发展规划，2014年出台了兴政［2014］2号文件，文件要求严格林木采伐和木材经营加工审批管理。全县范围内不批准连片采伐，只对商品林采伐（农民生产生活急需用材、河道清障、抢险救灾等林木采伐，刺槐薪炭林采伐和国有林场正常营林采伐）进行审批，采伐限额不超过省林业厅下达我县年度森林采伐限额总量的10%。严格按照“只减不增”的原则控制我县木材经营加工企业数量。

5. 建立保护区和森林公园

兴隆县积极发展林果产业的同时，非常重视保护区及森林公园建设，抓住国家重视生态建设的历史契机，积极争取森林公园和自然保护区建设，更加深入的开展森林资源管护和资源开发利用，截至目前，兴隆县已经建成六里坪国家级森林公园、雾灵山省级自然保护区和兴隆县六里坪省级猕猴自然保护区，全县林业生态产业体系日趋完备，生态环境明显改善。

（四）发展森林生态旅游业，展示生态魅力

林果产业的快速发展，在大幅增加农民收入的同时，也加快了森林生态旅游产业发展、促进了区域合作、推动了新农村建设，实现了生态、经济、社会效益共赢。兴隆县被誉为华北“热海”中的“凉岛”，风清气爽的“天然氧吧”，已建成各具特色的生态景区景点20余个，拥有燕山主峰雾灵山和六里坪两个国家级森林公园，其中雾灵山又是国家级自然保护区，六里坪省级猕猴自然保护区已经获得批准，全县具备对外开放能力景区达到10个，其中3A景区2个、2A景区1个，国家级地质公园1个，年均接待游客30万人次左右，实现旅游收入2亿元。六里坪国家级森林公园、雾灵山省级自然保护区、兴隆溶洞、红河漂流、恒河源漂流等景区景点，已经成为京津乃至华北地区休闲避暑、消夏旅游热点。兴隆是京津地区重要水源地，兴隆县以森林覆盖率达到65.76%，空气二级以上天数352天，负氧离子浓度超过8000个/cm^3，整个县城已形成“山环水绕，路畅城街，城在山中，林在城中”的生态风貌位列“2014中国最美县”第23位。

2014年年初，兴隆县委、县政府又深化了林果立县，提出了“生态立县”的发展战略，标志着兴隆县人民对森林生态资源保护管理水平又上一个台阶，兴隆县重视生态建设，着力打造“京畿胜境、山水兴隆”的发展理念才刚刚起步，也必将为兴隆县的发展迎来重要的历史机遇。

开拓进取　加大投入
推动平原林业持续发展

河北省无极县林业局　李勇志

生态就是生产力，生态就是民之福祉，搞好生态建设是实现可持续发展战略的必要保障和核心内容之一。森林作为陆地生态系统的主体，既具有降低和消除污染、美化和净化环境、调节和改善气候的生态功用，也具有提供生活生产资料、促进相关产业发展的经济和社会功用，是关乎社会生存和发展的重要战略资源。面对目前资源日趋紧张、环境污染严重、生态系统退化的严峻形势，作为林业系统的干部职工，应该立足当地实际，用好用足国家政策，充分调动社会各界营林造林积极性，加大林业投入，从而丰富和培养壮大、加强保护和合理利用林业资源，充分发挥其生态、社会、经济效益，这是不可推卸的责任。

无极县地处河北省中南部，属太行山东麓冲积平原地貌，生态基础薄弱，林业资源相对贫乏。近年来，无极县“林业人”紧紧抓住国家政策有利契机，搞活造林营林机制，丰富科学发展观念，走好了“科技兴林、加大投入、完善管护、合理利用”四步棋，推动全县林业产业持续发展。

一、发展现状

无极县地处华北平原，在河北省会石家庄东北约50km处，全县国土面积524km^2，折合约78万亩，总人口约48万人，耕地约50万亩，境内滹沱河、磁河、木刀沟三条主要水系，滩涂河流占地约10万亩，村镇、道路、工厂学校等占地约18万亩，是一个产粮为主的传统农业大县。由于农民长期以来只重视粮食生产，对林业资源未予应有重视和保护，反而过度采耗甚至破坏，致使生态系统退化严重，林业资源基础薄弱，到1998年，全县森林覆盖率只有2%左右，除少量果园外其他片林基本没有，农田林网基本是白点状态，村庄及境内国道省道两旁树木也非常少，由此开始注意发展林业并加强林业资源保护，尤其是2003年开始实施退耕还林工程，当年新栽林木面积达万亩以上，到2004年统计显示全县森林覆盖率约6%，经多年来的努力，全县森林覆盖率几乎以每年一个百分点的速度恢复增长，2014 年年底初步统计总覆盖率约达到 16.2%。其发展表现主要体现在以下五个方面：一是林业资源总量增长，片林总量达到 6 万亩以上，农田林网完整率达到 85% 以上，村庄、工厂学校等绿化覆盖率达到 30% 以上，国道省道堤坝绿化完整率达到 100%，人民群众纷纷反映：无极县绿起来了，美起来了，各种野鸡、灰喜鹊、麻雀、野兔也多起来了；二是林业品种结构优化，传统上以单一的苹果、梨为主的经济林已经改变，呈现出薄皮核桃、葡萄、枣、柿子等多品种齐发展的“百花齐放”局面，绿化品种也由单一的速生杨为主转变为多树种共发展；三是造林营林科技含量高，除采用新优品种苗木外，现代化的林业机械得到推广使用，卫星测量、电脑绘图、网络营销等先进手段广泛在生产经营领域采用，经济林效益更高，生态林绿化效果更加丰富多样；四是二三产业发展迅猛，苗圃、相关生产资料供应、林木产品加工、营运、销售等从业人数剧增；五是林业资源管护到位，管护制度和队伍得到健全发展。

二、主要做法

无极“林业人”多次邀请林业专家、高校教授等，在深入分析发展形势的基础上，针对无极县具体情况，研究林业发展规划，制定有力发展措施。无极“林业人”坚持在总的战略规划指导下，充分利用各种资源、区位、自然条件优势，深挖林业发展潜力。

1. 搞活机制，加大投入。林业生产具有周期长、前期投入大的特点，而我县财政底子薄，投入资金遇到了“瓶颈”。为突破这个困境，我们积极推行林权制度改革，“树未落地、先明权属”，实行“谁所有、谁管理、谁受益”，完善利益分成机制，充分调动社会各界营林造林积极性。在此基础上，我们积极争取国家和省市林业项目建设资金，连续实施了“退耕还林”、“三北防护林建设”，“国省道通道绿化”、“滹沱河绿化”等项目工程，十年来争引建设资金上千万元，县级财政近年来也每年也拿出百万元以上投入林业建设；鼓励租赁集体土地搞绿化，推行义务植树，调动各方面社会资源投入造林营林事业。

2. 科技兴林。我县不仅积极引进使用先进科技的物化载体—新优苗木品种，而且筛选推广适合我县实际情况的先进技术，包括矮密栽植、无公害防治等，绿化设计上也采取乔、灌、花齐上，形成丰富的绿色景观以满足群众精神生活需要；生产上采取集约化栽植，普遍推广现代化生产工具和手段，经营上充分推行产业化、市场化、网络营销等先进观念。

3. 合理有效利用林业资源。鼓励和支持林业二三产业发展，调优产业结构。苗圃、林业生产资料提供、劳务服务、综合服务、木材加工及营销等迅猛发展，林间养殖、林下种植、观光采摘等行业也小有规模。

4. 加强林业资源保护。推行依法治林，每个乡镇村都建立健全了护树公约，完善护林队伍并落实相关待遇；依法办理相关林权证、林业种苗生产经营许可、采伐证、运输证、林产品检验检疫和市场准入等，规范生产经营秩序，维护生产消费者权益；严厉打击破坏盗伐林木犯罪、打击无证经营等违法违规行为。

三、经验与不足

回顾无极县近年来林业发展过程，主要经验包括四个方面：一是制定林业发展规划既要考虑宏观形势发展趋向，又要结合当地具体的情况；二是加大科技投入，利用现代化生产资料、生产工具、生产形式、营销手段，推动林业发展，取得良好效果；三是要坚持依法治林，用法律为林业资源保护保驾护航；四是要生态效益、经济社会效益兼顾，一二三产业协调发展，才能走上持续前进的快车道。

反思无极县林业发展的过程与现状，仍有不足之处，主要表现在三个方面：一是对林业建设重要意义的宣传力度仍有不足，个别地方干部群众对林业资源重要性和综合效益认识不够，投身林业产业建设的主动性差、对林业资源保护的主动性差、对合理利用林业资源的效益性有所低估；二是目前无极林业的产业结构并非十分合理，二三产业、服务行业产值所占比重较小，综合效益没有得到最大化；三是个别地方仍存在林业资源保护的死角，没有从根本上完全杜绝破坏采耗行为。

四、思考与建议

今后我县林业发展，要继承以往先进经验，弥补不足之处，初步考虑以下内容：

1. 制定科学可行的林业长期发展战略规划。要根据国内外政治经济形势，根据现代科学发展趋势和水平，结合当地社会情况，兼顾生态、社会、经济利益，制定长期发展规划。比如平原县要注重避让“林粮争地”矛盾，在绿化造林区域分布上尽量利用滩涂堤坝、村落四旁、道路闲地等进行植树，做到见缝插针、随势见景。

2. 调整品种结构、产业结构。应该根据群众物质文化需要，不断引进新优品种，经济林、用材林、薪炭林、景观林等各种林分按需发展；林业二三产业、综合服务产业要加快加大发展步伐，延伸林业产业链，将林业打造成为带动我县国民经济发展的支柱产业、绿色产业、朝阳产业。

3. 要加强宣传，提高干部群众对林业综合效益的认识，提高干部群众主动投身林业、建设林业的积极性。要突出宣传林业在科学可持续发展中的重要位置，突出宣传林业的社会、经济、生态效益，突出宣传造林营林生产典型、致富典型。要采取灵活多样的、群众喜闻乐见的宣传形式，让全民办林业、全社会关注林业的观念深入人心。

4. 进一步加强林业资源保护。要加强林业法律法规的宣传，提高人们遵纪守法、保护林业资源的意识；要进一步完善护树公约等乡规民约，健全管护队伍，落实护林员待遇；要建立完善监督制度，使全社会形成保护林业光荣、毁树毁林可耻的观念；要严厉打击偷采滥伐、破坏走私、无照经营等违法违规行为，震慑犯罪分子，让法律为林业资源的发展壮大保驾护航。

总之，林业发展是生态建设的核心内容，是我们每一位“林业人”不可推卸的责任，我们一定要科学分析宏观发展形势，利用现代化生产经营手段和资料，立足于社情民情，充分利用各种资源，加大财务投入、科技投入，推动林业持续稳步发展，以满足人民不断增长的物质文化需要。

加强领导　多措并举
促进生态林业民生林业健康发展

内蒙古自治区敖汉旗林业局　侯悦龙

敖汉旗位于内蒙古自治区赤峰市东南部，地处科尔沁沙地南缘和燕山山脉向松辽平原过渡地带，总土地面积8300km^2，辖15个乡镇苏木、3个办事处，总人口60万。地貌类型多样，南部为浅山丘陵区，中部为黄土丘陵区，北部为浅沙坨沼区。气候类型属大陆性季风气候，雨热同季，年降雨量在310~460mm左右，1999年以来持续干旱，年降水量下降到300mm以下，蒸发量2000~2600mm，为降水量的6~8倍。水资源缺乏，境内主要河流有5条，多年平均径流32813万m^3，地下水总补给量26866万m^3，植物需水主要靠天然降水供给。

一、敖汉旗生态环境治理成效

据《明史》记载，敖汉曾是“沙柳浩瀚，柠条遍野，鹿鸣呦呦，黑林生风”的繁茂之地，到处是“天苍苍，野茫茫，风吹草低见牛羊”的自然美景。到了近代，由于人口的增长，人为滥垦滥牧等原因，敖汉开始出现沙化和水土流失现象，特别是在上世纪60年代，全旗生态环境进一步恶化，土地沙化、水土流失加剧，流动半流动沙地以每年7万亩的速度递增，每年有3万亩良田被洪水冲成河滩、大沟，到1975年，全旗沙化土地面积达259万亩，水土流失面积达到960万亩，分别占全旗总土地面积的20.8%和77.3%，沙进人退、沟壑纵横。当时人们这样描述敖汉旗恶劣的生态环境：“天降二指雨，沟起一丈洪”、“人迷眼，马失蹄，白天点灯不稀奇”。恶劣的生态环境不仅挤压了敖汉人民的生存空间，也严重影响着农牧业的发展。农业生产处于“种一坡，收一车，打一簸箕，煮一锅”的境况，牧业生产也陷入了“夏壮、秋肥、冬瘦、春死”的窘境。

面对恶劣的自然环境，从上个世纪70年代开始，敖汉旗坚持不懈植树造林。目前，全旗现有林面积达572万亩，森林覆被率达43.76%，是新中国成立初有林面积16万亩的35.7倍，是1978年124.4万亩的4.5倍。生态环境已由50、60年代的黄沙滚滚、荒山秃岭变为今天的绿洲片片、千峰叠翠，人民生产、生活条件也随之发生了根本性的变化。根据2009年全国第四次荒漠化和沙化监测结果显示，敖汉旗中北部沙区经过多年治理，流动沙地已由1975年的57万亩减少到5万亩，半流动沙地由171万亩减少到8万亩，基本上形成带网片、乔灌草相结合的防护林体系，有150万亩农田、150万亩草牧场实现了林网化。全旗控制水土流失面积635万亩，基本实现了水不下山、土不出川，使100万亩农田得到保护。区域小气候有了明显改善，上世纪90年代与六七十年代相比全旗年均降水量增加30.5mm，无霜期延长2天，平均风速降低1.65m/s。农业生产从1991年开始，连续八年获得大丰收，成为全区产粮大县。畜牧业也发展迅速迅猛，成为“全国畜产品生产先进县”。2013年，敖汉旗粮食产量26.8斤亿，大小畜存栏270万只，农牧民人均纯收入7661元。同2000年相比，粮食产量增加20.9亿斤，大小畜存栏增加211万头只，农牧民人均纯收增加6879元。

由于敖汉旗生态建设成就显著，国家有关部委先后授予敖汉旗“全国治沙先进单位”、“全国造林绿化先进单位”和“国家级生态建设示范区”等十几项荣誉称号，2002年联合国环境规划署授予敖汉旗“全球500佳”环境奖，2003年全国绿委会、国家林业局单独授予敖汉旗“再造秀美山川先进旗”称号，2013年，国家人力资源和社会保障部、国家林业局授予敖汉旗林业局“全国林业系统先进集体”荣誉称号。林业已成为敖汉旗对外交往的一张名片。

二、主要措施

敖汉旗之所以能在干旱半干旱地区创造绿色奇迹，关键是坚持做到了以下几点。

（一）坚持加强领导，弘扬接力赛精神

多年来，敖汉旗历任领导班子，都把植树造林、治理土地沙化和水土流失作为改善生态、改善民生的基础工程、战略工程、造福工程来抓。从1979年开始，旗委、旗政府先后四次做出关于大力植树种草和治沙治山的决定，对每一发展阶段都进行了精心规划。在工作中，始终坚持党政一把手亲自抓，分管领导具体抓，几大班子共同抓，坚持一任接着一任干，一张蓝图绘到底的接力赛精神，换人不换目标，换届不换蓝图。20世纪80年代初以来，敖汉旗委换了八任书记，政府换了八任旗长，生态建设不仅从未间断，而且形成了一任比一任建设得多、建设得好的势头。在干部使用方面，实行生态建设

一票否决制度，几年来，有10多个乡镇因生态建设滞后被一票否决；有近百名在生态建设中做出突出成就的干部先后被提拔任用。正是在历任领导的带领下，在历届政府的推动下，敖汉旗形成了植绿、爱绿、护绿良好氛围，为林业生态建设奠定了社会基础。

（二）坚持政策吸引，强化利益驱动

敖汉旗长期坚持“谁造谁有，一次到户，过期不补，长期不变，限期治理，允许继承和转让”的优惠政策，用政策调动群众积极整地、造林，有力促进了非公有制林业发展。在种苗供应上，最初由财政无偿为群众供苗，1985年后实行半价供苗和以奖代补政策。在幼林期实行以耕代抚，不仅节约了抚育成本、促进了林木生长，而且增加了农牧民收入。进入20世纪90年代以后，采用家庭承包、联户承包、集体开发、租赁、股份合作、拍卖使用权和无偿划拨等多种形式治山治沙，利益机制得到充分体现，群众积极性空前高涨。随着国家对生态建设投资的加大，敖汉旗又把足额兑现国家政策充实到政策体系中，实现了“国家要绿”和“群众要利”的有机统一。《中共中央国务院关于全面推进集体林权制度改革的意见》出台后，敖汉旗采取“一分、二包、三租、四卖”的方式，将全旗503万亩集体林地承包到户、确权发证，50多万农牧民获得了林地经营自主权，极大地激发了群众造林绿化的积极性和创造性。在推进低产低效林改造过程中，敖汉旗通过取消商品林采伐年龄限制、减免枯死树清理育林基金、信誉担保免交更新保证金、优先安排建设项目等一系列政策措施，引导农牧民营造樟子松混交林和经济林，改善林分质量提高综合效益。

（三）坚持政府主导，推进规模治理

20世纪60、70年代，敖汉旗生态环境恶化到极点，单纯靠群众单打独斗已无法改造恶劣环境。敖汉旗委、政府充分发挥职能作用，带领全旗广大干部群众，开展了大规模的以植树种草为中心的旨在改善生态环境和生存、生产、生活条件的生态建设大决战。从20世纪80年代起，敖汉旗采取大兵团集中攻坚的办法，每年确定三至五个乡为会战重点，集中联片治理。如：针对农田牧场沙化退化，集中连片地建设了农牧场防护兼用林，使100万亩农田、150万亩草牧场实现了林网化，全国最大的草牧场防护林－－－黄羊洼草牧场防护林就是其中的典型代表之一；90年代中后期，面对远山、石质山、大沙等治理难度大的流域，敖汉旗又采取了联乡联村会战的办法，几万人甚至十几万人集中在一个大的流域会战，各乡镇在特定的行政区域内，推磨转圈，轮流治理，以工换工，齐工找价，大体平衡。六道岭的精神、大青山的气魄，就是这一时期林业生态建设的代表；进入新世纪以来，敖汉旗通过项目投入、政府补贴、信贷支持、企业群众自筹的多元化投入机制，实施了沟道治理工程、经济林工程和樟子松基地建设工程，拓展了林业建设空间，改善了林分质量，提高了经济效益。目前，完成沟道治理10万亩，建设经济林地基86万亩，建设樟子松基地20万亩。

（四）坚持创新机制，激发群众建设热情

20世纪80、90年代，敖汉旗采取大兵团集中攻坚和联乡联村会战的办法，战胜了远山、石质山、大沙等治理难度大的区域，推进了全旗绿化进程。进入新世纪以来，国家启动实施京津风沙源治理工程、退耕还林工程等一系列林业重点工程，敖汉旗充分发挥市场的资源配置作用，采取了合同制、招投标、先造后补等造林新机制，进一步提高了生态建设质量。招投标造林，就是对封山育林、灌木造林等集中连片、不易分散治理的造林地，在国家投资标准能够满足建设需要的基础上，通过公开招标的方式，将造林任务整体承包给有资质的专业造林组织进行统一实施，有效降低了成本，提高了造林质量。合同制造林，指国家投资标准不能满足造林需要或不具备招投标条件的造林项目，通过签订造林合同的形式，将造林任务落实给造林主体，经验收合格，凭验收合格证兑现造林补助。合同制造林有效缓解了国家项目资金投入不足的问题。“先造后补”造林，是指当年国家下达工程任务满足不了当年造林需要时，造林主体可以先行造林，3年内向旗林业部门提出补助申请，经验收符合造林项目标准，列入国家林业项目，发放验收合格证，兑现造林补助。“先造后补”造林解决了国家林业项目任务不足，影响造林积极性的问题。

（五）坚持生态民生并重，促进林业可持续发展

生态和民生是林业的一体两翼。1996年以前，为治理沙化和水土流失，敖汉旗坚持带网片、草灌乔相结合，大面积营造生态林，林业建设以改善生态环境为主。随着全旗防护林体系的初步建立，群众的生态需求得到基本满足，敖汉旗委、旗政府又开始加快民生林业建设，提高杨树防护兼用林、山杏经济林、沙棘经济林、灌木饲料林在生态建设中的比重，为林业产业开发奠定了基础。2010年，旗委、旗政府提出生态建设由生态效益主导型向生态效益经济效益并重型转变的发展思路，推进高效节水经济林建设。同时依托国家重点林业工程，加快林业产业基地建设，着力培育经济林、林产品加工业、林下经济、绿化种苗、森林旅游五大林业主导产业，带动了群众增收。2013年，全旗林业产值达5.3亿元，农牧民人均来自林业收入达950元。

（六）坚持科技兴林，提高建设质量

敖汉林业的快速发展，离不开科技的有力支撑。三北防护林工程实施中，敖汉旗发明、应用了开沟犁造林技术，使造林成活率提高到85%以上，比传统方法提高30%，大大加快了全旗造林绿化进程。在这一发明的启发下，敖汉旗提出了“不整地、不造林”的技术措施，形成了深沟大坑整地、良种壮苗、苗木保湿、浸苗补水、适当深栽、扩坑填湿土、分层踩实、培抗旱堆等八个以开源节水为中心的抗旱造林系列技术，为全旗林业快速发展提供了技术保证。从“九五”后期开始，敖汉旗又采取客湿土、洇湿土、营养袋、覆膜、坐水栽植、混交等造林新技术，大力推广应用ABT生根粉、根宝Ⅱ号、保水剂等植物生长调节剂，引进和推广黄柳网格沙障技术，使流动、半流动沙地一次性得到治理。敖汉旗始终把林业科技攻关放在科技兴林的突出位置，10项林业科研成果获得省部级以上奖励，其中1项获得国家科技进步三等奖。

（七）坚持严格管理，巩固绿化成果

敖汉旗坚持严格种苗管理，引进优良林木品种，应用育苗新技术，提高了苗木质量。同时严格执行项目造林用苗政府采购制度和“两证一签”制度，项目造林一级苗率达到95%以上。严格林业队伍管理，每年林业技术人员都深入到各乡镇、林场造林一线进行技术指导，重点工程实行技术责任人制度，确保生态建设质量。严格森林资源管理，认真贯彻《防沙治沙法》、《森林法》、《野生动物保护法》、《森林防火条例》等法律法规，成立了森林公安、资源林政等林业执法机构，坚持用法律手段，保护生态建设成果。2003年，旗委、旗政府出台了《关于加强生态保护工作的决定》，从2004年起，所有草食家畜实行全年全境舍饲禁牧，进一步加大了森林资源的保护力度。几十年来，没有发生重大毁林毁草案件。

管好用好国有森林资源
加强林木资源保护

内蒙古自治区扎兰屯市林业局　杨祥昆

扎兰屯市地处内蒙古自治区东部、呼伦贝尔市南部，大兴安岭向松嫩平原过渡地带。全市总面积169万 hm^2，总人口43万，森林面积119万 hm^2，森林覆盖率达70.04%，湿地面积达4.85万 hm^2，林业资源富集，是创建国家级森林城市的先进城市，与全区县域林业比较，扎兰屯市森林资源相对较多，林业地位高，是名副其实的“林业大市”。

扎兰屯市林业局有8个国有林场，7个事业单位、13个乡镇林业工作站，全局干部职工1853人，林业人口4800人。施业区经营面积86.8万 hm^2，其中，林业用地58.01万 hm^2，非林业用地面积为28.79万 hm^2。在林业用地中，有林地48.07万 hm^2，森林覆盖率55.38%，林地保有量高达66.83%，全市活立木总蓄积量2180.11万 m^3，已成为全市生态功能最完善、森林资源最丰富、森林景观最优美、生物多样性最富集的区域，是全市巨大的公共产品和宝贵生态财富。

但由于体制和机制原因及历史遗留问题，在森林资源管理中仍存在着诸多不容忽视的问题。长期以来受传统观念影响，森林资源处于一种无序使用、管理失控状态，散放牲畜屡禁不止，非法开垦、乱砍盗伐现象时有发生，给森林资源造成严重损失。为了全面管护、合理利用森林资源，扎兰屯市林业局积极探索，创新举措，加强国有林场森林资源管理，确保森林资源稳定增长，发挥效益，探索了一条有效的管理模式，积累了一些经验，取得了一定成效，适合在全国范围内进行推广。

一、明晰产权，责任到人，利益共享

扎兰屯市国有次生林在全市生态建设中占有很大比重，在保护嫩江流域生态屏障安全中发挥着重要作用。过去由于农林交错、农牧混杂，当地农牧民从事农牧业生产对植被破坏比较严重，林地被逐步蚕食，森林火灾频发，病虫害肆虐，出现了人进林退的局面。为了保护好国有林场森林资源，扎兰屯市在全国没有先例的情况下，率先创新国有林地经营管理模式，从2001年开始，对浅山区部分农林交错次生林实行公开竞价发包，归户管理，林地归国有、经营用途不变，林木经营权、造林和管护、林产品采集收入归承包者，实现责、权、利相统一的管理模式。在实施过程中，坚持国家、林业、林户三者利益兼顾，生态、社会、经济效益有机结合，森林分类经营和科学规划管理相统一，以及“谁管护、谁受益”和林间空地、宜林地“谁造谁有”的原则，将林地承包者的森林保护责任、林业产业开发及林产品经济效益挂钩，最大限度的调动林农的生产积极性，改革了浅山区森林管护体制，带动了林下产业发展，促进了林木的生长。从2001年至今，扎兰屯市累计作价归户管护次生林70万亩，生态环境得到了明显改善，森林火灾及盗伐、滥伐林木案件显著下降。森林资源管护实现了由过去的有付出、无回报转向现在的少付出、多回报，实现林有其主、主有其责，国有森林资源的生态、社会和经济效益十分显著。

二、科学规划，合理利用，发挥效益

聘请自治区第二林业勘察规划院对我市森林资源编制了《扎兰屯市林地保护利用规划（2010～2020）》、《扎兰屯市森林资源经营实施方案》、《扎兰屯市森林资源专业调查》等专业性规划及方案。我市按照规划和方案的设计要求，全面付诸实施，加大林地保护宣传力度，提高全民保护和管理林地意识，全面树立林地就是“铁地”意识，行政一把手就是林地管理的第一负责人，主管领导就是林地管理的直接责任人，严格执行林地保护利用规划和森林资源二类调查所确定的林地红线。建立国家所有、分级管理、林场保护与经营的权责利相统一，管资产和管人、管事相结合的森林资源管理体制，实施以森林经营方案为核心的国有林场森林资源经营管理制度，使国有森林资源得到最大限度的保护与利用，其社会效益、经济效益和生态效益明显提升。建立和完善湿地保护管理体系，规划了占地5882hm^{2}的秀水湿地公园，目前正在积极申报国家级湿地公园建设项目，加强湿地保护和恢复工程建设，形成森林和湿地良性互动的生态系统；加强生物多样性保护工作，重点抓好珍稀、濒危野生动植物的保护；加快国有林场荒山荒地造林绿化步伐，鼓励和支持国有林场利用自身优势造林绿化，与集体和林农开展多种形式的合作造林，做大国有森林资源规模，带动地方林业发展。

随着大小兴安岭生态保护与经济转型规划的实施，扎兰屯市天然林全面禁伐，林业经济由木材经济转向非林非木林下资源经济，全力开展生态林业和民生林业建设，积极实施林业生态与产业互动发展战略，使资源变资产，既保护了森林资源，又增加了经济收入，林业产业呈现出蓬勃发展的可喜局面，实现了从伐木为主到生态立业的华丽转身。

在林下资源产业发展中，扎兰屯市林业局积极培育了榛子、沙果、林下经济、林区农业、林区牧业和森林旅游“六大产业”发展，走出了一条颇具特色的新型林业生态产业之路。通过实施归户管护，承包户加强管理、提升管护力度，有计划发展林下产业，使林产品的采集加工形成了一个绿色产业链，特别是榛子，成熟后采摘，严禁“捋青”，保证了品质，提高了价格。全市榛林面积达100万亩，其中归户管护面积40万亩；大力发展沙果产业，将宜林荒山荒地无偿划给农民栽种果树，全市沙果经济林达到10万亩；发展了黑木耳100万袋，规划出山产品采集基地100万亩，林药间作产业基地面积3万亩，森林猪、森林鸡、湿地鹅、林蛙、狍子、鹿等各类林下养殖达到10万头（只）；利用林间防火隔离带开发林间耕地资源，发展林区农业产业。对国有林场宜林地草场资源，科学合理使用，杜绝超载放牧，明确产权，实行市场资源配置，明确收费标准，实行有偿使用，变资源为资产；开发了四条林场游线路，三处旅游驿站，林场游基础设施建设和景点正在有序开发。

三、积极实施公益林管护和森林抚育工程

扎兰屯市林业局所属的林业用地870.16万亩，列入中央财政森林生态效益补偿范围的国家级公益林面积217.26万亩，占林业用地的24.97%，设立公益林管护站40个，现有管护人员938人。经过几年的有效管护，扎兰屯市公益林管护工作取得了可喜成果，已纳入生态公益林补偿范围内的区域，森林资源安全，生态植被保护完好，人与自然和谐共存，浅山区植被破坏较为严重的趋势得到有效遏制，生态恢复效果明显。由于公益林得到有效保护和生态建设的不断推进，10年间，扎兰屯市林业局施业区内有林地面积增加30多万亩，疏林地减少10万亩，森林郁闭度从0.2升至0.8，活立木蓄积量增加了793.95万m^3。

由于扎兰屯市没有天保工程，得不到相关政策支持，在未实施森林生态效益补偿的林业用地范围内，由于没有补偿资金支持，森林资源不能有效保护，林业生产不能正常开展，影响了林业建设与发展，建议上级对天保区和公益林区应同等对待。

扎兰屯市林业局施业区内有林地面积达720多万亩，按现有的树种质量区分，资源好的部分有500多万亩，质量较差的有200多万亩，林分质量不

一。为了提高林分质量，改善林分结构，扎兰屯市林业局通过积极争取，实施了森林抚育工程项目。但按照上级抚育规程要求，只是对中幼林进行修枝打杈，清除藤条灌木、病腐木等常规抚育方式，且每年上级下拨的抚育任务面积较少，仅在3万亩左右，森林资源效益发挥不明显。建议要改变森林抚育的做法，增加森林抚育面积，每年保证在10万亩左右，同时把不成林的树木去掉，栽植效益高的树种，在改善林分结构的同时，增加森林资源效益。

四、依法管理，强化队伍建设

扎兰屯市紧紧围绕“生态立市”的目标，以资源管理为核心，以资源利用为重点，以严格执法为保障，立足永胜实际，强化林业执法队伍建设，认真履行资源管理职责。一是加强林业执法队伍的思想作风和业务素质建设，增强林业执法人员依法办事能力，依法对森林资源的培育、利用和保护实施管理与监督。二是加强制度建设，用制度规范执法行为，保障林政案件得到及时查处。三是加强林政管理基础设施建设。结合当前森林资源保护的形势，不断强化基础设施建设，提升依法管理水平。四是加大对资源林政管理工作的投入，特别是在专项行动的开展、法律法规的宣传、公益林管理、办公设备、基础设施建设等方面，保证经费足额投入，确保资源林政管理各项工作的顺利开展。在开展清理整顿破坏与侵占国有林区林地专项行动期间，制定实施方案，加强组织领导，加大宣传力度，落实工作责任，细化工作措施，实行有奖举报制度，全面展开严打攻势，有效遏制了破坏森林资源的违法势头，确保了森林资源安全。

推动林业发展　建设生态文明
谱写绿色江苏建设六合篇章

江苏省南京市六合区农业局　詹顺龙　桑晓峰

六合区是江苏南京的“江北门户”，总面积1485.8km²，下辖11个街道、1个镇、1个省级经济开发区，常住人口92万人。东邻仪征市，南靠长江，西临安徽省来安县，北接天长市。是茉莉花的源头，雨花石的故乡，享有中国“民歌之乡、美食之乡、观赏石之乡、民间绘画之乡”的美誉。自2003年省委、省政府发出“绿色江苏”建设号召以来，我区大力实施“绿色六合”工程，加快推进生态文明建设，森林资源总量和质量显著提高，生态环境明显改善，林农收入逐年增加。2013年，我区被省绿化委授予“2003年至2012年绿色江苏建设突出贡献奖”。

一、“绿色江苏”十年来取得的成果

（一）突出资源增长，城乡绿化成效明显

2013年年底，全区林木覆盖面积51.88万亩，十年来农村成片造林增长近30万亩，列南京市前列，新增造林总量超历史森林资源总和，林木覆盖率达24.42%。城市建成区面积19.48km²，各类公共绿地178.97hm²，城市绿化覆盖率42.78%。近年来，我区建设了环龙池湖风光带、滁河风光带、新城道路、凤凰山公园、龙池立交等一批标志性城市景观重点项目，新增城市绿化面积72万m²。

绿色通道格局初现。建设雍六高速、宁连公路、宁淮高速、金江公路、西部干线、东北部干线、沿江高等级公路、江北大道、四桥—绕越等绿色通道，造林总面积3.8万亩。

防护林面积不断扩大。完善区域生态防护网络，重点打造大厂和南京化工园生态防护林，完成造林2.1万亩。2014年化工园又新建防护林2000多亩。对全区沿长江、滁河及主要支流的河堤平台、滩涂进行了全面绿化，完成防护林1.83万亩。

村庄绿化成效显著。从2007年开展村庄绿化以来，全区共绿化村庄675

个，植树500多万株，打造了竹镇大泉村、金磁社区，马鞍黄岗村、郭营村，雄州钱仓村等一批村庄绿化典型。

（二）突出产业发展，林农收益逐年增加

到2013年年末，全区经济林果和花卉苗木总面积约13万亩，形成了一批新的茶、果、花木规模特色基地。其中茶叶面积1.5万亩，果树面积5万多亩，花卉苗木面积约6.5万亩。南京经纬万亩苗木基地、舞彩生态乐园、江苏枫彩、南京种德、江顺园艺等千亩苗木企业落户我区。南京金万方万亩桃园，康宁公司、金色赢洲、大展公司等千亩冬枣、葡萄、黄玉梨已进入盛产期。我区华平牌和极目牌雨花茶在省市茶叶评比中屡次获得金奖。福朝葡萄、金山葡萄、驼子山桃子在省市园艺产品评比中多次获奖。南京金万方公司和平山林场被省林业局认定为首批省级林业产业龙头企业。林业产业的发展壮大为带动农民增收做出了积极贡献。

（三）突出资源保护，生态效益得以彰显

公益林得到有效保护。全区现有公益林面积8.56万亩，涉及11个街镇、7家林场，其中省级公益林4.93万亩，市级公益林3.63万亩。省市投入的专项资金主要用于公益林营造、抚育、保护和管理等。

防火体系逐步完善。建设平山和竹镇北部山区森林消防专业队，平山、竹镇林场森林防火远程监控系统已投入使用。全区建成防火通道169.42km，防火蓄水池17个，配备进口风力灭火机105台、常年储备灭火弹2000枚。全区有专职护林人员371人，区、街镇（林场）、村三级护林防火体系初步形成。全区近20年没有发生大的森林火灾，有效的保护了森林资源。我区平山森林消防专业队，在去年全市第五届森林消防技能比赛中荣获一等奖，2014年获二等奖。

森林质量不断提高。近年来，对灵岩山、平山等国有林场森林进行了抚育，森林自我调节能力增强，森林的自然度和健康度大幅提升。

病虫害防治能力加强。2011年成立六合区森林病虫专业防治队，在重点街镇和平山林场建立森林病虫害测报点。强化松材线虫病防治工作，加大病死木清理力度，严格疫木管理。全面加强杨树病虫害防治工作，严格进行产地检疫和木材运输管理。

林政执法力度加大。近年来，我局加大对违法占用林地、乱砍滥伐林木案件的处理力度，严厉打击破坏鸟类等野生动物资源的违法犯罪行为，巩固了“绿色六合”建设成果。

（四）突出提档升级，森林旅游快速发展

我区已建成石柱林国家地质公园，冶山国家矿山公园，平山、方山、金牛山三个省级森林公园，龙袍兴隆洲万亩市级湿地公园，竹镇龙泉、灵岩山两个市级森林公园等森林旅游景点。完成了平山、灵岩山森林公园总体规划编制和论证工作。龙袍兴隆洲正在申报省级湿地公园，竹镇林场正申报止马岭省级森林公园。金牛湖作为青奥会帆船比赛基地，正着力打造“世界湖泊帆船之都”。竹镇镇依托丰富独特的生态和文化资源，建设南京北翼的“最美乡村”，打造生态休闲旅游度假区。

通过对森林公园提档升级和村庄绿化建设，乡村环境得到了美化、绿化、亮化，派生了一批省级森林生态村、省市级村庄绿化示范村，形成休闲农业景点 80 个。每年举办平山茶叶节和竹镇鲜果采摘节，2013 年我区接待农业休闲旅游人数达 180 万人次，旅游收入 8 亿元。

（五）突出改革创新，林业效益不断凸显

根据中央、省市有关要求，我区把集体林权制度改革作为促进现代林业发展，加快林农致富，建设生态六合的重要举措。完成省林改办下达我区集体林权制度改革任务 29. 84 万亩。通过集体林权制度改革，结合深入开展丘陵山区综合开发，全区吸引“三资”林业企业 200 多家，投资总额 20 多亿元，既带动了农民增收，又有效地改善了生态环境。

（六）突出创建引领，实现创森城乡一体

圆满完成市下达的创建国家森林城市的各项目标任务。2013 年元月 10 日国家林业局创森验收工作小组成员观摩了竹镇万亩桃园、万亩苗木基地、李元龙纪念林义务植树基地、大泉村梅云组村庄绿化、滁河风光带二期、龙池湖湿地绿化等现场。验收组认为：六合 10 年来造林近 30 万亩来之不易，是省市林业部门关心支持，区委、区政府高度重视，农林部门和街镇共同努力的结果。六合的创建森林城市工作已向更高、更深层次推进，从山上到山下，从城里到乡村，做的比较好。竹镇镇发展经济林果带动农民增收，成效显著，值得推广。

回顾总结“绿色江苏”建设十年以来，我区林业工作虽然取得了长足的发展，但也存在着一些不容忽视的问题：

一是林分结构不合理。我区主要的造林树种为香樟、女贞、广玉兰，种类不丰富，需要加大乡土树种的培育力度。防护林树种单一，多为杨树，且分布不均。

二是林业人才匮缺。我区林业人才资源总量少，缺乏管理、技术类人才，加上林业科技水平有限，制约了六合林业一产的大力发展和三产的快速提升。

二、今后五至十年林业工作打算

（一）总体目标

到 2015 年，全区林木覆盖率达到 25.5%；活立木蓄积达到 84 万 m^3。到 2020 年，全区新增造林面积达到 7.5 万亩，林木覆盖率达到 27%，活立木蓄积达到 92.20 万 m^3。构建完善的林业生态安全体系、发达的林业产业体系和繁荣的林业文化体系，打造现代化的林业科技支撑体系、林业网络数字化管理监测体系，推动我区林业的可持续发展，书写绿色江苏的六合篇章。

（二）总体布局

依据我区《现代林业发展规划》，今后一段时期，我区林业发展着重围绕构建“两廊道四环、七区十二通道、四板块两基地一中心、多核心”的空间布局。

两廊道四环：“两廊道”指以沿滁河、长江为主的沿江防护林建设；“四环”指环金牛湖、环大泉湖水源涵养林的建设，环金牛湖、环石柱林地质环境治理工程。

七区十二通道：“七区”指化工园防护林区、湿地生态保育区、湿地水源保护区、湿地廊道控制区、湿地可持续利用区、中西北部经济林产业区和东南部经济林产业区；“十二通道”指以雍六、宁淮、四桥－绕越等十条绿色通道和区内西部、东部干线两条生态旅游通道的提档升级。

四板块两基地一中心：“四板块”指彩叶观赏苗木、绿化造林苗木、专类园花木和造型苗木基地板块；“两基地”指经济林果和农林复合经营示范基地；“一中心”指花木产业交易中心。

多核心：以呈点状分布的森林城镇、国有林场、绿色村庄等为核心，向四周辐射，构建完整、有效的防护林体系。

（三）工作举措

按照党的十八大加强生态文明建设的要求，今后五年，我区林业发展以加强生态保护修复，坚持不懈的开展植树造林，加强江河湖泊水网、自然湿地生物多样性保护，维护生态平衡稳定，满足居民对生态文明的需求。为实现上述目标，我们将立足长远目标，坚持“五措并举”，实现六合林业的跨越争先。

1. 坚持以规划引领发展。按照《六合区现代林业发展规划（2012～2020）》和《六合区林地保护利用规划（2010～2020）》，高起点、高标准、高水平的推进我区现代林业的发展。通过实施两个“规划”，到 2020 年全区森林保有量将达到 2.01 万 hm^2，林地保有量达到 2.42 万 hm^2，不断推进林地资源的依法保护、合理配置和集约利用。

2. 坚持以建设推动发展。一是加快森林公园建设。全面提升金牛湖发展水平、整体形象和竞争实力，努力创建国家AAAA级旅游景区，使之成为在南京地区较有影响力、有显著特色的旅游度假区；着力打造平山森林公园，大幅提升该区域景观绿化环境。在平山林场建设林业科研基地，作为现代林业人才培训、科研教学、实验科普基地。二是加快防护林建设。重点建设滁河防护隔离带、环金牛湖水源涵养林、南京化工园区防护林。三是林业有害生物防治体系建设。争取到2015年我区森林病虫害发生面积下降5%～10%，病死株数减少10%；初步建成有害生物预测预报网络体系，完成林业有害生物预测预报防控中心建设。四是建立森林防火指挥中心。到2015年前，在平山林场建成复合型森林防火指挥中心，使全区森林火险预警监测体系，林火监测能力和水平得到进一步提高，瞭望覆盖率达到95%。新建远程视频监控系统3～5套、森林火险预警系统1～2套。五是扩大经济林面积。按照“1115”工程，我区要发展经济林果到16万亩，其中茶叶3万亩、果树6万亩，苗木7万亩。六是大力开展森林旅游。利用森林公园和旅游景点，举办茶叶节、采摘节吸引游客，逐步提高林业收益。

3. 坚持以保护促进发展。牢固树立“依法治林”的理念，把生态文明建设摆在现代化建设的突出位置。认真贯彻“严管林”和严守生态底线的要求，切实把森林资源管好。一要狠抓限额管理，把限额采伐管理当做森林保护工程的头等重要工作来抓；二要切实强化林地保护管理，坚决查处林地非法流失和林地逆转；三要加强林权管理，做好林权证的发放与管理工作；四是要狠抓森林防火工作，坚持“预防为主，积极消灭”的方针，认真落实以火源管理为中心的预防措施；五是抓好森林病虫害防治，着重抓好松材线虫病和杨树食叶害虫的防治。

4. 坚持以考核保障发展。为了实现林业得发展、环境得保护、农民得实惠，需要加大对绿化造林、森林资源保护责任制的考核力度。区政府每年将绿化造林指标、森林资源保护纳入全区国民经济社会发展目标统一考核。逐年分解下达，并实行造林质量、进度定期督查通报制度，保证各项工作措施落到实处。

5. 坚持以人才提速发展。加快吸纳林业人才，引进急需人才、培养未来人才，不断创新人才使用和培养机制，创造宽松的干事创业环境。培养和造就一支与林业快速发展相适应的高素质林业人才队伍，使人力资源支撑现代林业又好又快的发展，为“绿色江苏”建设作出新的贡献。

实施森林增长工程
扎实推进森林增长工作

安徽省马鞍山市博望区农委　刘炳华

2013 年，省千万亩森林增长工程实施以来，我区紧紧围绕年度目标任务，扎实推进森林增长工作。在区、镇两级政府的大力引导下，积极谋求市场化运作模式，共有 15 家企业和大户参与森林增长工程建设。共投入资金 6000 多万元，超额完成全年目标任务，造林工作取得阶段性成果。

一、2013 年森林增长工作完成情况

我区 2013 年森林增长计划任务 11459 亩，通过省级审核验收，实际完成造林 11672 亩，占计划任务的 101.8%；完成新 314 省道 13.2km 两侧各 50m 宽的森林长廊和 8 个森林村庄的创建目标；完成新市镇森林城镇规划任务。重点采取以下措施：一是前期高度重视、制订方案、落实任务。成立以区政府主要领导为组长，区相关部门主要负责同志为成员的博望区千万亩森林增长绿化家园工程领导小组，统一组织领导全区森林增长工程的推进工作。制定了《博望区关于贯彻落实省千万亩森林增长工程强力推进全民植树美化家园实施方案》和《安徽省千万亩森林增长工程绿化家园林地整地“百日会战”活动方案》，出台了《博望区千万亩森林增长工程土地流转实施意见》，为全区森林增长工程提供强有力的组织和政策保障。二是中期扎实推进、技术服务、抗旱保苗。以“一园（农业示范园）、二路（314 省道、澄釜路）、三圩（八卦圩、军民圩、新博圩）”建设为主体，区农委林业专业技术人员深入三镇及横山林场实地摸排，按照适地适树的原则指导造林，并规划上图。积极应对 2014 年高温干旱天气，林业技术人员冒着高温酷暑，深入造林山头、岗地、农田，指导农户、造林大户和苗木企业及时采取有效措施抗旱保苗，最大限度降低旱灾损失。三是后期加强抚育、管护到位、多措补救。按照抚育管理的要求，对新造林地块进行全面锄草、培土，做到除净、除光、不留杂。为弥补因持续高温干旱对新造林成活率造成的较大影响，有效提升苗木保存率，在指导做好抗旱保苗的同时，积极鼓励企业和大户采取有效措

施进行补救，对成活率达不到要求的小班全面进行了补植、补造。

二、2014年森林增长工作部署安排

2014年我区森林增长规划任务13365亩。2013年11月1日，召开2014年度森林增长工作动员会议，早安排、早部署，将年度任务分解落实到各造林责任单位，提出了目标任务，明确了工作要求。2014年，我们将克服造林空间有限、造林资金短缺等一切不利因素，在2013年建设“一园、两路、三圩”的基础上，以“三项创建”为抓手，重点做好“园、果、林、山”四篇文章，扎实推进森林增长工程建设，确保完成或超额完成各项目标任务。

（一）推进“三项创建”，为森林增长提供有力抓手

全力推进森林城镇、森林村庄、森林长廊创建工作，以“三项创建”为抓手，新增森林面积3000亩。一是组织开展丹阳镇省级森林城镇创建工作，完成规划设计，启动工程建设，加快城镇绿化；二是给合“美好乡村”建设工作，充分利用各种空闲地大力营造“五林四园”，搞好5个村的森林村庄建设；三是继续开展森林长廊创建工作，以314省道、常合高速两侧森林长廊建设为重点，努力通过市场化运作引进造林大户、林业加工企业建设两侧不低于50m宽的森林长廊12km。

（二）做好“四篇文章”，为森林增长提供坚实载体

以发展“园、果、林、山”为载体，全面推进森林增长工作，新增森林面积15000亩。一是大力发展特色园区。以博望现代农业示范区为平台，大力发展樱花园、玫瑰园、牡丹园等特色园区（目前，已有海洋、博龙两家企业落户园区，2014年计划建园2000亩）。同时，加快新市镇众志亚热带植物观光园一期工程建设，完成1500亩各类特色园及亚热带植物种植。预计共新增森林面积3000亩。二是大力发展果品经济。着力调整林业产业结构，重点推进笋用雷竹种植示范基地项目建设。目前，已与浙江省菜篮子集团公司达成意向协议，在丹阳镇百峰村、团结村、山河村共建设笋用雷竹种植示范基地5000亩（新增森林面积约4000亩）；在丹阳镇丹东村、山河村，新市镇新禄村，博望镇山宁村建设果品基地林2000亩，大力推广桃、枣、梨、葡萄、猕猴桃等果树品种种植。预计共新增森林面积6000亩。三是大力发展林苗两用林。依托金弹子、鹤飞、鑫都等苗木企业为龙头，全力做好林苗两用林栽植示范推广工作，扶持种植林苗两用林3000亩。以国有林改造为契机，对横山林场约1000亩宜林荒山、灌木林地进行改造。预计共新增森林面积4000亩。四是大力开展矿山植被恢复。整合全区工矿废弃地资源，以土地复垦为

契机，多方融资，引入社会资本投入，将宜林塘口、工矿废弃地进行植被恢复。预计新增森林面积2000亩。

（三）落实“四项工作”，为森林增长提供有效保障

认真做好相关基础性工作，保证森林增长工作扎实开展。一是落实宜林地块摸底工作。由区农委牵头，组织三镇、横山林场林业、国土等相关技术人员，立即行动，全面开展宜林地块的摸底调查，尽快摸清家底，落实造林地块，将可供造林地块小班、统计面积等登记上图。二是落实整地“百日会战”工作。要求各造林责任单位加快整地进度，认真组织开展造林整地“百日会战”活动，为造林做好充分准备。对“常合高速”森林长廊重点工程两侧土地，相关责任单位要立即启动土地流转程序，确保树有地栽。三是落实所需苗木统计准备工作。各造林责任单位要根据年度造林任务，做好造林作业设计，科学安排苗木栽植品种，尽早做好所需苗木数量品种统计工作，做到统筹安排、科学调配。四是落实各类基地林创建工作。继续在全区开展“植树造林周”活动，号召机关全体党员干部积极参与义务植树，发展“工会林”、“共青林”、“八一林”、“巾帼林“等基地林，营造全民造林的浓厚氛围，将植树造林活动推向高潮。

加快林业绿色发展 推进生态文明建设

福建省明溪县林业局 张卫明

林业承担着保护森林、湿地、荒漠三大生态系统和维护生物多样性等重要任务，是生态文明建设的关键领域、生态产品生产的主要阵地和美丽中国建设的核心元素。林业生态文明建设是生态文明建设的发动机、转化器和调节器。明溪县是南方集体林区重点县，地处闽西北，位于闽江上游，林业是县域经济的主导产业和农民增收致富的主要渠道，更是福建省生态安全屏障和生物多样性宝库，承担着维护区域生态安全的战略任务。明溪林业生态文明建设的好坏直接关系明溪经济、社会、生态的和谐发展。如何加快明溪林业发展，推进生态文明建设，对于构建美丽明溪，促进福建生态文明先行示范区建设具有重要意义。

一、明溪县林业生态文明建设现状

近年来，明溪县以深化集体林权制度改革为动力，推进生态建设，发展林业产业，强化资源保护，推进生态文明建设，为改善生态环境、促进经济社会可持续发展做出了重要贡献。

（一）林业生态建设成效显著

至2013年年底，全县林业用地面积220.07万亩，设立了面积达26.52万亩君子峰国家级自然保护区，划定了62.47万亩的重点生态公益林，森林覆盖率长期保持在80.6%以上，初步构建了有效的林业生态建设体制与机制，并相继获得“国家级森林经营示范县”、“中国红豆杉之乡”、“国家生态示范区”和“中国黄腹角雉之乡”等称号，整体林业生态维持在健康水平。

（二）林业产业结构有所拓展，产业规模不断扩大

林业产业现已发展到涵盖林源生物产业、以终端产品为主的精深加工业、森林食品、种苗花卉、野生植物培育及加工利用等新兴产业。林业产业规模迈上新台阶，现有林业产业企业55家，其中规上企业35家，产值规模达20亿元。

（三）森林资源培育成绩显著，特色产业逐渐凸显

截至2013年，平均每年造林3.85万亩，建成以红豆杉、闽楠等珍稀用

材示范基地6000亩，绿化苗木基地7.4万亩，厚朴等药材原料林基地9.8万亩。

（四）林业生态资源建设与保护卓有成效

一是强化林业生态资源保护。完善了生态林的监管机制，严格生态林护林队伍的选聘和考核，提高了生态林的补偿标准，生态林管护成效和生态效益初见成效。二是严格执行森林采伐限额管理制度。加强伐区调查设计管理，提高伐区调查设计质量，依法依规采伐审批，严格采伐指标分配，加强伐后的检查验收工作。三是做好"森林三防工程"。完善森林火灾防范措施，充实基层扑火队伍建设和防火设施建设；加大主要林业有害生物综合治理，严控松材线虫病；有效打击了林业各类违法犯罪行为。

（五）林权制度改革深入推进，创建良好的林业发展环境

一是林木产权更加明晰。发放了新的林权证，确定了林农的林地使用权、林木所有权和经营权。二是林业配套改革不断深化。相继成立了林业规划队、森林资源资产评估中心、木材检验中心、林业服务中心等林业服务机构；推行了林权抵押登记业务和森林保险制度。三是涉林信访矛盾纠纷及时化解，各类林业纠纷和信访逐年减少，维护了林区的和谐稳定。

（六）林业生态文明建设成果初步显现

近年来，明溪县建成2个省级森林公园、5家森林人家、8个绿色村镇、72个绿色村庄、85km的绿色通道、30882亩的"二沿一环"造林绿化等四绿工程建设，境内省级以上公路绿化率达到100%，成为我省第一个森林县城，改善了城乡居住环境。

二、明溪县林业生态文明建设存在的问题与困难

（一）现有的林业微观经营主体难以承担林业生态文明建设任务

林业微观经营主体作为林业生态文明的建设者和建设主体，其组织化、经营水平直接决定着生态文明建设的成败。据统计，家庭式经营面积为93.7万亩，占商品林面积的59.45%；经济组织及联合体经营面积为17.1万亩，占商品林面积的10.85%；企业化经营面积为46.8万亩，占商品林面积的29.7%，表明分散的家庭仍是林业经营主体的主要形式且存在组织化程度低的情况。资金、技术、人才、劳力、市场等作为林业经营的5大生产要素。经问卷调查，8%的经营主体认为具备以上5个生产要素，资金、技术、人才、劳力、市场等生产要素缺乏的情况普遍存在；认为林权流转交易困难的占85%，说明了林权流转交易不畅。在评估、伐区设计等中介服务机构方面，

有76%的经营主体认为机构少，选择机会少。林业经营主体弱化与缺位，加上以上因素造成的与市场融合程度低，已成为制约林业发展的体制因素。

（二）现有的森林资源难以承担林业生态文明建设的基础

森林是不可缺少的资源，为生态文明建设提供物资保障。森林资源作为林业生态文明建设的对象和生产资料，是林业生态文明建设基础，决定了生态文明建设进展、成效与水平。明溪县现有低产低效林分31.8万亩，占商品林面积23.3%；针叶林面积达到70%；平均蓄积仅为5.4m^3/亩，远低于同类发达地区平均水平；总体呈现出人工纯林多、混交林少，单层林多、复层林少，中幼林多、成过熟林少，针叶林多，阔叶林少，资源总量多，可伐资源少，低产低效林分多、丰产林少等“六多六少”现象，造成生态功能低下，可伐资源少等现状，成为林业生态文明建设的制约性因素。

（三）过度依赖森林资源发展模式与绿色发展的矛盾

近年来，明溪县的林业产业有着长足进步，但因区位、自然条件、交通等因素的影响以及历史的原因，依赖森林资源消耗的传统的“三板加工”，占企业总数的83.6%，消耗了93%的原木资源，产值贡献率仅占58.3%，已经不能适应产业绿色发展的要求。

（四）加快林业绿色发展，推进生态文明建设的对策与建议

林业发展直关系到生态文明建设的物质基础，关系到经济社会的可持续发展，关系到中华民族的永续发展。林业生态文明到底走什么发展路径？作者认为，林业的发展目标是“既要绿水青山，也要金山银山”。绿色发展是建立在生态环境容量和资源承载力的约束条件下，将环境保护作为实现可持续发展重要支柱的一种新型发展模式，强调经济发展与保护环境的协调一致是绿色发展最突出的特征。鉴于林业在当地县域经济、社会和生态方面的地位与作用，绿色发展成为林业生态文明发展的唯一路径。明溪林业生态文明建设要始终以“绿水青山就是金山银山”的发展理念为指导，坚持保护优先，大力倡导和推进绿色发展，实现生态与经济协调发展。针对当前的不足，结合实际，提出以下几点对策与建议。

1. 完善集体林权制度改革，重塑微观主体，提高社会化服务水平，构建新型林业经营体系

针对林业微观经营主体的现状，构建多种方式，创新经营模式，重塑微观主体，是破解主体弱化与缺位难题所在。为发挥市场作用，向林业输入现代生产要素，健全林业服务体系成为关键。着重在以下二个方面谋突破。

首先，创新林地有效经营方式，实现林业可持续经营。通过发展家庭林

场，规范发展股份林场，大力发展林业专业合作社，鼓励发展“公司+基地+林农”经营模式等进行微观主体重塑。

其次，按照搭平台、促流转、引要素等要求，建立健全林业服务体系。通过完善森林资源资产评估、伐区调查设计、木材检验等中介机构建设，鼓励设立并放宽评估机构资质要求，提高林业社会化服务水平；鼓励和引导组建各类林业专业组织和协会，提高经营主体的专业化、组织化服务水平。

2. 走高效林业道路，发展特色资源，加快资源提质进程

林业发展离不开产业，产业的基础在森林资源。走什么发展道路，培育什么资源，成为摆在当前明溪林业资源培育方面的课题。①全县商品林面积仅为100多万亩，加上每年皆伐面积大约3万亩。传统的粗劣式、外延式发展模式已经不能适应。②现有低产低效林分面积大，达到31.8万亩，改造任务重。③存在着针叶林面积比积过大，生态功能低下局面。④森林资源与周边县区的同质化严重，因区位与交通因素影响，造成效益差，竞争力差的现实。⑤明溪县自然气候条件得天独厚，是杉木和马尾松中心产区，南方红豆杉、闽楠的中心栽培区，具备明显的比较优势。鉴于以上几方面，提出走高效林业道路，发展特色资源，加快资源提质进程的设想，并着重从以下方面突破。

一是提倡在针叶林下大力发展珍贵用材林基地，实现了生态修复与高效林业有机统一。针对明溪县现有生态功能低下，质量差的大量针叶人工林的现状，计划在十二五期间，通过在针叶林下更新培育4万亩南方红豆杉和闽楠用材林。经测算其经济价值相当于240万亩的杉木林基地，等于再造一个明溪县林业。

二是突出名贵园林绿化苗木基地建设。依托福建喜果等龙头，辐射带动公司、农户，培育以罗汉松、紫薇、竹柏为特色的10万亩海西绿化苗木基地，打响现代苗木（花卉）重点县品牌。

三是加大力度培育林下资源。采用林菌、林药、林花等多种形式发展林下经济，培育各类林下资源，实现“不砍树、也致富”，为产业发展提供资源保证，协调生态保护与发展矛盾。

四是实施森林经营质量提升工程。充分利用森林抚育补贴政策，并按照“七化”（造林良种化、“四绿”大苗化、树种多样化、品种珍贵化、色彩季相化、林分高质化、效益最大化）要求，调整优化树种结构，加强森林经营，改善林分质量和效益。

3. 加快林业产业发展转型，实现保护与发展的统一

产业发展是林业生态文明建设的导向和支撑。产业发展与转型的好坏直

接决定着生态文明建设的成败。如何坚持在发展中保护、保护中发展，大力推进绿色发展、循环发展、低碳发展成为必然，是林业生态文明建设重要内容。为实现“依托资源不依赖资源，让青山绿水流金淌银”的发展目标，着重在以下几方面进行产业转型，实现保护与发展的统一。

一是进行产业链延伸方面下功关。通过产业聚集与集约，产业链招商，企业链式发展，实现绿色 GDP，走出了一条绿色发展之路。主要是围绕对现有的“三板”的再加工、再延伸、实现循环发展，形成原木锯解 -“三板”-饰面板、家居材料 - 板式家俱的全产业链式产业；围绕伐区剩余物，锯末与树皮等废弃物的再利用，加工形成活性炭、炭棒、容器苗基质，有机肥等产品，变废为宝，实现绿色发展、低碳发展。

二是大力发展非木质利用等产业。非木质利用产业具有资源消耗少且附加值高，对生态环境负面影响低等特点，利于产业发展方式的“绿色转型”。主要有：①继续做大红豆杉产业经济。在瀚仙镇大焦村，积极开发建设以红豆杉为主题，集商品交易、研发孵化、成果展示、金融商务、观光旅游、文化交流等功能为一体的“中国红豆杉城”。并通过红豆杉药用开发、全株利用、观赏型盆栽与绿化大苗等项目的开发，形成集药用开发、观赏利用、用材林基地等产业集群，使之成为全国规模较大的红豆杉产业经济区。②依托草珊瑚、金银花、多花黄精、金线莲等林下资源和芳香樟、厚朴、细叶青蒌藤等道地中药材资源，大力发展保健品、森林食品深加工产业。

4. 建设美丽明溪，共享生态文明的成果

美丽中国是生态文明的归宿，是林业生态文明成果的具体表现。打造美丽明溪，共享生态文明的成果，是提高民众关注度、参与度、主动性、幸福感的有效渠道，是永恒的主题。为此，以全面提升城乡环境，打造宜居生态家园为重点，着重在深化四绿工程和森林生态文化公园方面求突破。在原有的基础上，继续扩大规模，力争全面完成绿色村镇任务，实现绿色村镇全履盖；继续提升水平，按照精品化、园林化的标准要求，全面提升水平。按照“生态自然、四季有花、绿道缠绕、阳光温馨”的原则，在明溪县城周围一重山，进行生态修复，景观改造，建设面积约 5000 亩的森林生态文化公园，展现城区新风貌，让人民群众共享生态文明建设成果。

加快林业发展　实施封山育林

江西省彭泽县林业局　毕连松

为进一步加强我县生态保护和资源培育，改善林种、树种结构，提高林分质量和森林覆盖率，扎实推进鄱阳湖生态经济区建设。根据国家和省、市关于加快林业发展的决定以及省人大《关于加强森林资源保护和林业生态建设的决议》，结合我县实际，特制订封山育林实施方案。

一、封山育林的指导思想、基本原则和目标

1. 指导思想：坚持以邓小平理论和“三个代表”重要思想为指导，全面贯彻落实科学发展观，以《森林法》、《江西省森林条例》和全省天然阔叶林禁伐等法律、法规为依据，以封为主，封、造、改相结合，强化防火、防盗、防病虫害等“三防”措施，突出封育质量和成效，全面实行地方政府森林资源保护和培育任期目标责任制，严厉打击各类破坏森林资源违法犯罪行为，实现全县森林资源质量和森林覆盖率“双增”目标。

2. 基本原则：一是坚持政府主导、部门配合与全民参与的原则；二是坚持突出重点与分类实施的原则；三是坚持生态优先与经济效益、社会效益兼顾的原则；四是坚持封山育林与项目建设、保障农民利益相结合的原则。

3. 封育目标：通过封山育林，到“十二五”期末，全县森林覆盖率达55%，活立木蓄积量达500万m^3，亩均蓄积达4m^3。森林质量得到较为明显改善，林种树种结构得到优化，森林生态系统稳定，生物多样性得到保护和增加，森林火灾率大幅下降，病虫害防控得到加强，森林生态功能和林业经济效益步入良性循环的轨道。

二、封山育林范围、对象、期限和方式

1. 长期封育类型：97.1万亩，包括国家、省级生态公益林、江河一、二级支流源头及两岸、水库周围、生态脆弱地区及造林困难地、森林公园、梅花鹿自然保护区、天然阔叶林、灌木林等。

2. 阶段性封育类型（5年，即2012~2016年）：19.1万亩，包括人工杉树、泡洞中幼林，近三年林业重点工程造林等。

3. 非封育类型：7.7 万亩，按照林业生态保护与产业发展相结合的原则，继续安排人工杉木成熟林采伐、火烧林采伐、林地征占用林地采伐、毛竹林采伐、杨树采伐、森林抚育项目改造、松材线虫病除治采伐等。

三、封山育林的技术措施和具体要求

1. 林业部门对各种类型的封育区和非封区进行全面规划、分解到各乡镇、村、组、山场、小班，乡村组织实施。

2. 发布通告，树立禁牌，发放公开信。在林区张贴关于实施封山育林的通告，在山口、主要交通要道树立封育禁牌，标明四至范围、面积、年限、方式、措施、责任人，原则上1500 亩面积设立1 块固定标牌。对林农发放公开信宣传。

3. 组织专、兼职护林队伍进行巡护。整合公益林专兼职护林员、乡村防火护林员队伍，同时发挥县级扑火专业队、乡镇半专业队作用，根据自然条件和山场分布情况，按 1500 ~ 5000 亩确定一名护林员，形成完整的护林网络，建立巡护机制和责任机制，定面积、定山场、定任务职责、定报酬、定奖惩。

4. 封山育林区内禁止从事下列活动：

（1）放牧、割草、砍柴、狩猎、移植大树；

（2）携带火种、烧荒、烧地坝、烧香、烧纸、野炊；

（3）移动或毁坏标牌、界桩及其他封山育林设施；

（4）擅自从事采石、采砂、取土、开矿等活动；

（5）法律、法规禁止的其他活动。

5. 定期检查封育成效。由县封山育林领导小组加强对乡镇和护林员责任考核。

6. 积极争取和合理安排国家、省级公益林新增补偿计划和封山育林项目补助计划。

四、封山育林实施步骤

分为规划准备、宣传发动、组织实施、检查考核、整改提高五个阶段。

1. 规划准备阶段（2012 年 7 月 1 日 ~7 月 31 日）。县林业部门根据 2009 年二类森林资源调查成果资料，将封山育林任务分解下达到各乡镇，各乡镇将任务分解到村、组、农户、山场、小班，制定本乡镇封山育林方案，明确封育对象、期限、方式和切实可行的封育措施，方案报县封山育林领导小组办公室备案。

2. 宣传发动阶段（2012 年 8 月 1 日 ~8 月 15 日）。各乡镇成立封山育林工作领导小组，乡、村、组各级层层签订责任状，及时召开封山育林动员大会，广泛宣传发动。利用电视、宣传车、张贴通告、宣传标语、发放公开信、树立封禁牌等多种形式宣传，营造浓厚的宣传氛围，也可采取鸣锣、燃放鞭炮等传统形式启动封山，使之家喻户晓，人人皆知。

3. 组织实施阶段（2012 年 8 月 16 日 ~11 月 15 日）。各地根据实施方案，全面制定封山育林护林公约，按每人护林面积 1500 ~ 5000 亩成立护林队伍，全面开展巡山护林，对发生在封育山场范围内的各种毁林犯罪行为依法进行严厉打击。各地要强化对护林队伍管理，签订护林合同，明确权利、义务和责任，加强对护林工作的督查和考核，严格兑现奖惩，发现问题，及时处理。

4. 检查验收阶段（2012 年 11 月 16 日 ~12 月 15 日）。各地对本年度封山育林工作进行全面自查验收，自查结果报县封育领导小组办公室。县领导小组对各地封山育林工作进行检查验收，总结经验做法，查找分析问题，考核评比表彰，对工作不力的单位和个人通报批评。

5. 整改提高阶段（2012 年 12 月 16 日 ~12 月 31 日）根据检查验收结果，对发现的问题提出整改要求和措施，限期整改。推广应用封山育林中的典型经验和做法，确保整改提高取得实效。

五、封山育林保障措施

（一）强化领导

严格实行行政首长负责制，明确主要领导为第一责任人，分管领导为主要责任人，做到主要领导亲自抓，分管领导具体负责。县政府成立以县长宁小球为组长，县委常委、副县长江先来任常务副组长，宣传、监察、审计、发改、国土、财政、公安、林业、农业、建设、矿管、水利等部门主要负责人为成员的封山育林工作领导小组，负责组织、指导、督查全县封山育林工作。领导小组下设办公室（设在林业局），县政府将封山育林工作列入全县“三农”工作考核内容。县政府每年与乡（镇）签定封山育林责任状，明确职责、权利和义务。各乡（镇）党委、政府要把封山育林工作摆上重要位置，负责本辖区内的封山育林工作。要成立由乡（镇）长为封山育林工作第一责任人的组织机构，负责本行政区域内封山育林工作的组织与实施，制订详细的工作规划和实施方案，切实加强对封山育林工作的领导和监督检查，确保工作落实到位。

（二）明确责任

1. 明确县封山育林工作领导小组成员单位工作职责

（1）县委宣传部：通过广播、电视、报刊、网络媒体等各种形式，广泛宣传普及封山育林知识，提高公民对封山育林保护生态的认识。

（2）县监察和审计部门：对各乡镇封山育林工作进行督查，对各单位组织机构、封山育林措施等工作进行检查；严肃查处封山育林工作中各种违法违纪和渎职行为。

（3）县发改委：负责封山育林项目的核准、申报工作。

（4）县林业局：主管全县封山育林业务工作，督促各乡镇做好封山育林工作，并对各镇封山育林工作进行指导、监督和考核。

（5）县农业局：负责解决林农因受封育影响，导致生产、生活烧柴困难，大力推广农村沼气工程，积极发展新型洁净能源和可再生能源，促进森林资源的保护。

（6）县环保局：监督对生态环境有影响的矿产资源开发利用活动和环境影响评价，监督、指导、协调全县农村生态环境保护、生态示范区建设。

（7）县国土资源局和矿管办：严格管理在封山育林区土地利用和矿产开发。

（8）县财政局：负责封山育林资金的预算安排、资金拨付，对封山育林资金的使用进行监督检查，确保专款专用。

（9）县公安局和森林公安局：负责加强林区秩序管理，严厉打击涉林违法犯罪行为。

（10）县水利局：抓好水土保持工作，推进小流域综合治理，恢复水土流失区域的生态平衡。

2. 明确封山育林实施主体

（1）属于集体或村民个人所有的林地、林木的封山育林，由各乡镇负责实施。

（2）已经划定为风景名胜区、自然保护区、省级森林公园的林地、林木的封山育林分别由风景名胜区、自然保护区和森林公园管理机构负责实施。

（3）封山育林区内已经承包的荒山荒地，由承包者按合同规定负责经营管护。

（三）宣传发动

县封育林领导小组适时启动全县封山育林工作，召开全县封山育林动员大会。各乡镇、村党政组织负责人参加会议，宣布任务，明确职责，开展声势浩大的宣传动员，营造全县浓厚氛围。

（四）集中整治

动员会以后，全县上下开展集中整治活动。各乡（镇）要依据《森林法》、乡（村）规民约加强源头管理，实现“山上管死”，严禁乱砍、滥伐森林，严厉依法打击和处理违反封山育林实施工作的人和事。在管理过程中发现触犯法律、构成犯罪的案件，要及时举报和移交到县林业部门或森林公安局依法处理。林业局、森林公安局成立整治工作组深入基层、林区，加大打击各种破坏封山育林违法犯罪行为。严禁砍伐天然阔叶林，严禁利用阔叶树生产食用菌，严禁采挖珍稀树木，严禁猎捕野生保护动物。封育期间，县林业局要组织人员，对全县乱砍滥伐、无证经营加工、非法占用林地、非法采挖野生植物、非法偷运木材等违法犯罪行为进行专项整治，严厉打击，确保封山育林工作取得实效。禁止长期封育区和阶段性封育区的林地、林木流转。各乡镇政府要在做好日常管理工作的同时，处理好封育工作出现的各类问题，引导农民对已流转即将到期的林地、林木，通过提高林地租金、分成比例等方式签订补充协议进行续包延期，确保封育期间不出现突击采伐、乱砍滥伐现象。引导林农对符合流转条件的山林规范流转，防止贱卖，切实保护好森林资源和林农利益。处理好封育后农民烧柴等实际问题，大力推广农村沼气工程，积极发展新型洁净能源和可再生能源，促进森林资源的保护。在封山育林期间，从严控制采伐审批。凡采伐人工杉木成熟林、火烧材、林地征占用林木、毛竹、杨树、造林清山柴、松材线虫病除治、森林抚育改造等必须经县领导小组审核审批。

（五）经费保障

努力拓宽封山育林投资渠道，加大封山育林资金投入。各乡镇政府安排必要的封山育林专项资金用于封山育林，要确保国家项目资金规范使用，兑现到位。县林业部门要积极争取国家、省、市的资金支持，用好国家、省、市安排的封山育林项目资金。林业部门行政、事业单位人员因封山育林实施禁伐而导致各种林业规费收入大幅减少，由县财政核实后予以弥补，统筹解决。

（六）考核奖惩

封山育林工作是推动我县“生态立县、绿色发展”的重大举措，是巩固和扩大林业生态建设成果、固碳增绿，乃至应对气候变化的重大生态工程。为确保本次封山育林工作取得实效，各项封育措施落到实处，县政府把封山育林工作纳入对乡镇和相关单位年终考核范围，作为干部的政绩、选拔任用和奖惩的重要依据。县人大和县封山育林工作领导小组办公室对各地封山育林工作进行定期或不定期的巡查指导，每年年底对各镇、各有关单位封山育林工作进行一次综合检查和考核，检查成绩纳入农村经济工作综合考核，并实行单项考核奖惩。根据检查验收结果，对封山育林成绩显著的单位和个人，予以表彰和奖励；对未按工作要求狠抓落实造成工作滞后的单位，将依照有关规定，依法依纪从严处理。对连续两年受到工作警告的乡镇，予以重点管理，并限期整改，直至采取组织措施，确保封到位、不反弹。林业部门要加强对封育成效调查，主要监测封育后林相、覆盖率、郁闭度、生长量、生物多样性、病虫害发生情况、林分结构变化等因子的变化情况，搞好对比，定性定量，并将监测结果与乡镇工作成效考核挂钩。

坚持绿色健康发展 建设文明幸福家园

江西省宜春市林业局

近年来，市委、市政府高度重视生态文明建设，坚持“既要金山银山，更要绿水青山”的发展理念，通过大力实施造林绿化工程，全市生态环境得到了明显改善，生态建设迈上了新台阶。宜春市先后被授予全国绿化模范城市、国家现代林业示范市、全国高产油茶产业发展示范市三项国家级绿色名片。先后荣获全国国土绿化突出贡献单位、全国森林防火先进市、全省林业产权制度改革先进市、全省“森林城乡，绿色通道”建设先进市等荣誉称号。

一、放眼长远，坚持绿色发展，生态基础不断巩固

近五年来，全市共完成植树造林 251.9 万亩，宜春中心城区绿化覆盖率达到43.08%，绿地率达到40.7%，人均公园绿地面积达到15.68m^2，全市森林覆盖率从十五期末的52.78%提高到了56.97%。为进一步巩固生态建设成果，市委、市政府从长远发展的角度适时提出了三条重要举措。一是着力打造昌铜高速生态经济带。为策应江西生态文明先行示范区建设，探索生态经济新模式，市委、市政府提出打造昌铜高速生态经济带，计划通过5年建设，把昌铜高速生态经济带打造成为展示“秀美宜春”的重要窗口，绿色崛起的示范样板，沿海地区的休闲后花园。目前，《昌铜高速生态经济带》已完成了初稿编制。昌铜高速两侧可视范围生态修复、两侧企业和园区企业整治、境内河流流域综合治理、农村人居环境整治等工作也在有条不紊的进行。昌铜高速生态经济带建设已成功列入《江西省生态文明先行示范区建设实施方案》。二是大力推进生态文明村风景林建设。2014 年年初，我市率先在上高县启动了生态文明村风景林建设试点，计划用3年时间，通过植树造林、补植补造、封山育林等措施，在上高县建设168个生态文明村风景林。3月底，第一批32个村生态风景林建设全部通过县级自查验收。市政府还下发了《关于加快生态文明村风景林建设实施意见》，在借鉴上高经验的基础上，结合镇村联动建设，于2015年3月底前完成对全市19个示范镇115个行政村生态文明村风景林建设。三是积极创建国家森林城市。2013 年，我市全面启动“国家森林城市”创建，《总体规划》于2013年5月份通过国家林业局组织的专家

评审，并经市政府批复实施。创建工作启动以来，除对照各项评价指标查漏补缺外，还先后完成了宜春市创森宣传片制作，创建国家森林城市在线访谈、宜春市市树评选活动以及《宜春市古树名木》画册编印等系列工作，樟树、丰城两地成功创建省级森林城市。目前，创建工作正有条不紊推进，预计将于2015年成功摘牌。

二、立足特色，坚持产业支撑，林业经济稳步增长

近年来，市委、市政府十分注重把林业的生态优势转化为经济优势，始终围绕“产业发展生态化，生态建设产业化”的思路发展林业产业，并出台了一系列加快林业产业发展的政策措施，收到了明显成效。一是立足特色扬优势。油茶、毛竹两大产业是宜春传统特色产业，从2008年起，市委、市政府因地制宜、因势利导，适时作出了大力推进油茶、毛竹产业发展的决定，并根据形势需要，大力发展苗木花卉产业，全市呈现出了三大产业齐头并进的良好态势。2014年，全市毛竹林面积383.34万亩，油茶林面积235万亩，苗木花卉总面积43.5万亩，均居全省首位。其中毛竹产业实现产值102.9亿元，油茶产业实现产值21亿元，苗木花卉产业实现产值33.4亿元。二是科技创新出品牌。通过技术升级和技术创新，全市涌现了一批科技含量高、生产规模大、经济效益好的龙头企业。袁州星火科技、万载茂林、丰城御润坊三家企业被评为省级油茶科技示范园企业，占全省的三分之一。铜鼓江桥公司的竹键盘、江西飞宇集团的古典竹家具、宜丰康替龙公司的竹地板等产品远销国内外，成为了市场新宠。九峰园林、景笙公司、天缘花木、北河园等企业，均在宜春建立了万亩以上苗木基地，丰城森禾公司选育的森禾F1大花仙客来填补了国内花卉育种史上的空白，改写了仙客来种子长期依靠进口的历史。三是整合资源提效益。通过“关、停、并、转”，清理了200多家资源消耗大、技术水平低、环境污染重的林产加工企业，整合加工原材料资源。引进和着重培养了青龙高科、御润坊、星火科技等一批知名度高的品牌龙头企业，将加工原材料转向低能耗、低污染、低排放的先进加工生产线。同时，结合宜春市地域分布和自身文化特点，整合森林旅游资源，打造以四个国家级森林公园为支撑点，沪昆、昌铜、汤铜高速为连接线，以绿色资源、红色资源、禅宗文化资源等为主要特色的生态旅游经济圈。

三、优化管理，坚持打防并举，森林质量不断提升

近年来，全市在大力推进造林绿化实现“增绿”的同时，在“护绿”上

强化措施，注重在“源头管理、改革创新、考核机制”三个方面下工夫，实现森林资源质量的不断提高。较“十五”期末，实现了四个增长：森林覆盖率达到56.97%，增长4.19个百分点；林地面积1601.70万亩，增长2.58%；活立木蓄积量达到5132.36万m^3，增长24.13%；活立竹总量达到4.15亿株，增长22.42%。一是强化源头管理。加强生态公益林保护，全市列入补偿的生态公益林面积达497.67万亩，占全市有林地面积的37.36%。加强天然阔叶树保护，在全省率先出台天然阔叶树禁伐规定和细则，禁伐期限达十年。对生态重点县市区和重点区域，加强监管和对涉林违法犯罪行为的打击力度，仅2013年就查处各类案件2302起，处理人员4045人。强力推进封山育林和森林公园、自然保护区建设，靖安县、宜丰县、袁州区和明月山风景区已基本实现全封山，全市现有国家自然保护区2个、省级自然保护区2个、县级自然保护区23个，国家级森林公园4个、省级森林公园11个、省级城市森林公园5个。二是推进改革创新。国有林场改革全面完成。全市60个国有林场中需改革的林场58个。2014年以来，全市围绕“重组、定性、保障、减人、剥离、转换、安全、稳定”八个方面扎实推进，年底已全部完成改革扫尾并通过省林业厅验收，重组为23个林场，减少35个林场。全市已安置职工9214人，解决职工基本养老保险11054人，解决医疗保险11336人。国有林场危旧房改造深入推进。国有林场危旧房改造2010~2014年全市总计划7999户，竣工户数5194户，入住4264户。其中：2014年危旧房改造任务2372户已全部开工；林权配套改革不断深化。全市林权抵押贷款面积累计达到164.38万亩，金额累计为15.62亿元；林权流转面积累计为149.53万亩，金额累计为12.59亿元。三是完善考核机制。针对个别地方存在“重经济增长、轻生态建设”的现象，我市从完善领导干部考核机制入手，将保护和发展森林资源作为政府年终评优评先和领导干部任期政绩考核的重要依据，把生态文明建设作为地方发展的约束性指标和刚性任务，从制度上强化领导干部在发展中坚持生态优先的考核机制，有力促进了宜春经济社会与生态保护统筹协调发展。

抢抓机遇 科学谋划 努力开创高安林业发展新局面

江西省高安市林业局 胡平如

2014年，高安市林业工作在市委、市政府的坚强领导和上级主管部门的正确指导下，以建设生态林业民生林业为目标，以“森林城乡、绿色通道”建设为重点，以发展林业富民产业为抓手，不断扩大森林资源总量，提升森林质量，切实加强森林资源保护，抢抓机遇、科学谋划、真抓实干，林业各项工作取得显著成效，实现绿色生态高安全面发展。

一、突出重点，打造特色和亮点，林业生态建设成效显著

（一）大力推进“森林城乡、绿色通道”建设

2014年全市完成造林面积33117亩，造林480万株，占省下达任务的100.4%；完成封山育林7500亩。成功向省厅申报石脑、灰埠、相城、华林、太阳等乡镇为森林乡镇称号；灰埠五里村、龙潭南炉村等村庄为森林村庄称号，高安六小生态型停车场称号和瑞阳东路花园为森林小区称号。完成华林到施坊桥10km通道绿化提升工作项目申报，完成320国道、高胡一级公路、大奉公路、沪昆高速绿化管护提升和管护责任单位落实工作。

（二）突出发展高产油茶产业和花卉苗木产业

2014年新造油茶7000亩，争取上级补助资金210万元，编制完成2015～2020年高安市油茶产业发展实施意见。我市油茶产业建设以公司，大户造林为主，造林规模逐步形成了以逐组、逐村成片大面积发展，造林质量也逐步提高。为突破我市油茶产业发展瓶颈，积极探索油茶发展“四统一分”新模式（即统一规划、统一整地、统一购苗、统一栽植、分户经管管理），在相城镇获得老百姓的青睐。也得到省和宜春市领导的高度认可，接待宜春各县市参观考察达1000多人次，而且全省2014年营造林暨风景林现场会也把相城油茶种植模式作为参观点，“四统一分”新模式成为我市油茶产业快速发展的一大亮点。油茶产业真正成为高安市农民增收致富的绿色支柱产业。

着力打造花卉苗木产业。完成了新造花卉苗木造林面积8936亩。重点打

造了江西志平园林有限公司、江西百峰岭苗木有限公司等苗木示范点，通过点带面，全面推进我市花卉苗木健康发展。

二、积极响应，周密部署，顺利完成国有林场改革

全市参与改革的国有林场有3个：高安市荷岭林场、实验林场、华林山林场。全市国有林场总职工人数1054人。其中在职职工610人，离退休职工444人。在省厅吹响的国家林场改革号角下，我市迅速响应，周密部署，做细做全改革每一步工作。整个改革做到了公开、公平、公正，平稳有序推进，没有出现一起越级上访事件。改革后，按照“定性、重组、减人、保障、剥离、转换、安全、稳定”的总体目标，高安市荷岭林场和实验林场核定为公益型林场，核定公益性事业一类编制18名，核定华林山林场为场镇合一的商品型林场，完成职工安置610人，争取上级改革资金2408万元。我市国有林场改革工作受到省厅、宜春市林业局的充分肯定，并在全省示范推广。

三、积极争资跑项，林业生产投入不断加大

2014年，积极向国家和省争取包括159套危旧房改造、森林消防队营房建设、保障性苗圃建设项目、以及新农村绿化、公益林补助、油茶产业发展项目、退耕还林和造林等项目补助资金达2600余万元。

我局立足于培育造林良种壮苗为，2014年向省厅申报大城林场为保障性苗圃并获批准，争取保障性苗圃补助资金20万元。苗圃地共有育苗地30亩，育有美国原种二代湿地松55万株、陈山红心杉20万株及其他园林绿化苗，目前，长势非常好。今冬明春，可为全市造林提供优质壮苗。

四、强化举措，狠抓落实，森林资源保护管理规范有序

森林资源保护管理一直是林业工作的重点和难点，2014年，我们强化各项举措，狠抓制度落实，进一步强化管理责任，确保了森林资源保护规范有序。

一是加大了林政执法力度。2014年打击各类乱砍乱伐案件34起，乱占林地案件7起，非法运输案件32起。以市政府办文件出台了《关于切实加强森林资源保护管理工作的通知》，有力的促进了森林资源保护与发展行政首长责任制的落实。

二是加强林地保护管理。2014年组织开展了征占用林地清理整顿工作，

清理各类建设项目违法占用林地7起。12月全市召开“三级书记”清理整顿非法占用林地工作会议。开展了林地年度变更暨森林资源补充调查。林地年度变更调查涉及38个乡（镇、场），变更图斑4057个。通过资源调查，全市林地总面积为88340.0hm^2，森林覆盖率为34.62%，绿化率为39.43%，通过省厅的检查验收，实现全市林地“一张图”管理。

三是狠抓森林防火。严格落实森林防火行政首长负责制，深入开展森林防火宣传，严格野外火源管控，加强督查力度，及时出台《高安市森林火灾应急预案》。由于各级领导高度重视，各项措施落实到位，全年实现无大面积、影响大的森林火灾发生。争取上级森林防火项目资金160万元，启动森林消防队营房建设，基础设施建设预计投入资金200万元，目前，正在施工建设中。预计2015年5月份竣工。

四是抓好野生动植物保护工作。加大了野生动植物保护工作力度，全年打击乱砍乱伐案件34起，非法运输案件32起。在野生动植物联合执法行动中，没收并放生田鸡60余只，青蛙1900余只，黑斑蛙400余只，斑鸠25只，野山鸡26只，华南兔35只，赤练蛇110余条等。还将一条近20斤的国家一级重点保护野生动物—蟒蛇送交宜春市野保站进行重点保护。

2015年，我市林业工作将按照市委、市政府的总体部署，全力做好各项工作，确保任务圆满完成。重点做好以下工作：一是继续做好森林防火工作。进一步落实好森林防火的各项规章制度，强化责任和措施，确保全年不发生较大的森林火灾。二是完成瑞阳湖国家级湿地公园和华林国家级森林公园项目申报工作。全力做好这两个项目的申报、规划、评审、立项等工作，力争立项，使得高安在林业生态方面有两张“国”字号名片。三是狠抓营造林工作。完成植树造林34000亩，封山7000亩，着重抓特色，出亮点，扎实推进我市营造林工作。四是发展油茶产业。积极探索油茶发展新机制，引导个人、企业积极参与油茶产业发展，力争完成油茶新造20000亩，低改16000亩。五是加大森林资源保护力度。努力提高森林质量，进一步探索和完善目标责任制，将奖惩措施落实到位，加大对森林资源保护和建设力度。六是全力跑项争资。全力以赴打好跑项争资攻坚战，高度重视林业项目工作，积极推进重大项目建设。

鲁南绿城　山水枣庄

山东省枣庄市林业局

2014年9月25日，在2014中国森林城市建设座谈会上，原中央政治局委员、政协副主席王刚、山东省省长郭树清等领导，对枣庄等全国17个“国家森林城市”授牌，枣庄市成为山东省目前仅有的四座国家森林城市之一。枣庄市政府张术平市长在会上接受奖牌，并作了专题典型经验演讲，创森的理念、思路、措施和巩固提升的打算得到了与会领导、专家的高度赞扬和肯定。成功创建成为“国家森林城市”，使我市资源型城市添获了一张靓丽的“国字号”生态名片，标志着我市“两大高地”建设取得了又一重大成果，使“鲁南绿城、山水枣庄”的城市形象更加富有魅力，全市人民群众也由此享受到了最直接最普惠的生态福利，也因此得到了最广泛的支持、拥护和称赞（支持率、满意度均为100%）。

可以说，经过创建国家森林城市（以下简称创森），枣庄市的森林生态建设迈上了新台阶，城市综合竞争力获得了新提升，全民的生态文明意识不断增强，生活质量和健康素质不断提高。从更深层次看，创森创出了枣庄的城市活力、品质和自信，创出了枣庄的知名度和影响力，创出了全市人民的归属感、认同感、自豪感和幸福感。

一、创建国家森林城市工作情况

2012年年初，枣庄市委、市政府站在城市战略转型和建设“幸福新枣庄”的高度，顺应广大群众对“青山绿树、碧水蓝天、森林家园”的渴望和要求，作出了创建国家森林城市的决定，开启了我市生态文明建设的新篇章。三年来，在枣庄市委、市政府的正确领导下，全市上下坚持“生态立市”不动摇，攻坚克难、艰苦奋斗，全力投入到这项当代造福惠及子孙后代的民生工程，坚持绿色引领、科学创建、低成本创建、着力构建六大森林系统，实现了创森工作与经济社会发展的互促共赢，有力推动了枣庄的转型发展、科学发展。全市造林绿化面积62.6万亩，市域森林覆盖率达36.22%，建成区绿化覆盖率达41.1%，逐步形成了城乡一体的“鲁南绿城·山水枣庄”森林城市框架。在创森工作中，通过动员、部署，帮助解决林业改革发展中的重大问题，有力地推动了各项林业工作的开展，造林绿化、湿地建设、森林防火、林业有害生物防控等工作都走在了全国前列。

回顾三年来的创森历程，成绩来之不易，全市广大干部群众在光荣的创森历程中创造出了宝贵的“创森经验”，孕育出了丰富的“创森精神”，形成了显著的创森“溢出效应”。

（一）“创森经验”

1. 领导高度重视，是成功创森的关键。枣庄市创森办、林业局充分发挥参谋助手作用，积极争取 市领导的重视和支持，枣庄市委、市政府高度重视创森工作，作出了关于创建国家森林城市的决定，与省林业厅签订了《关于合作共建省级现代化林业示范市和国家森林城市的协议》，成立了市长任组长的全市创森工作领导小组，建立了市、区（市）、乡镇（街道）三级责任体系，明确“七职”人员为创森工作的主要责任人，确保每项工作都落实到岗、到人。把创森工作列入各级科学发展综合考核体系，单独考核奖惩，并作为干部政绩考核、选拔任用和奖惩的重要依据。市委、市政府主要领导、分管领导召开全市创森工作部署会、现场调度会、观摩会等会议数十次，对工作进行安排部署、督导推进。市委常委会、市政府常务会议多次研究部署创森工作。市人大、市政协多次专题视察、调研创森工作。市财政、国土、交通、住建等 30 多个部门共同参与，密切配合，形成了各部门联动的工作格局。

2. 科学规划，是成功创森的重要基础。委托国家林业局林产工业规划设计院编制《枣庄市国家森林城市建设总体规划》、《枣庄市中心城区环城森林公园总体规划》以及形象色彩、绿道网络、森林公园、湿地公园等十几个专项规划，全市一张蓝图绘到底、一心一意抓落实。按照“一步到位、分步实施”的总要求，确立了创建国家森林城市近期目标和远期目标。在创森工作推进中，坚持城乡造林绿化一体化建设、一体化管理、一体化发展，坚持与农业产业结构调整、城乡环境综合整治、城市建设、生态旅游发展相结合，以中心城区环城森林公园建设为核心，着力建设城乡统筹、功能完备的森林生态体系、森林产业体系、森林文化体系、森林支撑体系。

3. 重点工程带动，是成功创森的有效途径。围绕打造城区、通道、水系、山丘、平原、镇村等六大森林系统，坚持以实施创森重点工程为抓手，明确重点工程建设任务、完成时限，落实责任主体。坚持“年年有重点、级级有工程”，确保“经年累月、常抓不懈”。2012 年，重点实施了“五纵三横”骨干道路绿化和水系生态廊道建设工程；2013 年，重点实施了以环城森林公园凤凰绿道、抱犊崮旅游大道、石榴园扩建和枣临高速绿色通道为代表的四大创森工程；2014 年，重点实施了中心城区环城绿道、新城东西绿带、蟠龙河湿地建设、东沙河综合治理等七大创森工程。三年来，市、区（市）、乡镇、村居四级共实施重点工程 1100 多个，构建了城乡一体化的城市森林网络。特别是规划建设的中心城区环城森林公园，区域总面积近 60 万亩，依托大小两条环线，有效串联起沿线公园、景区、休闲旅游场所，打造了总长近 200km 的环城绿道，形成了具有枣庄特色的森林景观，被群众称之为致富之路、生态之路、旅游之路、幸福之路。

4. 产林有机结合，是成功创森的助推器。加快发展以森林生态旅游、特色林果、苗木花卉、木材加工为主导的林业产业。一是大力发展生态旅游。全域化布局生态旅游，以中心城区环城绿道为纽带，将沿线景点串珠成链，以国家森林公园、湿地公园为依托，发挥森林、湿地生态旅游的主力军作用，全市每年生态旅游直接收入达到 7 亿元，带动相关产业收入 23. 5 亿元。二是积极培育林业产业基地。积极引导调整种植结构，形成了以杨树为主的速生用材林基地，以石榴、大枣、火樱桃等为主的名特优果品基地，以滕州龙泉花卉大世界为龙头的“四沿六环”苗木花卉基地，以林下禽、林下渔为特色的林下经济基地。峄城石榴、柴胡店酥梨、徐庄板栗、店子长红枣、水泉火樱桃等特色林果产品畅销国内外，林业产值逐年增长。三是培植壮大林业加工业集群。依托林业产业基地，发展规模化加工产业，积极打造八大林业产业集群。全市拥有规模以上林业龙头企业 32 家，其中省级林业龙头企业 14 家。特别是峄城的石榴产业、山亭的大枣产业，形成了以优质种苗生产、观光采摘、果品深加工为特色的发展模式，成为产业链完整、产出效益高的产业集聚区，拉长了产业链条，提升了产业发展空间。

5. 全民共建共享，是成功创森的重要保障。全市共建立大型湿地博物馆、生态科普馆、植物展览馆等 20 多处，建设各级生态文明教育示范基地 52 处。在森林公园、湿地公园、自然保护区和城市公园、游园绿地等地，建设了一大批生态科普长廊、科普一条街，广泛设置科普宣传栏、科普宣传牌。全市组织开展了创森知识竞赛、有奖征文、演讲比赛、书画展、摄影展、体验森林等一系列生态科普活动 21 次，让市民充分认识自然、了解生态，增强爱绿、护绿、兴绿的生态文明意识。在《中国绿色时报》以及省、市级新闻媒体开辟专版、专栏对枣庄创森全方位宣传报道。全市设立高炮型创森宣传牌 118 处，一般宣传牌 14696 个，墙体广告 4325 处，电子屏幕 2014 处，创森宣传画册、创森专题宣传片成功制作发行，使绿色生态理念更深地根植于社会大众之中，形成了人人支持创森、人人参与创森的浓厚社会氛围。

6. 强化森林资源管护，是成功创森和巩固成果的重要支撑。坚持在发展中保护、在保护中发展，着力增强森林生态系统稳定性。一是强化林木管理养护。加强森林防火，始终坚持“预防为主、积极消灭”的方针，抓宣传、抓培训、抓队伍、抓基础设施建设、抓资金投入、抓隐患排查、抓责任落实和责任追究，实行网格化管理，取得了连续25年没有发生较大以上森林火灾和人员伤亡事故的好成绩。加强美国白蛾等林业有害生物防控，建成林业有害生物国家级测报点1处、省级测报点4处、市级测报点35处，每年美国白蛾飞防面积达到200万亩以上，主要森林病虫害成灾率控制在2.2‰以下。加强森林资源动态监测，全面落实养护管理措施，实行专人负责、专业养护。二是注重提高生物多样性。注重优良乡土树种使用，提高成活率，降低造林成本，乡土树种数量占绿化树种使用数量的97%。全市开展种质资源调查和保护工作，建立了以青檀和石榴基因保护为主的种质资源保护基地，收集保护优质青檀品种119个、石榴品种282个。建立野生动植物种源繁育基地8个，野生动物保护管理站4个，自然保护区2个，区域生物多样性得到有效保护。三是加强湿地资源保护。目前，全市湿地总面积现已达到2.6万 hm^2，建成国家湿地公园5个，省级湿地公园6个，市、县两级湿地公园20个。通过退耕还湿、拦坝蓄水、采矿塌陷洼地引蓄水等措施，合理调节水资源，增加水面面积，有效保护了湿地生态环境。

7. 不断深化林业改革，是成功创森的动力源泉。推进以农民林业专业合作社、家庭林场等为经营主体的多元化，开展示范林业专业合作社、示范家庭林场认定活动，发挥林地的规模效益，促进城乡一体化发展，目前，全市林业专业合作社380余家，其中国家级林业专业合作社1家，省级林业专业示范社25家，市级林业专业示范社53家。建立科学的林地使用权流转市场体系，完善农村林地承包经营权流转服务体系和机制，通过多种模式，建设市级林权流转管理服务中心1处、区（市）级5处，引导农村林地承包经营权向林业龙头企业、林业专业合作社集中。健全林业金融保障体系，积极推进林权抵押贷款、森林保险开展，促进林农、林企可持续发展。借助国家农村改革实验区建设和集体林权制度配套改革，引导土地流转10万多亩，建立以圃代林、以苗养绿、以果养绿机制，发展苗木基地和经济林果种植。

（二）“创森精神”

一是真干实干精神。坚持实事求是、因地制宜，既符合国家评定标准，又体现“鲁南绿城·山水枣庄”特色；既学习借鉴先进城市的经验，又努力探索适合枣庄的创建路子；既着眼当前，又放眼长远，围绕总体目标和工作步骤，全市广大干部群众牢记使命、忠于职守，全力奋战在创森工作第一线，付出了心血汗水，建成了富有枣庄特色的一大批创森精品工程。二是敢于胜利精神。全国每年授予的“国家森林城市”名额较少，竞争非常激烈。创森不是一朝一夕之功，而是一个长期奋斗的过程。面对重重困难，对于认定的目标，凭着不甘落后、勇挑重担的责任和勇气，经受各种考验和磨练，以事实成果取信于民，实现了奋斗目标。三是精益求精精神。对创森每一项工作、每一个细节，周密计划、精心组织、明确责任、狠抓落实，做了大量扎实细致的工作，有力保证了创森工作有序、有效推进，保证了创森顺利通过国家核验。真干实干、敢于胜利、精益求精的“创森精神”，是枣庄精神的生动实践和真实写照，是我们最宝贵的精神财富，应把“创森精神”继续保持下去、发扬光大。

（三）创森“溢出效应”

三年的创森，产生了广泛而深远的溢出效应，让我们收获了绿色，收获了希望。一是发展理念变“新”了。建立了生态补偿机制，绿色发展、低碳发展成为各级政府的自觉行动，生态立市的理念和“种树如种德、育树如育人”的林业道德价值观深入人心。二是农民腰包变“鼓”了。林业产值逐年增长，农民涉林收入年均增长20%以上。三是城市天空变“蓝”了。2013年，枣庄“蓝天白云、繁星闪烁”天数达到156天，城市环境空气质量主要指标全年改善幅度位居全省前列。四是河流湖泊变“清”了。通过实施“三退三还”生态修复工程，增强了涵养水源的能力，枣庄境内7条主要河流全部恢复鱼类稳定生长，连续两年获得全省水质改善一等奖。五是转型脚步变“快”了。创建国家森林城市倒逼关停了所有小立窑水泥生产线，结束了枣庄50多年立窑水泥生产的历史，关闭30万t以下小煤矿和采石场、储煤场200多处，产业结构调整步伐明显加快。

二、今后一个时期的工作打算

《国家林业局国家森林城市核验反馈意见》给枣庄市提出了明确的要求（三年后复查），建设完善、巩固提升的任务还相当艰巨，全市还存在林业产业发展水平不高、森林资源管护还不够到位、森林生态文化建设基础较薄弱、林业治理能力不足等方面的问题。林业生态建设永无止境，“创森永远在路上”，为切实保护好、巩固好来之不易的“创森”成果，同时促进“四城”同创，发挥好“国家森林城市”的应有作用和魅力，使其成为枣庄人引以为豪的“国字号”生态招牌，按照市领导的指示，根据《枣庄市政府关于国家森林城市建设核验意见的整改报告》、《枣庄市国家森林城市建设总体规划（2012～2020）》的要求，在认真回顾总结创森工作，深入调查研究，反复研究论证的基础上，我们提出了大力实施“国家森林城市十大提升工程”的意见。2014年11月17日，枣庄市委副书记、市长张术平主持召开市政府第53次常务会议，会议听取了市林业局关于大力实施“国家森林城市十大提升工程”情况的汇报，并给予了充分肯定，原则通过了意见，决定以市政府名义下发文件，2015年开始在全市范围内大力实施。

“国家森林城市十大提升工程”建设的主要目标和内容是：经过3～5年的努力，全面完成《枣庄市国家森林城市建设总体规划（2012～2020）》，全面实现资源增长、生态优良、产业发达、文化繁荣、林农增收、山清水秀的发展目标，“国家森林城市”整体水平全面提升，现代林业治理体系基本形成，全社会“植绿、爱绿、护绿、兴绿”蔚然成风，广大城乡居民尽享“绿色生态福利”。市域森林覆盖率稳定在36%以上，林业产业总产值达到500亿元以上。

（一）中心城区环城森林公园打造提升工程

环城森林公园面积近60万亩，绿道总长度近200km，中心城区坐落其中，涉及4区1市和高新区。工程将按照城郊型国家级森林公园标准，编制完善规划设计，突出荒山造林，集中提升完善绿道网络，建设人行步道、休憩点和休闲驿站、标识系统、生态科普宣传等配套设施，争取3年内创建成国家级森林公园。

（二）荒山绿化攻坚工程

全面摸清全市24.6万亩荒山基本情况，制定2015年度及5年荒山绿化攻坚计划，坚决打一场荒山绿化攻坚战。加强新造林抚育管理，实行封山育林，争取一治一座山头、一绿一片流域。

（三）城乡生态绿色廊道建设工程

突出“四沿”（沿路、沿河渠、沿湖、沿边界）和“四环”（环城、环乡镇驻地、环村、环水库）重点，逐步形成水网、路网、农田林网绿化纵横交错的生态绿色廊道体系。

（四）森林防火与保护体系建设工程

森林防火、有害生物防控等工作，是保护“创森”成果重中之重的工作。着力抓好：森林防火装备、组织指挥及队伍、有害生物防控、林地保护等“四大体系”建设，确保森林资源安全。

（五）林业产业体系建设工程

坚持一、二、三产并举，突出石榴、长红枣等十大林业产业示范基地建设，大力发展“十大高效林业产业园”，重点发展果品生产和加工、苗木花卉、木材加工、森林湿地旅游和林下经济五大主导产业，开展“十佳枣庄森林人家”创建活动，强化基地建设、产业集群、龙头企业、品牌培育、市场开发和科技创新六大保障，全面加快林业产业化发展步伐。

（六）湿地保护恢复工程

目前，我市现有湿地面积2.6万hm^2，工程以创建国家级、省级湿地公园为抓手（力争3年达到15个），把运河流域、微山湖流域列为湿地保护和生态功能修复关键区，打造湿地修复重建示范工程，抓好湿地资源监测体系建设，促进湿地生态系统持续健康发展。

（七）乡土树种培育推广工程

乡土树种是历史和文化的传承延续。扶持建设1处市级、5处区（市）级优良乡土树种繁育示范基地，增加优良乡土树种造林比例，真正保存原真故乡记忆，维护生物多样性、保护生态平衡。

（八）古树名木保护工程

全面系统调查古树名木资源分布、生长状况和保护情况，建档立册、挂牌立碑，落实保护责任。建议市人大对古树名木保护及移植进行立法。建立种质资源珍稀濒危树种保存区域库2处，健全古树名木动态监测体系，确保其健康生长。

（九）森林生态全民共建共享工程

森林生态需要全民共建、成果也由全民共享。动员全社会履行好义务植树的法定义务，开展“森林乡镇”“绿化模范单位”创建、组建绿色志愿者队伍等活动，搭建公众参与平台，强化森林生态文化场馆等基础设施建设，加强生态宣传教育，保持好创森形成的“爱绿、植绿、护绿、兴绿”社会热情。

（十）现代林业治理体系建设工程

以深化集体林权制度改革为突破口，推进现代林业经营体系建设；以信息化建设为突破口，推进现代林业管理体系建设；以落实中央、省市补贴政策为突破口，推进现代林业扶持政策体系建设；以简化审批为突破口，推进现代林业服务体系建设，实现林业依法治理体系现代化，推进林业生态建设可持续发展。

以绿色理念引领科学发展

山东省烟台市林业局　周　旦

近年来，烟台市认真贯彻各级党委、政府关于加快林业发展的一系列决策部署，以建设生态文明为总目标，大力实施以生态建设为主的林业发展战略，不断提升生态林业和民生林业发展水平，走出了一条生态与民生协调推进、绿色与经济互促共赢的现代林业发展路子。2012 年，烟台市林业局被人社部、国家林业局评为全国林业系统先进集体；2013 年，烟台市被全国绿化委员会评为“全国绿化模范城市”。

一、林业建设取得丰硕成果

城乡绿化水平不断提高。2008 年至 2010 年，组织实施以荒山绿化为重点的三年大造林工程，2011 年至 2013 年，组织实施以水源地绿化为重点的三年水系绿化工程。2008 年以来，全市累计投资 28 亿元，新增造林面积近 120 万亩，森林面积达到 847 万亩；森林覆盖率提高 6.1 个百分点，达到 43.1%。探索建立起“项目化管理、工程化造林、专业化监理”的集约造林机制，对成方连片的造林地块，全部实行招投标造林；对偏远山区和零星地块造林，由市级财政通过政府采购购置乡土树种，县市区林业部门负责组织专业队造林，实行“责任到人、两年保活”的承包造林方式。造林合格率和成活率始终保持较高水平。

森林防火能力逐步提升。烟台市政府相继出台《关于加强森林防火能力建设的意见》和《关于进一步加强森林火灾预防与扑救能力建设的意见》，着力构建职责明晰的领导责任体系、统一顺畅的组织指挥体系、快速高效的火灾处置体系、坚强有力的基础保障体系、严肃有效的责任追究体系和全民参与的宣传教育体系。以全省开展森林防火能力建设达标和示范县创建活动为契机，强化措施，加大投入，不断提升森林防火能力水平。目前，全市 12 个县级行政区全部成为省级森林防火能力建设达标或示范县市区。2014 年，全市累计投入各类防火资金 2.4 亿元，森林防火能力大幅提升。

林业产业发展步伐加快。按照“生态优先、产业支撑、文化引领”的现代林业发展理念，把林业产业提升到富民兴烟的高度加以推进。市政府出台

《关于加快林业产业发展的意见》，确定以种苗花卉为重要突破口，改造提升传统优势产业、培育壮大地域特色产业、加快发展新兴朝阳产业的工作方向，通过狠抓基地建设、龙头企业培育、科学技术研发等有效措施，快速推进林业产业转型升级、提质增效。2013 年，全市实现林业产值 754.8 亿元，同比增长 17%，其中二、三产业均实现同比增长 15% 以上。

森林资源管理能力加强。以县级政府颁布实施林地保护利用规划为契机，从严控制占用林地规模，建立政府重点建设项目使用林地动态管理制度，加强林地使用全过程监管和服务，占用征收林地审核审批管理日益规范。坚持森林采伐限额管理制度和凭证采伐制度，超限额采伐和违规采伐林木行为得到遏制，林木采伐管理水平进一步提升。建立起以森林公安、林政和森保为主体的林业行政执法队伍，举办多种形式的林业执法培训班，林业执法人员素质明显提升，执法能力显著增强。市政府出台《关于进一步加强森林资源管理工作的意见》，并于今年在全市范围内组织开展“森林资源管理年”活动，建立完善管理制度，组织开展专项整治行动，严厉打击乱垦滥占林地、乱砍滥伐林木、乱捕滥猎野生动物和非法采伐移植树木等违法行为，有效保护了森林资源和生态建设成果。同时，森林资源集约管理迈上新台阶，国家级、省级和市级自然保护区分别达到 2 处、14 处、4 处，总面积 228.2 万亩；国家级、省级和市级森林公园分别达到 7 处、4 处和 10 处，面积 56.4 万亩；国家、省级湿地公园分别达到 3 处和 4 处，面积 18 万亩。烟台市同中国林科院合作完成的以白蛾周氏啮小蜂防治美国白蛾技术，在国内开创了生物防治美国白蛾的新途径，全市林业有害生物成灾率始终控制在较低水平。

林业各项改革全面深化。深入推进以“明晰产权、承包到户”为主要内容的集体林权制度主体改革，公益林明晰产权面积 337 万亩，商品林已明晰产权面积 364.3 万亩，发证 316.6 万亩，发证率达 86.9%。全面深化配套改革，全市现有林业专业合作社 1235 家，其中国家级、省级、市级示范社分别达 1 家、19 家和 15 家，互助合作、示范带动和助推发展的作用进一步增强。成立 1 家森林资源资产价格评估中介机构，各县市区均成立林权管理服务中心；积极推进林权抵押贷款和政策性森林保险工作，2013 年，全市通过金融机构办理的林权抵押贷款 2387 万元，通过合作社申报的林业贴息贷款 1.2 亿元，进一步创新了林业投融资机制，拓宽了林业投融资渠道。深入推进国有林场改革，全市 12 处国有林场均按要求落实了人员经费、事业费和基本建设资金。

二、林业改革发展将实现更大突破

林业是生态建设和保护的主体，全市林业工作将围绕中心、服务大局，不断深化林业各项改革，更好地推动生态林业和民生林业建设，为经济社会持续快速健康发展提供强大的生态保障。

加快造林绿化步伐。以创建国家森林城市为抓手，以深山远山造林、低标准林分改造、主要水源地造林和村镇绿化为重点，推进造林绿化提质增效、提档升级。加强森林抚育经营，提高森林单位蓄积量、人均森林占有量和林地资源利用率，持续提升森林质量和生态承载能力。同时，规范和鼓励发展一批个人、股份制等各种形式的生态林场，力争用3~5年的时间，全市重点生态公益林基本实现规模化经营、林场化管理目标，引导社会力量保护造林绿化成果。

加强森林资源管理。以打击破坏和非法占用林地、乱砍滥伐、破坏野生动植物等为重点，开展专项整治行动，加大涉林违法犯罪行为查处力度，保护好来之不易的绿化成果。划定沿海防护林、林地、湿地等红线，市人大将形成决议，实行最严格的保护措施，守住生态底线。不断增加森林防火资金投入，加强防扑火队伍和基础设施建设，全面提升综合防控水平，确保不发生大的森林火灾。

培育壮大绿色产业。以产业大市向产业强市转变为目标，立足烟台市区位优势和地域特点，建设速生丰产用材林基地、名优特新经济林基地和木本粮油基地三大基地，做大做强苹果及果汁、葡萄及葡萄酒两大传统产业集群，培育壮大木材及木制品、种苗花卉、林下经济和森林旅游四大新兴产业集群，进一步提升林业产业联合会和农民林业专业合作社的服务水平，确保林业产值不断增加，在扩大社会就业和增加农民收入方面做出更大贡献。同时，积极发展农民林业专业合作组织，大力推进森林保险，稳步开展林权抵押贷款工作，进一步规范林权流转，破解林业产业发展难题。

提升支撑保障能力。依托育种科研项目，选育优良树种和品种，通过示范园区建设，引领带动，加快推广，促进科研成果转化。加大林产品质量安全监测、抽查等工作力度，指导林农合理使用农药，加强林产品质量安全管理，提高林产品质量安全水平。采取人工、物理、天敌、生物制剂等无公害技术科学防控美国白蛾和松材线虫病疫情，减少环境污染，避免破坏生态平衡，同时大力营造混交林和近自然人工林，增强林分自然抵御病虫害的能力。转变职能、简政放权，创新管理手段，强化事中事后监管，提高服务群众的能力和水平。

烟台，一个让绿色引领的城市。绿，是烟台人引以自豪的城市名片，播绿，是烟台人永恒不变的追求，护绿，是烟台人永远坚持的信念。勤劳智慧的烟台人民将以科学发展观为统领，继续谱写一个又一个辉煌的篇章。

创新机制　破解难题
实现造林绿化持续健康发展

山东省无棣县林业局　王玉真　冯金荣

近年来，无棣县以科学发展观为统领，以打造“粮丰林茂·北国江南·中国枣乡·生态无棣”为目标定位，积极推进以生态林业和民生林业为重点的生态文明建设，连续组织开展大规模的林业会战，克服了淡水资源少、立地条件差、苗木成活率低等多重困难，在盐碱荒滩上营造出大片绿洲，先后建设了205国道、大济路、新海路、疏港路、长深高速、荣乌高速、滨德高速等7条干线公路近200km的绿色通道和新海、俊棣2个万亩生态林场及黄河岛、饮马湖、秦口河3处湿地公园等12项林业生态工程。特别是2012年以来，无棣县解放思想、更新观念，创新机制，埋头苦干，着力破解“树往哪里栽，钱从哪里来”难题，推进社会力量造林。累计完成新造林13万余亩，造林成活率达95%以上，全县林地面积52.27万亩，森林覆盖率提高到26.7%。2014年成功创成“山东省绿化模范县”，连续七年被市委、市政府授予林业生产一等奖，实现“七连冠”，全县林业工作实现持续健康发展。

一、造林新机制的主要形式

土地和资金是平原地区造林绿化的关键，从2012年开始，无棣县将发展生态林业和民生林业紧密结合起来，积极探索用市场化运作发展造林绿化的新机制，从实践中总结出了“由政府协调流转土地、企业（专业合作社、造林大户）担当造林主体”的新机制，成功破解了“造林用地少、造林资金缺”的难题，既减轻了政府财政负担，又实现了大地增绿、企业增效、农民增收的多赢效果。

新的造林机制主要有以下三种形式。一是企业造林模式。由政府将一些不宜耕种的零星分散土地实施流转，统一规划，通过招商引资，发包给造林企业进行工程造林。如2012年，山东神力发展有限公司在黄河岛的盐碱荒滩上投资5000余万元，建起全县首家面积1.5万亩的县级生态林场；二是合作社造林模式。依托政府建立的土地流转平台，以合作社为纽带，吸引村民以自己的零星荒滩土地入股，发展合作社造林。2013 年开始，以高文俊为理事长的小泊头镇俊棣树木种植专业合作社注册成立。去冬今春，入社社员以土地入股或以土地加劳动力入股、以资金入股等形式成功流转土地 1.5 万亩，投资 5300 万元，完成新造林 1.2 万亩，栽植白蜡、竹柳、香花槐、国槐、北栾、垂柳等各类树木 80 余万株，建成了无棣县第二家县级生态林场；三是种植大户造林模式。一个农户承包几十亩到几百亩盐碱荒地用于造林，依靠林业发家致富。2013 年，无棣县 32 家造林大户，承包了新海路、疏港路两条干线公路 65 公路的绿色通道建设任务，投资近亿元，完成造林 1 万亩，植树 60 余万株。截至 2014 年 11 月底，全县造林企业和专业合作社已达 46 家，造林大户 70 余家，近三年累计投入造林资金 4 亿元，造林 13 万余亩，育苗保持在 7 万亩以上。

二、推进造林新机制的主要措施

在推进造林新机制的过程中，无棣县主要采取了以下措施。

（一）积极推进土地流转

无棣县 11 个镇、街道全部成立土地流转服务中心，建立土地流转有形市场，及时发布土地流转供求信息，在造林绿化中，积极利用土地流转平台，破解造林用地短缺难题，促进林业生产规模化、产业化发展，为企业实施大规模工程化造林奠定了基础。如新海路、疏港路绿色通道建设工程，该县首先依托土地流转平台，将两条干线公路（境内全长 65km）两侧 50m 内的零散土地从农户中全部流转到镇政府，再由县政府将整片土地从各镇政府流转过来，形成成方连片的造林用地，进行整体规划设计，尔后通过招商引资，分段发包给造林大户，实施工程造林和抚育管护，具体实施中，县政府出台了承包者前五年免交土地租赁费，农户土地流转资金由政府支付的政策，从而极大地调动了大户承包造林的积极性。

（二）加大政策扶植

一是加大奖补力度。2012 年，县政府出台文件，规定县、镇级生态林场所栽植苗木成活率达 80% 以上，苗木规格在 2cm 以上的，每成活一株给予 6 元奖励；企业或个人造林连续面积超过 300 亩的享受以奖代补政策，且以奖代补资金直接兑付企业或个人；对重点工程，胸径 4 公分以上的白蜡类苗木，县财政补助金额由原来的 6 元/株增长到 2014 年的 15 元/株。同时，县财政对造林单位建成一个万亩县级林场，在市政府重奖 100 万元的基础上，再奖励 100 万元，建成一个 3000 亩的镇级林场，奖励 50 万元；二是为造林单位积极争取上级政策扶持。2012 年以来为县内涉林企业争取中央林业贴息贷款 1 亿元；三是鼓励发展林下经济。为解决林木生长前期只投入无收入的难题，采取以奖代补的形式鼓励林业企业发展林下经济，推进“以短养长”、“以下养上”，确保造林企业短期内得到效益回报；四是将外资造林纳入招商引资考核体系。为充分调动镇、街的造林绿化积极性，无棣县委、县政府大力倡导镇、街道通过制定优惠政策、优化投资环境、实施土地流转、搭建服务平台等措施，对外商发包绿色通道、生态林场和 100 亩以上的成片造林等重点绿化工程，吸引外商来无棣投资林业建设。县委、县政府规定从 2013 年开始，引进外资造林计入乡镇街道和部门单位招商引资任务，林业和绿色通道建设项目按实际投入认定引资额。

（三）强化技术指导

县林业局与涉林企业分别签订合作协议，企业造林时，做到先设计后施工，全部绿化工程由林业专业技术人员进行施工监理，确保按设计标准高质量完成造林；造林结束后，选派专业技术人员常驻企业，帮助企业进行新植树木抚育和管护，指导开展病虫害防治。

三、实施造林新机制的主要成效

一是提高了苗木成活率。新机制为造林后的林木管护打下了良好的基础，企业（专业合作社、造林大户）担当造林主体后，实施规范的工程造林，对新植树木实行严格的标准化管理，彻底解决了“年年重栽不重管”的难题，林木成活率和保存率达到 97% 以上，较原造林机制下的树木成活、保存率提高了近 30%；二是增加了企业收益和土地单产。通过土地流转，实现了树木连片栽植，企业根据林木的树龄、树种及生长特点，因地、因时制宜的发展不同类型的林下经济，实现“以短养长”、“以下养上”，改变了过去林木采伐前企业只投入没产出的状况，使企业短期得到效益回报，同时提高了土地的单产效益。2012 年，山东神力发展有限公司在黄河岛建设生态林场时，同步规划建设“林草间作”良种苜蓿繁育基地 1 万亩，现已开发建设 5500 亩，苜蓿及种子两项每亩年获纯收入 2000 余元，较原来单纯种植棉花效益翻了两番。无棣俊棣树木种植专业合作社在俊棣生态林场实施林下育苗，栽植各类苗木 3300 万株，年生产优质合格成品苗 2000 万株，全年实现经营收入 5037 万元。合作社还依靠资源、技术优势为其他造林企业提供苗木并负责栽植，造林结束后，合作社与造林企业按比例进行利润分成，延长了产业链，增加了合作社的长期效益；三是减轻了政府财政压力。以企业为造林主体，彻底打破了以往的“政府出钱，群众出地”的造林模式，由政府为造林主体变为企业造林主体的生产经营行为，从而使政府摆脱了“植树要花钱、抚育要花钱、管护也要花钱”的多重财政支出；四是提高了林业抗灾能力。2012 年 8 月，无棣县遭受“达维”风灾，树木及林下经济受灾严重。灾后，各造林企业充分发挥企业人力、财力、设备优势，迅速组织力量进行灾后自救，由于行动迅速，大大降低了新植树木的受灾死亡率，极大地减少了灾害造成的损失，其中，山东神力企业发展有限公司投入救灾资金 13 万元，组织全体员工连夜冒雨投入新海林场抗灾自救，由于排涝及时，除个别被大风折断树木外，其余树木均未因水淹死亡，林木损失远远小于其他林场；五是实现了林业生产产业化、规模化、集约化发展。目前，无棣县的新海、俊棣等 2 家大型生态林场，规模都达到 1.5 万亩以上，其他专业合作社的成方连片造林也均在 500 至 2000 亩左右。企业对林场实行产业化经营和标准化管理，彻底改变了过去的一家一户零星种植，重栽轻管或只栽不管的现状，为新植树木的抚育和生长创造了良好的条件；六是提高了农民收入。无棣县用于造林绿化的土地，大多属于盐碱地和干线公路两侧的零散土地，农户收入无几。实施土地流转后，企业以高于农户每年种地收入的价格付给农户土地承包费，农民可以腾出时间外出打工，还可以优先到造林企业上班就业，实现了“不离乡能就业，能种树就致富”。无棣俊棣树木种植专业合作社的社员大多为郭马村村民，以土地、劳动力等形式入股，2013 年合作社实现可分配盈余 1192 万元，向社员分配盈余 978 万元。社员由成立之初的 5 人，增加到现在的 232 人；七是调整了农业种植结构。新造林机制实施中产生的大面积土地流转、企业化经营管理和多模式林下经济，彻底打破了无棣县以小麦、玉米、棉花为主的单一种植结构。造林企业在建成的生态林场和其他大面积片林内积极发展多种模式的林下经济，实施“以短养长，以下养上”经营策略，在解决了林业投资大、效益周期长问题的同时，也使农业种植结构悄然发生了变化。目前，无棣县采用林草、林苗、林禽、林药、林菜等 10 余种模式发展大面积林下经济 10 余万亩；八是为开展大面积盐碱地造林打下了基础。无棣县地处沿海，北部地区大多为盐碱荒滩，淡水匮乏、适宜树种少，一些重盐碱地片寸草不生，常年荒芜。为实施盐碱地造林，无棣县经过多方考察论证，确定了适宜沿海滩涂种植的耐盐碱树种盐松作为绿化树种，县委主要领导亲自联系苗木建设单位，在上级林业部门的帮助下，2013 年，由县政府负责流转土地，通过招商引资，山东林昌园林绿化有限公司投资 3000 万元，在无棣北部建起了面积 3000 亩的全国最大的盐松繁育基地，2015 年即可在沿海滩涂区域进行大面积栽植，为无棣乃至全国盐碱荒滩绿化打下了坚实的基础；九是为其他林业工作发展提供了经验。在全面推进新机制造林的同时，无棣县坚持举一反三，将新机制推广应用到其他林业工作中，收到良好的效果。如在湿地保护与恢复工作中，无棣县将黄河岛国家级湿地公园和饮马湖、秦口河两家省级湿地公园分别依托有实力的企业投资建设，政府只负责建设报批、区域划定和规划设计，具体资金筹措和项目实施均有企业负责。2014 年，山东神力企业发展有限公司投资 5000 余万元，完成了湿地生态环境综合整治、植被保护与修复工程、外围防潮堤的修建、巡护道路的修缮、亲水木栈道以及科普馆的建设。2014 年 5 月湿地公园开始对中小学生进行科普教育。

抓住机遇　加大措施
努力实现林业发展新突破

山东省鄄城县林业局　杨爱民　冯善超

鄄城县辖 11 镇 4 乡 2 个办事处，总面积 1032km²，82 万人，多次被评为全国平原绿化先进县，1997 年被列为全国生态经济示范区，2009 年被评为全国平原绿化先进集体。近年来，在市委、市政府的正确领导下，紧紧依靠上级主管部门，鄄城县委、县政府抓住林业这一支柱产业，大打植树造林突击战，积极培植产业基地，迅速发展速生丰产林，使全县林地面积不断增加。截至 2014 年年底，全县有林地面积发展到 52 万亩，森林覆盖率达到 35.6%，林木蓄积量增加到 220 万 m³，全县林业总产值达 26.7 亿元。鄄城林业已形成了以林网为主体的多林种、多树种、多功能、高效益的综合防护林体系。林业的发展不但改善了自然环境，为农业提供了生态屏障，而且使林业成为我县农村经济的一大支柱产业。我们的主要做法是：

一、抓住时机，广泛发动，大打植树造林突击战

春季是植树造林的大好时机，我们尽早动手，利用植树造林的最佳时机，集中时间，集中力量，开展植树造林大会战。第一，广泛宣传发动，提高广大群众的思想认识。充分利用广播、电视，召开群众会、组织参观学习等多种形式，通过算账对比、效益分析，使群众认识到植树造林不仅具有较高的经济效益，而且有较好的生态效益和社会效益。第二，突出一个“早”字。做到人员早组织，土地早调整，政策早到位，苗木早调剂，措施早落实，为春季植树造林工作提供一切便利条件。第三，抓好示范带动。建立示范林，搞好示范带动，为群众提供看得见、学得会的样板，促进和带动植树造林工作的开展。县林业局的主要负责同志亲自带队，在绿化难度大、造林任务艰巨的地方进行造林试点。第四，搞好服务。搞好造林规划，切实加强技术指导和技术服务，随时解决植树造林工作中遇到的难题。

二、加强四大工程建设，稳步推进林业发展

结合我县四大战略“工业立县、商贸兴县、旅游强县、生态靓县”中“生态靓县”战略，加强生态建设，维护生态安全，稳步推进林业生产持续、健康发展，重点做好以下四项林业工程。

（一）速生丰产林工程

针对我县林木加工发展较快，木材供需缺口越来越大的现状，我县确立了以速生丰产林建设和低产围村林改造为主的速生丰产林工程，加大了林木资源的培育力度。

（二）绿色通道工程

绿色通道的建设，对展示我县风貌、提升鄄城形象、吸引外资、推动对外开放，起到了巨大的促进作用。几年来，我县按照省市建设绿色通道的要求，精心组织，狠抓落实，在省道、铁路沿线、新改造的县乡公路、新开挖的沟渠两侧，黄河大堤背河面范围内，大力营造绿色通道，取得了较好的效果。

（三）农田林网工程

农田林网是鄄城林业的一个突出亮点，是鄄城大农业的重要生态屏障。几年来，我们进一步加大了高标准农田林网更新改造的力度，切实抓好空档和大洼地段农田林网的建设和补植完善，基本消灭了空白路段、河沟。

（四）城镇村庄绿化工程

我县原有围村林15万亩，几年来，我们在统一规划的基础上，按照城乡统筹的原则，大力改造低产围村林，提高了林地的生产能力，提升了我县城镇、村庄的绿化水平。我们计划到“十二五”末，将围村林全部改造一遍，实现低产围村林的高产高效开发。

三、深化林权制度改革，增强林业发展新活力

集体林权制度改革，是贯彻落实科学发展观、建设社会主义新农村的重大举措，是稳定和完善农村基本经营制度的必然要求，2010年以来我们严格按照林改工作的要求，精心组织，周密安排，稳步实施，全面完成了集体林权制度的主体改革，增强了林业发展的活力和后劲。通过林权制度改革，让广大农民群众依法享有了林地的经营权和林木的所有权、处置权、收益权，激发了广大农民群众务林兴林的积极性，实现了森林资源数量的增长和质量

的提高，促进了人与自然相和谐，推动了经济社会可持续发展。

四、强化领导，搞好服务，确保林业生产顺利进行

近年来，我县把林业生产作为调整农业产业结构、增加农民收入、促进鄄城经济全面发展的主导产业来抓，切实加强领导，动员各行各业参与和支持造林绿化，全县上下形成了林业发展的整体合力。一是切实加强对林业工作的领导。县乡成立由“一把手”任组长的林业生产指挥部，实行了工作目标责任制，把林业生产作为致富工程，采取得力措施，努力扩大林业种植面积和产业化规模。二是强化对林业生产的督促检查。在植树造林会战中，县六大部门负责人多次到现场检查指导造林工作，认真查找及时解决造林工作中存在的问题和不足。县人大和县政协还适时组织人大代表、政协委员对林业生产情况进行视察，促进了造林工作的开展。三是加大奖惩力度。县委、县政府制定了林业生产奖惩意见，将各乡镇植树造林工作的结果纳入年终林业支柱产业的考评中，对前六名的乡镇进行奖励。各乡镇也制定了一系列的优惠扶持政策，对植树农户实行资金补助措施，对分散不宜造林的地块进行集中调整，对经济困难的农户积极为其协调造林资金。同时，在电视台开设了林业专题栏目，给群众讲林业生产技术、市场行情、致富经验等。并组织林业技术人员分组包乡镇，深入造林第一线，给群众进行面对面的指导，及时解决生产过程中的技术问题，既调动了群众植树造林的积极性，又加快了进度，提高了造林质量。

近年来，我县林业生产虽然取得了一定的成绩，但是离上级的要求，与兄弟县区相比还有一定差距，我们一定借这次会议的东风，进一步解放思想，更新观念，深入推进集体林权制度配套改革，积极探索配套改革的方法，继续抓好速生丰产林、绿色通道、农田林网和城镇村庄绿化这四大工程建设，实施林业长防工程建设、科技推广、种苗基地建设、中幼林抚育、村庄绿化等项目，同时整合扶贫、开发、水利等部门可用于林业生产的项目，抓住春季植树造林的有利时机，明确任务，落实责任，加强督导，严格奖惩，力争2015年新增造林2万亩，建设绿化示范村庄10个，新建、补植完善农田林网8.5万亩，超额完成市政府分配的林业生产任务，进一步把我县的林产业做大做强，努力实现鄄城林业发展新突破。

扎实推进资源增长　奋力建设美丽漯河

河南省漯河市林业局　宋孟欣

两泓碧水穿城过，满城翠绿入眼帘。如今的漯河，城乡道路密荫蔽日，城市游园鸟语花香，农家果园硕果满枝，绿色让沙澧大地处处美景如画。

近年来，漯河市以“建设生态宜居城市、打造美丽漯河”为目标，以实现“生态惠民”和“兴林富民”为抓手，坚持“生态文明建设”和“林业产业化提升”双轮驱动的发展思路，融入“绿色、健康、安全”新理念，在2600多 km^2 土地上坚持不懈植树布绿，森林资源不断实现“双增长”，“绿色”已成为食品名城的一张亮丽名片。

一、科学规划，引领绿城建设

漯河市始终把打造优美生态环境作为城市发展的第一资源来抓，把森林资源增长作为转变发展方式、改善生态环境、拉动城市经济、建设生态宜居城市的重要工程来抓。2005年，把建设生态宜居滨河城市纳入“十一五”规划，把生态建设作为漯河快速崛起的战略支撑点。2006年，市五次党代会提出了打造中原地区富有魅力的生态宜居名城的发展定位，并使之与打造最具竞争力的中国食品名城相互促进、相得益彰。2007年，提出了创建国家森林城市的工作目标，进一步确立了“让森林走进城市，让城市拥抱森林”，“抓绿化就是抓发展、抓生态就是促转变”的新理念，同时充分考虑漯河食品产业特点，在森林城市建设中融入“绿色、健康、安全”理念，超前谋划森林城市建设。2011年，漯河市市政府与省林业厅签署了《合作建设中原经济区城乡绿化一体化示范市框架协议》，开展市厅合作，进一步改善生态和发展环境，对漯河在中原经济区建设中加快崛起产生重大影响。

2013年，漯河市科学编制了《漯河林业生态市建设提升工程规划（2013～2017年）》和《漯河绿地系统规划（2013～2030年）》，进一步描绘了漯河城乡绿化的中长期发展蓝图，开启了漯河林业生态建设的新征程。目前，漯河市相继获得了国家园林城市、中国人居环境范例奖、全国绿化模范城市、国家森林城市等殊荣。绿色给这座青春的城市增添着魅力和荣耀。

二、突出特色，统筹城乡绿化

在发展森林资源过程中，漯河市着重在城区周围建成了40km长的围城防护林带，依托沙澧河市区段建成了32km的沿河林带，在市区建成了6000余亩的森林公园，城市森林总面积达到2.4万亩；在主干道路建设了全长630km、宽20多m的绿色廊道；在连接城乡的道路上建设了近2000km的防护林和风景林带；在240万亩农田建设了高标准的防护林网。

在城市，漯河市突出服务城市发展、改善人居环境，按照“扩绿增量，精品园林，管理形象”的工作方针，通过规划建绿、占地布绿、见缝植绿，均衡绿地布局，扩大城市绿量，拓展绿化空间。相继对高速北入市口、东入市口、西南入市口进行绿化提升；广泛开展街头健身游园建设，打造民生工程，形成精致高雅的园林精品艺术景观；大力开展果树进城和桃花工程，形成了四季有花、三季有果、花果飘香的美丽景观；通过见缝插绿、拆墙透绿、立体绿化等办法，逐步提升老城区以及背街小巷绿化水平；在建设过程中，运用现代绿化技术和手段，高品位设计，高标准建设，确保了点上出精品，线上成景观，面上显绿量。

在农村，漯河市坚持森林化和园林化相结合，按照新农村建设总体规划，在各村镇主干道路、庭院内外进行绿化，建设乡村小游园、小果园以及环村镇防护林带，积极引进园林绿化树种，进村入院；按照“大绿量、高密度、乔灌花、四季青、既造林、又造景”要求，在市域内高速、国道等主干道路沿线两侧建设10～30m以上宽度的“廊道绿化墙”；依托高标准粮田“百千万”工程，着力营造田成方、林成网、路相通、沟相连的平原农田林网建设景观，农田林网控制率达到95%。

独具匠心的设计初步形成了城区园林化、郊区森林化、通道林阴化、农田林网化、乡村林果化的城乡一体绿化新格局，打造了人与自然和谐相处的生态宜居家园。

三、绿色产业，推动资源增长

近年来，漯河市紧盯中原经济区“三化”协调发展示范区这一战略目标，树立林业经济强市的发展思路，按照生态建设产业化、产业发展生态化的要求，“双轮”驱动，在打造绿色经济增长极的同时，实现森林资源的可持续增长。

围绕三大产业带建设，漯河市充分发挥《漯河林业生态市建设奖补办法》的政策导向作用，通过政策扶持、土地流转、招商引资，培育专业合作组织等措施，鼓励大户、公司沿107国道、京珠高速、漯舞路发展经济林、种苗花卉产业带，打造了一条条绿色长廊，实现了政府要生态，农民要效益的双赢局面。目前，全市经济林、种苗花卉基地面积达到8.01万亩，经济林、苗木花卉业正成为漯河林业产业的一支重要新生力量。

伴随着城镇化步伐，绿色生态建设已经成为一个拉近城乡距离的产业。漯河市围绕打造“半小时都市生态经济圈”，在近郊10个卫星镇、13个重点镇大力发展以特色经济林果、花卉苗木等绿色产业，发展林业生态文化园、科技园、采摘观光园，让“城里人有处玩、农村人有钱挣”。目前，越来越多的农户、公司加入了发展生态观光林业，开发“农家乐”、“采摘游”的行列。全市发展百亩以上林业示范园区15个，千亩以上的示范园区5个。

与此同时，漯河市注重引导木业加工、林果加工、林下魔芋、林下菌菇4大林业产业化集群发展，并纳入全省林业产业化集群。培育形成了以杜曲镇、北舞渡镇、太尉镇木业加工区为核心的木业加工集群，全市木业加工企业达595家；打造了邓襄镇、后谢乡葡萄，龙城镇优质鲜桃，梨园周黄金梨、大刘镇晚秋黄梨等一批规模化名优特林果基地集群，全市百亩以上的示范基地达到142个，其中千亩以上林果示范基地9个。推广林下魔芋、丹参等林下种植模式，全市发展林下经济5.8万亩。培育了河南省胡桥园林绿化工程有限公司、漯河伊人黑玫瑰有限责任公司等8家省级林业产业化龙头企业。

四、创新机制，绵延绿色之路

漯河市将农村造林绿化和城市园林绿化管理职能合并，组建了漯河市林业和园林局，构建了市县乡村四级管理体系，强化城乡一体绿化建设职能。从体制上彻底改变了过去城乡绿化规划不协调、建管分离、职能交叉的现象，为实现林业生态建设可持续发展提供了可靠的体制保障。

在不断加大林业生态建设投资力度同时，漯河市又出台了《漯河林业生态市建设奖补办法》，建立起政府投入为主，社会投入为辅的城乡绿化建设投入机制，积极探索认建认养绿地，拍卖游园冠名权等多种融资方式筹措绿化建设资金，大力推行大户承包造林、公司造林、股份制造林，拓宽造林投资渠道，保证城乡绿化建设资金。

作为全省唯一平原地区林改示范区，漯河市在全省率先提出“不栽无主树，不造无主林”的理念，以“明晰所有权、放活经营权、落实处置权、确保收益权”为重点，深化集体林权制度改革，成功探索出平原农区集体林权制度改革“漯河模式”，引导支持发展农民林业专业合作组织，以承包造林、合作造林、公司造林为主要模式的造林新机制带动了绿化事业的健康发展，实现了造林数量和质量的双增长。目前，全市农民林业专业合作社 89 家，入社农户 5300 户，产值 4.5 亿元，从业人员 2 万多人，7 个合作社成为全省“农民林业专业合作示范社”。

为实现依法治林，漯河市相继出台《漯河市城市绿化实施细则》、《漯河市古树名木保护管理办法》等多项林业园林相关规定制度，成立了森林公安分局和园林执法监察大队，加强对农村和城市森林资源的保护和管理，严格落实绿化资源保护期制度，实行“绿色图章”制度和“绿线管制”制度，相继组织开展“绿剑行动”、“绿盾行动”、“春蕾护花保果行动”等专项活动，有效维护了漯河市的林业生态安全。

在防治林业有害生物方面，漯河市发挥豫中南林业有害生物天敌繁育研究中心作用，抓住全省唯一的河南省生物防治示范区落户本市机遇，积极开展以虫治虫、以菌治虫、以鸟治虫等多种生物防治技术研究应用。自 2008 年漯河历史上首次开展飞机防治森林病虫害以来，每年对重点通道、林网实施飞机防治森林病虫害，实现“有虫不成灾”，避免“夏树冬景”现象发生。近年来，全市森林病虫害成灾率始终控制在 4‰以下。

五、全民参与，共享绿色果实

2009 年，漯河市委、市政府出台了《漯河市全民义务植树实施办法》，将每年的 3 月份定为全市义务植树活动月。长期以来，漯河市坚持“四大班子”领导带头参加义务植树制度，一直延续至今。

建市以来，漯河市各级政府每年都会选一个地点取作为义务植树基地。各区县、各部门组织多层次、多形式、各具特色的义务植树活动，建立了“巾帼林、党员林、学子林、八一林、青年林、民建林”等多种特色纪念林基地。

漯河市注重凝聚社会力量参与林业生态建设。通过开展绿化达标活动，雨后春笋般涌现出一批国家、省、市级“绿化模范单位”、“绿化先进集体”和“园林式单位”、“园林式小区”、“绿化示范村”。举办“生态家园？魅力漯河”生态保护与生态文明摄影作品征集活动，利用“植树节”、“世界湿地日”、“爱鸟周”、“野生动物保护宣传月”等载体，广泛宣传生态文明理念，使广大漯河市民爱绿、护绿、兴绿的意识大为增强。

“谁不夸咱漯河好，生态宜居美名扬……”在漯河市区淞江路和黄山路交叉处的游园里，一群戏曲爱好者悠闲地自拉自唱。拉弦子的赵大爷感慨道：“我们简直就是生活在一个巨大的森林里。这些年，我们的物质生活上去了，生活环境也好了。”

“我家100来亩林地，现在光靠林下种植，每亩每年都能多赚一万多块。”漯河市临颍县台陈镇裴墩村村民陈书秀高兴地说。近年来，陈书秀在自家林地内发展林下经济，种植培养百日红、红叶李、大叶黄杨、瓜子黄杨等绿化苗木，仅苗木一项年收入就达100万元。

近年来，漯河市强力推进林业生态建设，结出了一串串生态之果、惠民之果、发展之果。目前，全市城市绿地率、绿化覆盖率、人均公共绿地面积分别达到34.92%、40.12%和12.75m^2，林木覆盖率、林木蓄积量分别达到26.35%和304.54万m^3。2013年，全市林业总产值达到38.5亿元，农民人均林业收入达到575元以上。

林业生态建设只有起点，没有终点。漯河市将继续高举生态文明建设的大旗，用华彩之笔绘就美丽画卷，让漯河的天更蓝、水更绿、空气更清新、人民生活得更加幸福。

抓住机遇 科学谋划
推动非公有制林业的蓬勃发展

湖南省益阳市赫山区林业局 张健前 熊 军

2003年，中共中央、国务院出台了《关于加强林业发展的决定》，鼓励放手发展非公有制林业。党的十八大报告提出："培育新型经营主体，发展多种形式规模经营，构建集约化、专业化、组织化、社会化相结合的新型农业经营体系。"赫山区以此为契机，紧紧围绕"建设丽都益阳，打造生态赫山"的总体目标，凭借得天独厚的区位优势和资源优势，打破传统单一的营林模式，突出国家重点工程造林，大力推动以楠竹、杨树、油茶、花卉苗木和生态旅游等"五大"产业为主的非公有制林业的蓬勃发展。我区以培育林业大户、林业农头企业、专业合作社为重点，全面提升发展林业经营主体，形成了以企业为龙头、合作社为骨干、高素质专业大户为基础、社会有生力量共同参与的新型林业生产队伍。

一、非公有制林业发展基本情况

益阳市赫山区位于湘中偏北，是益阳市的政治、经济、文化中心。总人口87.7万，面积195万亩，辖12个乡（镇）、5个街道、1个工业园。全区现有林业用地面积57.9万亩，森林覆盖率达31.87%，林木绿化率达34.08%，活立木总蓄积达139.5万m^3。自2005年以来通过大力发展非公有制林业，我区成功引进本地和外来房产开发、建筑、服务行业等公司企业投资赫山林业生产建设，实现了以工辅林、工业反哺林业的转型，全区非公有制林业发展势头强劲。全区共引进华林公司、三盟公司、春光花卉苗木合作社等造林公司、专业合作社16家（其中造林千亩以上的公司有7家），发展大小苗圃150余家，木竹经营加工厂（户）313家，共吸收社会资金近4亿元，提供就业岗位1万多个。全区累计共种植杨树13万亩；发展楠竹2.2万亩；油茶9200亩，种植珍贵树种2700亩，花卉苗木5600余亩。2014年，全区林业总产值达32.65亿元，其中非公有制林业经济占90%以上。

二、非公有制林业发展的主要形式及特点

（一）主要形式

目前全区非公有制林业的主要形式有公司经营、以工补林、股份合作等。一是公司经营。公司采用“公司+农户”的经营方式，有效地带动了当地经济发展。如益阳建初园林有限公司成立于2005年，现有苗木生产基地640余亩，资产总额4500万元。二是以工补林。衡龙桥镇个体老板刘荣华，事业成功后，不忘家乡林业发展，创办华荣农林科技发展有限公司，以工补林，投资200多万元，在衡龙桥镇鱼形山村建立1000亩油茶丰产林示范基地。三是股份合作。如刘芳清、邓亚龙、殷立新等三人合股创办三盟油茶有限公司，在泥江口镇租赁山地面积3000余亩，专门从事优质高产油茶开发。

（二）主要特点

1. 组织领导责任化，打下了坚实基础。近年来，赫山区委、区政府坚持以科学发展观统领林业工作，把非公有制林业建设作为“兴林富民，富民强区”的重要举措，摆上重要议事日程，区委、区政府多次召开常委会、区长办公会，对我区非公有制林业建设进行专题研究，确定发展思路和目标，明确工作措施，积极组织银企对接，正确引导营造林主体瞄准投资方向，加大投资力度。先后出台了《大力发展杨树生产的决定》和《大力发展油茶产业的决定》等，在政策上给予支持和扶持。每年对营造林出色的营林企业给予表彰奖励，实行以奖代投。组织开展银企对接，积极为企业创造融资平台。同时，严格实行区级领导包乡镇，区直部门包重点项目，乡镇领导包村组，乡镇干部、村级干部包路段、地块责任制，层层落实责任。区林业局对营林企业尽最大能力给予支持，在林业工程项目上对林业经营公司予以倾斜，优先安排。各乡镇结合当地实际，制定出本乡镇林业产业发展规划和年度计划、工作措施，为全区非公有制林业产业发展打下了坚实的基础。

2. 经营主体多样化，调动了群众积极性。我区按照“明晰所有权、搞活使用权、放开经营权”的思路，推行“谁造谁有、合造共有”、“谁经营、谁投入、谁受益”的政策，进一步挖掘广大农民生产经营潜力，鼓励企事业单位、各类经济组织和个人跨行业、跨所有制、跨地区开发经营林业，实现林业经营主体多样化，全区造林个体、企业数量不断增加，经营主体不断扩大，资金投入不断增长。衡龙桥镇春光花卉苗木专业合作社，吸收当地农民为合作社成员，本着“分散经营，集中管理，风险同担，共谋发展”的宗旨生产经营，农民在以山入股，坐收红利的同时，也可以作为劳动力参与造林、护

林，获取工资。合作社总资产由2005年的100万元增长到达2000余万元，全村105户家家入股，户户分红，甚至许多外村农民都纷纷要求入股，农民投资林业的积极性空前高涨。

3. 林业产业特色化，增加了经济效益。十七大党代表徐琼花投资创办绿海园林有限公司，建成"益阳市现代林业建设彩叶植物赫山示范园"和笔架山花卉苗木基地，拥有固定资产3000万元，常年职工200多人，致力发展"一树多花"等特色花卉苗木，得到了国家林业局副局长祝列克的充分肯定和高度评价。会龙山仙蜂岭文帆园林苗圃基地正着手建立一个珍稀树种彩叶植物大观园，彩叶植物品种达200多个，这些彩叶植物的造景功能强，市场价值高，很适宜于绿化、美化、彩化、香化城乡人居环境。目前，基地苗木总价值达6000多万元，每年解决农村剩余劳动力近百人，农民收入上百万元，成为当地农民的主要收入来源，堪为全区兴林富民典范。华林实业有限公司自2004年以来大力发展速生杨，聘用当地农民用工56万个，发放农民工资达2300万元，护林工资710万元，每人年平均工资在1.5万元以上，使全区12个乡镇、260多个村的21000户农户受惠，加快了农民脱贫致富步伐。

4. 经营管理科技化，提高了管理水平。我区非公有制林业企业十分注重科技成果的引进和运用，走科技兴林道路，依靠科技进步和创新，推动了我区非公有制林业的稳步、健康发展。建初园林有限公司突出发展转基因育种、容器栽培、生物生化工程技术以及多媒体等智能化信息技术管理系统，聘请工程设计、园林绿化施工等专业技术人员15人，机械施工等硬件设备一应俱全，具有三级园林绿化资质，现已发展成为国家现代林业示范基地。华林实业有限公司专门设立了工程技术部，聘请高中级专业技术人员32人，护林员378人，装备了车驾式喷雾机等先进科技设备，对速生丰产林的种植、病虫害防治、冰雪灾害应对等实施科学指导，进一步提高了造林、护林的科技含量和管理水平，确保了林木的成活率、保存率，使昔日荒芜的渠道、河洲变成了郁郁葱葱的绿色屏障。

5. 造产销一体化，加快了林产品开发步伐。按照"山上办基地，山下建工厂，山外找市场，科技创高效，致富奔小康"的思路，我区积极探索加工增值致富的新路子，推动林业产业种植、生产、销售一体化，实现林产品加工由粗加工向精加工的重大转变，进一步发展壮大了以海利宏竹业有限公司、金浩油中王油脂有限公司、恒丰板业有限公司、聚宝园竹业开发公司等林工企业，加快了茶油、凉席、竹筷、竹砧板、竹木家具、集装箱底板以及竹木工艺品等林产品的开发步伐。

三、非公有制林业发展存在的主要问题

我区非公有制林业虽然取得了较大的成绩，但是，仍存在一定的问题。主要表现为：

一是群众思想认识不够，积极性不高。由于林业发展周期长、见效慢，群众没有充分认识到发展林业的重大意义，不能妥善处理长远利益和眼前利益的矛盾，缺乏发展林业的积极性；有的群众思想观念落后，不理解、不支持非公有制林业，在经营者租地时谈条件、提要求，故意制造阻力，导致经营者租地困难，矛盾激烈，严重干扰了非公有制林业的发展。

二是生产组织形式落后，企业管理体制不规范。我区非公有制林业主体中相当一部分是个体经营户，采取的是农户家庭式经营模式，生产组织形式落后，规模小，投资少，收入低，在一定程度上挫伤了经营者的积极性。有的盲目跟风，随意性大，责任心不强，持续开发能力薄弱。有的单纯造林，没有形成产业链，后续产业发展跟不上。而现有规模营造林企业经营管理还处在初级、探索阶段，管理体制不成熟，不规范，集约化程度还很低，生产成本居高。

三是科技含量不高，经济效益低。有的经营者简单地认为造林仅仅是把树栽下去了就行，缺乏林木种植、培育、病虫害防治等方面的知识、技术，或者一知半解，或凭经验，甚至有的采取自生自灭、自然成材的粗放式经营，新技术、新成果、新经验应用率低，科技含量不高，缺乏完备的科研体系支撑，导致林分质量不高，树木成活率、保存率低，经济效益跟不上。

四是造林管护不力，部门配合意识不强。“三分造林，七分管护”，由此可见保护好森林资源是何等重要，但目前很多营林者特别是个体林农，重造轻管现象严重，乱砍滥伐、毁林损林事件时有发生。有一些不法分子利欲熏心，无证、超额采伐林木，使森林资源破坏严重。同时，水利、国土、农业、通信、电力等部门在建设施工特别是重点工程建设时，毁林随意性较大，主动与林业部门协调、配合的意识不强。

五是资金信贷政策不足。充足的银信贷款对于非公有制林业发展来说是一种巨大的推动，直接影响到非公有制林业企业的发展壮大，但目前政府还未正式出台有关发展非公有制林业的政策文件，森林资源资产评估机制还不够健全，相关抵押贷款政策难以落实，林业企业在租地、公司运转等资金投入方面面临着更大的压力和困难，导致众多营林者空有一腔抱负，却因资金问题难以大展宏图。

六是规模林工企业数量少，缺乏带动力。楠竹产业是我区的传统产业，竹筷、竹砧板、竹木家具、竹凉席等竹木产品在省内外享有盛誉。纵观全区现有竹木经营加工单位313家（办证的），其中加工业108家，但上规模的加工企业仅3家，其他都是以个人加工和家庭式小作坊为主。由于目前全区的竹木加工企业存在数量少，规模小，分布散，粗加工多，精加工少，工艺品种单一，缺乏规模林工企业的带动力等问题，导致市场竞争力不强，经济效益偏低，有的林工企业也因此而停产、关闭（如衡龙桥镇的天意竹业有限公司现已停产），其他有意投资林业的人也因此望而怯步。

四、非公有制林业发展对策及建议

1. 不断解放思想，切实转变观念。原国家林业局贾治邦局长曾在全国林业厅局长会议的讲话报告中指出：解放思想、与时俱进是事业不断取得胜利的重要思想武器。各级政府、林业部门要切实解放思想，不断创新宣传模式，拓宽宣传渠道，充分发挥电视、报刊、电台、互联网等新闻媒体、网络平台覆盖面广、影响力大的作用，广泛宣传好党和国家的林业产业政策和优惠政策，宣传林业的经济、社会、生态效益，使全社会了解、参与、支持非公有制林业，懂得如何发展、保护非公有制林业，切实转变“重造轻管”、“等靠要”等陈旧思想观念，充分调动广大群众投身非公有制林业的积极性，营造全社会关注林业、重视生态建设的良好氛围。

2. 实施政策引导，加强产业指导。各级政府必须坚持以科学发展观为指导，将非公有制林业建设作为今后林业建设的一项重要内容进行研究和部署，尽快出台相应的鼓励性政策，进一步深化集体林权制度改革，鼓励森林资源依法合理流转，加快林业要素市场的建立，培育森林资产评估机构，规范森林资源流转程序，确立“政府引导、市场主导、社会参与”的产业发展原则，明确非公有制林业的发展重点、方向、目标，通过优化产业结构，加强产业指导，推动非公有制林业发展。

3. 改善发展环境，加快林地流转。一是改善投资环境，完善投资者利益保护机制，认真协调处理投资者在投资经营中与当地群众产生的矛盾和纠纷，进一步激发社会各界参与营造林的积极性。二是坚决执行各项林业税费政策，切实减轻林业经营户的负担，全力为非公有制林业发展营造一个良好的发展环境。三是加强基础设施建设，建立森林资产评估中心、林地流转中心，筹集林业发展资金，提高营造林质量和效益，促进林地的开发利用。四是加快林地流转步伐，因地制宜、合理选择林地流转形式，保证林地流转效率，推动营造林由农户零星造林向公司大户集中规模营造林的转变，实现营造林规模化、集约化。

4. 加大扶持力度，提供技术服务。一是加大项目扶持力度，积极争取退耕还林、长防林、血防林、油茶产业等国家、省级重点项目，支撑非公有制林业发展。二是拓宽融资渠道，增加对非公有制林业的投入，积极组织银企对接，争取林业贴息贷款，加大招商引资力度，吸纳区内外民间资本参与非公有制林业开发。三是协助营造林企业搞好规划设计，把住种苗质量关，对整地、挖穴、施肥、病虫害防冶等各个环节提供及时、准确的技术指导，主动为非公有制林业经营者提供新技术、新材料、新成果转化等相关服务，实现非公有制林业向集约化经营、产业化发展的方向转变，不断提升林业经济效益与社会综合效益。

5. 发展林工企业，壮大林业产业。一是政府应加强林业产业工作机构及相应职能建设，成立专门产业机构，明确专人负责林业产业及企业相关政策咨询指导和协调服务，进一步促进林工企业发展的规范化、制度化。二是结合当地资源分布、地理地貌等实际，根据林工企业的产业特点、地域特点，进行合理规划，确保布局合理，健康发展，实现林业产业发展的集约化、规模化。三是创新机制，放宽民营企业林业投资准入范围，有序开放木竹林付产品及林木种苗经营市场，扩大林业产业经营范围，吸收外地甚至外资林工企业落户，通过优化生产要素配置，盘活资产，进一步推进林工企业的发展壮大。四是坚持扶优扶强，培育壮大龙头企业的原则，给予林工企业税费减让、资源保障、融资贴息等政策和财政支持，积极引导非公有制林工企业加大科学技术的运用，引进、培养专业技术人才，开发新产品，拓宽销售网络，增强市场竞争力，力争生产、加工、销售达到新的水平，进一步做大做强林业产业。

全面做好森林资源管护工作 促进林业持续健康发展

广西壮族自治区马山县林业局　韦忠儒

自2011年以来，在各级党委、政府以及上级业务主管部门的正确领导和支持下，我县始终坚持以邓小平理论、“三个代表”重要思想、科学发展观为指导，全面贯彻落实党的十八大、十八届三、四中全会精神，严格实行中央八项规定和六条禁令，扎实深入开展党的群众路线教育实践活动，切实转变工作作风，严格按照《马山县十二·五林业发展规划纲要》，认真抓好营林生产、资源保护、项目建设等各项工作，并能如期完成各项指标任务，取得了较好的成效。

一、主要工作成效

（一）“绿满八桂”营造林工作成果显著

2011年至2014年，全县共累计完成荒山造林4.2万亩，石漠化治理封山育林11.6万亩；迹地更新6.8万亩；共完成义务植树407万株，完成珍贵树种送农家22万株；共实施村屯绿化项目71个屯，建成区绿化7个，通道绿化16km。

（二）森林覆盖率和森林蓄积量逐年增长

2011年森林面积为209.28万亩，森林覆盖率为59.57%，森林蓄积量为363.69万m^3；2012年森林面积为219.68万亩，森林覆盖率为62.53%，森林蓄积量为398.20万m^3；2013年森林面积为219.93万亩，森林蓄积量为414.33万m^3，森林覆盖率为62.60%；2014年森林面积为221.15万亩，森林覆盖率为62.95%，森林蓄积量为430万m^3。森林面积平均每年增长2.97万亩，森林覆盖率平均每年增长0.84%，森林蓄积量平均每年增长16.6万m^3。森林面积、森林蓄积量、森林覆盖率增长分别是十一五规划的3.4倍、1.53倍、1.04倍。

（三）森林病虫害防治工作不断加强

2011年至2014年全县林业有害生物累计发生面积4.98万亩，实际发生面积4.98万亩，成灾面积0.19万亩，成灾率0.58‰，达到目标管理责任状成灾率4.5‰以下指标要求量；松材线虫病监测覆盖率达100%，完成松材线虫病防治目标责任书中的各项指标要求。

（四）森林防火工作稳步推进

全县森林防火办机构编制为4名，实际在职工作人员5人，配有消防车一辆，国产西北风力灭火机40台，进口日本力松风力灭火机30台，割灌机2台，油锯2台，对讲机20台（车载台4台），阻燃服100套；全县专业森林消防队在编人员30人，建有专门的消防营房，2011年来由于防火工作措施得力，无重、特大森林火灾，无重大人员伤亡发生，森林火灾受害率均控制在0.6‰之内。

（五）重点生态公益林管护补助金逐年提高

2011年至2014年度，全县生态公益林总面积为145.84万亩，补助经费逐年增加，从3.5元/亩逐年提到14.75元/亩，在管护区没有发生盗伐、滥伐或毁坏国家级公益林情况。国家和自治区财政拨付的生态公益林补偿基金管护支出兑现率均95.2%以上。

（六）推广弄拉模式自然保护小区建设不断深入

广西弄拉自治区级自然保护区总面积12.7万亩，涉及14个村，157自然屯，涉及人口8000多人；全县推广“弄拉模式”自然保护小区建设29个，涉及9个乡镇，总面积为19.9万亩。

（七）石漠化治理得到全面推进

为加快我县大石山区造林步伐，遏制石漠化发展，改善石山区生态环境，促进群众脱贫致富，保障经济社会可持续发展，多年来，我县在大石山区进行了以封山育林、石山造林为主要内容的石漠化治理工程措施，至今，全县累计完成石山封山育林面积11.6万亩，人工造林1.9万亩，取得了一定的生态、经济和社会效益。

（八）林业基础设施建设不断完善

全县总投入414万元建设11个乡镇林业站业务用房，总建筑面积1650m^2；投入60万元建设森林消防营房；投入150万元建设森林公安局永州林场、光明山林场派出所办公用房；国有林场危旧房改造稳步推进，光明山林场已完成改造16套，完成建筑面积2080m^2，余下57套为异地新建项目，建设地点在原马山县城内昂木材综合加工厂内，项目正在建设中。永州林场已完成改造并通过验收有85套，余下的45套于县城以购买经济适用房的方式完成，投入20万元提升周鹿林业站标准站建设。

二、主要经验和做法

（一）加强领导，强化责任

为切实加强我县林业生态的保护和管理，促进林业快速发展。县委、县政府把林业工作当做重要议事日程，制定林业发展规划，落实好分管林业领导，配备好林业主管部门的领导，各乡（镇）政府明确分管林业的领导，健全乡镇林业工作站，为林业发展提供有力的组织保证。在执行《责任状》过程中，实行主要领导负责制，明确责任，狠抓落实。

（二）林业主管部门强化森林资源保护管理工作

通过凭证采伐、限额采伐、监控采伐，打击乱砍滥伐、违章运输、无证经营（加工）木材等行为，同时加强山林纠纷调处、林地保护、森林防火、生态公益林管护、森林病虫害防治等工作，多管齐下，有效地保护森林资源，促进了森林资源的增长。

（三）加强林业执法队伍建设

通过狠抓林业执法队伍建设。加强对执法人员的管理和培训，提高执法人员的业务素质，切实保证林业法律法规的贯彻实施。

（四）采取多渠道集资形式，加快林业生态建设

通过积极向上争取投入林业资金，以及吸引外商外资、经济能人等方式，为林业生态建设筹集资金，加快了林业发展。

（五）大力宣传林业法律法规，提高全民保护森林资源意识

通过利用电视、广播、报纸、专栏、标语、宣传车等形式，大力宣传有关林业法律法规政策，使保护和发展森林资源成为社会共识。

（六）充分了解年度部门预算

全面掌握年度项目资金下达计划数，提前做好工作的安排布置；及时制定项目实施方案，尽快落实项目的实施；主动联系财政部门，及时申请下拨项目资金，对已按计划实施的项目，尽快组织验收结付款项；加强宣传，使项目受益农户积极投入到项目建设中。

三、存在问题

1. 征占用林地问题依然突出，主要表现在矿山开发，项目建设等等。

2. 在森林病虫害防治方面：森防人员不够，技术力量薄弱；乡村级测报网络较为薄弱；监测预报基础设施和技术手段落后，对主要林业有害生物的

预测预报仍然只能停留在依据历史资料的判断上，缺乏科学的定量性分析。目前，因大面积营造速丰桉，桉树病虫害越发突出。但由于这些新造林多由私营老板经营，其病虫害信息的收集汇总有一定的困难。

3. 由于林区范围广，林政业务繁多，加上交通不便，对林政资源监督管理还不够到位。各种林政案件时有发生，乱砍滥伐林木和无证运输木材以及违法使用林地的行为依然存在。

4. 全县植树造林工作发展不平衡，一些乡（镇）在认识上不足，组织行动较缓慢，造成造林进度不快的局面。一些退耕还林地块抚育管理不到位，在种植时疏于管护，影响保存率；营造林项目建设规划、设计、政府采购、招投标等程序环节过多，耗时过长，手续繁琐，影响了造林进度和工程建设质量；山林纠纷多发，群体案件多，调处难度大。

5. 石漠化治理宣传力度还不够，部门协作配合不力，经费投入不足，综合治理难度较大。

四、建议

根据《南宁市“十二五”期间林业生态保护和管理目标责任状》的要求结合我县林业发展的实际，为了确保“十二五”期间林业生态保护和管理目标的顺利完成，提出如下六点建议：

（一）在森林资源管护方面

1. 应加强森林防火工作技能培训。一是加大宣传力度，二是充实县森防指领导成员，保证领导机构、人员、措施三到位。三是对专业森林消防队进行全员体能训练和技术培训，特别是对新式风力灭火机使用和维修的培训。四是对六个重点林区的乡镇的半专业队进行培训。五是争取县政府的支持，对防火通信系统进行更新配置，并添置防火指挥车。

2. 应加强部门协调配合，切实做好山林权属矛盾纠纷排查调处工作。组织力量对重点案件、疑难案件、敏感案件的调处。主动配合县、市工作组的工作，调处好跨县、市案件，为我县营造一个稳定的社会环境。

3. 做好森林病虫害防治工作。抓好预测预报，提高应急处置能力；强化开展植物检验检疫执法工作，继续开展马山国家级森林病虫害中心测报点建设工作。

（二）在石漠化治理方面

1. 加强宣传力度，强化部门能力协作

石漠化治理工程是一项综合性的生态工程，集生物措施和工程措施于一体，包含了封山、造林、能源、水保、移民等多项内容的复杂系统工程，是全社会的事情，而并不是个别单位的事情，要进一步强化部门配合协调，深入宣传我县的石漠化成因、石漠化的危害性以及治理的艰巨性和长期性，加大对政策法规的宣传力度，不断提高群众的环境保护意识和法制观念，营造良好的社会氛围，充分调动群众的积极性和主动性，真正形成全社会共同、广泛参与的石漠化治理新局面。

2. 加大投入，实现综合治理

目前我县石漠化治理投入主要是以国家投入为主，引进社会各界、民间资本投入很少，县财政比较困难，配套资金又极为有限，建议在国家加大投入的同时，应通过其他产业开发吸引更多的民间、社会团体、个体企事业资本加大投入到石漠化治理中，比如：发展林下经济，培植生态产业链，从而减少人们对森林的依赖和破坏，进而促进生态环境的改善，达到治理的目的；要进一步强化全面综合治理，优化整合项目资金，充分利用现有“绿满八桂”造林项目、巩固退耕还林成果项目、水土保持项目、生态公益林管护项目、基本农田建设项目、土地整理项目、畜牧养殖项目建设资金，严格按照“统一规划，综合治理”的原则，集中投入，全面治理。

结合实际 因地制宜
做好森林资源保护和发展工作

四川省自贡市荣县林业局 黄 珉 林哲新

随着森林资源消耗与环境问题的日益突出，如何保护和发展森林资源越来越受到人们的关注。回顾2014年以来我县保护和发展森林资源工作，在取得的一定成绩的同时，也存在着相应的问题。

一、森林资源概况

到2014年年底，全县林地面积共4.7518万hm^2，其中，有林地4.123万hm^2、其他林地（疏林地、灌木林地、未成林地、宜林地、无立木林地）0.6288万hm^2。全县森林植物种类较多，有77科163属280种。其中，乔木48科129种，灌木23科79种，藤本21种，竹类9种，蕨类30种，草本12种。主要树种有：马尾松、杉木、柏木、桉树、大头茶、慈竹、麻竹、油茶等。

二、主要做法

（一）绿化造林

2014年全县新增造林面积2.71万亩，森林覆盖率增加1.7个百分点达到39.86%。

1. 抓好国土绿化。3月12日，县委书记率领县领导、县级各部门负责人、驻荣武警官兵、青年志愿者及群众代表等150余人，参加荣县2014年义务植树活动，绿化面积30亩，为全县的义务植树活动开展带好了头。2014年全县有29.92万人参加了义务植树活动，植树139.8万株，绿化农田林网3485亩。全年新增城市绿地31hm^2，新增公园绿地11hm^2，城市绿化覆盖率达到39.7%，人均公园绿地达到10.5m^2以上；实施道路绿化68km、水系绿化4km。

2. 抓好重点工程造林。巩固退耕还林成果，严格政策兑现，验收不合格的小班必须补植补造；核桃基地造林，高度重视苗木质量，坚持“三证一签”；油茶基地造林实施高标准造林，坚持使用良种，统一栽植标准。

3. 抓好造林质量。一是抓造林季节，二是抓种苗质量，三是抓整地质量，四是抓栽植质量。2014 年造林普遍成活率高、保存好，苗木长势优良。

4. 抓好宣传动员。通过领导在电视台发表动员讲话，以及办专版、标语、科普知识宣传等形式，宣传建设山水城市，推动城乡绿化一体化要求，宣传义务植树的法定性，大力宣传森林的生态效益和经济效益，动员业主投资造林绿化。2014 年以来，组织技术人员进行造林技术培训 12000 人次，发放宣传资料 30000 份。

（二）森林防火

2014 年全县共发生森林火灾 4 起（均为一般森林火灾），受害森林面积 0.711hm^2；出动扑火人员 305 人次，车辆 61 台次；没有发生重大森林火灾和人员伤亡事故。尤其是清明期间，在全县上坟祭祀的严峻形势下，实现了清明节期间无森林火灾发生的目标，确保了森林资源和人民群众生命财产安全。

1. 加大森林防火宣传力度。各乡镇利用广播、电视、发放宣传画报、出动宣传车，书写山标、岩标进行宣传，并结合实际到镇乡中小学校为学生专题讲解护林防火知识。累计全县发放护林防火宣传画报 4 万份，宣传单 12 万份，悬挂、书写防火标语 4550 条，出动宣传车 510 台次。强化了对外宣传力度，有效提高了群众对森林防火的知晓率和参与率。

2. 巡查防控督查措施到位。针对“春节”、“清明”、“五一”等重点时段，各片区护林人员对重点区域和重点地段进行重点防范、严看死守，严格巡查监督，将全县痴、呆、傻等重点人员进行梳理统计，落实专人对其监控，及时查纠不安全隐患。

3. 应急应对准备充分。为进一步提高专业扑火队的应急处置扑救能力，锻炼应急救援队伍快速反应、协调作战的技能，县森林防火指挥部办公室组织开展了森林防火应急实战演练 1 次，参加全市森林防火应急实战演练 1 次。同时，在“春节”、“两会”和“清明”等重要节点期间，我县专业扑火队、各重点林区乡镇半专业扑火队与义务扑火小分队等近 800 人，全部进入临战状态，做好预防和随时扑救森林火灾的准备。严格执行 24 小时值班制度，落实专人值班接听电话，及时处置各种情况，确保信息和通信畅通，确保森林防火日常管理工作和火情调度指挥顺畅。

（三）集体林权制度改革

根据《四川省完善和深化集体林权制度改革方案》，结合我县林业发展和改革的实际，就相关配套改革进行了积极的探索和实践。

1. 巩固主体改革成果，完善集体林确权颁证工作。主体改革任务完成后，为进一步巩固改革成果，我县做到机构不撤，人员不散，继续做好配套改革，认真开展改革“回头看”工作，认真梳理林改确权颁证工作的问题，对林改工作中错登、漏登、重登的林权证以及与公益林区划不一致的及时进行了纠正，该确权的确权，该颁证的颁证。2014 年以来林改纠错 59 宗，颁发、换发林权证 36 本，颁证面积 1194 亩。

2. 规范林地和林木流转。认真贯彻执行《四川省集体林权流转管理办法》，积极引导林权依法、公开、公平、有序、规范流转。凡已明晰产权、完成登记发证的林地、林木，在依法、自愿、有偿的前提下，林权权利人可采取转包、出租、转让、互换、入股等多种方式流转林地经营权和林木所有权，流转期限不得超过承包期限的剩余时间，流转后不得改变林地用途。对权属不清或者有争议的未经依法办理林权证的森林、林木和林地不得流转。

3. 积极放活商品林经营。坚持“便民、公开、透明”的原则，改革和完善林木采伐管理制度，简化审批程序，推行采伐限额公示制，建立健全简便易行、公开透明的管理服务模式。我县 2014 年在部分乡镇试点，将采伐林木审批 $5m^3$ 以下的委托给乡（镇）政府办理，林农采伐申请需上报县级以上林业主管部门审批的，由基层林业站直接受理并转报转办，推行伐区简易设计，简化申请材料。非林业用地上的林木，不纳入采伐限额管理，由经营者自主经营、自主采伐。

4. 推进林业投融资改革，拓宽林业投融资渠道。一是完善林业信贷担保方式。建立市级政府扶持、市场运作的农业信贷担保公司机制，鼓励各类担保机构开办林业融资担保业务，林业局对林权抵押贷款，做好林权证合法性和真实性的确认以及林权抵押登记工作。在抵押贷款期间，未经抵押权人同意，不得发放林木采伐许可证，不予办理林权变更手续。二是建立政策性森林资源资产保险制度。将森林保险纳入农业保险统筹范围，引导保险公司、林业企业、林业专业合作组织、农户参与保险，扩大森林资源投保面积，提高林业企业和农户抵御自然灾害的能力。

5. 培育新型林业经营主体。鼓励多种经营主体投资林业，出台了鼓励社会化造林的政策措施，鼓励规模经营，在项目、资金、技术等方面给予扶持，积极培育新型林业经营主体发展适合企业化经营的现代种养业，推进林业规模化、产业化经营。目前，我县有省市级重点龙头企业 1 个，农民林业专业合作社 8 个，经营大户 226 户。初步形成“合作社 + 基地 + 农户”，“龙头企业 + 合作社 + 基地 + 农户”的经营模式和“入股分红 + 保底分红 + 利润分红”

分配机制，重点龙头企业形成了生产、经营、加工、销售一条龙的发展模式。

三、目前存在问题

1. 全域绿化工作开展存在一定困难。一是道路、水系绿化效果较差，整体绿化发展不平衡。二是义务植树开展难，停止收取以金代劳义务植树费后，义务植树经费困难。

2. 森林防火形势严峻。随着绿化造林力度的加大，森林资源逐年增长，森林植被得到了较好的保护，林下可燃物急剧增多，加之近年的气温居高，巡山护林的人手有限，发生森林火灾的几率增大。防火专项工作经费不足，扑火的设备设施短缺落后。

3. 林权纠纷日益突出。随着集体林权制度主体改革基本完成，林改回头看工作的进行，林权纠纷和矛盾日益显现，并成上升势头，相关部门对调处和化解林权纠纷重视不够。

四、下一步发展

1. 积极开展植树造林，加快国土绿化进程。一是继续扎实开展“城市、水系、道路、农村”绿化建设，配合各相关部门开展好水库水源地保护等工作的综合整治。二是整合林业建设项目资金，加大植树造林投入，巩固我县省级绿化模范县创建成果。

2. 紧抓森林防火工作不放松。一是认真抓好森林防火法律法规的宣传，严格落实森林防火工作的行政首长负责制，督促各级签订森林防火工作目标责任书和森林管护责任书，制度措施落实到位。二是加大对森林火案的查处，严厉打击林区的违规违法用火行为，确保林区平安。三是加大人力物力投入力度，确保防火扑火人手充足、设备齐全。

3. 认真开展完善和深化集体林权制度改革。一是完善集体林权确权颁证工作，依法规范林权流转秩序，坚持实施森林分类经营管理，完善公共财政支持林业制度，完善金融支撑林业制度。二是培育新型林业经营主体，强化林业社会化服务体系建设。三是切实做好林权纠纷的调处工作，按照“组与组的纠纷不出村、村与村的纠纷不出镇、镇与镇的纠纷不出县”的要求，及时掌握林权纠纷动态，采取有力措施，把纠纷处理在基层，把矛盾化解在萌芽状态。

做好天然林资源保护工作
促进经济可持续发展

四川省黑水县林业局　李　剑

为真实、全面了解我县天然林资源保护情况，找准天然林资源保护方面存在的困难和问题，有针对性地提出建议和对策，为上级决策提供参考，积极助推我县生态文明建设，通过采取现场查看、听取汇报、走访群众等方式，对我县天然林资源保护情况进行专题调研，现将有关情况报告如下。

一、天然林资源及管护机构基本情况和保护工作所取得的主要成效

（一）我县天然林资源及管护机构基本情况

我县野生动植物资源丰富，有森林植物95种，药用植物215种，经济林木37种，草场植被314种，其中南方红豆杉属国家一级保护植物；有脊椎动物250多种，其中鸟类110余种、兽类120余种、爬行动物15余种、两栖动物有6种、鱼类有6种。有川金丝猴、扭角羚、林麝等国家一级保护动物，并在我县建立了四川省三达古金丝猴省级自然保护区。

目前，黑水辖区内林地面积409.37万亩，占全县幅员面积的62.65%。全县公益林面积378.5万亩，占林地面积的92.46%；商品林面积30.87万亩，占林地面积的7.54%。全县森林覆盖率达43.7%，活立木蓄积3643.5万m^3。

黑水辖区的天然林资源保护由黑水林业局和黑水县林业局牵头实施。黑水林业局在县境内有管护站10个，管护人员237人，管护面积308.2万亩，县林业局有森林管护单位128个、管护人员144人，其中国有管护站4个、管护人员21人，村级集体管护单位123个、管护人员123人。天保一期管护面积89.19万亩，天保二期管护面积84.66万亩。

黑水县森林公安局组建于2009年，受县林业局和县公安局双重领导，为正科级行政单位，下设色尔古、达古冰川、西厘3个派出所，核定公安专项编制23名，现有干警20人。

（二）我县天然林资源保护工作取得的主要成效

天然林保护工程实施以来，我县采取人工、飞播、封山育林等方式造林125.18万亩，全县森林覆盖率比天保工程实施前增长了6.2%，并实现连续27年无较大森林火灾、无较大面积病虫害的较好成绩。

1. 强化法规政策宣传，群众的保护意识得到有效提升。自1998年天然林保护工程实施以来，特别是《四川省天然林保护条例》颁布后，我县高度重视《条例》的学习、宣传，并把《中华人民共和国森林法》、《中华人民共和国野生动物保护法》等相关法律法规纳入普法工作的重要内容，通过会议、电视、张贴公告等形式强化相关政策及法律法规的宣传，群众保护森林资源的意识逐步增强，全县上下依法保护森林资源、建设良好生态环境的氛围逐步形成。

2. 科学编制实施方案，天然林保护工作扎实有序推进。按照《中华人民共和国森林法》、国家林业局《占用征用林地审核审批管理办法》、《四川省天然林保护条例》等规定，依据省、州的安排部署，结合黑水实际，我县制订了《黑水县天然林保护工程实施细则》，并通过签订管护承包合同和管护责任书的方式，将管护目标、任务、资金、责任具体落实到责任单位和管护人员，形成了目标明确、界限清晰、责任到人的管护格局。组织专业技术人员，坚持工程建设与县域经济可持续发展目标相协调的原则；坚持生态效益优先，兼顾经济、社会效益的原则；坚持统筹规划，突出重点的原则；坚持科技兴林、科林互动的原则，编制完成了我县天保二期实施方案，并报请州林业局组织有关专家评审通过后有序组织实施，有力地推进了我县生态文明建设。

3. 坚持依法治林，天然林资源得到了有效保护。我县坚持有法必依、执法必严、违法必究的原则，以天然林禁伐、森林防火、依法清理非法征占用林地、野生动物保护以及林业有害生物监测和防范等工作为重点，以严厉打击乱砍乱伐、私拉盗运、非法捕猎等违法行为为抓手，积极开展林政执法，有效保护了天然林资源。天保工程实施以来，特别是县森林公安局成立以来，我县共办理涉林案件379件，其中野生动物刑事案件4件，森林刑事案件22件，移送司法处理30人，林业行政案件353件，林业行政处罚360人，林业行政罚款68.49万元，对乱砍乱伐、私拉盗运、非法捕猎等违法行为起到了有效的震慑作用。

4. 强化天保工程督查，确保天然林保护工程建设质量。我县认真执行国家有关政策规定，采取定期检查和随机抽查相结合的方式，深入项目实施现场开展督促检查，确保工程“目标、任务、资金、责任”落实到位，有关部门采取强化事前、事中、事后监督的方式，督促指导项目建设业主、实施部门、监理单位等严格执行上级的有关规定和要求，加强制度和队伍建设，确保了天保工程的质量。同时加强了对工程财会人员的培训、强化专项资金管理、严格实行报账制度和稽查审计制度等方式，切实加强资金监管，确保天保资金不截留、不挤占、不挪用。

二、当前我县天然林保护工作中存在的主要问题

我县天然林保护工程虽然取得了一定的成效，但也存在一些问题和不足，主要表现在以下几个方面。

（一）天然林资源保护意识需进一步增强

少数干部群众对天然林资源保护的必要性和重要性认识不足，全民参与的氛围不浓，主动检举揭发盗砍盗伐、私拉盗运、偷猎盗猎等违法行为的意识不强，配合相关部门对违法案件的调查取证的积极性主动性欠缺，给天然林资源保护工作带来了一定的影响。

（二）天然林资源管护工作有待加强

一是护林防火形势严峻。我县森林覆盖面积广，植被类型多，并且处于干旱河谷地区，地形复杂、沟壑纵横、缺雨少水，加之民间节日燃放鞭炮、上坟烧纸、旅游野餐、宗教活动、燃烧地边等习俗，林区附近电线纵横，有较大的森林火灾隐患。同时，森林防火装备、设施比较落后，监测网络不健全，特别是通往林区的道路路况极差，部分林区通讯不畅，不利于应对突发的森林火灾。二是林区盗伐盗猎等违法行为时有发生。仍有极少数人置法律法规于不顾，盗伐、盗运、非法收购林木、非法盗猎的不法行为时有发生，甚至还存在毁林开荒的情况。三是管护力量不足。我县管护人员相对较少，力量不足，加之管护人员没有行政执法权，有效制止破坏森林资源的行为乏力。部分管护人员文化层次较低，年龄偏大，履职较难。管护职工长期生产生活在林区，工作条件艰苦，生活条件差。比如：黑水林业局909林场场部新建房屋已闲置几年，但干部职工现仍在60年代修建的房屋内工作生活，房屋透风漏雨、电线老化，存在较大的安全隐患；热水塘管护站虽然建在松黑公路路边，但附近营运车辆少，管护站又无交通工具，给管护职工的生产生活带来不便。四是水电开发对天然林资源保护带来负面影响。近年来，我县水电开发力度大，但部分业主、施工单位对森林资源保护的重视不够，没有完全按照环评设计的要求和占补平衡的原则对受损林木和受损生态系统进行恢复。

（三）天然林资源保护资金投入不足

由于天然林管护工程主要以静态投资为主，工程设计、实施和管理是按工程初始时期的数据进行，已不适应我国经济的快速增长和物价水平的上涨，加之新增的森林面积没有相应的管护费，县属小采企业即县林产品经销服务公司未纳入全额拨款的事业单位等因素，致使管护人员工资待遇偏低，社会保障体系不完善。基础设施建设滞后，火情和病虫害防治的监测网点少，药品储备缺欠，不利于保护工作的顺利开展。

（四）天保二期工程建设内容缺项

实施天保二期工程以来，国家未将我州纳入天保二期森林改造培育工程建设范围，工程区大量低产低效林难以及时实施改造。同时国有林业单位死亡职工抚恤、遗属生活补助、退休人员统筹外费用和住房公积金等项目未纳入天保工程二期中央财政补助范围，致使单位负担较重，对天保工程建设有一定影响。

（五）天然林资源保护社会效益和经济效益发挥不够

我县实施天然林保护工程以来，境内许多动植物资源得到较快发展，雅克夏国家森林公园、三达古金丝猴自然保护区、卡龙沟以及八十里彩林区等生态景区景点特色分明，具有发展旅游业得天独厚的优势，但由于我县旅游业还处于成长期，天然林资源保护与旅游业的发展结合得不够紧密，天保的社会效益和经济效益未得到充分发挥，林区群众增收效果不明显。

三、对我县天然林保护工程的建议

天然林保护工程是一项系统工程，需要全社会共同参与。我们只有牢固树立和落实科学发展观，全县上下齐心协力，通力配合，共同抓好天然林保护工程建设，才能进一步改善我县的生态环境，促进我县经济社会的可持续发展。针对我县天然林保护工程中存在的问题，特提出以下几点建议。

（一）坚持强化宣传，提高群众主动参与天然林保护工程的积极性

要进一步充分认识到宣传、贯彻实施好《四川省天然林保护条例》的重要意义，采取印发资料、开辟专栏、张贴公告等形式强化宣传，提高人们对天然林资源保护的认识，增强干部群众参与保护的自觉性和主动性，切实推进依法治林，进一步改善生态环境，确保天然林资源的可持续利用，为推动我县生态文明建设不断进步，推进我县经济持续、健康、稳步发展奠定良好的基础。各乡镇、县级各部门、各“挂、包、帮”干部要经常进村入户，主动与群众座谈交流，为群众宣传讲解《中华人民共和国森林法》、《野生动物保护法》、《四川省天然林保护条例》等有关法律法规，提高广大人民群众的法律意识，提升守法护法的积极性和主动性，形成共同关心、支持天然林保护工程的良好氛围。林业系统干部职工要加强林业法律法规和专业知识的学习，不断提高自身素质，提升自己履行职能职责的能力。

（二）坚持完善措施，进一步提升天然林资源管护工作

一是加强护林防火和病虫害防治工作。要加大森林防火特别是重要时段森林防火的宣传力度，重点抓好民风民俗及生产用火的管理，强化未成年人、智障人员等重点人群的监管，改造规范林区及周边的输电线路，增强全民护林防火意识，对重要部位采取有力措施，严看死守，努力减少和消除森林火灾隐患。要进一步加强扑火队伍的建设，搞好经常性演练，强化队伍培训，提高扑救能力。要根据林区分布情况合理配备扑救设备设施，强化日常维护和保养，确保机具时刻处于良好的备战状态。同时，加强林区道路、通讯等基础设施建设和维护，筑牢护林防火基础。要建立健全森林病虫害防治检疫机构和林业有害生物监测预警体系，落实机构，明确职责，结合实际配备必要的防治病虫害的药具药品，及时更新补充，努力实现植物检疫率达100%、监测覆盖率达90%以上，测报准确率达85%以上，无公害防治率达80%以上，成灾率控制在0.3%以内的目标。二是加大违法案件的查处力度。要制作野生动植物特别是重点保护的野生动植物挂图，进村入户向群众宣传讲解，提高群众的识别能力，避免误捕误砍、毁林开荒等现象发生。有关部门要经常深入村寨，采取以案说法的方式，用发生在群众身边的具体案例宣传相关的法律法规，教育群众遵纪守法。要合理确定薪碳林、自用材的砍伐区域和砍伐时期，加强教育引导和巡护管理，避免越界砍伐现象发生。要建立奖励机制，对检举揭发、提供线索的人员给予适当奖励，破解对违法案件群众检举揭发不主动、调查取证难等难题。公安部门要按照有关规定和要求，强化指导，抓好协调配合，努力克服警力不足、无执法权限等问题。在森林与野生动植物资源丰富且发案率较高的晴朗乡增设一个森林公安派出所，减小森林公安的执法半径，增强执法时效。要在重要时段、主要路段、重点林区等设立临时卡点，定期和不定期对全县的市场、饭店开展检查，有效打击猎杀野生动物的行为。要进一步强化林业行政执法，坚持做到程序规范、措施完善，不断提高林业行政执法的能力和效率，增强林业执法的公正性和权威性。三是进一步抓好职工队伍建设。要多渠道筹措资金，加大管护场站的房屋及设施的改造力度，配备适合林区生产生活的交通工具，改善职工生产生活条件。协调处理好州、县、乡、村的关系，按照国家的有关规定和要求，解决好森工企业职工和县属小采企业职工的生计问题，与管护人员签定必要的劳动合同，并按照有关规定购买养老、医疗、工伤等保险，解决职工的后顾之忧，建立稳定的职工队伍，消除稳定隐患。参照周边县的方式解决县属小采企业问题。合理确定管护机构性质，核定编制人数，合理补充人员，执行相关待遇，充分调动管护人员的工作积极性。要坚持老、中、青相结合的原则，合理配备管护人员，整合管护力量。拓宽渠道、创新形式，积极开展业务技能培训，进一步提高林业系统干部职工的工作能力和业务水平。要强化监督检查，健全考核体系，重点要加强巡山管护人员、乡镇林政员等人员的监督和考核，确保在岗就要履职，履职就要尽责，形成良好的保护氛围。四是进一步强化水电开发与生态恢复工作。有关部门要加强沟通衔接，督促水电企业、项目施工单位等严格按照环评设计的有关要求，及时修复受损的林地和植被，加强生态环境保护，共同建设山青水秀的生态环境。

（三）坚持主动争取，进一步加大对天然林保护工程的投入

天然林保护工程是一项功在当代，利在千秋的事业。深入扎实抓好天然林保护，对于保护生物物种的多样性，保护良好的生态环境，建立人与自然的和谐关系，推进我县经济社会可持续发展意义重大，这也是落实科学发展观，创建和谐社会的具体要求。县政府及其职能部门要高度重视这项工作，要按照中央、省、州有关文件精神和要求，主动向上级部门汇报工作，摆出困难和问题，争取上级部门在技术、资金、项目等方面的支持，努力解决天保二期工程项目缺项和投入不足难题。财政部门要按照有关规定和要求及时拨付天然林保护工程资金，使我县天然林保护工程能高标准、高质量地全面完成。要坚持专户存储、专项管理、专款专用、单独建账、单独核算的管理体系，强化稽查审计制度，杜绝截留、挤占、挪用等现象发生，确保天保资金安全。

（四）坚持因地制宜，进一步发挥天然林资源的经济和社会效益

由林业部门牵头，组织专业队伍，按照国家的有关规定的要求，对繁殖速度快，破坏力强的野猪等野生动物实行定期捕杀，合理处置，有效调节其种群数量，减少野生动物对农作物的践踏破坏。紧紧依托天保工程建设成果，采取成活后给予补贴的方式，鼓励和引导农牧民种植早实核桃、中华寿桃等果木，大力提供技术支持，既增加农牧民收入，又提高林地面积，同时开发和管理好商品林资源，使天保工程的经济效益和社会效益得到充分发挥。积极争取，加大投入，建立以电代柴补偿机制，大力实施太阳能、沼气等新能源建设，减少老百姓对薪碳林的依赖，使森林资源得到更好的保护。要加强教育指导，督促老百姓按照有关规定砍伐自用材后及时补种树苗，搞好管护，确保成活率。要充分利用我县广阔的森林资源，将森林资源保护与旅游开发有机结合起来，大力实施基础设施建设，强势宣传营销我县春赏鲜花、夏享清凉、秋观彩林、冬览冰雪的旅游特色，引导旅游者按照自己的个人爱好和兴趣，错峰进入黑水旅游，确保旅游市场良性发展，活跃消费市场，促进农牧民群众增收，努力实现森林资源保护与社会效益、经济效益“三丰收”。

切实做好林业工作　促进林业可持续发展

贵州省贵阳市云岩区生态文明建设局　黄筑森　邵常水

一、全区基本情况

云岩区国土总面积9355.00hm²，全区林地面积3304.65hm²（其中有林地面积2154.69hm²、疏林地面积11.94hm²、国家特别规定灌木林面积648.40hm²、其他灌木林面积233.54hm²、未成林造林地面积207.68hm²、苗圃地面积6.63hm²、无立木林地面积41.77hm²），占国土总面积的35.32%；非林地面积6050.35hm²，占国土总面积的64.68%。全区森林覆盖率为32.76hm²。

云岩区生态文明建设局内设资源林政科、营林绿化科，森检站3个科室（站），下设云岩区森林公安派出所和1个乡镇（黔灵镇）林业工作站。林业系统共有干部职工17人，其中在岗干部2人，在岗职工15人（含黔灵镇林业工作站1人）。

二、主要工作开展情况

（一）营造林工作及林业产业

1. 营造林工作。2014年批复2015年实施的营造林工作。按2014年度植被恢复项目的批复，2014年我区实施1727亩造林绿化，其中林相改造318亩、景观林461亩、村寨绿化770亩、通道景观绿化178亩。目前正在开展前期准备工作，但主要存在土地落实困难，苗木规格设计过高度及实施标准费用过低的问题。

2. 重大工程（环城绿化）。贵广高铁50亩的通道绿化已提前完成，目前的重要工作是加强养护，保证成活，以达到设计效果。

2015年环城绿化任务是林相改造212.4亩，地点是盐沙线。我局要求年前必须完成招标，并开工建设。目前已进入招投标程序，定2月12日开标。我局要加强项目的管理力度，首先是要保证招标工作提前完成，施工单位能在植树季节造林绿化，其次是实施过程中要加强监管力度，要求施工单位的苗木要合格，带土球，施工过程中严格按设计规范施工。

存在问题主要是涉及农民的争议土地，无法落实，强行种植后，会遭农民大破坏。其次是全冠苗上山种植，因浇水管护困难，成活率非常低。

3. 县乡村造林绿化。因我区是灭荒县，无任务。

4. 林业产业发展。因我区地处主城区，土地（林地）资源贫乏，故我区无林业产业。

（二）森林资源管理

1. 森林资源目标责任制

我区人民政府与辖区9有林社区（镇）签订《云岩区保护和发展森林资源目标责任书》共9份，明确各有林社区（镇）保护和发展森林资源的目标和职责。签订率达100%。同时，印发《云岩区人民政府关于建立保护发展森林资源目标责任制的通知》和《云岩区保护发展森林资源目标责任制考核办法》，并将各有林社区（镇）保护和发展森林资源目标指标纳入我区年度目标考核任务进行考核。

为进一步深化森林资源管护，加大巡查工作力度，建立村级森林管护巡查制度。我局与护林员签订承包管户协议27份，签订管护面积3.3950万亩。管护落实率达100%。并实行护林员考核持证上岗制度，工作效果显著，全区森林资源得到有效的保护。

2. 林地年度变更及森林覆盖率年度监测工作

根据贵州省林业厅《关于开展2014年全省林地年度变更调查工作的通知》（黔林资通［2014］214号）文件要求，我局极积委托具有调查编制资质的贵州林业勘察设计有限公司开展云岩区2014年林地年度变更调查工作和森林覆盖率调查统计工作，并制定《云岩区2014年林地年度变更调查工作实施方案》，按时向市生态委林政处上报工作进度。目前，已全部完成外业调查工作。

3. 贵州省第四次森林资源二类调查工作

根据贵州省林业厅《关于做好2015年森林资源调查前期准备工作的通知》（黔林资通［2014］443号）文件要求，我局极积委托具有调查编制资质的调查单位开展云岩区2015年森林资源调查工作，并制定《云岩区2015年森林资源调查前期准备工作实施方案》。目前，我局正在询价对比，选用业务能力强，调查技术精湛的调查单位承担此项工作。

4. 2015年木材生产计划分配工作

根据贵州省林业厅《关于下达2015年国有林木生产计划的通知》（黔林资通［2014］216号）文件要求，我局积极做好我区2014年度木材生产计划统计工作。结合我区实际，我区全部国有林地林木“四权”所有人系云岩区林业绿化局，故我区没有做国有木材计划分配工作。

5. 木材经营加工许可证核发和年审工作

2014 年，我局共年审木材经营加工许可证 33 家。没有新核发木材经营加工许可证。

6. 生态公益林划界界定和补偿兑现工作

我局严格按中央、省、市相关要求，对我区 2.14 万亩地方集体公益林开展区划界定工作。共签订《地方集体公益林界定书》共 266 份，宗地数 266 宗，面积共 2.14 万亩。同时与 9 个地方公益林村委会签订《地方公益林管护协议》共 9 份，公益林区划界定率，管护率达 100%。

2014 年，全区纳入地方集体公益林补偿面积 2.14 万亩，应兑现资金 17.12 万元，实际兑现资金 17.12 万元，公益林补偿资金兑现率为 100%。

7. 林权制度改革工作

进一步深入开展集体林权制度改革工作，完善集体林权配套改革工作，重点抓好“确权、发证、减负、完善、发展”等关键环节，努力实现“树有其主，主有其权，权有其责，责有其利”的目标。我局初步建立产权归属明晰、经营主体到位、责权划分明确，监管服务有效的现代集体林业产权制度。截至目前，全区集体林权主体改革取得了阶段成效，2014 年全年全区范围没有发生林地林权纠纷案件。

（三）公园建设及管理

1. 公园建设管理机构及分管领导，部门及负责人

我区党委、政府非常重视我区公园建设管理工作。并成立了以分管副区长为组长，政府相关工作部门主要领导为副组长，相关工作单位为成员的领导小组。领导小组在区生态文明建设局设办公室，办公室主任由邵常水副局长担任。

2. 各类公园（城市公园、森林公园、山体公园、湿地公园、社区公园）的现状。详见下表

序号	公园名称	位 置	总面积（hm^2）	水面面积（hm^2）	广场铺装面积（hm^2）	备注
1	文峰苑山体公园	云岩区黔灵镇小关	42.40			在建
2	云贵山山头公园	云岩区二桥云贵山	83.12			
3	春怡山体公园	云岩区茶店冒沙井	3.83			在建

序号	公园名称	位置	总面积（hm^2）	水面面积（hm^2）	广场铺装面积（hm^2）	备注
4	海马冲山体公园	云岩区海马冲	3.74			
5	照壁山公园	云岩区照壁山	1.63			
6	东山仙鹤山山体公园	云岩区东山仙鹤山	3.27			
7	双龙峰山体公园	云岩区黔灵镇改茶村	2.89			
8	鹿冲关森林公园	云岩区市顺海林场鹿冲关工区	884.50			
9	城市公园（东山公园	云岩区东山社区	不详			
合计			1025.38			

3. 公园建设管理存在的问题

一是由于部分大型公园属于市生态委管理，但是又强调属地管理，区级生态环保部门管理难度大，效果不明显；二是社区公园是今后城市公园建设的重点，在公园选址、拆迁、经费投入困难比较大；三是社区公园的规模、设施等相关标准不够明确。

4. 结合公园城市，千园之城建设目标要求，今后公园规划建设的思路

一是广泛宣传，深入发动。进一步加大公园建设宣传力度，采取各种形式深入到企业、农村、学校、社区和机关，大力宣传山体公园建设，使广大市民牢树生态文明观念，自觉践行绿色发展，低碳生活，形成人与自然和谐相处的生产和生活方式，为建设公园城市献计出力，作出贡献。

二是突出建设，搞好管理。采取近期建设与远期建设、分散建设与集中建设、生态建设与工程建设相结合，加快辖区山体公园建设管理工作。集中力量完成第二期文峰苑山体公园的建设，同时，开展湿地公园、森林公园、社区公园的建设。

三是攻坚克难，巩固拓展建设成果。以建设生态文明城市为统揽，紧扣城市公园建设目标任务，巩固拓展山体公园建设成果，结合我区生态建设和环境保护实际，不断创新，真抓实干，为我区生态环境保护和各类公园建设，率先实现小康社会不懈努力。

5. 2015 年公园建设的工作安排和具体措施

（1）2015 年我区拟建山体公园（8 个）

①湿地公园 1 个（小关湿地公园）；②森林公园 1 个（顺海公园优化提升）；③社区公园 6 个（蔡家街口（蔡关街与中山东路），红边门（贵乌路口），师大附中旁（国土厅用地），文昌阁（东新路口），新华日报分销处（慈善巷），城基路（城基路与黔灵西路交叉口）。

（2）具体措施

一是成立机构，制订方案。成立云岩区相关部门参加的城市公园建设工作领导小组，由区政府分管区长任组长，相关职能部门主要负责人为成员的领导小组，并制定全区城市公园建设方案；二是加大投入，多方筹集。加大对城市公园经费的投入，同时，多方筹集资金，除政府参与建设外，还通过开发商、辖区企业和单位及社会资金等多渠道融资方式参与辖区城市公园建设；三是明确责任，狠抓落实。明确各个职能部门的责任，拟定具体实施计划，采取有效措施，规定完成时限，确保各项目标任务落到实处。

（四）湿地与野生动植物保护

1. 湿地资源补充调查进展情况

根据市生态委的统一安排和部署，我局积极委托具有调查资质的调查单位对我区湿地资源进行补充调查。目前，该项目工作内外业调查已经全部结束，初步调查成果已送市生态委，等待省、市级专家组评审。

2. 拟申报建设湿地公园的情况

根据市、区政府的安排，2015 年我区将拟申报小关湿地公园一个，位于云岩区小关湖。目前，该项目前期工作正在准备之中。

3. 配合“六个严禁”开展野生动植物保护和检疫执法工作情况

2014 年，我局组织森林公安、资源林政科相关科室对餐馆、集贸市场及辖区范围内的小关湖、黔灵湖重点保护水源地进一步调查摸底，了解野生动物的分布，以便监管，同时加大了保护管理野生动物资源的宣传力度，对非法猎捕贩运野生动物的违法行为，坚决取缔打击，全面促进我区野生动物保护工作的可持续发展。

4. 南方禽流感发生，野生动物疫源疫病监测防控工作的开展情况

我区认真开展野生动物疫源疫病监测防控工作，没有发现野生动物禽流感。

5. 林业有害生物普查及越冬代调查工作情况

我区林业有害生物普查及越冬代调查工作调查涉及黔灵村、金鸭等 19 个

行政村，调查森林面积任务数达3.2万亩。按照林种类型来分松林分布达1.8万亩，阔叶林分布达1.21万亩；按照调查方法来分，普通踏查面积达0.91万亩（其中松林面积达0.7万亩，阔叶林面积达0.21万亩），详细调查面积达2.1万亩（其中松林面积达1.1万亩，阔叶林面积达1.0万亩）。

三、主要做法

1. 造林绿化强力推进

我局投入大量人力财力、精心打造贵广高铁“绿化样板示范路”工程，在贵广高铁（云岩段）沿线造林绿化50亩，取得了良好效果。目前，主要工作是加强养护，保证绿化苗木成活，以达到设计效果。

2. 资源保护全面加强

一是年度林地变更工作严密跟进。我局牢牢把握“保护与发展并重”的方针，委托省林业调查规划院编制我区2014年年度林地变更报告。目前，此项工作外业调查工作已经全部结束。

二是森林防火严防死守，成效显著。虽然2014年上半年气候因素非常不利、火灾隐患呈上升态势，但我局坚持“预防为主、积极消灭”的方针，强化工作措施，有效控制了森林火灾的发生，未发生重特大森林火灾，火灾发生率、受害率均较往年大为下降，尤其是秋冬季森林防火成效良好。

三是林业有害生物除治严格到位，力度逐年加大。在林业有害生物发生季节，重点区域每20天踏查一次，一般区域每30天踏查一次。原则上踏查线路人工林多于天然林，也可针对有害生物的生物学特性适当增加调查线路和调查次数。走的面越大，了解到的情况也就越全面、越接近实际。踏查区域要涵盖普查范围的所有类型，包括各村及主要的苗圃、木材经营加工场所、经济林果实集散地等，每个区域一年至少调查3次以上。详细掌握了林业有害生物存在的情况，为我区林业有害生物防控工作提供了确凿依据。

四是资源林政管理严厉把关，采伐量近年最少。我局严格实行限额采伐制度、林木采伐审批程序和资源流转秩序等，确保森林资源保有量只增不减。全年完成森林限额采伐量100.80m^3，未突破全年的林木采伐指标及采伐限额。

3. 高标准完成行政服务

一是重点工程服务做到最好。对重点工程征占用林地各项审批服务，坚持“只服务、不设阻”，特事特批、专人跟单，确保全区重点工程建设项目顺利实施；二是涉林办证做到最快。林木采伐证核发、木材运输证核发全部实现网上办理，即申即办；建设工程征占用林地审批等承诺件等转报件也都能够在最短时间内办理完成。

四、存在问题及困难

我局在林业各项工作中，虽然取得了一定的成效，但仍然存在一些问题和不足，主要表现在：一是重造轻管现象依然突出，造林地抚育管护措施不到位；二是林地面积逐年减少、林区可燃物增多、火险等级高，森林资源管护、森林防火的难度加大；三是由于工程建设项目多，林地耕地同质不同价，林地管理工作的难度增大。四是乱砍滥伐等破坏森林资源的现象时有发生，森林保护的力度亟待加强；五林业技术力量比较薄弱，科技兴林、人才强林的措施不能更好的落实。

五、下一步打算

1. 深化对林业生态建设重要性的认识，做好宣传教育工作，增强群众对保护森林资源、保护环境、保护自然生态重要性的意识。

2. 进一步加强贵阳市“二环四路”通道沿线景观林体系建设。

3. 加大林地管理力度，一是继续开展项目征占用林地手续审核审批督查工作，特别是对非法砂石厂开展执法检查。二是加强和规范征占用林地管理，形成规范审批、规范用地，才能加大林地管理的力度。

4. 建立健全长效管理机制，不断提高林业管理水平。一是加大依法管理林地执法力度，严禁乱批滥占林地。二是坚决制止和严肃查处非法占用林地行为，坚决遏制林地资源的非法流失，有效保护林地资源。三是严励打击毁林案件及破坏野生动物行为，维护生态平衡。

5. 开展森林资源二类调查工作。随着我区森林资源的消长变化，原有的调查成果、图纸和手段已远远无法满足我区林业发展的需要。为了全面摸清我县森林资源家底，准确掌握资源现状，综合评价分析森林资源现状，及时掌握森林资源变化动态。

有效改善生态环境
推进林业经济稳步发展

贵州省黄平县林业局　胡志华

一、基本情况

黄平县位于贵州省东南部，黔东南州西北部，东临施秉、台江，南接凯里，西连瓮安、福泉，北接余庆。地理座标为东经107°37′~108°11′，北纬26°43′~27°14′。属黔中丘原向黔东低山丘陵过渡地带，地貌以低山为主，地势由西北向东、东南逐渐降低，山峦重叠，沟谷纵横交错。海拔一般在600~1200m。

黄平县地处贵州高原东部，位于东亚季风环流区内，属亚热带湿润季风性气候区，一年里境内气候有较明显的季节性变化，由于地处高原，属低纬度，高海拔地区，故夏无酷暑，冬无严寒，年平均气温13℃~16℃。境内气候温和，雨量充沛，年平均降水量在1000~1400mm，且雨热同季，适宜林木的生长。属亚热带黔中高原向湘西丘陵过度的二级梯面上的黄壤带，由于地形、气候、植被和人为因素的影响，形成多种类型土壤。

黄平县林木种质资源目前发现有137科392属750种。其中国家一级原产地树种有银杏、红豆杉等，二级保护树种有半枫荷、香樟、鹅掌楸、厚朴、凹叶厚朴、榉树、喜树、香果树、杜仲、伞花木、十齿花、马尾树等。主要植被以亚热带阔叶林和马尾松纯林为主的森林类型，分布在全县十四个乡镇。

黄平县总面积1667.8km^2，辖5镇9乡，243个村委会，4个社区、3个居民委员会，2069个村民组。2014年年末有83380户，38.8万人，其中，农村人口33万人，占90.5%，农村劳动力18.25万人。

二、过去十多年工作回顾

（一）取得的主要成就

十多年来，我县坚持“生态立县”战略目标，紧紧抓住西部大开发历史机遇，把生态建设作为一项基础工程优先发展，着力实施退耕还林、天然林保护、石漠化综合治理等林业生态工程，全县共完成各类营造林40多万亩，其中天然林保护工程15万亩、退耕造林20万亩、石漠化综合治理5万亩。其他工程2万亩。林草植被得到恢复，生态环境明显改善，生态林业建设取得了历史性成就，森林资源大幅增加，生态环境有效改善，林业经济稳步发展。全县林业森林覆盖率由2000年的35.42%提高到2014年的45.88%。切实做好生态建设保护、林业产业发展和森林生态旅游“三篇文章”，实现林业发展方式从单一的注重生态建设向生态建设与林业产业并举、从单纯的生态建设向生态文明建设“两大转变”，奋力开创林业生态建设新局面，为构建祖国西部生态安全屏障做出新贡献。

（二）主要措施

1. 加快造林绿化进程，努力改善生态环境。抓住国家实施西部大开发，依托退耕还林、天然林保护、石漠化综合治理等国家林业建设项目，扎实做好宜林荒山尤其是石漠化地区的生态恢复，对部分石漠化严重地区实行全面封禁，恢复生态。

2. 推进城乡生态环境建设，全面构筑城乡生态体系。重点围绕生态移民新村，开展生态示范乡镇、生态示范村创建活动，大力开展“四旁”植树和庭院绿化，完成生态示范村10个，“四旁”、“义务”植树20万株、造林0.3万亩。

3. 加大资源保护力度，切实巩固建设成果。切实做好林木管护，强化封山禁牧工作，严厉打击毁坏林木、侵占林地、破坏野生动植物资源等违法犯罪行为。全力抓好森林防火，严格落实行政首长负责制和村级联户承包责任制，严防发生重大森林火灾。加强有害生物防治，完成病虫害综合防治30万亩（次）。

4. 加快发展林业产业，促进农民就业增收。充分发挥黄平县的气候和地域优势，以科学化、规范化、效益化发展为目标，重点在开拓市场、科技入园、示范引导和提质增效上下功夫，推动苗木产业健康、持续、稳步发展。建设绿化苗木基地0.5万亩，把我县建设成为黔东南具区域特色的苗木花卉繁育基地。做优经济林产业，重点发展以蓝莓、“红不软”桃子、冰脆李等为主的经济林基地10万亩。

5. 加强生态文化建设，提升生态文明水平。以舞阳河国家森林公园为依托，整合人文资源、生态资源，加快森林公园建设步伐，拓展森林旅游线路，开发森林旅游项目，大力发展生态旅游、休闲渡假、农家乐等森林旅游业。

6. 着力深化林权改革，增强林业发展活力。紧紧围绕农民得实惠、生态受保护的目标，规范林地承包经营权、林木所有权流转，优化林业要素配置，促进林业适度规模经营。

三、今后工作的思考与建议

（一）及时转变营造林工作重点

十多年来，我县相继实施了天然林保护、退耕还林、石漠化综合治理等林业重点工程，共完成造林、封山育林面积40多万亩，全县森林资源得到了较大的发展。全县绝大部分的宜林荒山已得到绿化，剩余的荒山能造林的比较少，分布零星，面积小，而上级下达的造林任务较大，近一二年县级这个“生产队长”任务往往完成不了。但同时在管护、抚育工作因资金较少，与需求存在较大的差距。我县护林员工资过低（每月500元），管护面积过大（每人管护13000亩左右），实际结果就是管不好也管不了。幼林抚育应当在造林当年和第二年、第三年抚育5~6次（头两年每年2次，第三年1~2次）才有可能成林，但因造林单价较低，只能在造林当年用造林资金安排一次抚育，第二年未能割灌除草抚育，抚育的黄金期都过了，新种植的苗木已损失过半，再抚育还有什么意义。因此建议上级林业主管部门将项目资金进行调整，压缩造林任务，增加管护、抚育资金，重点加强管护，适时进行抚育，才能确保我县森林资源持续、健康发展。

（二）营造生产计划应转变为由农户自行安排为主

我县从1983年起将大部分的集体林地承包给个人经营管理，农民变成了林业生产经营的主体，对林业发展起到了极大的推动作用。但是这一改革受到计划经济、农民思想意识等多方面的影响，未能得到很好地贯彻。林业经营者的责权利未能如期望的那样，得到很好结合。一些地方政府行为有意无意地剥夺了农民的生产经营自主权，农民只有栽树的权利，管护的职责，至于栽什么树，栽多少，是政府规定的，农民没有多少自主权。一些地方为了出政绩，有的希望带领群众尽快致富，强迫农民种这种那，尽管出发点是好的，但是急功近利，不按经济规律、林业发展规律办事，不尊重农民意愿，继续延用计划经济手段组织造林绿化。另外在收获利用时，却受到各种各样的控制，采伐许可，运输许可，加工许可。这严重影响了林业经营者的积极性。我县现在很多农民开发山区的意识得到了提高，不再被动接受林业部门有关安排，加上设计单位也不可能做到一户一户去征求农户种植意愿后再作设计（而且时间也不允许），在造林招投标后，部分造林地块因得不到农户的允许而无法实施的现象较来较多，加上宜林荒山所剩无几的情况下，县乡级林业部门这个充当了几十年的、但林地使用权不属自己的“生产队长”，很难继续再“当”下去。因此建议上级及时调整思路，不再年年下造林任务，把营林生产计划交给有林地使用权、经营权的农户，将看起来“高大上”的这样生态工程、那样绿化项目整合成能“接地气”、简单、易操作的的造林补助，林业部门只需在各个营林生产环节搞好服务，在农户造林质量达到国家标准后直接将造林补助兑现给农户。同样可以“县级自查、省级复查、国家级核查”，确保造林质量合格和国家资金安全有效。

（三）造林应由注重数量为主转变为注重质量为主

这些年来，我县实施了一系列林业生态工程，营造林面积较大，森林覆盖率得到了很大的提高，生态环境得到了好转。但现在回过头看，在造林过程中，重点放在造林数量上的完成与否，忽视了造林质量，使我县部分造林质量不是很理想，效益不高。部分生态林的生态效益不明显，部分经济林的经济效益较差。到目前为止，我县还没有一项未来预期收益较好的林业产业（虽然蓝莓产业有了一定的发展，但大多数群众并不看好）。我县今后将在营造林过程中，主要选用乡土树种，在砂石山地，选择黄栌、化香、侧柏、柏木、女贞等当地就有的树种作为防护林树种，提高防护效果；在水肥条件相关较好的地块引导群众营造杉木、马尾松、麻栎等用材林或薪炭林树种或绿化苗木在土地肥沃、交通方便、地势平缓的地块一方面可营造林园林绿化苗木，要达到一定规模，以满足下一步当地“美丽乡村”、通道绿化、城乡园林绿化用苗；另一方面重点扶持部分懂技术、会管理、有一定资金的人员发展“红不软”桃子或冰脆李等经果林，带动当地群众共同发展。

（四）应降低林业税费，让林业经营者有利可图

我县林农的最主要林产品是马尾松原木，但税费过重，经营者无利可图。现行财税制度对林业产业不仅没有扶持，反而是掠夺性的。一是税收较其他产业重，所谓的加工税全部转嫁到林木经营者头上。在我县，一立方米马尾松原木，平均到厂销价只有800元，在采伐之前先上交各种税费315元（税收255元，育林金45元，设计、检尺等14元）占了销价39.4%，采伐、运输等各种木材生产成本约150元，占销价的18.8%，农民每生产一立方米原木只得到165元，占20.6%，相当于销价的五分之一，如果扣出三十来年生产管理费用，农民实际到手的所剩无几，林业经营者无利可图，森林从成林后到采伐前所产生的生态效益在一些人的眼里一文不值，严重影响了林业产业发展。可以这么说，当前的高税赋对我县当家树种－马尾松来说，无异于“杀鸡取卵”“竭泽而渔”。现已基本上无人愿意种植、培育马尾松林了，我县最有优势的林业产业正逐渐失去。因此建议上级将林业生产（木材）税费降低到一个合理的水平，让林木经营者恢复信心，才有可能做大做强林业产业。

大力发展林下经济 促进林业可持续发展

贵州省三穗县林业局　吴继荣

林下经济是借助林地的生态环境，充分利用现林木土地资源和林荫优势，指在林冠下或林地之间，有效利用林地空间，实行农、林、牧等多种活动形式的立体式生产经营模式。从而使林、农、牧等多业实现资源共享，优势互补，循环相生，协调发展的农业生态模式。发展林下经济，有利于缩短林业经营周期，增加林业附加值，促进林业可持续发展，实现拓宽农民增收渠道、企业增效和生态和谐发展的途径，也是加快新农村建设步伐这一现实而确立的一项重要决策。近年来，通过政府引导和扶持，更多的大户和群众通过利用丰富的林地资源，发展林下养殖和种植，取得了初步成效。

大力发展林下经济是县委、县政府根据《国务院办公厅关于加快林下经济发展的意见》（国办发［2012］42号）文件精神，为推进林业产业结构调整、增加农民收入，在保护生态环境的前提下，科学合理利用好森林资源，加快林下经济发展，按照黔东南政协《关于开展林下经济发展情况调研活动的通知》文件要求，在县政协组织下，由财政、林业、农业、发改、扶贫、科技及水利等部门抽派相关人员，深入到林业种植大户和林下养殖、种植现场通过实地查看，与种植户、乡村干部交谈等方式对全县林下经济发展进行细致的调研，现将有关情况报告如下。

一、基本情况

据三穗县最新林保调查统计数据显示，三穗县国土总面积155.37万亩，其中林地面积101.91万亩，占65.59%；非林地面积53.46万亩，占34.41%；全县森林面积84.93万亩（有林地面积84.58万亩+国特灌木林面积0.35万亩），占林地面积的83.33%，森林覆盖率54.66%，森林蓄积383.89万m^3。

目前全县可利用发展林下经济的森林资源面积30余万亩，占森林面积的35.3%。其中可用于林下养禽的7.1万亩，松脂采集4.8万亩，林下养牛羊

11.5万亩，竹编加工及培育竹笋1.5万亩，林下种植药材、草、粮食3.8万亩，生态休闲观光及自然保护0.5万亩。

二、林下经济发展现状

我县自2008年林权制度改革后，林农有了经营林业的空间，特别是近年来，国家陆续出台了一系列支持贵州林业发展的优惠政策，引起了县委、县政府对林业发展高度重视，对森林资源的培育、保护管理与利用林下开发林下延伸产业等林业发展各方面建设十分重视。在县有关部门的引导和推动下，涌现出一批企业和大户开始通过向林农流转林地来发展林下经济的产业实体，不仅带动了农户参与经营山场的积极性，为林下经济的发展和绿色食品的营销带来了活力，而且成为山区农民致富奔小康的一种重要途径。据不完全统计，截至2014年10月底，全县9个乡镇都有1～2个大户利用林下规模发展林药、林禽、林畜、农家乐等模式的林下经济。

据不完全统计，全县有各类林下经济地块2000多个，利用森林面积为7.82万亩，全县从事林下种植、养殖业的农户有3000多户，规模以上的大户有30户，企业经营的有5家，合作社经营的有6家，2014年全县林下经济总产值5207.5万元，参与就业7550人。其中：种植类230个，利用面积3000亩，年创总收入1045万元，有1500人参与就业；养殖类2430个，利用面积为40000亩，年创总收入2412.5万元，有5000人参与就业；采集加工类100个，利用面积为35000亩，年创总收入1700万元，有1000人参与就业；森林旅游类1个，利用面积为200亩，年创总收入50万元，有15人参与就业。

三、林下经济发展的几种主要模式

目前三穗县林下经济经营模式主要有林下种植的林－药，林－粮，林－苗，林下养殖的林－畜、林－禽等，林下采集的林－松脂、林－竹编、林－藤编、林－野菜，林下观光的林－农家乐，同时近年来，随着蓝莓、油茶、核桃等优质特色经果林产业基地的兴建，还出现了依托基地形成的复合、多元等生态立体林下经济模式等新型林下经济模式。

四、林下经济主导产业及发展趋势

林下经济虽然模式多样，大小规模同时发展，但是根据我县的资源条件和目前正在发展的规模、趋势来看，主导产业主要是林禽、林畜、林药和林下观光休闲为主。其中林药主要是何首乌、白薯、前胡、桔梗、薏仁、天麻、白术等；林禽主要是鸡、鸭、鹅等；林畜主要是牛、羊、猪等；发展声势是充分利用现有林地资源和新建的产业基地发展成森林、林果、林药、林禽、林畜等与休闲、观光、旅游相结合的综合开发。

五、发展林下经济采取的主要做法

（一）深入调研，摸清底数

县林业、科技、农业等部门组织人员对全县可利用林下空间、已发展林下经济及其类型进行了深入的调研，基本掌握了林下经济发展现状。调查结果显示，三穗县适宜发展林下经济的林地面积约30万亩。截至2014年10月底，全县利用林下土地资源近8万亩，林下经济发展潜力巨大。

（二）科技先导，做好服务

认真做好信息、技术等方面的服务工作。在积极提供市场行情、优质种苗等信息的基础上，为全县搭建科技桥梁，组织技术人员，以先进适用的新知识、新技术为重点，加强对农民进行培训，提高其科技文化素质和生产、经营、创新能力。

（三）政策引领，加大扶持

三穗县委、县政府高度重视林下经济发展，明确规定要充分利用山地资源，综合发展林下经济排泄物资源化利用，在不影响生态环境的原则发展林下经济，加强涉农项目资金整合，帮助和扶持林下经济发展主体完善基础配套设施建设引，导养殖户走进山林、园地，扩大规模，加快传统畜牧业改造升级，推动全县林下经济产业向标准化、特色化、重效益方向发展。

（四）着眼长远，储备项目

在大力开展林下经济的同时，积极探索适合三穗发展实际的建设项目。大力发展蓝莓、油茶等优质特色经果林产业基地建设，夯实林下经济发展基础。

六、存在的主要问题

全县林下经济作为一个新兴产业，发展还处于起步阶段。在发展中仍存在诸多困难和问题：

（一）规模小，品种分散，缺乏规划

林下养殖缺少大户，品种分散，一方面致使产量不大，难以形成规模优

势，另一方面难以形成产业龙头，无法形成有效的辐射带动能力。林下经济目前主要处于自发状态，规划和扶持政策力度不够，远达不到“一县一业，一村一品”的要求。

（二）市场组织化程度低

现有专业合作社和协会运转不正常，养殖和种植户的市场信息不灵通，在种养品种选择上存在盲目性，在产品经营销售中，普遍是坐等外地经销者上门收购或市场零售，效益得不到较好保障，特别是中药材种植，前期投入高，市场风险大，市场信息和品种选择很重要，一旦失误损失很大。

（三）管理水平低

在种养过程中尤其是在养殖方面，大多数农户沿用传统的养殖方式，对科学养殖技术掌握不够，对疫病的防御能力弱，专业化程度不高，抗风险能力差，收入起伏大。

（四）资金制约因素大

经调查，大多数农户对发展林下经济热情很高，但由于缺乏资金，发展之初就受到限制，而现有的一些养殖、种植户，由于得不到必要的资金支持，在做大规模、拉长产业链条方面也是止步不前，致使全县林下经济发展缺乏后劲。

（五）基础条件差

普遍存在路、电、水等基础设施不完善、不配套的问题，致使一些先进的种养方式无法推广，从而制约着林下经济规模化发展、集约化经营。这些问题如不能得到妥善解决，我县林下经济将很难在更高水平更高层次上实现大的发展。

（六）缺乏龙头企业带动

我县现有规模以上种养殖企业主要为自身发展型，实力弱，辐射带动能力不大，且由于缺乏竞争，对散户的利益重视不够，农户与企业的合作意向不强烈。

七、工作建议

林下经济发展前景广阔、潜力巨大，应将其作为一个新兴产业放在突出位置，倾注人力、物力、财力，逐步把林下经济培育成为带动县域经济发展和农民增收的新的增长点。

（一）做好林下经济发展规划

根据三穗的基本情况，按照“因地制宜，统筹规划，合理布局，突出特色，发挥优势，讲求实效”的原则，明确林下经济发展的基本思路，确定发展重点。规划制定过程中，要把发展林下经济与林业结构调整相结合，与林业产业化相结合，与特色经果林产业基地建设相结合，与畜牧业发展相结合，与林业科技推广相结合，与扶贫开发相结合，与中药材产业化建设相结合，多角度、深层次地发掘林下经济的发展潜力。结合当前在林业产业基地和综合林业开发建设中，加大林下经济配套设施扶持力度，做到建成一个基地，配套好一个林下经济，实现以短养长，立体循环发展。

（二）搞好宣传，营造氛围

充分利用广播、电视等新闻媒体，对发展林下经济的重要意义、技术、模式及成功典型进行全面、深入、广泛的宣传，通过计算收入对比、邀请专家开展技术讲座、科普宣传、参观考察的方式，营造良好的舆论氛围，激发群众发展林下经济的热情。

（三）培育龙头，示范带动

要把培育壮大产业龙头作为推进林下经济发展的突破口，大力推广“龙头企业 + 基地 + 农户”产业化发展模式，走产业化经营的路子，鼓励种养户搞深加工，拉长产业链条，实施品牌战略，不断做大做强，林业、科技、农业等部门要各自选择 2 家以上种养户作为自己的基地或示范点，进行重点培育，良性竞争，促其上档次、成规模，打造成品牌。从而带动催生扶强一批专业化林下经济龙头企业，在全县带动更多的群众投身于林下经济发展。

（四）强化服务，合力推动

一搞好政策和技术服务。成立服务机构，由服务机构统筹林下经济发展，整合各种资源，深入实地开展技术服务和产业发展引导工作。二密切关注林下经济科研信息和外地成功经验，搞好适宜林间种、养新品种、新技术的引进、试验和推广工作。三切实为企业解决生产和销售进程中遇到的困难和问题，如水、电、路等基础设施建设问题。

（五）加大政策和资金扶持力度

根据国家相关产业发展资金投向，结合我县林下经济发展，通过各种渠道可争取的项目支持：一是充分利用财政贴息政策，争取中央财政对林下经济发展项目贴息扶持。二是争取产业引导资金支持林下经济发展项目。三是将林下经济发展项目纳入生态补偿试验项目争取国家资金支持。四是通过银行对接加大对林下经济的金融扶持。五是通过项目财政专项资金支持林下经济发展。中幼林抚育、林区基础设施建设拿出部分资金支持林下经济发展，重点解决林农复合种植的种苗补助和重点林下养殖区的基础设施建设。

（六）推动林地流转，发展产业基地化林业和林下经济

按照“依法、规范、自愿、有偿”的原则，强化服务，放活经营，积极推进林地流转。通过把林地流转把林地集中起来进行基地式工厂式开发，既可吸引投资，又可很好整合部门投入，解决就业，还能降低林下经济发展风险，稳定提供林业收益。

维护生态安全　加快林业发展

云南省彝良县林业局　彭泽源　罗祥毅

彝良县始终积极贯彻落实《中共中央国务院关于加快林业发展的决定》和云南省委省政府“森林云南”建设战略部署，把“加强生态建设，维护生态安全，加快林业发展，实现山川秀美”摆在更加突位置狠抓落实。林业生态建设稳步推进，林业产业得到跨越大发展。县域“生态林业”建设取得明显成效。

一、县情

彝良县地处滇、川、黔三省九县结合部的乌蒙山区，属国家新一轮扶贫开发重点县，国土面积2804km^2，辖15个乡镇、137个村居委会、2921个村民小组，有汉、苗、彝、回等21个民族，总人口59.48万。全县林业用地面积230万亩，占国土面积的54.7%（其中：有林地99.8万亩，灌木林地116.9万亩，其他林地面积13.3万亩；有公益林95.6万亩、商品林134.6万亩；天然林保护面积158.39万亩；国有林地面积21.49万亩，集体林地面积173.44万亩）；湿地面积19.6万亩。现有森林蓄积量375.79万m^3，森林覆盖率27.5%，林木绿化率51.88%。辖区内有朝天马、海子坪两个省级自然保护区，保护面积166km^2，森林物种多样，是乌蒙高原生物群落的保存较为完好的省级自然保护区。全县境内气候资源优越，生物种类繁多，生物、矿产、水电、旅游资源丰富，发展潜力巨大。生物资源：彝良县小草坝天麻驰名中外，是全国唯一的“有机天麻认证示范创建县”，历届县委政府十重视天麻产业的培育和发展。截至2014年，全县累计种植天麻5.69万亩，年产鲜天麻2692万斤，天麻产值达13亿元，农民人均创收2283元。矿产资源：彝良是全省23个重点产煤县之一，已探明煤炭储量18亿t；初探铅锌储量157万t，预测储量1000万个金属t以上；硅矿初探储量80亿t，品位高达99%以上，居云南首位。水电资源：理论蕴藏量86.76万kw，可装机55万kw，目前已开发或正在开发30余万kw。旅游资源：彝良县人杰地灵、英雄辈出，是革命先烈刘平楷、著名军事家罗炳辉将军、时代英雄徐洪刚的家乡，贺龙、肖克曾率红二、六军团三进三出彝良，酝酿指挥打响了著名的“乌蒙回旋战”战役。属省列五个革命老区县和八个红色旅游景区县之一。还有山水优美，风景独特的小草坝原始森林自然风光。

二、林业建设成效

（一）林业建设发展情况

彝良县委政府高度重视林业生态建设，始终把林业生态建设作为生态环境改善、农业增效、农民增收的一条主要途径和抓手，以科学发展观为指导，按照“生态建设产业化，产业发展生态化”的总体思路，务实创新，扎实有效推进各项林业生态建设。自“十一五”以来，全县共实施封山育林38.6万亩、天保人工造林21.9万亩、退耕还林（草）8.1万亩，实施农村能源沼气池11000口、太阳能8900户、节柴灶5810眼。在狠抓林业生态建设的同时，亦高度重视林业产业建设发展，确定了“五、五、五、三、一”的林产业发展目标，即到“十二五”末，全县完成核桃50万亩、竹子50万亩、天麻菌材林50万亩、花椒30万亩、天麻种植10万亩，实现人均拥有经济林2亩以上。出重拳，倾全力，投巨资做大做强林产业，截至2014年度，全县已累计实施林产业基地建设184.9万亩，其中：核桃53万亩、竹子52.4万亩、花椒29.5万亩、天麻菌材林50万亩。

（二）取得的成效

通过各级各部门以及全县人民的不息的努力，彝良林业取得明显成效，林业的生态、社会、经济三大效益得到有效发挥，体现在“五个明显”。

一是林地面积持续增加，森林覆盖率明显提高，从2005年的19.6%增加到了27.5%，提升了7.9个百分点，林木绿化率达到51.88%。二是水土流失得到有效控制，生态环境明显改善。经水土保持部门测定，全县水土流失综合治理程度比2005年提高了17个百分点，达到75%。三是农民收入稳步增加，生活质量明显提高。通过实施林产业建设发展起来的竹子、花椒、核桃等特色林产业逐步见效，农民收入持续稳定增加。四是特色林产业加快发展，林产业结构明显优化。通过国家天保工程、退耕还林等林业重点工程项目的实施，有力地带动了特色林产业的发展，促进了林业产业结构的明显优化。五是农民发展观念明显转变，发展林业、保护生态的意识明显增强。通过开展林业实用技术培训，引导建立林产业建设协会和林业专业合作社，全县初步形成了“公司+基地+协会+农户”的林业发展经营模式，发展林业、保护生态已成为广大干部群众的共识，吸引了大量民间资金和先进技术投向林业。山区农民靠天吃饭、只造不管的观念得到根本改变。

三、存在问题和不足

一是受林业周期长，见效慢及木材限额采伐管理的影响，部分农民对林业建设与发展的积极性不高；二是由于涉及面广，实施面积大，各地重视程度不一，加之前自然灾害频繁，造林成活率、保存率不太理想；三是林业基地建设资金投入不足，虽然政府拨付专项产业建设资金，县林业局整各项目资金全力发展林业产业，但由于实施面广量大，单位面积投入不足，甚至不能满足购买种苗的需要；四是部分地方重营造轻管护的现象突出，需要进一步加强对林产业造林地块抚育管理的宣传、指导和督查工作；五是基础设施落后，应与林业产业建设相配套的水利、电力、交通、信息网络等基础设施远跟不上发展的需要，抵御自然灾害的能力低，制约着林业产业的发展。六是林改后，激励林业发展的配套政策措施有待制定和完善；七是林产业招商引资工作亟待加强，当前天麻、竹笋、核桃等都缺少龙头企业带动，缺泛精深加工，附加值不高。

四、工作办法

1. 把握一个重点。林业生态建设与发展的核心是森林资源，林业工作的重中之重是保护好森林资源，守好森林红线。我县始终不断强化森林资源管护。一是全面充实护林员，全县落实护林员223人，提高待遇，月工资从200元提高到500元。二是狠抓森林防火，加强宣传，落实责任，强化防控与处置，使全县森林防火横向到边，纵向到底，家喻户晓，努力做到不发生森林火灾和人员伤死事故。三是强化资源林政管理，森林公安始终保持严打态势，确保森林资源安全，林区治安和谐稳定。十年来，按照上级的部署和要求，我县相继组织开展了“云岭行动”、“绿盾行动”、“缉枪治爆”、“天网行动”、“双严行动”、“利剑行动”等专项整治行动，严厉打击各类林业违法犯罪活动，有效维护了林区和谐稳定。十年来，全县共出动车辆2000余台次，出动警力万余人次，查处各类案件1302起，其中：查处刑事案件96起，逮捕72人；查处治安案件14起，治安拘留9人；查处行政案件1192起，处罚1234人；收缴木材（原木）732.23m^3。

2. 狠抓两个建设。十余年来，我县始终紧紧抓住国家西部大开发、中共中央、国务院关于加快林业发展的决定以及云南省委建设森林云南、绿色经济强省的契机，积极争取国家、省级林业重点工程项目，大力实施林业生态建设，同时，整合各项目资金、县级财政也拨出大量专项资金狠抓林业产业基地建设。通过多年的不息努力，林业生态建设成效明显，林业产业基地建设成绩斐然，实现了共进双赢。

3. 确保“三个到位”。一是抓组织领导，确保责任落实到位。县委、政府高度重视，加化组织领导，严格管理，强势推进林业生态建设与林产业发展。县、乡、村三级分别成立了林产业建设领导组，由党委主要领导任组长、政府主要领导任副组长，将林业建设列为党政一把手工程，主要领导亲自抓，分管领导具体抓。同时，层层签订目标责任状，严格检查考核，年年兑现奖惩。二是抓制度建设，确保监督管理到位。结合实际制定了林业工作考核管理系列规定以及《林产业建设财务管理办法》、《林产业建设技术标准》、《林产业建设检查验收办法》等一系列标准和制度，同时，严格按照要求组织实施和检查验收。每年县委组织人大代表、政协委员进行视察，接受监督，吸纳意见。三是抓宣传培训，确保技术指导到位。充分发挥林业部门的职能作用，在广泛开展宣传培训、征求意见的基础上，切实抓好项目规划设计、技术指导和检查验收等工作，确保项目建设工期、质量和效益。

4. 坚持“四个结合”。一是坚持生态与经济效益相结合。在规划设计阶段，坚持生态优先，突出因地制宜，讲求科学实效，做到生态林与经济林同步规划、同步建设、同步发展，这样既满足了生态建设的需要，又兼顾了广大群众的根本利益。二是坚持个体造林与专业队造林相结合。林业建设是一项民生工程、生态工程。要求党委政府积极主导，广大干部群众积极参与，广大农户自觉投入到林业生态与林产业建设主战场。同时，在动员群众积极参与建设的基础上，我们还组建了专业队进行施工，严把林产业建设各个关键环节，有力地保证了项目实施的质量和效益。三是坚持工程建设与后期管护相结合。工程建成后，及时建立完善管护制度，明确管护人员，落实管护措施，坚持巡山管护、抚育管护并进，确保林产业基地建成一片、成功一片，见效一片、带动一片。四是坚持林产业基地建设与创建龙头企业相结合。县委政府的高度重视林产业建设，在强势推进林产业基地建设中，加大招商引资力度，积极培育加工企业 3 家（彝良县小草坝野生天麻开发有限公司、彝良县蒿源山野菜食品有限公司和彝良县龙井休闲娱乐有限公司）；组建林产业建设协会 4 家、林业专业合作社 8 个。全县已初步形成了“公司 + 基地 + 协会 + 农户”的林产业发展模式。目前，天麻产业初具规模，效果明显，已成为促农增收的重要支柱产业。其他林产业项目已开始见效。

5. 强化“五项措施”。一是规范建设程序。严格程序管理，利用会议、广播、电影、专栏等多种形式向广大干部群众宣传林业建设的相关政策、建设程序、广大农户的权利义务等内容，使国家的林业建设发展政策家喻户晓，人人皆知，规范有序推进。二是科学编制规划。根据各年度的建设任务，组织林业技术人员逐地块进行实地规划，编制施工设计。三是严格工程管理。工程实施前，对施工技术指导人员和造林工程队开展集中培训，签定工程施工合同和技术人员岗位目标责任书，落实工程建设各方责任，确保工程建设质量和效益。四是严把种苗质量关。我县林业工程建设，坚持本地采种、就近育苗、就地移栽的原则，按照设计用苗数量，组织指导建立本地苗圃就地育苗，以保证苗木质量和品种需求。同时严格执行种苗质量检疫检验管理的相关规定，经种苗站和森防站检疫检验合格后统一供苗移栽。五是强化林产业建设资金管理。工作中严格执行林业项目资金管理相关规定，同时还制定了《林产业建设项目资金使用管理办法》，对林产业建设资金实行封闭运行，专户存储，专款专用，单独建账，单独核算。有力地保证了项目资金的安全高效运行。

保护资源强生态　发展林业奔小康

云南省楚雄市林业局　李绍辉　张晓峰

一、生态建设进展顺利，成果得到巩固发展

（一）造林绿化工作深入开展

我市在造林绿化工作实施过程中，加强对各环节的质量监督管理，严把造林质量关，严把林木种苗检验关，严格执行种苗"五证一签"和招投标制度，全年累计检验苗木共146.5万株、花椒62万株、籽种25.1t。紧紧围绕年初人代会确定的目标，加快以核桃、花椒为主的特色林产业发展步伐，建设1000亩连片林业产业示范基地30片，土地连片开发林业项目基地6片，12月底全面完成州级下达任务和市人民政府确定的新种植核桃面积5万亩、花椒面积9.4万亩的造林任务；完成了义务植树基地建设200亩，全民义务植树173.3万株、零星四旁植树200.3万株。争取省林业厅300万元支持，配合完成了紫溪彝村总投资750万元的绿化美化工程。

（二）天然林保护工程建设持续推进

严格按《天保二期实施方案》项目管理要求，拨付2013年度天保工程项目资金964.6万元，实施天保工程森林管护面积517万亩。投资70万元实施天保工程公益林建设封山育林1万亩，5个项目实施单位完成补植补造1320亩、落实了管护人员5人、制作封山育林宣传标志牌5块、界碑60块。白依河林场和旧关林场各实施森林抚育5000亩，项目落实到子午镇旧关村委会、东华镇力峨么村委会，涉及11个林班、42个小班，商品林3813亩，公益林6187亩，12月底成工。投资176.9万元实施2013年度森林管护基础设施森林管护所（点）建设32个，已开工建设30个，完成建设26个；投资60万元完成省改革奖励性资金建设管护所2个。

（三）退耕还林工程稳步实施

强化历年退耕还林工程成果巩固，认真落实政策兑现工作，拨付2014年度退耕还林政策补助资金622.13万元，资金通过"一折通"兑付到了退耕户手中。完成2013年度巩固退耕还林成果后续产业人工造林1.2万亩、技术培训500人，任务完率100%；完成林业项目投资376万元，占投资计划的100%。12月底完成2014年度国家下达我市巩固退耕还林成果专项规划林业

建设项目种植业新造特色经济林 1.3 万亩，技术培训 865 人，投资 156 万元。开展新一轮退耕还林摸底调查工作。对全市 25 度以上坡耕地现状进行了逐块调查，确定了至 2020 年拟实施的规模。

公益林生态效益补偿有序开展。全市公益林面积 235.83 万亩，全部签订了禁限伐协议、管护合同、委托管护协议书，制定了《楚雄市公益林管理制度》，规范和加强了公益林管理。权属为集体和个人所有的公益林 220.5 万亩全部纳入了生态效益补偿，补偿资金 3164.72 万元已全部拨付，林权所有者补偿费通过"一折通"兑付给林农。强化管理信息系统建设，以 2012 年公益林落界为基础，完成了 20 个公益林单位的行政区数据、管护数据及补偿管理数据的收集和规范整理，建立了公益林管理信息系统。完成公益林管护站所（点）建设项目 3 个。

（四）低效林改造稳步推进

我市严格执行上级低效林改造项目管理规定，进一步规范项目申报、审批、建设、管理、验收等工作；以培育优质高效的森林资源为目标，坚持先规划、后改造，先设计、后施工，先审批、后实施的原则，严格改造标准，突出改造重点，规范改造程序，优化林分结构，切实加强对中低产林改造的监管，做到确保改造对象认定准确，确保不出现乱砍滥伐，确保不改变林地用途，确保不造成水土流失，确保林地利用由低产低效提升为高产高效，低效林改造工作稳步推进。至 12 月底完成任务 2 万亩，其中：森林抚育 1 万亩，复壮改造 8156 亩，树种更替 1501 亩，综合改造 343 亩。

（五）农村能源建设扎实推进

2014 年省、州下达我市建设项目任务为：太阳能热水器 2750 套、节柴灶 400 眼、沼气池 100 口、病旧沼气池改造 100 口，建设农村服务网点 2 个，项目总投资 323 万元。已全部实施完成，补助资金已全部拨付各实施乡镇，并全部兑现到各农户。

二、生态保护不断加强，依法治林扎实推进

（一）资源林政管理措施有力

一是严格执行森林采伐限额管理制度。科学安排采伐指标，2014 年全市森林总消耗量近 4 万 m^3，仅占州级批准下达年森林采伐限额 9.59 万 m^3 的 41.71%。二是林地保护管理进一步规范。全市共审核上报办理使用林地使用项目 43 宗，征占用林地面积 158.1045hm^2，其中：永久性使用林地面积为 125.0878hm^2，临时性占用林地面积为 33.0167hm^2。保障了全市重点工程建设

项目和招商引资等42个项目的落地及顺利实施；收缴森林植被恢复费666.4113万元。三是加强木材运输证的签发管理。实行严格的审核审批、票证专人签发管理、建立健全台账管理制度；采取再次运输木材经现场核实后方可办理国内木材运输证的措施，有效遏制非法木材进入木材加工经营市场和流通。目前核发市内木材运输许可证3819份12721m^2，核发国内木材（再次运输木材）运输证1288份31876m^2。四是与楚雄市辖区内木材加工（经营）户签订《依法经营责任书》、《守法经营承诺书》，进一步增强了木材加工经营企业依法生产经营的意识，严格日常管理。

（二）强化依法治林，确保林区平安

认真贯彻执行林业法律法规，推进依法治林，整合力量，严厉打击各类破坏森林资源行为。全年共查处林业刑事案件27件，移送起诉39人、拘留4人、逮捕7人、取保候审27人；查处治安案件1件，行政罚款1人；查处行政案件672件。共没收违法木材1237.26m^3，收缴罚（没）款414.9万元，没收野生树木3株，责令补种树木14009株。有力地打击了各类破坏森林资源的违法行为，确保了林区安全。

（三）森林防火再创佳绩

2014年省、州、市各级投入全市森林防火经费723.6万元，加强预防体系和扑救体系建设，以加大宣传教育为导向，不断提高全民的防火意识，强化野外火源“五项百分之百”的管理制度，加强基础设施建设，提高森林火灾的防控综合能力，努力降低火灾损失。2014年，全市共发生一般森林火灾5次，已查破4起，破案率为80%；火场总面积48.87hm^2，受害森林面积4.16hm^2，森林火灾次数为州下达22次的22.72%。林火控制指标均在州下达的控制指标内，经楚雄州人民政府组织检查考核，考核得分99分，评定为一等奖，森林防火工作连续三年评定为全州一等奖。

（四）科学防控林业有害生物

加强林业有害生物的监测预警预报工作，严把林业有害生物入侵关，开展了楚雄市利剑2014林业植物检疫联合执法专项行动，完成摸底调查工作，掌握涉林企业148户、种苗生产经营145户情况。加强森林植物调运检疫管理工作，调运检疫木材3.14万m^3，苗木219.04万株，籽种27t。加强森林病虫害测报工作，完善监测网络体系，争取到国家测报点一个。全市林业有害生物监测覆盖率达95.27%；森林病虫害发生面积2.94万亩，防治面积2.79万亩，防治率达94.9%，成灾率为1.58‰，无公害防治率达100%，林业有害生物成灾率控制在4‰以内；商品木材调运检疫率100%，种苗产地检疫率达100%。

（五）加强自然保护区建设管理和野生动物的保护工作

切实加强自然保护区建设科学化、规范化管理，不断提高自然保护区的管理能力和生物多样性保护的有效性。哀牢山国家级自然保护区楚雄管理局组织实施哀牢山国家级自然保护区楚雄片区自然文化遗产地保护恢复工程防火公路建设11.4km，完成新建巡护步道5km、监测样地3块、监测样线3km，三期续建工程项目防火瞭望塔地勘检测工作完成。完成了2013年境内野生动物肇事补偿434件20万元的兑现工作，化解了受损失和伤害的群众与野生动物之间的矛盾，在保护野生动物的同时，促进了地方维稳工作。开展了楚雄市第二次国家重点保护野生植物资源调查工作，完成外业调查，为内业提交调查成果掌握了主要的科学依据。深入开展“爱鸟周”活动和“候鸟保护及疫源疫病监测防控”宣传活动，积极推进野生动植物保护工程，进一步规范野生动物驯养繁殖及经营利用，完善野生动物疫源疫病监测体系，加大野生动物保护力度，依法严厉打击非法猎捕、运输、经营野生动物的违法行为。

三、林业改革逐步完善，林业发展活力倍增

2014年深入开展集体林权制度配套改革。大力推进林权管理服务中心建设，建立健全集林权管理、林权流转服务、社会综合服务三位一体的林权管理服务机构，建立规范有序的林权流转管理机制，共流转林地106宗，流转面积1.26万亩，交易金额1669.6万元。积极开展林权抵押贷款业务，加强银林合作，修订了《楚雄市林权抵押贷款管理办法》，进一步简化审批手续，共办理林权抵押贷款36笔，抵押林地2.7万亩，新增抵押贷款5028万元，贷款余额8863万元。有效地缓解了林农、林企“抵押难、贷款难、发展难”的难题，2014年林权抵押贷款同比增长25%。积极落实林业贴息贷款项目，截至目前，存续林业贴息贷款项目贷款余额7720万元，申报林业贷款财政贴息资金386万元。2014年新增林业贴息贷款项目13740万元，申报林业贷款财政贴息资金687万元，兑现2013年贴息总额389.9万元。通过林业改革的逐步完善，进一步激活了林业生产要素，释放兴林富民潜能，实现资源增长、农民增收、生态良好、林区和谐的改革目标。

四、林业产业发展壮大，逐步实现兴林富民

按照“生态建设产业化、产业发展生态化”的发展思路，以林业改革为

契机，充分发挥资源优势，突出特色品种，优化区域布局，以精深加工为带动，以科技进步为支撑，加快发展以核桃为主的特色经济林产业、野生食用菌产业、林木种苗、木材加工产业、野生动物驯养繁殖及产品深加工利用业、森林生态旅游业等产业，全面提高特色经济林产业发展水平，实现了全市生态环境明显改善、群众收入大幅度增加、林产业发展后劲明显增强。2014 年，完成招商引资 10050 万元，为全年目标任务的 125.63%；完成固定资产投资任务 7000 万元，为全年目标任务的 100.70%；完成争取上级各块专项资金 7251.06 万元，为全年目标任务的 1350%；林业总产值实现年均增长 10%，实现林业总产值 21.94 亿元，为全年目标任务的 101%。以核桃为主的特色经济林产业发展势头迅猛，目前全市核桃种植面积已达 96.6 万亩，年产量达 1 万 t，产值 3.24 亿元；全市从事木材产品加工企业 157 家，年生产能力达到 4.44 万 m^3、产值 7097.92 万元；全市共有林木种苗生产基地 153 家，育苗面积 5580 亩，育苗树种达 138 个，注册园艺新品种 21 个，年生产 6453 万株，产值 1.2 亿元；林业产业省级龙头企业 6 家，产值 11.4 亿元。

五、国有林区棚户区（危旧房）改造有序推进

2010 年项目已全面完成建设目标，70 户无房职工已于 2013 年 4 月分房入住，正开展两证办理工作。2011 年度国有林区棚户区和危旧房改造项目涉及 4 个林场 259 户，总投资 6824.48 万元，资金已到位 6414.68 万元，现完成投资 4832 万元。一标段（一幢、四幢）6 层楼房完成初验，准备进行竣工验收工作。二标段（二幢、三幢）17 层电梯房主体完工，小区附属工程进入施工阶段。全部工程预计在 2015 年上半年完成，配套工程的实施让小区使用功能一应俱全，为林业职工打造一个健康、舒适、安全、优美的居住环境，使棚户区及危旧房改造项目成为质量优良、功能完善、设施齐全、生活便利和环境优美的新型城市示范区；为增强林业系统职工生活幸福指数打下根基。

六、加强自身建设，树立良好部门形象

以深入开展党的群众路线教育实践活动为契机，努力加强自身建设。一是加大宣传思想、政府信息公开、政务服务工作，上报并在林业网站公开信息 220 余条，被省、州、市采用多条，其中，楚雄在线采用 160 余条，完成了市人民政府下达的年度宣传及政务信息任务。二是机关党建设按照“抓班子、带队伍，强组织、增活力，转作风、树形象，建和谐、促发展”的工作

思路和要求，2014 年 11 月新提拔任用了 3 名正股级、7 名副股级干部，调整交流了 11 名股所级干部，干部队伍建设得到加强。三是综治维稳及群众信访工作采取督办领导牵头、责任科室协作调处的方式，严格按时限办结，对时限内未办结信访件予以情况说明，把矛盾化解在基层，妥善解决纠纷，避免激化，最大限度减少不稳定因素，全力维护社会和谐稳定。四是及时研究办理人大代表建议和政协委员提案任务，集中力量开展办理工作，于 7 月 1 日全部办理完毕，面商率达 100%，A 类 9 件，B 类 2 件，满意率达 100%。五是坚持“安全第一、预防为主、综合治理”的方针，精心组织，深入贯彻安全生产责任制和“一岗双责”的落实，履行好安全生产监管职能。六是按照“法制工作全局化、全局工作法制化”的工作目标，结合林业实际，积极推进试点工作，夯实全市林业法治建设基础，全面推进林业依法行政、创建法治林业。七是全市林业系统广大党员干部，积极投身到扶贫帮困工作中，认真做好 2014 年单位定点挂钩和党员干部结对扶贫工作，共为扶贫挂钩点两个村委会捐资捐物合计达 5.62 万元。八是切实加强全市林业系统党员干部职工队伍建设和作风建设，为推进全市林业各项工作顺利开展提供坚强的组织保障。稳步推进机关效能建设，认真落实效能建设各项工作要求。严格执行首问责任制、限时办结制、服务承诺制和效能政府建设行政能力提升制度，促进机关作风建设。狠抓林业系统党风廉政建设责任制和惩防体系建设，推进林业行风建设，树立了楚雄市林业部门良好形象。

作者简介：

李绍辉，男，1967 年 1 月出生，中共党员，大学学历。现任云南省楚雄市林业局党委副书记、局长。

自 1987 年 7 月参加工作起，历任农科站站长，副乡长、乡长、党委书记，楚雄市国土资源局党委书记、党组书记、局长等职。2011 年 2 月至今，任楚雄市林业局党委副书记、局长。

保护森林资源　加快林业发展

云南省绿春县林业局　李波娘　李英杰

一、林业基本情况

全县林业用地面积达343万亩，占全县国土总面积的73.8%，活立木总蓄积量1660多万m^3，其中：有林地面积258万亩，疏林地面积1875亩，灌木林66万亩。全县森林覆盖率达60.1%，林木绿化率达69.9%。森林覆盖率、林木绿化率次于石屏县而位居全州第二，活立木总蓄积量位居全州首位。以国家实施的退耕还林工程为主，发展橡胶、八角、核桃、紫胶寄主树、茶叶等特色经济林近115万亩，发展桉树、杉木等速生丰产用产林近30万亩，绿色产业面积人均突破5亩。

二、历年取得的成效

生态建设取得显著成效。县林业局积极发挥维护国土生态安全中的主体作用，紧紧抓住林业重点工程和重大项目，突出以江河两岸、城镇面山、库区周围、交通要道、生态脆弱、滑坡严重等重要地段生态治理为重点，全面实施天然林保护、退耕还林、防护林工程、封山育林工程、国家森林生态效益项目、绿色通道建设、陡坡生态治理等重点工程，积极营造水土保持林、水源涵养林、生态公益林，保护和恢复森林植被，建立多层次的生态经济型防护林体系；以加强黄连山自然保护区管理为抓手，大力改善野生动植物资源及生物多样性的保护；以转变农民生活方式为目的，大力推进农村能源建设；以改善生态环境和培育林业产业为目标，全面动员全民开展造林、护林工作，充分调动了全县人民造林、护林的热情和参与造林、护林的主动性。2002年以来，全县共完成了以退耕还林工程为主的人工造林70万亩，封山育林30万亩，累计建设沼气池1.6万口，全县森林覆盖率由“九五”期间的35.4%，提高到现在的61.35%，林木绿化率达到69.9%，森林资源总量大幅增加。全县公路沿线、城镇面山、库区周围、江河两岸植被逐渐得到改善，绿化率逐年提高，森林生态面积明显扩大，水土流失面积明显减少，林业生态防护效益逐年显现。

林业产业建设取得长足发展。近几年来，绿春林业按照“生态建设产业化、产业发展生态化”的思路，紧紧抓住实施退耕还林政策机遇，大力实施各类林业重大项目，引导林农发展既能绿山，又能富民的八角、茶叶、橡胶、紫胶等生态经济林产业，积极向“绿山富民目标”迈进。截至2013年年底，全县已累计发展绿色产业130余万亩，人均突破5亩，形成了以橡胶、茶叶、草果、八角、紫胶、胡椒为主的经济林和杉木、桉树、西南桦等商品用材林为主的林业支柱产业群。橡胶：面积40万亩，主要分布在半坡、大黑山、骑马坝、平河等乡，2013年投产面积为12万亩，橡胶产量达4万余t，产值达6.2亿元，橡胶已逐渐成为增强县域经济、增加农民收入的一大特色优势产业。茶叶：面积26万亩（含套种），分布在全县各乡镇，投产面积26万亩，2013年实现产量1612万t，产值1.6亿元，是我县农民增收的一项传统产业和红河州主要的茶叶交易集散地，县内玛玉茶名列云南省八大名茶之一。草果：面积17万亩，主要分布在大兴、牛孔、平河、戈奎、三猛等乡镇的高海拔地区，投产面积7万亩，2013年产量达5600t，产值1.96亿元。八角：面积14.2万亩，各乡镇都有分布，投产5.7万亩，是借助退耕还林政策培育的新兴产业。2013年产量2万t，产值1.8亿元，八角将是我县增加农民收入的又一项支柱产业。紫胶：面积3.2万亩，重点分布在大水沟、牛孔、三猛、戈奎和大黑山五个乡，投产面积3万亩，2013年产出生胶2400t，实现产值9600万元，县内生产的虫胶片曾获国家“部优”产品称号，产品销往国内外。胡椒：面积2.1万亩，主要分布在骑马坝、三猛、平河等乡，投产0.6万亩，2013年产量2250t，产值900万元。杉木等用材林：全县已累计发展杉木、巨桉、西南桦等用材林面积35万亩，2013年实现产值2700万元。

森林资源得到有效保护。一是森林防火工作。强化领导，加大投入，健全机制，落实责任，同抓共管，依法治火，群防群治，深入人心，取得了连续28年无重特大森林火灾和人员伤亡事故的好成绩。二是资源林政管理。严格规范木材生产加工经营制度，严厉打击非法占用林地、乱砍滥伐、乱捕滥猎等破坏野生动植物资源的违法犯罪活动，有效保护森林资源，生物多样性功能日趋明显。三是农村能源建设。实施农村沼气池、太阳能热水器、节能改灶等农村能源建设工程，全县累计完成沼气池建设1.6万口，安装太阳能热水器5940台和节能改灶近2万口，有效改善了农村生产生活条件，降低了农村薪材消耗。四是林业有害生物监测防范。强化苗木检疫检查，严格执行“检疫要求书”制度，确保森林安全。五是林地林权管理。自2007年3月林改工作启动至今，林改覆盖了全县8乡1镇村村寨寨35328户18万人，完成改革确权54060宗141万亩，通过林改，初步实现了“耕者有其山、务林有其权”宗旨，调动了广大林农造林、护林积极性。六是生态公益林建设。实施完成了第二次生态公益林修编工作，全县生态公益林面积达116.81万亩（国家级112.91万亩，省级3.9万亩），实施公益林资金补偿制度后，共累计兑付补偿资金6896.67万元，有效增加了林农的收入，调动了群众参与生态公益林建设和保护的积极性。

当前，林业产业发展进入了一较快、稳步发展的时期，全县生态建设得到了加强，森林生态效益、经济效益、社会效益逐年显现。但是，在长期的林业工作中，我们也清晰认识到，林业工作与县委、县政府和全县人民的要求还有不少差距，主要表现在：一是我县财力弱，发展林业资金投入不足，成为制约林业发展的主要瓶颈；二是水电路等基础设施建设的快速发展，工程建设征占用林地需求量大幅增长，保护与发展的矛盾日益突出；三是林业产业发展层次低，林业产业虽已形成一定规模，但还没真正显现其效益；四是造林规模不断扩大，土地空间却逐年变小，因而造林难度逐年增大；五是林业专业人才长期得不到补充，人才短缺，老龄化问题日趋突出，特别是乡镇林业站有编无人，面临瘫痪，难以适应林业发展的要求。

三、今后发展思路

今后一段时间林业发展的总体思路是：紧紧抓住国家实施生态文明建设、西部大开发、桥头堡建设的战略机遇，以国家、省、州林业重点工程和重大项目为抓手，以州委建设“一个中心、五个示范”以及生态绿州、景观美州、产业富州和县委建设“高原特色农业发展先进县”“绿色能源发展先进县”为目标，加快林业生态建设、产业建设、文化建设和基础设施建设，巩固提升生态环境，优化人居环境，推动林业大县向林业强县迈进，把我县建设成为生态系统稳定、林业产业发达、森林文化繁荣、人与自然更加和谐和农业更强、农村更美、农民更富的“哈尼家园，生态绿春”。为此，重点抓以下几个方面工作：

一是加强政策研究，正确把握林业发展的形势。积极主动学习和研究中央、省、州有关加快林业发展和生态文明建设的文件政策精神，深刻领会精神实质，准确把握林业工作面临的形势和发展的政策导向，充分发挥林业在生态文明建设的主力军和先行者的作用，继续加强生态建设，持续推进林业产业发展，为全县经济社会可持续发展发挥积极作用。

二是加强调研，搞好规划，推动林业产业科学持续发展。立足县情，加强调研，摸清家底，深入研究发展潜力，找准自身的特色和优势，高标准谋划，编制出客观科学、定位准确、布局合理、特色鲜明的规划，推动林业产业持续发展。

三是统筹协调，形成合力，继续推进林业生态建设工程。实施好以天然林保护为重点的森林资源保护和黄连山国家级自然保护区建设工程；抓住巩固提高第一轮退耕还林成果和实施第二轮退耕还林工程机遇，扎实抓好江河两岸、公路主干线、城镇面山、水土流失严重、生态脆弱地区、25 度以上坡地的造林绿化工程；抢抓林业重点工程和重大项目，积极实施封山育林工程、森林抚育、低效林改造、陡坡地生态治理等重点工程，保护和恢复森林植被，提高森林覆盖率；加强防火基础设施建设，提高森林防火预警和处置能力；加强林业执法能力建设，提高林业行政执法能力；切实抓好森林病虫害防治和农村能源建设工程。

四是突出重点，务求实效，优化培育林业支柱产业。一是加大科技和资金投入，巩固提升现有的 130 万亩生物产业，力争在最短时间内产生最大的效益；二是抓住实施退耕还林工程等机遇，继续发展以杉木、西南桦、桤木、松类为主的速生丰产用材林，探索培育板栗、棕榈等为主的新兴经济林，合理利用林下资源，有序探索开发砂仁、石斛、重楼、白芨等森林药材与森林蔬菜为重点的林下非木质材产品产业；三是积极发展森林生态旅游业。以黄连山自然保护区和腊姑、桐株梯田为依托，积极推进国家森林生态公园和国家湿地公园基础设施建设，努力打造森林生态旅游产品；四是加快推进木材林化工产业。加大林业龙头企业的培育力度，加快林木加工园区建设，提升木材、林化工制品深加工，促进林业第二、第三产业的发展，提高林业附加值和综合产出效益，加速资源优势向经济优势转化。

五是理顺关系，规范程序，深入推进林业体制改革。以集体林权制度改革为重点，努力理顺职能部门、市场功能、林农权益等关系，加快建立林业要素市场，推进林业综合服务、林业资产评估、林权交易、林业行政审批、生产技术指导、政策法规宣传等规范化、社会化建设，适应林业发展形势，更好地满足群众和社会发展需要；加强资源共享平台建设，探索规划、林政、退耕、营林、林权等股室相互联通、取长补短、共用资源的网络平台，着力改善各专业部门人手紧缺、单打独斗、重复劳动的状况，提高部门管理能力、工作效率和服务水平，更好地服务于全县林业的发展和服务对象。

管建并举　突出效益
推动林业生态建设稳步发展

西藏自治区洛隆县林业局　阿旺登增　向巴曲邓　何孔斌

洛隆县地处昌都地区西南部、怒江流域上段，全县国土面积 806036.410hm²，其中，林地面积 440290.790hm²，森林面积占 388267.758hm²。全县辖4镇7乡、65个行政村1个居委会，是典型的半农半牧业县。一直以来，洛隆县委、县府高度重视生态建设工作，在自治区林业厅、昌都地委、行署和昌都地区林业局的大力支持下，坚持既要金山银山又要绿水青山的理念不动摇，统筹处理经济与生态建设之间的关系，寓生态建设于经济社会发展之中，实现了生态效益、经济效益、社会效益的有机统一。全县森林面积从2002年的372904hm²增加到现在的388267.758hm²，森林覆盖率（含灌木林地）从45.89%上升到48.17%，增加了2.28个百分点，全县纳入补偿的公益林面积达504.69万亩，占森林总面积的86.7%，远高于全区平均水平，走出了一条建设“生态洛隆”的绿色崛起之路。在保护森林、建设生态的过程中，我们的主要作法和经验是：

一、坚决践行“生态优先　保护为主”的发展战略，保护好现有森林资源

县委、县府领导班子针对本地区气候条件恶劣，森林面积大、山区农牧民居住点多面广、森林管护难度大的特点，转变观念，在保护森林资源的“保”字上下工夫，提出了“四落实、三加强”的生态建设思路，取得了积极实效。

（一）落实责任主体

县人民政府与各乡（镇）、各乡（镇）与各村（居委会）、各村（居委会）与各农户均签订了森林防火目标管理责任书，并纳入了年终考核目标；实行森林防火行政首长负责制，各乡（镇）人民政府要对本辖区范围内森林防火工作全面负责，政府主要负责同志为第一责任人，分管负责同志为主要责任人。同时，每年都组织专门力量对各有关单位责任书，责任制完成情况进行检查和考核，对工作任务落实好，成效显著的单位进行奖励，而对工作

任务落实差，建设成效不够显著的单位采取通报批评等措施进行处罚。

（二）落实保护措施

在制度完善上下工夫。制定和完善了森林防火、护林员管理和奖惩制度，进一步严格值班交接班手续和请销假制度，坚决贯彻森林管护区域、管护标志、管护任务、责任单位、责任人、管护措施、奖惩制度“七落实”制度，为森林资源的有效保护提供政策保障。在保护机制上下力气。各乡（镇）结合自身实际采取个人和集体管护相结合的联合管护模式，形成了管护到位、责任同担、利益共享、群护群治的全社会参与森林资源保护的格局。

（三）落实管护资金

进一步强化资金监管和发放工作，我县森林生态效益补偿资金实行专户管理，专人负责。专职管护人员劳务补助按年度发放，先期兑现劳务补助的70%，年底考核合格后兑现余下的30%，每年累计兑现专职人员管护资金805.2万元；剩余资金全部兑现给兼职管护人员，兑现标准按照劳力70%，非劳力30%的补助标准进行兑现。2013年，仅森林生态效益补偿基金项目就为群众增收1514.07万元，林业生态保护与建设工作已经成为当地农牧民群众增收最多最稳定的项目，有力促进了生态增量、林业增效、农民增收。

（四）落实管护人员

有效将“生态建设”与“强农惠农”紧密结合起来，鼓励农牧民积极参与到生态保护工作中。截至目前，全县共招聘专职管护人员670名，剩余农牧民群众承当相应兼管任务，同时考核评定出管护队长11名、管护片区长48名，按个人管理能力划定管护区域，并层层签订管护协议。为有效提高管护积极性，制定了相应的考核奖惩机制，管护人员必须按照“一岗双责”的岗位责任制要求，上岗到位开展巡护检查；对脱岗、漏岗、检查不认真、巡护不到位的，要严肃处理，该重罚的重罚，该开除的开除，促使每个管护人员切实履起职、负起责。

（五）加强了森林资源保护力度

组织编制了《洛隆县森林资源管理（暂行）办法》、《洛隆县安居工程木材节约措施》和《森林资源管护人员管理和奖惩制度》等系列管护管理机制，组织建立起林政执法队伍和森林公安队伍；认真开展了全县严打整治专项行动，严厉打击查处乱砍滥伐、乱捕滥猎等各类破坏森林资源违法犯罪活动，极大地震慑了犯罪分子保护了森林资源。加大安居工程木材采伐审批监督，进一步把木材流通领域工作落实到各护林队。在采伐和木材运输上严格执行检查，设立了林政检查站点，切实加大全县广大护林人员林政管理力度，严格落实各项工作措施，实行一车一票，核定每道程序和出入境登记。大力实施安居工程木材替代措施，减少木材用量。逐步实施用水泥桩和围栏网替代木质围栏，切实解决了农牧民增收和森林资源保护之间的矛盾。2014 年，我县森林资源保护工作实现新突破，未发生重大涉林案件。

（六）加强了保护区建设力度

加大宣传教育力度，努力使保护意识深入民心。积极开展自然保护区申报、建设等工作，努力建立和完善各项保护软硬环境，目前我县已建立起卓玛朗措、巴栋措、荣古格金钱豹三个县级自然保护区，招录管理人员 40 余名，有效保护了各类珍贵濒危野生动植物，维护了生物多样性。2014 年，在我局工作人员的带领下，国家林业局中南林业调查规划设计院在我县的玉西乡与康沙镇等地架设了多部红外相机。经过近 3 个月的调查取证，我局工作人员发现架设的红外相机拍摄到了大量珍贵的野生动物活动照片，其中特别值得注意的是此次拍摄成功拍到了国家一级重点保护动物—金钱豹，这在我区尚属首例。这次调查众多新分布纪录的发现，对于我县乃至全区生物多样性和生物系统学研究与保护都具有十分重要的意义。为我县下一步申报自治区级和国家级自然保护区奠定了坚实基础。

（七）加强了森林防火防控工作

严格执行森林防火行政领导负责制，进一步加强了对重大林区、重点地段火险综合治理。一是已建立防火物资储备库，储备足够的扑火物资，防火设备设施管理规范，档案齐全，进一步完善了防火预案。二是层层签订责任书，县人民政府与各乡（镇）签订了《森林防火目标管理责任书》，并纳入年终考核目标；县林业部门与各施工单位签订了《护林防火责任书》，并指派专人严格监督管理；各乡（镇）与各村（居委会）、各村（居委会）与各农户均签订了森林防火目标管理责任书，达到了“横向到边、丛向到底、不留死角”的要求，确保了护林防火责任落实到人头地块。三是加大扑火队伍的培训力度，有效使我县防火队伍的理论水平与实战能力得到了有效提高。2013 年，我县荣获“昌地地区森林防火暨林政管理”先进集体。四是加大值班巡护工作力度，在森林防火期内，采取设立临时值班点等多种形势，要求各巡护小组要全体出动每天对各自辖区范围内进行全方位、不间断地开展巡护工作，实施重点防范，严密排查火灾隐患，做到有火早发现、早报告、早扑灭，切实把森林火灾消灭在萌芽状态。五是加大督促检查力度，我局干部职工分片区加大各项防护措施落实情况监督检查，发现问题及时纠正，确保了各项措施落到人头地块。六是全面开展火灾隐患大排查，认真贯彻执行

"预防为主，积极消灭"的森林防火方针，组织护林员及群众对我县往年安居工程木材伐区等重点部位组织开展清山行动，全面堵住漏洞，切实将不利于林区稳定因素排除在林区之外。七是加大森林防火宣传攻势。深入贯彻执行"预防为主、积极消灭"的森防工作方针，进一步加强森林防火宣传教育工作，通过采取设立森林防火警示牌、发放宣传单等形式，加强对林区、道路两旁、重点地段的宣传教育，努力使森林防火家喻户晓、人人皆知。我县森林防火工作由于认识到位、责任到位、措施到位，自2008年以来，我县未发生森林火灾，森林防火工作出现了新的局面，总体实现了"三无"目标。

二、科学发展"的林业建设方针，加快推进生态建设步伐积极推进"因地制宜

随着我县新农村建设和城镇绿化的加速，我县林业部门进一步加大了对造林绿化工作的指导管理，切实解决了年年栽树不见树、岁岁育林不见林的问题。

（一）积极宣传，全民参与

充分发挥机关干部职工和广大青年群众的造林主体作用，大力倡导全民开展植树造林活动。县直机关、企事业单位职工在县城周边义务植树。同时，促进各乡镇积极与林业部门配合做好宣传发动、调动农牧民参与植树造林的积极性，通过劳务用工、造林管护、个体育苗等多种措施，吸引群众参与林业生态建设，形成了群众植绿、爱绿、护绿的社会氛围。2014年，全县共计完成义务植树15.5万株，落实后期管护3000余亩。

（二）工程带动，效益优先

结合林业产业的发展实施林业生态工程，在注重生态效益的同时，充分考虑项目区老百姓的经济效益，坚持适地适树，优先选用乡土树种，发展经济林木。2012～2014年，全县实施完成了孜托镇周边重点区域工程造林、马利镇经济林木基地建设和洛隆县森林公园等一大批人工造林示范工程。完成生态林建设37864.3亩，经济林木8088.3亩，在农牧民房前屋后栽植花椒、水蜜桃等经济林木20多万株，累计为农牧民群众增收1200余万元。

（三）探索造林新举措，提升造林成活率

加强造林技能培训，成立"造林绿化施工队"。由县林业部门组织我县11个乡（镇）的670名护林员，经过相关技能培训后，集中实施造林，彻底改变了往年由农牧民群众实施而造成造林质量不高，造林苗木成活率低的问题，避免了造林项目资金不必要浪费。通过造林管理方式的转变，不仅从根

本上提升了造林质量，确保了造林成活率，造林成活率达到了80%以上，比往年提高了5个百分点，而且极大地提高了广大护林员造林、护林热情，基本上实现了“造一片、活一片、绿一片”的目标。

三、存在的问题及建议

（一）存在的问题

1. 随着新时期林业发展，林业的地位越来越高，保护森林资源工作任务越来越重，西藏基层基础实施建设落后，目前配备的执法力量和技术水平，已远远不能满足保护森林资源工作需求（如：森林公安平时工作中办案、抓捕、看管等工作严重处于被动中；一是是没有警力，二是专业能力差，三是适配不足，四是没有看管所等问题），并到目前各乡（镇）未设立林业工作站及专职人员，导致林业管理工作难度大，严重制约着我县林业建设步伐。

2. 随着经济社会的迅速发展，能源、水利、交通和旅游等基础实施建设步伐也日益加大，占用征收林地的规模将不断增加，保护难度及执法难度越来越大。

3. 惠民政策的漏洞与保护森林资源间的矛盾越来越突出。安居工程实施、大骨节病区搬迁等各种惠民政策的实施，特别是西藏房屋大多为土木结构，因此，需要大量木材来建设房屋、青稞架等用料，导致森林资源保护难、林政管理难等重大问题出现。

（二）建议

1. 严格完善惠民政策，做好查漏补缺政策。随着森林保护力度加大、森林保护与安居工程实施之间矛盾日益严峻，西藏房屋均为土木结构，需大量的木料，导致安居工程的实施最为破坏森林资源、破坏生态环境为代价的一项工程，所以建立一项林业惠民政策来平衡极为重要（林业对安居工程实施中投入部分资金为群众承担购买代替材料（钢筋、水泥）等，引导群众建设水泥结构的房屋），即提倡了森林保护也建立一项惠民政策来维持安居工程的实施。同时为基层工作者解决了政策性漏洞导致保护和执法最为困难的局面。

2. 加大培训力度，为更好解决基层执法人员专业水平提高及办案技巧能力提高等问题。

3. 加大林业基层基础设施配套建设，尽快给各乡（镇）建立林业工作站及配备专职人员，配强森林公安警力，为解决基层林业基础设施远远不能满足当前保护森林资源工作需求等问题。

保护利用森林资源　促进林业发展

西藏自治区札达县林业局　尼　平　黄应平

生态林业是指遵循生态经济学和生态规律发展林业，是充分利用适当地自然资源和促进林业发展，并为人类生存和发展创造最佳状态环境的林业生产体系。它是多目标、多功能、多成份、多层次，也是组合合理、结构有序、开放循环、内外交流、能协调发展、具有动态平衡功能的巨大森林生态经济系统。

一、林业生态基本情况

札达县平均海拔4000m，常年干旱少雨，冬季寒冷多雪，边境线长575km，通外山口38座，总人口7747人（2013年），耕地面积33.517hm^2，牲畜存栏总头数为90648（头、只、匹）。

森林林地资源：2013年，通过森林资源二类调查，全县土地总面积2460159.96hm^2，其中：林地面积389921.232hm^2，占15.85%；非林地面积2070238.728hm^2，占84.15%；森林面积388776.848hm^2，全县森林覆盖率为15.8%，林木绿化率15.81%。林地面积按地类分：（1）有林地面积2567.131hm^2，占全县林地面积的0.66%，全部为乔木林；（2）灌木地面积386445.44hm^2，占99.11%；（3）未成林面积97.468hm^2，占0.02%；（4）无立木林地面积222.831hm^2，占0.06%；（5）宜林地面积585.241hm^2，占0.15%；（6）苗圃地面积3.121hm^2。截至2013年，我县森林生态效益补偿面积为289131.13hm^2，护林员1717人，森林生态效益补偿金为13010901元。

野生动物资源：主要有藏野驴、野牦牛、雪豹、金雕、岩羊、盘羊、藏原羚、大鵟、赤狐、藏雪鸡、猎隼、黑翅长脚鹬、黑颈鹤、红额金翅雀、家麻雀、金额丝雀、黄嘴朱顶雀、普通朱雀、石鸡、西藏岩蜥、红嘴山鸦、斑头雁、赤麻鸭、灰背伯劳、舍利、狼、旱獭、榭鸫、黄头鹡鸰、蓝矶鸫、山斑鸠、戴胜、漠即、达纳特蟾蜍、拉达克滑蜥等野生动物。我县现有野保员19人，疫源疫病检测员3人。

二、林业机构建设情况

札达县林业局于2005年正式挂牌成立，现属正科级单位，现有工作人员

11名，其中正式干部7名，5男、2女、本科学历4人，大专学历3人，公益性1人、合同工3人。

三、生态建设在林业发展中起到中流砥柱的作用

党的十八大提出，要把生态文明建设放在突出地位，融入经济建设、政治建设、文化建设、社会建设各方面和全过程，努力建设美丽中国，实现中华民族永续发展。这是对生态文明建设与其他建设相互关系的深刻理解和准确把握，是指引我国科学发展的英明决策。

加强森林结构调整、提升森林质量、增加碳汇能力，也是林业在节能减排、开拓碳汇容量、保障经济可持续发展中发挥作用的重要内容。多年来，我们重造林轻经营。近几年，响应国家林业局的号召，我局把森林经营的内容提到工作日程上来，提升森林质量。但是，在加强森林经营管理、提升森林质量方面的投入力度还是不够。特别是经过多年造林，剩下的林地条件越来越艰难，人工林结构单一、生产力低下、不稳定的问题比比皆是，我们要重视这方面的问题。

四、用生态文明理念统领林业

如何运用生态文明理念统领札达林业发展，使林业为中华民族的永续发展、美丽札达建设作出更多更大的贡献？

第一，把林业的公益性和民生性联系在一起，发挥林业在社会发展中的更大作用。我县林区主要分布在山区，是“三农”的重要组成部分。因此，林业除了公益性以外，还有重要的民生性，千万不可忽视。

第二，林业既是生态建设的主体，又是绿色经济的宝库，是未来能源、化学品的重要来源。生物工程等技术飞速发展，并在农业、林业、能源、化工等众多领域推广运用，大幅提高了生产效率。林业是一个巨大的生物宝库，吸收大气中的二氧化碳，肩负着碳平衡的重任。林业肩负着生态建设主体的重任。

第三，建设生态文明，离不开森林的可持续发展，没有森林就谈不上生态环境。很难设想，如果没有森林，人类将怎样生存？正是由于我们现在拥有大量森林，人与自然才能和谐相处，才能更好地建设生态文明。所以不能违背“尊重自然、顺应自然、保护自然”的规律。总的来说，林业既有公益性，又有民生性，是社会发展中必不可少的重要部分。

五、生态建设林业保护工作

（一）加强组织领导，落实管护责任

按照公益林建设目标、任务、资金、责任和《中共中央　国务院关于加快林业发展的决定》的要求，我县不断深化和完善森林管护领导责任制，形成政府主要领导是第一责任人，分管领导是主要责任人的分级行政领导包片负责制，县级领导包乡镇，乡镇领导、普通干部包村，村干部、护林员包山头的负责制。明确每个领导、普通干部以及护林员的分片包干负责区，层层签订责任状，落实责任。

1. 采取“六定”方针，确保管护地段落实到人

为充分发挥农牧民群众在公益林建设和森林管护中的主力军作用，把砍树人变为种树人和护林人。札达县确定有责任心、工作踏实的1717名农牧民群众对4336967亩天然林进行了常年管护。切实做到了山有人管、林有人护、责任有人担。将定范围、定面积、定责任、定期限、定报酬、定奖惩的“六定”方针落到了实处。

2. 层层签订目标责任书

针对札达县森林面积大，森林分布不均匀等特点，县林业主管部门和各乡镇签订地方公益林管护合同（A合同），明确林业主管部门和地方公益林管护责任单位的责、权、利关系，履行地方公益林建设、保护、管理和监督职责。由各乡镇与地方公益林专（兼）管护人员签订护林合同（B合同），将管护责任落实到山头地块和具体管护人员，按合同规定支付地方公益林管护人员劳务费。我县森林生态效益补偿面积为289131.13hm^2，护林员1717人，公益林管护工资总计13010901元。

（二）科学规划，合理布局，稳步推进林业生态建设工作

1. 充分调研，科学规划

为有效推进林业生态建设，我单位组织林业技术人员深入基层进行调研论证，在此基础上对我县林业建设进行了近长期的林业发展规划，明确了林业建设的目标和重点，为稳步推进林业生态建设提供了保证。

2. 合理布局，因地制宜

根据札达县地形地貌、生态环境和森林资源现状，将全县森林分为公益林、经济林、防护林。发展方针要因地制宜，山区采取以林为主的综合发展，并立足本地产品和资源，形成多层次、多品种、粗精结合的加工工业体系；林区则采取以封为主封造结合，实行轮封、轮造、轮放办法，使眼前与长远

利益结合。

要建成立体林业，目的是：提高森林综合生产能力；提高森林对调节生态环境的整体功能；充分发挥森林效应和互补作用；保护资源永续利用的动态平衡。

3. 点面结合，整体推进

为营造一个分布均衡、结构合理、功能完备、效益兼顾的林业生态网络体系，以县城、旅游景点、乡镇村组绿化美化建设为点，以道路、旅游景点沿途美化、河流绿化建设为线，以区域公益林和防护林基地建设为面，点、线、面相结合，动员全社会力量扩建我县林地面积。

（三）林业产业发展取得重大突破

“十二五”以来，县委、县政府的正确领导下由地区林业局大力支持并2011年度建设农业综合开发经济林基地，主要有苹果、杏子、桃子等多种经济林果树，该项目以增加农牧民经济收入的主要产业来抓，现取得了显著地成效，当地群众也得到了一定的实惠，对经济林种植的认识也产生了巨大的变化，积极性不断的提高，对大力发展经济林产业的呼声越来越高。

“十二五”期间我县未出现森林火灾现象。首先，创新宣传载体，加大宣传力度。在充分利用好广播、电视、标语的同时，我们下发《做好森林防火工作的通知》，深入偏远山区发放护林防火小册子等新形式加大宣传，使森林防火工作家喻户晓，极大地增强了全民护林防火意识。其次，加强护林防火队伍和基础设施建设，进一步密切与公安、消防等单位的联系，在火情监测、火警信息、火灾扑救等方面相互配合，相互沟通，最大限度优化整合消防资源，形成消防合力。最后，我局工作人员每年针对火险等级偏高的地域，采取多种措施扎实做好冬春季节森林防火工作，确保了防火期内没有大的森林火灾发生。

（四）森林资源管理和保护力度进一步加大

一是加大病虫害防治力度。近年来，我县公益林、经济林时有出现病虫害灾难。进一步做好病虫害的查防工作，为此，我局成立病虫害防控组织，建立防治队伍，进一步加强病虫害监控体系建设，落实责任，严格查防，有效遏制了病虫害在我县的发生和蔓延。

二是加大森林资源的管理，保证我县生态环境的可持续发展。严格执行林木采伐限额、伐前公示和行政报批制度、林权登记制度。

（五）加大森林管护宣传力度

为营造全社会共同参与生态环境保护的大环境。我局每年通过广播、电视、报纸、标语、宣传车等媒体，“以保护生态就是保护人类自己”、“爱我家园、保护生态”为主题，进行生态保护和建设的宣传。在森林管护区318、214国道沿线累计建立各种生态保护宣传牌3186个，向农牧民发放《森林法》读本9000余册，宣传单近几万份，多次召开群众大会，受教育人数达7万多人（次），占全县总人口的87.5%以上。通过宣传在工程区形成全社会支持林业、全民参与工程建设的良好氛围，为工程的顺利实施奠定了良好的群众基础。

六、下一步林业工作的重点及对策建议

在深入总结札达林业发展“十二五”成就、管理经验、存在问题和困难开展的基础上，围绕着事关林业科技“十三五”全局的重大问题，全面贯彻落实党的十八大和十八届三中全会精神，深入学习贯彻习近平总书记系列重要讲话精神，坚持以建设生态文明为总目标，以改善生态改善民生为总任务，以全面深化林业改革为总动力，我局将继续深入贯彻落实中央、自治区的方针政策，与时俱进，开拓创新，求真务实，真抓实干，进一步规范和加强森林资源管护工作，确保森林资源持续增长，实现当地经济发展和社会稳定；紧紧围绕建设美丽札达，认真实施《推进生态文明建设规划纲要》，创新林业体制机制，完善生态文明制度，推进札达林业治理体系和治理能力现代化，增强生态林业民生林业发展内生动力，为全面建成小康社会、实现中国梦“札达林业梦”创造更好的生态环境。

作者简介：

尼平，男，藏族，1979年8月出生，中共党员，本科学历。现任西藏自治区札达县林业局局长。

自2001年7月参加工作起，历任萨让乡科员、副乡长等职。2006年至今，任札达县林业局局长。

加大生态环境建设　促进可持续发展

陕西省横山县林业局　邵胜宽

在古长城脚下，在毛乌素沙漠和黄土高原的接壤之处，有一个名叫横山的地方。这里曾是西夏王国的缔造者李元昊的故乡，这里也是明末农民起义领袖李自成的生身之地，这里更是汉武帝屯兵蓄锐的牧马场。两千年前，这里曾经“沃野千里，牛马衔尾，群羊塞道”，然而经历千年战火洗礼和人为垦植，到明清时期，这里已是“四望黄沙，不产五谷”的不毛之地。

新中国成立以来，横山人民在在党和政府、各级林业部门的正确领导和大力支持下，横山县几十年如一日，坚持治沙绿化造林，取得可喜的成绩。特别是改革开放以来，横山人民紧紧抓住国家西部开发生态先行的战略机遇，认真实施林业重点工程，尤其是在樟子松造林上取得突破性成果。如今横山 4333km^2 的土地上，林木保存面积达到 210 万亩，其中用材林 17. 8 万亩，经济林 10. 8 万亩，乔、灌、草相结合的生物防护林体系已经建成，100 万亩流沙得到治理，50 万亩农田得到保护，200 万亩土地的水土流失得到有效控制，森林覆盖率从新中国成立初期的 0. 4% 提升到 32. 3%，创造了“人进沙退”的奇迹。

一、60 年巨变　从 0. 4% 到 32. 3% 的跨越

新中国成立初期，横山西北部横亘着 140 多万亩的流动沙地，“风起沙尘扬，种田不产粮”，沙区处于“人缺粮、畜缺草、地缺肥”的极端贫困状况。但是勤劳勇敢的横山人民在沙漠面前没有退缩，在历届县委、县政府的正确领导下开展了大规模的治沙造林运动。经过近三十年的努力，20 世纪 80 年代，横山的植被覆盖率达到了 20% 左右。大面积的流沙得到了初步治理，沙区生态环境明显改善，农牧业生产有了较快发展。

一代又一代人接力，通过六十年的努力，人们终于把林草覆盖率从几乎为零的比例提升到了 32. 3%。横山曾经是一穷二白的版图上，如今有了星火燎原般的绿色的森林植被，肆虐的黄沙在逐渐消退，绿色如水墨一样在贫瘠的大地上浸染开来。治住了黄沙，无定河也变成了清流，流域两岸生机盎然，连片的稻田闪烁着迷人的光彩，一幅甜美的江南田园风光已经在横山展开，

横山人终于看到山川秀美的壮丽图画。

二、横山版图　绿色与黄色的博弈

从1998年到2014年，横山的造林面积一路飙升，目前治沙造林的保存面积为210万亩，几乎达到了几何增长的态势。仅1998年到2008年十年间，横山县完成了人工造林110万亩，是前五十年的造林面积总和。应该说，横山人是顺应了时代大潮，才让他们的治沙造林顺风顺水，一路凯歌。1998年8月，横山县被列为国家生态环境建设重点县。1999年，横山县启动实施了退耕还林工程、天然林保护工程及三北四期防护林工程，这些工程涉及全县18个乡镇和4个国营林场。

为了实施好各项工程，在县委、县政府的正确领导下，严格的封山禁牧措施在全县推行，圈舍饲养牛羊的养殖方式开始在全县推广。

在横山县增加绿色版图的过程中，樟子松立功至伟。它和紫穗槐组成混交林，成为横山人围剿黄色的最稳固的绿色版块，横山林业人用它们在毛乌素沙漠的南缘缔造了一个沙漠治理的奇迹。横山对樟子松寄予了厚望，我们将把全县樟子松人工造林的保存面积扩大到50万亩，从而实现把横山建成全国樟子松栽培示范基地的目标。

从2001年开始，横山县就在荒野中追求绿色，希望造林的成果也能在冬天鼓舞士气、给人希望。为了追求四季常青的绿色，县林业局决定营造400亩侧柏纯林，并大胆采取承包造林的方式。一年之后，这些纯林几乎全部成活，它们在荒凉的冬天，成了横山难得一见的绿荫。截至目前，横山县采用承包方式，已成功实施造林工程15万亩，其中常绿树种樟子松、侧柏造林就达到了8.6万亩、430万株，造林的平均成活率，均在85%以上。这种新的造林体制，吸引了社会力量广泛参与到林业工程中来，造林事业不再是横山林业局一家的事情，它和道路、城建等基建工程一样，成为横山拉动内需的产业之一。如今，15万亩樟子松、紫穗槐混交林已经牢牢地盘踞在沙漠中，成为治沙的最佳植物生态体系，一个全新的、最佳的人造林环境开始在横山的沙区诞生。它们已经成为横山森林版图上永不凋零的绿色标帜。

2008年，国家加大生态环境建设的投资，横山县又承担了15万亩、总投资为1500万元的“三北”防护林工程的建设任务。这项造林工程，为横山林业产业化链条的全面展开铺平了道路，也为今天横山打响全面围歼黄色的战役拉开了序幕。

从城市到乡村，从庙宇、景点到矿区，从北部的沙区到中部的无定河及其支流各流域，再到南部的黄土丘陵区，所有的荒漠化的贫瘠土地，都被纳入了横山县的整体绿化工程中，横山几乎是全民动员，天上飞机播种，地上人工栽植，大型机械轰鸣，一切都为绿色让步。横山人想用几年甚至十几年的时间，对横山县的整体面貌做一次全新美容。15 万亩“三北”防护林工程成功实施，赢得了原国家林业局局长贾治邦的高度评价：“横山县樟子松造林规模大、效果好，横山的造林成果走在了全国的前列，为中国生态环境的改善做出了贡献”。

三、横山生态　从对抗走向和谐

昔日沙进人退的局面，变成了林进沙退。有了人造森林的屏障，无定河畔的横山，已经变成了陕北高原上的米粮川。多年来，横山县因此受到国家林业局、三北林业局、陕西省林业厅及榆林市的嘉奖。横山的治沙造林成果，甚至吸引来了非洲 14 个国家的农林专家和官员前来考察取经。

更为难得的是，昔日灾害频仍的无定河，如今已经成为一条风光旖旎的沙漠清流，那里成了动植物的避难所和栖息的天堂。冬季那里是天鹅及各种雁鸭类水禽及涉禽过境补充食物的重要水域；夏秋时节，无定河畔，翠鸟、戴胜、东方大苇莺等许多南方鸟类也翩翩而至，它们已经喜欢上了这片沙漠中的湿地绿洲。

2009 年，横山县开始筹建无定河湿地自然保护区，省级湿地自然保护区已由陕西省人民政府批复，我们将在未来几年中把无定河湿地打造成一个国家级湿地自然保护区。

今天，横山人在保住自己家园的同时，也保住并扩大了无定河这块难得的沙漠湿地。无定河沙漠湿地的环境改良，也必将为中国沙漠河流的治理提供有益的借鉴。今天，人们在无定河边种植水稻营造人工湿地的同时，也把大片的天然湿地还给了自然，让那里成为动植物的家园和避难所。可以说，筹建无定河湿地自然保护区，已经成为了横山建设生态文明的标志，它意味着横山林业发展已经从治理生态上升到建立生态文明的更高境界。今天，无定河湿地的恢复与壮大，也必将对未来岁月中的文明发展起到深远的影响作用。

今天的横山人民，在县委、县政府的正确领导下，乘着时代的巨轮，在绿色的海洋里乘风破浪，直挂云帆济沧海。

发挥示范园区辐射作用
推动防沙治沙纵深发展

甘肃省张掖市林业局　聂　斌　梁　军

一、基本情况

甘肃省张掖市位于青藏高原和内蒙古高原的接壤之处，南依祁连山脉，北望巴丹吉林沙漠，是河西走廊的咽喉重镇。南部祁连山和中部黑河湿地在维护青藏高原生态平衡，阻止巴丹吉林沙漠南侵，维持走廊绿洲发展稳定，保障黑河径流补给等方面构筑了我国西北干旱区重要的生态安全屏障，承担着保护国防安全和内蒙古额济纳旗居延海绿洲恢复的重任，也是建设丝路明珠金张掖、打造丝绸之路经济带的重要节点。全市土地总面积 6288.6 万亩，其中：耕地面积 380 万亩，森林面积 820.03 万亩，湿地面积 315.6 万亩，草原面积 3800 多万亩。区域内绿洲、农田、牧场和沙漠、戈壁、盐碱滩地交错分布，有两条大沙带横穿全境，风沙线长达 400 多 km。据 2009 年第四次荒漠化监测，全市沙化土地面积 990.5 万亩，占总土地面积的 15.6%，有明显沙化趋势的土地面积 740.95 万亩，占总土地面积的 11.8%。在沙化土地中，有流动沙丘地 209.2 万亩，半固定沙丘（地）50.1 万亩，固定沙丘 231.1 万亩，戈壁 496.7 万亩，沙化耕地 0.14 万亩，风蚀劣地 3.33 万亩。该区属温带干旱气候，干旱少雨，风大沙多，年均气温 6～8℃，年日照时数 3000～3600h，年均降水量不足 200mm，蒸发量 1400mm 以上，无霜期 128 天左右。生态环境十分脆弱，霜冻、沙尘暴、干热风等灾害性天气对农牧业生产和经济社会发展影响较大。

二、防沙治沙建设现状及成效

多年来，甘肃省张掖市防沙治沙工作以科学发展观为统领，认真贯彻落实全国、全省防沙治沙工作会议精神，坚持“南保青龙、中建绿洲、北锁黄龙”的林业发展战略，从沙区整个社会功能系统出发，统一规划，分类指导，突出重点，分步实施，取得了明显成效。特别是 2006 年张掖市被确立为全国防沙治沙综合地级示范园区、2013 年临泽、民乐两县被确定为全国沙化土地封禁保护补助试点县以来，紧紧围绕市委、市政府“建设丝路明珠金张掖，实现幸福美好家园梦”的发展目标，以防沙治沙示范园、封禁保护试点县建设为带动，以“三北”防护林、退耕还林等重点工程为支撑，通过机制创新、制度创新、科技创新、模式创新，采用护、封、造、固、用多种措施综合治理，着力构筑南部祁连山、中部绿洲城市、北部荒漠区三大绿色屏障，全市区域性生态环境明显改善，为全市经济社会持续快速健康发展发挥了重要作用。先后建立了祁连山国家级自然保护区、张掖黑河湿地国家级自然保护区、国家湿地公园、国家城市湿地公园、国家地质公园、国家沙漠体育公园，并被国家发改委、财政部、国家林业局列为全国13个生态文明示范工程试点市之一，先后荣获“全国绿化模范城市”、“全国国土绿化突出贡献单位”、“全国生态文明示范工程试点市”、“中国设施延后葡萄第一市”等荣誉。

1. 林草植被大幅度增加，生态环境明显改善。“十一五”以来，以重点林业生态工程和全国防沙治沙张掖综合地级示范园区建设为带动，加快沙化土地治理步伐，森林面积不断扩展，沙区植被状况进一步改善。全市新增造林面积53.27万亩，荒漠植被封禁保护471.38万亩（包括公益林面积410.06万亩），封禁保护区植被平均盖度由原来的20%以下提高到了35%以上，效果非常明显。至2013年年底，张掖市人工林面积累计达到310.5万亩，森林面积达到820.03万亩，森林覆盖率由10.71%提高到13.04%，增加了2.33个百分点。基本形成了以农田林网化为主体、带片网点相结合、渠路林田相配套的防护林体系。绿色屏障的建成，改善了生态环境，使市内无霜期延长15天左右，干热风、沙尘暴发生频率已大为降低。

2. 沙化土地治理成效明显，扩展趋势得到遏制。通过综合治理措施，沙区林草植被增加，为构筑沙区生态屏障、阻挡风沙南侵、维护绿洲生态安全提供了有力保障。根据2009年第四次荒漠化监测，沙化土地动态变化情况与前期（2004年）沙化土地普查基础数据相比，张掖市土地沙化和荒漠化状况发生了重大变化，首次实现了从扩展到遏制的历史性转变。监测期5年内全市荒漠化土地面积减少8.60万亩，沙化土地面积减少17.22万亩，有明显沙化趋势的土地减少23.74万亩，而且土地沙化程度明显减轻，治理成效明显。

3. 示范园区建设初具规模，示范带动作用强劲。2006年全国防沙治沙张掖综合地级示范园区正式授牌实施以来，通过机制创新、制度创新、科技创新、模式创新，完成防沙治沙示范林建设5.84万亩，建立甘州区大满镇大果沙棘示范区、临泽县治沙林场科技治沙示范区、高台县新坝乡暖泉村设施葡萄沙产业示范区等近20个典型示范区。2013年国家启动了沙化土地封禁保护区试点工作，张掖市临泽县、民乐县列入全国沙化土地封禁保护补助试点县，2个试点县沙化土地封禁保护区规划总面积近200万亩，目前项目建设进展顺利，取得了阶段性成效。防沙治沙示范园区和沙化土地封禁保护补助试点县的建设，辐射带动效应明显，有力地推动了防沙治沙向纵深发展。

4. 特色林果基地不断扩展，沙区产业优势显现。按照沙产业理论，结合张掖市实际，以特色林果、林下经济、种苗花卉、果品加工为重点，科学规划布局，制定优惠政策，加大扶持力度，壮大基地规模，特色林果产业发展成效明显，农业产业结构进一步优化，带动区域经济的效果日益显现。据统计，截至目前，全市已建成特色林果基地75万亩，林业产业总产值达16.36亿元，其中：经济林果8.92亿元，林下经济2.66亿元，果品加工2.21亿元，种苗花卉2.02亿元，森林旅游0.55亿元。农民来自林业产业的收入为1443元，占全市农民人均纯收入的17.1%。基本形成了以果品基地为主体、以设施葡萄和沙漠肉苁蓉等为特色、以果品加工为龙头的特色优势林果沙产业体系，以及“政府引导，行业服务，典型示范，群众参与”的运行机制，走出了一条生态民生林业发展的新路子。

5. 城乡园林绿化步伐加快，人居环境面貌改善。在沙化土地治理进程中，始终把荒漠化特色城市建设作为重点。自2010年张掖市荣获“全国绿化模范城市”荣誉以来，以争创“国家园林城市”、“国家森林城市”为契机，以市区“1+5”生态城市为中心，以黑河沿岸生态城市带、沿山高原生态城市带及乡镇驻地及周边为重点，大力推进花木进城、森林围城、园林美城工作，高起点规划、高标准设计、高质量实施城市园林绿化工程，努力打造环境宜人、个性鲜明、充满活力的特色城市。张掖滨河新区及国家湿地公园、临泽大沙河流域综合治理、高台湿地新区、山丹新城区绿化、民乐高原生态城以及肃南玉水苑等生态城市景观绿化工程强势推进，黑河沿岸生态城市带和沿山高原生态城市片应运而生，“湿地之城、戈壁水乡”的独特魅力和宜居宜游的特色优势凸显，优美的田园化乡村格局逐步成型。目前，城市建成区绿化覆盖率达到41.25%，人均公共绿地面积达到12.23m^2；乡镇驻地绿化覆盖率达28%以上。

6. 生态文明理念深入人心，群众治沙方兴未艾。随着防沙治沙示范园区建设及国家重点工程实施，治沙不仅成为沙漠地区农民增收的新途径，同时通过参与治沙，广大干部群众在实践中不断认识到了林业在沙区生态建设中的主体和核心地位，认识到了林业在促进经济社会可持续发展中的重要作用。沙区群众竞相承包、租赁沙地，多方筹资参与沙化土地治理、沙产业开发，从而形成了国家、集体、个人一起上的防沙治沙可喜局面。据不完全统计，全市非公有制林业经营户发展到3.5万户，具有一定规模效益的造林大户230多户，规模造林面积近20万亩。在防沙治沙实践中，涌现出了赵兴旺、管利、李奋等一大批模范人物和治沙先进集体，激励着更多人投身防沙治沙事业。

三、今后防沙治沙工作的思路及重点

当前及今后一段时期张掖市防沙治沙工作的总体思路是：以科学发展观为指导，立足国家生态安全屏障建设，以全国防沙治沙综合地级示范园区和国家沙化土地封禁保护区建设为重点，遵循自然规律、经济规律和社会发展规律，坚持保护和恢复植被与合理利用自然资源相结合，坚持改善生态环境与促进农民增收相结合，创新理念，统筹规划、抓源治本，分类施策，全面推进防沙治沙工作，沙区生态状况得到明显改善，沙产业规模效益得到提升。2015~2020年，新建防风固沙生态林30万亩，封禁保护沙化土地200万亩、封滩育林（草）30万亩，新增特色林业沙产业基地20万亩，达效益年后特色林业沙产业总产值达到20亿元以上。

1. 封禁固压结合，切实抓源治本。控制源头，综合治理，减少破坏，是遏制沙化土地继续扩展最有效、最经济的途径。以临泽、民乐县2个国家级沙化土地封禁保护补助试点县建设为重点，遵循“大面积封禁、小区域治理”原则，在张掖市临泽县平川镇、板桥镇北部以及民乐县东滩等无治理条件的沙化土地区域，建立沙化土地封禁保护区200万亩，通过实施围栏封护、沙源地带流动沙丘固沙压沙、人工促进自然修复等项目，禁止一切破坏植被的生产和开发建设活动，促进封禁保护区内植被的自然恢复和地表结皮的形成，从源头上控制流沙。探索总结封禁保护新机制、新模式，力争张掖市6县（区）整体纳入国家沙化土地封禁保护区建设范围，努力走出一条干旱荒漠区防沙治沙与区域经济协调共进的可持续发展之路。

2. 重点工程带动，实施专项治理。生态工程建设是搞好防沙治沙、加快国土绿化的重要带动力量。继续实施好三北防护林、退耕还林、中央财政造林补贴等重点林业生态工程，在沙区重点区域实施专项治理，新建防风固沙生态林30万亩，封滩育林（草）30万亩。即在绿洲内部建设和完善带、片、网合理配置，多树种、多林种的生态经济型防护林体系；绿洲荒漠景观斑块、绿洲外围过渡带，以灌草植被为主，建设以防风、固沙、减灾为主要目的的大型综合防护林体系；在沙漠前沿腹地自然沙生植被较好的地段，实施封沙（滩）育林，依靠自然修复能力，提高沙生植被盖度，固沙阻沙。通过重点生态区域专项治理，着力改善沙区生态状况，切实构筑起防风固沙生态屏障，遏制荒漠化扩展和土地沙化。

3. 产业规模扩展，生态经济双赢。在坚持生态优先的原则下，充分挖掘沙区土地和劳动力资源的潜力，依据张掖市沙化土地分布现状，围绕巴丹吉林沙漠南缘沿线、黑河沿岸沙化带、祁连山沿山沙化片区“一线、一带、一片区”合理布局沙产业，新增特色林业沙产业基地 20 万亩。其中新建肉苁蓉种植基地 5 万亩，新增特色优质林果基地 10 万亩，新增林木种苗花卉基地 1 万亩，发展生物质能源林 1. 2 万亩，建设无公害蔬菜基地 0. 5 万亩，建设中药材基地 2. 3 万亩；同时，推进沙漠生态旅游景区建设，培育和发展龙头加工企业，继续扩大果品、葡萄酒、沙棘等林副产品生产规模，带动和提升沙产业综合效益，实现生态建设与产业开发的良性互动和协调发展。

4. 园区示范助推，依靠科技治沙。防沙治沙是一项技术性很强的工作，必须始终把科技进步和技术创新贯穿于防沙治沙的全过程。以全国防沙治沙张掖综合地级示范园区建设为抓手，重点围绕防沙治沙领域的技术难题和薄弱环节，充分发挥园区的聚集、孵化、辐射功能，组织进行联合攻关，并积极引进先进适用的防沙治沙新技术、新材料、新方法、新理念，引进和推广适宜沙区的植物新品种，通过机制创新、制度创新、科技创新、模式创新，建立以科技治沙型、生态防护型、沙产业效益型、机制带动型等不同类型的典型示范区，示范推动防沙治沙向纵深发展。

5. 宣传教育强化，严格依法治沙。依法防治，是确保防沙治沙事业健康发展的重要保障。要认真贯彻落实国家《森林法》、《防沙治沙法》、《土地管理法》、《草原法》等法律法规，推动防沙治沙工作纳入法制化轨道。加大对防沙治沙和沙产业发展先进典型的宣传力度，营造良好的社会舆论氛围。严格推行禁樵、禁垦、禁牧“三禁”措施，规范治沙行为，制止边治理、边破坏的现象，保护沙区林草植被。加大执法力度，严厉打击破坏沙区植被和野生动植物资源、非法征占用沙化土地等违法行为，切实提高依法治理沙化土地的水平。

作者简介：

聂斌，男，汉族，1963 年 12 月出生，中共党员，本科学历。现任甘肃省张掖市林业局党组书记、局长。

自 1982 年 7 月参加工作起，历任张掖地区计划委员会工商计划科副科长，张掖地区计划委员会工交商贸科科长，张掖市发展计划委员会副主任、党组成员，张掖市发展和改革委员会副主任、党组成员，民乐县委副书记，高台县委副书记，张掖市林业局党组书记等职。2011 年 1 月至今，任张掖市林业局党组书记、局长。

促进林业可持续发展
提高林地产出和经济收益

甘肃省合作市林业局　田海东　刘建新

可持续发展作为一种新的科学发展观，已经深入到社会发展的各个领域。森林资源和林业发展的重要性和目前的严峻状况，要求我们将可持续发展的理念深入到林业建设的制度、政策、法律等各个层面，构建一套全新的可持续发展的政策法律体系，从而实现对森林资源的保护和林业的可持续发展。

一、合作市概况

（一）自然条件

合作市位于甘肃省西南部，系甘南藏族自治州所辖。地处青藏高原东缘，与黄土高原交接，地形复杂，地势高亢，自东北向西南倾斜，东经102？4？，北纬35？59？，大部分地区海拔在2850～3500m。东北部为山原夷平面草地区；西南和中部为山地丘陵牧农林区；大夏河诸多支流和洮河流径本市，洮河干流和格河沿岸为高原峪谷区。境内水、土资源丰富，植被条件较好，高原大陆性季风气候特征明显，冷季漫长，干燥多风，年均气温为1.1℃，年均降水量为558 mm，集中于七、八、九三个月，地表径流深200～250 mm，年蒸发量1222 mm，自然灾害频繁，主要为霜冻、寒潮、强降温及大雪、冰雹和秋季洪涝。

（二）社会经济概况

合作市从原甘南州夏河县分设列市以来，于1998年元月正式挂牌运行，现辖六乡四个街道办事处，总人口8.2万人，其中牧业人口3.46万人，占总人口的42.19%。全市现有土地总面积409.5万亩，其中草地面积261万亩，占土地总面积63.7%；林地面积60.3万亩，占土地总面积的14.72%；耕地面积14.47万亩，占土地总面积的3.53%，剩余为其他用地。

二、合作市森林资源现状

合作市城区所辖卡加曼林区、卡加道林区、勒秀林区、合作南山涵养林区、森林公园以及面山人工林区、城区绿化带，合作市全市林业用地 60.3 万亩，占全市土地面积的 15%，占全市林区土地面积的 25.1%，其中有林地 9 万亩，疏林地 3.7 万亩，灌木林地 31.4 万亩，未成林造林地 1.1 万亩，苗圃地 0.03 万亩，宜林地 15.1 万亩，分别占林地用地总面积的 14.82%、6.14%、52.1%、18.3%、0.01% 和 35.1%。全市森林覆盖率 10.25%，其中林区森林覆盖率 16.85%，森林植物 670 种，分属 85 科 274 属，其中：藓类植物 17 科 28 属 40 种，蕨类植物 7 科 9 属 12 种，裸子植物 3 科 5 属 12 种、被子植物 58 科 232 属 546 种。

三、可持续发展思想的提出及其含义

1987 年在挪威首相布伦特兰夫人的领导之下，世界环境与发展委员会向联合国提交了一份题为《我们共同的未来》的报告，在报告里提出了我们应致力一条环境保护与经济发展相结合的发展模式，并且对可持续发展作了明确的定义：既满足当代人的需要，又不损害后代人其满足需要能力的发展。

可持续发展包括三个方面的内涵：生态的可持续发展、经济的可持续发展和社会的可持续发展。所谓生态的可持续发展，是指社会赖以生存的自然条件的可持续发展。人类的生存离不开一定的自然条件，而自然条件的优劣往往又会给人类的生存和发展造成影响。

四、林业可持续发展的含义及实现林业可持续发展的对策

（一）林业可持续发展的含义

林业的可持续发展是在 1992 年世界环境发展大会上提出的，这时可持续发展的理念深入到各个方面，我国也已把此定为国策之一。当前世界各国都在研究和判定林业可持续经营的标准和指标体系，我国的林业工作者也参与了这一活动，有关方面也提出了八大标准和 66 项指标，对这方面的研究也正进一步深入。

林业可持续发展的含义，其实质表现在三个方面：第一是经济能力，即能源、资源、资金和信息使用的效率、效益和增长率、人均收入、资源储量、资本可替代性等；第二是社会合力，即人口容量、人口素质、公共意识、文化道德、生活方式、社会公平性、社会稳定性、体制合理性等；第三是生态支持力，即生态自我调节力、生态还原力、资源承载力、环境资源等。

（二）实现林业可持续发展的对策

林业的可持续发展，主要应作以下几个方面的努力

1. 依靠科技发展林业

可持续发展的一个根本的策略是科技的发展，因为可持续发展的内涵包括经济的发展和对资源与环境的再发展能力的保护。那么既要发展经济又要保证资源与环境的发展力，最有效的解决办法就是依靠科技来发展经济，改变传统的以环境和自然资源为代价的粗放式经济发展模式。因此，在林业发展上，实施科技兴林，不断提高林业建设的科技含量是林业可持续发展的关键。为此，有人提出了“数字林业”的概念，即利用现代信息科技手段，推动林业经营和管理的精确化、科学化，加快实现林业的现代化。

2. 优化林业经济结构，促进林业的可持续发展

林业经济的可持续发展调整优化林业经济结构，促进林业产业的发展，是实现林业可持续发展的物质保证。在第一产业方面，以市场需求为导向，大力推进短周期工业原料林、速生丰产林和其他原料林等经济林建设；在第二产业方面，加大新产品开发力度，促进以低层次原料加工向高层次综合精深加工转变的步伐；在第三产业方面，要加大森林旅游业、花卉业的发展。要采取“以二促一带三”的策略，调整生产力布局，淘汰落后产业，改造传统产业，培育新兴产业，推动产业重组，解决林业产业结构不合理的问题。

3. 注重林业生态、经济效益综合评价

林业的生态效益：林业的生态效益是指林业的发展所带来的生态方面的正面影响。“人们普遍认识到，森林兼具有经济效益、社会效益与生态效益等三种效益，其生态效益价值远远大于其经济价值。”林业的发展可以带来三种效益，在这三种效益中，经济效益往往最先受到关注，但我们可以看到，在目前的情况下，生态价值得到了越来越多的关注。而林业的生态效益和经济效益有着密切的联系，林业的生态效益可以创造经济效益。以下的这个数据就可以看出这一结论：

依据环境经济学的基本原理，对森林资源生态、经济效益进行如下评估：

经济价值（估计值）15687.86 万元

林区内部林产品价值 417.72 万元

外部吸收 CO_2 放出 O_2 价值 8162.00 万元

涵养水资源价值 3.27 万元

水土保持价值 10.89 万元

保肥价值 10.79 万元

旅游价值 13320.00 万元

生物多样性价值 4.36 万元

空气负离子效应　无法评估

滤菌功能　无法评估

吸尘功能　无法评估

合计 37616.89 万元

由以上可见，生态效益实质上有巨大的经济价值，林业的生态价值和经济价值是一致的。

林业的生态效益与经济效益的关系：林业的经济效益和生态效益二者之间具有互相依存、互相制约、互相影响、互相作用的关系。在忽视生态环境而过度追求经济增长时期，尽管当时的经济增长速度相当快，但后期的经济发展却受到了生态环境被严重破坏而增长环境恶化的巨大报复，使得经济发展停滞不前或萎缩。在既重视经济效益又注重生态效益的时期，不仅当时的经济快速发展，而且后期的经济增长也能保持着良好的增长势头。当然，我们应注意，对经济效益和生态效益的注重，并非消极的注重，而是积极的注重。如果采取消极的注重，即单纯注重生态环境而放弃必要的经济增长，那么，终究会因没有必要的经济增长而导致经济效益滑坡，缺乏强有力的经济实力支撑会使得生态环境保护失去现实意义或物质基础。有学者提出“生态效益经济”的概念，它充分反映了生态效益和经济效益之间的关系。

生态效益经济是在以生态环境系统良性循环约束条件下的追求经济效益总量较大化的社会再生产活动。它包括以下五层意义：

其一，生态效益经济是一种讲求社会生产力发展速度和总量的社会再生产活动。其二，生态效益经济是一种追求经济效益总量较大化的社会再生产活动。其三，生态效益经济是一种以保持环境系统良性循环为约束条件的社会再生产活动。其四，生态效益经济是一种以绿色产业为重要支柱的社会再生产活动。其五，生态效益经济是一种经济增长、经济效益、生态环境三者之间相互协调和有机统一的社会再生产活动。

从以上的生态效益经济的定义和含义我们可以看出，首先，生态效益经济的落脚点在“经济”上，它追求的是一种经济效益，它“讲求社会生产力发展速度和总量”，它“追求经济效益总量较大化”；其次它又是一种“再生产活动”，它“以保持环境系统良性循环为约束条件”、“以绿色产业为重要支柱。”

注重林业的经济效益和生态效益在实践中的对策：这些年来，林业的生态效益和经济效益受到了极大的关注，各地在实践中采取了各种对策，取得了很大的成效。大体有以下几个方面的措施：

①林农结合式。应用和推广国内外先进技术和成果，采用科学的生产、管理方法，以林为主，林农结合，多种经营，逐步建成具有经济、生态和社会效益的林业发展模式。大力推广生态价值和经济价值兼备的生态经济兼作。如实行林草间作、林药间作、乔灌混交等种植模式，最终使退耕还林成为调整农村产业结构，增加收入的良机，同时实现了生态和经济效益的综合效果。

②造林规模化。从提高生态效应、景观效果、经济效益出发，成片造林力度明显加大。

③造林多样化。采用多样化的以林养林方式，有的以发展苗木养林，有的以发展林木加工养林，有的以发展经济果林养林。以提高林地产出和经济收益。

五、建立林业可持续发展的法律机制

以上关于林业可持续发展的对策，集中从政策制度层面进行了理解和阐释。我们知道，除了政策制度，法律是最有效的保证和监督执行机制。以下将简单地从现存法律中关于林业可持续发展思想的体现以及存在不足需要完善的地方进行评述。

（一）我国法律中关于林业可持续发展思想的体现

我们目前关于林业的单行法主要有两部：《中华人民共和国森林法》（以下简称《森林法》）及其实施条例。

《森林法》的立法目的就体现了可持续发展的思想，“为了保护、培育和合理利用森林资源，加快国土绿化，发挥森林储水保土、调节气候、改善环境和提供林产品的作用，是应社会主义建设和人民生活的需要制定本法。”在这以立法宗旨中，充分体现了可持续发展的思想和目的。在总则中，第5条规定“林业建设实行以营林为基础，普遍护林，大力造林，采育结合，永续利用的方针。”第11条规定“植树造林、保护森林，是公民应尽的义务。各级人民政府应当组织全民义务植树，开展植树造林活动。”这些规定体现了可持续发展的思想，反映了我国法律对林业可持续发展的重视和关注。

在第二章“森林经营管理”中的第14条规定建立森林资源档案制度、16

条规定政府制定林业的发展计划、18 条规定占用林地时的处理；第三章“森林保护”和第四章“植树造林”都体现了可持续发展的理念，在实施条例中的相关规定同样也体现了这一思想。

（二）对我国现存林业法律制度的完善

我国已经设立的林业法律制度的完整性、严密性存在缺陷，在立法思路、立法原则、履行程序、实现方式、法律责任等方面的制度内容上有遗漏、空白和不明确之处。我们应该从以下几个方面加以补充和和完善：

1. 重新确立林业立法思路。我国的林业立法，没有全面反映生态规律的要求，没有真正贯彻生态优先、保护资源的立法思想，应该借鉴发达国家立法的先进经验，实行环境保护优先原则。在生态利益与经济利益及其他利益发生冲突时，优先考虑生态利益。

2. 立法原则的创新。①尊重和体现生态规律的原则。林业立法应充分考虑森林生态系统的物质、能量运行规律，重视生态平衡理论以及生物多样性的发展规律，尊重自然和生态规律。②以可持续发展为导向的原则。林业立法应当充分考虑实现人类社会、经济发展所必需的生态环境与森林资源条件，考虑地球环境与森林资源的保护。③突出生态利益与经济利益协调平衡的原则，在进行林业行政立法时，注重林业的生态经济效益综合评价。我们应当将森林生态环境损益分析立法和对法律规范的成本即效益分析方法分别运用到对森林开发行为的预测、评价、管理以及拟定法律制度的设计与分析之中，作为指导法律以及确定法律规范的理论基础。真正通过立法实现社会、经济、环境三方面效益的均衡和综合发挥。

3. 在执法方面，主要有以下几个方面需要改进：一是必须实行森林采伐限额管理，控制森林资源过量消耗，健全管理机制，加大管理力度。二是必须加强林地管理，防止有林地逆转，实行林地用途管制和总量控制制度，严惩毁林开垦和乱占林地的违法犯罪行为。三是必须认真执行凭证运输木材制度，严格对木材经营加工单位的监督管理。建立健全木材运输证的领取、保管、发行和统计报告制度。四是必须坚持依法治林，加强基层执法队伍建设，抓好林业法律、法规制度的建立健全工作，将森林资源保护管理置于法律、法规的约束之中，加强基层执法队伍的建设，实现森林资源保护管理的规范化、制度化。

4. 在监测方面，要进一步加强综合监测体系建设，实现对森林资源与林业状况的综合监测。要利用现代信息技术，建立森林资源管理信息系统，为林业信息化建设和管理提供平台，全面提高森林资源监测的科技含量和监测成果的时效性。

5. 在法律责任方面，应建立健全法律责任制度。法律责任制度的不健全是我国法律中普遍存在的问题。“徒法不足以自行”，“无惩罚即无救济”都说明了法律责任体系在整个法律实施过程中的重要性。在我国的森林立法中，这方面的问题也比较的明显，我们应当建立完善的法律责任制度，使得能真正发挥其效用，从而达到对我国森林资源的保护和林业经营的管理。

林业可持续发展缓慢原因分析及对策

甘肃省夏河县农林局　江贵恒

一、林业可持续发展缓慢原因分析

（一）全国林业基本情况

我国森林资源存在总量不足、质量不高、分布不均衡的问题。我国的森林覆盖率只有世界平均水平30.3%的2/3，人均占有森林面积不到世界人均占有量0.62hm^2的1/4，人均占有森林蓄积量仅相当于世界人均占有蓄积量68.54m^3的1/7强。造林良种使用率仅为51%，与林业发达国家的80%相比，还有很大差距。全国现有沙化土地173万km^2，占国土总面积的近1/5，其中可治理面积53万km^2，按照每年缩减1717km^2的速度计算，完成全部治理任务大概需要300年时间。同时，人口、经济发展的压力与生态承载能力的矛盾突出。

（二）社会经济背景

1. 人口压力。人口问题不仅是林业可持续发展所面临的重要问题，同时也是中国整个可持续发展进程中的长期制约因素。中国绝大部分人口生活在农村，生态承载能力只及世界平均水平的1/3，现在人口、牲口、灶口这“三口”问题比较突出，一些地区滥樵采、滥开垦、滥放牧、水资源不合理利用等行为在沙区较为严重。同时，人口增长产生了对耕地的巨大需求，加剧了毁林开荒的进程。虽然人们的环保意识有一定程度的增强，但过度消费从环境中进行的一系列非理性的需求仍引发了自然生态的退化。

2. 中国经济体制的转变。中国的经济体制的转变促使了林业必须建立有利于可持续发展的经济体制和管理模式。但林业的行业特殊性又使得其在走向市场的过程中不可避免地陷入被动的困境。第一，林业具有经济和生态两大效益，产业型林业可以按市场经济规则运行，但森林生态效益具有经济外部性，外溢效益难以在市场交换中得到补偿。第二，弱质林业不能像其他产业一样通过扩大生产取得更多的经济效益，林木生产的长期性弱化了市场的各种调节和激励作用，也造成了林业资金周转时间长、投入产出比例失调。第三，林业要素市场发育缓慢，至今没有建立起完善的林权市场。第四，林业经营者市场意识淡薄，缺乏多种经营，驾驭市场的能力。

3. 林业科技亟待进一步提高。“科技是提高林业生产力的根本措施，是支撑和引领现代林业发展的关键。只有依靠科技进步，大幅度提高木材自给率和综合利用率，才是解决全球木材供给不足、实现经济发展与生态环境和谐双赢的必由之路。”在中国，为了在缓解木材供给压力的同时，有效保护并发展天然林资源，重构森林生态系统，不断提高森林碳汇能力，实现间接减排的目的，科学发展人工林、积极开展人工林生态环境管理是中国林业实现可持续发展的必然选择。然而与国民经济其他部门相比，林业科技投入的整体水平低，林业科技投入占国家投入的比重不足1%。全国农业科技获奖成果的转化率仅有50%左右，大大低于欧美国家70%的水平，而林业科技成果转化低于农业，仅有34%。优秀林业技术人员严重不足，全国林业系统各类专门人才仅占职工总数的13.6%。这些种种都严重阻碍了林业的可持续发展。

4. 生态性可持续性的林业管理体制有待进一步发展。林业资源的可持续利用的理念虽然被广泛地接受，但在实际运用当中，由于缺乏实施该理念的有效机制，到目前为止，它仍然还停留在概念性水平之上，尚未得到有效的应用。虽然关于特定的生态问题和农业问题方面的研究有很多，但很少能对根源性的问题做出全面的综合的剖析解释。一些生态工程虽已提上日程，但仅止步于表面，或只作为地方官员的政绩来加以粉饰，或因资金的缺乏无法进一步持续深入下去。

二、促进林业可持续发展的对策

林业的可持续发展，主要应作以下几个方面的努力：

1. 依靠科技实现林业可持续发展。长期以来，中国林业产业技术含量低、产品结构单一、附加值不高，林产品市场竞争力不强。实现林业可持续发展既要发展经济又要保证资源与环境的发展力，最有效的解决办法就是依靠科技来发展经济，改变传统的以环境和自然资源为代价的粗放式经济发展模式。把科学技术贯穿到林业建设的全过程，是林业可持续发展质量和效益的根本保障。一要加快林业科技攻关，攻克现代林业重大关键技术；二要提升科技成果推广应用水平，建立林业科技示范体系；三要抓好良种壮苗和树种结构调整，充分利用先进的技术，提高良种苗培育水平；四要提升林产工业，加快木材加工产业结构调整，着力提高林产化工业水平，增加木材和林产品的经济价值，增强市场竞争力。

2. 注重产业化管理，实现森林资源可持续发展。森林资源是林业发展的基础，是可持续发展的重要经济资源。森林资源作为一个开放式的外部与内部的物质能量交换系统，其本身就是一种可再生的自然资源，其循环过程可以表述为“森林——利用——培育——森林”。要实现林业产业化发展，首先要大力发展森林资源培育业。林业产业所培育的森林要适应当地的自然条件，要最能满足经济、社会对森林多种效益或功效的持续稳定的需求，而且社会投入的成本又最小。森林资源培育业必须由传统模式向新型模式转化。要对传统森林培育技术进行系统创新，开发并使用一些适应自然、有利于经济社会的育林技术。只有实现生态型森林资源培育业，才能在根本上实现林业产业竞争力的提升和可持续发展。其次，实现森林采伐业生态化、循环化。要以森林资源永续利用和可持续发展为原则，运用先进技术，在维护森林生态系统平衡和促进森林生产力提高的前提下，经济、高效地收获木材，实现森林经济效益与生态效益、森林采伐与抚育、森林近期效益与长远效益的统一与协同。第三，实现林木产品加工业生态化、循环化。在林业循环经济背景下，通过科学合理地强化森林资源的供给约束，激励木材产业改革生产技术，提高劳动生产率。形成对有限森林资源的高效利用和产成品的高附加值经营，使整个产业步入“低资源投入一高产出一低资源投入”的良性循环。第四，实现森林生态旅游业循环发展。森林生态旅游业是“资源良性循环型”产业的典型，也是生态循环型产业构筑过程中最直接受益、发展最快的产业，对于提升林业产业竞争力具有重要的作用。

3. 优化林业经济结构，促进林业的可持续发展。林业经济的可持续发展是调整优化林业经济结构，促进林业产业的发展，实现林业可持续发展物质保证。在第一产业方面，以市场需求为导向，大力推进短周期工业原料林和其他原料林、速生丰产林、竹林和名特优新经济林建设；在第二产业方面，加大新产品开发力度，促进以低层次原料加工向高层次综合精深加工转变的步伐；在第三产业方面，要加大森林旅游业，花卉业的发展。要采取“以二促一带三”的策略，调整生产力布局，淘汰落后产业，改造传统产业，培育新兴产业，推动产业重组，解决林业产业结构不合理的问题。调整林产工业产品结构，大力发展精深加工、发展优势产品，努力开拓木材林产品的新用途，延伸产业链，增加附加值，解决林产品结构不合理和产品缺乏竞争力的问题。调整企业布局和资产结构，实施大集团、大公司发展战略，共同开发新产品、新技术和新市场，提高企业专业化程度和产品技术含量，提高市场的竞争力。

4. 加快推进生态文化体系建设，实现生态文化建设的现代化。生态文化建设是中国当前林业发展的主导方向和核心任务。林业生态体系、林业产业体系和生态文化体系共同构成了现代林业建设的三大目标。林业生态和产业两大体系是生态文化体系的物质基础和客观体现；生态文化体系为林业生态和产业两大体系的发展提供精神动力和制度保障。大力推进生态文化建设，就是要普及生态知识，宣传生态典型，增强生态意识，繁荣生态文化，树立生态道德，弘扬生态文明，倡导人与自然和谐的价值观［5］。高度重视生态文化体系建设，在有效协调三者共生共荣的基础上，改造传统生态文化，创新生态文化，实现生态文化的现代化，更加得力有效的促进林业的可持续发展。

5. 注重林业可持续发展政策保障系统的建立，实现政策支撑下的协调发展。完善林业可持续发展的保障体系，主要包括政府宏观调控体系、公众参与机制、管理体制、以产权制度为基础的合理利益分配机制和森林生态效益补偿机制等涉及社会、经济、文化、法律、行政等诸多领域的综合协调问题。首先，建设林业宏观调控体系一是要注重总量调控与结构调控相结合，二是自我调整机制的培育和发展问题，三是在市场经济成为主导力量时，宏观调控的手段应转向经济、法律为主。其次，把关系到公众切身利益的林业政策调整和项目决策交由公众参与审批和监督。最后，根据林业生产要素及林业的经济学特征，在有利于稳定山权、林权，保护和发展森林资源的基础上，建立林业产权流转及利益分配制度。另外，根据受益者付费的原则，考虑开征生态补偿税的可行性。

推动生态文明建设
促进经济社会可持续发展

青海省海晏县环境保护和林业局　姬志波

一、海晏县的生态地位

海晏县地处青海省东北部，海北州东南部，著名的青海湖北畔，是青海湖流域的水源补给区，也是黄河重要支流——湟水河的发源地，同时又是全省生态旅游区的重要区域，生态区位极其重要。海晏生态环境的好与否，不仅直接影响着该地区资源环境态势和经济社会的可持续发展，而且关系全省乃至全国的生态平衡。如何在十八大精神指引下，努力打造全省重要的水源涵养地和生态安全屏障，实现经济发展、社会进步、生态文明共赢，以生态文明建设促进海晏科学发展是摆在党委政府面前一项亟待解决的重大课题。因此，必须把建设生态文明的新要求放在促进海晏藏区跨越发展的总体布局中进行谋划。

二、我县生态现状及生态环境治理成效

我县处于环湖地区，生态环境脆弱，尤其是湖滨地区沙化严重，不仅对当地人民群众生产生活造成了很多危害，而且还危机到周边乃至全省的生态环境。据最新数据显示，全县林地总面积为236.54万亩，森林覆盖率为10.5%。“十二五”期间，我县紧紧抓住这个难得的历史机遇，以环湖治沙为重点，先后实施了国家生态建设项目、“三北”四期防护林建设项目、天然林保护工程和退耕还林（草）工程等生态建设项目，国家和省、州政府及有关部门对我县的生态项目建设给予了大力支持，生态环境保护和建设呈现出蓬勃发展的势头。森林覆盖率由2000年年初8.8%增加到10.5%。生态环境取得了明显成效，尤其在防沙治沙工作方面成绩显著。

（一）荒漠化治理

1. 沙漠化现状

全县沙漠化土地总面积为101.3万亩，占全县总面积的14.7%，有明显

沙化趋势的土地 42.4 万亩，占全县总面积的 20.7%。在沙化土地面积中，流动沙（丘）地 44.8 万亩，占沙漠区总面积的 44.2%，半固定沙（丘）地 6.2 万亩，占沙漠区总面积的 6.1%，固定沙（丘）地 12.9 万亩，占沙漠区总面积的 12.8%，露沙地 37.3 万亩，占沙漠区总面积的 36.9%。

2. 治理成效

1980 年起，在海晏县克土地区开展防沙治沙工作，拉设总长 30km 围栏，实行常年封育措施。经过 30 多年的不懈努力，采取“以封为主，封造结合”的方法，逐步调整树种结构和固沙方式，在治沙造林方面试验成功了，如沙棘营养土坨造林、乌柳截杆深栽造林、容器苗造林等一系列实用的造林技术，同时采取机械沙障加植苗的造林方式，逐步探索出高海拔沙地治理的新模式。仅“十二五”期间，沙区累计投资 6000 万元，共完成人工造林 1.3 万亩，封（沙）山育林 17.95 万亩，成活率达 85%。多年来，依托青海湖流域生态环境保护和综合治理工程、国家级林业技术推广示范项目、三北防护林建设项目等工程项目的实施，青海湖北岸沙区治理已初具规模，通过治理筑成一道“绿色屏障”，有效遏制了沙漠东移的趋势，保障了沙区群众生产、生活安全，确保了青藏铁路和 315 国道畅通运行。我县的防沙治沙工作得到了党和国家的认可，先后多次荣获全国绿化委、人事部、国家林业局授予“全国防沙治沙先进集体”，并与 2012 年 8 月被国家林业局授予“全国生态建设突出贡献奖先进集体”荣誉称号。2013 年海晏县被国家林业局列入全国防沙治沙综合示范区和沙化土地封禁保护区试点县。

（二）森林资源保护

1. 资源状况

林地面积：全县林地面积 157696.58hm²，其中：有林地面积 263.48hm²、灌木林地面积 46506.93hm²、未成林地面积 7000.9hm²、无立木林地面积 22.76hm²、苗圃地面积 81.9hm²、宜林地面积 103820.58hm²。

各类林木蓄积：全县活立木总蓄积 27074m³，其中：有林地蓄积为 26380.7m³（其中：天然林总蓄积为 22413m³，人工林总蓄积 3967.7m³），四旁树蓄积 693.3m³。

2. 森林资源管护

在森林资源管护工作中做到了六个结合。一是资源管护与森林防火相结合。管护人员在防火期来临之际，在管护区内进行全面的宣传教育、逐门、逐户、逐人签订防火责任书，制定出了切实可行和防火应急预案。同时开展森林火灾扑火演练，对森林扑火用具进行检修，加强了林场扑火队伍使用扑火机械训练，提高了熟练程度。整顿组建防火队伍，落实防火工具，同时在防火期内对进山人员和车辆进行登记，严禁带火种进山，加强巡查，及时制止野外用火行为，杜绝人为火灾隐患，发现火情及时报告。二是资源管护与林政管理相结合。管护人员经常进行巡护，巡查偷砍乱伐、毁林开垦等现象，有效控制了林业案件的发生。三是资源管护与营林生产、病虫害预测报相结合。管护人员参与责任区内林地的抚育等营林生产，对所造苗木进行管护，提高造林成活率和保存率。同时，对森林病虫害进行随时监控，避免疫情发生。四是资源管护与野生动植物保护工作相结合。管护人员对责任区内捕猎野生动物的行为和非法入山狩猎人员加以制止，并向森林公安部门报告。同时制止过度的采集和滥采滥挖行为，有效保护林下资源植被的繁育。五是资源管护与农户群众参与相结合。根据公路沿线造林地管护难度大，林地破坏严重的现象，根据具体情况，采取灵活多样的管护办法，进一步提高了农户参与生态建设和森林资源管护工作的积极性，有效的提高了公路绿化、退耕等造林苗木的保存率和成活率。六是资源管护与奖励制度结合起来。对资源管护好的管护站及管护人员通过平时抽查、定期检查及年终考评，实行奖励。通过这种方式，提高了管护人员的责任心和事业心，提高了资源管护的成效。

三、推进生态文明建设改革

根据我县生态领域存在的诸多问题，集中力量，逐一解决，经调查梳理，从以下四个方面先行改革，并以此为牵引，以点带面，促进全县生态文明建设改革。

（一）科学划定生态保护红线

我县类型为重点生态功能区，即生态系统脆弱，资源环境承载能力较低，不具备大规模高强度工业化城市化开发的条件。必须全面落实完成全县生态资源的清查工作，全面查清掌握全县林地、草原、沙化土地、湿地，以及水和野生动植物等自然资源现状。结合《海晏县森林资源二类调查》成果和县情，理清“一地多证”，合理划定林地、湿地、耕地、草原、水源地生态保护红线。

（二）健全自然资源资产产权制度

针对集体林权制度存在产权不明晰、经营主体不落实、经营机制不灵活、利益分配不合理等普遍问题，制约了我县林业的发展。为达到“生态受保护、农民得实惠”的目标，在巩固集体林地确权发证成果的基础上，查漏补缺。

根据《森林资源资产评估暂行规定》（财企［2006］529号）管理办法，2015年由县林业主管部门负责审核林权抵押，认定四至界限，并委托有资质的评估咨询服务机构出具《评估报告》，进行综合评估。原则上按评估价值的60%以内确定贷款抵押率；生态林建设，荒山、荒滩绿化予以重点扶持，采取预期评估法，抵押率控制在40%～60%；贷款额度10万元以内的可免评估。成立县级林权（流转）管理服务中心，依据《中共中央国务院全面推进集体林权制度改革的意见》精神（中发［2008］10号），在不改变林地用途、得到群众认可的基础上，加强集体林权主体产权，可以将其林地使用权、林木所有权、林木使用权采取以入股、租赁、转包、互换、抵押、转让等符合法律法规、国家政策规定的方式进行流转。

（三）强化生态补偿机制

针对我县重点生态功能区面积大，自然条件恶劣等不利因素，结合重点生态功能区县域生态环境质量考核，积极争取国家转移支付力度，加大生态补偿力度，建立生态环境保护的长效机制。制定和完善适合海晏特点的生态补偿规定，核定生态空间，确定国家重点公益林和草原生态保护补偿地块，做到人地一一对应，着力解决国家级公益林和草原生态保护补偿中存在的重补和漏补现象。将草原生态补偿、生态管护公益岗位、公益林、天然林等生态补偿与保护责任、保护效果相挂钩，依据生态考核评价，建立起比较稳定的生态管护公益岗位队伍。积极争取湿地生态效益补偿力度，将环青海湖周边及青藏铁路周边一公里的湿地纳入湿地补偿的范围，进一步加大生态补偿力度。

（四）建立健全生态文明制度建设

严格落实生态环境保护责任追究和损害赔偿制度，改革和完善生态文明评价和考核制度，重点推进生态文明绿色绩效考评制度。建立生态文明考核评价制度、奖励制度、处罚措施建设。淡化GDP考核，纳入生态文明的考核评价，加大考核权重，生态建设考核比重占15%。通过对区域社会经济、环境压力、环境质量及环境响应等指标开展生态安全评估和生态考评，把资源消耗、环境损害、生态效益纳入经济社会发展评价体系，建立体现生态文明要求的目标体系、考核办法、奖惩机制。建立生态监测制度。加强对环湖周边的生态监测体系建设，在青海湖东北岸，建成高原沙化防治与荒漠化定位监测为一体的荒漠生态系统定位研究站，为环湖周边环境质量进行监测，为绩效考核提供数据。通过对环青海湖沙区沙地生态系统的观测，研究风沙移动规律和荒漠化发生过程与机制、退化生态系统恢复与重建机理，推动生态环境保护与建设，为我县生态系统的优化管理提供翔实数据、示范模式和配套技术。建立健全生态环境保护管理体制。认真实施《青海省生态环境保护条例》，研究制定生态环境监测技术指标体系，建立综合监测体系，开展专项监测。

四、推进创建林业生态文明示范州建设

为切实贯彻落实州委、州政府关于创建林业生态文明先行示范州的决定精神，突出在防沙治沙、湿地保护、生态旅游、生态资源的保护、生物多样性等五个方面走在全省前列，确保我县创建林业生态文明先行示范区起到示范和引领的作用，我县确定了创建生态文明先行示范区的思路是：以建设“两区、两园、两城（镇）、一线”为重点，两区：青海湖防沙治沙示范区、濒危野生动植物自然保护区；两园：沙岛沙漠公园、县城河滩湿地公园；两镇：西海镇、三角城镇绿化；一线：国道315线两侧绿化。坚持以植树造林为重点、生态修复为核心、防沙治沙和水土保持为根本任务以及规模治理为突破口的发展方向，统筹区域治理协调发展，构筑我县绿色生态屏障，推进生态文明建设，为构建和谐美丽海晏作出贡献。2014~2020年完成防沙治沙示范区建设1.9万亩；2014~2015年完成沙化土地封禁保护项目治理面积24.95万亩；2015年完成湿地生态效益试点工作；2015~2017年完成两城镇及国道315线两侧的防护林体系建设。

五、加强森林防火管理工作

今冬以来，我县降水较少，气温偏高，火险等级持续偏高，防火形势严峻。为切实做好2015年春季森林防火工作，根据省、州森林草原防火指挥部要求及气象部门气候预测分析，加大了森林防火宣传及巡查、检查力度，每天坚持对重点地区巡查，并在巡查中发现的随意用火行为及时予以制止、教育，从源头上管住火源。

（一）实行依法治林，抓好生态价值评估

一要认真贯彻落实“禁牧令”和《青海省人民政府关于停止天然林采伐的通告》，坚决制止一切破坏天然林和采伐行为，维护林区社会稳定和资源安全，全面落实好“全面保护年”各项工作举措，开展普法宣传教育，增强法制观念，推动林业工作能力。二要抓好全县森林资源普查工作收尾工作，根据调查成果，做好林地资源变更和数据更新，为下一步生态红线的划定和创

建全州林业生态文明示范州建设提供科学依据和原始数据，实行动态管理，守住生态安全红线，初步建立森林、湿地、荒漠等监测评价体系。

（二）加大培训力度

继续加大森林资源管理者的培训及防火演练工作，努力提升干部队伍和社会护林员队伍建设，提高整体素质。

把握机遇　实现林业跨越式发展

新疆维吾尔自治区吐鲁番市林业局　王志强　宋政梅

吐鲁番市林业建设工作，在抓住林业重点工程全面实施的机遇，破除阻滞林业改革和加快发展的各种陈旧的观念和体制的束缚，团结和带领林业系统广大职工以及全市各族群众共同奋斗，大力开展植树造林工作，改善生态环境，创建和谐社会，林业建设和发展呈现出蓬勃向上的良好趋势，林业建设取得突破性的进展，实现了林业跨越式的发展。

一、吐鲁番市林业基本情况

（一）吐鲁番市基本情况

吐鲁番市位于新疆维吾尔自治区东部，天山支脉博格达峰南麓，地处吐鲁番盆地中部。吐鲁番市属于干旱区暖温带荒漠气候，主要特点是光照充足，热量丰富，无霜期长，降水稀少，蒸发强烈，气候干燥，大风频繁。年平均气温 13.9℃，绝对最高气温 47.7℃，绝对最低气温—28℃；≥10℃的年积温 5242℃，无霜期 244 天，年平均降水量 16.6mm，年平均蒸发量 2844.9mm。主要气象灾害为大风、干热风等。8 级以上大风年均 31 次，最多为 68 次，集中于 4 ~ 6 月，最大风速超过 40m/s，最长一次大风持续时间 18h，6 ~ 8 月干热风危害也很严重，造成花、果下落，叶缘烧焦。行政区 13589km^2，山地占全市总面积 22.9%，戈壁荒漠沙地占 60.4%，平原绿洲占 16.7%。市内常年空气干燥，风沙较大，植被稀少，自然环境相对恶劣，生态环境极为脆弱。

（二）林业建设取得的成绩

1. 林业建设步伐显著加快。多年来，吐鲁番市把实施山川秀美工程作为实践“三个代表”的重要举措，紧紧抓住“三北”防护林工程、退耕还林工程建设的有利时机，坚持“生态立市”，“跳出绿洲建绿洲，绿洲之外建绿洲”的发展战略，以改善生态环境为目标，以环城绿化为重点，切实加快了林业发展和生态环境建设步伐，先后启动了农村防护林、城市防护林、绿色通道工程、重点防护林建设工程、退耕还林工程、中韩合作固沙造林工程等绿化工程，2011 年至 2014 年之间累计完成人工造林造林 4.1 万亩，绿化呈稳步上升趋势。

2. 特色林果业使农民增收。目前全市林果总面积已达27万亩，其中葡萄面积25万亩，结果面积18万亩，其他林果面积2万亩（包括红枣、石榴、杏、核桃等），至2014年葡萄种植面积已占全市农作物种植面积的45%以上。年产鲜果总量35万t，葡萄干、杏干、桑椹干等干果产量达10万t，林果业年产值2.6亿元，占农业产值的40%左右，人均纯收入1500元，占农民人均纯收入的45%。林果业已成为农村经济发展的支柱产业，带动了全市经济的快速发展，增加了农民收入。

3. 森林资源有效保护、生态环境明显改善。截至2014年年底，吐鲁番市林业用地面积117万亩，其中：水源涵养林22万亩；水土保持林253亩；防风固沙林45万亩；农田防护林3.5万亩；经济林27万亩，其他林3万亩；灌丛地7万亩、宜林地9.5万亩。森林资源主要分布于平原绿洲和天山区，森林覆盖率为4.1%。绿洲覆盖率达25%；全市人工造林保存面积45万亩，实现了农田林网化，94%的农田耕地、25万亩的葡萄得到了防护林的有效保护。一个以农田防护林为骨架，绿洲边缘乔、灌、草防风固沙林为裙带，天然荒漠灌木林为屏障的绿洲生态防护林体系已初具规模，扩绿、治沙、固土、护田并举，防护林体系框架基本形成，生态系统得到初步修复，改善了吐鲁番市的生态环境和经济社会发展条件。扭转了生态恶化趋势　重点治理地区的风沙侵害得到有效遏制，沙化土地和沙化程度呈“双降”趋势。局部地区的水土流失得到有效治理，水土流失面积和侵蚀强度呈“双减”趋势。平原农区基本建成了防护林体系，粮食产量和农田面积呈“双增”趋势。改善了生存条件，人居环境明显好转。空气质量明显提高，小气候发生了明显变化，生物多样性得到有效保护，培植了特色资源。配置了产业资源，增加了农民收入，发展了地方经济。开创了生态建设新纪元，加快了造林绿化进程，美化了生活环境，促进了人们观念的改变，增加了竞争的软实力，提升了生态领域的国际地位。

二、主要做法和经验

（一）加强对林业领导

吐鲁番市各级主要党政领导都把林业建设作为改善生态环境，调整农村产业结构和发展经济的基础设施建设的重要工程，列入政府议事日程，加强和健全了绿化委员会、护林防火指挥部等各种林业领导机构和重点工程建设领导小组，强化了对林业工作的领导、支持和督察力度。同时实行市领导包乡、乡领导包村，市、乡、村各级主要领导层层签定林业生产目标责任书的制度。在每年植树节前市政府都召开造林动员大会，各级主要领导亲临现场对造林和管理工作进行督察指导，协调解决造林用水用工和资金，在林业建设中起到主导作用。

（二）加大宣传力度

林业部门通过科技下乡活动和广播电视报纸等新闻媒体大力宣传造林绿化生态建设的重要意义和建设成就，传授林业技术，宣传森林法、护林防火条例、野生动物保护法等林业法律法规。使城乡广大群众了解林业、理解林业、支持林业、参与林业，掀起了全社会办林业的热潮。

（三）全社会办林业

吐鲁番市每年应参加义务植树人数为12万人，实际参加人数11万人，尽责率达90%。造林绿化的主战场在农村，农民是植树造林的主要受益者，也是植树造林的主力军。林业建设是长期的、艰巨的、复杂的社会系统工作。充分发动群众，动员全社会力量参与林业建设是吐鲁番市林业大发展的重要保障。

（四）林业建设工程化

吐鲁番市林业建设所取得的成绩，都是依托林业重点工程完成的。重点工程领导重视、规模较大、目标明确、实施过程规范、资金有保障、组织严密、管理人员、技术人员集中、力量较强、工程的成功率高、辐射面广。

（五）采取有效措施，加强新造林管护

一是与各乡镇签订责任状。将造林建设任务完成与否与乡镇干部年终考核挂钩，对未完成当年目标任务的乡镇领导班子取消评优资格；二是建立浇水卡制度。对每一条林带的浇水情况建卡登记，实行浇水卡制度，每年浇水18～24次，即：林地整地后浇一次透水，苗木栽植后再浇一次透水，栽植后至5月，每半月浇一水，6～9月每月浇三个水，然后浇封冻水；三是4月10日发现抽干苗木及时截干，未发芽的苗木以及补栽；四是定期督查新造林管护情况，发现问题，及时下发整改通知书，限期整改，提高新造林成活率。

三、今后发展方向及主要措施

（一）今后发展思路

林业是一项重要的公益事业和基础产业，当前吐鲁番市林业建设的主要任务是：努力构建以农田防护林和防风固沙林为主的比较完善的林业生态体系；和以葡萄等特色林果为主的比较发达的林业产业体系；充分发挥林业的社会效益，加快城市绿化、改善人居环境，努力构建比较健全的服务社会体系。充分发挥林业的管理效益，加强资源管理，努力构建比较和谐的林业保障体系。

（二）主要措施

坚持以科学发展观为指导，认真贯彻落实林业工作会议精神，紧紧围绕夯实“一个基础”、打造“三个板块”、建设“五个吐鲁番”的发展思路，努力实现“做强一个基地”，“筑牢两大体系”，“打造三个精品”，“落实四项任务”的工作目标，大力开展以生态文明建设和林果业产业转型升级为核心的中心工作，促进生态环境改善和林果业效益提升，为吐鲁番市经济社会可持续发展构筑生态屏障和产业保障。

1. 做强一个基地：“葡萄之乡”的吐鲁番市拥有25万亩无核白葡萄基地，通过建设精品葡萄园和2万亩标准化生产示范基地的示范、引领下，通过对果农进行多渠道、多层次、持续不断地技术培训，通过各级林果技术人员深入果园田间对果农进行适时、跟踪的技术技术指导与服务，通过政策指导和必要的资金支持，使85%的葡萄实现标准化的生产技术，把吐鲁番的葡萄产业提到一个新的水平。

2. 筑牢两大体系：高举“生态和民生”两面旗帜，大力开展农村防护林体系、城市防护林体系建设，积极开展工程造林、义务植树、社会造林并重的工作格局，充分利用义务植树活动，抓住春秋两个造林关键季节，广泛调动一切积极因素，开展身边增绿和全民造绿，建设生态宜居吐鲁番、美丽和谐吐鲁番，实现林业健康持续发展。森林覆盖率达到3.5%，绿洲森林覆盖率达到27%，农田林网化程度达到由70%提高到90%，沙地治理面积从27%增加到35%。全市森林覆盖率每年提高0.1个百分点左右，整体生态状况趋于良好，绿洲生态状况和人居环境明显改善，林业生态防护体系进一步巩固和提高。风沙灾害得到有效控制，土地沙化面积零增长。特色林果业基本实现林果产品标准化，生产规范化，经营产业化，农民专业化，林果业收入占农民人均纯收入的50%以上。

3. 打造三个精品：一是精种。造林严格执行“秋整地、冬灌溉、春造林、夏管理”的造林工作方法，严把任务落实关、作业设计关、整地冬灌关、苗木质量关、栽植技术关、管护责任关、检查验收关。做到科学规划设计，科学施工和管护，选用良种壮苗，确保“造一片、活一片、成一片”。二是精管。严格执行造林技术规程，提高造林成活率。加强监督和检查，确保工程建设质量。在项目开始时、实施中、完成后定期、不定期地进行专项检查，把问题消灭在萌芽状态中，确保建设项目取得实效。加大林木抚育管护力度，把林木管护工作作为林业工作重中之重。三是精品，造林绿化要严把苗木关、整地关、栽植关，特别是重点区域绿化、国道、省道、县道两侧绿化严格按照“横成行、纵成排、斜成线”的要求栽植，重点区域造林要求成活率达98%，打造精品防护林。

4. 落实四项任务：一是森林资源保护任务，就是规范县级人民政府保护发展森林资源目标责任制，严格执行限额采伐制度，严禁滥占林地以及毁林开垦行为。二是加大森林防火力度，加大宣传教育和野外火源管理力度，确保减少森林火灾。加大森林执法力度，依法查处林业案件。三是做好林业有害生物防控工作，做好预测预报、检疫执法、防治工作，严防有害生物大发生、大蔓延，确保森林安全。四是做好林木种苗生产、管理工作，大力培育乡土优势树种，加大种苗市场监管力度，强化苗木检验检疫，严抓种苗生产质量，为当地林业工程建设提供苗木保障。

今后一个时期，我市林业建设坚持生态、经济、社会效益相统一，生态效益优先，以创建自治区园林城市为契机，以“三北”防护林建设为重点，以环城造林绿化为突破，大力推进人工造林建设，协调城乡林业发展稳步推进天然林封育工程。尊重自然规律，科教兴林，依法治林，努力让吐鲁番绿起来，改善生态环境，促进经济社会可持续发展。力争达到主要风沙危害区生态环境得到有效治理；绿洲生态体系进一步完善，生态整体恶化的趋势得到遏制。生态环境有较大的改变，可持续发展能力增强，同时形成比较健全的林业产业体系。

发展林业　改善生态

新疆维吾尔自治区温泉县林业局　刘林业　车传芳

森林是陆地生态系统的主体。林业是一项重要的公益事业和基础产业，承担着生态建设和林产品供给的重要任务。林业是生态环境的主体，林业发展，生态就改善；林业衰败，生态就恶化，人类就难以生存，改善生态环境，根本出路在于发展林业，关键环节在于发展林业。发展林业的主要途径是实施各项林业工程，这样才能改变这个生态县——温泉县的环境，才能让这里的山更绿，水更清。温泉县位于我国西北边陲，生态环境十分恶劣。森林资源较少、荒山戈壁面积大、气候干燥、风沙荒漠化严重、植被较稀少，生态环境脆弱。在温泉县林业具有更加突出的重要性。从温泉县发展的历史和现状来看，没有林业就没有各族人民的生存前提，就没有温泉县社会经济的可持续发展。

一、林业工作取得的成就

温泉县林业工作按照县党委、人民政府的工作部署和要求，在自治州林业主管部门的指导下，发扬艰苦奋斗的精神，高度重视林业建设事业，全面加强领导，明确责任，强化机制，各乡镇场和各相关部门密切配合、共同协作，使我县林业工作得以顺利进行。温泉县（县属）现有林地总面积1513851亩，其中：有林地36996亩，占2.4%；灌木林地1024607亩，占67.7%；疏林地410亩；未成林造林地35870亩，占2.4%；灌丛地189730亩，占12.5%；宜林地226167亩，占14.9%；苗圃地71亩。温泉县县属林地面积中公益林1513016亩，占99.8%；商品林835亩，占林地面积0.2%；国家级公益林292204亩，占公益林面积的19.3%；地方公益林1220812亩，占公益林面积的80.7%。森林资源主要由山区天然林、平原荒漠林、河谷次生林和平原人工林四大部分组成。森林覆盖率达9%。

二、林业工程对生态环境的影响

（一）退耕还林工程

退耕还林还草是党中央，国务院确定的利国利民的德政工程，是加强西部地区生态环境保护和建设的重要举措，也是贫困地区农牧民脱贫致富的有效途径，充分抓住国家西部大开发的机遇，调整种植结构，大力实施低产田退耕还林还草，坚持做到退的下，还的上，稳的住，不反弹，积极促进当地经济发展，社会稳定，并与特色农业、大农业相结合。通过实施退耕还林还草工程，减少了水土流失，减少了风沙灾害，调整农村的产业结构，从原来单一的农作物种植模式及林草兼作，发展为林粮以及其他的林农兼作形势，主要是根据具体情况进行的合理兼作，使农区脱贫致富。

自2002年实施退耕还林以来，温泉县完善退耕还林还林4.2万亩，其中退耕还草5928.1亩，退耕还林3.6万亩，工程覆盖全县7个乡镇（场）72个行政村，共有1414户农民享受上了这一国家惠民政策。

（二）“三北”防护林工程

温泉县“三北”防护林体系建设工程是温泉县生态环境建设的重要组成部分，为了把工程项目切实抓好，工程效益充分发挥，并持续发展，要始终坚持开发与治理相结合的方针。随着“三北”防护林体系工程建设的实施，基本实现了农田林网化。通过引洪灌溉、封育管护、抚育改造等措施，促进了荒漠河谷林的恢复和发展。通过退耕还林还草工程项目的实施，提高了温泉县的森林覆盖率，有效的控制了水土流失，涵养了水源，减少了风沙侵袭，增强了防御自然灾害的能力，以飞播方式增加荒漠森林资源，保护好现有荒漠森林资源，增加和提高林草盖度和质量，使用工程化造林方式，发动全社会的力量参与植树造林，同时采取有效手段，加强管护力度，确保工程建设成效，从而达到保护绿洲生态系统，遏制生态恶化趋势，保证区域经济稳步健康发展的目标，

（三）森林生态效益补偿基金

通过对天然林进行保护，停止了对山区天然林采伐，全面落实保护措施和管护责任制，坚决制止任何破坏天然林的行为。凡适合恢复森林的林地，通过封山育林，人工造林等措施予以了恢复。河谷次生林，荒漠灌木林等平原天然林实行了应保尽保。现有的天然林全部划为重点公益林，温泉县60.96万亩林地中重点公益林面积29.22万亩，一般公益林面积27.31万亩，人工林4.43万亩。进行了全面保护和恢复。通过抽样测算的方式对重点公益林进行监测管理，经抽样测算，管护区的灌木林地覆盖度平均提高了0.005～0.01，乔木林地郁闭度平均提高了0.01～0.02，根据气象部门发布的信息，县城的沙尘天气已由过去年均8.5天降至年均7.4天，同时还对全县的农牧业生产、农牧民增收起到了积极作用。

（四）自然保护区工程

新疆北鲵隶两栖纲，有尾目，小鲵科，北鲵属，是天山和阿尔套山抬升时存活至今的孑遗物种，又被称为“活化石”，具有重要学术意义和潜在的经济价值。由于种种原因，新疆北鲵的种群数量仍然在下降。近年来，雨水减少，地下水位下降，泉眼逐渐干涸，泉水形成的溪流消失，北鲵赖以栖息的水源地环境不断恶化，栖息地范围不断缩小。专门到栖息地看北鲵的人络绎不绝，栖息地环境恶化加剧。对北鲵的保护已经到了刻不容缓的地步。2005年又被列入中国物种红色名录，濒危等级为“极危”，是我国和世界重点保护的野生有尾两栖动物，目前为自治区一级重点保护野生动物。新疆北鲵是生物界赋予温泉县极为宝贵的财富，拯救和保护新疆北鲵，为新疆北鲵提供和创造良好的生存环境是温泉县人民义不容辞的责任。

三、行之有效的保障措施

为了确保我县的生态环境，我局在加强生态环境保护，加大植树造林及林木管护方面采取了有效措施：

1. 加强法制建设。广泛深入地宣传《中华人民共和国森林法》，《中华人民共和国野生动物保护法》等法律，不断提高全民的法制观念，形成全社会自觉保护环境、美化环境的强大舆论，严格执法，强化法律监督，依法打击各种违法犯罪行为。

2. 科学规划，合理安排，因地制宜，统筹兼顾。每年年初我局根据常规造林的情况，结合实际编制可行的造林作业设计，确保造林成活率。

3. 造林技术措施落实到位，检疫检验工作开展及时全面，积极采取有效措施，严把造林质量。年初，我局制定《春季造林技术要求》和相关措施，及时发放到各乡镇场，要求各乡镇场严格按照技术规程进行造林，严把造林关，确保造林任务的顺利完成。深入造林现场，认真抓好造林苗木的复检和跟踪检疫，杜绝使用带疫和不合格苗木造林。在农牧结合区，牲畜肯食严重的地方要求各乡镇场及时拉设围栏；在一些林木管护难度大的地方，聘用临时护林员对林木进行管护。

4. 确定林权，提高林木管护效果。根据中共中央《加快林业发展的决定》的文件精神，及时的确定林权，依照“人定心，林定根”“树随地走，谁栽谁有”的原则，在造林之前就把林地发包给个人，一些没有发包的林地也在造林完成之后，及时的通过招标的形式承包给个人，充分调动了广大农民群众造林护林的积极性。

5. 我局积极开展自查及“回头看”工作，确保造林保存率。每年，我局都对农防林的保存率及退耕还林工程进行两次检查验收，每次为期一个月。验收前召开了验收专题会议，研究制订详细的验收方案，并成立了两个验收小组，由我局主管林业领导带领专业人员组成。对全县七个乡镇场的“三北”防护林及退耕还林工程的完成情况、林木成活率和历年造林林木的保存率、造林标准及档案工作进行全面详细的检查验收。

6. 根据自查结果，及时发放退耕还林补助资金。每年我局根据检查验收结果，退耕地及荒造保存率达到85%以上的给予发放国家补助资金，保存率达不到85%的责要求进行补栽，补栽合格后给予发放补助资金，确保造林成果。

7. 强化措施，确保农防林更新。近年来我局根据《森林法》的有关要求，加强对采伐更新林地的管理，采取收取林地保证金的措施，杜绝林地的流失。需采伐林带伐前都要按照30元/株的标准收取林地保证金，待林地按照规定时间种植后，次年验收达到合格标准则发放保证金，否则由林业部门用收取的林地保证金代为更新。

8. 发动群众全民义务植树。坚持“全社会办林业”的方针。各级党委、人民政府要广泛组织动员社会各界和各族群众，积极参与义务植树活动，积极投身于国土绿化事业之中，各新闻媒体要把义务植树宣传纳入公益性宣传范围，广泛深入开展宣传活动，增强全民的义务植树意识。

四、存在的问题

1. 随着高新节水农业步伐的加快，种植业滴灌面积急剧上升，周边的农防林没有预留灌水口，加之近年来林业用水矛盾日益凸显，农防林的成活率、保存率下降。希望今后在设置滴灌设施时给林带留有出水口。

2. 林业产业规模小，科技含量较低，一些科技成果未能及时的转化成为生产力，结构不合理，尤其是农田防护林树种过于单一，基本上是杨树，这就为病虫害的防治工作创造了隐患和难度，致使病虫害的发生率逐年上升。以后在树种配备上尽量采用混交林。

3. 农田防护林经营管理滞后，部分林分已经超过了防护成熟龄，未能及时开展更新作业，使林带的防护效能降低，林木质量也由于疏于管理而降低，尤其是省道旁的公路林没有纳入十二五采伐编限，无法更新，希望今后加大对成熟林、过熟林的采伐力度，编制采伐编限时把公路林纳入。

4. 防护林对耕地有一定的胁地作用，个别农户为了追求经济效益，损坏幼龄林的现象时有发生，有重栽轻管的现象，致使造林积极性不高。2014 年我局将大力宣传，美化环境，扎实开展全民义务植树活动。不断加大林业宣传力度，努力提高全民义务植树的自觉性，在全社会形成“植绿、护绿、爱绿、兴绿”的绿色文明新风。

5. 我县适采林占林木存蓄总量的份额较大，加之近几年严重干旱和时有病虫害发生，很多林木亟需更新，采伐矛盾日益加剧

建议如下：

1. 上级国家林业部门要加大林权改革到户的力度，做到每条林带有人管理；

2. 上级林业部门和水利部门制定林业用水的优惠政策，协调好林业用水保证林木成活率；

3. 加大每亩地的造林成本，保证“种一棵活一棵，栽一片，活一片”，减少只造林却不见林的现象。

总之，我县虽然环境特殊，作为务林人，只要有心、用心、关心、责任心去对待林业建设各项工作，林业生态建设“就会有发展、大发展”，作为林业科技人员，一定要把科技转化为带动农民致富的生产力，提高科技含量，为人民造福，为林业添砖加瓦，我们坚信林业生态建设会更快发展。

推进国土绿化
实现生态建设可持续发展

新疆维吾尔族自治区察布查尔县林业局　李庆海

三年来，自治县在生态立区战略的指导下，按照生态富民的要求，坚持营造林与生态修复相结合，抓好重大工程，做大特色产业，推进国土绿化，造福一方百姓，生态建设实现了可持续发展，全县林业工作连续三年在州直绩效考核中位列第一，清泉榛业有限公司、森源景观苗木有限公司等龙头企业成为拉动林业产业的排头兵。2013 年，全县实现林业增加值 10098 万元，比 2011 年增加 1970 万元，增长 24%。2013 年农牧民人均收入中林业收入 381 元，比 2011 年增加 55 元，增长 16.87%。林业的生态效益更加明显，经济效益逐年攀升，农牧民人均林业收入逐年提高。

一、推进工作的几点做法

1. 以百万亩生态经济林工程为重点，完善林业生态体系建设。为全面贯彻落实自治区第八次党代会精神，加快伊犁生态建设步伐。州党委、政府于 2012 年 3 月全面启动伊犁河谷百万亩生态经济林总体建设规划，我县作为工程第一大县，承担了 42.23 万亩的总体规划建设任务，占总工程量的 40%。两年来累计投入 1.5 亿元完成造林 10.067 万亩，其中生态林 64150 亩，经济林 36520 亩。目前全县林地面积为已达 155.15 万亩，其中山区天然林 102 万亩，河谷次生林 16.95 万亩，平原人工林保有面积 36.2 万亩；全县森林覆盖率达到 13%。随着生态工程建设力度的不断加大和国家公益林管护、天然湿地保护与修复等生态修复工程的实施，自治县生态环境有了明显改善，伊犁河南岸较完备的林业生态体系已初步形成。

2. 依托工程强势推进特色林果基地建设。结合百万亩生态经济林工程建设，大力发展特色林果业，使之成为农村经济新的增长点。三年来新造经济林 3 万亩，新建榛子、苹果矮化密植、西梅等州级林果示范园 13 个，面积达 5436 亩，辐射带动林果业健康发展。截至 2014 年全县林果挂果面积 34333.4 亩，预计产量达 17553.67t，完成出口果品基地备案 1700 亩，新建果品保鲜库3座，库容3000m^3三年来累计果品销售6.5万余t，实现林果总产值1.69亿元。

3. 加快景观苗木基地建设，努力打造第一支柱产业。党的十八大提出：到2020年城乡居民人均收入比2010年翻一番，全面建成小康社会。2012年我县农牧民人均纯收入8676元，要与全国同步建成小康社会，每年人均纯收入净增1500元以上。为了实现上述目标，我县将高档花卉景观苗木产业作为促进农民增收致富的第一支柱产业，举全县之力优先发展，沿省道313线规划5万亩花卉苗木产业带。组建了国有独资的森源景观绿化苗木公司，通过公司+基地+合作社+农户的运作方式加快基地建设，共完成2.26万亩景观绿化苗木基地建设任务，建成高标准扦插育苗温棚246座，完成花灌木、竹柳扦插育苗2170万株。

4. 坚持兴林与富民相结合，狠抓产业提升，促进农牧民增收。通过土地流转，不断扩大景观苗木种植规模，同时依托景观苗木产业的发展，加快农村富余劳动力转移，推动劳务输出经济，最终形成苗木从种植到销售全产业链的形成。农户被合作社或企业吸纳为雇工后，可以利用土地租金进行入股。公司或合作社充分发挥在市场、资金、技术上的优势，进行统一供苗、技术指导，统一回收、销售，农户只负责标准化生产，不担资金压力和市场风险，既可领取工资，又可参与年终分红。

5. 多措并举，绿色、人文、幸福、宜居察布查尔成效显著。以“城在林中立，人在绿海游”的生态园林城镇为定位，完善规划，分步实施。构建生产发展、生态良好、山川秀美的察布查尔初见成效。一是构筑绿色通道。完成省道S313线、S237线、Z762专线绿化36km，绿化面积980亩。二是打造园林城市。已投入资金5000万元，环县城和绿岛小区对面建成了高标准彩叶苗木景观林8000亩。2014年4月起旧城区街道改造、察渠及纬五路景观、新城区绿廊带状中心公园、工业区道路景观改造、新城区“三纵三横”道路景观工程的绿化及投资8.6亿元的6900亩原生态城市休闲绿地项目都将陆续开工，切实为城乡居民营造“绿色、人文、幸福、宜居的察布查尔”。三是保护古树名木。全县已通过专家认证的古树名木有15个，古树群2个，全部进行挂牌建档，实行封育保护。四是开展“花园式单位创建”。目前花园式单位37个，绿化合格单位58个，绿化合格单位占县直单位的93%。生态环境明显改善，生态园林城镇建设初见成效。

6. 落实林权，不断探索国有土地林权改革新路子。近两年来，通过不断探索，自治县行政区域内凡符合国有土地总体利用规划，被界定为林地范围且造林合格的，依法发放林权证进行确权。按国有土地总体利用规划，未被界定为林地范围但已完成造林的，暂不发放国有林权证，由国土部门依规定与经营者签订国有土地种植林木租赁合同。我县现有集体林地 25.67 万亩，已纳入集体林权改革的面积为 24.49 万亩，截至目前，已确权登记发放林权证 9697 本，面积达 23.51 万亩，涉及全县 15 个乡（镇）场 9697 户，占集体林改面积的 96%。

二、落实工作的几点体会

1. 进一步更新发展观念，坚定不移地走“两个可持续”发展之路。自治区党委、政府提出了“生态环境可持续、资源开发可持续”的发展理念，并多次要求“让所有自然资源素面朝天”。因此在加快经济社会发展的同时，要注重人和自然的协调和可持续发展，我县生态系统十分脆弱，一旦遭到破坏就难以恢复，为此，我县在经济社会发展过程中，要坚持开发与保护并重，牢固树立“生态立县”思想不动摇，严格贯彻落实《伊犁河流域生态环境保护条例》，加大宣传教育力度，形成人人爱护环境，保护生态的良好氛围，避免走“先破坏，后治理”的弯路。在伊南工业园区大力引进“资源节约型、环境友好型”企业，倡导发展绿色低碳经济，创造绿色 GDP。

2. 要以创新的生态建设思维，深入实施生态立县战略。尝试即是探索，没有探索就没有创新，没有创新就不会有成就。新疆工作座谈会三年来，自治县林业迎来了难得的发展机遇，不论是百万亩生态经济林建设、景观绿化苗木基地还是城乡绿化美化，在新一轮生态建设中一定要以生态文明为依托，发展生态旅游，以生态理念指导工业，实施生态立县，把生态建设延伸到自治县经济、社会、生活等各个领域，让老百姓充分享受到生态建设成果。

3. 工作中要勇于担当，加强落实力度。做各项工作最基本的要求是求真务实抓落实。应该做的事，顶着压力也要干；必须负的责，迎着风险也要担。要主动挑起工作的重担，把各项工作计划、目标、措施按时间节点进行细化和量化，快字当头、只争朝夕，在规定的时间一定要高效完成，努力确保“不误事、干成事”。在产业发展的过程当中，一定要突出一个“变”字，将林业发展融入渗透到城建、文化、旅游等方方面面。虽然遇到了资金短缺、专业技术人员配备不足等问题，我们依然坚信只要路子对，能够为农民带来实实在在的收益，就一定能够解决发展过程中的各类问题。

4. 工作中要深入研究相关政策，积极对接沟通。《中共中央关于全面深化改革若干重大问题的决定》指出，建设生态文明，必须建立系统完整的生态文明制度体系，完善环境治理和生态修复制度，用制度保护生态环境。刚刚结束的中央经济工作会议更是明确要求，坚持源头严防、过程严管、后果严惩，治标治本多管齐下，朝着蓝天净水的目标不断前进。自治区提出要把新疆打造成为“丝绸之路经济带”生态明珠。一系列决定、制度、政策、措施，对当前和今后一段时期林业工作发展都将产生极其深远影响，我们只有善学、善思、善用，研究政策，吃透政策精神实质，抓住重点，明确方向，主动谋划、对接沟通，最大限度地把政策落实到具体项目上，才能实现林业的“两个可持续发展”。

三、十三五规划思路

以科学发展观为指导，全面贯彻落实党的十八届三中、四中全会和自治区党委八届八次全委（扩大）会议精神，紧紧围绕县委、县政府提出的“环保优先，生态立县”和打造绿色、人文、幸福、宜居察布查尔的发展战略，全面启动新一轮退耕还林工程，扎实推进伊犁河谷百万亩生态经济林建设和修复工程，完成生态经济林造林 12 万亩，生态修复 15 万亩。以“美丽中国，西部园圃”为平台，推进景观绿化苗木产业和集体林权制度改革，继续实行最严格的生态保护制度，加快林业产业化建设，为推动我县林业科学、跨越发展做出应有的贡献。

第四篇
林业政策与法规

第一章　林业政策

第一节　林业政策概述

一、林业政策的概念

1. 林业政策的概念

林业政策是党和国家在一定时期，为保护和合理利用森林资源、改善生态环境、发展林业生产、实现林业发展的目标而制定的行动依据和准则。各级人民政府及其林业主管部门依据林业政策来指导、规范和影响林业的发展，解决和处理林业工作中遇到的各种矛盾和问题。

2. 林业政策的总目标

我国林业政策的总目标是：按照科学发展观的要求，保护森林资源，搞好林业生态建设，发展林业生产，实现林业可持续发展，发挥森林资源的多种功能，实现生态效益、经济效益和社会效益的统一，促进我国林业和生态建设事业又好又快发展，建设比较完备的森林生态体系、比较发达的林业产业体系和繁荣的生态文化体系。

3. 林业政策的表现形式

林业政策一般通过党的组织和国家机关的决定、指示、通知、重要会议的决议及党报社论等方式予以公布。林业政策不等同于林业政策性文件，林业政策性文件是林业政策的一种载体。林业政策往往通过政策性文件的形式公之于众，但是，一个政策性文件可以包含几项林业政策，而一项林业政策也可以分别在几个不同的政策性文件中作出规定。

4. 林业政策的类型

根据具体业务的性质，林业政策可分为森林资源管理政策、造林绿化政策、野生动植物保护政策、荒漠化防治政策、林产工业政策、林产品价格政策、林业财税政策、林业科技政策等。

二、林业政策的特点

林业是以森林资源为主要对象，以培育、保护和合理利用森林资源为主要目的的一项重要的公益事业和基础产业。林业政策作为党和国家领导、管理林业工作的重要手段，具有以下特点：

1. 连续性和稳定性

由于林业生产具有周期长的特点，林业政策需要保持严格的连续性和稳定性。林业政策的稳定，是林业生产经营者能够预见其活动收效的保障，使其能够因地制宜地安排林业生产，充分利用自然力作用中的有利因素，克服不利因素的影响，保证其利益的实现。林业政策只有保持连续性和稳定性，才能充分调动全社会参与林业建设的积极性，吸引更多的资金、技术和劳动力等生产要素投入到林业，促进林业可持续发展。

2. 与农牧业等政策的密切相关性

林业政策与农牧业政策、土地政策、水利政策、环保政策、矿业政策、工交政策以及工商财税、科技教育等方面的政策都有密切的联系。许多林业政策都是由林业主管部门会同其他有关部门共同制定和贯彻实施的。而且，由于森林和宜林荒山荒地分布广，往往农林交错、林牧混杂，因此，林业政策与农牧业政策的关系更为密切。

3. 不同地域的差异性

我国幅员辽阔，森林分布地区很广，各地区自然条件差异大，经济社会发展水平不平衡，林业政策应当符合广大林区的客观实际，因地施策，才能很好地调动广大林区群众的积极性，促进各地区林业的健康发展。

4. 随时代发展的适应性

随着经济社会的不断发展，人们对林业的认识逐步提高，对森林的需求也会发生变化。因此，在不同的时期，林业政策的目标也会发生变化，林业政策也要相应地进行修改和完善，以适应时代发展的需要。

5. 广泛的群众性

林业生产和建设是在广阔的国土上进行的，森林又具有最广泛的社会公益效能，所以林业政策应体现广大人民群众的利益，充分调动广大人民群众保护森林、发展林业的积极性。

三、林业政策的制定

林业政策是党和国家根据经济社会发展的需要，经过一定的程序，对林业重大问题做出的决策。它是国家管理林业的一项重要活动，是党和国家指导林业发展的一种重要手段，关系到林业发展战略目标的实现。

1. 林业政策的制定机关

林业政策的制定机关有党中央、国务院、国务院林业主管部门（国家林业局），地方各级党委、政府和林业主管部门，全国和地方各级人民代表大会及其常务委员会。

党中央和国务院在宏观上领导和部署全国的林业工作，党中央、国务院联合制定我国林业的总政策以及关系全局的重大的林业政策，例如《中共中央国务院关于加快林业发展的决定》（中发［2003］9号）、《中共中央国务院关于全面推进集体林权制度改革的意见》（中发［2008］10号）等。国务院依据党中央的方针、政策制定全国性的重要的林业基本政策，例如《国务院关于进一步加强防沙治沙工作的决定》（国发［2005］29号）、《国务院关于完善退耕还林政策的通知》（国发［2007］25号）等。国务院林业主管部门依据党中央、国务院的政策制定全国性的林业具体政策，例如《国家林业局关于改革和完善集体林采伐管理的意见》（林资发［2009］166号）等。各地党委、人民政府及林业主管部门，依据党中央、国务院以及国务院林业主管部门的林业政策，结合本地区的实际，在各自的职责范围内，制定适合本地区实施的具体政策。

制定林业政策的机关根据需要，可以单独制定和发布林业政策文件，也可以由若干个有关机关共同制定、联合发布林业政策文件。但是，下级党组织和国家机关制定的政策不得与上级的相应政策相抵触，并不得超越其职权范围。

2. 林业政策的制定原则

林业政策的制定是以马克思列宁主义、毛泽东思想、邓小平理论和“三个代表”重要思想为指导，坚持科学发展观，以构建社会主义和谐社会为目标，在宪法和法律的范围内，遵循自然规律和经济规律，从实际情况出发，充分考虑政策执行区域的自然条件、森林资源状况、经济社会发展现状和发展趋势、人民生活需要，以及气候和生态环境变化趋势、林产品市场供需情况等，力求正确、科学和切实可行。

3. 林业政策的制定过程

林业政策制定的过程，是一个调查研究、统筹决策的综合过程，一般要经过提出问题、调查研究、方案起草、方案论证、征求意见、讨论审议、批准公布等程序。按照正确的原则和程序制定林业政策，可以使林业政策更加全面、科学、合理，并切合实际，从而最大限度地减少和防止政策制定的失误。

四、林业政策的实施

（一）林业政策实施的步骤

我国林业发展的实践证明，正确实施党和国家的各项林业政策，是我国林业又好又快发展的关键。一般来说，林业政策的实施主要有以下几个步骤：

1. 准备阶段

林业政策在付诸实施前应当做好充分的准备工作，以提高政策执行的效率，保证政策实施的质量。准备工作一般包括思想准备、组织准备、物质准备和政策分解。

（1）思想准备。在政策实施之前，首先组织执行政策的有关部门和人员认真深入地学习政策。在此基础上，做好广泛的宣传动员工作，使执行者和广大人民群众正确理解政策的目标、意义，政策执行的方法、步骤，积极、主动地参与和配合政策的执行，减少政策执行的阻力。政策执行前，对执行过程中的各种问题要有充分和正确的估计，在思想上做好面对可能发生问题的准备，避免在政策执行过程中被动应付，以提高执行效率。

（2）组织准备。在政策实施前，要建立相关组织机构，配备足够的人力，建立健全责、权、利相结合的工作机制，保证政策的有力实施。

（3）物质准备。贯彻实施任何一项林业政策，都离不开一定的物质条件。在实施政策前，应本着适当、节约和预防的原则，在经费、设备、设施等方面做好计划和落实，为政策的顺利实施提供资金和物质上的保证。

（4）政策分解。政策分解就是制订具体的政策实施计划，是实现政策目标的必要环节。要使政策顺利实施，就必须在政策所包含的基本方向指导下，对政策总体目标进行分解，明确政策实施的环节与步骤，明确各个实施部门的工作任务，从而使实施活动有条不紊地进行。

2. 实施阶段

林业政策的实施阶段，是将林业政策的具体内容，通过一系列的过程，落实到具体的执行者和执行对象，以实现政策的目标。政策实施往往在一个较长的时间跨度内进行，在实施过程中，各级管理者及参与者从事着组织指挥、沟通协调、控制等方面的工作。

（1）政策实验。政策实验是指在政策实施全面进行前，先在一处或几处做试验，取得具有普遍意义的经验，为政策的全面实施打下基础。对于那些涉及全局的重大政策，特别是带有风险的政策，如果缺乏经验，实施过程中将难以充分考量各种制约因素，实施结果就难以预料。进行政策实验，一方面可以对政策进行检验，以便完善政策措施；另一方面可以取得经验，便于推广实施。

（2）组织指挥。组织指挥是指在全面实施政策的过程中，按照政策的目标要求，林业主管部门和有关部门对基层单位和群众所进行的组织动员和指导活动。在管理者的指挥下，使群众的生产实践活动和基层的业务工作整体有序地运转。

（3）沟通协调。沟通是指林业政策执行情况的信息传递、交流和反馈。协调是指在实施过程中，为了有效地实现政策目标，将各项活动加以调节，规范部门之间、不同主体之间相互协作的活动。由于林业政策的实施一般是自上而下，多部门、多主体协调开展的系统性工作，因此，必须通过沟通与协调，解决在政策执行中由于利益、认识、条件等不一致而产生的矛盾，推进政策顺利实施。

（4）控制。即对政策实施过程的控制，是指在政策实施过程中进行观察、检查并纠正偏差等调控工作。通过了解实际情况，掌握和安排政策实施过程中各项工作的进度，使政策实施的过程处于有效的管理之中。

3. 监督检查阶段

在政策执行过程中，对各项活动进行调查、核实、分析和处理，及时发现存在的问题并予以纠正，以保证政策的贯彻落实。在组织实施林业政策过程中，检查、监督政策落实情况是非常重要的环节。监督是为了使政策实施不偏离方向和落到实处，保证政策目标的真正实现。对政策实施的检查、监督应当贯穿于政策执行的整个过程。

4. 分析评价阶段

实施一项林业政策，往往是显现效果的同时仍在继续实施。因此，在实施过程中对效果进行分析评价，不仅是对已实施的部分进行总结、反馈，同时也可以调整政策执行中的偏差。

（二）林业政策实施的方法

林业政策实施的方法，是指林业政策实施机关及其实施者，在实施林业政策的过程中，为保证林业政策朝着预定目标贯彻执行所采取的各种方式、手段和措施。林业政策的实施方法一般有以下几种：

1. 行政方法

行政方法是指在政策实施过程中，依靠行政组织的权力，运用行政手段，按照行政方式来实施政策的方法。行政手段主要指行政决议、决定、命令、指示、指令性计划等。行政方法具有直接性、无偿性和强制性的特点。这种方法的优点是便于集中统一，可以迅速有效地解决问题，落实比较快，政策实施效率高。缺点是由于下级自主性受到限制，不利于充分发挥下级的积极性和创造性。所以，行政方法是实施林业政策的一种重要方法，但是不可滥用。

2. 经济方法

经济方法是指在政策实施过程中，遵循市场经济规律和物质利益原则，运用经济杠杆，调节各个主体经济利益之间的关系，影响政策实施者和政策实施对象的活动，以促进政策的顺利实施。经济手段主要包括财政手段、金融手段、汇率手段，以及经济责任、经济合同等经济管理手段。经济方法的特点是间接性、有偿性和平等性。

经济方法是实施林业政策的一种有效的方法。采用这种方法应注意两点：

（1）具体经济方法的选择。对于同一政策目标，有多种可供选择的经济方法，其选择标准是看哪种方法对实现政策目标的保证程度最大。

（2）各种经济方法的合理组合。实践中，为实现某一政策目标往往需要几种经济手段相互搭配，并寻找其最佳组合。

3. 法律方法

法律方法是指在政策实施过程中，运用各种法律、法规、规章，通过立法、执法、司法和仲裁的方式来调整政策实施活动中各种关系的方法。法律方法不仅通过行政执法、司法机关对政策实施中的违法行为进行制裁，还通过法律、法规、规章的制定和实施，对林业政策实施的各个方面、各个环节进行规范、控制和监督。法律方法的特点是权威性、强制性和规范性。

法律方法是政策实施活动得以进行的根本保障。只有运用法律手段，才能消除政策实施的各种阻碍，保障政策实施活动有法可依、有章可循。

4. 思想教育方法

思想教育方法是指运用舆论宣传、说服教育、协商对话、精神鼓励等非强制性的方式实施林业政策。这是政策执行过程中经常广泛使用的一种方法。思想教育方法的优点在于，通过政府的宣传教育，使政策实施者和政策实施对象自觉自愿地去贯彻实施政策，不仅可以保证政策的实施，而且获得了广大群众对政策的拥护，其效果要远远好于强制的服从。

在实践中，政策的实施都不是只采用单一的方法，往往是多种方法的综合。在林业政策实施的过程中，政策实施者应当综合运用上述方法，创造性地开展工作，才能保证政策目标的顺利实现。

（三）实施林业政策过程中要处理好几个关系

在贯彻实施林业政策的过程中，应当注意处理好以下几个关系。

1. 实施林业政策与依法治林的关系

应当坚持林业政策的指导作用与严格依法治林相统一，把贯彻林业政策和实施林业法规有机地结合起来。林业政策要以法律为准绳，林业法律法规的制定要以党的林业政策为指导。在实践中，要克服两种错误倾向：一种是把林业政策与林业法规对立起来，割裂开来；另一种是把林业政策与林业法规简单等同，混为一谈。任何以强调林业政策的指导作用而否定依法治林，或者以强调依法治林而否定林业政策的指导作用，以及以政策代替法律法规的观点和做法，都是十分有害的。

2. 林业政策的普遍适用性与因地制宜的关系

一般来说，在政策制定机关的管辖范围内，林业政策的执行具有普遍适用性。但由于各地自然条件的差异和经济社会发展的不平衡，一些地方在执行林业政策时，可以采取一些更适合本地实际的具体方法和措施。需要注意，这些方法和措施应当在政策允许的范围内，不能以因地制宜为借口，搞“上有政策，下有对策”，偏离林业政策的方向。

3. 林业政策与其他政策的关系

林业生产建设离不开农村、农民、土地、财税、金融、工商、环保、水利、能源、交通、扶贫等多方面的专门政策的规范和指导，因此，在实施林业政策时，必须注意处理好林业政策与这些专门政策之间的衔接和配合。

五、林业政策与林业法规的关系

（一）林业政策与林业法规的联系

林业法规是指国家机关制定的有关保护森林、发展林业的法律、行政法规、部门规章和地方性法规、地方政府规章等规范性文件的总称。林业法规规定和调整与森林资源有关的各种关系，它与林业政策既有联系又有区别。一方面，制定林业法规必须以党和国家的林业政策作为依据；另一方面，制定的林业政策又不得与现行的林业法规相违背。正确理解林业政策与林业法规之间的辩证关系，对在实际工作中正确贯彻林业政策和严格依法治林，具有重要的意义。

搞好林业工作既要通过党和国家制定林业政策实现对林业的领导，又要依靠林业法规的正确制定和有效实施，两者缺一不可。林业政策与林业法规在本质上是一致的，两者的根本任务都是用来保护森林、发展林业的重要手段和工具。林业政策与林业法规之间的密切联系主要表现在：

1. 党的林业政策是制定林业法规的基本依据

制定林业法规必须以党的林业政策为基本依据，这是由党在国家生活中的地位及党的林业政策在林业建设中的作用决定的。中国共产党是我国社会主义事业的领导核心，而党的领导主要是通过党的路线、方针、政策来实现的，因此，国家机关制定林业法规必须以党的政策为基本依据。

2. 林业法规是林业政策的定型化和法律化

林业发展过程中出现的许多问题，需要人们在实践中逐步认识，解决这些问题也往往需要进行必要的探索，不可能立即制定出定型的法律加以解决。对这些问题，党和国家机关可以先通过制定各种政策来加以规范或进行处理。对那些经过实践检验证明是正确的、行之有效的政策规定，国家机关可以通过一定的立法程序将其制定为林业法规，使之定型化和法律化，从而以国家强制力来保证其更有效的贯彻实施。

3. 实施林业法规必须以党的林业政策为指导

林业法规要依据党的林业政策制定，但是林业法规并不能包含全部林业政策的内容，只是一部分林业政策的法律化。因此，只有深刻领会和掌握党的林业政策，才能正确地理解林业法规立法宗旨，准确地把握其精神实质。形势是不断发展的，林业建设的情况是不断变化的，林业法规实施过程中必然会遇到各种新问题。林业政策比林业法规更具有灵活性，能够比较及时地反映不同时期林业建设的客观要求。以林业政策指导林业法规的实施，才能既保持林业法规的稳定性和权威性，又充分发挥林业法规在依法治林中的作用。在我国现阶段，林业法规体系虽然已经基本形成，但在许多方面仍未有完善的法律规定。对某些问题，在暂时没有林业法规可循的情况下，林业政策能起弥补的作用。

（二）林业政策与林业法规的区别

林业政策与林业法规虽然在本质上是一致的，但它们毕竟属于不同的社会现象。两者之间的主要区别见表 4－1。

表 4－1　林业政策与林业法规的主要区别

区别点	林业政策	林业法规
制定主体	党的组织和国家机关	具有立法权力的国家机关
表现形式	党的会议决议，党和政府的决定、指示、意见、通知等	特定的规范性文件
实施方式	通过宣传、号召、动员和说服教育等方式实施；对违反者给予批评教育或者纪律处分	依靠国家强制力保证实施；对一般违法行为给予行政制裁或者民事制裁，对严重违法行为给予刑事制裁
内容的广泛性	内容更为广泛，林业法规所调整的社会关系一般都在林业政策调整的范围内	调整的范围不及林业政策广泛
稳定程度	具有较强的灵活性	具有较强的稳定性

第二节　我国现阶段的林业政策

一、林业的战略地位和加快林业发展的指导思想、基本方针、主要任务

（一）我国林业的战略地位

党中央、国务院历来十分重视林业建设。半个多世纪以来，历代中央领导集体一直密切关注着林业建设。早在 20 世纪 50 年代，毛泽东同志就发出了“绿化祖国”的号召；80 年代，邓小平同志提出：“中国的林业要上去，不采取一些有力措施不行。”并倡导了全民义务植树运动；90 年代，江泽民同志发出了“再造秀美山川”的号召。进入 21 世纪以来，以胡锦涛总书记为首的党中央大力倡导科学发展观，把植树造林、绿化祖国、加强生态建设，作为一件利国利民的大事，提到了十分突出的位置。

改革开放以来，我国林业建设取得了巨大成就，但是，从总体上看，我国还是一个缺林少绿的国家，森林总量不足、分布不均、质量不高，森林生

态功能十分脆弱，生态状况恶化的趋势没有得到根本扭转。当前，我国已进入了全面建设小康社会、加快推进社会主义现代化的新阶段，正在努力开创生产发展、生活富裕、生态良好的文明发展道路，生态需求已成为社会对林业的第一需求，这就要求我国林业实现以木材生产为主向以生态建设为主的历史性转变，实现林业跨越式发展。党中央、国务院2003年6月25日发布了《中共中央国务院关于加快林业发展的决定》（中发［2003］9号），这是新时期我国林业发展的纲领性文件。

《中共中央国务院关于加快林业发展的决定》指出："森林是陆地生态系统的主体，林业是一项重要的公益事业和基础产业，承担着生态建设和林产品供给的重要任务。""在贯彻可持续发展战略中，要赋予林业以重要地位；在生态建设中，要赋予林业以首要地位；在西部大开发中，要赋予林业以基础地位。"这是党中央、国务院从全局高度对林业的战略地位作出的科学判断。

（二）加快林业发展的指导思想和基本方针

1. 加快林业发展的指导思想

新中国成立以来，林业走过了一个艰难曲折的发展历程。从20世纪50年代到70年代末，由于国家经济建设处于原始积累阶段，木材成为经济社会发展对林业的第一需求，当时的林业工作以木材生产为主，形成了以木材生产为中心的指导思想。从20世纪70年代末到90年代中后期，我国林业在生产木材的同时，加强了森林保护，进行了大规模的植树造林，但这一阶段的林业仍然没有脱离以木材生产为主的轨道。进入21世纪，林业在生态建设中的重要地位受到空前关注，生态需求已成为社会对林业的第一需求，充分发挥林业在生态建设中的主体作用和在可持续发展中的重要作用，成为全面建设小康社会和实现可持续发展的必然要求。

《中共中央国务院关于加快林业发展的决定》确立了新时期我国林业工作的指导思想：确立以生态建设为主的林业可持续发展道路，建立以森林植被为主体、林草结合的国土生态安全体系，建设山川秀美的生态文明社会，大力保护、培育和合理利用森林资源，实现林业跨越式发展，使林业更好地为国民经济和社会发展服务。这是党中央、国务院根据经济社会可持续发展对林业提出的新要求，是在总结我国林业发展历史经验的基础上，做出的努力实现我国林业由以木材生产为主向以生态建设为主转变的重大决策。

2. 加快林业发展的基本方针

（1）坚持全国动员、全民动手、全社会办林业。

（2）坚持生态效益、经济效益和社会效益相统一，生态效益优先。

（3）坚持严格保护、积极发展、科学经营、持续利用森林资源。

（4）坚持政府主导和市场调节相结合，实行林业分类经营和管理。

（5）坚持尊重自然和经济规律，因地制宜，乔灌草合理配置，城乡林业协调发展。

（6）坚持科教兴林。

（7）坚持依法治林。

《中共中央国务院关于加快林业发展的决定》确定的这七项基本方针总结了林业发展的成功经验，体现了以生态建设为主的指导思想，顺应了生态建设和林业产业发展的规律，为我国林业保持健康快速的发展指明了方向，已经并将继续对我国林业加快发展产生重大和深远的影响。

（三）加快林业发展的主要任务

《中共中央国务院关于加快林业发展的决定》确定新时期我国林业发展的主要任务是：通过管好现有林，扩大新造林，抓好退耕还林，优化林业结构，增加森林资源，增强森林生态系统的整体功能，增加林产品有效供给，增加林业职工和农民收入。力争到2020年，使森林覆盖率达到23%以上，重点地区的生态问题基本解决，全国的生态状况明显改善，林业产业实力显著增强；到2050年，使森林覆盖率达到并稳定在26%以上，基本实现山川秀美，生态状况步入良性循环，林产品供需矛盾得到缓解，建成比较完备的森林生态体系和比较发达的林业产业体系。

为了改变我国森林资源分布不均、结构不合理的状况，《中共中央国务院关于加快林业发展的决定》特别强调五个“努力方向”：努力保护好天然林、野生动植物资源、湿地和古树名木；努力营造好主要流域、沙地边缘、沿海地带的水源涵养林、水土保持林、防风固沙林和堤岸防护林；努力绿化好宜林荒山、地埂田头、城乡周围和道渠两旁；努力建设好用材林、经济林、薪炭林和花卉等商品林基地；努力发展好森林公园、城市森林和其他游憩性森林。同时，要加快林业结构调整步伐，提高林业经济效益；加快林业管理体制和经营机制创新，调动社会各方面发展林业的积极性。

二、搞好六大林业重点工程，推动生态建设

本世纪初确立和实施的天然林保护、退耕还林（草）、重点防护林体系建设、防沙治沙、野生动植物保护与自然保护区建设和重点地区速生丰产用材林基地建设六大林业重点工程，是经国务院批准并纳入国民经济和社会发展

计划纲要的国家重点工程，为我国林业带来了巨大的经济活力和发展动力，明显改善了生态环境，促进了林业跨越式发展。

（一）天然林保护工程

1. 天然林保护工程是我国实施可持续发展战略的重点林业生态保护建设工程

（1）天然林具有重要的生态功能。森林按照起源的不同分为天然林和人工林。天然林资源是森林资源的主体。根据第七次全国森林资源清查结果，我国有天然林面积11969.25万hm^2，占有林地面积的65.99%；天然林蓄积114.02亿m^3，占全国森林蓄积的85.33%。天然林是森林资源的精华，具有强大的涵养水源、释氧固碳、维护生物多样性等生态功能，对防止水土流失、遏制土地沙化、减轻自然灾害具有关键的作用。我国天然林主要分布在江河的源头和河流两岸、重点水利枢纽的周边以及生态区位重要的地方，是维护江河安澜、确保水利工程安全、构筑国土生态体系的绿色屏障。我国水土流失严重，荒漠化扩大，水灾、旱灾、沙害日趋严重，其中的一个重要原因，就是由于长期以来大规模地开发林区、采伐天然林，致使天然林资源过度消耗，植被破坏严重。

（2）天然林保护工程一期取得巨大的成效。1998年长江流域及松花江流域发生特大洪灾后，为了遏制生态环境恶化的趋势，党中央、国务院决定在东北、内蒙古等部分重点地区开展天然林保护工程试点。从天然林保护工程开始全面实施的2000年，到一期工程完成的2010年，全国森林面积净增1万hm^2，森林蓄积量净增7.25亿m^3，森林碳汇增加3.6亿t，森林覆盖率提高3.7%，取得巨大成效。天然林保护工程一期基本完成了各项任务，工程区发生了一系列重大的变化。我国长江上游、黄河中上游全面停止商品性采伐，每年少生产木材1239万m^3；东北、内蒙古等重点国有林区将木材产量由1853万m^3调减至1094万m^3；2010年三峡库区水土流失总面积比2000年减少1312.39km^2；黄河含沙量每立方米减少1.92kg。通过天然林保护工程一期的建设，我国长期过量消耗森林资源的势头得到有效遏制，工程区森林资源呈现恢复性增长，森林生态系统逐步稳定，生态状况逐步好转，生物多样性得到有效保护，产生了显著的综合效益。

（3）天然林保护工程二期全面实施。我国天然林刚刚进入恢复发展阶段，保护成果需要巩固，提升森林质量和生态功能任重道远，天然林资源保护工程区的自然生态状况与建设生态文明的要求还有很大距离。为了进一步维护国家生态安全，有效应对气候变化，促进林区经济社会可持续发展，党中央、国务院决定从2011年到2020年实施天然林保护工程二期。

天然林保护二期工程建设的主要目标是：在资源方面，要实现森林资源由恢复性增长进一步向质量提高转变，到2020年新增森林面积520万 hm^2，森林蓄积净增11亿 m^3，增加碳汇4.16亿t；在生态方面，从逐步好转进一步向明显改善转变，工程区水土流失明显减少，生物多样性明显增加；在经济社会和民生方面，林区经济社会发展由稳步复苏进一步向和谐发展转变，为林区提供就业岗位64.85万个，基本解决转岗就业问题，确保林区社会和谐稳定。天然林保护工程的远期目标是：到2050年，天然林资源得到根本恢复，基本实现木材生产以利用人工林为主，林区建立起比较完备的林业生态体系和合理的林业产业体系，充分发挥林业在国民经济和社会可持续发展中的重要作用。

2. 天然林保护工程实施范围

国务院批准的天然林保护工程实施方案的规划范围，包括云南、四川、重庆、贵州、湖南、湖北、江西、河南、陕西、山西、甘肃、青海、宁夏、新疆、内蒙古、吉林、黑龙江（含大兴安岭）、海南等18个省（自治区、直辖市）的重点国有森工企业，以及长江、黄河中上游等地区生态地位重要的地方森工企业、采育场和以采伐天然林为经济支柱的国有林场等。工程重点是分布于东北、西北和西南，包括黑龙江、吉林、内蒙古、陕西、甘肃、新疆、青海、四川、重庆和云南等10个省（自治区、直辖市）的国家所有的成片天然林林区。

3. 天然林保护工程内容

（1）天然林保护工程区森林区划。以可持续发展理论为指导思想，结合社会对森林的生态和经济的不同需求，以及森林多种功能主导利用方向的不同，按照自然条件、地理位置、水系、山脉特征将林业用地划分为生态公益林和商品林两类。其中，生态公益林又根据保护程度的不同将其划分为重点保护的生态公益林（简称重点公益林）和一般保护的生态公益林（简称一般公益林），并分别按照各自特点和规律确定其经营管理体制和发展模式，以充分发挥森林的多种功效。

重点公益林的划定。将大江大河源头、干流、一级支流及生态环境脆弱的二级支流中的第一层山脊以内的范围，大型水库、湖泊周围和高山陡坡、山脉顶脊部位及容易破坏、难恢复的森林划定为重点公益林，主要包括以水源涵养林和水土保持林等为主的防护林和以国防林、母树林、种子园和风景林为主的特种用途林。对重点生态公益林区实行禁伐，禁止对所有天然林及人工林的采伐。实行重点投入、集中治理区域内的水土流失，加快治理速度，优先安排坡耕地的还林建设，以封山育林为主，人工造林、人工促进、天然更新多种方式相结合，加快宜林地的造林绿化进程。

一般公益林的划定。把集生态需求与持续经营利用于一体的生态公益林，划定为一般公益林，实施一般性保护。根据可采资源状况，进行适度的经营择伐及抚育伐，以促进林木生长及提高林分质量。一般公益林管护的方式，要坚持因地制宜、用地养地、丰富物种、综合治理、稳产高效的原则，在加强森林资源保护管理的同时，积极开展科学研究，大力发展生物资源，合理进行森林多资源的开发利用，实现林业经济社会和生态环境的可持续发展。

商品林经营区的划定。把地势较平缓、立地条件较好，森林采伐后对生态环境不产生重大影响的地区划定为商品林经营区。采取集约经营的方式，以较少的土地和较短的周期，定向培育具有适度规模的、以工业原料林为主的速生丰产用材林和经济林等，能解决森林资源接续，增加木材供给，提供市场所需林产品，培植新的林业经济增长点，使天然林资源切实得到保护。

（2）天然林保护工程区公益保护体系林建设。我国西南、西北、东北、内蒙古的重点国有林区和海南省林区的天然林资源，集中分布于大江大河的源头和重要山脉的核心地带，占我国天然林资源总量的33%左右。工程区生态公益林保护体系建设，分为长江中上游保护体系，黄河中上游保护体系，澜沧江、南盘江流域保护体系，秦巴山脉核心地带保护体系，三江平原农业生产基地保护体系，松嫩平原农田保护体系，呼伦贝尔草原基地保护体系，天山、阿尔泰山水源保护体系和海南省热带雨林保护体系九大体系。

（3）天然林保护工程区商品林建设。重点地区实施天然林保护工程之后，木材产量将大幅度调减，致使木材供需缺口扩大，木材供给的结构矛盾加剧。通过高强度集约经营、定向培育、基地化建设、规模化生产，发展以速生丰产用材林、工业原料林及珍贵大径级用材林等为主的商品林基地建设，特别是提高现有中幼龄林的集约经营强度，解决木材供需矛盾；通过提高森林资源利用率和木材综合利用率，加快以人工林及“次、小、薪”材等为原料的林产工业建设，减轻对森林资源利用的压力，使工程区的森林尽快恢复和发展。

（4）天然林保护工程区转产项目建设。天然林保护工程的实施，将在短期内影响到局部地区的财政收入和群众生活水平。转产项目按照市场经济的要求，以安置因木材减产形成的富余人员和获取经济效益为目标，充分利用林区资源条件，大力发展养殖业、水电矿产资源开发、森林旅游和商贸服务，以及木材综合利用与林产化工等，建成结构合理、效益高的产业体系，摆脱林区经济对林木资源的依赖，实现林区经济的可持续发展。

（二）退耕还林（草）工程

1. 退耕还林（草）工程是我国生态环境保护建设的一项重大工程

（1）退耕还林（草）工程是党中央、国务院针对水土流失日益加剧而作出的一项重大战略决策。陡坡开垦对植被和地表破坏最大，造成的水土流失最严重。长期以来，由于盲目毁林开垦和进行陡坡地、沙化地耕种，造成了严重的水土流失和土地沙化，致使我国洪涝、干旱、沙尘暴等自然灾害频频发生，人民群众的生产、生活受到严重影响，国家的生态安全受到严重威胁。1998 年我国长江、松花江发生的特大洪灾，水土流失是祸源，而坡地耕种是水土流失加剧、生态恶化的主要原因。我国水土流失面积达 356 万 km^2，沙化土地面积达 174 万 km^2，分别占国土面积的 37.1% 和 18.1%，是世界上水土流失和荒漠化危害最严重的国家之一。因此，对 25 度以上的坡耕地退耕还林（含还草，下同），是减少水土流失、改善生态环境的关键措施。1999 年，党中央、国务院果断作出决策，实施退耕还林工程。2000 年 1 月党中央、国务院将退耕还林列为西部大开发的重要内容。2002 年 4 月 11 日国务院发布《关于进一步完善退耕还林政策措施的若干意见》（国发［2002］10 号），2002 年 12 月 14 日国务院发布《退耕还林条例》。退耕还林工程是我国从保护和改善生态环境出发，将水土流失严重的耕地，沙化、盐碱化、石漠化严重的耕地，以及粮食产量低而不稳的耕地，有计划、有步骤地停止耕种，因地制宜地造林种草，恢复植被的重点生态建设工程。

从 20 世纪末开始，退耕还林工作在试点示范的基础上，有计划、分步骤地稳妥推进。1999 年，四川、陕西、甘肃三省率先开展了退耕还林试点。2002 年退耕还林工程全面启动，涉及全国 25 个省、自治区、直辖市和新疆生产建设兵团。退耕还林工程成为我国林业建设史上涉及面最广、政策性最强、群众参与度最高的生态环境建设工程。

（2）退耕还林工程建设取得了生态改善、农民增收、农业增效和农村发展的巨大综合效益。自 1999 年开始试点到 2010 年年底，全国共完成退耕还林任务 4.27 亿亩，占同期全国六大林业重点工程造林总面积的 52%，相当于再造了一个东北、内蒙古国有林区，使占国土面积 82% 的工程区森林覆盖率平均提高了 3%，大大加快了国土绿化进程。工程范围涉及 25 个省、自治区、直辖市和新疆生产建设兵团的 2279 个县（市、区）、3200 万农户、1.24 亿农民。按照当前工程已实施规模和投资标准，工程投资总量达 4500 多亿元。据长江水文局监测，年均进入洞庭湖的泥沙量由 2003 年以前的 1.67 亿 t 减少到现在的0.38亿t，减少77%。我国沙化土地由20世纪末每年扩展3436km^2转变为每年减少1283km^2，这是新中国成立以来首次实现沙化逆转。

2. 退耕还林的主要政策措施

（1）退耕还林的综合政策措施。退耕还林的综合政策措施是："退耕还林，封山绿化，以粮代赈，个体承包"。坚持个体承包的机制，实行责权利相结合，把握"林权是核心，给粮是关键，种苗要先行，干部是保证"的主要环节，确保退耕还林取得成功。

（2）纳入退耕还林规划的耕地。应当纳入退耕还林规划，并根据生态建设需要和国家财力有计划实施退耕还林的耕地包括：水土流失严重的；沙化、盐碱化、石漠化严重的；生态地位重要、粮食产量低而不稳的。江河源头及其两侧、湖库周围的陡坡耕地，以及水土流失和风沙危害严重等生态地位重要区域的耕地，应当在退耕还林规划中优先安排。退耕还林规划应当与国民经济和社会发展规划、农村经济发展总体规划、土地利用总体规划相衔接，与环境保护、水土保持、防沙治沙等规划相协调。退耕土地还林营造的生态林面积，以县为单位核算，不得低于退耕土地还林面积的80%。

（3）退耕还林的管护与检查验收。县级人民政府或者其委托的乡级人民政府应当与有退耕还林任务的土地承包经营权人签订退耕还林合同。退耕还林需要的种苗，可以由县级人民政府根据本地区实际情况组织集中采购，也可以由退耕还林者自行采购。集中采购的，应当征求退耕还林者的意见，并采用公开竞价方式，签订书面合同，不得向退耕还林者指定种苗供应商。县级林业主管部门应当按照国务院林业主管部门制定的检查验收标准和办法，对退耕还林建设项目进行检查验收，经验收合格的，方可发给验收合格证明。省、自治区、直辖市人民政府对县级退耕还林检查验收结果进行复查。国务院林业行政主管部门对省级复查结果进行核查。

（4）退耕还林的资金和粮食补助。国家按照核定的退耕还林实际面积，向土地承包经营权人提供粮食补助、种苗造林补助费和生活补助费。

粮食补助标准及年限。退耕还林后的粮食补助标准：长江流域及南方地区，每亩退耕地每年补助粮食（原粮）150kg；黄河流域及北方地区，每亩退耕地每年补助粮食（原粮）100kg。粮食补助年限：还草补助按2年计算；还经济林补助按5年计算；还生态林补助按8年计算。补助粮食（原粮）的价款和现金由中央财政承担。根据《国务院办公厅关于完善退耕还林粮食补助办法的通知》（国办发［2004］34号），从2004年起，原则上将向退耕户补助的粮食改为现金补助。中央按每千克粮食（原粮）1.40元计算，包干给各省、自治区、直辖市。具体补助标准和兑现办法，由省级人民政府根据当地实际情况确定。

种苗和造林补助费标准。种苗和造林补助费标准按退耕地和宜林荒山荒地造林每亩50元计算，用于种苗采购，节余部分可以用于造林补助和封育管护。干旱、半干旱地区若遇连年干旱等特大自然灾害确需补植或重新造林的，经国家林业局核实后，国家酌情给予补助。

生活补助费标准及年限。每亩退耕地每年补助现金20元。补助年限：还草补助按2年计算；还经济林补助按5年计算；还生态林补助按8年计算。退耕土地还林后，在规定的补助期限内，县级人民政府应当组织有关部门及时向持有验收合格证明的退耕还林者一次付清该年度生活补助费。

（5）退耕还林林木权属的确认。自行退耕还林的，土地承包经营权人享有退耕土地上的林木（草）所有权；委托他人还林或者与他人合作还林的，退耕土地上的林木（草）所有权由合同约定。退耕土地还林后，由县级以上人民政府依照《森林法》、《草原法》的有关规定发放林（草）权属证书，确认所有权和使用权。承包经营权期限可以延长到70年。承包经营权到期后，土地承包经营权人可以依照有关法律、法规的规定继续承包。退耕还林土地和荒山荒地造林后的承包经营权可以依法继承、转让。

3. 完善退耕还林政策，巩固和发展退耕还林成果

实施退耕还林工程以来，一方面，退耕还林对农户的直补政策深得人心，粮食和生活补助费已成为退耕农户收入的重要组成部分，退耕农户生活得到改善。但是，由于解决退耕农户长远生计问题的长效机制尚未建立，随着退耕还林政策补助陆续到期，部分退耕农户生计将出现困难。另一方面，虽然退耕还林工程成效显著，加快了国土绿化进程，增加了林草植被，改善了生态环境，但由于我国地形地貌复杂，风沙、洪涝等自然灾害在一定程度上依然严重，目前我国水土流失面积、沙化土地面积分别占国土面积的37.1%和18.1%，整体生态状况依然严峻。为此，党中央、国务院决定增加中央财政资金投入，完善退耕还林政策，适当增加退耕还林任务，以巩固和发展退耕还林成果。根据《中共中央国务院关于深入实施西部大开发战略的若干意见》（中发［2010］11号）、《国务院关于完善退耕还林政策的通知》（国发［2007］25号）等文件，当前巩固和发展退耕还林政策的主要措施有：

（1）在一定期限内继续给予退耕农户适当补助。现行退耕还林的粮食和生活补助费期满后，国家继续对退耕农户给予适当的现金补助，解决退耕农户当前生活困难。补助标准为：长江流域及南方地区每亩退耕地每年补助现

金105元；黄河流域及北方地区每亩退耕地每年补助现金70元。原每亩退耕地每年20元生活补助费，继续直接补助给退耕农户，并与管护任务挂钩。补助期为：还生态林补助8年，还经济林补助5年，还草补助2年。根据验收结果，兑现补助资金，补助资金由中央财政安排。

（2）建立巩固退耕还林成果专项资金。为集中力量解决影响退耕农户长远生计的突出问题，中央财政安排一定规模资金，作为巩固退耕还林成果专项资金，主要用于具备条件的西部地区、京津风沙源治理区和享受西部地区政策的中部地区退耕农户的基本口粮田建设、农村能源建设、生态移民，以及补植补造，并向特殊困难地区倾斜。中央财政按照退耕地还林面积核定各省（自治区、直辖市）巩固退耕还林成果专项资金总量，并从2008年起按8年集中安排，逐年下达，包干到省。

（3）继续扶持退耕还林地区。中央有关预算内基本建设投资和支农惠农财政资金要继续按原计划安排，统筹协调，保证相关资金能够整合使用。同时，鼓励退耕农户和社会力量投资巩固退耕还林成果建设，允许退耕农户投资投劳兴建直接受益的生产生活设施。

（4）适当增加退耕还林任务。《中共中央国务院关于深入实施西部大开发战略的若干意见》（中发［2010］11号）明确要求，巩固和发展退耕还林成果，在重点生态脆弱区和重要生态区位，结合扶贫开发和库区移民，适当增加退耕还林任务。工程实施的重点为重点水源涵养区、黄土高原水土流失区、严重岩溶石漠化地区、重点风沙区和其他国家主体功能区等严重影响我国经济社会发展的区域。

（三）重点防护林体系建设工程

1. “三北”、长江等重点地区防护林建设工程是我国涵盖面最大的防护林工程

为改善生态、促进经济社会的可持续发展，1978年，党中央、国务院从中华民族生存与发展的战略高度，作出了建设“三北”（指西北、华北北部、东北西部地区）防护林体系的重大决策，开创了我国生态建设工程的先河。20世纪80年代以来，国家又相继在长江、珠江、淮河等重要江河流域实施了一系列防护林体系建设工程。21世纪初，国家已把这些工程整合为“三北”、长江流域等重点地区的防护林体系建设工程，成为全国六大林业重点工程之一。2001年国务院批准实施的“三北”和长江中下游地区等重点地区防护林建设工程，主要解决“三北”地区的防沙治沙问题和其他地区各不相同的生态问题，在巩固以往工程建设成效的基础上，调整工程布局和建设重点，突出防沙治沙和工程区内水土流失治理，通过大力营造各类防护林，在大区域

内建设防护林体系。这项工程是我国涵盖面最大的防护林工程，范围包括“三北”、沿海、淮河、太行山、平原地区和洞庭湖、鄱阳湖、长江中下游等地区的防护林建设。工程涉及28个省、自治区、直辖市的1696个县，完成造林2267万 hm^2，管护森林7187万 hm^2 的任务。

2. “三北”、长江等重点地区防护林体系建设工程的主要政策措施

（1）在保护好现有防护林的基础上，进一步改善防护林的空间布局和林分结构，增强防护林自身的生态稳定性，以保证其持久发挥防护效益。

（2）大规模增加防护林。按照因地制宜、因害设防的原则，将一部分现有的用材林调整为防护林，同时，在生态地位重要地区，通过植树造林、退耕还林，加大防护林建设力度，迅速提高我国少林无林地区的森林覆盖率。

（3）建设生态经济型防护林体系。克服单目标经营的不良影响，因势利导建设生态经济型防护林体系；积极进行土地利用结构和森林资源结构的调整，变各林种的平面结合为立体结合，在新造林中科学确定各林种比例，实行乔、灌、草结合，片、带、网结合。

（4）保护非公有制造林经营主体的合法权益。位于我国集体林区区域的重点防护林体系建设工程，要切实保护造林经营主体，尤其是非公有制造林经营主体的合法权益，确保工程建设健康发展；建立有利于防护林工程建设的利益分配格局，切实维护利益主体各方的合法权益，确保工程建设成果能够持久发挥效益。

（5）社会力量参与防护林建设享受国家工程造林补贴政策。建设工程管理部门要本着“公开、公平、公正”的原则确定工程造林经营主体，凡提出申请并自愿遵照重点地区防护林建设工程管理有关规定和技术要求，且有能力承担建设工程任务的社会组织和个人，要在年度造林计划中予以落实，按照工程造林补贴政策给予其资金补助。

3. “三北”防护林体系建设工程目标

到2020年，三北地区森林覆盖率要达到12%，沙化土地扩展趋势得到基本遏制，水土流失得到有效控制，建成一批区域性防护林体系；到2050年，森林覆盖率达到并稳定在15%左右，实现“三北”地区生态状况的根本好转。

（四）防沙治沙工程

我国是世界上荒漠化和沙化面积大、分布广、危害重的国家之一，严重的土地荒漠化、沙化，威胁着我国生态安全和经济社会可持续发展。全国第四次荒漠化和沙化监测（2005～2009年）结果显示，全国荒漠化土地面积为

262.37 万 km^2，沙化土地面积为 173.11 万 km^2，分别占国土总面积的 27.33%和18.03%。《中共中央国务院关于加快林业发展的决定》要求，切实搞好京津风沙源治理等防沙治沙工程，通过划定封禁保护区、种树种草、小流域治理、舍饲圈养、生态移民、合理利用水资源等综合措施，保护和增加林草植被，尽快使首都及主要风沙区的风沙危害得到有效遏制。

1. 京津风沙源治理工程是我国生态建设领域的一项标志性工程

新中国成立以来，尽管经过努力，在防沙治沙工作上取得了很大成绩，但是由于治理速度赶不上沙化速度，我国土地沙化“局部好转、整体扩大”的趋势仍未改变。土地沙化给我国工农业生产和人民生活带来严重影响，已成为制约我国中西部地区特别是西北地区经济和社会发展的重要因素。2000年，针对全国沙尘暴非常严重的情况，党中央、国务院决定启动京津风沙源治理工程。京津风沙源治理工程西起内蒙古的达茂旗，东至河北平泉县，南起山西代县，北至内蒙古的东乌珠穆沁旗，涉及北京、天津、河北、内蒙古、山西5个省、自治区、直辖市的75个县，总土地面积45.8万 km^2。计划通过封沙育林、飞播造林、人工造林、退耕还林、草地治理等生物措施和小流域综合治理等工程措施，治理沙化土地0.12万 km^2，工程区现有植被得到有效保护；增加林草植被5.2万 km^2，森林覆盖率由8.7%提高到20.1%。

2. 防沙治沙的主要政策措施

（1）防沙治沙工作原则。防沙治沙工作遵循以下原则：统一规划，因地制宜，分步实施，突出重点，坚持区域防治与重点防治相结合，强化工程治理，以工程建设带动防沙治沙工作的全面展开；预防为主，防治结合，综合治理；保护和恢复植被与合理利用自然资源相结合，优先保护沙区植被，积极治理沙化土地，适度利用沙区资源；遵循生态规律，依靠科技进步，充分发挥科学技术在防沙治沙工作中的作用；改善生态环境与帮助农牧民脱贫致富相结合；国家支持与地方自力更生相结合，政府组织与社会各界参与相结合，鼓励单位、个人承包防治，坚持依靠全社会的力量，最大程度地调动各界群众防沙治沙的积极性；保障防沙治沙者的合法权益。

（2）土地沙化预防措施。沙化土地所在地区的县级以上地方人民政府应当按照防沙治沙规划，划出一定比例的土地，因地制宜地营造防风固沙林网、林带，种植多年生灌木和草本植物；除了抚育更新性质的采伐外，不得批准对防风固沙林网、林带进行采伐；对林木更新困难地区已有的防风固沙林网、林带，不得批准采伐。采取强有力的植被保护措施，杜绝滥垦、滥牧、滥采、滥挖、滥砍等破坏行为，保护好沙区现有植被；采取种树种草的措施，迅速恢复沙区林草植被；采取退耕还林措施，对粮食产量低而不稳、不适宜耕种的坡耕地、沙化耕地退耕还林，对不适宜放牧的草场，退牧还林还草；采取改进放牧方式、改善牧业结构、改良草场等措施，恢复和提高草原的生产、生态功能；采取严格的水资源管理措施，提高水资源的利用率，实现生活、生产、生态用水的合理分配和协调利用。

（3）沙化土地治理措施。沙化土地所在地区的地方各级人民政府，应当按照防沙治沙规划和先易后难、先急后缓的原则，组织有关部门、单位和个人，集中力量，因地制宜地采取人工造林种草、飞机播种造林种草、封沙育林育草和合理调配生态用水等措施，恢复和增加植被，治理已经沙化的土地。使用已经沙化的国有土地的使用权人和农民集体所有土地的承包经营权人，必须采取治理措施，改善土地质量；确实无能力完成治理任务的，可以委托他人治理或者与他人合作治理。采取退耕还林还草、植树种草或者封育措施治沙的土地使用权人和承包经营权人，按照国家有关规定，享受政府提供的政策优惠。不具有土地所有权或者使用权的单位和个人从事营利性治沙活动的，应当先与土地所有权人或者使用权人签订协议，依法取得土地使用权，并在治理活动开始之前，向治理项目所在地的县级以上人民政府林业行政主管部门或者人民政府指定的其他行政主管部门提出治理申请。

（4）防沙治沙工程保障措施。国务院和沙化土地所在地区的地方各级人民政府应当在本级财政预算中按照防沙治沙规划通过项目预算安排资金，用于本级人民政府确定的防沙治沙工程；在安排扶贫、农业、水利、道路、矿产、能源、农业综合开发等项目时，应当根据具体情况，设立若干防沙治沙子项目；县级以上地方人民政府应当按照国家有关规定，根据防沙治沙的面积和难易程度，给予从事防沙治沙活动的单位和个人资金补助、财政贴息，以及税费减免等政策优惠；单位和个人投资进行防沙治沙的，在投资阶段免征各种税收；取得一定收益后，可以免征或者减征有关税收；使用已经沙化的国有土地从事治沙活动的，经县级以上人民政府依法批准，可以享有不超过70年的土地使用权；使用已经沙化的集体所有土地从事治沙活动的，治理者应当与土地所有人签订土地承包合同，具体承包期限和当事人的其他权利、义务由承包合同双方依法在土地承包合同中约定，县级人民政府依法根据土地承包合同向治理者颁发土地使用权证书，保护集体所有沙化土地治理者的土地使用权。

3. 加快推进西南岩溶地区石漠化综合治理

石漠化已成为我国西南地区最严重的生态问题。石漠化是一种岩石裸露、具有类似荒漠的土地退化过程，主要由石灰岩岩溶山区脆弱的生态系统与人类活动相互作用而形成。我国西南地区岩溶地貌分布广泛，涉及贵州、云南、广西、湖南、湖北、重庆、四川、广东等8个省、自治区、直辖市。长期以来，由于过度开垦、过度砍伐、过度放牧和不合理开发建设等原因，8省份451个县（市、区）出现严重的石漠化，导致水土流失严重，耕地资源减少，干旱、内涝等自然灾害频发，不仅严重制约当地经济和社会的可持续发展，并危及长江、珠江流域的生态安全。据国家林业局监测，我国岩溶地区现有石漠化面积12.96万km^2，潜在石漠化面积12.38万km^2。

加快石漠化地区的林业建设，是恢复和改善岩溶地区生态环境的迫切需要，是根治长江、珠江水患的紧迫任务，是稳步推进西部大开发战略和巩固成果的要求。按照国务院批复的《岩溶地区石漠化综合治理规划大纲(2006~2015)》的要求，国家林业局组织编制了《岩溶地区石漠化综合治理林业专项规划（2006~2015年）》。规划的总体目标是：到2015年，完成石漠化治理面积约7万km^2，占工程区石漠化总面积的54%，新增林草植被面积822.65万hm^2，其中封沙育林育草634.44万hm^2，人工造林188.21万hm^2，植被覆盖度提高7.8个百分点，每年减少土壤侵蚀量2.8亿t。由于石漠化综合治理的复杂性，按照“以点带面，点面结合，滚动推进”的要求，2008年至2010年我国在贵州等8个省（自治区、直辖市）选择了100个县开展石漠化综合治理工程试点的基础上，从2011年起在451个石漠化县（市、区）全面推开综合治理工程建设。

（五）野生动植物保护与自然保护区建设工程

1. 全国野生动植物保护及自然保护区建设工程

这是具有战略意义的生态保护工程。森林、湿地和野生动植物是大自然亿万年进化的产物，孕育了丰富的生物多样性，共同构成了陆地生态系统的主体，在维护和优化生态环境中发挥着不可替代的作用，还是人类未来食物、药物和财富的重要来源。在陆地生态系统中，野生动植物以其特有的物种效应，维持生态系统的稳定和进化，一旦遭到破坏，特别是生态系统中关键物种的消失，将直接影响生态系统的各种功能，甚至造成灾难性后果。我国是世界上生物多样性最为丰富的国家之一，物种丰富程度居北半球第一位，世界第三位。

为了从根本上有效保护、发展和合理利用野生动植物资源，2001年12月全国野生动植物保护及自然保护区建设工程正式启动。这项工程是一个面向未来、着眼长远、具有多项战略意义的生态保护工程，主要解决基因保存、生物多样性保护、自然保护、湿地保护等问题。工程内容包括野生动植物保护、自然保护区建设、湿地保护和基因保存。重点开展物种拯救工程、生态系统保护工程、湿地保护和合理利用示范工程、种质基因保存工程等。

野生动植物保护及自然保护区建设工程的实施范围，包括全国具有典型性、代表性的自然生态系统、珍稀濒危野生动植物物种的天然分布区、生态环境脆弱区等。根据国家重点保护野生动植物的分布特点，将野生动植物及其栖息地保护在地域上划分为东北山地平原区、蒙新高原荒漠区、华北平原黄土高原区、青藏高原高寒区、西南高山峡谷区、中南西部山地丘陵区、华东丘陵平原区和华南低山丘陵区共 8 个建设区域。

2. 全国野生动植物保护及自然保护区建设工程目标

（1）中期目标（2011～2030 年）：进一步加强中央、省级和地市级行政主管部门的管理能力建设，使指挥、查询、统计、监测等管理工作实现网络化，初步建立健全野生动植物保护的管理体系，完善科研体系和进出口管理体系。到 2030 年，全国自然保护区总数达 2000 个，自然保护区总面积为 1.612 亿 hm^2，占国土面积的 16.8%，形成完整的自然保护区保护管理体系，使 60% 的国家重点保护野生动植物物种数量得到恢复和增加，95% 的典型生态系统类型得到有效保护。

（2）远期目标（2031～2050 年）：全面提高野生动植物保护管理的法制化、规范化和科学化水平，实现野生动植物资源的良性循环。在 2050 年，使全国自然保护区总数达 2500 个，自然保护区总面积为 1.728 亿 hm^2，达到国土面积的 18%。同时，新建一批野生动物禁猎区、繁育基地、野生植物培植基地，使我国 85% 的国家重点保护野生动植物物种数量得到恢复和增加，使我国所有的典型生态系统类型得到良好保护，建成具有中国特色的自然保护区保护，管理、建设体系，成为世界自然保护区管理的先进国家。

3. 加强湿地保护

（1）加强湿地保护是维护国土生态安全和促进经济社会可持续发展的重要举措。湿地是指内陆水面和沿海浅水区邻接地带水陆交相延伸的一定区域，包括沼泽、湿草甸、湖泊、河流及泛洪平原、河口三角洲、滩涂、珊瑚礁、红树林、水库、池塘、水稻田，以及低潮时水深浅于 6m 的海岸带等。湿地与森林、海洋并称为全球三大生态系统，具有维护生态安全、保护生物多样性等多种功能。人们把湿地称为“地球之肾”、天然水库和天然物种库。我国是湿地资源十分丰富的国家，面积大、分布广、类型多。我国现有 $100hm^2$ 以上的各类湿地总面积为 3848 万 hm^2（不包括香港、澳门和台湾的数据）。其中，自然湿地面积3620万hm^2，库塘湿地面积228万hm^2。湿地内分布有高等植物2276种，野生动物724种，其中有许多是我国特有种和世界珍稀濒危种。湿地不但具有丰富的资源，还有巨大的环境调节功能，各类湿地在提供水资源、调节气候、涵养水源，均化洪水、促淤造陆、降解污染物，保护生物多样性和为人类提供生产和生活资源方面发挥着重要作用。

为了保护湿地资源及生态环境，党中央、国务院推出了一系列加强湿地保护的举措。1992年我国加入国际《湿地公约》。2000年发布了由国务院林业主管部门牵头，外交部、国家计委、财政部、农业部、水利部等国务院17个部门共同编制的《中国湿地保护行动计划》。国务院从“十一五”起将湿地保护纳入了国民经济和社会发展规划纲要，批准了国家林业局会同国家发展改革委员会、财政部等9个部门共同编制的《全国湿地保护工程规划（2004~2030年）》，并要求编制各个阶段的实施方案，以落实湿地保护的具体目标。近年来各地加快了湿地保护立法工作，目前已有北京、黑龙江、吉林、辽宁、内蒙古、陕西、四川、湖南、广东、甘肃、西藏等省、自治区、直辖市颁布实施了保护湿地的地方性法规。全国建立了湿地保护与利用示范区，结合退田还湖还泽等开展退化湿地的恢复工作。目前全国已建立湿地类型自然保护区470多处，其中有39处被指定为国际重要湿地，初步形成了由不同利用管制级别构成的湿地保护网络体系。

（2）湿地保护工作的总体目标和建设布局。根据《全国湿地保护工程规划（2004~2030年）》，我国湿地保护工作的总体目标是：通过对湿地及其生物多样性的保护与管理，湿地自然保护区建设、污染控制等，全面维护湿地生态系统的生态特性和基本功能，使我国天然湿地的下降趋势得到遏制。通过加强对水资源的合理调配和管理、对退化湿地的全面恢复和治理，使丧失的湿地面积得到较大恢复，使湿地生态系统进入良性状态。到2030年，全国湿地保护区要达到713个，国际重要湿地达到80个，90%以上天然湿地得到有效保护；完成湿地恢复工程140.4万hm^2，在全国范围内建成53个国家湿地保护与合理利用示范区；建立比较完善的湿地保护、管理与合理利用的法律、政策和监测科研体系；形成较为完整的湿地区保护、管理、建设体系，使我国成为湿地保护和管理的先进国家。

（3）湿地保护管理的政府机构。1998年国务院机构改革后，决定国家林业局负责组织、协调全国湿地保护和有关国际公约的履约工作。与湿地的保护利用管理相关的主要部门还有：农业部负责指导草原、宜农滩涂、宜农湿地的开发利用工作，以及海洋渔业资源管理；水利部负责统一管理水资源；

国土资源部负责组织编制和实施国土规划、土地利用总体规划，统一指导土地开发利用；环保部负责监督检查湿地环境保护工作；国家海洋局负责监督管理海域使用、海洋生物多样性和海洋生态环境保护，监督管理海洋自然保护区和海洋特别保护区。此外，湿地保护与合理利用工作还与外交、发展计划、对外经贸合作、教育、科技、公安、财政、建设、交通等部门有着密切的联系。地方各级人民政府具有管理本行政区域内湿地保护与合理利用的职责，均设有与国务院相应的管理机构，在国务院各主管部门的业务指导下负责本地区的湿地保护与管理的具体工作。

（六）重点地区速生丰产用材林基地建设工程

1. 重点地区速生丰产用材林基地建设工程

该工程简称速丰林基地建设工程，是我国林业产业体系建设的骨干工程。我国既是一个木材生产大国，又是一个木材消费大国。天然林保护工程实施以后，木材供需矛盾进一步加剧，国内木材供需缺口逐年增加。预计到2015年，我国生产建设用材需求量约为4.8亿m^3，缺口将达1.9亿m^3。如果按照近十年我国木材消费平均年增长率3.71%计算，到2020年我国木材消费总量将达到6.78亿m^3，供需矛盾有增无减。因此，全面加快速丰林基地建设工程，增加森林资源储备和木材有效供给，是缓解我国木材供需矛盾的根本措施。

为了增加木材有效供给，减小因为木材需求而对生态带来的巨大压力，最大限度地巩固生态建设成果，我国于2002年正式实施速丰林基地建设工程。这项工程的建设任务是，到2015年，完成南北方速丰林绿色产业带建设，建设速丰林基地1333万hm^2。提供国内生产用材需求量的40%，加上现有森林资源的采伐利用，国内木材供需基本趋于平衡。全部基地建成后，每年可提供木材13337万m^3，可支撑木浆生产能力1386万t、人造板生产能力2150万m^3，提供大径级材1579万m^3。工程范围主要是400mm等雨量线以东（600mm线以上优先）自然条件优越、立地条件好、地势平缓、不易造成水土流失的地区，涉及山西、内蒙古、辽宁、吉林、黑龙江、江苏、浙江、安徽、福建、江西、山东、河南、湖南、湖北、广东、广西、海南、云南18个省、自治区的886个县（市、区）和114个国有林业局。工程布局主要分布在天然林保护工程区外，具体分为粤桂琼闽、长江中下游、黄河中下游，以及东北、内蒙古地区四大片。速丰林基地建设工程不仅有利于解决我国木材和林产品的供应问题，而且有利于减轻其他地区森林资源保护的压力，促进天然林保护等五项生态工程的建设。

2. 加快速丰林基地建设工程的政策措施

（1）严格分类区划，科学有效地使用商品林地。加强对速丰林用地的管理，科学合理地将现有低产林改造为速丰林。鼓励农村开展商品林业用地整合和整治，引导农户和农村集约用地，推动速丰林工程基地化建设，切实提高林地的利用率；按照“依法、有偿、自愿”的原则，积极引导农产进行速丰林用地使用权的流转，防止片面追求林地集中；建立林木资产评估体系，大力培育速丰林林地、林木转让的社会中介机构与转让市场，实现速丰林林地、林木的合法、有效流转。

（2）建立和完善速丰林采伐管理政策。经营速丰林的单位和个人应按照“合理经营，持续利用”的原则，单独编制森林经营方案，经依法批准后执行，其年森林采伐限额根据经营方案确定的合理年采伐量制定；国家对速丰林的采伐限额和木材生产计划实行单编、单列，达到一定规模的速丰林，其经营单位或个人可以单独编制年森林采伐限额。

（3）切实减轻速丰林经营者的税费负担。取消对木材的不合理收费项目。鼓励以速丰林为原料的企业消耗每立方米木材提取 10 ~ 20 元的建设资金，专项用于基地建设工程，提取的资金可计入产品成本。

（4）加大对速丰林基地建设工程的扶持力度。建立引导和鼓励性的速丰林造林政府扶持机制，积极争取国家在优良种苗开发和技术推广、森林防火、病虫害防治等方面的补助资金，积极争取地方政府加大对速丰林基地工程项目的扶持力度；国家优先扶持立足地方资源优势、选择具有地域特色和市场前景的品种作为开发重点的项目，特别是扶持培育大径级材基地，建立可持续利用的森林资源战略储备。

（5）落实国家有关速丰林贷款政策。在速丰林基地建设工程贷款纳入国家政策性银行贷款范围的基础上，与金融信贷部门合作，放宽对速丰林基地建设工程的贷款期限，落实财政贴息贷款；发挥国家财政资金支持的导向作用；鼓励投资者按照法律法规及有关规定以林木资产作为抵押申请贷款。

（6）发展林业产业化经营。继续加大对多种所有制、多种经营形式的林业产业化龙头企业的支持力度，鼓励龙头企业以多种利益联结方式，建设林纸、林板、大径级用材林、竹产业基地，以基地带动农产发展；农户自建的速丰林基地，产权归个人所有；对受益户较多的经营性工程，可组建法人实体，实行企业化运作。

三、深入开展全民义务植树运动

《中共中央国务院关于加快林业发展的决定》要求，深入开展全民义务植树运动，采取多种形式发展社会造林。植树造林、绿化祖国是我国的一项基本国策。

1. 丰富和完善义务植树的形式和管理

各级领导干部，每个共产党员、共青团员，都要带头植树造林；不断丰富和完善义务植树的形式，提高适龄公民履行义务的覆盖面，提高义务植树的实际成效；义务植树要实行属地管理，农村以乡镇为单位、城市以街道为单位，建立健全义务植树登记制度和考核制度；各级人民政府要制定植树造林规划，因地制宜地确定本地区森林覆盖率的奋斗目标，同时组织各行各业和城乡居民完成植树造林规划确定的任务。

2. 进一步明确部门和单位绿化的责任范围，落实分工负责制，并加强监督检查

实行全社会办林业，全民搞绿化，各行各业都应当把造林绿化作为本部门的一项生产建设任务，全面落实《全国造林绿化规划纲要（2011～2020年）》。凡以木材为原料的大型企业，都应向其提取一定数额的造林绿化资金，专门用于营造用材林。植树造林必须遵守造林技术规程，实行科学造林，提高林木的成活率，切实提高造林质量，实行造林情况的检查验收制度。对在植树造林方面成绩突出的单位或者个人，由各级人民政府给予奖励。

3. 抓好对公路、铁路、河渠、堤坝沿线进行绿化美化的绿色通道建设

绿色通道建设主要任务是对公路、铁路、河渠、堤坝沿线进行绿化美化。绿色通道工程要与道路建设和河渠整治统筹规划，合理布局，加快建设，要和道路、堤坝等防护工程设施及沿线城镇、乡村的绿化工作结合起来，既要绿化美化环境，又要能够保障安全，护路护堤（坝），提高工程的防护性能。

4. 搞好城市绿化，把美化环境与增强生态功能结合起来

城市人民政府应当把城市绿化建设纳入国民经济和社会发展计划，城市园林绿化与基础设施建设实施应当同步规划、同步建设、同步发展。城市绿化要尊重科学，坚持以人为本、人与自然和谐相处的原则，构建以林木为主体、森林与其他植被有机结合的绿色生态圈，形成城区公园及园林绿地、河流道路林网、近郊远郊森林公园及自然保护区协调配置的城市森林生态网络体系。

5. 采取多种形式发展社会造林，鼓励军队、社会团体、外商造林和群众造林，形成多主体、多层次、多形式的造林绿化格局

坚持“谁造谁有、合造共有”的原则，按照管理权限依法及时给社会投资造林经营者颁发林权证。

四、全面推进集体林权制度改革

（一）集体林权制度改革的历史背景

集体林权，是指集体所有制经济组织或单位对森林、林木和林地所享有的占有、使用、收益和处分的权利。法律规定属于集体所有的森林、林木和林地，集体所有制的经济组织或单位享有林权。新中国成立以来，集体林权制度大体经历了四个阶段：第一，土地改革时期分山分林到户阶段。1950 年 6 月颁布的《土地改革法》规定了大森林、大荒山和矿山归国家所有，没收和征收的山林、茶山、桐山、竹林、果园等可分土地按适当比例统一分配，实行农民的土地所有制。第二，农业合作化时期山林入社阶段。从 1953 年开始，全国进入有计划的经济建设时期，林业和农业一起走上合作化道路。1956 年 6 月，按照《高级农业生产合作社示范章程》规定，除少量零星的树木仍属社员所有外，幼林和苗圃、大量成片的经济林和用材林，由社员所有转为合作社集体所有，从互助组到初级社再到高级社，农村林业逐步由分散经营转向集中统一经营。第三，人民公社时期山林集体所有、统一经营阶段。1958 年中共中央颁布《关于在农村建立人民公社问题的决议》，人民公社化运动迅速开展，实行政社合一管理体制。1961 年《中共中央关于确定林权保护山林和发展林业的若干政策规定（试行草案）》，要求开展确定山林权属工作，并提出必须坚持“谁种谁有”原则。1966 年开始“文革”动乱，再次将社员的少量零星树木全部收归集体所有。人民公社时期，山林实行集体统一经营。第四，改革开放初期林业“三定”阶段。1981 年，根据《中共中央国务院关于保护森林发展林业若干问题的决定》，全国开展了以稳定山权林权、划定自留山和确定林业生产责任制为主要内容的林业“三定”工作。1992 年党的十四大明确提出中国经济体制改革的目标是建立社会主义市场经济体制。多个林业改革试验区开展了山地开发、资源林政管理、木竹税费、林产品流通市场、林业股份合作等一系列触及林权制度的改革实践，起到了作示范、探路子、出经验的作用，但没有形成以林权制度改革为核心的全局性的改革大势。这四次变革，适应了当时的历史条件，取得了一定成效，但也有教训，关键是林地使用权和林木所有权不明晰、经营主体不落实、经营机制不灵活、

利益分配不合理，制约了林业生产力的发展。农民经营林业的积极性不高，森林资源质量低，林地产出率低，农民收益水平低，乱砍盗伐现象普遍存在。

我国集体林地面积17万 hm^2（25.48亿亩），占全国林地面积的60.1%。我国山区面积占国土面积的69%，拥有全国90%左右的林地资源。山区人口占全国的56%，全国2000多个行政县（市）有70%是山区县。山区又是贫困人口聚集的林区，全国592个国家级贫困县，有496个分布在山区。因此，搞好集体林业特别是山区林业，对于我国林业发展乃至经济社会发展都具有举足轻重的作用。广大农民在承包耕地解决温饱后，看到了山林的巨大潜力，产生了经营山林、发家致富的强烈愿望，迫切要求实行新一轮集体林权制度改革。

2003年《中共中央国务院关于加快林业发展的决定》和《农村土地承包法》实施后，福建、江西、辽宁等省进行了以“明晰产权，放活经营权，落实处置权，保障收益权”为主要内容的集体林权制度改革，并取得了显著成效。2008年中央出台《中共中央国务院关于全面推进集体林权制度改革的意见》（中发［2008］10号），集体林权制度改革进入了全面推进和深化阶段。

（二）集体林权制度改革的重大意义

集体林权制度改革的重大意义如下：

1. 是农村基本经营制度的重大创新和完善

集体林地是国家重要的土地资源，是林业重要的生产要素，是农民重要的生活保障。实行集体林权制度改革，把集体林地经营权和林木所有权落实到农户，确立农民的经营主体地位，是将农村家庭承包经营制度从耕地向林地的拓展和延伸，是对农村土地经营制度的丰富和完善，必将进一步解放和发展农村生产力。

2. 是促进农民就业增收的战略举措

林业产业链条长，市场需求大，就业空间广。实行集体林权制度改革，让农民获得重要的生产资料，激发农民发展林业生产经营的积极性，有利于促进农民特别是山区农民脱贫致富，破解“三农”问题，推进社会主义新农村建设。

3. 是建设生态文明的重要内容

建设生态文明、维护生态安全是林业发展的首要任务。实行集体林权制度改革，建立责权利明晰的林业经营制度，有利于调动广大农民造林育林的积极性和爱林护林的自觉性，增加森林数量，提升森林质量，增强森林生态功能和应对气候变化的能力，繁荣生态文化，促进人与自然和谐，推动经济社会可持续发展。

4. 是推进现代林业发展的强大动力

林业是国民经济和社会发展的重要公益事业和基础产业。实行集体林权制度改革，培育林业发展的市场主体，发挥市场在林业生产要素配置中的基础性作用，有利于发挥林业的生态、经济、社会和文化等多种功能，满足社会对林业的多样化需求，促进现代林业发展。

（三）集体林权制度改革的指导思想、基本原则和总体目标

1. 集体林权制度改革的指导思想

以邓小平理论为指导，深入贯彻落实科学发展观，大力实施以生态建设为主的林业发展战略，不断创新集体林业经营的体制机制，依法明晰产权、放活经营、规范流转、减轻税费，进一步解放和发展林业生产力，促进传统林业向现代林业转变，为建设社会主义新农村和构建和谐社会做出贡献。

2. 集体林权制度改革的基本原则

（1）坚持农村基本经营制度，确保农民平等享有集体林地承包经营权。实行农村基本经营制度是农村改革实践的经验总结，也是集体林权制度改革的核心政策。要公平地落实本集体经济组织成员的林地承包经营权和林木所有权，维护农民平等享有集体林地承包经营权，实现真正意义上的“还山于民”。

（2）坚持统筹兼顾各方利益，确保农民得实惠、生态受保护。改革涉及相关利益群体，需要妥善处理好各方利益关系，既要维护集体利益，又要做到“还利于民”，让农民在林业生产经营中多得利，得“大头”，同时要坚持不以牺牲生态为代价，把生态受保护作为改革的底线，维护生态安全。

（3）坚持尊重农民意愿，确保农民的知情权、参与权、决策权。农民是改革决策和实施主体，改革的政策、内容、方法要让农民明白，改革的结果要让农民满意，真实体现大多数农民的意愿，特别是改革方案必须依法经集体经济组织成员同意，切实维护本集体经济组织成员的民主决策权。

（4）坚持依法办事，确保改革规范有序。集体林权制度改革政策性强、情况复杂，从改革一开始就要进行科学谋划，严格执行《物权法》、《农村土地承包法》、《森林法》、《村民委员会组织法》等法律法规和党在农村的各项政策，做到“依法、规范、有序”。

（5）坚持分类指导，确保改革符合实际。在改革中必须做到实事求是、因地制宜、分类指导、分区施策。集体经济组织可以在依照法律规定的前提下，选择适合当地实际的改革模式，不搞一刀切，使改革更加符合实际、更

加具有特色、更加适应发展要求。

3. 集体林权制度改革的总体目标

集体林权制度改革的总体目标是：从2008年起，用5年左右时间，基本完成明晰产权、承包到户的改革任务。在此基础上，通过深化改革，完善政策，健全服务，规范管理，逐步形成集体林业的良性发展机制，实现资源增长、农民增收、生态良好、林区和谐的目标。

4. 集体林权制度改革的范围

集体林权制度改革的范围，主要是林木所有权和林地使用权尚未明晰的集体商品林、牧场、机动山及县级人民政府规划的宜林地。其中，集体商品林是重点，一次改革到位，落实到户、联户或者其他经营主体。对已明晰权属的自留山、责任山以及国有、民营企事业单位和个人依法购买和租赁经营的林地、林木，原则上应予稳定，经权属核实后，进一步完善和规范合同，确认登记并发放林权证。天然林保护区的集体林和一般公益林落实代管责任，签订责任合同具体到人或经营主体，明确责、权、利；已划为国家重点公益林的集体林，原签订的管护责任和形式不变。承包到户管理的生态公益林和天然林保护区集体林，按照国家生态公益林、天然林保护工程林的有关法律、法规和政策进行管理、经营。

（四）集体林权制度改革的主要内容

1. 明晰产权

根据中发［2008］10号文件规定，在坚持集体林地所有权不变的前提下，依法将林地承包经营权和林木所有权，通过家庭承包方式落实到本集体经济组织的农户，确立农民作为林地承包经营权人的主体地位。这是集体林权制度改革的核心内容。对不宜实行家庭承包经营的林地，依法经本集体经济组织成员同意，可以通过均股、均利等其他方式落实产权。村集体经济组织可保留少量的集体林地，由本集体经济组织依法实行民主经营管理。林地的承包期为70年。承包期届满，可以按照国家有关规定继续承包。已经承包到户或流转的集体林地，符合法律规定、承包或流转合同规范的，要予以维护；承包或流转合同不规范的，要予以完善；不符合法律规定的，要依法纠正。对权属有争议的林地、林木，要依法调处，纠纷解决后再落实经营主体。自留山由农户长期无偿使用，不得强行收回，不得随意调整。承包方案必须依法经本集体经济组织成员同意。自然保护区、森林公园、风景名胜区、河道湖泊等管理机构和国有林（农）场、垦殖场等单位经营管理的集体林地、林木，要明晰权属关系，依法维护经营管理区的稳定和林权权利人的合法权益。

林地承包经营的操作程序。林地承包经营适用《农村土地承包法》规定的操作程序：第一，本集体经济组织成员的村民会议选举产生林权制度改革工作小组；第二，林权制度改革工作小组依照法律、法规的规定拟订并公布承包方案；第三，依法召开本集体经济组织成员的村民会议或村民代表大会，讨论通过承包方案；第四，公开组织实施承包方案；第五，签订承包合同。同时，林地承包经营涉及地上林木，要结合林木状况和当地实际，把林木纳入林地承包程序同步操作、统筹考虑，做到公开、公平、公正。

2. 勘界发证

《中共中央国务院关于全面推进集体林权制度改革的意见》（中发［2008］10号文件）规定，明确承包关系后，要依法进行实地勘界、登记，核发全国统一式样的林权证，做到林权登记内容齐全规范，数据准确无误，图、表、册一致，人、地、证相符。各级林业主管部门应明确专门的林权管理机构，承办同级人民政府交办的林权登记造册、核发证书、档案管理、流转管理、林地承包争议仲裁、林权纠纷调处等工作。林权证的办理按照《林木和林地权属登记管理办法》规定的程序进行。

认真做好实地勘界工作是把好集体林权制度改革质量的关键环节。在以往的林权制度变革中，一些地方由于这项工作未做好，留下了有证无山、有山无证、山证不符、界线不清等许多隐患，严重影响了林区生产经营的稳定。根据中发［2008］10号文件的规定，集体林权制度改革必须进行林权实地勘界，确保林权权利人、林地与林权证记载内容相符，权属来源证明材料准确完整，避免发生林权纠纷。实地勘界、登记工作量非常大，要在统一思想认识的基础上，加强宣传培训，让改革实施者了解改革政策和相关法律法规，熟悉操作程序，掌握勘界的方法步骤。林业部门要发挥熟悉政策和业务的优势，派出有农村工作经验的干部和技术人员深入到改革第一线，现场指导农民进行勘界确权，做到四至清楚，权属明确。

3. 实行商品林、公益林分类经营管理

（1）商品林。依法划定为商品林的，是立地条件好、采伐和经营利用不会对生态平衡和生物多样性造成危害区域的森林和林木。对商品林，农民可依法自主决定经营方向和经营模式，生产的木材自主销售。

中发［2008］10号文件对商品林经营的规定，包含以下含义：第一，只要不违背法律的禁止性规定，对承包的商品林林地，种什么树种、培育目标是什么等经营方向，由承包者自主决定；第二，只要不违背法律的禁止性规定，可以选择单独经营、合作经营、委托经营、租赁经营等经营模式，享有生产经营自主权；第三，木材作为商品，可以自主决定卖不卖、怎么卖、卖给谁。政策赋予承包经营权人的生产经营自主权，发包人和其他任何第三人都无权干涉。

（2）公益林。依法划定为公益林的，是生态重要区域或生态脆弱区域的森林和林木。对公益林，在不破坏生态功能的前提下，可依法合理利用林地资源，开发林下种养业，利用森林景观发展森林旅游业等。公益林是《森林法》规定的五大林种中的防护林和特种用途林，包括经国家区划界定的重点公益林和地方政府区划界定的地方公益林。严格管理和保护公益林，是林业建设中长期坚持的一项基本政策。公益林的经营管理有两个条件：第一，不破坏生态功能，也就是不同类型的公益林，其所发挥的生态功能不因经营活动而受到破坏。第二，要依法经营管理，即经营活动不得违背法律法规的规定。应当注意，中发［2008］10号文件规定：严格控制公益林采伐，依法进行抚育和更新性质的采伐，合理控制采伐方式和强度。这一规定与《森林法》对防护林和特种用途林的采伐规定是一致的。

4. 落实处置权

根据中发［2008］10号文件规定，在不改变林地用途的前提下，林地承包经营权人可依法对拥有的林地承包经营权和林木所有权进行转包、互换、转让、出租、入股、抵押或作为出资、合作条件，对其承包的林地、林木可依法开发利用。林地承包经营权转包、互换、转让、出租、入股、抵押的含义、流转对象、承包关系及流转手续见表4－2。

表4－2　林地承包经营权人流转林权的方式

流转方式	含　义	流转对象	承包关系	流转手续
转包	流出方将部分或者全部林地承包经营权以一定期限转移给其他农户。原承包方继续履行原林地承包合同规定的权利和义务。流入方按转包时约定的条件对转包方负责	同一集体经济组织的其他农户	转包后原林地承包关系不变	转包合同报发包方备案

流转方式	含　义	流转对象	承包关系	流转手续
互换	承包方之间对承包地块进行交换，同时交换相应的林地承包经营权，双方的权利义务同时也相应调整	同一集体经济组织的承包地块	互换后变为发包方与互换后的承包方的关系	报发包方备案，可申请林权变更登记
转让	流出方将部分或者全部林地承包经营权转移给流入方，由流入方同发包方确立新的承包关系	不限定	转让后原林地承包关系自行终止	由流出方申请，经发包方同意
出租	流出方将部分或者全部林地承包经营权以一定期限租赁给流入方，并收取租金。流入方按出租时约定的条件对流出方负责	本集体经济组织以外的单位或者个人	出租合同报发包方备案	出租后原林地承包关系不变，流出方继续履行原林地承包合同规定的权利和义务
入股	流出方与他人将林权折合成股权，联合从事林业合作生产经营，或者入股组成股份公司或者合作社从事林业生产经营	原林地承包关系不变		
抵押	债务人或者第三人不转移对林地林木资产的占有，将林地林木资产抵押给债权人，债务人不履行到期债务或者发生当事人约定的实现抵押权的情形，债权人有权依法以该林地林木资产折价或者以拍卖、变卖该林地林木资产的价款优先受偿	原承包经营关系不变		

5. 保障收益权

农户承包经营林地的收益，归农户所有。征收集体所有的林地，要依法足额支付林地补偿费、安置补助费、地上附着物和林木的补偿费等费用，并安排被征林地农民的社会保障费用。经政府划定的公益林，已承包到农户的，森林生态效益补偿要落实到户；未承包到农户的，要确定管护主体，明确管护责任，森林生态效益补偿要落实到本集体经济组织的农户。严禁乱收费、乱摊派。

（1）承包经营林地被征收的补偿。为了公共利益的需要，依照法律规定的权限和程序可以征收集体所有的林地。征收集体所有的林地，应当依法足额支付林地补偿费、安置补助费、地上附着物和林木的补偿费等费用，并安排被征地农民的社会保障费用，保障被征地农民的原有生活水平不降低，维护被征地农民的合法权益。家庭承包经营的林地被依法征收的，承包经营权人有权依法获得相应的补偿。林地补偿费是给予林地所有人和林地承包经营权人的投入及造成损失的补偿，应当归林地所有人和林地承包经营权人所有。安置补助费用于被征林地的承包经营权人的生活安置。林地承包经营权人自谋职业或自行安置的，安置补助费应当归林地承包经营权人所有。地上附着物和林木的补偿费归地上附着物和林木的所有人所有。

（2）重点公益林的补偿标准和补偿对象。经政府划定的公益林，已承包到农产的，森林生态效益补偿要落实到户；未承包到农户的，要确定管护主体，明确管护责任，森林生态效益补偿要落实到本集体经济组织的农户。各级政府是区划界定公益林并落实补偿的主体，对集体林地被划入公益林范围的，无论是否承包到户，特别强调补偿资金要落实到农户，进一步从政策上维护农民的利益。公益林经营管理主要涉及林权主体和管护组织，一些地方把管护组织作为补偿对象，或者把林权主体和管护组织一并列入补偿对象，是不正确的。林权主体提供林地林木并进行管护，应当明确林权主体是森林生态效益补偿的对象；政府建立的管护组织是履行政府职能，不是森林生态效益补偿对象，管护经费应列入财政预算。目前重点公益林的补偿政策，继续按照《中央财政森林生态效益补偿基金管理办法》（财农［2007］7号）的规定，中央财政森林生态效益补偿基金平均标准为每年每亩5元，其中4.75元用于国有林业单位、集体和个人的补偿和管护等开支；0.25元由省级财政部门列支，用于省级林业主管部门组织开展的重点公益林管护情况检查验收、跨重点公益林区域开设防火隔离带等森林火灾预防，以及维护林区道路的开支。

6. 落实责任

承包集体林地，要签订书面承包合同，合同中要明确规定并落实承包方、发包方的造林育林、保护管理、森林防火、病虫害防治等责任，促进森林资源可持续经营。基层林业主管部门要加强对承包合同的规范化管理。

林地林木承包合同的内容。承包集体林地，必须签订书面承包合同；合同中要明确规定并落实承包方、发包方的具体责任。按照《农村土地承包法》规定，承包合同内容应包括：发包方、承包方的名称，发包方负责人和承包方代表的姓名、住所；承包林地的名称、位置、面积、界至、质量等级及林木状况等；承包期限和起止日期；承包林地的用途；发包方和承包方的权利和义务；违约责任。

（五）集体林权制度改革的主要政策措施

1. 完善林木采伐管理机制

（1）实行商品林采伐限额管理改革。根据中发［2008］10号文件的规定，要编制森林经营方案，改革商品林采伐限额管理，实行林木采伐审批公示制度，简化审批程序，提供便捷服务；制定工业原料林限额管理和采伐审批优惠政策，充分满足工业原料林采伐所需限额指标，确保造林业主根据市场需求依法采伐利用其林木的合法权益，逐步落实林业经营者对商品林的采伐自主权。

（2）严格控制公益林采伐，依法进行抚育和更新性质的采伐，合理控制采伐方式和强度。

2. 规范林地使用权、林木所有权流转

在依法、自愿、有偿的前提下，林地承包经营权人可采取多种方式流转林地经营权和林木所有权。流转期限不得超过承包期的剩余期限，流转后不得改变林地用途。集体统一经营管理的林地经营权和林木所有权的流转，要在本集体经济组织内提前公示，依法经本集体经济组织成员同意，收益应纳入农村集体财务管理，用于本集体经济组织内部成员分配和公益事业。

（1）关于林地承包经营权人林权流转的规定。中发［2008］10号文件对林地承包经营权人林权流转的规定，主要有以下含义：第一，允许林地承包经营权人流转林地经营权和林木所有权，放活林权流转市场，有力推进森林资源经营向资产、资本经营转变，增加农民资产性收入，但不包括森林内的野生动物、矿藏物和埋藏物；第二，以“依法、自愿、有偿”为前提，有利于农民利益维护和林业发展，为依法公平交易提供了政策保障；第三，放开林权流转方式，只要不违反法律规定，林地承包经营权人可以自主选择流转方式；第四，流转期限不得超过承包期的剩余期限，流转后不得改变林地用途。

（2）关于集体统一经营管理的林权流转的规定。对集体统一经营管理的林权流转的规定主要有：第一，由于全国各地林业生产经营状况差异较大的情况，以及集体经济组织提供公共服务的需要，村集体经济组织可以保留少量的集体林地。第二，这部分集体统一经营管理的林地经营权和林木所有权允许流转。第三，集体统一经营管理的林地经营权和林木所有权流转要遵守以下规定：一是要在本集体经济组织内提前公示，保障本集体经济组织成员的知情权和优先承包权；二是要经本集体经济组织成员的村民会议 2/3 以上成员或者 2/3 以上村民代表同意，体现大多数成员的意愿；三是流转的收益应当用于本集体经济组织内部成员分配和公益事业，维护广大村民的利益；四是要依照《农村土地承包法》的规定，报乡（镇）人民政府批准。

（3）森林、林木和林地使用权可依法继承、抵押、担保、入股和作为合资、合作的出资或条件。包括林农之间自愿组合，以林地、劳力、资金入股，联合开发；外商企业以资金或技术入股，林农以林地、管护入股，股份合作办林场；以森林资源为主要经营对象，依法组建股份有限公司，完善法人治理结构，将林地等森林资源评估折股资产化运营，股票上市等。落实森林资源资产抵押登记办法，鼓励林业贷款借款人以森林、林木和林地使用权作为抵押物向银行申请贷款。

（4）关于森林资源资产评估。森林资源资产评估，是指评估专业人员依据相关法律、法规和资产评估准则，对特定目的和条件下的森林、林木、林地、森林景观资产以及与森林资源相关的其他森林资源资产价值进行分析、估算并发表专业意见的行为和过程。集体林权制度改革主要涉及非国有森林资源资产评估，应当按照《财政部、国家林业局关于印发〈森林资源资产评估管理暂行规定〉的通知》（财企［2006］529 号）的规定执行，非国有森林资源资产评估，凡金额在 100 万元以上的银行抵押贷款项目，应委托财政部门颁发资产评估资格的机构进行评估；金额在 100 万元以下的银行抵押贷款项目，可委托财政部门颁发资产评估资格的机构评估或由林业部门管理的具有丙级以上（含丙级）资质的森林资源调查规划设计、林业科研教学等单位提供咨询服务，出具评估咨询报告。需要指出，涉及农民的非国有森林资源资产评估，要充分尊重农民意愿，采取自愿、从低收费的原则，不得设置交易条件，强行要求农民评估。

3. 建立支持集体林业发展的公共财政制度

公共财政支持集体林业发展的政策措施有：

（1）各级政府要建立和完善森林生态效益补偿基金制度，按照“谁开发谁保护，谁受益谁补偿”的原则，多渠道筹集公益林补偿基金，逐步提高中央和地方财政对森林生态效益的补偿标准。

（2）建立造林、抚育、保护、管理投入补贴制度，对森林防火、病虫害防治、林木良种、沼气建设给予补贴，对森林抚育、木本粮油、生物质能源林、珍贵树种及大径材培育给予扶持。

（3）改革育林基金管理办法，逐步降低育林基金征收比例，规范用途，各级政府要将林业部门行政事业经费纳入财政预算。

（4）森林防火、森林病虫害防治及林业行政执法体系等方面的基础设施建设要纳入各级政府基本建设规划，林区的交通、供水、供电、通信等基础设施建设要依法纳入相关行业的发展规划，特别是要加大对偏远山区、沙区和少数民族地区林业基础设施的投入。

（5）集体林权制度改革工作经费，主要由地方财政承担，中央财政给予适当补助。对财政困难的县乡，中央和省级财政要加大转移支付力度。

4. 推进林业投融资改革，加大林业产业扶持力度

根据中发［2008］10号文件规定，金融机构要开发适合林业特点的信贷产品，拓宽林业融资渠道。加大林业信贷投放，完善林业贷款财政贴息政策，大力发展对林业的小额贷款。完善林业信贷担保方式，健全林权抵押贷款制度。加快建立政策性森林保险制度，提高农户抵御自然灾害的能力。妥善处理农村林业债务。

（1）执行国家规定的林业产业税收优惠政策。根据国家有关税收法律法规的规定，对企业从事农、林项目的所得免征、减征企业所得税；根据财政部、国家税务总局《关于以三剩物和次小薪材为原料生产加工的综合利用产品增值税即征即退政策的通知》（财税［2006］102号），对以三剩物及次小薪材为原料生产加工的综合利用产品实行增值税即征即退；根据财政部、国家税务总局《关于"十一五"期间进口种子（苗）种畜（禽）鱼种（苗）和种用野生动植物种源税收问题的通知》（财关税［2006］3号），对进口种子（苗）、种畜（禽）、鱼种（苗）和种用野生动植物种源免征进口环节增值税；根据国务院《关于调整进口设备税收政策的通知》（国发［1997］37号），对属于国家产业结构调整指导目录鼓励类投资项目的进口自用设备，除《国内投资项目不予免税的进口商品目录》所列商品外，免征进口关税和进口环节增值税。

（2）政策性银行应在业务范围内，积极提供符合林业特点的金融服务，适当延长林业贷款期限，对林业项目给予积极支持。国家开发银行对速生丰产用材林和工业原料林基地建设项目，根据南北方林木生长周期不同，贷款年限为12～20年；珍贵树种培育根据实际情况而定；经济林和其他种植业、养殖业和加工业项目，贷款年限为10～15年。中国农业发展银行对林业产业

化龙头企业贷款期限一般为1～5年，最长为8年；对速生丰产用材林、工业原料林、经济林和其他种植业、养殖业和加工项目贷款一般为5年，最长为10年，具体贷款期限也可根据项目实际情况与企业协商确定；由于林木生产周期长，贷款宽限期可适当延长，具体由银行和企业根据实际情况确定。

（3）加大贴息扶持力度。中央财政对林业龙头企业的种植业、养殖业及林产品加工业贷款项目，各类经济实体营造的工业原料林贷款项目，山区综合开发贷款项目，林场（苗圃）和森工企业多种经营贷款项目，林农和林业职工林业资源开发贷款项目按照有关规定给予贴息。基本建设贷款中央财政贴息资金对总投资5000万元以上的速生丰产用材林基地建设和总投资3000万元以上的天然林资源保护工程转产项目给予适当支持；地方应根据实际情况，给予适当支持。

5. 加强林业社会化服务

中发［2008］10号文件要求，扶持发展林业专业合作组织，培育一批辐射面广、带动力强的龙头企业，促进林业规模化、标准化、集约化经营。发展林业专业协会，充分发挥政策咨询、信息服务、科技推广、行业自律等作用。引导和规范森林资源资产评估、森林经营方案编制等中介服务健康发展。

农民林业专业合作社是农民专业合作社的形式之一，是在集体林地、林木实行家庭承包经营的基础上，同类林产品的生产经营者或者同类林业生产经营服务的提供者、利用者，自愿联合、民主管理的互助性经济组织。根据《农民专业合作社法》规定，农民林业专业合作社是独立的市场经济主体，依法经工商行政管理部门登记后，取得法人资格，享有生产经营自主权，参与经济社会活动。其主要特征是：第一，农民林业专业合作社是由依法享有林地承包经营权和林木所有权的农民自愿组织起来的新型组织。农民至少应当占成员总数的80%。加入农民林业专业合作社不改变家庭承包经营性质，与农村集体经济组织、股份合作林场、联户经营、公司经营等有本质区别。第二，农民林业专业合作社是从事林业经营活动的实体型农民合作经济组织，属于《农民专业合作社法》的调整范畴。不同于只为成员提供技术、信息等服务、不从事营利性经营活动的农民专业技术协会、林产品行业协会等。第三，农民林业专业合作社是专业组织，它以同类林产品的生产经营或者同类林业生产经营服务为纽带，提供该类林产品的销售、加工、运输、贮藏、生产资料的购买，以及与该类生产经营有关的技术、信息等服务。以实现成员共同的经济目的，其经营服务的内容具有很强的专业性。第四，农民林业专业合作社是自愿和民主的组织，任何单位和个人不得违背农民意愿，强迫他们成立或参加农民林业专业合作社；同时，农民林业专业合作社的各位社员在组织内部地位平等并实行民主管理，在运行过程中始终体现“民办、民有、民管、民受益”的精神。第五，农民林业专业合作社是以社员自我服务为目的而成立的、具有互助性质的组织。参加农民林业专业合作社的社员，都是从事同类林产品生产、经营或提供同类服务的林业生产经营者，目的是通过合作互助提高规模效益，完成单户农民办不了、办不好、办了不合算的事，这种互助性特点，决定了它以社员为主要服务对象，决定了对社员服务不以营利为目的的经营原则。农民林业专业合作社及其社员的合法权益受法律保护，任何单位和个人不得侵犯。

支持农民林业专业合作社发展的政策措施。农民林业专业合作社既不同于企业法人、也不同于社会团体法人，而是一种全新的经济组织形态。中发［2008］10 号文件提出了扶持发展的原则性政策措施，具体扶持政策措施适用《农民专业合作社法》的规定，从产业政策、财政、金融、税收多方面给予倾斜。

（六）林地承包争议处理方法

根据中发［2008］10 号文件要求，各级林业主管部门应明确专门的林权管理机构，承办同级人民政府交办的林地承包争议仲裁、林权纠纷调处等工作。林地承包争议，也称林地承包纠纷，通常有承包方与发包方之间发生的争议、承包者相互之间发生的争议，也有林地承包经营权流转中发生的争议等，它是影响林业生产和农村社会稳定的一个不可忽视的因素。《农村土地承包经营纠纷调解仲裁法》（2009 年 6 月 27 日第十一届全国人民代表大会常务委员会第九次会议通过）自 2010 年 1 月 1 日起正式实施，为解决林地承包争议提供了法律依据。根据有关法律、政策的规定，林地承包争议处理方法如下：

1. 发生林地承包争议的，当事人可以自行和解，也可以请求村民委员会、乡（镇）人民政府等调解

经调解达成协议的，村民委员会或者乡（镇）人民政府应当制作调解协议书。调解协议书由双方当事人签名、盖章或者按指印，经调解人员签名并加盖调解组织印章后生效。

2. 当事人和解、调解不成或者不愿和解、调解的，可以向农村土地承包仲裁委员会申请仲裁，也可以直接向人民法院起诉

（1）当事人向农村土地承包仲裁委员会申请仲裁的，仲裁庭对农村土地承包经营纠纷应当进行调解。调解达成协议的，仲裁庭应当制作调解书；调

解书应当写明仲裁请求和当事人协议的结果。调解书由仲裁员签名，加盖农村土地承包仲裁委员会印章，送达双方当事人。调解书经双方当事人签收后，即发生法律效力。仲裁庭调解不成的，应当及时作出裁决。

农村土地承包仲裁委员会在当地人民政府指导下设立，由当地人民政府及其有关部门代表、有关人民团体代表、农村集体经济组织代表、农民代表和法律、经济等相关专业人员兼任组成，其中农民代表和法律、经济等相关专业人员不得少于组成人员的1/2。其日常工作由当地农村土地承包管理部门承担。

农村土地承包经营纠纷申请仲裁的时效期限为2年，自当事人知道或者应当知道其权利被侵害之日起计算。仲裁庭应当自受理仲裁申请之日起60日内结束；案情复杂需要延长的，经农村土地承包仲裁委员会主任批准可以延长，并书面通知当事人，但延长期限不得超过30日。

（2）当事人直接向人民法院起诉的，根据《最高人民法院关于审理涉及农村土地承包纠纷案件适用法律问题的解释》（法释［2005］6号）的规定，对下列涉及农村土地承包民事纠纷，人民法院应当依法受理：①承包合同纠纷；②承包经营权侵权纠纷；③承包经营权流转纠纷；④承包地征收补偿费用分配纠纷；⑤承包经营权继承纠纷。

3. 当事人不服仲裁裁决的，可以自收到裁决书之日起30日内向人民法院起诉

逾期不起诉的，裁决书即发生法律效力。当事人对发生法律效力的调解书、裁决书，应当依照规定的期限履行。一方当事人逾期不履行的，另一方当事人可以向被申请人住所地或者财产所在地的基层人民法院申请执行。

五、深化重点国有林区和国有林场（苗圃）管理体制改革

重点国有林区和国有林场是我国林业的重要组成部分，承担着后备森林资源培育和生态环境建设的双重任务，在我国林业建设中起着示范和骨干作用。我国共有国有林场4507个、国有重点森工企业135个、重点营林局20个、国有苗圃8738个，林木良种基地876个。全国国有林场总经营面积6200万hm^2，其中林业用地面积5500万hm^2，森林面积4500万hm^2，森林蓄积量23.4亿m^3，分别约占全国林业用地面积、森林面积和森林蓄积量的18%、23%和17%。深化重点国有林区和国有林场、苗圃管理体制改革的主要政策措施有：

1. 建立权责利相统一，管资产和管人、管事相结合的森林资源管理体制

按照政企分开的原则，把森林资源管理职能从森工企业中剥离出来，由国有林管理机构代表国家行使、并履行出资人职责，享有所有者权益；把目前由企业承担的社会管理职能逐步分离出来，转由政府承担，使企业真正成为独立的经营主体，参与市场竞争；国有森工企业要按照专业化协作的原则，进行企业重组，妥善分流安置企业富余职工；结合地方实际，按照有利于国家生态建设和提高国有林场管理效率的原则，改革国有林场领导体制，探索新的国有林场领导模式和管人、管事、管资产相结合的森林资源管理体制。

2. 深化国有林场改革，逐步将其分别界定为生态公益型林场和商品经营型林场，对其内部结构和运营机制作出相应调整

（1）把生态区位重要、主要承担公益林培育管护任务的国有林场，划定为生态公益型林场。生态公益型林场要以保护和培育森林资源为主要任务，按从事公益事业单位管理，所需资金按行政隶属关系由同级政府承担。生态公益型林场以经营公益林为主，以造林、育林和保护为重点，以改善生态环境为目标，最大限度地发挥森林的生态和社会效益；强化生态公益型林场的公益属性，逐步剥离生态公益型林场直接从事的商品经营性活动；生态公益型林场的造林、抚育、低产林改造、森林采伐及其他生产性活动，要引入市场机制；按照精简效能原则核定事业编制，深化人事和收入分配制度改革，健全体现岗位绩效和分级分类管理的收入分配制度。

（2）把地理位置和社会经济条件较好、主要从事商品林和其他产业经营较好的国有林场，划定为商品经营型林场。商品经营型林场和国有苗圃要全面推行企业化管理，按市场机制运作，自主经营，自负盈亏；在保护和培育森林资源、发挥生态和社会效益的同时，实行灵活多样的经营形式，积极发展多种经营，最大限度地挖掘生产经营潜力，增强发展活力；在确保国有森林资源保值增值的前提下，全面推行企业化管理，按照市场机制运作，不再纳入事业单位管理，以股份制、股份合作制、承包经营等形式激活发展活力。

3. 加快公有制林业管理体制改革

鼓励打破行政区域界限，按照自愿互利原则，采取联合、兼并、股份制等形式组建跨地区的林场和苗圃联合体，实现规模经营，降低经营成本，提高经济效益。

4. 国有林场在坚持以公有制经济为主体的同时，积极引导个体、私营、股份合作等多种经济成分的发展

林场的荒山荒地，可以实行职工家庭或联户承包、租赁、股份合作等多

种方式造林；林场所属的多种经营项目，可以通过股份合作、合资、合作、联合、承包、租赁、转让、拍卖等多种形式，进行优化配置；林场要创造条件，支持和鼓励职工发展家庭自营经济，林场可以按照国家有关规定，依法有偿流转林场经营管理范围内有权处置的、闲置或利用率低的厂房、机械、设备等存量资产，吸引外资、外商兴办股份合作、独资或合资企业，鼓励国有林场以森林资源资产为资本控股、参股，与其他企事业单位和外商等联合组建股份制企业；鼓励国有林场与乡村、林农发展联营和股份合作造林。

5. 依法维护国有林场合法权益

（1）稳定国有林场山林权属和隶属关系。由县以上人民政府颁发给国有林场的林权证，是确定森林、林木、林地所有权和使用权的法律凭证，受国家法律保护，未经发证机关的上一级政府批准，任何机关、单位和个人都不得随意变动；国家建设确需占用国有林场林地的，应依照法律程序办理审批手续，取得使用林地许可证后方可施工，并按国家规定支付有关费用；国有林场的经营区和隶属关系要保持相对稳定，不得随意改变，因特殊情况确需改变隶属关系、经营权属的，须经省级林业主管部门审核同意后，按有关规定办理。

（2）国有林场对国家授权其经营管理的资产拥有法人财产权，享有占有、使用、受益和依法处置的权利。各级林业主管部门要维护国有资产的完整性，坚决维护国有林场的合法权益，对侵占、蚕食、破坏国有森林资源资产的行为，要坚决予以制止，对造成严重后果的违法分子要绳之以法，并追究有关领导者的责任；坚决抵制乱摊派、乱集资和乱收费行为，除中央和省级的规定以外，国有林场有权拒绝任何不合理的负担。

（3）国有林场对经营范围内的各种资源，包括地上和地下资源，有责任严加保护。除国家有特殊规定的外，在有利于节约资源、保护环境的前提下，鼓励和支持国有林场对辖区内的各种资源进行自主经营，自我开发，依法利用；任何部门、单位独资开发国有林场的森林、旅游等资源，必须经省级以上林业主管部门同意，并对所占用的森林、林木、林地及风景资源等资产进行评估作价，实行有偿使用。

6. 增加对国有林场的投入

各级林业主管部门要统筹安排，把国有林场建设纳入当地林业建设计划，确保必要的投入；国家各项林业基本建设投资和其他林业投入，要向国有林场倾斜；国有林场在重点林业生态工程建设区内的，重点工程建设项目和资金要优先安排国有林场；各省、自治区、直辖市在安排森林防火、森林公安及森林病虫害防治等专项经费时，应优先考虑国有林场；林业贴息贷款和治沙贴息贷款要重点扶持国有林场；有森工多种经营贴息贷款的省、自治区，对国有林场发展多种经营也应给予扶持。

7. 解决贫困国有林场、苗圃职工生产生活中的困难和问题

妥善解决职工和退休人员社会保障问题，多渠道安置富余职工，化解国有林场债务。实施国有林区棚户区和国有林场危旧房改造工作，省级住房城乡建设部门负责会同林业、发展改革部门将国有林场危旧房改造任务纳入本地区保障性住房建设规划。对于危旧房改造资金筹措，中央补助 1 万元/户，省级配套 1 万元/户，不足部分由省级以下地方政府、国有林场和职工个人共同负担。

六、实行林业分类经营管理体制

实行林业分类经营是由传统林业向现代林业转变，实现林业可持续发展的必由之路，对于深化林业改革、合理调整林业产业和产品结构、科学配置林业生产要素、促进现代科学技术的运用、提高林业生产力和管理水平、提高林业综合效益、推进林业又快又好发展具有十分重要的意义。我国林业分类经营的总目标是建立比较完备的林业生态体系和比较发达的林业产业体系。

1. 在充分发挥森林多方面功能的前提下，按照主要用途的不同，将全国林业区分为公益林业和商品林业两大类，分别采取不同的管理体制、经营机制和政策措施

根据生态环境建设的要求，把以生态利用为主要目的的森林划为公益林；公益林业以实现最佳生态效益为目标，按照公益事业进行严格管理，以政府投资为主，吸引社会力量共同建设。根据市场经济原则，把以直接经济利用为主要目的的森林划为商品林；商品林业以追求经济效益为主要目标，按照基础产业进行管理，实行集约化经营模式，以市场调节为主，主要由市场配置资源，政府给予必要扶持。

2. 改革和完善林木限额采伐制度，对公益林业和商品林业采取不同的资源管理办法

实行森林采伐分类管理。商品林采伐类型为主伐、抚育采伐和其他采伐（含低产林改造、灾害性采伐和征占林地等非常规性采伐）；抚育采伐和其他采伐可占用主伐指标，各项指标可向以后各年度结转使用。公益林可以依法进行抚育采伐、更新采伐和其他采伐，采伐指标不可结转使用；对公益林不得进行以取得木材为目的的主伐。非林业用地上的林木，不纳入采伐限额管

理，由经营者自主经营、自主采伐。

3. 凡纳入公益林管理的森林资源，政府将以多种方式对投资者给予合理补偿

逐步改变现行的造林投入和管理方式，在进一步完善招投标制、报账制的同时，安排部分造林投资，探索直接收购各种社会主体营造的非国有公益林。公益林建设投资和森林生态效益补偿基金，按照事权划分，分别由中央政府和各级地方政府承担。加快建立公益林业认证体系。

七、加强对林业的经济扶持

林业的突出特点是生产周期长、生态与社会效益显著但经济收益慢、投资回报率较低。实践证明，林业建设如果没有长期而稳定的资金来源，不可能取得较快的发展。为了改变长期存在的林业资金投入不足的状况，国家进一步加强对林业扶持政策，保证林业有必要的资金来源，实现长期稳定发展。主要措施有：

（一）加大政府对林业建设的投入

1. 把公益林业建设、管理和重大林业基础设施建设的投资纳入各级政府的财政预算，并予以优先安排

对关系国计民生的重点生态工程建设，国家财政要重点保证；地方规划的区域性生态工程建设投资，纳入地方财政预算；部门规划的配套生态工程建设投资，纳入相关工程的总体预算；以工代赈、农业综合开发等财政支农资金，也要适当增加对林业建设的投入。

2. 健全和完善森林生态效益补偿制度

森林生态效益补偿基金分别纳入中央和地方财政预算，用于提供生态效益的防护林和特种用途林的森林资源、林木的营造、抚育、保护和管理。目前国家重点公益林的补偿标准，按照《中央财政森林生态效益补偿基金管理办法》（财农［2007］7号）规定，中央财政森林生态效益补偿基金平均标准为每年每亩5元（$1hm^2=15$亩）。

3. 健全和完善造林、抚育、保护、管理投入补贴制度

进一步落实森林防火、病虫害防治、林木良种补贴政策，以及木本粮油、生物质能源林、珍贵树种及大径材培育扶持政策。对重点地区速生丰产用材林基地建设和珍贵树种用材林建设中的森林防火、病虫害防治和优良种苗的开发推广等社会性、公益性建设，由国家安排部分投资。逐步规范各项生态工程建设的造林补助标准。全面加强林区道路、供水、供电、通信等基础设施建设，为林业发展提供有力保障。随着重点国有林区改革的逐步深入，有

关地方政府要承担起原来由森工企业承担的社会事业投入，国家给予必要支持。

4. 加大国家对林业产业发展资金扶持力度

中央财政对造林所需优质种苗给予补贴，并逐步扩大试点范围；继续加大对油茶林基地建设的扶持；中央财政对林业龙头企业的种植业、养殖业以及林产品加工业贷款项目，各类经济实体营造的工业原料林、木本油料经济林以及种植业贷款项目，国有和集体林场（苗圃）和国有森工企业的多种经营贷款项目，自然保护区和森林公园的森林生态旅游项目，农户和林业职工的营造林、林业资源开发和林产品加工贷款项目按照有关规定给予贴息；根据《财政部商务部关于印发〈对外经济合作专项资金管理办法〉的通知》（财企［2005］255号），中央财政对我国企业从事境外投资、境外林业合作等对外经济技术合作业务予以支持。地方财政应根据实际情况，加大林业产业发展资金扶持力度。

5. 改革育林基金管理、使用制度

育林基金是从木材、竹材和一部分林产品的销售收入中，征收一定数额的资金，专门用于造林育林的生产性专项资金。育林基金专项用于森林资源的培育、保护和管理，使用范围包括：种苗培育、造林、森林抚育、森林病虫害预防和救治、森林防火和扑救、森林资源监测、林业技术推广、林区道路维护以及相关基础设施建设和设备购置等。育林基金由林业主管部门统一征收，分级管理，专款专用；林业部门行政事业经费，由同级财政部门通过部门预算予以核拨，不得从育林基金中列支；征收的育林基金要逐步全部返还给林业生产经营者，基层林业管理单位因此出现的经费缺口由财政解决。

6. 建立林业基金制度，用于营林生产性支出

林业基金是国家为发展林业而设立的专项基金，由国家对林业的投资、各级财政的拨款，按照规定提取的育林基金、接受的捐赠款及经过批准的其他资金等组成；林业基金主要用于营林生产性支出，由各级林业主管部门按照规定权限分级管理，专款专用。

7. 加大林业科技推广示范的扶持资金

林业科技推广示范资金，重点扶持符合国家林业生产建设和林业科技发展战略、规划和政策，有利于林业生态体系、产业体系，有利于提升林业建设的科技水平和生产水平，有利于增加林业生产经营者收入的项目。

根据《国家农业综合开发部门项目管理办法》（国农办［2005］30号）规定，中央财政对林业生态示范区投资额，年度单个项目连片治理面积水土

保持、林业生态示范各 200hm^2（3000 亩）以上，土地复垦 66.7hm^2（1000 亩）以上，单个项目中央财政资金年度投资规模水土保持、林业生态示范分别不低于 80 万元，土地复垦不低于 150 万元。中央财政对花卉示范投资额，重点扶持名特优新经济林和花卉品种引进、繁育和示范推广，单个项目中央财政资金年度投资规模一般不低于 100 万元。列入中央财政土地治理项目资金使用范围的林业生态示范，包括营造水源涵养林、水土保持林、防风固沙林、农田防护林所需的种子、苗木、整地、定植、封育、幼林管护及低效林改造、苗圃建设；科技推广、技术培训及小型仪器设备购置等费用。

根据《林业有害生物防治补助费管理办法》（财农［2005］44 号）规定，国家设立林业有害生物防治补助费，是中央财政安排用于林业有害生物防治的专项经费。林业有害生物灾害发生时，省级财政部门会同林业主管部门，联合向财政部和国家林业局上报补助费申请报告和防治预案。补助费主要用于以下方面：为防治林业有害生物，购置药剂、药械、工具的开支；除害处理的人工费补助；治理区发生检疫检验的材料费、小型器具费。

8. 设立国有贫困林场扶贫资金

根据《国有贫困林场扶贫资金管理办法》（财农［2005］104 号）规定，国家设立国有贫困林场扶贫资金，是中央财政预算安排用于支持国有贫困林场扶贫开发的专项补助资金，主要用于支持贫困林场改善生产生活条件，利用林场或当地资源发展生产。补助内容主要包括：①基础设施建设：用于修建断头路、林场和职工危旧房改造、解决饮水安全、通电通话、电视接收设施等；②生产发展：用于发展种植业、养殖业、森林旅游业、林产品加工业及林副产品开发等；③科技推广及培训：用于优良品种、先进实用技术的引进和推广、职工技能培训。

9. 给予林业世行贷款项目减免债务

1985 年以来，我国利用世界银行贷款先后实施了 5 个林业项目，即林业发展项目、国家造林项目、森林资源发展与保护项目、贫困地区林业发展项目和林业持续发展项目。这些项目的实施对于改善生态环境、发展项目区经济和减轻贫困、提高林业经营管理水平及林业的可持续发展发挥了重要作用。中央财政多次给予林业世行贷款项目减免债务：2000 年对林业世行贷款项目降低利率；2004 年对国家天然林保护工程区内世行贷款债务给予免除或挂账；2008 年对国家重点公益林区内世行贷款债务给予免除或挂账；2009 年对国家造林项目等 5 个世行贷款项目因雨雪冰冻灾害损毁的项目林减免贷款债务。到目前，林业部门协议利用世行贷款、信贷总额约 9 亿美元，项目覆盖 20 个省、自治区、直辖市，中央财政累计给予林业世行贷款项目减免或挂账的债务达40多亿元人民币。

10. 继续向使用木材量大的部门、行业提取造林资金

煤炭、造纸等部门按照煤炭、木浆纸张等产品的产量提取一定数额的资金，专门用于营造坑木、造纸等用材林。冶金、铁道、交通等使用木材量较大的行业也应当安排一定的资金用于造林。按国家规定提取的造林资金，必须专款专用，审计机关和林业主管部门应当加强监督。

（二）加强对林业发展的金融支持

1. 继续对林业实行长期限、低利息的信贷扶持

林业贷款的具体贷款期限，可以根据林木的生长周期，由商业银行与企业协商确定，并视情况给予一定的财政贴息。对集体和个体造林育林给予经济扶持和长期贷款。对造林或营林的单位，免征土地使用税。有关金融机构对个人造林育林，要适当放宽贷款条件，扩大面向农户和林业职工的小额信贷和联保贷款，林业经营者可依法以林木抵押申请银行贷款。

财政部、国家林业局《林业贷款中央财政贴息资金管理办法》（财农［2009］291号）关于林业贷款的规定：

（1）林业贷款中央财政贴息对象与贴息范围是：林业龙头企业以公司带基地、基地连农户的经营形式，立足于当地林业资源开发、带动林区、沙区经济发展的种植业、养殖业及林产品加工业贷款项目；各类经济实体营造的工业原料林、木本油料经济林及有利于改善沙区、石漠化地区生态环境的种植业贷款项目；国有林场（苗圃）、集体林场（苗圃）、国有森工企业为保护森林资源，缓解经济压力开展的多种经营贷款项目，以及自然保护区和森林公园开展的森林生态旅游项目；农户和林业职工个人从事的营造林、林业资源开发和林产品加工贷款项目。

（2）林业贷款贴息率：对各省、自治区、直辖市符合上述规定条件的林业贷款，中央财政年贴息率为3%；对大兴安岭林业集团公司和中国林业集团公司的林业贷款，中央财政年贴息率为5%。

（3）贴息期限：林业贷款期限3年以上的，贴息期限为3年；林业贷款期限不足3年的，按实际贷款期限贴息。对农户和林业职工个人营造林小额贷款，适当延长贴息期限，贷款期限5年以上的，贴息期限为5年；贷款期限不足5年的，按实际贷款期限贴息。

2. 扩大林业信贷扶持政策

按照中国人民银行、财政部、中国银行业监督管理委员会、中国保险监

督管理委员会、国家林业局《关于做好集体林权制度改革与林业发展金融服务工作的意见》（银发［2009］170号）的规定，全面增强金融对林业发展的服务能力。银行业金融机构要积极开办林权抵押贷款、林农及中小企业小额信用贷款和林农联保贷款等业务；应合理确定林业贷款的期限，最长可为10年；对于符合贷款条件的林权抵押贷款，其利率一般应低于信用贷款利率；对小额信用贷款、农户联保贷款等小额林农贷款业务，借款人实际承担的利率负担原则上不超过中国人民银行规定的同期限贷款基准利率的1.3倍。各银行业金融机构对重点林区、林业重点县及其重点林业企业所在的分支机构，要扩大林业信贷管理权限，优化审贷程序，简化审批手续，推广金融“一站式”服务。

3. 引导多元化资金支持林业发展

（1）鼓励符合条件的林业产业化龙头企业通过债券市场发行各类债券类融资工具，募集生产经营所需资金。鼓励林区从事林业种植、林产品加工且经营业绩好、资信优良的中小企业按市场化原则，发行中小企业集合债券。

（2）鼓励林区外的各类经济组织以多种形式投资基础性林业项目。凡是符合贷款条件的企业与个人，按法律和政策规定程序受让集体林权，从事规模化林业种植与加工的，资金不足时，均可申请银行信贷支持。鼓励和支持各类投资基金投资林业种植等产业。支持组建林业产业投资基金。

（3）鼓励各类担保机构开办林业融资担保业务，大力推行以专业合作组织为主体，由林业企业和林农自愿入会或出资组建的互助性担保体系。银行业金融机构应结合担保机构的资信实力、第三方外部评级结果和业务合作信用记录，科学确定担保机构的担保放大倍数，对以林权抵押为主要反担保措施的担保公司，担保倍数可放大到10倍。鼓励各类担保机构通过再担保、联合担保，以及担保与保险相结合等多种方式，积极提供林业生产发展的融资担保服务。

（三）减轻林业税费负担

1. 继续执行国家已经出台的各项林业税收优惠政策，并予以规范

包括：取消原木、原竹等林产品的农业特产税；对从事营造林木、竹、林木种苗和林木产品初加工业取得的所得免征收企业所得税；对边境贫困国有林场取得的生产经营所得和其他所得免征收企业所得税；对以林区“三剩物”（采伐、造材、加工剩余物）、次小薪材（次加工材、小径材、薪材）为原料生产加工的综合利用产品实行增值税即征即退政策等。

2. 降低育林基金征收标准

为了进一步减轻林木生产、经营者负担，按照《育林基金征收使用管理

办法》（财综［2009］32号）规定，自2009年7月1日起，育林基金征收标准由林木产品销售收入的20%降至10%以下计征，具体征收标准由各省、自治区、直辖市考虑林业生产经营单位和个人的经济承受能力核定。农村居民采伐自留地和房前屋后个人所有的零星林木，免征育林基金。

3. 取消对林农和其他林业生产经营者的各种不合理收费

（四）积极探索建立森林保险体系

1. 建立统一的基本森林保险制度

积极推进森林保险试点，把森林保险纳入农业保险统筹安排，通过保费补贴等必要的政策手段引导保险公司、林业企业、林业专业合作组织、林农积极参与森林保险，扩大森林投保面积。

2. 保险公司要遵循政府引导、政策支持、市场运作、协同推进的原则，积极开展森林保险业务

在推进森林保险业务过程中，要结合不同地区、不同林种的不同需求，不断完善森林保险险种和服务创新。

3. 鼓励和引导散户林农、小型林业经营者主动参与森林保险

创新投保方式，支持林业专业合作组织集体投保，支持以一定行政单位组织形式进行统一投保，提高林农参保率和森林保险覆盖率。

八、强化科教兴林

林业科技发展的总体目标是：始终为增加林业资源总量，促进可持续发展提供科技支撑；为提高生态工程建设水平，确保国土安全提供技术保障；为提高产业竞争力，加快林业经济结构战略性调整提供全面的技术服务。在初步建立符合林业科技自身发展规律和基本满足林业发展需求的国家林业科技创新体系的基础上，到2020年，建立起层次清晰、分工明确、运行高效、支撑有力的国家林业科技创新体系，主要研究领域跨入世界先进行列，科技进步贡献率达到50%以上。

根据林业建设特点，建立各类林业人才教育和培训体系，推进林业科普教育，提高林业劳动者素质和能力，形成全社会关心林业、参与林业建设的良好氛围。

九、全面推进依法治林

依法治林是加快林业发展的基本方针之一，全面推进依法治林是新时期

林业发展的迫切需要，是实施以生态建设为主的林业发展战略的重要保障。全面推进依法治林主要采取以下措施：①加快林业立法工作，进一步健全林业法律体系；②加大林业执法力度，严格森林和野生动植物资源保护管理，严厉打击乱砍滥伐林木、乱垦滥占林地、乱捕滥猎野生动物等违法犯罪行为，严禁随意采挖野生植物；③加强林业执法监管体系，充实执法监督力量，改善执法监督条件，提高执法监督队伍素质，加大林业行政执法监督力度；④加强林业法制教育和生态道德教育，为执法人员依法办事创造良好的社会氛围和执法环境。

十、坚持并完善林业建设任期目标管理责任制

林业建设任期目标管理责任制，是通过任期目标责任书，明确规定地方各级人民政府主要领导干部在一定任期内，所必须完成的林业工作目标任务，并以此作为考核政绩的依据。建立和健全林业建设任期目标责任制，能促使各级主要领导者高度重视并切实采取有效措施，抓好各自负责区域内的林业工作，实现林业发展目标。根据党中央、国务院以及国务院林业主管部门的有关规定，林业建设任期目标管理责任制的主要内容有：

1. 要合理划分中央和地方政府在林业建设方面的事权

中央政府领导全国林业工作，主要负责制定林业法规、政策和国家林业发展规划，指导和协调解决全国性或跨省、自治区、直辖市的重大林业和生态问题，帮助地方加快林业发展。

2. 各级地方政府对本地区林业工作全面负责

政府主要负责人是林业建设的第一责任人，分管负责人是林业建设的主要责任人；对林业建设的主要指标，实行任期目标管理，严格考核、严格奖惩，并由同级人民代表大会监督执行；各级地方党委组织部门和纪检监察机关，要把责任制的落实情况作为干部政绩考核、选拔任用和奖惩的重要依据。

3. 加强国家林业重点建设工程的管理

国家林业重点工程要坚持规划落实到省、任务分解到省、资金分配到省、责任明确到省的管理制度；工程建设的进展情况，要定期检查，定期通报。

4. 实行重大事故责任追究制

建立重大毁林案件、违规使用资金案件和工程质量事故责任追究制度，对违反规定的，要严格追究有关领导人的责任。

5. 实行森林资源监督制度

建立和健全全国和地方的森林资源监测体系，坚持森林资源上管一级的

原则，根据国务院授权，国务院林业主管部门向有关省、自治区派驻监督机构，对森林资源和林政管理进行全面监督；上一级林业主管部门向下派驻监督机构监督派驻地区的森林资源消长；每年进行森林采伐限额核查、征用和占用林地情况调查、造林更新实绩核查和保存状况调查等工作，促进森林资源监督管理工作的制度化和规范化。

6. 实行地方各级人民政府领导保护、发展森林资源目标责任制

把保护、发展森林资源，制止乱砍滥伐，作为各级领导，特别是县级领导的重要任务；各级领导应当坚持科学发展观，正确处理当前利益和长远利益、经济效益和生态效益的关系，不能用过度消耗森林资源的办法换取经济发展；把森林资源的消长作为考核县、乡领导政绩的主要内容之一，在任期内对破坏森林资源制止不力的，必须追究县委、县政府领导人的责任；对保护、发展森林资源成绩卓著的，给予表彰和奖励。

十一、加快推进木材节约和代用工作

随着国民经济的发展和人民生活水平的提高，对木材的需求量越来越大，但我国木材可采资源不足，加之改善生态环境的任务艰巨，所以，在未来相当长的一段时期里，木材生产量是有限的，木材的生产和需求之间的矛盾将越来越突出。为了缓解这一矛盾，一方面要大力造林育林，加速培育森林资源；另一方面，必须大力发展木材的综合利用和节约代用，提高资源的利用率。

木材的综合利用，是指利用森林采伐、造材、加工过程中产生的剩余物和小材小料，加工成木材工业、造纸工业的原料或木材成品、半成品，如木片、纸浆、人造板等，达到节约木材的目的。目前我国木材综合利用率仅约为60%，而发达国家已经达到80%以上；木材防腐比例仅占商品木材产量的1%，远远低于15%的世界平均水平。

根据《国务院办公厅转发发展改革委等部门关于加快推进木材节约和代用工作意见的通知》（国办发［2005］58号），我国木材综合利用率将提高到65%以上，木材防腐比例提高到占国内商品木材产量的5%左右，年均节省木材4000万～5000万m^3，以有效缓解我国木材供求矛盾。

同时，提倡、鼓励生产和使用木材代用品，优先采用经济耐用、可循环利用、对环境友好的绿色木材代用材料及其制品，减少木材的不合理消费；积极发展人造板以及农作物剩余物、竹等资源加工产品替代木材产品，实施环保型代木工程；在城乡建设中优先选用可循环使用的非木质材料，推广使

用钢、竹模板和脚手架等非木质施工器材；在林区、牧区推广非木结构建筑；在包装、运输业继续推广塑料、金属、竹材等非木质包装和木塑复合包装；在铁路和采矿业提高金属、水泥支护和轨枕的比例；限制以天然林木为原料的一次性木制品和木制包装物的生产和使用，限制食品、饮料、酒类等消费品的过度木质包装行为。

十二、进一步扩大林业对外开放

加入世界贸易组织后，我国积极开展林业国际交流与合作，努力扩大对外开放，进一步改善我国林业对外开放的投资环境，扩大对外合作的领域和利用外资的规模。在国际交流与援助方面，我国已与德国、美国、加拿大、日本、澳大利亚、俄罗斯等40多个国家和联合国粮农组织、联合国开发计划署、全球环境基金、国际热带木材组织、世界银行、亚洲开发银行、世界自然基金会、大自然保护协会、湿地国际等20多个国际组织建立了林业交流与合作渠道，在湿地保护、自然保护区建设、人员培训等领域开展了一系列的项目合作，引进了技术和资金，改善了项目区的生态环境。我国林业共争取无偿援助项目760个，无偿援助金额8.5亿美元；争取世界银行林业贷款项目6个，引进世界银行贷款9亿多美元；与世界自然基金、保护国际等19个非政府国际组织在华代表处的业务主管单位建立了紧密联系，有效推动了多边国际合作。在执行国际公约方面，我国由林业部门牵头执行的国际公约有：《联合国防治荒漠化公约》、《濒危野生动植物种国际贸易公约》、《国际重要湿地公约》和《国际森林文书》。林业部门还参与执行了《联合国生物多样性公约》、《国际植物新品种保护公约》、《联合国气候变化框架公约》、《京都议定书》、《国际热带木材协定》等国际公约、协定。同时，采取有效措施，加强对我国种质资源的保护和输出管理，防止境外有害生物传入。

第二章　森林法律制度

第一节　森林法概述

一、我国林业立法概况

新中国成立以来，特别是改革开放以来，我国林业立法工作取得了显著的成绩。全国人民代表大会及其常务委员会先后公布施行了《中华人民共和国森林法》等10部涉及林业的相关法律；国务院制定颁布了《中华人民共和国森林法实施条例》等17件关于林业的行政法规；国务院林业主管部门制定了40多件规章。同时，各省、自治区、直辖市根据当地实际，制定施行了共计400多件地方性林业法规和规章。一系列林业法律、法规、规章的相继制定公布实施，初步构成了我国的林业法律体系。林业法律、法规、规章覆盖了林业建设的主要领域，基本上做到了有法可依、有章可循，为保护、发展和合理利用森林和野生动植物资源，维护生态安全，提供了有力的法律保障。

二、森林法的概念

森林法是以保护、培育和合理利用森林资源，加快国土绿化，发挥森林涵养水源、保持水土、调节气候、改善环境和提供林产品的作用，适应社会主义建设和人民生活的需要为目的，调整林业生产和生态环境建设领域内国家机关、企业事业单位、其他组织之间，以及它们与自然人之间经济关系的法律规范的总称。

森林法有广义与狭义之分。广义的森林法泛指一切与森林资源有关的规范性文件，包括法律、行政法规、地方性法规、行政规章、自治条例和单行条例等。广义的森林法有时被称为林业法规。狭义的森林法，是指由全国人民代表大会常务委员会通过的《森林法》。一般情况下所说的森林法，通常是指狭义的森林法。

《森林法》主要调整有关森林资源的经济关系，特别是林业生产和生态环境建设领域内国家机关、企业事业单位、其他组织之间及其与自然人之间所发生的各种经济关系。《森林法》是由全国人民代表大会常务委员会制定的，属于一般法律，其法律地位在《宪法》之下，在行政法规、地方性法规、行政规章等之上。

1984 年 9 月 20 日第六届全国人民代表大会常务委员会第七次会议通过《中华人民共和国森林法》（以下简称《森林法》），自 1985 年 1 月 1 日起施行。1998 年 4 月 29 日第九届全国人民代表大会常务委员会第二次会议通过了《关于修改〈中华人民共和国森林法〉的决定》，自 1998 年 7 月 1 日起施行。

三、森林法的适用范围

《森林法》的适用范围是指其效力所及的范围，包括空间效力、对人的效力和时间效力。

1.《森林法》的空间效力

法律的空间效力是指法律在地域上的适用范围。《森林法》第 2 条规定，在中华人民共和国领域内从事森林、林木的培育种植、采伐利用和森林、林木、林地的经营管理活动，都必须遵守本法。中华人民共和国领域，是指中华人民共和国境内的全部领土，包括领陆、领水和领空。

需要说明，根据我国《香港特别行政区基本法》和《澳门特别行政区基本法》的规定，除在基本法附件中特别规定在特别行政区适用的全国性法律外，中华人民共和国其他法律不适用于特别行政区。因此，《森林法》在中华人民共和国领域内的适用范围，是除了香港、澳门特别行政区以外的中华人民共和国领域。

2.《森林法》对人的效力

《森林法》是适用于在中华人民共和国领域内一切公民的普通法，具有普遍的约束力。同时，依据我国宪法关于“在中国境内的外国人必须遵守中华人民共和国法律”的规定，在我国境内的外国企业或外国人、无国籍人，除法律另有规定的外，均适用我国《森林法》。

3.《森林法》的时间效力

法律的时间效力，是指法律的生效、失效的时间，以及是否具有溯及力的问题。《森林法》第49条规定："本法自1985年1月1日起施行。"这就是森林法的生效时间。1998年4月29日第九届全国人民代表大会常务委员会第二次会议通过的《关于修改〈中华人民共和国森林法〉的决定》自1998年7月1日起施行，这是新增和修改的内容的生效时间。《森林法》没有具体规定其失效时间。根据我国法律效力原则，现行的《森林法》在国家最高权力机关宣布其失效之前一直有效。《森林法》不具有溯及力，即在《森林法》施行以前发生的事件和行为，不适用《森林法》，应按当时的有关法律规定处理。

四、森林法的基本原则

1. 稳定森林、林木、林地权属的原则

林权（即森林、林木、林地权属）不稳是森林资源遭受严重破坏的一个重要原因，林权问题是关系我国林业是否能够稳定、迅速地发展的一个关键问题。

2. 依靠全体人民办林业的原则

依靠全体人民，实行全社会办林业，是从我国国情、林情出发，走有中国特色林业建设道路的根本选择。

3. 以营林为基础、永续利用的原则

在林业生产和生态环境建设中，必须把当前利益和长远利益结合起来，把经济效益和生态效益、社会效益结合起来，克服重采伐轻营林的经营思想，把整个林业工作建立在营林的基础上，使我国林业走上可持续发展的轨道。

4. 严格控制森林资源消耗的原则

要改善我国的生态环境并使森林资源能永续利用，一方面要大力造林育林，另一方面，必须严格地控制森林资源的消耗，有效地制止过度采伐和乱砍滥伐的行为。

5. 对林业给予经济扶持的原则

新中国成立后相当长一段时期，人们忽视对林业生产和生态环境建设事业的投入。发展林业决不能"重取轻予"。国家和各级地方人民政府以及社会的各个方面，应加大对林业生态环境建设的投入，对林业给予经济扶持。

6. 依法从严治林的原则

我国是少林的国家，而且森林资源破坏严重，生态环境脆弱，必须严格保护森林，依法从严治林，对破坏森林资源和林业生产管理秩序的违法犯罪行为给予坚决的打击，依法追究违法者的法律责任。

7. 保护林农、承包造林者和其他林业生产经营者的合法权益的原则

保护林农和承包造林的集体和个人的合法权益，直接关系到林农和承包造林的集体和个人的生产积极性，也关系到保护森林资源及林业生产持续、稳定的发展和国家的长治久安。

五、森林资源和森林种类

1. 森林资源

包括森林、林木、林地，以及依托森林、林木、林地生存的野生动物、植物和微生物。森林法中所说的森林是法律意义上的森林，是具有一定面积的林木的总体，包括乔木林、灌木林和竹林。

2. 森林种类

森林种类即林种，林种是按照培育、保护和利用森林的目的为标准，将森林划分为不同的种类。森林不仅要有足够的数量，而且要有相应的质量和合理的结构。科学地划分林种是经营管理森林的基础，只有明确经营森林的目的，才能确定正确的经营措施和方法，使森林朝着预定的目标发展，以适应国家和社会对森林的多方面的需要。森林分为防护林、用材林、经济林、薪炭林和特种用途林五类。

（1）防护林。防护林是以防护为主要目的的森林、林木和灌木丛，包括水源涵养林、水土保持林、防风固沙林、护岸林、护路林、农田防护林、牧场防护林等。防护林对于改善生态环境，减少自然灾害和减轻自然灾害造成的危害，促进经济和社会的发展，具有十分重要的意义。对防护林，只准进行抚育和更新性质的采伐，不得进行以取材为目的的采伐。

（2）用材林。用材林是以生产木材为主要目的的森林和林木，包括以生产竹材为主要目的的竹林。在我国，人均占有的林木蓄积量远低于世界平均水平，长期以来林产品供应一直十分紧张，难以满足人民生活和经济建设的需要。因此，大力发展用材林，对于适应国家建设和人民生活的需要，具有重要的意义。对成熟的用材林，应当根据不同情况，分别采取择伐、皆伐、渐伐的方式采伐。

（3）经济林。经济林是以生产果品、食用油料、饮料、调料、工业原料

和药材等为主要目的的林木。经济林与人民群众的生产和生活密切相关，许多经济林的产品，如各种果品，是人民生活必需的物质，是生产部门的重要原料来源。

（4）薪炭林。这是以生产燃料为主要目的的林木。发展薪炭林，对于解决农村居民的生活需要，对于森林资源的保护，具有重要的意义。

（5）特种用途林。这是以国防、环境保护、科学实验等为主要目的的森林和林木，包括国防林、实验林、母树林、环境保护林、风景林、名胜古迹和革命纪念地的林木和自然保护区的森林。特种用途林由于具有特殊的用途和功能，在森林资源中占有特殊的地位。对特种用途林中的国防林、母树林、环境保护林、风景林，只准进行抚育和更新性质的采伐；对名胜古迹和革命纪念地的林木、自然保护区的森林，严禁采伐。

国家重点防护林和特种用途林，由国务院林业主管部门提出意见，报国务院批准公布；地方重点防护林和特种用途林，由省级林业主管部门提出意见，报本级人民政府批准公布；其他防护林、用材林、特种用途林，以及经济林、薪炭林，由县级人民政府林业主管部门根据国家关于林种划分的规定和本级人民政府的部署组织划定，报本级人民政府批准公布。已经批准公布的林种要改变为其他林种的，必须报原批准公布机关批准。

各级人民政府制定的林业长远规划应当包括林种比例的内容。各省、自治区、直辖市行政区域内的重点防护林和特种用途林的面积，不得少于本行政区域森林总面积的30%。

第二节　林权、林地管理法律制度

一、林权概述

（一）林权的概念

林权，指森林、林木、林地的权属，是森林、林木、林地的所有者或者使用者依法对森林、林木、林地的占有、使用、收益和处分的权利。由于森林、林木、林地的所有权或者使用权在实际工作中具有重要意义，所以，有时又把森林、林木、林地权属简单地称做森林、林木、林地的所有权或使用权。

林权一般有广义与狭义之分。广义的林权不仅包括森林、林木，还包括林地，即森林、林木、林地的所有者或者使用者对森林、林木、林地的占有、使用、收益、处分（或依法处分）的权利。狭义的林权则不包括林地，即森林、林木的所有者或者使用者对森林、林木的占有、使用、收益和处分（或依法处分）的权利。一般情况下所说的林权是广义的。广义的林权通常被人们称为“山林权”。森林、林木、林地的使用权是所有权中的主要内容，实践中森林、林木、林地的所有权和使用权在很多情况下是分离的，因此，森林、林木、林地的使用权具有特别重要的意义。

（二）森林、林木、林地所有权和使用权的形式

1. 森林、林木、林地所有权的主要形式

（1）森林、林木、林地的国家所有权。我国《宪法》第9条规定，矿藏、水流、森林、山岭、草原、荒地、滩涂等自然资源，都属于国家所有，即全民所有；由法律规定属于集体所有的森林和山岭、草原、荒地、滩涂除外。《森林法》第3条规定，森林资源属于国家所有，由法律规定属于集体所有的除外。国家林权是国家所有的森林、林木、林地在法律上的表现。

（2）森林、林木、林地的集体所有权。按照《宪法》、《森林法》的规定，法律规定属于集体所有的森林、林木、林地，属于集体所有。集体所有的林权包括：根据《土地改革法》分配给农民个人所有后经过农业合作化时期转化为集体所有的森林、林木和林地；在集体所有的土地上由农村集体经济组织组织农民种植、培育的林木；农村集体组织与国有林场等国有单位合作在国有土地上种植的林木（如公路、铁路两旁的护路林，江河两岸的护岸林等），按合同规定属于集体所有的林木。在20世纪60年代“四固定”时期确定给农村集体经济组织的森林、林木、林地，在20世纪80年代林业“三定”时期部分地区将国有林划给农村集体经济组织所有的森林、林木、林地，并由当地县级以上人民政府核发了林权证的，也属于集体所有的森林、林木、林地。

集体所有的森林、林木、林地，是集体所有财产的重要组成部分。集体所有的森林、林木、林地的所有者，是该集体经济组织。只有集体经济组织才有权依照法律的规定及集体经济组织全体成员的决定，行使对集体所有的森林、林木、林地的占有、使用、收益和处分的权利。集体所有的森林、林木、林地受国家法律保护，任何单位和个人都不得侵占，也不得任意平调和无偿占有。

（3）个人的林木所有权。根据《民法通则》、《森林法》的规定，个人所有的林木主要包括：农村居民在房前屋后、自留地、自留山和农村集体经济组织指定的其他地方种植的林木；在以承包或者其他合法方式取得使用权的林地上和在承包的荒山、荒地、荒滩上种植的林木，按合同约定归个人所有的部分；城镇居民在自有房屋庭院内种植的树木。

公民个人不享有森林和林地的所有权，这是我国宪法取消土地私人所有原则的体现。公民个人可以是林木的所有者和林地的使用者。自留山造林和承包荒山造林的林木权属以家庭形式出现的归全家人所有，以个人形式出现的归个人所有。承包荒山造林合同如果规定发包方也享有部分林木所有权的，则承包荒山造林的林木所有人还应包括发包方。

此外，在我国现阶段还存在共有林权的形式，即林权的所有者或者使用者为两个以上当事人的情况。

2. 森林、林木、林地使用权的主要形式

根据我国《宪法》、《土地管理法》和《森林法》的规定，森林、林木、林地使用权的形式主要有以下几种：

（1）国家所有的森林、林木、林地由国有单位使用，该单位依法享有对所使用的森林、林木、林地的占有、使用、收益和部分处分的权利，但不拥有所有权。例如，国务院确定的重点国有林区的森林、林木、林地，由国有企业事业单位经营，由国务院林业主管部门监督管理；其他的国家所有森林、林木、林地由国有企业事业单位经营，由所在地的县级以上地方人民政府林业主管部门监督管理。

（2）国家所有的森林、林木、林地由集体以合法形式（如联营、承包、租赁等形式）取得森林、林木、林地的使用权。

（3）集体所有的林地由国有林业单位使用，该单位没有所有权，但依法拥有使用权。

（4）公民、法人或者其他组织依法使用国家所有或者集体所有的林地发展林业生产的，如采取承包、租赁、转让等形式，可依法取得林地的使用权，但不拥有所有权。

随着改革的深入和土地利用形式的多样化，森林、林木、林地使用权的形式也将趋向多样化。

二、林权的确认与林权证的发放

根据《森林法》第3条规定，国家所有的和集体所有的森林、林木和林地，个人所有的林木和使用的林地，由县级以上地方人民政府登记造册，发放证书，确认所有权或者使用权。国务院可以授权国务院林业主管部门，对国务院确定的国家所有的重点林区的森林、林木和林地登记造册，发放证书，并通知有关地方人民政府。森林、林木和林地的权属证书式样由国务院林业主管部门规定。

森林、林木、林地的所有权和使用权证书直接关系到所有人和经营者的合法权益，直接关系到森林、林木和林地权属是否稳定。《森林法实施条例》及《林木和林地权属登记管理办法》分别根据不同情况，对使用国有森林、林木和林地，集体所有森林、林木和林地，以及单位和个人所有或者使用的森林、林木和林地的登记发证程序作了明确规定。

1. 依法使用国有森林、林木和林地的登记程序

（1）使用国务院确定的国有重点林区的森林、林木和林地的，由使用单位向国务院林业主管部门提出登记申请，由国务院林业主管部门登记造册，核发证书，确认森林、林木和林地使用权，以及由使用者所有的林木所有权。

（2）使用国有的跨行政区域的森林、林木和林地的，由使用的单位和个人向共同的上一级人民政府林业主管部门提出登记申请，由该人民政府登记造册，核发证书，确认森林、林木和林地使用权，以及由使用者所有的林木所有权。

（3）使用国有的其他森林、林木和林地的，由使用单位和个人向所在地的县级以上地方人民政府林业主管部门提出登记申请，由县级以上地方人民政府登记造册，核发证书，确认森林、林木和林地使用权，以及由使用者所有的林木所有权。

2. 集体所有的森林、林木和林地的登记程序

集体所有的森林、林木和林地，由所有者向所在地的县级人民政府林业主管部门提出登记申请，由该县级人民政府登记造册，核发证书，确认所有权。

3. 单位和个人所有的林木的登记程序

单位和个人所有的林木，由所有者向所在地的县级人民政府林业主管部门提出登记申请，由该县级人民政府登记造册，核发证书，确认林木所有权。

4. 使用集体所有的森林、林木和林地的登记程序

使用集体所有的森林、林木和林地的单位和个人，向所在地的县级人民政府林业主管部门提出登记申请，由该县级人民政府登记造册，核发证书，确认森林、林木和林地使用权。

5. 林权权利人提出登记申请应提交的文件

（1）林权登记申请表。

（2）个人身份证明、法人或者其他组织的资格证明、法定代表人或者负责人的身份证明、法定代理人或者委托代理人的身份证明和载明委托事项及委托权限的委托书。

（3）申请登记的森林、林木和林地权属证明文件。

（4）省、自治区、直辖市人民政府林业主管部门规定要求提交的其他有关文件。

6. 登记机关及其主要职责

（1）县级以上林业主管部门依法履行林权登记职责，林权登记包括初始，变更和注销登记。

（2）登记机关应当对林权权利人提交的申请登记材料进行初步审查，认为提交的申请材料符合规定的，应当予以受理；认为不符合规定的，应当说明不受理的理由或者要求林权权利人补充材料。

（3）登记机关对已经受理的登记申请，应当自受理之日起10个工作日内，在森林、林木和林地所在地进行公告，公告期为30日。

（4）对经审查符合下列条件的登记申请，登记机关应当自受理申请之日起3个月内予以登记：申请登记的森林、林木和林地位置、四至界限、林种、面积或者株数等数据准确；林权证明材料合法有效；无权属争议；附图中标明的界桩、明显地物标志与实地相符合。

（5）对经审查不符合规定条件的登记申请，登记机关应当不予登记，并以书面形式向提出登记申请的林权权利人告知不予登记的理由。

（6）在公告期内，有关利害关系人如对登记申请提出异议，登记机关应当对其所提出的异议进行调查核实。

（7）对于经过登记机关审查准予登记的申请，应当及时核发林权证。

7. 森林、林木和林地所有权或者使用权的变更登记

森林、林木和林地所有权或者使用权经登记并确认了权属以后，会因各种情况而发生变化，例如，因依法征用或者占用林地将林地变为非林地，因合资、合作造林等使森林、林木和林地的所有权人或者使用权人发生变化等。这些森林、林木和林地的所有权或者使用权发生变化后，应当依法办理变更登记手续。

依法登记的森林、林木和林地的所有权、使用权，受法律保护。依法登记并发放的林权证书，是确认森林、林木和林地所有权或者使用权的法律凭证。

三、林权流转

（一）林权流转概述

1. 林权流转的概念和意义

林权流转，是指林木所有权、林地使用权的依法转让。随着我国社会主义市场经济体制的建立和林业改革的深入，林木所有权、林地使用权作为生产要素进入市场流转是必然趋势。林权流转已在各地开展起来，产生了许多新的营林方式，有利于调动林业生产者的积极性，有利于加快林业规模经营的发展，有利于吸引国内外的资金用于林业生产。

2. 林权流转的对象及范围

根据《森林法》第 15 条规定，国家允许森林、林木、林地作为资产转让，或者将其作价入股，作为合资、合作条件的是下列森林、林木的所有权、使用权和林地的使用权：用材林、经济林、薪炭林；用材林、经济林、薪炭林的林地使用权；用材林、经济林、薪炭林的采伐迹地、火烧迹地的林地使用权；国务院规定的其他森林、林木和其他林地使用权（例如经批准的特种用途林中的某些风景林的林木和林地使用权等）。应当注意，并不是所有的森林、林木所有权和林地使用权都可以转让，除上述规定的情形外，防护林、特种用途林的森林、林木所有权和林地使用权不得转让。

3. 林权流转的标的和形式

林权流转的标的有森林、林木（活立木）所有权和林地使用权。两者可以分别流转，也可以同时流转。此外，将林木所有权、林地使用权有偿转让或者作为合资、合作的条件的，转让方或者出资方已经取得的林木采伐许可证也可以同时转让。

以流转的标的划分，目前生产实践中主要的流转形式有：一是林木所有权的流转，包括以培育、经营为目的的林木折价转让和林木采伐权转让；二是林地使用权流转；三是林地使用权和林木所有权同时流转。

4. 对林权流转的条件限制规定

《森林法》对森林、林木所有权和林地使用权的有偿转让，规定了两种条件限制：

（1）转让林地使用权后不得改变林地的林业用途，不得将林地改为非林地，以防止森林资源的流失。

（2）转让双方都必须遵守法律、法规关于森林、林木采伐和更新造林的规定，以防止森林资源的破坏。

（二）林权流转的程序

1. 国有森林、林木、林地流转的一般程序

（1）拟订方案并报经同意。国有森林、林木和林地的流转，一般由县级林业主管部门提出可行性研究和实施方案，由上一级林业主管部门签署意见后，报省级林业主管部门同意。方案的主要内容包括：拟流转的林地类型、坐落位置、面积、四至界线地形图、林种、树种、林龄、蓄积量，以及受让人的资质情况等。

（2）进行森林资源资产评估。根据国家关于国有资产监督管理的法律规定，国有森林、林木、林地作为国有资产的组成部分，在其流转前必须依法进行评估。评估工作由依法取得评估资质的机构依照法定程序进行，并如实出具资产评估价值报告。未经资产评估的国有森林、林木、林地的流转行为，依法无效。

（3）签订流转合同。国有森林、林木和林地流转合同的订立过程，应当依法采用拍卖、招标的方式，并在依法设立的产权交易机构中依照拍卖法、招标投标法的规定程序公开进行。流转价格应当以资产评估价值为基准，原则上不得低于评估价值。

流转合同应当包括下列内容：当事人姓名（名称）、住所；流转的森林、林木、林地的坐落位置、面积、四至界线地形图、林种、主要树种、蓄积量等；流转价款和支付方式、支付时间；流转期限及起止日期；当事人的权利和义务；合同期满时森林、林木、林地的处置方式；合同有效期内，林地被征收、征用，所得补偿费用的分配比例及处理方式；违约责任；解决争议的方式；当事人约定的其他内容。

（4）申请和批准。流转单位应向县级以上林业行政主管部门提出流转申请，并提供下列材料：申请书；转让合同或协议；林权证明；林地、林种现状及林木资源状况；其他相关材料。国有森林资源流转合同由县级以上林业行政主管部门审核，并报同级人民政府国有资产管理部门批准。

（5）进行权属登记。林权流转合同的当事人应当根据《森林法》、《森林法实施条例》及《林木和林地权属登记管理办法》的有关规定，办理林权登记。

2. 集体统一经营管理的林权流转的一般程序

（1）公示并经本集体经济组织成员同意。根据《村民委员会组织法》关于村务公开原则和民主议定原则的规定，承包经营方案、森林资源流转及其流转方式等事项，应当向本集体经济组织的村民公示。流转方案应经本集体

经济组织村民会议2/3以上成员或者2/3以上村民代表同意。流转受让方是本集体经济组织以外成员的，还须报乡（镇）人民政府批准。合资经营、合作经营或者权属共有的森林资源流转，应当依法征求合资方、合作方或者权属共有方的意见。

（2）确定流转基准价。集体统一经营管理的林权流转，是否进行森林资源资产评估，由本集体经济组织成员的村民会议或者村民代表会议决定。集体森林、林木、林地使用权采取拍卖、招标、协议或者其他方式流转的，可以参照国有森林资源资产评估程序进行评估，评估价作为林权流转的保留价。

（3）采取拍卖、招标、协议或者其他方式流转并订立流转合同或协议。采用拍卖、招标的方式的，依照有关法律的规定程序公开进行。集体统一经营管理的林权流转，应当接受村务监督小组的监督，流转保留价应经本集体经济组织村民会议2/3以上成员或者2/3以上村民代表同意。

（4）办理林权变更登记。林权流转后，流转双方应向森林资源所在地县级以上地方人民政府林业主管部门提交林权证、流转双方依法签订的流转合同，法律、法规规定的其他材料，申请办理林权变更登记。

3. 对林地承包经营权人流转林权的有关规定

（1）林地承包经营权人有权依法自主决定其林地经营权和林木所有权是否流转和流转的方式，国家保护承包方依法、自愿、有偿地进行林地承包经营权流转，但不包括森林内的野生动物、矿藏物和埋藏物。林地承包经营权人流转林权的方式，包括转包、出租、转让、互换、入股、抵押等。

（2）林地承包经营权人采取转包、出租、转让、互换或者其他方式流转的，当事人双方应当签订书面合同，但流转的期限不得超过承包的剩余期限。

（3）林地承包经营权人采取转让方式流转的，应当经发包方同意；采取转包、出租、互换或者其他方式流转的，应当报发包方备案。

（4）林地承包经营权人采取互换、转让方式流转且当事人要求流转登记的，应当向县级以上地方人民政府申请登记。未经登记的，不得对抗善意第三人。

（5）林地承包经营权人依法采取转包、出租、入股方式将林地承包经营权部分或者全部流转的，承包方与发包方的承包关系不变，双方享有的权利和承担的义务不变。

四、林权争议处理

(一) 林权争议的概念和性质

林权争议，也称林权纠纷，是森林、林木、林地的所有者或者使用者就如何占有、使用、收益和处分森林、林木、林地问题所发生的争执或纠纷。林权争议产生的原因是多方面的，有历史遗留的，也有经营管理过程中产生的，还有技术上的原因，以及工作粗糙造成的林界不清、记载面积与实际面积不符、协议书规定不明确等原因。林权争议有单纯的林木所有权的争议，也有单纯的林地所有权或使用权的争议，实践中发生最多的是林木所有权和林地使用权都有争议的情况。林权争议可以发生在单位之间、公民个人之间或者个人与单位之间。

林权争议的焦点，是森林、林木、林地的所有权或使用权的归属问题，性质属于财产权益争议的民事纠纷范畴。林权争议是在根本利益一致的基础上就如何占有、使用、收益和处分森林、林木、林地而产生的纠纷，属于人民内部矛盾，因此，只能用说服教育的方法和按法律规定的程序来处理林权争议。

林权争议问题如果不能及时、有效地解决，可能导致对森林的乱砍滥伐，破坏或影响林业的正常生产经营活动，不仅侵害经营者的权益，也损害国家的利益，还会影响安定团结，甚至可能导致群众械斗和严重破坏森林资源的情况发生。因此，及时、正确地处理林权争议，对于保护森林资源、发展林业生产和维护社会稳定，有着非常重要的意义。

(二) 处理林权争议的依据

根据有关法律、法规的规定，处理林权争议的依据主要有以下三类：

1. 林权证

县级以上人民政府或者国务院授权国务院林业主管部门依法颁发的林权证，是处理林权争议的依据。

2. 对尚未取得林权证的，下列凭证是处理林权争议的依据

土地改革时期，人民政府依法颁发的土地证；土地改革时期，《土地改革法》规定不发证的林木、林地的土地清册；当事人之间依法达成的林权争议处理协议、赠送凭证及附图；人民政府作出的林权争议处理决定；对同一起林权争议有数次处理协议或者决定的，以上一级人民政府作出的最终决定或者所在地人民政府作出的最后一次决定为依据；人民法院作出的裁定、判决。

3. 下列凭证是处理林权争议的参考依据

国有林业事业企业单位设立时，该单位的总体设计书所确定的经营管理范围及附图；土地改革、合作化时期有关林木、林地权属的其他凭证；能够准确反映林木、林地经营管理状况的有关凭证；依照法律、法规和有关政策规定，能够确定林木、林地权属的其他凭证。

（三）林权争议的解决方法

根据《森林法》、《行政复议法》、《行政诉讼法》及《林木林地权属争议处理办法》等法律、法规的规定，解决林权争议的方法有：

1. 当事人协商解决

林权争议发生后，当事人应当本着互谅互让、公平合理、有利于生产和生活的原则，从安定团结的大局出发，主动协商解决。当事人之间协商解决林权争议的工作步骤是：

（1）当事人一方向对方提出解决争议的建议。

（2）当事人之间进行协商或实地调查。

（3）签订协议。一般情况下，无论争议是否得到解决，都应签订有关协议，以便备案。如果争议的实质问题在协商中得到解决，当事人应当在协议书及附图上签字或者盖章，并报所在地人民政府林业主管部门或者人民政府设立的林权争议处理机构备案，办理确认权属的登记手续。

2. 人民政府调解或者作出处理决定

当事人协商不能达成协议的，应当按照《林木林地权属争议处理办法》第13条规定，向当地人民政府林权争议处理机构申请处理。其程序是：

（1）当事人向林权争议处理机构提出处理林权纠纷申请。根据《森林法》第17条规定，单位之间发生的林木、林地所有权和使用权争议，由县级以上人民政府依法处理；个人之间、个人与单位之间发生的林木所有权和林地使用权争议，由当地县级或者乡级人民政府依法处理。

（2）林权争议处理机构受理当事人的林权纠纷处理申请后，应及时组织人员办理。

（3）林权争议处理机构人员进行现场勘验和调查取证。申请处理林权纠纷的各方当事人均负有举证责任；林权争议处理机构负有调查核实的责任；有关单位、个人有义务配合和协助林权争议处理机构调查核实，如实提供相关证明材料。

（4）进行调解。林权争议处理机构经征求当事人意见同意调解的，应当对林权纠纷先进行调解。经调解达成协议的，林权争议处理机构应当制作林权纠纷调解书。调解书应当由当事人、调解人员分别签字（盖章），并加盖林权争议处理机构印章，报同级人民政府备案。

（5）经林权争议处理机构调解未达成协议的，林权争议处理机构应当及时提出处理意见书，报同级人民政府作出林权纠纷处理决定，并送达当事人。

人民政府处理林权争议，应当尊重历史和现实情况，遵循有利于安定团结，有利于保护、培育和合理利用森林资源，有利于群众的生产生活的原则。

3. 行政复议解决

根据《行政复议法》第 30 条规定，公民、法人或者其他组织认为行政机关的具体行政行为侵犯其已依法取得的土地、矿藏、水流、森林、山岭、草原、荒地、滩涂、海域等自然资源的所有权或者使用权的，应当先申请行政复议；对行政复议决定不服的，可以依法向人民法院提起行政诉讼。据此，当事人对地方人民政府作出的林权争议处理决定不服的，可以依据《行政复议法》第 6 条和第 9 条的规定，自收到处理决定之日起 60 日内向其上一级地方人民政府申请行政复议。对国务院部门或者省、自治区、直辖市人民政府的处理决定不服的，可以自收到处理决定之日起 60 日向作出该处理决定的国务院部门或者省、自治区、直辖市人民政府申请行政复议。根据《行政复议法》第 31 条规定，行政复议机关应当自受理申请之日起 60 日内作出行政复议决定。行政复议决定书一经送达，即发生法律效力。

4. 行政诉讼解决

当事人不服行政复议决定的，依据《行政诉讼法》第 38 条规定，可以在收到复议决定书之日起 15 日内向人民法院提起诉讼。复议机关逾期不作决定的，申请人可以在复议期满之日起 15 日内向人民法院提起诉讼。但是，按照《行政复议法》第 30 条第二款规定，根据国务院或者省、自治区、直辖市人民政府对行政区划的勘定、调整或者征用土地的决定，省、自治区、直辖市人民政府确认土地、森林、山岭、荒地等自然资源的所有权或者使用权的行政复议决定为最终裁决，不得提起行政诉讼。

当事人不服人民法院第一审判决的，可以在判决书送达之日起 15 日内向上级人民法院提起上诉；当事人不服人民法院第一审裁定的，可以在裁定书送达之日起 10 日内向上一级人民法院提起上诉。逾期不提起上诉的，人民法院的第一审判决或者裁定发生法律效力。第二审人民法院作出的判决为终审判决。

县级以上人民政府应当根据生效的林权纠纷协议书、调解书、处理决定或者行政复议机关的复议决定、人民法院生效的裁定书、判决书等，组织勘定林业权属界线，依法办理林木和林地权属登记，发放林权证，确认权属，予以保护。

在林权争议解决以前，任何一方都不得砍伐有争议的林木。有争议的林木、林地在争议处理过程中，应当保持原状。此外，如果发生以林权争议为借口，实施侵权行为或者破坏森林资源行为的，应当依法予以制裁。

五、占用或者征用林地管理

1. 占用林地与征用林地的概念

林地，即林业用地，是指郁闭度 0.2 以上的乔木林地及竹林地、灌木林地、疏林地、采伐迹地、火烧迹地、未成林造林地、苗圃地和县级以上人民政府规划的宜林地。林地是森林资源的重要组成部分，是发展林业必不可少的物质条件。

占用林地是指国有企业事业单位、机关、团体、部队等单位因勘查、开采矿藏和各项建设工程的需要，依法使用国家所有的林地。征用林地是指国有企业事业单位、机关、团体、部队等单位因进行勘查、开采矿藏和各项建设工程的需要，依法使用集体所有的林地。

占用林地和征用林地都会产生林地用途被改变的法律后果，但两者有不同之处：占用林地后，林地的所有权并没有改变，仍归国家所有，但林地的使用权发生改变，归依法占用林地的单位享有；征用林地后，林地的所有权发生改变，原为集体所有，经征用以后变为国家所有，同时林地使用权也依法归征用林地的单位享有。

我国是一个少林的国家，我国人口占世界人口的22%，但森林面积只占世界森林面积的4.6%，而且林地被随意侵占的现象十分严重。国家十分重视对林地的保护。根据《森林法》规定，进行勘查、开采矿藏和各项建设工程，应当不占或者少占林地。为了在保证国家建设用地需要的同时，避免非法侵占、破坏林地，《森林法》对占用林地和征用林地问题作了严格的规定。

2. 占用或者征用林地的审批程序

根据《森林法》、《森林法实施条例》的规定，勘查、开采矿藏和修筑道路、水利、电力、通信等工程，需要占用或者征用林地的，用地单位应按以下程序办理相关手续：

（1）用地单位向县级以上林业主管部门提出用地申请，填写并提交《使用林地申请表》，同时提供以下材料：项目批准文件，被占用或者被征用林地的权属证明，项目使用林地可行性报告，与被占用或者被征用林地的单位签订的林地、林木补偿费和安置补助费协议。

（2）经县级以上林业主管部门审核同意后，按照国家规定的标准预交森林植被恢复费，领取《使用林地审核同意书》。

（3）用地单位凭《使用林地审核同意书》，依照国家有关土地管理的法律、行政法规办理建设用地审批手续。

（4）占用或者征用林地的审核权限见表4－3。

表4－3　占用或者征用林地的审核权限

<table>
<tr><th>占用或者征用林地的种类和面积</th><th>审核部门</th></tr>
<tr><td>防护林林地或特种用途林林地面积 10hm² 以上</td><td rowspan="5">国务院林业主管部门</td></tr>
<tr><td>用材林、经济林、薪炭林林地及其采伐迹地面积 35hm² 以上</td></tr>
<tr><td>其他林地面积 70hm² 以上</td></tr>
<tr><td>国家重点林区的林地</td></tr>
<tr><td>防护林林地或特种用途林林地面积 10hm² 以下</td></tr>
<tr><td>用材林、经济林、薪炭林林地及其采伐迹地面积 35hm² 以下</td><td rowspan="2">省、自治区、
直辖市林业主管部门</td></tr>
<tr><td>其他林地面积 70hm² 以下</td></tr>
</table>

县级以上地方人民政府林业主管部门和国务院林业主管部门委托的单位对用地单位提出的申请，应当在收到申请或上报材料后15个工作日内提出审核意见。

3. 占用或者征用林地的补偿制度

根据《森林法》及《森林法实施条例》的规定，对审核同意的占用、征用林地项目，申请用地的建设单位必须依照国家规定的标准预交森林植被恢复费。财政部、国家林业局《森林植被恢复费征收使用管理暂行办法》（财综［2002］73号）规定的森林植被恢复费具体征收标准见表4－4。

表4－4　森林植被恢复费的征收标准

占用或者征用林地种类	征收标准（元、m^2）
用材林林地、经济林林地、薪炭林林地、苗圃地	6
未成林造林地	4
防护林和特种用途林林地	8
国家重点防护林和特种用途林林地	10
疏林地、灌木林地	3
宜林地、采伐迹地、火烧迹地	2

占用或者征用非国家重点林区林地的，由省级林业主管部门负责预收。占用国家重点林区林地的，由国务院林业主管部门或其委托的单位负责预收。建设单位依照规定缴纳森林植被恢复费后，负责审核的林业主管部门才能核发《使用林地审核同意书》。森林植被恢复费由林业主管部门依照有关规定统一安排植树造林，恢复森林植被，植树造林面积不得少于因占用或者征用林地而减少的森林植被面积。森林植被恢复费属于政府性基金，纳入财政预算管理，实行专款专用。森林植被恢复费的征收、使用和管理接受财政、审计部门和上级林业主管部门的监督检查。

根据有关法律、法规的规定，占用或者征用林地的用地单位还应当按规定支付林地补偿费、林木补偿费和安置补助费，具体征收办法和标准按各省、自治区、直辖市的具体规定执行。所收取的各项补偿费用，除按规定付给个人的部分以外，应纳入森林经营单位的造林营林资金，用于造林营林。

4. 临时占用林地的规定

对于建设工程需要临时占用林地的，按照《森林法实施条例》第 17 条规定，应当经县级以上人民政府林业主管部门批准。临时占用林地的期限不得超过两年；不得在临时占用的林地上修筑永久性建筑物；占用期满后，用地单位必须恢复林业生产条件。根据国家林业局《占用征用林地审核审批管理办法》的规定，临时占用林地的审批权限见表 4－5。

表 4－5　临时占用林地的审批权限

临时占用林地的种类和面积	审批部门
防护林或者特种用途林地面积 $5hm^2$（75 亩）以上，其他林地面积 $20hm^2$（300 亩）以上	国务院林业主管部门
防护林或者特种用途林林地面积 $5hm^2$ 以下，其他林地面积 10～$20hm^2$（150～300 亩）	省级林业主管部门
除防护林和特种用途林以外的其他林地面积 2～$10hm^2$（30～150 亩）	设区的市或自治州人民政府林业主管部门
除防护林和特种用途林以外的其他林地面积 $2hm^2$ 以下	县级林业主管部门

5. 森林经营单位占用林地修筑工程设施的规定

国有森林经营单位在所经营的林地范围内修筑直接为林业生产服务的工程设施，需要占用林地的，由省、自治区、直辖市人民政府林业主管部门批准，其中国务院确定的国有重点林区内国有森林经营单位需要占用林地的，由国务院林业主管部门或其委托的单位批准；其他森林经营单位需要占用林地的，由县级人民政府林业主管部门批准。

按照《森林法实施条例》第18条规定，“直接为林业生产服务的工程设施”是指：培育、生产种子、苗木的设施；贮存种子、苗木、木材的设施；集材道、运材道；林业科研、试验、示范基地；野生动植物保护、护林、森林病虫害防治、森林防火、木材检疫的设施；供水、供电、供热、供气、通讯基础设施。

森林经营单位在林地修筑不是直接为林业生产服务的其他工程设施，需要将林地转为非林业建设用地的，必须依法办理建设用地审批手续。

6. 农村居民占用林地建住宅

农村居民按照规定标准修建自用住宅需要占用林地的，应当以行政村为单位编制规划，落实地块，按照年度向县级人民政府林业主管部门提出申请，经过依法审查，在逐级报省（自治区、直辖市）人民政府林业主管部门审核同意后，由行政村依照有关土地管理的法律、法规办理用地审批手续。

六、违反林权、林地管理法规的法律责任

1. 非法占用林地数量较大、造成林地大量毁坏的法律责任

非法占用林地，是指未经法定程序审核、批准、核发证书、确认土地使用权，而占用林地的行为，通常表现为未经林业主管部门、土地管理机关审核并报经有关人民政府批准，擅自占用林地的；超过批准的数量多占林地的；以提供虚假文件、谎报用途或借用、盗用他人的名义申请等欺骗手段取得批准手续而占用林地的。

违反《土地管理法》、《森林法》等土地管理法规，非法占用林地改作他用，数量较大，造成林地大量毁坏的，构成非法占用农用地罪，由司法机关依照《刑法》第342条规定追究刑事责任。非法占用林地，改变被占用林地用途，在非法占用的林地上实施建窑、建坟、建房、挖沙、采石、采矿、取土、种植农作物、堆放或排泄废弃物等行为或者进行其他非林业生产、建设，造成林地的原有植被或林业种植条件严重毁坏或者严重污染，并具有下列情形之一的，按照《最高人民法院关于审理破坏林地资源刑事案件具体应用法

律若干问题的解释》第1条规定，属于《刑法修正案（二）》规定的“数量较大，造成林地大量毁坏”，应当判处5年以下有期徒刑或者拘役，并处或者单处罚金：①非法占用并毁坏防护林地、特种用途林地数量分别或者合计达到5亩以上；②非法占用并毁坏其他林地数量达到10亩以上；③非法占用并毁坏前两项规定的林地，数量分别达到相应规定的数量标准的50%以上；④非法占用并毁坏前述两项规定的林地，其中一项数量达到相应规定的数量标准的50%以上，且两项数量合计达到该项规定的数量标准。

单位犯非法占用农用地罪的，依照《刑法》第346条的规定，对单位判处罚金，并对其直接负责的主管人员和其他直接责任人员，依照《刑法》第342条的规定处罚。

2. 非法批准占用征用林地的法律责任

无权批准征用、使用土地的单位或者个人非法批准占用土地的，超越批准权限非法批准占用土地的，依照《土地管理法》第78条和《森林法》第46条规定，其批准文件无效，对非法批准征用、使用土地的直接负责的主管人员和其他直接责任人员依法给予行政处分；构成犯罪的，依法追究刑事责任。非法批准征用、使用的土地应当收回，有关当事人拒不归还的，按非法占用土地论处。

国家机关工作人员徇私舞弊，违反《土地管理法》、《森林法》等土地管理法规，滥用职权，非法批准征用、占用土地，情节严重的，构成非法批准征用、占用土地罪，依照《刑法》第410条和全国人民代表大会常务委员会《关于〈中华人民共和国刑法〉第228条、第342条、第410条的解释》的规定，由司法机关依法追究刑事责任。

国家机关工作人员徇私舞弊，违反土地管理法规，滥用职权，非法批准征用、占用林地，具有下列情形之一的，按照《最高人民法院关于审理破坏林地资源刑事案件具体应用法律若干问题的解释》第2条规定，属于《刑法》第410条规定的“情节严重”，应当判处3年以下有期徒刑或者拘役：①非法批准征用、占用防护林地、特种用途林地数量分别或者合计达到10亩以上；②非法批准征用、占用其他林地数量达到20亩以上；③非法批准征用、占用林地造成直接经济损失数额达到30万元以上，或者造成第①项规定的林地数量分别或者合计达到5亩以上或者第②项规定的林地数量达到10亩以上毁坏。

实施上述行为，具有下列情形之一的，属于《刑法》第410条规定的“致使国家或者集体利益遭受特别重大损失”，应当判处3年以上7年以下有期徒刑：①非法批准征用、占用防护林地、特种用途林地数量分别或者合计达到20亩以上；②非法批准征用、占用其他林地数量达到40亩以上；③非法批准征用、占用林地造成直接经济损失数额达到60万元以上，或者造成本条第①项规定的林地数量分别或者合计达到10亩以上或者第②项规定的林地数量达到20亩以上毁坏。

3. 非法低价出让国有林地使用权的法律责任

国家机关工作人员徇私舞弊，违反《土地管理法》、《森林法》等土地管理法规，滥用职权，非法低价出让国有土地使用权，情节严重的，构成非法低价出让国有土地使用权罪，依照《刑法》第410条和全国人民代表大会常务委员会《关于〈中华人民共和国刑法〉第228条、第342条、第410条的解释》的规定，由司法机关依法追究刑事责任。

国家机关工作人员徇私舞弊，违反土地管理法规，非法低价出让国有林地使用权，具有下列情形之一的，按照《最高人民法院关于审理破坏林地资源刑事案件具体应用法律若干问题的解释》第4条规定，属于《刑法》第410条规定的“情节严重”，应当判处3年以下有期徒刑或者拘役：林地数量合计达到30亩以上，并且出让价额低于国家规定的最低价额标准的60%；造成国有资产流失价额达到30万元以上。实施上述行为，造成国有资产流失价额达到60万元以上的，属于《刑法》第410条规定的“致使国家和集体利益遭受特别重大损失”，应当判处3年以上7年以下有期徒刑。

4. 买卖或者以其他形式非法转让林地的法律责任

买卖或者以其他形式非法转让林地的，依照《土地管理法》第73条规定，由县级以上人民政府土地行政主管部门没收违法所得；擅自将林地改为建设用地的，限期拆除在非法转让的林地上新建的建筑物和其他设施，恢复土地原状，可以并处罚款；对直接负责的主管人员和其他直接责任人员，依法给予行政处分；情节严重的，构成非法转让、倒卖土地使用权罪，依法追究刑事责任。

以牟利为目的，违反《土地管理法》、《森林法》等土地管理法规，非法转让、倒卖林地使用权，具有下列情形之一的，按照《最高人民法院关于审理破坏土地资源刑事案件具体应用法律若干问题的解释》第1条规定，属于非法转让、倒卖林地使用权“情节严重”，构成非法转让、倒卖土地使用权罪，处3年以下有期徒刑或者拘役，并处或者单处非法转让、倒卖林地使用权价额5%以上20%以下罚金：非法转让、倒卖林地20亩以上的；非法获利50万元以上的；非法转让、倒卖林地接近上述数量标准并具有其他恶劣情节的，如曾因非法转让、倒卖土地使用权受过行政处罚或者造成严重后果等。

实施上述行为，具有下列情形之一的，属于非法转让、倒卖林地使用权“情节特别严重”，处3年以上7年以下有期徒刑，并处非法转让、倒卖林地使用权价额5%以上20%以下的罚金：非法转让、倒卖其他土地40亩以上的；非法获利100万元以上的；非法转让、倒卖林地接近上述数量标准并具有其他恶劣情节，如造成严重后果等。

5. 伪造、变造、买卖林权证书、占用征用林地审核同意书的法律责任

伪造、变造、买卖林权证书、占用征用林地审核同意书的，依照《刑法》第280条第1款和《最高人民法院关于审理破坏森林资源刑事案件具体应用法律若干问题的解释》第13条规定，以伪造、变造、买卖国家机关公文、证件罪定罪处罚。根据犯罪情节轻重，可实施两档处罚：一般情节的，处3年以下有期徒刑、拘役、管制或者剥夺政治权利；情节严重的，处3年以上10年以下有期徒刑。

6. 利用职权干涉农村林地承包的法律责任

国家机关及其工作人员利用职权干涉农村林地承包，变更、解除承包合同，干涉承包方依法享有的生产经营自主权，或者强迫、阻碍承包方进行林地承包经营权流转等侵害林地承包经营权的行为，给承包方造成损失的，依照《农村土地承包法》第61条规定，应当承担损害赔偿等责任；情节严重的，由上级机关或者所在单位给予直接责任人员行政处分；构成犯罪的，由司法机关依法追究刑事责任。

7. 违法改变林地用途的法律责任

未经县级以上人民政府林业主管部门审核同意，擅自改变林地用途的，依照《森林法实施条例》第43条规定，由县级以上人民政府林业主管部门责令限期恢复原状，并处非法改变用途林地每平方米10～30元的罚款。

“未经县级以上人民政府林业主管部门审核同意”包括两种情况：一是用地单位依照法定程序向县级以上林业主管部门提出占用或者征用林地申请，经审核，林业主管部门未予同意的；二是用地单位没有依照法定程序向县级以上林业主管部门提出用地申请而擅自改变林地用途的。“擅自改变林地用途”，是指未经林业主管部门批准，擅自把林业用地改变为建设用地、耕地或者其他非林业用地的行为。

行为人在擅自改变用途的林地上修筑永久性建筑物，在规定的期限内拒不拆除的，应由作出责令限期恢复原状决定的林业主管部门依法申请人民法院强制执行。恢复原状所需费用，由擅自改变林地用途的人员或单位承担。

擅自将防护林和特种用途林改变为其他林种的，依照《森林法实施条例》第46条规定，由县级以上林业主管部门收回经营者所获取的森林生态效益补偿，并处所获取森林生态效益补偿3倍以下的罚款。

8. 擅自开垦林地的法律责任

擅自开垦林地，致使森林、林木受到毁坏的，依照《森林法》第44条第1款规定，依法赔偿损失；由县级以上人民政府林业主管部门责令停止违法行为，补种毁坏株数1倍以上3倍以下的树木，可以处毁坏林木价值1倍以上5倍以下的罚款。对森林、林木未造成毁坏或者被开垦的林地上没有森林、林木的，依照《森林法实施条例》第41条第2款规定，由县级以上人民政府林业主管部门责令停止违法行为，限期恢复原状，可以处非法开垦林地每平方米10元以下的罚款。

在幼林地（造林不满3～5年、飞播后不满5～7年或林木平均胸径在5cm以下的林地）和特种用途林内砍柴、放牧致使森林、林木受到毁坏的，依照《森林法》第44条第2款规定，依法赔偿损失；由县级以上人民政府林业主管部门责令停止违法行为，补种毁坏株数1倍以上3倍以下的树木。拒不补种树木或者补种不符合国家有关规定的，依照《森林法》第44条第3款规定，由林业主管部门代为补种，所需费用由违法者支付。

擅自毁林采种或者违反操作技术规程采脂、挖笋、掘根、剥树皮、过度修枝，以及采石、采砂、采土、采种，致使森林、林木受到毁坏的，依照《森林法实施条例》第41条第1款规定，依法赔偿损失；由县级以上人民政府林业主管部门责令停止违法行为，补种毁坏株数1倍以上3倍以下的树木，可以处毁坏林木价值1倍以上5倍以下的罚款；拒不补种树木或者补种不符合国家有关规定的，由县级以上人民政府林业主管部门组织代为补种，所需费用由违法者支付。牟取经济利益数额较大的，构成盗窃罪，由司法机关依照《刑法》第264条规定追究刑事责任。同时构成其他犯罪的，依照处罚较重的规定定罪处罚。

9. 临时占用林地逾期不归还的法律责任

临时占用林地，逾期不归还的，依照《森林法实施条例》第43条规定，由县级以上人民政府林业主管部门责令限期恢复原状，并处逾期占用林地每平方米10～30元的罚款。

10. 擅自移动或者毁坏林业服务标志的法律责任

擅自移动或者毁坏林业服务标志的，依照《森林法实施条例》第45条规定，由县级以上林业主管部门责令限期恢复原状；逾期不恢复原状的，由县级以上人民政府林业主管部门代为恢复，所需费用由违法者支付。

11. 违反森林植被恢复费管理法规的法律责任

占用或者临时占用林地的单位和个人不按照规定缴纳森林植被恢复费的，县级以上林业主管部门违反规定，多收、减收、免收、缓收，或者隐瞒、截留、挪用、坐收坐支森林植被恢复费的，依照财政部、国家林业局《森林植被恢复费征收使用管理暂行办法》第16条规定，由上级或同级财政部门会同有关部门责令改正，并按照《国务院关于违反财政法规处罚的暂行规定》等有关法律、行政法规的规定进行处罚。

第三节　森林经营管理法律制度

一、林业主管部门及其主要职责

森林经营管理，是指各级人民政府及其林业主管部门根据法律、法规的规定，对森林资源所采取的保护、合理利用、及时更新、科学培育，以提高森林的产量和质量，充分发挥森林多种效益的各种行政措施的总称。它包括对各项森林经营活动进行决策、规划、组织、指挥、协调和监督等。

根据《森林法》第10条规定，国务院林业主管部门主管全国林业工作；县级以上地方人民政府林业主管部门，主管本地区的林业工作；乡级人民政府设专职或者兼职人员负责林业工作。各级林业主管部门依照《森林法》规定，对森林资源的保护、利用、更新，实行管理和监督。国务院确定的国家所有的重点林区（以下简称国有重点林区）的主管部门森林工业总局、林业管理局和林业局，负责国有重点林区所管区域的行政管理工作，分别行使省级林业行政管理权、市级人民政府的行政执法权和县级人民政府的行政执法权。

“林业主管部门”这一名称，不同时期的立法文件的用法不完全相同。一些文件也有使用“林业行政主管部门”、“林业行政机关”名称的，其含义与本书所使用的“林业主管部门”是相同的。

二、基层林业工作站及其主要职责

林业工作站（简称林业站）是依法对森林和野生动植物资源实行管理和

监督，组织和指导农村集体经济组织、个人发展林业生产和开展林业社会化服务的基层事业单位。

凡有林业生产和经营管理任务的地方，应当在乡（镇）设立林业站；林业生产和经营管理任务相对较轻的地方，可以在两个以上的乡镇设立林业站。林业站的设立，由县级林业主管部门提出意见或者由县级林业主管部门与当地乡镇人民政府协商后提出意见，报县级人民政府批准。

林业站由县级林业主管部门直接领导或者实行由县级林业主管部门和所在地乡镇人民政府双重领导的管理体制。国务院林业主管部门主管全国林业站的管理和监督工作。县级以上地方人民政府林业主管部门主管本行政区域内林业站的管理和监督工作。林业站的建设应当统一纳入地方经济和社会发展规划。国家对林业站的建设给予适当的扶持。林业站所需事业经费，根据国家有关规定纳入地方财政预算。

三、林业长远规划及森林经营方案

（一）林业长远规划

1. 编制林业长远规划的意义

根据《森林法》第16条规定，各级人民政府应当制定林业长远规划。林业长远规划是指一个地区，一个部门或者一个单位在某一较长时期内，根据国民经济发展需要和生态环境的状况，遵循可持续发展的原则，对林业发展的战略目标、建设方针和保障措施等作出的规划。它是林业生产经营活动中最基本的指导性文件。制定林业长远规划是各级人民政府的职责，林业长远规划是国有林业企业事业单位和自然保护区编制森林经营方案的依据。

2. 编制林业长远规划的原则

以保护生态环境和促进经济的可持续发展为目标；以现有的森林资源为基础，从实际出发，因地制宜；与土地利用总体规划、水土保持规划、城市规划、村庄和集镇规划相结合。

3. 林业长远规划的内容与批准程序

林业长远规划的主要内容包括林业发展目标、林种比例、林地保护利用规划、植树造林规划。林业长远规划分为全国林业长远规划和地方各级林业长远规划。全国林业长远规划由国务院林业主管部门会同其他有关部门编制，报国务院批准后施行；地方各级林业长远规划由县级以上地方人民政府林业主管部门会同其他有关部门编制，报本级人民政府批准后施行。

（二）森林经营方案

1. 编制森林经营方案的意义

森林经营方案，是以国有林业局、国有林场、牧场、自然保护区、工矿企业、农村集体经济组织及个体林业经营者等为单位，在林业长远规划指导下编制并经上级主管部门批准的经营森林的法定性文件。森林经营方案是经营森林的单位编制年度计划、进行作业设计、确定采伐限额、安排生产建设项目和投资的依据，也是上级主管部门检查、考核森林经营单位工作的主要依据。

2. 编制森林经营方案的原则

以各级人民政府制定的林业长远规划为依据编制森林经营方案；在编制过程中要以森林资源清查的有关数据作为依据，要符合客观实际情况，保证森林经营方案的科学性和可操作性；森林经营方案必须报上级主管部门批准后方可实施。国有单位的森林经营方案由其上级主管部门组织专家审议，然后报上级林业主管部门批准实施；集体单位的森林经营方案由县级林业主管部门组织审议和批准实施。经过批准的森林经营方案具有法律效力，是指导该经营单位进行作业的法定性文件。

3. 森林经营方案的内容

包括：森林经营原则和措施，林业生产建设的总体布局和近期安排，造林、森林抚育、林分改造、林木采伐、多种资源的培育利用，多种经营等项目的规划、设计等。森林经营方案一般以一个经理期为单位，每 10 年编制一次。如因特殊需要，也可以提前进行森林资源复查，修订森林经营方案。

林业主管部门应当指导本行政区域范围内的农村集体经济组织和国有农场、牧场、工矿企业及个体林业经营者等编制森林经营方案。

四、森林资源清查及森林资源档案制度

（一）森林资源清查

根据《森林法》第 14 条规定，各级林业主管部门负责组织森林资源清查，建立资源档案制度，掌握资源变化情况。森林资源清查，是指在一定时期内对某一地区内的各类森林资源分布情况和森林质量等因子进行调查和核查。森林资源清查是科学管理森林的基础性措施。森林资源清查的目的在于为编制林业区划、规划、计划和编制森林经营方案、建立森林资源档案及确定森林利用方案和森林采伐限额提供基础资料和依据。

森林资源清查由省级林业主管部门根据同级人民政府的部署和国务院林

业主管部门的有关规定，定期组织实施。森林资源清查分为三类：①全国森林资源清查（即一类调查），由国务院林业主管部门组织，以省、自治区、直辖市和大林区为单位进行；②规划设计调查（即二类调查），由省级人民政府和林业主管部门负责组织，以县、国有林业局、国有林场或其他部门所属林场为单位进行，以满足编制森林经营方案、总体设计和县级林业区划、规划和基地造林规划等项需要；③作业设计调查（即三类调查），是林业基层生产单位为满足伐区设计、造林设计和抚育采伐设计而进行的调查。

（二）森林资源档案制度

森林资源档案工作是森林资源管理的又一项基础工作，也是森林经营管理的一个基本内容。森林资源档案是对各个时期森林资源变化状况和森林生态环境年度状况的记录资料。森林资源档案是在森林资源调查的基础上建立的，也是科学管理森林的基础性措施。各级林业主管部门应当根据实际需要，设立森林资源档案管理机构或配备专业的森林资源档案管理人员，负责本辖区的森林资源档案管理工作。森林资源档案分为四级：省、自治区、直辖市为一级；设区的市、自治州、林业管理局为一级；县、县级市、市辖区、国有林业局、县级林场为一级；乡、镇、林场为一级。森林资源档案实行统一技术标准、专人负责、分级管理、及时修订、逐年统计汇总上报的管理制度。各级林业主管部门对森林资源档案工作应当进行检查指导，加强管理。

第四节　森林保护法律制度

一、地方各级人民政府保护森林的职责

根据《森林法》和其他保护森林法规的规定，地方各级人民政府在森林保护方面应当做好以下工作：

1. 组织有关部门和单位建立护林组织，负责护林工作

各省、自治区、直辖市和林区县应当建立护林指挥机构。各级人民政府林业主管部门是各级人民政府护林组织的业务指导机关。林区的国有林业企业事业单位，部队、铁路、农场和其他企业事业单位及村民委员会，都应当建立相应的护林组织，在当地人民政府的领导下，负责本系统、本单位范围内的护林工作。在行政区域交界的林区，有关地方人民政府应当组织建立护

林联防组织，本着“自防为主、积极联防、团结互助、保护森林”的原则，确定联防区域，规定联防制度和措施，并进行检查、督促，共同做好联防区内的护林工作。

2. 根据实际需要在大面积林区增加护林设施，加强森林保护

在大面积林区，各级人民政府应当组织和督促有关主管部门增加护林设施，以加强森林保护。护林设施一般包括森林防火设施、森林病虫害防治设施、航空护林设施等。

3. 督促有林的和林区的基层单位订立护林公约，组织群众护林，划定护林责任区

护林公约是乡规民约的一种，是有林的和林区的基层单位在政策、法律允许的范围内，为了保护森林而经民主讨论制定的自我教育、互相约束、共同遵守的一种行为规范。其内容一般包括公约参加者的权利、义务及奖惩等规定。可以结合林业生产责任制，划定护林责任区。

4. 在建立各种护林组织的同时配备护林员

护林员可以由县级或者乡级人民政府委任，可分为专职和兼职两种。护林员的主要职责是：巡护森林和管护森林，掌握林内的情况，随时排除一切有可能危害森林的隐患；制止盗伐林木、毁坏林地、违反林区用火规定等行为；对造成森林资源破坏的单位或者个人，护林员有权送交或者报告当地有关部门，并有权要求有关部门依法处理。

二、森林公安机关和武装森林警察部队的职责

根据《森林法》第 20 条规定，森林公安机关负责维护辖区社会治安秩序，保护辖区内的森林资源，并可以依照《森林法》规定，在国务院林业主管部门授权的范围内，代行《森林法》第 39 条、第 42 条、第 43 条、第 44 条规定的行政处罚权。

森林公安机关既是国家公安机关的组成部分，又是林业主管部门中的一支重要执法力量。森林公安机关实行林业主管部门和公安部门双重领导、以林业主管部门领导为主的体制。多年来，森林公安机关查处的各类破坏森林资源犯罪案，有力地打击了破坏森林资源的违法行为，震慑了违法犯罪分子。森林公安机关在维护林区社会治安、保护森林资源，特别是对盗伐、滥伐等违法行为实施处罚等方面，发挥了不可替代的重要作用。

森林公安机关的主要职责是：负责维护辖区社会治安秩序；保护辖区内的森林资源；在国务院林业主管部门授权的范围内，代行《森林法》第 39

条、第42条、第43条、第44条规定的行政处罚权。其林业行政处罚权具体包括：对盗伐、滥伐森林或者其他林木行为的行政处罚；对买卖、伪造林木采伐许可证、木材运输证件、批准出口文件、允许进出口证明书行为的行政处罚；对非法收购明知是盗伐、滥伐的林木行为的行政处罚；对毁林开垦、采石、采砂、采土、采种、采脂等破坏森林资源行为的行政处罚。

国务院林业主管部门根据《森林法》的授权，作出了《关于授权森林公安机关代行行政处罚权的决定》，规定森林公安局、森林公安分局、森林公安警察大队查处《森林法》第39条、第42条、第43条、第44条规定的行政处罚案件，以自己的名义作出行政处罚决定；其他森林公安机构查处《森林法》第39条、第42条、第43条、第44条规定的行政处罚案件，以其归属的林业主管部门的名义作出行政处罚决定。森林公安机关查处案件，必须持有国务院林业主管部门统一核发的林业行政执法证件。

需要说明，森林公安机关代行的林业行政处罚权，是《森林法》规定由国务院林业主管部门授权范围内的行政处罚权，并不是所有由林业主管部门实施的行政处罚都可以由森林公安机关代行。在行使这些林业行政处罚权时，森林公安机关应当与林业主管部门互相配合，并注意对当事人的同一个违法行为，不得给予两次以上的处罚。

武装森林警察部队是驻守一些国有大林区的专业武装力量，根据国家有关规定，其主要任务是护林、防火、灭火，同时也承担抢险救灾、保卫边疆和维护林区社会治安等任务。武装森林警察部队实行中央与地方共同管理、以地方管理为主；林业主管部门与公安机关共同管理、以林业主管部门管理为主的体制。

三、森林防火

（一）森林防火概述

1. 森林防火工作的重要性

森林防火是指对森林、林木火灾的预防和扑救。森林火灾是世界上最为严重的自然灾害和公共突发危机事件之一。森林火灾具有突发性强、来势迅猛、扑救困难、极易成灾的特点，而且95%以上的森林火灾是人为因素造成的。森林火灾能在短时间内破坏大面积的森林，造成严重的财产损失和人员伤亡，被人们称为森林诸害之首。因此，预防和扑救森林火灾的工作极为重要。

2. 森林防火工作实行各级人民政府行政首长负责制

森林防火是一项群众性、社会性很强的工作，涉及面广，特别是在扑救重大森林火灾时，需要调动部队、铁路、交通、民航、邮电、气象、民政、公安、商业、粮食、物资、卫生等多方面的力量。森林防火工作仅靠某一个部门的力量是难以完成的，必须由当地人民政府统一领导、统一组织、统一指挥才能做好这项工作，这是我国多年来森林防火工作的经验总结。根据《森林防火条例》第5条规定，森林防火工作实行各级人民政府行政首长负责制。县级以上林业主管部门根据全国森林防火规划，结合本地实际，编制本行政区域的森林防火规划，报本级人民政府批准后组织实施；县级以上林业主管部门应当按照有关规定编制森林火灾应急预案，报本级人民政府批准，并报上一级林业主管部门备案。县级人民政府应当组织乡（镇）人民政府根据森林火灾应急预案制定森林火灾应急处置办法。

3. 森林防火工作的方针

根据《森林防火条例》第3条规定，森林防火实行“预防为主，积极消灭”的方针。这个方针要求人们必须把森林防火工作的重点放在预防森林火灾的发生上，采取一切组织的、物质的、技术的措施，力求不发生或少发生森林火灾。一旦发生了森林火灾，就必须动员一切力量积极扑灭，做到“扑早，扑小，扑了”，不留隐患。

（二）预防森林火灾的法律规定

搞好森林防火工作，预防是重点，是关键。根据《森林法》、《森林防火条例》等法律、法规的规定，预防森林火灾的工作主要有：

1. 实行森林防火责任制度

《森林防火条例》第23条规定，县级以上地方人民政府应当组织划定森林防火责任区，确定森林防火责任单位，建立森林防火责任制度，定期进行检查。建立责任制度有利于做到分片包干、各负其责，有利于各地区、各单位加强防火工作检查、落实防火措施，也有利于区域间、单位间和军民间的支援协作、联合防火。

2. 进行森林防火宣传教育和培训

各级人民政府应当组织经常性的森林防火宣传教育，做好森林火灾预防工作。森林防火宣传教育的内容主要是国家的森林防火法规，党中央、国务院关于森林防火工作的指示，森林防火的地方性法规和规章，以及森林防火制度和森林防火科学知识等。

建立森林防火分级培训制度。国家负责对省、地两级分管领导的防火指挥和业务知识培训，各省、自治区、直辖市抓好县（市）和基层森林防火管理人员的业务培训。分管县（市）长、乡（镇）长、村委会主任和林业局局长、林业站站长必须接受森林防火业务知识培训，熟练掌握科学指挥和安全避险等知识。

3. 规定森林防火期和森林高火险期

县级以上地方人民政府应当根据本地区的自然条件和火灾发生规律，规定森林防火期；在森林防火期内出现高温、干旱、大风等高火险天气时，应当规定森林高火险期，划定森林高火险区。森林防火期、森林高火险期和森林高火险区应当由当地县级以上人民政府公布，使林区内的所有居民和外来人员都知道，并按有关规定执行。在森林防火期，林区内禁止野外用火，需要进行烧荒、烧草场、烧灰积肥、烧田埂、烧秸秆、烧山造林和火烧防火隔离带等生产性用火的，必须经县级人民政府或者其授权的机关批准，并领取生产用火许可证。对于经批准进行生产用火的，要有专人负责，事先辟好防火隔离带，准备好防火工具，有组织地在三级风以下的天气用火，严防失火。森林高火险期内，进入森林高火险区的，应当经县级以上地方人民政府批准，严格按照批准的时间、地点、范围活动，并接受县级以上林业主管部门的监督管理。

4. 建立并严格执行森林防火的各项具体管理制度

（1）进入林区的管理制度。森林防火期内，进入林区的人员必须持有当地县级以上林业主管部门或者其授权单位核发的进入林区证明。从事林副业生产的人员，要有组织地进山，并在指定的区域内活动，选择安全地点用火，在周围开设防火隔离带，用火后必须彻底熄灭余火。进入国有企业事业单位森林经营区内活动的，必须持有经省级林业主管部门授权的单位核发的进入林区证明。

（2）机动车辆、机械设备防火制度。森林防火期内，在林区作业和通过林区的各种机动车辆，必须安设防火装置，并采取有其他有效措施，严防漏火、喷火和机车闸瓦脱落引起火灾。在林区野外操作机械设备的人员，必须遵守防火安全操作规程，严防失火。行驶在林区的旅客列车和公共汽车，司乘人员要对旅客进行防火安全教育，严防旅客丢弃火种。在铁路沿线有引起火灾危险的地段，由森林防火责任单位开设防火隔离带，配备巡护人员，做好巡逻和灭火工作。

（3）枪械使用和爆破施工等防火制度。森林防火期内，禁止在林区使用枪械狩猎；进行实弹演习、爆破、勘察和施工等活动，必须由省级林业主管部门授权的森林经营单位批准，并采取防火措施，做好灭火准备工作。

（4）森林防火专用车辆、器材、设备和设施的使用管理制度。省、自治区、直辖市森林防火指挥部或者林业主管部门应当建立森林防火专用车辆、器材、设备和设施的使用管理制度，定期进行检查，确保防火专用车辆、器材、设备状态完好，保证防火灭火需要。

（5）加强森林防火设施建设。森林防火设施的状况是预防和控制森林火灾能力的标志之一，没有足够数量和较高质量的防火设施，一旦发生火灾，就不可能及时发现和组织扑救。根据《森林防火条例》第15条规定，县级以上地方人民政府应当按照森林防火规划，加强森林防火基础设施建设，储备必要的森林防火物资。在林区应建设的森林防火基础设施主要有：设置火情瞭望台；在国界内侧、林内、林缘及村屯、工矿企业、仓库、学校、部队营房、重要设施、名胜古迹和革命纪念地等周围，开设防火隔离带或者营造防火林带；配备防火交通运输工具、探火灭火器械和通信器材等；在重点林区，修筑防火道路，建立防火物资储备仓库。

根据《森林防火条例》第18条规定，在林区依法开办工矿企业、设立旅游区或者新建开发区的，其森林防火设施应当与该建设项目同步规划、同步设计、同步施工、同步验收；在林区成片造林的，应当同时配套建设森林防火设施。

（6）做好森林火险天气的监测预报。气象部门和林业主管部门，应当联合建立森林火险监测和预报站（点）。各级气象部门应当根据森林防火的要求，做好森林火险天气监测预报工作，特别要做好高火险天气预报工作。报纸、广播、电视部门，应当及时发布森林火险天气预报和高火险天气警报。森林防火指挥机构要根据当地火险天气预报等级，采取相应的措施。

（三）扑救森林火灾的法律规定

扑救森林火灾的法律规定主要有：

1. 预防和扑救森林火灾是公民应尽的义务

任何单位和个人一旦发现森林火灾，必须立即扑救，并及时向当地人民政府或者森林防火指挥部报告。

2. 扑救森林火灾工作由当地人民政府或者森林防火指挥部统一组织和指挥

接到扑火命令的单位和个人，必须迅速赶赴指定地点，投入扑救。扑救森林火灾应当以专业火灾扑救队伍为主要力量；组织群众扑救队伍扑救森林火灾的，不得动员残疾人、孕妇和未成年人及其他不适宜参加森林火灾扑救的人员参加。

3. 森林火灾报告制度

发生森林火灾后，当地人民政府或者森林防火指挥部应当尽快将火情逐级报告省级以上森林防火指挥部或者林业主管部门。省级森林防火指挥部或者林业主管部门对发生的下列8种森林火灾，应当立即报告国家森林防火指挥机构，由国家森林防火指挥机构按照规定报告国务院，并及时通报国务院有关部门：国界附近的森林火灾；重大、特大森林火灾；造成1人以上死亡或者3人以上重伤的森林火灾；威胁居民区和重要设施的森林火灾；24小时尚未扑灭明火的森林火灾；未开发原始林区的森林火灾；省、自治区、直辖市交界地区危险性大的森林火灾；需要国家支援扑救的森林火灾。

4. 政府各有关部门扑救森林火灾工作职责

扑救森林火灾时，气象部门应当做好与火灾有关的气象预报；铁路、交通、民航等部门应优先提供交通运输工具；电信部门应保证通信的畅通；民政部门应妥善安置灾民；公安部门应及时查处森林火灾案件，加强治安管理；商业、粮食、卫生等部门应做好物资供应和医疗救护等工作。森林火灾扑灭后，对火灾现场必须全面检查，清理余火，并留有足够人员看守火场，经当地人民政府或者森林防火指挥部检查验收合格后，方可撤出看守人员。

5. 扑火经费支付制度

扑火经费应按照《森林防火条例》第45条规定，参加森林火灾扑救人员的误工补贴和生活补助，以及扑救森林火灾所发生的其他费用，按照省、自治区、直辖市人民政府规定的标准，由火灾肇事单位或者个人支付；起火原因不清的，由起火单位支付；火灾肇事单位、个人或者起火单位确实无力支付的部分，由当地人民政府支付。误工补贴、生活补助及扑救森林火灾所发生的其他费用，可以由当地人民政府先行支付。

6. 对负伤、牺牲扑火人员的医疗抚恤制度

因扑救森林火灾负伤、致残或者牺牲的，由其所在单位按照国务院有关主管部门的规定给予医疗、抚恤。起火单位对起火没有责任或者确实无力负担的，由当地人民政府给予医疗、抚恤。

7. 森林火灾的调查统计制度

发生森林火灾后，县级以上林业主管部门应当会同有关部门及时对森林火灾发生原因、肇事者、受害森林面积和蓄积、人员伤亡、其他经济损失等情况进行调查和评估，向当地人民政府提出调查报告；当地人民政府应当根据调查报告，确定森林火灾责任单位和责任人，并依法处理。县级以上林业主管部门应当按照有关要求对森林火灾情况进行统计，报上级林业主管部门

和本级人民政府统计机构，并及时通报本级人民政府有关部门。森林火灾按受害森林面积或者伤亡人数分为4类，见表4-6。

表4-6　森林火灾分类

类　别	受害森林面积或者伤亡人数
一般森林火灾	受害森林面积在1hm²（15亩）以下或者其他林地起火，或者死亡1人以上3人以下的，或者重伤1人以上10人以下的
较大森林火灾	受害森林面积在1～100hm²（15～1500亩），或者死亡3人以上10人以下的，或者重伤10人以上50人以下的
重大森林火灾	受害森林面积在100～1000hm²（1500～15000亩），或者死亡10人以上30人以下的，或者重伤50人以上100人以下的
特别重大森林火灾	受害森林面积在1000hm²以上，或者死亡30人以上的，或者重伤100人以上的

8. 森林防火工作先进单位和个人奖励制度

对在森林防火工作中做出突出成绩的单位和个人，按照国家有关规定，给予表彰和奖励。对在扑救重大、特别重大森林火灾中表现突出的单位和个人，可以由森林防火指挥机构当场给予表彰和奖励。

（四）违反森林防火法规的法律责任

1. 林业主管部门和其他有关部门及其工作人员在森林防火工作中渎职的法律责任

县级以上地方人民政府及其森林防火指挥机构、县级以上林业主管部门或者其他有关部门及其工作人员，有下列行为之一的，依照《森林防火条例》第47条规定，由其上级行政机关或者监察机关责令改正；情节严重的，对直接负责的主管人员和其他直接责任人员依法给予处分；构成犯罪的，依法追究刑事责任：①未按照有关规定编制森林火灾应急预案的；②发现森林火灾隐患未及时下达森林火灾隐患整改通知书的；③对不符合森林防火要求的野外用火或者实弹演习、爆破等活动予以批准的；④瞒报、谎报或者故意拖延报告森林火灾的；⑤未及时采取森林火灾扑救措施的；⑥不依法履行职责的其他行为。

2. 森林、林木、林地的经营者不履行森林防火责任的法律责任

森林、林木、林地的经营单位或者个人未履行森林防火责任的，依照《森林防火条例》第48条和第53条规定，由县级以上地方人民政府林业主管

部门责令改正，对个人处500～5000元罚款，对单位处1万～5万元罚款，还可以责令责任人补种树木。

3. 单位和个人拒绝接受森林防火检查或者逾期不消除火灾隐患的法律责任

森林防火区内的有关单位或者个人拒绝接受森林防火检查或者接到森林火灾隐患整改通知书逾期不消除火灾隐患的，依照《森林防火条例》第49条和第53条规定，由县级以上地方人民政府林业主管部门责令改正，给予警告，对个人并处200～2000元罚款，对单位并处5000～10000元罚款，还可以责令责任人补种树木。

4. 未经批准擅自在森林防火区内野外用火的法律责任

森林防火期内未经批准擅自在森林防火区内野外用火的，依照《森林防火条例》第50条和第53条规定，由县级以上地方人民政府林业主管部门责令停止违法行为，给予警告，对个人并处200～3000元罚款，对单位并处1万～5万元罚款，还可以责令责任人补种树木。

5. 未经批准在森林防火区内进行实弹演习、爆破等活动的法律责任

森林防火期内未经批准在森林防火区内进行实弹演习、爆破等活动的，依照《森林防火条例》第51条和第53条规定，由县级以上地方人民政府林业主管部门责令停止违法行为，给予警告，并处5万～10万元罚款，还可以责令责任人补种树木。

6. 违反森林防火条例规定的其他行为的法律责任

有下列行为之一的，依照《森林防火条例》第52条和第53条规定，由县级以上地方人民政府林业主管部门责令改正，给予警告，对个人并处200～2000元罚款，对单位并处2000～5000元罚款，还可以责令责任人补种树木：①森林防火期内，森林、林木、林地的经营单位未设置森林防火警示宣传标志的；②森林防火期内，进入森林防火区的机动车辆未安装森林防火装置的；③森林高火险期内，未经批准擅自进入森林高火险区活动的。

7. 违反森林防火条例规定，情节和危害后果严重，构成犯罪的刑事责任

违反森林防火法规规定，情节和危害后果严重，构成犯罪的，交司法机关依法追究刑事责任。根据《刑法》及国家林业局、公安部《森林和陆生野生动物刑事案件管辖及立案标准》的规定，凡故意放火造成森林或者其他林木火灾的，构成放火罪，由司法机关依照《刑法》第114条或115条第1款规定追究刑事责任；失火造成森林火灾，过火有林地面积30亩以上，或者致人重伤、死亡的，构成失火罪，由司法机关依照《刑法》第115条第2款规定追究刑事责任。

四、森林病虫害防治

森林病虫害防治，是指对森林、林木、林木种苗及木材、竹材的病虫害的预防和除治。森林病虫害是森林的另一大自然灾害，被称为“不冒烟的森林火灾”。我国森林病虫害日趋严重。森林病虫害种类多，发生面积大，损失严重。防治森林病虫害是保护森林的重要措施。

1. 森林病虫害防治工作的责任制度

根据《森林法》、《森林病虫害防治条例》的有关规定，森林病虫害防治工作由地方各级人民政府领导，其职责是制定措施和制度；地方各级林业主管部门主管本行政区域内的森林病虫害防治工作，负责组织森林经营单位和个人进行森林病虫害的预防和除治工作；各级林业主管部门所属的森林病虫害防治机构，负责森林病虫害防治的具体组织工作；乡（镇）林业工作站，负责组织本乡（镇）的森林病虫害防治工作。森林病虫害防治实行“谁经营，谁防治”的责任制度，并作为考核领导干部和经营者的一项重要内容。对不防治或防治不力造成森林病虫害蔓延成灾的领导干部和经营者，要依法追究责任；对防治工作成绩显著的单位和个人，应给予表扬或奖励。

2. 森林病虫害防治工作的方针

《森林病虫害防治条例》第3条规定，森林病虫害防治实行“预防为主，综合治理”的方针。“预防为主”，就是在搞好病虫测报的基础上，弄清病虫害的发生发展规律，把病虫除治在初发阶段，防患于未然。“综合治理”，要求采用检疫、选育抗病虫的林木种苗和采取生物防治与化学防治、物理防治相结合等综合措施进行治理。

3. 预防森林病虫害

预防森林病虫害的主要措施有：

（1）在森林经营活动中采取预防森林病虫害发生的措施。植树造林应当适地适树，提倡营造混交林，合理搭配树种，按照国家规定选用林木良种，造林设计方案必须有森林病虫害防治措施；严禁使用带有危险性病虫害的林木种苗进行育苗或者造林；对幼龄林和中龄林应当及时进行抚育管理，清除已经感染病虫害的林木；有计划地实行封山育林，改变单纯林生态环境；及时清理火烧迹地，伐除受害严重的过火林木；采伐后的林木应当及时运出伐区并清理现场。

（2）各级林业主管部门应当有计划地组织建立无检疫对象的林木种苗基

地。各级森林病虫害防治机构应当依法对林木种苗和木材、竹材进行产地检疫和调运检疫，发现新传入的危害性病虫害，应当及时采取严密封锁、扑灭措施，不得将危险性病虫害传出。各口岸动植物检疫机构，应当按照国家有关进出境动植物检疫的法律规定，加强进境林木种苗和木材、竹材的检疫工作，防止境外危险性森林病虫害的传入。

（3）规定林木种苗的检疫对象，划定疫区和保护区，对林木种苗进行检疫。凡局部地区发生的危害性大、能随植物及其产品传播的病、虫、杂草，应定为植物检疫对象。根据规定，国内森林植物检疫对象和应施检疫的森林植物、林产品名单，由国务院林业主管部门制定；各省、自治区、直辖市林业主管部门，根据本地区需要，制定本地区的补充名单，报国务院林业主管部门备案；未列入上述两种名单的森林植物和林产品的检疫与否，由调入省的森检机构决定。应施检疫的森林植物及其产品，包括林木种子、苗木和其他繁殖材料，乔木、灌木、竹类、花卉和其他森林植物，木材、竹材、药材、果品、盆景和其他林产品。局部地区发生植物检疫对象的，应划定为疫区，采取封锁、消灭措施，防止植物检疫对象传出；发生地区已比较普遍的，则应将未发生地区划为保护区，防止植物检疫对象的传入。在发生疫情的地区，植物检疫机构可以派人参加当地的道路联合检查站或者木材检查站；发生特大疫情，经省级人民政府批准，可以设立植物检疫检查站，开展植物检疫工作。

目前，国家林业局已公告的全国林业检疫性有害生物共有21种，包括：松材线虫病、红脂大小蠹、椰心叶甲、松突圆蚧、杨干象、薇甘菊、苹果蠹蛾、美国白蛾、双钩异翅长蠹、猕猴桃溃疡病菌、松疱锈病菌、蔗扁蛾、枣大球蚧、落叶松枯梢病菌、杨树花叶病毒、红棕象甲、青杨脊虎天牛、冠瘿病菌、草坪草褐斑病菌、刺桐姬小蜂、枣实蝇。

（4）地方各级林业主管部门应当对经常发生森林病虫害的地区，实施以营林措施为主，生物防治、化学防治和物理防治相结合的治理措施，改变森林的生态环境，提高森林抗御病虫害的能力。

（5）做好森林病虫害预测预报工作。根据《森林法实施条例》第19条规定，县级以上人民政府林业主管部门应当根据森林病虫害测报中心和测报点对测报对象的调查和监测情况，定期发布长期、中期、短期森林病虫害预报，并及时提出防治方案。

4. 除治森林病虫害

根据有关法律、法规的规定，发生森林病虫害时，当地人民政府及林业主管部门、森林经营者、有关单位和个人，都要按照法律、法规的规定，履行除治的义务。任何单位和个人，发现森林发生严重病虫害时，都应及时向当地人民政府或者林业主管部门报告。有关经营单位和个人，对发生的森林病虫害应及时进行除治。发生严重森林病虫害时，县级以上地方人民政府或者林业主管部门应当制订除治森林病虫害的实施计划。施药必须遵守有关规定，防止环境污染，保证人畜安全，减少杀伤有益生物；所需的防治药剂、器械、油料等，商业、供销、物资、石油化工等部门应当优先供应，铁路、交通、民航部门应当优先承运，民航部门应当优先安排航空器施药。对发生严重森林病虫害不除治或者除治不力的，县级以上人民政府林业主管部门或者其授权的单位应责令限期除治或者代为除治，以防止森林病虫害的蔓延。

5. 违反森林病虫害防治法规的法律责任

（1）用带有危险性病虫害的林木种苗进行育苗或者造林的，依照《森林病虫害防治条例》第 22 条规定，由县级以上人民政府林业主管部门或其授权的单位决定，责令限期除治、赔偿损失，可以并处 100～2000 元的罚款；对责任人员，由其所在单位或者上级机关给予行政处分；构成犯罪的，由司法机关依法追究刑事责任。被责令限期除治森林病虫害者不除治的，林业主管部门或者其授权的单位可以代为除治，由被责令限期除治者承担全部防治费用。代为除治森林病虫害的工作，不因被责令限期除治者申请复议或者起诉而停止执行。

（2）发生森林病虫害不除治或者除治不力的，隐瞒、虚报森林病虫害情况，造成森林病虫害蔓延成灾的，依照《森林病虫害防治条例》第 22 条规定，追究其法律责任。

（3）不按森林植物检疫法规的规定调运林木种苗或者木材的，依照《植物检疫条例》第 18 条规定，森林植物检疫机构应当责令纠正，可以处以罚款；造成损失，应当负责赔偿；可以没收非法所得；对违法调运的林木种苗或者木材，森林植物检疫机构有权予以封存、没收、销毁或者责令改变用途，销毁所需费用由责任人承担；依照《森林病虫害防治条例》第 23 条规定，并可由县级以上人民政府林业主管部门或其授权的单位决定，处 50～2000 元的罚款。对责任人员，依照《森林病虫害防治条例》第 24 条规定，由其所在单位或者上级机关给予行政处分；构成犯罪的，由司法机关依法追究刑事责任。

（4）在森林病虫害防治工作中的国家工作人员，不依法履行职责，有失职行为的，依照《森林病虫害防治条例》第24条规定，由其所在单位或者上级机关给予行政处分；构成犯罪的，由司法机关依法追究刑事责任。

五、森林植物检疫

森林植物检疫，是指森林植物检疫机构的工作人员运用一定的仪器设备和应用科学的技术方法依法对输出或输入的森林植物、森林植物产品是否带有危险性病、虫、杂草等有害生物进行检疫检验和检疫处理的行政管理活动。其目的是为了防止植物危险性病、虫、杂草等有害生物由国外传入和国内传播蔓延，保护林业生产和生态环境。森林植物检疫是一项政策性、社会性较强的行政执法工作，也是控制危险性病虫害传播蔓延的预防性措施。

1983年1月国务院发布《植物检疫条例》，1992年5月国务院发布《关于修改〈植物检疫条例〉的决定》。《森林法》、《森林法实施条例》对植物检疫也做出重要规定。另外，国务院林业主管部门根据法律、法规的规定，先后制定了《植物检疫条例实施细则（林业部分）》及有关规范性文件，为依法实施森林植物检疫提供了法律依据。森林植物检疫的主要内容如下：

1. 规定森林植物检疫对象

凡局部地区发生的危险性大、能随森林植物及其产品传播的病、虫、杂草，应定为森林植物检疫对象。国内森林植物检疫对象和应施检疫的森林植物及省际调运应施检疫的森林植物及其产品名单，由国务院林业主管部门制定；各省、自治区、直辖市林业主管部门，根据本地区需要，制定本地区的补充名单，报国务院林业主管部门备案；未列入上述两种名单的森林植物及其产品的检疫与否，由调入省的森林检疫机构决定。应施检疫的森林植物及其产品，包括林木种子、苗木和其他繁殖材料，乔木、灌木、竹类、花卉和其他森林植物，木材、竹材、药材、果品、盆景和其他林产品。

2. 划定疫区和保护区

局部地区发生森林植物检疫对象的，应划为疫区，采取封锁、消灭措施，防止森林植物检疫对象传出；发生地区已比较普遍的，则应将未发生地区划为保护区，防止森林植物检疫对象传入。疫区应根据森林植物检疫对象的传播情况、当地的地理环境、交通状况，以及采取封锁、消灭措施的需要来划定，其范围应严格控制。在发生疫情的地区，森林植物检疫机构可以派人参加当地的道路联合检查站或者木材检查站；发生特大疫情时，经省级人民政府批准，可以设立森林植物检疫检查站，开展森林植物检疫工作。

疫区和保护区的划定，由省级林业主管部门提出，报省级人民政府批准，并报国务院林业主管部门备案。疫区和保护区的范围涉及两省、自治区、直辖市以上的，由有关省、自治区、直辖市林业主管部门提出，报国务院林业主管部门批准后划定。疫区、保护区的改变和撤销的程序，与划定的程序相同。

3. 森林植物及其产品的产地检疫

产地检疫是由当地森林植物检疫机构对准备调出的森林植物及其产品进行检疫，填写产地检疫记录。产地检疫是植物检疫工作的重点。根据《植物检疫条例实施细则（林业部分）》第12条规定，生产、经营应施检疫的森林植物及其产品的单位和个人，应当在生产期间或者调运之前向当地森林植物检疫机构申请产地检疫。对检疫合格的，发给《产地检疫合格证》；对检疫不合格的，发给《检疫处理通知单》。产地检疫的技术要求按照《国内森林植物检疫技术规程》的规定执行。种子、苗木和其他繁殖材料的繁育单位，必须有计划地建立无植物检疫对象的种苗繁育基地、母树林基地。试验、推广的林木种子、苗木和其他繁殖材料，必须经森林植物检疫机构实施产地检疫，不得带有森林植物检疫对象。

4. 森林植物及其产品的调运检疫

调运检疫是产地调出的森林植物及其产品，按照规定经森林植物检疫机构的检疫检验。调运森林植物及其产品，属以下情况的，必须经过检疫：列入应施检疫的森林植物及其产品名单的，运出发生疫情的县级行政区域前必须检疫；凡种子、苗木和其他繁殖材料，不论是否列入应施检疫的森林植物及其产品名单和运往何地，在调运之前，都必须经过检疫。

按照规定必须检疫的森林植物和林产品，经检疫未发现森林植物检疫对象的，发给森林植物检疫证书。发现有森林植物检疫对象、但能彻底消毒处理的，托运人应按森林植物检疫机构的要求，在指定地点做消毒处理，经检查合格后发给森林植物检疫证书；无法消毒处理的，应停止调运。森林植物检疫证书的格式由国务院林业主管部门制定。对可能被森林植物检疫对象污染的包装材料、运载工具、场地、仓库等，也应实施检疫。如已被污染，托运人应按森林植物检疫机构的要求处理。因实施检疫需要的车船停留、货物搬运、开拆、取样、储存、消毒处理等费用，由托运人负责。按照规定必须检疫的森林植物及其产品，交通运输部门和邮政部门一律凭森林植物检疫证书承运或收寄。森林植物检疫证书应随货运寄。

省际调运应施检疫的森林植物及其产品的，调入单位必须事先征得所在地的省级森林植物检疫机构同意，并向调出单位提出检疫要求；调出单位必须根据该检疫要求向所在地的省级森林植物检疫机构申请检疫。对调入的森林植物及其产品，调入单位所在地的省级森林植物检疫机构应当查验森林植物检疫证书，必要时可以复检。

5. 林木种子、苗木和其他繁殖材料的国外引种检疫

从国外引进林木种子、苗木和其他繁殖材料，引进单位或者个人应当向所在地的省级森林植物检疫提出申请，填写《引进林木种子、苗木和其他繁殖材料检疫审批单》，办理引种检疫审批手续。引进后需要分散到其他省、自治区、直辖市种植的，应当在申请办理引种检疫审批手续前征得分散种植地所在地的省级森林植物检疫机构的同意。从国外引进的林木种子、苗木和其他繁殖材料，有关单位或者个人应当按照审批机关确认的地点和措施进行种植。对可能潜伏有危险性森林病、虫的，一年生植物必须隔离试种一个生长周期，多年生植物至少隔离试种两年以上。经省级森林植物检疫机构证明确实不带危险性森林病、虫的，方可分散种植。对引进的应施检疫的森林植物及其产品再次调运出省级区域时，如存放时间在一个月以内的，可以凭原检疫单证发给森林植物检疫证书。如存放时间虽未超过一个月但存放地疫情比较严重的，应当实施检疫。

6. 森林植物检疫员的职权

森林植物检疫员在执行检疫任务时有权行使下列职权：进入车站、机场、港口、仓库和森林植物及其产品的生产、经营、存放等场所，依照规定实施现场检疫或者复检、查验植物检疫证书和进行疫情监测调查；依法监督有关单位或者个人进行消毒处理、除害处理、隔离试种或采取封锁、消灭等措施；依法查阅、摘录或者复制与森检工作有关的资料，收集证据。森林植物检疫员应当经过省级以上林业主管部门举办的森林植物检疫培训班培训并取得成绩合格证书，由省级林业主管部门批准发给《森林植物检疫员证》。森林植物检疫员执行任务时，必须穿着森林植物检疫制服、佩戴森林植物检疫标志和出示《森林植物检疫员证》。

7. 违反森林植物检疫法规的法律责任

（1）不依照规定办理森林植物检疫证书的法律责任，依照《植物检疫条例》第18条规定，森林植物检疫机构应当责令纠正，可以处50～2000元的罚款；造成损失的，应当责令赔偿；尚不构成犯罪的，可以没收非法所得；构成犯罪的，由司法机关依法追究刑事责任。

（2）有下列情形之一的，由森林植物检疫机构依照《植物检疫条例》第18条规定给予行政处罚：①违反森林植物检疫法规规定，在森林植物及其产品报检过程中弄虚作假的；②非法伪造、涂改、买卖、转让森林植物检疫单

证、印章、标志、封识的；③未依照森林植物检疫法规的规定，调运、隔离试种或者生产应施检疫的森林植物及其产品的；④擅自开拆森林植物及其产品包装，调换森林植物及其产品的；⑤擅自改变森林植物及其产品的规定用途的；⑥违反规定调运森林植物及其产品的。

（3）应划疫区不划或者划为疫区不防，应划保护区不划或者划为保护区不保护，应施检疫不检疫或者不按规定检疫，对新疫情应报告不报或者报告不及时，以及其他违反森林植物检疫法规规定，引起森林植物检疫对象传入传出、发展蔓延，致使疫情扩散的，依照《植物检疫条例》第 18 条规定，森林植物检疫机构应当责令纠正，可以处 50～2000 元的罚款；造成损失的，应当责令赔偿；构成犯罪的，由司法机关依法追究刑事责任。对违反规定调运的森林植物及其产品，森林植物检疫机构有权予以封存、没收、销毁或者责令改变用途。销毁所需费用由责任人承担。

（4）逃避检疫引起重大森林植物疫情的，构成逃避动植物检疫罪，由司法机关依照《刑法》第 337 条规定追究刑事责任。

（5）森林植物检疫人员徇私舞弊，伪造检疫结果，或者严重不负责任，对应当检疫的检疫物不检疫，或者延误检疫出证、错误出证，致使国家利益遭受重大损失的，构成动植物检疫失职罪，由司法机关依照《刑法》第 413 条的规定追究刑事责任。

（6）森林植物检疫、运输、邮递等工作人员玩忽职守的，依照《植物检疫条例》第 19 条规定处罚。

第五节　植树造林法律制度

一、植树造林规划

根据《森林法》第 26 条规定，地方各级人民政府应当结合土地利用规划和农业区划，根据《森林法》及《森林法实施条例》的规定和全国造林绿化规划的要求，制定本地区植树造林的近期规划和长远规划，因地制宜地确定本地区提高森林覆盖率的奋斗目标。

二、造林绿化的责任制度和组织形式

1. 各级人民政府应当组织各行各业和城乡居民开展植树造林活动，完成植树造林规划确定的任务

第五届全国人民代表大会第四次会议《关于开展全民义务植树运动的决议》规定，凡是条件具备的地方，年满11岁的中华人民共和国公民，除老弱病残者外，因地制宜，每人每年义务植树三至五棵，或者完成相应劳动量的育苗、管护和其他绿化任务。

2. 实行造林绿化部门和单位负责制

根据《森林法》及《森林法实施条例》的有关规定，国家对造林绿化实行部门和单位负责制。铁路公路两旁、江河两侧、湖泊水库周围，由各有关主管单位因地制宜地组织造林，各有关主管单位是造林绿化的责任单位。工矿区、机关、学校用地、部队营区及农场、牧场、渔场经营地区，由各该单位负责造林，各该单位是造林绿化的责任单位。责任单位的造林绿化任务，由所在地的县级人民政府下达责任通知书，予以确认和组织检查验收。

3. 宜林荒山荒地的植树造林

属于国家所有的宜林荒山荒地，由林业主管部门和其他主管部门组织造林；属于集体所有的，由集体经济组织组织造林。

4. 承包造林

国家所有的宜林荒山荒地和集体所有的宜林荒山荒地，可以由集体承包进行植树造林，也可以由个人承包进行植树造林。国家鼓励对宜林荒山荒地进行植树造林，并依法保护其承包经营权。

三、植树造林的收益分配

为了鼓励植树造林，充分调动单位和个人造林、育林、护林的积极性，按照“谁造谁有”的原则，《森林法》第27条对植树造林的收益分配做出以下规定：国有企业事业单位、机关、团体、部队营造的林木，其林木所有权归国家所有，但是由造林单位负责经营管理，并按照国家有关规定支配林木收益；集体所有制单位营造的林木，归该营造单位所有，享有收益和处分的权利；农村居民在其房前屋后、自留地、自留山种植的林木，以及城镇居民和职工在自有房屋的庭院内种植的林木，归个人所有。个人享有使用、收益

和处分的权利，允许继承，并受法律保护；集体或者个人承包国家所有和集体所有的宜林荒山荒地造林的，林地所有权不变，承包后种植的林木归承包的集体或者个人所有，承包合同对种植的林木权属和收益另有约定的，按照承包合同的约定执行。

四、封山育林

根据《森林法》第28条规定，新造幼林地和其他必须封山育林的地方，由当地人民政府组织封山育林。封山育林，是指利用林木天然更新的能力，在有条件的山区，定期封山，禁止或者限制开荒、砍柴或者其他有害于林木生长的人畜活动，经过封禁和管理，使森林植被得到恢复的育林方式。封山育林适合于天然更新能力强的疏林地、造林不易成活需要改善土地条件的荒山荒地、幼林地及其他有天然恢复植被可能的荒山和荒地。采取封山育林的方式，用工少、成本低、效益高，既是加快林业发展的有效措施，也有利于改善野生动植物的生存环境，有利于生态环境的保护。因此，应当在积极开展人工造林的同时，因地制宜地大力发展封山育林，并遵守封山育林的有关管理规定。

五、违反植树造林管理法规的法律责任

1. 不履行全民植树义务的法律责任

年满18岁的成年公民无故不履行义务植树义务的，依照《国务院关于开展全民义务植树运动的实施办法》第9条规定，由所在单位进行批评教育，责令限期补栽，或者给予经济处罚。整个单位没有完成任务的，要追究领导责任，并由当地绿化委员会收缴一定数额的绿化费。

2. 未按照要求按时完成造林任务的法律责任

植树造林责任单位未按照所在地县级人民政府的要求按时完成造林任务的，依照《森林法实施条例》第42条规定，由县级以上林业主管部门责令限期完成造林任务；逾期未完成的，可以处应完成而未完成造林任务所需费用2倍以下的罚款；对直接负责的主管人员和其他直接责任人员依法给予行政处分。

第六节　森林采伐法律制度

一、森林采伐限额

1. 年森林采伐限额的概念

年森林采伐限额是指国家所有的森林和林木以国有林业企业事业单位、农场、厂矿等为单位，集体所有的森林和林木、个人所有的林木以县为单位，按照法定程序和方法，经科学测算编制，经各级地方人民政府审核，报经国务院批准的年采伐消耗森林蓄积的最大限量。

2. 实行限额采伐的范围

纳入年森林采伐限额的林木采伐包括：胸高直径5cm以上的成熟用材林的主伐，国防林、母树林、环境保护林、风景林的抚育和更新性质的采伐，低产林分的改造及四旁林木的采伐等。《森林法》规定禁止采伐的特种用途林中的名胜古迹和革命纪念地的林木、自然保护区的森林及农村居民房前屋后、自留地个人所有的零星林木，不计算在年采伐限额之内。

国务院批准的年森林采伐限额，每5年核定一次。经国务院批准的年森林采伐限额是具有法律约束力的年采伐消耗森林蓄积的最大限量，非经法定程序批准，不得突破。在国务院批准的商品材森林采伐限额内，国家备用的年森林采伐限额由国家林业局根据具体情况严格控制使用，需要增加木材生产计划的，由省级林业主管部门提出申请，国家林业局审批。对利用外资营造的用材林达到一定规模需要采伐的，可以在国务院批准的年森林采伐限额内，由省、自治区、直辖市林业主管部门批准，实行采伐限额单列，以鼓励利用外资造林。

为了促进重点地区速生丰产林基地建设，近年一些省级地方性法规规定，商品林采伐限额实行5年总控、年度之间进行调剂的管理方式。编制年森林采伐限额的单位剩余的年度商品林采伐限额，经省级林业主管部门核实，可以结转下一年度使用。速生丰产用材林、工业原料林实行采伐限额单列，各森林经营单位当年剩余的采伐限额，经省级林业主管部门核实，可以结转下一年度使用。

3. 完善人工商品林采伐限额管理的规定

《国家林业局关于完善人工商品林采伐管理的意见》（林资发［2003］244号）对人工商品林采伐限额管理作了专门的规定，主要内容如下：

（1）依法编制和实施森林经营方案的人工商品林，其年森林采伐限额根据森林经营方案确定的合理年森林采伐量制定。达到一定规模的人工商品林，其经营单位或个人可以单独编制年森林采伐限额。"一定规模"的标准由省级林业主管部门确定。

（2）国家对人工商品林的年森林采伐限额实行单列。在采伐限额编制单位内，人工商品林年森林采伐限额本年节余的，经省级林业主管部门批准，报国务院林业主管部门备案；可以结转下年使用。人工商品林年森林采伐限额不得用于采伐天然林或公益林。人工商品林年森林采伐限额不足的，可以使用天然林或公益林的年商品材采伐限额。

（3）在非林地上营造的商品林，森林经营者要求采伐的，县级以上林业主管部门应当保证其年森林采伐限额和年度木材生产计划，依法发放林木采伐许可证。

（4）定向培育的工业原料用材林和在非林地上营造的人工商品林各树种的主伐年龄由林木所有者确定。一般人工用材林各树种的主伐年龄按国家有关规定执行。

4. 制定年森林采伐限额的原则

（1）用材林的消耗量低于生长量。除了用材林的成熟林和过熟林蓄积量超过用材林总蓄积量2/3的个别地区以外，其他地区都必须按照用材林的消耗量低于生长量的原则，核定年森林采伐限额，这样才能保证森林资源越采越多。

（2）合理经营，永续利用。对用材林中成熟林和过熟林蓄积量超过用材林蓄积量2/3的个别地区，应按照合理采伐、永续利用的原则确定其年采伐限额；对中幼林多而成熟林少的地区，则主要根据成熟林的数量严格控制采伐，使消耗量大大低于生长量；对于用材林以外的其他林种，由于其培育目的与用材林不同，应以符合合理经营的要求为原则，制定年采伐限额。

（3）分类经营、分区施策。根据不同林种、生态区位等条件，确定不同采伐方式的分项限额，用材林列主伐限额，生态公益林只列抚育和更新采伐限额，禁伐林不列限额。定向培育的工业原料林根据其森林经营方案确定年森林采伐限额。

5. 制定年森林采伐限额的程序

国家所有的森林和林木以国有林业企业事业单位、农场、厂矿等为单位，集体所有的森林、林木及农村居民个人所有的林木以县为单位，根据合理经营、永续利用的原则，依据森林经营方案所确定的合理年采伐量，提出年森林采伐限额指标，逐级上报，由省、自治区、直辖市林业主管部门汇总平衡，经同级人民政府审核后，报国务院批准。国务院确定的国有重点林区的年森林采伐限额，由国务院林业主管部门审核后，报国务院批准。经国务院批准的年森林采伐限额是具有法律约束力的年采伐消耗森林蓄积的最大限量，非经法定程序批准，不得突破。

二、年度木材生产计划

1. 制定年度木材生产计划的意义

国家制定统一的年度木材生产计划是严格控制森林年采伐量，保证年采伐量不突破年采伐限额的重要措施。

2. 年度木材生产计划的制定

年度木材生产计划是在已批准的年森林采伐限额的基础上制定的。森林采伐限额包括商品木材、农民自用材、烧柴等一切人为消耗的森林资源，其中消耗最大的可控制部分是商品木材所消耗的森林资源。凡是采伐国有单位经营的森林和林木，集体所有的森林、林木及农村居民自留山的林木（薪炭林除外），都要按照国家有关规定纳入国家的年度木材生产计划，以确保森林采伐量不超过批准的年森林采伐限额。木材生产计划所消耗的森林蓄积量应当小于已批准的森林采伐限额减去农民自用材和烧柴等所消耗的森林蓄积量的数额。林木采伐许可证发放的除薪炭林外的采伐数量不得超过木材生产计划规定的数量。

3. 年度木材生产计划与年森林采伐限额的区别

年度木材生产计划与年森林采伐限额的区别在于：①制定的原则和程序不同，年采伐限额根据用材林的消耗量低于生长量和合理经营、永续利用的原则制定，而年度木材生产计划根据不突破年采伐限额的原则制定；②指标的含义不同，年采伐限额的指标是立木蓄积，而木材生产计划的指标一般是木材材积，两者之间依据核定的出材率进行换算；③制定年限不同，森林采伐限额每5年编制一次，年度木材生产计划则是每年制定一次。

三、林木采伐许可证制度

1. 林木采伐许可证制度

林木采伐许可证制度，是指采伐林木的单位和个人，必须依法向核发林木采伐许可证的部门申请林木采伐许可证，经批准取得林木采伐许可证后，按照采伐许可证的规定进行采伐，并完成采伐迹地更新的法律制度。林木采伐许可证是采伐林木的单位或者个人依照法律规定办理的准许采伐林木的法定文件。

2. 凭证采伐的范围

根据《森林法》第32条规定，除采伐不是以生产竹材为主要目的的竹林及农村居民采伐自留地、房前屋后自有的零星林木以外，凡采伐林木必须申请林木采伐许可证，并按照许可证的规定进行采伐。

采伐以生产竹材为主要目的的竹林，应当申请办理采伐许可证。因扑救森林火灾、防洪抢险等紧急情况需要采伐林木的，组织抢险的单位或者部门应当自紧急情况结束之日起30日内，将采伐林木的情况报告当地县级以上林业主管部门。农村集体所有的非林业用地上林木的采伐，按照《国家林业局关于改革和完善集体林采伐管理的意见》（林资发［2009］166号）规定，不纳入采伐限额管理，由经营者自主经营、自主采伐。“火烧枯死木”等自然灾害毁损的林木的采伐，按照国家林业局《关于未申请林木采伐许可证采伐“火烧枯死木”行为定性的复函》规定，也应当申请林木采伐许可证，并按照采伐许可证的规定采伐。

3. 林木采伐许可证的内容

林木采伐许可证的内容包括采伐地点、面积、蓄积（或株数）、树种、采伐方式、期限和完成更新造林的时间等。林木采伐许可证的式样由国务院林业主管部门规定，由各省、自治区、直辖市林业主管部门印制。

4. 林木采伐许可证的核发机关

根据《森林法》第32条和《森林法实施条例》第30条的规定，采伐森林、林木和以生产竹材为主要目的的竹林的，林木采伐许可证按以下不同情况分别由有关部门核发：

（1）国有林业企事业单位、机关、团体、部队、学校和其他国有企业事业单位采伐林木，由所在地县级以上林业主管部门依照有关规定审核发放采伐许可证。其中，县属国有林场，由所在地的县级人民政府林业主管部门核发；省、自治区、直辖市和设区的市、自治州所属的国有林业企业事业单位、其他国有企业事业单位，由所在地的省级林业主管部门核发；重点林区的国有林业企业事业单位，由国务院林业主管部门核发。

（2）铁路、公路的护路林和城镇林木的更新采伐，由各有关主管部门审核发放采伐许可证。

（3）农村集体经济组织采伐林木，由县级林业主管部门审核发放采伐许可证。

（4）农村居民采伐自留山和个人承包集体的林木，由县级林业主管部门或者其委托的乡（镇）人民政府依照有关规定审核发放采伐许可证。

（5）采伐跨行政区域的森林和林木，由林权所有者所在的县级林业主管部门核发林木采伐许可证，并告知采伐地所在的县级林业主管部门。

5. 林木采伐许可证核发机关的职责

（1）审核发放采伐许可证的机关，所发放的采伐许可证准许采伐森林和林木的总量，不得超过批准的年森林采伐限额。

（2）根据有关法规、规章的规定，有下列情形之一的，发证机关不得发给采伐许可证：第一，对防护林和特种用途林进行非抚育或者非更新性质的采伐，或者采伐封山育林期、封山育林区内的林木的；第二，上年度采伐后未完成更新造林任务的；第三，上年度发生重大滥伐案件、森林火灾或者大面积严重森林病虫害，未采取预防和改进措施的；第四，林木权属不清或有争议的；第五，申请采伐法律、法规禁止采伐的森林或林木的，或者申请的采伐方式与法律、法规规定的采伐方式不相符合的。

6. 林木采伐许可证的申请办理

（1）由森林、林木的所有者或使用者向当地审核发放林木采伐许可证的机关提出申请并提交有关文件材料，包括：申请采伐林木的所有权证书或者使用权证书，以及其他有关的证明文件：申请人属于国有林业企业事业单位的，提交伐区调查设计文件和上年度采伐更新验收证明；申请人属于其他单位的，提交包括采伐林木的目的、地点、林种、林况、面积、蓄积量、方式和更新措施等内容的文件；申请人属于个人的，提交包括采伐林木的地点、面积、树种、株数、蓄积量、更新时间等内容的文件。

（2）国有林业企业事业单位申请采伐许可证的，发证机关应当委托或组织有资质的单位和人员进行伐区调查，经林业主管部门审核批准后，发证机关根据木材生产计划指标和伐区调查设计情况发放采伐许可证。

7. 采伐林木的单位或个人应当遵守的规定

（1）对成熟的用材林，应当根据不同情况，分别采取择伐、皆伐和渐伐方式。皆伐应当严格控制，并在采伐的当年或者次年内完成更新造林。

（2）对防护林和特种用途林中的国防林、母树林、环境保护林、风景林，只准进行抚育和更新性质的采伐。

（3）禁止采伐特种用途林中的名胜古迹和革命纪念地的林木、自然保护区的森林。

（4）采伐林木的单位或者个人要按照规定的伐区作业要求进行采伐作业。发放采伐许可证的部门有权对采伐者的作业情况进行检查，对伐区作业不符合规定的单位，发证部门有权收缴采伐许可证，中止其采伐，直到纠正为止。

（5）采伐林木的单位或者个人，必须按照采伐许可证规定的面积、株数、树种、期限完成更新造林任务，更新造林的面积和株数不得少于采伐的面积和株数。

8. 树木采挖管理规定

根据《国家林业局关于规范树木采挖管理有关问题的通知》（林资发［2003］41号），采挖树木应当遵守以下规定：

（1）对采挖树木按照国家有关林木采伐的规定进行管理。采挖树木（包括活立木、树兜、树桩，下同）应当以有利于森林资源保护，不破坏森林、林木和林地为前提，由县级以上林业主管部门按照国家有关林木采伐的规定进行管理。采挖树木由林权单位或个人向县级以上林业主管部门提出申请，并提交采挖作业设计文件和林地植被恢复措施，办理林木采伐许可证后才可采挖。林业主管部门核发林木采伐许可证时要注明“树木采挖”项目，同时应当对批准的采挖作业进行监督管理，并提供有关技术服务，以提高采挖树木的成活率，巩固绿化成果。采挖国家重点保护野生植物和珍贵树木的，按照《野生植物保护条例》有关规定办理。未经批准擅自采挖树木，或者因采挖树木造成林地、植被破坏的，依照法律法规关于林木采伐、林地管理的规定进行处罚。

（2）下列区域的树木严禁采挖：自然保护区、名胜古迹、革命纪念地的树木；国家规定的重点防护林和古树名木；生态地位极端重要、生态环境极端脆弱的特殊保护区和重点保护区的树木，包括25度以上的山坡和县级以上林业主管部门确定的水土易流失的其他山坡，有关主管部门划定的铁路公路两旁、江河两侧、湖泊水库周围一定区域，石山区和全封的封山育林区等的树木。

（3）采挖树木的单位或个人的责任。申请采挖树木的单位或个人，必须采取林地、植被保护措施，并依法缴纳林业规费。采挖时不得破坏周边的林地和植被，采挖后限期恢复林业生产条件，并补植所采挖树木株数一倍以上的树木。

（4）省、自治区、直辖市地方性法规对采挖树木有具体规定的，按其规定执行。

四、违反森林采伐管理法规的法律责任

（一）盗伐林木的法律责任

1. 盗伐林木一般违法行为的行政法律责任

盗伐林木，是指行为人以非法占有为目的，未取得林木采伐许可证，擅自砍伐国家、集体、他人所有的或者他人承包经营管理的森林或者其他林木，或者擅自砍伐本单位或者本人承包经营管理的森林或者其他林木的行为。虽持有采伐许可证，但在采伐许可证规定的地点以外采伐国家、集体、他人所有或者他人承包经营管理的森林或者其他林木的行为，也属于盗伐林木行为。根据《森林法》及《森林法实施条例》，盗伐林木一般违法行为的行政处罚规定如下：

（1）盗伐林木不足0.5m^3（以立木材积计算，下同）或者幼树不足20株的，依照《森林法》第39条第1款和《森林法实施条例》第38条规定，依法赔偿损失；由县级以上林业主管部门责令补种盗伐株数10倍的树木，没收盗伐的林木或者变卖所得，并处盗伐林木价值3~5倍的罚款。盗伐林木数量较大，不便计算补种株数的，可按盗伐木材数量折算面积，并根据《森林法》第34条规定的处罚原则，责令限期营造相应面积的新林（下同）。

（2）盗伐林木0.5m^3以上或者幼树20株以上的，依法赔偿损失；由县级以上林业主管部门责令补种盗伐株数10倍的树木，没收盗伐的林木或者变卖所得，并处盗伐林木价值5~10倍的罚款。

根据《森林法》第39条第3款规定，违法者拒不补种树木或者补种不符合国家有关规定的，由林业主管部门代为补种，所需费用由违法者支付。

2. 盗伐林木构成犯罪的刑事法律责任

对犯盗伐林木罪的行为人，依照《刑法》第345条第1款规定追究刑事责任。处罚按情节严重程度分为三档：

（1）盗伐林木数量较大的，处3年以下有期徒刑、拘役或者管制，并处或者单处罚金。根据《最高人民法院关于审理破坏森林资源刑事案件具体应用法律若干问题的解释》第4条规定，“数量较大的”的起点，一般是指盗伐林木2~5m^3，或幼树100~200株，各省、自治区、直辖市高级人民法院可以根据本地区的实际情况，在上述数量幅度内，确定本地区执行的具体数量标准（下同）。

（2）盗伐林木数量巨大的，处3年以上7年以下有期徒刑，并处罚金。“数量巨大”的起点，一般是指盗伐林木20~50m^3或幼树1000~2000株。

（3）盗伐林木数量特别巨大的，处7年以上有期徒刑，并处罚金。“数量特别巨大”的起点，一般是指盗伐林木100～200m^3以上或幼树5000～10000株。单位犯盗伐林木罪的，由司法机关依照《刑法》第346条的规定，对单位判处罚金，并对其直接负责的主管人员和其他直接责任人员，依照《刑法》第345条第1款规定处罚。

（二）滥伐林木的法律责任

1. 滥伐林木一般违法行为的行政法律责任

滥伐林木，是指行为人未经林业主管部门或者法律规定的其他主管部门批准并核发林木采伐许可证，或者虽持有林木采伐许可证但违反林木采伐许可证规定的时间、数量、树种或者方式，任意采伐本单位所有或者本人所有的森林或者其他林木的行为。根据《最高人民法院关于审理破坏森林资源刑事案件具体应用法律若干问题的解释》第7条规定，林木权属争议一方在林木权属确权之前，擅自砍伐森林或者其他林木的，按滥伐林木处理。对滥伐林木一般违法行为的行政处罚规定如下：

（1）滥伐林木不足2m^3或者幼树不足50株的，依照《森林法》第39条第2款和《森林法实施条例》第39条规定，由县级以上林业主管部门责令补种滥伐株数5倍的树木，并处滥伐林木价值2～3倍的罚款。滥伐林木数量较大，不便计算补种株数的，可按滥伐木材数量折算面积，并根据森林法第34条规定的处罚原则，责令限期营造相应面积的新林（下同）。

（2）滥伐林木2m^3以上或者幼树50株以上的，由县级以上林业主管部门责令补种滥伐株数5倍的树木，并处滥伐林木价值3倍以上5倍以下的罚款。

2. 滥伐林木构成犯罪的刑事法律责任

对犯滥伐林木罪的行为人，由司法机关依照《刑法》第345条第2款规定处罚。处罚按情节严重程度分为两档：

（1）滥伐林木数量较大的，处3年以下有期徒刑、拘役或者管制，并处或者单处罚金。根据《最高人民法院关于审理破坏森林资源刑事案件具体应用法律若干问题的解释》第5条规定，“数量较大”的起点，一般是指滥伐林木10～20m^3或幼树500～1000株。

（2）滥伐林木数量巨大的，处3年以上7年以下有期徒刑，并处罚金。滥伐林木“数量巨大”，一般以50～100m^3或者幼树2500～5000株为起点。单位犯滥伐林木罪的，由司法机关依照《刑法》第346条的规定，对单位判处罚金，并对其直接负责的主管人员和其他直接责任人员，依照《刑法》第345条第2款的规定追究刑事责任。

3. 对其他非法砍伐林木行为的处罚规定

（1）对于一年内多次盗伐、滥伐少量林木未经处罚的，按照《最高人民法院关于审理破坏森林资源刑事案件具体应用法律若干问题的解释》第7条规定，可以累计其盗伐、滥伐林木的数量，构成犯罪的，由司法机关依法追究刑事责任。

（2）将国家、集体、他人所有并已经伐倒的树木窃为己有，以及偷砍他人房前屋后、自留地种植的零星树木，按照《最高人民法院关于审理破坏森林资源刑事案件具体应用法律若干问题的解释》第9条规定，应当以侵犯他人财产所有权论处，数额较大的，构成盗窃罪，由司法机关依照《刑法》第264条规定追究刑事责任。

（3）聚众哄抢林木 $5m^3$ 以上的，按照《最高人民法院关于审理破坏森林资源刑事案件具体应用法律若干问题的解释》第14条规定，属于聚众哄抢"数额较大"，对首要分子和积极参加的，依照《刑法》第268条规定，以聚众哄抢罪定罪处罚。

（4）行为人滥伐属于自己所有权的林木，构成滥伐林木罪的，按照《最高人民法院关于滥伐自己所有权的林木其林木应如何处理的问题的批复》，所滥伐的林木应当作为犯罪分子违法所得的财物，由司法机关依照《刑法》第60条规定予以追缴。

（三）违法发放林木采伐许可证的法律责任

1. 违法发放林木采伐许可证一般违法行为的行政法律责任

违法发放林木采伐许可证的行为，是指从事发放林木采伐许可证的人员或者林业主管部门的有关人员，超过批准的年采伐限额发放林木采伐许可证，或者超越职权发放林木采伐许可证的行为。

对违法发放林木采伐许可证情节轻微的，依照《森林法》第41条规定，由上一级人民政府林业主管部门责令纠正，对直接负责的主管人员和其他直接责任人员依法给予行政处分。如果有关人民政府林业主管部门对违法发放林木采伐许可证行为处罚不力，未予纠正的，可以由国务院林业主管部门直接处理，予以纠正。

2. 违法发放林木采伐许可证构成犯罪的刑事法律责任

（1）违法发放林木采伐许可证罪概念及特征。违法发放林木采伐许可证罪，是指林业主管部门的工作人员违反森林法的规定，超过批准的年采伐限额发放林木采伐许可证或者违反规定滥发林木采伐许可证，情节严重，致使森林遭受严重破坏的行为。

违法发放林木采伐许可证罪的主要特征是：第一，侵害的客体是国家的森林采伐管理制度。第二，在客观方面表现为实施了超过批准的年采伐限额发放林木采伐许可证的行为，或者违反规定滥发林木采伐许可证的行为，并且情节严重，致使森林遭受严重破坏。“超过批准的年采伐限额发放林木采伐许可证”，是指所发放的林木采伐许可证允许采伐林木的总量超过了上级主管部门下达的本地区当年的森林采伐限额。“违反规定滥发林木采伐许可证”，是指违反《森林法》及《森林法实施条例》的规定，随意发放林木采伐许可证的行为，主要包括以下三种情形：一是超越职权给本机关管辖区域以外的林木或不属于本机关签发采伐许可证的单位发放林木采伐许可证；二是擅自给不符合法律规定的采伐申请发放林木采伐许可证，如给防护林和特种用途林进行非抚育或者非更新性质的采伐发放林木采伐许可证等；三是擅自给手续不完备、材料不齐全的采伐申请发放林木采伐许可证，如给没有按照规定提供伐区调查设计等文件的申请者发放林木采伐许可证。根据最高人民法院《关于审理破坏森林资源刑事案件具体应用法律若干问题的解释》第12条规定，“情节严重”，是指具有下列情形之一的：一是发放林木采伐许可证允许采伐数量累计超过批准的年采伐限额，导致林木被采伐数量在10m^3以上的；二是滥发林木采伐许可证，导致林木被滥伐20m^3以上的；三是滥发林木采伐许可证，导致珍贵树木被滥伐的；四是批准采伐国家禁止采伐的林木，情节恶劣的以及其他情节严重的情形。第三，犯罪的主体是特殊主体，即有权发放林木采伐许可证的国家工作人员。单位不能构成本罪的主体。第四，在主观方面是出于故意。

（2）违法发放林木采伐许可证罪的刑事处罚规定。对犯违法发放林木采伐许可证罪的行为人，由司法机关依照《刑法》第407条规定，处3年以下有期徒刑或者拘役。

（四）伪造、买卖林木采伐许可证的法律责任

1. 买卖林木采伐许可证一般违法行为的行政法律责任

买卖林木采伐许可证的行为，是指行为人以营利为目的，非法买卖林木采伐许可证的行为。

对买卖林木采伐许可证情节轻微的，依照《森林法》第42条规定，由林业主管部门对卖方、买方分别给予以下处罚：没收违法买卖的证件和违法所得，并处违法买卖证件价款1倍以上3倍以下罚款。

2. 伪造、买卖林木采伐许可证构成犯罪的刑事法律责任

对犯伪造、买卖国家机关公文、证件罪的行为人，犯罪情节一般的，由司法机关依照《刑法》第280条第1款规定，处3年以下有期徒刑、拘役、

管制或者剥夺政治权利；对犯罪情节严重的，处 3 年以上 10 年以下有期徒刑。“情节严重”，一般是指多次买卖证件、数额较大、造成的损失较大或者社会影响恶劣等。

（五）林业主管部门工作人员渎职的法律责任

1. 林业主管部门工作人员滥用职权、玩忽职守构成犯罪的刑事法律责任

（1）从事森林资源保护、林业监督管理工作的林业主管部门的工作人员和其他国家机关的有关工作人员犯滥用职权罪、玩忽职守罪的，依照《刑法》第 397 条第 1 款规定，处 3 年以下有期徒刑或者拘役；情节特别严重的，处 3 年以上 7 年以下有期徒刑。

（2）从事森林资源保护、林业监督管理工作的林业主管部门的工作人员和其他国家机关的有关工作人员徇私舞弊，犯滥用职权罪或者玩忽职守罪的，依照《刑法》第 397 条第 2 款规定，处 5 年以下有期徒刑或者拘役；情节特别严重的，处 5 年以上 10 年以下有期徒刑。“徇私舞弊”，是指国家机关工作人员在行使职权时，以权谋私，假公济私，致使公共财产、国家和人民利益遭受重大损失的。“致使公共财产、国家和人民利益遭受重大损失”，根据《最高人民检察院关于渎职侵权犯罪案件立案标准的规定》（高检发释字［2006］2 号）第 1 条规定，是指具有下列情形之一的：①造成个人财产直接经济损失 10 万元以上，或者直接经济损失不满 10 万元，但间接经济损失 50 万元以上的；②造成公共财产或者法人、其他组织财产直接经济损失 20 万元以上，或者直接经济损失不满 20 万元，但间接经济损失 100 万元以上的；③虽未达到上述两项数额标准，但两项合计直接经济损失 20 万元以上，或者合计直接经济损失不满 20 万元，但合计间接经济损失 100 万元以上的；④严重损害国家声誉，或者造成恶劣社会影响的；⑤其他致使公共财产、国家和人民利益遭受重大损失的情形等。

2. 林业主管部门工作人员渎职的行政法律责任

从事森林资源保护、林业监督管理工作的林业主管部门的工作人员和其他国家机关的有关工作人员滥用职权、玩忽职守、徇私舞弊，情节轻微，尚不构成犯罪的，依照《森林法》第 46 条规定，应当依法给予行政处分。

（六）单位无证采伐林木或者超过木材生产计划采伐林木的法律责任

国有企业事业单位和集体所有单位未取得林木采伐许可证，擅自采伐林木的，或者年木材产量超过采伐许可证规定数量 5% 的，依照《森林法实施条例》第 39 条规定，由县级以上人民政府林业主管部门责令补种滥伐株数 5 倍的树木；对滥伐林木不足 $2m^3$ 或者幼树不足 50 株的，并处滥伐林木价值 2 倍

以上3倍以下的罚款；对滥伐林木$2m^3$以上或者幼树50株以上的，并处滥伐林木价值3倍以上5倍以下的罚款。此外，依照《森林采伐更新管理办法》第21条、第24条规定，无证采伐或者超过林木采伐许可证规定数量的木材，应当从下年度木材生产计划或者采伐指标中扣除；对其主要负责人和直接责任人员，由所在单位或者上级主管机关给予行政处分。

第七节　木材经营、运输管理法律制度

一、木材经营管理

木材经营管理，是指林业主管部门和有关国家机关依据国家的法律、法规和政策，对木材的收购、销售和加工活动的管理。林区木材经营管理也是控制森林资源消耗的一项重要措施。木材不同于一般商品，加强木材经营管理对于防止乱砍滥伐、保护森林资源具有重要的作用。《森林法》第36条授权国务院规定木材的经营和监督管理办法，《森林法实施条例》第34条对木材经营管理规定的主要内容如下：

1. 经营（含加工）木材，必须经县级以上林业主管部门批准

由于木材经营加工的原料是木材，是要消耗森林资源的，所以，林业主管部门对木材经营加工的批准，主要审核有无正当的木材来源，杜绝非法采伐的木材进入流通领域。经营加工木材的，必须向县级以上林业主管部门提出申请，经批准后到工商行政主管部门办理登记注册，领取营业执照后方可经营。

国家工商行政管理局和国务院林业主管部门《关于集体林区木材市场管理的暂行规定》要求，各地应本着方便群众、有利管理的原则，设立固定的木材市场；集体林区的木材市场由工商行政管理机关领导和管理，林业主管部门协助做好管理工作。进入木材市场的木材应当符合以下条件：生产者出售的木材应有林木采伐许可证；农民采伐房前屋后、自留地和其他非林地个人所有的零星林木要有村委会证明材料；木材经营加工单位或个人的木材要有林业主管部门许可经营加工的证书或文件；从外地调入的木材要有林业主管部门核发的木材运输证。林业主管部门对木材市场的管理，重点应在木材来源检查、林业经费的征管等方面。

从事木材经营加工的单位或个人应当具备以下条件：具有与其经营加工

木材数量和规模相适应的资金；有固定的经营加工场所；有与其经营加工活动相适应的从业人员；有能够满足其经营加工活动要求的生产设备和技术条件；经营加工的木材数量和规模与当地森林资源承载能力及企业外调木材能力相适应等。

2. 木材收购单位和个人不得收购没有林木采伐许可证或者其他合法来源证明的木材

"其他合法来源证明"，是指林木采伐许可证以外的能够证明木材来源的合法证明文件，如购买木材的有效凭证、农民采伐自留地和房前屋后自有林木的证明等。没有采伐许可证或者其他合法来源证明的木材，是非法采伐的木材，禁止收购这类木材，才能遏制非法采伐林木的行为，达到保护森林资源的目的。

3. 关于纳入木材经营管理范围的木材种类的规定

纳入木材经营管理范围的木材种类，是指原木、锯材、竹材、木片和省、自治区、直辖市规定的其他木材。实践中，各省、自治区、直辖市可以根据实际需要规定"省管木材"，即把原木、锯材、竹材、木片以外的某些木材种类，例如木制人造板等大宗木制半成品、大宗木制成品、大宗竹制成品、大宗树蔸及其制品、薪材等，纳入本省（自治区、直辖市）木材经营管理的范围。由于各地情况不同，目前各省（自治区、直辖市）对"省管木材"的规定不尽相同。

二、木材运输管理

根据《森林法》第37条规定，从林区运出木材，必须持有林业主管部门发给的运输证件。木材运输管理是森林资源保护和管理的重要内容之一，是控制森林资源消耗的一项重要措施。加强木材运输管理的目的是维护林区木材运输的正常秩序，防止和制止非法运输木材的行为，从而保护森林资源和促进林区经济的发展。实践证明，如果在木材运输管理上放松，就会导致林木的过度采伐，破坏限额采伐制度的实施，造成森林资源的严重破坏。实行木材凭证运输制度，是《森林法》规定的又一项重要的法律制度。

1. 木材凭证运输制度

木材凭证运输是指从林区运出非国家统一调拨的木材，必须持有县级以上林业主管部门核发的木材运输证件，并按证件规定的内容进行运输。

（1）木材运输证是运输木材的合法凭证，其式样由国务院林业主管部门规定。木材运输证分为《出省木材运输证》和《省内木材运输证》两种。木材运输证上应当注明树种、材种、规格、数量、起止地点、运输方式、运输有效期等内容。

（2）木材运输证的核发机关。从国务院确定的国家所有的重点林区运出木材的木材运输证，由国务院林业主管部门核发；出省（自治区、直辖市）木材运输证由省级林业主管部门或者其委托的林业主管部门核发；省内运输的木材运输证由县级林业主管部门核发。对依法取得采伐许可证并按照证的规定采伐的木材，从林区运出时，林业主管部门应当发给运输证件。

（3）需要凭证运输的木材。运输原木、锯材、竹材、木片和省、自治区、直辖市规定的其他木材的，应当持有县级以上林业主管部门核发的木材运输证。实践中，除国家规定的原木、锯材、竹材、木片需凭证运输外，各省、自治区、直辖市可以根据实际需要将其他某些木材种类纳入本省（自治区、直辖市）木材运输管理的范围。

木材运输证自木材起运点到终点全程有效，必须随货同行。对没有木材运输证的木材，承运单位和个人不得承运。

2. 木材运输证的申请与核发

申请办理木材运输证的单位和个人，应当提交以下证明文件：

（1）林木采伐许可证或者其他合法来源证明。凭林木采伐许可证采伐的木材是合法的，可以运出林区。但是，非法采伐和非法收购的木材，是不允许进入流通领域的。“其他合法来源证明”一般包括：运输农民自留地及房前屋后生产的木材或旧房料，凭乡、镇人民政府或者基层林业工作站的证明；个人搬迁按规定允许携带的木材，凭户口迁移证明或工作调动证明；木材经营、加工单位运输木材，凭林业主管部门规定的有关证明文件。

（2）检疫证明。申请木材运输证要提供木材检疫证明，主要是为了防止危险性的森林病虫害的传播与蔓延。

（3）省、自治区、直辖市林业主管部门规定的其他文件。省、自治区、直辖市林业主管部门可以根据本行政区域的实际情况，规定应当提交其他有关证明文件，如运输原木、锯材、竹材、木片以外的木材种类应提交的证明文件、木材检尺码单等。

对符合上述条件的木材运输证申请，受理其申请的县级以上林业主管部门应当自接到申请之日起3日内发给木材运输证。林业主管部门依法发放的木材运输证所准运的木材运输的总量，不得超过当地年度木材生产计划规定可以运出销售的木材总量。

3. 木材运输监督

林区木材运输的监督机构是木材检查站。《森林法》规定，经省、自治区、直辖市人民政府批准，可以在林区设立木材检查站，负责检查木材运输。《森林法实施条例》和国务院林业主管部门制定的有关规定，对木材运输监督和木材检查站的设立、任务、职责等作了明确的规定。

木材检查站是经省级人民政府批准、由林业主管部门在林区设立的专门负责木材运输检查的林业基层行政执法机构。木材检查站的设立按照统一规划、合理设置的原则，由县、市林业主管部门提出，经省级林业主管部门审核，报省级人民政府批准。未经省级人民政府批准，任何部门和单位都不得设立木材检查站，也不得撤销已经设立的木材检查站。

木材检查站的任务是负责检查木材运输，维护林区木材运输秩序，制止非法运输木材的行为。根据有关规定，对未取得运输证件或者物资主管部门发给的调拨通知书运输木材的，木材检查站有权制止，可以采取暂扣无证运输的木材的行政措施，并应立即报请县级以上林业主管部门依法处理。另外，根据《行政处罚法》等法律、法规的规定，木材检查站可以在县级以上林业主管部门依法委托的范围内，行使对非法运输木材行为的行政处罚权。木材检查站还可以根据法律、法规规定和县级以上林业主管部门的委托，行使对国家重点保护的野生动植物运输的检查和监督。但是，没有法律、法规的规定或者未经县级以上林业主管部门依法委托，木材检查站不得擅自行使行政处罚权和增加检查项目。

木材检查员执行职务时，应当出示省级林业主管部门统一制发的检查证件，佩戴统一标志，严格执法，文明执法。对滥用职权、索贿受贿的，应依法追究其法律责任；对因故意或者重大过失侵犯当事人合法权益，造成经济损失的，应依法承担赔偿责任。

三、珍贵树木及其制品、衍生物进出口管理

为了保护我国的珍贵树木资源，加强对珍贵树木及其制品、衍生物的出口管理，《森林法》第38条规定了珍贵树木及其制品、衍生物进出口的管理和批准程序。国家禁止或者限制珍贵树木及其制品、衍生物的出口。出口国家限制出口的珍贵树木或者其制品、衍生物的，必须经出口人所在地省、自治区、直辖市林业主管部门审核，报国务院林业主管部门批准。海关凭国务院林业主管部门的批准文件放行。进出口的树木或者其制品、衍生物属于中国参加的国际公约限制进出口的濒危物种的，还必须向国家濒危物种进出口管理机构申请办理允许进出口证明书，海关凭允许进出口证明书放行。国家禁止或者限制出口的珍贵树木及其制品、衍生物的名录和年度限制出口总量，

由国务院林业主管部门会同国务院有关部门制定，报国务院批准后执行。

珍贵树木是指国家规定重点保护的珍贵植物中的木本植物。1999 年 9 月国务院林业、农业行政主管部门公布了经国务院批准的《国家重点保护野生植物名录（第一批）》。“珍贵树木的衍生物”，是指某种产品如果含有肉眼辨认不出的某种珍贵树木的成分，这种产品称为该种珍贵树木的衍生物。但是，不含有某种珍贵树木成分的产品，如果注明或者标明其成分中含有该种珍贵树木成分，这种产品也视为该种珍贵树木的衍生物，并相应地按照有关规定执行。为了保护我国的珍贵树种资源，《森林法》将珍贵树木的衍生物也纳入进出口管理范围中。

四、违反木材经营、运输管理法规的法律责任

（一）非法收购、运输盗伐、滥伐林木的法律责任

1. 非法收购、运输盗伐、滥伐林木一般违法行为的行政法律责任

非法收购、运输明知是盗伐、滥伐的林木，情节轻微的，依照《森林法》第 43 条规定，由林业主管部门责令停止违法收购、运输林木的行为，没收违法收购、运输的盗伐、滥伐的林木或者变卖所得，可以并处违法收购、运输林木价款 1 倍以上 3 倍以下的罚款。

2. 非法收购、运输盗伐、滥伐林木构成犯罪的刑事法律责任

非法收购、运输明知是盗伐、滥伐的林木，情节严重构成犯罪的，依照《刑法》第 345 条第 3 款规定，处 3 年以下有期徒刑、拘役或者管制，并处或者单处罚金。根据《最高人民法院关于审理破坏森林资源刑事案件具体应用法律若干问题的解释》第 11 条规定，“情节严重”是指具有下列情形之一的：①非法收购、运输盗伐、滥伐的林木 $20m^3$ 以上或者幼树 1000 株以上的；②非法收购、运输盗伐、滥伐的珍贵树木 $2m^3$ 以上或者 5 株以上的，以及其他情节严重的情形。非法收购、运输明知是盗伐、滥伐的林木，情节特别严重的，处 3 年以上 7 年以下有期徒刑，并处罚金。“情节特别严重”是指具有下列情形之一的：非法收购、运输盗伐、滥伐的林木 $100m^3$ 以上或者幼树 5000 株以上的；非法收购、运输盗伐、滥伐的珍贵树木 $5m^3$ 以上或者 10 株以上的，以及其他情节特别严重的情形。单位犯非法收购、运输盗伐、滥伐林木罪的，由司法机关依照《刑法》第 346 条的规定，对单位判处罚金，并对其直接负责的主管人员和其他直接责任人员，依照《刑法》第 345 条第 3 款规定处罚。

（二）未经批准擅自经营或者加工木材的法律责任

无木材经营（加工）许可证或者未经林业主管部门批准，擅自经营或者

加工木材的，依照《森林法实施条例》第40条规定，由林业主管部门没收其经营或者加工的全部木材和违法所得，可以并处违法所得2倍以下的罚款。

（三）非法运输木材的法律责任

1. 无木材运输证运输木材的法律责任

无木材运输证件运输木材的，依照《森林法实施条例》第44条第1款规定，由县级以上林业主管部门没收非法运输的木材，对货主可以并处非法运输木材价款30%以下的罚款。

2. 超出木材运输证的规定运输木材的法律责任

运输的木材数量超出木材运输证所准运的运输数量的，依照《森林法实施条例》第44条第2款规定，由县级以上林业主管部门没收超出部分的木材；运输的木材树种、材种、规格与木材运输证规定不符又无正当理由的，没收其不相符部分的木材。

3. 使用假木材运输证或者通过非法手段取得的木材运输证运输木材的法律责任

使用伪造、涂改或者通过欺骗、倒卖、转让等非法手段取得木材运输证运输木材的，依照《森林法实施条例》第44条第3款规定，由县级以上林业主管部门没收非法运输的木材，并处没收木材价款10%至50%的罚款。

4. 承运无木材运输证木材的法律责任

承运无木材运输证木材的，依照《森林法实施条例》第44条第4款规定，由县级以上林业主管部门没收运费，并处运费1倍至3倍的罚款。

（四）伪造、买卖木材运输证的法律责任

1. 买卖木材运输证一般违法行为的行政法律责任

买卖木材运输证的行为，是指行为人以营利为目的，非法买卖木材运输证的行为。对买卖木材运输证情节轻微的，依照《森林法》第42条规定，由林业主管部门对卖方、买方分别给予以下处罚：没收违法买卖的证件和违法所得，并处违法买卖证件价款1倍以上3倍以下罚款。

2. 伪造木材运输证和买卖木材运输证构成犯罪的刑事法律责任

根据最高人民法院《关于审理破坏森林资源刑事案件具体应用法律若干问题的解释》第13条规定，伪造木材运输证的，或者买卖木材运输证情节严重的，构成犯罪，依照《刑法》第280条第1款的规定，以伪造、买卖国家机关公文、证件罪定罪处罚，处3年以下有期徒刑、拘役、管制或者剥夺政治权利；情节严重的，处3年以上10年以下有期徒刑。

第三章　野生动植物保护与自然保护区法律制度

第一节　野生动物保护法律制度

一、野生动物保护法概述

（一）野生动物保护的立法

野生动物保护法有广义和狭义之分。狭义的野生动物保护法，是指国家最高立法机关依照法定程序制定的关于野生动物资源保护管理方面的专门法律，即1989年3月1日起施行的《中华人民共和国野生动物保护法》（以下简称《野生动物保护法》）。《野生动物保护法》的颁布实施，使我国野生动物保护管理工作走上了法律化、规范化、制度化的轨道，对保护野生动物特别是珍贵、濒危野生动物，促进生态平衡起到了极为重要的作用。

广义的野生动物保护法，是指调整人们在野生动物资源的保护、培育和利用等活动中所产生的各种社会关系的法律规范的总称，通常也称为野生动物保护法规。从历史上看，它可以散见于有关法律、行政法规、地方性法规、规章等各种规范性文件及有关国际公约之中。

（二）野生动物保护法的保护范围

野生动物，是指以森林、草原等自然环境为依托而生存的，未经人工驯化的动物的总称。通常，野生动物还包括用于科学研究、文化交流、展览等目的但未经驯化的动物。

我国地域辽阔，野生动植物资源十分丰富。据统计，我国有脊椎动物6482种，约占世界脊椎动物种类的10%，其中，兽类581种，鸟类1332种，爬行类412种，两栖类295种，鱼类3862种。我国有许多特有的野生动物，其中，特有的兽类86种，鸟类80种，两栖类163种，爬行类126种。大熊猫、金丝猴、华南虎、藏羚羊、褐马鸡、绿尾虹雉、白鳍豚、扬子鳄等均为我国特有的珍贵、濒危动物，也是世界闻名的野生动物。此外，还有已定名的昆虫约3000多种。对如此众多的野生动物种类，需要根据我国经济社会发展状况和动物资源数量，选择一些珍贵、濒危和有益的或者有重要经济、科学研究价值的野生动物进行保护，从而达到维护生态平衡的目的。

根据《野生动物保护法》第2条规定，受法律保护的野生动物是指珍贵、濒危的陆生、水生野生动物和有益的或者有重要经济、科学研究价值的陆生野生动物。应当注意，《野生动物保护法》中所指的野生动物，是法律意义上的野生动物，即通过国家有关机关制定野生动物保护名录的形式确定的。凡是被列入野生动物保护名录的野生动物种类，都是受法律保护的野生动物，反之，则不属于受法律保护的野生动物。与自然科学上的野生动物的概念是有区别的。

根据《野生动物保护法》第9条规定，国务院1988年12月10日批准、林业部和农业部1989年1月14日共同发布《国家重点保护野生动物名录》，确定了国家重点保护的野生动物的范围。国家林业局2000年8月1日发布《国家保护的有益的或者有重要经济、科学研究价值的陆生野生动物名录》，具体确定了国家保护的有益的或者有重要经济、科学研究价值的陆生野生动物保护范围。各省、自治区、直辖市通过制定地方重点保护野生动物名录的形式，确定本省、自治区、直辖市重点保护野生动物的范围。另外，对从国外引进的野生动物，经省、自治区、直辖市林业主管部门或者国务院林业主管部门核准，可以视为地方重点保护野生动物或者国家重点保护野生动物。

（三）野生动物保护管理的基本方针

根据《野生动物保护法》第4条规定，国家对野生动物实行“加强资源保护、积极驯养繁殖、合理开发利用”的方针。野生动物资源属于国家所有，任何单位和个人都有保护野生动物资源的义务，对侵占或者破坏野生动物资源的行为有权检举和控告。国家保护依法开发利用野生动物资源的单位和个人的合法权益，鼓励开展野生动物的科学研究和驯养繁殖活动。同时，国家保护珍贵、濒危的野生动物，禁止任何单位和个人非法猎捕和破坏国家或者地方重点保护的野生动物及其生存环境。各级人民政府应当制定保护、发展和合理利用野生动物资源的规划和措施，切实加强对野生动物资源的保护和管理。

二、野生动物保护的法律规定

（一）野生动物的管理体制

野生动物的管理体制，是指野生动物保护管理工作的主管部门及其职责划分。根据《野生动物保护法》第7条规定，国务院林业行政主管部门负责全国陆生野生动物的保护管理工作；国务院渔业行政主管部门负责全国水生野生动物的保护管理工作。省、自治区、直辖市人民政府林业行政主管部门负责本行政区域内陆生野生动物的保护管理工作；市、自治州、县人民政府负责陆生野生动物的行政主管部门，由省、自治区、直辖市人民政府确定；县级以上地方人民政府渔业行政主管部门负责本行政区域内水生野生动物的保护管理工作。

陆生野生动物和水生野生动物的法律含义，不等同于自然科学中对野生动物的定义。把野生动物分为陆生野生动物和水生野生动物进行管理，主要是为了适应林业、渔业行政主管部门管理职责的分工，同时也考虑了我国野生动物保护管理的历史和现状。一般来说，陆生野生动物是指主要依靠陆地生存、繁衍的野生动物，包括各种兽类、鸟类、爬行类、昆虫类、部分两栖类等；水生野生动物主要是指鱼类和部分两栖类野生动物。需要说明，只有珍贵、濒危的水生野生动物才适用《野生动物保护法》的规定，其他水生野生动物则适用《渔业法》的规定。本单元中所称野生动物除特别注明水生野生动物的以外，均指陆生野生动物。

（二）野生动物的分级管理制度

野生动物的分级管理制度，是指根据野生动物资源状况对野生动物进行分类、分级管理的法律规定。根据《野生动物保护法》第9条规定，我国野生动物分为三大类进行保护和管理：国家重点保护野生动物，地方重点保护野生动物和国家保护的有益的或者有重要经济、科学研究价值的陆生野生动物。

1. 国家重点保护野生动物

国家重点保护野生动物是指国家重点保护的珍贵、濒危的野生动物，分为国家一级保护野生动物和国家二级保护野生动物。这类野生动物的特点，一是数量少、甚至濒临灭绝状态，二是珍贵程度高，属于我国特有的野生动物。如有“国宝”之称的大熊猫，还有金丝猴、赤茎鹤等，都属于数量少、我国特有甚至濒临灭绝状态的野生动物。国家重点保护的野生动物名录由国务院林业、渔业行政主管部门制定及调整，报国务院批准公布。《国家重点保护野生动物名录》将大熊猫、金丝猴、华南虎、东北虎、叶猴、长臂猿、藏羚羊、野马等，列为国家一级保护野生动物；将小熊猫、穿山甲、黑熊、红腹锦鸡等列为国家二级保护野生动物。

2. 地方重点保护野生动物

地方重点保护野生动物是指在国家重点保护野生动物以外，省、自治区、直辖市重点保护的野生动物。这类野生动物在一定地区数量相对较少，应当重点保护。地方重点保护的野生动物名录，由省、自治区、直辖市人民政府制定并公布，报国务院备案。

3. 国家保护的有益的或者有重要经济、科学研究价值的陆生野生动物

国家保护的有益的或者有重要经济、科学研究价值的陆生野生动物，是指国家重点保护的野生动物以外，需要国家保护的陆生野生动物。这类野生动物的数量相对较多，在一定时期内具有一定的经济、科学研究价值，或者在保护生态环境方面有显著作用的野生动物，如青蛙、蛇类、黄鼬、野猪等。根据《野生动物保护法》第9条第三款规定，国家保护的有益的或者有重要经济、科学研究价值的陆生野生动物名录及其调整，由国务院林业主管部门制定并公布。2000年8月国务院林业主管部门公布了《国家保护的有益的或者有重要经济、科学研究价值的陆生野生动物名录》。该名录包括兽纲6目14科88种、鸟纲18目61科707种、两栖纲3目10科291种、爬行纲2目20科395种、昆虫纲17目72科110种。该名录与《地方重点保护野生动物名录》相重复的，应按地方重点保护野生动物进行管理。

4. 我国参加的国际公约、协定中规定保护的野生动物

目前我国参加或者签订的涉及野生动物保护方面的公约有《濒危野生动植物种国际贸易公约》、《中日保护候鸟及其栖息环境协定》、《中澳候鸟保护协定》等。这些公约、协定都规定我国保护的某些种类野生动物，有些原产于我国的野生动物已由我国法律给予保护；有些没有列入我国的相关野生动物名录之中，以及有些非原产于我国的野生动物，但根据公约或者协定的规定，我国应当予以保护。例如，1993年林业部《关于核准部分濒危野生动物为国家重点保护野生动物的通知》，将《濒危野生动植物种国际贸易公约》附录Ⅰ和附录Ⅱ所列非原产于我国的所有野生动物，如犀牛、食蟹猴、袋鼠、鸵鸟、非洲象、斑马等，同原产我国的国家一级和国家二级保护野生动物一并按照国家现行法律、法规和规章的规定实施管理。

（三）野生动物栖息环境保护制度

野生动物栖息环境保护是野生动物保护的一项重要内容。野生动物的栖息环境包括森林类型、草原类型、荒漠类型、沼泽类型等。根据《野生动物保护法》第 8 条和《陆生野生动物保护实施条例》第 8 条的规定，国家保护野生动物及其生存环境；各级野生动物行政主管部门应当组织社会各方面力量，采取生物技术和工程技术措施，维护和改善野生动物生存环境，保护和发展野生动物资源。野生动物栖息环境保护制度含以下三方面内容：

1. 自然保护区制度

自然保护区是指在国家和地方重点保护野生动物的主要生息繁衍的地区和水域，依照国家有关规定而划定的特殊区域。目前，在野生动物的主要分布区域，我国已经建立了各种自然保护区，如在大熊猫主要栖息地的四川省卧龙、东北虎主要栖息地的吉林省长白山等地，都建立了国家级自然保护区。

2. 野生动物生存环境监测制度

野生动物资源是自然生态系统的重要组成部分，野生动物的生存和繁衍都离不开它们赖以生存的周围环境。环境将对野生动物的生存具有直接和间接的影响。直接影响一般容易发现和监测，如野生动物的生存环境受到严重破坏，野生动物的食物、繁衍场所等将不复存在，其直接后果是野生动物的种群退化、数量减少等；间接影响往往发生缓慢，容易被忽视，需要通过环境变化情况来监测对野生动物的影响。

根据《野生动物保护法》第 11 条规定，各级野生动物行政主管部门应当监视、监测环境对野生动物的影响，并作为保护野生动物的一项重要制度。由于环境的影响对野生动物造成危害时，野生动物行政主管部门应当会同有关部门进行调查和处理。

3. 环境影响报告制度

环境影响报告制度是指建设项目涉及国家和地方重点保护野生动物的生存环境时，应当依法进行环境评估的法律规定。为了保护野生动物及其生存环境，减少建设项目对野生动物的生存产生不利影响，根据《野生动物保护法》第 12 条规定，建设项目对国家和地方重点保护野生动物的生存环境产生不利影响时，建设单位应当提交环境影响报告书。环境保护部门在审批时，应当征求同级野生动物行政主管部门的意见。环境影响报告制度是我国环境保护法律的一项重要制度。环境影响报告书的提出和审批，应当按照《环境保护法》的规定进行。

（四）救护野生动物的法律规定

为了保护国家和地方重点保护野生动物，对于因自然灾害导致野生动物受到危害或者其生存受到威胁时，需要人们给予积极的救护。《野生动物保护法》第13条规定，国家和地方重点保护野生动物受到自然灾害威胁时，当地人民政府应当及时采取拯救措施。任何单位和个人发现受伤、病弱、饥饿、受困、迷途的国家和地方重点保护野生动物时，应当及时报告当地野生动物行政主管部门，由野生动物行政主管部门采取救护措施；也可以就近送具备救护条件的单位救护；救护单位应当立即报告野生动物行政主管部门，并按照国务院野生动物行政主管部门的规定办理。例如，为了及时有效地救护野外病饿伤残大熊猫，国家林业局2001年发布了《国家林业局关于野外大熊猫救护工作的规定》，对因病饿伤残等情况失去生存能力的大熊猫的救护工作做了专门的规定。

（五）因保护野生动物受到损失的补偿制度

根据《野生动物保护法》第14条和《陆生野生动物保护实施条例》第10条的规定，有关地方政府应当采取措施，预防、控制野生动物所造成的危害，保障人畜安全和农业、林业生产；有关单位和个人对国家和地方重点保护野生动物可能造成的危害，应当采取防范措施；因保护国家和地方重点保护野生动物受到损失的，当事人可以向当地人民政府野生动物行政主管部门提出补偿要求。经调查属实并确实需要补偿的，按照省、自治区、直辖市人民政府的有关规定给予补偿。因猎捕野生动物造成农作物或者其他损失的，由猎捕者负责赔偿。

三、野生动物管理的法律规定

野生动物管理，是指各级人民政府及其有关主管部门依照法律规定，保护、发展野生动物资源、并保障野生动物资源合理利用的行政管理制度和措施。野生动物管理的基础是定期进行野生动物资源调查，并建立野生动物资源档案。为了拯救珍贵、濒危野生动物，保护和合理利用野生动物资源，《野生动物保护法》规定了野生动物管理的各项具体法律制度。

（一）野生动物猎捕管理制度

野生动物猎捕管理，是指在猎捕、捕捉野生动物活动中的行政管理，包括猎捕野生动物种类、猎捕工具、禁猎区、禁猎期，以及猎捕工具和方法的管理。猎捕，是指使用狩猎工具或者方法，在野外自然状态下获得野生动物或者其产品的行为，被猎捕的野生动物不论是否死亡，均属猎捕行为。捕捉，是指使用一定的工具和方法，活捉生活在野外自然状态下的野生动物。

1. 猎捕国家重点保护野生动物的规定

国家重点保护野生动物是禁止猎捕的，但是，在特殊情况下经过批准也可以猎捕。这些情况包括：①为进行野生动物科学考察、资源调查；②为驯养繁殖国家重点保护野生动物，必须从野外获取种源的；③为承担省级以上科学研究项目或者国家医药生产任务，必须从野外获取国家重点保护野生动物的；④为宣传、普及野生动物知识或者教学、展览的需要；⑤为国事活动的需要；⑥为调控国家重点保护野生动物种群数量和结构，经科学论证必须猎捕的；⑦因其他特殊情况必须猎捕、捕捉国家重点保护野生动物的。

根据《野生动物保护法》第 16 条规定，捕捉、猎捕国家重点保护野生动物，必须持有特许猎捕证。申请特许猎捕证的程序如下：

（1）需要捕捉国家一级保护野生动物的，必须附具申请人所在地和捕捉地的省级野生动物行政主管部门签署的意见，向国务院野生动物行政主管部门提出申请。其中捕捉的野生动物属于国家一级保护水生野生动物的，附具所在地和捕捉地的省级渔业行政主管部门签署的意见，向国务院渔业行政主管部门提出申请；捕捉的野生动物属于国家一级保护陆生野生动物的，附具所在地和捕捉地的省级林业行政主管部门签署的意见，向国务院林业行政主管部门提出申请。动物园需要猎捕国家一级保护野生动物的，在向国务院野生动物行政主管部门申请特许猎捕证以前，必须经国务院建设行政主管部门审核同意。

（2）需要在本省、自治区、直辖市行政区域内猎捕国家二级保护野生动物的，必须附具申请人所在地的县级野生动物行政主管部门签署的意见，向省级野生动物行政主管部门提出申请。其中捕捉的野生动物属于国家二级保护水生野生动物的，附具所在地的县级渔业行政主管部门签署的意见，向省级渔业行政主管部门提出申请；捕捉的野生动物属于国家二级保护陆生野生动物的，附具所在地的县级林业行政主管部门签署的意见，向省级林业行政主管部门提出申请。

（3）需要跨省（自治区、直辖市）行政区域猎捕国家二级保护野生动物的，必须附具申请人所在地的省级野生动物行政主管部门签署的意见，向猎捕地的省级野生动物行政主管部门提出申请。动物园需要猎捕国家二级保护野生动物的，在向申请人所在地的省级野生动物行政主管部门申请特许猎捕证以前，必须经同级建设行政主管部门审核同意。负责核发特许猎捕证的野生动物行政主管部门接到申请后，应当在 3 个月内做出批准或者不批准的决定。

为了保护野生动物资源，在下列情况下不予发放特许猎捕证：申请猎捕者有条件以合法的非猎捕方式获得国家重点保护野生动物的种源、产品或者达到所需目的的；猎捕申请不符合国家有关规定或者申请使用的猎捕工具、方法及猎捕时间、地点不当的；根据野生动物资源现状不宜捕捉、猎捕的。

县级人民政府野生动物行政主管部门对在本行政区域内猎捕国家重点保护野生动物的活动，应当进行监督检查，并将监督检查结果及时向批准猎捕的机关报告。持有特许猎捕证的单位或者个人，应当按照特许猎捕证规定的种类、数量、地点、期限、工具、方法进行猎捕，防止误伤野生动物或者破坏其生存环境。猎捕活动结束后，应当在10日内向猎捕地的县级人民政府野生动物行政主管部门申请查验。

2. 猎捕非国家重点保护野生动物的规定

非国家重点保护野生动物是指国家重点保护野生动物以外需要保护的野生动物，包括地方重点保护野生动物和国家保护的有益的或者有重要经济、科学研究价值的陆生野生动物。这类野生动物种类较多、数量较多、分布较为广泛，在一些地区有的属于传统的狩猎动物，如狍子、狐狸、野猪等，有的对保护农林生产、维护生态平衡具有重要作用，如大多数鸟类、蛇类、蛙类等。根据《野生动物保护法》第30条规定，地方重点保护野生动物和其他非国家重点保护野生动物的管理，按照省、自治区、直辖市人民代表大会常务委员会制定的地方性法规进行管理。目前，各省、自治区、直辖市根据本地区野生动物资源的实际情况，大都制定了相应的管理办法，将地方重点保护野生动物和其他非国家重点保护野生动物纳入了依法管理的范围。

根据《野生动物保护法》第18条规定，非国家重点保护野生动物的猎捕管理实行狩猎证制度和年度猎捕量限额管理制度。狩猎证制度，是指猎捕非国家重点保护野生动物必须持有狩猎证，并按照狩猎证规定的种类、数量、地点、期限、工具和方法进行猎捕的制度。狩猎证由省级人民政府林业主管部门按照国务院林业主管部门的规定印制，由县级人民政府野生动物行政主管部门或者其授权的单位核发。狩猎证每年验证一次。年度猎捕量限额管理制度，是指在一定行政区域内根据资源状况对非国家重点保护野生动物猎捕实行确定狩猎动物种类、年度限额管理的制度。猎捕动物种类和年度猎捕量限额，由县级人民政府野生动物行政主管部门根据资源数量，按照保护资源、永续利用的原则提出，经省级林业行政主管部门批准后实行，并报国务院林业行政主管部门备案。猎捕非国家重点保护野生动物的，必须在年度猎捕量限额之内猎捕，核发狩猎证的单位不得超过批准的年度猎捕量限额核发狩猎证。

3. 禁猎区和禁猎期制度

禁猎区是指为了保护和恢复野生动物资源，促进野生动物自然繁衍，在一定范围和一定时间内禁止猎捕野生动物的区域。禁猎区可以根据禁止猎捕野生动物的种类划定，也可以根据实际需要划定禁止猎捕任何野生动物的区域，即全面的禁猎区。禁猎期是指为了保护、恢复和扩大野生动物资源，使野生动物自然繁衍得以延续，禁止猎捕野生动物的某一特定时期，例如在某种野生动物的繁衍期间，禁止猎捕该种野生动物。根据《野生动物保护法》第 20 条规定，禁猎区和禁猎期由县级以上人民政府或者其野生动物行政主管部门根据实际情况划定并公布。

4. 猎捕工具和方法的管理

为了达到猎捕野生动物的目的，防止因猎捕野生动物造成其他危害和防止猎捕野生动物带来对环境的不利影响，避免灭绝性地捕杀野生动物，根据《野生动物保护法》第 21 条和《陆生野生动物保护实施条例》第 18 条的规定，禁止使用军用武器、气枪、毒药、炸药、地枪、排铳、非人为直接操作并危害人畜安全的狩猎装置、夜间照明行猎、歼灭性围猎、火攻、烟熏，以及县级以上人民政府或者其野生动物行政主管部门规定禁止使用的其他工具和方法狩猎。

根据《野生动物保护法》第 18 条规定，持枪狩猎的，必须取得公安机关核发的持枪证。猎枪是经常使用的狩猎工具，猎枪的种类、性能、质量、数量直接关系到野生动物资源的保护和合理利用，同时，猎枪也是一种对人类具有杀伤力的武器，它关系到社会治安和公共安全。因此，应当对猎枪和弹具的生产、销售和使用进行严格管理。关于猎枪和弹具的生产、销售和使用的管理，按照《中华人民共和国枪支管理法》的规定执行。

（二）野生动物驯养繁殖管理制度

野生动物驯养繁殖管理是指依法对驯养繁殖野生动物的各种活动进行的管理。所谓驯养繁殖，是指在人为控制条件下，为保护、研究、科学实验、展览及其他经济目的而进行的野生动物驯养繁殖活动。驯养繁殖是保护和发展野生动物资源的一项重要措施，既可以保存濒危的野生动物物种，也能够扩大野生动物的种群数量。《野生动物保护法》第 17 条明确规定，国家鼓励驯养繁殖野生动物。

1. 国家重点保护野生动物驯养繁殖许可证制度

野生动物驯养繁殖实行许可证制度，是野生动物驯养繁殖管理的主要内容。根据《野生动物保护法》第17条规定，凡是从事驯养繁殖国家重点保护陆生野生动物的单位和个人，必须取得驯养繁殖许可证，并按照许可证规定的种类进行驯养繁殖。以生产经营为主要目的的驯养繁殖国家重点保护野生动物，必须凭驯养繁殖许可证向工商行政管理部门申请登记注册。

2. 申请国家重点保护野生动物驯养繁殖许可证的条件

①有适宜驯养繁殖野生动物的固定场所和必需的设施；②具备与驯养繁殖野生动物种类、数量相适应的资金、人员和技术；③驯养繁殖野生动物的饲料来源有保障。

有下列情况之一的，可以不批准发放驯养繁殖许可证：①野生动物来源不清；②驯养繁殖尚未成功或者技术尚未过关；③野生动物资源极少，不能满足驯养繁殖种源要求的。

3. 国家重点保护野生动物驯养繁殖许可证的核发规定

申请驯养繁殖许可证的单位和个人，向所在地的县级人民政府野生动物行政主管部门提出书面申请，并填写申请表。驯养繁殖国家一级保护野生动物的，由省级林业行政主管部门报国务院林业行政主管部门批准。驯养繁殖国家二级保护野生动物的，由省级林业行政主管部门批准；驯养繁殖许可证由省级林业行政主管部门核发。

（三）野生动物经营利用管理制度

野生动物经营利用管理是指依法对野生动物及其产品的出售、收购、利用等活动进行的管理。由于野生动物或者其产品具有财产性，经营利用野生动物可能会导致野生动物资源的破坏，因此，对经营利用野生动物实行管理的目的是为了合理利用野生动物资源。

1. 国家重点保护野生动物的经营利用管理

禁止出售、收购国家重点保护野生动物或者其产品。因科学研究、驯养繁殖、展览等特殊情况，需要出售、收购、利用国家一级保护野生动物或者其产品的，应当经国务院野生动物行政主管部门或者其授权的单位批准；需要出售、收购、利用国家二级保护野生动物或者其产品的，应当经省级野生动物行政主管部门或者其授权的单位批准。

驯养繁殖国家重点保护野生动物的单位和个人可以凭驯养繁殖许可证向政府指定的收购单位，按照规定出售国家重点保护野生动物或者其产品。收购驯养繁殖的国家重点保护野生动物或者其产品的单位，由省级人民政府林业行政主管部门商有关部门提出，经同级人民政府或者其授权的单位批准，凭批准文件向工商行政管理部门申请登记注册。经核准登记的单位，不得收购未经批准出售的国家重点保护野生动物或者其产品。

2. 非国家重点保护野生动物的经营利用管理

经营利用非国家重点保护野生动物或者其产品的，应当向工商行政管理部门申请登记注册。经核准登记经营利用非国家重点保护野生动物或者其产品的单位和个人，应当在省级人民政府林业行政主管部门或者其授权单位核定的年度经营利用限额指标内从事经营利用活动。

出售非国家重点保护野生动物或者其产品的单位和个人，应当持有狩猎证，并按照狩猎证规定的种类、数量向核准登记的单位出售，或者在当地人民政府有关部门指定的集贸市场上出售。

3. 野生动物或者其产品经营利用的监督

加强野生动物或者其产品经营利用的监督管理，是野生动物保护管理的一项重要内容，对保护野生动物资源具有重要的作用。各级野生动物行政主管部门和工商行政管理部门应当加强对经营利用野生动物或者其产品的监督管理，建立监督检查制度。对进入集贸市场的野生动物或者其产品，由工商行政管理部门进行监督管理；在集贸市场以外经营野生动物或者其产品，由野生动物行政主管部门、工商行政管理部门或者其授权的单位进行监督管理。

（四）国家重点保护野生动物运输管理制度

国家重点保护野生动物运输管理，是指依法对运输、携带国家重点保护野生动物或者其产品的活动进行的管理。运输、携带国家重点保护野生动物或者其产品出县境的，应当凭特许猎捕证、驯养繁殖许可证，向县级人民政府野生动物行政主管部门提出申请，报省级人民政府林业主管部门或者其授权的单位批准。动物园之间因繁殖动物，需要运输国家重点保护野生动物的，可以由省级人民政府林业主管部门授权同级建设行政主管部门审批。

根据有关规定，凡是未经批准运输、携带国家重点保护野生动物或者其产品出县境的，野生动物行政主管部门或者其授权的木材检查站有权制止，并按照有关规定予以处罚。

（五）野生动物进出口管理制度

野生动物进出口管理，是指依法对野生动物或者其产品的进出口活动进行的管理。我国是野生动物及其产品进出口活动较多的国家，野生动物的皮毛、器官、野禽野味曾经大量出口，在对外贸易中占有重要地位。有些野生动物是我国的特有物种，越来越多地参与对外文化交流、展览、动物交换等非贸易活动，这些活动对野生动物资源都有着重要的影响；国外的野生动物进口到我国，也会对我国的生态环境带来一定的影响。在国际上，野生动物及其产品的进出口也是非常活跃的，如果不加强管理，就会对保护野生动物产生不利的影响。为了协调国家之间的野生动物贸易，有150多个国家参加的《濒危野生动植物种国际贸易公约》（以下简称《公约》），对野生动植物及其产品的贸易作了规定。《公约》对三个附录规定的物种的产品贸易作出了禁止或者限制性的规定。《公约》实行进出口管理的野生动植物种38000多种。根据《公约》规定，附录一所列物种是指受到或者可能受到贸易影响而有灭绝危险的物种；附录二是指目前虽未濒临灭绝，但如对其贸易不严加管理，就可能变成有灭绝危险的物种；附录三是指成员国认为应当进行贸易管理并需要其他成员国协助控制贸易的物种。对这三个附录所列的物种，包括活体、死体或者其任何可辨认的部分或其衍生物，如果没有取得《公约》规定允许进出口证明书，各成员国不得进行贸易。《公约》的这些规定，是通过各成员国的国内法律规定来实施的。我国于1980年加入了《公约》，1981年4月8日《公约》正式对我国生效。

为了履行《公约》规定的国际义务，《野生动物保护法》对进出口野生动物及其产品作了规定。根据《野生动物保护法》第24条及《濒危野生动植物进出口管理条例》的规定，出口国家重点保护野生动物或者其产品的、进出口中国参加的国际公约所限制进出口的野生动物或者其产品的，必须经进出口单位或者个人所在地的省级野生动物行政主管部门审核，报国务院野生动物行政主管部门或者国务院批准，并取得国家濒危物种进出口管理机构核发的允许进出口证明书。属于贸易性进出口活动的，必须由具有有关商品出口权的单位承担。动物园因交换动物需要进出口上述野生动物的，国家野生动物行政主管部门批准前或者国务院野生动物行政主管部门报请国务院批准前，应当经国务院建设行政主管部门审核同意。海关凭允许进出口证明书查验放行。另外，法律规定严格限制珍贵、特有野生动物活体的出口，涉及科学技术保密的野生动物物种的出口，按照国家有关规定办理。

（六）野生动物资源保护管理费制度

根据《野生动物保护法》第27条规定，经营利用野生动物或者其产品的，应当缴纳野生动物资源保护管理费。过去人们存在着“野生动物无主，谁猎谁有”的观念，将猎获的野生动物或者其加工的产品全部归猎获者所有。缴纳野生动物资源保护费，可以通过经济手段调节野生动物的保护管理活动，体现“野生动物资源属于国家所有”的法律规定，对保护野生动物资源是非常必要的。

根据国家有关规定，经批准猎捕、出售、收购、利用国家一级保护野生动物的，必须向国务院林业行政主管部门或者其授权的单位缴纳野生动物资源保护管理费；经批准猎捕、出售、收购、利用国家二级保护野生动物的，必须向省级林业行政主管部门或者其授权的单位缴纳野生动物资源保护管理费。对以保护野生动物为目的的科学研究、资源调查或者其他特殊情况，需要捕捉、猎捕国家重点保护野生动物的，可以酌情减免野生动物资源保护管理费。非法经营利用野生动物或者其产品的，不但要依照野生动物保护法律、法规给予处罚，还必须按照规定补收野生动物资源保护管理费。经营利用非国家重点保护野生动物或者其产品的，也应当按照地方的有关规定交纳野生动物资源保护管理费。

（七）外国人在中国考察、猎捕野生动物的管理制度

1. 外国人在中国考察国家重点保护野生动物的规定

根据《野生动物保护法》第 26 条规定，外国人在中国境内对国家重点保护野生动物进行野外考察、采集标本或者在野外拍摄电影、录像的，应当向国家重点保护野生动物所在地的省级野生动物行政主管部门提出申请并经其审核后，报国务院野生动物行政主管部门或者其授权的单位批准。

2. 对外国人开放的狩猎场所的规定

对外国人开放的狩猎场所，由国务院野生动物行政主管部门根据实际情况批准。外国人在中国境内狩猎，应当在国务院野生动物行政主管部门批准的对外国人开放的狩猎场所内进行，并且要遵守我国的有关法律、法规的规定。

四、违反野生动物保护法规的法律责任

根据《野生动物保护法》等法律、法规的规定，违反野生动物保护法规的行为及处罚规定主要有：

1. 非法捕杀国家重点保护野生动物的行为

非法捕杀国家重点保护野生动物，是指行为人未取得特许猎捕证或者未按特许猎捕证的规定猎捕、杀害国家重点保护野生动物的行为。

根据《野生动物保护法》、《刑法》和《陆生野生动物保护实施条例》等法律、法规的规定，非法猎捕、杀害国家重点保护野生动物，情节显著轻微危害不大的，或者犯罪情节轻微不需要判处刑罚的，由野生动物行政主管部门没收猎获物、猎捕工具和违法所得，吊销特许猎捕证，并处以相当于猎获物价值 10 倍以下的罚款；没有猎获物的处 1 万元以下的罚款。依照《刑法》第 341 条的规定，非法猎捕、杀害国家重点保护的珍贵、濒危野生动物的，

处5年以下有期徒刑或者拘役，并处罚金；情节严重的，处5年以上10年以下有期徒刑，并处罚金；情节特别严重的，处10年以上有期徒刑，并处罚金或者没收财产。

根据《最高人民法院关于审理破坏野生动物资源刑事案件具体应用法律若干问题的解释》第1条规定，《刑法》第341条第1款规定的“珍贵、濒危野生动物”，包括列入国家重点保护野生动物名录的国家一、二级保护野生动物、列入《濒危野生动植物种国际贸易公约》附录一、附录二的野生动物以及驯养繁殖的上述物种。

2. 非法猎捕野生动物的行为

非法猎捕野生动物，是指行为人在禁猎区、禁猎期或者使用禁用的工具方法，以及未取得狩猎证或者未按狩猎证的规定猎捕非国家重点保护野生动物的行为。

对在禁猎区、禁猎期或者使用禁用的工具、方法，非法猎捕野生动物的，依照《野生动物保护法》第32条和《陆生野生动物保护实施条例》第34条的规定，由野生动物行政主管部门没收猎获物、猎捕工具和违法所得，并处罚款，有猎获物的，处以相当于猎获物价值8倍以下的罚款；没有猎获物的，处2000元以下的罚款。

对未取得狩猎证或者未按狩猎证的规定非法猎捕野生动物的，由野生动物行政主管部门没收猎获物和违法所得，处以罚款，并可以没收猎捕工具、吊销狩猎证；有猎获物的，处以相当于猎获物价值5倍以下的罚款；没有猎获物的，处1000元以下的罚款。

违反野生动物保护法规和有关枪支管理法规的规定，未取得持枪证而持枪猎捕野生动物的，由公安机关依照治安管理法规的规定给予处罚。

非法猎捕野生动物情节严重的，构成非法狩猎罪，依照《刑法》第341条的规定，处3年以下有期徒刑、拘役、管制或者罚金。按照《最高人民法院关于审理破坏野生动物资源刑事案件具体应用法律若干问题的解释》第6条规定，违反狩猎法规，在禁猎区、禁猎期或者使用禁用的工具、方法狩猎，具有下列情形之一的，属于非法狩猎“情节严重”：非法狩猎野生动物20只以上的；违反狩猎法规，在禁猎区或者禁猎期使用禁用的工具、方法狩猎的；具有其他严重情节的。

3. 非法破坏野生动物生存繁衍场所的行为

非法破坏野生动物生存繁衍场所，是指在自然保护区、禁猎区破坏国家或地方重点保护野生动物及非国家或者地方重点保护野生动物的主要生存繁衍场所，影响野生动物正常生息繁衍活动的行为。

非法破坏野生动物生存繁衍场所的，依照《野生动物保护法》第34条和《陆生野生动物保护实施条例》第36条的规定，由野生动物行政主管部门责令停止破坏行为，限期恢复原状，处以罚款。其中，在自然保护区、禁猎区破坏国家或者地方重点保护野生动物主要生存繁衍场所，应处以相当于恢复原状所需费用3倍以下的罚款；在自然保护区、禁猎区破坏非国家或者地方重点保护野生动物主要生存繁衍场所，应处以相当于恢复原状所需费用2倍以下的罚款。

非法破坏野生动物生存繁衍场所，被责令限期恢复原状而不恢复的，野生动物行政主管部门或者其授权的单位可以代为恢复原状，由被责令限期恢复原状者承担恢复原状所需的费用。

4. 非法出售、收购、运输、携带野生动物的行为

非法出售、收购、运输、携带野生动物，是指违反野生动物保护法规的规定，非法出售、收购、运输、携带国家或者地方重点保护野生动物或者其产品的行为。“非法出售”，是指未经有关部门批准，擅自出卖国家或者地方重点保护野生动物或者其产品的行为。“非法收购”，是指未经有关部门批准，擅自收购国家或者地方重点保护野生动物及其产品的行为。“非法运输、携带”，是未经有关部门批准，利用飞机、火车等运输工具或者随身携带的方式，将国家或者地方重点保护的野生动物或者其产品，从某一地点运往另一地点的行为。上述行为都是破坏野生动物经营利用管理秩序的行为。

非法出售、收购、运输、携带国家或者地方重点保护野生动物或者其产品的，依照《野生动物保护法》第35条和《陆生野生动物保护实施条例》第37条的规定，由野生动物行政主管部门或者工商行政管理部门没收实物和违法所得，可以并处相当于实物价值10倍以下的罚款。

非法出售、收购、运输国家重点保护的珍贵、濒危野生动物或者其制品，构成犯罪的，处5年以下有期徒刑，并处罚金；情节严重的，处5年以上10年以下有期徒刑，并处罚金；情节特别严重的，处10年以上有期徒刑，并处罚金或者没收财产。《最高人民法院关于审理破坏野生动物资源刑事案件具体应用法律若干问题的解释》第2条规定，非法收购，包括以营利、自用等为目的的购买行为；非法运输，包括采用携带、邮寄、利用他人、使用交通工具等方法进行运送的行为；非法出售，包括出卖和以营利为目的的加工利用行为。该解释第3条还规定了非法收购、运输、出售珍贵、濒危野生动物，属于“情节严重”和“情节特别严重”的各种情形。根据《最高人民法院关

于审理破坏野生动物资源刑事案件具体应用法律若干问题的解释》第11条规定，珍贵、濒危野生动物制品的价值，依照国家野生动物保护主管部门的规定核定；核定价值低于实际交易价格的，以实际交易价格认定。

5. 非法进出口野生动物的行为

非法进出口野生动物，是指擅自以携带、运输、邮寄等方式将野生动物或者其产品运出国境或者边境，逃避海关和有关部门对进出口监督管理的行为。非法进出口野生动物及其产品的行为也是违反海关法规的行为，根据《野生动物保护法》规定，应由海关依照海关法规的规定给予处罚。海关可以没收非法进出口的野生动物或者其产品和违法所得，并处以罚款。情节严重，构成犯罪的，依照《刑法》第151条关于走私罪的规定追究刑事责任。

根据《最高人民法院关于审理走私刑事案件具体应用法律若干问题的解释》（以下简称“本解释”）第4条规定，《刑法》第151条第2款规定的“珍贵动物”，是指列入《国家重点保护野生动物名录》中的国家一、二级保护野生动物和列入《濒危野生动植物种国际贸易公约》附录一、附录二中的野生动物以及驯养繁殖的上述物种。走私国家二级保护动物未达到本解释规定的数量标准或者走私珍贵动物制品价值10万元以下的，属于走私珍贵动物、珍贵动物制品罪“情节较轻”，处5年以下有期徒刑，并处罚金。走私珍贵动物及其制品，具有下列情节之一的，处5年以上有期徒刑，并处罚金；走私国家一、二级保护动物达到本解释规定的数量标准的；走私珍贵动物制品价值10万元以上不满20万元的；走私国家一、二级保护动物虽未达到规定的数量标准，但具有造成该珍贵动物死亡或者无法追回等恶劣情节的。具有下列情形之一的，属于走私珍贵动物、珍贵动物制品罪“情节特别严重”，处无期徒刑或者死刑，并处没收财产；走私国家一、二级保护动物达到本解释规定的数量标准的；走私珍贵动物制品价值20万元以上的；走私国家一、二级保护动物达到本解释规定的数量标准，并造成该珍贵动物死亡或者无法追回的；走私国家一、二级保护动物达到本解释规定的数量标准，并是犯罪集团的首要分子或者有使用特种车进行走私等严重情节的。

6. 伪造、倒卖、转让野生动物管理工作证书的行为

伪造、倒卖、转让野生动物管理工作证书，是指违反野生动物保护法规关于特许猎捕证等管理工作证书的规定，以获取经济利益为目的，伪造、倒卖、转让特许猎捕证、狩猎证、驯养繁殖许可证或者允许进出口证明书的行为。

伪造、倒卖、转让狩猎证或者驯养繁殖许可证的，依照《野生动物保护

法》第37条和《陆生野生动物保护实施条例》第38条的规定，由野生动物行政主管部门或者工商行政管理部门吊销证件，没收违法所得，并可处以罚款：伪造、倒卖、转让狩猎证或者驯养繁殖许可证的，可处以5000元以下的罚款；伪造、倒卖、转让特许猎捕证或者允许进出口证明书的可处以5万元以下的罚款。

伪造、变造、买卖国家机关颁发的野生动物允许进出口证明书、特许猎捕证、狩猎证、驯养繁殖许可证等公文、证件构成犯罪的，依照《刑法》第280条第1款规定，以伪造、变造、买卖国家机关公文、证件罪定罪处罚。实施上述行为构成犯罪，同时构成《刑法》第225条第2项规定的非法经营罪的，依照处罚较重的规定定罪处罚。

7. 非法驯养繁殖野生动物的行为

非法驯养繁殖野生动物，是指违反野生动物保护法规关于驯养繁殖野生动物的规定，未经有关部门批准或者虽经批准但未按驯养繁殖许可证规定的范围，擅自驯养繁殖国家重点保护野生动物的行为。非法驯养繁殖野生动物的，依照《陆生野生动物保护实施条例》第39条规定，由野生动物行政主管部门没收违法所得，处以3000元以下的罚款，可以并处没收野生动物、吊销驯养繁殖许可证。

8. 外国人非法考察野生动物的行为

外国人非法考察野生动物，是指外国人违反野生动物保护法规关于外国人考察野生动物的有关规定，未经批准，擅自在中国境内对国家重点保护野生动物进行野外考察、采集标本或者在野外拍摄电影、录像的行为。外国人非法考察野生动物的，依照《陆生野生动物保护实施条例》第40条规定，由野生动物行政主管部门没收考察、拍摄的资料及所获标本，可以并处5万元以下的罚款。

9. 非法放生野生动物的行为

非法放生野生动物，是指违反野生动物保护法规关于放生野生动物的规定，未经批准或者因管理不善，将野生动物放到野外的行为。根据《陆生野生动物保护实施条例》第23条规定，从国外或者外省引进野生动物进行驯养繁殖的，应当采取措施，防止其逃至野外；需要放生于野外的，放生单位应当向所在地的省级人民政府林业行政主管部门提出申请，经省级以上人民政府野生动物行政主管部门指定的科研机构进行科学论证后，报国务院林业行政主管部门或者其授权的单位批准。

擅自将引进的野生动物放生于野外或者因管理不善使其逃至野外的，或者非法放生野生动物的，由野生动物行政主管部门责令限期捕回或者采取其他补救措施。被责令限期捕回而不捕的，依照《陆生野生动物保护实施条例》第42条规定，野生动物行政主管部门或者其授权的单位可以代为捕回，由被责令限期捕回者承担全部捕回所需的费用。

10. 与野生动物保护管理有关的治安处罚规定

根据《陆生野生动物保护实施条例》第41条规定，有下列行为之一，尚不构成犯罪的，由公安机关依照《中华人民共和国治安管理处罚法》的规定给予处罚：拒绝、阻碍野生动物行政管理人员依法执行职务的；偷窃、哄抢或者故意损坏野生动物保护仪器设备或者设施的；偷窃、哄抢、抢夺非国家重点保护野生动物或者其产品的；未经批准猎捕少量非国家重点保护野生动物的。治安管理处罚由公安机关依法作出，可以处15日以下拘留或者给予警告，单处或者并处罚款。

11. 野生动物管理工作中的渎职行为

野生动物管理工作中的渎职行为，是指野生动物行政主管部门的工作人员玩忽职守、滥用职权、徇私舞弊致使野生动物资源遭受破坏的行为。根据有关法律规定，对工作人员在野生动物管理工作中的渎职行为，由其所在单位或者上级主管部门给予行政处分；情节严重、构成犯罪的，依法追究刑事责任。

第二节　野生植物保护法律制度

一、野生植物保护法概述

（一）野生植物保护的立法

野生植物保护法是指调整人们在野生植物保护、管理和利用等活动过程中所产生的各种社会关系的法律规范的总称。野生植物保护法有广义和狭义之分。从广义上说，野生植物保护法是指所有与保护野生植物有关的法律、法规和各种规范性文件、有关国际公约。从狭义上说，是特指国家立法机关依照法定程序制定的关于野生植物资源保护管理方面的专门法律或法规，目前是指1996年9月30日国务院发布、自1997年1月1日起施行的《中华人民共和国野生植物保护条例》（以下简称《野生植物保护条例》）。

（二）野生植物的概念和保护范围

野生植物是指以森林、草原等自然环境为依托而生存的，未经人工栽培的植物的总称，包括已经发现但未命名的植物。我国是野生植物种类繁多的国家之一。据统计，我国约有高等植物3万多种，居世界前三位，其中特有植物种类约1.7万余种，如银杉、珙桐、银杏、百山祖冷杉、水杉、台湾杉、香果树等，均为我国特有的珍稀濒危野生植物种类。

目前，法律规定受保护的野生植物并不是生存在自然界中的所有植物。根据《野生植物保护条例》第2条规定，受保护的野生植物，是指原生地天然生长的珍贵植物和原生地天然生长并具有重要经济、科学研究、文化价值的濒危和稀有野生植物。它有以下特征：

（1）原生性。受保护的野生植物是指那些生长在原生地的植物，包括通过人类活动迁离其原生地受保护的野生植物。

（2）天然性。受保护的野生植物必须是天然生长的，含在植物园、树木园等通过人工培育出来的受保护的野生植物。

（3）珍贵、稀有程度高。有些野生植物具有原生性和天然性，但对人类来说，没有达到珍贵、稀有或者处于濒危状态，也不是受保护的野生植物。

（三）野生植物保护工作方针

野生植物保护是指各级人民政府及其野生植物行政主管部门依照法律、法规的规定，对国家和地方重点保护野生植物及其生存环境进行保护的法律措施。野生植物管理，是指各级人民政府及有关行政主管部门依照法律、法规的规定，保护野生植物资源并保障野生植物资源合理利用的行政措施。野生植物管理的基础工作是定期进行野生植物资源调查，并建立野生植物资源档案。

保护野生植物，对于保护生物多样性，维护生态平衡，具有重要的现实意义。野生植物保护工作方针是对野生植物资源加强保护、积极发展、合理利用。国家保护依法开发利用和经营管理野生植物资源的单位和个人的合法权益，鼓励和支持野生植物科学研究、野生植物就地保护和迁地保护。在野生植物资源保护、科学研究、培育利用和宣传教育方面成绩显著的单位和个人，由人民政府给予奖励。县级以上各级人民政府有关主管部门要开展保护野生植物的宣传教育，普及野生植物知识，提高公民保护野生植物的意识，调动人们保护野生植物的积极性。任何单位和个人都有保护野生植物资源的义务，对侵占或者破坏野生植物及其生长环境的行为有权检举和控告。

二、野生植物保护的法律规定

（一）野生植物的管理体制

野生植物的管理体制是指野生植物的行政主管部门及其保护野生植物工作的职责分工。根据《野生植物保护条例》第 8 条规定，国务院林业行政主管部门和国务院农业行政主管部门是国务院主管野生植物的主管部门，依照职责分工分别负责野生植物的监督管理工作。国务院建设、环境保护等有关行政部门依照职责分工和有关法律规定进行保护管理。其具体规定是：国务院林业主管部门主管全国林区内野生植物和林区外珍贵野生树木的监督管理工作，国务院农业行政主管部门主管全国其他野生植物的监督管理工作；国务院建设行政主管部门负责城市园林、风景名胜区内野生植物的监督管理工作；国务院环境保护部门负责对全国野生植物环境保护工作的协调和监督；国务院其他有关部门依照职责分工负责有关的野生植物保护工作；县级以上地方人民政府负责野生植物管理工作的部门及其职责，由省级人民政府根据当地具体情况确定。

（二）野生植物的分级保护

野生植物的分级保护制度是指根据野生植物资源状况对野生植物进行分类、分级保护和管理的法律规定。根据《野生植物保护条例》第 10 条规定，我国的野生植物分为两大类进行保护和管理。

1. 国家重点保护野生植物

国家重点保护野生植物是指国家保护的珍贵、濒危、稀有的野生植物，分为国家一级保护野生植物和国家二级保护野生植物。这类野生植物的特点，一是数量少、甚至濒临灭绝状态；二是珍贵程度高，属于我国特有的野生植物。国家重点保护野生植物名录由国务院野生植物行政主管部门商国务院环境保护、建设等有关部门制定，报国务院批准公布。国务院 1999 年 8 月 4 日批准，国家林业局、农业部 1999 年 9 月 9 日发布了《国家重点保护野生植物名录（第一批）》。其中国家一级保护野生植物 51 种，如银杏、银杉、红豆杉、红松、金钱松、珙桐、水松、水杉、苏铁等；国家二级保护野生植物 203 种，如水曲柳、长白松、华南五针松、翠柏、香樟、楠木、桦木、黄檗、任豆、青梅、蚬木等。

2. 地方重点保护野生植物

地方重点保护野生植物是指在国家重点保护野生植物以外，由省、自治区、直辖市重点保护的野生植物。这类野生植物在一定地区数量相对较少，相对珍贵，应当重点保护。根据《野生植物保护条例》的规定，地方重点保护的野生植物名录，由省、自治区、直辖市人民政府制定并公布，报国务院备案。地方重点保护野生植物的管理办法，由省、自治区、直辖市人民政府制定。

（三）野生植物生存环境保护制度

保护野生植物生存环境，是保护野生植物的关键。国家保护野生植物及其生存环境，禁止任何单位和个人非法破坏野生植物的生存环境。根据《野生植物保护条例》规定，野生植物生存环境保护包括以下法律制度：

1. 自然保护区或者保护点制度

在国家重点保护野生植物物种和地方重点保护野生植物物种的天然集中分布区域，建立自然保护区，加强对野生植物生存环境的保护。在野生植物天然集中分布区域外的其他区域，县级以上地方人民政府野生植物行政主管部门和其他有关部门可以根据实际情况建立国家或地方重点保护野生植物的保护点或者设立保护标志。禁止破坏国家或地方重点保护野生植物的保护点的保护设施和保护标志。自然保护区的建立和管理，依照有关法律、行政法规的规定办理。

2. 野生植物生存环境监测制度

野生植物的生存环境对野生植物的生长和生存产生直接和间接的影响。对野生植物生存环境进行监测，是为了保障国家或地方重点保护野生植物处在良好的生存环境之中和处在良好的生长条件下。这是保护野生植物的一项重要措施。

野生植物行政主管部门及其他有关部门应当监视、监测环境对国家重点保护野生植物生长和地方重点保护野生植物生长的影响，并采取措施，维护和改善其生长条件。由于环境对国家或地方重点保护野生植物的生长造成危害时，野生植物行政主管部门应当会同有关部门调查并依法处理。

3. 环境影响报告制度

环境影响报告制度，是指建设项目对国家或地方重点保护野生植物的生长环境产生不利影响时，应当依法进行环境评估的法律规定。为了保护野生植物及其生长环境，减少建设项目对野生植物的生存和生长产生不利影响，根据《野生植物保护条例》第 13 条规定，建设项目对国家或地方重点保护野生植物的生长环境产生不利影响时，建设单位提交的环境影响报告书中必须对野生植物生长影响的程度作出评价；环境保护部门在审批环境影响报告书时，应当征求同级野生植物行政主管部门的意见。

环境影响报告制度是我国环境保护法律的一项重要制度。环境影响报告书的提出和审批，应当按照我国环境保护法律的规定进行。

4. 野生植物的迁地保护措施

野生植物迁地保护，是指当国家或地方重点保护野生植物在原生地的生长和生存受到严重威胁时，为了防止该种野生植物的灭绝，将该种野生植物从原生地迁出到安全的区域进行保护或者拯救的一项措施。

国家或地方重点保护野生植物，实行在其天然生长地区进行保护为主的措施。但是，野生植物的生长和生存环境受到破坏，其生长和生存受到威胁时，如不采取其他有效措施，该种物种将会灭绝。为了保护该种野生植物物种得以延续，保护生物多样性，采取从其原生地迁出到异地或者建立繁育基地、种质资源库等方式进行保护和拯救，是十分有效的保护方法。根据《野生植物保护条例》第 14 条规定，野生植物行政主管部门和有关单位对生长受到威胁的国家或地方重点保护野生植物应当采取拯救措施，保护或者恢复其生长环境，必要时应当建立繁育基地、种质资源库或者采取迁地保护措施。

三、野生植物管理的法律规定

（一）野生植物采集许可制度

野生植物采集许可制度，是指采集国家重点保护野生植物必须凭采集证方可进行采集的法律规定。这是野生植物管理的一项重要内容，对保护野生植物资源具有重要的作用。国家重点保护野生植物都是国家的宝贵财产，属于我国特有、珍贵、濒危的物种，一旦灭失就难以恢复，造成的损失也难以估量。因此，《野生植物保护条例》规定了采集许可制度。

1. 野生植物采集证的申请

在一般情况下，禁止采集国家一级保护野生植物。因科学研究、人工培育、文化交流等特殊需要，采集国家一级保护野生植物的，必须经采集地的省级野生植物行政主管部门签署意见后，向国务院野生植物行政主管部门或者其授权的机构申请采集证。采集国家二级保护野生植物的，必须经采集地的县级野生植物行政主管部门签署意见，向省级野生植物行政主管部门或者其授权的机构申请采集证。采集城市园林或者风景名胜区内的国家重点保护野生植物的，必须事先征得城市园林或者风景名胜区管理机构同意，按照规定向省级以上野生植物行政主管部门或者其授权的机构申请采集证。国家重点保护野生植物采集证的格式由国务院野生植物行政主管部门制定。

2. 采集国家重点保护野生植物应当遵守的规定

①采集国家重点保护野生植物的单位和个人必须凭省级以上野生植物行政主管部门核发的采集证进行，并且按照采集证规定的种类、数量、地点、期限和方法进行采集；②县级人民政府野生植物行政主管部门应当对在本行政区域采集活动进行监督检查，并及时将检查结果报批准采集的野生植物行政主管部门或者其授权的机构。

（二）野生植物出售和收购制度

野生植物出售和收购制度，是指野生植物行政主管部门依法对国家重点保护野生植物的出售和收购活动进行管理的制度。野生植物出售和收购管理，是保护野生植物的一项重要措施，主要规定如下：

（1）在任何情况下禁止出售和收购国家一级保护野生植物。

（2）出售、收购国家二级保护野生植物的，必须经省级野生植物行政主管部门或者其授权的机构批准方可进行。

（3）野生植物行政主管部门应当加强对经营利用国家二级保护野生植物的活动进行监督检查。

（三）野生植物进出口管理制度

野生植物进出口管理制度，是指对出口我国重点保护的野生植物或者进出口我国参加的国际公约所限制进出口的野生植物进行管理的制度。这是保护国家重点保护野生植物资源，保护生物多样性的一项重要措施。我国参加的《濒危野生动植物国际贸易公约》对野生植物进出口的批准、发证等做出了规定，并在附录中列出了在国际上禁止或者限制贸易的野生植物物种名录。加强野生植物的进出口管理，也是我国应当履行的国际义务。

（1）出口我国重点保护野生植物或者进出口我国参加的国际公约所限制进出口的野生植物的，必须经进出口者所在地的省级野生植物行政主管部门审核，报国务院野生植物行政主管部门批准，并取得国家濒危物种进出口管理机构核发的允许进出口证明书或者标签。海关凭允许进出口证明书或者标签查验放行。

（2）国家禁止出口未定名的或者新发现并具有重要价值的野生植物。

（四）外国人在中国境内采集、收购或者考察野生植物的制度

根据《野生植物保护条例》第21条规定，外国人不得在中国境内采集或者收购国家重点保护野生植物。外国人在中国境内对国家重点保护野生植物进行野外考察的，必须向我国重点保护野生植物所在地的省级野生植物行政主管部门提出申请，经其审核后，报国务院野生植物行政主管部门或者其授权的机构批准。外国人直接向国务院野生植物行政主管部门提出申请的，国务院野生植物行政主管部门在批准前，应当征求有关省级野生植物行政主管部门的意见。

四、违反野生植物保护法规的法律责任

根据有关法律、法规的规定，违反野生植物保护法规的行为及处罚如下：

1. 非法采集国家重点保护野生植物的法律责任

非法采集国家重点保护野生植物，是指行为人未取得采集证或者未按采集证的规定采集国家重点保护野生植物的行为。非法采集国家重点保护野生植物的，依照《野生植物保护条例》第23条规定，由野生植物行政主管部门没收所采集的野生植物和违法所得，可以并处违法所得10倍以下的罚款；有采集证的，可以吊销采集证。非法采集国家重点保护野生植物，情节严重，构成犯罪的，依法追究刑事责任。

2. 非法出售、收购野生植物的法律责任

非法出售、收购野生植物，是指未经有关野生植物行政主管部门批准，非法出售、收购国家重点保护野生植物的行为。非法出售、收购国家重点保护野生植物的，依照《野生植物保护条例》第24条规定，由野生动物行政主管部门或者工商行政管理部门按照职责分工没收野生植物和违法所得，可以并处违法所得10倍以下的罚款。非法出售、收购国家重点保护野生植物，情节严重、构成犯罪的，依法追究刑事责任。

3. 非法进出口野生植物的法律责任

非法进出口野生植物，是指违反野生植物保护法规关于进出口的规定，擅自以携带、运输、邮寄等方式将野生植物运出国境或者边境，逃避海关和有关部门对进出口监督管理的行为。非法进出口野生植物行为违反野生植物或者其产品的进出口管理秩序，也违反我国参加的《濒危野生动植物种国际贸易公约》的有关规定，不仅破坏国内野生植物资源，也影响我国的国际声誉。非法进出口野生植物的，按照《野生植物保护条例》第25条规定，由海关依照海关法规的规定给予处罚。海关可以没收非法进出口的野生植物或者其产品和违法所得，并处以罚款。情节严重、构成犯罪的，依法追究刑事责任。

4. 伪造、倒卖、转让野生植物管理工作证书的法律责任

伪造、倒卖、转让野生植物管理工作证书，是指违反野生植物保护法规关于采集证、允许进出口证明书等管理工作证书的规定，以获取经济利益为

目的，伪造、倒卖和转让采集证、允许进出口证明书或者有关批准文件、标签的行为。伪造、倒卖、转让野生植物管理工作证书的，依照《野生植物保护条例》第26条规定，由野生植物行政主管部门或者工商行政管理部门按照职责分工收缴，没收违法所得，可以并处5万元以下的罚款。

5. 外国人非法采集、收购或者考察野生植物的法律责任

外国人非法采集、收购或者考察野生植物的行为，是指外国人违反野生植物保护法规关于外国人采集、收购或者考察野生植物的有关规定，未经批准，擅自在中国境内采集、收购国家重点保护野生植物或者在中国境内对国家重点保护野生植物进行野外考察的行为。外国人非法采集、收购或者考察野生植物的，依照《野生植物保护条例》第27条规定，由野生植物行政主管部门没收所采集、收购的野生植物和考察资料，可以并处5万元以下的罚款。

6. 野生植物管理工作人员渎职行为的法律责任

野生植物管理工作人员的渎职行为，是指野生植物行政主管部门的工作人员玩忽职守、滥用职权、徇私舞弊致使野生植物资源遭受破坏的行为。根据有关法律规定，对国家工作人员在野生植物管理工作中渎职的，依法给予行政处分；情节严重、构成犯罪的，依法追究刑事责任。

第三节 自然保护区法律制度

一、自然保护区概述

（一）自然保护区的概念和特征

自然保护区是指对有代表性的自然生态系统、珍稀濒危野生动植物物种的天然集中分布区、有特殊意义的自然遗迹等保护对象所在的陆地、陆地水体或者海域，依法划出一定面积予以特殊保护和管理的区域。

自然保护区是保护、研究野生动植物资源的重要场所，是人类认识自然、利用自然和改造自然的科研基地。它对于研究自然变化规律、测人为活动对自然界的影响、探索合理利用自然资源的途径和方法；对于维护生态平衡、保护生物多样性；对于促进科学技术、生产建设、文化教育和卫生保健等事业的发展，都具有重要的意义。

自然保护区具有以下特征：

（1）自然保护区以保护自然整体为前提。所有的自然保护区都有一定的保护对象，这是自然保护区的核心并和自然保护区融为一体。划定自然保护区的目的就是为了保护这个整体不受到外界的干扰和破坏。

（2）自然保护区的开发必须依托其生态价值和社会价值。自然保护区的首要任务是保护其保护对象免受干扰和破坏，保护其生态功能和环境保护功能的充分发挥。自然保护区的开发利用，如开展旅游、探险等活动，必须以保护为前提，在不损害自然保护区的生态功能的情况下进行。

（二）自然保护区的类型

按照自然保护区的保护对象和主要功能分类，可以把自然保护区分为三大系列、九种类型。

1. 生态系统自然保护区系列

生态系统自然保护区系列，是指主要保护具有代表性的生态系统的自然保护区，包括保护植被生态系统的森林、草原与草甸、荒漠三类自然保护区和保护水体生态系统的内陆湿地与水域、海洋与海岸带两类自然保护区。如广东鼎湖山自然保护区、云南西双版纳自然保护区、四川九寨沟自然保护区、湖北神农架自然保护区、福建武夷山自然保护区、内蒙古锡林郭勒草原自然保护区、甘肃安西极旱荒漠自然保护区、江苏大丰湿地自然保护区、广西北仑河口海洋自然保护区等。

2. 野生生物自然保护区系列

野生生物自然保护区系列，是指主要保护对象为珍稀濒危野生生物天然集中分布区的自然保护区，包括以保护某些珍贵野生动物资源为主的自然保护区和以保护某些珍稀植物为主的自然保护区。前者如四川卧龙自然保护区（以保护大熊猫为主）、安徽扬子鳄自然保护区，后者如广西花坪自然保护区（以保护银杉为主）。

3. 自然遗迹自然保护区系列

自然遗迹自然保护区系列，是指保护特殊地貌、特殊地质剖面和古生物化石产地的自然保护区，包括以保护特殊地貌与特殊地质剖面为主的自然保护区和以保护化石集中产地与古生物生活迹地为主的自然保护区。前者如天津蓟县地质剖面自然保护区，后者如陕西“蓝田人”遗址地质自然保护区。

上述保护植被生态系统的森林类型自然保护区、以保护某些珍贵野生动物资源为主的自然保护区及保护某些珍稀植物为主的自然保护区，通常称为森林和野生动物类型自然保护区，有时也称为林业系统自然保护区。

（三）自然保护区的作用

自然环境的破坏是当今世界面临的重大问题之一。保护自然是一项全球性的任务。自然保护区的作用主要有：

（1）保护生态系统和生态环境，为国家提供完整的、天然的自然生态系统　自然保护区保存了较为完整的天然植被及其组成部分的生态系统，有利于保持水土、涵养水源。各种类型的自然区有效地保护了我国的陆地生态系统类型、野生动物种群和野生植物群落，同时较好地保护了许多珍贵、濒危野生动植物的栖息地，对维护生态平衡、优化生态环境发挥了极为重要的作用，为经济和社会发展提供了稳定的环境保障。

（2）保护我国野生动植物资源，保障了国家经济社会发展的需求和人民群众的长远利益　自然区是野生动植物资源最丰富的区域，并且是天然的野生动植物基因库。我国许多濒危珍贵野生动植物，如大熊猫、金丝猴、扬子鳄、虎、麋鹿，以及红豆杉、百山祖冷杉、苏铁等，都在自然区里得到良好保护，为进一步培育、扩大资源和保障国民经济发展的需求奠定了基础。特别是随着现代科学技术的发展，野生动植物基因资源的研究开发，对生命科学和生物技术的发展和新资源、新能源、新材料的发展等，具有难以估量的战略价值。

（3）促进人与自然的和谐，满足人民群众日益增长的精神文化需求　自然保护区是科学研究的天然实验室、宣传自然知识的博物馆，同时也是人们游览、休憩的场所。一些保护区已成为开展生态环境教育，宣传人与自然和谐相处共同发展理念，普及自然科学知识的重要阵地，有的还成为大专院校和科研机构的教学科研基地，对普及科学知识、弘扬先进文化、提高全民的素质发挥着积极作用。一些保护区如九寨沟、卧龙、武夷山、西双版纳、长白山等都已成为全国和世界著名的生态旅游胜地。

（4）促进自然生态资源保护的国际合作与交流　目前我国已有28处自然保护区加入联合国教科文组织“人与生物圈”保护区网络，37处被列入国际重要湿地名录，18处被列为世界自然遗产名录，相当一部分自然保护区是全球生物多样性保护的重点地区。有了一批初具规模的保护区体系作为基础，我国在履行《生物多样性公约》、《濒危野生动植物种国际贸易公约》等国际公约事务中进一步发挥了重要作用，并与许多国家签订了候鸟、虎、自然保护交流与合作等有关濒危物种保护和自然保护等多边或双边协定，为保护生物物种和履行国际义务做出了贡献。

（四）我国自然保护区事业发展状况

自从1956年我国第一个自然保护区建立以来，自然保护区事业发展很快，改革开放以来，我国的保护区事业进入一个更加快速的发展阶段，特别是2001年以来，国家六大林业重点建设工程之一的全国野生动植物保护及自然保护区建设工程全面实施，中央政府对自然保护区投入大量资金，自然保护区事业进入了快速健康发展阶段。到2010年，我国林业系统共建立各类自然保护区2012处，总面积1.237亿hm^2，约占国土陆地面积的12.88%，其中国家级自然保护区247处，面积7597.42万hm^2。林业系统建立的自然保护区中，森林生态系统类型自然保护区1254处，面积3086.26万hm^2；湿地生态系统类型自然保护区356处，面积3178.55万hm^2；荒漠生态系统类型自然保护区30处，面积3709.35万hm^2；野生植物类型自然保护区107处，面积168.32万hm^2；野生动物类型自然保护区284处，面积2227.57万hm^2。此外，我国还建立了近5万个自然保护小区，100处国家湿地公园。这些自然保护区，有效地保护了我国90%的陆地生态系统、85%的野生动物种群和65%的高等植物群落，以及20%面积的天然林群落。调查结果显示，我国50.3%的自然湿地，85%以上的珍稀野生动植物物种，特别是大熊猫、朱鹮等物种的野外种群，都依靠自然保护区得到了有效保护。我国先后有长白山、卧龙、鼎湖山、梵净山、神农架、武夷山、锡林郭勒、西双版纳、天目山、丰林、九寨沟等28处保护区加入联合国教科文组织的“人与生物圈”保护区网络，有扎龙、向海、东洞庭湖、鄱阳湖、鸟岛、东寨港、米埔等37处被列入国际重要湿地名录，有张家界、九寨沟和黄龙等18处被列为世界自然遗产名录，相当一部分自然保护区是全球生物多样性保护的重点地区，初步形成了功能比较完善的自然保护区体系。

（五）我国自然保护区立法概况

自然保护区法律制度是我国生态环境保护和野生动植物资源保护的一项基本制度。1956年10月林业部制定《关于天然森林禁伐区（自然保护区）划定方案》，提出自然保护区的划定对象，此后陆续建立了一些自然保护区。1975年国务院规定，在珍贵动物主要栖息繁殖地区，要划为自然保护区，加强保护区的建设。1979年2月23日第五届全国人大常务会第六次会议原则通过的《中华人民共和国森林法（试行）》规定：应当在珍贵、稀有动物和植物的生长繁殖地区，划定自然保护区，建立机构，加强保护管理，开展科学研究。1984年9月20日第六届全国人大常委会第七次会议通过的《森林法》规定，国务院林业主管部门和省、自治区、直辖市人民政府，应当在不同自然地带的典型森林生态地区、珍贵动物和植物生长繁殖的林区、天然热带雨林等具有特殊保护价值的林区，划定自然保护区，加强保护管理。1988年11月8日第七届全国人大常委会第四次会议通过的《野生动物保护法》规定，国务院野生动物行政主管部门和省、自治区、直辖市政府，应当在国家和地方重点保护野生动物的主要生息繁衍的地区和水域，划定自然保护区，加强对国家和地方重点保护野生动物及其生存环境的保护管理。

国务院1985年批准发布《森林和野生动物类型自然保护区管理办法》。1994年国务院发布《中华人民共和国自然保护区条例》（以下简称《自然保护区条例》），总结了改革开放后我国自然保护区建设和管理的经验，尤其是森林和野生动物类型自然保护区管理的经验，确立了一系列重要的法律制度，是自然保护区管理的重要行政法规。

需要说明，《森林和野生动物类型自然保护区管理办法》和《自然保护区条例》同是我国关于自然保护区管理的两部行政法规，具有同等的法律效力。《自然保护区条例》属于综合性行政法规，《森林和野生动物类型自然保护区管理办法》属于单行性行政法规，从法理上来说，两者是普通法与特殊法的关系。森林和野生动物类型自然保护区主要适用《森林和野生动物类型自然保护区管理办法》的规定，在某些方面《森林和野生动物类型自然保护区管理办法》没有规定而《自然保护区条例》有规定的，则适用《自然保护区条例》的规定。

二、自然保护区的设立

（一）森林和野生动物类型自然保护区设立条件

自然保护区是一种有特别法律保护的自然保护形式，是专门为那些具有特殊价值的、需要永久保存的保护对象设置的地域保护形式。根据《森林和野生动物类型自然保护区管理办法》的规定，具备下列条件之一者，可以建立森林和野生动物类型自然保护区（以下简称自然保护区）：

（1）对涵养水源、保持水土、调节气候具有多种功能，植物资源丰富或者次生植被好，通过封山育林和各种抚育措施，能够逐步恢复原来植被的不同自然地带的典型森林生态系统的地区。

（2）珍贵稀有或者有特殊保护价值的动植物种的主要生存繁殖地区，包括国家重点保护动物的主要栖息、繁殖地区，候鸟的主要繁殖地、越冬地和停歇地，珍贵树种和有特殊价值的植物原生地，野生生物模式标本的集中产地。

（3）其他有特殊保护价值的林区。

建立自然保护区要注意保护对象的完整性和最适宜的范围，同时要考虑当地经济建设和人民群众生产生活的需要，尽可能避开群众的土地、山林；

确实不能避开的，应当严格控制范围，并根据国家有关规定，合理解决群众的生产生活问题。

（二）自然保护区的分级与设立程序

1. 自然保护区分为国家级自然保护区和地方级自然保护区

在国内外有典型意义，在科学上有重大国际影响或者有特殊科学研究价值的自然保护区，列为国家级自然保护区。国家级自然保护区的建立，由省、自治区、直辖市人民政府报国务院批准。地方级自然保护区，是除了列为国家级自然保护区以外的自然保护区，包括省级自然保护区和市、县级自然保护区。省级自然保护区由省级林业主管部门报省级人民政府批准；市、县级自然保护区分别由市、县林业主管部门报本级人民政府审核后，再报省级人民政府批准，并报国务院环境保护主管部门和国务院林业主管部门备案。

2. 设立自然保护区的程序

（1）提出方案。自然保护区的主管部门在其管辖的范围内，对符合建立自然保护区条件的区域，可以按照程序提出建立自然保护区的建议和方案，并填写建立自然保护区的申请书。在提出的初步方案中，需要说明该地区的区域特征、设立自然保护区的意义、主要的保护对象、大致规模、所需投资以及该区域的交通、电讯和经济发展状况等。自然保护区的面积和保护区界线，由林业主管部门征求有关乡（镇）人民政府的意见后提出方案，经所在市、县人民政府同意，按照有关规定报批。

（2）征询意见和初步评审。建立自然保护区的方案提出后，要将该方案公布于众，征求群众的意见，特别是要广泛征求专家学者们的意见，确保方案更加完善。建立国家级自然保护区的方案征求意见后报国家自然保护区评审委员会，进行初评；建立地方级自然保护区的方案则报地方自然保护区评审委员会初评。

（3）审批与公布。国家级自然保护区由国家环境保护主管部门进行协调并提出审批建议，报国务院批准。地方级自然保护区则由省级环境保护主管部门进行协调后提出审批建议，报省级人民政府批准，并报国务院环境保护主管部门和国务院自然保护区主管部门备案。对于跨两个以上行政自域的自然保护区的建立，由有关的行政区域的人民政府协商一致后提出申请，然后再按上述程序报批。自然保护区设立以后要由批准设立的国家机关进行公布，包括标明自然保护区的范围和界线，标明区界等。

（4）撤销与变更。自然保护区设立后一般不能变更或撤销，但由于一些特殊原因，自然保护区必须发生变更或予以撤销。这些原因包括：管理不善造成保护对象价值降低或失去保护价值；天灾的破坏；科学技术发展使得保护对象增加，没有必要再保护等。变更或撤销自然保护区，必须经原批准机关批准，未经批准不得改变自然保护区的性质和范围。

三、自然保护区的管理

（一）自然保护区管理体制和管理机构

1. 自然保护区管理体制

根据《自然保护区条例》的规定，自然保护区实行综合管理和分部门管理相结合的管理体制。国务院环境保护行政主管部门负责全国自然保护区的综合管理。国务院林业主管部门在职责范围内，主管森林和野生动物类型自然保护区。根据《森林和野生动物类型自然保护区管理办法》的规定，森林和野生动物类型自然保护区，属于国家级自然保护区的，由国务院林业主管部门或者所在地的省、自治区、直辖市林业主管部门管理；属于地方级自然保护区的，由县级以上林业主管部门管理。

2. 自然保护区的管理机构

自然保护区行政主管部门应当在自然保护区内设立专门的自然保护区管理机构，配备专业人员，负责自然保护区的具体管理工作。自然保护区的管理机构属于事业单位，其人员编制、基建投资、事业经费等，经有关主管部门批准后，分别纳入国家和地方的计划，由林业主管部门统一安排。

自然保护区管理机构应当贯彻执行国家和地方有关自然保护区的法律、法规和政策，加强保护管理工作。自然保护区管理机构的具体任务包括：①开展保护自然资源的宣传教育工作；②保护自然保护区生物种源及其自然环境；③定期进行动植物资源监测和调查，掌握资源变化情况；④开展科学研究，探索自然演变规律和合理利用森林及动植物资源的途径；⑤进行巡逻检查，制止乱砍滥伐林木、乱捕乱猎国家和地方保护的野生动物，护林防火，防治林木病虫害；⑥利用荒山、荒地开展造林育林，扩大森林面积；⑦保护和发展珍贵稀有野生动植物资源；⑧在确保自然资源不受破坏的前提下，带动和帮助当地居民因地制宜开展多种经营。

县级以上人民政府环境保护主管部门有权对本行政区域内各类自然保护区的管理进行监督检查。

（二）自然保护区的管理

1. 自然保护区的区划管理

自然保护区的区划管理是指在自然保护区内规划道路、科研基地、防护设施和旅游点等的管理，以及将自然保护区按其功能和作用的不同划分为若干个不同的部分，对每个部分实行的管理。自然保护区内的自然环境和自然资源，由自然保护区管理机构统一管理。根据《自然保护区条例》第35条规定，在自然保护区内禁止进行砍伐、放牧、狩猎、捕捞、采药、开垦、烧荒、开矿、采石、挖沙等活动；但是，法律、行政法规另有规定的除外。在自然保护区内从事科学实验、教学实习、参观考察、旅游及驯化繁殖珍稀濒危野生动植物等活动，则必须按照自然保护区法规的有关规定进行管理。自然保护区一般划分为核心区、缓冲区和实验区三个部分进行管理。

（1）核心区。核心区是自然保护区内保存完好的天然状态的生态系统，以及珍稀、濒危动植物的集中分布地，是最能代表自然保护区保护对象的部分。一般情况下，严格禁止任何人进入核心区。因科学研究的需要，必须进入核心区从事科研观测和科学调查活动的，应当事先向自然保护区管理机构提交申请和活动计划，经省级以上人民政府林业主管部门批准后，方可进行。其中，进入国家级自然保护区核心区的，必须经国务院林业主管部门批准。为了保护自然保护区的资源，自然保护区核心区内的居民确有必要迁出的，应当由自然保护区所在地人民政府给以妥善安排。

（2）缓冲区。缓冲区是指为包围核心区而划定的一定面积的区域。在其区域内只准从事科学研究观测活动，禁止开展旅游和生产经营活动。因教学科研目的，需要在缓冲区内进行非破坏性科学研究、教学实习和标本采集活动的，应当事先向自然保护区管理机构提交申请和活动计划，征得同意后方可进行，而且要将其活动成果的副本提交给自然保护区管理机构。

（3）实验区。实验区是在缓冲区外划定的区域。在实验区可以进行科学实验、教学实习、参观考察和驯化培育珍稀动植物等活动。在国家级自然保护区的实验区开展参观、旅游活动的，由自然保护区管理机构提出方案，经省级林业主管部门审核后，报国务院林业主管部门批准。在地方级自然保护区的实验区开展参观、旅游活动的，由自然保护区管理机构提出方案，经省级林业主管部门批准。在自然保护区组织参观、旅游活动的，必须按照批准的方案进行，并加强管理。进入自然保护区参观、旅游的单位和个人，应当服从自然保护区管理机构的管理。经批准进入自然保护区的，应当按照有关规定交纳保护管理费。

2. 在自然保护区建立生产设施的规定

（1）未经国务院林业主管部门或者自治区林业主管部门批准，任何单位和个人不得进入自然保护区建立机构和修筑设施。禁止在自然保护区修建损害自然生态环境的工矿企业及其他设施，已建立的要限期治理、调整或者拆迁。

（2）在自然保护区的核心区和缓冲区，不得建设任何生产设施。在实验区，不得建设污染环境、破坏资源或者景观的生产设施；建设其他项目，其污染排放不得超过国家和地方规定的污染物排放标准。

（3）在实验区内已经建成的设施，其污染物排放超过国家和地方规定的排放标准的，应当限期治理；对造成损害的，必须采取补救措施。在外围保护地带建设的项目，不得损害自然保护区的环境质量；已造成损害的，应当限期治理。如果发生突发事故或者其他突然性事件，造成或者可能造成自然保护区污染或者破坏的单位和个人，应当立即采取措施处理，及时通报可能受到危害的单位和个人，并向自然保护区管理机构、有关主管部门报告，接受调查处理。

（4）自然保护区内的居民，应当遵守自然保护区的有关规定，固定生产、生活活动范围，在不破坏自然资源的前提下，从事种植、养殖业，也可以承包自然保护区组织的劳动或者管护任务，以增加经济收入，并协助自然保护区管理机构做好自然资源的保护工作。

3. 在自然保护区开展旅游必须遵守的规定

旅游业务由自然保护区管理机构统一管理，所得收入用于自然保护区的建设和保护事业；有关部门投资或者与自然保护区联合兴办的旅游建筑和设施，产权归自然保护区，所得收益在一定时期内按照比例分成，但不得改变自然保护区的隶属关系；对旅游区必须进行规划设计，确定合适的旅游点和旅游路线；根据旅游需要和接待条件制订年度接待计划，按照隶属关系报林业主管部门批准，有组织地开展旅游；旅游点的建筑和设施要体现民族风格，同自然景观和谐一致；设置防火、卫生等设施，实行严格的巡护检查，防止造成环境污染和自然资源的破坏。

4. 对外国人进入自然保护区的管理规定

外国人进入自然保护区，必须经过批准。进入地方级自然保护区的，接待单位应当事先报省级林业主管部门批准。进入国家级自然保护区的，接待单位应当报国务院林业主管部门批准。进入自然保护区的外国人，应当遵守有关自然保护区的规定。任何部门、团体、单位与国外签署涉及国家自然保护区的协议，接待外国人到国家级自然保护区从事有关活动，必须征得国务院林业主管部门的同意；涉及地方自然保护区的，必须征得省级林业主管部门的同意。

5. 依靠地方政府、单位和群众管理自然保护区

自然保护区管理机构应当会同所在和毗邻的县、乡人民政府及有关单位，组成自然保护区联合保护委员会，制定保护公约，共同做好保护管理工作。根据国家有关规定和保护管理工作的需要，自然保护区可设立公安机构或配备公安特派员，行政上受自然保护区管理机构的领导，业务上受上级公安机关领导。自然保护区公安机构的主要任务，是保护自然保护区的自然资源和国家财产，维护当地社会治安，依法查处破坏自然保护区的案件。自然保护区管理机构要帮助和教育保护区内的单位和个人遵守自然保护区的有关规定，固定生产生活活动范围，在不破坏自然资源的前提下，从事种植、养殖等，增加收入。

四、违反自然保护区管理法规的法律责任

1. 违反自然保护区管理规定行为的法律责任

违反规定，有下列行为之一的单位和个人，依据《自然保护区条例》第34条规定，由自然保护区管理机构责令其改正，并可以根据不同情节处以100～5000元以下的罚款：①擅自移动或者破坏自然保护区界标的；②未经批准进入自然保护区或者在自然保护区内不服从管理机构管理的；③经批准在自然保护区的缓冲区内从事科学研究、教学实习和标本采集的单位和个人，不向自然保护区管理机构提交活动成果副本的。

2. 在自然保护区违法进行砍伐、放牧、狩猎、捕捞、采药等活动的法律责任

违反规定，在自然保护区进行砍伐、放牧、狩猎、捕捞、采药、开垦、烧荒、开矿、采石、挖沙等活动的单位和个人，依据《自然保护区条例》第35条规定，除可以依照有关法律、行政法规规定给予处罚的以外，由县级以上林业主管部门或者其授权的自然保护区管理机构没收违法所得，责令停止违法行为，限期恢复原状或者采取其他补救措施；对自然保护区造成破坏的，可以处以300～10000元以下的罚款。

3. 给自然保护区造成损失的法律责任

违反规定，给自然保护区造成损失的，依据《自然保护区条例》第38条规定，由县级以上林业主管部门责令赔偿损失。

4. 妨碍自然保护区管理人员执行公务的法律责任

对妨碍自然保护区管理人员执行公务的，依照《自然保护区条例》第39条规定，由公安机关依照《治安管理处罚法》规定给予处罚；情节严重，构成犯罪的，依法追究刑事责任。

5. 造成自然保护区重大污染或者破坏事故的法律责任

根据《自然保护区条例》第40条规定，违反规定，造成自然保护区重大污染或者破坏事故，导致公私财产重大损失或者人身伤亡的严重后果，构成犯罪的，对直接负责的主管人员和其他直接责任人员依法追究刑事责任。

6. 自然保护区管理机构拒绝行政主管部门监督检查或者在被检查时弄虚作假的法律责任

自然保护区管理机构违反规定，拒绝环境保护行政主管部门或者有关自然保护区行政主管部门监督检查，或者在被检查时弄虚作假的，依照《自然保护区条例》第36条规定，由县级以上人民政府环境保护行政主管部门或者有关自然保护区行政主管部门给予300～3000元以下的罚款。

7. 自然保护区管理机构违反规定开展参观、旅游活动的法律责任

自然保护区管理机构违反规定，有下列行为之一的，依照《自然保护区条例》第37条规定，由县级以上人民政府林业主管部门责令限期改正；对直接责任人员，由其所在单位或者上级机关给予行政处分：未经批准在自然保护区开展参观、旅游活动的；开设与自然保护区保护方向不一致的参观、旅游项目的；不按照批准的方案开展参观、旅游活动的。

8. 自然保护区管理机构及其主管部门工作人员渎职的法律责任

自然保护区管理机构及其主管部门工作人员玩忽职守或者进行其他违法活动，致使自然保护区资源或者财产遭受损失、破坏的，依照《自然保护区条例》第41条规定，视情节轻重分别给予批评教育、行政处分；构成犯罪的，依法追究刑事责任。

第四章　林木种子法律制度

第一节　种子法概述

一、林木种子及种子立法

林木种子是指林木的种植材料或者繁殖材料，包括子粒、果实和根、茎、苗、芽、叶等。种子是林业生产的重要生产资料之一，其质量的优劣直接影响到林业的发展。党和国家一向重视种子在农林业生产中的重要作用，早在1959年就把种子作为农业“八字宪法”（土、肥、水、种、密、保、管、功）的内容之一。1989年国务院发布了《中华人民共和国种子管理条例》，初步确立了我国的林木种子法律制度。2000年7月8日第九届全国人民代表大会常务委员会第十六次会议通过了《中华人民共和国种子法》（以下简称《种子法》），自2000年12月1日起施行。2004年8月28日第十届全国人民代表大会常务委员会第十一次会议通过了《关于修改〈中华人民共和国种子法〉的决定》。

《种子法》确定了以下主要法律制度：种质资源保护管理制度，品种审定制度，新品种保护制度，种子生产管理制度，种子经营管理制度，种子质量管理制度，种子进出口审批制度和违反种子法的法律责任。《种子法》的施行，标志着我国林木种苗管理步入了法制化轨道。

与林木种苗相关的配套行政法规、部门规章等主要规范性文件有：《植物新品种保护条例》、《全国生物物种资源保护与利用规划纲要》、《林木种质资源管理办法》、《林木种质资源调查技术规程（试行）》、《林木良种推广使用管理办法》、《中华人民共和国主要林木目录（第一批）》《林木种子包装和标签管理办法》、《林木种子经营行政许可监督检查办法》、《林木种子质量管理办法》、《林木种子生产、经营档案管理办法》、《林木种子包装和标签管理办法》、《林木种苗质量监督抽查暂行规定》、《国家林业局关于加强林木种苗质量监督管理的规定》、《林木种苗质量监督检验机构建设规定》等部门规章和其他规范性文件。各省、自治区、直辖市先后制定颁布了种子法实施条例等地方性法规、地方政府规章等规范性文件。

《种子法》及地方性种子法律规范的实施，对保护和合理利用种质资源，规范品种选育和种子生产、经营、使用行为，维护品种选育者和种子生产者、经营者、使用者的合法权益，提高种子质量水平，推动种子产业化，促进种植业和林业的发展，起到了重要法律保障作用。

二、林木种子行政主管部门

根据《种子法》的规定，国务院林业主管部门主管全国林木种子工作，县级以上地方人民政府林业主管部门分别主管本行政区域内的林木种子工作。各级人民政府及其林木种子主管部门依法履行以下职责：①制定林木种子发展规划等管理办法，并按国家有关规定在财政、信贷和税收等方面采取措施保证规划的实施；②设立专项资金，用于扶持良种选育和推广；③建立种子储备制度，用于发生灾害时的生产需要，保障林业生产安全；④管理和协调异地繁育种子工作；⑤依法核发林木种子生产许可证、经营许可证，审批种质资源的跨境携带、运输、引种等活动；⑥对林木种子审定、生产、经营、使用等活动实施组织、监督、管理工作，依法查处种子违法犯罪行为。

三、林木种子管理机构

全国林木种子的管理机构是国家林业局国有林场和林木种苗工作总站。地方林木种苗的管理机构包括省级、地（市、州）级、县级林业行政主管部门设立的林木种子管理机构，分别负责本行政区域的林木种子管理工作。林木种苗管理机构的主要职责有：

（1）宣传贯彻执行《种子法》等法律、法规、规章和各项林木种苗工作的方针，政策，全面负责管理本行政区域内林木种子工作。

（2）受托制定本地区年度育苗计划和种苗基地建设规划。

（3）宣传林木种苗的生产、经营行政许可制度，落实“两证一签”（颁发的生产许可证和经营许可证，销售的种苗须附的产地标签）制度。

（4）负责本地区主要林木良种种子生产许可证审核和其他林木种子生产许可证核发相关工作。

（5）负责本地区主要林木良种的种子经营许可证的审核和其他林木种子经营许可证的核发。

（6）对本地区的林木种子质量进行检验。

（7）负责本地区林木种子跨行政区调运的审核、审批手续；负责本地区种子质量检验、购置、保管、分配和使用。

（8）依法执行现场检查，受委托查处本地区违法生产、经营及调运种子的案件等。

第二节　林木种质资源保护管理制度

一、林木种质资源及其保护管理意义

林木种质资源是指林木遗传多样性资源和选育新品种的基础材料，包括森林植物的栽培种、野生种的繁殖材料，以及利用上述繁殖材料人工创造的遗传材料。林木种质资源的形态，包括植株、苗、果实、子粒、根、茎、叶、芽、花、花粉、组织、细胞和 DNA、DNA 片段及基因等。它具有有限性、潜在性和易灭性的特点。

保护管理林木种质资源的意义是：第一，林木种质资源是遗传多样性的载体，是物种多样性和生态系统多样性的基础，是维持一国生态平衡的关键；第二，林木种质资源是林业产业实现稳产、高产、优质、高效的可靠保障，是林业生产力发展的基础性和战略性资源；第三，保护管理林木种质资源开发利用的程度和水平，是考量一个国家保护生物多样性、延续森林多样性、维持林业的可持续发展的重要指标，在林业生态体系和林业产业体系建设中有着举足轻重的作用。总之，强化保护和科学合理的开发利用林木种质资源，不仅关系到国家的生态安全和可持续发展，更关系到人类的生存条件和经济利益，是为子孙后代造福的重大工程。

二、林木种质资源保护管理制度

（一）林木种质资源普查建档制度

根据《种子法》及《林木种质资源管理办法》的规定，国务院林业主管部门和省级林业主管部门组织林木种质资源普查，建立健全林木种质资源档案。对于林木种质资源普查结果等数据资料，应当依法作为制定林木种质资源保护发展方案、制定和调整可供利用的林木种质资源目录的依据。凡调查、收集、保存的设计方案、实施计划、观测记载、总结报告、经营管理等，均应详细记载。图表、图片、照片、标本及技术管理文件等均需归档保存。

全国林木种质资源普查方案由国务院林业主管部门制定，地方林木种质资源普查方案分别由各省级林业主管部门制定。县级以上林业主管部门应当根据保护林木种质资源的需要，有计划地组织收集林木种质资源。收集林木种质资源的单位和个人，应当建立原始档案并完整保存档案资料。原始档案记载的内容和格式由国家国务院林业主管部门统一规定。因工程建设、自然灾害等特殊情况使林木种质资源受到威胁的，县级以上林业主管部门应当及时组织抢救性收集。国务院林业主管部门和省级林业主管部门应当组织有关专家对收集的林木种质资源进行鉴定。进行林木种质资源鉴定应当严格执行国家标准和行业标准。对经过鉴定的林木种质资源或者经批准从境外引进的林木种质资源进行登记。林木种质资源登记实行全国统一编号，编号方法由国务院林业主管部门规定。

（二）林木种质资源保存制度

国务院林业主管部门依法应当建立国家林木种质资源库，根据需要保存具有重要价值或者珍贵的林木种质资源。省、自治区、直辖市人民政府林业主管部门可以建立林木种质资源库、林木种质资源保护区或者林木种质资源保护地，根据需要保存乡土树种、地方主要造林树种等林木种质资源。县级以上人民政府应当分别情况采取多种方式，保存林木种质资源，保障国家和地方林木种质资源库、保护区和保护地正常运转和种质资源安全。异地保存库和设施保存库的林木种质资源应当按照有关规定进行定期检查和检测，及时更新和补充。

林木种质资源的保存应执行《保存林木种质资源保存原则与方法》（GB/T14072—1993），实行以保护濒危树种不灭绝并得以适当发展和种的遗传基因不丢失并满足利用为目的的原则，对林木群体采用以原地保存为主（将种质资源在原生地进行栽培保存，又称就地保存）、异地保存（指将种质资源迁移出原生地栽培保存，又称迁地保存）和离体保存（指种质资源的种子、花粉及根、穗条、芽等繁殖材料，离开母体进行贮藏）并举的保存方法。保存对象包括：树种的种源群体；部、省级复选评审出的各种林木的优良单株、优良品种；经过遗传改良获得的抗性强的品质优良家系、无性系；列入国家级和省级保护的珍贵、稀有、濒危树种，以及引种成功的树种。

（三）林木种质资源公布利用制度

国务院林业主管部门和省级林业主管部门应当根据林木种质资源普查结果及鉴定和保存情况，公布可供利用的林木种质资源目录。利用从林木种质资源库获取的林木种质资源和申请植物新品种权或者其他专利权的单位和个人，应当事先与林木种质资源管理单位签订协议，并分别报上级林业主管部门或者国家林业局备查。利用林木种质资源库的林木种质资源的单位和个人，还应当与林木种质资源库管理单位签订协议，按照协议要求承担反馈利用信息的义务。

（四）林木种质资源采集、采伐许可审批制度

禁止采集或者采伐国家重点保护的天然林木种质资源。因科学研究、良种选育、文化交流、种质资源更新等特殊情况需要采集或者采伐的，除按照有关法律、法规的规定办理采集或者采伐批准文件外，还应当依法办理审批手续。采集或者采伐国家林木种质资源库内的林木种质资源，申请人应当向国务院林业主管部门提交《采集或者采伐林木种质资源申请表》及申请说明，说明内容应当包括采集或者采伐的理由、用途、方案等；国务院林业主管部门应当自受理之日起20个工作日内作出审批决定，并出具《采集或者采伐林木种质资源许可表》；不予审批的，应当书面告知申请人并说明理由。

采集或者采伐国家林木种质资源库以外的林木种质资源，应当经省级林业主管部门批准，批准结果报国家林业局备查。

（五）林木种质资源进出境审批制度

国家对林木种质资源享有主权。任何单位和个人向境外提供林木种质资源的，应当经国家林业局批准。向境外提供或者从境外引进林木种质资源的，应当按照以下程序办理审批手续：①向国务院林业主管部门提交《向境外提供林木种质资源申请表》或者《从境外引进林木种质资源申请表》及其说明；②从境外引进林木种质资源的，应当提交引进林木种质资源的用途证明和试验方案材料；③向境外提供林木种质资源的，应当提供相关的项目或者协议文本；④为对外制种引进林木种质资源的，应当提交对外制种协议文本；⑤国务院林业主管部门应当自受理之日起20个工作日内作出审批决定，并出具

《向境外提供林木种质资源许可表》或者《从境外引进林木种质资源许可表》；不予审批的，应当书面告知申请人并说明理由。向境外提供的林木种质资源属于国家重点保护野生植物，从境外引进或者向境外提供的林木种质资源属于中国参加的国际公约所限制进出口的野生植物的，除按照上述规定办理外，还应当按照国家野生植物保护法律法规或者中国参加的国际公约的有关规定办理进出口审批手续。

从境外引进转基因林木种质资源的，应当按照国务院林业主管部门《开展林木转基因工程活动审批管理办法》的有关规定办理检疫审批手续。

第三节　林木种子审定制度

一、林木种子审定及其意义

林木种子审定，是指由法定机构对主要林木品种在推广应用前进行审查、评价、认可，并对其定名、编号、登记，报请林业主管部门确定、公布的过程。它是确认主要林木品种是否林木良种的必经法定步骤，又是推广使用于林业生产的前提。品种审定作为品种管理的重要手段，其目的是为了防止虚报谎报育种成果、推广不稳定的品系、随意引进和推广不适宜本地区种植的品种或劣质品种。

林木种子审定与林木良种鉴定、林木品种认定不同。林木良种鉴定，是由有关专家对林木育种工作者对良种选育成果的质量和水平的审查、评价，是品种审定和成果推广的前提。林木品种认定，是指经过选育的林木品种，因审定未通过但生产确需使用，经省级以上林业主管部门审核，报同级林木品种审定委员会进行的认定。通过认定的林木品种在认定期限内可视为良种进行经营和推广。根据《种子法》的规定，用于林业生产的主要林木品种必须是林木良种。所谓林木良种，是行政相对人对其选育的林木品种向省级以上林木良种审定委员会提出审定或者认定申请后，经林木法定审（认）定组织按法定标准和程序进行审（认）定通过，并发给其合格证书的林木种子。通过审定的林木种子，在一定区域内的产量、适应性、抗性等方面明显优于当前主栽材料的繁殖材料和种植材料。上述所称的“主要林木”，是指由国务院林业主管部门确定、公布的主要林木，以及省级林业主管部门在国务院林业主管部门确定的主要林木之外确定的其他8种主要林木。国家林业局2001年6月1日公布了第一批主要林木共计128种。主要林木品种包括品种、家系、无性系及种子园、母树林、采种基地和种源区种子等。申请人申请审（认）定的林木品种，应是申请人通过引种、驯化、区域试验（包括生产试验和引种驯化试验）的林木品种。

二、林木种子审定制度的主要内容

（一）审（认）定机构

根据《种子法》、《主要林木品种审定办法》的有关规定，林木种子的审定实行国家级审定和省级审定。国家级审定，是指国务院林业主管部门设立的林木品种审定委员会对主要林木品种进行的审定。林木品种的省级审定，是指省级林业主管部门设立的林木品种审定委员会对主要林木品种进行的审定。国家林木品种审定委员会承担在全国适宜的生态区域推广的林木品种审定工作；省级林木品种审定委员会承担在本行政区内适宜的生态区域推广的林木品种审定工作。林木品种审定委员会由科研、教学、生产、推广、管理和使用等方面的专业人员组成，并承担林木品种审定的具体工作。

林木品种审定委员会设立秘书处，其具体工作由同级林业行政主管部门林木种苗管理机构承担，负责林木品种审定委员会的日常工作。

（二）审定程序

林木品种审定的程序包括申请、受理、审定和公告等四个阶段，其工作流程见图4－1。

（三）对申请人异议的复审

林木品种审定委员会对审（认）定未通过的林木品种，应当书面通知申请人；申请人有异议的，可以在接到通知后90日内，向原林木品种审定委员会或者国家林木品种审定委员会申请复审。林木品种审定委员会对于申请复审的，应当在接到复审申请后一年内进行复审。复审实行一次终局制，即经复审仍未通过的，审定委员会不再进行第二次复审。

（四）对丧失林木良种条件的处理

审（认）定通过的林木良种在使用过程中发现已经不具备林木良种条件的，有关利害关系人或者县级以上人民政府林业行政主管部门林木种苗管理机构可以提出取消林木良种资格的建议，经原审（认）定的林木品种审定委员会按照《主要林木品种审定办法》的规定办理。认定通过的林木品种，在林木良种有效期限届满后，林木良种资格自动失效，不得再作为林木良种进行推广、经营，但是可以申请审定。

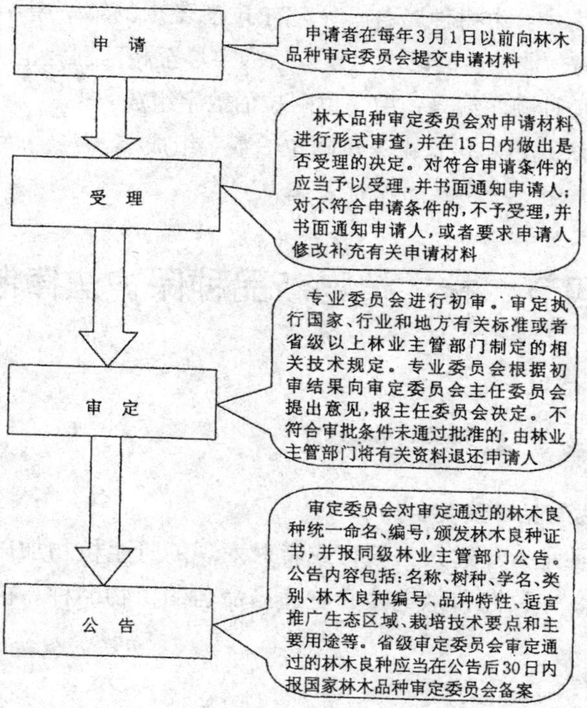
申 请
申请者在每年3月1日以前向林木品种审定委员会提交申请材料
受 理
林木品种审定委员会对申请材料进行形式审查，并在15日内做出是否受理的决定。对符合申请条件的应当予以受理，并书面通知申请人；对不符合申请条件的，不予受理，并书面通知申请人，或者要求申请人修改补充有关申请材料
审 定
专业委员会进行初审。审定执行国家、行业和地方有关标准或者省级以上林业主管部门制定的相关技术规定。专业委员会根据初审结果向审定委员会主任委员会提出意见，报主任委员会决定。不符合审批条件未通过批准的，由林业主管部门将有关资料退还申请人
公 告
审定委员会对审定通过的林木良种统一命名、编号，颁发林木良种证书，并报同级林业主管部门公告。公告内容包括：名称、树种、学名、类别、林木良种编号、品种特性、适宜推广生态区域、栽培技术要点和主要用途等。省级审定委员会审定通过的林木良种应当在公告后30日内报国家林木品种审定委员会备案

图4－1 林木品种审定工作程序图

（五）林木良种的名称和编号

林木良种的名称由申请人提出，林木品种审定委员会审（认）定通过后予以确认。林木良种名称中不得含有速生、优质、高产等字样或者其他暗示林木品种速生、优质、高产、抗逆性强等描述或者其他夸大性词语。

林木良种的编号由林木品种审定委员会简称、审定或者认定标志、林木良种类别代码、树种代号、林木良种顺序编号和审（认）定年份等6部分组成：

（1）林木品种审定委员会简称：国家林木品种审定委员会简称为“国”；省级林木品种审定委员会简称为各省、自治区、直辖市的简称。

（2）审定或认定标志：S代表审定通过，R代表认定通过。

（3）林木良种类别代码用英文缩写表示，分别为：引种驯化品种ETS；优良种源SP；优良家系SF；优良无性系SC；优良品种SV；母树林SS；实生种子园SSO；无性系种子园CSO；种子园代码后用加括号的阿拉伯数字表示

育种代数，如（1）为一代种子园，（1.5）为一代改良种子园，依次类推。

（4）树种代号：由树种属名、种名（拉丁名）的第一个字母组成，与其他树种有重复的，加种名的第二个及以后的字母至相区别为止。

（5）林木良种顺序编号：由3位阿拉伯数字组成。

（6）审（认）定年份：由4位阿拉伯数字组成。

第四节　林木植物新品种保护法律制度

一、植物新品种保护概述

（一）植物新品种及其特点

植物新品种是指经过人工培育或者对发现的野生植物加以开发，具有新颖性、特异性、一致性和稳定性并有适当命名的植物品种。植物新品种须具有以下特点：

1. 新颖性

新颖性是指申请品种权的植物新品种在申请日前该品种繁殖材料未被销售，或者经育种者许可，在中国境内销售该品种繁殖材料未超过1年；在中国境外销售藤本植物、林木、果树和观赏树木品种繁殖材料未超过6年，销售其他植物品种繁殖材料未超过4年。对《植物新品种保护条例》施行前首批列入植物品种保护名录的，以及《植物新品种保护条例》施行后列入植物品种保护名录的属或者种的植物品种，自名录公布之日起1年内提出品种权申请，经育种人许可，在中国境内销售该品种的繁殖材料不超过4年的，视为具有新颖性。

2. 特异性

特异性是指申请品种权的植物新品种应当明显区别于在递交申请以前已知的植物品种。

3. 一致性

一致性是指申请品种权的植物新品种经过反复繁殖，除可以预见的变异外，其相关的特征或者特性一致。

4. 稳定性

稳定性是指申请品种权的植物新品种经过反复繁殖后或者在特定繁殖周

期结束时，其相关的特征或者特性保持不变。

5. 有适当的名称

即申请品种权的植物新品种与相同或者相近的植物属或者种中已知品种的名称相区别。但是，有下列情形之一的，不得用于林业植物新品种命名：①仅以数字组成的；②违反社会公德的；③对植物新品种的特征、特性或者育种者的身份等容易引起误解的；④违反国家法律、行政法规规定或者带有民族歧视性的；⑤以国家名称命名的；⑥以县级以上行政区划的地名或者公众知晓的各国地名命名的；⑦同政府间国际组织或者其他国际知名组织的标识名称相同或者近似的；⑧属于相同或者相近植物属或者种的已知名称的。

应当注意，《植物新品种条例》保护的“植物新品种”与林木品种审定的新品种存在着一定的差异，见表4－7。

表4－7　植物新品种与林木品种审定的新品种的差异性

差异性表现	法规保护的“植物新品种”	林木品种审定的新品种
来源	新育成的新品种、发现的野生品种加以开发所形成的新品种	新育成的品种、新引进的品种
范围	在世界范围内至少是在全国范围内栽植的品种	当地主要推广品种
新颖性	申请保护的新品种在申请日以前不能在市场上销售或者在市场上销售不能超过规定的期限	对新颖性不作要求
特异性	要求被保护的新品种在植物学形态上至少有一个特征、特性明显区别于已知品种，但不要求高于已知品种的产量或抗性	突出品种的产量和抗性，要求新品种的产量水平高于当地同类主推品种或者产量与当地主推品种的原种相近，但在品质、成熟期和抗性等方面有一项或多项性状表现突出
使用价值	有些可以通过审定在生产上推广应用，有些则可以作为科研育种材料加以开发	一定可以在生产上推广应用

（二）植物新品种保护主管部门

根据《植物新品种保护条例》的规定，国务院农业、林业行政主管部门按照职责分工共同负责植物新品种申请的受理和审查，并对符合规定条件的植物新品种授予植物新品种权。根据《植物新品种保护条件实施细则（林业部分)》的规定，国家林业局植物新品种保护办公室（以下简称植物新品种保护办公室）具体负责受理和审查林业植物新品种的品种权申请，组织与植物新品种保护有关的测试、保藏等业务，按国家有关规定承办与植物新品种保护有关的国际事务等具体工作。

（三）植物新品种保护的立法

1997年3月20日国务院令第213号发布了《中华人民共和国植物新品种保护条例》(以下简称《条例》)，该条例自1997年10月1日起施行。1999年8月10日国家林业局发布《中华人民共和国植物新品种保护条例实施细则(林业部分)》，自发布之日起施行。1999年4月23日我国加入了《国际植物新品种保护公约》，成为国际植物新品保护联盟（UPOV）的成员国。2000年12月1日起施行的《种子法》第12条规定，国家实行植物新品种保护制度，对经过人工培育的或者发现的野生植物加以开发的植物品种，具备新颖性、特异性、一致性和稳定性的，授予植物新品种权，保护植物新品种权所有人的合法权益。选育的品种得到推广应用的，育种者依法获得相应的经济利益。最高人民法院2001年2月5日发布了《关于审理植物新品种纠纷案件若干问题的解释》，2006年12月25日发布了《关于审理侵犯植物新品种权纠纷案件具体应用法律问题的若干规定》。

植物新品种保护制度在我国的建立和实施，标志着我国知识产权保护事业进入了一个新的发展阶段，迈上了一个新台阶。国家对植物新品种保护的目的在于激励植物新品种培育、有利于引进国际植物新品种和避免我国新品种流失海外。国家实行植物新品种保护制度以来，我国植物新品种保护取得了重大进展，保护制度日趋完善，组织体系初步形成；品种权意识得到加强；行政执法力度得到加强；野生植物资源得到充分利用；积极开展国际合作交流，更多的组织和个人向植物育种领域投资，推动了我国的种子工程建设，促进农林业生产的不断发展。但是，由于我国植物新品种保护工作起步较晚，还存在以下方面的不足：社会上知识产权意识相对薄弱，对植物新品种保护的战略意义缺乏足够的了解和认识，品种构成不尽合理；品种权人维权困难，地方保护主义仍较严重；新品种保护组织管理体制还未完全理顺，品种权审查速度仍显较慢；对品种权作为国际农林产品贸易壁垒的作用及其发展动向研究不足；植物新品种保护的覆盖面相对狭窄等。如何优化植物新品种权申请审批程序，缩短审查周期、加大植物新品种权保护力度、推进植物新品种权转化运用以及扩大植物品种保护名录范围等问题，亟待解决和进一步完善。

二、授予林业植物新品种权的程序及条件

（一）申请

1. 申请方式

中国的单位和个人申请品种权的，可以直接或者委托国家林业局指定的代理机构向国家林业局提出申请。中国的单位和个人申请品种权的植物品种，如涉及国家安全或者重大利益需要保密的，申请人应当在请求书中注明，植物新品种保护办公室应当按国家有关保密的规定办理，并通知申请人。外国人、外国企业或者其他外国组织向国家林业局提出品种权申请和办理其他品种权事务的，应当委托国家林业局指定的代理机构办理。申请人委托代理机构向国家林业局申请品种权或者办理其他有关事务的，应当提交委托书。

2. 提交材料

（1）请求书、说明书以及照片各一式两份。申请人申请品种权时，应当向植物新品种保护办公室提交国家林业局规定格式的请求书、说明书以及照片各一式两份。申请文件应当使用中文书写。照片应当符合以下要求：有利于说明申请品种权的植物品种的特异性；一种性状的对比应在同一张照片上；照片应为彩色；照片规格为 8. 5cm × 12. 5cm 或者 10cm × 5cm。照片应当附有简要文字说明。必要时，植物新品种保护办公室可以要求申请人提供黑白照片。

（2）对照品种的繁殖材料。植物新品种保护办公室可以要求申请人送交申请品种权的植物品种和对照品种的繁殖材料，用于审查和检测。申请人送交的繁殖材料应当符合下列要求：与品种权申请文件中所描述的该植物品种的繁殖材料相一致；为最新收获或者采集的；无病虫害；未进行药物处理。申请人送交的繁殖材料已经进行了药物处理，应当附有使用药物的名称、使用的方法和目的。保藏机构或者测试机构收到申请人送交的繁殖材料的，应当向申请人出具收据。保藏机构或者测试机构对申请人送交的繁殖材料经检测合格的，应当出具检验合格证明，并报告植物新品种保护办公室；经检测不合格的，应当报告植物新品种保护办公室，由其按照有关规定处理。保藏机构或者测试机构对申请人送交的繁殖材料，在品种权申请的审查期间和品种权的有效期限内，应当保密和妥善保管。

申请人送交的繁殖材料应当依照国家有关规定进行检疫；应检疫而未检疫或者检疫不合格的，保藏机构或者测试机构不予接收。申请人送交的繁殖材料不能满足测试或者检测需要及不符合要求的，植物新品种保护办公室可

以要求申请人补交。申请人三次补交繁殖材料仍不符合规定的，视为放弃申请。

申请人应当自收到植物新品种保护办公室通知之日起3个月内送交繁殖材料。送交种子的，申请人应当送至植物新品种保护办公室指定的保藏机构；送交无性繁殖材料的，申请人应当送至植物新品种办公室指定的测试机构。申请人逾期不送交繁殖材料的，视为放弃申请。

3. 申请权归属确认

（1）非职务育种和职务育种的植物新品种的申请权归属。非职务育种的植物新品种的申请权属于完成育种的个人。职务育种的植物新品种的申请权属于该单位。“职务育种”的确认情形包括具有下列情形之一：在本职工作中完成的育种；履行本单位分配的本职工作之外的任务所完成的育种；离开原单位后3年内完成的与其在原单位承担的本职工作或者分配的任务有关的育种；利用本单位的资金、仪器设备、试验场地、育种资源和其他繁殖材料及不对外公开的技术资料等所完成的育种。

（2）两个以上的申请人分别就同一个植物新品种申请品种权的归属。根据一个植物新品种只能授予一项品种权的授权原则，如果有两个以上的申请人分别就同一个植物新品种申请品种权的，品种权授予最先申请的人；同时申请的，品种权授予最先完成该植物新品种育种的申请人。

4. 优先权规则

根据《植物新品种保护条例》第23条规定，如果申请人就某植物新品种在其他国家提出过申请，在其第一次申请后12个月内又就同一品种向我国提出申请的，则依照该外国同中华人民共和国签订的协议或者共同参加的国际条约，或者根据相互承认优先权的原则，可以享有优先权。但林业品种权申请的优先权和其他知识产权的优先权一样，并非自动享有。申请人要求享有优先权的，必须按照规定提出请求，并办理下列相应手续：品种权申请人要求优先权的，应当在请求书中写明第一次提出的品种权申请的申请日、申请号和受理该申请的国家；未写明的，视为未要求优先权。申请人并应当在3个月内提交经原受理机关确认的第一次提出的品种权申请文件的副本。中国的单位和个人在国内培育的植物品种向国外申请品种权的，应当向国务院林业行政主管部门登记。

在中国没有经常居所或者营业所的外国人、外国企业或者其他外国组织申请品种权或者要求优先权的，植物新品种保护办公室可以要求其提供下列文件：①国籍证明；②申请人是企业或者其他组织的，其营业所或者总部所在地的证明文件；③外国人、外国企业、外国其他组织的所属国承认中国的单位和个人可以按照该国国民的同等条件，在该国享有植物新品种的申请权、优先权和其他与品种权有关的证明文件。

申请人向国家林业局提出品种权申请之后，又向外国申请品种权的，可以请求植物新品种保护办公室出具优先权证明文件；符合条件的，植物新品种保护办公室应当出具优先权证明文件。申请人有权撤回品种权申请，但应当向国家林业局提出撤回申请，写明植物品种名称、申请号和申请日。

（二）受理

国务院林业主管部门承担林业植物新品种申请的机构是植物新品种保护办公室。审批机关收到品种权申请文件之日为申请日；申请文件是邮寄的，以寄出的邮戳日为申请日。对符合相关规定的品种权申请，审批机关应当予以受理，明确申请日、给予申请号，并自收到申请之日起1个月内通知申请人缴纳申请费。对不符合或者经修改仍不符合相关规定的品种权申请，审批机关不予受理，并通知申请人。

（三）林木品种权的审批

1. *初步审查*

审批机关对品种权申请的下列内容进行初步审查：①是否属于植物品种保护名录列举的植物属或者种的范围；②申请品种是否是经过人工培育的或者对发现的野生植物加以开发的植物品种；③是否符合新颖性的规定；④植物新品种的命名是否适当。国家林业局对品种权申请进行初步审查时，可以要求申请人就有关问题在规定的期限内提出陈述意见或者予以修正。一件品种权申请包括两个以上品种权申请的，在实质审查前，植物新品种保护办公室应当要求申请人在规定期限内提出分案申请；申请人在规定期限内对其申请未进行分案修正或者期满未答复的，视为放弃申请。依照规定提出的分案申请，可以保留原申请日；享有优先权的，可保留优先权日，但不得超出原申请的范围。申请人的分案申请的请求书中应当写明原申请的申请号和申请日。原申请享有优先权的，应当提交原申请的优先权文件副本。经初步审查符合规定条件的品种权申请，由国家林业局予以公告。自品种权申请公告之日起至授予品种权之日前，任何人均可以对不符合法定的品种权申请向国家林业局提出异议，并说明理由。

审批机关应当自受理品种权申请之日起6个月内完成初步审查。对经初步审查合格的品种权申请，审批机关予以公告，并通知申请人在3个月内缴纳审查费。对经初步审查不合格的品种权申请，审批机关应当通知申请人在3

个月内陈述意见或者予以修正；逾期未答复或者修正后仍然不合格的，驳回申请。

品种权的临时保护问题。对品种权的临时保护是指品种权被授权后，在自初步审查合格公告之日起至授予品种权之日止的期间，对未经申请人许可，为商业目的生产或者销售该授权品种的繁殖材料的单位和个人，品种权人享有追偿的权利。临时保护措施是指在有一定根据，并经过判断，认为品种侵权即将发生并将对品种权人利益造成严重损害或者侵权证据将被销毁时，应品种权人或者利害关系人的请求，可以采取临时性的保护措施，防止侵害的发生、扩大或者保护证据。

2. 实质审查

申请人按照规定缴纳审查费后，审批机关对品种权申请的特异性、一致性和稳定性进行实质审查。申请人未按照规定缴纳审查费的，视为撤回品种权申请。审批机关主要依据申请文件和其他有关书面材料进行实质审查。审批机关认为必要时，可以委托指定的测试机构进行测试或者考察已经完成的种植或者其他试验的结果。需交纳测试费的，申请者按实际发生的费用交纳。因审查需要，申请人应当根据审批机关的要求提供必要的资料和该植物新品种的繁殖材料。

授予品种权的形式条件是：第一，应当属于国家植物品种保护名录中列举的植物的属或者种。林业植物品种保护名录由国家林业局确定和公布，到目前为止已公布4批保护名录，包括78个属或种。第二，必须是经过人工培育的或者对发现的野生植物加以开发的植物新品种。授予品种权的实质条件是：植物新品种必须具有特异性（申请品种权的植物新品种应当明显区别于在递交申请以前已知的植物品种）、一致性（申请品种权的植物新品种经过繁殖；除可以预见的变异外，其相关的特征或者特性一致）、稳定性（申请品种权的植物新品种经过反复繁殖后或者在特定繁殖周期结束时，其相关的特征或者特性保持不变）。

3. 决定、登记和公告

对经过实质审查符合规定的品种权申请，审批机关应当作出授予品种权的决定，颁发品种权证书，并予以登记和公告。对经实质审查不符合规定的品种权申请，审批机关予以驳回，并通知申请人。申请人对审批机关驳回品种权申请的决定不服的，申请人可以自收到通知之日起3个月内，向植物新品种复审委员会请求复审。植物新品种复审委员会应当自收到复审请求书之日起6个月内做出决定，并通知申请人。申请人对植物新品种复审委员会的决定不服的，可以自接到通知之日起15日内向人民法院提起诉讼。

三、植物新品种权属性及权能

（一）植物新品种权属性

植物新品种权是指完成育种或者对发现的野生植物加以开发的单位或个人，对其授权的品种依法享有的排他使用权。植物新品种权与专利权、著作权、商标权一样，属于知识产权的范畴。由于知识产权是一种民事权利，所以，植物新品种权也是一种民事权利。目前，我国对植物品种权的保护还仅限于植物品种的繁殖材料以及对植物育种人权利的保护，保护的对象不是植物品种本身。

（二）品种权的权能

品种权人依法享有的独占权及由此派生出的权能主要有9项，见表4-8。

表4-8 品种权人独占权的内容

权能内容	内 涵	备 注
生产权	品种权人拥有自己生产其授权品种并有权禁止他人未经许可生产相同品种的权利。“相同”是指与品种权请求书、说明书中所描述的产品相同	依法不需经品种权人许可的三种情况例外：为科学研究和试验目的生产；农民自繁自用；强制许可生产
销售权	品种权人拥有自己销售其授权品种并禁止其他人未经许可销售授权品种的权利	强制许可销售受权品种繁殖材料的除外
使用权	品种权人拥有自己使用其授权品种生产另一品种的繁殖材料，并禁止他人未经许可以商业目的将一受权品种繁殖材料重复使用于生产另一品种的繁殖材料的权利	
标记权	品种权人有在自己生产的授权品种包装上标明品种权标记的权利	用以区别于其他同类品种，使自己的品种在市场上更具有竞争力
受奖权	完成关系国家利益或者公共利益并有重大应用价值的植物新品种育种的品种权人，享有由县级以上人民政府或者有关部门给予奖励的权利	

权能内容	内 涵	备 注
许可权	品种权人拥有许可其他单位或者个人实施其授权品种的权利。由双方订立授权品种许可实施的书面合同，明确约定许可的内容是生产、销售、使用、数量、区域范围以及利益分配等双方的权利和义务	除独占许可实施外，品种权人自己仍可实施其授权品种
转让权	品种权人对自己依法拥有的品种的申请权和已取得的品种权依法转让给他人受让的权利	转让规则是：订立书面；履行审批手续；登记和公告
放弃权	品种权申请人或者品种权人可以根据需要在申请品种权或被授予品种权后，以各种方式撤回品种权申请或者放弃品种权	放弃品种权应当由审批机关予以公告。品种权放弃后，其品种成为社会的共同财富，任何人都可以自由使用
追偿权	植物新品种权被授予后，在自初步审查合格公告之日起至被授予植物新品种权之日止的期间，对未经申请人许可，为商业目的生产或者销售该授权品种的繁殖材料的单位和个人，植物新品种权人享有追偿的权利	

应当注意，国有单位在国内转让申请权或者品种权的，应当按照国家有关规定报经有关行政主管部门批准。中国的单位或者个人就其在国内培育的植物新品种向外国人转让申请权或者品种权时，属于职务育种的，需经省级林业主管部门审核（中央单位需经其主管部门审核同意）后报请国务院林业主管部门审批；属于非职务育种的，直接报国务院林业主管部门审批。当事人应向审批机关提出登记要求，审批机关将该品种权转让及由此引起的所有权变更、品种权人变更等事实，登记在品种权登记簿上。只有在审批机关做了登记后才算完成品种权转移的手续，自审批机关公告之日起，新的品种权人就成为该品种权的所有人。

（三）对植物新品种权的限制

1. 合理使用

指利用授权品种进行育种及其他科研活动或农民自繁自用授权品种的繁殖材料，可以不经品种权人许可，不向其支付使用费，但不得侵犯新品种权人的其他权利。

（1）科研特权。即任何人均可以利用授权品种进行育种及其他科研活动。科研特权目的在于形成一个宽松的创新环境，以保障科技人员开展正常的科学研究。

（2）农民特权。即农民有权把授权品种的收获材料作为自己土地上使用的繁殖材料。自繁自用应理解为农民自己繁殖授权品种的繁殖材料并且自己使用，不包括农民为销售目的而繁殖授权品种的繁殖材料。

2. 强制许可使用

国家可以依职权或依当事人的请求强制品种权人许可他人实施植物新品种，但取得实施强制许可的人应当向品种权人支付合理的使用费。为平衡社会公共利益和品种权人的利益，防止品种权人滥用权利，法律设置了品种的强制许可制度。强制许可主要有以下三种情况：一是为满足国家利益或者公共利益等特殊需要的强制许可；二是品种权人无正当理由自己不实施或者实施不完全，又不许可他人以合理条件实施的；三是对重要植物新品种，品种权人虽已实施，但明显不能满足国内市场需求，又不许可他人以合理条件实施的。强制许可使用费数额由双方商定，双方不能达成协议的，由审批机关裁决。品种权人对强制许可或强制许可使用费的裁决不服的，可以自收到通知之日起3个月内向人民法院提起诉讼。

四、林木品种权保护期的终止和无效

1. 品种权的终止

品种权保护期限，自授权之日起，藤本植物、林木、果树和观赏树木为20年，其他植物为15年。品种权终止是指品种权在其保护期限届满前因法定事实而终结束权利存续的情形。法定事实包括下列情形之一：品种权人以书面声明放弃品种权的，自声明之日起终止；品种权人未按照规定缴纳年费的，自补缴年费期限届满之日起终止；品种权人未按照要求提供检测所需的该授权品种的繁殖材料或者送交的繁殖材料不符合要求的，国务院林业行政主管部门予以登记，其品种权自登记之日起终止；经检测该授权品种不再符合被授予品种权时的特征和特性的，自国务院林业行政主管部门登记之日起终止。植物新品种权提前终止的由国务院林业主管部门公告。

2. 品种权的无效

品种权的无效，是指植物新品种复审委员会、其他任何单位和个人（不包括品种权申请人本人）认为品种权审批机关授予的某项品种权不符合法律规定，依法向植物新品种复审委员会提请审查、确认并宣告该品种权自始不具有法律效力的情形。品种权的无效宣告是独立于审查复审之外的一种法律程序，旨在纠正被授予品种权的新品种不属于国家植物新品种保护名录范围内的植物，或者是可能危害公共利益和生态环境的品种，间或是属于重复授权品种以及被授予品种权的新品种不符合新颖性、特异性、一致性、稳定性条件要求。宣告品种权无效或者更名的决定，由国务院林业主管部门登记和公告并由植物新品种保护办公室通知当事人。

被宣告无效的品种权视为自始不存在。但宣告品种权无效的决定，对在宣告前人民法院作出并已执行的植物新品种侵权的判决、裁定，省级以上林业主管部门作出并已执行的植物新品种侵权处理决定，以及已经履行的植物新品种实施许可合同和植物新品种权转让合同，则不具有追溯力。因品种权人的恶意给他人造成损失的，应当给予合理赔偿。

当事人对植物新品种复审委员会的决定不服的当事人，可以自收到通知之日起 3 个月内向人民法院提起诉讼。

五、品种权及相关权益的保护途径

根据《野生植物保护条例》第 39 条规定，未经品种权人许可，以商业目的生产或者销售授权品种的繁殖材料的，品种权人或者利害关系人可以请求省级以上农业、林业主管部门依据各自的职权进行处理，也可以直接向人民法院提起诉讼。也就是说，我国对植物新品种权的保护主要有两种途径，一是行政保护，二是司法保护。

1. 品种权的行政保护

对假冒授权品种行为和违法生产、销售授权品种繁殖材料的行为，由省级以上人民政府、林业行政部门依法给予行政处罚，以保护品种权人的品种权。

2. 品种权的司法保护

即品种权人或者利害关系人（植物新品种实施许可合同的被许可人、品种权财产权利的合法继承人等），以侵权人或作出具体行政行为的行政机关（如强制实施许可的行政机关等）为被告，直接向人民法院提起诉讼而寻找法律保护。通过诉讼方式寻求司法保护的案件又分为两类性质：

（1）提起行政诉讼。具体案由包括：是否应该授予植物新品种权案件、宣告授予植物新品种权无效或维持植物新品种权的案件、授予品种权的植物新品种更名的纠纷案件、实施强制许可及实施强制许可使用费的案件、不服省级以上林业行政管理部门对侵犯植物新品种权给予行政处罚的案件等。

（2）提起民事诉讼。具体案由包括：植物新品种权侵权纠纷（包括植物新品种申请权纠纷、植物新品种权权属纠纷、侵害植物新品种权纠纷等）和植物新品种合同纠纷（包括植物新品种育种合同纠纷、植物新品种申请权转让合同纠纷、植物新品种权转让合同纠纷、植物新品种实施许可合同纠纷等）。

第五节 林木种子生产管理制度

一、林木种子生产许可

根据《种子法》等法律、法规的规定，从事商品种子的生产者须持有关林业主管部门核发的林木种子生产许可证，方可进行林木种子生产活动。林木种子生产许可证是法定林业主管部门核发的、允许申请人从事林木种子生产的法定凭证。

1. 申请领取林木种子生产许可证的单位和个人应当具备以下条件

具有繁殖种子的隔离和培育条件；具有无检疫性病虫害的种子生产地点或者县级以上林业行政主管部门确定的采种林；具有与种子生产相适应的资金和生产、检验设施；具有相应的专业种子生产和检验技术人员；法律、法规规定的其他条件。

2. 核发许可证的程序包括申请、受理、审核、核发等四个步骤

其流程见图 4－2。

林木种子生产许可证有效期限为 3 年。林木种子生产有效期满后需申请换领新证的，生产者应当在林木种子生产、经营许可证有效期届满前两个月，持证向原发证机关申请换发新证。林木种子生产许可证在有效期限内，需要变更许可证注明项目的，应当根据规定申请办理变更手续，并提供相应的变更项目证明材料。

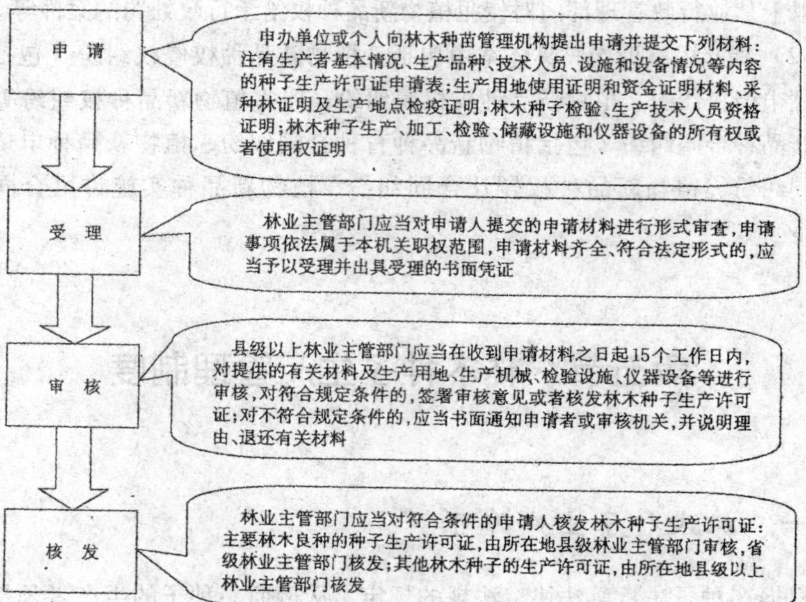

图4－2　林木种子生产许可证核发程序

二、林木种子采集、加工规范

1. 采集林木种子应当在采种期内进行

采种期由当地县级人民政府林业主管部门根据林木种子成熟情况及有关规定确定，并在采种期起始日一个月前，利用报刊、电视、广播、因特网等形式对外公布。

2. 禁采范围

禁止在林木种子不成熟季节、不成熟林分抢采掠青以及损坏母树的树皮、树干、枝条和幼果等，禁止在劣质林内、劣质母树上采集林木种子；禁止抢采掠青、损坏母树；禁止非种子生产基地的经营者在林木种子生产基地内采集种子。

3. 处理

林木种子生产者应当按照国家有关标准对采集的林木种子及时进行脱粒、干燥、净种、分级等加工处理。生产主要林木商品种子的，应当按照国家有关标准进行质量检验。

三、林木种子生产档案

1. 建档内容

根据《种子法》及《林木种子生产、经营档案管理办法》的有关规定，从事主要林木的商品种子生产者必须建立种子生产档案。林木种子生产档案包括以下内容：林木种子生产情况（生产的品种名称、地点、立地条件、周围环境，育苗使用林木种子的产地及种源）；产地气象记录；林木种子质量；林木种子采集、调制记录（采集地点，脱粒、干燥、净种、精选、分级、包装等调制情况）；育苗和苗木出圃情况（各种苗木的生长发育情况及各阶段采取的技术措施，起苗、分级、假植等）；林木种子检验记录（检验时间、检验内容、检验结果、检验证书编号及责任人）；林木种子流向（贮藏保管及调出的时间、数量、单价、种子批号、苗批号、购种协议、购种单位地址及联系方式）；以及需要归档的其他材料。生产林木良种的，还应当包括林木良种证书复印件。生产转基因林木种子的，还应当包括基因名称及其来源、转基因的方法。生产植物新品种的，还应当包括品种权人的书面同意证明或者国家林业局品种权转让公告、强制许可决定。林木种子生产档案记载的信息应当连续、完整、真实，并逐步实行电子化管理。

2. 档案管理

林木种子种植材料（苗木）的生产档案应当至少保存5年，子粒、果实等有性繁殖材料的生产、经营档案应当长期保存。林木种子生产者档案管理人员发生变动，应当及时办理林木种子生产经营档案交接手续。林木种子生产者不再从事林木种子生产、经营活动的，应当将生产、经营档案上交原生产、经营许可证核发机关保存。林木种子生产档案应当妥善保存，定期检查。对破损或变质的档案及时修复。档案毁损或丢失的，应当采取补救措施补齐原有内容。县级以上林业主管部门负责本行政区域内林木种子生产者生产档案建立的监督工作。具体工作由其所属的林木种苗管理机构负责。林木种子生产者未依法制作、保存林木种子生产、经营档案的，由县级以上林业行政主管部门依照《种子法》的规定处理。

四、林木良种管理

截至目前，全国已建成国家级重点林木良种基地130余处，国家级林木种质资源库13处，各类林木良种基地累计达到700多处，面积380多万亩，采种基地1360多万亩，国有苗圃育苗200万亩。还开展了70多个主要造林树种和部分珍稀濒危树种良种选育，审（认）定推广了2776个林木良种，使得良种壮苗生产能力明显提高，但我国林木种苗工作还存在着林木良种供给能力明显不足、林木种质资源保护严重滞后、林木种苗管理机构不健全等问题，而科技落后是我国林木良种化进程缓慢的主要原因。《全国林木种苗发展规划(2011～2020年)》提出，力争到2015年，全国造林良种使用率达到65%，基地供种率达到80%，主要造林树种种子供应全部实现基地供种，商品林造林全部使用良种；到2020年，全国造林良种使用率达到75%。如何建立完整的林木良种“选育—扩繁—栽培”技术和应用体系，加强对种苗生产的科技指导，广泛普及良种和栽培技术知识，根据《国家林业局关于加强国家重点林木良种基地管理工作的通知》、《林木良种推广使用管理办法》的规定，应着重抓好以下工作。

（一）加强国家林木良种基地建设管理

1. 国家林木良种基地管理机构

国家重点林木良种基地由国家林业局和各省、自治区、直辖市林业主管部门共同监督管理，基地自主经营。国家林业局是国家重点林木良种基地宏观管理部门，日常管理工作由国家林业局林木种苗管理机构具体负责。省级林业主管部门是国家重点林木良种基地的组织单位，日常管理工作由省级林木种苗管理机构具体负责。

2. 国家林木良种基地的建设目标

国家林木良种基地是指具备较好的自然和生产条件，建设与管理规范，收集的育种资源丰富、保存完好，在林木良种生产中起到骨干示范作用，经国家林业局严格筛选和科学评定后确定的林木良种基地。国家重点林木良种基地以满足林业三大体系建设为目标，以服务于林业、林农为中心，以生产林木良种为主要任务，发挥区域及技术优势，建设成为集林木良种生产、林木新品种选育、林木种质资源收集保存、人才培养及科研成果推广相结合的示范基地，引导、示范、辐射和带动当地林木良种发展，促进当地林业产业结构调整与优化、农村经济发展和农民增收。

3. 国家重点林木良种基地的申报与确定

国家重点林木良种基地的申报与确定的程序是：

（1）申报。国家重点林木良种基地按照基地申请、省级林业行政主管部门审核、推荐，国家林业局审批确定的程序产生。申报国家重点林木良种基地的单位应提出书面申请报告（包括本单位基本情况、基础设施建设、科研及生产的开展情况、主要成果等内容），填写《国家重点林木良种基地申报表》；省级林业主管部门对本辖区申报的材料进行审核汇总后，连同推荐意见，报国家林业局林木种苗管理机构。

（2）确定。国家林业局林木种苗管理机构受理各省级林业主管部门申报材料后，组织专家对申报材料进行评估和实地考察，提出审核意见。国家林业局林木种苗管理机构将审核意见汇总后报国家林业局，经国家林业局同意并公示后进行批复，授予"国家（树种）良种基地"称号，并予以公布。

4. 国家重点林木良种基地的管理

国家林业局对国家重点林木良种基地实行合理布局、总量控制、定期评估、优胜劣汰的动态管理原则。国家重点林木良种基地每年年底前要向国家林业局林木种苗管理机构和省级林木种苗管理机构提交书面总结报告及下一年度工作计划。省级林木种苗管理机构根据各基地工作计划每年对基地进行检查，国家林业局林木种苗管理机构不定期地组织人员对国家重点林木良种基地进行抽查，并对存在问题的基地提出整改意见。

（二）加快林木良种的推广使用

1. 组织协调机关和组织实施机构

（1）组织协调机关及其职责。县级以上林业主管部门负责本行政区域的林木良种推广使用管理工作，将林木良种推广使用管理工作作为领导任期责任制的内容，进行考核；建立由林木种子管理机构、林业科技推广机构、林业科研单位和院校及群众性科技组织相结合的林木良种推广体系；建立林木良种推广使用示范基地。

（2）组织实施机构。县级以上林业主管部门林木种子管理机构组织实施，其主要任务是：提供与林木良种推广使用有关的技术、信息服务；对推广使用的林木良种进行试验、示范；指导下级林业科技推广机构、群众性科技组织的林木良种推广使用工作。此外，林业科研单位和院校应当根据林业经济发展的需要，开展林木良种技术开发和推广工作，加快林木良种的推广使用。国有林场和苗圃应当带头进行林木良种推广使用示范，并为林农提供推广使用技术服务。

2. 推广使用管理措施

林木良种推广使用，是指通过试验、示范、培训、指导、咨询服务等，把林木良种应用于林业生产的活动。林木良种推广使用应遵守以下规定：

（1）具有《林木良种证书》。《林木良种证书》由省级以上林木种子管理机构或者其委托持有《林木种子生产许可证》的林木良种生产单位依据相应的《林木种子质量检验合格证》核发。未具有林木良种审定或者认定合格证书的林木种子，不得作为林木良种推广使用。推广使用林木良种培育的苗木，由县级以上林木种子管理机构或者其委托单位根据核发《林木良种证书》，并存入造林单位的造林档案。

（2）使用范围。使用范围为：营造速生丰产用材林和经济林；营造速生丰产用材林和经济林之外的工程造林、其他使用国家投资或者由国家扶持造林的项目和国有林场造林，应当根据林木良种推广使用计划分别不同的树种，核定良种使用率，实行目标管理，逐步实现造林良种化；国家重点林业生态建设工程，应当建立使用相应的林木良种造林的示范林。

（3）给予适当的经济补贴。对推广使用林木良种的单位或者个人，可以给予适当的经济补贴。具体补贴办法执行各省、自治区、直辖市林业主管部门的规定。

（4）提供林木良种的育苗、培育等配套技术。在推广林木良种时，推广林木良种的单位或者个人应当同时向造林单位或者个人提供林木良种的育苗、培育等配套技术。

五、林木种苗生产质量监督

（一）主要林木种苗国家标准

商品种子生产应当执行种子生产技术规程和种子检验、检疫规程。目前，种苗生产经营质量检验的主要国家标准有：《育苗技术规程》（GB6001—85）、《林木采种技术》（GB/T11619—1996）《林木种子检验规程》（CB2772—1999）、《林木种子质量分级》（CB7908—1999）、《主要造林树种苗木质量分级》（GB6000—1999）、《林木良种审定规范》（GB/T14071—1993）、《林木种质资源保存原则与方法》（GB/T14072—1993）等近 40 项种苗方面的国家标准。

（二）林木种苗质量检验监督

1. 林木种苗质量检验监督机构及其任务

林木种苗质量检验监督是由县级以上林业主管部门及其委托的林木种苗管理机构依法对林木种子质量的行政执法监督管理。林木种苗质量监督检验机构分为国家级、省级、地（市）级和县级，由同级林业部门设立。国家级林木种苗质量监督检验机构为国家林业局南方林木种子检验中心和国家林业局北方林木种子检验中心。国家级林木种苗质量监督检验机构的任务是：承担国家林业局委托的全国林木种子、苗木质量的监督抽查和检验任务；承担省际林木种子、苗木质量的仲裁检验，全国林木种子、苗木检验的技术指导、业务咨询和技术培训，参与制定、修订有关林木种苗国家标准和行业标准，参与林木种苗检验、加工、贮藏和种苗培育等技术的科学研究，以及承担其他委托检验。

省级林木种苗质量监督检验机构的任务是：承担本省（含自治区、直辖市，下同）林业主管部门和内蒙古、吉林、黑龙江、大兴安岭森工（林业）集团公司及新疆生产建设兵团林业局委托的辖区内林木种子、苗木质量的监督抽查和检验任务；承担辖区内林木种子、苗木检验的技术指导、业务咨询和技术培训，参与制定、修订有关林木种苗国家标准、行业标准和地方标准，参与林木种苗检验、加工、贮藏和种苗培育等技术研究，以及承担其他委托检验。地（市）级林木种苗质量监督检验机构的任务是：承担本地区林业主管部门委托的林木种苗质量的监督抽查及检验任务；承担本地区林木种子、苗木检验的技术指导、业务咨询和技术培训，参与制定、修订有关林木种苗的地方标准及林木种苗技术研究以及承担其他委托检验。县级林木种苗质量监督检验机构的任务是：承担本县林业行政主管部门委托的林木种苗质量监督检验；参加制定、修订有关林木种苗的地方标准及林木种苗技术研究以及承担其他委托检验。

2. 林木种苗质量检验

（1）企业对种苗质量自行检验或委托检验。根据《林木种子检验管理办法》及《林木种子质量管理办法》的规定，对具备林木种子自检能力的种子生产者，由企业的质检机构按国家标准、行业标准或地方标准自行实施检验。对于不具备林木种子质量自检能力的单位或者个人生产、经营和使用林木种子，应当委托具有法定资格的林木种苗检验机构进行检验。林木种子检验机构或代检单位应按《林木种子质量检验申报表》要求的检验项目及时进行检验。检验的技术要求按《林木种子检验方法》等国家有关标准进行。林木种子检验机构或代检单位根据林木种子国家标准或者地方标准和检验结果，确定种子质量等级。达到三级以上的，核发《林木种子质量检验结果单》。

（2）种子仲裁检验。送检单位或者个人对原检验结果有异议时，可以委托其他检验机构进行复验，经复验，其结果与原检验结果差异未超过容许差距范围，则维持原检验结果；其结果与原检验结果差异超过容许差距范围，则可在取得复验结果 5 天内申请仲裁检验。仲裁检验由争议双方的共同上级检验机构进行。经过仲裁检验，其结果与原检验结果的差异未超过容许差距范围，则原检验结果有效；其结果与复验结果的差异未超过容许差距范围，则复验结果有效；其结果与原检验结果和复验结果间的差异均未超过容许差距范围，则原检验结果有效；其结果与原检验结果和复验结果间的差异均超过容许差距范围，应以仲裁检验结果为据。复验或仲裁检验应重新填写《林木种子质量检验合格证书》或《林木种子质量检验结果单》，并加盖“复验”或“仲裁检验”三角形章。

（3）林木种子司法鉴定。是指对涉及林木种子质量纠纷案件，由当事人或人民法院委托当事人商定的或者人民法院委托的法定鉴定机构对争议林木种子质量进行鉴定，并出具鉴定结论的活动。林木种子质量检验、仲裁检验和司法鉴定的区别见表4－9。

表4－9　林木种子质量检验、仲裁检验和司法鉴定的区别

	种子质量检验	种子仲裁检验	种子司法鉴定
委托人	林木种子生产者、经营者林业主管部门及其林木种子检验机构	对首次检验结果持有异议的送检单位或者个人委托	当事人、人民法院
受理机构	林业主管部门及其林木种子检验机构或其委托的代检单位	争议双方的共同上级种子检验机构	具有法定鉴定资质的鉴定机构
检验鉴定内容	净度、千粒重、含水量、发芽率、生活力、优良度等质量指标	同左	侧重于品种纯度和品种真实性测定
检验目的	被检对象是否符合国家标准、行业标准或地方标准，可否出圃、上市和调运并用于生产推广使用	对种子质量检验结果正确与否的复检确认	为人民法院对涉案种子质量是否符合合同约定或法定标准提供定性、裁判根据
结论形式	对种子质量等级达到三级以上的核发《林木种子质量检验结果单》	加盖“复验”或“仲裁检验”专用章的《林木种子质量检验合格证书》或《林木种子质量检验结果单》	鉴定报告书、鉴定意见书

3. 监督检验内容、环节

林木种子质量检验是指依照国家或地方标准，对林木种子的播种品质，包括净度、千粒重、含水量、发芽率、生活力、优良度等质量指标进行评定，确定其质量等级的活动；苗木质量检验是指依照国家或地方标准，对苗木的综合控制指标、根系、苗高、地径等质量指标进行评定，确定苗木质量等级的活动。林木种子生产者（含经营者）必须严格种苗质量检验制度，对入库前、贮藏期间、调出使用的种子，苗木调运前、起苗后和进入市场流通的种苗，必须进行检验，并取得质量检验合格证，确保林木种苗质量。质量低于国家规定的种用标准的林木种子，不得用于销售。林木种子质量检验证书的式样，由省、自治区、直辖市人民政府林业主管部门根据国家有关标准制定。

4. 抽查监督

（1）质量抽查的对象和重点。根据《林木种苗质量监督抽查暂行规定》的规定，林木种苗质量监督实行国家级和省级两级监督抽查制度。国家级抽查由国家林业局委托国家林业局南方、北方林木种子检验中心进行。省级抽查由省级林业主管部门委托省级林木种苗质量监督检验机构进行。

（2）抽查监督的程序。林木种苗质量监督检验机构执行林木种子质量抽查任务时，应当由县级以上林业主管部门向林木种子质量检验机构下达《林木种子质量抽查通知书》。林木种子质量检验机构应当持《林木种子质量抽查通知书》，按照国家有关标准抽取样品并进行检验。质量检验机构完成质量抽查任务后，应当在规定时间内将抽查结果报送下达任务的林业主管部门。县级以上人民政府林业主管部门应当根据质量抽查结果，及时公布林木种子质量抽查通报。

第六节　林木种子经营管理制度

一、林木种子经营许可和凭照经营

根据《种子法》及《林木种子生产经营许可证管理办法》、《林木种子质量管理办法》、《林木种子包装和标签管理办法》、《引进林木种子苗木及其他繁殖材料检疫审批和监管规定》等的规定，林木种子的经营者，必须取得有关林业主管部门核发的林木种子经营许可证以及有关工商行政管理部门核发的营业执照，才能从事经营活动。

1. 从事林木种子经营的单位和个人应当具备的条件

具有与经营种子种类和数量相适应的资金及独立承担民事责任的能力；具有能够正确识别所经营的种子，检验种子质量，掌握种子贮藏、保管技术的人员；具有与经营种子的种类、数量相适应的营业场所及加工、包装、贮藏、保管设施和检验种子质量的仪器设备；法律、法规规定的其他条件。

2. 林木种子经营许可证审批程序　见图 4－3。

种子经营者须在取得种子经营许可证后，再凭种子经营许可证向有关工商行政管理机关申请办理营业执照，然后依法开展经营活动。

3. 不需要办理林木种子经营许可证的情形

农民个人自繁、自用的常规种子有剩余的，可以依照所在地省级人民政府制定的管理办法在集贸市场上出售、串换；种子经营者专门经营不再分装的包装种子或受具有种子经营许可证的种子经营者以书面委托代销其种子的；具有林木种子经营许可证的种子经营者在许可证规定的有效区域内设立的分支机构经营林木种子的（但应当在办理或变更营业执照后 15 日内，向当地林业主管部门和原发证机关备案）。

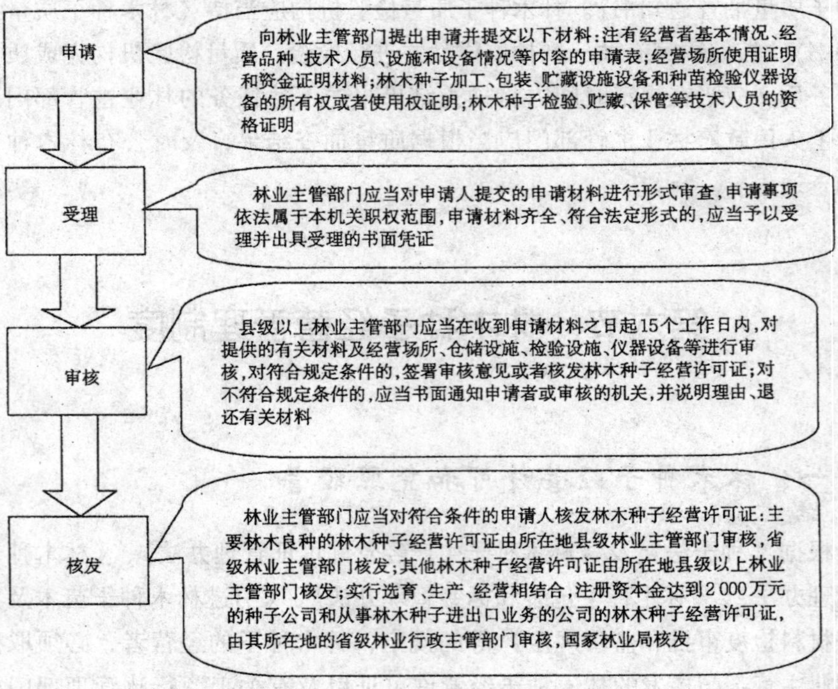

图 4－3　林木种子经营许可证核发程序

二、经营林木种子的包装和标签

1. 经营林木种子的包装

根据《种子法》、《林木种子包装和标签管理办法》的有关规定，经营者对有性繁殖的林木子粒、果实应当包装后销售。但苗木、无性繁殖的器官和组织（包括根、茎、枝、叶、芽等）和其他不宜包装的林木种子，可以不经包装进行销售。用于包装的材料应当适宜林木种子的生理特性，坚固、耐用、清洁、无病虫害，并且应当便于贮藏、搬运、堆放、清点以及取样。对于大包装或者进口的林木种子可以分装，实行分装的单位应当对种子质量负责。林木种子包装应当符合有关国家标准、行业标准或者地方标准。

2. 林木种子标签

林木种子标签是指固定在林木种子包装物内外的介绍种子、苗木的有关属性的特定图案及文字说明。标签是指种子经营者提供的特定图案及文字说明的印刷品。内容包括：林木种子类别、树种或品种名称、产地、质量指标、植物检疫证书编号、净含量（数量）、种子生产许可证或经营许可证编号、生产日期、生产者或经营者名称、地址等。同时还规定，销售进口林木种子的，应当附有中文标签，加注进口商名称、林木种子经出口贸易许可证编号和进口林木种子审批文号；销售转基因林木种子的，要用明显文字标注“转基因”字样，并附有提示安全使用控制措施的文字说明；属于主要林木商品种子的，应当加注林木种子生产许可证编号。

林木种子标签的制作材料应当有足够的强度和防腐性。标签标注文字应当使用规范的中文。标签印刷要清晰，可直接印制在包装物表面，也可制成印刷品固定在包装物外或放在包装物内。可以不经包装进行销售的林木种子，标签应当制成印刷品在销售时提供给林木种子购买者。为了便于区别良种和普通品种，林木良种种子使用绿色标签，普通林木种子使用白色标签。

（1）对国家林业重点工程造林项目和国家投资及国家投资为主的造林项目，实行林木种苗订单制度和合同订购的生产供应方式。各级林木种苗管理机构要做好技术指导和信息服务等方面的工作。在种苗调拨前，要按国家或地方有关标准进行质量检验，并填写种子、苗木质量检验证书。

（2）遵守有关法律、法规的规定，向种子使用者提供种子简要性状、主要栽培措施、使用条件的说明与有关咨询服务，并对种子质量负责。

（3）未经国务院或省级林业主管部门批准，不得收购珍贵树木种子和同级人民政府规定限制收购的林木种子。

(4) 调运或者邮寄出县的种子应当附有检疫证书；制作发布的种子广告的内容应当符合《种子法》和有关广告的法律、法规的规定，主要性状描述应当与审定公告一致等。

(5) 种子使用者因种子质量问题遭受损失的，出售种子的经营者应当予以赔偿，赔偿额包括购种价款、有关费用（因维权发生的交通费、住宿费、误工费等）和可得利益损失。经营者赔偿后，属于种子生产者或者其他经营者责任的，经营者有权向生产者或者其他经营者追偿。

三、林木种子使用者的主要权利

1. 自主选购权

即自主选购林木种子的权利。

2. 受经济扶助权

即用国家推广使用的林木良种营造防护林、特种用途林的，享有经济扶持的权利。

3. 索赔权

即购买、使用的种子因质量问题遭受损失的，享有要求出售种子的经营者给予赔偿购种价款、有关费用（交通费、住宿费、误工费等为维权支出的合理费用）和可得利益损失的权利。

4. 寻求救济权

即因使用种子而发生民事纠纷时，依法享有选择通过协商、调解、仲裁或直接向人民法院起诉的方式解决纠纷的权利。

第七节　违反种子法规的法律责任

一、行政责任

（一）违反林木种质资源管理的行政责任

(1) 违法将为境外制作的种子在国内销售或者私自采集或者采伐国家重点保护的天然种质资源的，由县级以上林业主管部门责令改正，没收种子和违法所得，并处以违法所得 1 倍以上 3 倍以下的罚款；没有违法所得的，处以1000元以上2万元以下罚款；构成犯罪的，依法追究刑事责任。

（2）违法向境外提供或者从境外引进种质资源的，由国务院或者省级林业主管部门责令停止种子的经营、推广，没收种子和违法所得，并处1万元以上5万元以下罚款；未取得林业主管部门的批准文件携带、运输种质资源出境的，海关有权将该种质资源扣留，并移送省级林业主管部门处理。

（二）违反植物新品种权保护管理的行政责任

1. 侵犯品种权的行为

侵犯品种权的行为主要有三种：①未经品种权人许可，以商业目的生产或者销售授权品种的繁殖材料的行为；②以商业目的，未经品种权人许可，将授权品种的繁殖材料重复使用于生产另一品种的繁殖材料的行为；③不以商业目的，未经品种权人许可，生产授权品种的繁殖材料或者将授权品种的繁殖材料重复使用于生产另一品种的繁殖材料的行为。对侵犯品种权的行为，品种权人或者利害关系人可以请求省级以上林业主管部门进行处理，省级以上林业主管部门可以责令侵权人停止侵权行为，没收违法所得，可以并处违法所得5倍以下罚款。

2. 假冒授权品种行为

假冒授权品种行为是指使用伪造的品种权证书、品种权号的；使用已经被终止或者被宣告无效品种权的品种权证书、品种权号的；以非授权品种冒充授权品种的；以此种授权品种冒充他种授权品种的；其他足以使他人将非授权品种误认为授权品种的。对假冒授权品种的，由县级以上林业主管部门依据职权责令停止假冒行为，没收违法所得和植物新品种繁殖材料，并处违法所得1倍以上5倍以下的罚款；情节严重构成犯罪的，依法追究刑事责任。

3. 销售授权品种未使用其注册登记名称的行为

是指行为人销售的植物品种是授权品种，但不使用该授权品种注册登记的名称而使用其他名称的行为。对这种行为，由县级以上林业主管部门依据职权责令限期改正，可以处1000元以下的罚款。

（三）违法从事林木种子生产经营的行政责任

1. 经营、推广须审定而未经审定通过的林木种子行为

对该行为由县级林业主管部门责令停止种子的经营、推广，没收种子和违法所得，并处以1万元以上5万元以下的罚款。

2. 生产、经营假、劣林木种子行为

假种子是指以非种子冒充种子或者以此种种子冒充他种品种种子，以及种子种类、品种、产地与标签标注的内容不符的林木种子。劣种子是指质量

低于国家规定的种用标准、或者标签标注指标、或者变质不能作种子使用、或者杂草种子的比率超过规定，以及带有国家规定检疫对象的有害生物的林木种子。对该行为由县级以上林业主管部门或者县级以上工商行政管理机关责令停止生产、经营，没收种子和违法所得，吊销种子生产许可证、种子经营许可证或者营业执照，并处以罚款；有违法所得的，处以违法所得 5 倍以上 10 倍以下罚款；没有违法所得的，处以 2000 元以上 5 万元以下罚款；构成犯罪的，依法追究刑事责任。

3. 无许可证或未按许可证生产、经营林木种子及伪造、变造、买卖、租借许可证的行为

对该行为由县级林业主管部门责令改正，没收种子和违法所得，并处以违法所得 1 倍以上 3 倍以下罚款；没有违法所得的，处以 1000 元以上 30000 元以下罚款；同时可以吊销违法行为人的种子生产许可证或种子经营许可证；构成犯罪的，依法追究刑事责任。

4. 伪造《林木良种证书》的行为

对该行为由林业行政主管部门或者其委托的林木种子管理机构予以没收，并可处 1000 元以下的罚款；有违法所得的可处违法所得 3 倍以内的罚款，但最多不得超过 30000 元。

5. 其他违法行为

林木种子生产者、经营者违反其他生产、经营法定义务，有下列行为之一的，由县级以上林业主管部门责令改正，处以 1000 元以上 10000 元以下罚款：①经营的种子应当包装而没有包装的；②经营的种子没有标签或者标签内容不符合种子法规定的；③伪造、涂改标签或者试验、检验数据的；④未按规定制作、保存种子生产、经营档案的。

二、民事责任

1. 侵犯品种权的行为

对于侵犯品种权的行为，品种权人可选择直接向人民法院提起诉讼，请求人民法院判决侵权人承担停止侵害、赔偿损失等民事责任。根据《最高人民法院关于审理侵犯植物新品种权纠纷案件具体应用法律问题的若干规定》第 6 条规定，人民法院可以根据被侵权人的请求，按照被侵权人因侵权所受损失或者侵权人因侵权所得利益确定赔偿数额。被侵权人请求按照植物新品种实施许可费确定赔偿数额的，人民法院可以根据植物新品种实施许可的种类、时间、范围等因素，参照该植物新品种实施许可费合理确定赔偿数额。

难以确定赔偿数额的，人民法院可以综合考虑侵权的性质、期间、后果，植物新品种实施许可费的数额，植物新品种实施许可的种类、时间、范围及被侵权人调查、制止侵权所支付的合理费用等因素，在50万元以下确定赔偿数额。

2. 种子质量检验机构出具虚假检验证明的行为

种子质量检验机构出具虚假检验证明的，与种子生产者、销售者承担连带责任。

3. 强迫交易行为

该行为是指行为人强迫种子使用者违背自己的意愿购买其指定的林木种子行为。根据《种子法》第69条规定，行为人强迫种子使用者违背自己的意愿购买其指定的林木种子投入使用，给使用者造成损失的，应当承担赔偿责任。

三、刑事责任

1. 非法采伐、毁坏国家重点保护植物罪

2. 生产、销售伪劣（农药、兽药、化肥）种子罪

是指行为人违反国家产品质量法规，生产假农药、假兽药、假化肥，销售明知是假的或者是失去使用效能的农药、兽药、化肥、种子，或者生产者、销售者以不合格的农药、兽药、化肥、种子冒充合格的农药、兽药、化肥、种子，使生产遭受较大损失的行为。对于生产、销售伪劣林木种子使生产遭受较大损失的行为构成生产、销售伪劣林木种子罪。“使生产遭受较大损失”的认定，根据《最高人民法院、最高人民检察院关于办理生产、销售伪劣商品刑事案件具体应用法律若干问题的解释》第7条的规定，一般以2万元为起点。这里的“重大损失”，一般以10万元为起点。“特别重大损失”，一般以50万元为起点。根据《最高人民检察院公安部关于公安机关管辖的刑事案件立案追诉标准的规定（一）》（公通字［2008］36号）第23条规定，生产假农药、假兽药、假化肥，销售明知是假的或者失去使用效能的农药、兽药、化肥、种子，或者生产者、销售者以不合格的农药、兽药、化肥、种子冒充合格的农药、兽药、化肥、种子，涉嫌下列情形之一的，应予立案追诉：①使生产遭受损失2万元以上的；②其他使生产遭受较大损失的情形。

犯本罪使生产遭受较大损失的，处3年以下有期徒刑或者拘役，并处或者单处销售金额50%以上、2倍以下罚金；使生产遭受重大损失的，处3年以上7年以下有期徒刑，并处销售金额50%以上2倍以下罚金；使生产遭受

特别重大损失的，处7年以上有期徒刑或者无期徒刑，并处销售金额50%以上2倍以下罚金或者没收财产；单位犯本罪的，对单位判处罚金，并对直接负责的主管人员和其他直接责任人员追究刑事责任。

3. 非法经营罪

是指违反国家规定，从事非法经营，扰乱市场秩序，情节严重的行为。《刑法》第225条把未经许可经营法律、法规规定的专营、专卖物品或者其他限制买卖的物品的行为归入非法经营行为。种子法规定，未取得种子生产许可证或者未按照种子生产许可证的规定生产种子构成犯罪的，涵盖在本罪之中。根据2010年5月7日最高人民检察院、公安部发布的《关于公安机关管辖的刑事案件立案追诉标准的规定（二）》第79条第8项规定，涉嫌下列情形之一的，应予立案追诉：行为人从事其他非法经营活动，个人非法经营数额在5万元以上，或者违法所得数额在1万元以上的；单位非法经营数额在50万元以上，或者违法所得数额在10万元以上的；虽未达到上述数额标准，但两年内因同种非法经营行为受过2次以上行政处罚，又进行同种非法经营行为的；其他情节严重的情形。

自然人犯本罪的，处5年以下有期徒刑或者拘役，并处或单处违法所得1倍以上5倍以下罚金；情节特别严重的，处5年以上有期徒刑，并处违法所得1倍以上5倍以下罚金或没收财产。单位犯本罪的，对单位判处罚金，并对其直接负责的主管人员和其他直接责任人员，依照自然人犯本罪的规定处罚。

4. 伪造、变造、买卖国家机关文书、证件、印章罪

是指非法制造、变造、买卖国家机关公文、证件、印章的行为。种子法规定，伪造、变造、买卖、租借种子生产许可证行为，构成犯罪的行为囊括在本罪之中。根据最高人民法院《关于审理破坏森林资源刑事案件具体应用法律若干问题的解释》（法释［2000］36号）第13条规定，对于伪造、变造、买卖林业证件构成犯罪的，依照刑法第280条第1款的规定以伪造、变造、买卖国家机关公文、证件罪定罪处罚。犯本罪的，处3年以下有期徒刑、拘役、管制或者剥夺政治权利；情节严重的，处3年以上10年以下有期徒刑。

5. 故意毁坏财物罪

是指故意毁灭或者损坏公私财物，数额较大或者有其他严重情节的行为。《种子法》第65条规定，行为人抢采掠青、损坏母树采种构成犯罪的，依法追究刑事责任。根据《最高人民检察院公安部关于公安机关管辖的刑事案件

立案追诉标准的规定（一）》第33条规定，故意毁坏公私财物，涉嫌下列情形之一的，应予立案追诉：①造成公私财物损失5000元以上的；②毁坏公私财物3次以上的；③纠集3人以上公然毁坏公私财物的；④其他情节严重的情形。“其他情节严重的情形”通常是指具有下列情形之一的：毁坏重要财物或者物品的；动机和手段恶劣的；毁坏财物后嫁祸于人的。犯本罪的，处3年以下有期徒刑、拘役或者罚金；数额巨大或者有其他特别严重情节的，处3年以上7年以下有期徒刑。“情节特别严重”，通常是指具有下列情形之一的：给生产经营造成重大损失的；造成其他严重后果的等。

6. 提供虚假证明文件罪

是指承担资产评估、验资、验证、会计、审计、法律服务职责的中介机构人员或单位故意提供虚假证明文件，情节严重的行为。“情节严重”的认定，根据《最高人民检察院公安部关于公安机关管辖的刑事案件立案追诉标准的规定（二）》第81条规定，涉嫌下列情形之一的，应予立案追诉：①给国家、公众或者其他投资者造成直接经济损失数额在50万元以上的；②违法所得数额在10万元以上的；③虚假证明文件虚构数额在100万元且占实际数额百分之三十以上的；④虽未达到上述数额标准，但具有下列情形之一的：在提供虚假证明文件过程中索取或者非法接受他人财物的；两年内因提供虚假证明文件，受过行政处罚二次以上，又提供虚假证明文件的；⑤其他情节严重的情形。

犯本罪的，处5年以下有期徒刑或者拘役，并处罚金。索取他人财物或者非法收受他人财物，犯前款罪的，处5年以上10年以下有期徒刑，并处罚金。中介机构的人员严重不负责任，出具的证明文件有重大失实，造成严重后果的，以出具证明文件有重大失实罪处3年以下有期徒刑或者拘役，并处或者单处罚金。

第五章 林业行政处罚

第一节 林业行政处罚概述

一、林业行政处罚的概念和特点

林业行政处罚是指县级以上林业行政主体对违反林业行政管理秩序尚未构成犯罪的公民、法人或者其他组织依法实施的一种行政制裁。林业行政处罚具有以下基本特点：

1. 实施林业行政处罚的主体是行政主体

所谓行政主体是指享有行政职权，以自己的名义行使行政职权并独立承担责任的组织。行政主体不等于行政机关，除行政机关外，法律、法规授权的组织也可成为行政主体。现行林业法规规定的行政主体主要有：县级以上林业主管部门、森林公安机关、森林植物检疫机构和自然保护区管理机构等。除此以外，其他任何单位（包括林业行政主体的内设机构、派出机构）和个人不得成为林业行政处罚的主体。

2. 林业行政处罚的对象

是违反林业行政管理秩序尚未构成犯罪并依法应予处罚的公民、法人或者其他组织，以及在我国境内违反我国林业行政管理秩序的外国人、无国籍人、外国企业及其他组织。

3. 林业行政处罚的性质

是一种惩戒制裁性的具体行政行为。具体行政行为是实施林业行政主体针对特定人或事作出的或依法应作为而不作为的、直接影响行政管理相对人权利和义务的外部行为。所谓惩戒制裁性，体现在对行政管理相对人的权益予以限制（如暂扣采伐许可证等）、剥夺（如吊销许可证、没收财物等）或科以新的义务（如罚款等）。这一特征使林业行政处罚既区别于行政奖励行为和行政许可行为等授益性行政行为，也区别于行政处分、刑事制裁和民事制裁。

4. 林业行政处罚是一种要式行政法律行为

实施林业行政处罚必须具备法律要求的特定形式并履行一定的法定程序才能成立、生效和有效。如对违反林业行政管理秩序的相对人作出处罚决定，必须制作统一格式的行政处罚决定书，处以罚款和没收财物必须使用法定部门制发的罚没收据等。否则，该处罚行为依法不成立和无效。

二、林业行政处罚的基本原则

林业行政处罚的基本原则是指对林业行政处罚的设定和实施具有普遍指导意义的准则。根据《中华人民共和国行政处罚法》（以下简称《行政处罚法》）和《林业行政处罚程序规定》的规定，林业行政处罚应遵循以下原则：

1. 处罚法定原则

处罚法定原则是依法行政在林业行政处罚中的具体体现和要求。处罚法定原则具体包括：实施林业行政处罚的主体及其职权法定；林业行政处罚的种类由法律、行政法规、地方性法规和规章设定；林业行政处罚的依据必须是法律、行政法规、地方性法规和规章规定；林业行政处罚的程序法定，违反法定程序的林业行政处罚不成立或者无效。

2. 公正、公开原则

公正原则是指实施林业行政处罚必须以事实为依据，决定林业行政处罚必须与违法行为的事实、性质、情节及社会危害程度基本相当，不得罚过失当。公开原则是指实施林业行政处罚的主体及人员的身份公开、作出处罚决定的事实、理由和法定依据公开，举行的听证会公开。

3. 教育与处罚相结合原则

教育与处罚相结合原则要求实施林业行政处罚时必须坚持处罚与教育并行，教育公民、法人及其他组织自觉守法，不得不教而罚，一罚了之，更不能把处罚当做目的，为处罚而处罚。

4. 处罚救济原则

该原则又称行政管理相对人救济权利保障原则。《行政处罚法》所规定的救济属于行政救济，即在行政管理相对人的程序性和实体上的合法权益受到行政行为损害时，有权请求有关国家机关给予救济。相对人获得法律救济的权利包括：知情权、陈述权、申辩权、要求听证权、申请行政复议权、提起行政诉讼权和获得行政赔偿权等。

三、林业行政处罚的种类和形式

根据行政主体处以林业行政管理相对人的惩戒性义务为标准，林业行政处罚可分为以下几类。

1. 财产罚

财产罚是指林业行政处罚主体对违法者的财产权予以剥夺或科以财产给付义务的处罚类型。财产罚的具体形式主要有：罚款、没收（没收违法所得、没收非法财物）。

（1）罚款。罚款是行政主体强制违法者承担金钱给付义务的处罚形式。它是行政处罚中适用范围较为广泛的一种处罚形式。罚款的特点在于使违法者对其违法行为付出一定代价，在不影响其人身自由及其合法活动的前提下，又能起到惩戒作用。罚款只能由法律、行政法规、地方性法规和规章设定，但部门规章和地方政府规章设定的罚款限额，依法应分别受到国务院和省级人大常委会规定的限制。

行政罚款与刑罚中的罚金在法律依据、作出制裁的机关、法律性质、适用对象和目的等方面均不相同。

（2）没收。没收是指行政主体对违法所得、非法财物（违禁品、赃款、赃物、非法使用的工具等）强制收归国有的处罚方法。如《陆生野生动物保护实施条例》第33条规定，对非法捕杀国家重点保护野生动物尚未构成犯罪的，由野生动物行政主管部门没收猎获物、猎捕工具和违法所得。

没收与刑罚中的没收财产在法律依据、法律性质、适用对象和适用范围等方面均不相同。

2. 行为罚

行为罚又称能力罚，是指林业行政处罚主体限制和剥夺违法者某种行为能力或资格的行政处罚。行为罚的主要形式有：责令停产停业、暂扣或者吊销许可证、暂扣或者吊销执照。

（1）责令停产停业。是指林业行政处罚主体依法强制违法者在一定期限内停止生产经营活动的处罚形式。

（2）暂扣、吊销许可证。许可证是林业行政管理主体应行政管理相对人的申请，依法赋予行政管理相对人从事某种活动的法律资格或实施某种行为的法定权利的凭证。如林木采伐许可证、林木种子生产许可证、林木种子经营许可证、狩猎证、驯养繁殖许可证等。

暂扣许可证与吊销许可证的严厉程度不同。前者是中止行政管理相对人从事某种活动的资格，待其改正之后或经过一定期限后再发还许可证；后者是取消相对人从事某种活动的法定资格或权利。

此外，森林公安机关对在林区内违反治安管理秩序的行为人可依法处以治安拘留（又称行政拘留），行政拘留是公安机关依法对违反行政法律规范的人，在短期内限制人身自由的一种行政处罚。行政拘留是最严厉的一种行政处罚，通常适用于严重违反治安管理但不构成犯罪，适用警告、罚款处罚不足以惩戒的情况。行政拘留的期限为 1 日以上 15 日以下，对于行为人实施多项违反治安管理行为合并执行拘留的最长期限不得超过 30 天。行政拘留在法律依据、适用条件和实施主体及程序上不同于司法拘留（又称民事拘留）和刑事拘留。

四、林业行政处罚管辖

林业行政处罚管辖是指实施林业行政处罚的主体在查处林业行政处罚案件上的分工和权限。它是衡量处罚主体是否依职权处罚或越权处罚的标准。根据《林业行政处罚程序规定》，林业行政处罚的管辖分为以下几种：

1. 级别管辖

根据林业行政主管部门的级别确定的管辖，是划分上下级林业行政主管部门之间实施林业行政处罚的权限。根据《林业行政处罚程序规定》的规定，国务院林业行政主管部门管辖全国重大复杂的林业行政处罚案件；省级林业行政主管部门管辖本辖区内有重大影响的林业行政处罚案件；地、州、市级林业行政主管部门管辖本辖区内有重大影响的林业行政处罚案件；县级林业行政主管部门管辖本辖区内的林业行政处罚案件。

2. 职能管辖

根据法律、法规、规章和地方政府组织法的规定对林业行政处罚案件的职权划分。例如，对非法征收、征用林地案件依法由县级以上林业行政主管部门查处，国土管理部门不得越权管辖；对违反森林检疫法规和违反自然保护区管理法规的林业行政处罚案件，分别由森林植物检疫机构和自然保护区管理机构查处，县级以上林业行政主管部门不得越权管辖等。

3. 地域管辖

这是划分同级林业行政主管部门之间受理林业行政处罚案件的分工。根据《林业行政处罚程序规定》的规定，林业行政处罚由违法行为发生地的林业行政主管部门管辖。违法行为地是指违法行为人实施违法活动的地点，包括违法行为实施地和违法行为结果地。违法行为人实施违法活动涉及多处地点，并且该多处地点又不在同一行政区域的，则由主要违法行为地的林业行政主管部门管辖。

4. 共同管辖

几个同级林业行政主管部门都有管辖权的林业行政处罚案件，由最初受理的林业行政主管部门管辖。

5. 指定管辖

对管辖权发生争议的林业行政处罚案件，由争议双方的共同上一级林业行政主管部门指定一方管辖。

6. 移送管辖

是指行政机关发现已受理的某一特定的案件不属于本行政机关管辖范围，而移送有管辖权的行政机关处理的活动。行政机关在查处违法行为的过程中，发现案件有下列情形之一的，应当将案件移送有管辖权的行政机关：超出本机关职责范围的；在本机关职责管辖范围内，但超出本机关管辖权限的；超出本机关地域管辖范围的。

行政处罚案件移送的一般程序如下：

（1）移送行政主体应制作移送书面报告。报告必须载明案由、案件来源、案件受理时间、已经调查的事实以及相关的证据、违法行为所违反的法律条款、应移送的行政机关名称等内容。

（2）报行政机关负责人批准。批准移送的，执法人员应制作移送书面接收凭证，及时移送有关行政机关；不批准移送的，执法人员应将不予移送的理由记录在案。

（3）移送相关材料。实践中移送的材料主要有：①行政案件移送函，载明受移送行政机关名称、移送行政案件基本情况、移送理由和法律依据、移送日期，并加盖移送行政机关印章。②涉案证据清单，加盖移送行政机关印章。对于不需要移送行政机关作任何行政处理的行政案件，移送机关应将全部证据的原件移送受移送行政机关；对于需要移送行政机关同时作出行政处理的行政案件，移送行政机关应将全部证据的复印件移送受移送行政机关。移送的证据原件和复印件都应加盖移送行政机关印章。③其他需要移送的材料。

对移送的行政案件，受移送行政机关应当及时审查，根据不同情况作出相应处理。认为属于本行政机关管辖的，应在移送书面接收凭证上加盖本行政机关印章，及时作出立案决定，并书面告知移送行政机关及有关当事人；认为不属于本行政机关管辖的，应当报请共同的上级行政机关指定管辖，不得再自行移送。上级行政机关在接到有关解决管辖争议的请示后，应当及时作出具体管辖决定。对移送案件证据，受移送行政机关对移送证据审查后，认为其符合证据的基本特征，具有证明效力，能够证明案件的全部或部分事实，可以作为本行政机关进行行政处罚的证据使用。对于该证据证明的有关事实，受移送行政机关不需要再进行调查取证。移送行政案件的处理期限，应从受移送行政机关立案之日起计算，而不应从移送行政机关立案之日起计算。

五、林业行政处罚证据

（一）证据及其属性

一般意义的证据是指证明某种或某些事实存在与否的根据。林业行政处罚证据，是指林业行政主体在林业行政处罚案件程序中收集、调取和制作的用以证明违法行为人违法事实的根据，它是用调查取得的证据材料去证明和还原已经发生的案件事实的主要证明方式或手段。

行政处罚证据的属性是：

1. 客观性　证据的客观性是指作为证据事实是违法或者犯罪行为所遗留的客观信息，是证据的根本属性。证据的客观性有以下两层含义：①证据的形式是客观的实体，无论是何种证据都是客观存在物。②证据的内容是真实的，伪造、变造、篡改的证据材料依法不能作为定案的根据。

2. 关联性　证据的关联性是指证据与案件待证事实之间存在法律上的联系。关联性有以下三层含义：①证据事实与案件事实具有法律上的内在联系。②关联性具有多样性，如时间联系、空间联系、因果联系、偶然联系和必然联系、直接联系和间接联系、肯定联系和否定联系等。③证据事实与案件事实的关联性需要借助执法人员法律思维的过滤和整合。

3. 合法性　证据的合法性有以下四层含义：①收集、调取证据的主体须合法，未取得行政主体资格的组织和个人，收集、调取的证据不具有合法性。②收集、调取证据的程序须合法，违反法定程序采取暴力、胁迫、欺骗、引诱、窃听等非法手段收集、调取的证据，不具有合法性。③证据的形式须合法，违反证据法定形式的算命占卜的说辞、测谎结果等依法不具有合法性。④证据的内容须合法，违反法律法规的强制性规定和社会公共利益的证据不具有合法性。

（二）法定证据种类

1. 物证

物证是指据以查明案件真实情况的一切物品和痕迹。物证具有客观性、不可替代性、证明作用的间接性、使用时通常须借助科技手段等特点。物证主要包括：违法犯罪使用的工具，违法犯罪遗留下来的物质痕迹，违法或犯罪行为侵犯的客体物，违法、犯罪现场留下的其他物品等。

2. 书证

书证是指能够根据其表达的思想和记载的内容证明案件真实情况的一切物品。书证具有较强的稳定性、内容较明确性、证明力的直接性等特点。常见的书证包括：文字书证（如信函、合同、林业行政许可证、林业票据等），符号书证（如身份证号码、存单存折号码、电话号码、数字等），图形书证（如林地规划图、林权证位置四至面积图、森林防火区域图）等。

以书证的制作主体为标准，可将书证分为公文书证和私文书证；以书证形成的方法为标准，可将书证分为原本、正本、副本、书录本、影印本和译本等。

3. 证人证言

证人证言是指知道案件真实情况并具有证明能力的人，向办案人员所做的有关案件部分或全部事实的陈述。证人证言通常具有内容的明确性、证明方式的直接性、较强的主观性、易变性和不稳定性等特点。

证人证言依据不同的标准，可分为不同的种类；以表现形式为标准，可以把证人证言分为口头证言和书面证言；以证人证言与案件或者当事人有无利害关系为标准，可以把证人证言分为有利害关系的证人证言和无利害关系的证人证言等。根据法律规定，凡是知道案件情况的人，都有作证的义务。生理上、精神上有缺陷或者年幼、不能辨别是非、不能正确表达的人，不能作证人。证人应具备下列资格和条件：①证人必须是了解案件情况的人。这是证人的基本特征，不了解案件情况的人不能成为证人。②证人必须是能够辨别是非、能够正确表达意思的人。盲人提供其耳闻事实的证言、聋哑人提供其目睹事实的证言、年幼的人能正确表达其辨别能力的证言，依法都可以作为证人。③证人必须是自然人。法人和非法人组织不具有证人资格，以单位名义出具证明或者对案件有证明力的文件属于书证而非证人证言。

4. 当事人的陈述

当事人陈述具有以下特点：

（1）真假双重性。一方面，当事人作为案件的经历者，他们最了解案件的客观情况，较之证人、鉴定人、勘验人而言，他们对案件事实了解得更为细微、全面；另一方面，作为案件的当事人，他们与案件的处理结果有着直接的利害关系，一些当事人在对案件情况进行陈述时，基于趋利避害的本能常常真伪混杂。

（2）事后性。与书证、物证、视听资料形成的时间不同，当事人陈述具有事后性的特点，即它形成于案件立案后或诉讼过程中。当事人不是在行政执政人员和审判者面前所作的陈述，即使与案件事实有关，也不构成证据法上的当事人陈述。

5. 鉴定结论

鉴定结论是指鉴定人运用自己的专门知识和技能对案件中需要解决的专门性问题进行鉴定后所作出的结论性判断。

鉴定结论的特点是：

（1）必须是合法鉴定机构的鉴定人依法受托、受聘而作出。即鉴定机构必须是经司法行政主管部门批准建立的非官方鉴定机构或者公安机关依法设立的鉴定机构；鉴定人须是合法鉴定机构中具有相关专业技术资格的人。鉴定结论作为法定证据形式之一，必须依照法律规定办理鉴定的委托或聘请手续。没有行政主体、司法机关等办案单位的委托或聘请，鉴定结论不能采纳。

（2）鉴定结论属于“科学证据”。它与鉴定机构的权威性程度、鉴定人的专业知识、技能、设备等必备因素密切相关。

（3）鉴定结论属于“意见证据”。鉴定人鉴定的对象应当是案件有关的专门问题，鉴定结论只能对涉案的某些专门性问题作出理性的分析、判断，依法不得涉及案件的法律问题。林业执法实践中常见的鉴定有：种苗品种鉴定、林木品种鉴定、假劣种子鉴定、野生动物属种鉴定、火灾等级鉴定及林业有害生物鉴定等。鉴定结论对正确认识和准确处理案件具有重要的意义。

对于合法鉴定机构、并具有鉴定资格的鉴定人作出的鉴定结论，行政主体、人民法院并无对其当然采信的义务。在法定程序上，需要经过当事人对其质证审查，特别是案件进入审判程序后须经人民法院的司法审查，视其是否具备证据的客观性、关联性和合法性，才能最终判断其能否作为认定案件事实的根据。

6. 勘验、检查、现场笔录

勘验是指行政主体、公安司法机关的有关人员，对与案件有关的现场、物品进行调查和检验的行为。行政主体、公安司法机关的有关人员对勘验的过程和结果所作的客观记录，就是勘验笔录。检查是指行政主体、公安司法机关的有关人员基于查明案件事实的需要，而对有关人员的身体进行检验和观察的行为。行政主体、公安司法机关的有关人员对检查的过程和结果所作的客观记录，就是检查笔录。现场笔录是指行政主体调查案件事实的过程中，办案人员对涉案现场的位置、状况等有关事项、情形所做出的笔录。现场笔录是行政执法主体在办理行政案件中常用的法定证据形式之一，公安司法机关则不使用该种证据形式。

笔录类证据具有以下特点：①制作的规范性。笔录类证据的制作，具有格式的规范性、用语的规范性和签名的规范性。②内容的综合性。笔录类证据记载了案件事实的多方面的特征、多种证据的组合及以文字、绘图等多种形式用以反映有关客体物的关系。常见的勘验、检查笔录包括场所勘验笔录、物证检查笔录等。如盗伐、滥伐的现场笔录，非法生产、经营林木种子的现场笔录，非法猎捕、杀害国家或地方重点保护野生动物的现场笔录，森林火灾现场笔录，毁坏珍贵树木的现场笔录，违法经营、加工木材的现场笔录等。

7. 视听资料

视听资料是指以录像、录音、电子计算机等电磁方式记录、储存的音像信息来证明案件待证事实的证据。它有如下特点：

（1）直观、逼真性。视听资料能生动地、直观地、逼真地展现违法行为人的声音、形象、所处位置、动作、周围事物背景等，是其他证据形式无法替代的。

（2）便利、高效性。视听资料的载体具有体积小，储藏信息多，方便携带、使用、保管等特点，其便利性、高效性显而易见。

（3）利弊双重性。如上所述，视听资料较之其他形式的证据具有较多的优势。但其制作需要科技含量较高的专用设备和技术，在某些智能化违法犯罪中常被行为人作伪，对其检验的技术难度相对较大。

视听资料可根据不同的标准划分为不同的种类。根据记录储存的客体不同，可以将视听资料分为声音资料（录音笔、手机、电话录音等），图像资料（电视监控资料、雷达扫描资料等）和音像混合资料（录像带、VCD、DVD等）。根据信息来源不同，可以将视听资料分为原始视听资料（原声带、原像带等）和复制视听资料。

第二节 林业行政处罚程序

一、林业行政处罚简易程序

1. 林业行政处罚简易程序及其适用条件

林业行政处罚简易程序，又称当场处罚程序，是林业行政处罚实施主体对事实清楚，情节简单，后果较轻的违法行为当场进行处罚的程序。法律设置简易程序的意义在于提高行政效率，节约执法成本，有利于当事人从烦琐程序中摆脱出来。

林业行政处罚简易程序适用的条件是：①违法事实确凿；②具有法定依据；③处罚程度较轻。该程序仅限于警告和罚款这两种处罚形式，并且罚款幅度限定在对公民处50元以下，对法人或其他组织处1000元以下。

2. 林业行政处罚简易程序的具体步骤

林业行政处罚简易程序的具体步骤是：

（1）表明执法身份，即执法人员应当向当事人出示执法证件或委托书。

（2）说明处罚理由和依据，即告知当事人违法行为的事实，并指明处罚的法定依据。

（3）告知当事人享有的法定权利，如陈述权、申辩权等。

（4）制作当场处罚决定书并当场送达当事人。

（5）当场执行。对当事人决定给以20元以下罚款和不当场收缴事后难以执行的，可以当场收缴罚款；对符合《林业行政处罚程序规定》规定的边远交通不便地区、当事人向指定银行交纳罚款有困难、当事人提出交纳请求情形的，林业行政主体的执法人员也可以当场收缴罚款，并于法定期限内缴付指定的银行。

（6）当场处罚决定书须在规定时限内报所属行政主体备案。

二、林业行政处罚一般程序

（一）林业行政处罚一般程序及其适用范围

一般程序又称普通程序，是指除了符合适用简易程序案件之外的、内容完整、要求严格、适用最为广泛的基本程序。

一般程序适用于以下行政处罚案件：①处罚较重的案件。即对个人处以50元以上罚款的行政处罚案件，以及对法人或其他组织处以1000元以上罚款的行政处罚案件。②情节复杂，需经过调查才能弄清主要违法事实的行政处罚案件。③当事人对于执法人员给予当场处罚的事实认定有分歧，无法作出当场处罚决定的案件。

（二）林业行政处罚一般程序的主要步骤

1. 立案

立案应当同时具备以下条件：

（1）有违法行为发生。林业行政主体对来源于各种渠道的发生违法行为的信息，通常应初步核实案发的真实性，然后依法立案。但有的案发信息中违法行为人、发案过程等尚不明确，需在立案后的调查阶段通过调查查明，不影响立案。

（2）违法行为是应受处罚的行为。林业行政主体对来源于各种渠道的违法行为信息初步核实后，如果有证据证明属于依法不应受处罚的下列情形之一的，立案将失去其意义：不满14周岁的人有违法行为时；精神病人在不能辨认或控制自己行为时有违法行为的；违法行为轻微并及时纠正没有造成危害后果的；违法行为在两年内未发现的；在两年行政责任时效内查处的案件涉及新旧法律变更时依据旧法规定属于违法而依照新法规定不属于违法行为的等。

（3）属于本机关管辖。

（4）属于一般程序适用范围。

在立案程序上，立案经办人对符合上述条件的案件，应当填写《林业行政处罚登记表》，并在7日内报行政负责人审批决定。

2. 调查取证

调查是林业行政主体通过收集、制作和调取各种证据，以查明案件主要事实的行政行为。案件的主要事实是指案件构成要件，即违法时间、地点、行为人、过程、情节、后果、原因等事实要素。林业行政处罚案件的调查活动，应遵循以下法定原则和规则：

（1）调查原则。调查案件事实应遵循三个原则：①全面，即调查人员既要收集相对人违法和不利的证据，又要调查对其有利的证据；②客观，即调查人员主观上不得夹带个人偏见调查证据，而应当从案件遗留的客观性信息入手，忠于事实真相；③公正，即调查人员在收集、调取和制作证据中，应以平等的态度和公允的身份对待涉嫌违法行为人、证人、利害关系人，不得厚此薄彼。

（2）调查规则。①必须出示执法证件，并不得少于2人。②依法执行回避制度。办案人员与当事人有直接利害关系的，应当自行申请回避；当事人认为办案人员与本案有利害关系或其他关系可能影响案件公正处理的，有权申请办案人员回避。办案人员的回避，由行政负责人批准；行政负责人的回避，由上级林业主管部门批准。在回避申请被批准之前，不得停止对案件的调查工作。③询问当事人或者其他知情人，应制作询问笔录。询问笔录应当交被询问人核对，对于没有阅读能力的，应当向其宣读；被询问人提出补充或者改正的，应当允许；被询问人确认笔录无误后，应当在笔录上签名或盖章；被询问人拒绝签名或者盖章的，应当在笔录上注明。询问人也应当在笔录上签名或者盖章。被询问人要求自行书写的，应当允许；必要时，案件承办人员也可以要求被询问人自行书写，自行书写的应当由本人签名或者盖章。④勘验检查，并制作勘验检查笔录。笔录应当由参加勘验检查的人员、被邀请的见证人及有关当事人签名或者盖章。⑤依法鉴定。对案件中涉及的某些专门性问题，林业主管部门可以指派或者聘请有专门知识的人进行鉴定。鉴定人进行鉴定后，应当提出书面鉴定结论并签名或者盖章，鉴定机构证明鉴定人职称、身份，并附鉴定机构的资质证书。⑥调查收集、制作和调取的各种证据应符合法定证据形式规则。根据《最高人民法院关于行政诉讼证据若干问题的规定》的相关规定，林业行政主体经调查后入卷的各类证据，应分别符合下列证据形式规则（表4－10）。

表4－10 证据形式规则

证 据	规则内容
书 证	①提供书证的原件，原本、正本和副本；②提供原件确有困难的可以提供与原件核对无误的复印件、照片、节录本；③对提供有关部门保管的书证原件的复印件、影印件或者抄录件的要求。提供有关部门保管的书证原件的复印件、影印件或者抄录件的，应当注明出处，经该部门核对无异后加盖其印章；④对提供报表、图纸、会计账册、专业技术资料、科技文献等书证的，应当附有说明材料；⑤对行政主体提供的被诉具体行政行为所依据的询问、陈述、谈话类笔录，应当有行政执法人员、被询问人、陈述人、谈话人签名或者盖章。法律、法规、司法解释和规章对书证的制作形式另有规定的，从其规定

证　据	规则内容
物　证	①提供原物；②提供原物确有困难的，可以提供与原物核对无误的复制品或者证明的照片、录像等其他证据；③原物为数量较多种类物的，提供其中的一部分
视听资料	①提供有关资料的原始载体；②提供原始载体确有困难的可以提供复印件；③注明制作方法、制作时间、制作人和证明对象等；④声音资料应当附有声音的内容的文字记录
证人证言	①写明证人的姓名、年龄、性别、职业、住址等基本情况；②有证人的签名；③不能签名的，应当以盖章等方式证明；④注明出具日期；⑤附有居民身份证复印件等证明证人身份的文件
现场笔录	①现场笔录应当载明时间、地点和事件等内容，并由执法人员和当事人签名；②当事人拒绝签名的，应当注明原因；③有其他人（见证人）在现场的，可由其他人签名
鉴定结论	①应当载明委托人和委托鉴定的事项、向鉴定部门提交的相关材料、鉴定的依据和使用的科学技术手段、鉴定部门和签鉴定人鉴定资格的说明，并应有鉴定人的签名和鉴定部门的盖章；②通过分析获得的鉴定结论，应当说明分析过程
域外证据	①应当说明来源，经所在国公证机关证明，并经中华人民共和国驻该国使领馆认证，或者履行中华人民共和国与证据所在国订立的有关条约中规定的证明手续；②当事人提供的在中华人民共和国香港、澳门特别行政区和台湾地区内形成的证据，应当具有按照有关规定办理的证明手续；③当事人向人民法院提供外文文书或者外国语视听资料的，应当附有翻译准确的中文译本，由翻译机构盖章或者翻译人员签名；④证据涉及国家秘密、商业秘密或者个人隐私的，提供人应当作出明确标注

3. 审查及决定

林业行政处罚案件在调查终结后，要依据证据规则和法的适用原则对拟确定的案由、适用处罚程序、认定事实、适用法律以及建议处罚意见是否正确、合法和适当进行全面审查。

对林业行政处罚案件的审查，在实践中通常经历三个环节：①办案人员的审查；②林业行政主体内设的负责本机关日常法制工作的机构审核；③行政主体的行政负责人个人或者集体审查。

审查的步骤、内容、顺序、方法及规则如下：

（1）对办案程序的审查。主要审查适用程序是否合法，行政程序中已实施的步骤、方式、方法及制作的行政处罚文书是否正确，是否需要采取完善、补救和进一步规范措施。

（2）对案件事实的审查。重点审查在案单个证据的制作、调查、收集和用来定案的证据是否符合证据的关联性、合法性和真实性的法律属性，是否符合法定证据规则，以及全案证据的证明力、协调性、充分性是否达到证明标准。根据《刑事诉讼法》第162条规定，对被告人作出有罪判决，必须做到“事实清楚，证据确实、充分”。“事实清楚，证据确实、充分”包括以下五层含义：一是定性量罚的事实都有证据证明；二是每一个定案的证据均已经法定程序查证属实；三是证据与证据之间、证据与案件事实之间不存在矛盾或者矛盾得以合理排除，强调必须排除其他可能性；四是共同犯罪案件中被告人的地位、作用均已查清；五是根据证据推断案件事实的过程符合逻辑和经验规则，由证据得出的结论是唯一的，不存在其他定性处罚结论的可能性。

（3）审查判断证据的一般规则和主要方法。

审查判断证据的一般规则：恪守职业道德、廉洁公正；全面、客观；正确运用逻辑推理和生活经验的原则；将逐一审查判断证据和综合审查判断证据相结合。执法实践中，审查判断证据的通常顺序是先审查证据材料与案件之间的关联性，再审查判断证据材料的合法性，最后审查判断证据材料的真实性。

审查证据的主要方法：

①比较法，又称为比对法。是指对案件中出现的两个或两个以上具有可比性的证据进行比较或对照，从中发现和寻找它们的共同点和差异点的方法。运用该法的要点，一是用来比较的两个或两个以上的对象必须具有“可比性”，即用来比较的证据都是证明同一事物或事实；二是比较后再判定结论。例如，王某对张某刚要动手采伐的树木主张所有权而发生林木权属争议，林权争议处理机构根据双方提供的证据和双方主张的树龄争议，通过对争议树木的年轮实地观测后，以当事人主张树龄的事实证据与争议树木的实测年轮这一物证进行比对后，从而否定了主张树龄与争议树木的实测年轮不符一方当事人的证据。

②辨认法。是在对某一辨认对象不能确定的情况下，组织曾与该辨认对象接触过的有关人员进行指认、确定的方法。组织辨认时应遵守以下规则：向辨认人详细问清被辨认对象的特征，特别是固有的特征，并应当记录在卷；

辨认前一般不能使辨认者见到被辨认的对象，以防止辨认者产生先入为主的偏差；对人或物进行辨认时，一般应采取混杂原则，如对两个以上证人对指证的违法行为人特征不一时，可采取与违法嫌疑人相似的多人混杂其中以编号的方法让证人指证嫌疑人，根据辨认结果确认违法行为人。

③鉴定法。是指执法人员对案件中的物品、痕迹在用感官无法判断其性质、特征时，由法定鉴定机构的专业人员运用专门技术、方法进行鉴别的方法。鉴定法也广泛适用于审查判断案件中的书证、物证、视听资料等证据。

④逻辑推理法。行政执法实践中运用频率较高的主要是演绎推理法和归纳推理法。演绎推理是运用一般原理分析、说明特殊或个别对象或现象的逻辑方法。演绎推理既是判断一个证据材料的逻辑推理方法，也是以具体的法律规范为大前提，以确认的个案事实为小前提，从而推出案件定性、处理结论的推理方法。如上例中，以主张争议树木的树龄与实测树龄相符的当事人系树木所有人的概率较高为一般原理，根据树木争议当事人主张树龄的事实，可以推出树木所有人的结论。归纳推理是以个别的知识为前提，推出一般性的知识结论的推理方法，是与演绎推理方向完全相反的一类推理。它是根据一类事物中每一个对象具有某种属性为前提，从而推出这一类事物均具有某种属性的结论。例如，对批量种子的质量采取抽样检验的方式，从而推出整批种子质量的结论。

（4）证据采纳（信）规则。①非法证据排除规则。非法证据排除规则是指除非法律另有规定外，执法机关不得采纳其作为定案证据的规则。下列八类证据材料不能作为定案依据：严重违反法定程序收集的证据材料；以偷拍、偷录、窃听等不正当手段获取他人合法权益的证据材料；以利诱、欺诈等手段获取侵害他人合法权益的证据材料；当事人无正当事由超出举证期限提供的证据材料；当事人无正当理由拒不提供原件、原物，又无其他证据印证，且对方当事人不予认可的证据的复制件或者复制品；被当事人或者他人进行技术处理而无法辨别真伪的证据材料；不能正确表达意志的证人提供的证言；不具备合法性和真实性的其他证据材料等。②最佳证据规则。最佳证据规则是有关物证原物、书证原件等证据材料的证明力优先认定的一项规则。物证原物、书证原件为最具证明力的证据。举证方仅提供物证复制品、书证复印件，没有其他材料可以印证，对方当事人又不予认可的，不能作为认定案件事实的根据。③优势证据规则。在证明同一事实的数个证据中，其证明效力一般可以按照下列情形分别认定：国家机关以及其他职能部门依职权制作的公文文书优于其他书证；鉴定结论、现场笔录、勘验笔录、档案材料及经过公正或者登记的书证优于其他书证、视听资料和证人证言；原件、原物优于复制件、复制品；法定鉴定部门的鉴定结论优于其他鉴定部门的鉴定结论；法庭主持勘验所制作的勘验笔录优于其他部门主持勘验所制作的勘验笔录；原始证据优于传来证据；其他证人证言优于与当事人有亲属关系或者其他密切关系的证人提供的对该当事人有利的证言；出庭作证的证人证言优于未出庭作证的证人证言；数个种类不同、内容一致的证据优于一个孤立的证据。④补强证据规则。补强证据是指只有在具有其他证据佐证的情况下，该证据材料才能作为本案的定案根据。下列证据依法不能单独作为定案依据：未成年人所作的与其年龄和智力状况不相适应的证据；与一方当事人有亲属关系或者其他密切关系的证人所做的对该当事人有利的证据，或者与一方当事人有不利关系的证人做的对该当事人不利的证言；应当出庭作证而无正当理由不出庭作证的证人证言；难以识别是否经过修改的视听资料；无法与原件、原物核对的复制件或者复制品；经一方当事人或者他人改动，对方当事人不予认可的证据材料；其他不能单独作为定案依据的证据材料。

（5）对适用法律的审查。对适用法律正确与否的审查，通常先审查所适用法律规范的时间效力和空间效力，然后依照《中华人民共和国立法法》规定的法的适用规则逐一审查。法的适用主要规则：①上位法优于下位法。效力高的法为上位法，效力低的法为下位法，下位法不得与上位法相抵触。法律的效力高于行政法规、地方性法规、规章；行政法规的效力高于地方性法规、规章；地方性法规的效力高于本级和下级地方政府规章。②特别法优于一般法。即同位法中特别规定与一般规定不一致的，适用特别规定。特别法是适用于特定时间、特定空间或特定主体的法律规范。该原则的适用条件是特别规定与一般规定为同一机关所制定。③新法优于旧法。同位法中新的规定与旧的规定不一致的，适用新的规定，适用的前提是新的规定与旧的规定为同一机关所制定。④不溯及既往。即林业行政主体不能用现在制定的法律去处理人们过去的行为，更不能由于人们过去从事了某种当时是合法但是现在看来是违法的行为而依照现在的法律处罚他们。

（6）告知权利。在完成上述审查后，对初步确定的行政处罚决定内容，应依法制作书面行政处罚权利告知书，并送达当事人。对当事人在异议期内提出的申辩意见，依法应当听取并记录入卷；对当事人申辩及提出的证据线索或证据应当进行实地核查，并依法审查采纳，同时记录在卷。

（7）作出处理决定。行政机关负责人对调查结果及报送处理意见进行审查后，根据不同情况，作出以下处理决定：①作出行政处罚决定。对确有应受行政处罚的违法行为的，根据情节轻重及具体情况，作出行政处罚决定。决定给予行政处罚的案件，必须制作处罚决定书。处罚决定书的内容包括：当事人的基本情况；违法事实和证据；处罚种类和依据；处罚的履行方式和期限；不服行政处罚决定，申请行政复议或者提起行政诉讼的途径和期限；作出处罚决定的行政机关的名称；作出处罚决定的日期。②对违法行为轻微，依法可以不予行政处罚的，作出不予行政处罚决定。依法不予行政处罚的情形包括：未满14周岁的人实施行政违法行为的；精神病人在不能辨认或者不能控制自己行为时实施行政违法行为的；行政违法行为在两年内未被发现的（法律另有规定的除外）；违法事实不能成立的，不得给予行政处罚。③违法行为已构成犯罪的，依照《行政执法机关移送涉嫌犯罪案件的规定》的规定，移送有关国家机关处理。移送涉嫌犯罪案件应遵照下列程序：在发现当事人的行为涉嫌构成犯罪后，指定两名或者两名以上的行政执法人员组成专案组专门负责，核实情况后向公安机关提出移送涉嫌犯罪案件的书面报告，报经本机关主要负责人（即正职负责人或主持工作的负责人）审批。行政机关主要负责人应当自接到报告之日起3日内作出批准移送或者不批准移送的决定。决定批准的，应当在24小时内向同级公安机关移送；决定不批准的，应当将不予批准的理由记录在案。移送案件时，应随案附送下列材料：涉嫌犯罪案件移送书；涉嫌犯罪案件情况的调查报告；涉案物品清单；有关检验报告或者鉴定结论；其他有关涉嫌犯罪的材料。公安机关应当自接受行政管理机关移送的涉嫌犯罪案件之日起3日内，依照有关规定决定是否予以立案。依法决定立案的，应当书面通知行政管理机关；认为没有犯罪事实，或者犯罪事实显著轻微，不需要追究刑事责任，依法不予以立案的，应当说明理由，并书面通知行政管理机关，相应退回案卷材料。对公安机关决定立案的案件，行政管理机关应当自接到立案通知书之日起3日内将涉案物品及与案件有关的其他材料移交公安机关，并办结交接手续。

4. 送达

行政处罚中的送达，是指行政主体依照法定的时间和方式将有关法律文书送交当事人的一种法律行为。它是行政处罚决定成立并发生法律效力的基本前提之一，未经依法送达的处罚决定书，对当事人没有约束力，当事人有权拒绝履行。

（1）送达期间。《行政处罚法》规定，行政处罚决定应当在宣告后当场交付当事人；当事人不在场的，行政机关应当在7日内依照《民事诉讼法》的有关规定，将行政处罚决定书送达当事人。

（2）送达方式。送达方式主要有以下五种：①直接送达。又称交付送达，是由作出处罚决定的单位派专人将林业行政处罚决定书送交给被处罚人。被处罚人是公民的由本人直接签收，被处罚人是法人或其他组织的，应当由法人的法定代表人，其他组织的主要负责人或者该法人、其他组织的收发部门签收。②转交送达。被处罚人不在时，作出处罚决定的单位将林业行政处罚决定书，交被处罚人所在单位负责人或者其成年家属代收后转交给被处罚人。这种方式是直接送达的补充。③留置送达。是指被处罚人或者代收人拒绝接收林业行政处罚决定书时，送达人依法将处罚决定书留在受送达人的住处的送达方式。被处罚人或者代收人拒绝接收或者签名、盖章的，送达人可以邀请其邻居或者其单位有关人员到场见证，说明情况，把《林业行政处罚决定书》留在其住处或单位，并在送达回证上记明拒绝的事由、送达的日期，由送达人签名，即视为送达，这种送达方式与直接送达具有同等的法律效力。④委托送达。被处罚人不在本地的，作出处罚决定的单位可以委托被处罚人所在地的林业行政主管部门代为送达。⑤邮寄送达。被处罚人不在本地的，作出处罚决定的单位将处罚决定书采用附有邮件回执的邮寄方式邮寄给被处罚人。邮寄送达处罚决定书的，以挂号回执上注明的收件日期为送达日期。

在以上送达方式中，除邮寄送达方式外，其余四种送达方式均以送达回证上签名或者盖章的日期为送达日期。送达回证是证明受送达人收到处罚决定书的凭证。采用这四种送达方式送达处罚决定书时，应当附有送达回证。

依法送达行政法律文书，不仅是行政主体的一项职责和义务，又是行政处罚成立的要件之一。送达是服从处罚的被处罚人自动履行义务的必要前提，又是保障不服处罚的被处罚人依法行使行政复议申请权或者提起行政诉讼权利的必备证据。

5. 执行

（1）行政处罚执行的概念及意义。行政处罚执行有广义和狭义之分。广义的执行包括三种，即当事人自动履行行政处罚决定、行政主体主动执行行政处罚决定和行政主体依法强制执行或申请人民法院强制执行。狭义的执行则仅指行政处罚的强制执行，它是指行政机关或者行政机关申请人民法院，对不履行行政决定的公民、法人或者其他组织，依法强制履行义务的行为。行政处罚的执行是行政处罚决定内容得以实现的必经步骤，又是保护国家利益和行政相对人合法利益及制裁违法行为的法律措施，还是宣传林业法规、提高相对人法制观念以及预防和减少违法行为发生的重要渠道。

（2）行政强制执行。行政强制执行应依照《行政强制法》规定的原则、方式、规范进行。

行政强制执行的原则：①法定原则。一是行政强制措施的设定合法。行政强制措施由法律设定，尚未制定法律，且属于国务院行政管理职权事项的，行政法规可以设定除限制公民人身自由、冻结存款、汇款和应当由法律规定的行政强制措施以外的其他行政强制措施。尚未制定法律、行政法规，且属于地方性事务的，地方性法规可以设定查封场所设施或扣押财物的行政强制措施。法律、法规以外的其他规范性文件不得设定行政强制措施。二是生效的行政处罚决定不因当事人申请行政复议和提起行政诉讼期而停止执行，但法律另有规定和人民法院决定停止执行的除外。三是行政主体应当依照法定的权限、范围、条件和程序进行，即遵守行政处罚和收缴罚款相分离为主、当场收缴罚款为例外的程序制度等。②适当原则。行政强制的设定和实施应当适当，采用非强制手段可以达到行政管理目的的，不得设定和实施行政强制。行政主体不得在夜间或者法定节假日实施行政强制执行，不得对居民生活采取停止供水、供电、供热、供燃气等方式迫使当事人履行相关行政决定等，以确保行政强制执行的实施对于相对人的身心损害达到最小，以实现行政管理的目标不得损害当事人的基本生活权利为代价。③坚持教育与强制相结合原则。行政强制法规定，实施行政强制，应当坚持教育与强制相结合。即行政强制只是促使当事人履行法定义务的一种手段，不是目的。当事人经教育自觉改正违法行为，履行法定义务的，就不应再采取行政强制。④不得为单位和个人谋利原则。行政强制法规定，行政机关及其工作人员不得利用行政强制权为单位或者个人谋取利益。

行政强制执行的方式。行政强制执行的方式包括六种：①加处罚款或者滞纳金；②划拨存款、汇款；③拍卖或者依法处理查封、扣押的场所、设施或者财物；④排除妨碍、恢复原状；⑤代履行；⑥其他强制执行方式。

行政强制执行的共同程序。行政强制执行的共同程序规则是：①催告。行政主体作出强制执行决定前，应当事先催告当事人履行义务。催告应当以书面形式作出，并载明下列事项：履行义务的期限，履行义务的方式，涉及金钱给付的应当有明确的金额和给付方式，当事人享有的陈述权和申辩权。②听取意见。当事人收到催告书后，有权进行陈述和申辩。行政主体应当充分听取当事人的意见，对当事人提出的事实、理由和证据，应当进行记录、复核。当事人提出的事实、理由或者证据成立的，行政主体应当采纳。③决定并送达。经行政主体催告，当事人逾期仍不履行行政决定且无正当理由的，行政机关可以作出强制执行决定。强制执行决定应当以书面形式作出，并载明下列事项：当事人的姓名或者名称、地址，强制执行的理由和依据，强制执行的方式和时间，申请行政复议或者提起行政诉讼的途径和期限，行政机关的名称、印章和日期。在催告期间，对有证据证明有转移或者隐匿财物迹象的，行政机关可以作出立即强制执行决定。④协议执行。实施行政强制执行，行政机关可以在不损害公共利益和他人合法权益的情况下，与当事人达成执行协议。执行协议可以约定分阶段履行；当事人采取补救措施的，可以减免加处的罚款或者滞纳金。当事人不履行执行协议的，行政机关应当恢复强制执行。⑤中止执行。行政主体在强制执行中遇有下列情形之一的，应中止执行：一是当事人履行行政决定确有困难或者暂无履行能力的；二是第三人对执行标的主张权利确有理由的；三是执行可能造成难以弥补的损失，且中止执行不损害公共利益的；四是行政机关认为需要中止执行的其他情形。中止执行的情形消失后，行政机关应当恢复执行。对没有明显社会危害，当事人确无能力履行，中止执行满三年未恢复执行的，行政机关不再执行。⑥终结执行。行政主体在强制执行中遇有下列情形之一的，应当终结执行：一是公民死亡，无遗产可供执行，又无义务承受人的；二是法人或者其他组织终止，无财产可供执行，又无义务承受人的；三是执行标的灭失的；四是据以执行的行政决定被撤销的及行政机关认为需要终结执行的其他情形。⑦执行回转和赔偿。行政主体在执行中或者执行完毕后，据以执行的行政决定被撤销、变更或者执行错误的，应当恢复原状或者退还财物；不能恢复原状或者退还财物的，依法给予赔偿。实施金钱给付和代履行的程序规则见表4－11。

表4－11 实施各种执行方式的程序规则

执行方式	程序规则
金钱给付	①实施前提：当事人逾期不履行的，依法加处罚款或者滞纳金。 ②告知：加处罚款或者滞纳金的标准应当告知当事人，加处罚款或者滞纳金的数额不得超出金钱给付义务的数额。 ③拍卖查扣物：对已经采取查封、扣押措施的，将查封、扣押的财物依法拍卖抵缴罚款，拍卖财物由行政机关委托拍卖机构依照《拍卖法》的规定办理。 ④依法划拨存款、汇款：应当在作出决定后书面通知金融机构，金融机构接到行政机关依法作出划拨存款、汇款的决定后，应当立即划拨。 ⑤款项处理：划拨的存款、汇款及拍卖和依法处理所得的款项应当上缴国库或者划入财政专户，任何行政主体或者个人不得以任何形式截留、私分或者变相私分

执行方式	程序规则
代履行	①实施前提：行政机关依法作出要求当事人履行排除妨碍、恢复原状等义务的行政决定，当事人逾期不履行，经催告仍不履行，其后果已经或者将危害交通安全、造成环境污染或者破坏自然资源的，行政主体可以代履行或者委托没有利害关系的第三人代履行。 ②制作代履行决定书并送达：代履行决定书应当载明当事人的姓名或者名称、地址，代履行的理由和依据、方式和时间、标的、费用预算及代履行人。 ③催告：代履行 3 日前，催告当事人履行，当事人履行的，停止代履行。 ④监督：代履行时，作出决定的行政机关应当派员到场监督。 ⑤签名或者盖章：代履行完毕，行政机关到场监督的工作人员、代履行人和当事人或者见证人应当在执行文书上签名或者盖章。 ⑥代履行费用：按照成本合理确定，由当事人承担。但是，法律另有规定的除外。 ⑦代履行不得采用暴力、胁迫以及其他非法方式

（3）申请人民法院强制执行。根据《行政强制法》的规定，行政主体申请人民法院强制执行的主要规则是：①申请前提条件和申请期限。行政主体对当事人在法定期限内不申请行政复议或者不提起行政诉讼，又不履行行政决定的，没有行政强制执行权的行政主体自行政复议申请或者提起行政诉讼期限届满之日起 3 个月内，依法申请人民法院强制执行。②催告及案件管辖。行政主体申请人民法院强制执行前，应当催告当事人履行义务。催告书送达 10 日后当事人仍未履行义务的，行政主体可以向所在地有管辖权的人民法院申请强制执行；执行对象是不动产的，向不动产所在地有管辖权的人民法院申请强制执行。③提供申请材料。行政主体向人民法院申请强制执行，应当提供下列材料：一是强制执行申请书；二是行政决定书及作出决定的事实、理由和依据；三是当事人的意见及行政机关催告情况；四是申请强制执行标的情况；五是法律、行政法规规定的其他材料。强制执行申请书应当由行政机关负责人签名，并加盖行政机关的印章和注明日期。④受理及听取当事人意见。人民法院接到行政主体强制执行的申请，应当在 5 日内受理。人民法院发现行政主体申请强制执行的案件明显缺乏事实或者明显缺乏法律、法规依据，间或存在其他明显违法并损害被执行人合法权益情形之一的，在作出裁定前可以听取被执行人和行政机关的意见。⑤裁定及期限。人民法院对行政主体强制执行的申请进行书面审查后，对符合法定条件且行政决定具备法定执行效力的，应当自受理之日起 7 日内作出执行裁定。对不符合法定条件

的行政决定不具备法定执行效力的申请作出不予受理裁定，行政主体有异议的，可以在15日内向上一级人民法院申请复议，上一级人民法院应当自收到复议申请之日起15日内作出是否受理的裁定，并自受理之日起30日内作出是否执行的裁定。裁定不予执行的，应当说明理由，并在5日内将不予执行的裁定送达行政机关。因情况紧急，为保障公共安全，行政机关可以申请人民法院立即执行。⑥申请费用承担及拍卖、划拨款项的处理。行政主体申请人民法院强制执行，不缴纳申请费，强制执行的费用由被执行人承担。人民法院以划拨、拍卖方式强制执行的，可以在划拨、拍卖后将强制执行的费用扣除。拍卖财物由人民法院委托拍卖机构依照《中华人民共和国拍卖法》的规定办理。对于划拨的存款、汇款及拍卖和依法处理所得的款项，应当上缴国库或者划入财政专户，不得以任何形式截留、私分或者变相私分。

第三节　林业行政处罚听证程序

一、听证程序的概念及适用范围

林业行政处罚的听证程序，是林业行政主管部门在对当事人作出处罚决定前，由林业行政主管部门派专人主持听取案件调查人员和当事人就案件事实、处罚理由及适用依据，进行陈述、质证和辩论的法定程序。

听证程序适用的行政处罚案件范围包括：一是拟对当事人作出责令停产停业处罚的案件；二是拟对当事人作出吊销许可证的案件；三是较大数额罚款案件；四是没收较大数额财产的案件等。林业行政主体适用一般程序查处的案件在拟作出行政处罚决定之前，凡是属于依法必须听证的上述案件，应当以书面听证权利告知书的形式告知当事人享有要求举行听证的权利。当事人要求听证的，林业行政主管部门应当组织听证。

二、听证程序

1. 听证提出

当事人要求听证的，应当在林业行政主管部门告知后的3日内提出。这是启动听证的必要程序。此外，林业行政主管部门认为确有必要时，也可以主动组织听证。

2. 听证通知

组织听证的林业行政主管部门应当在听证会举行的7日前制发《举行听证通知》，将听证的时间、地点等事项通知当事人，以便当事人做好听证前的准备工作。

3. 举行听证会

听证会由林业行政主管部门指定非本案调查取证人员并与本案无利害关系的人主持。要求听证的当事人可以亲自参加听证，也可以委托一至二名代理人出席或与代理人同时出席。除涉及个人隐私、商业秘密、国家机密外，听证会一律公开举行。听证会由主持人宣布开始，先由调查取证人员提出当事人违法的事实、证据和处罚建议，然后由当事人进行陈述、申辩和质证，当事人作最后陈述，最后由主持人宣布听证结束。

4. 制作《林业行政处罚听证笔录》

在听证会进行过程中应制作笔录，笔录应当交当事人审核无误后签字或者盖章。主持人和记录人也应当在听证笔录上签名或盖章。听证笔录是行政处罚的重要依据，应与其他证据材料一并归入档案。对组织听证会的费用，当事人依法不予承担。林业行政听证程序见图4-4。

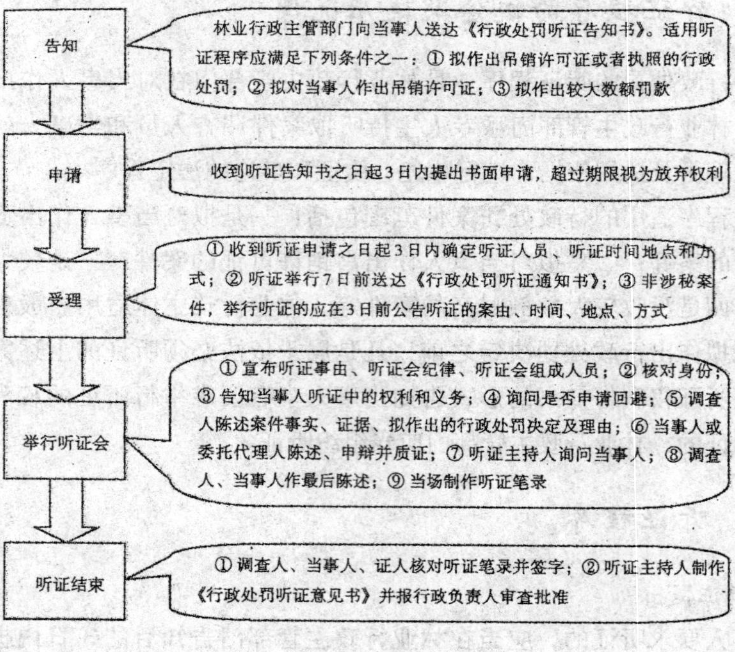

图4-4　林业行政听证程序图

第四节　林业行政强制措施

一、林业行政强制措施及其种类

林业行政强制措施是林业行政主体在行政管理过程中，为制止违法行为、防止证据损毁、避免危害发生或控制危险扩大等情形，依法对公民的人身自由实施暂时性限制，或者对公民、法人或者其他组织的财物实施暂时性控制的行为。

行政强制措施的种类有：

（1）限制公民人身自由。限制公民人身自由的强制措施只能由全国人大及其常委会制定和颁布的法律设定，由公安机关等法定机关依法实施。常见的措施有：拘留、盘问、留置盘问、约束等。

（2）查封场所、设施或者财物。查封又称封存、封闭。是指林业行政主体依法限制当事人的不动产等财产的使用和处分的强制措施。

（3）扣押财物。扣押又称暂扣、扣留，是指林业行政主体为防止案件当事人处分、转移财产而对涉案财产采取的扣留、保管的强制措施。

（4）冻结存款、汇款。是指林业行政主体为防止违法行为人转移资金、抽逃资金而对涉案财产依法采取的限制其流动的一种强制措施。

（5）其他行政强制措施。是指上述行政强制措施以外的行政强制措施。如证据登记保存、销毁染疫产品、对染疫动物及产品实施隔离等行政强制措施。

二、实施行政强制措施的一般条件

（1）行政主体只能在履行行政管理过程中实施。行政机关履行行政管理职责，依照法律、法规的规定，实施行政强制措施。

（2）必须符合法定可以实施行政强制措施的目的。实施行政强制措施的情形，一是为制止违法行为；二是防止证据损毁；三是避免危害发生；四是控制危险扩大等。行政主体只能基于上述行政管理的目的，才可以实施行政强制措施。

（3）必须有法律、法规的明确授权。行政强制法对行政主体实施行政强制措施没有普遍授权，由有关单行法律、法规具体授权。

（4）必须由行政主体亲自实施。行政强制法第17条规定，实施行政强制措施不得委托。行政强制措施应当由行政机关具备资格的行政执法人员实施，其他人员不得实施。但依据《行政处罚法》的规定，行使相对集中行政处罚权的行政机关，可以实施法律、法规规定的与行政处罚权有关的行政强制措施。

三、实施行政强制措施的一般程序

行政主体实施行政强制措施应当遵守以下程序规定：

（1）实施前须向行政机关负责人报告并经批准。对于情况紧急，需要当场实施行政强制措施的，行政执法人员应当在24小时内向行政机关负责人报告，并补办批准手续。行政机关负责人认为不应当采取行政强制措施的，应当立即解除。

（2）由两名以上行政执法人员实施。

（3）出示执法身份证件。

（4）通知当事人到场。

（5）当场告知当事人采取行政强制措施的理由、依据以及当事人依法享有的权利、救济途径。

（6）听取当事人的陈述和申辩。

（7）制作现场笔录，并由当事人和行政执法人员签名或者盖章。当事人拒绝的，在笔录中予以注明；当事人不到场的，邀请见证人到场，由见证人和行政执法人员在现场笔录上签名或者盖章。

（8）法律、法规规定的其他程序。依照法律规定实施限制公民人身自由的行政强制措施，除应当履行上述规定的程序外，还应当遵守下列规定：当场告知或者实施行政强制措施后立即通知当事人家属实施行政强制措施的行政机关、地点和期限；在紧急情况下当场实施行政强制措施的，在返回行政机关后，立即向行政机关负责人报告并补办批准手续；法律规定的其他程序。实施限制人身自由的行政强制措施不得超过法定期限。实施行政强制措施的目的已经达到或者条件已经消失，应当立即解除。

四、实施行政强制措施的具体规则

1. 实施查封、扣押的规则　见表4－12。

表4－12　实施查封、扣押的规则

项　目	内　容	备　注
实施主体	法律、法规明确授权的行政主体	禁止委托实施查封、扣押（以下简称查扣）
查扣对象	限于涉案的场所、设施或者财物，不得查封、扣押与违法行为无关的场所、设施或者财物	不得查封、扣押公民个人及其所扶养家属的生活必需品。不得重复查封
查扣程序	除应当履行行政强制法第18条规定的程序外，还应当制作并当场交付查封、扣押决定书和清单。查封、扣押清单一式二份，由当事人和行政机关分别保存延长查封、扣押的决定应当及时书面告知当事人，并说明理由	决定书应当载明：当事人的姓名或者名称、地址；查封、扣押的理由、依据和期限；查封、扣押场所、设施或者财物的名称、数量等；申请行政复议或者提起行政诉讼的途径和期限；行政机关的名称、印章和日期
查扣期间	不得超过30日；情况复杂的，经行政机关负责人批准，可以延长30日。法律、行政法规另有规定的除外。检测、检验、检疫或者技术鉴定的费用由行政机关承担	期间不包括检测、检验、检疫或者技术鉴定的期间。检测、检验、检疫或者技术鉴定的期间应当明确，并书面告知当事人
查扣物保管	对查封的场所、设施或者财物，行政主体应当妥善保管，不得使用或者损毁；造成损失的，应当承担赔偿责任。查封、扣押发生的保管费用由行政机关承担	可以委托第三人保管，第三人不得损毁或者擅自转移、处置。因第三人的原因造成的损失，行政机关先行赔付后，有权向第三人追偿
查扣物处理	对违法事实清楚，依法应当没收的非法财物予以没收；法律、行政法规规定应当销毁的，依法销毁；应当解除查封、扣押的，作出解除查封、扣押的决定	违法行为涉嫌犯罪应当移送司法机关的，行政机关应当将查封、扣押、冻结的财物一并移送，并书面告知当事人

项　目	内　容	备　注
解除查扣条件	(1) 当事人没有违法行为；(2) 查封、扣押的场所、设施或者财物与违法行为无关；(3) 行政机关对违法行为已经作出处理决定，不再需要查封、扣押；(4) 查封、扣押期限已经届满；(5) 其他不再需要采取查封、扣押措施的情形	
解除查扣后的财产处理	应当立即退还财物；已将鲜活物品或者其他不易保管的财物拍卖或者变卖的，退还拍卖或者变卖所得款项。变卖价格明显低于市场价格，给当事人造成损失的，应当给予补偿	

2. 实施冻结存款、汇款的规则　见表4－13。

表4－13　冻结存款、汇款的规则

项　目	内　容	备　注
实施主体	法律、法规明确授权的行政主体	禁止委托实施冻结
冻结数额	与违法行为涉及的金额相当	禁止重复冻结
实施程序	(1) 实施前须向行政机关负责人报告并经批准；(2) 作出冻结决定的行政机关应当在3日内向当事人交付冻结决定书；(3) 由两名以上行政执法人员实施；(4) 出示执法身份证件；(5) 制作现场笔录；(6) 向金融机构交付冻结通知书	冻结决定书应当载明下列事项：当事人的姓名或者名称、地址；冻结的理由、依据和期限；冻结的账号和数额；申请行政复议或者提起行政诉讼的途径和期限；行政机关的名称、印章和日期
冻结期限及延长	自冻结存款、汇款之日起30日内，行政机关应当作出处理决定或者作出解除冻结决定；情况复杂的，经行政机关负责人批准，可以延长，但是延长期限不得超过30日。法律另有规定的除外	延长冻结的决定应当及时书面告知当事人，并说明理由

项　目	内　容	备　注
解除冻结	具有下列情形之一的，行政机关应当及时作出解除冻结决定：当事人没有违法行为；冻结的存款、汇款与违法行为无关；行政机关对违法行为已经作出处理决定，不再需要冻结；冻结期限已经届满；其他不再需要采取冻结措施的情形	行政机关作出解除冻结决定的，应当及时通知金融机构和当事人。金融机构接到通知后，应当立即解除冻结。行政机关逾期未作出处理决定或者解除冻结决定的，金融机构应当自冻结期满之日起解除冻结

3. 实施证据先行登记保存的规则

根据《行政处罚法》第 37 条第 2 款规定，行政机关在收集证据时，可以采取抽样取证的方法；在证据可能灭失或者以后难以取得的情况下，经行政机关负责人批准，可以先行登记保存，并应当在 7 日内及时作出处理决定，在此期间，当事人或者有关人员不得销毁或者转移证据。证据先行登记保存是行政执法主体在对立案工作进行调查过程中遇到特殊、紧急情况时所采取的一项证据保全措施。实施证据先行登记保存时必须符合以下要件：①必须是在特殊、紧急情况下实施；②在 7 日内作出处理决定；③须经行政执法机关负责人的批准；④登记保存的物品必须是与违法行为直接关联的证据；⑤对采取保全的物品进行登记。

实施证据先行登记保存的程序是：首先，经行政机关负责人批准；其次，按照有关规定制作证据先行登记保存通知书和物品清单，制作通知书应严格按照本行业规定的格式文书书写，并亲手交给行政管理相对人；再次，由两名以上行政执法人员实施，出示执法身份证件；最后，开具证据保存清单时，必须有当事人在场，当事人不在场的可以邀请见证人员参加。对物品进行清点，应用明确、通用的计量单位登记造册，详细记录物品的名称、规格（形状），包装、提取的位置等。在制作完毕后，当场交由当事人或见证人核对，确定无误后签字、盖章，执法人员也应当在证据保存清单上签名。证据先行登记保存程序见图 4－5。

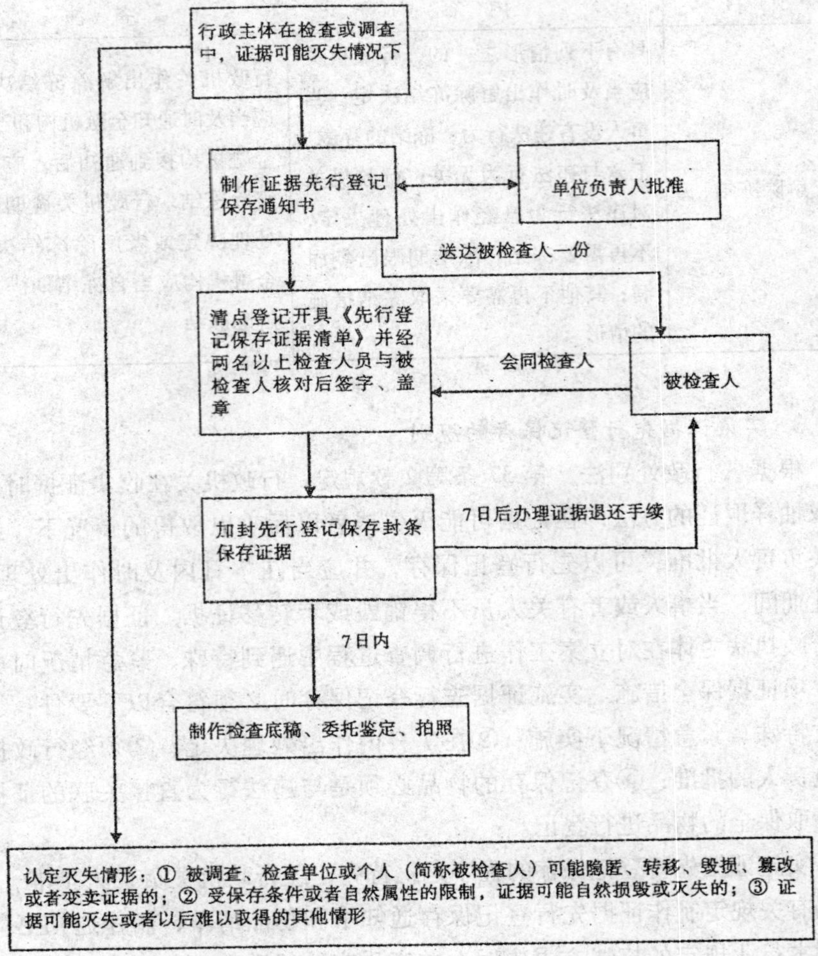

图4－5　证据先行登记保存程序

第五节　违反行政处罚法的法律责任

一、违反行政处罚程序的主要表现

违反行政处罚程序，是指行政主体作出行政处罚的具体行政行为时，违反法律法规规定的管辖、形式、方式方法、步骤顺序、时限等。

常见的行政处罚程序违法表现主要有：

（1）越权管辖。即违反法律和执法关于事项管辖、地域管辖、部门管辖、层级管辖的分工规定，立案查处自己无权处理的案件。

（2）证据形式违法。对法律要求采用书面形式的立案登记表、处罚决定书、权利告知书、扣押单、处罚决定书、送达回证等采用口头形式；制作现场笔录和留置送达回证无当事人或者见证人签名，询问笔录无被询问人的签名且未注明原因等。

（3）执法方式、方法违法。如一人取证、询问证人采用座谈会方式、询问违法行为人使用威胁引诱等法律禁用的非法方法、告知权利书与处罚决定书同时送达方式、违法当场收缴罚款、办案单位将扣押物变价作内部处理或者再卖给当事人等。

（4）执法步骤、顺序违法。如先处罚后立案、先决定后调查、先处罚后送达、重大案件先处罚后批准、未依法履行告知义务等。

（5）时限违法。如立案期限、保全证据期限、召开听证会期限等超越法定时限、结案期限超越法定期限又未办理延期结案审批手续等。

（6）适用行政处罚程序错误。如依法应对于适用一般程序处理的行政处罚案件错误适用当场处罚程序；对涉嫌构成刑事犯罪的案件不依法移送有关机关，以罚代刑。

（7）违反行政处罚公开、公正原则所派生的告知制度、说明理由制度、听取相对人的陈述和申辩制度、听证制度、文书送达制度等。

二、违反行政处罚程序的法律后果

1. 行政处罚决定不成立与行政处罚决定无效

行政处罚违反法定程序，依法产生行政处罚决定不成立或无效的法律后果。

行政处罚决定不成立，是指缺乏行政处罚依法成立的形式要件。根据《行政处罚法》的有关规定，行政处罚决定的成立要件包括：①行政主体履行了告知当事人作出行政决定的事实、理由和依据的法定义务，依法保障了当事人的知情权；②有证据证明听取了当事人的陈述、申辩；③有行政主体盖章的书面处罚决定书；④行政处罚决定书依法送达。违反上述形式要件的行政处罚依法不成立。

行政处罚决定无效，是指具体行政行为因存在重大明显的瑕疵，而自始无效的情形。“重大明显的瑕疵”通常包括下列情形之一：①实施行政处罚的主体不具有行政处罚权限或越权处罚；②主要证据不充分、不确凿，认定案件事实不清；③程序不合法；④适用法律、法规错误不正确；⑤滥用职权。

行政处罚不成立和无效的原因，都是违反了法律规定，但两者存在一些差别：①概念所属范畴不同。行政处罚不能成立是指行政处罚的法律效力未最终形成；行政处罚无效是指行政处罚的法律效力已形成，但因其行为违法，其效力应当否定。②对当事人产生的效力不同。不成立的行政处罚对当事人不发生法律效力，即无确定力、约束力、执行力，当事人可以不履行，行政机关也不能强制执行。而行政处罚一旦确认成立，在行政处罚未被依法确认无效并撤销之前，当事人必须履行义务，行政机关也可以依法强制执行。③构成的原因不同。行政处罚不成立是基于未告知当事人作出行政处罚决定的事实、理由和依据，未听取当事人的陈述和申辩以及没有依法制作行政处罚决定书或者行政处罚决定书未依法送达等违反程序规则和形式要件等；而行政处罚无效则是因为处罚主体超越职权或滥用职权、或者因证据不足导致认定事实不清，或者因适用实体法、程序法错误所致。

2. 违反行政处罚法定程序的具体行政行为的法律后果

根据《行政诉讼法》及《最高人民法院关于执行〈中华人民共和国行政诉讼法〉若干问题的解释》等有关规定，违反行政处罚法定程序的具体行政行为，从法律后果而言，大体分为以下两种情况：

（1）轻微程序违法的后果。对于行政主体在行政处罚过程中存在的轻微程序违法，并且该程序违法行为不足以影响案件定性处罚合法、公正性的，行政复议机关和人民法院通常在依法维持该具体行政行为的同时，从监督职能出发明确指出行政主体执法中的不当或错误之处，以促使其补正，并使其引以为戒。

（2）严重程序违法的后果。对于行政主体在行政处罚过程中存在的严重程序违法并导致案件处理结果错误的，一是视违法内容依法分别裁决全部或部分撤销该具体行政行为，并对单纯程序违法的具体行政行为在裁判撤销的同时判令被告重新作出具体行政行为，采取相应补救措施；二是对显失公正的行政处罚依法作出变更判决；三是向林业行政被告及其主管部门提出改进意见和追究相关责任人行政责任的司法建议；四是对于涉嫌犯罪行为，建议或者移送有权机关依法追究责任人的相关刑事责任。

三、行政主体及其工作人员的法律责任

（一）行政责任

（1）违法实施行政处罚的行为。根据《行政处罚法》第55条规定，违法实施行政处罚，是指行政主体没有法定处罚依据或者擅自改变行政处罚种类、幅度，违反法定处罚程序以及违反委托处罚的规定实施行政处罚的行为。对具有上述情形之一的，由上级行政机关或者有关部门责令改正，可以对直接负责的主管人员和其他直接责任人员依法给予行政处分。

（2）不使用罚款、没收财物单据或者使用非法定部门制发的罚款、没收财物单据的行为。对该行为当事人有权拒绝接受，并有权检举。上级行政机关或者有关部门对使用的非法单据予以收缴销毁，对直接负责的主管人员和其他直接责任人员依法给予行政处分。

（3）违法自行收缴罚款、非法返还罚款或拍卖款项的行为。根据《行政处罚法》第55条规定，行政机关违反规定自行收缴罚款的，财政部门违反规定向行政机关返还罚款或者拍卖款项的，由上级行政机关或者有关部门责令改正，对直接负责的主管人员和其他直接责任人员依法给予行政处分。

（4）截留、私分或者变相私分罚款、没收违法所得的行为。行政主体截留、私分或者变相私分罚款、没收的违法所得的，由财政部门或者有关部门予以追缴，对直接负责的主管人员和其他直接责任人员依法给予行政处分；情节严重构成犯罪的，依法追究刑事责任。

（5）违法使用或者损毁扣押的财物的行为。行政主体违法使用或者损毁扣押财物并对当事人造成损失的，应当依法予以赔偿，对直接负责的主管人员和其他直接责任人员依法给予行政处分。

（6）违法实行检查措施或者执行措施的行为。行政主体违法实行检查措施或者执行措施并给公民人身或者财产造成损害、给法人或者其他组织造成损失的，应当依法予以赔偿，对直接负责的主管人员和其他直接责任人员依法给予行政处分；情节严重构成犯罪的，依法追究刑事责任。

（7）以行政处罚代替刑事处罚的行为。行政主体为牟取本单位私利，对应当依法移交司法机关追究刑事责任的不移交，以行政处罚代替刑罚，情节轻微的，由上级行政机关或者有关部门责令纠正；拒不纠正的，对直接负责的主管人员给予行政处分。

（二）刑事法律责任

1. 私分罚没财物罪

私分罚没财物是指司法机关、行政执法机关违反国家规定，将应当上缴国家的罚没财物，以单位名义集体私分给个人的行为。根据《刑法》第396条第2款规定，国家机关、国有公司、企业、事业单位、人民团体，违反国家规定，以单位名义将国有资产集体私分给个人，数额较大的（累计数额在10万元以上），对其直接负责的主管人员和其他直接责任人员，处3年以下有期徒刑或者拘役，并处或者单处罚金；数额巨大的，处3年以上7年以下有期徒刑，并处罚金。司法机关、行政执法机关违反国家规定，将应当上缴国家的罚没财物，以单位名义集体私分给个人的，依照上述规定处罚。

2. 滥用职权罪

滥用职权是指国家机关工作人员超越职权，违法决定、处理其无权决定、处理的事项，或者违反规定处理公务，致使公共财产、国家和人民利益遭受重大损失的行为。行政主体违法实行检查措施或者执行措施并给公民人身或者财产造成损害、给法人或者其他组织造成损失，涉嫌下列情形之一的，应以滥用职权罪予以立案：①造成死亡1人以上，或者重伤2人以上，或者重伤1人、轻伤3人以上，或者轻伤5人以上的；②造成个人财产直接经济损失10万元以上，或者直接经济损失不满10万元，但间接经济损失50万元以上的；③造成公共财产或者法人、其他组织财产直接经济损失20万元以上，或者直接经济损失不满20万元，但间接经济损失100万元以上的；④虽未达到3、4两项数额标准，但3、4两项合计直接经济损失20万元以上，或者合计直接经济损失不满20万元，但合计间接经济损失100万元以上的；⑤造成公司、企业等单位停业、停产6个月以上，或者破产的；⑥严重损害国家声誉，或者造成恶劣社会影响的；⑦具有其他致使公共财产、国家和人民利益遭受重大损失的情形。根据《刑法》第397条规定，国家机关工作人员滥用职权，致使公共财产、国家和人民利益遭受重大损失的，处3年以下有期徒刑或者拘役；情节特别严重的，处3年以上7年以下有期徒刑。本法另有规定的，依照规定。国家机关工作人员徇私舞弊，犯前款罪的，处五年以下有期徒刑或者拘役；情节特别严重的，处5年以上10年以下有期徒刑。

3. 徇私舞弊不移交刑事案件罪

是指行政执法人员，徇私舞弊，对依法应当移交司法机关追究刑事责任的案件不移交，情节严重的行为。“情节严重”是指涉嫌下列情形之一：①对依法可能判处3年以上有期徒刑、无期徒刑、死刑的犯罪案件不移交的；②

不移交刑事案件涉及3人次以上的；③司法机关提出意见后，无正当理由仍然不予移交的；④以罚代刑，放纵犯罪嫌疑人，致使犯罪嫌疑人继续进行违法犯罪活动的；⑤行政执法部门主管领导阻止移交的；⑥隐瞒、毁灭证据，伪造材料，改变刑事案件性质的；⑦直接负责的主管人员和其他直接责任人员为牟取本单位私利而不移交刑事案件，情节严重的；⑧具有其他情节严重的情形。

根据《刑法》第402条规定，行政执法人员徇私舞弊，对依法应当移交司法机关追究刑事责任的不移交，情节严重的，处3年以下有期徒刑或者拘役；造成严重后果的，处3年以上7年以下有期徒刑。

第六章　林业行政复议及行政诉讼

第一节　林业行政复议

一、林业行政复议的概念及特征

林业行政复议，是指林业行政相对人认为林业行政主体在行使林业行政管理职权时所作出的具体行政行为或不作为行为侵犯其合法权益，依法向复议机关提出申请，由复议机关依法对该具体行政行为或不作为行为进行复查并作出复议决定的活动。

林业行政复议具有以下特征：

（1）由相对人申请而启动。行政复议申请权是法律赋予行政相对人的一项专属性权利，是林业行政相对人寻求权利救济的一个方式，只能因其申请而发动。没有林业行政相对人申请复议的行为，其他任何单位和个人不得启动该程序。

（2）具有行政、司法双重性。林业行政复议行为是复议机关居中对行政争议审查的一种具体行政行为，具有监督所涉具体行政行为合法性及合理性的准司法性质，本质上是采用行政权和司法权混合的方式监督行政主体依法行政和保护相对人的合法权益。

（3）以具体行政行为和作出该具体行政行为所依据的特定范围的抽象行政行为为审查对象。“具体行政行为”一般是指林业行政主体将具有普遍约束力的林业行政法规规范或规则适用于特定事件或特点人而作出的特定处理。

如林业行政许可、林业行政处罚、林业行政强制措施等行为。“特定范围的抽象行政行为”，根据《行政复议法》第7条的规定，包括：国务院部门的规定，县级以上地方各级人民政府及其工作部门的规定和乡镇人民政府的规定。林业行政相对人认为林业行政主体作出的具体行政行为或该具体行政行为所依据的以上规范性规定不合法的，在对具体行政行为申请复议时，可以一并向行政复议机关提出对该规定的审查申请，但相对人不得单独对上述抽象行政行为申请行政复议。

（4）审查裁决的主体是具有法定行政复议职责的复议机关。根据《行政复议法》的有关规定，对县级以上地方人民政府林业行政主管部门的具体行政行为不服的，相对人可以选择向其所隶属的本级人民政府和上一级林业主管部门申请复议。对海关、金融、国税、外汇管理等实行垂直领导的行政机关和国家安全机关的具体行政行为不服的，向上一级主管部门申请行政复议。对实行双层领导体制的森林公安机关作出的林业具体行政行为不服的，可以选择向上一级森林公安机关或者林业行政机关申请复议。

（5）一般不具有终局性。复议机关作出的行政复议决定一般不是终局裁决，申请人对复议决定不服的，可以依法向人民法院提出行政诉讼。但是对法律规定为最终裁决的复议决定，申请人则不能再向人民法院提出行政诉讼。行政复议法第14条、第30条分别规定，依法向国务院申请裁决的，国务院依法作出的决定是最终裁决定；根据国务院或者省、自治区、直辖市人民政府对行政区划的勘定、调整或者征用土地的决定，省级人民政府确认土地、矿藏、水流、森林、山岭、草原、荒地、滩涂、海域等自然资源的所有权或者使用权的行政复议决定是最终裁决。

总之，林业行政复议的实质是复议机关对作出原具体行为的林业行政主体依法实施法制监督的过程，它是一种层级监督、事后监督和间接监督；从权利救济的角度，它是对相对人权利救济的一种方式；从运行程序的角度，又是行政复议机关对具体行政行为和其依据的部分抽象行政行为居中裁决的一种准司法行为。

调整行政复议的主要法律规范有：一是1999年4月29日第九届全国人民代表大会常务委员会第九次会议通过的《中华人民共和国行政复议法》（以下简称《行政复议法》），自1999年10月1日起实施；二是2007年5月23日国务院第177次常务会议通过、自2007年8月1日起施行的《行政复议法实施条例》；三是散见于其他单行法中有关行政复议规范。

二、行政复议的原则

行政复议的基本原则，是指法律规定的，贯穿于行政复议活动始终并对行政复议具有普遍指导意义的基本准则。它具有法律性、客观性、普遍指导性和稳定性的特征。它们是行政复议制度、行政诉讼制度、国家赔偿制度等法律制度共有的原则。根据《宪法》第41条及《行政复议法》第4条规定，行政复议的基本原则包括：

1. 合法性审查原则

复议机关对复议申请人申请审查裁决的具体行政行为，从事实认定、法律适用、执法程序和职权行使等进行合法性全面审查，并对据以作出的具体行政行为的特定抽象性行政行为一并审查后作出复议决定，不受复议申请人申请的范围为限。

2. 合理性审查原则

包括对行政自由裁量权范围的正当性、平衡性和情理性三个方面内容。正当性即行政主体作出行政行为，在主观上必须处于正当的动机，在客观上必须符合正当的目的；平衡性即行政主体在选择作出某种行政行为时，必须注意权利与义务、个人所受损害与社会所获利益、个人利益与国家集体利益之间的平衡，不得显失公平；情理性即行政主体作出行政行为，必须符合客观规律、合乎社会公认的情理，不能要求行政相对人承担其无法履行或违背情理的过分义务。合理性审查原则是合法性原则的必要补充。

3. 公正、公开、及时、便民原则

公正原则是指林业行政复议机关在行使行政复议权时，应当公平地对待双方当事人，不得偏颇，不得因被申请人是林业行政主体而有意或无意地“官官相护”。公开原则是指林业行政复议案件的受理、调查取证、审理和决定、送达和执行等程序应法必须公开，采信证据、认定事实、复议决定及其依据须向当事人、社会公众和舆论公开。但涉及国家秘密、商业秘密和个人隐私的事项和内容除外。及时原则又称为效率原则，是指林业行政复议机关在复议案件的受理、适用程序、审理方式、做出复议决定应在合法的前提下提高工作效率，在法定复议期限内多快好省地完成复议相关工作。便民原则是指行政复议活动应当在合法的前提下尽可能为申请人提供便利、减少其维权成本。

4. 一级复议原则

是指林业行政复议案件一般经过一个和一级法定的行政复议机关审查并

作出复议决定，行政复议程序即告终结，行政相对人不得再向上级行政机关申请复议。但国务院及省级人民政府的特定具体行政行为除外。

此外，行政复议法还应当遵循书面复议原则、有错必纠原则、不适用调解的原则等。

三、林业行政复议的范围和管辖

（一）林业行政复议的范围

根据《行政复议法》第6条规定，结合林业行政复议的实际情况，林业行政复议的法定事项包括：①对林业行政处罚主体做出的罚款、没收等行政处罚决定不服的；②对林业行政执法主体作出的查封、扣押、冻结财产等行政强制措施不服的；③认为符合法定条件，申请林业行政主管部门颁发许可证或申请林业行政部门审批、登记有关事项，林业行政主管部门没有依法办理的；④对林业行政主管部门做出的有关林木采伐许可证、木材运输证件、批准进口文件、允许进出口证明等证书的变更、中止或者撤销决定不服的；⑤认为林业行政主管部门侵犯其合法承包经营权的；⑥对行政机关作出的关于确认森林、林木、林地等自然资源的所有权或者使用权的决定不服的；⑦认为林业行政主体违法要求其履行非法定义务的；⑧认为林业具体行政行为及其所依据的部分抽象行政行为（指《行政复议法》第7条规定的3项抽象行政行为）不合法而一并申请行政复议的；⑨认为林业行政主体拒绝为其依法办理林业行政许可证、未依法保护其财产权等合法权益而不作为的；⑩法律、法规规定的其他事项。

不可申请林业行政复议的事项范围包括：

（1）抽象行政行为。抽象行政行为是行政机关以不特定的人或事为管理对象，制定具有普遍约束力的规范性文件的行为。它具有对象的不特定性、效力的普遍性和后及力、可反复适用性、准立法性和不可诉性等特征。但行政复议法第7条规定的抽象行政行为除外。

（2）林业行政主体内部行政行为。行政主体对其所属的国家公务员作出的行政处分或者其他人事处理决定，属内部行政行为。被处分或被处理的人不服，依法不能申请行政复议，但可依法向有关部门提出申诉。

（3）林业行政主体居中调解、仲裁等行为。行政主体对公民、法人或其他组织之间的民事纠纷作出的调解或者其他处理，对双方当事人的约束力取决于其自愿接受和履行。如果当事人不服或拒不履行的，权利人可以依照民事诉讼法的有关规定向人民法院依法提起民事诉讼，或者依照仲裁法律规范的有关仲裁机关申请仲裁。

（二）林业行政复议的管辖

1. 一般管辖

是指按照行政机关的上下级隶属关系确定行政复议案件的管辖。具体包括：

（1）对县级以上地方各级林业行政主管部门做出的具体行政行为不服的，由申请人选择该林业行政主管部门所属的本级人民政府或上一级的林业行政主管部门管辖。

（2）对地方各级人民政府做出的具体行政行为不服的，由其上一级人民政府管辖。

（3）对国务院林业行政主管部门或省、自治区、直辖市人民政府做出的具体行政行为不服的，先由做出具体行政行为的部门或机关复议，对做出的复议决定不服的，可以直接向人民法院提起行政诉讼或者申请国务院裁决。如果向国务院申请裁决，国务院做出的裁决是终局裁决，依法不能提起行政诉讼。

2. 特殊管辖

特殊管辖是指不适用一般管辖，依法需要特殊对待的行政复议管辖。具体包括：

（1）由两个或两个以上行政机关以共同名义做出的具体行政行为不服的，由它们共同的上一级行政机关管辖。

（2）对县级以上地方人民政府依法设立的派出机关的具体行政行为不服的，由设立该派出机关的人民政府管辖。

（3）对政府工作部门设立的派出机构依照法律、法规或者规章规定，以自己的名义作出的具体行政行为不服的，由设立该派出机构的部门或者该部门的本级人民政府管辖。

（4）对法律、法规授权的组织做出的具体行政行为不服提出申请复议的，分别由直接管理该组织的地方人民政府、地方政府的工作部门或者国务院林业行政主管部门管辖。

（5）对被撤销的行政机关在其被撤销前作出的具体行为不服提起申请复议的，由继续行使其职权的行政机关的上一级行政机关管辖。

3. 转送管辖

根据《行政复议法》第18条规定，对属于上述特殊管辖的事项，申请人也可以向具体行政行为发生地的县级地方人民政府提出复议申请。然后由接受申请的地方人民政府在 7 日内负责将案件转送有关复议机关，并告知申请人。接受转送的行政复议机关应当依照有关规定办理。这一规定针对的是特殊管辖中所涉及行政主体的复杂性，旨在方便行政相对人行使复议申请权。

4. 指定管辖

是指因特殊原因或发生管辖权争议，由上一级行政机关或者同级人民政府指定的行政机关管辖。例如，森林公安局、森林公安分局、森林公安警察大队以自己名义作出林业行政处罚的，复议机关是上一级森林公安局、森林公安分局或其所属的上一级林业行政主管部门。实践中，有时出现相互推诿或管辖权争执等原因而需要指定管辖。

四、林业行政复议参加人

（一）林业行政复议申请人

1. 行政复议申请人

林业行政复议申请人，是指认为林业行政主体侵犯其合法权益，以其名义向复议机关申请对该具体行政行为审查并作出复议决定的行政相对人。行政复议申请人应当同时符合下列两个条件：第一，必须是林业行政管理的公民、法人或其他组织；第二，与被申请的具体行政行为有法律上的直接利害关系。

2. 复议申请人的资格转移

复议申请人的资格转移，是指在法定条件下，复议申请人的复议申请权由有权代为申请行政复议的个人或单位行使的情形。根据《行政复议法》第 10 条第 2 款规定，复议申请人的资格转移有以下几种情形：①有权申请行政复议的公民是无民事行为能力人或限制行为能力人的，其法定代理人可以代为申请行政复议。②有权申请行政复议的公民死亡的，其近亲属可以以申请人的身份申请行政复议。这里的近亲属包括：配偶、父母、子女、兄弟姐妹、祖父母、外祖父母、孙子女、外孙子女和其他具有抚养、赡养关系的亲属。③有权申请复议的法人或其他组织终止的，承受其权利的法人或其他组织可以以申请人的身份申请行政复议。

（二）林业行政复议被申请人

林业行政复议被申请人，是指林业行政主体的具体行政行为或不作为被行政复议申请人认为侵犯其合法权利而提出复议申请，受案复议机关通知其参加复议活动的林业行政主体。

林业行政复议被申请人应当符合下列条件：①必须是依法拥有林业行政

管理职能的林业行政主体。它可以是各级林业行政主管部门，也可以是法律、法规授权的组织（如森林植物检疫机构、森林公安机关）。但依法不享有林业行政处罚权的林业行政主体的内设机构、派出机构滥用职权进行行政处罚的，应当以设立该机构的行政主体为林业行政复议的被申请人。②对不作为行为申请行政复议的，应当以负有行政管理法定职责的林业行政主体为被申请人。

（三）行政复议第三人

行政复议第三人，是指认为自己与申请人申请的行政复议案件有利害关系，申请参加或被复议机关通知参加复议活动的复议申请人和被申请人以外的行政相对人。行政复议的第三人必须符合以下条件：①申请复议的具体行政行为有直接或间接的利害关系；②必须是申请并经复议机关批准或经复议机关通知，以其名义参加复议活动的人。

第三人参加行政复议活动的目的是为了维护其合法权益。第三人参加行政复议活动，实践中大体有以下几种情形：①在林业行政处罚案件中，被处罚人和被侵害人中的一方申请行政复议的，另一方有权以第三人的身份参加行政复议活动；②因林业行政裁决引发的林业行政复议案件，被裁决的林权争议中一方当事人不服裁决申请行政复议的，另一方当事人有权作为第三人参加行政复议活动；③两个或两个以上行政机关就同一事实作出相互矛盾的具体行政行为的，行政相对人对其中一个行政机关的具体行政行为不服、申请行政复议的，另一行政机关可以作为第三人参加复议活动；④林业行政主体越权行政处罚的，被越权的行政机关可以作为第三人参加复议活动。

（四）行政复议代理人

行政复议代理人，是指接受行政复议申请人、第三人的委托，代为参加行政复议活动的律师或其他公民。行政复议代理人是以被代理人的名义，并为维护被代理人的合法权益而参加行政复议活动的。代理人必须在代理权限范围内实施代理行为，其代理行为的法律后果依法由被代理人承担。

五、林业行政复议程序

（一）林业行政复议的申请

1. 林业行政复议申请的概念

林业行政复议申请，是指林业行政主体作出的具体行政行为指向的相对人在法定复议申请期限内，向复议机关申请涉及其权利义务的原具体行政行为的合法性和合理性进行审查，以维护其合法权益的法律行为。林业行政复议的申请是行政复议程序的出发点，是行政复议程序中不可缺少的环节。没有行政相对人的申请，就不能启动行政复议机关受理、审查等行政复议程序。

2. 申请复议的方式

行政相对人提出申请，可以采取书面申请或口头申请的方式。对口头申请的，复议机关依法应当笔录申请人的基本情况、行政复议请求、申请复议的主要事实、理由和时间等。

3. 申请行政复议的条件

申请行政复议应当同时满足以下条件：

（1）申请人必须是认为具体行政行为侵犯其合法权益的行政管理相对人。但法律规定复议申请人资格依法可以转移的除外。

（2）有明确的被申请人。被申请人是作出具体行政行为的行政主体或继受其权利的组织。

（3）有具体的复议请求和事实根据。“复议请求”是指申请人要求复议机关确认申请复议的具体行政行为违法，并要求撤销、变更或责令被申请人重新做出具体行政行为的具体主张。“事实根据”包括：林业行政主体已作出的具体行政行为的证据材料，如林业行政处罚决定书、罚款收据、扣押物品清单等；申请人自己认为能够证明林业行政主体所作出的具体行政行为侵犯其合法权益的其他证明材料，如向林业行政主体申请林业行政许可、审批、登记、确认被拒绝或在法定期限、合理期限内不予答复的证据等。

（4）申请复议的事项属于林业行政复议的法定范围和受案复议机关拥有管辖权。

（5）符合行政复议申请的法定期限。根据行政复议法第 9 条规定，公民、法人或者其他组织认为具体行政行为侵犯其合法权益的，可以自知道该具体行政行为之日起 60 日内提出复议申请；但是法律规定的申请期限超过 60 日的除外。

4. 复议申请书的内容

复议申请书的内容主要包括：申请人的基本情况、被申请人及其基本情况、复议请求、事实和理由、要求复议的行政机关、日期以及有关证据等附件材料。

5. 申请复议的效力

复议申请的提出就意味着行政争议的产生，同时发生启动林业行政复议程序的法律效力。但是复议申请人的复议申请并不当然产生停止被申请人作出的具体行政行为的执行效力，这是具体行政行为的公定力、强制力和执行力的表现。根据《行政复议法》第 21 条规定，有下列情形之一的，可以停止执行：被申请人认为需要停止执行的；行政复议机关认为需要停止执行的；申请人申请停止执行，行政复议机关认为其要求合理，决定停止执行的；法律规定停止执行的其他情形。

（二）林业行政复议的受理

1. 受理机关和复议机构

受理，是指复议机关对符合条件的复议申请决定立案的行为。受理行政复议的机关是拥有行政复议权的行政复议机关。行政复议机构，是享有行政复议权的行政机关内部设立的专门负责行政复议案件受理、审理和裁决工作的办事机构。

行政复议机构作为行政复议机关的内设机构，依法只能以所隶属的行政复议机关的名义受理案件、调查取证、审理行政复议案件、拟订行政复议决定书以及应诉行政诉讼事项，而不能以自己的名义办理行政复议事项。实践中，各级行政机关的行政复议机构是其内设的法制工作机构、县级以上林业行政主管部门未设法制工作机构的林政资源管理机构或者履行本机关法制工作的其他兼事机构。根据《行政复议法》的原则和政务公开的要求，各级行政机关及其工作部门负有在本机关、本部门办公地点的醒目位置公示其法制工作机构及其工作流程的法定义务。

2. 处理方式

复议机关在收到复议申请书后，应当在5日进行初步审查并做出以下处理意见：①对于符合申请复议条件且没有向人民法院提起诉讼的，复议机关依法应当决定受理，并书面告知申请人；②对不符合申请复议条件的复议申请决定不予受理，并告知申请人不予受理的理由。对于复议申请书内容有欠缺的，依法发还申请人并限期补正；③对于不属于本机关受理的行政复议申请，应当告知申请人向有关行政复议机关提出。

根据《行政复议法》第20条规定，复议机关无正当理由拒绝受理申请人复议申请的，申请人可依法请求复议机关的上一级行政机关责令其依法受理；必要时，上级行政机关可以直接受理。法律、法规规定应当先向行政复议机关申请行政复议、对行政机关决定不服再向人民法院提起行政诉讼的，行政复议机关决定不予受理或受理后超过行政复议期限不做答复的，公民、法人或者其他组织可以自收到不予受理决定书之日起或者行政复议期满之日起15日内，向人民法院提起行政诉讼。

（三）审理

林业行政复议的审理，是指林业行政复议机关对受理的行政复议案件的事实、证据、法律适用的合法性和适当性进行审查的过程，是林业行政复议程序的关键环节。

1. 审理前的准备工作

行政复议机构应当自决定受理行政复议申请之日起7日内，将行政复议申请书副本或者申请行政复议的申请笔录复印件送达被申请人。被申请人应当在收到申请书或申请复议申请笔录复印件之日起10日内提出答辩状，并提交当初做出具体行政复议行为的证据、法律依据和其他相关材料。否则，复议机关将直接作出撤销该具体行政行为的决定。对被申请人提交的上述材料，申请人和第三人依法享有阅卷权和知情权，但涉及国家机密、商业秘密和个人隐私的除外。

2. 审理方式

行政复议通常采用书面审理方式，即对申请人、被申请人和第三人提供的书面材料依法审查。书面审查并不排斥必要的调查工作，复议机关为查清事实可以向当事人、证人及第三人了解案情。根据《行政复议法》第24条规定，在行政复议过程中，被申请人不得向申请人和其他有关组织或者个人收集证据。

3. 审理范围

行政复议的审理实行全面审理原则。全面审理原则的含义是：复议机关对被申请人作出的具体行政行为的审查，不受复议申请人申请范围的限制，也不受被申请人作出的具体行政行为的限制；既审查事实是否清楚、定性是否准确、适用法律法规和其他规范性文件是否正确，又审查适用程序是否正确、行政处理是否适当、合理；既审查该具体行政行为有无遗漏及未作处理的问题，又审查被申请人有无超越职权、滥用职权等内容。

4. 审查标准

根据《行政复议法》第28条规定，行政复议审查行政行为的标准主要包括以下几个方面：

（1）证据是否确凿、充分。根据《行政复议法》第23条规定，被申请人对其当初作出的具体行政行为承担举证责任，且主要证据的证明程度必须达到确凿、充分。“主要证据确凿”，是对被申请人作出的具体行政行为时必不可少证据的质的要求。真实可靠的证据必须同时符合以下条件：据以定案的各个证据与案件事实之间具有关联性，与案件的证明对象具有对应性；据以定案的各个证据均是真实可靠的；据以定案的全案证据协调一致、相互印证，不存在矛盾和冲突，或证据之间的矛盾、冲突能予以排除，或能得以合理的解释。“主要证据充分”，是指具体行政行为具备足以证明其认定的案件事实的证据数量，必须符合以下条件：案件事实的每个构成要件均有相应的证据予以证明和支持；案件事实的所有证据形成了完整的证据体系，环环相扣；从足够的证据数量中所证明的案件事实和得出的定性结论是唯一的，不存在其他较大概率的定性结论。

（2）适用依据是否正确。“适用依据”，是指被申请人当初作出具体行政行为所适用的实体法规范，包括法律、行政法规、地方性法规、部门规章、地方政府规章以及其他规范性文件。“适用依据正确”主要表现为适用法律法规等规范性文件性质正确、适用法条正确以及适用法律法规对象正确。实践中，适用依据错误的具体表现有：没有法律依据；没有适用应当适用的法律或法条；适用已经废止的法律；适用了尚未生效的法律；错误地溯及既往的适用法律；适用了不相关的法律等。

（3）是否符合法定程序。法定行政程序，是行政行为作出的方式、形式、顺序、步骤、时限的法定过程。程序公正是实体公正的前提和保障。实现实体公正必须贯彻程序法定原则、程序公正原则、程序公开原则和行政效率原则，并具体落实规范立案制度、证据调查制度、回避制度、听证制度、告知制度和时效制度等法定行政程序制度。否则，则构成程序违法。实践中，程序违法的主要表现有：①适用程序种类错误。例如，对应当适用一般程序处理的林业行政案件，却错误地适应了简易程序处理；对涉嫌犯罪的案件不依法移送公安机关，而以行政处罚取而代之等。②适用方式、形式错误。例如，行政调解、行政裁决过程未依法采取公开方式而暗箱操作；依法应当采用书面形式的行政法律文书，却错误采用了口头形式等。③缺失法定步骤。例如，未履行权利告知即对相对人作出行政行罚决定；未依法送达处罚决定书即实施处罚等。④颠倒法定步骤顺序。例如，先调查取证后立案、先罚款后作出书面决定等。⑤法定时限内不作为。例如，对相对人申请林业行政许可证的，在法定期限内既不依法核发许可证，又不告知理由而久拖不决；林业行政案件在法定办案期限内既不结案，又不依法撤销案件等。⑥违反执法回避制度。例如，与本案有利害关系的办案人员不依法申请自行回避；拥有法定指令回避权的机关和人员，不依法指令与本案有利害关系的办案人员依法回避等。

（4）是否超越职权。超越职权，是指林业行政主体超越其法定行政职权（权限和权能）的违法行政行为。越权无效是公认的行政法原则。实践中，超越职权的具体表现形式有：①超越事务管辖权，即行政主体无法律法规授权而管辖了不属其法定职能范围的事务。例如，没有强制执行权的林业行政主体直接对未履行其行政处罚决定的相对人实行强制执行，越权行使了人民法院的强制执行权；林业行政主体在资格转移或丧失后，仍继续行使原行政主体的职权；行政主体的工作人员在未被任命前或被免职后实施的具体行政行为等。②超越级别管辖权，即在法无明确授权的情况下，具有直接或间接隶属关系的上下级行政主体相互逾越职权。③超越地域管辖权，即行政主体的行政行为超越了法定的地域空间范围。

（5）是否滥用职权。实践中，滥用职权的常见表现形式有：①背离法定目的，即行政主体的行政行为在客观上不符合法律、法规授权的目的。如出于私人或部门利益的恶意罚款、蓄意报复等。②不相关的考虑，即行政主体及其公务人员在实施行政决定时，考虑了不应当考虑的事项，或者没有考虑应当考虑的事项。如行政处罚时以违法行为人的社会地位作为量罚因素。③违反均衡原则，即行政主体在实施行政决定时违背错罚相当的原则，轻过重罚、重过轻罚或不分轻重过错、情节和危害后果同一处罚，致使行政目的与行政手段明显失衡。④违反平等对待原则，即行政主体违背对违法行为人在适用法律上人人平等的原则，相同情况不同对待，不同情况相同对待，因人而异等。⑤行政处理结果显失公正，即行政主体实施行政行为的结果违反社会公认的衡量标准或过分极端。⑥在行政复议过程中，被申请人自行向申请人和其他组织或个人收集本案的证据。

5. 审理的期限

复议机关应当在受理复议申请之日起60日内做出复议决定。但法律法规规定行政复议期限少于60日的除外。情况复杂、在规定期限内不能做出复议决定的，经行政机关的负责人批准，可以适当延长，并告知申请人和被申请人；但延长期限最多不得超过30日。

（四）决定

行政复议决定，是指行政复议机关在对具体行政行为的合法性和适当性进行审查后，依据法律、行政法规、地方性法规、部门规章、地方政府规章以及其他规范性文件做出的审查结论。

复议决定有以下6种：

（1）维持决定。复议机关认为被申请人做出的具体行政行为事实清楚，证据充分确凿，适用法律正确，内容适当，程序合法的，决定维持。

（2）限期履行决定。复议机关认为被申请人确有不履行法定职责的，责令其在一定期限内履行。

（3）变更决定。复议机关认为原具体行政行为认定的事实清楚，证据充分确凿，但适用法律不当、内容不当、越权或者滥用职权的，做出变更原具体行政行为的复议决定。

（4）确认决定。复议机关对被申请人的不作为行为、不能成立的行政行为、无效行政行为或事实行为，确认该行为违法的复议决定。

（5）撤销决定。复议机关认为被申请人做出的具体行政行为主要事实不清、证据不足、适用法律错误、程序违法的，决定撤销该具体行政行为。

（6）责令赔偿的决定。申请人在申请复议时一并提出行政赔偿要求的，复议机关经审查确认被申请人的具体行政行为违法并造成申请人合法权益受到侵害的，依法应作出责令被申请人赔偿损失的复议决定。

行政复议决定书的内容包括：复议申请人、被申请人、复议申请人请求、事实和理由；被申请人的主张、复议机关认定的事实和复议决定等。

复议机关做出的复议决定具有确定力、拘束力和执行力。复议决定一经做出就被推定为合法有效，其内容不可随意否定和变更，在未被有权机关确认违法或撤销之前，其内容对有关人员和组织具有法律上的强制力。即使复议申请人不服复议决定而提起行政诉讼的，在行政诉讼期间的复议决定一般不停止执行。

行政复议决定分为终局决定和非终局决定。行政复议的终局决定，是指行政复议决定一经作出并送达行政复议参加人即产生法律效力，依法不得向人民法院提起行政诉讼的行政复议决定。根据《行政复议法》第 5 条规定，行政复议终局决定分为两类：第一，国务院的最终决定。由国务院受理的行政复议案件需要同时符合以下 3 个条件：一是原具体行政行为由省部级行政机关作出；二是经原机关复议后，相对人仍不服；三是复议申请人未提起行政诉讼。第二，资源类最终裁决。省、自治区、直辖市人民政府根据国务院或者省、自治区、直辖市人民政府对行政区划的勘定、调整或者征用土地的决定，确认矿藏、水流、森林、山岭、草原、荒地、滩涂、海域等自然资源的所有权或者使用权的行政复议决定。

（五）送达

行政复议机关向行政复议案件的参加人送达行政复议决定书，是行政复议法为其设定的一项法定义务，同时又是行政复议决定书发生法律效力的必备条件。行政复议决定书的送达方式与行政处罚部分中的“送达”相同。

（六）执行

如上所述，行政复议决定分为终局决定和非终局决定。对终局复议决定，当事人依法必须履行，并不得向人民法院提起行政诉讼。对于非终局决定，如果申请人对复议决定不服的，可以在收到复议决定书次日起15日内或者法律、法规规定的其他期限内向人民法院提起行政诉讼。

行政复议决定书一经送达，即发生法律效力。被申请人不履行或无正当理由拖延履行行政复议决定的，行政复议机关或者上级行政机关应当责令其限期履行。申请人逾期对非终局复议决定既不履行又不起诉的，或者拒绝履行终局复议决定的，将被依法强制执行。申请人不履行生效行政复议决定的，如果法律赋予行政机关强制执行权的，由行政机关强制执行，否则，依法申请有管辖权的人民法院强制执行。

行政复议决定的执行，依复议决定的种类分别作出以下处理：对于维持决定，由最初作出具体行政行为的行政机关依法强制执行或依法申请人民法院强制执行；对于变更决定，由行政复议机关依法强制执行或依法申请人民法院强制执行。

六、违反行政复议法的法律责任

（一）行政复议机关及其工作人员的法律责任

行政复议机关及其工作人员的法律责任表现为以下几种：

（1）行政复议机关不作为或违反复议程序的法律责任。行政复议机关具有下列情形之一的，依照《行政复议法》第34条规定，对直接负责的主管人员和其他责任人员依法给予警告、记过、记大过的行政处分：无正当理由不予受理依法提出的行政复议申请的；不按规定转送行政复议申请的；在法定期限内不作出行政复议决定的。

（2）行政复议机关工作人员徇私舞弊或者有其他渎职、失职行为的法律责任。行政复议机关工作人员在行政复议活动中徇私舞弊或者有其他渎职、失职行为的，依照《行政复议法》第35条规定，依法给予警告、记过、记大过的行政处分；情节严重的，依法给予降级、撤职、开除的行政处分；构成犯罪的，依法追究刑事责任。

（二）被申请人的法律责任

（1）被申请人不作为或阻挠、变相阻挠申请人依法申请行政复议的法律责任。被申请人具有下列行为之一的，依照《行政复议法》第36条规定，由有关部门对直接负责的主管人员和其他责任人员依法给予警告、记过、记大过的行政处分：①违反行政复议法的规定，自收到申请书副本或者申请笔录复印件10日内，不提出书面答复或者不提交作出具体行政行为的证据、依据和其他有关材料的；②阻挠、变相阻挠申请人依法申请行政复议的。

（2）对申请人进行报复陷害的法律责任。被申请人的工作人员对申请人报复陷害的，依法对违法行为人给予降级、撤职、开除的行政处分；构成《刑法》254条规定的报复陷害犯罪的，依法追究刑事责任。

（3）不履行或无正当理由拖延履行行政复议决定的法律责任。被申请人不履行或无正当理由拖延履行行政复议决定的，依照《行政复议法》第36条规定，对直接负责的主管人员和其他责任人员依法给予警告、记过、记大过的行政处分；经责令履行仍拒不履行的，依法给予降级、撤职、开除的行政处分。

第二节　林业行政诉讼

一、林业行政诉讼概述

（一）林业行政诉讼的概念及特征

林业行政诉讼是指林业行政相对人认为林业行政主体的具体行政行为或不作为侵犯其合法权益，依法向人民法院提起诉讼，由人民法院依法定程序审理并做出裁判的活动。“法定程序”，是指《中华人民共和国行政诉讼法》（1989年4月4日第七届全国人民代表大会第二次会议通过、自1990年10月1日起施行，以下简称《行政诉讼法》），《关于执行中华人民共和国行政诉讼法若干问题的解释》（1999年11月24日最高人民法院通过，以下简称《若干解释》）以及有关法律、法规和司法解释关于行政诉讼程序的规定。

林业行政诉讼的主要特征是：

（1）林业行政诉讼中的原、被告都是特定的。林业行政诉讼中的原告，是指对林业行政主体所作出的具体行政或不作为不服，依法向人民法院提起诉讼的公民、法人和其他组织。被告则是指作出具体林业行政行为或不作为、并且相对人对该具体行政行为或不作为不服而向人民法院提起诉讼的林业行政主体。

（2）林业行政诉讼是解决行政纠纷的一种诉讼活动。林业行政诉讼发生的前提，是行政相对人与林业行政主体发生行政纠纷。这种行政纠纷的实质是行政权利义务的争议。在林业行政诉讼活动中，原告请求人民法院按照法定的程序依法支持其诉讼请求，纠正林业行政主体违法行政或不当行政，而被告则以在案事实和法律理由抗辩原告的诉求，以证明其具体行政行为的合法性和合理性。

（3）林业行政诉讼的标的主要是林业行政主体作出的具体行政行为。原告提起的行政诉讼所指向的对象：一是与其有利害关系的具体行政行为或不作为，二是具体行政行为所依据的规章以下的特定抽象行政行为。

（4）林业行政诉讼的性质是人民法院对林业行政主体的具体行政行为的司法监督和对相对人的司法救济。行政诉讼的目的是防止和纠正违法行政和不当行政，维护行政相对人的合法权益。

（二）林业行政诉讼的基本原则

（1）人民法院依法独立行使行政案件审判权的原则。在行政诉讼中，通常被告一方是处于相对强势地位的国家行政机关或行使行政权的法律法规授权的组织，另一方是处于相对弱势地位的行政相对人。人民法院应当在科学的司法体制和完善的运行及监督机制下真正实现依法独立审理行政案件，以确保法律的尊严和彰显社会公平正义。

（2）以事实为根据，以法律为准绳的原则。人民法院审理行政案件应当依据证据证明的案件事实，遵从法律、法规的规定、原则和精神公正司法，使其真正起到监督林业行政主体依法行政、保护相对人合法权益，发挥构建和谐社会、化解社会矛盾的作用。

（3）合议、回避、辩论、公开审判和两审终身的原则。合议原则，是指林业行政诉讼案件必须依法由审判员或由审判员和人民陪审员共同组成的合议庭共同审理案件，不适用独任审判制。回避原则，是指当事人认为审判人员、书记员、翻译人员、鉴定人员或勘验人与本案有利害关系或有其他关系有可能影响公正断案的，有权要求回避。审判人员认为自己与本案有利害关系或其他关系的，应主动申请回避，以保证行政案件公正处理。辩论原则，是指人民法院在审理林业行政诉讼案件时，必须依法保障双方当事人平等地行使辩论权。引导双方当事人针对案件的证据事实、法律适用、行政程序是否正当等案件焦点问题，充分阐述自己的主张和根据，互相反驳对方，通过直接、言辞抗辩形式，查明案件事实，辩明是非曲直，为公正裁判提供法律理由。公开审判原则，是指人民法院在审理林业行政案件时，除涉及国家秘密、商业秘密和个人隐私等法定事项依法不得公开审理的案件外，一律公开审理、公开宣判，不得暗箱操作。两审终审原则，是指一个林业行政诉讼案件最多经过两级人民法院的审理就宣告终结的制度。

（4）当事人诉讼法律地位平等的原则。尽管行政相对人与行政主体在行政管理中存在资源配置、相关信息和权力的显著差异性，但进入行政诉讼程序后，当事人在行政诉讼中的法律地位却是平等的，依法享有平等的诉讼权利和承担相应的诉讼义务。

（5）林业行政案件一般不适用调解原则。除行政赔偿案件外，其他林业行政诉讼案件依法不得以调解为审理方式和终结方式。人民法院审判行政案件，依法应在查明事实、分清是非的基础上做出公正的裁判。

（6）行政诉讼主要审理具体的行政行为的合法性。人民法院对行政案件的司法审查，基本上局限于具体行政行为的合法性，这是因为我国对行政机关抽象行政行为的监督和审查，主要由各级人大及常委会或做出抽象行政行为的行政机关的上级行政机关行使。人民法院通常仅审查具体行政行为的合法性而一般不审查其适当性，原因还在于行政权和审判权是两种不同的国家权力，行政权的行使需广泛运用法律赋予的自由裁量权，法院在审理行政案件时不应代替行政机关行使行政裁量权。但是，人民法院在审理行政案件时发现行政机关滥用自由裁量权，作出的具体行政行为显失公正的，依法有权作出相应的变更判决。

（三）林业行政诉讼的受案范围

1. 林业行政诉讼受案范围的依据

林业行政诉讼的受案范围，是指人民法院受理林业行政诉讼案件的范围，即人民法院依法受理哪些行政案件，或者说公民、法人或其他组织依法对哪些行政争议可以向人民法院起诉。林业行政诉讼的受案范围的依据主要是《行政诉讼法》第 11 条、《若干解释》第 1 至 5 条、《森林法》、《野生动物保护法》等法律、法规以及其他规范性文件中有关林业行政诉讼的规定。

2. 林业行政诉讼的具体受案范围

（1）行政处罚行为。主要包括林业行政主体对违反林业行政法律规范的相对人处以拘留、罚款、吊销许可证和执照、责令停产停业、没收财物等行政制裁的具体行政行为。

（2）行政强制行为。如林业行政主体采取的财产查封、扣押、没收等；森林公安机关对违法嫌疑人采取的强制传唤、行政拘留等。

（3）认为侵犯其法定承包经营自主权的行为。承包人的承包经营自主权遭受侵犯的，承包人依法可以根据侵权主体和具体情况选择民事侵权之诉或行政侵权赔偿之诉。

（4）行政许可行为。根据《行政许可法》等法律、法规的规定，相对人依法有权申请林业行政主管部门核发林业行政许可证和审批符合法定条件的行政事项，林业行政主管部门对符合法定条件的申请人负有依法颁发林业行政许可证或审批合法申请事项的法定职责。林业行政主管部门无法定理由或其他正当理由拒绝发给申请人申请的林业行政许可证或不予答复的，申请人依法有权提起行政诉讼。

（5）认为林业行政主体违法要求履行义务的行为。林业行政主体违法要求履行非法定义务的，相对人有权拒绝履行，并可以提起行政诉讼寻求司法救济。

（6）认为行政主体侵犯其他人身权、财产权的行为。这一概括性规定是指林业行政主体实施的上述几种具体行政行为以外的其他侵犯相对人人身权、财产权的可诉性具体行政行为，实践中主要包括：行政确认行为、行政裁决行为、行政检查行为、行政合同行为等。

3. 人民法院依法不受理对以下事项提起行政诉讼

包括：国防、外交等国家行为；抽象行政行为；行政机关对其工作人员的奖惩、任免等决定；法律规定的行政终局裁决行为；刑事司法行为；行政调解、仲裁行为；不具有强制力的行政指导行为；驳回当事人对行政行为提起申诉的重复处理行为；对相对人权利义务不直接产生实际影响的行政行为。

（四）林业行政诉讼的管辖

林业行政诉讼的管辖，是指上下级人民法院之间和同级人民法院之间受理第一审林业行政案件的权限分工。划分管辖权的意义在于，一方面，从受理和审理角度确定了上下级和同级人民法院之间审理行政案件的具体分工，另一方面，从相对人起诉的角度告知行政争议发生后应到哪一级法的哪一个法院去起诉的问题。林业行政诉讼案件的管辖分为级别管辖、地域管辖和裁定管辖。行政诉讼管辖的种类有：

1. 级别管辖

是指按照人民法院组织系统划分上下级人民法院之间，受理第一审行政案件的分工和权限，是从纵向上解决哪些第一审行政案件应由哪一级法院审理的问题。我国的人民法院的层级设置为：基层人民法院、中级人民法院、高级人民法院和最高人民法院四级。上下级人民法院的工作关系是业务指导和审判监督关系，有别于上下级人民检察院和上下级公安机关之间的领导关系。

根据《行政诉讼法》第13条、第14条的规定，级别管辖的内容包括：

（1）基层人民法院管辖第一审行政案件。即基层人民法院管辖除法律法规规定的由上级人民法院管辖的案件以外的第一审林业行政案件。

（2）中级人民法院管辖的行政案件。具体包括：对国务院各部门或者省、自治区、直辖市人民政府所作的具体行政行为提起的诉讼案件；本辖区内重大、复杂的案件，包括被告为县级以上人民政府且基层法院不适宜审理的案件，社会影响重大的共同诉讼、集团诉讼案件等。

（3）高级人民法院管辖本辖区内重大、复杂的第一审林业行政案件。

（4）人民法院管辖全国范围内重大、复杂的第一林业审行政案件。

2. 地域管辖

又称为区域管辖，是指同级人民法院之间横向划分其各自辖区内受理的第一审林业行政案件的权限。级别管辖解决的是案件应由哪一级法院管辖的问题，而地域管辖解决的是案件应由哪一个地方法院管辖的问题。地域管辖是在级别管辖的基础上划分的，只有确定级别管辖后，才能确定地域管辖。

地域管辖根据划分管辖的标准又分为一般地域管辖和特殊地域管辖。

（1）一般地域管辖。它是以被告所在地为标准确定的诉讼管辖。林业行政诉讼案件由最初做出具体行政行为的行政机关所在地的人民法院管辖；经复议的案件，复议机关改变原具体行政行为的，也可以由复议机关所在地人民法院管辖。

（2）特殊地域管辖。它是根据法律的特别规定所确定的管辖。又分为专属管辖和共同管辖两类：第一，专属管辖。即以诉讼标的所在地为标准，强制规定该诉讼只能由特定法院管辖。例如《行政诉讼法》第19条规定："因不动产提起行政诉讼，由不动产所在地人民法院管辖"，排除了其他法院管辖的可能性。第二，共同管辖。是指依照法律规定两个以上的人民法院对同一个行政案件都有管辖权时，由原告选择其中一个法院的管辖。它包括两类情况：一是经复议的案件，复议机关改变原具体行政行为的，也可以由复议机关所在地人民法院管辖。二是对限制人身自由的行政强制措施不服提起的诉讼，可以由被告所在地人民法院管辖，也可以由原告所在地人民法院管辖。

3. 裁定管辖

它是指根据人民法院的裁定而不是法律的直接规定而确定的管辖，是法定管辖的必要补充。裁定管辖的内容包括：

（1）移送管辖。是指人民法院决定将自己已经受理，但经审查发现无管辖权的行政案件移送给有管辖权的人民法院管辖。

（2）转移管辖。是指由上级人民法院决定或者同意，把案件的管辖权由上级人民法院移交给下级人民法院，或者是由下级人民法院将案件移交给上级人民法院管辖。转移管辖和移送管辖的区别是：转移管辖的案件本身就属于该法院管辖的案件，为了便于审理或更加客观公正审理而转移给本身没有管辖权的法院；移送管辖是移送的法院本没有管辖权而在错误受理以后才发现，为保证案件的依法受理和正确审理，而将案件移送给有管辖权的法院管辖，其实质是一种纠错补救措施。

（3）指定管辖。是指上级人民法院用裁定的方式将某一个案件交由某个下级人民法院进行管辖。主要有两种情况：一是有管辖权的法院由于特殊原因不能行使管辖权，如依法集体回避、自然灾害原因等。二是管辖权发生争议的行政案件。对发生管辖权争议的案件，争议法院协商不成的，由他们共同的上一级人民法院指定其中一个法院行使管辖权。

二、林业行政诉讼参加人

林业行政诉讼参加人，是指起诉、应诉或与具体行政行为具有法律上的利害关系，参加全部或部分诉讼活动的人。林业行政诉讼的参加人包括原告、被告、共同诉讼人、第三人和诉讼代理人。

1. 原告

是指认为林业行政主体及其工作人员的具体行政行为侵犯其合法权益、而向人民法院依法提起诉讼的公民、法人和其他组织。享有原告资格的公民、法人和其他组织主要有：作为被诉具体行为直接对象的相对人；不服行政复议的复议申请人；在行政复议程序中被追加为第三人的相对人；要求林业行政主管部门依法追究为加害人的相对人；与撤销或者变更的具体行政行为有法律上的利害关系的相对人；有权提起诉讼的公民死亡的，承受其权利和义务的近亲属；有权提起诉讼的法人或者其他组织终止的，承受其权利和义务的法人或其他组织；被行政机关强行终止后的非国有企业或其法定代表人；联营企业、中外合资或合作企业的联营各方认为企业权益或自己一方合法权益受具体行政行为侵害的，均可以以自己的名义起诉；对行政机关处分其使用的集体土地不服的农村土地承包人。

2. 被告

是指其实施的具体行政行为被原告认为侵犯其行政法上的合法权益，而由人民法院通知其应诉的林业行政主体。根据《行政诉讼法》的第 25 条规定，成为行政诉讼被告的法定条件是：必须是林业行政主体；必须是实施原告认为侵犯其合法权益的具体行政行为或不作为的何行政主体；必须是人民法院通知其应诉的行政主体。

作为林业行政诉讼被告的情形主要有：行政复议前的相对人起诉的，直接被起诉的作出具体行政行为的林业行政主体为被告；对维持复议决定不服而起诉的，作出原具体行政行为的林业行政主体为被告；经复议改变原具体行政行为的，复议机关为被告；当事人对复议机关的不作为提起诉讼的，复议机关为被告；复议机关在法定期限内不作复议决定的，对原具体行政行为不服提起诉讼的，作出原具体行政行为的林业行政执法主体为被告；当事人不服经上级行政机关批准的具体行政行为而向人民法院起诉的，以在发生法律效力的文件上署名的机关为被告；行政机关的内设机构或者派出机构在没有法律、法规授权的情况下，以自己的名义作出的具体行政行为，当事人不服提起诉讼的，以该行政机关为被告；法律、法规授权行使职权的行政机关内设机构、派出机构或其他组织，超出授权范围实施的行政行为，当事人不服的，以实施该行为的机构或组织为被告；行政机关在没有法律、法规或者规章规定的情况下，授权其内设机构、派出机构或其他组织行使职权的，应当视为委托，当事人不服提起诉讼的，以该机关为被告；两个以上行政机关共同做出的同一个行政行为的，以共同做出具体行政行为的行政机关为共同被告；对林业行政主体所隶属的工作人员在行使公务过程中所涉具体行政行为不服起诉的，该工作人员所在的行政主体为被告。

3. 共同诉讼人

共同诉讼是指原告或被告一方或双方为两人以上的诉讼。共同诉讼人分为必要的共同诉讼人和普通的共同诉讼人。必要的共同诉讼，是指当事人一方或双方为两人以上，因对同一个具体行政行为是否合法发生争议而提起的诉讼。对于必要的共同诉讼，人民法院应当合并审理。普通的共同诉讼，是指当事人一方或双方为两人以上，因对同样的具体行政行为是否合法发生的争议而提起的诉讼。对于普通的共同诉讼，人民法院认为可以和有必要合并审理的，才能合并审理。

4. 第三人

是指同提起诉讼的具体行政行为有利害关系，为了维护自己的合法权益而申请参加或由人民法院通知参加诉讼的个人或者组织。行政诉讼第三人是原告、被告之外的个人或组织，具有独立的诉讼地位，并参加到原告和被告之间已经开始、尚未结束的诉讼中来的人。第三人有权提出与本案有关的诉讼主张，对法院的一审判决不服的，有权提起上诉。

5. 诉讼代理人

是指根据法律规定或者当事人、法定代理人的委托或者人民法院指定，在代理权限内以当事人的名义代理进行行政诉讼活动的人。设立行政代理人的主要目的，一是协助或帮助当事人进行诉讼，维护其合法权益；二是协助人民法院及时、正确、公正地审结行政案件。行政诉讼代理人分为法定代理人和委托代理人。

（1）法定代理人。是指根据法律的规定，代替无诉讼能力的公民进行行政诉讼活动的人。行政诉讼上的法定代理人，是为无诉讼能力的当事人而设立的一种代理制度。行政诉讼中的代理人具有以下特征：代理权的产生和代理权限的范围必须是基于法律的明确规定；法定代理人所代理的被代理人，是没有诉讼能力的自然人。在行政诉讼中，法定代理人只适用于代理未成年人、精神病人等无诉讼行为能力的原告或第三人，而不适用于法人、其他组织或作为被告的林业行政主体。

未成年人的法定代理人的范围、顺序依次为：父母、祖父母和外祖父母、兄姐、关系密切的其他亲朋、其父母所在单位或其住所的居委会、村委会或民政部门。精神病人的法定代理人的范围、顺序为：配偶、父母、成年子女、其他近亲属、关系密切的亲朋、精神病人所在单位或住所地居委会、村委会或民政部门。

以上两种代理在没有前一顺序的法定代理人或前一顺序代理人没有代理能力的，由后一顺序的法定代理人担任。法定代理人的代理诉讼行为与被代理人本人所参加的诉讼活动具有同等的法律效力，其代理权限为全权代理。

（2）委托代理人。委托代理是基于指被代理人的委托而发生的代理。委托代理人是受当事人或法定代理人的委托，代为进行行政诉讼的人。委托代理人代理他人诉讼，必须持有载明代理权限的授权委托书，并在授权范围内进行诉讼。律师、社会团体、提起诉讼的公民的近亲属或者所在单位推荐的人，以及人民法院许可的其他公民，可以接受委托为诉讼代理人。原告、被告、共同诉讼人和第三人均有权依法委托代理人代为实施行政诉讼行为。在代理效果上，特别授权代理人的诉讼行为在法律上视为委托人的行为。

（3）指定代理人。指定代理人是指被人民法院指定代理无诉讼能力的当事人进行诉讼的人。指定代理适用于原告、共同诉讼人、第三人为无诉讼能人又无法定代理人，或者虽有法定代理人但不能行使代理权的场合。为无诉讼能力人指定代理人，旨在保护其合法权益和保证诉讼活动的顺利进行。指定代理人在代理被代理人处分实体权利时，应接受人民法院的审查和监督。

三、林业行政诉讼程序

（一）第一审程序

林业行政诉讼程序是指人民法院审理林业行政案件的步骤、方式、时限等的综合过程，它包括第一审程序、第二审程序和审判监督程序和执行程序，其中第一审程序是所有林业行政案件的法定必经程序。第一审程序是指人民法院首次审理林业行政诉讼案件的程序，包括起诉与受理、审理前的准备、开庭审理和合议裁判等四个阶段：

1. 起诉

起诉是指公民、法人或者其他组织认为具体行政行为侵犯其合法权益，向人民法院提起诉讼，要求法院对具体行为进行审查从而保护自己合法权益的诉讼行为。原告起诉依法可以采取口头形式或书面形式。讲明或在起诉状中写明原、被告的基本情况、诉讼请求、事实和理由，并依法附具有关证据材料。

根据《行政诉讼法》第 41 条规定，原告起诉应当符合以下条件：①原告必须是认为具体行政行为侵其合法权益的相对人；②有明确的被告；③有具体的诉讼请求、事实和理由；④属于人民法院受案范围和受诉人民法院管辖；⑤在法定期限内起诉。

上述法定期限包括：直接向法院起诉的，应当在知道作出具体行政行为之日起 3 个月内提出；行政机关做出具体行政行为时未告知当事人诉权或起诉期限的，从当事人实际知道诉权或者起诉期限时计算，但逾期时间最长不超过 1 年；经过复议程序，申请人对复议决定不服的，可以在接到复议决定之日起 15 日内向法院起诉，复议机关逾期不做出决定的，申请人可以在复议期满之日起 15 日内向法院起诉。法律另有规定的除外。

2. 受理

受理是指人民法院对原告的起诉经审查后，在法定期限内决定是否立案的诉讼行为。人民法院对原告起诉的审查主要包括：是否符合《行政诉讼法》第 41 条起诉的条件；是否重复起诉；起诉手续是否完备。经过审查后，法院应当在 7 日内作出受理或者不予受理的决定。原告对不予受理的裁定不服的，依法可以提起上诉。

3. 审理前的准备工作

人民法院受理案件后到开庭前，为保证庭审工作的顺利进行所做的一系列准备工作，包括：

（1）送达诉讼文书。人民法院应当在立案之日起5日内将原告的起诉状副本送达给被告，通知其应诉；被告可以在收到起诉状副本之日起10日内提交答辩状；人民法院在收到被告答辩状后5日内将答辩状副本送达给原告。如果被告不提交答辩状的，不影响人民法院对案件的审理。

（2）组织合议庭并决定案件是否公开审理。合议庭由3人以上的单数审判员或审判员和人民陪审员组成，其中由一名审判员担任审判长，审判长由法院院长或行政审判庭庭长指定，院长或庭长参加合议庭时，由院长或庭长担任审判长。合议庭成员地位平等，对案件的调查、审理、裁判以及其他审理中的重要事项，均由全体成员按照少数服从多数的原则决定，合议庭成员对所审理的案件应负集体责任。除了案件事实涉及国家机密、商业秘密和个人隐私的案件外，依法应当公开审理。

（3）调查收集证据。人民法院在审查被告提供的作出具体行政行为所依据的证据等诉讼材料的基础上，可以根据原告、第三人、共同诉讼人的申请或审理需要，依法调查和收集有关证据；对一些专门性问题委托或聘请鉴定人进行司法鉴定；采取证据保全措施等。

（4）确认、更换和追加当事人。经过调查，人民法院根据案情需要确认原告、被告和第三人资格，对于不具备当事人资格的应当依法更换或追加新的当事人。

（5）人民法院在开庭3日前将庭审的时间、地点和方式通知当事人及其他诉讼参与人，并依法进行公告。

4. 开庭审理

法庭审理的内容主要包括：

（1）宣布开庭。首先由审判长宣布开庭；然后核对原告、被告及第三人的身份、宣布案由、宣布审判人员、书记员名单；告知当事人的有关诉讼权利和义务；询问当事人是否申请回避并作出决定；审查代理人的资格和代理权限。对回避事项的决定，适用《行政诉讼法》第47条的规定。

（2）法庭调查。法庭调查的主要目的，是审查被告出示的证据的关联性、真实性和合法性，查明案件事实，为正确确认事实和下一步适用法律作出裁判奠定前提和基础。

（3）法庭辩论。法庭辩论的主要目的，是听取各方当事人对案件争议焦点的观点和理由，进一步核实证据、查明案件事实和正确适用法律，对具体行政行为的合法性与否进行审查。法庭辩论是当事人及其诉讼代理人运用证据和法律、其他规范性文件，就案件争议的事实和应当适用的法律、其他规范性文件阐明己方的观点和法律理由，反驳对方的观点和法律理由的诉讼活动。“法律理由”是指根据现有证据及其可采性如何认定本案案件事实，以及依照法律等级效力和法的适用规则如何适用法律、其他规范性文件的论点、论据。

（4）合议裁判。法庭辩论后，审判长宣布休庭，由合议庭组成人员退庭进行合议。合议庭根据法庭认定的证据，确认案件事实，适用法律、法规和参照规章，最终形成法院对案件的判决。合议结论遵照少数服从多数的原则决定，但少数人的意见应当如实写入合议记录，每一名合议庭成员均应在合议笔录上签名。判决是人民法院对行政案件经过审理，根据查明的案件事实，依照相关法律法规对案件作出职务上的判定。

法院判决可以分为以下6种判决形式：一是维持判决：行政主体作出的具体行政行为事实清楚、证据确凿充分，适用法律正确，程序合法，依法应作出维持判决。二是撤销判决：行政主体作出的具体行政行为的全部内容或部分内容依据的主要证据不足，适用法律错误、程序违法、超越职权和滥用职权，依法应作出撤销判决。三是变更判决：对于行政主体作出的显失公正的具体行政行为，依法应作出变更判决。四是履行判决：对于行政主体依法负有履行职责、具有法定义务而消极不作为的案件，依法应作出限期履行判决。五是驳回判决：对于原告起诉被告不作为理由不成立，被诉具体行政行为合法，但因法律、政策变化需要变更或废止的以及其他情形，依法应作出驳回判决。六是确认判决：被告不履行法定职责，但判决责令其履行已无实际意义；被诉具体行政行为违法，但具有不可撤销的内容以及被诉的具体行政行为依法不成立或无效的，依法应当作出确认具体行政行为违法或者无效的判决。

人民法院应当在立案之日起3个月内作出第一审判决。有特殊情况需要延长的，由高级人民法院批准，高级人民法院审理第一审案件需要延长的，由最高人民法院批准。对于人民法院的判决，法庭可以当庭宣判，也可以定期宣判，宣告判决一律公开进行。判决宣告时，依法应当告诉当事人的上诉权利、上诉期限和上诉法院。

（二）第二审程序

第二审程序，又称上诉审程序、终审程序，是指当事人对第一审人民法院做出的尚未生效判决或裁定不服的，依法向上一级法院提起上诉，请求上一级法院对案件重新审理和裁判的程序。第一审程序是第二审的前提和基础，第二审程序是第一审程序的继续和发展。但并不是所有的案件都必须经过第二审程序，只有当事人上诉才是第二审程序开始的动因。通过第二审程序可以及时纠正第一审的错误判决，保护当事人的合法权益，有利于上级法院对下级法院的审判活动实施监督。

1. 上诉的提起

上诉是指当事人不服人民法院的一审裁判，提请二审法院行使审判监督权的诉讼行为。法律在赋予当事人诉权的同时也规定了上诉的条件：①实质条件：一审当事人可以对一审法院做出的各种判决均可以提起上诉；对于裁定的上诉，仅限于不予受理裁定。②形式条件：有权提起上诉的主体，包括第一审程序中的原告、被告和第三人；只有在法律规定的上诉期限内上诉才可以行使上诉权，否则，则产生失权效力。《行政诉讼法》规定了两种上诉期限：对判决的上诉期为15天，对裁定的上诉期为10天。

2. 对上诉的受理

一审案件的当事人对一审法院做出的未生效裁判，均有权在法定上诉期内提起上诉，从而启动第二审程序。第二审人民法院依法应当在7日内立案，依法不得拒绝受理。

3. 上诉案件的审理程序

上诉案件的审理分开庭审理和书面审理两种方式：①开庭审理：首先，二审人民法院在开庭前须组成合议庭，二审的合议庭应由审判员组成；其次，审查有关上诉材料，合议庭通过阅卷和必要的调查，弄清双方争议的案件焦点，包括法律和事实问题；二审开庭审理的各个阶段与一审程序基本相同。在审判实践中，通常二审法院重在调查、质证新证据，法庭调查和法庭辩论相对简约。②书面审理：人民法院对于事实清楚的上诉案件，在诉讼参加人不出席法庭，不向社会公开的情况下，根据书面材料对案件进行审理的裁判活动。但根据近年来审判方式改革和实践，第二审程序通常以开庭审理为常态，原则上不再采取书面审理方式。

4. 裁判

无论是书面审理或是开庭审理，人民法院应当在收到上诉状之日起2个月内做出终审判决。有特殊情况需要延长的，由高级人民法院批准；高级人民法院审理上诉案件需要延长的，由最高人民法院批准。对于审理的上诉案件依法应分别做出以下裁判：①维持判决：对事实清楚，适用法律正确，审判程序合法的上诉案件，驳回上诉，维持原判；②依法改判：对事实清楚但适用法律、法规有错误，依法改判；③发回重审：对于认定事实不清、证据不足或违反法定程序，可能影响案件正确判决的，裁定发回原审法院重审。

（三）审判监督程序

审判监督程序，又称为再审程序，是指人员法院对已经发生法律效力的判决和裁定，发现确有错误，经审判委员会决定再次审理的程序。审判监督程序的设置，是为了贯彻有错必纠的原则。

1. 再审案件的提起

根据《人民法院组织法》和《行政诉讼法》的规定，有权提起再审的人员和机关有：各级人民法院的院长对本院做出的已经生效的判决和裁定认为确有错误，应当提交审判委员会决定是否再审；上级人民法院对下级人民法院做出的已生效判决、裁定认为确有错误的，有权提审或指令下级人民法院再审；最高人民检察院对各级人民法院已生效的裁判，上级人民检察院对下级人民法院已生效的裁判，如果发现有违反法律、法规规定的，有权向同级人民法院提出抗诉。当事人申请再审，应当在裁判发生法律效力后的两年内提出。当事人对生效裁判的申诉是启动再审程序的一种可能，但并不必然引起再审程序，这是因为能启动再审程序的法定条件，是生效裁判确有错误。

2. 再审案件的审理程序

凡是决定再审的林业行政案件，不管通过哪条途径进入再审，原判决和裁定均中止执行。原来只经第一审人民法院审理就终结而生效的裁判，无论是自行再审或是指令再审，应按照第一审程序重新审理，并应当另行组成合议庭，原合议庭成员应当一律回避。审理后做出的裁判是第一审裁判，当事人不服的，可以上诉。原来是第二审法院审理而生效的裁判，再审时适用第二审程序，做出的裁判为终审判决、裁定，不得上诉。

3. 再审案件的裁判

人民法院按照审判监督程序对案件进行重新审理后，根据案情分别做出以下判决：①维持原判：原判决、裁定认定事实和适用法律并无错误的，做出维持原判或裁定，恢复原裁判执行；②依法改判：原判决、裁定认定事实和适用法律确有错误，判决撤销原判，予以改判；③依法判决或发回重审：原判决认定事实不清或证据不足，判决撤销原判，根据重新认定的事实做出判决或发回原审法院重新审理。

起诉、上诉和申诉尽管都是行政案件当事人的诉讼行为，但在提起主体、针对对象、诉讼条件和诉讼期限等方面都不同（表4－14）。

表 4－14 起诉、上诉、申诉的主体、对象、期限和条件

提起主体	针对对象	诉讼期限	诉讼条件
林业行政相对人	林业具体行政行为	①直接向法院起诉，应当在知道作出具体行政行为之日起 3 个月内提出；②行政机关做出具体行政行为时未告知当事人诉权或起诉期限的，从当事人实际知道诉权或者起诉期限时计算，但逾期时间最长不超过 1 年；③经过复议程序的，申请人对复议决定不服的，可以在接到复议决定之日起 15 日内向法院起诉；④复议机关逾期不做出决定的，申请人可以在复议期满之日起 15 日内向法院起诉。但法律另有规定的除外	①原告是认为具体行政行为侵犯其合法权益的相对人；②有明确的被告；③有具体的诉讼请求、事实和理由；④属于人民法院受案范围受诉人民法院管辖；⑤在法定期限内起诉
一审诉讼当事人	一审未生效裁判	对判决的上诉期为 15 天，对裁定的上诉期为 10 天	认为一审未生效裁判在认定事实或适用法律或审理程序有错误
一审或二审的诉讼当事人	一审或二审的生效裁判	申诉无法定期限。申请再审须在裁判生效后 2 年内提出	当事人认为生效裁判在认定事实或适用法律或审理程序有错误

（四）执行程序

1. 行政案件的执行条件

行政案件的执行，是指人民法院或行政主体依法定程序，强制当事人履行生效法律文书所确定义务的行为。行政案件的执行，依执行根据不同可分为对司法裁判的执行和对具体行政行为的执行。执行根据，是指人民法院据以采取执行措施的生效法律文书。对司法裁判的执行，执行根据是人民法院已生效的行政诉讼文书（行政判决书、行政裁定书、行政赔偿判决书、行政附带民事诉讼判决书、行政赔偿调解书）。对行政具体行政行为的执行，是人民法院以生效行政决定书、行政裁决书等生效行政法律文书为执行根据所依法采取的执行行为。生效行政诉讼文书和生效行政法律文书在产生程序、制作主体、执行程序等均有明显区别。

上述两种不同的执行根据的区别主要在于两者启动执行的条件和期限不

同。申请执行司法裁判和行政决定的法定条件、期限见表4－15。

表4－15　申请执行司法裁判和行政决定的法定条件、期限

	当事人申请执行司法裁判	行政主体等申请执行行政法律文书
执行条件	①必须以生效行政裁判文书为依据；②必须具有可执行的内容；③必须是义务人拒绝履行司法文书规定的义务；④申请人在法定期间内提出执行申请；⑤符合人民法院的行政诉讼执行管理的规定；⑥行政主体没有法定强制执行权或没有启动自行执行权	①具体行政行为依法可以由人民法院执行；②具体行政行为已生效并具有可执行内容；③申请人是作出具体行政行为的行政主体；④被申请人是该具体行政行为所确定的义务人；⑤被申请人在具体行政行为确定的或行政主体另行指定的期限内未履行义务；⑥申请人在法定期限内提出申请；⑦被申请执行的行政案件属于受案的人民法院管辖
法定期限	①申请人是公民的，申请执行生效司法裁判的期限为1年；②申请人是法人或其他组织的，申请执行生效司法文书的期限为180日	①行政主体申请人民法院执行其生效具体行政行为的法定期限，自相对人法定起诉期限届满之日起3个月内。②行政裁决中确定的权利人或其继承人、权利承受人在行政机关未申请执行其生效行政裁决的，可以在上述①规定3个月期限届满后的3个月内申请人民法院强制执行

2. 行政案件的一般执行程序

行政案件的一般执行程序内容包括：

（1）执行的方式。执行案件的提起方式有两种：一是移送执行。即人民法院的审判人员依职权主动将生效司法裁判交付执行。二是申请执行。即司法裁判、行政法律文书确定的义务人在裁判确定的期限内，拒绝履行生效法律文书规定的法定义务的，权利人依法申请人民法院强制执行。对于具体行政行为的执行，包括行政机关依法强制执行和行政机关申请人民法院对不履行行政决定的公民、法人或者其他组织依法强制履行义务两种情形。当事人或其继承人、权利承受人申请执行司法裁判以及行政主体申请执行其行政决定，原则上必须向人民法院提交书面申请执行书。申请书须写明申请人、被执行人的基本情况，申请执行的根据，申请执行的事实和理由，并附具生效法律文书等有关材料。

为了规范行政主体申请人民法院强制执行的程序，《行政强制法》作了以下规定：第一，当事人在法定期限内不申请行政复议或者提起行政诉讼，又不履行行政决定的，没有行政强制执行权的行政机关可以自期限届满之日起3个月内，依法申请人民法院强制执行。第二，行政机关申请人民法院强制执行前，应当催告当事人履行义务。催告书送达10日后当事人仍未履行义务的，行政机关可以向所在地有管辖权的人民法院申请强制执行，执行对象是不动产的，向不动产所在地有管辖权的人民法院申请强制执行。第三，行政机关向人民法院申请强制执行，应当提供下列材料：强制执行申请书；行政决定书及作出决定的事实、理由和依据；当事人的意见及行政机关催告情况；申请强制执行标的情况；法律、行政法规规定的其他材料。强制执行申请书应当由行政机关负责人签名，加盖行政机关的印章，并注明日期。

（2）审查立案。人民法院接到行政机关强制执行的申请，应当在5日内受理。行政机关对人民法院不予受理的裁定有异议的，可以在15日内向上一级人民法院申请复议，上一级人民法院应当自收到复议申请之日起15日内作出是否受理的裁定。人民法院应当自受理之日起30日内作出是否执行的裁定。裁定不予执行的，应当说明理由，并在5日内将不予执行的裁定送达行政机关。行政机关对人民法院不予执行的裁定有异议的，可以自收到裁定之日起15日内向上一级人民法院申请复议，上一级人民法院应当自收到复议申请之日起30日内作出是否执行的裁定。

因情况紧急，为保障公共安全，行政机关可以申请人民法院立即执行。经人民法院院长批准，人民法院应当自作出执行裁定之日起5日内执行。

行政机关申请人民法院强制执行，不缴纳申请费。强制执行的费用由被执行人承担。人民法院以划拨、拍卖方式强制执行的，可以在划拨、拍卖后将强制执行的费用扣除。依法拍卖财物的，由人民法院委托拍卖机构依照《中华人民共和国拍卖法》的规定办理。划拨的存款、汇款以及拍卖和依法处理所得的款项应当上缴国库或者划入财政专户，不得以任何形式截留、私分或者变相私分。

（3）调查了解。对依法应当强制执行的行政案件，执行人员应当调查了解被执行人不履行义务的原因和履行义务的能力。

（4）指定履行期限和督促履行。执行人员应当在调查了解被执行人不履行义务的原因、履行义务能力的基础上，明确指定被执行人履行义务的期限，并督促其自行履行义务。

（5）制定强制执行方案，依法强制执行。强制执行的措施分为两种情况：

一是对相对人的执行措施，具体包括：冻结、划拨、扣留、提取被执行人的存款或其他劳动收入，查封、扣押、变卖被执行人的财产，强制拆除违法违章建筑、强制退出非法征用占用的土地等。二是对被告行政主体适用的执行措施，具体包括：归还罚款、给付赔偿金、划拨其账户资金，按逾期履行天数处每日 50 至 100 元的罚款，向其上一级机关或监察、人事机关提出对责任人处理的司法建议，依法追究有关主管人员和直接责任人员拒不履行判决裁定罪的刑事责任。

第七章　全面深化林业改革 建设现代林业

精心组织　创新思路 扎实推进集体林权制度改革

新疆维吾尔自治区新和县林业局　张建军

新和县集体林权制度改革工作从2012年年初启动以来，严格按照地区林业局下发的《阿克苏地区集体林权制度改革实施方案》，参照我县二类森林资源调查结果，积极组织开展落实集体林权制度改革各阶段的工作任务，并取得了阶段性成效。

新和县县域土地总面积8823km^2，辖8个乡（镇）、113个行政村，总人口17.31万人（其中农业人口13.3万人），林业用地87.9144万亩。林改涉及97个村（农场），面积15.56万亩，其中：集体林面积1.6万亩，参与林改户数20450户，签订合同20000多份，还有15个行政村因城市规划和其他工程规划原因未纳入林改范围。截至目前，各乡（镇）已进入乡镇自查、发证阶段，8个乡（镇）97个行政村中63个村完成村级，乡级自查工作，34个村完成县级检查验收，改革工作的主体任务基本完成。

一、主要经验和做法

（一）加强组织领导，明确责任分工

我县历来十分重视林业工作，将此次集体林权制度改革工作作为全县的重点工作来抓。经县委、政府常委会议研究决定，成立了新和县集体林权制

度改革工作领导小组，由县长任组长，主管林业工作的县委常委和政府副县长担任副组长，发改委、财政局、林业局等19个部门责任人为成员，林改工作领导小组办公室设在林业局。乡、村级也相应成立了领导小组，制定了林改领导小组成员职责分工，明确各部门工作，并成立了县、乡（镇），村三级矛盾纠纷调处小组和村级摸底调查领导小组，在县、乡、村三级建立起了网络式的林改工作机构，还将林改工作纳入年度考核，建立一系列奖惩等制度。同时，召开了县、乡（镇）、村三级动员大会，在各乡（镇）召开摸底调查培训班8期，公示了8个乡（镇）的摸底调查结果，通过农民选举制定了村级实施方案上报县、乡（镇）两级政府。所有的林改文件、会议记录、培训档案等都设有专人管理，档案资料齐全，做到了规范有序。

（二）认真组织调研，科学制订方案

县林改领导小组成立后，就林改工作进行了充分的调查研究。全县累计召开县、乡、村、村民小组会议5000多次、发放了（维、汉）2000多份宣传单，为林改工作营造了强大的声势，农民参与热情空前高涨。为了使林改工作规范公平，群众满意，县委、政府和林业部门多次召开会议修订完善了《新和县集体林权制度改革实施方案》、《新和县集体林权制度改革实施细则》和《新和县集体林权制度改革工作流程图》，并经县委、政府批准实施。确保了县、乡、村层层有《实施方案》、《实施细则》和工作流程图。

（三）加强宣传培训，提高思想认识

为确保林改工作的群众知晓率和参与度，大力开展了林改宣传工作。一是采用悬挂横幅、墙贴标语、印发宣传单等方式，向基层广泛宣传，真正让广大干部群众认识林改、支持林改、参与林改。二是利用广播、电视、板报等媒体广泛宣传，并开设专栏、开办专题节目进行宣传报道。三是积极开展不同层面的综合培训和专项培训，确保林改工作顺利开展。通过在林业局召开集体林权制度改革工作技术人员培训班，在职业技术学校、各乡（镇）、村委会书记举办集体林权制度改革工作培训班，在伊合拉斯超市前面开展集体林权制度改革宣传活动，不但提高了干部的政策业务水平，确保了林改工作人员熟知政策、掌握技能，而且为贯彻林改政策奠定了基础。目前，召开乡级集体林权制度改革工作培训班8期，培养了2865人次；召开村级培训班106期，培养了40931人次，共发放宣传单8000张。

（四）常督促常指导，保证工作质量

我县林改工作采取林业局局领导包片、科室站所领导包乡（镇）、乡（镇）领导及技术人员包村的做法，将技术人员与县工作队队员统一编组、直接参与，任务明确、责任到人。县人大、政协等领导多次深入各乡（镇）对林改工作进行调研，听取基层干部群众的意见和建议，对林改工作中存在的问题，制约林改进度的主要原因进行了认真的分析研究，并反馈给县林改工作领导小组。林业局局领导也多次带队深入乡（镇）村组对林改工作进行督促检查，解答有关政策，发现问题及时提出整改意见，有力地促进了林改工作的顺利推进。

（五）建立健全档案，分级专人管理

结合全县林改工作实际，我县林改工作领导小组根据自治区林改档案管理办法，提出了“收集齐全、整理规范、保管安全、分级管理、利用方便”的具体要求。目前，全县制定了县、乡（镇）、村三级集体林权制度改革工作档案管理制度，设立了县、乡（镇）、村三级专职“林改”档案管理员，负责本级“林改”档案的收集和管理，确保“林改”工作有据可查、开展有序。

二、林改工作中的几点体会

（一）加强领导，组织保障是前提

我县为了保证在有限的时间内完成林改工作主体任务，做到“六到位”即组织保障到位、人员到位、经费到位、责任到位、业务培训到位、宣传发动到位、确保林改工作顺利开展。

（二）领导重视，认识到位是关键

县、乡、村、组各级领导高度重视林改工作，将林改放到阶段性工作的主要地位，摆在议事日程上，保持思想上、行动上的高度一致。创新工作机制、鼓励奖惩机制，做到身体力行，亲自督促指导林改。

（三）依靠群众，机制创新是基础

群众是林改工作的主题，同时也是改革的最大受益者，全县林改中，走群众路线，依法依规，有村民自己决定自己的事情。各乡镇林改办、村委会及工作人员，严格按照公平、公开、公正的原则开展工作，坚持公示、签名制度，充分体现民意，顺民心，确保林改顺利进行。

（四）试点先行，调查摸底是根本

林改工作在97个行政村29个组进行，根据各村的村情、组情、林情，各行政村采取试点先行，先易后难、全面铺开的方式进行。

（五）严格质量，规范操作是核心

质量是林改的生命，为确保林改工作质量，全县各组林工作组及时通报情况，高度重视，遇到具体问题实行请示和回复制度。认真开展工作“回头望”，对操作技术进行统一规范和自查自纠。

（六）严格程序，依法办事是途径

这次林改主要依据《农村土地承包法》、《森林法》等相关法律法规，按照指定的《实施方案》、《实施细则》，各林改组具体工作人员依法办事，却白领爱稳步进行依照法定的程序，坚持“公平、公开、公正”的原则，实施“阳光操作”，做到“程序、方法、内容、结果”四公开，确保了农牧民的知情权、参与权、决策权和监督权，不违背农牧民意愿，不损害农牧民利益。同时，县对乡（镇）方案，乡（镇）对村组方案进行了严格审核，保证了方案的合法性、科学性、规范性和可操作性。

不断创新集体林业经营的体制机制
推进集体林权制度改革

内蒙古鄂尔多斯市林业局

一、鄂尔多斯市林改概况

鄂尔多斯市位于内蒙古自治区西南部，生态区位十分重要，处于黄河中上游地区，是全国荒漠化严重地区之一。全市辖7旗镇2区，总土地面积为1.3亿亩，有集体林业用地面积5799.3万亩，占全市国土总面积的44.6%，占全市林业用地的95%，约占内蒙古自治区集体林业用地的五分之一。全市集体林权制度主体改革从2008年8月开始实施，共涉及9个旗区，50个苏木乡镇，652个嘎查村，19.9万农牧户、62.7万农牧民。鄂尔多斯市集体林权制度主体改革工作自2008年全面开展以来，克服时间紧、任务重、工作量大、情况复杂等各种困难，至2014年完成确权面积5783.3万亩，确权率为99.63%；打证面积5743.1万亩，打证率为99.3%；发放林权证到位面积5020.1万亩，林权证到位率87.4%。累计处理集体林权6351件，调解率为94.8%。

二、鄂尔多斯市集体林权制度改革的主要措施

（一）落实领导责任，提供组织保证

集体林权制度主体改革是一项复杂的系统工程，政策性强，涉及面广，工作量大的工作，鄂尔多斯市各级党委、政府深刻地认识到集体林权制度改革是我国农村经营制度的又一重大变革，是深入贯彻落实科学发展观的生动实践，是实现生态文明建设的重要内容，是促进农牧民增收奔小康的重要途径。市委、市政府高度重视主体改革工作，主要表现在：一是加强组织领导。2008年12月5日，成立了由市委书记任组长、市长、分管副市长任副组长、相关部门负责人为成员的鄂尔多斯市集体林权改革工作协调领导小组及其办公室（办公室设在鄂尔多斯市林业局，办公室主任由市林业局局长兼任），组成专门班子抓林改。按照市委、市政府的要求，各旗区、各苏木乡镇、各嘎查村都相应地成立了由一把手任组长的林改领导小组及其工作小组，形成了

四级书记亲自抓林改的领导机制，标志着全市集体林改工作已全面启动。二是周密安排部署。2009年2月13日，鄂尔多斯市人民政府组织召开了全市集体林权制度改革工作会议，全面贯彻落实了《中共中央、国务院关于全面推进集体林权制度改革的意见》、《中共内蒙古自治区委员会、内蒙古自治区人民政府关于深化集体林权制度改革的意见》、《内蒙古自治区集体林权制度改革工作方案》。3月，依据有关法律法规和中央、自治区林改工作的方针政策，结合全市实际，市委办公厅、市政府办公厅印发了《鄂尔多斯市全面推进集体林权制度改革工作方案》（鄂党办［2009］1号），出台了《中共鄂尔多斯市委员会、鄂尔多斯市人民政府关于全面推进集体林权制度改革的意见》（鄂党发［2009］4号），全面部署了全市集体林权制度改革工作。之后，各旗区召开了不同形式的动员会议，各旗区、各苏木乡镇、各嘎查村都相应地出台了工作意见和工作方案，全面部署主体改革工作，形成了“市级总体部署、旗区直接领导、乡级组织实施、村社集体操作”的工作机制。2011年春，召开了全市林业工作会议，廉素市长在会上对集体林权制度主体改革工作又进行了再动员、再部署、再落实，要求各旗区党政主要领导亲自抓集体主体改革工作，抽调得力的干部和专业技术人员组成林改工作组，驻乡驻村指导林改工作，确保按进度完成集体林地确权登记发证任务。三是严格落实责任。市委明确提出各旗区书记是林改工作的第一责任人，把林改工作纳入旗区、苏木乡镇两级领导班子和领导干部年度工作实绩考核范围。四是落实工作经费。集体林权制度改革启动以来，中央下达全市林改工作经费9762万元，旗区配套经费到位500万元。按照工作进度，已分批下拨各旗区。2011年9月中旬，市林业局纪检书记带领市林业局发展计划与资金管理科和市林改办负责人，对各旗区林改工作经费进行了全面检查，确保工作经费做到了专款专用，保障了林改工作进度。

（二）广泛宣传，加强培训

鄂尔多斯市各级不断加强集体林改的宣传工作，采取媒体宣传、会议动员、张贴标语等多种方式，大力宣传集体林改的重大意义、方针政策、方法步骤。通过多渠道、多角度的宣传，形成了各级领导重视林改，干部熟悉林改，广大农民群众关心林改、支持林改、参与林改的生动局面，为推进集体林权制度主体改革创造了良好的舆论氛围，打下了坚实的思想基础。全市全面开展了市、旗区、苏木乡镇、嘎查村四级干部培训，5年来共举办林改培训会109次，培训业务骨干4500名，使全体干部熟悉了林改的程序和步骤，掌握了林改的政策和方法，并能够在林改实践中正确应用，为推进集体林权制度改革提供了坚实的技术保障。

（三）明晰产权，承包到户

鄂尔多斯市把家庭承包经营落实情况作为每月调度统计分析的重点，把确权到户作为明晰产权的核心来抓。一是坚持试点先行。全市按照“试点先行，以点带面”的思路，将达拉特旗中河西镇确定为全市农区林改试点，将杭锦旗确定为全市牧区林改试点。这两个试点为鄂尔多斯市集体林权制度主体改革积累了宝贵经验，并在全市全面推广，做到了“点着一盏灯，照亮一大片”。二是尊重农牧民意愿。由于各个嘎查村村情、林情不尽相同，不搞“一刀切”，实施一村一策。各村的林改方案都是由三分之二以上的本村村民或村民代表会议讨论而形成，村民认真地履行了自己的权力。从林改动员到颁发林权证实行阳光操作，按期公示林地调查现状、承包方案、确权结果、林权登记等情况，做到了政策、程序、内容、方法、结果“五公开”，保障了农牧民的知情权、参与权、决策权和监督权，群众满意率为100%。三是自主研发林权管理系统。杭锦旗、鄂托克旗、准格尔旗自主研发了适合于本地区应用的林权信息管理系统，内业汇总工作自动完成，图、表、卡同时建立，纸质档案和电子档案双建双存，改变了过去手工上图、制表、抄写的落后状况，避免了手工误差，极大地提高了工作效率和工作质量，有力地推进了林权证发放进度。四是调处林权争议。对出现的林权争议，坚持属地管理、分级负责、依法依规、尊重历史、兼顾现实、公开公正的原则，及时组织调处，把矛盾化解在萌芽状态。6年来全市共排查林权纠纷6308件、284.5万亩，调解率达到94.8%，保证了农村牧区的和谐稳定。五是依法勘界颁证。首先，各苏木乡镇由包村干部、林业技术员、村社干部、村民代表共同组成勘界小组，与承包户主、相邻四至接界人同时在现场，逐山头、逐地块现场勘界、现场测量、现场勾图、现场确权、现场签字确认。对经公示确权无异议的林地林木，由村委会作为发包方与承包人签订合同，依法落实双方责任。其次，各旗区人民政府按照规定程序，依法登记，颁发了全国统一制式的林权证，做到了内容齐全，四至清楚，数据准确，图表册一致，人地证相符。六是加强档案管理。集体林权制度改革档案是主体改革成果的主要体现和真实记录，是确保林权顺畅流转、促进森林资源优化配置的重要依据。2010年9月，全市召开了全市林改档案管理培训会，详细讲解了《内蒙古自治区集体林权制度改革档案管理办法（试行）》，对全市林改档案管理工作提出了具体要求。各旗区按照分级培训、严格规范的要求整理林改档案。在实际工作中坚持林改工作推进到哪里，档案管理就跟进到哪里，组织力量及时收集林改工作过程中形成的各类文件、方案、合同、图表、声像、数据等原始资料，全市形成林改档案54355件，确保了林改档案材料的齐全、完整、规范。

（四）强化督查，保证质量

在林改工作中，强化监督检查，有效推进了全市集体林权制度主体改革的进度和工作质量。首先，市人大组织部分旗区人大负责人、人大代表对集体林权制度改革工作进行了林改专题调研督查，并提出了重要意见和建议。其次，市政府组织市监察局、市政府督查室、市林业局、市档案局等部门对各旗区集体林权制度改革工作进行了全面督查。再次，2012年10月26日至11月15日，在各旗区全面自查验收的基础上，市政府组织林业、档案等部门对各旗区集体林权制度改革工作进行了检查验收，经过综合评定鄂托克旗、达拉特旗、杭锦旗、伊金霍洛旗、准格尔旗的集体林权制度主体改革成果为优秀，乌审旗、鄂托克前旗、东胜区、康巴什新区的集体林权制度主体改革成果为良好。

（五）积极深化配套改革

全市共建立起集林权管理、林权流转服务、社会综合服务为一体的林权管理服务机构8处、市森林资源资产评估中心1处和农牧民林业专业合作社22个（其中5个林业专业合作社被自治区林业厅评为自治区级林业专业合作示范社）。鄂尔多斯市人民政府于2013年5月发布了《鄂尔多斯市集体林权流转管理暂行办法》，全市流转集体林地102.6万亩，流转金额为10214.5万元。《鄂尔多斯林权抵押贷款办法》在进一步修改中，全市抵押林地48348亩，抵押贷款3.544亿元。目前全市已有1230.6万亩集体林地可以发展林下经济，从事林下经济人员有15万多人（次），实现林下经济总产值约10.5亿元，帮助农牧民走上了不砍树也致富的绿色发展之路，实现了“生态得保护，农牧民得实惠”双赢的局面。全市在全自治区率先建立了林权信息数据库，现在已基本完成林权数据入库。

三、鄂尔多斯市集体林权制度改革的主要成效

（一）确立了农牧民的经营主体地位

集体林权制度改革使全市农村经济社会发生了深刻变化，农牧民获得了林地经营权和林木所有权，做到了“山有其主，主有其权，权有其责，责有其利”，实现了“山定权，树定根，人定心”，从根本上确立了农牧民经营林业的主体地位，农牧民成了林地的真正主人。

（二）激发了农牧民造林的积极性

林地经营主体地位得到确立后，大大激发了农牧民造林的积极性，过去一直困扰集体林区的造林难逐步化解，林业发展呈现出新的生机，鄂尔多斯市的生态建设以每年完成造林面积 200 万亩的速度向前推进，全市森林覆盖率从 2008 年的 21.56% 增加到 2013 年的 25.35%。

（三）森林资源保护得到加强

林改后，管护机制得到转换，看好自家山、管好自家林成为农牧民的自觉行动，"家家都是护林队，人人都是护林员"，林地林木管护由护林员为主转变为以广大农牧户为主，实行政府林业部门及乡村组织与农户相结合的双重管护机制，森林资源保护得到全面加强。

（四）拓宽了农牧民增收奔小康的途径

随着全市集体林权制度主体改革工作的全面完成，林业生产力得到了巨大的释放，全市的林下经济得到了进一步的发展，据不完全统计，至 2014 年，全市林业总产值达 45 亿元，农牧民来自林沙产业的人均纯收入达 2500 元。林下经济呈良好的发展态势，使"生态受保护，农民得实惠"成为了现实。

（五）推进了村级民主化建设进程

在林权制度改革中，凸显了民主决策，如林权制度改革方案必须经村民会议或村民代表会议 2/3 以上成员表决通过，乡村干部充分尊重群众意愿处理村集体内部事务等，从而使依法行政和民主决策的意识增强，群众参与村集体重大事项的监督与决策的积极性得到提高，推进了农村民主化进程。把改革权力交给群众，充分尊重民意，促进了农村牧区和谐稳定。

林改产业　硕果累累

黑龙江省鸡东县林业局　张金龙

美丽的鸡东县位于黑龙江省东南部，地处广袤的北大荒腹地，东与密山市相连，北与七台河市、勃利县接壤，西与林口县、穆棱市和鸡西市三个区为邻，南与俄罗斯搭界，全县总面积为486.5万亩，大陆性季风气候，年平均气温2.8~3.3摄氏度，无霜期115~135天，全年日照数为2541.7h，平均年降水量为488mm，植被属长白山植物区系，完达山植被亚区，温带针阔混交林区。

一、林业历史沿革

1882年这里森林茂密，树木参天，森林资源极为丰富，基本上保持自然景观。之后，该地设蜂蜜山招垦局，光绪33年（1907年）设密山府后，人口剧增，森林资源被开发利用的同时，毁林开荒种地行为频发，尤其是“九·一八”日本帝国主义侵华，大片森林遭到破坏，加之山林火灾对本区森林资源的破坏达到了最严重的程度，使原始森林所剩无几，到1946年人民政府建立时，仅有残破林625km²，当时森林的覆盖率只有20%。

1946年本区城建人民政府，在党和人民政府的正确领导下，实行护林防火，封山育林，在较短时期内就有大面积的荒山荒地、火烧迹地和采伐迹地重新恢复了以柞、桦、杨为主的第二代天然次生林，并开始了群众植树造林活动。

二、建县以来林业发展情况

1. 社会经济概况

（1）全县现有人口292490人，其中农业人口193852人，占总人口的66.3%。

（2）全县国民经济总产值111.01亿元，林业总产值68972万元；现有耕地面积94666hm²，人均耕地面积6亩。农民人均纯收入10533元。

2. 林业资源情况

全县林业经营总面积165832.2hm²，林业用地面积158880.5hm²，占林业经营总面积95.8%；非林业用地面积6951.7hm^2，占林业经营总面积4.2%。

在林业用地面积中，有林地面积123252.6hm^2，占林业用地面积77.78%；疏林地面积55.3hm^2，占林业用地面积0.03%；灌木林地面积2000hm^2，占林业用地面积1.3%；未成林造林地面积4719.3hm^2，占林业用地面积2.9%；无林地面积28835.8hm^2，占林业用地面积18%；苗圃用地面积45hm^2，占林业用地面积0.03%。

有林地面积按起源分：天然林面积93685.2hm^2，占有林地面积75.8%；人工林面积29897.3hm^2，占有林地面积24.2%。

全县活立木总蓄积量10850468m^3。按林种分：用材林蓄积量3463371m^3，占总蓄积量31.9%；防护林蓄积量3184093m^3，占总蓄积量29.3%；特用林蓄积量4105522m^3，占总蓄积量37.8%；其他（疏林、散生木、四旁树）蓄积量97482m^3，占总蓄积量0.9%。按起源分：天然林蓄积量7757306m^3，占总蓄积量71.5%；人工林蓄积量3093162m^3，占总蓄积量28.5%。

全县辖8镇3乡，123个行政村，总人口31万人，分布着8个国有林场，1个国营苗圃，1个国家级自然保护区——凤凰山自然保护区。

三、集体林权制度改革情况

2008年中共中央国务院关于加快集体林权制度改革决定实施以来，我县林业产业迎来历史的春天，集体林权制度改革稳定和完善农村基本经营制度，促进农业就业增收，是建设生态文明的重要内容，更加推进了现代林业发展，是我县农村第二次土地改革后又一重大成果，反应了亿万农民的心声，涉及农民的切身利益。经过几年来集体林权制度改革的实践，经过主体改革回头看，巩固了林改成果，促进了配套改革的推进。

1. 明晰产权面积为707，648.3亩。其中承包到户312，886.3亩，其他形式394762亩，发证1397本，发证户数1036户。

2. 历史遗留问题的解决情况　调处林权纠纷36件，比较典型的是下亮子乡裕民村村民任德禄，上访省、市、县、乡十多年，经过这次集体林权制度改革，为村集体及本人解决了老大难问题，逢人就夸："还是党的林改政策好啊！"

3. 林改档案建设　我县按照省林业厅，省档案局下发的《集体林权制度改革档案管理办法》的规定，对林改档案的工作全程进行指导，多次组织乡（镇）、村、档案管理人员，就标准档案立卷归档制度进行学习和培训，对林改文件按照村、乡（镇）、县林业主管部门及县档案局四级管理制度归档。

四、生态建设成果可喜

继续加强重点生态建设，巩固三北防护林成果。

1. 我县重点公益林面积为860595亩，管护责任人数297人，管护经营区31个，建立防火瞭望塔24座。

2. 从2003年起，我县每年三北防护造林32700亩，造林补贴试点工程31000亩，退耕还林完成1万亩，村屯绿化完成178个，道路绿化完成119km。

五、加快商品林基地建设

大力营造以商品经营型为主的用材林，以速生丰产用材林为主的林业产业基地建设已初具规模，通过因地制宜，适地适树，发展生态稳定速生抗逆性强的落、樟、杨等乡土树种，引进培育了新品种增加了木材等林产品有效供给，开展了精深加工，延长了产业链，实现多次增值，努力提高木材和其他林产品的综合利用率，培育一批木板和胶合板加工企业。

六、以森林旅游为主，发展第三产业

我县依托自然优势，发挥国家级凤凰山自然保护区优势，挖掘麒麟山庄、新曙光水库潜能，做大做强本区域旅游产业，夏季以漂流、垂钓、观光等项目吸引四方来客。

七、以种苗基地建设为平台，提供多种类型优质苗木

我县苗木基地现有4个，以联合林场为最大苗木基地，产值达8万元，紧紧抓住林业产业这一大支柱，面向社会市场提供优质苗木，为全县造林绿化的需要服好务。

目前我县借林改东风，上上下下，春潮涌动，在产业上大发展、快发展、上新台阶，并向纵深方向前进，在县委县政府的正确领导下，精心组织，周密安排，解放思想，以点带面调整林业产业旧的条条框框，以生态效益和经济效益相结合的产业布局，紧紧以十八大提出建设生态文明社会的主旋律，扎实推进林业产业工作，下面就我县做法简述如下：

1. 林木采伐机制建立情况：采伐面积23220亩，采伐蓄积52190m^3。

2. 林权管理服务平台初步建立，正在完善之中，从采伐设计审批到木材

销售、运输、检疫在到林权流转一条龙全程服务，分别有造林总站、资源林政股、防治站各派出一名专职人员组成服务平台。

3. 林权配套改革：与农村信用联社和平安发展银行，开展了林权证抵押登记面积4500亩，抵押贷款金额2250万元，抵押户数7户。

4. 大力发展林下经济产业

我县现有林下经营模式：林药、林菌、林果、林蜂、林畜等模式。

（1）林药发展情况　种植桔梗4500亩，林下参1070亩，五味子418亩，沙参300亩。

（2）林菌发展情况　地栽木耳154万袋。

（3）林畜发展情况　利用林下年放养生态猪和改良猪2140头，利用空地养殖大鹅5180只。

（4）林蜂发展情况　养蜂1280箱

（5）林蛙养殖情况　林蛙养殖面积34960亩

我县为了鼓励发展林药林菌等产业，对其企业和个人进行减免各种税费，林业局对发展林下种植养殖的前三年减收承包费，通过林下经济扶持了三个农民林业专业合作社组织，比较典型是兴农镇东保中药材种植农民专业合作社，理事长藏胜利现为东保村党支部书记，在他的带领下，种植的药材以桔梗、沙参等为主，面积为4500亩，产值2700万元，利润540元，总投入480万元，现有社员81人，现有厂房面积为850m^2，并建立了产、供、销一条龙产业形式，产品由哈药集团、999药业收购，2014年被省农委、林业厅评为全省六个中药种植示范基地合作社之一。

林权制度改革为林业产业发展提供了千载难遇的历史机遇，我县紧紧抓住机遇，解放思想，乘上而上，把我县林业产业做大、做强，为全面建成小康社会，实现中华民族伟大复兴的“中国梦”、“鸡东梦”而努力奋斗。

积极推进集体林权制度改革
实现“山定权、树定根、人定心”

黑龙江省桦川县林业局　魏文利　尹万辉

桦川县位于佳木斯市东部，松花江下游南岸，是国家扶贫开发重点县和黑龙江省委、省政府确定的十弱县之一，全县有5个镇、四个乡105个行政村，两个国营农场，6个县属农、林、牧场，全县总人口22万，其中农业人口16万。全县幅员总面积2268km^2，耕地总面积210万亩，全县森林总面积17899hm^2，其中，集体和个人3524.5hm^2，森林覆盖率10.1%。2008年，桦川县在佳木斯市率先推行集体林权制度改革工作，并取得了显著成效，并多次代表佳木斯市接受国家和省林改小组的检查并通过验收。被省政府授予全省集体林权制度改革先进县荣誉称号。

一、林权制度改革工作组织情况

（一）提高认识、精心组织

桦川县林权制度改革工作受到县委县政府高度认识，为了加强对全县林权制度改革工作的组织领导，确保林权制度改革工作的顺利进行，成立了以县长任组长，县委副书记、县政府副县长任副组长，县政府办公室、林业局、农委、国土局、县委宣传部等为成员单位的的桦川县林权制度改革领导小组，并设立了桦川县林权制度改革办公室。

（二）制订方案、明确方向和任务

根据《中华人民共和国森林法》、《合同法》、《农村土地承包法》等法律、法规和黑龙江省林业厅、佳木斯市林业局，关于林权制度改革的有关要求和相关政策，结合桦川县的实际情况，先后制定出台了《桦川县集体林权制度实施方案》和《桦川县集体林权制度改革实施细则》，方案经县委常委讨论通过，并以县政府文件下发。

二、步骤及方法

采取县林改办指导、督办、检查，乡镇领导分工包片，乡、村两级抽调普查员包村，对全县9个乡镇105个行政村157个自然屯集体（个人）所有的森林资源、权属、状况以及宜林地进行全面普查。从林业局部门抽调20名专业技术人员，从相关部门和乡、镇、村抽调90名工作人员，组成3个督导组，18个林权普查工作小组，并吸纳熟悉情况的资深的村民代表参加，以村为单位进行林权外业普查。在进行外业普查工作期间，下发了《关于停止全县林木采伐的通知》，防止借林权制度改革之机，突击、变相发包集体林地的现象发生。

1. 外业普查的方法

外业普查小组利用GPS、百米绳、及测量树木胸径专用卡尺等测量工具，对森林林地面积和森林蓄积进行认真详细的测量。外业普查的原则是：面积不足1hm^2的林地不得使用GPS经行面积测量，对林木做到每木检尺，按照外业普查登记卡片的填写要求，随时认真填写每块林地的外业普查卡片，记录详细的各项数据，并绘制林地位置示意图。

2. 加强指导，做好权属认定

外业普查工作完成后，依据外业普查各项资料进行汇总，同时建立电子版档案。结合外业普查中掌握的权属情况，对在本次林权制度改革前已经流转的森林、林地林木的承包合同上收到乡、镇经管站，并对合同进行认真梳理，通过对合同的梳理做出“有效合同、无效合同、待完善合同”的初步认定。

在集体林地管理措施上强化督导，林改办积极组织乡、镇，对梳理出的合同条款明显有失公平、公正、承包期限不确定、关键条款含糊不清的“问题合同”，进行认真研究，通过双方协商和诉诸于法律等形式，在确保稳定、和谐基础上，依据《合同法》、《森林法》、《土地法》等有关法律、法规，对无效合同及时废止，对需完善的合同进行补充和完善，同时规范《集体林地林木流转》合同书样式。

3. 强化督导，促进流转

在上加强督导，使各地在流转的具体操作上合法。凡有准备召开集体林木流转竞价拍卖会的，要事先召开民主决策会，决策后及时发布公告。竞标后，要严格把关，公告时间是否到时限，底价的确定、保证金的收取、拍卖会的程序和纪律是否符合《细则》的要求，承包合同的签订是否经过村民代表集体讨论表决通过，做到切实维护集体资产在市场化交易运作中的合理增值。

4. 加强档案管理工作

通过次林权制度改革，彻底摸清了家底，建立健全了林改档案。县级档案由林改办负责保存，各乡镇林改档案由各乡镇林业站负责保存。

三、林权制度改革取得的成效

1. 林权制度改革，实现了“山定权、树定根、人定心”，为广大农民增收开辟了有效的致富途径，激发了农民经营山林的积极性，加快了林业产业化发展步伐。同时激发了广大农民培育森林资源的积极性，促进了农村各种生产要素的合理流动，有力地促进森林资源保护，强化了生态建设，做到了生态与经济的协调发展。

2. 通过林权制度改革集体林地明晰产权后，农民对植树造林产生了极大的热情，农民充分利用荒山、荒地、空闲地、疏林地等进行植树造林，调动了林权所有者投资营造林和保护森林资源的积极性。集体林地以均股形式经营的 7522.3 亩，均林到户 1230 亩，大户承包 2352.72 亩，集体统一经营 5735 亩。通过集体林地流转，使村集体经济得到了收入，极大的推进了我县集体林业事业的发展速度。

3. 通过明晰产权，加快了林权登记的速度。农民拿到了新版林权证，就像吃了“定心丸”，把森林资源看做是山上的“绿色银行”，“看好自家山，管好自家林”已成为林木所有者的自觉意识。

四、存在的问题及解决办法

1. 权属争议问题

由于林改前，村集体拖欠外债，被债权人起诉到法院，法院将村集体的部分林木裁决给债权人进行抵债。按照林权登记管理办法的要求，现林木权利人申请办理林权登记时，村委会不予出具相应的证明材料，形成林木权属争议事件。

2. 至边界争议问题

部分林地林龄较长，当初造林时林地的四至边界的地标物由于年代久远，已不是很清晰了，通过林改外业调查发现，部分林地存在边界争议现象。

五、林改后期工作安排

1. 积极组织协调对有争议林地的调解，做到调解结果双方满意，不留后患。

2. 积极推进林改配套措施。我县在林权制度改革实现平稳推进的同时，配套改革也将一并扎实开展。

3. 指导各乡、镇，建立林业综合管理服务中心建设，协调金融部门，开展以林抵押贷款，协助乡镇编制村级森林经营方案等措施，真正体现通过集体林权制度改革给广大农民带来真正的实惠。

作者简介：

魏文利，男，汉族，1962 年 10 月出生，中共党员。现任黑龙江省桦川县林业局局长。

自 1984 年参加工作起，历任桦川县五金公司党支部书记、副总经理，桦川县城管大队大队长，桦川县建设局局长等职。2010 年 12 月至今，任桦川县林业局局长。

尹万辉，男，汉族，1962 年 10 月出生。现任黑龙江省桦川县林业局林政股股长。

自 1980 年参加工作起，历任桦川县林业局森林病虫防治检疫站检疫员，桦川县林业局林政股副股长等职。2013 年至今，任桦川县林业局林政股股长。

打基础、出实招
全面深化国有林场改革

江西省宜春市袁州区林业局　胡爱良

江西省宜春市袁州区位于江西省西部，林地总面积195万亩，森林覆盖率62.3%。全区原有新坊、金化、天台山和速丰四个国有林场，共有职工916人，其中在职职工423人，退休职工493人，需要进行置换身份的职工391人；经营面积14.04万亩，其中公益林面积5.4万亩、商品林8.64万亩。全省国有林场改革启动以来，我区按照林场改革的总体思路和要求，精心组织、稳妥推进，取得了一定成效。

一、打基础

2010年6月，江西省政府召开了七个系统企业单位改革动员会后，为有序推进林场改革工作，我区花了大量的时间和精力做好打基础的工作，具体做到了“四个注重、四个确保”。

（一）注重宣传，确保干部职工思想通

只有思想的“通”，才有工作的“畅”。致力于“通”，我们在两个层面进行了努力：一个是干部层面。为解决干部思想问题，召开了三个会议。一是召开了领导小组会，明确各单位的工作职责。二是召开了林业局班子会，明确班子成员的包干责任。三是召开了林场班子会，明确了主体责任。通过这种层级责任的落实，做到上下齐心。另一个是职工层面。为转变职工思想，宣传好政策，变“不理解”为“乐接受”。我们利用三种形式做工作。一是利用动员会，交代形势；二是利用座谈会，听取意见；三是入户谈心，讲透政策。通过面对面的交谈、心与心的沟通，使职工情绪稳了、心态平了、意见统一了，工作也就“畅”了。

（二）注重领导，确保运行无阻力

为确保改革成功，区委、区政府作了三方面的努力。一是高位推进。成立了由区委、区政府主要领导任组长、第一副组长的高规格领导机构。二是稳中求进。多次召开了区委常委会、政府常务会研究部署林场改革工作，使

工作一环扣一环，做到稳中求进。三是现场促进。区委、区政府领导多次现场督导，对工作中存在的问题，及时研究解决，既为林业局撑了腰，又促进了林场改革。

（三）注重调研，确保方案切实可行

为了确保方案更具有操作性和科学性，坚持两个原则：一是可行的原则。先后组织人员到外地学习林场改革工作的好做法，减少了我们的盲目性。二是有情的原则。在制定方案时，把职工利益放在第一位。由于处处体现了有情原则，才使我们的方案更科学、更适用。

（四）注重标准，确保林场同步推进

我区四个林场性质不同，其中三个是事业，一个是企业性质。面临这种特殊情况，袁州区委果断决策，决定四个林场同时启动改革，并且要求做到统一政策、统一标准，同步推进。

二、出实招

我区林场改革，呈现了四个有特色的做法，具体归纳为“四轮驱动促改革”。

（一）封山促改革

为发展生态袁州，区委决定在2010年6月开始进行封山育林，并且定位于整县全封山。在制定封山育林实施方案时，面临林场封不封的问题进行了讨论。封则林场无法生存；不封则影响大局。在这种情况下，区委、区政府作出决定，林场同样要封，同时启动林场改革。这样既落实全省七个系统企业改制动员会的精神，又解决了因封山林场几百职工无法生存的问题，可以说封山推进了改革。

（二）财力促改革

没有钱，改革无从谈起，而且林场十多万亩山全部纳入封山范围，拿资源筹钱来改革的办法也行不通了。为此，我区制定了三个过硬措施，确保改革成功。一是专项支付。在财力吃紧的情况下，拨付林场改革专项资金3000万元，用于解决解除劳动关系职工货币补偿及欠职工个人的往来等费用。二是社保暂挂。对四个林场欠缴职工社保金1300万元实行了暂挂。三是纳入预算。林场整合重组后，将人头经费纳入财政预算。2014年已对林场12个编制财政补助50万元。这三个措施的出台，使干部留得放心，职工改得放心，这样又快又好推进了林场改革。

（三）政策促改革

为进一步推进改革，我区落实了三项政策。一是稳定人员。我区首先将林场副场长以上和计划经济时代分配的32名大中专毕业生予以留用，这样就为林场改革提供了中坚力量，做到了有人做事，有人管事。二是优先返聘。将已解除劳动关系职工34名进行返聘，组建成护林队伍。三是提前退休。认真落实了林业行业特殊工种提前退休政策。全区符合条件的职工全部办理了特殊工种证，特别是新办了156个事业性林场职工的特殊工种证。目前已有28名事业性林场职工办理了提前五年退休手续。正因为区委、区政府做到有情操作，落实了系列优惠政策，才极大地促进了林场改革。

（四）棚改促改革

林场改革不同于其他企业的改革，职工把最美好的青春奉献给了林业，为林业发展作出了历史性贡献，不能简单地把职工“买断”，更重要的是真情善待，真诚帮扶，确保林场职工在改革过程中有甜头、有盼头、有奔头。改革之初，职工不愿改，担心改革后“住哪里”、“干什么”、“吃什么”。面对职工的“三个担心”，我们和职工面对面商量，心连心沟通，把三个问题捆到一起来谋划和操作，结合国有林场危旧房改造，统筹解决职工下山后“住哪里”、“干什么”和“吃什么”的问题。主要采取“三引”的办法，共为改制职工危旧房改造优先解决安置用地90亩，落实棚改建筑面积6万m^2，安置职工590户，直接或间接让利给职工6000万元，平均每户获利近10万元，充分调动了职工支持改革、参与改革的积极性和主动性，实现了“两改”工作的有机结合、相互促进。具体“三引”的做法是：第一，引向园区。根据职工谋求就业的意愿，将安置点选址在工业园区霏欧凰家具有限公司旁边。职工入住后，可在园区就近就业。第二，引向城区。根据职工希望返城的意愿，将危旧房安置点落实位于中心城区火车站旁的林场货场用地上，让职工住进了城。第三，引向集镇。部分林场职工已在当地集镇上成家立业，不愿入园也不愿进城的，我们就引导他们进集镇，在集镇落实了危旧房安置点，让职工走出了大山。

三、保效果

回顾林场改革三年来的历程，我们认为林场改革工作具有以下四个特点。

1. 早。2010年6月，我省召开江西省七个系统改革动员会后，我区就立即动员部署，7月份出台了实施方案；8月份经区政府常务会审议通过，区委常委会研究下发了文件；9月份即正式启动林场改革程序。所以说我区林场改革启动早。

2. 快。启动林场改革后，2011 年已经完成林场职工身份置换，职工身份置换率达 100%；2012 年完成资源整合、林场重组；2013 年林场改革各项任务基本完成。

3. 稳。由于我区国有林场改革组织机构健全，改革政策明确，方案可操作性强，干部清明廉洁，操作公平、公正、公开，及时解决矛盾和问题，再加上区委、政府的高度重视，使得我区国有林场改革工作在平稳中得以落实。

4. 好。对照 2014 年我省国有林场改革推进会上提出的“定性、重组、保障、减员、剥离、转换、安全、稳定”十六字目标，我区的林场改革工作十分到位，任务完成较好。全区四个国有林场整合重组为一个生态公益型林场，即袁州区国有林场，为全额拨款副科级事业单位。所有职工均已参加了职工养老保险、职工医疗保险，参保率达 100%。职工身份置换率达 100%。同时留用了 32 名林场管理人员和技术骨干，返聘了 34 名护林员。国有林场具有社会职能的医院、学校、村组全部分离到位。经营机制实现了由过去消耗资源向保护资源转移。针对少数国有林场职工反映的问题，均做好了调查、解释和说服工作，并及时跟踪解决，至今未出现大的矛盾和纠纷，确保了国有林场改革平稳过渡，确保了社会稳定。

推进生态文明建设
全面深化国有林场改革

江西省萍乡市湘东区林业局 官学军 张志桥 汤 敏

在省、市国有林场改革试点工作领导小组办公室精心指导下，我区国有林场改革工作能够认真遵照省、市工作要求，按照湘东区国有林场改革实施方案的方法步骤，围绕“三增一保”的总体目标和“六个到位”的改革任务，强化措施狠抓落实，已全面完成国有林场改革任务，现将我区国有林场改革情况作如下总结：

一、我区国有林场改革的主要内容

（一）合理调整布局，将国有林场定为公益性事业单位

为确保我区国土生态安全，维护社会稳定，将3个国有林场全部界定为生态公益型林场，按公益I类事业单位管理，重新核定事业编制数量，编制内的人员和机构经费按有关规定纳入区财政预算。

（二）妥善安置职工，完善社会保障，建立新型劳动关系

一是合理分流安置职工。保持国有林场管理人员和技术骨干稳定，三个国有林场核定一定数量事业编制，实行财政供养。根据各林场实际岗位需要，由政府购买服务岗位，在解除劳动关系的林场职工中择优返聘部分职工，“4050”再就业困难人员根据个人意愿利用特殊工种身份，可选择提前退休、内退、货币安置、留用等方式解决，其他人员一律解决劳动关系；二是转换职工身份。保留人员全部签订置换身份协议，分流“一锤打”人员签订解除劳动关系协议，并报人事劳动部门备案；三是努力实现全员参加社保、医保；四是对解除劳动关系和退休人员实行社会化管理；五是建立新型劳动关系。保留人员都必须签订《聘用合同》，反聘人员必须签订《劳动合同》，实行了事业单位人事聘用制和岗位责任制。

（三）引进战略投资者，转换经营机制

林场的造林、抚育、采伐以及其他生产性活动要引入市场机制，采取承包或向社会招标等形式进行。合理利用林场森林资源，大力发展森林旅游和

林下经济，提高经营管理水平和经营效益，增强林场发展的活力。

（四）规范处置国有资产，妥善化解债务负担

加强国有林场资源管理，进行清产核资、资产评估、财务审计，严格依照法定程序报批处置国有资产。摸清各林场债务和改革成本，筹措资金，妥善化解债务。

（五）强化工作措施

一是区委、区政府重视。成立了以区长为组长的国有林场改革工作领导小组，分管财政、人事、林业的三位副区长为副组长，涉及改革的有关部门负责人均为成员，且区委书记、区长经常亲自过问改革情况，亲自安排部署改革工作，为推进林场改革凝聚了全区力量。

二是改革前三个林场共清退临时工 127 人，减轻了改革的压力。

三是加强了宣传发动。区、场两级都召开了改革动员会，共召开座谈会 12 次，分管副市长、区长、分管副区长等先后开展专题调研活动 5 次，张贴宣传标语 18 幅，电视台新闻报道 2 次，做到林场改革政策家喻户晓。

四是克服财政困难，将三个林场事业编制人员及机构经费纳入 2015 年区财政预算，并解决 480 万财政兜底资金，为林场改革提供了保证。

五是加强了工作调度。区国有林场改革领导小组办公室制定下发了《湘东区国有林场改革工作推进方案》，将国有林场改革的任务分解到领导小组各成员单位，明确了工作要求和完成时限，并先后召开工作推进会议 4 次，每周进行了督导，并印发了《湘东区国有林场改革工作动态》信息期刊 5 期，加强了工作调度，保证了我区改革有条不紊进行。

二、改革任务完成情况

（一）重组

1. 改革后，我区 3 个国有林场全部界定为生态公益型林场，三个公益型林场的经营面积都在 3 万亩以上，均合符设定要求，全区公益型林场比例达 100%。

2. 进行了国有资产登记。三个国有林场变更为公益型林场后，国有资产登记由各林场申报，经财政局、审计局、林业局、房管局等部门联合核实、评估、审计，报请区政府同意后由财政局登记备案，已由原来的企业国有资产变更为事业单位国有资产登记。

（二）定性

改革前，3 个国有林场属事业单位企业化管理。改革后区政府将三个国有林场全部界定为生态公益型林场，其中五峰林场为副县级建制，源湴林场、小坑林场为正科级建制，都核定为公益性Ⅰ类事业单位，三个林场的主要职责、机构设置、人员编制三定方案已经区委、区政府讨论通过，区政府下发了《关于五峰等三个国有林场界定为生态公益型林场的通知》（湘府字［2014］196号），区编办下发了《关于对五峰等三个生态公益型林场的主要职责、机构设置、人员编制的批复》（湘编发［2014］15号）等文件。

（三）保障

2010年年初有林场正式职工399人，参加社保人数367人，参保率92%，拖欠社保费617.2万元。至2014年12月止，全区共有林场职工371人（不含已死亡2人），实际参加了养老保险368人，其中在职209人，退休159人，参保率99.2%；有371人参加了医疗保险，其中参加职工医保226人，居民医保145人，参保率100%。目前各林场已全部清缴了拖欠的社保、医保费。

（四）减人

1. 认真做好了特殊工种认定工作。2010年以来，林场认定特殊工种提前退休职工10人。2014年依据改革政策，凡符合特殊工种认定条件的都纳入了申报，通过清理档案、个人申请、林场和林业局审核、区、场多次公示，分级请示、人保部门审批认定等环节，新增认定特殊工种89人，新增提前退休6人，内部退养9人，不仅维护了林场职工合法权益，同时为林场减人增效打下了基础。

2. 认真做好了职工身份转换工作。改革后，三个林场在岗干部职工均签订了转换职工身份协议。

3. 合理安置分流人员。有59名职工签订解除劳动关系协议书后，实行自主创业或停岗，该批解除劳动关系人员全部采用货币补偿方式安置，区财政配套安置补偿费480万元，不足部分由各林场自筹解决。

（五）剥离

区政府对林场解除劳动关系人员和退休人员实行了社会化管理，解除劳动关系人员的人事档案全部移送区人才中心，理顺了自主创业人员的社会保险接续问题，并对停岗职工再就业，困难退休职工低保救助等问题明确了由就业局、低保局、民政局、工会等职能部门负责解决。各林场为保障解除劳动关系人员和退休人员融入社会化管理，与职工住址所在的村委会或社区签订了社会化管理协议。

（六）转换

1. 我区将3个公益型林场设定为公益性Ⅰ类事业单位，核定全额拨款事业编65人，65名事业编制的人头经费和机构工作经费共计232.39万元纳入了2015年区财政预算。鉴于各林场岗位管理需要，由政府购买服务岗位87个，在已转换身份的职工中择优返聘87人为护林员，共安排2015年封山育林培育管护资金45万元用于政府购买服务岗位支付护林人员工资等经费，对公益型林场人员保障了财政供养。

2. 实行了以聘用制度和岗位管理制度为主要内容的事业单位人事管理制度。区林业局对各林场制定的岗位设置和人员分工、岗位职责进行了审核批复，全区三个林场共设定工作岗位152个，全部分解落实到科室、分场，目前各林场实有在岗人员144人。各林场制定了正、副场长、内设科室、分场长及技术员、管护人员等岗位责任制度，全员签订新型劳动关系聘用合同，明确了岗位责、权、利，实现了由职工身份管理转换到岗位管理。

3. 围绕转换经营机制搞活林场，着力发展森林旅游、林下经济等产业，增强林场发展后劲。林下经济发展势头良好，如：源涟林场依靠碧湖潭国家森林公园区位优势，积极发展多种经营，自2013年起建立养殖基地2个，由职工大力发展养羊、养蜂、养鸡鸭鹅鱼，每年山羊出栏达200余头，鸡鸭鹅出栏达800余羽，鱼近4000斤，蜂蜜近百桶，年产值达50万元，实现利润15万元。目前该场正准备利用林场空置房屋，建立老年公寓项目，已在进行项目立项、规划建设之中。五峰林场利用森林资源着力发展生态旅游项目，依托碧湖潭国家森林公园五峰景区的福寿庵打造佛教文化圣地，在周边建设竹笋两用基地，既改造竹林资源，又可挖笋休闲、登山健身旅游，并建设高空滑翔伞基地和林农乐特色餐饮等，增强森林旅游发展后劲。小坑林场已着手牛羊养殖基地建设，鼓励职工合作经营。三个国有林场将加大荒山造林和稀疏林改造，今冬明春计划造林3200亩。区财政将每年安排封山育林补助资金100万元，并在森林抚育、公益林补偿、荒山造林等项目上倾斜，力争整合更多的森林资源培育管护专项经费援助林场发展。

（七）安全稳定

1. 各国有林场依法选举产生了林场职工代表共86人。

2. 各林场先后召开职工代表大会或职工会议审议通过了各自《林场改革和职工分流安置方案》，并经林业局审核后报区政府进行了批复。

3. 各林场都成立了资产管理和债权债务清理领导小组，测算了改革成本，清理了债权债务，并制定了化解历史债务的解决方案。各林场无闲置资产处置情况。

4. 区财政局与林业局联合制定了《湘东区国有林场改革资金使用方案》，

测算了改革成本，明确了资金筹措渠道，通过区政府常务会议讨论后，及时向省国有林场改革试点工作领导小组办公室报送了《关于湘东区国有林场改革资金使用方案的请示》。我区国有林场改革的成本共计3736.59万元，其中：①补缴旧欠社保本金617.2万元；②为改革后上班和内退人员预缴2年养老保险金计207.96万元；③为改革后上班和内退人员预缴2年医疗保险金127.84万元；④解除劳动关系人员安置费480.2万元；⑤银行贷款1692.41万元；⑥欠职工工资及遗属补助88.11万元；⑦欠其他往来款522.87万元。共筹措改革资金1645.7万元，其中：①中央和省级财政国有林场改革补助资金953万元；②区级财政配套资金480万元；③林场自筹资金212.7万元；④对所需改革资金的缺口部分计2090.89万元（主要是银行贷款和历史遗留往来款），采取挂贷待今后解除封山育林增加经营收入后逐年偿还的方式解决，在本次国有林场改革中暂不清缴。中央、省级改革专项资金全部用于了缴交医保、社保，目前已审批拨付617.2万元，结余335.8万元存留在财政专户，只能用于以后社保、医保支出。

5. 各国有林场山林经营权属稳定，没有发生破坏森林资源和违规流转森林资源的行政案件，无破坏森林资源的信访案件。

6. 依据有关政策妥善处理改革遗留问题，改革过程中没有发生损害职工利益的上访案件。

三、我区国有林场改革特色做法

1. 三个林场都实行公益性Ⅰ类事业单位管理，史无前例的一次性解决65名全额拨款事业编制，一步到位解决了各林场财政供养问题。

2. 林场发展注入了活力。通过减人增效，科学设置岗位，健全岗位责任制，实现了由职工身份管理转换到岗位管理。在转换经营机制方面，重点依托碧湖潭国家森林公园做好旅游附属产业，每个林场选择1~2个项目积极发展林下经济，且区财政在封山育林方面逐年给予更大的扶持，增强了林场的活力。

3. 确保了大局稳定。由于领导重视，宣传到位，部门协同配合，改革任务全面完成。改革期间，林区秩序稳定，林场职工无上访现象。

创新机制 整合资源 打造品牌
有力实现国有林场改革新发展

江西省星子县林业局 查菊山 陈 辉

星子县背倚庐山，面临鄱阳湖，森林资源丰富，林业面积36.6万亩，其中座落在庐山自然保护区内林业面积达12.38万亩。东牯山林场是我县唯一一个国有林场，位于风景秀丽的庐山保护区范围内，属九江市重点国有林场之一，现有山林面积6.8万亩，全场职工436人，其中在册职工233人，退休职工203人。改革前，林场基础设施年久失修，多数林场职工年龄偏大，退休人员逐年增加，导致林场经济不景气，收不抵支，多年出现负债经营的局面。为有效解决国有林场存在的基础薄弱、效益低下、机构臃肿、包袱沉重、资金困难等问题，2011年以来，我县按照国家和省市的总体部署和具体工作要求，在省、市林业部门的精心指导下，率先改革，迎难而上，积极作为，对国有林场进行了深入改革，通过人员分流、资源整合，破除原有林业体制机制的弊端，充分依托庐山得天独厚的旅游优势，大力发展森林旅游，探索林场科学发展的新路子，现将我县国有林场改革主要情况汇报如下：

一、改革的基本做法和体会

我县始终坚持以人为本的原则，以“三增长、两建立、一确保”为改革目标，准确把握改革的主要任务，真正做到让职工得到实惠，让林场得到发展。

（一）政府重视是前提

一是强化领导。把国有林场改革作为推进“三农”工作的一个重大举措来抓，多次召开县政府常务会、林场改革专题会议进行研究部署。同时成立了县政府主要领导为组长，分管副县长为副组长，县林业、财政、人社等部门为成员的国有林场改革领导小组，负责改革全过程的组织协调。二是制订方案。为使改革工作顺利进行，充分听取林场职工意见和建议，并多次到其他县市学习林场改革工作经验，结合上级政策规定和我县实际，于2011年11月底在全市率先制定出台了《东牯山林场改革实施方案》，明确了林场改革的方向、时间和任务，并将任务层层分解落实到个人，同时采取定期或不定期督查，保障了改革严格按照时间节点推进。三是有效宣传。利用政府网站、电视台等媒体广泛宣传，多次召开林场改革工作动员会、职工代表座谈会，并采取入户讲政策、发放宣传单等形式向职工宣传林场改革有关政策，做到了改革政策人人了解，职工积极支持改革、参与改革。

（二）职工权益是核心

一是职工参与。通过组织相关部门制订初步改革方案，然后多次召集职工代表对此方案参与讨论，整理归纳职工代表提出的共性意见后再召集相关部门讨论修改，对一些不符合政策规定和不可操作性意见耐心细致地向职工进行解释，最后形成我县改革方案，得到了职工的全体同意。二是规范程序。严格按照下发的方案推进改革，组织县人社局、东牯山林场深入每一户职工家中确认核实身份，保障了改革工作的准确性。严格按照公开、公平、公正的原则，对林场闲置资产的评估、处置，并及时将资产债务和安置补偿金额发放情况予以公示。三是区别对待。对233名在职职工和203名已退休职工，参照我县国企改革的做法，将林场改革政策的原则性和灵活性有机结合，解除了170名在职职工的劳动关系，为他们补缴至改革截止时间社保和医保，并给予了相应货币补偿；为63名在职职工办理了提前退休手续，缴足至法定退休年龄的社保和医保，并发放一次性生活补助费。将203名已退休职工，全部纳入社保和医保范畴，并一次性发放改革补偿金；对25名困难职工遗属，发放一次性终止抚恤补偿金。

（三）资金保障是关键

林场各类债务达1157.3万元，但改革后林场由经营性完全转化为公益性，收入锐减，现有收入不具备债务偿还能力和支付改革费用，但改革的实施能每年为县财政减轻400万元负担，为此我县积极筹措资金保障了改革的顺利推进。一是整合资金。在中央、省、市相关支持国有林场改革的资金尚未到位前提下，充分利用国家和省市各项优惠政策，通过资本运作，多方筹措资金，先后整合资金4300万元垫付了林场改革社保资金，为林场职工缴足了社保和医保。二是专项支付。在我县财力吃紧的情况下，县财政拨付国有林场改革专项资金420万元，用于支付办理提前退休人员的生活补助费、已退休职工补偿费等相关费用，其中支付解除劳动关系职工货币补偿264.95万元，支付提前退休职工生活补助费54.1万元，支付已退休职工补偿安置费40.6万元，支付困难职工遗属抚恤金60.08万元。

（四）科学发展是根本

充分利用东牯山林场风光旖旎，森林植被茂盛，历史文化遗存众多等特点，坚持在保护中发展，积极探索科学发展新模式，引导林区转变经济发展方式，将林区发展与我县蓬勃发展的旅游业有效结合，大力发展以生态观光、休闲度假等为主的森林旅游。一是制定科学规划。投入42.8万元委托江西省林业调查规划研究院编制“庐山山南国家森林公园”总体规划，对林区的功能重新划分，对林区经济结构重新定位，特别是挖掘秀峰、观音桥等庐山山南著名景区景点潜在效益，使公共建筑、景区、产业发展等与秀美山水真正高度融合。二是努力创建品牌。我县拥有浓厚的茶文化，为推动茶叶产业发展，对现有的支山、凌霄茶场进行整合，并积极整合各种涉农资金用于茶叶标准化生产，扶持龙头企业做大做强，打响庐山云雾茶品牌。目前我县“七尖幽兰”、“凌霄”和“康王谷”等茶叶品牌在省内外具有较高知名度。三是项目带动发展。借助中国旅游强县建设，推进与森林旅游相关项目建设。快速推进总投资1亿元的秀峰景区二期改造项目，力争年内完工；做大做强总投资5亿元集茶叶加工、茶文化博览、茶艺展示等于一体的七尖幽兰茶文化产业园；进一步完善林区、景区游步道、标示牌等基础设施，改造提升公厕等公共服务设施。

二、改革取得的成效

通过不懈的努力，到2012年年底，我县成为九江市第一个全面完成国有林场主要改革任务的县。一是彻底解决了职工后顾之忧。按相关规定为在职职工全部缴纳养老保险、医疗保险和失业保险等，并全额发放货币补偿。改善困难职工居住条件，完成东牯山林场危旧房改造工程，解决了327户职工居住问题。林场改革后，新提供就业岗位78个，职工年平均工资由改革前的3600元上升到22920元。二是彻底解决了保护发展之忧。将原有的东牯山林场整合重组为生态公益型林场，成立“星子县东牯山国家森林公园管理处”，为县政府直属全额拨款事业单位，按照《江西省生态公益林管理办法》要求，结合我县实际，核定编制数30名，目前机构、编制、人员和制度已全面落实到位，奠定了由经济型转为公益型保护发展之路。三是彻底解决了社会稳定之忧。林场改革涉及各方面利益的调整，特别是与广大职工利益密切相关，针对极少部分不理解改革的职工，专门请老干部、老同志深入职工家中，及时做好他们的思想工作，努力化解不稳定和影响林场改革的不利因素，同时保持职工队伍和技术骨干的相对稳定。林场改革期间，得到了绝大多数职工的理解和支持，没有出现一起群访、越级上访等重大信访事件，林区社会实现了平稳和谐发展。

虽然我们对整合资源，建设森林公园，推进国有林场科学发展做出了一点探索，取得初步成效。但我们也深知：这只是刚刚起步，做大、做强、做优国有林业的潜力巨大、前景广阔，我们将以此次改革推进会为契机，不断完善各项措施，认真学习兄弟县市的经验做法，确保国有林场改革后的平稳快速发展，继续努力打造更多更好的星子林业知名品牌。

渝水区全面深入稳妥推进国有林场改革

江西省新余市渝水区林业局 龚 伟 刘根平

新余市渝水区百丈峰林场始建于1963年，是渝水区唯一的国有林场，隶属于渝水区林业局管辖，改革前为自收自支副科级事业单位。目前，林场林地总面积为3.6万亩，其中，省级以上公益林1.9万亩，森林覆盖率达到90.8%，1993年被评为省级森林公园。

百丈峰林场于2011年正式启动国有林场改革工作。3年多来，在市、区党委政府的正确领导和精心指导下，林场认真贯彻落实省、市、区关于推进国有林场改革的有关文件精神和要求，结合本地实际情况，按照“以人为本、转型定位、稳定权属、解决社保、化解债务、整合资源、做大做强”的总体思路，坚持“四个结合”，即国有林场改革与国有企事业单位改革、行政管理体制改革、城乡一体化改革相结合，解决国有林场历史遗留问题与创新体制机制相结合，维护生态安全与促进林业产业发展、做大做强国有林场相结合，保持政策连续性、稳定性和均衡性与保障职工合法权益相结合，强化领导，精心组织，积极稳妥、全面深入推进国有林场改革。

一、主要做法

1. 抓住定性定编重点，实行全员公开招聘录用。按照赣府发［2011］8号文件要求，百丈峰林场将改制为生态公益型林场，其性质为区政府全额拨款事业单位，机构规格相当于副科级，隶属区林业局管理。2014年，区编办下发《新余市渝水区百丈峰林场工作职责机构类型和人员编制等规定的通知》，确定了百丈峰林场改制后为全额事业拨款事业单位，定事业编10个，其中场长1名。区财政目前正在预算相关经费。

定编之后，百丈峰林场采取对内择优的方式，围绕林场所担负的工作职责和岗位需求，对林场所需的生产性人员，按照公正、平等、竞争、择优的原则，实行了全员公开招聘录用。针对肩负着国有森林资源保护、森林防火和林业有害生物防治等工作需求，目前，林场已经聘用管理人员5名，专业技术人员5名，森林防火队员30名，并已全部到岗到位，这些上岗人员全部为林场原有职工，全部重新签订了劳动合同，建立了新型的劳动关系。

2. 搞好人员分流安置，拓宽职工收益渠道。为搞好职工分流安置工作，渝水区政府出台了相关政策：一是离岗退养。距退休年龄不足5年的，经批准可提前办理退休；经批准办理了病退手续的，达到法定退休年龄后的退休费，由社保局负责发放，未达到的在安置费中列支，由社保局代发。二是不符合离岗退养条件的，直接与单位签订解除劳动关系协议，每人以2000元为基数，每年工龄再加500元为补偿标准，由单位一次性支付经济补偿金。目前，已发放职工安置补偿金172.85万元。三是如职工本人同意，其一次性经济补偿金可作为股金入股百丈峰林业发展公司，其收益用于缴纳社保、医保、失业保险等所需的经费，直至本人办理退休为止。政策一出台，得到了林场涉改职工的积极响应。目前，林场已有1名办理了离岗退养手续，没有职工领取一次性经济补偿金，全部职工将一次性经济补偿金作为股金入股百丈峰林业发展公司。

为进一步拓宽分流和自主谋业的干部职工的收益渠道，林场在政策允许的情况下，着力发展林下经济和特色种养殖项目，面向涉改干部职工提供政策和技术。目前，林场现有40多名涉改职工报名以租赁林场场地等形式，从事创办企业、花卉苗木种植业和养殖业等项目，自主谋业已蔚然成风。

3. 破解资金不足矛盾，推动改革顺利进行。渝水区委区政府根据百丈峰林场的实际状况，为加快改革步伐，千方百计破解改革资金不足的矛盾，通过多种渠道，从中央和省级财政争取到了国有林场改革补助资金355万元，其中中央291万元，省级64万元，实行专户管理，主要用于缴交林场职工补缴和拖欠的基本养老保险和基本医疗保险等费用。

为着力解决改革资金及涉改干部群众生活保障问题，林场充分运用好国家关于国有林场危旧房改造政策，着力加快百丈峰林场危旧房改造力度。3年来，共争取国有林场危旧房改造指标188套，争取到中央、省改造资金481.6万元，区里已配套解决危旧房改造资金200万元。目前，100套已建成并分配下去，另外88套2014年可望全面竣工。林场危旧房改造工程得到了林场干部职工的积极拥护，极大地推动了林场改革的顺利进行。

渝水区政府在财政经费十分困难的情况下，拿出2995.25万元资金，用于支付涉改职工的养老、医疗、失业等保险经费，其中，职工基本养老保险经费2123万元，职工基本医疗保险经费808万元，失业保险经费64.25万元。职工社会保障问题的顺利解决，给涉改职工吃下了“定心丸”，为国有林场和谐发展，职工安居乐业奠定了扎实的基础。

4. 实现社会保障全覆盖，解决职工后顾之忧。完善社会保障，维护涉改职工的合法权益，是国有林场改革的核心问题，也是涉及改革能否成功的关键问题。百丈峰林场从实行改革之初开始，就坚持以人为本，切实把解决林场职工养老、医疗保险等社会保障问题，作为头等大事来抓，严密组织，精心安排，切实解决涉改职工的后顾之忧。目前，所有涉改职工办理了“五险”，实现全覆盖，做到应保尽保。

此外，对工作在一线的林业职工落实特殊工种政策。区改革领导小组规定，在2012年6月30日之前，男满50周岁，女满40周岁，且从事高空和特别繁重体力劳动累计满10年，从事井下高温工作累计满9年，从事有害身体健康工作累计满8年的职工，由劳动部门对其工种及其工种年限进行审定，待男满55周岁，女满45周岁，经批准可办理退休手续。改制前已参加基本医疗保险的退休人员、提前退休人员和特殊工种退休人员，以全市上年度在岗职工的平均工资为缴交基数，按9%的缴费比例，一次缴足10年的医疗保险费；享受抚恤待遇供养待遇遗属的生活费，按照国家政策规定标准，在单位改制时一次性提取，交由该单位管理并代发。到目前为止，百丈峰林场已为80名特殊工种的适龄职工办理了退休手续。

二、主要成效

1. 紧扣政策，多措并举，涉改职工权益得到充分保障。自2011年实施国有林场改革改制以来，渝水区就十分重视涉改干部职工的基本权益和正当诉求，一切从保障并尽力提升涉改干部职工的根本利益出发，充分保证涉改干部职工的正当权益，多举措同步推进，得到了涉改干部职工的充分肯定。3年来，共争取国有林场危旧房改造指标188套，目前，100套已建成并分配下去，另外88套2014年可望全面竣工。林场在政策允许的情况下，着力发展林下经济和特色种养殖项目，面向涉改干部职工提供政策和技术。按照省厅关于国有林场改制改革的相关政策要求，出台了包括《新余市渝水区百丈峰林场改革职工安置方案》在内的一系列保障措施和制度，在进一步消除涉改干部职工思想顾虑的同时，极大地统一了支持改革的思想，凝聚了人心，对林场改革按预期实施起到了很好的推动作用。

2. 制订方案，精心组织，各项改革自上而下扎实推进。为抓实林场改革改制工作，在收悉《江西省国有林场改革试点工作领导小组办公室关于渝水区国有林场改革实施方案的批复》（赣林场改办字［2014］31号）后，区委、区政府结合省市相关文件精神及《关于深化区属国有企业改革的指导意见》，并根据百丈峰林场实际情况，研究制定了《渝水区国有林场改革工作实施方案》，就此成立以区长为组长的渝水区国有林场改革领导小组，负责统筹推进渝水区国有林场改革改制工作。小组成立以来，本着一切从实际出发、实事求是的原则，不夸大业绩、不回避矛盾，组织起草了《关于要求解决公益型新余市渝水区百丈峰林场人员编制等相关事项的请示》《关于设立公益型新余市渝水区百丈林场的说明》和《关于要求批复 < 新余市渝水区百丈峰林场改革职工安置方案 > 的请示》3 个文件，呈报区委区政府，为改革的扎实推进奠定了坚实的基础。

3. 深入学习，细致引导，确保改革积极稳妥全面推开。为确保改革工作平稳推进，防止涉改人员对相关政策的误解误读现象出现，引发不稳定因素，渝水区由改革领导小组牵头，涉改人员全面参与，组织深入学习省、市、区关于推进国有林场改革的相关文件精神。与此同时，在 2012 年 5 月份，林场召开了全体干部职工大会，宣传学习改制方案及相关政策规定，并多次召集干部职工学习改制政策，了解改制工作进展情况，还对其中的热点、难点问题进行交流探讨，对改制后医保能否保障、返聘人员对未来工作的稳定性质疑等问题进行了专项研究讨论，并形成正式文件上报区委区政府决策，均逐一得到回复解决。自 2011 年改制工作启动以来，林场领导通过面对面谈心、心与心交流，涉改人员情绪得到有效疏导，涉改干部职工参与改制思想得到明显转变，大局意识得到明显提升，对全区在平稳的环境中推进林场改革起到了举足轻重的作用。

4. 突出重点，高位推动，改革自始至终体现以人为本。林场改制改革，人员安置分流成为较为突出的重点和难点问题。渝水区委、区政府高度重视百丈峰林场的人员编制问题，区委书记徐文泊、区长聂志新多次主持召开座谈会，并深入林场调查研究，为国有林场改革的顺利进行出谋划策。渝水区国有林场改革领导小组经充分反复征求涉改职工对岗位需求的意见，征求相关部门建议后形成方案，报区委区政府。区政府于 2012 年 3 月 6 日和 2014 年 8 月 5 日，先后两次召开政府常务会，区委于 2012 年 3 月 15 日和 8 月 6 日召开常委会，研究确定了百丈峰林场改制所需编制，经费列入财政预算，林场定性等事项。从人员安置分流，到危旧房改造、各项社会保障，林场改革全程都贯穿着“以人为本”的理念。

三、几点体会

1. 高位推动，部门协同，为推动改革形成合力。百丈峰林场改革一启动，渝水区立即成立领导小组高位推动。改革方案经区人民政府第 7 次常务会议通过一周后，即2012年3月15日，召开区委常委会，要求区属劳动人事、编办、财政、国资等部门主要领导列席，一并商讨改革大计，当即通过了百丈峰林场的改制方案，并确定事业编按政策先到位等其他事宜。此后，此类会议或以调度、或以研讨等主题多次召开。渝水区的国有林场改革与其他县市一样，面临牵涉面广、难点多等诸多焦点问题，渝水区充分调动相关部门积极积极靠前服务。区政府在保障改制经费及配套建设项目方面采取优先倾斜的原则，为改革顺了推进奠定了扎实的基础；劳动人事部门积极与上级主管部门协调，解决了特殊工种提前退休的问题，为涉改人员解决了后顾之忧；编办在全区编制紧张的情况下，优先保障落实百丈峰林场改革所定编制，不推不拖即定即行，为改革顺利进行保驾护航；财政部门在编制预算方面指定专人负责，上门服务，确保优先落实，为推动改革增添了动力；还有区国资、社保等部门都主动靠前服务，为平稳推动改革形成了合力。

2. 提前介入，主动上门，为推动改革清除阻力。林场改制工作进展顺不顺，关键看涉改职工思想通不通。为切实抓好这项工作，渝水区提前介入，多次组织召开百丈峰林场职工大会和职工代表会议，进一步宣讲政策，讲清早改早受益的利害关系。同时，对部分思想上仍然顾虑重重的职工，领导小组采取分类上门等形式，分别予以座谈交流，面对面探讨、心与心交流的，切实将涉改职工思想工作做实做通。截止到目前，渝水区没有发生一例国有林场改革上访事件。

3. 项目支撑，强化保障，为推动改革凝聚动力。渝水区为着力解决改革资金及涉改干部群众生活保障问题，充分运用好国家关于国有林场危旧房改造政策，着力加快了百丈峰林场危旧房改造力度。三年来，共争取项目资金500余万元，区里配套200万元，全额用于改善提升涉改干部职工后期生活保障问题，住房改造提升问题。在后期社会保障方面，渝水区做到了所有涉改人员应保尽保，并根据涉改职工意愿，将一次性经济补偿金入股百丈峰林业发展公司，成了涉改干部职工后期的稳定收入，为林场改革凝聚了强大推动力，也是百丈峰林场改革顺利和稳步推进的关键。

4. 授之予渔，多种经营，为推动改革激发活力。国有林场改革成功与否，主要看涉改人员分流择业，林场转型增效。渝水区充分发挥百丈峰林地资源优势，结合上级有关政策项目，鼓励涉改干部职工大力发展林下经济。目前，与有关投资商洽谈发展铁皮石斛，做到以短养长；与市园林局协调有针对性地发展花卉苗木；与农业部门协调发展有机蔬菜和大米。林场发展的主动转型带动了涉改干部职工思想的进一步解放。涉改职工王庆投资100余万元建成林木废料生物质燃料生产线一条，目前月产量300t，月产值30余万；涉改职工简新华承包林场215亩苗木花卉基地，月产值15万余元；涉改职工傅斌良利用百丈峰森林景观资源，建起一家休闲式农家乐，月收入也较为客观，等等。这些自主创业现象随着林场改革纵深推进，如雨后春笋般冒出，一是得益于渝水区政府的因势利导，二是得益于百丈峰林场提供的优质森林资源；三是得益于思想意识的全面解放。

惠民生　促发展　“四个到位”抓改革

江西省寻乌县林业局　彭景福

寻乌县原有4个国有林场（桂竹帽林场、澄江林场、珊贝林场、剑溪林场），干部职工总数1452人，其中在岗职工895人、退休人员557人，经营总面积24.61万亩，其中生态公益林面积14.3193万亩，占经营总面积的58%。

2011年，该县克服畏难情绪和“等、靠、要”思想，按照“分流、分类、分制”的原则，出台了《寻乌县国有林场改革实施方案》，到2012年12月底，通过实现四个到位，即：国有林场整合重组100%到位、职工社会保障及社会化服务管理100%到位、职工安置及补偿金发放100%到位、国有林场改革维稳工作100%到位，全面完成了国有林场改革工作任务，未出现上访事件，未发生乱砍滥伐案件，呈现出多方共赢的良好局面。

一、整合重组，定性定编，确保实行分类管理

该县按照“转型定位、稳定权属，统筹兼顾，整合林场、做大做强”的思路，对全县国有林场进行重组。2012年7月，正式设立了寻乌县生态公益林场，核定为县林业局下属正股级全额拔款事业单位，核定全额拔款事业编制20名，合同制人员30名，人员经费全部列入财政预算。2012年10月，寻乌县生态公益林场正式挂牌运作，相关人员已到位，接管全县原国有林场的林木、林地及国有资产，为今后进一步做大做强国有林场打下了坚实基础。

二、以人为本，一场一策，解决后顾之忧

本着“以人为本、善待职工、维护稳定”的思路，根据林场资产及职工工龄，实行“一场一策”，从优从高给予货币补偿，采取由县国有资产投资经营公司垫付资金的办法，一次性清偿了国有林场所欠职工的社保、医保费用770多万元，并为职工预留了五年的社保、医保金，已参加失业保险的职工享受相应的失业保险待遇，桂竹帽营林林场自筹资金25万元，一次性为全体转

制职工缴交了社会化管理服务费，妥善解决了职工的后顾之忧。

三、盘活资产，财政支持，确保改制资金落实

根据国有林场建场年代久、历史遗留问题多、内外债务多的现状，该县围绕“垫、盘、招、借、抵、分、争、补”八个字，妥善化解了原国有林场3174.49万元的债务。在未处置国有林场林地、林木资产的情况下，将固定资产由县国有资产投资经营公司收储，改制资金实行专户管理，职工安置及“一补三险”费用约4830多万元全部由县财政统筹解决。实现职工“老有所养”愿望。

四、部门协调，落实政策，确保职工安居乐业

在国有林场改革过程中，该县从始至终都关注改制职工的居住、就业、特殊工种待遇落实以及职工社会化管理等问题，采取有力措施切实加以解决。一是对原林场从事营林工工种的职工，符合提前退休条件的，落实提前退休优惠政策。二是为确保已安置职工社会化管理的需求，县政府已批准在桂竹帽镇设立2个居委会、在澄江镇设立1个居委会，目前正在按照有关程序做好接、转、管工作。三是为切实解决职工住房困难，我县结合相关政策，落实农垦危房改造100户、国有林场危旧房改造200户，解决了500名职工的住房问题。四是为解决职工改制后就业和生活出路，优先聘用原国有林场技术、业务骨干为新组建的生态公益林场的管理人员和护林员。并将原林场商品林、经济林等林地优先承包给200多名林场职工，发展果业、毛竹、油茶等产业。五是结合创业贷款、再就业贷款等优惠政策，鼓励国有林场职工自主创业、就业，已有330多名职工创办了经济实体或外出务工，取得了改革“软着陆”，人人有“饭碗”的成效。

创新思路显成效　稳步改革促发展

江西省遂川县林业局　肖卫前

2011年，江西省遂川县全面启动国有林场改革工作，按照江西省“十六字”改革方针和吉安市“六到位、两确保”的改革要求，紧密结合自身实际，积极探索，大胆实践，在林场整合重组、定性定编、落实职工社会保障、创新林场经营机制等方面做出了成效，实现了资源增长、职工增收、林场增效、森林资源完整和林区和谐稳定的目标。

一、改革前遂川县国有林场基本情况

遂川县纳入当前改革的国有林场有三家，即五指峰林场、云岭林场和林业工业公司，简称“两场一司”。五指峰林场和云岭林场系国有营林林场，为县政府直属正科级自收自支事业单位。林业工业公司整合5个采育林场为林业局下属企业性质的副科级单位。“两场一司”现有职工2222人，经营山林面积70.97万亩，省级以上公益林面积31.14万亩。

二、遂川县国有林场改革的主要内容

（一）公益性确定和资源整合重组

在公益性确定方面：按照“精简效能、规模经营、管理科学”的原则，将全县国有林场进行全面整合重组，组建3个生态公益型林场，全部定性为公益性二类事业单位。人员按“老人老办法、新人新办法”的方式，国有林场现有职工，按原身份进行管理；改革后林场新招入的职工则按事业单位管理办法执行。在资源整合方面：一是分类管理经营，重点管好现有公益林。二是转换山场类型，逐步提高公益林比重。

（二）充分尊重职工意愿，合理分流安置职工

国有林场所有在册职工档案，以林场为单位，一次性转入县人力资源和社会保障部门。之后，按自主设岗、自然消化、自主择业的原则，返聘上岗人员签订新的劳动合同，未上岗人员采“取提前退休一批、内部退养一批、待岗一批、自主择业一批”等方式渐进式分流和安置。

（三）完善社会保障体系，维护职工合法权益

坚持以人为本，切实解决林场职工养老、医疗保险等社会保障问题。按规定做到100%参保，实现全覆盖。改革的补助资金，实行专户管理，优先用于职工的社会保障。对改革前国有林场拖欠的职工养老保险费予以一次性清欠，在资金允许的情况下，为“4050”人员和未上岗职工趸交5年社会养老保险和医疗保险；在国有林场改革的同时，积极创造就业岗位，切实帮助自主择业和未能上岗的职工实现再就业，着力改善国有林场职工住房条件，加快推进国有林场危旧房改造工程，进一步完善配套基础设施建设。

（四）稳定国有林场山权，确保国有资源完整

在推进遂川县改革中，所有国有林场联营山场继续执行原有联营协议，稳定联营山场经营权，维护联营山场各方利益，严禁借改革之机推倒重来，确保国有森林资源的完整性。

（五）规范资产评估处置，妥善化解各类债务

改革期间，“两场一司”都要做好资产的登记、评估和呆坏账目的核销工作，防止国有资产流失，对国有林场办企业所产生的一般商业性贷款，由所办企业通过处置资产所得予以偿还，不足部分争取当地政府和金融机构支持，采取统一打捆方式，与金融机构洽谈核销。

（六）剥离国有林场办社会职能

国有林场改革前已置换身份的职工和退休职工，统一实行社会化管理。

（七）创新经营机制，加强资源管理

坚持公益性质和生态优先理念，把实现生态效益和社会效益最大化作为国有林场经营的优先目标，完善公益型林场财政投入政策，建立“收支两条线”的财政管理体系，实行部门预算，构建财政支持公益型林场发展的长效机制。逐年降低国有商品林采伐强度的同时，将国有林场商品林的造林、抚育、采伐以及其他生产性活动，引入市场机制，采取承包或向社会招标等形式进行。积极探索国有林场森林资源管理的新途径、好办法，确保国有林场森林资源的完整性和稳定增长。

三、国有林场改革工作完成情况

遂川县已按照有关国有林场改革工作要求，积极稳妥的完成了主体改革任务，实现了“七个到位”，取得了显著成效。

一是重组到位。遂川县将原有三个国有林场整合为三个公益性二类事业单位国有林场，相继批复了三个林场人员编制、内设机构、主要职责的“三定”方案，并重新任命了新林场的领导干部、聘用落实了工作人员，办理了国有资产产权登记。二是定性到位。进一步明确了国有林场的公益性二类事业单位性质，编制数，领导职数，行政级别、职能及内设机构，按规定办理了事业单位法人登记。三是保障到位。全力确保职工权益，全县林场职工参加社会养老保险和医疗保险率为100%，做到了应保尽保。四是减人到位。对符合退休条件的职工办理了退休手续，对“4050”人员及因病残不能上岗的林场职工办理了内部退养，减轻了新林场的人员负担，增强了林场发展活力。五是剥离到位。按省、市要求将改革前置换身份的职工和退休人员全员实行了社会化管理。六是转换到位。制定了事业单位岗位责任制度，全员签订了劳动关系合同，明确了岗位职责。林场编制内人员经费和机构经费全部纳入财政部门综合预算，森林资源培育管护经费已纳入预算项目。七是安全稳定到位。通过采取召开职代会通过改革方案和人员分流方案，聘请中介审计和评估并公开挂牌公告处置闲置资产，制定《国有林场改革资金使用方案》保障资金使用稳定，开展林政秩序专项整治确保国有林场资源安全，明确规定联营山场继续执行原有协议，确保了山林权属等系列举措，确保了安全稳定到位，改革期间未发生一起信访案件。

四、国有林场改革特色做法

（一）主动靠前，创新三种方式，削减林场改革压力

一是评估改革风险，削减林场改革社会压力。由县林业局牵头，召集林业局班子及各林场主要领导，封闭式的对市方案进行深入解读和学习，并对遂川县开展改革工作中存在的改革风险进行了认真研究和评估，形成了《关于遂川县国有林场改革风险评估报告》，《报告》从合法性、合理性、可行性及可控性四个方面充分预判了遂川县在改革中财政资金、人员补偿、社会保障等领域的社会压力和可能出现的问题，并提出了合理的意见建议充分应对。减缓了林场改革的社会压力。

二是盘活沉冗资产，削减林场改革资金压力。国有林场在80年代兴办了一批场办企业，在这次改革中面临“摊子较大、闲置资产较多”的问题。遂川县在规范评估一些闲置资产后，对闲置的土地、厂房、设备等实行了租赁或拍卖，所得资金全部作为改革准备资金和化解债务资金，在改革中，通过盘活资产已化解金融机构债务171万元，发生经济补偿金99万元。同时，县级财政对国有林场改革工作拿出专项资金，按照国有林场经营面积每亩2元

的标准，配套本次改革，减轻了林场改革资金压力；

三是灵活分流人员，削减林场改革人员压力。人员分流是国有改革的重大热点难点问题，可以说直接关乎此次改革的成败。在人员分流方面遂川县充分搅动思想，积极寻找更灵活、稳妥的方法分流人员配合此次改革。一是在企业冗员方面主动靠前。在2010年以前，对自愿贡献辞岗（即身份置换）职工办理贡献辞岗，同时，争取上级政策，为符合社保代管条件的职工统一办理了提前退休手续，减轻了林场富余人员压力。二是符合条件职工提前退休。在调取职工档案经人保部门审核认定后，遂川县为符合提前退休的林场职工补办了特殊工种证，依照提前退休政策办理了提前退休，同时，对“4050”人员、因病、因残以及年满30年工龄的人员，办理了内部退养，进一步减轻了人员压力；三是实行“老人老办法、新人新办法”。即对改革前国有林场职工按照原有身份进行管理；退休人员和遗属，提取专项资金，交由社保机构管理，自然消化。对于应聘在改革后的公益型林场上岗的职工，采取定编不定人的办法，核定事业单位工资，签订事业单位聘用劳动合同，进行管理。

（二）深入细致，加大三个力度，夯实林场改革基础

为进一步推进国有林场改革，遂川县围绕建设“生态遂川”发展战略，以高度维护资源完整为底线，以平稳推进改革为出发点，通过整合森林资源、详细调查摸底、加大检查力度等手段，切实为改革工作奠定了坚实基础。

一是加大资源整合力度，着力维护资源完整。一方面将国有林场管理的省级以上公益林整合，组建三个公益性林场，同时，根据建设生态文明要求，将剩有的国有商品林所属山场，作为未来公益林山场的“后备力量”，重点向生态公益林进行改造。努力向上争取政策扶持，调整区域，积极转换山场类型，逐步提高公益林比重。力争把国有林场原来所经营的商品林逐步转化成生态公益林。另一方面对遂川县国有林场联营山场。继续执行原有联营协议，严禁借改革之机推到重来，着力稳定联营山场经营权，维护联营山场各方利益，确保森林资源的完整性。

二是加大调查摸底力度，奠定改革坚实基础。自省、市部署国有林场改革工作以来，遂川县一直将加快推进改革工作列入重要议事日程。2011年11月，遂川县在审计、财政、林业、人保等单位抽调精干人员，以各单位主要领导为组长成立清产核资、人劳保障、资金筹措等工作小组。在改革前期，由组长亲自带队对县国有林场的资源资产、债务债权；职工的基本养老、医疗等社会保险；改革资金管理和筹措等方面进行了全面的摸底和调研，并要求工作小组在调研中，深入走访林场职工，真正掌握较全面的第一手资料，为今后改革夯实基础。

三是加大部门联动力度，扎实有力推进改革。国有林场改革涉及部门多，为确保改革全面有序推进，遂川县按照“一个部门、一名领导、一个方案、一抓到底”的工作思路，积极争取相关部门密切配合，制定了“一对一”的改革方案。

（三）高位推动，强化三项举措，确保林场改革有序推进

遂川县委、县政府对国有林场改革工作高度重视，采取一系列措施，确保活动有序推进。

一是强化组织领导。结合实际层层召开了动员大会制定了国有林场改革方案，成立了以县长为组长，各分管县领导为副组长，各相关单位为成员的工作领导小组，抽调了 1 名工作人员，专门负责该项工作。各林场也相应成立了以主要领导为第一责任人的工作小组，积极配合改革各项工作实施。县政府肖县长还多次组织召开了协调会，亲自协调各项工作，高位推动改革工作深入开展。

二是强化工作调度。为给改革工作各牵头单位、责任单位促动力、激活力，县长主持召开了多次由各牵头单位、责任单位主要领导参加的工作落实会议，县国有林场改革领导小组办公室坚持每月召开一次工作进展调度会，研究解决改革中的问题，县级层面先后召开了 2 次政府常务会，5 次调度推进会，传达贯彻落实了中央、省、市国有林场改革有关精神。

三是强化思想疏导。国有林场改革涉及多方利益，政策性强，情况复杂，我们采取召开职代会、座谈会、直接面对职工等多种形式向林场职工广泛宣传改革的历史背景、重要意义、改革政策和目标要求，使广大职工打消了疑虑，增强了改革信心，在全社会营造了关心、支持、参与国有林场改革的浓厚氛围；同时强化教育疏导，协调各方面利益，积极化解改革中出现的问题和矛盾，确保了改革有序推进。

五、改革后国有林场发展思路

国有林场改革后，遂川县林场都将发展成为以公益性为主的国有林场，将彻底完成由原来以采伐经营为主变成以公益性质护林为主的思路转变。主要发展思路为：一是创建优质高效的森林资源。将着重发展高效、优质，丰富的生物多样性，创建林场自然与人文的景观资源；二是建立森林资源持续经营。建立健全国有林场森林资源管理体系和机制，强化监管，确保森林资源增长、增值、增效；三是科学规范管理经营。普及先进科学技术和现代科学管理方式，提升森林质量、效益及林业管理水平。四是综合利用林场资源。着力拓展资源利用的广度和深度，生产更多更好的生态品牌、物质产品和文化产品。五是完善基础设施建设。从生产经营及职工工作环境出发，着力推进各项基础设施建设和先进技术装备的配置。

政策先导　资金保障
实现“四无”目标和谐改制

江西省玉山县林业局

原玉山县国营东方红林场始建于1963年，系自收自支事业性质，干部职工38人，场部占地面积88.1亩，公房面积1600m²，管理2.47万亩国家公益林，改制前负债707.25万元。根据省政府《关于推进国有林场改革的指导意见》文件精神，2012年4月，我县启动国营东方红林场改制工作，通过合理制订方案、切实规范程序、财政全力保障、以人为本操作等一系列有效措施，仅用2个多月时间，就圆满完成改制工作。我们的主要做法是：

一、坚持用好“改制政策”这个“天平”

我们把严格制定和执行政策作为改制工作中必须坚守的一个基本原则。在方案制订过程中，按照省政府有关文件精神，结合我县实际，经多方征求意见，反复研讨修改，最终出台了《玉山县国营东方红林场改制实施方案》，既考虑了改制的共性问题，又考虑了改制的个性问题，不折不扣地落实了所有优惠政策。在方案执行过程中，县委县政府主要领导每月调度听汇报，分管领导每周督促抓进度，主管部门每天现场查问题，严格执行政策，灵活运用政策，既确保了干部职工权益最大化，又确保了改制工作顺利推进。

二、始终抓住“改制对象、资金保障”这两个重点

设身处地为改制对象考虑，全力以赴保障改制各项资金需求是改制成功的关键。一方面，我们做到“刚性改制、柔性操作”。改制中，我们始终把职工的利益摆在首位，把改制的目的和政策原原本本告诉干部职工，让职工参与到资产核算等工作中，始终与职工保持良好的沟通，以心换心，以情动人，得到了干部职工的理解和支持，把改制的阻力转化为动力，营造良好的改制环境。改制后，我们计划将原国营东方红林场场部改造成城市生态休闲公园，建成后划归生态公益型林场管理，更是得到了全体职工积极拥护。另一方面，我们做到“财政给力、改制通畅”。在启动林场改制时，县政府研究决定所有

改制费用由政府统一打包，并承诺在政策允许范围内，职工补偿标准就高不就低；因进入社保，只能按企业标准计算养老金，但在制定一次性补偿标准时，政府同意按更高的事业改制补偿标准执行，职工补偿金平均增加了四至五百元；在清理职工旧欠时，按照原单位管理制度已经执行但欠发的各种费用，政府全部认可，并一次性还清。改制前林场负债707.25万元，由县财政兜底，一次性核消，改制后新成立的生态林场无任何负债。

三、努力达成“职工、政府、社会”这三方共赢

在改制过程中，我县充分考虑个人、集体、社会的效益，从微观到宏观进行调和。一是职工“赢”利益。对于改制中职工按照有关要求应该得到的补偿和利益，我县全部补偿到位，从改制开始到现在两年多时间过去，没有发生一起因改制引起的信访问题。二是政府“赢”信誉。国营东方红林场场部处于我县重点工程“冰溪河一河两岸旅游综合体”项目实施范围内，林场改制的成败将直接影响到项目的建设进度。在短短的2个多月时间内，我们圆满完成林场改制和个人种植苗木的搬迁任务，为该项重点工程顺利开工、建成市民喜爱的休闲胜地打下了良好基础，政府的公信力得到了进一步提升，人民群众给予一致好评。三是社会“赢”生态。改制后，我县筹备设立生态公益型林场。由原来自收自支的事业单位置换成财政供给的事业单位。人员经费全部纳入财政保障。另外原林场场部建成为一个有玉山人文景观特色、环境更为优美的万柳洲公园，供广大市民休闲娱乐，进一步提升了城市品位，产生了很好的社会效益。

四、确保实现“无缺漏、无断档、无流失、无损害”这四无目标

实现“四无目标”是衡量改制成败的“标尺”。一是改制内容无缺漏。在政策底线不突破的原则下，我县始终以人为本、善待职工，让改制对象参与其中，根据职工对改制的意见和建议，工作组先后3次修改了改制方案，充分体现职工真实意愿，做到改制内容合理完整，改制工作严谨周密。二是操作程序无断档。我们严格按照成立机构、调查摸底、资产公示、产生代表、拟定方案、征求意见、讨论方案、方案公示、分组实施、签订解除劳动关系、兑现补偿费用，改制的每个环节都召开职工大会，讨论制出的方案以职工大会通过为准，然后再提交县政府常务会议研究通过。后期扫尾等程序操作，部署严密、环环相扣，不错不乱、不偏不漏，有序实施。三是国有资产无流

失。改制工作组派人日夜值班蹲点，防止不法分子偷盗林木等，严格对林场财务资产进行清理核算和及时移交，堵住漏洞，防止了国有资产的流失。因为有了财政全力保障，在改制中未拍卖一亩山场、一根林木和一件资产，改制后的国有资产不仅没有流失贬值，价值反而还逐步增加。四是群众利益无损害。在资产核算时，召开全体职工大会选出代表，让职工代表参与集体资产结算，避免了林场利益受损。在清点苗木数量和规格时，职工代表参与并提出补偿意见，由改制领导小组核定，补偿费用由政府承担，保障了职工利益。在核算社保金时，县社保局的人员与职工面对面核算，让职工打消了疑虑。在兑现补偿费用时，县财政开通“绿色通道”，改制资金 3 天内就划拨到县林业局，县林业局 3 天内就将改制相关费用全额发放到干部职工手中。正因为我们始终把林场改制作为一项“民心工程”来抓，始终坚持公开、公平、公正的原则，维护了干部职工的利益，所以才能真正实现平稳和谐改制。

推进国营苗圃改革　服务生态文明建设

河南省项城市林业局　欧阳立东　杨书忠

近年来，随着河南林业生态省建设及周口创建全国绿化模范城市工作的推进，林业种苗产业逐步兴旺，使林业种苗的市场价格也不断上涨，林业种苗生产被长期看好，林业种苗产业正处于朝阳产业的阶段。一些珍稀名贵树种如银杏、桂花、红豆杉、雪松、流苏开始应用到平原绿化中去，一些乡土树种得到开发，像巨紫荆、朴树、榉树、楸树、四照花、七叶树、青竹复叶槭等等。据统计我市种苗年使用量达到100万株，其中主要造林树种达到60万株，园林绿化和花卉类树种达到10万株，我市年产苗量40万株，外购苗木60万株，多为乡土常见树种，说明这些树种不能保证我市绿化事业的需要。在这样的形势下，项城市国营苗圃适应形势发展的需要，认真贯彻“林以种为本、种以质为先”的指导方针，利用自身优势加大种苗繁育力度，试行管理规范化、布局科学化、生产标准化、设施现代化、树种良种化、产品市场化、发展持续化，形成了以生产基地为依托，以协会为龙头，以交易为窗口，以经纪人为纽带，以绿化设计、施工、养护服务为一体的苗木产业链。

项城市国营苗圃始建于1985年，隶属林业局管理，差额供给的事业单位。位于三店镇境内的清静坡，南临月牙河，东接贾代村，北靠小杨庄，西邻大曲村。土地总面积500亩，其中林业育苗用地350亩，有固定工5人，农工32户，办公及职工住房92间。国营苗圃改革情况如下：

一、改革的背景

2010年以前，苗圃领导不把苗圃作为一种资源，反而认为是包袱，不积极组织林业生产、开拓市场，苗圃不生产种苗，而是种植小麦、玉米等低效农作物。职工农忙时间回来收割庄稼，农闲时外出打工。场院办公用房及职工住房破烂不堪，东倒西歪，苗圃运行二十多年面貌依旧，几乎没有积累；场里无现金积累；无林木积累；350亩苗圃地除了杨树外基本没其他树种，杨树大部分还是个人的，几株法桐还是1974年当时的下乡知青所栽；没有基础设施积累，道路不通，水电不通；技术人员没有传承，各种育苗技术断层。苗圃生产难以为继，持续发展无望。

二、改革的依据

2010年以来，项城林业局根据《中共中央国务院关于加快林业发展的决定》中发［2003］9号文件精神，改善国营苗圃的经营管理体制，实施股份制改革，盘活国有资产，组建新型的经济实体。林业局党组大胆探索实行股份制改制形式进行体制创新和经营机制转换，吸引全局职工入股60余万元，使投资者有其股、劳动者有其股，真正实现责权利相统一，为苗圃发展提供了启动资金，进一步坚定了入股者为林业奋斗终身的信心和决心。

三、改革的思路

针对国营苗圃的实际情况，林业局党组经过多次研究提出了“面对现实，理顺体制，活化机制，打好基础”的发展思路。确定了“发挥优势、扬长避短、长短结合、以短养长”的发展战略。所谓“面对现实”就是妥善处理原农工的问题，保持稳定。所谓“理顺体制、活化机制”就是面向市场，采用承包或股份制的方法，解决原有体制机制的问题。“打好基础”就是加强基础设施建设。所谓“发挥优势”就是我市被划为粮食核心区和成为全国粮食百强县后，农民种粮积极性空前高涨，把原来镇村的林场林地都种上了粮食作物，很少有人育苗，而国营苗圃通过改制后变成了全市唯一的苗圃。这是林业局独特的优势，应该发挥好。所谓“扬长避短”就是种植适应我圃气候条件、地理条件的乡土树种和名优树种。所谓“长短结合、以短养长”就是短期发展杨、桐、榆、柳、椿、楝、楸、小叶朴树、速生白蜡等乡土品种，长期发展桂花、女贞、七叶树、巨紫荆、流苏、榉树、四照花、松柏类品种。引进新品种、新技术，不断增加新优品种储备，同时还注意优化苗龄结构，适度减少造林用小苗的培育，增加园林、通道绿化等大规格苗木品种。

四、改革的成效

1. 引入市场机制

发动职工入股，吸引全局职工参股60万元，注册了项城市会芳林业有限公司，成立了董事会领导下的法人治理机构，方便承包经营和融资。然后以每亩600元的价格承包国营苗圃的土地，承包价格是原来价格的4倍，为国营苗圃每年净增收入12万元。

2. 妥善解决了原农工的问题

原30多个农工尽管与林业局没有任何劳工关系，但由于她们在苗圃时间长，再加上承包费过低，她们只想一直种廉价地，不愿放弃圃地，又不愿意提高承包费，更不愿意种植有风险的苗木，并且多次以上访相威胁。上级讲稳定，怕上访。于是经过多次研究，采取弄清这些农工在苗圃的时间。根据时间确定了有22名老农工，每人解决2亩地，还按原来每亩150元价格进行承包，其余土地交回苗圃场重新发包，这样稳定了农工的情绪，运作三年来有4名农工由于身体原因退出，交回了每人的2亩地。

3. 基础设施建设得到加强

一是先后争取交通项目资金200多万元，新修宽5m水泥路3.8km直到苗圃院内；二是新建办公用房12间，并对危旧房进行了改造。新拉围墙800m，其中景观墙140m；三是新挖沟河2000多m，改造坑塘4个，争取水利项目新打机井10眼，水电喷灌设施完善；四是购置大型耕作设备4台，新添皮卡车1部，大篷车2部；五是安装电子监控设备一套，防盗实现了电子化、智能化；六是按园林式布局规划建设，黑松园、桂花园、银杏园、流苏园、巨紫荆园、榉树园、珍稀树木园等专类园初步建成。目前森林、水系、道路、自然和谐，园林建筑、花园小品古朴典雅，林业科普休闲功能已经显现。

4. 按“四位一体“的定位进行建设

“四位一体”建设（即“种苗研发的平台、良种生产的基地、林木示范的中心、科普休闲的场所”）以园林植物的引种驯化、选育培优、新品种繁育、栽培养护及应用等方面的品种创新和技术创新为己任，促进园林植物科研成果的产业化应用，积极推动林业种苗产业的健康发展，基本实现了“定向供种、定点育苗、定单生产、定向供应”的种苗生产运行机制。每年可为生态市建设提供30万株优质种苗，年产值突破100万元大关，其中巨紫荆、榉树、朴树、流苏嫁接桂花、七叶树、黑松等新优树种引种驯化成果，受到市场的青睐。

5. 开发和推广使用了一批先进实用技术

（1）园林苗木的培育创新（流苏靠接桂花技术）。流苏本来是分布生长在我省太行山、伏牛山和大别山的野生树种，桂花是南方常绿常用绿化树种。皇家园林故宫、颐和园亦有栽培，但都是流苏嫁接的。证明流苏嫁接桂花历史悠久。经分析“南桂北引，流苏嫁桂”有以下四个特点：①抗寒性强，可以有效解决桂花南桂北养的问题。②观赏性好，流苏在深山老林历经雨雪风霜若干年，本身就是一道风景线，再配以各种优良品种桂花，无论是闻香还是观景效果都不错。③亲和力好，生长茂盛，有效解决北方种桂叶小、花稀的问题，可使桂花叶片油黑发亮，植株茂盛、水灵，花大叶密，有南方桂花的韵味。④移植方便。南方桂花移栽到北方，一般需要带大土球，并且三、五年也恢复不了树势，而流苏嫁接后不需要土球也能栽培，树势恢复快，基本不受影响。移栽不受时间限制，7～8月高温天也能栽活。正是由于有以上特点，山东临沂地区疯狂来挖我省流苏资源，高价收购流苏种子，而我们河南好像知道这个的很少，搞的更少。项城国营苗圃进行了引进和开发创新。2013年流苏嫁接桂花技术试验获项城市科技进步二等奖。目前购有胸径10cm以上流苏老桩嫁接桂花400余株，流苏小苗2.4万株。以前培育一棵直径10公分桂花树木，需要十几年，现在三到五年就可以培育出来。特别是直径30公分的流苏树，嫁接桂花枝条，只需要五年树冠就能达到两三米，可以说"给我五年，还你百年"。流苏嫁接桂花这项技术的开发创新，可以把桂花北移到黄河以北，并且流苏桂花景观树或盆景是高档小区、别墅的宠物，其本身也蕴含巨大的经济效益。在此基础上实现了白蜡、国槐、楸树等的全嫁接。

（2）地膜覆盖育苗技术。扦插苗木（如杨、柳、桐、复叶槭等）一律地膜覆盖，种子育苗一律大棚育苗，并且地膜覆盖实现了由白膜向黑膜的转变，种子育苗实现了由小拱棚向大棚的转变，育苗水平逐年提高。

6. 引进和推广使用了一批新品种

为了丰富良种资源，加速良种化进程，提高良种苗木的供应能力，国营苗圃几年来先后引进了"白四"、"圆冠"等4个泡桐新品种，"碧玉"杨、"普瑞"杨2个杨树新品种和"豫楸2号"楸树新品种，进行育苗和推广使用造林。

7. 发挥了国营苗圃实验平台作用

国营苗圃作为林业局的实验基地，既经常不断地对全局职工进行培训，提高其素质，又在生产经营中，合理设置内部管理机构，压缩非生产人员，还通过按股份分配、奖勤罚懒，调动职工积极性，并根据市场反馈及经营成本，合理定位苗价，以低成本、高质量、低价位占领市场，建立信息收集机制，利用网络及时掌握新科技、新技术，把握苗木市场行情，根据市场需求指导生产。改制后有180人次到苗圃参加劳动，有6人成为流苏嫁接桂花能手。以前林业局职工至退休也没到苗圃去过，甚至不知道苗圃在哪里，现在争着到苗圃工作。

目前，项城国营苗圃经过三年多的全力打造，各类苗木郁郁葱葱，各类花卉竞相开放。估计价值在千万元以上。改革使一个濒临倒闭的林场走向了健康发展的轨道。

深入开展集体林权制度改革
增加林农财产性收入

江西省芦溪县林业局　胡建和

芦溪县地处江西省西部，东经113°55′~114°16′，北纬27°25′~27°46′，境内东西长44km，南北宽41km；东与宜春市袁州区接壤，南与安福县、莲花县毗邻，西靠安源区，北与上栗县和宜春市袁州区相连。

全县辖10个乡（镇），136个行政村，2226个村民小组，3个县属国有林场，1个垦殖场，市驻县武功山管委会、萍矿林场、坪村水库管理局、涡底潭水库管理局、森林公园。

全县现有土地总面积144.342万亩，其中林地面积103万亩，占全县土地总面积的71.3%，森林覆盖率67.4%。全县现有活立木蓄积量210.242万m^3，毛竹立竹3628.951万株。

我县在2007年全面完成林业产权制度改革后，在省林改办的正确领导下，紧紧围绕温总理提出的集体林权制度改革“五个确保”的目标，进一步深入开展林权制度配套改革工作，现就工作进展情况汇报如下：

一、林权制度配套改革主要工作进展情况

（一）成立机构，落实责任

县政府成立了林业产权制度配套改革领导小组，由县政府分管副县长为组长，林业局局长为副组长，发改委、林政、农业、工商、税务、金融、供销等部门负责人为成员，领导小组下设办公室，办公室设在县林业局，具体负责日常工作。各乡镇相应建立林权制度配套改革工作机构，狠抓各项工作的落实，做到一级抓一级，级级抓，抓出成效。

（二）加强舆论宣传

一是下发了《关于贯彻落实温家宝总理重要指示加快林业产权配套改革工作意见》；二是召开会议，2007年6月29日，县政府召开了全县林业产权制度配套改革工作会议。会议传达了省、市林业产权制度配套改革工作会议精神，通报全县林改检查情况，部署了林业产权制度配套改革具体工作；三

是利用县电视台、宣传车、新闻媒体等宣传工具，进行广泛的舆论宣传，为搞好配套改革营造良好的社会氛围。

（三）加强森林资源保护管理，确保森林资源长治久安

为进一步巩固林区社会稳定成果，确保森林资源长治久安，一是成立了县森林公安局，升格为正科级建制，理顺了森林公安体制，恢复设立了3个林业派出所，增加了森林公安力量，人员编制由17人增加到25人。二是成立了芦溪县专业森林消防队，并增加全额拨款事业编制30名，建设了面积约610m^{2}的县森林消防指挥中心，购买森林消防指挥车、森林防火运兵车各一辆，做到招之能战，战之能胜。三是全面实施全县封山育林，我县自2008年开始实施全县范围的封山育林，除林地占用、灾害材清理以及毛竹外停止了一切木材采伐，并出台了《芦溪县封山育林管理办法》，在2009年3月县委、县政府印发了《芦溪县推进封山育林配套措施实施意见》，进一步加强林政管理，严厉打击盗伐、滥伐林木、违法运输林木等违法行为。虽然全县已全面封山育林，但我们仍然完善林木采伐管理制度，对林木采伐指标的分配基础、分配方式、采伐类型、指标管理、民主监督等方面进行规范，建立了以森林数量和林分年龄为主导的林木采伐管理新机制，为今后的林业生产工作奠定了坚实的基础。因此我县的森林资源得到了充分的保障，并连续被省评为森林资源保护先进县。

（四）构建“三防”体系，提升林政管理水平

要搞好林政管理，在现在交通便利、信息发达的情况下，单靠林业部门是远远不够的，也是行不通的，必须依靠和发挥广大林农的主体作用，为此，我们引导广大林农组建了136个村级“三防”协会，1898个组级分会，参加农户达37089户，参会率达70%。在协会中，我们注重发挥党员的积极作用，结合“农村无职党员设岗定责活动”，每个村小组挑选2~3名责任性强的无职党员负责防火、防盗、防病虫害的巡山护山工作。

（五）加强森林资源流转管理，扩大林权抵押贷款

遵照省厅的要求，我县加强了森林资源流转工作的管理，一是县政府制定了《芦溪县森林资源流转管理暂行办法》，明确规定了森林资源流转程序，评估要求交易场所、资金管理等。二是对全县森林资源进行了全面的调查摸底，清理。2009年在萍乡市成立的林业产权交易中心的指导下，（2009年起我县林业产权交易转由市林业产权交易中心办理）我县对森林资源流转的程序、要求进行了明确和规范，使森林资源流转得到进一步的规范化和程序化。据初步统计，截至2012年年底，全县森林资源流转面积46137.7亩。森林资源的依法有序流转，将林业经营的长周期分割成若干个较短周期，加速资金的周转速率，实现林木资源的快速资产化，降低了林业经营的风险性，提高了林业资本经营的水平，促进了林业经济的平稳发展。

截至2012年年底，全县以林权证及林业资源资产抵押贷款累计金额1913万元，林权抵押面积28917.8亩。通过林权证抵押贷款盘活了森林资源，使林农手中活的森林资源资产变为活的资金，金融投资的示范带动效应迅速显现，激发了林农和社会各个方面投入林业的积极性，促进了林业投资多元化格局的形成，有力地带动林农的持续增收。

（六）积极引导，推进农民林业专业合作社建设

为了更好地发挥森林资源的经济效益，促进农民增收，就必须依托本地优势发展林业产业和特色产品，实行林业生产经营的专业化、规模化、集约化，着力推进林业现代化建设，达到“建一个组织，兴一项产业，活一方经济，富一方百姓”的目的。我县下发了《芦溪县组织开展创建农民林业专业合作社的实施方案》。到目前为止，全县创建农民林业专业合作社32个，加入农民林业专业合作社人数为7234人。经营模式主要有家庭合作林场、股份合作制林场、“公司+农户+基地”合作型林场、林业专业（行业）协会、精致农林产销合作组织五种模式，通过建立农民林业专业合作社，使农民从单户生产走向合作经营，把农村劳动力、林地、技术、资源等林业生产要素流动重组和优势整合，实现林业资源的优化配置，实现林业规模经营、集约经营，提高林业生产的整体效益。2012年全县林农人均收入6234元，但入社林农在专业合作社的经营中获得收入6830元。根据国家林业局开展创建农民林业专业合作社示范县活动的精神，我县通过筛选把其中比较好的10家作为示范社，并向省厅上报了我县申报国家示范县的实施方案。最大程度的从政策上支持和引导他们承担林业工程项目和林业新品种、新技术推广项目等国家涉农项目。

（七）“一事一议”，巩固和发展林权制度改革的成果

村级林业公益事业“一事一议”财政奖补政策是深化集体林权制度改革的一项重大政策，是改善山区基础设施、促进林区发展和稳定的一项重要制度。我县在深入基层的同时，与各村积极沟通，抓好村级涉林公益事业一事一议以奖代补的工作。工作中讲究方式方法，注重民主决策，选择林农需求最迫切、利益最直接的村级林业公益事业建设项目进行奖补试点，以村民、自愿出资出劳为基础，做到政府投入和农民出资出劳相结合，注重项目实际效果。同时，始终强调奖补项目必须尊重林农主体地位，坚持林农自愿和民主决策，做到村民议事过程、政府奖补项目申请、资金和劳务使用管理全过程公开透明、公平公正、规范管理、阳光操作。

二、林权制度配套改革取得的成效

完善林权制度配套改革意义重大，它是集体林权制度改革取得全面成功的决定性因素，是落实好中央一系列富农活农优惠政策的基本要求，是山区林区经济社会发展的重要推动力，我县通过各项配套改革已取得了初步成效。

一是农民造林育林积极性提高。由“要我造林”到“我要造林”转变。

二是由政府投入向经营者自主投入转变。促进了集约经营和规模经营。全县创建民营林场 5 个，经营面积 6 万亩，全县林农造林、竹林改造面积 12. 6 万亩，自主投入资金 5320 万元。

三是盘活了森林资源资产。全县森林资源流转面积 46137. 7 亩，林权抵押贷款面积 28917. 8 亩，抵押金额 1913 万元。

四是促进了林区稳定。体现在农民不失山、不失地。林改后，全县乱砍盗伐案件下降 49. 8%，火警下降 64%，森林病虫害面积比上年减少 72. 1%。

五是实现了资源最佳配置，促进了社会经济全面发展。表现在林木资源资产、人力资源资产、社会信息整合起来了，社会整体效益上升。

六是实现产业升级。体现在资源培育达到一定程度，信息充足，生产什么产品有自己的主导方向，社会各界投入增加促进了产业升级。

七是推进了整个林业社会化服务。通过组建各种经济组织和协会，使整个林业充满活力，而且组织形式正在向新型化方向化发展。

八是林地价格提高了。在林地价格提高的同时，也促进了林业高投入高产出格局的形成。

九是提高了林木资产价值。形成了市场信息平台，实现了价格信息资源共享。

三、存在的主要问题及建议

林改后，通过定权，林农心中像吃了定心丸，从原来的靠砍树换钱过生活，转变为现在的维护生态的护林工作中来，积极的营造新林，但同时也矛盾增多，山林纠纷数量呈上升趋势，我县林业产权制度配套改革取得一定的成果，但也存在一定的问题，主要表现在：

一是大部分插花山和纠纷山尚未确权发证。尤其是跨县、跨设区市的插花山和纠纷山确权工作量大，难度大，由于历史原因，特别是林业“三定”时工作不彻底，各种权源依据不完善，资料不完整，一些插花山未落实林权权利人，一些纠纷山悬而未决，如宜春市袁州区与我县争议的明月山，安福县与我县争议的羊狮幕（将近6000亩插花山）以及二丘田等山林权属多达数十处。建议省、市、县成立山林确权领导小组，制定管理办法，配备专门人员、专项资金、专门交通工具，专门负责落实处理跨县、跨设区市的插花山和纠纷山的山林确权发证工作。

二是林业“三防”协会，林农合作组织不完善、不规范，有的甚至是一个空架子，没有充分发挥其作用，建议加强这方面工作的指导，同时给予一定的资金补贴。

四、下一步工作打算

一是继续抓好和完善林业“三防”组织和经济合作组织工作，充分发挥其职能作用。

二是做大做强竹产业，提高林业经济效益。我县现有毛竹林面积23.17万亩，占林地面积为22.5%，发展毛竹精深加工是促进林农增收的重要途径。

三是继续抓好跨县、跨设区市的插花山的山林确权发证工作。

四是组织培训，提高乡镇干部的林业政策水平和处理林业工作的能力。

五是继续加强林政管理，巩固全县封山育林成果。

深化集体林权制度改革
推动生态林业建设

贵州省兴仁县林业局 杨官道 贺大吉

深化集体林权制度改革是我国继农村土地承包经营后在土地使用制度上的又一重大改革，是林业生产关系的一次重大调整，是深化农村改革的一项重要内容。按照省、州的统一部署，2008 年元月我县全面启动了集体林权制度改革。兴仁县集体林权制度主体改革工作扎实有序推进，主体改革已经结束，配套改革正在进行中。

一、基本情况

兴仁县地处贵州省西南部、黔西南州中部，东邻贞丰，南接安龙、兴义，西靠普安，北界晴隆、关岭。全县辖 14 个乡镇、4 个街道办事处，162 个行政村，总人口 50 万。全县东西宽约 65km，南北长约 58km，国土总面积 178530hm^2，其中林地面积 90984. 75hm^2，占 50. 96%；林业用地中，有林地面积 42563. 92hm^2、疏林地面积 65hm^2、灌木林地面积 23244. 53hm^2、未成林造林地面积 11525. 46hm^2、无立木林地面积 80. 93hm^2、苗圃地面积 21. 33hm^2、村寨林、四旁树、散生木等 10266. 7hm^2，本次应改面积为 79523. 55hm^2，实际林改面积为 68910. 69hm^2，勘界率为 86. 7%。在县委、县政府的领导下，按照党中央、国务院和省、州林改工作的要求，切实提高认识，加强领导，精心组织，狠抓落实，全县集体林权制度主体改革工作 2010 年基本结束。共完成 18 个乡镇（街道）142 个村（居）委会 64247 宗 69773. 07hm^2 林地（全县 79523. 55hm^2）的确权定界，涉及 1962 个村民小组、73841 户、364136 人。其中自留山 194. 44hm^2，责任山 25129. 49hm^2，集体统管山 29227. 85hm^2，全县林改外业勘分山到户率达 100%，共发林权证 64247 本。

二、集体林权制度改革的主要做法及取得的成效

（一）集体林权制度改革的主要做法

林改工作是一项非常复杂的社会系统工程，涉及面广、政策性强，如有

不慎，容易造成社会的不稳定。兴仁县林改工作之所以能够顺利进行，取得较好的成效，总结起来，主要有以下几个方面的经验：

1. 提高认识，切实加强对集体林权制度改革的组织领导。县、乡、村、组四级都成立了林改领导小组和办公室，切实保障了林改工作的高质量完成。明确副县级领导包乡（镇、街道），全县联系乡（镇、街道）的副县级领导共18人，组建驻村工作组142个，联系村的副科级以上干部142人，按照“县委、县政府直接领导，乡镇组织落实，村组具体实施，部门搞好服务”的工作机制，把集体林权制度改革工作作为地方政府的年度目标任务，将全县学林的工作人员抽出来加强林改骨干力量，分配到各乡（镇、街道）全力以赴地开展林权制度改革，下山镇、城南、东湖、城北、真武山街道、潘家庄镇、新龙场镇、屯脚镇及鲁础营乡聘请懂林业技术的社会人士参加本乡（镇、街道）的林改工作，确保林改按时保质完成。

2. 加强学习，集中培训，广泛宣传，深刻理解林权制度改革的相关政策和法规。共分四个时段完成：第一阶段完成思想动员、业务培训、宣传发动、调查摸底、制订村组方案等工作；第二阶段完成外业勘察、确权定界工作；第三阶段全面进行林改工作查缺补漏；第四阶段完成内业输机工作、林地承包合同的签订、林权证的发放及林改档案的归档整理。利用多种宣传媒体，广泛宣传林权制度改革的意义，做到家喻户晓，人人皆知，调动群众积极参予林改，群众参与是林改工作成功的关键。县林改办认真对照全县情况，编制《林改宣传工作方案》，分阶段开展宣传工作，共发放《致农民朋友的一封公开信》13万份，书写宣传标语1200余条（幅）、林改固定宣传碑牌10块，永久性标语1000余条、悬挂宣传横幅136幅，召开动员会210次。县林改办与县内外各媒体形成协调联动机制，共同做好林改宣传报道工作，据统计，共在《黔西南日报》、《兴仁报》、《兴仁电视台》、《锦绣兴仁》、《贵州林业》网站等共刊播、发宣传新闻搞件100余篇（条），县、乡（镇、街道）林改办积极办好《林改工作简报》。各项措施的落实，规范了林改各阶段工作的开展，确保林改各阶段工作质量。

3. 理清工作思路，确定林改主要任务。全县162个行政村中，有林改任务的村有142个，应改面积为79523.55hm^2，对有林地的村逐个进行调查摸底，为村级方案的起草及林改外业勘界工作奠定了坚实的基础。

4. 把握原则，尊重民意，因地制宜开展集体林权制度改革。把握两个原则：一是林改既要积极稳妥推进，又要促进林业的可持续发展，确保国家生态效益和集体林农经济效益稳定增加。二是充分尊重群众意愿和创造精神，本着自愿结合、平等公开、合理公正、有偿流转的原则，促使集体林产权明晰化、经营商品化、投资多元化、权益稳定化。

5. 依法办事，阳光作业。在林改过程中，坚持依照法律、法规、政策办事，严格遵循《村民委员会组织法》、《森林法》等法律法规确定林改政策，妥善处理林改过程中碰到的历史遗留问题和现实具体问题，切实做到依法办事。强调集体林是全体村民的共有财产，对于集体财产的处置必须严格依法并充分尊重大多数村民的意愿，任何组织和个人都不能包办代替，不得以行政手段强行干预。

6. 坚持“四签两不准”、“两个三分之二”，确保村级方案的公开、公平、公正。在召开村民会议讨论通过村级林改方案时，必须做到会议通知由户主或委托人签收，参加会议签到，表决票上签名，林改方案签字，不准他人代签（有委托人的除外），不准用圆珠笔和铅笔签字。与会人数应超过应到会人数的三分之二，同意方案的人数应超过到会人数的三分之二（召开村民代表会时，每个代表所代表的人数应有姓名记录）。充分吸收了大多数群众的意见，真正做到了在符合大原则的前提下，老百姓愿怎么改就怎么改。比如：回龙镇坪寨村在召开村民代表会议表决村级方案时，村主任不同意方案，但与会代表赞成方案的人数超过三分之二，最后方案通过，老百姓高兴地说：“林改真的不是干部说了算”。

7. 坚持“四加二、四到场”勘界模式，确保外业踏界、指界、认界的准确。制定“四加二、四到场”的外业勘界模式，即：外业勘界必须有村、组干部、四至接界人、林权权利人、乡（镇、街道）林改办工作人员、勾图员、记录员等到场，才能进行勘界勾图，缺一方面的人员都不能开展工作，同时要求四至界线必须有明显的地标物，全县各地因地制宜、因时制宜，创造性的开展工作。通过各级、各部门的共同努力，确保全县林改外业勘界质量，做到图、地、表、人准确一致。

8. 内业工作精益求精，力求准确无误。根据贵州省《确权发证办法》制定了《兴仁县林改工作技术方案》，对相关的技术标准进行了规范要求，林改工作技术方案一开始就发到各乡（镇、街道）林改办，对照方案要求，做好各项工作，同时还统一了各乡（镇、街道）、村、组代码，对进入内业工作的乡（镇、街道）及时给予指导，同时对图纸转绘、清绘等提出具体要求，尽量将误差控制在允许范围内。

9. 档案工作与林改工作同步开展。档案是历史，档案是成果，档案工作做得好不好，直接关系到林改工作质量，从某种意义上讲，档案过不了关，林改也就过不了关，基于上述认识，全县明确林改档案专职管理人员20名，从林改工作一开始，县林改办就要求各乡镇（街道）林改办注意收集林改资料，将林改工作所形成的全部文件资料分村装入档案盒，最后再根据档案管理相关要求立卷、分类、归档，将原始的资料送县档案局保存，县及各乡镇（街道）成立了林改档案工作领导小组。

10. 加强纠纷调解工作，落实纠纷山林的勘界确权。县和各乡（镇、街道）均建立纠纷调解工作机构，按纠纷调处程序认真做好调解工作。在林改工作过程中，未出现因林权纠纷导致的上访，特别是雨樟镇交乐村和贞武山办事处三村与梨树坪国有林场近三十年的纠纷，县委安排县人大、政府的分管领导带领两个工作组深入农户和山头地块，做了大量工作，通过摆事实、讲道理、查依据、看档案，纠纷双方都作了让步，双方签订了争议调解协议，划定了交界。

11. 完善了公益林（含国家级和地方）补偿工作的开展，加强对森林生态效益的管护和利用。结合集体林权制度改革工作的开展，2014年度将全县的森林、林木和林地纳入了森林保险，使全县的森林资源得到了充分的保障。近几年来，对于林权流转工作的开展，已经流转林地3万余亩进行了登记，增加了林农的收入，使森林充分发挥了生态效益、经济效益和社会效益；换发错（乱）林权证253本。

（二）集体林权制度改革取得的主要成效

1. 激发了林农的积极性。通过林改把所有集体林地林木产权明晰到户，激发了林农“护林、爱林、造林”的积极性，营造了林业发展的良好氛围，“管好自己的山、守好自家的林、种好自己的树”已成为广大林农的自觉行动，实现“山有其主、主有其权、权有其责、责有其利”的目标。

2. 盘活了林业资产。通过集体林权制度改革，明晰了林木权属，促进了林木流转，盘活了林业资产。特别是有的村组通过拍卖林地经营权，拓宽了林业的投资渠道，增加了集体收入，并用于集体公益事业，如村村通工程、水利工程等，受到了群众的欢迎。通过林木的确权发证，为今后林权的抵押、继承、转让等奠定基础，有利于盘活林业资产。

3. 提升了林业的管理水平。林改期间统一使用地理信息系统进行管理，与传统的识图，绘图技术与林地年度更新有机结合起来。依据有关法律法规，健全了各项工作制度，完善了20余宗林地流转手续，有效地提升了林业的管理水平，有效发挥了林地利用率。

4. 促进了林区的和谐。加大了林权纠纷调处力度，林改主体结束后，调查调处林权纠纷10起，调处上访案件5起，及时上报省、州、县相关部门，严厉打击破坏森林资源的行为，有效地促进了林区和谐。

三、几点启发

1. 领导重视是推进林改工作的关键，林改工作从县到乡镇（街道）、村，党政一把手都是林改工作的第一责任人，县委、县政府与乡镇（街道）党工委、政府签订目标责任状，落实责任，明确任务，订目标、订时限，形成一级抓一级，层层抓落实的工作格局，高位、强势推进林改工作，各级领导逢会必讲林改，工作安排必讲林改，人大代表、政协委员分阶段对林改进行调研、督查，县几大家班子联席会、县政府县长办公会定期不定期听取林改工作情况汇报，发现问题及时整改、及时纠正，使林改工作一直处于紧张有序、依法依规，按计划、分步骤，积极稳妥全面推进的状态。

2. 依法依规，科学民主是做好林改工作的核心。林改工作一开始，县委、县政府就明确要求，林改工作务必做到依法依规，总结过去林权改革的经验和教训，按照中央及省、州的安排，对兴仁县的林地使用现状进行了分析研究，制定了各项林改方案、档案工作意见、林改培训工作计划、林改工作督查要点、林改工作人员工作要求、林改技术人员工作要求。第一是抓好培训工作，从法律、法规、工作方法上加大培训力度，一方面是派出工作骨干参加省、州组织的培训，另一方面是抓好县级培训，三是指导好乡、村级业务培训学习，四是通过培训，确保懂法律、懂技术、有方法的林改干部队伍，使全县林改工作的依法依规开展。第二是科学决策，工作中既强调依法、依规，鼓励因地制宜，“一乡一策、一村一策”，不搞一刀切，把林改同产业化发展结合起来，既考虑林农增收致富，也考虑全县产业布局，盘活林地资源，长短结合，实现可持续发展，将屯脚、李关、雨樟、新龙场、潘家庄、下山等地区划为重点商品林区，同时还规划了速生经济林区。第三是民主决策，林改工作的最终落脚点是在村、组、农户，没有农户的参与，无从谈林改工作的开展，各乡（镇、街道）必须要开好几个会：一是村组动员会；二是村组领导小组会；三是方案征求意见会；四是群众代表推荐会；五是方案表决会。对实事求是的意见建议要纳入方案，民主程序是否完善，是县级督查的核心内容，对不符合民主程序要求的，一律重来。

3. 资金保障是完成林改工作的保证，全县共投入林改工作资金近300余万元，全县各乡镇（街道）都确保了林改工作有专门的办公室、档案室，办公设施完备，确保林改工作顺利进行。

4. 完善了公益林（含国家级和地方）补偿工作的开展，加强对森林生态效益的管护和利用。

5. 在发放林权证工作中，兴仁县林权登记发证办公室专门雕刻了“兴仁县人民政府林权登记专用章”，加盖在林权证附图与林权登记申请表附图相对应的骑缝章。

四、工作中存在的困难和问题

（一）工作中存在的困难

虽然我们在前期的林改工作取得了较好的成绩，得到了各级各部门的肯，但离上级的要求还有差距，还存在一些不容忽视的困难：

1. 林权改革工作机构不健全，人员不稳定，无专门人员负责。

2. 林改工作经费紧张。在财政十分困难，林地破碎、类型复杂，林改所消耗的人力、物力、财力前所未有的情况下，多方筹集林改经费，但与林改工作的实际需求相比，资金缺口较大。加之整改完善工作还将持续，配套改革还未启动，林改经费尤显紧张。

3. 林业产业发展滞后。林改后，林农发展林业产业积极性很高，但林业产业发展是一个长期、持续的过程。兴仁县林业“大资源，小产业”的状况还未发生根本性转变，加工企业少，规模小，初级、低档产品多，精深加工产品少，劳动生产率和设备现代化程度比较低。速丰林、经济林等产业基地建设规模小、质量不高，管理粗放，资源培育投入严重不足。森林生态旅游还形不成气候，缺乏活力，林地利用率不高。

4. 配套改革任重而道远。目前完成改革只是迈出的一点，深化集体林权制度改革任务的担子不会减轻，要把深化集体林权制度改革进行到底，还需要不断努力、不断奋斗。经营主体的处置权还未真正落实，森林、林木和林地使用权流转还不规范，农民林业合作组织还有待研究和发展。

（二）工作中存在的问题

1. 随着林改工作的不断深入，难点热点问题和矛盾纠纷日益显现，一些历史遗留的老纠纷仍然存在且调解难度大。

2. 外出务工人员较多，有的甚至举家外出无法联系，导致部分乡镇（街道）存在部分未勘界的林地。

3. 由于“谁造谁有”的林地林木和自留山分散、面积少，林权登记换（发）证难度较大。

4. 虽然2010年我县基本完成林改主体改革工作，林改配套改革工作的开展相对滞后，要全面完成林改工作任重道远。

5. 由于受编制和技术力量的限制，加强对农村林业改革办公室（林改办）和林权交易服务中心（全部合为兴仁县林业局林政股）的建设，目前尚无专业的办理机构和评估机构，林权抵押贷款工作未启动。

五、几点建议

1. 加大林权纠纷调处力度，对历史遗留的林地林木权属纠纷进行再次的调解（特别是跨县行政区域的纠纷），扩大林改面，维护林农的合法权益和林区的社会稳定。

2. 加强对已发证的农户的回访调查工作，发现问题及时更正，对国家、省的严格要求把县、乡镇（街道）林改办要作为常设机构，增加编制专门人员保留不变，增加工作经费，纳入财政预算，完善后续工作。

3. 国家、省级搞好主体改革完成后的保障措施协调工作，搞好配套改革的指导和林权流转建立交流平台。

4. 林农要求国家、省级加强对林业生产工作政策和资金的扶持力度，搞好林下经济的开发和建设。

镇远县“三部曲”推进山林权属争议调处工作

贵州省镇远县林业局　李登福

山林权属争议调处工作是解民忧、保稳定、促发展的惠民工作。镇远县不断探索山林权属纠纷调处工作方式方法，总结提升出山林权属纠纷调处工作“三部曲”，有力地推进了我县山林土地权属纠纷调处专项行动工作进度，收到明显成效。

一、山林权属纠纷调处工作“三部曲”

一是统一调处思想会议。调解前，组织参加调解的乡镇政府领导、涉及的村委、山林权属争议双方代理通报案情、双方证据及存在的问题，统一调处意见，需要达到的目的，大家形成一致共识，才能做到正确引导、正确代理，取得实效。特别是双方村委、双方代理人在调处中起着至关重要的作用。

二是山林权属争议双方思想工作会议。调解程序中质证听证结束后，分开组织开展山林权属争议双方思想工作。在做思想工作中，着重突出“己短彼长”，迫使双方让步，再通过法律法规政策引导，促成双方达成协议调解。

三是山林纠纷会商工作联席会议。经过多次调解未能达成协议调解的山林权属争议案件，在行政裁决前，由县政府办组织镇远县山林纠纷会商工作联席会议制度领导小组成员对山林纠纷案情、双方持有证据及现场认定、调处程序履行等进行会商，形成裁决意见，报县人民政府审核作出处理决定。

二、山林纠纷调处“三部曲”成功调处的典型案例

近年来，镇远县通过唱好纠纷调处“三部曲”，使一些长期困扰当地政府和村民的疑难山林权属纠纷案件得到化解，共化解山林纠纷400余起，其中县际重大纠纷50余起，指导乡（镇）调处成功1000余起。

一是2010年12月12日成功调解了一起跨乡镇、涉及思剑高速公路占地补偿利益、长达46年纷争的舞阳镇西秀社区五组与涌溪乡鼓楼坪村松溪组为石蚌沟等地山林权属纠纷案件。

二是2011年12月9日，在镇远县林业局领导高度重视、协调下，镇远县江古乡大岭村马溪组与岑巩县思旸镇盘街村冷水溪组、桃子坪组争执50年之久的长田坡山林跨县纠纷终于达成协议。三方群众代表郑重签订了调解协议书，化干戈为玉帛。

三是2012年12月28日成功调处羊坪镇一碗水村蔡姓与龙塘村赵姓为磨沟龙（帽古龙）高铁建设“挖坟”的山林纠纷。

四是2013年4月份，为切实化解贵州黔东经济开发区建设征地引发的山林土地权属纠纷，加快开发区建设步伐，由县林业局牵头，在短短的1个月时间里，工作组成功调处了7起矛盾纠纷、签订了15起不阻工协议，有效保障了项目建设的顺利推进。12月30日成功化解因我县高过河漂流旅游景区三寨村接待中心的建设而引发的历史遗留山林纠纷，为创建我县优质旅游环境打下了良好的基础。

五是2014年3月6日成功调解了青溪镇坪阳村李家湾四个村民组与桃树湾两个村民组以及第三人关口村丰木组、桥上组为厥茎坳一号地，青溪镇坪阳村李家湾四个村民组与关口村丰木组、桥上组为厥茎坳二号地两起群体性山林权属矛盾纠纷。

山林权属争议的有效化解，促进了村民和谐和农村社会稳定，保证了思剑高速、沪昆高铁、黔东经济开发区和芽溪新城区等重点项目的建设，助推了我县旅游产业的发展。下一步，镇远县林业局将以党的群众路线教育实践活动为契机，想群众之所想，急群众之所急，唱好纠纷调处“三部曲”，始终贯彻落实习总书记提出的“坚守经济建设与生态发展两条底线”，维护群众利益与林区稳定，守护好我们的森林资源。

全面推进集体林权制度改革 不断激发集体林业发展活力

宁夏回族自治区林业厅农村林业改革发展处　马彦林　周　珲

集体林权制度改革是继我国农村土地承包经营改革后的又一次伟大变革。改革的目标是将集体林地分山到户，确定农民对集体林地的使用权、经营权和林木所有权。宁夏集体林权制度改革有力地促进了森林资源增长、农民增收。

一、发展历程

2008年6月党中央、国务院出台了《关于全面推进集体林权制度改革的意见》（中发［2008］10号）。2009年6月，中央召开了新中国成立以来的首次中央林业工作会议，对集体林权制度改革作出全面部署，林改工作在全国范围内全面推开。宁夏集体林权制度改革试点于2009年9月启动，2011年在总结试点经验的基础上全面推开，2013年10月自治区人民政府印发了《关于深化集体林权制度改革工作的意见》（宁政发［2013］106号），宁夏深化集体林权制度改革工作全面启动。经过四年多的艰苦努力，到2013年年底，全区集体林权制度基础改革工作全面完成，深化改革有序推进。全区集体林地确权面积1444.7万亩，确权率达到100%，发证面积1417.7万亩，发证率达到99%。集体林权制度改革，有效地调动了广大农民和社会力量参与林业建设的积极性，不断激发林业发展活力，为全区经济社会发展和生态林业建设作出了重要贡献。

二、主要成就

（一）基础改革

集体林权制度基础改革“明晰产权、承包到户”任务的全面完成，让农民吃下了“定心丸”，实现了“山定权、树定根、人定心”的目标。主要做了以下几方面的工作：

1. 成立了区、县、乡三级林改领导小组，制定三级林改实施方案，形成了党政领导亲自抓、分管领导具体抓、林业部门全力抓、相关部门配合抓的工作机制。

2. 加强宣传引导。刊发各类文章、简报等500余篇，印发《林改政策及问题解答》等资料6万多册，制作钢架宣传牌50多块，刷写标语2万多条，出板（墙）报500期，发放各种林改宣传资料40多万份（册），召开各级林改会议及培训1000余场，将林改的政策精神送入田间炕头、千家万户，形成了开展林改的良好社会氛围。

3. 扎实开展确权发证。严格按照制定方案、勘界确权、张榜公示、核发证书、建档入库的工作流程给53万农户核发56万本林权证。按照《宁夏回族自治区集体林权档案管理办法》（试行）要求，坚持档案管理“四个统一”，实现“三级建档、五级分类”，建立基础改革档案80多万卷（件），做到了收集齐全，分类准确，管理安全，查询方便，使林改有据可查，经得起历史的考验，把林权证办成了“铁证”。

（二）深化改革

深化改革按照培育典型、示范引领、以点带面、全面推开的工作思路，重点加强林权服务平台建设、林权流转管理、林权抵押贷款、森林保险、林下经济发展、林业专业合作组织等建设，逐步建立符合我区实际的集体林权管理服务体系和良性发展机制，努力实现森林资源增长，农民增收、生态良好、林区和谐的发展目标。2013年6月19日至20日，“全国深化集体林权制度改革百县经验交流会”在银川成功举办，宁夏解放思想，积极探索，勇于创新的改革经验得到了国家林业局的充分肯定和赞扬。

1. 县级林权服务平台建设进展顺利。制发了《关于加快林权管理服务平台建设工作的通知》和《宁夏回族自治区林权管理服务平台建设规范》，全区22个县（市、区）全部完成了县级林权服务平台的基础建设工作，落实办公场所，建立健全管理制度，全区林权管理工作逐步走上规范化轨道。

2. 林权流转管理服务逐步规范。印发了《宁夏回族自治区集体林权流转管理暂行办法》、《宁夏林权管理服务工作手册》和《宁夏回族自治区集体林权制度改革文件资料汇编》，多措并举努力提高全区林改技术人员工作技能，规范林权登记、流转、林权抵押贷款业务的流程及要求。引导和规范集体林地向大户、能人、合作社流转，截至11月底，全区累计流转林地面积149.6万亩，流转金额9.5亿元。

3. 林权抵押贷款有序推进。出台了《关于进一步推进林权抵押贷款工作意见》，鼓励银行业金融机构通过推动林权抵押贷款业务支持林业产业发展。

组织召开了全区林业产业化发展银企座谈会，共商破解农民发展林业产业融资渠道不畅的难题。引进宁夏瑞联资产评估事务所等10多家评估机构，满足森林资源资产评估工作需要。2014年，全区新增林权抵押贷款1.5亿元，贷款余额达到2.3亿元，有效拓宽了农民发展林业的融资渠道。

4. 大力扶持发展林下经济。先后出台了《关于加快林下经济发展的意见》（宁政办发［2013］104号）和《宁夏林下经济发展规划（2013～2020年)》，支持、引导各地因地制宜，分类实策，发展林下种植、养殖、采集加工、森林景观利用等适合各自特点的林下经济。积极争取国家林业局将我区列为全国首批10个林下草本中药材种植中央财政补助试点，西吉县心雨林下产业专业合作社被确定为全国首批20家国家林下经济示范基地之一。全区林下种养殖规模达到286.2万亩，实现总产值14.3亿元。开展自治区级林下经济示范基地评选活动，打造各具特色的县级林下经济示范基地13个，培育自治区级林下经济示范基地3个，积极申报国家示范基地3个，全区林下经济示范基地总数超过40个。

5. 农村新型林业生产经营主体不断扩大。大力推广"龙头企业+专业合作社+基地+农户"的经营模式，鼓励和支持林业专业户、农村经济能人、农技推广机构，积极创办家庭林场、农民林业专业合作社。全区累计创建农民林业专业合作社353家，家庭林场636家，共有5.4万农民加入林业合作社，涉林面积46.7万亩。积极推进国家级农民林业专业合作社示范社和自治区级示范社创建，引导各县（市、区）开展县、市级示范社评选活动，推荐评定6家国家级示范社。林业生产经营主体的不断扩大，有效促进了集体林业的规模化经营、标准化生产、集约化发展。

三、基本经验及启示

宁夏集体林权制度改革在探索中前进，在创新中发展，主要经验有：

（一）分类施策，在改革思路上求突破

根据南部山区、中部干旱带沙区、北部引黄灌区不同地域特点和经济社会发展水平，提出了有利于资源保护、有利于林业发展、有利于农民增收、有利于生态改善，因地制宜、分类施策的改革思路。一是在山区严格落实家庭承包经营制度，均山到户。二是在沙区以家庭承包经营为主，同时向社会开放承包经营权，明确经营主体，实现"沙定权、树定根、人定心"。三是在川区对农田林网实行"树随地走"、"谁管护谁所有"的政策，明晰林木所有权，签订管护合同。山、沙、川不同的政策措施，调动了广大农民及社会各界参与林改的积极性，破解了改革中遇到的障碍和难题。

（二）创新机制，在撬动社会力量上找支点

坚持明晰产权、放活经营权、落实处置权、保障收益权，盘活集体林地资源，让“死水”变“活泉”，在具体实践中，探索出了四种动力模式。一是工程推动。把林改与退耕还林、天然林保护、三北防护林建设、中央财政造林补贴、森林抚育、林木良种补贴试点、特色经济林产业等重点工程相结合，全区农民每年获得集体林地管护、重点林业工程建设等项目补助资金超过8.5亿元，激发了广大农民参与林改、投资造林的积极性。二是典型带动。着力培树典型、宣传典型、扶持典型。充分发挥王有德、白春兰、王恒兴等治沙造林劳模，焦建鹏、杨万升、曾志祥等林下种养大户的示范带动作用，调动农民承包集体林地、营林致富的积极性。三是龙头拉动。借助龙头企业资金、技术和管理优势，引导企业流转农民承包的沙荒地150万亩，建立林下种植、养殖、林产品加工、生态旅游等示范基地，带动农民增收致富。四是合作促动。大力推广“龙头企业+专业合作社+基地+农户”的经营模式，鼓励和支持林业专业户、农村经济能人、农技推广机构，积极创办家庭林场和农民林业专业合作组织。彭阳县被确定为全国农民林业专业合作社典型示范县。

（三）多措并举，在发展林下经济上下工夫

一是科学规划。按照山、沙、川地域特点，制定了《宁夏林下经济发展规划（2012～2020年）》，确立“两区一带”发展布局和目标。二是政策扶持。自治区出台了《关于深化集体林权制度改革工作的意见》等政策文件，对利用集体林地发展林下经济种养大户、农民林业专业合作社和家庭林场的道路、供水、供电、通信等基础设施建设优先纳入当地发展规划，无偿提供种苗，促进生态观光、农家乐等生态旅游业的发展。全区林下种养殖规模达到287万亩，实现总产值14.6亿元。三是结对帮扶。深入开展林业系统千名干部下基层活动，实行干部和技术人员包村、包组、包户制度，送政策、送技术，重点推广林下种养实用技术，建立林下中药材种植示范基地1.5万亩。四是培育品牌。按照一县一产业、一县一品牌的发展思路，着力打造林下经济产品品牌，彭阳县“朝那鸡”和西吉县“震湖生态鸡”成为全区林下养殖著名品牌；隆德县发展林下药材18万亩，被自治区政府确定为“全区优质中药材基地县”，被科技部命名为“国家中药现代化科技产业基地”，富有宁夏特色的名优林产品拓宽了市场空间，带动了农民增收。

四、存在的困难

宁夏集体林地多为荒山、荒沙地，绝大部分为生态公益林，受自然条件和林业经营体制的制约，宁夏林下经济发展种类少、规模小、收益低、投入资金不足、经营水平不高。大部分集体林地基础设施条件较差，存在水、电、路、通讯等基础设施不完善等问题。经营林地，投入成本高，生产周期长，经济效益低，农民利用林权证从银行抵押贷款非常困难。而经济林和种苗等林木，产出投入比大，经济效益好，发展迅猛，已成为区域经济发展重要的支柱产业，但由于没有林木权属凭证，也无法向银行申请抵押贷款，在一定程度上制约林业产业的发展。

五、新阶段、新任务、新举措

建立完善社会化服务体系，加强林权管理服务是稳定农民林地承包经营权，推进林权改革向纵深发展、激发林业发展活力的重要保障。推进深化改革做好以下工作：一是加快构建新型林业社会化服务体系。建立健全林权交易中心和林产品交易市场，畅通林业生产要素流通渠道，为农民提供林权流转、林产品交易等服务；开展林权服务中心标准化建设，构建自治区、市、县（区）、乡（镇）互联互通的集体林权流转、交易、监管服务平台，保障林权流转依法、规范、公平、有序。二是强化科技服务体系建设。搭建企业、合作组织、农民与科技试验、示范、推广单位之间的合作服务平台，加快良种选育、病虫害防治、森林防火、林产品加工、储藏保鲜等先进实用技术转化和科技成果推广。三是强化市场流通体系建设。加快市场供求信息公共服务平台建设，支持连锁经营、物流配送、电子商务、农超对接等现代流通方式向林下经济产品延伸，促进林下经济产品贸易便利化。四是强化金融服务。探索开展非林地林木确权颁证试点，进一步拓展信贷支林渠道，积极开办农民林业小额信贷和联保贷款等业务，落实林业贷款财政贴息政策。开展政策性森林保险试点，提高林业企业和农户抵御自然灾害的能力，降低农民发展林下经济风险。

全面深化林业改革 转变林业发展方式

宁夏回族自治区彭阳县林业和生态经济局

一、集体林经营体制改革

（一）造林进程

"七五"时及"八五"前期，由于种种原因，造林速度时快时慢，时造时停，面积较小，质量低劣。至1993年，全县累计人工造林保存面积33133hm^2（含经济林），其中：国有林6586hm^2，占19.88%；集体林8640hm^2，占26.08%；私有林17906hm^2，占54.04%。1994年新造林3885hm^2，成活率85%以上3885hm^2；1995年新造林9508hm^2，成活率85%以上9508hm^2，平均每年造林6696hm^2。当进入"九五"时，随着"两杏一果"、"百公里公路经济林带"等大型项目的启动，林业建设进入了健康、稳步发展之年，"九五"期间共新造林16326hm^2，平均每年造林3265hm^2。特别到"十五"期间，由于退耕还林的实施，造林速度突飞猛进，五年共造林75133hm^2，平均每年造林15026hm^2。其中最多的是2005年，为18666hm^2。仅此期间的造林面积占建县以来所有造林面积的58.5%。"十一五"时期，因为国家宏观政策调控和造林由量向质的转变，造林速度有所减缓，2006年造林1866hm^2，成活率85%以上1866hm^2；2007年造林2866hm^2，成活率85%以上2866hm^2。截至2007年，全县累计人工造林保存面积128266hm^2（含经济林），其中公益林124333hm^2，占96.9%；商品林3933hm^2，占3.1%。"十二五"期间：彭阳县以实现"大花园、大果园"为蓝图，按照流域型、庭院型、改造提升型、设施型四种模式，截至2012年年底，全县累计人工造林保存面积138666hm^2（含经济林）其中公益林130733hm^2，占94.3%；商品林7933hm^2，占5.7%。

（二）改革模式

1. 立足实际，积极推进宜林"四荒地"绿化进程

针对全县大面积集体宜林地尚未被开发的现实，积极挖掘集体宜林"四荒地"（荒山、荒沟、荒坡、荒滩）的丰富资源，加快造林绿化进程。县人民政府制订出台了文件《关于宜林"四荒地"承包、租赁、拍卖、治理的试行意见》，按照谁投资、谁经营、谁开发、谁受益的原则，我们面向社会，将宜

林“四荒地”实行公开承包和拍卖，稳定山权50年不变，允许继承和转让。并在开发时期，资金上给予扶持，政策上给予优惠。一方面，有组织、有计划、有步骤的将宜林“四荒地”拍卖或承包给个人植树造林。全县宜林“四荒地”拍卖首先在城阳乡拉开序幕。由于政策优越、措施得力，群众积极性较高，仅城阳乡长城一个村就拍卖“四荒地”266hm²，全乡涉及4个村710户696hm²。对已拍卖的“四荒地”由县、乡林业技术干部进行统一规划，组织并指导农户高标准整地，严格按技术规程植树造林。全县12个乡镇6692户农户拍卖宜林“四荒地”4800hm²，造林4800hm²，涌现了一大批先进典型。特别自2000年退耕还林工程实施以来，为了落实中共中央、国务院《关于加快林业发展的决定》精神，对于积极性较高的农户，我们对其庄前屋后、四旁周围的小片荒山、沟道，进行无偿划拨，鼓励农民限期绿化，并将所有权明确到个人，及时确权颁发林权证书。另一方面，鼓励和支持机关、企事业单位、社会团体参与集体宜林地开发。县一中出资2000元购买了白阳镇后山沟“四荒地”26.6hm²，县法院出资400元购买了白阳镇刘沟组“四荒地”12hm²，先后有12个单位253hm²“四荒地”得到有效治理。我县“四荒地”拍卖由单纯农户个人购买向社会多种形式参与购买转变，出现了社会各界共同参与治理“四荒地”的良好势头。

2. 注重效果，充分发挥集体生态经济林的效益

为进一步推行林业分类经营，加快林业产权制度改革步伐，结合县情、林情，我们将集体林地合理流转，搞活林权制度改革。对已有一定收益的集体经济林或用材林，面向社会，实行公开拍卖和承包，将集体林使用权合理流转给企业、个人，由他们生产经营，政府宏观管理。同时采取企业介入，走“公司+协会+林农”的路子，使其逐步转入产业化发展的轨道。为了把林果资源推向市场，提高、提早经济效益，红河乡文沟村将110hm²用材林承包给农户经营，得到合理开发利用。小岔乡村民张有清承包了6.7hm²的山杏林，嫁接改良后，年纯收入2万余元。继续探索集体林地经营管理的新路子，充分发挥集体生态经济林的经济效益。

3. 统筹兼顾，加大集体生态林的管理力度

集体纯生态林没有什么经济收益，村集体、企业、农户均不愿对其进行经营管理。针对这一现状，2005年，我们将县域北部四个乡镇的大面积生态林进行整合，组建王洼林场进行统一管理，效果明显。在护林管理上，增加护林网点，扩充专护队伍，提高了管护效果。与此同时，我们依托集体林草资源，发展林区多种经营，辐射并带动周围群众养殖“生态鸡”，通过科学管

理饲喂，提高林下资源利用率，增加村级集体和农民经济收入，拓宽农民增收渠道，探索总结以短养长、以林养林的路子，增强了发展后劲。

二、集体林权制度改革

2009 年，自治区党委、政府将我县确定为全区集体林权制度改革试点县以来，县委、政府高度重视，紧紧围绕“大花园、大果园”建设目标，树立经营生态的理念，坚持把集体林权制度改革作为林业建设工作的重中之重，反复研究论证，全面安排部署，强化政策措施，狠抓任务落实，着力推动生态型林业向生态经济型林业转变，林改工作总体进展顺利，初步实现了“山定权、树定根、人定心”的目标。全县共涉及林改的有 156 个行政村、779 个村民小组、54686 户 23.5 万人，纳入集体林改面积 130266hm^2，其中退耕地 50400hm^2，有林地 2466hm^2，疏林地 1733hm^2，灌木林地 3666hm^2，未成林造林地 36666hm^2，荒山宜林地 13133hm^2。现已确权到户面积 127733hm^2 万亩，完成率 98%。我们主要做了以下几个方面的工作：

（一）深入宣传培训，大力营造林改氛围

为了使广大群众充分认识到集体林权制度改革的重要性及其深远意义，消除顾虑，以主人翁的姿态主动参与到林改当中，我县采取多种宣传方式，营造林改氛围，凝聚林改力量，动员全社会协力推进林改工作。一是广泛宣传动员。全区林业工作会议之后，县委、政府及时召开县委常委会、政府常务会，多次召开林改工作领导小组会议，专题研究部署我县林改工作，乡、村、组也分别召开了专题会议和群众大会。同时，采用悬挂横幅、开设电视专栏、印发宣传资料等多种形式，全方位、多层次、广角度宣传，先后制作广播电视专栏 40 期，固定宣传牌 9 个，印发《林改宣传手册》1.2 万份、《致农户的一封信》5.2 万份，编发简报 30 期。通过多种行之有效的形式，大力宣传林改工作的目的、意义和政策，消除了群众的思想疑虑，增强了群众参与林改的主动性、积极性。二是深入调查研究。摸清底子是搞好林权制度改革的关键性工作，只有把情况调查到底，底子核实清楚，林权改革才能顺利进行。为此，我县成立 12 个调研工作组深入村组农户，全面掌握全县林业和林地情况，在摸底调查基础上，召开乡、村、组党员大会、群众代表会、村民小组会等各类会议 200 多场次，广泛征集干部群众对林改工作的意见、建议，听取群众的想法，为推动林改工作深入开展奠定了基础。三是加强政策培训。结合全县“百万农民培训”工程，在各乡镇举办林改政策宣传培训班，由区、市、县林改工作人员进行政策宣讲，并采取以会代训的形式，宣传中央及自治区林改政策和有关会议精神。同时，成立县、乡、村政策咨询室，对群众遇到的疑难问题，及时给予答复，并提供法律政策咨询服务，提高他们依法维权、守法经营的意识，破解了干部群众在林改工作中的思想障碍。

（二）注重机制创新，努力推动工作落实

为确保此次林改不走过场，不搞形式主义，县委、政府不断完善体制机制建设，有力推动了林改各项工作落实。一是成立组织机构。为确保林改工作有序开展，县委、政府及时成立了由政府县长任组长，县四大机关分管领导任副组长，政府办、发改、财政、林业等22部门、单位主要负责人为成员的林改工作领导小组，领导小组下设办公室，落实了办公经费、场所，购置了办公设备，配备了工作人员，明确了工作职责，做到了机构到位、人员到位、经费到位和设备到位。各乡镇、各村也成立相应的工作机构，负责林改工作的指导、组织和协调。二是加强督查检查。严格按照“宣传动员—调查摸底—公示林权现状—制定并通过林改方案—外业确权勘查—签订承包或管护合同—审核建档”几个步骤来实施。坚持一月一督查，一月一评比的工作机制，主要领导亲自带队，积极开展调研，准确掌握工作进度，认真听取各方意见、建议，并及时对林改工作进行政策指导。各村民小组推选出了3～5名熟悉情况、办事公道、责任心强、在群众中有一定威信的代表组成林改工作理事会，积极参与林改工作，实施全程监督。为了确保林改工作质量，在林改工作中，我们重点把好了方案制定关、外业调查关、林权流转关、政策法规关、质量督察关和确权发证关。同时，通过定期不定期检查指导，及时发现林改工作中存在的问题，督促改革按时保质推进。三是落实目标责任。把林改工作列为县、乡年度目标考核范畴，制定严格的考核办法，强化县乡领导和部门负责人对林改工作的责任意识，采取县级领导包乡镇、乡镇领导包村组、林业部门包技术、科技人员包试点的“五包”方法，分片包干，巡回指导，推动全县林改工作。

（三）强化措施落实，全力保障改革进程

为了确保林改工作顺利进行，我县精心安排部署，严格规范操作，及时化解矛盾，强化政策落实，真正实现了“定有目标、管有措施、抓有头绪、办有实效”的工作要求。一是规范操作，增强政策性。通过广泛调研，结合县情实际，制定了《彭阳县集体林权制度改革实施方案》和《关于加快推进生态经济社会科学发展若干问题的决定》，明确了推进集体林权制度改革工作和进一步加快林业生态建设的目标任务；同时，制定了《彭阳县特色经济林产业发展规划》、《关于进一步加强林地林木保护管理工作的通知》等一系列规范性管理制度，为林改工作完成后保护林地、林木资源提供了可靠的政策和制度保证。二是依法确权，增强时效性。坚持农村基本经营制度不动摇，把落实农户承包经营权放在首位，按照“按户承包，按人分地，人人有份，确权到户”的原则，对乡镇、村组集体林地最大限度地承包到户，把“我们的”变成“我的”。对于界线笼统，四至界线与面积及实地不符、四至界线填写不明确的情况，林业勘测人员逐一进行加注坐标、实地丈量并协商核实，确保林地面积准确、界线清楚、权属明确。对确实不宜实行家庭承包经营的少量林地，通过均股、均利等方式明晰产权。对没有参加这次林改的农户，只要本人申请，村民大会讨论同意，还可以再分，给予农民平等的集体林地承包经营权，充分发挥农民群众在林改中的主体作用，真正体现农民的意愿，真正落实农民的参与权、决策权和监督权，让广大农民吃上“定心丸”，真正认识到“谁植树谁受益、谁经营谁得利”的好处。三是化解矛盾，增强保障性。制定了《彭阳县集体林权制度改革纠纷调处工作程序》，乡镇、村组均成立矛盾纠纷调处工作机构，实行分级包案责任制，做到农户之间的纠纷不出组，组之间的纠纷不出村，村之间的纠纷不出乡镇，乡镇之间的纠纷不出县，对纠纷未解决的山林暂不进行确权。高度重视林改督查反馈工作，始终把督查反馈与推进林改相结合，建立“进度服从质量”的督查跟踪制度，要求各乡镇按时定期报告林改工作情况，县林改办定期向县委、政府报送工作进展情况，定期通报林改进度和质量，切实解决好改革中出现的新问题。同时，妥善处理历史遗留问题，对上世纪九十年代初全县范围内不同程度存在四荒地拍卖形成历史事性改革遗留问题，召开村民大会研究形成统一意见，详细勘定地界后，确权到户，确保了林改工作顺利开展，社会环境和谐稳定。

（四）狠抓产业培育，奋力激发林改活力

坚持把培育发展林业产业作为调整农村产业结构、促进农民增收、保护生态建设成果的重要举措来抓，按照彭阳县《关于加快推进生态经济社会科学发展若干重大问题的决定》，充分发挥森林资源优势，积极争取优惠政策，加大科技投入力度，实现单一林业发展向多层次开发林业产业发展，努力促进“生态型林业”向“生态经济型林业”转变。一是发展林业合作社。在县委、政府和林业与生态经济局的正确引导下，我县林业专业合作社数量从无到有，规模从小到大，类型从单一到多样，在数量和质量上都有较大的发展和提高。目前全县现有各类农民林业专业合作社 97 家，会员 19800 人，带动农户 12500 户。产业覆盖经济林建设与管理合作社、果品销售、加工与储藏合作社；绿化、生态及经济林苗木培育；林间养殖（以生态鸡养殖为主）四种类型。全县农民林业专业合作社成为林业产业化的重要载体，在发展现代林业、提高林业产业规模、扩大林产品市场竞争力等方面发挥了越来越重要的作用。二是培育林果产业。对全县20000hm^{2}集体低产山杏林进行高接改良，优化杏子品种，提高单位产量和产值。目前全县杏林面积48.4万亩，正常年份产量8200万kg，广大林农通过采收山桃、杏子等果实，年户均经济收入达到1000元以上，县内两家果品加工企业年均生产能力1000t，产值达1200万元。为进一步优化杏子品种，提升杏子产量，我们积极争取项目资金，对13333hm^{2}低产杏子进行高接改良，加强杏园土、肥、水管理，切实提高杏子产值，加快农民增收，草庙乡杏子基地年产鲜杏300万kg，年产值达到300万元，树立了通过林改走上致富路的典型。三是发展林下养殖。通过“以点带面、辐射发展”并探索出“合作社+农户+基地+市场”的模式，建立产销一条龙的机制，农民发展林下经济热情高涨。同时县委、政府提出了朝那鸡“十百千万”发展目标（即建立10个朝那鸡农户型孵化点，发展100个小流域林区放养点，培育1000个朝那鸡规模养殖户，带动10000个朝那鸡重点养殖户），使朝那鸡养殖总量得到了迅速发展，“家家种草，户户养鸡”的养殖格局已形成。在公益林区大力发展林下散养生态鸡。通过项目扶持，完善公益林区水、电、路、护林房、鸡舍和林下生物围栏等基础设施，为林农提供了良好的养殖条件，进一步扩大了全县生态鸡的养殖规模。目前，全县成立生态鸡养殖协会17个，林区生态鸡养殖点已达到50个，每年散养生态鸡100万只，直接经济收入达到4000万元，激发了农民林改的热情。四是探索生态观光游。依托“彭阳山花节”等活动，积极探索多种形式的生态观光旅游，仅2009年至今，旅游总人数约3万人次，对加快彭阳旅游业发展和经济增长起到推动作用，实现了生态建设和产业培育的良性互动。2009年彭阳县被自治区评为“全区林业生态建设先进县”荣誉称号。

三、国有林业企业改革

（一）国营林场

境内有国营林场一个，即王洼林场，位于彭阳县北部，距县城46km，隶属彭阳县林业局管辖。西与原州区河川乡毗邻，东、南、北分别与孟塬乡、白阳镇、罗洼乡接壤。行政区划属王洼镇，交岔乡境内。

王洼林场属黄土丘陵沟壑区和残塬沟壑区过渡地带，地势西北高。东南低，呈坡状倾斜，境内沟壑纵横，梁峁密布，这种地形地貌占全场总面积的

98%。境内有一条较大河流茹河自西向东横穿全境，属泾河水系，长24km。林场属温带半干旱气候区，为典型大陆型气候，干燥少雨，日照充足，蒸发强烈，无霜期短。年平均气温7.5℃～8.5℃，年均日照时间2518h，年有效积温2500℃～2800℃，无霜期147～168天，年均降水量350～550mm。土壤为缃黄土，主要分布在黄土丘陵梁峁坡地上，其有机质含量及养分贮量低，PH值7.7～8.0。气候属于半干旱草原区，为森林草原向灌丛草原过渡地带，草原植被是本场植被的主体，乔木树种有杨树、柳树、刺槐、臭椿等：灌木主要有沙棘、柠条等；草本植物主要有芒草、黄蒿、百里香等，其中中药材有秦艽、黄芪、党参等。野生动物主要有野鸡、野兔、呱拉鸡、半鸡、黄鼠狼等。

林场现有职工8人，其中干部1人，工人7人，下设10个护林点。现有苗圃地$4hm^2$，年育苗150万株，年产值12万元。有汽车1部，摩托车一辆，电台一部，风力灭火机2台，对讲机一部。曾连续两年被县林业局评为先进林场。

林场现经营总面积$3577.3hm^2$，林业用地面积$3577.3hm^2$，其中有林地面积$3552.7hm^2$。

在林业用地中、区划生态公益林面积$3552.7hm^2$，占林业用地面积的99.3%，其中区划重点公益林面积$3552.7hm^2$，占林业用地面积99.3%；区划界定商品林面积$17.3hm^2$，占林业用地面积的0.48%。

林场前身为王洼苗圃。随着林业建设事业的整体推进，为整合森林资源、统筹管理、集约经营，保护成果，提升森林经营品位，于2005年新成立王洼林场，主要承担场内5万多亩生态公益林的管护、补植等工作。建场两年来累计育苗300多万株，年创收近30万元。

（二）苗圃

县内有刘沟苗圃和王洼苗圃两处国营苗圃，2005年两苗圃合并改制为王洼林场。刘沟苗圃距县城西2km，面积$4hm^2$，交通方便，配套喷灌设施，修园区道路0.7km。现有职工6人，为财政差额单位，主要承担林木良种的引进、栽培、试验、繁育工作，先后引进水曲柳、花椒等林木良种。同时培育各种绿化大苗；王洼苗圃位于王洼乡境内，有苗圃地$4hm^2$，职工8人，为财政差额补助，其主要承担杨、柳、槐等阔叶树种的大苗培育和全县经济林树种繁育工作，后因经营、管理不善，2005年改制为王洼林场。2007年两苗圃共出圃各类苗木600万株。截至2012年两苗圃共出圃各类苗木1500万株。

（三）集体林场

全县共有乡村集体林场23个，面积$866hm^2$，多为七、八十年代营造。其中最为典型的是当时自治区副主席薛宏福带领科技人员在白岔大队试点的农业经营“三三”制（即三分之一的地种粮，三分之一的地造林，三分之一的地种草）成功后，为以后乡村集体林场的植树造林起了示范作用。现都为个体承包经营，由于缺乏管理，个人资金投入不足，抚育管护滞后，林内多为小老树，杂草丛生，野蒿遍地，处于原始的自生自灭状态。对每年冬季森林防火带来了极大的安全隐患，加之没有进行其他开发种植，几乎没有收益。下一步要对乡村林场落实措施，加强管理，多方筹集资金，进行抚育，有条件的要进行高接换头等技术改造，使其真正发挥生态、经济效益。

第五篇
森林资源监督管理

第一章　林木采伐管理监督

第一节　伐区调查设计管理监督

伐区调查设计是林木采伐管理的“源头”，是落实年森林采伐限额（年度木材生产计划）、凭证采伐、伐区拨交、伐区验收制度以及控制森林资源消耗的重要法律依据。开展伐区调查设计监督的主要目的是提高伐区调查设计质量，全面提高林木采伐管理水平，促进依法合理利用森林资源。

伐区调查设计管理监督的主要内容包括：伐区调查设计成果是否符合设计规程的要求，伐区面积测算是否准确，采伐类型和采伐方式是否准确，区划是否合理，各项因子调查是否达到精度要求，工艺设计是否合理等。

一、伐区调查设计程序

1. 伐区安排

伐区安排是调查设计单位确定调查设计任务和工作安排的依据，要求在每年的 4 月份前完成。森林经营单位根据年森林采伐限额、上级林业主管部门下达的木材生产计划、森林经营方案及森林分类经营区划确定的森林经营目标和范围，依据本单位的森林资源档案、林相图等资料组织相关部门进行伐区踏查，初步确定伐区生产布局及运材道路的施工、修复等，形成伐区安排方案（踏查纪要），下发到调查设计单位。依据森林经营方案核定年森林采伐限额的森林经营单位，要严格按照森林经营方案组织伐区调查设计。

2. 伐区调查设计

伐区调查设计是落实年度木材生产计划、申请林木采伐许可证、伐区拨交、伐区验收、控制森林资源消耗及造林更新的主要依据。主要内容有：

（1）伐区调查。

①伐区区划：确定伐区边界、面积等。

②林分因子调查：林分株数密度、蓄积量、树种组成、龄级（组）、郁闭度、平均树高、幼苗幼树、地形、地势、土壤、地表植被等。

③采伐量调查：调查采伐树种、采伐株数、采伐蓄积、出材量等。调查方法采取全林每木实测或标准地调查。

（2）伐区生产工艺设计。确定采伐方式、更新方式、集材方式和装车方式以及机械设备类型、数量、相应的劳动组织与劳动力配备。

（3）工程设计。运材岔线、集材道、装车场、装车线，生产、生活用房、机库及其他简易工程设计；原材料与劳动力需要量、工程施工经费预概算及准备作业安排等。

（4）统计计算，绘制图表，形成伐区调查设计资料。

3. 伐区调查设计审核

调查设计部门自检合格的伐区调查设计资料，需经森林经营单位各部门会同森林资源监督部门会审，合格后方可上报。伐区调查设计成果的有效期为2年，过期作废。

二、伐区调查设计质量检查

伐区调查设计监督检查按照“谁发证、谁检查、谁设计、谁负责”的原则进行。在调查设计单位自检的基础上，资源、生产、监督等部门要联合检查。

1. 伐区调查设计标准和要求

（1）伐区调查设计成果应具备的条件。

①由具有设计资质的单位完成。重点国有林区须由丁级以上资质的林业调查规划设计单位完成。

②使用乙级以上资质的林业调查规划设计单位编制，并经省级以上（含省级）林业主管部门批准使用的一元立木材积表、材种出材量（率）表、生长率表。

③伐区区划、林分因子调查方法和采伐工艺设计方法符合省级以上（含省级）林业主管部门的有关规定。

④有伐区设计成果审核意见、说明书、伐区调查设计表和伐区调查设计平面图等。

（2）伐区调查设计技术标准要求。

①符合森林经营方案和森林分类经营区划确定的森林经营目标和范围。

②设计资料完整、准确、规范，平面图、表格数字清晰，工程及费用概算依据充分。

③小班区划合理，区划测量界线明显，区划线交点标志齐全，GPS 定位准确，罗盘测线闭合差小于 1/150，各小班面积之和与区划整体面积误差小于 ±1%，小班面积误差小于 ±3%；一个小班内不出现 $1hm^2$ 以上的不同林分类型。

④林分因子调查准确，树种组成误差不超过 1 成，在龄组内林龄误差不超过 1 个龄级，平均胸径误差不超过 1 个径阶。

⑤伐前株数调查误差不超过 ±5%，伐前蓄积调查误差不超过 ±10%。

⑥采伐株数、采伐蓄积、出材量误差不超过 ±5%。

⑦采伐工艺设计合理；采伐类型、采伐方式、采伐强度符合《森林采伐更新管理办法》等有关规程的规定；道路、集材道、楞场设计合理。

⑧采伐木确定合理，标记规范，误差不超过 ±5%。

⑨缓冲区设置合理。

2. 检查方法

（1）内业检查。

①听取汇报：伐区调查设计实施、检查验收监督管理情况，审核制度的执行情况，设计质量、设计单位资质和队伍管理情况等。

②审核资料：伐区调查设计成果及有关单位审核意见。检查外业调查野账是否齐全，使用的材积表、材种出材量（率）表是否符合要求。检查统计计算是否准确。设计资料是否完整、规范，设计平面图表数字是否清晰。

③统计有关数据：分别采伐类型对伐区设计数量和采伐量进行统计。

（2）外业检查。

①检查小班的确定：将被检查单位提报的设计小班，按采伐类型即主伐（含皆伐、择伐、二次渐伐）、更新采伐、抚育采伐、低改和其他五种类型进行分别排序，并按该类型应抽取的小班数量 N（不足一个小班的四舍五入）等权重分为 N 层，每层随机抽取一个小班作为检查小班。每个采伐类型至少保证抽取 1 个小班。

②区划检查：对照伐区调查设计资料、地形图、林相图，核对小班区划

的准确位置。内容包括：

区划：检查作业区区划是否合理，小班区划是否符合《东北、内蒙古国有林区伐区调查设计规范》和《森林采伐作业规程》的有关规定，1hm^2 以上不同林分类型或其他地类是否单独区划。

面积测量：采用罗盘导线（或 CPS）实测检查小班的面积，检查测点桩是否齐全，GPS 定位是否准确，求算测线闭合差和小班面积。

标志：检查标志是否齐全，标志规格、注记、位置、方向是否符合当地的检查验收标准。

③采伐工艺设计检查：检查采伐类型、采伐方式确定是否准确，检查采伐强度是否符合《森林采伐更新管理办法》等有关规程的规定；

检查运材岔线、集材道、楞场设计是否正确，现地标记是否明显；集材道、运材岔线的走向是否合理，现地标志是否清晰，道路木是否检尺等。

④小班因子检查：在小班因子检查过程中，使用的检查方法和检查工具要与被检单位的调查方法、使用工具一致。

标准地的布设：检查布设的标准地（带）是否有代表性，符合布设原则的标准地，检查时对原标准地进行复查；不符合布设原则的，视为不合格小班。

标准地面积：天然林不小于小班面积的 3%，人工林不小于小班面积的 2%。

每木检尺调查：采用样地（带）调查方法的，首先对样地（带）内所有林木进行检尺，然后对小班内所有的挂号采伐木进行检尺，求算伐前株数、蓄积和采伐株数、蓄积；采用全林每木调查方法的，采伐木和保留木可同时检尺，分别记录。

采伐木挂号：检查采伐木根、胸双挂号是否清楚。

检查小班林分郁闭度、起源、林龄等其他调查因子。

调查设计超过一个生长期，要考虑林分因子的变化情况。

每木检尺野账统计计算：按树种、径阶分别统计，野账要有工作人员签名。

（3）伐区调查设计质量评定。检查验收采取百分制，对照伐区调查设计质量评分标准逐项评分，各检查项目扣分均在标准分数内扣减，不计负分，总分达到 85 分为合格，低于 85 分的为不合格小班。小班位置偏移、林分起源调查错误，面积、伐前蓄积、采伐株数、采伐蓄积超过允许误差，采伐类型、采伐方式、采伐强度不符合规程规定的小班设计为不合格。伐区调查设计质量合格率达到85%（含85%）以上为总体合格。

本质量评分标准为国家林业局制定的重点国有林区伐区调查设计质量检查评分标准。各级林业主管部门在开展伐区调查设计质量检查验收工作时可参照本质量评分标准。

（4）“两率”计算。“两率”是指小班设计采伐量误差率和伐区调查设计合格率。可作为评价各级森林经营单位伐区调查设计管理水平的综合指标。

$$小班设计采伐量误差率=\frac{设计采伐量-检查采伐量}{检查采伐量}\times 100\%$$

$$伐区调查设计合格率=\frac{检查合格的伐区数量}{检查伐区数量}\times 100\%$$

设计采伐量误差率按绝对值加权平均计算。

（5）提交检查报告。报告内容主要包括：工作开展情况（工作程序及检查工作量）、被检单位伐区调查设计监督管理采取的主要做法、检查结果（伐区调查设计提报情况、“两率”情况、总体评价）、存在问题及产生问题的原因分析、意见或建议等。

3. 对违规设计的处理

对设计单位不按规程进行伐区调查设计、弄虚作假的行为，要坚决予以纠正，责令限期整改，并依法依规追究相关责任人的责任。

第二节　伐区审批与拨交管理监督

伐区审批与拨交是林木采伐管理的重要环节，是森林进入采伐利用的必要的法律程序。通过加强伐区审批与拨交的管理监督，对执行森林采伐限额、落实凭证采伐制度和实现林木采伐作业规范化、科学化和制度化具有重要作用。

一、伐区审批

1. 审批依据

·《中华人民共和国森林法》；

·《中华人民共和国森林法实施条例》；

·《森林采伐更新管理办法》；

·《森林采伐作业规程》；

·《森林资源监督工作管理办法》；

·国家及地方的有关标准、规程、文件规定等。

2. 伐区审批权限

按照《中华人民共和国森林法》和《中华人民共和国森林法实施条例》的规定，林木采伐许可证的发证机关为县级以上林业行政主管部门，以及法律授权的部门和单位。主要有：

（1）国有林业企业事业单位、机关、团体、部队、学校和其他国有企业事业单位采伐林木，由所在地县级以上林业主管部门依照有关规定审核发放采伐许可证。

（2）农村集体经济组织采伐林木，由县级林业主管部门依照有关规定审核发放采伐许可证。

（3）农村居民采伐自留山和个人承包集体的林木，由县级林业主管部门或者其委托的乡、镇人民政府依照有关规定审核发放采伐许可证。

（4）县属国营林场，由所在地的县级人民政府林业主管部门核发；省、自治区、直辖市和设区的市、自治州所属的国有林业企业事业单位、其他国有企业事业单位，由所在地的省、自治区、直辖市人民政府林业主管部门核发。

（5）重点林区的国有林业企业事业单位，由国家林业局派驻的森林资源监督机构核发。

（6）铁路、公路的护路林和城镇林木的更新采伐，根据《中华人民共和国森林法》的授权，由有关主管部门依照有关规定审核发放采伐许可证。

3. 伐区审批程序

（1）伐区申请。采伐单位或个人提出书面申请的同时，要按照《中华人民共和国森林法实施条例》第三十条规定，“申请林木采伐许可证，除应当提交申请采伐林木的所有权证书或者使用权证书外，还应当按照下列规定提交其他有关证明文件：国有林业企业事业单位还应当提交采伐调查设计文件和上年度采伐更新验收证明；其他单位还应当提交包括采伐林木的目的、地点、林种、林况、面积、蓄积量、方式和更新措施等内容的文件；个人还应当提交包括采伐林木的地点、面积、树种、株数、蓄积量、更新时间等内容的文件”的规定提交有关凭据和伐区调查设计文件等。

（2）受理并审核复查。林木采伐许可证核发机关在受理林木采伐许可证书面申请的同时，要在规定的行政许可时限内对采伐单位或个人提出的林木采伐许可证申请和凭据进行审核：

①审核有关凭据是否符合实际情况。

②审查伐区设计资料是否符合规程要求。

③组织开展现地检查。

（3）核发林木采伐许可证。在审核复查合格后，在规定的行政许可时限内，在年度森林采伐限额和木材生产计划范围内，核发林木采伐许可证。同时要建立林木采伐许可证核发管理台账。

4. 审批要求

（1）林木采伐许可证核发机关，不得超过批准的年采伐限额、木材生产计划发放林木采伐许可证。

（2）有下列情形之一的，不得核发林木采伐许可证：

①防护林和特种用途林进行非抚育或者非更新性质的采伐的，或者采伐封山育林期、封山育林区内的林木的；

②上年度采伐后未完成更新造林任务的；

③上年度发生重大滥伐案件、森林火灾或者大面积严重森林病虫害，未采取预防和改进措施的。

（3）对伐区作业不符合规定的单位，林木采伐许可证核发机关有权收缴林木采伐许可证，中止其采伐，直到纠正为止。

二、伐区拨交

1. 拨交依据

·《中华人民共和国森林法》；

·《中华人民共和国森林法实施条例》；

·《森林采伐更新管理办法》；

·伐区调查设计资料和林木采伐许可证；

·国家及地方的有关标准、规程及文件规定和要求。

2. 伐区拨交的程序

伐区拨交要逐级进行，并实行现地拨交。拨交伐区时，资源、生产、监督等部门的管理人员和采伐者共同到现地进行伐区现场的定位、复界、复道、复号，确认采伐边界和采伐木，向采伐者交代林木采伐的有关规定，转交林木采伐许可证、拨交证、作业证、伐区调查设计资料等。同时，拨交人员要做好拨交记录，相关部门签署意见，建立林木采伐管理台账。伐区拨交要在取得林木采伐许可证后进行，采伐者要持证采伐。

3. 伐区拨交的原则

（1）伐区拨交要以林木采伐许可证规定的内容为依据，否则视为无证采伐。

（2）拨交伐区原则上不能跨年度，不能超过林木采伐许可证规定的时间。

（3）遵守伐区拨交验收办法的规定，实行“拨一号、采一号、清一号、验一号”制度，前一小班作业不合格，质量问题未得到处理或纠正之前，不能拨交新小班。

4. 伐区拨交的形式

（1）用行政手段拨交伐区。国有林伐区拨交采取这种形式，实行逐级拨交制度。即“发证机关—森林采伐申请单位—林场—采伐作业工队”逐级拨交林木采伐许可证（或采伐作业证）。

（2）以采伐证核发替代伐区拨交。这种方法主要用于集体林、个人所有林的采伐。根据《国家林业局关于改革和完善集体林采伐管理的意见》（林资发［2009］166号）规定，林业主管部门要“简化森林采伐管理环节”，由“伐前拨交、伐中检查、伐后验收”的全过程管理，改为“森林经营者伐前、伐中和伐后自主管理，林业主管部门提供指导服务和监督管理”。基层林业主管部门的工作重点转移到为森林经营者提供便捷、优质的服务和加强对林木采伐的审核、审批、发证，以及对木材运输的检查监督和对违法采伐林木、运输木材案件的查处上来。

第三节　伐区作业质量管理监督

伐区作业管理是林木采伐管理的重要环节之一，其具有不可逆转的特点。通过加强伐区作业的监督管理，提高伐区作业质量，是落实凭证采伐制度、全面提高森林经营水平和林木采伐管理水平，减少林木采伐对环境与社会的负面影响，维护国家生态安全，加快实现中国林业可持续发展的根本保证。加强伐区作业管理的监督，可以有效地控制林木采伐作业过程中的森林资源消耗，严格执行好伐区生产工艺标准，提高森林资源利用率，提高伐区作业质量和木材产品质量，从而切实强化森林资源消耗的源头管理。

一、监督内容

伐区作业质量管理监督的主要内容包括：伐区公示、伐区准备作业、伐区采伐作业（伐木、打枝、造材、集材、装车）、伐区清理、检查验收等。

1. 伐前公示和管护承包人监督制度

根据《国家林业局关于切实加强东北、内蒙古重点国有林区林木采伐作业管理的通知》（林资发［2001］547号）文件要求，“从2001年冬采起，重点国有林区全面实行伐前公示和管护承包人监督制度，接受群众监督。各林场要将本年度所有批准的采伐作业小班的采伐地点（伐区设计位置图）、采伐期限、采伐蓄积和出材量等内容在林场内公示。作业期间，采运技术管理人员和管护承包人必须跟班作业，伐区作业结束后，管护承包人员应对照采伐许可证、伐区调查设计和实际采伐量进行签字验收。”

2. 伐区准备作业

伐区准备作业是林木采运作业的基础，主要包括：运材岔线（简易运材道）、集材道、装车场、拖拉机机库、油库、简易工舍、绞盘机房、畜棚等项目。伐区准备作业要求如下：

（1）伐区准备作业须经部门批准，开设运材岔线（简易运材道）、集材道、装车场等需要采伐林木的，必须按照相关规定和程序申请林木采伐许可证。

（2）伐区准备作业所需要木材，纳入商品材管理。伐区准备作业要节约使用木材，严禁用好材和珍贵树种。伐区作业结束后，要及时清理，准备作业用材尽可能重复使用。全部生产结束后，要将准备作业用材及时缴库。

（3）伐区准备作业一定要严格按照伐区调查设计和林木采伐许可证规定开展。在伐区未拨交之前，严禁搞伐区准备作业。

3. 伐区采伐作业

林木采伐作业时要严格按照伐区调查设计和林木采伐许可证的规定采伐作业。加强伐区作业环节的监督，是提高伐区作业质量和控制森林资源源头消耗的重要环节。监督管理的主要内容包括：

（1）现场采伐作业时必须持有林木采伐许可证（包括拨交证）和伐区调查设计资料。

（2）采伐方式、范围、面积、树种符合调查设计要求，并与林木采伐证规定相符；不允许串树种、串径级和越界采伐。

（3）当年设计当年采伐作业的伐区，采伐蓄积量、出材量不得超过设计允许误差；调查设计与采伐作业间隔期在一个生长期以上的伐区，采伐蓄积量、出材量不得超过设计允许误差与调查到采伐期间的生长量之和。

（4）伐区内下锯口高度超过10cm的伐根所占比例不大于15%。

（5）运材岔线、集材道、楞场等严格按照伐区调查设计资料规定开设，不得出现私开运材岔线、集材道、楞场，不允许拖拉机下道集材、不得出现严重积水或冲刷。

（6）伐区内应采未采的林木，主伐不超过$2m^3/hm^2$，抚育伐不超过$1m^3/hm^2$。

（7）分别树种的采伐量不得大于调查设计规定采伐蓄积量的5%。

（8）抚育间伐采伐木的平均胸径不得大于调查设计规定采伐木的平均胸径。

（9）伐区内长2m小头直径8cm的资源要全部运出利用。

（10）每个作业小班都有原始的山场集材检尺小票和木材发车小票。集体林采伐要有检木号印、打号检尺野账和检木号印使用管理台账。

（11）幼苗幼树保护较好。砸伤木、迎门树处理有监管部门的现场认定和记录。

（12）山场造材、装车场造材没有墩根去腐浪费资源的情况。

4. 伐区清理

采伐剩余物堆放应有利于防止水土流失；清林过程中要保护好幼苗幼树及相关藤本植物，保护生物多样性。伐前清林以满足采伐要求、伐后清林以满足更新要求为原则。清林方式及具体标准按有关作业规程与要求执行。

5. 伐区验收

伐区作业质量的验收按照“谁发证、谁抽查、谁审查、谁检查，谁申请、谁负责，采一号、清一号、验一号”的原则进行。伐区验收实行逐级验收制度。国有林业局（森林经营局）对所属国有林场伐区进行验收；地方国有林场由其上一级林业主管部门进行伐区检查验收；集体林、个人所有林的采伐由森林经营者伐前、伐中和伐后自主管理。省、市林业主管部门和各级森林资源监督机构要定期或不定期的组织抽查或联合监督检查。

经检查验收合格的伐区，由检查验收部门发放伐区验收合格证。因伐区清理、环境影响和资源利用造成不合格的，要限期纠正，直到合格时方能发证。因越界采伐、超林木采伐许可证采伐造成不合格的，由当地林业主管部门按相关法律、法规的规定处理，不发采伐验收合格证。验收证的要求如下：

（1）验收证格式必须符合省（自治区）林业主管部门或集团公司的有关

规定，验收方法必须科学有效。

（2）验收证应填写的项目如采伐地点、方式、面积、蓄积、郁闭度、出材量，保留木的株数、蓄积、验收日期、发证机关等应填写齐全、准确。

（3）验收证填写的数量指标必须真实可靠，有相应的有效外业调查记录。

6. 档案管理及消耗统计

根据检查验收情况和实际采伐作业数量填写林木采伐管理台账，将各伐区采伐作业后的变化情况及时准确统计汇总，翌年一季度根据变化情况调整森林资源档案，并编制统计消耗报表，按照要求及时逐级上报汇总，最后上报省级林业主管部门备案。

二、监督方法

采取日常采伐作业监督管理、伐中跟踪监督检查和伐区作业结束后检查验收的方法。改变了“集中检查，秋后算账”的做法，把林木采伐监督管理作为一项重要的日常监督管理工作。检查方法如下：

1. 内业检查

（1）听取汇报。受检查单位对国家颁布的林木采伐管理方面的政策、法规等执行情况以及是否制定相应的管理办法，伐区申请、审批、拨交、验收制度执行情况，林木采伐许可证台账管理情况，凭证采伐情况，伐区检查验收情况和林木采伐管理的典型经验案例等。

（2）查阅资料的内容。包括年度林木采伐许可证发证的采伐量，依林木采伐许可证的实际采伐量，合格林木采伐许可证发放的采伐量，发放林木采伐许可证台账及回收情况，伐区拨交验收年度实际采伐伐区统计表，伐区验收单等。

（3）统计、汇总有关数据。分别采伐类型统计全局的作业伐区数量、采伐量、验收伐区数量和验收采伐量。

2. 伐区现地检查

（1）检查小班的确定。将被检查局上年所有的经检查验收的作业小班，按采伐许可证规定的采伐类型即主伐（含皆伐、择伐、二次渐伐）、更新采伐、抚育采伐、低改和其他（包括蓄积量小于 $5m^3$ 的采伐）五种类型进行分别排序，并按该类型应抽取的小班数量（N）等权重分为 N 层，每层随机抽取一个小班作为检查小班。

（2）对所抽中的作业小班要逐块检查，检查时要携带林木采伐许可证、有效伐区调查设计文件和伐区作业质量检查验收单等资料。

①对照调查设计资料和林木采伐许可证核对采伐地点、采伐范围、采伐方式是否正确。若发现越界采伐，应实测越界部分的面积、蓄积。

②采伐面积测量采用罗盘仪或 GPS 实测。所测面积与林木采伐许可证批准的采伐面积误差不超过 ±5%，认可伐区设计面积。超出误差则按检查面积计算。

③测量小班采伐量。小班采伐量测量采用机械抽样或全林伐根实测进行。

机械抽样采用图上布点，样地（标准地）实测方法。样地总面积为小班面积的 15%，每个样地面积为 0.06hm^2，即在检查小班内随机确定一点，按 63.25m 的点间距向东、南、西、北方向布设检查样点。现地检查时采用罗盘测绳或 GPS 定点后，设半径为 13.82m 的圆形样地，对样圆内的伐根要全部实测，对落在样圆边界上的伐根采用取南舍北或取东舍西的原则进行实测。

全林伐根实测就是对所有抽查小班全部实测伐区内的伐根。在采用机械抽样检查时对采伐面积小于 3hm^2 的小班，全部实测伐根。

伐根检尺必须在伐根 0cm 处测量（根径材积表编制使用围尺的，则伐根测量用围尺；根径材积表编制使用轮尺的，则伐根测量用轮尺），分树种、径级（2cm 一个径阶）记录。若有伐根丢失，应记伐根丢失个数，以采伐的优势树种平均根径作为其根径计算，用根径材积表计算样圆的采伐量，推算出整个小班的采伐量。

④伐根超高、应采未采及丢弃材的测量。伐根超高的（10cm 以上），计算超高伐根的数量；样圆内有应采未采的林木，分树种实测胸径；丢弃材（长 2m，小头直径 8cm）小头分布在样圆内的检尺，计算材积。

⑤作业质量检查。对照伐区作业质量标准，对伐区内的郁闭度、采伐均匀程度、清林以及林木采伐和集材过程中造成的林木损伤等情况进行调查；检查 1 ~ 2 条运材岔线、集材道和楞场，检查水土流失、丢弃材、无证采伐等情况。

⑥检查小班山场检尺野账、工资单等资料，确定小班出材量。

（3）无证采伐量调查。对被检的作业小班所在林班进行无证采伐量现地检查，发现有无证采伐现象，实测无证采伐量。

3. 伐区作业质量评定

验收采取百分制，各检查项目扣分均在标准分数内扣减，不计负分，总分达到 85 分为合格；考虑到抚育间伐可能出现没有项目或内容，其计算方法按缺项处理，得分二实际检查项目的得分之和/（100 - 缺项标准分）×100。对照质量评分标准逐项评分，低于 85 分的小班为不合格小班。越界采伐、无证采伐、采伐方式错误或采伐蓄积、出材量超过允许误差的、装车场墩根去腐浪费资源的伐区为不合格伐区。

本评分标准表为国家林业局制定的重点国有林区伐区作业质量检查评分标准。各级林业主管部门在开展伐区作业质量检查验收工作时可以参照本标准。

4. “四率”计算

分别以林业局、林管局、集团公司为单位计算“四率”，作为评价各级森林经营单位林木采伐管理水平的综合指标。

$$发证合格率=\frac{合格发证林木采伐量}{发证采伐量}\times 100\%$$

$$伐区验收率=\frac{发放验收证小班数量}{当年作业的全部应验收小班数量}\times 100\%$$

$$伐区凭证采伐率=\frac{伐区凭证采伐量}{伐区总采伐量}\times 100\%$$

$$采伐作业量质量合格率=\frac{检查合格作业小班数量}{检查作业小班数量}\times 100\%$$

林业局、林管局、集团公司各率计算一律采取加权平均计算。

5. 提交伐区采伐作业质量检查报告

报告内容包括工作开展情况、检查结果、分析评价、主要经验和存在问题、意见或建议等。

检查结果包括“四率”汇总表、伐区验收检查统计表、伐区木材生产完成情况，林木采伐量及出材量，伐区作业质量验收和无证采伐情况。

6. 对违规采伐作业的处理

对采伐作业单位不按伐区调查设计和林木采伐许可证的规定采伐林木、清理伐区的行为，要坚决予以纠正，责令限期整改，并依法依规追究相关责任人的责任。

第二章　森林采伐限额管理监督

第一节　森林采伐限额编制

实行森林的限额采伐是《中华人民共和国森林法》确立的一项重要的法律制度。多年的实践证明，采伐限额制度的严格执行为保障我国森林资源的总量增长、质量提高以及合理利用发挥了重要作用。科学编制森林采伐限额，对依法加强森林资源保护管理、促进森林可持续经营、保障林业持续健康快速发展具有十分重要的意义。

一、编制原则

1. 坚持持续经营、采育结合的原则

要根据森林资源的数量、结构、质量和生态地位，在合理利用森林资源的同时，积极开展森林资源经营，科学确定年采伐限额总量，优先保证中幼林抚育所需的采伐限额指标。

2. 坚持分区施策、分类管理的原则

根据不同区域分别确定采伐方式、年龄和强度，合理测算年采伐量。

用材林按照采伐量不超过生长量的原则编制采伐限额，生态公益林不编制主伐限额。

东北、内蒙古等重点地区天然林保护工程区严格按合理定产要求编制年森林采伐限额。

法律、法规明令禁止采伐的林木不编制年森林采伐限额。

3. 坚持促进经营、保障权益的原则

限额的确定既要促进森林的可持续经营和森林生态系统的培育，又要保障各种经营主体的合法权益，把保障森林经营者的处置权放在重要位置。

对已编制森林经营方案的经营主体，原则上按照森林经营方案确定的森林经营活动测算核定森林采伐限额。

4. 坚持总量控制和分项管理的原则

在设置总量限额的同时，设置采伐类型和消耗结构分项限额。采伐类型分项限额分为：主伐限额、抚育采伐限额、更新采伐限额、低产（效）林改造限额和其他采伐限额；消耗结构分项限额为：商品材采伐限额和非商品材采伐限额；森林起源分项限额为：人工林采伐限额、天然林采伐限额。

在合理确定森林年采伐量后，要充分考虑限额外森林资源的消耗，由于自然灾害、大型工程建设等申请追加限额指标的，追加使用的指标原则上在下一个五年计划期间的森林采伐限额中予以扣减。

二、编制范围

凡在林业用地上采伐胸径5cm（含5cm）以上的林木，必须编制年森林采伐限额。

国家和地方有关法律、法规和政策规定禁止采伐的森林和林木，不编制采伐限额。

三、编制单位

按照森林和林木的所有权确定编限单位。

（1）林业系统国家所有的森林和林木以国有林业局、国有林场（采育场）为单位编制；集体、个人所有的森林和林木以县（含区、市、旗，下同）为单位编制。

（2）非林业系统（铁路、公路、城建、水利、部队、农场、厂矿、股份公司等）编限单位的确定，由各省（含自治区、直辖市、新疆生产建设兵团，下同）林业主管部门商上述省级主管部门共同确定。

（3）集体林权制度改革明晰产权到户并达到一定规模的森林经营主体，可以单独编制年采伐限额，权属按集体对待。“一定规模”的标准由省级林业主管部门确定。

具体编限单位由省级林业主管部门确定，并按统一格式上报国家林业局，国家林业局指定技术部门核算上述编限单位的合理年采伐量。

四、基础数据要求

（1）经县级以上林业主管部门审定的“二类调查”数据；或在“二类调查”数据基础上，经补充调查后，根据历年森林资源消长情况更新后的资源数据。

（2）本经理期内未进行过“二类调查”的重点林业县、国有林业局、国有林场等，必须及时组织技术力量开展森林资源调查，使用最新的资源数据测算合理年采伐量。

（3）其他少林单位，要经省级林业主管部门批准并报国家林业局备案后，可采用数据更新的办法将资源数据更新到编限前一年底。

（4）各经营单位所采用的“二类调查”、补充资源调查及更新资源数据等，必须按照国家林业局《森林资源规划设计调查主要技术规定》的要求，由具有林业调查规划设计资质的单位承担，或者由其认定，并经上级林业主管部门审定。

（5）资源数据不符合要求的经营单位，使用特殊方法测算合理年采伐量。

五、有关技术参数

1. 采伐年龄

（1）生态公益林的更新采伐年龄，参照《森林采伐更新管理办法》规定的各树种更新采伐年龄执行。

（2）一般用材林的主伐年龄，编制森林经营方案的，按照经营方案的森林经营类型确定；未编制森林经营方案的，参照《森林采伐更新管理办法》规定的各树种主伐年龄执行。

（3）速生丰产林各树种的主伐年龄，由省级林业主管部门根据本地实际具体规定。

（4）短轮伐期用材林各树种的采伐年龄，由林木所有者确定。

2. 出材率

东北、内蒙古重点国有林区要根据本单位森林资源实际情况，合理确定商品材出材率。

其他省（区、市）由省级林业主管部门确定是否测算商品材出材率。

其他参数的确定按照国家有关规定执行。

六、合理年采伐量测算

1. 测算方法

（1）使用森林经营方案确定合理年采伐量。编制森林经营方案的编限单位，经上级林业主管部门审核批准，且经营方案尚在经理期内的，其合理年采伐量可按照审定的森林经营方案确定。

（2）使用模拟测算法确定合理年采伐量。未编制森林经营方案的编限单位，应使用二类调查资源数据或更新后的资源数据，采用模拟测算法测算合理年采伐量。

（3）使用特殊方法确定合理年采伐量。资源数据不符合要求的单位，采用下列特殊方法确定合理年采伐量。

以该省森林资源连续清查数据测算得出全省的合理年采伐量，扣除资源数据符合要求的经营单位的合理年采伐量以后，余下额度按照经营森林面积权重对其他经营单位进行分配。

各省级单位应采用“模拟测算法”测算省级为总体的用材林主伐和生态公益林更新采伐合理年采伐量，作为宏观控制依据，并与各编限单位上报的合理年采伐量之和进行对照验证。

2. 测算要求

严格按照采伐限额编制的原则，区分不同权属、林种、树种、林分起源和经营目标，以促进森林结构调整和提高林分质量为目的，科学测算合理年采伐量。

测算合理年采伐量的有关技术参数必须科学合理，必要时要组织有关专家和技术人员论证后方可用于测算工作。

七、建议指标

根据森林资源现状测算的合理年采伐量是确定编限单位年森林采伐限额建议指标的主要依据。要充分考虑地方经济发展、社会需求和森林可持续发展的实际，合理确定商品材和非商品材限额建议指标。因特殊情况必须超过测算的合理年采伐量确定年森林采伐限额建议指标的，必须提供充分理由，并经上一级林业主管部门组织论证。

八、编报程序

编限单位的年森林采伐限额建议指标，须经县级以上林业主管部门初审并经同级人民政府审核后逐级上报，由省级林业主管部门负责汇总、平衡，经省人民政府审核后上报国务院审核批准，并抄送国家林业局。

东北、内蒙古重点国有林区编限单位年森林采伐限额建议指标，由其省级森工（林业）主管部门汇总、平衡，国家林业局驻在的森林资源监督机构提出初审意见，报经国家林业局审核后，上报国务院审核批准。

第二节　森林采伐限额管理

森林采伐限额是我国《中华人民共和国森林法》规定的一项法律制度。由国务院批准的年森林采伐限额是年度采伐林木的最大限量。为了确保森林采伐限额制度有效实施，全面提高森林采伐限额和林木采伐管理水平，我国对森林采伐限额实行木材生产计划管理，并通过依法凭证采伐以保证木材生产计划的有效落实。

一、木材生产计划管理

1. 采伐限额指标预留

省级每年可以预留不超过8%的限额指标，统筹管理，用于解决自然灾害、工程建设征占用林地、森林经营保护等特殊情况所需采伐指标。

2. 编制年度木材生产计划

年森林采伐限额是编制年木材生产计划的依据。在编制木材生产计划时，人工林采伐限额可以占用天然林采伐限额；商品林抚育采伐限额和其他采伐限额可以占用主伐限额；公益林其他采伐限额可以占用更新采伐限额；森林类别限额及其他各分项限额严禁串用。

各省年度木材生产计划由省级林业主管部门编制逐级下达到各编限单位，各编限单位再具体分解落实。从“十二五”开始，地方林业年度木材生产计划实行备案制，由各地、各单位完成年度木材生产计划编制后，按备案程序以正式文件逐级上报，经省级林业主管部门备案审查登记后方可执行。

东北、内蒙古重点国有林区年度木材生产计划由国务院林业主管部门编制下达到各国有林业局。

3. 年度木材生产计划执行

各地、各单位年度木材生产计划是正常组织木材生产的最大限量，严禁超计划采伐。在执行木材生产计划时，人工林采伐计划指标不足的，可以占用天然林采伐计划指标；商品林抚育采伐和其他采伐计划指标不足的，可以占用主伐计划指标；公益林其他采伐计划指标不足的，可以占用更新采伐计划指标。森林类别及其他各分项采伐类型间采伐计划指标禁止串用。

二、凭证采伐制度管理

凭证采伐制度是《中华人民共和国森林法》规定的一项重要的法律制度。对森林实行限额采伐，采伐林木必须申请采伐许可证，按许可证的规定进行采伐；农村居民采伐自留地和房前屋后个人所有的零星林木除外。通过实行凭证采伐制度，可以有效地控制森林采伐量，促进森林分类经营分区施策，提高伐区作业质量，促进采伐迹地的及时更新，促进森林可持续经营以及林业健康发展。

（1）一小班一证制。

（2）小班采伐量控制。东北、内蒙古重点国有林区采伐作业小班实行采伐量与出材量双量控制。地方林业林木采伐实行小班采伐蓄积量单量控制。每个小班的误差率控制在±5%之内。

（3）树木采挖纳入到限额管理，凭证采挖。

（4）非林地上的林木采伐，不纳入限额管理，不受限额控制。但是，必须办理林木采伐许可证后，凭证采伐。

第三节　森林采伐限额核查

一、核查目的、依据、对象与内容

1. 核查目的

为促进各级政府和林业主管部门加大管理力度，确保森林采伐限额制度有效实施，全面提高森林采伐限额和林木采伐管理水平，为各级政府和林业主管部门决策提供依据。

2. 依据

·《中华人民共和国森林法》；

·《中华人民共和国森林法实施条例》;

·《森林采伐更新管理办法》;

·《森林采伐作业规程》;

·《全国森林采伐限额执行情况检查方案》;

·《全国森林采伐限额执行情况检查遥感技术应用方案》(试行);

·国家及地方的有关标准、规程、文件规定等。

3. 检查对象与范围

(1) 检查对象:依法编制森林采伐限额的森林经营单位。

(2) 检查范围:上一年度。

4. 核查内容

(1) 森林采伐限额和木材生产计划执行情况。

①省(区、市)、地(市)、县(局)森林采伐限额指标管理情况。

②省(区、市)、地(市)、县(局)林业主管部门下达年度森林采伐量计划执行情况。包括各级预留指标及其使用情况;追加的限额数量及木材产量及其使用情况。

③省(区、市)工业原料林指标使用情况,工业原料林认定情况。

④依法编制森林采伐限额的森林经营单位上一年度林木总采伐量及木材生产计划执行情况。

(2) 林木采伐管理制度的执行情况。

①林木采伐许可证的核发与管理情况。

②伐区调查设计、审批、拨交、验收制度的执行情况。

③凭证采伐情况。

④伐区作业质量。

二、核查方法

核查工作采用内业与外业检查相结合的方法。通过实地调查与遥感技术相结合、全查与抽查相结合,听取汇报、查阅资料与实地调查相结合的方法进行。

1. 内业核查

(1) 听取汇报,了解受检县(市、区)的总体情况。

(2) 收集和查阅有关资料,对相关数据进行统计分析与汇总。

(3) 利用遥感技术将检查年度前后期卫星影像数据解译成片伐区(变化区域)的位置,将前后期的森林资源变化减少的图斑,对照采伐证资料核实区分有证伐区和无证伐区；根据前后期的林地变化减少的图斑，逐项落实审核审批等相关情况。

（4）依据发放的林木采伐证确定有证、无证成片伐区的数量和面积，分别抽取样本并进行实地核查。

2. 现地核查

（1）有证采伐核查。对确定的采伐小班，利用卫星影像、地形图、林相图、伐区调查设计等资料，逐个采伐小班（地块）进行检查。具体检查步骤及方法如下：

①有证采伐小班现地检查。对照林木采伐许可证和伐区调查设计文件，核对采伐地点、采伐范围、采伐方式等是否正确。并绘制采伐小班形状图和样圆（样带）布设示意图。

②求测采伐面积。一般采用罗盘仪或GPS定位仪测定采伐面积。在伐区周界地物标明显时且伐区面积≥10亩时，也可使用1∶10000地形图勾绘求积。

如实测所得面积与林木采伐许可证规定的采伐面积相差不超过5%，则认可伐区面积。否则计算出超采面积：$S_{超}=S_{测}-S_{设}$。

③确定伐区实际采伐量。具体方法与规定如下：

确定实测面积。伐区面积小于10亩的，全部实测伐区的伐根；伐区面积≥10亩的，布设10m宽样带或半径12m的样圆进行实测，实测面积不小于10亩。

实测伐根地径。在伐根高零厘米处，分别树种（组）实测伐根地径。

求算材积。当地有地径材积表的，经适应性检验合格后可直接查表得出材积；当地无地径材积表的，要在受检县（市、区）内，分别树种（组）选测50株以上不同径阶立木的地径和胸径（使用二元材积表的尚需测量树高），通过建立地径回归关系求算出伐根所对应的胸径后，再查材积表计算材积。伐区伐根数≤5的树种（组），可并入优势树种（组）参与计算。

（2）无证采伐量和有证个人单株采伐量检查。

①受检行政村无证采伐量和有证个人单株采伐量调查。对上一年度发生在受检行政村内的无证采伐和有证个人单株采伐，采取在行政村范围内机械布设600m^{2}的圆形或带状样地进行伐根调查，用有林样地的单位面积无证采伐量推算行政村的无证采伐量和有证个人单株采伐量。

②县（市、区）国有林场中受检林班无证采伐量的调查。采取在林班内按有林样带面积不少于林班有林地面积的1%的原则，机械布设若干条10m

宽样带进行伐根调查，用有林样带的无证采伐量推算林班的无证采伐量。

在受检林班中如发现无证伐区，必须记录采伐地点、采伐方式、采伐树种，查清采伐面积和采伐蓄积量，作为典型案件详细记载有关情况。但落在样带外的采伐量不参加林班无证采伐总量的推算，直接计入林班无证采伐总量。

（3）GPS定位。记录样圆中心点的GPS纵横坐标。样带的两端必须设置GPS控制点，并从起点一端始每间隔50m设置1个GPS控制点，记录纵横坐标。

（4）伐区作业质量的检查。结合伐根调查，重点对伐根超高和丢弃材进行检查。对样地内的超高伐根和丢弃材全部实测，根据实测结果推算伐区伐根超高造成的资源损失和丢弃材数量。另外，对伐区作业的其他情况，包括随集随清、越界采伐、半截号情况、是否存在应采未采情况等进行调查记载。

3. “三率”计算

通过对受检单位的林木采伐管理情况和年度林木采伐量进行检查，按照数理统计学原理，以抽中样本林木采伐量为实测值，经统计计算，推算出受检县（市、区）上一年度林木总采伐量。

计算发证率、发证合格率和伐区凭证采伐率等“三率”，作为评价各级森林经营单位林木采伐管理水平的综合指标。

$$\text{发证率}=\frac{\text{发证采伐量}}{\text{实际采伐量}}\times100\%=\frac{\text{发证采伐量}}{\text{有证采伐量}+\text{无证采伐量}}\times100\%$$

$$\text{发证合格率}=\frac{\text{合格发证林木采伐量}}{\text{发证采伐量}}\times100\%$$

$$\text{伐区凭证采伐率}=\frac{\text{伐区凭证采伐量}}{\text{伐区采伐量}}\times100\%$$

三、核查成果

1. 核查结果

核查结果包括：采伐限额指标管理情况、木材生产计划指标管理情况、林木采伐许可证核发管理情况、伐区调查设计、审批、拨交和验收制度执行情况、林木采伐量检查结果、“三率”结果。

2. 提交成果

受检县（市、区）森林采伐限额执行情况检查报告。报告内容包括检查工作情况、检查县（市、区）基本情况、检查结果、结果分析与评价、成功经验与采取的有效措施、存在问题和建议、附表等。

第三章　森林资源管理情况监督检查

第一节　森林资源管理情况日常监督

包括木材生产计划的编制和执行、伐区调查设计、伐区拨交公示、伐区生产作业和验收环节的监督，以及木材运输和木材销售环节的监督。

一、木材生产计划编制与执行监督

按照采伐管理的有关规定，计划管理与限额管理统一，上报的木材生产计划建议指标和下达的木材生产计划不能超过年森林采伐限额，森林采伐总量和各分项指标要严格控制不许突破，不能挤占、挪用。驻局监督机构要参与驻在单位木材生产计划的编制。

二、伐区调查设计监督

森林采伐调查设计工作是科学经营和合理开发利用森林资源的基础，也是森林采伐管理的“源头”。对“源头”实施科学有效的监督，能够更加合理的利用好森林资源，对林木采伐管理全过程的有效控制起到事半功倍的监督效果。

（1）驻设计部门监督机构应与计划、资源、生产、林场等部门和单位一起参与对准备设计的林班进行伐区踏查，准确掌握踏查小班的地形地貌、各项林分因子以及支岔线、集材道走向、楞场位置的布设等，在设计部门设计时提出合理化的监督建议。

（2）强化设计过程中的监督检查，设计过程中应经常深入现场检查设计质量，发现问题及时纠正和处理，把问题消灭在萌芽中，做到超前监督。

（3）加强伐区调查设计自检验收监督工作。驻设计部门监督人员每月都要对当月生产自检验收完成的设计小班进行监督抽查，对于不按设计规程进行设计和设计不合格的小班，除建议不予以支付设计费外，坚决进行报废或返工处理，不断提高伐区调查设计质量。

三、伐区拨交公示监督

伐区拨交要依据林木采伐许可证规定的时间、内容来进行。伐区拨交应执行“三级拨交”制度，并实行现地拨交。驻林场监督员在小班采伐之前，要与林场有关人员（采运技术员、资源管理员、生产工队长等）共同到现地进行伐区现场定位、复界、复道、复号，确认采伐边界和采伐木，向采伐者交代林木采伐的有关规定，转交林木采伐许可证和伐区调查设计资料等。同时，监督林场在场区、伐区现场对准备采伐作业的小班进行伐前公示。公示内容包括：采伐小班的采伐地点、采伐时间、采伐方式、采伐面积、采伐株数、采伐强度、采伐量、出材量、生产工队等，有利于社会监督。

四、伐区生产作业环节监督

严格监督伐区作业管理，是控制生产过程中森林资源消耗，提高作业质量和产品质量的重要保证，驻场监督员要对伐区生产准备作业和伐区生产作业过程及时进行监督检查。

（1）凡是需要进行准备作业生产的小班，都要严格按照准备作业规程规定的标准实施准备作业，杜绝违规违法问题的发生。

（2）按照“采伐过程中的架挂树木、砸伤木、迎门树要予以伐除，但要保留相同数量的应伐木，并做好记录备查”的规定。监督林场在采伐现地拨交时应确定一定数量的应伐木先予以保留，并做好标识和记录，待采伐结束时再根据伐除的架挂树、砸伤木、迎门树的数量确定事先保留的应伐木是否采伐，以保证采伐小班不超强度。

（3）严格按照打枝作业标准进行打枝作业，杜绝大抹头和打枝过程中损伤木材。

（4）严格执行集材标准，“集一号、净一号”，做到够缴库标准的木材全部下山，禁止拖拉机下道集材和私开集材道。

（5）对生产作业中出现的不按设计作业，违规违法采伐问题及时处理，并跟踪监督整改。对问题特别严重的要停止伐区生产，待整改合格后方可恢复生产作业。

五、伐区验收环节监督

伐区检查验收主要内容是以林木采伐许可证和伐区调查设计资料为依据，按照林区采伐作业质量检查标准及有关技术规程的规定，对采伐伐区的作业质量进行检查验收，达到合格标准的伐区发给采伐验收合格证明，以此来加强森林资源的管理和监督。伐区验收工作是对伐区作业质量的检验，也是伐区作业质量的关键。东北、内蒙古重点国有林区木材生产的黄金期较短，加之冬季降雪，有时生产结束伐区没有验收已被大雪覆盖，使各企业局大部分伐区不能及时回收，只能等待春季进行伐区验收，造成了伐区验收滞后，“采一号、验一号、拨一号”制度没有能够很好地执行，各企业局不同程度地存在伐区验收不实，流于形式的现象。因此，驻场监督员及时组织对伐区验收工作的监督显得更为重要。及时回收伐区能够及时发现生产验收小班存在的问题，能够做到及时发现问题，及时纠正处理和解决问题，有利于再拨交伐区生产时，避免类似问题的发生，不断提高伐区作业质量。

六、木材销售环节监督

驻局监督部门要不定期检查销售部门、财务部门，查一定时期内的木材销售发票、销售合同、木材销售调拨令、木材销售划拨单、木材销售台账，审核企业内部银行和银行往来账、原材料账、主产品及其他产品成本账，核对预付款及现金账等有关账目的原始凭证，通过有关账目的成本指标，核实木材主产品和其他产品的销售数量的准确性。检查木材销售要与检查贮木场库存相结合，抽查贮木场木材楞头，看库存的材种、数量、规格等是否与楞卡一致，防止虚报瞒报的发生。

七、木材运输环节监督

木材运输环节监督包含外部运输和内部运输。外部运输环节主要检查是否凭证运输木材，包括汽车运输和铁路运输。检查一定时期内的凭证运输数量是否与销售数量相符。通过运输车数、米数与运输证发放数量比较，可以确定凭证运输率，是否做到了一车一证，有没有无证运输，偷拉私运，运输量是否超过运输证批准数量，是否存在证、物不符问题等。内部运输环节检查主要是检查木材检查站登记台账，核实木材生产缴库运输和木材销售出境运输情况是否准确，以确定凭证运输木材制度的执行情况如何。

第二节　东北、内蒙古重点国有林区森林资源管理情况检查

为了加强东北、内蒙古重点国有林区森林资源管理，保护林地资源，强化林木采伐管理，客观评价被检单位林地及林木管理情况，为森林资源管理及林业行政执法提供科学依据，促进东北、内蒙古重点国有林区林地及林木资源管理的规范化、科学化管理，自2013年开始，国家林业局取消了对东北、内蒙古重点国有林区实施的“三总量”（林木采伐总量、销售总量、运输总量）检查，改为实施“森林资源管理情况检查”。

一、检查内容

1. 林地保护管理情况

占用征收林地审核（批）情况，林业主管部门查处违法占用征收林地和擅自改变林地用途行为的情况，占用征收林地建设工程的内容，到期临时占用林地回收情况和毁林开垦情况。（具体操作执行《林地管理情况检查方案》）

2. 林木采伐、销售、运输情况

被检查单位木材生产计划执行情况；伐区调查设计审批、拨交、作业质量验收及凭证采伐制度执行情况；木材销售、运输总量和凭证运输制度执行情况；凭证加工木材制度执行情况和木材经营加工消耗资源情况。

3. 林业行政执法情况

森林案件立案、查处及结案情况；有关群众举报事项的现地核实情况。

二、检查范围及时段

1. 检查范围

东北、内蒙古重点国有林区所属林业局。

2. 检查时段

以 2012 年 7 月 1 日为检查初始时间，至检查年度的外业检查结束之日。第一年检查的被检单位，使用 2 期遥感影像对比，检查 1 个年度的管理情况。第二年检查的被检单位，使用 3 期遥感影像对比，检查 2 个年度的管理情况。第三年检查的被检单位，使用 4 期遥感影像对比，检查 3 个年度的管理情况。第四年检查的被检单位，使用 5 期遥感影像对比，检查 4 个年度的管理情况。如 2014 年的检查，使用 3 期遥感影像对比，检查 2012 年 7 月 1 日至 2014 年检查组进驻被检单位时段的森林资源管理情况。

为了完整体现林地占用项目审批和实施的连续性，检查统计数据可追溯到 2012 年 1 月 1 日。为充分利用遥感数据，疑似无证采伐地块（包括非法占地、毁林开垦等）的检查可提前到 2012 年 5 月下旬。

三、检查对象

根据遥感判读图斑与有证采伐作业设计小班和占用征收林地项目可研图的重叠情况，将占用征收林地项目、采伐小班与判读图斑分为四类：合法占用征收林地项目图斑，判读出的有证采伐小班，没判读出的有证采伐小班，疑似无证采伐和违法占地图斑。

1. 合法占用征收林地项目

将占用征收林地项目批复和可研图与判读图斑对比，若判读图斑未超出批复和可研图的范围 5% 以上的，不再进行现地检查，若判读图斑超出批复和可研图的范围 5% 以上的划入违法占地小班。

2. 有证采伐小班检查

对于判读出的有证采伐小班，根据采伐类型、采伐蓄积情况，抽取 10 个小班，进行现地检查验证。

3. 没判出的有证采伐小班

原则上不作为抽查对象。

4. 疑似无证采伐和违法占地小班检查

按照遥感判读数量全部进行现地检查。

5. 森林案件检查

对于在规定时间内上报的森林案件，按比例进行抽查核实。发案数量在 10 起（含 10 起）以下，核实比率 30%；发案数量在 10 起以上 50 起（含 50 起）以下，核实比率 20%；。发案数量超过 50 起，核实比率 10%，一般不超过 10 起。对于规定时间以后上报的森林案件，参照无证采伐的具体规定处理。

四、材料上报

1. 专题材料上报时间

被检单位确定后的10个工作日内，由各派驻专员办收集好有关材料，一次性上报国家林业局资源司（监督办），超过上报时间再次上报的材料不予认可。

2. 专题材料上报内容

上报数据主要以电子版为主，纸质材料作为佐证。

（1）检查期间采伐证核发明细。

（2）检查期间对应的伐区拨交数量（台账）、木材生产（森林经营）完成台账；森林火灾（火警，1亩以上）和病虫害（或风倒风析、或由于某些原因造成超过1亩以上的林木枯死）发生情况及详细地点、面积、程度及地类等因子；除草割灌整地情况；检查期间林地占用征用项目审批、施工位置等详细情况；林政案件发生和处理、结案情况等；采取割带、低强度抚育等营造林方式引起资源消耗的项目计划和完成情况。

（3）被检查企业局正在执行的二类调查矢量数据及林相图（西安 -80坐标系）。如果检查区间已经更新二类资源调查数据，跨两次二类调查时限的单位，需同时提报新旧版二类调查数据。

（4）带有伐区位置（GPS坐标点）的伐区作业平面图（扫描版，扫描像素设置为200万像素），坐标参考坐标系一律采用西安 -80坐标系。

（5）各类数表（立木材积表、根径材积表、当地磁偏角、当地出材率表和GPS修正参数）等。

（6）检查时间段各项生产、经营计划。

（7）伐区阶段剩余物生产情况台账。

3. 遥感数据接收时间

后期高分辨率遥感数据接收时间为被检单位所在区域的植被生长季节，一般为6月1日到8月31日，确因天气等原因无法接收到6月1日到8月31日期间合格数据的，可根据情况适当放宽数据时相。

4. 现地检查时间

现地检查时间视遥感数据获取情况而定，原则上不能迟于9月15日，现地检查工作时间原则上不超过10天。

5. 检查结果上报时间

现地检查完成一周内上报检查结果初步报告，10 月底之前上报检查结果报告。

五、检查方法

采用遥感辅助检查法，即利用两期高分辨率卫星遥感数据，采用卫星遥感判读和伐区抽样现地实测相结合，客观真实地反映被检查单位森林资源保护利用和管理的实际情况。

1. 基础数据收集及处理

（1）基础数据收集。

①遥感数据源选择。根据检查年度，选择检查年当年（后期）与检查年前一年（前期）的遥感数据。后期遥感数据分辨率不低于 5m，如 SPOT5 或 Rapideye 数据，且要求多光谱数据与高分辨率全色数据时相一致；前期数据根据数据的可获取情况，尽量选取分辨率不低于 10m 的多光谱遥感数据。

②专题材料收集。专题材料包括：林业局及林场行政区划界线矢量数据及其林场中文名称；林业局森林资源二类调查数据矢量数据及其代码；检查期间林业局的采伐作业设计、采伐台账（数据库）、采伐证，以及占用征收林地资料；造林、抚育割灌设计资料（包括数据库）；林业案件、火灾、风灾等资料（包括数据库）。

上述专题材料提交时，被检查林业局必须在每个采伐作业设计、造林设计、抚育设计、林业案件等资料上，标明所对应的地理坐标点（公里网）及数据库记录编号。

（2）数据处理。

①遥感数据处理。遥感影像处理包括所选用的高分辨率数据的正射校正、融合处理、波段组合、图像增强、NDVI 提取和图像拼接与分幅处理。

A. 正射校正：投影与坐标系：采用高斯－克吕格投影，北京 54 坐标系。控制点选取与正射校正。

遥感数据正射校正，以每幅 1∶5 万地形图上至少选取 12～16 个控制点，同时提取每个控制点的 DEM 数据，采用立方卷积法进行正射校正。

B. 波段组合：SPOT5 数据以 3、4、1 波段进行组合，并融合 2.5m 全色数据形成彩色合成图像；RapidEye 以 5、3、2 波段进行组合。遥感影像按红、近红外、绿波段进行组合形成彩色合成图像。

C. 图像增强：图像增强采用非线性和分段拉伸的方法，增大不同地物间的色彩反差，使影像中的森林与非森林色彩层次分明，可识别性好。

D. 拼接与分幅处理：对融合与增强处理后的图像进行拼接处理，为了最大程度保持影像的信息量，不做羽化处理。

②专题资料处理。

A. 采伐小班建库：将采伐作业设计与采伐证核对检查，将有采伐证的采伐作业设计图扫描输入到计算机，对采伐作业小班进行矢量化，形成采伐设计矢量数据，并将坐标统一到高斯投影、西安80坐标系下。将采伐小班矢量数据与采伐台账建立关联关系，形成采伐小班数据库。

B. 二类调查资料与采伐台账相关联：将采伐台账记录的伐区通过林场、林班号和小班号组成的关联字段落实到二类调查数据上，进一步实现采伐小班数据库与二类调查数据的关联，将采伐小班落实到具体二类小班，便于分析遥感区划判读的森林资源变化地块与采伐证和采伐台账中伐区的吻合情况，甄别变化地块是有证伐区，还是无证伐区。

③其他图面数据的投影转换。对于不同投影和地理坐标系下的图面数据或坐标数据，要进行投影转换，统一到相同的投影和坐标系下，以便相互比较、查询和分析。

2. 疑似采伐地块和违法占地判读区划

（1）解译标志建立。通过典型分析比较不同遥感图像特征与二类调查成果中对应的地类、优势树种、龄组等调查因子的对应关系，建立以森林和伐区影像特征为主要内容的遥感判读解译标志，全面掌握试点区域范围内覆盖类型及其变化的影像特征。

（2）疑似采伐和违法占地地块判读区划。

①植被变化信息提取。采用植被指数法，分别计算两期遥感数据的植被指数图像，通过相邻两期植被指数差值图像，提取植被指数减少区域。

标准植被指数：$NDVI=\frac{B_n ir-B_r}{B_n ir-B_r}$

式中：$B_n ir$——近红外波段反射值；

B_r——红色波段反射值。

②判读区划疑似采伐和违法占地地块。对覆盖被检单位的遥感影像，按1km×1km分割，形成判读单元。以提取的植被指数减少区域作为提示信息，利用二类调查等成果资料与遥感影像特征之间对应关系，依据两期影像的变化特征，逐个判读单元判读区划森林影像特征发生变化，即疑似采伐地块图斑（简称判读斑块）。

③叠加伐区作业设计和占用征收林地批复可研图。将伐区作业设计图和占用征收林地批复可研图叠加在遥感影像图上，对照伐区设计不同采伐类型、采伐强度的影像变化特点，进一步判读、核实判读疑似采伐、违法占地图斑。

（3）判读斑块与采伐小班界线、占用征收林地批复界线的位置匹配与处理。

①采伐小班界线、占用征收林地批复界线的确定。以经过正射校正的遥感影像图为基准，参照二类调查的林班小班位置信息和伐区设计图、占用征收林地批复界线，确定采伐小班、占用征收林地的位置。

②判读斑块的归并处理。判读斑块与采伐小班设计图叠加后，对于一个采伐小班中有2个以上的判读斑块的情况，将一个采伐小班中的几个判读斑块进行属性归并（图面上显示几个斑块，实际为一个属性），斑块编号沿用这几个判读变化斑块中最小的号，其他判读变化斑块号定为空号。

③判读斑块的分割处理。判读斑块与采伐小班设计图叠加后，对于一个判读斑块中有2个以上采伐小班的情况，根据采伐小班的界线将原判读斑块分割成与采伐小班对应的几个亚判读斑块，亚判读斑块号是在原斑块编号后面加“-”和一个顺序号。如编号为6的判读斑块与采伐小班界线叠加后，被分割为3个亚判读斑块，编号分别为6-1、6-2、6-3。

④判读斑块超出采伐小班作业设计、占用征收林地批复界线部分的处理方法。当分割后判读斑块面积大于采伐小班设计面积的10%，且判读斑块界线和采伐小班界线距离不大于60m时，要对判读斑块重新分割，超出部分按无证斑块处理。否则，不对判读斑块重新分割，超出部分归并到相连的采伐小班中。

当分割后判读斑块面积大于占用征收林地批复面积的5%，且判读斑块界线和采伐小班界线距离不大于60m时，要对判读斑块重新分割，超出部分按违法占地斑块进行检查。否则，不对判读斑块重新分割，超出部分归并到相连的小班中。

（4）判读斑块分类。在GIS平台上将采伐小班和判读斑块进行叠加，按判读斑块与采伐小班重叠情况进行分类。当采伐小班和判读斑块有重叠时，归为判读出的有证采伐小班；当采伐小班和判读斑块没有重叠时，将判读斑块归为疑似无证采伐斑块；将通过遥感没有判读区划出的采伐小班归为没判出的有证采伐小班。

①对于判读出的有证采伐小班，标注“有证判出”。

②对于判读出的合法占用征收林地小班，标注“合法占地”。

③对于疑似无证采伐、违法占地斑块，登记斑块面积，转抄二类调查数据中对应的林场、林班、二类小班、中心点 X 坐标、中心点 Y 坐标等。

④对于没判出的有证采伐小班，标注“有证未判”。

⑤对于疑似无证斑块判读面积小于 0.067 hm^2，不予统计。

3. 现地检查程序和方法

（1）检查程序。

①听取汇报。听取被检单位对国家颁布的林地、林木采伐管理方面的政策、法规等执行情况，林地占用征收情况，伐区申请、审批、拨交、验收制度执行情况。林木采伐许可证台账管理情况，伐区检查验收情况和林木采伐管理的典型经验案例等。

②查阅资料。包括检查期间的林地占用征收情况，检查冬采期内林木采伐许可证，林木采伐许可证台账，伐区拨交验收、实际采伐作业伐区统计表，伐区验收单等材料。

③统计、汇总有关数据。分别林地占用征收情况，林木采伐情况统计被检单位的作业伐区数量、采伐量和验收伐区数量。

（2）检查小班的抽取。根据遥感判读斑块与采伐小班设计图叠加情况，将占用征收林地项目、采伐小班与判读图斑分为四类：合法占用征收林地项目图斑，判读出的有证采伐小班，没判读出的有证采伐小班，疑似无证采伐和违法占地图斑。各类的抽样与现地检查方法如下：

①合法占用征收林地项目抽取。将占用征收林地项目批复和可研图与判读图斑对比，若判读图斑面积未超出批复面积 5% 以上的，不再进行现地检查，若判读图斑面积超出批复面积 5% 以上的划入违法占地小班。

②判读出的有证采伐小班抽取。判读出的有证采伐小班抽取 10 个。首先将判读出的有证采伐小班按采伐许可证规定的采伐类型即主伐、抚育伐、更新采伐和其他分为 4 类，在每个类型中按采伐量排序，形成首尾相连的闭合环，分别各类计算抽取验证的小班数，按一定的起始号和间隔数机械抽取要调查的采伐小班。

③没判出的有证采伐小班不抽查。

④疑似无证采伐和违法占地小班检查、对于疑似无证采伐和违法占地图斑，须全部现地检查验证。无证采伐量由现地核实有采伐蓄积地块的采伐量累加得出。

⑤其他类型检查。对于上报的森林抚育经营（不消耗蓄积）、低改造林、森林案件其他资料，外业检查的数量规定为上报数量分类型抽取不少于 5 块

（起）。

（3）现地检查。所有现地检查小班，都应即时采集小班、图斑的远景及有代表性的近景图像资料。

①有证采伐量调查。对所抽中的采伐小班要逐块检查，检查时应携带林木采伐许可证、有效伐区调查设计文件和伐区作业质量检查验收单等资料。

A. 伐区基本情况调查：对照调查设计资料和林木采伐许可证核对采伐地点、采伐范围、采伐方式是否正确。若发现越界采伐，应实测越界部分的面积、蓄积。

B. 伐区面积量测量：采用罗盘仪或（CPS）实测，解析法计算采伐面积。如所测面积与采伐许可证所规定的采伐面积误差不超过 5%，则认可伐区面积。否则求算出超采面积（$S_{超}=S_{检}-S_{验}$）。

C. 采伐蓄积量测量：小班采伐量检查采用机械抽样，图上布点，现地实测方法进行。采伐量的检查采取全林实测与样地相结合的方法。小班面积低于 $2hm^2$ 的实行全林实测，小班面积在 $2hm^2$ 以上的按照小班总面积的 15% 抽取样地测量，每个样地面积为 $0.06hm^2$。具体为，在检查小班内随机确定一点，按 63.25m 的点间距向四个方向互成 90°角网状布设检查样点；现地检查时采用（GPS）定点（为样地中心点）或罗盘测绳定点方法，分别以 13.82m 为半径，对样圆内的伐根要全部实测，对落在样地边界上的伐根或保留木采用取南舍北或取东舍西的原则进行实测；用根径材积表计算样圆的采伐量，推算出整个小班的采伐量（对于机械集材的伐区，如果样圆落在集材道上，而集材道上伐根丢失量很大。很难测出样圆的真实采伐量，以全林采伐木平均根径进行计算材积）。

D. 伐根检尺测量：在伐根 0cm 处检测，分树种、径阶（2cm 一个径阶）记录。若有伐根丢失（挖篼），应记伐根丢失数，以全林采伐木平均根径作为其根径参加计算采伐蓄积。若有丢弃材的，小头落在样圆内的进行检尺。

②无证采伐量调查。对于疑似无证采伐斑块，布设 10m 宽样带调查，样带调查面积不小于判读区划图斑面积的 15%，调查样带按垂直于等高线的方向布设。调查验证判读斑块的两期影像变化是否是由采伐引起的，如果确实存在采伐现象，对样带内的伐根要全部实测，对落在样地边界上的伐根采用取南舍北或取东舍西的原则进行实测，用根径材积表计算样圆的采伐量。记载变化地块的林分因子，填写现地检查验证因子记录表。同时，查清无证采伐地块的责任，属于非企业行为的将其列入森林案件进行统计。对于已确定的无证采伐地块，采伐面积按遥感影像判读区划的图斑计算，采伐面积根据

样带伐根检查结果计算。

③违法占地采伐量调查。根据更新的资源档案资料或相同林分现状进行推算。

（4）计算方法。将现地验证地块调查因子记录表录入计算机，并与伐区遥感判读数据库关联，合并形成一个数据库，并对各伐区的所有因子进行逻辑检查。

超证采伐量 = 实际采伐量 - 发证采伐量

无证总采伐量 = ∑第 i 个无证采伐小班无证采伐量

六、检查技术标准

1. 木材

指符合国家标准和部颁标准的木质产品，材长 2m 以上（含 2m），小头直径 8cm 以上（含 8cm）的木材；由人工林抚育伐推算相应木材产量的根径起始标准为 14cm。

2. 起测径阶

胸径达到 5cm 的林木，伐根检尺起测径阶为 6cm，（以 2cm 为一个径级，按上限排外法）。

3. 采伐量

（1）伐区采伐量。指在批准的采伐小班内，实际采伐林木的蓄积量。

（2）凭证采伐量。指在批准的采伐小班内，按照林木采伐许可证规定的时间、地点、数量、采伐树种、采伐方式采伐的林木蓄积量。

（3）无证采伐量。指在批准的采伐小班以外采伐的林木蓄积量。

4. 小数的取舍

（1）面积以公顷为单位，样地保留两位小数，伐区（小班、地块）保留 2 位小数。

（2）蓄积、出材量以立方米为单位，样地保留 3 位小数，伐区（小班、地块）取整数。

（3）各率取 1 位小数。

（4）导线测量面积，闭合差小于 1/150

七、检查成果的提报

检查结束后，各检查组要向监督办提交检查工作报告（纸质文件及电子版数据表）。

1. 检查专题图件

（1）被检单位遥感影像图。成图尺寸为A3幅面，成图比例尺根据A3幅面与被检单位面积计算并取整确定。

（2）被检单位占用征收林地地块分布图。成图尺寸为A3幅面，成图比例尺与遥感影像图相同。主要反映占用征收林地和违法占地的内容。

（3）被检单位伐区分布图。成图尺寸为A3幅面，成图比例尺与遥感影像图相同。主要反映伐区类型和有证无证伐区的内容。

2. 采伐情况统计表

包括遥感判读伐区总个数、面积、采伐蓄积量；有证伐区个数、面积、采伐蓄积量；无证伐区个数、面积、采伐蓄积量。

3. 检查报告的撰写

森林资源管理情况报告，包括占用征收林地管理情况和森林采伐情况等内容。外业结束后，撤出被检单位前，检查组应提交被检单位的检查情况初步评估，整个检查结束后，应当向监督管理办公室提交相应电子数据文件和检查综合报告。

（1）报告具体要求。

①初步评估报告主要内容：林业局简况、资源管理检查基本情况及发现的主要问题。

②综合检查报告主要内容：资源消耗管理、林地占用征用管理两部分。

A. 资源消耗管理：主要包括以下内容：

基本情况：被检林业局概况：林业局地理位置、社会和经济发展情况、检查时间段资源管理完成的主要工作；检查情况：检查的组织、外业工作量（包括抽检小班的确定方式，检查小班、图斑数量和面积，布设样带样园数量及面积、检查期间查阅资料份（张、册）数、检查期间驱车、行走里程等。

检查结果：通过对受检林业局外业检查和内业分析，按照问题的性质进行归类：

· 违法占用林地。重点表述林地管理中少批多占、异地占用、不批强占等违法占地现象及数量。

· 无证采伐。重点表述根据遥感图像现地核实无证采伐图斑以及有证伐区边缘越界采伐等问题数量。

· 超证采伐。重点表述有证采伐伐区管理中出现的超过采伐证规定的采伐强度、采伐数量等问题。

·滥伐问题。重点表述检查过程中出现的不按采伐证规定的树种进行采伐，私自串换采伐树种的问题。

·其他未列入问题。所发现的问题不适合归纳到上述问题之中的问题。

产生问题原因的分析：对问题产生的原因进行客观分析。

针对问题提出整改建议：在客观分析原因的基础上，对受检林业局提出整改建议。

B. 林地占用征用管理：主要内容包括：

基本情况：检查情况：检查的组织、外业工作量（包括抽检小班的确定方式，检查小班、图斑数量和面积，布设样带样园数量及面积、检查期间查阅资料份（张、册）数、检查期间驱车、行走里程等。

检查结果：通过对受检林业局外业检查和内业分析，提出检查中发现的主要问题。

产生问题原因的分析：对问题产生的原因进行客观分析。

针对问题提出整改建议：在客观分析原因的基础上，对受检林业局提出整改建议。

③整改通知书。整改通知书的主要内容包括：检查中发现的主要问题；针对上述问题，提出整改建议和整改时限；附表，对所有问题逐个列表说明。

第四章　森林资源培育监督

第一节　更新造林监督

更新造林的监督检查应根据实际情况，以抽查为主，按照国家有关新成林验收技术标准进行专项监督检查。

一、更新造林质量标准

做好更新造林监督工作，首先要掌握更新造林质量标准。根据国家有关技术规程，更新造林质量标准如下：

（1）人工更新，当年成活率应当不低于85%，3年后保存率应当不低于80%；

（2）人工促进天然更新，补植、补播后的成活率和保存率达到人工更新的标准；

（3）天然更新，每公顷皆伐迹地应当保留健壮目的树种幼树不少于3000株或者幼苗不少于6000株，更新均匀度应当不低于60%。

（4）未更新的旧采伐迹地、火烧迹地、林中空地等宜林地，应当由森林经营单位制定规划，限期完成更新造林。

二、造林更新面积监督检查

根据造林设计，对被检单位的更新造林面积进行监督检查，方法如下：

（1）通过查询造林季节、整地方式、种苗来源、苗龄、目测平均树高等方法判断核查小班（地块）的造林时间与上报年度是否一致。造林时间与上报年度一致的小班（地块），按下列方式确定小班（地块）面积，造林时间与上报年度不吻合的小班（地块）不计入核实面积：

面积在15亩以上的小班（地块），用地形图调绘小班（地块）境界，用网格法求算面积；

面积在15亩以下的小班（地块），采用实测的办法测量小班（地块）面积。

（2）核查小班（地块）面积与上报面积相差±5%以内的，用原上报面积作为核实面积；相差超过±5%的，用小班（地块）实际调查面积作为核实面积。

人工更新与天然更新并存的小班（地块），人工更新苗木超过总苗木数量60%的，将小班（地块）总面积作为人工更新面积，不足60%的小班（地块）不计入核实面积。

三、更新造林成活率监督检查

采用标准行或标准地的方法，对更新造林成活率进行监督检查。

（1）标准行或标准地应均匀布设在小班（地块）内有代表性的地段。标准行或标准地的调查长度或面积按下列比例确定：

面积在100亩以下的小班（地块），标准行或标准地的面积应不小于小班（地块）面积的5%；

面积在101～500亩的小班（地块），标准行或标准地的面积应不小于小班（地块）面积的3%；

面积在500亩以上的小班（地块），标准行或标准地的面积应不小于小班（地块）面积的2%。

（2）成活率计算。

初植密度达到设计造林密度的：

成活率=（成活株数/初植株（穴）数）×100%

初植密度达不到设计造林密度的：

成活率=（成活株数/设计造林密度）×100%

初植密度超过设计（合理）造林密度，且死亡苗木均匀分布的：

成活率=（成活株数/设计（合理）造林密度）×100%，超过100%按100%计初植密度超过设计（合理）造林密度，但死亡苗木成块状分布的：

成活率 =（按设计株行距调查的成活株数/设计造林密度）×100%

（3）面积核实率计算。核实率即更新造林核实面积与统计上报面积之比。

核实率 =（核实面积/上报面积）×100%

（4）面积合格率计算。合格率即经调查，成活率达到合格标准的更新造林面积与核实面积或上报年度统计上报面积之比。

上报合格率 =（合格面积/上报面积）×100%

核实合格率 =（合格面积/核实面积）×100%

（5）其他计算。

作业设计率 =（作业设计面积/核实面积）×100%

档案建立率 =（造林档案面积/核实面积）×100%

检查验收率 =（检查验收面积/核实面积）×100%

管护率 =（有管护面积/核实面积）×100%

抚育率×（实际抚育面积/核实面积）×100%

第二节　新增成林资源验收监督

一、验收范围

主要包括人工造林地（含人工植苗和人工直播造林地）、模拟飞播造林地和封山育林地。在上述人工造林、模拟飞播造林和封山育林地，凡其幼树生长基本稳定、分布均匀、达到合理保存株数、郁闭度（或植被盖度）和混交比标准的，均可作为新增成林资源予以验收。

二、验收标准

1. 人工造林

凡采用人工造林方式营造的生态公益林，达到规定成林年限（一般植苗造林 5 年、人工直播 7 年），单位面积保存株数达到合理株（穴）数的 80% 以上（含 80%）或郁闭度≥0.20，植被盖度≥0.4，且分布均匀，混交比同时达到 30% 以上（含 30%），符合有林地标准的，可予以验收，纳入新成林资源。

2. 模拟飞播造林

飞播造林7年，幼林郁闭度达0.2以上（含0.2）、分布较均匀（均匀度大于50%）、每公顷保存株数大于或等于1050株（含天然更新的目的伴生乔、灌木树种），且有苗面积占宜播面积的20%以上（含20%），可验收为新成林资源。其小班合格标准为：

（1）乔木型。郁闭度≥0.2，或小班平均每公顷有目的树种1050株以上，且分布均匀；

（2）乔灌型。乔、灌木总覆盖度≥30%，其中乔木郁闭度≥0.1；或小班每公顷有目的乔、灌木1350株（丛）以上，其中乔木所占比例≥30%，且分布均匀；

（3）乔灌草型。乔灌草综合覆盖度≥50%，其中乔、灌木覆盖度≥20%；或每公顷有目的乔、灌1050株（丛）以上，其中乔木所占比例≥30%，且分布均匀；

（4）灌木型。灌木覆盖度≥30%，或小班每公顷有目的灌木1050株（丛）以上，且分布均匀；

（5）灌草型。灌革综合覆盖度≥50%，其中灌木覆盖度≥20%；

或小班每公顷有目的灌木1050株以上，且分布均匀。

3. 封山育林

达到规定成林年限（7年），幼林郁闭度达到0.2以上（含0.2）、分布较均匀（均匀度50%以上）、生长良好、平均每公顷保存株数达1100株（含原有林木）以上，可作为新增成林资源验收；局部分布不均匀的，对其较大的林中空地应限期补植或补播，并继续封育，达到成林标准的再予验收。其中：

（1）乔木型。小班郁闭度≥0.2；或小班平均每公顷有乔木1100株（含原有林木）以上，且分布均匀；

（2）乔灌型。小班每公顷在乔、灌木1350株（丛）以上，乔、灌木总覆盖度≥30%，其中乔木所占比例在30%~50%，且分布均匀；

（3）灌木型。小班灌木覆盖度≥30%，或小班每公顷有灌木不少于1000株（丛），且分布均匀；

（4）乔灌草型。乔灌草综合覆盖度≥50%，其中乔、灌木覆盖度≥20%，或每公顷有乔、灌木1050株（丛）以上，其中乔木所占比例≥30%，且分布均匀；

（5）灌草型。小班灌草综合覆盖度≥50%，其中灌木覆盖度≥20%。

三、验收主要因子

验收新增成林资源应以施工设计文件、图纸和造林经营档案、造林检查验收报表等资料为依据，按期开展现地检查验收。验收时主要因子要记载全面完整：①地理位置和范围（或林班、小班号）；②权属；③林种、林龄、树种组成（目的树种和非目的树种）；④郁闭度、灌木林地盖度、混交比；⑤单位面积株数及其占合理株数的百分比；⑥立地类型及成林方式；⑦生长状况（分别目的树种和非目的树种）；⑧已采取的经营措施。

四、验收技术规定

人工造林地，验收时应沿样线机械布设样地，样地布设应避开林缘及有障碍无法通过的地段，样地面积一般为 $10\times10m^2$ 或 $20\times20m^2$。

（1）样地设置数量。小班面积在 $10hm^2$ 以上的，样地总面积不少于小班面积的 2%；不足 $10hm^2$ 的小班，样地总面积不小于小班面积的 3%。

（2）合格率计算。根据调查结果，计算小班株数保存率、单位面积保存株数及成林面积合格率。

单位面积保存株数 = 小班各样地内保存株数之和/小班各样地总面积 ×10000

株数保存率 = 单位面积保存株数/合理株（穴）数或设计株（穴）数 ×100%

小班株数保存率 = 小班样地内保存株数/小班样地内造林总株数 ×100%

成林面积合格率 = 达到验收标准的面积/应验收总面积 ×100%

（3）封山育林地，验收主要调查郁闭度、均匀度、覆盖度及每公顷保存株数。样地的设置方法同上。

均匀度（或频度）= 有树样方数/样方总数 ×100%

单位面积保存株数（或公顷保存株数）= 小班样地内保存株数之和/小班样地总面积 ×10000

成林面积合格率 = 达到验收标准的面积/应验收总面积 ×100%

（4）模拟飞播造林，验收采用小班调查法调查郁闭度、均匀度（或频度）、乔灌木总覆盖度及单位面积保存株数。样地及样方设置及计算方法同上。

（5）新成林验收面积以公顷为单位，取两位小数；样地（或样方）面积以平方米为单位，取整数；保存率、郁闭度、均匀度、单位面积保存株数、成林面积合格率均取一位小数，第二位小数四舍五入。

第四节　中幼龄林抚育试点监督

一、监督目的

为规范中央财政森林抚育补贴试点中幼龄林抚育管理，提高工程建设质量，加快森林资源培育，合理评价中幼龄林抚育作业实绩。

二、监督依据

· 《财政部国家林业局关于开展2009年森林抚育补贴试点工作的意见》；
· 《森林抚育规程》；
· 《中幼龄林抚育补贴试点作业设计规定》；
· 《森林抚育补贴试点管理办法》；
· 《森林资源规划设计调查主要技术规定》；
· 《生态公益林建设技术规程》；
· 《森林采伐作业规程》；
· 《低效林改造技术规程》。

三、监督内容

主要检查因子有：

（1）实测面积。指现地实测的小班面积。

（2）抚育强度。指实测标准样地推算的小班抚育强度，包括株数强度和蓄积强度。抚育作业后，人工林郁闭度不得低于0.6，天然林郁闭度不得低于0.5，林分平均胸径不得低于伐前林分平均胸径。

（3）平均直径。指实测标准样地推算的小班伐前、伐后平均直径，林分平均直径不得低于伐前林分平均直径。

（4）树种组成。指实测标准样地推算的小班主要树种株数（蓄积）比例。

（5）公顷株数。指实测标准样地推算的公顷抚育前株数（具体按照《森林资源规划设计调查技术细则》）。

（6）郁闭度。指实测标准样地推算的小班抚育后郁闭度。

四、主要术语

（1）中幼龄林。指经营水平较低的森林经理区内，小班优势树种或各个树种的平均树龄处于较低龄级，按龄组划分时属于幼龄林和中龄林的林分。

（2）抚育间伐。指以培育稳定、健康、丰富多样的森林群落结构、提高森林质量、林地生产力和综合效益为目的的，针对中幼龄林采取的透光伐、生态疏伐、生长伐、卫生伐等抚育措施。

（3）透光伐。按照确定的保留株数，间密留疏，去劣留优，保留珍贵树种和优质树木，调整林分结构。

（4）生态疏伐。在特用林和防护林的中龄林中进行。按照有利于林冠形成梯级郁闭、主林层和次林层立木都能受光的要求，将林木分为优良木、有益木和伐除木。保留优良木、有益木和适量的灌木。风景林景观疏伐，按《生态公益林建设技术规程》（CB/T18337. 3— 2001）中的有关规定执行。

（5）生长伐。在用材林的中龄林中进行。采用上层抚育、下层抚育、综合抚育等方式，伐除影响保留木生长的树木。

（6）卫生伐。主要对遭受病虫害、风折、风倒、冰冻、雪压、森林火灾等灾害的林分开展，清除生态功能明显降低的被害木。

（7）修枝。主要在自然整枝不良、通风透光不畅的林分中进行。一般采取平切法，重点针对枝条、死枝过多的林木。修枝高度幼龄林不超过树高的1/3，中龄林不超过树高的1/2。

（8）割灌。在下木生长旺盛、与林木生长争水争肥严重的中幼龄林中进行。采取机割、人割等不同方式，清除妨碍树木生长的灌木、藤条和杂草。

（9）上层抚育。砍伐居于上层林冠的林木，人为改变森林自然选择方向，积极干预林分结构调整和林相改造。

（10）下层抚育。伐除居于林冠下层，生长落后，径级较小的濒死木和枯立木。

（11）综合抚育。采伐林冠上层和下层林木，抚育后林内光照条件明显改善，利于生长落后的林木恢复和加快生长。

中幼龄林抚育检查验收实行县（市、区）、国有林业局经营局自查，省级复查检查验收方式。

五、监督检查方法

县局级自查由（市、区）林业局、国有林业局（森林经营局）组织，组织专业技术人员进行全面检查；省级复查由省级林业主管部门组织专业技术人员进行检查。

1. 局级自查

（1）自查内容。由实施中幼龄林抚育的国有林业局、森林经营局组织展开全面自查。内容包括：

①实施方案和作业设计文件，上报与批复以及执行情况，计划分解和完成情况。

②中幼龄林抚育的地块选择是否符合项目要求，抚育方式确定是否合理，上报面积与作业面积是否一致。

③是否按照作业设计要求完成抚育间伐、定株修枝、除草割灌、抚育区内简易道路维护、抚育材集运、抚育剩余物处理、林地清理等作业。作业质量是否达到相关规程的要求。

④是否存在超证采伐、越界采伐、乱砍滥伐、采好留坏、采大留小、采伐珍贵树种以及开林窗等违规行为。

⑤成效监测样地的设置，监测开展情况，林分抚育前后的林分生长、林分结构、林分健康、林下植被状况、森林土壤等时效数据是否齐全。

⑥建设单位的中幼龄林抚育组织领导机构、实施方案、作业设计、施工合同、公示、成效监测等相关文件是否齐全。

（2）自查方式。

①面积核实：采用现地逐小班实测，量算小班面积。实测的小班均需留存 GPS 控制点位的坐标。

②作业质量：采用标准地调查法调查作业设计符合情况，确定各种抚育方式的质量是否符合相关规定。自查结果应按林班小班、林场逐级统计，林业（经营）局汇总，各项因子检查结果填表并录入计算机，建立数据库。

（3）自查结果。县（局）级自检结束后，及时向省级林业主管部门上报自检结果，并申请省级复查。自检材料应包括以下内容：

①项目实施概况：包括任务完成情况和抚育质量情况、项目管理情况、采伐限额执行情况以及资金使用情况。

②自查报告：包括自检组织情况、自检结果、成效、问题及下一步建议。

③自查结果表（结果数据库）。

④监测报告：包括监测样地设置情况、监测数据、监测结果的分析评价及建议。

⑤试点工作总结。

（4）自查档案管理。将中幼龄林抚育实施方案、计划、作业设计、责任书、施工合同，年度资金使用报告及报表、样地监测记录表、项目自查验收报告，外业调查图、表（含面积量算记录）、卡、统计汇总表等有关资料按技术档案管理规定立卷归档。

2. 省级复查

（1）复查内容。在局级自查上报数据的基础上进行省级复查，省级复查内容同局级自查。

（2）复查工作量。在局级自查上报数据的基础上进行省级复查，省级复查内容同局级自查。

（3）复查样本抽取。

①试点县（市、区）、国有林业局、森林经营局都进行省级复查，检查的林场由省林业厅依据各局自检材料进行抽取。

②抽检林场数量原则上不少于2个，各种类型齐全，各类型检查面积不低于施工单位各类型总面积的5%。确定原则：按照施工单位完成各种抚育类型的面积（透光伐、生长伐、生态疏伐、卫生伐、修枝、割灌、修枝割灌），各小班的树种组成，上一年各类型完成质量情况。

③检查林场或林班一经确定，不得随意改动，如遇重大灾情或特殊情况需要改动时，应得到林业厅主管部门的同意。

（4）复查方式。省级复查是在县局级自查的基础上进行抽检核实，评价工程建设质量。

①听取汇报、查阅材料、现地检查的形式。

②对抽中的小班全部进行现地检查。

③作业质量采用样地调查法检查抚育情况。

④填写检查验收卡片的各项内容。

（5）外业调查。

①小班调查：检查的小班原则上需勾绘到1∶10000的地形图上，利用GPS定位技术，现地核对小班位置、形状和范围，重新求算小班面积。当检查核实（保存）面积与上报面积相差在±5%范围内时，认可上报面积；否则以核实面积为准。小班核实面积不得大于设计面积。

②面积检查：采用GPS或罗盘仪导线测量的方法求算面积，当实测面积

与设计面积相差≤±5%时，认可小班上报面积，否则以实测面积为准。每个小班均需留存GPS控制点位的坐标。

③样地布设和检查：采用方形样地实测的方法推算小班检查因子，根据小班形状均匀布设实测方形样地，样地面积为0.06hm^2（样地中心点到各顶点距离为17.32 m，坡度超过5度的要进行坡度改平）。按照小班面积确定样地数量，样地之间距离不得小于50 m。小班面积1～10hm^2，每公顷设置1块样地；小班面积10hm^2以上，每2 hm^2设置1块样地。检查人员应根据小班作业设计图纸事先布设好样地，实地检查时按照小班调查表认真测量和记录样地内各项调查因子，并记录样地中心GPS定位数据。

④成效监测对照区监测样地：现地检查监测样地是否按规定布设，采集的数据是否准确及相关因子是否齐全。

（6）省级复查成果。

①工作开展情况、任务量、检查单位数、工作时间、参加人员等。

②检查结果：用文字和表格分述受检单位中幼龄林抚育完成情况，体现质量的指标情况。

③实施单位管理情况，采伐限额执行情况，资金使用情况。

④成绩与经验：实施单位较为突出的做法，典型材料。

⑤问题及分析：对上报与完成面积相差较大的、抚育质量较差的单位进行说明和分析。突出问题、有代表性问题要落实到小班。

⑥建议：包括实施单位对中幼龄林抚育的建议和检查验收人员对检查验收中具体问题改进的建议。

六、评价方法

生长伐、透光伐、修枝、割灌同时存在的小班，按生长伐、透光伐标准评价小班是否合格，单纯修枝、割灌的小班，分别按照修枝、割灌标准评价，修枝与割灌同时存在时，修枝和割灌分别打分后按照各自所占比重计算小班总得分。

1. 生长伐、透光伐小班合格标准

小班合格标准采用100分制，满分100分，得85分及以上为合格。

（1）抚育方式。满分10分，抚育方式确定正确得10分，否则为不合格小班。

（2）抚育强度（株数、蓄积）。满分10分（有株数、蓄积强度的各5分；只有株数强度的，株数强度10分），实测抚育强度与设计强度每相差±

2%，扣2分，扣完为止。实测抚育强度超过规定强度上限或下限的为不合格小班。

（3）平均胸径（伐前/伐后）。满分10分，伐后平均胸径低于伐前平均胸径1个径级扣5分，低于2个径级及以上为不合格小班。

（4）树种组成（伐前）。满分5分，树种组成相同，但单树种比例相差2，扣2分；单树种比例相差3以上扣5分；实测优势树种与设计不同，为不合格小班。

（5）小班标志牌（桩）。满分5分，无小班标识牌（桩）不得分，已经损坏的扣3分。

（6）小班边界标志。满分5分，无标识不得分，标识不清晰且无法识别扣3分。

（7）公顷株数。满分5分，实测株数与设计株数相差≤±5%不扣分，否则不得分。

（8）郁闭度（伐后）。满分10分，符合作业设计得满分，伐后郁闭度±0.1扣5分，伐后郁闭度±≥0.2不得分。伐前伐后郁闭度相差0.2以上或人工林伐后低于0.6、天然林伐后低于0.5为不合格小班。

（9）林龄。满分10分，与设计不符每差5年扣2分，跨龄组不得分。

（10）林窗。满分10分，出现林窗不得分。

（11）应采未采、错采。满分10分，错采1 m^3/hm^2 扣2分，应采未采每5株/hm^2 扣1分，扣完为止。

（12）场地卫生。满分5分，随集随清，堆放整齐符合规定得满分，否则不得分。

（13）伐区丢弃材。满分5分，丢弃材超过0.1 m^3/hm^2 扣1分，超过0.3m^3/hm^2 不得分。

2. 修枝小班合格标准

小班合格标准采用100分制，满分100分，得85分及以上为合格。

（1）林分选择。满分20分，林分自然整枝不良、通风透光不畅符合单纯修枝条件，得满分，否则为不合格小班。

（2）主要技术。满分10分，修枝高度幼龄林不超过树高的1/3，中龄林不超过树高的1/2，残桩符合相关技术规程的规定，对树木不造成额外的伤害得满分，否则，每一项不合格扣5分，扣完为止。

（3）小班标志牌（桩）。满分10分，无小班标识牌（桩）不得分，已经损坏的扣3分。

（4）小班边界标志。满分 10 分，无标识不得分，标识不清晰且无法识别扣 3 分。

（5）林龄。满分 20 分，与设计不符每差 5 年扣 2 分，跨龄组不得分。

（6）应修未修。满分 20 分，修剪枝条、死枝过多的林木，应修未修的林木占 10% 扣 5 分，扣完为止。

（7）场地卫生。满分 10 分，随集随清，堆放整齐符合规定得满分，否则不得分。

3. 割灌小班合格标准

小班合格标准采用 100 分制，满分 100 分，得 85 分及以上为合格。

（1）林分选择。满分 20 分，林分下木生长旺盛、与林木生长争水争肥严重，符合单纯割灌条件，得满分，否则为不合格小班。

（2）主要技术。满分 20 分，按设计要求清除妨碍树木生长的灌木、藤条和杂草，得满分，否则，清除不彻底面积占一个百分点扣 2 分。

（3）小班标志牌（桩）。满分 10 分，无小班标识牌（桩）不得分，已经损坏的扣 3 分。

（4）小班边界标志。满分 10 分，无标识不得分，标识不清晰且无法识别扣 3 分。

（5）林龄。满分 20 分，与设计不符每差 5 年扣 2 分，跨龄组不得分。

（6）场地卫生。满分 20 分，随集随清，堆放整齐符合规定得满分，否则不得分。

4. 综合评价

综合得分 = 外业合格率 ×90% + 内业合格率 ×10%

外业合格率（%）＝（面积合格率 + 面积核实率）/2 ×100%

内业合格率（%）＝（检查验收率 + 监测合格率 + 建档率）/3 ×100%

第五章　林地林权管理监督

第一节　重点国有林区林地审核监督

一、审核对象

按照国家林业局《占用征用林地审核审批管理规范》（林资发［2013］139号）、《国家林业局关于加强对勘查、开采矿藏占用东北、内蒙古重点国有林区林地审核监督管理的通知》（林资发［2009］82号）和《国家林业局关于从严控制矿产资源开发等项目占用东北、内蒙古重点国有林区林地的通知》（林资发［2013］4号）要求，森林资源监督专员办事处（以下简称专员办）仅对勘查、开采矿藏及其附属设施占用东北、内蒙古重点国有林区林地的项目进行现地审核。

省级林业行政主管部门在上报国家林业局审核审批此类占地项目的同时，抄送国家林业局驻东北、内蒙古专员办，由专员办负责现地审核。

二、审核材料

1. 申请人提交的材料

（1）占用征收林地建设单位需提交法人证明，机关单位需提交组织机构代码证，事业单位需提交事业单位法人证书，企业单位需提交企业法人营业执照。建设单位或者其法定代表人变更的，要有变更证明。

（2）使用林地申请表。使用林地申请表是用地单位的书面申请。要按照省级林业行政主管部门统一印制的使用林地申请表填写，明确被占用林地类型，即包括：防护林地、特用林林地、用材林林地、薪炭林林地、采伐迹地。意见栏中要签署具体明确的意见，负责人签批后，加盖公章。

（3）项目批准文件。

①上报审批的建设项目，需提交可行性研究报告批复和初步设计批复；核准制、备案制的建设项目，需提交核准、备案的确认文件；城乡规划区为实施城乡规划的建设项目占用征收林地的，需提交建设用地规划许可证或乡村建设规划许可证。

②勘查、开采矿藏项目，需提交勘查许可证、采矿许可证和其他相关批准文件。勘察、开采矿藏要附勘查许可证、采矿许可证的副本复印件，采矿权人、地址、矿区范围要一致。

③其他建设项目，需提交相关行政主管部门的批准文件。因建设项目勘测设计需要临时占用林地的，要有建设项目可行性研究报告的批复。

（4）林地权属证明。提供占用征收林地林权证的复印件。未发放林权证的，提交县级以上人民政府出具的林地林木权属清楚的证明。林权证要与林地现状一致，小班和林种进行调整的，应由县级林业行政主管部门出具相关调整的说明。

提供的项目批准文件、申请人材料、林权证明材料等复印件需经当地林业行政主管部门审查后加盖公章。

（5）有资质的设计单位作出的项目使用林地可行性报告或使用林地现状调查报告。国家林业局和省级林业行政主管部门审核审批的项目，要提供使用林地可行性报告，农村居民按照标准个人建房除外。占用重点国有林区林地勘查、开采矿藏项目，其《使用林地可行性报告》要求具有甲级资质的林业调查规划设计单位编写，包括对项目是否符合矿产资源规划、履行矿产资源“招拍挂”、经营规模、选址依据、用地规模、对森林和生物多样性影响、生态安全、资金来源、补偿补助和人员安置、林业职工就业等内容进行分项说明。具体的报告要按照国家林业局《使用林地可行性报告编写规范》编写，报告的林地现状情况要与使用林地申请表填写的情况保持一致。

（6）建设单位与被占用征收林地单位或个人签订的林地、林木补偿协议和安置补助费协议。补偿协议、补助费协议是建设单位和林地、林木所有者或经营者签订的。

（7）预缴森林植被恢复费汇款凭证复印件。关于森林植被恢复费的计算问题，根据财政部、国家林业局《森林植被恢复费征收使用管理暂行办法》（财综［2002］73号）文件精神，主要按照地类计算收取。灌木林地不论是否被区划为公益林，应统一执行灌木林地的征收标准。各类林种的采伐迹地和火烧迹地，应执行采伐迹地和火烧迹地的征收标准，而不是原林种的征收标准。城市及城市规划区林地按照文件要求“可按2倍收取”。

（8）其他证明材料。占用征收保护区（自然保护区、森林公园、风景名胜区）林地的，要提交有关主管部门同意项目建设的证明材料。

2. 有关林业行政主管部门提交的材料

（1）现场查验报告（需由省级林业行政主管部门现场查验的除外）。现场查验工作是由林业行政主管部门组织相关人员对使用林地现状的现场复核工作，各级林业行政主管部门要切实进行现场查验工作，保证提交真实的现场查验报告。现场查验报告要说明占用征收林地的面积、位置、地貌等基本情况；地类、权属、林分起源、林种、林木蓄积等森林资源现状；是否在保护区范围内（即自然保护区、森林公园、风景名胜区范围内），是否有国家重点保护的野生动、植物资源和古树名木，是否存在先占地后办手续或擅自改变林地用途、采伐林木的行为。现场查验报告应有2名以上查验人员签名。报国家林业局审核审批的项目，现场查验单位应加盖公章。

（2）林业行政主管部门用正式文件上报的审查意见。市、县林业行政主管部门要提出具体明确的审查意见，并以“关于……的审查意见”文件形式上报。

（3）违法占用林地补办手续的，除提交占用征收林地相关材料外，还要提交案件依法查处的全部处罚文书的复印件并加盖公章。

三、审核内容

专员办委派2名以上工作人员进行现地审核。现地审核的主要内容有：

（1）查验林地现状。确认该项目是否动工、是否存在未批先占、不批也占等非法使用林地行为。

（2）核实占用林地的生态区位。确认是否涉及自然保护区和森林公园，是否属于生态脆弱区域，是否在公益林内等。

（3）核实地类、林种。现场对照编制的《使用林地可行性报告》的地类、林种等是否真实和准确。

（4）评估占地规模。项目占用林地的规模是否合理，是否落实了《中华人民共和国森林法》关于不占或者少占林地的规定。

(5) 上报审核意见。审核工作应在接到申请材料后10个工作日内完成，审核意见以正式文件上报国家林业局。因项目存在违法占用林地问题需要处理，在10个工作日内不能上报审核意见的，专员办要向国家林业局说明原因。

(6) 对在现地审核中发现的违法占用林地问题，林业行政主管部门应在现场实测的基础上依法查处。行政处罚应按照规定的标准处罚到位，不能一事二罚。

(7) 对已经处罚到位的违法占用林地项目，是否可以继续申请占用林地，分两种情形：一是不符合国家有关规定，不予补办占地手续。林业行政主管部门要依法执行处罚，责令限期恢复原状。公民、法人或者其他组织在规定的时限内拒不履行的，由作出责令限期恢复原状决定的林业行政主管部门依法申请人民法院强制执行，恢复原状所需费用，由擅自改变林地用途的公民、法人或者其他组织承担。情节严重、构成犯罪的，应移交司法机关，追究相关人员的刑事责任；二是确需占用征收林地且符合国家有关规定的，在依法处罚、追究相关责任后，可以补办占用征收林地审核审批手续。补办申请手续时，必须附有相关处罚材料。

第二节　占用征收林地行政许可被许可人监督

占用征收林地行政许可，包括占用征收林地、临时占用林地和直接为林业生产服务的工程设施占用林地的审批。被许可人，是指取得国家林业局核发的使用林地审核同意书、临时占用林地行政许可决定书的公民、法人或者其他组织，以及取得国家林业局核发的直接为林业生产服务的工程设施占用林地行政许可决定书的森林经营单位。占用征收林地行政许可被许可人监督检查就是对获得国家林业局审核同意或批准占用征收林地的被许可人使用林地情况进行监督检查，确保占用征收林地行政许可的严格执行。

一、监督检查内容

监督检查应当采取实地检查的方式，核查被许可人从事建设项目征占用林地的情况。

(1) 检查项目包括上一年度项目和指定项目。对上一年度国家林业局审核（批）的所有征占用林地项目，由国家林业局资源司组织各专员办统一抽取。对国家林业局在前二个或三个年度审核（批）的项目，在过去检查时尚未动工或竣工但抽取时已竣工的项目中，国家林业局资源司分别抽取1个线状和非线状工程项目进行检查。

（2）办理建设项目占用征收林地行政许可的申报材料是否真实。

（3）是否按照行政许可确定的地点、面积、范围、用途、期限等使用林地。

（4）建设项目附属设施或辅助工程使用林地情况。

（5）是否落实了行政许可决定书要求的工程项目周边森林和野生动植物资源保护措施。

（6）了解森林植被恢复费征收及三项补偿费的落实情况。

（7）其他需要检查的情况。

二、监督检查方法

检查以现地调查为主，材料核实和社会调查相结合的方法进行。

（1）材料核实。核实被许可人办理占用征收林地行政许可时申报材料的真实性。

（2）社会调查。一方面与地方林业行政主管部门座谈，了解建设项目办理占用征收林地行政许可的过程、森林植被恢复费的征收情况、占用征收林地的监督管理情况等；另一方面与建设项目所在地的县政府及有关部门、单位、被许可人等座谈，了解建设项目施工进展、实际占用征收林地和各项补偿费用落实情况。

（3）现地核实。检查人员携带有关申报材料、图面资料和占用征收林地行政许可文书等，对建设项目占用征收林地情况进行现地查看，初步了解是否存在非法使用林地的行为。

依据使用林地可行性报告，利用地形图、林相图、建设项目设计施工图等资料，根据该工程建设的具体情况，采用GPS或罗盘仪测量等方法，核实工程使用林地的地点、范围、面积、地类等，并与占用征收林地行政许可决定书和申报材料核对，判定被许可人是否存在违法违规使用林地问题。对存在违法违规使用林地的地块，检查人员做好GPS定位等相关情况记录。

（4）检查中认真对待群众举报的问题，必要时进行现地核实。

（5）每一个项目检查结束后，检查人员要将检查情况向被许可人和项目所在地的市、县林业行政主管部门反馈，听取意见，充实材料。全部检查工作结束后，向省级林业行政主管部门通报检查情况，听取有关意见和建议。

三、监督检查成果

外业检查工作完成后，以省为单位编写检查报告。检查报告的主要内容如下：

（1）检查工作开展情况。

（2）检查结果。总体情况；执行行政许可中好的做法和经验；执行行政许可中存在的主要问题与原因。

（3）违法建设项目的查处情况。分别项目说明对违法违规问题的查处情况，并附案例材料。

（4）对进一步加强占用征收林地行政许可管理的建议。

（5）检查汇总表。

检查成果按国家林业局规定的时间提交。除检查报告外，各专员办要根据规定的数据格式，将相关调查资料录入数据库一并上报。

第三节　占用征用林地监督

占用征用林地监督检查是为了掌握各地林地保护管理、审核审批占用林地和恢复森林植被情况，督促地方政府和林业行政主管部门履行管理职责，贯彻占用征用林地审核（批）制度，客观分析占用征收林地管理现状，促进林地保护管理工作规范化。

一、监督检查范围

1. 时间范围

（1）被检查县行政区域或经营范围内，上年度 1 月 1 日至检查时发生的占用林地或改变林地用途情况。

（2）指定的工程项目，自动工占用林地或改变林地用途之日起至本年度检查时发生的占用林地或改变林地用途情况。

（3）上年度已经被检查的复检单位，检查上年度查出问题的整改结果，以及上年度检查以后至本年度检查时发生的占用林地或改变林地用途情况。

（4）上年 1 月 1 日至检查时临时占地到期后的回收和植被恢复情况。

（5）近3年来永久占地恢复森林植被情况。

2. 占用林地的建设工程类型

（1）工程建设。指永久占用国有林地、征用集体林地进行勘查、开采矿藏和各项建设工程项目；森林经营单位在所经营的林地范围内修筑的非直接为林业生产服务的工程设施项目。

（2）乡村建设。指乡（镇）、村和村民小组建设乡镇企业、公共设施和公益事业，农村居民住宅建设等使用农民集体所有的林地。

（3）临时占用林地。指占用林地期限不超过两年，不在占用的林地上修筑永久性建筑物，用地单位占用林地期满后恢复林业生产条件的项目。

（4）直接为林业生产服务的工程。指森林经营单位在所经营的林地范围内修筑直接为林业生产服务的工程设施。

二、监督检查内容

（1）被检查县林地保护、管理情况。包括保护、管理林地的规章制度是否健全，职责是否明确，措施是否到位。

（2）被检查县对占用林地审查（批）情况。包括林业主管部门审查（批）档案材料是否齐全，有无越权或化整为零审批占用林地情况；地方政府及有关部门有无未经县级以上林业主管部门审核同意批准占用林地情况；违法审核审批的责任单位和责任人情况。

（3）被检查县林业主管部门查处违法占用林地和擅自改变林地用途行为情况。包括对管辖范围内的违法占用林地和擅自改变林地用途行为是否及时制止和上报；对未经县级以上林业主管部门审核同意，擅自改变林地用途的行为是否责令限期恢复原状并依法处罚，有无结果等。

（4）检查占用林地或改变林地用途建设工程的内容：

①占用林地或改变林地用途情况。包括建设工程拟占用林地面积，已改变林地用途面积，经审核审批同意或违法占用林地、擅自改变林地用途的面积。查清建设工程未办理审核审批手续占用林地情况，或虽经林业主管部门审核同意但未经有批准权限的人民政府及其有关部门批准的占用林地情况，还要查清经林业主管部门审核不同意也占用林地，及少审（批）多占、先占后审（批）情况。同时要查清违法占用林地的责任单位及其责任人。

②办理占用林地审核审批手续情况。包括建设工程的批准机关、批准文号、批准时间，工程名称、动工时间、工程类型、工程类别，占用林地和改变林地用途的审核、审批机关，审核同意、批准文号，审核同意、批准时间

和审核同意、批准面积。

③森林植被恢复费和三项补偿费用缴纳情况。包括规定缴费额、协议缴费额、实际缴费额，有关费用低于规定的原因，特别查清返还森林植被恢复费等弄虚作假骗取审核审批的情况。

④办理林木采伐许可证和采伐林木情况。包括实际采伐林木面积、蓄积，是否不办理林木采伐许可证就采伐林木。

（5）到期临时占用林地回收情况。检查临时占地项目到使用期限后，林地是否交还原森林经营者恢复森林植被，要查清到期不归还或不恢复森林植被的原因。

（6）恢复森林植被情况。检查林业主管部门使用森林植被恢复费和落实异地恢复森林植被措施情况。

（7）毁林开垦情况。要查清被检查县是否存在毁林开垦情况，对存在的毁林开垦行为，林业主管部门是否依法做出处理，处理决定是否落实。

（8）三项补偿费用落实情况。调查被占林地单位或个人的三项补偿费用落实情况，了解是否存在不按协议补偿，或者低于上级政府规定的标准补偿等情况。

三、监督检查方法

检查工作采取听取汇报、查阅材料、核实举报、社会调查和现地检查相结合的方法进行。各项工作都应有详细、准确的书面记录。

1. 听取汇报

（1）与各省和有关地、市级林业主管部门座谈，了解当地上年度林地管理的基本情况，重点了解被检查县的建设工程占用林地审核审批，森林植被恢复费收取、管理情况。

（2）与被检查县林业主管部门座谈，了解林地保护、管理和森林植被恢复费管理、使用，落实恢复森林植被措施的情况；了解建设工程占用林地及办理审核审批手续情况；了解林改后的林农依法获得补偿情况。

（3）与检查涉及的乡（镇）林业站座谈，了解乡村建设占用林地和乡（镇）林业站参与林地管理情况。重点了解有无擅自占用林地的建设工程或改变林地用途情况。

（4）必要时可采取直接与群众对话的方式，听取反映，掌握情况。要认真对待群众的举报，凡有举报的必须核实。

2. 社会调查

调查被占林地单位、村组和农户，了解三项补偿费用落实情况。

3. 现地检查

（1）检查林业主管部门保护管理林地的规章制度和林地管理档案是否齐全。

（2）检查林业主管部门审查（批）占用林地档案材料是否齐全。

（3）根据被占用林地的原林地档案、林地审查（批）文件、林木采伐许可证等材料，采用GPS或罗盘仪测量等方法，利用林相图、森林资源分布图，结合建设工程设计图，对检查范围内所有占用林地的建设工程全部进行现地核实。特别是要对实际发生的占用林地面积、原地类、原林种和采伐林木情况、落实恢复森林植被的造林地等必须核实准确。

（4）对被检查单位林业主管部门报告没有发生占用林地的乡镇，要采取随机抽样方法，抽取1/3的乡镇进行实地踏查，检查有无占用林地、改变林地用途和毁林开垦等情况；如有，要查清事实，了解林业主管部门不掌握情况的原因。

4. 审核

对指定的工程项目，要按照上述方法了解整个工程占用林地和改变林地用途情况，审核审批情况，森林植被恢复费缴纳情况，并对整个工程占用或改变用途的林地进行现地核实。

5. 填写检查卡片

按各项工程逐一填写“占用征用林地检查卡片”。

四、监督检查成果

（1）检查报告。

①检查工作开展情况；

②各省上年度林地管理的基本情况；

③依据检查内容提交被检查县或指定的工程项目的检查结果；

④典型违法占用林地和擅自改变林地用途情况的专题报告；

⑤被检查单位之外发生的违法占用林地和擅自改变林地用途情况；

⑥对检查结果的分析评价；

⑦存在的问题与建议；

⑧附表。

（2）检查成果按省汇总，写出检查报告，一式三份报森林资源管理司

（监督办）。

（3）根据国家林业局森林资源管理司提供的格式，将数据随同文字报表一并上报。

第四节　县（市、区）林业行政执法林地管理监督

为贯彻落实《中共中央国务院关于加快林业发展的决定》精神，督促指导地方政府按照《中共中央国务院关于加快林业发展的决定》要求，严格贯彻落实国家法律法规和政策制度，为森林资源保护和发展提供保障，专员办每年对县（市、区）林业行政执法情况进行综合检查。

一、检查内容

县（市、区）林业行政执法林地管理监督是检查县（市、区）行政区域内上年度至检查时止发生的占用征收林地或改变林地用途的情况。

（1）县级林业行政主管部门占用征收林地审查、审批情况，档案管理、信息化建设情况，占用征收林地定额执行情况。

（2）各类建设项目占用征收林地情况。

（3）森林植被恢复费及三项补偿费的收缴、使用情况。

（4）临时占地到期回收和林地恢复植被情况。

（5）近3年永久占地情况。

（6）非法占用林地行为的查处情况。

二、检查方法

1. 社会调查

了解建设项目办理占用征收林地行政许可的过程、森林植被恢复费的征收使用情况、建设项目占用征收林地的时间、采伐林木等有关情况，占用征收林地的监管情况及掌握和查处非法占用林地、毁林开垦、蚕食林地等情况；了解建设项目施工进展、实际占用征收林地和各项补偿费用落实情况；调查走访相关部门及林权单位（个人）等，了解对非法占用林地的掌握情况。

2. 现地检查

根据使用林地可行性报告，利用地形图、林相图、建设项目设计施工图

等资料，根据该工程建设的具体情况，采用CPS定位、地形图勾绘等方法，核实小班（地块）的地点、范围、面积、地类等，并与占用征收林地行政许可决定书和申报材料核对，判定被许可人是否存在违法违规使用林地问题；对被检查的县林业行政主管部门报告没有发生占用林地的乡镇，采取随机抽取方法，抽取三分之一乡镇进行实地踏查，检查有无非法占用林地、改变林地用途和毁林开垦、蚕食林地等情况。

第五节　林地回收管理监督

林地回收是指对占用征收林地合同期满，未按规定交回或非法侵占的林地依法进行回收还林的管理工作。林地回收管理监督就是依法对林业行政主管部门在回收林地过程中采取的一系列行政管理活动实施的监督，以保护林地资源，避免林地流失。

一、监督内容

1. 林地清查

林地清查是指根据有关林地基础档案、图纸等资料对非法侵占林地状况进行的摸底调查。非法侵占林地，是指以违反林地管理法规方式侵占林地的行为。

2. 限期還林

林业行政主管部门在开展林地清查的基础上，按照谁批准谁负责、谁破坏谁恢复的原则，对毁林开垦的林地，限期全部还林。要制订造林计划，落实造林资金，限定还林时间，保证还林质量。对拒不还林或者还林不符合国家有关规定的，由县级林业行政主管部门组织代为还林，所需费用由毁林开垦者承担。

限期还林做好“四落实”。即落实责任人、落实时间、落实资金、落实地块。要切实加强还林的检查验收，做到科学设计、良种壮苗、适地适树，且成活率和保存率都要达到国家规定的标准。

3. 林参间作还林监督

利用林地栽种人参必须提出用地申请报告，报有关主管部门审批。用地前，用地单位要与林地所有者签订林参间作或参后还林合同。还林须经验收合格后，交林地所有者。监督部门要从林参间作地块的调查设计、审批、间作等还林过程实施监督，严格管理，确保达到还林标准。

4. 对砂石料场、矿产开发超占林地回收的监督

重点审查监督区内矿产企业等采石、开矿手续是否齐全，是否存在未批先占、少批多占、不批也占的现象。

5. 到期临时占用林地回收

临时占用林地项目到使用期限后，林地要交还原森林经营者恢复森林植被，否则要查清到期不归还或不恢复森林植被的原因。

6. 毁林开垦情况核查

查清被检查县是否存在毁林开垦情况。对存在的毁林开垦行为，林业主管部门是否依法做出处理，处理决定是否落实。

二、监督方法

1. 社会调查

掌握非法占用林地、毁林开垦、蚕食林地查处等情况；调查走访相关部门及林权单位（个人）等，了解非法占用林地原因和现状。

2. 现地检查

利用地形图、林相图、建设项目设计施工图等资料，采用 GPS 定位仪实地测量等方法，核实小班（地块）的地点、范围、面积、地类等，判定被许可人是否存在违法违规使用林地问题；对被检查的县林业行政主管部门采取随机抽取方法，抽取三分之一乡镇进行实地踏查，检查林地回收管理情况。

3. 通报情况

检查结束后，要将检查情况向所在地的县级林业行政主管部门通报，提出有关意见和建议。相关部门应根据通报的问题，在规定的时限内上报整改查处结果。

第六章　林业行政案件执法监督

第一节　林业行政案件执法程序监督

林业行政处罚程序，是林业行政执法机关查处林业行政案件的适用程序，是林业行政执法人员必须遵守的行为规范。对林业行政程序的监督，就是依法对林业行政执法机关及其执法人员在查处林政案件整个过程中的行政行为的监督。

一、受理监督

受理是指林业行政执法机关对举报、控告、移送、上级交办、主动交待或发现有违反林业法律、法规行为等案件线索资料进行审查，对符合条件的予以接受的行为。受理是林业行政案件处罚程序的开始。

监督是根据《林业行政处罚程序规定》和《国务院信访条例》等法律、法规的要求，对于应受理而不受理或受理不及时，该移交司法机关而不移交，以及违反其他规定的林业行政执法行为，建议有关部门予以纠正。

二、立案监督

立案是指林业行政执法机关受理案件后，根据事实和法律法规，决定是否作为案件调查、处理的活动。立案是林业行政案件的必经程序，在案件查处中具有过滤作用。

对立案的监督必须严格按照《林业行政处罚程序规定》，从立案的条件、立案的撤销、案件管辖及移送等方面进行核查，确保立案及时、准确。

三、调查监督

调查是指林业行政执法机关对受理立案的案件依法进行的专门调查。调查的主要内容包括搜集证据、询问当事人或其他知情人、勘验、检查、鉴定等，主要为了查清违法事实和违法当事人，为处罚提供可靠的证据。

森林资源监督部门应对违法案件的调查及证据的收集实施全方位、全过程监督，确保案件的调查和证据的收集全面、客观、公正，事实清楚。

四、决定监督

决定是指林业违法案件经过调查，事实清楚，证据确凿，依照有关法律法规所给予的行政处罚的决定。

森林资源监督部门应对行政处罚决定填写是否规范等方面进行核实，确保决定符合法定要求。

五、执行监督

执行是林业行政执法主体，将已经发生法律效力的处罚决定内容付诸实施所进行的活动。

森林资源监督部门应对执行过程是否合法，罚没违法所得是否按规定执行，案件材料是否全部立卷归档等进行监督。

第二节　林业行政案件执法主体及行政行为监督

林业行政执法是各级林业行政主管部门依照法律规定对特定的组织或者个人作出的具有拘束力的具体的行政行为，是各级林业行政主管部门执行法律、依法行政的过程。林业行政执法主体是指做出具体行政行为的部门。林业行政执法监督是为了规范林业行政执法机构、执法队伍和执法行为，强化依法行使职能，维护执法活动的严肃性和公正性，以保障林业政策、法律、法规、规章的正确实施。

一、监督内容

1. 林业行政执法主体监督

依照《中华人民共和国行政处罚法》、《中华人民共和国森林法实施条例》和《林业行政处罚程序规定》，林业行政执法主体主要有三类：

（1）县级以上林业行政主管部门；

（2）县级以上林业行政主管部门依法委托的组织；

（3）法律、法规明确授权的组织。

对林业行政执法主体的监督主要有四项内容：

（1）执法人员是否具有执法资格，执法是否持有有效的执法证件；

（2）受委托组织是否在委托范围和权限内依法实施行政处罚；

（3）案件的办理人员是否应当回避而没有回避；

（4）执法人员是否有超越职权、滥用职权、包庇纵容、徇私舞弊、玩忽职守等行为。

2. 林业行政执法具体行政行为监督

林业行政执法具体行政行为是指国家行政机关和行政机关工作人员、法律法规授权的组织、行政机关委托的组织、或者个人在行政管理活动中行使森林法及森林法实施条例赋予的行政职权，针对特定的公民、法人或者其他组织，就特定的具体事项，作出的有关该公民、法人或者其他组织权利义务的单方行为。

林业行政具体行政行为监督就是监督林业行政处罚的主体在实施具体行政行为时是否合法、适当，即案件的事实是否清楚，证据是否确凿，适用法律法规是否正确。

二、监督职责

森林资源监督专员办在履行职责时，可以依法采取下列措施：

（1）专员办在依法行使监督权时，对执法机构不健全的，应督促相关部门尽快建立健全林政执法机构，配备专业队伍，完善执法体系，并对执法队伍的建设情况实施有效监督，强化管理，对执法队伍中不具备执法资格的人员，建议其主管部门清理整顿，严肃依法行政秩序。

（2）实施责任追究工作，应当坚持依法办事、实事求是、有错必纠、责罚相当，教育与惩戒相结合的原则。违反森林资源管理规定、造成森林资源破坏的，专员办可以责令相关单位和个人停止违反林业法律法规行为；对破坏森林资源行为负有领导责任的人员，专员办应当向其所在单位或者上级机关、监察机关提出给予处分的建议，依法追究林业行政主管部门工作人员的责任。破坏森林资源行为涉嫌构成犯罪的，专员办应当督促有关单位将案件移送司法机关。

（3）实施林业行政执法监督时，被监督的单位和执法人员应该积极配合，自觉接受监督。被监督单位如认为监督活动不合法或者不适当时，有权向监督单位和其上级主管部门提出改正建议。

（4）专员办对履行职责中发现的问题，应当及时向当地林业主管部门或有关单位提出处理建议，并对处理建议的落实情况进行跟踪监督。对省、自治区、直辖市人民政府林业主管部门管辖的、有重大影响的破坏森林资源行为，专员办应当向国家林业局或者驻在省、自治区、直辖市人民政府报告并提出处理意见。

三、法律责任

在实施执法监督过程中，如发现林业行政主管部门有下述行为之一的，监督部门应责令其限期整改，可以对直接负责的主管人员和其他直接责任人依法给予行政处分。有下述第五项、第六项行为的，应予以收缴销毁，对存在第七、第八项所列行为的，能恢复原状的，应恢复原状，不能恢复原状的，林业行政主管部门应当依法给予赔偿。赔偿义务机关赔偿损失后，应该责令故意或者重大过失的人员承担部分或者全部损失。

（1）具体行政行为不合法或不适当的；

（2）违反国家规定执行收缴罚款的；

（3）为谋取本单位私利，对应当依法移交司法机关追究刑事责任不移交的，以行政处罚代替刑事处罚的；

（4）玩忽职守，对应制止、处罚的违法行为不予制止、处理，致使公民、法人和其他组织的合法权益、公共利益和社会秩序遭受损害的；

（5）对当事人实施罚款、没收财务处罚，未开具或者擅自使用非法单据的；

（6）将罚没款、没收的违法所得或者财务截留、私分或者变相私分的；

（7）使用或者损毁扣留的财务，对当事人造成损失的；

（8）违法实施检查措施或执法过程中，对公民人身和财产造成损害或者给其他组织造成损失的。

第三节　林业行政案件监督的方法和程序

作为森林资源监督部门，并不能代替森林公安机关和林政管理部门直接处理林政案件。但是根据《森林资源监督工作管理办法》（国家林业局令第23号），森林资源监督部门应监督驻在地区、单位的森林资源保护管理。对破坏森林资源行为负有领导责任的人员，森林资源监督专员办应当向其所在单位或者上级机关、监察机关提出给予处分的建议。对破坏森林资源行为涉嫌构成犯罪的，森林资源监督专员办应当督促有关单位将案件移送司法机关。

鉴于监督工作的特殊性，对林业行政案件的监督通常有四种渠道：

（1）通过监督检查发现案件线索。即通过开展占用征收林地行政许可被许可人监督检查、占用征用林地检查、县（市、区）综合行政执法检查、占用征收重点国有林区林地现地审核等常规检查，发现违法现象，并主动对案件线索进行审查。

（2）通过信访举报督查督办。即按照法律赋予的职责，受理公民、法人或者其他组织通过书信、电子邮件、传真、电话、走访等形式所反映的情况，提出的建议、意见或者投诉请求，并依法进行调查处理。

（3）通过媒体报道主动督查。即根据新闻和网络媒体披露的涉及监督区范围内的重大、特大破坏森林资源案件，为消除社会舆论影响，由监督部门主动介入，协调督促相关部门依法处理。

（4）调查处理上级交办的案件。即依法正确、及时地处理国家林业局批转和其他有关部门移送且要求报告情况的林政案件。

一、监督方法

对于上级交办和监督检查中发现的问题，应初步审核，提出拟办意见，送领导批示，然后进行调查处理。监督方法有现场督办和发函督办两种方式。

1. 现场督办

现场督办就是森林资源监督机构单独组织，或者由森林资源监督机构牵头，组织案件所在省林业行政主管部门及案件发生地的相关部门组成联合调查组，对相关案件涉及的人员、地点、范围等进行实地调查测量。

对于上级交办的，群众反映的案情重大、特别重大的林政案件，媒体报道的，以及涉及面比较广、社会影响大的林政案件，一般采取现场调查督办方式。

2. 发函督办

就是依据案件来源，将案件转发有管辖权的林业行政主管部门，并督促按时上报调查报告、处理意见的一种方式。

除按相关要求和规定应现场调查督办的案件以外，均采取此方式。

二、监督程序

依据监督方法，监督程序也分为两种。

1. 现地督办程序

（1）现场调查。调查分内业和外业调查。内业调查应先听取有关政府和林业主管部门的汇报，了解案件基本情况。按照规定要求被监督检查单位提供有关材料以及相关问题的书面说明；查阅资源档案、林政案件卷宗，掌握基本案情。

外业调查依据地形图、林相图等案件相关资料，采用GPS或罗盘仪测量等方法，核实案件涉及的地点、范围、面积、地类等。对涉及盗伐和滥伐的案件，需要实地测量伐根，利用一元材积表计算蓄积，判定盗伐或滥伐蓄积。

（2）提出查办意见。调查结束后，依据《中华人民共和国森林法》、《中华人民共和国森林法实施条例》，向案件发生地政府和林业主管部门通报案情，提出监督意见。案件发生地政府林业主管部门或者有关单位对森林资源监督专员办提出的处理建议应当依法及时查处，并在规定期限内上报调查处理结果。

案件发生地政府和林业主管部门或者有关单位对森林资源监督专员办提出的处理建议有异议的，应当提出书面意见。对森林资源监督专员办提出的处理建议，既不依法查处，又不提交书面陈述的，专员办应当向省、自治区、直辖市人民政府提出督办建议，同时报告国家林业局。

（3）上报。对于林业行政主管部门的查办结果，由森林资源监督专员办党组负责人审阅并签署意见。如查办案件的事实不清，证据不确凿，适用法律、法规不适当，森林资源监督机构应提出查办建议，责令地方林业行政主管部门补充或重新调查处理。

（4）跟踪监督。森林资源监督机构应对处理建议的落实情况进行跟踪监督，确保案件得到及时公正处理。对破坏森林资源行为负有领导责任的，森林资源监督专员办应当向其所在单位或者上级机关、监察机关提出处理建议。破坏森林资源行为涉嫌构成犯罪的，森林资源监督专员办应当督促有关单位将案件移送司法机关。

2. 发函督办程序

（1）发函。按照案件来源进行分类，提出拟办意见，呈主管领导批示，将案件移交有管辖权的林业行政主管部门调查处理，限期上报查处结果。

（2）督促上报。对于林业行政主管部门的查办结果，如查办案件的事实不清，证据不确凿；适用法律、法规不当的，森林资源监督机构应提出查办建议，责令林业行政主管部门补充或重新调查处理，并将查处结果及时上报。

（3）跟踪监督。森林资源监督机构应对处理建议的落实情况进行跟踪监督，确保案件得到及时公正处理。对负有领导责任的人员，森林资源监督机构应当向其所在单位或者上级机关、监察机关提出给予处分的建议。在不影响案件调查的情况下，可积极协调相关媒体，及时通报相关举报人，消除影响，挽回损失。

3. 归档

采取一案一卷的方式，归档备查。

第七章　木材流通管理监督

第一节　木材经营加工管理监督

木材经营、加工管理监督主要是对林业主管部门和工商行政管理部门对木材经营、加工活动进行组织、控制、协调指导活动的监督。木材经营、加工管理出问题，极易引发乱砍盗伐等毁林案件的发生。监督的目的就在于规范管理，取缔无照经营，遏制私收滥购，控制森林资源的非法消耗。

一、主要违法、违规行为及其特点

非法经营、加工木材行为是指违反《中华人民共和国森林法》的规定，未经批准，擅自在林区经营、加工木材的行为。其主要特点是：

（1）违背林业部、国家工商管理局林资字［1989］222 号通知“实行凭林业主管部门发给的木材经营（加工）许可证，再向所在县、市工商行政管理机关申请办理登记领取营业执照”的规定，发放工商营业执照；只持有工商行政管理机关颁发的营业执照，就进行木材经营（加工）活动。

（2）违背林业部、国家工商管理局林资字［1989］222 号通知关于加工单位审核五条标准的规定精神，发放木材经营（加工）许可证。

（3）违反森林法、森林法实施条例规定，经营者无证经营（加工），或者一证多家使用进行经营（加工）活动。

（4）非法收购无合法来源的木材，超范围经营木材。

（5）违反限额管理制度、木材缴库标准，账外供应下属木材经营加工单位和个人木材加工原料、削片原料、烧炭原料、木耳秆原料等。

二、监督内容

（1）监督发证机关按照林业部、国家工商管理局发布的林资字［1989］222号《关于加强林区木材经营、加工单位监督管理的通知》规定，审批发放木材经营、加工许可证五条标准贯彻落实情况；

（2）监督林业部林资字［1994］37号《林业部关于加强森林资源保护管理工作的通知》规定的“严禁党政机关和执法部门以各种名义和形式经营木材。各地林业主管部门要同工商、税务、物价等有关部门密切配合，加强监督检查，坚决取缔非法的木材经营加工单位，加强木材市场的监督检查”等规定精神的贯彻落实情况；

（3）监督工商等部门贯彻落实“木材经营、加工单位凭木材经营、加工许可证才能办理工商营业执照”等规定的执行情况。

（4）监督木材经营（加工）单位木材经营（加工）许可证、工商营业执照是否齐全、合法；

（5）监督经营（加工）种类、范围、规模、地点及经营者木材来源承诺等规定内容的执行情况；

（6）监督木材经营、加工单位木材来源的合法性，重点监督木材收购单位和个人有无木材来源合法证明；

（7）监督各林业企业，以各种名义和手段账外供应下属木材经营加工厂及个人够缴库标准的木材加工原料的违法、违规行为。

三、监督方法

（1）监督是否建立健全木材经营加工单位登记台账，是否注明厂名、厂址、经营项目、规模、期限等内容，以掌握木材经营加工厂（点）的一般情况。

（2）监督是否建立木材经营加工单位生产经营情况的月报或者季报制度，是否建立木材经营加工单位的原料供应、销售台账，并及时进行情况汇总分析，找出存在的问题。

（3）定期或不定期地对木材经营加工厂点进行监督检查。根据实际情况，可以组织单项或全面检查，也可以协调管理部门共同检查。

（4）对检查出来的问题，根据相关的法律、法规和政策进行处理。特别对无证、无照经营、超范围经营以及非法收购、销售木材的单位和个人，建议或会同管理部门，该取缔的取缔，该停业的停业，该整顿的整顿，情节严重的提请有关部门依法追究责任。

第二节　木材运输管理监督

木材运输管理监督，是对林业行政管理部门在木材运输管理中组织、协调等一系列管理活动的监督。目的在于通过控制木材运输总量达到控制林木采伐总量，把山下管理监督和山上管理监督有机地衔接起来，制止超限额采伐的木材和乱砍滥伐的木材通过运输环节进入消费领域，控制森林资源的不合理消耗，强化森林资源的保护。

所谓木材凭证运输，是指木材从生产地向消费地转移的过程中，除遵守有计划（如控制总量）按合理流向的原则外，必须持有林业主管部门发放的木材运输证件，并接受木材检查站的检查和验证。所谓非法运输木材，是指违反森林法规的规定未取得木材运输证件，或者虽取得木材运输证件但未按规定运输木材，或者使用伪造、涂改的木材运输证件运输木材的行为。如行为人没有木材运输证运输木材的，即使补办了木材运输证，也属于非法运输木材，应当依法处理。

一、违法、违规行为及其特点

（1）发证机关乱发证，或超出木材运输总量控制发证；发证机关把关不严，填写不规范、不准确。

（2）个别木材检查站及其工作人员因滥用职权、索贿受贿，侵犯当事人合法权益或造成国家经济损失。

（3）非法承运他人木材。

（4）无证运输木材。如木材运输证不随车同行（主要是火车运输），或不执行一车一证制度。

（5）超范围运输木材。一是运输的木材数量超出木材运输证所准运的数量；二是运输的木材树种、材种、规格与木材运输证规定不符又没有正当理由。

（6）假证运输。即使用伪造、涂改的木材运输证运输木材。

二、重点监督内容

（1）监督木材运输证的管理和发放。木材运输证的式样由国务院林业主管部门规定。重点国有林区的木材运输证，由国务院林业主管部门或其授权和委托的单位核发。各省（区、市）出省木材运输证由省级林业主管部门或其授权和委托的单位核发。

省内木材运输证，其发放和管理的单位由省级林业主管部门确定。大体有两种情况：一是授权或委托地县级林业主管部门和企事业单位发放。二是直接由地、县级林业主管部门负责发放。

为便于管理和监督，简化办证手续，林业主管部门依法授权部队和煤炭部门可以在规定的权限和范围内发放木材运输证。

（2）发证依据监督。申请木材运输证，应提交下列文件：①林木采伐许可证或者其他合法来源证明：非法采伐、非法收购的木材不允许进入流通领域。其他合法来源证明，如购买木材的发票、木材调拨单等。具体有以下几种情况注意处理好：农村居民运输自留地及房前屋后生产的木材，凭采伐后注销的林木采伐许可证和应缴税费的票据；个人搬迁按规定允许携带的木材，凭户口迁移证、单位证明；属于购买自用的，还要提交木材合法经营单位的发票；木材经营、加工单位和其他用材单位运输的木材，凭起运地林业主管部门规定出示的证件和履行的手续，如有的凭木材调拨单或调拨计划，以及林业主管部门发给的木材经营、加工许可证和工商行政管理部门发给的营业执照；属于外地运进本地区木材落地后，再次起运的，凭原证件办理木材运输证。②检疫证明：申请木材运输证需要提供检疫证明，主要是预防森林病虫害的传播蔓延。

对符合上述要求的木材运输证申请，受理申请的部门或单位应自接到申请之日起3日内发给木材运输证。

按照《中华人民共和国森林法》第37条和《中华人民共和国森林法实施条例》第35条的有关规定，下列情况可以不办理木材运输证：①非林区生产的木材。关于林区和非林区的具体划定，由各省、自治区、直辖市人民政府确定公布；但国务院确定的国家所有的“重点国有林区”按照国务院的有关规定执行。②国家统一调配的木材。③因扑救森林火灾、防洪抢险等紧急情况需要运输的木材。

（3）规范发证监督。根据国家林业局林资通字［1998］86号《国家林业局关于进一步规范木材凭证运输管理有关问题的通知》精神，监督各级林业主管部门按照木材运输证发放管理的有关规定严格审核和签发木材运输证：①要指定专人负责木材运输证的签发工作。②签发木材运输证，木材数量和有效期限的数字必须大写；填写的内容不得涂改，如填写有误，必须重新签发；③严禁发给货主或承运者空白木材运输证，也不得交由货主或承运者自行填写。

（4）规范凭证运输范围监督。根据《国家林业局关于进一步规范木材凭证运输管理有关问题的通知》（林资通字［1998］86号）规定：凭证运输木材的范围包括国家标准、行业标准所列全部木材；各省、自治区、直辖市人民政府规定列入木材凭证运输范围的各种人造板（包括胶合板、纤维板、刨花板和各类细木工板）；木材、竹材大宗制品的数量统一规定以折合木材0.5 m^3 为起点，执行凭证运输制度；以木材、竹材为主、辅助原材料的家具成品和木（竹）制的工艺品不列入凭证运输范围。

（5）木材检查站管理监督。《中华人民共和国森林法》第37条规定：经省、自治区、直辖市人民政府批准，可以在林区设立木材检查站，负责检查木材运输。对未取得运输证件或者物资部门发给的调拨通知书运输木材的，木材检查站有权制止。木材检查站通过查验木材运输证件，登记木材运输情况，检查运输木材的数量，以及查处违法违章运输木材行为，既监督了木材运输行为是否合法，同时也监督了林业管理部门发证工作的质量。所以，监督机构应当把监督木材检查站的管理和执法工作作为监督工作的重要内容抓好。

木材检查站管理监督重点应做好以下几项工作：

①队伍建设监督：木材检查站工作人员应遵纪守法，热爱本职工作，掌握木材检尺，木材运输查验业务知识，熟悉国家有关法律、法规和政策。对政治素质差，业务能力低，既有损于执法队伍形象，又影响执法职能的人员，依法提请有关部门进行撤换。

②制度建设监督：木材检查站要公开张贴《中华人民共和国森林法》和国家有关木材运输检查监督管理的规定，以及木材检查站的规章制度，公开木材检查站工作人员职责，木材运输检查监督内容、处理依据、处罚标准等，接受林业行政主管部门和社会的监督。木材检查站应建立健全档案管理和案件统计上报制度，做到档案齐全、分类清楚、卷宗文书填写规范。案件按月统计，及时上报。

③执法行为监督：木材检查站人员在执法时，应当出示省级林业行政主管部门统一制发的检查证件，佩戴统一标志，文明执法，按照法定程序和职

权履行职责；不得检查木材购货发票、育林基金收据等其他票据，不得擅自增加检查项目。对于手续齐全、货证相符的，或者运输木材实际检尺数量与木材运输证及随车检尺小票记载数量误差在国家规定检尺误差范围内，应即放行；不得擅自处理被扣留的木材，不得刁难货主和乱收费、乱罚款。木材检查站在检查木材运输中依法收取的罚款和其他费用以及没收、扣留的木材，应当妥善保管，登记入账，并发给当事人合法凭据。《中华人民共和国行政处罚法》第35条第二款规定：罚款、没收违法所得或者没收非法财物拍卖的款项，必须全部上缴国库，任何行政机关或者个人不得以任何形式截留、私分或者变相私分。

三、监督方法

（1）掌握被监督单位的木材运输、销售管理办法、规范或规范性文件，熟悉运行程序；掌握木材运输、销售计划，建立必要的台账。

（2）到发证部门检查木材运输证办证情况。到森林公安局、林政管理部门检查案件卷宗及统计报表，核实案件中非法运输、私卖木材的数量。

（3）检查木材检查站过往车辆登记台账，按木材生产缴库运输和木材销售出境运输进行统计。

（4）检查木材检验站各种运输方式和各林场到材及木材缴库小票、木材到材统计报表。

（5）检查木材销售划拨单、木材销售台账及木材销售统计报表，核实木材销售发票使用数量，统计木材及其加工产品销售数量。

（6）到火车站核实木材发货数量。

（7）汇总、分析情况，找出存在的问题，依法提出整改意见或建议。

第三节　贮木场管理监督

贮木场是木材生产三大作业工序的最后阶段。目前，贮木场的任务由过去单一的原木接收、贮存、支拨，发展为以原条卸、造、选、归、装五大作业工序为中心的综合经营的新型贮木场。贮木场是木材集中、贮存和分流的总开关和集散地，是检查验证采伐总量、运输总量、销售总量的关键环节。依法对贮木场的生产经营管理实施监督的目的在于促进木材生产的规范化管理，充分合理的利用森林资源，遏止超限额消耗。

一、主要违法行为及其特点

（1）林业局或贮木场木材检验站在与林场进行木材对检中，通过故意压尺截留缴库木材。

（2）通过人为降低出材率，隐瞒实际出材量和采伐量。

（3）通过人为的墩根去腐、长材短造等不合理量造材，为下属单位提供加工原料，截留应缴库木材。

（4）山上地拨（在山上直接销售木材）材不入木材缴库一本账。

（5）盘点清库弄虚作假，搞两本账，隐瞒实际库存量。

二、监督内容

1. 木材缴库验收

（1）贮木场必须严格执行国家商品材验收缴库管理规定，切实加强木材检验管理。

（2）检验员要严格执行国家原木检验标准（CB/T144－1995），必须对原条、原木逐根进行检查，鉴定树种、平定等级，标注长级、径级、等级，据实验收，不得故意压尺，并记入野账，作为木材缴库的原始凭据。

（3）野账记录，必须清晰准确，不得漏记或涂改，并及时上报。

（4）检尺野账由内业进行数据处理，并由调度、统计记入产量并呈报上级有关主管部门。严禁瞒报、漏报。

2. 木材划拨

（1）监督木材调拨政策的执行。根据1982年林业部发布的《关于加强贮木场经营管理的规定》和其他有关规定，木材调拨必须有国家木材调拨通知书，供货经济合同等调拨手续，并根据木材调拨通知书或供货经济合同等规定的树种、材种、规格、数量进行拨付，不得任意超发、串换树种等。任何单位和个人，均无权超越规定，擅自动用国库木材。贮木场必须认真执行调拨政策和木材管理权限，不论外运木材还是企业自用木材必须手续完备后方可调拨，严禁白条子或其他违反规定等形式调拨木材。

（2）木材拨付。发车检验员应严格按照木材调拨通知书或装车命令单等规定的树种、材种、规格、数量支付，并逐根复查记入野账或检尺小票，作为木材拨付的原始凭证。要坚决制止、打击木材拨付中的多装少记、装优记劣等违法行为。

（3）木材划拨。木材支付后，划拨员应根据发车野账或检尺小票及时、准确划拨，认真做好数字传递工作，不得徇私舞弊，涂改原始野账。

（4）木材拨付中发生的误差，按《木材统一送货办法》的有关规定处理。检验误差（按材积计算）不得超过下列规定：

数量误差：材积误差不超过1%；

质量误差：原木等级不超过2%；成材等级不超过3%；未分等级的木材，不合格的不超过2%（坑木不超过3%）。

3. 木材库存盘点

监督执行木材库存盘点制度情况。森林资源监督部门要积极参与林业局主管部门或贮木场组织的库存及收、支、存台账的全面清点工作。对台账和实物误差超过千分之二的，根据1982年林业部发布的《关于加强贮木场经营管理的规定》，必须查明原因和责任，并做出相应的处理。

三、监督方法

（1）抽检木材检验站与林场对检的工作情况。不定期抽检木材检验站已检查完的缴库木材，并通过核对林场与木材检验站检尺小票分析产生误差的原因，找出存在的问题。重点控制人为压尺现象的发生。

（2）木材调拨监督。可采取现场抽检或监装的方法监控木材调拨。并把抽检结果与检尺小票（随车小票、存根）及内业划拨进行核对。杜绝过期拨付、不按调拨令拨付、装优记劣等现象发生。

（3）库存木材盘点监督。应采取定期检查与不定期抽查等方法，对个别楞位木材库存情况，尤其是一些畅销树种、材种进行清点，并与内业楞卡进行核对，看其账货是否相符。如果不符，要查明原因，并及时向上级主管部门报告。

（4）定期或不定期检查、统计贮木场生产日报、木材生产检尺小票，按材种统计年度木材生产数量和造材剩余物的数量，并建立贮木场收、支、存台账，及时汇总、分析贮木场生产经营管理情况，提出监督意见或建议。

第八章　中央林业投资重点建设项目监督检查

第一节　建设项目的程序检查

基本建设是国民经济各部门为扩大生产能力或新增固定资产的建设工作。基本建设的根本目的是促进国民经济高速发展和社会进步，改善和提高人民群众的物质和文化生活水平。

一、基本建设程序

基本建设程序是指建设项目从设想、选择、评估、决策、设计、施工到竣工验收、投入使用整个建设过程中，各项工作必须遵循的先后顺序。它包括项目建议书阶段、可行性研究报告阶段、初步设计阶段、建设准备阶段、建设实施阶段、竣工阶段、后评估阶段。基本建设程序是人们在认识客观规律的基础上制定出来的，是建设项目科学决策和顺利建设的重要保证。按照建设项目发展的内在联系和发展过程，建设程序分成若干阶段，这几个大的阶段中每一个阶段都包含着许多环节，从可行性研究开始，经过一系列的工作，到竣工投产，各个阶段相互衔接，环环紧扣，任何一个阶段出差错，势必影响全局，甚至造成不可弥补的损失。所以基本建设必须严格按照规定的程序进行。

根据《工程建设项目实施阶段程序管理暂行规定》（财建［1995］494号）相关条款和《关于加强和规范新开工项目管理的通知》（国办发［2007］

64 号）规定："各类投资主体要严格执行国家法律、法规、政策规定和投资建设程序。项目开工前，必须履行完各项建设程序，并自觉接受监督。"

二、项目建设程序检查内容和方法

（1）检查报批文件是否齐全。查看发改委、林业部门的审批、核准、备案文件是否齐全；行业主管部门的初设概算审查和批准文件是否齐全；环保部门的环境影响评价文件（报告书、报告表或登记表）及其批复是否齐全；规划部门审批的建设项目选址意见书、建设用地规划许可证、建设工程规划许可证是否齐全；国土部门批准的项目用地文件是否齐全；建设部门是否核发了安全生产许可证；施工许可证或开工报告审批文件是否齐全；工程竣工验收文件是否齐全；文件归类归档是否齐全。

（2）检查批复文件的时间顺序是否符合规定。

（3）查看报批文件内容是否规范。

（4）查看项目变更是否履行了报批程序。

（5）查看工作深度是否达到要求。

第二节　建设项目的前期工作管理检查

为加强林业固定资产投资建设项目管理，规范项目建设程序和行为，提高林业项目建设质量和投资效益，国家林业局根据《国务院关于加快投资体制改革的决定》及国家有关法律、法规，制订了《林业固定资产投资建设项目管理办法》（林计发［2006］61 号）。

基本建设前期工作是从建设项目酝酿决定到开工建设以前进行的各项工作，是基本建设程序中一个非常重要的阶段。林业建设项目的前期工作包括项目建议书、可行性研究报告、初步设计的编制等工作环节。

一、项目建议书阶段的检查

项目建议书是项目建设筹建单位或项目法人，根据国民经济的发展、国家和地方中长期规划、产业政策、生产力布局、国内外市场、所在地的外部条件提出的某具体项目的建设文件，是对拟建项目提出的框架性的总体设想。

《林业固定资产投资建设项目管理办法》第五条规定："建设单位根据项目建设需要提出项目建议书。项目建议书应当对项目建设的必要性、拟建地点、拟建规模、投资估算、资金筹措以及经济效益、生态效益和社会效益进行初步分析。项目建议书一般由项目建设单位负责编制，也可委托有相应工程咨询资质的机构编制。大中型项目，即总投资为3000万元以上（含3000万元）的建设项目，必须编制项目建议书；小型项目，即总投资为3000万元以下的建设项目，可以直接编制项目可行性研究报告。"

项目建议书检查的主要内容和方法：

（1）检查项目是否符合国家建设方针和长期规划以及产业结构调整的方向和范围。

（2）项目建设的必要性和依据是否充分。

（3）项目产品市场需求的论证理由是否符合实际。

（4）项目建设地点是否合适，有无不合理的布局和重复建设。

（5）对项目的财务、经济效果和还款要求，是否与投资设想一致。

（6）有无遗漏重要问题或存在论证不足的方面等。

二、项目可行性研究报告阶段检查

项目建议书一经批准，即可着手进行可行性研究。可行性研究是对建设项目在技术、工程、经济和外部协作条件上是否合理和可行，进行全面分析、论证，做多方案比较，提出评价，为编制和审批设计任务书提供可靠的依据。

根据《林业固定资产投资建设项目管理办法》第六条规定："可行性研究报告必须由具有相应工程咨询资质的机构编制。其主要内容应包括：总论、项目背景及建设必要性、建设条件分析、项目建设的依据、项目布局与资源条件分析、建设方案与内容、环境保护、建设期限与实施计划、组织机构与项目管理、投资估算与资金筹措、效益分析与评价、项目建设保障措施、结论与建议、必要的附件、附表与附图等。"

项目可行性研究报告检查的主要内容和方法：检查建设选址论证、建设条件论证、建设规模及建设内容、外部配套建设方案的可行性以及项目总投资、资金筹措及经济、社会效益等方面是否规范合理等。

三、项目初步设计检查

初步设计是项目决策后，根据批准的可行性研究报告所作的建设项目具体实施方案，是基本建设计划的具体化，是把先进技术和科研成果引入建设的渠道，是整个工程的决定性环节，是组织施工的依据。它直接关系着工程质量和将来的使用效果。根据建设项目的不同情况，设计过程可以分为初步设计、施工图设计和作业设计等。

根据《林业固定资产投资建设项目管理办法》第七条规定：建设单位根据批准的项目可行性研究报告组织编制初步设计文件。初步设计确定的建设内容和建设标准不得超过批准的可行性研究报告的范围，列明各单项工程或单位工程的建设内容、建设标准、用地规模、主要材料和设备选择等，其主要内容应包括设计说明、图纸、主要设备材料用量表和投资概算等，并达到国家规定的深度。初步设计必须委托具有相应工程设计资质的机构编制，单纯购置类项目可以不编制项目初步设计，由建设单位在可行性研究报告的基础上直接编制项目实施方案。

初步设计检查的主要内容和方法：

（1）检查工程整体布局是否合理，工程是否配套，有无超出国家规定的标准。

（2）图纸是否齐全。

（3）设计单位和人员是否具备相应的资质和资格。

（4）有无超标准设计。

（5）概算是否按规定方法编制，所取费率是否准确，分部工程划分是否符合规定。

（6）建筑材料价格是否合理，概算定额选用是否正确。

（7）分项工程量计算是否相对准确等。

四、项目审批权限管理检查

根据《林业固定资产投资建设项目管理办法》第九条规定：“国家林业局直属单位项目（下称直属单位项目）的项目建议书、可行性研究报告直接报国家林业局审批（或初审），各省（自治区、直辖市、计划单列市）项目（下称地方项目）的项目建议书、可行性研究报告必须经所在省（自治区、直辖市、计划单列市）省级林业主管部门审核后报国家林业局。其中，大中型项目的项目建议书、可行性研究报告经国家林业局初审后报国家发展改革委审批；小型项目可行性研究报告由国家林业局审批。大中型建设项目的初步设计由国家发展改革委或国家发展改革委委托的部门审批；小型项目审批：直属单位的小型林业建设项目初步设计（实施方案）由国家林业局审批；地方小型林业建设项目初步设计（实施方案）由所在省（自治区、直辖市、计划单列市）省级林业主管部门审批，报国家林业局备案。”

项目审批权限管理检查主要内容和方法：查阅项目建议书、可行性研究报告、初步设计、实施方案、作业设计等项目文件是否按照相关程序进行审批，是否有越级、越权审批等情况。

五、项目建设内容及概算变更管理检查

项目建设内容及概算变更管理工作是前期管理中的一项重要内容。根据《林业固定资产投资建设项目管理办法》第十一条规定：项目实施过程中确因客观原因造成部分建设内容、建设标准、建设规模需要调整的，应按以下程序进行：

（1）增加概算总投资。概算总投资超过可行性研究报告审定的估算总投资的百分之十的，应当重新报批可行性研究报告，由原可行性研究报告批准部门重新批准后，按新批准的可行性研究报告重新编制初步设计，按规定的程序报批。

（2）由于建设地点变更以及建设标准、建设规模、建设方案发生变化，确需调整的项目，由建设单位提出调整方案，按规定的程序报原可行性研究报告批准部门批准后，方可进行建设。

（3）因设计变更、项目建设地点和项目实施环境变化等原因，确需调整部分项目子项，在总投资不超过可行性研究报告审定的总投资情况下，由建设单位提出调整方案，按规定程序报原初步设计审批部门批准后实施。

项目建设内容及概算变更管理检查主要内容和方法：

（1）检查建设内容。对照批复文件，检查项目名称、建设内容、建设规模、建设标准、投资构成等实际建设与批复情况有否变化，查明变化原因及其合理合规性。

（2）检查规划、用地。查看用地文件中用地的项目、位置等与工程建设项目的内容是否一致，容积率是否符合建设用地规划许可证的规定。

（3）检查设计变更。设计变更是否合理，变更四方签证是否齐备，变更程序是否合规等。

第三节　建设项目的实施管理检查

一、项目法人责任制管理检查

为了建立投资责任约束机制，规范项目法人的行为，明确其责、权、利，提高投资效益。国家发展计划委员会制订颁发了《关于实行建设项目法人责任制的暂行规定》（计建设［1996］673号），确定项目法人对项目的策划、资金筹措、建设实施、生产经营、偿还债务和资产的保值增值实行全过程负责的一种项目管理制度。

依据《关于实行建设项目法人责任制的暂行规定》第四条“新上项目在项目建议书被批准后，应及时组建项目法人筹备组，具体负责项目法人的筹建工作。”第五条规定：“有关单位在申报项目可行性研究报告时，须同时提出项目法人的组建方案。否则，其项目可行性研究报告不予审批。”第六条规定“项目可行性研究报告经批准后，正式成立项目法人。并按有关规定确保资本金按时到位。”国家林业局《关于进一步加强国有林区森工非经营性建设项目管理工作的通知》规定：“严格执行建设项目法人责任制。项目在立项之前必须明确项目法人，实行建设项目法人责任制。承担建设项目的企业（事业）单位法人为项目法人，也可以根据项目的实际需要按照政事（企业）分开的原则组建项目法人。对于项目管理制度不健全、财务管理混乱、工程质量存在严重问题，没有按国家招投标有关规定将工程发包给没有资质的勘察设计、施工、监理等单位或在招投标过程中进行违规操作的，要追究项目法人的责任。”

项目法人责任制检查主要内容和方法：

（1）检查项目法人责任制是否建立，机构是否健全。

（2）检查人员配备是否满足要求：技术和管理人员特别是计划、设计、技术、施工、造价控制、合同管理、质量安全管理和财务管理的专门工程技术人员是否齐备，主要管理职责是否落实到位。

（3）检查管理制度是否建立健全，如人员、资金、财务、设计变更、工程款支付、档案资料管理制度等。

（4）能否做到对参建单位按合同条款要求进行严格管理。

（5）审批文件、设计文件、图纸、合同等工程资料是否齐全完备，档案资料是否按规范要求归类归档管理。

二、项目合同管理检查

《中华人民共和国合同法》第二百七十二条规定“发包人可以与总承包人订立建设工程合同，也可以分别与勘察人、设计人、施工人订立勘察、设计、施工承包合同。发包人不得将应当由一个承包人完成的建设工程肢解成若干部分发包给几个承包人。总承包人或者勘察、设计、施工承包人经发包人同意，可以将自己承包的部分工作交由第三人完成。第三人就其完成的工作成果与总承包人或者勘察、设计、施工承包人向发包人承担连带责任。承包人不得将其承包的全部建设工程转包给第三人或者将其承包的全部建设工程肢解以后以分包的名义分别转包给第三人。禁止承包人将工程分包给不具备相应资质条件的单位。禁止分包单位将其承包的工程再分包。建设工程主体结构的施工必须由承包人自行完成。”第二百七十四条规定“勘察、设计合同的内容包括提交有关基础资料和文件（包括概预算）的期限、质量要求、费用以及其他协作条件等条款。”第二百七十五条规定“施工合同的内容包括工程范围、建设工期、中间交工工程的开工和竣工时间、工程质量、工程造价、技术资料交付时间、材料和设备供应责任、拨款和结算、竣工验收、质量保修范围和质量保证期、双方相互协作等条款。”第二百七十九条规定“建设工程竣工后，发包人应当根据施工图纸及说明书、国家颁发的施工验收规范和质量检验标准及时进行验收。验收合格的，发包人应当按照约定支付价款，并接收该建设工程。建设工程竣工经验收合格后，方可交付使用；未经验收或者验收不合格的，不得交付使用。”等相关条款。

项目合同管理检查主要内容和方法：

（1）查阅财务支付，检查建设项目的勘察设计、施工、设备材料采购和工程监理等是否依法订立合同。

（2）查阅各类合同是否明确了各方的法律责任。

（3）查阅合同条款特别是专项约束条款是否完整合理。

（4）检查签订日期和单位是否真实。

（5）检查有无违法分包、转包合同等情况。

三、项目招标投标管理检查

《中华人民共和国招标投标法》已经对招标投标的原则、审核、报批、代理、招投标人资格与条件等作出了具体规定。

国家林业局《林业固定资产投资建设项目管理办法》第十四条规定，符合下列条件之一的林业建设项目必须进行公开招标：

（1）施工单项合同估算价在200万元（含200万元）以上的；

（2）仪器、设备、材料采购单项合同估算价在100万元（含100万元）以上的；

（3）勘察、设计、监理等服务的采购，单项合同估算价在50万元（含50万元）以上的；

（4）单项合同估算低于本条（一）、（二）、（三）款规定的标准，但项目总投资额在3000万元（含3000万元）以上的。

第十五条规定：确需邀请招标或不进行招标的必须经可行性研究报告审批部门批准。

第十六条规定：对达不到招标标准的基建项目及设备（材料）采购，要由计财、纪检、审计、设备（材料）使用等部门选派人员组成建设项目管理或设备（材料）采购小组，建立内部制约机制。

项目招标管理检查主要内容和方法：

（1）林业建设项目是否按照规定进行招标。

（2）对不招标的项目是否组成建设项目或设备（材料）采购小组，建立内部制约机制，是否经合规审批，有无人为肢解工程以规避招标。

（3）对已招标事项：是否按核准方式招标，有无虚假招标、围标、串标现象；查阅各标段内容，检查工程标段划分是否合理；招标代理机构资质是否满足要求，对照招投标法，检查招标程序是否符合规定。

（4）根据《中华人民共和国招标投标法》第三十四至三十六条的各项规定检查开标程序是否合法；根据《中华人民共和国招标投标法》第三十七至四十条的各项规定检查评标程序是否合理；根据《中华人民共和国招标投标法》第四十一至四十八条的各项规定检查中标程序是否合法。

（5）检查签订合同是否与中标单位投标书的承诺条件一致，有无转包或非法分包行为。

（6）报批过程文件是否齐全和归类存档等。

四、项目建设监理检查

工程项目监理是指监理单位受项目法人的委托，依据国家批准的工程项目文件、有关工程建设的法律、法规和工程建设监理合同及其他工程建设合同，对工程建设实施的监督管理。

根据《林业固定资产投资建设项目管理办法》第十七条规定："列入国家规定监理范围即可行性研究报告批复文件中含有监理费的林业建设项目，建设单位应当委托具有相应资质等级的工程监理单位进行监理。"第十八条规定："监理单位应当根据有关工程建设的法律、法规、规程、工程设计文件和施工、设备监理合同以及其他工程建设合同，对工程投资、工期和质量等内容进行控制。"第十九条规定："未经监理工程师签字，建筑材料、建筑构配件和设备不得在工程上使用或者安装，施工单位不得进行下一道工序施工。未经总监理工程师签字，建设单位不拨付工程款，不进行竣工验收。"

项目建设监理检查主要内容和方法：

（1）检查监理单位是否具备相应资质，现场监理人员数量和资质是否符合合同规定。

（2）监理工程师、总监更换是否征得项目建设单位同意。

（3）是否编制监理工作大纲、监理规范和监理实施细则。

（4）查阅监理日志，检查隐蔽工程、重要部位，质监人员是否到场，是否进行旁站式监督和签字认证。特别是通过查看隐蔽工程检查记录资料，检查监理工程师是否按工程监理规范的要求，采取旁站、巡检等形式实施监理。检测单位、被检测单位的有关人员是否签字；

（5）监理人员是否对进场材料、设备、构配件的质量进行审核和抽检，是否对已完工程进行抽检，对抽检不合格的是否及时提出了处理意见并得到落实。

（6）对工程量、工程进度款、工程结算的审核是否规范严格，有无审核过程以及资料是否齐全。

五、建设项目施工管理检查

建设项目被列入国家年度建设计划以后，就要按照初步设计和年度计划确定的建设内容和开工条件，组织施工。这是基本建设程序中的关键阶段，是对酝酿决策已久的项目具体付诸实施，使之尽快发挥投资效益的关键环节。在这个阶段中建设单位起着至关重要的作用，对工程进度、质量、费用的管理和控制责任重大。因此，科学、严密、合理有序地组织施工建设，意义重大。

林业建设项目根据建设性质可划分为：新建项目、扩建项目、改建项目、迁建项目和恢复项目。

在施工检查中，应严格按照各个建设项目的法律法规和工程技术标准以及可行性研究报告、初步设计、实施方案、作业设计、批复计划等，检查以下内容：

（1）建设单位是否按照批复的建设内容和期限组织施工。

（2）是否办理开工许可证。

（3）是否存在肢解发包、转包、违法分包现象。

（4）施工单位是否具备相应资质。

（5）施工技术方案和施工机械设备、技术人员、施工方法、安全控制、设备材料使用、工程进度是否符合要求等。

第四节　建设项目的资金使用管理检查

为确保建设项目顺利实施，关键是充分、合理、高效地使用好专项工程资金。各级项目建设单位要强化管理监督职能，保证专项资金及时、足额投放到位，专款专用，防止挤占挪用。

2002 年《基本建设财务管理规定》正式实施，这对各部门、各地区及项目建设单位加强基本建设财务管理，规范建设资金从投入到形成资产的全过程，节约建设资金，控制建设成本，提高投资效益，明晰交付使用资产价值起到了重要作用。

依据《中华人民共和国会计法》第九条规定：“各单位必须根据实际发生的经济业务事项进行会计核算，填制会计凭证，登记会计账簿，编制财务会计报告。任何单位不得以虚假的经济业务事项或者资料进行会计核算。”这一规定体现了会计核算的基本原则，即真实性原则。第三十六条规定：“各单位应当根据会计业务的需要，设置会计机构，或者在有关机构中设置会计人员并指定会计主管人员；不具备设置条件的，应当委托经批准设立从事会计代理记账业务的中介机构代理记账”。《会计基础工作规范》第四十二条规定：“会计凭证、会计账簿、会计报表和其他会计资料的内容和要求必须符合国家统一会计制度的规定，不得伪造、变造会计凭证和会计账簿，不得设置账外账，不得报送虚假会计报表。”第四十八条规定：“原始凭证的基本要求是：原始凭证的内容必须具备：凭证的名称；填制凭证的日期；填制凭证单位名称或者填制人姓名；经办人员的签名或者盖章；接受凭证单位名称；经济业务内容；数量、单价和金额。”第四十九条规定：“原始凭证不得涂改、挖补。发现原始凭证有错误的，应当由开出单位重开或者更正，更正处应当加盖开出单位的公章。”

为加强林业生态工程建设资金管理，提高财政资金使用效益，财政部和国家林业局根据林业生态工程特点于2007年制定了《林业生态工程建设资金管理办法》。

《林业生态工程建设资金管理办法》第三条明确规定了林业生态工程包括：“天然林保护工程、退耕还林工程、三北和长江流域等防护林体系建设工程、京津风沙源治理工程、野生动植物保护及自然保护区建设工程、湿地保护工程、林木种苗工程、重点森林火险区综合治理工程等。”第十一条规定了林业生态工程建设资金支出的范围“必须严格按照国家批复的总体规划、实施方案或初步设计确定的建设内容和标准安排使用，主要用于：前期工作、科技支撑、封山（沙）育林、人工造林、飞播造林（含飞后管护）、森林防火、野生动植物保护及保护区基础设施建设、种苗补助、建设单位管理费、招投标费等。各地区、各单位不得以任何方式挤占、截留、滞留、挪用建设资金。”第十三条规定“建设单位应做好基本建设财务管理的基础工作，严格按照批准的建设内容，对林业生态工程建设资金按项目单独核算。”第十七条规定“林业生态工程应按照国家有关规定及时编报竣工财务决算。已具备竣工验收条件的项目，应在项目竣工后3个月内办理竣工验收。”第二十条规定“有关部门要加大监督检查力度，重点审核以下内容：①造林任务完成情况；②实际造林方式、树种与作业设计比较情况；③种苗费、整地费、抚育费等合同签订情况；④建设单位管理费；⑤待核销基建支出；⑥地方财政配套资金到位情况；⑦政府采购和招投标情况”。第二十一条规定“凡违反规定，弄虚作假，骗取、挤占、滞留、挪用资金或项目未按规定实施的，除将已拨付资金全额收缴国库外，各级财政部门要立即停止对建设单位所在地区的资金拨付，直至纠正。对有关责任人要根据《财政违法行为处罚处分条例》（国务院令第427号）等有关规定进行处理并依法追究行政责任。”

《林业重点生态工程建设资金会计核算办法》（林计发［2004］223号）明确规定：“项目实施单位要严格执行《林业重点生态工程建设资金会计核算办法》的各项核算要求，并依据国家下达的年度基本建设投资计划、批准的工程实施方案（含作业设计）进行会计核算和会计监督。”

项目资金检查主要内容和方法：

1. 会计机构设置与会计人员配备检查

主要检查项目建设单位是否按照《会计法》和《会计基础工作规范》的

规定，设置会计机构和配备会计人员；会计人员上岗的资质、任职条件、人员分工、财务印鉴保管等是否符合会计基础规范的要求。

2. 内部财会管理制度的建立与执行情况检查

主要检查项目建设单位是否按照会计基础工作规范的要求，建立内部财会制度体系、会计人员岗位责任制、财会处理程序、内部牵制制度、原始凭证管理制度、成本核算制度情况等。

3. 资金拨付及到位情况检查

主要监督各级林业主管部门是否按规定下达工程投资计划和财政专项资金的预算；省级配套资金、企业和个人自筹资金是否落实；资金拨付单位是否按规定的程序拨付资金，资金使用单位是否按计划和工程进度及时将资金投入使用；有无截留、滞留、违规抵扣等现象。

4. 会计核算情况检查

一是会计核算是否执行国家有关基本建设财务管理的规定。项目建设单位是否存在多头开户、违规开户；是否按规定对建设项目实行专账管理、专款专用；各项原始记录、统计台账、凭证账册、会计核算、财务报告等基础性工作是否健全规范。

二是会计科目设置是否符合基本建设财务管理规定和会计制度要求，是否完整；账簿反映的内容是否真实、完整，记录是否及时、清晰；记账凭证是否附列全部经过审核的原始凭证，金额是否一致；会计分录是否正确。

三是会计报表的种类、格式、编制是否符合基建会计报表要求；会计报表反映的内容是否真实、完整、准确、及时；会计报表是否根据账簿编制，账表是否相符，报表间具有勾稽关系的数字是否相符。

5. 财务支出情况检查

一是是否按合同规定拨付工程款，有无高估冒算，虚报冒领情况；是否按规定使用管理费、提留工程质量保证金，有无乱摊乱挤建设成本的问题。财务支出审核手续是否齐全，原始单据是否真实、合法；是否存在大额现金支付等。

二是待摊投资是否列有建设内容以外的开支；是否将非法的收费、摊派计入待摊投资；是否将超计划建设期的利息及各种罚款等列入。对照概算批复，检查管理费是否超概；检查有无明显不合理支出内容和虚列支出。

三是工程价款支付情况。了解项目建设单位工程价款结算方式，结算手续是否完备，支付审批程序是否规范，支付的金额是否真实；核算内容是否正确、合规；核实工程投资完成情况；建设期间利息收入是否冲减工程成本等。

6. 项目竣工财务决算情况检查

检查竣工财务决算前，各项清理工作完成情况；竣工财务决算的依据是否齐全；竣工财务决算编制是否做到了编报及时、数字准确、内容完整；编制的竣工财务决算报表和竣工财务决算说明书内容是否符合要求；项目竣工决算审计是否规范；项目竣工财务决算报表和竣工财务决算说明书是否按程序报批等。

7. 资金使用效益情况检查

主要监督是否按计划完成工程任务量，工程质量是否达到规定标准；有无因管理不善或失职、渎职造成损失、浪费资金的现象。

第五节　建设项目的竣工验收检查

竣工验收是全面考核建设工作，检查是否符合设计要求和工程质量的重要环节，也是项目由基本建设阶段转入生产和使用阶段的标志，对促进建设项目（工程）及时投产，发挥投资效果，总结建设经验有重要作用。

《林业建设项目竣工验收实施细则》对验收的权限、条件、内容、程序组织、固定资产移交、产权登记都做了明确规定。第三条规定：“竣工验收的主要依据包括，经批准的项目可行性研究报告，总体设计或初步设计，施工图设计，投资计划文件；设备技术说明书，工程建设施工技术验收规范，竣工财务决算及审计报告，主管部门有关审批、修改、调整等文件。”

林业建设项目竣工验收的主要内容是：①项目建设总体完成情况；②项目资金到位及使用情况；③项目变更情况；④施工和设备到位情况；⑤法律、法规执行情况；⑥投产或者投入使用准备情况；⑦竣工财务决算情况；⑧档案资料情况；⑨项目管理情况及其他需要验收的内容。

《林业固定资产投资建设项目管理办法》第二十一条规定：“建设项目按批准的设计建成后，建设单位应当于3个月内编制完成工程结算和竣工决算。”

项目竣工验收检查主要方法是：检查建设项目竣工后是否及时验收；竣工验收程序是否规范；相关文件材料和档案是否齐全和规范；主要结论和意见是否符合实际情况；竣工验收后是否及时办理固定资产移交手续等。

以上是林业建设项目检查的基本程序和要求，对小型建设项目可适当简化检查程序和内容，对于有特殊要求的项目要按照国家有关规定检查。

第九章　野生动物保护管理监督检查

第一节　基本概念

（1）野生动物。生存在自然状态，或来源于自然虽经人工驯养繁殖，但没有发生明显、稳定的遗传变异的动物。即除了家畜（猪、马、牛、羊等）、家禽（鸡、鸭、鹅等）、家鱼（金鱼、鲤鱼、鲢鱼、鲫鱼、草鱼等）、家养宠物（猫、狗等）外都属于野生动物。

（2）野生动物所有权。《保护法》第三条规定；“野生动物资源属于国家所有”。

（3）野生动物管理机构。《保护法》第七条规定“国务院林业、渔业行政主管部门分别主管全国陆生、水生野生动物管理工作”。因此，国家林业局是陆生野生动物的行政主管部门，全国各级林业行政主管部门也是当地陆生野生动物的行政主管部门。

（4）陆生野生动物。指依靠陆地（包括水面）生存、繁衍的野生动物，主要包括各种兽类、鸟类、爬行类、部分两栖类和昆虫类；水生野生动物主要是鱼类和部分两栖类。鲸、海豹、海象等虽然是哺乳类，但是根据其生活习性，为了便于管理，也划为水生野生动物。《国家重点保护野生动物名录》标定了由林业、渔业部门管理的具体种类。

（5）野生动物保护级别。按照《保护法》规定，我国目前保护的野生动物分为4个层次，一是国家重点保护野生动物，既《国家重点保护野生动物名录》所列物种，我国重点保护野生动物又分为一级和二级；二是地方重点保护野生动物，由省、自治区、直辖市人民政府制定并公布；三是国家保护的有益的或者有重要经济、科学研究价值的陆生野生动物，这类野生动物是指国家重点保护和省重点保护野生动物之外，需要保护的野生动物；四是有关国际公约和国际协定中规定保护的野生动物，主要是《濒危野生动植物种国际贸易公约》、《中日候鸟保护协定》、《中澳候鸟保护协定》中规定的动物；其中，《濒危野生动植物种国际贸易公约》附录Ⅰ和附录Ⅱ中非源产我国的，按照原林业部的规定，进入我国后按照国家一级和国家二级重点保护野生动物进行管理。

（6）禁猎区。是指依法在一定范围、一定时间内禁止猎捕所有野生动物的地区。禁猎区内，不准进行任何形式的狩猎活动，对区内的其他资源，也要作为野生动物赖以生存的自然条件加以保护。禁猎区的禁猎时限一般为3～10年。违反者，将加重处罚。

（7）禁猎期。是指在某行政区域内，依法设定每年禁止猎捕某种或所有野生动物的时间。违反者，也将加重处罚。

（8）猎捕量限额。是指在一定区域内，对非国家重点保护野生动物年度猎捕数量的限制。猎捕量限额一般由县级林业行政主管部门提出，经省级林业行政主管部门批准执行，报国家林业局备案。

（9）陆生野生动物疫源。是指携带危险性病原体，危及野生动物种群安全，或者可能向人类、饲养动物传播的陆生野生动物。

（10）陆生野生动物疫病。是指在陆生野生动物之间传播、流行，对陆生野生动物种群构成威胁或者可能传染给人类和饲养动物的传染性疾病。

第二节　野生动物保护管理工作监督

《中华人民共和国宪法》规定，国家保护和改善生态环境。《保护法》规定，国家保护野生动物及其生存环境，禁止任何单位和个人非法猎捕和破坏。

一、地方政府的职责

各级人民政府应当加强管理，制定保护、发展和合理利用野生动物资源的规划和措施，包括：

（1）建立自然保护区；

（2）设立禁猎区；

（3）开展环境监测；

（4）建设项目的环境影响报告书制度；

（5）考察研究、摄影录像和狩猎场所的审批制度；

（6）野生动物受自然灾害威胁时的保护、拯救措施及方案；

（7）因保护野生动物受到损失的补偿制度等；

（8）县级以上各级人民政府应当开展保护野生动物的宣传教育，可以确定适当时间为保护野生动物宣传月、爱鸟周等，提高公民保护野生动物的意识；

（9）县级以上各级人民政府应当鼓励、支持有关科研、教学单位开展野生动物科学研究工作；

（10）对在野生动物资源保护、科学研究和驯养繁殖方面成绩显著的单位和个人，由政府给予奖励。

二、野生动物行政主管部门的职责

各级野生动物行政主管部门应当监视、检测环境对野生动物的影响。由于环境影响对野生动物造成危害时，野生动物行政主管部门应当会同有关部门进行调查处理。野生动物行政主管部门应当定期组织对野生动物资源的调查，资源调查由国务院林业行政主管部门和省、自治区、直辖市人民政府林业行政主管部门定期组织，并建立资源档案，为制定野生动物资源保护发展方案、制定和调整国家和地方重点保护野生动物名录提供依据。野生动物资源普查每十年进行一次，普查方案由国务院林业行政主管部门和省、自治区、直辖市人民政府林业行政主管部门批准。县级以上各级人民政府野生动物行政主管部门，应当组织社会各方面力量，采取生物技术措施和工程技术措施，维护和改善野生动物生存环境，保护和发展野生动物资源。禁止任何单位和个人破坏国家和地方重点保护野生动物的生息繁衍场所和生存条件。

三、野生动物保护管理工作的监督检查

在野生动物保护管理工作实践中，一些地区乱捕滥猎濒发，重点保护野生动物被非法猎捕；野生动物栖息繁殖地及环境遭到破坏；对伤病野生动物救护不及时；因保护野生动物造成农作物或者其他损失，而政府未按规定给予补偿或补偿不及时。对于以上问题，如果不及时纠正，群众便会有意见，

甚至造成严重社会影响。对于这些问题，国家林业局派驻各地的森林资源监督部门应及时进行监督检查。

1. 监督检查目的

野生动物保护管理工作是《保护法》赋予各级人民政府及林业行政主管部门的权力和职责。保护、拯救珍贵、濒危野生动物，保护、发展和合理利用野生动物资源，维护生态平衡是各级人民政府及林业行政主管部门义不容辞的责任。按照国家林业局的部署和要求，实施野生动物保护管理工作的监督检查，是执行和落实《保护法》及有关法律法规，规范、协调、促进各级地方政府及林业行政主管部门野生动物保护管理工作，分析存在问题原因，提出处理和改进意见，落实监督处理结果的重要措施。《保护法》第三十八条规定：对“野生动物行政主管部门的工作人员玩忽职守、滥用职权、徇私舞弊的，由其所在单位或者上级主管机关给予行政处分；情节严重、构成犯罪的，依法追究刑事责任”。

2. 检查内容

（1）地方政府所建立的自然保护区管理状况和对野生动物的保护效果；

（2）禁猎区、禁猎期的规划、执行情况；

（3）对野生动物集中分布区的环境监测及建设项目的环境影响报告书执行情况；

（4）野生动物考察研究、摄影录像、狩猎场所设立、特许猎捕证、狩猎证等行政许可的审批情况；

（5）野生动物受自然灾害威胁时的保护、拯救措施、方案及执行情况；

（6）野生动物损害农作物等的补偿制度及执行情况；

（7）开展保护野生动物宣传月、爱鸟周等宣传教育情况；

（8）对在野生动物资源保护、科学研究和驯养繁殖方面成绩显著的单位和个人的表彰、奖励情况；

（9）开展野生动物资源调查及建立资源档案情况；

（10）对乱捕乱猎、私收乱购、破坏野生动物栖息地等案件的查处情况。

（11）国家林业局对专项保护、资源调查、培训管理等拨付的资金、设备、物资等，是否及时、足额拨付到指定单位；地方配套资金、设备、物资是否及时、足额到位；资金使用情况；

（12）其他相关情况。

3. 检查方法

（1）材料核实。调阅开展工作的全部材料，包括文件、图片、影视资料、新闻媒体报道等，核实材料的真实性。

（2）社会调查。走访或召集工作内容所涉及的单位、个人座谈，了解过程及细节，确认工作情况及处理结果。对群众举报的问题，要与举报人及相关人员，面对面了解核实。

（3）现场核实。携带有关材料和仪器设备，亲赴工作现场，实地查看、照相、录像、测量。

（4）检查结束后，检查人员要当面将检查情况向被检查地政府和林业行政主管部门反馈，听取意见，充实检查材料。全部检查工作结束后，向省级林业行政主管部门通报检查结果，听取意见和建议。

（5）按照国家林业局的部署和要求，及时上报检查报告。

第三节　猎捕狩猎管理监督检查

我国对猎捕野生动物实行特许猎捕证和狩猎证管理。

一、特许猎捕证

《保护法》第十六条规定：禁止猎捕、杀害国家重点保护野生动物。因科学研究、驯养繁殖、展览或者其他特殊情况，需要捕捉、捕捞国家一级保护野生动物的，必须向国务院野生动物行政主管部门申请特许猎捕证；猎捕国家二级保护野生动物的，必须向省、自治区、直辖市政府野生动物行政主管部门申请特许猎捕证。

《条例》第十一条规定：有下列情形之一，需要猎捕国家重点保护野生动物的，必须申请特许猎捕证：

（1）为进行野生动物科学考察、资源调查，必须猎捕的；

（2）为驯养繁殖国家重点保护野生动物，必须从野外获取种源的；

（3）为承担省级以上科学研究项目或者国家医药生产任务，必须从野外获取国家重点保护野生动物的；

（4）为宣传、普及野生动物知识或者教学、展览的需要，必须从野外获取国家重点保护野生动物的；

（5）因国事活动的需要，必须从野外获取国家重点保护野生动物的；

（6）为调控国家重点保护野生动物种群数量和结构，经科学论证必须猎捕的；

（7）因其他特殊情况，必须捕捉、猎捕国家重点保护野生动物的。

1. 特许猎捕证申请程序

《条例》第十二条规定：申请特许猎捕证的程序如下：

（1）需要捕捉国家一级保护野生动物的，必须附具申请人所在地和捕捉地的省、自治区、直辖市人民政府林业行政主管部门签署的意见，向国务院林业行政主管部门申请特许猎捕证；

（2）需要在本省、自治区、直辖市猎捕国家二级保护野生动物的，必须附具申请人所在地的县级人民政府野生动物行政主管部门签署的意见，向省、自治区、直辖市人民政府林业行政主管部门申请特许猎捕证；

（3）需要跨省、自治区、直辖市猎捕国家二级保护野生动物的，必须附具申请人所在地的省、自治区、直辖市人民政府林业行政主管部门签署的意见，向猎捕地的省、自治区、直辖市人民政府林业行政主管部门申请特许猎捕证。

动物园需要申请捕捉国家一级保护野生动物的，在向国务院林业行政主管部门申请特许猎捕证前，须经国务院建设行政主管部门审核同意；需要申请捕捉国家二级保护野生动物的，在向申请人所在地的省、自治区、直辖市人民政府林业行政主管部门申请特许猎捕证前，须经同级政府建设行政主管部门审核同意。

2. 申请者应提供的文件资料

（1）书面申请材料；

（2）填写国家重点保护野生动物猎捕申请表；

（3）所在省级林业行政主管部门审核或批准文件（跨省的需要两省级林业行政主管部门审核或批准文件）；

（4）猎捕国家重点保护野生动物，用于驯养繁殖的，要提供饲养场的基本情况，包括饲养场规模、养殖能力、医疗条件和现有养殖种类、数量等；用于科学研究（包括科学考察中收集标本）的，需要提供省级以上林业、科研主管部门正式批准的科研立项报告或调查计划，以及申请猎捕动物养殖（标本保存）单位；用于野生动物或其标本展览的，应提供该种动物（标本）现有数量、状况及饲养或陈列条件等情况；

（5）其他相关材料。

3. 猎捕活动的安排及监督检查

《条例》第十四条规定：取得特许猎捕证的单位和个人，必须按照特许猎捕证规定的种类、数量、地点、期限、工具和方法进行猎捕，防止误伤野生动物或者破坏其生存环境。猎捕作业完成后，应当在十日内向猎捕地的县级人民政府野生动物行政主管部门申请查验。县级人民政府野生动物行政主管部门对在本行政区域内猎捕国家重点保护野生动物的活动，应当进行监督检查，并及时向批准猎捕的机关报告监督检查结果。

特许猎捕证有猎捕期限，超过期限的即失效，由申请猎捕者向原发证机关申请换发新证。

猎获的野生动物或其产品运离县境时，须经省级林业行政主管部门或其授权单位查验并办理《国家重点保护野生动物或其产品出省运输证明》。

各级野生动物主管部门和森林公安、林业工作站、木材检查站对有关的猎捕活动，均有权监督检查。

4. 不予发证的有关规定

核发特许猎捕证的部门接到申请后，应当在3个月内做出批准或不批准的决定。

《条例》第十三条规定：有下列情形之一的，不予发放特许猎捕证：①申请猎捕者有条件以合法的非猎捕方式获得国家重点保护野生动物的种源、产品或者达到所需目的的；②猎捕申请不符合国家有关规定或者申请使用的猎捕工具、方法以及猎捕时间、地点不当的；③根据野生动物资源现状不宜捕捉、猎捕的。

二、狩猎证

《保护法》第十八条规定：猎捕非国家重点保护野生动物的，必须取得狩猎证，并且服从猎捕量限额管理。非国家重点保护野生动物是指国家重点保护野生动物以外需要保护的野生动物，包括地方重点保护野生动物和有益的或者有重要经济、科学研究价值的陆生野生动物。这类动物一般分布较广、数量较多，有的是传统的狩猎动物，如：野兔、野鸡、野鸭、灰鼠等，有的是有一定生态价值的，如：大多数鸟类、蛇类、蛙类等，还有我国参加的国际公约、条约、协定保护的种类。

1. 狩猎证申请程序

根据《条例》的规定，狩猎证由省、自治区、直辖市人民政府林业行政主管部门按照国家林业局的规定印制，由县级以上地方人民政府野生动物行政主管部门或者其授权单位核发。申请狩猎的单位和个人，必须依法向所在地县级人民政府野生动物行政主管部门申请，并且服从猎捕量限额管理。

狩猎者必须按照狩猎证指定的狩猎种类、数量（限额）、狩猎区域、期限和使用的工具、方法进行狩猎。持猎枪狩猎的，必须按照《中华人民共和国枪支法》的规定，取得持枪证和猎枪。

狩猎证每年验证一次。

2. 狩猎证申请者应提供的文件资料

（1）书面申请材料；

（2）身份证原件及复印件；

（3）猎枪持枪证、猎枪编号、猎枪照片；

（4）其他相关材料。

三、捕捉猎捕管理监督检查

对捕捉猎捕管理的监督检查，分为对核发捕捉猎捕证机关的监督检查和对被行政许可人的监督检查。

1. 监督检查目的

（1）防止和纠正乱发特许猎捕证、狩猎证行为；

（2）防止和纠正特许猎捕证、狩猎证持有单位和个人滥捕野生动物行为。

2. 检查内容

（1）猎捕量限额制定的程序是否规范，结论是否正确；

（2）核发特许猎捕证、狩猎证的猎捕量是否超过猎捕量限额；

（3）对持有特许猎捕证、狩猎证的单位和个人，其猎捕、狩猎活动的监督是否到位；

（4）申请特许猎捕证、狩猎证的材料是否规范、齐全，是否存在违规发证问题；

（5）捕捉、猎捕、狩猎活动结束后，是否按规定及时向发证机关报告猎捕情况和实际猎捕量；

（6）对持证单位或个人未按规定的种类、数量、时间、地域等进行猎捕、狩猎的处理情况；

（7）对违规狩猎、猎捕的处理，是否符合法律法规的规定，是否落实到位等。

3. 检查方法

对发证机关的监督检查：

（1）材料核实。调阅发证机关与核发特许猎捕证、狩猎证相关的档案，包括发证的规章制度、请示批准文件、资源调查报告、猎捕量限额材料、申请单位或个人申请材料、监督猎捕狩猎结果的报告、对违规狩猎猎捕处理的材料等。查阅发证规章制度是否合理、健全；核实猎捕量限额制定的是否科学、合理，程序是否合法；核实、查找违规发证的数量及原因；对违规狩猎猎捕的处理，是否符合法律法规的规定，是否落实到位等。

（2）社会调查。走访或召集发证所涉及的单位、个人座谈，了解实施猎捕狩猎过程及细节，确认工作情况及处理结果。对群众举报的问题，与举报人及相关人员，面对面了解核实。

（3）现场核实。携带有关材料和仪器设备，亲赴工作现场，实地查看、照相、录像、测量。

对猎捕单位或个人的监督检查：

（4）个人留存材料内容与发证机关档案材料是否一致。

（5）猎捕工具是否为规定的工具，该工具是否使用过。

（6）猎获物种类、数量、性别是否与批准的一致。

（7）猎获物是如何处理的，所捕活体的驯养繁殖环境、条件、饲料等是否能保证其健康。

（8）检查结束后，检查人员要当面将检查情况向被检查地政府和林业行政主管部门反馈检查隋况，听取意见，充实检查材料。全部检查工作结束后，向省级林业行政主管部门通报检查结果，听取意见和建议。

（9）按照国家林业局的部署和要求，及时上报检查报告。

第四节　野生动物驯养繁殖管理监督检查

驯养繁殖是保护和发展野生动物资源的一项重要措施。《保护法》在规定鼓励驯养繁殖野生动物的同时，还规定了实行驯养繁殖许可证制度。任何单位和个人要求驯养繁殖国家重点保护野生动物时，必须履行一定的手续，由野生动物行政主管部门发给驯养繁殖许可证，取得养殖资格，才能从事养殖活动。根据《保护法》规定，原林业部于1991年1月9日颁布了《国家重点保护野生动物驯养繁殖许可证管理办法》，该办法于1991年4月1日起施行。

地方重点保护野生动物和其他野生动物的驯养繁殖管理，按各省、自治区、直辖市林业行政主管部门的规定执行。

从国外或者省外引进野生动物驯养繁殖的，应采取适当措施防止其逃至野外；需要放生野外的，应向所在省级林业行政主管部门提出申请，经主管部门指定的科研机构论证后，属于国家重点保护野生动物的报国家林业局或其授权的单位批准，非国家重点保护野生动物按照地方法规规定执行。取得野生动物驯养繁殖许可证，因设施不完备或擅自放生，造成野生动物逃逸至野外的，由野生动物主管部门责令限期捕回，或采取其他补救措施；野生动物在饲养过程中或逃逸后，造成人员伤亡或野生动物伤亡，给他人和自身造成财产损失的，按照《国家重点保护野生动物驯养繁殖许可证管理办法》及相关规定，由养殖单位或个人承担相应的法律责任。

一、驯养繁殖许可证申请程序

驯养繁殖野生动物的单位和个人，必须向所在地县级野生动物行政主管部门提出申请，并填写《国家重点保护野生动物驯养繁殖许可证申请表》或其他申请表，以及其他相关的文件材料。驯养繁殖国家一级重点保护野生动物的，由省级林业行政主管部门报国家林业局审批；驯养繁殖国家二级重点保护野生动物的，由省级林业行政主管部门或其授权单位审批。经批准驯养繁殖国家重点保护野生动物的，其驯养繁殖许可证由省级林业行政主管部门核发；非国家重点保护野生动物驯养繁殖许可证的审批、核发，依据地方法规的规定执行。

因野生动物资源不清、驯养繁殖尚未成功或技术尚未过关、野生动物资源极少而不能满足驯养繁殖种源要求的，不批准核发野生动物驯养繁殖许可证。

为了救护、收容而进行驯养繁殖野生动物，饲养日数不超过一年的，不需要申请办理驯养繁殖许可证。

需要终止驯养繁殖活动的，应在2个月内向原批准机关办理终止手续，交回驯养繁殖许可证。

二、申请驯养繁殖许可证需提供的文件材料

（1）国家重点保护野生动物驯养繁殖许可证申请表或其他申请表；

（2）证明申请人身份、资格的有效文件或材料；

（3）申请驯养繁殖的野生动物种源来源证明材料，包括引种协议书或意向书、有效批准文件、进出口证明书、收容救护处理文书等；

（4）证明其对驯养繁殖固定场所具有相应使用权的有效文件或材料；

（5）驯养繁殖所需资金来源证明；

（6）野生动物救治及饲养人员技术能力证明；

（7）从事野生动物驯养繁殖的可行性研究报告或总体规划，及野生动物饲料来源说明材料；

（8）申请驯养繁殖野生动物的固定场所、防逃逸设施、笼舍、隔离墙（网）等图片，以及面积、规格、安全性的说明材料；

（9）申请增加驯养繁殖野生动物种类的，需提交原有驯养繁殖的野生动物种类、数量和健康状况的说明材料，及已经取得的驯养繁殖许可证原件、复印件和相关批准文件；

（10）其他相关材料。

三、野生动物驯养繁殖管理的监督检查

对野生动物驯养繁殖管理的监督检查分为对林业行政主管部门核发驯养繁殖许可证情况、对被许可人执行情况和主管部门对其他驯养繁殖野生动物管理情况的检查。

1. 检查目的

对林业行政主管部门核发驯养繁殖许可证情况的检查，是掌握当地林业行政主管部门贯彻执行《保护法》和《条例》状况，督促地方政府和林业行政主管部门履行职责，分析问题，总结经验，提升野生动物驯养繁殖管理工作水平。

对野生动物驯养繁殖许可证被许可人的检查，是了解行政许可的执行状况，检验林业行政主管部门管理状况，确保行政许可被严格执行。

进行林业行政主管部门对其他驯养繁殖野生动物管理情况的检查，是检验主管部门的工作是否全面，管理是否到位。

2. 检查内容

（1）关于发证的规章制度是否健全；

（2）档案材料是否齐全，是否存在越权发证、违规发证问题；

（3）对违法违规驯养繁殖野生动物是否及时查处、上报；

（4）查处违法违规驯养繁殖野生动物是否符合有关的法律法规，并落实到位；

（5）该区域内是否存在漏发和未年检许可证，或非法驯养繁殖野生动物情况；

（6）被许可人是否存在超范围、超量或未饲养问题。

3. 检查方法

（1）材料核实。调阅发证机关与核发驯养繁殖许可证相关的档案，包括发证的规章制度、请示批准文件、申请单位或个人申请材料、监督驯养繁殖结果的报告、对违规驯养繁殖处理的材料等。发证规章制度是否合理、健全；所发驯养繁殖许可证是否规范，程序是否合法；核实、查找违规发证的数量及原因；对违规驯养繁殖的处理，是否符合法律法规的规定，是否落实到位等。

（2）社会调查。走访相关人员，召集野生动物驯养繁殖单位、个人座谈，对群众举报的问题，要与举报人及相关人员，面对面了解核实。

（3）现场核实。携带有关材料和仪器设备，亲赴工作现场，实地查看、照相、录像、测量。查看被许可人的驯养繁殖许可证和相关文件资料，包括驯养繁殖档案、种源证明材料，查看场地、防逃逸设施、笼舍、饲料、隔离墙（网）等；与饲养员、兽医交谈，以了解实际情况；对被处罚的，要了解处理结果。

（4）检查结束后，检查人员要当面将检查情况向被检查地政府和林业行政主管部门反馈，听取意见，充实检查材料。全部检查工作结束后，向省级林业行政主管部门通报检查结果，听取意见和建议。

（5）按照国家林业局的部署和要求，及时上报检查报告。

第五节　经营利用、运输野生动物及其产品管理的监督检查

经营利用野生动物直接关系到野生动物资源的保护和发展。经营利用野生动物一般有两种类型，一种是生产经营性利用，如野生动物及其产品收购、出售、加工、进出口及生产性养殖；另一种是非生产经营性利用，如展览、表演、拍摄、办狩猎场等。

《保护法》规定：禁止出售、收购国家重点保护野生动物或者其产品。因科学研究、驯养繁殖、展览等特殊情况，需要出售、收购、利用国家一级保护野生动物或者其产品的，必须经国务院野生动物行政主管部门或者其授权的单位批准；需要出售、收购、利用国家二级保护野生动物或者其产品的，必须经省、自治区、直辖市政府野生动物行政主管部门或者其授权的单位

批准。

出售人工驯养繁殖或狩猎所获的野生动物或者其产品，凭驯养繁殖许可证和狩猎证销售。

饭店、商店等出售或收购非国家重点保护野生动物或者其产品的，按照地方规定，所在地县级或县级以上林业行政主管部门批准并核发野生动物及其产品经营利用许可证。

县以上人民政府野生动物行政主管部门和工商行政管理部门负责对野生动物或者其产品的经营利用监督管理，保证正常的经营秩序，打击非法经营利用活动，并制定必要的监管制度。根据《保护法》，对进入集贸市场的野生动物及其产品由工商行政管理部门实施监管；集贸市场以外的经营活动，由野生动物行政主管部门（国家工商行政管理部门已经授权）监管。对违反规定的，分别由野生动物行政主管部门和工商行政管理部门依照职责分工依法处理。

野生动物或其产品的运输管理，是野生动物经营利用管理的重要内容，也是防止非法猎捕、杀害野生动物的重要措施之一。根据《保护法》和《条例》的规定，运输、携带国家重点保护野生动物或者其产品出县境的，必须经省、自治区、直辖市政府野生动物行政主管部门或其授权单位批准并核发《国家重点保护野生动物出省运输证明》。其他野生动物的运输管理，按各省、自治区、直辖市人民政府或林业行政主管部门的法规、规定执行。

一、经营利用、运输野生动物及其产品需提供的文件材料

（1）申请书和申请表；

（2）证明申请人身份、资格的有效文件或材料；

（3）野生动物或者其产品来源证明材料，包括购买协议书或意向书、有效批准文件、进出口证明书、收容救护处理文书，或驯养繁殖许可证原件、复印件和相关批准文件等；

（4）证明接收方身份、资格的有效文件或材料，属于驯养繁殖的，要出具接收方野生动物驯养繁殖许可证复印件；属于经营利用或科学研究的，要出具接收方被批准文件或其复印件；

（5）其他相关材料、文件。

二、经营利用、运输野生动物及其产品管理的监督检查

对经营利用、运输野生动物及其产品管理的监督检查，分别为对林业行

政主管部门批准、核发野生动物经营利用许可证情况，合法运输野生动物及其产品情况，对经营利用野生动物被许可人执行情况和主管部门对其他经营利用、运输野生动物及其产品管理情况的监督检查。

1. 检查目的

对林业行政主管部门批准核发野生动物及其产品经营许可证情况的检查，是掌握当地林业行政主管部门贯彻执行《保护法》和《条例》状况，督促地方政府和林业行政主管部门履行职责，分析问题，总结经验，提升对经营利用野生动物及其产品的管理工作水平。

对经营利用野生动物许可证被许可人的检查，是了解行政许可的执行状况，检验林业行政主管部门管理状况，确保行政许可被严格执行。

进行林业行政主管部门对其他经营利用、运输野生动物及其产品管理情况的检查，是检验主管部门的工作是否全面，管理是否到位的主要手段。

2. 检查内容

（1）关于发证的规章制度是否健全；

（2）档案材料是否齐全，是否存在越权发证、违规发证问题；

（3）对违法违规经营利用、运输野生动物及其产品是否及时查处、上报；

（4）查处违法违规经营利用、运输野生动物及其产品是否符合有关的法律法规，并落实到位；

（5）该区域内是否存在漏发和未年检许可证，或非法经营利用、运输野生动物及其产品的情况；

（6）被许可人是否存在超范围、超量或未经批准经营利用、运输野生动物及其产品的问题。

3. 检查方法

（1）材料核实。调阅审批野生动物及其产品经营利用许可证相关的档案，包括发证的规章制度、请示批准文件、申请单位或个人申请材料、监督经营利用结果的报告、对违规经营利用处理的材料等。发证规章制度是否合理、健全；所发经营利用许可证是否规范，程序是否合法；核实、查找违规发证的数量及原因；对违规经营利用和运输的处理是否符合法律、法规的规定，整改措施是否落实到位等。

（2）社会调查。走访相关人员，召集野生动物经营利用单位、个人座谈，对群众举报的问题，要与举报人及相关人员，面对面了解核实。

（3）现场核实。携带有关材料和仪器设备，亲赴工作现场，实地查看、照相、录像、测量。查看被许可人的经营利用许可证和相关文件资料，包括经营利用档案、来源证明材料，查看经营场地、经营和运输产品等；与经营人交谈，以了解实际情况；对被处罚的，要了解处理结果。

（4）检查结束后，检查人员要当面将检查情况向被检查地政府和林业行政主管部门反馈检查情况，听取意见，充实检查材料。全部检查工作结束后，向省级林业行政主管部门通报检查结果，听取意见和建议。

（5）按照国家林业局的部署和要求，及时上报检查报告。

第六节　野生动物资源保护管理费监督检查

《保护法》规定：野生动物资源属于国家所有。经营利用野生动物或者其产品的，应当缴纳野生动物资源保护管理费。1992 年 11 月 22 日经国务院批准，原林业部、财政部、国家物价局发布了《陆生野生动物资源保护管理费收费办法》（以下简称《收费办法》），同时发布了《捕捉、猎捕国家重点保护野生动物资源保护管理费收费标准》，自 1993 年 1 月 1 日起施行。2011 年 1 月国家发改委、财政部发布了《国家发改委、财政部关于取消部分涉企行政事业性收费的通知》（财综［2011］9 号），取消了人工驯养繁殖野生动物资源保护管理费的收取，使野生动物资源保护管理费仅限于对捕捉、猎捕野外国家重点保护野生动物的收取。

收费办法规定，经批准捕捉国家一级重点保护野生动物的，必须向国家林业局或者其授权单位缴纳野生动物资源保护管理费；经批准捕捉国家二级重点保护野生动物的，必须向省、自治区、直辖市林业行政主管部门或者其授权单位缴纳野生动物资源保护管理费。捕捉、猎捕非国家重点保护野生动物的，收费环节、标准和办法，由省级林业行政主管部门提出，经同级物价、财政部门审定后执行。

野生动物资源保护管理费按预算外资金管理，纳入财政专户储存，用于野生动物保护管理、资源调查、宣传教育、驯养繁殖、科学研究，不得发放奖金、搞基本建设、提高福利或挪作他用。收费单位应向同级物价部门办领收费许可证，使用财政部门统一印制的收费票据。

一、收取野生动物资源保护管理费数量的依据

（1）《捕捉、猎捕国家重点保护野生动物资源保护管理费收费标准》；

（2）持特许猎捕证、狩猎证猎捕后，实际获得的野生动物种类和数量。

二、野生动物资源保护管理费收取和使用监督检查

1. 检查目的

掌握地方野生动物行政主管部门收取和使用野生动物资源保护管理费的状况，督促地方政府和林业行政主管部门履行职责，分析问题，总结经验，提高对野生动物资源保护管理费收取、使用工作的重视。

2. 检查内容

（1）关于收费的规章制度是否健全；

（2）收费的档案材料是否齐全，是否存在违规收费、超标准收费问题；

（3）所收费用是否按规定的范围支出使用；

（4）查处不缴、少缴资源保护管理费是否符合有关的法律法规，并落实到位。

3. 检查方法

（1）材料核实。调阅收取、使用资源保护管理费相关的档案、账簿，包括收费的规章制度、有关文件、特许猎捕证和狩猎证复印件、监督捕猎结果的报告、对不缴或少缴费处理的材料等。确认规章制度是否合理、健全；收费支出程序是否规范、合法；核实、查找违规收费、违规使用的数量及原因；对不缴或少缴费的处理是否符合法律法规的规定，是否落实到位等。

（2）社会调查。走访相关人员，与缴纳野生动物资源保护管理费的单位和个人座谈，核实情况；对群众举报的问题，要与举报人及相关人员，面对面了解核实。

（3）检查结束后，检查人员要当面将检查情况向被检查地政府和林业行政主管部门反馈检查情况，听取意见，充实检查材料。全部检查工作结束后，向省级林业行政主管部门通报检查结果，听取意见和建议。

（4）按照国家林业局的部署和要求，及时上报检查报告

第七节　陆生野生动物疫源疫病监测防控监督检查

野生动物疫源疫病监测防控是防范野生动物疫病传播和扩散，保护野生动物资源，维护国家公共卫生安全、社会经济发展和生态安全的重要举措。

开展野生动物疫源疫病监测防控的目标是：建立陆生野生动物疫源疫病监测防控体系，调查疫源野生动物活动规律，掌握包括驯养繁殖场所内的野生动物携带病原体本底，及时发现、报告野生动物感染疫病情况，研究、评估疫源疫病发生、传播、扩散的风险，分析、预测疫情流行趋势，提出并采取应对处理措施，预防、控制和消灭野生动物疫情。

一、检查目的

掌握地方各级林业行政主管部门陆生野生动物疫源疫病监测防控体系的运行状况，督促地方政府和林业行政主管部门健全体制机制、履行职责、保障资金投入，贯彻落实《监测防控办法》，发现和分析问题，总结经验，提高对陆生野生动物疫源疫病监测防控工作重要性的认识。

二、检查内容

对省、市（地、州）、县（市、区）陆生野生动物疫源疫病监测防控工作的以下内容进行检查，特别是机构、规章制度是否建立、健全，专项资金是否到位，信息报告是否及时、安全、通畅。

（1）省、市、县三级的监测管理机构、编制和资金等建立和运行情况；

（2）监测站网络、信息管理与指挥决策系统、预警系统、应急保障系统等建设情况，以及应急物资储备情况等；

（3）国家级、省级、市县级监测站建立运行状况，专职人员配备和人员培训情况；

（4）上级拨付资金、设备、物资到位情况，以及是否将这些资金、设备、物资及时、足额拨付到监测点；

（5）落实日常监测、主动预警、专项监测情况；

（6）深入监测站（点），了解是否配备专职监测员，监测站（点）监测范围、重点、巡查线路是否明确，巡查记录是否健全、完整；

（7）开展野生动物疫源疫病本底调查情况；

（8）执行日报、月报、快报、专题报，动物异常死亡2小时报情况；

（9）各级林业行政主管部门及监测站的应急预案、应急预备队是否建立健全；

（10）发生重大陆生野生动物疫病时，及时启动应急预案情况，是否组织开展监测防控和疫病风险评估，并提出疫情风险范围和防控措施建议，是否及时对事发地进行封锁、隔离、消毒，是否及时对染病动物采取救护措施等；

（11）档案材料：文件、规章制度、图表是否齐全；

（12）资金使用情况。

三、检查方法

（1）材料核实。调阅相关的档案、账簿，包括批准文件、规章制度、工作方案、报告、违规处理的材料等。确认规章制度是否合理、健全；报告程序是否规范、及时；核实、查找违规的原因、责任；对违规的处理是否符合法律法规的规定，是否落实到位等。

（2）社会调查。走访各级监测站（点），与监测人员座谈，核实情况；对群众举报的问题，要与举报人及相关人员，面对面了解核实。

（3）检查结束后，检查人员要当面将检查情况向被检查地政府和林业行政主管部门反馈，听取意见，充实检查材料。全部检查工作结束后，向省级林业行政主管部门通报检查结果，听取意见和建议。

（4）按照国家林业局的部署和要求，及时上报检查报告。

第十章　野生植物保护管理监督检查

第一节　野生植物采集管理的监督检查

一、相关法律规定

《野生植物保护条例》第八条规定，国务院林业行政主管部门主管全国林区内野生植物和林区外珍贵野生树木的监督管理工作。国务院农业行政主管部门主管全国其他野生植物的监督管理工作。国务院建设行政部门负责城市园林、风景名胜区内野生植物的监督管理工作。国务院环境保护部门负责对全国野生植物环境保护工作的协调和监督。国务院其他有关部门依照职责分工负责有关的野生植物保护工作。县级以上地方人民政府负责野生植物管理工作的部门及其职责，由省、自治区、直辖市人民政府根据当地具体情况规定。

按照《野生植物保护条例》规定，野生植物分为国家重点保护野生植物和地方重点保护野生植物。国家重点保护野生植物分为国家一级保护野生植物和国家二级保护野生植物。国家重点保护野生植物名录，由国务院林业行政主管部门、农业行政主管部门（以下简称国务院野生植物行政主管部门）商国务院环境保护、建设等有关部门制定，报国务院批准公布；地方重点保护野生植物，是指国家重点保护野生植物以外，由省、自治区、直辖市保护的野生植物。地方重点保护野生植物名录，由省、自治区、直辖市人民政府制定并公布，报国务院备案。我国参加的与保护野生植物有关的国际条约中与本条例有不同规定的，适用国际条约的规定；但是，中华人民共和国声明保留的条款除外。

《野生植物保护条例》第十六条规定：禁止采集国家一级保护野生植物。因科学研究、人工培育、文化交流等特殊需要，采集国家一级保护野生植物的，必须经采集地的省、自治区、直辖市人民政府野生植物行政主管部门签署意见后，向国务院野生植物行政主管部门或者其授权的机构申请采集证。

采集国家二级保护野生植物的，必须经采集地的县级人民政府野生植物行政主管部门签署意见后，向省、自治区、直辖市人民政府野生植物行政主管部门或者其授权的机构申请采集证。

采集城市园林或者风景名胜区内的国家一级或者二级保护野生植物的，须先征得城市园林或者风景名胜区管理机构同意，分别依照前两款的规定申请采集证。

采集珍贵野生树木或者林区内、草原上的野生植物的，依照森林法、草原法的规定办理。

野生植物行政主管部门发放采集证后，应当抄送环境保护部门备案。

这里所说的野生植物采集，是指对野生植物整株或其某部分，如：花、果、根、茎、叶、枝、皮等，采挖、采伐、摘取、割取的行为。

二、野生植物采集证办理程序

1. 采集证审批程序

采集国家一级保护野生植物：

（1）申请人经采集地县级林业主管部门对其采集申请表签署意见后，向采集地省级林业主管部门提出申请。

（2）省级林业行政主管部门签署意见后报国家林业局。

（3）国家林业局或其委托的单位可根据需要组织听证、检验、检测、检疫、鉴定和专家评审。

（4）审查合格的，由国家林业局作出准予行政许可的决定，并向申请人核发国家重点保护野生植物采集证；审查不合格的，由国家林业局书面通知申请人并说明理由，告知复议或诉讼权利。

（5）期限。20 日内，经批准可以延长 10 日。

（6）收费标准和依据。不收费，

采集国家二级保护野生植物：

（1）申请人向采集所在地县级林业行政主管部门提出书面申请。没有县级林业行政主管部门的地区，向市级林业行政主管部门提出书面申请。

（2）县或市级林业行政主管部门进行现场核实，无授权核发采集证的向省林业厅申报。

（3）审查合格的，由省林业厅或其授权单位向申请人核发国家重点保护野生植物采集证。在获得采集证后，按有关规定申请办理林木采伐许可证，并纳入森林采伐限额管理。审查不合格的，由省林业厅或其授权单位书面通知申请人并说明理由，告知复议或者诉讼权利。

（4）期限。20日内，经批准可以延长10日。

（5）收费标准和依据。不收费。

2. 申请采集证应提供的文件材料

（1）申请人的申请书，说明采集的目的、种类、数量、期限、地点和方法等；

（2）填写国家重点保护野生植物采集证申请表；

（3）居民身份证，营业执照或代码证（复印件各2份）；

（4）证明其采集目的的有效文件和材料；

（5）经县或市级林业行政主管部门批准的采伐作业设计书；

（6）实施采集的工作方案，包括申请采集的种类、数量、期限、地点和方法等；

（7）用于人工培植的，须提交培植基地规模、技术力量、市场预测等可行性研究报告、相关背景材料及采集作业办法；用于科学研究、文化交流等其他用途的，须提交相关背景资料；

（8）县（县级市、区）或市（地、州）级林业行政主管部门的现场核实意见；

（9）其他相关材料。

三、野生植物采集管理的监督检查

对野生植物采集管理的监督检查，分为对核发采集证机关的监督检查和对行政被许可人的监督检查。

1. 检查内容

（1）核发采集证的程序是否规范，材料文件是否齐全；发证规章制度是否合理、健全；

（2）对持有采集证的单位和个人，是否进行了现场检查；

（3）核发的采集证，是否按时、按量、按规定物种（树种）采集；有无部分采集、未采集或超量采集，原因是什么；

（4）对持证单位或个人未按规定的种类、数量、时间采集的，是如何进行处理的，是否符合法律法规的规定，整改措施是否落实到位等。

2. 检查方法

（1）材料核实。调阅发证机关与核发采集证相关的档案，包括发证的规章制度、请示批准文件、申请单位或个人申请材料、监督检查结果的报告、对违规采集处理的材料等。

（2）社会调查。走访或召集发证所涉及的单位、个人座谈，了解实施采集过程及细节，确认工作情况及处理结果。对群众举报的问题，与举报人及相关人员，面对面了解核实。

（3）现场核实。携带有关材料和仪器设备，到采集现场，实地查看、测量。

（4）检查结束后，检查人员要向被检查地政府和林业行政主管部门反馈检查情况，听取意见，充实检查材料。全部检查工作结束后，向省级林业行政主管部门通报检查结果，听取意见和建议。

（5）按照国家林业局的部署和要求，及时上报检查报告。

第二节　野生植物出售及收购管理的监督检查

《野生植物保护条例》第十八条规定，禁止出售、收购国家一级保护野生植物。出售、收购国家二级保护野生植物的，必须经省、自治区、直辖市人民政府野生植物行政主管部门或者其授权的机构批准。第十九条规定，野生植物行政主管部门应当对经营利用国家二级保护野生植物的活动进行监督检查。

一、申请出售、收购野生植物需提供的文件材料

（1）申请书和申请表；

（2）证明申请人身份、资格的有效文件或材料；

（3）野生植物来源证明材料，包括购买协议书或意向书、有效批准文件；

（4）证明其经营野生植物固定场所具有相应使用权的有效文件或材料；

（5）其他相关材料。

二、对出售、收购野生植物管理的监督检查

对出售、收购野生植物管理的监督检查，分别为对林业行政主管部门批准情况、对被许可人执行情况，以及主管部门对其他经营利用野生植物及其产品管理情况的监督检查。

1. 检查目的

对林业行政主管部门批准出售、收购野生植物情况实施检查，旨在掌握当地林业行政主管部门贯彻执行《野生植物保护条例》情况，督促地方政府和林业行政主管部门履行职责，分析问题，总结经验，提升对出售、收购野生植物的管理工作水平。

对出售、收购野生植物被许可人实施检查，旨在了解行政许可的执行情况，检验林业行政主管部门管理情况，确保行政许可被严格执行。

对其他出售、收购野生植物管理情况实施检查，旨在检验主管部门的工作是否全面，管理是否到位。

2. 检查内容

（1）审批的规章制度是否健全；

（2）档案材料是否齐全，是否存在违规批准问题；

（3）对违法违规出售、收购野生植物是否及时查处、上报；

（4）查处违法违规出售、收购野生植物的执法主体、程序、处罚裁量是否符合有关的法律法规，并落实到位；

（5）被许可人是否存在超范围、超量出售、收购野生植物的问题；

（6）该区域内是否存在未经批准，非法出售、收购野生植物的情况。

3. 检查方法

（1）材料核实。调阅审批野生植物及其产品经营利用许可证相关的档案，包括发证的规章制度、请示批准文件、申请单位或个人申请材料、监督经营利用结果的报告、对违规经营利用处理的材料等。发证规章制度是否合理、健全；所发经营利用许可证是否规范，程序是否合法；核实、查找违规发证的数量及原因；对违规经营利用的处理，是否符合法律法规的规定，是否落实到位等。

（2）社会调查。走访相关人员，召集野生植物经营利用单位、个人座谈，对群众举报的问题，要与举报人及相关人员，面对面了解核实。

（3）现场核实。携带有关材料和仪器设备，亲赴工作现场，实地查看、照相、录像、测量。查看被许可人的经营利用许可证和相关文件资料，包括

经营利用档案、来源证明材料，查看经营场地、经营产品等；与经营者交谈，以了解实际情况；对被处罚的，要了解处理结果。

（4）检查结束后，检查人员要向被检查地政府和林业行政主管部门反馈检查情况，听取意见，充实检查材料。全部检查工作结束后，向省级林业行政主管部门通报检查结果，听取意见和建议。

（5）按照国家林业局的部署和要求，及时上报检查报告。

第十一章　野生动植物进出口管理监督检查

第一节　野生动植物进出口行政许可被许可人监督检查

一、监督目的

加强濒危野生动植物及其产品的进出口管理，加强野生动植物种源的审批和监督管理，进一步规范进出口行为，完善行政许可监督管理机制，保护和合理利用野生动植物资源，履行《濒危野生动植物种国际贸易公约》（以下简称公约）。

二、监督依据

·《濒危野生动植物种国际贸易公约》；

·《中华人民共和国野生动物保护法》；

·《中华人民共和国野生植物保护条例》；

·《中华人民共和国濒危物种进出口管理条例》（以下简称《进出口管理条例》）；

·《中华人民共和国行政许可法》；

·《国务院对确需保留的行政审批项目设定行政许可的决定》；

·《种用野生动植物种源进口税收优惠政策实施细则》。

三、监督内容

1. 对允许进出口证明书的监督检查

允许进出口证明书包括：濒危野生动植物种国际贸易公约允许进出口证明书；中华人民共和国野生动植物允许进出口证明书。

（1）被许可人（取得国家濒管办及其办事处核发的允许进出口证明书的公民、法人或者其他组织）是否按照允许进出口证明书所规定的进出口者、口岸、物种、货物类型、数量或重量、期限和其他特殊条件从事进出口活动。

（2）来源情况是否与被许可人出口和再出口所申报来源一致。

（3）申报价格与海关报关单价格是否一致。

（4）活体野生动植物运输条件是否符合国际航空运输协会（1A - TA）《活体动物规则 》或《易腐货物规则》的有关规定。

（5）以非商业贸易为目的进口的实际用途是否与申报一致。

（6）以观赏、展演或人工繁育为目的进口的活体濒危野生动植物的生存、死亡、繁育（培育）及调离情况。

（7）以直接经营利用为目的进口濒危野生动植物及其产品的用途、国内销售、加工利用或再出口情况。

（8）是否足额缴纳野生动植物进出口管理费。

2. 对非《进出口野生动植物种商品目录》物种证明（以下简称物种证明）的监督检查

（1）被许可人是否按照物种证明所规定的进出口者、口岸、物种、货物类型、数量或重量、期限和其他特殊条件从事进出口活动。

（2）申报出口人工培植来源的与国家重点保护野生植物同名的野生植物及其产品的，是否与实际来源一致。

（3）再出口与国家重点保护野生动植物同名的野生动植物及其产品的，来源是否与实际来源一致。

（4）对于活体野生动物，其空运条件是否符合国际航空运输协会(1ATA)《活体动物规则》的有关规定。

（5）安置进出口活体野生动物设施是否存在缺陷，是否可能导致对动物的伤害或造成动物逃逸。

（6）是否出口未定名的或者新发现并有重要价值的野生动植物及其产品，以及国务院或者国务院野生动植物主管部门制止出口的濒危野生动植物及其产品。

(7) 进出口濒危野生动植物及其产品的，是否符合生态安全要求和公共利益。

(8) 进口濒危野生动植物及其产品涉及外来物种管理的，出口濒危野生动植物及其产品涉及种质资源管理的，是否遵守国家有关规定。

3. 对“进口种用野生动植物证明”的监督检查

(1) 免税进口的种用野生动植物种源是否妥善安置在经批准申请人的产权地。

(2) 是否有出售、转让或调离情况。

(3) 因特殊原因确需出售、转让或调离的，是否经所在地省级野生动植物主管部门审核同意，报国家濒管办批准。

四、监督方法

(1) 采取书面监督检查和实地监督检查相结合的方式，履行对被许可人实施允许进出口证明书和物种证明所许可的进出口活动情况的监督责任。

书面监督检查是采取书面通知的方法，要求被许可人在规定时间内，按监督检查的内容提交允许进出口证明书所许可的进出口情况材料和其他有关材料，通过书面核查，了解被许可事项与监督检查内容要求相对应的情况。

实地监督检查是采取实地查阅材料和现场核查相结合的方法，对被许可人实施允许进出口证明书所许可的进出口活动情况进行监督检查。查阅的材料包括海关报关单、海关加工贸易手册、提货单和其他反映被许可人从事进出口活动情况的有关材料；现场核查可以先获知货物装柜、海关报关、到港提货或离港时间，到被许可人相关货场、个人收藏处、加工场点、销售场所、培植场或养殖场以及海关关区内现场核查，掌握被许可人货证相符情况。

(2) 将海关报关单复印件内容与原申报材料内容进行核对，检查许可内容与实施许可的实际情况的一致性。如果发现许可内容与许可实际不一致的，如物种、数量或重量、价格等，应进行调查，并提出处理意见。应重点对大宗贸易物种和敏感物种的进出口活动以及濒危野生动物活体的进出口活动进行实地检查。

(3) 对已确定实施实地监督检查事项，检查人员应当将检查的要求及时以书面形式通知被许可人。被许可人原则上至少在货物装柜、从关区提货或实施报关前3天通知监督监察人员，以便于安排实地检查事宜。

(4) 对出口或再出口濒危野生动植物及其产品的，实施实地检查的人员应到存放拟出口或再出口濒危野生动植物及其产品的货物装柜或者发货现场进行检查，核实与相应许可内容的一致性。对检查结果不符合许可内容的，监督检查人员有权收回已向被许可人发放的允许出口证明书，并应责令被许可人限期改正，在达到要求后，再向被许可人发放允许进出口证明书。可以采取标记、关封、缩短实地检查和报关的时间差等措施，防止被许可人更换拟出口或再出口的濒危野生动植物及其产品。

（5）对进口濒危野生动植物及其产品的，在履行完通关手续后，实施实地检查的人员应及时对进口的濒危野生动植物及其产品进行检查，核实与相应许可内容的一致性。如系野生动物活体，还应检查安置野生动物的笼舍条件是否与申请材料一致、饲养条件是否能够保证野生动物得到妥善的照管。对检查结果不符合许可内容的，应责令被许可人限期改正。如果实施进口许可的实际情况与许可内容不一致且无法改正的，如更换物种、超数量或重量进口等，实施实地检查的机构应进行调查，并提出处理意见。

（6）对《进口种用野生动植物证明》核发的执行情况进行监督检查。应当采取书面检查与实地检查相结合的方式，重点检查免税进口种用野生动植物种源的数量、去向、用途、经营利用、繁殖和死亡等情况。

第二节　省级野生动植物主管部门进出口审核的监督检查

一、监督目的

为了加强对濒危野生动植物及其产品的进出口环节的管理，进一步规范省级野生动植物进出口主管部门审核行为，完善行政许可监督管理机制，保护和合理利用野生动植物资源，确保出口、再出口野生动植物及其产品的来源合法、依据充分。

二、监督依据

·《中华人民共和国野生动物保护法》；

·《中华人民共和国野生植物保护条例》；

·《中华人民共和国濒危物种进出口管理条例》;
·《中华人民共和国行政许可法》。

三、监督内容

省级野生动植物主管部门是指辖区内的省林业厅、省海洋与渔业厅（省水利厅）以及省农业厅。进口或者出口濒危野生动植物及其产品的，申请人应当向其所在地的省、自治区、直辖市人民政府野生动植物主管部门提出申请，并提交相关申报材料。

（1）申请人提供的进口或者出口合同是否真实有效。

（2）省级野生动植物主管部门对申请人提供的濒危野生动植物及其产品的名称、种类、数量和用途是否经过核实，是否符合相关《公约》或国内法律法规的规定。

（3）活体濒危野生动物的进出口，是否提供了装运设施的说明材料。

（4）是否提供了国务院野生动植物主管部门公示的其他应当提交的材料。

（5）省级野生动植物主管部门自收到申请之日起，是否在10个工作日内签署意见，并将全部申请材料转报国务院野生动植物主管部门。

（6）省级野生动植物主管部门在审批濒危野生动植物及其产品进出口时，是否收取不应收取的费用。

（7）省级野生动植物主管部门在出具人工繁殖野生动物和人工培植野生植物来源证明时，来源野生动植物及其产品的地域和产量数量是否符合当地、当年产量的实际情况。

（8）是否建立完善的进出口野生动植物及其产品的审核记录档案。

（9）是否按年度报送野生动物进口计划。

（10）对免税进口的种用野生动物，在进口申报时，是否对饲养条件和饲养场所进行实地核查。在实施进口后，是否掌握免税进口种用野生动植物种源的数量、去向、用途、经营利用、繁殖和死亡等情况。

四、监督方法

（1）同申请人取得联系，核实在申报过程中，所提供的相关材料情况，自申报材料受理至审核上报所用的工作日是多少，在办理过程中是否收取费用。向进口活体野生动物的申请人了解，在申报进口前后，省级主管部门是否进行实地核查和了解相关情况。

（2）档案检查，检查省级野生动植物主管部门是否建立完善的进出口审核档案，调阅相关档案和材料。核实材料的准确性，是否收取不该收取的费用，是否超出规定的工作时间。在检查过程中发现问题，责令省级野生动植物主管部门进行限期整改或退还不该收取的费用，并将整改结果报送森林资源监督机构。

第十二章　森林资源保护管理工作监督检查

第一节　林业有害生物灾害防治监督检查

一、监督目的

林业有害生物防治是保护森林的战略性措施，是维系生态安全的基础性保障工作。控制林业有害生物传播、蔓延，减少灾害损失，保护森林资源，加快构建林业有害生物防治长效机制，切实提高防治能力，有效遏制林业有害生物高发势头，促进林业“双增”目标如期实现。

二、检查依据

·《中华人民共和国森林法》；

·《森林病虫害防治条例》；

·《植物检疫条例》；

·《中共中央国务院关于加快林业发展的决定》；

·《国家林业局突发林业有害生物事件处置办法》；

·《全国林业有害生物防治建设规划（2011～2020 年）》等有关法律、法规、规章。

三、监督内容

（1）林业有害生物“四率”（成灾率、无公害防治率、测报准确率、种苗产地检疫率）指标完成情况、“四率”指标管理是否纳入政府责任状。

（2）林业有害生物灾害应急处置预案管理机制情况。按照政府主导，属地管理的要求，进一步落实地方各级政府在重大林业有害生物防控中的责任，采取更加有力的保障措施，将林业有害生物灾害应急处置预案管理机制责任落到实处。

（3）开展林业有害生物目标管理抽查、自查、通报及奖惩制度情况。

（4）森防资金投入及专款专用，体系是否健全，队伍是否稳定，档案管理是否系统、规范，各项年度重点工作完成情况等。

四、监督方法

1. 林业有害生物“四率”检查方法

（1）成灾率。指林业有害生物实际成灾面积占现有林与未成林面积和的千分比。

随机抽取被检林场（乡镇）2~3 块报表中记载成灾的地块进行标准地调查，核查成灾面积是否属实。

成灾界定标准分检疫性有害生物和非检疫性有害生物。检疫性有害生物是在未发生区新发现或已发生区的新造林地发生检疫性有害生物为成灾；在已发生区检疫性有害生物造成寄主植物死亡为成灾，未造成寄主植物死亡的按非检疫性有害生物相应指标降低 5 个（其中死亡率降低 1 个）百分点界定成灾标准（达到检疫性有害生物成灾标准的整个小班面积均计入成灾面积）。非检疫性有害生物是叶部病虫害失叶率 60% 以上，或感病指数 50 以上；干部病虫害受害株率 20% 以上；枝梢病虫害到达重度发生统计起点的；种实病虫害的种实受害率 20% 以上；鼠、兔害未成林造林地寄主受害株率 10% 以上，成林受害株率 20% 以上；根部病虫害受害株率 20% 以上。

成灾率（‰）＝全年实际成灾面积/（现有林面积＋未成林面积）×1000‰

（2）无公害防治率。无公害防治面积占发生面积的百分比。食叶害虫非无公害应急防治面积超过 1000 亩，视为无公害防治率不达标。

无公害防治指对人、畜、禽、鱼及其他生物比较安全，对生态与环境危害较轻的防治措施。生物措施、物理措施、人工措施、仿生制剂防治、部分化学防治、植物源农药防治。无公害防治面积指全年实施无公害防治面积的合计。

检查中将随机抽取被考核林场（乡镇）的2~3块防治任务设计书中设计防治的地块，对防治情况进行核实。

无公害防治率（%）=无公害防治面积/发生面积×100%

（3）测报准确率。即各林业有害生物种类测报准确率的平均数。调查监测覆盖率85%以下视为测报准确率不达标。

某种类测报准确率（%）=［1-（预测发生面积-实际发生面积）/实际发生面积］×100%

当某种类测报准确率计算结果为负数时，计为零；实际发生面积指本年度内林业有害生物实际发生面积之和（不重复计算）。突发性林业有害生物种类的测报准确率按照100%统计。

（4）种苗产地检疫率。监督实施种苗产地检疫面积（株数）占应施种苗产地检疫面积（株数）的百分比。五种子、苗木生产分布资料或出现重大检疫责任事故视为种苗产地检疫率不达标。

种苗产地检疫率（%）=实施种苗产地检疫面积（株数）/应施种苗产地检疫面积（株数）×100%

①实施种苗产地检疫面积指年度内实施了产地检疫并持有效产地检疫合格证的林木种子园、母树林和苗木繁育面积。

②应施种苗产地检疫面积指种子、苗木繁育基地内的生产面积，包括国有、集体及其他所有制的林木种子园、母树林、苗圃或其他苗木繁育场所的所有生产面积。

③监督检查签办植物检疫证书的全过程。检查是否凭产地检疫合格证签发植物检疫证书；出省种子苗木的植物检疫证书是否附森林植物检疫要求书、证书填写项目是否齐全、报检单填写是否完整、是否按要求收取检疫费。

2. 林业有害生物灾害应急处置保障措施情况监督检查

（1）监督通讯保障。是否建立和完善重大林业有害生物灾害应急指挥通讯系统，配备必要的有线、无线和卫星通讯器材及交通工具，确保本预案启动后指挥部和有关部门及现场工作组之间的联络畅通。

（2）监督经费保障。重大突发性林业有害生物灾害应急处置所需的经费是否按《突发事件财政应急保障预案》执行。各级政府在重大突发性林业有害生物应急处置所需经费是否列入本级政府财政预算。属于重大突发性林业有害生物灾害造成重大经济损失的单位和个人，地方政府是否予以补助。

（3）监督物资储备。主要监督储备药剂药械、设备仪器、运输车辆、油料及其他物资，并根据建设规划和应急处置物资储备需求由省财政部门安排储备建设资金是否到位。市（州）级、县级林业主管部门对物资储备建设工作是否配合，地方财政部门是否支持。

（4）监督技术保障。对具有潜在危险性的林业有害生物要会同科研院所和大专院校进行超前研究，制定预防和应急处置技术方案，为指挥决策提供技术支持。

（5）监督人员保障。各级林业主管部门要根据有害生物灾害发生形势和专家意见，建立健全森防检疫机构，加大基础设施、设备建设投入，加强防治检疫专业人才和队伍的培养和训练，自如应对林业有害生物灾害处置的专业管理和技术人员队伍。

第二节　森林防火监督检查

一、监督目的

全面提升森林防火宣传教育工作水平，努力营造全社会关注森林防火、参与森林防火、支持森林防火的良好氛围，维护林区社会稳定，保护国家森林资源和人民生命财产安全，维护国土生态安全，促进林区经济繁荣。

二、监督依据

·《中华人民共和国森林法》；

·《中华人民共和国森林防火条例》；

·监督区森林防火有关法律、法规、规章等。

三、森林火灾的种类及分类

根据森林火灾燃烧中央地点，蔓延速度，受害部位和程度，大致可把森林火灾分为三大类：地表火；树冠火；地下火。

以受害森林面积大小为标准，森林火灾分为以下四类：

（1）森林火警。受害森林面积不足 1 hm^2 或其他林地起火（包括荒火）。

（2）一般森林火灾。受害森林面积 1 hm^2 以上，不足 100 hm^2 的。

（3）重大森林火灾。受害森林面积 100 hm^2 以上不足 1000 hm^2 的。

（4）特大森林火灾。受害森林面积 1000 hm^2 以上的。

四、森林火灾的起火原因

森林火灾的起因主要有两大类：人为火和自然火。

1. 人为火

（1）生产性火源。农、林、牧业生产用火，林副业生产用火，工矿运输生产用火等。

（2）非生产性火源。如野外炊烟、做饭、烧纸、取暖等。

（3）故意纵火。在人为火源引起的火灾中，以开垦烧荒、吸烟等引起的森林火灾最多。在我国的森林火灾中，由于炊烟、烧荒和上坟烧纸引起的火灾占了绝对数量。

2. 自然火

包括雷电火、自燃等。由自然火引起的森林火灾约占我国森林火灾总数的1%。影响火灾的三要素为温度、湿度和单位可燃的载量。

五、森林火险预警信号的划分及含义

按照森林火险天气条件、林内可燃物易燃程度及林火蔓延成灾的危险程度，森林火险预警信号划分为三个等级，依次为黄色、橙色和红色，同时以中英文标识，分别代表三级森林火险（中度危险）、四级森林火险（高度危险）、五级森林火险（极度危险）。一级、二级森林火险仅发布等级预报，不发布预警信号。

1. 森林火险黄色预警信号

含义：三级森林火险，未来 24 小时气象条件导致林内可燃物较易点燃，较易蔓延，具有中度危险。

防御指南：

（1）林内、林缘人员不得在室外用火、吸烟及从事其他易产生明火的活动；

（2）林区野外驾驶、乘车人员及林区居民不得向车（室）外丢弃燃烧剩余物；

(3) 各类森林防火人员全部进入防火管理岗位；

(4) 各级森林防火机构、基层森林防火责任单位及扑火队伍等进入战备状态。

2. 森林火险橙色预警信号

含义：四级森林火险，未来24小时气象条件导致林内可燃物容易点燃，易形成强烈火势快速蔓延，具有高度危险。

防御指南：

(1) 林区、野外停止一切用火活动；

(2) 对于危险部位或区域实行封山防火；

(3) 增加各类森林防火人员数量并延长防火工作时间；

(4) 各级森林防火机构、基层森林防火责任单位及林区村屯进入高度防范状态，扑火队和相关人员进入随时应战状态。

3. 森林火险红色预警信号

含义：五级森林火险，未来24小时气象条件导致林内可燃物极易点燃，且极易迅猛蔓延，扑火难度极大。

防御指南：

(1) 在林区野外停止一切用火的基础上，林区村屯、林内、林缘生产作业点等一律停止生火；

(2) 当地政府和相关管理部门、单位实行用火管制，切断一切火因素与森林接触的途径，落实应对措施；

(3) 林区各单位要停止林内的一切生产作业活动，向所有人员发出示警；

(4) 各级森林防火机构及时启动紧急应对预案和措施，所有相关人员和单位都要处于高度临战状态。

六、监督内容

(1) 地方人民政府森林防火指挥机构协调和指导本行政区域的森林防火管理情况。森林防火指挥信息系统日常维护和运行情况。

(2) 森林火灾的预警、监测、信息报告和处理情况；森林火灾的应急响应机制和措施情况。

(3) 森林防火基础设施建设，资金、物资和技术等保障措施情况。

(4) 有关地方人民政府建立森林防火联防机制。组织开展林缘田边可燃物计划烧除，实行疏堵结合的火源管理情况。确定联防区域，建立联防制度和建立森林防火长效机制情况。

（5）森林防火宣传活动，普及森林防火知识，森林火灾预防工作情况。

七、监督方法

1. 内业检查

（1）进入防火期，检查领导带班制度执行情况。

（2）进入防火期，检查防火指挥电台与属地了望台和乡镇（林场）通讯网调度指挥保障情况。

（3）进入防水装备库，检查扑火装备的保养和维护是否到位；消耗的物资是否得到及时补充；扑火机具库是否清洁，配备灭火器材是否摆放整齐，利于存取。

2. 外业检查

（1）进入防火期内，沿林区公路、村屯、林缘耕地、施工建设单位、学校等易发森林火险区域，寻查野外用火（烧荒、烧秸秆、烧田埂等）。因特殊需要进行生产用火的，必须报请县级人民政府或者县级政府授权单位批准，用火时要严格遵守当地有关野外用火的规定，备好扑火工具，在三级风以下的天气用火，用火后必须彻底熄灭余火，严防失火。

（2）在高火险时期和清明、端午、“五一”等重要时段，监督各地是否及时发布禁火命令，采取看山头、守坟头、把路口等措施严防死守。

（3）监督进入林区从事副业生产人员，是否持有县级以上林业主管部门或者授权单位核发的入山许可证。是否严格按照批准的时间、地点、范围活动，并接受县级以上地方人民政府林业主管部门的监督管理。

（4）进入防火期内，监督经营单位设置的森林防火警示宣传标志，对进入其经营范围的人员进行森林防火安全宣传情况。

（5）进入防火期内，监督重点国有林区管理机构设立临时性的森林防火检查站，对进入森林防火区的车辆和人员是否进行森林防火检查。

第三节　湿地、自然保护区管理监督检查

一、湿地监督检查

湿地与森林、海洋并称为全球三大生态系统。湿地具有保持水源、净化

水质、蓄洪防旱、调节气候和维护生物多样性等重要生态功能。健康的湿地生态系统，是国家生态安全体系的重要组成部分和经济社会可持续发展的重要基础。

1. 监督目的

湿地保护遵循科学规划、保护优先、合理利用、可持续发展的原则。监督湿地保护与开发利用，推进政府协调好近期利益与长远效益的关系，是关系到维护生态平衡，改善生态状况，实现人与自然和谐，促进经济社会可持续发展。

2. 监督依据

《国际湿地公约》；《中国湿地保护行动计划》；各省（市、区）颁布的湿地保护的相关法规、规章等。

3. 监督内容

（1）县级人民政府是否定期对湿地保护规划实施情况进行监督检查，并指导相关部门做好湿地保护工作。

（2）县级以上人民政府是否组织各有关部门，对本行政区域内的湿地资源进行定期调查和监测，建立湿地资源档案。

（3）县级以上人民政府是否对湿地设立保护界标，保护界标应当标明湿地类型、保护级别和范围等内容。

（4）监督向重要湿地引进动植物物种，是否按照国家有关规定办理审批手续。湿地保护主管部门及相关部门对引进物种是否进行跟踪监测，对可能给湿地造成或者已经造成危害的，应当及时报告本级人民政府和上一级主管部门，并采取措施，消除危害。

（5）监督向重要湿地投放防疫药物或者采取其他防治措施的，是否事先向有关湿地保护主管部门报告，在湿地保护主管部门指导下制定防治方案，避免或者降低对湿地生态功能的损害。

（6）监督有无在湿地范围内从事下列活动：

①擅自围垦、占用湿地或者改变湿地用途；

②非法采沙、取土；

③放牧、烧荒、砍伐林木、采集国家或者省重点保护的湿地植物；

④向湿地及周边区域排放有毒有害物质或者倾倒固体废弃物；

⑤猎捕、毒杀水鸟及其他野生动物，捡拾、收售鸟卵；

⑥私建、滥建建筑物和构筑物；

⑦破坏保护湿地监测设施及场地；

⑧其他破坏湿地的行为。

二、自然保护区保护管理监督检查

自然保护区分生态系统保护区、生物物种保护区和自然遗迹保护区三类；按照保护区的性质来划分，自然保护区可以分为科研保护区、国家公园（即风景名胜区）、管理区和资源管理保护区四类。无论保护区的类型如何，其总体要求是以保护为主，在不影响保护的前提下，把科学研究、生态文明教育、生产和旅游等活动有机地结合起来，使它的生态、社会和经济效益都得到充分发挥。

1. 监督依据

·《中华人民共和国环境保护法》；

·《中华人民共和国自然保护区条例》；

·《国家级自然保护区监督检查办法》；

·《关于认真做好国家级自然保护区划界立标和土地确权等工作的通知》。

2. 监督目的

自然保护区管理监督旨在督促自然保护区管理机构及有关主管部门认真贯彻执行国家和省有关自然保护区的法律法规，督促保护区改进管理方式和手段，不断提高自然保护区管理和建设水平。

3. 自然保护区经营区划

自然保护区可划分为核心区、缓冲区、实验区。

（1）核心区。自然保护区内保存完好的天然状态的生态系统以及珍稀、濒危动植物的集中分布地，为核心区。核心区内禁止任何单位和个人进入，因科学研究的需要，必须进入核心区从事科学研究观测、调查活动的，应当事先向自然保护区管理机构提交申请和活动计划，并经省级以上人民政府有关自然保护区行政主管部门批准；其中，进入国家级自然保护区核心区的，必须经国务院有关自然保护区行政主管部门批准。

（2）缓冲区。核心区外围可以划定一定面积的缓冲区。禁止在缓冲区开展旅游和生产经营活动。因教学科研为目的，需要进入自然保护区的缓冲区从事非破坏性的科学研究、教学实习和标本采集活动的，应当事先向自然保护区管理机构提交申请和活动计划，经自然保护区管理机构批准。

（3）实验区。缓冲区外围划为实验区。可以进入实验区从事科学试验、教学实习、参观考察、旅游以及驯化、繁殖珍稀、濒危野生动植物等活动。

在自然保护区的核心区和缓冲区内，不得建设任何生产设施。在自然保护区的实验区内，不得建设污染环境、破坏资源或者景观的生产设施；建设其他项目，其污染物排放不得超过国家和地方规定的污染物排放标准。

4. 监督内容

监督自然保护区管理机构及有关主管部门认真贯彻执行有关自然保护区的法律法规和标准规范情况。监督内容包括：

（1）在国家级自然保护区内违法砍伐、放牧、狩猎、捕捞、采药、开垦、烧荒、开矿、采石、挖沙、影视拍摄等；

（2）违法批准在国家级自然保护区内建设污染或者破坏生态环境的项目；

（3）涉及国家级自然保护区且其环境影响评价文件依法由地方环境保护行政主管部门审批的建设项目，其环境影响评价文件在审批前是否征得国务院环境保护行政主管部门的同意；

（4）国家级自然保护区内是否存在破坏、侵占、非法转让自然保护区的土地或者其他自然资源的行为；

（5）国家级自然保护区的旅游活动方案是否经过国务院有关自然保护区行政主管部门批准，旅游活动是否符合法律法规规定和自然保护区建设规划（总体规划）的要求；

（6）国家级自然保护区建设是否符合建设规划（总体规划）要求，相关基础设施、设备是否符合国家有关标准和技术规范；

（7）国家级自然保护区管理机构是否依法履行职责；

（8）国家级自然保护区的建设和管理经费的使用是否符合国家有关规定；

（9）法律法规规定的应当实施监督检查的其他内容。

第十三章　加强林业管理 助推林业发展

加强森林资源保护　强化林业管理

江苏省东台市林业局　王美播

东台市位于江苏中部，东经120°07′~120°53′，北纬32°35′~32°57′，地处南通、泰州、盐城三市交界处，东濒黄海，是江苏长江以北唯一的县级中等城市。截至2013年年底，全市林木覆盖面积为53480hm^2，其中有林地26107hm^2，特灌林地13532hm^2，四旁树折实15235hm^2。森林覆盖率为24.21%，林木覆盖率为26.04%。2012年11月，东台市人民政府批准实施了《东台市林地保护利用规划（2010~2020年）》，确定东台市林地保有量1.68万hm^2，森林保有量1.46万hm^2，其中省级重点生态公益林3834hm^2。

东台地处沿海平原，林地总量相对较少，从全市土地利用及其森林资源分布情况来看，地域性差异明显，呈现东部沿海地区林地面积较大，以杨树、水杉等树种为主，构成东台特色的沿海防护林体系；西部里下河地区次之，以杨树为主，主要栽植于河堤、圩堤，构成集用材、防护于一体的里下河水源涵养林；中部地区相对较少，树种以杨树用材林、银杏、柿等乔木经济林和蚕桑等灌木经济林为主，构成东台特色的商品林体系。

近几年来，东台市对森林资源管理工作高度重视，严格执行森林法等有关林业法律法规。

一、管理情况

（一）林地管理制度建设

东台市森林资源管理组织健全，市林业局是森林资源管理职能部门，其下属的林业中心是森林资源管理综合职能单位（核定编制17名，现职16名），森林警察大队是林业行政刑事违法犯罪案件查处单位（核定警察编制5名）；每个镇设立的农业中心（林业站）是基层林业管理机构（每个镇核定林业员编制2～4名）。

2013年8月初，东台市人民政府办公室下发《关于建立保护发展森林资源目标责任制的通知》（东政办发［2013］93号），就森林资源目标责任制作了进一步明确。

（二）林地确权登记发证工作

1. 农村集体林地。东台市自2009年开始启动进一步深化集体林权制度改革工作，同时全面推动了农村集体林地定权发证工作，到2012年年底，基本完成农村集体林地所有权界定工作，并同时开展农村集体林地林权抵押融资试点工作。

2. 国有林地。我市国有林地主要集中在林业部门所属的东台市林场，水利部门的东台市堤闸管理处、河道管理处，以及省属新曹农场、弶港农场、三仓农场等国有农林场圃。其中，东台市林场、东台市堤闸管理处的林地大部分为省级生态公益林，省级生态公益林林权发证工作已基本完成，累计53952亩；其他国有林地的林权发证工作正在进行之中。

（三）林地保护利用规划利用

2012年11月21日，东台市人民政府批准《东台市林地保护利用规划（2010～2020年）》，并要求各镇“严格保护、积极发展、科学经营、持续利用”，统筹协调林地保护与利用的关系，充分发挥森林的生态、经济和社会效益，严格林地用途管制。2013年起东台市林木采伐管理、林地管理全部按照林地保护利用规划的规定执行。

二、主要经验

1. 广泛宣传，形成浓烈氛围。在开展林业管理工作中，我们把宣传工作放在首位，通过电视台、电台等多种形式，积极宣传森林法常识，不断提高公民的法制观念，认识到森林资源保护与管理工作的重要性、必要性。此外，我们还充分利用农委“12316”短信平台向全市广大农民不定期发布有关森林法律的短信。

2. 热忱搞好服务，提高办事效率。近几年来我市大多项目工程涉及占用林地的单位都意识到提出占用林地审核申请的意义和重要性，大多严格依法依规、按程序办事。我们将占用征收林地申请依据、所需资料、收费标准、办事程序等向社会公开，接受监督。为提高办事效率，为用地单位建设争取时间，我们大大缩短占用征收林地审核办理时限，我们将行政许可法规定的20个工作日的审核时限缩短为10个工作日，很多项目工程都提前介入，从项目建设单位选址开始就加以沟通并指导他们提出申请、填写申请表等相关申请材料，同时也可尽量不占或少占林地。

3. 突出生态公益林管理，确保宏观生态安全。我们通过林地保护利用规划突出了生态公益林管理。在完成省下达的省级重点生态公益林面积的基础上，又规划了1400hm^2的县级生态公益林，明确建立东台市县级生态公益林补偿制度，目前我局正在与财政等部门协商制订东台市生态公益林管理办法，并提出对公益林使用权人适当进行森林生态效益补偿。

三、存在的突出问题和对策

国家和省下达的林地保有量面积指标大大超过土地管理部门的林地面积指标，因此我们在编制林地保护利用规划时将部分位于按《土地利用现状分类》确定为耕地（其中大多为基本农田）、交通水利设施用地等地类已造林的土地也规划为林地，而实际执行中，存在一些管理难度，尤其是用地单位和国土部门对我们规划的林地往往并不认可，尤其是在办理占用征收林地时，往往不将使用林地前置审核作为必须的步骤。在林木采伐时，有些农民不清楚自己栽植的树木是否被纳入林地保护利用规划范围，随意采伐，引起不必要的纠纷。

因此在实际执行中一是要灵活执行林地保护利用规划。《东台市林地保护利用规划》，已经市人民政府颁布实施，要尽可能依法维护规划的严肃性和权威性，但在实施时需要灵活执行，尤其是将纳入林地范围的耕地、交通水利设施用地等地类机动管理，参照土地管理部门的可调整耕地管理模式，将这部分林地作为可调整林地。二是落实监管责任。落实林地保护利用目标考核责任制，把规划确定的林地保有量、森林保有量作为干部考核重要内容，把全面保护林地、节约集约用地作为地方经济社会发展评价的重要因素，建立并落实考核体系和考核办法。建立林地保护利用协作管理机制，市林业、国土、农业、农开、发改、交通、水务、住建等部门，建立联席制度、联合执法等协作机制，加强沟通，密切配合，加大对林地保护利用规划执行情况的监管力度。

大力创新森林防火长效管理机制
切实加强森林防火

江西省新干县林业局　张建荣

2014年以来，我们认真贯彻落实省、市、县森林防火工作有关文件和会议精神，坚持“预防为主，狠抓消灭”的方针，按照“重宣传、强措施，突重点、保安全”的工作思路，大力创新森林防火长效管理机制，着力强化各项防扑措施的落实，森林防火工作扎实有效，全市森林防火工作年度考评第一名，获得2014年全省春季森林防火平安县和全市森林防火工作目标考核一等奖。

一、2014年工作简要回顾

1. 强化宣传，提高认识。积极森林防火“平安春季行动”和宣传月活动，利用电视、报纸、网络等媒介大力宣传森林防火法律法规，切实提高广大干部群众的森林防火认识。并通过组织召开乡、村、组森林防火动员会，大力宣传《江西省森林防火条例》、《野外火源管理规定》等有关法律法规和森林防火知识、森林火灾典型案例。县有线电视台定时播放《新干县人民政府森林防火禁火通告》和森林防火公益片。从10月1日开始，每天安排森林防火宣传车深入林区、乡村、圩镇开展森林防火宣传教育；组织县青铜文化艺术团到各乡镇场、林区村进行森林防火专场演出15场；通过短信平台，向全县居民发送森林防火短信10万多条；在村、组、交通要道、进山路口张贴《禁火通告》0.5万多份；同时，县林业部门和乡镇干部深入群众家中开展了森林防火“一对一”宣传。《致全县农民朋友的一封信》张贴到每个自然村村民家中和居民点，防火宣传资料分送到每家每户。通过全方位、多层次、多渠道的大力宣传，进一步提高了全县群众的森林防火意识。

2. 加强管控，消除隐患。坚持把野外火源管理作为森林防火工作的第一道关口，强化队伍建设，加强检查督促，坚决实行“五个禁止”，县政府发布了野外用火禁令，努力消除各类森林火灾隐患。一是建强队伍，加大资金投入。县专业森林消防队积极开展野外火源巡查集中整治活动，做到见烟就查、违规就罚、见火就抓，肇事者一律先拘留，真正把火源管理落到实处。按照森林消防专业队标准化建设要求，全面完善县森林消防专业队各种软硬件设施建设，配备了运兵车、对讲机、GPS定位仪、风力灭火机、割灌机、油锯、电脑等装备。2014年，投入100多万元资金异地新建县森林消防专业队标准化营房，年底可交付使用。特殊时段和重点防火期，县专业森林消防队、乡镇扑火队全部集中待命，进入应急状态，确保一旦发生火情，队伍拉得出、工具用得上、火灾灭得了。二是强化监管。以自然村为单位，组织护林防火员对采伐山场和重点地段的农田所属户主进行查实登记，防止农户炼山、烧田坎、烧稻草、烧火土灰等野外用火行为；各行政村至少安排1～2名身体好、责任心强的老党员、老干部在自行政村进山路口进行巡查，对林区作业人员进行备案登记；加强对“痴、呆、傻、老、幼”等五类特殊人员的监管，并严格落实监护人员，尤其是在全国“两会”召开期间，要求监护人确保被监护人不进山、不玩火，一旦发现监管对象引发火灾，坚决追究监护人的监护责任。三是加强督查。在森林防火重点期特别是春节、“两会”等特殊时期，县森林防火指挥部成员单位和县林业局班子成员、县效能办分别组成森林防火督查组对全县各地森林防火工作落实情况进行专项督查，对所发现的问题及时督促整改。四是严格野外特殊用火审批。依法从严从快审批造林连山等野外特殊用火审批，全年共审批野外特殊用火66起，无一起出现过火事故。

3. 明确责任，严肃纪律。一是实行目标管理。县委、县政府将森林防火工作列入乡镇场年度工作目标管理考核内容，县政府与乡镇场、乡镇场与村、村与组（农户）层层签订责任状，将森林防火责任落实到山头、户头、人头。实行森林防火保证金制度，各乡镇场党政主要领导向县森林防火指挥部交纳森林防火保证金，一旦发生火灾火警，按规定扣发保证金。严格责任追究，对森林防火责任不落实、工作措施不到位、扑救指挥不力和脱岗离岗、发生火灾不及时上报、扑火不服从指挥调度的，严格按照《新干县森林防火责任追究规定》从严从重处罚，决不姑息迁就；对达到森林防火重点管理乡镇处罚标准的，严格按照《新干县森林防火重点管理乡镇实施办法》坚决予以重点管理。二是落实部门职责。实行县四套班子领导和县森林防火指挥部成员分片包干制度，每个成员各自负责所包干责任区森林防火工作的督促检查，包片领导和指挥部成员经常到责任区督促检查。如责任区内发生森林火灾火警，包干成员必须及时赶赴现场，协助指挥扑救，全国“两会”期间和节假日等特殊时段都制定了森林防火专项预案。三是强化火情报送。凡发生森林火灾的乡镇场必须立即向县森林防火指挥部报告。在重点防火期和特殊时段乡镇场每天下午 5：00 前必须向县防火办报告当天的情况，坚持有火报火，无火报平安。同时，严格应急值守，县防火办全年坚持 24 小时值班制度，各乡镇场和相关部门在重点防火期实行 24 小时带班昼夜值班制，坚持领导带班制度，并做到手机 24 小时待机，确保防火信息畅通。

二、2015 年工作思路

2015 年，森林防火工作的总体要求和目标是：坚持“预防为主，积极消灭”的方针，全面落实省市县森林防火会议精神，严密防范，落实责任，确保全县不发生较大的森林火灾，确保不发生人员伤亡，力争全县不发生森林火灾。具体要抓好以下几项工作：

（一）加强组织领导，落实森林防火责任制

一是强化责任。计划在 2015 年 9 月底左右召开一次全县森林防火工作大会，乡镇场和村组（分场）也要逐级召开森林防火专题会议，对森林防火工作进行安排部署，县与乡镇场、乡镇场和村（分场）、村与组逐级签定《森林防火责任书》，明确了职责，形成一级对一级负责的格局。二是加强森林防火工作的年度考评。依照《吉安市 2014～2015 年森林防火目标管理考核办法》，细化考核方案，认真做好年度森林防火责任书执行情况的检查与考评。

（二）切实加强紧要期预防扑救工作

1. 组织开展森林防火宣传教育活动。坚持日常性宣传，充分借助传统和现代手段进行宣传，在村庄各路口、墟场、林区等人流量大、人员集中的地方设置固定防火宣传警示牌、宣传标语或用巡逻车、高音喇叭等。积极开展森林防火宣传月活动，印发禁火令 6000 份和致农民朋友一封信 6 万份，计划组织县青铜文化艺术团到各乡镇场、林区进行森林防火专场演出 10 场以上。开展高火险期和清明节等重要时期专项宣传活动，重点对野外火源管理规定和文明祭祀等进行宣传，努力引导广大人民群众改革陈规陋习、移风易俗、遵章用火，从根本上减少火灾发生几率，着力营造群防群治，群策群力的良好氛围。

2. 加强紧要期的野外火源管理。强化野外用火管理，科学指导野外火源管理。认真执行野外特殊用火审批制度，有组织有防范地安全用火。重点做好春耕生产、造林炼山、秋收冬种、扫墓祭祀等火源的管控。严格管控高危人员，对痴、呆、傻、老幼以及精神病人等人员，明确监管责任人，落实监护责任。

3. 重点时段巡山护林。在高森林火险和重点敏感时段，提醒督促乡镇场及时组织干部职工、村干部和护林员加强巡山护林，严厉查处违章用火者。在重点时段实行最严格的用火管制，最大限度消除火灾隐患。

4. 加强森林防火督查。根据县里安全生产督查计划，2015 年安排指挥部成员单位和林业局班子成员进行常规性森林防火督查 7 次。在高森林火险和重点敏感时段，另行安排督查计划。

（三）扎实做好森林防火的基础性工作

1. 完善森林火灾扑火预案。完善森林火灾扑救预案，明确部门职责和处置程序、措施，确保预案层层衔接，职责清晰明确，实施快速有效，真正形成县、乡、村、组四级完备的处置突发森林火灾的预案体系。

2. 开展森林防火业务培训。按照分级培训要求，全面加强森林防火业务培训，不断提升业务水平，不断提高扑救森林火灾综合能力。

3. 加强扑火队伍建设。加强整合县专业森林消防队力量，进一步推进乡村级森林扑火队伍标准化建设，争取森林火灾扑救队伍建设体系有新的突破。

4. 积极推进生物防火林带建设。

5. 加强扑火物资装备库建设。按照上级统一布局、分级实施的要求，逐步建立县、乡、村、组四级扑火物资贮备库。加强扑火物资管理，更新补充扑火物资贮备，确保扑火物资充足，设备完好，满足扑救森林火灾需要。

强化措施 精心部署 多措并举构筑森林“防火墙”

山东省烟台市福山区林业局　林义先　王光辉

进入防火期以来，福山区林业局紧紧围绕防火宣传、防火队伍、防火设施、火源管控、应急预案等重点环节，创新防火工作思路，继续加大气力、强化措施、精心部署、狠抓落实森林防火工作，在防火期到来前做好各项防控准备工作，为打好冬季防火硬仗奠定坚实的基础。

一、加强宣传，营造浓厚防火氛围

对全区森林防火工作早动员、早部署、早强调、早落实。组织各镇街继续印制发放《禁火令》、中小学生森林防火安全教育宣传手册》以及“八个三”扑救森林火灾预案口诀和森林火灾应急处置流程图，广泛利用村广播、宣传车、明白纸、制作防火宣传围裙等多种形式，高强度、高密度宣传《野外用火管理规定》、《致全区父老乡亲的一封信》，在进山路口、山头坟地设置宣传横幅、警示牌（旗），张贴宣传标语。有针对性地加强对私驾车、“驴友”入山旅游、采集山产品以及从事农业生产人员的宣传教育，提高公众的森林防火意识，营造浓厚的森林防火氛围。

二、强化管理，切实抓好防火队伍建设

一方面，对区级森林消防大队直属的三个中队进行了充实调整，总人数达到93人。突出加强了对这支队伍的训练管理考核，抓培训、搞演练、强技能，在即将到来的防火期内三个中队将24小时集结备勤，应对突发森林火情。另一方面组织指导各镇街加强对镇级森林消防中队、巡逻队、护林员等各类护林防火队伍的建设管理。对全区护林员利用GPS动态管理技术，加强查岗考核，确保他们到岗到位、尽职尽责。

三、加大投入，充实提高防扑火装备

进一步加大投入力度，完善防火基础设施装备建设。在隔离带建设方面，

全区森林防火通道达到1000km，其中硬化100km，建成蓄水池20个；在物资装备方面，新购置高压水泵10台、车载式高压细水雾3台、背负式高压细水雾21台，为三中队增配了一辆运兵大头车。在国有林场建设了一处50m2的器材库；在林火监控方面，在建设固定瞭望台11处、视频监控探头10处，配备GPS 336台。投资200余万元，启动实施山合山卢寺省级森林公园森林消防体系建设，在狮子山系规划建设5处远红外线热成像监控报警系统、7处进山路卡。根据市里的关于进一步加强防火物资储备库建设的指示精神，结合我区日益严峻的防火形势，区镇两级又投资近400万元购置大宗防火物资。

四、加强领导，严格落实防火责任

进一步落实森林防火责任制，严格按照“森林防火责任制五条标准”的要求，区、镇、村、居民层层签订防火责任状，确保重点林区、重要目标防火责任落实到人，消除火灾隐患，确保森林防火责任、防火措施常抓不懈、落实到位，有备无患、预防万一。

五、严格执法，进一步强化火源管控

对进山路口、林缘与居民区的结合部、林内墓地等重点部位，派专人死看硬守，对违规用火者依法予以严惩。充分发挥林火监控、瞭望设施和地面巡护人员的作用，及时了解和掌握火情动态，切实做好火情监测，不留盲区。管住痴呆傻等特殊群体，落实责任人监护，防止其进山玩火。对火源管控措施不落实或落实不到位的，按照有关规定严肃追查责任人责任。

六、强化保障，加强应急救援体系建设

进一步修订完善了森林火灾应急救援预案，重点围绕人员、物资、后勤、交通以及组织指挥等各个方面，加强了沟通协调、明确了相关部门的工作职责。加强森林消防演练，切实提高森林消防队员的消防能力及应急反应能力；提高森林消防队员使用森林防火器材的熟练度，提高实战能力，在发生火灾时善于“敢上、巧灭”，争取在最短的时间内消灭森林火灾，减少森林火灾造成的损失。

实行综合执法　助推林业发展

山东省临沂市郯城区林业局　毛贵川　李　超

郯城县位于山东最南部，地处鲁苏交界，是著名的“中国银杏之乡”、“中国杞柳之乡”。全县总面积1195km^2，辖12个乡镇、1个街道办事处、1个省级经济开发区、1个景区、1个银杏产业开发区、616个行政村，94万人。近年来，紧紧围绕“建立完善的生态体系和林业产业化体系”两大目标，兼顾生态、经济、社会三大效益，坚持既抓造林，更重视资源保护，推行保护和发展森林资源目标责任制，不断探索新形势下林政管理新模式，建立了森林资源保护发展长效机制，推动了全县林业事业全面发展。目前，全县有林地面积54.3万亩，森林覆盖率31%。先后被授予“全国造林绿化百佳县”、“全国平原绿化先进县”、“全国木材检查先进单位”、“全国木材检查标准化建设示范单位”、“全国林政管理先进县”、“全国林政案件管理先进单位”、“全国绿盾行动先进单位”、“全国绿盾二号行动先进单位”等荣誉称号。2012年被确定为全国林业综合行政执法示范点。在试点工作中，有以下五点体会：

一、转变观念是开展综合执法工作的先导

郯城虽然是平原农区县，但大力造林、广泛植树一直是当地群众致富、建设美丽现代新农村的自觉、普遍行为，20世纪80年代就已成为全国造林绿化先进县。随着造林绿化事业的发展，森林资源的保护管理已成为制约林业发展的突出问题，进入21世纪，随着全县森林资源大幅增加，林木逐步进入成熟期，林木采伐、林权变更、盗伐、滥伐案件查处、林农权益保护、林地保护利用等森林资源保护管理问题变得更加突出；而林业执法工作却仍由林政科、林业公安科、森保站、木材检查站、种苗站等都去代表林业局分别完成，使得执法力量分散，执法职能交叉，执法标准不统一，造成执法成本高，效率低，运转不顺畅，群众不满意；甚至出现相互推诿扯皮现象，严重影响了林业事业发展和林业行业形象，迫切需要探索出一条林业执法新路子。为此，我们不断转变执法观念，积极开拓执法思路，循序渐进，不断探索。2003年将林政科与林业公安科执法职能整合，成立了林业联合执法大队，由

一名副科级领导负责，主要是查处盗伐、滥伐、违法经营加工木材行为，取得了一定效果，得到了各级领导的肯定；但仍存有力量薄弱，机制不顺，好多部门不认同等问题，无法达到执法全覆盖的效果。2005 年被国家林业局列为第二批全国林业行政综合执试法点县后，省、市林业部门领导多次亲临现场具体指导，高屋建瓴地就试点方向、定位给予了明确指示，我们进一步解放了思想，转变观念，不断试行，走出了一条职能、力量整合，职责、权限统筹集中，高效协调运转的林业执法新路子。

二、机构整合是开展综合执法工作的重点

为顺应林业发展需要，我们在深入调研、反复论证的基础上，根据“改革行政执法体系，相对集中行政处罚权，推进综合执法试点”的要求，按照“精简、效能、规范”的原则，制订出台了调整编配方案，经县编办批准成立了副科级林业综合行政执法大队，将原分散在各部门的审批权剥离，向服务大厅和网上审批集中。原职能部门提供技术支持，一改多头单独个案办理，变为综合“流水线”作业。使行政审批权明确了、综合执法权凸显了、服务保障职能清晰了，形成了“三个一（一个机构综合执法，一个科室集中审批，一批部门配套服务）”的林业综合行政执法体制，彻底解决了多头执法的问题。实行综合执法后，力量更加集中，执法更加高效，执法成本明显降低，服务功能更强。一是变管理型执法为服务型执法。设立了集中办证大厅，实行网上审批，更方便了群众。立足郯西、郯西南苗木、木材加工经营运输集中这一实际，以搞好木材经营加工集散地、苗木市场监督服务为工作重点，在马头、新村两个签证点，分别设立执法中队，负责郯城南片、西片 7 个乡镇（开发区）的涉林案件发现、查处及办证服务等，林业综合执法服务车主动上门征求意见、进行办证服务，及时满足了经营户各项需求。二是变单一执法为联合执法。根据森林公安、林政稽查与木材检查的各自执法职能，将执法过程中发现的违法信息及时反馈，相互交流，密切配合，通力协作，优势互补，联合查处，形成中队与检查站、森林公安合力执法的综合执法模式。三是充分发挥了乡镇林业站的网络作用。将各乡镇林业站人员纳入林木保护队伍管理，加强对本辖区林木采伐的监督，及时发现盗伐、滥伐等破坏森林资源的违法行为，形成了纵向到底、横向到边的全覆盖林业执法网络。

三、队伍建设是开展综合执法工作的关键

建设一支过硬的执法队伍是做好执法工作的关键，我们把抓执法队伍建

设作为首要工作，严明纪律、严格管理。一是严把进人关。通过集中培训，综合考核，竞争上岗，将局机关政治素质强、业务水平高，群众口碑好的同志选入执法队伍。每年都从大学应届毕业生中招收一定数量的法学、林学专业人员充实执法队伍。郯城县林业综合行政执法大队32名在职人员中，具有硕士研究生学历的5人，大学本科学历的21人，其余全部是大专学历。二是搞好学习培训。坚持专家授课与自学相结合，实行定期培训、定期考核制度。每年聘请市林业局和县检察院、法制局等单位领导、业务骨干授课，加强职业道德和反腐倡廉教育，系统讲授林业法律法规及相关政策；通过现场观摩、实战技能培训，模拟执法等培训方式，切实提高执法人员的执法水平。三是加强制度建设，用制度约束人，用制度规范工作，用制度服务群众。建立错案追究机制，定期聘请法制局及公检法专家对案件卷宗进行综合考评，将考评结果与执法人员的职位晋升及工资福利挂勾。坚持"实事求是、有错必纠"和"谁办案谁负责"的原则，以行政复议、行政诉讼案件为重点，严格落实错案追究责任。

四、基础建设是开展综合执法工作的保障

执法环境和基础设施建设是综合执法强有力的保障。县财政拨付150余万元专项资金，用于林业执法基础设施建设。我们高标准建成了荣誉室、活动室、档案室、监控室等功能完善的林业行政综合执法独立办公场所，面积达到1600多m^2；设立了林木采伐、植物检疫、木材运输、林权登记、勘界发证、抵押登记等窗口等的一站式便民服务大厅，方便了群众，提高了办公效率。为执法人员配备了笔记本、台式电脑30余台，激光、喷墨打印机10余台，复印机1台，以及执法记录仪、扫描仪、数码照相机、数码摄像机、GPS定位仪等办案工具，优雅的办公环境，齐全的办公设备，为林业综合执法规范化建设打下坚实的基础。

以信息化建设为突破点，2011年3月，在全省率先开通了涉林案件有奖举报系统，实现了统一接警、统一调派，提高了执法效率；同年8月，又在全省率先开通了林业行政案件网上办案系统，将所有林业案件的受案、立案，上传证据，制作法律文书等操作全部通过网上办理，真正做到林业案件立案网上核实、证据网上展示、审批网上办理、监督网上进行、结果网上公开，严格按照法定程序办理各类涉林案件；2013年3月与临沂大学信息学院合作进行了"林木采伐网上审批系统"研究开发，实现了林木采伐申请、公示、审批的网上办理。在全县范围内开发建设了保护森林资源的"天网工程"，在

交通要道主要路口，苗木市场和林区重要部位都设立监控探头，做到对盗伐、滥伐、无证运输等违法行为及时发现，及时处理。为每个执法中队配备“执法记录仪”，实时记录林业案件现场处置情况，及时收集、固定证据，保护执法人员和当事人合法权益，保障依法规范履行职责。

五、深化林改是开展综合执法工作的有力助推

深化林权制度改革是当前资源林政管理工作的又一项重要内容，通过深化林权改革，可以进一步明晰产权，明确责任，增加收入，提高群众造林、护林的积极性和主动性，有利于逐步形成森林资源保护长效机制，助推了林业综合行政执法工作的深入开展。一是进一步完善了林木采伐程序。简化林木采伐手续，林农可凭林权证直接办理林木采伐许可证，提高了办证效率，方便了群众。二是制定了完善森林资源资产流转、抵押、评估管理制度。于2012年年初开展了林权抵押贷款试点工作，出台了《郯城县林权抵押贷款管理办法》，持有林权证的农户，经林业部门、金融部门及评估机构进行评估后，可用向农村信用社及邮政储蓄银行以评估价的60%办理林木抵押贷款；在抵押贷款期间所抵押的林木，不予办理林木所有权转让变更和采伐手续。三是完善林业市场服务体系。建立了林权服务中心，直接为林农和涉林企业提供森林资源资产评估和林权抵押登记等服务。四是创新融资平台。探索创新“林业专业合作组织+担保机构式”、“股份合作式”、“公司+基地+农户式”等互助合作集约化经营道路，鼓励开展林业规模化经营。目前，已办理林权抵押贷款380余份，发放贷款资金1.06亿元，有效化解了林农融资难、林业发展资金不足的问题，促进了林农增收和林业产业优化升级。

实行林业综合行政执法，较好地破解了传统执法模式中出现的执法难题，取得了较好成效。2005年试点前，平均每年批准采伐林木1.2万方，办证率仅为67%；每年发生涉林案件180余起，发现100起，查处60起，查处率仅60%左右。2008年，批准采伐林木3.6万方，办证率达94%；发生涉林案件260余起，发现并查处240余起，查处率达100%。2014年，批准采伐林木5.76万方，办证率达95%；发生涉林案件161起，发现并查处154起，案件查处结案率较试点前提高30%。涉林案件从试点前的发案多、发现少、查处少，在经过3年左右的发案多、发现多、查处多后，逐步出现了发案少，发现率、查处率、结案率高的局面，林业事业逐步形成了造林、保护、登记确权、抵押贷款、再造林的良性循环。

开展危害森林保护和生态建设行为的专项清理工作

湖南省龙山县林业局

3月中旬以来，我县结合木材采伐经营加工清理整顿统筹安排，紧紧围绕州委群教办部署的专项整治任务，切实加强组织领导、落实工作责任、强化工作措施，严格开展危害森林保护和生态建设行为的专项清理，分步骤完成了宣传发动、自查自纠、集中整治和整章建制的工作任务。现将有关工作汇报如下：

一、工作成效

全县共清理木材采伐、经营加工场点122处，取缔经营户2户，停业整顿加工户23户，关闭非法经营加工点16户；查处涉林案件91起，其中行政案件60起，刑事案件31起，逮捕15人，刑事拘留17人；清理非法占用林地1起，面积1.2亩；查处野生动物非法经营5起，没收野生动物750kg，行政处罚5人次；没收金弹子6株，没收木材189.495m^3；全县无重大森林火灾，各林场实现了“零火情、零火灾”；从资源林政、野保森防、国有林场、森林公安管理四大内容入手，科学制订了十二个方面的制度，完成了整章建制工作。

二、工作措施

（一）加强领导，明确责任

县委、县人民政府成立了县木材采伐经营加工清理整顿领导小组，由县委副书记任组长，县人民政府分管副县长任副组长，县委办副主任、县政府办副主任、县纪委副书记（县监察局局长）、县委政法委副书记、县林业局局长、县法院副院长、县检察院副检察长、县公安局副局长为成员，领导小组下设办公室，县林业局局长兼任办公室主任，分管林政的副局长为常务副主任。各乡镇（街道）相应成立了领导小组，全面开展木材采伐经营加工清理整顿工作。

（二）及时部署，精心组织

3月19日，县委、县政府召开全县木材采伐经营加工清理整顿工作会议，全面部署清理整顿工作。3月26日，县委书记彭正刚在党的群众路线实践教育活动会上重点强调了木材采伐经营加工清理整顿工作的重要性。4月2日，县委、县政府召开全县木材采伐经营加工清理整顿工作推进会，会议要求，木材采伐经营加工清理整顿和森林防火工作是绿色龙山建设的重要工作，必须要提高认识，加大力度，确保全县森林资源不受破坏，县委常委、常务副县长李诗兴，县委常委、县委办主任符家波，副县长储军出席会议，全县各乡镇负责人、林业站站长以及县直相关部门负责人参加会议。8月14日，县委、县政府召开危害森林资源和生态建设的行为专项清理整治工作会议，将危害森林保护和生态建设行为的专项清理整治的工作内容扩大到征占用林地、森林防火、野生动植物保护和自然保护区、森林公园及湿地公园的管理等方面。3月27日，龙山县人民政府办公室印发了《龙山县森林资源保护目标管理考核办法》（龙政办函［2014］22号），两办印发了《关于成立龙山县木材采伐经营加工清理整顿工作领导小组的通知》（龙办［2014］47号和《龙山县木材采伐经营加工清理整顿工作实施方案》（龙办［2014］48号）

（三）安排资金，强化保障

按照州委教育实践活动领导小组《关于持续深入开展“四风”突出问题专项整治工作的实施方案》、州政府《深入开展“四风”突出问题（20+22）专项整治工作实施方案》精神，县财政安排专项资金30万元，确保危害森林资源和生态建设行为的专项清理工作取得实效。

（四）加强宣传，营造氛围

一是充分利用电视、广播、报纸等媒体，广泛、深入地宣传林业法律、法规和政策，报道工作动态，宣传工作典型，曝光典型案例；二是充分利用流动宣传车、自制宣传牌、横幅标语、发放宣传资料等形式，在城市交通要道、人流集中区域、商业闹市区、圩场开展宣传活动；三是及时向“州清理整顿工作办公室”上报工作动态、工作成效、典型案例等活动信息。目前，我县累计发放宣传资料2万余份，悬挂宣传横幅62条，出动宣传车180台次，发表宣传报道11篇，上报信息5条。

（五）清理整顿、规范管理

全县按照“严管林”的要求，突出“严”，狠抓“管”，充分发挥林业部门的职能作用，不断加强管护力度。一是认真落实采伐限额。县林业局组织技术员4人，对2012年以来林场、工程建设的采伐，按专项整治要求进行了全面的清理（面上没有采伐指标），没有发现与采伐要求不符的非法采伐行为。二是认真开展木材经营加工户的清理整顿。坚持“一看证二看台账三核对四录像五处罚”的原则，对非法经营木材加工点采取“一刀切”办法，全力做到无漏网之鱼，不留后遗症。三是加大巡查力度，强化木材流通领域管理。县林业局组织资源林政执法人员6人，配备木材运输巡查专用车辆，分白班和夜班，在县、乡、村级道路上进行不定期、不定时的巡查达200余次。同时，各检查站安排专人二十四小时值守，有效维护了全县森林资源安全。四是开展林政执法，严厉查处破坏森林资源的各类行政案件。在全县范围内积极开展稽查工作，对违法占用林地、盗伐林木、乱采滥挖野生植物、滥捕乱猎、非法经营野生动物等行为，坚决严厉打击。

（六）依法查处，严打整治

县森林公安局从5月15日开始，在全县范围内开展了为期两个半月涉林刑事案件夏季侦破大会战，全局民警公而忘私、不辞辛劳，远赴贵州、安徽、重庆，海南等省市调查取证、抓捕逃犯，工作真正做到了“5+2”、“白+黑”、晴+雨，大会战亮点纷呈。一是两个半月侦破刑案数和犯罪嫌疑人抓获数超前三年来的总和，实现侦查破案大满贯；二是多年来8名网上逃犯全部抓获，实现网上逃犯“清零”的最高目标；三是人民群众反映强烈、作案时间跨度大、家庭式结伙犯罪的谭启万窝案被成功查处，取得良好的社会、法律双重效果；四是9月23日在召市镇召开了涉林涉毒犯罪公捕公判大会，起到了打击一片、教育一方的作用。

（七）严明纪律，力求实效

林业行政主管部门切实履行工作职责，加强林政管理。县政法部门与林业行政管理部门一道做好林业违法案件的依法查处工作。县纪委（监察局）、县公安局、县检察院依法依纪严肃查处林业管理工作中存在的渎职、失职及涉林腐败行为；构成犯罪的，移交司法机关追究刑事责任。各乡镇（街道）按照实施方案开展辖区内的清理整顿工作，该项工作纳入《龙山县森林资源保护目标管理考核办法》一季度一考核。

依靠群众　全民参与
做好森林火灾预防工作

四川省乡城县林业局　泽仁多吉　喻志洪

乡城县地处四川省西部青藏高原东南缘—云贵高原向青藏高原的过渡地带，位于横断山脉中北段，沙鲁里山南段。全县地势由东北向西南部逐渐降低，主要为高原高山深切峡谷地貌，由3条由北向南近南北向平行延伸的主干河流硕曲河、玛依河、定曲河将全县地貌分割为三谷、四山、六面坡。乡城属大陆性季风高原型气候，具有十分明显的地域性分异和垂直变化、昼夜温差大、雨量少而集中、干湿季分明、干燥度大的特点。全县国土总面积490225.8hm^2，其中林地面积299881.9hm^2，占全县国土面积的61.2%，森林总蓄积量为20076041万m^3，森林覆盖率为58.1hm^2。县内有彝族、藏族、羌族、苗族、回族、蒙古族、土家族、傈僳族、满族、瑶族、侗族、纳西族、布依族、白族、壮族、傣族等民族分布，其中藏族占94%。乡城县城乡群众的日常食物以糌粑、面粉、玉米面、甜荞面、酥油、奶饼、牛羊猪肉等为主。其饮料主要为酥油茶和青稞酒，无论是山间劳作，还是家中闲坐，都会用柴火烧一壶热气腾腾的酥油茶作为每餐之必备饮品，这就成为森林火灾隐患的一大顽疾。然而特殊的地理环境和气候条件形成独特的生物多样性。其中植物种类615种，树木种类50余种，以杉、松、柏、桦、杨为主，珍稀濒危植物有金钱锁、长苞冷杉、海菜花、延龄草等。乡城县盛产松茸等野生菌类。县境内中药材资源丰富，有虫草、贝母、黄芪、秦艽、党参、丹皮、桃仁、甘松、雪山一枝蒿、独一味、黄芩及藏医药用的多种名贵药材。选择性的采挖林下资源目前已成为当地农牧民的主要副业收入，进而形成村民的生态保护意识都十分强，在一旦发生森林火灾的情况下能做到全民积极参与火灾扑救工作的良好局面。

经大量的调查研究发现，森林火灾发生主要集中在“农牧民积材积肥”、“春节”前后这两个时期，我县在“农牧民积材积肥”、“春节”这两个时期发生的森林火灾占全年森林火灾的80%以上；引发森林火灾直接原因，具有人为性。全县所发生的森林火灾大都是因为人们的不当用火行为造成的。所以发生森林火灾表现特征为人为原因占绝对多数。

县林业部门倡导建立安全生态森林防火体系，构建安全和谐林区。近年来，由于各级党委、政府的高度重视，森林防火工作已作为森林资源保护的一项重要工作来抓。通过多年的努力和重点火险区等项目资金的支撑，全县现建立森林防火指挥中心1个，防火指挥车1台、扑火运兵车2台、防火物资库储备库1个、4个森林防火了望台，同时全县还有生物防火林带356km，以自然河流、道路、峭壁为体现的自然防火林带1497.2km，防火林道569km，林区防火线680km。自1997年以来，县森林防火指挥中心建立完善了各项防火制度，其中有领导责任追究制度，有宣传教育、措施落实制度，有奖罚制度、反馈制度，护林员值班巡逻制度；防火设施管理制度；野外火源管理制度；森林防火应急预案等各项规章制度。如今县森林防火指挥长由县人民政府常务副县长担任，森林防火指挥部办公室常设在林业局，在县森林防火指挥部的领导下，负责日常的信息汇总汇报、火灾预警监测和指挥协调工作。森林防火工作涉及多个部门，乡城县森林防火指挥部根据这一实际情况，将所有涉及森林防火工作的20多个职能部门纳入其成员单位，并以文件形式将县级领导、相关部门、林业局与各乡镇的森林防火联系关系，要求涉及领导和部门在每年的防火期内到各自联系点，指导和帮助所联系乡镇防火工作的实际困难和问题，确保部门与部门，部门与乡镇经常性地联动。2010年，乡城县成立了17支2360人的扑火队伍，其中专业扑火队一支50人，实行半军事化管理，配备打火专用器材，半专业扑火队4支160人，配备了相应的打火工具100件，义务扑火队12支2150人。2013年，在县委、政府的大力支持下，又在各乡镇公开招考了25名专业打火人员，负责在各乡镇进行日常巡护工作。通过建立以县、乡、村三级森林扑火组织为主，县各级森林扑火应急队为辅的森林扑火网络，全县森林扑火工作开展顺利，扑火队做到了召之即来，来之能战，战之能胜，确保了森林火灾的“打早、打小、打了”。

要做好森林火灾的预防工作，首先大力工号宣传工作，提高全民生态保护意识，形成全民参与，齐抓共管的良好态势，才能有效杜绝森林火灾的发生。为此，林业局干部职工以身作则，无论是下乡宣讲林果科技、办案调查、发放生态效益补偿资金，还是指导植树造林技术，只要有农牧民的地方，都会利用吃饭休息聊天的时间向大家宣传与林业相关的法律法规和森林防火知识。尤其是2013年乡城县开展群众教育实践活动以来，结对认亲、爱心帮扶活动的开展，更为干部职工提供了森林防火宣传教育的平台。每年的11月到次年的6月为乡城县的森林高火险期，在此到来前，由指挥长带领成员单位到各乡镇进行森林火灾隐患大排查。继续抓紧、抓好宣传动员工作，组织干部职工深入到各乡（镇）、村大张旗鼓地进行森林防火工作宣传，林业局更是充分利用广播电视不间断播报森林火险等级、流动宣传车、公布森林火灾报警电话、悬挂宣传标语条幅、建立永久防火大型宣传牌等形式建立立体全方位的宣传网络，特别是加强对重点人口的宣传和监管。宣传工作力求做到家喻户晓，人人皆知，做到不留死角，从而切实提高广大农民的法律观念、防火意识，形成干群联防的工作局面。目前，已基本做到无论是在什么地方什么人看见野外冒烟，林业局干部职工或者县森林防火指挥部办公室都能在第一时间接到报警电话。

层层落实责任，是夯实森林防火工作的基础。2014 年，县森林防火指挥部与各乡镇签订森林防火责任书 12 份，与林区施工作业单位签订森林防火责任书 38 份，各乡镇与各村组签订森林防火责任书 90 份，各村组与农户签订不在野外用火的承诺书 3700 份，全县发放森林防火入户通知书 5000 份，发放给中小学学生的一封信 1000 份，林业局举办森林防火培训会 3 期。高火险期内，县森林防火指挥部实行领导带班和 24 小时值班备勤制度，并不定期组织人员到全县 12 个乡镇就“两项制度”落实情况进行检查督导。

加大火源管理是做好森林防火工作的首要任务，森林防火期，坚决停止一切野外用火，对野外违章用火的，按有关规定从严从重处罚，坚决杜绝有令不行、有禁不止的现象。在火源管理上，一是由县人民政府出台文件颁布每年 1 月 1 日至 6 月 30 日为野外用火戒火期，停止一切野外施工作业，需进入林区者，一律要到县森林防火指挥部办公室申请办理入山许可证，方可进山。二是县林业局护林防火办与县森林公安局组成联合工作组对全县的重点林区实行不定期巡逻检查，一旦发现野外违规用火现象，将及时查处。巡逻组做到逢人必讲、见烟必查、见火就打，发现火险隐患及时发动护林员和各乡镇干部组织群众进行火险隐患整改。三是县护林防火指挥部的专业打火队队员自 11 月份以来，全面深入到各乡镇重点林区和主要积肥、集材地点进行护林防火宣传，并针对性的开展巡逻检查，每日将检查情况用电话的形式向指挥部汇报。各乡镇和林区施工作业单位也实行每日向县护林防火指挥部办公室报平安制度。

建立森林火灾联防区可以真正做到一方有难，八方支援，从而杜绝森林火灾向外蔓延扩散。乡城县是重点林区县，也是一个典型的内陆县，周边东与稻城接壤，南和云南省香格里拉县毗邻，西靠巴塘、得荣，北与理塘相连。防火边界线长、防火压力大。因此，早在 1988 年，就与云南省香格里拉县、稻城、得荣成立了“川滇两州四县森林联防区”，现在为每 2 年召开 1 次联防会议。

一旦发生森林火险，火情就是命令，县林业局领导班子成员必须迅速带队赶赴现场，根据火灾处置工作需要及时启动预案，向县委、县政府报告火情，并协助指挥长成立前线指挥部，结合火情制定扑火方案，并迅速召集专业扑火队和林业干部职工调配灭火设备赶赴火场，对初发火展开扑救工作。前线指挥部再根据火灾的形势研判是否调集火灾附近乡镇的村民参加扑救工作。扑火工作结束后，及时进行全面工作总结，重点总结分析火灾发生的原因和吸取经验教训，提出改进措施。

森林火灾的预防和扑救工作，是一项长期而艰巨的任务，只有充分的发动和依靠群众，宣传群防群治的良好态势，才能有效的保障森林资源的安全。

加强林业管理　做好林业工作

云南省富民县林业局　田　永

随着经济的快速发展和社会的不断进步，人们对生存质量和居住环境的要求越来越高，生态环境的重要性日益凸显。森林和树木有着良好的生态效益、社会效益，树木具有较好的杀菌、降尘、蓄水等功能，是空气的“过滤器”和绿色的“消声器”。大搞造林绿化，建设生态环境，实现经济社会可持续发展，是人类生存与发展的根本大计。林业既是生态建设的主体，又是生态安全的保障，更是生态文明的标志，担负着改善生态和林产品供给的双重使命，是人类与自然和谐发展的绿色纽带，在可持续发展中处于重要地位，在生态建设中处于首要地位，在建设社会主义新农村中处于基础地位。搞好造林绿化、改善生态环境，对于提升城市品位、优化投资环境、扩大开放和招商引资都具有十分重要的意义。

一、基本情况

富民县位于昆明市西北部，县城距昆明市区 23km，地理位置介于东经 102°21′~102°47′、北纬 25°08′~25°36′之间，东邻寻甸县、嵩明县，南接五华区、西山区，西与楚雄州禄丰县、武定县交界，北和禄劝县相连，东西宽 44.2km，南北长 51.6km，全县国土面积 993km^2。富民县辖 5 镇 1 个街道办事处，73 个村民委员会（居民委员会），564 个村民小组。境内居住着汉、彝、苗、回等 16 个民族，2013 年全县总人口 14.9 万人，其中农业人口 12.9 万人，占 86.6%，人口自然增长率 7.16‰，人口密度为每平方公里 153 人。耕地面积 17266.7hm^2，农民人均占耕地 0.5 亩；粮食总产量 64744.1t，人均占有粮食 364kg；城镇居民人均可支配收入 26318 元，农民人均纯收入 10016 元。

二、富民县林业生态建设现状及成效

在富民县委、县政府对林业工作的高度重视下，2010 年富民县林业局重新组建（1994~2009 年农业、林业合并，称为农林局），林业局组建以来，我县林业生态建设紧紧抓住产业规划、组织领导、政策宣传、技术服务、示范基地建设等工作重点，切实加强林业生态建设工作，近年来，富民县林业生态建设以党的十八届三中全会、中央经济工作会和习近平总书记系列重要讲话精神为指导，全面贯彻落实省委九届七次全会、市委十届四次全会、县委十五届二次全会精神，按照“五位一体”要求，结合富民县实际，以县城入口、城镇面山、河道两侧及武昆高速、轿子山旅游专线、昆禄公路沿线为重点的生态绿化及环境综合整治为突破口，进一步加强了生态绿化及环境综合整治工作，打造城乡良好的生态环境，并取得了明显成效。富民县2010年林业局组建以来共完成全民义务植树203.1万株；林业生态建设257519亩，其中：人工造林151508亩、封山育林40000亩、中低效林改造34500亩、森林抚育22000亩、苗木基地建设9511亩。主要工作成效如下：

（一）大力实施退耕还林，退耕增绿效果明显

以25度以上坡耕地、石漠化、城镇面山、“五采区”等难造林区域为重点，大力实施退耕还林工程，随着武昆高速、轿子雪山旅游专线相继通车，公路沿线面山及县城面山等区域显现出局部绿化效果不佳。多数区域为坡耕地或立地条件差的石漠化、难造林地、和五采区，绿化难度大，植被修复任务艰巨。为彻底改变这种状况，我们牢牢抓住实施退耕还林的大好政策机遇，在上述区域内累计实施退耕还林工程40550亩，主要以核桃、大树杨梅造林为主。

（二）推进核桃产业发展，促农增收致富效果明显

富民县县委、县政府围绕着省委、省政府提出的加快木本油料林建设步伐，力争到2020年实现全省农民人均拥有1亩核桃林的目标，结合富民县实际，提出了到2015年年末在全县范围内新建设12万亩核桃产业基地，使我县核桃种植达到20万亩的建设目标。按照县委、县政府提出的目标，截至2014年12月31日，全县共完成核桃产业基地建设16.71万亩。

（三）全力争创“国家森林城市”，城乡环境品质逐步提升

在创建“国家森林城市”进程中，我县属昆明市创森的重要组成部分之一，严格按照了市级创森指标科学有序的开展创森工作，将创建“国家森林城市”工作纳入了县“四创两争”工作体系。明确各成员单位“一把手”为创森工作第一责任人，按照“一把手负总责、分管领导具体抓”的要求，明确权限、分清责任，做到既有分工，又有兼责，保证了创森工作的有力指导和顺利开展。“创森”工作开展以来，共完成了城市、城镇绿化面积284.5亩，面山绿化面积17354亩，五采区植被修复1769亩，村庄绿化4041亩，道路绿化4594亩，河道绿化150亩，水源区绿化439亩，坟山墓地绿化908亩。

建成了一个占地面积150hm^2的龙腾主题森林公园。实现了县城建成区及6个乡镇所在地绿地率达到40.6%，绿化覆盖率达到45.09%，县城中心区人均公共绿地面积达到11.3m^2，全县森林覆盖率达到58%，林木绿化率达到62.9%的创森目标，配合昆明市成功取得了“国家森林城市”的荣誉称号。

（四）森林管护，巩固绿化成果

自实2011年施天保二期工程以来，全县共完成公益林建设封山育林40000亩，森林抚育22000亩，森林管护每年97.3万亩，聘请了300名天保专职管护人员进行森林管护，并对全县47.08万亩国家、省市级公益林进行生态补偿，每年将资金460多万元及时兑付到林农手中，通过政府和林农的重管护方式，使我县的森林得到有效的保护。

（五）积极开展面山生态修复，生态环境逐步改善

富民县面山生态修复工作以县城面山绿化、“五采区”植被恢复、石漠化及难造林地造林治理为突破口，以生态环境建设和产业结构调整为核心，以重点林业生态建设项目为支撑，以解决面山内群众生产、生活及后续发展等关系民生的重大问题为根本落脚点”的建设思路，进行生态环境建设。

通过人工造林、封山育林、补植补造，完成面山生态修复18296亩，其中：面山绿化完成9247亩，五采区植被恢复完成1839亩，石漠化及难造林地造林完成21500亩。并编制完成了城乡绿化实施方案、县城面山生态修复绿化方案和富民县城乡园林绿化暨林业生态建设规划，结合县城面山分布实际，以县城驻地为中心，沿重点交通沿线、重点水源区等面山为治理重点，积极构筑“北部辅城·富民新区”生态安全屏障。

（六）全力保护古树名木　传承绿色文明

2009年至2011年，县林业局对全县境内分布的古树名木种类、数量、古树名木等级、分布情况等进行了调查并实施了挂牌保护工作。并于2012年3月编制出版了《富民县古树名木》，得到了省市大力好评和推广，根据《富民县古树名木》统计资料显示，我县有树龄200年以上古树666株，古树群16片，古树名木除了枝繁叶茂的水土保持功能外，传承着深厚的文化因素。古树名木的保护为发展我县的文化生态旅游注入了活力，实现生态、文化、经济、社会四效合一，使古树名木成为我县生态文明建设见证的长青树。

三、富民县林业生态建设工作的主要做法

（一）科学规划

县林业局针对年度林业生态建设工作任务，及时与市林业局接洽，积极

向上级争取项目，项目任务下达时并组织专业技术人员到项目区域进行了地块的摸底调查，按照适地适树的原则编制了《年度项目建设建设实施方案》、《年度项目建设作业设计》。将各项任务全部分解到山头地块。

（二）加强组织领导，明确责任

各项林业生态建设项目均成立工作领导小组，领导成员分工明确，办公室工作人员责任到人，工作有人抓、有人管，项目实施时与实施镇（街道办）签定工程目标责任状，将任务、责任、质量等落实到山头地块及责任人，实行责任追究制，真正做到上下齐抓共管，把工程当做主要工作，加强领导，规范管理。在项目实施过程中，为严格把住工程质量关，县林业局实行局班子领导分片联系镇（街道），派出工程技术人员下到镇（街道办）跟班作业，实行技术承包责任制，加强现场监督和技术指导、质量检查监督工作。在项目实施前，加强培训或以会代训，让基层管理人员和技术人员掌握各项目的有关政策和技术要求，规范管理，确保工程质量。并推广林业先进技术，加强病虫害防治，以提高工程质量和造林成活率。

（三）建章立制，确保项目质量

县林业局与林业生态建设各项目工程专业施工队建立了较完善的质量保证办法。项目建设资金采用“3331”的拨款方式拨付，即：“建设工程验收合格后，第一年支付总造价的30%；第二年支付审计后结算价的30%；第三年验收合格后支付30%；第四年经县林业局最后组织一次绿化验收合格后，支付工程剩余10%尾款”，采取“3331”的付款方式，有效的确保了项目的质量。在项目实施中并对镇（街道办）实行末位淘汰制，通过年度自查验收，对工程实施效果差的镇（街道办），取消下一年的项目安排。

（四）注重后期管理、巩固建设成果

在退耕还林项目实施中，各级均成立了领导小组，行政村还单独成立了由村干部、护林员、农户代表组成的退耕还林管理小组，负责退耕地每年的管护、自查验收、上下联系等工作，检查结果在村黑板报上公示，对管护到位、保存率高的退耕农户给予一定的奖励（发一把锄头），对退耕地自查不合格的督促限期进行整改。“管理小组”还制定了《村委会对退耕还林区域封山育林的决定》，打印后分发给辖区内各自然村及相邻的其他自然村，并传达到放牧农户，做到家喻户晓。

（五）管护责任落实到专人

连片造林地块，都安排了护林员进行管护。护林员划片包管，负责检查、督促各农户地块的锄草、施肥、病虫害防治、查缺补苗等工作。护林员由林业站管理，同时接受村委会的工作安排，管护效果与季度考核挂钩，实行奖惩制度。

（六）实施“科技兴果”战略

在发展经济林的过程中，富民县始终坚持以科技为先导、实施“科技兴果”战略。在栽培区对果农、技术人员进行培训，同时介绍一些名特优新品种，正确的引导农户。如罗免镇则核村成立的“核桃协会”，专门为农户提供核桃高枝嫁接技术指导和整形修剪、丰产建园、农药使用等知识培训。

（七）示范样板建设，带动产业发展

富民县近年实施的省级陡坡地生态治理、市级退耕还林、核桃产业基地建设等项目均按高起点、高标准、高投入打造示范样板建设，为充分发挥样板的典型示范和带动作用，以核心示范为主和规模连片种植相结合的方式，按照标准化、规范化、规模化、区域化的要求，狠抓县、乡、村标准化示范样板建设。比如核桃产业基地建设项目，苗木采购及样板林施工采取公开招投标方式进行，造林由专业施工队中标后统一施工，施工结束后管护三年移交农户自行管护。所有示范样板均设立了标志牌，标明挂钩领导、责任单位、责任人、技术负责人、品种、种植时间、主要推广的技术、需要达到的目标等内容。县委、县政府将对各示范园、样板林的种植情况、种植水平、规范程度、产量、效益等情况进行考核，并纳入各责任人年度考核内容，对工作进展缓慢，未能完成预期目标，未达到预期效果的将严肃追究相关人员责任。

通过样板示范带动，发展一批专业大户、专业村，实行集中连片种植，逐步建成规模适度的集约化、专业化商品生产基地。

（八）森林面积增加，生态环境得以改善

富民县的林业生态建设项目主要是在河流两岸、公路沿线面山生态较脆弱的地块上进行，各项工程的实施让项目区的森林覆盖率平均提高了0.72%，随着幼林逐步郁闭，山变绿了，水变清了，自然灾害发生频率逐年下降，生态环境得到了很大的改善。

（九）项目区农民增收致富，建立长效机制相结合

农户不仅从项目政策补助中直接受益，而且促进了农村经济的发展，促进农民增收。农户栽植的核桃、板栗、杨梅、桃、梨、山楂等已逐步形成产业。富民县委、县政府紧紧围绕建设“绿色家园”和“现代新昆明的后花园”这一总体思路，发展特色林果产业，带动了一批林果企业及食品加工企业的发展，同时推出了果园休闲旅游，把林业发展与农民增收致富有机结合，在探索解决退耕农户长远生计问题方面做出了有益的尝试。

四、富民县林业生态建设工作中存在的问题

（一）资金投入不足

林业生态建设工作中，部分工程项目，尤其是面山生态修复工程无专项资金，投入主要靠整合各部门项目资金和自筹，社会的筹资渠道尚未形成，工程资金投入还有待提高。

（二）造林地块难选择，群众思想认识还有待提高

林业生态建设现存的可造林地块多属于石漠化、难造林地及“五采区”，立地条件较差，土层较浅，造林难度大；群众对林业生态建设工作的重要性和必要性认知度还有待进一步加强，造林立地条件好的地块属于农户的农地，农户基本不愿意用来营造生态林，即使宣传动员种植经济林后，管理也较为粗放，成活率较低，成效差，特别是集体林权制度改革后，随着土地价值不断升高，造成群众对营造公益林占地有抵触情绪，造成了一些项目难以实施，所以造林地块难于选择。

（三）抗旱保苗难度大

林业生态建设工程的造林地块水利基础配套不健全，苗木成活率不高，抗旱保苗难度大，部分造林地块多次补植补造，造林成本高。

（四）投入大、见效慢

林业生态建设投入大、见效慢、回收期长、短期内效益低，部分林农对林业生态建设的认识不足，不愿意在林业生态建设上增加投入，加之，城镇面山大部分耕地，农户未按照规划造林，自行种植了落叶树种，造成冬季看上去是荒芜的景象，景观效果较差。

（五）林业技术人员匮乏

机构改革后，镇（街道）林业技术人员严重不足，大部分不再从事林业工作，林业专业水平较低，致使各项林业工程的规划设计、自查验收、资源管理等工作均由县林业局直接承担，林业局人员有限，也难以把工作做细致，做扎实，制约了我县林业的快速发展。

（六）各部门间配合力度不够，规划难统一

林业生态建设是一项长期艰巨的工作，需要全社会的关注与支持，单靠林业系统一家实施，将致使部分项目难以推进，各部门间应通力协作，才能稳步推进我县的生态建设。在规划设计方面，各部门的数据难于统一，公路沿线面山及城镇面山大部分可造林地，均与国土部门、工业园区的土地地类有冲突。

五、富民县林业生态建设的对策

（一）深入贯彻落实党的十八大关于“五位一体”精神，大力推进生态文明建设

将效益不高的低质低效残次林、宜林荒山荒地、低产坡耕地、城镇面山、重点公路沿线面山等纳入生态文明建设规划，精心组织实施好重点生态文明建设工程，持续改善生态环境，积极开展集体林权制度配套改革，进一步加强森林资源保护管理，狠抓森林防工作火。

（二）以社会造林为主体，多渠道投资

积极引进、扶持企业，鼓励民营资本、个私企业投资生态文明建设，严格执行工程建设招投标、工程监理、质量责任追究等新机制，大力推进天然林保护、退耕还林、生态修复等重点工程建设，深入开展全民义务植树活动。

（三）加大生态保护力度

大力实施封山育林，健全管护机制，加强资金管理，确保国家、省、市各级资金补偿到位，进一步调动群众保护生态的积极性。

（四）全面推进以核桃为主的产业基地建设

抓好生态林业基地的经营管理，搞好早产、丰产示范。以示范基地带动企业、大户和广大农户，以高效益的生动事例来激发企业、大户和广大农户发展生态林业的积极性。

（五）进一步加强森林管护工作

继续强化技术培训、业务指导和现场监督，使基层管理人员和技术人员准确掌握生态文明建设过程相关政策和技术规范，确保建设工程质量，推动产业持续健康发展。认真开展了征占用林地的清理整顿活动，严厉查处各种破坏森林资源的违法犯罪行为，保护好全县森林资源。

（六）加强宣传

充分利用新闻媒体、网络、简报、信息以及实地参观等多种形式，介绍、宣传生态文明建设的社会、生态、经济三大效益，宣传我县生态文明建设的优惠政策、有利条件和现实意义，让群众了解生态文明建设的重要意义，提高广大群众对建设生态文明的认识。

作者简介：

田永，男，汉族，1967 年 3 月出生，中共党员，大学学历。现任云南省富民县林业局党支部书记、局长，富民县森林防火指挥部常务副指挥长。

自1986年12月参加工作起，历任镇人民政府副镇长、纪委书记、党委副书记、镇人民政府镇长、镇党委书记，富民县科技局长、科协主席等职。2010年7月至今，任富民县林业局党支部书记、局长，富民县森林防火指挥部常务副指挥长。

曾获“云南省社会治安综合治理工作先进个人”，“优秀党务工作者”，“全市林业系统先进林业干部”等荣誉。

落实依法治国　强化依法治林

云南省保山市隆阳区林业局　李奉波

党的十八大以来，习近平同志站在党和国家战略全局的高度，多次就法治建设发表重要论述，对推进法治建设作出全面部署，进一步指明了社会主义法治国家建设的方向和道路，丰富和发展了社会主义法治理论，充分体现了党的领导、人民当家做主、依法治国有机统一。

落实依法治国，林业怎么办？作为最基层的林业工作者，就是要强化依法治林，因为依法治林是依法行政、依法治国在林业行业中的具体体现，运用法律手段管理林业，保护森林资源，是依法兴林、加快林业发展的基础和根本。下面就如何强化依法治林谈谈自己的粗浅认识。

一、依法治林必须强化法治思维

运用法治思维和理念，要求我们干任何事情、做任何决策首先想到法律的规定，想到其是否合法。林业建设需要遵循的法律法规很多，不是每个人都能熟悉，但是只要有法律的意识，就会去学习、去探究。一些干部习惯于依靠政策、依靠行政命令，执法领域中存在的有法不依、执法不严、违法不究甚至以权压法、徇私枉法等突出问题，从根本上讲还是法治思维和理念没有建立。培养法治思维和意识，一靠学习、二靠实践。林业系统干部是依法治林的重要组织者、实践者，要自觉运用法治思维和方式去推进林业改革发展。

二、依法治林必须强化严格执法

“徒法不足以自行”，“天下之事，不难于法，而难于法之必行”。党的十八届四中全会也提出“法律的生命力在于实施，法律的权威也在于实施”。执法是依法治林的手段，是依法治林能否真正落实的关键。强化严格执法一方面要敢于执法，坚决处理违反林业法律法规的行为，尤其在林地征占用、林木采伐等重要方面要敢于碰硬；另一方面也要善于执法，防止因执法不规范导致工作被动。要落实好林业行政处罚五分离制度、行政处罚自由裁量权实施办法等制度，健全林业行政执法案卷评查、行政执法评议考评、行政执法过错责任追究制度。要加强行政执法与刑事司法的衔接，及时向司法机关移送涉林犯罪案件。

三、依法治林必须规范行政许可

林业行政许可通常也被人们统称为林业行政审批，是林业行政机关使用最频繁、最普遍的重要手段之一，与个人或者组织的切身利益密切相关。应当说，在林业建设和管理的各个方面都需要行政许可，行政许可也起到了重要作用。但也应该看到，在林业行政管理实践中，行政许可在使用中也出现了不少问题，如设定行政许可事项不规范，实施行政许可的环节过多，手续过于繁琐，行政许可时间过长，重许可、轻监督检查等，这些问题大大降低了行政管理效率，限制了对行政相对人合法权益的有效保障，长此以往，依法治林只能流于形式。若要坚持依法治林，改革林业行政管理方式，一个关键性内容就是改革行政审批制度，加强对行政许可活动的规范。要按照《行政许可法》的要求，对行政许可的告知、接件、审查、退件、决定、送达等环节，制定相应的工作标准，使行政许可做到“行为规范、管理规范、程序规范”。同时完善并联审批、网上审批和后续监管等制度，优化行政审批办事流程。

四、依法治林必须强化执法监督

要加强对林业内部权力的制约，将财政资金分配使用、行政审批、政府投资、政府采购等纳入重点监督范围。要全面推进政府信息公开，重点公开财政预算、公共资源配置、重大建设项目批准和实施、社会公益事业建设等信息。各级林业部门要适应和服从来自党委、政府、人大、政协、新闻媒体、社会公众的监督，及时回应社会关切，确保林业工作始终运行在法治的轨道上。

五、强化依法治林必须强化普法教育

普法是依法治理的关键，要广泛深入宣传森林法、野生动物保护法、云南省林地管理条例、退耕还林条例、自然保护区条例、植物检疫条例、森林防火条例等林业法律法规。要坚持和完善法律知识考试考核制度，完善林业行政执法人员持证上岗制度。要适应形势变化，广泛开展“法律七进”活动，重视运用互联网等传播手段丰富林业法治宣传教育，切实增强全民林业法治意识。

强化森林资源管护
全力保护好西藏的碧水蓝天

西藏自治区林业厅 雷桂龙

西藏地处祖国西南边陲，是青藏高原的主体，是世界山地冰川最发育的地区，是我国和亚洲重要的江河源头，是维系我国和东亚气候系统稳定的重要屏障，生态地位极其重要。同时，西藏生态又极其脆弱，一旦遭到破坏，很难恢复甚至无法恢复。中央第五次西藏工作座谈会明确指出："确保西藏生态环境良好"、"要更加注重保护高原生态环境"、"使西藏成为重要的生态安全屏障"。近年来，在西藏自治区党委、政府的坚强领导下，林业事业沐浴着党的雨露和改革的春风，取得了长足发展。西藏务林人，用心血和汗水、忠诚和奉献，艰苦创业，奋力拼搏，护千山，植万林，以汗水为彩墨，用巧手绘丹青，浓墨重彩地描绘了一幅绿海碧涛的壮美画卷，谱写了一曲人与自然和谐的动人乐章，西藏高原生态环境得到明显改善，为构建国家重要生态安全屏障作出了重要贡献。我们的主要做法是：

一、强化组织领导，坚持高位推动资源林政管理

西藏森林面积1471.56万hm^2，居全国第5位；活立木总蓄积22.88亿m^3，居全国第1位。为保护好这些珍贵的森林资源，近年来，我们一直坚持高位推动资源林政管理工作。一是坚持把资源林政管理摆上重要位置。自治区党委、政府高度重视资源林政管理工作，自治区主要领导、分管领导经常在大会、小会上强调：要按照习总书记的指示，保护好雪域高原的一草一木、山山水水，努力构建国家生态安全屏障。自治区先后出台了《西藏自治区林地管理办法》、《西藏自治区公益林管护办法（试行）》等一系列政策措施，为强化资源林政管理提供了有力保障。二是建立森林资源管护领导干部任期目标责任制。我们认真落实政府主要负责人是林业建设第一责任人、分管领导是林业建设主要责任人、林业部门主要领导是林业建设直接责任人的制度，建立和实行森林资源管护领导干部任期目标责任制，全面加强对森林资源管理工作的领导。三是全面落实公益林管护责任制。县政府负总责，县林业局

为监督部门，责任区内的乡镇人民政府为管护责任单位，负责与责任区内的每户村民签订公益林管护合同。从县到乡到村逐级签订了目标责任状，实行一级抓一级，一级对一级负责。由于管护模式不同，西藏有的乡村全体村民人人都是管护员并在参与管护森林中得到了实惠，人均年可得管护费 5000 多元。四是坚持督查考核和典型带动并举。自治区林业厅将森林资源管护工作纳入年终考核并将考核结果通报全区。2014 年我们在林芝地区工布江达县召开全区森林管护工作现场会，抓住先进典型，在全区宣传推广，涌现出了工布江达县、波密县等全区森林资源管护工作典型。工布江达县已连续 30 多年未发生森林火灾。

二、坚持改革创新，深入推行资源林政管理依法行政

按照发展生态林业、民生林业和建设生态文明的要求，我们坚持改革创新，深入推行资源林政管理依法行政。一是加强对木材经营（加工）单位的清理整顿。从 2010 年开始，我们组织力量对重点林区内的木材经营（加工）单位进行彻底的清理整顿，采取“一刀切”的办法，依法取缔承包给个人的木材加工场（点），仅林芝地区就从 63 处 84 台减少到 10 处 12 台。二是强化林地管理。按照“统分结合、总量控制、突出重点、有效监管”的原则，依法依规保护林地，坚持不以牺牲林地、破坏生态环境为代价来换取经济增长。从 2014 年 11 月 13 日开始在全区范围内开展为期 2 个月的非法侵占林地清理排查专项行动，对拉林高等级公路违规使用林地的业主单位自治区交通厅罚款 732 万元并上缴国库。三是组建公益林专业管护队伍。2014 年，我区确定拉萨市林周县等 19 个县为公益林专业管护试点县，每县试点建立一支公益林专业管护队伍，每支队伍由 5 名专业管护员组成，19 个公益林专业管护队伍已组建完成，地方财政已拿出 5000 万元资金启动了 19 个试点县专业管护站站房建设。此举得到了自治区人民政府及分管领导的充分肯定。四是开展专项打击行动。坚持严格规范公正文明执法，始终对乱砍滥伐破坏森林资源违法犯罪活动保持高压态势，依法开展专项打击行动。2014 年全区案件发生总数与 2013 年同期相比总量呈下降趋势，同比下降 32%，案件查处率 90%以上。

2015 年是“十二五”的收官之年。我们将认真贯彻落实中央和自治区有关会议精神，进一步采取有效措施，加大工作力度，不断开创资源林政管理工作的新局面，为实施生态兴藏战略、推进美丽西藏建设、保护好西藏的碧水蓝天作出更大的贡献。

加强森林资源的保护与管理
做好森林防火工作

西藏自治区边坝县林业局　益西次仁　格桑旺姆　罗布次仁

我局在县委，县府的坚强领导下，在上级业务部门的大力支持下，以邓小平理论和“三个代表”重要思想为指导，认真贯彻落实党的十八大和全区林业工作会议精神，以现有森林资源的保护与管理为中心的工作重点，较好的完成了各项工作任务，充分发挥了林业部门的职能作用。现将 2014 年林政管理暨森林防火、造林绿化工作汇报如下：

一、森林防火工作开展情况

森林防火工作事关社会经济发展和社会长治久安的一件大事，与农牧民的生产生活息息相关。我局在县委、县府的正确领导下，深入贯彻落实森林防火的方针、政策、法令，进一步强化森林防火目标管理和责任制的落实，努力提高我县预防和扑救森林火灾的综合水平。

（一）加大防火宣传力度

森林防火工作重点面向林区，面向基层，面向农牧民群众，加强宣传防火方针、政策、法令是极为重要的，为此，进入防火期，我局多次下发《森林法》、《森林防火条例》、《西藏自治区森林防火实施办法》、《西藏自治区森林防火戒严令》、藏汉兼备的防火通知，深入重点林区、重点地段、入山路口从事巡山活动，加强未雨绸缪，消除火灾隐患现象。

（二）强化火源管理

积极采取有效应对措施，发布森林防火戒严令，在森林防火戒严期，严格用火制度，实行“七不准、八不烧、一禁止”。停止一切计划烧除和打烧隔离带工作；林区遇 5 级风以上高火险天气，要禁止一切野外生产生活用火，对林区城镇、村屯的生活用火也严加管控，严防家火引起山火；对痴、呆、傻等特殊群体落实专人监护。各级森林防火指挥部及成员，要切实承担起职责，深入责任区，采取有效措施，认真组织把住入山道口，严管野外火源。了望、监测、巡护人员时刻保持高度警惕，加大监测巡查密度，及时观测、掌握和报告火情动态。对重点区域和关键部位，要重点防范，死看死守，确保万无一失。森林公安机关要紧急行动起来，切实加大火案查处力度，做到见火就查、违章就罚、犯罪就抓，从快从严打击各种涉火违法犯罪。

（三）落实森林防火责任

一是实行森林防火工作由一把手亲自抓、具体抓，其他领导协助抓的工作局面，建立县级干部森林防火责任联系点，对全县9乡2镇进行分片包干，按照“谁主管，谁负责”的原则，实行一票否决制；二是层层签订了森林防火责任状，各乡（镇）主要领导和主要负责人必须认真履行防火第一责任人和主要责任人的职责。森林防火期间，各乡（镇）领导要把重点林区作为防火责任区，分配给各乡（镇）护林员负责，实行分片包干、责任到人的方法，死看死守。并组织护林员经常性巡山，从而真正发挥护林员的护林防火作用。

（四）切实增强森林防火工作的责任感

各级森林防火指挥部、林业主管部门从维护林区、社会稳定，保护生态建设成果，充分认识当前森林防火面临的严峻形势和做好森林防火工作的重要意义。对国家和人民群众生命财产高度负责的态度，认真贯彻落实《国务院办公厅关于进一步加强森林防火工作的通知》精神，保持百倍警惕，确保森林防火工作不出任何纰漏。

（五）充实完善森林防火应急预案

我县对以前的森林防火应急预案进行了完善，使预案更有可操作性，县委、县府对下一步森林防火工作进行了安排部署，并对森林火险形势进行了分析，明确高火险时段、重点防范区域和火源分布情况，熟悉掌握了林区水源分布和林区道路情况，我局对防火设施设备进行了维护检修，交通工具、卫星电话都处于良好状态，如发生森林火灾能确保畅通无阻，对以前防火设备不足，县府高度重视，于去年12月份购置了足够的防火设备，做到了防患于未然。

（六）督促护林员发挥护林防火的作用

要求各乡（镇）必须要强化火源管理工作，安排本乡护林员在重点林区、重点地段、入山路口进行重点防范，对未许可擅自在林区内从事放牧、采集、过往等活动的人吸烟、烧火取暖、做饭等用火者，要按有关规定从重查处；发现火情时，立即向森林防火指挥部报告。

（七）加强值班制度，及时妥善处理火情

进入森林防火期，林业主管部门和森林防火办公室实行领导带班和24小时值班制度，杜绝脱岗、漏岗现象，确保防火信息畅通，加强与县委、县府信息管理部门和新闻单位的沟通协调。严格按照森林火灾报告制度规定的渠道和内容，及时准确上报各种火灾信息，不迟报、瞒报、乱报。对贻误战机，并造成重大火灾损失的依法追究有关人员的责任。

二、森林资源保护

始终把管死公益林作为维护生态安全的重要保障。实施森林生态效益补偿基金项目，实现了森林生态效益由无偿向有偿的转变，是推进林业历史性转变的重大决策，是我县农牧民最可靠的长效增收项目，实现林业跨越式发展的需要，使全县森林资源得到了全面有效的管护。在怒江流域和生态环境脆弱区域实施了国家、地方公益林，我县 5188095 亩森林纳入中央财政补贴范围，每年补偿资金达 15564285 元，其中：重点公益林面积 691875 亩，地方公益林 4496220 亩。

（一）林政管理

一是认真落实林木限额采伐制度，完成了全县安居工程木材采伐和运输；二是进一步规划木材市场，加强家俱店的监督检查与管理。三是狠抓林政案件查处，严厉打击非法采伐、运输木材行为；进一步规范征占用林地审核、审批、补偿工作，打击非法征占用林地行为。

我县目前有 9 个木材检查站，其中：1 个自治区级木材检查站、8 个县级检查站，为了更好地保护好现有的森林资源及林业秩序走上正规化，加强木材检查站的管理，维护正常的木材流通秩序。一是加强木材检查站管理力度，充分发挥木材检查站在保护森林资源中的基础作用。2012 年 11 月至 2013 年 5 月中旬，我局在各木材检查站开展了专项整治和木材流动巡查，严厉打击了违法分子的嚣张气焰，维护了木材检查站的尊严；二是加强对木材检查人员的培训和管理，定期不定期地监督检查各检查站。

（二）公益林管护

根据地区林业局举办的林生态效益补偿基金培训班培训内容和《森林生态效益基金项目森林资源保护与管理》资料内容，2011 年 9 月，以林业主管领导亲自带队组成工作组，深入各乡镇开展生态林管护模式调研报告，通过召集人员、进村入户等方式方法，探索讨论适合本乡镇本村、本地的森林资源的管护办法及生态公益林管护模式。根据我县启动的公益林管护情况和此次调研结果，调整我县原来管护模式，把重点公益林与地方公益林融合在一起，实行联户管护和集体管护两种模式，共安排管护人员 5790 人。

联户管护：即股份均山，将生态林面积和管护权落实到 11 个乡（镇）、

82个行政村（居委会），以行政村为单位，每户选派1名护林员联合进行管护。特点是联户托管，共同管护，责任同担，按股分利，利益共享，群护群治。每个参与管护的村庄经选派和村组选举相结合方式选出1名组长，1至5名副组长，所选聘的管护人员必须全部熟悉管护区“三情”（即村情、山情、民情），在具体到各村庄管护中，明确村属地界、四至界限，使每个村庄的管护界线相连，对全县森林面积实行全部管护，不再以责任区的形式划分，避免群众对责任区划分界限的认识不清，更好地对全县的森林资源进行管护。此次实行联户管护的公益林面积496.0449万亩，参与到公益林管护的共有5763户（管护人员5763人），占全县总农牧户（5817户）的99.07%。

集体管护：根据公益林面积和分布情况，对位置特殊的管护区域，指定管护人员，并签订合同，将管护责任落实到山头、地块、人头，集体管护面积22.7646万亩，参与管护人员27人。

通过调整我县原来管护模式，把重点公益林与地方公益林融合在一起，实行联户管护和集体管护两种模式，有效地增加了群众收入，使天然林资源得到了有效保护、恢复和发展，达到了资源共管及资源共享的目的。

三、造林绿化

自2007年来，全县累计完成重点区域造林22655.5亩，其中：2014年共完成重点区域造林6546亩，其中：沙丁乡4429.4亩、都瓦乡925.8亩、边坝镇1190.8亩。我局坚持实施好国家、地方公益林造林，加快林业造林工程的建设，我县森林资源与2001年相比发生了较大的变化，林分结构不断改善，林分质量不断提高，森林资源不断增加，生态功能逐步增强。林地面积由377731hm^2增加到388572.847hm^2；森林覆盖率由41.74%提高到42.91%，林木绿化率达到43.11%。

（一）加强组织领导　强化责任

为确保我县造林绿化工作任务高质量完成，政府将造林工作列为每年政府工作的重点，纳入重要议事日程，成立了以政府主要领导为组长，分管领导为副组长，相关乡镇领导及县林业局、政府办公室、宣传部等部门为成员单位的领导小组、设立了专门的办公室。同时建立了责任制、政府主要领导负总责，分管领导具体抓，实施乡镇具体落实，层层负责，一级抓一级。

（二）早计划　早准备　早安排　早落实

我局以高起点、高标准、快起步、求实效出发，认真做好干部包片、任务落实、先期资金投入、质量标准、技术服务、督查考核的“六个到位”工作机制，细化造林绿化规划，提前林业分管领导深入到实地进行调研，联系上级部门做规划，完成规划后，精心准备，提前联系预定树苗，制定方案，做好了宣传动员。从拉运树苗开始，派专人负责树苗质量和安全，保证每年3月中旬开始实施，3月底4月初完成任务。在实施过程中，林业局干部包片，注重技术，跟踪指导服务，从挖坑、培土、株引距及新栽幼树的扶正踩实、浇水等环节都进行现场指导，全程跟班作业，全程监控。

（三）严格后期管理

我县对所有的造林项目都实行责任承包制，明确了谁种树谁管理的原则，一是地边采取打土墙、围糍粑围网围栏、修水池等方式进行基础设施建设。二是根据天气情况适时组织群众进行浇水，采取人工、抽水、洒水车等方式进行。三是在有利条件的东卡山、扎色玛、江果麦修建引水土渠3条，总长5000m。四是做好历年造林项目补植补栽工作。五是做好宣传工作，植树造林是一件功在当代利在千秋的工作。

日喀则保护发展森林资源目标责任制建立和执行情况

西藏自治区日喀则市林业局　宋国军

根据《国家林业局驻成都专员办关于对亚东县开展保护发展森林资源目标责任制建立和执行情况检查的通知》（国林成监［2014］38号）的要求，我地区对建立和执行“十二五”期间保护发展森林资源目标责任制情况进行了自查。

一、基本情况

全地区有林地总面积122.80万hm^2（其中森林面积11.97万hm^2），灌木林面积110.25万hm^2，蔬林地509hm^2，活立木蓄积量3256.7万m^3，森林覆盖率为6.81%（2002年森林资源二类调查数据）。其中5个有林县（亚东、吉隆、定日、定结、聂拉木）森林主要分布在与不丹、锡金、尼泊尔交界的喜玛拉雅山南坡，森林覆盖率相对较高，其余雅江中上游的森林覆盖率不足2.3%。五县森林主要树种有铁杉、乔松、冷杉、落叶松等。珍稀树种有楠木、长叶云杉、长叶松、喜玛拉雅红豆杉等。

我地区物种多样，资源丰富，由于我地区地质地貌结构多样，为野生动物的栖息繁衍提供了有利条件，加之野生动物保护工作的加强，野生动物品种群数量明显增加，据初步统计哺乳类动物有50多种，鸟类200余种，两栖动物8种，爬行动物6种，重点保护野生动物种类繁多，共有雪豹、黑颈鹤、长尾叶猴喜马拉雅亚种、喜马拉雅塔尔羊、野牦牛、藏野驴、红斑羚、藏原羚、麝等国家级和自治区级保护野生动物50多种。

二、保护发展森林资源目标责任制建立和执行情况

（一）建立保护发展森林资源责任制

地委、行署对保护发展森林资源历来高度重视，做到有组织部署、有资金投入、有检查考核。专门成立了由行署专员任组长、分管林业副专员为副组长，林业及相关地直部门，各县（市）负责人为成员的领导小组。2011年

8月，在日喀则召开的全区林业现场会上，自治区人民政府和七地市签订了《西藏自治区"十二五"期间保护发展森林资源目标责任书》，随后，我地区行署和各县市人民政府、各县市人民政府与各乡镇人民政府分别签订了《"十二五"期间保护发展森林资源目标责任书》，层层落实责任制。2011年以来，我地区每年组织检查组深入各县市、各乡镇进行保护管理森林资源目标责任制的各项工作检查，总结经验，对保护发展森林资源工作中存在的问题及隐患，及时下发了整改通知，限时整改。按照年度进行保护管理森林资源目标责任制的考核，按考核实绩兑现奖惩，确保了保护发展森林资源目标责任制的贯彻落实。

（二）森林资源培育成效显著

"十二五"期间，我地区积极采取多种措施，不断加快造林绿化进程。截至目前，完成各类造林绿化91.7万亩，其中重点区域造林15万亩，义务植树2万余亩，拉萨及周边地区造林9.4万亩、封育10万亩，退耕还林（荒山荒地造林）5万亩、封育2.6万亩，高原生态安全屏障防护林建设6.5万亩，防沙治沙工程中完成砾石压沙和封育共27.8万亩，雨季沙棘造林1400亩，育苗1730亩。除2014年草方格5.2万亩和未完成造林部分待雨季来临后实施外，每年的造林任务均圆满完成。一是顺利完成重点区域造林任务，严格按照《作业设计》，先后实施了日喀则市曲美乡（西郊）、萨迦县扯休乡、日喀则市东郊至大竹卡、南木林县雅江北岸生态示范园等工程项目。从造林到浇水、架设网围栏、后期管护均雇佣当地民工，从而有效促进了造林地成活率、保存率、合格率，为当地群众增加了现金收入。二是实施《高原生态安全屏障保护规划》，狠抓重点区域造林、防护林体系、防沙治沙和迹地更新等生态工程，先后在日喀则市周边沙化严重地域（市区北郊、江当乡等），实施防沙治沙和防护林体系绿色工程。总概算投资2900万元的国家生态安全屏障建设项目：珠峰自然保护区基础设施建设工程可行性研究报告正处在编制阶段。三是狠抓退耕还林工程，先后在我地区6个试点县实施退耕还林工程，在林业厅、财政厅等联合检查的基础上，对存在的问题及时进行整改，2014年将迎接国家级巩固退耕还林成果检查。四是造林质量达标情况。年均降水量在400mm以上的地区及灌溉造林，造林成活率均在85%以上，年降水量在400mm以下地区，造林成活率均达到70%以上。造林面积保存率由于部分种植在河滩地，导致造林地遭到季节性洪水破坏。五是造林后期管护责任落实情况。我地区加大了对造林后期管护工作力度，每年都与各县乡政府签订管护责任书，落实护林员，从制度上减少人为破坏或牲畜损坏造林地等现象的发生。

（三）强化森林资源保护利用管理

我们始终坚持森林资源保护优先的原则，在发展中保护，在保护中合理开发利用，把管理工作作为保护利用首要前提。一是森林采伐管理工作。我地区高度重视森林采伐管理工作，从2007年取消了商品材和群众自用材，目前只有薪炭林和竹材采伐指标，结合地区实际，科学合理安排使用采伐指标，并严格实施责任追究制度。充分发挥木材检查站的职能作用并把木材检查站建设当成加强资源林政管理的重要工作来抓，目前共有木材检查站5个。二是生态公益林得到切实保护。2004年我地区被正式列入森林生态效益补偿基金实施范围，目前已有1786.15万亩公益林被纳入了中央财政森林生态效益补偿基金补偿范围，截至2013年国家已累计投入管护费达3.14亿元，并全部兑现到管护人员手中。全地区18个县（市）的重要江河源头，江河两岸和国家级自然保护区内的森林资源得到了有效保护。土壤沙化和水土流失得到有效遏制，生态环境得到明显改善，人民群众现金收入得到提高。三是严格林地管理。近年来，我地区各级林业主管部门通过狠抓林地保护法律、法规和政策的宣传落实，林地保护管理工作逐年得到了加强；清理和打击毁林开垦、乱占林地违法案件取得了一定成果；建设工程使用林地经林业行政主管部门审核率和森林植被恢复费收缴到位率大幅度提高。三年多来按照程序办理了占用征收林地23宗。四是摸清家底。积极配合国家林业局中南院及区林业调查规划院完成了我地区森林资源连续清查第二次复查工作和县级林地保护利用规划工作，配合国家林业局西北院和区林业调查规划院完成了全地区森林资源二类调查工作。五是案件查处情况。截至2013年年底我地区共受理和查处各类林业行政案件和刑事案件32起，没收木材3m^3、收缴野生动物制品藏狐狸皮96张、藏羚羊头26件；其次受理森林和野生动物行政案件28起、查处28起、处理44人、罚款22500元；受理刑事案件4起、查处3起。

（四）森林防火工作进一步加强

“十二五”期间我地区通过实施重点森林火险区综合治理一期工程，五个有林县森林防火设施设备得到了进一步的改善，主要建设内容包括修建瞭望塔9座、防火检查站6座、防火物资储备库560m^2、车库340m^2、防火宣传警示牌700块、防火道路10km；增添森林防火指挥车6台、巡护摩托车18台、部分扑火机具设备及防火办所需办公设施设备，且通过自治区防火办陆续给五个有林县发放灭火水枪1180支，防火服450套，阻燃指挥服

34套，塑料桶1240个，砍刀940把，对讲机30部，背扶式电台2部，油锯40台，卫星电话2部，GPS定位仪10个，强光手电筒30个等防扑火设备。我地区森林防火实现了连续四年无森林火灾的好成绩。一是认真落实森林防火责任制。按照《森林防火条例》的规定，我们充实和调整了各级森林防火指挥机构工作人员，从地区到五个有林县、13个有林乡镇，全部建立了森林防火指挥机构；从地区到乡村层层签定《森林防火目标管理责任书》，制定了《日喀则地区森林防火应急预案》和《日喀则地区森林防火四查制度》既：护林员巡查工作制度、森林火灾隐患排查制度、县政府监督检查制度、地区林业局和武警日喀则森林大队抽查制度；层层把责任落实到林区基层，落实到山头地块，落实到防火第一线，强化和完善了森林防火行政领导责任制，形成了政府负总责，林业主管部门具体抓，森林防火指挥部成员单位各司其责的责任机制和各级政府主要领导是第一责任人，分管领导是主要责任人，林业主管部门是直接责任人的制度，做到了一级抓一级，层层抓落实，明确分工，责任到人的森林防火工作格局。二是积极采取措施强化管理。严密防范，依法严管入山火源。在重要林区、重要火险区、敏感地区和火警火灾多发区严密防范，加大巡查盘查力度，设立防火检查站，严格检查过路人员，做到路有人守，山有人看，切实把火源堵在山下林外。同时我局每年10月份森林防火期临近前下发森防工作安排意见，局领导带队组织工作组重点检查森防工作，严格执行森林防火值班制度和领导带班制度，坚持24小时值班制，做到一旦发生火情，立即上报和扑救。加大检查巡山力度。要求各责任区必须做到每天巡山检查、每天进行汇总，实行日报告制。在防火戒严期内禁止一切野外用火。对痴、呆、傻等特殊群体要订立监护合同，落实专人监护。认真组织开展“两监管三检查”活动，即严格监管野外用火、严格监管特殊人员，按月进行例行检查、对重点时段要专项检查、对关键部位要反复检查。三是加强边境森林防火协商机制。为有效消除边境森林火灾隐患，从2007年开始我地区通过外事部门与各县森林相接壤的邻国县、村负责人以会晤形式，共同协商边境森林防火事宜，以本着“看好自己的山、管好自己的人、办好自己的事”的原则，双方就开展边境森林防火联防工作达成了共识，在每年森林防火期到来前，双方对应的边境森林防火联防联络站举行定期会晤，商讨防火形势、应对措施及需共同做好火灾预防和扑救事项；遇有突发边境森林火灾，双方联络站应及时开展紧急会晤，交换火情信息，研究扑救措施，落实支援事宜。与此同时，为了进一步保护好中尼、中不边界的野生动植物资源，五个有林县分别与尼泊尔、不丹官员就保护野生动物和林下资源安全等方面进行协商并制定了相关制度。在刀耕火种及边界火源管控工作所产生的费用由中方进行补贴。且每年森林防火期雇佣172名境外林火监管员，每人每月300元人民币的劳务报酬，雇佣上述境外林火监管员让我方及时准确地了解和掌握境外火源基本情况，而且对我方安排防扑火工作提供了科学的依据，为管控边界森林火灾起到了至关重要的作用。

（五）大力加强生物多样性保护

一是加大野生动植物保护的宣传教育。充分利用2月2日世界湿地日，3月综治普法宣传日、5月22日保护野生动物日等重要节点，大力宣传《中华人民共和国野生动物保护法》、《自然保护区条例》、《西藏自治区野生动物肇事补偿办法》（第95号主席令）、《西藏湿地保护条例》、《西藏野生植物保护办法》等相关法律法规，以此提高群众的保护意识，积极争取广大群众的理解和支持，达到共同参与保护工作的目的。长期在居民集聚点、特别是通过在各林区主要交通路口张贴《中华人民共和国野生动物保护法》、《野生植物保护条例》、《西藏自治湿地条列》等法律法规和相关野生动植物图片，使野生动植物资源保护工作做到家喻户晓，以此提高保护法律意识。二是加强现有森林资源保护。严厉打击一切人为破坏野生动植物生境的破坏行为，为野生动植物提供良好的栖息环境。保证野生动植物有良好的生存、繁衍环境。把保护野生动植物任务纳入到各护林员及疫源疫病检测人员职责合同书内。切实把保护我地区珍稀野生动植物工作责任落实到位。三是依法严厉打击各种破坏野生动植物资源的违法犯罪活动。我地区组织全地区林业执法人员开展专项严打活动，采用突击检查方式对野生动植物资源较丰富区域进行排查，积极查处各类违法案件，从源头上遏制乱捕滥猎、乱采乱挖等破坏野生动植物资源的行为，加强对野生动植物及其产品的收购、经营、运输等环节的检查监督，从流通领域杜绝各种违法犯罪活动。四是自然保护区管护能力和水平得到了不断提升。先后投资137万元，完成了珠峰自然保护区监控设施建设工程，部分重点区域实现了国家重点保护动植物24小时监控保护。珠峰保护区雪豹保护与研究列入重要议事日程。珠峰自然保护区管理局拟订与有关民间组织合作，成立珠峰雪豹保护中心，并在今后3年中投资500万元，启动珠峰自然保护区雪豹种群数量及其栖息地状况调查，广泛开展公众保护雪豹宣传教育活动。2013年实施了雅江中游河谷黑颈鹤国家级自然保护区二期建设项目，总投资380万元，建设了日喀则、南木林、拉孜3县市管理分局附属用房和5个管理站，配备了相关设施设备，落实了管护员33名；实施了陆生野生动物疫源疫病监测站建设项目。五是加大湿地资源保护。2013年我地区成立了正科级事业单位湿地管理局，进一步加强了湿地资源保护。建立了自治区级昂仁县桑桑湿地自然保护区，正在组织实施马泉河、多庆错湿地保护与恢复工程项目，做好施工图编制、招投标以及施工建设等各项工作，截至目前我地区湿地专管人员有62人。针对征占用湿地资源现象，制定严格的从下而上的呈报制度，要求施工单位或个人必须要通过县林业局逐级上报审批方可施工，否则不予施工等有效措施，制止了征占湿地或改变湿地性质的案件发生。

（六）不断推进林业有害生物防治工作

随着日喀则地区造林迅速的加快，人工造林面积逐年增多，且气候干旱，大部分人工林处于中、幼林阶段，易遭病虫危害。2012年日喀则市联乡爆发自治区补充检疫对象青杨天牛疫情，发生面积1000余亩，疫情辐射到年木乡、江当乡，2013年春季日喀则市周边春尺蠖危害面积达2000余亩，均调动大量的人力和物力进行除治。在加强病虫害防治工作的同时，切实加大了调运苗木的检疫力度，随着地区造林任务的不断加大，各涉苗单位跨省调运苗木的数量也在逐年增加。2013年在苗木复检的工作中，针对违规调运和携带危险性蛀干害虫等行为，我局共处罚10家企业或个人，32车次，共处罚金额286934元。严把了苗木入口关。

三、森林资源管理工作存在的问题

近年来，我地区森林资源保护与管理工作取得了明显的成效，但仍然面临许多问题，森林资源保护与管理工作依然任重而道远。目前比较突出的问题主要有以下几个方面：

（一）林地流失严重

由于历史等各种原因，我地区在林地管理方面相关的政策法规还不完善，管理机制和执法队伍不规范不健全，尤其部分地方领导干部对林地管理重要性认识不到位，致使毁林开垦和各项工程建设项目征占用林地未能严格按照相关规定执行，造成林地严重流失。

（二）对管护员的监督力度不到位

虽然各县（市）林业部门与管护员签订管护合同，明确管护责任区，但是林业部门对管护中坚持上岗巡护的监督不到位，时有盗伐和人畜破坏林木及滥猎野生动物的事件发生。

（三）人员编制少、基础设施建设滞后

我地区现有木材检查站五个，林业工作站三个，多数是缺编少人，加之由于投入资金不足，致使木材检查站、林业工作站办公场所条件差，大部分县无职工住房，仪器设备和交通工具短缺，尤其地处偏远，信息闭塞，通信不畅通等因素，严重影响到基层林业职能的发挥，严重制约着我地区林业又好又快发展。

四、加强森林资源管理工作的对策建议

1. 为了加强林地的保护，合理开发利用林地资源，我们将紧紧抓住林地管理工作的弱点、难点和重点，在国家林业局和区林业厅的大力支持下，在成都专员办的监督指导下，采取严厉措施，坚决打击毁林开垦和乱占林地的行为。一是加大非法征占用林地的打击力度，加强与有关部门的沟通衔接和政策宣传，对未批先占项目补办手续进行了重点督办；二是对征占用林地新建项目严格按照《占用征用林地审核审批管理办法》的规定办理，严格审批程序；三是指定专人负责征占用林地的定期督办工作，随时跟踪掌握征占用林地项目的进展情况；四是帮助用地单位协调国家林业局中南院和自治区林规院，对申请项目进行项目使用林地可行性研究报告和查验报告；五是开展2010～2020年县级林地保护利用规划，对占用征收林地进行定额限制，使林地保护管理逐步走上节约用地、科学管理的轨道。

2. 加大农村能源建设的力度。农村生活能源消耗占森林资源总消耗的50%以上，广大山区由于经济文化落后，农民习惯了传统的能源消耗方式，生活能源对森林资源依赖性强，乔木、灌木、草本、树根成为能源消耗的主要对象。如何有效地保护森林资源，维护生态，采取有效措施高度重视农村能源建设，将其摆在可持续发展的战略高度来认真对待，在农村能源建设方面，沼气建设、太阳能建设来解决农牧民生活所需的能源问题。

3. 加大基层基础设施建设。为进一步加强基层林业站基础设施建设，增强林业站有效履行职责的能力，建议上级林业主管部门对基层林业工作站配备必要的设施设备和办公用房、职工住房进行新建或维修改造，以解决乡镇林业站基础设施落后的问题，也成为基层林业职工迫切要求解决的民生问题。

4. 由于基层单位设备落后、人员缺少、工作人员的专业水平较低，很难开展森林资源调查监测、森林经营等方面的工作，建议上级部门为基层单位配备人员及比较先进的调查监测设备，并组织基层工作人员进行专业

培训。

5. 为加强各项造林工程造林点的管理，保护好造林成果，建议在各县（市）新建基层（乡镇）林业工作站。

6. 保护与发展的矛盾日趋凸显。随着我国综合国力的提升和基础设施建设力度的不断加大，自然保护区管理和生态环境保护工作面临越来越大的挑战，尤其是在体制和机制等方面，业已存在的深层次矛盾和问题，依然制约着自然保护区可持续发展。

第六篇
林业经济管理

第一章 林业生产要素

第一节 林业生产要素配置

一、林业生产的投入与产出

生产的投入称做生产要素。林业生产的要素投入一般包括以土地和水资源为代表的自然资源、劳动力、资本和科学技术，其产出则是各种各样有形的木质林产品、非木质林产品以及无形的生态环境服务。在林业经济活动中，只有若干种生产要素的有机结合，才能形成生产力并促进经济发展。生产要素各种不同组合方式形成了现实的生产经济活动。

同其他生产投入要素的划分一样，根据不同的标准也可以将林业生产投入要素做出不同的分类。

根据投入要素在一定时间里（短期）的可变与否，可以将它们划分为可变投入要素和不可变投入要素。可变投入要素是在一定时期内可以增加或减少的那部分要素，如肥料、劳动力等，它类似于可变成本；不可变投入要素是指在某一段时间中不可能增加，也不可能减少的那部分投入要素，如林业用地面积、生产用机械设备、苗圃等。

根据林业生产过程中投入要素的物质存在形态，可以将所有的投入要素分为人的要素和物的要素。人的要素是指生产中使用的劳动者，如工人、技术人员、管理人员等；物的要素是指土地、种子、肥料、工具、设备及辅助材料和燃料等。

林业生产中的投入要素是相互制约的。这种相互制约性包括两个方面的内容。一是各种不同的投入要素具有互补性，即各种投入要素相互结合，共同发生作用。例如，仅有劳动力，任何人不可能从事真正的林业生产，只有生产工具而没有林业劳动力，也谈不上林业生产。由于自然力在林业生产中的特殊作用，在一定的条件下，劳动力可以从林业生产和再生产中分离出来。二是在一些场合下，不同种类的投入要素又是替代的，一种投入要素的增加，可以使另一种投入要素相应地减少。例如，在造林中，如使用飞机直播造林，就可以大量地减少劳动力的投入。当然，这将导致大量的种子投入。但是，林业生产中的这种投入要素的替代性，并不是对每一种投入要素都是存在的。有时，两种投入要素是不可以互相替代的。例如，同一块林地上对不同种肥料的需要就是这样，缺钾肥的林地不可能用施加氮肥的办法来解决。

二、林业生产函数

要素投入与产出的数量关系用模型表示就是生产函数。所谓林业生产函数，是指在一定时期内，在林业技术水平一定的情况下，林业生产过程中一定量的生产要素投入与其所能带来的最大产出之间的关系。如果用Y表示产出，用R表示土地，L表示劳动，K表示资本，T表示科学技术，F表示函数关系，则林业生产函数就表示为：

$$Y = F(R, L, K, T)$$

为了研究方便，我们一般讨论在假定其他生产条件不变的情况下，产出同其中一种投入要素之间的变化规律。一般林业生产产出与变动要素投入量之间具有以下两种关系。

1. 林业生产产出与投入的直线关系

在一些特定的条件下，林业生产经营活动的产出量与某种可变投入量之间可能成正比关系，即表现为直线关系，每增加一个单位的变动要素投入量，相应地成比例增加一定数量的产出量。例如，在技术要求许可的范围内，苗木产出量同种子播种量的关系即是一种直线关系，苗木产量随播种种子量的增加成比例增加，直到达到苗圃的最大允许生产苗木株数。

2. 林业生产产出与投入的曲线关系

在一般情况下，某一生产投入要素的增加，所引起林业生产产品产量的变化呈递减或递增的趋势，也就是每增加一个单位的可变投入，相应增加的产品产量越来越小或越来越多。此时，林业生产产出与要素投入便呈现一种曲线变化关系。如单位面积立木蓄积量与造林密度，或与施肥量之间就表现为这样一种曲线关系。

三、边际报酬递减规律和边际技术替代率递减规律

一般来说，我们可以认为一种要素的边际产品会随着该要素使用数量的增加而递减，我们把这种现象称做边际报酬递减规律。具体地说，边际报酬递减规律可以表述如下：在一定的技术条件下和一定的生产规模中，当其他条件不变时，连续地增加某一可变要素的投入量，会使总产量增加，但新增加一单位可变要素所增加的产量（即边际产量）却会变得越来越小。例如，在其他要素（如土地、资本和技术水平）不变的情况下，连续地追加劳动力投入，在最开始的时候，每追加一单位的劳动力投入可以带来最终产品较大幅度的增加。但当追加劳动力的投入达到一定限度后，再增加每一单位劳动力的投入量所能带来的产出增加量越来越少，也就是说增加劳动力投入带来的边际产品最终会出现递减的趋势。

要素必须通过一定的组合才能得到产出，同时要素之间具有部分的可替代性。当一种要素数量减少时，增加另外一种要素的投入也可以实现同样的产量。经济学家研究发现，当保持产量不变时，要素之间的替代关系服从边际技术替代率。我们先假设某林业生产过程以劳动和资本为投入，如果我们把资本的投入减少一些，在劳动投入不变的情况下，产量就会下降。若想维持同样的生产水平，必须增加一些劳动投入，也就是说，为了维持同一产量，资本减少△K，劳动就必须增加△L。我们把比值△K/△L 称为边际技术替代率，它表示在一定的技术水平下，为保持产量不变，两种投入之间的边际替代比例。

当通过增加某一种要素的投入量来替代另一种要素时，这种替代的能力到一定限度后呈现越来越低的趋势，这就是边际技术替代率递减规律。边际报酬递减规律和边际技术替代率递减规律都反映了生产要素组合的技术特性，即只有各种要素保持最佳比例才能得到最佳的产出。

四、林业生产要素的内涵与分类

（一）林业生产要素的内涵

林业生产要素是在林业生产过程中，为了获得人们需要的各种林产品所必须投入的各种基本要素的总和。现代林业的发展要求按照市场经济的原则，使林业生产要素直接参与林业的生产、流通、分配，对林业生产要素进行优

化组合配置。

（二）林业生产要素的分类及功能

林业生产中所需的各种要素大致可以分为以土地和水资源为代表的自然资源、劳动力、资本和科学技术4类。

1. 自然资源

土地是林业生产最基本的资源，也是最基本的生产资料，特别对于林业中最基本的营林业来讲更是如此。因为营林业的基本原理是依靠森林把太阳能转化为生物能，在光合作用效率一定的情况下，只有在足够大的土地面积上才能接受足够多的太阳光。水资源对林业发展的约数越来越明显。林业生产作为一种利用生物机能的生产过程，水是十分重要的。在我国西北的一些干旱地区，水资源短缺已成为林业发展的主要约束因子。

自然资源作为林业生产中的生产要素，其禀赋和空间对于一个国家或地区的林业发展乃至整个国民经济发展有着多方面的重要影响：①自然资源在很大程度上影响着林业劳动生产率的提高。马克思曾经指出："撇开社会生产不同发展程度不说，劳动生产率是同自然条件相联系的。"自然资源的不同禀赋直接影响到劳动者改造自然的能力的发挥。②自然资源的分布状况决定了不同的植物和动物对光、热、水、气条件要求不同，林业自然资源的分布导致了林业地理分工的形成。③自然资源的分布还对不同地区林业生产结构的形成和发展具有重大影响。

2. 劳动力

林业劳动力的内涵包括林业劳动力的数量与质量两个方面。林业劳动力的数量即我们所说的林业人力资源存量，是指能够参加林业劳动的人数；林业劳动力的质量即林业劳动的人力资本属性，主要包括林业劳动力的体力强弱、技术掌握程度和科学、文化水平的高低。林业劳动力与其他生产要素一样，是林业生产过程必不可少的条件，其特殊性在于林业劳动力对林业发展的决定性作用。因为林业劳动力是林业生产中首要和唯一能动的生产要素，离开了劳动力，任何生产要素都无法形成生产力。劳动者还能发现或创造新的生产要素，并能提高现有生产要素的质量和利用水平，进而提高产出水平。

3. 资本

资本是一类极为重要和特殊的要素，它是劳动者运用自已的劳动生产出来的，不能直接用于消费但可以提高生产效率的劳动产品。资本可以分为两类：物质资本和货币资本。物质资本是指以实物形式存在的生产资料；货币资本是生产过程用于购买物质资本的以货币形式存在的资本。物质资本是一种生产出来的生产要素，是一个国家或地区资本存量高低、资本形成能力强弱的体现；而货币资本在市场经济体制下更多地发挥着润滑剂的功能，因为货币转化为资本以后可以用来购买其他要素，如土地、劳动力、技术或其他物质资本。从这个意义上讲，货币资本的出现为生产要素的合理配置提供了更广阔的空间。

4. 科学技术

科学是人类对自然、社会、思维规律的总结，而技术是制造某项产品、应用某项工艺或提供某项服务的系统知识。科学技术对经济和社会发展起到越来越重要的作用。在林业生产中，科学技术可以改善其他生产要素的质量。例如，可以提高劳动者素质、改善物质装备水平、改良生产工具、变革生产流程等；可以扩大劳动对象的种类和范围，通过新技术，原来不能利用的资源可以被人们利用，原来林业生产中的废弃物可以被重新利用；科学技术还可以改造传统产业和产品，创造新的产业和产品，从而促进产业结构和产品结构的高级化。

第二节　林地

林业自然资源一般可分为土地资源、气候资源、水资源和生物资源等。本节主要讨论土地资源，即林地资源。

一、林地的概念

林地是指用于培育、恢复和发展森林植被的土地，是林业最基本的生产资料。林地既是森林资源的重要组成部分，又是林业经济活动得以进行的基本条件，是不可缺少和不能再生的生产要素。林地包括有林地、疏林地、灌木林地、未成林造林地、苗圃地、宜林地等林业用地，它们在统计上的规定如下：

有林地是指由乔木树种构成，郁闭度0.2以上（含0.2）的林地或冠幅宽度10m以上的林带。包括天然林地和人工林地。

疏林地是指由乔木树种构成，郁闭度0.10~0.19的林地。

灌木林地是指由灌木树种或因生境恶劣矮化成灌木型的乔木树种以及胸径小于2cm的小杂竹丛构成，覆盖度30%（含30%）以上的林地。

未成林造林地是指造林后保存株数大于或等于造林设计株数的80%，尚未郁闭但有成林希望的新造林地（一般指造林后不满3～5年或飞播后不满5～7年的造林地）。

苗圃地是指以培育苗木为目的的固定的林木育苗地。

宜林地也称无林地，指目前不够有林地条件，也不够疏林地和灌木林或未成林造林地条件的用来发展林业的土地的总称，包括采伐迹地、火烧迹地、宜林荒山荒地、宜林沙荒地和预备造林地。现在将采伐迹地和火烧迹地称做无立木林地；将宜林荒山荒地、宜林沙荒地和预备造林地称做宜林地。

二、林地的经济学属性

1. 林地具有生产力

林地本身是自然界的产物。但它一经人类社会利用后，就成为生产资料，因而具有一定的生产力。以林地资源为物质基础，可以生产出人类社会生产、生活所需要的林木产品及各种林副产品。

林地生产力按其性质可分为自然生产力（自然形成的）和劳动生产力（人工施加影响的）两个方面。自然生产力，即林地质量，是林地资源本身的性质，不同质量的林地，其光、热、水、气、营养元素的含量及组合不同，适应于不同的林木生长和形成不同的林木产量。劳动生产力是指人类生产的技术水平对林业生产的影响。这两个方面的因素共同决定了林地资源的利用水平和利用的经济效果。随着科学技术的进步，林地生产力可以不断提高。

2. 林地资源的有限性

林地资源在平面空间上是有限的。虽然林地生产力和林地市场价格可以成倍提高，但在水平空间上林地却不能任意扩张。林地资源数量由地球表面可用于培育林木资源的土地面积所限制，人们不能在这些土地之外创造出新的林地。相反，由于森林资源的不合理利用和生产建设上的征占用林地以及自然灾害等原因，林地资源却有可能减少。

林地资源同其他自然资源一样，其有限性是一切非再生资源的共同特征。但林地资源又有区别于其他非再生资源的特点。一是林地资源在利用过程中，只要做到科学合理，经营得当，其空间数量不会消耗减少。林地可以持续不断、周而复始地为人类提供林木产品及各种林副产品。而其他自然资源，如石化能源、矿藏资源等，在利用的过程中将会逐渐地被消耗掉而枯竭。但林地数量的稳定性是有条件的，超出允许的可塑范围即表现不稳定。如不合理利用引起地力下降，滥伐林木引起水土流失，这些都将导致林地生产力降低，以至于一些林地不再适于林木生长而退出林业生产领域，成为非林业用地。二是林地资源的供给在宏观上不受经济力量影响，即林地数量一般不随价格升高而增加，也不随价格下降而减少。而其他资源，若市场价格升高，则加快其开发利用，反之，则减少供给。虽然在某些时期，某些国家或地区，由于林地资源供不应求，可能出现利用耕地发展林业的情况，但这种退耕还林的土地数量是很有限的，而且总的土地面积是固定的。

3. 地域性和不可替代性

地域性也称区位的不可移动性，指任何一块林地都有固定的地理位置，无法移动，各自按照维度、经度和海拔高度占据着特定的空间位置。林地区位的不同和交通条件的差别，造成了林地位置的优劣，加之林地在肥沃程度上的差异，决定了林地等级和形成了级差林地生产力。

林地资源作为培育林木的生产要素又是不可替代的，其他任何要素都不能代替林地在林业生产中的作用。林地是森林赖以存在的条件，没有林地，就没有森林，也就没有地球表面生物圈的生态平衡和自然界的和谐发展。因此，对于人类社会来说，林地又是不可缺少的资源。

4. 开发利用的可选择性

林地虽有固定的空间位置，人类只能在其所处的地域内加以利用，但对林地的使用是可以选择的，表现在两个方面：

第一，同样的用途可选择不同区位的地块。例如，营造杉木用材林，只要具有适于杉木生长的立地条件和气候条件的地块都是选择对象。这些地块的选择在一定区域内有较大的灵活性。

第二，同一块林地具有用于多种用途的选择。例如，某块林地由于区位的原因不能用于营造落叶松，但却适于樟子松生长。有的林地适于多种树木生长，这就要求在利用过程中，根据适应性、经营目的和经济效果等因素综合考虑，选择最佳用途。

5. 林地的使用成本是机会成本

这是由林地资源有多种用途决定的。当一种资源有多种用途时，为了用于某一用途就必须放弃其他用途。例如，一块林地既可用来营造杉木，也可用来营造柏木或马尾松。当这块林地用于营造其中某一树种时，就意味着放弃了对另外两种树种的营造。所谓机会成本，是指由于选择某一方案而放弃另一方案所丧失的利益价值。例如，某一林地，假设在相同的经营周期内，投入等量的物化劳动与活劳动，若用于营造杉木林，可生产木材 1000m^3，价值 70 万元；用于营造柏木林，可产木材 700m^3，价值 50 万元；用于营造马尾松林，可产木材800m^3，价值60万元，则这块林地用于营造柏木的机会成本是50万元，用于营造杉木的机会成本是70万元，用于营造马尾松的机会成本是60万元。由于一项资源在用于某一方面的用途时，就不能同时用于其他方面，这就决定了在某一方面的所得正是因为放弃了用于其他方面的机会而产生的。因此，被放弃的其他方案中的最优方案可能产生的收益应作为被选方案及其得到收益的机会成本，或者说，所放弃方案可能产生的收益应当从被选方案所获得的收益中得到补偿。

通常情况下，林地具有多种用途，但在一定时期，一块林地只能用于一种用途，当一块林地被用于某种用途而放弃其他用途时，可能获得较大收益，也可能得不偿失，特别是林业生产的周期长，更加大了这种风险性。因此在使用林地资源时，应综合考虑各方面因素，进行科学决策。

6. 林地的使用效益是综合效益

由于培育森林，林地资源的利用不仅能为社会提供木材、竹材及其他多种林特产品，直接获得经济效益，而且同时还能为社会提供保持水土、涵养水源、防风固沙、净化空气、美化环境、维护生态平衡等多种非物质产品，产生间接的公益效益。

林地利用具有多种效益。在经营林地资源时，不能单纯追求某一种效益，而必须高度重视为满足社会的多种需要综合发挥其多种效益。但是公益效益具有外部性，林地经营者一般不能直接从受益者那里得到相应的收入。这一特性要求应从其他渠道给予社会补偿，如国家扶持发展林业。

三、林地的集约经营和规模利用

1. 林地的粗放经营和集约经营

在林业生产中，对林地的利用有两种方式，即粗放经营和集约经营。粗放经营是指在较低的技术水平下，将一定量的生产资料和劳动分散投于较多的林地，主要依靠扩大林地面积增加林产品总产量的经营方式。在这种方式中，物质资料的投入和科学技术的应用不占重要地位，林地的数量和土壤的自然肥力对营林生产特别重要，总产量的增长主要靠扩大林地面积。集约经营是指在一定面积的林地上投入较多的生产资料和劳动，采用先进的技术装备和技术措施，主要依靠提高单位面积产量增加林产品总产量的经营方式。

2. 林业规模报酬

在林业生产经济学中，林业生产要素投入量的变化分为两种：一种是在一些生产要素保持相对不变的情况下，改变另一些生产要素的投入量。例如，在一定的林地面积上增加化肥、多投劳动等，这实际上是引起生产要素配合比例的变化，这不是严格意义上的规模变化。另一种是所有的生产要素以相同的比例同时增加或减少，这才是严格意义上的规模变化，在生产经济学中称为“纯粹规模”的变动。由纯粹规模变动而引起经营单位经济效益的变化，称为规模报酬。

纯粹规模扩大与规模报酬变化之间一般表现为以下3种情况：①当林地规模扩大幅度等于规模报酬的增长幅度时，称为固定规模报酬；②当林地规模扩大的幅度小于规模报酬的增长幅度时，称为递增规模报酬；③当林地规模扩大的幅度大于规模报酬的增长幅度时，称为递减规模报酬。

3. 林业规模经济

在现实中“纯粹规模”变动的情况是很少见的，规模的变动除了各生产要素的规模扩大之外，各生产要素之间的比例关系也会发生相应的变化。规模经济正是在这种更为广义的规模变化的基础上，来考察规模与经济效益之间的关系，即较大规模的经营能够取得较大的经济收益或者说是可以增加收入、降低成本、提高利润率。由于这种现象又可以直接反映在单位产品成本的变化上，因而我们可以定义为：规模经济是伴随着经营规模的扩大而使单位林产品平均成本不断降低的一种投入产出关系。

第三节　林业劳动力

一、林业劳动力的概念

林业劳动力资源一般指林区中可以从事林业生产活动的人口所具有的劳动能力的总和，或者指林区中能够从事林业生产劳动的人口总和。在国有林区，林业劳动力一般是指国有林业企业的职工；在集体林区，林业劳动力一般是指从事农业生产活动的农民，他们也被称为林农。林业劳动力资源包括劳动力数量和质量两个方面。

林业劳动力资源数量包括劳动适龄人口中可以参加林业劳动的人和尚未达到或已经超过劳动年龄而实际参加林业劳动的人数。对林业劳动力资源的数量构成影响的主要因素是：①林业人口自然增长率的变化；②林业劳动力的自然减员；③林业与国民经济其他部门之间的劳动力流动。

林业劳动力资源的质量是指林业劳动者的体力和智力的总和。体力，即劳动者的肌肉、五官感觉等生理机能发挥出来的力量，具体表现为人在劳动中的负荷力、耐力等。智力是指劳动者认识客观事物并运用知识解决问题的能力。其基本要素包括人的记忆思维能力、知识和技能水平。一般来说，在以手工操作和畜力为主的劳动条件下，衡量和评价林业劳动力资源质量的主要标志是劳动者的性别、年龄和体力强弱。随着现代科学技术在林业中的应用和发展，衡量和评价林业劳动力质量的主要标志越来越偏重于劳动者的知识和技能水平。

二、林业劳动力的经济学特点

1. 林业劳动力使用具有季节性

林业生产过程是自然再生产过程和经济再生产过程相互交织的过程，自然力可以独立起作用，这就决定了林业劳动力使用具有季节性。

2. 林业劳动力具有分散性

林业的生产场所是露天的；辽阔的山区地势地形复杂，在林地进行林业生产，劳动力工作的地点不固定，流动性大，分散性大，不像工业的车间那样集中。

3. 林业劳动力专业化程度低，综合性强

由于林业分工较粗放，林业生产就不能像工业那样，劳动者的劳动只是整个生产过程的一个工序，而林业劳动者必须是专业化和综合性相结合，每个劳动者都可能要从事林业生产各环节的劳动，而每个环节的作业方式和技术要求的差别很大，这就要求林业劳动力必须综合掌握各种技能，能从事多种生产活动。

4. 林业劳动力具有兼业性质

在广大农村，一方面由于林业初期劳动力投入多，而收益要经过漫长的生产过程结束后一次回收，林业不能独自保证劳动力的再生产；另一方面，林业生产的季节性也不需要劳动力常年固定在林业生产上，所以在这些地区，林业劳动力同时又是其他种植业、养殖业、加工业、服务业等行业的劳动力，林业劳动力具有兼业性质。

第四节 林业资本

所谓林业资本，是商品货币经济条件下，林业生产和流通过程中所占用的物质资料和劳动力的价值形式与货币体现。资本存量的增减是林业净投资逐渐累积的结果，而林业投资是林业微观主体在权衡利益得失基础上选择的结果，林业投资决策与林业微观主体的积累能力、融资能力有关。同时林业具有一些与其他产业不同的性质，这决定了政府部门必须对林业进行必要的扶持。

一、林业资本的经济学特点

（1）林业资本投入时间长、周转慢。这是由营林生产的周期长决定的。

（2）林业资本的连续性投入和一次性收获。林业生产除了一个轮伐期结束的时序点上的收益外，在林业生产的漫长过程中几乎没有直接收入，反而要连续不断地追加资本投入。

（3）林业资本收益的风险较大。由于林业生产的周期长，在这漫长的过程中，林业资金要面临较大的风险。这些风险包括自然风险（环境恶化、自然灾害）、社会风险（林木被盗）、经济风险（价格波动）、政治风险（政策变动、战争因素等）。

林业资本的投资除了具有以上不利因素之外，也具有吸引社会资金投资的优越性。比如，其收益的稳定性。据有关专家估算，林木的自然增长每年在5%～15%，而林木的价格上涨年均在5%～10%，林地价值的增长年均在20%～30%，林业投资具有鲜明的抗通胀、抗周期特征。再比如，其资源型资产的增值性。林业投资具有天然的存储功能，具有良好的交易性。

二、林业资本投资的类型

从林业发展要求看，林业投资可以分为两种类型：一是以保护和改善生态环境为目标的造林、营林、护林活动所需要的投资；二是以产业发展为目标的造林、建厂、改造更新设备所需要的投资。前者具有社会公益的性质，需要政府作为投资主体，是政府发展社会事业的一个重要组成部分；后者则具有商业盈利的性质，主要应该由企业、个人通过市场化的投融资过程完成。林业投资的模式，应该是以上二者的结合。

第五节　林业技术进步

一、林业技术进步的内涵和特点

（一）林业技术进步的内涵

林业技术进步是指不断用先进的林业技术来代替落后的林业技术，以促进林业生产力的发展。林业技术进步有广义和狭义之分。广义的林业技术进步，既包括林业生产技术即自然科学技术的进步，也包括林业经济管理即社会科学技术的进步；狭义的林业技术进步仅包括林业生产技术的进步。狭义的技术进步应考虑的主要是物化形态的技术，因而又叫硬技术进步。按技术进步的程度不同，可分为技术进化与技术革命两类。当技术进步表现为对原有技术或技术体系的改革创新，或在原有技术原理或组织原则的范围内发展创造新技术和新的技术体系时，这种技术进步称为技术进化。当技术进步表现为技术或技术体系发生质的变革时，就称其为技术革命。

（二）林业技术进步的特点

1. 林业科技进步的区域适应性

由于林业面广、分散，各地区自然、经济条件与发展水平差异很大，所以必须重视林业科学技术的地区适应性，即林业科技的发展与应用要从实际需要出发，因地因时制宜，在技术水平上要求适用、有效、有所选择，要防止盲目追求高、精、尖和技术推广上的“一刀切”。

2. 林业科技进步的综合性和相关性

林业生产既受环境因素的影响，又受社会经济条件的影响，还受生物有机体自身特性的影响。这些因素往往又是交互作用的。所以，林业科学技术进步受多学科、多部门的发展所制约，它是一个综合性很强、范围很广的科学技术体系。

3. 林业科技的研发周期长

林业科学技术从研究、试验到推广应用，是受森林自身生长的长周期制约的。所以，林业科研目标选择要明确，长远规划。

4. 林业新技术的应用效果具有不确定性，风险大

林业生产受自然环境变化影响大，有很多不确定因素。所以林业科技成果的推广具有不稳定性和风险性，林业科研成果的大面积推广要慎重，一般要典型示范，逐步推广。

二、林业技术进步的内容

1. 林业生产技术措施的进步

包括林木良种选育技术的进步、营造林栽培技术的进步、土壤改良技术的进步、森林病虫害防治技术的进步、林下种养殖技术的进步等。

2. 林业生产条件方面的技术进步

包括林业生产工具的进步、林业基本设施的进步等。

3. 林业管理技术的进步

包括运用现代化的管理手段和管理方法，特别是运用现代信息技术来代替传统的管理手段等。

4. 林业生产劳动者与管理者的技术进步

包括林业生产劳动者与管理者科学技术知识的丰富、劳动技能的提高及管理技能的进步等。

林业技术的发展经历了由传统林业技术的形成，到逐步向现代林业技术转化的漫长历史过程。现代林业技术的发展日新月异，因而林业技术进步的内容也会随之不断丰富。

三、林业技术进步的经济类型

1. 劳动节约型技术

劳动节约型技术指主要是通过先进实用的林业技术装备来提高劳动效率，从而使劳动消耗大量节约的技术。劳动节约型技术的特点是：①可大量节约劳动消耗，大幅度地提高劳动生产率；可帮助某些国家或地区解决林业劳动力不足的矛盾，为林业劳动力向生产的深度和广度进军及向非林产业转移创造条件。②还可带动有关行业的发展，如林业机械技术的应用就可带动机械行业、钢铁行业、燃料和维修服务业的发展。劳动节约型技术的不足主要是它不适宜资金不足而劳动力丰富的地区。因为在这里推广应用劳动节约型技术，不仅缺乏必要的劳动节约型技术，还要受到劳动者本身素质的制约，因为它虽然可以减少劳动力投入的数量，但同时又要求劳动者具有较高的文化

和科学技术素质。

2. 资源节约型技术

资源节约型技术指能使劳动以外的其他经济资源的生产效率明显提高，从而节约资源的技术。资源节约型技术的优点是：可大大提高单位资源的生产能力，解决某些国家或地区林业资源不足的矛盾；使有限的资源为更多的劳动力提供就业机会，减轻就业的社会压力。因此，资源节约型技术较适宜在资源少而劳动力丰富的地区推广应用。资源节约型技术的不足是：劳动生产率一般相对较低；社会资本存量与经济实力的积累和增长较慢；容易使大量林业劳动力滞留在土地上。

3. 中性技术

中性技术指使劳动节约型技术和资源节约型技术密切结合、取长补短、综合运用的技术。中性技术综合了劳动节约型和资源节约型技术的优点，它的进步可以使劳动生产率和资源生产率同时得到提高。但这种技术的创新应用需要较好的社会经济条件，尤其需要较多的投资，并要求劳动者具有较高的素质。

第二章　森林资源的经济评价

森林资源的基本概念是广义的，它是陆地森林生态系统内一切被人所认识可利用的资源的总称。它包括森林、散生木（竹）、林地以及林区内其他植物、动物、微生物和森林环境等多种资源。

为适应林业实践的不同需要，在一些特定场合，人们也可以运用森林资源的特定含义的狭义概念。例如，做森林经理研究，可使用仅指林木资源的狭义概念；做森林经营管理研究，可使用仅指森林的狭义概念；做土地利用研究，可使用仅指林地的狭义概念；做生态研究，可使用仅指森林生态的狭义概念。但是，在研究区域性林业乃至整个国家林业建设时，就不能使用任何森林资源的狭义概念以偏赅全，而必须使用广义的森林资源的基本概念。

森林与森林资源是有区别的：首先，森林不是经济学概念，是自然科学的概念；森林资源是经济学概念。其次，森林是生物群落；森林资源不只是生物群落，还包括矿物质、水等。最后，森林是一种资源，但森林资源不仅仅指森林。

森林资源的经济评价与森林资源评价不是等同的概念。森林资源的评价是对现实森林资源进行的质量评价、价值评价和效益评价，而森林资源的经济评价是以货币为计量单位对现实森林进行的价值和效益的评价。

森林资源经济评价主要包括以下内容：①林地资源的经济评价；②林木资源的经济评价；③林内野生动植物资源的经济评价；④森林生态效益的经济评价；⑤森林社会效益的经济评价。本章主要介绍林地资源、林木资源、森林生态效益和森林社会效益的经济评价。

第一节　林地资源的经济评价

一、林地资源经济评价的意义

林地开发利用在林业经济发展中具有十分重要的地位。对林地的经济评价是对林地开发利用的一个重要方面，也是森林资源经济评价的一个重要方面。对推进森林资源的商品化、促进森林保护事业的发展有十分重要的意义。

1. 林地经济评价有助于林地交易的顺利进行

随着经济的发展，林地交易日趋频繁。由于林地具有很强的地域性，市场上不容易获得完整的价格资料。因此，有必要对林地价值进行评价，以促进林地交易的顺利进行。

2. 林地经济评价有助于企业投资决策

林地作为一种重要的生产要素，常常是林业企业决策的主要目标之一。在资金一定的情况下，为了达到某一生产水平，林地投资的多少直接影响其他要素的投入。若林地价格昂贵，则可减少林地投资而增加资本、劳动的投入。

3. 林地经济评价有助于林地管理

林地市场管理是林地管理的一项重要内容，而林地市场管理的核心又是林地价格的管理。由于林地价格随市场因素波动较大，同时波动幅度又比经济增长波动剧烈，因此，林地投机极易发生。为了防止林地价格波及林地投机行为，对林地进行经济评价尤为重要。

4. 林地经济评价有助于森林资源价值评价

可以推进环境的商品化，促进森林保护事业的发展，引导正确的经济活动。

5. 林地经济评价有助于确立和明确界定森林资源的财产所有权

在产权关系模糊和缺乏产权关系的自然资源领域，明确界定产权归属，保障所有者利益，利用市场的自然调节作用，调节资源利用过程是非常重要的。而林地资源的经济评价必然会推动产权的明晰。

6. 林地经济评价有助于确立森林资源的有偿使用制度

森林资源有偿使用制度的建立和有效运转，即充分实现资源损耗的实物补偿和价值补偿，同样需要林地资源的经济评价，需要其作为一种操作工具。不论是国家、集体或个人所有的森林资源，在承包、出租、拍卖等让渡使用权的各种方式中，均需要评价林地资源的实物量和价值量，以便确定使用权的让渡与来自资源收益的分享。

二、林地经济评价理论

（一）土地收益理论

最早提出土地收益理论的是美国土地经济学家伊利，他认为土地的收益是确定它的价值的基础。

土地收益理论认为，土地价格是土地收益即地租的资本化。在这里，土地收益是指：①正常情况下的土地收益。所谓正常是指有较好的生产能力、正常的经营管理能力和正常的年份。②处于最佳利用方向上的土地收益。土地具有多种用途，确定土地价格时，必须用其处于最佳利用方面的土地收益。如市郊某块农地的最佳利用方向是作为商业用地。③土地纯收益。它是扣除生产成本及一切税赋后的总收益的剩余值。

（二）土地供求理论

马尔萨斯、萨伊、马歇尔、萨谬尔森是这一学说的代表人物。他们认为土地价格的决定因素是土地的供给和需求。在自由市场经济中，土地与其他商品一样，其价格取决于本身的供给和需求。土地供给增加，需求不变，则地价下跌；土地供给减少，需求增加，则地价上升。

（三）马克思的土地价格理论和地租理论

马克思在批判地继承古典政治经济学的地租理论的基础上，提出了以劳动价值论为基础的地租理论和地价理论。

1. 土地价格理论

将马克思的土地价格理论应用于林地价值可以概括为：

（1）林地不是劳动产品，没有价值，但有使用价值，并存在价格。自然状态的林地，未经人类开发，没有投入人类劳动，因而不存在价值，也没有以这种价值为基础的用货币表现出来的价格。马克思认为，未开垦的土地没有价值，因为没有人来劳动物化在里面。但是，林地（土地）能为人类永续地提供产品和服务，即产生地租。正因为有了地租才产生了林地价格。按照马克思的观点，林地的购买价格不是林地本身的购买价格，而是林地所提供的地租的购买价格。

（2）已利用的林地由林地物质和林地资本构成。我们现在所利用的林地，大多经过了人类长期的开发利用，已经物化了人类的劳动。这种固定在林地中的劳动成为林地资本，它能为林地所有者带来利润，它是租金的一部分。而纯粹的自然林地，即抛开了林地资本或林地改良物价值的林地就称为林地物质。林地物质纯粹是自然的恩赐，它给林地所有者带来真正的地租。林地资本的利息和真正的地租一样，都构成了林地所有者的收入，从而都决定林地价格。

（3）林地价格是地租的资本化。马克思指出："资本化的地租表现为土地价格。"所谓地租的资本化，可以这样理解：土地所有者把土地出卖后获得的收益作为资本投资到其他生产经营活动中，能够按照平均利润率（或利息率）获得利润（或利息），其数量相当于出租土地所得到的地租额。若土地价格指的是在一定时期内出租使用权而获得的收益，则其价格相当于若干年地租的一次性支付。马克思在考察地租时，抽掉了土地的其他租金因素，在计算土地价格时，应将这些因素考虑进来。它们是土地所有者投入到土地中附加劳动（土地资本）的补偿和资本利息。因此，土地价格实际上根据地租、土地资本的补偿和土地资本利息三要素计算，即土地价格是土地租金的资本化。

2. 地租理论

根据马克思的地租理论，地租一般分为绝对地租和级差地租。

绝对地租是指由于土地所有权的垄断所产生的地租。由于土地资源具有稀缺性和不可再生性，使得土地所有权具有垄断性，这就决定了土地经营者无论租种优等地或劣等地，都必须向土地所有者交纳地租。土地所有权的垄断是产生绝对地租的条件。绝对地租形成的条件是农业资本有机构成低于社会平均资本有机构成。

级差地租是经营较优土地所获得的，归土地所有者占有的超额利润。形成级差地租的一般条件是：土地肥沃程度和地理位置的差别；土地的有限性以及由此产生的土地经营的垄断。前者是级差地租形成的自然条件，后者是形成级差地租的社会经济条件，是产生级差地租的原因。级差地租的来源是农产品的社会生产价格高于个别生产价格所形成的超额利润。级差地租按其形成的基础不同表现为级差地租Ⅰ和级差地租Ⅱ。

级差地租Ⅰ，是指雇用工人在肥沃程度较高或地理位置较好的土地上创造的超额利润转换的地租；级差地租Ⅱ，是指由于连续追加投资于同一块土地而具有不同劳动生产率产生的超额利润而转化的地租。它们形成的条件不同：

级差地租Ⅰ和农业的粗放经营相联系，是把各个资本并列投资于不同土地上具有不同生产率的结果；级差地租Ⅱ和农业的集约经营相联系，是在原有土地上追加投资具有不同生产率的结果。归谁占有也有所不同：级差地租Ⅰ在订立租约时就确定为土地所有者占有。级差地租Ⅱ，就要看农业资本家和土地所有者双方斗争的情况而定。因为地租的数量是在签订租约时确定的。

除了绝对地租、级差地租这两种基本的地租形式以外，还存在一种非正常的地租形式，即垄断地租。垄断地租一般产生于具有特别优越自然条件的地块上，如在这种地块上能够得到某种名贵产品，且这种土地和它的产品数量又非常有限，经营这种土地的人便可以按照一种不仅大大超过生产价格而且也超过价值的垄断来出售其产品。与一般市场价格不同，这种垄断价格不由产品的生产价格或价值决定，而"只由购买者的购买需要和支付能力决定"。垄断价格超过价值的部分便是垄断的超额利润，由其构成的地租便是垄断地租。

上述分析虽然是以农业用地（耕地）为例说明地租理论和地价理论，但林地与耕地具有相同性质，其理论同样适用于林地。林地地租也包括绝对地租和级差地租，即使最劣等林地或位置最偏远的林地也有绝对地租。由于自然因素（如气候、土壤、海拔、地势等）和地理位置对林地生产力有着显著影响，级差地租Ⅰ构成了林地地租的主体。林地地租是决定林地价格的主要因素。

三、林地资源的价格

1. 林地资源价格的种类

林地价格种类很多，由于其作用各不相同，因而都有其存在的合理性和客观性。下面用一个简单的例子来说明。

假定一位林地投资商以 10000 元购入一块林地，为了改良林地以适应自己的需要，又投入 5000 元改良资金。他发现，他能以 20000 元的拍卖价格出售这块林地的所有权，但若是 50 年的使用权，其价格只能是 18000 元。但当他把这块林地向银行做抵押时，其价格只有 12000 元，而政府则只能以 17900 元的价格征收。当政府向这块林地征税时，该林地只值 14099 元，然而，若他把这块林地租赁出去，他每年就能得到 1850 元的收益。

可见，在不同的情况下，同一块林地会有不同的价格形式，一般可概况为如下几种：

（1）交易价格。指林地在市场交易中成交的买卖价格。征地价格、拍卖价格、协议价格、招标价格、转让价格等，都属于交易价格。

（2）评估价格。指依据一定的评估方法对林地所做的价格性估价。比如，我们用费用价法、市场价法、期望价法等对林地进行评估，所得的结果就是评估价格。它是交易价格的基础。同一块林地，利用不同的评价方法，有不同的评估价格；评估人不同，其评估价格也不同。

（3）租赁价格。指承租方为取得土地租赁权而向发租方支付的代价。林地所有者和林地使用权人都可以把林地租赁出去。租赁价格实质是定期支付的地租。

（4）抵押价格。指以林地为担保而取得贷款时，银行对林地所估定的价格，一般要比交易价格低。

（5）林地所有权价格。购买林地所有权而支付的价格。

（6）林地使用权价格。为取得林地使用权而支付的价格，其实质是地租。

2. 林地资源价格的特点

林地是所有权不准买卖而使用权可以转移的特殊商品，林地的价格有以下特点：

（1）林地价格不包括成本因素。一般商品的价格构成主要是成本，而林地是天然生成物，只在人类的开发利用过程中投入人类的劳动。因此，林地价格的高低，基本与其成本无关。

（2）林地供给量基本是固定的，价格的高低只受需求单方面的影响。一般商品的价格受供求双方的影响。林地的供给量基本是固定的；需求量取决于产业的发达程度和人口密度。

（3）林地不存在磨损，一般是增值的。一般商品在使用过程中会逐渐磨损、贬值。林地是永久性生产资料，科学合理地使用，自然生产力不断提高，其价值会日趋增加。

（4）林地价格水平难以标准化。一般商品的价格，只要同类质量等级相同，价格也基本一致，可以标准化。但林地价格不同，既无生产成本可依据，质量也千差万别，难以标准化。

四、林地资源经济评价的方法

1. 现行市价法

现行市价法也称市场比较法，是把待评价林地与交易实例按自然经济因素评分，最后以综合评分比例乘以交易实例林地的市场价。即现行市价法是以具有相同或类似条件林地的现行市价作为比较基础，估算林地评估值的方

法。其计算公式为

$$B_u = K_1 \times K_2 \times K_3 \times K_4 \times G \times S$$

式中：B_u——林地评价值；

K_1——立地质量调整系数；

K_2——地利等级调整系数；

K_3——物价指数调整系数；

K_4——其他各因子的综合调整系数；

C——参照案例的单位面积林地交易价格；

S——被评估林地面积。

立地质量一般指坡位（上坡或下坡或全坡等）、坡向（南坡或北坡等）、腐殖质厚度（厚好）、土层厚度（厚好）、海拔高度（低好）等。

地利等级一般指交通运输条件。

这种方法适用于土地市场较发达的地区，市场交易价格能公允地反映土地价值，并且要求每种林地类型有相适应的交易实例存在。

2. 林地期望价法

所谓林地期望价，是指将某一林地能永久地取得的土地纯收益，按一定利率贴现成现在价值，用这个现在价值合计作为该林地的价格。

林地期望价法是德国林务官 Martin Faustman 于 1894 年提出的，该法以实行永续皆伐为前提，并假定每个轮伐期林地上的收益相同，支出也相同，从无林地造林开始进行计算，将无穷多个轮伐期的纯收入全部折为现值的累加求和值作为林地价值。它是用材林同龄林的主要评价方法，其计算公式为：

$$B_u = \frac{A_u + D_a\ (1+P)^{u} - a + D_b\ (1+P)^{u} - b + \cdots - \sum C_i\ (1+P)^{u} - i + 1}{(1+P)^{u} - 1} \frac{V}{p}$$

式中：B_u——林地评价值；SX

C_i——第 i 年投入的营林生产直接费用（包括整地、栽植、抚育等费用）；

A_u——现实林分 u 年主伐时的纯收入（指木材销售收入扣除采运成本、销售费

用、管理费用、财务费用及有关税费、木材经营的合理利润后的部分）；

D_a、D_b——现实林分第 a、b 年的间伐纯收入；

u——轮伐期；

P——利率；

V——管理费用。

运用林地期望价法应当注意以下问题：

第一，主伐纯收入的预测。主伐纯收入是用材林收益的主要来源，在公式中主伐收入是指木材销售收入扣除采运成本、销售费用、管理费用、财务费用、有关税费、木材经营的合理利润后的剩余部分，也就是林木的立木价值。

第二，间伐收入的预测。林分的间伐收入也是森林资源收入的重要来源。在培育大径材、保留株数较少、经营周期长的森林经营类型中更是如此。间伐材的纯收入计算方式与主伐纯收入相同，但其产量少、规格小、价格低，在进行第一次间伐时常常出现负收入（即成本、税费和投资应有的合理利润部分超过了木材销售收入）；间伐的时间、次数和间伐强度一般按森林经营类型表的设计确定，间伐时的林分蓄积量按当地同一年龄林分的平均水平确定。

第三，营林生产成本测算。营林生产成本包括清杂整地、挖穴造林、幼林抚育、劈杂除草、施肥等直接生产成本和护林防火、病虫害防治等按面积分摊的间接成本。

3. 林地费用价法

林地费用价法是根据取得林地所需的费用和把林地维持到现在状态所需的费用来确定林地价格的方法。

林地费用价一般由以下 3 个部分构成：①购买林地以及其他为取得林地所需的费用；②林地取得后，为造成适于林木培育状态而投入林地的改良费用；③从投入上述费用开始到评价时的费用利息。其计算公式为：

$$B_u = A \times (1+P)^n + \sum M_i (1+P) n-i+1$$

式中：B_u——林地评价值；

A——林地购置费；

P—利率；

M_i——林地购置后，第 i 年林地改良费；

n——林地购置年限。

林地费用价法适用于通过购买方式取得使用权的林地，并且其他投资费用比较明确。当满足上述条件时，在下列情况下此法是确定林地价格的可取方法：①该林地生产力不清，而且按其他方法评价有困难时；②为了转让林地使用权，至少打算收回所投入到林地上的费用时；③投入到林地上的资金，需要知道如何提高经济效果时。

4. 年金资本化法

年金资本化法也叫地租资本化法，是以林地每年稳定的收益（地租）作为投资资本的收益，再按适当的投资收益率作为折现率求出林地价值的方法。其计算公式为：

$$B_u=\frac{R}{P}$$

式中：B_u——林地评价值；

R——年平均地租；

P——投资收益率。

地租资本化法的计算简单，仅涉及年平均地租和投资收益率，但在确定年平均地租和收益率时必须十分注意。在确定年平均地租时用近年的平均值，并尽可能将通货膨胀因素从平均地租中扣除；在确定投资收益率时也最好将通货膨胀率扣除。如果在地租中无法将通货膨胀因素扣除，则采用的投资收益率应包含通货膨胀率。

第二节　林木资源的经济评价

林木资源，即森林立木，是森林资源的主体内容，也是林业生产经营的重要成果。

森林立木经济评价是指在立木资源调查的基础上，利用现代科学技术和正确的统计计算方法，对立木资源的经济价值进行评定。

林木资源经济评价的实质是确定立木价格——林价。

一、林价的概念及其作用

1. 林价的概念

林价是一个经济范畴，有广义和狭义之分。从广义讲，林价是森林资源价值的货币表现，它包括：森林中的立木价值，森林中的动物、植物、微生物等产品的价值，森林多种生态防护功能和社会效益的价值。从狭义讲，林价是森林活立木价值的货币表现，即立木价格。本章采用的林价概念为狭义林价。

2. 林价对营林生产活动具有重要作用

（1）林价真实地反映出林木价值。可以用于解决林木在买卖交换、分割合并、借还贷时的合理定价及诸如征用林地、解除森林用地使用权的补偿、森林灾害损失核定、担保价值核定、森林保险、森林纳税等诸多法律性质的经济价值计算问题。还可用于林业企业资产核定与评估、经济效益评估、规划设计中的效益分析等活动。

（2）林价的确定使林木工艺成熟或经济成熟取代自然成熟变为现实，从而大大缩短了营林生产周期，降低了投资风险。

（3）林价具有标尺作用，它使人们了解营林生产活动到底有无经济效益。

（4）实施林价，能使林产品价格趋于合理，价格背离价值过大的现象得以克服。

二、林价的理论基础

1. 人工林林价的劳动价值论

人工林是通过人类劳动培育起来的，与天然林的形成过程截然不同的森林资源。对人工林而言，其价值形成同一般商品一样，是在林木的生产过程中由劳动创造的。人工林的价格正是人工林价值的货币表现。

第一，生产过程中物化劳动所消耗的生产资料的价值，包括林木生长必需的土地占用价值，其他固定资产占用价值和生产资料投入价值。这些价值在生产林木资源的过程中逐渐地转移到新产品中去，形成转移价值，用符号C表示。

第二，活劳动的消耗，是指在培育林木资源过程中所花费的体力和脑力劳动的总和。包括从造林规划设计、选种育苗到抚育管理等等一系列连续的生产过程中投入的全部人力资源。

活劳动消耗的凝结构成林木的新创造的价值，包含两个部分：一是林业劳动者在林木生产过程中为自己创造的价值，表现为劳动者得到的报酬，用符号V表示；另一部分是林业劳动者为社会创造的价值，表现为利润和税金，用符号M表示。

因此，人工林与一般商品一样都凝结了一般的、无差别的人类劳动，其价值

$W = C + V + M$。

2. 天然林无价值论

天然林是大自然的产物，其中没有投入人类劳动，或者说在人类投入劳动以前就已经形成。根据马克思的劳动价值论可以看成，未经人类干预过的天然林是没有价值的。

有人认为这种天然林无价值论是对马克思主义劳动价值论的机械式理解

和教条式应用。理由是，当代人类几乎涉足地球上的每一个角落，从人类干预的角度而言，地球已经差不多成了一个人工生态系统。所有自然资源，包括天然林，可以说都或多或少地打上了人工劳动的烙印。不管是直接形式的利用、保护还是间接形式的管理、勘探、规划等都不同程度地形成价值。

这种天然林无价值论观点会使人们认为天然林取之不尽、用之不竭，引发了人们对它的不合理利用，降低了资源利用的效率，造成生态破坏。

3. 天然林林价的地租学说（天然林无价值但有价格论）

即便说人类在天然林中投入了大量的物化劳动和活劳动，但这些劳动消耗与培育同样的人工林所需的劳动投入相比是非常小的。而在商品经济活动中，无论天然林还是人工林的立木，在同一市场上则是以相同的价格出售。这又是为什么呢？

这个问题将从地租学说中解决。天然林作为一种自然资源，在商品经济条件下利用它来生产木材时能够产生较高的劳动自然生产力。天然林资源的有限性和经营上的相对独立性决定了这部分超额利润表现为级差林地收益。这个收益与营造等量人工林的劳动耗费相等。因而，天然林林价的实质是林地的级差地租收益。

4. 天然林有价值论

稀缺价值论　此种观点认为某一物品要有价值首先要有效用，此为价值形成的基础。其次必须存在稀缺性，此为决定价值量大小的关键。在人类与天然林的关系中，人类是主体，天然林是客体，其价值量大小取决于自身特点对人类主体的有用性和自然界赋予它的稀缺程度。

这种观点在一定程度上反映了人和物的关系，将人类需求和森林环境的供给结合起来分析，较易为人们所接受。但物品的有用性和稀缺性都是随着时间和人们认识能力的变化而变化的，天然林资源作为一种客观存在一定具有其客观的内在价值，稀缺价值论无法说明这一点。

替代价值论　这种观点认为最原始的天然林资源没有“绝对价值”，但可以有一个相对价值，即被人们赋予了更新、恢复的价值。其数量等于人工恢复天然林资源创造的价值量。实际上，就是用人工更新的天然林价值替代原始的、未经任何人类劳动的天然林价值。

这种观点为天然林价值量的计算找到了一条新的途径，但是它同样忽视了纯粹的天然林自身的固有价值。

泛化的劳动价值论（物质价值论）　这种观点认为，在天然状态下，天然林依靠其生态系统的生物生产力，可以形成自身的价值。其理由是：人是一种特殊的生物种，人的劳动能力本质上也是一种生物生产力，人的劳动可以创造价值，天然林资源的生态系统的生物生产力也能创造价值。人在生产时要耗费物化劳动，天然林在形成过程中也要不断吸收环境中的各种物质，这些物质及时间的消耗构成天然林的物质基础，相当于物化劳动的消耗。

这种观点对于人们研究天然林资源的价值形成及其货币评价具有一定的启示，但有人认为这种观点将人类劳动耗费的物质生产与自然生态系统混为一谈，这种简单的推理是不合理的。

双重价值论　这种观点认为自然资源的价值应包括两部分：一是自然资源本身的价值，实际上是由供求状况所产生的“稀缺价值”；二是基于人类劳动投入所产生的价值。

由此天然林的价值包括两部分：第一是天然林本身的价值，可以通过天然林对人类的有用性来衡量；第二是天然林劳动意义上的价值，可以通过对劳动在天然林中的凝结和聚集在天然林中的劳动来衡量。

三、林价构成及其确定依据

林价构成又称林价结构或林价组成，是指形成林价的各个因素及其在林价中所占的比重。

1. 一种代表性观点

林价由生产成本（包括利息）、税金和利润构成。其理论依据如下。

营林生产成本是确定林价的基础　成本是价格的最低界限，营林生产成本是构成林价的主要因素和林价的最低界限。林木与一般商品不同，林木的形成是人类劳动和自然力共同作用的结果。在自然条件中，宜林地质量的好坏对林木生长影响很大，不同立地条件的林地，在其他生产条件相同的情况下，投入等量的活劳动与物化劳动，其木材产量是不同的。也就是说，由于林地质量的差异，造成了等量林木在营林生产成本上的不同。

在商品交换关系中，一般商品的价格是由社会平均成本规定的，而立木的价格是否也应按照平均立地质量所决定的社会平均成本来计算？根据林木生产的特殊性及我国人多地少、林地资源相对贫乏的实际情况，从理论上讲，林价应按照可以提供商品材的劣等宜林地的营林生产成本作为定价的依据。这样，有利于提高土地利用率，扩大森林资源，促进林业发展。但是，能够提供商品材的劣等宜林地的标准如何确定，劣等、中等、优等如何划分，目前在我国还是一个尚待研究的问题，而且各地也不可能执行同一标准。因此，在条件不具备的情况下，暂时可采用地区实际平均营林成本作为定价的依据，待有条件时进一步改革和完善。

营林生产成本一般应包括造林费、经营费、管理费3个部分。

造林费包括种苗、整地、栽植、幼抚、施肥等费用，为一次性投资。应根据不同地区、树种、整地方式、造林方式和经营强度核算成本，依轮伐期年数，计算单位面积造林费的本利和。

经营费包括护林防火、防治病虫害等设施装备、药物等费用。这种费用有一次性投入的，也有定期支付的，均应按年度计算单位面积投入数额的本利和。

管理费包括行政管理、技术管理、科研、社会负担及职工工资等费用。管理费是逐年支付的，应按轮伐期计算单位面积年度支出的平均数，并依伐期年数，计算单位面积管理费的本利和。

时间价值对林木价值的影响　森林资源的培育，从栽植到采伐往往需要几年、十几年甚至几十年的时间，这是其他物质资源生产部门所不可比的。因而长时间的资金占用必然要反映到资金的使用效果上来，如果说别的产品生产由于时间短而不必或较少考虑时间价值的话，那么，森林再生产就必须要考虑并计算利息了。

林价中的利润　在营林生产中必须获得合理的利润。这是因为只有利润营林单位才有可能参加社会利润的平均化，从而调动营林生产的积极性。

计算林价中的利润有3种方法，即采用工资利润率、资金利润率和成本利润率分别计算。

林价中的税金　一个独立完整的商品价格，应由生产成本、利润和税金组成。营林生产的主要产品——活立木既然是商品，它的价格——林价也应和其他商品一样，把税金包括在内。

林木生产中的损失问题　在漫长的森林培育过程中，森林可能要遭受各种自然灾害，这就会带来一定的经济损失，这部分损失应计入林价，在林木销售中得到经济补偿。

森林的林种、树种、材种对林价的影响　不同的地区以及不同的林种、树种、材种决定了林木的质量、材性、纹理、颜色、用途，这就形成了林价的地区价差和树种价差，这也是确定林价应考虑的问题。

2. 其他观点

（1）林价的计算应简单易行，只计算生产成本和资金利息。理由是：①一笔资金在同一时间内兼得利息和利润，会造成林价的虚增，实际执行有困难；②林业投资按复利计算利息，已考虑到林木的损失，可不再计算损失部分；③税金是在商品出售时征收的，而活立木只是产品，还不具备商品的特性，因此林价不应包括税金。

（2）森林提供的多种防护效益也应列为林价的构成因素。但是，防护效益的计量是一个复杂的问题，计算方法也还处于研究过程中，所以在实践上有一定的困难。

四、林价的主要计算方法

目前，被采用的林价计算方法很多，但总体来说，根据计算的主要依据或出发点不同，主要归纳为两类：正算法和逆算法。

1. 正算法

所谓正算法，是按照立木价值的形成过程和林价构成因素，以培育立木的劳动消耗为主要依据正向计算出林价，也叫作费用价法。其基本公式可表示为：

$$T = \sum_{i}^{m} F_i \ (1 + L)^{m} - i + 1 + P$$

式中：T——林价；

F_i——第 i 年投入费用；

L——利率；

P——经营利润；

m——从费用开始投入年度起到评价时的年限。

利用正算法计算林价，从营林投入出发测算林价。从马克思主义劳动价值论出发最易理解成本途径测算林价的实质，所以，正算法具有成熟的理论根据。但在实践中，由于培育森林周期较长，期间费用多而杂且难以归结到具体受益对象上以及利率难以确定，这种方法常使测算结果偏低。这种情况主要是由于操作困难造成的，在理论上并无此缺陷。

2. 逆算法

逆算法是以林木预期收益为主要依据倒算出立木价格——林价。属于逆算法的林价计算方法主要有林木销售价法（市价法）。

此法是在查清被评价林分的木材产量的基础上，按照市场木材销售价格，估算出该林分的木材价格，扣除采运成本和合理采运盈利（包括利润和税金）后，将余额作为该林分的林价。基本公式为：

$$F = f \ (j - K - R - Q)$$

式中：T——林价；

f——出材率；

J——木材价格；

K———森林采运成本；

R——税金；

Q——森林采运利润。

林木销售价法适用于成熟林和天然林的林价计算。该方法考虑了木材供求关系、国家经济政策和财政经济状况等因素对林价的影响，并且具有简单易行的特点。但这种方法不进行营林成本核算，林价的合理水平无法知道，也就失去了逐步向合理林价水平调整的方向。

第三节　森林生态效益的经济评价

一、森林生态效益概述

1. 森林生态效益的概念

森林生态效益是指森林生态功能被人类社会实际利用后所产生的效果。包括森林涵养水源、水土保持、防风固沙、固碳持氧、净化大气、消除噪声、减轻水旱灾害、保护野生生物、增加旅游效益等多方面。

森林的生态效益是其生态功能的一种评价，森林的生态功能是森林生态系统提供各种服务的能力，如降低风速、涵养水源、净化空气等，它是森林生态系统的客观属性，是一种使用价值，不依人类社会是否对其实际利用而客观存在。而森林生态效益不同于使用价值，只有森林的生态功能被人类利用并使其获得一定效果时，才产生效益。一定量的森林是否具有生态效益，具有多少生态效益，不仅取决于其生态功能的大小，更取决于社会对它的利用方式和利用程度。

森林的生态效益不同于其生态功能，并且，森林生态效益的经济评价与社会对它的利用方式和利用程度有关。比如，对于森林制氧的评价，一般采取工业制氧的价格来估算，实际上就假定了人类对森林制氧的利用方式和利用程度。

2. 森林生态效益经济计量的实质

森林生态效益经济计量实质是对森林生态功能利用程度的经济计量。森林生态效益经济计量属于森林生态功能使用价值计量，而不是这些生态效益所分担的森林资源价值量，因而它是人们从森林生态系统所获得的使用价值大小和利用程度的计量，而非森林生态系统凝结社会必要劳动量的计量。

在森林生态效益的计量中，首先以生态功能替代效益计量，得出森林生态系统的外显生态效益，然后再依据生态功能的利用程度或最终效果折算成潜在生态效益。计量思路是首先计算森林各种生态功能的物理量，然后再假定它们都能被人类完全利用。这种方法得出的是森林外显生态效益，在某种程度上夸大了森林生态效益，因为没有被人类利用的生态功能不能真正产生效益。

3. 森林生态效益的特点

森林生态效益具有典型的间接性和外部经济性　森林生态效益是生态功能的利用，生态效益大部分体现在其他环节，只有当生态功能给其他领域带来级差收益，才表现为生态效益。外部经济性指不通过市场交换，某一经济主体受其他经济主体活动的影响，其效果有利。生态效益的外部经济性表现在森林资源给有关部门带来了超额的经济效益，而且是无偿的，如提高周边地区农业产量，提高环境承载能力。水土保持、净化空气、涵养水源等都具有外部经济性，且这些外部经济性不通过市场机制提供，而是自然外溢。

森林生态效益属公共品　不通过市场交换而能满足公共需求的财产或服务称为公共品或公共财产、公益设施。公共品的两大特点是：①排他性，即一个人消费该商品时影响另一个人的消费；②非排他性，即没有理由排除其他人消费这些商品，如新鲜空气、无污染水源。

生态效益无须经市场机制便能提供给社会及消费者，而且在消费时不会因已有消费者而降低另一群体对生态效益的使用，同时也无法将一部分人排除在生态效益的消费之外。可见，生态效益这种产品的消费不需要通过市场交换便可享用，也无须付出代价，因此它没有价格，也难以在市场上得到真正的价值承认。生态效益的管理者也无法确定其产品界限，这类产品的经济计量只能采用间接计量方法。

生态效益产出的连续性和相对稳定性　只要森林存在，生态效益就会连续产出，其发挥作用的时间是持久和不间断的，影响产出的关键是森林生态系统自身结构，包括林分类型、种群结构和自然地理状况。这和有形产品产出有很大不同，在进行生态效益计量时必须充分考虑到这一点。

生态效益消费的即时性与产出的迟效性　生态效益产出的同时就被相应的消费者所消费，不具有保留性，因此大部分生态效益的产出不具累加性。

生态效益在不同时间、空间上的计量值不应该进行累加。迟效性是指森林生态功能的发挥周期比较长，在这一时段内需要不断地进行投入。

鉴于森林生态效益的特点，在对生态效益进行评价时会遇到不少困难。首先，森林生态效益的间接性在于它是通过对生态功能的利用，然后在生产过程中取得级差收益的。但在影响生产过程的错综复杂的因素中，很难把生态因素分解出来精确地计算其作用的大小。其次，森林生态效益的迟效性也会带来计算困难，因为当年的收益并不是当年投资的结果，而是过去投资积累的结果。而且同一年的投资，经过若干年后，有的部分已经发挥生态效益，有的部分则不一定发挥生态效益。因此对森林生态效益和成本只能在每年流量中做近似计算和比较。再次，很难确定森林生态功能的长效性到底按多少年计算才合适，而且某一项生态功能的作用也不是始终如一的，一般表现为前弱后强，很难准确计算出这个变量值。因此，一般把它作为固定量来计算，这就必然影响到计算的精确性。

二、森林生态效益经济评价的主要方法

早期的森林生态效益计量都是定性化描述，20 世纪 80 年代后，各国学者尝试性地把森林生态效益从实物量统归到价值量计算。由于森林生态效益的多样性，有关计量评价体系不同，更由于森林生态效益在不同国情下，评价的原则有所不同，各国根据本身的情况和条件来确定合理的计量评价方法。一般来说，评价方法有以下 2 类。

1. 替代市场技术

利用“替代市场”和“影子价格”来计算公共商品的经济价值，其方法多种多样，其中著名的有市场价值法、机会成本法、费用支出法、旅行费用法等。如评估森林涵养水源的经济价值时，先计算出森林涵养的水源量，再根据“替代市场方法”假设这些水用于市场交换，并以市场水价作为森林涵养水源量的“影子价格”，最后计算出涵养水源的经济价值。从环境效益有正负来看，替代市场技术又可分为以下 2 种。

效益评价法　这种方法是先根据森林提供的公益效能，计算出效能的定量值，如每年涵养水源的吨数、每年固定二氧化碳的吨数、每年供给氧气的吨数。其次求出森林公益效能的“影子价格”，如森林涵养水源效益的定价可根据水库工程的蓄水成本；固定二氧化碳和提供氧气效益定价可根据二氧化碳和氧气的市场价格。最后再计算生态效益的年总经济价值。

损失评价法　这种方法是根据森林遭受破坏后的损失量计算森林经济效

果的方法，即用因森林遭受破坏而造成的损失量表示森林可避免或减少的损失量，然后根据其影子价格来计算经济价值。例如，评价森林保护土壤的经济价值时，用森林受到破坏时的土壤侵蚀量来表示森林保护土壤的效益量。

损失评价法与效益评价法是一个问题的两个方面。一个是从生态效益的效果上考虑问题；一个是从失去生态效益的损失上考虑问题。当森林生态效益的效果比较明显和容易定量时，常用效益评价法；当森林破坏的生态损失比较明显和容易定量时，就可以用损失评价法。

但是，对于有些公益效益，如景观、文化、审美等，很难找到“替代市场”，也难找到“影子价格”。那么，对于这类公益效益，用什么指标来评价其经济价值呢？西方经济学的研究告诉我们：对于难以找到替代市场技术的公益效益，可以采用模拟市场技术或称假设市场技术，先假设“公共商品”的交换市场存在，再以人们对该商品的支付意愿来表达其经济价值。

2. 模拟市场技术

以支付意愿来表达公共商品的经济价值，其方法主要有条件价值法。“支付意愿”（willingess to pay，简称 WTP），是指消费者为获得一种商品、一次机会或一种享受而愿意支付的货币资金。如评估森林景观的经济价值时，可以直接询问游憩的公众：假设市场机制存在，那么你为了能观光和享受这里的森林景观而愿意出多少钱，即获得森林景观的支付意愿是多少。WTP 是西方经济学中的一个基本概念，它可用来表达一切商品、效用和服务的价值，是资源环境价值评估的根本。目前，支付意愿已被美、英等西方国家的法规和标准规定为公益效益评价的标准指标，并用来评价各种生态效益的经济价值。

三、森林生态效益评价案例

选择甘肃省白水江国家级自然保护区生态效益评估案例。白水江自然保护区位于甘肃省南部。1978 年经国务院批准成立，是以保护大熊猫及其栖息地为主的森林和野生动物国家级自然保护区。总面积 213750hm^2。下面介绍白水江自然保护区涵养水源效益、水土保持效益以及改善大气质量效益的计量思路和方法。

1. 涵养水源效益计量

目前国内外关于涵养水源量的计算方法有 6 种，这里介绍一种简单而有代表性的方法——蒸散率计算法。

蒸散率计算法也称水量平衡法，是从水量平衡的角度分析土壤涵养水源量。土壤涵养水源量取决于保护区的降水量和蒸散量。根据国内外学者对蒸散量的研究，植被年蒸散量一般是年降水量的70%左右，这样搜集到降水量的资料后，就可以算出蒸散量，二者之差就是涵养水源量。以下是白水江自然保护区各保护站降水量的统计数据。

通过简单平均法求得白水江自然保护区平均水源涵养量为2211.42t/hm^2，保护区的总面积为213750hm^2，所以保护区年水源涵养量为4.73亿t。

目前中小型水库建设平均投资约为0.90元/m^3，如果依照当地修造类似水库所需经费进行估算，则白水江国家级自然保护区每年水源涵养效益为4.25亿元。

2. 水土保持效益计量

土壤侵蚀量可根据保护区和非保护区土壤侵蚀的差异求得。白水江保护区植被覆盖率在80%以上，所以土壤侵蚀量可以忽略不计，因此这里只需计算非保护区土壤侵蚀量。根据县水文站实测，白水江流域年平均侵蚀模数为918t/hm^2·年，白水江自然保护区每年减少的土壤侵蚀量为1.9276亿t。

保护区的保土功能保障了农田、水库不被淹埋和淤塞，公路、桥梁、河道不被冲垮。因此，可用修筑类似烂泥工程的费用来评价水土保持效益。若以目前建造与维护类似工程的最低费用0.7元/t计，则白水江保护区防止泥沙滞留淤泥保护土地资源效益每年为1.35亿元。

保肥效益根据白水江保护区林地年积累表土估算均值0.5cm，再乘以化肥替代价格计算。据经验数据，土壤表土中氮、磷、钾总量约为1.39%，表土密度为0.77g/cm^3，化肥价格2549元/t。因此，保护土壤肥力总效益为2.92亿元。

这样，白水江保护区每年的水土保持效益为4.27亿元。

3. 改善大气质量效益计量

根据经验数据，树枝和树根的重量是树干重量的1/4，木材的平均比重为0.45t/m^3。研究表明，根据光合作用方程式，树木每生产162g的干物质可释放193克氧气，即形成1t干物质可释放1.2t氧气。

据白水江保护区管理局资料，保护区活立木蓄积量平均每年增加15万m^3，可得出白水江保护区每年的干物质生长量为15×1.25=18.75万m^3，合8.44万t（18.75×0.45）。释放的氧气量为8.44×1.2=10.13万t。

目前工业氧气的批发价为每吨370元，从而得出白水江自然保护区每年释放氧气的效益为0.37亿元。

第四节　森林社会效益的经济评价

一、森林社会效益的概念

森林社会效益是以森林资源为对象的经济活动对社会各方面的影响和作用。它的构成内容包括：森林对人的体质的成长和健全的效益，森林对劳动器官、感觉器官和思维器官等的充分发展与完善的效益，如森林旅游等；森林创造的社会公平、社会凝聚力和社会参与等，如森林提供就业机会、社会收入分配、社会治安、犯罪率等；与森林有关的宗教、文化、习惯、传统、知识等，如森林的科学、文化、教育、历史价值等。

二、森林社会效益经济评价的内容和方法

通过对国内外主要文献有关森林社会效益评价研究的主要内容和主要方法的总结，森林社会效益经济评价的主要内容是森林提供的就业机会、森林游憩和森林的科学、文化、历史价值。

1. 森林提供的就业机会

森林提供的就业机会即森林吸纳的劳动力数量。

2. 森林游憩的价值

森林社会效益和生态效益的内容中有些是交叉的，如森林游憩的价值，有学者在分析森林生态效益时将其列为主要内容之一，也有学者在分析森林社会效益时也将其列为主要内容之一。对森林游憩价值的估算方法，主要有直接成本法、费用支出法、机会成本法、旅行费用法、条件价值法等，尤其是条件价值法和旅行费用法使用较为普遍。

3. 森林的科学、文化、历史价值

森林的科学、文化、历史价值，可以用 2 种方式进行评估。一种是社会对森林的科学、文化、历史价值的支付意愿；另一种是森林的科学、文化、历史价值利用后的效益。

三、森林社会效益评价案例

选择北京市森林的社会效益评价案例。

1. 森林游憩的效益

对北京市森林游憩效益的评价应该采用条件价值法或旅游费用法计算。在计算中，由于缺乏具体的游客支付意愿的调查数据，采用旅游费用法来评估森林游憩的效益。据研究，北京森林旅游游客的年平均支付费用为 50 元左右。2004 年，北京森林旅游总人数为 202.40 万人，因此，森林旅游总支出为 1.01 亿元。

2. 森林疗养保健效益

对北京市森林疗养保健效益采用市场替代法来估算。由于疗养保健效益表现为林区居民用于疗养费用支出的减少，即将林区居民年平均减少的疗养保健费作为森林疗养保健效益的价值替代。2004 年北京林业职工人数为 4854 人，调查研究表明，林业职工用于医疗保健的费用比北京其他行业职工减少 74.46 元/人·年。因此，北京市森林的疗养保健效益为 36 万元。

3. 提供就业机会效益

由于森林资源的开发、利用，带动了林区居民的就业。2004 年，北京林业在册职工人数为 5129 人，在岗职工年平均工资为 2.72 万元/人。因此，北京森林每年提供就业机会的效益为 1.40 亿元。

4. 社会文明进步效益

对社会文明进步效益的计算，也采取市场替代法来计算。由于社会文明进步表现为基础建设和服务设施的改善，因此，将林区的固定资产增加额和居民居住面积增加作为社会文明进步效益的替代价值。2004 年北京市林区的固定资产增加了 2.12 亿元，居民居住面积增加了 12.86 万 m^2，其中房屋的平均价值为 3500 元/m^2，计算的森林社会文明进步效益为 6.62 亿元。

5. 优化产业结构效益

森林的开发利用，有利于促进农业产业结构的调整优化。计算森林优化产业结构的效益，可以用农业产值中与森林有关的行业产值的增加值来反映。2004 年与 2003 年相比，北京市农业中与森林有关的行业产值的增加值为 5.66 亿元。因此，北京森林优化产业结构的效益为 5.66 亿元。

第三章 林权与林权制度变迁

第一节 产权与制度

产权理论是新制度经济学的重要内容之一，几乎所有新制度经济学的内容都与产权理论相关。本节就产权理论的基本问题加以梳理，作为研究林权问题的理论基础。

一、产权与产权制度的含义

作为法学概念，产权含义非常明确，它就是财产权利的简称。《牛津法律大辞典》明确指出，产权“亦称财产所有权，是指存在于任何客体之中或之上的完全权利，它包括占有权、使用权、出借权、转让权、用尽权、消费权和其他与财产有关的权利”。《法兰西民法》也明确指出，“财产权就是以法律所允许的最独断的方式处理事务的权利”，它渊源于罗马法中的“天赋财产”概念（产生于罗马“法学阶梯”中的自然法阶段）。我国法律界认为，产权就是人的财产权利，它与人的生命权、人的社会与政治的权利共同构成基本的人权。产权是一个范畴性的概念，它包括多种层次的概念。具体来说，产权包括“自物权”和“他物权”，前者也就是“所有权”，它是一切产权的基础和核心，具有排他性特征，是所有者独享的权利，包括“占有”“使用”“受益”和“处置”4项权能，它们从不同角度体现着所有权。“他物权”则是在他人所有物上设定的权利，包括为使用和收益目的而设定的“用益权”（即财产的使用权，包括经营权、承包权、租赁权等）和为保证债权的行使而设定的“担保物权”。因此，法律意义上的产权是人对物的权利，是相对于某一客体的静态的权利体系。

将产权作为一个独立的经济学范畴，并进行系统的经济学研究的是一批制度经济学家，其中包括马克思和西方新老制度经济学家。尽管经济学家们对产权问题的研究已经有相当长的历史，但是关于产权的定义，却仍然存在着广泛的争论，人们由于分析问题的角度和考虑问题的重点不同，对产权的定义和叙述也各不相同。总体上可以把它们分为广义的产权概念和狭义的产权概念。下面分别加以叙述。

1. 狭义的产权概念

狭义的产权概念是将其与财产联系在一起，认为产权就是建立在财产基础上的人们的经济行为权利，它反映了由对财产的权利而引申的人们之间的社会经济关系。例如，著名的新制度经济学家德姆塞茨把产权简单地定义为："一个人或者他人受益或受损的权利。"并解释道："产权是界定人们如何受益及如何受损，因而谁必须向谁提供补偿以使他修正人们所采取的行动。"佩杰威齐也认为："产权详细表明了在人与其他人之间的相互关系中，所有的人所必须遵守的与物相对应的行为准则，或者承担不遵守这种准则的处罚成本。"并把产权划分为 4 个方面的权利，即使用权、收益权、处置权和交易权。P□阿贝尔与佩杰威齐持相同的观点，只是叙述得更加详细、更加具体。他认为，产权"包括所有权，即排除他人对所有物的控制权；使用权，即区别于管理和收益权对所有物的享用和收益权；管理权，即决定怎样和由谁来使用所有权的权利；分享残余收益或承担责任的权利，即来自于对所有物的使用和管理所产生的收益和成本分享和分摊的权利；对资本的权利，即对所有物的转让使用、改造和毁坏的权利；安全的权利，即被剥夺的权利；转让权，即所有物遗赠他人或下一代的权利；重新获得的权利，即重新获得失去的资产的可能和制度保障；其他权利，包括不对其他权利和义务的履行加以约束的权利、禁止有害于使用权的权利"。菲吕博腾也特别强调在理解产权时，"要注意的中心点是，产权不是指人与物之间的关系，而是指由物的存在及关于它们的使用所引起的人们之间相互认可的行为关系。产权安排确定了每个人相对于物时的行为规范，每个人都必须遵守他与其他人之间的相互关系，或承担不遵守这种关系的成本"。

2. 广义的产权概念

广义的产权概念则表明，产权不仅是人们建立在财产基础上的经济行为关系，或者由此而引起的人与人之间的社会经济关系，而且是人与人的所有社会关系。施瓦茨明确地把人的一切权利都看做是人的财产，他认为产权不仅包括人对物质的和非物质的与经济行为相关的权利，而且包括行政权和各类法权。他指出："产权不仅是人们对有形物的所有权，同时还包括人们有权决定行使市场投票方式的权利、行使特许权、履行契约的权利以及专利和著作权。"一些经济学家则将产权与人权联系起来，认为产权和人权之间密不可分，区分人权和产权的做法是错误的，甚至是荒谬的。例如，巴塞尔认为，产权包括人权，"在产权和人权之间做出区分是荒诞的。人权只不过是产权权利的一部分"。而阿尔钦和艾伦则认为人权包括产权，指出"试图比较人权与产权的做法是错误的。产权是使用经济物品的人权"。

显然，广义的产权概念过于宽泛，它模糊了经济学的研究对象，因而也就抹杀了经济学与其他学科的区别。作为经济学范畴的概念，显然不能将产权内涵扩展到与人权范畴相等甚至比人权概念还要宽泛的地步。无论是巴塞尔，还是阿尔钦和艾伦的表述，实际上都非常清楚地说明了人权和产权之间存在着差异，至少二者在概念的内涵上有宽窄之分。严格地说，阿尔钦和艾伦关于产权的解释不是广义的，他们只是不主张比较产权和人权，也没有把产权同经济活动割裂开，其真正意图在于说明产权和人权并不矛盾。阿尔钦在其后来的产权研究中明确地说明了产权与财产密不可分。他指出，产权是授予特别个人某种权威的办法，利用这种权威，可以从不被禁止的使用方式中，选择任意一种对特定物品的使用方式，"产权是一个社会所强制实施的选择一种经济物品的使用权利"。这实际上也清楚地表明，产权是与经济利益相关联的。阿尔钦和艾伦将产权看成是使用经济物品的人权，这与法律对有关产权种属概念范畴的解释是一致的。既然产权包含在人权之中，二者是属概念与种概念的关系，自然就不能进行比较。

那么，究竟如何来定义产权呢？新制度经济学的奠基人科斯在《社会成本问题》一文中虽然没有直接给产权定义，但他的大量论述旨在说明产权就是建立在财富基础上的、人们之间的经济利益关系。例如，医生诊所旁边的生产商机器的轰鸣声，影响了医生的职业和工作，从而影响了医生的收入；牛毁坏了旁边耕地里的谷物；加高房檐造成邻居烟道排烟不畅；工厂排放烟尘影响周围居民呼吸新鲜空气等。科斯指出，在所有这些事件中，谁应该承担相关经济行为而造成的损失。实际说的就是产权问题。阿尔钦后来对产权的清楚定义与科斯的产权内涵以及德姆塞茨的产权定义显然是一致的。据此，我们将产权定义为由人与物的关系所引起的人们的经济行为权利，它体现着经济行为主体围绕着财产而建立的权责利关系。理解产权必须注意以下几个方面。

第一，产权不是人们对财产的静态的具体权利，而是经济主体之间相互认可的行为权利。它规定着人们是否有权对特定财产采取某种方式加以利用，反映的是人与物关系基础上的人与人的关系。

第二，与产权相联系的是财富，它不仅包括有形财产，而且还包括像专利权、著作权、名誉权一类的无形财产。

第三，产权是经济行为主体对财产的一系列行为权利的统称，包括对财产的所有权、使用权、处置权以及源于上述权利的收益权等一组权利。债权作为所有权的动态形式，也是产权的一个重要内容。这里的前提是产权的一组权利是可分的，即可以分属于不同的主体。与法律上的产权相对应，这里的使用权是指建立在他人财产所有基础上的用益权，如对土地、资本等的经营权、租赁权以及企业法人财产权等，具有独立性；而处置权则是建立在他物权基础上的用益权、担保物权等类似的权利；至于财产所有权派生的占有权、使用权、处置权和收益权等一系列权利则是所有权与生俱来的权利，具有绝对性、排他性和永续性的特点。

第四，从表面上看，经济学意义上的产权与法律意义上的产权都表现为人对物的权利关系，但经济学范畴的产权是动态的，它强调的是经济行为主体能够实现的经济学意义上的权利，而不限于法律规定的概念上的、静态的权利。因此，经济学范畴的产权不仅受制于法律条文，而且受制于具体的市场发展、经济理论的创新、社会风俗习惯和道德观念的变动等因素。

3. 产权制度

新制度经济学认为，产权制度是一种基础性的经济制度，它不仅独自对经济制度有着重要影响，而且又构成市场制度以及许多其他制度安排的基础。产权制度涉及对产权的界定和对产权的保护，是对产权的各项权能所进行的制度安排，其内容包括对产权权能的界定、产权主体的设立、确定和保护的行为规则。

现代产权制度首先要界定产权，实际上是共有产权在成员间的重新分配。正如众多研究者认为，共有财产的存在表明产权界定不清。科斯认为，没有产权的初始界定，就不存在权利的转让和重新组合的市场交易。在共有产权下大量外部性无法内部化，大大影响了经济绩效，导致供给和需求失衡。资产产权界定后，经济主体拥有了排他的财产，开始对成本、投入、收益极为关注，为了实现自身利益的最大化目标，他们努力使资源配置达到最优，从而将很大一部分外部性内部化了。即使在现行血汗钱制度下仍存在外部性，围绕着内部化过程的谈判、执行的交易费用可能要比共有产权下要少得多。可以说，产权界定越明确，对产权主体的激励就越大，资源配置的效率就越充分，社会总效用就增加。同时外部性内部化的交易成本也越低。

其次产权制度需要能为产权主体的权利提供有效保护。我们知道，产权界定是经济发展的必要条件，但不是充分条件。要使经济得以发展，不仅要界定产权，还要求确保产权各项权能的有效实现和利益保护。其中最为重要的前提是要保证产权的交易自由和公平的市场竞争，使产权成为可交易的权利。通常，产权的初始界定一般很少能按照效率原则进行最优配置，若产权具有可交易性、市场竞争是充分的，则产权最终会转让到最具效率的用途上。一般地讲，竞争意味着人们不断地关注更多的可供选择的使用，这表明产权能够得到更完全的界定，以降低不确定性和促进资源得到更有效的配置和使用。

二、产权的形式

产权作为一种财产权利，总有其归属的主体。根据产权归属主体的不同，即归属于一个特定的人，还是归属于一个共同体的所有成员，可以将产权从根本上分为两种形式，即私有产权和共有产权。

1. 私有产权

私有产权意味着社会承认所有者的权利，并拒绝他人行使该权利。私有产权就是将资源的使用与转让以及收入的享用权界定给一个特定的人，他可以将这些权利同其他附着了类似权利的物品相交换，也可以通过自由合约将这些权利让给其他人，他对这些权利的使用不应受到限制。正如阿尔钦所说："产权是一个社会所强制实施的选择一种经济品的使用的权利。私有产权则是将这种权利分配给一个特定的人，它可以与附着在其他物品上的类似权利相交换。"

私有产权并不意味着所有与资源有关的权利都掌握在一个人手里。一套房屋的所有权可以将其租给他人居住。在这种情况下，房屋的所有权仍然属于房屋的所有者，但房屋的使用权却属于另一个人。两个人拥有房屋的不同的产权。就一块土地的使用权来说，也可以由几个人同时拥有。阿尔钦指出："A 可以拥有在这块土地上种小麦的权利。B 可以拥有在它上面走路的权利。C 可以拥有在它上面倒炉灰、冒烟的权利。D 可以拥有在其上空驾机飞行的权利。E 可以拥有开动邻近设备而使之承受振动的权利。并且每一种权利都是可以转换的。总之，这块土地各种被分割的私有产权被不同的人所拥有。" 这就是说，同样的一种有形资产，不同的人拥有不同的权利；但并不意味着这些权利就不是私有的，只要每个人拥有互不重合的不同的权利，多个人同时对某一资源或资产行使的权利仍是私有产权。因为私有产权的关键在于对所有权的行使的决策及其承担的后果完全是私人做出的。

在市场经济社会中，绝大多数物品和资产都具有私有产权的性质。我们个人拥有的房屋、我们家中拥有的所有属于个人的物品、我们在银行里的存款、我们购买公司的股票，等等。

2. 共有产权

有些资产的产权具有这样的特点：某个人对一种资源行使权利时，并不排斥他人对该资源行使同样的权利，或者说，这种产权是共同享有的。这种产权被称为共有产权。例如，我步行穿过一块公共土地的权利与他人穿过这块土地的权利是完全一样的，我可以有权去一块公共水塘钓鱼，你或他人也可以这样做。无论何种情况，许许多多人可以为了同样的目的行使对某一资源的产权。共有产权与私有产权相比，其最重要的特点在于共有产权在个人之间是完全不可分的，即完全重合的。因此，即使每个人都可使用某一资源来为自己服务，但每个人都没有权利声明这个资源是属于他的财产，也就是说，每个人对此都拥有全部的产权，但这个资源或财产实际上并不属于任何个人。

国有产权、社团产权和公司产权都属于共有产权范畴，是共有产权的一种形式。国有产权是指国家依法享有国有财产的排他性权利。在国有产权下，权利是由国家选择的代理人来行使的。由于他对资源的使用、转让及剩余索取权都不具充分的权能，就使他对绩效及对他人监督的激励很低，加之国家对代理人的监督费用昂贵，所以国有产权下的外部性极大。国有产权有助于突破私人产权的利润界限，提供私人无力或不愿生产的社会需要产品，克服外部性引发的市场失灵现象，但问题是国有产权能否与市场经济相容。

当某个人对一种资源行使某权利，并不排斥同一团体内的其他成员对该资源行使同样的权利时，这种产权便称为社团产权。公司产权（法人产权），即关于如何行使对公司资产的各种权利的决定不是由某自然人做出的，而是由公司的决策机构对权利的行使做出规则与约束。

三、产权的属性

由于产权具有不同的形式或类型，因此，不同形式或类型的产权，其属性和特征自然也不同。就私有产权而言，它主要具有排他性、可分割性、可让渡性和清晰性，共有产权的属性与私有产权的属性正好相反，它不具有排他性、可分割性、可让渡性和清晰性。

1. 排他性与非排他性

私有产权的排他性意味着所有者有权选择用财产做什么、如何使用它和给谁使用它的权利。德姆塞茨指出："排他性是指决定谁在一个特定的方式下使用一种稀缺资源的权利。排他性的概念当然是从下面的意义中引申出来的，即除了'所有者'外没有其他任何人能坚持有使用资源的权利。"产权的排他性，实质上是产权主体的对外排斥性或对特定权利的垄断性。私有产权的排他性一方面把选择如何使用财产和承担这一选择后果之间紧密联系在一起；另一方面使所有者有很强的动力去寻求带来最高价值的资源的使用方法。柯武刚和史漫飞指出："排他性是所有者自主权的前提条件，也是使私人产权得以发挥作用的激励机制所需要的前提条件。只有当其他人不能分享产权所界定的效益和成本时，这些效益和成本才可能被'内部化'，即才能对财产所有者的预期和决策产生完全的、直接的影响。只有那样，才能将他人对该财产使用的估价传送给所有者，所有者也才有动力将其财产投于他人欢迎的用途。"

共有产权一般不具有排他性。私有产权的排他性是基于产权主体的唯一性。对于共有产权，其产权主体虽然也是由不同个人成员组成的，但是这些成员个人并非彼此分开的独立的产权主体，他们只是共有产权的组成分子。也就是说，共有产权的组成成员是作为一个整体分享共有财产的产权的。在共有范围内，对财产的权利，是你的，也是我的。正是在这个意义上，即就你我都是财产共同主人、共有财产每个人都有平等的一份来说，它是不具有排他性的。当然，共有产权在其内部成员之间的共同分享上不具有排他性并不意味着它不具有任何意义上的排他性。实际上，共有产权也存在作为一个总体的对外排他性。我们知道，在特定社会里，只要资源稀缺，资源的产权就不能归全社会统一拥有，即不可能是单一主体，而总是归于不同的个人或团体。只要存在着多元的产权主体，不同主体间的物质利益就不可能等同，利益上的分立就是必然的。这种分立就是相互间的排他性。因此，尽管共有产权内部不同构成分子间不具有排他性，但是不同的共有主体之间，共有主体与私人主体之间肯定具有排他关系。

2. 可分割性与不可分割性

可分割性是私有产权的另一个重要特征，而共有产权作为一个整体，是排斥任何一个内部成员侵占、分割共有产权的。即共有产权不具有可分割性。

私有产权的可分割性，是指对特定财产的各项产权可以分属于不同主体的性质。可分割性意味着产权能被“拆开”，一项资产的纯所有权能与其各种具体用途上的权利相分离。由于产权由权能和利益组成，所以，产权的可分解性包含两个方面的意义，即权能行使的可分工性和利益的可分割性。产权的不同权能由同一主体行使转变为由不同主体分工行使就是权能的分解，相应的利益分属于不同的权能行使者，就是利益的分割。有权能分解，就必然有利益分割，因为在存在产权的社会条件下，任何一个行使产权职能的主体，都不愿意白白地放弃利益。产权的可分解性可以在不同层次上体现出来。因为特定财产的产权可以区分为几个大项，每一大项又可以细分。首先，可以分解出狭义所有权、占有权、支配权和使用权。其次，占有、支配和使用的各项产权又可以分成不同的亚项。也许，在具体的权能行使过程中，这些亚项还可以分解，由不同的主体去行使。但是，需要指出两点：

首先，产权的可分解性不是无限度的，不是说产权可以无限分解，或分得越细越好。产权实质是不同产权主体之间的经济关系，不同权项的划分必须在不同的产权主体之间进行，产权主体是不可无限细分的，如果产权无限划分下去，就会超出“不同产权主体之间”这个范围，分出来的也就不是产权了。

其次，不是任何一项产权都可以任意再次分解。狭义所有权是特定财产的根本性产权，其主体的状况决定产权关系的性质。因此，它不具有任意可分解性。如果他的权能发生分解，就意味着它的主体状况在原有基础上发生了变化，产生了比原来更多的主体，从而产权关系的性质改变了。

3. 可让渡性与不可让渡性

可让渡性（或称可交易性）也是私有产权的内在属性，它以产权的排他性为基础。正因为产权是排他的，即特定产权的主体是唯一的和垄断的，产权主体才可能拿产权去转让和交易。对于共有产权来说，它不具有可让渡性。对于私有产权来说，可让渡性是私有产权的内在属性，但这并不意味着私有产权在任何情况下都是可让渡的。例如，有些不可转让产权的土地被授给了土生土长的美洲人和澳大利亚人。政府当局规定，这些土地的权利是不可转让的。因为政府要保护那些土著所有者，使他们免于“剥削”，免于按被认为不利于所有者的价格出售或出租这些土地。

4. 明晰性与模糊性

产权的明晰性与产权的模糊性都是指“权利束”的边界确定而言的，它与产权的排他性与非排他性是等价的命题，排他性的产权（即私有产权）通常是明晰的，而非排他性的产权（即共有产权）往往是模糊的。

所谓产权明晰，是指不同产权或不同主体的产权，其边界应尽量明确。任何产权形式，如果其所有者是确定的且是唯一的，那么这个产权就是明晰的。反之，如果其所有者不是唯一的，那么这个产权往往就是模糊的。以共有产权来看，所有者尽管是确定的（可能是100个人的，也可能是1000个人的），但是并不是唯一的，这就容易产生产权的模糊性。产权模糊有两种情况：①产权归属关系不清，即财产属于谁未明确界定或者未通过法律程序予以肯定；②财产在使用过程中，权利归属不清。当产权出现分割、分离与转让等情况时，财产各种权利主体变得不明确。产权的明晰性就是为了建立所有权、激励与经济行为的内在联系。

四、制度与制度变迁

1. 制度的含义

尽管经济学中对制度这个概念的使用频率很高，但是，不同的经济学流派，甚至同一流派的不同经济学家赋予制度的含义也不完全一致。不过，在众多经济学流派的经济学家中，真正从最一般意义上讨论过制度含义的主要是旧制度经济学家凡勃伦、康芒斯和新制度经济学家舒尔茨、诺思等。在他们看来，所谓制度，就是规范个人行为的各种规则和约束。

在理解制度的内涵时，还有必要搞清楚两个与制度密切相关的概念，即制度安排与制度结构。

新制度经济学家经常使用“制度安排”这一概念。所谓制度安排，就是管束特定行动和关系的一套行为规则。例如，专利制度就是一种保护发明创新、打击侵犯知识产权行为的一套行为规则和制度安排。显然，“制度安排”一词与“制度”一词的含义是非常接近的。

所谓制度结构，指的是某一特定对象中正式的和非正式的制度安排的总和。这里，某一特定对象可能是一个国家或社会，也可能是某种活动，如生产、技术创新等。例如，根据对象的不同，可以有一国的制度结构、生产的制度结构、市场经济的制度结构、技术创新的制度结构等。

2. 正式制度和非正式制度

如何合理地对制度进行分类一直是新制度经济学家十分关注的一件事。新制度经济学家根据不同的标准，对制度进行过分类。这些分类，有些是合理的，有些则存在一定的缺陷。而正式制度和非正式制度的区分是新制度经济学的一种重要制度分类。

正式制度也叫正式规则，它是指人们（主要是政府、国家或统治者）有意识创造的一系列政策法规。按照诺思的观点，正式制度包括政治规则、经济规则和契约。它们是一种等级结构，从宪法到成文法与普通法，再到明确的细则，最后到个别契约，它们共同约束着人们的行为。

非正式制度也叫非正式规则，它是人们在长期的交往中无意识形成的，具有持久的生命力，并构成代代相传的文化的一部分。从历史上看，在正式制度设立之前，人们之间的关系主要靠非正式制度来维持，即使在现代社会，正式制度也只占整个社会制度的一小部分，人类社会生活的大部分空间仍然由非正式制度来约束。

正式制度与非正式制度的区别主要表现在以下3个方面。

（1）从变革的速度来看，正式制度可以在短时间内形成、变更或废止。人们常说的“朝令夕改”就是说新的正式制度可以在一天之中形成，过时的正式制度可以在一天之中废除。非正式制度的形成是一个漫长的过程，非正式制度的改变较之正式制度来说也要困难得多。当然，这并不意味着非正式制度不会发生改变。在人类历史过程中，价值观、习惯和社会道德，与意识形态一样都已经发生变迁并且正在发生变迁。

（2）从制度的实施机制看，正式制度依据的是政府的强制手段，如通过军队、警察、法院、监狱等暴力性手段来强制实施。非正式制度则主要取决于社会成员的相互作用和他们对某种团体习惯的自发遵从。一般来说，一个团体或社区中成员的流动性越大，这种执行机制的效率也越低。因此，流动性越大，一个团体或社区中成员就越容易放弃传统非正式制度和接受新的非正式制度。这可以解释为什么价值观和道德观在市场经济中不断流变，而在传统经济中却凝固不变。

（3）从制度的可移植性来看，由于非正式制度内在所具有的历史积淀性，使它很难在国家或区域之间移植。正式制度较之非正式制度则具有较大的可流动性、可移植性。例如，我国在向市场经济体制转轨的过程中就移植了一些市场经济发达国家有关市场的正式制度。这些制度的移植大大降低了制度创新和变迁的成本，给“输入国”带来了不少好处（或收益）。一种非正式制度尤其是意识形态能否被移植，不仅取决于所移植国家的技术变迁状况，而且更重要的是取决于后者的文化遗产对移植对象的相容程度。如果两者具有相容性，那么，制度创新的引入，不管是通过扩散过程，还是通过社会、经济与政治程序所进行的制度转化，都会进一步降低制度变迁的成本。

3. 制度变迁

制度变迁是指制度的替代、转换与交易过程。制度变迁可以被理解为一种效益更高的制度对另一种制度的替代过程。在这个过程中，实际制度需求的约束条件是制度的边际替代成本（即机会成本）。制度变迁还可以被理解为对一种更有效益的制度的产生过程。在这个过程中，实际制度供给的约束条件是制度的边际转换成本。微观经济学理论表明，由于边际收益递减，生产最优规模的约束条件是边际转换成本等于边际收益。类似的，实际制度供给的约束条件是制度的边际转换成本等于制度的边际收益。

经济活动既包括人与物之间的替代与转换活动，又包括人与人之间的交易活动。从这个意义上讲，制度变迁还可以被理解为制度的交易过程。实际的制度交易的约束条件是制度的边际交易成本。制度的交易成本是有关的制度主体在动态的制度变迁中从事对制度这种物品的交易时所付出的成本，而不是有关经济主体在静态的制度结构中从事对其他物品的交易时所付出的成本。

根据制度变迁主体的不同，制度变迁可分为诱致性制度变迁和强制性制度变迁两种类型。

诱致性制度变迁　指的是现行制度安排的变更或替代，或者新制度安排的创造，是由单个行为主体（个人或利益集团）在给定的约束条件下，为确立预期能导致自身利益最大化的制度安排和权利界定而自发组织实施的自下而上的制度创新，是个人或群体在响应由制度不均衡引致的获利机会时所进行的自发性变迁。诱致性制度变迁是制度变迁的基础，它强调的是制度变迁的经济性原则。

诱致性制度变迁的特点可以概括为：①盈利性。即只有当制度变迁的预期收益大于预期成本时，有关群体才会推进制度变迁。②自发性。诱致性制度变迁是有关群体对制度不均衡的一种自发性反应，其诱因就是外在利润的存在。③渐进性。诱致性制度变迁是一种自下而上、从局部到整体的制度变迁过程。制度的转换、替代、扩散需要时间，从外在利润的发现到外在利润的内在化，其间要经过许多复杂的环节。如在行动团体内就某一制度方案达成一致同意就是一个旷日持久的过程。

强制性制度变迁　指的是政府借助行政、经济、法律等手段，自上而下组织实施的制度创新，它偏重于适应面较广的制度变迁。强制性制度变迁的主体是国家。为什么需要国家推进强制性制度变迁呢？第一，制度供给是国家的基本功能之一。统治者至少要维持一套规则来减少统治国家的交易费用。这些规则包括统一度量衡、维持社会稳定、安全的一系列规则。统治者的权力、威望和财富，最终取决于国家的财富，因此统治者也会提供一套旨在促进生产和贸易的产权和一套执行合约的执行程序。第二，制度安排是一种公共品，而公共品一般是由国家“生产”的，因此政府生产公共品比私人生产公共品更有效。第三，弥补制度供给的不足。由于诱致性制度变迁会遇到外部效果和“搭便车”问题，从而使制度安排创新的密度和频率少于作为整体的社会最佳量，即出现制度供给不足。在这种情况下，强制性制度变迁就会代替诱致性制度变迁，因为政府可以凭借其强制力、意识形态等优势，减少或遏制“搭便车”现象，从而降低制度变迁的成本。

诱致性制度变迁和强制性制度变迁有许多共同点，如两者都是对制度不均衡的反应，两者都遵循成本——收益比较的基本原则等。但这两种制度变迁模式又存在一些区别。主要有：①制度变迁的主体不同。诱致性制度变迁的主体是个人或一群人，或者一个团体；而强制性制度变迁的主体是国家或政府。这两类制度变迁主体的差别并不是在数量上，而是体现在本质上。诱致性制度变迁主体集合的形成主要是依据共同的利益和经济原则，国家这个制度变迁主体进行制度变迁的诱因比竞争性组织（或团体）更复杂。②两类制度变迁的优势不同。诱致性制度变迁主要是依据一致性同意原则和经济原则。如果它能克服外部效果和“搭便车”之类的问题，那么它在制度变迁中将是最有效率的形式之一。而强制性制度变迁的优势在于，它能以最短的时间和最快的速度推进制度变迁，它能以自己的强制力和“暴力潜能”等方面的优势降低制度变迁的成本。③两类制度变迁面临的问题不同。如诱致性制度变迁作为一种自发性制度变迁过程，其面临的主要问题就是外部效果和“搭便车”的问题。而强制性制度变迁却面临着统治者的有限理性、意识形态刚性、官僚政治、集团利益冲突和社会科学知识局限等问题的困扰。

尽管在理论上可以将制度变迁区分为诱致性制度变迁和强制性制度变迁，但在实际生活中，诱致性制度变迁和强制性制度变迁是很难划分开的，它们相互联系、相互制约，共同推动着社会的制度变迁。

第二节 林权及林权流转

在林业建设和发展中，林权是一个极为重要的概念。它不仅是构成研究森林、林木和林地权属诸多理论问题的基础，同时又是林业实践所指向的对象之一。林权既是一个经济学概念，又是一个法律概念。从经济学上看，林权是关于森林、林木和林地的产权。从法律上看，林权是一种民事权利。任何民事权利都包括主体、客体、内容3个方面。

一、林权的主体

林权主体就是根据法律、行政法规的规定享有林权的权利人。我国对林权主体的规定主要散见于多部单行法律条文中。各种法律条文对林权主体的称谓并不统一，主要有“公民”“集体”“国家”“个人”“农民集体”“单位”“家庭”“农户”，等等，显然，这些纷繁的称谓有的相互重叠，有的不够精练。为了解决这些问题，适应现实需要，我国林权主体应界定为国家、集体、自然人、法人和其他组织，以此代替现在的多种称谓。其理由如下：首先，国家、集体作为权利主体的现实在我国已经长期存在，在实际中所占比例也较高，由我国的生产资料所有制所决定，确定其林权主体地位，有利于巩固社会主义公有制，稳定森林林木的权属关系，也符合我国的国情。其次，无论是个人、单位，还是家庭、农户、农村集体经济组织成员，究其性质，都可以归入自然人、法人或其他组织中。因此，以自然人、法人或者其他组织取代现在多种多样的称谓是科学的。最后，国家、集体、自然人、法人或者其他组织的提法更符合规范法律用语的要求。

二、林权的客体

林权的客体就是林权权利人的权利所指向的对象。《中华人民共和国森林法》第三条规定：“森林、林木、林地的所有者和使用者的合法权益，受法律保护，任何单位和个人不得侵犯。”《中华人民共和国森林法实施条例》第三条规定：“国家依法实行森林、林木和林地登记发证制度。依法登记的森林、林木和林地的所有权、使用权受法律保护，任何单位和个人不得侵犯。森林、林木和林地的权属证书式样由国务院林业主管部门规定。”从法律、行政法规的规定可以看出，在我国，森林、林木和林地是林权的客体。

三、林权的内容

通过对与林权有关林业法的考察可以看出，我国林权在类型上包括了森林、林木和林地的所有权，森林、林木和林地的使用权。

1. 森林、林木、林地的所有权

森林、林木、林地的所有权实际上是森林所有权、林木所有权和林地所有权的合称。按照对所有权的一般理解，所有权是指所有人依法对自己的所有物享有的占有、使用、收益和处分的权利。依此所有权定义，森林、林木、林地的所有权应指森林、林木、林地的所有人依法对自己所有的森林、林木、林地享有的占有、使用、收益和处分的权利。

森林、林木、林地的所有权包括4项权能，即对森林、林木、林地的占有权、使用权、收益权和处分权。占有权是指所有人对森林、林木、林地进行控制或者管领的权利。使用权是指所有人按照森林、林木、林地性能对其加以利用，以满足生产或者生活需要的权利。收益权是指所有人通过合法途径获取基于森林、林木、林地而产生的物质利益的权利，在民法上主要表现为收取森林、林木、林地产生的孳息的权利。森林、林木、林地产生的孳息分为两种。一种孳息称为天然孳息，是指森林、林木、林地因自然规律而产生的，或者按照森林、林木、林地的用法而收获的物质。天然孳息可以是自然的，也可以是人工的。例如，收获树上结的果实，就是自然的；砍伐林木用作燃料，就是人工的。另一种孳息称为法定孳息，是指根据法律规定，由法律关系所产生的收益。例如，出租林地收取租金。处分权是指所有人对森林、林木、林地进行消费和转让的权利，它是森林、林木、林地所有权的核心内容。处分可以分为事实上的处分和法律上的处分。事实上的处分是指对森林、林木、林地进行消费，包括生产消费和生活消费；法律上的处分是指对森林、林木、林地进行转让。

占有权、使用权、收益权和处分权，构成了完整的森林、林木、林地所有权的4项权能。森林、林木、林地的所有人可以将这4项权能集于一身统一行使，也可以将这4项权能中的若干权能交由他人行使，即森林、林木、林地所有权的4项权能与所有人相分离。

2. 森林、林木、林地的使用权

森林、林木、林地的使用权是森林使用权、林木使用权和林地使用权的合称，是指使用人依法对森林、林木、林地享有的占有、使用、收益和处分的权利。它是在森林、林木、林地所有权权能分离、使用权权能独立的基础上形成的。

3. 林地承包经营权与林地使用权

随着农村联产承包责任制的广泛推行并逐步确立，家庭联产承包责任制作为我国20世纪80年代实行改革开放的一大创举，基于此产生的土地承包经营权的概念在实践中被人们所接受。林地承包经营权作为土地承包经营权的一种，同样在实践中被人们接受并普遍使用。那么林地承包经营权作为与林地使用权并行的一个概念，是否科学合理，二者之间是什么关系，需要理清。

林地承包经营权是指自然人、法人或者其他组织对国家所有或者集体所有的林地根据承包合同的规定依法享有的占用、使用、收益和处分的权利。从概念上看，林地承包经营权和林地使用权都是利用林地获得收益的权利，在权利主体、客体和内容上极其相似，并都由林权证来确认。同时，由于我国目前使用的林权证上只有林地所有权权利人、林地使用权权利人、森林或者林木所有权权利人和森林或林木使用权权利人 4 个选项，并没有林地承包权权利人这一项，在使用林权证确定林地承包权时，都把林地承包权权利人填写为林地使用权权利人，因此，许多人都认为林地承包经营权就是林地使用权。

但在理论上，林地使用权和林地承包经营权还是存在一些差别的。第一，在主体上，林地使用权的主体原则上除了集体、自然人、法人或者其他组织外，国家也可以成为林地使用权人；林地承包经营权的主体原则上不包括国家。第二，在权利的取得方式上，林地使用权可以通过承包方式取得，也可以通过诸如合伙等其他方式取得；林地承包经营权是通过承包合同方式取得的。

从以上总结出的林地使用权和林地承包经营权的区别来看，实际上二者并不是并行的，而是包含与被包含的关系，林地承包经营权是林地使用权的一种形式，林地使用权的概念完全可以涵盖林地承包经营权，林地承包经营权这一概念可以被林地使用权概念所吸收或者替代。在进行林权理论研究时，对于林地承包经营权和林地使用权的共性，可以一并研究，无需分裂开来进行重复研究。

基于上述分析，可以清楚地看出，我国林权在内容上划分为两种，即森林、林木、林地的所有权和森林、林木、林地的使用权。通过剥离两种不同类型林权的共性，可以将林权的概念界定为：国家、集体、自然人、法人或者其他组织对森林、林木、林地依法享有的占用、使用、收益或者处分的权利。

四、林权流转

随着我国社会主义经济体制的建立和林权制度改革的深入，森林、林木和林地的使用权、承包经营权作为生产要素在全国各地普遍进入市场流转，而且是大势所趋。

（一）林权流转与林业资源的市场配置

林权流转是指在不改变林地所有权和林地用途的前提下，将林地的使用权按照一定的程序，以有偿或无偿的方式，由一个主体转让给另一个主体的经济行为。

1. 林权流转符合林业资源配置的优势原则

林业资源配置是指林地、资本、劳动、技术等生产要素的有机结合和配比。林业资源合理配置的目标是使有限的林业资源产生最大的经济效益。林权流转把林地使用权、承包经营权通过市场配置给有一定资金、技术的经营者。这些经营者在有偿获得林地使用权、承包经营权后，会把林地、资本、劳动和技术进行有效结合，营林造林，加快林业规模经营、集约经营的发展，使林业资源产生最大的经济效益。

林权流转一方面促进林业生产要素之间的合理组合，使森林向资金、技术等条件好的单位或个人转移，以带来林业建设投入的增加，有利于发展定向培育的速生丰产林基地；另一方面，可以使部分国有、集体林业再生产资金困难问题得以解决，以森林、林木或者林地使用权作价入股，或者作为合资、合作条件设立经营林业的中外合作、合资企业，有利于吸引国内外的资金，用于林业生产和经营，发展林业。

2. 林权流转符合林业资源配置的流动性原则

林业资源实行计划调节时不具有流动性，不能在地区之间和产业之间进行流动，因此资源配置的合理性很难实现，资源很难充分利用。但是在社会主义市场经济条件下，林权可以通过市场运行机制的作用从林地所有者手中流转到林地经营者手中，使林业资源具有流动性，使其能够在区域之间与产业之间流动，实现资源的合理配置。林权流转激活了各种生产要素向林业聚集，加快了林业现代化进程。通过林权流转，吸引了林业内外各种生产要素向林业流动，促进了林业生态体系和产业体系建设，发挥了林业生态和产业两大属性及林业的多种功能。森林不仅发挥了十分重要的生态效益，其资源优势正在转化为产业优势，林业的社会效益也逐步得到充分体现。

3. 林权流转符合林业资源配置自由性原则

除了要考虑到国家和社会利益外，林权流转过程中都应遵循自由性原则，最大限度地发挥林地经营者的主动性和积极性，使林业资源在流动过程中发挥最大潜力，从整体上提高资源配置的效率。林权流转可以充分利用闲置林地资源，吸引有能力、有兴趣的人投资林业，使投资者的个人志向、能力、利益和奉献与林业结合起来，这是深化林业经营体制改革、动员全社会力量办林业的有效措施；林权流转，可以建立责权风险和利益统一的经营体制，使经营者的责任意识和追逐效益的动力大大增强，从而有力地提高林业的经营管理水平和劳动生产率，促进科学技术在林业上的推广应用，这是提高林业生产力的有效手段；林权流转，还能盘活多年来因无资金治理的荒山等林业资产，使闲置的林地得以开发利用。此外，经营者就地雇工，他们不仅自己致富，还能为农业增效、农民增收提供新途径；林权流转还可以拓宽就业门路，吸纳社会力量，为社会的稳定做出贡献。

（二）林权流转的内容

关于林权流转的对象，《中华人民共和国森林法》有明确的规定。其第十五条规定："下列森林、林木、林地使用权可以依法转让，也可以依法作价入股或者作为合资、合作造林、经营林木的出资、合作条件，但不得将林地改为非林地：①用材林、经济林、薪炭林；②用材林、经济林、薪炭林的林地使用权；③用材林、经济林、薪炭林的采伐迹地、火烧迹地的林地使用权；④国务院规定的其他森林、林木和其他林地使用权。依照前款规定转让、作价入股或者作为合资、合作造林、经营林木的出资、合作条件的，已经取得的林木采伐许可证可以同时转让，同时转让双方必须遵守本法关于森林、林木采伐和更新造林的规定。除本条第一款规定的情形外，其他森林、林木和其他林地使用权不得转让。具体办法由国务院规定。"

可以看出，林权流转对象主要分为两种：一是林木（活力木）的所有权；二是林地的使用权。根据《中华人民共和国森林法》的规定，具体是指下列森林、林木的所有权和林地的使用权可依法流转：①用材林、经济林、薪炭林的林木所有权；②用材林、经济林、薪炭林的林地使用权；③用材林、经济林、薪炭林的采伐迹地、火烧迹地的林地使用权；④国务院规定的其他森林、林木、林地使用权。

《中华人民共和国森林法》对森林、林木、林地使用权流转的对象和范围有明确的规定。也就是说，不是所有森林、林木、林地使用权都可以有偿流转，只有法律规定可以流转的才可有偿流转。根据《中华人民共和国森林法》等相关法律规定，下列林权不得流转：①防护林和特种用途林等公益林；②权属不清或存在争议的林权；③未经依法取得林权证的林权；④属于名胜古迹和革命纪念地内的；⑤属于自然保护区、自然保护小区（点）内的；⑥其他禁止采伐的。对林权流转加以限制的目的和意义，一方面在于防护林和特种用途林等公益林有着重要的生态效益，必须对其加以严格的保护，如果对其流转不加以限制，必将导致公益林的乱砍滥伐；另一方面则在于减少流转过程中纠纷的产生，权属不清或者本身就存在争议的林权，或未经办理林权证的林权，如果允许其流转，必然会引起大量的纠纷，影响林权制度改革的进程，甚至会影响社会的稳定。

（三）林权流转的方式

林地使用权市场基本上可分为一级市场和二级市场。林地使用权一级市场亦即林地使用权出让市场，是林地的所有权人将林地的使用权和林木的所有权在一定期限内有偿出让给林地使用者所形成的市场，所涉及的是发生在林地所有权人和林地使用权人之间的交易活动。而林地使用权二级市场是指取得林地使用权的使用权人，在使用期限内，将林地使用权和林木所有权再次转让所形成的市场，所涉及的是发生在林地使用者之间的交易活动。

1. 林地使用权一级市场的林权流转方式

分户承包　按照所有权与使用权分离的原则，村集体将林地平均承包给林户经营。承包一般在农村集体内部采用。承包者为集体内部成员。承包方定期向发包方交纳承包金，或林木收益按比例与发包方分成。承包费一般相对较高，多数与耕地承包价格持平或略高于耕地承包价格。承包费可一次性交纳，也可分阶段或逐年交纳。

租赁承包　集体经济组织将林地使用权以租赁的方式转让给大户或联户承包经营，有一定期限，承租方可以是集体内部成员，也可以是集体经济组织外的成员。租赁承包有 3 种方式：①招标租赁制。集体经济组织依据林地的等级、地理位置和收益确定不同标底，再公开投标。林地由中标者负责承租经营，承租者按租赁双方签订的合同，交纳地租。②定租制。集体经济组织依据林地的等级、收益确定租金。由于林业是一个生产投资多、风险大、劳动条件艰苦、资金回收期长的行业，定租制一般实行一定阶段免租或低租金，而后分阶段递增的办法。③分成制。集体经济组织依据土地等级、产量确定地租，即按林业收成的固定比例交付租金。这样可刺激承租者努力提高经营水平。

招标拍卖　也就是“四荒拍卖”，是指农村集体把宜林的荒山、荒沟、荒地、荒滩等的使用权，依据公平、公正、公开的原则，在一定期限内一次性转让的方式。这种拍卖的方式使用期限较长，一般为 50 ~70 年。在使用期限内，收益全部归经营者所有，经营者在竞标时一次性买断四荒地的使用权。

股份合作　是一种联合经济的合作方式，主要是在大型河道、公路等具有一定规模和开发潜力的成片宜林地上实行。集体以林地使用权入股，而经营者以资金、技术、劳动等形式入股，联合经营，收益按股份分配。林地的所有权仍为集体所有，而林地使用权为各股东共有。

反租倒包　是指集体将原林户承包的林地租回，然后再进行承包或者招标拍卖。这种形式曾经是农村林地使用权一级市场的一种形式，但是由于集体组织相对于林地承包者的强势地位，使这种形式有可能妨害林农的承包经营权和林地使用权，使林地使用权充满不安全的因素，因此现在这种方式已经被中央禁止使用。

自留山经营　自留山是20世纪80年代林业“三定”时期（稳定山权林权、划定自留山和确定林业生产责任制），根据群众需要划给村民使用的林地。自留山的所有权归集体所有，农民享有使用权，允许继承，无期限。自留山经营是林地使用权一级市场中一个比较特殊的形式。首先，自留山经营无期限而其他形式都是有一定期限的。其次，根据其他形式形成的林地使用权一般都可以进入林地使用权二级市场，而自留山经营形成的林地使用权不允许转让，也就是说不能进入林地使用权二级市场。

2. 林地使用权二级市场的林权流转方式

转让　是指原林地使用权人将未到期的林地使用权一次性转让给新的林地使用者的行为。这种形式下的林地使用权的流转，发生在通过一级市场取得林地使用权的个人和其他行为主体之间，原林地使用权人对林地所有权人的权利和义务也随着林地使用权的转移而转移。

互换　指林地使用权的当事人相互交换林地使用权的行为。林地使用权的互换，一般情况下是为了林地管理的方便或者是为了形成规模效应，有利于解决“一主多山，一山多主”的现象。在此种林地使用权的流转方式中，较少涉及货币，主要是使用权和使用权的交换。当然也不排除使用权权益或权能有差别时会有一定的货币补偿。但是相对于其他与货币有关的流转方式，互换有原始的物物交易的特征。

转租　指林地使用权人将自己从林地所有权人手中取得的林地使用权，以租赁方式流转给他人使用的行为。林地使用权一级市场中的出租与林地使用权二级市场中的出租，从形式上看无太大区别，但是从其性质上看是有区别的。前者是从所有权人的手中将使用权转出，是所有权和使用权相分离的过程，而后者只是使用权在不同使用者之间的流转，没有权属的分离。在二级市场的出租形式中，出租人对林地所有权人的合同不变，权利义务关系并没有解除。承租人只是根据协议相对于出租人有其独立的权利义务，与林地所有权人无直接的权利义务关系。林地二级市场中的出租也有一定的期限限制，其出租的期限必须是在其取得的林地使用权的剩余期限之内。

抵押　是指林地使用权人以林地使用权为担保，从银行取得贷款的行为。抵押并不移转占有，也就是说在贷款还贷期限到来之前，林地使用权人依然圆满地享有其林地使用权。但是作为贷款的担保物，如果林地使用权人（抵押人）到期不能还贷，那么作为抵押标的的林地使用权将转归银行或者其他金融机构，银行或者其他金融机构再将林地使用权进行转让或者以其他方式进行处理。如果到期林地使用权人（抵押人）可以按时还贷，那么抵押权人不用行使其抵押权，林地使用权人的使用权依然恢复其圆满状态。而且在林地使用权人不能还贷，抵押权人行使抵押权以后，并不因为林地使用权的这种被迫式转移在林地所有权人和现实的林地使用权拥有者之间产生权利义务关系，林地所有权人与原林地使用权人（抵押人）之间的权利义务关系并没有因为抵押权的存在和行使而发生任何变化。

入股　指从林地所有权人手中取得林地使用权的使用权人，以林地使用权折价入股，与资金、技术、劳动等其他生产要素相结合而组成股份合作经营组织的行为。各股份合作人根据股份承担义务，享有权利。与一级市场中林地所有权人以林地使用权入股相比，林地使用权二级市场中的入股，则是林地使用权人以自己取得的林地使用权作价入股。在这种情况下，使用权人和所有者之间的权利义务关系没有改变。

无偿出让　这种形式在现实中不多见，但并非不存在，是指林地的使用权人因为有其他的营生之道或者其他经营项目，或者是因为人手不够等原因，不能同时经营其依法取得林地使用权的林地而把林地使用权转让给其他人的行为。在这种无偿出让的形式中，原林地使用权人与所有权人的权利义务关系发生变化。受让人与所有权人开始有直接的权利义务关系。

第三节　林权制度变迁

林权制度是对林权所包含的权能的界定、主客体的设定、确立和保护的一系列行为规范的总和。

新中国成立 50 多年来，随着国家政治、经济形势的变化，围绕土地所有制、土地使用制度等问题进行了一系列的改革探索。林权制度也伴随着走过了基本相同的改革道路。我国林权制度的变革以林地产权制度的变革为主，新中国成立后，先后进行了 5 次重大变革：第一次是 20 世纪 50 年代初期的土地改革，实现了林地由封建地主所有制向全民所有制和农民私人所有制的转变；第二次是20世纪50年代中期的初级农业合作社，农村实行的是农民所有、初级社集体经营的林地制度；第三次是20世纪50年代中后期至70年代末期的高级农业合作社和人民公社化，农村的林地产权制度由农民所有、集体经营转变为集体所有、集体统一经营；第四次是20世纪80年代初期的林业“三定”，实行了家庭联产承包责任制，将集体山林划分为自留山、责任山和统管山，自留山、责任山在不改变林地集体所有的基础上，由集体统一经营改变为农户家庭经营；第五次是林权的市场化运作阶段，森林、林木、林地流转迅速发展，国有和集体所有的森林资源通过市场进行一次或者二次流转。5次重大的变革是林权制度不断发展、创新的过程。在这个过程中是强制性制度变迁和诱致性制度变迁的交替，有成功的经验，也有失误的教训。

一、土地改革时期（1949～1953年）

这一时期国家在东北、西南、西北原始林区建立了一批全民所有制大林场和森工企业，在中原和南方组建了一大批国营林场。

在农村，主要是通过把土地转为农民私有的形式来打破封建土地所有制，建立农民私有的土地私有制。这是由自上而下的强大的政治力量推动实现的，是一种典型的强制性制度变迁。这一时期土地改革的主要依据就是在1950年6月30日中央人民政府颁布的《中华人民共和国土地改革法》。这一法律规定了农民既是林地、林木的所有者，又是其使用者，而且承认一切土地所有者自由经营、买卖及出租其土地的权利。可以说此时农民拥有了相对完整的林权，包括完全的林地、林木的所有权、经营权、处置权与收益权。同时还按相关法律规定发放了土地所有权证，在这个土地所有权证中也包括了山林部分，而且“四至”基本清楚，故大部分省（自治区）并没有再发放林权证。但是，由于农村生产力极其落后，土地改革后个体农民拥有的生产工具严重不足，资金也十分缺乏，不少农民在生产中力量相当薄弱，有的地方甚至连简单的再生产都难以维持，根本无法抵御林业生产过程中遭遇的突如其来的各种自然灾害的侵扰，更没有能力采用先进的生产工具和技术以及进行必要的大规模的农田水利基础设施建设。于是，1951年9月9日中共中央召开了全国第一次互助合作会议，通过了《中共中央关于农业生产互助合作的决议（草案）》。在《决议》的指导下，以互助组为主要形式的互助合作组织迅速兴起。互助组是在坚持林地农民个体所有的前提下建立的，没有触及林地的农民私人所有权，它的发展在一定程度上克服了小农经济的缺陷，同时发挥了个体经济和互助合作二者的优势。

二、初级合作社时期（1953～1956年）

1953年，中国开始了农业合作化运动。把农民私人所有的成片山林作价转为集体所有的财产，农民私有的山林变成了私人和集体共有，集体林业初见端倪。该时期所有权与使用权开始出现分离，即私人拥有林地所有权，合作社拥有使用权，与现在的情况正好相反。此时改革的依据是1953年12月16日中共中央通过的《关于发展农业生产合作社的决议》，这一文件强调指出："为了进一步提高农业生产力，党在农村工作的最根本的任务，就是要逐步实行农业的社会主义改造，使农业能够由落后的小规模生产的个体经济变为先进的大规模生产的合作经济。"1954年年初，掀起了大办农业合作社的热潮。当时，农民个人仅保留自留山上的林木及房前屋后的零星树木的所有权，山权及成片林木所有权通过折价入社，经营权归合作社，所有权归林农，所有权和经营权分离，开始了规模经营，合作造林，谁造谁有，共造共有。初级合作社时期的林地资源产权安排如下：个人拥有林地所有权，合作社拥有林地的使用权，收益权在林地所有者和合作社之间分配，所有者获得土地分红，但这种分红必须在做出公积金、公益金扣除后兑现，处分权也受到了很大制约，所有者不能再按照自己的意志来处分土地了，社员不能出租或出卖土地，但农户有退社的自由。

这种产权安排没有从根本上剥夺农民的利益，同时有利于合作社对土地实行统一规划，合理利用，打破了家庭生产的局限性，改善了林业生产条件，取得了规模经济效益。但由于这种产权制度建立的时间过早过快，合作社规模越办越大，与农村生产力、干部经营管理能力不相适应，在发展过程中出现了强迫命令的现象。另外，由于林地不能出租和买卖，不利于林地资源的合理流动和优化配置。

三、高级合作社和人民公社时期（1956～1978年）

1. 高级合作社时期

1955年的《关于农业合作社问题的决议》中提到要"分期分批地由初级社变为高级杜"。从1956年开始，初级社还没来得及巩固，高级社在全国就进入了大发展阶段。只用短短一年的时间就把半社会主义性质的初级合作社变为完全社会主义的高级合作社。高级农业合作社时期开始废除了土地私有制，除少量房前屋后零星果木仍属社员私有外，山林被完全集体化，合作社拥有森林、林木、林地的所有权、使用权、收益权和处分权。使土地由农民所有转变为合作社集体所有，这是林地所有制的又一次重大变革。在高级社里，除社员原有的坟地和宅基地不必入社外，社员私有的土地及地上附属的私有的塘、井等水利设施，都无代价地转归合作社集体所有。土地由集体统一经营使用，全体社员参加集体统一劳动，取消土地分红，按劳动的数量和质量进行分配。高级合作社时期，南方集体林地产权实现了由农民私有向合作社集体所有的转变，国家通过集体化控制集体林的采伐。公有产权成了唯一的产权类型，农民只有名义上的生产资料，农民的退出权大受限制。

2. 人民公社时期

1958 年 8 月，中共中央通过了《关于在农村建立人民公社问题的决议》。这标志着我国已进入人民公社化时期。此后，中央又分别在 1961 年 6 月 26 日和 1962 年 2 月 13 日发布了《关于确定林权、保护山林和发展林业的若干政策规定（试行草案）》和《关于改变农村人民公社基本核算单位问题的指示》两个文件。上述文件确定人民公社实行以生产队为基础的公社、生产大队和生产队三级所有制，使国家、集体、个人之间的生产关系发生了改变，林业权属又面临着一次新的变动。

1958 年开始建立起来的人民公社把属于合作社的山林全部收归人民公社所有。全国成立了数万个乡村林场，森林只归国家和集体所有。其后经历了“大跃进”、三年自然灾害以及十年动乱，使集体林的权属高度集体化。这种产权制度其实是由国家控制但由集体来承担控制结果的一种农村社会主义制度。它为国家完成工业化的原始积累任务做出了巨大的贡献，但也极大地损害了农民林业生产的积极性。这也使得后来实施“三定”政策时林农对林权的稳定仍然没有足够的信心。

四、改革开放时期的林权制度改革探索时期（1978～2002 年）

1978 年农村开始实行土地承包经营和农业生产责任制，这种制度一经采用，就展现出巨大的生命力，自然会影响到林业的林权制度改革，可以说 1981 年《中共中央、国务院关于保护森林、发展林业若干问题的决定》颁布的以“稳定山权林权、划定自留山和落实林业生产责任制”为主要内容的林业“三定”政策是农业家庭联产承包责任制在林业中的推广。尽管这种制度的实施并没有改变大部分农村土地的集体所有制，农民只是取得了土地的承包经营权，但这足以改变农民与土地的关系，极大地调动了农民的积极性。此后又一次重要的政策调整是1985年中共中央、国务院颁布的《关于进一步活跃农村经济的十项政策》。这一文件在集体林区取消木材统购，开放木材市场，允许林农和集体的木材自由上市，实行议购议销；国营林场也可实行职工家庭承包或与附近农民联营。

林业“三定”通过“分林到户”、开放集体林区木材市场的政策，使农民拥有较充分的林地经营权和林木所有权，取得了一定的成效。但也暴露出一些问题：①分割细碎，“一山多主、一主多山”的现象普遍存在；②集体经济被削弱，产生了许多“空壳村”；③由于当时工作中配套措施不到位，导致了大规模的乱砍滥伐。

基于以上原因，1987年6月30日中共中央、国务院发布了《关于加强南方集体林区森林资源管理 坚决制止乱砍滥伐的指示》。其中提出要“严格执行年森林采伐限额制度”“集体所有集中成片的用材林，凡没有分到户的不得再分”“重点产材县，由林业部门统一管理和进山收购”。一些地方出现了“两山并一山”的情况，或者将已经分包下去的山林又收归集体统一经营，造成了农民对政策的不稳定感。

随着我国市场经济体制改革的深入，林业制度问题日益显现，各地开始探索林业产权改革的新形式。到1995年，当时的国家经济体制改革委员会和林业部联合下发的《林业经济体制改革总体纲要》明确指出，要以多种方式流转宜林“四荒地使用权”，要“开辟人工活立木市场，允许通过招标、拍卖、租赁、抵押、委托经营等形式，使森林资产变现”。通过这样的产权流转，形成了产权主体多元化和产权界定细分化的格局，通过市场因素的引入，有力地把林权从一种债权转向了一种用益物权，这样有利于有效保护林农的合理利益，激发了产权经营主体的积极性。

五、林权制度改革深化时期（2003年至今）

2003年6月25日，中共中央、国务院发布了《关于加快林业发展的决定》（以下简称《决定》）。《决定》对林业体制改革做出了全面部署，改革包括集体林权制度改革、国有林场改革和重点国有林区改革。在集体林权制度改革方面，《决定》提出，要加快突进森林、林木和林地使用权的合理流转。2003年，集体林权制度改革首先在福建、江西、辽宁、浙江等省进行试点，随后河北、云南、安徽、湖北、重庆、四川等省、直辖市也全面推开基础改革。2008年7月14日《中共中央、国务院关于全面推进集体林权制度改革的意见》正式发布，集体林区制度改革在全国全面展开。这一轮的集体林权改革与20世纪80年代初相比，从产权制度改革的本质上来讲是相同的，但是背景和环境不一样，产生的作用也不一样，主要表现在：①法律和制度相对完备。比如《农村土地承包法》《物权法》的出台，为集体林权改革提供了重要的法制基础。②市场发展环境相对完备。当今中国，市场化比20世纪80年代要成熟得多。以前把山地送给农民，如果山上没有树木，农民都不一定要。现在则不同了，市场化以后土地潜在的价值很大，再加上林产品市场需求大，资金投入回报有保障，所以农民种林养林的积极性提高，这为林权改革承包到户创造了良好的条件。③林业产权到户以后，农民可以直接获得政府投入生态建设的资金补助，发展林业。④对于解决农民的就业问题，作用不同于当年。现在的林业产值虽然很低，但增收的潜力却很大，是广大农民直接的增收途径，也是农民就业途径之一。此次林权制度改革的主要内容有：①延长承包期。林地承包期为70年，承包期届满，可按照国家有关规定继续承包。勘界发证，林权证内容齐全、数据准确，地块边界清晰。②放活经营权。对商品林，农民可依法自主决定经营方向和经营模式；对公益林，农民可在维护生态功能的前提下开发林下种养业、发展森林旅游业。③落实处置权。农民可依法对林地经营权和林木所有权进行转包、出租、转让、入股、抵押或作为出资、合作的条件，可依法开发利用所承包的林地、林木。④保障收益权。农户承包经营林地的收益归农户所有，经政府划定的公益林，无论是否承包到农户，森林生态效益补偿要落实到户。严禁乱收费、乱摊派。实行林木采伐审批公示制度，简化采伐审批程序。建立健全产权交易平台，维护交易各方合法权益。⑤中央和地方财政逐步提高森林生态效益的补偿标准，建立造林、抚育、保护、管理投入补贴制度，加快建立政策性森林保险制度，扶持发展林业专业合作组织，培育龙头企业，促进林业规模化、标准化、集约化经营。⑥发展林业专业协会，充分发挥林业专业协会政策咨询、信息服务、科技推广、行业自律的作用。

土地改革时期：农民拥有完整的林权，包括完全的林地所有权、完全的林木所有权、使用权、收益权和处分权。

初级合作社时期：农民拥有林地所有权，合作社拥有林地使用权。农民拥有自留山上的林木及房前屋后的零星树木的所有权和使用权。山权及成片林木所有权归农民，使用权归合作社。

高级合作社时期：合作社拥有林地所有权和使用权。农民拥有房前屋后零星林木的所有权和使用权。山权及成片林木的所有权和使用权归合作社所有。

人民公社时期：人民公社拥有林地所有权和使用权。农民拥有房前屋后零星林木的所有权和使用权。山权及成片林木的所有权和使用权归人民公社所有。

林业“三定”时期：林地所有权归集体所有，林地使用权归农民所有或归集体所有。农民拥有自留山上的林木及房前屋后的零星林木的所有权和使用权。山权及成片林木所有权或归集体所有或归农民所有，但当归农民所有时，农民只拥有其不完整的使用权。

集体林权改革时期：林地所有权归集体所有，林地使用权归农民所有。农民拥有林木所有权和不完整的使用权。

在国有林权制度改革方面，黑龙江省伊春国有林区于2006年开始进行林权改革试点，国有林权制度改革的主要内容是，在不改变林地国有性质和用途的前提下，对浅山区林农交错、相对分散、零星分布的易于分户承包经营的部分国有商品林，由林业职工家庭承包经营，把林地的经营权、林木的所有权和处置权交给职工，一定50年不变；试点范围为伊春林区的双丰、铁力、桃山、翠峦、乌马河等5个具有代表性的林业局（每个林业局选定3个林场），试点面积8万hm^2，平均每户承包经营面积原则上不超过10hm^2；试点模式定为“国有林地承包经营”，由伊春林业管理局作为发包方，与林业职工签订书面承包经营合同，明确双方的权利和义务，并对林地使用权和林木所有权、承包收益分配及合同期满后尚未采伐的林木处置等事宜在合同中予以明确约定；国有林地承包经营由试点林业局分别采取拍卖、招标、协议等方式进行。

第四章 森林采伐与木材流通管理

第一节 森林采伐管理制度

森林采伐管理是森林永续利用和森林生态保护的重要制度保障，也是平衡私人林业经济利益和社会公共生态安全利益之间和谐关系的重要制度安排。森林采伐管理制度的目的在于通过控制林木年度采伐量达到逐年增加森林资源的存量，从而最终实现森林永续利用，改善生态环境。

1985 年以前，我国实行木材生产计划管理制度，其管理的主要目标是木材生产。由于实行以需定产，重采轻育，造成森林资源长期过伐，特别是东北、内蒙古国有林区可采资源面临枯竭。1987 年开始实施的森林采伐管理制度是以采伐限额管理制度为核心的制度体系，包括采伐限额管理制度、年度木材生产计划管理制度和木材凭证采伐管理制度。

一、森林采伐管理内容的一般规定

我国森林采伐管理制度是以森林采伐限额管理制度为核心，以年度木材生产计划管理制度和林木凭证采伐管理制度为具体保障的制度体系。年度木材生产计划管理制度是保证商品材采伐量不突破相应的采伐限额的具体措施，而林木凭证采伐管理制度则是保证采伐限额得以落实的一项具体措施。

（一）森林采伐限额管理制度

森林采伐限额管理制度是由《森林法》明确规定的一项法律制度和保护发展森林资源的一项根本性措施。在具体执行过程中，主要是通过制定年森林采伐限额来控制年度森林采伐数量保持森林资源净增长。

年森林采伐限额是指国家所有的森林和林木以国有林业企业事业单位、农场、厂矿等为单位，集体所有的森林和林木、个人所有的林木以县为单位，按照法定程序和方法，经过科学测算编制，经各级地方政府审核，报经国务院批准的年采伐消耗森林蓄积量的最大限量。

1. 制定年森林采伐限额的程序

根据《森林法》及其实施细则规定，制定年森林采伐限额的法定程序是：由下向上提报，再由上级批准，逐级下达。具体程序如下：

（1）基层单位提出限额建议指标。全国所有的森林和林木以国营的林业局、林场、经营所、飞播站、农场、厂矿为单位；集体所有的森林和林木以及农村居民自留山的林木以县为单位，根据合理经营和永续利用的原则，以及当地森林资源的状况，按上级确定的生长率、轮伐期、采伐周期、采伐强度、出材率、采伐方式，运用有关公式进行测算，提出本单位的建议指标。

（2）县政府审核。县林业主管部门汇总各单位报送的建议指标，组织有关专家进行复查和综合平衡后送县人民政府审核签署意见后，报市、州政府或地区行署，同时抄送市、地、州林业主管部门。

（3）地区审核平衡。市、地、州林业主管部门结合本地区的情况，通过汇总平衡，送市、州政府或地区行署审核签署后报省人民政府。同时抄送省林业主管部门。

（4）省汇总平衡。审核上报省林业主管部门汇总平衡填制“年森林采伐限额汇总表”，经省人民政府审核认可后，报国务院，同时抄送国家林业局。

（5）批准下达。由国家林业局提出审议意见，呈请国务院批准下达。各省（自治区）根据国务院批准的限额指标，再核定下达到县和国营生产单位。

各级在上报建议指标时，要对测算方法、测算过程中所使用的各项指标、公式、数据等加以文字说明。

2. 森林合理年伐量的测算

在确定合理年伐量时包括5种采伐类型，即主伐、抚育采伐、更新采伐、低产（效）林改造和其他采伐。

主伐的对象包括一般用材林与工业原料林（含速生丰产林）的成过熟林资源。一般用材林主伐的合理年伐量测算采用“模拟计算法”。“模拟计算法”是通过计算机的快速逼近运算，对每个树种（组）模拟一个轮伐期的采伐、生长、更新，根据一个轮伐期后的森林状态是否达到合理的调整目标，来确定采伐量是否合理。如果不合理，对模拟采伐量进行调整，直至达到调整目标的要求。

工业原料林（含速生丰产林）的主伐要求单列。根据人工商品林采伐管理政策，工业原料林（含速生丰产林）将更多地按照市场经济的要求，采取灵活的采伐管理政策。采伐年龄将由所有者自己来确定。工业原料林年采伐量测算公式如下：

年采伐蓄积量：5年后预计蓄积量/5

上式中“5年后预计蓄积量”一项，各编限单位可以根据自身的资源情况进行估算。

抚育采伐的对象为用材林和公益林中达到抚育采伐标准的中、幼林资源。抚育采伐测算方法为：

年抚育采伐蓄积量：（应抚育采伐面积/采伐期限）×采伐强度×单位面积蓄积量。

更新采伐的对象为防护林中达到更新采伐年龄的森林资源。年更新采伐量的测算采用“模拟计算法”，但只模拟采伐防护林的过熟林资源。

低产（效）林改造的对象是用材林中的低产林、防护林中的低效林。低产（效）林改造年采伐量的测算方法为：

年采伐蓄积量：（应改造林分面积/采伐期限）×采伐强度×单位面积蓄积量。

其他采伐的对象是商品林与生态公益林中的疏林、散生、四旁树森林资源。其他采伐年伐量的测算方法为：

年采伐蓄积量：（应采伐面积/采伐期限）×采伐强度×单位面积蓄积量。

以上测算公式中：采伐强度是一个变数，确定采伐强度大小的原则是，允许各生产单位根据应抚育资源、低产（效）林改造资源、其他采伐资源的林分实际情况和本地的《森林采伐更新管理办法》《森林采伐技术规程》《森林抚育技术规程》的要求来确定合适的采伐强度。采伐期限是指完成其采伐所需要的时间。

（二）年度木材生产计划管理制度

实行年度木材生产计划管理是国家用来控制、调节年度商品材消耗林木数量的法律手段，保证商品材年采伐量不突破相应的采伐限额的具体措施。年度木材生产计划一经国家批准，就成为指导木材生产单位生产木材的法定指标。按照《森林法》《森林法实施条例》的有关规定，国家制定统一的年度木材生产计划不得超过批准的年采伐限额；采伐森林、林木作为商品销售的，必须纳入国家年度木材生产计划，超过木材生产计划采伐森林或者其他林木的，按滥伐林木处罚。

《森林法》规定，凡是采伐国有单位经营的森林和林木、集体所有的森林和林木以及农村居民自留山的林木（薪炭林除外），都要按照国家有关规定纳入国家的年度木材生产计划，以确保森林采伐量不超过批准的年森林采伐限额。

年度木材生产计划是在已批准的年森林采伐限额的基础上制定的。森林采伐限额包括商品材、农民自用材、烧柴等一切人为消耗的森林资源，其中消耗最大的可控制部分是商品木材所消耗的森林资源。木材生产计划所消耗的森林蓄积量应当小于已批准的森林采伐限额。林木采伐许可证发放的除薪炭林以外的采伐数量不得超过木材生产计划规定的数量。

根据国务院的有关规定，国有和集体商品木材生产计划指标原则上不能相互调剂使用，不能把抚育采伐指标挪用于主伐和其他采伐。如情况特殊需调剂的必须报上级林业主管部门批准。但是，为了鼓励提高林分质量，可以把主伐和其他采伐指标用于抚育采伐。

（三）林木凭证采伐管理制度

凭证采伐林木制度是保证采伐限额得以落实的一项重要措施，是维护森林、林木所有者、经营者合法权益，控制不合理采伐消耗森林资源，确保森林资源持续增长，防止乱砍滥伐等违法行为发生的有效手段。早在 20 世纪 50 年代，我国一些国有林区就实行凭证采伐和伐区拨交验收制度。1981 年中共中央、国务院《关于保护森林发展林业若干问题的规定》明确了在全国实行凭证采伐制度。依据 1998 年修订出台的《森林法》和 2000 年颁布的《森林法实施条例》有关规定，采伐林木必须申请采伐许可证，按许可证的规定进行采伐（农村居民采伐自留地和房前屋后个人所有的零星林木除外）。

采伐许可证的发放机关为县级以上林业行政主管部门以及法律授权的部门和单位。其中国有林业企业事业单位、机关、团体、部队、学校和其他国有企业事业单位采伐林木，由所在地县级林业主管部门依照有关规定审核发放采伐许可证；农村集体经济组织采伐林木，由县级林业主管部门依照有关规定审核发放采伐许可证；农村居民采伐自留山和个人承包集体的林木，由县级林业主管部门或者其委托的乡、镇人民政府依照有关规定审核发放采伐许可证；县属国有林场，由所在地的县级人民政府林业主管部门核发；省、自治区、直辖市和设区的市、自治州所属的国有林业企业事业单位、其他国有企业事业单位，由所在地的省、自治区、直辖市人民政府林业主管部门核发；重点林区国有林业企业事业单位，由国务院林业主管部门核发；铁路、公路的护路林和城镇林木的更新采伐，根据《森林法》的授权，由有关主管部门依照有关规定审核发放采伐许可证。

根据《森林法实施条例》的规定，申请林木采伐许可证应提交的材料有：①申请采伐林木的所有权证书或者使用权证书。②按申请人的下列不同情况提交其他有关的证明文件：申请人属于国有林业企业事业单位的，提交伐区调查设计文件和上年度采伐更新验收证明；申请人属于其他单位的，提交包括采伐林木的目的、地点、林种、林况、面积、蓄积量、方式和更新措施等内容的文件；申请人属于个人的，提交包括采伐林木的地点、面积、树种、株数、蓄积量、更新时间等内容的文件。

二、森林采伐管理内容的特别规定

根据国家林业局下发的《关于完善人工商品林采伐管理的意见》，我国对人工商品林的采伐问题做出了一些新的规定。主要内容有以下2个问题。

1. 人工商品林采伐限额问题

依法编制和实施森林经营方案的人工商品林，其年森林采伐限额根据森林经营方案确定的合理年森林采伐量制定。达到一定规模的人工商品林，其经营单位或个人可以单独编制年森林采伐限额。“一定规模”的标准由省级林业主管部门确定。国家对人工商品林的年森林采伐限额和年度木材生产计划实行单列。在采伐限额编制单位内，人工商品林年森林采伐限额本年节余的，经省、自治区、直辖市林业主管部门批准，报国务院林业主管部门备案，可以结转下年使用。在非林地上营造的商品林，森林经营者要求采伐的，县级以上林业主管部门应当保证其年森林采伐限额和年度木材生产计划，依法发放林木采伐许可证。

2. 年度木材生产计划问题

凡按照技术规程要求对人工商品林进行抚育采伐，采伐林木胸径在10cm以下的，可不纳入年度木材生产计划。对生产以竹材为主要目的的竹林的采伐管理，国家不纳入年度木材生产计划，由各省（自治区、直辖市）按国务院批准的年森林采伐限额执行。定向培育的工业原料用材林和在非林地上营造的人工商品林各树种的主伐年龄由林木所有者确定。一般人工用材林各树种的主伐年龄按国家有关规定执行。地方各级林业主管部门可以根据批准的人工商品林年森林采伐限额，足额编制人工商品林年度木材生产计划，并逐级汇报国务院林业主管部门批准后执行。

第二节　木材流通管理制度

木材流通是木材生产经营活动的重要环节。木材流通是指木材及木制品通过买卖的形式，从林业生产领域到消费领域转移的一种经济活动。它包括木材收购、调运、再加工、储存和销售等环节。加强木材流通管理，有利于保护森林资源、维护木材市场的正常秩序、保护木材生产者和消费者利益。木材流通管理主要包括木材运输管理和木材经营加工管理。

一、木材运输管理

木材运输管理是指林业主管部门依照有关法律、法规和政策规定，对木材运输实施检查、监督和管理的过程。其主营内容是，核发木材运输证；检查木材运输；纠正、处理违章运输。其核心是实行木材凭证运输。

《森林法实施条例》第 35 条规定："从林区运出非国家统一调拨的木材，必须持有县级以上人民政府林业主管部门核发的木材运输证。重点林区的木材运输证，由国务院林业主管部门核发；其他木材运输证，由县级以上人民政府林业主管部门核发。"同时又规定经省（自治区、直辖市）人民政府批准在林区设立的木材检查站，负责检查木材运输。这里明确规定了 3 个问题：木材运输必须凭证；木材运输的管理机构是林业主管部门；木材检查站负责检查木材运输。

（一）木材运输证的申请

申请木材运输证应当提交以下证明材料：

（1）林木采伐许可证或木材合法来源证明；

（2）木材检疫证明；

（3）国家林业局和省政府规定的有关文件。

国家统一调拨的木材，由于是严格按照国家计划调拨的，因此凭调拨通知书或调拨计划，由省（自治区、直辖市）林业主管部门加盖木材调运专用章即可运输。从林区运出非国家统一调拨的木材，必须向县级以上人民政府林业主管部门提出运输申请，经有权发证的部门审查其木材来源、用途和流向以及是否按规定缴纳了税费等，凡符合有关木材运输规定的，发给运输证件。

木材来源合法证明包括以下几个方面：

（1）林木采伐许可证或国家统配木材调拨通知书；

（2）单位或个人购买的木材，应具有合法木材经营单位的发货票据；

（3）个人搬迁按规定允许携带的木材以及户口迁移证明或工作调动证明；

（4）木材经营、加工单位运输木材，凭林业主管部门规定出示的证明和手续；

（5）进入流通领域的木材，需要转运或变更运输方式、运输工具的，必须凭原起运地有效运输证及有关证明；

（6）运输进口木材、珍稀保护树种木材，应具有有关主管部门的出口许可证。

符合上述条件的，受理木材运输证申请的县级以上人民政府林业主管部门应当自接到申请之日起 3 日内发给木材运输证。

对有下列情况之一的不予办理木材运输证件：

（1）根据有关规定，不允许经营、加工和运输木材的单位和个人；

（2）办理木材运输手续所提供的证件不齐；

（3）使用伪造、假冒、涂改或失效证明；

（4）木材运输控制总量超过国家林业局批准的控制总量的；

（5）申请运输国家禁止采伐的珍贵稀有树种木材，无有权批准采伐单位证明；

（6）其他违反国家有关规定的。

（二）木材运输证的种类与发放

木材运输证是落实凭证运输制度的法律凭证。木材运输证是由法定的林业主管部门根据运输者的申请，经审查后核发的允许其从林区运出木材的合法凭证。木材运输证分为《出省木材运输证》和《省内木材运输证》。《出省木材运输证》由国家林业局统一印制，《省内木材运输证》由各省林业主管部门统一印制。

《出省木材运输证》由各省林业主管部门负责核发，《省内木材运输证》的核发办法由各省林业主管部门按照法律、法规有关要求制定。

国务院确定的重点国有林区的《木材运输证》，由国务院林业主管部门核发。

二、木材经营加工管理

木材经营加工管理是指林政主管部门依据国家的法律和政策对木材经营

加工活动进行组织、控制、协调和监督。它与木材经营企业的经营管理是不同的。木材经营企业的经营管理侧重于经营业务和经济效益，而这里的木材经营加工管理，则侧重于检查、监督有关木材经营政策的贯彻执行情况。

（一）木材经营加工管理的主要内容

按照《森林法实施条例》第 34 条规定："在林区经营（含加工）木材，必须经县级以上人民政府林业主管部门批准。"对木材经营、加工单位的管理，必须坚持凭证经营、凭证销售，监督木材经营、加工单位遵守国家有关木材管理的政策、法令和规定。木材经营加工单位管理包括以下内容。

1. 对木材经营环节的控制管理

对经营环节管理就是对木材生产经营活动的中间环节进行管理。重点是对经营条件、经营凭证、经营木材的政策法规经营管理。

2. 对木材市场的管理

在国家明确规定我国建立社会主义市场经济体制的形势下，市场经济异常活跃，木材市场亦是如此。从 1985 年开始，南方集体林区已开放了木材市场，1992 年，我国国有林区也已开设了木材批发交易市场。面对市场经济的大潮，木材市场的发育尚不十分健全，因此，为保证进一步活跃木材市场，推进木材市场的健康发展，林政管理部门要密切配合物价、税收、工商行政管理部门等搞好市场管理。按照国家的有关方针政策，坚持"管而不死，活而不乱"的原则，充分发挥市场的功能和作用。

3. 木材价格和有关税费政策的监督贯彻

木材价格是木材价值的货币表现，它对林业生产、交换、分配起着重要的调节和促进（或制约）作用，正确处理木材价格问题，是木材经营管理中的一个重要问题。林政管理中的木材价格管理，不同于物价部门的价格管理，它仅是监督价格政策的执行，是林政管理部门依据有关政策法规对木材的收购、批发、销售等经营活动进行监督，使其贯彻执行国家政策的过程。

4. 有关票证的审核制定和发放管理

如对经营木材的凭证（指木材经营加工许可证）等的审核发放管理。

（二）申请木材经营加工许可证应具备的条件

（1）有固定的木材经营场所；

（2）有合法的木材来源渠道；

（3）有与经营规模相适应的资金和设备；

（4）有与经营规模相适应的从业人员；

（5）遵守国家和地方有关的法律、法规、规章和制度。

（三）木材经营加工的审批

在林区（或重点产材县）经营加工木材的，必须向县级以上林业主管部门提出申请，经批准后发给木材经营加工许可证，凭证到工商行政部门办理登记，领取营业执照后方可经营。重点国有林区的木材经营加工审批由国家林业局批准。

建立木材交易市场，需由县级以上林业主管部门制定规划，报省级林业主管部门批准。重点国有林区周边地区设立木材交易市场需征得国务院林业主管部门批准。林业主管部门和工商行政管理机关共同负责对木材交易市场的管理和监督。

审核发放许可证的部门要核定加工规模，不得超过可提供加工木材原料的数量；任何单位和个人不得无木材经营加工许可证和无营业执照经营加工木材。

（四）木材经营加工的管理

各级林业主管部门负责本行政区域木材经营单位的监督管理工作。重点林区木材经营单位的监督管理工作由国务院林业主管部门或其委托的单位负责。

县级以上地方林业主管部门，应当根据本行政区域的森林采伐限额和木材供给能力，合理确定木材经营单位木材的需求量、规模和布局。

国务院林业主管部门负责国务院确定的重点林区的木材经营单位的数量、规模和布局。

各地木材经营加工单位木材的需求量不能突破当地森林资源允许消耗的量，否则将会使盗伐林木案件急剧增长。

集体林区木材市场应按如下办法进行管理。

（1）集体林区的木材市场由当地工商行政管理部门领导和管理，林业主管部门协助做好管理工作；应本着方便群众、有利管理的原则设立固定的木材市场。

（2）集体林区生产的木材由当地林业部门的国有木材经营单位统一管理和进山收购；个别单位情况特殊，需要进山收购的，必须经过有关林业主管部门批准，按指定的时间、地点、树种、材种、数量收购依法采伐的木材；木材经营单位未经国有林业企事业单位批准不得进入其经营区域内收购木材；不准私自进入林区收购和贩运木材；禁止任何单位和个人收购无林木采伐许可证或者其他合法来源证明的木材。

第五章　林产品市场

第一节　林产品市场概述

一、林产品市场的概念和特点

（一）林产品市场的概念

1. 林产品

林产品是指以森林资源为基础生产的各种产品，包括木质林产品和非木质林产品。

木质林产品包括木材（竹材）及木材加工产品。其中，木材包括原木和薪材。木材加工产品主要有锯材、木片、人造板、胶合木、木地板、卫生筷子、人造板表面装饰板、单板等。主要木材加工产品介绍如下。

锯材　指以原木为原料，利用锯木机械或手工工具将原木纵向锯成具有一定断面尺寸（宽、厚度），并符合国家锯材标准以及供需双方协议商定标准的木材加工产品。

木片　指利用森林资源采伐、造材、加工等剩余物和定向培育的木材，经削（刨）片机加工成一定规格的产品。主要用途是为造纸业生产纸浆，为纺织业生产人造纤维，为人造板制造业生产刨花板和纤维板提供原料。

人造板　指用木材及其剩余物、棉秆、甘蔗渣和芦苇等植物纤维为原料，加工成符合国家标准（包括供需双方协议商定标准的产品）的胶合板、纤维板、刨花板、细木工板和木丝板等产品。

胶合木　指同一种木材经锯材加工干燥后，根据不同需求规格，由小块板方材通过指接、胶拼、层积，通常在常温条件下加压胶合而成的木质材料。

单板　包括刨切单板、旋切单板和微薄木。是指木材经刨切或旋切加工后的产品，主要用作胶合板的生产原料和室内装修、装饰的材料。

人造板表面装饰板　是指以人造板素材为基材，在其表面贴上单板、塑料薄膜、装饰纸、装饰板，或在其表面进行直接印刷饰面和模压饰面而成的产品。

非木质林产品包括工业产品和非工业产品。工业产品即林产化学产品，如松香、松节油、樟脑、冰片、栲胶、紫胶、木炭、活性炭、纸浆、纸及纸制品。非工业产品包括生漆、棕片、五倍子、核桃、板栗等各种林木籽实以及修剪竹木所获得的枝叶（杜仲皮、柳条等）。

2. 市场

关于市场的概念从不同角度可以有不同的理解。首先，可以把市场当做一种场所，即联结商品买方和卖方的地方。显然这是一种比较狭义的理解。其次，可以将市场理解为把特定的商品或服务的供求关系结合起来的一种经济体制，是商品交换关系的总和。最后，还可以把市场看做产品或劳务现实的和潜在的购买者的总和。以上各种不同的定义，从某一角度对市场进行了描述。归纳起来，市场可以被看成是交易者进行商品交换的环境、条件和交换关系的总和。

3. 林产品市场

以上的市场属于宏观层面，林产品市场则属于微观层面。所谓林产品市场就是交易者进行林产品交换的环境、条件和交换关系的总和。

林产品市场是买卖双方实现林产品所有权交换的场所或活动。狭义的林产品市场是指进行林产品所有权交换的具体场所。广义的林产品市场则是指任何形式的林产品交易活动，它不一定需要占据一定的空间，例如通过信函或电话、传真、计算机网络等现代通讯工具进行的林产品交易。

有的林产品属于生产资料，如木材产品，耐存放，无须包装，因而其现货市场的基础设施比较简单；有的林产品属于生活资料，比如经济林产品，除了林产化工原料外，基本上属于消费品，不耐储存，且需细心包装，因而其市场所需的各种设施均比木材市场复杂一些。总之，这两种市场所交易的产品虽然均出自森林，但是，一种属于生产资料市场，另一种属于消费品市场，二者之间存在质的差异。

（二）林产品市场的基本要素

狭义的林产品市场一般由以下 3 个基本要素组成。

1. 交易设施与对象

交易设施包括进行林产品交换所需要的场所以及计量工具、蒙盖工具、冷藏设备和仓库等必要的设施。交易对象指的是木材、家具、纸与纸浆等林产品以及非木材林产品等。种类极其繁多，而且各种品种之间差别甚大。

2. 价格体系

林产品的价格体系指的是由各种林产品的市场价格组成的相互联系的有机整体。由于均来源于森林及类似用途的土地，因而各种林产品相互之间存在不同程度的关联性，价格上也有一定程度的关联，各种林产品的价格因此形成一定的体系。各种林产品价格（非木材林产品除外）的共同特点是供给弹性的特殊性，价格下降，产品的供给弹性相对较大，但是价格上升，产品的供给弹性相对较弱。

3. 参与者

林产品交易参与者指林产品交易的当事人。林产品市场的参与者非常广泛，涉及生产者、消费者、交易中介以及监督者。

生产者　把自己生产的林产品用于销售，以求得到收入，补偿生产费用并获得利润。从生产者看，生产主体为林场、各种林产品生产企业及林农等个人或个体户。

消费和使用者　购买林产品用于满足自身的生活消费需求或用于满足进一步加工生产的需要。消费者更加广泛，既有木材及其他初级林产品加工的下游企业，如造纸厂、家具厂等，又有房地产建筑商等最终消费者。他们在市场交易活动中的作用是通过购买和消费、使用林产品，从而使林产品（商品）生产达到最终目的，即实现商品的价值和使用价值。

交易中介　既不是林产品的直接生产者，又不是林产品的直接消费者和使用者，而是专门以经营林产品买卖的商品流通企业。他们既买又卖，购买林产品是为了出卖林产品。从生产者手中买进消费者和使用者需要的林产品，运到消费者和使用者所在的地方卖给消费者和使用者。他们出卖林产品的价格要高于购买林产品的价格，以便补偿买卖活动中的费用，并能得到一定的利润。

监督者　除了包括一般的政府部门（如工商税务、物价、质检等部门）外，这里主要指的是林业政府部门。

（三）林产品市场的特点

林产品市场不仅具有一般商品市场的共性，还表现出以下较强的个性。

林产品供给受自然条件影响大　土地、温度、光照、降水等众多因素对林产品都会产生重要影响，自然条件的不确定性增加了林产品生产的风险，直接影响林产品供给，给林产品的供给带来较多的不稳定性和不可控性。

林产品需求的多样性　林产品既是经济发展所需的生产资料，也是人民所必需的生活资料。林产品种类繁多，既包括木质林产品也包括非木质林产品；既包括初级加工产品也包括精深加工产品。因此，对林产品的需求是多种多样的。

林产品经营技术强　林产品种类繁多，由于树种、材种、生产区域不一样，同种林产品在质量、规格等方面表现出很大的差异。因此，林产品标准化程度低，等级规格复杂，分级难度大，需要经营者具有丰富的经验和专门知识。非木质林产品中鲜活商品、易腐商品多，运输路程远，需特殊的储存和运输设备。

林产品市场制约因素　林产品的经营活动不仅受到市场供求、价格变化的影响，还受到人民生活水平、消费习惯、国家产业政策和生态保护政策等因素的影响。

二、林产品市场的种类和规模

（一）林产品市场的种类

由于林产品交换的基本条件不同，林产品市场就以不同的形态表现出来。

第一，按需求和供给的状况不同，林产品市场分为卖方市场和买方市场。当林产品的需求大于供给时，称为卖方市场；当需求小于供给时称为买方市场。我国森林资源相对缺乏，我国林产品市场总体上是卖方市场。

第二，按交易达成的地点不同，林产品市场分为产区市场和销区市场。当交易在销区达成时称为销区市场；交易在产区达成时称为产区市场。由于林产品具有明显的地域性和国民经济发展的不平衡性，我国林产品的产区市场和销区市场比较明显。在经济比较发达和人口比较稠密的地区大多形成销区市场，而在经济落后和人烟稀少的林区大多形成产区市场。一般来说，当买方市场形成时，销区市场较为活跃，而当卖方市场形成时，产区市场较为活跃。

第三，按交易参与者的集中和分散程度，分为集中市场和分散市场。企业或个人根据自身的经营状况进行林产品的购买和营销活动构成了分散市场。从我国林产品流通的现状来看，分散市场在交换中占主导地位。当交易参与者较多，并进行多种林产品的交易活动时称为集中市场。集中市场最显著的特点是中介组织的介入。随着我国市场体系的不断完善，集中市场将在林产品流通中发挥越来越大的作用。集中市场又可分为集贸市场、批发交易市场、交易中心、订货会、展销会等形式。

第四，按交易的品种不同，林产品市场分为单一品种的专业化市场和多种产品的综合市场。从目前的市场状况来看，木材、竹材、林副产品已形成了一些专业市场。

第五，按市场的空间结构不同，林产品市场分为国际市场、国内区域市场。从国际市场的情况来看呈现出明显的区域化倾向，目前主要有北美、环太平洋、欧洲几大市场。国内区域市场有几种划分方法：①把国内市场分为北方国有林区和南方集体林区两大市场；②把国内市场分为东北地区、沿海城市、华北中原地区、南方地区、西南地区、西北地区六大市场；③有代表性的城市市场。

第六，按经营客体，林产品市场分为木材市场、纸浆市场、家具市场等。还可以进一步细分，有多少种林产品，就可以细分为多少个市场。

（二）林产品市场的规模

市场规模在一般意义上是指在一定的时期内，在一定的空间范围内，构成市场各因素的聚集程度。林产品市场规模指的是在一定的时期内，在一定的空间范围内，构成林产品市场各因素的聚集程度。

描述林产品市场规模的主要指标有：交换产品的数量和品种、市场的辐射范围、投入的货币资金数量、进入市场从事交易活动的交易者的数量等。

林产品市场交换商品的数量和品种的多少是衡量市场规模的重要指标之一。从宏观上看，可以反映林业经济的发展水平以及在国民经济中的地位；从微观上看，可以反映出地区经济的发展水平。

林产品市场的辐射范围是指特定市场对经济的影响程度和市场的地位，它一般与商品的可获得性成反比。比如，一种林产品比较丰富，可获得性强，那么该产品市场的辐射范围就相对较小；如果一种林产品比较稀缺，可获得性差，那么该产品市场的辐射范围就相对较大。

投入的货币资金数量包括货物交易资金和市场建设投入资金。在通货膨胀比较稳定的情况下，如果货物交易资金多，则相对应的林产品实物交易就比较多，市场比较活跃，市场规模就比较大。同样如果市场建设投入资金多，那么该市场的基础设施建设就比较好，市场交易活动就比较容易进行，市场规模也就相对较大。

考察林产品市场规模的另一个指标是交易者的数量，吸引更多的交易者进入市场交易是市场经济运行的目标之一，这里的交易者包括买方与卖方在内。

三、林产品市场的结构和作用

（一）林产品市场的结构

林产品市场的结构是指林产品交换活动中各要素之间的数量比例关系和联系方式。林产品的市场流通活动是一种复杂的社会活动，存在着多种数量比例关系和联系方式，也存在着多种结构关系，例如，所有制结构、林产品流通的空间结构、产品结构、时间结构、行业结构、流通企业规模结构及流通企业内部结构等，这些结构合理与否直接关系到林产品流通活动的效果。

1. 主体的所有制结构

所有制是人们劳动的物质资料占有形式。林产品流通主体结构是指在林产品流通中不同劳动资料占有形式的商业活动要素之间的数量关系及联系方式。目前我国林产品流通的主体所有制结构存在着 3 种形式：即国有经营者，包括国有企业、林场、木材公司、各种林产品储运企业等；集体经营者，即各种集体所有制的林产品经营单位；个体经营者，即领取执照的、合法经营的个体林产品经营者。

2. 林产品的客体结构

林产品的客体结构指的是市场流通对象的数量比例关系和联系方式，它主要包括木材商品市场和非木材商品市场，如林化产品、竹材林副产品等。此外，活立木市场将成为林业经济发展的一个市场形式，不过，活立木市场严格意义上已不是商品市场的组成部分，而属于资源市场的范畴。

3. 市场的行业结构

在一定时期内，林产品市场各种流通活动的资源总是分布在媒介不同类型的流通组织之中的，不同类型的林产品流通组织在市场中所占用的商业资源之间的数量比例关系及联系方式就构成了行业结构。目前我国林产品市场的行业结构是由以下几种流通组织形式构成的：零售企业、批发企业、生产企业直销、中介服务组织等。

4. 林产品市场的时间结构

在现代林产品生产体系中，不仅存在着现货商品交易，而且还存在着交易双方当前订立合约，在将来某一时间进行实物交换的远期合约交易及反映未来市场供求关系的期货合约交易。商品资源在这些不同类型交易中的配置关系，构成了林产品市场的时间结构。

5. 林产品市场的空间结构

林产品市场的空间结构主要是指林产品商业资源在不同地区间的数量比例关系及联系方式。随着天然林可采资源的减少和南方集体林区资源的增加，我国林产品市场的空间结构会发生一定的变化。

（二）林产品市场的作用

林产品市场机制是市场经济条件下配置林业资源的基础性机制或手段，除了具有一般市场机制的媒介功能、资源配置功能、时空调节功能、价格调节功能以及传递信息的功能以外，其有效配置林业资源的作用还表现在以下几个方面。

1. 自发地调节资源配置和经济活动

在商品经济条件下，各个林产品生产者都是为了满足市场需要而进行生产的，林产品市场的供求关系变动和价格波动就成为林产品生产者进行生产决策的主要依据。当某种林产品生产过多时，林产品市场上就会出现供过于求，从而导致该种林产品价格下跌，使该种林产品生产者收入减少。这时该种林产品生产者就会把他所拥有的生产资源转向其他有利可图的林产品生产或其他产品部门。反之，当某种林产品生产过少，市场需求大于供给，价格就会上升，林产品生产者就能够得到更多的经济利益，从而吸引其他生产者把资源转入到这种林产品的生产上来。所以，林产品市场供求关系变动和价格波动对生产者生产行为的调节，实际上是背后的经济利益关系在起作用。正是通过价格的波动，市场机制自发地调节着资源配置，从而实现供需之间的大体平衡。

2. 改进生产技术，改善经营管理水平

促使林产品生产经营者改进生产技术和改善经营管理水平，充分有效地使用资源。在林产品市场中，由于各个经济利益主体的生产经营条件和管理水平等各个方面千差万别，各自生产的个别劳动时间各有不同，但是单个林产品生产者不能自行控制产品价格，而只能接受成千上万生产者在市场活动的竞争中共同决定的价格。这就决定了每个林产品生产经营者在既定的价格条件下，为了盈利避免亏损就必须使自己的个别劳动时间低于社会必要劳动时间。在公平竞争的环境下为降低个别劳动时间获得较高收益只能依靠提高生产技术、改善经营管理水平、不断创新等途径。由于生产技术的提高，经营管理水平的改善，不断加大了创新，使劳动生产率大大提高，这样就会使有限的林业资源得到更加充分有效的利用，增加林业产出水平。

3. 在林业经济活动中造成优胜劣汰

在林业经济活动中，林产品价格的波动和竞争反映的是人们相互之间的经济利益关系，而处理这种经济利益关系的正是通过林产品市场机制来实现的。林产品市场机制把市场主体追求最大利益的内在动机转化为强大的外在压力。对于每一个林产品生产经营者来说，在市场竞争中要么取胜要么失败，要么盈利要么亏损，要么发展壮大要么被淘汰出局。在市场经济中，不管个别林产品生产者的主观愿望如何，只有当他的个别劳动时间符合或低于社会必要劳动时间时，他的劳动才能得到社会的承认，他的利益才能实现，否则就有可能被淘汰。因此林产品市场机制在客观上就使具有较高劳动生产率的林产品生产者能够在市场竞争中取得优势，从而得到较多的经济利益，得以进一步发展壮大。而在生产经营中处于劣势的林产品生产者，则难以实现自身的经济利益，最终不可避免地被市场淘汰，从而提高整个经济的质量和效率。

第二节　木材市场

木材是最主要的林产品，由此决定了木材市场在整个林产品市场中的主体地位。木材市场作为林产品市场的一个重要组成部分，在木材生产、分配、流通和消费过程中有着极为重要的作用。

一、木材市场的特点

木材和其他商品一样受市场机制的制约，也要通过市场交换及运输、储存等活动才能完成从生产到消费的转移过程。但是木材市场的商品物流大多源于森林资源，其生产流通和消费不同于其他商品，这就使得木材市场具有与许多其他商品市场不同的特点。

木材市场受供给约束强烈　木材是森林的主要产品之一，森林资源是木材生产赖以进行的基础和物质条件。由于受森林资源生产量、生产周期及土地有限性等条件的制约，木材不能像其他产品那样通过提高社会劳动生产率就可以较大幅度地增加供给。这样木材产品市场就不能完全“按需供给”，木材产品供给方也不能“以需定产”。此外，由于林业发展不仅要考虑市场对木材产品的需求，还要发挥其生态效益和社会效益。许多国家对森林资源实行保护政策，对木材生产实行严格控制，这也使木材产品市场的供给受到限制。

木材供给的地域性　由于自然、历史和人口等因素的影响，致使森林资源的分布很不均匀。这种不均匀性必然造成木材产品供给的地域性。

木材需求的多样性和广泛性 木材是当今四大材料（钢材、水泥、木材及塑料）中唯一可再生又可循环利用的生物资源，具有质量轻、强度高、吸音、绝缘、美观、易于加工、优质纤维含量高等优良特性，因而作为国民经济生产建设的主要生产资源和人民生活不可缺少的生活资料，广泛用于建筑、装饰、造纸、家具制造、采矿支柱、包装、交通、胶合板生产、农村能源和国民经济生产、居民生活等方面，具有需求的广泛性。

木材运输的重要性 由于木材供给的强地域性和木材需求的广泛性使得木材运输成为木材流通中的关键环节，运输能力和流向成为制约木材供给的重要因素之一。木材体积大且十分笨重，因此木材运输困难并且木材运输成本在木材生产成本中所占比重较大。

木材供给弹性小 木材商品的供给弹性小，这和木材供给约束和木材供给地域性强的特点紧密相关。由于森林资源的生物特点、长周期约束、限伐政策，还有木材运输受到运能、运力的限制，在木材价格变化时，木材供给不能迅速做出灵敏反应。当然，木材商品中因品种不同，其生产周期不同，供给弹性也会有差异。

二、木材的供给和需求

1. 木材供给

木材供给是指生产者在一定时期内，在每一价格水平上愿意而且能够提供给市场的木材商品或产品的数量。木材供给包括两层含义：一是木材商品供给，二是木材产品供给。木材商品供给即商品材供给量，包括国内供给量和国外进口量两部分。其中，国内供给包括计划内木材产量和计划外木材产量。计划内木材产量是《中国林业统计年鉴》中每年公布的数据，也是木材采伐限额。计划外木材产量一般指超限额采伐、乱砍滥伐的木材产量。木材产品供给除了包括商品材外，还包括未经市场流通的农民自用材和烧柴。

影响木材供给的主要因素有：

（1）资源状况，包括森林资源的总蓄积量、森林资源的生长量、成过熟林的蓄积量、材种结构。

（2）木材的生产状况，包括木材的生产能力、生产企业存储量、资源利用水平等。

（3）生产成本，市场的供给量是按照和生产成本相反方向变动的，在其他条件不变的情况下，成本下降；供给量增加，成本上涨，供给量就会减少。

(4) 流通领域的存量。

(5) 市场需求量。

(6) 市场价格水平。一般认为商品的需求一定，供给增加会导致商品价格的下降；反之，则会导致商品价格的升高。由此可见，木材价格势必会影响到木材供给量。但是，由于木材产量的增长，将受制于森林资源的生长量，因此，木材供给量不会随着木材价格的升高无限制地增长。

(7) 木材进口。这是弥补供需缺口的重要途径之一，但木材进口也会给国内木材的供给带来冲击，影响国产材的价格，进而影响国内木材供给。

(8) 对未来的预测。对未来状况乐观时，供给量就会大一些；反之，供给量就会小一些。

(9) 国家的生态政策和产业政策。例如，我国实行的天然林保护工程政策、速生丰产用材林建设工程政策都会对我国的木材供给产生影响。

2. 木材需求

木材需求是指消费者和使用者在某一特定时期内，在每一价格水平上，愿意而且能够购买的木材商品量。

木材需求的水平受森林资源条件、工农业发展速度和产业结构的变化、国家基本建设规模、木材节约措施、代用材料的发展、木材加工的深度、经济政策的宏观管理体制变化、各项相关经济政策、价格的变化、国际木材市场的变化、人均收入水平变化、国民生产总值变化等的影响较大。另外，消费者偏好、人口构成也会对木材需求产生影响。社会发展的不同时期，各种影响需求的因素是不一样的，各因素对需求的影响程度也不一样，并且在不断变化。

对木材需求估算的常用方法有以下 4 种。

时序法　也称二次指数平滑法。是根据木材产量过去的演变特征和趋势预测未来的，适用于时间分析。它的特点是对当前数据比过去数据更为重视。

回归法　是根据计划内木材产量与工农业总产值、国民收入总额、基建投资总额等变量的间接因果关系，模拟国民经济发展对木材产量的需求量。它的特点是间接反映国民经济发展战略目标对木材产量的需求量，具有总目标的要求，适合较长时期预测。

系统动力学方法　是处理信息反馈系统的动态行为的方法。而木材需求及其影响因素组成的正是这样一个复杂系统。

消耗结构法　用消耗结构法预测木材需求量，是以基础年的木材需求量为基础，再分析各国民经济部门木材消费的现状，分析各部门单位产品木材消耗指标的变化，预测国民经济各部门需求木材的机构和总量。

三、我国木材保障供给的对策

1. 建立长效的木材供应安全保障体系，立足于20～30年自己解决木材供应问题

我国木材供需缺口很大。据估计2015年将增大到3亿m^3左右，在短期内实现我国木材自给不现实，要立足于20～30年解决木材自给自足问题。要依法多途径、多形式拓展木材基地，通过提升森林经营管理水平，提高森林单位生产力。在继续发展短周期工业原料林、多用途竹林等速生丰产林基地建设的同时，还要加强对乡土珍贵树种、大径级用材林的资源培育，扩大定向培育珍贵树种原料林比例，满足大径级、珍贵用材需求。

2. 实现木材高效利用、木材综合利用和循环利用

木材高效利用是指利用现代科技对各种木材资源进行加工利用，生产高附加值、高效益的产品，开发多种类型的以木材资源为基础的林产品，提高森林资源利用效益，实现资源高效利用。例如，对木材进行漂白、染色处理，提高木材表面的美观效果，实现木材的增值利用；开发导电木基功能材料、木质屏蔽功能复合材料、木材陶瓷等多种木基复合材料；开发木材化学深加工利用，生产多种高附加值林产化工产品。

木材综合利用是指对以各种木材资源为原材料的产品，采用多层次加工，延长产业链，并要注意原材料的保管及各个加工环节，降低原材料的消耗，以获取木材的最大综合利用率和最大经济效益。

我国木材高效利用和综合利用水平低下，森林资源出材率和木材综合利用率分别为61%和63%，而发达国家一般在90%左右。按我国目前生产规模和加工能力计算，森林资源出材率和木材综合利用率每提高1%，相当于增加木材供给100万m^3和40万m^3。

要实现木材资源高效利用和综合利用，必须采取下列措施：一是以通过减量化、延长木材使用寿命，提高木材的利用效率，实现节约利用。包括通过加强管理，采用技术可行、经济合理、符合环保要求的措施，提高木材利用水平，减少或避免木材在采伐、加工、储运、使用等各环节中的损失和浪费，在满足产品功能需求的前提下，选用适宜的木材树种，以最经济的规格和科学结构设计产品，实现最大限度的节约木材；通过木材保护处理，延长木材寿命，减少采伐，节约森林资源。如对木材进行防腐处理，可使木材使用寿命延长5～10倍，即1m^3防腐木材或产品可以替代5～10m^3原木使用。我

国目前木材防腐处理量每年仅 80 万 ~ 100 万 m^3，不到 1%，而新西兰为 43%，英国为 20%，美国为 15.6%。如果将我国年木材防腐处理量由 1% 提高到 10%，按延长使用寿命 6 倍计，则每年可节约木材 3000 万 m^3。二是依据循环经济的重要原则，要以可再生资源代替不可再生资源，一定要避免“以钢代木、以塑代木”，要利用可再生的生物质材料替代不可再生的石油、矿产资源等加工材料，提倡利用非木质生物材料（如竹材、藤材、农作物加工剩余物）及其加工产品合理替代木材，减少木材使用量，实现各种资源的优化配置。

木材的循环利用是指对回收的废弃木材进行分类、分离和加工，进行多次加工利用或再生利用。依据循环经济理论的再循环原则，即资源化原则，要求产品完成其使用功能后重新变成可以再利用的资源。对废弃木材、废弃家具、废纸、废弃人造板等，加强回收利用、再循环利用，能有效减少森林采伐，节约森林资源。据估算，我国每年产生的城市垃圾总量约为 60 亿 t，若按废弃木材占其中 1% 的比例计算，那么折合材积约有 850 万 m^3 的木材量。这个数字相当于我国在实施天然林保护工程以前一个南方林区产材大省全年的商品材产量。废旧木材循环利用有利于社会资源的循环利用，符合循环经济的发展目标，是我国木材资源再造的又一重要途径。因此，政府应当积极鼓励和参与废旧木材的再利用。

3. 加强以生物质材料为重点的新材料、新技术的研究与开发

生物质材料，是以竹材、藤材、木材剩余物、农作物加工剩余物、草本植物为原材料加工生产的新材料，能替代木材，可减少木材使用量，实现各种资源的优化配置。作为新兴材料，必须加大研发力度，早日实现产业化。

4. 合法利用国际市场木材，分散木材进口来源国别，降低木材贸易风险

为弥补现阶段国内木材资源严重不足的现状，需要不断建立健全制度，完善法律法规，遵循国际可持续发展规则，合法利用国际市场木材，继续进口木材，争取国内森林资源发展和成长的空间和时间。

政府应当为木材生产企业的海外资源基地建设提供实质性支持，包括信贷资金的支持、建立海外投资保险制度等。在进行海外森林资源开发时，应该高度重视森林认证问题，尽可能选择经过认证的森林作为资源开发利用对象，避免因森林认证问题造成贸易损失。

5. 减少木材进口，解决木材环境安全问题

为消除国际社会特别是一些极端环保主义者制造的木材威胁论，完全实现木材自给自足，减少木材进口是解决我国木材环境安全的根本措施，但在

短时间内，进口木材需求依然很大，为此，必须转变贸易策略，在国外租赁林地进行长期培育、经营、采伐和深加工，再将加工好的木材产品或半成品运回国内。这就要求国内企业必须走出去，合作开发国际森林资源。2007 年 8 月国家林业局发布的《中国企业境外可持续森林培育指南》是中国企业在国外从事森林培育活动的管理和技术规范，指导企业在境外从事森林培育时，坚持可持续经营，为维护全球生态安全，促进当地森林资源和经济社会可持续发展做出贡献。其中的森林培育包括森林经营、森林防火、野生动植物及其栖息地保护、林产品深加工、森林生态系统动态监测等内容。这个指南为国内企业到国外合作开发森林资源提供了有力的理论指导。

第六章　林产品贸易

第一节　林产品贸易概述

一、林产品贸易的内涵

贸易，是指商品交换或商品买卖的行为。贸易是商品经济发展的必然产物，贸易活动是具有商品经济社会本质特征的经济行为，因此，贸易是商品经济的一个基本范畴。林产品贸易就是林产品商品交换或买卖行为的总和。一方面，林产品商品的经营者或所有者通过林产品贸易活动转入林产品商品所有权或经营权，获得货币；另一方面，林产品商品的购买者通过林产品贸易活动以支付一定量的货币，获得林产品商品的所有权。

二、林产品贸易的作用

林产品贸易在林业经济运行中具有重要作用，主要表现在以下3个方面。

1. 促进和引导林业生产的发展

林产品贸易对林业生产的促进作用，首先表现为促进林产品商品生产的发展提供市场条件。马克思指出："商品生产以商品流通为前提"。市场经济下的林业生产是商品化的生产。如果没有流通、没有贸易，这种商品化的林业生产就无法进行。一方面，林业生产过程要能顺利开始，必须依赖贸易活动取得各种生产要素，包括原材料、技术、设备、资金、劳动力等；另一方面，林产品生产出来后，必须通过贸易去开拓市场销路，使生产出来的林产品源源不断地进入消费领域而成为现实的产品，产品的价值才得以实现。

其次，林产品贸易可以促进社会分工的深化和生产率的提高。贸易本身是社会分工的结果，但贸易本身既可巩固前一次分工的结果，又可促进新的分工。国内林产品贸易的发展可促进国内各地因地制宜、扬长避短、充分利用当地的各种林业资源，国际林产品贸易的发展还可以促进各个国家按照生产技术的差别、生产要素比例的差别、生产规模的差别进行利益比较的互补性的分工。

再次，林产品贸易的发展可以促进林业生产水平的提高以及生产规模的扩大。

2. 制约林产品消费

林产品贸易活动制约着林产品消费规模、消费水平、消费结构、消费方式的变化。因为林产品贸易方式、贸易结构、贸易价格都会引起上述各个方面的变化。林产品贸易活动还可起到抑制或促进林产品消费需要的作用。

3. 制约分配

林产品贸易制约着分配，具有以下 2 个不同的含义。

决定着林产品资源的分配　在市场经济体制下，林产品资源的流向是根据市场价格的波动，流向那些增值最高，也就是能实现其最高效用的地方。这样市场调节实现了资源优化配置的分配功能。

决定着各种经济利益关系　在市场竞争中自然形成的林产品价格，首先决定了林产品生产者、林产品经营者和林产品消费者之间利益的分配关系。而从国家到各级地方政府、各个部门在流通环节上征收的林产品税费，更是牵涉多方面利益关系的再分配。

三、林产品的贸易形式

林产品具有贸易的各种形式。贸易形式包括 3 个要素，即交易行为、交易方式和交易手段。贸易形式是商品实行自身价值和使用价值过程的外部形式；贸易活动过程则是贸易形式所体现的内容。根据贸易的特点和林产品的实际情况，林产品的贸易形式主要有以下 3 种。

批发贸易和零售贸易　批发贸易是指为进一步转卖或供生产加工而专门从事批量较大的商品交易的一种贸易形式。批发贸易的组织形式按其性质一般可以分为基本组织形式和经营组织形式两种。批发贸易的基本组织形式是指能同时反映几乎所有批发贸易的特征，并具备完成全部重要的批发职能的一般批发贸易组织，或称为全职批发贸易组织，如产品批发商、中转批发商、口岸批发商或销地批发商。批发贸易的经营组织形式是指集中各类批发组织形式，综合进行各种批发交易的开放性的商品交易组织，如批发市场等。

零售贸易是指把商品直接卖给消费者个人而用于个人生活消费，或供社会集团用作非生产性消费的一种贸易形式。

进出口贸易　林产品进出口贸易又称林产品对外贸易，是林产品进口贸易和出口贸易的总称。林产品出口贸易是指将本国生产和加工的林产品商品运往他国市场进行销售；林产品进口贸易是指外国林产品商品输入本国市场进行销售。

其他贸易形式　包括信用贸易、信托贸易、租赁贸易、期货贸易等。

第二节　林产品贸易的基本理论

一、绝对优势与相对优势理论

18 世纪末 19 世纪初，亚当·斯密和大卫·李嘉图先后对国际贸易的理论基础进行了研究，提出了绝对优势理论和相对优势理论。其理论解释了贸易的各种利益及产生贸易的根本原因，开展贸易使得一国既定的生产资源做出更为有效的配置，从而获得比无贸易时更高的产量和收入。这一理论在长期内对政策制定者产生着重要影响，并且对国际贸易理论的发展具有深远的作用。

（一）绝对优势理论

在抨击重商主义关于财富及其来源观点的过程中，亚当·斯密于 1776 年出版著作《国民财富的性质和原因的研究》，提出一系列经济理论，阐述其有关国际贸易和自由贸易重要思想，即绝对优势理论。他认为每一个国家都有适宜生产某些特定产品的绝对的有利条件，因而生产这些商品的成本会绝对低于他国。若各国都按照绝对成本差异进行国际分工和生产专业化，则在用本国具有绝对优势的产品去交换他国具有绝对优势的产品的过程中，双方均会获利。据此，他主张各国政府应放弃对经济运行的干预，积极推行自由贸易政策，取消国际贸易中的各种特权、专利和垄断等限制性因素。只有在自由贸易条件下，各国的资源、劳动力和资本才能得到最有效率的利用，各国才能享受到由绝对优势而产生的贸易收益，从而达到极大丰富社会物质财富的目标。亚当·斯密的绝对优势理论首次诠释了国际贸易产生的原因和动力，为国际贸易理论的发展奠定了重要基石。但该理论的局限性也是明显的，即该理论所提出的贸易模式仅适用于这样的情形：交易双方各自至少拥有一种具有绝对优势的产品，并向对方出售。按照该理论，若一国在所有产品上均不具有绝对优势，那么该国将不能参与国际贸易，无法获得国际贸易利益，这与现实是不符的。

（二）相对优势理论

为弥补亚当·斯密绝对优势理论存在的不足，适应资本主义产业资本迫切开拓海外市场的要求，另一位英国古典经济学家大卫□李嘉图于1817年在其著作《政治经济学和赋税原理》中，以绝对优势理论为基础，提出决定国际分工与国际贸易的一般基础不是绝对优势而是相对优势的命题。他认为，在两国间，劳动生产率差距并不是在任何产品上均相等，对于在所有产品生产上都具有绝对优势的国家，应集中生产那些利益较大的产品，而对于在所有产品生产上都处于绝对劣势的国家，应集中生产利益较小的产品，然后通过国际贸易，进行商品交换，均能从中获得利益。也就是说，若两国按照“有利取重、不利取轻”的原则，进行国际分工与国际贸易，同样会提高劳动生产率，节约劳动消耗，增加两国社会财富。由此，不同发展水平国家，尤其是落后国家，也能在国际分工和国际贸易中获取利益。李嘉图的相对优势理论，通过将亚当·斯密绝对优势理论一般化，推动了国际贸易理论和实践的发展。但该理论也存在明显的局限性，如劳动是唯一生产要素，所有劳动同质，没有运输成本，完全竞争市场结构等。

二、要素禀赋理论

比较优势理论以完美的逻辑推理论证了国际贸易产生的原因在于各国商品比较成本的差异性，但未能回答产生比较成本存在差异的根源。有鉴于此，1919年赫克歇尔（Heckscher）发表题为《对外贸易对收入分配的影响》一文，在文中首次提出要素比例理论，但在当时并未引起很大反响。1993年其学生俄林（Olin）出版著作《区域贸易和国际贸易》，在书中，俄林发展了要素比例理论，引起巨大反响，被称为赫克歇尔－俄林理论（H－O理论），提出国际贸易产生的原因在于各国生产要素禀赋存在差异，对李嘉图比较优势理论进行了发展和完善。该理论认为各个地区生产要素禀赋不同是地区间或国际间开展贸易的前提，各地要素禀赋的不同决定了各地要素价格的差异，要素价格的不同决定了各地商品生产成本的差异，生产成本的不同决定了商品价格的绝对差异，最终导致国际贸易的发生，开展自由贸易后，一个国家将会出口密集使用其要素丰裕的产品，进口密集使用其要素稀缺的产品。赫克歇尔－俄林不仅指出各国要素禀赋不同引起的要素和商品价格差异是国际贸易形成和发展的原因，还论述了通过国际贸易将使各国要素相对价格趋于相等，即要素价格均等化理论，并被美国经济学家萨缪尔森予以强化。较之于李嘉图相对优势理论，要素禀赋理论找到了国际贸易产生和发展的根源，并在论证中综合考虑劳动力、资本和土地等多种生产要素，具有更强的解释力。

三、产业内贸易理论

传统贸易理论认为国家与国家之间的贸易是基于技术的差异或者资源享赋的差异基础上建立起来的相对优势，各国之间的贸易主要是不同产品之间的贸易，即“产业间贸易”。但在第二次世界大战后出现同一行业既有进口又有出口的贸易模式，称为“产业内贸易”，这是传统贸易理论所无法解释的。原因是传统的贸易理论的假设前提是完全竞争的市场结构、不变的技术水平及不存在规模经济，然而完全竞争的市场结构在现实中是不存在的，规模经济却随着经济环境的改善、技术水平的提高而无处不在。建立在规模报酬递增和市场不完全竞争的假定条件之上的产业内贸易理论更符合现实。

基于规模经济的产业内贸易可以促进出口贸易结构的调整，产业内贸易体现的国际分工形式更高级，是出口贸易结构优化的根源。产业间贸易主要是建立在自然资源、要素禀赋的基础之上的，以追求静态分工利益为目标，而产业内贸易带来的更多的是动态利益，产业内贸易可以使市场扩大，使生产者获得更大的规模效应。

四、国际贸易理论对我国林产品贸易的启示

1. 尽量减少低附加值产品出口

鉴于原木等低附加值产品技术扩散作用不明显，对国民福利和经济增长的作用也相对较小，且从我国目前资源状况来看，属于极为紧缺的产品，因此，在进出口贸易中应尽量减少出口，鼓励进口，保护本国森林资源。

2. 善于利用相对优势

产业结构的变动可以改善资源配置效率，推动经济发展。在给定生产要

素的条件下，如果将生产要素从附加值比较低的产业转移到附加值比较高的产业，经济总体水平也会提高。一方面，依据相对优势和要素禀赋条件从事国际贸易和国际分工，是开放经济条件下进行产业结构调整并促进经济发展首先要遵循的原则。因此，应该在发展的每一个阶段，引导企业按要素结构所决定的相对优势来选择产业。

另一方面，产业结构、技术结构的变动决定于要素禀赋结构，要提高产业结构，应首先提高要素结构，当要素禀赋结构升级，产业也要随之升级。按相对优势的原则来引进技术，其引进成本和学习成本都会最低，这样才能够真正发挥后发优势；如果把目标直接定位在从产业、技术上赶超发达国家，则会遇到各方面的困难。

3. 动态理解相对优势

按照大卫·李嘉图的相对成本优势的基本理论，如果我国木材产品在国内同其他产品的交换比率低于国际市场上的同类产品的交换比率，我国便有相对优势；根据赫克歇尔－俄林的生产要素禀赋学说“一国应当生产和出口资源丰富的产品、进口资源稀缺的产品，才能获得国际贸易利益”。应该通过减少以森林资源为基础的产品的生产和出口，降低国内森林资源消耗的压力，同时通过进口相应的产品，获取资源保护利益。但是，森林资源是可再生资源，其丰富程度和稀缺程度是动态的，我国森林资源总体的稀缺并不排除结构上某些方面的丰富。例如，天然林资源稀缺，人工林资源不一定稀缺；木材产品总体竞争优势较弱，并不一定所有产品在国际上都没有相对优势。因此，必须正确把握我国木材产品的相对优势，并尽快培育和形成自己的产业竞争力。相对优势是国际竞争力的基础，而竞争优势则是国际竞争力的核心，我们应从具有相对优势的起点出发，通过努力不断获取产业在国际上的竞争优势，并将这种竞争优势不断转化为进一步的相对优势。这是一个相对优势动态化的过程。

从动态相对优势来看，可能目前在某些高附加值产品生产上我们不具备相对优势，但考虑到国民福利和经济发展的需要，在某种条件下需要通过政府干预，大力发展自己暂时还不具备相对优势的产业或产品生产，有意识地建立优势，通过技术外溢、“干中学”等，可以促进技术进步和产业升级。当该产业成长到具备一定规模时，就会形成未来的相对优势，取得长期竞争优势的潜在能力。

4. 发挥优势，创造条件，促进可持续发展

创造必要的前提条件，保证贸易、经济和环境的良性互动，实现社会、

经济、自然环境的全面可持续发展。其中包括合理的贸易结构、符合比较优势原则、贸易量扩大不会导致贸易条件恶化、不存在市场扭曲或政策误导等。

依据产业内贸易理论，我们可以根据自身的优势，生产出具有一定特点、质量水准较高的产品来参与同类产品的国际市场竞争，如家具、木制品等。同时利用部分林产品的季节性，选择适当的贸易伙伴，扩大产品的生产和出口。

第三节　木材非法采伐及相关贸易

当前，全球林业发展面临的最大危机是生态环境破坏和森林资源紧缺，究其原因，除了由于不适当的森林利用所造成的林地退化和将林地转化为其他用途之外，木材非法采伐和相关贸易也是一个重要原因。

非法采伐和相关贸易一直是国际社会关注的林业热点问题之一。非法采伐一般情况下指违反资源国有关森林采伐、运输、加工、利用和林产品贸易方面的法律、法规的行为，包括违反国际公约的行为。

非法贸易一般是指以非法采伐的木材或相关产品为对象进行的贸易活动。它包含两种情况：一种是非法产品的合法贸易，即在非法采伐木材或相关产品获得合法贸易手续后进行的贸易行为；另一种是非法产品的非法贸易，即违反贸易方面法律法规，直接从事非法采伐木材或相关产品的贸易行为，即走私行为。

一、木材非法采伐及相关贸易概况

毁林和森林退化是将打击非法采伐和贸易列入国际森林议程的主要原因。国际社会对于如何应对非法采伐和相关贸易给予了高度关注。

1998 年 5 月，八国集团外长会议发起了应对非法采伐和相关贸易的森林行动。采取的措施包括：鼓励交流非法采伐木材贸易的信息，以制定切实有效的打击措施；通过联合国森林论坛和国际热带木材组织（ITFO），确定和实施有关改进木材国际贸易经济信息的具体措施；确定和评估国内防止非法采伐和贸易的措施以及需要改进的方面；履行国际协定的有关义务；同 ITTO 等合作，帮助生产国确定非法采伐和贸易的性质和范围以及打击非法采伐和贸易的能力。

欧盟是应对非法采伐和相关贸易的重要力量，2002 年欧盟在南非约翰内斯堡可持续发展峰会期间举行了分会，阐述了欧盟为打击非法采伐帮助木材生产国改进林业执法和管理的承诺。2003 年 5 月欧盟制定了森林执法、施政和贸易行动计划，支持有关国家改进执法和自愿参与，推行全球木材认证体系，确保进入欧洲市场的木材合法性，打击非法采伐木材。同年 10 月 13 日，欧盟农业理事会出台了打击非法采伐行动计划，成员国部长在卢森堡举行会议，要求欧盟委员会起草有关森林认证的立法，并建议开放式签署森林执法、施政和贸易协议。

2002 年美国在前总统布什的推动下，制定了打击非法采伐和贸易的倡议，确定了帮助刚果盆地、亚马孙盆地以及中美洲、南亚和东南亚地区的发展中国家打击非法采伐和贸易的具体目标与加强林业行政管理和林业执法的战略措施。

2002 年 3 月在纽约举行的联合国森林论坛第二次会议上，非法采伐成为会议的一个重要议题，77 国集团表示支持建立打击非法采伐机制。

2005 年 5 月在纽约联合国总部举行的森林论坛第五次会议上，非法采伐和贸易问题被列为部长级会议的议题。另外，英国、美国也相继发起区域进程。

2001 年，东盟国家举行了林业执法、施政部长级会议，发表了东盟关于打击非法采伐的部长声明。此后，美国、英国和世界银行共同支持印度尼西亚发起了亚太地区林业执法和行政管理部长级进程，并在印度尼西亚雅加达设立了秘书处。

许多国家也先后表态支持应对非法采伐和贸易的行动。英国环境调查署、WWF、地球之友、绿色和平等非政府组织积极倡导严厉打击非法采伐。在全球范围内，非法采伐和相关贸易受到了广泛关注，在这一问题上达成了多项共识，取得了阶段性的成果。

二、木材非法采伐和相关贸易的主要影响

1. 非法采伐给本国造成的负面影响

在许多国家，非法采伐只存在于较小的范围内，总体上对环境和社会的影响并不大。但在相当多的国家里，非法采伐已经成为严重威胁当地森林、群落和野生动植物的主要问题。非法采伐的负面影响主要有：

（1）滋生腐败贪污和不正当行为。

（2）政府流失大量的税收收入。

（3）以林业为基础的国家将丧失长期的收入和安全感。

（4）森林的退化以及与之相应的动植物生活环境的毁坏。

（5）对包括河流淤积、山崩、洪水和森林火灾在内的自然灾害的抵抗能力急剧下降。

（6）失去了长期的木材供应，木材质量和数量都受到威胁，会导致那些负责任的、管理完善的林业机构或公司面临不公平竞争，从而致使这些机构或公司合法经营或采伐转变成不正当的、非法的采伐或经营。

（7）对木制品价格的影响。由于大部分非法采伐的木材价格比合法产品低，因此它扭曲了国际市场，并且逐渐削弱了森林可持续经营的激励。由于非法采伐的木材及其产品大量涌入市场，世界木材价格因此而下跌了7%～16%。

（8）对当地社区的影响。林产品供给国不断增长的林产品贸易无疑使一些依靠森林为生的贫困人口受益，但从长期来看，与森林联系最为紧密并依靠森林为生的贫困社区通常在贸易中成为失败者，这是因为当地的精英阶层、伐木公司以及外来务工人员攫取了其中绝大部分利益。对当地依赖林业维持生计的社区将产生严重的影响。1997 年世界银行在柬埔寨的研究表明，非法采伐超过 400 万 m^3/年，其价值 5 亿～10 亿美元，这至少是合法采伐规模的 10 倍。如果此种水平的采伐继续下去，这个国家的树木将在其伐木业开始的 10 年内被全部砍掉，意味着一个在未来极有价值的就业和出口收益的来源将丧失。

2. 非法采伐的木材给木材供应商和购买商的影响

那些购买了由非法木材制成产品的公司可能有时是故意不重视自身的供应链，或者由于失误而没能够对自身的供应链给予足够的重视。不管是哪一种原因，这样的交易都可能带来以下的负面影响。

（1）丧失良好的声誉。

（2）由于不能达到最终用户或者政府机构的政策要求而失去一些商业合同。例如，世界自然基金会全球森林贸易网络禁止其成员的供应链中出现非法的木材；另外，在英国，有政策规定政府采购只能购买可持续的或者合法开采的木材。

（3）可能因为违反了贸易规定而受到起诉。在 2005 年的 12 月，欧盟成员国采用了一项新的提案，准备开始实施一个木材进口许可计划。一旦该计划开始执行，它将会帮助欧盟国家的海关阻止来自于其主要进口合作国的没有经过合法性证明的木材进口。

（4）加工材料的供应来源将不再稳定，因为非法的木材来源总是不能长久持续的。

三、国际应对非法采伐及相关贸易的主要措施

1998 年，在英国举行的八国外长会议提出的“森林行动计划”中，第一次将非法采伐作为一个严重的国际性问题提出来。当前，打击木材非法采伐及相关贸易行动已被国际社会列为重点议程，得到各国高度重视，引起了环境保护组织的极大关注。国际上应对非法采伐及相关贸易主要包括以下措施。

1. 制定法律

2008 年 1 月美国共和党议员提出了《合法木材保护法》的提案，该提案在众议院自然资源委员会获得一致通过，提案规定禁止非法采伐的木材和木材产品进入美国。为了进一步限制非法采伐的木材及其制品进入美国，在 2008 年 6 月通过的《雷斯法案》修订案中，增加了打击木材非法采伐和相关贸易的内容。根据新修订的《雷斯法案》，一旦公司受到使用可疑木材的起诉或调查，出口商与采购商均将面临没收、罚款，甚至监禁的风险。美国还于 2008 年年底颁布新的配套法规，对木制品进口申报提出新要求。

俄罗斯联邦法加大对非法采伐木材行为的刑事责任追究力度，包括增加罚款额度及依据《俄罗斯联邦刑法典》第 260 条规定增加剥夺自由的刑期。联邦法还规定增加对非法采伐、破坏林地或者擅自在森林中采伐乔木、灌木和藤条的处罚金额。欧盟 2003 年提出了 FLEGT 行动计划，2008 年 10 月欧洲议会环境委员会递交了一份关于禁止非法木材进口到欧洲市场的法案。该法案要求欧洲木材及木制品经销商确保原材料来源的合法性，并通过建立的“尽职调查体系”将使用非法木材的风险降到最低。

2. 实施政府绿色采购政策

目前，世界许多国家已经制定一些木材和木材产品的公共采购政策，如比利时、丹麦、法国、德国、荷兰、英国和西班牙等国也在制定相关政策。

以比利时为例，2006 年 3 月 8 日开始实施联邦政府采购政策，旨在促进木材和木材产品对森林可持续经营的作用，目前采购政策只包括木制品。丹麦于 2001 年首先提出公共采购政策，后几经修改，采购的产品包括木材和纸制品。2003 年 6 月法国颁布了公共采购政策，并作为国家可持续性发展战略的一部分，最初只包括热带木材，现已涵盖木材和纸制品。德国政府于 2007 年 1 月颁布了木材产品公共采购政策，有效期为 4 年。该政策包括原料、半成品和成品，不包括纸和纸制品。荷兰政府是最早发起木材采购政策的国家

之一，中央政府采购的所有木材都来自可持续经营的森林，木材来源至少是合法的。

早在1994年日本就开始了有组织的绿色采购活动，1996年政府与各产业团体联合成立了绿色采购网络组织（GPN），颁布了绿色采购指导原则、拟定采购纲要、出版环境信息手册等。2000年日本政府颁布了《绿色采购法》，并于2001年全面付诸实施。2003年日本政府制定了“绿色采购调查共同化协议”（JGPSSI），建立了绿色采购信息咨询、交流机制。

3. 推广木材和木材产品的合法性证明

日本政府于2006年4月起开始实施一项关于政府优先采购被确认为合法采伐的木材以及木材产品的新制度。从2006年9月开始，日本政府要求国产木材及木材产品提供合法性、可持续性证明。

欧盟部长理事会在2005年年底出台的2173/2005/EG号条例规定，将对木材和木制品进口实行许可制度，要求欧盟与伙伴国在自愿的基础上签订木材合法采伐与贸易的协定，伙伴国在向欧盟出口木材和木制品时必须具有木材合法采伐的证明，否则欧盟国家的海关将拒绝放行。

4. 行业协会对木材合法性的推动

比利时木材进口商联合会规定，该会成员需制定负责任的采购政策，要求供应商提供的木材遵守生产国的法律法规。合法性是比利时木材进口商联合会章程中的最低要求。

西班牙木材贸易协会要求供应商遵守原产地的法律法规，建议协会成员更多地购买认证产品，以确保森林可持续经营。

德国木材贸易联合会要求成员承诺支持合法的、可持续的木材贸易，应在遵守国际濒危物种公约以及欧盟和联合国相关规定的同时，拒绝非法木材交易，鼓励供应商对产品进行合法性认证。

英国木材贸易联合会要求成员承诺采购的木材和木材产品是合法的，来自良好经营的森林。采购责任政策是一个风险评估工具，帮助成员客观地评估其供应商提供非法产品的风险。

5. 非政府组织在打击木材非法采伐及相关贸易方面的努力

非政府组织对待非法采伐的态度十分鲜明，尽管采取的行动和措施有所不同，但目标一致，都是为了制止和打击木材非法采伐与相关贸易。全球森林和贸易网络（GFTN）由世界自然基金会（WWF）创立，目的是在全球范围内遏制非法采伐森林，推动可信赖的森林认证，保护生物多样性，促进人与自然的可持续和谐发展。目前，该网络每年的木材及其产品贸易额已经超过 4800 万美元，获得认证的森林接近 2000 万 hm^2。

热带森林信托基金（TFT）作为非营利性的国际组织，旨在全球范围内推广森林可持续经营的最佳模式，即保护生态环境的多样性，提高原住民和当地社区的福利，确保该模式在经济上的可行性。

6. 推动和开展森林认证

森林认证是在独立第三方评估的基础上，根据制定的系列标准，按照规定和公认的程序对森林经营质量进行认定并发放证书的程序。它是一个对森林进行检验的过程，以检验是否按照公认的原则和标准进行经营，旨在促进对环境负责、对社会有益和在经济上可行的森林经营活动。森林认证能够促进森林可持续经营，推动负责任的森林经营和消费行为，对打击非法木材采伐和贸易有一定作用。

7. 加强监管

2006 年，俄罗斯联邦林业局对 7 个地区的木材采伐和贸易活动进行监控。警察和海关人员用便携式计算机可随时查询。2008 年计划建立一个采伐许可证的中央数据库。通过这些手段，杜绝非法采伐。

8. 建立联动机制

东亚及太平洋地区、非洲地区和欧洲及北亚地区 FLEG 部长级会议的召开，协调了国际组织推进跨国联合打击非法采伐的行动，与相关国家建立联动机制，共同打击木材非法走私行为。俄罗斯目前是欧洲与北亚森林执法与施政（ENA FLEG）成员国，2005 年 11 月该组织在圣彼得堡召开了部长理事会，目的是使 52 个成员国共同采取法律措施消除非法采伐和非法木材交易。

第七章 大力发展绿色产业 推动绿色经济发展

规模经营经济林 栽植绿色“摇钱树”

河北省石家庄市栾城区林业局 程俊志

绿色代表着生命，象征着活力。2013 年以来，栾城区紧紧抓住石家庄市创建全省果品产业强市，建设环省会经济林的大好机遇，顺势而为，乘势而上，高起点谋划，大手笔运作，着力推进种植大户发展经济林，短短一年多时间，经济林规模化建设成效明显，为全市经济林建设探索出了一条路子，创树了“栾城样板”。

一、主要做法

经济林建设是一项长期、复杂工程。栾城区坚持换位思考，制定政策从群众利益出发；立足长远发展，规划布局紧密结合区情实际；规范科学管理，经济林建设实现协调健康发展。

以民为本，换位思考，最大限度考虑群众利益，充分调动双方积极性。一是紧扣区情做决策。栾城区没有经济林种植传统，起初群众普遍存在畏难情绪，怎样才能调动群众种植积极性，既让树能种上，又让树能成活、成林？区委、区政府主要领导高度重视，多次召开专题会议，认真听取基层意见建议，深入分析研究经济林工程建设中可能出现的问题，进一步统一认识。栽植经济林与生态林不同，经济林首先应该是致富林，只要能让群众致富得利，自然能够成林，达到绿色发展、改善生态环境的目的。考虑到一家一户造林难管理、难见效，经多次研究，最终确定了吸引大户进行规模种植的思路。

二是规范程序严审批。种植企业（户）必须首先填写《栾城区环省会经济林工程建设申请表》，规模达不到100亩或不在规划区域内种植的，一律不予审批，不享受相关奖补政策。三是财政补贴提标准。凡达到规模种植的企业（户），苗木费在市财政每株补贴5元基础上，区财政再补7元；经济林效益补贴，在市财政每年每亩补贴800元、连补三年基础上，区财政每年每亩再补贴400元、连补4年。四是规范管理促稳定。种植大户的土地都是通过承包百姓的土地流转得来。主要方法是把乡镇、村及“大户”三方召集到一起，在保障百姓利益不受损害前提下，协商“大户”与农户签订合同。合同规定土地流转期至2029年本轮土地家庭联产承包结束，明确“大户”占地补偿标准最低为1500元/亩/年，并且随粮食价格市场调节增长，合同一式四份分别由农财局、属地乡镇、农户、大户、保存。在很大程度上让大户和农户吃了“定心丸”，能有效防止政府补贴结束后，种植“大户”拔腿走人，农户毁树，甚至上访闹事现象发生，从而也有利于保持农村和谐稳定。五是广泛宣传增引力。一方面利用多种途径大力宣传经济种植效益和优惠政策，达到家喻户晓、人人皆知，形成良好舆论氛围和声势。另一方面工作人员耐心细致地帮助算好经济账。对农户来讲，土地流转给大户（合作社或公司等），农户亩得租金1500～1800元，大户用工优先使用该农户劳力，在自家土地上打工，女的日薪七八十元，男的日薪百元左右，收入反比自己种地更高更有保障；对大户来讲，在前三年果树没有效益时，市、区两级每亩共补贴1200元，加上林下经济收益，完全不用考虑租金问题。

立足长远，科学发展，规划布局紧密结合实际，选择品种瞄准现代林果产业。一是科学划定种植范围。制定了经济林发展方案，结合栾城休闲农业与乡村观光旅游项目的实施，划定栾故公路以北至省会之间的道路河渠两侧、镇村周边为适宜经济林种植区域，确立了北部地区以308国道为轴，东西方向以两个万亩示范基地（北赵台樱桃基地、东牛村核桃基地）为中心点，向四周辐射带动发展，南部地区同县乡道绿化相结合，重点围绕“三纵三横”旅游观光线路两侧辐射发展的思路，建设精品林果产业基地。二是专业协会保驾护航。该区成立了经济林发展协会。协会与种植大户签订责任状，确保经济林管理到位。同时发挥协会在组织协调果品生产、加工、销售的桥梁和纽带作用，真正建立以市场为导向，企业为龙头，协会为桥梁的经济林产品产业化营销体系，解除果农后顾之忧。三是延长链条蓄足后劲。借鉴圣康无花果种植基地和东营核桃基地的成功经验，因势利导，突出特色，将单纯的果品生产逐步发展成为集休闲、旅游、观光、采摘和果品深加工于一体的产业链，不断拓展林果业生产、生活、生态功能，增强产业辐射带动能力，促进全区经济林发展。如樱桃基地除樱桃采摘外，还与省会大型批发商合作，可向全国各地批发销售，并开发出了樱桃酒等加工项目。

严把关口，搞好指导，积极探索创新经营模式，经济林建设实现快速发展。一是严格把好三道关口。严把苗木质量关，广泛搜集苗木供应信息，实地考察苗木纯度和生长情况，给种植企业、大户提供充足的苗木选择余地；严把栽植技术关，组织专业技术人员深入造林现场，严格控制劣质苗进地，全面推行机械打坑，引导种植户施足底肥，切实提高栽植质量和水平；严把后期管护关，技术人员把握果树管理关键环节，利用果农闲暇时间深入田间地头开展技术指导，现场演示核桃埋土防寒、去除防寒措施、春季防抽条及整形修枝的操作流程，指导果农做好浇水、扶正、落实防冻措施及病虫害防治，切实提高果树成活率。二是大力推广先进技术。聘请省、市知名果树专家对区、乡（镇）林业技术人员及果农进行技术培训，深入乡镇举办经济林管理技术培训班，组织种植大户到先进地区观摩学习，开展果农技术经验交流会，积极培养乡土技术队伍，构建“区有科技服务机构、乡有技术服务队伍、户有管理技术能手”的技术管理体系。目前共开展各类培训 62 次，参加培训人数已达到 7500 人，发放核桃技术管理手册 500 余本，各类技术明白纸 8000 余份。同时在全区范围内推广“扩树盘，一水两走”的做法，将经济林和间作作物分开管理，互不影响，提高了管理技术水平；积极同省市林果专家和科研单位对接，引进先进管理技术，应用于果树生产，加大实用技术的普及和推广。三是合理发展林下经济。为保证林下经济产业健康、稳定发展，相关技术人员多次深入乡镇，与种植大户进行座谈，宣传林下经济的意义和成功典型，引导种植户在预留 1.5m 生长空间的前提下，种植高度不超过 0.8m 的低杆作物。积极协调市农科院专家，设立了经济林试验田，通过搭建遮荫棚模拟林下环境同露天环境种植效果对比，选出适合林荫条件下生长的经济作物，为全区果农发展林下经济提供科学依据。目前，全区以发展林药、林菜、林粮、林油等林下种植模式为主。

二、主要成效

经济林建设启动以来，以主推种植大户为主攻方向，全面实施，强力推进。主要取得以下成效。

果林建设初具规模。全区共发展百亩以上种植大户 120 多个，种植面积 4.95 万亩，建成了 2 个万亩示范基地。其中河北鑫冠农业科技开发有限公司北赵台万亩樱桃基地和栾城区天亮核桃种植专业合作社东牛核桃基地两个基地示范作用最为明显。剩余散户，也以村为单位，实现了百亩以上集中连片种植。

特色产业开始形成。在栽植树种上，主要有核桃、苹果、梨、杏、桃、油桃、石榴、樱桃等，以适宜观光、采摘、生态旅游的开花结果树种为主，形成了一条特色明显的林果生态观光产业带，并在这条产业带上，科学布点，建设精品果园。目前，河北京光农业科技有限公司在冶河镇寺上村正在建设800亩的特色林果观光园，园内所种林果均为国内外最新品种，而且栽植以大树为主，将迅速见效成林，集科普、采摘、休闲、旅游观光于一体，明年春天即可开园迎客。北赵台万亩樱桃基地和东牛村万亩核桃种植基地，在栾城区形成了核桃和樱桃两大特色林果产业。

经济效益逐步显现。大户造林的成活率和造林质量明显高于散户，全区经济林苗木成活率达到95%以上。2014年，全区共发展林下经济3.65万亩，从事林下种植的种植户100余户，种植户亩均增收2000元以上，发展林药、林菜、林粮、林油等特色基地35个，林下经济总产值达7500万元，实现了社会效益、生态效益、经济效益的共赢。

三、几点启示

栾城区经济林建设的探索和实践，为进一步做好环省会经济林建设工作提供了有益借鉴。

启示一：明确定位、统一思想，是搞好经济林建设的重要前提。栾城区经济林建设之所以发展快，成效好，主要基于对经济林建设有一个明确定位，就是把经济林建设培育成增加农民收入的一个产业。正是由于发展定位准确，思想认识统一，干部群众齐心协力，才克服了逐多困难和问题，扫除了工作中的障碍，为经济林建设奠定了坚实基础。

启示二：科学规划、板块推进，是做大做强经济林的必由之路。把规划作为引领今后发展的纲领，紧扣区情，立足长远，科学谋划，打破以往沿田间路两侧、房前屋后的零星栽植方式，以及分散经营的粗放发展模式，确定了“统一规划、集中连片、集约管理、规模发展”的思路，对经济林长远健康发展起到了至关重要的作用，这也是栾城区经济林成活率高的原因之一。

启示三：换位思考、让利于民，是推动经济林建设的不竭动力。建设经济林政府要得是绿，绿化公司（种植大户）和老百姓要得是利。因此，区委区政府坚持换位思考，摸着群众的脉搏制定了财政补贴、土地流转等方面系列优惠政策，最大限度对经济林建设予以扶持，激发建设活力，让被占地农民能获得更多实惠，让绿化公司（种植大户）解除后顾之忧，安心种树，放心发展，使他们逐渐成为经济林建设的参与者、推动者和受益者。

启示四：形成特色、延伸链条，是经济林良性发展的根本出路。随着人民生活水平及保健意识的不断增强，在一定时期内，经济林产品其市场需求不存在问题。但从长远看，走休闲旅游观光采摘、精深加工路子、延伸产业链条、提升产品附加值，是确保经济林产业良性发展的必然选择。如樱桃基地除樱桃采摘外，还与省会大型批发商合作，可向全国各地批发销售，并开发出了樱桃酒等加工项目，目前销路和市场前景都不错，无形中引领了经济林产业发展。

中国现代林业建设实务

CHINA MODERN FORESTRY CONSTRUCTION PRACTICE

本书编委会　编

下

经济日报出版社

千年古县孕贡梨 梨香历久而弥新

河北省赵县林业局 赵春辉

河北省赵县梨果栽培历史悠久，已有2000多年的栽培史。北魏时，魏文帝诏令为宫廷御梨，赞扬赵州雪花梨“大如拳，甜如蜜，脆如菱，可以解渴释涓”，自此以后，历代都被钦定为宫廷贡品。近年来，赵县梨产业得到跳跃式的发展，在品种、技术、品质、产量、贮藏包装、深加工上均取得了突破，在原主栽品种雪花梨、鸭梨的基础上，新发展了黄冠、雪青、美美香、红香酥等国内品种及南水、园黄、华山、晚秀等日韩品种，引进了矮化梨密植、无公害标准化生产、气调贮藏等管理技术。目前，该县梨果栽培面积达到了25万亩，年总产量约50万t，鲜梨年出口约6.2万t，年创汇2.5亿美元；梨果冷藏机制冷库1362座，总容量40万t；包装制品企业460家，年生产包装2200余万套；开发了雪梨汁、梨干、梨茶、梨酒等梨果深加工产品，年加工量达14.96万吨。

一、严把质量关口，造就梨果精品

为进一步做大做强梨果产业，河北省赵县县委、县政府积极调整工作思路，将梨果提质增效和梨果质量安全作为振兴梨果产业的重要突破口，按照“政府主导、部门联动、企业主体、果农参与”的工作思路，大力发展梨果出口公司和专业合作社，推行“公司+合作社+标准化”、“公司+基地+标准化”的产业管理模式，推广无公害标准化生产技术，强化农业投入监管，实现了果品由量向质的转变。目前，梨果出口公司已发展到20多家，专业合作社达190家，无公害标准化梨园面积达到16.5万亩，建设雪花梨、鸭梨、黄冠梨绿色食品基地2500亩，建成鲜梨出口基地3万亩，新建现代果业矮化密植梨基地1000亩，精品梨园1000亩。该县梨园全部通过了河北省梨无公害产地环境认定，生产的雪花梨、鸭梨、黄冠梨被中国绿色食品发展中心认定为A级绿色食品。雪花梨多次在全国及国际农产品质量评比活动中荣获“部优水果”、“中华名果”、“中国国际农业博览会名牌产品”、“世博会银奖”及林博会金奖、“北京奥运推荐果品”等荣誉称号。河北省赵县也被国家林业局命名为“全国经济林建设示范县”、“经济林建设先进县”，被河北省林业厅确定为“无公害果品生产基地”、“果品特色县”。

二、强化体系建设，夯实精品基础

一方面强化标准化体系建设。先后制订了《梨果安全标准化生产技术规程》、《梨果贮藏管理办法》等一系列质量管理文件，收集技术标准30余项，建立健全规章制度50多项，并组织技术人员分片包点，开展梨果病虫害检测，进行安全标准化生产技术培训，全面落实鲜梨生产过程的技术规范和标准；建立鲜梨产品可追溯体系，积极帮助各生产基地果园建立完善从生产到采摘装箱入库记录，保证每箱梨果均能追溯到果园；建立了鲜梨出口企业诚信体系，为出口企业建立了诚信档案，并签订安全使用农药承诺书，由工商部门实施优良企业、违规企业“红黑名单制度”，对违规企业加大处罚力度，保证企业的诚信经营。另一方面强化科技服务体系建设。进一步完善乡、村两级科技推广服务体系，拓宽服务渠道，把开展技术承包、技术培训、技术指导和技术咨询“四技”服务活动作为全年重点工作常抓不懈，最大限度地普及科学技术，提高果农素质；建立“一带十、十带百”的梨果安全标准化实施体系，在全县形成“一个县级技术人员带十个乡级技术人员，一个乡级技术人员带十个村农民技术员，一个村农民技术员带一百个科技示范户”的整体推进创建态势，从而把标准化生产技术落实到每个种植户，同时结合生产管理需要，定期组织广大群众对创建标准较高的基地进行现场观摩，充分发挥典型示范的辐射带动作用；聘请省内外梨果科研单位的专家组建科技智囊团，每年确定几个新优梨果生产管理技术的攻关课题，每年组织一次研讨会，为龙头企业和果农提供技术和市场信息，为梨果业发展提供技术支撑，并通过“农技电波”、“梨果120”、“科技赶集”等形式，把梨果生产技术和信息最直接、最快捷地送到果农手里，想果农之所需，急果农之所盼。

三、擦亮“金字招牌”，提高经济效益

一方面将“赵县雪花梨”地理标志证明商标申报河北省著名商标，通过参加展评会、擂台赛等形式，切实提高赵县雪花梨知名度，并对申请使用地理标志证明商标的企业严格审查，实行并强化地理标志商标、地理标志专用商标、企业自有商标三标共用，以品牌梨果打入北京、厦门、重庆、太原等12个中等以上城市，促使品牌梨果价格高出一般市场价格2倍以上。另一方面坚持把梨果加工龙头企业建设作为带动果品产业发展、提高梨果产业规模

及经营水平的一项重要工作，通过政策扶持和争取上级部门的资金支持，进一步推动梨果加工业依托丰富梨果资源迅猛发展。目前，以河北绿诺食品有限公司、旭海果汁有限公司、河北壹州食品有限公司为代表的梨果深加工企业拥有雪花梨榨汁线、易拉罐生产线、无菌灌装线、雪梨羹灌装线、自立袋灌装线、雪梨干生产线等国内先进的现代化生产线16条，总加工能力达32.78万t，有效转化了梨果原产品，减轻了鲜果销售的竞争压力，实现了梨果再增值。当前，河北省赵县梨果产业已经形成了涵盖生产、加工、销售等环节的产业格局，整个产业年产值达25亿元，成为富民强县的支柱产业。

小核桃 大产业
临城县增收致富的创新之路

河北省临城县林业局 刘新军

一、临城县概况

临城县地处太行山东麓，总面积为797km²。全县辖4镇4乡，220个行政村，总人口20.2万人。该县属暖温带亚湿润大陆性季风气候区，年均温13.5℃，年均降水量605mm。地势西高东低，山区丘陵占全县总面积的85.2%，土地贫瘠，土壤构成以片麻岩为主，产出率低，但其土质中性偏碱，钙质丰富，适合种植薄皮核桃。全县有林地面积36.4万亩，森林覆盖率30.5%，生态环境优美。旅游资源丰富，有岐山湖、崆山白云洞、蝎子沟原始次生林、邢窑遗址等旅游景点和历史遗迹。截至2012年临城县将一、二、三产比重调整为7.2：63.4：29.4；城镇居民人均可支配收入和农民人均纯收入分别达到9888元和3526元，年均分别递增8%和6%。

二、核桃产业发展现状

临城县自1999年开始引种薄皮核桃，2000年规模推广，2003年效益初显，形成了以绿岭核桃、绿蕾、新惠通等公司为中心，辐射全县8个乡镇的薄皮核桃生产基地。截至2014年年底，全县核桃种植总面积达到29.9万亩，其中薄皮核桃20万亩，产量达12573t。

近年来，临城县委、县政府以科学发展观为指导，始终把薄皮核桃产业发展作为推进农业产业化，增加农民收入，加快农村发展的一项重要举措来抓，通过坚持龙头带动、政策扶持、标准生产、品牌销售、循环发展等措施，重点培育了绿岭、绿蕾、新惠通公司等薄皮核桃产业龙头企业，辐射带动了全县8个乡镇、100多个村、10余万人参与的薄皮核桃产业大军。薄皮核桃已成为临城县规模最大、效益最好，最具发展潜力的林业支柱和特色产业，已建成我国北方最大的优质薄皮核桃生产基地，

2005年临城县被中国果蔬协会评为“中国优质薄皮核桃产业龙头县”；2006年该县被国家林业局确定为“全国薄皮核桃林业标准化示范区”，又被

省政府确定为“一县一业一园”农业科技示范工程省级示范县；2007年河北省扶贫开发太行山区核桃产业带启动仪式在该县举行；2008年，该县优质薄皮核桃产业示范基地，被认定为国家太行山星火产业带薄皮核桃示范基地；2009年优质核桃标准化生产技术集成示范项目获河北省科技成果奖；2011年3月，该县被中国经济林协会命名为“中国薄皮核桃之乡”；在2011年9月举办的首届中国核桃节上，该县一举荣获17个奖项，居全国各县市之首。

三、主要做法

1. 凝聚合力，扩大种植规模。一是政府扶持。县政府成立了薄皮核桃产业发展领导小组，在品种引进、规模种植、基础配套、资金支持等方面出台措施，并制定产业发展规划，将任务分解落实到乡镇和部门，纳入年度考核目标。二是龙头带动。该县大力推行“公司+基地+农户”的发展模式，先后成立了绿岭、绿蕾、新惠通等龙头企业。其中绿岭公司拥有4个生产基地，带动辐射了十几个村、近千户农民。三是合作组织引导。全县共成立薄皮核桃专业合作社百余家，在农用物资采购供应、新品种引进、田间管理、市场销售等环节提供统一服务，引导农户进行专业化、集约化、社会化生产。

2. 依靠科技，提升产业品质。该县与中国农大、北京农大、河北农大技术“联姻”，用先进技术、规范管理保证果品质量，实现了规划、苗木、管理、技术、品牌、销售“六统一”。一是加大研发力度。该县专门成立了薄皮核桃产业研发中心，申报和争取了国家和省市级研发项目，培育出“绿岭1号、2号”两个薄皮核桃新品种，河北省核桃工程技术研究中心制定了省级技术标准。二是强化技术推广。与河北农大联合成立了薄皮核桃产业协会，为果农免费提供技术指导，发放技术资料，举办培训班，收到良好效果。三是培育知名品牌。在生产中坚持推行标准化，严格技术管理，确保了产品绿色无公害，为品牌创建奠定了基础。“绿岭”先后荣获“全国优质果品”、“中国国际林业博览会金奖”、“河北省首届名优果品展评会金奖”、“奥运推荐果品”、“中华名果”等荣誉称号，其商标已成为河北省著名商标、中国驰名商标并通过欧盟认证。四是扩大产品影响力。2011年，临城县协办了中国首届薄皮核桃节，并通过引导企业在北京、石家庄、邢台等城市开设薄皮核桃专卖店，努力增加市场份额，从而扩大了产业知名度和影响力，提高了企业销售收入，为农民增收提供了稳定的来源。

3. 拓展链条，扩大增收空间。为把薄皮核桃产业做大做强，该县在延长产业链条、提高综合效益上下功夫。一是积极发展深加工。县政府制定了

《核桃深加工财政贴息暂行办法》，对核桃深加工项目实行贷款财政贴息，引导绿岭、绿蕾等企业新上了核桃深加工项目，绿岭公司已建成我国规模最大、科技含量最高的核桃系列产品的研发、加工、销售为一体的高科技示范园区。二是实现资源综合利用。大力推行了“树下种草，林间养鸡（散养）、养牛（圈养），鸡粪、牛粪用作沼气原料，沼液沼渣育果树”的“种养结合，循环发展”模式，实现了经济效益与社会效益、生态效益的统一。三是与旅游业发展相结合。核桃种植带动了农业观光旅游的兴起。绿岭核桃基地先后被评为全国农业旅游示范点和河北省10大科技旅游线路观摩点，闫家庄、南沟村等规模种植核桃村，被评为省级生态观光农业旅游示范点。2013年起，该县又规划建设总长42km的绿廊、绿道，打造“绿色骑行专用道”，将核桃园、玫瑰园、樱桃园、苹果园、草莓园和中华寿桃园串接起来，营造形成“人在园中走、车在林中行”的独特休闲健身景观。

四、发展前景

按照《临城县2010年~2015年薄皮核桃产业发展规划》要求，到2015年，全县核桃总面积达30万亩，其中薄皮核桃种植面积将达到20万亩以上，全部进入盛果期后，优质核桃年产量可达3万吨，总产值12亿元，纯效益7亿元，可解决5万余人的劳动力就业问题，项目区群众人均纯收入5000多元，核桃主产区人均收入将达到6000元以上。同时，将建成6个投资亿元以上的大型薄皮核桃深加工龙头企业及1个华北最大的薄皮核桃产品交易市场。随着该县薄皮核桃种植规模的不断增加，以及核桃深加工企业的发展壮大，其经济、社会和生态效益将更加可观。

调整结构高标准 打造优质梨产业带

河北省威县林业局 尹文超

威县位于河北省南部，隶属邢台市，总面积1012km²，耕地面积110万亩，辖16个乡镇，59万人口，是邢台第二大人口大县。威县是传统的农业大县，棉花种植属主导产业，常年种植面积在80万亩，是全国十大优质专用棉苗地县之一。棉花种植面积总产量连续30年居河北省第一。素有“暨南棉海”之美誉。把调整农业结构与促进农民增收、改善生态环境有机统一，是传统农业县亟待解决的课题，威县进行了有益探索。威县长期农业结构单一，110万亩耕地棉花种植连续20年在80万亩以上，随着棉花市场价格下滑，农民增收越来越难；同时，全县16万亩沙化宜林地需造林绿化。2012年年底以来，县委、县政府围绕实现农民增收、改善环境“双赢”，谋划了在县内西沙河流域建设10万亩梨果产业带的总体思路，大力发展梨果产业，取得了初步成效。截至目前，全县优质梨种植面积达到2.2万亩，建成高标准化梨园22个，其中规模1000亩以上标准化梨园7个，正在申报“中国梨果之乡”；去年在县采穗圃先搞示范，通过高接换头及特殊处理，2014年示范园亩产量达到1800kg，市场供不应求，效益十分可观。梨产业带发展也改善了生态环境，连续三年代表邢台市接受省森林覆盖率净增量考核验收。

一、围绕“高”字抓规划，保证发展层次

2012年年底，县专门成立梨果产业带建设先期调查小组，聘请省林业厅正高级林业工程师曲宪忠等10多位农业专家为顾问，历时2个多月，充分了解国内外梨果产业发展现状，对西沙河流域进行实地踏勘，解剖土层结构，科学进行规划。一是定位规划。坚持顶层设计、高点起步，制定出台《关于加快西沙河流域梨产业带发展的实施意见》，本着以市场为导向、绿色A级果品生产管理、集中生产布局、生产加工销售协调发展、经济生态社会效益并重和适地适树、人无我有人有我优六项基本原则，提出着力打造全省领先、全国一流、亚洲知名的梨果生产出口基地。二是布局规划。编制《威县西沙河流域绿色A级高效梨产业带建设规划（2013～2020年）》，涉及沿西沙河7个乡镇、99个行政村，明确建设重点为“基地建设工程、技术标准体系建设

工程、生态防护工程和龙头企业带动工程”。三是目标规划。2015 年发展优质梨树种植面积 4.2 万亩；到 2017 年梨树种植面积达到 7 万亩，梨果产量达到 6000 万 kg，果品产值达到 3.6 亿元；到 2020 年梨树种植规模达到 10 万亩，梨果产量达到 26400 万 kg，果品产值达到 15.84 亿元，规划区农民人均纯收入达到 1 万元以上。四是品种规划。聘请 10 位省内外知名果树专家，综合考虑西沙河流域土质和国际市场等因素，确立了四个主栽品种（秋月梨、雪青梨、新梨 7 号、红香酥梨）和省力高效现代栽培模式。

二、围绕“严”字抓标准，保证发展质量

从选址建园开始，就确定了生产绿色 A 级、绿色 AA 级果品的目标。围绕实现这一目标，严格实施标准化生产。具体实践中，做到了“六个统一”：一是统一株行距。主推 1×4m、2×4m 栽植模式，每亩 84～166 株。二是统一南北行。采用公路建设光学经纬仪设备，先沿南北行定植标准行，再用百尺绳横向拉线，定植其他行，保证栽植质量。三是统一挖沟施肥。利用中型挖掘机，沿南北行挖出深、宽各 80～100cm 的定植沟，将表土、底土分开存放，并按每亩 5～10m^3 有机肥料的标准，将底土与有机肥拌匀后回填沟内，表土仍放回到上面，最后顺沟浇大水沉实。四是统一专业队嫁接。针对梨树新品种苗源严重不足的实际，采用先栽杜梨砧木再嫁接新品种的方法，不仅节约了投资成本，还确保砧木、品种真实纯正。五是统一覆膜套管。在定植杜梨或成品苗后，先进行苗木定干，再顺南北行铺上黑色地膜，以增温保墒；同时对地上苗干部分，及时套上白色塑料管，提高苗木成活率。六是统一流水线作业。按照工业化生产理念，将建园过程设计成工艺流程，概括为“8 大程序、30 道工序”，实行流水化作业，确保各环节质量标准的落实。严要求带来了好品牌，2014 年 9 月第十八届中国（廊坊）农产品交易会上，“翠威”牌雪青梨、秋月梨、新梨 7 号三个新品种，分别荣获“果王”、“金奖”、“银奖”。

三、围绕“强”字抓科技，保证发展后劲

从发展伊始就注重“科技兴林”。一是聘请高端人才。与中国农科院、河北农大等高等院校、科研院所建立战略合作关系，成立以省林业厅正高级林业工程师曲宪忠、河北农大教授张玉星等省内知名果树专家组成的科技团队，制定全县梨园建设、果品生产技术规程和标准。依托这一科研团队，又从河

北农大新招录6名果树园艺专业优秀毕业生，作为技术骨干重点培养；建立健全县乡村三级科技服务体系，做到技术服务全覆盖。二是技术创新驱动。重点进行三个方面创新：①生产方式创新。由传统生产方式向现代生产方式转变，提倡果园合理化密植、机械化操作，广泛应用机械整地、节水灌溉、平衡施肥等现代林业科技。②组织形式创新。改变过去一家一户、小打小闹的传统形式，引进公司经营、专业合作社经营、大户承包经营等集中经营模式，便于生产技术和标准的统一。③生产技术创新。根据农业部绿色食品标准，制定了适合威县绿色果品生产技术规程，为保证苗木质量和新品种纯度，建立梨树新品种采穗圃、示范园和良种苗木繁育基地100亩；为解决成品苗不足问题，探索创新杜梨苗木建园方式，有效破解了当年栽植、当年嫁接、当年成活、当年成园的技术障碍。

四、围绕“大”字抓龙头，保证发展升级

坚持以点带面、逐步发展，突出龙头企业带动作用。一是引进龙头企业。在邢台市率先出台《农业招商引资优惠政策》，成功引进产业龙头9个，注册了邢台秋月果品、河北利派尔农业科技、河北龙集农业开发有限公司等企业，其中石家庄和利化工投资1100万元，建成高标准梨树示范园1000亩；北京博世嘉华装饰设计公司投资500万元，建成700亩精品梨果观光采摘园；辛集汇策农副产品有限公司投资3亿元的梨产业化项目，建设总面积5000亩的优质梨果生产基地，2015年还将建设100亩的果品贮藏加工基地。二是促进土地流转。龙头企业落户的一个基础条件，就是保证土地流转的规模。面对农民认识不高、连片经营难推进问题，出台《加快农村土地流转促进农业规模经营的实施意见》，对土地流转进行政策引导：流转土地的粮食补贴、综合直补仍归原种植户所有，土地租赁费按当地市场行情执行，且按年段递增，出让土地群众可优先在梨园打工，月收入1500元左右，激发群众自愿流转土地的积极性；对个别不愿意流转土地的农户，户与户之间进行地块互换。截至2014年10月，已流转土地11000亩，其中贺营镇袁庄村、红龙集村整村推进土地流转，为龙头企业落户、推进规模化经营奠定了坚实基础。

五、围绕“真”字抓帮扶，保证发展动力

动实招、用真劲，多方面扶持倾斜。一是财政直接补贴资金。专门出台《西沙河流域标准化梨园财政奖补实施细则》，县财政列出专项扶持资金，对

建园达到一定规模、符合绿色A级标准的梨园，给予每亩最高500元苗木补贴。二是捆绑使用涉农资金。各职能部门共同努力，形成梨产业带建设强大推进力。林业局积极开展梨园规划设计、技术指导；水务局对梨树重点村给予小型农田水利项目扶持，安装节水灌溉设备；扶贫办对发展规模达到300亩以上的扶贫村，列入扶贫项目范围，安排打井、防渗、上变压器等基础设施项目，还争列福利彩票项目用于发展梨产业；交通局积极做好梨产业带建设区域观光公路和田间公路的修建，2014年24km的观光路正式通车，不仅助推了梨产业带发展，也极大改善了县域西部交通条件；电力局做好电力设施配套；县开发办积极争跑，将梨产业带建设列入《国家农业综合开发现代农业园区总体规划》范围，明后两年给予大力度支持。三是差别激励。县政府针对不同对象制定12条激励措施。其中，对年加工梨果达到5000t以上、贮销果品达到万吨以上的龙头企业，给予3万元奖励；对获得全国和省驰名（著名）商标、名牌产品的龙头企业，分别给予10万元、5万元奖励；对科技人员获得国家、省、市科技进步奖的，分别给予10万元、6万元、3万元奖励；对果品销售做出突出贡献的经纪人，经济上给实惠、政治上给荣誉，调动各界参与建设积极性。

六、围绕“实”字抓推动，保证发展力度

发展现代农业是一项系统工程，离不开党委、政府强力推动。一是组织推动。先后印发《梨产业带建设实施意见》、《梨产业带建设实施方案》，成立以发展现代农业指挥部为中心的组织领导体系，并借鉴工业园区管委会做法，专门成立梨产业园区管委会，加强组织推动、协调服务。同时建立健全以乡村两级及县直有关部门为主的执行落实体系、政策保障体系、技术服务体系和农资供应体系。书记、县长亲自动员、部署和督导，多次召开现场会、观摩会，坚定信心，开阔眼界，调动积极性。县委书记吕志成还对梨产业带建设提出“十个到位”（责任到位、规划设计到位、政策整合争取到位、招商和组织到位、土地流转到位、科技扶持到位、土地整理到位、苗木把关到位、栽植管护到位、督查评比到位）工作要求。二是责任推动。乡镇与县委签订目标责任书，村与乡签订责任状。把梨产业带建设作为年度考核与绩效管理重要内容。三是督查推动。县委督查室、政府督查室和林业局组成四个督查小组，进行强力督促检查。2014年以来，还组织有关县领导和专家及有关乡镇、县直部门，开展了两次现场督查评比，按照标准要求现场打分，加压鼓劲、激先促后。

在建设梨产业带的实践中，我们有几点深刻体会：

（一）发展现代农业必须招大商、引龙头

现代农业是坚持现代经营理念、实行先进管理手段的资本富集型产业，传统的“散地碎田”、“单打独斗”模式难成气候。发展现代农业必须积极吸引工商资本投入，依靠企业龙头推动传统农业向组织化、标准化、规模化方向发展，实现龙头扬起龙身舞。威县在梨产业带建设之初就摈弃“小农经济”思想，突出顶层设计、强化规划引领，实施龙头带动战略，大力开展农业招商，构建公司化经营模式，把分散的农业资源聚集到龙头企业标准化生产板块中，催生优势农业产业集群形成，加速农业现代化进程。

（二）发展现代农业必须搭平台、建园区

现代农业是一个大概念，不能空泛地喊、笼统地抓，要结合自然禀赋、特点优势，搭建舞台广阔、设施完备的平台，这样才能有抓头、有推手，使“星星之火”变成“燎原之势”。纵观国内外农业发展先进经验，园区农业代表着现代农业的发展趋势和产业形态，是现代农业的孵化器、加速器和土地流转的有效载体。威县正是搭建了“三带一园”广阔平台，聚集农业基础设施资源向产业园区倾斜，引导农业经营向产业园区集中，带动实现了农业的标准化、规模化、产业化，为现代农业发展铺就平坦大道。

（三）发展现代农业必须靠科技、谋创新

科学技术是第一生产力，也是现代农业发展的第一推动力。威县围绕发展梨产业带建设，着力打造“政策洼地”，通过引大才、汇大智，运用现代农业高新技术武装农业、改造农业，引进新理念、采用新技术、推广新品种，实现了农业科技创新和先进技术推广应用，进而带动全县形成现代农业蓬勃发展的良好局面。同时，注重发挥农业科技带头人作用，聘请省林业厅正高级林业工程师曲宪忠等多位林果专家担任技术顾问，并用他们身上担当、坚韧、实干、奉献的优秀品质，激发每一位梨产业带建设者，为威县现代农业绿色崛起贡献源源不竭的澎湃动力。

威县西沙流域梨产业带建设有了良好开端，但一些经验、做法还有很大的探索提升空间。下一步，我们将按照中央、省市关于发展现代农业的战略部署，紧紧围绕建设“园区农业、科技农业、绿色农业、高效农业、循环农业、出口农业”思路，加大投入力度，加快创新步伐，推进梨果产业向更高层次发展，着力打造河北领先、全国一流、亚洲知名的绿色 A 级高效精品梨果出口基地。

强化典型示范引领　加快林果体系推广

河北省平泉县林业局　胡景东

2014年，按照市委、市政府提出的绿色崛起发展战略，我县充分发挥县域山地林地优势，结合党的群众路线教育实践活动和京津冀一体化建设，实施了新栽果树扩量专项行动，对于推进产业转型升级、加快农民致富奔小康起到了很好的推动作用。

一、初步成效：观念实现转变、管护得到提升、典型示范发挥了应有作用

目前我县现有干鲜果品总面积33.145万亩，其中结果面积26.516万亩，年总产量19.89万t，主要干鲜树种有苹果、梨、板栗、杏扁和山楂。两年来，通过政府推动、部门联动、农民行动，我县经济林特别是果树产业取得了初步成效，也得到了市委书记郑雪碧、副市长丁伟等领导同志的高度认可。

（一）群众不愿意栽树的观念初步好转，实现由“要我栽”到“我要栽”的转变

2013年，市委市政府提出发展经济林工程，我县迅速行动、广泛调研、深入讨论，科学制定了《平泉县经济林基地建设发展规划（2014～2020）》，为我县的经济林产业确立了发展目标。同时每年县政府都出台《平泉县经济林基地建设实施方案》，为栽植果树提供了政策和资金的保障。面对群众中存在的“栽植果树不如去扣大棚”的传统思想误区，在尊重历史、尊重科学、充分尊重民意的原则上，加强宣传引导。首先统一干部层面的思想，在县级召开的各种会议、县领导的调研走访都反复讲述兴隆县在发展林果产业上受益的真实经历。在群众层面则通过县电台、电视台、广播进行大肆宣传，特别是平泉报曾多期为经济林做专刊。同时，各乡镇充分利用每年秋收至冬前的有利时机，带领辖区村组干部和村民代表到兴隆、宽城、承德县等市内林果大县，以及县内的榆树林子、桲椤树等乡镇现场参观学习，引导农民算好增收账，激发农民栽植果树的积极性，群众的顾虑减少了，不愿意栽树的观念有所好转，实现由“要我栽”到“我要

栽”的初步转变。

（二）果树栽植成活率逐年提升，果农开始自发地进行果树后期管理

据了解，2013 年果树总体栽植成活率仅为90%，而2014 年果树总体栽植成活率达到了97%，比 2013 年提升了 7 个百分点，主要得益于：一是技术培训到位，做好果树精细栽植。为了使广大农民真正成为经营果树的内行，我县制订了周密详细的培训计划，加大对乡土专业人才的培养。初步形成了以县林果技术推广总站为中心、乡镇林业站为纽带、林果大户为重点的“金字塔”式技术推广体系，确保培训到村、到组、到大户、到果园，不留一个角落。在县委党校开办林果技术培训班，聘请昌黎果树研究所孔德军教授对板栗生产进行技术培训；在全县范围内开展“室内理论、室外操作”相结合的冬季修剪大培训。仅 2013 年，就举办培训班 42 期，培训基层技术骨干 3600 人次。二是技术指导到位，解决管树难的问题。两年来，林业局实行“股室包乡镇、技术人员包园区”的包保机制，抽调林果专业技术人员到所包乡镇开展技术指导工作，特别是 2014 年，在全系统内优中选精，14 位果树工程师组成经济林技术服务组，推行“双捆绑双考核”，以发放技术明白纸、入村进果园上地头等形式，严格规范规划设计、整地挖坑、后期经营管理、果树修剪等环节的操作，及时为果农提供技术指导和服务，在苗木采购方面及时提供苗木行情。同时，对每个果树示范园实行“定人定点、一包三年、见效为止”的责任制，在这种机制和技术人员的指导帮助下，果农认识到果树周年管理的重要性，开始自发地进行后期管理。

（三）提质增效工程取得成效，果农看到了实实在在的经济效益

在果品集中产区，重点抓新建果园管护和老弱果园的改造，选择了不同方面的示范户、示范园示范引导，起到辐射带动作用。对盛果期树进行周年化标准化管理，修标准化树盆并覆草 10 公分，节水保墒，增施有机肥，培肥地力；加强树上修剪、疏花疏果、果品套袋、及时有效地进行病虫防治。结果树示范园进行疏花疏果、果品套袋、扩压改、树体结构调整，一级果率 70%以上，产量 4500 斤/亩以上；幼树早丰示范园进行拉枝、施有机肥，禁止间作高秆作物。据调查了解，目前，全县果树提质增效示范园达 80 个，其中干果示范园 20 个，鲜果示范园 60 个。榆树林子镇敖牛沟村自 2002 年开始发展林果产业，经营果树 10 多年来村民人均收入提高了 5000～6000 元，果树带给农民的经济效益十分明显。村书记班云经营着 6 亩多苹果树，一年纯收入达 1 万多元；果农何景志 15 亩果园年毛收入达 8 万多元，2014 年出现了果品供不应求的现象。

二、存在问题：思想认识还不够、科学管理还不实、合作组织的作用没有得到真正的发挥

（一）思想认识程度还不够

从群众层面看，经过两年的发展，群众认识程度有所改善，实现了部分农民由“要我栽”向“我要栽”转变，但这一部分人也仅限年龄偏大或体质较弱的农民，有一定劳动能力的青壮年不愿意在家从事林果产业。在全县菌、菜、花、苗、果这五个产业选择中，大多数农民还是将果树打入了“冷宫”。传统观念、耕作方式的滞留和过去果贱伤农及病虫害影响，导致农民对一年一收的大田玉米等当年见效的农作物更具依赖性，对种植果树的积极性不高。从干部层面看，一部分干部从思想上还没有真正意义上理解发展经济林就是建设绿色银行，没有把发展经济林作为促进农民增收的主要产业来抓，而是把其作为政治任务来完成，一定程度上也影响了建设进程。

（二）果树周年管理不健全

科学合理的果树周年管理应在果树休眠期进行深翻施肥，开花前后要进行抹芽、疏花疏果、授粉和病虫害防治，幼果期进行套袋、追肥和夏季修剪，秋后要进行施底肥，冬季要进行果树修剪。进行科学的周年管理能够使果树带来丰产效益，但就目前我县来看，对于果树修剪、越冬防寒、肥水管理等后期管理工作大部分果农只做了一两项技术措施，有的果农甚至栽完就算完事大吉，导致出现了只栽树不管树的现象，被人戏称“果树当杨树养”，全面推广果树周年管理体系势在必行。

（三）果品合作社逐年增多，真正起到作用的却逐年减少

目前我县注册的果品专业合作社有13家，大多分布在榆树林子镇、椁椤树镇和道虎沟乡等具有果树栽培历史的乡镇。据了解，随着我县果品产业的不断复苏和发展，果品合作组织也随之兴起，2006年新成立3家、2007年新成立3家、2013年又新成立了3家，果品合作社组织虽然逐年增加，但就目前来看，多数合作社都只是空架子，运营极其不规范，职能和作用没有实质性的发挥，在乡土人员培训、果品销售等方面没有发挥合作社的职能，果品专业合作社实际上名存实亡。

三、几点建议

（一）强化典型示范的宣传力度

将年收入10万元以上的果树种植户的生产、生活情况编成系列片在县电

视台进行专题播放，形成氛围；在全县精选出50名有技术、靠林果产业发家致富、群众公认的示范户进行现身说法；通过推行老果园搞提质增效，采取扩压改、果品套袋等各种综合配套技术措施，建立典型示范园50个，在农闲时期供县内果农观摩学习，起到典型示范作用。

（二）加快管理体系的推广进程

受乡镇机构改革时，基层林业站与农口其他部门合并，林业站职能不断弱化的影响，果树管理技术基本上属于依赖县级林果技术推广总站。加上近几年农民对果树认识程度偏低，懂果树管理的农民技术员越来越少。科学的管理体系能够使果树达产丰产，加快林果技术推广体系建设，建议全县每个乡镇根据果品产业发展情况设置名副其实的林业站，主要负责乡镇的林果技术服务，新品种推广和乡土专家培养等工作，真正全面形成以县林果技术推广总站为中心、乡镇林业站为纽带、林果大户及乡土专家为重点的“金字塔”式技术推广体系。

（三）规范果品合作组织，让其最大限度发挥作用

果品专业合作社应以其社员为主要服务对象，提供生产资料的购买，果品的销售、加工、运输、贮藏以及与果品生产经营有关的技术、信息等服务。鉴于我县目前果品专业合作社的现状，合作社作用没有得到真正的发挥，建议政府重点扶持一部分规模大、实力强、辐射范围广、运作规范的果品专业合作社，在组织建设、制度创新、信贷融资等方面力争实现新突破，在全县范围内做大做强10个左右龙头带动型的果品生产流通协会。一方面，为果农提供政策咨询、技术支持和信息服务；另一方面，以协会为纽带，协调和理顺果农与运销商之间的利益关系，规范市场秩序，避免压级压价，在区域范围内形成有效的价格约束机制，让果农和运销商之间形成合力，共同面对激烈的市场竞争。

四、有益启示

（一）各级干部应树立正确的政绩观

发展林果产业非一日之功，如果盲目追求短期的经济效益和政绩效应，就不可能坚持下去。我县各级领导应将林果产业作为一场接力赛，既不把思想、思维“定格”，又在因时而变，不断完善发展，从“以林为主”，到“果林牵头”，从“林果立县”到“大栽大育”，人换思路不换，一任接着一任干，咬定青山不放松，一张蓝图绘到底，这样平泉的林果产业才能再现辉煌。

（二）发展林果产业是我县实现小康的有效路径

山区农村常常既是环境脆弱带，又是贫困带，面临着生态保护与农民增收的双重任务与两难抉择。我县应从七山一水二分田的实际出发，坚持不懈推进林果产业，形成了以生态建设促进产业发展，以产业发展带动农民增收，以农民增收拉动生态建设的良性循环，使林果产业成为最大的“利民”产业。对于山区农村而言，应避耕地资源匮乏之短，扬山地广袤之长，适地适种，大力发展林果产业，使座座山川成为取之不竭的绿色银行。

（三）发展林果产业是实现京津冀一体化的需要

一方面承德市作为京津冀水源涵养功能区和有机食品供应区，发展林果产业既可为京津地区阻沙源保水源，同时还可以为其提供无公害水果；另一方面创建森林城市是推动承德绿色崛起，实现京津冀一体化的必然之需，而发展林果产业又是市委、市政府“创森”的一项重要举措，既不损害生态环境，又可以让果农增收致富奔小康，达到“鱼和熊掌兼得”，实现经济效益和社会效益的双赢。

建优质核桃大县
成就富民强县的绿色梦想

山西省汾西县林业局　曹兴林

汾西县位于山西省中南部，国土总面积880km^2，辖9个乡镇（社区）、126个行政村（居委会），总人口14.65万人，其中农业人口12.89人。属典型的黄土丘陵残垣沟壑区，是以旱作农业为主的山区农业县，地势西北高东南低，海拔900～1100m，年平均气温10.1℃，年均降水量482.5mm，无霜期170天左右。得天独厚的地理气候条件非常适宜核桃树生长，核桃栽植是汾西最具特色和优势的富民增收产业。几年来，汾西县委、县政府采取行政推动、投资拉动、典型带动、龙头牵动和科技驱动等政策措施，全力以赴发展壮大核桃产业，使全县核桃产业迎来了前所未有的发展机遇，步入了规模健康发展的快车道。

一、科学决策，长远规划，建设全省优质核桃大县

汾西县核桃树种植历史久远，现今仍有许多农村以核桃命名，如核桃洼、核桃丈、山核桃村等。名扬四方的汾西威风锣鼓鼓谱中，也有名为“滚核桃”这样的曲牌。汾西核桃以皮薄、仁满、出仁率高而享誉八方，其成色、含油量、口感颇受市场欢迎。自上世纪九十年代开始，汾西县就积极倡导农民群众发展核桃生产。为变资源优势为产业优势，真正把传统产业做大做强，成为富民强县的支柱产业，本届县委县政府因地制宜，科学决策，提出了建设全省优质核桃大县、打造中国核桃之乡的奋斗目标，把核桃产业和肉鸡养殖、文化旅游确定为全县长远发展的三大产业，摆在了县域经济社会发展的战略位置。

为推动全县核桃产业有序健康发展，县委、县政府成立了汾西县核桃产业发展领导小组，制定了《汾西县核桃产业长远发展规划》。从2012年开始，全县按照种植规模化、品种优良化、经营集约化、管理科学化的思路，坚持政府扶持与群众自愿相结合，连片建设与零星种植相结合、扩大规模与提升效益相结合的原则，每年新建核桃经济林1.5万亩，重点栽植中林一号、辽

核、晋龙三个主打品种，力争到2020年全县核桃保有面积达到22万亩，人均核桃经济林达到1.5亩，人均核桃收入达到2500元。

二、财政扶持，专业管护，推动建管一体化发展

资金投入是产业发展的保证。在核桃产业发展上，县财政每年拿出专项资金，用于核桃经济林建设和管护，撬动社会资金、部门资金向核桃产业集聚，形成了“政府补助、部门整合、农户投入”相结合的投入机制。一是在“三北”防护林建设工程、巩固退耕还林成果工程等项目建设中，在树种选择上优先安排核桃经济林。每年按照上级下达的项目建设任务，用工程管理模式对项目严格管理，通过专业队施工，连片规划建设核桃经济林园区。二是整合部门建设项目。利用农业综合开发办、以工代赈、土地整治等项目建设的坡耕地，大量栽植核桃经济林，使全县核桃栽植面积迅速扩大。三是鼓励民营大户自主发展。对一些热爱核桃产业，有建设能力的栽植户，在土地流转、苗木、技术和管理费用等方面给予大力支持，使之成为核桃产业发展的一支新生力量。（镜头：核桃大户管理核桃树）

“三分栽、七分管”。2008年，汾西县政府出台了《汾西县核桃经济林管理暂行办法》，由县财政拿出专项补助，林业部门组建专业队伍，对全县范围内新建核桃幼林全部实行专业化、标准化的统一管理。每株核桃树第一年2.5元，第二年3元，第三年3.5元，其中包括管理投工费、农药地膜及器材购置费、管护费。每年核桃经济林工程建设结束后，由县林业局组织技术人员与各乡（镇）林业站长一同对工程进行全面认真检查验收，建立工程档案，具体落实到了建设地块的户主、地名、株数。在工程区每村选一名队长，经正式培训后上岗，组织专业队，对本村新建的核桃经济林进行管理。

实行专业化管理进行统一抚育管护，是加快核桃产业发展的一大重要举措，明确了管护责任，落实了管护措施，提高了营林存活率，使幼苗得以健康快速生长发育。目前，汾西县共有核桃专业管护队53个，从2007年秋至2014年年底，县财政共拨付管护专项费用406万元，发展核桃10.45万亩，苗木保存率达70%以上。

三、典型带动，示范引领，培育精品高效种植园区

汾西县7个适宜核桃种植的乡镇，每年建设一个300亩以上的集中连片、种植规范、管理科学、效果明显的示范样板基地，重点发展一批核桃专业村，

培育一批懂技术、会管理、善经营的种植大户，带动周边群众发展。经过近十年的重点发展，目前全县涌现出十多户百亩以上的个体大户，发展千亩以上“一村一品”核桃专业村30余个：其中僧念镇马家庄村连五东，流转承包土地700亩，目前挂果面积550亩，年产核桃4万多斤，纯收入40余万元；邢家要乡宋家庄村建成优质核桃经济林1200余亩，年产核桃8万多斤，农民人均核桃收入2600余元。

四、依托科技，提升效益，加快农民增收致富步伐

核桃是汾西县传统的经济树种，但多年来，由于群众缺乏科学的管理知识，核桃栽培管理中的技术含量较低，致使原有核桃树品种混杂，品质低劣，管理粗放，效益较低。全县原有核桃树品种混杂，优劣并存，核桃树结果年龄迟，见效慢，是长期困扰群众发展核桃林的一大难题。劣质实生树结果年龄一般在8到10年，20年以后才能进入丰产期。从2014年开始，汾西县开始实施核桃经济林增效综合管理技术项目，采用引进专家与培养当地人才相结合的方法，对4～15年生核桃树整形修剪、改革施肥、高接换优等措施，努力实现科技增效、核桃增收。

几年来，汾西县聘请中阳、汾阳等地有丰富经验的技术人员利用各种机会，举办各种形式的核桃技术培训班40余次，特别注重在田间地头进行培训，向群众传授实用操作技术。一是对核桃树进行春夏整形修剪；二是对大量的劣质低产实生核桃树实施了老树复壮和高接换优。使农民群众掌握技术后，能够亲自动手整形修剪、病虫防治和嫁接，并建立了本地良种采穗圃基地，满足全县果农高接换优需要。这一项目的实施，培育出一大批农民技术员，彻底扭转了我县核桃高接换优靠外地聘请技术员，靠外地购买穗条的被动局面。县林业局结合当地生产实际，编写了《汾西县核桃丰产栽培技术手册》，印发给全县核桃栽植户，使群众真正掌握在汾西自然条件下管理核桃树的实用技术。

2013年，县林业局申请成立了核桃科研所，其主要职责是培训专业技术人员，研究解决核桃产业发展过程中出现的问题，负责做好全县技术服务，培训指导工作。核桃科研所在每个乡镇至少派驻一名专业技术员负责技术指导，对各乡镇技术骨干、农民技术员和核桃经济林建设大户进行重点培训，使每村都有3～5名技术骨干；依托核桃科研所组建核桃产业协会、核桃专业合作社，为核桃种植户开展产前、产中、产后服务，定期组织各种观摩、培训等活动，主动为种植户提供技术、信息、销售等服务。

五、龙头牵动，延伸链条，提升产业化发展水平

近年来，汾西县按照“龙头带基地、基地连农户”的发展思路，延伸产业链条，积极扶持龙头企业发展。山西晋西核桃食品有限公司，组建于2001年，现已发展成为年可加工转化核桃1500t，生产核桃仁、核桃露等系列产品1万t，年产值7000万元的民营企业，产品远销北京、山东等地，核桃产业已形成了产、加、销一体的完善的全链产业。同时，全县组建农民专业合作社和协会316家，带动1.2万户农民群众从事核桃种植和相关产业。

经过多年的努力，汾西县核桃产业已实现了从传统家庭副业向县域主导产业、从零星分散栽植向集中连片发展、从自然粗放生产向规模集约经营、从传统老树为主向优质高效园区为主的重大跨越。目前，全县核桃经济林总面积已达15.5万亩，计340万株；挂果面积5.5万亩，挂果株数120万株，正常年景核桃产量3400余t，产值1亿元以上，可带动全县农民人均收入增加800余元。如今，小核桃已发展成大产业，成为农民增收致富的“摇钱树”。随着核桃挂果面积的逐年递增，隐藏在大山深处的一片片核桃园，将真正成为富民强县的一座座绿色银行。

大力发展核桃产业是汾西县委、县政府科学决策部署、广大农民群众多年探索实践的一条富民强县的必由之路，是实现农业增效、农村增绿、农民增收“三增”目标的重要载体。今后，汾西县将按照“一张蓝图绘到底，一任接着一任干，年年都有新发展”的总体要求，坚持不懈地做大做强核桃产业，力争早日实现建设“全省优质核桃大县”、打造“中国核桃之乡”的奋斗目标。

多措并举　多管齐下　全面提高优质核桃科学管理水平

山西省中阳县林业局　王根有　高宏丽

中阳县因“河之阳兮川之中”而得名，是全国著名的剪纸艺术之乡，是“三晋百宝”之一的柏籽羊原产地，也是全省重要的煤炭、钢铁基地。国土面积1441.4km^2，现辖5镇2乡、100个行政村（居），总人口15.5万人，其中农业人口近10.1万。近年来，县委、县政府认真落实省、市要求，紧紧围绕农民收入翻番目标，因地制宜，大力发展优质核桃，建成20万亩优质核桃基地，实现了“全县一业”、山地核桃林基本覆盖，农民人均达到2亩。核桃产业发展的重点也由建管并重转移到全面管理，做到了建得起、管得好、有效益，真正成为农民增收的主导产业。我们的主要做法是：

一、坚持向管理要效益，确保20万亩优质核桃真正成为10万农民致富的摇钱树

核桃是朝阳产业、绿色产业。我县20万亩优质核桃基地，是历届县委、县政府领导着眼农民增收，科学分析县情，将核桃确定为全县农业的主导产业，每年筹资1000余万元以上，一任接着一任持之以恒推进的结果。在发展初期，我们坚持新栽与补植补造同步推进，确保了成活率。当时，我们也面临着林业部门技术力量薄弱管不过来，农民外出务工“挣现钱”没人管、不愿管等情况。为了让这项产业不断发展壮大，成为农民增收的支柱产业，真正让农民接受，多年来，我们牢固树立向管护要效益、让效益说话的工作思路，始终坚持政府引导扶持、干部带头落实，探索出了示范引导、园区带动、立体种植、综合治理等成功做法。截至目前，全县20万亩优质核桃进入初果期7万亩、盛果期5万亩，预计2014年核桃产量640万kg，实现产值1.28亿元，全县农民人均核桃收入约1280元。中阳核桃呈现出农民普遍接受、效益越来越好的可喜局面。

二、多措并举，全面提高优质核桃科学管理水平

1. 示范带动，科学推进

开展核桃示范园创建活动，有利于集聚要素，调动农民积极性，实现规模效应和示范效应。我们按照规模、树龄等科学分类，规划建设优质核桃示范园，全面推广规范化、标准化、专业化管理。凡纳入示范园管理的核桃，由县经济林服务中心组织技术人员，按“乡不漏村、村不漏树”要求，进行地毯式整形修剪，并按100元/亩的标准免费发放核桃专用有机肥；同时，由县与乡镇，乡镇与村委、村委和核桃种植户层层签订管护责任书，引导农户进行深耕、施肥、整坑、扩穴、涂白等常规管理。2014年，我县共有优质核桃示范园41个，建立标准化丰产管理示范园6万余亩，其中列入省级示范园4个、0.7万亩，市级示范园10个、1.5万亩，其余3.8万亩为县级示范园。

2. 配套建设，创优环境

中阳县立地条件差，十年九旱，交通、水源是制约核桃产业发展的重要因素。为此，我们按照政府主导、资金整合的原则，加大示范园基础设施配套建设力度。近年来，累计投入资金2.5亿元，硬化核桃田间道路1000km，配套旱井2000眼，同时，整合发改、扶贫、林业等部门资金，用于田间通道绿化和荒山荒坡生态建设，实现了山水田林路综合治理。农民称赞：道路修到核桃地，旱井配套兴水利，大车小车都能跑，发家致富有盼了。

3. 专业指导，强化服务

搞好专业技术服务是确保核桃产业健康发展的重要环节。为了加强技术力量，我们设立了正科建制的经济林服务中心。采取“以聘代训”的办法，每年春秋两季，组织农民技术员工作在地头，吃住在炕头，与农民手把手、面对面进行整形修剪等技术培训。通过理论知识培训、实地操作指导，近年来累计培训农民5万人次、培养农民专业核桃人才300余人，2014年举办县级培训班3次，培训农民技术员500人。基本保证了每村都有一支技术队伍，每户家庭有1人掌握基础技术。不少农民还通过向石楼、柳林等周边县市提供技术服务增加了收入。

4. 立体发展，提升效益

核桃林地适当间作，既可以促进其生长，又能有效利用土地资源。为此，我们结合实际，先后出台了《关于核桃林地间作农作物、经济作物的管理办法（试行）》、《关于大力发展林下经济的实施意见》、《关于农机具购置补贴实施方案》，引导、扶持农民在核桃林地套种豆类、薯类、中药材等低秆作

物，使田间管理与核桃管护同步进行，实现林下产业与核桃产业协调发展，进一步增加了农民收入。对核桃地套种薯类、豆类等低杆作物的，除享受国家粮食直补政策外，县财政再给予50%的累加补贴；对购买挖坑机、微耕机等林果业机械的，除享受国家农机补贴政策外，县财政再给予10%的累加补贴。特别是2013年以来，在全县铺开了林下种植黄芩、柴胡等中药材试点，由市财政补助300元/亩，县财政补助400元/亩，并与振东制药公司签订回收合同，预计经济效益将比间作传统农作物提高10%～20%。2014年计划再投资450万元新种植5500亩核桃林下中药材。

5. 创新机制，多元投入

资金是做好一切工作的硬支撑。我县资金投入渠道主要有以下几个方面：一是县财政在自筹资金的基础上，进一步整合发改、林业、扶贫、水利等部门资金，专项用于核桃产业，确保政府每年用于发展核桃的资金不少于1000万元。二是结合新农村建设，动员企业、机关包联共建，每个行政村都确定一户帮建企业和一个包联单位，要求帮扶重点放在核桃产业的培育上。中钢董事长袁玉珠先后投入500余万元，帮助家乡宁乡镇阳坡塔村打旱井、建蓄水池、硬化田间道路，建成了远近闻名的千亩优质核桃示范园；下枣林乡青阳坪煤矿矿长高三元捐助120多万元，帮助下枣林村发展优质核桃1800亩、修建田间路7km。包联单位也积极发挥优势，从资金、技术、管理等各个方面倾力支持。从2005～2013年的八年时间里，政府、机关、企业投资和捐助核桃发展的资金超过5000万元。三是乡村自筹，组织农民投工投劳。

6. 适时采收，保证质量

过早采收核桃，既影响产量、又影响品质。根据我县气候和多年来的采摘经验，2012年，县委政府提出实施核桃“饱满工程”，确定白露节后十天为核桃采收期，核桃果完全成熟后方可采收。在此期间，我们通过印发《公告》，广播、发放宣传资料等形式广泛宣传，采取签订责任状、成立巡逻队、配置“一村一干一警”等手段推动落实，得到了广大农民的积极配合。同时，切实加大打击处罚力度，对于偷盗，提早采摘、收购等行为，依法及时予以严厉处罚，保证了农民利益不受损害。据测算实施饱满工程，使核桃产量提高7%～8%。

7. 核桃入保，确保收益

2013年春季倒春寒，我县核桃连续遭受了两次冻害，从而严重影响了核桃产量。针对不可预防性的自然灾害损失。我县县委、县政府在我县启动了挂果核桃自然灾害商业保险，2014年进行3万亩的核桃保险试点工作，保险公司为中国人民财产保险和人寿财产保险，保险范围为冰雹、六级以上大风、暴雨形成的洪涝，0度以下低温造成的花器官或幼果损伤，泥石流和山体滑坡等。保险费30元，县政府补贴20元，果农自付10元。保险期6个月，保险金额400元/亩。通过启动核桃商业保险有效降低了因冻灾导致的核桃收益损失。

三、再接再厉，着力提高全县一业建设水平

我县在核桃产业建设，特别是核桃管理上投入了大量的人力、物力、财力，也取得了明显成效。总结多年来的做法，我们的体会是：

1. 政府引导是关键

针对农民在建设初期未见经济效益舍不得投入的心理，县委、县政府大力扶持，各级干部积极落实，每年至少组织三次较高规格、较大规模的观摩评比，春季重点观摩检查整形修剪、扩穴和套种低杆作物情况，夏季重点观摩检查核桃生长、挂果、基础设施配套情况，秋季重点观摩检查核桃补植、管护情况。正是得益于政府引导、推动，才使核桃经济效益日益显现，农民接受程度明显提高。

2. 科学间作是路径

实践证明，科学间作既有管护效益，又有经济效益。我们采取扶持套种低杆作物、限制套种高杆作物的办法，取得了较好的效果。

3. 技术支撑是保证

大规模发展核桃经济林，需要足够的专业技术力量，我县通过大力培养“土专家、田秀才”，基本实现了核桃管理技术自给自足，确保了核桃产业的健康发展。

4. 适度流转是趋势

我县经济相对比较发达，外出务工农民较多。核桃林地无人管、管不好的现象仍然存在。目前，我们已着手起草《核桃林地承包经营权流转办法》，将核桃林地承包经营权流转给种植大户、专业合作社、公司及周边煤炭企业，推动适度规模经营，确保这项产业真正造福于民。

林改激活产业“一盘棋” 探索生态脆弱地区林业发展之路

内蒙古自治区包头市达茂旗林业局 马云田

达茂旗地处阴山以北的蒙古高原，是内蒙古自治区19个边境旗（市）和33个牧业旗之一。全旗林业用地面积654万亩，土壤多为沙性栗钙土或棕钙土，立地条件极差，生态脆弱，树木成活难、生长缓慢，经济效益低，群众对林地的依赖性不强。2013年集体林权主体改革完成后，达茂旗林业局大胆实践，积极探索，通过林改激活产业“一盘棋”，走出了一条生态脆弱地区林业发展之路。

一、确权到户、发证到人，激发群众造林护林积极性

达茂旗的森林资源分布北部牧区以天然灌木林为主，南部农区以人工种植的柠条林为主。由于全旗的林木和林地经济价值不高、立地条件差等原因，多年来形成了“只砍树不种树”、“有人认无人管”的现象。在林改中，全旗坚持因地制宜、分类施策，不同村组、不同地块采取了不同的改革办法。对集体经营效益较好，群众满意的林地、林木，采取“分股不分林”的办法，全体村民共同分股、村集体统一持证经营管护。对不适合承包经营的集体林地，全部按群众意愿分权到户，由村民自主经营、管护。到2012年年底，全旗集体林权制度改革完成集体林地确权面积540万亩（农区148万亩、牧区392万亩），确权率、发证率均达100%。同时，林业部门通过全面的宣传发动，使群众认识到了林改的意义，了解了林改政策，既提高了他们造林护林的积极性，又避免了掠夺性经营等短期行为。他们说：虽说林地少、效益低，但究竟是自家的东西，还得多操心。

二、补助到户、管护到人，提高造林成活率和资源保存率

年年干旱、严重缺水的达茂旗，为立地条件本来就很差的造林绿化增加了更为严峻的困难。由于多年来抓种树的力度大，后续因没有统一规划和专

项资金，造成树木存活较少，甚至存在有人种、无人管的现象。林改完成后，林业部门通过引进市场机制，加强宣传引导，发动群众参与，切实改善这一现状。

一是结合实际因地因需搞绿化，提高造林质量。林业部门结合全旗城镇建设和新农村新牧区规划，坚持因地制宜、适地适树的原则，对实施的重点地区和项目、打造的宜居村镇和旅游景点等，提前介入服务、掌握绿化需求，以水定种，力争做到哪里有水哪里种、哪里需要哪里种、哪里种活哪里种。绿化工程完成后，全部进行围封。针对每年种树成活难、后续管护难的问题，探索建立绿化管护制度，提高造林成活率、保存率。城镇和重点区域绿化完成后，通过竞聘，由专业的管护队伍或人员实行专职管护，签定管护合同。村屯绿化由林业局负责提供苗木、挖坑。由各苏木乡镇牵头，通过竞聘，由专业（本村内部）的队伍或人员实行专职栽植、管护，签定绿化合同。完成合同约定的村庄绿化任务后，所栽植的林木归绿化人所有。通过以上措施，切实提高造林质量，确保“种一颗、活一颗；种一片、绿一片”。

二是全力争取补助资金，强化管护力度。针对生态防护林经济效益低、管护难度大的问题，林业局以发动群众强化森林资源管护作为重点，根据不同村组、地块的实际，采取不同的管护办法。面积较小、分布零散的地方，实行联户管护。面积较大、集中连片的地方，实行专业管护。2013 年以来，林业部门共争取到退耕还林、生态公益林建设等林业补贴资金 6315 万元，补贴资金全部通过“一卡通”的形式及时足额发放到农牧民手中，极大地激发了群众的管护积极性，有效提高了林木保存率。同时，认真执行全旗林地保护利用规划，加强林地保护利用和管理，最大限度地保护造林绿化成果。坚决落实禁牧工作“一票否决”制，巩固禁牧成果；完善森林防火、防虫预警机制，确保不发生大的森林灾害，有效提高了森林资源保存率。

三、结合实际、加大力度，全力实施重点区域绿化和生态建设工程

达茂旗转变过去重建轻管的思维，牢固树立尊重自然、顺应自然、保护自然的生态文明理念，坚持节约优先、保护优先、自然恢复为主的方针，更加积极地保护生态。

一是全力开展重点区域绿化。结合自治区、包头市关于造林绿化工作的总体部署，达茂旗自加压力增动力，确定了用 5 年时间全面完成全旗五大重点区域绿化任务，实现高标准的全覆盖，使全旗生态得到根本改善。按照这

一目标，全旗上下统一思想搞绿化，集中精力抓造林。全旗广泛吸引社会投资，通过共建、垫资、土地置换和义务劳动等形式全力支持造林绿化工作。特别是2013年实施重点区域绿化以来，2013年、2014年累计投资1.56亿元，新造乔木林17100多亩。

二是加大林业生态建设力度。结合草原急需封育地区的需求，紧紧抓住国家建设生态文明和构建京津冀生态安全屏障的契机，争取每年实施的京津风沙源治理二期封山育林项目保持在15万亩左右，进一步增强林业生态保护和建设力度。为改善自然保护区生态脆弱、疏于管理的现状，争取巴音杭盖自然保护区和腾格淖尔湿地保护区晋级，通过争取上级相关项目加强保护。全旗的森林覆盖率由2000年的1.98%提高到了2014年的13.7%，增加了近12个百分点，项目区的草群盖度由13%提高到了27%，大风扬沙日数减少39天。

四、利用资源、深挖潜力，拓宽林业产业富民渠道

集体林权制度改革完成后，旗林业局积极引导农牧民开发利用现有的林业资源，培育新的林下经济增长点。积极挖掘利用现有的林业资源价值，提高资源利用率。开发利用现有的100万亩柠条资源。规范林地流转程序，推动林地集约化、规模化经营，拓宽农牧民增收渠道。目前，已在全旗组织成立林业专业合作社5个，在发展林下经济方面起到了良好的示范带动作用。建设柠条加工厂4个，已全部投入生产，年生产加工能力达到1.2万t（3000t/个），可满足周边养殖户的饲草料需求。在林业间发展中药材种植基地8处，中药材种植达到1万亩。建设林业观光基地，提升生态旅游吸引力。高标准、高质量绿化了省道211线（百灵庙至亢家渠）35km、1400亩，首次建成达茂旗最长的“绿色通道”。精心打造了旗门观光区，高标准栽植风景林、建成凉亭2个，成为游客驻足观景的一个重点“绿色”驿站。配合“美丽乡村”建设工程，每年重点绿化村屯10个以上，建成开林河文化旅游驿站和自驾游基地、小文公乡、南卜子村等绿化示范村镇，为全旗增添了新的“绿色”驿站，提升了全旗生态旅游吸引力。开发林业景点，拓宽农牧民增收渠道。林业部门积极组织开发现有林地、柠条等森林资源，重点打造乌克万亩林带旅居区、后河生态园林观光及果园休闲、开林河林业观光驿站、旗门等林业观光区，鼓励景区农牧民发展农家乐及旅游配套服务，开发森林观光、林间宿营等旅游项目和产品，让“绿林”成为农牧民增收的新产业。

加大林业保护力度　发展林业产业

内蒙古自治区通辽市扎鲁特旗林业局　王海峰

扎鲁特旗地处通辽市西北部，属内蒙古高原向松辽平原过渡地带。全旗总土地面积2477万亩，其中林业用地面积1287.5万亩，占总土地面积的52%。在林业用地面积中，天然林面积724.4万亩，人工林面积105.6万亩，全旗活立木蓄积245.6万m^3，活立木年平均生长量6.5万m^3，每年人工采伐消耗2万m^3，全旗森林覆被率33.23%。

一、林业生态保护与建设情况

近几年来，我旗认真贯彻落实各项林业政策、法律和法规，把林业保护与建设同发展地方经济、增加农牧民收入、改善生态环境紧密结合，不断深化林业改革，加快森林培育，加强资源保护，发展林业产业，强化依法管理，取得了显著成效。目前，全旗有林地面积达250多万亩，林木蓄积量达到245.6万m^3，森林覆盖率达33.23%，均高于全市其他旗县市区。林业的发展不仅改善了全旗生态环境，优化了农牧业生产结构，加快了山沙两区农牧民脱贫致富的步伐，促进了国民经济和社会的发展，而且实现了林业由单一植树造林向完备的生态体系、发达的产业体系及繁荣的文化体系的历史性转变。

（一）林业生态保护基本情况

近年来，我旗不断加大林业生态保护力度，强化森林资源保护管理，坚持保护和建设两手抓，以保护为主的方针，极大推动了全旗林业生态持续、健康发展，为构建绿色生态大旗，打造生态扎鲁特奠定了坚实的基础。

1. 不断加大对公益林的保护力度。成立森林资源经营管理局负责对全旗649.7万亩公益林区进行保护与管理，全旗建管护站点118处，聘用专职护林员及管护人员938人。相继出台了《扎鲁特旗国家重点公益林管理办法》、《扎鲁特旗国家重点公益林护林员考核办法》和《扎鲁特旗国家重点公益林护林员招聘及管理办法》等一系列制度与措施，加大了对滥牧偷牧的处罚力度，对整个公益林区实行了全年全面禁牧，既保护了珍贵的森林资源，又使森林的整体生态效益得以充分发挥。

2. 加强森林公安队伍建设。抓住国家重视生态建设、加强森林保护的机遇，全面加强森林公安队伍正规化建设，2008年将在职51名森林公安干警全部过渡为政法编制公务员，队伍正规化建设水平得到进一步提升。同时通过健全机构，壮大队伍，真正把从严治警、从优待警与科技强警有机结合起来，建立健全队伍管理的长效机制。严厉打击破坏森林资源的违法犯罪行为，为保护珍贵的森林资源做出了贡献。

3. 全面加强林业有害生物防治工作。按照“预防为主、科学防控、依法治理、促进健康”的林业有害生物防治方针，以降低成灾率，提高林木保存率为重点，充分发挥林业有害生物防治的资源和技术优势，全面加强对虫害、病害防治工作，年均完成防治面积50万亩左右，把灾害损失降到了最低限度。同时严格做好林木种苗检疫、木材调运检疫及外来有害生物防治工作，为维护林业生态安全做出了重要贡献。

4. 依法保护，严格管理。充分发挥公益林管护站、林业工作站等生态环境执法部门的职能作用，加强管理、严格执法，认真执行禁牧措施、严厉打击各种破坏生态环境的行为，切实保护珍贵的森林草原资源。

（二）林业生态建设基本情况

1999年以来，全旗共完成林业生态综合治理面积506.9万亩，其中：人工造林完成227万亩，飞播造林11.9万亩，封山（沙）育林完成268万亩，义务植树1033万株，四旁植树553万株。累计完成投资约73110万元，其中，人工造林投入54350万元，封山（沙）育林投入18760万元。农村牧区的生态状况得到明显改善，生态建设对全旗经济建设和生态状况改善作出了重要贡献，对促进农村牧区经济发展，加快全面建设小康社会步伐，增加农牧民收入等方面发挥了巨大作用。

通过工程的实施，全旗森林覆盖率由23.4%提高到了33.23%，提高了9.83个百分点，局部地区的生态状况明显改善，林业为全旗经济建设和生态状况改善作出了重要贡献，对促进农村经济发展，加快全面建设小康步伐，增加农牧民收入发挥了巨大作用。具体表现在：

1. 以大工程带动全旗林业大发展，全面提升了林业建设质量和效益。坚持大工程带动林业大发展的思路，以退耕还林工程、“三北”防护林工程、造林补贴试点项目等国家重点项目为重点，累计完成造林保存面积227万亩，山沙两区综合治理面积506.9万亩，形成了以中部农区为中心向东南西北延伸的带网片、乔灌草相结合的绿色循环区域和贯穿南北、横跨东西的穿点连线绿色通道工程，工程建设质量和效益创历史最高。

2. 林业结构调整取得突破性进展。灌木林草基地、用材林基地、山杏林基地建设不断加强。不断加大灌草围封和灌木造林的比重。逐步形成了“杨柳绿川、灌草护山”的乔灌草结合的防护体系。

3. 全面加强自然保护区建设。为加快改善生态环境步伐，扎鲁特旗全面加强了对全旗34处（国家级1处，自治区级1处、市级9处、旗级23处），557.97万亩自然保护区的建设与管理，自然保护区实行分区、分类管理，核心区、缓冲区严格封闭管理，禁止任何人为破坏活动，以保护好生物多样性，使自然保护区原有的自然资源和生态环境不受破坏；自然保护区实验区及其他外围地区，在保护的前提下进行资源适度开发和生产经营活动，如发展人工种养业、生态旅游业、开发速生丰产林、苗木花卉繁殖等经营活动，坚决制止超载放牧等掠夺性经营活动；在安排公益林生态效益补偿、退耕还林还草等工程和扶贫开发等项目时，对自然保护区给予适当倾斜，以有效的减缓和控制生态环境恶化，保护自然资源和生物的多样性、完整性，实现自然资源的持续利用和自然生态系统的良性循环。最终达到社会经济与生态环境的协调发展，实现人与自然的和谐共存。

4. 非公有制林业异军突起，成为林业招商引资工作中新的亮点。近年来，我旗非公有制经济投资林业方兴未艾，蓬勃发展。按照“不求所有，但求所在”的思路，我旗出台了一系列鼓励非公有制林业发展的政策措施，促进了非公有制林业的快速发展。

二、几点基本经验

1. 领导重视，切实把林业建设作为兴旗富民的根本大计来抓。严格执行“严管林、质为先、慎用钱”的具体要求，制定了一系列推进林业建设的运行机制，实施了一票否决、一把手负总责的“两个一”工程，使林业建设得到了跨越式发展。

2. 不断强化科教兴林和依法治林的力度。本着因地制宜、科学规划的原则，高标准、高起点、高投入搞好林业建设，从而全面提高了林业工程建设质量。

3. 不断深化林业体制改革，放手发展非公有制林业，明确了非公有制林业的法律地位，切实落实“谁造谁有、合造共有”的政策，因此激发了广大农牧民群众和社会团体投身林业，建设林业的积极性，使我旗林业建设取得了长足发展。

三、存在的问题

1. 资金短缺，地方财政紧张，国家投资项目少，所以严重制约了全旗公益林建设的发展。

2. 气候干旱，宜林地的立地条件越来越差，不仅给林业建设增加了难度，同时又大大提高了资金投入。

3. 林牧矛盾仍较突出，给林业建设成果的管护增加了难度，同时，草牧场与宜林地相互争议，使林业建设举步维艰。

注重生态建设 着力发展庄河林业产业

辽宁省庄河市林业局　周祥岩　刘圣福

庄河市位于辽东半岛东侧南部、大连市的东北部，是大连市所辖北三市之一，是大连市重要的水源地。林地面积246.8万亩，约占大连市林地总面积的三分之一，生态建设和林业产业发展在大连市占居举足轻重的地位。多年来，庄河市认真贯彻中共中央、国务院《关于加快林业发展的决定》和《关于全面推进集体林权制度改革的意见》精神，在注重生态建设的同时，着力发展林业产业，使生态林业和民生林业谐调发展，取得了很好的生态效益、经济效益和社会效益。先后实施了栗树果水兼用林工程、平欧杂种榛子经济林工程和红松果材兼用林工程，现拥有板栗6万亩、平欧杂种榛子2万亩、红松果材林2万亩，产值1.15亿元。2015年开始实施油用牡丹经济林工程，到2019年庄河经济林总量将达到20万亩，产值可达7.5亿元。

一、政府重视，狠抓落实

市政府高度重视林业产业发展，认真贯彻落实国家相关政策、规定，把发展林业产业作为全市经济发展的大事来抓，并作为农村、农民增收致富的重要工程。市政府出台经济林发展支持政策，对经济林种植户和企业给予资金扶持和其他相关支持，对发展好的典型给予奖励。市政府与乡（镇）、村层层签订责任状，并把经济林建设工作作为考核各级领导的一项重要指标。由于政府重视、落实到位、真抓实干，庄河经济林产业发展呈现良好态势。

二、科学规划，合理布局

庄河市地处北温带，属暖温带湿润大陆性季风气候，具有一定的海洋性气候特征，气候温和，日照充足，降水充足，无霜期长。从地形地貌上看，庄河市为低山丘岭区，地势由南向北渐次升高，北部低山，中部丘岭，南部平原，称为“五山一水四分平地”，发展经济林产业具有理想的气候条件和丰富的土地资源。板栗、平欧杂种榛子经济林都是培育周期较短、见效较快的产业项目，而且对土壤和环境条件的要求不高，庄河地区属最适宜栽培区域，从南部沿海地区到北部山区均可栽培。北部山区可发展红松果材兼用林。据此，我们确定重点发展板栗、平欧杂种榛子、红松果材经济林，经过5年时间，即到2019年，平欧杂种榛子和红松果材经济林均发展到5万亩，届时这三种经济林将达到16万亩，产值可达4.5亿元。2015年我们又确定增加油用牡丹经济林建设项目，5年发展4万亩，产值可达3亿元。

三、强化科技，规范管理

不断加强科学试验和技术培训，强化技术支撑作用，推广优良高产新品种和配套技术，促进规模化、良种化种植和集约化管理，最大限度的提高经济林种植效益。聘请专家常年指导生产，并进行技术培训，培养出了过硬的技术队伍，成为经济林产业发展的技术支撑。在全市建立多处实验园，试验、推广优良新品种和先进的配套技术，使经济林树种在品种的选择上实现优化配置，优化配置率在95%以上。建立多处优良品种繁育圃，依靠先进的技术和科学的管理，产出优质苗木，为经济林产业的健康发展提供种源保障。每年在春季和秋冬季定期举办技术培训班，普及和推广经济林栽培新技术、新品种。在经济林不同树种的各个生长发育时期，不定期召开现场会，现场教授、指导和强调培育技术和田间管理方法。通过这些方式、方法，全市经济林产业呈现出又好又快的发展局面。

四、示范带动，典型引领

促进龙头企业和大户种植经济林，建设多处高规格精品园，作为经济林示范园，对全市经济林发展起到了重要的示范和带动作用。目前这样的经济林园十余处，广大群众可以真切地看到经济林产业的发展前景，并可以从中获取丰富的栽培技术和经验。为培育市场主体，增强微观活力，发挥骨干林业企业的示范、窗口和辐射作用，先后建立了光明山镇松林村大果榛子示范基地、长岭镇双盛村板栗示范基地、仙人洞镇英那河村红松果材兼用林示范基地等特色示范基地，其中，光明山镇松林村大果榛子示范基地被确定为“中国经济林协会榛子委员会榛子产业示范基地”。产业示范基地的建立增强了农民兴林富农的信心，为林农提供了汲取经验、“充电”学习的平台，带动了全市经济林产业发展。在产业示范基地的引领下，庄河市掀起了经济林建设高潮。

五、重视研发，完善产业链条

促进企业与高校、科研院所组建产业研发中心，开发新技术、新产品，提高产品的科技含量和附加值，带动全市林业产业向更高层次发展。大连福隆农业发展有限公司在积极扩大大果榛子种植面积和不断完善榛园建设的同时，十分重视产品的研发和对外合作工作。先后与沈阳农业大学和大连民族学院签订协议，合作进行大果榛子系列产品研发、榛壳的开发利用（菌棒）、榛子与金花葵食药保健功能产品开发等，形成集产、学、研为一体的榛子产业发展基地，对完善和延长大果榛子产业链将起到十分巨大的作用。促进行业协会及专业合作社的建立，目前经济林专业合作社已成立 3 个，还有 2 个协会、3 个合作社在筹建之中，不断完善社会化服务体系，促进产业的良性发展。培育仓贮、保鲜、加工等企业，完善产业链条，开拓市场，促进产业升级。目前已有多家仓贮、保鲜企业，3 家经济林产品加工企业，基本上可以满足经济林产业发展的需要。

六、积极宣传，正确引导

通过新闻媒体报道宣传、发放科普读物等多种形式，向广大群众宣传、介绍适于本地区发展的经济林项目，并为群众提供内容丰富的咨询服务，引导群众向更好更快的方向发展经济林，避免走弯路和重复建设，使经济产业始终保持正确的发展方向。

庄河林业产业的发展虽然取得了一定成绩，但也存在一些不足和薄弱环节。产业发展不全面、不平衡，林下经济发展缓慢，经济林种类少，经济林产品加工种类少、水平较低，地区间发展速度差异很大。在以后的林业产业发展中，要加大林下种植业的发展力度，如林下参、菌类、林下蔬菜等的种植。不断丰富经济林种类，如油用牡丹、核桃等经济林。加快产品和技术的研发，打破约束产业发展的加工瓶颈。不断完善社会化服务体系，促进市场的良性发育。进一步完善产业规划，充分利用现有资源，使林业产业取得更大的发展。产业的发展离不开资金的支持，资金不足是约束林业产业发展的一个重要因素，呼唤国家和地方针对林业产业项目宽松的融资和信贷政策的出台。

作者简介：

周祥岩，男，汉族，1964 年 12 月出生。现任辽宁省庄河市林业局局长。

自 2000 年 1 月参加工作起，历任庄河市塔岭镇党委副书记、党委书记、镇长，辽宁省纪委副书记、监察局局长，庄河市编委办主任等职。2013 年 8 月至今，任庄河市林业局局长。

野山参浅谈

黑龙江省依兰县林业局　王　杰

野山参一般生长在海拔1000～2000m的原始高山森林中，在我国已经有几千年的历史。由于自然环境的变迁和人类不断的采挖，目前野山参已经越来越少，是珍贵难得的绿色天然补品，是集天地之灵气、大地之精华的“百草之王”。野山参系指野生人参种子自然落地或被鸟兽吞食排出体外后，自然发芽长出的山参植株。在整个生长过程中，任其在原地自然生长，不加以任何管理，将其称为“野山参”、“野人参”、“山参”。野山参是人参的一部分，先介绍一下人参的分类。

一、人参的分类

（一）人参按地域学分类

1. 人参：生长在东北亚地区的人参，包括俄罗斯远东部分、朝鲜半岛和中国东北地区，在朝鲜半岛叫高丽参。

2. 西洋参：生长在美国北部和加拿大南部的人参，也叫花旗参，在美国以威斯康星洲规模最大。

（二）人参按商品学分类

依据国家药典2000年以前版的分类和国家参茸产品质量监督检验中心起草的《野山参分等质量》统一划分为野山参、移山参和园参三类。

1. 野山参：原始定义：野山参系指野生人参种子自然落地或被鸟兽吞食排出体外后，自然发芽长出的山参植株。在整个生长过程中，任其在原地自然生长，不加以任何管理，将其称为“野山参”、“野人参”、“山参”，一般生长在海拔1000～2000m的原始高山森林中。“国标委农轻函［2003］88号文件，2003.10.21修改”后的定义为：自然生长于深山密林下的野生人参，或林下籽经过若干年后能完全体现野山参特征的可视为野山参。

2. 移山参：①采挖的幼小野生人参（野山参），因其重量小而又被移植于山林中的人参（俗称“移山趴”或“山参趴货”）；或将园参幼苗人工移植于山林之中，在自然情况下生长年限较长（十几年或几十年）的人参；或是园参收获后遗留下来的自然生长年限较长（十几年或几十年）的人参（俗称

"池底子")；或是"林下籽"生长年限在20年左右，有部分野山参特征的人参。

②移山参是山参的一种。移山参分"山移"和"家移"两种："山移"即山农放山时发现野山参幼苗，由于重

量和参龄小，不宜作货，于是集中所获移栽到居家附近的山野林下，便于看守，令其自然生长；"家移"即参农将园植的人参幼苗移植到山野林下，不浇水，不施肥，使其在野生环境下自然生长。移山参俗称"移山趴"或"山参趴货"，历史上曾称为秧参、山参趴货、山趴、别直参等。

2004年3月1日起实行的新的《野山参分等质量标准》国家标准中，将野山参移栽、山移、家移、籽趴、秧趴、池底等归类为移山参（移山参标准国家正在审批），据此，有关移山参范畴便十分清楚。

移山参的外观特征：移山参与野山参的区别清晰分明。移山参芦碗不是紧密而是疏松，大多是竹节芦，没有紧皮细纹，而是环纹浮浅、粗糙，皮较松，艼上翘、旁伸、参须没有弹性，珍珠点少。池底参多是没有园芦，大多是竹节芦，芦越长上边越细，发生转向，跑纹和纹浮浅、粗糙，皮老多皱、烧须、皮质松、艼上翘、旁伸。人参移栽使生长加快，野山参移栽后，一年体重就可增加一倍左右，移栽后的野山参的五形特征开始变化，按照行业界说法就是"走形了"。移栽后的野山参在生长过程中，丢去了大部分野山参的外观特征。

3. 园参：在田园通过人工种植的人参。

4. 充山参

①充山参是指将园参幼苗人工移植于山林之中，任其自然生长几十年而成货者。

②石柱参又称充山参，产于以辽宁省宽甸县振江乡石柱子村为代表。

5. 边条参

人参的一种，属于长脖芦品种，生长较缓慢，一般生长8~12年后才能采挖。边条参是在普通参栽培方式的基础上，通过长期生产实践总结出的独特栽培方式培育出来的品质优良、形神兼备的参中珍品。边条参在生产过程中，须经两次移栽，即"两倒制"，是利用特定品种，在特定的土壤、气候条件下采取的独特栽培技术。每次移栽都要严格筛选种苗，并将选用的种苗进行两次下须整形，然后按等分节进行移栽，生长6~8年下山的人参，具备须长、形美、圆膀、圆芦、酷似人形的特点。

（三）人参按根形分类

可分为大马牙、二马牙和长脖芦三类。

二、野山参的主要特征

主根粗短，多具有两条主要支根，芦细长，约长 2～8cm，稍扭曲形似雁脖，俗称“雁脖芦”，芦上有较密集的碗状疤痕，俗称“芦碗”，由于参龄年久，下部芦碗逐渐消失，芦呈圆柱形，俗称“圆芦”。有的芦上生出纺锤形的不定根，形似枣核，俗称“枣核剖”。主根的顶部较宽而圆满，俗称“宽肩膀”，皮老灰黄色，外皮紧，有纵皱纹，上部有明显而细密的环纹，俗称“螺旋纹”，质地坚实，须根少细而长，多为参体的 2～3 倍，上边常有许多突起的小疣状物，俗称“珍珠疙瘩”，气微香，味甜微苦。野山参的质量以生长年久、芦长、碗密、带圆芦、体丰满、纹深而密螺旋状、枣核剖、带珍珠疙瘩、坚韧不易断为佳品。

长白山的老参农中流传着这样一首歌谣：

芦碗紧密相互生，圆膀圆芦枣核艼；

紧皮细纹疙瘩体，须似皮条长又清；

珍珠点点缀须下，具此特征野山参。

三、野山参特点

野山参野生于深山密林土壤较坚硬的环境中，长年受自然环境影响，在山参的各个部位都形成较特殊的形态。

1. 参芦（根茎）茎秋脱春生，年复一年，茎基残留，并缓慢地增长。因此，生长年久茎芦较其他参芦为长，此芦习称“雁脖芦”。芦一般可分为三段：顶端第一段为新脱落的茎痕。形如“马牙”，边缘棱较平齐，中心凹陷，习称“芦碗”或“马牙芦”：第二段为近十年间脱落的茎基，芦左右交错层迭而生，芦碗紧密边缘有明显的棱脊，习称“堆花芦”；第三段为远年的茎基脱化而成不再显芦碗，而呈圆柱形，习称“园芦”。园芦上有紧密的环球棱皱。一般可认为每一棱皱是生长一年的标记，由此可以得出山参的生长年限．还有一种芦细长如线，至上端始变粗是对花芦形式。习称“线芦”。无论是马牙芦、堆花芦、园芦、线芦；上面多生有小疙瘩瘤，这是野山参芦的特点。

2. 艼：山参艼纺锤形或枣核形。

3. 皮：山参皮成螺纹状，纹细而连续不断。

4. 体（主根）：山身体短粗，菱角形或疙瘩体。

5. 腿（侧根）：山参多为 2～3 个腿，稍细，分岔角度大，称为跨海式。

6. 须：山参须细长而稀少，具有韧性，不易折断，上有明显珍珠点，须自然散开成扁形。

四、林下参

1. 名称：在哈尔滨林区，对于林下参的名称有几种：充山参、山参、野山参、移山参等。依据国家标准和本地区的实践理解，在林下通过人工播种人参种子的方法成长的人参统称为林下参，达到野山参五行特征的并经专业权威机构通过外观或理化鉴定的林下参称为野山参，在林下进行移植的林下参称为移山参。

2. 林地的选择树龄在20年以上，树种以椴树、白桦、柞树、山榆、核桃秋、色树等阔叶林为好。林下还要有榛柴、胡枝子、刺五加、五味子等灌木和山艾蒿、野豌豆、宽叶台草等草本植物构成双层遮荫，郁闭度最好在0.6～0.8。土壤要求有丰富的有机质，要肥沃、疏松、不渍水，土壤温度适宜，蓄水透气性良好。空气湿度是40%～80%，土壤湿度在40%～50%左右为宜。林地坡度在25度以下为宜，坡向以东南、北坡、西坡为好。坡较陡土层薄的林地人参生长较慢，但人参五形特征明显，参形好看；平缓肥沃的林地人参生长较快，五形特征和参形较前者有差别。黄壤土林地生长的人参色度呈黄色，色度好看；白壤土林地生长的人参色度发白。

3. 林下播种：林下播籽培育野山参，一种是在选择好的林地，春秋播干籽和夏秋季播鲜籽；另一种是春、秋两季播种催芽籽。播种催芽籽比播种干籽参苗可以早出土一年。播籽时先开6～8cm长条穴，每空播二粒种子，穴距20cm。再一种是穴距100cm，每穴5粒种子，种子之间要保持一定距离。穴开的不要过大，穴周围的树须根、草根、草皮都不要破坏。在穴内掺活黄土60%，穴深8cm，播籽深度3cm。做法是：播籽前把穴内土整均匀，整平，然后开槽3cm，在种籽下面铺上薄石片，（石片以五分硬币大为宜）没有石片的地方，把线性黄土用手捏成小薄饼，然后把种子放在黄土饼上。然后再覆盖3～4cm厚的树叶。林下播野籽的另一种方法是不作穴，用长20cm，粗1cm的木棒，一头削成尖状，在选好的林地内，确定播籽的地块扎眼，深4～5cm，间隔20cm，每个孔眼放1粒催芽断根尖筛选后的种子，然后把孔眼盖实，把枯枝落叶覆回原处。播林下参，种子最好选本地长脖芦参籽或本地二马芽参籽。

4. 林下移栽：从二年生或三年生园参小苗中再挑选圆膀长芦，类似横灵体，支根八字型，须根清晰的参苗，移栽到林下。在十月中旬或春季立夏之前较适宜。要开圆型穴，穴的直径 10～12cm（主要根据参苗须根的长短而定）。穴的深度要达到 10cm，拌上活黄土摊平穴面。移植前把穴土开 6cm 深小沟，放一块能衬托人参苗主体的薄石片或纯黄土土饼，然后把参苗放在上面，把参的形态摆好再盖一层活黄土，然后把拌均匀的黑黄土（黑黄土比例 4∶6）覆盖上，要高于原地面 5cm 防止穴土沉实后形成小坑积水料参。覆盖完土以后，再覆盖上 5～6cm 厚树叶。有条件的可以摘掉花蕾，助长参根增重。在林下不论是揪籽还是爬苗，都要防止鼠害（瞎耗子）。林下发展人参危害最严重是鼠害，要采取多种措施进行防治，办法可参照园参鼠害防治。就目前的林下发展山参技术水平，播籽和爬苗的山参出苗后，会再现一些轻微病害，但尚不需要用药剂防治。因为播种密度较大，自然保苗率已足够生长，而且会取得很高经济效益。但如果出现成片死亡的病害时，可用少量药剂防治，参照园参病害防治措施进行处理。但用药浓度要减少，可根据参龄酌情而定。

扶持林业产业发展
大力发展黑木耳产业

黑龙江省孙吴县林业局 刘志辉

美丽的孙吴县地处于黑龙江省黑河市中部，小兴安岭北麓，是黑龙江省重点林业县份。

孙吴交通便利，铁路、公路，奠定了孙吴汇集人流、物流、资金流和信息流的交通枢纽地位，是黑河地区重要的物资中转地，也是全市山野特产品重要集散地。

孙吴环境优美，资源富集、物产丰富，“往北，往北，再往北，这里有个地方特别美，房前是静静的白桦林，屋后是逊别拉长长的水，黑黝黝的土地尽是宝，沙棘黄啊木耳黑……”，是孙吴的完美写照。

孙吴属寒温带大陆性季风气候，冬冷夏凉，无霜期为 80 ~ 120 天左右，年平均气温 1.5℃，年平均日照时数为 2551h，辖区内山清水秀，没有环境污染，昼夜温差较大，适宜木耳生长。这里出产的黑木耳，色泽好、口感好、品质佳、无污染，营养丰富，深受国内外消费者的青睐。尤其近年来在孙吴县开发研究的沙棘木耳，它是利用沙棘果渣、叶、木屑为原料培育的黑木耳，黄酮含量高出普通黑木耳的一倍以上，其他成分也比普通木耳有不同提高。其中所含的黄酮成分，具有益气强身、滋肾养胃、活血通络、排毒养颜等功能，是治疗高血脂症、高血糖、心力衰竭等疾病的天然药物。

孙吴县在黑木耳栽培技术、市场营销方面有着较深厚的基础。早在上 20 世纪 80 年代，孙吴就成为全省乃至全国的黑木耳集散地。全国各地的客商纷纷云集到孙吴从事黑木耳的收购批发，黑木耳产品远销全国各个省市、自治区、直辖市，并远销多个国家和地区。

近年来，孙吴县按照“产业建设生态化、生态建设产业化”的发展思路，实现“以市场为导向，以菌农增收为目标，以科技逐步推动、优化产品结构，提高产品质量；逐步创名牌产品，全方位、多层次开拓市场，真正实现食用菌产业快速健康发展。”充分依托地域优势、资源优势、技术优势，通过政策扶持、强化服务，引导和鼓励社会各界大力发展食用菌产业，推进食用菌产业在高起点上实现新跨越，在高标准上取得新进展。目前，孙吴县黑木耳

（食用菌）栽培专业合作社已达到23个，参与户数达到124户，同2012年相比分别增加91%和44%。食用菌菌包产量达到1100万袋。标准化菌包厂已达到8家，遍及全县7个乡镇和1个林场。2014年，全县共生产黑木耳干品50万斤，预计实现产值达到1500万元，位居全市之首。孙吴县食用菌产业正在向规模化、集约化和专业化发展方向迈进，黑木耳产业也逐渐成为孙吴的富民产业。

政策扶持是产业发展的原动力。为使黑木耳产业发展形成强大推力，孙吴县委县政府多次组织各乡镇、林场及菌农到食用菌产业发达地区实地考察、学习经验，并成立了以主管县长为组织的黑木耳产业推进工作领导小组，下设专门办公室，具体负责黑木耳产业业务指导、专项推进等工作。制定一系列鼓励和扶持黑木耳产业发展的优惠政策，在资金补贴、政策性服务、技术服务和黑木耳种植、菌包厂、专业合作社建设等方面给予全方位的扶持。通过一系列的政策扶持，群众发展黑木耳产业的积极性空前高涨，为我县黑木耳产业向更高层次发展奠定了坚实的基础。

良好的服务是产业发展的润滑剂。为切实做好黑木耳产业服务保障工作，食用菌推进办公室对全县范围内发展黑木耳产业的合作社及散户的生产经营情况逐一进行了登记造册，时刻掌握产业发展动态。设立了专门的服务热线，对菌农生产经营过程中出现的问题，随时联系有关专家和技术人员给予指导与帮助。同时，还聘请了省微生物研究所、东北林业大学食用菌专家，举办关于菌种生产、菌包栽培与管理、食用菌生物学等方面的专题培训，参培人数达到1000余人次。通过培训，不仅提高了菌农的专业知识和生产技能，对黑木耳产量和质量的提升上也起到了强有力的推进作用。在黑木耳生产必备原料——木屑的提供上，孙吴县结合中幼林抚育工作，组织各国有林场成立了木屑专业生产队，将生产的木屑原料进行统一配置，并以低于市场平均价格，优先提供给专业菌包厂和食用菌栽培合作社，保障了菌包生产原料供应。同时，正积极筹建食用菌研究所，主要从事食用菌菌种选育、驯化及以及食用菌新技术、新成果的推广和应用，食用菌研究所建成，将有力推进食用菌产业的技术创新和产业升级。

龙头企业是产业发展的助推器。2013年9月，孙吴县组建了黑森菌业有限公司。公司总占地面积14万m^2。拥有智能自动化生产线2条，年可生产食用菌菌包2000万袋，其中：黑木耳菌包1000万袋、菇类菌包1000万袋。基地可年栽培黑木耳100万袋，栽培菇类500万袋；可产出黑木耳400t，菇类4000t，产值可达8500万元，利润可达1400万元。采取液体菌种接菌方式规模化生产，菌包成活率达到95%以上。公司还拥有高标准食用菌摆放基地10万m^2，吊袋大棚10栋、0.6万m^2。黑森菌业有限责任公司坚持以“科技引领、突出特色、惠民富民、互利共赢”为指针，常年与东北林业大学林学院食用菌专家合作，对食用菌的菌种选育、生产栽培等关键环节进行共同研究。着手打造特色品牌，现完成了“北寒山珍”、“棘乡山珍”两个商标，研究探索独具地方特色和高附加值的食用菌产品。目前黑木耳主要品种有沙棘木耳、黑碗王、茶叶菜、黑厚圆4个优质品种；菇类品种有沙棘系列菇类、元蘑、滑子菇。采取“公司+职工（农户）+基地”的方式，带动林业职工、菌农以及23个食用菌专业合作社共同发展食用菌产业，实现产业发展和职工（菌农）致富的互利共赢。

特色品牌是产业发展催化剂。孙吴县开通了林产经济信息网，以打造黑木耳技术服务、信息交流和网上营销的综合性网络服务平台为目标，为黑木耳种植户、生产商、经销商等提供多元化、专业性服务，使孙吴县的黑木耳生产、加工、经销、消费群体进入信息交流网络化、即时化状态。加入特色高附加值“沙棘木耳”的相关内容。同时，孙吴县还在黑木耳产品的品牌文化、命名、标志、包装等方面，进行了全方位策划、设计，申报注册了棘乡山珍、北寒山珍等4个品牌，并积极申办无公害农产品认证、绿色农产品认证，为黑木耳品牌创建打下坚实基础。

下一步，孙吴县将以市场为导向，以实现三大效益的高度统一、同步提高为目标，以科技创新为先导，深入实施标准化生产、产业化推进、特色化营销发展战略，通过政策扶持、宣传引导、技术推动、服务保障，努力营造产业发展合力，将孙吴尽快打造成食用菌生产大县、加工强县。

借助财政杠杆
助推美国薄壳山核桃产业发展

安徽省全椒县林业局　杨新文

2012年以来，全椒县认真贯彻省千万亩森林增长工程的决策部署，坚持“政府引导、市场主导、企业带动、农民参与”的主体方向，抓早谋实，将森林增长工程建设与农村产业结构调整、林业产业、森林旅游有机结合，主攻“一环”，打造“二环”，突出苗木和经果林特色产业，推动全县造林向规模化、产业化、工程化方向发展，三年已累计完成森林增长工程造林9.6万亩，占省下达任务的85%。

在实施森林增长工程过程中，县委、县政府坚持“生态建设产业化、产业发展生态化”总体思路，审时度势、大胆决策，提出将美国薄壳山核桃基地造林作为一项主导产业和特色产业来抓，采取有力措施，强力推进全县美国薄壳山核桃产业发展。

一是坚持规划引领，推进统筹发展。全椒是美国薄壳山核桃适生区，其经济价值明显，县委、县政府对此高度重视，把美国薄壳山核桃作为富民强林的重要产业来抓，结合自身实际，本着“因地制宜、规模适度、布局合理、集约发展”的原则，出台了《关于美国薄壳山核桃产业发展的实施意见》，将二环线作为美国薄壳山核桃产业发展的核心区，以丘陵岗地和山区坡耕地为重点布局，在2014年已发展1万亩的基础上，每年再发展5000亩以上，到2020年，全县建成美国薄壳山核桃产业基地4万亩以上，配套建成一座中型薄壳山核桃综合加工厂，努力把美国薄壳山核桃建成全椒一大特色产业。

二是坚持政策引导，加大财政投入力度。按规模化发展思路，县里出台了支持美国薄壳山核桃产业发展的优惠政策：即在二环线上营造美国薄壳山核桃的，享受五年土地租金减半（每亩按600元租金标准，县财政每年补助土地租金300元/亩）的基础上，成片造林面积100～300亩，每亩县级财政增加补助600元，连续补助3年；成片造林面积400亩以上，每亩县级财政增加补助1000元，连续补助3年，同时享受省市森林增长工程补助政策。据此计算，我县发展美国薄壳山核桃县财政最高补助达4500元。在政策支撑下，我们加大政策宣传力度，努力吸引社会各界来全投资。县森增办将优惠政策编印成“致全县广大农民朋友的一封信”在全县发放，大力宣传美国薄壳山核桃树种的特点以及扶持政策，为产业发展营造了良好的舆论氛围。在优惠政策的带动下，2014年，各镇以引导企业规模经营，培育种植大户为目标，积极推进土地流转，加大招商引资力度，全县共引进25家实力企业发展美国薄壳山核桃，面积达15000亩，每家企业发展面积均在500亩以上，且有再度扩大的势头（2015年我们按规划将5000亩发展任务分配到镇，从目前掌握的情况来看，大户发展的势头不减，许多镇申请要求增加任务）。据初步统计，仅2014年，县财政投入美国薄壳山核桃产业发展资金达1570万元。

三是坚持科技引领发展，加强技术培训与服务。产业发展必须要有先进的科技作为保障。为加强美国薄壳山核桃产业集约化生产，解决生产中的技术难题，我们一方面采取“请进来”方式，积极主动与省内外研究美国薄壳山核桃的专家联系，邀请他们为林业技术人员、薄壳山核桃种植大户们从园地选择、整地、栽植的时间与密度、品种配置、栽植管理等方面开展技术培训；请有栽植经验的专家对全县每一处美国薄壳山核桃种植点的苗木生长情况进行现场“把脉”，针对存在问题，逐一提出整改措施，引导企业科学经营；另一方面，采取“走出去”方式，组织县内美国薄壳山核桃产业发展大户们到省内外美国薄壳山核桃栽植成功的示范基地现场参观，增强企业发展的信心。

四是坚持规范管理措施，促进集约经营。规范管理是各项工作的基础，管理出成果，管理促发展。2014年是我县发展美国薄壳山核桃产业发展的第一年，县里出台的优惠政策，使得我县美国薄壳山核桃发展初具规模。有了规模，如果不加以规范管理，势必将导致产业发展的失败，不仅给投资人带来损失，而且也会造成县财政投资的浪费。如何把美国薄壳山核桃这一产业健康发展起来，成为全椒林业产业的特色，是我们追求和期望。为此，我们充分吸取我县在板栗粗放管理上的失败教训，对下一步如何规范发展美国薄壳山核桃产业，广泛征求了省林业厅和有关专家的意见和建议，根据他们的意见，多次召开会议进行研究，借鉴我省油茶产业发展模式，根据省林业厅公布的适合我省栽培的美国薄壳山核桃品种范围，出台了《全椒县美国薄壳山核桃种苗生产管理办法》和《全椒县美国薄壳山核桃检查验收办法》等规范性文件。文件规定美国薄壳山核桃项目造林用苗，必须实行“四证一签”制度，没有林木种子生产许可证、经营许可证、质量合格证和检疫合格证，以及品种不清的苗木，没有建立喷灌设施的，将不纳入县级财政补助验收范围，确保生产用苗品种优良、来源清楚，经营规范。

五是坚持创新发展模式，激发产业活力。美国薄壳山核桃造林密度相对较低，每亩约在22～27株，造林前期林下空地较多，且挂果前有6～8年的生长期，如果不提高土地利用率，不仅造成土地资源的浪费，而且增加抚育管理成本。为此，我们积极探索开展立体种植模式，鼓励大户在林下发展发展绿化小苗和种植中草药等。2014年，我县马厂镇复兴村有一承包大户在林业局的指导下，在美国薄壳山核桃林下种植了滁菊、亳菊、杭菊等，已产菊花11万斤，按每斤市场价3元计算，产值33万元，亩均纯利3000元，效益十分可观。10月份，我们组织美国薄壳山核桃种植户20余人到这些点进行了参观交流，种植户们深受启发。2015年，我们将在全县大力推广这一模式，引导大户走“以短养长”之路，激发产业发展活力。

虽然我县美国薄壳山核桃产业发展已取得了重要进展和成效，但我们也清醒地认识到，发展过程中还存在品种不清、企业缺少管理经验以及管理不规范等问题。下一步，我们将通过加强良种培育、繁育和种苗市场监管，建立良种繁育和采穗圃两大基地，收集和保存良种种源，促使美国薄壳山核桃生产全部实行良种良法；加强栽后精细管理的技术指导，组建美国薄壳山核桃专业合作组织，努力提高薄壳山核桃生产组织化程度，增强规避市场风险的能力，争取尽快挤入全省乃至全国的知名品牌。

我们将以这次现场经验交流会为契机，认真贯彻落实省千万亩森林增长工程，认真学习借鉴兄弟县（市、区）发展林业产业的经验和做法，开拓创新，扎实工作，加快推进我县美国薄壳山核桃产业健康发展。

适应经济发展新常态
稳中有进推进林业产业发展

安徽省阜阳市颍东区林业局　康　康　周　强

近年来，颍东区以森林增长工程和三线三边绿化提升为抓手，大力开展造林绿化，推进产业发展步伐，林业建设呈现出总量扩大、质量提高、产业发展的良性轨道。

一、林业生态建设和产业发展成效显著

（一）各项造林指标完成良好，资源总量逐步壮大

2012年至2014年，颍东区共完成造林30096亩，连续3年超额完成任务。2014年，造林面积和造林质量再创历史新高，全年新增人工造林面积14073亩，超出计划任务410亩，位于全市前列。通过实施济广高速、阜蚌公路、苏沟、阜展公路等“三线三边”绿化提升工程，绿化沟路渠约92.2公里，造林9847亩，受到市“三线三边”绿化提升考评组的好评。

根据最新的森林资源调查结果显示，全区有林地12985.5hm^2，森林覆被率为18.95%，林木绿化率20.14%，森林蓄积量110万m^3，位居全市第二。

（二）造林绿化成效显著，获得多项表彰奖励

城市园林建设、农村绿化美化、古树名木保护和义务植树活动等开展情况良好，2013年4月，全国绿化委员会下发《关于表彰全国绿化模范单位和颁发全国绿化奖章的决定》，正式授予颍东区“全国绿化模范区”荣誉称号；2014年3月，颍东区获得全市创建“全国绿化模范区特别奖”和森林增长工程建设二等奖；口孜曹庄、袁寨北照、正午田楼、老庙马圩等11个村庄被省绿化委员会授予首批“森林村庄”称号。

（三）林业产业发展迅猛，质量效益不断提高

在森林增长工程实施过程中，颍东区重点培育特色经济林和优质绿化育苗等主导产业，形成了“五线一区一核心”的产业格局。2014年下半年，北京东方园林、上海舜元集团、阳光花卉、盛世牡丹等多家知名企业在颍东投资造林育苗，其中规模造林2000亩以上的企业7家，流转土地3.5万亩。

2014年，颍东区有9家企业获得省级林业产业化龙头企业称号，林业总产值10.22亿元，比去年增长33%，其中一产3.5亿元，二产5.97亿元，三产0.75亿元。

二、存在的问题和不足

一是随着森林增长工程逐步推进，土地流转成本也逐渐提高，加之造林经费不足、国家投资较少，给工程进一步开展增加了难度。

二是森林增长工程招商项目经营结构单一，集成化程度不高，辐射带动能力不强，没有形成产业链。经营品种知名度不高，没有形成品牌效应。

三是颍东区是国家级贫困区，财政困难，用于财政补贴造林的资金有限，亟待省市给予扶持。

三、下一步工作建议

（一）大力实施森林增长工程

1. 实施森林长廊建设工程

济广高速、阜口路、阜胡路、阜蚌路四条干线公路两侧50～100m范围内和济广高速以东新城区及工业园区内，重点发展经果林、苗木花卉和经济作物，以正午现代农业示范区为中心向插花、枣庄、袁寨、口孜等周边辐射；铁路、县乡道路每侧不少于50～100m，同时向十八里河、苏沟、港湾等大中型河道延伸，形成结构合理、功能完备、纵横交错、层次多样的森林长廊。

2. 实施“三线三边”绿化提升工程

一是茨淮新河和颍河绿化工程。通过对现有林的更新改造，栽植经济价值和防护效能更高的树种和林种。实行统一规划、统一标准、统一栽植、统一验收，确保绿化效果。

二是济广高速、阜蚌路绿化提升工程。济广高速每侧新增3行（1行香樟、2行栾树）米径12cm以上大苗，阜蚌路开展“增绿、增彩、增密”绿化再提升工程。

三是苏沟滨水绿道建设工程。按照阜阳市城乡规划院设计的《苏沟滨水绿道工程规划》，及早落实苗木、资金和项目招投标，待道路附属工程完工后，及时组织实施。

3. 实施森林村庄创建工程

按照《安徽省森林村庄申报命名和考核验收办法》，2015年拟创建正午吴寨、插花毛桥等森林村庄10个。森林村庄内的沟河渠路全部实现绿化，绿化率达90%以上；绿化树种以乡土用材树种为主，适当配植一些园林绿化树种，如女贞、香樟、桂花、栾树、红叶石楠等。

4. 实施森林城镇创建工程

重点抓好插花镇森林城镇创建工作，以原有绿化景观建设为基础，加快街道和周边绿化步伐，合理规划公园、游园，增加各类公共绿地、森林景观等，积极创建省级森林城镇。

5. 实施农田林网建设工程

结合农田水利、农业综合开发和现代农业园建设，全面提高以路、沟、渠为骨干的农田防护林网建设标准，完成农田林网庇护面积10万亩，建设阜蚌路、阜展路、阜口路，阜淮、漯阜、京九铁路，茨淮新河、颍河以及十八里河等两侧2公里范围内高标准农田防护林网，杜绝空白沟、空白路。

6. 加快东湖湿地公园建设步伐

在成功申报省级湿地公园的基础上，修订完善公园建设规划，进一步摸透查实湿地分布现状，着手开展勘界、搬迁、安置工作，为申报国家级湿地公园奠定基础。

（二）大力推进林业产业发展

1. 依托名企，推进品牌化，扩大知名度

依托东方园林、阳光花卉、舜元园林等大中型知名企业，打造苗木花卉经果林主导产业，走品牌化发展之路，促进苗农、果农由“游击队”变身“正规军”，苗木花卉水果产品由“大路货”变身“名特优”，生产企业由“独木舟”变成“航空母舰”，增强抵御市场风险的能力。组织各类苗木花卉和经果林企业积极开展产品商标注册和品牌宣传，力求打造5个以上具有阜阳地方特色的区域品牌。到2016年，初步形成以桂花、栾树、香樟、广玉兰、油用牡丹、葡萄、美国薄壳山核桃等主打品牌。鼓励企业实施“走出去”战略，开拓市场，扩大知名度。

2. 依托科技创新，打造精品示范园

大力推广设施栽培，积极引进名、特、优新品种。鼓励企业实行科技化管理、精品化产出，引导农户进行标准化、专业化生产，推动苗木基地的整合和品种结构的调整优化。以正午现代农业示范园为核心，打造10万亩的苗木花卉经果林集聚区；以济广高速、阜口路、阜胡路、阜蚌路四条干线公路为骨干，打造森林长廊精品路段；以苏沟滨水绿道为重点，打造农林水综合治理及经果林培育示范区，实现苗木花卉经果林从单纯的规模扩张向品质提高的转变。

3. 依托政策扶持，加大招商力度

继续调整完善财政奖补政策，鼓励省内外客商领办、创办苗木花卉企业或承包土地造林，开展高标准、高规格、精工艺的高档苗木花卉生产，带动苗木花卉的提档升级，推动苗木标准化、规模化、工厂化、工艺化生产进程。

4. 依托东方园林苗联网，打造销售平台

认真学习东方园林苗联网运作模式，创建苗木、花卉、果品网络销售平台，积极培育苗木花卉专业经纪人，引导种植大户和龙头企业牵头组建农民专业合作组织，开展专业化经营，提升产业化水平。面向水果生产企业，建设果品加工中心、仓储中心和冷链物流体系。到2016年，力争组建3个以上的专业合作组织，10个以上专职苗木经纪人，1~2个电商平台。

5. 切实拓展林业生态功能，推进产业融合发展

借助颍东地处阜阳近郊的区位优势，依托苗木花卉和经果林产业，积极发挥林业的生态保护、休闲观光、美化环境、愉悦心情等作用，大力发展生态旅游，推动林业由单一生产功能向复合功能转变，促进一产、三产融合发展。到2020年，打造三条生态旅游带：一是颍河、茨淮新河为重点的平原森林观光带；二是以正午现代农业园为重点的田园观光和休闲采摘带；三是以东湖湿地公园为重点的湿地观光旅游带。

推进生态林业建设 大力发展绿色产业

福建省漳浦县林业局

2014年，我县林业工作在县委县政府正确领导下，在上级林业主管部门的大力支持指导下，坚持以党的十八大和十八届三中、四中全会精神为指导，深入开展党的群众路线教育实践活动，全面贯彻落实习近平总书记关于生态文明建设和林业改革发展的路线思想，严格按照年初的工作部署和要求，加快推进造林绿化，发展绿色产业，强化资源保护，着力改善森林生态环境，全面提高林业产业发展水平，林业各项工作扎实有效开展。

2014年林业各项工作完成情况：

一、党建工作得到全面巩固和加强

1. 深入扎实开展党的群众路线教育实践活动。认真研究制定《中共漳浦县林业局总支深入开展党的群众路线教育实践活动实施方案》，每周组织3次集中学习活动，并组织机关党员干部职工观看专题片《绿色丰碑——谷文昌》等，邀请县委党校高级讲师和县检察院预防职务犯罪局领导分别到我局作《进一步提升新形势下贯彻党的群众路线的能力》和《犯罪惩处与职务犯罪》的专题辅导讲座。紧扣“四风”和“三个年”活动为主题，组织林业站、县办林场、服务对象等举办了三场专题座谈会。严格对照中央“八项规定”，深入查找“四风”问题，狠抓整改落实，认真制订“两方案一计划”。全体党员共撰写学习笔记30多万字，撰写学习心得100多篇；共查找班子“四风”问题需整改12条，班子成员个人“四风”问题需整改103条，已完成整改97条，正在整改8条。接受民主评议党员123名，其105名被评为“好”的等次，占党员占数的85%，有18名被评为“一般”的等次，占党员总数的15%。教育实践活动取得实实在在的成效，有力地推动我县林业各项工作持续健康发展。

2. 文明创建工作扎实有效开展。及时调整工作领导小组，积极开展各项文明单位创建活动。组织、参与全民义务植树、网络文明传播和文明礼仪宣传等志愿服务活动，先后开展以诚信、社会主义核心价值观、学雷锋和“我们的节日”等为主题的专题活动，丰富文明单位创建内容，提高干部职工的知晓率、参与率和积极性，新一届市级文明单位创建工作顺利通过考评。

3. 社会管理职能进一步得到加强。扎实推进社会管理综合治理，落实安全生产，积极创建“平安林业”，深入开展安全生产和涉林信访大排查、大调处，切实把隐患解决在萌芽状态。2014 年来，我局共受理群众来信 13 件，已办理反馈 12 件，另有 1 件近期来信正在办理中，办结率 92.3%。此外，继续落实计划生育政策，积极开展计生二女户帮扶工作，帮持资金达 7200 元，全林业系统没有发生违反计划生育行为。

4. 强化队伍建设，提高依法行政能力。对基层林业站、县办林场负责人进行轮岗交流，从局机关选派责任心强、素质较好的年轻干部到基层各支部兼任党支部书记，加强各林场的制度建设。对近年来新录用的技术人员也全部充实到林业站、林场，切实提高基层服务水平。

二、造林绿化任务全面完成

全县共完成造林绿化 2.45 万亩，占任务 120%，其中“四绿”工程建设完成 5962 亩，人工造林更新完成 18998 亩。突出表现在五个方面：一是义务植树活动深入开展。3 月 12 日，我县在赤湖镇启动“义务植树月”仪式，县各套班子在家领导、县直各有关部门、各群团组织及地方驻军部队等共 300 多人现场参加义务植树活动。全县共投入 45 万工日，完成义务植树 100 多万株；二是沿海防护林体系建设进一步得到加强。对赤湖、前亭、沙西等乡镇部分沿海基干林带断带进行修复补植，共完成泥岸人工造林 608 亩，林带修复 200 亩，封山育林 1002 亩；三是扎实推进沙西红树林基地建设。共培育无瓣海桑苗木 30 万株，整理滩涂 200 亩，红树林幼林抚育 200 亩，新造林 60 亩；四是积极创建珍贵用材林基地。分别在沙西、盘陀等地种植卷夹相思、大花序桉等珍贵用材树种，新创建珍贵用材树种基地 2000 亩，进一步调整优化树种结构；五是扎实推进省级示范“绿色村庄”建设。将佛昙镇轧内村列为省级示范“绿色村庄”，进行统一规划、统一设计、统一施工、统一管理，使绿化村庄创建工作更加规范、科学、合理，全面提升创建的质量、档次，轧内村新增绿化面积达 51 亩。

三、林业产业稳步发展

一是花卉产业稳中求进。全县花卉苗木种植面积达 10.5 万亩，出口创汇 2400 万美元。2014 年 10 月份，福建省花卉协会食用药用与工业用花卉分会第二届会员代表大会顺利在我县召开，新一届理事会工作机构设立在我县，为促进我县食用药用与工业用花卉发展奠定坚实基础；二是加快林下经济发展步伐。以漳浦扬基园艺发展有限公司为依托，扎实做好林下经济示范县铁皮石斛仿野生示范基地项目建设，辐射带动林下经济产业发展。全县林下种植林药面积来断扩大、林禽林畜也在不断壮大，新增林下经济企业经营 2 家；三是积极创建林业科技园。园区规划建设面积 111 亩，总投资 1000 万元。重点建设一个科技服务中心和良种引进推广示范区、现代花卉生产示范区、种苗繁育生产区、科普教育观光区等四个区。

四、森林资源管护得到全面加强

一是森林防火工作扎实推进。在森林防火重点季节、重点时段，坚持 24 小时值班，领导带班，组织全体生态公益林护林员上山巡逻，严禁野外违章用火行为。同时，在县广播电视台 24 小时滚动播出森林防火通告、森林防火“禁火令”、森林火险等级等，并利用短信平台，向全县的手机用户发送森林防火信息，提醒广大干部群众注意加强森林防火防范工作，由于各项防患措施落实到位，2014 年全县没有发生森林火灾事故；二是森林病虫害得到及时有效防治。为全面、准确摸清病虫害发生的范围、面积及危害程度，了解和掌握病虫情动态，我局抽调 60 名业务技术骨干作为兼职测报员，分成 30 个小组对全县的松林、桉树、木麻黄进行全面调查，监测率达 100%，有效防治率达 100%；三是严厉打击毁林占地行为。先后开展“春季一号”行动、绿盾 2013”检疫执法专项行动和林木伐区检查等专项执法行动；四是严格落实林木采伐限额指标。

五、积极开展项目征收占用林地报批服务

我局紧紧围绕县委、县政府中心工作，在严打严控的基础上，积极主动为项目业主提供优质高效服务。重点做好红色旅游线路、万安万绥路、安义路及古雷世纪金源二期等一批重大项目征收占用林地的跟踪指导、服务。同时，积极落实厦门湾南岸海岸新城建设、龙祥度假旅游开发公司项目建设和七星海项目建设等有关协调事项，认真开展“一对一”帮扶活动，挂钩帮扶六鳌翡翠湾旅游度假中心组团项目，协同企业与多家金融部门沟通，解决企业融资问题，有力地保障了项目的顺利落地。

六、扎实开展林地占补平衡改革试点工作

经国家林业局批准，同意在漳州市、永安市、尤溪县、晋江市、德化县等地区开展林地占补平衡试点工作，试点时间从2014～2016年。根据市政府安排和部署，在10月底之前，全县要完成新增林地外业调查、台账记录，建立新增林地储备库和新增重点生态公益林储备库，成立林地收储中心。今后凡是需要占用林地的，将严格按照“谁占用谁出资和先补后占”的原则在储备库中进行有偿调补。我县及时成立试点工作领导小组，认真研究制定《漳浦县林地占补平衡改革试点实施方案》（浦政文［2014］190号），并于10月16日召开全县改革试点工作会议进行动员部署。为配合各乡镇场开展试点工作，确保试点工作的顺利进行，我局共抽调40名专业技术人员组成五个外业调查组，分别由局领导带队，深入各乡镇场开展外业调查摸底、核实、登记等，共确认符合条件非规划林地15000亩作为储备用地，基本可以满足今后三年林地占补平衡需要。

七、开展专项调查，夯实林业发展基础

一是开展第五次全国沙漠化和沙化监测。全县沙化土地检测区内未发现露沙地；土地沙化呈现居民工矿交通用地增长、水域增加、沙化好转等现象。二是开展古树名木调查。经调查，全县共有古树名木792株，其中一级古树57株、二级古树186株、三级古树544株、名木5株。大部分古树名木生长良好，小部分出现白蚁危害、霉烟病危害、养分不足等情况。所有古树名木除登记造册外，我局还积极制定防治、复壮措施，落实责任到人，做好管护工作。

保护森林资源 促进经济贸易发展

江西省景德镇市珠山区农林水务局 马云华

2014年景德镇市进行区划调整后，原昌江区竟成镇划入珠山区，根据工作需要，珠山区成立组建农林水务局。我局自2014年三月份成立以来，高度重视林业方面的建设工作，现将2014年完成的主要工作归结如下：

2014年前段时期响应上级要求，为做好森林资源补充调查及“十三五”编限工作。要做好“十三五”期间年林砍伐限额编制工作，就必须先开展森林资源补充调查，以便将来更好开展工作。经调查，全区土地总面积5995.3hm^2。其中：林业用地总面积1334.8hm^2，占22.2%；非林业用地面积4660.5hm^2，占77.8%。森林覆盖率20.15%，林木绿化率27.74%。将“十三五”期间年林砍伐限额编制工作列入当前工作的重要内容，切实加强组织领导，制订了工作方案，明确责任，同时组建队伍，加强落实。

为切实加强松材线虫病防治工作，保护我市森林资源，维护生态安全，促进我市经济贸易发展，遏制松材线虫病发生和扩散蔓延的势头，对我区20022亩林地进行实地调查，经调查我区枯死松树面积约1450亩，枯死松树550株，我们采取单株清理的方式对枯死松树进行清理。伐除小班内的枯死松树和衰弱松树。所有伐除的松木以及直径超过1cm的枝条均须进行除害处理。

积极开展了创建国家森林城市和创建国家园林城市工作。为认真贯彻市、区创建工作会议精神，进一步优化城乡生态环境、彰显城市特色、建设生态文明、提升城市品位和综合竞争力，开展我区国家森林城市和国家园林城市创建工作。对照我市创建工作目标任务，结合我区实际情况，制定工作方案，强化组织机构，落实目标责任。

认真开展了森林防火工作。因年初区划调整，为健全森林防火基础网络建设，根据省、市森林防火指挥部要求，成立珠山区森林防火指挥部，并对所辖竟成镇及14个行政村森林防火组织机构网络进行更新登记；为了更好的做好森林防火工作，经我局积极协调争取，省防总向我局提供了价值7万元的灭火与监测物资，并做好了相关储备工作。开展森林火灾隐患排查38次，消除和排除森林火灾隐患20处，全区无一起较大以上的森林火灾。

九景衢铁路重点项目工作途径我区。为做好九景衢重点项目的施工建设，积极配合九景衢项目部要求缩减我区国家级公益林和市级公益林面积的申报及植被恢复等工作。

而通过近一段时间的林业相关工作，我局认识到林业工作的重要性，为更好的将全区林业工作做好，打造优美的居住环境，我们任重道远。明年我局也将继续做好森林资源补充调查及“十三五”编限工作。并加大全区森林防火力度，成立专业化森林防火队伍，确保全区顺利完成森林防火工作，力争辖区内不发生重大森林火灾。继续做好创建国家森林城市和创建国家园林城市工作，为打造优美宜居的森林城市提供保障。继续加强对松材线虫病防治和普查工作，同时积极配合九景衢项目部的建设工作，做好九景衢铁路重点项目的服务和审批工作。

大力发展林业产业 推动绿色经济发展

山东省莱芜市钢城区林业局

钢城区位于鲁中泰沂山区，85%的土地为低山、丘陵，全区现有林业用地面积23143hm^2，占土地总面积的44.4%，发展林业的条件得天独厚。近几年来，钢城林业充分利用区位、资源和政策优势，努力调整林业产业结构，大力实施林果基地建设，加快发展花卉苗木产业和森林生态旅游业，为林业产业化建设奠定了良好的基础。

一、钢城区林业产业化建设的现状分析

近几年来，钢城林业产业的发展坚持以市场为导向，以科技为支撑，以实施品牌战略为重点，通过思想上发动，工作上引导，政策上鼓励等措施，不断推进林业产业化进程。但是，目前林业产业存在林木资源总量较小，结构不够合理、科技支撑作用不强等问题，与林业的基础产业地位不相适应。

（一）林业产业化建设的相对优势

一是基地规模不断扩大。近年来，钢城区通过在山区实施荒山绿化和封山育林、丘陵地实施梯田地堰绿化、河道实施丰产林体系建设、城镇实施环城林建设、村庄实施生态园林式绿化等系列工程，切实提高了造林面积，截至目前，完成生态公益林建设14万亩，林木覆盖率达到39.2%。其中，以黄金桃、寒露蜜桃等为主的经济林面积12万亩，桃园面积10万亩，苹果、板栗、梨、樱桃、花椒等其他干鲜、杂果面积2万亩；以杂交杨为主的用材林面积2万亩，2009年以来大力发展花卉苗木业，实现了水源地保护与经济效益共享的发展模式，目前在辛庄镇投资2亿元建设了万亩高效生态园艺基地，总占地面积5万亩，共分为园艺繁育区、花卉苗木种植区、观赏类乔木区三大特色功能区。

二是森林旅游业发展势头强劲。近年来，钢城区把森林旅游业作为一个新兴重要产业来抓，加大对旅游资源的规划、开发、管理和宣传促销力度，以山水风光为主的森林旅游业迅速发展。境内主要旅游景区有棋山省级森林公园，总面积333hm^2，年接待旅游人数3万人，旅游收入达60万元；国有寄母山林场，面积3333hm^2，是钢城区的后花园，森林覆盖率高，山水相间，生

态环境优美，年接待旅游人数 5.5 万人，收入 100 万元；黄庄镇充分利用资源优势用举办桃花节的形式对外加强宣传，从 2006 年开始成功举办“桃花节”4 届，接待游客 10 万人次，旅游收入 80 万元，同时对自己的果品销售门路也是极大的宣传。

三是名牌战略初见成效。全区现有黄金蜜桃、寒露蜜桃、红冠蜜等 40 多个果品，先后被国家林业局命名为“中国蜜桃之乡”，被省林业厅和省经济林协会授予“山东省黄金桃之乡”，“井旺庄”牌蜜桃被国家农业部认证为“中国绿色食品”，“汶源牌”黄金桃、蟠桃和“贤女牌”寒露蜜桃被确定为“山东省无公害农产品”。

（二）林业产业化建设的制约因素

一是林木资源总量较小。全区 34 万亩的林业用地面积很难满足区域经济建设以及生态环境的需求，森林资源总量相对较小，且现有的森林资源以生态防护林和经济林为主，用材林面积只有 2 万亩左右，而且 95% 以上是幼龄林，木材产量相对较小，供远远小于求，所需木材需求主要来自外地。

二是林业产业化经营主体素质不高。目前，钢城区现有的林业产业化经营企业数量较少。在花卉苗木业方面，有龙头带动作用的企业有瑞冠花卉、原野花木、九州园林和汇彩月季，他们所从事的主要是观赏型花卉的销售，缺少有规模的花卉苗木繁育企业；在木材加工方面，由于全区林木资源总量较小，木材经营企业不到 30 家，且经营规模小，固定资产基本都不超过 20 万元，木材年销售量只有 $300m^3$ 左右，销售的木材来源主要是外地；在林果方面，虽然经济林面积占全区林用地面积的 37.5%，但是品种结构单一，加工品种少，果品档次不高，且缺乏集加工、储存、销售于一体企业，带动力不强；在森林旅游方面，森林旅游资源总量相对较小、开发力度不大、档次不高、资金短缺、旅游公路、电力等基础设施不能满足信息时代游客的基本要求，旅游管理机构不健全，旅游链条短缺，只局限于利用景观招揽游客，致使游客滞留时间短、经济效益低。

从以上林业产业化经营组织的数量看，真正意义上的发育程度较高、功能比较完善的林业产业化组织并不多，而且整体素质不高，成为制约全区林业产业化经营体系发育的“瓶颈”因素。

三是林业产业结构不合理。虽然近几年来全区的林果基地、花卉苗木基地已形成一定规模，森林旅游发展势头也很强劲，但相关的加工、销售和服务行业非常欠缺，产业体系不健全致使产业之间的衔接度和附加值不高。

四是林业科技支撑作用不强。从整体看，全区林业科技力量还相对薄弱，林业科技机构不健全，人才缺乏，特别是基层林业站，每个乡镇只有1人，而且以镇上的中心工作为主；林业产业科技含量低，影响产品质量和产品结构。

二、钢城区林业产业化建设总体思路和建设内容

林业产业化建设必需紧密结合钢城实际，在邀请省内外专家、学者在深入调查研究、广泛征求意见、充分科学论证的基础上，科学指导全区林业一、二、三产业持续快速健康发展。

（一）总体思路

以科学发展观为指导，以建设比较发达的林业产业体系为目标，以森林资源培育为基础、以精深加工为带动、以科技进步为支撑、以结构调整为主线，以增加农民收入为根本出发点，调整优化第一产业，全面提升第二产业，大力发展第三产业，走出一条产业发展与生态建设相互促进、协调发展的新路。

（二）建设内容

第一产业以调整树种结构为重点，大力发展以杨树为主的速生丰产用材林，以干鲜果（板栗、核桃、花椒、桃、苹果等）为主的名特优新经济林和以花卉苗木为主的花卉苗木繁育基地；第二产业以改造、提升传统产业、发展现代产业为重点，突出发展果品储存加工、花卉苗木销售、木材家具地板三大支柱产业，加速产品升级换代、实施“名牌”战略、培育一批产品附加值高、市场竞争能力强的优势产业或企业群；第三产业重点发展森林生态旅游业和林产品交易市场。充分利用棋山省级森林工作、卧虎山森林生态旅游区、天山仙人谷、陈毅战役指挥所等自然地理和人文优势，努力打造以城东、城南、城北、城西四大精品旅游线路为主体、若干景点相结合的森林旅游网络，切实加强与之配套的基础设施建设和旅游产品开发，进一步加强林产品专业交易市场建设，积极创造条件发展现代林产品物流业。

1. 培植4条经济带

以国有寄母山林场沿线为主线，在青场崮、裂皮山等流域规划发展2万亩核桃、板栗经济带；以两河（辛庄河、盘龙河）、两路（济青高速钢城段、莱马路）绿化为主线，在沿河荒滩荒岭建成2万亩的速生丰产用材林经济带；以中部低丘地区为重点，建成10万亩林果经济带；以辛庄镇为重点，建成6万亩的花卉苗木经济带。

2. 发展4个产业

花卉苗木业：在现有辛庄花卉苗木基地的基础上，进一步扩大种植规模，并充分发挥瑞冠花木、原野花木、松涛园林绿化等骨干企业的带动作用，积极引进一批花卉苗木企业，力争利用3~5年的时间，基地面积达到6万亩。同时，以园林绿化单位为龙头，以街道、道路、庭院绿化工程为依托，以兰花博览会、花店、租花等经营形式为纽带，大力营造花卉苗木生产、经营、销售产业链，切实提高花卉苗木产业发展综合效益。

林果业：重点抓好以黄庄、辛庄为主的蜜桃种植基地、以六福果业为主的优质桃种植基地和以金蓝果业、大上峪蔬果生产合作社为主的核桃种植基地建设。在稳定现有经济林的基础上，在青场崮、裂皮山等流域规划发展核桃、板栗等经济林2万亩，完成10万亩桃园的更新换代。

速生丰产林产业：以忆祥阳光地板、泰山纸业、冠栋家具等企业为龙头，在辛庄河、盘龙河两侧的荒滩荒坡为重点大力发展杨树速生丰产林和适宜板材加工的用材林。

森林旅游业：以棋山省级森林公园和国有寄母山林场为龙头、以天山仙人谷、卧虎山、城岭乡村旅行社为依托，打造形成以生态景观为主体，以其他景观为辅助的生态旅游圈，满足人们多层次、多样化的旅游需求，不断提升景观质量和森林文化内涵，打造特色生态旅游品牌。

3. 实施3大战略

品种改良战略。要加大新品种的研究和开发力度，大力引进省内外优良品种，品种改良必须有长远规划，做到试验开发一批、推广一批、储备一批。要认真抓好种苗研发生产工作，有计划地建设一批有特色、有规模的良种繁育基地、新品种生产示范基地，加快淘汰不适应市场的落后品种。

龙头带动战略。要按照扶优扶强、突出重点的原则，在桃产业主产区发展一批辐射带动能力强的贮藏保鲜、加工、流通型龙头企业。在花卉苗木业主产区对现有的花卉苗木业龙头企业加大扶持力度，并引进一批具有苗木繁育能力的企业，拓宽发展范围。要大力培植现代化森林旅游企业集团，明晰产权，实行规范的公司化运作，通过招商引资，不断扩大规模，扩大影响，开拓省内外市场，使森林旅游业得到发展壮大。

名牌推动战略。引导林果生产企业加快林果产品质量标准体系建设，对现有优势品牌进行整合，统一标识，提高品牌产品竞争力和市场占有率，努力打造名牌产品。森林旅游企业要以旅游资源为依托，研究特色，发挥优势，形成一批在省内外市场上叫得响、打得出的森林旅游精品产品和精品旅游线路。花卉苗木业要通过举办各种花卉博览会活动，提升品牌影响力。

通过品牌战略，努力打造一批在省内外有影响的生产基地、知名产品、知名企业、知名品牌。

三、钢城区林业产业化建设的对策

林业产业化建设是一项系统的工程，它不仅涉及林业的各产业，也与区域内的其他行业相互影响，需要与其他行业相互协调，共同发展。因此要结合钢城区的实际情况，以深化林改为动力，以完善政策为保障，以提高市场竞争力为导向，为林业产业发展创造更好的条件。

（一）完善政策，为林业产业发展创造宽松环境

要全面深化集体林权制度改革，在巩固现有成果的基础上，进一步扩大林改范围，让农民的林业资源变成固定资产，加速土地、资金、技术、劳动力等生产要素向林业产业的合理流动，吸引企事业单位、私营业主等社会力量参与林业产业开发，激发林农的积极性。同时，要进一步完善林木良种、造林、森林抚育补贴政策，健全覆盖林业生产全过程和所有经营主体的扶持政策，为林业第一产业的发展提供有力支撑；进一步完善林业金融、税收扶持政策，加快建立森林保险制度，提高林业产业的抗风险能力；大力推进林权抵押贷款，引导金融资本大规模流向林业，全面激发林业产业发展的活力。

（二）依靠科技，提升林业产业发展的质量效益

要建立健全以企业为主体的林业科技创新平台，支持有实力的企业与高等院校、科研院所开展科技合作，组建林业产业技术创新战略联盟，全面提升林业企业自主创新能力。奥大力推广先进适用实效的林果技术，围绕提高林果品质和效益，普及常规林果技术，推广运用现代林果新技术，积极扶持一批示范村、示范户，支持龙头企业建立科技示范基地，充分发挥其在科技推广中的示范带头作用；要充分发挥各级林业科技推广站、林业科研所的优势，鼓励科技人员通过科技承包、科技入股、领办企业等多种方式，直接参与林业产业化建设；要广泛开展技术培训。通过多种形式普及林业科技，提高广大农民和林业从业人员的科技素质，切实提高科技对林业产业化的贡献率。

（三）创新制度，完善林业产业化的市场运行机制

要促进经营制度创新，因地制宜的发展多种形式的适度规模经营，使林场、林业企业、林农和购销组织成为林业产业化的市场主体，着眼市场，积极发展林产品贮藏保鲜和加工业，加快加工龙头企业建设，提高加工能力和

档次，增加产品附加值。集中力量提高龙头企业开拓市场、加工增值、向林农提供服务的能力，扩大龙头企业的覆盖范围和辐射范围，使龙头企业上规模、上档次、上水平；要积极拓展市场，加快果品批发市场的建设。重点在霞峰、龙宫峪、金水河、贤女庙等村加大桃交易市场建设力度，严格规范市场秩序，加强对果品销售的综合管理，制定严格的规章制度，为果品的深购远销创造良好的外部环境。要积极探索代理销售、电子商务、网上交易等现代营销方式，形成多层次、多渠道的销售市场体系。

油用牡丹间作核桃模式可行性研究报告

山东省东阿县林业局　李昌惠　王兴林

国家林业局原党组书记、副局长，现任中国林业经济学会理事长李育才，3 月 17 日向中央领导同志报送了《关于油用牡丹产业发展的报告》。习近平总书记，李克强总理和汪洋副总理分别作了批示。姜异康书记、赵润田副省长也分别就落实这个报告签署了意见。4 月 18 日 ~19 日国家林业局在菏泽召开了全国油用牡丹产业发展座谈会。省林业厅组织十七地市林业局领导参观了七个省区的牡丹种植情况并于 5 月 18 日 ~19 日在我县召开了全省牡丹产业发展现场会。国家林业局、省林业厅正在制定关于油用牡丹产业的发展规划，出台相关政策扶持发展。同时，核桃作为国家重点发展的木本油料作物，也具有极高的生态效益、经济效益和社会效益。牡丹核桃间作种植相辅相成，经济和生态效益俱佳。具体报告如下：

一、项目概况

（一）项目名称

油用牡丹间作核桃模式可行性研究报告

（二）项目定位

发展高效生态观光林业，打造中国油用牡丹之乡

（三）项目背景

1. 是我国食用油安全的需要

我国每年食用油消费量达 2540 万 t，其中 63.5% 依赖进口，进口量中 90% 以上为转基因，在油料安全和人身安全上存在严重威胁。牡丹、核桃作为优质木本油料作物既生态又高产，符合国家油料产业政策。

2. 经济效益高

在我县鹊乡梅园内，十年生梅花树下间作的 5 年生牡丹每亩产量达 500 斤以上，按 2012 年价格计算每亩效益在 6000 元以上。8 年达到高产后，按目前价格亩效益可稳定在 8000 元以上。

我县铜城办事处大秦村栽植核桃效益：三年生核桃园收入2000元左右。六年生新品种核桃园每亩效益6000元以上。四十年生的核桃林目前效益仍在4000元以上。

综上所述，牡丹核桃间作种植，五年后亩效益可稳定在万元以上。同时牡丹的花、径、根和核桃木均有很高的经济价值。

3. 生态效益好

牡丹和核桃均为多年生木本植物，寿命长，高产期40年以上。若在绿色通道、生态水系、沙荒地和村镇四旁等方面实现牡丹核桃间作种植，可增加东阿的绿地面积，提升我县的林业品质，为发展旅游业奠定良好的基础。

4. 社会效益大

牡丹、核桃均为优质木本油料作物，不仅出油率高，而且营养成分远高于普通油料。特别是α-亚麻酸含量都很高，对人类健康都有很大益处。α-亚麻酸是构成人体脑细胞特别是脑细胞的重要成分，是人体不可缺少的，自身不能合成，又不能替代的多不饱和脂肪酸，有“血液营养素”之称。牡丹籽油的多项指标超过被称为“液体黄金”的橄榄油，被油质权威检测机构专家赞为“世界上最好的食用油”。

小结：符合国家油料产业政策，强强联合效益更高。

二、政策分析

1. 《国家“十二五”规划纲要》第五章“推进农业结构战略性调整”，鼓励和支持在黄淮海平原等优势产区集中发展油料等大宗农产品。

2. 2011年国家财政部发布的《关于整合和统筹资金支持木本油料产业发展的意见》（财农［2011］19号）明确指出为促进油茶、核桃、油橄榄等木本油料产业发展，提高我国食用植物油生产能力，根据2010年中央农村工作会议精神，决定从2011年起整合和统筹资金支持木本油料产业发展。

3. 2011年3月山东省政府颁布《山东省油料等四个产业振兴规划》（鲁政发［2011］8号）明确指出：菏泽市、聊城市、济宁市同时被列为油用牡丹种植发展基地，且重点建设菏泽市、聊城市2个省级种苗繁育基地。

4. 聊城市人民政府《关于印发聊城市国民经济和社会发展第十二个五年规划纲要的通知》（聊政发［2011］27号）中指出：做大做强优势特色产业，大力推进农业结构调整，推动生产要素向种养大户集中、优质品种向生产基地集中、优势产业向优势区域集中，重点做强蔬菜、畜禽、林果等优势特色产业。

5. 国家林业局、省林业厅正在制定全国、全省油用牡丹发展规划，并即将出台扶持政策。

小结：国家政策是大力扶持发展木本油料

三、产业概况

（一）关于油用牡丹

1. 卫生部公告

2011年3月22日，国家卫生部批准牡丹籽油为国家新资源食品（新资源食品的公告2011年第9号）。这意味着牡丹籽油的安全性和营养性得到国家认定，牡丹籽油正式成为我国食用油大军中的一员，拉开了油用牡丹产业大发展的序幕。

2. 产量及出油率

（1）高产。国内多年的种植以及惠农合作社试验田实践证明，一般地块每亩能产出牡丹籽300～400kg左右（6年以上高产期可达500kg），亩产量高于大豆。（2）长期受益。油用牡丹是多年生木本植物，可40年不换茬，一次种植多年受益。（3）出油率高可达到18%～22%，高于大豆。

牡丹籽油、核桃油与几种食用油油质对比表

	花生油	橄榄油	菜籽油	大豆油	茶油	核桃油	牡丹籽油
α-亚麻酸（%）	0.4	0.7	8.4	6.7	1.0	16.8	43.18
油酸（%）	39	83	16.3	23.6	80	20.3	21.93
亚油酸（%）	37.9	7.0	56.2	51.7	10.0	54.3	27.15
饱和脂肪酸（%）	17.7	14.0	12.6	15.2	9.9	9.7	7.20
不饱和脂肪酸（%）	77.3	85.3	80.9	82.0	90.1	90.2	92.26

油用牡丹、核桃与几种油料作物产量、出油率对比表

	花生	油橄榄	油菜	大豆	油茶	油用牡丹	核桃
亩产量（斤）	440	640	300	360	100	800	600
出油率（%）	42	15	35	16	14	22	66（仁）
一般产油（斤/亩）	184.8	96	105	57.6	14	176	174

3. 国内油用牡丹发展概况及市场分析

（1）种植分布、面积与模式。目前，全国牡丹种植面积仅30.4万亩，主要分布在山东、河南、甘肃、安徽等地。其中，菏泽主要为观赏牡丹，安徽铜陵、亳州主要为药用牡丹，山东东阿主要为油用牡丹。东阿油用牡丹的栽培模式即丰产林－牡丹－芦花鸡栽培模式、经济林－牡丹栽培模式、高档绿化苗木－牡丹栽培模式为全国首创，专家认为是最有推广价值的模式。

（2）牡丹籽需求市场分析。根据目前牡丹面积较小，产籽周期较长的特点分析，10 年内牡丹籽主要以繁育为主，油用为辅，10 年后以油用为主，30 年内牡丹籽均会处于供不应求的状况，如考虑国际市场油料需求和进一步深加工因素，供不应求的状况会更长。

（二）核桃栽培情况

核桃是世界四大坚果之一，是主要的木本油料树种，在我国的五大木本油料（油茶油、核桃油、橄榄油、茶叶籽油、山茱萸油）植物中位居第二，极具产业开发价值的优势产业树种。在 2014 年 4 月 25 日～27 日全国核桃产业发展会议上，国家林业局和权威专家讲，中国的核桃栽培总量永远达不到饱和的程度。

小结：油用牡丹和核桃种植业正方兴未艾，效益持久。

四、技术方案

1. 种植区域气候土壤条件分析

东阿地处东经 116°02′至 116°33′，北纬 36°07′至 36°33′，属温带季风大陆性气候，四季分明，年平均气温 14.4℃，年平均降水量 563.3mm，年平均日照 2300h，年平均无霜期 236d。东阿属黄泛冲击平原，土地肥沃，是油用牡丹和核桃的最佳种植区域。

2. 间作匹配分析

以结果为主的核桃树，树高一般为 3.5m 左右，如果再采用大行距（如行距 6～8m）栽植，对比较耐阴的油用牡丹影响很小。据我县梅园实际测定，在密度为 3m（行距）×2m（株距）的十年生梅花树下（树高 3m）间作的五年生油用牡丹产量仍能达到 600 斤左右。另外，牡丹和核桃都是比较耐旱的植物，二者匹配很适宜。

3. 种植要求

（1）地块选择：地势高亢、排灌良好、有机质含量在 1% 以上、PH 值 8.2 以下的沙壤土地块为佳。

（2）核桃品种选择：以结果为主可选择易丰产、薄壳、抗病品种清香、辽核 7 号、香玲、元丰等；果材兼用核桃可选择前期生长迅速的清香、鲁核一号、青林等品种。

（3）密度：以结果为主的核桃园密度为 6m×4m，每亩 27 株。果材兼用核桃园密度为 8m×4m，每亩 21 株。以南北行向三角形栽植为宜。

（4）牡丹间作：采用大小行，大行宽 100cm，小行宽 70cm，株距 30cm，每亩栽牡丹 2220 株。

（5）技术队伍：东阿县林业局拥有林业高级工程师 6 名，林业工程师 8 名，完全有能力胜任所有林业技术工作。

小结：东阿种植适宜，技术有保障。

五、实施发展方案

油用牡丹是新产业，百姓的认知程度较低，在实施发展过程中，应采取了以下几种主要模式发展。

1. 机关干部建基地，带头搞示范。机关干部开拓精神强，善于接受新事物；知识丰富，便于掌握新技术；工作经验丰富，组织能力强，具备带动先行的条件。2012 年，县林业局动员林业职工自愿申请、统一规划建基地，租地 1500 亩，建设了东阿县油用牡丹示范基地，示范带动作用明显。

2. 土地流转招商引资，进行规模化种植。通过招商引资让企业参与进来，通过土地流转进行规模化种植，既让老百姓增加了收入，又便于集中统一规划，统一管理，让牡丹种植专业化。

3. 成立专业合作社，带动农户搞种植。成立油用牡丹种植专业合作社以解决种植户苗木引进、技术服务、产品销售等问题，提高农民种植油用牡丹的积极性和抗风险能力，解决农民的后顾之忧。

4. 打造“百里黄河，百里牡丹”新景观。东阿县沿黄 114 华里，有全国平原地区第一个国家森林公园——东阿黄河国家森林公园。借助这一优势，以公园为主体，在黄河淤背区大力发展以油用牡丹和核桃间作为主的多种间作模式。

5. 重点在绿色通道、生态水系、村镇四旁发展种植。这些区域不占粮田，土地易于解决，可操作性强，生态绿化效果好。

六、制约因素和政策扶持

牡丹、核桃为朝阳产业，有众多的优势利益，但前期投入较大，见效较慢。因此，要发展好这项产业必须制定相关政策。一是进行资金扶持。河南洛阳种一亩油用牡丹，市县各补贴 600 元/亩，超 500 亩再投 300 元/亩。菏泽市的政策是每发展一亩油用牡丹补贴 600 元，每育一亩苗补贴 1300 元。二是列入对各乡镇的年度目标考核，并将累计种植面积超过5000亩的乡镇（街道）列为全县农业产业结构调整特色乡镇（街道）。三是将成方连片超过500亩的示范基地建设计入各乡镇（街道）招商引资任务。

小结：有具体实施方案，制定切实可行的政策解决发展瓶颈，便可顺利发展。

七、投资估算及效益分析

1. 投资估算：地租按现行地价每亩1000斤小麦价格计算即每亩约1300元；核桃苗木，按每亩27株、每株15元计算，每亩为405元；牡丹苗木，每亩2220株，按每株0.5元计算，每亩为1110元，苗木为一次性投入。水肥管理等费用，根据种植面积，操作模式不同而不同。

2. 效益分析：按现行最低价格核桃15元/斤，牡丹籽10元/斤计算，每亩收入情况如下。第三年，牡丹籽100斤，收入1000元；核桃10斤，收入150元，总计1150元。第四年，牡丹籽200斤，收入2000元；核桃80斤，收入1200元，总计3200元。第五年，牡丹籽400斤，收入4000元；核桃200斤，收入3000元；总计7000元。第六年后，牡丹籽稳定在600斤以上，收入6000元；核桃稳定在400斤以上，收入6000元；总计12000元。以上收入不包括核桃木材，牡丹根，牡丹花蕊、花粉等副产品，前两年间作经济作物及政府补贴等收入。

不同种植操作模式效益分析见下表。

表一　农户油用牡丹和核桃间作效益分析　　单位：斤、元

	投入（核桃苗15元/株、牡丹苗0.5元）					收入（核桃15元/斤、牡丹籽10元）				
	地租	核桃	牡丹苗	水肥管理	合计	核桃产量/金额		牡丹籽产量/金额		合计
第一年		405	1110	500	2015					
第二年				500	500					
第三年				500	500	10	150	100	1000	1150
第四年				400	400	80	1200	200	2000	3200
第五年				400	400	200	3000	400	4000	7000
前五年总计					3815					11350
六年后				400	400	400	6000	600	6000	12000

（上表收入不包括核桃木材，牡丹根，牡丹花蕊、花粉等副产品，前两年间作经济作物及政府补贴等收入。）

表二 企业化规模种植财务成本效益分析项 目

年 限	单位	第一年	第二年	第三年	第四年	第五年	第六年及以后	备注
一、直接成本	元							
1. 土 地	元	1300	1300	1300	1300	1300	1300	国家标准土质（良田）
2. 苗木								
2－1 牡丹苗木	元	1110	0	0	0	0	0	每亩2220株，2年苗木每株0.5元
2－2 核桃苗木	元	405						每亩27株，每株15元
3. 人工	元	600	600	600	500	500	500	以现有国家用工费用为标准
4. 生产物资	元	400	400	400	300	300	300	主要为水电、肥料及地膜等
小计		3815	2300	2300	2100	2100	2100	
二、间接成本	元							
1. 管理费用	元							
1－1 工资及福利	元	150	150	150	150	150	150	计算标准为每亩每年合计金额

年限	单位	第一年	第二年	第三年	第四年	第五年	第六年及以后	备注
1－2 物料消耗	元	20	20	20	20	20	20	计算标准为每亩每年合计金额
1－3 业务招待费	元	30	30	30	30	30	30	计算标准为每亩每年合计金额
1－4 办公费	元	10	10	10	10	10	10	计算标准为每亩每年合计金额
1－5 其他	元	50	50	50	50	50	50	计算标准为每亩每年合计金额
2. 销售费用	元							计算标准为每亩每年合计金额
2－1 广告费	元	0	0	40	40	40	40	计算标准为每亩每年合计金额
2－2 其他	元	0	0	5	5	5	5	计算标准为每亩每年合计金额
3. 财务费用	元							
3－1 利息支出	元	247.35	155.39	158.12	145.98	145.98	145.98	利率为现行银行企业贷款利率6.07%
小计		507.35	415.39	463.12	450.98	450.98	450.98	
效益								
一、直接效益								

年限	单位	第一年	第二年	第三年	第四年	第五年	第六年及以后	备注
1. 销售收入								
1－1 核桃收入	元	0	0	150	1200	3000	6000	市场单价 15 元/斤，第三年核桃亩产量 10 斤，第四年核桃亩产量 80 斤，第五年核桃亩产量 200 斤
1－2 牡丹籽收入	元	0	0	1000	2000	4000	6000	第三年牡丹籽亩产量 100 斤，第四年牡丹籽亩产量 200 斤，第五年牡丹籽亩产量 400 斤
1－3 牡丹花蕊收入	元	0	0	800	1600	3200	3200	按现市场低价每斤 800 元计算，第三年牡丹花蕊亩产量 1 斤，第四年牡丹花蕊亩产量 2 斤，第五年及以后牡丹花蕊亩产量 4 斤
1－4 牡丹花粉收入	元	0	0	900	1800	2400	2400	纯牡丹花粉市价 600 元每斤，第三年牡丹花粉亩产量 1.5 斤，第四年牡丹花粉亩产量 3 斤，第五年及以后牡丹花粉亩产量 4 斤

年限	单位	第一年	第二年	第三年	第四年	第五年	第六年及以后	备注
1－5 其他收入	元	暂不估计在内						其他为政府补贴、牡丹叶子、花瓣及利息收入等
小计		0	0	2850	6600	12600	17600	
二、间接效益								
1－1 旅游观赏	元	暂不估计在内						
1－2 科普教学	元							
1－3 其他	元							
小计								
成本费用合计		4322.35	2715.39	2763.12	2550.98	2550.98	2550.98	
收入合计		0	0	2850	6600	12600	17600	
利润总额		−4322.35	−2715.39	86.88	4049.02	10049.02	15049.02	
投资回报率		−100.00%	−100.00%	3.14%	158.72%	393.93%	589.93%	
投资回收期	4.29							静态回收期

（上表收入不包括核桃木材，牡丹根等副产品，前两年间作经济作物及政府补贴等收入。）

从上表可以看出，本模式实施后的投资回收期为 4.29 年。

小结：投资不大但收益却很大。

八、研究结论与建议

通过以上的研究分析，核桃和油用牡丹都是国家大力发展的木本粮油植物，二者间作非常匹配，收入较高，且持续时间较长，一种多收，产出投入比非常大，完全可以投资建设。同时，该产业既能产生可观的经济效益，又能带来极大的生态效益和社会效益，一旦实施将会给东阿的民生和生态带来不可估量的贡献，对东阿的经济、社会等方面产生极其深远的影响。

小结：油用牡丹和核桃高效间作种植模式可行，可大力发展。

作者简介：

李昌惠，1965年12月出生，中共党员，大学学历。现任山东省东阿县林业局局长。

加快林业产业健康发展
推动生态建设步伐

山东省阳信县林业局　李观俊　王建军　任洪岩

为全面了解我县林业产业发展现状，科学制定林业产业发展规划，加快林业产业健康发展，为领导科学决策提供依据，对我县林业产业发展情况进行了详细调研，形成调研报告如下：

一、林业产业工作完成情况

我县经工商局注册各类涉林企业183家，2014年上半年新注册企业10家。其中规模以上企业17家，总产值近21亿元，逐步形成了以林果加工、木质家具制作、花卉种苗、林下经济、森林旅游等组成的5大林业产业，成立了多个林农专业合作组织。林业产业的较快发展，已成为我县农村经济发展中投入少、风险小、发展稳、效益好的特色产业，被群众誉为真正的“绿色银行”。

（一）果品贮藏与加工产业

我县现有鸭梨种植面积10.58万亩，出口商检注册企业3家，注册出口基地4.5万亩，年出口鸭梨2万t。截至目前我县已建成以金阳办事处为主产区的6万亩阳信鸭梨无公害标准化生产基地，完成了河流镇以早熟梨为主的名优梨生产专业化乡镇建设，储藏保鲜企业200余家，储存保鲜果品4.1万t，鸭梨深加工企业13家，加工能力1.4万t。2013年9月鑫悦实业的阳信鸭梨和金地果蔬的鸭梨饮品被评为第十届中国林产品交易会金奖。以阳信鸭梨产业发展合作社为龙头的多家经济林合作社迅速发展壮大，经济林生产建设水平有了新的提高；农药减量控制技术在全县梨园推广，标准化技术快速普及。2013年30亩阳信鸭梨获有机食品认证，10.58万亩阳信鸭梨获国家农业部国家地理标志产品认证，鸭梨总产量达2.13亿kg，总产值达4.64亿元，全县鸭梨产业健康稳定发展。2014年3月伟国经济林种植专业合作社报山东省省级示范社，正在审批中。

（二）花卉与种苗产业

我县已注册种苗花卉企业70家，在政府政策引导下，苗木产业发展迅速，各乡镇陆续成立苗木繁育基地80余处，速生白蜡、美国竹柳、速生国槐等树种长势喜人，海棠、木槿等乔灌类苗木繁育数量较往年也有较大增长。特别是阳信县苗木花卉协会成立以来，初步形成了生产、销售、流通、服务为一体的产业链条。花卉种苗产业年产值1.2亿元。

（三）木材经营加工产业

包括木材及板材加工、古家具和仿古家具制作、现代家具制作以及经营。目前我县以伟国板业科技为龙头的木材、板材经营加工企业29家，个体业户200多家，主要经营加工板材、板条、芯板、木片、地板基材等产品，年经营加工径材、枝桠材等100余万 m^3，实现木材加工产值3.5亿万元。企业直接发展原料林1万亩、带动发展造林8万亩，直接或间接解决就业1万多人。以欧亚木器为龙头的现代家具制作业蓬勃发展，以河流镇王下马村、张集村、翟王镇朱家村等从事现代家具制作的企业46家，业户300多家，从业人数8000多人，年产值5亿元，形成现代家具加工交易市场一处。在鼎龙、盘古、鲁木匠等从事古家具、仿古家具经营加工企业带动下，不断壮大了民俗文化传播队伍，现注册企业25家，从业人员2000多人。建起了民俗文化产业园区，新增过亿元企业3家，过千万元古家具项目5家。可吸纳社会劳动力4000余人，年产家具、仿古家具300余万件，产值17.9亿元。每年接待参观团队近62个，参观人员近8000人次。2013年10月山东鼎龙民俗文化传播有限公司被评为山东省林业龙头企业。古家具、仿古家具经营加工同时带动了当地餐饮、零售、交通等产业的发展。

（四）林下经济

随着集体林权制度改革的深入，林下经济发展步入快车道，催生了林业发展活力。阳信县共鸣金蝉养殖专业合作社经过四年的孵化和培养，2014年已做好新一轮的金蝉收获和养殖，预计每亩收益在4000元以上，合作社实现产值800余万元。商店铁路林场和雾宿洼林场6000余亩林下西瓜生长状况良好，水肥充足，6月底可陆续上市，预计带来700余万元的直接收入。同时世纪盛景、绿源林首、天然红豆杉、毓秀园林等一大批林下育苗企业也迎来了收益颇丰的一年，阳信县的林下经济正式步入发展的快车道。

二、主要做法

（一）加强领导，确保林业产业工作取得实效

为了保质保量完成林业产业建设工作任务，各乡镇高度重视，明确任务，狠抓落实，确定分管领导专抓此项工作。同时，县级分管领导及县委、县政

府督查室、林业局等相关部门负责同志深入各乡镇进行巡回督查，确保林业产业建设取得实实在在的效果。

（二）强化措施，使全县经济林建设走上良性发展的轨道

一是抓宣传，增强广大群众参与果品生产的积极性和主动性。为了使全县广大干部群众和各级组织能够把工作重点放在梨果生产上来，我们大力宣传鸭梨生产在全县经济建设中的重大意义和全面建设小康社会中的作用。聘请果树专家来我县举办科技培训班和专题讲座7余次，了解市场行情，鸭梨发展动态，掌握果品贮藏、加工、营销等方面的知识，指导全县鸭梨生产工作。

二是抓管理，提高果品质量。为了提高果品质量，林业局技术人员深入各乡镇特别是金阳办事处进行技术指导，将鸭梨标准化生产技术送到田间地头，叮嘱梨农按要求播撒化肥、喷施农药，加快无公害鸭梨产业化发展进程。同时我们以扶持发展中介服务组织和龙头企业为重点，努力形成多渠道、多层次的销售网络，促进果品销售。形成了“公司+农户+基地”的产、供、销一条龙服务体系，农、工、贸一体化的发展格局。

三、存在的主要问题

（一）林业产业化龙头企业总量少，规模小，科技含量低、带动力弱

我县现有林业产业化龙头企业7家，其中果品贮藏加工企业占3家、木材经营加工企业、木制家具企业、林下养殖企业和野生动物驯养企业各占一家，并且是刚刚起步，科技含量低，示范带动能力很弱。木材加工企业多数以圆盘锯、带锯为主，有的木片厂扒皮环节还停留在手工阶段，劳动生产效率很低。全县规模以上涉林业企业只有17家，工业总产值8.7亿元，平均仅为5159.6万元。在规模以上企业中除欧亚木器、大唐古典文化（欧亚木器产值2.7亿元、大唐古典文化1.5亿元）外，没有产值过亿元的企业，企业规模小、龙头企业数量少，带动力不强。

（二）森林资源总量相对太小

目前我县林地面积29.74万亩，其中以鸭梨为主的经济林15万亩，其他用材林以杨树为主，树种比较单一，且大部分是近几年新增造林，以中幼林为主，大中径材林木太少，全县林木蓄积量只有47.7万m^3，人均不足1.1m^3。资源的相对匮乏在一定程度上制约着林业产业特别是木材经营加工业的发展。

（三）各产业间发展很不平衡

以鸭梨为主的果品贮藏与加工业发展较早，规模较大。木材经营加工，特别是古家具、仿古家具、现代家具等发展较快，初具规模，有很强的市场知名度。但是我县林下经济、种苗花卉、森林旅游刚刚起步，有的还处在探索起步阶段。

（四）林业企业产品品牌意识不强

阳信鸭梨品牌价值18.6亿元，但是全县所有果品贮藏与加工企业都没有真正发挥好这一品牌优势，让它实现应有的市场价值。所有林产品争创国家或名省市牌的意识不够，不能充分利用品牌优势增强产品的市场竞争力和附加值。

（五）林业企业投融资困难

资金问题是制约林业企业发展的关键因素，林业企业一直被认为科技含量低、附加值低、风险大，社会资金不愿意进入、金融部门也不愿意支持。林业企业投入很难解决资金瓶颈问题，特别是林下种养、种苗花卉等产业尤为突出。

（六）对林业产业的扶持力度不够

由于县乡财政困难，没有能力扶持林业产业的发展，国家关于林业产业发展的政策，大部分企业不了解、不知道。不能充分利用国家政策来加快发展。

四、对策与建议

1. 林业产业化是一项系统工程，贯穿于生产、加工、销售各个环节，一个环节出现问题，将影响整个链条的运转，必须统筹规划，合理布局，抓住重点，稳步前进。建议制定林业产业发展规划、出台林业产业发展奖励扶持办法。

2. 帮助企业以龙头企业 + 基地，基地连农户形式结合我县林水会战和农业开发等多种形式，营造工业原料林，发展工业原料果品基地。

3. 帮助以鑫悦公司等果品贮藏经营加工企业完成扩容及升级改造。以鑫悦鸭梨、恒庆堂鸭梨醋、启康元秋梨膏为主提质增效、引导木材加工、家具制作、林下经济等产品，争创省市或国家名牌。采取品牌战略，增加产品的附加值、增强林产品的市场竞争力。加大功能鸭梨开发力度，进一步开发功能型保健型梨品系，把阳信鸭梨这一品牌发挥好。

4. 结合林权制度改革，充分利用好现有森林资源，结合林权抵押贷款、林业企业或林业龙头企业商务贷款、林业专业合作组织贷款、林业职工个人贷款多种形式，开通思路、切实盘活资源为资金，解决林业产业发展投入问题。

5. 扶持打造我县林下种养殖基地，以林下养殖肉鸭、蚯蚓为基础，探索林下养鱼、林下种植中药材等林下多种经济。

6. 引导组建专业协会，规范好专业合作社的管理，解决各专业组织各自为战的混乱局面，打造适合本县的产业航母，提高生产组织能力和抵御社会市场风险的能力。建议筹建古家具交易市场、现代家具交易市场、种苗花卉交易市场。为林产品交易提供良好的环境。

7. 以林业局网站为基础建立林业产业网，为我县林业产业发展提供一个了良好的信息平台。结合有关规定和我县林业产业发展实际情况，制订切实可行的林业产业发展政策，优化发展环境。

作者简介：

王建军，1971 年 5 月出生，中共党员，本科学历，农艺师。现任山东省阳信县林业局副局长。

任洪岩，1980 年 2 月出生，中共党员，本科学历，农艺师。现任山东省阳信县林业局办公室主任。

发展高效特色林业产业 加快富民强县建设步伐

河南省南召县林业局 吕永钧 徐功元

南召县位于伏牛山南麓，南阳盆地北缘，是河南省25个山区林业重点县之一，全县林业用地面积326万亩，活立木蓄积量630多万 m^3，森林覆盖率65.74%，基本格局是“七山一水一分田一分道路和庄园”。

近年来，南召县结合山区自身特点，围绕生态要好、农民要富的目标，把花卉苗木作为富民强县的支柱产业来抓，采用公司+基地、公司+合作社+农户的多种运作模式，坚持以市场为导向，以科技为支撑，以农业合作社为依托，以高科技企业为龙头，全力做好特色林业生态产业文章。至目前，全县以玉兰为主的花卉苗木面积达13.5万亩，建成玉兰生态观光园等10个花木精品园区，从业人员10万余人，专业合作社161家，专业村40多个，南召锦天园林、华龙辛夷、南召新旺玉兰生态园等省级龙头企业4家，各类园林公司38家，南召玉兰被认定为“南阳农业十大品牌”，并被授予“神农奖”。2014年林业总产值达到14.68亿元，同比增长14.7%。

南召县连续3年被市政府授予“全市花卉苗木工作先进单位”、“全市花卉苗木产业示范基地建设先进集体”等荣誉称号，被国家命名为“中国辛夷之乡”、“中国玉兰之乡”。我们的主要做法是：

一、加强领导，政府推动，为花木产业发展提供政策保障

一是建立组织管理机构。县里成立了苗木花卉产业办公室，按正科级事业单位设置，隶属县林业局领导，主管全县花卉苗木产业发展工作，解决了制约产业发展的体制性问题。每年县委、县政府都要把发展花卉产业放在突出的位置，摆上重要议事日程，纳入政府目标管理体系，召开专题会议进行安排部署，层层签订目标责任书，严格考核奖惩，强化各级政府的责任。

二是科学制订产业发展规划。按照产业发展规模化和区域化的要求，高起点、大手笔编制了《南召县苗木花卉产业发展规划》、《南召县辛夷产业发展规划》等，明确产业发展的指导思想、总体目标、区域布局、发展重点以

及项目支撑和保障措施。在此基础上，为把南召建成中部地区最大的玉兰花木生产交易中心，2012年，我们又聘请中国农业大学、北京林业大学专家高起点编制了《南召县花卉苗木产业发展规划（2013～2020）》，着力打造玉兰花卉苗木核心示范园区、花卉苗木景观长廊。

三是出台产业扶持政策。县委、县政府先后制定出台了《关于加快花卉苗木生态精品示范园建设的实施意见》、《关于苗木花卉产业发展的意见》、《关于大力发展农民专业合作社的意见》等政策文件，鼓励各种社会资金投资花卉苗木产业。特别是从2009年开始，县里连续多年开展辛夷杯和苗木花卉杯竞赛活动，根据年终考评结果，对花卉苗木产业发展好的乡镇给予重奖。为激励花木生态精品示范园建设，2013县政府又出台四项激励措施：一是凡从事花卉苗木生态精品示范园建设，并达到规定标准的，可享受县制订的关于招商引资的一切优惠政策；二是各级各部门安排的各种涉农资金、项目将整合捆绑使用，优先支持花木生态精品示范园区的基础设施建设，确保水、电、路三通；三是县财政每年拨付20万元专项资金服务示范园区建设；四是经验收达标的花木精品示范园区，每个园区奖励资金30万元。各乡镇也不断加大对高效生态林果和花卉苗木产业的政府扶持力度，如小店乡从2008年开始，按照每亩200元的标准，乡财政拿出专款对全乡苗木花卉种植户给予扶持；云阳镇从2011年开始，镇财政也拿出专款对苗木种植户进行扶持，以此推动苗木花卉产业向规模化、标准化、专业化、公司化方向发展。

二、立足本地，突出特色，着力培育南召花卉品牌

一是加大对外宣传推荐力度。我们早期于2003年举办了中国·南召首届辛夷国际高层论坛，2005年成功举办了中国·南召玉兰花系列邮票首发仪式，2006年主办了第三届中国苗木花卉产业高层论坛，着力向外推介辛夷、玉兰为主的苗木花卉；2013年又召开了首届中国玉兰（南召）研讨会，国家工程院院士、农学部主任尹伟伦、北京林业大学副校长张启翔、中国林学会树木学分会主任委员、南京林业大学教授汤庚国等数十名国内著名专家教授分别就南召玉兰品种和育种工作进行了研讨，献计献策，提出了很好的指导性意见，对南召玉兰花木品牌给予了充分肯定，有力地推进了我县玉兰花木产业的发展，此次研讨会，进一步扩大了南召玉兰花木在全国的市场影响力。同时，我们还充分利用郑州绿博会、鄢陵花博会等节会，印制南召玉兰花木宣传材料进行宣传推荐，并在中国绿色时报等各种新闻媒体上发表文章，较好地宣传报道了南召玉兰花木品牌。

二是大力实施品质改造升级工程。我们在扩大常规绿化树种规模的基础上，积极引进发展名贵、高档、彩色园林绿化树种，做到乔、灌、藤、花、草、盆景齐头并进，常绿与落叶树种均衡发展，实现由培育小规格苗木向发展大、中规格苗木的转变，着力打造以云阳镇、皇后乡、小店乡为重点的玉兰系列苗木核心生产基地，以 S331、231、333 为重点的花卉产业生态廊道，力求把南召打造成河南省苗木花卉标准化生产示范区，带动全县苗木花卉质量整体上升。同时强力推进云阳镇的玉兰生态观光园、玉兰生态物流园、皇后乡的玉兰种植示范园、小店乡的高效苗木示范基地、留山镇的锦天园林精品园、城郊乡的宝天生态庄园等 10 个精品示范园区建设，构建“一环十园”的花木产业生态建设格局，实现由林农自发种植向企业化运作、精品园区的提档升级转变。此外，在继续保持中国辛夷之乡的基础上，还成功申报了中国玉兰之乡，使全县花木国字号品牌达到 2 个。目前，南召的玉兰花木在国内市场占有率达 20% 以上，产品远销北京、西安、山东、河北、上海、湖北、成都、重庆、内蒙古等 10 多个省市。

三、培育龙头，示范带动，加快产业化进程

为达到以点带线、以点带片、以片带面、滚动发展的目的，我们在发展花木经济的过程中，十分重视种植大户和龙头企业的培育。

一是在种植大户培育方面，重点扶持那些懂技术、有事业心、有经济头脑、敢闯敢干的育苗户，大力宣传他们的创业经验，在政治上给地位，在经济上给奖励，在融资上给扶持，在精神上给荣誉。云阳镇朱坪村育苗大户李长旺，上世纪 90 年代开始在自家责任田里种植花卉苗木，几经挫折，但他从不灰心，以蚂蚁啃骨头的精神，闯出了一番天地。现在李长旺种植的花卉面积达 150 余亩，年销售收入 30 多万元，成为远近有名的致富能人。在李长旺的带动下，朱坪村花卉种植面积由原来的十几亩膨胀到目前的四千余亩，种植农户超过 400 多户，并辐射带动云阳镇 10 个村发展花卉苗木产业，发展面积达 1.7 万余亩，种植户达 5100 多户，产品销往北京、天津、上海、江苏、山东等 11 个省市 20 多个城市，年产值上亿元，亩均效益超万元。2007 年，李长旺和他所在的朱坪村被中宣部、国家林业局等四部委授予“全国绿色小康户”、“全国绿色小康村”荣誉称号，2008 年，李长旺被南阳市委宣传部评为“南阳市首届十佳新型农民”，给予他的颁奖辞为：只要有先进的技术，广阔的市场，黄土地永远都充满了希望，正是靠这一点，他的花卉苗木产业，引领辐射周围地区，点亮了农民致富的希望，也装扮了广大农民的生活。小

店乡苗木种植大户张德仓，不但自己建有苗木基地，而且自己牵头成立了小店乡花木协会，每年平均销售苗木300多万元。正是这部分能人的带头作用，通过他们育苗致富，现身说教，引导周围群众打破传统的小农意识和粮农意识，主动调整种植结构，发展花木产业。目前，全县花卉苗木种植大户中，有30多人当选当地村委班子成员，20多人当选乡镇人大代表，60多人获得共产党员示范户、优秀共产党员等荣誉称号，其中云阳镇的马根芳因带动地方农村经济发展突出，2011年1月被农业部、财政部等国家六部委联合授予"阳光创业带头人"荣誉称号；同年12月又被省委组织部、省人力资源和社会保障厅、省农业厅等联合授予"河南省优秀农村实用人才"荣誉称号。

二是在建立精品示范园区方面，县里出台园区建设实施意见，制定考评细则，统一建设标准，加大财政、金融扶持力度，积极推进高效生态产业示范园区建设，目前，云阳玉兰生态观光园已完成投资3000万元，移植栽培辛夷、玉兰、桂花、红枫、垂丝海棠、紫薇等名贵花木40余种15万余棵，硬化园区内道路5km12500m^2，广场、道路、公共服务设施、生态餐厅等一应俱全，已正式对外运营；玉兰生态物流园规划投资1.2亿元，占地3280亩，有机整合了县内分散的花木及景观石资源，形成"一轴、两心、八区、多点"的布局。在这些示范园区的带动下，全县花卉苗木产业呈现出雨后春笋的发展态势，一些企业和老板纷至沓来，要求在南召投资发展花卉苗木产业。

三是在专业合作社和行业协会培育方面，始终坚持把建立专业合作社和行业协会作为带动产业发展的桥梁和纽带强力推进，依托种植大户、经济能人等，联合其他种植散户成立各种专业合作社或行业协会。如云阳镇朱坪村紫园苗木农民专业合作社，合作社成立后就把全村原来的散户集中起来，合作社理事长专门负责开拓市场、开辟销路，其他成员则负责苗木种植，在苗木销售旺季还成立了专业化的苗木挖掘和移栽施工队，所产花木合作社统一对外联络销售。合作社的成立，使朱坪村的种植户化零为整、实现了由分散种植向合作经营的模式转变，在短短的三年时间里，合作社先后参加了山东昌邑、浙江萧山等地的苗木交易会，并运用现代传媒的力量扩大合作社的知名度，如河南高速房地产公司通过网络联系到合作社，与合作社签订了一份数额不菲的供苗合同，合作社还与唐河中信置业公司、南阳湿地公园等多个单位签订苗木供货协议，并成为郑州市多所学校绿化苗木的长期定点采购单位；再如小店乡花木协会，协会成立七年来，紧紧围绕为花卉苗木产业发展服务、为花农苗农服务这个中心，充分发挥协会的桥梁纽带作用，积极探索和完善协会运行机制，切实加强行业自律管理，开展全方位技术、信息等服务，为花卉苗木产业发展做出了应有的贡献。目前，该协会会员由成立之初的350户现在已达到742户，下设3个分会，花木公司12个，花木基地50余个，面积1万余亩，带动农户1300余户，从业人员3000余人，协会对外承接各种园林绿化施工、规划设计等工程，已形成“协会+公司+农户”的高效发展模式，强力推进了全乡花木产业化经营的进程。

四是在龙头企业培育方面，县里积极主动对接争取项目，培育壮大华龙辛夷公司、锦天园林、玉兰国际花木城、南阳四季美等企业，千方百计为企业扩大规模、新产品研发、改造升级注入资金，不断改善优化企业发展环境，尽最大能力为企业搞好服务，解决制约企业发展的瓶颈，备足发展后劲，以此拉长产业链条，提高综和效益。同时，紧紧围绕产业升级，帮助企业进行筛选论证，科学包装项目对外发布，加大招商引资力度，推进产业的快速发展。

四、搭建平台，搞好服务，为产业发展提供技术支撑

一是大力实施技术培训工程。每年都要组织举办不同类型的林农技术培训班，邀请林业专家、果农、花农技术能手进行集中授课，重点培训生产中的整地、播种、嫁接、修剪、施肥、浇水、疏花、移植、病虫害防治、田间管理等实用技术，以此提高林农的技术水平，据统计，自2010年以来，共举办林业技术培训班100多期，培训林农5.5万人次，通过培训，参训农民全部拿到了农民技术员的绿色证书，显著提高了林农的生产技术水平。

二是积极实施科研“联姻”工程。为进一步发展壮大苗木花卉产业，我们积极与西北农林大学、河南农大等院校联系，走林农与科研院校联姻的道路，邀请他们来南召现场为林农讲解传授技术和经验，通过组织开展“科研院校的先进技术牵手林农”的活动，达到提高林农的生产管理技术水平的目的。

三是实施送科技下乡工程。每年都要组织林业专家深入各乡镇田间地头，面对面、零距离地把最先进的生产技术送到农民手中，据统计，2010年以来，共印发技术资料10万余份，开展送技术下乡活动60余场次。

四是积极组织林农、合作社、行业协会参加各种果品和苗木交易会，捕捉市场信息。仅2014年就组织育苗大户321人参加鄢陵花博会，签约项目和供苗合同15项，合同资金总额2500多万元。

五是建立交易平台。按照区域集中、交通便利的原则，我们在大力发展花卉苗木种植的同时，十分重视交易市场的建设和培育工作，目前，已建成

云阳镇朱坪村苗木交易市场、玉兰国际花木城等大型交易市场3个，南召已成为我国中部地区最大的玉兰花木种植、交易中心。

回顾我县花卉苗木产业工作，我们有几点深刻体会：

第一，各级领导重视是做好花卉苗木产业工作的关键。我县花卉产业的发展首先得益于各级领导的高度重视和有关部门的大力支持。县委、政府高度重视花卉产业的发展，自2009年理顺管理体制、出台一系列花卉产业发展和奖励政策以来，全县上下抢抓中原经济区建设及城镇化步伐加快等机遇，把发展花卉产业作为推进林业跨越式发展和农业产业结构调整、促进农民增收的重要工作来抓，采取有力措施，制定发展规划，想方设法安排落实花卉专项发展经费，建设花卉示范基地，有力地推动了全县花卉产业发展。

第二，扶持龙头企业走产业化、科技兴林之路是增强花卉产业发展后劲的重要举措。花卉是高投入、高产出的行业，只有推行产业化经营，以科技带动产业化发展，引导企业和林农联合起来，花卉产业才能有大的发展。龙头企业具有管理经验先进、科技专业化程度高、集约化经营强、市场开拓力度大的优势，龙头企业是产业化经营的关键，是带动和促进花卉产业的发展新助力。自2013年开始，县里出台政策，重点扶持和培育龙头企业，显著促进了产业上档升级和多元化发展。

第三，必须发挥合作社和协会作用，保障产业健康发展。发展花卉产业，加强政府引导是必要的，但更重要的是发挥行业非政府组织的作用，推进行业自我管理、自主发展。近几年来，我们十分重视发挥专业合作社和协会作为联结企业、市场和林农的中介组织作用，使其成为企业、市场和林农开展生产及联系、拓展市场的得力助手和参谋，保障了花卉产业健康有序发展。同时，合作社和协会通过参与或组织各类活动，在宣传南召花卉产业，扩大南召花卉影响力，塑造南召花卉品牌等方面发挥了巨大作用。

虽然我县花卉苗木产业发展取得了一定成绩，在促进农业增效、农民增收和新型农业现代化建设整体工作中发挥了显著作用，但与先进县市、与我县农民群众脱贫致富的迫切愿望还存在一定差距。下一步，我们将进一步解放思想，振奋精神，开拓创新，加大工作力度，努力推动我县花卉产业上档升级，为推进南阳高效生态经济示范市建设、构建生态文明和实现我县经济社会科学发展做出更大贡献。

以生态建设为核心
推进林业产业大发展

湖北省安陆市林业局　何国万　倪诗文　陈武峰

2014年，安陆市林业局在安陆市委、市政府的领导和上级主管部门的指导下，全面落实科学发展观，深入贯彻落实党的十八大和省、市林业工作会议精神，紧紧围绕以生态建设为核心，推进安陆林业产业大发展，突出银杏特色，开展植树造林、林业项目建设、林业产业发展等工作。

一、狠抓林业生态建设

（一）基本情况

2014年，安陆全市生态建设，完成成片造林2万亩，绿色示范村10个，森林抚育2万亩，公路植树200km，"四旁"植树160万株。开春以来，我们把造林绿化、基地开发作为春季的重点工作，加大宣传力度，加强服务指导，依托项目支撑，通过大户带动，完成成片造林2.4万亩；完成40个绿色示范村建设任务，共植树41.8万多株；完成四旁植树180万株，折合造林面积1.8万亩；完成林业育苗3000亩。

（二）主要特点

1. 力度大。市委、市政府高度重视林业生态建设工作，2013年10月，市委、市政府以两办文件将《2014年安陆市生态建设实施方案》印发到市直部门及各乡镇处；市领导多次到陈店、赵棚、接官、巡店、辛榨、烟店等地指导、督办林业生态建设；2014年1月15日，市委常委会专题研究了林业生态建设和银杏产业化。3月12日，市"四大家"领导带领机关干部参加义务植树，3月19日，市人大主任李超群带领人大常委会视察林业生态建设，5月13日，孝感市林业局班子成员、机关干部、二级单位负责人视察我市林业生态建设，6月24日，市政协主席刘爱萍带领政协领导视察林业生态建设，亲自询问建设情况，进行交流指导，为进一步推进我市林业生态工作提供有力支持。

2. 行动早。赵棚、烟店、李畈、巡店等乡镇提前谋划、早先规划，抢抓时间，在春节前已完成造林整地8000多亩；同时，搞好服务，按造林业主的需求，积极与孝感、罗田、丹江口等地的育苗基地联系，做好春季造林种苗供应。各林业站相应成立技术服务专班，指导造林业主造林整地、栽植。

3. 规模大。全市春季造林整地千亩以上基地9处，500亩以上的10多处。其中千亩基地分别是：赵棚团山花卉苗木基地，赵棚长龙油茶基地，赵棚腊梅油茶、花卉苗木基地，巡店荒冲花卉苗木基地，孛畈青龙潭花卉苗木基地，孛畈团山林场油茶基地，烟店石河花卉苗木基地，林科所十八里大庙花卉苗木基地，南城石桥花卉苗木基地。

4. 标准高。一是整地标准高，赵棚、烟店、洑水等乡镇的造林整地全部用机械全垦，其他各地都是机械抽槽，施足底肥后，机械回填。二是树种档次高。已造林面积中杨树、湿地松面积较少，银杏、油茶、花卉苗木等高效经济林和高档次苗木较多。

5. 特色明。河东几个乡镇主要以发展花卉苗木、油茶为主，河西几个乡镇主要以发展银杏、油茶为主。2014年仅发展银杏育苗2000多亩，其中：棠棣李园村育苗600多亩、博景园艺老总廖青山育苗400多亩、林业科技有限公司育苗200亩、王义贞部分农户育苗300多亩。通过分区、分片的规划发展，将我市银杏、油茶、花卉苗木、速生林产业发展成特色林业。

二、加强森林资源管护

1. 严格资源管理。一是加强森林采伐管理。2014年来，全市共采伐人工林商品材蓄积量为13210.91m^3，其中主伐11536.78m^3，抚育采伐1674.13m^3。二是维护木材流通秩序。严格把好木材运输证签发关，加强对全市木材经营加工企业进行监管，共办理木材经营许可证43家。三是加强林地管理。树立林地“红线”意识，严格林地征占用审核管理，规范征占用林地管理。一年来，共办理征占用林地手续17宗，面积共13.0916hm^2，征缴森林植被恢复费60余万元。

2. 狠抓森林防火。一是落实护林防火责任。严格执行行政首长负责制，市防火指挥部与各乡镇签订了护林防火责任书，林业局与各林业站、二级单位签订了护林防火责任书，确保防火责任落实到位。二是加大防火宣传力度。全年出动宣传车42台（次），在各乡镇、林场、重点林区宣传森林防火知识和相关法律法规。悬挂防火横幅20余条，张贴宣传标语3000余条，使森林防火做到深入人心，家喻户晓。三是严厉打击火灾肇事者。对火灾案件迅速进行调查处理，做到早立案、早调查、早结案，对肇事者从严、从快、从重给予处理。共查处火灾案件5起，其中刑事案件2起，行政案件3起。

3. 加强病虫害防治。一是加强野生动物H7N9禽流感监测防控，做好野生动物疫源疫情预防工作，扎实开展产地、调运检疫和复检工作，防止有害生物的入侵。二是完成2014年度春季松材线虫病普查工作，完成马尾松毛虫越冬代0.25万亩防治，投放2000枚白僵菌粉炮。三是做好钱冲景区银杏小卷叶蛾的防治工作。

三、加大林业项目申报

积极向省林业厅申报全省林业生态示范县，通过一年的精心准备和不懈努力，2014年11月5日，省林业厅批准我市为2015年度全省林业生态示范县创建单位。完成可造林绿地面积调查，全市可造林绿地面积21.5万亩，成功申报新一轮退耕还林项目面积三万余亩。成功申报安陆府河国家级湿地公园项目。加大“绿色示范村”创建工作，棠棣镇李园社区、辛榨乡大廖村、开发区时庙社区3个村被评为“湖北省绿色示范村”。

四、严厉打击违法行为

对涉林违法分子予以从快、从严、从重处罚。2014年共查处涉林案件39起，其中：行政案件35起、刑事案件4起，巩固了林业生态建设成果。

五、加大林业产业发展

加大林业项目的招商引进工作，积极引导、扶持民营企业投身林业产业发展。吸引民营资金2.8亿元投资林业产业发展，建成高档花卉苗木基地和木本生物能源基地近2万亩。以发展银杏产业为重点，着力打造“百公里银杏长廊”，引进博锦园艺有限公司老总廖青山投资1500多万元，在旅游环线高标准建成22km银杏大道示范带，栽植大规格银杏7000多株，建银杏育苗基地500多亩。

六、狠抓机关作风建设

加强干部职工思想作风建设和干部队伍建设。结合党的群众路线教育实践活动，强化学习教育和作风建设，开展党风廉政建设和反腐败工作，落实“两个责任”。建立健全各项规章制度，通过健全制度、规范运作，用制度规范行为，实行政务公开、阳光操作，加强风险防控，强化监督检查、主动接受监督，及时关爱提醒，及时纠正制止，加强干部职工的廉政意识，工作作风明显好转。

2014年3月，安陆市林业局分别获得省、孝感市林业局先进林业局；2014年2月，被授予“绩效考核先进单位”，同时被评为信访工作、综治工作先进单位和“文明单位”；在“三万”活动中被市委、市政府授予“三万先进工作组”。

七、林业生态建设基本原则

1. 城乡统筹、全域推进。按照城乡一体化要求，全市林业生态建设按照“高起点、高标准、高品位、有特色”的理念，实行科学规划、合理设计，全域推进，梯次建设。

2. 政府主导、全民参与。全市林业生态示范县（市）创建工作由各级党委政府主导，各部门密切配合，各业主（单位）具体组织实施。充分发挥市场在林业资源配置中的决定性作用，多措并举调动龙头企业、专业合作社、农村能人及其他投资主体参与建设的积极性，确保建设资金投入。

3. 因地制宜、适地适树。在突出银杏特色的前提下，按照适地适树的原则，多栽大苗，多栽乡土树种，宜花则花，宜果则果。在优先考虑绿化生态效益的同时，尽量创造景观效益。

4. 突出重点、示范带动。突出村庄、城镇、乡村道路（沟、渠、堤）等绿化重点，每年确定一批造林绿化基础好、积极性高的村或社区，建设银杏、油茶、花卉园林、速生丰产林、高效经济林等产业基地，在全市建成一批产业基地、绿色示范乡村、绿色示范通道。

5. 保护发展、双轮驱动。加强森林防火、封山育林，保护森林公园，建设湿地公园，加强古老资源动植物的保护；加大生态林、用材林、经济林的发展，实现生态效益、经济效益和民生效益的协调统一，让安陆绿起来、让产业活起来、让林农富起来。严厉打击涉林违法犯罪行为，巩固生态建设成果。

6. 改革创新、建管并重。深化林业改革，加大义务植树工作力度，提倡树木认领、认养制度，鼓励全民参与生态建设。坚持种管结合，按照“谁造谁管谁受益”的原则，落实管护责任，建立管护制度，巩固绿化成果。

八、持续推进林业生态建设

生态建设利在千秋，我们安陆林业局牢固树立生态文明建设是“第一建设”的意识和“绿色决定生死”的理念，围绕建设生态宜居城市总目标，以“绿满涢城”行动为载体，用改革的思路和市场的办法，按照“扩绿提质、连线成片、全市推进”的思路，全面深化国土绿化，大力加强林业生态建设，着力改善城乡生态环境，通过未来2年的努力，为建设“天蓝、地绿、水净”的美丽安陆打下坚实基础。

围绕“一廊二园三区四线”（一廊：百公里银杏长廊；二园：湖北安陆古银杏国家森林公园、安陆府河国家湿地公园；三区：太平寨景区、白兆山景区、槎山景区；四线：新316国道、渡改桥连接线（南城至巡店）、大安线、烟应线），突出抓好八大工程。

1. 重大生态修复工程。高标准完成退耕还林、公益林保护、长防林、石漠化治理工程的建设任务，高水平组织城镇防护林、外资造林的营造工作，高质量实施造林补贴、森林抚育补贴、低产林改造等营林项目。每年完成国家和省重点营造林建设任务1万亩。

2. 林业基地建设工程。以荒山、荒坡、荒岗、荒滩为重点，大力实施基地造林，每年造林面积不少于2.5万亩。其中，平原乡镇每年新建300亩连片基地至少1处，丘陵乡镇每年新建500亩以上连片基地至少1处。同时按照集中连片的要求，着力抓好3个万亩产业基地和30个千亩示范基地建设。①建3个万亩产业基地。一是以烟店五龙岗基地为基础，建设万亩银杏及花卉苗木产业基地；二是以南城月亮山基地为基础，建设万亩花卉苗木和休闲观光产业基地；三是以赵棚团山基地为基础，建设万亩花卉苗木水果综合观光产业基地。②建30个千亩示范基地。以发展和培育油茶、银杏、花卉苗木、工业原料林等产业为主，引导业主对林业基地进行规模化、高标准、高质量开发，重点建设6个千亩油茶示范基地、7个千亩银杏示范基地、8个千亩花卉苗木示范基地、9个千亩湿地松工业原料林示范基地。

3. 绿色示范乡村建设工程。采取连片成线、整村推进的方式，大力开展村庄绿化活动，建设房前有景、院中有果、屋后有林的绿色示范村庄。结合新农村建设、“四化同步”示范乡镇和“三万”活动，沿“一廊二园三区四线”，每年建设150个绿色示范乡村，2年完成300个绿色示范乡村、30个美丽乡村、3个省级生态乡镇建设。

4. 绿色通道建设工程。扎实推进通道、水系绿化，使全市高速公路、铁路沿线宜林地绿化率达100%，国道、省道沿线和主要河流、湖泊沿岸宜林地绿化率达95%以上，农村公路、沟渠沿线宜林地绿化率达95%以上。举全市之力，围绕旅游环线，高标准建设百公里银杏长廊。通过2年的努力，使各类交通连接线成为连接城乡发展、展示安陆形象的生态景观。

5. 农田林网建设工程。结合万亩高产农田和土地整理项目，高标准搞好农田林网绿化，平原区农田林网绿化率达95%以上。

6. 机关庭院绿化工程。农村每年户平植树不少于10株，见缝插绿栽满，做到四季常青、四季有花；城镇、街道，机关、庭院要实现立体绿化，在全市广泛开展生态文明单位创建活动。

7. 公共绿地建设工程。城区绿化覆盖率达35%以上，人均公园绿地达$10m^2$以上；每村累计建设公共绿地$1000m^2$以上。

8. 湿地建设工程。积极推进府河湿地公园建设，建立湿地资源有偿使用和生态效益补偿机制，加强湿地资源监测、保护、修复，认真查处各种破坏湿地资源的违法行为。

做强油茶产业　发展绿色经济

湖南省祁阳县林业局　蒋林奇　刘得花

祁阳地处湖南南部、永州北大门、湘江中上游，是老一辈无产阶级革命家陶铸同志的故乡、革命老区，总面积2538km^2，总人口105万，现有林地面积154万亩，油茶林面积49.47万亩，油茶林在全县25个镇乡办场均有分布，其中4万亩以上的镇有7个，500亩以上的村有600多个，是全国第一批油茶产业发展示范基地县，被誉为“中国油茶之乡”。近年来，在各级党委、政府高度重视和重点扶持下，祁阳县充分发挥资源优势，把发展油茶产业作为林业结构调整、增加群众收入的重大举措来抓，不断做大做强油茶产业，五年共完成油茶新造6.8万亩，完成油茶低产林改造20万亩，共投入建设资金3亿多元，油茶产业化建设取得了明显成效。2013年，全县产茶油4000多t，实现产值3亿元，主产区农户户平收入1800元。祁阳县发展油茶产业的主要做法是：

一、强化保障，行政促动

祁阳县始终把油茶产业作为战略产业来抓，坚持政策优先扶持、服务优先到位、制度优先创新，为加快油茶产业发展提供了有力保障。一是从高配置。组建了油茶产业化建设工作领导小组，由县长任组长，分管农业的副县长任副组长，相关单位主要负责人任成员；领导小组下设油茶生产管理办公室，为副科级常设机构，负责油茶产业发展的规划指导和组织协调工作。推行县级领导、有关镇（场）和县直单位领办油茶低改、品改示范点，共创办示范点45个，建设面积4.8万亩。及时制定出台了《关于加快油茶产业发展的若干意见》，进一步加大了种植油茶和实施油茶低产林改造等扶持力度，激发了全县上下发展油茶产业的积极性。二是从细考核。我们将油茶产业化建设作为全县十大重点工作之一，将工作任务层层进行分解，并纳入全县发展农村经济促进农民增收目标管理责任制，根据考核情况，县财政每年安排一定工作经费，对连片规模经营的油茶大户进行扶持，对工作先进乡镇、先进部门及先进村进行表彰奖励，从而推动了各项工作的快速发展。三是从实引导。积极探索油茶山林经营机制改革，根据全县油茶以农户分散经营为主的特点，在自愿、合法、有偿和规范的前提下，采取拍卖、租凭、股份合作、联营开发等多种形式，鼓励油茶基地向有实力、懂技术、善经营的油茶生产大户流转，推进适度规模经营，湖南憨豆、福建浩伦、香港唐家、湖南源森等公司近年在祁阳流转油茶林 8 万余亩。四是从严规范。为规范油茶收摘秩序，保护群众既得利益，县委、县政府研究制定了《关于规范油茶收摘秩序的暂行规定》，设定油茶收摘管理重点防护期和统一开山时间。还与周边县市区签订了《联防公约》，与各镇（场）签订责任书，从严维护油茶收摘秩序，基本实现了适时、有序收摘。

二、强化投入，政策拉动

为加大油茶产业投入，我们坚持政策激励与市场机制相结合，多渠道、多层次、多形式筹集建设资金。一是财政大力补。在财政支出十分紧张的情况下，每年预算安排不低于 100 万元，对连片 50 亩以上的油茶低改补助 100 元/亩，新造按 100 元/亩连续补助三年，并免费提供品改所需的种苗和穗条。对连片经营老油茶林或新造 300 亩以上的大户，另由县财政分别按每亩 30 元、50 元的标准给予奖励扶持。二是整合尽力融。按照项目整合“四统四分四不变”原则，即坚持项目主体不变、资金渠道不变、使用性质不变、管理权限不变的前提下，实行统一规划，分区实施；统一立项，分头申报；统一监管，分项建设；统一考核，分别验收。将涉农的退耕还林后续工程、林业生态工程、农业综合开发、农业产业化、财政扶贫、移民专项、水土保持、公路建设等投资项目重点向油茶产业倾斜，每年整合项目资金 2000 万元以上，投入油茶基地建设。三是企业全力注。采取“企业 + 基地 + 农户”的模式，积极扶持国家龙头企业金浩茶油、银光粮油有限公司发展订单油茶，全力扶持省级龙头企业唐家山油茶种植有限公司新建丝塘万亩油茶示范园。近年来，累计投入 1 亿元，在县内 15 个镇筹建 20 万亩油茶基地，四是社户倾力投。充分发挥油茶合作社、大户在资金和技术方面的优势，带动和促进了油茶集约化、规模化发展。2008 年以来，全县共发展油茶合作社 11 个、种植大户 138 户，投入资金过亿元，新发展良种油茶种植面积 4. 8 万亩，完成低改 10 万余亩。

三、强化创新，科技推动

全面实施科技创新战略，不断加大新品种、新技术、新种植模式的推广度。一是健全技术服务网络。以县林业局技术人员为骨干，以乡镇、村林业技术员为主力，通过定期培训、人才引进等方式，不断优化人才队伍结构，形成了上下联动的科技推广技术服务网络。目前，全县油茶生产、科研的林业高级工程师有6人，工程师及助理工程师有74人，技术员有280多人。同时，每年春夏举办二期油茶实用技术培班，对基地技术人员、油茶经营大户、林业站工作人员进行全面培训，将科技队伍触角延伸到基层、基地。二是加强与科研院所合作。为油茶产业发展提供有力技术支撑，我们加强了与湖南林科院、湖南农大、中南林科大和湖南环境生物学院等高校院所的科研合作。目前，金浩茶油公司拥有专利技术53项，已开发出茶皂素、活性炭、茶籽洗发水、人体注射用油及糖果食品等系列产品。三是加大油茶新品种、新技术的推广应用。有计划、有步骤地对原有油茶林进行更新换代。近五年，共引进湘林系列新品种油茶27种，完成品改基地建设2.6万亩，推广高标准整地、良种壮苗、无性系嫁接等油茶更新改造面积9.8万亩，完成低改20.5万亩，新建油茶高级采穗圃基地100亩，高标准建成肖家村镇先进良种油茶育苗基地100亩，可供造林5万亩。

四、强化引导，企业带动

企业是油茶产业发展的主力军，祁阳县积极通过培育企业、培优品牌、培强产业，促进油茶产业健康快速发展。一是培育企业。我们高度重视油茶的综合加工利用，进一步促进资金、技术、劳力等生产要素向油茶生产加工企业聚集，推动油茶产业转型升级，提高油茶产业经济效益。特别是在信贷融资方面，我们在全省率先组建了县级中小企业信用担保中心，已为金浩茶油等企业提供担保融资2358万元，帮助金浩茶油争取信贷资金过亿元。目前，全县油茶加工业步入了快速发展的新阶段，油茶加工企业发展到40多家，其中省级以上龙头企业3家。二是培优品牌。大力实施名牌战略，设立了品牌创建奖励制度，对获得省级品牌以上的予以5万~15万元的奖励；积极协助企业申报国家级、省级名牌产品。“金浩茶油”、“银光粮油”被评为“中国驰名商标”。三是培强产业。通过招大引强、挂大靠强，延长产业链条，壮大龙头企业。2014年，成功争取国家木本食用油战略投资商广东农垦集团，并与之成功签订投资10亿元15万亩高产油茶基地建设协议，集团工作组已进驻祁阳，工程项目已经启动。此项目引入后，广东农垦与祁阳县政府签订发展现代农业合作框架协议，包括投资20亿元占地400亩的农产品加工物流园等共计6个项目，这些项目完成，将是祁阳现代农业发展一次飞跃。通过在全省县区中率先与央企进行全面对接合作，与纺集团成功签约。近期，中纺集团将投入20亿元以上，在祁阳建设中国油茶交易中心、中纺（湖南）贸工银总部基地等项目。项目建成后，祁阳将成为中纺集团的重要经营基地和业务创新基地，可实现产值50亿元以上、税收2亿元以上，产品出口将呈飞跃式增长，促进以祁阳为核心，辐射带动湘南乃至全省油茶产业转型升级、跨越发展。

作者简介：

蒋林奇，1964年12月出生，大学学历。现任湖南省祁阳县林业局党委书记、局长。

自1985年参加工作起，历任教师，祁阳报社编辑记者，县政府办综合干事，县政府经济研究室主任，县政府办副主任，县移民局局长，羊角塘镇党委书记，观音滩镇党委书记，县政府党组成员兼支铁办主任等职。2010年9月至今，任祁阳县林业局党委书记、局长。

曾获国土资源部科技进步二等奖，多次荣立县三等功。

做好林业生态建设工作
推进林业产业发展

广东省茂名市电白区林业局 杨浩章

茂名市电白区位于粤西沿海，丘陵地貌，是新建区，由原电白县和原茂名市茂港区合并而成。全区国土总面积320.57万亩，总人口172.9万人。林业用地面积126.53万亩，其中生态公益林43.65万亩，商品林面积82.88万亩。2014年森林覆盖率44.97%，森林蓄积量213.4万 m^3，林地绿化率96.78%。2008年，该区被列为全国防沙治沙示范区，2010年，通过省林业生态县验收，2012年被中国经济林产业协会评定为“中国沉香之乡”，2013年区林业局被评为全国防沙治沙先进集体。

一、抓好植树造林和科技创新

1. 组织全民义务植树

多年来，电白区委、政府积极推进义务植树活动，区四套班子每年义务植树节均带头参与并积极发动全民参加义务植树，各镇、各街道积极响应，迅速掀起义务植树高潮。现我区有义务植树基地4个，每年义务植树点均超20个。

2. 抓好工程造林

2009年来，电白区抓住国家大力发展林业生态事业的契机，积极争取上级资金，开展植树造林活动，累计完成造林工程项目28个，造林16万亩，主要是营造沿海防护林、水土保持林、水源涵养林、生态景观林、红树林和碳汇林。通过大规模的造林运动，电白区基本消灭宜林荒山，森林生态功能等级有了显著提升。

3. 抓好森林抚育和封山育林

2009年来，累计实施封山育林64850亩，开展森林抚育52000亩，为巩固电白区造林成果，发展我区森林资源作出重要贡献。

4. 抓好乡村美化绿化建设

电白区致力于改善农村居住环境，不断提高乡村园林绿化水平，2009年以来，通过“林业生态文明万村绿”、“名镇名村”、“一村一公园”等活动，对乡村绿化进行改造和提升，累计送苗下乡7.5万株，建设林业生态文明村108条。

5. 抓好防沙治沙工作

电白区地处滨海沙区，防沙治沙工作十分严竣。2009年以来，该区累计投入270万元，改造、提升、修复受台风侵袭的沿海防护林带16667亩，在预防土地沙化、治理沙化方面获得省和国家林业部门的充分肯定。

6. 开展林业科技创新

近年来，该组织实施省级科技计划项目2项，分别是《残次生红树林景观改造优化技术研究与示范》和《抗逆木麻黄选育及防护林构建技术研究与示范》；推广转化科技成果1项，引进新技术1项；组织申报专利1项。

二、严厉打击破坏野生动物等森林资源行为

电白区高度重视野生动物和林地资源保护，采取多种方法，有效遏制破坏野生动物等森林资源的行为。一是坚决响应省“利剑行动”号召，严厉打击破坏森林资源和野生动物资源、非法占用林地的违法犯罪活动。行动以来，处理违法人员33人，其中刑事拘留1人，林业行政处罚32人，清查酒家、饭店19间（次），清查集贸市场12个（次），收缴国家保护野生动物（候鸟）460只，清除消毁捕捉候鸟用的网135张，合13200m^2，为国家挽回经济损失260多万元。二是多次开展清网行动，联合各镇政府对辖区内的捕鸟网、捕鸟器进行清除，对行动不力的镇进行提醒注意。三是落实管护责任。区政府出台了《电白区保护野生动物专项行动方案》，召开了以保护野生动物和森林防火为主题的全区林业工作会议，与各镇（街）签订了保护野生动物责任书，区林业局还发动了各大酒楼、饭店、集市禽鸟栏老板签订了守法经营承诺书，承诺不收购、宰杀、加工、出售受保护的野生动物及其制品。四是紧抓重点，扩大宣传。在区电台、电视台播放公益广告的同时，我区采取挂横幅、贴通告、发宣传单张等方式，在重点村镇和集市扩大宣传。同时区林业局联合重点村镇召开保护野生动物及餐饮业经营者守法经营会议。会上，区林业局向群众解读和宣传了茂名市政府《关于加强陆生野生动物资源保护的通告》，《电白区保护野生动物专项行动方案》，并通报该区近段时间以来查处非法捕获、贩卖野生动物的典型案例，警示与会代表，一定要爱护野生动物，守法经营。

三、抓好森林防火工作

一是狠抓森林防火宣传。特别森林防火期，区电台和电视台滚动播出森林防火公益广告，各地出动宣传车，张贴标语，悬挂横幅，发放森林防火宣传品，把森林防火工作宣传到村到校。2014 年，区林业局还印制了 1 万条森林防火宣传围裙、5000 盒森林防火纸巾到各镇集市、学校宣发。二是在高火险时段，全体护林员全天候巡山护林，严管严控野外用火。区森林防火指挥部派出工作组到各地检查森林防火各项措施落实情况，发现问题，立即整改。三是狠抓防火设施和队伍建设。区政府、镇政府（街道办）村委会，村民小组层层签定森林防火责任书，各地都建有森林防火半专业队伍，购置了打火扫、割草机、油锯、阻燃服等灭火工具。

四、创新山林纠纷调处方法

一是领导包案。镇、村各级设立相应调处机构，落实各级领导包案责任制，各级领导干部分片管理，使林权争议案件落实到片、到组、到人，层层落实，责任到人。二是掌握林权争议动态。要求镇、村各级调处部门认真细致做好调查摸底工作，掌握每个山林纠纷案件所涉及村庄人口数量，是否会引发上访或械斗事件，及时制定应急方案。三是把林权争议调处工作重心下移。按照属地管理原则，把林权争议调处工作的重心下移到各镇各村，若属于跨镇和重大复杂的山林权属纠纷案件，采取区调处办牵头，镇村级调处机构相配合的联合办案方法去解决山林纠纷案件。四是举办全区山林纠纷调处培训班。培训邀请省林业厅调处办邓焕清副处长为学员授课，各镇（街）镇长（主任）、分管领导导、农办主任，各村委会书记（主任）约 500 人参加了培训。通过培训进一步提高基层涉林调处人员林地纠纷调处法律法规，案例分析、调查取证等业务知识，为维护林区的稳定和谐培养了优秀的人才队伍。

五、推动林业产业发展

一是立足林业第一产业，大力培育和发展森林资源。电白大力营造速生丰产林、果品林和南药等经济林，林木种苗、花卉盆景、木本中药材等新型产业也有较好的发展势头。该区制定《电白沉香产业发展规划（2011 - 2016)》，鼓励发展沉香业，争取上级资金扶持油茶种植，实现了从荔枝、龙眼为主导的水果种植格局逐渐向多种名特优新品种水果种植转型。目前，全区约有桉树林 15 万亩，沉香 8.8 万亩，油茶 0.5 万亩，果品林 50 万亩。二是积极引导扶持林业企业，大力发展林业第二、三产业，林产工业发展较快。中药材生产加工步入产业化发展轨道。三是生态旅游有所发展。全区已开发生态旅游点三个，从业人员 700 多人，年接待游客 30 多万人，年收入 12000 万元。

发展种植生态林下经济“十大功劳”

广西壮族自治区百色市凌云县林业局 郭瑞权

2008年，凌云县泗城镇陇雅村农民杨正会在退耕还林地的石旮旯种植了10亩“十大功劳”中草药。2013年第一轮采伐，每亩收5000斤，每斤的价格为1.3元，平均每亩年收入1300元。

杨正会说，第一年种植和管理“十大功劳”每亩约需费用1000元，第一轮采伐后即收回成本，第二轮采伐起就是纯收入了。“十大功劳”的产量一年比一年高，估计第二个轮伐每亩可收益1万元。

中草药“十大功劳”是凌云县的特产。在漫山遍野地生长在石缝中，当地农民世代采伐出售。由于一些农民习惯连根挖掉，野生的“十大功劳”逐步减少。2008年，农民开始人工种植，从2012年开始，县政府先后投入了1000多万元引导农民人工种植。到2014年上半年，全县种植“十大功劳”1.5万亩，逐步成为凌云县的重要林下产业。

凌云县林业局林改办主任左明鑫说，“十大功劳”每年将为全县农民增收600万元。

一、一次种植百年收益

人工种植“十大功劳”是从善于创造奇迹的陇雅村开始的。陇雅村位于典型的大石山区，一座座拔地而起的青山紧紧相连，形成了100多个山弄。陇雅村的42个屯，分布在大大小小的山弄里。记者从山腰上向下看，绿树丛中坐落着一栋栋精致的小楼房，弯弯的公路像一条飘带缠绕在绿色的青山上。

陇雅人的支书叫吴天来，是他带领勤劳的陇雅人辛勤创业，建设美丽的家园。初秋的天空明净，蓝天下白云飘逝，山上山下林木茂盛。在突兀的山峰和陡峭的山崖上，披着一簇簇浓绿的灌木林，山崖下是连绵的竹林。在山脚的石头旮旯中，已经成林的酸枣树，在阳光下展开金黄的叶子。

陇雅人改变了祖祖辈辈在石缝里点种玉米的生产方式，种桑养蚕和圈养土猪，过上了幸福的生活。近年来，由于生猪市场不景气，桑树老化产桑叶量低，养蚕量减少。从2008年起，陇雅人又寻找到了人工种植“十大功劳”作为新的增收产业。

“十大功劳”主要产于广西、四川、贵州，全株树、根、茎、叶均可入药，药效卓著，用途广泛。依照中国人凡事讲求好意头的习惯，赋予“十大功劳”“十”这个象征完满的数字，因而得名。

陇雅村的海拔有1000多m。清凉的天气，适合耐阴的“十大功劳”的生长。在陇雅村陇内屯东面山坳的一块平地上，有一片2011年种植，高达2m，地径达5cm的“十大功劳”。其树身呈现一节一节的生长轮印，每一节上长出细长的枝条，平均每年生长50cm。在酸枣林下，一垅垅呈阶梯状分布的“石山梯田”，长着一米多高的“十大功劳”。在山坡的石缝中，“十大功劳”顽强地生长着。2008年以来全村已经种植“十大功劳”6000亩。

一亩山地能种植700～1000株“十大功劳”。第一个五年轮伐期一株能产10斤干货，每斤售价1.3元，每亩五年收入1.3万元。第二代萌生林生长迅速，第10年的第二次轮伐，每株的产量上升到20斤。

“一次种植多年收益”，吴长彪说，只要不把树根挖走，可以收益100年甚至更长。

二、山坳上苗圃

在陇雅村中垌屯东山的山坳上，有一块面积约0.3亩的平地。地上的石头块已被挖起，作为平地周边简单围墙的原材料，4根松木立在平地的四个角。

这是一个“十大功劳”苗圃。苗圃地里有三畦大约高20cm密密麻麻的“十大功劳”小苗。站在山坳上往下看，从山坳顶上到山弄之间，每一块小平地都有一个小苗圃，呈阶梯状一直延续到山弄里，断断续续大约有10亩。苗木是2013年播种培育的，2014年6月已撤走遮荫网开始炼苗，今冬明春可移栽种植。

大大小小的苗圃是吴长彪和同村的几位农民合股建成，总面积有70亩，分布在村里的近10个山坳上。

吴长彪使用无纺布营养杯育苗，效率高，成本低。4月播种，5月发芽，到下年春季移栽种植，大约需要9个月。在每年4月“十大功劳”结果的季节，吴长彪等把从农民收购的野生“十大功劳”种子放进营养杯中，装上泥土，不需放肥料。

“育苗的难点是防治病虫害”，吴长彪说，大石山区昼夜温差大，苗木受影响较大，容易生白粉和黑斑病。为了防治病虫害，需要大棚控制温度，白天遮荫夜晚保温。一亩大棚能育苗10万株，种子发芽率达到90%以上，成本每亩大约 2 万元。

陇雅村培育的“十大功劳”苗木，通过县政府招标采购，向全县各乡镇供应。苗木每株价在 0.8 ~ 1 元不等。目前，已储备了 1200 万株，将参加 2014 ~ 2015 年种植期的政府招标采购。

“人工种植十大功劳的难点是苗木的培育。善于创新的陇雅人在艰苦的条件下解决了这个难题”，左明鑫说，解决了苗木问题之后，县政府向农民免费提供苗木推广种植。从 2011 ~ 2013 年县政府以送苗木给农民种植的方式，赠送了 800 万株苗木，种植 8000 亩。

三、种收简单

“十大功劳”属暖温带植物，具有较强的抗寒耐旱能力，喜温暖湿润的气候，性强健、耐荫、忌烈日曝晒，多生长在阴湿峡谷和森林下面，也属阴性植物。在疏松肥沃、排水良好的沙质壤土上生长最好。凌云县海拔高，是“十大功劳”的原产地之一。

左明鑫介绍，按大田标准，每亩种植“十大功劳”的密度为 1000 株。在现实中，在大石山区的石缝里见缝插针点种，一亩只能种植 600 ~ 700 株。

十大功劳种植十分简单。在大石山区，只要有一点泥土的地方，拿锄头挖下去，大约 15cm 深就可以种植。在退耕地种植“十大功劳”比较理想，因为农民原先种植玉米和桑树已经整过地，节省很多劳力。需要注意的是，冬春两季种植“十大功劳”可能遇到较长的干旱期，一般在种植前把苗木泡水 20 分钟，保持营养杯里的水分，成活率能达到 90% 以上。

吴长彪告诉记者，抚育的过程更加简单。“十大功劳”生命力顽强，不需要施放肥料。在前两年的春季时，每年要除杂草两次，第三年不用再除草了。实际上，很多农民在种植“十大功劳”后外出打工，没有任何抚育措施，“十大功劳”也长得不错。

“十大功劳”的采收和加工也不复杂。成熟后，用镰刀砍断并绑好扛回，用砍刀削成片，条件好的可以使用割切机，自然晾晒一个星期可以销售。

“十大功劳”供不应求，供销合作社长期收购，干的每斤 1.3 元，生的每斤 0.8 元。

四、农民增收的一条路子

在陇雅村，记者看到一位农村妇女背着一个竹篓采伐“十大功劳”，竹篓装满了就下山回家。她告诉记者，儿子9月份到县里上高中，每天收一些“十大功劳”作为学费。

“农民十分喜欢种植十大功劳。它是凌云县农民实现增收的一条路子”，凌云县林业局局长郭瑞权说，“十大功劳”不受成熟期限制，什么时候采收都行，有空了就采收，2014年市场价格下滑了就放在第二年再收。

“十大功劳”的种植成本每亩大约1000元，主要用于购买苗木。现在县政府免费提供苗木，农民只出人工。

种植“十大功劳”也是一项生态产业，不占耕地还能有效地防止水土流失，是治理石漠化的先锋树种。

“凌云有9.2万亩的退耕还林地”，郭瑞权说，2011年凌云县正式把“十大功劳”当作一个重要的助农增收产业来抓。规划到“十二五”期末种植2万亩，到“十三五”期末种植10万亩。同时开展擂台式竞标，以村为单位凡在一年内种植200亩的，将每亩奖励20元。

大力发展木本油料　持续促进农民增收

四川省广元市林业和园林局　龚治名

发展木本油料产业既是生态建设的重要措施，也是农民致富的重要支撑，更是“生态建设产业化、产业发展生态化”的科学实践。广元市立足山区林地资源和立地条件优势，制定了“2221”木本油料发展战略——到2020年，全市建成木本油料基地250万亩，其中：核桃170万亩、油橄榄20万亩、山桐子60万亩；实现总产值200亿元；地方公共财政收入20亿元；农民人均从木本油料产业获得收入1万元以上。通过多年持续努力，广元木本油料产业已发展到相当规模，并取得显著的助农增收效果。

一、广元市木本油料产业发展现状

长期以来，广元市委、市政府高度重视木本油料产业发展，将其纳入农村经济“五个百亿”工程之首。在高位推进和重点扶持下，木本油料产业已成为全市林业经济的主导产业和农民增收致富的重要渠道。

（一）核桃产业突破性发展

截至2014年年底，全市已建成核桃基地161万亩，占到省内总面积的五分之一，居全省第二位；自主选育的“硕星”等7个核桃品种已通过省级审（认）定，并作为优质品种在全省推广使用；已建成核桃加工企业8家，其中省级林业产业化龙头企业3家；“朝天核桃”先后获得国家地理标识产品保护认证、国家地理标识证明商标和“中国驰名商标”称号，朝天区成功创建为“中国核桃之乡”。2014年，全市实现核桃产量8.3万t、产值40亿元，创历史新高；全市农民人均从核桃产业获得收入1373元，同比增长28.8%。

（二）油橄榄产业稳步发展

截至2014年年底，全市已建成油橄榄基地16.3万亩，占国内总面积50万亩的32.6%，居全国第二位；已选育出丰产性好、抗逆性强的优良品种3个，其中“广油1号”获省级林木良种认定；已建成油橄榄加工企业4家，年加工油橄榄鲜果能力1万t以上；自主品牌“白龙湖”“剑门”“紫爵大朝”在业界具有一定知名度；“广元橄榄油”已被国家工商总局注册为地理标志证明商标，同时被国家质检总局批准为地理标志保护产品。2014年，全市油橄榄鲜果产量达2050t，同比增产39%，实现种植及加工产值1.2亿元。

（三）山桐子产业大力推进

广元市多数乡镇都有天然散生毛叶山桐子分布，从中选育的优树单株“川桐32号”已通过省级林木良种认定；青川天池林场实施了山桐子种质资源项目，保存了国内优良山桐子种源100份、3000株。从2008年开始，青川县、昭化区先后进行大面积人工造林。青川县共栽植山桐子3万亩，2014年实现产量300t、产值1000万元；昭化区共栽植10万亩，目前还未进入挂果期。四川省隆亨生物能源开发有限公司已入驻广元市开展毛叶山桐子良种选育、苗木繁育、基地造林、产品开发等工作，2013年该公司被评为省级林业产业化龙头企业。

二、木本油料产业发展前景分析

木本油料产业是一个发展潜力大、市场前景好的朝阳产业。大力发展木本油料产业具有十分重要的意义。

（一）缓解供需矛盾，保障粮油安全

据国家粮食局测算，目前，我国植物油对外依存度高达65%，而且随着需求的逐年上升，缺口还将进一步增大。在全球每年粮食贸易量仅占我国年消费量1/2、必须通过自给保证口粮绝对安全的情况下，从刚性短缺的耕地中拿出更多来种植油料作物会越来越困难。大力发展不与粮争地的木本油料产业，对于改变我国植物油主要依靠进口的局面、腾出更多耕地生产粮食大有帮助。

（二）促进持续增收，增进农民福祉

木本油料是一次种植多年收益的“铁杆庄稼”。在品种优良、管护到位的情况下，单株10年龄核桃树可产干果10~15kg，亩产值可超过1万元；单株油橄榄可产鲜果50kg以上，亩产值也可达到1万元。以朝天区核桃产业为例，该区现有核桃基地34.8万亩，挂果树占比55.6%，盛果树占比23.8%，2014年实现产量2.6万t，农民人均核桃收入超过5500元；蒲家乡河坝场村何昌春经营5亩核桃林，2014年收获核桃干果2500斤，实现现金纯收入5万元。

（三）改善生态环境，控制水土流失

核桃树适生性好、抗逆性强、根系发达，雨季时正值枝叶繁茂，可以最大限度防止雨水冲刷土地，其保水护土的作用十分明显。油橄榄树四季常绿、根系发达、耐干旱贫瘠。广元市白龙湖库区大量种植的油橄榄树在发挥经济效益的同时，也发挥着重要的生态服务功能。山桐子是盆周山区广泛分布的乡土树种，因具有生长迅速、树形美观、花繁果红的特点，同时也是颇具开发潜力的园林绿化树种。

（四）优化食物结构，改善营养状况

世界卫生组织提出，人体Ω－6系（如亚油酸）与Ω－3系（如亚麻酸）两类必需脂肪酸的最佳比例为4°：1。我国现阶段国民食物结构中这两者的比例高达33：1；Ω－6比例太高，Ω－3严重不足，这样很容易导致脂质代谢异常，引发健康风险。菜籽油和花生油几乎不含Ω－3，而橄榄油Ω－3含量为1%，山桐子油为2%，核桃油高达8%，其中橄榄油的Ω－6含量还仅为5%左右，远低于其他食用油。因此以橄榄油为代表的地中海饮食结构也最受营养学家推崇。

三、发展木本油料产业的后续措施

广元市木本油料产业发展势头喜人，但也还存在一些问题：一是品种不纯。核桃主要是一些老树品种较差，早年引进的外省优质品种在本地的适生性也大多较差；油橄榄因当初急于为库区农民寻找致富门路而匆忙上马，导致引种杂乱，如今具有丰产稳产表现的只占到四成左右。山桐子亟需选育低干矮冠品种。二是经营管理粗放。很多农民对投入产出的关系认识尚不到位，导致重栽轻管的现象还大量存在。三是产业链条短。企业的整体实力还不够强，高附加值产品的研发生产还不够快，品牌知名度和市场占有率还不够高。要解决以上问题，必须跟进切实有力的措施。

（一）进一步扩大基地规模

核桃的适生范围虽广，但广元山区普遍具有的较干旱和钙质土条件仍是其最适生长条件；油橄榄在国内的适生区很少，白龙湖库区因具有独特的小气候而成为其最佳适生区之一；广元市既是山桐子的原产地之一，又建有山桐子种质资源库；所以具有发展核桃、油橄榄、山桐子的比较优势，应该坚持做大做强木本油料产业不动摇。按照“2221工程”规划，全市核桃基地尚欠9万亩，预计2015年即可全部建成，土地资源主要来自荒山荒地和低产低效商品林改造；油橄榄基地尚欠3.7万亩，预计到2017年全部建成，其中：青川县1.9万亩，利州区1万亩，昭化区0.8万亩；山桐子基地建设分两步走，2015年年底以前、2016～2020年分别完成30万亩，主要布局在青川县和昭化区。

（二）进一步加强科技支撑

一是严格种苗控制。以推广应用本地优良品种为主；对外地优良品种，经引种试验确认适生性良好后再行推广，确保新建基地使用高产、稳产、多抗的优质种苗；二是推进品种改良。新建并逐年提升3500亩优良品种采穗圃，持续推进几年，为品改50万亩低产低效核桃林、8万亩低质低效油橄榄林提供足量优质接穗。三是实施技术配套。加大科研投入力度，积极探索高接换优、控冠促果、水肥管理、防治病虫害、合理使用生长调节剂等技术，加强技术规程的编制和基层技术人员的培训，推广应用先进实用技术，开展标准化生产，确保产品质量和经济效益稳步提升。四是加强产品研发。因应市场需求，开发高技术含量木本油料产品。引进并改良苦味素去除技术，开发山桐子食用油及高端衍生品。发展精细化工，提纯有效成分，由单一的食品功能向保健品、化妆品、医药用品等功能方向延伸，拓宽产业范围，延长产业链，提高木本油料综合利用水平和产品附加值。

（三）进一步拓展市场空间

一是提高农民的市场博弈能力。鼓励专业大户、农产品经纪人、创业大学生、规模经营业主等引领创办专业合作组织，引导农户以林权入股，加强资金、技术、劳务、信息等的互助合作，形成利益共享和风险分担机制。二是加大木本油料品牌整合力度。目前，广元市木本油料加工企业自有品牌较多，但品牌影响力均十分有限。今后将着力推动小型企业联手做大，充分利用现有品牌的相互支持来打造木本油料“旗帜品牌”，结合“广元七绝”和“7+3”特色产品的打捆推介，加强品牌宣传营销，提高品牌竞争力和市场占有率。三是建设木本油料专业交易市场。立足建设川、陕、甘结合部最大的木本油料专业交易市场，形成加工销售、仓储物流、信息中介等配套齐全的市场服务体系，力争建成辐射和吸引全国的木本油料生产加工基地和产品集散地。

优化产业结构　全面促进林业健康发展

贵州省从江县林业局　杨代长

从江县位于贵州省东南部黔桂两省区交界，与本省的榕江、黎平、荔波和广西的三江、融水、环江等县接壤，是贵州通往两广“珠三角经济区”的南大门，素有“黔南门户、桂北要津”之称。从江县是全国重点生态建设县，也是贵州省十大重点林区县之一，全县辖21个乡（镇）、377个村、10个居委会（社区），国土面积486.75万亩，总人口34.73万。从江林业用地面积337.98万亩，占国土总面积的69.44%，现有森林面积326.34万亩，活立木蓄积量1380.7万m^3，森林覆盖率68.24%。

长期以来，从江县委、县人民政府非常重视林业发展，先后制定了“长抓林、中抓果、近抓温饱”、“生态立县、产业兴林”等林业发展战略，大力促进林业建设发展。近年来，从江县紧紧抓住党中央、国务院和国家林业局加快贵州林业发展机遇，认真把握省林业厅对口“挂帮”从江契机，以构建“两江”上游重要生态屏障为主线，以兴林富民为目标，积极创建木材战略储备基地，重点打造以杉木、楠竹、油茶、精品水果为主的特色优势产业基地，勇于探索林下种养经济发展新途径，大力引进富民富县的竹木和林产品加工项目，通过管好现有林，扩大新造林，优化产业结构，全面促进林业快速、持续、健康发展。经过多年的努力，从江县森林面积、蓄积、覆盖率三大指标同步增长，生态、社会、经济三大效益综合体现，林业建设取得了明显成效，有力地促进了地方经济社会发展，推动了山区农民脱贫致富。从江县走出了一条林业增效、财政增长、农民增收的现代林业发展之路。

一、重规划　明确目标和思路

按照新时期中央、省、州各级对林业建设发展的新定位和新要求，从江县认真结合自身地域特点和森林资源分布现状，围绕如何正确处理好兴林与富民、生态与产业、保护与利用三大关系，分区制定林业产业发展方向，提出了六大区域产业发展规划：一是在丙妹、高增、雍里、下江、西山、贯洞等东部低热河谷地带和低海拔地区，大力发展杉木、鹅掌楸等速生丰产用材林和椪柑、脐橙、沙田柚等经济林产业基地；二是在丙妹、高增、雍里、西山、斗里、翠里等中部和南部地区，大力发展杉木、马尾松等工业原料林和油茶、油桐等油料林基地；三是在宰便、加榜、秀塘、加鸠、加勉、光辉等西部、西南部地区以公益林管护为主，大力发展乡土树种、阔叶林和楠竹、核桃基地；四是围绕岜沙、小黄、加榜等旅游景区景点，大力开展城镇村寨、旅游景区景点绿化美化，带动森林旅游。开展“两高”公路沿线、江河沿线绿色通道建设，打造绿色生态文明从江；五是大力发展“一村一品”林下种养特色经济，因地制宜发展林下养牛、养羊、养香猪、养鸡和林下培植香菇、木耳、竹荪、香草等，积极探索产业发展新途径；六是以贵州洛贯经济开发区为中心，引进木材精深加工企业和设备，集中打造竹木精深加工产业园，树立当地品牌产品，合理开发利用竹木资源，拉动林业产业发展。

按照上述产业发展规划，“十二五”期间，从江将新增杉木、马尾松、鹅掌楸等工业原料林基地15万亩，新增楠竹基地5万亩，新增椪柑、脐橙、沙田柚等经济林基地1.5万亩，完成4.2万亩低产低效林改造，引导林下养牛、养羊、养香猪、养鸡和林下培植香菇、木耳、竹荪、香草等林下种养经济逐步形成特色，引导洛贯经济开发区为中心的竹木精深加工产业园进一步做精、做大、做强。到“十二五”期末，从江将实现生态环境保持良好稳定，林业产业结构趋于合理，一、二、三产业协调发展，林业各类产品更加丰富多样，林业对财政贡献率进一步提高，农民在产业发展过程中获得更多的实惠，初步建立起经济、社会可持续发展的良性生态体系和初具规模、特色鲜明的林业产业发展体系，从江林业产业将会得到进一步发展壮大，林业支柱产业地位日趋明显。

二、创基地　生态绿化见成效

“十二五”以来，从江县共投入营造林资金1.21亿元，全面实施珠防、退耕、九万大山等项目造林和封山育林，积极创建杉木、马尾松、楠竹、油茶、椪柑等林业产业基地21.7万亩。先后完成杉木、马尾松基地建设9.73万亩，完成楠竹2.35万亩，完成油茶新造3000亩，完成油茶低改1.7万亩，完成椪柑8000亩，完成蓝莓650亩，完成育苗490亩，完成义务植树48.3万株、四旁植树72万株，完成城区绿化、旅游村寨绿化栽植桂花、香樟、柳树、藏柏等近2万株，完成县城中心区公共绿地日常养护14万m^2，完成蓝莓基地建设土地流转1500亩。先后创建了“两料千亩楠竹”、“秀塘万亩杉木”等一批高标准示范基地，涌现了朱启玉、吴帮坤等一批造林绿化先进个人，2010、2011年，从江县丙妹镇岜沙村分别被评为“全国生态文化村”、“贵州省生态文明教育基地”和“黔东南州生态文明教育基地”，从江的营造林工作取得了显著成效，造林绿化工程覆盖全县21个乡（镇）377个村，直接惠及林农25万人以上，森林面积、蓄积、覆盖率由“十一五”期末的324.6万亩、1268.7万m^3、66.66%，分别增加到现在的326.34万亩、1380.7万m^3、68.24%，取得了森林面积、蓄积、覆盖率三个同步增长的可喜成绩。

在省林业厅的大力帮扶下，仅2013年一年，从江县就投入林业建设资金5381.82万元，完成了珠防工程造林1.6万亩，退耕还林1.13万亩，工业原料林项目完成2万亩，地县级植被恢复费造林项目完成960亩，中央财政资金造林补贴项目完成1万亩，农业综合开发油茶基地建设项目完成897亩。完成杉木、油茶、桂花、香樟等林木种子采收4000kg，完成杉木、油茶、桂花、银杏、三角梅等苗木培育270亩，完成义务植树30.3万株、四旁植树59.1万株，完成绿色通道绿化建设3500m，完成旅游景区村寨绿化栽植桂花518株、栽植香樟大树11株，完成县城中心区公共绿地日常养护14万m^2。林业各项重点工程得到有效推进，自然生态环境大为改观，进一步巩固了造林绿化成果。

三、强保护 增加数量提质量

近年来，从江县针对不同时期经济社会发展特点和林业建设需要，依法制定森林、林地、林木保护管理措施，不断加大森林资源保护管理工作力度，严格按照《森林法》、《森林法实施条例》有关规定行使林业执法权利，有效保护现有森林资源，为森林资源提质增量奠定了坚实的基础。

一是为切实保护好现有72.98万亩国家公益林和84.99万亩地方公益林资源，从江县积极组建护林组织501个，签订管护合同1360份，配备专职护林员671人，设定固定样地点199个，初步形成了全县公益林监测管护网络。与此同时，从江县认真开展公益林管护核查和补偿资金兑现工作，近年来，共兑现补偿资金3574.18万元，大幅提高了林农群众爱林护林积极性，有效保护了重要部位森林资源。

二是长期以来，特别是2012年9月1日《州森林防火条例》施行以来，从江县及时修改完善森林防火各项制度和应急预案，进一步调整充实护林防火组织机构和扑火队伍，深入开展护林防火宣传，严防森林火灾发生。在森林防火戒严期间，坚持领导值班带班制度，认真调试各类森林防火机具，确保护林防火队伍、车辆、工具调动及时，防患于未然。近3年来，从江县仅发生森林火灾7起，过火面积2080.5亩，受害森林面积1390.5亩，未出现人员伤亡事故，森林火灾受害率为0.2‰，远远低于上级0.7‰的控制指标。。

三是不断加强各类木质包装材料的检疫检验工作，及时上报相关监测数据，切实做好松材线虫病等外来有害生物的防控，杜绝重特大有害生物流入。近3年来，从江县林业无公害防治率达99.6%以上，林业有害生物成灾率控制在0.02‰以下，林业有害生物测报准确率达98.5%以上，种苗产地检疫率达100%，全面实现了林业有害生物防治目标，有效保护了森林资源。

四是在认真执行林地保护管理规定的基础上，从江县积极引导企业、单位和个人不占或少占林地，严格按照法律法规办理征占用林地手续。近3年来，共审批征占用林地项目3个，核批征占用林地面积36.9亩，涉及林木采伐面积13.3亩、蓄积155.3m^3，征缴森林植被恢复费9.07万元。此外，从江县认真执行上级文件规定，及时清理整顿违法使用林地项目17个，清理整顿面积855.5亩，进一步规范了林地征占用行为。

五是积极协同公安、监察、综治等部门，集中力量、集中时间，每年开展1~3次以打击乱砍滥伐林木、违法征占林地、乱捕滥猎和贩运野生动物等为重点的专项整治行动。近3年来，共查处各类林业案件755起，没收木材5954.62m^3，没收活体树木五角枫65株，没收二级保护树木（楠木）20.08m^3，收缴候鸟活体385只和蛇类11kg全部放归大自然，处以罚款65.23万元，补种树木11.36万株，处理违法行为人486人，判刑11人，刑事拘留19人，治安拘留5人，取保候审55人，案件查处率达98%。通过综合整顿治理，有效遏制了林业违法犯罪行为，林区治安得到了根本好转。

四、出政策　产业发展农民富

近年来，为进一步扩大对外开放，加强招商引资，促进县域经济更好更快发展，从江县根据《国务院关于进一步促进贵州经济社会又好又快发展的若干意见》（国发［2012］2号）、《国务院关于中西部地区承接产业转移的指导意见》（国发［2010］28号）和《黔东南州招商引资优惠暂行办法》（黔东南府发［2011］2号）等文件精神，先后制定出台了《关于进一步加强招商引资工作扩大开放的若干意见》（从党发［2011］8号）、《从江县招商引资奖励办法（试行）》（从府发［2011］9号）、《从江县招商引资优惠政策暂行办法》（从府发［2011］10号）、《从江县领导干部招商引资目标任务考核及奖励办法（试行）的通知》（从党办发［2011］23号）系列文件，进一步完善了财税扶持政策、项目用地优惠政策以及子女入学、用水用电、就医就业等优惠政策，为林业产业发展营造了更宽松的环境，为各类集团公司选择从江投资、兴办企业提供了强大的政策支持。同时，为简化办事程序，提高办事效率，进一步优化投资环境，从江县专门成立了政务服务中心，设立服务窗口，对投资者开设绿色通道，实行一站式服务，全面提升了服务质量，为各类林业投资项目的顺利建设提供了保障。

在大力创办林业产业基地和完善林业优惠政策的同时，从江县紧紧围绕财政增长、农民增收目标，积极引导发展竹木精深加工，开展旅游村寨绿化美化，大力发展林下经济。近年来，先后引进江厦华茗、盛源、红枫、浩宇、桂发等 14 家木材加工企业和 1 家生物质能发电厂，全部落地洛贯开发区林产工业园，通过对杉木、马尾松、楠竹等原木原材进行加工增值，生产指接板、中高档细木工板、工业活性炭、高尔夫球杆、松香、松节油等产品，全面提升木竹原料附加值，实现资源的综合开发利用。目前，除生物质能发电厂正在兴建厂房外，其余企业均已正常生产，可解决劳动就业岗位 1200 余人，年均完成木材销售 14 万 m^3，完成楠竹销售 2.5 万根，完成育林基金征收 1500 万元以上，完成利税上缴 4300 万元，全县森工产值已突破 3 亿元。仅 2013 年一年，从江县完成商品材采伐销售 13.46 万 m^3、完成楠竹销售 2.71 万根，全县森工产值达 5.31 亿元，全年实现税收 4263.5 万元，实现育林基金征收 1525.7 万元，农民在竹木采伐加工过程中，直接受益 1.85 亿元。

近 3 年来，借助国家加快林下经济发展的政策机遇，在省林业厅的大力帮助和扶持下，从江县丙妹、雍里、停洞、加鸠、光辉等乡镇充分利用山地资源优势，积极创办林下养殖香猪、山羊、土鸡和林下培植太子参、香菇、木耳、香草等示范基地，积极探索林下经济发展新途径。目前，雍里乡两料村和光辉乡光辉村已出产山羊、土鸡、珍珠鸡等产品，丙妹镇丙妹村和雍里乡宰略村已出栏香猪，停洞、加鸠、光辉已出产太子参、香菇、木耳、香草等特色产品，高增、贯洞、光辉等乡镇创办的林下养殖香猪、土鸡，种植太子参、食用菌、铁皮石斛等示范基地已初具规模，林下养殖、种植开发已在从江县蓬勃发展，为延伸林业产业发展链条、拓展林业产业发展空间和引导农民增收致富开创了新局面。仅 2013 年一年，从江县林下种养经济产值达 8828 万元，单项增加农民人均收入 271 元，取得了良好的经济社会效果。

保护生态环境　发展林业经济

云南省丽江市林业局　余祖德　张　瑛

滔滔的万里长江第一湾，巍巍的玉龙雪山、老君山，晶莹碧蓝的泸沽湖、程海、拉市海，大自然赐给了丽江天堂般的美丽，让世人惊叹不已。党的十八大对推进生态文明做出了全面部署，首次展示了建设美丽中国的宏伟蓝图。我市林业系统认真学习领会，积极贯彻落实，提出了“生态文明以林为先，美丽丽江从林开始”响亮口号，他们充分发挥生态文明建设生力军的作用，在美丽的丽江大地上奏响一曲丽江梦的绿色韵律，从而使得美丽的丽江更加绚丽多彩。

一、当好生态文明建设的先行军

建设生态文明，重任在肩，这是市林业系统广大干部职工的共同心声。丽江是世界著名的生物多样性地区之一，又是长江上游重要的生态屏障区，肩负着保障下游安全的重任。全市广大林业干部职工永远不会忘记，1995 年和 1999 年，时任国务院总理的朱镕基两次到丽江视察，他的两句话令丽江林业人激动万分，深受鼓舞。朱总理第一次到丽江时说，丽江的山川美丽，很有可能发展成为一个重要的国际旅游景点。第二次，朱总理说，天然林保护问题，已经到了迫在眉睫的时候了，耽误一天，更严重一天，长江、黄河不可能有宁日，给国家和人民带来越来越大的灾害。广大林业干部职工深深认识到，保护好长江上游的生态，是党和国家对丽江人民的重托，也是丽江人民担负的责任，同时也是丽江人民对国家的最大贡献，林业工作者肩负的是第一位的重任。

进入新的时期以来，国家对生态建设更加高度重视。特别是近几年来，云南省委、省政府提出了建设“森林云南”，丽江市委、市政府提出了建设“生态产业基地、清洁能源基地、国际旅游胜地、国家长江上游生态屏障和面向西南开放的窗口”的发展战略，全市林业战线广大干部职工，充分认识生态建设在国家和全市经济社会发展全局中的战略地位，紧密联系实际，牢牢把握生态文明建设时代机遇，以加快转变林业发展方式为主线，以生态建设工程为抓手，统筹推进林业生态建设、修复和保护，加快发展林业产业，大力繁荣林业生态文化，竭力当好美丽丽江建设的先行军。

二、围绕发展加快生态建设

结合丽江是全球生物多样性最富集的地区之一，长江上游重要的生态安全屏障区和国际旅游胜地、金沙江上游水电基地的市情，紧扣建设“生态产业基地、清洁能源基地、国际旅游胜地和长江上游重要生态屏障和面向西南开放的重要窗口”的发展战略和“建设丽江、发展丽江、繁荣丽江、保护丽江”的任务。全市林业部门紧紧抓住战略机遇，从自己担负的工作任务出发，突出林业生态建设的重点，精心部署，加快推进林业生态建设。

丽江位于“三江”并流区内，独特的地理和气候环境，使生物多样性极为丰富，享有全球生物多样性宝库、横断山植物“天然避难所”和“云药之乡”的美誉。有13000多种高等植物，占中国植物种类的三分之一以上，占云南省的70%。为了保护生物多样性不受破坏，为人类永续利用。全市林业干部职工深入林区，广泛发动群众，深入持久地开展了“七彩云南”、“滇西北生物多样性保护行动”、“建设森林丽江”等活动，使保护生物多样性，建设美丽丽江成为全市各族群众的自觉行动。一批保护区和保护基地相继建立，成为生物多样性的“保护神”。保护完好的生物多样性富集区成为了中外科学家最理想的科学研究“天堂”。同时，加大玉龙雪山、老君山自然保护区和拉市海、泸沽湖、程海湿地保护区管理，经验得到国家、省有关部门的肯定。

作为金沙江最重要的水源涵养区和水土保持区之一，丽江担负着长江上游生态安全屏障的重任，林业部门勇挑重担，不辱使命。自98年实施天然林保护工程以来十六载，全市完成营造林建设项目700.27万亩，其中人工造林53.88、封山育林343.83万亩、飞播造林65.22万亩、森林抚育110.47万亩、人工促进天然林更新126.87万亩；实施退耕还林工程69.2万亩；改造低效林100万亩；组织实施石漠化治理任务29.27万亩；完成中央财政造林补贴试点项目14万亩；改造森工企业棚户区3300户，分流森工企业下岗职工2678人，确保了国家政策的连续性和林业队伍的稳定。

三、围绕基地建设促进产业升级

建设生态产业基地，是丽江市委、市政府根据我市极为丰富的生态资源提出的战略选择。为了创造性地落实好这一发展战略，全市林业部门积极探索“保护促产业升级，产业升级促保护”的双赢路子，一方面加大生态保护力度，为生态产业基地建设发展创造条件，打好发展基础；另一方面，以兴林富民，实现人民的福祉为目标导向，切实转变林业发展方式，充分发挥林业“生态产业基地”主战场的优势，利用林业产业链长、增收环节多、富民效果明显的特点，带领山区群众增收致富，实现从“砍树谋生”走向“看树致富”。同时，积极发挥林业系统业务和林业科技的优势，组织开展了大规模的核桃、油橄榄、青刺果种植。为做大做强以核桃、薄壳山核桃、油橄榄为重点的优势产业，丽江精心培育苗圃基地120个，培育生态产业龙头企业23户，每年能提供种苗10万株。在产业升级提效中，积极探索林权制度改革，大胆开展林权流转和林地林权股份合作流转，有力推动了生态产业的发展。截至目前，全市建设生态产业基地454万亩，实现林业产值60亿元。

四、发展新能源促进生态建设

丽江山区面积达92.3%，传统的生产生活方式，薪柴消耗巨大，给森林资源增长和生态文明建设构成巨大的压力。市林业部门在大力推进生态屏障建设的同时，坚持“因地制宜、多能互补、综合利用、讲求实效”和“开发与节约并重”的农村能源建设方针。按照国家和省的相关技术规范要求，积极发展新能源建设，用新能源替代薪柴，从而做到有效减少森林的低价值消耗，保护森林资源，促进生态建设。

撤地设市以来，特别是近几年来，全市林业系统举力抓好新能源建设。通过以气代柴、以电代柴、以煤代柴的方式加快实施农村能源替代工程。重点推进沼气池建设、抓好节柴改灶、积极推广太阳能热水器和微小水电站。到目前为止，建设沼气池25731口、太阳能28806台、节柴灶42861眼。按每口沼气池年可替代2t薪柴、每眼节柴灶可节约1t薪柴的标准，仅此两项全市可减少薪柴砍伐2101万t，保护森林4202万亩；按每口沼气池年可减排35t CO_2，年可处理粪便8.2t标准，年可减排29.2万t CO_2，处理粪便68.46万t，有效降低森林的低价值消耗和总消耗量。改变了全市农村长期以烧柴为主的能源利用模式，形成了薪柴、煤炭、电、沼气、液化气互补的农村能源多元化利用格局，减少了森林砍伐，保护了生态，同时改善了农村居住条件，提高了农民生活质量，为农业增产和农民增收发挥了重要作用。

五、强化管护保障生态建设

全市林业部门在林业生态建设过程中，做到一手抓建设，一手抓管护，切实巩固生态建设成果，保障生态建设健康发展，真正筑牢生态屏障。

着力加大对森林资源的管护。全力抓好森林防火、林木病虫害防治、资源林政等工作。强化林地管理，严控林地占补平衡，确保公益林面积不减。坚持生态效益补偿制度，争取效益补偿资金。积极支持山地城镇建设，主动服务重点项目工程。严格执行森林采伐限额制度，规范林木采伐审核审批。最大限

度保障2450.34万亩的森林资源安全和林区的安定。

六、探索林业生态建设之路

在建设生态文明的实践过程中，全市林业部门深深认识到，森林资源是山区各族群众千百年来赖以生存的基础，人们的生产生活、生息繁衍都与森林有最直接的联系。正确处理好人与森林的关系，才能使生态文明建设更加丰富，更具活力。为此，他们做了积极大胆的探索。

坚持“保护促利用，利用促保护”的方针，大力发展林下经济，是他们建设生态文明的一个重要举措。林业干部职工通过深入林区联系群众，调查研究，着力培养新型林区农民，调动他们爱林护林的积极性，转变他们的生产方式、生活方式，变“靠山吃山”为“养山吃山”。绿色产业、生态经济，放下斧头照样可以找钱，不砍树也能发展。玉龙县鲁甸乡通过探索林区经济转型发展的道路，成为全市林产业的一面旗帜，一年药材收入近5亿元，是大砍伐时全乡木材收入的30多倍。过去乱砍滥伐屡禁不止的贫困山区，在林业部门的帮助下，发展绿色产业和社会事业“两手”抓，不但转变了思想观念，而且改变了传统的生活方式和生产方式，村民们认识到生态环境的重要性，自愿组织成立了护林队，全力维护玉龙雪山森林安全。

生态产业和生态文明建设紧密结合，做到了在生态建设时，注重发挥产业功能，产业发展中不忘兼顾生态要求，从而做到产业发展，生态受保护。全市建设了一批规模相当的核桃基地、雪桃基地、芒果基地、油橄榄基地、药材基地，以及苗圃基地、野生动物驯养繁殖基地，林业生态产业正在成为全市最具发展活力的产业，在经济发展中撑起了半壁江山。

七、生态文化提升生态意识

生态文化是林业生态建设的灵魂。在林业生态建设中，我市林业部门大力发掘和弘扬生态文化，进一步提高全社会的生态意识。

传统的生态文化与现代生态文化相结合，努力在全市营造热爱生态，保护生态的氛围。我市少数民族群众有热爱自然，敬畏自然，与自然和睦相处的传统文化。纳西文化中就有“人与自然是同父异母的兄弟”，普米族文化中有“母亲树”。市林业部门大力宣传和弘扬这些优秀的民族传统文化，并把它与“七彩云南”、“滇西北生物多样性保护活动行动”、“森林丽江”活动结合起来，提高了“建设美丽丽江”、保护生态就是保护自己家园的认识，保护森林生态的意识大大增强。

紧紧围绕省、市生态文明建设的总体布局和安排，林业部门广泛组织了“平安林区”创建工作，严厉打击破坏森林生态的行为，大力宣传爱林护林的典型，取得了显著成效。全民义务植树活动成为常态，广泛深入人心，自觉参与，以平均每年完成200万株的任务量持续推进。

依托丰富的森林资源和湿地资源，结合丽江旅游，积极与旅游部门配合，开展了森林旅游、森林探险和森林科学考察活动以及湿地旅游，观鸟活动。不但丰富了游客对森林、温地、珍稀动物禽类的知识，享受到了大自然的恩赐，更增强了呵护生态的意识，形式多样、丰富多彩的森林、湿地生态文化，使生态文明深入人心，提高了生态意识，美丽丽江已经成为云南一张亮丽的名片。

昔日的西南边陲小镇，在万千林业劳动者的辛勤和精心装扮下，变得格外绚丽多彩，美丽富饶、人与自然和谐的良好形象，已然成为世界看丽江看中国的窗口。

加大植树绿化力度　推进林业产业发展

云南省耿马县林业局　白宏斌

一、耿马县林业资源丰富

耿马属横断山余脉碧罗雪山向南延伸段，由于受喜马拉雅山构造运动的影响，形成了境内沟谷纵横、起伏绵延的地貌特征。最高海拔 3233.5m，最低海拔 450m，相对高差达 2783.5m。北回归线穿越县境，气候主要受印度洋暖湿气流和西南季风影响，全年气候高温高湿，冬旱夏雨，高山河谷热量雨量分布不均，立体气候显著，适宜多种野生动植物生存繁衍，形成了我县林业资源的三大优势。一是林地资源丰富，全县共有森林面积 393 万亩，占土地面积的 68.4%。林业用地面积 330 万亩，其中：生态公益林面积 99.2 万亩，占林业用地的 30%；商品林面积 230.8 万亩，占林业用地的 70%。二是林木资源丰富。我县地处热带亚热带，热量丰富，土壤以红壤、砖红壤和黄壤为主，土层深厚，土壤自然肥力高，植物生长量大，林木资源丰富，全县森林覆盖率达 65.8%，活立木总蓄积量为 1910.57 万 m^3，年生长量为 58 万 m^3，年消耗量为 22 万 m^3，是临沧市重要的商品木材生产基地之一。三是植物物种资源丰富。由于特殊的地理位置和气候条件，我县具有丰富的植物物种资源，据不完全统计县内共有植物 187 科 575 属 2000 余种，其中珍稀濒危保护植物有桫椤、红豆杉、四数木、苏铁、铁力木、云南石梓、滇楠等 51 种。县内有自然保护区 2 个，面积共 3 万 hm^2，其中：国家级自然保护区 1 个，省级自然保护区 1 个。南滚河国家级自然保护区是全国热带亚热带动植物物种最为集中的地区之一。

二、林业产业发展迅猛

立足资源优势和现有生产基础，念好“山”字经、做活“林”文章，着力提高林地产出率和产品附加值，积极推进林业产业转型升级。一是林业产值大幅增长。2014 年实现林业总产值 14 亿元，较 2013 年 12.21 亿元增 1.79 亿元，增长 12%，农民人均林业纯收入达 6087 元，较 2013 年 5309 元增 778 元，增长 12%。产业结构比例逐步优化，呈现出一产稳定增长、二产比例增加、三产良好起步的态势。二是林产业基地建设迅猛推进。坚持科学规划，创新模式，加大投入，突出优势特色，注重规模集约发展，强势推进林产业基地建设。至2014年12月31日，全县累计建成林产业基地141.45万亩，其中核桃70.2万亩，澳洲坚果13.2万亩，竹子15.63万亩，速生丰产林29.78万亩，珍贵用材林6.04万亩，橡胶、木瓜等其他树种6.6万亩。累计改造低效林11.7万亩。三是特色林下产业发展迅速。目前，全县特色林下产业有石斛、草果、龙胆草、重楼、八角、花椒、竹笋、森林蔬菜、野生动物养殖等，林下经济基地10余万亩，其中：竹笋6.51万亩，草果2万，龙胆草0.8万亩，八角0.5万亩，花椒0.2万亩，石斛0.17万亩，重楼0.06万亩，年产值达6.195亿元。目前，建立林农专业合作社39户（工商登记在册）。

三、林业企业示范显著

坚持把引进、扶持、培育龙头企业作为林业产业化发展的关键举措来抓，优化发展环境，规范管理秩序，强化扶持服务，加大招商引资力度，助推企业发展壮大，林业多元化格局初步形成。目前，全县有林业企业48户，其中省级龙头企业3户，分别为耿马泰兴发展有限责任公司、临沧南华纸业有限公司、耿马四方生物科技开发有限责任公司，市级龙头企业2户（正在审批中），县级龙头企业5户。企业在我县完成造林11.886万亩，带动周边农户2万余人，长期吸纳农民工0.8万余人，林业企业已成为林业产业发展和林农增收致富的“联结点”和“助推器”。

四、林业特色工作亮点突出

（一）铁力木的保护与开发工作取得阶段性成效

铁力木是世界上最硬最重的树种之一。材质坚硬耐腐，纹路美观，近似鸡翅木，是名贵的家具用材和工业用材。种子含油量高达79%，是热带和亚热带重要的木本油料。铁力木树形优美，四季常绿，花洁白清香，是优良的城市园林树种。目前，中国天然连片的铁力木林仅分布在我县孟定四方井村。为充分发挥好我县铁力木的独特优势，进一步加强铁力木保护和发展工作。2014年以来，耿马县林业局紧紧围绕“生态立县，绿色崛起”和“森林耿马”建设战略目标，积极开展了铁力木保护和发展工作。一是积极向省、市争取专项资金22万元，聘请了专职护林员，加强了对铁力木保护小区的管护工作；二是初步建成了铁力木种苗培育和景观苗木培育基地200亩，年出圃苗木量可达80万株；三是完成了橡胶地套种铁力木面积1500亩，初步建成铁力木人工造林面积4800亩；四是创建铁力木品牌工作成效明显，通过多方努力，云南大学环境保护和生态研究室将在本月授予我县“中国铁力木之乡”称号，在此称号之下，我们将我县独特的铁力木树种打造为“中国铁力木保护小区”“中国铁力木种子采集地”“中国铁力木苗木培育及景观苗木培育基地”“中国铁力木最大的种植基地”等品牌。为临沧市“三带”建设做出突出成效。

（二）“三带”建设工作有序推进

在推进南汀河流域“三带”（苗木产业带、生态景观带、林果产品交易带）建设工作中，耿马县林业局紧紧围绕“六个一工程”，积极整合各方力量，完成了一条林荫道路示范建设6.6km，共投资187.2万元；完成一条5km的林荫河道示范建设任务，共投资47.8万元；孟定农林水产品交易中心已完成主体工程，完成投资32000万元；勐永镇关木林一万亩澳洲坚果和咖啡+坚果基地建设已完成13000亩；勐简乡云澳达千亩澳洲坚果苗木培育基地已建成370亩；孟定森林示范镇和贺海示范村已完成建设规划，并全面启动造林绿化工作。

（三）林业精品庄园及珍贵用材精品长廊建设初具规模

通过四排山乡三七生产基地庄园、贺派乡石斛种植庄园、大兴乡重楼种植庄园、孟定镇四方井铁力木景观庄园、孟定镇热带特色经济林果庄园等12个精品庄园建设，积极发挥广泛的辐射带动作用，涌跃探索“公司+基地+农户”的产业化经营机制，鼓励和引导企业及大户通过租赁、承包、联营、转让等形式加大林业产业的投入力度，实现规模化、集约化经营，走出一条“龙头带动型”的林业产业发展思路，促使我县林下经济、景观苗木培育、热带林果迅猛发展，林业产业不断地转型升级，林农增收致富，社会和谐稳定。2014年，我县新增三七、石斛、重楼等林下产业面积2300亩，景观苗木基地300亩，培育以铁力木为主的景观苗木80万株，新增林果产业基地0.3万亩。

按照市林业局的统一规划布局，我县与双江县共同打造一条珍贵用材精品长廊。目前，我县与四排山、芒洪、大兴为重点，采取政府主导，企业带头，群众参与的方式，在以上3个乡先后完成珍贵用材种植10622亩。其中：西南桦800亩、海南黄花梨2000亩，红豆杉5072亩、桤木2550亩、合果木200亩。累计完成珍贵用材种植面积约5万亩。为打造我县东山片区珍贵用材精品长廊奠定良好基础。

（四）率先开展“万元山”试验示范工作

2014年年初，耿马县林业局为提高林地效益，增加林农收入，率先在勐撒镇和大兴乡扶持开展了林下种植魔芋工作。共投入资金60万元，按每亩补助500元的标准，扶持以上两个乡（镇）50多户农户在核桃树下种植魔芋1200亩，为探索我县“万元山”建设先行先试，发挥了良好的试验示范作用。截至2014年年末，全县共建成“万元山”8万亩，其中：云南坚果基地2.22万亩、“咖啡+坚果”基地4.2万亩、核桃基地1.12万亩、“核桃+魔芋”示范基地0.12万亩、林下种植重楼基地0.05万亩、三七基地0.06万亩、石斛基地0.18万亩、林药基地0.03万亩、“橡胶+魔芋”示范基地0.02万亩。产值已达万元以上的基地有1.15万亩，其中：云南坚果基地0.03万亩；核桃基地1.12万亩。

（五）义务植树造林工作有新的举措

创新模式，采取多种方式开展义务植树活动，林业局积极动员全县护林员，开展人均种植2亩树活动，全县共173人参加了活动，完成植树造林782亩。结合美丽乡村建设，重点打造勐撒丙令、贺派那绵、四排山梁子寨三个林果种植示范村。结合党的群众路线教育实践活动，在全县倡议开展了“共植亲家树、共建新家园”活动，全县党员干部到直接联系和服务群众点帮助每户联系户共同在房前屋后植树2株以上，共购买种植以美国黑李、黄金梨、冬桃、车厘子、甜柿子等为主的水果苗木13万多株。

（六）城乡植树造林工作任务圆满完成

根据《中共耿马傣族佤族自治县委员会办公室耿马傣族佤族自治县人民政府办公室关于下达2014年城乡植树造林和“森林耿马”建设工作目标任务的通知》（耿办发电［2014］53号）要求，2014年，全县计划完成城乡植树造林59.009万株，其中：城区1万株、乡（镇）级1.1万株、村（社区）级3.06万株、农户52.849万株。森林耿马建设示范乡镇1个，森林耿马建设示范村庄10个、森林耿马建设示范社区100个、森林耿马建设示范户1118户。目前，全县共完成城乡植树造林72.129万株，完成任务的124%。其中：城区完成1.056万株；乡镇完成1.465万株；村级完成3.223万株；农户完成66.385万株，共完成投资3160.74万元。完成造林任务31.27万亩、1014万株，完成目标任务31.5万亩的99.3%，其中木竹10.97万亩、木本油料7.8万亩，退耕及荒山造林12.5万亩。森林耿马建设示范乡镇、示范村庄、示范社区和示范户建设工作正在有序推进。

（七）率先开展了“万元山”试验示范工作

2014年年初，耿马县林业局为提高林地效益，增加林农收入，率先在勐撒镇和大兴乡扶持开展了林下种植魔芋工作。共投入资金60万元，按每亩补助500元的标准，扶持以上两个乡（镇）50多户农户在核桃树下种植魔芋1200亩，为探索我县“万元山”建设先行先试，发挥了良好的试验示范作用。

五、今后工作打算

今后几年，我局将紧紧围绕“生态立县、绿色崛起”战略目标，以木竹板浆纸、木本油料、茶叶、咖啡、林化工、苗木、林下经济七大产业为支撑，大力培育林业骨干产业和产业集群，坚持耿孟一体化发展，加大植树绿化力度，建设布局合理、生物多样、景观优美、特色鲜明、功能完善的城市绿化系统，把耿马县城和孟定镇建成“林在城中、城在绿中、人在景中”的绿色生态森林城镇。加大引导和政策支持力度，充分发挥林农和企业两大主体的积极性，解放和发展林业生产力，促进传统林业向现代林业转变，促进森林资源优势向经济优势转变，把耿马建成林业资源大县、林业产业强县、林业景观美县、生态文明与民族文化有机结合的特色林业县。力争到2015年，全县森林覆盖率达68%以上，森林蓄积量达2000万m^3，森林生态服务功能总价值达180亿元，实现林业总产值18亿元以上，其中林业增加值8亿元以上，农民人均林业纯收入7800元以上；到2020年，全县森林覆盖率达75%以上，森林蓄积量达2700万m^3，森林生态服务功能总价值达200亿元，实现林业产值53亿元以上，林业增加值27亿元以上，农民人均林业纯收入10000元以上。

咬定山青不放松　造林种果不停步

甘肃省崇信县林业局　梁拴科

崇信县位于甘肃省平凉市东部，东靠泾川、灵台两县，西与华亭县接壤，北连崆峒区，南与陕西省陇县毗邻。全县现辖2镇4乡2个管委会，79个行政村，410个村民小组，总人口10.2万。总土地面积127.5万亩，其中耕地面积37万亩。

近年来，全县上下高度重视林业生态建设，坚持生态建设与产业发展并重，统筹发展生态林业和民生林业，全县三北防护林建设取得了长足发展。截至2012年年底，全县林业用地面积达到76.3万亩，其中有林地43.41万亩，森林覆盖率达到34.1%，活立木蓄积量51.9万m^3；建成以苹果为主的果树经济林基地8.6万亩，培育了3个果树经济林万亩乡和6个果业专业村。林果业年产值1亿元，农民人均林果业收入1155元，占农民人均纯收入的27%。1998年崇信县被甘肃省人民政府授予“实现宜林荒山绿化县”；2002年列入国家“名优新特经济林示范县”，划入了西北黄土高原苹果优势产区核心区域。2007年被甘肃省人民政府授予“甘肃省绿化模范县”；2009年被甘肃省人民政府授予“省级园林县城”；2010年被国家绿委授予“全国绿化模范县”。

一、科学谋划，分类指导，全力开展三北工程建设

20世纪70年代后期，随着国家林业政策的调整，三北防护林体系建设工程全面启动，把崇信县列入了甘肃省50个三北防护林工程建设重点县之一。全县按照“统一规划、规模治理”的总体要求，先后编制了三北一期、二期、三期、四期和五期防护林工程建设规划，坚持先易后难、先急后缓、由近及远、突出重点的建设策略，以流域或山系为单元，打破乡村行政界限，集中连片，整乡整村整流域推进，山水田林路综合治理，适地适树、因地制宜，编制作业设计，科学选用主栽树种，不断提高种苗质量，推广实用技术，进一步改进造林方式，改一季造林为多季造林，乔灌草结合，针阔叶混交，封育造结合，累计营造防护林工程23.8万亩，占全县有林地面积43.41万亩的54%，森林覆盖率由三北工程实施前的16.2%提高到34.1%。三北工程建设质量不断提高，三北防护林工程得到了长足发展。

二、多措并举，综合治理，努力改善区域生态环境

一是流域治理成效显著。不断调整优化工程建设布局，采取分散治理和集中整治相结合办法，对平头沟、关村沟、海子沟等流域及西南土石山区进行规模治理，在水土流失比较严重区域和人为活动频繁的梁峁沟壑地带，建起了防护林，有效改善了农业生产条件，大幅提高土地生产力，保障粮食稳定增产。全县水土流失面积由70年代初的731km^2减少到目前的281km^2，控制水土流失面积450.58km^2，治理程度62.9%，项目区内出现了生态恢复的可喜局面，生态面貌逐步好转，城乡居民生活环境明显改善。

二是城区面山河堤绿化初具规模。城区面山治理，按照建设生态旅游县城的标准定位，坚持工程造林与义务植树相结合，每年春秋两季组织动员县直、省市驻崇各单位干部职工和广大群众，营造了一批规模宏大、功能多样的水土保持林和休闲观光生态林，累计建成绿色生态屏障1.3万亩。汭河、黑河两岸绿化，采取生态防护和景观营造兼顾的治理办法，科学设计，选用大规格美国竹柳和花灌木，建成了万米护岸林，形成了一道亮丽的风景线。

三是城镇绿化美化步伐加快。采取见缝插绿、拆墙透绿、破硬还绿、规划建绿等一系列有效措施，全面加强机关单位、住宅小区的绿化美化，不断提升绿化档次，努力增加绿地面积。全县70个单位院落7个住宅小区，先后建成了县委机关、县政府机关、县医院、崇信一中等36个花园式机关单位和梅苑新村、金宇花园、滨河路小区等3个花园式住宅小区以及文化广场、龙泉寺山前景区公园、西区休闲广场等3处绿色休闲场所，绿化面积13万m^2，城区公共绿地面积达到32万m^2，绿化覆盖率达到46%，绿地率达到35.5%，人均公共绿地面积达到9m^2，95%以上的机关单位达到了绿化、美化标准。在林业助建新农村中，按照“分类指导、突出特色、抓点示范、整体推进”的原则，编制了详细的村镇绿化规划，对近年来建成的64个新农村绿化逐年推进，实现了新农村绿化全覆盖，充分发挥了林业在新农村建设中的有为作用。扎实开展了生态乡村创建工作，创建省、市级“四绿”单位15个，黄寨乡、锦屏镇国家级生态乡镇创建工作已通过初步验收，正在等待环保部命名，锦屏镇东庄村等20个行政村被命名为省级生态村，黄寨乡马寨村等10个行政村被命名为市级生态村。

四是绿色通道建设全面推进。按照“高起点、宽林带、高规格、大绿量”的要求，投资322万元，重点对省道304线和崇大路、泾土路、关木路、葛木路、九柏路、平赵路、铜城至火车站、龙泉寺至闫湾等公路主干道进行了

全面绿化，建成绿色通道213公里，实现了全县公路绿化全覆盖。随着县城东区改造和西区扩建工程的深入实施，拓宽绿化带，栽植行道树，对城区重点路段，营造景观林，建成了多层次的绿色长廊18条17km12万m^2，形成了点、线、面相结合，多层次、多样化的城区道路绿化新格局。

三、统筹兼顾，注重效益，着力推进民生林业发展

全县依托三北防护林工程，大力发展民生林业，以苹果为主的经济林、森林生态旅游、林下经济和种苗基地建设得到了较快发展。

一是果树经济林基地规模日益扩张。近年来，全县充分发挥区位优势，把果产业作为助农增收的主导产业，按照区域规模发展、整村整乡推进的要求，每年以2万亩的速度扩张，初步形成了塬区苹果、川区酥梨、南部山区干杂果的果产业发展格局，建成了以南北二塬、汭河川区为主的三个苹果生产基地框架。全县农户户均果树经济林3.8亩，人均1.04亩，果品总产量3.8万t，产值6100万元，农民人均果品收入610元。全县苹果示范园面积达到3.5万亩，挂果园总面积3.2万亩，占果园总面积的37.2%。共建办涉果企业61户，直接参与果品生产和经营的人数达到598人，以平凉方盛6000t果蔬保鲜气调库、柏树昌隆果蔬保鲜库为龙头的各类果库果窖200多孔，贮藏能力达到1.2万t，果产业已真正成为农民致富奔小康的主导产业

二是森林旅游业不断壮大。加快开发“龙泉寺—五龙山—唐帽山”人文生态旅游区，大力发展生态旅游产业。在2008年成功创建了龙泉寺国家4A级旅游景区的基础上，加大唐帽山省级森林公园和五龙山省级风景名胜区改造提升力度，狠抓基础设施建设、规范化管理和对外宣传，初步形成了以龙泉寺、五龙山为主的风景名胜游和华夏古槐王、三异柏为主的名木古树游等旅游新格局，景区规模和接待能力逐年提高。生态旅游景区年接待游客68万人（次），实现森林旅游总收入2.18亿元。

三是林下经济发展提速。深入推进集体林权制度配套改革，大力推进林下种植、林下养殖和树种改优“三大工程”建设，积极推进林权流转，鼓励大户、能人承包经营林地，发展林下经济。全县建办林下养殖点4个，林下养殖生态鸡27.3万只，林下种植2.5万亩，树种改优2.5万亩，林权流转1.72万亩，林权抵押贷款2713万元，组建农民林业专业合作社9个，林下经济产值达到3567万元。

四是种苗基地建设步伐加快。以国有林场、专业苗圃为中心，积极引导乡镇农户、场（圃）职工苗木产业，初步建成了野雀、长新、赤城三个规模

苗木繁育基地，育苗2100亩，年出圃云杉、油松、山杏、刺槐等生态造林树种和雪松、圆柏、金丝柳、国槐等园林绿化树种以及苹果、梨、桃、核桃等经济林树种50多个品系1500万株，销售纯收入1100万元以上。

四、立足实际，创新模式，探索积累生态建设经验

面对春季干旱少雨、林地立地条件差、造林成活率不高和农村外流人口多、施工组织难度大的问题，经过广大干部群众多年努力，探索了一些符合地方实际的造林模式，总结了一些比较成功的经验。在造林技术选择上，大力推广刺槐截杆埋根造林、针阔混交等造林实用技术，采用兴修工程、开挖鱼鳞坑、树盘覆膜、营养钵造林、泥浆蘸根等抗旱造林方式，提高了造林成活率和保存率。在造林时间上，变过去春秋两季造林为春夏秋三季造林，延长了造林时间，增加了造林面积，扩大了针叶林数量。在造林方式上，创新机制，实行专业队造林、大户承包造林和全民义务植树造林相结合，充分调动社会各界造林绿化的积极性，进一步加快了国土绿化步伐。在资金扶持上，每年县财政安排专项资金700万元，用于造林绿化和果园建设，解决了林果业建设资金短缺的问题。在造林质量监管上，严把设计评审、苗木采购、整地栽植、检查验收和建档立卡五关，有效提高了造林质量，建成了一批造林绿化和果园建设精品工程。

大力发展林果业，是建设人与自然和谐相处环境、推动经济社会转型跨越发展的重大战略举措。我们将以这次会议为契机，认真学习借鉴其他地区先进经验，不断完善林果业工作机制，全面落实强化领导抓责任、严格标准抓质量、明确职责抓落实和强化督查抓成效等四项保障措施，大力发展生态林业和民生林业，切实提升林果业建设质量和效益，为2020年全县农民人均纯收入达到8000元、与全省全国同步进入小康社会奠定坚实的基础。

作者简介：

梁拴科，男，现任甘肃省崇信县林业局局长、果业局局长、退耕办主任。

自1983年7月参加工作起，历任种子公司技术员，林业局文书，野崔苗圃主任，林场副场长、场长，林业局副局长，乡人民政府乡长、党委书记、人大主席，建设局局长，环境保护局局长等职。2012年2月至今，任崇信县林业局局长、果业局局长、退耕办主任。

振兴花木产业　走绿色发展之路

甘肃省临洮县林业局　梁作雄　马世义

西部大开发战略实施以来，临洮县的花木产业从九十年代末的农户分散种植发展到现在的规模化、集约化种植走了很长一段路，临洮先后获得了“花木之乡”、“花卉之乡”的美誉。在发展花木产业上临洮具备五个优势：一个是水资源优势，洮河贯穿临洮全境，水资源无污染；第二个是光热优势，年平均气温7摄氏度，昼夜温差大，适合花木生长；第三是区位优势，临洮处于兰州1小时经济圈的节点，交通便利；第四是土地优势，南部几个乡镇水川区土地面积大，土质适合发展花木产业；五是民间资本雄厚，花木产业的发展必须要依靠私营经济成分的参与，这也是解决投入不足的一条很好的途径。2010年，临洮县委、县政府在深刻分析县情的基础上，提出了实施生态立县战略的构想，就是要走一条以“绿”促富的特色经济强县之路，是对实现临洮经济社会可持续发展做出的科学定位。

从2010年以来，在县委、县政府的强力推动下，临洮县花木产业徘徊不前的发展局面迅速得到改变，花木产业发展实现了四个提升：

一是抓基地建设，辐射带动作用得到提升。为了发挥大户带动辐射效应，按照集中连片、规模发展、合理布局的原则，建成了以洮阳镇双联村为中心的5000亩基地1个，以八里铺镇王家大庄森源苗木基地为中心和玉井镇店子村为中心的2000亩育苗基地2个，新发展以边江洲、苟永胜、何成勇、张志军、杜小荣、安仲明、董涛、樊建军、曹磊、郑芳琳等为代表的百亩以上大户育苗基地9处，新增育苗面积6500亩，带动周边农户育苗1500亩以上。按照建成各有特色、品种多样、规格齐全的发展布局，积极引导群众在苗木繁育上向“一村一品”的模式发展，按品种分类形成了洮阳镇双联村、五爱村、南街村，八里铺镇上街村、水渠村、王家大庄村，玉井镇白塔村、店子村，新添镇孙梁家村9个大的花木专业村。

二是抓新技术引进推广，花木产业科技水平得到提升。近年来，临洮县花木产业发展规模迅速扩张，要实现花木产业的可持续发展，必须要从选育苗木优良品种，提升科技含量上下功夫。一是县林业部门依托国有苗圃的技术优势和个体私营苗圃的资金优势，在大力发展乡土树种繁育的基础上，每年有计划地引进 5～10 个适合西部地区的优良苗木新品种，认真开展引种试验，对适应本地地理气候条件的进行大力推广；二是建立“引进来、走出去”战略，定期组织技术人员和育苗大户外出参观考察省内外花木产业发展的成功经验，对成功的做法和模式积极借鉴采用；三是加大对全县花木产业的技术指导力度，依托省内外科研院所聘请技术专家对重点乡镇的育苗大户进行培训，从林业技术推广站、种苗站、基层林业站抽调人员深入育苗基地提供育苗技术、病虫害防治、大苗培育、良种嫁接等方面的技术服务；四是依托大丽花培育中心等育苗基地成熟的技术优势，大力开展云杉、柏树、杨树、柠条等树种的扦插快繁新技术的试验研究，缩短育苗周期，降低生产成本。

三是抓市场建设，市场信息营销体系得到提升。为了解决苗木市场信息不畅、群众销售难、苗木定价机制不健全等问题，一是县林业部门筹建由森源苗木公司投资 1.3 亿元的花木市场，依托花木市场建立临洮花木信息网站，定期对外发布种苗信息；二是通过在临洮举办西北花木供货洽谈会和参加省内外花木博览会，加大对外推介力度，提高临洮花木的知名度；三是建立苗木质量检验和有害生物检疫制度，由林业部门严把外调苗木质量关，对县内苗木价格建立统一定价机制，严禁出现欺行霸市行为，通过保护采购方的利益建立长期稳定的销售渠道；四是借助政府宣传部门和苗木经纪人的优势和力量，加大临洮花木对外宣传力度，逐步占领西北市场。五是在花木产业发展规模相对集中的乡镇成立花木合作社，解决分散种植户技术薄弱、信息不畅、销售难等一系列现实问题。近年来，通过建立完善营销网络，县内花木主要销往新疆、内蒙、青海、宁夏、西藏、山西、陕西等几个省区，建立了稳定的供货渠道。

四是抓政策扶持，融资渠道得到提升。结合当前开展的集体林权制度改革，临洮县以落实林改配套措施为契机，积极探索林地、林木抵押贷款办法，通过争取信贷资金、开展项目推介、加强银企合作加大对花木产业的资金扶持力度。一是制订了《关于加快发展林木种苗产业的实施意见》，出台优惠扶持政策，吸引民间资本、社会资金和外来投资参与花木产业发展；二是积极协调金融、财政、扶贫、妇联等部门，通过实施妇女小额贷款、下岗职工小额贷款、阳光培训工程，解决发展资金不足的问题；三是紧紧抓住《财政部、国家林业局关于开展 2010 年林木良种补贴试点工作的意见》出台的政策机遇，申报论证了一批林木种苗产业发展项目，为 8 户育苗企业争取林业贷款贴息 100 多万元。

通过近年来的努力，临洮县花木产业发展实现了从过去的观赏型向现在的产业型的转化，培育和发展了以新美花卉集团公司、三易花木科技公司、森源苗木公司为主的大、中型龙头企业15家，相继引进建成了一批现代化自控温室，初步形成了集种植、销售、繁育、推广为一体的产业体系。目前，全县以临洮大丽花、唐菖蒲、郁金香、观赏百合、兰花系列等为主的球宿根花卉发展到50多种300多个品种，以紫斑牡丹、月季为主的灌木花卉60多个品种，以云杉为主的绿化苗木160多个品种，花木种植规模逐年稳步扩大，现已突破2万亩。特别是临洮花卉近年来在各类展交会上多次获得大奖，成为提升临洮知名度的一张重要名片。临洮是一个典型的农业大县，近年来林业产业发展上虽然取得了很大成绩，但是农民在林业方面的增收仍然比较缓慢，培植壮大一个高效益的绿色产业迫在眉睫。今后，临洮将在农业结构调整薄弱的南部水川区大力发展以花木为主的特色农业，确立"以花木富县、以花木名县"的发展新思路，坚持以花木改善生态，以生态承载旅游，以旅游激活三产的理念，把花木生产、生态旅游、新农村建设三篇文章一起做。真正将花木产业发展成为推动"大地增绿农民增收"的一项惠民工程。

发展林下经济　培育绿色产业

甘肃省和政县林业局　马维权

和政县辖13个乡（镇），123个行政村（居委会），总人口21.1万人，其中农业人口19.7万人，占93.3%，农民人均纯收入2958元。国土总面积144万亩，林业用地57.5万亩，其中集体林地39.2万亩。通过林权制度主体改革，家庭承包经营林地33.6万亩，由村、社集体统一经营管护2万亩。签订承包合同面积35.6万亩，颁发新版林权证1.9万份。全县国有林场3个，集体林场8个。林下经济是以林地为依托、林木资源为背景，充分利用林下温度、湿度、生物和适当庇荫等生态保育环境与空间资源，从事林下种植、养殖业和各种休闲养生等健康经营活动，使农牧、林果、旅游资源共享，实现资源开发与环境保护协调发展，经济效益、社会效益和生态效益同步增长。

一、工作成效

集体林权制度主体改革完成任务后，我县及时调整工作思路和重点，坚持用全新的理念、超前的思维、长远的目光谋划林下经济，把林下产业作为富民强县的“绿色产业”和“朝阳产业”大力发展。确定了以科学发展观为指导，以生态安全为前提，以效益建设为核心，以兴林富民为宗旨，充分发挥林地资源优势和林荫空间优势，积极组织开展林下种植、养殖、旅游等循环立体复合生产经营，实现资源共享、优势互补、循环相生、协调发展，走向集约化、规模化、产业化发展之路。

1. 加大林权流转工作。为了适应规模化经营的需要，全县林业合作社、公司、育苗大户，流转土地4.39万亩。其中：育苗1.33万亩，占流转面积的30%；流转啤特果梨园直接、间接生产果品的林地1.16万亩，占流转面积的26%；林下中药材种植0.69万亩，占流转面积的16%；林下养殖或者种植饲草0.55万亩，占流转面积的13%；森林生态旅游租用生态林0.53万亩，占流转面积的12%；其他租用面积0.13万亩，占流转面积的3%。流转时，乡、村、社干部群众到林地现场，实地进行勘测，确认四至界限及林地面积，户主本人、邻户签字认可。由于严格执行流转工作程序，群众满意度95%以上。土地的流转，盘活了森林资产。

2. 发展经济林建设。坚持生态建设与产业建设相结合，组织动员群众在承包到户的宜林地上栽植经济林，对原有的经济林更新升级。截至目前，全县啤特果栽培面积达到13.9万亩，挂果面积6万亩，年产量6万t，果品产值1.2亿元，果农的收入明显增加；全县以八八啤特果公司为龙头的啤特果加工企业已经发展到6家，年加工果品2.3万t，产品畅销省内外，从而有力地带动了啤特果基地建设，已形成了“公司加基地，基地联农户”的产业化经营模式。

3. 发展林下种植业。充分利用林下空间，在林下种植当归、党参、柴胡、牛蒡子等中药材。1~2年后即可收获，亩均效益0.8万~1.2万元；除去投资，纯利润0.4万~0.6万元。

4. 发展林下养殖业。我们鼓励农民林下放养“松鸣岩”草鸡、养蜂、养羊、养牛和特种养殖，有的已形成较大规模。和政县创业生态养殖有限公司由杨胜强等5名未就业的大学生投资300万元，流转城关镇咀头村啤特果林地583亩。在山顶果树行间养殖珍珠鸡、七彩山鸡等特色禽类8600只，山腰的啤特果林地中放养“松鸣岩”草鸡5000只。山脚的平缓林地中修建圈舍，养殖陶赛特、萨福克和小尾寒羊等优良品种的绵羊1000只。选择土层较厚的林地，套种紫花苜蓿、饲草玉米，青贮饲料，用于冬季养殖。目前公司已经见到效益，2014年销售收入366万元，除去种苗、饲料、人员工资等成本，利润123万元。在该公司的带动下，林下养殖的农户达到547户，养殖规模10~50只。

5. 发展林下旅游业。我县充分利用优美的森林景观，空气新鲜的独特优势，大力开发森林旅游资源。县政府在国家级森林公园松鸣岩，成立“松鸣岩景区管理局”，负责旅游开发，年综合收入8649万元；县林业局出租省级森林公园南阳山，开展旅游服务业，年收入95万元；罗家集乡三岔沟村群众，承租天然林地，举办生态茶园11处，每处年收入20~150万元；其他乡村还有21处生态茶园，也在开展生态旅游餐饮服务。

6. 发展良种苗木基地。我们按照“政府引导、部门服务、示范带动、农户参与”的原则，以国营苗圃育苗为龙头、民营企业育苗为骨干、群众育苗基地为主体，积极提供育苗市场信息和技术服务，在大黑沟林场、马家堡林区站、和政县苗圃等场站完成国营育苗500亩，在城关、三合、三十里铺、买家集等13个乡镇动员广大群众育苗15680亩。苗木主要有云杉、樟子松、啤特果、苏柳、紫斑牡丹等13个品种。还有一部分群众，啤特果园套育云杉、樟子松等针叶树种，苗木长势良好，经济效益也不错。

7. 发展林下综合开发。按照生态林业的要求，多层次、多方向的利用林地资源，实施立体布局、综合开发，最大限度地发挥林地的潜力和效能。和政县华丰庄园2013年3月流转陈家集乡上王家村群众退耕还林山坡地1360亩，发展林下经济。在平缓地修建圈舍19栋，林区养牛200头，养羊1000只，林下放养生态草鸡53000只；林下种植当归、牛子、党参等中药材150亩；林下培育云杉苗木236亩，樟子松113亩；林下种植牧草233亩；新建啤特果梨园313亩。通过“牧草→畜牧养殖→粪便→进入沼气池→沼液、沼渣→育苗、啤特果栽培、中药材种植、种草”的方式形成循环经济，通过啤特果梨树下养殖“松鸣岩”草鸡、珍珠鸡、环颈雉、种植中药材、牧草、育苗，进行农业立体开发，解释资源和土地，提高效益。

二、主要做法

1. 成立机构，全程服务。为了盘活森林资源，发展林下经济，我局成立了“林下经济服务工作组”，由局长任组长，一名业务强的副局长任副组长，抽调林业、法律、财会等专业的8名工作能力强的干部，常年进村入户驻企业，为企业和农户提供技术、政策和生产经营方面的服务。

2. 理清思路，制订方案。我们在充分调查、反复酝酿的基础上，制订了《和政县集体林权制度配套改革方案》和《和政县发展林下经济工作方案》，把全方位的服务作为集体林权制度配套改革的基本方式，把发展林下种植、养殖和开展森林生态旅游，作为发展林下经济的基本举措。清晰的工作思路，使我县的林下经济发展，走在全州，甚至是全省的前列。

3. 强化培训，技术扶贫。为了发展林下经济，我们在技术、政策和生产经营培训上狠下工夫。我局组织相关专业技术人员编写了《和政啤特果栽培管理技术》、《中药材林下套种模式及新技术》、《松鸣岩草鸡林下放养技术》、《养羊新技术》、《肉牛养殖新技术》、《生态茶园管理》和《林业法规与政策解读》等政策性强、技术要求高的学习资料，发放给不同的企业和农户，并利用农闲时间，采用投影仪培训，使讲解通俗易懂，深入浅出。我们把培训工作作为发展林下经济的第一道工序，加大工作力度。2013～2014年共计发放技术材料6.96万份，举办培训129场次，培训人员1.3万人次。对林业龙头企业管理人员送到外地学习，如：辉林合作社理事长曹辉，送到天水市秦安县学习经济林栽培技术；林源合作社理事长送到酒泉市参加中共中央组织部举办的合作组织管理培训班；创业生态养殖有限公司股东杨胜强送到辽宁参加中国银监会举办的青年企业家培训班，等等。这些人员开阔了视野，增长了见识，学到了技术，起到了示范带头作用，为林下经济发展注入了新的活力。

4. 想方设法，筹措资金。县上在财政十分困难的情况下，多方筹措资金，发展林下经济：一是对2013～2014年新成立的公司、合作社等86个经营规范的林业企业，每户奖励1万元；二是发展规模较大的33个龙头企业，每户奖励5万～10万元；三是为发展林下经济贷款的企业和农户，申报贷款贴息项目，享受国家林业局的贴息资金4986.6万元。

5. 调处纠纷，维护稳定。林权纠纷的调处工作，直接关系到农村社会的安定稳定，关系着农村经济的发展，关系林改的进程。我们高度重视林权纠纷调处工作，对每一宗林权纠纷案件及其信访件都认真对待。依靠当地群众，尊重历史、立足现实、依法依规、妥善处理林权纠纷58起，矛盾纠纷调处率100%，有效维护了社会稳定。

三、存在的问题及今后工作对策

虽然和政县的林下经济发展起步好、进展快，取得较好的成绩，但是与可持续发展、全面发展和高效能发展的要求相比，还有差距。一是部分群众对发展林下经济理解不深，认识不足，积极性不高，怕投资大、怕收益慢、怕担风险，持观望态度，依赖政府投资思想严重，发展林下经济的积极性和主动性不高。二是集体林地经济效益低，较难调动群众造林绿化的积极性，群众合理利用林地林木资源发展林业产业和林下经济积极性不高。三是无论是企业，还是农户，筹资渠道不畅，政策性资金投入和科技支撑力度小，普遍存在发展资金短缺、经营管理粗放和科技含量不高等问题。四是全县林业合作社193家，公司21家，承包林地的农户1.9万户，由林业部门的9名人员提供服务，力量单薄，影响林下经济发展。

针对存在的问题和林下经济发展的现状，我们采取如下五条措施，进一步发展林下经济，促进群众增收致富。

1. 及时修订林下经济发展规划。现行的林下经济发展规划是2011年1月制定的，经过3年的发展，需要修订。结合南部天然林区、中部旅游性小城镇发展区、北部啤特果集中种植区的实际，以绿色食品生产、生态旅游观光、林下产品采集、特种养殖、特色种植为重点，进行区域化布局，突出产品特色，明确重点任务，确立发展目标，谋划重点项目，科学引导林下经济健康有序发展。

2. 培育龙头企业和示范基地。加快培育八八啤特果公司、华丰庄园、创业生态养殖公司、辉林啤特果合作社等一批林下经济产业龙头和专业合作组织，不断完善“龙头企业+专业合作组织+基地+农户”的产业化经营体系。按照“规模化、区域化、产业化”的要求，打造一批特色鲜明、带动力强的林下经济示范基地。选择一批有条件的国有林场和集体林场，建设林下采集、种植、养殖，景观利用项目示范和技术推广示范基地。

3. 提高科技支撑水平。充分发挥农林科研和技术推广机构的作用，加强适宜林下应用的新产品和新技术研发。加快无公害生产、产品加工、储藏保鲜、高效模式等先进实用技术推广和应用。组织林下经济产业龙头和专业合作组织，与甘肃农业大学等大专院校联合开展科学试验和重点技术攻关。结合“三下乡”和科技特派员工作，加强对林下经济龙头企业负责人和农民科技政策培训，积极开展科学技术普及、宣传和推广工作。

4. 加大资金投入力度。建立和完善政府引导，农民、企业和社会为主体的多元化投入机制，县财政根据相关政策和实际情况，逐步加大对林下经济的扶持力度。充分利用现代农业基地、中药材示范园创建、农业产业化、扶贫、农业综合开发、林业贴息贷款等项目资金，对林下经济发展予以优先扶持。林业部门结合林业重点工程、林业科技推广等项目以及基本建设、技术改造等资金，按照国家和省有关规定和规划，大力扶持林下经济发展，积极支持符合条件的龙头企业申请国家相关扶持资金。

5. 确保产品安全。强化林下产品产前、产中、产后无公害管理，推广生物防治，采取农药森防隔离措施，防止产品原产地污染，加强产品生产、贮藏、运输、加工等环节的标准化管理。完善林下产品质量管理、检测和监督体系，确保产品使用和食用安全。

作者简介：

马维权，男，回族，中共党员，本科学历。现任甘肃省和政县林业局局长。

发展林业产业　推进生态建设

宁夏回族自治区吴忠市红寺堡区林业局

红寺堡区是全国最大的生态移民扶贫开发区，是宁夏回族自治区党委、政府贯彻落实国家“八七”扶贫攻坚计划，为从根本上解决宁南山区贫困群众脱贫问题而建设的大型水利枢纽工程—宁夏扶贫扬黄灌溉工程，自1998年搬迁宁南八县生活在贫困带上的农民以及政策规定退耕还林（草）的封育区和水库淹没区的农户以来，到2014年年底有总人口20余万人，其中城市人口3.7万，农业人口16.3万，占总人口的81.5%；现有3乡2镇，49个行政村，3个居委会；已开发水浇地53万亩；地区生产总值达到8.86亿元，全社会固定资产达到28亿元，实现地方财政一般预算收入1.4亿元，优势特色产业规模不断壮大，农民人均纯收入5000元。

1998年红寺堡开工建设之初，植被稀少，风沙肆虐，生态环境十分脆弱。“天上无飞鸟，地上无人迹”、“一年一场风，从春刮到冬”、“一碗饭、半碗沙”等民间流传的顺口溜是当地建设之初自然环境的真实写照。十四年来，在历届党委、政府的坚强领导下，经过广大干部群众的艰苦努力，红寺堡区林业建设从无到有，实现了跨越式发展。截至2014年春季，累计营造林面积177.15万亩，其中防护林14.39万亩，经济林28.75万亩，退耕还林25.98万亩，荒山造林86.33万亩，封育19.7万亩，森林覆盖率达到10.9%，林木绿化率达到34%，土地沙化治理比例达到40%，农田林网化率达到85%，村庄绿化率达到85%，城市公共绿地20.46万m^2，城区绿地率35%，绿化覆盖率37%，城区人均公共绿地9m^2。

红寺堡区集体林权制度林改工作共涉及3乡2镇46个行政村的1.59万户移民群众，林改总面积96万亩。包括1.3万亩乡村骨干林带和绿色通道林带、0.6万亩生态经济林、25.9万亩退耕还林地和68万亩荒山造林地。目前各项工作已经取得了阶段性成果。

一是勘界确权及登记发证等基础工作已基本完成。在集体林权制度改革政策的推动下，我区本次集体林权制度改革工作，在组织工作人员深入实地详细调查摸底的基础上，研究将南川乡确定为林改试点，率先开展林地承包、确权发证工作。截至目前，全区涉及林改的5个乡镇46个行政村均已开展了工作，覆盖面100%；已勘界确权林地面积78万亩，占应改面积的81%；确权到户1.59万户，占应改户数的100%。新庄集乡作为全区试点乡镇，林改勘界确权和林权登记工作已经全面结束，正在开展微机录入、承包合同签订、林权证打印、颁发、档案建立等工作。红寺堡镇、太阳山镇已全面完成勘界确权工作，大河乡已完成勘界确权、林权登记工作已近尾声。二是着力推进低效林改造，促进林改成果提质增效。对引黄灌溉工程主要干渠控灌范围内的近68万亩荒山低效林进行改造，栽植各类经济林17.8万亩，其中葡萄12万亩，枸杞3万亩，红枣2.8万亩；直播柠条补植补造32万亩。三是全面发展林下经济，增加林农收入。鼓励林农在不改变林地性质和不破坏林木的条件下逐步发展林下经济，千方百计增加林农收入。目前已对全区重点宽幅防护林带行间套种多年生牧草苜蓿等1.1万亩，每年还指导林农套种红葱等经济作物1500亩，各项林下经济作物每年为林农实现经济收益270余万元。

坚持实事求是、因地制宜、分类指导，多措并举"开好头"。在参与林改的98万亩林地中，有享受国家补贴的退耕还林地、有已经挂果的核桃、红枣等经济林，有可以生产优质饲料的柠条林地，有可以实施林下经济的宽幅防护林带，也有占70%以上荒山低效林。农民是最现实的群体。由于退耕还林地、经济林、防护林等都有一定的经济效益，因而在对这些林地进行承包时，红寺堡区的老百姓表现出了一定的积极性，但是对68万亩荒山林地却表现出了前所未有的冷漠和抵触。因为这里在开发建设前曾是数百万羊只的牧场，后来虽然实施了严格的封育禁牧政策，并实施了大规模的荒山造林，但由于立地条件差、干旱少雨等自然因素，造林成活率低，自然恢复不明显，这些林地至今也无法产生经济效益，是真正意义上的低效林，对这部分林地的承包成为了当地林改工作最大的难点。因此在这种现实情况下，我们始终以林改促增收为目的，坚持了实事求是、因地制宜、分类指导的原则，根据林种的不同、效益不同等区别对待，对效益好的林地重点抓好提质增效，效益差的主抓改造，并按照先易后难的步骤分头实施、稳步推进，使我们的林改工作取得了良好的开局。

正确选择产业发展方向，实施低效林改造，千方百计促进"树增效"。困难促使变革，创新推动发展。在上述基本原则的指导下，我区自2009年开展林改工作以来，区委、政府一方面高度重视，在以政府副区长为组长的林改工作领导小组的统一指导下，积极开展退耕地、防护林等效益较好的林地的勘界确权工作，同时又非常谨慎而积极地探索如何实现这些低效林向高效林的转变、真正实现"山定权、人定心、树增效"的新路子。经过广泛的调研论证，栽植葡萄成为这部分低效林改造，真正实现“树增效”的首选。

众所周知，红寺堡因干旱少雨而成为全国“治沙难、致富难”的典型，同时又因其拥有丰富的光热资源而成为全国葡萄栽培的最适宜区划之一，2009年被国家质监总局批准纳入贺兰山酿酒葡萄国家地理标识保护范围；2011年《中国（宁夏）贺兰山东麓葡萄文化长廊发展规划》空间布局的“一廊、三城、五群、十镇”建设规划中，红寺堡占据了其中的“一城、二镇、一个育苗中心”。贺兰山东麓洪积平原腹地沙漠区域是自治区规划的特色生态经济产业区，也是中国葡萄生产最佳区域之一，葡萄产业则被确定为贺兰山东麓十大优势产业之一。截至2011年，宁夏建设葡萄基地37.8万亩，初步形成了以青铜峡市、永宁县、国有农垦农场、红寺堡区四大葡萄产区的贺兰山东麓酿酒葡萄产业带，年产值达11.5亿元，红寺堡区葡萄种植面积已达到12万亩，约占全区总面积的1/3。

同时，这些荒山林地大部分都处在红寺堡引黄灌溉工程主要干渠的控灌范围之内，为发展葡萄产业来改造低效林提供了用水保障。

探索高效快捷的林改模式，不拘一格实现“山定权”。经过慎重的决策虽然选定了产业发展的方向，但是葡萄产业却是一个高投入的产业，建设当年每亩投资逾3000元，而红寺堡区当年地方财政收入仅4076万元，全部用于葡萄产业也仅能发展一万亩。这时候“合作”这一全新的林改工作思路迅速形成并付诸实施。

这一大胆尝试首先在红寺堡区中圈塘村获得成功。红寺堡镇中圈塘村共有804户3059人，劳动力2680人，该村周边有宜林荒地9600亩，属新二支干末端九、十支可控灌区。区委、政府果断决定，将该荒地按照林地确权承包给农户，再组织农户以土地、资金、劳动力等入股的方式和“群众自愿、统一管理、合作共赢、利益共享”的基本原则组织该村500余户农民成立了第一个葡萄产业专业合作社发展葡萄产业。合作社设立理事会，内设财务部、技术服务部、劳动力资源部、营销部等机构，分别负责资金、技术、劳动力及市场营销等工作。在区委、政府的大力支持和林业部门的技术指导下，该合作社当年就以整村推进的方式连片种植葡萄7600亩，累计包括外围防护林等在内的近万亩林地得到有效治理并全部完成了林地勘界确权及林权证登记发放工作，社员户均承包林地20亩。

为鼓励农户积极承包治理林地，政府又及时同步出台了林改优惠政策，为合作社社员免费开挖栽植沟、免费提供苗木，补贴架杆、架丝，还对生活困难种植户前两年给予生活补助。三年来累计补贴林农各项财物合计逾2.6

亿元。

初步的尝试所取得的成效令人鼓舞，但是葡萄产业前期投入大，而且两年内没有收益，这对于当时年人均纯收入仅3000元左右的移民群众来说，前期投入是个大问题，也是摆在红寺堡区林改工作的领导者们面前又一个巨大的难题。于是我们再次创新合作模式，积极引进企业参与林改，采取公司以资金、技术入股，农户以林地、劳动力入股的“公司+农户”的合作模式，组成立了第一个公司化运作的中信设施农业产业专业合作社，吸纳农户500余户，入股荒山林地10000多亩。组织该合作社的公司—罗山国际贸易有限公司于2010年1月在红寺堡注册成立，是集土地开发、葡萄种植、养殖业为一体的农业综合开发公司。两年来，该公司累计投资3000余万元带领社员积极参与林改工作，其中当年种植葡萄2700亩，建设8万方蓄水池一座，配套供水管道8300m，修建生产路12km；2011年和2012年又分别增加2500亩，累计达到7700亩。

2011年红寺堡的葡萄喜获丰收，有1.5万亩挂果，首次取得了6000万元的销售收入，挂果葡萄农户户均收入逾4000元，最高单户收入达到20万元，很多农户因此而建起了新房甚至购置了小轿车。为此，我们乘势而上，于2011年10月又成功举办了红寺堡区首届葡萄节，各个合作社社员及其他农户近5000人参与了活动，区委领导还代表中圈塘村葡萄产业合作社亲自给参合农户现场发放销售款。丰厚的经济回报和强势的宣传鼓动，极大地稳定了人心，增强了农户自愿参与林改的积极性，实现了由“两难”（治沙难、致富难）向“不难”的质的转变，广大产业群众纷纷效仿，成立葡萄、枸杞、红枣等产业专业合作社，积极申请承包治理荒山林地，有力地推动了我区林改工作和林业产业的发展。截至目前共成立中信设施农业产业专业合作社、瑞丰葡萄产业专业合作社、一加一设施农业合作社等“企业+农户”模式的合作社5个，杨柳、中圈塘、上源等纯农户联合组建的专业合作社13个，共计吸纳农户7000余户，确权承包治理荒山林地近50万亩，占林改总面积的52.1%。

超前谋划，延伸产业链，走良性循环发展之路确保“人定心”。扎实的林改工作使红寺堡区绿树成荫，花果飘香，树里行间结满了丰硕的果实。然而如何使这一丰硕的成果特别是逾10万亩酿酒葡萄真正变成老百姓腰包里的票子呢？红寺堡的林改工作者们高瞻远瞩，未雨绸缪，积极谋划产业深加工项目，促进产业链的延伸，并及时出台招商引资优惠政策，组织相关人员主动出击，上北方、下南方，与各地相关企业相互考察，真情互动，先后引进卓德酒庄、科冕酒厂等葡萄深加工企业3家，年加工能力2.3万t；2012年引进内蒙古汉森酒业集团等3家，协议资金2.7亿元，设计加工能力1.5万t，建成后全区葡萄年加工能力将达到3.8万t。十二五期间我们还将根据自治区贺兰山东麓百万亩葡萄文化长廊建设总体规划的框架，全面构建红寺堡葡萄主题文化城，新庄集、柳泉两个葡萄小镇及罗山酒庄、中圈塘酒庄、茅头墩酒庄三个酒庄文化示范园和一个育苗中心，着力引进和培养一批酒堡、酒厂等产业深加工龙头企业，总体形成城内酒厂6家，两镇三园葡萄酒庄50家，年加工能力20万t，灌装能力15万t，生产销售成品酒1.05亿瓶，实现产业总产值30亿元，促进葡萄产业生态效益、经济效益和社会效益同步提升，使产业群众吃上定心丸。

加快特色优势产业发展步伐 大力发展同心圆枣产业

宁夏回族自治区同心县林业局　马玉成　马吉芳

“同心圆枣”在我县栽培历史悠久，是经过长期自然筛选和栽培形成的地方特有品种。据《平远县志》记载：“枣一名木蜜，形圆，个小，核亦极细，较它产颇胜”，说明枣树在我县早有栽植且效用颇佳。经自治区林研所测定，我县王团镇黄草岭村一棵枣树树龄达312年，直到目前其单株产量仍保持在100kg左右，显示出超强的生命力和抗旱性。同心圆枣适应能力强、种植地域广、投资风险小、技术推广快、投入产出比例高、生态效益和经济效益明显，具有很强的抗旱、抗寒、耐瘠薄、耐盐碱等特性；果实富含多种维生素和微量元素，保健功能突出，既可鲜食又可制干，既是干旱山区农民喜栽乐培的主要经济树种，又是保持水土、绿化家园的优良生态树种，产业发展空间非常广阔。目前，在我县各乡镇、村、社均有枣树栽植。

一、全县枣产业发展现状

（一）政策背景

2003年以来，红枣产业被列入自治区四大优势果品产业带建设范围，2006年被列为宁夏特色优势产业，2008年成为宁夏林业“六个百万亩”重点工程项目。同心圆枣以其特有的品质和特性在2008年首届国际枣属植物研讨会和首届中国枣业大会上荣获金奖，2009年被授予宁夏著名商标，同心县被自治区确定为枣产业发展重点县。同时吴忠市委、市政府将同心圆枣列为全市农业十大基地建设项目之一。自治区第十次党代会和国务院《关于促进宁夏经济和社会发展的若干意见》把在中部干旱带发展以同心圆枣为主的红枣产业作为破解中部干旱带三农问题、调整农业结构、解决农民增收的重要抓手。同心县委、政府立足实际，将同心圆枣产业确定为全县农业结构调整和农民增收致富的支柱产业，强化政府引导，推进规模发展。

（二）发展现状

目前，我县同心圆枣产业已基本步入了规模化、市场化发展轨道。一是发展目标。县委、县人民政府2010年提出了“扩大种植面积、加强田间管理、推进产品升级，培育销售市场、增加种植效益”的总体思路，规划2011年至2015年全县完成枣产业种植基地20万亩，到2020年实现人均百棵枣树的战略目标。二是基地建设。截至目前，全县同心圆枣种植统计面积近15万亩，鲜枣产量达300万kg，产值600余万元，初步形成三大圆枣种植重点区域，即：惠平公路沿线（含生态移民区）的东部节水灌溉区、固海扬水扩灌渠区、扬黄灌溉区。三是种植技术。通过实践总结出了“苗不离水”栽植法，制定了《同心圆枣栽培技术规程》、《同心圆枣》标准、《同心圆枣苗木繁育技术规程》等，2007年《同心圆枣栽培技术规程》和《同心圆枣》标准经自治区质量技术监督局发布实施；2008年组织完成了同心圆枣抗逆性解剖学机理研究和百年老枣树的树龄测定，积极推广抗旱造林综合技术和红枣栽培标准化管理技术的应用。四是苗木繁育。以石狮管委会麻疙瘩育苗基地为带动，从2007年开始，以合同育苗的方式，鼓励、支持育苗，在县内积极开展同心圆枣嫁接育苗，全县累计完成酸枣育苗2100亩，嫁接同心圆枣1200万株，目前全县留床留床播种酸枣60亩，留床同心圆枣嫁接苗1397亩，其中：1年生同心圆枣嫁接苗310亩，2年生同心圆枣嫁接苗798亩，1年生同心圆枣嫁接苗289亩，2011年后每年能出圃地径2cm以上同心圆枣合格苗木100万株，基本满足全县枣产业发展所需苗木。同时，同心圆枣通过自治区林木良种审定。五是品牌推介。组织开展了一系列宣传推介活动，将同心圆枣推向了区内外乃至国际市场，抢抓同心圆枣在2008年获得中国首届枣业大会金奖契机，2009年，“同心圆枣”原产地证明商标、地理标志产品保护通过了国家质检总局、国家工商总局等有关部门的审定，成功举办了首届同心圆枣节，编撰出版了《中国同心圆枣》专著；2010年“同心圆枣”获宁夏著名商标，同时获有机认证转换；2011年又向国家工商总局上报了“同心圆枣中国驰名商标”申报材料。六是市场营销。扶持成立了宁夏天予枣业有限责任公司、同心县圣峰枣业有限责任公司2家枣加工企业。宁夏天予枣业有限责任公司于2007年8月成立，主要以加工制干鲜枣为主，拥有红枣自动化清洗、灭菌、微波烘干配套生产线，日处理鲜、干枣达5t；2011年建成年产1000t同心圆枣浓缩汁、速溶粉生产线一条；2010年公司总资产达到2000万元，实现销售收入2500万元。同心县圣峰枣业有限责任公司于2010年成立，截至目前公司总资产达582万元，已完成系列包装6个，以加工制干鲜枣为主，生产线将于2014年8月底调试成功并投入使用，预计销售收入达158万元，年设计生产能力2000t。

二、制约同心圆枣产业发展的主要因素

近年来，同心圆枣产业发展在基地建设、市场营销、品牌打造、种植技术等方面取得了一些成绩，积累了一些经验。但与产业化发展的要求相比差距甚远，尚未真正形成规模；中幼龄枣树面积大，鲜枣产量低，市场竞争力弱，对农民增收的支撑作用不大，总体上仍处于自然、分散、粗放的初级化管理状态，。具体表现在以下几个方面：

（一）干旱缺水是制约同心圆枣产业发展的瓶颈

同心县十年九旱，且降雨年际年内分布不均，大多集中在7、8、9三个月，自2004年起，全县各乡镇村每年都开始种植一些枣树，但由于缺乏规划，没有足量、稳定的水源作保障，且造林期间基本没有有效降雨，导致造林成活率低，即便当年拉水种植枣树成活了，但由于水的问题，以后很难保成活，保存率低，造成每年种植的多，保存的少，年年种树不见树。2007年以来，县委、政府调整思路，将同心圆枣种植作为产业结构调整、农民增收致富的朝阳产业来抓，结合全县生态移民工程的深入实施，先后围绕移民村重点实施了东部旱作节水灌溉工程，规划新建了一些蓄水池及节灌、点灌等补水设施，鼓励、支持发展枣薯、枣瓜间作，提出了枣产业发展的具体目标，。但由于水利设施不完善、管道通水不畅、管理体制不顺等原因，根本无法满足大面积枣树种植的灌水需要，造林季节往往需要大量拉水灌溉，造林成本高。例如，下马关镇是近几年全县枣产业发展的主战场，至今为止规划种植区内除个别地段，总体上灌溉供水不正常，影响了群众种植枣树的积极性，导致近几年新发展的枣树保存率不足30%。

（二）缺乏有效的激励机制，群众种枣树的积极性不高

同心圆枣在初植1~3年内基本没有经济效益，而要确保枣树正常生长，农户每年都要在灌水、施肥、抚育管护等方面进行投入，否则，就很难保证枣树成活。目前，由于地方财力薄弱等因素，虽然政府为农户无偿提供枣树苗木，采取了一些措施，但尚未出台有效的补助政策和激励机制，而农户受传统耕作习惯及眼前利益的影响，对同心圆枣产业发展的前景认识不足、主动性差、主动性不高，抚育管护措施跟不上，枣树成活率、保存率低，导致枣园成林速度慢，效益差。同时，由于缺乏有效的政策扶持，大部分农户不愿意甚至反对拿出土地来种植枣树，往往是政府花钱雇农户在自己的地里种树，产业发展的主体颠倒。

（三）配套政策不到位，资金投入特别是后期投入严重不足

我县在枣树种植规划区一般都按照3×4m的株行距建园，发展枣树每亩当年苗木费投入最低需要500元，而自治区每年通过林业项目和区财政补助120元，不足资金全部由地方财政和农户自酬（主要是灌水及投工、投劳），致使枣树种植当年在资金投入上严重不足，后期管理措施难跟进、先进造林实用技术难推广。

（四）产业发展的责任主体不明，机制不健全

近几年，枣产业发展在造林整地、水利设施建设、基地建设、技术指导、后期管护等方面整合了一些项目，重点抓了一些基地和示范园建设，但效果不明显，示范带动作用不强，仍然存在部门与乡镇、乡镇与村社、村社与农户责任主体不明的问题，部门间衔接不畅，等、靠、要的思想的严重，造林、爱林、护林的主动性差。

（五）同心圆枣大苗储备不足

近几年，依托林业局麻疙瘩育苗基地，通过与农户签订育苗合同，采取酸枣嫁接的办法，培育了一些同心圆枣苗木，但由于同心圆枣苗木培育周期长，目前虽然留床面积1397亩，但苗木地径均不足2公分，大苗储备少。

三、今后的发展思路

（一）科学规划抓基地

围绕“水源”做文章，集中联片规划，统筹整合项目，建基地，抓示范，坚持水利先行，在枣树规划区提前完成造林整地，提前修建蓄水池，采取滴灌或管灌的方式合理铺设供水实施，完善后期运行、健全管护机制，切实保证枣产业发展用水。在此基础上，以水源为核心，统筹考虑资金、种苗、技术、交通等各方面的因素，进一步修订完善全县枣产业发展总体规划，合理安排年度建设任务，抓住重点，稳步推进，优先选择交通便利、群众积极性高、水源充足的地块规模化发展示范园，强化管理，科学种植，使其充分发挥示范带动作用。在基地建设方面可借鉴兄弟市县的成功经验，通过土地流转，企业化运作方式进行，提高造林的质量和成效。

（二）强化措施抓巩固

坚持“一分造，九分管”，建立健全管护机制，明确乡（镇）、村、农户各方管护职责，配备专职护林员，逐步使管护工作制度化、标准化、规范化。积极争取逐步将成片枣树林地以及示范基地、同心圆枣整村推进村、老枣区等纳入退耕还林工程、天然林保护工程、生态公益林工程等项目管护范围，实行专人管护，做到种一片、管一片、成一片。

（三）基地带动抓育苗

按照苗木品种优良化、规格标准化的要求，充分发挥麻疙瘩育苗基地骨干苗圃的作用，带领引导广大农户开展育苗，加快同心圆枣良种繁育基地建设，制定奖励政策，鼓励支持同心圆枣优质合格大苗的培育，建立品种优良的采穗圃提供种源，加强苗木质量检验和检疫，确保苗木的品种和质量。同时，加强对现有老枣树的管理，利用枣树断根再生的特性，增加同心圆枣根蘖苗的数量，切实保证全县枣产业发展所需苗木。

（四）注重效益抓品牌

实施品牌带动战略，积极开展无公害产地认定和产品认证工作，加强“同心圆枣”商标、原产地证明商标管理，积极申报“同心圆枣”中国驰名商标，严格质量标准、规范生产管理，将同心圆枣逐步打造为枣业知名品牌。

（五）围绕市场抓龙头

积极引进龙头企业参与枣生产、加工和市场营销，重点抓好同心圆枣在制干、枣粉、枣汁、药用等方面市场开发，延伸产业链，提高同心圆枣的市场竞争力，促进市场良性发展。积极抓好全县枣产品专业批发市场建设，有效促进全县枣产品的市场流通。引导和支持农民发展枣协会和各类中介机构，培育农村枣经纪人和营销流通队伍，提高农民自我管理、自我服务的能力，推动和促进同心圆枣产业健康有序发展。

（六）科技支撑抓服务

建立同心县枣树新技术开发中心，加强枣产品信息网络和服务体系建设。积极与大专院校、科研院所进行联系与协作，从区内外聘请有关专家，在重大问题上提供咨询。认真做好同心圆枣的品种选优提纯、贮藏保鲜、冷链销售等核心技术科技攻关。积极鼓励支持兴建科技园区、示范基地，通过办班培训，现场观摩，走出去，请进来等办法，切实提高同心圆枣产业发展的科技含量。

（七）配套政策抓投入

结合我县群众自我积累少，发展资金短缺的实际，出台相应的补助政策，在枣树种植前3年通过各种融资渠道给予农户一定的经济补助，充分调动广大农户发展枣树的积极性。同时，优化投资结构，整合各类支农资金，统筹调度、捆绑使用，为扩大种植规模、确保成活率、巩固成果提供有力经济保障。

多措并举大力发展林下中药材产业

宁夏回族自治区隆德县林业局　柳钰明　马平辉

在自治区林业局等相关厅（局）的大力支持下，我县2012年全面完成了集体林权制度改革的各项任务，全县集体林地确权面积36.3万亩，确权率100%，发证率100%。由于我县是国家科技部命名的“中药现代化科技产业基地”，也是自治区人民政府命名的“自治区优质中药材基地县”，为充分发挥资源优势，县委、政府因势利导，将中药材产业作为“两大特色产业”之一进行重点培育。结合集体林权制度改革，大力引导群众发展林下药材种植，中药材已成为带动农民增收致富的主导产业。截至2013年年底，全县已发展林下药材12万亩。该示范点地处六盘山外围，气候冷凉湿润，2014年我县结合生态移民区生态修复工程和集体林权制度改革，进一步加大林下药材种植力度，累计完成林下药材种植60000亩，品种以秦艽、柴胡为主。该示范区的建设为深化林权制度改革成果，促进农民增收，发展林下经济起到了积极的示范带动作用。

为深入贯彻党的十八大关于生态文明建设的要求，大力实施“生态文明立县”战略，借助集体林权制度改革，强力推进中药村产业发展，增加农民收入，力争与全区同步进入全面小康社会，县委、政府决定进一步加大林下药材种植力度，依托西北药材科技有限公司等企业，采取“公司+基地”、“公司+农户”的运行模式，加强产前、产中、产后服务，大力发展林下经济，计划“十二五”末全县林下药材面积发展到20万亩，力争把我县打造成全区林下经济示范县和宁夏第一、享誉西北、影响全国的“秦艽之乡”。

一、重点工作

（一）基地建设

林药间作基地。以六盘山阴湿区为重点，建立以秦艽、柴胡为主导品种的林药间作示范基地18万亩。其中建立万亩以上林药间作基地2个，千亩以上基地6个。

（二）科技示范园区建设

一是巩固提升宁夏中山甘草种植示范园区、康鲜中药材科技示范园区和六盘山药用植物园，按照“高起点、现代化、多功能、科技型”的标准，开展中药材规范化种植、设施育苗、优新品种的引进、试验示范，力争把它们列入自治区120个现代农业科技示范园区，并不断提升六盘山珍稀药用植物园建设水平和规模，将其打造成为“宁夏第一药用植物园”。二是努力打造沙塘许川千亩中药材高标准规范化种植示范基地和城关镇三合千亩中药材种子种苗繁育基地。

（三）加工营销体系建设

通过招商引资引进实力雄厚、技术力量强并通过国家GMP认证的中药饮片加工企业，开展中药饮片炮制、中药食品加工、中成药制造等；积极研究开发药膳、药浴、药饮和药容等功能型保健产品。充分发挥企业、中药材协会、农村合作经济组织和农民经纪人的作用，制定奖励扶持政策，增加销售量、扩大影响力、提高知名度。在加工方面，要重点扶持西北药材、德邦生物、康鲜药业、中山药业等企业，使其示范带动作用不断增强。加强与湖北安泰、步长集团、广州奇星、宁夏明德、宁夏百草王等中药饮片企业的交流与合作，力争一批制药企业落户我县，带动中药材产业发展。到2012年年底，力争引进1家中药饮片加工企业和1家中药保健品加工企业，年产中药饮片2000t，加工中药材5000t；积极引导和帮助西北药材科技有限公司完成中药饮片GMP论证工作；培育500万元以下中药材加工企业4家，开展药膳、药浴、药饮和药容等功能型保健品研发和生产，开发旅游商品、纪念品、保健饮料、药用茶等产品。

（四）专业市场服务体系建设

依托县内西北药材等龙头企业、合作经济组织、农民经纪人和经销大户等，加强与河北安国、安徽亳州、甘肃陇西等中药材专业市场的交流与合作，打造中药材产业孵化园，创建中药材贸易平台，促进地产药材的商贸流通；引进优势企业，在县工业园区选址建设中药材专业市场，配置电子商务、物流配送、信息发布、质量检测、分拣包装等相关附属机构和设施，力争建成便捷、畅通、规范、安全、高效的专业化批发市场，使其成为全县中药材开拓销路、打造品牌、实现效益的载体。

（五）科技服务体系建设

构筑科技创新平台，培育科技创新团队，加强技术研发，推进成果转化，增强创新能力，提升科技水平，为中药材产业发展提供科技支撑。通过建立研发中心和专家服务团，制定六盘山道地中药材技术操作规程与质量标准；编写先进适用、通俗易懂的培训教材、资料和课件，认真制定和落实培训方案。采取“请进来、走出去”战略，加强与中国药用植物研究所、北京农业大学、西北农林科技大学、宁夏大学、甘肃农业大学、南京农业大学等科研院校的合作，建立“产、学、研”联盟，结合农民就业创业转移技能培训工程、科技入户工程、特色优势产业培训、农业科技服务“110”和科技特派员创业行动等培训工作的开展，加快人才的引进与培育，采取科技人员直接到户、良种良法直接到田、技术要领直接到人的方式，讲给农民听，做给农民看，带着农民干，充分利用农时季节，广泛深入地开展种植、中耕锄草、病虫害防治、收获采挖、加工营销等各类实用技术培训，全年开展中药材技术培训200期，培训农民2万人（次）。

二、保障措施

坚持“以发展促生态、以生态促发展”的原则，全方位、多举措推动林下经济发展。

（一）组织保障

成立由分管副县长任组长，农业、林业、畜牧、科技、财政、信用社等部门负责人为成员的林下经济工作领导小组和技术服务小组，并明确目标，出台优惠措施，分解任务，鼓励发展林下经济

（二）部门协作，确保产业发展

各乡（镇）要将中药材产业发展的任务层层分解，逐级落实，具体负责辖区内预留地块，面积落实，自查自验，协调企业、大户种植和田间管理等工作。各有关部门要密切协作，全力支持中药材（菊芋）产业发展。科技、农牧、林业部门充分发挥职能作用，积极争取项目，加快推进林下中药材产业发展，整合科技人员力量，加强技术服务和指导，引进新品种，推广新技术。发改、财政、扶贫、商务、农发、宗教等部门加强项目争取与储备，整合项目、集中资金，加大对中药材产业的投入。水利、交通、供电部门加强中药材（菊芋）种植基地（园区）水、电、路等基础设施配套。招商部门围绕中药材产业培育，实施龙头带动战略，加大招商引资力度，引进一批中药材精深加工企业落户我县。宣传文化部门加大中药材产业开发的宣传力度，努力营造良好的社会舆论氛围。科技、劳动就业部门抓好农民和科技人员培训，提高技术人员和广大农民科技素质。金融、人社、妇联部门要为企业、农民提供最优惠的贷款政策，解决产业发展资金

短缺难题。

（三）加大投入，确保基地建设

以现代农业科技示范园区（基地）的创建为契机，加大科技投入，全面推进农业科技创新，促进农业科技成果转化。按照县委、政府《关于2012年调整农业产业结构培育壮大特色优势产业的实施方案》（隆党发［2011］52号）文件精神，以政府投入为引导、企业和农户投入为主体、银行贷款为补充，整合项目资金，加大扶持力度，对集中连片千亩林药间作示范点、百亩以上种子直播、百亩以上育苗和移栽的中药材规范化种植基地，每亩分别给予100元、100元、100元、200元补贴。

（四）严把质量，确保种子种苗供应

在保证质量的前提下，优先使用县内农户自繁自育的种子种苗，确保县内种子种苗的正常销售，保护和提高县内药材种植企业、大户的积极性。对确需从县外调种的，县科技局（中药材产业发展局）要加强监管，绝不能将劣质和未经检疫的种子种苗调运境内。

（五）推行订单，确保产品收购

为确保种植户产品能够及时收购，县科技局积极协调药材种植户，主动和企业联系，推行订单种植，确保产品及时收购。

（六）量化考核，确保目标任务全面完成

县委、政府将各乡（镇）中药材种植情况纳入综合考核，并设立中药材产业培育一、二、三等奖，分别给予3万元、2万元、1万元奖励，年终由监察局牵头，审计、财政、农牧、科技、扶贫等部门组织验收，对完成种植任务、成绩突出的乡（镇）给予表彰奖励，对完不成任务的乡（镇）及相关责任人要追究其责任；蹲点技术人员工作绩效与职称、奖励工资挂钩，对完不成任务者，不得晋升职称，不能评先选优，并扣发第十三个月奖励工资。

三、初见效益

林改以来，隆德县的林下经济的生态效益和经济效益明显，既守住了林子，农民口袋里又有了票子。目前，全县已经发展林下药材种植示范乡2个，示范村6个，林草示范乡2个。通过示范带动，全县林下药材种植累计达到18万亩，林草种植达到10万亩，人均纯收入亩均增长200多元。同时，农民在自己的承包地上发展林下经济，保护林木资源的意识和主动性明显增强，乱占、乱开、乱垦，损坏山林资源的现象明显减少，森林资源得到了很好的保护，真正实现了生态保护与农民增收的双赢。

四、今后工作思路

我县林业产业发展的总体思路是：坚持以结构调整为主线，以资源增长、产业增效、林农增收为目标，以体制、政策、科技创新为动力，围绕林下经济、苗木花卉产业加快发展优势产业，大力培植特色产业，积极拓展外向型产业，全面提升林业产业化水平，努力实现林业资源综合、高效、合理利用，为建设现代林业做出积极的贡献。

（一）着力健全林权服务平台

继续保持高位推动、强势推进的林改领导机制，按照"窗口化、综合性、一站式"服务模式，推进林权改革服务平台建设，有效开展林权登记及档案管理、林权流转交易监管、林权抵押贷款及保险、林权信息咨询及纠纷调处等各项业务工作。抓好集体林权纠纷调处工作，对没有得到有效调解的纠纷和隐藏的纠纷尽快进行调处，确保林权证发放后，不发生纠纷和矛盾。坚持县乡村三级抓林改的常态机制，把林改作为乡镇党委、政府的一把手工程，加大执行和督查工作力度，确保全县集体林权制度改革取得实效。

（二）大力发展特色产业基地

一是大力发展苗木花卉基地。新增苗木花卉 1 万亩，力争我县苗木花卉面积达到 6 万亩。二是大力发展特色经济林基地，新建核桃等特色经济林基地 1 万亩。三是大力发展林下药材。围绕以秦艽为主导，以柴胡、大黄为重点的品种结构，扩大种植规模。重点抓好陈靳新和、山河大慢坡等林下药材种植示范基地、六盘山阴湿区万亩林下药材种植示范基地建设，新增林下药材 6 万亩。

（三）积极探索林下生产经营模式

按照"严格保护、积极培育、科学经营、持续利用"的方针，在生态优先、保护好资源的同时，积极探索发展林下经济，引导群众发展林果、林草、林药、林禽、林游、林产品加工等主要发展模式。积极探索促进我县林业产业发展的多种形式，鼓励打破行政区域界限，按照"自愿互利"的原则，通过租赁土地、股份制改造等形式，引入社会资本，组建跨区域的药材基地、苗圃联合体，盘活国有资产，实现规模经营，降低经营成本，提高经营效益。

（四）着力培育龙头企业和品牌

用足用活国家政策，加强对林业龙头企业的扶持培育，一是培育龙头企业。根据我县目前林业产业发展现状，重点加强西北药材等发展势头良好的林药企业的重点扶持，培育一批省级林业龙头企业。对产品市场销路好、发展潜力大的中小型企业，通过联合、重组等方式组建1~2个企业集团，推动林业产业发展。二是加强品牌推广。通过举办专题推介会、参加农产品展销、采风报道、制作宣传折页等形式，加大六盘山道地中药材、苗木宣传推介力度；充分发挥电视、广播、网络、报刊、杂志等宣传媒体的作用，在政府网站、广播电视台开设林业产业专栏，宣传报道林业产业开发中的先进典型和事迹，营造浓厚的发展氛围。

作者简介：

马平辉，男，汉族，1970年6月出生，中共党员，大学学历，林业工程师。现在宁夏回族自治区隆德县林政执法监察大队工作。

改革创新　锐意进取
推动沙坡头区林果产业跨越式发展

宁夏回族自治区中卫市沙坡头区农牧科技局　刘德祥　马　珍　张翠红

沙坡头区农牧科技局成立于2012年6月，自成立伊始，我局就将发展林业建设作为生态建设和民生建设的突破口，作为建设“四个中卫”重要着力点，大力发展生态林业、民生林业。两年来，在区、市相关部门的大力支持下，在沙坡头区党工委、管委会的正确领导下，重点完成了主干道路大整治大绿化造林绿化工程、2014年生态移民区迁出区生态修复工程、经济林产业扩规增效、退耕还林补植补造等林业工程，累计完成人工造林6.34万亩（不含退耕还林补植补造1.6万亩，封山育林4万亩），经济林低产园改造6.5万亩，沙坡头区林业发展取得了显著成效。

一、立足区位优势，注重示范引领，强力推进林果产业扩规增效

一是结合沙坡头区特殊的地理环境，打造以苹果、红枣、枸杞、葡萄为主的经济林产区。全力实施经济林扩规增效，初步形成了以环香山地区为主的红枣、以南山台扬灌区为主的苹果、以香山乡、兴仁镇等地区为主的枸杞、以北部沙区为主的葡萄种植，区域化产业布局初步形成。截至2014年年底，沙坡头区经济林面积达到35.5万亩，林果产业总产值达到4.6亿元。二是充分发挥示范园区的技术推广和示范引领作用，提高林业科技的创新、服务能力。2014年我局新建以苹果、葡萄、枸杞等产业为主的示范园5个，示范面积2200亩，强化了新技术推广应用力度，提高了林业科技成果的转化率，达到了产业提质、农民增收的目的。三是强化科技培训，跟进技术服务，提高果农的经营管理水平。2014年我局举办区级现场观摩会2次，举办各类培训班52场次，聘请专家技术指导10余次，培训果农5235人次。通过理论传授和实地指导，及时帮助群众解决了林业生产中出现的新问题，提高了果农的经营管理水平，更好地推动了特色林果产业健康发展。

二、着力惠民政策，落实补助资金，全面提升林果产业发展动力

一是积极落实惠民补助资金。按照《自治区人民政府关于印发加快推进农业特色优势产业发展若干政策意见的通知》（宁政发［2013］11号）和《自治区人民政府印发关于发展壮大枸杞产业若干意见的通知》（宁政发［2013］117号）精神，我局积极争取县域特色产业苹果提质增效项目，累计完成惠民补助资金2300万元，极大的提高了果农的积极性，为特色林产业发展提供了强劲动力。2014年，完成苹果低产园树体改造5.5万亩，受益农户4324户。在该项目的辐射带动下，普通果园平均每亩增收2500元，精品示范园平均亩收入增收5000元，年增加产值达1.8亿元左右，农民增收效益十分明显。二是大力开展林果业保险工作。2013年年初，我局会同有关乡镇和保险公司积极开展林果产业保险工作，共落实苹果、葡萄等经济林保险面积1.8万亩，保费107.6万元（其中政策性补贴73.1万元）。在遭遇4月24号、5月2号、5月4号三次大幅持续低温天气和8月15日严重冰雹灾害后，我局及时组织干部深入一线核查损失情况，积极落实灾前灾后技术补救措施，同时配合保险公司开展保险资金补偿工作，灾后赔付金额达到587.6万元，最大限度的减少了果农损失，受到广大果农的一致好评。

三、坚持龙头带动，积极拓宽市场，逐步实现产加销一体化发展体系

一是龙头企业发展势头良好。按照“一个特色优势产业，一个支柱龙头企业”的发展思路，整合资源，聚集优势，扶持培育种植、销售、加工龙头企业5家。其中通达果汁公司的“高酸苹果汁”、“拓老七红枣”、“软儿梨”等饮料生产初具规模，年加工转化能力达9万余t，远销欧美、日本等十几个国家和地区；2010年5月份，宁夏逸悦葡萄酒业有限公司的500亩优质葡萄基地获得由FDC（南京国环有机产品认证中心）颁发的《有机转换产品认证证书》，成为全市首家通过有机葡萄认证的公司，成功打造了“逸悦”“漠贝”两大品牌；2011年9月，宁夏南山阳光果业有限公司建立的100亩有机苹果基地经北京中绿华夏有机食品认证后取得了有机转换产品认证证书，成功打造了“南山阳光”精品苹果品牌。二是果品产销两旺，苹果产业发展势头强劲。随着苹果产业的发展，广大果农积极参与市场流通，形成了一支联系广泛的经纪人队伍和稳定的利益互惠供销合作关系，推销区域逐年扩大，

2014 年苹果销售量达到 10.6 万 t，果品销售到西藏、内蒙、四川、福建、浙江、江苏、上海、云南、广东以及尼泊尔、蒙古等国外地区。三是精品苹果销售市场不断拓宽。宁夏南山阳光果业有限公司推行公司 + 基地 + 订单的发展模式，2014 年与农户签订精品苹果订单面积 1000 亩，并同家乐福超市及北京市物美商业集团、北京鹏程万达果品公司、新百及华联超市达成销售订货协议，年销售精品苹果 1.3 万 t，为促进果农增收发挥了积极的作用。

2014 年是“十二五”的收官之年，也是谋划“十三五”的起步之年，我们将认真贯彻党的十八大、十八届三中、四中全会和习近平总书记系列讲话精神，继续在增加产业规模和提升产业发展水平上下功夫，切实增强林果产业市场竞争力，为建设开放、富裕、和谐、美丽新宁夏作出新的更大贡献。

加强服务　提高品质
加快推进经济林产业做大做强

新疆维吾尔自治区昌吉市林业局　孟吉金　杜月飞

近年来，国际国内把发展特色经济林产业视为保护森林资源和发展地方经济的重要途径，认为特色经济林产业在地方发展经济、山区人民脱贫致富、改善生态环境和促进林业可持续发展方面起着重要作用。经济林是一项高产高效、高附加值、高科技含量的产业，不仅有效地改善了生态环境，而且为繁荣农村经济，繁荣城乡市场，消化农村剩余劳动力、促进农村的社会稳定等方面均发挥了十分重要的作用，对于构建社会主义和谐社会，建设社会主义新农村具有十分重要的意义。

昌吉市位于天山北麓，地处亚欧大陆腹地，天山北坡经济带的核心区域，准噶尔盆地南缘，地处东经86°24′~87°37′，北纬43°06′~45°20′。东距首府乌鲁木齐市35km，距乌鲁木齐国际机场18km，312国道、第二座亚欧大陆桥和乌奎高速公路穿境而过，是通向北疆各地的交通要道，是东联内地、西接中亚、欧洲市场的黄金通道。昌吉市地势南高北低，由东南向西北倾斜，南部是富庶的天山山地，中部为广袤的冲积平原，北部为浩瀚的沙漠盆地，此区域为横亘南部的天山的北坡，习惯称之为“天山北坡”，是古丝绸北道上的重镇。全市总面积7964km^2，市区面积60km^2，总人口53万，市辖6镇4乡6个街道办事处，62个社区居委会，182个村民委员会。昌吉市是自治区西部大开发扶优扶强、首批推出的重点城市，被国家计委等部门联合认定为最佳投资环境城市、最佳人居环境城市、最佳交通通讯条件城市、高额投资回报率城市。先后荣获国家卫生城市、中国优秀旅游城市、全国科技工作先进市、全国环境整治优秀城市、全国卫生先进城市、全国双拥模范城等10项国家级荣誉。昌吉市属温带大陆性干旱气候，光照强、昼夜温差大，年降水量183~200mm，区域年平均气温6.6℃，年日照时数2833h，有效积温3400~3584℃，年均蒸发量1787mm，蒸发量是降水量的9.77倍，平均无霜期166~180天。冬季长而严寒，夏季短而炎热，春秋季节不明显，气候干燥，降水量小，蒸发量大。

一、经济林产业化发展现状分析

（一）发展现状

近几年来，昌吉市抓住林业产业结构调整的有利时机，坚持以市场为导向，以农民增收致富为目标，采取多种有效措施，促进经济林发展，取得了一定成效。一是建植规模逐年扩大，林农收入稳步增加。截至2014年年底，全市已累计发展经济林10万亩，主要以鲜食、酿酒葡萄为主，其中鲜食以巨峰系品种、红地球和弗雷无核等品种为主；酿酒品种以赤霞珠、梅鹿辄、霞多丽等品种为主。农民人均果品收入5000元，林业收入占农民纯收入的30%以上。二是标准化管理普遍推广。制定了《鲜食葡萄栽培技术》及《机械化栽培技术》规程，实行果园标准化生产，全面推广树形改良，果实套袋、无公害综合防治等实用技术。三是产业开发递进升级。采取招商引资，吸纳民间资本等多种途径，大办龙头企业，延生产业链条，产业层次显著提升。通过利用民间资本和政府扶持建立了10个酒庄，引进了汇源果汁企业在我市建厂生产。

（二）面临突出问题和制约因素

一是基地小，规模优势不突出，抵御市场能力差，缺乏加快发展的内在动力。二是田间管理弱，商品品质不高。昌吉市鲜食葡萄亩产平均为1500～2000kg，果品品质不高，优质率低，导致市场销售困难大。三是品种种植结构不合理，产业关联度低。表现在早、中、晚熟品种不配套，先进国家的比例一般为2∶3∶5，而昌吉市是0.5∶1∶8.5。四是产品潜在效益低。由于科技含量不高，加工利用水平较低，在技术上专业化程度和集约化经营较差，产品附加值低，资源优势没有转化为有效或最大的商品优势，目前全市经济林产品深加工层次低，加工产品比重小，产品单一，综合效益差。五是市场信息不够敏捷，经济林产、供、销脱节，造成产品销不出去或价格低廉增产不增收。此外昌吉市葡萄主要以鲜食为主，加工企业很少，又由于人工、农资价格攀升导致种植成本高，这就成为严重制约我市经济林产业纵向发展的瓶颈。

（三）发展的优势与机遇

从优势上分析：第一区位优势。昌吉市是天山北坡经济带的核心区域。东距首府乌鲁木齐市35km，距乌鲁木齐国际机场18km，312国道、第二座亚欧大陆桥和乌奎高速公路穿境而过，是通向北疆各地的交通要道，是东联内地、西接中亚、欧洲市场的黄金通道，是古丝绸北道上的重镇，也是适宜葡萄生产的地区之一。这里昼夜温差大，热量充足，海拔适宜，土层透气性良好，导致葡萄的含糖量和品质比其他省份要好。第二具有明显的成本和价格优势。其他省份鲜食红提葡萄价格每公斤在20元左右，而我市鲜食红提葡萄每公斤仅在6~8元左右，果品质优价低优势将为昌吉市鲜食葡萄产品在国内、国外市场带来明显的竞争力。

从机遇上来分析：一方面国家以新疆为代表的西部大开发和天山北坡经济带以及丝绸之路的优势区域，将予以政策和项目的重点扶持，这为昌吉市的葡萄产业化的又好又快发展带来了千载难逢的机遇。

二、经济林产业化发展的基本路径和战略选择

根据近年来林果产品生产发展的现状和实现产业化发展的要求，结合昌吉市的实际，今后昌吉市葡萄产业经营的思路应做如下定位：充分利用国家的政策和项目的重点扶持以及新疆发展特色林果产业为契机，坚持以市场为导向，以科技为依托，以提高果品品质为重点，以农民增收、农业增效为目的，积极培育林果产业龙头企业，逐步建立“公司+农户”的产销一体化的产业链，走市场牵龙头、龙头带基地、基地连农户的发展道路，使林果产品生产向市场化、集约化、专业化过渡，把以鲜食葡萄为主的经济林产业真正培育成全市经济发展的重要支柱产业和农民致富奔小康的支撑产业。

（一）明确经济林产业目标，做好产业布局规划

一是明确发展目标。制定中长期的经济林产业发展规划，明确经济林产业的发展规模、方向和定位。二是确定区域布局规划。依托各有利条件和现有基地，进一步优化完善布局，整乡、整村推进，建成以早、中、晚熟葡萄品种为主的优势产区。

（二）培育经济林产业龙头企业，加快产供销一体化进程

一是多样化经营，产业化配套。通过采用承包、租赁、合作等多种形式，联合办企业，开发葡萄酒、汁、干、酱等深加工产品，促进经济林产业内涵与外延的扩张。同时重视果品包装、冷链建设，积极发展包装加工和储藏保鲜。二是按照“公司+基地+农户”的联营模式，采用合同制、会员制、股份制、托管制等方式，创办产业园区，让公司与农户之间形成有机的利益共同体，提高市场抗风险能力。三是“政府指导、企业运作、中介参与、果农参股、分险共担、利益共享”的建设思路，按照市场经济发展的要求把经济林产业做大做强，形成产供销一体化的发展局面。

（三）加大宣传，实施品牌营销战略，拓宽林果产业市场

一是利用信息网站，立足新疆向外辐射，加大对昌吉鲜食葡萄品牌的建立，引导农户创建品牌，树立品牌意识，对现有品牌加强宣传力度。二是加快市场体系建设，特别要重视销区的市场建设和品牌推广，除了在大中城市宣传外，还要逐步向国外转移，提高市场占有率。因此要不断加大对品牌建设的投入，推进品牌型建设。健全市场机制，转变产品重加工，轻销售的现状，做到生产—品牌—销售三项接轨，注重地域特色，避免注册商标的重复性竞争，避免“一种特色产品，多个注册商标”的分散局面。我们要开拓经济林产品市场必须要创经济林产品名牌，实施品牌战略。

（四）以人为本强化市场、成本、质量意识，确保经济林产业健康持续发展

一是树立市场反馈意识。要面对市场，根据市场的变化和市场需求的数量、质量、时间、以及产品的市场定位来指导生产。二是增强成本意识。要同过减少浪费来节省成本，通过合作经营来降低成本。三是强化质量意识，市场竞争关键是质量的竞争。努力提供高质量、多样化、安全、方便的林果产品及其加工品。四是大力宣传贯彻《食品安全法》、《农产品质量安全法》，加强果品质量安全示范区建设稳步推进。一是严格投入品监管。严把果品生产过程中农药、化肥、灌溉水、生长调节剂等投入品的流入关和使用关，推广应用矿物源、植物源、微生物源类农药，建立产品质量溯源制度，确保产品质量安全。二是完善检测检验制度。建立林产品质量检测中心及监测点，积极组织生产单位申请、申报，定时开展取样、化验和检测，督促做好“三品一标”证书的转换，提高果品质量。

（五）制定扶持政策，提高技术创新、科学管理能力

一是政府要加大政策扶持力度，促进优良林果品种的引进试验和推广，提高全市林果产品的竞争力。二是要跟踪国内外林果产品市场发展情况，有计划的引进适合生长环境的优良品种。三是要积极加强与大中院校、果品、研究院所的联系，着眼于推广技术及提高林农的科学种植水平，生产无公害果品，推广果园标准化管理技术，促使林农增加投入，促进林果产品质量的提高。四是要投资及建立林果良种实验基地，合理的、有计划地培植和开发优良品种，选择市场竞争力强的名、特、优、新、希品种，培育高质量具有地方特色的优良产品，在品种格局上合理调整早、中、晚熟品种搭配和鲜食、加工品种比例上与市场接轨。

三、依靠科技，全面提高经济林综合管理水平

一是建立健全科技服务体系，以市林业技术推广站为中心，以乡镇林业站为纽带，以林果专业户为重点，建立完整的生产管理体系。二是加强现有先进技术的组装配套和应用工作，积极组织编写通俗易懂的技术资料，深入基层辅导果农，在栽培上积极推广提前整地、灌水施肥、环剥、防治病虫害等技术，提高管理水平。三是广泛开展技术培训，提高广大果农的栽培技术，通过经济林现场培训6期，着重提升我市果品质量，创建品牌意识，将经济林的价值进一步提升，同时提高广大技术干部和群众的科技素质，通过葡萄、苹果等标准化生产管理的课件（PPT），为广大农民提供技术指导和培训服务。邀请农科院、新疆农职院教授进行技术培训讲座，采取课堂讲授与现场操作相结合的方式，传授国内外优良品种、标准化生产、平衡施肥、生物防控、出口果园创建等先进技术和经验，提升广大技术干部、农民的科技素质和实际操作技能，提高经济林的经营管理水平，四是集中力量，研究解决生产、贮藏加工、包装和运输等各个环节的关键技术难题、提高经济林产业的整体科技水平，推动昌吉市经济林产业振兴。

四、加大酒庄产业的发展

一是昌吉市财政安排500万元酒庄扶持资金对符合产业规划的酒庄基础设施建设予以适当的补助，新建精品、高端示范酒庄10座。二是昌吉市财政安排30万元完成葡萄地理标志产地保护认证，着力提高葡萄产品品质。通过政府补贴，建设优质的葡萄园，严格控制产量，做到精细加工，运用好的酿造技术，加强宣传，政府引导带动酒庄产业的发展。三是通过举办全国“葡萄酒酒庄高峰论坛会”来展示新疆葡萄与葡萄酒产品，推广传承葡萄酒文化，用“一优三高”（优良品种、高新技术、高端市场、高效益）的理念引领昌吉葡萄产业及丝绸之路文化长廊建设并促进与之相关的经贸与科技、旅游交流活动，进一步加快昌吉葡萄产业发展步伐，扩大昌吉葡萄及葡萄酒知名度，提升昌吉酿酒葡萄及高端葡萄酒的品牌影响力和市场占有率，推动昌吉葡萄酒企业与国内外葡萄酒企业之间增进交流与合作，努力打造国内一流的葡萄酒产区，并使之成为昌吉农业农村经济发展新的增长点。四是通过酒庄酿（品）酒师培训班与中国农业大学硕士研究生昌吉市培训基地联合成立昌吉市葡萄酒科技服务中心，全面提高葡萄酒品质和酒窖建造技术，逐步把我市建

设成为集优质葡萄种植、酿造葡萄酒文化、旅游、休闲观光为一体的经济产业带。

五、进一步发展林下经济

1. 进一步明晰林业产业和林下经济发展的思路，充分利用林木、林草、林地、林荫等森林资源，改变人们从事种植业和养殖业习惯，运用循环经济理念和先进科学的技术手段，发展林业产业和林下经济，实现林业资源的循环利用。转变林业生产方式，创新发展模式，推广成功经验，提高林业的综合生产能力，更有效的实施“科技兴林、产业强林”战略，推进从重生态向生态产业一体化转变。

2. 转变发展模式：大力发展林下种植、养殖业空间巨大，是促进林畜互动共生，防治农村面源污染的重要手段。

①林下种植业模式：林菌模式：种植蘑菇（已试种成功）；林药模式种植药材（如贝母）。

②林下养殖业模式：“林禽”模式：主要包括林鸡、林鸭、林鹅模式及野生禽类驯养模式。“林畜”模式：主要包括林草牛、林草兔及野生动物驯养模式。引导农户与龙头企业、专业合作社开展合作经营，转变森林经营观念，推动部门合作，促进林农林畜互动，通过林间旅游、农家乐等来提高牧民收入水平，增强林业的抗风险能力同时带动牧区特色林果发展，确保林业产业和林下经济健康发展。

六、利用山区特殊的逆温带气候，进一步加快保护地栽培的进程

一是在山区乡镇建造了温室大棚发展延晚、提早葡萄、矮化苹果、桃等来带动牧区特色林果发展。截至2014年建设设施大棚200座。二是2015年计划再发展100座设施大棚，进行提早、延晚栽培，切实解决非农耕地实施农业生产的前所未有的突破，改变了山区牧民世代放牧生活的格局，为当地牧民带来极大的经济效益。

促进林业规模经营　加快农民增收致富

新疆维吾尔自治区呼图壁县林业局　马　军

呼图壁县多年以来紧紧抓住国家支持新疆跨越式发展的历史机遇，坚持加快优势突出、特色鲜明的苗木花卉产业发展为目标，以提升苗木产业、防护林建设、特色林果为重点，进一步巩固退耕还林成果，依托林业重点工程项目建设，围绕“国家级苗木交易市场”建设的这条主线，着力在生态建设上迈出新步伐，着力在苗木产业提档升级上取得新进展，为实现呼图壁县跨越式发展创造良好的生态条件。现就全县林业工作开展情况总结如下：

一、呼图壁县基本情况

“呼图壁”一词源于蒙语，寓意为吉祥如意的地方，东距乌鲁木齐市68km，是天山北坡经济带和“乌昌核心经济圈”的重要组成部分，也是3000年前古塞人文化发源地和新疆唯一的国家汉语言非物质文化遗产“新疆曲子”的传承地。县辖六镇、一乡，有兵团农六师芳草湖农场等24家驻县单位，总面积9721km^2，总人口22万，居住着汉族、回族、哈萨克族、维吾尔族等25个民族。呼图壁县作为一个农业大县，已形成了以棉花、苗木花卉、果蔬保鲜、加工番茄、乳品、畜产品等优势支柱产业，培育了“西域春乳品”等农业知名品牌。2012年，实现地区生产总值107亿元，增长18.1%。公共财政预算收入5.33亿元，增长35.1%。固定资产投资69亿元，增长30%。农牧民人均纯收入13178元，增加1682元。先后获得全国文明县城、国家卫生县城、全国科技进步先进县、全国科普示范县、国家现代农业示范区、国家棉花生产百强县、全国牛奶生产强县、全国奶业加工创业基地、全国农田水利基本建设先进县、全国农村劳动力转移就业示范县、全国蔬菜产业重点县，自治区旅游强县、自治区园林城市等荣誉称号。

二、林业基本情况

全县林地面积150.657万亩，其中南部山区天然林面积达到72.2428万亩，中部平原人工林面积达到8.68万亩，其中用材林0.56万亩，防护林6.19万亩，未成林造林地19.3万亩，北部荒漠天然灌木林面积70万亩，森林覆盖率达到 17. 3%；农田防护林面积 4. 2 万亩，有效保护农田面积 45 万亩，农田林网化率达到了 80. 4%；平原森林每年抑制风沙总量 42. 6 万 t，减少风沙危害造成的损失 600 万元；提高农作物产量 15%，增产 1. 35 万 t，折合人民币 2700 万元。现有各类经济林 7000 亩，其中：葡萄面积 5500 亩，桃李杏面积 1500 亩，果品总产量 9720t；保鲜库 60 座，果品保鲜贮藏库容量 10000t；种苗繁育基地总面积 8600 亩，年可出圃苗木 3000 多万株，活立木蓄积量达到 40. 2 万 m^3，每年提供商品木材 4000 方。2009 年实现林业总收入 8460 万元，纯收入 4972 万元，农牧民来自林业的人均纯收入 682 元，占农牧民人均纯收入的 9. 7%，较上年新增 67 元。

三、呼图壁县苗木花卉产业发展现状与趋势

（一）具有优越的地理区位优势

呼图壁县位于天山北麓，地处亚欧大陆腹地，准噶尔盆地南缘，东距首府乌鲁木齐市 76km，距乌鲁木齐国际机场 70. 16km，距州府所在地昌吉市 36km，处于“乌昌一小时经济圈”，312 国道、201 省道、乌奎高速公路、北疆铁路横贯全境，区位、交通优势比较明显，是通向新丝绸之路的交通要道。全县总面积 9721. 6km^2，有汉、哈萨克、回、维吾尔等 25 个民族，总人口 22. 9 万，其中县属人口 14 万。县辖六镇、一乡，有兵团农六师芳草湖团场等 24 家驻县单位

（二）苗木花卉产业发展现状

截至目前，全县拥有苗木花卉生产销售公司 26 家、国有和私营种苗生产苗圃（基地）239 处，苗木专业合作社 78 家，辐射带动 1. 3 万户、近 3 万人从事种苗花卉生产经营，育苗面积达 12. 8 万亩，成为全疆最大的苗木花卉生产交易集散基地。苗木花卉面积占到全疆的 26%，占到昌吉州的 65%，成为西北地区重要的苗木花卉交易集散地。全县形成了以生态苗木、绿化苗木、花卉为主的三大系列 200 多个品种，产品销往全疆 48 个县市及辽宁、河南、山东、吉林等 12 个省市，成为新疆规模最大、品种最多的苗木生产集散基地。

（三）2012 年被国家林业局授牌并举办新疆呼图壁国家级苗木交易市场揭牌暨首届新疆苗木花卉交易博览会

呼图壁县苗木产业起步较早，20 世纪 80 年代初，以二十里店镇为中心已开始从事苗木生产，经过多年发展，苗木花卉的种植规模不断扩大、种类日益繁多，产品档次不断提高，目前，已经积累了较好的技术基础和产业发展

基础。三十多年来，新疆呼图壁县的苗木花卉产业得到了国家、自治区、自治州及相关部门的高度重视和大力支持，在基础设施建设、技术引进和推广等方面发挥了重要作用，是新疆知名的“苗木之乡”，2012 年 6 月 5 日被国家林业局授予新疆呼图壁国家级苗木交易市场，是全国第四家，西北第一家，以此为契机，2012 年 9 月 28 日成功举办新疆呼图壁国家级苗木交易市场揭牌暨首届新疆苗木花卉交易博览会，邀请 32 个省和我区 14 个地州，81 个县市共 115 家企业参展，展示苗木、花卉、林果产品、园林器械、农资等五大类 800 多种产品，举办 4 项特色活动，来自疆内外来我县参会的共有 859 位嘉宾参会。达成合作意向 25 个，现场签订购销订单达 9.4 亿元，取得了内容更丰富、特色更鲜明、影响更广泛、成效更明显的良好效果。

（四）苗木花卉产业八大特点

特点一：起步早、发展快，产业基础扎实。

呼图壁县苗木花卉产业发展历经三个阶段：

第一阶段为 20 世纪八九十年代，为农户自我分散发展阶段，种植面积相对较小，仅有几千亩，主要分布在二十里店镇林场一带；

第二阶段为 21 世纪初至 2007 年，以协会、合作社带动发展为主，苗木花卉种植逐步向全县辐射，面积逐年扩大、种类日益增多、产品档次不断提升；

第三阶段为 2008 年至今，进入了规模化、专业化、产业化发展阶段，全县苗木花卉种植面积以每年 2 万亩以上的速度快速递增，形成了以二十里店镇为核心，辐射全县的发展格局，实现了苗木花卉产业发展由分散生产经营向基地规模化生产经营方式转变、由特色优势向生态效益和经济效益转变、由生产初级产品向加工增值、开拓市场转变，一些名优产品成功打入了北京奥运会、上海世博会和亚欧博览会，在新疆乃至全国同行业中具有了一定的知名度和影响力。

特点二：育苗面积迅速扩大。2008 年以来每年以 2 万亩的速度增加，截至目前苗木花卉种植面积 12.8 万亩，其中苗木面积 12.3 万亩，花卉面积 0.5 万亩。从区域分布看，县城东分布 9.7 万亩，县城西分布 3.1 万亩，集中分布在二十里店镇，形成了以国道、省道 S201、铁路为中轴，从东到西贯穿二十里店镇、园户村镇长约 45km、平均宽约 4.5km 的苗木花卉生产基地。

特点三：从业人员和育苗单位数量不断增加。据统计，到 2014 年年底全县共有国有苗圃 1 家，注册苗木花卉企业 239 家，公司企业 26 家、合作社 78 个、个体经营户 1.3 户占总数的 85%。500 亩以上苗木经营大户 160 户，辐射带动6000户，涉及5个乡镇35个行政村，苗木生产从业人员3余万人。

特点四：绿化观赏苗木增幅最大。全县园林绿化苗木培育面积所占比例由2010年的61%提高到了2013年的92%。全县绿化苗木培育面积所占比重大，2014年完成育苗面积1.6万亩，90%以上是园林绿化苗木；全县苗木种植面积达到12.8万亩，彩色苗木达到3.2万亩

特点五：规模化企业不断增多。全县2012年城市园林绿化企业达8家，2013年增长至16家，2014年增长至家26家。江苏景胜园林公司2012年开始投资建设天润珍稀苗木培育基地，到2014年11月建苗木基地2000亩，投入资金3亿元，培育大苗15万株。

特点六：特色经营明显特色化的经营格局逐步形成，如天润珍稀苗木培育基地的大规格珍稀苗木、惠民合作社的耐盐碱、耐瘠薄、耐旱的高抗逆苗木，美化合作社绿化苗木，旭峰合作社的针叶苗木，天府合作社的彩叶苗木，世纪苗王合作社的生态苗木，新疆水木清华苗木有限责任公司的景观造型苗木，五洋集团万亩科技示范苗木基地等特色。

特点七：产业分工日益明显。产业链条不断延长，从生产、经营、销售一条龙到新品种发、产业化推广，再到园林设计，林木种苗产业正在开创规模化、专业化、产业化的新格局。

特点八：增收效益好。2013年全县苗木花卉收入达到2.95亿元，比2011年增长了4倍，苗木花卉种植户年收入过千万的达10户以上，过百万的达500户以上；苗木花卉亩均产值达3万元，最高达10万元。全县苗木花卉面积占农作物播种面积的比重由2009年的4.5%提高到2013年的15%，产业结构进一步优化。全县农牧民来自苗木花卉产业的人均收入达1324元，占种植业人均纯收入的27.15%，比2011年的9.2%增加了18个百分点，苗木花卉产业已成为农民增收的重要途径。二是定位准、规划高，推进措施有力。

（五）以规划为前提，科学确定产业发展定位

我县坚持规划先行，在深入分析区内外苗木花卉产业发展趋势、市场需求和我县资源禀赋、区位条件的基础上，委托新疆林科院科学编制了《呼图壁国家级苗木花卉产业区发展规划》，确定了“一线五区十园”的发展格局，提出具体发展目标：到2020年，形成贯穿呼图壁苗木花卉产业区50km绿色长廊，建设5个示范区以建立完善的苗木花卉产业链，创建10个苗木花卉现代农业园区示范点，全县苗木花卉面积达到30万亩，同时辐射带动昌吉市和玛纳斯县苗木花卉生产区总面积20万亩；建成以呼图壁为核心的苗木花卉产业网络体系，将呼图壁打造成为西北地区最大的苗木花卉生产交易物流集散

基地。重点建设五个示范区，分别是苗木花卉繁育示范区、苗木花卉生产示范区、苗木花卉展示交易示范区、苗木花卉应用示范区和特色林果区，形成完善的苗木花卉产业链。根据目前市场需求特点，创建10个现代农业园区示范点，分别是宿根花卉芳香植物展示生产示范园、大规格苗木展示生产示范园、彩叶树种展示生产示范园、常绿树种展示生产示范园、景观造型苗木展示生产示范园、高抗逆树种展示生产示范园、花灌木展示生产示范园、高档用材林展示生产示范园、林下经济生产示范园和酿酒葡萄种植园。二是辐射昌吉市苗木花卉生产区和玛纳斯县苗木花卉生产区总面积20万亩。建成以呼图壁为核心的苗木花卉产业网络体系，将呼图壁打造成为国家一流的“国家现代农业示范区”。

1. 一线：沿省道S201线东段，国道312线西段道路绿化，规划总面积2700亩。

2. 五区：

（1）苗木花卉繁育示范区，规划总面积10000亩；具体分为工厂化苗木快繁中心、汇集圃、花卉繁育中心、容器育苗中心、生产区

（2）苗木花卉生产示范区，规划总面积20200亩；具体划分为9个专业示范园：宿根花卉芳香植物展示生产示范园、大规格苗木展示生产示范园、彩叶树种展示生产示范园、常绿树种展示生产示范园、景观造型苗木展示生产示范园、高抗逆树种展示生产示范园、花灌木展示生产示范园、高档用材林展示生产示范园、林下经济生产示范园

（3）苗木花卉展示交易示范区，规划总面积1500亩；具体划分为11个功能区：常规苗木花卉交易区、容器花卉观赏植物交易区、四季温室大棚交易区、种植肥料、种子、植物医院交易区、景观石交易区、景观木展示交易场区、盆景、雕塑园艺品展示交易区、园林机械交易区、交易市场相关配套区、苗木花卉品种展示区、苗木花卉服务区

（4）苗木花卉应用示范区，规划总面积4500亩；划分为3个区域：世纪园、西域春河景观带、呼图壁河景观带

（5）特色林果区，规划总面积12000亩；划分为3个区域：酿酒葡萄种植园、葡萄主题公园、葡萄酒庄

3. 十园：一是宿根花卉芳香植物展示生产示范园，二是大规格苗木展示生产示范园，三是彩叶树种展示生产示范园，四是常绿树种展示生产示范园，五是景观造型苗木展示生产示范园，六是高抗逆树种展示生产示范园，七是花灌木展示生产示范园，八是高档用材林展示生产示范园，九是林下经济生

产示范园，十是酿酒葡萄种植园。

4. 辐射两区规划总面积200000亩：一是昌吉市苗木花卉生产区，二是玛纳斯县苗木花卉生产区。

5. 标准化苗木生产基地207100亩。

（六）以政策为引导，加快推进规模化生产

县委、政府将苗木产业作为确保农牧民持续快速增收的优质产业，切实加大政策扶持力度，强化行政推动，快速扩张生产规模。我县从2009年开始已连续多年制定强农惠农政策，扶持苗木花卉产业发展，县财政对农户新增的苗木，每亩补助400元；并对乡镇每建1个连片种植200亩以上示范点奖励5000元；每建立1个连片种植500亩以上示范点奖励1万元，千亩以上示范基地奖励5万元。同时加大优质苗木新品种引进力度，每新增1个新品种，面积达到50亩以上的，对乡镇奖励5000元，极大地调动了广大农户的生产积极性。

截至2012年年底，县财政用于苗木花卉产业的惠农扶持资金累计达到1659万元。

（七）以科研院所为带动，不断提升产业发展层次

大力推行“产研互动”，积极引进新疆景观设计院、州林科所建立新品种驯化繁育生产基地，引领苗木种植户从生产销售苗木向苗木育种、育苗发展，促进全县苗木品种更新及结构优化，带动农户发展设施苗木产业。以科技项目实施为抓手，全面普及新品种应用、病虫害综合防治等先进技术，优质良种苗木覆盖率达90%。加强与新疆农业职业技术学院合作，共同建立农业创业培训基地，从自主创业、苗木种植、无土栽培、花卉营销、连锁经营、品牌战略等方面实施培训，开展实训操作，加快培育一批有文化、懂技术、会经营的苗木产业发展人才，引领广大农民快速增收致富。

做好现代林业建设工作 发展林果产业

新疆维吾尔族自治区尼勒克县林业局 玉山江·阿合买提 宋 俊 郭光华

2014年，我县林业工作在县委、政府的领导下，在上级林业部门的指导帮助下，在各乡（镇）场党委、政府及林业局干部职工的共同努力下，认真贯彻落实自治区、自治州林业工作会议及县委第十二届四次全委（扩大）会议精神，突出重点，狠抓落实，全面完成各项工作任务。现将林业工作完成情况汇报如下：

一、林业工作

（一）林业生产完成情况

1. 造林工作情况

2014年，我县完成人工造林任务6000亩，补植补造3000亩，完成计划的100%。其中：完成防护林471亩，用材林259亩，经济林5270亩；完成迹地更新85亩；完成新育苗702亩。参加义务植树人次7.82万人次，完成义务植树39.1万株，义务植树尽责率达95%，新建义务植树基地4个，面积为3810亩。2015年我县造林任务7000亩，目前已完成秋季造林工作地块落实1800亩，剩余地块各乡镇场正在落实中，部分补植补造和秋季造林工作正在有序开展。

2. 工程造林建设情况

（1）退耕还林工程：2014年，全县完成退耕还林工程2013年计划任务配套荒山造林0.8万亩（其中：荒山造林0.3万亩、封山育林0.5万亩），完成率100%。争取落实了2013年新增任务配套荒山造林任务中央投资89万元。按照国家退耕还林优惠政策，我县按时兑现了2000亩生态林前8年粮食、教育医疗补助款和种苗补助款，共计298万元，其中：兑现粮食补助256万元，教育医疗补助32万元，种苗补助10万元，退耕还林在我县已初见成效，调整了种植业结构，促进农牧民增收，拉动了当地经济的发展，综合效益显著。现经济林每亩平均收益120元。

（2）重点公益林建设：强化了重点公益林建设，加大管护，使责任到位、管护到位。加强河谷林的抚育管理，完成重点林区的森林抚育工作，及时清理病枯枝等其他易燃物，有效提高了林分质量。

3. 林业科技示范园建设工作

按照示范、推广的原则，以点带面，带动引领我县林果业、种苗花卉业的发展。截至目前，确定1个州级示范园：木斯乡托铁村800亩红枣园；5个县级示范园：马场苹果示范园、木斯乡苹果示范园、胡吉尔台乡树上干杏示范园、加哈乌拉斯台乡树上干杏示范园、乌赞乡苹果示范园、木斯乡苹果示范园建设。每个示范园由一名局领导、乡、村领导负责，三名技术人员常年跟踪技术服务。目前，在马场已建成410亩的林业科技示范园。共分三个区域进行规划，即林果示范区、景观苗木定植区、树种汇集圃。其中：林果示范区85亩，栽植苗木3050株；苗木定植区160亩，树种汇集圃165亩，栽植苗木12万株，播种30亩，已投资400余万元。

4. 特色林果业建设显成效

尼勒克县特色林果业发展坚持“适地适树”的原则，以大力调整农业种植结构，促进农牧民增收起到了积极推动作用。截至目前，全县林果业种植面积45500亩，其中：苹果7900亩、树上干杏7200亩、野山杏15000亩、枸杞4300亩、红枣1090亩、核桃2700亩、葡萄80亩、沙棘、文冠果11100亩（含河谷次生林野生沙棘）。2014年新增特色林果种植5270亩，其中：苹果745亩、山杏115亩、枸杞90亩、树上干杏4320亩，对历年栽植的果园补植补造1500亩。2014年我县受严重倒春寒和50年不遇干旱条件因素的影响林果业挂果率略有下降，林果价格较上年有所增长，林果总产值较上年有一定增加。我县林果业挂果面积4170亩，产量达900余t，产值600万元，特色林果产业为农牧民人均增收达49元。

一是加强田间管理。完成树上干杏、苹果等进行修剪、拉枝、部分果品进行套袋、病虫害防治等，对新栽植和补植的果苗全部进行了定杆，加强果园肥水管理，成活率达到80%以上。二是老果园改造。自2013年入冬以来，对全县老果园和庭院果树进行修剪、拉枝、改造15000亩，肥水管理29970亩，苏布台乡野山杏嫁接改造树上干杏5000亩，成活率达到90%以上，已完成抹芽、摘心工作，通过林业技术人员、乡干部、果农的共同努力5000亩嫁接改造园长势良好。三是做好林果业技术服务工作，我局先后完成了敬老院果树修剪服务、库克拜村庭院经济林业技术指导、加哈乡树上干杏果园定植定干修剪、苏布台乡5000亩老果园嫁接改造、木斯乡苹果园修剪、乌赞乡庭院老果园更新改造等服务工作。四是加强林果业基地管理，果园肥水管理3万亩。

5. 绿化工作

（1）义务植树：参加义务植树人次7.82万人次，完成义务植树39.1万株，义务植树尽责率达95%，新建义务植树基地4个，面积为3810亩。

（2）城镇绿化工作：目前，县城建成区绿地面积达到310.67hm²，绿地率达到39.3%；绿化覆盖面积达到352.86hm²，绿化覆盖率达到44.7%，公共绿地面积达到45.23hm²；人均公共绿地达到11.96m²/人，城市生态环境得到明显改善。全县有“绿化合格单位”51个（其中乡镇场19个），达到60%；“花园式单位”49个（其中乡镇场16个），达到59%。

6. 林木种苗生产和监管工作

我县进一步加大种苗的生产力度，完成育苗1825亩，其中新育苗，510亩；出圃各类苗木210万株，良种200万株。同时，加大种苗生产的监管力度，对全县18处苗圃、用苗单位进行检查，严格“一签两证”，合格苗木统一挂放标签。严格杜绝劣质苗木、病虫苗木的流入和出圃。

7. S315、G218沿线绿化

2014年我县将S315、G218沿线公路绿化工作作为林业一号工程来抓，加强管护工作力度。春季已种植文冠果24070株，榆叶梅9254株，紫穗槐34286株，锦鸡尔3067株。实行各单位领养制度，使其对负责的区域包栽、包活，杜绝重栽、轻养、无管护现象发生；沿线采用节水灌溉方式造林，县上统一铺设滴灌带，我局组建养护队，负责沿线各单位的浇水养护等工作，并对各单位进行挂牌管理，接受社会监督。完成G218沿线、S315沿线秋季1.68万株补植补栽工作。

8. 工业园区道路绿化有序开展

工业园区道路绿化工程位于通往恰哈那木工业园区道路（资源路）两侧，该工程是我县围绕“生态立县”主题，以进一步优化工业园区通道生态环境为目标，本着适地适树原则，精心打造的公路绿化工程，也是我县2014年秋季植树造林重点工程之一。

工程总投资200万元，绿化道路全长12.14km，工程包括配套水利设施、围栏、平整土地、植树造林等。其中：配套水利设施70万元、25km围栏75万元、苗木35万元、平整土地15万元。道路两侧选择抗性较强的榆树、白蜡等树种进行栽植，共栽植树木1万株。该工程动员全县81个县直机关、企事业单位开展义务植树，参加人数达1900余人。10月19日启动造林，截至10月31日已全面完成树木栽种、涂白和浇水工作。目前，主管道已铺设完毕。围栏工程正在实施，预计11月15日完成。

造林期间，县林业局派出20余名技术人员自10月19日进入造林地块开展放线、打点工作，由局领导带队包片负责技术指导，并完成苗木调运、苗木修剪和检疫工作，造林严格按照技术规程、严把技术质量关。

（二）资源保护工作

1. 严格林地监管和林地采伐管理

（1）林地管理。我县狠抓林地资源保护工作，严格征占用林地的审查、审批工作，对征占用林地进行了依法申请、登记、审核、整顿。2014年完成采伐迹地更新85亩，有效控制林地资源的非法流失。截至目前，2014年办理采伐证212份，蓄积量为8398.85m^3，未出现未经批准乱砍滥伐现象，持证采伐率为100%。

（2）加大林权证颁证工作力度。针对我县林权证核发工作的缓慢状态，我局将确定权属，办理林权证放在首要位置，采取无确定权属、无林权证的林地一律不执行采伐措施，促进了林权管理工作，提高了林农办证意识，加大了办证效率。全县办理林权证3246本（2014年新办48本，过户8本）。

2. 森防工作扎实有效

一是强化目标责任制。进一步加大森林病虫害防治和种苗监管工作，认真落实森林病虫害防治目标管理责任制，加强病虫鼠害预测、预报。二是加大病虫害检疫执法力度，杜绝重大疫情为传播和外来有害生物入侵。圆满完成州林检局下达的森防“四率”指标。重点抓好对苗木花卉、跨区域运输的苗木的调运检疫，严格杜绝劣质苗木、病虫苗木的流入和出圃，共检疫苗木107.7万株，其中调运检疫苗木3.7万株、产地检疫苗木104万株，复检苗木3.7万株，木材1161立方米，花卉3万盆。我局技术人员在农四师七十九团农业营发现200亩5000株的五年树龄的苹果树携带严重苹果小吉丁虫和腐烂病，我局及时上报相关部门，并对受害苗木及时进行集中烧毁处理，避免蔓延危害其他果树。三是做好森防培训工作。结合“科技之冬”活动，加大村级森防员及兼职检疫员的培训力度，提高基层森防人员专业知识水平，于2014年1月6日~7日，对基层森防人员举办了一期林业有害生物防治、检疫、生物农药等知识的培训。通过发放森防宣传图册、开展“森林植物检疫质量月”活动等形式进一步加强林业有害生物宣传工作力度，发放病虫害防治宣传手册60本。四是加大了林业植物检疫联合执法力度。成立林业植物检疫联合执法检查行动领导小组，制订实施方案，通过林业植物检疫联合执法专项行动，严厉打击区域内外违法调运林业植物及其产品的行为。

3. 野生动植物与护林防火

野生动植物得到有效保护。广泛开展《野生动物保护法》、《野生植物保护条例》的宣传活动，开展清林活动，严厉打击非法狩猎、采挖野生植物行为，有效保护我县湿地资源。截至目前，野生动物驯养户32户。其中，马鹿驯养繁殖户有31户，驯养马鹿105头，野猪驯养繁殖户1户，驯养繁殖10头；狍鹿驯养繁殖户1户，驯养繁殖1头。野鸡2户470只，办证率100%以上，经济收入15万元。

护林防火各项工作稳步推进。一是领导重视，及时部署。县委、县政府高度重视森林防火工作，对森林防火工作做到早发动，早部署，早安排。5月4日，由县委常委、常务副县长王军民主持召开县森林防火防范会议，就近期火灾原因及防范措施进行安排部署。二是明确责任，落实任务。县政府与各乡（镇）场政府、驻县单位签订了森林防火目标管理责任状之后，各乡（镇）场与各村队、各级林业系统之间以及驻林区经营、施工等相关单位层层签订了森林防火责任状（书），签订责任书16份。三是加强应急演练，提高扑火能力。截至目前，共开展扑火队伍培训和扑火应急演练2次，计5天，其中：县护林防火指挥部牵头组织演练1次、尼勒克林场演练1次。入春以来，成功扑灭两起森林火灾。并邀请3名伊犁州森林武警专业骨干来我县对应急队伍进行培训。四是加大宣传，严格火源管理。截至目前，新栽永久性森林防火宣传牌20块，共发放防火知识宣传单16000余份，乡（镇）场书写防火宣传标语20条，清明、五一期间，由管护人员在进山、路口向游人及扫墓人员发放防火宣传单1500份；出动防火宣传车16台次，召开森林防火工作专项会议2次。8月份开展了森林防火清查宣传活动。联合尼勒克国有林管理分局、县公安局、草原畜牧局、旅游局、等成员单位开展县域内天然林区、河谷次生林区的全面的清查活动，没收非法采挖自治区一级保护野生植物雪莲20株、甘草籽15袋、野生党参5kg、放飞野生高原鸽三只、驱逐林区内野营人员180余人，受宣传教育人数达17000余人次。

4. 依法治林，保护森林资源

加大公安干警的培训力度，提高全民保护森林资源的自觉性和干警依法办事能力，严厉打击破坏森林资源的违法犯罪分子。2014年我局共接处警45起、出警45起；共受理行政案件11起，其中立林业行政案件10起，野生动物行政案件1起，治安调解3起；查处10起、结案10起、结案率91%；处罚11人，罚款共计1.86万元；立刑事案件0起。

5. 完成种质资源调查

抽调骨干力量，认真做好种质资源调查工作，2014 年 2 月全面完成尼勒克县林木种植资源调查工作。共完成各类样线、样点、样方 342 个，共发现新记载 4 种，新物种 1 个，此项工作的开展为今后生态造林、生态修复树种选育提供了科学依据。

（三）科技兴林工作

1. 科技培训

为了提高林业技术人员业务水平，更好服务于广大林农，依托第 25 届科技之冬培训班、“科技活动周”及“3. 12”植树节活动为载体，结合党的群众路线教育实践活动，我局先后开办了特色林果业培训、林业有害生物村级森防员、退耕还林后续产业培训、集体林权制度改革等培训班，针对入春以来的森林火灾疫情，邀请伊犁州消防局教官开展《消防安全知识》讲座，授课内容涵盖了林果管理技术、林权制度改革、野生动植物保护、有害生物防治、种苗生产、护林防火等，林业系统干部、各乡镇场林业站工作人员及部分林业大户参与培训，2014 年共完成培训林果管理、技术人员 100 人次，发放《伊犁特色林果业适用栽培技术手册》、《森林防火手册》等宣传手册 1000 册，各类宣传单 1500 余份；为了更好地将林业技术教给林农，林业局开展下乡技术培训活动，把课堂开设到田间地头，把技术送到百姓家中，手把手教会林农，切实做好林业技术指导服务工作，达到“学以致用”的目的，培训班达到了预期的效果。

2. 林业项目完成情况

2014 年林业重大项目完成情况：一是 2013 年中央巩固退耕还林成果专项资金项目已经全面完成，项目资金 255 万元，完成低效林改造 5000 亩，围栏 5000 亩，特色养殖棚圈 2000m^2，补植补造 3000 亩。二是森林抚育项目已完成，项目资金 150 万元，完成森林抚育 1. 5 万亩。三是三北防护林建设已完成，项目资金 90 万元，完成人工造林 3000 亩。四是退耕还林配套荒山荒地造林建设项目已经全面完工，人工造林 3000 亩，封育 5000 亩。五是喀什河湿地恢复与治理项目已经自治区发改委 2014 年 7 月 25 日审批立项，目前正在编制年度实施方案，9 月评审，10 月开工建设。六是喀什河国家湿地公园建设项目总体规划已上报国家林业局，待评审立项，力争年内立项，并于 10 月 15 日召开了喀什河国家湿地公园论证会。

（四）出台林业便民服务措施

一是公示局领导及站所股室负责人信息。公示局领导及站所股室负责人信息。公示内容包括姓名、职务、联系方式等，公示范围包括：局机关、各乡镇场及服务对象等。让乡镇场及服务对象（林农）少跑路，不出乡镇、村户就能解决问题。二是制订《尼勒克县发展特色林果奖励（补助）办法》实施细则。对经济林建设、老果园改造、花卉苗木基地建设给予不同标准的优惠政策。并于9月份组建调查队，对全县新栽植林地进行核查验收，对符合条件的苗圃地、果园进行登记造册，并拨付兑现专项资金54.795万元，其中：经济林建设惠农资金34.35万元，新育苗苗圃地惠农资金20.445万元，提高了我县林农发展林业的积极性。三是实施"一杯水、一声问候、一个微笑"亮化工程。为了解决机关干部"门难进、脸难看、事难办"的问题，局机关实施"一杯水、一声问候、一个微笑"亮化工程真正为农民办好事，切实转变工作作风，密切联系群众，让服务对象高高兴兴进门、满满意意办事。四是公示办事流程图。制订《林权证新办、过户流程图》、《林木采伐许可证办理流程图》，并制作展板2块，并在大厅公示，以方便林农办事，将办理程序做到公开透明，让林农一次性解决问题，少跑冤枉路，提高服务效率和质量。

二、存在问题

1. 植树造林地块落实难度逐年加大。近年来造林地块落实与草场争地矛盾日益突出，适宜造林的地块越来越少，缺水是制约我县造林生产的关键因素。我县在落实造林地块时坚持"以水定林"，及时调整不适合造林地块，但部分造林地块仍然是无水灌溉地。植树造林只有在荒山坡上，而这些荒山坡大都是荒废、退化的劣质草场，立地条件差，造林难度、成本越来越大。管护难、缺少资金，建议加大资金补助。

2. 林业灾害严重。5月以来，我县连续遭受严重的大风、干旱自然灾害，并衍生林业病虫害次生灾害，我局抽调林检局、退耕办、林果办、林政股等相关科室到全县12个乡镇场进行了摸底调查，经局党委开会认真研究制订应对措施，制订《尼勒克县林业抗旱救灾实施方案》，但是仍然造成了很大损失，受灾资金没有拨付到位。

3. 新农村建设村庄绿化缺乏资金。村庄绿化用的树是城镇景观绿化树种，价格较高，目前各乡镇财政普遍困难，加之没有新农村建设村庄绿化项目支持，各乡镇村庄绿化的积极性不高，建议加大资金补助力度。

4. S315沿线绿化工程，1号井、2号井滴灌带能够正常运行，保证树木生长所需水量，树木长势良好；喀拉苏段3号井频发故障，出现40多次管道脱节，虽然进行维修了，但是由于滴灌工程设计存在瑕疵，仍然没有很好地解决爆管问题，经上报县委同意，要求喀拉苏段沿线各单位负责本单位责任区浇水工作，要求每个月不少于3次，但是单位拉水浇水成本高，希望州局、县委高位推动，完善浇水线路设计改造工作，使滴灌正常运行。

5. 我县树上干杏种植面积较大，大部分已进入挂果期，我局正在积极争取林业项目，但也遇到很多困难，希望州局领导给予协调解决苏布台乡、加哈乌拉斯台乡、胡吉尔台乡树上干杏烘干加工房项目问题，拓宽农牧民增收渠道，增加果农收入。

三、2015年林业工作的思路和目标

围绕生态立县和农牧民增收这一主题，坚持生态林和经济林并举，突出重点，狠抓林果示范园建设，着力在强化管理、提升示范园经济效益和果品质量，储藏保鲜上下工夫，通过示范辐射，带动农牧民增收。坚持以水定林，狠抓生态建设，全面推进万亩生态经济林工程建设，重点抓好国道218、省道315沿线绿化、工业园区道路绿化、荒山荒坡绿化、村庄绿化、扶贫开发整村推进村绿化工作，全力打造甜蜜、多彩、宜居的尼勒克。同时做好森林资源保护、科技培训、喀什河国家湿地公园建设、林业项目建设、公益林管护、野生动植物保护等常规工作，针对群众反映强烈的采伐、林权等突出问题，做好接访工作，解决群众反映问题。预计2015年林业人均增收35元以上。

四、2015年林业工作重点

1. 认真做好全县7000亩造林及道路沿线绿化管护工作

一是全面抓好造林工作及补植补栽工作，落实造林苗木、资金、人员和管护，严把苗木质量关和检疫关，推进造林工作有序开展。加大力度，对历年欠账进行补植补造。二是加强S315、G218及工业园区沿线公路绿化管护工作。为了做好后期管护工作，由我局牵头组建绿化造林管护队，负责树木的滴灌浇水，请示县委、政府，协同水利部门解决喀拉苏段浇水爆管问题，并对缺株少行现象进行补栽，对315线两侧的围栏进行监管。做好工业园区道路绿化工作，打造绿色园区。

2. 狠抓林果业管理，促农增收

一是抓好5个千亩示范园建设（木斯乡红枣核桃园、胡吉尔台乡树上干

杏园、乌赞乡苹果园的示范园、马场苹果示范园）。抓好果树田间管理、修剪、水肥、农药使用，做好果树防寒、防冻、防鼠害措施，确保示范园早日见效，真正起到引领示范作用。二是抓好林果业产业化建设，引导林农发展特色林果业，拓宽林业增收渠道，加深林业产业链，增加果品附加值，培育以树上干杏为代表的林业大户，起到带动示范作用，在林果产品贮藏保鲜、深加工利用方面下功夫，积极申报林果业深加工项目，计划新建树上干杏烘干房4座，增加林果产品附加值，切实做到林农增收和产业发展。三是抓好老果园改造，2015年计划嫁接改良树上干杏3000亩，依靠科学的新技术、新方法提升老果园经济效益，进一步促进林农增收。

3. 扎实开展资源保护，确保全县森林资源安全

严格执行森林采伐限额管理规定，依法开展林木采伐许可证和木材运输证审核审批工作。加强木材经营加工管理，搞好木材经营加工许可证年审工作。严格执行林地征占用定额管理规定，严把征占用林地办理手续。

4. 抓好“科技之冬”培训和技术服务工作

计划在每个乡安排3~5场次培训班，约60期常规培训，培训林农4200人次，在林果重点乡至少组织3次现场培训，培训600人次，采用理论授课与实际操作相结合的方式，主要做好林果高产栽培管理技术、嫁接修剪技术、林业病虫害防治技术、低温冻害防控技术、育苗技术要点等林业实用技术的培训工作，创新培训方法，使各族群众听得懂，记得住，学得会，用得上。并组织对林农果园包片负责，定期开展技术服务，为林业增收提供技术保障。

5. 抓好河谷公益林管护及湿地保护工作

一是加强河谷林的抚育管理，计划完成1万亩的森林抚育项目，提高林分质量，做好河谷公益林围栏的维修更新。二是有序推进新疆伊犁河流域喀什河重点湿地恢复与综合治理建设项目和喀什河国家湿地公园建设项目，以项目建设推进湿地保护工作。同时做好我县三个县级自然保护区升自治区级自然保护区工作。

6. 抓好护林防火及森林病虫害防治监控工作

一是全面落实护林防火行政领导负责制，做好平原天然林区森林重点火险区综合治理项目工作，开展森林防火应急演练，提高我县火险预警、防扑火能力。二是加大森林病虫害防治、检疫执法力度和种苗监管工作，作好病虫鼠害预测、预报和防治工作。

7. 狠抓良种苗木繁育工作

以城镇化建设为契机，加大苗圃基地建设，在保证常规苗木供应的同时，

大力发展园林绿化苗木，主抓本地品种，引进部分新品种，形成产业，增加农民收入。2015 年完成新增苗圃 1000 亩。

8. 加强野生动植物保护工作

进一步加大野生动物保护宣传教育力度，狠抓野生动物重点保护区域的管理，加大对非法盗猎活动的严打力度，安排警力深入山区进行武装巡逻，防止偷猎、盗猎行为的发生。

9. 加大依法治林力度

加大公安干警的培训力度，提高全民保护森林资源的自觉性和干警依法办事能力，严厉打击乱占林地、盗伐滥伐林木、非法盗猎等违法犯罪活动。

10. 积极争取林业项目

认真做好林业项目的储备、申报、立项工作，以项目建设推动尼勒克县林业快速发展。2015 年林业计划实施项目 4 个，计划总投资 689 万元，其中申请国家投资 689 万元。项目分别是：新疆伊犁河流域喀什河重点湿地恢复与综合治理建设项目、尼勒克县 2014 年巩固退耕还林成果专项规划建设、三北防护林建设、退耕还林配套荒山荒地造林建设、森林抚育建设项目，尼勒克县喀什河国家湿地公园建设项目已完成总体规划，并召开论证会，争取 2015 年评审立项。

11. 改进机关作风建设

认真执行中央八项规定，健全密切联系群众制度，解决好群众最关心、最实际的问题；简化办事程序；创新体制机制。不断改进工作作风，树立林业新形象。为民办实事，解决好群众反映强烈的采伐证、林权证办理等问题。

作者简介：

玉山江·阿合买提，男，维吾尔族，1972 年 12 月出生，中共党员，本科学历。现任新疆维吾尔自治区尼勒克县林业局党委副书记、局长。

自 1993 年 10 月参加工作起，历任尼勒克县公安局民警、派出所指导员、所长、交警大队副大队长，尼勒克县乌赞乡党委副书记、政法书记，勒克县苏布台乡党委副书记、纪检书记等职。现任尼勒克县林业局党委副书记、局长。

宋俊，男，汉族，1980 年 9 月出生，中共党员，本科学历。现任新疆维吾尔自治区尼勒克县林业局技术员。

郭光华，男，汉族，1984 年 9 月出生，研究生学历，林业工程师。现任新疆维吾尔自治区尼勒克县林业局技术员、党建专干。

第七篇
生态文明建设

第一章 森林生态系统

第一节 森林生态系统概述

一、概念

生态系统（ecosystem）的基本定义是：在一定时间和空间范围内，由生物群落与其环境组成的一个整体。该整体具有一定的大小和结构，各成员借助能量流动、物质循环和信息传递而相互联系、相互影响、相互依存，并形成具有自我组织和自我调节功能的复合体。简单地说，生态系统就是由多种生物和非生物环境组成的具有能量流动和物质循环的功能单位。这一概念最早由英国植物学家坦斯利（A. G. Tansley，1871～1955）于1935年提出。他提出生态系统概念时：一方面强调生态系统内生物和环境是不可分割的整体；另一方面强调生态系统内生物成分和非生物成分在功能上的关系，把二者当做一个统一的自然实体，这个自然实体就是生态系统。

在自然条件下，地球上的森林、草原、荒漠、湿地、海洋、湖泊、河流等，它们不仅在外貌特征上有显著区别，其生物组成也各有特点，并且其中生物和非生物构成了一个相互作用、物质不断循环、能量不断流动的生态系统。例如：草原上的动植物、微生物与其环境就构成了草原生态系统，森林里的树木、草本植物、动物与其环境就构成了森林生态系统等。

森林生态系统是以木本植物，特别是以乔木为主，包括灌木、草本植物、地被植物（如苔藓、地衣）及多种动物和微生物等与周围环境（土壤、水分、岩石、大气、光照及温度等非生物环境条件）相互作用形成的统一体。实际工作中，我们对森林的定义是一个占据一定地域的、生物与环境相互作用的、具有能量转换、物质代谢循环和信息传递功能的生态系统，也就是森林生态系统。

二、类型

森林生态系统是生态系统的一个重要类型。按照其在地域上的分布，我们可以将森林生态系统划分为热带雨林生态系统、亚热带常绿阔叶林生态系统、温带落叶阔叶林生态系统及北方针叶林生态系统等生态系统类型等，还可以按林型分为更低级别的森林生态系统。

（一）热带雨林生态系统

热带雨林分布在赤道及其两侧的湿润区域，是目前地球上面积最大、对维持人类生存环境起作用最大的森林生态系统。据估算，现有的热带雨林的面积近1700万km^2，约占地球上现有森林面积的50%。其主要分布在3个区域：一是南美洲的亚马孙盆地，二是非洲的刚果盆地，三是东南亚一些岛屿。热带雨林分布区域终年高温多雨，具备如下几个特点：种类组成极为丰富；群落结构极其复杂；无明显的季相交替；乔木树种常具板状根、裸芽、茎花现象。热带雨林给动物提供了常年丰富的食物和多种多样的隐蔽场所，因此这里也是地球上动物和植物种类最丰富地区，同时也是陆地生态系统中生产力最高的森林生态系统类型。

（二）常绿阔叶林生态系统

常绿阔叶林生态系统是指分布在亚热带湿润气候条件下并以壳斗科、樟科、山茶科、木兰科等常绿阔叶树种为主组成的森林生态系统。它是亚热带大陆东岸湿润季风气候下的产物，主要分布在欧亚大陆东岸。此外，非洲东南部、美国东南部、大西洋中的加那利群岛等地也有少量分布，其中，我国常绿阔叶林是地球上面积最大、发育最好的一块。常绿阔叶林分布区夏季炎热多雨，冬季少雨而寒冷，春秋温和，四季分明。结构较之热带雨林简单，高度明显降低，乔木一般分为两个层次，藤本植物较多，但不如热带雨林繁茂。

（三）落叶阔叶林生态系统

落叶阔叶林又称夏绿林。主要分布于北美中东部、欧洲及我国温带沿海地区。由于这些区域冬季寒冷，树木仅在暖季生长，入冬前叶子枯死并脱落。这类森林一般分为乔木层、灌木层和草本层，成层结构明显。乔木层树种组成简单，优势种为壳斗科落叶乔木，如山毛榉属、栎属、栗属、椴属等，其次为桦木科、槭树科、杨柳科的一些树种。灌木层一般比较发达，草本层也比较茂密。目前，这些区域的原始落叶阔叶林仅残留在山地。

（四）北方针叶林生态系统

北方针叶林分布在北半球高纬度地区，面积约为1200万km^2，仅次于热带雨林。由于这里气候寒冷，土壤有永冻层不适于耕作，所以自然面貌保存较好。北方针叶林种类组成比较简单，乔木以松属、云杉属、冷杉属和落叶松属等的树种占优势，多为单优种森林，林下灌木层稀疏，枯枝落叶层很厚，分解缓慢。树木根系较浅，这是对土壤冻结层的适应。北方针叶林组成整齐，便于采伐，作为木材资源对人类是非常重要的。在世界工业木材总产量中，50%以上的产量来自北方针叶林。

三、结构

（一）森林生态系统的组成

森林生态系统是典型的、完全的生态系统。它包括一个生态系统应具备的四种基本组成成分：非生物环境、生产者、消费者、分解者。

非生物环境包括参与物质循环的无机元素和化合物（如C、N、CO_2、O_2、Ca、P、K）、联系生物和非生物成分的有机物质（如蛋白质、糖类、脂类和腐殖质等）和气候以及其他物理条件（如土壤、温度、水分、阳光、空气等），它们是生物生活的场所，也是生物能量的来源。

生产者是能将简单的无机物转化为可供自身生长和代谢需求的有机物的自养生物，包括所有的绿色植物和某些光合和化能自养细菌，是生态系统中最活跃的因素。绿色植物利用太阳光能将二氧化碳和水等无机物合成糖和淀粉等有机物，并放出氧气。这个光合作用的过程直接或间接地为人类和无数生物提供着进行生命活动所必需的能量和物质。对于森林生态系统来说，生产者主要是乔木树种，通常还有灌木、草本植物、蕨类、苔藓等。

所谓消费者是针对生产者而言，即它们不能从无机物制造有机物，而直接或间接地依赖于生产者所制造的有机物，因此属于异养生物。主要包括昆虫、鸟类、蛇类以及其他动物，尤其一些大型森林动物如熊、虎等，种类相当丰富；消费者按其营养方式的不同又可分为食草动物、食肉动物和顶级食肉动物三类。消费者在森林生态系统中起着重要的作用，它不仅有对初级生产物质进行加工、再生产的作用，而且许多消费者对其他生物种群数量起调控作用。例如森林中鸟类数量较多，这片森林发生森林病虫害的可能性就降低；如果蛇的数量较多，则森林里鼠类的数量就会得到有效控制。

分解者是异养生物，如细菌、真菌、放线菌及土壤原生动物和一些小型无脊椎动物，如蚯蚓等。这些微生物在森林生态系统中连续地进行着分解作用，不但种类多而且数量极大，它们把森林中的凋落物分解释放出矿物质归还于土壤，同时改善了土壤结构并使土壤越来越肥沃，这不但能提高森林生态系统的生产力，还推动着森林生态系统的发展。分解者在生态系统中的作用是极其重要的，如果没有它们，动植物群体将会堆积成灾，物质不能循环，生态系统将崩溃。分解作用也不是哪一类生物所能全部完成的，往往有一系列复杂的过程，各个阶段由不同的生物去完成。

需要指出的是，生物部分和非生物部分对于生态系统来说是不可分离的。如果没有环境，生物就没有生存的空间，也得不到能量和物质，因而也难以生存下去；仅有环境而没有生物成分也无法成为生态系统。

（二）森林生态系统的结构

森林生态系统的结构分为垂直结构（vertical structure）和水平结构（horizontal structure）两个方面。

（1）垂直结构。成层性是森林植物群落的基本特点之一，每一层都由不同植物组成。不同地区和不同立地的植物群落，垂直结构有所不同。典型的森林主要包括下述4个层次：一是林冠层（canopy layer）；也称乔木层，它是通过光合作用固定光能的主要场所，对其他层影响比较大。在热带森林里，在林冠层以上，有时可以划分出突出木层（emergent layer），它由位于林冠层以上，生长稀疏而高度突出的树木构成。二是下木层（undergrowth layer）：主要由灌木组成，它们一般比较耐阴。三是草本层（grass layer）：主要由禾草类、阔叶草类和蕨类植物组成，这层植物的发达程度决定于土壤的水分和营养状况以及林冠层和下木层的密度，往往随立地条件的不同而有很大的变化。四是苔藓层（moss layer）：主要由苔藓、地衣类等非维管束植物组成，非常低矮，基本贴近地面，都很耐阴。草本层和苔藓层可合称活地被物层。

在森林群落中，由于各层在群落中的地位和作用不同，常可分为主要层（或优势层）和次要层（或从属层）。主要层和次要层彼此相互作用，但前者对后者的影响要大于后者对前者的影响。在多数情况下，群落的最高层往往就是主要层，但是在有些情况下，较低的层次也可成为主要层。例如，热带稀树草原中的草本层和沼泽森林中由泥炭藓构成的苔藓层就是主要层，而上层散生的乔木层则是次要层，因为这些下层植物的发育和多度主要不受上层树木的影响，而乔木及其他幼树的发育则要受下层植物的影响。典型的层次分化，常因年龄阶段的差异而变得复杂起来。例如森林群落中的乔木树种，成熟阶段的个体处于乔木层中，而其幼年阶段的个体，则处于下木层、草本层甚至苔藓层中。一般来说，一个群落垂直结构越复杂，动物种类越多，也正因为如此，森林生态系统的物种多样性要远高于草原。研究表明，森林垂直结构越复杂，鸟的种类越多，并且不同垂直层次有不同鸟的种类。森林中每一个垂直层都有其特有的动物，特别在繁育季节更是如此。有时各个层的动物还可能表现出日变化和季节变化，这些变化也从一个侧面反映了该层物理环境如光照、温度和湿度等方面的相应变化。

（2）水平结构。森林群落在水平空间的构成上也是有变化的，小尺度的变化可以表现在有的地方是小的林中空地，而相邻的地方就是高大的树木群体，也有的地方是快速生长中的树木群体。这类生长阶段不同的树木群体互成镶嵌状态。之所以呈现这种现象，是因为林中的老树达到一定年龄以后，就会因病虫害、树干腐烂等发生风倒或者死亡，由此就形成森林空隙（forest gap）。森林空隙的形成，可为幼小个体的发育和成长创造条件，随着年龄的增加，这些树木逐步长大起来。林冠空隙的发展可以划分为不同的阶段，即：形成阶段、建成阶段和成熟阶段。这样从群落整体而言，就是由处于不同发展阶段的空隙所组成的镶嵌体。

从大的尺度来看，森林的构成具有更显著的斑块性。如果在一个面积很大的天然林林区，到一个高山顶部举目四望，就会看到，眼前的森林就像一个万花筒，五颜六色，斑斓错落。这是因为森林是由不同的树种构成的，而每个树种的林冠对光的反射特点都有所不同。森林群落的这种斑块性源于一系列的自然条件（气候、土壤和地形）、自然灾害（如森林火灾、大风等）、树木的繁殖能力和繁殖方式等多种因素。

四、特征

（一）森林环境的特点

森林是地球生物圈中的重要成分，也是地球陆地生态系统的主体。对人类而言，森林是自然环境的重要组成部分，森林环境既是人类生存和发展的基础，又是人类开发利用的对象。森林环境除了具有环境的一般特性外，还具有以下明显特点：

（1）整体性。森林环境是各种组成要素结合形成的相互依存、相互制约、密不可分的整体。在这个整体中，一种要素的改变都必将引起其他要素的相应变化，甚至森林环境发生改变。森林环境也是一个多资源的整体系统，每种资源都与系统整体密切相关，它通过能量流动，养分、水分、信息传递等影响系统内的其他资源构成。

（2）多样性。森林环境是由多种生物（包括各种乔木、灌木、草本植物、动物和微生物）和不同气候、土壤等地理环境条件形成的一个密不可分的综合体。它孕育着多种资源，具有多种性质和多种功能，森林环境可以为多种生物提供多样化的生存环境。森林环境具有生物多样性、景观多样性、环境多样性、人文多样性和利用多样性。森林环境结构复杂、层次繁多，具有强大的生态、经济、社会功能。

（3）时空性。森林环境是特定的时空产物，不同时间和空间结合形成不同功能、不同结构和类型的森林环境。森林环境的时空变化极为明显，不同的地理位置和条件会形成不同的森林环境；同一地理位置的不同海拔高度、不同土壤立地条件也会形成不同的森林环境。

（4）有限性。森林环境是在一定的光、热、水、气等条件下形成的。地球上森林环境的分布地区是有范围的，例如南北两极、高山和雪原、干旱和荒漠地区以及其他一切不具备森林生长条件的地区都不可能有森林环境。由于人类的影响和破坏，会导致森林环境退化乃至消失。所以，森林资源既是可再生资源，也是可耗竭资源。森林环境的负荷能力是有一定限度的。

（5）可塑性。森林环境受外界影响时，有一定的可塑性。森林和其他生态系统一样，具有一定的稳定性和弹性，一系列反馈作用使其具有一定的变化阈值，对外部干扰能进行内部结构和功能调整，以保持系统的平衡，这就决定了森林环境的可塑性。但这一特性是有一定限度的，超过了变化阈值，就会导致森林环境的破坏。

（6）公益性。森林环境是自然界最重要的生物库、能源库、基因库、二氧化碳贮存库、氧气生成库、绿色水库及污染物质的净化器，对自然环境中的大气圈、水圈、土壤岩石圈和生物圈都具有极其重要的改善和维持作用。森林环境是人类生存环境不可缺少的组成部分，也是建设人类更加美好生存环境中最积极、最活跃的公益性因素。

（二）森林生态系统的特征

与其他生态系统相比，森林生态系统主要具有以下几方面的特点：

（1）稳定性高。森林生态系统经历了漫长的发展历史，群落结构复杂、各类群落与环境相互作用、内部物种丰富、群落中各个成分之间以及其与环境之间相互依存和制约、保持着系统的稳定。森林生态系统具有很高的自调控能力，能自行调节和维持系统的稳定结构与功能，保持着系统结构复杂、生物量大的属性。这些特点也表明，系统内部的能量、物质与物种的流动途径畅通，系统的生产潜力得到充分发挥。对外界的依赖程度很小，保持着能量、物质的输入、存留和输出等各个生态过程的稳定。树木是多年生植物，其寿命短则数十年，长则数百年甚至可以达到千年以上。森林的这一特点，也决定了林业生产的周期长。

（2）成分复杂，产品多种多样。森林生态系统具有十分复杂的结构，森林的组成成分非常复杂，草原、农田、果园等，都远远不能与之相比：它不仅含有乔木、灌木、草本植物、鸟类、兽类、小动物、昆虫以及各种微生物，而且这些生物的种类众多。整个森林植物立体环境中，随着森林垂直结构的成层性，相应地环境因子也形成梯度变化，如光照、温度、湿度等都表现出明显的成层现象。系统中环境条件的多样性又反过来为植物、动物和微生物的生物种群的多样性提供了条件。

（3）类型复杂，地理环境多种多样。森林在自然界常常占地广阔，外形变化万象，生态环境更是多种多样，因而形成各种各样的森林类型。森林生态系统分布广泛，类型多样。森林植被在气候条件与地形地貌的共同作用下既有明显的经纬向水平分布，又有山地的垂直分布带谱，因而是生态系统中类型最多的。就我国来说，从南往北分别为热带雨林、季雨林、亚热带常绿阔叶林、暖温带落叶阔叶林、温带针阔叶林、寒温带落叶针叶林，以及青藏高原的暗针叶林等。不同类型的森林都有自己的生长、发展及变化的规律，不仅生产力相差很大，而且功能也不尽相同。

（4）具有天然更新的能力，是一种可再生生物资源。森林可以天然更新，自行恢复。只要合理利用，科学经营，这种资源可以取之不尽，用之不竭。反之，这种再生不息的资源，也会像其他矿藏资源一样，最后将告枯竭。因此，应采取有效的措施，充分发挥森林的天然更新这一有利特性，以确保森林的可持续利用。

（5）具有巨大的生产力，拥有最大的生物产量。现在世界森林面积约为40.3 亿 hm^2，占陆地面积的 30% 左右，陆地生态系统中生物量总计约为18320 亿 t，其中森林生物总量达 16480 亿 t，约占整个陆地生物总量的 90%。全部陆地生态系统每年提供的净生产量约为 1070 亿 t，其中森林提供的干物质占 65%。因此，森林在制造有机物，维持生物圈的动态平衡中具有非常重要的地位。

（6）对周围环境有巨大的影响力。森林是地球陆地上最大的生态系统，在生物圈中扮演着重要的角色，它对生物圈中的水分循环、碳氧及其他气体循环、土壤中各种元素的生物地球化学循环以及太阳能的光合作用都有显著影响，起着重要的作用。森林的减少，必将影响着地球的生态平衡，影响到人类的生存。可以说，森林生态系统问题是全球环境问题的核心问题。

第二节　森林生态系统的功能与作用

森林是陆地生态系统的主体，是人类进化的摇篮。随着全球气候变化、环境恶化和生物多样性的下降，人们对森林生态系统的认识也在不断深化，人类开始意识到森林的重要性不仅在于为人类的生活和生产提供了大量的资料能源，还在于其在调节气候、固碳释氧、涵养水源、保持水土、维持生物多样性、美化环境等方面表现出更大的作用。人类的长远发展与森林生态系统的健康发展密不可分。

一、地球之肺

（一）固碳释氧

人类生活在地球上需要从自然环境中获取足够的食物、饮水、适宜的温度和洁净的空气等来维持生存。而氧气对于人类的生存尤其重要，一旦失去氧气，生命也即终止。肺是人类和许多动物进行呼吸的重要器官，它通过气体交换来获取人体生命活动必需的氧气来维持人体的各项机能。通过绿色植物的光合作用，不但能转化太阳能而形成各种各样的有机物（森林每年提供28.3亿t有机物，约占陆地植物生产有机物总产量53亿t的53.4%），而且靠光合作用吸收大量的二氧化碳和放出氧气，维系了大气中二氧化碳和氧气的平衡，净化了环境，使人类不断地获得新鲜空气。因此，生物学家形象地称森林为“地球之肺”。

光合作用（photosynthesis）是绿色植物、藻类利用叶绿素等光合色素和某些细菌利用其细胞本身，在太阳光的照射下，将二氧化碳和水（细菌为硫化氢和水）转化为有机物，并释放出氧气（细菌释放氢气）的生化过程。由光合作用的公式可知，植物利用太阳光能，吸收264克的二氧化碳和108克的水，产生180克的葡萄糖并释放192克的氧气。其中葡萄糖又转化为162克纤维素或者淀粉（$C_6H_10O_6$），即干物质。林木每形成1t干物质，可以吸收1.63t二氧化碳并释放1.19t氧气。

$$6CO_2 + 6H_2O \xrightarrow{\text{太阳光能}} C_6H_12O_6\text{（葡萄糖）} + 6O_2$$

绿色植物以外的绝大多数非绿色植物和动物，都不能进行光合作用。虽然少数的非绿色植物，如某些细菌，能进行细菌光合作用和化能合成作用，但这种过程往往受很多条件的制约，不能进行较大规模的光合作用。而绿色植物的光合作用所需要的条件（即光、二氧化碳和水）最为普遍，所以光合作用的规模最大。绿色植物通过光合作用，源源不断地将无机物转化为有机物，将太阳光能转化为可用的化学能，这是地球上生物界生命活动所需能量和其他必需条件的基本源泉，也正是绿色植物的最大价值。

光合作用的产物不仅解决了绿色植物自身的营养，同时也维持着非绿色植物、动物和人类的生命。光合作用进行过程中放出氧气，不断地补充大气中的氧，对改善生物生活环境有着极大的影响。因为氧气是植物、动物和人类呼吸，以及物质燃烧所必需的气体。一方面，绿色植物把太阳能转化为有机物储存起来，可以直接供动物及人类利用，另一方面，人类食用的肉类也是直接或间接来自于绿色植物的能量。所以说，绿色植物对维持整个生物界的生命过程起着极其重要的作用。

森林生态系统是陆地生态系统的主体，是陆地碳的主要储存库。据观测研究表明，光合作用下所固定的碳被重新分配到森林生态系统的 4 个碳库：植被碳库、土壤碳库、枯落物碳库和动物碳库，而整个生态系统的碳大部分固定在土壤中。在人类大规模采伐森林之前，世界林地面积约 60 亿 hm^2，占地球陆地总面积的 45.8%。陆地生态系统每年生产的有机物质约 1000 亿 t，其中森林生产 580 亿 t，约占全球有机物质总产量的 57%。在 2010 年，森林面积估计数为 40 亿 hm^2，占全球陆地面积的 31%，相当于人均 0.6hm^2。但是其有机碳储量却占整个陆地植被碳储量的 76% ~ 98%，而且森林每年的碳固定量约占整个陆地生物固碳量的 2/3，因此森林对于现在及未来的全球气候变化、碳平衡都具有重要影响。

森林不仅是二氧化碳的消耗者，还是氧气的天然加工厂。森林通过光合作用吸收二氧化碳放出氧气，又通过呼吸作用吸收氧气放出二氧化碳，调节大气中氧气和二氧化碳浓度，从而起到维持着大气圈的氧碳平衡的作用。全球绿色植物每年放出的氧气总量约为 1000 亿 t。森林是陆地上干物质生产量最大的生态系统，它拥有巨大的释氧能力。据估算，地球每年入射太阳光能为 5.4×10^24 焦，绿色植物每年固定太阳能大约为 5×10^24 焦，这些能量就是地球上包括人类和各种动物在内的所有异养生物赖以生存的能量来源和物质基础。大量研究表明，森林生产干物质的能力，就是生产氧气的能力。大气中的氧气是亿万年来植物生命活动所积累的，地球上 60% 的氧气来自于陆地植物，尤其是来自于陆地生态系统最重要的部分——森林生态系统。

森林有很大的叶面积，吸收二氧化碳的能力很强，叶片要形成 1g 葡萄糖，需要消耗 2500 升空气中所含的二氧化碳，而形成 1kg 的葡萄糖，就必须吸收 250 万升空气中所含的二氧化碳。据测定，每公顷森林和公园绿地，夏季每天分别释放 750kg 和 600kg 的氧气。1hm^2 的阔叶林在生长季节一天可以吸收 1t 二氧化碳，释放出了 0.3t 的氧气。落叶林每年释放氧气 16t/hm^2，针叶林每年释放氧气 30t/hm^2，常绿阔叶林每年释放氧气 20～35t/hm^2。一个成年人每天呼吸约 2 万多次，吸入空气 15～20m^3，也即消耗氧气大约 0.75kg。也就是说每公顷森林可供 1000 人呼吸氧气之用。依此推算，城市居民每人需要 10m^2 的林地提供所需的氧气，而由长势良好的草坪提供，则需要 25m^2 以上才行。

二氧化碳具有双重性，它既是光合作用必需的气体，又是主要的温室气体，但含量过高时，则会导致大气异常增温，并对人体产生危害。30 亿年前地球上二氧化碳含量约为 91%，几乎没有氧气，是根本不适应人类生存的环境。到了距今约 3 亿年，空气中的氧气浓度才达到目前的水平，这些都是绿色植物作用的结果。正常情况下，二氧化碳在空气中的含量只有 0.03%，然而近年来，随着矿物燃烧量的增加和森林的大量采伐而有了显著的增加。在大城市中，由于工业排放的二氧化碳的数量很多，同时由于它的比重较大，多下沉于近地面气层中。一般大城市空气中的二氧化碳可达 0.05%～0.07%，局部地区甚至可达 0.2%。二氧化碳虽是无毒气体，但在空气中的浓度达到 0.05% 时，人的呼吸会感到不适，当含量达到 0.2% 以上时，对人体就有害了。

自工业化时代以来，由于人类活动而引起的全球温室气体排放大大增加，其中在 1970～2001 年期间就增加了 70%。当今，因大气中二氧化碳含量浓度显著增加而造成的地球大气变暖的趋势引起全世界范围的广泛关注。1997 年联合国气候变化框架京都会议以后，已确认二氧化碳排放是温室效应的罪魁之一，二氧化碳的排放和污染成为国际社会的热点问题之一。二氧化碳含量浓度及其他气体浓度增加所造成的后果就是全球变暖（global warming），从而导致两极及高山冰雪融化引起海平面的上升，部分沿海城市和一些海洋中的岛屿被海水淹没，从而给人类生存带来巨大的灾难。二氧化碳浓度增加的原因除了主要来自煤炭和石油等化石燃料的燃烧以外，还与大规模地毁林和烧林有关。在 2000～2010 年期间，全球森林每年净减少量为 520 万 hm^2，大于哥斯达黎加的土地面积，相当于每天损失大于140km^2的森林。特别是由于人口的剧增以及经济发展的不平衡，热带雨林遭到了巨大的破坏。

森林对维持陆地生态平衡、保护生态安全起着决定性的作用。尤其是热带雨林对大气中氧气和二氧化碳平衡的维持与全球气候的稳定具有重大意义，对全球的生态效率有着重大影响。在历史上，热带雨林有2450万km^2的面积，主要位于南北回归线内。1900年以来，特别是第二次世界大战后雨林减少的速度在加剧，现已失去59%以上的原有雨林，幸存面积为1001万km^2，覆盖了陆地总面积的6%~7%。今天热带雨林仍覆盖着地球上广大的地区，与世界其他类型的植被相比，它仍然是覆盖面积最大的植被类型。特别是在南美洲的素有"地球之肺"之称的亚马孙热带雨林，纵横南美洲北部8个国家，面积约700万km^2，占全球热带雨林总面积的1/3，蕴藏着世界木材总量的45%。据科学家测定，亚马孙雨林进行光合作用产生的氧气约占全球氧气总量的20%。这片雨林对维护地球的生态平衡，调节全球气候起着至关重要和不可替代的作用。

热带雨林的破坏加速了气候变暖，并将给人类带来灾难性后果。自20世纪60年代到现在，亚马孙流域大片大片的森林被破坏，仅巴西的森林覆盖率就由80%下降至40%。近年来，尽管气候变化的影响越来越严重，但热带雨林遭受破坏的速度非但没有被遏制住，还有加快的趋势，仅在1999~2007年的8年间，就消失了近1500km^2。按照这样的趋势，地球上的热带雨林再过几十年就会完全消失。一位英国科学家警告说，如果不注重雨林的保护，随着树木死亡，土壤将被烈日烤干，雨林因此可能变成沙漠。这绝不是危言耸听：2006~2007年，拥有世界20%淡水量、世界水量最充沛的亚马孙河流域发生了干旱，就是最有力的证明。

热带雨林面积减少的同时，其破碎化趋势也十分明显，其特征是森林变得条块分割、没有连贯性，尤其在亚洲雨林区，如印度尼西亚、马来西亚、菲律宾等国家的雨林已经变得支离破碎。破碎后的森林像海洋中的一个个"岛屿"，被周围的农用地或经济种植园所分散隔离，使其内物种基因得不到有效交流，进而大大降低了保护的有效性。

（二）净化空气

净化空气功能是指森林生态系统对大气污染物（如二氧化硫、氟化物、氮氧化物、粉尘、重金属等）的吸收、过滤、阻隔和分解，以及杀灭病菌、降低噪声、提供负离子和萜烯类（如芬多精）物质等功能。据测定，树木每生产1kg干物质就要过滤3111m^3的空气。每公顷热带森林每年净化空气为

6813 万 m^3，亚热带杉木林为 3000 万 m^3，东北混交林为 2000 万 m^3。全世界森林每年生产的干物质约为 737.5 亿 m^3，能净化空气量约为 229436.25 万亿 m^3。

1. 提供负离子

空气是由多种气体组成的气体混合物，在正常情况下，气体分子及原子内的正负电荷相等，呈现中性。但在各种能量作用下，气体分子中某些原子的外层电子会离开轨道。由于空气中捕获电子能力较强的二氧化碳和氧气在空气中所占的比例较大，因此空气电离产生的自由电子大部分被二氧化碳和氧气分子捕获，形成负离子。

负离子是一种五色、无味的物质，在不同的环境下存在的寿命也不同。在洁净空气中，负离子的寿命从几分钟到 20 分钟不等，而在灰尘多的环境中仅有几秒钟。被吸入人体后的负离子能调节神经中枢的兴奋状态，改善肺的换气功能，改善血液循环，促进新陈代谢，增强免疫力，使人精神振奋，提高学习和工作效率等。它还对高血压、气喘、流感、失眠、关节炎等许多疾病有一定的治疗作用，所以有人称负离子为“空气中的维生素”。

国内外研究证明，当空气中负离子超过 600 个/cm^3 时才有益于人体。在有森林和各种绿地的地方，空气负离子浓度会大大提高。这是因为森林多生长在山区，山地岩石中含放射性物质较多；森林的树冠、枝叶的尖端放电以及光合作用过程的光电效应均会促使空气电解，产生大量的空气负离子；植物释放的挥发性物质，如植物精气（又叫花多精）等也能促进空气电离，从而增加空气负离子的浓度。研究证明：针叶树种林分的负离子浓度为 1507 个/cm^3，阔叶树林分为 1161 个/cm^3，针叶树种林分之所以高于阔叶树种林分，是由于树叶呈针状具有“尖端”放电的功能，产生电荷，使空气发生电离，从而增加空气中的负离子浓度。

2. 吸收有害气体

随着工矿企业的迅猛发展和人类生活用矿物燃料的剧增，空气中混杂着一定量的二氧化硫、氯气、氟化物、氮氧化物等有毒有害气体，能够直接或间接对人体健康及其生存的环境产生危害。

空气中硫含量与人的健康关系最为密切。因此，虽然空气中的污染物种类很多，但从监测的角度，常常将硫的浓度作为空气污染严重程度的指标，其中二氧化硫是有害气体中量最大，分布最广，危害也最大的气体。通过燃烧化石燃料（如石油、煤炭）等，人类每年向大气输入的二氧化硫已达 1.47 亿 t，其中 70% 来源于煤的燃烧。二氧化硫在大气中遇水蒸气反应形成硫酸，造成酸雨，大气中的硫酸对于环境有许多方面的影响，对人类及动物的呼吸道也会产生刺激作用，如果是细雾状颗粒，还能进入肺部，刺激敏感组织。二氧化硫浓度过高，就会成为灾害性的空气污染，如伦敦 1952 年、纽约和东京 1960 年的二氧化硫灾害，造成气管性哮喘大增，死亡率上升。

大气中的污染气体如二氧化硫、氟化物等均可被森林吸附。硫是树木体内氨基酸的组成成分，也是树木所需要的营养元素之一。在正常条件下，树木体中的硫含量为干重的 0.1% ~0.3%。当空气被二氧化硫污染时，树木体内的含量可为正常含量的 5 ~ 10 倍。二氧化硫被树木吸收后形成硫酸盐，贮存在木体内，只要二氧化硫的浓度不超过树木所能忍耐的临界浓度，树木叶片可以不断吸收二氧化硫。

据测定，森林中空气的二氧化硫要比空旷地少 15% ~ 50%，柳杉林每年吸收二氧化硫 720kg/hm^2，华山松林在 1 年可吸收二氧化硫 840kg/hm^2。在城市中，每公顷森林每年吸收二氧化硫 30 ~ 60kg。空气湿度的大小，对吸收能力有很大影响，相对湿度为 80% 以上时，比湿度 10% ~20% 时吸收速度要快 5 ~ 10 倍。由于森林能提高空气湿度，所以在吸收二氧化硫方面有重要的意义。若是在高温高湿的夏季，随着林木旺盛的生理活动功能，森林吸收二氧化硫的速度还会加快。

树木吸收氟化物的能力也很强。氟及其化合物是一种毒性较大的污染物，它比二氧化硫的毒性要大 10 ~ 100 倍。空气中的氟化物主要被植被的叶片吸收，植物对低浓度的氟化氢具有很强的净化作用，大气中的氟化物通过树木气孔进入叶片组织，以可溶的形式保留下来，再通过扩散由维管囊把氟化物从叶肉转移到其他细胞中，随水分的蒸腾转运到叶尖或叶缘积累起来，很少转入到其他组织器官中去。在正常情况下，树木体内的氟含量为 0.5 ~ 25mg/h，但是在污染区，树木叶片含氟量可为正常叶片含氟量的几百至上千倍。如在氟化氢污染严重的地区，树叶中含氟量可为正常平均含氟量的 1387 倍，其中泡桐可达 1580 倍，华山松达 1616 倍。

氯气是一种毒性较强的黄色气体，危害比较大。氯是树木的微量元素之一，在树木体内可促进光合作用。在树木分解水放出氧的反应中，起到酶催化作用。树木对氯有一定的吸收作用和积累能力。在氯污染区生长的树木，叶片中含氯量比清洁区高 10 倍至几百倍。氨气（NH_3）也是一种有害气体，树木能直接吸收空气中的氨，以满足本身所需要的总氮量的 10% ~20%。据报道，通常在污水暂存池放养小球藻 48 小时，被净化的污水可用于农田灌溉；把芦苇栽培在实验水池中，结果它们能使水中的磷酸盐、有机氮、氨和悬浮物分别减少20%、60%、66%和30%；每公顷凤眼莲一昼夜能在水中吸收锰4kg、钠34kg、钙22kg、汞89g、镍297g、锶321g、铅104g等。

此外，有些植物还可以作指示植物。指示植物是人类利用敏感度高的植物，用来监测大气污染及污染物质。如空气中二氧化硫浓度达到5ml/m³时，紫花苜蓿在就会出现症状。在自然条件下，桃树叶片的氟含量在10mg/kg左右，但含量在50mg/kg以下就会出现伤害症状。唐菖蒲对氟化物特别敏感，用它可监测磷肥厂周围大气的氟化物污染物。

3. 杀菌

空气中通常含有37种杆菌、26种球菌、20种丝状菌和7种芽生菌以及各种病毒，给人类身心健康带来很大威胁。有些树木的叶、花、果、皮等产生一种挥发性物质，称为“杀菌素”，它是由树木的特殊组织——油腺在新陈代谢过程中分泌出来的香精、酒精、有机酸、醚、醛、酮等混合物。杀菌素能杀死空气中的伤寒、副伤寒病原菌、痢疾杆菌、链球菌、葡萄球菌等病菌和微生物，可有效地降低空气中的含菌量，从而对人类起到保健作用。

大量研究已发现有300多种植物能分泌出杀菌物质。一般来说，能分泌挥发油类的树种其杀菌能力都比较强。越是芬芳的树种，分泌的杀菌素就越多。它一方面以其香味掩蔽有臭味的空气污染物，另一方面也通过杀菌素杀死污染物中的有害细菌。在城市绿化中，常见的强杀菌能力树种有：黑胡桃、柠檬桉、悬铃木、紫薇、圆柏、橙、柠檬、茉莉、荔枝、柏木、白皮松、柳杉、雪松等。

据测定，每公顷桧柏林每天能分泌出30kg杀菌素，可杀死白喉、结核、痢疾等病菌。例如，在闹市区空气含菌量每立方米高达49700个，拥挤的商场内每立方米空气中有400万个，绿化公园则为1372个，而郊区植物园只有1046个，仅为闹市区的2.1%。此外，植物体内的挥发性物质还可起到驱赶害虫的作用，如新鲜的桃树叶可驱杀臭虫，黄瓜的气味可使蟑螂逃之夭夭，洋葱和番茄植株可赶走苍蝇，木本夜来香也具有驱蚊的功效等。

4. 滞尘功能

粉尘是大气污染物之一。据统计，全世界每年向大气排放烟尘约10亿t。烟尘中最有害的部分是直径小于0.05μm的颗粒，即粉尘，其成分因地区、燃料的种类和工业原料的不同而异。除尘埃外，还含有油灰、炭粒、铅、汞等金属小粒以及附着在烟尘中的微生物和病原菌等。它们通过肺部直接进入血液，较大的颗粒沉积于肺中，使人易患上气管炎、支气管炎、尘肺、矽肺、肺炎等疾病。当悬浮在大气中的灰尘浓度较大时，能降低太阳辐射强度，特别是减少紫外线辐射，从而降低太阳光的杀菌和医疗作用。

森林对粉尘具有很大的阻挡、过滤和吸附作用。森林树木形体高大，枝叶茂盛，具有降低风速的作用，使大颗粒的灰尘因风速减弱而沉降于叶面，树叶表面因为粗糙不平、叶片上的褶皱、茸毛及从气孔中分泌出的黏性油脂、汁浆等，能黏截到大量微尘，有明显阻挡、过滤和吸附作用，从而使大气含尘量降低，提高了空气质量，有利于人类健康。

森林的叶面积总和可达其占地面积的75倍，一棵成形的白皮松大约拥有针形叶660万个，一棵成年松树的叶总面积在30000m^2以上，一株165年的松树针叶的总长度可达250km。据资料显示，每平方米的云杉，每天可吸滞粉尘8.4g，松树林为9.86g，榆树林为3.39g。一般来说，林区大气中飘尘浓度比非森林地区低10%~25%。在城镇中，街道林带的减尘率为44.2%，乔木行道树减尘率为63.1%~89.7%，乔木和绿篱结合的绿化带减尘率可达95.7%。以森林面积而言，1hm^2云杉每年能滤尘约320t，1hm^2水青冈每年可滤尘68t。

5. 降低噪声

噪声对人类的危害随着工业、交通运输业的发展越来越严重，特别是城镇尤为突出。据研究表明，声音在50dB以下，对人没有什么影响；当噪声达到70dB，对人就会有明显危害；如果噪声超过90dB，人就无法持久工作了。长期生活在高噪声环境下，不仅容易使人精神萎靡不振、疲倦不堪，严重的时候还会致人听力损伤、记忆力下降、引起头晕、失眠甚至休克。

森林作为天然的消声器有着很好的防噪效果。树木的粗糙枝节和茂密的叶片具有散射和吸声作用，当声波穿过林带，各种树木的枝叶相互搭配成为无数弯曲小孔，树木叶片表面又有无数更小的小气孔，这些气孔能够吸收和减弱声波，从而起到消声防噪作用。

实验结果表明，10m宽的林带可降低30%噪音；城市公园的成片树林可降低噪音26~43dB，比离声源同距离的空旷地自然减弱效果大5~25dB；汽车高音喇叭在穿过40m宽的草坪、灌木、乔木组成的多层次林带，噪声可以削减10~20dB，比空旷地的自然减弱效果多4~8dB。绿化的街道比没有绿化的减少10~20dB；沿街房屋与街道之间，留有5~7m宽的地带种树绿化，可以降低车辆噪声15~25dB。要使消声有好的效果，在城市里，最少要有宽6m、高10.5m的林带，林带不应离声源太远，一般以6~15m为宜。林带树木越高，宽度越大，降低市区噪声的效果越明显。营造城市森林，加大城市绿地建设，利用植物消声降噪作用，可以让我们的城市更安静、生活更舒适。

（三）调节气候

环境直接或间接影响着生物，而生物对环境的适应和反馈，一般称为反作用。生物对环境的反作用表现在由于生物的存在改变了生态因子的状况。如荒地上培育起森林或在城市中培养起树木等植被，森林等绿色植物能吸收大量的太阳辐射，能通过植物的蒸腾作用，降低周围环境的温度，增加湿度，保持水分，降低风速，形成新的小气候环境；树林的凋落物作为绝热层，可防止土壤冻结。又如土壤微生物与土壤动物的活动，可改变土壤的结构与理化性质；动植物残体分解后加入土壤，使土壤养分发生很大变化。

森林浓密的树冠在夏季能吸收和散射、反射掉一部分太阳辐射能，减少地面增温。冬季森林叶子虽大多凋零，但密集的枝干仍能削减经过地面的风速，使空气流量减少，起到保温保湿的作用。当大面积的森林郁闭成林后，它能有效地促进林地及周围地区的热量和水分状况的变化，森林对气温的影响主要表现在降低平均气温，缩小年温差、日温差，使温度变化趋于缓和。据测定，在森林上空 500m 范围内，有林地年平均气温比无林地低 0.7～2.3℃。一天之中最高温度林内低于林外，而最低温度则林内高于林外；一般白天林内温度低于林外，夜间和黎明则高于林外。夏季森林里气温比城市空阔地低 2～4℃，相对湿度则高 15%～25%，比柏油混凝土的水泥路面气温要低 10～20℃；冬季气温则高于 1～2℃。

森林对气温的这种影响，主要是通过林冠层的活动来达到的。在晴朗的白天，太阳辐射强烈，由于林冠层的遮挡，约有 80% 的太阳辐射被茂密的林冠阻挡而不能直射林地，穿透林冠的部分，又为林内灌木、草本植物所吸收，因而辐射能量大大降低。据观测，白天林内辐射强度只有林外的 10%～15%。林冠遮阴，加之本身的蒸腾吸热，使林内气温在一定时间和时期（例如白天和夏季）较无林地低；而林冠的覆盖又使林内空气对流大大减弱，因此又使林地气温在一定时间和时期（夜间、冬季）较无林地高。

森林对气温、土壤湿度和空气湿度的调节作用，不仅对林木本身的生长发育十分有利，而且对林地附近农作物的生长也十分有利，同时可以减少灾害性天气的发生。夏季白天气温、地表土温降低，可以减少蒸发，抗旱保墒，另外因林冠强大的阻挡作用降低了气温，从而可避免气流急速上升，破坏产生冰雹的条件，因此有林地区很少有冰雹危害；春季和秋冬气温和土壤温度升高，则可以延长林木生长期，提高生长量，还可减轻霜害。农田防护林就是通过这种作用对农作物起保护作用的。

森林对气候有调节作用，可以显著增加降水。森林对降水的影响，主要是因为森林具有强大的蒸腾作用。一个地区降水多少很大程度上取决于大气中水汽含量的多少。在无林空旷地，只有地表蒸发，蒸发量小，对空气中水汽含量的影响不大。而在有林地区，林木在生长过程中以其强大的根系吸收土壤深层水分，向上空大量蒸腾。据测定，在夏季，一株树一天中散失的水分相当于其本身叶重的 5 倍，而一棵树叶面积要比这棵树所占的面积大 75 倍，由于蒸腾面积比空旷地大得多，这就大大增加了输送到空气中的水汽量。由林木根系深入地下，源源不断地吸取深层土壤里的水分供树木进行蒸腾作用，将大量湿气被迅速带到上空，造成森林附近空气湿度大、温度低，为水分凝结形成降水创造了条件。

据测定，一棵中等高大的桉树，一年要从土壤中吸水近 4t；一个夏季每棵树平均要蒸腾 2t 水分；森林上空的空气湿度比无林区年降水量要高 10% ~ 30%。国外报道，要使森林发挥对自然环境的保护作用，其绿化覆盖率要占总面积的 25% 以上。在俄罗斯的森林地区，一般年降水量可增加 1% ~25%，在印度南部的平原地区，造林使当地的年降水量增加 12%（约 150mm）。我国的观测证明，森林能使降水量平均增加 10%。有的学者认为，我国西北地区绿化后，降水量可增加 110mm，届时西北干旱缺水状况就能得到很大程度的缓解与改善。

在一个地区，当有较大面积的森林时，不论是集中成片还是均匀成块状或带状分布，就能形成一个优越的气候区，有效地增加降水量。甘肃省是我国有名的干旱少雨省份，但“森林雨”现象比较明显，存在着以林区为中心的多雨区，如以陇南白龙江为中心的多雨区，面积约 5000km^2，年降水量 700mm，比周围无林区多 100 ~ 200mm。新中国成立前，雷州半岛林木稀少，干旱严重；新中国成立后，通过人工造林，森林覆盖率达 23%，年降水量增加32%。据苏联资料，有林地区降水量比无林地区多3. 6% ~17. 6%，最高可达26. 6%。据对法国南锡地区的研究表明，林区比无林区年降水量多 16%。一般认为，森林的规模面积到 7000hm^2 以上，即可起到增加降水的作用。

二、文明摇篮

地球是一个充满生命的行星，这在所有已知的星球中是极为特殊的。地球大约形成于46 亿年前，大约 38 亿 ~40 亿年前形成了地球的外壳。当时，地球表面为还原性大气，主要由水蒸气、H_2S、N_2、CH_4、NH_3 及 H 等组成，缺少氧气，大气层非常稀薄，也没有臭氧层，因此那时的紫外线特别强烈，昼夜之间以及季节之间的温差很大。这些条件对今天的生物来讲非常有害，甚至根本无法生存，但却正是原始生命得以形成的环境。在大约35亿年以前，在还原性大气形成的各种有机物随着时间的推移越聚越多，有的会形成较为复杂的化合物，最后形成蛋白质和能够进行自我复制的核酸分子，这就是生命的开始。这时，原始生命形态只能依靠分解复杂化合物时所释放的能量来维持生存，而太阳的紫外辐射又把简单物质再次变为复杂的化合物。

从具有生命活性的大分子到细胞，是生命进化中的关键一步，细胞生命一旦出现，就从化学进化过渡到生物学进化，进化过程就由变异、遗传等因素所驱动。大约在30亿年以前就已形成了光合自养生物，这种光合自养生物以蓝绿藻为主，它们在原始海洋里逐渐繁殖、蔓延，消耗二氧化碳，产生了氧分子，这一过程几乎进行了28亿年。当氧化大气出现，臭氧层开始形成，紫外线被截断，生命再也不能单纯依靠化学演化发展，因为这时原始生命发生的能量（紫外线）已感不足，已经得到进化的生物很快会把自然发生的有机分子消耗掉。因此，已不再存在通过化学演化从无生命物质变为有生命物质的条件。氧化大气的形成为绿色植物的登陆创造了条件：高空臭氧层的出现，使陆生生物的生命有了屏障。

最开始的绿色植物是水生的，大约在4亿年前，绿色植物成功登陆，此后，生命终于脱离了对海洋的依赖。苔藓植物是由水生转向陆生的过渡植物，直到蕨类植物才成为陆生植物。从水生到陆生是植物进化的又一个重要阶段。从水生到陆生，植物的生存环境发生了剧烈的变化，这也就加强了植物内部的矛盾，这种矛盾性也就引起了植物的发展。为适应陆地的环境，植物也就逐步地进化产生了根、茎、叶和维管组织。从蕨类植物到裸子植物，直到种子植物的出现，由于受精作用不再受外界水分的限制，而成为现时陆地上最占优势的植物。乔木是生命进化的伟大成果之一，在今天地球表面的大部分地区，除了南极洲之外，都有乔木存在。它们以自己顽强的生命力，对环境的适应能力，形成自己的生命类群，这种高等的植物开始在地球上适合生存的地方开拓疆域，很快就在地球陆地上大部分面积都形成了广袤的森林，也是从那时开始，陆地上开始呈现出五彩缤纷的景象。

森林不仅是陆地生态系统的主体，更是人类文明的摇篮。人类最初的足迹就是从森林里开始的。大约100万年前，人类的祖先，最开始就是依靠森林里的野菜、野果、鸟兽为食，并在夜晚栖息在大树上以避免猛兽的袭击伤害。当进化使他们从树上跳下来，开始直立行走，步入空旷的原野时，陌生的环境让他们心存恐惧。就在偶然遭遇猛兽袭击的时候，他们顺手拿起的棍棒成为战胜危险的有力武器。

在劳动创造人的漫长过程中，人类的祖先依靠森林的供养和庇护，才使得人类的生命在地球上得以繁衍生息。他们不仅依靠茂密的森林遮挡酷暑严寒，依靠结实的林木搭棚筑屋，还在森林的王国里，尝百草，辨五谷，认识了可供食用的植物，并进行人工种植和培育。在数千年的农耕文明时代，森林一直是人类得以生存和发展的重要基础，居住的茅草木屋，厅堂里的桌椅、板凳，吃饭时用的木碗、木筷，再到生活中的日常劳动工具、家具，到船只、车辆、战争器械等，都离不开森林的支持。

火的利用是人类文明的一大进步。原始森林中偶然由雷电引起的大火，让人类的祖先尝到了火的好处，从而学会了火的使用。熊熊的篝火帮助人们驱赶恐惧，也带来了光明与温暖，重要的是还有美味的熟食。火的温暖和烧烤食物也让人们的体魄更加健康和强壮，也让人类的祖先在与恶劣的自然环境斗争中更加充满力量，也更能不断发展壮大，直至最终成为地球上的统治者。

凡此种种，如果说海洋是地球上生命的起源，那么森林就是人类文明的摇篮。直到今天，我们人类仍然在享受着森林带来的各种福泽。

三、蓄水保土

森林的蓄水保土功能主要是指由于森林生态系统所特有的水文生态效应，而使森林具有减小土壤侵蚀、调节径流、防止水土流失、缓洪补枯和净化水质等功能。主要表现在截留降水、缓和地表径流、抑制土壤蒸发、涵蓄土壤水分、改善水质、补充地下水、调节河川流量等方面。

森林之所以具有这种功能作用的原因在于以下几个方面：

（1）林冠层对天然降雨的截留作用：在降雨过程中，雨滴对裸露土壤表现出直接的破坏作用。郁闭的森林，枝叶繁茂，树冠相接，直接承受着雨水的冲击，减缓了雨水对地面的冲击力，减轻了土壤侵蚀。同时，林冠的枝叶可以吸收和截留降落在树冠上的一些雨水从而使降水发生再分配。

（2）林下灌草和枯枝落叶层的截留作用：森林内的灌木与草本植物层对于分散、减弱降雨，减缓降水对林地地面的直接冲击有重要的作用。它使林地土壤免受暴雨的直接打击，削弱了雨滴对土壤的击溅作用，是森林截留降水的重要组成部分。

森林的枯枝落叶层是指覆盖在林地表面的枯枝、落叶、落花、落果，以及其他动植物残体等。它不仅是土壤有机养分的重要来源，而且在森林涵养水源和保持水土中具有极其重要的意义。森林地面的枯枝落叶层处于松软状态，具有很大的孔隙度和持水力，具有相当大的容水性和透水性，所以具有很强的水分截留能力。枯落物的截持雨水能力与枯落物的现存量、种类、成分、干燥程度、厚度和分解程度等因素密切相关。一般说来，混交林凋落物层比纯林的厚度大；阔叶林的凋落物层比针叶林厚度大；树龄大的凋落物层要比树龄小的凋落物层厚度大。凋落物层厚度越大，吸水能力越强，对涵养水源和保持水土的作用也越大。一个良好的枯枝落叶层能吸持10mm以上的降水，其下渗力在100mm/h以上。通常森林枯枝落叶层的持水能力是自身重量的40%～400%，转化成的腐殖质的持水能力是自身重量的2～4倍。

一般在中等降雨强度下（每小时10～20mm），由于森林的存在，林冠可截留降雨量的15%～30%，而后再蒸发到大气中去。落到林内的降雨，一部分被林内枯枝落叶吸收，一部分则渗入土壤变成地下径流，两者之和为降雨量的50%～80%，还有5%～10%的雨水从林内蒸发掉，只有10%以内的降雨形成地表径流。而裸露地上，渗入土壤内的雨水往往不超过10%，形成地表径流的则高达70%～80%，加之裸露地表几乎没有什么障碍，地表径流速度快，极易引起土壤侵蚀。据计算，每公顷森林土壤能蓄水640～680t；3300hm^2的森林的蓄水能力相当于100万m^3贮量的水库。

（3）林下土壤涵养水源作用：首先，林地土壤多孔疏松，空隙度高，具有强大的透水性和容水性，这是因为森林改善了土壤理化性质。森林每年都产生大量的枯枝落叶，同时土壤中还有相当数量的树根和草根腐烂，可大量增加土壤中的有机质。有机质经分解，变成黑色的腐殖质，与土壤结合形成良好的团粒结构，使土壤密度减小、孔隙度增大。据测定，林地土壤具有大量大团粒结构的土层可深达40～50cm，而一般草地和农田土壤只有少量小团粒结构，且主要分布在土壤表层。其次，根系腐烂形成了大量孔道。森林土壤中林木根系盘根错节，且分布较深，林木采伐后，这些根系逐渐腐烂，形成根系孔道。据研究，黄土高原20年生刺槐人工林，每公顷垂直根系通道在15000条以上，许多侧根是从中心辐射出去的，因而腐烂后也形成辐射状的孔道，有利于水分迅速地分散到较深的土层中。此外，土壤动物活动形成了大量洞穴、孔道。森林中大量的枯枝落叶，给土壤动物提供了丰富的食物和良好的隐蔽场所，这些动物不仅疏松了土壤，而且其排泄物能在土壤表面形成良好的水稳性团粒结构，增大土壤孔隙。

由于上述原因，在森林土壤中水分下渗速度很快。良好的土壤渗透性能有利于地表径流转变为土内径流，削弱了地表径流，从而减少了地表的水土流失。在自然条件下，林地土壤的透水性取决于林分类型、林分组成、林分年龄等因素。一般未受人为干扰的天然林土壤具有最高的水分渗透性。如果林地渗透率以100计，则采伐迹地、草地、崩塌地、步行道分别为62、39、39和4。处在斜坡上的森林不仅有能力接纳林地上空的降水，而且可能还有余力接纳来自上方（如农田、牧场或荒地）的地表径流。

森林土壤的蓄水能力取决于它的孔隙率和土层厚度。由于森林土壤的孔隙率远比其他类型的土地大，因而其贮水能力很强。在土壤孔隙中，毛管孔隙所贮存的水分能够抵抗住重力作用而保持在孔隙中，这种水分对江河水流和地下水不起作用，但坡地植被所需的水分几乎全靠它们供应。非毛管孔隙除形成水分运动的通道外，还为水分的暂时贮存提供了场所。当水分进入土壤的速度大于它底层的速度时，水分就贮存在孔隙中，延长了水分向底层渗透的时间。森林这种减少地表径流，促进水流均匀进入河川或水库，在枯水期间仍能维持一定水位、水量的作用，称为森林的水源涵养作用。

另外，森林还具有净化水质的能力。森林对水的净化主要通过以下途径：一是植物能转化某些有毒物质；二是树木根系的分泌物也能杀灭土壤中的病原菌，从而对土壤起消毒作用；三是土壤微生物能够吸收或转化分解有毒化合物。据报道，水流在通过30～40m宽的林带后，细菌量减少了1/2；在流经宽50m的30年生的杨桦混交林后，含菌量减少90%以上。在低浓度的情况下，植物能吸收某些有毒物质，并在体内将有毒物质分解和转化为无毒成分。例如，植物从水中吸收丁酚，丁酚进入植物体后，就能与其他物质形成复杂的化合物，从而失去毒性。其中最常见的为酚糖苷，它可以贮藏在液泡内变成对植物无毒的结合态物质，在以后的生长发育过程中，可以被分解和利用，参加细胞正常的代谢过程。

（4）森林具有阻挡、降低风速的作用：当前进中的风遇到树木后，一小部分从枝、叶、干的空隙中挤过去，在这个过程中经过碰撞，就减弱了；大部分由于林木阻挡，迫使它沿林冠向高空吹去，然后再逐渐回到地面，这本身就会使风速变小，而且当透过林木时，又削弱了一部分风力。如果是防护林网，被削弱的风在没有恢复到原来的风速时，就被另一条林带阻挡。这样，经过几次阻挡，强风就被驯服了。据测定，风在入林前200m以外，风速变化不大；过林带后，大约要经过500～1000m才能恢复过林前的速度。人类便利用森林的这一功能治沙。在风害区营造防护林带，在防护范围内风速可降低30%左右；有防护林带的农田比没有的要增产20%左右。内蒙古赤峰市40年造林7300hm^2，固定了近千个沙丘，年沙暴天数由3.7天减少到1.5天，年扬沙天数由54天减少到20天，最大风速由每秒40m下降到每秒17m。

由于防护林降低了风速，故能有效地起到防风固沙作用。以“风库”著称的新疆吐鲁番，在1961年5月31日刮了一场持续13小时的十二级大风，由于没有林带防护，全县受灾农田达到15000hm^2，其中10000hm^2颗粒无收。但在1979年4月的一场持续20小时的十二级大风中，由于有了防护林带的保护，全县受灾面积只有2300hm^2，只相当于上次的18%，现在八级以下的大风基本无灾害。所以，当地群众说“沙地没有林，有地不养人；沙地有了林，沙地变黄金”。

水在自然界起着循环作用，人们对水调节得好，就是水利；调节不好，就是水灾。有森林的山丘区，在下暴雨的时候，很少出现水土流失现象，暴雨之后，不致造成洪水泛滥，也不会因为干旱而使河川枯竭；而光山秃岭，一旦遇到暴雨，水土大量流失，甚至引起山洪暴发，洪水泛滥，造成很大危害。俗语说：“山上没有树，水土保不住；山上栽满树，等于修水库；雨多它能吞，雨少它能吐。”人类出现以后，特别是人类大量毁坏森林以及不合理利用，加剧了水土流失破坏了生态平衡，给生产建设和人民生活带来了严重的后果和影响。大量研究表明，我国各地河流含沙量与流域内森林覆盖率呈明显的正相关关系，森林覆盖率越高，河流含沙量越低；反之，含沙量越高。

大量研究表明，森林植被覆盖率与水土流失面积之间存在着明显的反比关系。大致可以分为3个等级，森林植被覆盖率在30%以下，水土流失面积大于30%；森林植被覆盖率为30%～50%，水土流失面积为10%～30%；森林植被覆盖率为55%以上，水土流失面积小于10%。可见，森林植被覆盖率越大，则水土保持作用越显著。森林破坏直接的影响在于生态平衡遭到破坏，造成土表裸露、水土流失，从而导致土层干燥，土壤侵蚀。我国黄土高原的变迁，也是这方面很好的例子。据记载，昔日的黄土高原是森林茂密、郁郁葱葱、气候湿润、流水清澈。在西周时期，森林面积达56万km^2，植被覆盖率达53%。随着历代王朝大兴土木和无数次的战争，以致使黄土高原毁林毁草，造成了今日千沟万壑、泥沙流失、土地贫瘠的局面。黄河由清变浊，现为世界上含沙量最多的河流，由“母亲河”变为“灾难河”，正是大自然对毁林惩罚的见证。

科学家们观测发现森林覆盖率30%的林地，水土流失比无林地减少60%；还有人对坡度为13°的山地做过观测，发现每年流失的土沙量，裸地是林地的48倍。据北京林业大学在密云水库流域的研究，在天然降雨下，荒坡产沙量是刺槐林地的4～12倍，是油松林地的19～44倍。四川苍溪县龙王公社“大跃进”时森林砍伐殆尽，1964年三天降雨250mm，冲毁土地67hm^2；

经大规模造林，覆盖率恢复到30%，1981年两天降雨290mm，没有成灾。1996年河北邢台、邯郸等地暴雨成灾，使太行山区许多农田遭到毁灭性的破坏，而邢台的前南峪村等地由于营造了乔灌草结合的水土保持林以及经济林果梯田，大灾之年仍是一派丰收景象。

四、资源宝库

森林的重要功能是产出生物量。森林生产的木材，其他植物材料以及各种动物产品都具有重要的经济价值，在人类生活中占有重要地位。

人类从原始社会到现代，从陆地到海洋再到太空，随时随处都离不开森林的最主要产品——木材。森林生产的木材（也包括竹材）是重要的生产资料和生活资料，广泛应用于车辆、船舶、桥梁、码头、飞机以及家具、文具、玩具、运动器具、乐器等的制造，在今后相当长的时期，木材的重要地位仍然是不可替代的。除了木材以外，森林还能生产许多珍贵的林副产品，如树皮、树叶、树脂、果实等，这些林副产品不仅是轻化工业和医药制造方面的重要原料，还可以食用、提高人们生活水平，其中有许多是重要的出口资源，有时其经济价值远远大于木材本身的收益，在国民经济中占有重要地位。

在我们的日常生活中，有许多树木和草本植物生产的果实。例如：板栗、核桃、木瓜、无花果、柚、柿、荔枝、酸枣、杧果、猕猴桃、龙眼、杨梅、石榴、野葡萄、沙枣、越橘、草莓、山楂、山荆子、野海棠、枇杷、悬钩子、稠李、杜梨等，既可直接食用，也可以做酒或做饮料。西番莲果汁营养价值丰富，不仅富含有机酸、糖、维生素等人体所需要的营养成分，而且具有怡人的香味，具有优良天然饮料所需的天然色香味，素有“饮料之王”的美称。此外，许多树木的嫩芽和林下植物可以作为很好的蔬菜，如竹林除生产竹材以外，同时也生产竹笋，竹笋肉质鲜嫩，营养丰富，蛋白质含量高达2.7%，并含有18种氨基酸，是天然的绿色食品，深受人们欢迎的森林蔬菜，同时还可以进行深加工，竹荪也是竹林生长的一种很名贵的食用菌。蘑菇和木耳是林下常见的菌类植物，多生于腐朽的倒木上，具有很高的营养价值。香椿、蕨菜等也是人们非常喜欢的蔬菜食品。

油料也是重要的林副产品，许多林木的种子含油量很高，其中含油量在50%～60%的有50多种，作为食用油料植物的有10多种。油茶是我国特有的木本油料植物，与油棕、油橄榄和椰子并称为世界四大木本食用油料树种。用茶籽榨出的茶油风味独特，其不饱和脂肪酸含量达90%以上，易被人体吸收，经常食用具有降低胆固醇，预防心血管疾病之功效，是深受群众喜欢的优质食用油。油茶还能通过油脂的深加工生产高级保健食用油和化妆品等。油橄榄是著名的常绿木本油料树种之一，具有产量高、寿命长、适应性强、油质好、用途广的优点。橄榄油是高级食用油，具果香味，含丰富维生素，除食用外，也用于制药、化妆品等。桐油是一种优良的干性植物油，干燥快，比重轻，有光泽，耐冷、耐热、耐酸、耐碱、防湿、防腐、防锈，在工业上具有广泛用途。油棕、文冠果、核桃楸、杏仁、桃仁、榛子、黄连木、黄檗以及松类（特别是东北的偃松）的种子含油量都很高。此外，当前世界许多国家利用油料木本植物致力于由传统能源向生物能源过渡的研究，在生产生物乙醇，生物柴油等方面取得了一定的成果，在将来还有更广阔的前景。

森林中有很多药用植物。比如从粗榧科中的三尖杉属和红豆杉属中提取的粗榧碱和紫杉醇，具有抗肿瘤和治疗白血病的功能；银杏叶中所含的白果素对治疗心血管病很有效果；枸杞能提高机体的免疫力，具有抗肿瘤、降血糖和降低胆固醇的作用。人参更是中药中最珍贵的补品。绞股蓝含有与人参相同的成分，具有镇痛、降血脂、抗衰老、抗肿瘤等功效，被誉为南方人参。此外，杜仲、厚朴、贝母、党参、当归、白芍、半夏等，非常丰富，不胜枚举。

人类使用天然香料植物有着悠久的历史，我国是世界香料的发祥地之一。森林里还有许多香料植物，从这些香料植物中提取的芳香油，可广泛地应用于制造牙膏、烟草、化妆品、糖果、饼干、医药和杀虫剂等多种产品。例如柏木油可用来配制香料，松针油可用来制造医药消毒剂，从樟树叶及木材中可提取作为医用和化工香料的樟脑及樟油。八角、肉桂、花椒也是人民生活中重要的调料。

许多树种的树皮、树叶等作为重要的工业原料广泛用于工业生产领域。青檀纤维是从树皮中分离出来的韧皮纤维，强度较大，所造的宣纸有洁白、绵软、坚韧、抗蛀、经久等优良特性，畅销中外，一直被书画家视为珍品。杞柳枝条柔软、韧性强，能编织加工成各种用具和工艺品。棕榈的树皮用途广泛，是极好的植物纤维，韧性强。从漆树中可提取生漆，生漆在常温下易干燥，结膜快，结成的漆膜附着力强，色泽光亮，耐磨，耐热，防腐，防潮，耐溶剂侵蚀，绝缘性好，是一种优质天然涂料，有“涂料之王”的美称。有些树种，如栓皮栎，可以生产栓皮，它们具有密度小，弹性强，不透水，具有防震、防热和隔音的功能。许多种松树可产松脂，它是制取松香和松节油的原料，可广泛地用于很多生产、生活领域。

除了以上的木材和其他林产品以外，森林还有丰富的动物资源，如虎、熊猫、熊、蛇、犀牛、羚羊、麝、水獭、灰鼠、紫貂、猞猁、狐等。许多林区河流出产的鱼类产品，广大林地上开展的狩猎业、畜牧业以及养蜂业等也可为人类提供多种有价值的食品和其他产品，也可创造很高的经济效益。

除此以外，在各类生态系统中，森林生态系统是物种最丰富的区域，具有最高的生物多样性。森林不但为植物和微生物提供了生存的基地和营养来源，也为动植物提供了栖息场所和丰富的食物。在森林生态系统中，植物多样性决定了动物多样性。我国陆生的野生动物80%以上生存于森林中。全世界热带森林虽然只占陆地总面积的7%，然而它却集中了世界物种总数的50% ~70%。森林是最大的物种基因库。

综上所述，森林是一个巨大的资源宝库。给人类提供了大量必不可少的生活和生产资料。此外，除了这些森林产品的直接价值，森林还有大量的潜在价值等待人类去开发和利用，如对植物基因的研究，未来在基因工程中对于一些顽固疾病的治疗、生物育种等方面将起到不可估量的作用。

五、森林游憩

森林游憩是指森林生态系统为人类提供休闲和娱乐场所，使人消除疲劳、身心愉悦、有益于健康的功能。森林在精神价值方面的作用，也是不可低估的，这包括森林的观赏、娱乐、科学和教育等多方面的价值。在中国以及全世界范围内，目前都兴起了热火朝天的森林旅游热。假日里人们时常以各种形式到森林中去娱乐、野游、爬山、垂钓、漂流等，森林旅游成了人们重要的生活内容。同时，由于森林旅游的兴起，也增加了林区的收入。为了满足广大人民群众在文化娱乐和保健娱乐方面的需要，我国开辟了许多国家森林公园。

森林是一种美学对象。它的存在作用于人的感官，使人们产生美感。很多林区都具有很高的观赏价值，成为人们向往的风景名胜地区。对于艺术家来说，面对森林，可以产生艺术价值很高的作品，这包括摄影、绘画、诗篇、文章。人们喜爱森林不仅停留在感观意识上，并且对于人的心理和生理也有深层次的影响，大自然的美景可以培养人们的良好性格和高尚情操。

当前，城市的环境现状是人口稠密、高楼林立、车辆杂沓、工厂鳞次栉比，废气、废水骤增，热岛效应、空气污染、噪音喧嚣、烟尘弥漫，严重影响着城市居民的身心健康。原有的城市绿化，均不能消除这些污染，更不可能营造一个舒适、清闲、幽静，适合人类居住、生活、工作的优美环境。在城市营造一定面积的森林，就能够起到调节气候、防风固土、控制烟尘、增加空气湿度的作用，改善人们的生活环境。城市森林是近些年才发展起来的，营造城市森林，增加城市的绿色面积，并提高其生物量，可以有效解决现代城市污染、环境恶化问题。因此，城市森林在城市环境中起着十分重要的作用，是城市建设中不可代替的组成部分。

第三节　森林生态系统的历史与现状

一、历史演变

森林是人类文明的摇篮。源于森林的原始人类依赖森林维持生存，他们对森林的热爱和保护是朴素而又真挚的。森林在人类社会的资本积累时期作为生产木材的资源，而林业则很长时间内一直被当做单一生产木材的行业。随着森林资源被肆意掠夺破坏和所带来的生态灾难，人类才重新认识到森林的重要性，意识到人类的生存兴亡与森林生态系统的密切关系。今天，森林已经被看成是人类社会可持续发展的基础。中国是世界四大文明古国之一，五千年的华夏文化在其形成和发展过程中同样伴随着森林生态系统的变化与发展。

距今10000年以前，中华大地上人口稀少，森林处于自生自灭状态。距今7000年前的三皇五帝时期，原始农业出现，同时出现了木结构的原始建筑物，人们开始砍伐森林，开辟农田，但采集和渔猎仍然占有主要位置。到了夏商周时期（公元前21世纪～公元前771年），农业和建筑都有较大发展，当时实行“井田制”，砍伐了大量森林，开垦大面积农田，森林火灾增多。这个时期，中国人口大部分集中在黄河中、下游，地域内森林被大量砍伐，同时又开始植树和培育、经营森林。如《论语》记载：“夏后氏以松，殷人以柏，周人以栗。”人们开始在建立的社坛上植树。据《诗经》、《山海经》、《尚书》等古籍的记载，可以将夏商时期的森林分布情况勾画出一个大致的轮廓。

（一）春秋战国时期的森林

春秋（公元前770～公元前476年）战国（公元前475～公元前221年）时期，把疆域划分9个州，即冀州、兖州、青州、徐州、扬州、荆州、豫州、梁州、雍州，北至河北，南至福建、江西，东至山东、江苏，西达甘肃、四川、云南、贵州。此时，随着人口逐渐增多，建立大大小小的部落、民居和规模宏大的城邑、都城、宫殿，有许多森林被砍伐。据《史记·夏本纪》相传夏禹治水时，“陆行乘车，水行乘船，泥行乘橇，山行乘檋”，这些交通工具都是木制的。随着人类文化和科学技术发展，人们使用木材逐渐增多。到战国时期，七雄并峙，战火不断。由于遭受大量砍伐、火灾和战争焚毁，黄河中下游山地许多原始林演变成了天然次生林，平地许多森林变成了农田和城邑，淮河和长江中游的平地森林也大部分变成农田。同时，开始制定关于防止森林火灾的法令，提倡爱护森林，植树造林。到春秋战国末期，全国森林覆盖率在50%左右。

（二）春秋战国后至清代的森林

春秋战国时期以后（公元前221～公元1911年），秦并六国，统一华夏，建立了中央集权的秦王朝。采取鼓励农业、手工业政策，社会生产有较大发展。同时，大兴土木，大建宫殿，大量砍伐森林，到汉代时由于开辟农田和建造宫殿，大量森林消失。秦汉时期（公元前221～公元220年，时间跨越400年），全国森林覆盖率约40%。三国以后，两晋、南北朝时期（220～581年）长达360年，黄河流域仍然处于战乱和分裂状态，北方居民大批南迁，长江以南大面积森林逐渐被开垦为农田，全国森林覆盖率约30%。到唐宋时期（581～1234年），上下约700年，东北地区森林仍然茂密，华北和西北地区，由于人口增长，经济发达，砍伐森林达到前所未有的规模，近山区森林已大为减少，全国森林覆盖率降至20%左右。明清时期（1279～1911年，共630年），森林进一步减少，东北的森林也开始大规模砍伐，华北，西北地区原始森林已所剩无几，仅深山区还有一些森林，华东、华中和西南森林也遭到大规模砍伐，全国森林覆盖率约15%。

（三）中华民国时期的森林

到了中华民国时期（1911～1949年），森林分布的基本格局是：东北地区森林最多，树种、材质最好，大多为原生针叶林和针阔混交林，交通便利处则原始林被砍伐而演变为天然次生林，树种以阔叶树为主。西南地区森林面积和林木蓄积量均占全国第二位，仍保存较多的原始针叶和针阔叶混交林，林相较好。其中滇南林区为热带气候，蕴藏着热带森林，林木高大，材质优良，生长迅速，树种极为丰富。雅鲁藏布江林区仍有高大的以云杉为主的原始针叶林，单位面积蓄积量很高。东南地区和华中地区为亚热带气候，多常绿阔叶林。台湾森林从低海拔到高海拔，分布热带雨林、亚热带林、暖温带林和寒温带林，而人工林也不少，森林覆盖率高达60%。东南和华中地区的农民有经营林业的传统，栽培杉木、马尾松、竹类林和油茶、油桐、桑、茶等经济林甚多。西北和华北地区则森林较少。这时，全国森林覆盖率在8%～12%，且各地分布很不均衡。

（四）新中国的森林

数千年的森林史，实际上是人类对森林无节制利用又轻视经营的发展史。直至新中国成立，国土上所剩余森林不是在边远地区，就是在重要的生态区位，已经不足以平衡生态。经过半个多世纪的艰苦努力，尤其是进入21世纪后，通过调整林业生产力布局，启动林业建设“六大工程”，推进林业历史性转变，确立以生态建设为主的发展战略，林业才从历史发展的轨迹中摆脱出来，森林在经济社会发展中的作用得到正确认识，并在此基础上把森林资源保护与发展提升到维护国家生态安全、全面建设小康社会、实现经济社会可持续发展的战略高度。总体上，新中国森林的变化经历了三个主要阶段。

1. 以木材利用为中心发展阶段（从20世纪50年代初期到70年代末期）

新中国成立之初，政府敏锐地看到了森林资源对国民经济和社会发展的重要性，并且意识到保护森林发展林业的现实意义，就制定了“普遍护林护山，大力造林育林，合理采伐利用”等林业建设方针。但是，在实践中这些方针并未得有效落实，在恢复国家整体经济机能、优先解决吃饭问题、推进赶超战略等更为紧迫的目标驱使下，森林作为一种自然和经济资源成为支持社会经济发展的重要资源。利用主导着新中国成立初期的林业建设，同时这也是当时历史条件下的必然选择。根据20世纪60年代初对各省（自治区、直辖市）的森林资源调查数据进行整理分析和统计汇总，1962年全国森林面积为11335.56万hm^2，活立木蓄积量102.16亿m^3，森林覆盖率11.81%。天然林在林分资源中占有绝对优势，面积占99.6%，蓄积占98.7%。

从20世纪60年代初到70年代中期，“文化大革命”影响全国，但林业在利用制度优势的情况下得到一定程度的发展，平原绿化、“四旁”植树有了新进展，逐步从“四旁”扩大到大田；用材林基地建设得到恢复，飞播造林力度加大，1972年南方各地共完成飞播造林132万hm^2，少林省份森林资源发展较快，全国森林资源有所增加。根据1973～1976年第一次全国森林资源清查结果，全国森林面积12186万hm^2，森林蓄积95.32亿m^3，森林覆盖率12.70%。与60年代初相比，人工林资源有较大幅度增加，天然林面积趋于下降，森林资源总体上呈现面积有所增加、森林覆盖率回升、蓄积有所下降的变化趋势。

20世纪70年代末期，我国发动了新中国建立以来的重大变革，改革给林业发展带来新的希望。但是，由于建立新制度的方针政策不明确、各项制度不健全，在资源短缺、经济发展、需求急剧增长的背景下，森林利用的速度和强度不断加大，森林面积和森林覆盖率呈明显下降。据 1977 ~ 1981 年第二次全国森林资源清查结果，全国森林面积为 11528 万 hm^2，活立木总蓄积 102 亿 m^3，森林覆盖率 12.0%。与第一次全国森林资源清查成果比较，森林覆盖率下滑 0.7 个百分点；人工林和天然林面积均有所减少，分别由前期的 2369.00 万 hm^2 和 9609.00 万 hm^2，减少到后期的 2219.17 万 hm^2 和 8791.00 万 hm^2。全国森林蓄积同比略有下降，林木蓄积生长量和消耗量均呈现上升势头，出现了消耗量大于生长量“长消赤字”的不利局面。

从新中国成立之初至 20 世纪 70 年代末，林种结构变化不大，均以用材林为主，1976 年和 1981 年两次全国森林资源清查结果表明，用材林所占比重高达 73% 以上，防护林所占比重不足 10%，充分反映了此阶段以木材利用为主的传统林业经营思想。

2. 木材利用为主兼顾生态建设发展阶段（20 世纪 70 年代末期到 90 年代后期）

党的十一届三中全会以后，党中央、国务院十分重视和关心林业，将造林绿化定为基本发展方针，针对林业建设作出了一系列重大决策。1979 年 2 月颁布了《中华人民共和国森林法（试行）》；1981 年 2 月，中共中央、国务院召开了全国林业会议，出台了《关于保护森林发展林业若干问题的决定》，明确了“保护林木，发展林业”的战略思想。1982 年 10 月，中共中央、国务院发出了《关于制止乱砍滥伐森林的紧急通知》等，使森林资源得到了初步恢复，森林面积和森林覆盖率开始回升。根据第三次（1984 ~ 1988 年）全国森林资源清查结果，全国森林面积为 12465.28 万 hm^2，活立木总蓄积 105.72 亿 m^3，森林覆盖率 12.98%，人工林面积 3101.12 万 hm^2，天然林面积为 8847 万 hm^2。与 70 年代末期相比，有林地面积增加 385.95 万 hm^2。但林木蓄积继续保持着高消耗态势，可比口径活立木总蓄积量年均下降 2743 万 m^3，全国用材林年均赤字 9610 万 m^3，全国年均林木资源消耗量（3.44 亿 m^3）仍大于林木年均净生长量（3.16 亿 m^3），全国范围内蓄积量生长难于弥补消耗，蓄积量锐减的局面并未得到扭转。

从 1987 年开始实施森林采伐限额制度以来，初步形成了森林采伐限额总量管理制度，建立了森林采伐限额管理的执法体系。特别是进入 90 年代，党中央、国务院非常重视植树造林工作，1990 年 9 月批复了《1989 ~ 2000 年全国造林绿化规划纲要》，提出了 1989 ~ 2000 年全国造林绿化规划目标，发出了“全党动员，全民动手，植树造林，绿化祖国”，“绿化祖国，造福万代”的号召，掀起了全国大规模的造林灭荒运动，造林绿化工作取得了巨大成就。根据第四次（1989～1993 年）全国森林资源清查结果，全国森林面积为 13370.35 万 hm^2，活立木总蓄积 117.85 亿 m^3，森林覆盖率 13.92%，人工林面积大幅度增加，达 3425.16 万 hm^2，可比口径人工林年均净增长 148.44 万 hm^2；天然林呈现回升势头，天然林面积 9428 万 hm^2，占森林面积的 73.35%，年均净增约 55 万 hm^2；随着采伐限额制度等一系列保护森林资源管理制度和措施的实施，天然林消耗在一定程度上得到控制，生长量开始大于消耗量，扭转了长消赤字的被动局面，实现了森林面积和森林蓄积双增长。

1993 年国家制定并颁布了《林地管理暂行办法》，对林地权属管理、林地开发利用及保护、占用、征用林地的审批及权限、奖励与处罚作了规定，使林地流失得到了有效控制。1994 年 5 月 16 日国务院办公厅发出了《关于加强森林资源保护管理工作的通知》，各级政府和林业主管部门切实加强了对森林、林地和野生动物及珍稀植物的管理和保护，严厉打击破坏森林资源的违法犯罪活动，有效地保护了森林资源。根据第五次（1994～1998 年）全国森林资源清查结果，全国森林面积为 15894.1 万 hm^2，活立木总蓄积 124.9 亿 m^3，森林覆盖率 16.55%。森林面积、蓄积保持双增长，人工林面积和蓄积增速加快，但森林覆盖率同比增长缓慢，用材林成过熟林资源继续呈下降趋势，林木消耗量居高不下，呈现上升趋势。

从 20 世纪 70 年代末至 90 年代后期的 20 年间，全国林种结构有所调整，防护林、特用林所占比例逐年提高而用材林所占比例逐年下降，但调整幅度仍然不大，比重保持在 2/3 以上，防护林所占比重不足 15%。这表明中国林业仍然没有从根本上摆脱传统林业经营思想的影响和束缚。

3. *以生态建设为主的发展阶段*

1998 年国务院制定了封山育林、退耕还林、退田还湖等改善生态环境的 32 字方针，再一次掀起了造林绿化和保护发展森林资源的新高潮，全国造林绿化事业蓬勃发展。从 1998 年起，六大林业重点工程相继启动。1998 年，九届全国人民代表大会常务委员会第二次会议修改通过了《中华人民共和国森林法》，第一次以法律的形式明确规定了森林生态效益补偿基金制度，体现了当代中国森林资源发展和利用价值取向的重大转变。以六大林业重点工程的实施和森林生态效益补偿基金的试点为标志，林业建设进入了以可持续发展理论为指导，坚持三大效益兼顾，生态效益优先，充分发挥森林的多种功能，促进国民经济和社会可持续发展的新阶段，林业生产经营重点已经从木材生产为主逐步向森林管护、培育为主转移，森林资源得到了有效的保护与发展。根据第七次全国森林资源清查结果，这一时期，全国森林资源呈现出森林资源总量持续增加，林木蓄积平均生长速度加快，林地利用率有所提高；林种结构、树种结构、龄组结构渐趋合理，森林资源整体质量有所提高，森林质量持续下降的局面开始得到扭转的良好发展态势。

总之，新中国成立60多年来，中国的森林发生了极大的变化，森林面积、蓄积不断增加，结构逐步改善，质量有所提高。根据联合国粮食及农业组织的《2005全球森林资源评估报告》比较分析，中国森林面积占世界的4.95%，居俄罗斯、巴西、加拿大、美国之后，列第5位；森林蓄积居巴西、俄罗斯、美国、加拿大、刚果民主共和国之后，列第6位；人工林面积继续保持着世界第一的位置。

二、现实状况

根据2009年公布的第七次全国森林资源清查结果，我国森林的基本现状是:

（一）林地面积

林地是用于培育、恢复和发展森林植被的土地，包括有林地、疏林地、灌木林地、未成林造林地、苗圃地、无立木林地、宜林地和其他林地。全国林地面积30378.19万hm^2，按现行的林地分类系统，其中，有林地面积18138.09万hm^2；灌木林地面积365.34万hm^2；疏林地面积482.22万hm^2；未成林造林地面积1046.54万hm^2；苗圃地面积45.40万hm^2；无立木林地709.61万hm^2；宜林地4403.54万hm^2；其他林地187.81万hm^2。

在有林地中，林分面积15558.99万hm^2，占85.78%；经济林2041.00万hm^2，占11.25%；竹林538.10万hm^2，占2.97%。

（二）林木蓄积

林木蓄积是一定范围土地上现存活立木材积的总量，也称活立木总蓄积，按照林木类型的不同，又分为森林蓄积、疏林蓄积、散生木蓄积和“四旁”树蓄积。全国活立木总蓄积为1455393.79万m^3。其中，森林蓄积1336259.46万m^3；疏林蓄积11423.77万m^3；散生木蓄积74468.12万m^3；“四旁”树蓄积33242.44万m^3。

我国的林木蓄积主要集中分布在西南和东北地区，仅西藏、四川、云南、黑龙江、内蒙古、吉林6省（自治区）的森林蓄积就占66.88%。尤其是西南地区，大部分森林蓄积为人不可及的成过熟林蓄积，林木枯损量大，基本上维持生长与枯损平衡状态。而生态极其脆弱的陕西、甘肃、青海、宁夏、新疆西北5省（自治区）森林蓄积不足7%。这种状况极不利于森林资源可持续经营，已经成为森林资源可持续发展的障碍。

（三）森林结构

林种结构：根据《中华人民共和国森林法》，我国森林划分防护林、用材林、经济林、薪炭林、特种用途林。在充分发挥森林多种功能的前提下，按照主要用途的不同，将防护林和特种用途林归为公益林，将用材林、经济林、薪炭林归为商品林。有林地面积中，公益林和商品林各占52.41%和47.59%。其中防护林8308.38万hm^2，用材林6416.16万hm^2，经济林2041.00万hm^2，薪炭林174.73万hm^2，特种用途林1197.82万hm^2。森林蓄积中，防护林蓄积735033.12万m^3，用材林422704.82万m^3，薪炭林3912.03万m^3，特种用途林174609.49万m^3。

龄组结构：我国地域辽阔，南北方森林树种生长发育差异很大，在同一地区同一树种，由于起源不同，生长也有较大差异。根据树种的生物学特性和生长过程及经营利用方向的不同，林分按年龄大小划分为幼龄林、中龄林、近熟林、成熟林和过熟林。幼龄林面积5261.86万hm^2，蓄积148777.11万m^3；中龄林面积5201.47万hm^2，蓄积386141.65万hm^2；近熟林面积2305.37万hm^2，蓄积264983.39万m^3；成熟林面积1871.25万hm^2，蓄积315872.22万m^3；过熟林面积919.04万hm^2，蓄积220485.09万m^3。在乔木林面积中，幼、中龄林面积比例较大，占67.25%，表明森林资源发展后劲较大。

树种结构：由于我国气候类型多样，冷热干湿差异悬殊，树种资源极其丰富。有木本植物8000余种，约占世界的54%，其中乔木树种2000余种，银杏、水杉、红豆杉等都是世界珍贵树种，古老孑遗植物如水杉、银杏、银杉、水松、珙桐、香果树等，这些植物具有重要的科学价值。按优势树种（组）统计，面积比重排名前10位的有栎类、马尾松、杉木、桦木、落叶松、杨树、云南松、云杉、柏木、冷杉，面积合计8260.69万hm^2，占全国的55.40%；蓄积合计760345.78万m^3，占全国的56.90%。

（四）天然林资源

天然林是我国森林资源的主体，是森林生态系统的主要组成部分，在维护生态平衡、提高环境质量及保护生物多样性、满足人们生产和生活的需要等方面发挥着不可替代的作用。随着天然林资源保护工程的全面实施，停止了长江上游、黄河中上游天保工程区内天然林商品性采伐，调减了东北、内蒙古等重点国有林区的木材产量，天然林资源得到了有效的保护，逐步进入休养生息的良性发展阶段。全国天然林面积 11969.25 万 hm^2，占有林地面积的 65.99%；蓄积 1140207.18 万 m^3，占森林蓄积的 85.33%。天然林分单位面积蓄积量为 98.64m^3/hm^2。

（五）人工林资源

人工林是陆地生态系统的重要组成部分，在恢复和重建森林生态系统、提供林木产品、改善生态环境等方面起着越来越大的作用。培育人工林资源是改善人居环境，缓解林产品供需矛盾，促进地区经济发展的有效途径。新中国成立以来，党和政府高度重视人工林资源的培育，采取了一系列政策措施，有力地促进了造林绿化工作的开展。通过几十年的不懈努力，我国人工林资源有了较大发展，人工林面积居世界第一。全国人工林面积 6168.84 万 hm^2，占有林地面积的 34.01%；蓄积 196052.28 万 m^3，占森林蓄积的 14.67%。人工林分单位面积蓄积量为 49.01m^3/hm^2。

（六）经济林资源

经济林是以生产干鲜果品、食用油料、饮料、调香料、工业原料和药材等为主要目的的林木，是森林资源重要组成部分。经济林发展已成为我国促进山区经济、环境和社会可持续发展的重要途径，也是我国改善生态环境，调整农业结构，繁荣农村经济，增加农民收入的重要措施，对满足人民生活需求、增加农民收入、促进区域经济发展发挥着重要作用。全国经济林面积 2041.00 万 hm^2，其中果树林面积 1111.67 万 hm^2；食用原料林面积 545.71 万 hm^2；林化工业原料林面积 184.97 万 hm^2；药材林面积 37.67 万 hm^2；其他经济林面积 160.98 万 hm^2。

（七）竹林资源

竹林具有生长快、周期短、产量高、用途广、效益好的特点，竹产品在人们生产和生活的许多领域被广泛利用。我国是世界上竹类分布最广、资源最多、利用最早的国家之一，发展竹林资源具有得天独厚的优势。全国竹林面积 538.10 万 hm^2。其中，毛竹林 386.83 万 hm^2，杂竹林 151.27 万 hm^2。竹林主要分布在福建、江西、浙江、湖南、广东、四川、广西、安徽、湖北、重庆 10 省（自治区、直辖市）。

（八）森林区域分布

长期以来，我国森林资源由于受人为活动和自然灾害等因素影响，其地理分布极不均衡，大部分森林资源集中分布在主要江河流域和山地丘陵地带。从地域分布来看，森林资源分布总的趋势是东南部多、西北部少，在东北、西南边远省（自治区、直辖市）及东南、华南丘陵山地森林资源分布多，而辽阔的西北地区、内蒙古中西部、西藏大部，以及人口稠密经济发达的华北、中原及长江、黄河下游地区，森林资源分布较少。按照《中华人民共和国国民经济和社会发展第十一个五年计划纲要》，将我国区域发展格局划分为西部地区、东北地区、中部地区和东部地区。其中东北地区森林覆盖率最高，达40.22%，西部地区最低，仅17.05%，东部地区为35.68%，中部地区为33.30%。如果按照流域来分析，我国十大流域中，森林资源集中分布在长江、黑龙江、珠江、黄河、辽河、海河、淮河等七大流域。七大流域土地面积占国土面积近一半，森林面积占全国的70%以上，其中长江流域、黑龙江流域的森林资源约占全国森林资源的50%。

三、问题与挑战

第七次全国森林资源清查结果显示，中国森林资源呈现出“总量持续增加、质量有所提高、结构趋于合理、体制渐趋完善”的良好发展态势。但是森林总量相对于生态建设、国民经济发展和人民生产生活的需求明显不足，森林地理分布不均与改善生态环境、减少自然灾害、保障可持续发展的要求极不适应，森林质量不高、结构不合理、经营水平低、综合效益差与促进区域经济发展、满足林产品有效供给、有效发挥森林多种效益的要求还有相当大的差距，建设和培育稳定的森林生态系统的任务仍十分艰巨。

（一）森林总量持续增长，但相对于需求依然不足

根据第七次全国森林资源清查结果，中国森林面积持续增长，与上次清查相比，森林面积增加2054万hm^2，森林覆盖率由上次清查的18.21%增加到本次的20.36%，增长了2.15个百分点，年均增加0.43个百分点；森林蓄积稳步增长，全国森林蓄积比上次清查净增11.23亿m^3，相当于为全国每人增加0.84m^3的森林储备量，特别是人工林蓄积增长明显加快，净增4.56亿m^3，占森林蓄积净增量的41.6%。中国森林面积达1.95亿hm^2，森林蓄积量达137.21亿m^3，绝对数值均非常可观，在世界上具有非常重要的地位。

但是，中国人口众多，地区差异性大，局部生态状况仍在恶化，提高人民生活水平和改善生态状况对森林资源的需求与日俱增，森林资源总量相对不足。在人均水平上，森林覆盖率为20.36%，仅相当于世界平均水平的2/3，居世界第139位；人均森林面积0.145hm^2，不足世界人均占有量的1/4；人均森林蓄积量为10.151m^3，只占世界平均水平的1/7。中国用占世界不足5%的森林资源，既要满足占世界22%人口的生产、生活和国家经济建设的需

要，又要维护世界7%的土地的生态安全，显然是不足的。从维护良好的生态状况，满足人民生产、生活和国家经济建设需要，有效发挥森林多种效益的要求看，中国的森林资源还是非常贫乏的。

（二）森林地域分布不均，生态脆弱区森林稀少

受自然地理条件、人为活动、经济发展和自然灾害等因素的影响，中国森林分布极不均衡。西部地区包括重庆、四川、贵州、云南、西藏、陕西、甘肃、青海、宁夏、新疆、内蒙古、广西12个省（直辖市、自治区），土地面积占国土面积的70%，但森林覆盖率平均只有17.05%；东北地区包括黑龙江、吉林、辽宁3个省，土地面积占国土面积的10%，但森林覆盖率平均为40.22%；中部地区包括山西、安徽、江西、河南、湖北、湖南6个省，土地面积约占国土面积的10%，森林覆盖率平均为33.30%；东部地区包括北京、天津、河北、上海、江苏、浙江、福建、山东、广东、海南10个省（直辖市），土地面积占国土面积的10%，森林覆盖率平均为35.68%。从森林面积人均占有量分析，人均占有森林面积西藏自治区最高；超过世界人均占有量水平的也只有西藏、内蒙古、青海；高于全国人均占有量水平的有11个省（自治区），依次为黑龙江、云南、吉林、新疆、江西、广西、福建、海南、陕西、四川、湖南省（自治区），其他省（自治区、直辖市）均低于全国平均水平。这种状况充分说明了中国森林分布存在明显的不均衡性，差异很大，限制了森林生态系统总体功能的发挥。

（三）森林质量有所提高，但总体上质量仍然偏低

近年来，通过积极培育和采取严格保护等措施，我国森林的数量快速增加，质量、结构明显改善，功能和效益正逐步朝着协调的方向发展。从第七次全国森林资源清查结果看，全国森林每公顷蓄积量增加1.15m^3，每公顷年均生长量增加0.30m^3，混交林比例上升9.17个百分点。有林地中，公益林的比例上升15.64个百分点，达到52.41%。

从森林生态学的角度分析，森林单位面积蓄积量、单位面积生长量、单位面积株数、平均郁闭度、平均胸径、群落结构、树种结构、森林灾害、森林健康状况等是评价森林质量的重要指标。综合利用这些指标，采用层次分析法和专家咨询法，对我国森林的质量按照好、中、差三个等级进行评估。结果显示，森林质量等级好的面积占16.66%，中等的面积占60.96%，差的面积占22.38%。经综合评价，森林质量指数为0.57，质量整体上处于中等水平。从各省（自治区、直辖市）来看，全国第七次清查森林资源质量等级达到良以上的有2个省份，评分值最高的西藏自治区达0.696，其次是吉林省为

0.662，中等的有25个省份，较差的有北京、上海、河北和宁夏等4个省（自治区、直辖市），与第六次清查相比，质量指数有所提高的有15个省份，其中质量等级提高，由差等变为中等的有天津市和山西省。

另一方面，虽然人工林面积占世界首位，但就我国的全部森林资源来讲，人工林占的比例过大，幼龄林、中龄林的比例过大，成过熟林比例太低，森林生态系统的整体功能还非常脆弱，与社会需求之间的矛盾仍相当尖锐，保护和发展森林任重而道远。

（四）天然林逆向演替趋势有所缓解，但森林生态系统功能恢复依然面临较大压力

我国天然原始林已剩无几，且主要分布在边缘山区，次生林面积增加且质量低下，主要林区天然林面积不断减少，导致天然林生态系统逆向演替，质量不断下降，生态服务功能降低，已成为制约我国社会经济发展的重要因素，并引起了国内各个阶层的广泛关注。1998年，启动实施以“加快天然林从以木材利用为主向生态利用为主转移的步伐，实现天然林资源有效保护和合理利用的良性循环”为目标的天然林资源保护工程以来，通过停止长江上游、黄河中上游天保工程区内天然林商品性采伐，调减东北、内蒙古等重点国有林区的木材产量等措施，天然林保护和恢复取得了明显成效。根据第七次全国森林资源清查结果，清查间隔期内天然林面积净增393.05万hm^2，蓄积净增6.76亿m^3，天然林资源保护工程区，天然林面积净增211.30万，比第六次清查净增量多26.37%，天然林蓄积净增3.66亿m^3，是第六次清查净增量的2.23倍。天然林生物多样性明显增强，生态系统逆向演替趋势得到了初步缓解。

但是，天然林经营管理过程中，片面追求天然林资产增值而忽视天然林生态功能提高的现象仍十分普遍。天然林缺乏科学经营，抚育不及时、作业不规范，采大留小、采好留坏、超强度采伐等不合理的现象仍然存在，天然林每公顷蓄积只有98.64m^3，枯损量有较大幅度增加，天然林质量低的状况还没有得到改善。天然林仍是采伐利用的主要对象，天然林采伐消耗量占林分采伐消耗量的60.5%。天然林管护措施不落实，天然林变为其他地类的面积仍然巨大。面临着人口增长和经济发展巨大压力，恢复天然林生态系统任重而道远。

（五）人工林面积大，但整体水平普遍不高

新中国成立以来，中国政府高度重视人工林的培育，采取了一系列政策措施，有力地促进了造林绿化工作的开展。通过几十年的不懈努力，中国人工林建设取得了巨大成就，人工林面积居世界第一。全国人工林面积6168.84万 hm^2，占有林地面积的34.01%；人工林蓄积196052.28万 m^3，占森林蓄积的14.67%。

但是，中国人工林经营水平普遍不高，加上人工林大部分还处在幼龄和中龄林阶段，中幼龄林面积比例占75.62%，人工林单位面积蓄积49.01 m^3/hm^2，相当于林分平均水平的57%，其中有些省份如山西、内蒙古、陕西、宁夏人工林林分每公顷蓄积量少于30 m^3。人工林林分平均胸径11.7cm，比天然林林分平均胸径低16%，其中浙江、广西人工林林分平均胸径还不足10cm。全国人工林面积中，杉木、马尾松、杨树等3个树种面积所占比例将近50%，针叶林达到了近70%，人工林树种单一的现象十分普遍。单一化的树种结构，造成了病虫害发生率增高，地力衰退严重，生物多样性下降，不利于人工林持续健康发展，人工林的多功能效益也难以充分体现。加强人工林的科学经营，加大集约经营力度，提高林地生产力，已迫在眉睫。

（六）森林经营有所加强，但管理水平有待加强

森林资源可持续经营管理仍然是我们面临的一个重大课题，森林资源的集约化、信息化、现代化建设是一个长期任务。人工林存在着树种单一、病虫危害、地力衰退、效益不高、功能低下等问题，经营水平亟待提高；森林资源分类管理、分区施策还要根据自然条件、森林类型、经济发展水平、经营管理水平等方面的差异，进一步细化并落实；破坏森林资源案件频发，乱砍滥伐林木、乱捕滥猎野生动物、乱批滥占林地等现象还未得到根本遏制，森林资源林政管理、监测、监督体系仍待加强；基层森林资源林政管理、执法、林业工作站等机构基础设施和能力建设滞后，亟待强化。

（七）林业发展的体制机制改革有进步，但政策法律依然滞后

林业面临的三大改革任务中，集体林权制度改革已逐步推向深入，同时，按期完成主体改革、进一步推进后续改革、完善林改政策的顶层设计、大力发展林下经济，真正实现生态得保护、林农得实惠的改革目标，仍有大量工作要做；重点国有林区和森工企业改革任务艰巨，政企不分、产权不清等问题急需解决，森林资源危机、企业经济危困等问题依然存在，林区基础设施滞后和民生问题仍然严重，改革任重道远；国有林场改革需要在试点和已有方案的基础上，最终形成中央意志，逐步全面铺开。森林资源管理的政策和法律制度亟待完善，林木采伐、木材流通等管理制度需要根据新的形势和要求进一步改革、调整和完善；森林生态效益补偿制度还需不断扩大范围，提高标准；要进一步建立和健全林业支付保护制度、金融支撑制度、林权流转制度和林业社会化服务体系，并强化落实。林业法律法规，特别是《中华人民共和国森林法》要根据经济社会和现代林业发展的要求做出必要的修改和完善。进一步建立健全社会主义林业市场经济体制，稳步推进林业产权改革，不断完善林业市场体系，着力加强林业宏观调控，并做好相应的政策设计。

第四节　森林生态系统的目标与选择

一、世界趋势

纵观世界林业发展，可以看出，尽管各个地区和不同国家间的社会和经济发展水平差异较大，但进入 20 世纪 80 年代以后，林业发展的模式和对森林生态系统的经营管理都出现了日益同化的趋势，大体可概括为以下几个方面：

（一）由传统林业向多功能林业转变

从历史发展角度来看，世界各个国家的经济发展普遍经历了和正在经历着农业社会的自然经济阶段和资本主义萌芽阶段、工业社会的工业革命阶段、工业化阶段和现代工业大发展阶段，以及以 1972 年斯德哥尔摩会议为起点的生态化社会阶段。人类社会已经由农业文明和工业文明转向生态文明。

在不同社会经济发展阶段的背景下，世界各国的林业也相应地经历了和正在经历着森林原始利用阶段、林业产业形成阶段、林业产业停滞和恢复阶段、林业产业大发展阶段和生态、社会及经济效益全面协调发展阶段，即多功能林业阶段。工业化国家的林业正在由传统林业向多功能林业过渡，其特点是生态和社会效益在经营目标中日益上升到重要地位。在广大发展中国家，经济发展较快的一部分南美国家（如巴西、智利）和东南亚国家（如印度尼西亚、马来西亚），其林业已进入以经济效益为主的大发展阶段，并开始重视林业的生态和社会效益，制定和采取了相应的政策和措施。当然，一些经济发展比较滞后的国家（如西非诸国和大洋洲的一些岛国），其林业依然处于产业形成阶段，甚至仍停留在单一木材利用阶段。

（二）由传统经营模式向现代经营模式转变

为了发挥森林的多种效益和实现可持续发展，发达国家和发展中国家普遍实施森林分类经营原则，即根据不同的经营目标划分林种，其中包括工业林（或商品林）、公益林和多功能林。目前出现的明显趋势是，公益林（包括各种防护林、自然保护区和森林公园等）所占比例不断提高，工业用材林比重逐步缩小。不同的林种代表着不同的生态系统，政府主管部门要求森林经营者按不同林种制定符合各自生态系统要求的经营措施，最终实现各林种可持续发展的目标。多数国家都对本国森林资源进行了经营目标区划（林种区划），一些经济发展比较快的国家，尤其是经济发展水平已进入到中上等收入行列的国家，亦出现了公益林比重逐渐扩大，人工速生林在用材林中比重明显增加和天然林提供的工业材所占比重日趋缩小的良好趋势。

（三）由传统森林经营向可持续森林经营转变

林业作为国民经济的一个重要组成部门，肩负着保护国土环境、改善生活条件、提供工业原材料和维持物种资源等多方面的使命。但其具体任务和经营目标，则是随着不同时期社会需求的变化而变化。如在农业社会，人们向森林索取的只是为满足生存所需要的薪炭材、生活和建筑用材，以及为发展农业经济所需要的生产用材。在工业社会，经营森林的主要目的在于满足发展工业所需要的各种原材料，即实现以满足木材需求为主要目的的木材永续利用为主要目标。而在生态化社会，人们对林业的需求已经由单一的经济需求向生态、社会和经济（木材）等多方面需求转变。

伴随着人类对森林需求的不断变化，森林经营的理论和思想，在其诞生以来的200多年里，也一直在不断发展和完善，以适应社会经济发展对林业的需求。由于世界各国社会经济发展水平的差异，森林经营理论、思想与方法在发达国家与发展中国家呈现出不均衡的态势。发达国家的森林经营理论与思想比较活跃，以德国和美国为代表，德国林学家马尔提希（G. L. Martige）、柯塔（H. Cotta）、洪德斯哈根（J. Ch. Hurdeshagen）、盖耶尔（K. Gayer）在18世纪末、19世纪初和19世纪末相继提出了“森林永续经营”、“龄级法”、“法正林”、“近自然林业”等森林经营理论。在20世纪中叶，德国又陆续出现了“林业政策效益论”、“船迹理论”、“和谐理论”、“林业服务于国家和社会理论”和“森林多功能理论”等森林经营理论。美国林学家在20世纪初和70～80年代分别提出了“林业分工论”和“新林业理论”。发展中国家由于受到经济发展水平的限制，基本处于应用现有理论进行森林经营的阶段。

森林经营思想的真正变革应该说是1991年的第十届世界林业大会和1992年联合国环境与发展大会以后，“森林可持续利用”渐渐成为世界范围内森林经营理念的主流，它不仅丰富了以前森林经营理论的内容，而且以可持续经营作为森林经营和林业发展的目标，极大地丰富了森林经营理论的内涵，标志着传统林业思想向现代林业思想的转变。尽管对于森林可持续经营在世界范围内尚未完全达成共识并形成完整的理论体系，但随着“森林可持续经营”思想的不断运用和完善以及相关领域研究的不断深入，该理论必将很快得到系统的发展和完善，这将是森林经营思想的历史性变革。

（四）由单纯开发天然林向保护天然林与培育人工速生林相结合转变

为了发挥森林的综合效益，解决环境和木材需求之间的现实矛盾，工业化国家和许多发展中国家的普遍做法是：严格保护天然林，在充分发挥天然林的生物多样性保护和其他各种生态效益的前提下，把大力发展速生人工林作为解决21世纪木材需求的根本性措施，并且普遍制定了长期的人工林发展规划。

在工业发达国家，出于维护环境和改善生活条件的需要，划为各种保护林的天然林面积迅速扩大，可供大规模工业利用的天然林资源日趋减少。同时，随着优质天然林大径材的减少，锯材和胶合板产量急剧降低，可供生产非单板型人造板和制浆的加工剩余物亦随之减少。在这种形势下，为了保证林产工业的持续发展和满足国民经济对林产品的需求，很自然地由依靠开发天然林转向大规模营造人工速生林。人工速生林占地面积小，产量高，生产周期短，交通方便，可采用现代化集约经营措施，因此资金回收快，经济效益好，而且随着科学技术的发展，通过改进加工工艺和生产设备已可利用人工速生材生产出代替天然林大径材产品。因此，即使一些天然林资源十分丰富的国家也把未来的木材供应寄托在人工速生用材林上。

我国从2000年启动的天然林资源保护工程（现在已经进入二期）以及正在实施的速生丰产林建设以及珍贵用材树种基地建设工程等，正是顺应这样的历史潮流。

（五）由部门林业向社会林业转变

在传统林业时期，人们将森林仅仅视为能为社会生产财富的资源之一，人们经营管理森林的主要目的是为社会积累财富，林业的主体是森林经营者，关注森林和林业问题的群体也主要是林业行业的相关群体。随着社会的发展和人们对森林功能认识程度的不断深入，特别是伴随着工业化进程的不断加快，人类社会面临的以气候变化为核心的全球环境问题越来越严重，人类对森林的关注程度越来越高，希望森林在产生经济效益的同时，能更多地发挥环境保护和生态建设功能，越来越多的社会群体开始关注森林，林业也正从部门林业向社会林业转变。

二、总体思路和发展目标

人类是从森林中走出来的，可以说森林是人类的摇篮。可以说没有森林就没有人类生存的条件。工业革命以来，人类对森林的开发索取从未停止，且愈演愈烈，尤其大面积的天然林，特别是原始森林被破坏后，造成森林生物多样性聚减，森林环境恶化，给人类带来严重的灾难。20 世纪 80 年代以来，森林资源保护与合理利用问题逐渐成为人们关注的重要问题。Boyle（1990）参照联合国环境与发展世界委员会（WCED）给可持续发展下的定义，提出了可持续林业的概念，即“既满足当代人的需要，又不会对后代人满足其需求构成危害的森林经营”。

2001 年国家林业局组织了林学、生态学等 40 多个学科的近 300 名专家就“中国可持续发展林业战略”进行了研究。在其研究总论中提出了林业可持续发展的目标：可持续林业是对森林生态系统在确保其生产力和可更新能力，以及森林生态系统和生物多样性不受到损害前提下的林业实践活动，它是通过综合开发、培育和利用森林，发挥其多种功能，并且保护空气和水的质量，以及森林动植物的生存环境既满足当代社会经济发展的需要，又不损害未来满足子孙后代需求能力的林业。可持续林业不仅从健康、完整的生态系统，生物多样性、良好的环境及主要林产品持续生产等诸多方面反映了现代森林的多重价值观，而且对区域整个国家、全球的社会经济发展和生存环境的改善，都具有不可替代的作用。

以往的森林经营目标是以林木及其林副产品为主，希望能够充分提供食物和生活资料、货币收益最大、森林纯收益最大、林地纯收益最大。而森林可持续发展的经营目标则为：保持森林生态系统的完整；生态与环境服务功能最大，社会福利贡献最大。

从森林生态系统的内部结构组成来看，可以用下面几个具体的目标作为森林可持续发展的目标：无退化地开发使用林地，使林地能够永续不断地得到合理利用，充分发挥其生产潜力；森林资源通过可持续方式的管理，能够有效不断地利用，并保证其质量不能下降，生物物种不能减少；对森林其他野生动植物及非林木资源要持续不断地加以保护与利用。

党的十七大提出了建设生态文明的奋斗目标，为林业工作指明了方向，也为森林可持续经营提出了新任务和新要求，森林经营的地位将更加突出、作用更加显著、任务更加繁重。

面对我国森林资源存在的主要问题和承担的主要任务，今后一个时期，我国森林可持续经营要高举中国特色社会主义伟大旗帜，以邓小平理论和“三个代表”重要思想为指导，全面贯彻落实科学发展观，坚持严格保护、积极发展、科学经营、持续利用的方针，以增加森林资源总量、提高森林资源质量、优化森林资源结构为主线，以构建稳定的森林生态系统、实现森林可持续经营为宗旨，深化改革，创新机制，全面提升森林资源的质量和效益，为发展现代林业和建设生态文明提供基础保障。

通过努力，力争到2020年，林地总量适度增加，林地保有量增加到31230万hm^2，占国土面积的比重提高到32.5%以上；森林保有量稳步增长，全国森林面积力争达到22300万hm^2以上，比2005年增加4200万hm^2左右，森林覆盖率达到23%以上；林地生产力明显提高，全国林地生产率达到$90m^3/hm^2$以上，现有乔木林地的林地生产率力争达到$102m^3/hm^2$，全国森林蓄积量增加到150亿m^3以上，比2005年增加23亿m^3左右。

在此基础上，到2050年，森林覆盖率达到并稳定在26%以上，全国自然保护区面积达到1.728亿hm^2，占国土面积的比例达到18%（林业自然保护区总面积占国土面积的16%），典型生态系统类型得到良好保护，适宜治理的荒漠化土地基本得到治理，全国70%的城市林木覆盖率达到45%以上，真正实现山川秀美，生态状况步入良性循环，林产品供需矛盾得到缓解，建成比较完备的林业生态体系、比较发达的林业产业体系和比较繁荣的生态文化体系，为发展现代林业、建设生态文明、推动科学发展，为全面建设小康社会、建成生态环境优美的国家做出新贡献。

三、对策选择

千百年来，“征服自然”、“人定胜天”、认为人类能主导一切的观念牢固地统治着人们的思想，直至遭到大自然无情的报复。近年来特大自然灾害越来越频繁，干旱、洪水、地震等，一次又一次地受到自然的惩罚后，人们才逐渐觉醒认识到：人类也是自然界的一个组成部分，人类的行为也必须遵守自然规律。在生态与环境问题日趋严重的形势下，传统的森林经营方式方法越来越受到广大民众和环保主义者的反对。

当前，人类面对着环境、人口、资源三大难题，尤其是环境问题，已引起世界各国的普遍关注，森林破坏、植被减少、资源的过度消耗、环境质量的恶化、水土流失、荒漠化、沙尘暴、干旱等灾害日趋严重，我们正面临着生态环境危机的严峻挑战。作为陆地生态系统主体的森林生态系统的变迁会导致自然生态的重大变化，再进一步影响和制约社会的发展。世界上许多文明古国的兴衰和消亡的历史都充分地证明了这一点。在发展与环境保护、全局利益与地方利益、眼前利益与长远利益等种种矛盾面前，保护森林生态系统已成为全球共同的责任。

为实现森林保护发展目标，按照发展现代林业、建设生态文明、推动科学发展的总要求，以兴林富民为宗旨，继续坚持严格保护、积极培育、科学经营、持续利用森林资源的方针，加大投入，攻坚克难，继续实施林业重点工程，全面加强森林经营，着力增加森林资源总量，提高森林资源质量，增强森林生态服务功能和应对气候变化的能力，推进现代林业科学发展。

（一）加快推进造林绿化，稳定增加森林资源总量

深入开展全民植树运动，继续加强林业重点工程建设，加快荒山荒地绿化、平原绿化、通道绿化、村镇绿化和森林城市绿化建设步伐，不断增加森林资源总量。

继续实施天然林资源保护工程，进一步加强森林管护和公益林建设，加快森林后备资源培育，逐步建立天然林保护长效机制，使森林总量显著增加，森林质量和生态功能明显提高，生物多样性进一步丰富。

进一步巩固退耕还林成果，稳步推进退耕还林工程建设，加强森林经营，培育和发展退耕还林后续产业，提高工程建设质量和效益，使工程区水土流失和风沙危害逐步减轻，生态环境得到进一步改善，退耕农户长远生计问题得到切实解决。

扎实推进“三北”、“沿海”、“长江”等防护林体系建设，稳步推进重点流域、大江大河源头两岸、三峡库区、南水北调源头等重点区域防护林建设；实施全国防沙治沙规划，继续推进京津风沙源治理工程和石漠化综合治理工程，加强重点地区土地沙化防治和沙化土地封禁保护措施，加快构筑北方防沙治沙、沿海防风消浪两大绿色生态屏障和主要江河流域生态保护网络，强化区域性防灾、抗灾、减灾等防护功能，逐步改善我国生态状况。

继续推进全国野生动植物和古树名木保护及自然保护区建设工程，强化稀少种群野生动植物保护、生境改造与野外放归工作，拯救濒危物种，改善栖息地生境，推进濒危物种的繁育及放归。组织实施全国林业自然保护区发展规划，加快野生动植物物种源繁育基地和珍稀野生植物培植基地建设。

大力发展速生丰产林、工业原料林、珍贵大径材、木本粮油经济林、生物能源林和生态经济型防护林，加大投入和经营管理力度，提高林地生产力，增加供给能力，确保林产品的有效供给。

加快各地义务植树立法，落实义务植树属地管理和部门绿化责任制度，开展多种形式义务植树活动，推进部门、单位和社区绿化，依靠人民群众，促进身边增绿，改善人居环境。

（二）全面加强森林经营，着力提升森林质量和效益

完善森林经营政策，推进经营模式的改革与创新，全面加强森林经营，促进森林可持续利用，以有效解决经营管理粗放、质量效益低下的问题，提升森林功能效益，增加森林产品的供给能力。

建立造林、抚育、保护、管理投入补贴制度，改革育林基金管理办法，充分发挥市场机制和产权机制的资源配置作用，鼓励和引导各种生产要素参与森林经营。

积极开展全国森林经营试点，加快建立森林经营技术体系和科技推广体系，确定公益林和商品林最优经营模式，推动分类经营向纵深发展。

编制并实施全国森林可持续经营实施纲要，加快构建以全国林业发展区划及森林资源经营管理分区施策导则为基础的宏观指导体系，全面推进我国森林可持续经营。

推进建立以森林经营方案为基础的森林经营机制，科学进行更新造林、抚育间伐和低效林改造，结合发展林业产业，全国推进森林经营，加快培育健康、稳定、高效的森林生态系统。

（三）扎实推进集体林权制度改革，激发促进森林资源发展动力

全面推进集体林权制度改革，将集体林地的经营权和林木所有权落实到农户，进一步解放和发展林业生产力。完善森林资源管理政策，健全社会化服务体系，形成集体林业的良性发展机制，充分调动广大农民造林育林护林的积极性，实现资源增长、生态良好、农民增收。

全面推进集体林权制度改革，完成明晰产权、承包到户的任务，确立农户的经营主体地位，实现“山有其主、主有其权、权有其责、责有其利”的产权格局。

建立支持集体林业发展的公共财政制度，各级政府加大对林业基础设施的投入，完善森林生态效益补偿基金制度，多渠道筹集补偿资金。

加大林业金融支持力度，深化符合林业特点的政策性金融服务，积极实施林权抵押贷款，拓宽林业融资渠道，加快推进政策性森林保险，提高林农开展林业生产经营和抵御自然灾害的能力。

加快推进森林采伐管理改革，完善林木采伐管理制度，实行分类管理、分区施策，实现森林资源保值增值，促进森林资源保护与利用的良性循环。

加快集体林地、林木流转制度建设，盘活林业资源，鼓励林业适度规模经营，优化林业要素配置，提高林地产出和效益。加强森林资源资产评估管理，依法维护林权权益人的利益。

不断完善林业社会化服务体系，着力增强服务的网络化、专业化、社会化水平，满足广大林农对林业生产技术、信息、金融等多方面、多层次的服务需求，推进林业标准化、集约化、产业化经营，提高经营效益。

（四）加大依法治林力度，保障森林资源安全

加强林业法律法规体系建设，全面推进林业立法、普法和执法工作，提高森林资源管理和保护依法行政能力，保障森林资源安全。

完善林业法律体系，制定修改《中华人民共和国森林法》、《中华人民共和国湿地保护条例》等法律法规，制定出台林地保护管理、林权流转、林木采伐管理、非公有制林业发展、天然林保护、公益林管理、林业工程质量监管等规章制度，健全林业发展和生态建设的法律保障。

加大林业执法和监督力度，严厉打击乱砍滥伐林木、乱捕滥杀野生动物等违法犯罪行为，督察督办破坏森林资源重大案件，保护和巩固林业建设成果。

依法加强林地保护，实行分级管理、差别管理、定额管理和用途管制，强化林业普法教育，加大《中华人民共和国森林法》、《中华人民共和国防沙治沙法》、《中华人民共和国种子法》、《中华人民共和国森林病虫害防治条例》、《中华人民共和国植物检疫条例》等法律法规的宣传力度，普及林业法律知识，提高法律素质，以维护林区社会和谐稳定，营造良好的法治环境。

依法加强森林火灾、林业有害生物等重大突发事件的预警监测、应急处置、灾害防控工作，确保森林资源健康与安全。

（五）坚持科技兴林，增加森林资源可持续发展能力

坚持把科技进步和创新作为林业生产和资源管理的重要推动力量，充分发挥科技的支撑、引领、突破、带动作用，构建林业科技产业链，提升森林资源可持续发展能力。

加强生态建设与生态安全、林业生物技术与良种培育、森林生物种质资源保护与利用、林业生物产业发展、数字林业、林业科技创新能力建设等重点领域的科学技术研究，集中力量、重点攻关，尽快突破长期制约林业发展的关键技术难题。

加强科技推广服务，加大林业新品种新技术的推广应用示范，健全林业科技推广网络，搭建科技普及平台，实施百县千村万户科技行动和林业科技示范基地建设，以林、比科技助推林改，提高林农森林经营技能。

扎实推进森林资源保护、利用与发展标准体系建设，建设标准化示范区，强化相关标准的实施，推动实现从种苗培育、造林更新、抚育到利用管理等各环节的标准化。

加强良种基地建设，实施林木良种补贴制度和良种基地建设补贴制度，大力培育和开发乡土树种，积极引种国外优良树种，全面提高良种壮苗应用率。推广先进的林业分类经营技术和经营模式，强化低碳经济发展的科技支撑。

（六）加强森林资源管理基础建设，提高森林资源保护管理水平

强化森林资源管理工作，加快构建现代森林资源保护管理体系，提高森林资源保护管理监督水平，着力夯实现代林业建设的基础和保障。

强化各级森林资源管理队伍建设，加大森林资源保护管理系统的装备和基础设施建设投入，全面提高森林资源保护管理能力和执法水平。强化林业工作站的机构和队伍建设，保障人员和工作经费，加大人员培训力度，全面提高工作人员的业务水平。

加强森林资源和生态状况监测与评价，稳步推进全国森林资源管理信息系统建设，不断深化森林资源监测的优化改革，逐步构建技术先进、反应灵敏、准确高效的全国森林资源和生态状况综合监测体系。

加快推进重点国有林区森林资源管理体制改革，建立森林资源行政管理与企业经营分离，政企分开、企社分离、产权明晰、责权统一的国有森林资源管理体制。

强化林业调查规划设计资质管理，建立森林资源资产评估师制度和评估制度。

加快林业数表修编进程，构建实物度量、效益评估和经营评价标准体系。

（七）大力增加森林固碳总量，提高林业应对全球气候变化能力

保护和发展森林资源，建立稳定的森林生态系统，增强森林固碳功能，充分发挥森林的间接减排作用，积极有效地应对全球气候变化。

全面推进《应对气候变化林业行动计划》的落实，突出抓好抓实碳汇林和生物质能源林的培育和发展，增加森林资源总量，为应对气候变化做出积极贡献。

促进发展绿色经济、低碳经济和循环经济，鼓励企业、公民积极参与各种形式的造林活动，形成全社会积极应对气候变化的良好氛围与合力。

尽快建立全国森林碳汇计量和监测体系，提高森林固碳监测和评估能力；制定与国际接轨的森林碳汇计量与监测指南，并推进建立交易规则；推动建立碳汇相关资质管理制度，全国提升我国有效参与国际碳市场的竞争力。

加强林业减排增汇的技术潜力与成本效益分析，以及森林生态系统对气候变化的适应性研究。

（八）积极参与国际合作，促进林业国际交流与协作

进一步扩大对外交流，加强林业国际协作，促进森林资源的保护与发展，提升我国林业的国际影响力。

积极参与全球森林资源评估，认真履行国际森林文书、《联合国气候变化框架公约》、《联合国防治荒漠化公约》、《生物多样性公约》、《湿地公约》、《濒危野生动植物种国际贸易公约》等国际公约，为实现全球森林目标，缓解全球生态危机做出贡献。

积极参与国际有关森林可持续经营的多边合作和区域进程，以及有关温带寒温带森林的可持续经营的标准与指标体系进程，加快我国森林可持续标准指标体系的制定。

统筹“引进来，走出去”对外合作战略，推进亚太森林恢复与可持续管理网络建设，巩固和扩展双边多边合作渠道，积极引进国外资金、资源、技术和管理经验，促进森林资源的保护与发展。

加强林木种质资源的保护和输出管理，严控外来有害物种入侵，保护生物多样性。稳步推进林木转基因工程，加强转基因林木的研究、试验、生产、经营和进出口管理，确保我国生物物种基因安全。

积极参与国际林业规则制定，妥善应对国际林业热点问题，争取国际重大决策的话语权，维护国家权益。加大林业对外宣传力度，进一步提高我国林业的国际影响力。

第二章 湿地生态系统

第一节 湿地生态系统概述

一、概念

很多人都曾有过池塘边钓鱼或湖泊上划船游玩的经历，在你追求片刻休闲的时候，也许根本就没有想到，你所置身之处就是湿地。

湿地是地球上最富生物多样性的生态系统和人类最重要的生存环境之一，与人类息息相关，它不仅可以给人类提供水和食物，而且还在抵御洪水、调节径流、控制污染、调节气候、美化环境等方面起到重要作用。它既是陆地上的天然蓄水库，又是众多野生动植物资源，特别是珍稀水禽的繁殖和越冬地，因此湿地被称为“生命的摇篮”、“地球之肾”和“鸟类的乐园”。

美国是世界上率先提出并使用湿地概念的国家。早在20世纪50年代，美国鱼类和野生动物保护组织的第一次湿地资源普查中，就已经使用了“湿地”这一专业术语，并将湿地定义为：被浅水或间歇性积水覆盖的低地；生长挺水植物的湖与池塘，但河流、水库和深水湖泊等稳定水体不包括在内。70年代末期，美国将上述定义进一步修改为：湿地是指陆地生态系统和水域生态系统之间的转换区，其地下水位通常达到或接近地表或处于浅水淹覆状态。

加拿大国家湿地工作组将湿地定义为：被水淹或地下水位接近地表、或浸润时间足以促进湿成或水成过程并以水成土壤、水生植被和适应潮湿环境的生物活动为标志的土地。加拿大学者认为，湿地是一种土地类型，其主要标志是土壤过湿、地表积水但小于2m、土壤为泥炭土或潜育化沼泽土，并生长水生植物。

在日本，受法律保护的湿地范围非常广泛，仅其《自然公园法》就规定，在国立公园内凡从事涉及河道、湖沼等水位、水量增减的活动，在指定湖沼、湿原的水系范围内或其周围1km区域水域范围内建立污水或者废水设施的活动，以及填埋或者拓干湿地的活动，必须得到环境长官或者都道府县知事的许可。

法国在其《水法》中将湿地定义为“已被开发或者未被开发的，永久性或者暂时性充满淡水或者咸水的土地”，其《湿地行动计划》中则引用了《湿地公约》的湿地定义。

比利时在《保护自然和自然环境令》及其相关法令中，均采用《湿地公约》的定义，不过后者只适用于具有生物价值的湿地。

丹麦在《自然保护法》中采用列举的方式，规定了将湖泊、水道、沼泽、泥炭地、永久性湿草地等野生动植物栖息地类型的湿地作为调整对象。

亚美尼亚在制定《国家环境行动计划》时，将湿地的调整范围明确为自然湿地和人工湿地、永久性湿地和非永久性湿地类型。

在不同的国家和地区，关于湿地的定义不尽相同，有人粗略估计有20多种，也有人说50多种，但大体上可分为广义和狭义两种。

狭义定义一般认为湿地是陆地与水域之间的过渡地带。广义则把地球上除海洋（水深6m以上）外的所有水体都当做湿地。但是，无论是从广义上还是狭义上来讲，严格的科学定义只有一个，这就是《湿地公约》提出的国际上公认的湿地定义，我国对湿地的定义就是采取《湿地公约》上的定义，即把所有的天然、人工、长久或暂时性的沼泽地，泥炭地或水域地带，以及静止或流动的淡水、半咸水、咸水体，包括低潮时水深不超过6m的水域都统称为湿地。湿地包括多种类型：珊瑚礁、滩涂、红树林、湖泊、河流、河口、沼泽、水库、池塘、水稻田等。它们共同的特点是介于陆地和水体之间的过渡带，表面常年（或经常）覆盖着水或充满了水。

虽然我国研究和利用湿地的起步较晚，但是在历史上我国古人早就注意到湿地，《礼记□王制篇》中把水草所聚之处称为“沮泽”、“沮洳”、“斥泽”或“下湿地”等。而《禹贡》、《水经注》、《徐霞客游记》等地理古籍中也都有关于湿地的记载，只是称谓各不相同。而真正认识到湿地在提供水资源、调节气候、蓄水兴利、净化水质、旅游资源、保护生物多样性等方面的作用，则是从20世纪70年代才开始，到了80年代和90年代，随着一批人工湿地的建成投产，国内在人工湿地净化功能方面的研发也迈出了重要的一步，如1987年、1989年和1990年，我国先后在天津、北京和深圳建成了用于处理污水的人工湿地等。

二、分类

为了更好地研究和利用湿地，湿地的管理者和研究人员也将湿地进行了分类。

湿地的类型多种多样，通常分为自然和人工2大类42型。国际上的湿地分类是在充分认识湿地本质特征的基础上，根据湿地结构、功能特征划分的。它是以《湿地公约》为依据，从湿地保护与管理的角度出发所制订的湿地综合分类系统，并被国际社会普遍采用。

依据《湿地公约》中的分类系统和标准，我国湿地管理部门和专家学者经过多次的湿地资源调查和研究，初步将我国湿地分为近海与海岸湿地、河流湿地、湖泊湿地、沼泽湿地和人工湿地5大类34型，这样的分类既和《湿地公约》分类方法相接轨，又立足我国湿地资源具体情况，简单明了，符合我国湿地学者和管理部门对湿地传统的分类方法。

三、基本特征

（一）湿地分布特征

湿地在世界上广泛分布，据统计，全球湿地面积12.8亿hm^2，大约占到陆地表面积的9%。我国湿地分布广泛，从寒温带到热带、从沿海到内陆、从平原到高原山区都有湿地分布，按照《湿地公约》对湿地类型的划分作为对照，所有的天然湿地和人工湿地在中国均有分布，中国还有独特的青藏高原湿地。中国湿地具有类型多、绝对数量大、分布广、区域差异显著、生物多样性丰富等显著特点，是亚洲湿地类型最齐全的国家之一。

我国湿地类型多样、分布很广。从寒带到热带，从沿海到内陆，从平原到高山，都有湿地的分布。千百年来，广阔的湿地为促进经济发展，保障人民生活做出了巨大的贡献。

根据首次全国湿地资源调查（1995~2003年）统计，我国现有100hm^2以上的各类湿地总面积为3848.55万hm^2（未包括香港、澳门和台湾地区的数据）。其中，滨海湿地为594.17万hm^2，占15.44%；河流湿地为820.70万

hm^2，占 21. 32%；湖泊湿地为 835. 16 万 hm^2，占 21. 70%；沼泽湿地为 1370. 03 万 hm^2，占 35. 60%；库塘湿地面积 228. 50 万 hm^2，占 5. 94%。

受自然条件的影响，我国湿地类型的地理分布因区域的地理和气候的差异而有明显的分别，沼泽湿地以东北三江平原、大兴安岭、小兴安岭、长白山地、四川若尔盖和青藏高原为多，各地河漫滩、湖滨、海滨一带也有沼泽发育。滨海湿地主要分布于沿海的 11 个省（自治区、直辖市）和香港、澳门、台湾地区。杭州湾以北的滨海湿地多为砂质和淤泥质海滩，杭州湾以南的滨海湿地以岩石性海滩为主，其中海南省至福建省北部沿海滩涂、海湾、河口的淤泥质海滩上分布有天然红树林。河流湿地绝大多数分布在东部气候湿润多雨的季风区；西北内陆地区，河流较少，并有大面积的无流区。湖泊湿地主要分布于东部平原湖泊区、蒙新高原湖泊区、云贵高原湖泊区、青藏高原湖泊区、东北平原及山地湖泊区。库塘湿地主要分布于水利资源比较丰富的东北地区、长江流域中上游、黄河中上游地区以及广东等地。

另外，我国湿地物种和资源异常丰富，据首次全国湿地资源调查统计，我国湿地高等植物约有 225 科 815 属 2276 种（及变种），其中苔藓植物 64 科 139 属 267 种；蕨类植物 27 科 42 属 70 种；裸子植物 4 科 9 属 20 种；被子植物 130 科 625 属 1919 种。湿地水鸟 12 目 32 科 271 种。

在亚洲 57 种濒危鸟类中，中国湿地内就有 31 种，占 54%；全世界雁鸭类有 166 种，中国湿地就有 50 种，占 30%；全世界鹤类有 15 种，中国仅记录到的就有 9 种。

我国湿地鱼类有 1000 多种，占我国鱼类种数的 1/3。

我国湿地爬行类有 122 种，隶属于 3 目 13 科，约占我国爬行类种数的 29. 6%。

我国湿地兽类约有 31 种，隶属于 7 目 12 科，约占我国兽类种数的 5. 6%。

（二）湿地生态系统的特征

湿地一般发育在陆地系统和水体系统的交界处，但又与陆地系统、水体系统有着本质差异。第一，它具有系统的生物多样性。由于湿地是陆地与水体的过渡地带，因此它同时兼具丰富的陆生和水生动植物资源，形成了其他任何单一生态系统都无法比拟的天然基因库和独特的生境，特殊的水文、土壤和气候提供了复杂且完备的动植物群落，它对于保护物种、维持生物多样性具有难以替代的生态价值。第二，它具有系统的生态脆弱性。湿地生态系统环境主要要素是由于水文、土壤、气候相互作用形成的，每一因素的改变，都或多或少地导致生态系统的变化，特别是水文，当它受到自然或人为活动干扰时，生态系统稳定性受到一定程度破坏，进而影响生物群落结构，改变湿地生态系统。第三，它具有生产力高效性。同其他任何生态系统相比，湿地生态系统初级生产力较高。据报道，湿地生态系统每年平均生产蛋白质9g/m^2，是陆地生态系统的3.5倍。第四，它具有效益的综合性。湿地生态系统既具有调蓄水源、调节气候、净化水质、保存物种、提供野生动物栖息地等基本生态效益，也具有为工业、农业、能源、医疗业等提供大量生产原料的经济效益，同时还有作为物种研究和教育基地、提供旅游等社会效益。第五，生态系统的易变性。同陆地生态系统和水体系统相比，易变性是湿地生态系统脆弱性表现的特殊形态之一，当水量减少以至干涸时，湿地生态系统演潜为陆地生态系统，当水量增加时，该系统又演化为湿地生态系统，水文决定了系统的状态。

第二节　湿地生态系统的功能与作用

湿地生态系统为人类生产、生活提供了多种服务，能提供给我们食物，如鱼类、野生猎物、水果、谷物等，也能提供给我们淡水，保存和储存我们日常生活与工农业生产的用水。人类使用的可更新淡水主要来自内陆湿地，包括湖泊、河流、沼泽和浅层地下水。还能供给纤维与燃料、生物化学、基因材料等，与人们日常生活息息相关的木材、薪材、泥炭、饲料等大部分生产生活原料都来自于湿地。湿地还可以起到气候调节、水资源调节、自然灾害调节、水质净化与废水处理、土壤与沉积物的保持等作用。湿地还具有自然观光、旅游、娱乐等美学方面的功能，中国有许多重要的旅游风景区都分布在湿地区域。滨海的沙滩、海水是重要的旅游资源，还有不少湖泊因自然景色壮观秀丽而吸引人们向往，辟为旅游和疗养胜地。滇池、太湖、洱海、杭州西湖等都是著名的风景区，除可创造直接的经济效益外，还具有重要的文化价值。尤其是城市中的水体，在美化环境、调节气候、为居民提供休憩空间方面有着重要的社会效益。

除此之外，湿地还具有教育与科研价值。湿地生态系统、多样的动植物群落、濒危物种等，在科研中都有重要地位，它们为教育和科学研究提供了对象、材料和试验基地。一些湿地中保留着过去和现在的生物、地理等方面演化进程的信息，在研究环境演化、古地理方面有着重要价值。

广阔众多的湿地具有多种生态功能，被人们称为“地球之肾”、物种贮存库、气候调节器，在保护生态环境、保持生物多样性以及发展经济社会中，具有不可替代的重要作用。

湿地可以调节气候，使气候温和湿润；因为湿地本身就是水的载体，所以它能够源源不断地补充着地下水；湿地能够抵御和减轻自然灾害，如热带海滨的红树林能抵抗台风的侵袭，凡是有红树林的地方，台风的破坏力将大大减弱；再如江河湖泊、水库、沼泽能够抗涝防旱，洪峰来时它们吸纳大量的水，枯水期时再将水释放；在海滨地带，湿地能够防止海水的入侵和倒灌，防止土地盐碱化；湿地是野生动物特别是珍稀水禽繁衍栖息的乐园，我国的许多湿地，都是重要的自然保护区。

湿地能有效控制洪水和防止土壤沙化，还能滞留沉积物、有毒物、营养物质，从而改善环境污染；它能以有机质的形式储存碳元素，减少温室效应，保护海岸不受风浪侵蚀，提供清洁方便的运输方式……

湿地还是众多植物、动物特别是水禽生长的乐园，同时又向人类提供食物（水产品、禽畜产品、谷物）、能源（水能、泥炭、薪柴）、原材料（芦苇、木材、药用植物）和旅游场所，是人类赖以生存和持续发展的重要基础。

一、地球之肾

肾是人之本，湿地是“地球之肾”。从广义讲，湿地是地球生态系统，包括人类社会之根本；从狭义讲湿地是地球的“过滤器”，跟人的肾一样，起过滤的作用。它不仅为人类的生产、生活提供多种资源，而且具有巨大的生态效益，在抵御洪水、调节径流、蓄洪防旱、控制污染、调节气候、控制土壤侵蚀，促淤造陆、美化环境等方面有着其他系统不可替代的作用。

（一）淡水调蓄器

湿地常常作为居民生活用水、工业生产用水和农业灌溉用水的水源。溪流、河流、池塘、湖泊中都有可以直接利用的水。其他湿地，如泥炭沼泽森林可成为浅水水井的水源。

另外，我们平时所用的水有很多是从地下开采出来的，而湿地可以为地下蓄水层补充水源。从湿地到蓄水层的水可以成为地下水系统的一部分，又可以为周围地区的工农生产提供水源。如果湿地受到破坏或消失，就无法为地下蓄水层供水，地下水资源就会减少。

除此之外，湿地还与蓄水层互通，成为间接利用的水源。从湿地流入蓄水层的水随后可成为浅层地下水系统的一部分，得以保持。浅层地下水系统可为一个更为复杂的自然生境、农业、居民用电或工业系统提供水源，维持水位，或最终流入深层地下水系统，成为长期的水源。当蓄水层高于另一块湿地时，又成为另一块湿地的水源，为这块湿地相关的社区、农业、工业提供水源。

1. 储存地表水

全球约有96%的可利用淡水储存在湿地中，它是一个巨大的“生物蓄水库”。每逢洪涝灾害发生时，只要周围有湿地，洪水就会被储存于湿地土壤中，或以表面水的形式保存在湿地中，储存在湿地中的洪水可以在数天、数星期或几个月的时间里从储存湿地释放出来，一部分则在流动过程中通过蒸发而提高了局地空气湿度，一部分下渗补充地下水而增加地下水储量。为此也就直接减少了下游的洪水量。与此同时，湿地植被也可减缓洪水流速，因此避免了所有洪水在同一时间到达下游，这个过程减低了下游洪峰的水位，并使之平稳缓慢下泄，延长洪水在陆地存留时间。

在沼泽湿地中，其土壤能保持大于其本身重量3~9倍或更高的水。以中国三江平原为例，沼泽和沼泽化土壤的草根层和泥炭层，孔隙度为72%~93%，饱和持水量为830%~1030%，最大持水量为400%~600%，每公顷沼泽湿地可蓄水8100m^3左右，全区沼泽湿地蓄水量高达38.4亿m^3。此外，沼泽湿地一般微地貌较为复杂，如在三江平原沼泽湿地中往往存在许多闭合的碟形洼地，当湿地地表水位上升至一定高程时，这些洼地中的水可能会发生水力联系，使得湿地既有明显的显性蓄水空间，同时又有较大的隐性蓄水空间。

湖泊湿地更是名副其实的天然水库，我国湖泊总贮水量约7077亿m^3，其中淡水贮水量占31.8%。素有“水乡泽园”之称的长江中下游湖群占有重要地位，约750亿m^3。湿地的蓄水量主要与土壤的持水量有关。沼泽土壤持水量比一般矿质土壤高2~8倍。三江平原泥炭土和泥炭沼泽土表层饱和持水量高达6000~9000g/kg，腐殖质沼泽土和草甸土沼泽土为1000~6000g/kg。由表层至底层，土壤的持水能力迅速降低

2. 调节河川径流及均化洪水

湿地也可以起到调节河流和均化洪水的作用。这是因为湿地土壤特殊的水文物理性质，可以让洪水被储存在土壤内或以表面水的形式保存于湖泊和沼泽中，这就直接减少了下游的洪水量。一部分洪水可在数天、几星期或几个月的时间内从储存地排放出来，一部分则在流动的过程中通过蒸发和下渗

成地下水而被排除，直接减少了下游的洪水压力。其次，湿地植被增加了地表粗糙度可减缓洪水流速，因此避免了所有洪水在同一时间到达下游，降低下游洪峰的水位，并使之缓慢下泄，能够有效地分散、消解洪水带来的巨大能量；这两种过程降低了下游洪峰的水位，并使河溪一年中的水量比没有湿地时保持更长的时间。

3. 湿地与地下水相互补给渗透

我们平时所用的水有很多是从地下开采出来的，而湿地可以为地下蓄水层补充水源。

湿地作为一种长期存在、有着丰富水资源的自然生态系统，往往与区域地下水含水层有直接水文联系，从湿地到蓄水层的水可以成为地下水系统的一部分，处于不同地貌部位的湿地，对地表水和地下水的影响也不同。特别是浅层地下水与湿地水文，二者相互补充，相互渗透，当湿地水位低于周围陆地潜水面时，会产生地下水入流，如果湿地的水位高于周围潜水面，地下水就会流出湿地。

季节性积水的湿地或多或少都依赖于地下水，地下水和地表水存在明显的相互补给关系，尤其是地下水对湿地具有重要的顶托作用，因此地下水位的变化明显影响着这一类湿地生态系统。

湿地的自然存在与地下水条件是密不可分的，如：沼泽湿地补给地下水的方式有直接补给和间接补给，直接补给是水分通过沼泽土壤直接渗透进入含水层。间接补给是指水分首先水平运动通过土壤进入位于可渗透性的土壤或河流，然后通过河流基底补给地下水。内陆淡水湿地往往与地下含水层有直接水文联系，当地下水流入湿地时，湿地具有储存地下水的功能；当湿地水流入地下含水层时，湿地具有补充地下水的功能，所以地下水位降低到一定程度时，将导致湿地面积的萎缩。

（二）水质净化器

湿地能够分解、净化环境物，起到“排毒”、“解毒”的功能，因此被人们喻为“地球之肾”。假如没有了湿地，好比一个人被割去了肾脏。

1. 排除泥沙

某些湿地特别是沼泽地和泛洪平原的自然属性，如植被、大小、水深等，有助于减缓水流的速度，利于沉积物的沉降。而这些滞留沉积物在排除泥沙方面却起到了良好的作用，并且有益于社区及其下游地区保持良好的水质，防止具有防洪和运输作用的水道变浅。例如，中国三江平原的挠力河发源于完达山区，近些年来因森林采伐，土壤侵蚀加重，河流泥沙量增大，河水携带的泥沙沉积在两岸的河滩沼泽中，使挠力河下游河水含沙量变小，水环境质量有所提高。与此同时，滞留沉积物还有造陆的作用。通过恢复养分和土壤质量，使这些湿地内的农业受益。黄河是世界上含沙量最高的河流，平均每年有8亿t沉积物在黄河河口沉积，可造陆40～50km^2，海岸线推进1～2km，使该区农业和工业生产受益。

2. 排出养分

湿地有排出养分的作用。营养物来源广泛，通常是由径流带来的农用肥、人类废弃物和工业排放物。营养物随沉积物沉降之后，通过湿地植物吸收，经化学和生物学过程转换而被储存起来。但被湿地植物吸收的营养物并不完全从水中排出，因为营养物可能随植物的腐烂而再次释放到水中。无机磷和氮是通过湿地的化学过程被排出、储存或转移的最重要的营养物质。硝酸盐可附着在湿地矿质土壤的无机离子上，硝酸盐化合物被反硝化过程所排出，生活在缺氧湿地土壤中的细菌把硝酸化合物转变成为氮气分子，释放于大气中。在缺氧的地方，营养物如磷酸盐实际会被释放到上层水而向湿地外输出。例如，收割禾本科草类和莎草类用于盖房子和养鱼，这意味着营养物质以有用的形式从该系统中排出。另外，许多湿地在转移和排出营养物方面要比陆地生境的效率高。例如，由于沼泽能有效地排出水流中的营养物，所以很多天然湿地被用来处理废水。在美国佛罗里达州，人们发现废水在进入地下水之前流经一片柏树沼泽地后，几乎98%的氮和97%的磷被净化排除了。这个过程如此有效，以至于在世界许多地方人们建立人工湿地来净化水源。这些自然系统在建造、操作和维护方面比常规的人工系统更为便宜。然而，过量的营养会导致水体富营养化，刺激植物生长过快，造成麻烦。例如，水生漂浮植物——水浮莲的大量繁殖导致水质下降，并减少溶解氧，造成鱼类死亡；过量的磷导致蓝藻“水华”暴发，产生某些毒素，水体腥臭难闻，饮用水困难，工厂被迫停产，生活用水的成本增加。

3. 排除毒物

湿地还有排除毒物的作用。进入水体生态系统的许多有毒物都是吸附在小沉积物的表面上或含在黏土的分子链内的。有毒物质来源多样，但通常来源于径流带来的农用杀虫剂、工业排放物和采矿活动。必须强调的是，湿地对于有毒物质的吸收能力不是无限的。一些水生植物能有效地吸收有毒物质，保持或提高水质。可是，一旦植食性动物吃了被污染的植物，这些有害物质可能会重新进入食物链。例如，湿地中有许多水生植物，包括挺水、浮水和沉水植物。它们能够在其组织中富集重金属的浓度比周围水中浓度高出10万倍以上。许多植物还含有能与重金属链接的物质，从而参与金属解毒过程。水湖莲、香蒲和芦苇都已被成功地用来处理污水，包括处理从矿区排除的含有高浓度重金属（如镉、银、镍、铜、锌和钒等）的污水。沼泽中的芦苇具有对污染物质吸收、代谢、分解、积累及对水体净化的作用。随着芦苇成为工业原料，被吸收的有毒物质被排出水体和土壤之外，提高了水体及土壤环境的质量，消除了对人类的潜在威胁。

4. 湿地水质净化的过程

在日常生活中，我们会看到这样的情景：人们为了得到清澈的水，经常会有一个水箱或水桶一类的容器，里面装上石块、细沙、活性炭等过滤介质，混浊的水经过这些介质的处理后就变得清澈了。

也许您并不知道，湿地是一个天然的大过滤器。作为独特的土壤—植物—微生物系统，当污水流经湿地时，水中的有机质、氮、磷等物质将发生复杂的物理、化学和生物转化，从而使水质得到不同程度的净化。

湿地水质净化的主要机理包括以下几方面。

沉降过程：沉降是湿地中去除磷的主要方法。进入湿地中的污染物，在重力的作用下，而沉降到湿地土壤或沉积物中，这就是沉降过程。

滤过过程：悬浮态污染物被粘附到湿地植被和别的滤过媒体上的过程。

吸附过程：污水中的溶解态或颗粒态污染物被粘附到泥炭土壤和植物根系上的过程。这个过程对污染物去除作用可以通过增加接触面积和延长接触时间得到提高。

生物化学过程：微生物将污染物分解或转化为简单分子，实现对污染物的降解和去除的过程。如氮在湿地中存在多种形式并且通过氮化作用，反硝化作用和硝化作用被从一种形式转化成另一种形式（氨气和氮气）扩散到空气中，进而实现对氮的去除。

5. 湿地水质净化的生态系统

湿地植物对污染物去除：湿地植被是湿地生态系统的重要组成部分，一般植物的长势越好、密度越大，对水质的净化能力也越强。不同植物对污染物有不同去除效果。

湿地基质（土壤/沉积物）对污染物的去除：湿地基质对污染物的净化机理，主要通过沉降作用、吸附与吸收作用、离子交换作用、氧化还原作用和代谢分解作用等途径实现。

湿地微生物对污染物的去除：湿地基质土壤/沉积物中发育着大量的微生物，污染物在湿地土壤中的降解和转化主要靠微生物来完成，微生物对污染物的分解和转化是湿地降解污染物的主要机制之一。

湿地动物对污染物的去除：除了众所周知的湿地植物和微生物外，一些湿地动物也有助于湿地对污水的净化。美国东海岸的切萨皮克海湾采取了多种举措治理海湾污染问题，牡蛎床的恢复和管理即是其中的一种。牡蛎过滤水以获得食物，同时也去除了水中的污染物，从而提高了水质并增加水的透明度，有利于水草和其他水生植物的生长。

（三）盐水防入器

（1）地下水。在地势较低的沿海地区，下层基底是可渗透的。淡水楔一般位于较深咸水层的上面，通常由沿海淡水湿地所保持。淡水楔的减弱或消失，会导致深层咸水向地表上移及土壤盐碱化，因而影响生态群落和当地居民的水供应。

（2）地表水。从河流或小溪向外流出的淡水限制了海水的回灌。然而，随着过多抽取或排干周围的湿地，淡水流量减少，海水逐步回灌，因此会剥夺当地居民、工农业及生物群落的淡水供应。在20世纪70年代中国沿海一带海水倒灌仅限于几个地区，现在从辽宁省到广东省沿海，大面积海水倒灌时有发生。山东省莱州湾由于过多抽取地下水、河流入海流量减少等原因，海水入侵面积达400余km^2，海水入侵以每年400m速度向内陆推进，造成耕地盐化，人畜饮水条件恶化；莱州至烟台一段，已有6264眼机井报废。在某些情况下，河流、渠道和沿岸植被的特点也有助于防止潮水侵入河流。直而深的渠道或者滥伐沿岸的植被可能导致海水大量侵入河流，尤其在潮峰期更是如此。

（四）海岸线保护器

湿地植被的自然特性可防止或减轻自然力对海岸线、河口湾和江河岸的侵蚀。其作用主要有3种：①植物根系及堆积的植物体对基底的稳固作用；②削弱海浪和水流的冲力；③沉降沉积物。例如：红树林防浪护岸是通过消浪、缓流和促淤来实现的。实验表明，50m宽的白骨壤林带，可使1m高的波浪减至0.3m以下；红树林对潮水流动的阻碍，使林内水流速度仅为潮水流速的1/10；红树林纵横交错的根系及地上根的发育，使粒径<0.01mm的悬浮物沉积量增大，其淤积速度是附近裸地2~3倍。中国东南沿海台风盛行，因此红树林对防风护堤的作用相当明显。1959年8月23日厦门地区遭受12级特大台风袭击，但是唯有龙海县寮东村8m高的红树林保护下的堤岸安然无损。而厦门市附近的青礁村，由于红树林遭受破坏，一年就冲崩堤岸内侵7m，有些地段更为严重。红树林消失已成为中国华南沿海湿地的主要威胁，

1972 年该地区有红树林 6.7 万 hm^2，到 1990 年下降为 1.5 万 hm^2。政府部门正在有计划地恢复红树林的生长。此外，有防风作用的湿地植被可使建筑物、作物或天然植被免遭强风或盐风的破坏。在孟加拉国，大约有 1500 万人居住在构成大部分领土的三角洲地区，这个地区的大部分天然植被已破坏殆尽。1985 年 6 月丧生于海啸的人数超过 4 万人。孟加拉国政府已认识到红树林对减轻海啸的重要性，所以开始着手制订恢复红树林的宏伟计划。

二、气候变化缓冲器

湿地还是重要的“储碳库”和“吸碳器”，是气候变化的“缓冲器”。湿地与气候变化之间的关系是相互影响、相互作用的。作为温室气体的储存库、源和汇，湿地在缓解气候变化方面发挥着重要作用。

地球变暖主要的原因是二氧化碳、甲烷等温室气体的排放增加所致，那么，减少这些气体，特别是二氧化碳的排放就是减缓地球变暖的主要手段。

在减缓气候变化影响方面，湿地主要在两个方面起作用：一是在温室气体（尤其是碳化合物）管理方面的作用；二是在物理上缓冲气候变化影响方面的作用。同时，气候变化对湿地的功能、面积和分布也产生着重要影响。湿地是气候变化的调节器，又是气候变化的指示器。

湿地在全球碳循环中发挥着重要作用。由于其特殊的生态特性，湿地在植物生长、促淤造陆等生态过程中积累了大量的无机碳和有机碳。在湿地环境中，微生物活动弱，土壤吸收和释放二氧化碳十分缓慢，形成了富含有机质的湿地土壤和泥炭层，起到了固定碳的作用。湿地是全球最大的碳库，全球所有湿地面积之和仅占地球陆地面积的 6%，但它却拥有陆地生物圈碳素的 35%，碳总量约 770 亿 t，超过农业生态系统（150 亿 t）、温带森林（159 亿 t）和热带雨林（428 亿 t）。温带和热带泥炭地是碳储量最高的湿地，其储存的碳总量约为 540 亿 t，占全部湿地碳储量的 70% 左右。例如，若尔盖泥炭地总面积 4900km^2，泥炭深度为 0.3 ~ 8.8m，泥炭总量在 10 亿 ~ 40 亿 t。此外，沿海湿地和红树林也被认为是碳吸收最重要湿地生态系统，单位面积的红树林沼泽湿地固定的碳是热带雨林的 10 倍。

如果温度升高、降雨减少或土地管理措施不当引起湿地土壤变化，湿地固定碳的功能将大大减弱或消失，湿地将由“碳汇”变成“碳源”。湿地中有机残体的分解过程产生大量的有机气体，其中最重要的是温室气体二氧化碳和甲烷。这些温室气体源源不断地释放，绝大多数直接进入大气中。全球天然湿地每年释放的甲烷约为 10 亿 ~ 20 亿 t，全球水田每年甲烷的释放量约为2亿~15亿t，它们分别占全球总释放量的22%和11%。从全球角度看，如果沼泽全部排干，则碳的释放量相当于目前森林砍伐和化石燃料燃烧排放碳量的35%~50%。大气中二氧化碳和甲烷等温室气体积累会加强温室效应的影响而使地球表面温度逐年上升，从而对全球气候产生重大影响。

湿地对调节区域气候有较大的影响，《湿地公约》和《联合国气候变化框架公约》均特别强调了湿地对调节区域气候的重要作用。湿地的水分蒸发和植被叶面的水分蒸腾，使得湿地和大气之间不断地进行着能量和物质交换，从而保持当地的湿度和降水量。在有森林的湿地中，大量的降水通过树木被蒸发和转移，返回到大气中，然后又以雨的形式降到周围的地区。附近有沼泽湿地的区域产生的晨雾可减少土壤水分的丧失。湿地在增加局部地区空气湿度、削弱风速、缩小昼夜温差、降低大气含尘量等气候调节方面都具有明显的作用。据测定：地处半干旱地区的新疆博斯腾湖湿地周围比远离湿地的地域气温低3℃，湿度高14%，沙尘暴天数减少25%。对于城市而言，由于城市热岛效应明显，因此城市内部湿地对于调节城市小区域气候的作用尤为显著。

三、物种基因库

湿地是地球上具有多功能和高价值的独特生态系统。它具有巨大的自然资源供给服务价值，如淡水资源、食物（尤其是鱼类）和纤维等，为人类提供众多改善福祉以及减轻贫困的服务。

从社会经济学的角度看，湿地生态系统丰富的自然资源蕴含着巨大的社会经济效益。湿地不仅为人类提供丰富的动植物食品资源，是人类赖以生存的衣食父母，同时还为人类提供了丰富的工业原料和能量来源，是人类社会发展的物质基础和社会物质财富的源泉。

（一）生物超市

湿地生物资源丰富，虽然湿地覆盖地球表面仅为6%，却蕴藏着地球上40%的已知物种。湿地生物资源中的水产品（如鱼类、虾类、贝类、藻类等）、禽畜产品和植物产品（如莲、藕、菱、芡等）是湿地提供的一项尤为重要的生态系统服务，是人类重要的食物来源。水稻作为湿地作物，在农业生产发展和历史文明中占有重要地位，可以追溯到7000多年前中华民族开启有史以来可考证的农业文明之时，现在则养育着全球近半数人口，成为世界上食用人口最多、历史最悠久的农作物。鱼类资源的供应则是湿地丰富自然资源的另一直观体现，是湿地提供的一项尤为重要的资源供给服务。在发展中国家，内陆渔业的地位尤其重要，有时甚至是农村人口所能获得的首要动物蛋白质来源。比如，在柬埔寨，人们所获得的所有动物蛋白质中，约有60%~80%来自于洞里湖渔场及相邻河漫滩的渔场；而在马拉维，城镇和农村低收入家庭70%~75%的动物蛋白来源于内陆渔场。以湿地为依托的渔场对区域及国家的经济发展做出了重要贡献，湄公河下游流域消费的鱼类和其他水生动物每年高达200万t，其中150万t来自于天然湿地，另外24万t来自于人工水库中，整个价值约12亿美元。沿海水域的捕捞渔业每年为世界总产值的贡献高达340亿美元。

在我国3620万hm^2自然湿地中，生存着高等植物2276种、兽类31种、鸟类271种、爬行类122种、两栖类300种、鱼类1000多种。高等植物为225科815属2276种（包括种以下分类单元），分别占全国高等植物科、属、种数的63.7%、25.6%和7.7%。

另外，我国的常见外来湿地入侵植物包括：耳基水苋、多花水苋、莲子草等。此外，豚草、三裂叶豚草等也见于河流边缘湿地，而且豚草、意大利苍耳均有形成群落的趋势。

湿地动物群落组成复杂多样，不同类型的湿地，其动物群落的区系、组成和生物生态学特征差异很大。包括哺乳类、鸟类、两栖类、爬行类和鱼类以及无脊椎类等。其中水鸟是湿地野生动物中最具代表性的类群，我国许多湿地自然保护区是为保护濒危水鸟而成立的，例如：黑龙江扎龙保护区、辽宁双台河口保护区、黄河三角洲保护区、上海崇明岛保护区等。据统计，我国有水鸟12目32科271种，其中属国家重点保护的水鸟有10目18科56种，属国家保护的有益或者有重要经济、科学研究价值的水鸟有10目25科195种。全世界鹤类有15种，中国有记录的就有9种，占60%。

我国有湿地鱼类1000多种，占我国鱼类种数的1/3。湿地鱼类由内陆湿地鱼类、近海海洋鱼类、河口半咸水鱼类和过河口洄游性鱼类构成。内陆湿地鱼类的种类最多，约有770种（包括亚种）；其次是近海海洋鱼类，约有100种；河口半咸水鱼类60种；过河口洄游性鱼类20~30种。在我国所有的湿地鱼类中，内陆淡水特产鱼类种类特别多，达410种，占我国鱼类种数的14.6%。

我国湿地鱼类也呈现出丰富的多样性。从寒温带到热带、从沿海到内陆、从平原到高原山区都有鱼类的分布。中国河流四大水系中，黑龙江水系是寒温带水系的代表，约有鱼类100种，包括雷氏七鳃鳗、乌苏里白鲑等冷水种和施氏鲟等北方特有种。黄河水系是暖温带水系的代表，约有鱼类190个种与亚种。上游种类少，均属裂腹鱼亚科和条鳅亚科种类；中游种数增多，包括鸽子鱼等特有种；下游种类更多，多属江河平原型和一些洄游性鱼类。长江水系是北中亚热带水系代表，有鱼类332个种与亚种，纯淡水鱼291种，以江河平原鱼类为主，鲤科约占一半；鲥、鳗鲡等洄游性鱼类在下游很多。中国特有珍稀鱼类白鲟和胭脂鱼主要产于长江。珠江水系是南亚热带水系代表，有鱼类313个种与亚种，纯淡水鱼270种，特有种有须鲫等100种。其余10个水系中，辽河水系和海河水系各有鱼100种，区系介于黑龙江和黄河之间。淮河水系有鱼120种，区系介于黄河与长江之间。钱塘江水系有鱼157种，纯淡水鱼123种；闽江水系有鱼160种，纯淡水鱼118种，以鲤科和江河常见鱼类为主。台湾岛水系和海南岛水系各有鱼类97种和122种，纯淡水鱼81种和105种，区系与大陆相近，澜沧江、怒江水系和雅鲁藏布江水系均属高原河流，鱼种数多，待定种也多，区系复杂，以裂腹亚科、鲍亚科等鱼类居多，塔里木河水系鱼类仅10余种，包括黑鲫、丁鱼岁等多个特有种。

两栖动物是脊椎动物中从水到陆的过渡类型，因此，所有两栖动物全部归入湿地动物。我国两栖动物共有3目11科300种，其中国家重点保护的有2目3科7种。

我国已知的412种爬行动物中，有3目13科122种属于湿地野生动物，其中属国家重点保护的有3目6科13种。

我国湿地兽类有7目12科31种，约占我国兽类总种数的62%，其中属国家重点保护的有23种。

分布在我国海域的甲壳类动物中，目前已知的蟹类有600余种，虾类有300余种，磷虾42种。

我国境内江河、湖泊、水库中淡水桡足类206种；枝角类约162种，接近已知种数40%。淡水藻类尚未完成全面调查，已知蓝藻门的色球藻纲有253种，占该纲已知种数80%；绿藻门双星藻科有347种，占该科已知种数40%，鞘藻属和毛鞘藻属有301种、81变种和33个变型。水生维管束植物和大型藻类有437个种与变种。

（二）资源宝库

水资源是湿地生态系统最直接的产出，能够为人类提供大量的淡水资源，可被人类直接用于生产和生活，是人类生存和社会发展不可缺少的自然资源。供给人类利用的可再生淡水，主要来源于包括湖泊、江河、沼泽以及地下浅表蓄水层等各种类型的内陆湿地。除直接供水之外，湿地还具有重要的间接供水能力，湿地间接供水是通过对地下水位和河川径流的控制补给来实现的，面积广大的湿地是一定区域范围内地下水的基础，对其周围地下水位起重要的稳定作用。湿地补给地下水，在水资源供应中发挥着至关重要的作用。全世界约有15亿~30亿人依靠地下水提供饮用水，40%的工业用水和20%的灌溉用水也来自于地下水。

湿地还可以通过各种方式为人类提供能源。水力发电清洁而无污染，是湿地对人类慷慨的馈赠。湿地上生长的植物被当地居民采伐晒干，用于做饭、烧砖等，是湿地附近居民的重要能源。湿地还蕴含着丰富的泥炭资源，泥炭具有广泛的用途，它不仅在农业上能做各种肥料和饲料或添加剂；还广泛应用在建筑、化工等方面，制造各种建筑材料、提取几十种化工产品和半成品；作为具有特殊性质的燃料，是一种贮备能源；泥炭还有一种十分有益的用途能够用于临床治疗，著名的“泥炭浴医疗”就是泥炭应用于临床的一种独特的治疗方法，这种应用在欧洲已有180年的历史了。目前，在德国、捷克、奥地利等欧洲国家中，“泥炭浴”已经是一种很流行的医疗手段，对风湿性、类风湿性关节炎等具有良好的治疗效果。

四、文明摇篮

湿地是人类赖以生存的家园。在生产力水平低下的远古时代，人们不得不依赖气候适宜、水源充沛、土地肥沃的自然环境来耕作生息，聚合部落。纵观古今，人类的文明史就是江河的历史。世界上许多河流、平原湿地都为养育古代文明提供了一个可靠的栖息地，成为孕育人类古老文明的“摇篮”。历史上，悠久而伟大的尼罗河造就了光辉灿烂的金字塔古埃及文明，幼发拉底河与底格里斯河是古巴比伦文明的摇篮，恒河和印度河是孕育印度文明的胎盘，长江与黄河同心协力、和衷共济创造了华夏文明。没有湿地就没有人类社会的进步与发展，也就没有现代人类的文明与文化。在目睹了自然、生命变迁的同时，湿地也见证了文明、历史的演变。

世界上很多城市的兴起都与湿地息息相关。湿地为城市提供了最优的立地条件。在城市出现的早期，陆地交通尚不发达，舟楫之便自然十分重要，而且也无法摆脱对水中鱼、藻类等动植物资源作为食品的需求。江河、湖泊等体现淡水资源和交通条件的湿地无疑成为城市立地的最优条件。依托河、湖湿地建市是城市形成和发展的一条普遍规律。

纵观世界上的历史文化名城，大多依水而兴。如法国巴黎，就是因为有了塞纳河才得以兴盛发展，并在河的两岸形成了丰富的人文资源。在中欧，在莱茵河和多瑙河两岸，绵延不尽的葡萄园中点缀着中世纪的古堡和田园风味的小镇，蓝色多瑙河的优美旋律荡漾在历史名城的上空。北美五大湖区是美国和加拿大重要的工业区，那里星罗棋布地分布着像底特律、多伦多这样的大城市。我国古老黄河的三门峡、长江中上游的涪陵、白帝城等也是在河流与滨海湿地交汇处或临近处发展起来的。

湿地是城市可持续发展的重要保障。城市面积是全球面积的0.3%，而全球污染物总量的60%是由城市产生的。城市既是人类消耗自然资源和能源最多的空间地域，也是生态环境污染的重要来源。现代城市发展面临着大气、固体废物污染、土地资源问题以及生物多样性降低等一系列的环境问题。湿地可以为解决各种城市生态环境问题提供基础条件和重要保障。湿地能提供水资源、调节城市气候、净化污染、调蓄洪水、提供丰富的动植物资源和多样的生境。同时，城市周边湿地是城市生态安全的重要保障。湿地对于城市文明的兴起和可持续发展发挥了重要作用。

湿地是景观的重要组成部分。湿地常常是景观的关键内容，它为视野产生了多样性，并成为视野的焦点。一个景观或景观组成部分的美学意义依赖于线条、质地和土地利用的和谐性等因素。景观为许多不同的社区提供价值。景观作为可见生活质量的一部分，对于当地社区来说非常重要。对于地区计划者和企业家来说，要想吸引商业和旅游业，景观也是很重要的。

湿地与宗教信仰和宗教活动有关。许多社区利用一些著名的场所开展宗教信仰方面的活动，或他们相信在那里发生过某些宗教信仰方面的事件，因此使那个地点具有一定的价值。这种观念可能被完全融合在社区的生活方式中，以致无法被外人轻而易举地观察到。此外，当地居民很可能对某个地点有很强的精神依附性，因为他们的家庭或社区利用那个地点已有许多世代了，或是因为那个地点与他们文化的某些方面有关系。重要的是，一旦具有这种价值的地点丧失，很可能是无法弥补的，因为这类地点是独特的。例如：在菲律宾棉兰老岛的拉瑙，马莱瑙人的文化不可避免地与拉瑙湖有联系。这种涉及湖泊的文化表现在从他们发展起来的独特的捕鱼方法到宗教迷信等一系列的活动中。这种文化上的重要性正成为阻止拉瑙湖开发计划的原因之一。

湿地具有极为重要的旅游休闲价值。许多湿地是没有人类干扰的荒野地。荒野地可能具有很大的以生态旅游为基础的经济意义，如漂流和徒步。湿地具有丰富秀丽的自然风光，正在逐步成为人们观光旅游、休闲娱乐的好地方。

可以说，湿地是人类文明的摇篮，没有湿地就没有人类社会的进步与发展，也就没有现代人类的文明与文化。人类的未来与发展，必将与湿地紧密相连。

第三节　湿地生态系统的历史与现状

湿地是人类文明的发源地，历史文化丰富多彩。河流文化、稻作文化是湿地文化的典型代表；京杭大运河、都江堰、哈尼梯田等都是重要的中国湿地文化遗产；黄河和长江流域湿地缔造了中华文明的摇篮。作为全球生物多样性最为丰富的生态系统之一；湿地不仅有着独特的景观和多种服务功能，也是人类生存环境的重要组成部分，是宝贵的自然资源。近年来，随着人口增加和社会经济的快速发展，人类活动给湿地环境带来了深刻影响，湿地生态系统也发生了极大变化。

一、历史演变过程

在人类历史上，古文明的起源无不与河流、海滨等湿地密切相关。一条大河，一方文明，一部历史。从四大文明古国的诞生到中美洲“文化之母”——玛雅文明的兴起；从京杭大运河、塔里木河文化的繁荣到国际著名大都市的发展；从丰富多彩的河流文化、稻作文化到杂交水稻的培育成功……在人类生活、生产发展史上，我们从未也不可能离开过湿地。

中国湿地开发利用具有数千年的历史，早在春秋战国时期就开始了对湖泊的围垦开发，出现了许多科学利用湿地资源的成功范例。距今已有2000年历史的都江堰的成功修建，使大约300万亩农田得到了灌溉，使原来旱、涝多灾的成都平原变成了“沃野千里”的“天府之国”，是中国古代水利工程最杰出的代表。隋朝开凿的京杭大运河经过天津、河北、山东、江苏和浙江，沟通了海河、黄河、淮河、长江和钱塘江等五大水系，成为南北方交通的大动脉，对巩固中国的统一、中国古代中央集权统治的巩固、军事防务、促进南北经济文化交流和发展，起到了重大作用。

古人称湿地为“薮”或“泽”或“海”，《吕氏春秋》记载古代中国有“十薮”，其中大部分在黄河中下游。在这些山泽之间，形成千里沃野，河流两岸肥沃的土地和充足的水源为发展农牧业提供了水利条件，华夏民族原始部落逐水草而居，创造了灿烂的东方文化。早在旧石器时代，黄河、长江流域就有人类活动的足迹。自殷商至北宋2500年间，黄河流域已经成为中国政治、经济、文化中心，一部中华民族的文明史，就这样伴随着湿地而诞生。

湿地诞生文明，也沟通文明。大运河的通航还促进了沿岸城市的兴起。城市的兴起是生产力发展、人口和物质资源在一定空间范围聚集的结果。京杭大运河作为中国古代主要的运输通道，对古代城市的形成和城市布局发挥了极其重要的作用。大运河带动了人口的大流动、大聚居，促进了一批城市的大发展，如盛唐长安和洛阳的辉煌，宋都开封和杭州的繁荣，明清北京和扬州的奢华等，也催生了一批新兴城市，如汴州、常州、镇江、济宁、德州、临清、仪征、嘉兴、徐州、天津等。

湿地不仅是生命的摇篮、历史文明的源头，还是人类文化传承的载体。人类的渔樵耕读的生活方式，赋予了湿地深厚的文化底蕴和独特的文化形态。湿地具有鲜明的文化特征，以其特有的美学、教育、文化、精神等功能，涵盖了音乐、艺术、文学等方面，湿地是鲜活丰富的文化，是人类艺术创作的源泉。中国文学史开篇之作《诗经·关雎》起兴之句就是从湿地说起，而中国四大名楼黄鹤楼、岳阳楼、滕王阁、蓬莱阁又都位于湿地或其周边地区，成就了许多流传千古的诗词歌赋。湿地的文化遗产是人类与湿地长达数千年融合的产物，这种融合给人类带来了巨大财富，湿地文化极大地丰富了人类文化的内涵。

千百年来，湿地不仅养育了人类，也承载和记录了大量自然、生命的变迁和人类的文明。

但是，自20世纪以来，随着全球许多地区湿地类型改变、湿地面积减少等现象的发生，湿地生物多样性下降、自然灾害频发等环境问题日益凸显，湿地变化已经引起了全社会的广泛关注。

据千年生态系统评估报告数据显示，20世纪以来，北美、欧洲、澳大利亚和新西兰部分地区的某些类型湿地超过50%已发生转变。就湿地面积变化来看，美国的湿地丧失了54%，法国67%，德国57%。其间，由于过度开发、毁灭性捕捞、污染与淤积，全球约有20%的珊瑚礁已丧失。由于过度排水、建坝和工业发展，美索不达米亚平原沼泽（位于伊拉克南部底格里斯河与幼发拉底河之间）的面积从10世纪50年代的15000～20000hm^2减少到今天不足400hm^2。而在过去近20年的时间里，全球约有35%红树林已经消失。在美国，仅在1986～1997年10年间，湿地净丧失就达260700hm^2，折合年均23700hm^2。尽管如此，美国的湿地丧失速率还是远远低于此前的几十年间。到1997年，美国只剩下0.427亿hm^2的湿地，不足欧洲殖民时期0.89亿hm^2的一半。

近年来的研究表明，中国湿地的退化和丧失的速率和后果非常惊人。据不完全统计，近40年来我国已有50%的滨海滩涂湿地不复存在；全国约13%的湖泊已经消失；黑龙江三江平原78%的天然沼泽湿地丧生；洪湖水生植物种类减少24种、鱼类减少约50种；七大水系63.1%的河段水质污染失去了饮用水功能；全国有近40%具有全球意义的湿地正受到中度或重度威胁。

调查资料表明，自20世纪50年代到1977年，长江河口湿地已经被围垦滩涂达7.85万hm^2，相当于下区陆地面积的12.39%。长江中游地区的湖泊面积由1949年的25828km^2，减少到了现在的10493km^2，占原有湖泊面积的59.4%。其中，洞庭湖面积由50年代初的4300km^2，减少到现在的不足2270km^2。40多年来，江汉平原围湖造田6000km^2，江汉湖群面积已经从8330km^2下降到2270km^2，如果按着面积大于0.5km^2的湖泊计算，50年代初有湖泊4707.5km^2，80年代仅为2656.8km^2，湖泊面积缩小了43.5%。洞庭湖湖群曾是我国面积最大的湖泊湿地，面积87.8万hm^2，于1992年被列入到《国际重要湿地名录》，从50年代至今，垦殖率已经高达50%以上。素有“千湖之省”美称的湖北省，50年代有1066个湖泊，目前仅剩300多个。历史上水甲交织，湖泊星罗棋布，呈现一派“水乡泽国”的自然景观，如今已经风光不再。

黑龙江省的三江平原是中国最大的淡水沼泽区之一，该湿地是由黑龙江、松花江、乌苏里江冲击堆积而成。1955年之前，三江平原基本处于原始状态，水草丰茂，沼泽遍布，当地人沿江居住以打鱼为生，少数人在山林和岛状高地从事粗放的农事活动，当时全区的沼泽湿地面积为5345万hm^2，占三江平原地区平原总面积的80.2%。1955～2000年，三江平原进入迅速开荒期，在经历过了土地开发初期（1956～1960），土地开发中期（1967～1983）和开发近期（1983～2000）等几个开垦阶段后，该地区兴建了大批的农场。受不同时期国家土地政策及经济发展的关系影响，该地区土地在经过了沼泽开垦为旱田、沼泽直接开垦为水田或旱田转变为水田等土地不同利用方式后，沼泽湿地大面积减少，耕地数量猛增。2000年该地区湿地面积仅存134.9万hm^2，直至2005年湿地面积减少为81万hm^2。

二、湿地变化的原因

湿地消亡、功能丧失引发了一系列的生态问题，也使得人类对湿地变化的原因产生了高度关注。是什么原因导致了湿地资源发生如此巨大的变化？究竟应该采取哪些措施才能在源头上遏制湿地生态系统的剧烈变化？

一般来说，导致湿地变化的原因主要有自然驱动力和人为驱动力这两大类。自然驱动力主要包括气候变化、地质、地貌、土壤、植被、水文等自然因素的变化导致的湿地系统发生的改变，如地球表层的逐渐变化（由地质、地貌、水文等湿地形成因素变化所引起的渐变）或地球表层的突然变化（如地震、泥石流、洪水、虫害、物种侵袭、火灾等突发自然事件导致的变化）而引起湿地形成发育的环境产生变化。人为因素则比较复杂，包括国家政策、人类的认知程度、资源利用方式、利用强度等多方面因素（如人口状况、经济状况、社会政治状况、科学技术状况、文化与宗教状况、外部输入、资源消耗、土地利用/覆盖变化、物种入侵等），都会直接或间接地对湿地的形成和演变产生巨大的影响，从而导致湿地发生变化。总体看来，导致我国湿地变化的人为驱动因素主要有以下几个方面。

（一）农业开垦活动

农业开垦活动是湿地面积丧失和功能退化的主要因素之一。农业开垦活动包括有很多内容，湿地开垦为农田是比较直观的一种直接破坏湿地的活动，其后果将直接导致湿地开垦为农田，从而使湿地消失。湿地过度放牧活动也是导致湿地变化的一种因素，过度放牧将会使很多湿地植物不能有规律的完成其生活史，湿地植物多样性丧失，破坏了湿地生态系统的良性循环。为了改变湿地的用途，有些湿地会采用一些湿地排水措施。湿地排水对湿地内的水量、水文周期和水位波动等水文状况产生深刻的影响，从而会导致区域水文环境的改变，出现一些水质和水量问题，进而影响湿地的多种功能。灌溉活动也是导致湿地变化的一种农业活动，灌溉可以使湿地接收灌溉排水，从而使湿地的污染程度发生变化，进而影响湿地的水质水量，使湿地生态系统发生变化。资料表明，到 1985 年，欧洲与北美约有 56% ~65% 的内陆与海岸湿地（包括湖泊与水塘）排水转为农业用地。这一数值在亚洲为 27%，南美为 6%，非洲为 2%。

（二）城市化过程

在中国，伴随着城市化的发展，湿地变化过程也非常显著。在城市化过程中，由于道路、交通和建筑以及工业用地的出现，会直接导致湿地面积丧失和功能的退化。由于道路、建筑等设施的修建，地表不透水层面积的增大，以及城市生活、工业废水的排放，会直接或间接地使湿地的面积、湿地的生物、物理化学过程发生变化，从而导致湿地结构和功能的退化。近几年来，随着人们崇尚自然、追求高品质生活意识的逐渐提高，在城市中兴建湿地公园已经成为人们改善城市人居生活的一个热点，城市湿地面积开始有了逐渐增加的趋势。

（三）水利工程

水利工程是人类在经济社会发展过程中必然出现的一种现象。新中国成立以来，我国在全国范围内进行了大规模的水利工程建设，在防洪、发电、蓄水灌溉方面取得了良好的效益，但对湖泊和河流湿地的生态环境和水产资源却产生了不利影响。20 世纪 50 年代以后，中国已经在许多的江河、湖泊通江口区域，修建了许多大型的水利工程。闸坝等水利工程的修建，切断了洄游鱼类的通道，洄游鱼类资源衰竭；同时也妨碍湖水与外江水发生直接交换，使湖水植物群落发生变化，沼泽化进程加剧。如巢湖原是通江湖泊，洄游和半洄游性鱼类的产量占总产量的 40%，60 年代兴建巢湖、裕溪口两闸后，洄游鱼类几乎绝迹，而定居性鱼类却占绝对优势。中国西部内陆干燥地区一些湖泊与入湖河流的水量补给关系密切，由于在河流上游拦河筑坝、发展灌溉农业，使位于河流尾间的一些湖泊得不到足够的水量补充而逐渐萎缩、水质咸化，直至消亡。湖泊的缩小乃至消亡，不仅使得湖泊湿地本身丧失，同时也对湖泊周围地区的生态平衡也产生了深刻的影响。

（四）采矿等工业活动

工业活动对湿地的负面影响主要包括：减少湿地的面积、由于工业用水的排水改变湿地水文、水温增加、点源和非点源污染、由于排水造成水质水量的改变等方面。

湿地是一种宝贵的自然资源，拥有许多珍贵的矿产资源。泥炭资源作为其中的一种重要的有机矿产，不仅可以作为工业燃料来源，还是一种天然的高效肥料。国内外许多地区对泥炭资源开采的历史已经表明，无序开采，过度开采都对会湿地资源形成巨大的破坏作用，导致湿地面积减少、质量下降、功能退化。泥炭开采过程中，不仅要将泥炭从湿地中移走，而且还需要清理其上的植被，对湿地进行排水、为运输泥炭而修建道路。这些活动不但破坏了自然湿地，容易造成水土流失，会使周围地区湿地退化，对湿地生物保护非常不利，还对湿地生物多样性保护和可持续发展构成严重的威胁。

三、问题和挑战

为了保护湿地资源，中国政府从 20 世纪 70 年代开始建立湿地自然保护区。随着湿地各类保护政策的陆续出台，也有效地遏制了湿地退化现象的发生。2000 年，国务院 17 个部门联合颁布了《中国湿地保护行动计划》。2004 年，国务院办公厅发出《关于加强湿地保护管理的通知》，要求各级政府将湿地保护作为改善生态的重要任务来抓。2005 年，国务院批准了《全国湿地保护工程实施规划》，计划总投资 90 亿元，实施项目 400 多个。2006 年工程启动以来，中央累计投资 14 亿元，实施湿地保护项目 200 多个，使许多天然湿地得到了有效保护。

虽然我国在湿地保护方面取得了积极进展，但是随着社会经济发展，以及资源环境和人口等压力的不断加大，湿地生态系统仍然面临着很多威胁。湿地面积减少、功能退化的趋势仍然没有得到根本遏制；水土流失现象也未从根本上得到有效治理，很多河流、湖泊、沼泽水体污染和水质恶化依然严重；生物多样性锐减，一些濒危野生动植物种还在经受着严重的威胁甚至面临灭绝的危险；全球气候变暖也给湿地和生物多样性保护带来巨大威胁和挑战。

（一）政策和法规体系薄弱，保护管理能力低下

由于湿地保护的历史较短，中国湿地保护体系还比较薄弱，到目前为止，中国还没有一个专门的国家层次湿地法规体系来保护湿地。现有的湿地保护条款大多都是融合到其他部门和领域的保护范围之中。因此容易使人产生界限不明、领域模糊等错觉，从而造成政策和法规体系的不完善和湿地保护管理能力低下等一系列问题。目前，中国湿地保护区大多采用政府拨款批准、兴建、管理的制度，属于政府部门强制式管理的模式。这种模式在实施管理过程中，目标简单明确，保护区在自己上级主管部门的业务指导下，负责本地区的湿地保护与管理的具体工作，具有很多优点，但同时需要依靠国家财政来支撑，管理成本比较高，因此容易出现面对利益时各部门争抢，面对问题时大家相互推诿、不负责任等一些问题的出现。

由于湿地保护与管理牵涉面广，涉及部门多，因此有些地区和部门在湿地保护与管理过程中，经常出现湿地保护的宣传与教育相对滞后，普及广度、力度、深度都不够，公众对湿地生态功能缺乏认识和理解等现象，从而使得湿地保护与管理能力相对较弱。

2003 年 10 月，国家林业局牵头、9 个相关部门共同编制的《全国湿地保护工程规划》报经国务院同意，国务院指示在此基础上编制近期的实施规划。2004 年 6 月，国务院下达《关于加强湿地保护管理的通知》（国发办［2004］50 号），指示国家林业局尽快会同有关部门编制 2005 ~ 2010 年全国湿地保护工程实施规划，明确建设目标任务和具体措施。从根本上解决我国湿地保护管理存在的体制机制性障碍，一是投入机制，在国家基本建设投资和财政投入上，要建立长期稳定的投入制度，要按照“谁受益，谁补偿”的原则，尽快建立湿地生态效益补偿机制。二是征占用湿地的补偿机制，对湿地转变用途实行相应的资金补偿和面积补偿，逐步实行湿地“占补平衡”制度，确保湿地面积不减少。三是功能平衡机制，对湿地因缺乏生态用水及其他行为导致的生态功能下降等问题，要建立湿地生态用水补偿机制，建立湿地污染的生态功能恢复机制，确保湿地发挥正常的生态功能。四是主体功能区划，要将重要湿地纳入禁止开发区范围，作为重要生态用地予以保护，并享受国家禁止开发区的相关优惠政策。

（二）湿地开垦和改造

如前所述，湿地开垦和湿地改造是导致湿地面积减少、湿地退化最主要的因素。据国家林业局开展的全国第一次湿地资源调查数据显示，在376块重点调查的湿地中，有117块湿地已经遭到或正在面临着盲目开荒和改造的威胁，占所调查湿地总数的30.3%。在面临该威胁的湿地中，湖泊湿地占39.5%；近海与海岸湿地占27.2%；沼泽湿地占20.2%。从地域上来看，该威胁主要存在于沿海地区、长江中下游湖区、东北沼泽湿地区。随着湿地面积的减小，湿地生态功能明显下降，生物多样性降低，生态环境恶化已经日益严重。

（三）泥沙淤积

湿地具有涵养水源、调节气候等许多服务功能，对河流的发育具有重要意义。由于大江、大河上游的森林砍伐影响了流域生态平衡，使河流泥沙含量增大，造成河床、湖底等的淤积，并使湿地面积不断减小，功能衰退，许多地区都出现了洪涝灾害加剧等现象。国家林业局公布的对376块重点调查湿地数据中显示，共有30块湿地正面临着泥沙淤积的威胁，占所有重点调查湿地的8.0%。在面临该威胁的湿地中，湖泊湿地占43.3%；库塘湿地占36.7%。水库是中国重要的人工湿地，目前其泥沙淤积问题也令人担忧。自1949年以来，中国已建成8.4万座大中小型水库，库容4600亿m^3以上，现淤死1000亿m^3以上。

（四）污染严重

湿地环境污染不仅对生物多样性造成严重危害，也使得湿地的水质日趋下降，是中国湿地面临的最严重的威胁之一。污染湿地的因子包括大量工业废水、生活污水的排放，油气开发等引起的漏油、溢油事故，以及农药、化肥引起的面源污染等，而且环境污染对湿地的威胁正随着工业化进程的发展而迅速加剧。在376块重点调查湿地中，共有98块湿地正面临着环境污染的威胁，占所有重点调查湿地的26.1%。在面临该威胁的湿地中，湖泊湿地占

39.8%；近海与海岸湿地占24.5%；库塘湿地占24.5%。从地域上，该威胁主要存在于沿海地区、长江中下游湖区以及东部人口密集区的库塘湿地。通过对我国大江大河中的740多个点位进行监测，只有29%的断面达到了好于三类水的标准。有40%多的断面污染还是很严重的。太湖水体中藻类共有97个种别，20世纪80年代，蓝藻、硅藻、绿藻为总体优势种群，分别占20%、28%和40%。由于太湖湖体污染加重，湖体生态结构受到破坏，蓝藻占绝对优势，最高时约占藻类总量的94%。

（五）水资源过度利用

只要是自然资源，就具有资源属性，如果保护不当，就会出现资源枯竭等问题。湿地是一种重要的自然资源，能够为人类提供多种服务功能，合理利用可以使之发挥出特有的自然资源属性，否则就会使这种功能逐渐降低或者丧失。在中国的西北、华北等部分地区，因过度从湿地取水或开采地下水，已经使该地区的湿地水文环境受到了严重威胁。西北地区如塔里木河、黑河等重要的内流河，由于水资源的不合理利用，导致下游缺水，大量植被死亡，沙进人退。近年来，黄河水量干枯的趋势也经常呈现，1997年利津水文站累计断流天数达226天，占全年总天数的62%，严重影响了下游工农业生产和人民生活。中国西部地区的湖泊也因上游地区超负荷的截水灌溉，而导致湖泊萎缩，水质咸化，许多湿地干涸后成为沙尘暴的策源地。

（六）生物多样性锐减

湿地是地球上生物多样性最丰富、生产力最高的自然生态系统之一，被誉为“物种基因库”，这些物种和种质基因资源对维护地球生物多样性具有重要意义。过度利用及不合理的开发活动已经使得湿地生物多样性呈现出锐减的趋势，严重影响了湿地生态系统的健康发展。

三江平原区历史上曾经享有“棒打狍子瓢舀鱼”的美誉，鱼类资源丰富。随着过度捕捞和酷捕幼鱼，加上水域污染，中小河流的鱼类资源较30年前减少了70%以上，许多河段已无鱼可捕。在20世纪70年代以前，该地区国家一级保护动物东方白鹳约500~900只，随着三江平原沼泽地开发和过度狩猎水鸟，至20世纪末仅有40~60只。洞庭湖湿地鱼类的天然捕捞量已由50年代的3070万kg，降至80年代的1500万km；鱼类的种数也从114种减少到80种，另外，江湖阻隔使原有的海水—淡水湖洄游的珍贵鱼类几乎濒临绝迹。红树林地区是鱼、虾、蟹、贝类栖息繁殖的重要场所，中国的红树林区域由于围垦和砍伐等过度利用，已经有72%的红树林丧失。红树林的大面积消失，使中国的红树林生态系统处于濒危状态，同时使许多生物失去栖息场所和繁殖地，也失去了防护海岸的生态功能。

四、保护与管理

（一）制定与湿地保护有关的国家宏观战略计划和规划

近年来，我国采取了一系列措施加强湿地保护管理工作。《中共中央国务院关于加快林业发展的决定》把加强湿地保护作为以生态建设为主的林业发展战略的重要组成部分，我国《国民经济和社会发展第十一个五年规划纲要》把加强湿地保护作为“切实保护好自然生态”的一项重要措施列入国家“十一五”规划。1994 年，林业部负责组织成立了编制《中国湿地保护行动计划》工作领导小组，外交部、国家计委等 17 个部门参加了该领导小组（中国湿地保护行动计划，2000）。2003 年，国务院原则同意了《全国湿地保护工程规划（2002～2030 年）》，批准了《全国湿地保护工程实施规划（2005～2010 年）》。目前，国家林业局正在组织国务院有关部门着手制订《全国湿地保护工程实施规划（2011～2015 年）》，这些湿地保护的国家宏观战略规划为未来湿地保护与管理工作提供重要的指导原则与政策支持。根据这些规划的要求，我国将继续开展湿地调查监测、宣传教育、科学研究、自然保护区建设、湿地恢复等措施，加强国家重要湿地的保护管理工作。通过实施“十一五”规划，到 2010 年，我国 50.3% 的自然湿地得到有效保护，恢复湿地 7 万多 hm^2，初步建立了湿地保护管理网络体系，促进了全国湿地保护管理工作的健康发展。

2001 年，六大林业重点工程之一的“全国野生动植物保护及自然保护区建设工程总体规划”正式启动，其中湿地保护恢复示范，湿地监测等内容也纳入其中，成为国家重点支持项目。2002 年，国务院批复了《全国海洋功能区划》，强调了滨海滩涂的使用状况的调查与评价，强化政府对滨海滩涂的使用和保护的监督管理。2004 年，国务院办公厅下发了《关于加强湿地保护管理的通知》，这是中国政府第一次就湿地保护做出的明确声明，表明湿地保护已经纳入国家议事日程，具有里程碑式的意义。

在国家的高度重视下，各部委、各省及有关部门的湿地保护意识普遍增强。在国土、水利、环保等部门制定的规划中，均涉及湿地保护，尤其是滨海滩涂的保护与利用。许多省份召开了湿地保护管理工作会议，部分省份已经批准或正在编制省级湿地保护规划。

（二）政策和法规体系建设

我国湿地立法正在稳步推进，政策研究和标准制定取得新进展：从 1998

年起，国家林业局就开始组织对中国湿地保护有关立法问题进行了系统研究，并在完成前期研究、国内外立法调研的基础上起草了“湿地保护条例”。根据我国湿地保护工作现状，湿地保护立法的基本方针确定为“全面保护、生态优先、科学恢复、合理利用、持续发展”。立法以保护为核心，强调将湿地作为特殊生态系统从整体上进行保护；在保护的基础上，合理利用湿地，限制湿地无序开发。国务院法制办对“湿地保护条例”非常重视，已决定把湿地立法列入国务院立法计划。同时地方立法工作取得新进展，黑龙江、甘肃、湖南、陕西、广东、内蒙古、辽宁、宁夏、四川、吉林、西藏11个省（自治区）已相继出台生效，管辖范围近国土面积的50%，现在不少地方正在审议本地区的湿地保护条例。我国部分省份在保护本辖区湿地资源所进行的积极探索，为我国湿地专门立法积累了宝贵的经验。同时国家林业局还开展了湿地重大政策的研究工作，启动了湿地生态补水机制研究，开展了黄河流域生态补水的调研工作。进一步推进标准化建设，湿地保护恢复技术标准研究获得重大进展，国家林业局出台了《国家湿地公园管理办法》、《国家湿地公园总体规划编制导则》、《国家湿地公园验收办法》，福建、江西等省出台了湿地公园管理办法，包括《湿地公园规划导则》、《湿地公园的建设规范》、《湿地公园检查验收办法》等，这些标准和规范对促进科学管理、推动湿地公园健康发展起到了很好的作用。

建立了湿地生态补偿制度，并得以示范推广：近年来，中央对于湿地生态效益补偿工作重视程度有了进一步提高，且取得了重大的政策突破。2009年专门就湿地生态效益补偿试点问题作了明确规定。《中共中央国务院关于2009年促进农业稳定发展农民持续增收的若干意见》（中发［2009］1号文件）明确要求：“启动草原、湿地、水土保持等生态效益补偿试点。”《国务院办公厅关于落实中共中央国务院关于2009年促进农业稳定发展农民持续增收若干意见有关政策措施分工的通知》（国办函［2009］16号）进一步明确：“启动草原、湿地、水土保持等生态效益补偿试点工作，由财政部会同国家林业局、水利部、农业部、环境保护部等部门负责落实。”建立湿地生态效益补偿制度，是认真履行《湿地公约》的迫切需要，是正确处理各种利益关系、实现和谐保护湿地的迫切需要，是建设生态文明社会的需要。经过充分调研，目前国家林业局已经在全国开始了湿地生态效益补偿的试点工作，2010年、2011年中央财政专项每年投入2亿元资金在国际重要湿地、湿地自然保护区和国家湿地公园开展湿地保护补助工作，极大地提高了重要湿地保护管理能力。

（三）保护管理体系建设

近年来，我国采取了一系列措施加强湿地保护管理工作。为加强全国湿地保护管理和国际履约工作，2005 年，经中央编制委员会办公室批准，在国家林业局专门成立了湿地保护管理中心（中华人民共和国国际湿地公约履约办公室）。各省份还建立了湿地保护管理专门机构。1999 年 9 月，吉林省湿地研究中心成立，这是我国第一个地方成立的专门针对湿地保护的研究所。山西省湿地保护管理工作协调领导组、青海省湿地保护管理工作领导小组成立副省级湿地保护领导小组，同时在吉林、江西、重庆、四川、甘肃、湖北、辽宁等 14 省（直辖市）也成立了湿地保护管理的专门机构。

我国于 1975 年在青海青海湖建立了第一个湿地鸟类自然保护区；1979 年在黑龙江扎龙建立了第一个内陆沼泽湿地自然保护区；1980 年，又建立了新疆巴音布鲁克、海南东寨港、吉林莫莫格和吉林向海自然保护区；1982 年，在山东长岛建立了第一个海岛湿地型自然保护区。经过多年努力，截至 2010 年年底，全国共有湿地类型自然保护区 550 多个，国家湿地公园 140 多个，纳入湿地保护体系的自然湿地面积 1820 万 hm^2，占自然湿地总面积的 50.3%。政府主导、全民参与湿地保护的工作局面正在逐步形成。这些保护区的建立对保护典型湿地生态系统、大江大河源头、主要河流入海口、候鸟繁殖和越冬栖息地等发挥了极其重要的作用。实践表明，建立自然保护区对湿地进行严格就地保护是保护天然湿地最积极、最直接、最有效的途径和措施。

（四）调查监测和科学支撑体系建设

为了全面掌握湿地资源情况，为有效保护和合理利用湿地提供科学依据，国家林业局在财政部等有关部门的大力支持下，从 1995 ~ 2003 年，历时 9 年，开展了新中国成立以来的首次大规模的全国湿地资源调查工作，对全国除香港、澳门特别行政区和台湾省外的 31 个省（自治区、直辖市）面积超过 100hm^2 的湖泊、沼泽、河流、滨海湿地、库塘进行了比较全面、系统的调查。

本次调查参考了《湿地公约》的湿地定义和分类系统，在调查范围、方法、强度、手段等方面与以往的各专项调查均存在一定的差异。首次全面系统地查清了全国面积 100hm^2 以上的湿地类型、面积与分布。全面系统地查清了全国湿地高等植物的区系组成、珍稀湿地植物及其分布等。首次全面系统地查清了全国湿地两栖类、爬行类、鸟类、兽类和鱼类资源的区系组成、珍稀种类、地理分布和栖息地状况。

2009 年，在中央财政的支持下，开展了第二次全国湿地资源调查工作。

这次调查的湿地面积是从8hm^{2}起调，这个调查面积与《湿地公约》规定的湿地调查面积相接轨。同时第二次调查主要采用先进的3s技术，并结合已有的统计资料，加大调查的科学性和时效性。2009年对黑龙江、江苏、广东、吉林等6个省做了湿地资源的试点调查，同时对调查结果进行了评估分析。在利用试点工作成功经验的基础上，陆续启动了其他省份的湿地资源调查。截至2010年年底，已经完成15个省（自治区、直辖市）的调查，全国调查工作预计2012年年底完成。

针对沼泽、湖泊、滨海等专项调查也曾先后开展。20世纪70年代中期以来开展了全国的湖泊调查，基本摸清了全国湖泊的贮水量与水质状况；70年代末至80年代初期开展了全国海岸带和海涂资源调查；1992~1996年，中国科学院开展了“中国湖沼系统调查与分类系统”研究，在此基础上出版了《中国沼泽志》和《中国湖泊志》。近15年来，国家科技部、自然科学基金委等部委相继启动了各类国家级湿地研究项目170多个。包括国家重大基础研究发展计划（973计划）11项，国家重大高技术研究发展计划（863计划）3项，引进国际先进林业科学技术计划（948计划）7项，行业专项4项，科技部科技支撑项目4项，国家自然科学基金140多项，省、市地方科技项目、横向协作项目数百个。这些项目涉及湿地资源调查及监测、湿地保护基础研究、湿地恢复技术研究、湿地与全球气候变化、湿地净化水质技术及其机制研究、湿地演变基础理论研究等。到2009年为止，科技部公布的同湿地研究有关的科技支撑项目主要有“黄河健康修复关键技术研究”、“东北地区水资源全要素优化配置与安全保障技术体系研究”、“极地科学研究”、“流域洪水预警预报及风险管理关键技术研究”、“水库大坝安全保障关键技术研究”、“重大工程建设区生态恢复整治技术研究”、“典型脆弱生态系统重建技术与示范”、“城市生态规划与生态修复的关键技术研究与示范”、“罗布泊盐湖资源综合开发利用关键技术研究”等多个项目。与此同时，国家相关部门还在全国范围内开展了退耕还林、还湿、还草工程，有效地改善了流域和湿地周边地区的生态状况。主要工程有：在三江平原滞洪区、天津塘沽、衡水湖等地区实施退耕还泽（滩）工程；在三江源、川西若尔盖高原、新疆艾比湖、青海湖等地区实施恢复湿地植被工程；对富营养化程度严重的湖泊湿地，通过湿地植被的重建和恢复，改善湿地生态，在鄱阳湖、洞庭湖、巴音布鲁克、居延海、黄河中游、三峡水库和密云水库等区域实施栖息地恢复工程；全面开展珊瑚礁生态系统的保护和恢复工作和在沿海退化红树林地区实施红树林恢复工程；上述工程已经并正在陆续实施。所有这些项目或计划的设立都为我国湿地科学的稳固发展提供并创造了良好的契机。

基础研究平台建设和人才培养是湿地科学发展的重要基石，也是湿地发展水平的重要支撑。根据目前所掌握的资料，同湿地有关或者直接以湿地命名的省、部级重点实验室主要有：中国科学院湿地生态与环境重点实验室（中国科学院东北地理与农业生态研究所）、国家高原湿地研究中心（西南林业大学）、国家湿地保护与修复技术中心（北京大学）、国家环境保护湿地生态与植被恢复重点实验室（东北师范大学）、滨海湿地生态系统教育部重点实验室（厦门大学）、鄱阳湖湿地与流域研究教育部重点实验室（江西师范大学）、亚热带湿地生态学重点实验室（福建师范大学）、森林和湿地生态恢复与保育四川省重点实验室（四川省林业科学研究院）、涝渍灾害与湿地农业重点实验室（长江大学）、湿地与恢复生态学重点实验室（黑龙江省科学院）。2009 年，东北林业大学还率先设立了全国第一个湿地科学本科专业，对人才等基础平台建设提供了良好的支撑。

2009 年 6 月 1 日，国家湿地科学技术专家委员会成立，确定了未来 3 ~ 5 年湿地保护管理和科学研究的工作方向。国家湿地专家技术委员的成立为解决我国湿地保护管理的重大课题，推动湿地科学研究深入开展，加强湿地保护管理的科技支撑，搭建了一个很好的平台，必将为推进全国湿地保护事业健康发展起到重要作用。

（五）履行《湿地公约》和开展国际合作

1971 年，18 个国家代表团，5 个观察员国家和几个政府间和非政府间组织相聚伊朗拉姆萨尔，通过了《湿地公约》文本。伊朗作为东道国率先宣布它愿意提供其国内的一处具有全球意义的湿地与适当的国际组织共同管理，以起到为全人类利益保护和经营湿地的榜样作用。《湿地公约》是世界上第一个国际性的环境公约，并与一些非政府组织合作，如世界自然基金会、湿地国际、鸟类生命国际以及世界自然保护联盟，为国家行动和国际合作提供框架。它致力于通过国家、地区及国际组织促进为湿地管理提供地方性的解决办法。《湿地公约》为各国提供了行动框架，这些行动可以在地区、国家和地方层次上开展。《湿地公约》通过其合理利用概念所促进和支持的综合方案是使湿地继续存在的关键，简单地讲，合理利用即以可持续的非破坏的方式经营并利用湿地资源。

我国是《湿地公约》缔约国，积极履行了公约的各项义务，加强了湿地资源保护管理，特别是在基础设施、能力建设、划定和加强湿地自然保护区的建设和管理等方面做了大量工作，取得了显著成绩。目前中国共有 37 块湿地被列入《湿地公约》国际重要湿地名录，总面积38000km^2。1992年第一批列入名录的中国湿地有6块；1997年香港回归祖国后，米埔国际重要湿地划归中国政府管理；2001年第二批列入名录的中国湿地有14块；2005年第三批列入名录的中国湿地有9块；2008年第四批列入名录的中国湿地有6块，2009年西溪国家湿地公园被列入。中国37块国际重要湿地均建立了保护机构，其中36块为自然保护区，1块为国家湿地公园。扎龙湿地是世界上最大的丹顶鹤繁殖地。盐城湿地是全世界最大的丹顶鹤越冬地，也是国际濒危物种黑嘴鸥的重要繁殖地。若尔盖湿地是世界上最大的高原泥炭沼泽，储存了19亿t左右的泥炭。玛旁雍错湿地是世界上最高的淡水湖泊湿地。这些国际重要湿地已经成为我国保护水禽栖息地和典型湿地生态系统不可替代的重要基地。

我国与国际社会积极合作，启动了一系列湿地保护和合理利用的技术援助项目。1995年启动的全球环境基金自然保护区管理项目，通过加强湿地保护区组织机构、规划设计、技能开发、信息管理和社区参与等工作，提高了我国湿地及其生物多样性保护管理水平；全球环境基金资助的中国湿地生物多样性保护和可持续利用项目，加强了黑龙江三江平原、四川和甘肃的若尔盖、江苏盐城和湖南洞庭湖等4处国家重要湿地的保护和管理工作，还为全国同种类型的湿地保护起到了示范作用；与国际社会共同开展的长江项目、抗洪项目、红树林保护与恢复项目、西洞庭湖航道清淤项目、长江流域造林项目、森林保护和发展项目、生命之河保护项目等多项国际合作项目对我国湿地保护和合理利用起到了促进和示范作用。

第四节　湿地生态系统的目标与选择

一、世界趋势

（一）世界湿地研究

湿地研究最早可以追溯到17世纪，最早的著作可以认为是J·莱兰德（Leland）的《旅行游记》（1535～1543年），他认为沼泽是从森林演变而来的。

17世纪末以前是湿地科学的孕育期。18世纪末到19世纪末为湿地科学创立期，欧洲最早对沼泽物质来源、形成因素、沼泽类型、沼泽演变与分布规律及开发利用都进行了较为系统的探讨，创立了湿地科学基本理论的雏形。

20 世纪初，湿地学进入发展期，学术著作开始出现湿地一词。受益于新技术和新方法的应用，大量湿地研究成果问世，对湿地的认识开始从感性上升到理性，并开始走向系统与综合研究，从而确定湿地科学较为系统的科学理论与方法论，基本形成一门独立的学科。德国沼泽学家韦伯等学者共同建立了“沼泽统一发育过程学说”理论，为湿地科学的主要理论之一。此后一大批湿地著作相继问世，丰富了湿地科学理论。1982 年开始为湿地科学的蓬勃发展期，其标志是在印度召开的第一届国际湿地会议，迄今为止已召开了六届会议。特别是 2000 年在加拿大举办的魁北克 2000——世纪湿地大事件活动在世界湿地科学发展历史上具有里程碑的意义。

（二）世界湿地现状

全球湿地损失严重，湿地保护形势严峻。世界湿地分布广泛，据统计，全球湿地面积 12. 8 亿 hm^2，大约占到陆地表面积的 9%。但由于自然因素和人为因素对湿地生态系统的干扰，使湿地面积大幅度减少。其中主要原因是由于人类对湿地的不合理利用，导致了湿地大面积丧失。从全球范围来看，湿地损失大约 50%。这仅是根据许多工业化国家（西欧，美国东部和中西部，加拿大和部分的亚洲和澳大利亚）已经损失一半以上（经常 90% 或更多）的湿地面积计算的。

全球湿地保护向主流化趋势发展。环境问题“主流化”的概念源于联合国 1972 年发布的《人类环境宣言》。就湿地保护而言，其主流化就是改变公众和机构对湿地功能与效益的认识，使他们从现在开始并长期支持湿地保护与可持续利用。长期以来，供水、灌溉、水电、渔业、交通、旅游等产业的发展更多的是关注湿地某种效益的最大化，而且与基本农田、森林等生态系统相比，湿地保护工作相对比较薄弱，因此，更需要将湿地保护纳入到有关部门的政策、规划和项目之中，实现湿地保护的主流化。

全球层面的湿地保护主流化主要是由国际组织推动的，一系列国际公约是实现全球层面湿地主流化的关键手段。积极推动湿地保护主流化的有《湿地公约》、《生物多样性公约》、《气候变化框架公约》等多边环境协定、全球环境基金（GEF）等多边基金、联合国开发计划署（UNDP）等国际组织以及世界自然基金会（WWF）、湿地国际（WI）等非政府组织。另外，部分双边和多边协议或协定等，如东亚－澳大利亚候鸟保护协定、中国－日本候鸟保护协定等，对湿地保护主流化工作也有促进作用。欧盟等双边援助也是推动湿地主流化的重要力量。

《湿地公约》是湿地保护主流化的重要工具，《湿地公约》秘书处是其主要推动力量。截至2011年7月26日，《湿地公约》共有160个缔约国，建立了1952处国际重要湿地，总面积达1.90亿hm^2。

全球环境基金作为全球最大的支持发展中国家从事环境保护和履行多边环境协定的基金，联合国开发计划署是联合国系统的发展援助机构，都是促进湿地保护主流化的主要力量之一。世界自然基金会也是《湿地公约》的国际合作伙伴，在推动湿地保护的主流化方面具有重要贡献，其重点是促进《湿地公约》缔约国建立湿地保护区和提名国际重要湿地，推动制订保护区管理计划，促进将湿地纳入到流域综合管理框架，进行湿地保护与管理示范、宣传与教育，提供社区可持续生计的小额资助和培训机会等。湿地国际也是《湿地公约》的国际合作伙伴，近期重点关注气候变化与湿地保护，在泥炭地和森林湿地缓解气候变化方面制订评价规则和指标，开展示范项目，对不可持续的工程措施提供替代方案等。

中国作为《湿地公约》的签约国，积极履行职责，建立了中国国家湿地委员会，积极制订湿地保护策略和政策，申报并确定国际重要湿地37块。积极推动与相关国际组织（如联合国开发计划署、全球环境基金和世界自然基金会）、国家（如澳大利亚、德国、日本等）和区域（如东北亚）的合作，开展湿地保护的宣传与教育活动等。

（三）世界湿地保护、开发和利用

当人类认识到湿地资源的真正价值后，必须用新的自然资源观来指导湿地自然资源的保护与利用。《湿地公约》对湿地合理利用定义为："人类福祉与生态系统自然属性相协调的湿地可持续利用。"湿地资源合理利用必须考虑湿地生态系统所能提供的各种服务的利益和价值。湿地的合理利用要以生态经济学原理为指导，以市场为导向，以保护湿地核心区功能和重要湿地为前提，贯彻因地制宜、可持续利用、科学性和实现生态、经济、社会效益最大化的原则。目前，国际湿地利用主要体现在以下两个方面。

1. 工程湿地污染物净化

采用工程湿地净化污染物始于20世纪50年代德国的马普研究所。1988年在美国田纳西州和1990年在英国剑桥召开了人工湿地技术国际研讨会，这标志着湿地系统已经成为一种具有自身特色的废水处理方法。

近20年来，工程湿地净化系统在欧美得到广泛应用。全欧洲已有1万多处、北美有近2万处工程湿地污水处理系统。北美2/3的湿地是自由表面流湿地，其中一半是自然湿地，其余为人工自由表面流湿地。在欧洲应用较多的则是地下潜流系统，特别是在一些东欧国家应用较广。欧洲采用此类系统趋向于对近1000人口当量的乡村级社区进行二级处理；北美则趋向于对人口较多的地区进行高级处理；在澳大利亚和南非，则用于处理各类废水。美国现有800多处工程湿地用于处理市政、工业和农业废水。在丹麦、德国、英国等国，至少有200处工程湿地废水处理系统（主要为地下潜流系统）在运行。新西兰也有80多处工程湿地系统投入使用。美国东部的400多个废水排放点是通过工程湿地系统处理后再进入地下水、河口、河流和湖泊的。另外，亚洲、大洋洲和拉丁美洲也在越来越多地建造工程湿地污水处理系统并投入运行，广泛用于处理生活污水和各种工农业废水。

目前，工程湿地处理技术在发达国家已被成功地用来处理各类水体，包括日常生活污水、家畜与家禽的粪水、尾矿排出液、工业污水、农业废水、垃圾渗出液、城市暴雨径流等。研究表明，城市污水在3～5h内流过200余hm^2的沼泽湿地后，硝酸盐即可减少63%，磷减少57%；$2hm^2$湿地可净化$200hm^2$农田径流中过剩的氮和磷。在美国佛罗里达州，城镇废水经过柏树沼泽后，98%的氮和97%的磷被吸收和净化。

2. 发展湿地生态旅游

由于湿地在美学、教育、文化、宗教、民俗、音乐等方面具有独特功能，因此其在生态旅游发展中的地位极其重要，如美国的大沼泽、秘鲁的喀喀湖、澳大利亚的大堡礁等湿地旅游已成为当地重要的经济活动，湿地观鸟游、湿地植物观赏、河口瀑布观赏和湿地教育游等生态旅游在发达国家和地区已非常普及。在湿地开展生态旅游，不仅能促进区域经济可持续发展，实现对湿地生态环境的积极保护，还可以对旅游者进行生动的环境教育，推动生态文明建设。

湿地类型多样，资源丰富，发展生态旅游潜力巨大。湖泊湿地和江河湿地的秀丽景色、沼泽湿地原始景观和珍稀水禽，向来是旅游者的理想目的地。在美国，仅湖泊湿地开展的垂钓收入就很可观。

香港米埔湿地是充分发挥湿地自身资源特点开展湿地旅游的全球典范。米埔沼泽地位于香港新界西北与广东省深圳市交界处，面积$380hm^2$。1973年定为禁猎区，1976年宣布为具有特殊科学研究意义的地区，后由世界野生动物基金会香港分会设立了野生生物教育中心和自然保护区，米埔沼泽1995年被列入国际重要湿地名录。米埔沼泽湿地是香港面积最大的湿地，且是香港最大的红树林区；同时，米埔也是国际知名的候鸟重要集中地，分布有4%的濒危鸟类。香港米埔湿地利用自身特点，在湿地观鸟、科普教育等方面而著称。科普教育方面，湿地鸟类环志开始于1966年，每年冬季调查统计始于1979年，世界野生生物基金会香港分会的教育中心于1986年开发，可提供一些简单的湿地野外试验。该教育中心作为香港环境教育基地，每年参观的民众达数万人次。

发展湿地生态旅游，要根据不同的湿地类型特点和区域社会经济文化条件，选择不同的湿地生态旅游发展模式。基于社区共管的生态旅游，是有效解决区域湿地保护和经济发展的典型模式。例如，位于墨西哥南太平洋海岸瓦哈卡州的窗口（西班牙语为Ventanilla）海岸社区居民在当地开发了湿地旅游活动，自发成立了社区管理机构，并得到了政府、非政府组织的支持。整个社区的经济发展都直接或间接地依赖生态旅游业。同时，当地的社区自觉地对自然资源的管理，对环境与地方特色文化的认同，又是生态旅游可持续发展的不可缺少的条件。因此，最终实现了野生动物及其栖息地的保护、环境保护教育、自然资源持续利用和社区经济发展的同时实现。

目前，在国际积极发展湿地旅游业的同时，更加重视湿地系统及珍禽栖息环境的保护，根据旅游市场的客观需求，全面分析、论证与规划湿地区的开发计划，总体布局景区体系、景点建设、旅游形式、旅游容量、旅游设施、服务体系、公用工程、生态保护、污染防治等，坚持有限开放、强化管理的原则。

（四）多形式管理措施和分部门管理体制

寻求优化区域社会经济发展和湿地生态系统有效保护之间的平衡，是湿地管理的途径。从国内外经验来看，主要的管理措施包括：立法、机构建设、政策与规划、科技支撑、公众参与、宣传与公众意识等。由于各国的体制与文化的不同，不同国家在湿地管理方面所采取的措施也不尽相同。

立法、政策与规划方面，多数国家立法中是将湿地的要素（如水、土、气、生等）纳入到不同的立法框架中，按照法律授权由相应的部门来对湿地要素进行分别管理。同时，许多国家都出台了湿地保护与管理的政策，制订了相关规划和实施计划等，这都是国家层面开展湿地保护与管理的基础和核心。有些国家还明确了湿地保护的目标和监督评价机制。

南非被认为是一个有湿地保护立法的国家，但其法律授权仍来自于《水法》。据调查，1970年南非大约有10%的水以保护洪泛平原、河口和野生动物饮用水等环境为目的。1990年，南非首次为了“环境目的”实施了湿地补水行动。1998年，南非通过了新《水法》，进一步明确了只有“人类基本用水和水生生态系统用水才有绝对水权”（即在任何情况下都要优先保障供给），其中水生生态系统用水是指“可持续地维持水生生态系统所需要的水量与水质”。另外，该《水法》也明确了以流域为单元进行水资源管理的基本原则。

美国从20世纪60年代起，联邦政府和州就已经开始立法保护湿地，并广泛开展湿地科学研究工作。1977年通过总统令改变了鼓励湿地开垦的政策，开始实施湿地保护；在1977年的《清洁水法案》中404条款和1985年的《食物安全法案》中有关“沼泽”条款中有湿地保护的内容。1987年，在“国家湿地政策论坛”上提出的湿地“零净损失”目标最初是“任何地方的湿地都应该尽可能地受到保护，转换成其他用途的湿地数量必须通过开发或恢复的方式加以补偿，从而保持甚至增加湿地资源基数”。1989年通过了《北美湿地保护法案》，1993年颁布了《国家湿地政策》。2004年小布什总统提出了美国湿地保护的新政策，提出除了防止失去湿地（零净损失）以外，还将扩大美国湿地。即美国不仅要保护好现有的湿地，而且要使总体湿地面积和质量有一个大的增长。并提出了具体的实施目标：在未来的5年内，美国将恢复或新建、改善和保护湿地的面积达到300万英亩（约为121.4万 hm^2）。

加拿大湿地管理以《候鸟公约法》、《联邦野生动植物法案》、《国家公园法案》、《联邦海洋法案》、《联邦渔业法案》、《联邦环境评估法案》以及《联邦所得税法案》中涉及湿地的相关条款为法律基础。虽然加拿大没有制定专门的湿地保护法律，但是为了履行《湿地公约》缔约国的法律义务，加拿大政府于1991年专门制定了《加拿大联邦政府湿地保护政策》。

1997年1月，澳大利亚颁布了《国家湿地政策》，该政策成为澳大利亚湿地保护的重要文件。各州根据该《政策》制定湿地保护的战略和行动计划。

乌干达政府一直重视对湿地的保护。1999年制定的湿地保护和利用法规明确规定，不管是在国有土地还是在私有土地上的湿地一律受国家法律的保护，湿地利用必须以不使其退化、不影响其生态现状为前提。2000年制定了《国家环境（湿地、河岸及湖滨）管理条例》，同时制定了相关湿地保护的政策，包括对湿地水资源管理、湿地的可持续利用、供水与废水处理、湿地土地权属及其利用以及环境评估等。

韩国对湿地保护进行了专门立法，20世纪末到2007年韩国对《湿地保护法》进行了两次修改，为配合《湿地保护法》的实施，2005年韩国政府发布了《湿地保护法实施令》，明确了进一步加强湿地保护相关实施规定。

管理体制方面，西方多数国家采用“分部门管理湿地”的体制安排。美国、加拿大等是“分部门管理湿地”的典型国家，如美国陆军工程团是负责湿地管理的主要部门，但其他相关部门也有一定的湿地管理权限。其中陆军工程兵团负责供水与水污染管理；环保局负责湿地物理、化学、生物原始完整性；鱼类与野生生物事务局负责管理鱼与野生生物；国家海洋与大气管理局负责国家海岸资源，农业部自然资源保护局负责保护湿地不受农业活动影响。美国联邦政府中涉及湿地管理的机构很多，各部门之间难免有很多摩擦、冲突和矛盾，大多数情况下通过机构双边协商就能够解决，如果不能解决必须由总统裁决甚至通过司法程序。同时，历届总统往往都在白宫设立领导和协调性质的临时性机构，领导全国湿地计划的实施并协调部门间关系。

在加拿大，加拿大野生生物保护局负责湿地管理，但加拿大渔业、农业等部门也有一定湿地管理权限。为了解决湿地分部门管理可能存在的冲突，部分国家采用了《湿地公约》所建议的成立国家湿地委员会的做法。该类委员会一般是有中央政府（联邦政府）授权，委员来自负责湿地管理的不同部门，有些委员会还有非政府组织的代表。该类委员会一般一年召开一次会议，负责对湿地保护重大问题的决策，而日常湿地管理与协调的任务由该委员会的委托机构来承担。

在科技与教育方面，许多国家将湿地科学研究纳入国家科技体系，如美国成立了国家湿地研究中心，许多国家有专门的湿地监测机构，有大学开设湿地教育课程进行人才培养。但与农田与森林生态系统的研究与教育相比，湿地的科技与教育水平还比较低。

总之，目前随着各国对湿地保护工作的重视程度加大，逐渐建立了相对完善的湿地保护的法律法规及政策体系，健全了湿地保护的管理机构，加强了湿地保护部门之间的协调机制，注重非政府组织、相关利益方的积极参与，同时加强了对湿地的监测、评估与恢复工作，使湿地得到较好的保护。

二、整体思路

党的十七届五中全会提出了“保护好湿地”的明确要求，为加强湿地保护工作指明了方向。“十二五”期间，国家湿地管理部门将按照中央的一系列决策部署，继续谋划实施好国家湿地保护工程，加快构建湿地保护长效机制；促进湿地公园健康发展，进一步完善湿地保护体系建设；系统加强湿地保护科技支撑，研究建立湿地生态系统健康、功能和价值评价指标体系；认真履行《湿地公约》，进一步扩大国际合作；加强国际重要湿地建设和管理，维护我国良好的国际形象；广泛开展宣传教育，提高全社会湿地保护意识。

湿地保护管理的总体思路和主要目标是：以维护湿地生态系统健康为主要目标，正确处理保护与利用的关系，严格保护自然湿地，科学修复退化湿地，积极推进示范工程建设，大力夯实基础工作，积极推动湿地立法工作，逐步理顺体制机制，继续完善湿地保护体系，全面加强湿地国际合作，充分发挥湿地生态系统的多种功能，为发展现代林业、建设生态文明、推动科学发展做出新贡献。力争到2015年，使我国自然湿地保护率达到55%，初步缓解湿地面积减少和功能退化的趋势。

（一）指导思想

在评估、总结《全国湿地保护工程实施规划（2005～2010年）》实施情况的基础上，根据《全国湿地保护工程规划（2002～2030年）》的总体部署，以保护湿地资源，建设生态文明，促进经济社会可持续发展为总体目标，加大湿地生态系统的整体保护，以流域为单元进行保护布局，在项目安排上重点考虑对全局工作有重要影响的国际及国家重要湿地、湿地保护区和国家级湿地公园，同时对沿海湿地、高原湿地、鸟类迁飞网络、对气候变化有重大影响的泥炭湿地以及跨流域、跨地区湿地给予优先考虑，形成国家层次示范效果。同时，加大对科研、宣传、管理、培训以及执法的能力建设，加强湿地保护的对外交流与国际合作，加大对湿地社区的扶持力度，开展湿地资源合理利用的示范，促进湿地保护事业的健康发展。

（二）规划原则

（1）与时俱进，稳步发展。根据最新的湿地资源调查数据以及湿地保护的发展形势，以已经实施的“十一五”湿地保护工程为基础，对《全国湿地保护工程规划（2002～2030年）》阶段目标进行全面落实，同时，衔接国家、各部门已经批准实施的其他相关规划。

（2）因地制宜，保护优先。以流域为单元，根据我国湿地保护存在的主要问题和面临的新形势，因地制宜，保护优先，合理布局，加强湿地区生态系统以及保护网络系统的整体规划和保护，突出保护和治理的整体效果。

（3）全面规划，突出重点。在建设内容上，要改变“十一五”湿地规划项目中措施单一或者主要进行基础设施建设的情况，采取综合措施，通过建立自然保护区、加大水资源管理、控制污染、防治有害生物等综合措施对有重要影响的国际重要湿地、国家重要湿地进行生态综合治理（备注：湿地公园投资重点仅限于湿地保护与恢复等公益性建设项目）。

（4）强化管理，试点带动。加强湿地保护管理和协调，尤其要加强湿地保护管理能力建设和政策研究，同时，选择合适的湿地区开展社区管护等试点示范。

三、发展目标

（一）党和国家领导人关于湿地保护的重要指示

党和国家领导人高度重视湿地保护工作，多次做出重要指示，为我国湿地保护事业指明了方向。

中国共产党第十七次全国代表大会上胡锦涛总书记在报告中将全面落实科学发展观，建设生态文明，基本形成节约能源资源和保护生态环境的产业结构、增长方式、消费模式提到了发展战略的高度，要求到2020年全面建设小康社会目标实现之时，使我国成为生态环境良好的国家。2005年，胡锦涛总书记在中央人口资源环境工作座谈会上指出：一些地区地下水下降，湖泊萎缩，湿地减少，生态功能下降等生态问题十分突出。要继续实施以生态建设为主的林业发展战略，大力加强六大林业重点工程建设，加大荒漠化防治和湿地、野生动植物资源保护力度，防止已经有所改善的生态状况出现反复。

2002年，江泽民在中央人口资源环境工作座谈会上指出：我国湿地保护面临严峻挑战。由于围湖造田、围海造地、滩涂开垦等，我国天然湿地日益减少。随着工业发展，大量污水涌入湿地，造成大批植被和水生生物死亡。加强湿地保护刻不容缓。要有针对性地开展湿地保护宣传教育，提高广大干部群众对湿地保护重要性的认识。要严格控制湿地资源开发，在具备条件的地区要采取抢救性措施建立一批湿地保护区，同时要管理好已经建立的湿地保护区。

温家宝总理也曾经明确指出，保护湿地是生态环境建设的一项重要工作，要制定法规，采取综合措施，严禁在湿地开垦和造田。要积极推进生态治理工程，实施湿地保护和恢复工程。回良玉副总理也强调要加强湿地保护，这是实现人与自然和谐发展的重大举措。

（二）中长期规划和“十二五”规划的战略思路

总体目标：通过湿地及其生物多样性的保护与管理，湿地自然保护区建设、污染控制、土地利用方式调整等措施，全面维护湿地生态系统的生态特性和基本功能，使我国自然湿地的下降趋势得到遏制。以区域水资源承载能力和水环境容量为基础，通过加强对水资源的合理调配和管理，在重点生态区域开展退化湿地的恢复和治理等措施，逐步恢复一批自然湿地及其生态功能。同时，建立自然湿地改变用途许可制度和湿地生态监测、生态风险评估、质量变动报告制度，通过湿地资源可持续利用示范以及加强湿地资源监测、宣教培训、科学研究、管理体系等方面的能力建设。以能维持生态系统自然特性的方式，可持续地利用湿地，全面提高我国湿地保护、管理和合理利用水平，从而使我国的湿地保护和合理利用进入良性循环，保持和最大限度地发挥湿地生态系统的各种功能和效益。将湿地保护与湿地资源的可持续利用良好地结合起来，对人类健康和福利做出贡献。

近期目标（2011～2020年）：进一步加强我国湿地保护区网络建设、建立和完善湿地保护的法制法规体系、管理体系、科研监测体系建设，全面提高我国湿地保护、管理和合理利用能力，建立人工湿地高效利用示范和技术推广机制，使60%以上自然湿地得到有效保护，实现自然湿地无净损失，湿地生态环境得到明显好转。湿地保护的重点为：新增湿地自然保护区120处，新增国际重要湿地30处。湿地生态恢复示范建设重点为：开展退化湿地生态恢复12万hm^2，进行湿地生物多样性恢复22万hm^2，红树林保护与合理利用示范工程6.3万hm^2。湿地合理利用重点工作为：建立五种类型的湿地可持续利用示范区共20处。能力建设重点为：投资60000万元用于科研监测体系、宣传教育体系和保护管理体系建设。

中长期目标（2021～2050年）：全面提高我国湿地保护和合理利用法制化、规范化和科学化水平，使我国的湿地资源保护和合理利用进入良性循环。到2050年，使全国湿地自然保护区达到713处，国际重要湿地80处。建立油田开发湿地保护、富营养化湖泊生物治理和水资源调配和管理工程的示范模式，完成退化湿地生态恢复83万hm^2、湿地生物多样性恢复46万hm^2，红树林保护与合理利用示范工程12万hm^2。形成布局合理的湿地生态监测网络体系、科研和生态恢复技术开发体系。建立比较完善的湿地保护、管理与合理利用的法律、政策和监测科研体系。形成较为完整的湿地区保护、管理、建设体系，使我国进入湿地保护和管理的先进国家行列。

（三）中国湿地可持续发展战略研究

1. 加强自然湿地的保护工作

以防治的方式保护湿地及其生物多样性，如保护区的划定、保持湿地的自然或半自然状态，以及可持续的森林管理等，是拯救湿地及其生物多样性的必要手段之一，也是最直接、有效和经济的管理措施。

全面评估我国湿地生物多样性资源现状及其保护、管理状况。加强对湿地生物多样性的管理，实施湿地生物多样性重点保护工程。以保护我国湿地生态系统和抢救湿地野生动植物种多样性为重点，重点在我国生态脆弱地区、具有湿地生态系统代表性、典型性并未受破坏的湿地区域、湿地生物多样性丰富区域等抢救性新建一批不同级别、不同规模的湿地自然保护区，形成完善的湿地自然保护区网络，解决自然或半自然湿地保留面积低的问题。采取有效措施，加大对已建湿地自然保护区的监管、投入力度，重点解决保护管理水平低下、湿地生态功能受损问题，使湿地生态系统、野生动植物及其栖息地得到有效保护。

制定与湿地保护相联系的水资源管理战略，加强水资源开发对湿地生态系统及与之相关的生物多样性影响预测、监测；制定区域或流域性的湿地保护、恢复以及相应植被恢复的综合规划，统一协调区域或流域内的湿地保护工作。遏制河流流域生物多样性衰减趋势，特别对鱼类和两栖类野生动物，推进实行河流流域性的综合管理，以确保其生存；注重通过维护自然水系，维持、保护自然湿地。

在一些重要湿地区域，建立由当地湿地主管部门（或保护机构）和社区共同参与的湿地保护和管理委员会，由当地社区参与制定湿地保护和管理计划、区域经济文化发展规划等，使得湿地保护和管理的政府行为中充分体现当地社区的利益。

2. 大力推进退化湿地的生态恢复工作

根据2003年3月16日在日本召开的“第三届世界水论坛”大会上，世界水理事会的世界水行动小组的评估，当前湿地恢复是全球重大的活动。其含义包括恢复和重建退化湿地生态系统、促进受威胁的湿地物种的恢复。湿地恢复是以恢复生态学为科学基础的，尚需要时间、人力和财政能力的支持。

湿地的退化是由于多种自然或人为因素干扰的结果，因此湿地恢复重建项目首先必须考虑：一是排除湿地干扰因子；二是水文状况的恢复与水管理；三是富营养化的处理；四是盐化的处理；五是湿地植被的恢复。

按照我国有关节约保护资源、加强生态建设、实现永续利用的要求，在过度开垦造成湿地退化的地方，下决心有计划、分步骤地实行退田还湖（还泽、还滩），逐步恢复湿地生态功能及其野生动植物资源。对因不合理利用水资源，造成江河下游自然湿地区域退化甚至丧失的地方，要采取措施，恢复自然水系或建立湿地的生态用水保障机制，使退化湿地得以逐步恢复，发挥其生态功能；在有条件的地方，应因地制宜采取工程或人工措施促进恢复湿地。制定重要江河的水资源保护规划，合理划分水功能区，确定河流水体的纳污总量和各种污染物的排放总量，对排污实施总量控制；建立保护水资源、修复生态系统的经济补偿机制。优化配置水资源。根据水资源承载能力和水资源状况确定全国、流域和省区水资源配置方案及水资源宏观控制指标体系和水量分配指标，按水量配额统筹兼顾生活、生产和生态用水。

3. 促进湿地资源的合理利用

对湿地资源的开发利用制定科学的规划，实现统一规划指导下的湿地资源保护与合理利用的分类管理。近期的湿地资源利用应首先服从于湿地资源保护的需要，禁止改变自然湿地用途、制止过度利用和不合理开发，使资源得以逐步恢复，形成良性循环。选择具有开发潜力、又有示范意义的区域和项目，多形式地开展湿地资源可持续利用示范区建设，如生态农业和生态渔业相结合，湿地多用途管理等示范区，并将其成果与管理体制紧密结合，开展技术推广和交流。结合退田还湖、因地制宜发展湿地农业建设、发展水生蔬菜、水生饲料、水生经济作物、水产养殖和高产的深生水稻等。充分发挥我国湿地景观丰富多样的特点，积极推进湿地生态旅游，建立不同类型的湿地特色旅游示范区，开展湿地保护与合理利用优化模式的试验，为不同生态类型的湿地合理利用提供可资借鉴、推广的示范模式。

4. 提高湿地保护与合理利用的可持续发展能力

在国家可持续发展战略框架下，尽快完善湿地保护与合理利用的方针、政策。将湿地保护、水资源的综合管理、环境规划、生物多样性保护、国土利用规划、国际公约等与湿地保护立法协调一致。建立国家主管部门组织协调与多部门分工合作的管理机制。推动湿地保护立法和加强现有湿地法律法规的执行，制定有利于湿地保护与合理利用的财政政策、金融扶持政策。

为了从根本上解决湿地保护管理所面临的严峻问题，首要的行动应是尽快制定湿地保护与合理利用的专门法律或法规，以法律形式确定湿地开发利用的方针、原则和行为规范，明确各级、各行业的机构权限以及管理分工，规定管理程序及对违法行为的处理方法和程序等，为从事湿地保护与合理利用的管理者、利用者等提供基本的行为准则。成立由林业、国土、农业、水利、环保、海洋等各部门组成的全国湿地保护协调小组，建立全国湿地保护与合理利用共同合作的有效管理机制。同步建立国家湿地保护与可持续发展研究科学咨询委员会，以指导我国湿地科学研究，并为我国湿地研究项目评估和开发项目、咨询评审等提供科学咨询。

5. 实施国家湿地保护生态工程

未来10年，湿地保护的重点工程包括：在太湖、巢湖、阳澄湖、乌梁素海、滇池和环博斯腾湖上游地区，开展富营养化综合治理工程。在三江平原滞洪区和生物多样性丰富地区，开展退耕还泽工程。在天津塘沽、衡水湖、秦皇岛等区域，进行退化和被改造滩涂湿地的恢复与重建。在三江源和青海湖地区，通过退牧还草、封沙育草、休牧（轮牧）育草等措施，遏制湿地区域的土地沙漠化趋势，逐步恢复原有湿地生境。在若尔盖高原湿地区，通过退牧还泽和湿地野生植被恢复等措施，恢复自然湿地。在新疆艾比湖周边地区，逐步恢复原有的水源，通过湿地植被恢复工程，改善湖边地区的植被状况和生态条件。在洞庭湖、鄱阳湖区，恢复水禽栖息地。在江汉湖群，开展退田还湖，进行自然河湖关系恢复性试验，恢复自然湿地。在巴音布鲁克区域，进行孔雀河下游至罗布泊湿地恢复，拯救动植物栖息地。在居延海湿地，配合国务院的黑河分水用水工程，结合退牧还草等工程措施，进行湿地及其野生动物栖息地的恢复和湿地植被重建。在淮河流域，通过退田还湖（还滩）和控制污染等措施恢复湿地野生动植物栖息地。在黄河中游湿地及周边区域，通过加强保护、引水及植被恢复等措施恢复水禽栖息地。在三峡水库、密云水库等大型人工湿地区，进行水禽保护和野生动植物栖息地建设。在海南、广东和福建省沿海退化红树林地区，进行红树林保护与生态恢复工程。在黄河源区的扎陵湖-鄂陵湖核心区、澜沧江源区的果宗木查湿地核心区、长江源区的年保玉则湿地核心区、格拉丹东雪山核心区、向海国家级自然保护区核心区和若尔盖国家级保护区核心区，进行湿地生态移民工程。同时加强湿地调查、监测和科研技术体系建设，重点进行湿地保护管理体系和规范湿地保护与合理利用管理秩序等能力建设。

四、对策选择

（一）积极推进《湿地保护条例》的出台

当前，要在前期工作的基础上，抓紧时间征求各有关方面的意见，力争尽快出台“条例”。在立法中，要根据我国湿地保护工作现状，贯彻“全面保护、生态优先、科学恢复、合理利用、持续发展”的基本方针。立法要以保护为核心，将湿地作为特殊生态系统从整体上进行保护，在保护的基础上，合理利用湿地，限制湿地无序开发。

（二）组织实施好湿地保护恢复工程，加快国家湿地公园的建设步伐

要加大投入力度，组织实施好国家湿地保护重点工程，加强对湿地保护工程项目建设的指导和监督检查，确保工程建设取得实效。同时，要进一步加快国家湿地公园建设的步伐，组织制定湿地公园建设标准、评价标准及总体规划导则，加强对湿地公园建设的指导和管理，建设一批不同类型、各具特色的国家湿地公园。

（三）建立规范科学的湿地保护管理秩序

要在国家可持续发展战略框架下，尽快完善湿地保护与合理利用的方针、原则和行为规范。明确管理秩序、行为准则，将湿地保护、水资源的综合管理、国土及环境规划、生物多样性保护、国际公约等与湿地保护立法协调一致。建立国家林业局组织协调与多部门分工合作的管理机制。推动湿地保护立法和加强现有湿地法律法规的执行，制订有利于湿地保护与合理利用的财政政策、金融扶持政策。加强湿地保护与恢复的生态补偿，强调生态补偿主体应多层次，生态补偿途径应多元化，在政府主导的基础上加强国际合作，生态补偿应强调代际公平，应完善湿地生态补偿的相关立法。

（四）加强湿地履约和国际合作，带动国内保护管理工作的发展

履约和国际合作是向国际社会展示我国湿地保护成就的窗口，既关系到中国在生态保护上的国际形象，又能以此吸引国际力量支持我国湿地保护工作。我们要通过开展国际合作和担任《湿地公约》常委会成员国的有利条件，按照《湿地公约》的宗旨，进一步拓展国际合作领域，在更大范围和更深层次参与《湿地公约》的各项事务，更加关注和支持公约在亚洲的发展。一是要根据中国湿地保护管理工作的实际需要，结合亚洲湿地工作的具体情况，为公约提出决议和建议案，促进公约决策体制的完善。二是要加强国际合作，要在原有国际合作的基础上，进一步争取多边和双边合作机会，尽快推出一批资金需求量大、技术含量高的示范项目，争取国际资金和先进技术的支持。三是要支持和帮助亚洲各国开展履约工作，特别是中国所负责协调的 8 个国家，更要经常保持沟通和合作，帮助他们开展公约的履约事务，赢得他们的信任和支持。同时，我们要创造机会发展亚洲其他国家成为《湿地公约》缔约国。

（五）高度重视和切实做好宣传教育工作

要继续把加强宣传教育，提高全民湿地保护意识作为湿地保护管理的基础性工作来抓，做到一手抓工程建设和保护管理工作，一手抓宣传教育工作。要采取多种形式的宣教活动，宣传湿地的重要功能和效益，宣传保护湿地的重大意义，宣传六大林业工程对湿地保护的重要作用，宣传国家有关法律法规。要按湿地规划，建设好全国五大区域的湿地宣传教育培训中心，形成宣教网络。要面向湿地保护的专业人士和社会大众的不同需要，办好科学性刊物和科普性刊物，有针对性地开展宣传教育活动。

第三章　荒漠生态系统

第一节　荒漠生态系统概述

一、概念

荒漠是指包括气候变异和人类活动在内的种种因素造成的干旱、半干旱和亚湿润干旱地区土地退化所形成的地理景观。荒漠生态系统则是荒漠区全部生物（生物群落）和物理环境相互作用的统一体，是地带性干旱气候，或高寒地区地表仅有稀疏植被覆盖或没有植被覆盖，栖息的生物种群和荒漠环境组成的一个独特的陆地生态系统。系统内能量的变动形成一定的营养结构、生物多样性和物质环境，由非生物物质、生产者有机体、消费者有机体和分解者有机体组成。当生产、消费和分解之间，即能量和物质的输入和输出之间接近平衡状态时，系统即发展到相对稳定阶段。系统愈复杂，它就愈稳定，因为当生态系统受到一定干扰时，它能多途径地调节，维持其稳定性，反之则是脆弱的。荒漠生态系统是整个地球生物圈中分布较广的一个系统，涉及全球陆地面积的41.3%，是陆地生态系统的一个重要子系统。

二、类型

根据不同的目的和分类标准，可以将荒漠生态系统划分成不同的类型。

（一）根据自然气候条件和生态系统面临的生态问题的相似性划分

根据自然气候条件和生态系统面临的生态问题的相似性划分，可以将我国荒漠生态系统分为四类。

（1）干旱区荒漠生态系统。主要分布于贺兰山以西，祁连山、阿尔金山和昆仑山以北，主要包括新疆大部、内蒙古西部和甘肃河西走廊等地区。我国90%的沙漠集中于该生态系统，如塔克拉玛干沙漠、古尔班通沙漠、巴丹吉林沙漠、腾格里沙漠、库木塔格沙漠和乌兰布和沙漠。除原生沙漠外，荒漠化土地主要分布在绿洲周围和内陆河的中下游。这一区域年降水量在250mm以下，蒸发量却高达2500～3500mm，在沙漠边缘分布的绿洲的生存完全依靠地表水和地下水灌溉。由于大水漫灌等不合理的水资源利用方式，造成水资源严重浪费，生态用水严重不足，极易导致荒漠植被衰退死亡，同时过牧、樵采、乱挖、滥垦等不合理活动使荒漠植被遭到破坏，造成沙丘活化、沙漠迁移、绿洲萎缩、生态系统功能衰退是这一地区的主要生态问题。

（2）半干旱区荒漠生态系统。主要分布在贺兰山以东，长城沿线以北以及东北西部的荒漠草原和农牧交错区，集中分布着浑善达克、科尔沁、毛乌素、呼伦贝尔四大沙地。这一区域降水量在200～400mm，季节分配极不均匀，易发春旱，使得依靠天然降水维持生长的植被十分脆弱。在干旱背景下，不合理的人为活动导致草场沙化、风蚀沙化、沙丘活化、出现灌丛沙堆和砾质化地表是该区的主要生态问题。

（3）高原高寒区荒漠生态系统。主要分布在青藏高原高寒地带的柴达木盆地、共和盆地和澜沧江、金沙江、怒江、黄河源头、四川西北以及雅鲁藏布江中游河谷，涉及西藏、青海、四川三省份。该区地广人稀，生态环境极其脆弱，一旦破坏极难恢复。

（4）亚湿润干旱区荒漠生态系统。主要分布在河流中下游和三角洲平原，以黄河故道和黄泛区分布最为集中。该区春季干旱多风，夏季多雨，呈现一片绿色，生态系统功能强于其他几类，也易于保护和恢复。

（二）根据地表覆盖物质和地貌特征的不同划分

根据地表覆盖物质和地貌特征的不同，荒漠可进一步划分为：沙漠、沙化土地、戈壁、岩漠、盐漠等。另外，把高寒地区（高山和极地）被冰雪覆盖的地区也称为寒漠，寒漠是荒漠的一种特殊类型。

（1）沙漠。是指地表被深厚沙土覆盖的干旱和极端干旱的荒漠地带。自然因素、地质条件是沙漠形成的基本背景，人为因素在沙漠形成过程中起到一定的加剧作用。风沙活动及地形、植被和基质条件形成起伏的沙丘构成沙漠生态景观。

（2）沙化土地。是指由于气候变化和人类不合理活动导致农田、草场、森林、林地等生物生产力下降，自然植被伤失，地表覆盖沙物质的土地。

（3）戈壁。是干旱、半干旱区由于细物质被吹失后形成的地表组成物质以砾石为主的荒漠景观。植被稀少，地势平坦或呈波状起伏。

（4）岩漠。主要分布于干燥的山地地区，以物理风化和风蚀作用为主，岩石裸露，植被稀少，多蜂窝石等风蚀现象。在我国昆仑山脉、祁连山脉的山前地带分布较广。

（5）盐漠。盐水浸渍的荒漠，分布于荒漠的低洼处，干涸时形成龟裂地，土壤贫瘠，仅能生长少数耐盐碱植物。

此外，根据导致荒漠化的主要营力，把荒漠生态系统分为风蚀荒漠化生态系统、水蚀荒漠化生态系统、盐渍荒漠化生态系统、冻融荒漠化生态系统。根据生态系统植物群落和环境的特征，可划分为矮半灌木荒漠、半乔木荒漠、多汁盐生矮半灌木荒漠、灌木－半灌木荒漠、高寒匍匐半灌木荒漠5种基本生态系统类型。从荒漠生态系统包含的子系统类型看，包括位于干旱区的森林（高山森林）、草原、沙漠、绿洲、湖泊及沼泽、河流等类型或子系统，它们相互影响关联，相互依存，互惠互利。

荒漠绿洲是荒漠生态系统中一个特殊的、充满生机的景观单元，是荒漠生态系统中精华所在（例如我国新疆人口主要集中在占地近5%的绿洲中）。绿洲是干旱地区有稳定的水源可以对土地进行灌溉适于植物生长，明显区别于荒漠景观的地方。绿洲广泛地分布在非洲、亚洲、中南美洲、大洋洲等大陆上，在北美洲等地区也零星出现。绿洲是以干旱荒漠为背景，在干旱荒漠地区几乎都有绿洲分布。绿洲的形成必须依赖于丰富的水资源、合适的地理条件和一定社会环境等条件。

三、分布

全球荒漠生态系统（干旱区）主要分布在南、北纬15°～50°的地带。其中，南、北纬15°～35°为副热带，是由高气压带引起的干旱荒漠带；北纬35°～50°为温带、暖温带，是处于大陆内部的干旱荒漠区。即亚洲大陆的东部、中部和阿拉伯半岛、非洲、澳大利亚的部分地区以及南美洲和北美洲的西部、南部等地。全球荒漠化面积为3600万km^2，占陆地面积1/4，110个国家、10亿人口受荒漠化影响。

荒漠在亚洲和非洲的分布从外阿尔泰戈壁、阿拉善、河西走廊、准噶尔盆地、塔里木盆地、柴达木盆地至帕米尔高原、昆仑山、喀喇昆仑山、哈萨克斯坦、中亚、西南亚直到撒哈拉，几乎连成一个巨大的荒漠带。北美洲西南部从大盆地到索诺拉连成又一片荒漠区。南半球的荒漠分布于南部非洲的纳米布和卡拉哈里盆地。大洋洲中部广布着一大片荒漠区。南美洲的荒漠分布于曼蒂、巴塔哥尼亚和阿塔卡马。

我国荒漠生态系统分布的干旱、半干旱和亚湿润干旱区面积为331.7万km^2，占国土总面积的34.6%。其中荒漠化土地总面积为262.37万km^2，占国土面积的27.33%，占区域总面积的80.6%，远高于全球69.0%的平均水平。该区主体位于大兴安岭和太行山以西、燕山和祁连山以北，然后向南绕过柴达木盆地东部，向西抵达青藏高原西南部。主要分布于新疆、内蒙古、西藏、青海、甘肃、河北、宁夏、陕西、山西、山东、辽宁、四川、云南、吉林、海南、河南、天津、北京等18个省（自治区、直辖市）的大部或一部分地区。

我国荒漠生态系统是欧亚大陆中心温带荒漠生态系统的典型代表，按温度来说，我国荒漠位于温带和暖温带。我国荒漠的地理位置，较其他国家明显偏北，不在副热带高压下沉气流控制的纬度带（南纬30°～北纬30°）内，而是位于青藏高原北侧的中纬度欧亚大陆内部。由于我国荒漠远离海洋，加上周围的高原、大山阻挡了湿润的海风吹入，因此，气候干燥，日照强烈，雨量稀少，气温日较差大，风沙频繁，具有典型的温带大陆性气候特征。

第二节　荒漠生态系统的特征与功能

一、特征

荒漠是地球表面出现的一种自然景观。其自然特征是气候干旱少雨，植被稀少，风大沙多，人口、城市等人文景观较少，是地球表面生态最为脆弱的地区，荒漠化生态系统最突出的特征就是脆弱性和其影响的广泛性。

（1）荒漠生态系统面积巨大、分布广。依据《联合国防治荒漠化公约》秘书处资料，荒漠（干旱）生态系统不仅占到地球陆地表面的41.3%，同时影响着20亿人口的生存状态。荒漠（干旱）生态系统为人类提供的食物占到1/3，世界牧产品的50%产自荒漠（干旱）生态系统。从分布地域看，全球荒漠主要分布在南、北纬15°～50°的地带。其中，南、北纬15°～35°为副热带，是由高气压带引起的干旱荒漠带；北纬35°～50°为温带、暖温带，是大陆内部的干旱荒漠区。

（2）荒漠生态系统具有脆弱性。荒漠生态系统具备了脆弱生态系统的一切性质，对自然与人为干扰，尤其是水土资源开发利用的干扰极为敏感，其响应过程表现在流域中上游人工绿洲形成与发展常以流域下游天然绿洲大面积荒漠化为代价，这在我国塔里木河流域、黑河流域、石羊河流域等荒漠地区的内陆河流域表现尤为明显。荒漠生态系统自然条件恶劣，在严酷的自然环境下所形成的荒漠植被类型结构简单，生态功能脆弱，在自然和人为因素的干扰下，生态环境的小幅波动即可引起整个生态系统的深刻变化。

（3）荒漠生态系统具有不稳定性。生物多样性是生态系统稳定的基础，生态系统关键种的衰退或消失会严重损害生态系统的功能。荒漠生态系统区域植物、动物种类较少。植物呈现出种类少且单种属、单种科多的特点。多数地区植被稀少，覆盖度低，有的呈灌木状或匍匐状生长，主要是一些抗旱性很强的植物类群。由于荒漠生态系统干旱少雨、蒸发量大，土壤瘠薄，再加上人为干扰，荒漠植被的优势种在不断衰退，比如塔里木河流域以胡杨为优势的河岸林和以柽柳为优势种的灌丛植物群落均出现了逆向演替，植被退化趋势明显，生物多样性丧失，群落活力下降，生态生产能力衰退。生物多样性的丧失，导致荒漠生态系统极其不稳定，稍受外力破坏，极易发生恶化。荒漠生态系统生物群落的不断衰退，形成了主要以小乔木、灌木、草为主的植物群落，且一年生植物、短生命植物较多，有的植物生命周期只有几天时间，生物群落极不稳定，稍受人为因素破坏和自然干扰就会衰退甚至消亡。

从微生物群落多样性来看，土壤微生物的多样性与覆盖于土壤上的植被群落的生产力和多样性呈正相关关系，荒漠植物的退化、衰退，土壤的盐碱化、沙化使土壤动物和微生物失去了适宜的生存环境，生物多样性丧失，群落生命活动能力下降，对植物残落物分解能力亦随之下降，土壤肥力下降，相应的土壤所承载的生产力也在下降。荒漠生态系统生物群落的不稳定性决定了系统稳定性差，抗干扰能力弱。

（4）荒漠生态系统地表径流贫乏。在雨量稀少、蒸发旺盛的气候条件下，荒漠地区的地表径流一般比较贫乏，再加上地面物质比较粗糙和疏松、易于渗漏，几乎没有形成常年河流。除乌兰布和沙漠东缘的黄河、科尔沁沙地的西辽河（西拉木伦河）干支流外，我国其他荒漠全属内流区。发源于周围山地的河流绝大部分流向盆地，地表水渗入地下，河流多数有头无尾，形成断头河。河网主要集中在径流形成的山区，水系形状呈倒置的扫帚状。只有少量丰富的大型内陆河可以穿行较长的荒漠地段，其下游尾闾往往有一低洼潴积湖或湿地，或干涸成盲谷。河流则为间歇河或时令河，河流短小，径流不大，靠周围高山融雪补给。

（5）荒漠生态系统生物量低。荒漠地区不仅植物低矮稀疏，而且为了适应干旱的气候，它们的叶子都缩得很小，或者变成棒状或刺状，如梭梭和沙拐枣等。很多植物为了减少蒸腾气孔下陷，角质层加厚。另一些植物营养器官变为肥厚肉质以自身储蓄水分。为了抵抗夏天强烈的阳光，很多植物的枝干表面变成白色或灰白色。因此，荒漠生态系统的生物量很低，荒漠生态系统的初级生产力仅为每年每平方米0.5g，远远低于草原和森林生态系统。就植物量而言，温带荒漠的植物量是11.7t/hm^2，年生长量2.8t/hm^2，亚热带荒漠的植物量为13.9t/hm^2、年生长量为7.3t/hm^2，远比温带落叶阔叶林（生物量为366t/hm^2，年生长量为25.5t/hm^2）为低，当然比亚热带、热带森林更低。

（6）荒漠生态系统破坏容易恢复难。由于荒漠生态系统非常脆弱、极端不稳定，受到自然因素和人为破坏的干扰极易受到破坏，遇到极端干旱，就会发生大面积的植被枯死，过度放牧、过度开垦、乱砍滥伐和不合理利用水资源等不合理的人为活动极易造成荒漠植被的破坏。同时，由于荒漠地区自然条件恶劣，植被建设和恢复的难度大、时间长，所以一旦造成破坏，靠自然力恢复的时间非常长，如果破坏力度超过生态系统所能承受的阈值，靠自然力甚至不能恢复。干旱缺水导致植树造林种草的成活率低、植物生长缓慢，因此，人工建设和恢复的速度慢、难度大。

（7）荒漠生态系统气候条件恶劣，灾害频发。荒漠地区气候干燥、降水极少、蒸发强烈，植被缺乏、物理风化强烈、风力作用强劲、其蒸发量超过降水量数倍乃至数十倍的流沙、泥滩、戈壁分布的地区。荒漠气候具有以下特点：①终年少雨或无雨，年降水量一般少于250mm，降水为阵性，愈向荒漠中心愈少。②气温、地温的日较差和年较差大，多晴天，日照时间长。③风沙活动频繁，地表干燥，裸露，沙砾易被吹扬，常形成沙尘暴，冬季更多。

（8）荒漠生态系统退化（荒漠化）问题严重。依据《联合国防治荒漠化公约》秘书处资料，全世界有10亿人口，100多个国家和地区受到荒漠化影响，荒漠化影响全球44%耕地。全球荒漠化土地仍在扩展，以热带稀疏草原和温带半干旱草原地区发展最为迅速。近50年来，非洲撒哈拉沙漠南部荒漠化土地扩大了65万km^2，萨赫勒地区已成为世界上最严重的荒漠化地区。另据联合国《千年生态系统评估》七份报告中的第3篇《生态系统和人类福祉：荒漠化分析》的报告，荒漠化对生态系统以及最终对人类社会造成负面影响，荒漠化带来的土地退化给20亿旱地居民生活造成了影响，而这20亿人绝大多数很贫困。我国西北、华北北部、东北西部地区每年约有2亿亩农田遭受风沙灾害，粮食产量低而不稳定。有15亿亩草场受到荒漠化影响退化。

二、功能

荒漠生态系统先天不足，与地球其他生态系统对比而言，荒漠生态系统所拥有功能也远比其他生态系统弱，这主要是受荒漠生态系统所处环境条件所致，尤其是干旱少雨以及自身生态系统结构简单、生产力水平低下等，限制了其生态系统功能的发挥。

一般而言，生态系统服务是通过生态系统功能直接或间接得到的产品和服务，在生态系统产生功能的过程中逐渐积累形成的服务。荒漠生态系统由耐干旱的植物、动物、微生物及其干旱环境所组成的生态系统，是在人类强烈干预下的开放的自然生态系统。人类作为地球生物圈不可缺少的重要组成部分，与植物、动物、微生物及其周围无机环境相互作用，共同形成了一个动态、复杂的生态系统。人类为了生存繁衍，不断地从自然生态系统中获取食物，生态系统的自然资源循环体系逐渐被打破，并伴随着人类认识自然、利用资源技术的提高，使生态系统的物质、能量的输入输出越来越多地受到系统外的投入影响，同时，其功能也随着科技进步和社会需求被不断拓展，荒漠生态系统中的经济再生产过程由此逐渐被强化，为人类提供服务的功能也逐渐地多样化起来。荒漠生态系统服务具有以下三方面的功能：一是提供生态服务功能；二是为生活或生产提供物质产品；三是提供休闲游乐场所。概括起来，荒漠生态系统具有以下几个方面的功能和作用：

（一）防风固沙、保持水土

在荒漠地区，生态系统最重要的一项功能就是防风作用，它可以改变沙区气候环境，促进沙区植被和昆虫区系的发展演替过程，使物种变得丰富；另一方面，可以改善沙土的理化性质，减少风蚀，阻止流沙的扩展。滞尘作用，一方面，植被使灰尘失去移动动力而降落；另一方面，树木叶片蒸腾使树冠周围和森林表面保持较大湿度，使灰尘湿润加重，加上湿润的树木叶片吸附能力增强，这样灰尘较容易降落而被吸附，使污染空气变成清洁空气；再就是树木的部分器官能分泌多种黏性汁液，从而起到黏着、阻滞和过滤灰尘作用。水土保持是荒漠生态系统服务功能的主要方面之一，主要通过减少表土损失量，保护土壤肥力，减轻泥沙淤积灾害，减少风沙灾害等4个生态过程来实现其经济价值，体现在减少和缓解水土流失、减少河流湖泊及水库的泥沙滞留和淤积、保持土壤肥力等。

（二）涵养水源、净化水体

在荒漠生态系统中的灌草植被具有一定的渗透和蓄水能力，能够减少降水蒸发，调节降水进入河道的水量和时间，削弱和调节了洪峰，从而减少了水土流失。荒漠生态系统中的高山森林在涵养水源方面发挥着巨大的功能。以甘肃河西走廊为例，如果没有祁连山森林水源涵养功能，就不可能有富庶的河西走廊。我国西北干旱区绿洲的存在，无论是新疆塔里木盆地，还是新疆北部的绿洲以及青海柴达木盆地的绿洲，其上游山区森林的存在是其得以存在的基础。近几十年来，由于工农业发展，大量有毒、有害的物质以污水的形式进入水体，造成水体污染，引起水质恶化，淡水资源缺乏。荒漠生态系统中水体生态系统中丰富的生物资源尤其是根际微生物的旺盛活动，能截留大部分营养物质，降解相当数量的有机物，净化水质，为动植物提供可用水源。并且由于水体生态系统中泥炭良好的持水性及质地黏重的不透水底层，使其具有巨大的蓄水能力，为人们的生产、生活提供充足的淡水资源，对湖区的经济发展产生直接的经济效益和社会效益。

（三）净化空气

荒漠生态系统净化空气的功能主要体现在固定二氧化碳、制造氧气、杀菌、吸收二氧化硫等气体上。大气中的某些微量气体，如二氧化碳等，能够大量吸收来自地面的长波辐射，使之返回地面和低层大气，从而减少地球表面热量的散失，起到温室作用。生态系统中的植被通过光合作用，大量吸收和固定最主要的温室气体二氧化碳，转化为有机物。在全球陆地植物与大气的二氧化碳交换中，90%左右由植被完成的。同时，通过呼吸作用释放出氧气，从而在大气平衡中起着至关重要的作用。荒漠生态系统中森林生态系统通过吸收同化、吸附阻滞等形式，使污染气体、固体颗粒转移到另外一个环节，从而净化空气。据专家估算，中国西部地区荒漠生态系统每年固定二氧化碳的总量为5817万t，贮存总量为7480万t。西部荒漠生态系统每年释放氧气4231万t。树木具有杀菌作用的物质被称为“杀菌素”，杀菌素是树木的独特组织——油腺在新陈代谢过程中分泌出来的香精、酒精、有机酸等化学物质，从而具有杀菌功能。荒漠植被使灰尘失去移动动力而降落，同时，植物叶片蒸腾使树冠周围和森林表面保持较大湿度，使灰尘湿润加重，加上湿润的树叶吸附能力增强，这样灰尘较容易降落而被吸附，起到清洁空气的作用。

（四）物种遗传基因库

与地球其他生态系统对比而言，荒漠生态系统所拥有的物种在数量上远比其他生态系统少，在个体规模上，远比其他生态系统小，但在适应和抵抗外界环境变化方面，其能力不可低估。据《中国沙漠植物志》统计，中国荒漠区（沙漠）植物共计96科、498属、1694种（种、亚种、变种、变型共计1828个）。其中荒漠区植物约1079种。荒漠植物科、属、种的数量各自占中国种子植物总数的比例呈递减趋势，表明科内的属和属内的种数较少，单型属、少型科属的比重较大。在荒漠植物中，裸子植物的比重最少，单子叶植物居中，双子叶植物数量最多。其中含50种以上的科有6科，含20~49种的科有7科，含10~20种以上的科有8科。以上21科仅占荒漠植物总科数的30.9%，却含有295属、927种，分别占荒漠植物属、种的81.7%和85.9%。我国这片温带荒漠的植被具有显著的特殊性，荒漠植被是由特殊的超旱生、强旱生灌木、半灌木或盐生、旱生的肉质半灌木植物生活型为主所组成的植被类型，植物区系旱生性、古老性突出，旱生种占总数的56.22%，有许多稀有物种，包括经济物种（如哈密瓜、库尔勒香梨、沙棘等）、药用生物（如肉苁蓉、甘草、罗布麻等）、耐旱耐盐碱植物（如胡杨、旱柳、沙柳、红柳、梭梭、沙冬青、柠条等），还有近20种濒危植物。这些遗传种质资源是十分珍贵的基因库，在全球生物多样性受到威胁和干旱与日俱增的同时，这些具有抗旱和高经济价值的遗传资源如果能成功地被转殖于其他物种上，则可以为人类提供更多的、可供人类社会享用的物质资源。因此，荒漠生态系统即可视为一个特殊的物种遗传基因库，尤其是抗旱耐盐碱基因，对于保障国家的粮食安全、生态安全和社会可持续发展具有重要意义。

（五）碳汇及减少碳排放

在碳汇方面（包括碳储量和固碳），与地球其他生态系统对比而言，荒漠生态系统单位面积所拥有碳汇能力远比其他生态系统差，这主要是受荒漠生态系统所处环境所致。但从全球荒漠（干旱区）占地球陆地面积的41.3%这样一个巨大数据，并结合全球土地荒漠化现实看，尽管荒漠地区生态系统结构简单、生态环境脆弱、固碳能力有限，但荒漠生态系统在碳汇和减少碳排放方面具有极为重要的积极意义。以我国为例，我国西部地区有260多万km^2荒漠化土地，每年损失土壤有机质5590万t，直接经济损失高达千亿元。按照钱学森的沙产业理论“多采光、少用水”的技术路线，在沙漠中种植半灌木和草，这些草木都是本土品种，适宜干旱缺水、寒冷多风的自然环境，成活率很高。治理荒漠化就是一个碳汇的过程，破坏荒漠植被就是碳源的过程。做好荒漠生态系统的改善与保护，可以实现三个目的：一是治理荒漠，恢复和改善生态环境；二是通过创造碳汇，赢得“排放权”；三是通过生物质发电，获得清洁能源。鄂尔多斯等利用沙漠灌木等植物平茬剩余物进行工业加工和发电产生清洁能源，就是实现生态治理与经济发展共赢的成功模式。荒漠草原也发挥着重要的碳汇价值，草原在缓解气候变暖、防风固沙、涵养水源、保持水土、净化空气以及维护生物多样性等方面具有重要作用。草原碳汇在地球上是不亚于森林碳汇的珍贵资源，具有重要的生态价值和经济价值。

（六）提供物质产品

荒漠地区丰富的植物资源中，有许多优良的植物和牧草，它们对荒漠地区畜牧业经济有着十分重要的意义。绿洲高产农业不仅为生活在此间的人们提供了丰富的食物（如杨柴、花棒、锦鸡儿属植物是荒漠地区优良的豆科牧草），而且还提供了丰富的药物原料和经济植物，如药用植物、芳香植物、油料植物、蜜源植物、农药植物等。在我国丰富的中草药宝库中，有大量的荒漠地区中草药植物。据记载，荒漠地区药用植物356种，其中常用有103种。其药用功能广泛，包括清热解表、止咳化痰、理血理气、祛寒、镇静、补益、利尿祛湿、助消化、驱虫等。甘草是我国中草药中最常用的药材之一，也是重要的制药原料，素有“药王”之称。其根及根茎入药，有清肺止咳之功效。此外，荒漠化生态系统依靠其独有的资源为人们的生产、生活提供工业原料、粮食、畜产品、药材等。利用太阳能，将无机化合物，如二氧化碳、水等合成有机物质是生态系统一个十分重要的功能，它支撑着整个生态系统，是所有消费者（包括人）及还原者的食物基础。荒漠生态系统有机物质生产的极小部分（通常约10%）成为人类赖以生存的食物或生活必需品，而表现为直接使用价值，其余绝大部分未被人类直接利用，而以各类生态系统公益效能的形式发挥作用，为荒漠区所有的动物、异养微生物提供食物和生活的场所。荒漠生态系统是营养元素循环的场所，其中，一部分以枯枝落叶形式和倒木的砍伐、燃烧、腐烂分解转移到环境中，不断积累荒漠生态系统的养分，为荒漠生态系统物质再生产提供必要条件。据估算，我国荒漠生态系统每年新吸收的氮总量为48万t，磷3100万t，钾32万t。

（七）提供休闲游乐场所

荒漠生态系统由于其独特的自然地理环境，地貌形态典型，丰富多样的景观，使其在景观上呈现独特性，有林、沙、山、水、花、草、古迹，具有相当的观赏价值。荒漠生态系统还具有美学、艺术、教育、精神或科学等文化价值，具有休闲娱乐和文化孕育功能，能够为游客提供休闲游乐的场所。荒漠地区旅游资源按景观属性可以分为自然风景旅游资源和人文景观旅游资源。

（1）自然风景旅游资源。荒漠地区地质、地貌景观丰富多彩，以“雄、奇、特、险”为特色。雄伟壮观的沙山：世界上最高的沙山，位于内蒙古高原的巴丹吉林沙漠中，相对高差500m，显得格外壮观，引人注目。奇特的“鸣沙山”：我国有三大响沙，最著名的是内蒙古伊克昭盟达拉特旗境内的响沙。沙丘面宽80余米，坡长百余米，相对高度62m，坡度45°，陡峭而光滑。除阴雨天外，人从丘顶下滑，沙子会发生既像汽车响，又像飞机的轰鸣声。险峻的火焰山：火焰山位于新疆吐鲁番市区东约40km，该山自东而西，长百余千米，宽约9km，最高峰海拔851m。其山逶迤起伏、沟壑纵横，烈日下，赤褐砂岩灼灼闪光，犹如熊熊燃烧的大火，故得名火焰山。特有的雅丹地貌：维语称雅丹为陡峭的小丘，在常年盛行风的吹蚀下，塑造了一系列垄脊和沟槽地貌形态。新疆罗布泊地区，构成了一幅具有干旱区特征的“雅丹地貌”景观，大自然的鬼斧神工，令人叹为观止。还有美国的亚利桑那州树形仙人掌国家公园中有多达1000多种来自世界各地不同的仙人掌。

（2）人文景观旅游资源。包括古建筑工程、民族风情、商业、文化之路等旅游资源。荒漠地区存在着举世闻名的古建筑工程，有中华民族勤劳智慧的结晶——长城，古代四大水利工程之一的坎儿井，世界上罕见的宗教建筑——敦煌莫高窟，道教寺观——延福寺，沙漠中的阿斯塔纳——哈拉和卓古墓群，闻名于世的成吉思汗陵，闻名中外的古城，交河故城，西夏古城哈日浩特，楼兰遗址，汉代甲渠侯宫遗址等。荒漠地区幅员辽阔，是少数民族聚居的地区。各民族在衣食住行、文化艺术、民族风俗、喜庆佳节等方面均有各自的特色。各少数民族的衣着色泽较艳丽，民族传统服饰也很多。色香味俱佳的各民族风味食品，极为丰富，有游客喜爱的烤羊肉串、烤全羊和吃法别致的抓饭等。少数民族都能歌善舞，如蒙古族传统舞蹈有“沙吾尔登”、“安代”、“酿酒”等，维吾尔族古典乐曲“十二木卡姆”等都驰名中外。我国古代丝绸之路以长安为起点，经甘肃河西走廊进入新疆，穿绿洲、涉大漠、翻崇岭西行波斯，到达君士坦丁堡，然后到达罗马等地。令人最感兴趣的、富有传奇色彩的是新疆境内路段，它可以分为南、中、北3条主线，沿线两侧错落的古城、云集的千佛洞、古墓葬、古建筑等古迹近百处。丝绸之路有许多神话传说、民间故事、历史掌故，给旅游者增添了无限情趣。

第三节　荒漠生态系统的历史与现状

荒漠生态系统是陆地生态系统的一种重要类型，它并不是一成不变的，而是在时间和空间尺度上不停地演变。荒漠生态系统形成的背景是干旱气候，荒漠是干旱气候的产物，这一点毋庸置疑。而干旱气候的根本原因是长期没有或很少降水造成的。缺乏降水造成了中国北方广阔的干旱区，干旱是沙漠和荒漠化土地形成的最基础条件。

中国干旱区是欧亚大陆中心温带荒漠景观的典型代表，我国荒漠化土地的地理位置，较其他国家明显偏北，没有分布在副热带高压下气流控制的纬度带，而是位于青藏高原北侧的中纬度欧亚大陆内部。按温度来说，我国沙漠处于温带和暖温带，按行星风系来说，则属于受西风影响的内陆非地带性沙漠。由于我国荒漠地区远离海洋，加上高原、大山阻挡湿润气流的进入，因此，我国荒漠地区日照强烈，雨量稀少，气候干旱，昼夜温差大，风沙频繁，具有典型的温带大陆性气候特征。

降水既涉及全球尺度的大气环流问题，也牵涉到云雾微小尺度的物理机制。形成降水必须具备两个基本条件：一是含有一定水汽的空气。空气中水汽的主要来源是地球表面的海洋和两极冰雪的蒸发。陆地的降水量，一般都与这些形成大量水汽区域的距离有明显的反向关系。二是形成降水的凝结核。大气环流中气流的水平与垂直运动是形成云雨的动力机制。气流水平辐合形势，使气流受到挤压作上升运动，气流的温度随高度增加而降低，以致形成降水。因此，在经常有气流水平辐合形势过境的地方，气候湿润。相反，如果气流作辐散和下沉运动，则无降水的可能。常处于气流水平辐散或垂直下沉形势下的地方气候干旱，多半是荒漠或半荒漠。因此，全球大气环流循环机制，是形成降水、影响荒漠生态系统分布格局的最重要条件。世界沙漠、戈壁集中分布在赤道南北 15°～25°的纬度带内，是因为这一地区正处在行星环流中大气稳定下沉的副热带高压带控制之下。可见，下沉气流对干旱气候与荒漠化起决定性作用。

地表形态很不均匀，有海洋、陆地和两极冰原，造成气候条件的复杂化。地球上并非只有副热带才是沙漠和沙化土地出现的地方，而在副热带以外较高纬度的地方，也会出现沙漠和沙化土地。中国广大荒漠地区就出现在暖温带，与中亚、蒙古国的沙化土地连成一片，组成了世界上最大的温带荒漠地区。

在全球大气环流系统中，有三个大气环流系统对中国荒漠生态系统的形成起着决定性作用，它们是东亚季风、北支西风环流和青藏高原季风。东亚季风是在太平洋副热带高压和北方西伯利亚—蒙古高压配合下共同形成的，不仅左右中国东部的旱涝和冷热变化，而且也是中国荒漠向北移的重要因素。

一、形成

荒漠的形成与气候密切相关，是干旱气候的产物。中国北方大部分是干旱气候背景，其形成主要因素：①远离海洋，海洋富水气流不能达到或不能深入；②盆地地形条件造成局部下沉气流，尤其是青藏高原的隆起，使西部沙漠盆地气流更加封闭；③青藏高原的高高隆起，搅乱了整个东亚的气候格局，西风环流出现了分异，形成青藏高原北支反气旋性西风急流、中国东南部的西南季风和东南季风，导致西北地区更加干旱。在中国荒漠生态系统的形成过程中，有两个重要“事件”：第一是1亿年前，在白垩纪海陆出现分异，海陆分布已近似于现代；第二是4000万年前，青藏高原第三纪开始强烈隆起，第四纪（最近研究成果是距今260万年）隆升到海拔4000m高度，中国西部形成现代地貌格局。

我国的荒漠（主要是沙漠）究竟什么时候形成，一直以来是一个长期争论的问题。苏联学者E·N·谢里万诺夫认为，我国塔克拉玛干沙漠开始于第四纪末期或更晚的时期。国内学者提出质疑，并通过详细分析研究后，指出现在塔克拉玛干沙漠的规模是从中更新世（距今73万~15万年前）以来直到今日不断发展的结果。部分学者指出，塔克拉玛干腹地麻扎塔格存在晚第三季风成相沉积（古风成沙），断言第四纪现代沙漠是在晚第三纪红色沙漠基础上发展演化而来的。但石油地质工作者通过在塔里木盆地钻探证实，晚第三纪在塔克拉玛干沙漠西部（包括麻扎塔格附近）发生最后一次海侵，存在的红色砂岩沉积是这次海侵的海滨相沉积。另外一些学者，从历史地理学和对古城地址、古文化地层的研究，认为我国部分沙漠是在人类历史时期才形成的。尤其对于贺兰山以东地区的风沙地貌形成问题，提出了人类活动是促使沙漠或沙地出现和扩大的主要因素。他们认为，沙漠不断扩大的途径，不是沙漠的前移，而是在原来并不存在沙漠的地方，在人类活动的影响下出现了新的沙漠，并称这种现象为“人造沙漠”。例如，位于鄂尔多斯高原的库布齐沙漠、毛乌素沙地和河东沙地，被认为在先秦甚至于北魏时期还是水草丰美或森林草原景观，是唐代以来的大规模农垦破坏了原有的自然生态环境，加剧了流沙南侵和土地荒漠化。

有关我国沙漠形成时代的各家观点，尽管存在较大的分歧和争论，但有一点可以肯定，我国西部现代大沙漠早在有文字记载以前的第四纪中期就已存在，且经历了一个漫长的自然历史过程。

二、变迁

土地荒漠化的最早记载出现在4000年前两河流域古巴比伦的楔形文字。同一时期，我国北方一些地方也有农业开垦使环境变坏的零星记载。但是，大范围土地荒漠化的出现是在2000多年前。这一时期，荒漠生态系统变迁的主要原因是人类活动。由于战争、开垦、砍挖植被等人类活动的加剧，对自然干扰程度的加大，加剧了荒漠扩张的速度，如汉、唐时期许多人类活动的据点，现在被埋在塔克拉玛干、巴丹吉林沙漠腹地；原来茂密的草原、肥沃的农田由于人类不当或过度的开发，已演变成为沙漠。史前时期及人类早期的大西北，生态环境还是比较好的，可以说是水草丰美，没现在这么干旱、恶劣。我国西北荒漠生态系统大体经过这样一个发展演化的过程：

公元10世纪（唐代）以前。中国人口较少，人类的开发活动对自然生态的影响有限，荒漠生态系统发展相对较缓。除了自然形成的沙漠、戈壁外，主要发生在北方干旱地方以古城、古垦区为中心的地区。由于古城、古垦区多依河（特别是内陆河）而建，所以荒漠化在这些人类强烈干扰的地方呈斑点状分布。如新疆尼雅河下游的精绝、孔雀河下游的楼兰；甘肃境内黑河下游的居延、石羊河下游的三角城等。人类的屯垦改变了原来的水资源环境，破坏了当地的自然植被，出现土地斑点状的沙化，这也是人类因素作用下荒漠化的开始。

公元11世纪至19世纪。这是中国历史上荒漠生态系统发展加快时期。这一阶段的特点在于，荒漠化主要发生在半干旱的草原地带，以历史上的农垦区为中心，呈片状分布。这一时期是中国农业发展最快的时期，尤其是在北方草原地带，不但大量的汉族人口迁移到这些地方从事农业生产，而且在当地从事畜牧业的其他民族也先后完成了由游牧向定居农业的转化。在农牧转换、农林转换过程中，大片草原、森林地带退化成为荒漠。

公元20世纪以来。由于人类活动的进一步加强，过度开垦、过度放牧、乱砍滥伐、乱采滥挖和滥用水资源的不合理人类活动愈演愈烈，导致荒漠化进一步扩张。1980年以前，根据中国科学院沙漠所的估算，20世纪80年代，仅沙化土地就年均扩张2100km²，乌兰察布盟后山、阿拉善、塔里木河下游、河北坝上等地荒漠化扩展速率达到年均4%以上；1994年我国开展的第一次沙化普查结果显示，沙化土地每年扩展2460km²，荒漠化土地面积达到262.2万km²，占国土面积的27.3%，重度荒漠化占荒漠化面积的39.3%；1999年开展的第二次全国荒漠化沙化监测显示，荒漠化面积达到267.3万km²，年均扩展1万km²，沙化土地年扩展3436km²。整个20世纪荒漠化在扩张，程度在加重，荒漠生态系统在持续恶化。

三、现状

（一）荒漠化土地现状

根据我国第四次全国荒漠化和沙化监测结果，截至2009年年底，全国荒漠化土地总面积262.37万km²，占国土总面积的27.33%，分布于北京、天津、河北、山西、内蒙古、辽宁、吉林、山东、河南、海南、四川、云南、西藏、陕西、甘肃、青海、宁夏、新疆18个省（自治区、直辖市）的508个县（旗、市、区）。

（1）气候类型区荒漠化现状。干旱区荒漠化土地面积115.86万km²，占荒漠化土地总面积的44.16%；半干旱区荒漠化土地面积97.16万km²，占37.03%；亚湿润干旱区荒漠化土地面积49.35万km²，占18.81%。

（2）荒漠化类型现状。风蚀荒漠化土地面积183.20万km²，占荒漠化土地总面积的69.82%；水蚀荒漠化土地面积25.52万km²，占9.73%；盐渍化土地面积17.30万km²，占6.59%；冻融荒漠化土地面积36.35万km²，占13.86%。

（3）各省份荒漠化现状。主要分布在新疆、内蒙古、西藏、甘肃、青海5省（自治区），面积分别为107.12万km²、61.77万km²、43.27万km²、19.21万km²和19.14万km²，5省（自治区）荒漠化土地面积占全国荒漠土地总面积的95.48%；其余13省（自治区、直辖市）占4.52%

（二）荒漠化土地动态变化

与2004年相比，全国荒漠化土地面积减少12454km²，年均减少2491km²。

（1）荒漠化类型动态变化。与2004年相比，风蚀荒漠化土地减少7391km²，水蚀荒漠化土地减少4115km²，盐渍化土地减少830km²，冻融荒漠化土地减少118km²。

（2）不同类型荒漠化土地动态变化。5年间全国各种类型的荒漠化土地均有所减少。其中，风蚀荒漠化土地减少 73.91 万 hm^2，减少了 0.40%；水蚀荒漠化土地减少 41.15 万 hm^2，减少了 1.59%；盐渍化土地减少 8.30 万 hm^2，减少了 0.48%；冻融荒漠化土地减少 1.18 万 hm^2，减少了 0.03%。

（3）荒漠化程度动态变化。5 年间全国荒漠化程度在逐渐减轻。其中轻度荒漠化土地增加 346.53 万 hm^2，增加了 5.49%；中度荒漠化土地减少 168.95 万 hm^2，减少了 1.71%；重度荒漠化土地减少 68 万 hm^2，减少了 1.57%；极重度荒漠化土地减少 234.12 万 hm^2，减少了 3.99%。

（4）各省份荒漠化动态变化。与 2004 年相比，18 个荒漠化省（自治区、直辖市）的荒漠化土地面积全部净减少。其中，内蒙古减少 $4672km^2$，河北减少 $1802km^2$，甘肃减少 $1349km^2$，辽宁减少 $1153km^2$，西藏减少 $789km^2$，宁夏减少 $757km^2$，山西减少 $490km^2$，新疆减少 $423km^2$，陕西减少 $406km^2$，青海减少 $284km^2$。

（三）我国荒漠生态系统变化总体趋势

国家林业局于 2009～2010 年组织开展了第四次全国荒漠化和沙化监测工作。直接参加本次监测工作的技术人员 6000 多名，共调查图斑 592 万个，获取各类监测数据 2.5 亿个，获得了我国荒漠化和沙化土地现状及动态变化信息，对荒漠化生态系统进行了科学评估，监测结果表明，我国土地荒漠化和沙化呈整体得到初步遏制，荒漠化、沙化土地持续净减少，局部地区仍在扩展的局面。

一是荒漠化和沙化土地面积持续净减少。荒漠化和沙化土地面积由扩展转变为持续净减少。荒漠化历次监测结果显示，2000 年以前，我国荒漠化土地面积呈扩展趋势，年均增加 $10425km^2$；2000～2004 年我国荒漠化土地面积实现净减少，年均净减少 $7585km^2$；2005～2009 年我国荒漠化土地面积继续保持净减少，5 年间净减少 $12454km^2$，年均净减少 $2491km^2$。

沙化历次监测结果表明，2000 年以前，我国沙化土地面积不断扩展，在 20 世纪 90 年代初和 1995～1999 年分别年均扩展 $2460km^2$、$3436km^2$；2000～2004 年我国沙化土地面积实现净减少，年均净减少 $1283km^2$；2005～2009 年我国沙化土地面积继续保持净减少，5 年间净减少 $8587km^2$，年均净减少 $1717km^2$。

二是荒漠化和沙化程度持续减轻。与 2004 年相比，中度荒漠化土地减少 1.69 万 km^2，重度荒漠化土地减少 $6800km^2$，极重度荒漠化土地减少 2.34 万 km^2；中度沙化土地减少 $9906km^2$，重度沙化土地减少 1.04 万 km^2，极重度沙化土地减少 1.56 万 km^2。沙化土地中，流动沙地、半固定沙地减少 $7084km^2$，固定沙地在沙化土地中的比重由2004年的15.7%上升到2009年16.06%。

三是植被状况进一步改善。沙化土地植被平均盖度由2004年的17.03%提高为2009年的17.63%，5年间提高了0.60%，植被盖度50%以上的沙化土地面积增加1.03万km^2，盖度小于10%的沙化土地面积减少1.36万km^2。荒漠化和沙化重点保护治理区植物种类明显增加，植被群落稳定性增强。在京津风沙源工程范围的典型草原区，未治理区域多样性指数仅为1.80，治理区域达到2.13。

四是重点治理区生态环境明显改善。重点治理的科尔沁沙地、毛乌素沙地、浑善达克沙地、呼伦贝尔沙地、京津风沙源治理工程区等区域生态环境明显改善。以京津风沙源治理工程区为例，与2001年相比，土壤风蚀总量减少5.2亿t，减幅达44%；土壤水蚀总量减少2.87亿t，减幅达82%；地表释尘量减少1352万t，减幅达43.3%。有效减缓了沙尘天气对京津地区的影响。

我国土地荒漠化、沙化呈现整体初步遏制与持续净减少，主要是党中央、国务院高度重视防沙治沙工作，实施了一系列重大战略举措；沙区各级党委政府真抓实干，各部门密切配合；全社会广泛参与，广大人民群众艰苦奋斗的结果。这也说明，只要加大力度、持之以恒地开展防治工作，土地荒漠化、沙化是可治、可控的。

四、问题与挑战

我国荒漠化生态系统呈现荒漠化土地持续减少，生态系统功能不断改善的态势，但我们也要清醒地看到，荒漠化和沙化整体扩展的趋势得到初步遏制，但局部地区仍在扩展。荒漠化的危害仍很严重，防治的形势仍很严峻。

（一）土地荒漠化的危害严重

荒漠化发展的主要危害是破坏人类赖以生存的环境和资源，甚至造成土地资源的丧失，从而对经济、政治、社会、文化各个领域产生深远的影响。

1. 土地荒漠化严重制约经济发展

土地荒漠化破坏了经济发展依靠的物质条件，从而造成系统内经济的衰落，是制约我国西北地区经济发展的重要因素之一。土地荒漠化导致土壤质量下降，自然灾害频发，农牧业产量低而不稳。荒漠化地区每年因风蚀损失土壤有机质5590万t，折合2.7亿t化肥。新中国成立以来，有1000万hm^2的耕地不同程度沙化，每年损失粮食300多万t。“三北”地区70%的草场严重退化，每年减少的草产量相当于5000多万只羊单位一年的饲料。同时，荒漠化还严重影响水利设施、航空交通的安全运行。据专家分析，我国每年因荒漠化造成的直接经济损失达1200亿元，荒漠生态系统的恶化是这些地区经济落后、农民贫困的根源所在。全国贫困人口中有一半分布在沙化严重的西部地区。同时，由于荒漠生态系统的生态承载能力的降低，经济发展的速度和空间都受到了严重的制约。

历史上，我国西北地区气候温暖湿润、植被茂盛，特别是黄土高原属于森林草原地带，极适宜于人类生存。西周、秦、西汉、隋、唐均建都西北。以关中为中心的地区是当时中国的经济、政治、文化中心，而周边地方良好的生态环境起着根本支撑作用，当地充足的物资供应起着关键的作用。然而人为因素主导下的生态环境恶化随着农耕文化大规模兴起而出现，最终引起生态环境中各个系统的变化和生态景观的改变，导致西北地区向荒漠生态系统演变，植被消失，水土流失，自然灾害加剧，土地生产力下降，环境的承载能力不断弱化，西北经济经历了由繁荣到衰落的变迁。南北朝之后，西北地区的物质生产和供给条件弱化。北宋以后，中国经济中心向东南迁移，从此国家的经济中心与西北无缘，曾经拥有的地域优势彻底丧失。时至近代，西北成为中国最贫穷落后的地方。

非洲的萨赫勒地区，也因为荒漠生态系统的变化直接导致了经济的衰落和贫困的产生。萨赫勒地区的居民以传统的农业和畜牧业为主。农业生产中沿袭了千百年来“刀耕火种”的撂荒制。20世纪60年代以后当地人口成倍增长，人口对粮食的需求使耕地撂荒时间，由以前的20年缩短为10年，甚至只有5年。广种薄收的粗放农业，最终让大片的耕地变成了不毛之地。而在草原带，由于牲畜量扩大，草原压力的增加，沿着水源地、牲畜游牧的道路也形成了大面积的荒漠化地带。70年代以来，伴随着干旱袭击而至的荒漠化席卷了萨赫勒地区，造成几十万人死亡，损失了一半以上的家畜和200万头游牧牲畜，让600万以上的人口沦落为无家可归的生态难民。

2. 土地荒漠化破坏人们的生存和生活条件

全国有近2万多个村庄和许多城镇经常受到风沙危害，有近2000多km铁路、3万多km公路、数以千计的水库和5万多km的水渠经常受到荒漠化危害、泥沙淤积、淹没。沙压房舍，沙进人退的现象在荒漠化地区屡见不鲜，1949~1977年间，内蒙古鄂托克前旗沙埋房屋2200多间，棚圈3300多间，有近700户村民被迫迁移他乡。地处塔克拉玛干沙漠南部的皮山、民丰两县因荒漠化危害，县城2次搬家，策勒县城3次搬家。

位于石羊河下游的民勤绿洲犹如一片绿色的柳树叶，镶嵌在腾格里沙漠和巴丹吉林沙漠交汇处。多年来石羊河断流造成民勤荒漠化不断加剧，严重影响当地人民的生存和生活。为了生存，群众大规模地挖井采掘地下水。20世纪80～90年代，全县拥有机井11779眼之多，其中深井就有8000多眼。由于石羊河径流断绝，地下水得不到补充，打井超采无异于饮鸩止渴。地下水每年以1m的速度下降，矿化度以每年每升提高0.2～0.3g的惊人速度恶变。现在民勤地下水矿化度平均每升达6g，最高达每升14g，远远超过人畜饮用水矿化度的临界值。导致全县49个村、3万多人、8万多头（只）牲畜饮水告急。群众长期饮用含氟量超标的苦水，身体健康受到极大损害，胃癌、肝癌病例年均在98例以上。用咸水浇地，又造成土壤积盐，发生土壤次生盐渍化。20世纪90年代以来民勤县超采地下水高达45亿～50亿m^3，还使民勤盆地方圆986km^2的范围出现了降落漏斗，引发地质灾害。近十年来，全县已有6480多户，26400多人，被迫迁徙到他县他乡。

3. 荒漠生态系统恶化严重威胁全国生态安全

我国的荒漠生态系统覆盖了国土面积的1/3，是保障我国生态安全的重要部分。近百年来，由于不合理的人类活动，对荒漠地区的土地、水和植物资源的掠夺性利用，导致荒漠生态系统日趋恶化，集中表现在：一是干旱频发，河流断流，湖泊干涸，植被减少衰退；二是沙尘暴灾害加重。据专家研究，造成重大经济损失的特大沙尘暴20世纪60年代发生了8次，70年代13次，80年代14次，90年代23次。1993年的“5·5”特大沙尘暴，席卷我国西北大部，沙尘暴过境面积约110万km^2，造成死亡（失踪）116人，使兰新铁路中断31小时，乌吉线中断4天，造成直接经济损失近6亿元，一些特大沙尘暴严重影响华北、华东地区的航空交通和北京、天津等大城市的空气质量；三是造成生物多样性骤减。一方面破坏生物栖息地，另一方面造成种群、群落破坏，生产力下降，同时造成物种生存能力降低，使许多物种日趋濒危或消亡，如毛乌素沙地许多动植物种分布面积和种群数量锐减，有的甚至消失，一些啮齿动物的天敌数量迅速减少。四是严重威胁大江大河的安全。长江、黄河都发源于荒漠化严重的青藏高原，荒漠生态系统的恶化导致源头来水量减少，导致黄河断流。每年进入黄河的泥沙达16亿t，导致中下游河床抬高，成为悬河，严重威胁广大人民群众的生命财产安全。

4. 土地荒漠化严重威胁国家安全

我国荒漠生态系统主要分布在边疆地区、少数民族地区、经济贫困地区，荒漠化地区有30多个少数民族，2000多万少数民族人口。一是土地荒漠化导致西部地区经济发展远远落后于东部地区，东西部的差距仍在扩大，陕西、甘肃、宁夏、青海、新疆5省（自治区）的土地面积占全国的近1/3，国民生产总值却只有全国的5%左右，地区矛盾日益突出；二是荒漠化地区人均收入远低于全国水平，一些地区群众为了维持生产、生活的基本需要，争夺生存空间及生产生活资料，被迫与本民族或其他民族发生冲突的道路，以致民族内部、民族之间的利益之争、冲突日益增多。宁夏每年有10万人进入内蒙古阿拉善地区搂发菜、挖药材，并因此发生械斗，这不仅给各民族群众造成极大的痛苦和损失，而且也影响民族团结和稳定；三是由于生态的恶化，一些疾病发病率较高。如新疆和田地区，由于沙尘暴高发，致使矽肺病发病率非常高，导致少数民族对党和政府产生了怨言和不信任，影响了民族团结和政治稳定；四是我国荒漠地区有8000多km的国境线，与10多个国家接壤，是反分裂、反渗透的前沿阵地。如果任凭生态环境继续恶化，使东西部发展差距进一步拉大，不仅会引发民族干部、群众的心理不平衡感和对政府及发达地区的不满情绪，甚至动摇他们对各民族共同繁荣、共同富裕的信念，使民族分裂分子有机可乘，最终影响我国社会稳定大局。荒漠生态系统的恶化严重制约经济发展，使东西部、边疆与内地、民族与民族生存条件和贫富差距进一步加大，激化矛盾，从而影响国家的社会政治稳定、民族团结和国家的长治久安。

5. 土地荒漠化制约社会文明发展进程

社会文明的兴起发展离不开生态环境的支持。良好的生态环境是产生人类文明不可或缺的物质条件。人类历史上四大文明古国的出现是因当地的生态环境适宜于人类文明的发展，而文明的消失又是因为生态环境的退化和崩溃。历史上，因荒漠生态系统恶化，导致文明消亡的例子比比皆是。

在现今的伊拉克，曾经诞生过一个古代文明——美索不达米亚文明。它位于幼发拉底河和底格里斯河之间，是著名的巴比伦文明发源地。公元前，这里曾经林木葱郁、沃野千里，富饶的自然环境孕育了辉煌的巴比伦文化，如60进制计时法、《汉谟拉比法典》等，巴比伦成为当时世界上最大的城市、西亚著名的商业城市。然而，巴比伦人在创造灿烂的文化、发展农业的同时，却无休止地垦耕、过度放牧、肆意砍伐森林等破坏了生态环境的良性循环，这片沃土最终沦为风沙四起的贫瘠之地，2000年前漫漫黄沙使巴比伦王国在地球上销声匿迹，如今的这块土地所供养的人口还不及汉谟拉比时代的1/4。5000年前诞生于尼罗河流域的古埃及文明，也是由于尼罗河上游的森林不断遭到砍伐，以及过度放牧、垦荒等，使土地退化日益加剧，泥流河中的泥沙量逐年增加，埃及再也得不到那宝贵的沃土，昔日的“地中海粮仓”失去了昔日的辉煌，现在已经成为世界上贫困地区之一。

在久远的历史时期，土地荒漠化导致了我国一大批古文明的消失。据《汉书·西域传》等史料记载，当时的鄯善（楼兰）有居民14100人，其地伊循城，土肥美，遂屯田；巳末6010人，皆种五谷，盛产葡萄；精绝3000人；轮胎、车师、莎车、疏勒等皆开屯田。《大唐西域记》记载，当年玄奘西行时，精绝周围还是难以通行的植物茂盛的沼泽地带。然而近日的楼兰遗址早已被流沙吞噬，据考证，楼兰古城及其周围绿洲大约于公元4世纪后期废弃。尼雅河下游的精绝古绿洲约在唐代以后废弃，发生沙化。这些古城的消失，导致了一批古文明的消亡，其原因在于，内陆河流域中游一带绿洲开发规模的扩大导致注入下游的水量减少，以及破坏固沙植被促使沙丘活化。

（二）保护和改善荒漠生态系统的形势仍然十分严峻

（1）防治任务仍很艰巨。一是治理任务重。根据第四次全国荒漠化沙化监测结果，全国仍有50多万km^2的荒漠化土地急需治理，任务巨大。二是生态保护的任务艰巨。全国还有31.34万km^2具有明显沙化趋势的土地，目前虽不是沙化土地，但如果保护利用不好，极易变成新的沙化土地。三是治理难度越来越大。长期以来，荒漠化防治坚持“先易后难”原则，自然条件相对较好的地段基本得到了治理，剩下需要治理的荒漠化土地立地条件越来越差，治理难度越来越大，单位治理成本也越来越高。

（2）沙区生态状况仍很脆弱。我国沙区多属干旱半干旱地区，自然条件差，生态状况脆弱，破坏容易恢复难。近些年，通过治理，沙区生态状况发生了一些可喜的变化，多年生草本植物种类有所增加，植被覆盖度有所提高，生物多样性有所增多，群落稳定性有所增强，土地生产力有所恢复，但总体上沙区生态状况仅处于恢复的初始阶段，自我调节能力仍较弱，稳定性仍较差，难以在短期内恢复到沙区原生状态，形成稳定的生态系统。

（3）治理与破坏仍可能有反复。一是国家对治理后的林草植被管护投入严重不足，管护责任难以落实，留下了边治理、边破坏的隐患，如不加大保护力度，工程建设成果有可能前功尽弃。二是沙区经济贫困，人口与资源的矛盾突出，土地依赖程度高，加之生产方式落后，经营方式粗放，现有工程治理成果仍存在再次破坏的可能。三是在国家种粮补助等一系列惠农政策的激励下，农民种粮的积极性提高，当种粮收益高于现行生态建设补助标准时，沙区毁林毁草垦荒的现象会重新抬头，这也加大了建设成果保存的压力。

（4）工业化对荒漠化防治工作带来潜在的压力大。2003年我国的人均GDP达到1000美元，按购买力计算大约为3000～4000美元，农业与非农产业的产值结构大约为15∶85，农业与非农产业的就业结构大约为50∶50，城镇化水平为40%，中国进入了工业化发展的中期阶段。从工业化进程来看，西部地区作为我国重工业生产和原材料基地，大量开山采矿将造成土地退化、沙化加剧，生态保护和建设的压力不断加大。德国著名学者霍夫曼曾经提出过一个著名理论，即重工业一旦在全部工业产出中的比重达到一半就进入了工业化中期阶段，而达到2/3以上，一个国家的工业化就算是基本完成了，用重工业与轻工业的比率关系看，一半就是1，2/3就是2，这就是著名的“霍夫曼系数”。按照工业化发展规律，当“霍夫曼系数”接近或达到1.5时，社会发展对地表资源（包括森林、草原）的需求逐渐进入相对稳定阶段；达到2时，标志基本上完成工业化。当重工业开始占绝对优势时，最显著特点是对地下资源（如化石燃料、矿产）的需求就会增加。目前，我国汽车、钢、铁、机械等制造业和煤炭、电力等产业快速发展。按照日本和“亚洲四小龙”的经验，到2015年我国的霍夫曼系数将可能达到2，完成工业化。以钢材为例，发达国家在完成工业化阶段时人均钢材占有量达1t，而我国目前仅0.2t，钢铁市场需求旺盛。由于工业化对自然资源和矿藏资源极大需求，给荒漠生态系统保护和改善带来了巨大压力。

（5）导致土地荒漠化和沙化的人为因素仍然存在。我国荒漠化和沙化形势虽然总体上好转，但过度放牧、盲目开垦、水资源不合理利用等因素导致局部地区荒漠化和沙化土地仍在扩展。根据草原部门对全国草原载畜量的调查结果，2009年全国重点天然草原的牲畜超载率仍达到31.2%，牧区42%的草原存在超载过牧，半牧区56.4%的草原存在超载过牧。据国家林业局荒漠化监测中心“川西北阿坝地区土地沙化趋势及其驱动力分析”专题监测结果，近5年来阿坝地区牲畜超载率一直维持在60%超高水平，其中若尔盖县牲畜超载率更是高达75%，造成草地继续沙化、退化，近5年该地区沙化土地面积增加5469hm^2。盲目开垦是造成新疆沙化耕地增加的主要原因。“新疆巴楚县土地利用变化分析”专题监测结果显示，新疆巴楚县由于毁林毁草开荒，沙化耕地面积增大。在11.65万hm^2的监测范围内，耕地面积从2006年的22295hm^2增加到2008年的25820hm^2，2年时间增加了15.81%，林地和草地面积却分别减少了1932hm^2和1180hm^2。这些开垦的耕地在失去植被的保护下，地表风蚀加剧，沦为新的沙化土地。

（6）全球气候变化等不确定性因素对荒漠生态系统的影响不容忽视。全球气候变化具有不确定性，还有可能导致干旱加剧，土地沙化加重。据专家观测，人类使用化石燃料排放大量的二氧化碳引起了气候变化。2000年大气中二氧化碳浓度为368ppmv（ppmv是指同温同压下，二氧化碳体积所占空气体积的比例为百万分之一），与1750年相比，约增长了31%。专家预测，到2100年，大气中二氧化碳浓度将增加到490～1260ppmv，增加0.3～2.4倍。据专家研究，当大气中二氧化碳含量增加1倍时所引起的气候变化将导致沙化面积增加17%。因此，气候变化将加大西部地区防沙治沙压力。据全国荒漠化和沙化年度趋势监测结果显示，沙区植被生长状况与降水的相关性大，植被覆盖变化受年度降水变化影响较强。如内蒙古科尔沁地区，根据年度趋势监测结果，由于2008年比2007年降水偏多近3成，2008年平均植被盖度比2007年增加了12个百分点，但受干旱的影响，2009年平均植被盖度比2008年下降了13个百分点，变动幅度很大。因此，如果气候出现异常变化，如出现多年连续干旱的情况，可能会对植被生长产生较大影响，土地沙化现象仍有可能反弹。

以上这些问题需要我们积极应对，工作做好了，防沙治沙形势就能进一步向良性方向发展，反之，就很可能复归旧态，甚至导致荒漠化继续加剧。

第四节　荒漠生态系统的目标与选择

一、全球趋势

1977年联合国荒漠化大会以来，联合国有关机构在不同时期对全球荒漠化状况进行了评估，虽然由于方法的不一致，使每次评估之间缺乏可比性，但从评估结果看，总体上处于扩展的趋势。1984年评估结果显示，全球荒漠化发展约为3.5%。1996年联合国环境规划署评估结果显示，全球荒漠化面积3618.4万km^2，并且每年仍以5万～7万km^2的速度扩展，使全球范围内每年由于荒漠化影响造成损失高达420亿美元。荒漠化对人类的生存和发展构成极大威胁，严重影响生态安全、粮食安全、经济社会稳定及可持续发展，是实现千年发展目标的一大障碍。

荒漠化问题已经成全球面临的最为严重的生态问题之一，引起了国际社会的高度关注和重视。《联合国防治荒漠化公约》使全人类携手开展荒漠化防治，保护和改善荒漠化生态系统功能成为了全球共识和全人类的共同责任。1994年6月17日通过，并于1996年12月26日生效的《联合国防治荒漠化公约》缔约方达到193个。公约生效以来，为国际社会合作治理荒漠化建立了机制和平台。2001 年全球环境基金委荒漠化公约“开窗口”，2005 年正式成为荒漠化公约的资金机制，通过其第四周期和第五周期融资，逐步加大了对受影响国家的资金和项目支持。尽管与气候变化和生物多样性领域相比，荒漠化防治的资金总量还具有很大差距，但是，随着国际社会近年来对荒漠化和土地退化对全球粮食危机、气候变化、生物多样性的影响的认识不断深入，防治荒漠化、保护土地正在成为全球绿色经济、可持续发展逐步关注的重要问题，全球共同开展荒漠化防治的趋势正在形成。

（一）初步设定了全球防治目标

为促进全球履约，2007 年第八次缔约方大会通过了《促进履约十年战略（2008～2018）》，设定三项战略目标：改善受影响区域人民生活，受影响地区生态系统，创造全球环境效益和建立国际伙伴关系，以及意识教育、科学技术、政策框架、能力建设、筹资与技术转让等五项工作目标。2009 年通过了《十年战略》2014 年中期评估目标。这些中期目标也就是荒漠化公约的近期工作重点。其中与受影响国家相关的具体目标包括：到 2014 年受影响人口的 30% 具有荒漠化土地退化以及相关领域认识；到 2014 年 80% 的受影响国家根据十年战略目标修订国家行动方案；到 2014 年 30% 以上的国家建立并运行荒漠化和土地退化监测评估体系；到 2014 年通过公约影响指标体系报告荒漠化发展状况；同时对发达国家捐助方提出要求到 2014 年每个受影响附件区域，至少有 2 个以上国家签订防治荒漠化伙伴合作协议，也就是加大对发展中国家的履约的援助力度。

目前正在酝酿和制定中的一项最重要的约束性目标就是：到 2020 年或 2025 年，全球荒漠化面积零增长。这一目标在 2011 年 9 月联合国大会期间的高级别会议，2011 年 10 月的荒漠化公约第十次缔约方大会和 2012 年的里约热内卢全球可持续发展大会上讨论。如果这一指标通过，《联合国防治荒漠化公约》将真正向具有约束力的公约迈出重要的一步。

（二）建立履约量化评估体系

为量化衡量公约十年战略各项目标的完成情况，2009 年第九次缔约方大会，通过决议确定了十年战略 11 项影响指标和 18 项业绩指标，其中：①影响指标。主要用来衡量三项战略目标的完成情况，各国防治荒漠化产生的实际效果，包括荒漠化面积和程度变化，沙区生态、植被和生物多样性的影响、受影响人口生活。②业绩指标。主要衡量十年战略的工作目标的完成情况。公约要求各缔约方每 2 年报告一次业绩进展情况，每 4 年报告一次履约效果情况。2012 年开始，各国将开始使用植被覆盖和受影响地区贫困人口变化亮相指标汇报荒漠化防治的效果。中国作为指标体系的示范国家，正在开展影响指标试点示范。

（三）加强对全球履约科技支撑

公约科学技术委员会每两年召开一次科学大会，为解决全球荒漠化防治战略重点问题提供科技支撑和理论基础。2009 年以来以荒漠化监测与评估为主题，集合全球各国专家，召开了第一次科学技术大会，全面分析并总结了荒漠化综合监测和评估的方法，并对公约十年战略量化评估拟采用的影响指标体系和方法提出了建议。目前科技委员会正在筹备第二次科学大会，将以荒漠化防治与经济发展为主题，为全球荒漠化防治提供技术支持。

（四）联合国不断强化对荒漠化防治问题的关注

2009 年 11 月联合国大会通过决议将 2010 ~ 2020 年定为“联合国防治荒漠化十年”，号召各缔约方加强荒漠化防治，为减轻贫困，保障粮食安全，改善和保护生物多样性，促进气候变化，实现千年发展目标做贡献。强调土地问题的重要性，以唤起国际社会的进一步关注。2010 年，联合国防治荒漠化十年启动会近年的世界荒漠化和干旱日纪念活动上，潘基文特别发出号召推动全球荒漠化防治，实现十年战略目标。2010 年联合国代表大会做出决议于 2011 年 9 月在纽约，联合国大会期间召开关于荒漠化防治的高级别会议，邀请各国首脑和部长参会，探讨在全球可持续发展和减贫背景下的荒漠化、土地退化和干旱防治工作。为推动可持续土地管理为核心的绿色经济和防治荒漠化设定全球目标，动员国际社会为实现十年战略目标做出贡献。

二、总体思路

党中央国务院高度重视荒漠化防治工作，党的十七大做出了建设生态文明社会的战略决策，明确要求要加强荒漠化防治工作。胡锦涛总书记在荒漠化地区视察时多次指出，要大力加强防沙治沙工作，努力实现从“沙逼人退”到“人逼沙退”的转变，构筑祖国北方绿色生态屏障。这些都对荒漠化防治工作提出了新要求，因此，必须从我国荒漠化生态系统的状况出发，进一步优化防治思路，防治土地荒漠化，保护和改善荒漠化生态系统。

（一）荒漠化防治指导思想

全面贯彻落实科学发展观，立足于荒漠化地区资源状况、社会条件和生产力发展水平，坚持“科学防治、综合防治、依法防治”的方针，以科技为先导、以法律为准绳、以重点工程为依托，以创新为突破口，积极保护、科学治理、合理利用荒漠资源，保护和恢复植被，遏制荒漠化发展趋势，逐步治理适宜治理的荒漠化土地，不断改善生态环境，促进经济发展，增加农牧民收入，最终实现荒漠化地区经济、社会、资源、环境的协调发展。

（二）荒漠化防治坚持的基本原则

（1）统筹规划、分类施策。根据我国荒漠化土地分布的现状、扩展趋势以及治理的可及程度，对沙漠、戈壁等不可治理类的沙化土地，采取加强监测，在边缘地区建设防风阻沙带，防止扩展；对退化草场要强化管理，积极推行以草定畜、合理轮牧等方式；对周边农田实行因害设防，加强农田林网化建设，控制人为因素造成新的荒漠化地区。

（2）突出重点、分步实施。根据国家总体建设规划和重点工程布局，以及荒漠化地区各省份的国民经济发展规划，区分防治荒漠化区域和类型，分清轻重缓急，突出不同时段的重点防治区域在全国防治荒漠化工作中的地位，真正做到紧紧围绕国家建设总体目标，重点突出，步骤明确，有条不紊地实施全国范围内的防治荒漠化工作。

（3）防治结合、综合治理。防治荒漠化的最终目的是改善生态环境，促进经济发展和提高人民生活水平。因此，必须正确处理好防、治、用三者的关系以及长远利益和当前利益的关系。实行治沙、治盐碱、治水等多项综合治理，农、林、牧和荒漠化地区特有资源综合开发，因地制宜地发展多种经营，特别是高技术“沙产业”，以取得防治荒漠化的生态效益、经济效益和社会效益的统一和优化。

（4）生物措施与工程措施相结合。防治荒漠化的根本途径是加强林草建设，提高植被覆盖率。因此，必须突出以林草建设为主的生物措施，采取围封育林育草、人工造林种草、建设农田防护林网等技术体系，充分发挥林草植被防风固沙功能。在沙害严重的特殊地段（例如交通线、水渠、工矿和居民点等），适当采用机械措施也十分必要。事实证明，把发展林草植被与建设多种工程措施结合起来，使生物措施和工程措施相互衔接、有机结合，形成完整的防治体系是防治荒漠化最为有效的技术途径。

（5）依托技术、科学防治。防治荒漠化是在自然环境恶劣的条件下进行的，工作任务重、难度大，有较高的技术要求。加之我国荒漠化类型多，各地的自然条件差异较大。因此，尊重科学，重视技术研发和普及应用，增加技术含量是加快防治荒漠化进程的关键。要强化科学技术的指导作用和服务功能，推广新技术在防治荒漠化中的应用，真正实现科学地防治荒漠化。

（6）部门协作、全民动员。荒漠化防治是一项社会公益性的宏大生态环境工程，涉及多个部门和社会的各个方面，更与广大群众的生产和生活密切相关。因此，必须走有中国特色的荒漠化防治道路，实行全党动员、全民动手。调动全社会的积极性，加快防治荒漠化的步伐。

（三）转变五个防治理念

由更多地注重“治”，向“治”与“保”并重转变。在继续推进荒漠化治理的同时，切实解决好人口、牲口、灶口问题，保护沙区的林草植被，实现整个沙区生态系统的良性循环；由人工措施为主转向人工措施和自然修复相结合。在发挥人工治理作用的同时，加强封禁保护，充分发挥生态系统的自然修复功能；由追求生态目标向治沙与治穷结合转变，实现沙区生态、经济良性互动；由注重治理速度转向速度与质量并重。既要加快治理速度，又要确保治理质量，确保治理一片，见效一片；由主要依靠投资拉动，向既要靠投资拉动又要靠政策机制促动、社会宣传发动相结合转变，实现国家、社会和个人一起上的局面，最终实现荒漠化地区经济、社会、资源、环境的协调发展。

三、战略目标与布局

党的十七大提出到2020年全面建成小康社会之时，生态环境有一个明显改善，胡锦涛总书记明确提出要大力加强防沙治沙工作，努力实现从“沙逼人退”到“人逼沙退”的转变，构筑祖国北方绿色生态屏障。这些都对进一步加快治理步伐，改善和提高荒漠生态系统功能提出了新要求。力争用大约40年的时间，即力争到21世纪中叶，使适宜治理的荒漠化地区基本得到整治，适宜绿化的土地植树种草，“三化”草地生产力基本得到恢复，建立起比较完善的生态环境预防监测和保护体系，大部分地区生态环境明显改善。

（一）战略目标

近期目标：从2011～2020年，使50%适宜治理的荒漠化土地得到治理，荒漠化土地持续减少，荒漠化地区生态环境得到明显改善。

中期目标：到2030年，荒漠化地区60%以上适宜治理的荒漠化土地得到不同程度整治，重点治理区的生态环境开始走上良性循环的轨道，力争使荒漠生态系统初步进入良性循环的轨道。

远期目标：从2031～2050年，再奋斗20年，使荒漠化地区适宜治理的荒漠化土地基本得到整治，宜林地全部绿化，林种、树种结构合理，陡坡耕地全部退耕还林、缓坡耕地基本实现梯田化，“三化”草地得到全面恢复。在荒漠化地区建立起基本适应可持续发展的良性生态系统，实现荒漠化地区生态经济社会协调持续全面发展。

经过上述3个阶段的奋斗，使我国的荒漠化土地基本得到治理，并建成稳定高效的生态防护体系，发达的“沙产业”体系和完备的生态环境保护与资源开发利用保障体系，区域经济蓬勃发展，东西部差距明显缩小，荒漠化地区将呈现生态稳定、环境优美、经济繁荣、人民安居乐业的欣欣向荣景象。

（二）分区（类）布局

我国地域辽阔，生态系统类型多样，社会经济状况差异大，根据实际情况将全国荒漠化地区划分为5个典型治理区域。

（1）风沙灾害综合防治区。本区包括东北西部、华北北部及西北大部干旱、半干旱地区。这一地区沙化土地面积大。由于自然条件恶劣，干旱多风，植被稀少，草地沙化严重，生态环境十分脆弱；农村燃料、饲料、肥料、木料缺乏，严重影响当地人民的生产和生活。

生态环境建设的主攻方向是：在沙漠边缘地区、沙化草原、农牧交错带、沙化耕地、沙地及其他沙化土地，采取综合措施，保护和增加沙区林草植被，控制荒漠化扩大趋势。以“三北”风沙线为主干，以大中城市、厂矿、工程项目周围为重点，因地制宜兴修各种水利设施，推广旱作节水技术，禁止毁林毁草开荒，采取植物固沙、沙障固沙等各种有效措施，减轻风沙危害。对于沙化草原、农牧交错带的沙化耕地、条件较好的沙地及其他沙化土地，通过封沙育林育草、飞播造林种草、人工造林种草、退耕还林还草等措施，进行积极治理。因地制宜，积极发展沙产业。

（2）黄土高原重点水土流失治理区。本区域包括陕西省北部、山西省西北部、内蒙古自治区中南部、甘肃省东部、青海省东部及宁夏回族自治区南部黄土丘陵区。总面积约30多万 km^2，是世界上面积最大的黄土覆盖地区，气候干旱，植被稀疏，水土流失十分严重，水土流失面积约占总面积的70%，是黄河泥沙的主要来源地。这一地区土地和光热资源丰富，但水资源缺乏，农业生产结构单一，广种薄收、产量长期低而不稳，群众生活困难，贫困人口量多面广。加快这一区域生态环境治理，不仅可以解决农村贫困问题，改善生存和发展环境，而且对治理黄河至关重要。

生态环境建设的主攻方向是：以小流域为治理单元，以县为基本单位，以修建水平梯田和沟坝地等基本农田为突破口，综合运用工程措施、生物措施和耕作措施治理水土流失，尽可能做到泥不出沟。陡坡地退耕还草还林，实行草、灌木、乔木结合，恢复和增加植被。在对黄河危害最大的砒砂岩地区大力营造沙棘水土保持林，减少粗沙流失危害。大力发展雨水集流节水灌溉，推广普及旱作农业技术，提高农产品产量，稳定解决温饱问题。积极发展林果业、畜牧业和农副产品加工业，帮助农民脱贫致富。

（3）北方退化天然草原恢复治理区。我国草原分布广阔，总面积约2.7亿hm^2，占国土面积的1/4以上，主要分布在内蒙古、新疆、青海、四川、甘肃、西藏等省（自治区），是我国生态环境的重要屏障。长期以来，受人口增长、气候干旱和鼠虫灾害的影响，特别是超载过牧和滥垦乱挖，使江河水系源头和上中游地区的草地退化加剧，有些地方已无草可用、无牧可放。

生态环境建设的主攻方向是：保护好现有林草植被，大力开展人工种草和改良草场（种），配套建设水利设施和草地防护林网，加强草原鼠虫灾防治，提高草场的载畜能力。禁止草原开荒种地。实行围栏、封育和轮牧，建设"草库仑"，搞好草畜产品加工配套。

（4）青藏高原荒漠化防治区。本区域面积约176万km^2，该区域绝大部分是海拔3000m以上的高寒地带，土壤侵蚀以冻融侵蚀为主。人口稀少，牧场广阔，其东部及东南部有大片林区，自然生态系统保存较为完整，但天然植被一旦破坏将难以恢复。

生态环境建设的主攻方向是：以保护现有的自然生态系统为主，加强天然草场，长江、黄河源头水源涵养林和原始森林的保护，防止不合理开发。其中分为两个亚区，即高寒冻融封禁保护区和高寒沙化土地治理区。

（5）西南岩溶地区石漠化治理区。主要以金沙江、嘉陵江流域上游干热河谷和岷江上游干旱河谷，川西地区、三峡库区、乌江石灰岩地区、黔桂滇岩溶地区热带—亚热带石漠化治理为重点，加大生态保护和建设力度。

四、战略对策

要实现上述战略目标，必须在荒漠化防治的总体思路指导下，切实采取措施，全面推进荒漠化防治工作。

（一）保护现有植被，加强林草建设

（1）充分保护和改良现有植被，杜绝乱垦滥樵。在荒漠化地区实行围封育林育草是行之有效的办法，特别是在半湿润和半干旱区，经过5~8年的封育植被就基本上恢复了，投资少，效果好。如果有人工促进措施（例如人工改良草地、种植乔灌木等），植被的恢复过程会更短。因此，进一步完善荒漠化地区的经济体制改革，保证家庭经营责任制长期不变，稳定土地使用权，将经营者的责、权、利有机地结合起来，避免乱垦滥樵破坏植被的现象发生，调动经营者对林草地保护和建设的积极性是非常重要和迫切的。

（2）实行退耕还林（还草），扩大林草比重。实行退耕还林（还草）是

国家为改善生态环境而施行的一项重大举措，在防治荒漠化工程规划和实施时，为了做到有的放矢，必须依据有关土地资源调查成果，对已经发生严重荒漠化的耕地实行退耕，并根据具体情况，宜林则林、宜草则草。对于其他利用类型的荒漠化或潜在荒漠化土地，应因地制宜地加强林草建设，增加植被覆盖度，积极扩大林草地的比重，并从当地实际出发，与农业生产结构调整有机地结合起来。

(3) 建立和完善多层次的防风固沙体系。扩大林草比重的另一个重要内容，就是在荒漠化地区和荒漠化地区边缘地带有条件的地段营造防风固沙林、建设完整的防护体系。农田防护林一般以农田为中心分 3 层设置，最外围是封禁育草带，中间为防风阻沙带，内部是“窄林带、小网格”形式的农田防护网。草原地区的防护林只有在有灌溉条件的地段才能实施，树种以耐旱灌木为主。另外，还应加强薪炭林、经济林和“四旁”林建设。这样就能够形成一个多林种、多树种，乔、灌、草，片、带、网相结合的多层次的完整的防护体系，从而达到防风固（阻）沙的根本目的。

（二）合理调配水资源，保障生态用水

(1) 以流域为单位，确定合理的水资源调配制度。干旱地区生产与生态用水矛盾对区域环境和社会经济持续发展具有重要影响。对于内流河来说，整个流域就是一个完整的大生态系统，上、中、下游生产和生态用水分配的合理与否，决定着流域内生态环境的发展方向。不合理的水资源调配制度，是造成河流缩短，湖泊萎缩甚至干涸，地下水位下降，土地荒漠化的直接原因。因此，以流域为单位，根据大气—土壤—植被水分平衡及区域最适植被格局的生态用水估算结果，优化流域内生产与生态用水结构，建立科学的水资源调配制度，是防治荒漠化的重要政策手段。

(2) 推广节水技术，发展高效农业。荒漠化地区的光热资源十分丰富，有利于发展大农业，最主要的限制因子是水资源总量少，利用方式落后，水资源浪费严重。目前的节水技术已经成熟，改变广种薄收，靠天吃饭的生产方式，大力推广节水农业是荒漠化地区发展经济的必由之路。结合农业生产结构性调整，因地制宜地发展耗水低、附加值高的高效农业，提高种植业单位面积产量和单位水资源产量，在保证粮食自给的前提下，增加群众经济收入，是防治荒漠化和实现社会经济与生态环境协调发展的根本途径。

（三）控制人口增长，实行生态移民，建设小城镇

(1) 严格控制人口增长，减轻土地压力。荒漠化地区的绝对人口密度较小，但土地承载力低下，使得人口压力相对很大。由于经济落后、思想保守，人口自然增长率远高于经济发达地区。对荒漠化地区的广大群众加强宣传教育，提高文化素质，严格实行计划生育，控制人口增长，缓解土地压力，是防治荒漠化的前提条件。

（2）实行生态移民，遏制荒漠化蔓延。局部地区的荒漠化非常严重，草地和耕地几乎完全废弃，恶劣的自然环境已经不适于人类生存，实行生态移民是唯一的选择。多年来，各级政府已采取必要措施，实行生态移民政策，但由于资金不足，仍有因土地荒漠化引起的大量生态难民生活贫困，至今没有解决温饱问题。将一些生态破坏严重，已不适于人类继续生活的地区的生态难民转移到自然条件较好的地区，既能够达到脱贫致富的目的，也有利于恢复荒漠化地区的植被，防止荒漠化的加速蔓延。

（3）转移农村剩余劳动力，促进小城镇发展。城市化水平的高低，代表着一个地区经济发展水平。荒漠化地区的城市化水平普遍较低，第二、三产业极不发达。利用农村剩余劳动力多的优势，促进小城镇发展，及时调整产业结构，是发展地方经济、有效防治荒漠化的重要途径。

（四）改变畜牧业生产方式，减轻对草场的破坏

（1）以草定畜，控制牲畜数量。我国牧草地的实际载畜量已超出理论载畜量，各地都出现了不同程度的超载过牧现象。目前已到了必须下决心实行以草定畜的时候，针对各地的具体情况，把牲畜数量严格控制在理论载畜量范围之内，以保证草地的适度利用，逐步恢复草地植被，实现防治荒漠化的目的。

（2）改变畜牧业生产方式和种群结构，提高畜牧业生产效率。荒漠化地区的畜牧业至今仍沿袭传统的生产方式，依靠天然草场进行粗放式经营。从提高生产效率的角度来看，发展舍饲养殖，建立育肥基地是最佳途径。在改善牲畜种群结构和提高出栏率方面，虽然比以前有了较大进步，但仍不能适应先进的畜牧业生产。加快适合舍饲养殖的优良品种培育，进一步优化种畜结构，提高出栏率与商品率是提高畜牧业生产效益的紧迫任务。

（3）大力开展人工种草，提高草地生产力。荒漠化地区的草地产草量低，牧草品质相对较差。而人工草地不仅产量高，而且为优质牧草。为了缓解荒漠化草地的牲畜压力，选择立地条件好的地段，大力发展人工草地或人工改良草地，建立稳定、高产、优质牧草基地，一方面可以促进荒漠化草地的自然恢复，起到防治荒漠化的作用，另一方面可以为推广舍饲养殖，提高畜牧业生产效益奠定坚实的物质基础。

（五）调整产业结构，促进产业链形成，发展地方经济

（1）调整产业结构，保护和开发资源并举。荒漠化地区的自然条件总体较差，同时也蕴涵着多种独特的资源。其中的光热、自然景观、文化民俗、富余劳动力等资源优势最为突出。在自然景观和文化民俗方面，有无垠的沙丘、美丽的草原、清澈的湖泊、独特的文化、悠久的历史，以及独一无二的自然景观和人文景观组合，利用这些资源开发旅游、探险、科考产业有着广阔的市场和巨大的潜力。富余劳动力一方面可为上述第三产业提供经营和服务人员，另一方面可以发展特色加工业，为到访者提供丰富的商品。这种以第一产业为基础，以第二、三产业为主体的产业结构调整，在荒漠化地区已经有不少成功的经验，取得了巨大的经济、生态和社会效益。需要注意的是，在资源开发过程中必须加强环境保护。

（2）发挥地方优势，走“以农养牧、以牧促农”道路。农牧交错带是我国严重荒漠化地区之一，这里既有种植业生产习惯，又有畜牧业生产传统，加强种植业和畜牧业的有机结合是发展地方经济、防治荒漠化的关键。因此，对农牧交错带而言，必须走“以农养牧、以牧促农”道路。“以农养牧”就是充分利用种植业的副产品，作为畜牧业的主要饲料来源，发展舍饲养殖、建立育肥基地。“以牧促农”就是发展畜牧业，增加群众经济收入，并利用畜牧业的副产品，提高种植业的土地生产力，改变广种薄收的落后生产方式。走“以农养牧、以牧促农”道路的最终目的，是使种植业和畜牧业在产业结构方面能够产生良性互动。

（3）促进地方和跨地区产业链形成，发展地方经济。发挥荒漠化地区丰富的光热资源优势，加强沙区特色种植业，开辟高效“沙产业”，并与第二、三产业发展相结合，形成地方产业链是完全可行的。从建立跨地区的产业链角度看，草原区产出的家畜可以利用农牧交错带饲料充足的优势进行育肥，畜产品直接输入区外，以获得最大的经济效益。荒漠化地区的气候和土地，有利于当地特有经济植物的次生代谢，可以发展多种药用植物栽培。已有试验证明，在荒漠化地区种植的中药材产量高、品质好，其经济价值是相同面积牧草的10倍以上。依据《中华人民共和国防沙治沙法》的有关规定，可以引进企业、集体和个人，多渠道筹集资金进行荒漠化防治。因此，在恢复荒漠化地区植被的前提下，进行合理利用，促进以牧业和中药材为主导的产业链形成，同时发展沙区特色果蔬业，完全可以做到大幅度提高群众经济收入，减轻环境压力的目的。

（六）改变能源结构，解决燃料不足

（1）发挥资源优势，开发新能源。荒漠化地区的光能和风能资源是其他任何地区无法相比的。气候干旱，云量少，使得日照时间长，太阳辐射强，这为开发利用太阳能资源提供了条件。通过太阳灶、太阳能热水器、太阳能温室、太阳能采暖等方式充分利用太阳能资源，推行以太阳灶等为核心的太阳能开发工程。据调查，一个4~6口之家的农户，使用一台$2m^2$的太阳灶，一年可替代薪柴1400~1600kg。风能是荒漠化地区另一重要潜在能源资源。小型风能发电机投资少，安装方便，适于家庭使用，剩余电能还可以通过蓄电池储存，完全能够解决居民的照明、文化生活和一般用电问题。

（2）改变能源结构，保护现有植被。为了有效地保护现有植被，一方面需要加大新能源的开发利用，另一方面还要充分发挥我国北方煤炭和电力资源优势。在国家和地方政府的强力支持下，无论草原地区还是农牧交错带地区，广大群众早已过上定居生活，这为农村电网建设提供了方便。我国丰富的煤炭资源更具有利用的现实性。可见，改变荒漠化地区居民的能源结构，实行煤炭、电能、太阳能等能源结构多样化是可能的，也是可行的。

（3）推广节能技术，提高能源利用效率。荒漠化地区的居民点分散，交通不便，煤炭和电能成本较高，限制了农牧民的广泛使用。推广节能技术，特别是节能灶的推广使用，可以起到降低能源开支的作用，促进能源结构改善。

五、保障体系

土地荒漠化防治是一项复杂的、艰巨的、长期的国土整治和生态环境建设工作，需要从制度、政策、机制、法律、科技、监督等方面提供有力的保障。

（一）加强组织保障体系建设，为全面推进荒漠化防治工作奠定基础

（1）切实加强领导，搞好协调，为荒漠化防治工作提供强有力的组织保证。荒漠化防治是一项综合性的生态公益型工程，涉及多部门、多学科、多行业。多年来，在党中央、国务院的正确领导下，各级林业部门充分发挥主管部门作用，积极做好组织、协调和指导工作，农业、水利等有关部门发挥职能作用，积极配合，通力协作，为推进全国荒漠化防治工作起到了积极作用。但部门之间各自为政，各自为战，相互扯皮的现象依然存在。因此，需要加强领导，搞好协调，充分发挥各职能部门的作用，进一步形成合力。

（2）明确责任、落实任务，切实把荒漠化防治的各项工作落到实处。生态环境建设和荒漠化防治能否取得成效，关键在于地方党政领导的重视程度。为使荒漠化防治工作真正做到有人抓、有人管。第一，防治荒漠化工作要实行省级政府负总责。国家要实行规划编制到省、任务分解到省、资金划拨到

省、责任落实到省的“四到省”制度，各省份政府具体负责组织实施本省份的防治荒漠化工作，做到责、权、利相统一。第二，按照《中华人民共和国防沙治沙法》的要求，实行地方行政领导防沙治沙任期目标责任制。各省份要根据防治荒漠化的总体要求，根据各地的实际情况把本省份的防治荒漠化任务和目标层层分解落实到市、县，并进行量化。国家与省、省市之间、市县之间都要层层签订责任状，层层落实任务和责任。第三，把荒漠化防治与地方党政领导干部的政绩挂起钩来，将其作为考核干部政绩的重要内容，并实行目标管理，定期考核，严明奖惩。

（3）加强管理和指导，切实提高荒漠化防治工作的整体水平。一是尽快制定完善荒漠化防治的有关管理办法、技术规程和技术标准。二是改进和完善管理的手段和办法，要严格按规划立项，按项目管理、按设计施工、按标准验收，实行规范化管理。三是加强检查监督，严格奖惩。国家要定期组织人员对防治荒漠化工程建设进行监督和检查验收，对领导有方、管理规范、措施有力、工程建设质量好、资金使用规范，成效显著的单位和个人给予奖励。反之，要进行处罚。

（4）深入宣传教育，提高全社会荒漠化防治意识和伦理。人是生态建设和保护的决定性因素，人的认知程度和能力直接影响到生态环境建设成效。由于种种原因，我国荒漠化地区大多交通不便、信息不畅、人们的文化素质较低、群众生态意识淡薄、生态保护和建设尚未得到全社会的普遍重视。如果人们的生态意识不提高，生态道德问题不解决，盲目开垦、乱砍滥伐、乱樵滥采等人为破坏活动得不到有效制止，花再多的钱，花再多的精力去治理，也不可能巩固治理成果，荒漠化问题就不可能得到根本解决。因此，抓好荒漠化防治工作，必须从教育群众树立良好生态意识和生态道德入手。

（二）完善政策、活化机制，最大限度地调动社会各界参与荒漠化防治的积极性

防治荒漠化是一项改善生态环境的社会公益事业，又是一项促进经济和社会可持续发展的庞大的社会系统工程，涉及面广，工作难度大，关系到广大农牧民群众的切身利益。要做好此项工作，没有全社会的广泛参与是难以奏效的，必须依靠和发动群众，通过政策引导，充分调动广大人民群众和社会各界、各行各业参与防治荒漠化积极性。

（1）国家应加大对荒漠化防治的投入，逐步建立以国家投入为主体的多元投入机制。由于荒漠化防治是一项纯粹的公益性事业，决定了其投资必须以国家投入为主体，中央财政每年安排相应数额的资金，重点用于荒漠化防治工作及相关工程建设，逐步增加对荒漠化地区转移支付，为荒漠化防治提供更大的财力支持，地方各级政府也要相应地加大对防治荒漠化的投入。同时积极鼓励社会组织、企事业单位、个人投资荒漠化治理，并积极吸引和利用国外投资。

（2）进一步活化荒漠化防治的机制。按照“谁治理、谁受益、谁使用”的政策，积极推行个体承包造林、管护，股份合作造林等方式，调动农民群众参与防沙治沙的积极性。鼓励荒漠化地区国有、集体单位、民营企业等各类经济组织及个人承包治理荒漠化土地；鼓励不同经济成分购买沙地使用权，进行治理开发，沙地使用权可延长到70年不变；积极推行股份制、股份合作等形式开展股份合作造林；进一步明晰权益关系，完善利益分配机制，实行“谁造林，谁所有，谁受益”；治理者对治理后的沙荒地享有优先开发权；治理开发成果允许继承、转让。

（3）实行优惠的税费政策，减轻经营者的负担。治理后形成的用于农林牧业生产的土地免征土地使用税；治理沙地形成的种植业、养殖业产品收入免征10年所得税；治沙造田开发的土地种植农作物、果树、药材免征农业税和农林特产税；对沙区防护林场新办林业企业，5年内免交所得税；对国务院及各省份批准建立的防治土地沙化科学实验基地生产的农林产品免征农业税和农林特产税；从事土地沙化防治技术服务、转让、咨询、培训等收入免征营业税和所得税；对沙区防护林场的农机站的机耕收入与排灌站的排灌收入免税；利用节水技术从事防治土地沙化及防沙治沙工程建设和林业生态保护用水免交水资源费。对以上所提各项各地都不得附加地方税。国家鼓励外资企业或合资企业从事投资沙化防治与资源开发，并在税收上给予同等优惠政策。

（4）尽快研究建立良好的荒漠化防治工程建设政策支撑机制。当前，我国在防治荒漠化工程建设方面还未建立一整套的政策支撑机制，还不能调动广大人民群众防治荒漠化的积极性，还不能为防治荒漠化工作创造良好的条件。当前重点加强荒漠化地区的现有植被的保护、沙化耕地的退耕还林、沙化草场的退牧还林还草、生态恶化地区封禁保护区建设等方面制定政策措施，要像实施天然林资源保护工程、退耕还林（还草）工程一样首先解决好老百姓的生计问题，只有这样，才能解决好沙区的开垦、超载放牧、乱砍滥伐等问题，大幅度地提升我国的防治荒漠化速度。

（5）设立荒漠化防治基金，广筹建设资金。鼓励各社会团体、企业、个人及国外友好人士捐资建立各种形式、多层次的防治荒漠化基金，用于荒漠化地区生态建设。

（三）建立健全法律保障体系，全面推进依法防治荒漠化工作

土地荒漠化防治必须坚持一手抓治理，扩大植被面积，一手抓执法监督，努力减少植被破坏，切实制止边治理、边破坏的现象。当前，要抓好法律法规的实施工作，依法推进防治荒漠化工作。

（1）抓好宣传普法工作，使荒漠化防治的各项法律法规家喻户晓。知法懂法是守法的前提。只有知法，了解法律适应范围和法制制度，才能守法，依法行事。因此，要贯彻实施好这些法律法规，必须开展深入细致的宣传讲解工作。通过各种会议，利用多种媒体，举办不同层次、不同对象的专门培训班、研讨班、专题讲座等，开展形式多样的宣传教育工作，对县、乡两级领导重点进行宣传，要把法律的规定原原本本地告诉他们，并通过他们的工作和宣传，使法律的各项规定深入人心，家喻户晓。

（2）尽快制定与《中华人民共和国防沙治沙法》相配套的法规。根据实际工作需要，尽快对《中华人民共和国防沙治沙法》的规定和一些法律条文进行细化，制定实施细则或单行的法规和规章，形成以《中华人民共和国防沙治沙法》为核心的防沙治沙法律、法规体系。

（3）加强防沙治沙法执法队伍建设。贯彻落实好防沙治沙法，离不开一个精干的队伍，要有明确的机构。《中华人民共和国防沙治沙法》明确规定了执法主体。各省份要设置专门的防沙治沙机构，保证人员和经费，稳定队伍。

（4）严格执法，依法防治。对于破坏荒漠化地区现有植被，造成水土流失、土地沙化、土壤盐渍化的行为，坚决打击，严厉查处，决不手软；对于大案要案，及时向社会通报，扩大影响，起震慑作用；对于在执法过程中出现执法人员徇私枉法，包庇纵容的现象，也要依法查处，严惩不贷，确保各项法律法规落到实处。

（四）加大科技支撑力度，努力提高荒漠化防治的质量和水平

我国荒漠化地区自然条件恶劣，生态植被破坏容易恢复难。因此，完成防治荒漠化的历史性任务，必须依靠科技进步和创新，要以科技创新和科技推广为突破口，全面加大科技支撑力度，大幅度提升防治荒漠化的科技水平。

（1）科学规划，周密设计。在制订规划、编制作业设计的过程中，必须从实际出发，尊重科学规律和自然规律，要按照“以防为主、防治结合，突出重点、分步实施，因地制宜、综合治理”的原则，依据不同的地理、气候和水土资源条件，进行科学分类，找出存在的主要问题，明确主攻方向和治理模式。

（2）大力推广和应用先进科技成果和实用技术。在长期的防治荒漠化实践中，我国广大科技工作者已经探索、研究出了上百项实用技术和治理模式。要根据不同类型区的特点有针对性地对科技成果进行组装配套，着重推广应用抗逆性强的植物良种、先进实用的综合防治技术和模式，逐步建立起一批高水平的科学防治示范基地，辐射和带动现有科技成果的推广和应用，促进科技成果的转化。

（3）加强荒漠化防治的科技攻关研究。荒漠化防治周期长，难度大，还存在着一系列亟待研究和解决的重大科技课题。在今后的防治实践中，要加强基础性研究和高新技术研究，形成基础研究、应用研究、开发研究和产业化的科研支撑体系，提高荒漠化防治和监测的高新技术水平。

（4）积极做好荒漠化防治的人才培养和技术培训工作。根据防治工作的需要，荒漠化地区的大中专院校可考虑增设防治荒漠化专业，培养专业技术和管理人才。要采取优惠政策，积极鼓励和吸引优秀人才从事防治荒漠化科技研究，提高他们的待遇，改善他们科研、生产和生活条件。同时，鼓励科研人员深入荒漠化防治的第一线，做到科技和生产的有机结合。建立分级技术培训制度，采用“走出去，请进来”的办法，举办多层次、多形式的培训工作，加强对荒漠化防治的管理人员、技术人员，特别是广大农牧民的培训。通过培训，提高荒漠化防治管理人员的管理水平和技术水平，使广大人民群众掌握1～2门实用技术，增强参与荒漠化防治的能力。

（5）加强科技支撑组织保障体系建设。第一，从中央到地方都建立健全荒漠化防治决策专家咨询小组，负责荒漠化防治决策的有关技术咨询和技术支撑工作。第二，建立科技支撑对口联系制度。充分发挥大中专院校、科研院所在荒漠化防治工作中的作用，把科研、教学单位作为防治荒漠化具体实施部门的技术依托单位，建立对口联系、技术援助制度，负责技术指导工作。第三，制定和完善有关规程和技术标准，特别是对过去已经制定的、不适合当前防沙治沙的有关技术标准尽快进行修订和完善，保证荒漠化防治按照科学的方法进行。

（五）建立健全荒漠化监测和工程效益评价体系，为荒漠化防治决策提供科学依据

为了及时、准确、全面地了解和掌握荒漠化现状及治理成就及其生态防护效益，为荒漠化管理部门进行科学管理、科学决策提供依据，必须加强和完善荒漠化监测与效益评价体系建设，进一步提高荒漠化监测的灵敏性、科学性和可靠性。

（1）加强全国沙化监测网络体系建设。在前四次全国荒漠化、沙化监测的基础上，进一步加强和完善全国荒漠化、沙化监测网络体系建设，修订荒漠化监测的有关技术方案，逐步形成以面上宏观监测、敏感地区监测和典型类型区定位监测为内容的，以“3S”技术结合地面调查为技术路线的，适合当前国情的比较完备的荒漠化监测网络体系。

（2）建立沙尘暴灾害评估系统。沙尘暴作为一种灾害性天气现象，给人们的生产和生活带来严重影响，造成了巨大的经济损失。因此，利用最新的技术手段和方法，预报沙尘暴的发生，评估沙尘暴所造成的损失，要进一步修订完善灾害评估模型，以提高灾害评估的准确性和可靠度。

（3）完善工程效益定位监测站（点）网建设。防治土地沙化重点工程，要在工程实施前完成工程区各种生态因子的普查和测定，并随着工程进展连续进行效益定位监测和评价。国家林业局拟在各典型区建立工程效益监测站，利用“3S”技术，点面监测结合，对工程实施实时、动态监测，掌握工程进展情况，评价防沙治沙工程效益。工程监测与效益评价结果应分区、分级进行，在国家级的监测站下面，根据实际情况分级设立各级监测网点。

（六）加强履约与国际合作，为国内工程建设创造有利的外部环境

（1）提高履约工作的水平和成效，为国内工程建设提供良好的对外合作平台。《联合国防治荒漠化公约》成为促进我国防治荒漠化工作的一个有利平台，不仅将中国的防治荒漠化推向了世界，也通过国际法的权利义务规定促进了我国的荒漠化防治，还使得我国在一定程度上享受到了发展中国家在国际法下应得的权利。

首先，要正确把握履约的导向。履约工作必须在国家外交政策的整体框架下，为国家和人民的根本利益服务。防治荒漠化的国际合作首先是在国家对外开放全局下的国际合作。防治荒漠化履约工作必须符合国家的整体发展战略，为国家的整体发展需要服务，为国家生态建设服务，为全面建设小康社会的发展目标服务。

第二，在公约的义务履行上，要进一步完善中国国家行动方案。要通过纳入整合后的有关工程内容和新时期造林治沙政策，更新我国的荒漠化防治履约方案，突出强调新时期的林业指导思想，实行工程治理，以大工程带动大发展，努力实现荒漠化防治事业的跨越式发展。

第三，加强履行公约与国际组织间的合作。加强履行荒漠化公约与履行生物多样性公约、气候变化框架公约等公约之间的协调与配合，与国际组织共同努力积极探索新的合作方式和途径，支持中国履约行动计划的实施。

第四，以多种形式积极参加区域和次区域履约活动，促进区域间的交流与合作，并加大通过这种方式争取发达缔约方支持的力度。在现有基础上，继续积极拓展合作渠道，在区域和次区域合作项目上发挥更大的协调和组织作用，争取捐助国的支持，积极推进次区域合作项目，争取了国际组织和区域组织的支持。

（2）扩大宣传，树立良好国家形象。中国既是受荒漠化影响的大国，又是发展中的大国。在防治荒漠化的国际舞台上，中国起到了应有的主导作用。荒漠化公约既是一个促进世界各国防治荒漠化的国际公约，同时又是我们扩大对外宣传的重要舞台。扩大宣传，加强中国在国际上的政治影响，提高中国的国际地位，是防治荒漠化履约和国际合作的重要任务。要结合典型事例，通过对先进人物的宣传，让世界更好地了解我国的荒漠化防治工作。将优秀的治沙人物推向世界，以人为中心，通过典型事例宣传中国的荒漠化防治工作。

（3）全方位开展国际交流与合作。中国的荒漠化防治，必须走自力更生之路。同时，必须走出去，引进来，要做好各方面的对外交流与合作。充分借鉴国际通行的各种有效方式，更灵活地引进国际资金、先进技术和管理经验，更多地吸纳国际先进的合作经验和模式，以及更有效地开展防治荒漠化领域的技术转让、产品贸易和融资。提高防治荒漠化国际经济、技术交流与合作的质量和水平，夯实国内防治荒漠化的能力建设，在更大范围、更广领域、更高层次上扩大国际经济技术交流与合作，丰富形式、拓宽渠道，努力拓展我国防治荒漠化的国际发展空间。

第四章　生物多样性

第一节　生物多样性概述

一、概　念

20世纪以来，随着世界人口的持续增长、人类活动范围与强度的不断增加，人类社会遭遇到一系列前所未有的生态环境问题，面临着人口、资源、环境、粮食和能源等5大危机。这些问题的解决都与生态环境的保护与自然资源的合理利用密切相关。20世纪80年代以后，人们在开展自然保护的实践中逐渐认识到，自然界中各个物种之间、生物与周围环境之间都存在着十分密切的联系，自然保护仅仅着眼于对物种本身进行保护是远远不够的，往往也难以取得理想的效果。要拯救珍稀濒危物种，不仅要对所涉及物种的野生种群进行重点保护，而且还要保护好它们的栖息地，或者说，需要对物种所在的整个生态系统进行有效的保护。在这样的背景下，生物多样性的概念便应运而生了。

《生物多样性公约》对“生物多样性”作了定义：“所有来源的活的生物体中变异性，这些来源包括陆地、海洋和其他水生生态系统及其所构成生态综合体等；这包括物种内、物种之间和生态系统的多样性。”也就是说，生物多样性就是指生物（动物、植物、微生物）及其环境形成的生态复合体以及与此相关的各种生态过程的综合。生物多样性是一个等级系统，包括多个层次或水平，从基因、细胞、组织、器官、个体、种群到群落、生态系统、景观，每个层次都存在丰富的变化，都存在着多样性。但理论与实践上比较重要的有物种多样性、遗传多样性（或称基因多样性）和生态系统多样性3个层次。物种多样性、遗传多样性均与生态系统多样性密不可分，生态系统的退化导致系统内物种多样性和遗传多样性降低；生态系统的毁灭使其中许多生物失去了赖以生存的环境条件而在当地消失。

（一）物种多样性

物种是生物分类的基本单位，它是具有一定形态、生理特征和一定自然分布区的生物个体的集合。物种多样性是指地球上动物、植物、微生物等生物种类的丰富程度。据科学家们推断，全世界大约有500万~1000万个物种，但是科学家目前发现和已命名的物种大约有150万种，还有很多未知的物种有待人类发现。在已经被命名的物种中，昆虫种类占了一半，有75万种之多，其他动物约有28万种；高等植物约40多万种；藻类2万多种；微生物约7万多种。

物种并不是均匀地分布在全世界各个国家，位于或部分位于热带、亚热带地区的少数国家拥有全世界最高比例的物种多样性（包括海洋、淡水和陆地中的生物多样性），称为生物多样性特丰富国家。包括巴西、哥伦比亚、厄瓜多尔、秘鲁、墨西哥、刚果（金）、马达加斯加、澳大利亚、中国、印度、印度尼西亚、马来西亚在内的12个生物多样性特丰富国家拥有全世界60%~70%甚至更高的物种多样性。

中国地域辽阔，气候多样，地形复杂，南北跨越热、温、寒三带，物种多样性极为丰富。高等植物约有34000多种，仅次于巴西和哥伦比亚，居世界第三位，约占全世界植物物种的1/10。其中，苔藓植物117科（苔类52科，藓类65科），506属（苔类144属，藓类362属），2541种，种数约占全世界总种数的11.25%；蕨类64科，221属，2275种，约占世界蕨类总种数的19.25%；中国是世界上裸子植物最丰富的国家，有12科42属245种，分别为世界现存裸子植物科、属、种总数的80%、51.22%和28.82%。被子植物243科、3182属、29230种，科、属、种数目分别占世界被子植物的61%、31%和12%。

中国也是动物物种非常丰富的国家之一。现已记录的脊椎动物共6588种，约占世界总种数的14%。其中，哺乳动物607种，约占世界总种数的14.1%；鸟类1332种，约占世界总种数14.6%，是世界鸟类种类最丰富国家之一，其中湿地水鸟271种，属国家重点保护的水鸟有56种。爬行动物452种，约占世界总种数4.6%；两栖类335种，约占世界总种数6.1%；鱼类

3862种，其中内陆湿地鱼类已记录的种类有1118种，约占世界鱼类总种数的17.5%。另外，无脊椎动物、真菌、细菌、放线菌等种类也极为繁多，尚无精确统计。

相对于物种的丰富度，物种的特有性更能反映一个地区的生物多样性丰富程度。中国辽阔的国土、古老的地质历史、复杂的地形地貌、多样的气候和土壤条件，形成了多样的生境，这些都为特有属、种的产生和保存创造了有利条件，也使中国的特有种极为丰富。中国特有植物估计有15000～18000种，约占维管植物综述的50%～60%，在世界上处于第7位，特有高等脊椎动物在世界上处于第8位，各类群中特有属、种所占比例差异较大。

（二）遗传多样性

遗传多样性是生物多样性的核心部分。遗传多样性又称基因多样性，是指生物体内决定性状的遗传因子及其组合的多样性。广义的遗传多样性是指地球上所有生物所携带的遗传信息的多样化。狭义的遗传多样性是指种内的遗传多样性，即种内不同个体之间或一个群体内不同个体的遗传变异总和。比如老虎，在动物分类上仅是一个种——虎（Panthera tigris），属于猫科豹属，但却有9个亚种，现存活的有东北虎、印度虎、孟加拉虎、华南虎、苏门答腊虎，已灭绝的有中国的西北虎、华北虎，国外的爪哇虎、巴厘虎。

遗传变异是生物体内遗传物质发生变化而造成的一种可以遗传给后代的变异，正是这种变异导致生物在不同水平上体现出遗传多样性。在自然界中，对于绝大多数有性生殖的物种而言，遗传变异让种群内的所有个体之间没有完全一致的基因型，而种群就是由这些具有不同遗传结构的多个个体组成。遗传多样性是物种进化的本质，也是人类社会生存和发展的物质基础。如杂交水稻，就是发现和利用了矮秆基因和不育基因的结果。显而易见，遗传资源是地球上与人类生存关系最密切也是最重要的资源。

蕴藏于物种内或种间的分子、细胞和个体水平的遗传变异，是遗传多样性的基础，也是物种保持进化潜能的基本条件，与生物多样性的形成和消失息息相关。保护生物多样性最终是要保护其遗传多样性，因为一个物种的稳定性和进化潜力依赖其遗传性，而物种的经济和生态价值也依赖特有的基因组成。遗传资源的保护和利用，不仅是生物多样性保护的关键因素，也是大农业持续发展的需要，关系到世界未来的食物供应问题。中国是一个生物遗传多样性丰富的国家，无论是野生生物资源（动物、植物和微生物）还是家养动物、栽培植物，都在世界上占有重要地位，是大自然的宝贵遗产。据不完全统计，全国有农作物及其野生近缘植物数千种，其中栽培植物约1200

种，主要栽培的600多种，包括粮食作物30多种、经济作物90种、果树约150种、蔬菜120种、绿肥作物约20种、牧草50余种、花卉140余种、药用植物60余种。中国拥有很多具有重要价值的资源植物，如可食用的野菜至少400~500种，油脂植物300多种，淀粉和糖料植物约200种，香料植物约200种。中国经济林木植物资源也极为丰富，经济树种达1000种以上，如枣树、板栗、茶树、油茶等。中国极其丰富的植物遗传资源，也为世界园艺界引种和培育观赏植物新品种提供重要的源泉。据统计中国原产的观赏植物种类达7000种，其中有很多是中国特有的优良种类，如全世界200种蔷薇中，中国原产82种；全世界900余种杜鹃花中原产中国的有530种，占60%。中国也是野生和栽培果树的主要起源和分布中心，果树种类居世界第一。苹果、梨、李属种类繁多，原产中国的果树还有柿、猕猴桃、包括甜橙在内多种柑橘类果树以及荔枝、龙眼、枇杷、杨梅等，所有这些大多包括多个种和大量品种。另外，中国药用植物种类涉及383科，2309属，11000多种，占全世界25000种药用植物的40%以上，常用植物药也有700多种。中国也是世界上家养动物品种和类群最丰富的国家之一。中国畜禽遗传资源主要有猪、鸡、鸭、鹅、黄牛、水牛、牦牛、独龙牛、绵羊、山羊、马、驴、骆驼、兔、梅花鹿、马鹿、水貂、貉、蜂等20个物种。我国畜禽遗传资源不仅数量丰富，而且具有很多优良的特性，例如高繁殖力、肉质好、突出的产毛绒性能、产蛋性能、役用性能、环境适应性、药用特性、矮小特性等特点。在当前国内外遗传多样性日趋缩小、遗传资源日趋贫乏、单调情况下，中国丰富的遗传多样性对于培育和改善优良品种具有特殊的意义。

（三）生态系统多样性

生态系统是指生物群落与其环境形成的生态复合体，生态系统的多样性是指生态系统内生境、生物群落和生态过程的多样化。生境主要是指无机环境，如地貌、气候、土壤、水文等。生境的多样性是指生物群落多样性乃至整个生物多样性形成的基本条件。生物群落的多样性主要指群落的组成、结构和动态（包括演替和波动）方面的多样化。生态过程是指生态系统的生物组分之间及其与环境之间的相互作用，主要表现在系统的能量流动、物质循环和信息传递等方面。生态系统多样性充分体现了生物多样性研究的最突出的特征，即高度的综合性：它是从基因到景观乃至生物圈的不同水平研究的综合，例如濒危物种的保护已经不再局限于物种水平上保护有限的个体，而是从基因、细胞、种群等不同水平上去探索物种濒危机制，从生境或生态系统水平上去制定保护措施。

根据生态系统的环境性质与形态特征，可将生态系统分为陆地生态系统和海洋生态系统两类。陆地生态系统分为自然生态系统和人工生态系统，自然生态系统包括森林生态系统、草原生态系统、湿地生态系统和荒漠生态系统；而按人类需求建立起来的，受人类活动强烈干预的生态系统称为人工生态系统，如城市生态系统、农田生态系统等。

中国地域辽阔，气候和地形复杂多样，生态系统类型齐全，几乎囊括了全世界主要生态系统类型。

二、分布特征

从大的格局看，水分和温度梯度是决定生态系统分布的主要因子。在纬度格局上，从赤道到两极生物多样性丰富程度逐渐降低。自赤道向两极依次出现热带雨林、常绿阔叶林、落叶阔叶林、北方针叶林和苔原等，即纬度地带性；自近海区域向大陆腹地依次出现森林、草原和荒漠等生态系统类型是经度地带性。随着山体海拔的升高及水热条件的变化，生态系统类型依次出现向极地的生态系统类型，即垂直地带性。

全球生物多样性最丰富的地方是热带雨林，仅占全球陆地面积7%的热带雨林中生活着全世界半数以上的物种。热带地区的生物多样性丰富，主要有几个原因：首先在地质历史上，热带地区气候比较稳定，演化出不同物种的机会比较大。其次，热带地区生存条件适宜，生产力最高，就食物链和能量转换角度而言，能够提供较长食物链中各营养级的能量来源。另外，热带地区的植物水平及垂直分布的多样性较高，可以为不同需求的动物提供各种栖息地。

科学家已经对全球生物多样性的空间分布格局进行了大量深入的探索，主要进展体现在生物多样性热点地区的确定。1988 年，英国生态学家 Myers 根据总物种及特有种丰富程度和森林破坏速度等因素，在全球确定了生物多样性 18 个热点地区，其中热带地区 10 个生物多样性热点地区，分别为马达加斯加、巴西大西洋沿岸森林、厄瓜多尔西部、哥伦比亚乔科省、西亚马孙河高地、东喜马拉雅、马来半岛、缅甸北部、菲律宾、新喀里多尼亚。后来，Myers 修订了热点地区方案，于 2000 年重新定位了全球生物多样性保护 25 个热点地区，这些热点地区包含了仅占全球陆地面积的 1.4%，但却至少包含了全球 44% 的特有植物和 35% 的陆生脊椎动物。最近，全球生物多样性热点地区网站（WWW. biodiversityhotspots. org）列出的世界 34 个热点地区，这些热点地区仅占全球陆地面积的 2.3%，但可以发现全球 50% 的植物种类和 42%

的陆生脊椎动物。

中国从北到南依次出现寒温带针叶林、温带针阔混交林、暖温带落叶阔叶林、亚热带常绿阔叶林、热带季雨林、雨林等地带性植被类型。从东到西，随着降水量的减少，在北方，针阔混交林和落叶阔叶林向西依次更替为草甸草原、典型草原、荒漠化草原、草原化荒漠、典型荒漠和极旱荒漠。多样的气候条件和水热分布不仅孕育了多样的植被类型。中国地势崎岖，起伏极大，纵横交错、高低各异的山地，形成了各式各样的气候和土壤条件，因而出现了极其繁杂多样的生境。多样的生境使众多物种能够生存，孕育了极其丰富的植物、动物和微生物物种资源和极其繁复的生态系统，从而使中国成为世界上生物多样性最为丰富的国家之一。

第二节　生物多样性的功能与作用

一、地球之免疫系统

湿地是地球之肾，具有净化水体、调蓄水量、蓄洪防旱、调节气候等功能。森林是地球之肺，靠光合作用吸收大量的二氧化碳并释放氧气，维系了大气中二氧化碳和氧气的平衡，净化了环境，使人类不断地获得新鲜空气。我们可以把生物多样性的功能与作用比作地球的免疫系统。我们知道，当一个健康的人受到病菌侵袭的时候，其免疫系统会迅速做出联动反应，保护人体不受病菌的侵害。正如人类的免疫系统保护着人体的健康一样，生物多样性也在保护着生态系统的健康。一个健康的生态系统，能够自我维持其功能，保持机能的稳定，对干扰具有一定的抵抗力和恢复力，并且具有一系列的生态服务功能，包括涵养水源、净化水质和空气、巩固堤岸、防止土壤侵蚀、降低洪峰、改善地方气候、吸收污染物等。20 世纪 70 年代，英国科学家洛夫洛克就提出了一个看法，其核心思想就是把地球看做是一个生命有机体，它具有自我调节的能力，而维持着这个有机体正常运转的关键性要素，就是生物多样性。

生物多样性的免疫功能在于维持生态系统的稳定性。这里的稳定性主要包括两个方面，一个是抵抗力，另一个是恢复力。抵抗力是指生态系统免受外界干扰而保持原状的能力，而恢复力是受到外界干扰后回到原来状态的能力。

一般来说，生物多样性越高，其系统的抗干扰能力越强，也就越稳定。物种的特征各不相同，物种多样性高的生态系统包含了能够抵御各种环境扰动的物种，从而降低了扰动对系统所造成的影响。健康的天然森林生态系统在群落组成上是多物种的，个体之间年龄差异呈现多层次性，食物网交错复杂，这使得天然林具有很强的抗干扰能力，恢复能力也很强。与之相反的是人工林生态系统所表现出来的同质性，如物种组成单一、所有个体都处于相同的演替阶段等特征，一旦遭到较大的干扰，抵抗能力往往比较弱。但是，由于中国不同地区的自然历史条件也很多样，近来有些研究表明有些生物多样性较单纯的生态系统也可以有很高的稳定性。

物种多样性的水平直接影响群落的恢复力。扰动对群落结构和功能的影响主要是打破了群落原来的平衡，导致群落格局的紊乱。物种多样性丰富的群落中，具有不同生物学特性的种群对某一特定扰动的反映以及扰动后的恢复情况各不相同，扰动后的群落可能留下足以占据现有生态位的种源。

生物多样性的免疫系统功能具体体现在其抵御病虫害等自然灾害的能力。对于外来种入侵而引起的扰动，天然林内物种多样性程度高，缺乏闲置生态位，外来物种难以立足。而对于物种多样性低的人工林或单一林，其空缺的生态位很容易被外来物种入侵和占据。对火烧的扰动，种群多样性高的天然林植物群落可能因包含具厚木栓层和含水率较高的抗燃树种而抗火力较强。就群落对害虫的抵抗力而言，复杂的群落很少发生爆发性的病虫害。因为物种多样性高的群落可以降低植食性昆虫的种群数量，而大规模单一植物物种的栽培，无疑会使群落结构单纯化，易诱发特定害虫的猖獗。对于干旱和砍伐的扰动，多样性程度高的群落同样表现出了较大的抵抗力。

（一）生物多样性丰富能够有效抵御外来种入侵

所谓生物入侵，是指某种生物从外地自然传入或人为引种后成为野生状态，并对本地生态系统造成一定危害的现象。导致生物入侵的物种称为外来入侵种。近年来，生物入侵导致的自然灾害在我国乃至世界频频发生，外来物种入侵不仅威胁本地物种的生存，引起物种的消失与灭绝，且严重危害生态系统的健康，降低生态系统的服务功能。生物入侵已成为当今世界最棘手的难题之一，引起各国政府、国际社会和学术界的共同关注。

生物多样性能够增加生态系统对外来种入侵的抵御能力，维护生态系统的健康。一些野外观测与科学试验都表明生物多样性与可入侵性存在着负相关。比如紫茎泽兰（Eu－patorium adenophorum）和飞机草（E. odoratum）是我国南方地区主要的外来入侵植物，野外的观测表明，生物多样性低，特别是退化的生态系统，比较容易被这两种植物入侵；而在物种组成比较丰富，物种多样性高的生境中没有紫茎泽兰和飞机草的分布。从全球角度上讲，物种丰富的热带地区比温带地区的外来种少。

生物多样性低的群落更容易被入侵，这是因为：相对比较简单的植物和动物群落，其所达成的平衡更容易被打破，而物种丰富的生态系统能够形成相互联系的生态关系网络可以抵抗入侵。比如，农田是人为地简化了的群落，也是入侵和暴发最容易发生的地方。热带雨林中几乎没有害虫的暴发是支持多样性抵御入侵的一个例子。本地种丰富的植物群落，可能减少了可利用的光和营养，增强了群落中物种间竞争的压力，所有的生态位都已经被占据了，从而减少了外来种入侵成功率。越是物种多样的群落就越稳定，因此，就对外来种入侵具有更大抵抗力。

（二）生物多样性丰富可以减少森林病虫害

森林病虫害素有“无烟的火灾”之称。据统计，中国林业有害生物种类有8000多种，在全国范围内造成严重危害的有200余种。20世纪60年代后，随着森林过伐和大面积人工纯林的不断发展，改变了森林的组成结构和生物物种之间相互制约的生态关系，降低了森林自我抗御病虫害的能力，造成森林病虫害发生的规模和频率剧增，对森林的危害影响十分严重。

就森林群落对害虫的抵抗力而言，复杂的群落很少发生爆发性的病虫害。因为物种多样性高的群落可以使植食性昆虫的种群大小维持在较低的规模，而大规模单物种的种植，无疑会使群落结构单一化，害虫的天敌种类和数量减少，易诱发特定害虫的爆发。一个健康的森林生态系统不仅有乔、灌、草等植物类群，而且有完整的食物网。保护了森林的生物多样性，害虫的天敌等动物种群得到有效的维持，有害生物源与其天敌自然种群在多样性的森林中达到动态平衡，病虫害会得到有效遏制。生态学家们曾经比较单一人工林与多样性较高的混交林中病虫害爆发的情况，综合分析了全球54个研究，涉及30个树种和24种害虫，结果表明：与混交林相比，单一人工林的病虫害显著增加。

相比单一人工林地，多样性高的天然林和混交林抵抗病虫害能力强，主要是由于下述原因：

一是单一林地中相同物种的种群密度高，病虫害的食物来源丰富，其种群密度会迅速增加，从而使得病虫害爆发。害虫个体的活动范围有限，在食物资源集中的单一林地中能更有效地繁殖，而在混交林或天然林中，物种多样化水平高，适合病虫害生存的寄主植物较分散，不宜造成病虫害种群爆发性的增长。因此，多样化的森林，病虫害发生的几率会大大降低，而单一的林地更容易发生病虫害，例如，云杉八齿小蠹（lps typogra－phus）和对松十二齿小蠹（l. sexdentatus）曾经在欧洲单一树种种植林地中发生大爆发。

二是物种多样性高的森林形成虫害寻找寄主的物理屏障。如果云杉生长在物种多样性高的森林下层，蚜虫的幼虫寻找云杉的过程将受到干扰，甚至受到阻断；如果在松树个体间生长有其他落叶或阔叶树种，可以降低松树被害虫发现的可能性。另外，如果以非寄主植物个体作为背景，有些害虫很难找到寄主植物。例如，雌性松异舟蛾（Thaumet － opoea pityocampa）常常通过清晰的背景衬托寄主的轮廓来定位，如果在外围种植一些其他阔叶树种，松树林地发生松异舟蛾虫害的可能性会大大降低。

三是物种多样性高的森林形成虫害寻找寄主的化学屏障。来自于寄主和非寄主植物个体的化学刺激物也可以影响害虫找到其寄主。例如，针叶树蛀干害虫通常被寄主的挥发物所吸引，由于针阔混交林比单一树种林地有更多样化的化学挥发物，这将影响害虫的嗅觉选择，从而降低了针叶林蛀干害虫爆发的可能性。

四是物种多样性高的森林形成害虫寻找寄主的时间屏障。对于许多食叶害虫，幼虫仅能取食嫩叶，因此，需要食叶害虫与寄主植物的物候相匹配，植物芽的生长与害虫卵的孵化时间相一致。在多样化的森林中，害虫卵的孵化可能错误地与其他非寄主的植物出芽相一致，导致幼虫的死亡，有效地抑制了虫害的爆发。

（三）生物多样性可减少森林火灾

近几十年来，由于气候变化的不断加剧，气温逐年升高，降水减少，从而导致森林火灾发生的几率大大提高。森林火灾存在着很多的危害性：直接烧毁大量森林资源，破坏森林环境继而造成地质灾害，使生物多样性遭受严重破坏，造成环境污染和巨大的经济损失，直接威胁到人民生命的安全。

生物多样性在防治火灾上扮演着重要的角色。在世界一些地区，天然林区能很好地适应有规律的火灾。生物多样性对森林火灾的控制，主要是通过在森林火灾易发地区种植耐火阔叶树种，建立有效的防火隔离带；通过营造阔叶防火林带，使针叶树冠呈不连续分布；也可采取合理的抚育措施，减少林内阳性杂草，调节林内的枯枝分布，降低林分的燃烧性。合理的混交林分可以提高生产力，改善森林生态环境，提高林分的抗火能力，还对防止土壤灰化，促进枯落物的分解有积极作用。将难燃的阔叶防火树种与易燃的针叶树按合理的比例和方式混交，形成微观密集型防火网络体系，不但可以提高林分生产力，发挥森林的多种效益，同时还可以降低林分燃烧性，提高森林自身抗御火灾的能力。

由于森林火灾是在开放环境中自由燃烧，必然受可燃物特征与分布、空气湿度、地形与风场等因素的影响，而所有这些因素又在森林燃烧过程中相互影响，构成了森林火灾的复杂性与随机性。防火林带阻火机理有3个层次：防火林带的火环境、防火林带树种、防火林带结构。其中防火林带的结构有3种形式：单层结构、复层结构和矮林结构。紧密结构的林带要比单层林的防火效果好。从垂直结构看，多样性高的林内阴湿，林火不易蔓延，而且可以有效地阻止飞火的传播。林带郁闭度大可以抑制阳性杂草的滋生，不利于地表火的蔓延。国内现有的防火林带大多数是单层林。防火林带对森林火灾的阻隔作用不仅是由于防火林带选用树种叶片含水量高，不易燃烧，而且防火林带可以形成林带内小环境，可阻止森林火灾的发生与蔓延。

生物多样性在调节区域和全球尺度的气候方面也起着十分重要的作用。生态系统强烈影响着气候和空气质量，因为它是包括碳在内的化学物质的源和汇，而且，由于植被的物理属性，它也影响着热量和水的交换。因此，生物多样性也可通过调节全球气候变化从而间接对森林火灾的减少产生影响。

二、生物多样性的直接功能

生物多样性直接功能主要体现在为人类提供了食物、药物、建筑和家具材料及其他工业原料。人类的食物几乎完全取自生物资源，人类历史上约有3000种植物被用作食物，另有75000种可食性植物，当前被人类种植的约有150余种。全世界每年生产的水产品，其中一半以上来源于天然捕捞，这些产品有的直接上市供人类食用，也有的作为养殖饲料间接地为人类提供动物蛋白质。在不发达的国家或地区，人们还相当依赖获取野生动植物作为食物。除直接为人类提供食物外，野生生物还在其他方面为人类生活作出了巨大的贡献。野生遗传资源被用来改良家畜家禽和农作物，每年价值达到数十亿美元。美国GDP的4.5%在某种程度上依赖于野生物种。而发展中国家工业化程度低，乡村人口比例高，自然资源生产使用价值占GDP的比例更高。在马来西亚沙捞越，人们每年捕捉到的野猪具有相当于1亿美元的市场价值。

全世界每年药物销售额约3000亿美元，而生物多样性也是传统医药和现代医药的源泉。发展中国家保证人口基本健康的传统药物80%依赖于植物或动物，即使在西方发达国家使用的药物中也有40%含有在野生植物中发现的成分。例如在美国，使用最多的20种药物都是以自然产物中分离出来的化合物为基础生产的，超过25%的处方药含有直接从植物获得的活性成分；许多是重要的抗生素，如青霉素，都是从微生物获得的。在中国利用野生生物入药已有数千年历史，记载的药用植物有5000多种，其中1700种为常用药物。相当多的动物提供了重要的药物，如水蛭素是珍贵的抗凝剂，蜂毒可治疗关节炎，某些蛇毒制剂能控制高血压，斑蝥素可以治疗某些癌症。此外，一些动物还是重要的医药研究模型和实验动物。茯苓、冬虫夏草、猴头、灵芝和神曲等微生物或其衍生物很早就是重要的中药材。

生物多样性还为人类提供多种多样的工业原料，如木材、纤维、橡胶、造纸原料、天然淀粉、油脂等。热带国家出口木材、胶合板、木浆等林产品，用以换取外汇、为工业化提供资金、偿还外债、提供就业等。诸如印度尼西亚、巴西和马来西亚这些热带国家，通过出口木材产品每年赚得数十亿美元。然而，木材产品的总价值远不止这些，因为大部分木材都在产出国用作薪柴或建筑材料，并不出口。在比较边远的地区，人类所需能源仍主要依靠自然生物资源，其中最主要的是森林出产的薪柴。在尼泊尔、坦桑尼亚和马拉维，90%以上的能源取自薪柴。猎物、水果、橡胶、树脂、藤条、药用植物等从森林中获取的非木材产品也具有巨大的生产使用价值。这些非木材产品有时也称为“森林小产品”。实际上非木材产品在经济上非常重要，甚至与木材的价值相当。虽然特定年份采伐木材并售卖确实可以获得巨额利润，但是，一经采伐以后几十年就不可能再收获木材，而非木材产品往往是可以持续收获的。因此，谨慎采伐，即降低采伐对周围生物群落的破坏、保证树木在环境保护中的价值，再结合非木材产品的收获，这将是维持森林永续利用的途径。

生物多样性还有美学价值，可以美化人们的生活，陶冶人们的情操。如果大千世界里没有色彩缤纷的植物和神态各异的动物，人们的旅游和休憩也就索然无味了。正是雄伟秀丽的名山大川与五颜六色的花鸟鱼虫相配合，才构成令人赏心悦目、流连忘返的美景，还能激发人们文学艺术创作的灵感。生态旅游是生物多样性一种特殊的娱乐休闲价值。人们游览某些地区、愿意花钱体验不寻常的生物群落（如珊瑚礁、非洲稀树草原、加拉帕戈斯群岛、湿地等）、参观“旗舰”物种等。全世界旅游产业年收入6000亿美元，其中生态旅游占20%。在西方发达国家，周末和节假日到大自然去旅游已成为一种时尚。加拿大每年大约84%的人口要参与到与野生动物有关的娱乐活动中去，每年可创收8亿美元。在拉丁美洲和世界其他地区，生态旅游对于当地的经济发展变得日益重要。在哥斯达黎加，每年接待的国际游客中，几乎半数以上是去欣赏热带雨林的生态旅游者。生态旅游是许多东非国家的传统支柱产业，如肯尼亚和坦桑尼亚。在中国，2007 年森林公园旅游人数超过 2.47 亿人次，占当年国内旅游人数的 15%，直接旅游收入近 158 亿元人民币，森林旅游社会综合产值近 1200 亿元人民币。这些数字说明生物多样性的美学价值是非常巨大的。

在经济技术全球化格局下，生物多样性与经济社会发展的关系更加密切。全球竞争性优势越来越突出地表现在对生物遗传信息的认识、掌握和利用，实质是一种知识优势、技术优势。“遗传资源”、“基因资源”正替代生物资源、种质资源，成为现代经济运行体系的新概念。从商业角度而言，现有生物遗传资源及其相关传统知识中所蕴藏的巨大价值被现代生物技术所唤醒，使其具有了“点石成金”的神奇魔力。美国 AMGE 公司，1997 年曾转让一个与神经中枢疾病有关的基因专利，净利润 3.92 亿美元。枯叶真菌曾给美国玉米带来严重灾害，农民当年的损失超过 20 亿美元，后来科学家们无意中发现了一种稀有的多年生玉米品系，可以抗御枯叶真菌。据遗传学家估计，这种新发现的抗枯叶真菌品系的商业价值，每年可达数十亿美元。多年前，研究人员在马达加斯加热带雨林中发现了一种有独特遗传性状的稀有植物——长春花，可以作为药物以治疗某些癌症。EliLilly 制药公司将其开发成为药物，仅在 1993 年的销售额就达到了 1.6 亿美元。可以肯定地说，如果获得某种特殊细胞系或基因的专利或者使用权，仅从商业价值角度而言，就意味着巨额利润。遗传资源也被看做是化石能源之后人类最后的一块“淘金场”，而与生物资源相关的知识产权就是知识经济时代全球经济技术化“抢滩”和“圈地”的工具。总之，生物多样性是一个巨大的远未探明的自然资源库，种质资源是生物多样性的重要组成部分，是地球上极为重要的财富，更是人类赖以生存和发展的物质基础。

第三节　生物多样性的历史与现状

一、历史演变

生物多样性在时间与空间中演化，从无到有，由简变繁。生物多样性演化和生物进化过程密不可分，又与地球的地壳、水圈和大气圈的演化息息相关。了解地球上生物多样性的演化过程，有益于建立客观而科学的生物多样性保护计划。自生命起源以来，地球上的物种数目和多样性一直在增长。然而，这种增长并不稳定。自寒武纪生命大爆发以来海洋生物界发生了 5 次集群灭绝事件，约 2.51 亿年前的二叠纪末集群灭绝是其中规规模最大的一次，多达 96% 的海洋生物物种和 75% 以上的陆生动物种惨遭灭绝。目前，地质学家认为造成这次集群灭绝的原因主要分为两大类：地外成因（如多次的外星体撞击）和地内成因（如广泛的火山喷发、地磁场极性变化、海水盐度变化、海平面和气候的急剧变化以及海底甲烷气流大量释放造成的缺氧事件）。这些因素可能互相影响，不同程度地引发了二叠纪末的集群灭绝。这次大灭绝之后，生物多样性经过了 5000 多万年才逐渐恢复。

物种灭绝并非都是由于强烈的扰动。一个物种对重要生存资源的垄断和过度捕食都可能导致另一个物种的灭绝。尽管对某一物种存活或消亡的决定因素还不完全清楚，但灭绝和物种形成一样都是大自然生命轮回中的一部分。新的物种不断形成，旧的物种逐渐灭绝，在自然界达成一种生与死的平衡。现存的物种是过去数亿年进化的结晶，是几十亿个物种在灭绝中的幸存者。脊椎动物种的生存期一般认为是 500 万年。在过去的几亿年中，自然灭绝速率平均每世纪约 90 余种脊椎动物。自然界的生物都互相依存，互相制约。一个物种的绝迹，预示着与其相关的很多物种也可能面临灭绝。

在地球生物进化的历史上曾经发生过 5 次物种大灭绝事件。如今，很多科学家认为如果不采取保护措施，人类活动将导致第 6 次物种大灭绝。现存鸟类有 12% 是受威胁种，哺乳动物和两栖类则更为严重，受威胁种各占 22% 和 29%。植物种也不容乐观，特别是裸子植物（松柏类、银杏和苏铁）及棕榈植物中的一些渐危种。目前，全世界每天有 75 个物种灭绝，每 1 小时就有 3 个物种被贴上死亡标签，全球共有几万种已知物种存在灭绝风险，但这仅仅是冰山一角，很多物种还没来得及被科学家描述和命名就已经从地球上消失了。目前的物种灭绝比自然速度快了 100 ~ 1000 倍。走过数十亿年发展进化之路的生物多样性，正以前所未有的速度衰减。据统计，20 世纪有 110 个种和亚种的哺乳动物以及 139 种和亚种的鸟类在地球上消失了。目前，世界上已有 593 种鸟、400 多种兽、209 种两栖爬行动物和 20000 多种高等植物濒于灭绝。以哺乳动物为例：在 17 世纪时，每 5 年有一种动物灭绝，到 20 世纪则平均每 2 年就有一种动物绝灭。就鸟类而言，在更新世的早期，平均每 83.3 年有一个物种绝灭，而现代则每 2.6 年就有一种鸟类从地球上消亡。据联合国环境计划署估计，在未来的 20 ~ 30 年，地球总生物多样性的 25% 将处于灭绝的危险之中。在1990～2020年，因砍伐森林而损失的物种，可能要占世界物种总数的5%～25%，即每年将损失15000～50000个物种，或每天损失40～140个物种。

当物种个体的丧失引起人类的关注时，森林、草原、湿地、珊瑚礁和其他生态系统的破碎化、退化和完全丧失带给生物多样性毁灭性的威胁。森林是许多陆地生物多样性的大本营，但在20世纪，约45%的原始森林已经消失。尽管某些森林得到了更新，但世界的森林总数仍在快速减少，尤其是在热带地区。科学家估计目前每年遭到破坏的热带雨林可能达到2%。按照这个速度，到21世纪中叶地球上的热带雨林面积很可能只剩下目前的5%，生态多样性将可能遭受巨大的破坏。珊瑚礁是包含最丰富生物多样性的生态系统，目前10%的珊瑚礁已经被毁坏，而且1/3的幸存者将在未来的10～20年间面临崩溃。海岸的红树林是无数物种生死攸关的生命摇篮，现在已经变得脆弱并已经消失一半。生物多样性的丧失常常会减少生态系统的生产力，因而减少自然界向人类提供物质和服务的能力，生物多样性的丧失动摇了生态系统，弱化了生态系统抵御洪水、旱灾和暴风雨等自然灾害及污染、气候改变等人为压力的能力，生态系统之免疫能力降低。

中国是生物多样性受到最严重威胁的国家之一。世界自然保护联盟（lUCN）中国植物专家组已初步评估出我国有4%的高等植物受到严重威胁，其中包括苔藓68种．蕨类118种，裸子植物107种，被子植物1106种，分属IUCN红色名录等级标准中的绝灭、野外绝灭、极危、濒危和易危5个等级，上述高等植物总计1399种，占高等植物总种数的4.4%。而裸子植物、兰科植物等具有重要经济价值的类群受威胁比例更高，达40%以上。考虑到中国野生高等植物遭受破坏的历史和现状，估计其比例达物种总数的15%～20%，濒危和受威胁的种类达到5000种左右。中国的野生脊椎动物无论是分布区域，还是种群数量，均急剧缩减。许多大型草食兽类，如麋鹿早已从野外绝灭；野生的马鹿、梅花鹿也已在许多地方绝迹；长江中的白鲟（Psephuyrus gladius）已十分罕见。即使在边远地区，脊椎动物的处境也不容乐观。在我国西北荒漠和草原中，高鼻羚羊（saiga tatarrca）已于20世纪中叶在西北荒漠草原绝灭；蒙古野驴（Equus hemionus）和普氏原羚（Procapra przewalskii）也面临绝灭的威胁。青藏高原的可可西里无人区曾是野生动物王国，20世纪90年代大量的淘金者进入阿尔金山保护区，猎杀藏羚羊。1984年后，中国特有蝾螈科动物滇螈（Hypselotriron wolterstotffi）在滇池中再未见到，可能已灭绝。20世纪80年代中期调查，长江中的白鳍豚已下降到200头以下；2006

年，一个由中国、美国、英国、德国、瑞士、日本六国科学家组成的考察队对长达1750km的长江江面进行了搜索，未发现任何白鳍豚个体及其存在证据，被认为“功能性灭绝”。

中国遗传资源丧失的问题也很突出。例如，20世纪50年代，中国各地农民种植水稻地方品种达46000多个，至2006年，全国种植水稻品种仅1000多个，且基本为育成品种和杂交稻品种；中国野生稻原有分布点中的60%～70%现已消失或大面积萎缩。另外，由于国际交流与日俱增，众多中国特有的农作物、林木、花卉、畜、禽、鱼等宝贵遗传资源流失到国外。由于新品种的引入、推广以及品种单一化，中国传统的遗传资源多样性正在发生深刻的变化，许多地方的古老、土著品种的重要遗传特征由于严酷的竞争和排挤，数量急剧减少，或者濒临灭绝。由于过度捕捞，水域污染严重，中国渔业资源极度衰竭，过去重要的经济渔业资源如真鲷（Pagrosomus major）、鳓鱼（Ilisha elonga－co）、对虾（Penaeus chinensis）、梭子蟹（Portunusspp）等的生物量急剧下降，一些种类如大黄鱼已处于绝迹，目前长江成鱼捕捞量已由20世纪50年代的40多万t下降为目前的10万t左右。由于过度采集，许多药用生物野生资源破坏严重。如冬虫夏草、川贝母（Fritillaria cirrhosa）、川黄连（Coptis chinensis）、八角莲（Oysosma versiqellis）、凹叶厚朴（Magnolia officinalis）、杜仲（Eucommia ulmoides）、甘草（Glycyrrhiza uralensis）等30多种药用植物其野生资源破坏严重。

中国森林覆盖率虽然持续增长，但主要是大面积的人工林种植，品种单一，生态系统脆弱，抗病虫害能力较弱，造成了森林生态系统生物多样性整体质量的下降。更值得关注的是，随着橡胶等经济林和桉树、杨树等速生用材林的机械化大面积推广，大量天然次生植被遭到破坏，对区域生物多样性与生态系统功能造成极大负面影响。自从20世纪60年代开始，中国草原生态系统就开始退化，70年代中期，退化面积只占草原总面积的15%，到80年代达30%，而90年代则扩大到50%，目前已达到90%，其中重度和中度退化草原占退化草原面积的50%以上。不仅如此，退化面积仍在以每年133万hm^2的速度继续扩大，天然草原面积每年减少约65万～70万hm^2。我国荒漠化形势十分严重，已严重威胁人们的生存环境。据统计，全国有5万多个村庄、1300多km铁路、3万km公路、数以千计的水库、5万多km的沟渠常年受荒漠化影响。中国淡水生态系统遭到严重威胁，重要湿地严重退化。水利工程尤其是流域梯级开发对河流生态系统的破坏，特别是对鱼类土著地方种和特有种造成的毁灭性影响。三江平原是中国最大的湿地分布区，然而多年持续开荒与农业开发，不仅使三江平原湿地面积大幅度减少，而且也使湿地功能明显丧失。由于泥沙淤积、围垦等造成长江中下游地区湖泊面积不断减少。位于长江中游鄱阳湖，是中国最大的淡水湖，20 世纪 50 ~ 80 年代初由于不断的围垦和泥沙淤积，已使鄱阳湖湖泊面积缩小 40%；位于湖南省的洞庭湖由于淤积速度快，面积从 1949 年的 $4350km^2$ 下降到现在的 $2625km^2$，导致鸟类和鱼类等种类与数量的减少。最近几十年来，随着海洋与滨海滩涂的过度开发，海洋和海岸生态系统也面临严重威胁，海洋及海岸带栖息地丧失严重，生态系统结构失衡，海洋渔业资源衰竭，珍稀濒危海洋物种种群减少，海洋生态灾害频发。

二、面临的威胁

健康的环境意味着系统内所有组分（包括生态系统、生物群落、物种、种群等）均处于良好状态。然而，由于世界人口的不断增长，越来越多地利用地球的自然资源，加快了物种灭绝的速率，使得生物多样性降低，地球的免疫系统受到破坏。目前全球生物多样性丧失的趋势仍没有得到有效遏制，栖息地破坏、人类过度采伐、外来种入侵、全球气候变化这些因素仍在威胁着全球的生物多样性。

除了自然因素的变化之外，威胁生物多样性的所有因素，大多可归因于人口的增长。生物多样性受到严重威胁其实也就发生在近 150 年间，而此期间全世界人口从 1850 年的 10 亿增长至目前的 70 亿，呈现爆炸性增长态势。由于现代医疗事业（特别是疾病的控制）和公共卫生技术的发展以及更可靠的食物供给的保障，使人口死亡率下降，而人口出生率维持较高水平，最终导致人口数量剧增。人口增加后，必须扩大耕地面积，满足吃饭的需求。在过去 40 年里，全球农业用地面积增长了 10%，目前农业生态系统占据全球 1/4 的面积。大量开垦的自然生境变为耕地，导致了自然生境的丧失，植物、动物和其他生物将无处生存，最终灭绝，对自然生态系统及生存其中的生物物种产生了最直接的威胁。在泰国、印度和越南，半数以上的野生生境已经遭到破坏，地中海地区上千年来一直是人口分布密集的地区，如今仅有 10% 的原始森林保留下来，而野生种群丧失的数量与生境丧失的面积是紧密相关的。

（一）栖息地破坏

栖息地破坏是造成生物多样性丧失的最主要原因。近几十年来，由于全球人口的增长，人与自然的矛盾日益突出，生物多样性也受到了巨大的压力。

农业开发、城市化、工程建设等人类活动正日益侵蚀和破坏野生动植物的栖息地。森林覆盖了全球陆地表面面积的1/3，森林中栖息着一半以上的陆生动物和植物物种。但是全球毁林（主要是转变为农业用地）的速度是非常惊人的，20 世纪 90 年代每年近 16 万 km^2 被毁，2000 年之后略微下降，每年也有 13 万 km^2 被毁。如亚马孙热带雨林，被毁的森林面积已达 17%。我国从 1976～2003年间，西双版纳的森林覆盖率已减少到不足一半，且原始热带雨林面积已缩小到3.6%，主要由于橡胶价格飙升，当地人大面积种植橡胶林。栖息地破坏的一个严重后果是生境破碎化，物种被隔绝在支离破碎的环境中，种群之间的基因交流受到阻隔，影响物种的繁衍。如西双版纳部分地区橡胶园取代森林之后，使得当地特有种白颊长臂猿数量急剧减少，到 80 年代末期已不足 40 只，成为世界上最濒危的物种之一。

（二）过度利用

人类的巨大需求以及经济利益的驱动，使全球生物资源遭受过度乃至掠夺式的开发和利用。如果单单满足人类基本生活需求不一定导致物种的灭绝和生境的破坏，自然资源的低效浪费使用和过度消耗也是生物多样性下降的主要因素。偷猎野生动物、滥采野生植物并进行非法贸易，曾经造成了一些珍稀濒危动植物的数量下降并几近灭绝，比较知名的种类有老虎、苏铁、兰科植物等。在中国重要的经济海区和湖泊，酷渔滥捕的现象十分严重，不仅使重要的天然经济鱼类资源受到很大的破坏，而且严重影响着这些湿地的生态平衡。生物资源的过度利用导致资源下降，致使一些物种甚至趋于濒危。

（三）外来物种入侵

从 20 世纪以来，各国记录到的外来物种数量一直在上升。外来入侵物种常常比本地物种具有更强的生存和适应能力，通过压制和排挤本地物种，形成单优势种群，危及本地物种的生存。研究发现，外来物种使本地的哺乳动物、鸟类和两栖动物面临更大的威胁，并且是淡水贝类灭绝的第二大原因。在欧洲的 11000 种外来物种中，有 1/10 已观察到生态影响。在我国，外来入侵物种已呈现传入数量增多、传入频率加快、蔓延范围扩大、危害加剧、损失加重的态势。目前我国已记录的外来入侵物种有 488 种，其造成的经济损失每年超过 1200 亿元。

（四）气候变化

联合国政府间气候变化委员会发布的第四次评估报告显示：20 世纪全球温度平均上升了 0.6℃，海平面平均上升了 17cm，极端气候事件的频率和强度也在不断增加。越来越多的数据表明，温度升高、降水格局变化及其他气候极端事件，已经对生态系统的生物多样性造成了影响。目前，气候变化已成为威胁生物多样性的主要因素之一，且预计在今后的几十年中，将越来越成为生物多样性丧失的主要直接驱动力。2002～2007年，联合国政府间气候变化委员会的评估认为80%的物种受到了气候变化的影响，主要表现在以下几个方面：气候变化造成了动植物候期的改变，如植物生物期延长、鸟类迁徙时间改变，而这些已经造成了生态紊乱；气候变化使动植物向高海拔和高纬度地区迁移，而这带来了生态系统的改变；气候变化使物种的栖息环境改变，使病虫害增强，影响了物种的繁衍和种群增长。

三、保护生物多样性成就与现状

针对生物多样性丧失的严峻形势，林业部门已经采取一系列生物多样性保护和恢复措施，并落实一系列生物多样性保护行动，取得了重要成就。

（一）物种保护得到加强

1. 野生动物拯救保护领域不断扩展

按照抢救性保护战略的要求，各级林业主管部门通过对濒危物种栖息地的保护和恢复，有一些的国家重点保护野生动物资源急剧下降的趋势已得到有效控制，据全国陆生野生动物资源调查结果，国家重点保护野生动物总体上呈现稳中有升的发展趋势。例如，曾经一度视为灭绝的国家一级重点保护鸟类——朱鹮，于1981年在陕西省洋县被重新发现，经过保护研究人员20多年的艰苦努力，中国朱鹮在就地保护和迁地保护方面均取得了巨大成功，目前朱鹮种群数量已达到1600余只，其中野外种群数目近1000只，在陕西省秦岭的汉中市11个县和安康市宁陕县境内分布；人工种群600多只，主要分布在陕西省洋县、周至县、宁陕县，同时北京动物园和河南、浙江等地也有人工种群分布。大熊猫是我国特有珍稀孑遗动物，是世界上最濒危的物种之一，被誉为“国宝”和“活化石”。通过多年的艰苦努力，我国全面强化了大熊猫栖息地的保护，现在已经有45%的大熊猫栖息地和61%的野外大熊猫种群纳入到自然保护区内，得到了较好的保护。目前，我国大熊猫种群数量超过1800只，分布在陕西、四川和甘肃3省的45个县境内，总栖息地面积达230万hm^2。野生大熊猫生存状况已得到改善，分布范围扩大、栖息地面积增加、种群数量进一步增长。大熊猫、金丝猴、朱鹮、扬子鳄、鳄蜥、蟒蛇、穿山甲等250多种野生动物新建立了稳定的人工繁育种群；还开展了人工繁育野生动物放归自然，朱鹮、扬子鳄、鳄蜥、黄腹角雉等10多种野生动物实现了从人工繁育场所到野外的生存，朱鹮、野马等在放归自然后还顺利实现了自然繁殖。

2. 野生植物及其生境的拯救保护得到加强

初步形成以就地保护和种源保存培育为龙头的保护格局。通过《野生动植物保护及自然保护区建设工程规划》的实施，针对苏铁、兰科植物、西南地区高原珍稀植物、西北地区珍稀沙生植物、东北地区珍稀野生植物以及三峡库区珍稀植物等六大类物种实施了就地保护、种质资源收集保存及种源培育工作，有效保护了我国10余种野生苏铁的主要分布区，对200余种亚热带野生兰科植物实施了就地保护。迁地保护了东北、西北、西南地区的1000多种珍稀或濒危、特有野生植物，成立了全国苏铁种质资源保护中心和兰科植物种质资源保护中心，分别收集保存苏铁类、兰科类植物240余种和500余种，基本完成了苏铁种质资源收集保存；原产我国的重点兰科植物收集保存也取得阶段性成果。组织编制了《全国极小种群野生植物拯救保护工程规划》，加强珍稀野生植物的人工培育技术研究和种源建设，针对松茸、雪莲、珙桐、肉苁蓉、红豆杉、珍稀兰科植物等10种（类）市场需求较大的珍稀野生植物，扶持开展人工培育技术研究和种源建设。对杏黄兜兰等我国特有的濒危兰科植物以及德保苏铁、华盖木、西畴青冈等极度濒危物种开展了回归自然的试验。

3. 野生动物疫源疫病监测防控体系初步建立

我国野生动物疫源疫病监测防控，是在经受“非典”、禽流感疫情后，党中央、国务院根据维护公共卫生安全和国土生态安全的需要，赋予林业主管部门的新职能。为履行好这一职能，各级林业主管部门在一片空白的基础上，依托森林病虫害防治体系、自然保护区体系、基层保护管理体系和有关科研机构，在全国候鸟主要迁徙通道、迁徙停歇地、繁殖地、越冬地和野生动物集中分布区域，整合资源，设立了350处国家级、768处省级和一大批地市县级陆生野生动物疫源疫病监测站点，制定了《陆生野生动物疫源疫病监测规范（试行）》和严格的信息上报制度，培训监测防控人员上万人次，初步建立了我国陆生野生动物疫源疫病监测防控体系，并采取“边建设、边监测”的工作方式，在强化重点时段、重点区域监测的同时，坚持监测信息日报告制度，第一时间、第一现场发现了多起野生动物疫病（情），快速、周密、稳妥地采取了应急处置措施，切断了疫病（情）向外扩散的途径，在维护公共卫生安全和国土生态安全大局中有力发挥了前沿哨卡和屏障作用。

4. 野生动植物繁育利用显现出规模化、集约化发展势头

我国社会经济发展对野生动植物资源的需求继续呈现不断扩大的势头。

针对上述情况，各级林业主管部门认真实施以利用野外资源为主向利用人工繁育资源为主的战略转变，引导和规范并重，采取了一系列有利于资源繁育、限制野外资源利用的强化监管措施，一是根据不同物种的特点，分类制定了有关试验用猴、豹类、赛加羚羊、穿山甲、珍稀蛇类、鳄类、毛皮野生动物等繁育利用的规范管理措施；二是建立健全资源消耗总量控制和资源配置科学评审制度，强化宏观调控手段，有效遏制了重点资源的过度消耗；三是继续推行野生动物经营利用标识管理，构建野生动物产品市场准入制度；四是积极开展行业试点示范，推广成熟的繁育利用技术和规范管理模式；五是鼓励资源利用企业建立资源繁育基地，或与资源繁育企业建立合作关系，建立“谁繁育、谁受益”的激励机制。上述努力，为野生动植物繁育利用的发展营造了公正、公平的政策环境，有效引导和规范了野生动植物繁育利用产业的健康发展。截至目前，全行业实现年总产值和进出口贸易总额共计约2000亿元，并且技术条件逐步改进，人工繁育资源总量稳步增长，集约化经营水平不断提高，不仅为社会创造了巨大财富，维护了许多民族传统文化的传承，缓解了野外资源保护压力，还解决了一大批人口的就业问题，成为部分区域带动农村经济发展和农民增收的一大新动力，显示出蓬勃生机。

（二）生态系统保护工作取得进展

自然保护区是对典型的自然生态系统、珍稀濒危野生动植物物种的天然集中分布区、有特殊意义的自然遗迹等所在的陆地、陆地水体或者海域予以特殊保护和管理的专门区域。经过50多年的发展，我国自然保护区取得了举世瞩目的成就，截至2010年年底，我国林业系统已建立各种类型、不同级别的自然保护区2035个，总面积达12370.92万hm^2，约占国土面积的12.88%，其中经国务院批准的国家级自然保护区247个。林业系统自然保护区占全国自然保护区个数的70%，保护区面积占全部自然保护区面积的81%。林业系统自然保护区基本形成了布局较为合理、类型较为齐全、功能较为完备的自然保护区网络，使全国85%的陆地自然生态系统类型、47%的天然湿地、20%的天然林、绝大多数自然遗迹、65%的高等植物和大部分国家重点保护珍稀濒危野生动植物种，都在保护区内得到了有效保护。维护了国家的生态安全，满足了人民精神文化需求，促进了人与自然和谐，促进了生态系统和生物多样性的保护。

（1）有效地保护了我国森林生态系统，维护了森林生态系统的安全。根据自然保护区的主要保护对象，我国自然保护区分为3个类别9个类型，有效保护着我国90%的陆地生态系统类型。其中，森林是最重要的陆地生态系统，蕴藏了大量的生物物种，是生物多样性最为丰富的生态系统类型。根据 2010 年全国林业系统自然保护区统计结果，森林生态系统类型有 1254 个，面积 3086.26 万 hm^2。我国森林生态系统类型自然保护区数量众多，分布广泛，从北向南分布在寒温带、温带、暖温带、亚热带和热带，使典型的生态系统均得到了有效保护，调节气候、保持水土、防风固沙、涵养水源和美化环境等生态功能得到了充分发挥，保障了生态系统安全和物种安全，促进了人类社会的可持续发展。

（2）初步保护了湿地生态系统，使天然湿地的生态功能得到充分的发挥。湿地具有多种功能，蕴涵着丰富的自然资源，被称为“地球之肾”、“物种基因库”，在保护生物和遗传多样性、减缓径流、蓄洪防旱、固定二氧化碳、调节区域气候、降解污染、净化水质、防浪固岸、保障国土生态安全中发挥着其他生态系统无法替代的作用。根据 2010 年全国林业系统自然保护区统计结果，湿地生态系统类型有 356 个，面积 3178.55 万 hm^2，有 47% 约 1700 多万 hm^2 的天然湿地被纳入自然保护区进行了严格的保护。这些湿地自然保护区不仅作为许多濒危特有野生动物的栖息地，而且还是迁徙鸟类，特别是许多全球性受威胁物种的重要停歇地和繁殖地。这些保护区的建立，有效保护了这些地域内的生态系统，在维系水资源安全、储存二氧化碳、降解污染、调蓄洪水和保护湿地动植物方面发挥了强大的生态功能，对社会经济发展产生了巨大的生态效益。

（3）维系荒漠生态系统安全，遏制了荒漠化的进一步扩展。根据 2010 年我国林业系统自然保护区统计结果，荒漠生态系统类型有 30 个，面积 3709.34 万 hm^2，主要分布在内蒙古、甘肃、青海、新疆、宁夏、西藏 6 个西部省（自治区）。我国已建的荒漠生态系统类型自然保护区虽然数量不多，仅占保护区总数的 1.77%，但面积很大，占全国自然保护区总面积的 31.09%。这些保护区的建立对维持和改善我国西北地区的自然环境、保护野生动物和植被资源起到了至关重要的作用。由于荒漠地区自然条件恶劣，生态系统十分脆弱，一旦破坏很难恢复，荒漠生态类型保护区的建立，有效地遏制了土地荒漠化的进一步扩展，确保了国家的生态安全，维系了中华民族的生存空间。

（三）遗传资源保护

（1）植物遗传资源保护。林木种质资源的保存工作起步较晚，但现阶段力度较大。在近 10 年时间内，在全国 5 个气候带建成各具特色的林木种质资源库已初具规模，试验保存了主要树种的大群体、种源（林分）、家系、优树、无性系等。已保存乔灌木树种、花卉等 76 个主要物种种质资源 1.5 万份，另外，在全国林木良种繁育基地保存了育种材料种质 3.5 万余份；国家林业局计划在“十二五”期间，建成与完善 100 个国家林木种质资源库，100 个省级种质资源库，建成面积 9690hm^2，收集保存重要乔、灌、草 200 个原生种的种质资源 5 万份。

目前观赏植物遗传资源保护的主要措施有两个：一是为迁地保存野生植物而建立的基因库，如南宁的金花茶基因库、洛阳的牡丹基因库；二是为保存品种而设立的品种资源圃，如武汉的梅花品种资源圃、荷花品种资源圃、南京的菊花品种资源圃等。

全国有多个植物园设立了药用植物园（圃），但各植物园收集的药用植物总数还不多，有待于加强建设，增加收集保存总数。

截至 2010 年年底，林业系统建立野生植物类型自然保护区 107 个，面积 168.32 万 hm^2，是以保护野生植物及其生态系统为主，有些专门保护作物野生亲缘种。

（2）动物遗传资源保护。截至 2010 年年底林业系统建立野生动物类型自然保护区 284 个，面积 2227.57 万 hm^2，是以保护野生动物及其栖息地为主，濒危物种得以在野外栖息繁衍。还建立了国家濒危野生动物种质基因保护中心，收集保存 810 多种野生动物 18 万多份基因样品。

总之，在过去的 20 多年里，林业生物多样性保护工作取得巨大成就，但仍面临不少压力和挑战。目前，我国生物多样性下降的总体趋势尚未得到有效遏制，资源过度利用、工程建设以及气候变化严重影响着物种生存和生物资源的可持续利用，生物物种资源流失严重的形势没有得到根本改变。

第四节　生物多样性的目标与选择

一、世界趋势

（一）2010 年前生物多样性保护目标未能实现

2002 年，《生物多样性公约》缔约方制定生物多样性保护 2010 年目标，其核心内容为遏制生物多样性丧失的趋势。2005 年，这一目标在可持续发展问题世界首脑会议上被纳入联合国《千年发展宣言》中。大部分的生物多样性公约签署国也制定了国家生物多样性战略和行动计划，为在全球范围内控制生物多样性丧失做出了努力。

2010 年 10 月日本名古屋召开了《生物多样性公约》第 10 次会议，执行主席阿姆德·乔格拉夫宣布，截至 2010 年，110 个国家及地区没有能够持续减少生物多样性的丧失，从而正式宣告了生物多样性保护的 2010 年目标失败。

但是，生物多样性的价值已得到国际社会的广泛认可，确定未来十年（2011 ~ 2020 年）为生物多样性十年，并于 2010 年 1 月 11 日举行了“2010 国际生物多样性年”启动仪式。从 1992 年 6 月联合国通过的《生物多样性公约》，到 2004 年《吉隆坡宣言》，再到 2010 年为国际生物多样性年，都说明着国际社会对生物多样性保护已从认识转向行动。

（二）2010 年后生物多样性保护策略

随着 2010 年的结束，人们将更多的注意力放到了新的生物多样性保护目标上。通过对生物多样性保护的 2010 年目标失败原因的分析，《全球生物多样性展望》（第三版）提出了新的生物多样性保护策略。简要内容如下：

更加强调投入更多的努力去除导致生物多样性丧失的直接因素。这个提法虽然十分简单，但却涉及十分复杂的问题。它包括对于过去消费的改变及对于新的生活方式的选择，同时也包括控制人口增长等长期政策问题。一方面，强调了生物多样性保护中的公众参与；另一方面，从政策层面上讲定价及奖励制度帮助减少这些直接因素，恰当的政策可以帮助人们适度消费并减少浪费。

以货币的形式进一步明确生物多样性及生态系统服务功能的价值，以利于多样性资源的可持续利用。具体地讲，GDP 核算中考虑环境成本是来来的发展方向，即 GDP 核算方式的改革。

降低非直接因素导致的生物多样性丧失，这包含了更加合理的土地利用规划，水资源及海洋生态系统的利用等。合理的生态空间规划特别是保护区的设立是其中最为关键的问题。生物多样性资源的利用必须与保持生态系统功能相适应。加强生态系统的修复工作。将生物多样性保护与应对气候变化的工作相结合。

（三）2010 年后生物多样性保护目标

《生物多样性公约》缔约方第 10 次会议明确提出了针对 2020 年生物多样性的保护，分为 5 个战略目标下的 20 个具体目标。

战略目标 A：通过将生物多样性纳入整个政府和社会的主流，解决生物多样性丧失的根本原因，包括4个具体目标：到2020年，所有人都认识到生物多样性的价值以及他们能够采取哪些措施保护及可持续利用生物多样性；到2020年，将生物多样性的价值纳入国家、地方发展和减贫战略及规划进程；到2020年，消除、淘汰或改革危害生物多样性的奖励措施，以尽量减少或避免消极影响，制定并采用有助于保护和可持续利用生物多样性的积极奖励措施，同时顾及国家的社会经济条件；到2020年，所有级别的政府、商业和利益相关方都已采取步骤实现可持续的生产和消费，或执行了可持续生产和消费的计划，并将使用自然资源的影响控制在安全的生态限度范围内。

战略目标B：减少生物多样性的直接压力和促进可持续利用，包括6个具体目标：到2020年，使自然生境的丧失和退化以及破碎率至少减少一半；到2020年，以可持续的方式捕捞所有开发的鱼类及其他海洋和水产生物资源，并将渔业对受威胁物种和脆弱的生态系统产生的影响限于安全的生态限度内；到2020年，农业、水产养殖及林业覆盖的区域都实现可持续管理，确保生物多样性得到保护；到2020年，污染，包括过分养分造成的污染被控制到不危害生态系统功能和生物多样性的范围；到2020年，外来入侵物种得到鉴定、排定优先次序和控制或根除，以便控制外来入侵物种的进入渠道和定殖；到2020年，尽量减少气候变化或海洋酸化对珊瑚礁和其他脆弱生态系统的多重压力，维护它们的完整性和功能。

战略目标C：保护生态系统、物种和遗传多样性，以改善生物多样性的现况，包括3个具体目标：到2020年，至少有17%的陆地、内陆水域和10%的沿海和海洋区域，尤其是对于生物多样性和生态系统服务具有特殊重要性的区域，通过有效管理的手段进行保护，并纳入更广泛的土地景观和海洋景观管理；到2020年，已知濒危物种免遭灭绝和丧失，并且其中至少10%的保护状况得到了改善；到2020年，农业生态系统中植物和家畜遗传多样性及野生亲缘物种的丧失已经停止，同时制定并执行了保护其他优先的具有社会经济价值的物种以及特定的野生动植物种群的遗传多样性的战略。

战略目标D：提高生物多样性和生态系统带来的惠益，包括3个具体目标：到2020年，带来重要的服务以及为健康、生计和福祉做出贡献的生态系统得到了保障和（或）恢复，确保所有人公平获得生态系统服务，与此同时，考虑到妇女、土著和地方社区以及贫穷和脆弱者的需要；到2020年，通过养护和恢复行动，包括恢复至少15%退化的生态系统，生态系统的复原能力以及生物多样性对碳储存的贡献已经得到加强，从而有助于气候变化的减缓与适应以及防止荒漠化；到2020年，遗传资源的获取得到促进，根据关于获取和惠益分享的国家立法分享惠益。

战略目标E：通过参与性规划、知识管理和能力发展，加强工作执行力度，包括4个具体目标：到2020年，各缔约方已经拟定，并作为政策工具通过、执行和增订了一项有效的、参与性和增订的国家生物多样性战略和行动计划；到2020年，土著和地方社区的传统知识、创新和做法，其对生物多样性的关系和它们对生物多样性的习惯性可持续利用得到尊重、保护和维持，以及它们对生物多样性的保护和可持续利用的贡献得到承认和加强；到2020年，与生物多样性、其价值和功能，其状况和趋势以及其丧失可能带来的后果有关的知识、科学基础和技术已经提高、广泛分享和转让及适用；到2020年，执行《生物多样性公约》的能力（人力资源和资金）已经增加10倍。

二、保护战略

（一）指导思想

深入贯彻落实科学发展观，统筹生物多样性保护与经济社会发展，以实现保护和可持续利用生物多样性、公平合理分享利用遗传资源产生的惠益为目标，加强生物多样性保护体制与机制建设，强化生态系统、生物物种和遗传资源保护能力，提高公众保护与参与意识，推动生态文明建设，促进人与自然和谐。

（二）基本原则

（1）保护优先。在经济社会发展中优先考虑生物多样性保护，采取积极措施，对重要生态系统、生物物种及遗传资源实施有效保护，保障生态安全。

（2）持续利用。禁止掠夺性开发生物资源，科学、合理和有序地利用生物资源。

（3）公众参与。加强生物多样性保护宣传教育，积极引导社会团体和基层群众的广泛参与，强化信息公开和舆论监督，建立全社会共同参与生物多样性保护的有效机制。

（三）战略目标

近期目标：到2015年，力争使重点区域生物多样性下降的趋势得到有效遏制。完善中央和省级野生动植物保护行政主管部门的体系建设，实行依法保护、管理。加强自然保护区、森林公园等就地保护，陆地自然保护区总面积占陆地国土面积的比例维持在15%左右，使90%的国家重点保护物种和典型生态系统类型得到保护。合理开展迁地保护，使80%以上的就地保护能力不足和野外现存种群量极小的受威胁物种得到有效保护，积极履行公约，有效管理全国濒危野生动植物物种进出口。

中期目标：到2020年，努力使生物多样性的丧失与流失得到基本控制。进一步加强中央、省级和地市级行政主管部门的管理能力建设，使指挥、查询、统计、监测等管理工作实现网络化，初步建立健全野生动植物保护的管理体系，完善科研体系和进出口管理体系。基本建成布局合理、功能完善的自然保护区体系，国家级自然保护区功能稳定，主要保护对象得到有效保护。

远期目标：到2030年，使生物多样性得到切实保护。全面提高野生动植物保护管理的法制化、规范化和科学化水平，实现野生动植物资源的良性循环，生态系统、物种和遗传多样性得到有效保护。建成具有中国特色的自然保护区保护、管理、建设体系，提高管理有效性，并使保护生物多样性成为公众的自觉行动。

（四）战略任务

（1）完善生物多样性保护相关政策、法规和制度。研究促进自然保护区周边社区环境友好产业发展政策，探索促进生物资源保护与可持续利用的激励政策。研究制订加强野生动植物保护管理、自然保护区建设发展、生物安全和外来入侵物种等管理的法规、制度。

（2）推动生物多样性保护纳入相关规划。将自然保护区、野生动植物保护等生物多样性保护内容纳入国民经济和社会发展规划和部门规划，建立相关规划、计划实施的评估监督机制，促进其有效实施。

（3）加强生物多样性保护能力建设。加强生物多样性保护基础建设，开展生物多样性本底调查与编目，完成国家级自然保护区、陆生野生动物、植物、大熊猫的资源调查工作。加强生物多样性保护能力建设，加强专业人才培养和引进。开展生物多样性保护与利用技术方法的创新研究，进一步加强生物多样性监测能力建设，提高生物多样性预警和管理水平。

（4）强化生物多样性就地保护，合理开展迁地保护。坚持以就地保护为主，迁地保护为辅，两者相互补充。合理布局自然保护区空间结构，强化优先区域内的自然保护区建设，加强保护区外生物多样性的保护并开展试点示范。提高自然保护区有效性管理水平，加强执法检查，不断提高自然保护区管理质量。研究建立生物多样性保护与减贫相结合的激励机制，促进地方政府及基层群众参与自然保护区建设与管理。对于自然种群较小和生存繁衍能力较弱的物种，采取就地保护与迁地保护相结合的措施。

（5）促进生物资源可持续开发利用。把发展生物技术与促进生物资源可持续利用相结合，加强对生物资源的发掘、整理、检测、筛选和性状评价，筛选优良生物遗传基因，推进相关生物技术在林业、生物医药等领域的应用。

（6）提高应对生物多样性新威胁和新挑战的能力。加强外来入侵物种入侵机理、扩散途径、应对措施和开发利用途径研究，建立外来入侵物种监测预警及风险管理机制，积极防治外来物种入侵。加强林业转基因生物环境释放、风险评估和环境影响研究，完善相关技术标准和技术规范，确保转基因生物环境释放的安全性。加强林业应对气候变化生物多样性保护研究，探索相关管理措施。建立病源和疫源监测预警体系，提高应急处置能力，保障人畜健康。

（7）提高公众参与意识，加强国际合作与交流。开展多种形式的生物多样性保护宣传教育活动，不断提高全民保护意识，引导公众积极参与生物多样性保护，加强学校的生物多样性科普教育。建立和完善生物多样性保护公众监督、举报制度，完善公众参与机制。广泛调动国内外利益相关方参与生物多样性保护的积极性，充分发挥民间公益性组织和慈善机构的作用，共同推进生物多样性保护和可持续利用。强化公约履行，积极参与相关国际规则的制定。进一步深化国际交流与合作，引进国外先进技术和经验。

三、空间布局

生物多样性保护的空间规划，为生物多样性的保护提供了一个宏观可视化的布局。目前，我国设有国家级自然保护区 319 个，占国土面积大于 9%，661 个森林公园占国土面积 1.16%。风景名胜区和世界自然遗产地合计 193 个，面积只有 1000 多 km^2。这些保护区域合计达到国土面积的 10.23%。在参考国际和我国已有生物多样性保护优先区研究的基础上，利用大自然保护协会（TNC）最新研究结果，提出了中国陆地生物多样性保护的 31 个优先区，总面积占国土面积的 22.35%。这些优先区都是综合自然地理区域，不仅包括了地带性的生态系统类型，同时内部包含了各种陆地森林、草原和淡水水域湿地（河流、湖泊）等生态系统类型，正是复杂多样的地理气候环境构成了该地区的丰富的生物多样性和文化多样性。这些优先区域分析各地理区域生物多样性保护的空缺得出的。此外，也考虑了中国管辖海域区的生物多样性优先区域 3 个，而沿海重要湿地水鸟保护区域、红树林保护重要区域都被列为海洋优先保护地区内。

四、保护对策措施

林业作为生态建设的主体和生态文明建设的主要承担者，为切实推动生物多样性保护战略的顺利实施，中国林业就必须采取行之有效的措施，制定相应的政策，使各项工作具备基本保障。

（一）推进法制建设，依法保护管理

继续贯彻落实《中华人民共和国森林法》、《中华人民共和国野生动物保护法》、《中华人民共和国野生植物保护条例》、《中华人民共和国自然保护区条例》、《中华人民共和国濒危野生动植物进出口管理条例》、《重大动物疫情应急条例》等法律法规，依法强化监督管理，提高执法能力。应当高度重视新形势下出现的超越现有法律法规规定范围的一些新情况、新问题。对尚属法律法规空白的，如野生动物栖息地的确定与保护、国家重点保护野生动植物保护级别的调整、《湿地保护条例》立法等，应积极研究并早日出台相应的法律法规，以弥补空白；对现有法律法规已不适应新形势的，应着平进行深入的研究，并进行必要的修改、补充和完善，如随着自然保护区发展，应积极争取《中华人民共和国自然保护区条例》上升为《中华人民共和国自然保护区法》。

（二）加大投入力度，为保护工作提供保障

生物多样性保护工作关系到国家生态安全、公共卫生安全、经济社会协调发展的社会公益事业，国家应加大生物多样性保护支持力度。国家生物多样性保护工作应纳入公共财政预算，设立专项资金，确保国家重点保护工程、自然保护区和野生动植物资源保护管理、林业科研、技术推广的投入长期稳定。按照事权、财权划分的原则，明确各级政府在生态保护中的责任和义务，将自然保护区和野生动植物保护事业列入地方国民经济和社会发展计划的公益性支出，逐年提高在财政预算中的比例，建立以中央和地方政府投入为主，多渠道筹集资金支持生物多样性保护的投入机制，保障野生动植物保护和自然保护区建设的资金投入，提高保护和管理机构的能力。

（三）完善政策措施，提高保护管理有效性

针对生物多样性保护的主要威胁因素，研究建立生物多样性保护与减贫相结合的激励机制，促进地方政府及基层群众参与自然保护区建设与管理。为缓解人口对资源和环境压力，对国家重点自然保护区和因植被破坏，使当地居民丧失基本生存条件的生态极度脆弱区，政府应实行积极的生态移民政策，使这些区域的生物多样性得到保护。气候变化是未来影响生物多样性保护的重要方面，制定应对气候变化对生物多样性影响的战略和主要措施，减少气候变化对生物多样性的不利影响，是未来政策保障方面的工作重点。除了不断地建立合理的政策体系之外，就是取消不利于生物多样性保护与可持续利用的政策，同时利用有利于生物多样性保护的激励性政策进一步强化政策的落实，并提高相关机构的执法能力。

（四）强化科技支撑力度，全面提高保护科技含量

继续加大对自然保护区资源本底调查监测、栖息地恢复、野生动植物拯救、外来物种入侵治理、疫源疫病防控、有害生物防治基础研究、应用研究等科研工作的支持，改善科研条件，提高科研效率。建立跨学科、跨领域、跨部门的联合攻关机制，解决制约生物多样性保护的重大技术问题。加强生物多样性保护应用技术的研究和开发，促进成果的转化、推广和应用，尽快扭转我国野生动植物保护与自然保护区建设管理等科技水平落后的局面，缩小与发达国家间的差距。同时要加大专业人才引进力度，建立激励机制，完善业绩考核、奖惩等制度，提高工作的积极性和主动性。加大人员培训工作力度，适时开展专业技能比赛和应急演练，提高日常监测、应急处置能力和水平。

（五）健全保护、监测管理体系，提高保护管理水平

积极争取各级政府及有关部门的支持，健全自然保护区及野生动植物保护管理各级管理体系，加强管理机构和人员力量，以适应自然保护工作的形势需要。切实加强监测体系建设，以国家、省（直辖市、自治区）级、县级自然保护区管理局为主线，建立国家、省、县三级生物多样性监测、预警网络；同时，在重点区域、流域建立国家生物多样性长期野外定点观测台站，对区域、流域生物多样性实施长期定位观测研究，构建生物多样性监测、预警平台，全面提升对各级生物多样性保护对突发性事件的预警、应急监测和处理能力。

（六）加大宣传力度，提升社会公众参与力度

新时期生物多样性保护进程中，应把增强国民生物多样性保护和生态文明意识列入国民素质教育的重要内容。通过加强自然保护区、森林公园、生态科普教育基地建设，让国民在大自然中加强和提高生物多样性保护意识，同时充分利用广播、电视、报纸、杂志等多种媒体，采取多种形式，向国民特别是青少年宣传生态保护的重要性，宣传国家的有关政策法规，扩大生物多样性保护文明宣传的广度和深度。增强国民的生态忧患意识，树立生态文明发展观、道德观和价值观，形成人与自然和谐的生产方式和生活方式。

（七）积极开展国际合作，提高对外合作水平和效益

必须关注全球生物多样性保护日益升温的形势，履行林业有关的国际公约。必须从国内和国际发展的趋势出发，积极扩大国际交流与合作。必须跟踪全球生物多样性发展动态，积极参加研究对策，按照维护国家利益原则，积极参与国际合作。要针对中国生物多样性特点，加强与国际合作交流，建立和完善信息共享和疫情沟通机制，特别是强化自然保护区、极度濒危野生动物、极小种群野生植物和鸟类禽流感等方面与国外的经验、技术交流，建立国际合作伙伴关系，提高我国在应对生物多样性保护的能力和水平。

（八）切实关注保护与当地人民群众生产生活的协调发展

首先要认识到争取当地人民群众支持保护、参与保护的重要性，并理解他们发展生产、改善生活的合理愿望。在保护管理工作中，要把对当地人民群众的宣传教育和建立社区共管机制作为重要内容，还要积极与当地社区合作探讨有利于保护的经济发展模式，在不影响保护的前提下，不与人民群众争利益，从而在当地社区形成共同保护、共同受益的良好氛围，保护局面就能真正从根本上得到改观。

第五章 保护和改善生态环境 建设绿色生态家园

构筑生态屏障、建设经济强县 全力推进生态井陉建设

河北省井陉县林业局 闫华元 杜春林 李明忠

井陉位于省会石家庄西部，冀晋交界，素有“太行八陉第五陉、天下九塞第六塞”之称。全县辖17个乡镇318个行政村，人口32万。总面积206.4万亩，耕地37万亩，林业用地134万亩。是全省林业重点县之一，2012年被列为全省十个封山育林大县。近年来，在省、市政府及上级林业主管部门的正确领导下，我县以科学发展观统揽全局，以打造生态井陉为目标，坚持“政府主导、全民参与、市场开发”的方针，全社会办林业，全民搞绿化，全力构筑省会西部大生态屏障县进程，再造井陉秀美山川。仅2010年和2011年两年累计完成植树703.8万株。造林绿化年年都有新举措，年年取得新突破，年年迈上新台阶。先后荣获全国生态文明示范县、省级园林县城、科技服务林改先进县等荣誉称号。林业生态建设的跨越式发展，有力的促进了县域经济的腾飞，形成了环境和经济协调发展的良好局面。

一、制定目标，科学规划

县委、县政府以科学发展观统揽全局，经过科学论证，出台了《关于打造“绿色井陉”名片的意见》，确立了“走以生态建设为主的林业可持续发

展道路，明确了“坚持全党动员、全民动手、全社会办林业，优先发展非公有制林业；坚持政府主导和市场调节相结合，实行林业分类经营和管理；坚持生态优先，生态效益、经济效益、社会效益相统一；坚持一手抓造林绿化，一手抓护林防火的原则，严格保护、积极发展、科学经营、持续利用森林资源；坚持科教兴林、依法治林；坚持尊重自然规律和经济规律，因地制宜，飞、封、造相结合，绿化与美化相协调，乔灌草合理配置，居民点、渠、路、山场绿化协调发展”等六条基本原则。提出了加快建设“六道、四荒、三环、两基地、一线”绿化体系的奋斗目标。

围绕上述目标，着力实施了四大工程。

一是实施了“绿色通道”建设工程。以改善井陉形象为目标，在国道、省道、县道、乡道、村道、街道两侧的宜林地为重点，结合山区特点，在公路两侧每侧植树1~5行，全县共绿化国道、省道129.6km，占到了适绿化里程的97.3%，绿化县乡道路328.4km，占到了适绿化里程的86.5%，在沿路两侧建立县乡两级不同类型的绿化景观点、冠名林、示范点104个（县级领导分包的示范基地5个、绿化景观点10个），栽植杨、柳、柏、火炬、香花槐等树种75.1万株，成为人们到井陉观光旅游的新靓点。

二是实施了“四荒绿化”工程。以加快两翼山区荒山、荒坡、荒滩、荒地的绿化步伐为目标，借助政策优势，全力实施国家林业局下达的退耕还林工程、太行山绿化工程和市级封山育林工程。仅2007年以来，完成各类造林绿化面积396731亩，其中：太行山绿化人工造林68500亩，封山育林58241亩；退耕还林工程26000亩；市级封山工程243990亩。按生态与富民双赢的原则，组织农民新发展优质核桃近三万亩。同时，以三大干渠及水利工程范围内和冶河、绵河、甘陶河沿岸的宜林地段和旅游景点周围为重点，治理小流域工程11处，治理面积182km^2，共植树75.8万株，绿化渠道235.7km，占到适宜渠段的94%，绿化河段16km，占宜绿化河段总长度的91%；绿化库坝周围18.2km^2，占宜绿化总面积的92%；同时新开了锦山自然生态旅游区，在苍岩山、仙台山、东天门等地兴建义务植树基地，在旅游景区植树5.12万株。

三是实施了“文明生态村建设工程”。以县城、建制镇、村落居民点的“两口一街一园”为重点，创建文明生态村134个，绿化街道185条，新建县城公园一处、农民公园、小游园广场178处，栽植各类树木703.8万株。在县城建成绿地250.6hm^2，人均公共绿地达10.8m^2，绿化覆盖面积达284.2hm^2，绿化覆盖率达40.6%；乡镇驻地村的绿化覆盖率达34%，人均公共绿地5.5m^2，17个建制镇绿化覆盖率34%，村屯绿化覆盖率达30.97%。

四是实施了“林果产业”绿化工程。以岗坡次地为重点，狠抓以核桃为重点的特色经济林带建设。按照高标准规划、高起点发展，引进栽植辽1、辽7、绿岭、香临、清香等5个早实、丰产、优质品种，全县新发展核桃近3万亩，实现了绿化与富民的双赢。

二、突出重点 营造氛围

县委、县政府从建设省会西生态屏障、打造生态井陉的大局出发，认真规划、强力推进、政策引导、科学绿化、确保成活，将造林绿化工作做为促进全县经济社会可持续发展的战略重点，摆上了重要议事日程，切实做到了领导到位、组织到位、认识到位、工作到位、落实到位，巩固了绿化成果，提高了造林质量。

一是加强领导，率先垂范，统一协调。县成立了由县长任主任、一名主管副县长任副主任、县直25个部门一把手为成员的绿化委员会，由其负责对全县造林绿化工作的统一领导，绿化委员会下设办公室，办公室设在林业局，办公室主任由林业局局长兼任。特别是2007年以来，县强化领导力度，专门成立了由县委书记挂帅、县政府县长任总指挥、县委副书记任常务副总指挥，县四大班子有关领导任副指挥、主管副县长任指挥部办公室主任的构筑生态屏障绿化工作指挥部，负责对全县造林绿化工作的统一领导。将造林绿化任务列入县乡领导办实事责任目标，实行县领导包乡镇包工程、乡镇领导建绿化基地、包路段责任制。县政府把金良川、307国道、衡井线、县城到秀林高速路连接线等重点工程作为全县要抓的义务植树基地建设示范工程，对重点绿化工程，县绿委主要领导亲自协调督导，实行了每个县直机关一片冠名林，每个干部职工至少十棵树，包苗木、包栽植、包成活、包管理的责任制，打坑、供苗、栽植、涂白、管护一气呵成；同时，鼓励利税骨干企业认建认养绿化景观点，为全县造林绿化树立样板。通过有组织的开展造林绿化活动，推动整体工作的开展。

二是放活政策，多元投资，加大投入。建立了政府、单位、个人一齐上的多元化筹资机制，通过政府投资、单位出资、企业捐资、个人筹资的形式，加大对造林绿化的资金投入力度。全县每年用于造林绿化的总投入在3000万元以上。在全县采取了“统一规划、统一订购苗木、统一时间施工，分户承包”的办法，实行了“打坑就给苗、成活就补钱”的优惠政策。充分调动群众造林绿化的积极性，实现政府要绿、农民受益。

三是抓住时机，营造氛围，强化宣传。井陉县把宣传作为提高全民绿化意识的首要工作。专门组织人员创作林业歌曲20余首，编排“林业颂”专场文艺节目，分别在县城和林业重点乡镇演出15场次。确定每年的三月和十一月为造林绿化宣传月，并通过电视、宣传车、林业法规咨询日、科技下乡、书写标语、印发绿化知识和法规宣传资料等形式有计划、大规模的组织绿化宣传；通过《井陉绿化简报》、《井陉信息》、“绿色视野”专栏、《督查通报》“绿色井陉”专刊，对各地的造林绿化情况进行专题报道、督导，组织县直各部门在紧临省会的金良川连续四年兴建了“清风林”、“红盾林”、“政法林”、“和谐林”、“青年林”、“三八林”等一大批冠名林基地，进一步增强干部职工的责任意识。在全县上下形成植绿、爱绿、护绿的良好氛围。全民义务植树的尽责率达96%，有力的推进了省会西部生态屏障建设进程。

三、加强管护，确保成果

为确保绿化工作取得实效，我们把确保绿化成效放在了首要位置。

一是建档挂牌保护古树。在90年代古树名木普查的基础上，2014年正在对全县的古树名木进行了复查，完善古树名木档案；划定苍岩山景区为全县古树名木保护区，对现有古树采取了设立围栏、与责任单位签订责任状等措施，实现了古树名木管理制度化。

二是建立完善了林木管护责任制。按照政府要绿，农民得利的指导思想，对全县现有山场采取了封山禁牧措施。结合林权制度改革，积极探索建立与市场经济相适应的林业建设管护机制，对工程造林实行属地管理，设专兼职护林员1270人，签订护林协议；对四旁义务植树和工程造林以外的社会造林，实行谁造、谁有、谁管护和专业队管护的责任制。对宜林山场采取均山、均股、均利的办法，责任到户，明确利益主体，调动造林者的积极性。

三是进一步加大林业“三防”的力度。进一步加大林业“三防”的力度。专门成立了森林公安局，组建了有八十名队员的护林防火扑救队，县财政每年出次100万元用于护林防火扑救队建设；充分发挥井陉县森林植物病虫检疫站的作用，开展了有害生物普查和病虫害的监测、防治工作，杜绝了外来有害生物的入侵；规范了林木采伐、运输、加工管理，巩固绿化成果，保证林木资源的稳定增长。

总之，通过全县上下多年的不懈努力，我县绿化工作取得了好的成效，下一步，我们将继续加快省会西部生态屏障建设步伐，为确保华北平原的生态安全做出新的贡献。

加快造林绿化步伐　建设绿色生态蔚州

河北省蔚县林业局　张辉彬　李明喜　夏志强

河北省蔚县林业局积极贯彻全省绿色河北攻坚工程意见，按照全县绿色发展主题要求，加快转变生态建设方式，加快造林绿化步伐，坚持远山造林与身边增绿同步推进，农村植树与城市绿化同步推进，以“四个一”工程为引领，实施精品工程带动，建设绿色生态蔚州，打造生态功能涵养区，为燕赵平原筑“林墙”，为首都北京育“绿肺”。全县森林覆被率以年2个百分点的速度递增，年造林面积达10万亩，为蔚县实现绿色崛起做出了新贡献。

一、实施“一条道”工程，打造具有震撼力的绿美廊道

按照建设绿色廊道标准，结合农村面貌改造提升活动，强化“两环”（环城、环村）、“两沿”（沿路、沿河）绿化，集中力量实施了总投资1.2亿元、建设全长17.7km的雪绒花大道改造提升工程。作为实施绿色河北攻坚工程的重点项目，被县委、县政府确定为2014年一号工程、开局工程。工程贯穿三个乡镇、26个行政村，造林面积931亩，通过规划建绿、拆迁增绿、开墙透绿、见缝插绿、破硬建绿等手段，成功打造成为“景观节点串联、绿荫全程覆盖”的绿美廊道。一是坚持高标准。工程实施中始终把握“生态化、林荫化、景观化”主基调，坚持绿化与美化、造林与造景相结合，文化融入，提升品位，统一规划，统一标准，突出路树加密、绿廊加宽、节点景观三个重点，体现美感、层次感、点缀感，高标准完成道路绿化、亮化、美化、硬化的完美融合，成为引领全县城市形象改善提升的靓丽风景线。二是铺开大规模。工程区包括拆迁、造林、景观、照明、管网等，共流转土地1436亩，征收拆迁涉及3个乡镇、9个县直单位共计221户（处），工程从沿线两侧行道树向外扩展33m、植树10行，投入人工2.88万人次、工程车辆3840台次，打造成为蔚县首条百米宽自然序列式景观大道。三是创建新模式。工程实施中以“勤俭节约”为原则，合理控制造价，力争做到少花钱、多办事、造精品、出效果。造林、景观工程一包三年，按照“前期支付50%启动资金，中期验收达标支付30%工程费，后期竣工合格支付剩余20%”模式支付。四是体现大气势。沿线补栽树木全部为胸径12cm以上的苗木，在栽植最集中的3

月中旬，每天投入的吊车、铲车、挖掘机多达40台，其他工程车辆上百台，施工人员2000多人，展现了蔚县人民建设生态蔚州、打造文化明珠的雄心壮志和实干精神。以雪绒花大道改造提升工程为引领，全县22个乡镇开展了行道树、环村林、农田路林网等建设，完成“两环”绿化310km，“两网”绿化35km，掀起了植树造绿新热潮。

二、实施“一面坡”工程，打造启迪心灵的生态教育基地

注重生态教育基地建设，以城区南部荒山荒坡为依托，开展义务植树活动，突出示范点绿化，在全县广大干部群众内心深处激荡起保护生态、建设生态、治理生态的热情。从2013年开始，采取义务植树和专业队造林相结合的方式，在位于张石高速两侧的宋家庄镇翠屏山集中实施双万亩生态教育基地绿化工程。这是张石高速进入张家口市的第一可视面，也是蔚县对外迎宾的窗口，主要以改造荒山、打造义务植树基地为目的，建设集观光旅游、休闲度假于一体的生态教育基地。工程采用“四种融资方式”，即财政投一部分、项目捆一部分、社会筹一部分、工程赊一部分。采取“三种造林模型”，即针叶林、针阔混交林和阔叶林。彰显“两种精神”，即敢啃硬骨头、敢建样板林。由于立地条件差、乱石林立、施工难度大，施工单位充分发挥5+2、白+黑工作作风，团结协作，合力攻坚，保证了工程质量和效果。工程区已建设93条林带，114个造林小班，两年共投入2607万元，造林1.5万亩，累计栽植各类树木161万株，成为全县的绿化窗口和生态名片。

三、实施“一座山”工程，打造首都北京的绿色屏障

按照全县“南封、北保、西治、东改”的生态建设布局，紧扣百万亩生态涵养区、百万亩经济林区、百万亩生态治理区的“三个百万亩”目标，完善我县融入京津冀协同发展的“四大”功能区定位，进行全域性生态建设思考，提出了“五个结合”，即生态建设与调整农业产业结构相结合，与发展当地经济相结合，与发展非公有制林业相结合，与旅游开发相结合，与项目建设相结合的工作思路，精心打造首都北京绿色生态屏障。采取企业出资、政府出力、群众参与新模式，在陈家洼乡实施了高质量、高标准的荒山荒坡绿化工程。工程严格按照招投标合同型管理模式，由蔚州矿业公司投资，陈家洼乡政府出力，群众积极参与，坚持把好土地流转、施工队选择、模式设计、苗木选择、浇水“五关”，确保一次成形、一次成林，完成绿化面积1.5万

亩，成为蔚县荒山绿化新典范。以此为引领，全县近三年实施荒山绿化7.7万亩，封山育林6万亩，为打造首都北京的绿色屏障做出了应有贡献。

四、实施“一百个精品绿化村”工程，营造全民植绿浓厚氛围

以增面积、增蓄积、保成果、保增收的“双增双保”为核心，以道路两侧、城镇内外、村庄四旁、景区周边、窗口节点绿化为突破口，将工作重心向精品绿化村转移，成功建立起长效管护管理、帮扶共建和考核奖惩等机制，重点打造了“一百个精品绿化村”。村庄绿化工作中呈现出“三大特点”。一是部署早。于上年年底就对下年的村庄绿化工作就进行重点部署，确定笠年的目标任务和工作重点。二是调度勤。春季造林关键期，县委、政府主要领导随时就村庄绿化进行专门调度。三是机制新。整合县林业、市政、交通、城建、水保、农业综合开发等部门项目资金，在符合上级使用规定的前提下，重点倾斜造林绿化，逐步形成政府投入引导、项目资金扶持、民资投入的多元化投入机制，有效破解造林绿化资金、权属、管护等瓶颈。通过精品绿化村工程的实施，在全县涌现出如代王城镇的石家庄村、张南堡村，暖泉镇的趄坡村，涌泉庄乡的高利寺村等一大批村庄绿化先进典型，有力地推进和带动了全县村庄绿化工作的全面开展。近三年全县村庄绿化300个，完成义务植树320万株，各类补植补造20.1万株，完成绿化面积近3200亩，营造起了全民植树播绿的浓厚氛围。

立足保绿护绿增绿 构筑祖国北方生态安全屏障

内蒙古自治区包头市林业局　李丹夫

党的十八大和十八届三中、四中全会召开以来，生态文明建设的理念已深入人心，建设美丽中国，实现人与自然和谐相处已成为举国共识。特别是自治区提出要把我区打造成为祖国北方重要生态安全屏障的发展思路，为我市林业生态建设的发展提供了良好的机遇。“十二五”以来，我市累计完成营造林任务217.58万亩，森林面积由628万亩增加到703.9万亩，净增加75.9万亩；森林覆盖率以年均0.6个百分点递增，现已达到16.9%。包头市委、市政府提出，以实施生态环境综合整治、加快六大重点区域绿化、让老百姓看得见满眼绿色为目标，把林业生态建设作为各级政府的工作重心、部门的合力方向和社会的自觉行为，努力建设祖国北方重要生态安全屏障上的亮丽包头。

一、规划先行，科学发展

“十二五”以来，包头市先后完成了6个重要的生态建设规划。《包头市林业生态建设总体规划》确定了包头生态建设“一核、三网、三区、四带、多点”的全市生态建设总体布局，着力构建林业生态建设包头模式。《包头市林地保护利用规划》初步划定了全市生态红线，突出对林地资源的严格保护和科学利用。《包头市林业产业发展总体规划》围绕民生林业的发展路径，努力打造“三区、两带、三集群、两基地”的林业产业增长极。《包头市六大重点区域绿化规划》着眼于打破城乡绿化二元体制和片区独立局限，统筹国家林业重点工工程和重点区域绿化，按照“两屏护城、十环围镇、六廊串联、多点绽放”的建设原则，实现城乡绿化一体化。《包头市大青山南坡绿化总体规划》确定了“三横、五纵、六区、十二组团”建设布局，打造以森林城市为核心的城市北界面，《包头黄河国家湿地公园总体规划》以“滩、水、园、泽、岛”为主题，建设122.2km^2的国家湿地公园，从而形成了包头市构筑北方重要生态安全屏障系统规划体系。另外，《包头市大青山生态建设总体规划》正在设计当中，该规划全面融合了大青山包头段的生态建设、产业发展、环境治理等因素，为大青山包头段的综合治理奠定了坚实的基础。在包头市林业生态建设工作开展过程中，严格遵循规划先行的原则，坚持一任接着一任干，一任干给一任看，一张蓝图绘到底，确保规划作用于工作部署前、指导在生态建设过程中、体现在绿化造林成效上。

二、实施重大工程、加大资金投入

（一）G6 高速、110、210 国道生态建设环境治理工程

为深入贯彻党的十八大精神、自治区“8337”发展思路和市委“5421”发展战略，包头市把做好主要道路沿线环境整治和绿化作为一项重点工作，于 2013 年 9 月启动实施了包头境内 G6 高速公路、110、210 国道沿线生态建设环境治理工程，下大力整治环境，集中开展高标准绿化。工程计划在三条公路两侧规划建设 30 ~ 100m 宽的绿化带，对沿线“脏、乱、差”区域、污染小企业和私搭乱建等现象进行综合整治。按照目标任务，工程将在 2014 年 6 月底前见到明显成效，12 月底前全部完成。

在市委、市政府的高度重视和坚强领导下，工程实行全市统一组织、统一规划、区域负责、分区（旗）实施，坚持“政府主导、社会参与、市场运作、龙头带动”和“适地适树、宽幅密植、以植代育”的原则，各责任地区党政主要领导亲自指挥，分管领导全力落实，领导小组成员单位各负其责、密切配合，在强大的合力推动下，38 家绿化公司分为 90 个标段在 300 多 km 的战线上同时施工，确保了工程的顺利推进。到 2014 年年底，工程累计完成投资 31.04 亿元，栽植苗木 2178 万株，栽植地被及草坪 42.7 万 m^2，新打绿化浇灌机电井 98 眼，铺设浇灌管道 25.9 万 m，绿化里程 251.6km，绿化面积 4.6 万亩；依法拆迁 28.4 万 m^2，清理违章建筑 4.8 万 m^2，完成墙面整治 86.1 万 m^2，整治美化里程 73.5km。三条公路两侧生态治理见到明显成效，形成“高低搭配、错落有致、四季有景、全年常绿”的绿化景观。

（二）大青山南坡绿化二期工程

大青山是内蒙古高原和黄土高原的分水岭，在国家建设十大生态屏障中处于四大屏障的交汇点，不仅是北方防风固沙屏障、西部高原生态屏障，也是黄河流域生态屏障和城市森林生态屏障。为充分发挥大青山森林“包头之肺”的生态功能，打造北部绿色生态屏障。2011 年在实施 10 万亩大青山南坡绿化一期工程基础上，包头市启动了大青山南坡绿化二期工程，坚持高标准建设、高效能管护，绿化工程区内全部配套节水滴灌设施，“十二五”期间规

划投资8.8亿元，每年投资1.76亿元，完成5万亩建设任务，现已完成建设任务5.35万亩，提前两年完成建设任务，苗木成活率稳定在95%以上。

（三）六大重点区域绿化工程

按照自治区“8337”发展思路和重点区域绿化要求，把六大重点区域绿化工作作为构筑北方重要生态安全屏障的重要内容，全市成立了以市长为组长的领导小组，设置2000万元以奖代补资金，按照“政府推动、社会参与、市场运作、龙头带动”的方针，全面加快重点区域绿化步伐。一是道路绿化。重点是抓好国省道及主要出口绿化，引入绿道建设理念，与城区道路绿化有效衔接，构建完整的绿色走廊。农区道路绿化按照“十个全覆盖”要求，在村村通公路建设中，实施高标准绿化。二是村屯绿化。坚持增收与增绿相结合，大力发展果品林和经济林，让农牧民得到实实在在的收益，不断调动农牧民参与生态建设的积极性，使村屯绿化与新农村、新牧区建设同步推进。三是厂矿园区绿化。着力强化矿山企业的生态建设责任，鼓励倡导“一矿一企绿化一山一沟”，对采掘后的矿坑进行平整和植被恢复，全市工农产业园区的绿化覆盖率达到30%以上。四是城镇周边绿化。对主城区周边和外围旗县区政府所在地周边进行绿化，配合城中村、城边村和棚户区改造，着力建设好城区周边道路、公共绿地、城乡结合部的造林绿化工作。通过拆迁、改造和整体开发建设，努力在主城区和其他城镇周边形成1～3km宽的环城绿化体系。五是大青山前坡绿化。拓展企业及个人承包荒山荒地进行绿化的途径，加强政策兑现，鼓励造林大户持续投入。绿化要提档升级，充分将景观建设、生态种养殖、林业经济产业、生态旅游等方面融合为一体。六是黄河北岸绿化。针对盐碱地和保护野生动物栖息地的实际，科学进行还水、还林、还草综合治理，营造特色景观林及实用护岸林，切实改善黄河沿线生态环境。2014年全市六大重点区域绿化实际完成11.09万亩，为目标任务的114%。其中，大青山南坡绿化完成10300亩，城镇周边绿化29210亩，黄河北岸绿化完成2405亩，村屯绿化完成5900亩，公路绿化完成56763亩及1000亩沙坑整治，厂矿园区绿化完成6320亩，重点部位生态环境明显改善。

（四）湿地保护建设工程

湿地保护建设工程是包头市贯彻落实习近平总书记视察内蒙古讲话精神，打造祖国边疆亮丽风景线的重要环节。包头市现有湿地面积9.36万hm^2，其中黄河滩涂湿地2.9万hm^2。为保护这块得天独厚的资源，打造全市湿地生态系统为核心的北界面，包头市持续加强对湿地的保护管理工作。一是健全政策法规。先后印发《包头市人民政府关于加强湿地保护工作的决定》，又出台了《包头市南海子湿地自然保护区条例》和《包头市湿地保护条例》，使湿地保护进入正规化、法制化管理轨道。二是申报建设黄河国家湿地公园。2011年，包头市成功申报了黄河国家湿地公园，包括昭君岛、小白河、南海湖、共中海和敕勒川5个片区，规划投资8.7亿元，黄河湿地保护列入了国家湿地保护“十二五”发展规划。三是全面加强湿地保护建设。投资50多亿元，开挖了小白河蓄滞洪区，扩大湿地水域面积，开展黄河湿地周边环境清理整治工作，强化对湿地公园内烧烤、捕鱼、以及排污现象的管理。实施了1125亩黄河堤坝北侧100m植被恢复和300亩环湖绿化工程，落实了2600万元的湿地定位站项目。四是申报湿地自然保护区。为构建全市湿地生态保护网络，加快山北地区湿地自然保护步伐，包头市向自治区申报了总面积15205hm^{2}的腾格淖尔自治区级湿地自然保护区。

（五）“围封禁牧”工程

围封禁牧工程是包头市筑牢祖国北方重要生态安全屏障的重要支撑，全市草原共有5大类总面积2447万亩，为扭转草原生态恶化趋势，充分发挥北部草原作为“包头之肤”的生态功能，包头市实施了“围封禁牧”工程，实施一票否决，全面恢复草原生态环境。经过几年的努力，全市主要山体呈现出多年未见的景色，生态环境自然恢复加速，九峰山、梅力更、五当沟、厂汉沟等地区乔灌草植被生长旺盛，林业工程项目区的管护压力减轻，成活率、保存率显著提高。通过围封禁牧和大力实施生态修复工程，2012年全市荒漠化土地面积与2007年相比减少1.29万hm^2，年均减少2574.84hm^2，草场平均高度达到17.75cm，植被覆盖度达到31%以上，提高了9.6个百分点，大草原的景观逐步显现。

三、深化林业改革，创新造林机制

为改变政府一家搞绿化的局面，包头市积极引导社会资本和广大农牧民群众不断深入地参与林业生态建设。坚持政府主导、社会参与，制度促进、还权于民，通过出台一系列针对性的激励政策，以矿补绿、以地换绿、以权养绿、以钱买绿、以改兴绿，政府通过让权、让地、让利，最终获得生态和经济效益。

（一）放活土地经营权

包头市政府先后出台了《关于进一步加快大青山南坡绿化步伐决定的通知》（包府发［2012］24号），按照“市场化运作、公司化承载、园区化打造”的模式，推行90%的土地绿化，10%的土地经营开发，大力发展社会化造林，形成了多主体参与、多渠道投资，全社会参与生态建设的良好氛围。目前承包大青山地区荒山荒坡造林的企业和个体已达到15家，承包总面积27.1万亩，总投资11.1亿元，完成造林5.1万亩，社会资本已成为大青山南坡绿化的主力。在公路沿线绿化上，企业、单位和个人可以依法取得公路沿线林业用地的经营权、使用权。林木和林地使用权可以依法继承、抵押、担保、入股和作为合资、合作的资本或条件。沿线造林绿化的各类社会建设主体，在保证面积和成活率的基础上，经有关部门验收合格后，可以置换同等绿化面积的荒山荒地使用权或者同等价格的土地使用权，同时享有南坡绿化政策优惠。

（二）推广以植代育模式

以植代育模式是实施包头境内G6高速、110、210国道生态建设环境治理工程的又一项创新举措。在《包头市加快推进包头境内G6高速公路、110国道、210国道及铁路沿线生态建设环境治理工程政策规定》中，鼓励支持各地区在公路铁路沿线宽幅密植，建立育苗基地、商品林基地，大力发展林业产业和林下经济。以植代育模式改变了绿化造林的投入产出比例，公路沿线的农牧民可以在自己的土地上进行育苗，不仅减少了政府实施绿化建设土地征租成本，而且可以通过育苗来增加经济收入。参与绿化建设的造林大户和园林绿化公司可以利用公路沿线土地进行幼苗密植，把绿化工程区作为苗圃基地，不但减少了绿化工程直接投入，而且随着苗木生长不断进行移植销售，企业利润的到循环增加。

四、狠抓过程监管、强化后期养护

建设管理是林业生态建设的重要课题，地位和重要性不言而喻，包头市在开展造林绿化过程中，坚持科学种植、严格管理养护，出台了《包头市生态建设全程质量监督管理办法》，有效地提高了造林成活率、保存率和成林率。

（一）严把季节关

春季是植树造林的黄金季节，也是大多数树种最适合种植的季节，为此，包头市结合地区气候特点，合理安排好植树造林的各个环节，提前做好规划设计、现场勘查、施工准备和整地挖坑等工作，确保气候允许能立即展开植树造林工作。

（二）严把种苗关

种苗的质量直接决定营造林的成活率和保存率，因此在种苗选择上慎之又慎，既要选择适合本地种植的种苗，还要严把质量关，严防问题种苗进入施工领域。为此，包头市鼓励多用乡土种苗，对苗木规格选择和质量、栽植程序进行严格把关，确保绿化全部使用优质苗木。同时，注重加强苗木检验检疫和质量监管，特别是严防美国白蛾等重大林业有害生物入侵。

（三）严把施工关

主要是要抓好整地挖坑的规格、培土的质量、种苗种植的深度和浇水等工作，每个环节工作的标准都对营造林的成活至关重要，因此都不能放松。为严格责任落实，包头市建立了领导和技术人员包片负责制，包片领导和技术人员深入种林地进行技术指导，并且编制了《绿化种植规程》和《绿化种植标准》等技术指导性文件。

（四）严把管护关

坚持“三分造林，七分管护”，针对包头市造林立地条件差的特殊情况，大力推广节水滴灌设施，在工程区修建防火通道，政府划拨专项管护资金，建立专门的管护队伍，在工程建设招投标中，实行“3 +2 模式”即三年保成活基础上再增加两年的工程养护期。有的旗县区还成立专门的管护机构，比如土右旗成立了大青山南坡管理站，专门保护大青山南坡绿化工程。

五、统筹发展生态林业和民生林业

当前，我国经济发展已经进入新常态，面对新常态，发展生态林业和民生林业有着巨大的优势和潜力，林业产业的消费需求和投资需求日益增大。当前和今后一个时期，包头市将致力于科学把握新常态，主动适应新常态，全力服务新常态，积极推动从单纯的植树造林向林业综合整治和产业发展转变，把林业生态建设工作放到经济社会发展大环境来考虑，更加注重生态保护，更加注重改善民生，不断加快城乡绿化一体化发展步伐，走出一条资源增长、生态良好、林业增效、农民增收的林业发展之路，全面提升生态林业、民生林业的发展水平，为改善生态、改善民生，构筑北方生态安全屏障做出应有的贡献。

创新造林机制　建设生态林业

内蒙古自治区包头市青山区林业局　石锦旗　郭永宏

为贯彻落实自治区“8337”发展思路及包头市政府《关于进一步加快大青山南坡绿化步伐的决定》文件精神，按照包头市实施“蓝天、绿水、青山、大草原”计划，青山区高度重视大青山南坡绿化工作，通过创新造林机制，探索新造林投资模式，积极鼓励和吸引社会资本参与林业生态建设，加快推进我区大青山南坡绿化进程，为构筑我国北方重要的生态安全屏障，努力建设生态宜居包头做出更大贡献。

一、大青山南坡绿化总体规划

青山区计划利用10年时间对境内东西约23km的大青山前坡进行绿化，规划面积为23000亩，分为三个区段实施。工程总期限10年，即2011～2020年。

1. 一区（景观绿化区）：青山区兴胜镇东达沟至包白公路之间的大青山前坡的景观绿化，规划面积为8000亩。

2. 二区（土地整理绿化区）：青山区兴胜镇兴胜陵园东至东达沟之间的大青山前坡及战备路以北关停的采石、采砂、碎石场的清理、平整及绿化，总规划面积为10000亩。

3. 三区（遮挡绿化区）：青山区兴胜陵园至青福镇色气湾村之间的大青山南坡公墓遮挡绿化林带及一机靶场遮挡绿化林带，总规划面积为5000亩。

二、大青山南坡绿化完成情况

截至目前，我区大青山南坡绿化二期工程已累计完成人工造林任务11500亩，投资2.3亿元（含水利设施0.5亿元），仅仅2013年完成造林任务7000亩，完成投资1.4亿元（含水利设施0.2亿元），主要栽植油松、樟子松、杨树、柳树、山桃、山杏、果树及山樱桃、黄刺梅等苗木共计95万株（枝）。由于绿化地块集中连片，规划合理，栽植科学，全面提高了绿化的整体层次，突出了特色，为下一步打造森林公园，开发生态旅游、休闲度假、种植养殖等森林生态文化产业奠定基础。为此我区大青山南坡绿化工程2012年被国家林业局评为“三北防护林体系建设优质工程”。

三、主要措施

1. 规划超前

在市林业部门委托北林大编制《包头市林业生态建设总体规划》的基础上，又委托包头市规划设计院、包头市林业调查规划设计队编制了大青山南坡绿化规划。按照统一规划，分步实施，整体推进的思路，青山区计划利用从2011～2020年十年时间，投资2.7亿元，完成青山区境内的大青山前坡地区23000亩山地绿化任务。

2. 政府引领

第一，政府出台鼓励政策。包头市人民政府于2012年出台了《关于进一步加快大青山南坡绿化步伐决定的通知》，制定出台了鼓励民营企业及承包大户植树造林、绿化大青山南坡的政策措施，尤其是明确提出了“对承包大青山南坡面积在0.5万亩以上的各类社会建设主体，在保证绿化面积不低于承包总面积的90%，并经林业部门验收合格后，其余10%的土地面积按照有关程序，用于生态旅游、休闲度假、种植、养殖等开发建设，并减免建设用地的土地出让金”的优惠政策，吸引了一批有实力的私营企业及社会力量投入到我区的生态建设中。

第二，财政补贴。承包荒山造林绿化是造福子孙后代伟大社会事业，但由于我区降雨量偏低，土壤贫瘠等立地条件恶劣，林业生态建设投资大、经营周期长、成活率低、见效慢等特点，为了提高造林绿化成活率，节约水资源，降低造林成本，由市财政出资，给我市的大青山南坡绿化项目配套了7000多亩滴水灌溉设施。同时努力争取国家生态建设项目资金给予补贴。

第三，打造样板，示范带动。青山区还采取区政府招投标的形式吸引有实力的专业绿化企业参与大青山南坡绿化，村屯绿化等重点区域绿化工程中，积极打造样板工程，破除荒山不宜造林神话，带动和引领其他社会力量、造林大户广泛参与我区的生态建设。

第四、整合项目，提升档次。由于生态建设工程投资大，且周期长，单个的项目的补贴资金又标准偏低，为了提高造林成活率，确保造林绿化质量，我区将水土保持、造林试点补贴、防火设施建设等项目资金进行整合，全部用于大青山南坡绿化项目区建设，提升了绿化档次。

3. 企业投资

通过积极宣传和政策引导，我区引进了包头市骞元生态旅游开发有限公司、包头市北山森林公园生态建设有限责任公司、包头市大青山森林生态文化产业园有限责任公司、包头市百盛祥绿化有限责任公司、包头市东冉农林科技有限公司等多家企业及个人积极投身到我区的生态建设中，完成我区大青山南城绿化 8550 亩，占我区总任务量的 75%，累计投入资金近 1 亿元，有力地弥补了政府绿化资金不足的问题。

4. 社会参与

充分利用电视、报纸、广播、网络、公开信等新闻媒体开展形式多样、内容丰富的社会宣传和教育活动，全方位、广角度加大对生态建设和生态文明的宣传力度，浓化造林绿化氛围，充分调动广大群众的积极性，营造全社会参与，全民搞绿化的氛围；积极组织各种社会团体参与义务植树活动，组织党员干部带头参加义务植树活动，建立了党员生态林、民工党义务植树基地、警民共建林，团员林等植树基地，累计有十余万人参加了义务植树活动，进一步提升全民植树、护绿、爱绿、养绿意识，形成全社会共建共享“森林城市”的良好风尚。

5. 政策保障

在大力实施造林绿化工程的基础上，严格管护，全面贯彻执行市政府出台的全面禁牧的政策；为重点绿化造林区域修建防火道路，建设瞭望塔、监控哨所，积极预防森林火险；落实造林试点补贴政策，进一步提高企业及社会力量参与绿化工作的积极性；大力宣传森林保险保费相关政策，鼓励造林大户参加森林保险，规避风险等。

四、存在的问题

1. 造林绿化工作是功在当代、利在千秋的社会事业，仅具有生态效益，但由于自然条件的制约，我区的绿化工程很难产生相应的经济效益，国家目前的投资标准与绿化项目的高投入有很大差距，地方政府财力有限，很难维持长期大规模的造林绿化投入。

2. 随着造林绿化工作的深入开展，我区大青山南坡立地条件差，降雨量偏低，生态造林用水严重影响着我区的造林成活率。

3. 多年来形成的土地权属现状，产生了诸多纠纷矛盾，使造林土地使用难度逐渐加大，影响造林绿化工作的推进速度。

4. 近年来，青山区实施了大规模的植树造林工程，工程栽植树木的养护任务逐年增多，由于没有专门的养护经费，致使所栽植的树木部分死亡。

大力推进生态建设　促进民族经济发展

内蒙古自治区通辽市科尔沁左翼中旗林业局　杜惠文

科左中旗位于通辽市东部，地处科尔沁沙地腹地，总土地面积9811km^2，总人口53.7万，其中蒙古族人口39.5万，是全国县级行政区域蒙古族人口最多的旗县。

进入新世纪以来，由于国家启动了退耕还林、“三北”防护林四期等国家重点工程，我旗林业生态建设进入了一个新的发展时期。旗委、旗政府把防沙治沙、改善生态环境作为事关少数民族生存和发展的大事，作为全旗经济和社会发展的基础来抓，举全旗之力推进生态建设，为全旗推动新农村建设、促进民族地区经济社会发展做出了重要贡献。

一、成效进度

依托“三北”防护林、退耕还林等国家重点工程项目，圆满完成了全市“双百万亩”示范工程建设任务，认真实施了全市“323”林业示范工程“8511521113”涉林工程和欧援碳汇造林项目。2008～2012年，全旗累计完成人工造林92.1万亩，封沙育林81万亩，均超额完成规划目标。

2013年，将我旗花吐古拉、舍伯吐、白兴吐、珠日河、希伯花、花胡硕等苏木镇场列入通辽市城郊环城百万亩森林工程规划，两年共规划造林12万亩，投资1.5亿元。以国道304线为轴线，以花吐古拉和珠日河为建设重点，完成人工造林8万亩。

2014年，全旗共完成人工造林20.2万亩（其中：宜林荒地完成13万亩，退耕还林完成7.2万亩），完成市政府下达任务的105.3%；封育完成12万亩，完成市政府下达任务的100%；村屯绿化完成27个，完成市政府下达任务的180%。

一是通辽市城郊环城百万亩森林工程建设情况。2014年，以花吐古拉镇为重点，投资7500万元，完成人工造林5万亩。敖宝苏木、希伯花镇、白兴吐苏木发展果树经济林1万亩；国有林场完成文冠果0.8万亩；珠日河、花胡硕建设集中联片生态林2.2万亩。花吐古拉王府驿站绿化二期绿化在一期工程的基础上向东延伸，通过土地流转和吸纳民间投资的方式取得了土地使用权，通过工程招标和国有林场造林相结合的方式，精品造林区形成万亩连片，项目投资5000万元。项目区内规划果树采摘园100亩，樟子松600亩，红叶海棠50亩，栽植云杉6000株，共栽植各种绿化树木80余万株，配置绿化树种15种，初步形成了春有花、夏有荫、秋有果、冬有青的森林景观。

二是保康工业园区绿化建设情况。绿化项目包括省道207、省道304线，共9条街路17公里。2014年，绿化5条街路，绿化宽度12～34m，绿化面积750亩。按照通辽市北区公路两侧绿化模式设计高标准绿化，项目总投资2500万元。通过项目招投标方式，交由三个有实力的绿化公司完成。

三是大林至保康一级公路绿化建设情况。大保一级公路在我旗境内52km，公路两侧绿化宽度10m，规划造林面积为1560亩，公路两侧栽植柳树大苗4行，项目投资2500万元，通过招标方式进行绿化。项目建设在招标晚、造林地落实难、苗木调剂难的不利条件下，项目得以顺利启动，栽植柳树大苗10余万株，公路绿化一次成型，创造了我旗公路单线绿化最长纪录。

四是舍伯吐镇西出口绿化完建设情况。舍伯吐镇西出口是城区与304线的连接线，是舍伯吐镇城乡一体化示范镇建设的重要内容。根据不同的地段，采用果树、云杉、银中杨、柳树大苗完成了主体绿化，公路两侧的空闲地采取见缝插绿，栽植樟子松小苗2万株。绿化完成4km，镇区内完成了两街一路绿化，成为示范镇建设中一道靓丽风景线。

在推进荒地绿化的同时，更加注重身边增绿，改善人居环境。我们先后承担了省际大通道190km、保开线78km、孝庄园旅游区、大广高速等大工程、大项目的绿化；结合全旗新农村建设，投入近700万元，着力推进村屯绿化，打造了舍伯吐镇娜仁嘎查、白音珠日河、努日木镇乌兰嘎查、花吐古拉镇莲花泡子嘎查等村屯绿化典型，完成村屯绿化243个。

目前，全旗有林面积327.6万亩，森林覆盖率由1978年的4.2%提高到22.6%。经过治理，在全旗范围内明沙现象已经基本消失，全旗195万亩农田和225万亩草牧场得到有效保护。群众生产生活环境进一步改善，林业人均收入达到400多元。在2008年国务院召开的三北防护林体系建设30年总结表彰大会上我旗被授予“三北防护林工程建设突出贡献单位”、2010年被自治区党委、政府授予“全区林业生态建设先进单位”的两项殊荣。

二、做法措施

在生态建设上，我们不断探索新机制，推广新模式，建设了一批具有区域特色、代表科尔沁沙地治理方向的生态建设精品工程，走出了一条干旱地区造林提高成活率、提高保存率的新路子。

（一）加强领导，形成生态建设的良好氛围

多年来，我旗始终坚定不移地发扬“一任接着一任干，一张蓝图绘到底”的精神，换人不换规划，换班子换蓝图，团结和带领全旗广大干部群众，始终如一地按照生态建设总体规划和生态建设重点整体推进，分步实施。旗委、旗政府始终把生态建设作为“一把手工程”来抓，实行“一把手负总责”，摆到了事关全旗经济社会发展的重中之重的位置。每年春季，旗委、旗政府都组织召开旗里部门、苏木镇场一把手和林业站长参加的春季造林动员会、现场会，将生态建设作全社会工程来抓，落到实处。在造林期间，旗几大班子领导和包片科局主要领导积极深入造林现场，进行督查，协调解决问题。各苏木镇场领导深入生产第一线，亲自抓工程标准，抓造林质量，抓资金落实，使林业生态建设成为名副其实的一把手工程，全旗上下形成了抓典型、比标准、创精品、争名次的良好氛围。

（二）创新机制，拓宽生态建设发展空间

为了充分调动林业生态建设主体的积极性，我们不断探索和完善市场经济条件下的林业生态建设机制，放开使用权，搞活经营权，鼓励、支持、吸引社会资金参与生态建设，认真贯彻落实“谁造谁有，合造共有，允许继承和转让”、“谁治理、谁投资、谁开发、谁受益”的优惠政策，坚持不造无主林，不栽无主树，不断优化发展环境，放手发展非公有制林业。采取的主要措施主要有：一是包。对立地条件好，集体无力治理的地块，承包给群众，签订合同，限期治理。二是卖。对群众不愿承包，投入大、管护难度大的造林地块，采取吸引社会资金的办法造林。三是引。对面积较大，当地无力治理的荒地，通过村民代表大会表决后，采取招商引资造林。

（三）立足产业，拉动生态建设协调发展

我旗把推进民生林业作为促进生产发展、农牧民致富的有效途径，统筹协调兴林与富民的关系，改造低产低效林，大力发展果树为主的经济林，实现生态效益与经济效益的“双赢”。

（四）勇于探索，创造生态建设的治理模式

针对气候持续干旱、杨树枯死现象严重的实际，确定了“两结合、两为主”（即乔灌草相结合，以灌草为主；造封飞相结合，以封为主）的生态建设方针，加大了灌木、常绿树种的造林力度。珠日河牧场近3年完成灌木造林10万多亩。根据不同的立地条件，总结推广了“两行一带”、生物经济圈、近自然林等复合经营模式。在造林技术上，研究推广应用了容器苗雨季造林、机械造林等抗旱造林技术。这些模式和技术的推广应用，大大提高了防沙治沙的综合效益和质量。

（五）注重质量，提升生态建设总体水平

在重点工程项目建设上，我们实行终身技术承包责任制，技术人员从规划到施工，做到工程不完，人员不换，任务不变，责任不减。每年春季造林之前，旗林业局都抽调100多名技术人员，采取局长包片包项目、技术人员包点的办法，深入到苏木乡镇场和造林地块进行现场规划，现场指导。在总结多年经验的基础上，我们提出了“四不栽一加强”的口号，即工程整地达不到标准不栽，苗木质量不合格不栽，没有水浇条件不栽，任务不落实到户不栽；加强抚育管理个百分点。为了巩固建设成果，我们将工程建设项目区全部划为禁垦禁牧区，重点地块设专人管护，相对集中地块设立了网围栏。

（六）部门协调配合，打好生态建设总体战

本着各负其责、各投其资、各记其功的原则，由旗政府统一领导，有关部门分工负责，协调配合，整合资金，优先把重点工程项目安排在生态建设，形成合力。

三、存在的困难和问题

在肯定成绩的同时，我们也要清醒地认识到我旗林业改革发展中存在着一些问题和困难：一是生态治理难度大，任务重。宜林地立地条件越来越差，加之气候干旱，治理难度大，成本高，满足不了造林需求；二是林业改革进入攻坚阶段。集体林权制度改革涉及面广，配套改革需要不断推进；三是林分质量比较差。还有很多低产低效林需要更新改造，中幼林抚育管理任务繁重；四是林业产业化程度较低，对农民增收致富的拉动力不强；五是生态文明建设还很薄弱，林业宣传有待进一步加强；六是林业队伍建设不能适应新形势、新任务的要求，林业专业人员出现断层青黄不接的现象。我们一定要高度重视，在今后的工作中认真加以解决。

四、几点建议

一要加大生态建设的投入。随着近几年国家惠农政策的出台，农牧民受经济利益的驱使，农牧民对生态建设认识不高，信心不足，全旗生态建设任务依然十分艰巨。因此，应增加亩造林的投资。

二要工程项目任务和资金早下达。全旗造林集中在4月份，很多工程项目是在国家没有投资的情况下，按照上级的要求提前启动的，将给建设单位和地方财政带来巨大压力。按照过去惯例，林业工程项目任务和资金10月份左右才能下达。因此，应早下达任务和资金。

三要放宽采伐更新指标。全旗80多万亩低产低效林有待改造更新，由于指标的限制很多有林户怨声载道。因此，应出台采伐更新的政策。

改革助力　产业为基
不断开创达拉特生态文明建设新局面

内蒙古自治区鄂尔多斯市达拉特旗林业局　周　帅

一、基本情况

达拉特旗位于内蒙古自治区鄂尔多斯市西北部，下辖8个苏木（镇），总人口33万，现有林业用地面积498.6万亩，其中集体林地447.7万亩。2012年年底，我旗基本完成了集体林权制度主体改革任务，共确权447.7万亩，确权率100%，确权户数2.3万户，已发证360万亩，发证率80%，已调处林权纠纷35起，调处率96%。

按照国家林业局及自治区、市级主管部门的统一部署和要求，我旗对深化集体林权制度改革进行了总体规划，并制定了积极推进深化改革，切实加强资源保护管理，促进林业产业发展，初步实现“资源增长、农民增收”的目标。

二、深化集体林权制度改革助力森林资源保护与发展

（一）多措并举，催发森林资源保护与发展强大动力

1. 注重生态保护抓改革，切实加强资源保护管理。我旗属于生态脆弱区域，集体林地的近90%是人工生态公益林。针对生态保护问题，我们在明晰产权、承包到户经营的基础上，始终坚持把加强资源保护管理作为深化改革的主要任务，不断建立完善资源保护管理制度，确保全旗生态资源安全。一是强化农户管护主体责任。按照“产权到户、责任到户”的要求，教育和引导农户采取承包管护、联户管护、委托管护等千家万户参与管护的良好局面。二是强化政府保护管理责任。全面落实各级政府保护发展森林资源的目标责任，制定完善林地保护利用规划和林地征占用管理办法等制度、法规，特别在生态公益林管护方面，我旗做了大量的工作，专门成立了1支森林管护大队，各苏木镇和国营林场分别成立了10支管护中队，督促指导全旗700多名护林员对全旗范围内的林地进行划片管护，并层层签订目标责任状，形成了

自上而下层层监督的生态公益林管护责任氛围。建立了政府主导与农户参与相结合的双重管护制度，防止林权到户出现乱砍滥伐的现象，使生态资源得到更加有效地保护管理。三是强化林木抚育采伐管理责任。研究制定出台了《达拉特旗林木采伐管理办法》，统一编制森林资源经营管理方案，科学合理确定抚育采伐量、采伐方式和采伐强度，按照农户个人提交申请、村委会和苏木镇政府初审、旗林业局审核，及时审批下达抚育采伐指标，实行林木抚育采伐管理公示制，对安排下达的抚育采伐指标、采伐地点、采伐强度等内容进行公示，公示时间为7天，广泛接受群众监督。

2. 突出群众主体抓造林，大力促进森林资源增长。我旗林业局把培育森林资源、加强生态建设作为一项长期性的战略任务，坚持国家投资造林与地方区域绿化造林并举、生态树种与经济树种并重，充分发挥群众主体作用，精心组织开展造林绿化，持续增加森林资源总量。一是动员群众项目造林。近三年结合实施京津风沙源、天保、三北、中央财政造林补贴试点等重点生态建设项目，动员和组织千家万户广泛参与，把承包林地当成自家责任田，自觉履行承包合同义务，积极开展植树造林，全旗近三年累计完成项目造林15万亩。二是积极开展义务植树造林，动员全旗的干部职工，按照“统一规划、重点扶持、连片栽植”的模式在重要地域进行区域绿化，全旗近三年累计完成义务植树造林6.13万亩。三是积极推进树种改优。把生态建设与产业开发有机结合起来，组织群众对低效林地进行补植补造和嫁接改造，在林地栽植油松、樟子松、山杏、沙棘、红枣等常青生态绿化树种和经济林树种，进一步优化了树种结构，提高了林分质量，增加了森林资源总量。

3. 加大林业管理和执法力度，依法严厉打击乱砍滥伐乱捕滥猎野生动物。我旗森林公安局在全旗范围内下设3个派出所，专门对林区内的乱砍滥伐乱捕滥猎现象进行监督检查，一旦发生破坏森林资源的现象，及时采取惩治和补救。

（二）林业为基，引领地区产业发展新方向

1. 巩固和完善集体林权制度主体改革成果。为了进一步巩固和完善集体林权制度主体改革成果，一是成立林业综合管理服务中心，设立服务大厅，为农民群众提供高效便捷的“一站式”综合服务。二是完善林地确权登记发证工作。对集体经济组织统一经营的林地，实行民主管理，在尊重农民意愿的前提下，可以确权确股不确地。对需要流转的林地，应先行梳理排查，存在林权错、重、漏登记发证的，本着因地制宜、实事求是、有错必纠的原则，稳妥处理，做到发现一起纠正一起，把矛盾化解在基层，形成流转良好基础。

三是强化林地流转纠纷调处机制。积极调处林地流转纠纷，将林地流转纠纷调解处理纳入市、旗农村土地承包仲裁机构工作范围，逐步形成“民间协商、乡村调解、旗级仲裁、司法保障”的流转纠纷调处机制，做好林地流转纠纷调解工作。

2. 创新产业发展方式。通过推进林地流转，进一步激活林业生产要素，促进林业发展方式转变，加快林业产业结构调整，带动农民增收致富。一是培育新型林业经营主体。鼓励以村（社）为单位积极发展林业专业合作社，支持承包农户成立家庭林场，充分发挥林业龙头企业带动作用，积极支持合作社、家庭林场与龙头企业紧密对接，鼓励龙头企业、家庭林场领办、组建专业合作社，利益联结机制，引导各类经营主体以产品和产业为纽带开展联合与合作，形成以林业专业合作社、家庭林场、民营林场、林业龙头企业为代表，着眼市场需求、面向市场生产、适应市场竞争、充满内在活力的新型林业经营主体。比如我旗的东达集团和明禾集团就是典型的林业经营主体，也是我旗林业大型龙头企业，他们不但是造林的楷模，也是林业产业发展的带头人，在林下经济发展森林旅游方面都很有建树，不但带动了我旗的经济，解决了大量劳动力，也给我旗的林业发展起到了模范带头作用。二是壮大特色优势产业。把推进林地适度规模经营与优化林业产业布局相结合，按照不同区域的自然禀赋和资源优势，围绕速生丰产林、工业原料林、林下经济、森林旅游等优势产业，因地制宜，打造优势产业带、产业区和专业化、规模化的特色林产品生产基地或示范区，大力推进特色产业集群发展，加快建设现代林业产业体系。主要是依托我旗47万亩的沙柳资源，大力发展沙柳的成品和半成品加工产业链。三是创新生态公益林经营管理，根据我旗90%都是人工公益林的实际，为了进一步搞活林业经济，我们积极探索放活经营权和保障收益权的有效途径，在完善林权流转方面提出了新思路。建立完善林权流转管理制度，在不影响生态功能、不改变生态公益林性质的前提下，允许生态公益林林地可以以任何方式进行流转，鼓励在国家公益林外的林地，适度发展林下种养业和森林旅游等非木质资源开发与利用。对不影响生态公益林区域布局的生态公益林，允许在旗内适度调整为商品林。对错划、重划的省级生态公益林，允许旗县内调整。已确权登记或区划为生态公益林但未纳入生态补偿的，可视同商品林管理。四是建立完善公益林补偿管理制度。研究制定了《达拉特旗森林生态效益补偿基金管理办法》，对纳入国家补偿范围的3万亩集体公益林补偿资金，按照“产权到户、补偿到户”的要求，及时兑现发放到承包农户；充分调动了群众营林护林的积极性，使群众更加珍惜和保护公益林资源。五是建立完善林权抵押贷款管理制度。在《鄂尔多斯市林权抵押贷款管理办法》的基础上大胆的提出了公益林也可以抵押贷款，拓宽林农的投融资渠道。

三、保障措施

（一）强化林地林木产权保护

依法取得的林权受法律保护，任何组织和个人不得强迫或者阻碍林地流转，流转的期限不得超过承包期的剩余期限。充分发挥林权管理服务机构职能作用，切实保障流转双方合法权益。鼓励林业经营主体建立相应护林组织，加大对林地的巡视监管，整合执法力量，建立快速反应机制，严厉打击偷砍盗伐等损害经营者林地林木权益行为，为各类经营主体放心经营、长期经营营造良好环境。

（二）强化政策扶持

研究制订对林地流转后发展规模化、产业化经营的林业经营主体实行扶持的政策，引导林地流转在公开市场上规范进行，培育一批示范性林地股份合作社、家庭林场等新型林业经营主体，促进规模经营。落实林权流转免征营业税和新型林业经营主体相关税收优惠政策。加大对新型林业经营主体的信贷支持力度。支持和推广林权抵押贷款，允许以承包林地的经营权向金融机构抵押融资。加大森林保险力度，提高保险保障水平，鼓励开展特色保险。整合涉林项目，对新型林业经营主体予以倾斜，符合立项条件的优先安排。

（三）强化科技支撑

加大科技扶持和投入力度，重点加强适宜规模经营发展的优势品种的研发，尽快取得一批技术成果。积极搭建新型林业经营主体与科研院校（所）合作平台，加快良种选育、病虫害防治、林产品加工、储藏保鲜等先进实用技术的转化和科技成果推广。有针对性地选择一批先进、成熟的科技成果和实用技术，通过组装配套和建设示范林、示范户和示范基地，切实提高新型经营主体生产力水平。加快构建以乡镇林业工作站为主的科技服务平台，切实加强技术指导，强化人才培养，积极开展林业合作社、家庭林场、林业龙头企业等新型经营主体负责人的培训。

做好生态建设　保护生态环境

内蒙古自治区乌兰察布市集宁区林业局　张　耀

2014年以来，我区林业工作，全面贯彻落实自治区党委提出的“8337”战略规划，坚定不移地把城国家重点林业生态建设和重点绿化工程建设作为全年的重要工作，全面推进重点区域绿化建设，在完成好各项绿化工程的基础上继续加大禁牧监管、森林草原防火以及病虫害防治工作，加大非法征占用林地打击力度，保护现有绿化成果，切实构建“构筑我国北方重要生态安全屏障”。在生态建设和保护工作方面，我局主要做了以下几方面工作：

一、林业生态建设方面

（一）国家重点林业生态建设工程

2014年，我区申报沙源治理工程人工造林建设面积2万亩，建设地点位于马莲渠乡飞机场周边区域和来家地西侧山体区域，主要以构建城市北部绿色生态屏障为目标，坚持生态措施与工程措施相结合，促进生态的修复。工程计划投入建设资金1300万元，其中：国家投入资金600万元，地方自筹700万元。目前，当年任务已完成，栽植各类苗木共计325.6万株，包括油松、樟子松、杨树及各类花灌木。

（二）城镇重点绿化工程

近年来，我区相继完成了城市四出口、六座立交桥景观建设工程、64条主要街道绿化工程、虎山生态公园绿化景观提升工程、植物园建设工程、新区人民公园建设工程、白海子湿地公园建设工程、榆树湾公园建设工程、卧龙山绿化工程、白泉山公园建设工程、旧区人民公园改造工程、新区一、二、三期道路绿化工程、工业园区道路绿化工程、通道绿化工程等。

2014年我区城市绿化实施23项工程，城市绿化工程中新建新建工程17项，续建工程6项。新建绿化项目包括：道路景观绿化建设工程、老虎山西侧拆迁区域绿化建设工程及白泉山公园儿童游乐场建设工程等，绿化面积1277万m^2。续建工程包括：纵二路景观改造工程、北出口绿化工程、白海子湿地公园续建工程、植物园续建工程、白泉山东入口建设工程、如意湖公园续建工程，完成绿化面积30.6万m^2。通过上述绿化工程的实施，进一步提升城市园林绿化水平，改善人居环境。

通过各项绿化项目的实施，城市面貌有了明显的改观，人居环境得到了进一步优化。2010 年，集宁区被全国绿化委员会评为“全国绿化模范县”，2012 年集宁区被评为自治区园林城市，提前实现了区委、政府提出的 3~5 年创建自治区园林城市的目标，2013 年我区的“三山两河”工程荣获自治区人居环境范例奖，2014 年我市组织申报国家级园林城市，目前，硬件指标已全部达标。

截至目前，集宁区城区绿化覆盖面积 2346hm^2，绿化面积 2160.6hm^2，城市绿化覆盖率达到 39.1%，绿地率达 36.01%，人均公园绿地面积 28m^2。

（三）经验做法

经过多年的绿化建设，我们积累了一些经验，主要有：一是加强组织管理，成立相应的工程管理机构。为了确保各项工程顺利实施，集宁区林业局结合工程实际，成立了绿化工程建设领导小组及办公室，制定了绿化工程管理方案，明确工作目标和职责，做到责任到人。区委、政府主要领导多次深入施工现场进行指导，区委、政府两办督查室对工程进展情况进行跟踪督查，掌握工程进展情况，编发信息。二是全面推行招投标机制和监理制度。重点绿化工程从规划设计到施工、监理都全面实行招投标制度，严格审核设计单位、施工单位、监理单位的资质，由高水平的专业队伍，高起点、高标准地进行规划设计，由技术实力雄厚的绿化公司进行建设，提高绿化档次和水平。由具有资质的监理公司进行施工全过程的监理，做好工程质量、进度、资金的控制。特别是白泉山主题公园建设工程是首次在工程设计阶段引入招标机制，确保了工程设计质量，为全面实施奠定了基础。三是实行建设单位、设计单位、施工单位、监理单位各尽其责、协调配合共同参与工程建设的机制。作为建设单位，林业局选派了60 多名经验丰富的技术人员，分区划片，深入到各施工地块进行技术指导、苗木质量把关和工程质量监督，帮助施工单位解决施工中遇到的问题。施工单位也派出技术人员进行施工现场管理，与建设单位技术人员、监理人员密切配合。监理人员严格按照规划设计文件、施工合同和监理合同对工程的进度、工程建设质量进行全面的监理，及时向建设单位反馈意见。工程设计单位选派设计人员深入施工现场进行指导，及时修改完善设计方案。这样机制的实施，可及时处理过程中出现的问题，加快了工程进度，保证了工程建设质量。四是创新设计理念，提高设计水平。在工程的规划设计上通过招标引入先进设计理念，将造林绿化与景观效果、民族文化有机地结合起来，增加了内涵。在地形的处理上，首次采用微地形整地模式，使其呈现出高低起伏的效果。同时增加景石、小品、休闲园路、花坛等元素，打造街头“小品公园”。在景观的布局上，增加绿化节点，营造出和谐优美的立体绿化格局，打造“街头盆景”。这些变化在以往的绿化中都没有体现。五是制定完善工程各项管理制度，保证工程顺利进行。推行工程例会制度。每个工作日结束后，由建设单位组织召开工程会议，总结当天的工程进展情况，解决存在的问题。实行工程进度日报告制度。由工程建设管理办公室汇总当天的工程进度情况，上报区委、政府主要领导，以便及时得到指导。实行信息报送制度。将各项工程进行情况以信息的形式及时报送上级部门，以便区委、政府主要领导能及时了解工程的实施情况以及存在的问题。实行严格的奖惩制度。按照合同约定，对于没有按照工程进度完成建设任务的，要给予相应的处罚，对于提前完成的给予奖励；对于技术人员、监理人员实行考勤制度，对于不按时到岗的给予一定的处罚，严重的给予撤换。实行挂牌上岗制度。所有工程技术人员、监理人员都要佩戴胸卡，便于联络和明确责任。工程档案管理制度。从工程的立项、报批、设计、招标、施工、竣工、验收等各阶段的文件、图纸等资料全部整理归档，确定专人负责，便于今后查阅。严格工程验收制度。在工程验收时，组织纪检、财政、审计、林业、监理、设计等单位对工程共同验收，签字确认。六是注重工程的养护管理。在各项绿化施工过程中，各施工单位都采取打支架、支防风帐、遮阴棚、喷淋等措施保护新植树木。在没有水源的地方新打机电井；合理调配车辆及时为新植树木浇水、锄草、修枝。有条件的地方，埋设输水管道，采用喷灌等节水灌溉新技术，适时对树木进行病虫害防治，提高新植树木的成活率。同时，做好森林防火和防盗工作。七是加大宣传，创新机制。动员全社会力量广泛参与到植树造林中，努力形成自主参与、多方投入的新机制。为激发全社会共建绿色生态家园的积极性，我区充分利用各种媒体，大力宣传植树造林的意义，提高广大群众对造林绿化的认识。八是加强资金管理，确保资金有效利用。在重点造林项目工程资金管理中严格执行“四制三专一封闭”制度，资金使用在纪检、监察、财政、审计等部门的监督进行，实行建设资金审算制度，确保资金安全运行。

二、林业生态保护工作

（一）打击非法征占用林地

在林地保护利用规划的基础上，切实加强林地管理，规范审核报批程序，实行征占用林地逐级审查负责制和责任追究制。

深入开展林业专项治理活动，重点打击各种非法侵占林地、毁林开垦、乱砍滥伐等违法犯罪行为，坚决杜绝边治理边破坏现象的发生，巩固生态建设成果。

2014 年我区切实加大林政执法、宣传力度，截至目前，我区组卷上报自治区林业厅征占用林地报批手续两宗，嘉恒农科项目面积 8.5778hm^2，110 国道金竹餐饮服务区 1.349hm^2；而未批先占项目有：内蒙古三信实业有限公司建设 300MW 光伏发电占地 67.1079hm^2，章泰仓储占 3.812hm^2，宏峰拌合站占 2.6541hm^2，宏屹拌合站占 1.7827hm^2 等，共涉及林地面积 116.0239hm^2。我局加大未批先占、少批多占等违法行为查处力度，2014 年集宁区森林公安局查处林政未批先占案件 1 起，给予行政处罚 15 万元。

（二）禁牧监管

2014 年以来，为了深入了解我区各乡镇牲畜养殖情况，区禁牧办与各乡镇禁牧办联合对我区范围内的养殖户养殖牲畜情况进行了详细的摸底调查，并登记造册，建立禁牧档案；加大宣传力度，发放禁牧宣传资料 1500 多份；组织农民群众互相监督、举报。由于实行全天侯巡查，群众互相监督、举报，发现问题及时处理、处罚，从根本上打消了农户偷牧的侥幸心理；同时加大了对偷牧、夜牧等违规放牧行为的打击力度，发现一起查处一起，绝不姑息。截至目前，查处违规放牧案件 106 件，处罚当事人 106 人。有力的保护了我区的绿化成果。

（三）森林草原防火

1. 制定防火预案、加强防火值班制度、明确责任。为了使防火工作取得实效，区防火办制定了《集宁区重、特大森林草原防火应急预案》，每年都根据防火形势和人员变动进行调整和完善，并以区政府文件的形式下发到各乡镇、街道办事处及各防火责任单位。每年从当年 9 月 15 日到次年 6 月 15 日为防火期，在防火期间，防火办、扑火队全体工作人员实行领导带班、人、车、机具 24 小时轮流值班制度。在白泉山、卧龙山、老虎山设立十多处防火值班室，雇用 40 名防火巡逻员，实行 24 小时领导带班值班制度和火情零报告制度，成立防火督查组和夜间防火巡查组定期不定期地对防火值班情况进行监督检查，同时制定了森林防火各项规章制度，包括防火值班制度、火情零报告制度。每年都召开春季和秋冬季森林草原防火专项工作会议，对前一阶段的防火工作进行总结，对后一阶段的防火工作进行安排部署，分管区长并与各乡镇、街道办事处、各防火责任单位、绿化施工单位签订防火责任状，进一步明确防火责任。

2. 加强物资储备及基础建设。近年来，集宁区在防火基础建设方面有了一定的成效。区财政拨款220万元购置防火车辆及防火器械工具。购买了巡逻车2辆、高压消防水车6辆、运兵车3辆、风力灭火机132台、GPS3部、对讲机5部、巡护望远镜10架、高清望远镜6架等；修建防火物资储备库和消防车专用暖库共5间。市防火办发放防火四轮摩托车2辆。同时在白泉山投资3800多万元，建立防火瞭望塔一处，现已投入使用。2014年区委、政府为了更好地观察火情，在防火瞭望塔上建了两套视频瞭望系统：一套主要是针对“三山”（白泉山、老虎山、卧龙山）；另一套监控设备巡护集宁全区；两套监控系统共投资600多万元，现已投入使用。

3. 加强防扑火队伍建设。为解决防火机构人员不足的问题，2012年区政府从退伍大学生军人中选调6名大学生到防火办工作。

2014年元月为了满足我区森林草原防扑火需求，根据集宁区人民政府党政联席会议（［2014］1号）精神，从集宁区房产物业管理局、房屋征收管理办公室、公共汽车公司、自来水公司抽调由40名（30周岁以内）退伍军人组建成一支专业的防扑火队伍（集宁区森林草原防扑火大队）隶属集宁区林业局管理。组建后对集宁区森林草原防扑火大队人员进行培训和实战演练，提高扑救火灾技能。通过培训演练使队员熟知并掌握机具使用、扑火技术及安全避险常识，确保“拉得出、用得上、打得赢”最大限度地减少火灾损失和人员伤亡。

4. 加强宣传工作。市、区两级防火办每年在清明节、森林草原防火日、防灾减灾日都组织大型的森林草原防火宣传，通过印发防火宣传资料、防火宣传挂历、扑克以及设置固定宣传牌，张贴宣传标语、播放公益节目，发送防火短信等喜闻乐见的形式，深入机关、学校、农村等防火重点区域进行防火宣传，做到防火宣传不留死角。针对我区森林草原防火的严峻形势，防火期内严禁一切野外用火，彻底杜绝野外烧秸秆、烧茬子、烧田埂等现象，因生产用火或其它原因的确需用火的要到区防火办办理野外用火审批手续，并由森林公安组织实施监督；严禁杜绝上坟烧香、烧纸等行为，并积极倡导文明祭祀。

我区森林公安局加大对纵火行为的打击力度，发现一起查处一起，按照《森林法》、《森林防火条例》和《草原防火条例》等法律法规，严惩纵火者。对于纵火者多数是中小学生的特点，将重点放在对中小学生的教育上，督促家长配合林业部门做好孩子的防火教育，减少类似行为的发生。仅2013年全年，我区共发生火灾57起，过火面积180.37hm^2，其中烧毁柠条大约3000

丛，油松 2300 株，损失达到 65 万元左右。2014 年 1 月 1 日到 4 月 17 日，共发生火灾 112 起。我区森林公安局给予及时查处，多数为中小学生玩火，上坟烧纸引发火灾。同时，做好火灾的统计和上报工作，按照森林公安机关查处林业案件的有关规定和要求，建立火灾档案，发生一起建档一起，便于查阅。

（四）森防检疫

随着各项绿化工程的实施，我区积极加强病虫害防治工作，联合市局对我区各项绿化工程用苗进行检疫检查，截至目前，检疫检查各类苗木 1214816 株，其中常绿树种 114210 株、落叶乔木 109439 株、花灌木 991167 株（丛），木材 153 立方米。对集宁区园林苗圃、集宁区林业技术推广站和卧龙山千米长坡万株樟子松、油松培育基地进行了不定期的详细调查和检疫。共检疫苗木培育基地 716 亩，检疫率达 100%。

同时加强对有害生物监测工作，在各大公园绿地内共悬挂 20 个美国白蛾性信息素诱捕器，切实做到有虫能发现，有疫情能处置。同时市、区两级森防部门联合，抽调技术人员，根据有害生物监测情况，制定了切实有效的防治方案，分虫种、分树种进行防治，从 5 月 5 日开始，我区林业局管护队对山桃流胶病、杨柳烂皮病、松大蚜等进行防治，截至目前，防治率达 95%，有效控制各类林业有害生物的发生和危害，确保了林木的健康生长。

加强生态环境保护
确保生态建设取得新进展

内蒙古自治区卓资县林业局　宋文慧

一、基本情况

1. 地理位置

卓资县位于内蒙古自治区乌兰察布市西部，东与察右前旗、丰镇市毗邻，西与呼和浩特市赛汉区、武川县接壤，北与察右后旗、察右中旗和四子王旗相连，南与凉城县相邻，地理位置为东经 111°51′～112°56′，北纬 40°38′～41°16′，属阴山山脉大青山东延部分，东距首都北京 400km。

2. 植被分布

植被可分为天然植被和人工植被两大部分：

（1）天然植被主要以干旱草原植被为主。其种类主要有毛莲蒿、冷蒿、柠条、虎榛子、胡枝子、沙棘等植物，乔木有山杨、白桦等；天然草场主要草种有寸草、针茅、百里香等植物，主要分布在大黑河流域的中西部地区。

（2）人工植被主要有油松、华北落叶松、樟子松、杨树、山杏、柠条、沙棘、紫花苜蓿、草木樨等。

二、森林资源情况

1. 土地资源

全县土地总面积 311900hm^2，其中：全县林业用地面积 168212.44hm^2，占土地总面积的 59.93%。全县森林覆盖率为 22.72%。

2. 林地资源

在林业用地面积中：有林地面积 32380.78hm^2，占林业用地总面积的 19.25%；疏林地面积 1.79hm^2，占林业用地总面积的 0.001%；灌木林地面积 38493.74hm^2，占 22.88%；未成林造林地面积 28282.81hm^2，占 16.81%；苗圃地面积 59.29hm^2，占 0.04%；无立木林地面积 9990.15hm^2，占 5.94%；宜林地面积 59003.88hm^2，占 35.08%。

有林地面积中：乔木林地面积 32380.78hm^2，占 100%。

灌木林地面积中：国家特别规定灌木林38493.74hm^2，占100%。

3. 蓄积资源

全县活立木总蓄积量1903135m^3，其中有林地蓄积量1896111m^3，占活立木总蓄积量的99.63%；四旁树蓄积量6989m^3，占0.37%；散生木蓄积量35m^3。

三、生态环境保护与建设对策

生态环境保护与建设是一项宏大的社会系统工程，是实施西部大开发战略的重点。因此，建设和保护好当地生态环境，具有十分重要的意义。

1. 加强领导，提高认识

目前，林业生态建设仍存在许多问题和困难。因此，我县各级党委、政府要加强对林业工作的领导，增强人们对生态环境的保护意识，使卓资县的林业生态建设健康有序发展。

2. 调整林种、树种结构

我们在林种、树种选择上坚持因地制宜、因害设防和适地适树的原则，做到宜乔则乔、宜灌则灌、宜草则草。同时，根据卓资县的自然气候条件，划分出不同的生态治理区，在每个治理区内，根据立地条件选择适宜树种，并逐步提高混交林比例，增强林木抵御病虫害的能力。卓资县森林经营方案中，将全县分为三个治理区，在北部低山丘陵风蚀沙化、水土流失治理区，主要营造防风固沙林和水土保护林，造林树种以油松、云杉、榆树、杨树、山杏、柠条、沙棘为主，对矿区实施返还治理，从根本上控制水土流失和风蚀沙化灾害。在中南部滩川、平原综合开发治理区，重点经营农田防护林和经济林，造林树种以杨树、柳树、油松、云杉、榆树、柠条、沙棘及各种花灌木为主，沟坡地段营造水土保护林。在西部中低山区，营造以华北落叶松为主的水源涵养用材林，在一些土层贫瘠的宜林地，营造水土保持林，或采取封山育林、人工补植等措施，提高林木覆盖率。

3. 继续加大生态环境建设力度

长期以来，卓资县的生态环境建设资金主要来源于国家重点生态建设工程，而地方财政和其他方面的资金投入却很少。建设资金投入不足已成为全县生态建设的一个突出问题。因此，在今后的生态建设中，必须认真贯彻执行国家和自治区关于加快林业发展的两个《决定》，坚持“承包到户”、“谁造谁有、合造共有”和“谁投资、谁治理，谁开发、谁受益”的政策，鼓励、支持、引导农民和各种社会主体参与生态环境建设，形成多元化投资体制，多渠道、多层次、多方位吸引投资，为生态环境建设注入新活力。加快边远地区的造林绿化进度和成、过熟林更新造林速度，实现生态环境建设全面协调发展。

4. 着力培植后续产业，增强林业发展后劲

后续产业的培植和发展是卓资县今后生态建设发展中面临的一项刻不容缓的任务，要根据当地资源特点，引进项目，变资源优势为经济优势。近年来，卓资县在实施京津风沙源治理工程退耕还林项目时，在适宜种草的退耕地和宜林荒地上，全部采取“两行一带”种植模式，即1.2m宽林带、4~10m宽草带。1.2m宽林带建设中，按照1m×1m的株行距进行“品”字形直播柠条造林，4~10m宽的草带上播种紫花苜蓿。目前，卓资县“两行一带”林草间作面积达10万亩，柠条和紫花苜蓿资源较为丰富，要积极发展以柠条和紫花苜蓿为原料的饲草料加工业，为舍饲畜牧业的发展提供了充足的饲草料来源。同时，要进行科学测算，确定合适的柠条平茬措施、平茬周期等，以满足企业生产的需求。此外，根据当地实际，有计划、有目的的挖掘特色资源，发展特色产业，如营造123果树经济林，发展果品加工，营造华北落叶松速生丰产林，建立深加工企业，积极发展生态旅游业等。

5. 强化管护，巩固林业建设成果

要积极推进集体林权制度改革，加快确权证发证工作，真正让广大农民得到实惠，激发他们的造林、护林积极性。加快大抚育和雨季补植补造力度，巩固前期工程的建设成果。强化生态保护执法队伍建设，严格落实《中华人民共和国森林法》、《中华人民共和国防沙治沙法》、《中华人民共和国水土保持法》等法律法规，强化法律监督，严厉打击乱垦滥牧、乱捕滥猎、乱采滥伐等破坏生态环境的违法行为。

四、主要存在的问题

1. 乱占林地现象严重，近几年来，探矿、商业开发以及其他项目占用林地，部分项目实施中存在先占后批，少批多占的现象较为严重。

2. 畜牧毁林，由于农民对禁牧工作认识低，加之禁牧工作不到位，致使畜牧毁林现象严重。

3. 防火形势严峻。多年来由于地方财政的困难，对地方防火设施基础建设投入不足，加之防火队伍不健全和各级政府对防火工作的不重视，防火期内时有火情发生。

4. 由于人力财力原因，每年因病虫害的发生，造成树木的死亡。

总之，加强生态环境的保护要坚定不移的实施舍饲禁牧政策，加强生态环境建设，加强投资力度，使卓资县生态环境以全面、系统的保护，林草植被得到迅速恢复，有效遏制水土流失、土地沙化和退化状况，实现人与自然和谐发展。

大力造林育林　建设现代生态林业

吉林省靖宇县林业局　孙玉山　汲传成

一、靖宇县近几年营造林情况

靖宇县曾是封禁之地，曾经山高林茂，水草丰美，但近年来由于诸多的历史原因，靖宇县的生态建设却步入了恶性循环的怪圈。参后地不还林、采伐迹地不更新，毁林种粮、种参等现象泛滥，严重影响了我县的生态建设和经济发展。根据这一现状靖宇县近几年来加大造林、护林力度，通过几年的工程造林建设，取得了明显成效，林地流失得到了有效遏止，造林成活率明显提高。

在积极扩大新造林面积的同时，靖宇县还将封山育林提高林份质量作为工作重点，从2004年至2014年全县共封育17万余亩，并投入巨资建设围栏、标志牌。以上造林工程加上历年退耕还林工程，日元贷款项目等，近五年来我县人工造林、封育造林共计30万余亩，造林面积之大在全省也是首屈一指。

二、营造林工作经验以及主要做法和措施

1. 夯实基础，落实责任。林业局每年组织国营林场、乡镇林业工作站的业务、技术人员对历年来所有造林地块进行摸排一遍。对地块造林树种、地类、面积、造林密度、苗木保存、林地承包人、管护人、林地流转情况进行详细调查，为下一步保护造林成果、落实造林任务、落实还林责任人、督促补植、补造奠定良好基础。

2. 巩固造林成果，严厉打击非法侵占林地行为。近几年我县主要以巩固历年造林成果为主，林业局采取利益引导手段、经济制裁手段、行政管理手段、法律打击手段等钢性措施，始终保持高压打击态势来管理造林地，稳得住、不反弹，彻底巩固这些年的造林成果，林业各执法单位把执法方向、打击重点转移到造林质量不合格、擅自改变林地用途案件上来，坚决治理在造林地里间种农作物等非森林经营活动，一经发现坚决铲除，切实保障造林地郁闭成林。

3. 加大宣传力度，提高干部群众的生态意识。借助我县建设绿色矿泉城

的有利时机，利用各种有效形式，在干部群众中广泛开展《环境保护法》、《森林法》、《土地管理法》和《野生动物保护法》等法律、法规宣传教育活动，广泛宣传搞好生态建设、发展生态效益型经济的重要意义，提高各级干部和群众的思想认识，进而形成人人重视生态、人人建设生态、人人保护生态的良好氛围。

4. 完善制度，创新机制。为了全面完成各项营造林任务，根据近几年造林过程中遇到的实际问题，并结合我县实际情况我们建立了林木采伐、林地征占、迹地更新生产作业监督管理，完善伐区验收合格证、更新造林合格证、更新保证金制度。逐步建立起集营林生产、林地林木管理、林业产业开发、生态保护等涉林经营的信誉株连制度。对于造林、防火、病虫害防治不好的林地承包户，不再批复安排各类采伐、低改指标及其他涉林行政审批项目。

5. 层层包保，多措并举。根据我县造林面积大、地块分布零散、现地情况复杂。为保证提高造林质量，对造林工作实行双层包保责任制。各乡镇政府班子包保到村，组织政府站、办、所干部分片包保地块、人头，负责签订还林承诺保证书，督促适时造林。林业局领导班子成员分片包保乡镇、国营林场，组织带领局里科、站、所、队工作人员包保重点户，负责宣传造林政策，做思想工作，协调造林苗木，提供技术指导与服务，反馈造林信息，协助查处有关案件，实行任务落实、责任落实、地块落实、苗木落实，做到造林地块块块有人管、包保人员人人头上有责任。

三、林业生态建设与保护和林业产业发展的对策

生态建设必须坚持科学的发展观，把生态建设和发展生态效益型经济放在优先考虑的重要战略位置上来，决不能走边发展、边破坏，先破坏、后治理的路子。我们将继续解放思想，统筹规划，综合开发，走出一条科学发展的新路子。

1. 动员和组织全县人民，依靠科学技术，在保护好现有森林资源的基础上，大力开展造林绿化，治理水土流失，防治土地荒漠化，建设生态林业，改善人民生产和生活条件，力争在十二五期间完成一批对改善全县生态环境有影响的工程建设项目，推动我县生态环境建设继续发展，使森林生态环境得到有效恢复。

2. 抓住林权制度改革的契机乘势而上。我们将根据林权制度改革的成果，抓紧组织人力搞好科学规划，做好生态建设的基础性工作。生态建设是一个系统工程，必须走科学规划、综合开发的路子。要组织各乡镇场和林业、农

业、畜牧、水利等部门，对全县的山地、森林、水资源进行一次彻底普查。在此基础上搞好科学规划，明确发展目标和具体措施。在普查中要明确土地的性质和权属，重点清理小片荒和未履行的荒山承包合同，坚决取缔小片荒，解除未履行的荒山承包合同，并将其纳入总体规划中，进行统一开发和治理。集体林地占全县林业用地的58.1%，面积近34000hm^2，集体林权制度改革是以土地制度改革为参照进行，实现林木林地到户，其中包括了林业用地再分配。通过林改落实了林地权属，家家有林地户户都种树，调动全社会的力量搞好林业建设。

3. 开发致富门路，摆脱农民种地挣钱的单一的经济模式，政府政策扶持，培养致富能手，发展多种产业，搞集约化经营。开发替代能源，如改变农村烧柴取暖做饭的现状，可以直接地起到保护森林资源的效果。加快发展林业后续产业，未雨稠缪，解决林业职工的工资缺口，增强林业发展的后劲，创建和谐社会。加强林业自身队伍建设，以身作则，不靠山吃山、靠水吃水，为林业的发展做出应有的贡献，做一个绿色先锋、生态卫士。

4. 大力发展山地苗圃。生态建设与经济发展历来是相互矛盾，发展经济就要破坏生态，建设生态就要牺牲经济。为了解决这一矛盾，充分调动各单位和造林户的造林积极性，我们探索出了一条以林养林的新路子，就是在造林地里间作绿化苗，在保证造林树种不受影响的情况下，允许采挖出售。造林地间作绿化苗木首先到林业局备案，待要出售时先由林业调查设计队进行采挖设计，根据设计林业局出具运输手续，采挖时林业工作人员现场监督，防止乱采滥挖，坚决保证造林目的树种不受影响。由于近几年来我县绿化苗木市场日趋繁荣，价格也达到历史最高，允许造林地密植绿化苗，不仅完成了造林任务保护了生态，在经济上也会有可观的收入，这就极大调动了造林户多栽树、栽好树的积极性，从而破解造林与经济收入相矛盾的难题。

5. 推动林下参产业发展。我县是种参大县，参产业为全县经济作出了巨大贡献，但原始人参种植方法对植被破坏严重，省林业厅对参地的批复也逐年减少。为了特产业的发展，提高森林资源利用率，林业局大力鼓励栽植林下参，为企业和林地承包户提供技术指导。经过几年发展林下参产业已初具规模，效果明显，成为支柱产业，为我县从资源性开发向综合性开发成功转型奠定了基础。

6. 扶持引导中药材产业。长白山区常用中药材，市场需求日益增加，单纯野生产量严重不足，而且价格较高，根据这一情况我县及时抓住商机，大力扶持人工培育五味子，鼓励社会资金投入，现全县五味子种植面积达到3

千余亩。同时，中药材市场开发潜力颇具空间，在产品的研制开发上还大有文章可作，我国现有各类制药企业5000多家，其中西药类2000家，中药类1000多家，中成药和保健品类2000多家。届时我县中药材产业将成为经济新的增长点。

植树造林建设生态、保护生态是一件造福人民，有利社会的伟大事业，面对艰巨的生态工程建设任务，我们扎实细致工作，解决了大量复杂的实际问题，今后我们的工作将为把靖宇建设成魅力矿泉城、实力能源城、特色医药食品城、红色山水旅游城而做出贡献。

大力实施绿化提升
打造中国生态文明示范区

安徽省休宁县林业局　陈立仁

近年来，休宁县先后被评为“中国休闲小城”、“国家级生态示范区”、“全国十佳最具原生态的旅游大县”、“全国生态文明先进县”、“安徽省级生态示范县”和“安徽省十佳环境优美县”……

这一连串的荣誉，是休宁县坚持“生态立县”，大力实施绿化提升行动，全面推进林业现代化建设的成果，更是休宁人不辞辛劳，用智慧和汗水浇灌而成。

休宁县位于安徽省最南部，与浙、赣两省交界，交通区位优势明显，历史文化厚重，生态资源绝佳。全县总面积 2151km^2，林业用地面积 269.74 万亩，占土地总面积的 83.9%，森林覆盖率 81.39%，林木绿化率 82.42%。

近年休宁县以党的十八大、十八届三中全会精神为指导，通过实施“千万亩森林增长工程”、“绿色质量提升行动”，创建森林城市、打造国家级生态文明示范区等重大工程，不断深化林业改革，提升林业产业综合效益，增强林业可持续发展能力，实现了资源增长、林业增效、林农增收、休宁增色，推动了全县经济、社会和生态可持续协调健康发展。2013 年休宁林业生产总值达 30.48 亿元，同比增长 29.4%，农民人均林业收入 3651 元，增幅为 13.7%，占农民人均收入的 35%。2014 年林业总产值预计可达 35 亿元。

一、科学培育森林资源

休宁是新安江源头所在地，牢记“三江源头”的生态保护责任，努力保持青山常在，绿水长流。

1. 全力推进森林增长。围绕林业“双增”目标，巩固和实施好天保工程和退耕还林工程，全面推进造林绿化。尤其是 2012 年启动“千万亩森林增长工程”以来，以“二线二江”（合铜黄高速、慈张线、横江、率水）为布局，全面开展丘陵增绿和山地造林攻坚，扎实开展“四森（森林城市、森林城镇、森林村庄、森林长廊）”建设，全县累计完成新造林 3.917 万亩，封山育林 2

万亩、森林抚育面积 6.3 万亩，建设林木种苗基地 1.2 万亩。森林覆盖率和林木蓄积量较“十一五”末期分别提高了 3.5 个百分点和增长了 242 万 m^3。

2. 大力调整林种结构。该县围绕“生态产业、绿色富民”，多元化推进林业产业发展，初步形成了“油茶、毛竹、苗木”三大特色产业。油茶产业发展上，出台五项财政奖励政策，从土地整合、项目申报等方面帮助和扶持企业、大户发展油茶种植。全县油茶面积达 6 万余亩；毛竹产业发展上，作为安徽省十个毛竹发展重点县之一，全县竹林面积发展到 30 万亩（占全县林业用地 11%），有毛竹科技示范园 5000 亩，毛竹科技示范户 100 余户；苗木基地发展上，将绿化苗木基地建设作为新兴产业大力发展，全县已建成苗木基地 1.2 万亩，存圃苗木 500 万株。其中百亩以上苗木基地 42 个。

3. 着力提升绿色质量。先后投资 3.4 亿元，建成 217 个绿色提升点，总面积 3.3 万亩，对城区周边的林海山庄、三里亭、张村、万宁公园等 20 余个关键节点进行重点建设，建成慈张线休宁段景观长廊、城区十里滨江大道绿色长廊；创建了 21 个园林式绿化单位，5 个市级优质生态村。成区绿地率 37.83%，绿化覆盖率 43.8%，人均公共绿地面积 19.88m^2。

二、依法保护林业生态

始终把保护森林资源作为保障生态安全、巩固林业发展成果的核心举措来抓，构建布局合理、功能稳定的林业生态网络体系。

1. 严守公益林关口。一是强化资金发放。林业部门加强与监察部门合作，全程监管，通过县财政直拨林权单位或“一卡通”发放到林农手中，确保此项工作“零差错”。二是强化队伍组建。组建县、乡、村三级管护组织，聘用专职护林员 176 名，兼职护林员 413 名。并制定完善了规章制度，全面加强公益林管护。三是强化源头保护。启动实施水源涵养林建设、退耕还林和自然保护区建设三大生态工程。目前全县共建设公益林面积 123.6 万亩（重点分布在新安江源头以及干流、支流两岸所在乡镇），其中国家级公益林 107 万亩。省级公益林 16.6 万亩，占全县林业用地的 46.45%。全县大部分地方负氧离子含量常年保持 1 万个/cm^3 左右，成为休闲养生的天然氧吧。

2. 严格林政管理。严格执行木材限额采伐管理，在申领木竹采伐许可证时，做到公示无异议后发证，对林木采伐的计划分解、采伐山场设计及采伐监管等各个环节，落实严密监管措施。

3. 严惩违法行为。森林公安连续开展了“春季行动”、“清网行动”和“亮剑行动”等一系列打击破坏森林资源专项行动，以及执法环境优、站务管理优、个人素质优“三优木竹检查站”创建活动，森林资源和木材运输管理得到强化，有效维护了林区稳定。

4. 严抓森林“两防”。防住“一把火”，一方面，加强景区景点周围、交通沿线、高速出口、进山道口等关键区域的宣传，形成立体式、全方位、全覆盖的防火网络。另一方面，加快推进生物防火林带等基础设施和长效机制建设，积极探索野外火源管理对策，对全县护林员和防火车辆实行 GPS 定位系统管理，开展森林火灾风险点大排查。同时，突出关键时节（清明、冬至）、关键区域（215 个风险点）督导，连续三年实现“零火灾”；防住“一条虫”，加强黄山松材线虫病三道防线项目建设，对境内六个森林植物检疫检查站安装电子监控设备，切实抓好测报、防治、检疫三道防线，连续三年开展“绿盾”林业植物检疫检查专项行动，确保境内无一起松材线虫病发生。

三、积极发展林业经济

不断加大山区综合开发和产业结构调整力度，初步形成以林产工业和木本粮油为主，林下经济、森林旅游、花卉苗木、竹产业等齐头并进的林业经济发展格局。

1. 培育壮大龙头企业。坚持扶优扶强，推动徽山油业等林业龙头企业规模化发展、精深化加工、品牌化营销。目前全县共有林业企业 164 家，其中，国家级龙头企业 1 家，省级龙头企业 10 家，市级龙头企业 7 家；省级农民林业专业合作社示范社 3 家。2013 年市级以上龙头企业生产总值达 5.53 亿元，实现利税 4522 万元，有力延伸了产业链，带动林业经济发展。

2. 加速发展林下经济。丰富的森林资源，为休宁县发展林下经济提供了巨大的空间和潜力。该县不断创新发展思路和模式，通过政府引导、公司牵头、群众参与等方式，发展林下种养殖业和林下采集加工业，产业规模不断扩大，徽顶箬叶、多维生物科技公司分别实现年产值 1.26 亿元和 4100 万元，分别带动林农 25000 人和 3500 人。特别是多维立体生态农业新模式被推荐到联合国峰会演讲，示范区农民茶林亩收入达 1 万元以上。2013 年全县林下经济产值 4.1 亿元，初步预计 2014 年可达 5.8 亿元。

3. 致力激活生态旅游。大力推进以森林公园、自然保护区等为主体的森林生态旅游发展，以齐云山为龙头，利用森林景观，推动森林旅游业的发展，先后建成生态峡谷漂流、生态峡谷旅游探险，吸引了中外游客，接待量逐年升温，以盐铺旅游开发公司为龙头，利用森林和自然景观发展森林旅游人家和农家乐，全县现有省级森林旅游人家 5 家，农家乐 156 家，其中星级 31 家。

2013 年共接待游客达 334.26 万人次，实现旅游产值 26.04 亿元。

四、深入推进林业改革

坚持改革创新，激发活力，结合自身实际，扎实推进各项改革。

1. 完善集体林权配套改革。在结束了集体林权主体改革的同时，加强配套改革，促进林业要素优化配置和有效积聚，破解林业发展的瓶颈，积极探索森林资源走向市场的途径。规范林权流转，成立了“五中心一窗口”，规范林业勘查设计院建设，林业产权交易全部由黄山市江南林权交易所电子挂牌交易。目前全县发生林木流转 106 宗（林权证），流转面积 10.3 万亩，流转发生金额 8.7 亿元。

2. 探索集体林权抵押贷款。着力帮扶企业搭建银企对接平台，提高林业融资能力水平。全县 7 家金融机构开办了林权抵押贷款、林农小额信用贷款和林农联保贷款等业务，全县累计发放林权抵押贷款 2.8 亿元，有效盘活了森林资源。

3. 推进政策性森林保险。2013 年，休宁县按照“农户自愿参保、政府补助推动、保险公司市场运作”的工作方式，将政策性森林保险工作纳入重点民生工程全面实施。目前，全县 123.6 万亩公益林全部参保，商品林参保面积 128 万亩，占商品林总面积的 87.4%，保险金额达 12.6 亿元。政策性森林保险工作的有序开展，吸引了更多的金融信贷和民间资本进入林业生产领域，加速了休宁县林业现代化建设进程。

下一步，休宁县将深入贯彻十八届四中全会依法治国的精神，以生态文明建设和农民增收为根本，以创建国家级生态文明示范区为抓手，科学谋划林业“十三五”规划，进一步推进机制创新，深化改革，一是浓氛围。充分利用近年来的绿色质量提升成果，深入挖掘绿色质量提升、“四森”创建和社会资本投入林业建设等方面典型，不断加大宣传力度，提高全民生态文明意识，形成全社会联动推进生态建设的强大合力。二是调结构。扎实推进千万亩森林增长工程和绿色质量提升行动，着力调整优化林种结构，突出毛竹、油茶、苗木、杉木用材林 4 大基地建设，全面提高林业经济和生态效益。三是聚特色。充分发挥龙头企业带动作用，加大政策扶持力度，促进油茶产业、竹产业做大做强，培育一批精深加工龙头企业和拳头产品。四是强支撑。不断完善林业发展工作机制，鼓励企业、社会参与造林绿化资金投入，努力走出一条山绿、水净、村美、民福的可持续发展之路。

推进生态文明建设
努力实现“百姓富、生态美”

福建省厦门市市政园林局　蔡允嘉　王亚平　柳振誉

党的十八大明确提出“五位一体”的总体布局，把生态文明建设提到前所未有的高度。林业作为生态文明建设的主体，十八大以来，我市在厦门市委、市政府的领导下，紧紧围绕美丽厦门战略规划，通过划定林地生态红线、提升生态林业、发展民生林业，有力地推动了我市生态文明建设进程，为实现厦门“百姓富、生态美”的社会发展目标做了许多有益探索。

一、主要做法与成效

（一）划定林地生态红线

划定生态保护红线是贯彻落实十八届三中全会《决定》的重要举措，对促进经济、社会和生态环境的可持续发展具有重要意义。

我市林业部门与规划、国土、发改等部门紧密配合，结合“多规合一”工作，在全省率先划定了981km^{2}的生态控制线，其中林地生态红线范围684km^2，确保我市森林覆盖率稳定在40%的目标。林地生态红线是我市生态控制线的核心组成部分，约占生态控制线总面积的70%，包括现有林地、维护生态系统完整性的城市生态廊道和绿地。

林地生态红线的划定，一是明确了全市各区林地的面积和范围，为我市制定林业发展规划、林业执法、森林保护等工作创造有利条件；二是明确了市域范围内的生态保护区、开发建设区范围，优化了国土空间格局，明确了区域功能定位，对市、区经济发展作出了长远的战略部署。

（二）实施三大工程提升生态林业

一是通过封山育林保护我市现有生态公益林。我市省级以上生态公益林共计31113.93hm^2，占全市林地面积的45.65%。2014年起，计划三年内分别采取全封、半封和轮封的方式对我市全部省级以上生态公益林开展封山育林。对此，我们制定了严格的工作步骤和封育措施，明确了封育目标和管理责任。

二是开展商品林转为生态公益林试点工作。为加大力度保护我市北部山区约 26000hm^2 商品林，将这部分商品林通过购买、租赁、补偿等方式，逐步转为生态公益林，采用生态公益林管理方法，实行生态公益林补偿政策。2014 年起，先将北部山区内 26000hm^2 商品林中的 10%，即 2600hm^2 作为试点，开展商品林转为生态公益林工作，取得经验后推广。

三是实施林分改造提升北部山区森林质量。重点开展低质低效马尾松林林分改造，大力开展生态功能低下的短轮伐期商品林、荒废经济林、建成区周边一重山和城际之间山体景观质量差的林分的改造。2014 年起，计划用三年时间改造 5000hm^2 低质低效马尾松林等林分，营造针阔混交林。

（三）多措并举发展民生林业

北部山区是我市经济社会发展相对落后地区，我市采取多种措施大力发展民生林业，努力提高北部山区林农收入水平，实现“百姓富”。

一是打造花卉苗木产业链。通过整合现有资源，加快技术研发，优化产业布局，创新推广方式，完善流通体系，努力打造集种苗研发、生产推广、市场流通和花卉苗木观光休闲的完整产业链，提升我市花卉苗木产业发展水平，增加林农经营性收入。

二是发展生态休闲旅游业。通过建设森林公园、自然教育中心和“森林人家”、“农家乐”等，发展生态休闲旅游产业，引导市民、游客走进林区休闲旅游，促进林副产品消费，提升林区经济发展水平，增加林农经营性收入。

三是建设特色林业产业。在不引起水土流失、不破坏森林植被的前提下，由各级林业主管部门根据林地的生态区位、林种类型、林地现状以及封育区域群众生产、生活需要，规划建设特色林业产业的特定区域。通过发展林下中草药种植、香料植物生产、森林绿色食品开发等特色林业产业，推动“一村一品”项目发展，促进林农增收。

（四）加大投入完善生态补偿机制

2014 年起，我市进一步提高省级以上生态公益林补偿标准，为福建省最高。同时，为维护生态公益林建设成果，我市计划持续加大市财政投入，探索建立生态补偿横向转移支付制度，以各区森林占全市的比重为标准，从森林面积占比较低的生态受益区筹集一定资金，由市、区共同建立森林生态保护基金，补偿生态贡献区，实现区域协调发展。

（五）开展“百姓富、生态美”试点工作

为贯彻中央、省的精神将生态文明建设落到实处，根据市委、市政府工作部署，2014 年，我市集美区、海沧区、同安区、翔安区在本区域内，确定一个镇（街）为试点，试点镇（街）在做好封山育林、林分改造工作的基础上，重点就实现“百姓富”开展试点工作，积极探索经济发展、生活改善、生态良好的发展路子。目前，各区试点工作已取得初步成效。

集美区灌口镇启动“百姓富、生态美”试点工作以来，围绕小城镇开发建设，扎实推进产业发展、生态保护、民生保障、机制创新等各项工作，力争到2015年建成特色鲜明、功能完善的生态型、综合型现代化强镇。镇里现建成全市规模最大的孔雀养殖基地，打造马尼拉草种植新亮点，经济效益显著；鼓励村民投资兴建诚信堂鸽子养殖基地、仙景芋种植基地等5个无公害绿色生产基地，注册农副产品商标7个，带动村民就业200余人次。

海沧东孚镇被确定为全市“百姓富、生态美”试点镇后，结合镇域实际，提出“富民优先，着力促进农民增收”、“生态为本，打造宜居东孚”、“服务到位，解除农民后顾之忧”三个方面十四条具体措施。目前，东孚镇利用生态控制线内现有的菜地、苗圃等资源，整合天竺山森林公园、日月谷温泉、绿道系统和公共自行车系统等资源，结合美丽乡村建设与休闲生态旅游区打造，推进田园风光项目建设，着力打造具有乡村气息的“大曦山郊野公园”；成立了“农家乐协会”、“花卉苗木协会”、“青年创业协会”等，有序推动了“百姓富、生态美”工作的开展。

同安区对试点镇汀溪镇下达1000万元作为2014年度项目启动资金，计划从小城镇建设、温泉养生、乡村旅游、绿色农业、林下经济五个方面的十二项举措，全面推进“百姓富、生态美”试点工作。从2014年开始，汀溪镇在古坑、半岭、前格、造水等村，因地制宜引导林农“家门口就业”，推广种植铁皮石斛、金线莲等林下特色中草药；在汀溪水库群“水脉”所在的造水村，推广有机蔬菜种植，直销城市居民。如汀溪人江开良主营的“听溪农庄”，年产有机蔬菜1000t，以高于蔬菜市场价两倍的价格，供给厦门岛内超过1500个家庭，带动50多户农户增收；汀溪镇还充分利用森林资源优势，大力发展生态休闲旅游，2014年，共约3万人体验了汀溪森林人家的旅游活动。

翔安区以大帽山农场生态移民为抓手，推动该区“百姓富、生态美”试点工作。翔安区先期投入50万元，开展大帽山农场总体规划及旧村改造规划。在试点工作中，充分利用大帽山移民村土地资源，为翔安区转产就业提供机会。大帽山农场以移民村罗田村作为启动区，根据该村的地形及环境、气候等特点，结合当地自然植被和季节变化因地制宜进行规划、建设，从而形成以苗圃、花卉、农产品种植基地为主的生态农业观光区；同时，积极推动“公司+农户”的发展模式，引进有实力的企业发展绿色产业，激励公司到大帽山创业，吸收翔安特别是大帽山国有农场的农民转产就业。

二、下一步工作重点

2015年起，我市将重点加强林地生态红线管理，完善生态文明监督体系，提升我市生态文明建设水平，促进“百姓富、生态美”工作的开展。

（一）做好林地生态红线管理

林地生态红线明确后，要将红线边界具体落实到山头地块，竖立界牌，建立林地生态红线档案，建章立制，规范林地生态红线内的生产、经营与管理，争取市政府出台林地生态红线相关管理办法。

随着生态控制线的划定，我市林地范围也出现了一定程度的调整。对此，我市一方面将预先做好林地占补储备库，制定造林计划，对开发建设项目占用林地严格实行“占一补一”。对本辖区内用于“占一补一”的储备库不足的区，建立机制从其他储备库充足的区调整，实现全市范围内林地“占补平衡”。另一方面将加快生态控制线内的生态廊道等新规划林地的绿化美化建设。

（二）优化生态公益林布局

我市计划在《福建省生态公益林规划纲要》和重点生态区位区划成果的总体框架下，以重点生态区位保护为导向，以推进生态公益林集中连片、优化生态公益林区位布局、增强生态服务功能为目标，按照“区位调重、树种调优、蓄积调高”的目标，采取置换、赎买、占用征收等方法，大力推进商品林转为生态公益林，逐步将位于我市重点生态区位内的14700hm^2商品林调整为生态公益林，使我市生态公益林规模、结构、布局更加合理，森林生态功能更加完善。

（三）完善生态文明监督体系

我市林业管理人员严重不足，缺乏独立的林业执法机构，在推进生态文明建设过程中，生态文明监管力量薄弱的问题会更加突出。针对面临的困难，一是要建立一支专门的林业执法队伍。通过整合机构和资源，建立市、区两级林业执法机构，开展林业执法检查，维护生态文明建设成果。二是要建立一套科学、合理、有效的生态文明执法机制。加强区域间、部门间协调执法，完善执法标准，达到规范化执法。三是要建立体现生态文明要求和符合我市实际情况的生态文明建设目标体系、考核办法、奖惩机制。林业部门要加强专项指标制定，努力把资源消耗、环境损害、生态效益等体现生态文明状况的林业指标与厦门实际情况结合起来，做到指标清晰，切实可行。

（四）加快生态文明制度建设

《厦门经济特区生态文明建设条例》已于2015年1月1日起正式施行。我们将利用《厦门经济特区生态文明建设条例》出台的契机，努力推动我市出台林地生态红线管理办法、发展生态休闲旅游业的实施意见、商品林划为生态公益林的激励机制以及公务人员接受自然教育的相关法案等等，建立健全生态文明制度体系，推动我市生态文明建设迈上新台阶。

加快现代林业发展　建设绿色生态家园

福建省长汀县林业局　巫成火

一、长汀林情

长汀地处福建西部、武夷山脉南麓，辖18个乡（镇），299个行政村（其中有9个社区居委会），总人口52万。全县土地面积466.5万亩，为福建省第五大县。长汀是南方重点集体林区县，全县林业用地面积388.8万亩，有林地面积370.7万亩；森林覆盖率79.4%，森林蓄积量1948.8万m^3；全县生态公益林面积116.3万亩，占全县林业用地面积的29.9%。其中：国家级生态公益林面积63.06万亩、省级生态公益林53.24万亩。全县竹林面积60.24万亩，占林业用地面积的16.25%。长汀是2006年国家林业局公布的全国100个经济林示范县之一，也是省2009年现代竹业生产发展资金项目县、全国油茶产业发展重点县。

长汀曾是我国南方红壤区水土流失最严重的县份之一。三十年来，长汀县林业工作“咬定青山不放松”，以“滴水穿石、人一我十”的精神，把加快造林绿化、恢复森林植被作为水土流失治理和生态县建设的根本举措，实施了一系列林业生态重点工程建设，为实现从荒山到绿洲到生态家园的历史性转变的目标提供了生态保障。1983年至2014年，累计投入2亿多元资金开展植树造林161.38万亩，生态环境大为改善，全县有林地面积由1986年的275万亩提高到2013年的370万亩，森林覆盖率由59.8%提高到79.4%，森林蓄积量由1024.8万m^3提高到1948.8万m^3，林业产值由2158万元增加到19.35亿元。建成省级生态乡镇15个、省级生态村58个、市级生态村21个；林业生态建设有效改善了生态环境和农业生产条件，2000年以来，2.8万亩缺水农田得到改善，生态功能有效提升，昔日万壑贫瘠的“火焰山”变成了绿树成荫、造福百姓的“花果山”，汀江国家湿地公园获批开展试点工作、汀江源国家级自然保护区通过评审。长汀县被国家林业局、全国绿化委授予“全国生态文明建设示范县”、“全国现代林业建设示范县”称号，既为全国生态建设树起了一面旗帜，又为实现从荒山到绿洲到生态家园的历史性转变，努力实现“百姓富、生态美”有机统一夯实了生态基础。

二、主要做法

（一）坚持长远规划，科学分类治理

以《长汀县“三五七”造林规划》、《长汀县重点生态区域全面封山育林规划》、《福建省汀江流域（长汀段）造林绿化与生态公益林建设规划》、《长汀县林业生态建设规划（2012～2015）》、《长汀县生态文明示范工程试点实施规划（2011～2020年》等专项规划为蓝本，以《中共长汀县委、县人民政府关于发展现代林业建设林业生态强县的实施意见》为抓手，根据全县水土流失重点预防区和重点治理区的不同流失类型采取封山育林、马尾松单一林分改造、林分施肥，补植阔叶树和乔灌草结合的治理模式，增加多层覆盖，提高林地覆盖率，加快全县水土流失区的自我修复速度。同时，建立和完善了党政领导干部生态建设任期目标责任制，层层签订责任状，为林业生态建设提供了强有力的组织保障。

（二）大力造林绿化，提升生态质量

以荒山治理为龙头，开展造林绿化、恢复植被、生态修复为主要内容的综合治理，提升森林生态功能。在1989～1991年我县“三五七”造林绿化期间，提出“四年消灭荒山，绿化汀州大地”，投入4876万元，累计完成造林28.3万亩，其中在重点水土流失区乡（镇）造林18.39万亩，提前一年基本完成宜林荒山造林任务，长汀县被授予“全国造林绿化先进单位”荣誉称号。为加快水土流失区的治理步伐，1993年3～4月，在河田、三洲、濯田等强度水土流失区的无林地飞播造林13.02万亩。2010年起实施“四绿”工程，让森林进城、上路、入村，掀起新一轮造林绿化高潮；2012年以来，认真贯彻落实习近平总书记关于长汀水土流失治理的重要批示精神，造林绿化注重质量和实效，突出水土流失治理、森林生态修复和树种结构调整，主导大种阔叶树、珍贵树、彩化树，营造阔叶林或针阔混交林，实现“造林大苗化、树种多样化、品种乡土化、色彩季相化”，在扩大森林面积，提高森林覆盖率的同时，促进了森林群落向多样性、稳定性演替。2012～2014年，全县完成造林绿化面积17.6万亩，年均占任务的130.32%。阔叶树造林面积的比例由2010年的63.1%提高到73.6%。2013年提前完成省政府下达全县“十二五”森林资源“双增”目标，全县森林覆盖率79.4%、蓄积量1948.8万m^3，分别比省政府下达森林覆盖率、森林蓄积量目标高0.5%和780.14万m^3。

（三）严格资源管护，巩固生态成果

在一手抓植绿的同时，一手抓护绿。一是大封禁。为增强大自然自我修复能力，结合1988年起全县推行改燃节柴，封山护林工作，县林业局拨出专项资金用于群众烧煤补贴和护林费用，疏导用燃渠道，对重点水土流失区森林全面实行封禁，禁烧柴草。2000年以来，长汀县政府相继发布了《长汀县封山育林县长令》、《关于封山育林的命令》，并在全县全面禁止采伐天然林，暂停天然阔叶树采伐。县林业局严格封山育林“十个禁止”，封、管、造结合，全县封山育林面积达210万亩，同时，全面禁止炼山造林，对阔叶树实行更为严格的管理，全县重点生态区域封山育林达210万亩。二是建体系。将科学利用和保护林地的主要目标列入政府保护发展森林资源目标责任制的内容，构建完善了县、乡（镇）、村三级森林资源责任体系，加强林地的保护管理，严厉打击涉林违法犯罪行为，严格落实年度森林防火责任，强化森林病虫害监测防治，有力地维护了全县国土生态安全，实现了青山常在、绿水长流。

（四）深化林权改革，激发林业活力

长汀县林业局在基本完成集体林权制度改革明晰产权主体的任务后，以完善林业经营管理机制为切入点，深化综合配套改革，逐步形成推进现代林业发展的体制机制。一是创新森林生态管护机制。2006年9月在全市开展了创新生态公益林管护机制改革试点工作，2008年10月对全县116.3万亩生态公益林建立到户联户管护、责任承包专业管护、相对集中委托管护等三种管护主体模式；2010年以来，着力推进生态公益林护林员管理机制的创新，至2013年，完成生态林护林员由“村聘村管村用”管理体制向“乡聘站管村监督”转变，实行护林员、扑火队员、林技员“三员合一”或“二员合一”。全县生态公益林重新聘请392名护林员，签订管护合同392份、乡镇与村级生态公益林管护责任书228份。二是健全生态补偿机制。2013年，将健全生态补偿机制列入林业部门扶贫开发工作的重要内容之一，规定在重点水土流失区生态公益林通过营林措施，其平均蓄积量超过考核年度当年商品林蓄积量平均值，郁闭度达到0.8以上的，对增长部分公益林面积按每亩给予6元奖励，每五年考核一次。2014年对重点水土流失区的7个乡镇136个村65.2万亩生态公益林，列入林木蓄积量增长激励机制考核范围。通过改革创新，“山有人管、林有人护、火有人防、责有人担”得到加强，生态公益林平均郁闭度由2011年的0.46提高到2013年的0.62。三是创新林业金融服务体制机制。为破解林农业主资金瓶颈问题，拓宽林业投融资渠道，2013年9月县政府出台了《长汀县林权抵押贷款实施办法（试行）》，县财政安排3000万元作为林权抵押收储保证金，每年贷额总额占保证金的5倍以上，即银行每年对林权抵押贷款放贷1.5亿元以上。县林业局成立全县林业金融服务中心，下设森林资源资产评估、林权抵押担保、林权流转交易“三个中心”，为林农业主林权直接抵押贷款提供评估、担保、贷款、收储、流转“五位一体”服务，在林权抵押贷款的探索实践中，逐步形成服务平台、贷款程序、抵押实物，贷款模式、评估机制和监管制度“六个创新”，拓宽了林业投融资渠道，有效破解了林改以来林业发展资金“抵押难、贷款慢”的问题，为推进长汀水土流失治理和林业生态建设注入了新活力。自2006年至2014年10月，全县累计办理林权抵押贷款登记120起，抵押登记面积35.7万亩，林权抵押贷款金额4.1亿元。其中，自2013年9月县林业金融服务中心成立以来，县林业金融服务中心办理林权抵押担保贷款52起，抵押登记面积3.2万亩，担保贷款金额2235万元。

（五）政策机制保障，发展绿色产业

随着集体林权制度改革的落实，林农和社会力量投入现代林业建设的积极性空前高涨，县林业局因势引导，落实“谁绿化谁拥有、谁投资谁受益、谁经营谁得利”的政策，在政策机制上保障绿色产业的发展，促进林丰民富。一是出台富民产业补助政策。如，对连片营造速丰林200亩以上的每亩补助100元；对新造油茶林和现有油茶林改造的每亩分别补助300、150元；对毛竹林集约经营项目每亩补助100kg毛竹专用肥；对林权抵押贷款用于发展油茶、毛竹、花卉苗木、林下经济等产业的，优先申报国家财政3%的林业贷款贴息。二是落实“五个优先”。做到林业生态建设既要“青山绿水”，又要“百姓致富”，着力加快发展方式的转变，坚持“生态建设产业化、产业发展生态化”的发展思路，对发展油茶、毛竹、花卉苗木、林下经济等绿色富民产业，实行优先发放林权抵押贷款、优先办理相关证照、优先安排生态建设项目、优先培训先进实用技术、优先配套基础设施等“五个优先”政策，并及时拨付项目补助资金。通过《竹业发展行动计划》项目建设，实施现代农业油茶生产发展项目、革命基点村等毛竹丰产示范工程，积极发展林下经济、花卉苗木等绿色产业，鼓励林农“不砍树也致富”。三是促进林业适度规模经营。以县林业金融服务中心、乡镇林业服务中心为依托，建立林权流转交易平台和信息发布机制，引导森林、林木和林地使用权合理流转，全县通过自愿有偿转让、出租、合作等形式林权流转面积计133.74万亩。使企业、造林大户资金向林业聚集，既推进了"公司+大户+农户"林地适度规模经营模式，又促进了林业生产从资源经营向资产经营的转变。通过建立健全政策保障机制，有效激发了社会各界参与造林绿化、投身水土流失治理的积极性，形成了林农、村林业合作经济组织、造林公司和造林大户以租赁、承包、联合经营、委托经营、合作林场、家庭林场等多形式植树造林新模式，实现了从以政府和部门造林为主向以社会造林为主的转变，由分散造林向规模化经营的转变，打造了林业在水土流失治理中推进林业生态建设的"升级版"。林改以来，先后有120余家造林公司到我县工程化造林，种植生态林、经济林、速生丰产用材林，在造林绿化，保持水土发展生态林业的同时，又发展了民生林业，有力地加快了水土流失治理和林业生态建设步伐。目前，全县建成速生丰产用材林基地29.8万亩、丰产竹林基地36.2万亩、丰产油茶林基地6万亩、优良种苗基地1.01万亩、花卉苗木基地1.25万亩。特别是充分利用林改革后集体林地承包到户的契机，做好生态利用文章，引导鼓励农民以林地资源和森林生态环境为依托，大力发展以林下种植、林下养殖、林下产品采集加工和森林景观利用为主要内容的林下经济，2014年，全县林下经济经营面积达150万亩，参与农户2万户，实现产值15亿元，比上年增长8.85%、11.7%和150%；预计2014年可实现林业产业总产值22.02亿元，比上年增长13.82%。

三、对下一步加快长汀现代林业建设的思考

（一）扎实做好森林资源培育工作

围绕提升森林生态功能，结合树种结构调整，按照"造林大苗化、树种多样化、品种乡土化、色彩季相化"要求，多种阔叶树、珍贵树、观叶或观花树种。抓实城市、村镇和道路植树绿化，"两沿一环"（沿路、沿江、环城）重点区位林分修复，中心城区环城一重山森林生态景观提升示范林建设，抓好生物防火林带示范片建设，通过以点带面，促进林分向树种多样、针阔混交、异龄复层的复合型林分发展，为逐步改变全县森林以杉木、马尾松等针叶树为主的状况，提高森林自防能力，提升森林生态功能和景观效果夯实基础。

（二）切实做好森林资源保护工作

一是健全林地保护管理的长效机制。进一步落实林地保护利用规划，划定林地和森林红线，依据规划加强林地保护管理。严格执行林地定额制度，

引导节约、集约利用林地。将森林覆盖率和森林蓄积量等约束性指标列入各乡镇年度政绩考核重要内容。二是维护生物多样性。结合推进汀江国家湿地公园建设、汀江源国家级自然保护区建设，强化林地、湿地和物种保护。三是强化封山育林工作。持续推进重点生态区域封山育林，禁止炼山造林，暂停采伐天然阔叶树，从严限制开垦。四是加强森林防火工作。加大生物防火林带建设任务，完成生物防火林带13400亩；实施长汀县森林重点火险区综合治理三期工程项目建设，提高预防和扑救森林火灾的综合能力；强化专业扑火队伍建设，认真落实森林防火效能督查联动机制，加大重点区域、重点时段的巡查力度，切实管住野外火源。五是加强森林病虫害防治。开展全县林业有害生物普查，为维护森林资源和国土生态安全，制定林业有害生物防治战略提供科学依据；做好松材线虫病春秋季普查工作，强化松材线虫病等有害生物的防控；实施水土流失区林业有害生物防控体系项目建设，构建监测预警、检疫御灾和防治减灾等三大防控体系，提升应急防控能力。六是常态化开展打击活动。严厉打击盗砍滥伐林木、乱征滥占林地、乱捕滥猎野生动植物等破坏森林、湿地资源的违法犯罪行为，防止因森林损毁造成新的水土流失。

（三）着力转变林产业发展方式

立足资源优势，把生态优势转化为经济优势。一是大力发展林下经济。持续推进林下经济补助资金项目实施，建设以林下种植茯苓、灵芝为主的示范基地，打造林下经济品牌；实施竹制品下脚料竹灵芝科技研究、松树蔸种茯苓科技推广示范基地建设、金花茶种质资源保存利用创新三大林业经济专项资金项目，以点带面，促进林下经济一县一特色产业的发展；同时，以汀江国家湿地公园、汀江源国家级自然保护区、森林公园等为依托，发展“森林人家”，扩大森林旅游规模。二是抓住项目建设。通过实施中央财政现代农业（油茶）产业发展项目，持续打造河三线现代花卉苗木示范园区，实施长汀县林业水土保持优良种苗繁育基地建设项目，推进革命基点村毛竹丰产示范工程，加快发展现代农业（竹业、油茶、花卉）等特色林产业，促进农民持续增收。三是科学谋划编制“十三五”林业发展规划。研究今后林业改革发展思路、举措。

（四）持续推进深化林业改革

一是加快林权拆宗分户发证工作。重点落实农民对林地长期稳定的家庭承包经营权，对联户承包的集体林，依申请进行折宗分户，落实家庭承包。二是加快林权流转平台建设。依托县林业金融服务中心，健全林权流转平台建设，加快林权管理信息化建设，健全林权动态管理，引导林农依法、规范、有序流转林权。三是培育新型经营主体。坚持示范引导，加快发展林业专业合作社、股份林场、家庭林场等新型经营主体，进一步规范合作组织管理，推动林业规模经营、集约经营。四是促进林权抵押贷款。总结提升县林业金融服务中心工作经验，用好国家支持林业发展的金融政策，扩大林权抵押贷款业务，促进林权抵押贷款增量拓面，推进林权证直接抵押贷款，让社会各类主体和更多的农民参与林业生态建设和发展富民产业。

服务民生抓生态　改善生态惠民生

江西省于都县林业局　陈光寿

于都县地处江西南部、赣州东部，总面积2893km^2。该县是国家扶贫开发重点县、江西省重点林业县，属罗霄山集中连片特困地区扶贫开发范围，2012年6月被国务院列为瑞（金）兴（国）于（都）经济振兴试验区。全县林地面积316.4万亩，森林覆盖率71.6%，森林资源蓄积总量658万m^3；全县有4个国有林场、2个省级森林公园和1个省级湿地公园，生态公益林面积120万亩。近些年来，该县始终以改善生态和改善民生作为林业工作的出发点和落脚点，服务民生抓生态，改善生态惠民生，大力推进生态民生林业建设，实现了生态与经济协调发展、融合发展。

一、坚持封山育林，保护森林资源

按照“生态立林”的要求，该县始终把保护好森林资源放在林业各项工作的首位，从加大财政投入，全面实施封山育林，强化防火、防虫、防盗措施等方面夯实林业生态基础。坚持八年全封山，每年以千万余元的投入换取森林休养生息。这对于都这样一个后发展、欠发达的财政穷县而言，似乎难于想见，然这却是不争的事实。早在2007年开始，该县就在全省率先放下斧头，实施了五年（2007~2011年）基本停伐商品材战略；2014年，该县又从加快生态文明建设，构建我国南方地区重要生态屏障的战略高度，作出了三年（2014~2016年）全封山的重大决策，对全县316.4万亩山林全部列入封育范围，其中禁伐区266.4万亩，限伐区50万亩。在实施全封山期间，对全县各乡镇、国有林场不下达林木采伐计划，因重点工程建设、产业开发和灾害材清理等实行单报单批。

林子封起来，做好防火、防虫、防盗是关键。于都县是江西省赣南森林重点火险区综合治理一期、二期工程项目县，在不断完善森林防火基础设施的同时，该县先后组建了县级专业森林消防队、乡镇联防队、乡镇半专业队和村级应急分队四支队伍，形成了县、乡、村三级响应机制，财政每年用于发放补助各级森林消防队员工资300多万元。于都县专业森林消防队曾被国家人事部、国家林业局评为“全国林业系统先进集体”，于都县曾被评为江西省“全省森林防火工作先进县”。该县认真落实松材线虫病等重大林业有害生物防治责任和各项防控措施，加强部门协作，基本实现无重大疫情，成功消除了森林病害威胁。在加强林业执法方面，该县整合森林公安、林政稽查、木材检查和乡镇林业站等力量，从源头上、流通环节和交易场所等进行防范和整治，做好古树名木保护和林地征占用管理，严厉打击涉林违法犯罪行为，切实维护林区秩序。

二、坚持绿化造林，提升森林质量

为稳步扩大森林面积，提升森林质量，增强森林生态功能，为建设美丽中国创造更好的生态条件。该县林业部门始终把造林绿化作为工作的主业，从 2010 年开始，每年以造林 4 万亩左右的速度推进，连续 4 年完成了省里下达的造林任务。山上重点是发展油茶产业和种植松、杉等乡土树种，开展森林抚育和低质低效林改造。山下围绕森林城乡创建和绿色通道建设，大力推进省级森林县城创建，提升城市绿化品位，在城市新区重点建设长征源省级湿地公园，打造了 200 亩珍贵树木园和 10km 城市休闲绿道；在县城附近重点建设罗田岩省级森林公园，打造城市后花园。对县境内高速公路、国、省道，铁路沿线进行绿化提升，因山就势，适地适树，实行苗林一体化发展。结合和谐秀美乡村建设和新农村建设，发展庭院经济，积极开展森林乡镇、森林村庄创建，建设宜居宜业新农村。对所有绿化工程实行项目化管理，通过招投标确定绿化施工单位，极大地提高了造林成活率和林木保存率。

三、坚持富民兴林，构建产业体系

围绕打造“中国油茶之乡”的目标，把油茶产业作为一个新兴的朝阳产业，一项利民富民的民生工程来抓，高位推动、强势推进，以企业为主导，以项目为支撑，新建与改造结合，规模与质量并重，油茶产业已经成为该县继脐橙产业后又一农业农村经济支柱产业。从 2009 年开始，该县已连续 5 年列为全国油茶示范基地建设项目县。至目前，全县引进油茶产业企业 15 家，高产油茶林面积达 20. 6 万亩，其中新造高产油茶 11. 1 万亩，改造老油茶林 9. 5 万亩。坐落在县城附近，建设规模 6000 亩的省级油茶产业科技园项目正大力推进，将融入生态观光、旅游休闲元素，致力打造全省一流，全国有影响的现代农业产业化示范园区。年产 1. 2 万吨精炼油及其附产品加工厂在县工业园区开建。为支持产业发展，县政府专门设立了油茶产业发展办公室，为该县林业局下属副科级事业单位，落实编制 5 人。在大力发展油茶产业的同时，该县还充分依托光皮桉木树种源优势，将光皮梾木果油产业作为农业特色产业来打造，引进江苏南京中和植物油脂有限公司在于都设立光皮树开发公司，建设光皮树示范种植基地和光皮梾木果油加工厂。截至目前，全县新建光皮树种植基地3万亩，种苗繁育基地500亩。2013年12月，国家卫计委正式批准“光皮梾木果油”为新食品原料。2014年3月，南京中和公司又与国家行政学院携手，在北京举办了“中国食用油产业安全健康可持续发展研讨会”，把发展光皮梾木果油产业上升到解决国家粮油安全的战略高度，充分论证发展光皮梾木果油产业是生态文明建设与经济建设高度融合的成功典范，走出了一条生态经济协调发展的新路。“两油”产业的发展，为缓解农村剩余劳动力，调整农村产业结构，助力当地山区群众脱贫致富开辟了新途径，拓宽了林农致富新空间。

四、坚持改革强林，释放林业活力

遵循林业发展规律，按照三个“有利于”的原则稳步推进林业各项改革。改革要有利于发挥森林的生态功能、社会功能，有利于林业事业的发展，有利于林业生产力的提升。着力完善全国集体林权制度主体改革，不断深化林权配套改革，完善林权管理服务体系。积极培育专业大户、家庭林场、农民林业专业合作社、林业企业等多种市场经营主体，鼓励推动林业生产规模化、集约化和专业化。实施林权制度改革以来，全县共确权宗地33.8万宗，发放林权证13.5万本，分山到户率达到81.7%。全县共流转林地31.6万亩，组建林业投资公司50多家，发展林业专业合作社4家；累计办理林权抵押贷款6000多万元。为积极稳妥推进国有林场改革，该县围绕“三增一保”的总体目标，即资源增长、职工增收、林场增效和确保林区社会和谐稳定，坚持生态公益性为主导，对全县国有林场进行定性重组，减员增效。将原罗田岩、祁禄山、银坑林场定性为生态公益型林场，将原仁风林场定性为商品经营型林场；将原小溪林场并入祁禄山林场，重组为祁禄山生态林场。全县国有林场重新核定林场事业编制38名，减员583人。对减员安置人员费用全部由政府埋单，在改革过程中没有出现违规流转、变买森林资源的行为，有效保证了森林资源安全和林区社会稳定。

前不久，国家六部委正式批复《江西省生态文明先行示范区建设实施方案》，标志着江西省建设生态文明先行示范区上升为国家战略。面临新的机遇和挑战，于都林业必将乘势而为，矢志绿水青山不动摇，情系山区民生不止步，为全国生态文明建设和江西省生态文明先行示范区建设积累新的经验，提供新的借鉴。

筑屏障促产业
建设生态林业民生林业

江西省会昌县林业局　王志强

会昌县位于赣州市东南部，地处武夷山脉西麓，南岭余脉北端，赣江一级支流贡江上游，是贡江起点县。全县国土总面积为408.3万亩，其中林业用地面积331.04万亩，占国土面积的81.07%，林地面积列全省第六位，素有“八山半水一分田，半分道路和庄园”之说，是全省重点林业县之一。

近年来，县委、县政府坚持以科学发展观为统领，把林业建设放到重要位置。我县以推进造林绿化工程为主抓手，努力实现林业功能定位和林业部门职能的逐步转型，切实抓好森林资源培育、森林资源保护，重点实施好森林县城创建、森林乡村创建、通道绿化提升、生态富民产业、森林资源保护等工程，加强林业队伍建设，为促进我县林业提质提效，整体推动生态林业建设进程。目前，全县森林覆盖率79.84%，林木蓄积量1006万m^3。

一、我县林业建设的现状

在省、市主管部门的关心支持和县委、县政府的正确领导下，我县紧紧抓住国家出台《国务院关于支持赣南等原中央苏区振兴发展的若干意见》的契机，围绕建设生态会昌的总体目标，积极推进林业改革，加强生态保护和修复，大力发展林业优势产业，在建设生态林业、民生林业等方面取得了一定的成效。根据2013年林地更新暨森林资源补充调查成果表明，我县森林资源“十二五”期间实现双增目标，森林覆盖率由79.47%增加到79.84%，活立木总蓄积量由845万m^3增加至1006万m^3，林分质量明显提高，全县林业用地每亩蓄积量由2.77m^3增加至3.47m^3。

1. 生态林业建设步伐不断加强

一是造林绿化方面。全省“森林城乡、绿色通道”建设启动以来，我县按照省委、省政府提出的“延伸延续、提升提高”八字总要求，以构建国家南方重要生态屏障为目标，扎实推进“森林城乡、绿色通道”建设。去冬今春共完成造林面积3.9万亩，占市计划任务3.85万亩的101%。多年来，我县“森林城乡、绿色通道”建设工作得到了省、市领导的好评，多次在全省会议上作了典型发言，并成功举办了全市造林管护现场会。3次被省政府表彰为全省造林绿化综合先进县，2次被市政府表彰为全市造林绿化综合先进县。

二是生物多样性保护方面。我县物种资源丰富，野生动物有500多种。建立了湘江国家湿地公园、湘江源县级自然保护区、会昌山省级森林公园和塔丰城市森林公园，为动植物生存、繁衍提供了良好的栖息环境，有效地保护了区域濒危和珍稀野生植物种类。

三是森林生态保护修复方面。在江河水库源头及两岸、水土流失区等重要生态区域范围，已划定国家和省级公益林118.4万亩；对中幼林进行了抚育，抚育面积3.7万亩，促进林木生长；对低产低效林进了改造，每年实施改造面积1万亩左右；对商品实行5年限伐，暂停下达经营性商品材采伐指标，严禁用木柴烤制烟叶，让森林休养生息；规范山地开发行为，禁止用勾机上山开挖条带整地，防止破坏森林植被，造成新的水土流失。

2. 民生林业建设速度不断加快

一是工业原料林产业方面。依托长防林，退耕还林、速生丰产林等国家重点林业工程项目，大力发展桉木、杉木、湿地松等为主要树种工业原料林。五年来工业原料林规模达20多万亩，每年新增活立木蓄积量20多万m^3，十年后工业原料林蓄积将达到200多万m^3，为林农脱贫致富增加新的经济增长点。

二是油茶产业发展方面。我县是油茶大县，现有油茶林15万亩，我县油茶产业发展工作在县委、县政府的高度重视和统一部署下，充分利用国家油茶产业发展政策，进一步加强组织领导，强化工作措施，制定扶持政策，完善各项制度，使我县油茶产业发展有了新的起色。2010～2014年全县新植高产油茶36243亩，完成省级低产油茶林改造项目20000亩，油茶产业得到稳步发展。

三是毛竹产业发展方面。我县将毛竹产业当做新农村建设特色产业来培植，出台政策支持产业发展，以“公司+农户或合作社+农户”的形式，进行集约化、规模化经营。目前全县毛竹低改面积达16万亩，林分质量大幅度提高，效益非常明显。2014年全县完成竹山低改1万亩，新植毛竹（含黄竹）5000亩，新修竹山公路50km。建立毛竹示范基地1个，建立丛生竹示范基地1个，毛竹示范户100户

四是苗木花卉产业发展方面。苗木花卉产业是我县新兴林业产业，具有见效快、效益高特点。随着经济发展，人居环境改善，城市和农村对花卉等

绿色产品需求量越来越大，特别是我省“森林城张乡、绿色通道”等工程以来，苗木、花卉更是紧俏产品，短短四年，种植规模超过5000亩，经济效益非常显著。由江西省森博士林业开发有限公司引进优良杂交松湿加松品种，带领全县林农、造林大户和企业种植湿加松约5万亩，带动了林农增收致富。

3. 林业改革稳步推进

集体林权制度主体改革完成后，我县从2009年起推进国有林场改革工作，现已基本办理完职工置换身份手续。并将原8个林场（站）重组整合为会昌县湘江源自然保护区管理委员会、会昌县生态公益林林场、会昌县凤凰岽商品林林场等三个单位，湘江源自然保护区管理委员会和生态公益林林场定为公益性林场，属全额拨款事业单位；凤凰岽商品林林场为商品性林场，负责全县国有商品林地、林木的经营管理。

二、存在的问题

1. 森林生态系统功能不强。我县的森林质量低、结构不合理的问题仍然十分突出。低产低效林面积达到164.5万亩，占林业用地的49.7%；龄组结构中，中幼林面积达到222.86万亩，占75.15%；按树种分，针叶林面积占50.01%。森林单位面积蓄积量低，中中幼林面积比重大，致使森林涵养水源、保持水土等生态功能总体偏低。

2. 造林扶持政策面不广。造林扶持面小，只有列入国家项目的才有扶持补助，每年也只有几千亩；扶持资金少，每亩只有200～300元，影响了林农造林积极性

3. 林地流转难，难于做大做强林业产业。林改后，林地已分给农户分散经营，大多数农户无钱投资造林，而许多社会资金想投资造林却流转不到山地，形成有钱无山造林、有山无钱造林的局面，造成我县低产低效林多，林地产出率低，经济和生态效益差。

4. 森林资源保护与经济发展矛盾突出。林地保护与经济建设的矛盾突出，各项工程建设项目占用征收林地面积需求量大，而占用征收林地的定额远远不能满足建设项目的需求，增加了林地保护的工作难度。

5. 林农生活依然贫困，巩固生态成果任务艰辛。我县属是国定贫困县，虽然集体林权制度改革后，山林分到农户，但由于地方财力有限，加上林农普遍贫困，没有资金投入产业发展，高效林业产业建设严重滞后，林地产出率一直低下。由于经济落后，林农贫困，无力用气或用电或用煤来代替烧柴，导致全县非商品性薪材的消耗数量巨大，每年达到20万m^3，对山林保护的压

力加大。

三、林业改革发展的思路和目标任务

高举中国特色社会主义伟大旗帜，以邓小平理论、“三个代表”重要思想和科学发展观为指导，深入贯彻党的十八大、十八届二、三中全会精神，紧紧抓住国家出台《国务院关于支持赣南等原中央苏区振兴发展的若干意见》的契机，围绕建设全国生态文明示范县和构筑我省南方地区重要生态屏障的战略定位，以“建屏障、保安全，促产业、惠民生”为目标，全面实施以生态建设为主的林业发展战略，以发展现代林业、建设生态文明、推动科学发展为主题，以加快转变林业发展方式、提升林业质量效益为主线，以实现兴林富民为目标，坚持改革活林、生态立林、产业强林、科技兴林、依法治林，加大生态建设保护力度，加强森林经营，加快培育主导产业，加快繁荣生态文化，更好地完善林业三大体系，促进林业生态进一步改善、林业产业进一步发展，加快森林屏障功能更加完备、绿色产业更加发达、人居环境更加优美、生态文化更加繁荣的美丽会昌建设，让会昌城乡居民共享更多的生态林业建设成果。

通过持续加强森林培育、生态保护，大力发展绿色产业，积极培育生态文化，扎实推进基础支撑能力建设，到2020年，各类自然和人工生态系统步入良性循环，森林覆盖率达到80.0%，森林蓄积量达到1100万m^3，森林质量和结构明显改善，涵养水源和保持水土能力显著增强，基本建成完备的林业生态体系、发达的林业产业体系、繁荣的生态文化体系和强大的林业保障体系。

四、工作建议

1. 加强生态屏障建设，增强生态系统功能

我县是地处赣江一级支流贡江的源头起点县，其生态区位十分重要，生态保护的好坏直接影响下游的生态状况，因此，根据赣南等原中央苏区振兴发展提出的建设我国南方地区生态屏障的战略定位，我县在生态屏障建设方面，应着重抓好生态保护修复工程、生物多样性保护工程和生态廊道建设工程等三项工程建设。

一是实施生态保护修复工程。重点加强118.4万亩国家、省级公益林封育管护和现有天然林的保护管理；加快推进马尾松纯林为主的低质低效林改

造，改善林分结构，增强水源涵养和水土保持功能，同时，对无立木林地、宜林地、疏林地、灌木林地等实施人工造林或封山育林；对中幼林进行抚育，5年内完成中幼林抚育65万亩，促进林木生长，提高森林质量，继续实施商品林5年限伐，对以生产木材为目的经营性商品林采伐暂停下达采伐指标，让森林休养生息。

二是实施生物多样性保护工程。依托我县森林生态系统、湿地生态系统以及生物多样性的资源优势，以就地保护为主、迁地保护为补充，构建以自然保护区为核心，湿地公园、森林公园等为辐射的生物多样性保护网络。5年内将湘江源县级自然保护区上升为省级保护区，同时，建立南方红豆杉、突托腊梅等珍稀野生植物保护小区；除完善会昌山省级森林公园的基础设施、开展植树造林改善林相外，积极申报增坑省级森林公园；全面完成会昌湘江国家级湿地公园建设项目，2017年申请通过国家验收正式授牌。同时，申报建立会昌贡江、会昌澄江（西江河）2个省级湿地公园，完成总体规划及初期建设工作。

三是实施生态廊道建设工程。重点实施创建省级森林城市，按照“一环四带，五片六节点”的总体布局进行实施（一环：是指环城绿带，即自然山体、森林公园、生态林地、农田共同形成的中心城区外围绿地。四带：四条滨水绿化带，沿会昌三江和两条滞洪通廊的绿化景观休闲带。五片：结合会昌山等自然山体形成会昌山公园、增坑公园、湘江公园、绵江公园及九州公园等五个大型郊野公园。六节点：根据居住人口和现状绿地景观资源分布，规划了六个城市公园，包括塔丰公园、月亮湾公园、学苑公园、文武坝公园、林岗公园、古城墙公园）；继续实施百里湘江绿色生态长廊绿道建设，抓好县城至麻州段绿道绿化；进一步提升高速公路、国省道公路、县乡道等绿化水平，打造精品工程。

2. 突出绿色产业发展，促进生态经济增长

打造木材储备基地、油茶示范基地、丰产毛竹基地、苗木花卉基地、林下种养基地等5大绿色产业基地建设。一是新建国家木材战略储备生产基地50万亩，其中杉木20万亩，湿地松20万亩，杉松混交10万亩；二是培育建设毛竹丰产林，改造毛竹低产林12.5万亩，新植毛竹2.5万亩，修建生产和生活所需、道路、房屋、灌溉等设施；三是新植良种油茶示范基地5万亩；四是大力发展以珍稀、乡土树种为主的苗木花卉产业，积极扶持湿加松优良品种苗木培育；五是综合开发林区非木质资源，因地制宜地发展经济林、中药材、森林食品、野生动物驯养繁殖等新兴产业；加大森林生态旅游资源的

开发力度，把生态旅游列入全县的总体规划，开辟以汉仙岩风景区会昌山森林公园、车心温泉为主的森林生态旅游线路。

3. 深化林业改革

一是深化林业产权制度配套改革，巩固林改成果。完善林权抵押贷款、森林保险政策，组建森林资产评估、林权抵押贷款担保等中介服务机构，充分调动林农发展林业的积极性；加快推进林木采伐改革，进一步简化林木采伐审批程序。

二是创新林权流转方式。为了做大做强林业产业，形成规模经营，在传统林权流转的基础上采取山林入股、合作等方式流转林权，同时探索公益林林地承包流转的方式发展林下种养、森林旅游等林下经济，走出了一条具有我县特色的林业发展路子，成为现代林业发展新活力。

三是进一步深化国有林场改革。为了充分发挥国有林业资源优势，盘活国有林业资源，加快林业产业化进程，实现林业经济效益和生态效益最大化，我县准备以原6个国有林场16万亩商品林林地林木及其他相关房产、土地等为资产组建林业投资公司，采取引进投资者进行合作或通过林地林木资产抵押进行融资等方式进行经营。

“绿色崛起” 全力打造美丽生态南康

江西省赣州市南康区林业局 曹五生

改善民生、保护生态是近年来全社会共同关注的两大重点、热点问题，其背后是社会建设与生态文明建设问题。围绕我省“绿色崛起”的目标和赣州市构筑生态屏障发展理念，赣州市南康区林业局深入贯彻南康区委一届一次全体（扩大）会议精神，按照区委、区政府“加快融入主城区、提速提质促发展、千方百计惠民生、真抓实干兴南康”的思路，充分发挥林业在优化生态、美化环境、促进经济的积极作用，立足转变发展方式，以林业政策推动林业项目发展，努力打造美丽生态南康，加快实现“同城发展、富民强区”。

一、“绿色崛起”，打造美丽生态南康

坚持把“生态立林、改革活林”作为林业发展的永恒主题，促进林业生态功能、经济功能和社会文化功能的充分显现。

坚持把“同城发展、富民强区”作为林业发展的有利契机，充分调动发展林业的积极性和激发林业的内在活力，打造民生林业。

坚持把“政策助推，产业扶持”作为林业发展的根本动力，通过因势利导和创新理念指导林业实践，挖掘林业产业发展潜力。

围绕我省“绿色崛起”的目标和赣州市构筑生态屏障发展理念，赣州市南康区林业局按照区委、区政府“加快融入主城区、提速提质促发展、千方百计惠民生、真抓实干兴南康”的思路，确定“123”林业统筹发展工作思路，即围绕一个主题、突出两个重点、打造三项主导产业。（一个主题是生态崛起，让林业走进千家万户；两个重点是扶持家具产业发展、创建森林城市；三项主导产业是花卉、油茶、森林生态旅游）。

南康区全区国土面积260多万亩，林地面积160多万亩，活立木蓄积量2113470m^3。该区力争经过三年的努力，到2017年基本实现林种结构合理、林分质量优良、林地产出高效、林业产业发达的高效生态林业目标。森林覆盖率达到62.32%，森林蓄积量达到260万m^3以上，年完成造林1.5万亩、森林抚育经营（含低效林改造）1万亩、苗木花卉经营面积0.5万亩、特色

经济林新发展0.5万亩、林下经济经营面积达到50万亩，全民义务植树600万株，建设森林防火阻隔带3000km，2015年建成省级森林城市，逐步形成以生态保护、服务全局、产业带动、林农增收的林业发展格局。

二、生态崛起，让林业走进千家万户

保护生态、改善民生是林业转型升级的最基本、最重要、最核心的任务和职责。既要把改善民生作为林业工作的出发点和落脚点，让人民群众充分享受林业建设成果，也要让绿色发展的理念深入人心，激发广大人民群众投身林业生态建设的热情。

为加强生态建设，力促森林生态城市全面崛起。南康区严格按照省级森林城市建设指标要求，通过规范化运作、高标准打造，切实提升城市品位，让森林走进城市，让城市拥抱森林。该区力争2014年年底完成创建申报，2015年年底建成省级森林城市。

南康区编制了《南康区创建省级森林城市总体规划》，将打造南山枫树林景区。南山省级森林公园8050亩，分年度对园内观赏价值极低的马尾松纯林区进行林相改造，种植以枫树为主要树种的阔叶“红色”景区。此外，打造蓉江河花木示范带项目，在蓉江大桥至浮石乡浮石大桥河段两侧高标准打造绿色休闲长廊，主要种植以桃花、桂花、梨花、枫树为主的观赏树种，形成十公里赏花长廊。让南康的人民群众切实得到生态呼吸与观赏，体验到“远看洛阳、近看南康”的情景。

积极推进湿地公园建设。坚持“保护优先、科学修复、合理利用，可持续发展”的原则，加大对南康蓉江河省级湿地公园基础设施建设和生态资源保护力度，确保试点验收合格。

三、政策推动，打造家具产业千亿集群

加大进境木材的监管力度。实行在服务中监管，在监管中服务。随着南康进境木材检验检疫监管区和江西鱼珠木材市场项目的建成，进一步拓宽南康家具原材料的供应渠道，引导更多企业使用各种进口木材，提升产品质量和档次。

着力规范家具企业的管理。引导家具企业进入工业园区，集约用地，规范管理。依托利用国家林业局产业扶持项目政策，推动和完善运行机制，用活国家、省、市对南康家具的扶持政策；进一步简化木材运输办证环节，严

格木材运输证核发管理，提高办证效率和服务质量。

划定林地和生态保护红线。林地是森林赖以存在的基础，保护林地尤为重要。严格执行林地保护利用规划，严格执行林地征占用总量控制和林地用途管制制度，严禁毁林开垦和乱占滥用林地。

壮大林产品加工产业。坚持扶优扶强，重点发展和培育高科技、高附加值、低消耗资源的林产品、林副产品精深加工产业，延长产业链。实施家具品牌战略，做大做强南康家具产业，打造千亿家具产业集群。

大力开展林业科技帮扶。加强与江西环境工程学院的战略合作，定向培育一批家具设计、制作能力强的专业人才，服务南康家具企业。

赣州市南康区林业局以保护和合理利用森林资源为目的，规范引导家具产业逐步走向布局合理、合法经营加工，促进家具产业有序健康发展，加快打造全国一流家具市场和千亿元家具产业集群。

四、融入民生，全方位推动生态建设

林业是生态建设的主体，承担着保护森林、湿地、荒漠三大生态系统和维护生物多样性的重要任务，是生态文明建设的关键领域、生态产品生产的主要阵地和美丽中国建设的核心元素。

林业不仅有生态功能的公益性，又是绿色经济的宝库，还担负着重要的民生意义。赣州市南康区林业局围绕发展目标，着力优化产业结构，构建现代林业产业体系。

打造油茶高产精品示范区。坚持因地制宜、科学规划，重点布局全区最适宜发展油茶产业的北部六乡（镇）和赤土畲族乡。引领改造提升林业传统产业，提高质量效益，加大资金扶持力度，重点扶持油茶高产精品示范区建设。

开发森林生态旅游。大力发展大山脑森林旅游，充分利用大山脑林场原始森林、传奇故事、风土人情、生物多样性等资源，积极开发森林的文化、游憩等功能，依托大山脑省级森林公园建设，精心打造一个水上乐园和一个大型野生植物园。

同时，扩大南康蓉江河省级湿地公园范围，将湿地公园延伸至浮石乡青云村和三江乡东红村，新规划总面积 1302.9hm^2，其中：湿地面积 818.6hm^2，占规划面积的 62.8%，力创南康蓉江河国家级湿地公园，2014 年完成编制规划并申报，2015 年完成创建。

强化生态文明建设　打造秀美山川

山东省栖霞市林业局　王竹岚

栖霞市为典型的低山丘陵区，峰峦起伏，地势较高，素有“胶东屋脊”之称，总面积2016km²，山丘面积1587km²，占土地总面积的78.7%，林业用地面积达到200.5万亩，有林地面积193万亩，其中防护林71万亩（包括国家级公益林48.5万亩，省级公益林7.32万亩），经济林122万亩，截至2013年年底，全市森林覆盖率达到64.2%，在烟台市、山东省均名列前茅，是国家级生态示范市。

栖霞市境内为烟台市及周边县市区水源的发源地，生态地位十分重要，为切实做好林业生态建设，自2008年开始，栖霞市在林业方面通过狠抓森林资源保护和生态林业建设两方面工作，使林业生态建设取得了一定的成绩。从2008年到2013年，六年来共完成荒山造林16.25万亩，退耕还林2.2万亩，造林投入达1.9亿元。围绕林业生态建设重点做好以下几方面工作：

一、加大森林资源保护力度

将全市所有的70万亩生态公益林全部划为死封区，实行严格的封山育林，同时强化护林队伍建设，目前全市市镇两级护林队伍达到800多人，均配备了护林防火专用车辆和专业器械，护林人员重点负责辖区内的护林和防火巡逻巡查，杜绝乱砍滥伐和各类火灾隐患，对各类涉林违法犯罪案件做到发现一起，查处一起，达到了处罚一案，教育一方的目的。

二、积极实施荒山造林工作

根据山东省、烟台市大造林、水系造林实施意见和《烟台市政府关于门楼水库饮用水源地保护规划及实施意见的通知》，认真组织，积极实施荒山造林工作。近六年，栖霞市累计投资1.6亿元，完成了荒山疏林地造林16.25万亩。为确保造林工作成效，栖霞市规划打造了许多重点造林现场。

一是完成了长春湖水源涵养区域重点造林现场。2011年在长春湖环湖区总投入2500万元，完成了造林绿化面积3000亩。工程包括苗木栽植、打造景观小品、裸露山体治理等一系列绿化工程。其中部分裸露山体治理，采用风钻打眼挖穴、运送客土、喷播栽植等造林方式，施工难度极大。

二是打造完成了白洋河水源涵养造林绿化工程。白洋河水源涵养造林绿化工程，规划造林面积5000亩，工程总投资4000多万元。工程包括白洋河源头的翠屏河、汶水河、小清河河道治理绿化，白洋河中下游的河道、胶东输水干线沿途绿化以及寨里河上游郭家店3000亩的荒山绿化工程。工程上游以建设景观小品、栽植景观树木为主；白洋河中游栽植50m宽的柳树、法桐、雪松、连翘等花木绿化带，打造松山工业园区绿色长廊；下游结合胶东输水干线绿化，以栽植柳树和草坪为主，郭家店荒山造林工程，以栽植黑松、侧柏、刺槐为主。

三是建设臧家庄茂龙山水源涵养区造林工程。规划1万亩的造林现场，2009年投资660万元，完成了一期5500亩造林工程，栽植黑松，侧柏、华山松，香花槐、火炬树等绿化苗木100多万株，整修环山路28华里，完成留苗养树20万株。2010年投资600万元，完成第二期5000亩扫尾造林工程。第二期工程整修环山道路和防火通道20华里，栽植黑松、侧柏等苗木100余万株，完成留苗养树10万株。在烟台林业观摩检查及各级领导的视察中，臧家庄茂龙山现场，得到了检查视察人员的一致好评，并被评为2009年度烟台十大亮点工程一等奖。

四是完成了桃村镇水源涵养区造林绿化工作。投资500多万元，完成了桃村镇南涝都村、石剑铺村水源地造林绿化工作，完成造林1200亩。

三、努力推进退耕还林工程

自2008年以来，栖霞市投资3300万元，先后在翠屏街道办事处南山、行政中心南山、长春湖西岸观东村西山、臧家庄镇小河潘家南山、桃村镇南涝都等区域分别进行了退耕还林，面积达2.2万亩（不包括群众栽种经济林），栽植了杨树、黑松、香花槐、侧柏等各类苗木500多万株，对烟台市水源地的保护起到了一定的作用。在2014年度，又在烟台市水源地汇水区上游的八个乡镇，规划退耕还林项目0.98万亩，计划用三年全部完成。同时打造了几处重点造林现场：一是松山街道铺子夼村造林绿化现场，以荒山造林为主，主要栽植黑松容器苗和麻栎混交林，完成造林面积1500亩；二是亭口京甲村造林绿化现场，以退耕还林为主，主要栽植黑松容器苗，完成造林面积800亩。三是寺口、西城造林绿化现场，位于西城十里堡和寺口东孟家沟，主要栽植黑松容器苗、刺槐等绿化苗木，完成造林面积1000亩。

四、强化绿化示范村镇建设，大力提升全市新农村绿化的档次和水平

在加快山区造林绿化工作的同时，栖霞还把村镇绿化和四旁植树纳入社会主义新农村建设总体规划，按照“农田林网化、道路林荫化、庭院花果化”以及“生产发展、生活宽裕、生态优美、乡风文明、村容整洁、管理民主”的要求，大力开展创建造林绿化“示范村镇”活动，结合生态文明示范村建设，将造林绿化取得成效的小康明星村、小康示范村、小康文明村纳入造林绿化“示范村镇”建设。狠抓了四个加强：一是加强农村学校、幼儿园、医务室、文化大院等公共场所的绿化美化；二是加强庭院绿化工作；三是加强乡村道路绿化，全市绿化乡村公路200多km，不但栽植高大乔木，还栽植大量常绿树和花卉；四是加强城镇郊区和城乡结合部绿化美化。城区近郊视野范围内荒山、疏林地得到了绿化，村庄、道路得到了绿化和美化，使我市的村镇绿化水平不断提高，2008年桃村镇国路夼村获得了“全国绿色小康村”称号，桃村镇获得了“绿化示范镇”称号，亭口镇杏家庄等18个村获得了省级“绿化示范村”称号，开发区朱家村等24个村获得市级“绿化示范村”，桃村镇国路夼村常建富等3人获得了“全国绿色小康户”称号，臧家庄镇东林村的柳放光等2人获得了“山东省绿色小康户”称号。2009年我市杨础镇邢家庄等7个村被评为山东省2009年度绿化示范村，臧家庄镇被烟台市2009年度绿化示范镇，辇头村、口子村等23个村被评为烟台市2009年绿化示范村，可以讲，大造林工程建设对于提升居民生活品质，提升对外形象发挥了重要作用，社会反响良好。

在造林绿化工作中，栖霞主要采取了以下做法：

一是制定大造林考核奖励政策，促进大造林工作的快速有效推进。为了强化责任和项目质量管理，市委、市政府专门研究制定下发了全市造林绿化考核办法。考核内容包括植树造林、村镇绿化、封山育林和留苗养树、护林防火四个方面，考核采用百分制计分，以定量指标考核为主，兼顾定性指标，同时市政府与各镇（街道、开发区）签订了造林绿化工作责任状，成立了由市委考核办、林业局、财政局等相关部门工作人员组成的专门督查考核组，对各镇（街道、开发区）的造林工作进行专项督查，发现问题，限期整改，确保工程顺利开展。同时，严格按照《造林绿化工作考核办法》，对各镇（街道、开发区）的造林任务完成情况进行考核，并将考核情况纳入到年终岗位责任制考核中，对措施得力，任务完成好的镇（街道、开发区）和部门通报

表彰，年度由市委、市政府评出“全市造林绿化先进单位”和“全市造林绿化先进个人”，对因态度消极、组织措施不力，未完成年度造林任务或造林质量差的通报批评并向市政府写出责任报告。

二是创新思维，组织多种形式搞活工程造林。为了保证造林绿化效果，全市因地制宜，推行义务植树和专业队造林结合、生态林与经济林发展相结合的模式，解决植树造林综合效益。一是发动广大机关干部、教师、农村两委成员、党员、学生等进行义务植树。每年春季和雨季，栖霞市以机关企业单位为主，组织二次较大规模的义务植树活动。自2013年开始，栖霞市委市政府在全市开展“每人栽植五棵树，建设美丽新栖霞”的活动。在4月份每周未免费向广大群众发放树苗，累计发放树苗20万多株。获得了社会各界的好评。二是组织专业队造林。像臧家庄镇、西城镇、翠屏街道等乡镇对于造林重点和难点，采用了专业队造林，臧家庄镇还采取了供苗户负责直接造林，成活后再按数量结算的方法，较好地解决了供苗质量和栽植质量相统一的问题。三是鼓励社会资金参与造林。政府部门积极协调，鼓励社会资金参与荒山开发。松山镇吸引林业大户，进行山区综合开发，一期工程完成1400多亩，杨础镇积极协调农户，联合发展茶叶、核桃等经济林，现已初步形成规模。

三是大力开展了留苗养树和种子直播造林工作。留苗养树省工省力见效快，种子直播，是解决远山高山和立地条件差山地造林的有效方法，近年来栖霞在全市进行留苗养树一万多亩，推广完成种子直播造林3.1万亩。

五、存在的问题与今后打算

栖霞市虽然在造林绿化工作中取得了一些成绩，但是仍然存在许多问题与不足。一个是绿化标准不高，由于受财力所限，栖霞绿化采用的苗木标准较低。二是在退耕还林方面有较大差距。栖霞经济林面积较大，现存的耕地面积较少，农民收入的90%来源于苹果，苹果已经成为栖霞市的支柱产业。退耕还林后，对农民的收入影响很大，涉及群众自身的经济利益，群众对退耕还林抵触情绪大，故退耕还林难度很大，这项工作进展缓慢。

下一阶段根据烟台市建设森林城市美丽烟台的造林规划，在未来三年，栖霞市需要对沈海高速路、烟青公路，城区周边、主要河流水源涵养区区域的3万多亩荒山疏林地，进行造林绿化以及完善提高。一是对主要干线公路进行高标准绿化，增加常绿苗木、观赏果树及彩色树种，打造树种多样、色彩丰富、三季在花、四季常青的生态景观通道；第二是城市周边山体绿化，要实行乔、灌、草、花立体绿化，通过建设城效休闲公园和广场绿地，提升村镇绿化水瘟，改善城区周边绿化水平，提升绿化档次。三是完成水源涵养区的防护能力和景观效果。加大优良乡土树种、高附加值树种、景观果树的栽植，实行针阔树种、乔灌树种的合理搭配，突出生态防护，兼顾美化景观。由于采用的苗木规格大，标准高，整个投资规模将大幅提高，预计整个投入约2亿元左右。

生态优先　绿色发展
打造山东生态新高地

山东省泗水县林业局　夏理华

泗水县位于山东省中南部，地处泰沂山区，总面积 $1118km^2$，辖 13 个乡镇（街道）、1 个省级经济开发区、601 个行政村居，62.4 万人口。泗水是沂蒙革命老区县，也是山东省 23 个纯山区县之一，境内山区、平原、丘陵、河湖地貌齐全，山区面积占全县 67%，林业发展基础良好、空间充足。近年来，泗水县委、县政府高度重视生态林业建设，创新推动国土绿化、生态保护、林业经济健康协调发展，强力营造了全民“爱绿植绿护绿”的浓厚氛围，打造了一幅“山上松柏戴帽、山中果树缠腰、山下浓荫林茂”的生态画卷，在山东省生态高地、绿色崛起优势凸显。

一、科学决策　全力打造绿色生态泗水

作为纯山区县，良好的生态环境是泗水“最大的财富、最大的品牌、最大的优势”。2011 年泗水县委提出了“生态立县”的战略口号，动员全县上下围绕“生态优先、绿色发展”两大理念，充分发挥林业在生态文明建设中的主体作用，先后制定出台了《泗水县林业发展总体规划》、《泗水县生态建设规划》、《泗水县林业产业振兴规划》等一系列发展规划，建立了政府财政、社会企业投入等多渠道的造林绿化模式，大力开展了全民义务植树、党政主要领导绿化联系点、县直部门包保荒山绿化等示范工程建设，集中力量实施了中央造林补贴、世行贷款山东生态造林、长防林等重点项目，全县每年投入造林资金 1 亿元以上，造林面积以每年 5 万亩以上的速度推进。截至 2014 年年底，全县森林覆盖率达到 47.8%，位居全省前列、全市第一；全县林业总产值达到 50 亿元，全县负氧离子平均含量达到每立方厘米 1.5 万个，碳汇总值达 13 亿元以上；先后成功创建“全国绿化模范县”、“山东泉林国家森林公园”、“山东泗河源国家湿地公园”、“国家珍贵树种培育示范县”、“中国核桃之乡”、“国家级核桃示范基地”等荣誉，“中国元宝枫之乡”“全国林下经济示范基地”正在接受国家林业局评审，3 年创建 8 个国家级林业品牌；累计

建成55处省市级绿化模范单位（镇村）、27处省市级林业产业龙头企业、合作社示范社。

二、多措并举 全面提升造林绿化水平

荒山绿化梯次推进。按照“政府主导、统一规划、多元化投资”的原则，坚持封育造管并举，山水林田路综合治理，实行立体造林，全力营造高标准混交林，一治一个流域、一绿一面山坡，每年完成荒山绿化2万亩以上，全县宜林荒山绿化率达到96.8%。特别是2012年以来，全面推广实施了工程造林、集中供苗等有效举措，累计实施高标准荒山工程造林3万亩，栽植高规格黑松苗、侧柏苗等绿化苗木500余万株，发展元宝枫、文冠果、黄栌等能源林上山3000余亩，该项举措被省林业厅给予高度评价和推广，山东新闻连续两年进行了跟踪报道。同时，积极招商生态建设项目，先后建成万紫千红、西侯幽谷多处等以造林绿化、林业经济和生态旅游为一体的万亩生态林场。

镇村绿化连片集中。积极开展“创绿色家园，建富裕新村”活动，泗张镇、大黄沟乡被评为“山东省绿化模范乡镇”，全县乡镇驻地绿化覆盖率、行政村绿化覆盖率均达到40%以上。2014年，县绿化委制定出台了《泗水县美丽乡村绿化实施意见》，规划用3年的时间完成所有行政村居的绿化提升工程，现已完成以国省道、主要河流、桥梁沿线镇村为重点的200个绿化达标村建设，栽植各类绿化苗木36.1万余株，特别是投入260万元，高标准完成了26个省派第一书记村的招投标工程造林。2014年计划再完成203个市级美丽乡村和县级绿化达标村的绿化，加快构建城乡一体化绿化格局。

通道绿化亮点纷呈。把绿色通道建设作为展示泗水经济、环境和资源协调发展的“窗口工程”、“形象工程”来抓，累计建成高速公路、铁路、国省道、河流水系等各类绿色通道561.8km，打造了“人在绿中走、车在林中行”的绿化格局。特别是2012年，针对日兰高速公路泗水段两侧沟壑纵横、造林难度极大现状，创新造林机制，对该路段两侧土地进行了全部流转，实行工程造林，密植黑松容器大苗20多万株，彻底解决了公路建成12年来的绿化断档问题。2014年，我们又对244省道高峪镇段两侧土地进行了全部流转，建设能源林文冠果基地，进一步创新了绿色通道建设机制，景观效果明显提升。

平原绿化形成格局。把平原绿化作为拓宽造林空间、维护生态安全的重要方向，以泗河、济河等河流水库沿岸为重点，大力发展速生丰产林，推进平原镇村、通道绿化和林木种苗花卉基地、农田林网建设。截至2014年年底，全县用材林面积达到29.38万亩，建成高标准农田林网19.6万亩，繁育

各类林木种苗花卉1万余亩。

三、产业支撑　推进民生林业高效发展

大力发展生物质能源林产业。泗水县生物质能源林资源丰富，栽植历史悠久，全县现有元宝枫、文冠果、黄连木等生物资能源林1万多亩，山东泉林国家森林公园凤仙山景区有鲁中南山区最大的一片元宝枫天然次生林，2014年被国家林业局评为“国家珍贵树种培育示范县”，“中国元宝枫之乡”也正在接受评审。为加快生物质能源林产业发展，县政府与北林大、南林大等科研院校开展产学研合作，制定出台《关于加强生物质能源林发展的意见》，规划5年建设10万亩能源林基地，2014年发展文冠果、元宝枫等6000余亩，山东新闻走基层栏目对此进行了专题报道。2015年，规划建设能源林基地1万亩以上，全力推进文冠果项目公司化运作，打造高标准示范推广基地；扶持永春堂等龙头企业开展能源林产品研发，建立元宝枫种质资源库，选育优良品种，填补国内空白；推进林业碳汇工作，发展绿色碳汇经济。

积极发展特色经济林产业。泗水是“中国核桃之乡”、“国家级核桃示范基地”、“山东省经济林产业示范县”，农民群众有长期经营经济林的传统和经验。近年来，县委、县政府立足打造鲁西南优质果品基地，制定出台《泗水县果业振兴规划》，积极实施现代农业产业发展核桃等项目，大力推进退耕还林，建成了以核桃、桃、苹果等为主的名特优新经济林基地10余处、21.55万亩，其中核桃面积达到10万亩，同时积极发展圣天香黄金梨、金圣源油杏、申尔黑莓等特色经济林基地，先后引进了等汇源、哇哈哈、康师傅等果品深加工企业，拉长了经济林产业链条，形成科学合理、特色鲜明、效益良好的经济林产业格局。济宁新闻直通县市区栏目进行了跟踪报道。同时，积极开展林果品牌创建活动，泗张、金庄等多个乡镇被评为“山东桃示范基地”、“山东香椿名镇”；香玲核桃、有机大桃、黄金梨等先后通过了国家林产品“三品一标”认证，多次在中国林产品交易会、国际果蔬食品展览会上斩获金奖等殊荣。

强力发展林下经济产业。近年来，泗水县依托丰富的林地资源，按照“企业＋农户＋合作社＋基地”的模式，鼓励林农兴办林业专业合作社、家庭林场等新型林业经济合作组织，积极发展“林药、林菌、林畜、林禽”等林下经济，全县建成各类林地复合经营示范基地15.8万亩，总产值达到7.35亿元。其中，永春堂公司元宝枫基地发展林下丹参，带动当地农民亩增收6000多元，整个基地中药材总收入近亿元；钰盛发展有限公司林下养殖梅花

鹿，研发“鹿行天下”系列保健产品，被评为省级林业产业化龙头企业；田尔公司流转土地4500亩建设黑莓基地，林下套种草莓、毛豆、西兰花等农产品，年达收入2300多万元，林下经济已成为泗水农民增收致富的新渠道。国家林业局也正在对我县申报的“全国林下经济示范基地”进行评审。

四、强化管护 巩固扩大生态建设成果

为巩固造林绿化成果，泗水县不断健全完善林木资源保护管理体系，调整充实了县绿化委员会成员，落实了委员会办公室机构编制；建立了林业综合行政执法大队，成立了千余人的县乡村三级护林员队伍，形成了横到边、纵到底的林木管护网络；制定出台《泗水县公益林管理办法》，全县国家公益林全部明确了责任人，进行了挂牌保护。多年来，全县林区基础设施完善、管理秩序井然，林业行政执法、公益林管理、森林防火、林业有害生物防控等工作始终保持全省全市前列，连续多年被表彰为省市森林防火、林业有害生物防控工作先进单位，2013年被评为“山东省森林防火能力建设达标县”。下一步，泗水县将继续加强森林资源保护和利用，建立生态效益补偿机制，完善公益林管理办法，严格控制国家公益林、湿地占用，严守林地红线，切实保障全县生态建设成果。

独特的地理环境和厚重的历史文化，为泗水留下了众多宝贵的林木资源。近年来，泗水县先后开展了古树名木、林木种质资源调查活动，建立了种质资源库，据调查，全县共有各类林木植物131科472属758种，其中有榔榆、山胡椒等珍稀濒危树种7种，银杏、板栗、黄连木等古树名木17科23属27种，2014年中央电视台国际频道《中国古树》栏目，对山东泉林国家森林公园安山寺景区的“孔子手植银杏树”进行了专题报道，得到了社会各界的广泛关注和一致好评。2015年，泗水县将继续开展森林资源普查和林木病害资源调查，为巩固推进全县林业改革发展提供科学依据。

五、持续推进 打造山东生态新高地

下一步，泗水县将继续坚持“生态立县”战略，大搞造林绿化，实现县域荒山基本绿化，主要道路、水系全面绿化，城乡生态环境大幅改善，森林覆盖率达到并稳定在50%以上。一个田野林果化、水系生态化、道路林荫化、城区公园化、乡村园林化和建设布局合理、生物多样、景观优美、特色鲜明、功能齐全的城乡绿化体系，将在泗水彰显得淋漓尽致！

保护森林资源
强力推进平原林业生态建设

河南省开封县林业局　王振标

开封县地处豫东腹地，是一个典型的农业大县，历史上由于黄河的多次泛滥与改道，形成了大面积的沙丘、沙岗和沙化耕地。90 年代初，由于土地调整、取土卖沙等诸多原因，全县的森林资源惨遭破坏。森林资源锐减，生态遭到破坏，人们不同程度的受到各种自然灾害的惩罚，也使人们认识到了破坏森林资源带来的严重后果，发展林业，改善生态环境迫在眉睫。

为此，开封县农林局立足实际，在争取到上级部门资金扶持后，在全县掀起了大规模的植树造林活动，先后实施了“军民共建沙地综合治理、八荒拍卖、退耕还林、淮防林、防沙治沙、通道绿化、环开封市大环境绿化、开封市水土保持林、生态县建设、高速公路绿化提升”等工程造成项目。自 1998 年至今，全县人工造林 16 万亩，林林覆被率由当年的 8.6%，上升为现在的 18.1%。

一、造管结合，生态建设见成效

跨入新世纪，我国已进入全面建设小康社会，加快推进社会主义现代化的发展新阶段，努力开创生产发展、生活富裕和生态良好的文明发展道路，在促进林业发展的过程中，我县形成了“一把手抓”抓“一把手”的浓厚氛围。造林工作一把手亲自抓，分管领导具体抓，其他领导协同抓，相关单位积极配合的综合治理措施。并在县委、县政府的领导下成立植树造林指挥部和资源管护领导小组，各乡镇责令成立相应机构，为造林工作的有序推进提供强有力的组织保障，切实的把造林、管护贯彻到林业工作中去。

1. 抓好森林病虫害防治工作，密切监测林木的长势及动态。发现病虫害及非正常现象立即上报，并请有关技术部门进行技术检测验证，从而预防森林病虫害的发生。林木病虫害是森林三大灾害之一，被称做“无烟的森林火灾”，是林业生产的大敌，森防部门必须定期进行森林病虫害调查，不断提高测报管理水平，根据我县森林资源分布情况和监测任务，绘制“开封县林木病虫害分布、防治示意图”及“开封县森林病虫害中心测报点分布图”，经过多年的监测，开封县至今未发生过森林病虫害。

2. 在森林资源管理工作中，坚持严管林的要求管护森林资源。多年来，开封县不断加强林政管理，按照“严管林”的要求，广泛深入宣传《森林法》、《森林法实施条例》、《河南省实施森林法办法》、《野生动物保护法》等相关的法律法规，提高全民的法制观念，依法治林，严格执法，积极开展法律知识的普及和业务技能、专业技术培训，不断提高执法队伍及护林人员的整体素质和执法水平，全力提高全县广大干群的护林、造林积极性，使他们真正树立“护林造林、功在当代、利在千秋”的思想，形成全社会自觉保护森林资源、美化绿化环境的强大舆论氛围。严禁以牺牲森林资源为代价，换取一时经济利益的短期行为。狠抓森林资源林政管理，坚持对森林资源限额管理、限额采伐制度，同时森林公安要加大对林业案件的查处力度，依法严厉打击破坏森林资源的违法犯罪活动，做到案发一起，查处一起，作警示宣传，切实的保护造林成果。

3. 正确处理“农、林、水”三部门的关系。从重要性来看，农、林、水三部门的排序应该是“林、水、农”，没有林业和水利的发展，农业是没有基础的，在开封县特别是沙区乡镇，广大群众自觉造林的积极性空前高涨，全县原有68万亩沙化耕地，每年亩产粮食300～400斤，最高的达到500斤，2002～2003年全县沙区累计退耕还林8.5万亩，现在的亩产却增加到了800～1000斤，不但农业没有减产，反而增产不少，分析原因：一是林业改善了沙区的生态环境，充分的起到了防风固沙、保护农田、调节气候的作用；二是努力推广新的农业科技成果；三是农民自愿增加了对耕地的投入，正是在这样现实的指导下，现如今，农民中的许多人，在建设几十亩到上百亩的速生丰产林及绿化苗木基地，这是农民的自觉行动，他们最会算账，知道造林是绿色银行，将来的回报会相当丰厚。把广大农民的积极性调动起来，我们的绿化事业的成功，还会有克服不了的困难吗？

一份耕耘就有一份收获，一份付出就有一份回报。2000年，开封县农林局被国家林业局授予“全国营造林先进单位”；开封县森防站被国家林业局命名为“全国森林病虫害植物检疫标准站”；2001年，开封县人民政府被全国绿委授予“全国防沙治沙先进单位”；2002年，被国家林业局授予“全国防沙治沙先进县”；2002年开封县被省委、省政府授予“全省绿化十佳县”；自1998年以来，开封县军民共建万亩沙地综合治理工程被林业厅评为“林业精品工程”；2001年集科研与生产为一体的组培育苗中心建成2000m^2的自动化高档连栋温棚，当年实现销售产值150万元，成为豫东地区农林科技的龙头；2002年开封县被省林业厅确定为“省级森林病虫害中心测报点”；2008年开封县农林局被省人民政府、省人社厅、省林业厅评为“森林资源清查先进集体”；2013年开封县农林局被河南省林业厅评为“全省科教兴林先进集体”。

当然，开封县林业发展中也存在森林资源总量不足、树种单一、森林资源保护管理压力大，林业发展资金投入不足等问题，要解决这些问题应坚持以下原则：

加强森林资源管理，加大林政执法力度，改善生态状况。

大力营造混交林，发挥多种防护效益。

坚持发展与保护并重，保护好现有的森林植被，实行“边建设边管理”，使各项林业生态建设工程长期发挥效益。

坚持生态建设与产业开发相结合，与农民增收相结合，与地方经济相结合，进而使生态得到保护，经济得到发展，农民收入增加。

坚持依靠群众，广泛动员社会力量共同参与，建立多元化的投入机制，形成多种所有制的营林机制，促进林业生态产业快速发展。

二、加强引导，强力推进非公有制林业的快速发展

所谓“非公有制林业”，就是建立在土地属于国家所有和集体所有的基础上，由个体私营或非政府社团组织等利用森林和林木依法获取收益，并依法自主处分其经营的森林和林木资产的经济成分，它是除国有和集体两种公有制林业以外的所有林业经营形式，其实质就是“私有林业”。

近年来，开封县非公有制林业发展迅猛，已经成为我县林业建设的一支主力军，私有企业主投资造林、林产品加工、育苗、林下种植、养殖的方兴未艾，充分发挥了林业的“三大效益”，收到了很好的社会效果，为加快造林绿化和林业发展步伐、实现林业跨越式发展注入了新的活动，产生了积极的影响，也积累了不少宝贵经验，但具体到为什么要加快非公有制林业的发展，应从以下几方面分析。

发展非公有制林业、发挥林业“三大效益”。由于非公有制林业使所有权、使用权、经营权相分离，明析了责、权、利，从根本上解决了长期以来林业建设中存在的投资、造林、效益主体不清的问题，使经营者知道“为什么造林、为谁造林、造什么林”，因此这些经营者非常关注造林成果，投入的资金和劳力远远大于传统林业，管理也更精心，通过科学经营，产值效益成倍增长，发展非公有制林业，能明显提高造林质量和效益，促进林业由粗放

经营向集约经营转变。

发展非公有制林业，缓解林业投资不足。非公有制林业的发展，激活了林业经营体制，进一步明晰责、权、利的关系，调整了造林绿化的投资结构，激发了社会各界投资林业建设的积极性，把社会上的闲散资金吸引到林业建设上来，使社会各界以资金、土地、种苗、劳力、技术等要素积极参与林业开展，增强了林业发展的活力。

发展非公有制林业，提高林地生产力。我县现有林业用地面积22.6万亩，相当一部分国有和私有林地因经营不善，生产力低下、林相不整，形成了低效残次林，或被荒芜、闲置、由于非公有制林业的发展直接与经营者的利益挂钩，造林和管护的积极性高，能有效的增加森林资源，在一定程度上改善生态环境，发展非公有制林业，促进林地资源的合理流动和优化配置，实现资源和生产力的有机结合，有利于提高林地生产力。

发展非公有制林业，促进科技创新与进步。由于非公有制林业的责、权、利明晰，经营者有很多企业、公司、社会团体、个体老板等参与，资金雄厚，为了提高经营效益，更加注重林业科技投资，积极与科研、教学单位建立科技协作依托关系，大力引进和推广新品种、新技术，增加了林业的科技含量，可有效的提高林业生产率，促进科技创新与进步。

当然，我县的非公有制林业企业自身也存在一定的问题，在思想上小进则满，小富即安；对国家政策缺乏信心，“先捞一把，见好就收”作祟，安于作坊式加工、生产技术落后、装备水平低下、家庭式管理现状，一定程度上制约着非公有制林业经济发展，要解决这些问题应坚持以下原则。

放宽政策，降低税费，充分调动群众积极性，使投资造林者真正得到实惠。

加快分类经营步伐，降低经营成本，提高经营效率。

改革采伐限额制度，由经营者按照森林经营方案灵活调配使用，但5年的总采伐限额不得突破。

明晰产权，创新机制，解决经营者的后期资金缺乏问题，促进非公有制林业的可持续发展。

加强引导，搞好服务：一是认真做好调查规划设计工作，帮助经营者搞好技术服务；二是稳定林权，颁发林权证；三是帮助经营者协调资金，加大政府资金扶持力度；四是提供法律政策服务，保护经营者的合法权益；五是简化各种审批程序，为非公有林经营者在林木采伐、销售运输、经营加工等方面提供高效服务。

三、专款专用，合理规划使用项目建设资金

开封县农林局设立了工程建设资金管理办公室，统一管理项目建设资金，按照《国债资金管理使用办法》、《项目实施方案》和《作业设计》要求，加强工程项目建设的监督检查，项目资金实行专户储存，专账管理、专款专用，项目建设单位和个人，按照项目建设实施方案和作业设计在完成工程建设任务后，持有关票据和资料，在农林局报账，并全部以转账和财政集中支付形式结算，杜绝现金支付、白条作账、挤占挪用等违纪违规现象发生。

加快推进城乡绿化
大力实施生态环境保护

湖北省武汉市黄陂区林业局　刘中义　刘惠东　雷以国

根据党的十八大报告把生态文明建设纳入中国特色社会主义事业“五位一体”总体布局要求，黄陂区近年来大力实施“生态立区”战略，积极开展植树造林绿化活动，成效显著，生态环境得到有效保护。自“十一五”以来，全区累计参加义务植树活动达到150万人次，建立义务植树点100余处，义务植树400万株。初步形成了以重点生态工程林为骨架、以绿色通道为网络、以城镇绿化和乡村绿化为依托、城乡协调发展的生态环境新格局。

一、全区林业生态基本情况和特点

全区现有林地面积104万亩、森林覆盖率34%，活立木蓄积320万 m^3，生态公益林46万亩。建有3个省级森林及野生动植物自然保护小区（素山寺自然保护小区、木兰湖白鹭自然保护小区、木兰山自然保护小区）、1个市级湿地保护小区（草湖），保护区总面积6万亩；另有2.4万余亩的1个国家级森林公园和8大森林旅游景区；全区实现绿色通道绿化覆盖率达87%、村庄林木绿化覆盖率达25%、农田林网绿化率达73%、宜林滩涂绿化率82%、水土流失生物治理率达95%以上、中心城区绿化覆盖率达35.4%、绿地率30.8%、人均公共绿地面积10.3m^2，已建成大武汉的北部生态屏障、绿色制氧车间、最大最好生态区域，有“武汉后花园”之美誉。

1. 生态环境明显改善。“十一五”以来，全区新增林地18万亩，森林覆盖率达到34.15%，比“十五”期末增长4个百分点。

2. 生态旅游持续发展。随着各项绿化工程的实施，使我区森林植被得到了恢复性增递，各种野生动植物资源得到有效保护，极大地促进了生态旅游业的快速发展，以947$km^2$5A级木兰生态旅游区为核心的系列生态旅游每年吸引国内外游客近千万人，创旅游综合年收入35亿元，5万农民直接或间接吃上旅游饭，并走上了致富路。黄陂区成功创建了木兰文化生态旅游区。黄陂是美丽中国十佳旅游区（县）、“全国休闲农业与乡村旅游示范区”、“中国最具活力的老区生态旅游示范区”。

3. 生态产品供给能力不断提升。近几年累计吸纳社会投资20亿元以上，带动了一大批特色林业深加工、精加工企业的快速发展，中排粮油集团、武汉鑫家乐实业公司、木兰湖绿岛茶业有限公司、优尼特茶业有限公司等一批林产品加工企业相继建成。涌现出木兰天香、独屋春然、红岗山、中排粮油等系列优质生态林产品。

4. 生态投入体系逐步完善。一是实施退耕还林工程。全区有退耕还林7.6万亩，发放退耕还林款2亿多元，有3万多农户直接从退耕还林中受益，户平增收600多元。二是新发展的高效经济林效益明显。对茶叶、油茶、花卉苗木产业均实行政策性补贴，已发展产业基地达20万亩，年产值突破10亿元。三是实施生态林保护政策。全区46万亩生态林，均享受国家、省、市、区生态补偿金补贴。四是构建护林防火体系。区、街每年投入1000多万元，用于森林防火体系建设。

二、当前林业生态建设工作情况

（一）大力开展植树造林，构建稳定森林生态系统

一是积极开展植树造林。每年组织区直各机关单位开展义务植树活动，各街乡镇分别安排义务植树点。2014年以来，全区累计参加植树达30万人次，义务植树总量100余万株。近几年，累计完成人工造林12万亩，全面完成了594个家园建设村绿化工作。二是全面巩固退耕还林成果。全区退耕还林面积保存率、合格面积保存率、成林率通过国家检查验收均达到100%。2014年以来，共完成退耕还林成果巩固投资588万元，改造基本口粮田3433亩，安装太阳能600台，生物质炉50台，营造茶叶1000亩，营造油茶3413亩，其他林木造林5114亩。三是着力抓好重点绿化工程。近几年累计完成基地育苗2000亩，完成四旁植树2000万株，中幼林抚育10万亩，义务植树400万株，城市森林工程景观改造2000亩。2013年完成森林抚育2万亩、封山育林2万亩、人工造林2.11万亩、荒山绿化2500亩、低产林改造6000亩、血防林造林2000亩。为助力国际园博会，我区全面加快推进张公堤城市森林公园绿化工程及川龙大道、巨龙大道、岱黄公路绿化改造升级、新十线、黄武线、刘大路、临空产业园等重点绿化工程建设，绿化总里程190km。通过建设绿色生态走廊，打造绿色生态网络，极大地提升了黄陂城市绿色生态形象。

（二）全面加强森林资源管理，维护生态环境和谐稳定

一是制定林地保护规划。2011 年，我区制定完成《黄陂区林地保护利用规划》。按照分区、分类、分级确定的原则，保障了林业重点工程、重点生态林、木材及林产品生产基地的林地需求的要求。2012 年，我区又制定了《黄陂区湿地保护发展规划》，2014 年，编制了《黄陂区林业生态示范区建设总体规划（2014～2016）》，对林业生态建设作了全面规划。以尊重自然、顺应自然、保护自然的生态文明理念为指导，加强湿地保护管理工作，确保湿地保护面积增加、湿地功能增强。二是加强生态公益林的管理。对全区 46 万亩生态林实行禁砍、禁伐、禁止流转占用，严格执行行政许可制度，按规定发放公益林补偿金，落实护林管理制度，强化护林员监管体制。三是大力开展宣传教育活动。利用电视、广播、拉横幅、贴标语、发放宣传资料等多种形式，大力宣传野生动植物保护的法律、法规。在黄陂电视台黄金时段播放电视宣传片，利用移动通信网络发送黄陂区野生动植物和湿地保护宣传短信 10 万条。专门在后湖湿地、府河湿地、草湖湿地树保护鸟类的大型宣传牌 5 处。四是着力加大管理执法力度。从源头上对乱捕滥猎、非法经营、运输野生动物和鸟类的违法行为要严厉打击，及时从严查处。加强餐馆、农贸市场及花鸟市场的检查、田间地头猎捕行为的巡查，严格审批野生动物经营许可证办理。依法严厉打击各类破坏森林资源的行为，集中开展了春季护绿、“绿盾2013”、“砺剑行动”等专项执法活动，2014 年以来，共查处各类森林案件 80 起，其中查处野生动物案件 9 起，打击处理违法犯罪人员 9 人，收缴了白鹭，麻鹭，黑水鸡，狗獾子，野兔，野鸭、青蛙等野生动物 3029（只），处罚 3.3 万元。五是加强对陆生野生动物疫源疫病监测。全区设立四个动物疫情测报点，专人值班，加强监测及时上报信息，确保我区陆生野生动物安全。六是稳步推进湿地及自然保护小区建设。筹集资金 100 余万，新征土地 600m^2，建成面积达到 1000m^2 的草湖湿地自然保护站，并逐步配套了办公设施和监测设备。对已建成素山寺森林公园、木兰湖鸟岛、木兰山林场三个省级自然保护小区全部纳入省、市两级生态公益林补偿范围，保护小区资源状况均得到较好保护。

（三）着力构建森林防火体系，确保森林资源安全

2014 年以来，我区森林防火总体形势平稳，共发生火警 17 起，一般性火灾 2 起，森林受灾面积 34 亩，无重特大火灾发生，没有发生人员及重大财产损失。与去年同期相比，森林火灾受发生率下降 300%，一般火警下降 65%，受灾面积下降 78%，成灾率控制在 0.3‰以内。一是加强组织领导，层层落

实工作责任制。区政府及重点林区街乡镇场都成立了防火指挥部，各防火责位单位由行政一把手担任指挥长，区、乡两级均制定了森林防火工作预案，建立了“四抓”工作责任机制，一级抓一级，层层签订工作责任状。二是加大宣传力度，不断提高全民防火意识。去冬今春以来，区电视台播放森林防火公益广告累计达到200天；各街乡镇场在主要路口新增固定防火宣传牌共120多块；在集镇拉宣传横幅120条；在林区村湾、路边刷写宣传标语5600条；印发《致学生家长一封信》10万封；张贴《黄陂区人民政府森林防火通告》1000张；在重点地段设检查哨卡10处，向过往的回乡人员发放宣传单1.2万张。2014年共查处火案10起，刑事拘留火案当事人4人，行政拘留2人，教育处罚4人，火灾案件查处率达到93%。区防火办还将典型案例制作成警示教育宣传片，在区电视台连续播放后，收到良好社会效果，农民随意野外用火旧习在逐年转变。三是强化工作措施，着力提高应急处置能力。目前，我区重点林区街乡镇场全部建立了半专业扑火队，队员总人数达到300多人。区政府每年按森林面积直补乡镇防火经费300多万元，新购进了进口风力灭火机150台，至目前我区进口风力灭火机总量已达到350台。建立村级扑火突击队（5~7人），配置2台以上灭火机具，并把村级扑火突击队建设工作纳入村级年终目标考核。村级扑火队建立后能做到在第一时间到达火场，极其有效地阻止了火势蔓延，避免了火情升级。四是加大资金投入，夯实防火基础。每年全区各级政府、部门投入的森林防火专项经费近1000万元，新建7个电子监控塔，使我区室外电子监控塔达到12个，将进一步提高我区森林火警电子监测覆盖率。两年来，已投入2500万元资金为林区修建防火通道180km，将村与村、山与山之间断头路联通，大大提高了扑火队伍快速反应能力。

三、主要工作作法

（一）实施三大项目，打造生态山水名片

区委、区政府高度重视林业生态建设工作，全面加强生态林区、自然保护区、湿地保护区三大建设项目。把山水资源和生态文化建设相结合，发展森林旅游，强力推进旅游强区建设。区政府每年拿出一定资金，用作素山寺自然保护区、木兰山国家森林公园、木兰湖白鹭自然保护小区、草湖湿地保护区等生态区的建设和管理，积极打造山水名片，为发展森林生态休闲旅游业奠定了基础。

（二）推进三大工程，构筑林业生态屏障

一是巩固退耕还林成果。落实补植和保育措施，加强退耕还林后续产业巩固，切实保护退耕还林成果。二是实施生态林保护工程。科学制定生态林保护实施方案，严格执行生态林保护政策，全面加强森林抚育，做好低产林改造。三是推进造林绿化工程。积极争取国家长防林、血防林、低产林工程，大力推进城乡一体绿化工程。开展景区、城乡道路、村湾、城区、房前屋后，路边河旁绿化。让森林进城、上路、入村、到户，逐步形成城区园林化、道路林荫化、农田林网化、庭院花园化的城乡绿化一体的现代生态系统，实现城乡绿色全覆盖。

（三）抓好三个保护，维护森林生态安全

一是突出抓好林地保护。编制完善了《黄陂区林地保护利用规划》，严格林地征占用审批及林地用途管制，坚决杜绝林地非法流失。二是重点加强林木保护。坚持和完善林木采伐审批和限额控制，坚决实行木材加工许可，木材运输凭证制度，依法打击乱砍滥伐行为。三是着力做好野生动物保护。全区开展以“关爱野生动物，创建和谐环境”为主题的专项执法行动及“爱鸟月”活动，着力加强禁止猎捕、杀害国家、省级重点保护野生动物的执法力度，切实保护、拯救珍贵、濒危野生动物，依法开发和合理利用野生动物资源，规范野生动物的驯养和经营，切实保护林业生态资源。

（四）争取三大政策，夯实林业发展基础

一是全力争取林业重点工程项目政策支持。结合我区地域特点和旅游、林业产业等开发建设需要，积极争取国家、省、市林业重点工程项目，高标准、高质量完成碳汇林、血防林、“一江两山”、张公堤城市森林公园、川龙大道绿化等一批重点林业工程，累计投资3亿余元。二是着力争取产业扶持政策。茶叶、油茶、花卉苗木是我区确立的林业产业发展三大项目，近几年来，在区人大的大力支持下，把茶叶和花卉苗木绿色生态产业列为议案办理，区政府不断加强对茶叶、油茶和花卉苗木等生态产业扶持力度，累计投入资金2亿元，大力吸引了社会力量参与建设发展，增强了公司业主投入林业产业开发建设的积极性。三是努力争取生态公益林补偿政策支持。目前国家、省市公益林补偿资金已提高到10元、30元/亩。区委、区政府也正在落实区级公益林配套补偿机制，同时努力争取上级部门进一步加大对生态林的保护和建设力度，实现生态稳步发展。

四、制约当前林业生态建设发展的几个因素和建议

一是生态产业发展支持政策还不够完善。生态产业发展目前只有国家和省、市有相关补贴政策，其中油茶和花卉苗木扶持力度较低。建议加强政策扶持力度，研究出台区级对油茶和花卉苗木产业的配套扶持政策，切实推进绿色生态产业全面发展。

二是生态补偿标准过低。北部山区承担着全区生态环境保护和生态旅游的重任，但国家和省、市补贴仅亩平 10 元，距全国其他同级县区亩均 40 元，还有很大差距。建议进一步强化生态资源管理，完善公益生态林区级生态补偿机制，提高补偿标准。

三是护林防火资金未纳入区级财政预算。每年专门用于护林防火的工作经费，基本上是由各级政府自筹，区级财政支持一部分，没有纳入区级财政预算，对经费保障和工作开展带来一定制约。建议全面加强森林防火体系建设，增加财政投入，将防火经费纳入财政预算，确保工作开展，保障生态安全。

四是湿地资源保护力度不足。湿地被称为地球之肾，黄陂区现有湿地 2 万 hm^2，仅有草湖湿地纳入市级湿地保护范畴，面积 1000hm^2，占全区湿地总面积的 1/20。新洲、汉南、江夏等区均设立有湿地专门管理机构，黄陂区现在没有设置湿地管理专门机构。建议成立黄陂区湿地保护管理专门机构，明确工作职责，落实人员编制和工作经费，以进一步强化湿地保护职能。

五、下步工作安排

一是加强法制宣传。全面加强森林保护法律法规宣传。做好林区森林保护的法律法规的宣传工作，提高全民生态保护意识。

二是加强生态建设。全面加强植树造林和林业重点工程建设，加快推进张公堤城市森林公园、川龙大道、黄武线、新十线、临空产业园等重点工程绿化，并做好后期管护。

三是加强资源管理。加强执法力度，对破坏森林资源违法行为，予以严厉打击。规范审批程序，严格行政审批，合理开发利用林地资源。

四是加强生态修复。有步骤地开展生态修复工程，对全区破损山体进行统筹规划修复。对湿地资源进行修复，积极申报省级湿地自然保护区项目。

五是加强生态保护。进一步完善森林防火体系建设。加大投入，不断完

善防火机制和队伍建设，加强防火基础设施建设和科技防火投入，强化宣传，提高全民防火意识。加强湿地资源保护投入。

六是加强服务指导。科学制定林业发展规划，加强技术培训和服务指导，建设生态屏障，提供生态产品，打造生态家园，全面提升生态林业发展水平，服务生态文明建设。

紧扣四个“抓” 建设生态县

湖南省汝城县林业局 胡龙兴

汝城县位于湖南省东南部，湘、粤、赣三省交界处，辖19个乡镇309个行政村，总人口40万人，现有林地总面积为290.62万亩，占全县国土总面积的79.90%，森林面积为209.59万亩，森林覆盖率73.69%，活立木总蓄积量1009万m^3，有国家级和省级生态公益林地面积87.67万亩，2013年被评为全国绿化模范县。2012年来，汝城县委、县政府认真贯彻郴州市委、市政府《关于开展三年城乡绿化攻坚的决定》，坚持“生态立县”的理念，结合实际，统一思想，定方案、筹资金、强措施、抓落实，稳步推进城乡绿化，重点实施了城市森林、通道森林、水系森林、景区森林、矿区复绿、山地造林等六大林业生态工程，累计完成人工造林18.03万亩。境内厦蓉高速、岳汝高速、106国道和324省道299.5km、县乡村道1130.5km全线实施了通道绿化。完成河道绿化42.2km、中小型水库库区绿化3924亩。打造了16个城市森林工程示范片，绿化面积10065亩，新增城区绿化面积达60万m^2。因地制宜地对大坪、井坡、集益、小垣等矿区进行了复绿，累计绿化面积1530亩。高标准建设了17个绿化示范乡镇、65个绿化示范村、5个绿化景点，绿化面积1672亩。结合九龙江国家森林公园景区建设、热水温泉景区开发等项目，采取补种补植、提质改造、规划建造等方式打造了23个景区景点、19个生态小游园。目前城区绿化覆盖率为36.3%，绿地率为38.56%，人均公共绿地面积达38.44m^2。全县19个乡镇规划区域绿地率达28.3%，人均公共绿地面积为6.28m^2。

一、抓重点，着力打造绿色通道新长廊

2011年伊始，汝城县在全市率先打响绿色通道大会战，四年累计投入资金1.78亿元，通道绿化的投入之多、速度之快、里程之长、效果之好，前所未有。

（一）坚持规划引领，严格技术标准

认真学习借鉴邻县邻省通道绿化的先进经验和典型作法，聘请省林勘院等科研单位进行全面实地勘查，围绕打造多树种、多色彩、多层次、多景观

绿色通道的目标，根据地质、气候等条件，充分运用林地测土配方平台，因地制宜进行立体布局，科学制定了全县绿色通道总体规划，改变传统的行道树种植模式，推动通道绿化向立体化、景观化、园林化转变，确定了先干线后支线、立体种植、分布实施的工作思路。制定了《汝城县通道绿化技术标准》，对栽植树种、苗木规格和间距都作出了明确规定。

（二）坚持标准创建，打造精品工程

厦蓉高速、岳汝高速、106 国道、324 省道沿线所涉及的卢阳、文明等 11 个乡镇分别成立了项目指挥部，由挂点联系乡镇的县处级领导任正副指挥长，挂点联系单位为责任单位，负责组织协调、指导实施和管护督导等工作。实行专业化运作，通过公开招标选出专业公司具体实施，林业部门安排专业人员到各路段全程监管和技术指导，要求施工方严格按照设计书和合同组织施工，确保成活率和保存率。

（三）坚持精心管护，确保绿化成效

明确交通运输部门和各乡镇是通道绿化管护的责任主体，并纳入公路养护站的考核内容，交通运输部门负责督促指导，各乡镇负责具体管护。通道绿化工作完成后，各乡镇负责组织人员及时清理辖区绿化路段路肩、路沿和水沟的泥土或其他杂物，疏通水沟，平整土地，清除影响树苗成长的的杂草和路障，清扫路面，确保道路洁净安全畅通。同时，组建林业生态巡逻队，发动群众护树，对损毁、破坏、盗取通道树苗的行为进行严厉打击，发现一起、严惩一起。

二、抓示范，着力引领生态建设新风貌

按照“突出绿化重点、领导示范办点、打造绿化亮点”的思路，通过示范带动，提升绿化效果。

（一）实行城市森林园艺化

分别设立了 16 个城市森林示范片指挥部，由县委常委会组成人员任指挥长，其他县领导任副指挥长，全县 121 个县直单位为责任单位，并在每个示范片各安排了 1 名技术负责人和 2 名技术人员。实行培育与管护同步，城市森林建设与游园建设同步，城区绿化与周边绿化同步，逐步形成了“城在林中、街在绿中、路在树中、房在园中、人在景中”的城市生态景观，城市品位不断提升。

（二）实行通道造林景观化

以难造林地绿化为突破口，全面提升主要通道两侧的绿化档次。各乡镇

采用联系大户造林、聘请专业队造林、自当业主组织造林、动员乡村干部义务造林等办法不遗余力地消灭路边难造林地，把境内厦蓉高速、岳汝高速、106 国道、324 省道等干线公路打造成了“多树种、多层次、多色彩”的景观长廊。

（三）实行村镇绿化园林化

以村镇绿化为重心，由城市绿化向城乡绿化转变和推进，采取村庄围绿、见缝插绿、庭园培绿等措施，开展了村旁、宅旁、路旁、水旁等“四旁”植树。高标准建设了 17 个绿化示范乡镇、65 个绿化示范村和厦蓉高速汝城互通周边、岳汝高速汝城互通周边、岳汝高速井坡互通周边、文明界背岭、汝城陵园 5 个绿化景点。

（四）实行办点示范常态化

县五家领导带领驻乡镇联系单位，在各自联系乡镇选择交通要道地段或乡镇政府所在地周边山场，创办示范点，设立碑牌，并逐年扩大。各乡镇党政主要负责人在乡镇政府驻地附近办造林绿化示范点。各示范点造林绿化面积均要求连片 200 亩以上。2012 年至今，县五家领导带头创办了 42 个领导示范基地，各单位和各乡镇建设党员绿化示范基地 47 个，建设共青团员示范基地 24 个，总面积达 1.45 万亩。

三、抓关键，着力创新资金筹措新途径

为保障城乡绿化建设需要，我县采取财政预算、项目支持、信贷倾斜、社会捐助、群众自筹等方式，多方位、多层次、多渠道筹集资金。

（一）以财政投入带动

我县设立了生态建设基金，近三年来，县财政每年预算城乡绿化资金分别为 2000 万、2200 万、2860 万，分别占当年县财政预算总支出的 2.46%、2.65%、2.98%；各县直单位分别按每年 1 万元、0.5 万元、0.2 万元三个等次基数筹集生态建设资金，各乡镇每年按 2 万元基数进行筹集，并按招待费总额的 8% 计征绿化费，统一纳入县财政生态专户管理。

（二）以项目建设支撑

从供需两个源头着手，控源控流，依需投放，推动项目规划与项目申报对接。各职能部门按照“各投其资、各记其功、统筹发展、全面推进”的方式，主动包装项目争取资金，既保重点又兼顾其他，确保了全县近 60% 的项目资金投向城乡绿化和新农村示范点上。整合交通、水利、农开、代赈、扶贫、移民、新农村建设等项目资金进行捆绑，向城乡绿化和秀美村庄倾斜，

其中每个秀美村庄示范村安排500万元以上，其他秀美村庄安排100万元以上。

（三）以社会筹资补充

每年召开义捐大会，向社会各界人士发出倡议书，开展“捐资捐树”、“认种认养”等活动，连续三年发动全县干部职工按正处级3000元/年、副处级1000元/年、正科级500元/年、副科级300元/年、一般干部职工200元/年的标准捐款。全县分行业成立了分管县领导任组长的工矿企业、房产建筑企业、农林水企业等7个筹资工作组，成立机构，制定方案，分解任务，想方设法筹措绿化资金。三年来，通过各种渠道，社会捐助资金达到了0.87亿元。

四、抓落实，着力优化考核奖惩新机制

县委、县政府始终坚持严督办、严考核、严奖惩，大力度、大手笔、大气魄的高位推动生态绿化建设，形成了全县上下齐心协力抓好生态发展的良好氛围。

（一）领导带头，抓好落实有深度

近年来，县委、县政府坚持生态立县的发展战略，把绿水青山视为金山银山，把生态绿化放在同经济建设、项目建设同等重要的位置来抓，把绿化攻坚作为一把手工程，连续发动，反复促动。成立了以县委书记任顾问，县长任组长的高规格领导小组，负责城乡绿化的统一协调和指挥。县委、县政府多次召开县五大家领导会议进行专题研究部署；县委、县政府主要领导多次听取生态绿化工作汇报，作出重要指示；多次深入到基层现场办公，亲自督办落实、亲自参与、现场指导规划设计、提出合理化的意见和建议，解决落实存在的困难和问题。充分体现了县委、县政府抓好绿化工作的决心，进一步激发了各级、各部门抓生态绿化的热情。全县上下形成了领导高位推动、部门齐抓共管、一级抓一级、层层抓落实的工作格局。

（二）严格考核，督查督办有力度

县委、县政府将生态绿化建设落实情况作为干部政绩考核的重要指标，作为干部提拔重用的重要依据。在督查考核中，抓住考核排位权，把严“晴雨表”，唱好“样板戏”，建立“定期考核看效果，年终考核看实绩”的检查考核体系，将考核结果在全县通报，注重发现亮点、推荐典型、激励先进、鞭策后进。另一方面，抓住督查的督促权。抽调组织部、督查室、林业局等单位人员组成专项督查组，采取常规督查与专项督查相结合、定期督查与随

机督查相结合、会议督查与现场督查相结合的方式，实行定期检查观摩制度，坚持“每周一督查，半月一检查，每月一通报，一季一观摩，半年一验收，年终全面考核”的督查调度机制。定期检查，定期通报，对在通报中排位倒数前三的实行“黄牌”警告，要求限期整改。两次督办不合格的，则启动相应的问责程序。近年来，县委、县政府连续组织8次检查和观摩活动，深入现场检查城乡绿化建设成果，交流了经验，促进了工作。

（三）严明奖惩，落实责任有硬度

为确保工作实效，县委、县政府出台了《林业生态建设责任追究暂行办法》，严格实行造林绿化任期目标管理责任制，逐级签订造林绿化责任书，建立奖惩机制，形成“一级抓一级，一级对一级负责”的造林绿化责任机制。对未完成绿化任务的单位和乡镇实行“一票否决”、限期整改、通报批评，主要领导和相关责任人不评先评优、不提拔重用；对党政主要负责人职务变动调离前未完成目标任务的，一律先作停职处理，担任专门的造林队长，待任务完成后再复职履新。对完成任务好的单位和乡镇，县委、县政府每年拿出100万元予以表彰奖励，其中一等奖20万元、二等奖10万元、三等奖5万元，并在安排项目、资金上予以倾斜。

加快现代林业步伐 促进通道生态建设发展

湖南省通道侗族自治县林业局 陆志旺 杨玉玮 朱静

通道侗族自治县地处西南余脉，云贵高原向南岭山地的过渡地带，这里土壤肥沃，气候适宜，是植物种类生长繁殖的天堂，一度被誉为湘西南最后的“香格里拉”。六十年代，全国性的大炼钢铁，导致通道大量树木受到砍伐，森林资源遭严重破坏，满目青山顿时百孔千疮，生态环境严重恶化，旱季土地干枯，农田受挫：雨季山洪烛流，河水暴涨，渠水两岸群众生存堪忧，人为因素造成的灾难以深刻于民众之心。

为彻底改变恶劣的自然生态环境，谋求发展延续之本，侗乡人民在历届县委、县政府的领导下，发扬战天斗地的精神，踏上了植树造林，治理环境的漫漫征程。多少年的努力，通道山川一天天变绿变美，通道林业一年比一年辉煌。特别是2005年制定了通道“十一五”林业发展规划后，侗乡大地拉开了“工业原料林建设”、“三边绿化建色”、“长防林建设”、“生态公益林建设”的序幕，到2011年全县造林29.4万亩，封山育林73.43万亩，森林覆盖率达到74.3%，生态环境得到彻底改变，青山绿水再现侗乡。随着我国中部崛起的号角吹响，通道将林业生态建设和加快林业产业发展作为筑巢引凤，提升县域经济综合力的抓手之一，大力开展森林分类经营和全面推进农村集体林权制度改革，实现了“山有其主、主有其权、权有其责、责有其利”的林地林权经营目标，由此激发了广大群众的造林热情，林业建设从此进入发展迅速、管理完善，效益最好的时期，林业生态与产业发展形成了齐头并进的良好格局。

物我同舟，天人共泰，在林业生态建设的伟大进程中，通道的决策者和林业建设者们醒目认识到：只有人与自然稳定和谐，才能实现自然生态文明建设的最终目标，在这一理念引领下，通道县委、县政府提出了“生态立县、旅游兴县、文化强县”的发展战略，科学规划出绿化“三边”、扮靓“四点四线一圈”的宏伟生态建设蓝图，并率领23万侗乡人民昂首阔步迈上播撒绿色的新征程。

一、林业科技

通道林业科技在县林学会的倡导和组织下，积极开展形式多样的林业科技学术活动、为林业科技的繁荣和发展，促进林业技术的普及和推广作出了贡献。“十一五”以来，县林学会举龙头、挑大梁，充分发挥林业科研队伍力量，全面推行良种育苗，努力培育优质壮苗。在种子调拨使用过程中，坚持良种率100%的原则，都经市局上报，由省厅统一调剂，使用经省品种审定委员会审定通过的良种基地生产的种子。2014年育苗所用马尾松种、杉木种良种率达到100%。为了提高基地内苗木质量，在苗木培育中狠抓田间管理，特别是认真加强了间苗工作，采取定种定量进行育苗，保证基地内每亩产苗数量和质量，严格控制后期追肥，所培育的苗木均达到了合格标准。在生产方式上，坚持走基地化、集约化的路子。2014年，我县一般造林树种苗木全部集中在马龙乡长安堡村进行培育，培育面积100亩。该地地势平坦、开阔，紧临河流，水热条件优越，原地类为稻田，土层深厚，在农业综合开发中配套建设了纵横交错的水渠、道路，排灌条件良好，距县城10km，交通极为便利。育苗工作体现了“规模化育苗、标准化生产、规范化管理”的要求。基地采取适时早播、精细耕作、精确施肥、排涝抗旱、及时除草等技术措施精心管理。运用新科技新技术。采用切根育苗技术和ABT生根粉运用技术。播种前种子采用ABT生根粉浸种，所育马尾松全部采用切根育苗技术，促进苗木根系生长，增加侧须根数量，提高苗木质量，最终为提高造林成活率，提供有力保障。目前，苗木长势良好，通过省级验收，平均苗高45cm，地径0.5cm，总产量近450万株，能全面保障我县今冬明春造林绿化用苗。

一是实施林木良种战略，使用良种壮苗上山造林。为了实施林木良种战略，保障工业原料林基地造林建设的优质种苗供应，通过2013年在菁芜洲镇地朗村实施100亩的标准化示范苗圃，培育450余万株松、杉良种壮苗，免费为2014年度的全县工业原料林基地造林提供优质的良种壮苗，使我县2014年的工业原料林基地造林良种使用率达到100%。二是扩大珍贵树种资源，改善树种结构。为了扩大我县的珍贵树种资源，我局在土门村两江口建设了160亩的珍贵树种苗木培育基地，培育出圃了闽楠等珍贵树种苗木10万株，在全县营造了7280亩的珍贵树种混交工业原料林基地。三是运用测土配方技术，推行科学造林。积极推广林木测土配方信息系统的应用力度，运用测土技术，使广大林农在林业专业技术人员的指导下营造适宜自家山头地块的适生树种、栽培技术及施肥要点。2014年经县局及乡镇林业站林业专业技术人员的共同努力，运用测土配方技术指导林农造林的共1260小班，面积38550亩，推广率达78%。四是广泛开展林业科技课题研究，先后有“侗族传统社会林业研究”“通道生物多样性调查与研究”、“毛竹期切杆育苗及造林建设研究”、“金叶含笑切根萌根技术”等14个科研项目分别获得市、县科技进步奖，其中“毛竹期切杆育苗及造林建设研究”通过专家评审，并在省内外速生丰产林建设中全面推广。

二、工作成绩与成效

1. 营造林任务全县完成造林5.27万亩，其中工业原料林造林4.95万亩，是县定目标任务数的2.25倍；一般工程造林0.32万亩。在完成的总造林面积中，“三边”造林0.8228万亩，占县目标任务数的103%；楠竹造林0.15万亩，占县目标任务数的100%。完成工业原料林补植补造1.56万亩，占市、县定目标任务数（1.5万亩）的104%。完成油茶低产林改造1.3万亩，占任务数的100%；完成楠竹低产林改造0.5万亩，占任务数的100%。

2. 国省道、高速公路连接线绿化和“秀美村庄”建设进展迅速。完成国道绿化94.8km，栽植香樟、木荷等绿化树3600株。省道绿化48km，栽植水杉、木荷、桂花等绿化树2075株。高速公路连接线绿化2.42km，栽植红叶石楠、红檵木、海桐、桂花等绿化树3312株。绿化村寨37个，累计栽植绿化树苗10.84万株。

3. 珍贵树种繁育基地和标准化示范苗圃建设成效明显。2014年春季造林中，标准化示范苗圃基地及两江珍贵树种繁育基地共出圃各类苗木678.86万株，其中马尾松切根苗190.29万株，杉苗449.59万株，木荷苗25.78万株，楠竹苗1.86万株，楠木苗9.3万株，红叶石楠苗0.97万株，丹桂1.07万株。

4. 全面完成森林资源二类调查和协助完成森林资源一类调查。通道县二类调查成果于2014年9月4日顺利通过了省、市“十二五”森林资源规划设计调查成果评审委员会评审，获得本次调查技术先进，内容全面，数据翔实，分析透彻，成果实用，符合通道县实际意见。

三、以后发展格局

（一）发展阔叶树种资源的重要性

阔叶林是森林资源的重要组成部分，其在水源涵养、水土保持、调节气候、净化空气及保持生物多样性等方面具有重要的作用。阔叶林的组成树种繁多，成分复杂，形成的生态系统稳定，生态和景观功能强大，生态和经济用途广泛。

1. 是国家木材战略储备的需要

我国高档家具制品的原材料主要是珍贵阔叶树种，珍贵木材材质好、用途广、商业价值高，是一种经济社会发展和市场特需的战略资源，不可复制，具有艺术、收藏和传承历史文化的特点，超出一般使用价值。随着经济发展，人民生活水平提高，社会对珍贵木材需求旺盛，海外资源日益枯竭，应对解决办法只有营造珍贵阔叶树种人工林。

2. 是确保林业生态安全的需要

据研究资料记载，针叶树比阔叶树的枯枝落叶层持水率低 30% 左右；针叶树在深土层的贮水能力较强，阔叶树的浅土层贮水能力相对较高，因此，针阔混交林的贮水能力最大。

目前我县的人工林 85% 以上都是针叶纯林，大力营造珍贵阔叶林或针阔混交林，有利于优化树种结构，提高林分质量，确保林业生态安全。

3. 是提升森林景观效果的需要

发展乡土珍贵阔叶树可以体现地方特色，有利于改善生态环境和森林景观，促进森林旅游等第三产业的发展，带动社会就业，满足社会对林产品的多种需求。

4. 是林业可持续发展的需要

珍贵阔叶树种的花、果及自身形成的环境，是小动物、昆虫的良好憩栖地，可有效地保障人工林的生物多样性。同时保护和发展阔叶树资源还能增加优质森林资源储备，提高林产品附加值，增强林业可持续发展能力。

（二）通道县阔叶树种资源现状

据查，通道县森林植物中含有华中、华南、滇黔桂三个植物区系的植物成分，以华中植物居多。全县已查明珍贵用材树种有银杏、红豆杉、闽楠、香椿、红榉、水青冈、香樟、木荷等，其中绝大部分都是阔叶树种。由于对阔叶树种资源开发利用研究较少，人们对材质坚硬、材性优良的珍贵树种资源价值缺乏认知，认为阔叶树没有什么价值，林农“重杉轻阔”思想严重，把阔叶树当柴烧，随意采伐。上世纪大规模的营造人工林以及近几年大力发展香菇产业，我县天然阔叶树种种质资源受到较大程度的破坏，导致阔叶树种资源总量不足、质量不高、可用资源不足，大径材比重小且分布不均，从而也影响了珍贵阔叶树种的生存环境，现存珍贵用材阔叶树极少，优质森林资源储备不足。

（三）发展阔叶树种资源优势

一是有国家级阔叶树采种基地，其中不乏珍贵用材树种。通道县有龙底－恩科亚热带沟谷雨林，其中的 $400hm^2$ 中心区已被区划为国家级阔叶树采种基地，阔叶树种资源丰富，为发展阔叶树提供种质资源有保障。

二是自然地理条件优势。通道县是一个以中低山、低山为主的山区县，海拔一般在 300～800m；气候温暖湿润，四季分明，阳光充足，雨量充沛，夏无酷暑，冬少严寒；土层深厚肥沃，符合珍贵阔叶树种对自然条件的多样化需求。

三是已建立阔叶树良种繁育基地。在前几年就已经有过成功培育木荷、藜蒴栲等珍贵阔叶树种的经验。2014 年，又建立了 160 亩的省级珍贵阔叶树繁育示范基地，可为大面积发展阔叶树种资源提供充足的种苗。

四是通道侗族有在村寨周围栽植风景树的习俗。侗民族素有在村寨周围及房前屋后种植风景树并以村规民约加强保护的习俗，是大力发展阔叶树种资源的有利条件。

（四）阔叶树种资源发展思路

1. 强化种苗培育充分发挥现有国家级阔叶树采种基地、省级种苗繁育示范基地以及中心苗圃的基础作用，积极挖掘乡土优良阔叶树种，加大种苗培育力度。推广容器育苗，培育优质壮苗，确保造林苗木的质量；加快优良种苗的工厂化生产，增加良种壮苗的供应量；加强林木种苗的监管和社会化服务工作，做好种苗培育和调配工作，确保珍贵树种优质种苗的供应。

2. 制定相关政策加大财政资金投入，出台优惠政策，免费提供苗木和资金奖励，鼓励引导非公有制投资者通过承包、租赁、股份合作等形式规模营造珍贵阔叶树种；鼓励在封山育林区、灌木林地、公益林区、森林公园补植珍贵阔叶树种。严格控制食用菌生产数量，对现有阔叶树种进行保护，积极引进项目，引导林农转移产业发展方向。

3. 科学制定规划结合本地自然气候土壤条件，科学制定珍贵阔叶树保护发展规划，做到山地规模发展与城镇、道路、村庄周边成片种植相结合，人工林与定向培育相结合，用材与观赏相结合的方式，基地与农户零星种植等多种形式发展珍贵阔叶树种。

4. 强化科技支撑国有林场和国有苗圃带头发展种植优良珍贵树种，建设示范基地，示范带动推动珍贵阔叶树种发展。同时加大科技投入，加强高效栽培技术与模式的研究，缩短珍贵树种的培育周期，提高珍贵树种的生长量和品质；加大对珍贵树种林下经济等综合利用的研究，拓展产品空间，增加短期效益，做到长短结合。

四、思考及建议

建议各级政府把林业工作摆到重要议事日程，加强领导，科学谋划，努力改善农村生态环境，维护农民利益，为农民谋福祉，推进我县社会主义新农村建设迈上新台阶。加快林业资金投入，推进生态建设步伐。农村税费改革后，部分地区集体经济薄弱，对林业发展投入能力不足。由于林业投入大、见效慢、回收期长、比较效益低，农民对林业发展的认识不足，不愿意在林业发展上增加投入，特别是林业有较强的公益性质，需要建立以各级政府投入为主，以社会力量、农民投入为辅的融资机制。

"十二五"期间，各级政府应加大对林业的投入，确保生态建设健康快速发展。全面推开集体林产权制度改革，维护好农民群众的切身利益。要深入贯彻县政府《关于推进集体林产权制度改革的意见》，将这项改革推向更大范围和更深层次，逐步建立起"产权清晰、主体落实、责任明确。保障严格、流转规范、监督到位"的林业产权制度，真正使广大林农耕者有其山、耕山有其责、务林有其利、致富有其道，实现森林增量、农民增收。在推进改革的同时，积极探索山林权属承包到户后开展适度规模经营的模式，大力发展非公有制林业。

继续实施和完善林业重点工程，推进农村基础设施建设，要把林业重点工程与新农村建设紧密结合起来，共同推进。一是绿色走廊建设工程，以通道县城为重点，在县城周边建设绿色走廊、209 国道、怀通高速公路两翼绿化及环境治理水平，保护发展森林资源责任制落实不全面；二是疏于伐区管理，淡化责任落实；三是采伐迹地更新造林有待加强；四是森林采伐限额检查力度不大；五是非法占用林地比较严重；六是管护责任不够明确；七是森林植被恢复难度大。建议贯彻落实保护发展森林资源目标责任制，县、乡、村要全面贯彻落实保护发展森林资源目标管理责任制，提出具体的工作目标，强调督促检查，鼓足干劲，制订实施方案，要成立领导小组，明确分工职责。乡镇林业站职责要转变，加强伐区管理伐区监管方式要改变，林木采伐作业要经营者根据采伐证和采伐作业设计书要求自主管理，自我约束。

加大宣传力度，强化林地保护意识。明确监管责任，杜绝非法占地规范审核程序，强化监督管理层层监督，狠抓落实、依据规划，严格管制强化措施，守住底线健全管理机构，充实管理力量。

围绕生态做文章　大力发展生态林业

广西壮族自治区资源县林业局　程小源

资源县位于广西东北部山区，与湖南省新宁和城步县交界，据2013年年末数据，全县土地总面积291.13万亩（194089.4hm^2），其中林业用地面积249.39万亩（166262.7hm^2），全县森林面积229.56万亩（153039.4hm^2），活立木蓄积量882.71万m^3，森林覆盖率78.82%，是广西重点林业县之一。良好的生态环境一直是我县对外的一张靓丽“名片”，为呵护和进一步完善好这张“名片”，县委、县人民政府十分重视生态建设，确立了“生态立县”的科学发展思路，2012年，国家发改委、国家财政部、国家林业局将我县列为国家西部地区生态文明示范工程试点县。

多年来，特别是2006年以来，县委、县人民政府围绕“生态立县”发展思路做文章，大力发展生态林业，在林业生态建设方面进行一些有益探索，采取了一些创新的政策措施，走出了一条独特、创新的生态林业发展之路。

一、大力造林，夯实林业生态基础

积极响应上级党委、政府的号召，在全县扎实、深入开展全民义务植树、“大种树、优生态”、“百万农户种千万棵树”、“绿满八桂”造林绿化等活动，营造起全民投身参与植树造林的良好社会氛围，林业生态基础得到不断地夯实和增强。2006年以来，我县累计实施人工造林21.5万亩，义务植树428万株，累计建沼气池6356座。生态基础得到了进一步夯实。

一是紧紧抓住国家加大林业建设投入的契机，积极争取上级林业项目支持，切实抓好项目实施。通过在全县大力实施退耕还林、珠防林、农村能源沼气建设、生态公益林补助、世行项目造林、九万山扶贫造林等林业项目建设，有效解决了林业发展资金瓶颈问题，加快了我县林业发展步伐。

二是加大对特色林产品种开发的扶持力度。从2006年起，县委、县人民政府为大力发展毛竹，将毛竹列为我县“十一五”期间重点推广的特色林产品，出台了一系列的扶持政策。特别是2008年，加大了政策扶持力度。通过一系列的政策扶持，毛竹得到了快速发展，几年来，全县累计发展毛竹新种植近2万亩，实施毛竹低产林改造15万余亩。

三是尝试在高海拔地区荒山荒地造林。为加快高海拔地区荒山绿化进度，县人民政府于2006年将我县海拔900m以上的国有宜林荒山划为林业局代管。近年来，林业局组织人员尝试在高海拔地区实施人工造林，通过带动，高海拔地区荒山造林得到了积极推进，近年来，在高海拔地区实施荒山造林面积在4万亩以上，主要以种植“三木”药材、金银花、柳杉为主。高海拔地区的生态基础得到了加强。

四是有序发展有机茶叶、油茶种植。通过招商引资，引进公司，以“公司+基地+农户”的模式，在我县大力发展有机茶叶、油茶种植开发，目前已引进数家公司，在我县发展有机茶叶种植1000多亩，油茶种植5000余亩。

二、多管齐下，加强森林资源的合理开发和保护

1. 加强林木采伐计划管理，大幅削减木材采伐指标。“十一五”期间，我县的木材采伐限额为：蓄积量15万m^3，出材量10.5万m^3。为保护生态，县人民政府加强了对林木采伐计划的管理，对木材采伐指标进行了大幅削减，2006年以来，我县每年的木材采伐指标控制在：蓄积量7~9万m^3，出材量5~6万m^3，全部用于保民生、自然灾害、抢险救灾和工程项目建设。同时，在森林资源保护上，注重加强木材采伐源头管理、县内途中运输管理以及检查站出关关口管理，注重加大对破坏森林资源行为的打击力度，对林业案件依法从严、从重、从快处理。

2. 对县林业局进行机构改革，将县林业局行政事业人员全部纳入县财政管理范畴。为更好地保护森林资源，解决好县林业局靠育林基金保工资、维持运转，负债累累的现状，2006年12月，县人民政府对县林业局进行了机构改革，核定编制，全部纳入县财政管理范畴，通过公开竞聘考试，择优录用。解决了县林业局既是管理者又是经营者双重身份的矛盾，促使县林业局将全部力量投入林业事务管理。在林业行政事业经费保障方面走在了全区的前列。

3. 对木材经营（加工）企业进行全面清理整顿。为实现森林资源的合理开发利用，从2006年起，县人民政府组织安监、环保、国土、消防、林业、旅游、公路、交通等部门组成联合工作组，对竹木经营加工（企业）的进行清理整顿。每年对木材经营（加工）企业开办资格进行审查，对经营情况进行检查，登记备案，作为许可证年审的依据。通过严把木材经营（加工）企业年审许可证年审关，几年来，关闭了一批无证和非法木材经营（加工）企业，淘汰了一批规模小、粗放经营的木材经营（加工）企业。同时，根据森林分布情况，科学合理地设置木材经营（加工）企业类型和个数，鼓励原有

竹木经营（加工）企业兼并重组、强强联合，进行技术升级改造，到中峰工业园区落户。并对新办的木材经营（加工）企业设置了严格的准入条件，严把准入关，避免了重复建设，导致出现对竹木原材料的恶性竞争，促进了森林资源的合理开发利用和保护。

4. 加大生态公益林建设，构建起坚固的森林生态屏障体系。我县地处长江水系和珠江水系上游，生态区位极为重要。基于生态区位的重要性，我县在森林分类经营过程中，加大了生态公益林建设力度，不断拓宽国家、自治区级重点生态公益林补偿面积，目前，我县已纳入自治区级以上重点生态公益林补偿范畴的面积为116.76万亩。同时，我县也十分注重地方森林生态效益补偿机制的建立，2006年2月，县人民政府决定从水电费中每度电提取0.001元作为县级森林生态效益补偿基金反哺林业建设，目前，这一标准已提高到每度电0.005元。通过生态公益林的建设，在全县构建起了坚固的森林生态屏障体系。

5. 加强森林防火和森林病虫害防治，构建完备的防控体系。在加大森林防火和森林病虫害防治宣传的同时，2014年，在原有森林消防专业队的基础上，加大经费保障力度，在全县组建了一支60人森林消防专业队，森林消防力量得到了加强。同时，在全县设立了一批森林病虫害监测点，对松毛虫重发区进行了集中防治，在竹小蜂重发区设立了药剂代售点，有力遏制了森林病虫害的暴发势头。

三、切实抓好集体林权制度改革，激发林业绿色活力

集体林权制度改革是当前农村改革的一项重要内容，2010年全面铺开以后，资源县委、县人民政府为切实抓好集体林权制度改革，采取了一系列措施：一是组织开展了“家乡人回家乡抓林改”和大学生志愿者服务林改活动，充实了林改工作队力量；二是从县直各单位抽调技术员，并从社会选拔培训了一批技术员，充实了林改技术力量，保障了林改技术需求；三是系统建立起了定期督查、汇报、暗访、约谈、问责等一系列制度，制定下发了考评奖惩办法，从工作制度上保障了林改工作的推进；四是制定了一系列科学的林改工作流程和管理制度。同时，注重林改中的细节问题，将生态公益林范围、面积上到了林改勘界图上，反映到了林权证上，使林农一目了然，便于区分，便于加强管理和保护。通过一系列的措施，我县集体林权制度主体改革工作得以顺利完成。

为激发林业绿色活力，我县乘林改之契机，切实抓好林改配套改革。建

立和完善林权流转机制、林权登记管理机制，优化林业投融资渠道，推行森林保险，鼓励和支持更多的人和资金投入林业产业，发展林业专业合作社和林业专业协会组织，逐步建立起公益性和经营性服务相结合，专业服务与综合服务相协调的新型林业社会化服务体系。提高广大林农的积极性，增加农民的林业性收入，发挥林业在农民脱贫致富中的积极作用。

“十二五”期间，我县将紧紧围绕“生态立县”发展思路，以营林为基础，生态建设为目标，森林资源保护为抓手，坚定不稳地抓好林业建设，做大做强生态林业这篇文章，让翠绿的山更翠绿。

保护利用野生动物　建设生态文明灵山

广西壮族自治区灵山县林业局　姚永彬　冯德进

党的十八大对生态环境保护问题高度重视，提出了“建设生态文明中国是关系人民福祉、关乎民族未来的长远大计。”野生动物是人类的朋友，是自然生态系统的重要组成部分，是大自然赋予人类的宝贵自然资源。保护野生动物，维护自然生态平衡，不仅关系到人类的生存与发展，也是衡量一个国家、一个民族、一个地区文明进步的重要标志。面对野生动物资源受到严重破坏的严峻形势，我局树立尊重自然、顺应自然、保护自然的生态文明理念，把保护野生动物生态文明建设放在突出地位，正确处理野生动物保护与利用的关系，坚持“在保护中发展，在发展中保护”的原则，取得了保护和利用野生动物发展地方经济的丰硕成果，彰显了保护野生动物，建设生态文明灵山的成效。

一、灵山县野生动物资源丰富及危机

灵山县全年平均气温 21. 80C，无霜期长，有霜期短，优越的地理位置和气候非常适宜野生动物的生息繁衍，形成了灵山县是一个野生动物资源丰富的县，上世纪七十年代前，我县境内曾经有老虎、豹、黄猄、山猪、巨蜥、蟒蛇、竹鼠、山鸡等野生动物栖息，但是 2000 年来，由于生态环境的恶化、野生动物栖息地的人为破坏，致使我县野生动物的数量、分布范围日益缩小，许多种类已处于濒临灭绝状态，如老虎、豹早已灭迹，蛇类处于灭迹边缘。自然生态平衡被破坏，益虫被杀，害虫猖獗，自然生存环境正在恶化，尤其是城乡餐馆、酒店非法经营野生动物的现象屡禁不止，使得许多已经处于濒临灭绝的野生动物的处境更加艰难。

二、利用野生动物发展地方经济的成效

2011 年以来，我局面对我县野生动物处于灭迹边缘的状态，坚持节约资源和保护环境的基本国策，调整产业结构、生产方式、生活方式，从源头上扭转生态环境恶化趋势，着力从发展中保护野生动物，实现了生态效益、经济效益“双赢”实效。

（一）发展养蛇产业，助农增收致富见成效

2011年，我局因势利导，把人工养蛇作为农村新兴产业培育，积极依法引导农民发展养蛇，4年来，我县养蛇从小规模分散养殖到规模养殖，养蛇产业成为灵山县农村经济主要产业，全县18个镇遍及养蛇，共有依法养殖场90个（其中养蛇专业合作社10个）共6800户农民养蛇，4年来，养殖眼镜蛇、滑鼠蛇、王锦蛇738万条，年均养殖185万条，收入15亿元，年均收入3.85亿元。其中2014年养殖253万条，产值8.05亿元，收入5.04亿元。持证养殖、养殖数量、养蛇收入均在全国之首。通过发展养蛇，多数农民通过发展养蛇从贫穷走上了致富道路，有2000多户农民提前8年实现小康生活。灵山县成为"中国养蛇之乡"，呈现出养蛇专业村，灵山县伯劳镇竹根围村共产党员刘新宁，带领全村户户养蛇致富，2014年被央视10频道《文明密码》栏目评为中国"五大魅力村庄"之一。

（二）发展养殖梅花鹿助农增收致富见成效

梅花鹿属于国家一级保护动物。梅花鹿全身是宝，鹿茸、鹿血、鹿肉等都是本草纲目上有记载的可供药用名贵中药即食补品。发展梅花鹿养殖、加工，有利于增加农民收入，为人们提供保健药品有着重要作用。是利用野生动物鹿发展农村经济的一个好项目。

2013年灵山县鹿生源鹿业开发有限公司，经国家林业局批准成立。2014公司养殖梅花鹿950头，产鹿茸1500市斤，收入420万元。由于梅花鹿主要饲料是甜玉米杆（鲜杆）、甘蔗叶尾（鲜叶）、红薯叶（鲜叶）等，公司回收这些作物费料，农民每亩均增收1000元，解决就业120人，养殖梅花鹿成为发展农村经济的一个好项目。公司采取"公司+科研+基地+农户"的经营方式，成立鹿生源梅花鹿养殖专业合作社，计划发展养殖1万头，解决农村就业500人。

（三）发展养殖其他野生动物，助农增收致富见成效

根据灵山县野生动物资源丰富的优势，我局引导农民发展养殖山鸡、竹鼠、虎纹蛙、黑豚等，目前灵山有山鸡养殖场2个、竹鼠养殖场5个、虎纹蛙养殖场2个、黑豚养殖场（黑豚养殖专业合作社）1个。2014年产值达到2000万元，收入1500万元。

（四）实行保护与发展对维护生态平衡的作用

1. 野生蛇类得到有效保护。4年来，灵山林业局共组织放生养殖蛇活动4次，放生蛇8000多条，在2010年前，灵山处于灭迹边缘的蛇类品种得到有效恢复，生态环境趋于平衡。2014年我县农民分别在陆屋镇卢屋村，石塘镇大化村捕捉到条重20多市斤的2条蟒蛇和条重4.5市斤的1条巨蜥后，把国家一级保护动物蟒蛇和巨蜥放归自然。

2. 其他动物种得到有效保护。通过发展其他野生动物，灵山县野生资源如黄猄、山猪、巨蜥、蟒蛇、竹鼠、山鸡等这些动物在我县的平山林场、文利镇、伯劳镇、佛子镇、旧州镇等镇得到有效的保护生存。

3. 保护野生动物意识不断增强。通过宣传教育，全县人民对增强了世界上不能只有人类，保护野生动物就是保护人类的意识，捕捉野生动物的违法行为减少，为野生动物提供良好的栖息环境，呈现了自愿放生蛇、鸟，维护生态平衡的良好社会风气，共同为“弘扬生态文化，共享鸟语花香”作出努力。

三、灵山县保护和利用野生动物发展经济的措施

1. 加强领导，健全制度。灵山县认真贯彻认真贯彻落实《国务院办公厅关于加快林下经济发展的意见》（国办发［2012］42号）文件精神和区林业厅《关于加快野生动植物繁育利用产业发展的意见》桂林护发［2013］33号文件精神，成立有县委书记、县长担任组长的灵山县发展养蛇产业领导小组，作出了《灵山县委县政府关于加快实施“特色农业提升工程”的意见》，制定了《灵山县发展林下养蛇经济十年规划方案》做到了领导重视、机构落实、制度健全、工作到位。

2. 抓宣传教育，形成强大的舆论氛围。灵山县采取多种形式开展保护野生动物宣传，如制作了内容丰富、长达30多米宣传板块在县城和乡村展出宣传，印发《保护野生动物知识》、《保护野生动物倡议书》，深入机关、乡镇、学校举办《保护野生动物知识讲座》（多媒体）等宣传，全县上下形成了保护野生动物光荣的良好社会氛围。

3. 抓技术普及，确保养殖技术推广应用。灵山县重视养蛇技术培训工作，2011年以来，总结有《灵山县食用蛇养殖技术解密》、《眼镜蛇、滑鼠蛇养殖技术》等技术教材，并以灵山县文倩蛇业养殖技术培训学校为依托，共举行了养蛇技术培训班48期，培训6800多人次，印发养蛇技术资料12000多份，全县养蛇技术普及率达到90%以上，彻底打破了过去养蛇技术“封锁型”的局面，农民基本掌握了养蛇技术。2014年，灵山文倩蛇养殖职业技术培训学校为灵山培训了100名新型职业养蛇农民。世界自然保护联盟物种生存委员会委员、中国野生动物保护协会养殖委员会主任、沈阳师范大学博士生导师李丕鹏教授考察灵山养蛇后说“中国的肉蛇养殖水平全球最高、规模全球最

大，灵山不愧是中国养蛇之乡”。

4. 抓依法养殖，实行依法养殖和产品运输管理。灵山县认真贯彻《广西壮族自治区陆生野生动物驯养繁殖经营利用和运输管理办法》，制定有《眼镜蛇、滑鼠蛇规范化养殖管理标准》、《陆生野生动物疫源疫病监测应急预案》、《灵山县蛇类产品运输证管理规定》等管理制度，开展打击破坏野生动物违法行为的专项治理，确保了灵山县保护与利用野生动物发展当地经济的管理工作到位，到目前止，全县办理有养殖野生动物许可证 102 个，野生动物经营利用许可证 15 个，有效地推进了灵山县依法驯养野生动物和产品运输销售工作走上法制轨道。

利用野生动物发展地方经济是维护生态平衡的重要措施，是增加农民收入的重要途径，是探索生态文明建设新路子的实践，难免在工作中存在这样或那样问题，我们相信，面对社会现实，只要正确处理处好保护与发展的辩证关系，“一条蛇、一头鹿”可以有效保护生态平衡，“一条蛇、一头鹿”可以带富一方。

强化森林资源管护　加快生态建设步伐

广西壮族自治区浦北县林业局　温光宝　孙世才

浦北县地处广西北部湾经济区内的钦州市东部，东靠玉林市博白县，南毗北海市合浦县，西邻钦州市灵山县，北与南宁市横县、贵港市港南区、玉林市兴宁县接壤。全县面积2521km^2，辖16个镇261个村委，总人口90.9万人。全县林业用地面积253.8万亩，森林面积234.4万亩。森林蓄积量840.71万m^3，森林覆盖率66.91%。

随着中国可持续发展战略的推进，我国林业发展已进入了快车道。浦北县顺应历史发展潮流，按照党的十八大提出的抓好生态文明建设的总要求，创新林业治理体系，充分调动全县上上下下方方面面造林、育林、护林的积极性，以科教兴林和依法治林为手段，全面实施以生态建设为主的林业发展战略，进一步强化森林资源管护，着力构建林业生产和产业体系，加快推进传统林业向现代林业转变，大大提高了林业发展的质量和效益，形成了良性林业生态大环境，实现了“山清水秀、生态良好”的目标。近年来，浦北县先后荣获全国林业科技示范县、全国林改百名典型县、全国国土绿化突出贡献单位、全国绿化模范单位、首批创建全国农民林业专业合作社示范县、国家林下经济示范基地、中国红椎菌之乡、全国“绿满八桂”造林绿化工程先进单位、全区林改质量标兵县、全区发展林下经济一等奖、广西园林城市等荣誉称号。回顾浦北县林业发展历程，主要着力于如下几方面工作：

一、实施工程带动，在造林绿化上实现新突破

浦北县委、县人民政府高度重视“绿满八桂”造林绿化工程，把实施“绿满八桂”造林工程列入县委、县人民政府主要工作议程，并以此为载体，以项目造林为支撑，以建设“美丽广西·清洁乡村”为契机，全面实施以通道绿化、城镇绿化、村屯绿化和山上绿化为重点的造林绿化工程建设，有力地推动了全县造林绿化工作，加快了浦北生态建设的步伐。

（一）加强领导、落实责任

浦北县把造林绿化工作作为一项常态化的工作来抓，成立机构、加强领导。县委书记、县长亲任指挥长，并将该项工作纳入年度目标考核，每年都

印发造林绿化工程实施方案，并与各镇、各单位签订《造林绿化工作目标管理责任状》，明确目标任务，层层落实责任，为充分调动县、镇、村三级干部工作积极性，为造林绿化工作创造了有利条件。

（二）广泛宣传、营造氛围

我们认真加强造林绿化的宣传工作，充分利用视频、会议、宣传车、户外广告、横额和新闻媒体、网络等多种宣传载体，开展宣传活动，大力宣传造林绿化的重大意义和法律法规知识等，努力提高广大人民群众对生态建设重要意义的认识及参与造林绿化工作的自觉性和积极性，形成全社会人人关心、支持、参与造林绿化工作的良好氛围。

（三）多元投入，为生态建设提供资金保障

为切实解决造林绿化工作资金不足的困难，我县开展了单位和个人自愿捐资活动。近年来，全县 200 多个机关、企事业单位及其干部职工上万人踊跃捐资投入造林绿化。2013 年以来，我县又以网络募款公益平台为依托，开展网络植树捐资活动。通过网络募款公益平台捐资造林绿化，形成了“财政拨、部门筹、社会集、项目投”的多元化投入机制，更好地为开展生态建设提供了资金保障。

（四）以点带面，全面推进

在造林绿化工作中，我们采取领导示范、单位带动抓好造林绿化典型。在每年的植树节、从县四家班子领导到县、镇的干部、职工，人人都参与造林绿化工作。通过建立“共青林”、“巾帼林”、“劳动模范林”、“统战林”等典型，形成以一点带一片，迅速掀起全县造林绿化高潮。

（五）全面加快山上造林和山下绿化，加快推进城镇绿化、努力创建全国绿化模范县和广西园林城市

我们一方面狠抓山上造林绿化工作，以工程项目带动，加快造林绿化步伐。近年来，全县完成退耕还林工程项目造林 9133. 3hm^2（其中退耕还林工程项目造林 466. 7hm^2，荒山造林 8666. 6hm^2），完成沿海防护林工程项目造林 5433. 3hm^2。另一方面狠抓村屯绿化，积极组织开展绿色生态示范村建设活动，大力开展“百万农户种千万棵树”和“千万珍贵树种送农家”活动，实行村屯绿化和生态产业相结合，引导农户在房前屋后、村道两旁种植绿化树、果树、土沉香、黄檀、柚木、香樟、香椿等珍贵树种。近年来，全县植树 83 万株，珍贵树种 14. 6 万株。

此外，我们不断加快推进城镇绿化。按照“城在林中、林在城中、城在水边”的城市规划蓝图和“300 米见绿、500 米见园”的要求，以及“绿随路建、有路皆绿、一路一景”的原则，抓好城镇绿化工作。

几年来，我们通过狠抓山上造林、城镇绿化、通道绿化、河道绿化、村屯绿化、公益林保护、构建县域生态屏障，形成了良性林业生态大环境。近十年，累计林业固定资产投资39.42亿元，完成山上植树造林23.35万元，封山育林1.1万亩，义务植树835万株。全县荒山绿化率达96.23%；国道、省道绿化率达96.12%；县乡道绿化率达99.77%；河流绿化率达97.1%；水库绿化率达97.65%；县城区绿化覆盖率达41.55%；村屯绿化覆盖率达45.03%。

二、深化体制改革，在发展林下经济上实现新突破

我县在集体林权制度改革基本结束后，不断深化体制改革，抓好配套改革。县委、县政府在抓好造林绿化的同时，还充分利用浦北得天独厚的林地资源优势和林荫空间大力发展林下经济，把林下经济纳入“特色农业提升工程”来抓落实。因地制宜、因人而异，结合实际，制订了《浦北县加快林下经济发展工作方案》，提出要像抓好工业园区一样，全力打造百万亩林下经济产业区，重点建设七大产业基地：一是建立林下30万亩，藤芒编织年产值5亿元的藤芒编织产业原料基地；二是建立林下15万亩，产量30万kg的红椎菌产业基地；三是建立林下2万亩，以种植穿心莲、莪术、两面针和金花茶等中药材和名贵花卉为主的产业基地；四是建立林下2万亩，养殖规模2000万羽的养鸡产业基地；五是建立林下40万亩，放养规模8万群的养蜂产业基地；六是建立林下20万亩，养殖规模3万头的养羊、养牛等养殖业基地；七是建立以五皇山森林公园为轴心、方圆20kg的森林旅游农家乐山庄200户，森林旅游业年收入2000万元的森林旅游产业基地。目标确定后，县委、县政府围绕生态受保护和农民得增收这个主题，把发展林下经济作为改善民生、建设生态文明的主方向和切入点，根据各地的林地面积、林地状况、群众传统种养习惯、技术基础和市场需求，结合实际，突出特色，以建设百万亩林下经济产业区为载体，通过政策扶持、部门支持、示范带动、龙头推动等措施鼓励引导农民大力发展林下经济。一是抓好林下种养项目的实施工作。近几年来，我县认真做好林下养鸡、养羊、林下套种两面针、莪术等项目的实施工作，抓好技术培训和指导，落实各种监管措施，发放好项目资金，加大扶持投入，使项目实施一个成功一个。二是扎实推进林权抵押贷款工作。针对林农有资源、忧发展的问题，我们为林农提供优质服务，主动协调做好林木资产评估，帮助农民对接金融机构落实林木抵押贷款，为农民架起资源变

资金的融资桥梁，使农民拥有的林木资源化为资本，让活木变活钱，林子变票子，解决农民林业投入贷款难的老大难问题，增强林业发展后劲，搞活林下经济。三是稳步扩大政策性森林保险，发放好财政政策性生态效益基金，使国家惠民政策惠及千家万户，为发展林下经济提供强有力的资金保障。四是加快林业专业合作社建设。为有效解决好林改后林业生产经营活动中出现的新情况、新问题，巩固和发展集体林权制度改革的成果，促进林下经济持续、健康、稳步发展。我县坚持政府扶持、部门指导、农民自愿、市场化运作的发展道路，大力发展各类农民林业专业合作组织，创建农民林业专业合作社示范县。现已有一家国家级示范社通过公示，一家市级示范社获批准，全县累计农民林业专业合作社已达 81 个。这些合作社的建立，为凝聚广大农民发展林下经济增添了新的活力，加快了浦北百万亩林下经济产业区七大产业基地建设。至今，这七大产业基地已具规模：一是全县已建立了 30 万亩的藤芒原料基地，藤芒编织实现年产值 2. 8 亿元；二是建立了林下 15 万亩红椎菌产业基地，红椎菌年产值达 1. 2 亿元；三是建立了林下种植穿心莲、莪术、两面针和金花茶等中药材及名贵花卉为主的产业基地 1. 3 万亩；四是建立了林下 2 万亩养鸡产业基地，年存栏 500 多万羽，出栏 800 多万羽；五是建立了林下 40 万亩养蜂产业基地，年放养蜜蜂 8 万群，产蜜 800 多 t，年产值 2690 万元；六是建立了林下 20 万亩养羊、养牛等养畜产业基地，年放养羊、牛等 3. 5 万头，出栏 1. 1 万头；七是建立了以五皇山森林公园为轴心，方圆 20km 的森林旅游产业基地，森林旅游每年创收 700 多万元。2014 年，全县林下经济产值达 19. 5 亿元，人均 2145 元。林下经济的持续发展，为农民开辟了一条新的致富途径。

三、强化科教兴林、在发展壮大林业产业上实现新突破

科学技术是第一生产力。要发展壮大林业产业，必须强化科教兴林。只有这样，才能使林业产业实现新突破。基于这一认识，我县高度重视林业技术推广工作。一是建立健全林业科技推广网络体系。做到县、镇有林业科技推广站，村有科技示范村和科技示范户。据统计，全县有科技示范村 18 条，科技示范户 320 多户。二是抓好科技示范项目建设，引导群众发展珍贵树种。2011 年，我局承担实施土沉香等南亚热带珍贵乡土树种定向培育技术推广示范项目，营造土沉香示范林 300 亩。通过示范林建设，辐射带动周边群众积极种植土沉香。三是抓好技术培训，坚持项目建设与技术培训相结合，做到项目实施到哪里，示范带动到哪里，科技培训就延伸到哪里。四是抓好技术

推广，为林农提供服务。我们围绕提高林业效益，增加农民收入这个目标，积极做好实用技术推广和集成技术应用。根据生产需要和农民需求，印发宣传资料，搞好技术咨询、技术指导等服务工作。积极组织科技人员深入到农村、农户、林间地头、企业车间，实地指导林农做好抚育管理加工生产技术工作。切实做到：人员到位、监管到位、指导到位。几年来，实行了八角低改高5.2万亩，培训人员4.8万人次。

林业技术的推广应用，大大提高了林业发展的质量和效益。也发展壮大了我县的林业产业。目前，我县已建成初具规模并投入生产的科技含量较高、市场竞争力强的胶合板、中纤板厂（公司）32间。2014年，全县实现林业产业总产值27亿元，完成木材加工产值13.3亿元，创税2000多万元。

四、强化依法治林，在管护森林资源上实现新突破

我们在抓好造林绿化工作、发展森林资源的同时，还十分注重森林资源的管护，采取一系列措施，强化依法治林，努力提高绿化成果。首先，切实加强生态公益林管护。我县列入生态公益林面积40.28万亩，其中：国家级生态公益林面积39.61万亩，自治区级生态公益林面积0.67万亩。财政森林生态效益补偿资金593.83万元，其中，中央财政森林生态补偿基金583.95万元，自治区财政森林生态效益补偿基金9.88万元。对此，我们与林农签订管护合同，明确责任和权利，每年都及时足额支付森林生态效益资金给群众，使林农切身利益得到有效保护，护林的热情大大提高，森林资源得到有效保护。其次，严格执行限额采伐和林地管理制度，对木材采伐实行全程跟踪服务。多年来，始终认真执行采伐限额制度，从未超过上级下达的采伐指标；对征占用林地严格执行审批制度。先由林业部门做好设计规划，后由专家论证评估，再逐级上报审批，获批准后再实施。此外，积极组织森林公安、林业执法大队对林区进行定期或不定期的巡查，主动开展专项清理排查、整治活动，狠狠打击无证采伐、乱砍滥伐木材、非法占用林地等违法行为。做到发现一起，及时严肃处理一起，决不姑息迁就。再次，狠抓森林防火工作。我们认真落实行政首长负责制，坚持预防为主，积极灭火的方针，建立健全领导机构，组建森林防火专业队和半专业队、森林防火协会，落实防火经费。建立防火巡查制度，做到及时发现，及时处置，使火灾消灭在萌芽状态之中。多年来，我县森林火灾受灾率控制在0.04‰以下。第四，积极开展森林病虫害综合防治工作，采取有效措施严防外来有害植物入侵，林业有害生物成灾率控制在0.8‰，大大低于4‰的防控指标。第五，加大名树名木保护。对全

县树龄100年以上的148株名木古树，全部建立档案，制订管理措施，划定管护范围，落实管护单位、责任人，有针对性地保护古树名木群种。第六，抓好改燃节柴工作，降低资源消耗。我们切实抓好农村沼气项目的实施建设工作，至2014年年底，全县累计建设沼气池6.8万户，沼气入户率达45.3%。沼气建设的推进，改变了农村的卫生状况，也有效地降低了森林资源的消耗。

通过上述举措，有效地保护和发展了我县的森林资源，加快了生态建设的步伐。全国最大的15万亩连片的红椎林基地得到有效保护，一片又一片的面积达56.37万亩的桉树林、42.88万亩的松树林、26万亩的红椎林、15.09万亩的杉木林、35.4万亩的八角林、27.15万亩的荔枝、龙眼林、8.03万亩的竹林随处可见。漫步浦北，到处呈现出一片郁郁葱葱、春意盎然的美丽景象。

作者简介：

温光宝，男，现任广西壮族自治区浦北县林业局局长、党组书记。自1984年9月参加工作起，历任教师，校长，浦北县委办公室副主任，浦北县人事局副局长，浦北县人力资源和社会保障局副局长，浦北县直属工委书记等职。2014年10月至今，任浦北县林业局局长、党组书记。

加快林业产业发展 全力推进生态文明建设

广西壮族自治区贺州市八步区林业局

一、八步区林业资源基本情况

贺州市八步区位于广西东部，地处湘、粤、桂三省（区）交界处，总人口65.5万人，辖12个乡镇、1个瑶族乡和3个街道办事处。全区土地总面积36.85万hm^2，其中林业用地面积29.70万hm^2，占土地总面积80.6%；有林地面积26.62万hm^2，森林覆盖达77.53%；森林活立木总蓄积达2076.4万m^3，年生产商品木材20万m^3以上，2012年林业生产总值30.06亿元，是广西重点林业县（区）之一。近年来，我区先后获得“广西林业产业发展先进县”、“广西林业产业先进单位”、“广西新兴优势产业发展商品林产业一等奖”、“2010~2012年连续三年获得广西林业产业发展十强县”等荣誉称号。

二、八步区林业产业现状

（一）速丰林产业

2003年起八步区区委、区人民政府根据本区的新形势，为了加快我区的速丰林建设步伐，出台了《加快八步区林果发展的实施办法》，在办法中制定了速生桉种苗、奖励、优先发放采伐指标等优惠政策，有效促进了我区速丰林的大发展。截至2012年，八步区累计种植速丰林达70万亩。

（二）油茶产业

2009年八步区被国家列为广西11个油茶产业发展试点县（区）之一，为了贯彻落实自治区油茶产业发展动员会议精神，做强做大八步区油茶产业，推进油茶产业发展，促进农民增收。八步区委、区政府高度重视油茶产业的发展，将发展油茶产业列入八步区政府的重要工作任务。主要做法是：

1. 健全组织机构。八步区成立了八步区油茶基地项目建设工作领导小组，由区人大委员会副主任任组长，区人民政府办公室副主任、八步区林业局局长任副组长，区发改局局长、财政局局长、粮食局局长、林业局分管副局长、扶贫办主任以及各乡镇镇长为领导小组成员，领导小组下设办公室，办公地点设在区林业局，具体负责办公室的日常工作。八步区林业局也成立了以局长为组长的油茶产业工作领导小组，领导小组下设办公室——油茶办，落实7名技术骨干为油茶办工作人员，组织编制全区油茶基地建设规划，总结和推广油茶产业先进管理经验和发展模式指导、检查油茶基地建设工作，做好油茶发展的信息统计，分析和上报工作。

2. 招商推介，龙头企业带动发展。为了加快我区油茶产业的发展，八步区委、区政府进一步强化服务工作，做好宣传，大力招商引资，实行以龙头企业为主营造油茶基地，带动农民种植油茶，引来了众多投资商到八步区投资发展油茶产业。贺州市嘉润置业投资有限公司2010年已在八步区营造了3000亩油茶林，贺州市金泰粮油发展有限责任公司、贺州市富森农林科技有限公司以“公司+基地+农户”的发展模式，在桂岭、莲塘、贺街等乡镇与农户合作种植油茶2000多亩。由于龙头企业的带头发展，同时带动了本地经济能人、群众积极参与种植油茶。目前已有近百人参与油茶产业发展，营造油茶高标准示范林。截至2013年10月，我区完成油茶造林23000亩。

（三）国家木材战略储备基地建设试点工作

我区十二五期间规划发展木材战略储备基地为100万亩，2013年，我区黄洞林场获国家木材战略储备基地林建设任务。9000亩，已完成造林9000亩。我们主要做法是：

1. 健全组织机构。我区已成立了全国木材战略储备基地建设培育项目工作领导小组，组长由区长担任，副组长由分管林业的副区长和林业局局长担任，成员由政府办、发改、林业、财政、审计、纪委等单位组成，领导小组下设办公室。加强宏观决策和组织协调工作。区委、区政府将八步区木材战略储备基地试点项目列入重要议事日程。

2. 完成实施方案的编制。我区根据林业实际情况，及时完成项目实施方案的编制，现项目实施方案已上报自治区林业厅。

3. 开展摸底调查。我局成立项目摸底调查工作队，组织技术人员30多人，到各乡镇及国有林场进行该项目的进一步摸底调查工作，具体调查每个造林地块的地类、种植树种、造林业主、面积等情况。

4. 编写项目设计书。根据摸底情况，为加快项目建设进度，我区边实施项目边开展项目作业设计书的编写工作。

（四）林产工业

1. 林业加工企业情况

我区管辖范围内共有林产加工企业68家，其中规模以上企业4家（贺达纸业公司、东辉木业公司、嘉和木业公司、桂巽板业公司），人造板年产量达35万m^3，其他各种锯材、单板等年产量达15万m^3，年产值达7.34亿元，造纸业年产值2.39亿元，全区林业加工企业产值为9.73亿元。自2006年以来，为加强林业建设，助推林业经济发展，相继建成八桂木材集散中心和大宁木材加工园区2个木材加工园。

2. 木材加工园区建设情况

八桂木材加工集散中心自2008年隆重开工建设以来，已完成1700亩建设面积的三通一平及道路、绿化、亮化等工程，并已完成投入使用。目前，年产15万m^3中纤维板项目和年产10万m^3胶合板项目已竣工投产。年产22万m^3刨花板项目于2013年9月项目正式投产。另外，集散中心拟以招商引资形式引进木地板及家具生产项目。50万m^3人造板生产线建设项目全部建成后产值将达20亿元，创利2.5亿元，创税1.2亿元，并可为当地带来5000个就业岗位，对当地经济及林业发展有着重要的作用。

大宁加工园区自2007年建成投产以来，入园小型企业18家，年产胶合板3万m^3，细木工板1.8万m^3，其他各种锯材、木片4万m^3（t），产值达1.2亿元，为当地带来400个就业岗位。

3. 林副产品加工情况

油茶果深加工：规划在莲塘、步头两镇各建设一个年产5000t茶油综合加工厂。

茶叶加工：以黄洞林场及月湾茶园为依托，扩大开山白毛茶茶园规模，进一步拓展茶产品生产与加工业。

（五）林下经济

1. 森林旅游

八步区森林旅游业发展重点是国营黄洞林场、黄洞瑶族乡、滑水冲自然保护区沿河两岸山脊范围的林地范围，规划总面积13521.91m^2，总投资3.5亿元，初步定名为“两广旅游文化走廊”。以“广西十二种民俗文化”为主线，让游客在323国道进入八步区即体验到广西名族文化的深厚内涵，铺之以中华民族5000年历史的茶文化，水上娱乐、森林生态度假疗养和探险为支线的森林旅游策划主题，开创森林旅游的新亮点。目前，黄洞月湾景区已种植茶叶面积700亩，铺设景区道路9km，住宿及餐饮建筑面积3000m^2，已逐步开发营业。

2. 林下养殖

我区林下养殖主要养殖三黄鸡、巨东鸡、南乡鸭，黄牛，山羊等养殖业，现已带动农户5200多户参与。

3. 林下种植

目前我区林下种植的主要有鸡血藤、厚朴、肉桂、金银花等中药材，种植面积约有2.54万亩，参与农户约6300余户。

三、存在困难与问题

1. 自治区有关木材加工园区建设的优惠政策尚未完全落实。为尽快完善园区的投资硬环境建设，项目前期需要投入大量资金进行土地平整道路，绿化基础设施建设，筹资压力很大。

2. 木材加工园区建设用地指标难解决。有些项目用地手续尚未完全齐备，希望上级加大力度协调相关部门解决征用地问题。

3. 缺乏专业技术人才。随着园区的发展壮大，对企业管理、财务管理、基建工程、木材精深加工等方面的高级专业技术人才非常需求。

4. 木材加工企业规模偏小，受环境影响大。目前全区木材加工企业68家，其中规模以上企业仅4家，由于企业规模小，数量多，加工技术不高，造成对木材的利用率低，资源消耗多，产品附加值低。

5. 国家万亩油茶示范基地建设进度慢。国家万亩油茶示范基地所用的油茶苗实施定点供应，苗木培育需要一定过程，造成油茶苗供应不足，宣传力度不够，群众积极性不高。

四、下一步工作重点

下一步，我区将以项目为总抓手，加快推进林业产业项目的建设，带动全区林业产业的发展。

（一）抓好林业产业重点项目建设

1. 做好做大自然木地板投资5个亿的项目服务工作。

2. 做好与贺州市育森林贸易有限公司投资1亿元的防火胶项目服务工作。

3. 积极推进由贺州市远东林业有限公司与八步区林科所合作开发的贺州市八步区珍贵树种示范基地项目，该项目总投资6300万元。

4. 推进油茶高产示范林基地及茶油综合加工厂的项目建设工作。

5. 积极推进林下旅游产业建设。规划期内新增一处休闲度假区和一处温泉度假旅游区，新建一处主题公园，新增三处生态旅游区，使八步区的森林旅游达7处，成为林业产业三大体系中生态文化建设的重要载体。

（二）林权配套改革试点工作

1. 建设产权交易平台。及时建立完善林权交易中心机构，落实交易中心的5个事业编制，同时要制订相关的交易规程和管理条例。

2. 林下经济。加强与龙头企业的沟通协调，做好服务工作。重点抓好广西灵峰药业有限公司和广西玉林巨东种养集团种植和养殖工作。广西灵峰药业有限公司计划在2010～2015年五年内增加种植面积3.0万亩，增加种植户1500户，预计投资1800万元，进入盛产期后，每年可增收5400万元，每农户增收3.6万元。2014年，广西玉林巨东种养集团将在我区仁义镇计划建设存栏40万套的优质三黄鸡种鸡场、400多亩的原种猪场和年产10万t的饲料厂。到时，将可带动周边约4500户农户参与到林下养鸡、养猪业中，预计产值可达1.5亿元，每户参与农户可得利润1.5万元。

以生态强县 秀美丽仫佬山城

广西壮族自治区罗城仫佬族自治县林业局 吴宗凯

这是一片用文化叙述历史，同样用文化谛造未来的土地。走进生生不息的文化记忆，在远古的时光里，歌仙刘三姐飘然而至，广西歌海也因此从这里逐浪扬波。这里是歌仙刘三姐的出生地，是清朝“一代廉吏”于成龙的初仕地。

蓝天丽日下，秀美山川中，仫佬族图腾凤凰载着厚重的文化自歌自舞，美丽至极。这就是全国唯一的仫佬族自治县——广西罗城。

罗城，位于广西北部，河池市东部，云贵高原苗岭山脉九万大山南麓。全县辖7个镇4个乡，125个村民委16个社区，2719个村民小组，1640个自然屯，居住着仫佬、壮、汉、瑶、侗等12个民族同胞，总人口37.79万人，其中城镇人口6.1736万人。2013年，罗城地区生产总值达36.49亿元，城镇居民人均可支配收入15458元，农民人均纯收入4485元。全县土地总面积265124.2hm^2，林地面积196004.3hm^2。2013年全县森林蓄积量1132万m^3，森林覆盖率67.03%，绿化程度为96.4%，林业生产总值达13.02亿元。

正如歌中所唱，罗城，一个美丽神奇的地方。这里拥有奇特仫佬族风情，这里山青、水秀、洞奇、石美、物丰。

一直以来，在上级党委、政府的正确领导和国家林业局、自治区林业厅的大力关心支持下，罗城县委县政府认真总结过去的林业建设经验，贯彻落实科学发展观，立足本县资源优势，按照“生态林业强县、建设生态文明县城””的发展战略和工作思路，以科学发展观统领生态建设，狠抓造林绿化和林业产业发展。

自治县党委、人民政府主要领导高度重视造林绿化工作，每年亲自带领全县干部群众进行植树造林。特别是2014年，正值罗城仫佬族自治县成立30周年大庆，自治区绿化委员会、林业厅继续开展广西森林城市等系列称号创建评选工作。县委、县人民政府主要领导十分珍惜这次难得机会，利用“县庆”和“创森”这两大契机，全面开展生态文明县城建设。几年来，县政府大力投入发展森林旅游、农业休闲和民俗文化风情等旅游项目，加大对九万山自然保护区、成龙湖公园、城区主干道路树等方面的经费投入和建设管理力度，推进自然保护区和生态旅游景点的规范化建设，努力提高保护区的生态服务功能。城区绿化覆盖面积156.68hm²，绿化覆盖率38.95%，绿地率33.69%，人均公共绿地面积10.26m²以上；单位庭院和小区的绿化率达30%以上；城区所辖村庄村旁、路旁、水旁、宅旁绿化率95%。

街道绿化是城市的绿化血脉。在街道绿化中，罗城坚持道路建设与绿化同步、绿化更新与改造结合，精心规划道路绿化，科学选择行道树种，突出植物配置的多样性，做到建一条，绿一线，美一路，基本形成形成了一街一树、一路一景的园林风格。经过几年的建设，城区主次干道总长度9.86km，宜林地绿化里程9.86km，已绿化里程9.4km，绿化普及率95%。县内骨干河流、道路沿线自然森林景观绿化带已初具规模。

居住小区绿化加快发展。近几年来，城区内单位庭院、居住区、企业厂区的宜绿地全部绿化，50%以上单位庭院、居住区、企业厂区的绿地率达30%以上。同时，加强居住小区内绿化责任管护，走出一条园林绿化建设的新路子。

为建设最佳的人居生态县，罗城坚持以人为本，充分利用自然优势，不断扩展城区公共绿地规模。近几年来，县委、县人民政府加大投入，共建有天然封育成林的罗城公园，集观赏、休闲、健身、娱乐等功能为一体的成龙湖公园2处，总面积均达10hm²以上。

华灯初上，沿着环城大道，一路来到城区三角绿化休闲地、西门河边仫佬族风情街、商贸小广场、民族文化广场等休闲地。休闲广场浓浓绿意扑面而来，大妈们欢快的跳着广场舞、孩子们快乐的嬉戏打闹；河岸过上垂柳依依，人们悠闲地散步。繁忙工作之余，公园、广场、街头绿地，已成为人们理想休闲之地。

县城绿树成荫，村屯美景如画。走入村庄，这里山青水秀，民族风情浓郁。城区所辖村庄有19个，村旁、路旁、水旁、宅旁宜绿化面积已基本绿化，集中居住型村庄绿化覆盖率31.2%，分散居住型村庄绿化覆盖率达23.4%。

让城市充满绿意，辛勤的罗城人都在不断的努力着。近几年来，全县广大人民群众认真履行植树造林义务、积极参加亮化环境、美化家乡活动，每年完成义务植树均在60万株以上，参加人数10万人次，尽责率达95%。同时，加强对全县现有218株古树名木的管理，目前，管理规范，档案齐全，保护措施到位。

山青水秀美“罗城”，营造“蓝天、青山、碧水、绿树、花香”的生态绿色家园，已成为每个罗城人共同的心愿。如今，放眼“仫佬山乡”，山山岭岭满目绿色，充满生机。罗城县城，城在林中，道在绿中，美在画中。开展森林县城建设，功在发展、德在惠民、意在和谐、志在长远。随着经济社会加速发展和城市化的加速推进，相信，在县委、县政府的正确领导下，通过全县人民的共同努力，罗城一定会拥有一个更加美好的明天！

加强林业生态建设 打造绿色生态兴宾

广西壮族自治区来宾市兴宾区林业局 廖文荡

2014年以来，我局以深入开展党的群众路线教育实践活动为载体，紧紧围绕“绿色生态兴宾”建设目标，积极履行部门职能，大力实施造林绿化，加强森林资源管理，严格林业执法，努力提高林业科技服务水平，各项林业生态建设进展有序并取得明显成效。

一、2014年林业经济发展情况

（一）工作目标任务完成情况

1. 林业经济建设。完成林业总产值48.4亿元，完成率101%。完成林业固定资产投资11.7亿元，占市级下达任务11亿元的106.4%。完成人造板产量27.5万m^3，占市级下达任务23.5万m^3的117%。完成木材加工和造纸总产值19.2亿元，占市级下达任务14.5亿元的132.4%。全区花卉总产值达1.66亿元，占市级下达任务1.65亿元的100.6%。全区林下经济产值达2.6亿元，占市级下达任务2.5亿元的104%。

2. 植树造林。完成植树造林总面积8.1万亩，占市级下达任务4.5万亩的180%。完成全民义务植树192万株，占市级下达任务160万株的120%；完成“千万珍贵树种送农家”活动苗木赠送30万株，占自治区下达任务30万株的100%；完成“绿满八桂”工程之村屯绿化22个，超额完成自治区下达的5个绿化任务；完成“绿满八桂”工程通道绿化10km（国道G322线石陵镇全来－凌冒段），占自治区下达任务的100%。

3. 沼气池建设。完成新建农村户用沼气池800座，占市级下达任务800座的100%。

4. 木材产量。完成商品材采伐蓄积量35.6万m^3，占市级下达任务37万m^3的96.22%，预计全年可完成37万m^3，占任务的100%。

5. 森林生态效益补偿项目。2014年，我区纳入中央和自治区财政森林生态效益补偿面积99.92万亩，补助金额总任务1459.17万元。目前已完成发放1329.7万元，补偿基金兑现率91.1%，超过自治区下达的86%的兑现目标任务。

6. 森林防火。2014 年全区共发生森林火灾 2 起，过火面积 14.63hm^2，受害森林面积和森林受害率均为零，控制在上级下达责任指标 0.4‰以内。

7. 山林纠纷案件调处。2014 年来共接待来信来访 26 起，接待来访人员 87 人。正式立案调查 11 起，协助市林业局调处跨市跨县林地权属纠纷案件 7 起，办理区领导包案督办化解信访积案 7 起，调结并答复信访人案件 15 起。

8. 涉林案件查处。共立涉林刑事案件 22 起，破刑事案件 14 起，依法逮捕犯罪嫌疑 6 人，刑事拘留 15 人。查处林业行政案件 45 起。

（二）主要工作措施

1. 实施“绿满八桂”工程，助推经济绿色增长。一是加大宣传力度，特别是鼓励干部职工、经济能人回到自己家乡组织宣传发动群众积极开展绿化造林，提高群众对造林绿化重要意义的认识，不断增强群众的主动性意识；二是把造林绿化工作摆上重要议事日程，采取领导分片包干，将任务层层分解落实到各乡镇、村屯，落实到具体责任人；三是提前做好规划，特别是邀请各级林业勘测设计院对“绿满八桂”工程指标任务进行高起点规划；四是积极解决建设资金，在自治区项目资金没到位的情况下，经过公开招投标，鼓励中标经济能人自行先垫资实施，为项目的顺利实施争取主动。

2. 开展农村沼气建设，改善农村居住环境。一是高度重视农村沼气建设工作，把农村户用沼气池建设列为增加农民收入、为民办实事的重要内容来抓。二是组织能源技术人员深入农户施工现场检查指导农民技术员施工，在项目户完成“一池三改”建设后，逐户进行检查验收，在确保建设进度的同时也保证了建池的质量。三是抓加强沼气服务体系建设，组建了多支沼气专业施工队为各项目户提供沼气池施工、“三改”建设和灯炉灶具安装等技术服务。

3. 积极创新工作思路，推动经济快速增长。一是加快林地经济发展。继续抓好珍贵树种送农家活动，大力发展降香黄檀、柚木、香樟、沉香木等珍贵树种经济林，通过发展珍贵树种种植，促进群众增收致富。二是大力发展林下经济。以打造城厢乡格兰林场林下经济示范点为重点，辐射带动全区实施发展林下经济“千万林农千元增收”工程，采用林药、林菌、林牧、林畜等多种模式，实现立体综合开发，加快兴林富民步伐。三是建设绿化苗木和花卉基地。2014 年，我们以基地建设和工程造林为依托，采取订单育苗和商品化供苗的方式，整合现有育苗资源，建设连片种苗生产基地，确保造林苗木本土化和培育优质壮苗，提高了林业经济效益。同时，我们继续以城区、凤凰镇、迁江镇、三五乡为重点，不断扩大花卉基地规模，逐步推进农村种植业转移，促进了群众增收致富。

4. 加强森林防火工作，保护森林资源安全。一是落实森林防火行政首长负责制，区政府与各乡（镇）、街道、国有林场签订了《护林防火目标责任书》，确保了护林防火工作责任得到全面落实。二是加强宣传发动，2014 年来共发放宣传资料 4 万余份，制作永久宣传牌 15 块，到乡镇、村、组书书写防火宣传标语 3000 条，出动防火宣传车 35 台次。三是加强基础设施建设。主要是完善地理信息管理系统、购买风力灭火机 20 台、连体消防阻燃服 80 套。由于措施得力，森林防火各项工作落到实处，2014 年来无重特大森林火灾及伤亡事故发生，确保了全区森林资源的安全。

5. 开展林业综合执法，巩固生态建设成果。为维护森林资源安全，巩固生态建设成果，我局在全区范围内组织开展林业综合执法专项行动。2014 年来，共出动执法队员 800 多人次，车辆 200 余台次，开展流动执法检查 67 次，检查木材运输车辆 326 台，收缴违法运输木材 300 多 m^3。

6. 加强山林纠纷调处，确保林区和谐稳定。一是加强宣传，教育群众。充分利用多种形式广泛宣传有关的法律法规和相关政策，教育群众知法守法。二是落实责任，加强督查。对排查出来的山林纠纷进行全面分析，对每一宗案件落实包案领导，包案责任人，规定调处期限。三是注重方法，积极化解。坚持“民间协商、行政调解”为主的原则，耐心细致地做好群众的思想工作，力求协商解决。

7. 深入开展“双万”活动，解决群众实际困难。积极到联系点五山乡开展植树造林、沼气池建设、计划生育、社会稳定、山林纠纷调处等工作，特别是给予五山乡扶持计生工作经费 1 万元，通过加大对五山乡联兴、止马、腊烛等村屯实施村屯绿化、沼气池建设、村屯道路硬化等项目，有力助推“美丽兴宾·清洁乡村”活动的开展。

8. 加强安全隐患排查，提高安全防范能力。一是成立安全生产大检查工作小组，坚持每月开展一次安全生产大检查。二是发放木材生产加工安全和年度核查告知书 6000 多份，通过广泛宣传，提高了木材经营加工企业安全生产意识。三是加强安全生产教育培训，使各木材经营加工企业牢固树立安全发展理念，不断提高安全生产技能。四是与木材经营加工企业签订木材经营（加工）遵纪守法承诺书，落实安全生产责任。通过坚持开展大检查活动，强化安全生产基层管理、基础管理和源头管理，使全区木材经营加工企业安全生产保持良好的发展势头，2014 年全区没有林业安全生产事故发生。

（三）工作亮点

1. 打造兴宾区生态林业科技示范园。示范园位于城厢乡格兰村凤凰山林场，于2012年12月开始筹建，经营总面积2300亩。主要是通过引进先进设备、优质种源、先进技术和先进管理经验打造来宾市、兴宾区生态林业科技示范园和集休闲旅游、生态保护为一体的凤凰山森林公园。2014年3月，示范园已完成总体规划并通过专家评审。目前，示范园已完成投资1800多万元，其中市林业局和兴宾区林业局投资450万元，凤凰山农林种植场投资1350万元。示范园内林木种类繁多，基础设施逐步完善。目前已完成种植速生桉用材林2000多亩，优质高产油茶180多亩、坚果30多亩，黄花梨等珍贵树种35亩。同时引进了八月桂、白玉兰、洋紫荆等20多品种绿化苗木，种植完成180多亩。引进了西洋杜鹃、也门铁、橡胶榕、栀子花、文竹、月季等20多个品种盆栽花卉进行试验性培育。建设完成生产生活房屋2栋、拦河大坝、10KV电力设施、50m^3生产用水池、3000m水管网供水灌溉系统、6km园区路网，2500m^2日光温室大棚及挡土墙等基础设施。建设完成生态休闲羽毛球和篮球球场各1个、健身器材10套、休憩小亭6个、休息石桌椅等生态旅游工程。示范区内目前在建高23m瞭望台（观光楼）1座（已完成主体工程建设过半）、园区道路2km，并同步进行示范区景观改造、绿化美化及生态停车场等工程。

2. 打造兴宾区木材加工园区建设。园区选址在兴宾区石牙乡莲花水库尾的石牙乡林场内，规划建设总面积2300多亩。石牙乡政府所在地到林场已修通水泥路，国土部门已同意使用规划部分土地，目前正在开展园区水、电、路等各项基础设施建设。经前期积极推介宣传，广西源康投资有限公司决定进驻园区开办木材加工厂，该公司已向我局提交申报办厂相关材料，待审核合格后即可办理经营加工许可证并可实现进驻园区。

3. 抓好澳洲坚果示范种植工作。市政府提出要求我区5年内要发展澳洲坚果面积达10万亩以上的林产业发展工作目标，我局现已落实2014年发展示范基地（良江镇肉牛场、良塘乡北合生态旅游景区、寺山乡大河村、城厢乡格兰林场科技示范园、二沟水库）面积约4500亩，预计2015年初可完成示范点的种植工作。

4. 开展违法违规占用耕地造林植树清理活动。2014年度，全区有违法违规占用耕地造林植树面积共计7804.6亩，其中2013年2月前占用耕地植树面积4441.69亩，2013年2月后占用耕地植树面积3369.23亩。活动开展以来全区累计清理面积3214.25亩，清理比例95.4%；累计补偿面积2678.02亩，补偿比例76.1%；退林还耕用于种植甘蔗的面积495.5亩。

5. 开展国家湿地公园建设项目申报工作。根据国家林业局有关湿地公园发展建设工作精神，经实地勘查调研，我局定于2014～2015年申报一个国家湿地公园建设项目。项目拟选址在七洞乡、良塘乡和城厢乡北之江流经区域，规划建设总面积5000亩，计划重点打造集现代农业科技示范、生态旅游、休闲、观光为主体功能的湿地公园。项目申报成功后，在近5年内国家林业局将有1000万元左右的基础设施建设投资，将为我区招商引资开展旅游建设项目提供平台，带动旅游事业的发展，增加当地居民的经济收入。区政府已同意由我局作为主体进行申报此项目，目前正在开展前期规划设计工作。

6. 打造迁江镇老梅沟森林公园。迁江镇老梅沟水库森林公园位于迁江镇新桥村委境内，水库库区总面积约900亩。2014年以来，我局组织老梅沟水库承包方已投入300万元在此建设集绿化林木基地、水产养殖基地、特种养殖基地为一体的乡村休闲旅游山庄。水库库区内现有桂花树、玉兰树、椿芽树、榕树、杨柳树、棕榈树以及芒果树、扁桃树等多样树种，种植面积约150亩；有猪、牛、羊、马等多品种的牲畜，年存栏数超过1800头；还还饲养有罗非鱼、草鱼等多品种水产品，全年产量达120t。今后，老梅沟水库库区将进一步扩大牲畜养殖规模，继续种植各种珍贵观光树种以及澳洲坚果等经济林果树，同时开发利用老梅清泉建设饮用矿泉水厂，并将兴建拥有商务宾馆、游泳池、游客接待中心等基础设施齐全的旅游度假村。

二、存在的主要问题

（一）森林资源保护方面

乱砍滥伐树木、乱征滥占林地，乱捕滥猎野生动物、乱采滥挖野生植物等现象时有发生，无证运输、无证收购、无证加工现象依然存在。同时，全区林业行政执法人员较少，执法力量不足，森林资源保护工作有待加强。

（二）山林纠纷调处方面

山林纠纷调处形势严峻，纠纷案件数量出现上升趋势。山林纠纷调处难度大、调处人手不足等问题依然突出，化解矛盾、维护社会稳定的任务还十分艰巨。国有林场周边群众强占林场国有土地的现象很多，形势严峻，同时国有林场职工私自强占林场国有土地的现象也时有发生。

（三）林政资源管理方面

我区地域广阔，辖区内道路四通八达，林政资源管理难度很大。虽然我区历来对破坏森林资源行为都进行严厉打击，但是在巨大经济利益的驱动下，违法占用林地及违法采伐林木的现象仍时有发生。目前，我区乡镇林业工作站由乡镇政府管理，这在一定程度上影响了林业政策的及时传达贯彻到位，同时也影响了林政资源的规范管护。

三、2015 年工作计划

（一）预期目标

1. 完成林业总产值48亿元；完成固定资产投资11亿元；完成林下经济产值2.5亿元；完成木材加工和造纸产值15亿元；完成花卉产业产值1.7亿元。

2. 完成植树造林面积3.3万亩；完成通道绿化（包括高速公路、国道、省道、河流沿岸单边里程）147km；完成“美丽广西·生态乡村”活动120个示范村屯绿化；完成全民义务植树160万株。

3. 新建农村户用沼气池1500座。

4. 完成木材生产量37万m^3。

5. 兑现99.52万亩国家级生态公益林和0.4万亩自治区级生态公益林的补偿。

（二）重点工作安排

1. 以森林资源管护为重点，抓好生态工程建设。一是切实抓好重点工程建设。重点是继续深入实施“绿满八桂”工程和巩固历年退耕还林工程成果。二是切实加强森林资源管理。进一步加大源头治理的力度，规范木材采伐流通程序，重点抓好经营环节管理，提高行政执法效率，严格执行征占用林地年度定额管理制度，全面完成全区森林资源调查工作任务，建立健全森林资源数据库，加强森林资源信息化建设。三是着力加强野生动植物保护。四是切实抓好林业灾害应急防控，重点抓好森林防火、植物检疫和森林病虫害防治，确保森林资源和国土生态安全。

2. 以创建“森林城市”为重点，抓好造林绿化工作。一是明确创建和绿化任务。以科学发展观为指导，突出生态文明建设主题，严格按照“园林城市”、“森林城市”指标体系要求，不断创新工作思路，强化工作措施，加快推进林业生态体系、林业产业体系和生态文化体系建设。二是大力开展植树造林。积极构建“以工程项目为主要依托、以基地造林为主要形式、以社会造林为主攻方向、以产业发展为内生动力、以科学技术为建设支撑”的造林新机制，力争在2015年上半年全面完成植树造林目标任务。三是全面加快城乡造林绿化进程。在高速公路、国道、省道、县道和河流沿岸建设绿化林带，同时对中心城区、各乡镇政府所在地等实施绿化，努力推进城市立体绿化。

3. 以产业园区建设为重点，抓好林业产业发展。一是转变林业产业发展方式，扶持、培育和壮大一批具有带动和辐射作用的林业产业化龙头企业，提升产业集中度，延长产业链。二是加快发展林业产业发展。大力发展特色经济林和林下经济，加快发展生物质能源、油茶产业、森林旅游等新兴产业，做大做强全区林产业基地建设。

四、2015年为民办实事项目计划

1. 农村沼气池建设。年内计划在全区新建沼气池1500座，项目建设计划总投资562.5万元。

2. 森林生态效益补偿。对99.92万亩国家及自治区生态公益林进行生态效益补偿，全区补偿总金额1459万元，经费来源全部为中央和自治区财政补偿基金。

3. 退耕还林工程。兑现2002～2006年退耕还林补助面积5.5万亩，补助总金额740万元，经费来源全部为中央财政补助资金。

扎实推进林业生态建设
不断改善生态环境

贵州省毕节市林业局

自1988年毕节“开发扶贫、生态建设”试验区建立以来，毕节市委、市政府始终坚持统筹兼顾的战略思路，把“生态建设”作为党委政府的核心工作之一，正确处理发展与生态的关系，坚持守住发展和生态两条底线，生态建设取得明显成效，实现了“生态环境从不断恶化到明显改善的跨越”。

一、建设成就

一是生态环境实现从不断恶化到明显改善的跨越。通过实施天然林保护、退耕还林等重点林业生态修复工程，实现了生态环境从不断恶化到明显改善的跨越。1988～2014年，全市森林面积从601.8万亩增加到1862.12万亩、森林覆盖率从14.9%增长到46.2%、林木蓄积量从872万m^3增加到2636.99万m^3，实现了森林资源的持续同步增长；全市水土流失面积从16830km^2减少到11670.3km^2；全市石漠化总面积从2005年的6526km^2下降到5767km^2；通过开展“山水园林宜居城”创建活动，全市完成道路绿化、环城绿化、河道绿化、街道绿化、小区绿化等38万亩，全市城市绿化覆盖率从2007年的9%上升到32.08%。随着全市生态环境的改善，全市基本农田得到有效保护，农业生产条件得到改善，人居环境质量得到提高，为构筑长江、珠江上游生态屏障发挥了积极作用。

二是林业发展对改善民生的作用日益凸显。林业发展带动农民收入大幅度增加。仅2013年，林业产业带动农民人均涉林收入1065元，占农民人均纯收入5645元的20.88%。其中退耕还林补助涉及31.2万农户，户均获得补助4425元；森林生态效益补助和政策性森林保险年补助资金达13277万元。

三是探索出“六个五”林业生态建设经验

①“五子登科”建设立体生态。充分利用山地资源优势，根据山体不同部位的不同特性探索出了“山顶植树造林戴帽子、山腰坡改梯配经果林系带子、坡地种绿肥盖地膜铺毯子、山下多种经营抓票子、基本农田集约经营收

谷子”的“五子登科”立体生态建设模式，实现了山水林田路的综合治理，生态经济社会效益统筹兼顾。

②“五种模式”推进毕节绿化。在实践中探索出先建后补、代种代管、承包造林、企业带动、建设移交“五种模式”，大大激发了大户能人、专业合作组织、企业参与林业生态建设的积极性，克服了长期以来造林主体不明、责任不清的造林难题，补齐了造林资金短缺和林业产业发展缓慢两块短板。

③“五轮驱动”发展林下经济。利用试验区森林资源丰富的优势，采取高位推动、政策撬动、龙头带动、基地推动、品牌拉动“五轮驱动”促进林下经济发展，加快森林资源变资产、资产变资本的“三资”转换进程，促进农村开发扶贫，走向生态得保护、产业得发展、林农得实惠的绿色发展之路。

④“五开治石”防控石漠化。针对不同区域的水土条件、生态承载力和居民生活水平，在石漠化防治中，因地制宜、顺势而为、精准治石，探索出开绿色之源，铺开防治生态被；开产业之源，撬开防治经济阀；开机制之源，解开防治束缚链；开模式之源，凿开防治力量泉；开科技之源，打开防治锦囊袋“五开治石”石漠化防控模式。实现了石漠化区科学、可持续发展。

⑤“五度法则”防控森林火灾。牢固树立森林防火重于泰山的忧患意识，把森林防火工作摆在林业生态建设中的突出位置，在实践中总结出宣传教育抓广度、预警预报抓精度、体制创新抓深度、责任追究抓力度、区域联防抓跨度的“五度法则”森林防火经验，成效明显，连续多年在全省排名前三。

⑥“五改五推”深化林场改革。全市国有林场抢抓机遇，加快改革步伐，通过改革管理体制，推进分类经营；改革激励机制，推进招商引资；改革经营模式，推进产业发展；改革考评制度，推进责任落实；改革机构设置，推进队伍建设等“五改五推”改革，促进了森林资源增长，激发了国有林场活力，提高了林场职工收入，增强了林场发展后劲。

毕节试验区林业工作得到国家和省的充分肯定，2013 年，国务院批复毕节市为“生态文明先行区”；国家林业局将毕节市列为首批“国家林下经济示范基地”，将金沙、织金、纳雍三县列为“全国木材战略储备生产基地”；出台了《关于支持毕节试验区深入推进林业生态建设的意见》（林规发［2013］134 号）。2014 年，国家发改委、国家林业局将毕节市列入全国生态文明示范工程试点范围，纳雍县获得获“中国珙桐之乡”、赫章县获“中国野生韭菜之乡”称号，赫章县河镇乡海雀村和大方县羊场镇穿岩村获“全国生态文化村”称号，海雀村、大方油沙河省级森林公园和纳雍县大坪箐国家湿地公园被评为“贵州省生态文明教育基地”，黔西县金碧镇杨勇种植农民专业合作社和大方县赛时代中药材种植专业合作社获“国家农民合作社示范社”称号。

二、主要做法

1. 坚持把科学发展作为林业生态建设的基本原则。在推进林业生态建设中，坚持从实际情况出发，因地制宜、科学治理，既注重建设速度、又注重质量效益。把生态建设作为治穷脱贫的突破口，与扶贫开发有机结合，开发山上保山下，建设山上促山下。寓开发扶贫于生态建设之中，以生态建设促进开发扶贫和经济发展。着力发展生态林业、民生林业，探索出针对不同区域的水土条件、生态承载力和居民生活水平的封山育林与人工促进主导型、植被恢复与特色产业主导型、森林景观资源开发与生态旅游主导型、水土保持与基本农田建设主导型生态建设综合治理模式，取得了良好的生态、经济综合效益。

2. 坚持把生态修复作为林业生态建设的首要任务。毕节市生态环境建设历史欠账较多，1988 年森林覆盖率仅 14.9%，水土流失严重、生态环境恶化。试验区建立后，毕节干部群众牢记“近期做示范、远期探路子”的历史使命，紧紧围绕“生态建设”试验主题，发扬文朝荣“艰苦奋斗、无私奉献、改变面貌、造福子孙”的崇高精神，大力实施生态修复工程，致力于生态环境的修复重建。1988 年到2014 年，先后实施了中国3356、退耕还林、天然林资源保护、石漠化综合治理等十多项生态建设工程，完成营造林 1900 多万亩，增加森林面积 1200 多万亩，实现了森林覆盖率年均增长 1 个以上百分点的目标。昔日的“荒山秃岭”变成了今天的“青山绿岭”。

3. 坚持把保护资源作为林业生态建设的坚强保障。一是实行森林资源保护和发展目标责任制，坚持把林地保有量、森林覆盖率、造林面积、限额采伐等森林资源保护和发展任务作为工作目标进行考核。二是制定并推行森林防火层级管理制度，将责任层层落实到县、乡、村、组、户，构建了政府统一领导、部门依法监管、林场和基层组织全面负责、社会参与监督的层级管理责任体系，森林火灾受害率远远低于1‰控制指标。三是科学划定并发布林地面积保有量、森林面积保有量、森林覆盖率保有量、公益林面积保有量、湿地面积保有量、石漠化综合治理面积、生物多样性保护 7 条生态保护红线，将其纳入县（区）年度工作目标考核。四是认真贯彻落实省委、省政府森林保护“六个严禁”要求，加强对破坏森林资源违法违纪案件的查处，坚决打击乱砍滥伐林木、乱征乱占林地、破坏野生动物资源等违法犯罪活动。

4. 坚持把发展产业作为林业生态建设的关键支撑。始终坚持寓生态建设于经济发展之中，把林业发展与经济结构调整、扶贫开发和农民增收致富有机结合，统筹推进生态建设和产业发展，同步实现生态改善和民生改善。2007年以来，通过整合林业、扶贫、畜牧、移民等相关项目，采取引资开发、合股经营、部门扶持等多种方式，大力发展特色经果林和林下经济，开发绿色食品，发展生态旅游，促进农村产业结构调整，打造出了中国“核桃之乡”、“樱桃之乡”、“天麻之乡”、“竹荪之乡”等品牌。2014年，已发展经果林364.8万亩、林下经济种养殖90万亩，建设森林公园13个（国家级3个、省级3个、市级3个、县级4个）、湿地公园7个（国家级2个、市级5个），依托森林资源发展“农家乐”300余家。林业总产值达96.8亿元。2013年，农民人均涉林收入1065元，占农民人均纯收入的20.88%。

5. 坚持把制度创新作为林业生态建设的活力源泉。一是深化集体林权制度改革。在完善集体林权制度主体改革的基础上，继续深化林权流转、森林保险、林权抵押贷款等配套改革，进一步盘活林地资源，吸引资金、技术、人才等现代生产要素向农村流动，切实提高林农的生产性和财产性收入。近年来办理林权抵押贷款3515万元；森林保险投保面积1200万亩，保险金额90.75亿元，缴纳保费2722.41万元；流转林地面积10.27万亩。二是建立林业合作经营机制。按照“建一批组织、兴一项产业、活一地经济、富一方群众”的思路，加快发展产业化、经营特色化、管理规范化、产品品牌化、服务标准化的新型林业合作经济组织建设，成立林业专业合作社385个，加入合作社的农户5.84万户，合作社经营林地面积39.85万亩，实现年产值7.9亿元。三是深入推进国有林场改革。提请市委、市人民政府出台了《关于进一步加快国有林场改革发展的意见》，进一步明确国有林场公益性质，扎实推进县级财政全额拨款事业单位管理。同时，以分类经营为突破口，积极推进国有林场管理体制、经营机制、产业发展等改革措施，充分激发国有林场活力。这些改革成果得到了国家林业局的高度赞扬和充分肯定，先后以两期《林业要情》在全国进行宣传推广。四是创新造林绿化机制。改革传统造林绿化机制，在全省率先出台了《毕节市林业生态工程先建后补管理办法》、《毕节市造林绿化施工单位资质认定办法》和《毕节市营造林项目市级验收办法》，提升企业、合作社、大户等参与造林的积极性，促进造林模式多元化，有效规范造林施工队伍管理，提升施工水平。

6. 坚持把队伍建设作为林业生态建设的重要推力。围绕“生态建设”主题，不断加强林业机构建设。近年来，根据林业生态建设事业发展需要，市委、市政府先后批准在市林业局新设防治石漠化管理中心、城市绿化管理办公室、林业改革发展办公室、森林公安局等4个副县级机构、12个正科级机构，新增财政全额预算拨款编制32个。创造性地将12个国有林场全部划定为生态公益型林场，稳定机构人员编制，实行县级财政全额拨款事业单位管理。市委、市政府还明文规定，各县（区）调整林业局领导班子，需征求市林业局党组的意见。机构的稳定和加强，确保了生态建设与造林绿化工作持续、健康、稳定发展。

三、下步工作

在下步工作中，全市林业系统将抢抓机遇、迎难而上，以党的十八大、十八届三中、四中全会精神为指针，认真贯彻落实习近平总书记等中央领导对毕节试验区的重要批示和省委、省政府召开的毕节试验区全面深化改革推进大会等精神，学习文朝荣同志“艰苦奋斗、无私奉献、改变面貌、造福子孙”的优良作风，切实承担起林业在生态文明建设中的保障性作用，加快推进林业生态建设，为全市人民创造一个天蓝、水净、地绿的美丽家园。2015年，力争完成营造林120万亩，其中发展特色经果林65万亩，完成义务植树960万株；治理石漠化面积142km^2；育苗面积1万亩以上。林业总产值达到100亿元。森林火灾受害率、林业有害生物成灾率分别控制在0.8‰和2.8‰以下。森林覆盖率达48%以上，森林面积1900万亩以上，活立木蓄积量2700万m^{3}以上。到2020年，争取森林覆盖率达到52%。重点抓好以下工作：

1. 狠抓重点工程建设，构建完善的生态安全体系。以林业重点工程为抓手，以《毕节市荒山绿化三年行动方案》为指南，着力开展“绿化毕节”行动，加快推进荒山绿化、退耕还林和石漠化治理，不断增加森林资源总量、提高森林质量，筑牢长江、珠江两江上游生态安全屏障。确保用两年时间完成全市194万亩荒山绿化，逐步将289万亩25度以上陡坡耕地实施退耕还林、4000km^{2}石漠化面积综合治理。

2. 加强森林资源保护，构建完备的生态保护体系。扎实开展好森林保护“六个严禁”执法专项行动，确保查处一批大案要案，起到震慑犯罪分子的作用。认真落实林地保护利用规划任务，严格执行森林资源保护发展目标责任制和森林采伐限额制度，严厉打击乱砍滥伐林木、乱征滥占林地等破坏森林资源的违法犯罪行为。建立健全森林资源保护组织、管护网络、效益监测和信息管理体系，搞好森林生态效益补偿。严格执行《贵州省森林防火条例》和《毕节市森林防火层级管理办法》，构建完善的层级管理责任体系，有效预防和扑救森林火灾。加强护林员管护队伍建设，切实落实森林资源管护责任。

抓好重点林木病虫害防治和林业有害生物监测预警，严格控制林业有害生物成灾率。加强自然保护区、湿地、生物多样性保护与建设，保护和改善珍稀、濒危野生动植物栖息地和重要自然生态系统。实现年管护森林1600万亩以上。确保森林火灾受害率低于0.8‰，林业有害生物成灾率低于2.8‰。

3. 加快林业产业发展，构建发达的生态产业体系。加快推进森林资源培育、特色经果林、林下经济、森林生态旅游、林木种苗与花卉产、林产品加工等六大林业产业发展。把林业产业建设与扶贫开发、农民增收有机结合起来，依托、整合林业重点工程，因地制宜发展核桃、板栗、茶叶、樱桃、梨、苹果等特色经果林。以“国家林下经济示范基地”建设为抓手，进一步推进全市林下种植、养殖等林下产业发展，提高林地综合生产效益，促进林农持续增收致富。积极发展森林生态旅游，新建一批市、县级森林公园，以百里杜鹃、大方油杉河、金沙冷水河、七星关拱拢坪、纳雍大坪箐等为重点，打造全国知名的森林旅游品牌，提高毕节森林旅游的知名度和影响力。培育发展花卉苗木产业，逐步形成花卉苗木种植、科技服务、销售服务、运输服务等一条龙的产业化链条。抓好以百里杜鹃花卉产业园、赫章核桃产业园等为主的林业产业园区建设。

4. 全面深化林业改革，构建生态文明建设制度体系。切实按照中央、省委、市委对全面深化改革的安排部署，围绕生态文明先行示范区建设，继续深化“生态建设”试验主题，建立和完善生态文明制度，用制度推进生态文明建设。按照先易后难，先试点后推开的原则，逐步完善生态修复、生态保护和生态补偿三大制度，推进林权制度、国有林场、营林体制、林业执法四项改革，建立生态红线保护、森林资源资产负债审计、森林资源有偿使用、国家公园管理、生态建设产业化发展五项机制。着力解决好林业发展中生态与民生、修复与保护、建设与管理、投资与补偿等方面的制度问题。同时，对原来实施的集体林权制度、国有林场等改革开展“回头看”，查缺补漏，逐步完善，及时调处各类林权纠纷。

5. 加强科研推广工作，构建有效的科技支撑体系。根据全市林业发展的需要，确定科研和推广方向。将科技与林业发展深度融合，实现林科教结合、产学研互动，加大林业科技成果转化、咨询培训；加大营造林技术、良种育繁推、设施林业和林产品精深加工的技术研发和引进推广。推行科技特派员制度，把市、县、乡三级林业科技人员作为科技特派员配置到林业生产第一线，深入基地、园区、企业、村组开展科技服务。

6. 切实改进工作作风，构建强有力的林业保障体系。持续、深入开展党的群众路线教育实践活动，认真贯彻落实中央关于改进工作作风、密切联系群众的相关规定，以“照镜子、正衣冠、洗洗澡、治治病”为总要求，切实解决林业工作中存在的“四风”问题。以习近平总书记“崇尚实干、狠抓落实”的要求为总要求，在工作中沉下心来，把各项林业工作抓好落实。加强基层调研，以为民务实的作风帮助基层林业单位和广大林农解决实际生产中存在的难点、热点问题。加快作风转变，严格公车使用和管理，严格执行有关接待工作规定。加强反腐倡廉教育和廉政建设，以清廉务实的作风，不断完善群众办事流程和制度，建立办事高效、运转协调、行为规范、清正廉洁、服务热情的机关管理体系。

加强生态建设　促进国土绿化

贵州省凯里市林业局　白渝丰　吴国智

凯里市山青水秀，景色迷人，被誉为“苗岭明珠”，是国家28个重点林区、41个“绿城”之一。全市国土面积1306km^2，城市规划面积248km^2，其中建城区面积27.2km^2，城区绿地总面积979.2hm^2，绿化覆盖率43%，绿地率36%，人均公共绿地11.3m^2；建镇制绿化率44.98%，村绿化覆盖率51.69%，人均公共绿地率5.6m^2。全市林业用地面积73916.58hm^2，有林地面积69578.35hm^2，森林覆盖率达53.28%，比1992年增加25.25个百分点，平均每年增加1.48个百分点。

长期以来，特别是十八大以来，凯里市委、市政府高度重视国土绿化及保护工作，把国土绿化及保护工作与生态文明建设紧密结合，充分发挥林业在可持续发展战略中的重要地位、在生态建设中的首要地位、在西部大开发中的基础地位和在气候变化中的特殊地位的作用。以建设绿色大凯里为核心，按照国家级旅游城市、绿化模范城市、森林城市、园林城市的标准全力抓好林业工作。经过不懈努力，凯里市城镇绿化和山地绿化成效显著，生态环境和谐优美。先后荣获“中国优秀旅游城市”、“全国防沙治沙先进集体”、“全国封山育林先进单位”、“全国绿化先进集体”、“全国绿化模范市”等省部级荣誉称号。

一、全民参与　形成护绿兴绿的新氛围

重视与考核是绿色发展的基础。凯里市委、市政府按照大环境决定大发展的思路，把生态建设与经济建设结合起来。做好林业生态安全建设，把国土绿化工作作为创建生态文明城市的主要内容和提升城市品位的有效途径。国土造林绿化专题会议常规化，对绿化工作实行一把手负责制和政府目标责任制，与各部门、单位层层签订责任状，每年年终纳入考核。

全民参与、行业支持，是绿化工作的根本保证。任何一项工作的推广和落实都离不开广泛的宣传。充分利用广播、电视、报纸、网络等媒介宣传和报道绿化工作动态，做到了家喻户晓、人人皆知，使植树造林护林成为全社会的自觉行动。同时，把国土绿化宣传工作与“文明城市”主题创建和争创

“全国绿化模范市”工作有机结合起来。据调查统计，目前凯里市的公民绿化意识率达93%以上，2012年以来共有适龄公民153万人次参加全民义务植树活动，植树450万株，面积1600hm^2，全市义务植树尽责率为96.88%，建卡率97.2%，营造了共青林、青年林、律师林等义务植树基地35个。

二、多措并举　构建绿色大环境

规划先行，形成多层次的景观效果。绿化造林，规划先行。注重景观改造，实现造林绿化的观赏功能、美化功能，将全市的造林绿化作为一项宏伟的建设工程，从生态景观美学的角度进行规划，实现高标准设计、高水平建设、高效能管理。营造出良好的生态环境和优美的环境景观，既保持了生态功能又突显景观功能的多效益森林生态系统。

大力植树造林，国土绿化成效显著。以石漠化治理为重点，以改善和优化生态环境为目标，抢抓机遇“封、造、管、节”并举，大力实施天保、退耕、石漠化等林业生态重点工程。截至目前完成人造林35662.9hm^2，其中封山育林23200.5hm^2，人工造林12462.4hm^2，完成退耕还林2933hm^2，造林保有率达88%以上，水土流失面积从2000年的53250hm^{2}减少到5589.6hm^2。落实天保工程管护4580503hm^2，森林覆盖率达56%，每年增长一个百分点，森林蓄积237m^3，实现了三个同步增长。

注重道路、江河水库两侧沿线绿化，营建绿色长廊。凯里市十分重视公路、铁路沿线造林绿化，并且不断提高绿化效果，形成了一条条的绿色长廊，实施并完成了“凯麻绿色长廊”的造林绿化建设。实现造林面积168hm^2，绿化面积559hm^2，绿化率96.38%，其中江河、湖库宜绿面积全部绿化；铁路、高速公路、国省道公路、县乡公路已绿化面积1650hm^2，绿化率94.04%。

加快推进城区园林绿化，提高城市品位。凯里市城区绿化与城市建设坚持“三个同步”的原则，即“同步规划、同步建设、同步发展"，并做到“规划一片、建设一片、绿化一片”，努力实现社会经济、城市建设与环境建设协调发展。按照国家森林城市、园林城市的标准采取占绿退绿、拆迁增绿、见缝插绿等方式，提高城市绿化覆盖率。重点抓好城市广场和公园及绿化小区建设，建成苹果山、罗汉山、石仙山公园，启动小高山22km^{2}综合大型公园建设，目前全市建成区绿地达2102.67hm^2，城市绿地率达36%，绿化覆盖率43%。

新农村建设为载体，构建城乡绿色一体化。近年来，凯里市结合新农村建设，建示范点20个，以点带面抓好城郊和镇、村绿化工作，启动城郊环城绿化带建设，使城郊森林覆盖率达66.27%，绿化率96.86%；全市建制镇绿化覆盖率达44.98%，村绿化覆盖率51.69%，人均公共绿地5.6m^2。

加强法规建设，加大执法力度，依法治林治绿，形成绿化工作的法制保障。凯里市结合造林绿化的实际，先后出台了《关于坚决制止挖沙采石毁坏风景林木的紧急通知》、《凯里城区风景林管理规定》、《凯里城区绿化管理办法》、《凯里城区绿化管理规定》、《凯里市古树名木保护办法》等文件，加强对森林资源和城市绿地的保护和管理，实行依法治林，依法治绿。

加强对现有森林资源的保护和病虫害防治和监测，建立对全市森林资源管护网络体系。不断加大林业行政执法工作力度，依法加强林地保护、森林防火、野生动植物保护等工作，采取各种专项行动，严厉打击各种破坏森林资源的违法犯罪行为，实施依法治林，守住生态底线。

正确处理生态保护与林业产业发展的关系，使林业在农村经济收入中的比例逐步提高。农林富，青山在。保护青山绿水，发展是关键。凯里市委、市政府把林业生态工程建设与产业发展有机结合起来，选择经济、生态两适宜的树种，大力发展产业基地。制定了林业产业扶贫三年行动计划，全力开展林业扶贫攻坚。同时，全程参与现代农业园区建设、大力发展林下经济、开展森林生态旅游。通过招商引资，扶持技林产加工业，使全市林业综合实力逐年提升。目前林业产业基地蓝莓、核桃、杨梅、葡萄等产业基地7万亩，林业固定资产2013达4.6亿元，林业产值7.1亿元，每年增长25%，林业在农业收入的比重中逐步提高。

落实林业惠民政策　促进林业生态建设

西藏自治区贡觉县林业局　索朗罗布

为推动我县生态文明的建设和林业工作健康蓬勃发展，我局在缺少资金和科技支持的情况下，结合我县实际情况，改革创新政策机制，充分调动群众参与林业生态建设的积极性，现将开展工作情况汇报如下：

一、认真落实各项惠民资金，激发群众爱绿护林意识

近年来，随着天保工程、中央生态效益补偿基金项目、退耕还林等工程的实施，林业各项惠民资金让全县农牧民群众切实得到了实惠，让广大群众在造林、护林过程中增加了收入，群众参与造林、护林的积极性空前高涨。每年4~5月份，群众自发到县林业局申请领取树苗开展造林绿化，推动了我县乡村绿化的进程。

二、政策倾斜，充分调动群众的积极性

在鼓励群众植树造林方面，我局对造林积极性高的群众给予政策倾斜，有群众需要种植林木时，我局技术员在在考察其选择地域是否宜林后，对宜林的，免费为其提供苗木和技术支持，在苗木成材后，群众可以选择伐取成材后再进行补种；也可选择采集树种，由我局进行收购。栽种树木所得收益全部归群众所有。城乡绿化工程中，根据年度计划，为乡（镇）、村、寺庙免费提供苗木，并提供技术指导，对投劳群众给予一定误工补助；列入县重点的以造林苗、绿化苗繁育为主的苗木繁育基地，林业局解决建圃时所需种子和种苗，后期优先收购本县苗圃产出的合格苗木。在提高群众育林积极性的同时，也提高的我县生态文明的建设。

三、以群众增收为突破口，推动经济林建设

我县三岩片区山高谷深、交通闭塞，群众生活条件较为艰苦。但当地气候宜人，适合发展经济林木种植，尤其是当地核桃每年更是供不应求，近年来群众发展经济林木种植的呼声很高。因此，我县结合实际，在金沙江沿岸

六个乡大力推广经济林木种植，每年免费为该区群众提供种苗和技术帮助，在当地建设水果园和核桃种植基地，优化林业产业结构，改变群众“靠山吃山”的旧貌，为保护当地脆弱的环境和群众增收打下坚实的基础。

四、健全管护模式，加强森林资源保护

实行“护林员＋联户”的管护模式，在天保一期管护人员的基础上新聘续聘护林人员928名，落实联户管护2934

户，调整充实了护林员队伍，将责任落实到山头、地块。在护林队伍的日常管理中，一是落实任务，签订合同，严格考核，兑现奖惩。二是加强了护林员队伍建设，制订了管护制度，强化了责任意识，提高了管护质量。三是加强督导，定期不定期进行巡查，确保护林员在岗、在作为。通过实行“护林员＋联户”的管护模式，一方面扩大了管护资金的覆盖面，使更多的群众能够享受到党的惠民政策，自觉参与到森林管护工作中，摆脱了“少数人得益在管、多数人无益在看”的尴尬局面；另一方面将所有林区户纳入到森林管护工作中，把森林的砍伐者变成了保护者，群众参与乱砍滥伐等破坏森林资源的行为少了，同个别破坏森林资源的不法分子作斗争的自觉性提高了、凝聚力增强了，林政案件的发生率大幅下降，确保了资源安全。

打造万顷绿地 推进生态发展

西藏自治区南木林县林业局 次仁加布 李钉钉 张维江

2013年，在自治区、地区各级领导的重视下，在南木林县委、县政府多方协调下，积极争取各类资源，做大做实项目，提出三年内将该项目建设成为生态环境改善示范区、增强自我“造血”能力样板区、特色产业发展先行区的工作目标。目前，生态示范区已初具雏形，生态效益、社会效益和经济效益正在逐步显现，成为自治区生态林业建设中的一大新亮点。

一、项目背景

在南木林县南部，雅鲁藏布江与湘河在此交汇，沿雅鲁藏布江北岸由西向东至孜东河，由雅鲁藏布江、湘河、孜东河等河流冲击形成近80km^{2}荒滩，巨大的鹅卵石和风化后的细沙覆盖整个区域。

（一）解决生态环境恶化需要

每年秋冬季节，整夜的狂风在空旷的荒滩上形成巨大的沙尘暴，极大地影响了周边农牧民生产生活；同时，砂石沿河道随风移动，危及湘河流域艾玛、卡孜、多角、秋木等半农半牧区乡镇农田安全，农田荒漠化程度加剧，固沙治沙工作迫在眉睫。

（二）化解人多地少矛盾需要

南木林是西藏第二人口大县，截至2013年年底，全县共有1.37万户8.37万人（其中农牧民8.1万人），而耕地稀少，人均耕地仅为1.4亩，人均耕地较少成为影响提高农牧民生活条件的重要因素。

（三）建设生态南木林的需要

近年来，由于高原的生态环境脆弱，过度放牧、滥垦草地等造成草地荒漠化加速，环境恶化严重。为响应建设美丽西藏的号召，保护和构建国家的生态安全屏障，发展和推进现代林业建设成为林业工作新的战略目标。以根本转变林业增长方式为主线，全力构建完善的林业生态体系、发达的林业产业体系、繁荣的生态文化体系，充分发挥林业的生态效益、经济效益和社会效益，以满足社会的多样化需求。生态示范区内的林业生态建设是对该区域历史与文化的一种保留与传承，是为建设“美丽中国，美丽西藏，美丽家园”

贡献力量，是建设生态南木林的需求。

（四）上级部门的大力支持

根据自治区林业厅藏林字［2013］443 号文件精神，南木林县生态示范区内艾玛岗作为“两江四河”流域造林绿化工程启动地，同时也是2014 年全县的重点项目。在艾玛岗绿化造林工程实施过程中自治区人民政府、地委、行署，以及县委、政府高度重视，自治区副主席边巴扎西同志、自治区林业厅雷厅长，自治区人大常委会副主任地委书记旦增朗杰、地委副书记、行署专员张洪波专员，地委副书记、行署常务副专员赵志远同志以及区林业厅地区林业局的领导多次亲临检查指导工作，并作出了重要指示，特别是边巴扎西主席就生态示范区建设做出 6 条重要指示，针对性、可操作性强，①南木林县雅江北岸综合生态示范区植树造林产权为完全国有，性质为国家重点公益林，任何时候都不能变。②南木林县雅江北岸综合生态示范区不能作为资产入股、抵押。③南木林县雅江北岸综合生态示范区国家全额控股，严禁其他任何投资介入。④南木林县雅江北岸综合生态示范区造林工作由地区林业局指导，县林业局管理。⑤南木林县雅江北岸综合生态示范区造林工作要让当地群众参与，群众受益。⑥南木林县雅江北岸综合生态示范区林地资产不能做为县政府资产，或其他任何投资公司的资产。

基于以上种种原因，县委、县政府决定利用好雅江北岸地势平坦、拥有丰富水利资源等相对较好的自然条件，进行大规模连片荒滩地改造，实施综合生态示范建设，将闲置荒滩转化为经济优势，改善生态环境，惠及百姓民生。

二、项目实施情况

雅江北岸生态示范区作为全县生态建设主战场，是全县是加快科学发展、实现我县经济跨越式发展的生力军。自项目开始以来南木林县委、县政府高度重视生态示范区项目，举全县之力推进项目建设。

（一）前期准备工作

2014 年完成土地平整 8000 余亩、客土 18 万余方，排沟式挖坑 1.3 万余亩、建成生产道路 9.6km、建成 $200m^3$ 的发酵池 2 个；备农家肥 $1314.6m^3$、定购有机肥 207t、定购生根粉 2.824t，采购油饼 16752kg。在卡孜、艾玛等乡镇雇佣民工 5500 余人次，投入装载机 700 台次、挖掘机 1500 余台次；大小车辆 400 余台次。计划建设水渠 18.7km，根据实际情况，请专业设计单位进行了设计，共修建水渠 33km，投资 777 万元（不包括设计费），于 2013 年 12

月10号开工建设，目前已全部完工并投入使用。项目工程建设中得到了县水利局的大力支持，渠系设计由县水利局组织专业人员完成，并选派专业技术人员进驻第一线指导渠系作业，现场监督作业质量和工程进度。

（二）苗木准备工作

苗木定购计划的制定与合同的签订：为切实做好雅江北岸生态综合示范区建设苗木采购工作，确保苗木栽植不受影响，准确掌握市场行情，保证采购苗木符合要求，专门成立雅江北岸生态综合示范区建设苗木采购验收领导小组，组织专人汇同日喀则行署林业局相关人员于2014年1月2日至11日到拉萨、山南、日喀则实地考察，根据《南木林县2014年度重点区域生态公益林建设工程造林作业设计》和《2014年雅江北岸生态示范区建设实施方案》，结合我县的实际情况，制订苗木定购计划。于2014年2月13日我局会同地区林业局、纪检组、县纪检委、县财政局在地区林业局与青海乐都、曲水生态园林绿化、易容商贸等多家公司签订了苗木合同。本次定购苗木共59万余株，主要树种为：新疆杨、榆树、柳树、藏川杨等。同时我县苗圃出沙棘等部分苗木，保证造林的用苗需求。

2014年3月10日开始，苗木陆续运抵造林点，苗木抵达后我局第一时间组织专人会同地区林业局森林防治站相关人员严格按照合同要求对苗木进行现场检验，保证栽植苗木均符合合同规定，在苗木验收过程中严格执行植物检疫要求，严把质量关。发现病虫害苗木等不符合质量要求的苗木2.5万余株并全部退回。

（三）植树造林情况

1. 春季造林。为了保证造林的用水，不发生与农牧民灌溉冲突，我县植树造林从2014年3月12日开始，到4月18日基本结束，共完成苗木栽植60余万余株，主要树种为：新疆杨、榆树、柳树、藏川杨、沙棘等。在造林作业中我县集全县之力，由主管林业的副县长刘俭同志全程带队，同时县人大副主任占堆同志会同卡孜、艾玛、南木林镇等五乡镇抽调五位科级领导干部在现场分片负责民工造林作业。本着：一是加强组织纪律，在造林工作中林业局负责同志要切实发挥监管作用，所有参加造林人员严格落实“早八点、晚八点、中间休息一小时”的作息时间，无双休日。领导干部及林业局工作人员要严格落实“三同”制度，做到与农牧民同吃、同住、同劳动；二是强化督导，严把质量关，在造林绿化中，县林业部门充分发挥职能作用，切实加强对植树造林的技术指导，严把规划设计关、苗木质量关、挖坑标准关、栽植技术关和浇水培土关；三是明确责任，细化分工，各片区负责人以植树造林工作作为重中之重，各小班负责同志做好人员分工，明确责任专人专责。造林工作结束后我局组织专人对造林地苗木发芽情况进行了调查。经调查发现，2014 年所种植的苗木中柳树、榆树 99% 已发芽；新疆杨有 99% 已发芽，其余树种均已发芽，发芽率达到 99%。就目前统计情况来看，2014 年苗木发芽率较高，也充分的体现了我局造林质量迈上了一个新的台阶。

2. 雨季造林。在 2014 年 6 月下旬雨季来临之际，我局迅速组织人员开始雨季造林，现已完成造林 3 万余株，包括沙棘 2 万株，榆树 1 万余株。

（四）管护队伍的建立

严格按照“三分造林七分管理”的要求，为了保证 2014 年造林成果每年投资 40 万元，连续三年支付管护人员工资，招收专门的管护人员进行管护，同时在造林地块进行网围栏建设。由我局牵头负责从附近的村庄中招收 30 名村民，成立了一支专门的养护队伍，每人每月基础工资为 800 元，并实行绩效工资，绩效工资为 500 元，以保证树木的后续管护工作顺利开展，保证“造一片保一片，种一片活一片”。

三、生态示范区产生的效益

（一）生态效益

通过生态示范区人工造林项目的实施，近几年秋冬季节沙尘暴次数明显减少，影响范围明显较小，树木涵养水源、固沙治沙效果初步显现，氧气含量、空气湿度加大，生态示范区内形成特有的更加宜居“小气候”。生态示范区的建设为绿化西藏、美化环境，特别是两江四河植树造林做出贡献，从而进一步提高该区域的森林覆盖率，森林资源质量明显提高，进而有效地改善生态环境，增强生物多样性恢复和保持能力，减少自然灾害造成的损失，具有明显的生态效益。

（二）社会效益

生态示范区的建设，充分发挥和体现了科技兴林战略的重要作用，小环境的营造为发展经济林和林下经济创造了有利条件；对促进经济快发展、大发展，并带动周边区域经济社会发展，加快社会主义新农村建设步伐，加快小城镇提档升级的步伐，创立物质基础，促进了民族团结和社会稳定。在项目实施过程中，本着“造福周边百姓”的原则，植树的农工，机械均来源周边百姓和村庄，一个多月的植树活动为周边百姓人均增收 3000 元，推动了项目区人口、经济、社会、生态、资源和谐发展；同时，生态示范区内产业项目的建成投产，将提供更多的就业工作岗位，为转移农村剩余劳动力，增加农牧民收入创造条件，具有显著的社会效益。

四、经验总结

认真总结雅江北岸生态示范区建设实践，探索新时期西藏林业工作的新方法新途径，对于全方位做好当前和今后的生态建设具有重大现实意义，雅江北岸生态示范区项目成功实施，归结起来就是“三个始终坚持”。

（一）要始终坚持解放思想

生态建设之初，大多是从具体绿化工程、项目开始，而现在则需要进一步解放思想，以“两江四河”绿化造林工程为契机，重视长远设计、总体规划，提升科学化水平。植树造林的最大核心问题是如何提高存活率。我们应该突破传统思维，提高农牧民的生态意识，加强保护宣传和执法力度，从当地资源能源禀赋及经济发展基础条件出发，因地制宜，打造优势的林业生态项目区，将其做成系统工程，可创收工程。

（二）始终坚持群众路线

在发展经济的基础上不断提高人民生活水平，是党和国家一切工作的根本目标，也是林业工作的出发点和落脚点。生态示范区的建设离不开周边百姓的参与，在建设过程中始终把保障和改善民生放在突出位置，坚持以人为本，坚持走群众路线，了解群众所思所盼，解决群众实际困难，将当地群众的当前利益与长远利益相结合，局部利益与全局利益相结合，努力使周边群众在参与建设的过程中得到实实在在的、可持续的好处，过上更加幸福美好的生活，让周边农牧民在家门口获得更充足就业岗位、更满意的收入、更可靠的社会保障、更舒适的居住条件、更优美生活的环境。

（三）严把造林质量关

造林质量的好坏关系林业建设的成败。生态示范区造林作业过程中我局高度重视造林质量工作，把提高造林质量作为立业之本，提出“严管林、慎用钱、质为先”的指导方针，严把规划设计关、苗木质量关、挖坑标准关、栽植技术关和浇水培土关。

五、存在的问题

1. 每亩造价过低，造成项目施工过程中投入不足，后期管护资金短缺。

2. 科技支撑十分薄弱，专业技术人员缺乏，先进林业技术应用率和科技贡献较低，教育培训、科技推广工作还不能满足生态示范区造林工作的需要。

3. 项目建设前期准备工作于冬季进行开始，而作业设计在11月初进行，这给项目前期工作带来了很大的不便。

4. 水利基础设施薄弱，造林地立地条件较差，造林难度大。

目前，雅江北岸综合生态开发区建设项目目前已经是在自治区有名、在地区叫得响的项目，下步要通过进一步整合各类资源、推动项目建设步伐、加大基础设施投入力度，使生态示范区各类承载功能进一步提升，建成自治区的生态系统良性循环典范项目、样板工程，成为318国道沿线最亮丽的风景线之一。

推进生态建设　保护森林资源

西藏自治区达孜县林业绿化局　唐　忠　何晓红

我国是一个少林的国家，植树造林、绿化祖国是我国的一项基本国策。林业既是保护农业和人民生活生存环境的长期事业，又是为国民经济提供能源、原材料的基础工业。近几年，我国加大了森林绿化的力度，同时加强了森林资源的保护与管理，我国森林资源正在得到逐步的恢复和发展。林业作为国民经济的基础产业和重要的社会公益事业，为人类生存提供了必须的基础性资源，处在维护地球生命、改善人类生存空间的生态环境建设的主体地位，在可持续发展中发挥着无可替代的保障和支撑作用。林业产业的建设与发展，是促进林业科学发展的重要举措，是我国在经济社会各项事业快速推进阶段、建设生态文明成为全面建设小康社会奋斗目标的新要求对林业工作做出的一项重要战略部署，林业产业发展的速度和质量，直接关系到本县区生态环境建设的成败，为此，加快林业产业发展，建设生态家园，促进经济社会可持续发展，已成为时代赋予林业系统干部职工的历史使命。

一、我县森林资源保护成果

我县在实施了生态林业的建设政策以来，进一步改革了林业发展的体制、林业分类经营的机制。另外，从多方面对森林资源进行了保护和发展，我县森林资源增长迅速，森林资源覆盖率逐年提高。在县委、政府的领导下，在上级业务部门的支持下，始终把“生态建设产业化，产业发展生态化”作为工作目标，始终把促进林业可持续发展作为主旋律，始终把鼓劲、引导、解惑释疑作为工作原则，牢牢把握国家林业的宣传方针，紧紧围绕全区、全市林业工作重点，不断探索和创新工作思路，全方位、多角度全力推进新闻宣传。

根据2014年3月20日国家林业局森林资源二类调查资料显示：达孜县国土总面积136095.250hm^2，林地面积61532.000hm^2，活立木总蓄积量140588m^3，其中森林蓄积量136385m^3。全县森林覆盖率30.38%，林业绿化率41.3%。新增公益林（地）面积24587.367hm^2，占生态公益林（地）面积42.45hm^2。

二、主要做法

保护发展森林资源，确保拉萨生态环境良好，是我县当前和今后一个时期生态文明建设的重要任务，也是推进跨越式发展和长治久安的一件大事。

1. 领导重视，专人负责。县委、县政府对植树造林工作给予高度重视，每年春季都召开全县林业工作会议，全面总结年度林业绿化工作的同时，对当年的植树造林工作进行了再安排、再部署。我县根据区、市林业工作会议精神，结合本县造林面积的实际，植树工作以“树上山”、“造一片、成一片”、“巩固成果”为重点，并调整充实了我县林业绿化工作领导小组。全县上下统一了思想认识，实行了分管领导具体抓，各部门密切配合、上下联动、形成合力，层层落实责任，保障了我县植树造林工作的顺利开展。

2. 明确任务，分片落实。制订各年度植树造林实施方案，将任务明确分解到各乡镇和部门，并由林业绿化局技术人员包乡具体负责造林技术服务工作，每个作业区都指派有护林员负责管护、灌溉。县采购办（县纪检委、财政局、后勤服务中心）协同我局，本着公开、公平、公正的原则，对所需采购苗木、网围栏、水泥柱子的品种、规格、质量、价格监督把关。检查组对各乡镇的植树造林各阶段工作进行检查验收和督促工作。

3. 封造并举，推进培植。为加速我县林业生态培植轨范，积极试探有用的生态培植新模式。一是对有封育前提的宜林地和林中空位，采纳宜封则封，宜造则造，恢复森林植被。二是对生态功能低下的疏林地，进行合理补植，严酷封育，改善林分结构，慢慢提高生态功能。三是对郁闭度低于0.5以下的林分，实施冠下造林。

4. 进一步提高林业产业的质量和效益。通过大力发展苗圃建设，促进我县林业结构战略性调整上升到更高层次。加快乡村小型苗圃的发展，积极推进造林绿化苗木产业，拓宽农民就业渠道。

5. 大力发展名特优新品种，提高名优品种比例，实施品牌战略，突出区域特色，发挥区位优势，使全县经济林逐步走向规模化、良种化、优质化、标准化、产业化，努力实现新时期经济林的跨越式发展。总体思路是：一改、二调、三提高，即改造现有低产、低质、低效老果园、老果树；调整经济林结构，树种比例，调整全县总体布局；提高质量、提高效益、提高产业化程度，带动发展一批生产基地。2014年在全县范围内开展3134株水蜜桃、苹果等果树种植、金银花种植、葡萄产业建设。

6. 建立促进农民收入持续增长的长效机制。认真贯彻落实党和国家关于促进农民增收的政策规定，不断增加对林业和农村的投入，发挥国家政策对农民增收的导向和带动作用，充分调动农民自主创业和增收的积极性。

三、对森林防火工作的重视

以维护生态安全为重点，认真做好森林防火工作。以森林防火隔离带建设为总抓手，层层签订《森林防火责任书》，完善防控措施，有效防止了森林火灾的发生。近几年来，我县未发生森林火灾，森林防火形势良好。一是强化森林防火基础设施建设。二是健全森林防火网络。三是建立森林火险预警机制。重点防火期内，县森林防火指挥部及时确定防火戒严期，发布戒严令，县森林防火指挥部办公室及乡镇防火值班室在防火期内实行24小时值班和领导带班制，县消防队和乡镇半专业森林消防队全部到岗在位，一旦发生森林火灾，能迅速出动，实施扑救。四是加大野外火源管理力度。森林防火高发时期，以乡镇为单位组织护林员进山巡查，在重点区域、重要地段等主要进出道口设立临时火源检查站，做到违章就纠，把火源堵在山下林外。成立了达孜县森林防火指挥部办公室，人员组成以达孜县林业绿化局为主。排查督导组组长由县人民政府常委副县长担任，副组长由县林业绿化局局长担任，分组排查由乡（镇）长带队。要把森林防火、火险隐患排查作为林业绿化工作全局性的重大任务，安排好、落实好。

四、野生动物保护及救助工作开展情况

年初至今，我县在全市范围内无任何救助资金的情况下，共救助黑颈鹤7只，秃鹫5只，斑头雁2只、赤麻鸭1只、岩羊1只、狼及狼崽3只、蛇1条、猫头鹰2只、鹰4只、白骨顶1只、林麝1只等野生保护动物，经精心治疗救助伤愈后已放归自然。

五、浅议我县在森林资源保护方面的有效对策

1. 加快森林资源的培育，保障森林资源数量。我县森林资源保护的重点是要加快森林资源培育。通过加大营造林力度、强化森林资源品种的培育，来增加森林资源的总体数量。

2. 通过森林资源由传统林业向现代林业转变，来实现林业的可持续经营，保障森林资源。

3. 充分挖掘森林资源的生态效益，通过合理经营、协调发展来保护森林

资源。

4. 通过加强森林资源保护的监管，来实现森林资源的持续发展。

5. 通过加强森林灾害的防控能力，建立林业重大灾害突发事件的应急反应机制，来有效保护森林资源。

6. 林业部门加大宣传力度，形成广泛的社会影响力，提高群众护林意识。

近年来，我县林业建设工作取得了一些成绩，得到了上级业务主管部门的肯定，得到了社会的认同。在今后的工作中，我们将全面落实科学发展观，切实做好生态建设、森林防火预防，为建设“生态达孜，绿色达孜”，保护好生态环境，实现林业可持续发展做出新的更大的贡献。

提高森林质量和生态服务功能 构建西藏生态安全屏障

西藏自治区昂仁县林业局　次仁卓拉　次　吉

一、自然地理概况

昂仁县地处日喀则地区中北部，冈底斯山脉中段，雅鲁藏布江上游。地理位置介于东经85°76′~87°75′，北纬29°45′~31°02′。东靠谢通门县和拉孜县，南邻聂拉木县和定日县，西接萨嘎县和措勤县，北连申扎县。全县土地总面积3.96万km^2，县政府驻卡嘎镇，三面靠山，一面临湖。

昂仁县属于雅鲁藏布江谷地，地势由东向西逐渐抬升，海拔4500m至6300m的山峰达80余座。全县地形可分为三个阶梯：海拔4600m以上，岩体裸露，多不生长植物，不少山体呈红、黄、蓝、白、紫等色彩；海拔4400m至4600m，山脉阳坡生长着爬地柏或少量杂草，阴坡则大面积覆盖着草本植被，河谷平原地多为草场，是本县的主要牧业基地，大型草场如贡久布草坝、措迈草坝、桑桑草坝等；海拔4400m以下，主要为农业生产基地，即六个农业乡所在地。因岗底斯山脉东西横贯，县域地势中部较高，南、北部稍低。

昂仁县属于高原温带半干旱季风气候区，境内有两大气候带：一是东南河谷地带，为温暖、少风、半干旱气候，年平均气温4.5℃，年平均降水量400mm左右；二是西北高山地带，为多风、寒冷、半干旱气候，年平均气温在4℃以下，年平均降水量300mm左右。东南与西北的气候垂直变化比较显著。

昂仁县境内主要河流有雅鲁藏布江、多雄藏布江和梅河，雅鲁藏布江流经日吾其乡、多白乡、卡嘎乡等乡（镇），境内河段长252km；多雄河发源于切热乡，流经桑桑镇、卡嘎乡、秋窝乡、达局乡等乡（镇），境内河段长396km；梅曲河流经亚木乡、达局乡等乡（镇），境内河段长108km。除三条主要河流外，北部还分布着发源于岗底斯山呈南北走向的十余条小型河流，均属于内陆河，汇入境内各湖泊中。全县湖泊众多，主要有拉日南木错、打加错、莫臣人错、母错、尼阿错、昂仁错等湖泊。

昂仁县境内土壤主要包括高山寒漠土、高山草甸、亚高山灌丛草甸土、干旱河谷灌草丛褐土等。独特的气候条件，蕴育了高原特有的自然植被群落，形成了高山草原草甸和高山草甸草场，这些草场面积大、草质好、产量高，是发展牧业的优质牧场，灌木树种以小叶杜鹃占优势，多呈斑、块状分布，河谷地有小块状人工杨、柳、沙棘林分布。

二、经济社会特征

昂仁县属半农半牧县，是全区25个主要产粮县之一，也是日喀则地区第二大牧业县，县政府驻地卡嘎镇雪村，距日喀则地区行署驻地217km，距西藏首府拉萨市474km。219国道横穿县境南部。

三、林地资源特点

1. 天然灌木林地面积大，人工林（地）面积少

全县林地总面积为69957.77hm^2，在全县有林地总面积中，天然林面积占92.8%；人工林面积仅占0.5%。且人工林面积主要为近年实施的退耕还林和重点区域造林，主要造林树种为杨树、沙棘，柳树。造林树种单一，且林分质量不高。

2. 国有林地面积大，集体林地少

在全县林地总面积中，国有林地占林地总面积的比例达到99.5%，其中：国有林地主要为天然林地，主要是灌木林。由于当地自然条件较差，营造林成本高、成效差、收益低，在一定程度上制约了农牧民投资发展林业的积极性。

四、林地保护利用成效

1. 林地面积增加，林地保护初见成效

到2009年，随着国家西部生态资源的重视，林地保护初见成效。一是积极开展人工造林，自2000年以来，先后通过实施退耕还林、重点区域造林面积、拉萨市周边造林等造林工程。二是切实加强封育管护，结合退耕还林、生态公益林等工程建设，通过深入宣传、落实责任、明确目标、加强巡护等手段和措施，强化封育管护，取得显著成效。通过封育管护，使部分灌丛草地、荒滩裸地成为灌木林地或乔木林地。三是强化林地保护，在切实加强全县征占用林地审核（批）管理的同时，狠抓了对毁林开垦、乱采滥挖等破坏林地资源行为的打击和整顿，有效地保护了林地资源。

2. 重要区域林地资源得到有效保护

至2009年，有效地保护了生态区位重要以及生态环境极其脆弱区域的林地资源，维护了区域森林生态系统的平衡和稳定，拯救了濒危物种，维护了生物多样性。

3. 森林覆盖率提高，生态状况进一步改善

至2010年国土资源二次调查结果分析，全县森林覆盖率（含国家特别规定的灌木林地）达到1.8%，较1999年提高0.1个百分点，部分灌草丛和宜林地逐步演替转化为灌木林地，全县整体生态状况得到进一步改善。

五、林地保护利用存在的问题

1. 自然环境条件非常差，森林植被恢复难度大

昂仁县地处日喀则地区中北部，冈底斯山脉中段于雅鲁藏布江谷地，地势由东向西逐渐抬升，海拔4500m至6300m的山峰达80余座。全县地形可分为三个阶梯：海拔4600m以上，岩体裸露，多不生长植物，不少山体呈红、黄、蓝、白、紫等色彩；海拔4400m至4600m，山脉阳坡生长着爬地柏或少量杂草，阴坡则大面积覆盖着草本植被，河谷平原地多为草场，是本县的主要牧业基地；海拔4400m以下，主要为农业生产基地，即六个农业乡所在地。在局部宽谷和盆地区域，也多以卵砾石土、碎石土和亚砂土为主，土壤石砾含量高，保肥蓄水能力差。受温带半湿润高原季风气候的影响，境内年均降雨量仅为400.9mm，年均蒸发量却达到1359.6mm，且境内气候差异大，小气候变化显著，冰雹、干旱、雪霜等自然灾害时有发生。恶劣的自然环境，给森林植被恢复带来非常大困难，森林植被一旦遭到破坏，将很难在短时间内得到恢复。

2. 营造林技术较落后，林地利用效率低

由于受自然环境和立地质量的影响，全县大部分区域人工造林的难度都很大，不仅成本高，且成活率、保存率很难得到保证，加之目前营造林技术较为落后，全县营造林成效受到极大影响，林地利用效率极低，大部分人工造林成活率不高，保存率低，且林木长势较差，林分质量不高。应从造林树种选育、苗木培育、造林地选择、整地植苗、抚育施肥、营造林模式、封育技术等环节入手，切实加强营造林技术的研究、探讨和推广应用，提高营造林质量，提升林地利用效率。

总之，西藏作为青藏高原的主体，有着独特的中低纬度的高寒环境，高原生态环境下形成的森林植被具有生长期短和生态安全阈值幅度窄的特点，

生态系统在受到较小的外界干扰破坏后，就难以恢复，生态系统在总体上表现出显著的脆弱性特征，是全国乃至世界范围内生态环境最为脆弱的地区之一。全球气候变暖趋势已经对西藏自然生态系统产生了一系列负面影响，有关研究表明，1961～2007年，西藏地区年平均气温以每10年0.32℃的速率上升，明显高于全国和全球的增温率。气候变化导致冰川退缩、贮量减少，高原冻土下界上升、冻融消融作用加强，进而诱发林地退化、土地荒漠化等问题。科学编制昂仁县的林地保护利用规划，对加强西藏生态安全屏障建设，维护国土生态安全具有十分重要的意义。

一是西藏生态安全屏障建设的具体行动。森林是陆地生态系统的主体，在维护国土生态安全、维护生物多样性、防止水土流失和土地石漠化具有重要的作用。昂仁县地处雅鲁藏布江下游，国土面积占西藏自治区总面积的2.35%，在西藏生态安全屏障建设中具有极其重要作用。随着人口增加，交通、能源、水利等各项基础设施建设的不断推进，区域脆弱的生态系统也将受到一定冲击，林地面积减少，野生动植物生境“片段化”、“岛屿化”等问题将逐步显现，并将对区域生态安全构成一定威胁。因此，科学编制林地保护利用规划，采取相应措施维护林地资源的总量动态平衡，强化科学经营，提高森林质量和生态服务功能，为构建西藏生态安全屏障做出积极贡献。

二是建设平安、和谐西藏的客观要求。自西藏和平解放六十年来，在中央政府的重视和全国人民的支持下，西藏各族人民经过努力奋斗，不仅使西藏的社会面貌发生了翻天覆地的变化，而且在生态建设与环境保护方面取得了举世瞩目的成就。如今的西藏，不仅经济发展、社会进步、人民安居乐业，而且山川秀美、河流清澈，动物多样、植物繁茂，成为名副其实的“香格里拉”。

尽快摆脱落后面貌，迅速走向现代化，是西藏社会进步与发展的必然要求，也是西藏各族人民的强烈愿望。昂仁县地理环境特殊，生态环境脆弱，严格保护和科学利用林地资源，增加森林面积，提升森林质量，维护区域森林生态系统的完整性及良好的调节能力，改善生态环境，确保生态安全和经济、社会、生态的和谐统一、协调发展，是昂仁建设平安、和谐社会的客观要求。

三是生物多样性保护的必然选择。昂仁县境内建立以黑颈鹤为主要保护对象的湿地保护区1处，野生动植物资源丰富，生态区位重要，是西藏生物多样性资源保护的重要组成部分。但是，生物多样性保护与地方经济建设存在一定矛盾，水利、交通等基础设施建设，对野生动植物栖息地的不断侵蚀和切割，对生物多样性的保护将造成一定影响。通过进一步明确林地保护范围和等级，制订相应的政策和措施，协调好经济建设与生物多样性保护的关系，是保护生物多样性的必然选择。

四是应对气候变化，促进节能减排的需要。全球气候变暖已成世界各国共同关注的问题，如何处理好经济发展和节能减排的关系已成为目前必须面对的现实问题。森林是陆地最大的储碳库和最经济的吸碳器，在应对气候变化和间接减排方面具有无可比拟的优势和作用。西藏独特的气候特征、地理位置和多样的生态系统以及丰富的森林资源，是亚洲乃至北半球的气候变化调节器。但是随着经济社会的快速发展，能源消费量也将日益增长，节能减排的压力势必逐步加重。除了要调整经济结构，转变增长方式外，应充分发挥西藏森林在间接减排中的重要作用。通过严格保护和科学经营利用林地资源，增加林地和森林面积，提高森林质量，提高森林固碳和净化大气的能力，为充分发挥西藏在全球应对气候变化中的作用做出积极贡献。

走生态化之路　发展生态普兰

西藏自治区普兰县林业局　王俊华

为深入贯彻《中共中央国务院关于加快林业发展的决定》的精神实质，习近平总书记十八大以来系列重要讲话精神和陈全国书记重要讲话精神，紧紧抓住国家西部大开发战略的机遇，结合党的群众路线教育实践活动为契机，本着因地制宜，统筹兼顾，合理布局，利民富民的总体思路，通过造林绿化，恢复和增加灌木林植被，重点治理城镇周边、公路两旁和孔雀河沿岸的风沙危害，维护生态安全，发展"生态普兰"的目标，在普兰县委政府的正确领导下，结合普兰县林业局工作实际，加快打造"阿里生态园林城市"，创建"全国文化旅游名县"的步伐，普兰县林业工作始终坚持"三点一线"绿化造林（多油村—普兰县城—科加村）和"阿里小江南绿色生态屏障"的指导思想，保护环境与经济发展，是当今普兰县林业工作的重点，树立新的生态意识，寻求新的发展战略，走生态化之路已是林业发展的大趋势，可持续发展战略是我国实施的两大战略之一，而可持续发展是一种以自然资源为基础，以生态环境保护为前提，实现人与自然、人与人的协调，达到自然——经济——社会系统的健康发展与繁荣。

一、林区概况

（一）地理位置及行政隶属

1. 地理位置

普兰县地处阿里地区西南部，喜马拉雅山南侧的峡谷地带，地理位置介于东经80°27′~82°30′，北纬30°00′~31°13′。东邻日喀则地区仲巴县，东北接革吉县，西北上依噶尔县，下靠扎达县，西南与印度毗邻，南部与尼泊尔以喜马拉雅山为界。地处中、印、尼三国交界地带，边境线总长414.75km，有通外山口21条，其中东南部与尼泊尔接壤，边境线长319.70km。县城位于孔雀河畔，海拔3936m，为阿里地区海拔较低的边境县城。全县国土面积为1319404.550hm^2，占阿里地区总面积的5.50%，占西藏自治区总面积的1.30%。

2. 行政隶属

普兰县隶属西藏自治区阿里地区，普兰县辖普兰镇、霍尔乡、巴嘎乡 3 个乡（镇），辖 10 个行政村（居委会）。

（二）自然条件

1. 地形地貌

普兰县地处阿里高原的南部边缘，地势南北偏高，中间地带自北向南偏低，平均海拔 4500m，地貌为高山深谷，地势西北高东南低沿孔雀河上游向下游倾斜，境内山脉连绵，峰峦叠嶂，县内最高山峰为东北部的纳木那峰，海拔 7718m，最低处为南部的马甲藏布出境处，海拔 3320m。

2. 气候

普兰县属于典型的高原亚寒带季风半干旱气候，气温偏低，降水量少，日照充足，年平均日照时数 3640hm^2，年平均气温 -0. 6℃ ~6. 7℃，年无霜期约 150 天，年平均降雨量 174. 2mm，年平均蒸发量 2471mm，年平均风速 3. 2m/S。普兰县冬季寒冷，夏季温凉，空气稀薄，气候干燥，具有明显的高原大陆性气候特征。

3. 河流水系

普兰县内有马甲藏布水系和玛旁雍措水系。其中，马甲藏布水系是外流水系，横穿县境，常年不断，流往尼泊尔，境内长 110km，流域面积 3020km^2，平均流量 9. 6m^3/S，年径流量 3 亿 m^3，主要支流有章节河、多油河、赤德曲、加兴曲、科迦纳瓦隆巴曲、西德龙木河等。冈仁波齐和纳木那尼峰周围发育的冰川是几条大河的发源地，也是玛旁雍错和拉昂错的水源补给地。主要内流河有扎藏布、足马龙河、萨磨河、那曲等，内流区域面积 8700 余 km^2，玛旁雍错湿地保护区四面向外为四水之源：东面是马泉河，北面是狮泉河，西面是象泉河，南面是孔雀河。以天国中的马、狮、象、孔雀四种神物命名的这四条河，分别又是南亚著名的恒河、印度河、萨特累季河和雅砻藏布江的源头。玛旁雍措平均水深 46m，蓄水量达 200 亿 m^3，河长 71km，流域面积 861km^2，是世界上高海拔地区少有的巨大淡水湖之一。

4. 土壤

普兰县土壤的垂直分布极为明显，从河底至麓地带沉积有八级阶地，耕地及恢复弃耕地分布于一至三级阶地上，土地类型以灌淤土，耕种草原土、耕种草甸土和潮土等为主，大致沿孔雀河河床呈平行带状分布，耕种土壤熟化程度高，含砾量很少，理化性能良好，土层深厚，一般为 50cm 以上，保水保肥，且耕地连片，有机肥平均量 1. 2% ~5. 8%，土壤潜在肥力较丰富，但速效磷的含量较低，平均含量分别为52～152PPM和2～20PPM。

5. 植被

普兰县内有苔藓植物3科4属7种，种子植物38科119属287种，其中，裸子植物1科1属2种，被子植物37科118属285种。植被有沼泽被、水生植被、高寒灌丛、高山草原（草甸）等植被类型。

（1）沼泽植被：有海韭菜群落、高山蒿草群落、青藏苔草、细叶西伯利亚廖群落等。

（2）水生（沉水）植被：主要有细叶眼子菜群落等。

（3）高寒灌丛：有变色锦鸡儿群落、垫状金露梅群落。

（4）高山草原（草甸）有紫花针茅群落、沙生针茅群落、紫花针茅、高山蒿草群落、青藏苔草、赖草群落等。

6. 野生动植物资源

普兰县有脊椎动物5纲20目44科77属100种，其中鱼纲2科3属7种；两栖纲1科1属1种；爬行纲2科2属2种；鸟纲12目27科51属65种；哺乳纲5目12科20属25种。

列入国家I级重点保护的动物共8种，其中：鸟类4种，为金雕、胡兀鹫、玉带海雕、黑颈鹤；哺乳类4种，为雪豹、西藏野驴、野牦牛、藏羚羊。列入国家II级重点保护的动物共16种，其中：鸟类10种，为鸢、大鵟、草原雕、秃鹫、高山兀鹫、猎隼、红隼、藏雪鸡、雕鸡、纵纹腹小；哺乳类6种，为棕熊、水獭、猞猁、藏羚羊、岩羊、盘羊。

（三）社会经济概况

1. 人口及民族

普兰县辖1镇（普兰镇）、2乡（霍尔乡、巴嘎乡），9个行政村、1个居委会，52个村民小组。全县常住人口0.92万人。民族以藏族为主。

2. 国民经济状况

据普兰县2012年统计资料：全县生产总值达到14744.10万元，同比增长13.00%。其中，第一产业完成3532.75万元，同比增长15.70%，第二产业完成2500.00万元，第三产业完成8711.35万元，同比增长16.52%。县级财政收入1052.00万元，增长74%；农牧民人均收入4776.70元，同比增长15.00%，其中，现金收入占60.00%以上。

3. 交通及通信

据普兰县境内有国道（219）195km，省道（217）108km，乡村道路341km，另外有口岸公路80km，边防公路330km，总里程1054km。其中，实际通车里程只有670km，等级公路340km。全县9个行政村和一个居民委员会中有2个村未通公路，52个村民小组中有10个组未通公路。

全县2个乡1个镇均开通了程控电话，有手机信号，县城有邮电局和移动、联通、电信等公司营业厅，部分边境村组无手机信号，能通卫星电话。

4. 能源建设情况

据2013年资料统计，全县现有水电站3座，年发电量370kw，使用太阳能135.5kw，太阳能用户836户，修建沼气池465个，沼气用户465户，建液化气站2座，使用煤气灶1333个，使用节能灶465户。能源建设发展较快。

二、林业建设发展现状

普兰县林业局于2007年正式成立，2008年提升为正科级单位，现在岗职工14名，其中管理人员5人，公益性岗位人员5名，驾驶员2名。林业本科专业人员2名，大专4名（其中林业专业3人），中专及以下文化6名。为了加强资源管护，各乡镇都设有管护人员和野保员，负责辖区范围内的护林防火和野生动物保护工作，全县有重点公益林管护人员635名和野保员23名。管护队伍得到充实。

近年来普兰县林业局不断加强林业生态建设，先后实施了生态公益林建设、退耕还林工程、重点区域造林等林业生态工程项目，生态公益林每年补偿资金达887.65万元，人工造林从无到有，人工林资源面积达到470.560hm^2，项目造林取得了较好的成绩，生态环境得到改善，林业经济在国民经济中所占比重逐渐增加。

普兰县林业工作始终坚持“三点一线”和“阿里小江南绿色生态屏障”的指导思想，依托防护林工程、天然林保护工程、退耕还林项目、森林生态效益补偿基金等林业重点工程，加大造林绿化和资源保护工作力度，从公路沿线造林入手，多油——加庆——科加作为绿化重点，全面推进生态环境建设，全县林业工作步入持续、高效、良性发展轨道。

三、玛旁雍措湿地自然保护区和野生动物保护宣传工作

根据中央第五次西藏工作座谈会建设生态安全屏障的会议精神，《西藏自治区湿地保护条例》等相关文件及法律法规，进一步强化措施，切实加强湿地管护工作。在加强法制宣传、加强对管护人员的培训方面加大力度，细化方案，落实工作目标和责任。目前，玛旁雍措湿地总面积71440.22hm^2，其中

各类沼泽湿地面积1531. 24hm²，占湿地总面积的2. 14%；永久性淡水和咸水湖在内的湖泊湿地总面积69485. 74hm²，占湿地总面积的97. 26%；永久性河流和季节性河流湿地面积423. 25hm²，占湿地总面积的0. 60%。

2013年7月至8月通过中央电视台4套、14套及10套，从电视宣传保护湿地的重要性，玛旁雍措湿地自然保护区参加了《美丽中国湿地行》栏目，被评为中国最美湿地；通过广播电视宣传从很大程度上让群众认识到保护湿地的重要性和必要性。

在自治区和阿里地区林业部门的关心和帮助下和普兰县林业局工作人员的努力下，为了加快普兰县野生动物保护和建设工作，促进经济社会协调发展及人与自然和谐，加大保护力度。积极加强法制宣传，在全县开展法制宣传的契机，大力宣传了《野生动物保护法》、《西藏自治区湿地保护条例》等法律法规，同时加强对野生动物保护人员和护林员的培训工作。

从5月19日开始，由阿里地区林业局牵头，普兰县林业局组织，安排护林员和野保员20人对巴嘎乡和霍尔乡重点区域藏羚羊迁徙路线进行管控和巡山工作，并安排专人对湿地自然保护区的疫病监测向自治区进行日报告。

2014年10月份通过银行兑现2013年野保员工资共计23人55200元。

2014年8月份开始普兰县林业局联合县公安局为巴嘎乡和霍尔乡农牧民群众排忧解难，驱赶混入家畜的野牦牛20头；2014年4月份兑现2012年普兰县野生动物肇事补偿资金222030元。2013年和2014年野生动物肇事补偿资金至今未到位。2014年处理各类肇事2件。

2014年普兰县一镇两乡宣传玛旁雍措湿地自然保护和野生动物保护，共计宣传农牧民群众辐射面达600余人次，普兰县林业局工作人员宣传4次12人，发放宣传册790余份。

四、森林资源特点与评价

普兰县通过实行封山育林、封山限牧等森林保护措施，同时通过退耕还林、重点区域造林等工程项目建设，全县森林资源较快增长，生态成效较为显著，森林资源特点与评价归纳起来主要有以下几个方面

（一）生态建设成效显著，森林资源稳步增长

近几年来，普兰县加快林业建设步伐，加大林业生产投人，通过实施分类经营，加强对生态公益林的管护，对公益林禁止采伐，同时通过封山限牧等措施，切实保护森林资源，森林植被得到有效恢复，森林资源稳步增长。全县林地面积增加72323. 590hm²，灌木林地面积增加58926. 148hm²，人工林

资源从无到有，现有人工林资源470.560hm^2。全县森林覆盖率达到19.47%，林木绿化率达到19.48%，按可比口径，林木绿化率比2002年的15.86%增加3.62%。森林资源明显增长。

（二）森林资源以灌木林为主，乔木林所占比例较小

全县森林面积256895.599hm^2，其中灌木林地面积256644.148hm^2，占林地面积的99.90%，乔木林面积251.451hm^2，仅占0.10%。森林资源以灌木林占绝对优势，乔木林所占比例较小。灌木林优势树种（组）以变色锦鸡儿、金露梅为主，两者面积达242654.834hm^2，占灌木林面积的94.46%。

（三）人工林资源发展较快，工程造林成效初显

间隔期内，普兰县通过加强森林资源培育力度，增加森林资源数量。在重点区域造林、退耕还林造林等工程项目的带动下，推进义务植树、部门绿化和社会造林，使全县的造林绿化工作上了新的台阶，取得了明显成效。人工造林从无到有，现有人工林资源面积470.560hm^2，占林地面积的0.17%；人工林资源蓄积量3244m^3，占活立木总蓄积的66.72%；人工乔木林总面积251.451hm^2，人工造林快速发展。

近十年来，普兰县林业工程累计实施面积922.687hm^2，其中人工造林保存面积434.849hm^2，保存率73.784%；成林面积215.740hm^2，成林率36.606%；未成林造林地面积219.109hm^2。人工林多分布于农田和乡村居民点附近、河流湖泊沿岸，为全县的农田防护林网建设、乡村生态环境改善以及水土流失治理将发挥重要作用。

（四）生态公益林（地）占绝对优势，突出了以生态建设为主体

普兰县地处阿里高原的南部边缘，其森林资源在我国生态建设、国防建设、经济建设等方面具有重要地位。普兰县境内属于典型的高原亚寒带季风半干旱气候，气温偏低，降水量少，林木生长缓慢，森林破坏后难以恢复，以加强公益林建设为首，管理好现有森林资源尤为重要。全县区划公益林面积达269843.925hm^2，占林地面积的99.93%，生态公益林（地）占绝对优势。森林的防护功能和生态效益进一步得到体现和加强，充分体现了“以生态建设为主”的林业发展战略，为建设秀美山川、确保国土生态安全奠定了良好的基础。

五、森林资源经营管理建议

普兰县生态环境脆弱，但森林资源的生态区位特别重要，加强森林资源的保护和培育，建设良好的森林生态环境十分重要，为科学保护和适度开发利用现有森林资源，构建普兰县科学、文明的现代林业体系提出以下经营管理建议。

（一）继续加强生态公益林建设

1. 进一步扩大生态公益林（地）补偿规模

普兰县生态区位极为重要，但生态状况较为脆弱，将符合区划条件的森林资源纳入公益林管理，最大限度的发挥森林的生态效益，对国土生态安全、生物多样性保护和经济社会可持续发展具有重要作用。普兰县现有已补偿生态公益林（地）面积197255.400hm^2，占林地面积的73.05%，规划新增公益林（地）面积72588.525hm^2，如果将规划新增公益林（地）纳入补偿范围，全县生态公益林（地）补偿规模将到达269843.925hm^2，公益林面积将占全县林地面积的99.93%。

2. 进一步提高生态公益林（地）补偿标准

从党的“十八”大提出的建设美丽中国的战略高度和保护西藏生态屏障的宏观要求出发，普兰县生态公益林建设只能加强。目前，普兰县林业在国民总产值中所占比例极小，但生态效益明显。探索提高重点林区的生态公益林补偿标准，有利于降低农牧民损失，提高农牧民收入，调动林农保护森林资源的积极性，不断改善森林质量。

（二）加大林业投入，确保造林成效

普兰县现有宜林地面积12769.118hm^2，森林资源后备发展潜力较大，林地利用效率还可进一步提高。林业重点工程建设是确保森林资源稳定增长的重要途径。加大林业投入力度，继续强化工程带动，加速推进造林绿化，有效促进森林资源的保护和发展。要积极争取中央林业项目、资金，以重点区域、退耕还林等重点工程为支撑，做好工程延续建设规划，完善相关政策和措施，巩固扩大造林成果，重点抓好造林、育林、更新改造和封禁保护工作，切实提高工程建设质量和效益。由于自然气候等原因，普兰县造林成林难度相对较大，因此，加大营林投入，探索节水保肥的造林技术，利用有利地形修建水渠，保证灌溉需要，是提高造林成活率，保证造林成果的有效途径。

（三）坚持科技兴林，提高森林资源质量

加强林业科技队伍建设，开展科技培训，通过函授、短期培训、专业技能培训等方法，全面提高广大科技人员的素质和技能，培养一批德才兼备的林业技术人才。充分发挥科技是第一生产力的作用，依靠科技支撑和提高林业劳动者素质，为林业重点工程建设提供科技保障。

由于受地理和气候条件的影响较大，普兰县灌木盖度为疏、中的面积共计 220030.111hm^2，占 85.73%，高度级为 Ⅰ 级的面积 231989.609hm^2，占 90.393%，均匀度指数为 0.0 和 0.2 的面积为 97152.901hm^2，占 90.65%，灌木林地总体质量不高，因此，提高森林质量，更好地发挥森林的生态效益非常重要。根据调查，西藏沙棘、金露梅等灌木树种耐旱性强，恢复快，比较适合当地气候条件。对盖度较低的灌木林（地）进行严格的封山育林，同限制牲畜存栏数量，封山禁牧，减少人畜破坏，灌木林面积和灌木盖度将会较快增加。同时在条件许可的情况下，在有水源的山地采取人工育苗种植乡土灌木树种，扩大灌木林地面积，是发展灌木林的重要手段。

（四）加强能源建设，减少森林资源消耗

普兰县水电年发电量仅 370kw，太阳能、沼气、煤气等新能源现在虽然覆盖了整个牧区，但利用率还有待提高，农牧民采伐灌木当烧柴越来越少，但烧柴仍是农牧民必不可少的燃料之一，普兰县林地面积仅占国土面积的 20.47%，生态环境十分脆弱，因此，在能源建设方面，一是架设高压输电线路，提升供电能力；二是在有条件的地方鼓励煤气、液化气的使用；三是在偏远牧区增加和提高太阳能的利用率，推广节能灶的使用。进一步加强能源建设，尽量减少因烧柴对资源的破坏，是恢复和发展森林资源的有效途径。

（五）加强保护区森林资源建设，发展生态旅游

岗仁波齐峰和玛旁雍错是闻名遐迩的“神山”、“圣湖”，也是世界宗教圣地，有许多美丽的传说，还有宜人的天然温泉，是旅游者和探险家神往的地方。通过加强对玛旁雍措森林资源的保护，灌木林面积达到 13600hm^2，灌木树种增加，有西藏沙棘、金露梅、变色锦鸡儿、小叶野丁香、驼绒藜等，灌林盖度达到中级，Simpson 多样性指数提高，生态功能增强，丰富的森林资源，加上冈仁波齐峰和玛旁雍措天赐神韵，构成了一道独特秀美的风景，因此，利用得天独厚的现有资源，至力打造旅游环境，开发生态旅游是经济发展的有效途径。

维护生态安全　完善生态建设

西藏自治区改则县林业局　达娃落桑　索南措姆　强　巴

一、改则县林业局基本情况

改则县林业局是改则县独立的正科级单位，成立于2006年，下设机构有森林公安分局，羌塘国家级自然保护区改则管理分局，野生动物疫源疫病监测站，现有干部职工5人，正科1人，其中森林公安编制4人，公益性1人，基层野保员59人。

二、行政区划及人口概况

全县总面积为13.5616万km^2（注：最新勘界面积），是阿里地区面积最大的一个纯牧业县，约占阿里地区总面积的五分之二。草场面积1亿亩，可利用草场面积7000万亩。辖1个镇（改则镇）、6个乡（麻米乡、物玛乡、先遣乡、察布乡、古姆乡、洞措乡），共49个行政村（居委会1个）。全县总人口23807人，7112户，其中牧业人口21518人，5662农户，城镇人口2289人，农村劳动力11784人。

三、野生动植物保护管理

以落实野生动物保护责任书为重点，以日常巡逻和专项整治为手段，以野生动物疫源疫病监测为措施，以野生动物肇事补偿工作为保障，加强野生动物保护工作，维护人与野生动物的和谐相处。坚持依法治林，严格落实各级森林资源管理目标责任制，高度重视并不断加强野生动物资源保护管理工作。加大对违法案件的查处力度，严厉打击破坏野生动植物资源的违法犯罪行为。积极保护濒危物种栖息地、繁殖地和天然生长地，重点解决野生动植物基因保存、生物多样性保护，进一步强化保护区的规范性管理。

四、湿地自然保护区建设

按照上级的要求及我县的实际情况，积极上报湿地保护区范围。原有洞措湿地的基础上2014年上半年上报了布择村湿地，麻米乡仓措湖、拉果措立为县级湿地自然保护区。另改则镇鲁仁河流域湿地保护区积极上报当中。洞措乡湿地保护区面积为 41173.23hm²，其中核心区总面积 18892.6hm²，占保护区总面积 45.89%。改则县境内面积 39559.85hm²，占总面积 96.08%，尼玛县境内面积 1613.38hm²，占保护区总面积 3.92%，属自治区级湿地自然保护区。

上报待立项：改则镇鲁仁河流域自然保护区项目；麻米南部仓木措（麻米措）湿地自然保护区；麻米乡措果湿地自然保护区；物玛布孜措湿地自然保护区；察布乡曾康湿地自然保护区；先遣乡扎布湿地自然保护区；改则镇玉多村那热湿地自然保护区等项目审报工作当中并争取立项目实施。

五、羌塘自然保护区方面

羌塘国家自然保护区始建于 1993 年，并在 2000 年 4 月 4 日由国务院批准晋升为国家级自然保护区。羌塘自然保护区是羌塘的核心，是野生动物最集中地地区，是最具高原生态特征的生态地理单元，总面积达 29.8 万 km²。改则县管理范围面积 67531274 亩，平均海拔 4700m，保护区覆盖了阿里地区的日土县、革吉县、改则县以及那曲地区的安多县、尼玛和双湖特别区的七个县。

保护区主要的保护对象是完整而独特的高寒高原草原生态系统及其种类较多的珍稀濒危野生动物。保护区中被列入国家一、二级保护动物的有 40 余种。这种美丽的孕育着无数的生命。飒爽的藏羚羊，小巧的藏原羚，健硕的藏野驴，强壮的野牦牛，优雅的黑颈鹤，笨拙的藏雪鸡，隐秘的雪豹，西藏盘羊、草原雕、秃鹫等等。羌塘保护区范围大概面积 21.4 万 km²，其中，核心区面积 89347km²，占保护区总面积的 30%。缓冲面积 143153km²、占保护区总面积的 48%。实验区面积 65500km²，占保护区总面积的 22%。

六、羌塘自然保护区管理方法

1. 管理人员：羌塘自然保护区面积大，工作人员少的情况下，为特定群众中招了基层野生动植物保护员、原有的基础上增加了 12 名野保员，到目前改则县有 59 名野生动植物保护员。世界自然基金会的帮助下 2012 年还配备了 15 辆摩托车，极大地鼓舞了动植物保护员的积极性。

2. 加强巡护：县级领导的大力支持根据林业局自身的职责范围和本县区域的实际情况进一步调查野外工作，1999 年改则羌塘保护区设立了 2 个保护站同时加强巡逻，保护好野生动植物管理工作。

3. 宣传重点，根据近年来我县所辖保护区内出现的日益猖獗的盗猎犯罪行为，我局将宣传工作重点放在法律知识的宣传上，主要向城镇居民，牧民群众宣传《森林法》《野生动物保护法》等法律。加深群众保护野生动物的意识与违法犯罪做斗争的决心。

七、防沙治沙项目情况

1. 麻米乡防沙治沙工作落实情况

2013 年麻米乡防沙治沙工作情况，项目建设施工队：鲁仁居委会农牧民集体建筑施工队，建设地：麻米乡茶措村，项目面积：围栏 5000m、砾石压沙 $2hm^2$、封沙育草 300 亩。工程总投资 120 万元，直接投资 111.13 万元。

2. 洞措县防沙治沙工作落实情况

2014 年洞措乡防沙治沙工作情况，项目建设施工队：改则县麻米乡克勤村扶贫施工队，建设地：洞措乡次仁果来村，项目面积围栏 6000m，砾石压沙宽 200 多 m，长 300m，工程总投资 56 万元，直接投资 43.4650 万元。

八、森林资源调查情况

按照自治区林业厅文件精神，地区林业局支持和改则县委、县人民政府高度重视下 2013 年西藏森林资源二类调查改则县第一次森林资源调查在我县进行，是我县生态保护建设中的一项重要基础工作，是发展现代林业、建设生态文明的重要保障。

全县林地面积 $4755.783hm^2$，涉及于 4 乡 1 镇（古姆乡和察布乡无），洞措乡面积 $406.986hm^2$、物玛乡面积 $1900.427hm^2$、麻米乡面积 $898.616hm^2$、先遣乡面积 $846.944hm^2$、改则镇面积 $702.810hm^2$，生态公益林补偿资金有望落实。

九、植树造林方面

2014 年 5 月份，改则县各单位及改则镇、洞措乡、麻米乡、物玛乡。植树造林共 3 万余种，县成活率 85% 以上。

1. 植树造林。改则县 2015 年度重点区域生态公益林建设工程涉及 1 个作业区（改则镇玉托村），植树造林面积为 $13.33hm^2$（200.0 亩），生态公益林建设工程工程总投资为 636171 元。考虑苗木损耗与补植补造用苗量 36991 株，修筑网围栏1749m，简易水渠1875m。

2. 羌塘三期项目建设。保护区羌塘三期项目基础设施建设总投资为384万元，总建筑面积为960m^2。涉及改则县玛木卓玛检查站面积为200m^2，措果尼巴管理站面积为240m^2，扎果检查站面积为200m^2，鲁仁桥，检查站面积为80m^2，木布村管理站面积为240m^2，

3. 湿地保护与建设。改则县洞措乡湿地前期工作已完成。总面积为51434总投资7802.87万元，实际投资2236万元。建一个站（洞措站）三个点。

十、野生动植物保护管理

加大对违法案件的查处力度，严厉打击破坏野生动植物资源的违法犯罪行为。积极保护濒危物种栖息地、繁殖地和天然生长地，重点解决野生动植物基因保存、生物多样性保护，进一步强化保护区的规范性管理。树立以人为本的理念，切实加强野生动物肇事统计补偿工作，做到“应补尽补”，切实保障牧民的群众切身利益，及时兑现动物植物保护员的补助，提高工作效率，确保林业工作顺利进行。

十一、推进措施

1. 科学规划，明确责任。建立野生动植物保护员、湿地保护员管护制度，明确时间节点、责任单位和责任人。林业局对每项制度，明确责任目标。

2. 切实加强野生动植物、湿地保护工作。林业部门按照管护台账，加大巡护力度。重点打击偷猎国家一级保护野生动物案件及非法收购、出售、运输珍贵、濒危野生动物制品等违法行为，维护生态环境安全。

3. 积极谋划林业工作。一是积极申报林业生态示范项目。二是按照“调结构、转方式、优生态、惠民生”的工作思路，积极宣传林业优惠政策和生态文明建设，了解群众的愿望，制定符合群众意愿的政策和措施，激发干部群众造林绿化积极性，切实改善生态、改善民生，努力打造生态效益、社会效益和经济效益相统一的，多效综合型改则县绿色生态屏障。三是积极开展野生动物肇事补偿统计工作。积极申报麻米乡仓措湖、拉果措和物玛乡布孜湿地及察布乡察布措和湿地项目。

十二、存在的问题及对策

在上级部门的坚强领导和相关部门的大力支持下，我县林业工作虽然取

得了一定成绩，但同时也存在一些不容忽视的问题，主要表现在：一是改则县林业建设起步晚，底子薄，内部机构不健全，缺乏专职工作人员等原因，不能很好的理顺林业内部的专项业务工作。二是我县随着人口的增长，牧场不断扩大，挤占了以食草为主的野生动物栖息地，严重破坏了生态平衡和野生动植物的栖息繁衍，使野生动物资源逐年减少或匮乏。三是我县属高海拔地区、气候恶劣、不利于植物生长。最后积极谋划促进林业快速发展的新领域，按照国家确定的资金投向、并安排原则、管理程序等要求，有针对性地选准、选好建设项目，积极组织项目申报，争取更大支持，为建设现代林业，努力实现改则林业又好又快发展作出新的更大的贡献。

凝心聚力　统筹推进
在县域发展转型升级中
努力编织绿色“生态梦”

陕西省眉县林业局　魏世峰

近年来，我县紧紧围绕“既要金山银山，更要绿水青山”的发展理念，以城乡发展一体化试验示范区建设为契机，以“生态立县”战略为指针，以建设美丽眉县、编织绿色“生态梦”为目标，以城乡环境综合整治为抓手，以道路、北坡、水系、城镇村庄绿化为重点，把造林绿化作为改善县域环境、推进城乡发展一体的有效途径，举全县之力，统筹谋划，多措并举，强力推进，大力实施关中大地园林化九大工程和绿色眉县建设，三年来，共投入资金8.6亿元，完成造林绿化长度2258.38km，面积16.76万亩，栽植七叶树、银杏等各类苗木4006.85万株，初步形成了“车行林网、绿染眉坞、鸟语花香”宜居宜游宜业的生态网络体系，我县被列入全省关中大地园林化示范县。

一、统筹谋划，精心部署，造林绿化实现加力提速

一是高端发力，廓清思路。县委县政府把造林绿化作为检验干部的试金石和提升县域核心竞争力的重要保障，主要领导和分管领导高度重视，先后5次深入一线进行实地调研，县政府常务会每年对造林绿化方案专题研究，并结合加快城乡发展一体化建设，统筹谋划，形成了“做景观、建游园、提标准、上档次、造精品”的总体思路，绘就了打造“山水眉县、创意田园”的美好蓝图。

二是精心部署，夯实责任。每年组织全县各镇、有关部门及重点村负责人开全县造林绿化动员大会，全面部署，详细安排，明确责任和任务，建立一级抓一级、层层抓落实的工作机制，全面扭转了林业部门独家抓绿化的被动局面，做到了“要我绿化”向“我要绿化”的观念转变，形成了全县上下联动、责任明确、齐抓共建的绿化工作新格局。

三是围绕重点，强力突破。集中人力、物力和财力，以渭河北坡、千里绿色长廊、县城、水系堤岸、产业园区、乡村庭院等区域为重点，整体筹划，

强力推进，美丽眉县的“生态梦”建设推进速度明显加快。

二、多措并举，高标实施，绿化建设实现升级提档

一是调整方向，转变重点。在持续增加植被、扩大绿量的同时，积极学习借鉴先进地区的经验，进一步调整造林绿化方向，从大面积扩绿增量向重点区域美化造景转变、从乔灌结合构建层次向栽花种草增添色彩转变、从城区园林造景向乡村田园美化转变，形成了“推窗见景，出门进园”、宜居宜游宜业的绿化格局。

二是严格要求，提高标准。按照“适地适树、因地制宜”的原则，聘请专业设计单位实地踏勘，科学规划，高标设计，公开招标，专业施工，全县推广保栽保活连管一到三年的绿化新模式，严把苗木标准，坚持乔灌结合、花卉点缀、草皮全覆盖的栽植要求，做到“一次成型、一次成林、一次成景”，消除“一栽树就栽名贵树种”的倾向，积极推广乡土树种，确保绿化效果，打造了渭河北坡景观林带、太白山游客中心绿化、310国道、槐汤路、槐泉湿地公园、金渠镇河底村等一批示范样板工程，有效的提升了造林绿化的档次和水平。

三是深入一线，狠抓落实。推行领导包抓、干部蹲点、技术人员精心指导的办法，贯彻“三个三分之一”工作法，深入造林绿化施工现场，狠抓落实，有效解决各类困难和技术难题，实现造林绿化高效推动。

四是全民参与，增加绿量。加大生态文明理念宣传，广泛动员，全民参与，大力推行林木绿地认建、认养和义务植树活动，三年来，我县相继组织大型义务植树活动6次，参加人数达到4万多人次，形成全社会植绿、爱绿、护绿的良好氛围。

五是加强管护，巩固成效。坚持一栽就管、常年管护的思想，做到三分栽、七分管，甚至九分管，健全完善了长效管护机制，以干旱时期突击浇水与平时浇水、除草、修剪相结合的管护措施为重点，把管护责任落实到绿化公司、到村、到组、到户、到人头，采取专人专管、巡视督查等办法，加强幼树日常抚育和林木管理，坚决杜绝只造不管、年年造林不见林的现象，严格林木保护制度，对乱砍滥伐、秸秆焚烧毁树等违法行为严厉查处，有效的巩固了造林绿化成果。

六是强化督查，加快进度。坚持周报送制度，及时掌握绿化进度，县考核办、督查督办室与县林业局紧密配合，采取定期检查、随机抽查、现场调查等形式，确保绿化工作进展跟踪督查制度落到实处。对工作进度快、任务

完成好的予以表彰奖励；对工作消极、完不成任务的予以通报批评，并追究相关领导的责任，美丽眉县的“生态梦”建设得到强力推动。

三、加大投入，项目推动，林业发展得到长效支撑

大项目、大投入是有效支撑造林绿化长效发展的重要保障。

一是项目支撑，合力推进。紧抓国家政策调整的机遇，灵通信息，多方入手，加强衔接，县委县政府和各单位主要负责人亲自上手，积极争取国家林业重点工程、渭河综合治理、水土保持、交通建设、农业综合开发等项目资金，整合捆绑使用，集中投向造林绿化，提高资金使用效益。

二是政府主导，加大投入。县财政设立造林绿化专项支持资金，每年安排造林绿化资金都在1500万元以上，并及时拨付，全力支持造林绿化。

三是创新机制，畅通渠道。创新运用市场机制，通过置换、共建等方式积极吸引社会资金投入，比如：县上10家企业每年投资10万元，通过共建的方式在渭河北坡建立了义务植树基地，生态逸乐园等餐饮企业在建设时结合环境美化投入了大量资金进行绿化建设，建立了多渠道投入机制，美丽眉县的“生态梦”建设得到了有力支撑。

四、强化管理，转变作风，林业发展得到强力保障

干部作风的有效转变对推动造林绿化工作至关重要。围绕着“转变作风、提高效能、促进发展”的要求，一是高度重视，夯实责任。以强化责任意识、推动县域转型升级为重点，以全面贯彻落实县委、县政府的每一项决策和安排为目标，各级各部门“一把手”要扑下身子，率先垂范，带头克服困难，快速反应，分管领导要具体负责，主动作为，迅速把各项任务层层分解，责任到人。二是强化管理，激发能量。我们始终坚持“用工作看品质、凭实绩论能力”的工作导向，把干事的能力、成事的水平和群众的口碑作为检验干部素质的主要依据，强化了对干部的管理，充分激发各级干部踏实干事、勇于创新、突破难题的勇气和智慧，形成了一心干事业、全力谋发展的良好氛围。三是转变观念，提高效能。按照习近平总书记关于改进工作作风的相关要求，以党的群众路线教育实践活动和“五包促五化”为契机，结合全县城乡环境综合整治，积极破除干部职工中存在的慵、懒、散的思想观念，大力推行“五加二、白加黑”工作法，有效的形成了“热爱眉县、建设眉县、发展眉县”的核心价值观，为美丽眉县的“生态梦”建设提供了有力的组织

保障。

五、发挥优势，合理开发，森林旅游发展呈现良好态势

为了有效解决林业工作可持续发展的问题，我们充分利用现有的森林景观资源优势，大力发展森林旅游业，在国有太白风景林场和国有营头林场的基础上建立了太白山国家森林公园和红河谷森林公园，两个森林公园经过多年的发展，先后成立旅游汽车公司、景区运营公司、宣传营销中心等专业公司，建成了两个游客服务中心、太白山索道、滑雪场、大型音乐喷泉、水上世界、漂流、温泉疗养等旅游服务设施，精心包装了10大景区180余个景点，年接待游客量达到了100余万人次，年旅游综合收入达到10多个亿，初步形成了集游览、观光、购物、休闲、娱乐于一体的森林旅游产业带，相继获得了全国首批4A级旅游景区、全国文明森林公园、创建全国文明风景旅游区先进单位、陕西省平安景区、中国陕西十大最具魅力自驾游景区、“大美陕西·发现之旅”最美山水风景区、争创游客满意单位活动先进单位等殊荣，成为了国内外游客青睐的旅游胜地，林业发展基本实现了可持续发展。

六、积极探索，勇于创新，产业发展实现转型升级

围绕着“国土增绿、农民增收”这个目标，我们积极敢于创新，探索林业产业发展转型升级的新道路，经过多次实地调查，出台了《眉县林地流转管理办法》，规范流转行为，并充分利用林下空地，积极采取林禽、林菌、林药和林畜等模式，主动出击，多方招商，在全县大力发展林下经济，建成了油用牡丹种苗基地1200余亩，蓝莓基地50亩，大樱桃基地2000多亩、黄姜2000余亩，发展林下思壮赤菇300余亩，林下养殖野猪1000余头、土鸡24300余只，野鸡2000余只、林麝500余头，大幅度增加了群众收入。

七、今后的工作思考和建议

随着生态文明建设力度加大，造林绿化逐步实现了全域覆盖，林业发展逐步进入到了转型升级的阶段，如何才能实现转型升级跨越发展？建议：以三个转型（即：由传统林业向现代林业转型，由造林绿化逐步向生态保护转型，由国土增绿逐步向群众增收转型）为重点，全力加速绿色“生态梦”的编织。

1. 突出造林重点，加大绿化美化提升力度。按照“提标准、上档次、建

精品”的原则，深入推进城镇、村庄庭院、交通沿线、河流两岸等重点区域的绿化美化提升，把每一项绿化工程作为景观来打造，实现城镇园林化、村庄林荫化、道路林带化、河流景观化。

2. 充分挖掘优势，加力林业产业转型发展。一是积极落实扶持政策和综合管理技术措施，集中抓好猕猴桃、核桃等经济林基地建设和改造提升，扩大规模经营，改良品种，创建品牌，培育壮大干杂果经济林建设，发挥带动辐射作用。二是加大林下经济发展力度，积极推广林禽模式、林菌模式、林畜模式，积极发展油用牡丹、思壮赤菇、蓝莓、食用玫瑰和中药材等林下种植，加大林麝、山鸡等特色养殖业发展和苗木花卉发展，延长农民增收致富的产业链，为群众致富添砖加瓦。三是进一步加快集体林权配套改革，不断规范流转行为，继续扩大林地流转和抵押贷款规模，促进林下经济和森林生态旅游发展，实现兴林富民。四是加快森林旅游发展步伐，积极整合各类资源，多方筹措建设资金，加大宣传营销力度，实现林业的可持续发展。

3. 强化依法管护，全力维护森林资源安全。十八届四中全会明确提出，要全面推进依法治国，作为林业主管部门就要以《森林法》为依据，加大依法护林的力度，一是完善森林资源管护网络。加强对管护人员的督促检查，健全考核机制，强化管护责任，巩固造林绿化成果。二是坚持护林防火工作坚持警钟常鸣，常抓不懈，实现森林防火“零火情”。三是重拳出击，严厉查处各类破坏森林资源案件。四是切实加强森林病虫害防治，坚持经常监测，发现虫害及时捕杀防治。五是加大古树名木保护和野生动植物的保护力度，积极营造良好的生长环境。

继往开来　改革创新
加快推进生态延安建设步伐

陕西省延安市林业局　姜文华

延安市地处黄河中游的陕北黄土高原丘陵沟壑区，1997 年 1 月撤地设市，辖 1 区 12 县，总人口 219 万，平均海拔 1000m 左右，年均无霜期 170 天，年均气温 9.2℃，年均降水量 500 多 mm。全市土地总面积 5556 万亩，其中林业用地 4338.6 万亩，占土地面积的 78.1%；有林地面积 2522 万亩，天然林面积 1893 万亩，森林覆盖率 45.4%，植被覆盖度 67.7%，活立木总蓄积 5376 万 m^3。现有湿地面积 35.8 万亩，占全市国土面积 0.64%。有陆生野生脊椎动物 233 种，其中国家Ⅰ级重点保护野生动物 7 种、Ⅱ级 17 种，省级重点保护野生动物 8 种。有木本植物种类 474 种，其中乔木树种 175 种、灌木树种 299 种。有国家级自然保护区 2 个、省级自然保护区 4 个；国家级森林公园 5 个、省级森林公园 2 个、县城山体公园 11 个。设市、县林业局、退耕办、森林公安局、林业站、63 个国有林场等，林业职工 7000 余人。

一、以退耕还林工程为主的森林生态屏障建设成效明显

1999 年，在中、省的关怀下，市委、市政府确立了以退耕还林统揽农业农村工作全局的战略，迅速动员广大干部群众在全市全面掀起以退耕还林为主的生态屏障建设高潮。1999 年到 2013 年年底，全市共完成退耕还林面积 1069.17 万亩，国家计划内退耕还林面积占到全国的 2.5%，占全省的 27%。

2013 年，为贯彻十八大建设生态文明的重大战略部署，市委、市政府出台了《关于进一步实施退耕还林的意见》，由市县财政自筹资金，在全国率先启动实施新一轮退耕还林。工程实施以来，引起社会各界的高度关注。同年 5 月，中科院 8 位工程院院士来延安实地考察调研退耕还林工作，并向国务院递交专题调研报告，为国家启动新一轮退耕还林工程起到了很大作用。人民日报、新华社、中央电视台新闻联播、焦点访谈、经济日报、光明日报、绿色时报、中央人民广播电台等中省几十家媒体集聚延安采访和报道宣传，延安生态建设的知名度再次提高。2013 年至 2014 年实施新一轮退耕还林面积

152.71万亩，市县投入资金4.4亿元。

在扎实推进新一轮退耕还林工程的同时，认真实施天然林保护、三北防护林和绿色长廊等林业重点工程建设，造林绿化步伐持续加快。近三年全市累计完成营造林344.85万亩，其中，人工造林222.25万亩，飞播造林21万亩，封山育林40.7万亩，中幼林抚育60.9万亩。

我市森林生态屏障建设取得了显著成效，生态效益初步显现。据陕西省农业遥感中心2012年年底提供的数据显示，实施退耕还林以来，延安的植被覆盖率由2000年的46%提高到现在的67.7%，提高了21.7%，比全省高出8.94个百分点。气象资料显示，退耕还林后，延安的平均沙尘日数由1995～1999年的4～8天减少到2005～2010年的2～3天，城区空气“优、良”天数从2001年的238天增加到2013年的327天。退耕还林后，水土流失综合治理程度达到68%，比退耕前提高了43个百分点。根据延河甘谷驿站退耕还林后十年的水沙变化数据显示，年平均输沙量由3958万t下降到1645万t，减少了58.4%。

二、以创建国家森林城市为抓手，着力改善人居生态环境

2011年，为改善城乡人居环境，提升延安城市综合竞争力，市委、市政府作出了创建国家森林城市的重大战略决策。2012年经国家林业局批准，全面启动了创建工作。在黄土高原腹地中国革命圣地延安，创建国家森林城市任务艰巨，意义重大。我市结合实际，制定出台了《关于创建国家森林城市的实施意见》，编制完成《延安市国家森林城市建设总体规划》，确定了以“黄土高原生态明珠、革命圣地生态延安”的城市森林建设理念。自创建工作开展以来，在全市党政部门和广大群众的共同努力下，累计投入创森资金23.6亿元。市上将创森列为市级重点工程，确保市区、县城等重点区域绿化有效开展。截至2013年年底，全市新增绿地851.88万m^2；完成延安新旧城区及周边绿化1.8万亩；完成63个乡镇723个新型农村社区和村庄绿化美化7.14万亩；完成革命旧址绿化美化面积15.2万m^2，重点景区及周边绿化1.53万亩；森林生态廊道建设取得新突破，完成千里绿色长廊工程建设50.83万亩，实施道路绿化4570.6km，水岸绿化1210.8km；完成重要水源地王瑶水库、红庄水库绿化7万多亩；全市年均义务植树1000万株以上，全民义务植树尽责率达到90%。点线面结合的森林生态网络初具规模，人居生态环境显著改善，人民群众的幸福指数不断提高。同时，生态文化基地建设全面加强，全市国家级森林公园达到5个，省级7个，新增科普教育基地8处。

三、以森林防火为主的资源管护体系不断完善

延安市有天然林面积1893万亩，南部的黄龙山、桥山林区，森林植被保存完好，野生动植物种类丰富，被誉为陕西的“一叶肺”，是关中平原的天然生态屏障，生态地位特别重要，森林资源保护工作责任重大。一是规范完善林地管理制度。依据《延安市占用征收林地审核管理办法》，制定了《延安市林业局占用征收林地审核申报管理办法》，规范了占用征收林地审核管理程序及时限，使占用征收林地行政许可更加规范，监管更加有效。二是不断加大资源管护配给和执法力度。结合我市资源分布现状，不断加大基层管护设施建设和管护设备配给力度，有效提升了管护能力和效力。同时不断加大林政、森林公安执法队伍执法力度。每年至少开展三次以上打击破坏森林资源违法行为的专项行动，对重点案件进行挂牌督办，实行限时办结销号制。近五年来，全市森林公安和林政机关累计查处各类毁林案件2015起，处罚2575人/次，收缴各类非法木材50.1m^3，没收野生动物715只，补种树木40925株，挽回经济损失553万元。三是健全完善森林防火管控体系。市委、市政府先后出台了《延安市森林防火管理暂行办法》等文件和办法，进一步完善了森林防火管理制度体系。各级党委、政府对森林防火工作高度重视，认真贯彻“预防为主，积极消灭”的森林防火工作方针，认真落实森林防火行政首长负责制，强化队伍建设，夯实工作责任，狠抓防火目标责任考核，加强森林防火体系建设，努力提高森林火灾的综合防控能力。我市连续16年未发生大的森林火灾，多次受到中、省表彰，市森林防火指挥部在2001~2012年连续四届被国家森林防火指挥部、国家林业局评为“全国森林防火工作先进单位”，实现了全国森林防火工作先进“四连冠”。

四、以干果经济林为主的兴林富民产业惠及广大群众

全市干果经济林基地建设规模不断扩大，山地苹果发展迅速，森林旅游业方兴未艾，林下经济发展态势良好，林业总产值由2011年的51.56亿元增长到目前的130.64亿元，年均增速36.87%。其中，林业产业总值由2011年的11亿元增加到2013年的15亿元，增幅40%。一是干果经济林建设惠及民生。截至2013年，全市经济林总面积达到413.65万亩，年产值32.7亿元。其中，山地苹果面积184.8万亩，产量49.4万t，总产值24.7亿元；干杂果经济林面积228.85万亩，其中红枣、核桃、花椒三大干杂果面积达到114.62

万亩，干果总产量11万t，总产值达到8亿元。全市成立林业专业合作社共81家，具有一定规模的干果加工企业达到10家，其中省级龙头企业2家，市级龙头企业8家，年加工量达到4万t，产品20多种，产值2亿多元。以红枣、核桃为主的干杂果基地已初步形成。全市建立核桃、红枣科技示范点13个，推广示范面积13万亩，科技示范户130户。黄龙县、延川县被国家林业局分别命名为“中国核桃之乡”和“中国红枣之乡”。2009年“黄龙核桃”通过国家质量技术监督局国家地理标志产品认证，2012年“黄龙核桃”获得陕西省著名商标，2013年获得QS认证。2009年“延川红枣”被国家工商局批准为“地理标志证明商标”，2012年又被国家工商局批准为“中国驰名商标”。2010年，“宜川花椒”被国家工商局批准为“地理标志证明商标”。二是森林旅游业发展稳步推进。我市现有森林公园7个，其中，国家级森林公园5个，省级森林公园2个。森林公园面积36934.5hm^2，2013年全市森林公园共投入建设资金12322.8万元，接待游客52.73万人次，其中，海外游客600人次。旅游收入1584.1万元。三是林下经济发展规模不断壮大。国有林区产业不断发展。全市国有林业局（场）林下种植粮食作物、中草药、食用菌等种植面积4350亩，养殖各种家畜家禽22342头（只），林下育苗3771亩，实现产值0.97亿元。林下养蜂成为林区群众增收的主要渠道。全市养殖中蜂62183箱，产蜂蜜1071t，产值5275万元。黄龙县2013年3月被亚洲蜂联、中国养蜂学会授予“中华蜜蜂之乡”。苗木培育成为林业产业致富新方法。2013年，各县区农民和林区林业职工新培育各种绿化苗木2.1万亩，生产苗木17448.8万株，留床苗木销售收入2.4亿元。

五、以“六项意见”为主的改革创新增强林业建设活力

为有效解决当前林业发展突出问题，探索建立符合延安实际的现代林业发展机制，积极推进体制改革，创新林业发展模式。我们开展了森林资源管护、林业产业开发、财务体制管理、干部职工教育培训、加强基层党组织建设、党务政务公开等六个方面的改革《意见》。通过深化林业改革，创新了体制机制，增强了发展活力。一是积极推动产业体制改革，促进创收增效可持续发展。我市直属四大林业局均为差额事业单位，差额部分依靠局场自收自支。面对产业项目单一，管理缺位，缺乏竞争力等矛盾和问题，制定了《关于加快林业产业发展的指导意见》，推行事企分开。将直属林业局（场）产业项目纳入公司化经营，企业化管理，市场化运作轨道。积极推广“公司+合作组织（协会）+基地+职工（农户）”经营模式。根据《公司法》等法律

法规组建林业产业开发等相应的公司，单独建账，独立核算，与事业性补助费用彻底分开。其所属林场组建分公司，逐步做大做强，形成集团规模效应。目前，已成立总公司4个，分公司（项目部）38个，专职从业人员113人。二是推进国有林场改革，提升资源管护水平。随着能源开发、森林旅游、民生工程等项目建设，森林资源保护难度不断增大，传统的林区管护方式和办法已不能满足当前林业管护需求。针对资源管护中存在的诸多问题，制定出台了《关于国有林场管护体制改革的意见》，从专业队伍建设、优化场站布局、改进管护手段、健全管护制度、改善管护条件等方面健全完善管护体制。截至目前，共撤并管护站68个，建立各种队伍42支，购置、调配巡护车辆29辆，实现了管护手段现代化、管护队伍专业化、管护考核责任化、管护场站规范化、管护条件人性化的建设目标。三是健全完善财务管理制度，降低机构运行成本。针对局直林业局财务报账方式混乱，财务管理平台不统一等问题，制定出台了《关于市直林业局财务核算体制改革的意见》，明确了建立内部结算制度、资金分类管理制度、重点项目监管制度、自营创收成本控制制度、完善财务信息上报制度等财务核算体制改革的具体内容，按照“三个统一（统一平台、统一软件、统一制度）”的标准在直属林业局全面推开实施。通过财务管理改革，基层局场等单位一致认为：财务结算程序更加简化，管理更加规范透明，省时省力，为廉政建设奠定了坚实的基础。四是统筹安排培训工作，有效提升干部职工综合能力。结合全市林业干部队伍老化、基层业务力量薄弱、政治理论水平较低等问题，制定出台《关于加强干部职工教育培训的意见》，客观分析全市林业干部职工整体素质现状，并对培训内容、培训方式及时间、培训对象和责任单位、师资队伍、保障措施等提出了明确要求。2014年我局组织各类培训学习11班次，参加人数达到960多人，有效地提高了干部职工的工作能力和业务水平。五是加强基层党组织建设，永葆党员队伍生机活力。结合市直林业系统基层党组组建设乏力，党建工作严重滞后等现象，制定出台《关于加强党的基层组织建设的意见》，从夯实基层党组织工作基础、加强党员教育管理、加快建立服务型党组织、强化制度体系保障、充分发挥基层党组织和党员作用等方面制定了具体、有针对性的措施，旨在切实加强市直林业系统党的基层组织建设，增强党的基层组织的凝聚力、号召力和战斗力，以配强班子、壮大队伍、服务群众、促进发展，打造“务实党建”，永葆党的生机与活力，为推动林业工作又好又快发展提供坚强的组织保证。六是加强党务政务公开，实现为民服务零距离。我局制定出台《关于加强党务政务公开的意见》，从社会关注、群众关心的问题入手，对新形势下党务政务公开的基本原则，公开的内容、形式和范围，公开时限等方面进行完善和规范，要求在实现服务零距离、办事无阻力、形象高标准和群众好口碑上下工夫，想方设法为群众快办事，诚心诚意办实事，尽心竭力解难事，增进干群间的相互了解，提高林业部门在群众中的威信。同时规定，对不按要求进行公开、公开内容失实、避重就轻以及做表面文章的，责令限期改正；对弄虚作假、造成不良影响的严肃查处，严格追究责任。

六、以十二五规划为指导，努力实现延安林业建设新目标

1999 年以来，在党中央、国务院的亲切关怀及国家林业局等部委的大力支持下，我市林业改革和发展步入最好最快的历史发展时期，取得了显著成就。2011 年，延安市第四次党代会把生态建设作为延安经济社会可持续发展的头等大事来抓，确定了建设圣地延安、生态延安、幸福延安的战略目标。延安各级党委政府和广大人民群众建设生态延安的信心倍增，干劲更足。林业行业更要抢抓机遇，团结拼搏，努力实现《延安林业十二五规划》确定的奋斗目标，即：以创建国家森林城市为抓手，坚持实施好新一轮退耕还林、天然林保护、三北防护林、野生动植物和自然保护区建设等林业重点工程，坚持把森林资源管护放在更加突出的位置，坚持以发展林业产业促进兴林富民，新增营造林 600 万亩，森林面积达到 2770 万亩，森林覆盖率达到 50% 以上，活立木蓄积量达到 6100 万 m^3，林业产值达到 60 亿元。到建党一百周年，森林面积达到 3033 万亩，森林覆盖率达到 55%，森林蓄积达到 6460 万 m^3。全面巩固全国退耕还林示范市成果，建成国家森林城市，使延安成为黄土高原上的绿色明珠。

保护和改善生态环境
推进退耕还林工程

陕西省吴起县林业局

为了改善生态环境，发展农村经济，近年来，我们借助国家退耕还林政策和西部大开发的历史机遇，狠抓以退耕还林为主的生态环境建设，取得了显著成效，先后被国家林业局、水利部、财政部等部委确定为“全国退耕还林试点示范县”、“全国造林先进县”、“全国水土保持先进集体”、“全国退耕还林与扶贫开发工作结合试点县”和“全国退耕还林先进县”等。总结我县生态环境建设的做法和主要经验，可概括为“早”、“高”、“活”、“强”、“新”五个字。

一、突出一个“早”字，超前实施抢先机

我县退耕还林主要是抓住一个“早”字，才赢得了主动，抢占了先机。在生态环境建设和产业开发中，我们始终以先人一步、早人一时的思路和步骤，做到了思路早形成、思想早发动、目标早明确、任务早落实。1998年，我们积极响应党中央发出“再造一个山川秀美的西北地区”的伟大号召，认真总结历史经验教训，重新审视县情，在广泛深入调查研究的基础上，做出了实行封山禁牧、大力发展舍饲养羊的决定，确立了以“封山退耕、植树种草、舍饲养羊、林牧主导、强农富民”为基本内涵，以建设“集约高效型农业、保护效益型林业、商品致富型畜牧业”为结构特征的生态型特色农业发展战略，坚持一手抓封山禁牧，一手抓种草养羊。由于决策符县情，合民意，得到了广大群众的积极支持和拥护，当年全县一次性淘汰出栏当地劣质土种山羊23.8万只，实现了全县整体封禁目标，在全国首开了封山禁牧的先河。西部大开发政策和退耕还林“十六字”指示方针后，我们又抓早动快，及时调整完善工作思路，确立了“退耕一步到位”的超前实施方案和“一季退耕、两年治理、三年完善提高、五年初见成效、十年大见成效”的奋斗目标，1999年一次性退耕155.5万亩，并率先启动了退耕还林工程，成为全国退耕还林退得最早、还得最快、面积最大、群众得到实惠最多的县份之一。2003

年以来，我们根据退耕还林退得下、还得上、稳得住、能致富、不反弹的总体要求，按照在继承中发展，在发展中创新，在创新中升华的原则，确立了“生态立县、产业兴县”战略。近年来，我们围绕打造绿色吴起、构建温馨家园这一主题，以巩固退耕还林成果为中心，调整退耕还林工程的发展战略，进一步促进退耕还林工程的持续健康发展。

二、立足一个“高”字，注重质量抓退耕

坚持了“十抓十到位”，取得良好成效。一是抓面积核实，做到一次退耕到位。为了给退耕还林工作打开局面，1999 年秋季，我们组织县、乡、村三级干部深入村组农户，召开会议，逐山头、逐地块丈量核实口粮田，除人均留 2 亩多口粮田外，将其余的坡耕地全部退出，全县一次性退耕面积达 155.5 万亩，从而为退耕还林工程的顺利实施创造了良好条件。二是抓宣传发动，做到思想认识到位。为提高群众退耕还林认识，我们通过召开会议、印发资料、集中培训、广播电视宣传、刷写标语等形式广泛宣传退耕还林（草）的意义、目的和相关措施，使广大群众的思想进一步解放，认识进一步提高，干劲进一步加大，参与退耕还林的自觉性进一步增强，为退耕还林的顺利实施奠定了坚实的思想基础。三是抓组织领导，做到任务职责到位。我们采取县、乡、村主要领导挂帅，主管领导具体负责，层层签订目标责任，加大退耕还林目标、任务、责任和政策措施的落实，使我县退耕还林从落实地块、作业设计、育苗、预整地、造林、管护到自检自查分工明确，环环相扣，有力地促进了工程的顺利实施。四是抓科技支撑，做到典型示范到位。从退耕还林实施以来，我们联系北林大专家，由北林大牵头，10 所大专院校为我县退耕还林技术支撑单位，同时，确定了有针对性、目的性、选择性的 14 条流域，作为综合试验示范典型，认真组织落实，使其迅速成为一批规划设计科学、实施管理规范、结构搭配合理、示范特色明显的退耕还林精品工程，辐射带动了整个退耕还林工作。五是抓规划设计，做到指导服务到位。按照国家工程建设标准，我们在规划上始终依照规划决定设计、设计决定模式、模式决定规模、规模决定任务、任务决定施工的程序进行规划设计。首先在尊重群众的基础上，坚持参与式的规划原则进行规划设计；其次坚持因地制宜、适树适地的选择原则，选择乡土树种和耐寒耐旱的树种、草种，大面积营造复合林；再次是坚持中、长、远结合，禁、退、还结合，乔、灌、草结合，封、育、造结合的原则，确定了“山顶草灌防护林、山腰坡地经济林、沟坡锁边灌木林”的流域治理模式，从而在治理中达到了宜林则林，宜草则草，

宜灌则灌的目标。六是抓科技培训，做到队伍素质到位。我们通过北林大等院校专家、学者讲课，选派技术骨干进修等多层次培训办法，培训出三支技术过硬、事业心强的科技队伍。一支是能起到传、帮、带作用的林业技术骨干队伍，一支是以乡村干部为主的林业经营管理队伍，一支是留得住、用得上的农民林业技术员队伍，大大提高了广大干群的科技意识和素质。七是抓种苗建设，做到苗木质量到位。我们按照“自采、自育、自栽、自给”的原则，扩建中心苗圃、巩固骨干苗圃、扶持育苗大户，基本实现了以乡自给，县内调剂，减少了苗木的外调。为严把苗木质量关，我们成立了种苗站，专门负责退耕还林的苗木质量，从种苗招标、调运、检验、分配等各个环节，一包到底，全程负责把关指导，实行种苗“两证一签”制度，做到了不合格的种苗不调运，不检验的苗木不使用，保证了退耕还林的苗木质量标准。八是抓科学施工，做到工程标准到位。为了保证工程质量，我们先后制定了不合格、未经检验、未截杆蘸浆的苗木“三不上山”和整地质量不达标、技术人员不在场、树种不合格的“三不栽”制度，对退耕、整地、检苗、抚育管护等各个环节都做出细化量化规定，并印发《退耕还林技术要点》手册，人手一册，从而达到不合理的设计不施工，不标准的整地不造林，不合格的苗木不使用，保证了工程建设的科技含量。九是抓检查验收，做到政策兑现到位。为确保退耕还林达到以高质量、高标准的目的，我们采取了“以户自查、农户互查、村组初查、乡镇排查、县上严查”的“五查”方法，由退耕办长年负责全县退耕还林各个环节的检查、监督和监理，把退耕还林与钱粮兑现挂起钩来，通过严格的检查验收，使我县退耕还林工程达到了高标准、高质量要求。十是抓内业资料，做到档案管理到位。为使退耕还林工程健康发展，我们在抓好工程建设的同时，把规范档案管理作为搞好退耕还林工程建设的重要内容来抓，建立了退耕还林信息管理系统，实行了有纸文字记载和无纸计算机管理“两同步”，做到了人员、职责、资金“三落实”，达到了图、表、卡、证、合同、方案“六统一”，从而使退耕还林工作有章可循，有据可查，大大提高了退耕还林工程的管理水平和工作效率。

三、做到一个“活”字，统筹兼顾促发展

生态环境建设是一项系统而艰巨的工程，需要统筹发展。为此，在具体实施中，我们做到了“四个结合”：

一是把国家扶持与艰苦创业有机地结合起来。首先是组织开展了全民义务采集树种草种活动。为了节约资金，解决树草种不足问题，1998 年以来，

我们积极组织全县广大干部群众、中小学生开展义务采集树种草种活动，有力地推动了全民义务采集树种草籽活动的深入开展。几年来，全县干部群众累计义务采集树种120万kg，草种15万kg，预计节约资金500万元。建立健全了县、乡、村、组、户五级育苗体系，基本达到了自育自给，解决了生态建设资金和苗木供应不足问题。其次是积极开展了义务植树活动。从1998年开始，我们利用春、夏、秋三个季节，组织广大干部职工、中小学生、农民群众积极开展义务植树活动，取得良好成效。几年来，全县广大干群和中小学生共义务植树6万亩，为退耕还林的实施注入了活力。第三是充分发挥党员干部的模范带头作用，实行干群“联户结对子”养羊制度。按照“借羊还羊、收益分成”的原则，全县党员干部主动与群众结对子，联户发展舍饲养羊，既解决了贫困户发展羊子的资金需求问题，又密切了党群干群关系，增加了干群收入。

二是把退耕还林与农田水利建设有机结合起来。农田水利建设是改善农村生产生活条件，确保粮食丰产丰收的有效途径。在加强退耕还林工程建设的同时，我们始终把农田水利建设作为治理生态环境，改善农村生产生活条件，提高粮食产量的重要内容来抓。首先，我们按照人人达到2亩基本农田的总体目标，狠抓农田基本建设。为了调动广大群众兴修基本农田的积极性，我们本着近村庄、近水源、近道路的原则，认真规划、积极组织，及时出台了兴修一亩高标准农田县财政补助300元的优惠政策，并要求各乡镇根据财力制定了相应的配套补助政策，从而调动了广大群众兴修农田的积极性。几年来，全县新修基本农田14万亩，累计达到29.3万亩，实现了人人2亩基本农田的目标，为解决退耕八年后农民吃饭问题和确保退耕还林不反弹奠定了坚实基础。其次，我们把淤地坝建设也作为改善生产条件，拦蓄泥沙，淤积耕地的有效措施，狠抓小型水利水保工程产权制度改革工作，通过小型淤地坝拍卖、租赁、承包等形式，明晰产权，激发了群众的建设热情。几年来，全县共新建加固大小淤地坝97座（其中新建80座，加固配套17座），保留淤地坝达到224座，控制流域面积1219.7km^2，总库容28.4万m^3，已拦蓄泥沙20500万m^3，可淤地28074亩，已淤成坝地17600亩。同时，我们还组织广大干部群众采取义务植树、引进“德援”项目等途径，加大荒山荒坡治理和绿化美化工作，几年来累计治理荒山荒坡125万亩，绿化、美化城镇四山、公路沿线和井场1.5万亩，使全县生态植被有了明显改善。

三是把扶贫开发与加强农村基础设施建设有机结合起来。为了使扶贫开发工作真正成为解决农村生产生活条件，增加农民收入的主要内容，我们按照“项目统筹实施，资金捆绑使用”的原则，把扶贫开发与生态建设、乡村道路、农电、水利、通讯、医疗卫生、小城镇、农村能源等基础设施建设有机地结合起来，使扶贫开发工作整体推进、全面改善。几年来，全县累计搬迁移民2467户11295人。已建成基础设施较为齐全的移民新村38个，修建房（窑）6300间（孔），架设农电线路510.7km，新修二级、三级油路201.65km，新修四级砂石路14条266.6km，新修石油生产道路780km，拓宽改造乡村道路600km。打井建窖1500眼，新建沼气池5556口，改厕改圈2000多个。目前，各扶贫开发点人口居住相对集中，交通条件便利，信息畅通，村容村貌焕然一新，一个电入户、路畅通、水进家、庭院新、厕圈齐、村庄秀的美好景观成为各扶贫点的重要特点，行路难、吃水难、用电难等问题得到了有效解决。

四是把农民增收与减轻农民负担有机地结合起来。减轻农民负担是增加农民收入的一种有效途径。近年来，我们采取切实措施进一步巩固了农村税费改革成果，切实减轻了农民负担。2004年以县财政补贴的方式免征了农业税，实现了“零”负担，落实了农村低保对象1536户1980人，落实了教育“两免一补”政策，推行了农村新型合作医疗制度。加大专项资金监管力度。为确保以粮代赈补助、扶贫资金等专项资金的到位，建立健全了专项资金监管机制，层层把关，各个环节都有专人负责，使专项资金层层顺利下拔，不截留、不挪用，直接发放到农户手中。建立了减轻农民负担的长效机制。为了避免负担反弹，县乡两级均成立了减轻农民负担工作领导小组，建立健全了各乡镇财务管理中心，实行村财乡管，把减轻农民负担工作作为一项长期的重点工作来抓，常抓常议，常抓不懈。严肃查处违纪行为。对发现的涉农乱收费和截留、挪用、侵占专项资金等违纪行为严惩不贷，以儆效尤。

四、注重一个“强”字，培育产业保成效

生态环境建设有两个最基本的目标，一是山变绿、二是民变富，山绿是基础，民富是根本。为此，我们把做强产业作为确保退耕还林真正退得下、还得上、稳得住、能致富、不反弹目标的主要途径，在实施生态环境中，不断加大农业结构的调整力度，提出了“生态建设产业化、产业建设生态化”的发展思路，大力发展以羊为主的草畜业和以沙棘、山杏为主的林果业，取得了良好效益，为巩固退耕还林成果和农民增收发挥了积极作用，实现了“被子”与“票子”的双赢。在具体实施中，我们主要抓了五方面的工作。一是树特色，做到了专业化经营。按照“一县一主业、一乡一名品”的发展

思路，我们大力引进各种适宜当地发展的名优新品种，通过改良、试验、示范，已初步形成特色优势。比如在羊子产业上，我们逐步淘汰当地土种山羊，积极引进萨富克、特克萨尔、小尾寒羊等优良羊种，通过杂交改良、胚胎移植等途径，大大提高了良种化程度。在草产业上，我们大力引进美国大叶苜蓿等优质草种，建立草种基地，使全县的96万亩牧草80%达到了优良品种。二是建基地，实现了规模化生产。近两年，我们始终坚持“谁发展扶持谁”和“扶优扶强”的原则，县上每年都要从财政拿出1000万元预算资金，有重点、有目标地扶持一些产业专业村、产业示范点和产业重点户、龙头企业以及从事产业开发的技术、信息、营销等方面的组织和个人。通过积极引导和扶持，从而使我县形成一大批专业户、专业村、专业乡，达到了一户带多户、多户带一村、一村联多村、多村成基地的格局。我县舍饲羊子饲养量已达到40多万只，养羊覆盖率占农户总数的80%，种草127万亩，保留面积96万亩；现有山杏、山桃面积100万亩，其中成林面积35万亩；沙棘面积已达188万亩，成林面积125万亩；三是扶龙头，拉长了产业化链条。近几年，在产业开发上，我们始终坚持用工业化的思维谋划草畜产业，加大龙头企业的扶持力度，狠抓草畜产业的加工、营销等工作。目前我县已先后引进延河、紫瑞和华联锦园三家大型农产品加工企业，扩大了圆方集团的生产规模，圆方集团已成为全市第一家获得出口自营权的农产品加工企业。从而在全县形成了农户加基地、基地连公司、公司联市场的产加销一体化发展格局。四是搞服务，提高了组织化程度。在发展产业中，我们把服务体系建设作为产业化建设的一个重要内容，狠抓了良种繁育、饲草饲料、疫病防治、技术服务和营销服务体系建设，先后建起了县乡羊子集散市场，组建了羊子千人营销队伍，采取保护价收购的办法，上门收购群众舍饲的羊子；购置了产业加工、收贮、收割等机械设施4000多台（套）；成立了县、乡、村、组四级服务网络和羊子疫病防治机构，加强了羊子的品种改良、胚胎移植和疫病防治等服务工作；建立了信息网站，及时开展了技术培训和信息服务；成立了各种协会和组织，从而从各个方面服务体系建设，提高了农民进入市场的组织化程度，增强了市场竞争力。五是稳林果，开辟了多元化发展途径。以山杏、山桃和沙棘为主的林果业是我县近几年一直开发的一项主导产业，我们主要抓了现有林果的拉枝、修剪、扩盘、施肥和高枝换头嫁接，加强了退耕还林地块山桃、山杏和沙棘的抚育管护，大面积栽植了优质适生杂果，积极引进名优品种，使全县山杏、山桃和沙棘面积已形成一定规模，成为农民增收的主要渠道。六是抓粮经，在高效设施农业上做文章。在抓好草畜、林果业的同时，我县始终把高效设施农业作为农民增收的又一个重要途径。在实施中，我们彻底转变了以粮为主的生产方式，积极引进推广高产、高效、优质的名优品种，推广应用地膜覆盖、大垄沟种植、间作套种等先进生产技术，大力发展棚栽业、庭院经济和高产高效经济作物和饲料作物。

五、坚持一个“新”字，建立机制抓落实

巩固退耕还林成果，改善生产生活条件，发展产业，增加农民收入，政策是关键，机制是保障。从1998年以来，我们边实践，边探索，建立了八种机制，为改善生态环境、发展产业、农民增收提供了有力的保障。一是建立了组织保障机制。县上成立了由县长任组长，主管农业副书记、副县长任副组长，农业、林业、水利、畜牧、草业、计划、监察、财政、审计、粮食等部门单位为成员的生态环境建设和产业开发领导小组，配足配齐领导和工作人员，逐级量化分解退耕还林和草畜产业开发的任务，层层签订目标责任书，定责任、定任务、定质量、定时限、定奖惩、从而夯实了全县各级部门和广大干部抓落实的责任。二是建立了个体承包机制。按照“谁承包、谁治理、谁受益”原则，我们近几年在生态环境建设中狠抓林权证、草权证的发放，把收益权落实到户，并允许继承转让，使农民吃了一颗“定心丸”，极大地激发了他们建设生态环境的积极性。几年来，我县共出让四荒地182.3万亩，占荒山总面积209万亩的87.25%。三是建立了钱粮兑现机制。钱粮兑现是搞好退耕还林的关键所在。在钱粮兑现过程中，我们始终坚持公正、公平、公开的原则，按照“张榜公布、三榜定案”的程序，严把“三个关口”，做到“四个到户”。即兑现前的地块必须检查验收，兑现中的农户必须张榜公布，兑现后的面积必须复核；政策宣传到户，任务落实到户，检查验收到户，钱粮兑现到户。通过建立钱粮兑现机制，确保了钱粮兑现的健康有序运行，为生态环境建设起到了很好的推动作用。四是建立了政策扶持机制。为给群众培养稳定的致富产业，解决退耕还林八年后农民的吃饭和收入问题，制定出台了鼓励扶持政策，从资金技术、信息、土地、技术、良种等方面，着力扶持一批龙头企业、专业村、示范典型、专业大户和营销经纪人，促使他们先发展壮大，带动全面发展。县财政每年都要拿出一定的资金进行扶持，以此巩固了退耕还林成果，推动了农业产业化进程。五是建立了技术承包机制。在生态环境建设中，我们积极推行“一季设计、两季栽植、三季作业、四季管护”，做到规划设计、作业期限、质量标准、检查验收、操作规程“五统一”，实现了造林地块、作业设计图、退耕还林合同、入户卡、土地证“五到

位”。在产业开发上，我们全面推行县、乡、村三级技术人员包乡联村抓示范的办法，积极开展技术培训、业务指导、新品种引进和良种繁育等工作，不断提高产业的质量和效益。六是建立了服务保障机制。首先，我们建立健全了县、乡、村三级技术服务体系，大力开展技术培训、人工授精、提供市场信息、羊子疫病防治等工作，多方面为群众发展草畜产业提供服务。其次，我们按照民办、民管、民受益的原则，在群众自愿的基础上，扶持和培育农民专业营销队伍，建立多种经济合作组织，架起农民走向市场的桥梁，引导农民从“小家庭”走向“大市场”。再次，我们充分发挥各级各部门的协调服务作用，千方百计为生态环境与产业开发提供资金、技术、管理、手续审批、质检、宣传等便利。七是建立林草管护机制。在林草管护上，我们以管住“三口”为目标，强化“三防”和“三禁”措施，建立健全县、乡、村、组四级管护组织，落实了党政一手把管护责任，实行了封山禁牧“一票否决”和双向处罚措施，充实了林政执法队伍，落实了职责报酬，从而使全县上下形成一个“山有人封、树有人栽、畜有人管、林有人护、钱有人给”的封禁管护工作格局，有效地巩固了治理成果。八是建立了奖惩激励机制。为了把生态环境建设与产业开发、扶贫开发等工作纳入乡镇、部门年度考核的重要内容，实行重奖严罚、“一票否决”和“末尾淘汰”制度，夯实各级各部门的责任，形成齐抓共管的合力。

实施生态立区战略
维护石羊河流域生态安全

甘肃省武威市凉州区林业局　邱池美　王恩汉

凉州区地处河西走廊东端，祁连山北麓，武威市中部，土地总面积 5081km^2。全区属温带大陆型干旱气候区，年均降水量约 160mm，蒸发量 2020mm。由于受干旱荒漠气候影响，造林立地条件差，森林资源匮乏，生态环境脆弱。作为石羊河流域中段的凉州区，既担负着保护祁连山水源涵养区的使命，又承担着防风治沙、保护生态和向下游进行生态调水的重任，生态建设与保护压力巨大。由于地处石羊河流域中上游，生态建设关系石羊河流域经济社会可持续发展。凉州区高度重视，坚持“南护水源、中建绿洲、北治风沙”的生态建设方针不动摇，大力实施生态立区战略，统筹山、川、沙三大区域生态建设实际，科学规划、分类施策、分步实施，全力推进生态文明建设。

一、近年来林业生态建设与保护情况

为改善区域生态环境，维护石羊河流域生态安全，凉州区提出了实施“生态立区”的战略构想，全区广大干部群众大力开展植树造林、防沙治沙，积极推进特色林果产业发展，4 年累计完成人工造林 64. 47 万亩，其中：生态林 20. 42 亩、特色林果 44. 05 万亩，封山（沙）育林（草）16. 3 万亩，生态建设取得阶段性成果。

一是实施生态立区战略，全力推进生态文明建设。在以“三北”防护林为主的重点林业生态工程的带动下，加大南部山区林草植被保护。通过采取人工营造水涵水保林，严格落实“封山禁牧”和实施生态移民等措施和办法，培育森林资源，保护林草植被，减轻南部山区水土流失。累计营造水涵水保林 5. 5 万亩，保护天然林 6. 37 万亩，完成封山育林（草）3. 5 万亩，实施生态移民搬迁 1. 2 万人。在绿洲区开展以通道绿化、林网改造、村镇绿化、园区绿化为重点的绿洲生态防护屏障建设，完成农田林网更新改造 6. 52 万亩，生态村镇绿化 154 个，园区绿化 0. 82 万亩。高标准完成国道、省道、县乡道路绿化1200多km，绿洲区形成以主干道路为框架，林网、渠道、居民区绿化为补充的绿洲防护林体系。按照“防治并重、治用结合”的思路，推进北部沙区生态治理。通过整合林业项目资金，采取工程造林和义务压沙造林相结合的办法，大力实施沙漠锁边工程，营造防风固沙林39.1万亩，封沙育林（草）27万亩，在沙漠沿线建成万亩以上的义务压沙造林基地4个，建起了长达50km的防风固沙屏障，沿沙区近30万亩农田得到有效保护。

二是发挥光热资源优势，积极培育特色林果产业。凉州区被誉为全国酿酒葡萄最佳产区之一，同时也是资源型缺水最为严重的地区。为全力破解结构型缺水和资源型缺水难题，改善区域生态环境，促进农民致富增收，全区围绕农业产业结构调整，加快生产方式转变，大幅压缩高耗水农作物。按照“人均1亩林，收入过万元”的发展思路，采取“政府引导，项目带动，政策驱动，利益牵动，科技推动”五项措施，大力发展以优质梨、酿酒葡萄等为主的特色林果产业，4年共完成特色林果基地建设44.05万亩，建立了“设施农牧业+特色林果业”的主体生产模式。截至目前，全区特色林果总面积达到55.14万亩，栽培面积万亩以上乡镇达到22个、千亩以上村260个，户均2.97亩，人均0.7亩，2014年挂果面积29万亩，产量9.5万t，总产值3.54亿元。特色林果产业建设呈现出面积扩张、品种多样、质量提高、建设规范、效益提升的良好发展局面。

三是推进重点项目建设，全面增强林业发展活力。凉州区始终把重点林业生态工程建设作为林业工作的重中之重，强化工作措施，靠实工作责任，完善管理制度，注重建设效益，使项目建设成为加快生态建设的新引擎。以“三北”防护林工程建设为主体，大力开展农田林网建设，防沙治沙，山区小流域治理，通道和村镇绿化美化。4年完成“三北”五期工程人工造林1.75万亩，封山沙育林草9.1万亩。通过工程建设，风沙危害明显减轻，水土流失得到有效遏制，农田防护林体系基本建成，生态状况明显改善。把退耕还林工程与改善民生相结合，科学确定实施重点区域，突出坡耕地造林和沙化土地治理，大力实施退耕还林工程，累计完成退耕还林建设任务11.3万亩，其中：退耕还林3.3万亩、荒山荒滩造林5.2万亩、封山（沙）育林2.8万亩。工程涉及25个乡镇、2个指挥部、8个单位，127个村、7726户、2.59万人。退耕还林工程的实施，使全区森林覆盖率提高1.5个百分点。全区纳入国家补偿范围的公益林面积43.73万亩，涉及16个乡镇和11个单位，共设立公益林管护站19处，聘用护林员215人。通过认真贯彻落实相关政策，完善管理制度、落实管护责任、加强资金监管，确保了各项政策措施落到实处，公益林生态效益不断提升。

四是推进体制机制改革，着力突破林业发展瓶颈。以现代林业理论为指导，全面推进集体林权制度改革。在全面完成集体林权主体改革任务的基础上，加大林地林木确权颁证范围，累计完成确权面积57.72万亩，发放林权证3.51万本，推进森林资源资产化。积极开展国有林场改革，通过改革管理体制，创新经营机制，完善政策体系，优化机构设置，解决遗留问题等措施，加快推进3个国有林场改革，建立起了既适合林场自身特点，又符合市场经济要求的经营模式，为国有林场的发展创造了条件。在林业建设中，立足区情，大胆探索，不断创新，探索和建立林业发展新机制。围绕特色林果产业发展，制定了《关于加快林果产业发展的实施意见》、《特色林果业建设考核办法》、《特色林果业检查验收办法》；围绕沙区生态治理，制定了《沙区及治沙生态林承包治理经营实施方案》，积极开展沿沙区治沙生态林承包经营，落实治沙生态林承包经营20万亩；围绕林权改革，制定《林权流转登记管理办法》、《林权抵押贷款管理细则》，规范林权流转登记、林权抵押贷款管理。

五是强化林业科技支撑，不断提升林业建设水平。全区以“科技兴林”为重点，加大林业科技推广力度，为生态建设提供有力的科技支撑。紧紧围绕生态建设和产业发展开展科技推广工作，相继实施了《荒漠区葡萄引种栽培试验》、《凉州区荒漠化综合治理开发》等30多项科研项目。在植树造林上，推广带土球栽植、深栽浅覆、泥浆蘸根、沟灌覆膜等技术；在种苗上抓好林木新品种的引进和培育，重点培育国槐、刺槐、樟子松等优势树种。以落实“三定”方案为契机，健全科技服务体系，开展林业科技培训。建立了以林业技术推广单位为主体，乡镇林业站为依托，农民技术员、科技示范户为骨干的科技服务体系，结合生态建设和林果产业发展举办技术讲座，宣传林业科技知识，多层次全方位开展培训，培养农民技术骨干。结合林业生态建设和林果产业发展，抓林业科技示范点建设，建立了皇冠梨、红枣、枸杞、核桃、日光温室红提葡萄、油桃等高效栽培示范点30多个，起到了较好的示范带动作用，在提高科技成果转化率的同时，为群众致富增收探索新路。

六是坚持依法兴林治林，全面加强森林资源保护。坚持依法治林、依法兴林，加强森林资源保护管理。利用广播、电视、报刊等多种形式，大力宣传《森林法》等有关法律法规，有力地增强了干部群众造林绿化意识，提高了广大干部群众爱林护林的自觉性。严格实行林木采伐限额管理制度，对征占用林地、木材经营加工、运输等环节进行了清理整顿，实行许可证制度，防止了资源的无序消耗和浪费。成立森林公安分局，配强领导班子，充实了森林公安人员，以行政执法培训手段，增强队伍素质，提高执法水平。以大案、要案为重点，严厉打击破坏林木和违反林业法规的不法行为，创造了良好的法制环境。狠抓以林木病虫害防治为重点的林木“三防”工作，严格执行森林植物检疫制度。完善相关制度，组建管护队伍，落实配套政策，加大巡查力度，在全区范围严格实行“禁止开荒、禁止打井、禁止放牧、禁止乱采滥伐、禁止野外放火”的五禁规定，使林草植被得到有效保护。

二、加快林业发展的几点思考

一要牢牢把握“增林扩绿，林果并重，改善生态环境，推动经济发展”的工作思路。一是作为西部干旱地区，要把“增林扩绿”作为生态建设的中心任务，不断增加区域森林资源总量，提高森林质量，增强森林生态功能。二是把“林果并重”作为“增林扩绿”的重要途径，正确处理好“政府要绿”和“群众得利”的关系，大力发展兼用林，实现生态效益、经济效益、社会效益的有机统一。三是把“改善生态环境，推动经济发展”作为林业工作的最终目标，把改善生态和改善民生放在突出重要位置，协同推进，良性互动。

二要建立政府主导、社会参与的多元化长效投入机制和分类指导的工程建设机制。面对资源约束趋紧、环境污染严重、生态系统退化的严峻形势，必须把生态文明建设放在更加突出地位，建立国家投入为主，社会各方参与的生态建设机制。按照分类经营的要求，国家资金重点用于对生态公益林建设的投入，特别是对通道绿化、林网建设、防沙治沙等重点区域生态林建设，实行全额投入。地方政府应建立和完善林业产业发展扶持政策，鼓励发展林业产业，促进农民增收，改善生态环境。

三要加强科技支撑，努力提高工程质量效益。加强同大中专院校、科研院所合作，加大干旱地区造林技术、脆弱生态区综合治理与生态恢复技术、容器苗育与造林技术、封山育林及可持续经营利用等技术研究与推广，大力推广农林复合型综合治理模式，不断提升综合效益和经济收益，提高群众造林积极性，为农民增收拓展空间，为工程可持续发展创造条件。

作者简介：

邱池美，男，汉族，1965年9月出生，本科学历，林业工程师。现任甘肃省武威市凉州区副局长。

自1986年参加工作起，历任甘肃濒危动物研究中心办公室主任，凉州区绿化委员会办公室主任，凉州区治沙站站长，凉州区林业局副局长等职。现任武威市凉州区副局长。

曾获武威市“造林绿化先进个人”、凉州区“造林绿化先进个人”、凉州区“优秀共产党员”、“甘肃绿化奖章”等荣誉。

王恩汉，男，汉族，1971年11月出生，本科学历，林业工程师。现在甘肃省武威市凉州区林业局工作。

曾获“全区特色林果建设先进个人”，林业系统“先进工作者”，全区“优秀共产党员”，全省“三北防护林工程建设先进个人”等荣誉。

劲风扬帆促发展　大力造林保生态

甘肃省山丹县林业局　杨　青　毛建军

山丹县地处河西走廊中部，年均降水量195mm，年均蒸发量2246mm，是甘肃省18个严重干旱缺水县之一，自然条件严酷，造林条件差。近年来，山丹县把林业生态建设作为振兴县域经济、走可持续发展之路的一条重要举措来抓，坚持“南保青龙、北锁黄龙、中建绿洲”的林业建设思路，精心组织，强化措施，狠抓落实，切实加强森林资源保护管理，持续抓好国土绿化，认真实施重点林业生态工程，深入推进集体林权制度改革，全面发展特色林业产业，全县林业生态建设取得了显著成效。多年来，累计完成人工造林13.95万亩，森林面积从2005年前的112万亩增加到现在的134.25万亩，森林覆盖率由2005年前的13.82%提高到28.57%（非天保区），森林蓄积量新增30余万m^3，经济林新增2万多亩，果品产量达6841万kg，实现林果业总产值3800多万元，北部滩沙生植被覆盖度由2005年的28%提高到目前的35%，实现了森林面积、蓄积的持续“双增长”。

一、抓机遇、促落实，林业生态建设取得明显成效

山丹县土地总面积810万亩，其中林业用地面积340.5万亩，林业用地中有林地17.145万亩、疏林地0.423万亩、灌木林地126.762万亩、未成林造林地16.3545万亩、苗圃地0.045万亩、无林地179.7375万亩，森林覆盖率28.57%。近年来，山丹县林业生态建设抢抓国家加快西部大开发机遇，在县委、县政府的领导下，经过全县各级、各部门的密切配合和广大干部群众的积极参与，取得了明显成效。

1. 重点林业生态工程建设成效显著

三北防护林工程。我县三北防护林体系工程建设始于1978年，截至2014年年底，全县共营造防护林15.166万亩、经济林2.037万亩、特种用途林165亩、沙生植被封育48.86万亩，四旁零星植树308万株。工程的实施，使全县的森林资源总量不断扩大，森林覆盖率显著提高，农田林网和通道绿化建设长足发展，并探索出了大网格防护林、小网格经济林的复合林模式；南部祁连山、大黄山林区水源涵养林及马营河流域水土保持林建设取得了显著

成效，在全县造林绿化、防沙治沙、改善工农业生产和人们生活条件等方面发挥了重要作用。

退耕还林（草）工程。自2002年以来，全县累计完成退耕还林42.11万亩，其中退耕地还林19.91万亩，荒山造林17.2万亩。工程范围涉及全县8个乡镇，96个行政村，7个国营林场、站、圃的16460户64478人。建成集中连片3万亩以上的退耕还林示范点3个，1万亩以上的示范点6个，5千亩以上的示范点8个；万亩以上的乡6个，千亩以上的村41个，百亩以上的造林大户65户，50亩以上的造林大户达360多户。建成30万亩沙棘基地和2.4万亩仁用杏基地，部分沙棘和仁用杏已开始挂果，为全县沙棘产业和仁用杏产业的发展打下了基础。退耕还林工程的实施，有效改善了全县的生态环境面貌，促进了县域经济的协调持续发展，也加快了全县农民群众脱贫致富奔小康的步伐，被广大群众誉为“德政工程”、“富民工程”。

天然林保护工程。全县列入天然林保护工程范围的区域主要是位于祁连山保护区范围内的大黄山林场、龙首山自然保护站所管护的天然林，共落实天保工程森林资源管护面积22.38万亩。该工程自2001年开始实施，至20014年，共落实投资740万元，完成人工造林1.05万亩，封山育林7.75万亩，工程实施中，加强了森林资源的管护力度，添置了必要的营林及防火设施，封育区四周采用刺丝围栏和防护沟进行保护，共拉刺丝围栏55km，开挖防护沟20km，封育区林草植被生长茂盛，保护效果十分显著。

生态公益林保护工程。按照公益林界定实施方案要求，对全县已纳入国家重点生态效益补偿范围70.29万亩重点公益林进行了有效保护，共落实投资600万元，划分管护责任区13个，与各责任单位签订管护责任书7份，管护合同124份。新建管护房7处，设置界碑16座，标志牌500个。通过中央补偿资金的介入，改变了过去造林长期局限于资金短缺、管护人员严重不足的局面，提高了人们对生态环境保护的意识，全县公益林林分郁闭度、沙生灌木覆盖度得到了很大的提高，林区有害生物防治能力和森林资源对生态环境、生产发展的承载力得到了提升，对改善山丹县尤其是北部干旱区气候，提高沙生灌木的防风固沙阻沙能力起到了积极作用。

2. 森林资源实现了面积、蓄积的“双增长”

近年来，全县累计完成人工造林39万亩，超过全县天然林面积11万亩，相当于新中国成立以来人工造林保存面积的4.1倍。全县森林面积增加到134.25万亩，森林覆盖率由2000年前的10.47%提高到28.57%，北部滩沙生植被覆盖度由21%提高到了目前的35%，实现了森林面积、蓄积的持续

“双增长”。

3. 生态环境明显改善

通过各项林业生态项目的建设，全县的生态环境得到明显改善，多年沉睡的荒山披上了绿装，林草植被焕发了生机，土地荒漠化趋势得到有效遏制，水土流失不断减少，自然灾害发生频率逐年下降，据水利部门测算，近几年马营河与山丹河的来水量明显增加，马营河灌区的来水量由9071万m^3增加到9646万m^3，寺沟河的来水量由360万m^3增加到520万m^3，年蒸发量减少了12%。这些数据的变化，除大气候的影响外，不能没有生态环境改善的因素。全县城乡居民的生存生活环境得到改善，为建设生态文明奠定了良好的基础。

4. 全民义务植树运动蓬勃发展

近年来，结合退耕还林等重点林业生态工程的实施，我县全民义务植树工作在历届县委、县政府的正确领导和上级业务部门的大力支持帮助下，全县人民发扬植树造林、绿化祖国的光荣传统，认真贯彻落实《决议》精神，积极参加义务植树运动，明确责任，落实任务，狠抓基地化、科学化、规范化、制度化建设，形成了全社会办林业、全民搞绿化的浓厚氛围，相继建成了山羊堡滩、马营河、官坝湾、孙家营滩、312国道等标准较高的义务植树基地35个，坚持因地制宜、适地适树的原则，科学规划，严格管理，制定标准，责任到人，累计完成义务植树330万株，年平均参加植树人数达到12万人（次），尽责率达96%以上。有力促进了全民义务植树运动的深入持久开展，为维护和改善我县生态环境起到了重要作用。同时按照山丹县城乡发展规划，我县调运了大量国槐、圆柏、侧柏、垂榆、白腊、榆叶梅等绿化美化树种，对城区街道单位驻地及各乡镇进行了绿化美化，共栽植各类绿化苗木56万株，种植草坪、花坛1万多m^2，为全县实现“春有花、夏有荫、秋有果、冬有青”的城乡绿化美化目标起到了很好的示范带动作用。在新农村建设中，我们严格按照村镇绿化总体规划，组织实施村镇绿化各项工作任务，先后完成村庄房前屋后植树造林2000亩（次），发展庭院经济林500亩，栽植各类苗木18万株；完成大马营、陈户、位奇等乡镇的驻地绿化美化，栽植国槐、云杉等为主的风景绿化树种0.5万株，栽植花卉、草坪50亩；完成农田林网更新改造6000亩（次），控制农田面积8000亩，控制率达到40%；结合实际，在位奇镇芦堡村、高寨村、十里堡村，清泉镇祁店村，东乐乡山羊堡村、霍城镇刘庄村等村庄建成社会主义新农村绿化示范点，绿化居民区道路30km，为建设生产发展、生活宽裕、乡风文明、村容整洁、管理民主的社会主义新农村做出应有的贡献。

5. 农村产业结构日趋合理

各项林业重点生态工程的实施，带动促进了全县农村产业结构的调整，仅退耕还林工程就使全县8个乡镇96个村、345个村民小组、16460户农户的64478人受益，占全县总人口的42.6%，农业人口的56.7%。通过退耕还林全县共转移劳动力11500人。在农业生产结构中，种植业、林果业、草畜业全面发展，结构比例更加合理。全县已建成沙棘产业基地30万亩，发展以仁用杏为主的优质杏产业基地2.4万亩，实行林草间作，林间套种优质牧草面积达到3.5万亩。退耕区群众年人均增收738元，沿山退耕区农民仅退耕还林政策补助一项人均稳定增收425元。

6. 林业产业效益初步显现

本着增资源、增效益、增活力的原则，以市场为导向，以各国营林场、站、圃为重点，狠抓林果、种植和森林生态旅游业等林业产业，产业效益初步显现。截至2014年底，全县经济林造林面积2499hm^2，保存2100hm^2，果品产量达4023万kg，实现林果业总产值3721万元，占农业总产值的1.28%，林果业总收入2082.7万元，农村人口人均141.33元，占农村人口总收入的0.46%，利税104.1万元。

为加快全县生态旅游产业的发展，给城乡人民创造良好的旅游、休闲娱乐场所，以南湖生态植物园和焉支山森林公园为重点，加大建设及投资力度，焉支山森林公园坚持统筹规划，重点开发，分期实施，滚动发展，逐步完善的原则，通过吸引外资、林场自筹、个人捐资等方式，先后筹集资金1000多万元，先后完成李桥水库到林区三佛殿共25km的林区道路平整和铺沙工作，恢复了古建筑——玉皇观、“宁济公祠”，整修园路20km、架设高压输电线路3km、低压输电线路3km、平整绿化入山道路13.8km，完成景区道路硬化4km，在公园大门建立石刻景点1处，硬化停车场2处4000m^2。以开发建设焉支峡为重点，用大理石改造后寺至焉支峡石台阶500m，新建栈道2500m，石质健身步道600m，焉支松木质观景台1处，桥涵3座，仿古凉亭1座，开辟瑶池景点1处，使整个景区沿公园大门至前寺、焉支松、后寺、焉支峡形成了循环线路。集食宿、娱乐、休闲为一体的生态旅游格局已初步形成，年接待游客达10万多人（次）。

南湖生态园建设历时五年，共投入资金800多万元，其中社会捐助440万元，林业部门投资400万元。搬迁了12户居民，修建了园区大门和围墙，铺筑了条石主干道和各具特色的游园小径，新打新配机井一眼，架设输电线路3km，埋设输水管道1.3km，修缮了人工湖、兰池文物陈列园、常青苑、艾黎广场、游泳池、发塔、昭文堂等重点设施和人文景观以及转轮亭、仙堤楼等原有景观。至2004年，园区已初具亭、台、楼、阁俱佳的园林风格，拥有花、草、树、木齐茂的生态要素，蕴藏诗、书、史、画共融的文化特色，呈现出了一派繁荣兴旺的勃勃生机，同时，以南湖公园为中心，辐射带动了周边区域房地产开发、饮食、娱乐等第三产业的发展，实现了当初县委、县政府制定的将南湖公园建成我县对外开放的窗口、县城南端的绿色屏障和广大群众休闲娱乐的理想场所的目标。

7. 森林资源的管理力度不断增强

我们根据实际，加强护林防火、病虫害防治和林政执法力度，依法保护森林资源，巩固造林绿化成果。县护林防火指挥部针对防火形势严峻的实际，每年都及时召开会议，安排部署护林防火工作，督促检查各责任单位护林防火的各项措施。森林公安分局、林政稽查大队、各乡镇林业工作站充分发挥职能作用，对盗伐、乱砍滥伐和其他破坏森林资源的行为给予严肃查处。进入防火期，各单位坚持有专人值班，领导带班，保证通讯电台24小时畅通，并进一步完善了巡山查林、入山登记、野外用火等各项制度40余项。各护林站人员在坚持不断巡山查林的同时，死看死守，坚决杜绝一切火源入山进林，取得了自新中国成立以来未发生森林火灾的好成绩。同时坚持“预防为主，综合治理”的方针，大力开展林木病虫害防治，累计完成有效防治面积达20万亩（次），设立了主要森林病虫害固定监测13个，监测覆盖率达77%。产地检疫各类苗木2000万株，调运检疫苗各类木8000多万株，果品2200多t，调运检疫木材23000m^3，并成功防治了黄斑星天牛和苹果蠹蛾两种危险性森林病虫害，从源头上杜绝了森林病虫害的传播和扩散，切实保障了我县林业生产的安全。

二、提经验、炼做法，林业生态建设得到有效保障

1. 领导重视，真抓实干是林业发展的关键

近年来，中央、省、市党政领导为加快生态建设先后作出了重要指示，给林业发展带来了难得的机遇。县委、县政府领导审时度势，将林业工作确定为促进全县经济社会发展的主要工作来抓，纳入各级各部门的重要议事日程，按照上级主管部门的安排和部署，层层签定责任书，切实使全县各级领导对林业工作产生了高度的责任感。林业局领导班子认真贯彻落实各项林业发展的方针政策，深入基层切实进行指导和督查，为林业工作打开局面起到

了关键性的推动作用。由于各级领导的高度重视，极大地促使了全县林业工作的有序开展，确保了生态建设任务的全面完成。

2. 社会参与，群众参加是林业发展的基础

林业是最大的社会公益性事业，只有坚持走群众路线，充分挖潜群众智慧，全力集中社会力量，林业工作开展才会真正落到实处。多年来，我们在广泛宣传国家政策、法律以及实施各项工程的目的和意义的同时，切实作好了助农帮困、国家政策性兑现和信访等基础性涉农工作。通过以上方式极大地促使了群众对林业的理解和信任，林业工作开展有了有了强大的群众基础，有效促进各项工作任务的全面落实。实践证明，引导群众积极参与，走全社会办林业的道路才是林业事业迈向辉煌的重要途径。

3. 抢抓机遇，争取项目是林业发展的助推器

近年来，我们严格遵照省、市、县“发展抓项目”的总体要求，紧紧抓住国家投资导向，全方位捕捉项目信息，多类型储备项目，多渠道筹集建设资金，先后争取各类生态建设项目资金3.4亿元，为山丹林业的建设发展提供了充足有力的资金保障。

4. 健全体制，科技引领是林业发展的突破口

近年来，我县生态环境逐步改善，森林资源面积和蓄积保持了持续“双增长”，林业总产值突破性增长，有力地助推了农民增收致富和新农村发展的步伐。林业如此纵深发展，其根本就在于我们一是建立健全了行业队伍管理、资源利用、产业发展等方面的体系和机制，一贯坚持高标准、严要求、明奖惩，按照各项标准严把涉及、施工、检查、验收、管理等关键环节，从而为林业持续健康发展增添了外部活力；二是坚持走科技兴林之路，在农村实用科技研究和应用方面，加强对外交流、加大资金投入，加深科技研究和推广应用，从而为全区林业生态和产业建设注入强大的内动力。由于完善的体制和科技的推动，我县林业已逐步步入全面协调可持续发展的轨道。三是积极组织开展林业科技推广、试验示范课题研究，近年来共完成科研项目6项，两项获县科技进步一等奖，一项获市科技进步一等奖。

5. 强化监管，依法治林是林业发展的有利保证

要使林业发展提速增效，只有做到依照相关法规进行强有力的监管，才能确保各项工作成效良好。多年来，我们一是强化了行业队伍建设，坚持用制度管事、管人，实现了各项工作的规范化管理，极大地增强了林业干部职工的责任意识和法律意识，林业行业的工作效率明显提高。二是强化了对退耕还林、天然林保护、三北四期绿色通道等各项林业工程实施情况的监察，

切实巩固了各项工程实施的成效。三是要强化了对森林火警、火灾、偷拉盗运、乱砍滥伐、乱占林地等违法肇事者的教育和处罚力度。事实表明，只有坚持依法监管才能为加快林业发展提供强有力的保障。

6. 结合实际、因地制宜是林业发展的立足点

在多年的林业生态建设中，我们始终紧密联系实际，针对我县干旱少雨，自然条件差，森林资源总量少，林业产业发展滞后的实际，尊重自然和经济规律，坚持“因地制宜、适地适树、宜乔则乔、宜灌则灌、宜草则草，乔、灌、草合理配置的原则，以能否提高生态工程建设质量、能否增加林农收入、能否从根本上改善全县的生态环境作为林业工作的出发点和落脚点，一切从实际出发，分类经营、分区治理、集中连片、稳步推进，确保了全县林业的持续稳定健康发展。

三、转思路、建体系，是发展林业生态建设的主要方向

1. 构建功能完备的森林生态系统

一是坚持“南扩青龙、北退黄龙、中增绿洲”的林业建设思路，切实保护好南部祁连山、大黄山等天然林资源，加大北部滩生态公益林的保护管理，以封育为主，发挥生态系统的自我修复功能，使现有的231万亩生态公益林得到有效保护，构筑绿洲及北部荒漠区生态安全的“绿色长城”。深入开展全民义务植树运动，加强沿路、沿河绿色通道建设，大力实施退耕还林、天然林保护、生态公益林、三北防护林等林业重点工程，努力建立功能完备的森林生态系统。

2. 构建生态宜居城市环境

以创建国家、省级、市级园林城市、森林城市、卫生城市、文明城市等为载体，在现有基础上，努力增加城市绿化量，提高城市绿地率、覆盖率和人均公共绿地面积，同时点、线、面结合，打破城郊界限，拉大绿化框架，扩大城市生态系统的范围，营造良好的人居环境。建设一批生态乡镇、生态村社、生态小区、生态企业、园林化单位和生态家庭，积极创建生态文明县。

3. 构建优美整洁的农村环境

充分发挥广大农民群众作为农村生态文明建设的主体作用，建设清洁家园、清洁水源、清洁田园。结合重点林业生态工程建设，加大宜林荒山荒坡的造林绿化；坚持林跟水走，先水后林的原则，大力营造农田防护林，有效改善农业生态环境，提高抵御自然灾害的能力；坚持“大通道、宽林带、多树种、高标准”的建设原则，加大对乡村道路的绿化力度，有效改善区域生

产生活条件和生态环境；把生态建设纳入新农村建设的总体规划，因地制宜，科学设计，统一规划布局，对村镇周围、房前屋后、沟渠路旁等空闲地块进行植树造林，营造环村庄乡镇林带、生态片林、小绿地、小公园、林网，形成树木围庄、林带环村的绿化格局。

4. 构建防控结合的生态安全保障体系

加强自然灾害的预防预警与监测工作，制定完善防洪、抗震、防地质灾害、应对极端气候变化等防灾减灾规划和应急预案。加大对生物物种资源保护，防范外来物种入侵，对出现危害的外来物种，要及早控制根除，控制森林病虫害，维护生物多样性。建立和加强环境监测应急中心，强化环境污染、生态破坏等环境突发事件的预防和应急处置，切实维护生态安全。

5. 切实转变发展方式，大力发展生态经济

一是发展林果产业。以促进农民增收为目标，以万亩寒旱区设施红地球葡萄示范园区建设为重点，加大宣传动员，加强政策引导、资金扶持和技术指导，大力发展设施葡萄产业。结合巩固退耕还林成果专项规划的实施，加大沙棘幼林抚育管理和沙棘雌株改造力度，大力发展沙棘产业，延长退耕还林后续产业的发展链条。二是用生态理念指导生态服务业发展。以焉支山森林公园和南湖生态植物示范园为重点，大力发展森林生态旅游业。加大招商引资力度，进一步完善景区景点的基础设施建设，增加服务项目，提升旅游区服务功能，突出景区管理的环境责任，不断提升景区的生态价值，为消费者提供高质量的生态旅游服务。

6. 加强宣传和引导，提升全社会生态文明意识

一是加强生态文明基础建设。抓好大黄山、龙首山自然保护区，焉支山森林公园、南湖生态植物示范园的文化设施建设，为人们了解森林、认识生态、探索自然提供更多更好的条件。二是加强生态文明意识培养。充分发挥报刊、电视、广播、网络的作用，多形式、多方位、多层面宣传生态文化，普及生态文明知识，引导广大群众增强生态建设意识，树立生态道德，弘扬生态文明，进一步在全县形成关注森林、热爱自然的良好风尚。积极建设生态文化，引导全社会牢固树立生态文明发展理念，倡导低碳文明的生活方式。

7. 建立生态安全保障体系，提高生态建设水平

建立健全生态安全监测体系，开展森林、草原、湿地、荒漠、土壤环境长期监测研究。加强地质灾害、森林草原火灾、灾害性天气、动植物疫病监测预警体系建设，着力提高生态灾害预测预警能力。加强生态环境问题应急处理能力建设，建立和完善防灾减灾应急保障体系，形成比较完善的应对突

发性环境问题和生态安全事件的综合防控体系。

8. 探索建立生态补偿机制

发挥市场在资源配置中的基础性作用，加强资源能源的市场化配置改革。按照“谁保护、谁受益”的原则，探索建立生态补偿机制，提高保护生态环境的积极性。积极争取祁连山自然保护区生态补偿试验区项目和新增重点生态公益林补偿项目，逐步完善森林生态效益补偿机制，扩大生态公益林补偿范围，提高补偿标准。争取开展湿地生态效益补偿试点工作，落实补助政策。

筑牢生态安全屏障　护航生态文明建设

青海省林业厅　党晓勇

近年来，青海省林业厅努力发挥建设和保护森林生态系统、管理和恢复湿地系统、改善和治理荒漠生态系统、维护和发展生物多样性的职能作用，紧紧围绕“坚持正确方向、全面深化改革、奋力打造‘三区’、建设全面小康”的战略任务，努力构建“一屏两带”生态安全格局，着力推进高原现代林业发展，全省生态林业民生林业建设步入了历史上最快最好的发展时期，为筑牢生态安全屏障，推进生态文明建设积累了经验、增添了底气。

在林业的定位上，始终坚持林业在生态保护和建设中的地位不动摇。始终明确了林业的生态属性，突出了林业的公益性，林地面积中生态公益林比重达到了99.9%。天然林全部禁止采伐，纳入天然林保护工程范围。各级党委、政府高度重视林业工作，全力推动林业生态建设，把发展林业作为生态保护和建设的根本措施来抓。特别是十八大以来，省委、省政府高度重视林业工作，省领导把林业作为生态文明建设的主体，作出重要批示、解决具体问题。地方各级党委、政府采取务实举措，在组织领导、政策落实、工作部署、财力投入等方面狠抓落实，对林业的关心、支持和重视程度前所未有，林业在生态建设中的主体地位得到空前提高。全省形成了党政重视，部门推动，社会参与的整体合力。

在林业机构建设上，始终坚持林业的公益属性不动摇。我省现有国有林场102个，经营管护林地面积9603万亩，占全省林地面积的57%。国有林场全部为事业单位，其业务经费、人员工资、福利待遇均列入地方政府财政预算，由地方财政负担。原有的唯一一家森工企业玛可河林业局，也整建制转为事业单位。林场主要承担森林资源管护工作，有力保障了森林资源的保护。2011年省林业局更名为省林业厅并列为政府组成部门，全省8个州（市）有7个州（市）和所属部分县林业局单设。2012年至2014年增设了林业科学技术处、国际合作处、湿地保护与管理中心、林业产业处，新成立青海省三江源国家级自然保护区森林公安局。落实全省森林公安政法编制213名。全省已构建起省、州（市）、县、重点林区（自然保护区）四级森林公安体系。

在工作举措上，始终坚持以人为本理念不动摇。突出人口聚居区域，大力推进造林绿化进程，逐步探索出了一条适合高原造林绿化特点的高标准造林绿化新模式，提高了造林成效。突出城镇增绿。近年来，突出高速通道、西宁机场、工业园区，以及城镇周边等区域，高标准、规模化造林，有效提升了城镇品位，让群众切实感受到了林业发展成果。突出农村增绿。完成村庄绿化 1050 个，推动村庄干道绿化，公共绿地建设，庭院绿化与新农村建设同步进行，有效改善了农村人居环境。突出农牧民致富增绿。围绕发展特色经济林建设，在柴达木盆地、共和盆地、黄河谷地安排落实枸杞基地建设和核桃、大果樱桃基地建设任务，拓宽了农牧民增收渠道。突出生态脆弱区增绿。在生态修复区实施大规模的造林工程，变分散式治理为规模化整体治理，改善了生态环境。

在工作思路上，始终坚持继承和创新不动摇。主动适应建设生态文明和实施可持续发展战略的要求，树立大林业、大生态的理念，多功能理念，全方位开放理念，紧密结合生态立省战略和全省经济社会发展大局，科学编制发展规划，及时根据变化的形势调整、创新工作思路。根据全省地域特点，提出了建设三江源、青海湖、祁连山、柴达木盆地和东部黄土丘陵区“五大生态圈”，构建“一屏两带”（以三江源森林、草原、草甸、湿地生态功能区为屏障，以青海湖草原湿地生态带和祁连山地水源涵养带为骨架）生态安全格局，推动生态、民生、创新、文化、和谐“五大林业”的综合治理生态系统的理念，有力提升了林业的服务保障能力和总体效益。

深化林业工程管理机制创新。全面推行林业工程质量“亮牌”制度，造林质量监督检查和责任追究制度、项目责任包干制度，以及省、州、县三级督导员一线全程督导制度。制订完善了《青海省林业工程考核办法（试行）》、《林业重点工程绩效考核办法》等考核办法和操作规程。深化森林资源管护机制创新。公益林、天然林生态补偿与保护责任、保护效果挂钩试点工作全面展开，出台了《青海省国有林地管护单位考核评比奖补办法（试行）》，建立了导向明确、奖优罚劣的绩效考核评比机制，在全国首开国有林场绩效考核评比先河。深化保障林业长效机制创新。《青海省湿地保护条例》颁布施行，国家林业局将我省纳入国家公园体制建设试点省份，编制完成《青海三江源国家公园建设规划》，为全国首部国家公园建设规划。

在工作方法上，始终坚持科技保障不动摇。林业工作始终以科学决策为先导，以科技支撑为保障，以科学管理为引领。编制完成了 63 项青海省地方标准。为科学评价全省的生态价值，进一步提高林业服务生态文明建设的能力。2012 年 5 月，启动实施了生态系统服务功能监测与价值评估项目，这是全国范围内从省级层面开展此项工作的先例，填补了国内空白。目前，完成了《青海省生态系统服务功能价值评估综合报告》、《青海省生态系统综合监测体系总体方案》等九大主报告的初稿，为下一步长期开展森林、湿地、沙化和荒漠化等监测评估工作奠定基础。

积极推进“智慧林业建设”，建设工作，建立“青海省林业信息综合管理系统”平台，建设了森林资源数据库等九大数据库、森林资源地理信息管理系统等八个业务子系统，实现了森林资源“一张图”、统计数据“一张表”，林地资源的动态管理提高了林业信息的管理水平，全省森林资源管理迈上了一个新台阶。

在工作目标上，始终坚持生态林业和民生林业共同推进的理念不动摇。坚持生态保护第一理念，在保护和建设好生态，大力发展生态林业的同时，按照以生态促产业，以产业促生态的理念大力推进民生林业。组织实施“东部沙棘、西部枸杞”战略，大力发展林业特色产业。全省枸杞种植面积达43.9万亩（可采果面积达22.2万亩）、沙棘230万亩（可采果利用面积100万亩），基地建设带动了产业的发展，沙棘和枸杞深加工已形成了较为完善的产业链。积极扶持龙头企业发展，全省林业产业省级龙头企业达到33家，一家企业被认定为国家林业重点龙头企业。有机枸杞出口和精深加工成效明显。同时，在黄河流域和湟水流域发展核桃、大果樱桃等特色经济林和林木种苗产业，全省核桃种植面积达17.92万亩、大果樱桃1.95万亩、各类苗木繁育基地7.7万亩，年产苗木6亿株。此外，森林、湿地和自然保护区旅游蓬勃发展，野生动物驯养繁殖，林下种植、养殖业方兴未艾，有效增加了群众收入。

通过努力，林业发展空间得到拓展，天然林管护面积比“十一五”末增加2542万亩，达到5517万亩；国家重点公益林中央生态效益补偿面积比“十一五”末增加2840.3万亩，达到7441.4万亩。林地面积达1.68亿亩，占全省国土面积的15.6%；森林面积6618万亩，森林覆盖率6.1%，东部地区覆盖率达到了30.35%；湿地面积达1.22亿亩，占全省国土面积的11.3%，居全国第一位；自然保护区11处，总面积3.27亿亩；设立森林公园18处，总面积721万亩；全省国家湿地公园达到11处，总面积316.5万亩。为筑牢生态安全屏障，建设生态文明奠定了基础。

党的十八大以来，习近平总书记就生态文明建设发表了一系列重要讲话，提出了一系列新观点、新论断、新要求，特别是对青海生态文明建设的重要指示，为做好青海林业工作提供了价值取向和基本遵循。这些重大部署、重要判断和具体要求，为我们准确把握生态林业民生林业的形势与任务，潜力与优势提供了根本指南。青海是三江之源、“中华水塔”，是全球气候变化的启动区，是我国极其重要的生态屏障，在维护国家生态安全中具有无可替代的战略地位。加快推进林业发展是构筑生态安全屏障，推进生态文明建设的必然要求。为此，林业部门要承担起保护自然生态系统的重大职责、承担起构建生态安全战略格局的重大职责、承担起实施重大生态修复工程的重大职责、承担起促进绿色发展的重大职责、承担起建设大美青海的重大职责，打好重大生态工程建设“持久战”、生态环境整治“攻坚战”和生态制度创新“主动战”，巩固和扩大林业生态建设成果，确保“中华水塔”安澜畅流。

要把坚持生态保护第一理念融入林业发展全过程。生态是青海最宝贵的资源、最明显的优势、最亮丽的名片，也是后发赶超的最大潜力。因此，林业部门要牢固树立中国特色社会主义生态观，增强思想自觉、行动自觉，以生态保护第一理念指导当前与未来林业发展，主动把林业放在新常态的大格局中去考量、去谋划，适应新常态，创造新优势。要切实把生态保护第一的要求落实到规划编制、项目确定、工程实施、执法监管等各方面。要自觉担负起历史使命，主动履行责任，潜心谋划工作，立足改善生态改善民生发展林业。

要有效叠加各种有利条件推动林业稳步发展。国家已将青海列入首批生态文明先行示范区，为林业发展提供了机遇。国家林业局在天然林保护、森林资源培育、湿地资源保护、林业产业、科技创新等方面也提出了一些新的政策措施。因此，一定要用新的视野把握林业发展的历史机遇，把国家已经出台的政策措施组合好、优化好、实施好，主动作为，积极跟进，把握主动权，努力将国家的重视和支持落实到具体的规划、项目、政策和资金上，推动建立国家主导、地方实施、全社会广泛参与的更高层次、更高水平的林业生态建设投入机制和补偿机制。

要坚持深化改革、依法治林并举，推动林业治理体系和治理能力现代化。全面深化改革，强化依法治林，是加快推进林业治理体系和治理能力现代化的重要途径。为此，要着力增强改革意识，认真谋划改革举措，狠抓任务落实，用改革的办法解决发展中的问题，全面激发林业发展活力。要不断创新林业治理体系，创新林业体制机制，让创新成为驱动林业发展的新引擎。要着力推进林业治理法治化，加快制定和完善森林、湿地和野生动植物保护、自然保护区等方面的地方性法规规章。加强对林业内部权力的制约，对财政资金分配使用、行政审批、项目实施等纳入重点监督范围，加强监督。

要顺应人民群众新期盼提供优质生态公共产品。良好的生态环境是最公平的公共产品，是最普惠的民生福祉，拥有天蓝、地绿、水净的美好家园，是每个人的愿望。抓林业生态建设本身就是抓最大的民生工程，改善生态就是改善民生。林业部门要善用系统思维，勇于开拓创新，通过不懈努力，让广大人民群众享受到更多的“绿色福利”。同时，要进一步加大生态文明理念宣传教育，让全社会关注林业、支持林业，营造共促林业生态建设的浓厚社会氛围。

当前和今后一个时期，青海林业工作将以习近平总书记系列重要讲话和关于生态保护重要指示精神为指导，牢固树立中国特色社会主义生态观，以建设生态文明为总目标，以改善生态改善民生为总任务，以全面深化林业改革为总动力，主动适应新常态，坚持“生态保护第一”理念，突出三江源、青海湖、祁连山、柴达木盆地和东部黄土丘陵区五大生态空间布局，着力推进国土生态空间规划体系、重大生态修复工程体系、生态产品生产体系、维护生态安全的制度体系和生态文化体系五大体系。以实施大绿化、培育大森林、推动大保护、发展大产业、繁荣生态大文化五大行动为载体，努力开创全省生态空间青山绿水、生活空间集中宜居、人与自然和谐的新格局。

推进生态文明建设
打造青藏高原山水花园城市

青海省西宁市林业（园林局）　张福军

西宁位于青海省东部，是一个多山、少雨、少林、生态环境脆弱的城市，年均降水量380mm左右，国土面积7649km^2，占全省国土面积的1%，辖四区三县，平均海拔2295m，年平均气温5.8℃。“十一五”以来，市委、市政府把城乡绿化建设作为改善城市生态、改变城市面貌、树立城市形象和提高城市品位的一件大事来抓，以创建国家森林城市为目标，实施以城区为核心、南北两山绿化为屏障、县域为纵深的“三环”绿化战略，森林资源持续增加，生态环境得到进一步改善，全市城乡绿化建设取得了明显成就。

一、主要成就

（一）城区绿化建设水平快速发展

为实现建设宜居、宜业、宜游、宜人的生活之城、幸福之城的目标，市委市政府着眼于建设山青水秀、生态文明的高原山水花园城市，以重点建设项目为突破口，将北山危岩体综合治理绿化及平西高速路景观林带建设、西塔高速路景观林带绿化项目建成全市绿化的样板工程，构筑西宁绿色风景线。加大湟水河、南川河、北川河的治理步伐，全面完成已治理段的绿化工作，建设好已规划的四片城市湿地、滨河绿地和河道防护林带，使南川河、湟水河沿线成为城市中心区域大幅增绿的主要地域。相继建成了西宁北山美丽园、浦宁友好园、湟水森林公园、南凉虎台遗址公园、柴达木公园、朝阳绿岛等多处大型公园。建成了新宁广场、中心广场、人民广场等7处城市绿地广场，总面积达40hm^2。2013年启动了“四边”绿化建设项目，完成全市“四边”绿化10万亩，在城市出口道路两侧建设宽度30m以上的绿化景观林带，绿化道路160余条。新建街头绿地、小游园100余处。建成了一批档次高、功能全的单位附属绿地，城市绿地总量大幅增加，人均公共绿地指标实现了翻倍增长，建设和养护管理水平不断提高，城市环境有了明显改善。建成区绿化面积由2010年的2713.3hm^{2}增加到

3491.63hm^2，绿化覆盖率由36%增加到40%、城市绿地率达到38%，人均公园绿地面积由7.75m^2增加到12m^2，城镇园林绿化得到快速发展。先后被国家住建部和国家林业局命名为国家园林城市和全国绿化模范城市荣誉称号，目前正在向国家森林城市迈进。

（二）大南山生态绿色屏障成效显著

大南山生态绿色屏障工程是在西宁南北两山绿化一、二期工程建设的基础上，为贯彻落实省委、省政府市委市政府提出的建设西宁青藏高原花园城市、重塑湟水河流域绿色风貌的要求，进一步加快西宁城市周边的生态和景观建设进程，构建城市生态网络体系，保障城市安全和功能发挥，提升城市品位，促进社会经济可持续发展而实施的西宁重点绿化工程。项目实施范围东起杨沟湾，西至阴山堂，南与湟中县接壤，北至规划凤凰山路，总面积105km^2（15.75万亩），按照一年绿化造林2万亩，建设一座桥梁、一条道路、两个景区的规模进度，2013年全面完成了建设任务。8年来共投资8.2亿元，建设主骨架道路118km、简易绿化道路180km；新建提灌站5处，维修灌溉设施32处；累计造林13.8万亩，栽植大规格苗木近1500万株，平均成活率在90%以上，总体保存率在85%以上，初步形成了以乡土针叶树为主、乔灌结合、针阔混交的比较完善的山地森林生态体系，林草覆盖率大大提高，有效地遏制了水土流失，保护了生物多样性。

在高标准绿化的同时，加大了景区景点建设，相继建成了西宁野生动物园、红叶谷风景区、石峡清风、北山烟雨、南山文峰碑景区、体育公园等大小景点20余处。如今的大南山树木葱郁、绿树成荫，风景秀丽，防护林绿化成绩卓著，交通网络基本形成，水利工程配套完善，整体生态环境大为改善，一个集生态、观光、旅游、休闲等多种功能的绿色屏障和景观区域正在形成，为西宁市建设高原现代生态宜居城市奠定了坚实的生态基础。昔日的荒山披上了绿色的外衣，辛勤的汗水也收获了累累的硕果，2013年大南山生态绿色屏障建设工程被国家建设部授予中国人居环境范例奖。

（三）林业生态建设稳步推进

多年来，市委、市政府始终把改善西宁自然面貌，作为全市林业发展的根本任务和奋斗目标，造林绿化，治山治水，为改善自然环境做出了不懈的努力。西部大开发以来，在国家的大力支持下，相继实施了三北防护林、天然林保护、退耕还林、国家重点公益林等国家林业重点生态工程，全省林业生态建设取得了明显成就。通过天然林保护、退耕还林、三北防护林、国家重点公益林、日元贷款环青海湖流域周边地区生态环境综合治理工程、造林补贴试点、森林抚育补贴试点等林业工程项目的实施，累计完成人工造林84.9万亩，封山育林55.84万亩，中幼林抚育36.9万亩；完成277个村庄新农村绿化美化任务；落实了202.29万亩的天保工程区和332.45万亩国家重点公益林管护任务；兑现退耕农户粮食及生活补助万元，完成巩固退耕还林成果沙棘基地建设9.31万亩，补植补栽5.68万亩；全民义务植树5100万株；随着全市林业生态建设力度的不断增加，森林覆盖率不断提高，涵养水源、遏制水土流失作用显著提升，生态环境得到进一步改善。截至2013年，森林覆盖率由2010年末的28%提高到2014年年底的32%；森林覆盖面积由321.28万亩增加到367.15万亩，森林覆盖面积增加了45.9万亩，森林覆盖率增加了4个百分点；活立木蓄积量由287万m^3增加到327万m^3。2011年被国家林业局三北防护林管理局评为“三北”造林优质工程。

（四）森林资源得到有效保护

森林资源保护管理基本形成以实现森林可持续经营为目标，林权管理为核心，资源利用管理为重点，综合监测为基础，执法监督为保障的比较规范、稳定、有序的工作格局。全社会生态保护意识不断增强，全民保护森林爱护森林的不断提高。组织开展野生动物保护、湿地保护及林地资源保护等专项执法检查，一批群众关注、社会影响较大的刑事案件成功告破，有力打击了涉林违法犯罪活动。严格征占用林地和林木管理工作，加大执法检查工作力度，严格各项审批工作，征占用林地审核率和森林植被恢复率大幅度提高，巩固造林绿化成果。森林公安和林业行政执法队伍建设进一步加强，成立了10个派出所，督促查办了一批大案要案。森林防火队伍不断壮大，防火设施不断改善，防火工作常抓不懈，取得连续24年无重大森林火灾的成绩。林业有害生物防治经费不断增加，防治设施不断改善，防治工作不断加强，防止成效不断提高。全市林业有害生物无公害防治率提高到80%以上，林业有害生物成灾率控制在3%以内，种苗产地检疫率达到98%以上，有害生物监测准确率达80%以上。组织开展了古树名木普查工作，对全市古树名木进行了详查登记、核实、确认，对我市现存11种208株古树依据《全国古树名木普查建档技术规定》建立了档案，落实了保护单位和管护措施，并统一制作了标牌，进行挂牌，确保了古树名目的管理和保护。自然保护区建设得到提升，西宁市建成国家级森林公园2个，省级森林公园4个，国家级自然保护区1个，自然保护区及森林公园保护面积达到2745.38km^2，全市自然保护区覆盖率达到36.98%，对维护生态安全，起到了良好作用。

（五）林业产业实现较快发展

在有效保护森林资源的基础上，按照“生态建设产业化，产业开发生态化”的原则，积极开展森林资源的合理开发利用，加快林业产业发展，切实巩固林业建设成就。加大林木种苗培育力度。依托林业生态和城镇园林绿化建设，加快林木种苗及优良花卉的培育速度，扩大培育规模，调整种苗培育结构，提高林木种苗和优良花卉培育的科技含量，全市育苗基地面积达到2.8万亩，培育青海云杉、祁连圆柏、油松、丁香、榆叶梅、连翘等30余种，年出圃各类苗木达17713万株，实现年产值6827万元。加快森林旅游业发展。近年来，依托国家森林公园、湿地公园、自然保护区等资源优势，积极探索森林休闲旅游业的发展，森林旅游也已成为当前农村经济发展的亮点和市民休闲消费的热点。目前已建成鹞子沟、察汗河等9个生态旅游景区，兴办“森林人家、生态茶园”等180余家，接待游客近200万人，旅游收入达1.3亿元，群众直接受益达9530多万元，森林休闲旅游的迅速发展，已成为我市现代林业战略转型、林产品增值和林业增效新的突破口。结合退耕还林和集体林权改革后续产业发展，积极开展林下养殖种植，加快技术成果的推广应用，进一步扩大种植养殖规模，使林下种植养殖业真正成为一项巩固林改和退耕还林成果，带动农民致富，增加农民收入重要渠道，年产值达到3500万元，带动农户5000余户。林业产业年产值由2010年末的0.66亿元提高到2014年的2.32亿元。

（六）集体林权制度改革顺利完成

集体林权制度改革是农村综合改革的重要内容，事关广大林农的切身利益和农村社会稳定，也是进一步激发社会兴林的活力源泉。2010年3月，西宁市正式启动以“明晰产权、承包到户”为主要内容的集体林权制度改革工作，参与林改的农户达19.3万户，80.28万人，到2012年年底全市主体改革基本完成，实现了林农“山有其主、主有其权、权有其责、责有其利”的改革目标。全市已累计完成确权发证面积301.65万亩，其中均山3.39万亩，均股均利290.54万亩，村集体保留7.72万亩，梳理各类林权纠纷323件。2014年大通县被列为全省林权流转试点县，建立了集林权登记、资源评估、林权交易、林权抵押贷款等林权管理服务平台建设，实现了林地由资源变资本，资本变资产的重大转变，盘活了农村林业资产。林改的推进就犹如一股春风，手里捧着林权证这颗“定心丸”，农民找到了致富新路，对林业发展的前景越发看好，造林和管护积极性空前高涨，林地已成为农民增收致富的重要手段。

集体林权制度改革已成为焕发全市林业发展活力和推进生态文明建设的新动力。

二、基本经验

（一）领导重视，狠抓落实是城乡绿化快速发展的关键

多年来，全市各级党委、政府高度重视城乡绿化工作，坚持把城乡绿化事业发展纳入国民经济和社会发展规划，市政府将绿化工作列入各单位目标考核范畴，明确职责，落实任务，严格考核，兑现奖惩。全市各级领导率先垂范，带领广大干部群众参加义务植树活动，有力地推动了城乡绿化各项工作的顺利开展。

（二）政府投入，多方参与是推动城乡绿化事业快速发展的保障

“十一五”以来，本着“多方投资，社会受益”的原则，在积极争取国家、部门的专项资金和国债资金的基础上，省、市地方财政不断加大城乡绿化投资力度，全市生态及城市绿化建设已累计投入资金35亿元，累计参加植树的人数达730万人次，有力地促进了城乡绿化建设的顺利实施，保证了城乡绿化事业快速发展。

（三）解放思想，开拓创新是城乡绿化事业快速发展的不竭动力

在思路上，由过去单纯造林栽树，转向把林业建设与农村产业结构调整、扶贫开发、基础设施建设、农民增收和后续产业开发融为一体，实现生态、经济和社会效益协调统一。在推动上，由过去林业部门单打独斗的局面，转向社会、部门、个体、私营经济和全民参与的良好氛围。在造林方式上，由过去的旱作造林、常规造林和树种单一的造林模式，转变为水利先行、高标准造林及多林种、多树种、乔灌混交的造林模式，实现了一次成景，大幅增绿。

（四）统筹规划，加强管理是提高生态建设成效的得力措施

在造林绿化中实行封造育相结合，乔灌草相结合，林业建设和产业结构调整相结合，退耕还林和农民脱贫致富相结合，荒山治理和绿化美化相结合，城镇森林化和农村园林化相结合，通道建设与景观林带建设相结合，城区改造和增绿添景相结合等多种措施，统筹规划，综合治理，有效提高了生态建设成效，实现了生态、经济和社会效益的协调统一。

（五）依法治林，科技兴林是实现城乡绿化事业又好又快发展的强力支撑

近年来，林政部门严格执法，打击破坏森林资源的违法行为，维护了林区社会治安秩序。广泛开展林业科学技术研究，大力推进科技创新与科技成果转化，结合林业重点工程建设，积极开展人工驯化，培育优良树种，大力推广汇集径流、地膜覆盖、容器育苗、保水剂、生根粉等抗旱造林先进适用新技术，促进了植树造林成活率和保存率大幅度提高，科技兴林已成为城乡绿化快速发展的强力支撑。

西宁，青藏高原上的明珠，正在焕发勃勃生机。西宁林业人在市委市政府的正确领导下，迎着创建国家森林城市的步伐，向青藏高原花园城市迈进。

保护生态环境
不断完善黄南州林业生态建设

青海省黄南藏族自治州林业局 蒋明宽

一、黄南林业近年林业发展总体成就

近年来，黄南林业紧紧围绕实现山青、水秀、人富裕，全面建设小康社会的目标，不断完善林业发展思路，进一步突出林业在可持续发展中的重要地位，在生态建设中的首要地位，在西部大开发中的基础地位，在应对气候变化中的独特地位，突出三江源区域独特的生态地位，紧紧抓住以保护生态环境、发展生态经济、培育生态文化为主要内容的“生态立州”战略的组织实施不放松，始终坚持“严格保护，积极发展，科学经营，持续利用”的林业建设方针，以积极争取并认真实施退耕还林、天然林保护、三北防护林、国家重点公益林、三江源自然保护区建设等林业重点工程为抓手，大力开展造林绿化和森林资源保护工作，造林绿化速度明显加快，造林质量显著提高，森林资源得到有效保护。通过全社会的积极参与和广大务林人的不懈努力，使全州林业生态建设、森林资源保护、林业产业、林业科技与林业体制改革等方面得到长足发展，林业各项生产指标完成良好，各项工程进展顺利，全州林业生态建设取得了显著成效。

（一）林业重点工程推进造林绿化工作快速发展

“十二五”以来全州完成人工造林7.58万亩，为计划任务的100%；完成封山育林49.5万亩，为计划任务的100%；完成中幼林抚育11.55万亩，为计划任务的100%；完成新育苗面积0.24万亩，为计划任务的100%。造林绿化速度明显加快，造林质量显著提高。参加义务植树人数达30万人次，义务植树370万株；高标准建设绿色通道12.58km。造林形式多样，实施了高标准造林、林地征占用异地恢复造林、国家重点公益林等造林项目，造林标准高，规模大。新农村建设以“创绿色家园”为切入点，建“富裕新村”为结合点，完成43个新农村绿化工作，提升了村庄绿化档次，改善了人居环境。全州始终坚持“严格保护，积极发展，科学经营，持续利用”的林业建设方针，大力开展造林绿化工作，不断扩大绿色植被，增加后备资源。州政府每年召开全州林业工作会议，与各县政府分别签订年度退耕还林草责任书、林业生产目标责任书、森林病虫害防治工作责任书，把退耕还林草、造林绿化工作落实到了各县政府和部门主要领导的肩上。通过多年动员群众参与退耕还林草工程、天然林保护工程以及各种形式的宣传教育，群众对造林绿化的生态功能有切身体会，对破坏生态所带来的严重后果的感受越来越深刻，对发展林业、改善生态环境的要求更加迫切。群众爱林、护林、造林的积极性，绿化四旁、种树致富的个体不断涌现，为促进林业发展，实现经济社会可持续发展奠定了基础。

（二）加快生态文化体系建设，强化生态文明理念

一是生态宣传深入人心。充分利用“植树节”、“爱鸟周”、“野生动物保护宣传月”等一系列科普宣传活动，把森林、野生动植物、湿地和生物多样性保护作为开展生态文明观教育的重点，加大宣传力度，倡导人与自然和谐相处的生产方式和生活方式。通过报刊、杂志、广播、电视等传统媒体和网络、手机等现代媒体，不断提升了人们关注林业的热情。据统计累计宣传近40次，展出图片近400幅，横幅80多条，宣传板60多片，发放林业和野生动植物保护宣传册20000多份，传单48000余张，参与公众累计达51000余人次。通过积极参加文艺汇演和州庆七一文体等活动，充分调动广大林业系统干部职工投身林业建设的热情与信心，凝聚了力量。二是生态文化基础设施建设不断完善。打造麦秀、坎布拉森林公园新品牌，建设生态文化和生态文明教育基地。

（三）加快了林业保障体系的建立，增强了执法行政管理能力

“十二五”以来，全州进一步加强了森林资源保护，严厉打击破坏森林和野生动物资源的各种违法犯罪活动，积极做好森林病虫害、火灾的预测预报及防范措施。四年来侦破各类案件56起，收缴木材7.69m^3，罚款47.606万元，处理违法人员57人，出动警力5703人次，有力地保护了森林和野生动植物资源。全州无重大森林火灾发生，森林病虫鼠害年防治面积逐年增加，重点病虫害得到有效控制。森林保护基础设施得到完善，交通条件得到改善，防火物资不断增加，落实了森林管护人员的管护经费；森林资源保护工作得到加强。建立和完善了全州森林防火、森林病虫害防治和防止盗伐滥伐森林的林业“三防”体系。一是实施科技兴林战略，林业科技支撑能力进一步增强。在北部地区开展了系列抗旱造林技术，在麦秀、西卜沙、坎布拉林场，邀请省内外专家开展小蠹虫聚集信息素防治技术研究。这些成果有效地提高了林业建设的科技含量。二是实施依法治林战略。加强了“六五”普法工作，规范了林业行政执法行为，开展了“春季行动”、“亮剑行动”、“严厉打击破坏野生动物资源专项行动”、“非法采摘销售柏枝专项治理”、“扫除行动”、“护鸟行动”及“2014天网行动”，确保了森林和野生动物资源安全。在河南县宁木特林区再次发现国家一级保护野生动物雪豹活动踪迹，为我州今后明确保护野生动物种类，争取国家支持提供了科学依据。严格审核征占用林地项目，严格采伐限额管理，初步建立了公益林监测体系。林业执法队伍建设不断加强，执法行为进一步规范。三是坚持人才强林战略。尊重知识，尊重人才，尊重劳动，尊重创造，不断加强林业队伍建设。进一步推动“四型”机关创建活动，提高队伍素质。全面推行政务公开制度，建立健全教育、制度、监督并重的惩防体系，不断加强林业系统党风廉政建设，建立了一支作风优、工作实、能力强的林业工作队伍。

（四）林业科技推广取得新的进展

“十二五”以来，结合退耕还林、天然林保护、三北防护林建设等工程，全州共推广林业科技成果和实用技术10多项，累计面积达到25万亩，初步形成了全州林业科技网络化服务的格局。现有17名技术人员取得林业高级职称；28名技术人员取得了中级技术职称。全州初步建立起各级林业保障体系，为全州林业的健康、协调、快速发展奠定了基础。一是州、县、乡三级林业技术推广服务体系逐步完善，使科技兴林战略有了组织保障；二是林业行政执法监督体系进一步健全，州森林公安局内增设了法制科和刑侦治安科，对全州森林公安机构名称进行了规范，全州各林区派出所全部晋升为副科级单位，林业执法队伍建设不断加强，执法行为进一步规范；三是加强业务知识培训，提高了林业环保职工队伍素质。几年来，州县林业部门先后举办多次造林、育苗、森林资源检查及森林病虫害防治等为主的实用林业技术培训班，并进行了现场实习，为实现科技兴林战略打下了良好的基础。

（五）林业有害生物防控取得新突破

一是邀请国内外多名专家在黄南开展小蠹虫研究的机会，调查摸清了黄南州天然林区危害云杉、油松的小蠹虫种类有光臀八齿小蠹、香格里拉、东方拟齿、大小蠹、四眼小蠹、横坑切梢小蠹、六齿小蠹等近20余种，并调查掌握了光臀八齿小蠹、香格里拉小蠹、东方拟齿小蠹、横坑切梢小蠹等优势种的扬飞入侵、羽化时间等生物学生活史习性及危害规律，为今后虫情监测预报和科学防治提供了可靠依据。二是州森防站与省农林科学院植保所、省森防总站合作完成了省科技攻关项目《坎布拉林场油松梢小蠹发生规律与防治技术研究》课题，基本查清了油松林小蠹危害种类、掌握了主要种横坑切梢小蠹、六齿小蠹生物学特性及危害规律。三是饵木诱杀和信息素诱杀小蠹虫取得成效。在同仁、尖扎县和麦秀林场试验开展了小范围饵木诱杀防治工作，探索取得了防治时间、设置方法、调查监测、除害处理等一套成熟的防治技术，并总结出在防治方法中饵木诱杀为经济、实用、无公害的最有效的防治方法。四是培养了一批小蠹虫防控技术力量骨干。从2011年邀请省内外小蠹虫防治研究专家学者来我州小蠹发生区开展研究工作之际，培训了全州森防专业人员。通过不同层次的培训，全州森防技术员掌握了小蠹虫种类识别、信息素监测、诱捕器设置等国外先进防治技术，为全州培养了一批小蠹虫防控技术力量骨干。五是防控小蠹虫效果明显。通过虫害木清理、人工剪除带虫梢头、信息素诱杀和饵木诱杀等防治措施防控，目前，全州小蠹虫发生重点林区林相得到改观，云杉林木被害率由28%下降到12%左右，油松枝梢被害率由46%下降到10%左右，饵木诱杀各类小蠹虫近100万头只，林区内新增被害木及被害梢量明显减少，小蠹虫严重危害和进一步扩散蔓延的势头得到基本控制。

（六）国家支持林业政策实现重大突破

一是支持林业发展的公共财政制度进一步完善。我州274.72万亩国家重点公益林纳入中央财政森林生态效益补偿资金范围。按照《国家级公益林管理办法》，国家级公益林生态效益补偿每年每亩15元，将造林补助标准从每亩100元提高到每亩2000～3000元。二是国有林场基础条件得到改善。国有贫困林场扶持政策对改善我州国有林场基础设施建设起到了积极的作用，先后对同仁县隆务东山、西卜沙，尖扎县坎布拉，泽库县官秀、河南县优干宁等国有林场进行了扶持，扶持金额达到452万元，极大的改善了国有林场的基础条件。三是林区基础设施投入力度加大。2011年州辖四县全部划入青海三江源国家生态保护综合试验区范围。南部两县一场在三江源自然保护区建设项目中，林区的防火道路、站点建设、防火设备、林火监测和办公设施等项目的建设，改善了林场的基础条件。四是国家加大了改善林区民生的投入政策，落实国有林场危旧房改造项目455户，中央和省级财政配套910万元。五是我州河南县申报《青海洮河源国家湿地公园》获得国家林业局批准，在河南县建立了我州第一个国家级湿地公园，林业基础设施建设逐步加强。

（七）林业改革不断深化，思想得到进一步解放

一是解放思想，与时俱进。各级林业部门始终坚持把解放思想作为高原现代林业发展的重要前提，始终坚持把与时俱进作为事业不断取得胜利的指南。一切从生态州情、林情出发，不断破除阻碍林业发展的旧观念，消除束缚林业发展的思想羁绊；树立“按流域治理”、“综合生态系统管理”的新思想，树立大林业、大生态、多功能林业、全方位开放等新理念。在实施三江源等大项目的基础上，组织力量完成了对同仁县隆务河流域生态治理、尖扎县黄河沿岸生态建设、泽库县沙化土地治理、河南县湿地保护、三江源区野生动物保护、紫果云杉等优良树种繁育与造林技术推广等项目可研上报工作。二是深入调研，提供保障。结合解放思想和党的群众路线教育实践活动，不断深入调查研究，破解制约林业发展的瓶颈问题，分别对造林绿化机制改革、集体林权制度改革、村镇绿化工作、林业产业发展、三江源自然保护区建设五个专题进行深入调研，提出了新的思想和办法，更好地为推进林业科学发展提供制度和理论保障。三是集体林权制度改革工作进一步得到完善。集体林权制度改革工作在2010试点和2011年全面推进的基础上，2012年继续按照省集体林权制度改革领导小组和州委、州政府的安排部署，召开了由四县环保林业局长参加的林改工作专题会议，对全州的林改工作进行了具体安排，会同州人大领导对全州四县的集体林改工作进行了调研督促，组织开展了全州集体林权制度改革“回头看”工作，全力推进了全州集体林改工作的顺利有序进行。全面完成了集体林权改革林地面积134.45万亩。同时，按照省集体林权制度改革领导小组的安排，协同由省林业厅、海南州林业和档案，我州林业和档案局技术人员组成的省级验收组，对我州4县16个乡、45个村、691户集体林权制度主体改革工作内业进行了省级验收，验收组对我州集体林改内业工作质量综合评定结果为良好，我州四县均顺利通过省级集体林改内外业验收。

（八）项目建设取得新进展

“十二五”期间全州共组织实施了退耕还林草工程、三北防护林四期工程、天然林保护工程公益林建设、三江源自然保护区生态保护和建设工程、森林管护和病虫害防治项目、贫困林场扶持项目等一批重点工程项目。州级财政在十分困难的情况下每年拿出一定的资金，加强森林防火、种苗建设、林业有害生物防控、森林管护等薄弱环节的建设力度，林业投资不断增加。全州2011年林业生产各项投资6255万元；2012年林业生产各项投资7079.35万元；2013年林业生产各项投资10444.88万元；2014年林业生产各项投资11496.61万元。四年林业生产各项投资达35275.84万元。

二、黄南林业发展主要做法和经验

（一）进一步加强对林业生态建设工作的领导

州委、州政府高度重视林业生态建设工作，经常听取林业生态建设进展情况的汇报，州、县党委、政府主管领导亲自带有关县主管林业县长，州县林业局长、林业站长，多次赴兄弟州县考察学习在高标准造林、个体育苗等营造林工程的典型经验，通过学习取经，就决心搞好黄南的造林绿化工作从分管州长、县长到局长至技术人员达成了共识。并从绿化起始至造林竣工，深入造林现场调研、指导造林绿化工作，对造林绿化的每个环节严要求、细安排、抓落实、促进度，使全州的造林绿化工作发生了质的转变。州人大、州政协领导多次带领有关部门深入到各县及重点林区进行调研，推动了林业生态建设顺利进行。

（二）明确了林业工作重点和责任

每年州政府召开全州林业工作会议，安排部署全州林业工作，并与各县政府签订年度林业生产目标责任书，全面落实林业工作和集体林权制度改革政策，把林业工作落实到了各级政府和部门主要领导肩上。在工作中，以群众关心的生态环境热点问题为工作重点，在广泛调研的基础上，按照“让人多的地方树多，生产生活的地方先绿”的原则，加大了城镇周边、交通要道、景区景点、新农村等重点区域的绿化力度，积极组织植树造林，让更多的人享受到林业发展的成果，为我州林业各项工作健康顺利发展理顺了工作思路和发展方向。

（三）强化了林业工作的监督和管理工作

认真贯彻执行《森林法》、《野生动物保护法》、《退耕还林条例》。在具体工作中加强了对森林管护、林地征占用、木材运输的监督和管理，州人民政府及时对林业生态建设突出的一些问题及时专题研究，及时听取林业部门的工作汇报，及时督办整改，毁林盗伐和破坏生态环境的违法案件明显减少，林业部门的执法水平逐年提高，执法环境得到明显改善。积极开展各类专项行动，群众保护森林资源的意识增强，林区治安好转，偷砍滥伐现象减少，森林防火各项措施落实，全州未发生一起森林火灾，林业生物防控各项指标达标，云杉小蠹和油松落针病防控工作取得明显成效。

（四）深入开展了集体林权制度改革工作

按照州委州政府三年任务两年完成的要求，积极克服时间紧、技术力量不足等困难，严格按照林改程序要求，认真开展了宣传动员、业务培训、调查摸底、外业勘界、内业整理等工作，完成集体林权改革林地面积134.45万亩，涉及4县25乡、143个行政村、115个自然村，农户12562户，109389人，发放林权证3201本，签订集体林地承包经营合同3047份，公益林管护合同3666份，发放补偿费和管护费1509.76万元，改革成果通过省级验收。

（五）进一步加强与各部门的联系

水路先行为前提，齐心协力搞好林业生态建设。与州、县水利、交通部门协作在隆务东西山、阿赛公路、尖扎南山、坎布拉景区、泽库县和日乡、宁秀乡造林及新农村建设中，把水直接提到造林地进行浇灌，保证了每株树都浇上了水，把简易公路通向造林区，为造林绿化树苗运输创造条件；发展个体、联户承包造林户13户，成立林业类公司4家，农民林业专业合作社35家，个体育苗面积达2000多亩，发展造林绿化专业队9个，调整了农村产业结构，拓宽了群众增收渠道；州县37个部门、机关和企事业单位密切配合、齐心协力，每年在全部上缴绿化费的基础上，完成了对各自责任区的苗木栽植、浇水任务。

（六）适地适树，严把种苗关为关键

为了达到适地适树，提高苗木成活率，州政府主管领导亲自带队，组织州林业局、同仁、尖扎两县主管林业的县长、林业局长、林业站长，及早到西宁、海东考察苗木；为了保证苗木质量，杜绝“人情苗”、“关系苗”，同仁县在联系苗木和调运苗木上成立了由纪检部门、林业局主管领导、技术员参与的工作组负责苗木的采购和调运。尖扎县组织乡镇主管乡（镇）长、村委会成员、林业技术员负责经济林苗木的采购和调运，使苗木采购和调运即做到了公开、公正，又保证了质量。组织尖扎县林业局局长、林业站长、各林场场长到同仁县南当山现场考察学习造林经验和模式，推动了尖扎造林绿化的进度。

（七）封山禁牧，精心管理为保障

认真贯彻省州政府颁布的《禁牧令》，一是所有新造林地全部拉设了加密围栏。二是修建管护房，落实管护人员，保证了造林地随时有人浇水和管理，确保了新造林地苗木的成活和保存。

通过多年的林业生态建设，我们更加清楚的认识到搞好林业工作必须得到州委、州政府及省林业厅领导的大力支持和大项目的带动，认识到只有搞好造林绿化工作，才能提高林业工作的整体地位，得到全社会的认可。在今后，我州林业将在州委、州政府及省林业厅的大力支持下进一步增强生态保护与建设重要性和紧迫性的认识。坚持“生态立州”战略不动摇，以科学发展观为指导，紧紧围绕十八大提出的建设生态文明的总体要求，以实现山青、水秀、人富裕为目标，抓住三江源综合试验区建设、天保二期工程实施和黄南州打造一流藏文化基地、建设生态文明先行区及实施三省交界地区平安与振兴工程的重大机遇，借省、州委政府高度重视林业生态建设的机遇，立足“生态立州”战略的实施，按照“今后我州的林业建设重点同仁、尖扎两县放在城镇周边和公路沿线以及黄河沿岸和隆务河两岸，突现生态建设成效；泽库和河南两县把重点放在湿地保护、沙化治理和野生动植物保护上，以保护和恢复原生植被”的发展思路，大力发展生态林业和民生林业，为保护生态、改善人居环境、发展民生做出新的贡献。

转变观念 科学发展
全力推进生态文明建设

宁夏回族自治区吴忠市园林管理局

吴忠市地处宁夏平原腹地，是宁夏沿黄城市带核心区域，引黄灌区的精华地段，素有“鱼米之乡、塞上江南”、“塞上明珠”之美称，北距首府银川市60km，毗邻陕西省、甘肃省、内蒙古自治区，辖利通区、红寺堡区、青铜峡市、盐池县、同心县5个县（市、区），全市总面积2.07万km^2，总人口139.8万人，其中回族人口73.1万人，占总人口的52.3%，是全国回族人口比例最高的地级市，也是名副其实的“中国回族之乡”。

一、吴忠市林业生态建设情况和主要特点

吴忠地处腾格里、毛乌素、乌兰布和沙漠边缘，属典型的内陆干旱性气候，年降水量仅200mm左右，风大沙多，植被稀疏，生态环境十分脆弱。近年来，随着吴忠市社会经济的快速发展，人民群众对生活质量的追求越来越高，改善城乡生态环境，走经济社会可持续发展道路，成为吴忠人民共同追求的目标。吴忠市委、市政府站在“抓绿化就是抓环境、抓经济、抓发展”的战略高度，以建设生态文明示范区为目标，紧紧围绕三北防护林、天然林保护、退耕还林、防沙治沙、湿地保护与恢复等国家和自治区林业重点生态建设工程，充分调动全社会的力量植树造林，大力实施城乡生态绿化建设项目，通过规划保绿、多措建绿、全民植绿、依法管绿等多项有效措施，使吴忠城乡生态面貌、人居环境发生了翻天覆地的变化。“十二五”以来，全市累计完成营造林184万亩，其中，人工造林118万亩，封山育林66万亩。截至2014年年底，全市森林面积达到436万亩，森林覆盖率达到14%，比“十一五”末增加了3个百分点，活立木蓄积量156万m^3，林业总产值达到17.2亿元，比“十一五”末增加6亿元。全市新建国家级自然保护区2个，建设国家湿地公园2个。吴忠市先后荣获“全国平原绿化先进单位”、“中国优秀生态旅游城市”、“全国绿化模范城市”、“全国双拥模范城”、“国家园林城市”和“全国生态建设突出贡献奖”等多项荣誉称号。

（一）三北防护林工程整体推进

“十二五”期间，全市三北防护林工程重点实施了平原绿化、绿色通道、村庄绿化、特色林产业、城乡大环境绿化等造林绿化工程，灌区农田防护林体系进一步完善，林网化率达到98%；以国道、省道、县乡主干道、乡村道路、大沟大渠两侧宽幅林带绿化为主，建设了各具特色的生态景观带；围绕黄河金岸生态绿化建设，不断加快市域范围内黄河金岸绿色长城工程建设速度，完成黄河两岸景观绿化2.1万亩，贯通了向黄河两侧辐射2km的黄河标准化堤防生态防护林体系；以实施“两大工程”为契机，对各乡镇农民新居庄点进行了全面绿化；以盐池、同心县为重点，全力推进防沙治沙示范区建设，完成沙区造林治理面积61万亩，治理区植被覆盖度达到68%，中部干旱带生态环境得到有效改善。

（二）天然林保护工程取得实效

“十二五”期间，全市完成封山育林66万亩，工程区林草覆盖率由30%提高到38%。对工程规划区的364万亩有林地、灌木林地及未成林造林地，确定了管护责任区，选配了专兼职护林员，明确了管护的范围、任务、目标、措施和责任，工程区内的森林资源已全部停止采伐。在县乡村配备专职护林员1369名，确保每村有1~3名护林员，进一步规范了林木管护工作。

（三）自然保护区和湿地保护管理工程实现新突破

国家先后批复新建哈巴湖国家级自然保护区和吴忠黄河国家湿地公园，全市自然保护区达到3个，其中国家级自然保护区2个，自治区级自然保护区1个，自然保护区总面积28.7万亩。完成湿地保护及恢复面积73万亩，新建湿地保护监测站1座，湿地保护、管理、监测能力明显提高。

（四）城市园林绿化实现跨越发展

全市紧紧围绕“改善城市生态环境、提升城市建设品位”这一主题，以城市公园广场、公共绿地、街道绿化、单位庭院、小区绿化等城市园林绿化工程为重点，通过“规划保绿、拆违还绿、全民植绿、依法建绿”等多种有效措施，全面开展城市绿化美化，城市绿量快速扩增，绿化质量不断提升，绿地系统逐步完善。

（五）经济林产业发展规模不断壮大

全市依托国家三北防护林建设工程，将苹果、葡萄、红枣、枸杞纳入了全市农业“十大”产业基地建设，加大投入力度、制定优惠政策、强化科技培训、提高经营管理水平，积极推进苹果、葡萄、红枣、枸杞“四大”产业上规模、提质量、增效益，推动了林业产业化进程。全市以高酸苹果、葡萄、红枣和枸杞等经济林产业为主，建设经济林产业基地33万亩，林果产业基地面积达到90万亩，果品年产量超过4.5亿kg，每年培育盆栽花卉100万盆，观赏苗木130万株，生产商品苗木7500万株。

二、主要的做法和经验

（一）一项激励政策推进了造林绿化科学发展

近年来，吴忠市委、政府高度重视造林绿化工作，将造林绿化当作“一把手”工程，列为政府效能目标管理专项工作安排部署，制定了严格的考核奖励办法，对造林绿化工作进行专项考核，曾连续四年每年拿出近300多万元专项资金，对各县（市、区）设立生态建设先进奖，对市直部门、区属驻吴单位设立植树造林工作先进奖，鼓励支持各地各部门开展植树造林工作。每年春秋两季，市委、政府都通过召开全市城乡建设会议、造林绿化启动会和造林绿化现场观摩会等多种形式，安排部署造林绿化工作。市委、政府主要领导专门听取造林绿化工作汇报，现场确定绿化范围，审定绿化方案，协调解决绿化建设存在的问题，为全市造林绿化提供了坚强的组织保障。

（二）公开的舆论监督确保了造林绿化健康发展

在每年的造林绿化和验收期间，市人大和市政协不定期组织代表、委员对造林绿化的重点工程、造林质量、景观效果、林木抚育管护和造林成活率情况进行实地观摩、视察和评议，为全市造林绿化工作提出指导意见。市园林管理局定期邀请政风行风评议员、城乡群众代表、离退休老干部、老党员和生产一线专业技术人员对造林绿化工程进行现场观摩评议，征求社会各界的意见建议，为推进造林绿化事业健康发展起到了有效的社会监督作用。

（三）广泛的社会参与成为推进造林绿化的强大动力

全市上下不断拓展全民义务植树的形式，开展形式多样的义务植树活动，落实部门造林绿化责任制，包建设、包管护、包成活，一定三年，一年一考核，三年总验收，走出了一条政府投资、部门绿化、建管并重、绩效考核的新路子，为生态林业建设提供了强大动力。我们充分发动广大党员、团员青年、妇女、解放军建设“党员林”、“双拥林”、“巾帼建功林”等多种形式的纪念林，将全民绿化推向新水平，各级领导身体力行，率先垂范，带头履行植树义务，全市义务植树尽责率达到96%。

（四）严格的质量管理提升了造林绿化整体水平

多年来，全市始终坚持“因地制宜，适地适树”的原则，严把规划、整地、苗木、栽植、浇水等环节质量关，认真执行造林技术标准和规程，在苗木采购方面，严格落实造林苗木政府统一招标采购、统一供应制度，确保绿化苗木质优价廉；在绿化施工过程中，坚持统一划线定点、统一挖坑整地、统一供应苗木、统一栽植标准、统一供水浇水的“五统一”原则；在指导督查过程中，坚持规划不到位不准整地、整地不合格不准供苗、苗木不达标不准栽植、栽植不规范不准收工、浇水不彻底不准验收的“五不准”原则，严格做到技术标准执行到位，确保了造林绿化质量。

（五）多元化的投资机制为了造林绿化提供了有力的资金支撑

吴忠市积极探索政府投资、部门实施、社会参与林业建设多元投人机制，大力实施林业项目带动战略，通过“上争、外引、内聚”等各种形式，争项目、跑资金，不断增加林业投入，全力保障林业工程的实施。据不完全统计，近五年全市林业建设共投资约35亿元，林业投资是“十一五”期间的3倍以上。仅2014年，全市通过财政自筹、林业项目、社会募集、企业投资等多种渠道累计投入造林绿化资金12.5亿元，有效的资金投入为推进造林绿化科学发展提供了有力支撑。

（六）完善的科技服务体系确保了造林绿化稳步推进

吴忠市园林管理局作为全市林业管理职能部门，在造林绿化建设和管理中严格执行效能目标管理责任制，将任务明确到人，制定详细的工作进度表，限定完成时限，将所有专业技术人员分配到各县（市、区）开展技术指导等基础服务工作，在造林绿化期间，广大干部职工主动冲在前、干在前、苦在前，没有假日，没有休息，任劳任怨，积极投身绿化一线，协调落实任务、指导造林技术、检查造林质量，为广大群众和社会各界参与造林绿化起到了很好的模范表率作用，造林绿化的成效得到了社会各界的广泛赞誉，林业干部职工的整体形象在实践中得到了全面提升。

三、存在的主要问题和不足

由于受自然条件和经济条件的影响，吴忠的林业建设还相对滞后，与全国、全区林业生态建设水平高的地方相比，全市林业建设还处在较低水平，制约林业发展的各种因素和问题依然存在，林业生态建设的任务还十分繁重。

一是干旱的气候制约了林业的发展。吴忠处宁夏中部干旱带，长期干旱，风大沙多，树木严重缺水，林木成活率和保存率较低，森林覆盖率仅为14%，与全国21.36%的平均森林覆盖率相比低了7个百分点。

二是管护机制不完善，“重造轻管”的现象仍然存在。受干旱等自然条件的限制，造林难度大，管护任务重，加上各级投入林业生态建设项目的资金有限，林木管护经费严重不足，造林与管护的矛盾突出，造林保存率相对较低。

三是林业产业化发展滞后。全市经济林产业结构不够合理，林业经营集约化程度不高，精深加工不足，林业经济效益还较低。

四是林业科技整体水平不高，支撑能力较弱。受体制机制、资金投入、技术人员少等因素影响，全市林业科技整体发展水平不高，林业科技推广力度不大，林业生产的科技含量低，科技成果转化率不高。

四、深入推进生态文明建设的思考

建设宁夏生态文明示范区是近年来吴忠林业生态建设的主攻目标，也是全面提升生态建设水平、有效改善人居环境的关键举措。林业作为生态建设的基础和主体，必将在改善生态环境、应对气候变暖、促进经济发展、构建和谐社会中发挥更加重要的作用。

（一）要大力培养全民生态意识

加强生态环境建设首先要促进人们生态意识的养成，只有大力培育全民族的生态意识，使人们对生态环境的保护转化为自觉的行动，才能解决生态保护的根本问题，才能为生态环境发展奠定坚实的基础。为此，要加强生态环境教育，建立完善的生态教育机制，运用网络、广播、电视、报刊等各种新闻媒体，广泛宣传绿色产业、绿色消费、生态城市、生态人居环境等有关生态环境建设的科普知识，将生态理念渗透到生产、生活各个层面和千家万户中，增强全民的生态忧患意识、参与意识和责任意识，树立全民的生态文明观、道德观、价值观，形成人与自然和谐相处的生产方式和生活方式。

（二）要牢固树立规划在生态建设中的权威地位

科学的林业规划是建设的依据，要通过生态规划对地区自然、资源、经济、环境的综合调查，全面分析生态资产和生态特征、生态过程及生态问题、环境资源的生态潜力与制约因素，评估人与自然的和谐度，从而制定和完善相应的规划体系。就吴忠而言，无论是加快沿黄经济区建设，还是建设宁夏生态文明示范区，都需要确立较为完善的中长期规划来指导建设，规划是前提，规划要贯穿于建设和管理的全过程，用规划指导建设，用规划约束管理。目前，吴忠市已结合城市地形、地貌、植被、水系及未来城市的发展方向等综合情况，按照住房和城乡建设部规定的《城市绿化规划建设指标》，编制了《吴忠市城市绿地系统规划》、《吴忠市植物多样性保护规划》和《吴忠市城市绿线规划》，这是今后吴忠城市园林绿化建设的基本依据。但绿地系统规划，不能只画在纸上、挂在墙上，最重要的是各级政府部门要加以落实，严格按照规划要求实施，特别是我们规划的林地红线、绿地红线确定后，各级政府及开发商等不能再以种种理由加以侵占、蚕食，随意改变绿地范围或调整绿地位置，要真正将绿地系统规划贯穿于城市总体规划、居住区详细规划、城市设计和建筑设计等各个环节，确保绿地系统规划的指导性和权威性。

（三）要全面推行造林绿化目标管理责任制

生态林业建设是一项政策性强、涉及面广、技术复杂的系统工程，必须强化政府行为，切实加强组织领导，落实造林绿化目标管理责任制，把林业生态建设作为各级党委政府的政治任务和重要工作任务来抓，实行领导任期造林绿化目标责任制，分解目标任务，严格进行考核，把生态林业建设的任务、责任和成效真正落到实处。

（四）要加快建立健全生态建设的政策支撑体系

要坚持全社会办林业、全民搞绿化的基本方针，坚持国家、集体、个人一起上，谁造谁有、合造共有，维护林权的连续性和稳定性，充分调动广大群众的造林育林积极性；要鼓励林业企业和造纸等利用木材做原料的企业建设原料林；要逐步完善经济、技术扶持政策。在投入方面，把公益林建设、管护投资纳入公共财政预算，建立长期稳定的投资渠道，使商品林建设享有长周期、低利息的信贷政策，使造林者能得利、植树者受其益，形成有利于刺激林业发展的良性机制；要积极推广应用先进的科研成果，加强科学技术培训。

（五）要进一步拓宽林业生态建设投融资渠道

林业生态建设，资金需求量大，要坚持国家、集体、企业和农户一起上的原则，政府要逐年加大对林业经费的投入，把对林业的投入列入政府财政预算，以保障生态林业建设的资金。同时，鼓励不同经济成份和各类投资主体以不同形式，多渠道、多层次、全方位投入生态建设。在落实好各项任务的同时，积极跑项目争资金，力争使各项生态建设所需资金逐年增加。

（六）要进一步完善生态环境建设长效机制

加强生态环境建设，是一项长期的战略任务，要坚持不懈地抓下去，必须在建立长效机制上下工夫。要建立完善生态环境建设法律制度，政府要确立科学的发展理念和发展模式，进一步加强法规制度的建设，通过建立相关法律法规，完善相关政策，健全管理体制，推进生态环境建设法制化、制度化和规范化；要建立有效的监督举报制度，设立举报接待日、举报热线、举报信箱等，对群众反映的问题及时做出明确处理，同时，要积极发挥新闻媒体的舆论监督作用，通过群防群治，实现生态建设和管理的全民监督，巩固建设成果；要建立规范的考核激励机制，将生态建设纳入各级各部门综合目标考评体系，定期督查考核，激励各级领导决策层推行环境友好、生态合理的行政管理和决策方式，推进生态环境建设可持续发展。

在今后的发展中，我们要把“以人为本、崇尚自然、和谐发展、科学发展”的现代生态理念融入到林业生态建设的各项工作中，全市生态文明示范区建设将会取得更加辉煌的发展成效。

全力治沙造林　推进生态建设

宁夏回族自治区盐池县环境保护和林业局　谢国勋　梁　净　冯君梅

自三北防护林工程启动三十多年来，随着国家各项生态建设政策的落实和各项目的实施，我县生态建设取得了举世瞩目的成就。

一、自然概况

盐池县位于宁夏东部，毛乌素沙地前缘，属于蒙、陕、宁三省交界地带。地势南高北低，南北明显分为黄土丘陵和鄂尔多斯——缓坡丘陵两大地貌单元。北部毛乌素沙区总面积57.3万hm^2，占79.37%，海拔多在1300～1500m，地势较为平缓，除部分梁地外，多为缓坡丘陵滩地，属极强风蚀区，境内遍布流动沙丘、半流动沙丘、浮沙地和潜在沙化土地。多年来形成了三条明显的大沙带。南部黄土丘陵区是陇东黄土地貌的北边缘，占全县20.63%，海拔均在1200m以上、最高可达1970m。这里山峦起伏，沟壑纵横，梁峁相间，水土流失严重，冲蚀沟壑分布广，纵贯山梁，水土流失侵蚀地面呈支离破碎状。

植被低矮、稀疏，以多年生草本为主，主要分布有：苦豆子、沙蒿、甘草、猫头刺、匍根骆驼蓬、沙柳、柠条、合作杨、榆树、旱柳等，植被覆盖度低、生物量少。

二、建设成就

自1978年实施三北防护林工程以来，经过几代林业人的共同努力，沙化土地得到有效治理，在沙化严重、生态环境极其脆弱的地区，建立起了四大防护区域，营造了防风固沙、草原及农田防护林，建起了一道阻止沙漠南进的生态防线。特别是近几年，在县委、政府的坚强领导下，确立了“生态立县”战略，坚持“生态优先、生态效益与经济效益并重”的原则，依托退耕还林、草原补偿机制和率先封山禁牧等生态林业工程建设，采取封、飞、造相结合，草、灌、乔相配置等措施，扩大森林覆盖面积，全县200多万亩沙化土地得到根本治理，50多万亩流动沙丘基本固定，120万亩退化草原植被恢复，截至目前全县人工造林保存面积438万亩，其中退耕还林工程162万亩，三北防护林工程共保存人工造林225万亩，封沙育林120万亩，四旁植树290万株。林木覆盖率达到30%，植被覆盖率近65%。据卫星遥感监测，境内三条明沙带基本消除，实现了荒漠化逆转的历史性转变和“人进沙退”的可喜局面。

三、建设经验

（一）主要模式

1. 以柠条为主的防护林模式

柠条是我县的乡土树种，特点是耐寒、耐瘠薄、抗风蚀、耐沙埋、耐啃食，萌蘖力强、蛋白含量高、适口性好。种植以柠条为主的防护林不仅能防风固沙，而且可增加农民收入。

2. 乔灌草结合的综合治沙造林模式

在流动、半流动与固定沙丘组成的沙化土地上，因地制宜的采用多树种、多形式的治沙措施。树种选择以灌木为主，辅以乔木。平缓沙地选用杨树、榆树、柠条、毛条等进行带装或块状造林；水分条件较好的丘间基地，选用杨树、沙枣、柳树、刺槐、旱柳、花棒、杨柴等。通过对沙丘的前挡后拉，层层设防，乔灌草结合，使流动、半流动沙丘趋于固定。

3. 以杨树为主的农田防护林模式

我县的农田防护林主要以杨树为主，外围防护林选用柠条、紫穗槐、毛条等灌木树种。

4. 南部山区干旱阳坡山杏植苗造林模式

南部山区干旱阳坡以山杏植苗造林为主。主要在冬季封冻前和第二年土壤解冻后进行种植，山杏的种植不仅能改善生态环境，而且还能增加农民收入。

（二）主要做法

1. 着力构筑绿色生态屏障

坚持把植树造林、防沙治沙、水土保持作为生态建设的重要抓手，围绕北部防沙治沙、中部经果林基地、南部水土保持三大区域，按照综合治理、治字为先的原则，突出重点、综合施策，构建生态绿色屏障。一是狠抓植树造林，人居生活环境得到有效改善。坚持“因地制宜、适地适树，先水后树、依水造林”的原则，组织实施了三北防护林、退耕还林补植补造、德援治沙等重点生态建设项目，持之以恒地开展春秋季造林、全民绿化、义务植树活动，扎实推进防沙治沙、围城造林、道路绿化建设进程，在县城周围，筑起了城南万亩生态园、花马湖生态园、城北万亩防护林3万亩生态屏障，城区绿地覆盖度达到40%，人均占有绿地面积12.9m^2，2011年，成功创建“国家级园林县城”；在乡镇村庄，以工业园区、移民新村、生态村绿化为重点的植树造林力度逐年加大，初步建成了环城生态圈、城乡绿色通道，形成了跨区域治理、跨地界综合统筹、南北中全境覆盖、乔灌草相得益彰的生态治理模式。二是狠抓防沙治沙，风沙危害明显减轻。积极争取国家、自治区生态建设项目，启动实施30万亩防沙治沙工程，采取“先固再治”的技术措施，加大境内连片明沙带的治理，在沙区初步建成了以水土保持林、防风固沙林、农田防护林、人居绿化防护林为主的四类生态防护体系。三是狠抓水土保持，水土流失得到遏制。盐池作为沿黄经济区的辅助地带，多年来高度重视南部黄土丘陵区的治理工作，采用挖鱼鳞坑整地，大力实施背风向阳缓坡地造林，形成乔灌结合型水土保持林。同时，通过封山育林与种草相结合的措施，恢复灌草复合植被，提高植被覆盖度；配合实施生态移民，封禁保护，使生态环境得到可持续发展。近5年来，每年以千户移民的速度大力推进生态移民工程，对恢复植被保护环境做出了突出贡献。植树造林有效增加了地表植被覆盖度，涵养了水源，减少了土壤侵蚀，据监测，土壤侵蚀模数由10年前的每平方公里3150t下降到2450t，有效提高了防灾减灾能力。

2. 积极探索防沙治沙新模式

盐池加强与北京林业大学、宁夏农林科学院、宁夏大学等科研院校合作，先后开展了半荒漠地区抗逆树种选择、盐池沙漠化土地综合整治试验、盐池荒漠化土地综合治理及农业可持续发展研究等多项国家级和省部级科技攻关课题，筛选出了柠条、毛条、花棒、杨柴、沙柳、红柳、榆树、枣树、樟子松等一批适宜当地生长的树木，并掌握了其栽培管理、快速繁育技术。积极推行干旱带流动半流动沙丘草方格固沙种树种草（灌木）治沙技术，流沙地上以扎麦草方格固沙为基础，利用雨季天然降水，在固定的格内点播花棒、杨柴等耐旱沙生灌木，促进植被恢复，并根据点播成活状况，适地选栽柠条、沙柳等苗木，夏、秋两季重复补植补播，结合禁牧封育，恢复和修复植被效果显著，乔灌草合理配置、杨树和沙柳深栽、多季节造林、抗旱造林技术等方面取得了实质性突破，形成具有盐池特色的防沙治沙模式和技术措施。

3. 着力巩固生态建设成果

坚持长期禁牧不动摇，健全完善禁牧激励机制和考核机制，全面推行村民自治禁牧制度，确保禁得住、管得好、不反弹，实现了生态保护、人的生存和羊的养殖三者之间的良性发展，2002年8月全区中部干旱带生态建设

"盐池会议"结束后，盐池县于当年11月1日率先在全区实行草原禁牧，羊群撤离草原，舍饲圈养，从此结束了千年放牧养殖方式。按照"谁建设、谁管理，谁投资、谁受益"的原则，创新建管用机制和生态治理投入机制，全面落实划片包干、集中管护等措施，扎实推进集体林权制度改革、草原承包经营规范化试点和农村土地流转工作，有效落实草原生态补偿机制，全力巩固退耕还林、草原保护、防沙治沙成果。

4. 切实增加农民收入

按照"治理与利用并重"的思路，分区规划，重点治理，不断加大沙产业开发力度，努力增加农民收入。北部沙区，我们重点采取封育与撒播相结合的方法，大力发展灌木林，建成采种基地100万亩，柳编基地40万亩；中部扬黄灌区，我们大力发展以农田、牧场防护林和饲料林，同步进行草原改良补播，有力的推动了畜牧业的发展；南部丘陵地区，我们营造注重水土保持林和经济林，减少水土流失。截至2014年年底，全县有可利用柠条面积260万亩，灌木采种基地100万亩，畜牧业和沙产业为农民创收近3亿元；全县农业总产值达到10.3亿元，是2002年封山禁牧前3.2亿元的2.2倍，农民人均年纯收入4149元，是2002年1508元的2.9倍。同时，良好的生态环境也促进了旅游产业的发展，成为县域经济新的增长点，目前全县已建成花马寺生态旅游区、哈巴湖景区、白春兰业绩园等生态旅游景点，2014年，生态旅游综合收入5000万元。

（三）经验总结

防沙治沙成就是盐池贯彻落实科学发展观的具体体现，展示了老区人民继承和弘扬"艰苦创业、奋发图强"盐池精神的智慧和力量，增强了全县上下加快生态建设的信心和决心，同时也为进一步推进生态文明建设积累了宝贵经验和有益启示。

1. 领导苦抓，干群苦干，是防沙治沙的关键所在

上世纪80年代，全县沙化土地面积占总土地面积的82.3%。面对严重的荒漠化现实，盐池人民把防沙治沙作为求生存、图发展、谋富裕的根本大计。历届党委、政府始终把生态环境建设作为立县之本、发展之基，牢固树立抓生态就是抓发展，抓治沙就是抓生存的理念，防沙治沙接力棒一任接一任地传承下来。特别是2008年以来，以"两大工程"建设和创建国家园林县城为契机，进一步增强全民植树造林保护环境的意识。每年植树季节，县领导率先垂范，干部群众积极参与，要求每个县领导都要有自己承包的绿化点，为群众绿化作示范、树样板。制定出台了《盐池防沙治沙责任制考核细则》，将

防沙治沙纳入各级干部政绩考核内容，作为晋升职务、评选先进的重要条件。大力开展干部职工义务植树活动，每年春秋植树时节，以机关单位、县直部门为单元，建立各自义务植树基地，全县干部职工放弃节假日，利用2~4周时间，投身“植树造林、绿化家园”活动中来，年人均义务植树1~1.5亩。2008年以来，全县义务植树累计投工投劳30万人次，植树1.86万亩。出台了《义务植树考核办法》，每年筹资50~100万元，对考核排名靠前的实施单位给予不同等次的奖励；对一般群众，则把治沙与个人经济收入挂钩，充分调动干部职工、广大群众参与生态环境建设的积极性、创造性。据不完全统计，近10年间，全县防沙治沙投工投劳10万余人次，直接创收1000万元，形成了“万马千军治沙，家家户户植树”的喜人局面。

2. *政策支持，项目带动，是防沙治沙的重要支撑*

多年来，盐池县依托“三北”防护林、天然林保护工程、退耕还林、退牧还草、小流域治理、公益林项目、草原可持续利用项目等重点生态项目的实施，使全县防沙治沙步入了一个快速发展的高峰期。“十一五”期间，该县共实施国家各类生态建设项目30多项，占总项目的95%，完成防沙治沙面积289.1万亩，是任务的6倍。

3. *统筹兼顾，增加投入，是防沙治沙的根本保障*

生态环境建设是一项“功在当代，利在千秋”的系统工程，有了好的生态环境，经济才能持续快速发展。虽然盐池县是国定贫困县，每年可支配财力非常有限，但在防沙治沙和生态环境建设上，历届党委、政府都克服财政不足，加大投入力度。尤其是近年来，我们每年用于植树造林的人工费、机械费、苗木费、抚育管护、修路打井等基础建设费支出高达5000多万元，占财政总收入的14%。“十二五”期间，全县人工造林以每年7万亩的面积高速推进，共完成人工造林面积38万亩，累计投工投劳12万人（次），吸纳社会绿化资金8000余万元，创造了盐池植树造林规模最大、质量最好、速度最快的历史。

4. *防治结合，以防为先，是防沙治沙重要途径*

多年的治沙实践告诉我们，必须坚持“封育保护为主、人工栽植为辅”的防治原则，重建设更要重保护，充分发挥大自然的生态恢复功能，采取多种有效措施，促进生态环境改善。自2002年在全区率先实行禁牧封育政策以来，全面实行禁牧、禁伐、禁采、禁猎“四禁”举措，注重抓好护林员队伍建设管理，从2008年开始，每年根据林区需要，采取增涨工资、配备护林皮卡车、修缮护林房、完善水电设施等多种激励措施，增强护林员爱岗敬业的责任心和使命感。目前，全县在岗护林员986名，全部实行目标管理，人均管护面积由2008年的10000亩降低为3000亩，林木管护从粗放化转向精细化，林木保存率提高到90%以上，有效保护面积超过400万亩。同时，为了解决水资源匮乏的问题，盐池县探索应用节水模式，大力实施节水滴灌工程；为了解决禁牧后的畜牧业发展与生态保护的矛盾，大力推进柠条加工产业，先后筹资1000万元，用于柠条平茬、加工机具的研发和推广，引导牧民林间间作苜蓿，种植青贮玉米等饲草饲料，有效化解了饲草供应与禁牧舍饲之间的难题，为草原的自然修复奠定了基础。

5. 依靠科技，抓点带面，是防沙治沙的重要方法

多年来，我们坚持把依靠科技贯穿于防沙治沙的全过程，大力推广适用实用新技术、新材料、新工艺，搞好技术组装配套，高起点、高标准和高质量地实施防沙治沙工程。重点推广了营养袋育苗、生根粉、截杆、覆膜等适用实用技术和综合配套模式，推广面积达200多万亩。通过抓不同类型的防沙治沙典型和示范点，带动和推动全县防沙治沙工作。采取“封播造结合，以封为主，乔灌草结合，以灌为主”的方法，在黄记场、南海子、沙边子、四墩子、沙泉湾、日援项目区等区域，建成万亩以上重点生态林业治理精品工程10多处，治理面积约20多万亩；采取“换土、深栽、浇水、覆膜、缠杆、涂红、圈白”六位一建成集“休闲、娱乐、观光”与一体的生态村20多个，林业示体的抗旱造林技术，围城造林3万亩，一次性成活率达90%以上；范户2000余户，通过示范带动，全县80%的村镇迈进“生态良好、生产发展、生活富裕”现代新农村行列。

四、存在问题

存在主要问题：一是水资源缺乏仍是主要“瓶颈”。我县年平均降水量不足200mm，持续干旱，水资源匮乏，严重影响了防沙治沙进程。目前宜林地大多位置偏远、远离水源，自然条件、立地条件严重影响造林种草、植被恢复的质量。二是土地沙漠化趋势仍然存在。经过多年的治理，生态环境得到明显改善，但由于国家对后续管理政策支持的力度不大，管护隐患依然存在，且盐池县尚有20多万亩流动沙地还未得到有效治理，仍有100多万亩的土地存在沙化趋势，一些刚刚恢复植被的区域，林分稳定性差，沙化极易反弹。三是抚育管护难度逐年增大。一是我县的林业资源90%以上是生态林，前期没有经济收益，资源保护得不到林农重视。同时，受气候条件的影响，补植补造保存率低，应用覆膜等抗旱技术投入较大。目前，公益林补助标准低，

国有公益林每亩每年5元，集体公益林每亩每年10元，自治区公益林每亩每年3元，远远低于实际投入。二是公益林补偿面积不足，目前全县尚有100万亩林地不在公益林保护范畴，正常管理难以为继，出现退化迹象，影响着防沙治沙成果的稳定性和持续性。四是后续产业发展滞后。一方面由于受平茬、加工机械的制约及劳动力大量输出等因素的影响，林草加工的龙头企业不足，产业链条短，林业产业发展滞后，没有真正发挥柠条加工利用的作用，未能真正将资源优势转化为商品优势、经济优势。另一方面，舍饲养殖投入力度不断加大，所需牧草数量逐年增加，现有林草产业不能满足需求。

多措并举抓好林业项目 扎实推进林业生态建设

新疆维吾尔自治区托克逊县林业局　许春富

一、林业建设现状

多年来，经过全县各族人民群众的共同努力，我县实施了“三北”防护林工程、退耕还林工程、重点防护林工程等一系列民生工程项目，已基本形成以绿洲外围固沙林为主要屏障，以农田林网为骨架，以生态型经济林为主体的生态体系，使我县脆弱的生态环境得到很大改善，抵御自然灾害能力增强。截至目前，全县共有森林资源234万亩，其中国家公益林89万亩，地方公益林120万亩，人工林25.2万亩（固沙林6万亩，农田防护林含护路林2.8万亩，经济林16.4万亩），森林覆盖率3.26%。

1. 重点公益林得到全面管护

全县纳入国家重点公益林面积89万亩（植被覆盖度0.3以上），主要分布在克尔碱和库米什山区，植被为白刺、麻黄灌木。目前有84名管护人员负责日常巡护，禁止砍伐和放牧，凭借降水和洪水自然灌溉满足生长需要。通过国家重点公益林封山育林项目，完成封育10.5万亩。

2. 绿洲农田防护林骨架初步形成

我县绿洲面积占国土总面积的4%，绿洲是我县工农业生产和人民生活的重要区域，绿洲农田防护林以“窄林带、小网格”模式配置，以100×200m网格为主，主林带6~8行，副林带3~4行，主要树种为桑树和榆树，配有沙枣、柳树、新疆杨等树种，农田防护林（含护路林）近3万亩，农田林网化率达到90%以上，绿洲内部道路两侧绿化率达到96%，有效地改善了农田小气候，林网保护下的农田年际干热风出现的次数和大风日数明显减少，对农业的稳定增产起到了较好的保护作用。

3. 绿洲西部、北部风沙沿线的治沙造林成效显著

经过几十年坚持不懈的努力，我县在风沙前沿区已营造防风固沙林6万亩，恢复植被3万亩。沿风沙线建成防风固沙林带20多km，原有重点危害风沙线15条，已治理10条，恢复农田近万亩，直接保护农田15万亩。部分地

段的生态环境已经明显改善，郭勒布依乡北部出现了人进沙退的可喜局面，群众生产、生活水平有了明显提高。

4. 林果产业发展势头强劲

在紧紧围绕林业生态建设的同时，我们依托光热资源优势，积极调整农业种植结构，大力发展以红枣为主的特色林果业，为林业生态建设注入了新的活力。全县因地制宜地营造经济林16.4万亩，占农田总面积的40%，其中红枣11.3万亩，杏3.7万亩，葡萄1.3万亩（2014年栽植酿酒葡萄0.4万亩），农牧民人均2亩林果，2013年果品产量3.6万t，林果收入占农牧民收入比重达到20%，林果人均纯收入同比增加300余元。林果专业合作社逐步兴起，已组建种植、集约化管理、销售为一体的合作社22家，引进红枣加工企业2家，年加工能力6000t，其中深加工2000t。

二、2014年重点林业工作建设情况

1. 造林绿化工作扎实推进

我们按照地委建设万亩桑园、万亩杏园的要求和县委打造绿色风城的战略部署，积极落实防护林造林地块，实地勘察，做好规划，于3～4月份开展造林工作，严格落实工程化造林要求，扎实开展植树造林工作。经秋季检查验收全县2014年造林合格面积17000亩，其中防护林1700亩，经济林14400亩（酿酒葡萄5044亩）。2014年全县参加春季义务植树6万人次，完成义务植树株数140万株，尽责率达95%。

2. 林果产业体系不断完善

按照地委打造农业精品版战略要求，我县提出建设标准化精品红枣园1万亩，标准化精品杏园0.5万亩，年初已在四乡逐户落实红枣精品园22000亩、杏精品园5000亩。积极推行土地流转，整合土地，返聘农牧民为产业工人，集中连片开展红枣直播造林矮化密植建园3600亩，安排58名技术员和10名金润枣业技术骨干对27000亩精品园进行跟踪技术指导。采取下列措施，健全林果产业体系，一是加大林果科学管理的宣传，普及红枣管理各环节技术，提高农牧民自觉性；二是以示范园为引领，实施林业局领导包乡、技术员包村、包户（精品园）长效服务机制，并成立督查小组跟踪式进行技术服务督察，确保技术服务及时到位；三是进一步规范林果业生产各个环节，加快推进标准化生产；四是采取课堂理论培训与园地实训开现场会等相结合的方式加大果农培训力度，培训果农5700人次；五是金润枣业技术骨干驻乡开展技术服务，与林业技术员一起进行跟踪服务，通过技术服务2014年红枣结

果面积预计较2013年增加3万亩，达到8万余亩；六是积极鼓励成立林果合作社，现成立林果合作社22家，涉农3000余人，充分发挥农民专业合作社的作用，通过专业合作社，提高果农的组织化程度，使培训传授的田间管理技术、有害生物防控措施及时落实到位；七是加强林果病虫害预防、预报和防治，做到早发现、早防治，设置林果病虫害固定监测点61个，根据实际情况适时设置临时监测点，进一步完善了县、乡（镇）、村三级林果病虫害预测预报防治网络体系，坚持“预防为主、综合防治”的方针，制定不同病虫综合防治方略，利用植物源性、矿物源性、生物农药防治林果病虫害，降低果品重金属、农药残留含量，保证食品安全；八是积极探索发展林下经济，结合退耕还林后续产业，在适宜区套种低杆（牧草）作物，老果园发展林下养殖；九是组织开展杏花节、杏采摘节等重大活动，提高我县林果知名度。

通过技术指导、农牧民加强田间管理，2014年我县红枣挂果面积达到8万亩，杏总产量达到8700t，葡萄总产量13200t，林果人均纯收入较2013年增加500元左右。

3. 防护林管护取得新成效

借鉴2013年防护林管护经验，2014年我县提早准备，按照属地管理的原则，免费调配大河水2200万方，对大河水可灌溉的农田防护林灌溉4～5次、固沙林灌溉2次，组织管护队伍对不能灌溉、无法灌溉、长期难以灌溉及生长衰退的老林带进行林地杂物垃圾清理、修枝、打埂，开展义务劳动完成工业园区1100亩防护林树干涂白、修剪、打埂、林内垃圾清理工作。共管护林带280km，直接投入资金180万元。

4. 林业有害生物防控工作扎实开展

我县利用“科技之冬”培训活动，进一步加大林木、林果业病虫害防控技术、石硫合剂熬制等技术培训，邀请新疆农业大学专家开展2次病虫害知识讲座，共培训技术员和农民1000多人，同时开展林业病虫害防治现场培训会18场次，培训农牧民1600余人次。春季按照预防为主、防治结合的方针积极开展病虫害防治和55个林木有害生物监测点的预测预报监测工作，安装40台太阳能诱虫灯用于监测榆黄毛萤叶甲越冬成虫发生情况。积极开展林木病虫害监测预报，做到提前预防，喷洒石硫合剂3.2万亩，对绿洲区域主要道路防护林进行缠绕透明胶带物理防治春尺蠖虫害，缠绕透明胶带1500卷，完成春尺蠖防治2600亩。防治榆黄毛萤叶甲5750亩，开展林果病虫害统防统治4次，悬挂粘虫黄板2万余张，免费发放病虫害防治农药3t，全年未发生重大林木病虫害灾情。

5. 育苗工作迈上新台阶

通过加强育苗技术服务，加大种苗建设宣传，2014 年我县完成育苗 1680 亩，国有苗圃（保障性苗圃）育苗 600 亩，已初步建立国有、集体、个人三级育苗体系，育苗面积逐年增加，保障性苗圃建设日趋完善，2014 年全县可产各类合格苗 1000 余万株（其中留床苗 317 万株），基本上可满足吐鲁番地区常规造林苗木需求。

玉城且末　沙漠中的绿洲

新疆维吾尔自治区巴音郭楞蒙古自治州且末县林业局　蒋建安

且末县隶属于新疆巴音郭楞蒙古自治州，地处塔里木盆地东南缘，全县总面积14.025万km^2，是全国第二大县。四周被浩瀚的塔克拉玛干大沙漠所包围，是悬于沙漠之中的绿色孤岛，是新疆乃至全国受风沙危害最严重的县市之一。在国土造林绿化建设中，且末县确立了“生态立县”的理念，坚持以防沙治沙为重点，全力推进特色林果业发展、农田林网化建设和天然林保护，经过多年努力，人工林面积达32.4万亩，在塔克拉玛干沙漠边缘上建成8万亩大型防风固沙基干林带，生态、经济和社会效益显著，实现了生态绿化建设史上质的飞跃。目前，全县森林总面积达271.27万亩，森林覆盖率为0.78%，绿洲森林覆盖率为19.3%。年平均降水量由18.6mm增加到28.1mm，年八级以上大风天气由16天减少到11天，沙尘暴天气由21天减少到14天，浮尘天气由193天减少到137天。且末县先后荣获全国绿化模范县、全国绿化先进集体、全国绿色食品原料（红枣）标准化生产基地、全国生态建设突出贡献奖、国家防沙治沙综合示范县、全国防沙治沙先进集体、国家园林城市、中国人居环境范例奖、自治区级文明县城、自治区生态文明教育基地等荣誉称号。

一、改善生态环境，强力推进防沙治沙工程

为了彻底根治风沙危害，改善生态和人居环境，1998年3月，且末县成立了河东治沙站，是全区范围内第一家县级防沙治沙工作站，自此在风沙主源地拉开了河东生态治沙工程建设的序幕，目前总管理面积近20万亩，其中已完成治沙造林面积6万亩。在全县人民不懈的努力下，河东治沙站已拥有1个万亩肉丛蓉种植资源圃、1个万亩梭梭种植基地、1个治沙苗圃，自筹资金建设的且末县防沙治沙工程纪念馆已完成基础建设，已成为一个集经济林生产、肉丛蓉良种繁育、防风治沙、生态环保、观光旅游于一体的综合型单位，被列为“全疆防沙治沙”重点工程，同时也成为了南疆地区防沙治沙的样板工程。

（一）加大投入，营造舒适环境

2011年，且末县县委、县人民政府出台了《且末县关于加快防沙治沙生态工程建设及沙产业发展的实施意见》和《且末县河东治沙基地发展（2011～2020年）总体规划》。自2012年起且末县财政每年拿出3000万元用于河东治沙站工程区内主干道修建、主干线路架设等基础设施建设，每个乡镇（场）负责建设1000亩防沙治沙林，主要栽植防沙固沙梭梭林，第二年在梭梭根部接种肉苁蓉，三年后即可采挖销售，每亩产值达2000～3000元，可有效壮大农村集体经济。工程全部采用滴灌节水技术，目前已配套建设机电井62眼、架设高压线52km、筑柏油林道39km、砂石道路45km、沙障26.8km，累计完成投资1.6亿元。通过植树固沙、引水冲沙，逐步实现了人进沙退、树进沙退的治理目标。目前，河东防沙治沙工程已完成工程化造林8万亩，成活率达90%以上，为生态治沙建立一个示范样板，开创生态修复工程的里程碑。

（二）发展沙产业，向沙漠要效益

且末县把发展沙产业作为防沙治沙可持续发展的重要内容，目前已在河东治沙基地成功试种管花肉苁蓉2万亩，每年采集肉苁蓉种子300kg左右，仅此一项经济价值就达800余万元。近年来还引进种植沙柳、花棒、沙杞、沙漠玫瑰等新品种，试种酸枣、打瓜，不断向荒漠要效益。结合现有的河东治沙工程基础设施，且末县目前已与5家开发商签订了沙漠治理合同，并引进红枣深加工企业2家，加工企业完成固定资产投资1亿元，形成生产、加工与销售于一体的沙产业体系。未来几年通过营造大型林区、修建沙漠公园，开展休闲旅游，逐步将河东治沙工程建成且末县居民的后花园，成为居民休闲、娱乐、健身的新场所，与民众共享防沙治沙建设带来的美好成果，真正实现“生态且末、美丽且末、幸福且末”的目标。

二、改善民生，推进发展特色林果产业

且末县依托丰富的水土光热资源，把工程建设与发展特色林果业、兴林与富民结合起来，大力发展以红枣为主的特色林果业，全力打造中国最优红枣基地。2002年，通过引进灰枣、赞皇大枣等优良品种，采用建园式种植方式，实行枣粮、枣棉间作套种模式大力发展红枣产业，制定出台优惠政策，编撰出版《且末红枣标准体系》，顺利完成了“全国绿色食品原料（红枣）标准化生产基地”创建工作。

（一）坚持集约经营

实施林果高产示范工程，大力推广红枣丰产栽培、矮化密植等技术措施，

推行优惠政策、强化技术指导，制定技术规程、实施专业技术培训，结合红枣四季生长特点，深入田间地头开展技术培训，累计培训农牧民40万人次，印发红枣技术实用手册54万册，制作红枣管理技术电视专题片26部，目前已实现全县农民户均有1名技术明白人的目标，其中有1200余名完全掌握红枣丰产栽培管理技术的农民技术员。建成红枣高产示范园197个，其中2个县级示范园，8个乡级示范园，187个村级示范园，总面积达20000亩。各级红枣示范园平均亩产值都达到10000元以上，起到了很好的示范、辐射、带动作用。

（二）坚持绿色发展

且末县全面普及绿色食品生产技术规程，加快有机红枣基地建设，积极创建生态健康果园，发展绿色食品，坚持品牌战略，以优质、高效、安全、生态为标准，打造了“新疆玉枣”“西玉红枣”“国色红”等生态健康和高端有机品牌，2010年且末县成功创建“全国绿色食品原料（红枣）标准化生产基地”，成为全疆第一个“全国绿色食品原料（红枣）标准化生产基地”。为进一步扩大我县红枣知名度和影响力，且末县充分利用新疆林果产品广州交易会、上海农交会、全国绿博会等各种宣传展示渠道和电视、报刊、网络等媒体，加强品牌宣传推介力度，精心打造“且末玉枣”品牌，不断提高我县红枣的知名度和市场占有率。通过努力，且末县红枣产品逐步被疆内外消费者认知并获诸多赞誉，先后获得“中国绿色食品上海博览会畅销产品奖”和“新疆特色林果产品（广州）交易会优秀产品一等奖”等10余项荣誉称号。

（三）坚持产业化发展

按照“举龙头、建基地、连农户”的模式，以龙头企业带动红枣产业发展，增加附加值，促农增收。截至2014年，且末县红枣种植面积达到17万亩，全县红枣总产达到29000t，产值突破4亿元大关，全县农民人均红枣纯收入7500元以上，占纯收入的50%以上，在一些红枣种植重点乡镇，红枣收入占农民纯收入的80%以上。红枣产业已成为我县调整产业结构、富民增收、实现生态与经济效益双赢的支柱产业。

三、改善人居环境，营造绿色通道

且末县将绿色通道作为有力促进县域经济发展的重要保障。在绿色通道建设中，坚持因地制宜地搞好县乡道路的绿化，对渠、田、路、农田防护林进行综合治理，建成高标准绿色通道，带、网、片、点相结合，层次多样、结构合理、功能完备，使绿色通道与生态环境建设、城乡绿化美化融为一体。

（一）全面抓好315国道绿化，大力推进绿色通道建设

且末县林业局因地制宜地搞好县乡道路的绿化，大力推进城乡绿化一体化，建成高标准绿色通道，使绿色通道与生态环境建设、城乡绿化美化融为一体，形成层次多样、结构合理、功能完备的绿色长廊。且末县为确保国道绿化进展顺利采取四项措施：一是有关县直机关与各乡共同参与国道绿化，协助各乡筹措造林资金，落实造林苗木，互相督促，共同完成绿化任务；二是各绿化地段由各乡人民政府协调国道绿化包联单位完成造林任务，并安排专人协调造林任务分配；三是林业局免费提供绿化苗木；四是苗木栽植后，县林业部门与各乡签订《315国道绿化苗木管护协议》管护协议。全县自2004年开展315国道绿化工作，已完成国道造林绿化面积3315.3亩，建成绿色通道75km。目前，国道、省道、村道已全部绿化，基本形成了绿随路走、有路则绿的绿化格局。

（二）抓城市绿化建设，打造园林城市

为进一步提高县城道路绿化景观的美化效果，近年来，对城区道路、街头公共绿地、公园绿地进行苗木补植和更新，栽植乔灌木8.12万株，在县城中心街十字路口摆放了十二个花坛，花卉50000盆，使街道焕然一新。截至目前，建城区占地面积326.8hm^2。其中：绿地面积达132.4hm^2，绿覆面积138hm^2，绿地率达40.5%，绿化覆盖率达42.5%，公共绿地面积26hm^2，人均公共绿地达到了11.25m^2。

四、今后发展思路

（一）跨越式开展防沙治沙生态工程建设

加快沙产业开发的发展战略：一是计划2015～2020年，且末县将完成10万亩的防沙治沙生态工程建设任务，把河东建成河东治沙工程建成集防风固沙、大芸药材种植、沙漠观光旅游为一体的沙产业开发示范基地，带动且末县经济社会又好又快发展。二是依托塔克拉玛干沙漠自然景观，沿车尔臣河东岸规划建设国家沙漠公园项目。计划沙漠公园建设规模为10.78万亩，建设期限为10年，即2015～2024年，未来几年通过营造防风治沙林、修建沙漠公园主体设施，开展休闲旅游，逐步将河东建成且末县居民休闲、娱乐、健身的新场所，真正实现“生态且末、美丽且末、幸福且末”的目标。

（二）实现“枣业富民、红枣且末”的目标

认真贯彻“枣业富民”战略，努力实现“红枣且末”奋斗目标，把工作重心放在促进产业提质增效上，大力宣传推介“且末玉枣”品牌，提高知名度和市场占有率。按“全国绿色食品原料（红枣）标准化基地“建设要求，加强对红枣生产管理全过程的监管，坚决做到在红枣生产过程中不使用禁用和限用的化学制剂、肥料和激素类产品，确保且末县生产的红枣是名副其实的绿色食品。引导枣农按照自愿互利的原则兴办红枣专业合作社，鼓励和支持农村土地承包经营权和枣树所有权合理流转和参股入股，使家庭承包经营的优越性与红枣产业化经营有机结合、相互促进，提高红枣产业的规模效益。允许和鼓励龙头企业、林业技术人员、乡村干部、种植能手、外来人员参与各类红枣社会化服务组织，创办或领办各类为红枣生产各个环节服务的中介组织，提高枣农组织化程度。

（三）防护林建设以农区外围及国道 G315 线绿化为重点，全力打造示范精品工程

以三北五期工程为重点，全面推进且末县生态环境建设朝着纵深方向发展，继续完善农区防护林体系由易到难的逐步推进风沙危害严重区生态治理。2015～2020 年规划完成农区外围防护林 15000 亩，国道绿化 25000 亩。

立足生态建设　提升资源效益

新疆维吾尔自治区柯坪县林业局　明东

柯坪县位于新疆塔里木盆地西南边缘和阿克苏地区最西端，属于以农业为主，牧业占有一定比重的国定贫困县，矿产资源匮乏，工业基础薄弱。十一五以来柯坪县紧抓西部大开发的历史机遇，全面贯彻科学发展观，依托以退耕还林、“三北”防护林体系建设，不断推进以防沙治沙为主的生态建设，全面加强了森林资源保护；依靠丰富的光热资源，大力实施以红枣为特色林果业的发展战略，基本实现了农业由单一种植业向以林业和林果业为主的综合性现代农业的转变。

一、林业资源基本情况

（一）林地面积状况

柯坪县林业用地面积为1275576亩。其中，有林地151383亩，占林业用地的11.87%；疏林地79160亩，占林业用地的6.20%；灌木林迪960409亩，占林业用地的75.29%；灌丛地29015亩，占林业用地的2.28%；未成林造林地12097亩，占林业用地的0.95%；宜林地43486亩，占林业用地的3.41%；苗圃地26亩。

（二）森林分布状况

柯坪县森林资源主要由哈拉坤、亚依地等国有荒漠天然林、山区天然林、柯坪盆地人工林及阿恰平原人工林四部分组成，以天然林资源为主。天然林面积占全县森林资源面积的94.11%。

按森林资源分布而言，柯坪县天然林林业用地总面积为1200459亩，占全部林业用地面积的94.11%，主要分布在山区和平原荒漠区，人工林林业用地总面积为75108亩，占全部林业用地的5.89%，主要分布在平原绿洲区。荒漠灌木林的大面积分布是柯坪县这个荒漠化严重区域的一大特点，全县共有灌木林960409亩，占林业用地的75.29%。

（三）森林地理分区

根据柯坪县森林资源的地理分区不同，分布山地针叶林、山地灌木林、荒漠河岸林、荒漠灌木林及人工林。

山地针叶林：面积小，主要分布在柯坪县喀拉塔格山山区，树种为新疆云杉。

山地灌木林：主要分布在柯坪县柯尔塔格山和喀拉塔格山等山区，主要树种为锦鸡儿灌丛、野蔷薇灌丛等。

荒漠河岸林：主要分布在喀什噶尔河沿河两岸，树种为胡杨。

荒漠灌木林：主要分布在哈拉坤、亚依地等国有荒漠、沙漠、戈壁、河岸和冲积平原、盆地、山前洪积等地，树种为柽柳灌丛、盐穗木灌丛等。

人工林：人工林是柯坪盆地和阿恰平原绿洲生态系统的核心，包括防护林、用材林、经济林，以新疆杨、胡杨、杏、梨等乔木树种为主，也有灌木树种。

二、十一五以来取得的成就

1. 打造高效红枣产业，奠定促农增收基础。自2007年开始，引导农民发展红枣，采用双行矮化密植栽培模式，宽行行距3至3.5m，窄行行距0.6m，株距0.5m，有效株数800～1000株。此生产模式具有成活高、有效株数多、见效快、效益高等优势，并且配套实施了开心型修剪技术和“水、肥、草、虫、顶”关键技术的管理措施，形成了一套比较完整的双行矮化密植红枣栽培管理技术规程，为红枣生产管理提供了技术保障。双行矮化密植栽培技术于2012年荣获了“地区科技进步奖二等奖”。通过此模式的运用，2013年年底全县林果总面积50236亩，挂果面积47706亩，果品总产量22027.2t，其中红枣总产量17124.3t，杏总产量4163.1t，其他果品产量739.82t（苹果231.55t，香梨401.64t，葡萄106.63t）。林果业产值达到1.75亿元，农民林果人均纯收入2673.6元，其中红枣人均纯收入达到2601元，较2010年林业人均纯收入翻了5番。

2. 加强造林工程力度，森林绿化成绩显著。十一五以来，共完成人工造林2588.7hm^2，其中经济林1668.4hm^2，生态林920.3hm^2。森林覆盖率达到了5.4%，造林质量越来越好，林种结构趋于合理。造林活动始终围绕改善生态环境，增加农民收入这个中心开展。通过造林绿化改善了我县生态环境。

三北防护林体系建设工程：2007～2009年，我县三北防护林造林任务20000亩，实际完成防护林造林20000亩，占计划任务的100%。

退耕还林工程：2006～2008年，我县退耕还林荒山荒地工程完成1万亩，占完成任务的100%，全面完成自治区林业厅下达的荒山荒地造林任务。

苗圃建设情况：为配合我县造林绿化工程，5年期间，建立了11个苗圃。

但由于我县苗木市场不健全、产销结构脱节、效益低下。导致苗圃管理员转业，看到红枣产业的效益，转业种植红枣。目前我县只有一家苗圃园，占地面积33亩。同时在此期间建立了采穗圃，采穗圃面积1287亩。

3. 加强管护设施建设，确保生态资源安全。为了加强对哈拉坤、亚依地等地天然林的保护力度，修复了林区护林站，改善管护工作人员的生活条件和办公设施，配套建设了8个站所的生活设施，建设砖混结构管护站所8处，高架瞭望塔1处，林区限牧围栏15km，各站所配置办公座椅8套、电视设备8套，固定电话8部，太阳能电池板8套，厨具8套，取暖设备8套。同时通过设施的完善，有效提高了护林员的生产生活质量，促进了护林工作的有效开展。同时“十一五”期间全面加大了防火宣传教育力度，加强了防扑火专业队伍和防扑火基础设施建设，在森林防火戒严期或重大假节日，认真部署，落实经费、车辆、人员，做好早宣传，早安排，一旦有火警发生，县森林扑火队及时出动，快速反应，做到有警必出，有灾必救，对重点部位安排一支队伍巡察，及时严格排查各类森林火灾隐患，确保了我县912366亩天然林的安全。

4. 加大林业执法力度，严格依法管理资源。为保护我县森林资源安全，“十一五”期间，按照自治区、地区、县的统一部署，我局积极开展有针对性专项治理行动，查处和打击乱砍滥伐林木、乱占林地、私收乱购和无证运输的违法犯罪行为。坚持依法治林，保护管理森林资源走上规范化轨道。加强资源林政管理，加强木材运输管理，严格控制征占用林地，坚持野生动植物资源保护和管理。配备较强的人员充实到执法队伍中，林业派出所的建设得到进一步加强，干警人数达到5人，满足了林业执法工作的需要，5年来共处理各类林业案件10余起。通过行政审批制度的实施，依法行政工作走上了正轨，执法行为的规范化建设取得了显著成效，确保了我县森林资源得到依法管理和管护。

三、主要经验和做法

一是统一思想，带动社会参与。2007年以来，县委按照地区提出“十一五”末要构建农牧民人均收入8000～10000元的产业结构框架这一重大战略部署，紧紧围绕“农民增收”这一主题，结合柯坪实际，开展大讨论，切实转变了干部、农民的思想，在全县上下形成了以发展红枣为重点的高效节水林果业，培育农民增收支柱产业的共识。

二是高度重视，强化工程实施。2007年以来，为提高林果业发展的质量，切实加强林果业生产的组织领导，我县先后成立了县林果业发展领导小组、县林果业质量管理增效年领导小组和县林果业示范园建设领导小组，同时出台了《柯坪县林果业质量管理增效年实施细则》、《关于进一步加强红枣产业发展的实施意见》和《柯坪县调动农民发展特色林果业的管理办法》等政策性文件，对全县发展林果业的人力、物力和财力进行统筹配置，有力的促进了我县林果业生产的积极开展。在加快规模发展的同时，我县进一步注重产业质量的发展，先后开展了林果业质量效益工程、三万工程、湖州援助建设工程，通过三大工程的建设，我县红枣产业的质量有了明显的提升，先后建成了三大优质红枣示范区，总面积达到10000亩。

三是强化示范，引导带动。按照林果业生产发展的总体要求，全县采取了示范见效、引导推广的发展路线，首先建立了县、乡、村三级示范园；其次是通过流转承包的方式，建设红枣高标准示范园；第三是通过转变对口帮扶方式，建立县直部门对口帮扶示范园。

四是加强宣传动员和观摩示范。为夯实林果业的生产基础，我县强化开展日常检查，根据十一五全县林果业发展的总体目标，按照年度明确各方面的目标责任，并从年初开始加强日常督查和督办的力度，提高了我县林果业投入、管理等措施落实的到位率。

五是引进新技术，提高技术水平。2007年以来我县先后采用了酸枣直播造林、双层膜播种酸枣、高密度双行矮化红枣栽培、频振式杀虫灯防虫、病虫害有机防治等一批林果新技术，有效提高了我县林果业的生产水平。

第八篇
重点国有林区绿色转型发展

第一章　重点国有林区发展现状及面临的挑战

改革开放以来，特别是进入新世纪以后，随着以生态建设为主的林业可持续发展战略的确立，国家对国有林区各项支持政策的出台和落实，东北内蒙古重点国有林区各项事业得到了快速发展。但是，许多长期积累的深层次问题仍未得到根本解决，在改革发展中出现的许多新情况、新问题、新挑战也需要正确对待并采取切实有效的办法加以解决。

第一节　发展现状

以天然林保护工程的实施为契机，国有林区森林资源实现了由过度消耗向恢复性增长转变，林区产业开始从“独木经济”向“多业并举”转变，林区社会保障体系逐步完善，管理体制在不断的改革探索中逐步得到优化。

一、森林资源

东北内蒙古国有林区森林资源丰富，林木材质优良、蓄积量大，历来是重要的木材生产基地，为国家建设作出了巨大贡献。目前，林区总经营面积 3274. 12 万 hm^2，占全国国土面积的 3. 4%；林地面积 2829. 31 万 hm^2，占全国林地总面积的 9. 3%；森林面积 2564. 01 万 hm^2，占全国森林总面积的 13. 11%；森林蓄积 23. 76 亿 m^3，占全国森林总蓄积的 17. 78%。随着天然林资源保护工程的实施，东北内蒙古国有林区的森林资源保护与培育得到了加强，森林资源总量出现了不断增加的势头，森林资源结构开始得到优化。天保工程实施以来，森林面积净增 161.4 万 hm^2，森林覆盖率增加 4.1 个百分点，森林蓄积净增 2.73 亿 m^3。林区累计调减木材产量 8426 万 hm^2，减少森林资源消耗 1.44 亿 m^3。

龙江森工集团经营总面积 1009.8 万 hm^2，占全省国土面积的 22%。到 2010 年年底，有林地面积和森林覆被率分别达到了 850 万 hm^2 和 84.2%，比 2005 年年末分别提高了 21 万 hm^2 和 1.3 个百分点。通过调减木材产量和强化管理，森林总蓄积出现阶段性恢复增长势头，到 2010 年年末，活立木蓄积达到 7.72 亿 m^3，比 2005 年增长了 0.87 亿 m^3。

内蒙古森工集团总经营面积 1 067 万 hm^2，现有森林面积 803 万 hm^2，活立木总蓄积 8.87 亿 m^3，森林蓄积 7.47 亿 m^3，森林年生长 1200 万 m^3，森林覆盖率达到 76.55%，森林资源总量恢复到了林区开发初期水平。天保工程 10 年间，林区森林面积净增 67.45 万 hm^2，活立木总蓄积增加 1.2 亿 m^3，森林覆盖率提高了 8.3 个百分点。

吉林森工集团总经营面积 134.8 万 hm^2，有林地面积 122 万 hm^2，林木总蓄积 1.77 亿 m^3，森林覆盖率 90.8%。可采资源蓄积 7188 万 m^3，其中长白山珍贵阔叶树种储量占 85%。“十一五”期间，有林地面积净增 1.67 万 hm^2，森林覆盖率提升了 1.2 个百分点，森林蓄积净增 572 万 m^3，乔木林公顷蓄积达到 141.58m^3。

大兴安岭林业集团的林业用地面积为 780.6 万 hm^2，有林地面积 678.4 万 hm^2，森林覆盖率 81.23%，活立木蓄积 5.38 亿 m^3。“十一五”期间，调减木材产量 948 万 m^3，减少森林资源消耗 1448 万 m^3，森林面积增加 16 万 hm^2，森林覆盖率提高了 1.93 个百分点。

长白山森工集团加强森林培育和经营，森林资源消耗趋于合理，森林蓄积量持续增长。截止到 2009 年年底，延边林业集团的森林覆被率达到 80.1%，森林面积 32.37 万 hm^2，森林蓄积 4393.07 万 m^3，分别比 2005 年增加 6934hm^2 和 20.6225 万 m^3。同时，森林质量也得到进一步改善，每公顷蓄积由 2005 年的 131.73m^3 提高到 134.6m^3。

二、生态建设

天然林保护工程实施以来，东北内蒙古林区坚持走生态建设为主的林业可持续发展道路，大力加强生态保护，加快建设的步伐，使林区生态环境发生了巨大的变化。

“十一五”期间，吉林森工集团完成更新造林 10.3 万 hm^2，完成幼林抚育38.6万hm^2，完成成林抚育12.7万hm^2，实现了森林资源持续增长。通过加大培育经营和管护，解决了林木生长缓慢、林分质量下降、林地生产力水平低等问题，每年集团林木可吸收824万t二氧化碳，放出729万t氧气。

长白山森工集团通过天然林保护、育林培育等重点工程的实施，累计完成造林19801hm^2，其中退耕还林工程造林567hm^2，人工造林11832hm^2，迹地更新378hm^2，采育林培育2977hm^2，中幼林抚育4482hm^2，荒漠化土地治理69hm^2，全民义务植树64万株。同时，加强了野生东北虎、远东豹等栖息地保护与恢复，清查了东北红豆杉资源并建立了专门的园区，是珍稀物种得到了切实保护，林区野生动植物种群数量普遍得到恢复和增长。

龙江森工集团累计进行人工更新造林142.7万亩，造林成活率由5年前的94.7%提高到96.1%，保存率连续5年为100%，人工造林保存面积达到了293.8万hm^2。2006~2009年，共有301万人次参加义务植树活动，完成义务植树3780.9万株、四旁植树1316.9万株。“十一五”期间新批复成立省（部）级自然保护区2个，保护面积10.35万hm^2，大沾河湿地等5个省（部）级自然保护区晋升为国家级自然保护区，珍稀濒危野生动植物及湿地生态系统得到了有效保护，野生动植物数量明显增加。

内蒙古森工集团现有森林中70%被列为国家重点、一般公益林实行全封闭保护和限制性开发，其中包括110万hm^2从未开发的原始林，8个国家级和省级自然保护区的面积达到了123.6万hm^2。

1998~2011年，大兴安岭林业集团累计完成中幼林抚育103.26万hm^2，人工造林6.57万hm^2，更新造林3.92万hm^2，人工促进天然更新24.76万hm^2，义务植树1655.18万株。各类森林、湿地和野生动植物物种保护类型的自然保护区达到28处，总面积达98.2万hm^2。

三、林区产业

随着天然林保护工程、东北老工业基地振兴计划、大小兴安岭林区生态保护与经济转型规划的实施，东北内蒙古国有林区正在由单一的林业经济向林区复合型经济转型，林区经济快速增长，经济结构呈现良性发展趋势。

龙江森工确立了营林、木材生产、林产工业、种植养殖、森林食品、北药产业、森林生态旅游和清洁能源等8大优势产业。“十一五”期间，黑龙江森工林区在主产品木材产量不断调减的情况下，保持了年均16%的经济增长速度，产业总产值由2005年的164亿元增长到2010年的343.8亿元。全行业年实现利润由2005年亏损4300万元转变为2010年盈利1.8亿元。2010年龙江森工集团的非国有经济产值比重超过了64%，比2005年提高3个百分点；林业第一、第二、第三产业产值比例关系由2005年的43：37：20转变为2010年的38：42：20，产业结构出现了优化趋势。2011年，龙江森工集团的第一、第二、第三产业比重进一步调整为39：38：23，非林产业产值比重上升到78.3%；种植养殖业、森林食品业、北药业和森林旅游业产值分别比上年增长12.2%、17.4%、16.9%、47.2%。

内蒙古森工集团以结构调整为主线，以转型升级为主题，构建多元发展、多极突破的产业发展格局，明确了“生态建设产业化，产业发展生态化”的工作目标，重点推进八大产业：以保护、培育、利用森林资源为主的森林资源经营产业，以林木、剩余物加工为主的林木产品精深加工产业，以开发有色金属矿产资源、水资源、煤矿资源为主的森林矿产水产业，以开发林间林下资源为主的特色种植、养殖和森林食品、医药产业，以森林公园、景区景点建设为重点的森林生态旅游产业，以境外采伐、加工森林资源为主的对外经贸技术合作产业，以棚户区改造、商品房建设为主的房地产开发产业，以利用森林抚育、改培剩余物为主的生物质能源产业。2008年，内蒙古森工集团实现营业收入25.8亿元，实现利润1.66亿元，净资产收益率达5.48%。林区旅游直接从业人员7895人，共接待游客25.87万人次，旅游综合收入1.52亿元。投资8000万元成立了矿业公司，以协议转让的方式获得20个探矿权。森工集团已组建了两个赴俄森林经营公司，年生产木材15万m^3，实现销售收入1.2亿元，实现利润1000多万元，外输劳动力344人，采伐季节人均收入达到3万元。

吉林森工集团着力培育森林资源经营、林木精深加工、森林矿产水电、森林食品医药、森林生态旅游和金融地产现代服务业等六大产业体系，初步形成了结构优化、布局合理、辐射全国、面向世界的开放式发展格局。吉林森工拥有露水河牌刨花板、金桥牌实木复合地板、泉阳泉牌长白山天然矿泉水等知名品牌；拥有人造板、地板、饮品、复合门、家具、木屋、木制百叶窗、制药、山野菜、食用菌等主导产品；拥有上市公司、财务公司、投资公司和担保公司等多个投融资平台。目前，集团已形成了矿泉水50万t、木地板460万m^2、人造板52万m^3、实木复合门5万樘、家具30万件（套）、矿产品50万t的生产能力。“十一五”期间，吉林森工集团完成社会总产值309亿元，比“十五”期间增加131亿元，增长了73.6%，年均递增6.8%。截止到2010年年底，集团资产总额达到100亿元，比2005年年底增加60亿元，增幅达150%；净资产达到32.7亿元，比2005年年底增加19.1亿元，增幅达140%。2010年，完成社会总产值100.1亿元，其中，第一产业36亿元，占36%；第二产业41亿元，占41%；第三产业23.1亿元，占23%。2010年实现销售收入51.8亿元，比2005年增加23.4亿元，增幅达82.4%；实现利润总额16133万元，净利润11 621万元，比2005年增加7995万元，增幅达220.5%。截止到2010年年底净资产总额32.7亿元比2005年年底增加19.1亿元，增长了140%，累计上缴税金12亿元，上缴育林基金1.02亿元，向省国资委上缴利润1.3亿元。

大兴安岭林业集团积极推进产业转型和结构调整，坚持“打特色牌、走高端路”，在优化提升林产工业等传统产业的同时，大力发展低碳旅游、绿色矿业、寒带生物、清洁能源、绿色（有机）食品等新兴产业。“十一五”期间，大兴安岭林业集团实现林业系统产业总产值276.4亿元，其中，2010年实现林业系统产业总产值72.5亿元，比“十五”末期2005年的42.6亿元增长70.2%，年均增长11.2%。实现林业系统产业增加值113.9亿元，其中，2010年实现产业增加值38.3亿元，比2005年提高了85.9%。2010年第一、二、三产业产值分别实现33.1亿元、30.9亿元、8.5亿元，与“十五”末期相比分别提高53.9%、120.7%、52.3%。三次产业所占的比重由2005年年末的50.3∶32.8∶16.9调整到45.6∶42.6∶11.8。2010年林产工业产值比2005年增长了132.2%，矿产开发业产值增长了6.4倍。2012年，地区生产总值实现146.9亿元，比上年增长13.9%；全口径财政收入达到15.1亿元，比上年增长25.9%；进出口总额达到18.1亿美元，比上年增长1倍；规模以上工业增加值完成16.96亿元，比上年增长14.1%。

长白山森工集团以项目建设带动产业发展，“十一五”期间，项目建设累计投资达16512万元，建立了30个项目的长远项目库，期末同时有22个项目在操作中，有效带动了经济增长。长白山森工集团着眼转型发展，确立了“整合资源，全林利用；九大板块（林木、林地、地产、矿产、特产含中草药、森林旅游、碳汇交易、生态区建设、生态文化建设），立体开发；转型发展，跨越经营”的发展方向，产业结构调整取得了阶段性进展。2012年年底，集团实现林业产业总产值70.9亿元。其中，第一产业21.8亿元；第二产业25.7亿元；第三产业23.4亿元。第一、二、三产业比重由天保一期工程期末的42∶35∶23调整到31∶36∶33。

四、社会事业

近年来，在国家各项政策的支持下，东北内蒙古国有林区的社会事业稳步发展，基础设施建设明显加强，林区居民物质文化生活进一步提高，劳动和社会保障事业取得了显著进展。

一是棚户区改造全面推进。内蒙古森工集团在国家棚户区改造工程尚未实施前就自筹资金3500万元，对1万 m^2 棚户房进行了改造。2008年国家棚户区改造政策出台后，共对215.39万 m^2 棚户区进行了改造。自2008年国有林区棚户区试点实施以来，龙江森工集团共改造16.25万户、812万 m^2，林区职工居住条件得到极大改善。吉林森工已完成棚户区改造投资15.8亿元，竣工2万户，全部竣工交付使用后将使32418户林区职工居住条件得到明显改善。大兴安岭林业集团已开工建设215万 m^2 棚户区改造住房，林区人均住房面积达到了15.74m^2。延边林业集团积极利用国家政策大力推进棚改工程，2009年新建保障性住房956户，建筑面积6.4万 m^2，解决了林场下迁职工、"双困"职工家庭的住房需求；启动了泥草房改造工程，为600户住房条件较差的林场家庭维修了房屋；2010年实施了516户林业城老区住房改造工程，在改善职工生活条件方面迈出实质性步伐。通过棚户区改造工程的实施，一方面大大改善了林区民生，使林业职工告别了的潮湿阴暗的棚户区，住进宽敞明亮、配套设施齐全的新楼房；另一方面也促进了林区林场的撤并整合和林区生产生活布局的优化调整，逐步实现了生产区和生活区分离；同时也切实推进了城镇化进程，使林区能够及时融入国家城镇化建设战略，形成了许多新的林业小区和小城镇。

二是林区教育设施得到进一步改善，教育水平和教学质量不断提高。龙江森工集团大力推进森工林区中小学管理体制改革，实行"校企分离、森工托管"的教育管理体制，到2010年年底95.6%以上的林业局完成山上林场小学集中办学工作，改扩建中小学42所；加强义务教育学校标准化建设，累计投入1.9亿元，使办学条件明显改善，省先进学校达到6所；加大高中教育改革力度，到2010年初中毕业生升学率已达到60%以上；职业教育、成人教育取得较大发展；调整优化了教师队伍结构，积极推进教师聘任制及全员聘用制，教师工资待遇按当地政府办中小学同类人员标准执行。大兴安岭林业集团加强学校基础设施建设，国家安排中央预算内投资7869万元，实施17所学校改扩建项目，共维修教室面积3.41万 m^2，新建教室、宿舍楼4.69万 m^2，增加教学设备2300台（套）；集中改造了中小学"老三室"，装备"新三室"，集团公司所属中小学校整体硬件条件和教学环境跃居全省前列，有10所学校达到省级"标准化建设先进学校"的要求。

三是林区卫生事业快速发展，林区居民卫生医疗条件得到较大改善。"十一五”期间，龙江森工集团共改扩建27所医院、80所中心林场卫生院，建成社区卫生服务中心25所，社区卫生服务站42所，在全林区基本形成了网络比较健全的社区卫生服务体系，林区居民就医难问题得到有效缓解。

四是林区社会保障体系基本形成。龙江森工集团针对林区混岗集体职工、林区混岗知青、森工林区“五七工”、“家属212”等不同类型群体进行了养老保险的扩面工作，养老保险参保人数从2005年年末的31.2万人，增加到2010年年末的51万人；离退休人员养老金从“十一五”末的每年7000元/人，增加到2010年年末的每年12480元/人；全面启动了职工医疗保险全面启动和林区城镇居民基本医疗保险，参保率达到100%；工伤保险实行了全部统筹，扩大了林区基金规模，提高了工伤保险基金抵御风险的能力；失业、生育保险工作稳步推进，失业保险的费率由原来的3%下调到现在的0.9%，同时用7990万元失业保险基金补贴养老、医疗、工伤保险企业缴费，减轻了企业负担；林区民政事业健康发展，社会福利和救助体系得到加强，2010年发放低保金及补助等超亿元。内蒙古森工集团积极争取政策，将林区职工的基本医疗、养老、工伤、失业、生育保险全部纳入属地统筹，将职工家属和已脱离森工企业的“4050”人员、零就业家庭、最低生活保障人群、一次性安置人员和灵活就业人员也全部纳入属地社会保障范围，林区职工和家属在社会公共服务、社会福利方面基本实现了均等化。“十一五”期间，大兴安岭林业集团累计投入近6亿元，安置下岗职工8553人、混岗职工51687人，对林区8.9万职工的基本养老保险给予统筹补助，使林区职工全部纳入了养老、医疗、失业、生育、工伤保险统筹，国有在岗职工基本养老和医疗保险参保率达到100%，离退休人员养老金发放率达100%，林区职工实现了“老有所养、病有所医、失业有救济、工伤有保障”。

五是林区就业状况明显改善，职工工资大幅度提高。“十一五”期间，黑龙江森工系统新增就业17.5万人，开发公益性岗位8500个，下岗失业人员再就业12.7万人，实现劳动力转移就业9.1万人；累计发放小额担保贷款1亿多元，直接扶持5800人实现了自谋职业和自主创业；职工年工资收入由2005年的5076元增长到2010年的12361元，年均增长19.5%。吉林森工尽最大可能吸纳就业，缓解社会就业压力，“十一五”期间累计新增就业岗位2.3万个，在岗职工平均工资8881元，同比增加1642元，增长23%。过去，内蒙古大兴安岭林区林业职工的工资仅为呼伦贝尔地区职工平均工资的54%，为内蒙古自治区职工平均工资的49.5%。为此，内蒙古森工集团千方百计提高职工收入，2009年在岗职工年人均工资收入达到了14088元，2010年达到了17873元。2010年，大兴安岭林业集团在岗职工年平均工资16388元，比2005年提高了1.33倍，年均增长18.4%。长白山森工集团在岗职工年工资收入由2005年的9436元增加到2010年的19422元，年均增幅15.2%。

六是林区基础设施得到改善。为彻底改变林区老、穷、旧的落后面貌，内蒙古森工集团全面开展环境集中整治，文明清洁生产和标准化建设。“十一五”期间共改造159处局址办公场所，修缮林场72个，改扩建53处检查站和64处管护站，完成公路两侧、局场址周边、废弃贮木场绿化造林2.8万亩，景观林抚育16.6万亩，四旁绿化75.8万株，种植草坪30.8万m^2，花卉28.7万盆；修建文化休闲广场37处，公园11处，新建雕塑等人为景观132处，硬化道路42.5万m^2，砂化道路28.9万m^2。龙江森工集团建设通畅硬化里程4880km，建设26个林业局局址给水工程，122个林场（所）安全饮水工程，启动林业局局址供热工程7个。“十一五”期间，大兴安岭林业集团加快基础设施建设，完成了加格达奇至漠河等一批公路建设，使林区100%的县区局、86%的乡镇、42.5%的行政村通上了高等级公路；漠河机场的通航填补了林区民用机场项目建设的空白，加格达奇机场的开工建设标志着林区交通设施登上一个新的台阶；完成了林区电网与省电网的连接，结束了林区电网自用发电、封闭运行的历史；实施了5个林业局局址和11个林场场址的给水工程，结束了林区7万余人长期饮用浅层地表水的历史。延边林业集团启动了中心林场给水建设工程，新建了3座防火塔，新建营林公路486km，维修营林公路556km，为各林场配备更新交通车辆，补充了森林公安局警用车辆，完善了林区基础设备设施。

五、管理体制

自20世纪90年代中期以来，东北内蒙古国有林区实行了集团化改制，先后成立了5家国有森工集团。但实际上，这5家森工集团的管理体制也不尽相同，各具特色。

吉林森工集团是市场化程度最高的森工企业。集团不承担国有林行政管理职能和地方行政管理职能，社会职能全部剥离。吉林森工集团于1994年3月正式成立，直接隶属于省政府管理。2004年，吉林省成立省国有资产监督管理委员会，代表吉林省政府行使对集团的出资人职能，吉林森工集团成为省国资委管理的省属大企业集团之一，实现了所有权与经营权的分离。2005年，集团按照吉林省委、省政府要求，在国家林业局指导下进行了“四全部、一改造”，即国有资本全部退出木材加工性企业、社会性职能全部移交地方、森工辅业全部转制民营、职工全部转换劳动关系，集团公司进行股份制改造。将中国吉林森林工业（集团）总公司改制为中国吉林森林工业集团有限责任公司，由国有独资公司转变为国有控股有限公司。公司所属的20个二级单位、161户三级单位全部改制，70户加工业企业的国有资本退出，63户后勤服务单位实现剥离转制，50所中小学校及教育机构移交地方，13.8万人全部转换劳动关系，其中有3万多人进入改制后的企业。公司改制后，国有控股65%、职工参股35%，建立了规范的法人治理结构，形成了现代企业制度。2006年11月新公司正式揭牌成立，以此为标志，中国吉林森工集团进入了新的历史阶段。通过实施整体国企改革攻坚，破解了长期困扰集团公司发展的产权单一、企业办社会、冗员过多、主业不突出和创利能力不强等五大历史难题，开创了全国森工企业改革的先河。目前，吉林森工集团有子（分）公司40余户，包括11个全资子公司（包括8大森工局）、1个营林分公司、11个参股子公司、24个控股子公司，资产总额达100亿元，在册员工5.6万人，离退休人员3.6万人。

长白山森工集团（原延边林业集团）与延边州林管局合署办公，具有国有森工企业的经营职能和8个市县林业局的行业管理职能，社会职能基本剥离，辅业实行了民营转制。1998年，经省政府批准，组建延边林业集团，与州林管局一套机构、两块牌子合署办公。2001年，经州政府批准；延边林业集团对国有资产进行授权经营，所辖2户分公司、9户全资子公司、3户控股公司，与州林管局实行“一合三分”，即合署办公，人员、职能、资产三分开。1998年实施天然林保护工程以来，进行了新一轮的改革探索。推行股份化改革，成员企业所属二级企业累计改制160户，剥离资产7.46亿元，8300多名职工在与母体企业解除劳动关系的同时与改制企业建立了新的劳动关系。推行社会化改革，29所全日制中小学、6373名教职工成建制移交地方政府。森林公安及林业法检机构干警进入了国家政法专项编制，经费纳入了省级财政预算。分流安置富余人员，运用国家天保一期工程中央财政12亿元一次性安置资金，安置富余职工57271人是大力改善民生，把改革的出发点和落脚点放在改善林区民生上，在岗职工年人均工资由2000年年底的4227元增加到2012年年底的24064元，增长5倍。加快发展替代产业，推进林业经营方式由经营伐倒木向经营活立木转变，生态建设特需树种（绿化苗木）产业基地化成效明显，建设外埠基地25个、4731.43亩；内埠基地7951.42亩，移植苗木87.56万株，5年后预期收益10亿元左右。目前延边林业集团拥有9户林业企业子公司、2户林业企业分公司、5户控股公司，职工10万人，拥有资产41亿元。

内蒙古森工集团与内蒙古大兴安岭林管局实行政企合一，既有国有森工企业的经营职能，又承担着国有林管理职能，但社会职能已经全部剥离，辅业实行了民营化转制，部分职工的身份实行了转换。1995年，按照国务院要求，内蒙古大兴安岭林区将所有经营职能整合组建了中国内蒙古森工集团，同时保留了内蒙古大兴安岭林管局机构，森工集团与林管局实行政企合一、一套机构两块牌子的管理模式。林管局行使国有林行政管理职能，但不承担地方政府的行政管理职能。2007年，内蒙古自治区党委、政府做出了全面剥离森工集团企业社会职能的重大决策，将林区承担的教育、卫生、电视、公安后勤、消防、社保、环卫、计生、供暖、无线电管理等社会职能全部移交给属地政府，职工全部移交属地管理，资产全部无偿划转到属地政府，林区的公共服务、公益事业全部纳入属地规划。2008年，森工集团（林管局）对森工主业以外的所有辅助产业、林产工业和多种经营产业实施了以产权制度改革为核心的体制改革，对200户小企业实施了国有资产、国有身份“双退出”，实现了由林业附属企业向民营企业的转变，1万多名职工转换为民营企业职工。2011年9月，森工集团（林管局）又实行了现代企业公司法人治理结构新体制，建立了现代企业制度，实现了传统国有企业的现代转型。目前，森工集团（林管局）有企事业单位42个，其中包括16个森工公司（森工局）、3个林业局、1个原始林区管护局、2个国家级自然保护区管理局，其他企事业单位20个，在册职工20万人。

黑龙江森林工业集团与黑龙江森林工业总局实行政企合一的管理体制，既是国有林的经营机构，也是统管全省森工系统的管理机构。同时，仍然承担着林区社会管理职能，其下属的部分林管局与地方政府实行政企合一（如伊春林管局与伊春市）。黑龙江森工集团于1995年12月正式挂牌运营。1998年省委八届二次常委会议，将森工总局的职能定位为：“省级授权、部门派出、系统管理、内部分开”，授权省森工总局行使所辖重点国有林区的行政管理职能，总局资源局行使所辖林区的森林资源管理职能，印发了省森林工业总局和省森林资源管理局“三定”方案。赋予森工总局3项职能：一是作为森工重点国有林区的省级林业主管部门，负责本系统的林业工作，并履行国家和省赋予的有关职责；二是自行管理所辖林区的行政工作，履行地市级政府职能，依照地方性法规的单项授权，具有8大类149项行政执法职能；三是行使林业产业管理和企业运营的职能。2012年6月召开的黑龙江省第十一届人民代表大会常务委员会第三十三次会议通过了《黑龙江省国有重点林区条例》（简称《条例》），从2012年8月1日起正式施行。《条例》首次以地方行政法规的形式明确了森工总局、森工集团的性质和职能定位，规范了林区生态保护、经济建设、社会发展和行政管理经济社会活动。目前，黑龙江森工总局（龙江森工集团）下辖伊春、牡丹江、松花江、合江等4个林管局，40个林业局，627个林场（所）和林产工业、林机修造以及公检法、科研院所、文教卫生、森林调查、建筑施工等处级以上企事业单位140个。林业人口155.8万，职工36.9万，离退休人员24.8万。40个林业局跨全省10个地市、37个县（市）分布，其中4个局跨省分布、19个局跨2个以上县（市）分布。

大兴安岭林业集团属于政企合一程度更高的管理体制。同时兼有国有林经营、国有林管理、地方行政管理职能。大兴安岭林业集团公司于1996年3月经国务院批准成立，集团公司与大兴安岭林管局、大兴安岭地区行政公署实行政企合一的管理体制。大兴安岭林管局是国家林业局直属的国有林管理机构，大兴安岭林业集团公司是国家林业局唯一的直属企业，而大兴安岭行政公署则是黑龙江省人民政府的派驻机构。大兴安岭林管局（行政公署、林业集团公司）下辖呼玛县、漠河县、塔河县3县，加格达奇、松岭、新林、呼中4区和10个林业局、35个乡镇、52个林场，总人口51.2万人。

大兴安岭林业集团尽管在集团层面上保持着高度的政企合一体制，但在林业局层面上也在进行改革探索。2008年，十八站林业局率先启动了以政企分开、事企分开、资企分开为目标的综合改革。改革的主要内容可以概括为“三分开”、“三建立”。“三分开”就是在保持目前林业局整体框架不变的条件下，实行内部政企分开、事企分开、资源管理与生产经营分开，并推动最终实现从外部彻底分开。“三建立”就是建立以企业为主体按市场运作的林业产业体系，建立以林业管理部门为轴心监管森林资源的林业生态体系，建立以政府为主导建设和谐的林区社会体系。通过职能分解，林业局内部已建立了管理和经营分开的模拟运作机制，解放和激活了林业生产力；通过机构精简，管理机关提高了效能和效率，管理成本大幅度降低；通过组建专业公司，模拟法人独立经营，落实经营权，各专业公司的自主性和创造性大大提高，经营效益大幅度提升；通过剥离辅业单位，推行市场化经营，辅业单位自负盈亏，服务质量和服务水平明显提高；通过林场转型，模拟事业化管理，森林资源管理工作大大强化，资源隐性消耗得到较好控制；通过全员合同制，打破了干部工人身份界限，实现了干部能上能下、工人能进能出、工资能高能低。

第二节　基本特点

国有林区是一个巨大的社会系统，是森林资源归国家所有的地理区域，是以从事林业生产经营活动为主的社会实体。在长期的发展过程中形成的管理体制、社会结构和产业模式，决定了国有林区有别于一般区域社会和国有企业的独特性质。

一、管理归属的双重性

尽管东北内蒙古国有林区的管理体制经过了多次反复的变动，但由于现实需求，始终未能改变中央和省（自治区）双重管理的模式。在中央直管的时期，企业所在地的地方政府对企业生产建设、经营管理不进行干预，但许多保障性工作，仍需要地方政府协调和支持。在森工企业下放省管的时期，虽然领导关系变了，但从经济运行的内在联系看，除人事、财政体制归省外，其余如生产计划、基建投资、物资供应、产品调拨等，仍由中央林业部门下达和掌握。成立四大森工集团以后，生产计划、基建投资、森林资源监督管理等由中央负责，人事、财务归地方，成为下放直供系统。国家林业局的目标是保资源，省里特别是地方的目标是保经济、保稳定，而企业职工要求保生活，因此森工企业必须面对多方面的需求。森工企业在保资源的同时，更要落实省里和职工的要求，这样的体制在运行过程中，一旦森林资源的消耗和企业经济平衡发生矛盾时，牺牲资源来保经济平衡是优先选择。也就是国有企业牺牲了国家的利益来保地方和企业自身的利益。这种多头管理的结果是追究问题的部门多，解决问题的途径不顺，造成的结果必然是急诊急治。

二、企业职能的多重性

目前的国有林区，除吉林森工外的其他各大森工集团都不同程度地兼有多种职能，既是国有森林资源的管理机构，又是林业生产经营单位，同时还承担着地方政府的职能。从森工集团改革的市场化程度看，吉林森工集团是唯一完全按照现代企业模式管理运营的国有森工企业；内蒙古森工集团和长白山森工集团虽然基本剥离了企业承担的社会职能，但仍兼有国有林管理职能；而龙江森工集团既是国有森工企业，同时兼有国有林管理职能和部分社会管理职能；大兴安岭林业集团实行的仍然是集森工企业、国有林管理、社会管理和地方行政职能于一身的政企合一体制。国有林区与一般的国有工业企业不同，作为国有森林资源的管理部门，应当具有建设森林资源、维护生态环境的功能，这就意味着森工集团必须按照生态规律办事，反映生态学的本质要求。而作为一个经营性质的企业，又必须按照经济运行规律办事，追求经济收益的最大化。国有林区也有别于集体林区，具有很强的政府性、社会性，企业必须维持林区社会稳定、提高林区居民的物质文化生活水平。这些性质形成了林区的多重向量空间，在这种空间内各种力的作用有时是同向的，能够相互促进和加强；有时又是非同向的，会形成内耗或力的抵消。

三、社会功能的齐备性

国有林区作为一个独立的区域社会单元，具有完整的社会管理和服务功能。经过 60 多年的发展，上至国家机器，下至社区服务，国有林区的社会组织和管理机构已经形成了一个相对完整的体系。一是党政工团等组织齐备。不管是中心社区还是林场，党政工团机构健全，并在国有林区的政治、经济、文化等方面发挥重要作用。二是公检法设置配套。多数国有林区都设置了公安局、检察院、法院等执法机构，在维护国有林区社会治安、调解民事纠纷等方面起到了重要作用。三是社会服务设施齐全。不仅有森林铁路、森林公路、储木场等生产设施，有职工住宅、水电气暖、邮电通信、医疗卫生等生活设施，还有广播、电视、文化馆、图书馆、影剧院等文化设施，以及高中、初中、小学、幼儿园等教育场所，有的林区还有成人教育和职业教育机构。这些社会功能是任何一个林区都有的，重要的是到目前为止，在部分国有林区这些社会功能仍由森工企业担负。

四、人口结构的同质性

东北内蒙古国有林区在开发前，茫茫林海，人烟稀少，社会基础一片空白。随着林区开发力度的加大，大批务林先驱按照“先生产、后生活”的方针，进驻深山老林，形成了以林业职工为主的林区社会，人口结构具有很强的同质性特征。例如，内蒙古红花尔基是一个总人口为 4770 人的小镇，其中林业人口就有 3724 人，占全镇人口的 78%。在计划经济年代，林区管理实行相对封闭的管理模式，林业职工子女就业仍然由林业局、林场来安排，因此导致很多林区家庭几代人都是林业职工，爷爷、父亲、儿子在同一个单位工作，夫妻同在一个办公室工作的现象十分普遍。尽管随着林区社会体系的不断完善，国有林区人口结构逐步出现了异质性，他们的职业不一定都是从事林业生产的，但实际上都与林业有着密切的联系，多数是围绕国有林区的主业开展多种服务，如除营林、森工职工之外还有教师、学生、营业员、医生、公安人员、森林警察等各种职业人员。这就使国有林区的任何一项改革措施都变得极其复杂，必须考虑各个利益相关群体的要求。

五、产业的资源依赖性

国有林区最重要的一个特征，也是与绿色转型发展关系最为密切的特点，就是林区产业发展对森林资源的高度依赖性。在计划经济时期，为满足国家建设与发展的需要，国有林区承担着全国一半的商品材生产任务，因而形成了"独木支撑"的林区经济格局。国有林区只搞森林培育、木材采运和木材加工利用，偏好是木材生产，而其他产业都处在副业层次，林区产业链条短、产品结构单一、企业布局重复。实施天然林保护工程以后，随着木材产量的调减，产业结构虽然开始逐步调整，但新确立的产业体系尚不足以完全支撑林区社会发展与经济增长的需要，林区"大木头经济"的传统生产格局仍未彻底打破，支撑林区经济的主要还是木材收入。到2006年，全国国有森工企业总销售利润为51.9亿元，其中来自木材销售的利润就达40.37亿元，占到了全部利润的77.8%。直到2010年，黑龙江大小兴安岭林区主营收入的60%仍然来自木材销售，对木材的依存度依然很高。近年来，各大森工集团进一步加大了产业结构调整力度，在主产品木材产量不断调减的情况下，经济增长速度稳步提高。但从所确立的优势产业看，事实上仍然是以森林资源为依托的接续产业为主。例如，龙江森工集团确立的营林、木材生产、林产工业、种植养殖、森林食品、北药产业、森林生态旅游和清洁能源等八大优势产业，吉林森工集团确立的森林资源经营、林木精深加工、森林食品医药、森林生态旅游、森林矿产水电、金融地产现代服务业等六大产业，内蒙古森工集团确立的森林资源经营、林木产品精深加工、特色种植养殖和森林食品药品、森林生态旅游、生物质能源、矿产和水资源开发、房地产开发、对外经贸技术合作等八大优势产业，长白山森工集团确立的林木、林地、地产、矿产、林特产、森林旅游、碳汇交易、生态区建设、生态文化建设等九大板块，除矿产开发、金融和房地产开发、境外采伐与加工业外，其他优势产业都是以当地森林资源为依托的。应该说，发挥当地资源优势，打造新兴产业，优化和调整产业结构，这是国有林区发展的重要方向。这就要求国有林区不断加大森林资源保护、资源建设和科学经营的力度，扩大资源总量，提高森林质量，为实现绿色发展奠定坚实的基础。

第三节　问题和挑战

谈及国有林区存在的问题，无论是专家学者还是林区干部群众，最为关心的就是林区的“两危”问题。应该说，天然林保护工程的实施，为化解“两危”赢得了机遇，也推动了林区内部的改革创新，使国有林区的森林资源保护和社会经济状况得到了明显改善，但是也必须充分认识到，目前国有林区仍然存在着诸多亟待解决的问题。

一、林区生态系统功能退化问题仍然严重

与开发初期相比，大小兴安岭林区与林缘向北退缩了100多km，湿地面积减少了一半以上，多年冻土退缩，土壤侵蚀加剧，地表径流时间缩短，水土流失严重，局部地区沙化加剧，洪涝、干旱、森林火灾和病虫等自然灾害频发，生态功能严重退化。长白山林区由于长期过度采伐，居民不断增多，致使林地面积减少，生物多样性锐减，涵养水源能力大幅下降。据统计，新中国成立以来，长白山林区有林地面积减少约20%。林区土壤侵蚀加剧，地表径流量增多，侵蚀模数由20世纪60年代的1390t/km^2增加到目前的3000t/km^2。洪涝灾害发生次数增多，2010年林区发生的百年不遇特大洪涝灾害使林区居民生命财产遭受重大损失。林区大量珍稀野生动植物濒临绝迹，生物多样性遭到破坏，野生东北虎在长白山林区已经十分罕见。

二、可采资源枯竭状况短期内难以彻底扭转

由于历史上长期过伐，使东北内蒙古重点国有林区森林资源过度消耗，导致林木蓄积量大幅度减少，森林质量明显下降。根据第七次清查结果，东北内蒙古重点国有林区虽然森林面积、蓄积有所增长，但可采资源进一步减少。与第六次清查相比，可采资源面积由301.36万hm^2，减少到173.26万hm^2，减幅达42.51%；可采资源蓄积由44002.55万m^3，减少到25 549.61万

m^3，减幅达41.94%。而在可采资源中，可及面积、蓄积仅有42.13万hm^2和5445.97万m^3，分别占可采资源面积、蓄积的24.32%和21.32%。黑龙江大兴安岭国有林区的可采成过熟林资源由开发初期的4.6亿m^3下降到2008年的0.21亿m^3，林区中幼龄林占到了85%，森林龄组结构严重失衡。尽管通过天然林保护工程的实施，林区森林资源开始得到恢复，森林面积、蓄积和覆盖率都在不断增长。但是，林分结构不合理，中幼林比例高，残次林面积大，低质、低产、低效林多，生态功能依然较差，森林自我调节能力和防御自然灾害的能力不高的现状很难在短时期内彻底改变。据国家林业局《2012中国林业发展报告》的数据，东北地区的森林面积为3175.52万hm^2，森林蓄积25.67亿m^3，单位面积森林蓄积量为80.84m^3，低于每公顷85.9m^3的全国平均水平。而在另一方面，东北地区的造林成本在全国各大区域中是最高的，这也是加快森林资源建设的重要制约因素。2011年东北地区每公顷造林投资额为40365元，是全国平均水平的1.5倍。目前，我国木材产品市场总消费量近5亿m^3，木材的对外依存度接近45%，已经成为全世界木材消费和进口的大国。但是，随着全球生态环境保护意识不断增强，各木材出口国已经开始通过各种手段限制原木出口，立足木材自给是我国未来必然的发展方向。东北内蒙古重点国有林区作为全国最大的国有林区，承担着中国木材战略储备基地的重任。要实现越采越多、越采越好、良性循环、可持续发展的目标，森林资源保护与建设的任务还十分艰巨，道路还很漫长。

三、林区经济发展水平和能力亟待提高

尽管近年来不断加大经济结构调整的力度，林区在由独木经济向多种经营转变上取得了显著的成效。但由于历史欠账多，加之基础条件和技术水平等因素的限制，无论是经济总量还是发展质量，都还处于较低的水平，接续替代产业发展缓慢，多数起点低、规模小，林区经济发展仍有较大提升空间。根据国家林业局发布的《2012年全国林业统计年报分析报告》，东北地区2012年的林业产业总产值为3895.43亿元，远远低于东部地区的20538.51亿元，也低于中部地区的7621.26亿元和西部地区的7395.70亿元。从单位森林面积实现林业产业产值看，东北地区为每公顷10295.20元，仅为全国平均水平的65.77%。东北地区是全国森林食品的主产区，森林食品干重占全国总产量的38.53%。但目前这些产品中60%以上是初级加工或粗加工产品，科技含量低，附加值不高，加工产品产值仅占总产值的1/3左右，特别是精深加工产品产值所占比重更小。从林业投资上看，2012年东北地区林业投资完成

额430.87亿元，占全国林业投资完成额的12.89%。而东部地区的完成额为952.93亿元，占全国的28.51%；中部地区为502.72亿元，占15.04%；西部地区为1445.94亿元，占43.26%。还有一个数字是，东北地区平均每公顷林地面积的公共财政投资额为1109.27元，是全国平均水平的1.29倍。综合这两个方面，说明东北地区是我国林业公共财政投资的重点地区，区域经济发展对国家投入的依赖性较强，而对于非公有制投入的吸引力还不够强。形成这种现状，一方面与长期以来的国有经济一统天下的国有林区管理体制有着密切的关系；另一方面，由于林区基础设施建设上的历史欠账严重、林区道路等交通条件差，造成在投资硬环境上缺乏竞争力。从发展支撑能力上看，国有林区普遍存在着科技人才缺乏、科技开发能力薄弱、科研投入不足、产业的科技贡献率低等问题。自国家取消大中专毕业生分配制度以后，由于国有林区地处偏远，薪酬收入偏低，林区生活水平较差，吸收引进各类大中专院校的毕业生难度加大，林区人才、科技、信息、管理等建设远远不能适应生态保护和经济转型的需求。

四、政企合一体制导致企业社会负担沉重

东北内蒙古国有林区因其特殊的发展历史背景，造成了森工企业集国有林资源行政管理职能、区域社会管理的政府职能、企业经营职能等于多种角色一身，形成了政企不分、事企不分、企社不分的管理体制。张於倩等将这种体制的弊端总结为：使不同价值取向的目标难以兼容，导致地方与企业对森林的经营不可避免地走向重采轻育，使国家对森林资源监管流于形式；混淆了财政与企业两种资金的性质，导致林区经济社会发展的边缘化。森工企业既是政府，就要按照政府职能设置部门、设置职位，就要用企业利润供养这些管理部门和人员；国有林区的学校、医院等社会服务机构原本是为森工企业建立的，所以企业还要承担这些社会职能的费用。特别是在龙江森工集团和大兴安岭林业集团，政企不分问题尤为突出，大部分森工企业仍承担教育、卫生和公、检、法等社会服务职能，企业办社会负担沉重。伊春市（林管局）下辖的17个区、局中，有13个是政企合一，政府经费和社会性支出的2/3由林业企业负担。长白山森工集团在剥离企业办社会、转换职工身份等方面进行了改革，但国有林业局仍然承担着医疗卫生、教育等公共事业与社会服务等职能，集团一年承担的医疗和社会公益事业费用总额达68554万元。

五、林区职工收入水平总体上仍然较低

随着天保工程的实施，作为主业的木材生产急剧减少，客观上促进了林区加工企业改制和产业结构调整，使职工社会保障制度缺位造成的贫困问题以及收入差距问题凸显出来。大批林业职工转岗分流，就业形势严峻，职工生活陷入低收入状态或贫困状态。尽管各森工集团采取了一系列措施，努力改善职工生活，初步出现了职工收入增长、收入结构多样化的趋势，但总体来看，林区职工收入水平仍然较低，年平均收入不足所在省（自治区）城镇职工平均收入的50%，个别地方贫困问题仍然相当严重。2012 年，全国林业系统在岗职工年平均工资为 28105 元，而东北地区林业系统在岗职工年平均工资仅为 22154 元，不仅低于东部的 38685 元，也低于西部的 32372 元和中部的 24255 元。内蒙古森工林区在岗职工 2010 年的平均工资为 17873 元，仅为呼伦贝尔市地方职工平均工资的 55.7%，自治区职工平均工资的 52.3%。因此，大力推进就业与再就业政策，既是改善国有林区民生的重要途径，也是巩固天保成果、确保林区走上可持续发展道路的关键所在。这不仅需要国有林区自身的努力，也需要国家的政策扶持。

综上所述，天然林保护工程实施十多年来，东北内蒙古重点国有林区的森林资源得到了休养生息，林区发展理念已经从以生产木材为主转向以保护生态为主，林区经济开始由独木经济向多元化、复合型经济转型。面对林区存在的一系列问题和挑战，只有加快绿色转型发展步伐，才能走出一条在保护中发展、在发展中保护的林区可持续发展之路。

第二章　国外国有林改革发展实践与借鉴

森林是陆地生态系统的主体，关系着一个国家或地区的生态安全；森林是木材等林产品的生产基地，关系着国民经济的发展。纵观世界林业发展历史，国有林在各国生态建设和木材等林产品供给中发挥了非常重要的作用。因此，世界各国都把处于重要生态区位、对国计民生具有重要意义的国有林作为战略性资源予以重视，并且多数由国家控制。研究主要林业发达国家的国有林管理体制改革、产业发展转型经验与教训，对于我国国有林区转型发展具有重要的借鉴意义。

第一节　森林所有制结构及国有林的基本定位

森林所有制与国家的国体有着密切的关系。尽管不同国家国有林的比例有所不同，但高度重视国有林的价值取向是一致的。

一、森林所有制结构

早期的森林资源只是人们的一种生计来源，而不是经济资产。由于不存在经济意义上的稀缺问题，也就没有所有权界定及确立控制权的问题。随着人口增长和经济技术的发展，产生了对稀缺资源进行分配的要求，只要从剔除干扰和无效率中获得的收益大于进行权力分配的成本，产权的界定就成为必要；资源越丰富，资源价值越低，产权制度就越粗糙；资源越稀缺，资源价值上升，就意味着改善分配所获得的收益会上升，产权制度就会变得更加复杂。

在国外，将森林产权分为三种类型，即国家产权、共同产权和私人产权。另外还有极少量森林产权并不十分清楚，属于“自由进入”。

发达国家的森林所有制都以土地产权为基础，森林产权明晰，经营管理主体责权利明确。德国、奥地利、美国的森林所有形态比较复杂，但权属是非常明确的，主要有国有林（联邦林、州有林）、集体林（市、社区、教堂等所有的森林）和私有林（个人和公司所有的森林）。日本的森林分为国有林（全部为国家所有）、公有林（市、町、村所有）和私有林（个人和公司所有）3种。俄罗斯森林资源大部分归国家所有，大部分的木材产自国有林，同时在国有林中划分出生态林或保护林，这部分森林是维护国家生态安全的主体。

德国、奥地利、美国、日本的国有林在森林资源总量中所占的比例并不大，一般都在35%以下，只有俄罗斯国有林比例较高，为94%。这些国家国有林单位蓄积量较高，发达的人工林提供了足够的木材，而且国家对太瓤分天然林实行了保护。

二、国有林的基本定位

国有林是在人类社会进入工业文明时期产生并得到发展的。发达国家在工业化初期，森林资源作为原料而被大规模开发利用，发挥了资本积累的作用。到工业化初级阶段的后期，森林资源的急剧减少，已经危及木材的长期供需平衡，国有林才出现，并承担起控制资源无限制破坏、保证木材持续供应的重任。在工业化发展的中级阶段，由于资本积累达到了相当的水平，在迅速发展的科学技术的推动下，国有林肩负起培育和合理利用资源的任务，各国国有林在这个时期都得到了迅速的发展。到工业化的高级阶段，林工一体化的林产工业发展，成为重要的经济力量，逐渐代替了前两个阶段国有林以木材供给为主的角色，国有林进入以资源发展与环境保护为主的公益林业时期。

德国的国有林在全国生态建设和林业产业发展中占有重要的地位。德国国有林经营所追求的是三大效益的统一，即使是以军事利用为主的联邦林，在不影响主导功能的前提下也有一定的木材采伐量。在联邦林业管理局的总收入中木材生产的持续收入占75%。

日本将国有林定位为“全体国民共同的财产”，并以法律形式明确了国有林作为国家公共事业的基本性质。奥地利的国有林多分布在远山、高山、江河源头，其中有很多是非常重要的原始林、天然林，国有林在涵养水源、保持水土方面发挥着重要的作用，同时是野生动物的生息地和野生植物资源的宝库。美国的国有林主要分布在高海拔的西部山区和不可及地区，除生产木材外，主要作用是发挥生态功能和森林游憩功能。

国有林是俄罗斯生态系统的主体，俄罗斯国有林可以分为联邦森林资产和非联邦森林资产，但从面积上来看，俄罗斯的森林绝大多数属于联邦政府所有，其中指定用于生物多样性保护和水土资源保护的国有林面积近年不断增加，这是由于俄罗斯政府越来越重视森林多功能效益的发挥。俄罗斯国有林对保护环境、促进国民经济发展起到了巨大作用。根据国有林经营目标和主要功能，俄罗斯把国有林划分为三类：第一类森林公布在生态区位重要地区，主要发挥防护、环境功能和社会功能；第二类森林主要分布在人口稠密地区，既要发挥防护、环境功能，又要进行适度工业利用；第三类森林主要分布在多林地区，着重于提供木材资源。

近年来，美国、奥地利、日本等许多发达国家都进行了关于国有林私有化的讨论，但最终结论都是必须保留国有林，都将国有林作为维护国家生态安全和保障木材等林产品稳定供给的主体，摆在一个非常重要的位置。

第二节　国有林经营管理体制

进入21世纪以来，随着人们对环境问题的高度关注，各国都在探索新的国有林经营管理体制，形成了各具特色的经营管理模式。

一、国有林经营主体

各国的具体情况虽然有所不同，但比较普遍的做法是国有林管理主体和经营主体的分离。国有林经营主体归纳起来有三种类型：

（1）由国有企业直接经营。德国、奥地利、美国等国家都属于这一类型，在国有林经营管理体制改革中，将国有林经营主体从原来的“统一林业局”中剥离出来，成立了独立的国有或国家控股的森林经营公司负责经营国有林。

（2）按任务委托民间企业经营。日本的国有林管理单位只负责森林的保护、经营计划的制定、经营监督，造林、采伐、林道建设等国有林经营的全部业务都通过单项招标制，委托给民间企业实施。

（3）长期承包或拍卖给民间企业经营。俄罗斯在改革以后，将原国有森工企业完全私有化，并将国有林的经营采伐权长期承包给这些企业，国有林场变成了一个管理机构。从俄罗斯的实践看，将国有林的经营权长期承包或拍卖给民间企业的做法不利于森林资源保护，不利于协调政府目标与企业目标；企业利益与当地政府利益、居民利益存在冲突，监管难度大，尤其是对大面积的天然林，不宜采取这一方式。

从各种经营效果看，“国有企业直接经营”的模式是比较成功的。其优点是可以最大限度地实现国有林的经营目标，但由于缺乏竞争，要求政府管理部门有比较严格的监督管理机制。

二、国有林经营模式

典型国家国有林经营的总体趋势是重视森林多种效益的发挥，但是各国的经营模式有所不同。归纳起来有以下类型：

（1）推行按生态系统经营，注重提高森林的综合效益。德国、奥地利在经营思想上不再是单一掠夺式的经济利益追求，而是注重充分发挥森林的多功能、多效益，实现永续利用和经济与生态的可持续发展，采伐方式主要是近自然的异龄林择伐为主，对皆伐有严格限制；美国国有林实行生态系统经营，注重保持森林生态系统的健康稳定和高质量，国有林的采伐方式是以抚育伐和间伐为主，只有30%是用于商业采伐。

（2）实行分类经营，对不同林种追求不同的经营目标。日本国有林的经营目标是，维持与增进森林多种公益机能，保证木材等林产品的安定供给，为地区经济的振兴和居民福祉的提高做贡献。国有林分为三类和五种主导功能：水土保全林（68%）、人与自然共生林（28%）、资源循环利用林（4%）；国土保全（20%）、水源涵养（48%）、自然维持（20%）、空间利用（8%）、资源循环利用（4%）。生态公益林的比例呈增加趋势，体现了国有林以生态为主的经营方针。2012年，日本又将原来的三种类型五种主导功能直接改为五种类型，包括：山地灾害防止林、自然维持林、空间利用林、舒适环境形成林、水源涵养林。

（3）以天然林开发为主，在国有林中设置保护区。俄罗斯拥有大面积天然林资源，长期以来一直以天然林开发为主，森林工业是国民经济的重要支柱。近年来开始重视天然林保护，在国有林区设立了一批重点保护区，但总体来看国有天然林仍在大量开发利用。

显然，按生态系统经营、分类经营是国有林经营的主流。近自然经营和生态系统经营，在欧美国家已经被认可，在建立和维持稳定、健康的生态系统方面有着明显的优势，但经营周期长、成本高，在经济上具有不可回避的弱势；实施分类经营可以兼顾生态、经济、社会多种效益；以天然林开发为主，体现了以木材生产为主的特点。

三、国有林管理体制

德国、奥地利、美国、日本的国有林管理体制基本上实行垂直管理，权力集中。即国有林归由国家（州）实行垂直管理，地方政府不参与国有林的管理。俄罗斯国有林由中央、地方政府共同管理。

对国有森林资源的管理，德国已建立了一套完善的管理体系。从联邦到地方，森林管理机构由四级构成，但有少数州未设立森林管理局，为三级管理。各级森林管理机构均属垂直隶属关系，与地方政府行政隶属无关，从而避免森林管理中的地方政府干预。

德国国有林管理机构分为四级：

（1）联邦级。德国消费者保护、食品与农业部中下设联邦林业管理局，它是全国最高的林业行政管理机构，负责制定国家森林法、狩猎法等法律及林业方针政策，协调各州之间的林业管理和组织林业国际交流，不直接经营国有林。目前，消费者保护、食品与农业部设 1 名部长、2 名国务秘书，下设 7 个理事会，80 个左右的专业部门，7 个理事会职责如下：①中央理事会负责组织、人事、行政、信息、预算等；②农业政策理事会负责农业政策计划、交通、和农业有关的环境事物；③粮食和消费政策理事会负责能源和再生能源、生物技术和基因资源研究、粮食和消费政策；④农产品和畜牧业理事会负责畜牧、动植物保护、动物营养、动物繁殖等；⑤市场政策理事会负责和农畜产品有关的市场事物、促进销售、粮食工业等：⑥农村地区、林业政策、狩猎理事会负责社会和社会政策、农业结构和教育与推广、水土治理、林业和林产工业、狩猎、建设和土地法律；⑦欧洲共同体农业政策、国际农业政策和渔业政策理事会负责欧洲共同体事物和社区法律、国际贸易等。

（2）州级。在德国的国有林中绝大部分归各州所有，所以经营管理森林的责任在州政府。各州均设有农林部，独自行使林业经营管理权。其主要职责是制定长期的林业规划、森林法和其他有关条例，协调与联邦政府、其他州和经济部门的关系，还负责监督下属机构的工作。

（3）地区级。州以下分区设森林管理局，主要职能是落实州的各种林业计划，组织制订森林经营方案，监督管辖区内各生产单位的森林经营、木材生产等。同时对集体林和私有林的所有者，在林业政策、法规和业务上进行咨询、指导和行政管理。

（4）基层级。森林管理局下设有若干个森林管理科，属于生产单位，负责年度生产计划的制定和组织实施，同时也兼有面向集体林和私有林的咨询、指导等行政性业务。每个林业局分为若干个施业区，作为最基层生产机构，相当于中国的林场，配备有管理人员和技术人员。

担任林业局局长及其以上职务的人员，必须取得高级林务官资格，担任施业区主任职务的人员须取得次高级林务官资格，一般管理人员均为公务员，也需要考取林务官资格。

奥地利联邦农林业、环境与废弃物部是国家最高的林业管理机构，下设国有林局，负责领导9个州的国有林业行政管理，9个州国有林局领导100个地区国有林局，各国有林局实行一名领导全权负责制，权力高度集中。

美国的联邦林务局内设国有林管理司，下设8个国有林大区、155个国有林区和600多个营林区，国有林管理自成体系，实行垂直管理。

日本的农林水产省林野厅设有国有林野部，专门负责国有林的管理。派出机构为以大区域为单位的7个森林管理局、以大流域为单位的98个森林管理署。这些派出机构实行非属地管理，只需与地方进行业务协调，其职员属国家公务员。

俄罗斯的林业行政工作由自然资源部负责，在自然资源部下设有联邦林务局和自然资源利用监督局。自然资源部负责联邦自然资源政策和法令的制定，联邦林务局负责联邦政策及法令的执行，监督局承担法律监督责任。形成了由政策制定机构、政策执行机构和法律监督机构组成的林业管理新格局。

可以看出，垂直管理占绝对优势，能够充分体现国有林的基本性质和经营目标，值得借鉴。而中央和地方共同管理容易造成利益上、目标上的分歧和矛盾。

四、国有森工企业发展模式

德国、奥地利、美国、日本、俄罗斯在森工企业的管理方面，形式各异，特点明显，主要体现在以下模式：

（1）“政企分离”模式。德国国有林管理采用“政企分离”模式。即政府林业行政管理机构纯属职能机构，不直接经营国有林，而是由相应的企业性机构进行经营，接受职能机构的监督。其主要特点是：①在德国联邦政府实行分散决策的原则，联邦制赋予州政府很强的独立性，州政府林业行政管理机构实行政企分离；②林业行政管理机构只履行国有林行政管理职能，不直接经营国有林；③企业直接经营国有林，具有法人资格，实行独立的经济核算，走市场化的道路；④国有林实行预算制资金管理，分别由联邦政府和州政府分别给予投资，收支两条线，盈亏均由国家承担。

（2）企业实行股份制，国家控股。奥地利于1997年成立了奥地利联邦林业股份公司，奥地利联邦拥有100%的公司股份和全国96.5%的国有林资产，剩下的3.5%资产主要是房地产，归公司所有。联邦林业股份公司拥有国有林的经营权和使用权，即公司负责国有林的造林、抚育、采伐、林道建设等全部业务。公司每年给联邦政府上交50%的税前收入，并保证公司具有国有林资产保值义务和保值经营义务。

（3）企业仍保持国有，收支两条线。美国国有林经营企业隶属于国有林管理部门（经营区），按照所定的经营计划开展保护、造林、抚育、采伐等业务，全部费用由国家预算支出，经营收入全部上缴财政。

（4）企业完全民营化，国家给予扶持。日本从1998年开始，只保留了治山工程、森林保护（管护和病虫害防治）等必需的、最低限度的作业班，这部分作业班为国有事业单位，经费由国有林特别会计事业费支付。其余的作业班全部转制为独立的民营企业，以委托（投标）经营方式从事国有林的造林、营林、采伐、林道建设等经营业务，同时也承揽民有林的相关业务。对于这些民营企业，国家在融资、技术和人才、就业促进、能力建设等方面给予扶持和优惠。

（5）企业完全推向市场。俄罗斯在改革以后，将原国有森工企业完全私有化，并将国有林的经营采伐权长期承包给这些企业，国家只对森林保护给予投入。

第三节　德国巴伐利亚州国有林改革案例

德国是世界主要经济发达国家之一，同时也是主要的林业发达国家。从200多年前的“法正林”到今天的“近自然林业”，德国在森林经营理论的探索方面始终走在世界前列。20世纪90年代以来，德国在国有林管理体制方面进行了一系列的改革，取得了良好的效果。

一、森林资源及所有制结构

德国的国土面积为35.7万km^2，人口为8237万人。德国尽管是世界主要工业发达国家之一，但农、林业用地占有相当大的比例。从全国土地利用的基本情况看，农地约占53%，林地约占31%，工业、城市、交通等其他用地约占16%。

根据德国最近完成的第二次全国森林清查结果显示，全国的森林面积为1100万hm^2，人均森林面积约为0.13hm^2；德国的森林总蓄积量为34亿m^3，平均每公顷蓄积量高达320m^3；森林年生长量约为9500万m^3，平均每公顷生长量超过8m^3；而德国每年的总采伐量只有5000万m^3，远远低于森林生长量。

德国的森林所有形态比较复杂，但权属是非常明确的，主要有国有林（联邦林、州有林）、集体林（市、社区、教堂等所有）和私有林（个人和公司所有）3种。

国有林占全国森林总面积的34%，集体林占20%，私有林占46%。

德国的国有林分为联邦林和州有林。至两德统一前，原西德地区90%的联邦林属军事利用。截止到2002年9月，联邦林业管理局管辖的林地总面积为61.13万hm^2，其中森林36.7万hm^2，裸地24.43万hm^2。联邦林占国有林的9.7%，占全国森林面积的3.3%。

二、国有林的地位和作用

德国的国有林约占全国森林总面积的1/3，在全国生态建设和林业产业发展中占有重要的地位。总体来看，主要发挥了以下五个方面的作用：

（1）国有林是维护国家生态安全的主体。国有林多数分布在山地和江河源头，其中有很多是非常重要的原生林、天然林，在涵养水源、保持水土方面发挥着重要的作用。

（2）国有林是改善居民生产、生活环境的重要载体和为居民提供休闲娱乐的重要场所。国有林免费向公众开放，在国有林区内，修建有汽车道、自行车道、步行游道及指示牌等交通设施，但一般不建造人为景观，尽量保持自然状态，为公众提供优美的休闲林。

（3）国有林是野生动物的生息地和野生植物资源的宝库。德国国有林实行近自然的森林经营方针，最大限度地保持森林的自然状态，有效地保护了生物多样性。

（4）由联邦政府直接管辖的国有林是德国军事设施的重要基地，在保卫国家安全中发挥着重要的作用。

（5）国有林也是木材等林产品的重要供给源泉，在全国木材产量中约有1/3是来自国有林。德国国有林经营所追求的是三大效益的统一，即使是以军事利用为主的联邦林，在不影响主导功能的前提下也有一定的木材采伐量。

三、改革前的国有林经营管理模式

德国的国有林实行公益性、永续性和经济性三大目标统一的原则，即以公共利益的最大化为首要目标，保持森林多种功能在最高水平上的持续发挥，在此前提下追求经济上的最高收获。在目标发生冲突时，木材生产和经济目标服从于公益目标。

改革前，德国的国有林是一种“上分下合”的管理体制，也称为“统一林业局”模式。即联邦政府林业行政管理机构是政企分离，而州林业行政管理机构是政企合一。消费者保护、食品与农业部是全国最高的林业行政管理机构，它是职能性机构，负责制定国家森林法、狩猎法等法律及林业方针政策，协调各州之间的林业管理和组织林业国际交流，不直接经营国有林。

主要用于军事目的联邦林的管理另成体系，由联邦林业管理局直接管辖，管理局在汉诺威、柏林、纽伦堡分设北、东、南三个中级管理机构，每个中级管理机构下设若干个独立的联邦林业局，各局下设若干个施业区。

在德国的国有林中绝大部分归各州所有，所以经营管理森林的责任在州政府。各州均设有农林部，独自行使林业经营管理权。其主要职责是制定长期的林业规划、森林法和其他有关条例，协调与联邦政府、其他州和经济部门的关系，还负责监督下属机构的工作。

州以下设森林管理局，主要职能是落实州的各种林业计划，组织制定森林经营方案，监督管辖区内各生产单位的森林经营、木材生产等。同时对集体林和私有林的所有者，在林业政策、法规和业务上进行咨询、指导和行政管理。

森林管理局下设有若干个林业局，属于生产单位，负责年度生产计划的制定和组织实施，同时也兼有面向集体林和私有林的咨询、指导等行政性业务。每个林业局分为若干个施业区，作为最基层生产机构，相当于我国的林场，配备有管理人员和技术人员。

担任林业局局长及其以上职务的人员，必须取得高级林务官资格，担任施业区主任职务的人员须取得次高级林务官资格，一般管理人员均为公务员，也需要考取林务官资格。

德国的国有林实行预算制，由联邦政府和州政府分别给予40%和60%的投资，收支两条线，盈亏均由国家承担。20世纪50年代以来，国家对国有林的投资不断增加。1951年前西德国有林每公顷的投资仅为45马克，1975年增加到127马克，20世纪80年代末已达到700多马克。

四、国有林经营管理体制改革的背景

从19世纪初期至今，德国有着200多年森林经营管理的历史，在森林永续利用、持续经营理论和实践方面取得了辉煌的业绩，一直被誉为世界林业发展的典范。然而，多年来德国国有林的经营状况一直不及私有林和集体林而处于亏损状态：且亏损额呈不断增长的趋势。

2003年的情况仍然不容乐观。根据八个联邦州的统计数字，除巴伐利亚州外，其他各州的国有林经营均是赤字，平均每公顷亏损达51欧元，每生产$1m^3$木材亏损12.68欧元。

产生国有林经营亏损的原因，主要有以下三个方面：

（1）市场原因。德国的林业收入近90%来自木材销售，随着木材市场的日益国际化，木材价格不断下跌，给国有林经营带来了很大的影响。

（2）劳动力价格上升，生产成本增加。从20世纪60年代初到80年代后期的20年中，林业工人的工资上涨了3.7倍。以1986年为例，国有林企业的生产成本中人员工资所占的比例达到了68%，而采伐机械、森林抚育和保护、林道建设、管理等费用只占32%。

（3）林业政策的变化。自20世纪60年代后期起，德国确立了经济、生态、游憩三大效益一体化的林业新目标，而生态和游憩两大任务主要由国有林承担，这就使国有林的经营难度大大增加，经营成本也随之提高。

由于近年来德国经济增长速度的下降，各州的财政状况不佳，不断增加的国有林经营赤字已经成为州财政的巨大压力。而目前以“统一林业局”为核心的国有林经营管理体系必须供养一大批林务官和森林经营人员，长此以往州财政将无力支撑。因此，改革国有林经营管理体制，通过精简机构，压缩编制，实行经营与管理的分离，从而提高国有林经营效率，改善国有林经营状况，已经成为历史的必然。

五、改革过程及主要做法

巴伐利亚州位于德国的南部，是德国最大的州，面积约700万hm^2，人口约1200万人。巴伐利亚州的森林面积为253万hm^2，森林覆盖率为36%，高于全国平均水平。其中，国有林（指州有林，下同）面积约80万hm^2，占32%。巴伐利亚州每公顷森林蓄积量超过了400m^3，创世界纪录。巴伐利亚州是德国山地最多的一个州，属阿尔卑斯山脉，国有林在防止山体滑坡和水土流失方面发挥着重要的作用。同时，这一地区也是德国著名的旅游度假风景区，国有林又是保持优美景观的重要载体。

与全国大部分地区一样，巴伐利亚州的国有林经营管理一直采取传统的“统一林业局”的模式。截止到1993年，共有6个森林管理局，162个林业局和700个施业区，拥有国有林管理人员2404人，林业工人3982人。

1995年7月，巴伐利亚州政府率先制定了国有林改革方案：①对国有林实行企业式管理，在经营中引入私有经济原则；②设立专门承担木材销售的股份公司，以畅通销售渠道；③缩小森林管理局的业务范围，精简人员，压缩编制；④在5年内削减10~15个林业局和50个施业区，10~15年内削减30~40个林业局和150~200个施业区；⑤减少管理人员450~500人，林业工人1600人。

到2003年，森林管理局减少了2个，林业局减少了34个，施业区减少了114个，管理人员和林业工人分别减少了252人和1875人，可以说大部分改革目标基本达成。而且，从1997年开始实现了扭亏为盈，改革收到了预期的效果。

在此基础上，巴伐利亚州于2004年3月提出了新的改革方针：

（1）实行国有林管理与经营职能的分离、林业行政与国有林经营的分离。

（2）设立新的州立性质的国有林经营企业，实行独立核算，授权经营，利润部分上缴。国有林经营企业可以受托经营管理集体林或私有林，适当收取委托费用。

（3）撤销原森林管理局，在州农林部设立森林处，专门负责林业行政管理，其业务包括国有林经营企业的监督管理以及集体林和私有林的管理、咨询。

（4）原承担国有林经营并兼有集体林和私有林的指导、咨询职能的地方林业局与当地农业行政部门合并，成立农林局。农林局不再从事国有林经营，只负责集体林和私有林的指导、咨询等林业行政业务。

（5）进一步压缩编制，削减约20%的管理人员。

2005年7月1日，新修改的《巴伐利亚州森林法》正式实施，国有林的私营化得到了法律上的认可，国有林改革也随之进入实质性的实施阶段。

目前，州农林部的森林处及整合后的47个地区农林局业已成立。欧洲最大的森林经营公司——巴伐利亚州森林经营公司及其下属的41个分公司也即将正式运行，全面接管原128个林业局的国有林经营业务。原林业局的公务员除退休人员外基本上都成为公司职员。原来由林业局负责的私有林指导和咨询业务将交由新成立的地方农林局负责。

六、基本经验

从德国巴伐利亚州的国有林经营管理体制改革过程看，有以下几点经验值得我们借鉴：

（1）明晰的森林产权。德国森林资源主要有国有林（包括联邦林和州有林）、集体林（市有林、社区林、教堂林等）和私有林（个人所有和企业所有）3种所有制形式，每一种森林所有制都是以土地所有制为基础，责权利明确。

（2）管理与经营的分离。德国国有林经营管理体制改革的一个重要特征就是实行国有林的管理权和经营权分离。政府行使所有者的职能，只需要制定经营方针，确定经营目标，而具体的经营业务则交给企业来做，国有林管理部门对企业进行监督管理。鉴于国有林担负着发挥森林多种公益机能的特点，中央财政和地方财政按比例支出与森林主导功能相应的经营管理费用。

（3）林业行政与国有林管理的分离。德国国有林经营管理体制改革的另一个重要特征就是废止了具有悠久历史的“统一林业局”模式，将林业行政和国有林经营分开。由过去的“农林部—森林管理局—林业局”的一条线垂直经营管理体系，改为“农林部—森林处—农林局”的管理体系和“农林部—森林处—森林经营公司—分公司”的经营体系，在精简机构，压缩编制方面迈出了一大步。

（4）渐进的改革方式。德国的国有林经营管理体制改革采取的是渐进的改革方式，对经营管理机构及人员实行逐步压缩、分段精简，在改革中不断调整，具有很强的灵活性。

（5）政府通过多种途径扶持国有林经营企业。在实行国有林改革的过程中，联邦政府及州政府都制定了一系列的扶持政策，引导国有林经营企业向着政府所期待的目标和方向发展。①允许国有林经营企业在采伐量小于生长量的原则下调高采伐量，并实行总量控制、年度调控；②鼓励企业推进近自然林业，改造林分结构，生产附加值较高的木材（大径材、珍贵阔叶材等）；③鼓励企业引入高性能林业机械，提高劳动生产率，降低生产成本；④降低相关木材生产和销售的税收，减轻企业负担。

第四节　日本国有林改革案例

日本是一个森林资源非常丰富的国家，森林覆盖率高达66.4%。20世纪50年代以来，日本林业得到了长足的发展；为经济的腾飞、环境的改善和国民生活水平的提高作出了重要贡献。但是，自20世纪70年代中期开始，随着进口木材的增加、林业生产成本的提高，国有林经营负债累累，使得私有林经营不振，日本林业的发展逐步走入了低谷。进入20世纪90年代，全球环境问题越来越受到关注，日本国民对林业的需求发生了巨大的变化。应对新的形势，日本政府从1998年开始对国有林经营管理体制进行了比较彻底的改革，目前已经基本完成。”日本是亚洲邻国，在文化理念方面与我国有很多相似之处，日本国有林存在的很多问题也与我国国有林区面临的问题具有同质性。因此，日本的国有林改革，对于我国国有林区改革具有很好的借鉴意义。

一、森林资源及所有制结构

根据日本最近一次森林资源清查结果，截止到2007年3月，日本的森林面积约为2 509.7万hm^2，森林覆盖率为66.4%。森林总蓄积为44.3亿m^3，单位面积森林蓄积量为176.5m^3。森林年生长量约9000万m^3，平均每公顷年生长量3.6m^3。

从森林起源看，天然林面积为1338.3万hm^2，占森林总面积的53.3%；天然林蓄积17.8亿m^3，占森林总蓄积量的40.2%。天然林多分布在深山地区，被划为防护林、国家公园及自然保护区等，发挥着国土保护、自然景观维持及多样性保护等重要公益功能。人工林面积为1034.7万hm^2，占森林总面积的41.2%；人工林蓄积26.5亿m^3，占森林总蓄积量的59.8%。人工林以针叶树为主，柳杉、扁柏和落叶松面积占78%。另外，还有采伐迹地、未成林造林地120.8万hm^2，竹林地15.9万hm^2。

日本的森林所有制分为国有林（国家所有）、公有林（县、市、町、村所有）和私有林（个人、公司所有）三种类型，其中公有林和私有林统称为民有林。截止到 2007 年 3 月，国有林面积为 768.6 万 hm^2，占森林总面积的 30.63%；国有林蓄积为 10.8 亿 m^3，占森林总蓄积量的 24.33%。公有林面积为 283.0 万 hm^2，占森林总面积的 11.28%；公有林蓄积为 4.8 亿 m^3，占森林总蓄积量的 10.93%。私有林面积为 1458.1 万 hm^2，占森林总面积的 58.10%；私有林蓄积为 28.7 亿 m^3，占森林总蓄积量的 64.74%。

二、国有林的地位和作用

约占全国森林 1/3 的国有林，多分布在远山、高山、江河源头，其中有很多是非常重要的原生林、天然林。国有林在涵养水源、保持水土等方面发挥着重要的作用，同时是野生动物的生息地和野生植物资源的宝库。日本 50% 的保安林和 60% 的国立公园分布在国有林区。日本的国有林对国民免费开放，承担着维持景观、休闲娱乐、环境教育、科学研究等多种任务。多年来，国有林生产了大量的木材，为战后经济腾飞作出了重要贡献，直至今日，日本国产木材的 30% 仍来自国有林。

三、国有林管理体制改革

（一）改革前的国有林管理体制

日本的国有林经营管理体制是在第二次世界大战以后形成的。国有林的经营管理自成体系，由农林水产省林野厅全权负责管理和经营，实行营林和森工一体化管理。在农林水产省林野厅设有国有林管理部和国有林经营部，前者负责国有林的组织、人事、工资、福利、培训等，后者负责国有林经营计划、营造林、木材生产及特别会计等业务工作。作为国有林经营管理的派出单位，在全国按照自然区划设有 9 个营林局、5 个营林支局、229 个营林署（1997 年）。国有林经营管理单位实行垂直管理，不受地方政府领导。根据 1947 年制定的《国有林特别会计法》，国有林经营单位实行以企业会计为前提的独立核算制度，利润部分上缴。

（二）国有林改革的基本背景

第二次世界大战以后，随着日本经济的复兴，社会对木材的需求急剧增加，日本国有林理所当然地选择了以木材生产为主的发展战略。由于木材价格的不断高涨，国有林实现了前所未有的增收，作为企业经营方式的国有林特别会计，不仅负担了自身的更新造林和扩大造林任务，还为国家上缴了大量利润。20 世纪 70 年代中期以后，随着进口木材的猛增，木材价格出现了持续低迷。同时随着日本经济的高速增长，劳动力价格、苗木价格及管理费用的大幅度提高，国产木材的成本不断增加，市场竞争力越来越弱。到 20 世纪 90 年代后期，日本的木材自给率已经下降到 20%。由于林业经营环境日益恶化，使得国有林经营越来越难以为继，到 1998 年，国有林的累计债务已经达到了 3. 8 万亿日元。

另一方面，社会对森林的期待也发生了很大的变化。自 20 世纪 80 年代以来，日本国民对森林的木材等林产品生产功能的期待越来越低，而对森林生态功能的要求越来越高。

鉴于上述背景，日本从 20 世纪 90 年代初开始，针对国有林经营管理体制改革问题展开了广泛的讨论，主要观点有三种：①主张按照日本铁路和电信电话的改革模式，实行完全民有化；②强调林业所具有的生态和环境功能的公益性质，放弃企业经营方式的国有林特别会计，实行公共事业式管理；③建议实行国家所有，委托民间经营。在充分吸收各方面意见的基础上，确定了最终的改革方案，并从 1998 年开始对国有林经营管理体制进行了彻底的改革。

（三）改革的主要内容

国有林管理体制改革的主要内容包括以下七个方面。

（1）对国有林进行重新定位。将国有林定位为“全体国民共同的财产”，明确了国有林作为国家公共事业的基本性质。全体国民通过纳税方式支付国有林经营管理费用，并委托特定部门对国有林进行管理和经营，国有林必须无偿地为国民提供各种服务。

（2）建立向国民开放、由国民共同参与的国有林经营管理体制。在制定经营目标、编制经营计划的过程中广泛听取国民的意见，反映纳税人的意志；以流域为单位，实行国有林与民有林的互相协作；大力提倡民间非营利团体、社团组织、机关、学校以及市民等参与国有林的经营管理活动。

（3）调整经营方针，明确经营目标。应对国民对森林主导需求的变化，国有林的主要经营方向从以木材生产为主转变为以持续发挥森林所具有的保持水土、涵养水源、保护生物多样性、应对气候变化、提供休闲游憩、科学研究和环境教育等服务多种公益机能为主。经营目标是，维持与增进森林生态功能，保证木材等林产品的安定供给，为地区经济的振兴和居民福祉的提高做贡献。

（4）整合管理机构。农林水产省林野厅的国有林管理部和业务部合并为国有林野部；派出机构由原来的 9 个营林局、5 个营林支局、229 个营林署，合并为以大区域为单位的 7 个森林管理局（北海道、东北、关东、中部、近畿、四国、九州）和以大流域为单位的 98 个森林管理署。这些派出机构仍然实行垂直的、非属地管理，只需与地方进行业务协调。管理机构的职员仍属国家公务员。

（5）压缩编制，精简人员。国有林固定职员总数在最兴盛 20 世纪 60～70 年代曾达到 8 万余人，改革前的 1997 年为 13700 人，1998 年减少到 8400 人，2000 年为 6900 人，2003 年为 5550 人，2004 为 5260 人。到 2011 年，全国国有林系统的在职职工人数进一步减少到 4630 人。精简途径主要是自然减员（退休）、提前退职、向其他中央省厅转移、转制到民间企业、控制接收新职员的名额等。其中，提前退职是指不到退休年龄，但个人自愿提前退职。对此，国家给予相应的特别补贴，补贴额度的计算方法是：提出退职申请当月的工资额乘以到法定退休日为止的月数；对于连续工龄 5 年以上的人员，按当月工资额的 1.4 倍计算；到法定退休日为止的月数最高限度为 180 个月（15 年）。

（6）改革会计制度，妥善处理国有林债务。按照 1998 年的改革方案，废除了实施 50 多年的以独立核算为前提的企业式特别会计制度，实行以公共财政投入为主、经营收入为辅的公益型特别会计制度。新的特别会计不以盈利为目的，经营收入也不上缴，但作为考核是否达成经营目标的重要指标。对于国有林 3.8 万亿日元的累计债务，2.8 万亿日元由国家财政偿还，其余 1 万亿日元由国有林自身的经营收入、资产转让等，分 50 年逐步偿还，国家给予利息补贴。但是，这些措施仍然没有改变国有林经营亏损的现状，尽管国有林的新贷款额从 2004 年开始实现了零的突破，但到 2008 年，国有林的累计债务仍有 1.3 亿日元，10 年来又增加了 3000 亿日元。为此，日本政府曾经探讨过借鉴德国、奥地利的改革经验，对国有林实行“独立行政法人”制度（受政府委托提供公共服务的独立法人，日本的森林综合研究所目前实行的就是这一管理体制），但由于国有林的特殊性，这一方案始终未能通过。2010 年，又提出了新的“分离方案”，即公益部分纳入林野厅的一般会计系统，由公共预算负担；将木材生产等盈利部分剥离出来，实行企业化管理、自负盈亏。这一方案再次遭到反对，最终未能实施。2012 年，日本政府终于决定，全面废除国有林特别会计，全部纳入林野厅的一般会计，国有林的土地、立木等资产以及管理、人员费用全部归入公共财政。对于国有林的债务，则专门设立了“国有林债务管理特别会计”，由今后国有林的经营收入逐步偿还。新的国有林会计制度从2013年4月1日起正式实行。

（7）完善法律体系。1998年以来，日本先后颁布实施了《国有林事业改革的特别措施法》同时修改了《国有林事业特别会计法》《关于国有林经营管理的法律》《关于国有林活用的法律》，对《森林法》《森林林业基本法》以及《农林水产省设置法》中有关条款也进行了修改，为国有林改革提供了充实的法律依据。

四、国有林经营体制的改革

在推进国有林管理体制改革的同时，日本对国有林的经营体制也进行了同步改革。改革内容主要包括以下四个方面：

（一）改革分类经营体系

1998年以前，国有林分为四类：国土保全林，自然维持林、森林空间利用林、木材生产林。1998年以后整合为三类：水土保全林、人与自然共生林、资源循环利用林。经过7年的逐步调整，生态公益林由1997年的50%增加到2005年的91%，用材林由50%减少到了9%。据日本林野厅的最新数据，到2010年，生态公益林的比例已达到96%，而用材林的比例只剩下4%。

作为国有林会计制度新一轮改革的法律依据，日本政府于2012年6月对《关于国有林经营管理的法律》进行了修改，据此，又于2012年12月对2010年制定的《国有林经营管理计划》进行了修改，重新调整了国有林分类经营体系。新的国有林分类经营体系，将原来的三种类型（水土保全林、人与自然共生林、资源循环利用林）五种主导功能（国土保全、水源涵养、自然维持、空间利用、资源循环利用）直接改为五种类型，包括：山地灾害防止林、自然维持林、空间利用林、舒适环境形成林、水源涵养林。尽管目前新分类体系所要达到的目标（面积和比例）尚未明确，但从这一分类体系可以看出，国有林中完全取消了专门用于木材生产的资源循环利用林，更加注重森林生态功能的发挥，而木材等林产品生产功能将纳入各种类型的森林。

（二）科学确定木材生产量

在新的经营框架下，国有林的木材生产量大幅度减少，减少了主伐量，增加了间伐量。国有林采伐量从1997年的649万m^3减少到2003年的486万m^3；其中主伐量从1997年的413万m^3减少到2003年的149万m^3；间伐量从1997年的236万m^3增加到2003年的337万m^3。近年来，日本进一步加大了森林可持续利用的力度，无论是公益林还是用材林，都积极推行抚育间伐，提高森林健康水平，努力实现在确保森林生态功能发挥的同时，发挥其木材生产功能。根据日本林野厅的最新数据，2011 年国有林的总采伐量达到了 769 万 m^3，超过了改革前的水平。其中，主伐量为 154 万 m^3，约占 20%；间伐量为 615 万 m^3，约占 80%。

（三）实行管理主体与经营主体的分离

1998 年以前，各个国有林营林局、支局及营林署，都有若干个“作业班”，分别担负着造林、营林、保护、采伐、林道建设等任务，与我国的国有森工企业有相似性。这些作业班中一部分属于固定职工，称为“作业员”，相当于我国的工人编制；另一部分为编制外的长期或临时雇工。

体制改革后，国有林管理单位只负责森林的保护、经营计划的制定、经营监督以及部分治山工程，保留了治山工程、森林保护（管护和病虫害防治）等必需的、最低限度的作业班，这部分作业班为国有事业单位，经费由事业费支付。其余的作业班全部转制为独立的民营企业，以委托（投标）经营方式从事国有林的造林、营林、采伐、林道建设等经营业务，同时也承揽民有林的相关业务。对于这些民营企业，国家在融资、技术和人才、就业促进、能力建设等方面给予扶持，以使其逐步独立，与一般民营企业平等竞争国有林经营业务。与此同时，国有林管理部门还积极推行“分成造林”、“分成育林”和“土地借出”制度，鼓励企业、团体和个人承包经营国有林，实行收益分成。

五、基本经验

从日本的国有林经营管理体制改革过程看，至少有以下几点经验值得我们借鉴：

（1）森林产权清晰，物权与事权相统一。日本的森林资源实行国有、公有（县、市、町、村所有）和私有（个人和企业所有）三种所有制形式。国有林属全民所有，由国家直接管理，地方政府在经济上对国有林既不投入也不收益。

（2）国有林有明确的定位、经营目标、经营方针和与此相适应的分类经营体系。国有林是国民的共同财产，同时又以森林多种功能的持续发挥为主要目标，这就决定了以国家财政为主的投入体制和无偿向国民开放的利用模式。根据所追求的主导功能，将国有林分为五种类型，对每一类森林规定了明确的经营方向、期望的森林状态、作业方法和限制。日本对所有类型的森林，都不是完全禁伐，而是通过科学合理的经营措施，有计划地获得木材等林产品收获。

（3）国有林实行纵向管理，管理主体与经营主体相分离，行政手段与市场手段相结合。管理主体与经营主体分离是各国国有林经营管理体制改革的共同特点。与德国、奥地利不同的是，日本没有成立专门的大型公司，不实行统一经营，而是以作业班为单位，实行单项招标，这一方式在实际操作中更具灵活性，更有利于促使承揽国有林经营的民间企业不断提高经营质量。

（4）建立与基本定位、经营方向相适应的投入机制，合理处理债务。改革后，国有林经营方向发生了历史性转变。为此，日本下决心废止了实行50年的企业式国有林特别会计制度，确立了以公共财政投入为主、经营收入为辅的公益型会计制度，加大了国家对国有林的投入。同时，由国家和国有林经营管理单位合理分担了债务，有效控制了累积债务的继续增加。

（5）逐步精简机构，逐年压缩编制，妥善解决人员分流问题。由于历史上木材生产的需要，国有林管理机构复杂、经营机构庞大已经成为一个具有普遍性的问题。日本采取的办法是逐步精简、压缩，允许过渡，而不是一步到位。将1998～2003年定为集中改革期，在这一时期，日本设置了一些临时性的机构和岗位，既实现了新旧体制的衔接，又消化吸收了暂时无法安排的人员。

（6）政府通过多种途径扶持营林及森工企业。从国有营林和森工企业转制为民间企业是一个艰难的过程，不能认为将企业推向市场就万事大吉，尤其在实力薄弱的起步阶段，更需要国家的扶持。对待这些转制企业，日本的做法是在作业招标上与一般民间企业一视同仁，在融资、技术和人才、就业促进、能力建设等方面给予扶持。这样可以促使企业摆脱依赖心理，逐步实现自立。

（7）适时修订法律，使改革有充分的法律依据。日本是一个法制体系完善的国家，任何改革都要立法先行。国有林改革也不例外。新制定的《国有林事业改革的特别措施法》是所有国有林改革措施的基础依据，该法对改革的目的、方针、期限、会计制度、债务处理、机构整合、人员精简等几乎改革所涉及的多有问题都做了明确的规定。其他法律中与此不相适应的条款，也及时进行了修改。这就从根本上避免了因部门之间的利益冲突而引起的推诿、扯皮现象，保证了改革的顺利推进。

第五节　借鉴与启示

在各国国有林的发展历程中，既有成功的经验值得借鉴，也有失败的教训值得汲取。德国、奥地利、美国、日本、俄罗斯的国有林有着较长的发展历史，产权明晰稳定，经营目标明确，形成了一套比较成熟的经营管理模式；这几个国家的森工企业与市场接轨早，管理水平高，技术先进，具有较强的国际竞争力。通过分析这几个典型国家国有林所有制形式、经营模式、管理机构、管理模式等，可以为中国重点国有林区绿色转型发展道路提供重要的参考依据与经验借鉴。

1. 绿色转型发展的原则：生态优先

德国、奥地利、美国、日本是发达的资本主义国家，工业化发展已经进入高级阶段，林业建设也进入了可持续发展的初级阶段。这些国家国有林的经营管理不再是以木材供给为主要目的，而是以促进国有林可持续经营，提供环境保护和森林游憩为主要目的。中国正在推进以生态建设为主的现代林业发展战略，对于国有林的经营管理体制改革，在实施天然林保护工程和退耕还林工程后，还会加快速度，在国有林区改革过程中，也要体现生态优先的原则，在保护和建立可持续发展的国有林生态系统基础上，需要进一步提高国有林综合效益发挥能力。

2. 绿色转型发展的核心：产业升级

以森林为依托的林业产业，涉及国民经济第一、二、三产业多个门类，是一个涵盖范围广、产业链条长、产品种类多的复合产业群体。大力发展以培育森林资源为主的第一产业，能够扩大森林资源，增加生态产品，满足人们的生态需求。以森林资源为原料的第二产业，是森林资源培育向加工业的延续，加工产品具有可降解性，不仅能够提高森林资源综合利用率和附加值，满足人们对林产品的刚性需求，而且能够拉动森林培育业的发展，实现越采越多、越采越好，其生态性也十分明显。以良好的生态环境和典型的森林景观为依托的第三产业，是名副其实的生态产业。在生态产品十分短缺的大背景下，在人们热爱自然、亲近自然、回归自然、崇尚绿色的新趋势下，林业产业展现了其他产业无法比拟的市场空间和独特优势。森林是陆地上面积最大、结构最复杂、生物量最大、初级生产力最高的生态系统，以森林资源为依托的林业产业是全球利用太阳能、利用土地资源生产生物量及林产品的规模最大的循环经济体。森林作为四大重要原材料之一，与钢材、水泥和塑料相比具有可再生、可降解、可循环利用的独特优势。煤炭、石油的加工副产品塑料袋，已成为严重的白色污染，被各国限制使用，而木材加工制成的纸袋、纸饭盒等可降解、可回收、可循环利用，受到了人们的青睐。发展林业产业，已成为发展循环产业、促进绿色增长、壮大绿色经济的重要途径。

3. 绿色转型发展的方式：循序渐进

德国、奥地利、美国、日本的国有林经营管理体制改革采取的是渐进式改革方式，对经营管理机构及人员实行逐步压缩、分段精简，在改革中不断调整丰富内容，具有很强的伸缩性。德国联邦政府没有统一的改革时间规定，各州可根据自己的实际情况进行改革，特别是黑森州的国有林经营管理体制改革，能够吸收原东德时期的合理因素，准备充分，平稳推进，成效明显。

中国国有林经营管理体制的形成有着长期的历史原因，改革不仅会涉及国有林区、国有林场经营管理体制和国有森工企业改革，同时，也会涉及其他行业和地方政府管理体制改革，是一项系统社会工程，另外，目前在中国经济社会发展过程中，稳定与发展是头等大事，因此，根据中国的国情和林情，国有林区绿色转型发展道路的选择与改革也只能选择渐进式改革方式。

4. 绿色转型发展的基础：政企分离

德国、奥地利、美国、日本、俄罗斯森林资源主要有国有林、公有林和私有林三种所有制形式，每一种森林所有制都是以土地所有制为基础，责权利明确。因为森林资源产权清晰，国有林经营管理体制改革成本较低，平稳推进，效果显著。

中国由于历史原因，将国有林产权细分为所有权、经营权、处置权和受益权，“四权”主体复杂，权属划分不清，因而引发了国有林经营、管理、投入、收益等方面的一系列问题。因此，在中国的国有林的经营管理体制改革过程中，明晰产权，明确责权利才是治本之策。典型国家林业行政管理机构属于职能机构，不直接经营国有林；而具有独立法人的林业企业负责国有林经营事宜，并接受职能机构的监督。做到了国有林的经营、管理和监督权力彼此分离，权责明确，管理高效，经营合理，监督及时到位。中国采用“政企合一”模式，从多年的国有林管理经营体制运行的效果来看，这种模式在“大木头”的历史时期，起到了迅速为国民经济建设提供木材的作用，但也造成了国有森林资源下降和国有林区经济危困的局面。在新的形势下，推进中国重点国有林区绿色转型发展，只有真正实行“政企分离”，才能从根本上解决政企不分、政社不分，政事不分等问题。

5. 绿色转型发展的保障：法规健全

典型国家市场化程度相对较高，其林业法律、法规比较健全的国家，不仅在森林经营、管理等方面已经建立了一整套完整而且符合林业发展需要的法律、法规和工作秩序，而且法规具有延续性和稳定性。

中国林业法规的建设期短，延续性和稳定性较差。而且立法的出发点往往从强化行政主管部门行使职权的角度出发，强调保障行政权的强制力，而忽视维护经营者根本权益。另外，典型国家已形成了强有力的执法体系，立法、执法与监督彼此分离，彼此制约；中国由于存在着有法不依和执法不严的问题，使本来就十分不完备的林业法律、法规的实施效果又大打折扣。所以，加强立法，强化执法，是推进国有林区绿色转型发展走上法制化道路的根本保障。

第三章　重点国有林区生态体系建设

建设生态林业、民生林业，是我国林业发展的两面大旗。随着我国经济社会的持续快速发展，全社会对生态环境的关注程度越来越高，生态需求越来越强劲，对改善生态的期望越来越强烈。但目前生态状况整体脆弱仍然是我国最突出的问题之一。绿色总量需要增加，沙化土地需要治理，森林资源、湿地生态和生物多样性需要保护，这是林业生态建设面临的繁重任务。重点国有林区是我国林业的重要组成部分，在生态建设中必须发挥骨干作用，在推进绿色转型的过程中，重点国有林区要坚定不移地实施以生态建设为主的林业发展战略，为构建国家北方绿色屏障、建设生态文明作出应有的贡献。

第一节　生态体系建设的基本理念与目标

重点国有林区为社会主义经济建设提供了大量森林和自然资源，为国家建设提供了源源不断的支持。但是，由于长期以来过度利用资源以及形成的不合理经济结构、社会结构和制度约束，造成了资源枯竭和经济萎缩。转变发展方式，实现国有林区以木材生产为主向生态建设为主的发展战略势在必行；针对重点国有林区社会经济发展现状和资源禀赋，需要运用包括综合生态系统管理和景观管理等创新性理念与方法加强生态体系建设。

一、基本理念

用综合生态系统管理方法协调国有林区的生态体系建设。综合生态系统管理（IEM）是一种综合的、相互联系的、动态的和全面的自然资源管理理念和方法，是科学家在应对全球规模的生态、环境和资源危机时提出的一种危机响应，它作为生态学、环境学和资源科学的复合领域，自然科学、人文科学和技术科学的新型交叉学科，不仅具有丰富的科学内涵而且具有迫切的社会需求和广阔的应用前景。综合生态系统管理观念要求我们树立新型的、科学的资源观，注重资源效益、环境效益、经济效益的协调，从重开发向开发与保护并重发展。

从国外经验来看，他们特别注意在生态环境的保护过程中，把资源作为重要的环境要素，实施了诸如土地管理中的生态系统管理、矿产资源开发利用中的绿色矿业、水资源管理中的生态用水等，这些都为实现重点国有林区的生态体系建设提供了重要思路。

在重点国有林区生态体系建设中，需要综合考虑环境、经济、社会等各个因素间的相互联系，建立一种跨部门、跨行业、跨区域的可持续的自然资源综合管理框架，制定科学合理的生态体系建设规划，实现资源和资金的优化配置，探索从根本上解决生态安全的基本途径。采用多学科交叉的方法（如农学、生态学、环境学、管理学、社会学、经济学和法学等），需要自然技术科学和人文社会科学的结合，重视将生态学、经济学、社会学和管理学原理综合应用到对生态系统的管理之中，通过不同部门的协调与合作，从系统功能出发，考虑整体规划，加强现有生态建设的影响评估，加强天然林保护、退耕还林还草、水土流失治理、水资源管理、生物多样性保护、湿地保护、土地恢复与复垦、草地恢复与草场管理、森林管理等建设。加强人员培训等能力建设也是实施综合生态系统管理的重要内容，通过知识培训和相互沟通与交流，提升生态体系建设的能力和水平。

用景观管理方法提升生态体系建设水平。景观管理方法是联合国粮农组织、欧美等发达国家积极倡导和鼓励的生态建设方法。重点国有林区是一个复杂的社会、经济和生态复合体，生态体系建设涉及林业、农业、国土、环境、水资源、矿产、旅游等多个部门，需要在中尺度或流域景观尺度，将不同生态系统空间镶嵌而成的地域单元进行综合权衡和规划，从景观管理的角度将生态系统状态与社会经济影响相互关联起来，在可操作的单元内以生态系统定位观测资料、常规气象数据库以及资源环境数据库为依托，利用遥感和地理信息系统等技术手段为辅助，对重点区域景观管理的科学问题开展专题和综合研究，构建可持续的景观管理模式，提升生态体系建设水平。

二、建设目标

坚持以建设和保护重要生态系统和生物多样性为核心，以林业重点生态工程为依托，抓住国家实施《全国主体功能区规划》和天保第二期工程、《大小兴安岭林区生态保护与经济转型规划（2010～2020年）》、新一轮西部大开发等重大政策机遇，充分发挥林业在农田生态系统、草原生态系统、城市生态系统发展中的基础作用，到21世纪中叶在重点国有林区建成布局优化、结构合理、功能协调、效益显著的生态体系，实现构建北方绿色生态屏障，应对全球气候变化、保护生物多样性和改善人居环境的总体目标。

到2020年，通过造林和抚育经营，实现森林蓄积、面积的双增长，为实现国家“双增长”目标作出重要贡献；加强森林、湿地自然保护区建设，拯救一批国家重点保护的野生动植物，恢复和发展珍稀物种资源；大力发展城市森林，加强社会主义新林区建设，改善人居环境；加强科技支撑能力建设，科技进步对生态体系建设的贡献率达到60%；加强公众生态保护意识，生态体系建设的参与程度达到70%。

到2050年，继续保持森林蓄积、面积的双增长，实现质量、结构的双提高，使重点国有林区成为北方的绿色生态屏障，成为减缓和适应气候变化的重要区域；建成一个以自然保护区、重要湿地为主体，布局合理、类型齐全、设施先进、管理高效、具有国际重要影响的自然保护网络，使重点国有林区的生物多样性得到全面保护；进一步完善城市森林和社会主义新林区建设，实现生态建设和民生建设的高度协调；科技支撑能力显著增强，科技进步对生态体系建设的贡献率达到75%以上；全民生态保护和建设自觉性得到显著提高，生态体系建设的公众参与程度达到80%以上。

三、重点领域

加强森林资源的培育和经营。在重点国有林区，选择疏林地、宜林荒山荒地进行人工造林，以增加森林面积。加强中幼龄林抚育，调整林分结构，改善林分生长环境，提高林木生长量。加强天然次生林改造，提高林木质量和林分生产力。加强生态公益林和商品林的管理，探索多目标森林经营的模式和方法。加强森林经营认证力度，促进森林资源可持续发展。

加强湿地资源的保护和恢复。开展重点国有林区湿地资源清查，实施湿地分类和影响评估，加强湿地及其生物多样性的保护与管理。整合湿地资源，加强湿地自然保护区综合规划和建设，全面维护湿地生态系统的生态特性和基本功能。实施湿地恢复工程，通过补充湿地生态用水、污染控制等措施，使退化湿地得到全面保护与恢复，提高湿地生态系统的功能。同时通过湿地资源可持续利用示范以及加强湿地资源监测、宣教培训、科学研究、管理体系等方面的能力建设，全面提高重点国有林区的湿地保护、管理和利用水平。

加强生物多样性的保育。加强野生动植物及自然保护区规划、建设与管理，形成保护区网络；加强高保护价值生态系统的保护；制定重点国有林区生物多样性保护行动计划；建立生物多样性动态监测信息网络中心；实施和完善重点国有林区的生态补偿政策；加强生物多样性保育的执法力度。

第二节　完善天然林资源保护体系

天然林资源保护是重点国有林区休养生息，增加森林资源数量，提高森林资源是质量的有效途径。2000 年以来，《东北、内蒙古等重点国有林区天然林资源保护工程实施方案》一期全面实施，取得了良好效果，森林资源恢复性增长，生态状况明显好转，职工收入明显提高，社会保障不断完善，减轻了企业负担，促进了森工企业改革。今后，需要按照《东北、内蒙古等重点国有林区天然林资源保护工程二期实施方案》全面实施天然林资源保护，进一步实现天然林资源保护和绿色转型升级。

一、继续调减木材产量

天保工程一期实施以来，各地采取有力措施，严格采伐管理，坚决制止超限额采伐，遏制森林资源下降趋势，工程区木材产量按计划减产到位，森林资源实现了面积、蓄积双增长。就东北、内蒙古重点国有林区而言，今后需要进一步做好调减木材产量工作。根据森林分类经营和资源状况，按照保护、培育和合理利用相结合的要求，为保障森林资源可持续发展，科学确定森林资源的合理承载量。按照《东北、内蒙古等重点国有林区天然林资源保护工程二期实施方案》，木材产量由上期定产后年均 1094. 1 万 m^3，在“十二五”期间分 3 年调减到 402. 5 万 m^3，减少 691. 6 万 m^3，下调 63. 2%。按区域分：内蒙古森工集团和岭南八局木材产量由 243. 2 万 m^3，调减到 122. 6 万 m^3，减少 120. 6 万 m^3，下调 49. 6%。吉林森工集团、延边森工集团和营林四局木材产量由 217.5 万 m^3 调减到 134 万 m^3，减少 83.5 万 m^3，下调 38.4%。黑龙江森工集团木材产量由 419 万 m^3 调减到 89.4 万 m^3，减少 329.6 万 m^3，下调 78.7%。大兴安岭集团公司木材产量由 214.4 万 m^3 调减到 56.5 万 m^3，减少 157.9 万 m^3，下调 73.6%。

二、加强森林资源培育

森林经营和资源培育是人为促进森林资源尽快越过自然演替阶段，提高森林质量的重要措施。东北、内蒙古重点国有林区由于历史上长期过伐，森林生态功能下降，可采资源严重匮乏，中幼林比例较高，残次林面积较大，且存在一定面积的宜林地。同时，林区经济社会发展滞后，就业矛盾非常突出。为了提高林分质量，尽快恢复顶级的森林生态系统，保障国家木材安全，促进职工就业增收，按照分类经营、分区施策的原则，区分不同地区和森林类别，采取相应森林经营培育措施，宜造则造、宜抚则抚、宜改则改、宜补则补，造、抚、改、补相结合。

根据自然和经济社会条件的差异，依据森林经营目标的不同，主要采取人工造林、中幼龄林抚育、森林改造培育三种经营措施。人工造林主要在疏林地、宜林荒山荒地上进行，需要按照适地适树的原则，科学选择造林树种，提高造林质量。中幼龄林抚育主要针对林木株数较多，竞争激烈；已经出现自然分化现象，严重影响林木的生长发育林分，以及由于过伐形成的“四不像”林分和遭受病虫危害、火灾等严重自然灾害，病腐木在 5% 以上的林分。抚育主要是伐除影响目标树生长的干扰树；长白山、小兴安岭林区目标树主要为红松、云杉、冷杉、椴树、水曲柳、胡桃楸、柞树，大兴安岭林区主要树种为落叶松、樟子松、白桦、冷杉等构成地带性顶级群落的乡土珍贵树种。通过中幼龄林抚育，重点调整林分结构。改善林分生长环境，调整林木竞争关系，提高林木生长量。森林培育对象包括林相残败，功能低下，并导致森林生态系统退化的林分；林分生长量较同类立地条件平均水平低 30% 以上的林分；林分优良种质资源枯竭，具有自然繁殖能力的优良林木个体数量在每公顷 30 株以下的林分；遭受严重病虫害、火灾等自然灾害，死亡木（濒死木）比重占株数 20% 以上的林分；林分中目标树种组成比重占 40% 以下的林分等。同时，需要国家加大国有林区森林资源培育资金投入力度和确保相关配套资金，保证必要的资金渠道。

三、积极推进森林经营

加快建立森林经营技术体系，坚持生态优先原则，根据森林主导功能不同，建立分区技术标准和指南，划分公益林、商品林和多功能林，确定最优经营模式。分类要素主要考虑经营目的、立地质量、经营管理水平、经营周期、优势树种（组）、森林起源和作业法等。因此，森林分类经营需要通过组织森林经营类型，落实到地块（小班），才能真正实施。

积极推进公益林建设，维护区域生态平衡。按照《国家级公益林区划界定办法》，将生态区位重要或生态状况脆弱的林地区划界定为国家级公益林，并按照保护等级将国家级公益林划分为一级、二级和三级，执行相关保护和经营管理规定。国家级公益林一级严禁进行任何经营活动，国家级公益林二、三级可以采取卫生伐和生态疏伐等抚育性经营措施。公益林建设在保持森林相对稳定的基础上，通过补植、抚育及改造措施，进行合理搭配，调整树种结构，形成以林为主，乔、灌、草结合的立体混交结构，努力提高林分质量和林分生产力、培育多树种、多品种的大径材，使森林质量得以改善，实现生态功能最大化。从区域来看，大兴安岭林区的公益林经营以增强森林的蓄水保土、防风减灾、保护生物物种多样性、游憩娱乐等生态功能和环境功能为主，重点培育结构复杂、功能完备的生态公益林，提高森林生态与社会效益；长白山、小兴安岭和张广才岭林区的公益林经营以增强森林的蓄水保土、保护生物物种多样性、游憩娱乐、国土保安等生态功能和环境功能，以及培育大径级珍贵树种为主，重点培育生态系统稳定、林分蓄积量高、功能完备的地带性顶级森林群落，提高森林生态和社会效益，兼顾经济效益。

积极推进商品林建设，维护国家木材安全。将自然条件优越，立地条件好，地势较平缓，不易造成水土流失的林地区划界定为商品林，商品林经营以提高林分质量、林地利用率和林地生产力，缩短林木培育周期为主。按照近自然林经营理念，大力培育珍贵树种大径级用材林，采取集约经营方式，发展速生丰产用材林等，增加木材和林产品的有效供给，实现森林资源可持续经营，满足经济建设和人民生活的需求。商品林经营依法执行采伐限额等有关管理规定。从区域来看，大兴安岭林区重点培育以落叶松等为主的用材林。按照近自然林的森林经营理念，长白山、小兴安岭和张广才岭林区的天然林重点培育红松阔叶混交林为主的大径级用材林和培育人工速生丰产林，提高森林的经济效益，兼顾生态与社会效益。

积极推进多功能森林经营，满足社会的多重需求。林业在国民经济建设中的重要地位是由林业的多重功能及社会经济发展对其多元化需求决定的，可以考虑将重点国有林区部分森林划分为多功能林，制定多功能林经营的技术规范和标准，使其发挥在木材生产、固碳、生物多样性保护、水源涵养和社会文化服务等方面的多重功能。一是根据森林资源现状、区域地理差异和社会经济状况，制定区域、森林经营单位和林农等不同层次的森林多功能经营规划，通过科技进步引领发展。二是大力开展森林多功能经营基础研究，提高科技水平，创新不同区域、不同类别的森林多功能经营模式，建立相应的森林经营标准、指标体系和操作指南。三是引入利益相关者参与机制，通过召开专家咨询会、森林经营者磋商会和研讨培训会等形式，积极开展参与式适应性森林经营，以发挥木材生产、固碳、生物多样性保护和森林游憩等多重功能。

加强森林经营方案的制定和执行，实现森林经营的科学化、规范化。按照科学经营森林的要求，编制实施林场森林经营方案，明确科学经营森林的指导方针和目标任务，完善适应科学经营森林要求的法规制度、经营技术规程和指标体系等，逐步使科学经营森林走上集约化、规范化、标准化轨道。建立科学经营森林的考核检查、监督管理、奖罚等制度，推动科学经营森林方案的贯彻实施。

积极开展森林认证，提升森林可持续经营水平。近年来，国际社会尤其是发达国家对林产品绿色采购、合法性和可持续性木材来源的关注程度越来越高。欧盟许多成员国都制定和实施了林产品绿色公共采购政策。美国通过《雷斯法案》提高所采购木材来源的合法性。为了符合绿色公共采购、合法性、可持续性、碳减排等方面的国家要求，要采取多种措施，积极推动森林经营单位和林产品生产加工企业通过独立第三方机构对林产品进行认证，加快森林可持续经营的进程，从而获得经济和环境回报，树立品牌形象和良好的企业责任。国有林区要积极参与国际森林进程，探索符合国有林区特点的森林认证模式，鼓励企业、林场等主体开展形式多样的森林认证，不断提高国有林区的森林可持续经营水平。依靠认证所提供的基线数据，制定保护森林碳汇功能的森林经营策略。

四、强化森林资源管护

森林资源保护是各项林业事业发展的根本，强化保护和管护工作是确保森林资源持续增长的重要保障。

加强资源保护。一是加强林政资源管理。严格执行森林采伐限额制度，杜绝乱砍滥伐和超限额采伐，严厉打击乱砍滥伐违法犯罪行为，加大森林资源管理监督检查力度。进一步强化林地林权管理，严格禁止林地逆转和非法流失，全面贯彻落实国务院关于保护森林资源制止毁林开垦乱占林地的要求，坚决禁止毁林开垦、毁林开矿等现象发生。二是切实加强森林防火和森林病虫害防治工作。在强化落实各级地方政府责任制的基础上，进一步加强保护体系建设，积极开展群防群治。三是落实管护责任制。签订管护合同，明确森林管护承包者森林资源管护任务和责任，以林地承包经营为载体，推进森林管护与资源培育、林下资源开发健康协调发展。四是强化管护成效考核。建立健全森林资源保护监测评价指标体系，强化森林、林木、林地消长变化的监测评价和动态管理，对资源管理保护不力、资金使用问题严重的单位，实行投资调控，限期整改。

建立健全森林资源管护模式和相应的经营责任制。将管护区落实到山头地块，将管护责任落实到人头，强化管护人的监督和管理责任，充分调动职工群众管护森林的积极性。要逐步建立管护经营责任人参与分配森林资源培育成果的机制。根据工程区森林分布特点，结合自然和社会经济状况，针对不同区域和地段，采取行之有效的森林管护模式，确保管护效果。一是管护站管护模式。因地制宜建设森林资源管护站，成立专业管护队伍，层层签订责任合同，全面落实目标责任。实行“管护效果信息卡”等制度，全过程监督森林管护工作。二是专业与承包管护模式。对交通不便、人员稀少的远山区，实行封山管护，建立精干的森林专业管护队伍。对交通较为方便，人口稠密，林农交错的近山区，划分森林管护责任区，实行承包管护。三是家庭生态林场管护模式。以森林承包管护为前提，结合林下资源综合开发利用，以企业职工为主要承包者，以家庭成员为主要劳动力，在开展森林资源管护的同时，开展林下资源合理利用。四是管护责任制模式。将管护任务落实到山头地块和人头户头，层层签订管护责任书，明确管护范围与面积、管护内容与责任、奖惩措施等。五是场乡、场村、场农（户）联管等模式。

改善森林保护和管护设施。大幅提高森林防火装备水平，改善基础设施条件，增强预警、监测、应急处置和扑救能力，实现火灾防控现代化、管理工作规范化、队伍建设专业化、扑救工作科学化。加快监测预警、检疫御灾、防治减灾、应急防控等林业有害生物防治设施建设，提高危险性林业有害生物灾害的预防和除治能力。优化调整木材检查站布局，对现有木材检查站进行维修和改建，加大现代高新技术设备投入，配齐执法装备，以森林资源监测中心、中心站为依托，完善监测设施设备，设立固定监测样地，开展监测技术研究，建立监测数据处理信息库，形成较完整的森林资源及生态状况监测网络体系。

第三节　完善湿地资源保护与恢复体系

湿地是珍贵的土地资源、生物资源，蕴藏有丰富的矿产资源，具有巨大的生态价值和经济价值。湿地在保持水土、调节水量、水质净化、固碳等方面发挥重要的作用。重点国有林区湿地资源丰富，同时湿地生态系统也极其脆弱。重点国有林区由于湿地围垦与开发、生物资源过度利用、环境污染、不合理的湿地水资源利用与水利工程建设等方面的原因，湿地生态系统遭到了不同程度的破坏。构建由湿地、湿地自然保护区和生态廊道组成的湿地及其生物多样性保护体系，加强界江界河以及湿地生物多样性保护，恢复湿地植被和湿地生态系统，充分发挥湿地的多种效益是今后湿地资源保护与恢复的主要任务。

一、开展湿地资源清查和分类

随着人们对湿地生态系统的认识逐步加深，各级政府和林业企业加大了湿地保护管理力度，组建了湿地保护管理机构，开展了湿地资源普查工作。但是，重点国有林区的湿地资源还没有得到详细清查和整合，需要开展跨区域的国有林区湿地资源清查，应用3S技术（遥感技术，RS；地理信息系统，GIS；全球定位系统，GPS）和最新阶段的TM卫星航空遥感照片，加大地面解析调查标准地的数量，按照一定生态地理标准、资源属性标准、功能类型标准对湿地资源进行分类，科学刻画湿地特征，确定不同类型湿地面积和湿地资源现状，加强分类管理。禁止湿地开垦和湿地造林，在湿地周围坡地农田营造水土保持林，防止水土流失侵蚀湿地，试验区可开发短期收效的多种经营，发展本地特有的生物资源，并开展湿地资源的保护性开发利用。

二、加强湿地保护与恢复体系建设

（1）努力完善湿地自然保护区建设。湿地景观多样、物种资源丰富。随着社会经济的高速发展，湿地面临着各种人为活动的破坏，建立自然保护区则是保护湿地生态系统和生物多样性的最有效方式。①完善和升级湿地自然保护区体系建设。重点国有林区迫切需要进一步完善和提高具有代表性的现有湿地自然保护区的管理水平，全面加强自然保护区保护设施和保护能力建设，努力保护湿地的自然特性和生态特征，努力建成国家级和省级湿地自然保护区。②新建湿地自然保护区。根据国有林区湿地分布格局、不同湿地生态系统类型、国家重点保护珍稀濒危物种的分布，以及湿地区域生态环境作用的重要性，在国有林区经营范围内建立湿地生态系统自然保护区。③因地制宜建立湿地自然保护小区。对于湿地自然保护区、湿地公园以外的一些面积较小，但有典型性和代表性的湿地，要因地制宜划定和建设湿地保护小区，保护并逐渐恢复提升湿地功能。

（2）积极推进湿地公园建设。湿地公园是湿地保护体系的重要组成部分，是适宜湿地保护管理实际情况的一项策略措施。按照相关要求和规范，统筹规划，加强指导，选择适宜的地点或区域，开展湿地公园建设。湿地公园的建设任务是加强干流水资源的管理及中游地区的湿地保护，对所有水库进行改造，使死水变活，水质提高，水库之水得到利用。加强重点国有林区河流疏道清淤，疏通河道，清理淤积，净化水源。开展湿地恢复示范，在一些典型和重要的湿地区域优先安排保护、治理和恢复示范项目。

（3）推进湿地保护与恢复网络建设。在现有湿地保护区、规划新建湿地保护区（小区）、湿地公园的基础上，通过空缺分析等手段确定湿地保护与恢复的优先区域、空缺区域，建立湿地保护节点和廊道，形成湿地保护与恢复网络体系，更好地发挥国有林区湿地生态系统的主要功能，为东北乃至国家提供湿地生态服务。

三、实施湿地恢复工程

实施湿地退化恢复工程。在湿地资源调查和研究的基础上，对重点国有林区湿地资源萎缩、功能减弱及其成因进行全面分析与评估，揭示各类湿地退化及其逆转的过程与机理，并对各类退化湿地有计划地开展恢复示范工程。积极实施退耕还林（湖、泽、滩、草）工程，有计划地恢复天然湿地面积，改善湿地生态环境状况，恢复湿地生态系统功能。对富营养化程度严重的湖泊湿地、泥沙淤积严重的水库湿地进行治理和恢复，通过湿地植被的重建和恢复，改善湿地的生态环境。

实施退化湿地补水工程。由于修坝、筑堤、分洪和抽取地下水等活动，改变了重点国有林区湿地水位的正常波动过程、淹水频率和淹水周期等湿地水文状况，阻断了河流与湿地的水分补给，导致湿地缺水性退化。因此，生态补水成为退化湿地恢复的一项重要内容。

四、强化湿地保护与恢复的能力建设

（1）大力推进基础设施建设。目前，重点国有林区湿地自然保护区的基础设施投入严重不足，影响了湿地保护与恢复工作的正常运转。根据目前湿地自然保护区建设实际情况，参照《自然保护区工程项目建设标准》《国家湿地公园总体规划导则》和《湿地恢复工程项目建设标准》，重点国有林区湿地自然保护区基础设施建设的主要内容包括保护设施、区界设施、道路设施、水电设施、办公设施、交通设施、科研设施、通信设施、防火设施和回收设施等。

（2）加强湿地周边生态环境建设。由于湿地生态系统的特殊性，容易受到周边生态环境的干扰，从而对生态系统的结构和功能产生负面影响。为了使不同类型的湿地免受点源和面源污染，需要在河岸滩涂两侧建立缓冲草带，建设水源涵养林。同时，加强湿地的社区共管机制十分必要，一方面可使社区积极参与湿地资源的共同管理，缓和与社区的关系，调动社区居民保护湿地的积极性，实现湿地保护与社区经济的协调与可持续发展。

（3）监测体系建设。加强湿地资源和生态状况监测与评价，稳步推进湿地资源管理信息系统建设，不断深化湿地资源监测的优化改革，逐步构建技术先进、反应灵敏、准确高效的湿地资源综合监测体系和湿地监测网络。定期提供动态监测数据，全面掌握国有林区重要湿地的动态变化。建立湿地科研组织，或与大专院校合作，进一步加强湿地调查、监测、保护、恢复等的科学研究和科技支撑工作，对重点国有林区湿地类型、特征、功能、价值、动态变化及其演变规律进行深入研究。对外来物种及湿地动植物病虫害进行监测和定期报告。

（4）宣传教育体系建设。通过各种形式宣传生态环境保护，使林区职工和社会公众懂得湿地存在的重要性和保护湿地的必要性，正确处理好整体利益和局部利益的关系，摒弃重用轻养的破坏湿地资源的狭隘短期行为。让人们了解湿地保护的意义，了解湿地的各种功能与效益，认识到保护湿地与人类自身生存发展的关系。增强全社会保护湿地的责任感和使命感，增强社会公众积极参与湿地保护的意识。

（5）推进管理体系建设。湿地作为一种自然生态资源，具有很大的开发利用潜力。要依法保护湿地资源，严厉查处一切破坏湿地资源的违法行为。

明确各部门以及各级人民政府在湿地保护和合理利用方面的管理职权和责任。健全法律法规体系，加快立法进程，加强湿地执法和监督体系。健全湿地保护区（站）等管理机构，完善管理制度，将保护湿地和治理城市内流河水污染结合起来，规范工业生产及废水、废气排放。坚持湿地保护管理联席会议制度，明确各部门的责任。把湿地保护列入各级部门的重要议事日程，在政策、任务、措施和资金投入等方面予以保障，确保湿地保护与管理的资金投入。同时，要科学规划湿地资源保护与利用方案，在严格保护的前提下，充分利用湿地资源，最大限度地满足区域经济发展的需求，实现湿地资源的可持续利用。

第四节　完善生物多样性保护体系

生物多样性是生物及其环境形成的生态复合体以及与此相关的各种生态过程的总和，其内容包括自然界各种动物、植物、微生物和它们所拥有的基因以及它们与生存环境形成的复杂的生态系统。重点国有林区生物多样性丰富，为社会经济发展提供了大量产品和服务，但由于无序和过度利用，以及受环境破坏、气候变化等因素的影响，生物多样性遭到了较大破坏。为了实现重点国有林区的绿色转型发展，构建平安和谐的生态建设体系，今后需要通过建设自然保护区和保护野生动植物资源途径加强生物多样性的保护和科学合理利用。

一、优化自然保护区建设

自然保护区是生物多样性就地保护的主要形式和重要措施。实践表明，建立自然保护区是自然保护最直接、最有效的手段之一。自然保护区是生物多样性保护的重要基地，是开展自然科学研究和环境教育培训的主要平台，是拥有重要生态服务功能和社会经济功能的载体，是维护重点国有林区国土生态安全的主战场。

（1）要完善自然保护区规划，提升整体保护能力。经过多年建设，重点国有林区在自然保护区建设方面形成了一定的规模，但是始终缺乏一个跨区域的、系统的、科学的总体规划，导致自然保护区的建设管理工作缺乏重点，投资建设存在盲目和不均衡性。今后需要根据重点国有林区自然保护区建设现状和社会、经济条件，建立跨区域建立和管理平台；以便更好地发挥自然保护区的多种功能。今后需要从以下几方面规划自然保护区体系：①通过系统保护规划方法确定保护目标，利用多学科和技术对区域生物多样性进行保护区规划设计；②加强现有自然保护区的建设和协作管理；③新建、扩建和晋级一批自然保护区；④在人口密集，具有保护价值而被分割成面积较小的区域，建立自然保护小区；⑤分层次和重点规划建设关键自然保护区、重要保护区和一般保护区；⑥在保护对象相近、生态功能相似且距离较近的自然保护区之间建立生物廊道，形成区域保护区网络，有效保护生物多样性资源。

（2）确定生物多样性保护关键地区。从保护效率上考虑，保护行动应有明确的目标或重点的对象（地区或类群等）。确定生物多样性保护关键地区对于生物多样性保护策略的制订具有重要的参考价值。在继续完善生物多样性资源本底调查、编目的基础上，分析物种受威胁程度和优先保护级别，同时根据特有种分布情况，合理确定生物多样性保护关键地区，加强关键地区和节点地区生物多样性的保护。

（3）加强自然保护区保护管理机制建设。构建布局合理、类型齐全、功能完善的自然保护区体系，重点建设寒温带针叶林生态系统和温带红松针阔混交林生态系统、森林湿地生态系统，以及珍稀濒危野生生物类型、地质遗迹类型的自然保护区。建立一批集生态环境监测、野生动物救护、鸟类环志、科学研究等为一体的多功能保护区。加强保护区总的管理计划的编制和监测计划的制订。加强保护区人员能力建设，特别是一些关键性技术的培训。

（4）加强交流与合作。加强非政府组织与地方政府及保护区之间的交流与合作，交流各自的经验教训和创新理念。提高保护区周边社区的教育水平，改善保护区与当地社区的关系。

（5）实施生态补偿。重点国有林区的自然资源属于国有资源，保护工作应由国家直接管理，所需的事业经费应该纳入国家财政预算。应该把重点国有林区的国家级和省部级自然保护区纳入国家生态补偿范畴管理。建立和完善流域上下游补偿机制。探索自然保护区差异化补偿模式。适度增强自然保护区的自我补偿能力。

二、加强野生动植物资源保护

野生动植物是生物多样性保护的核心保护对象，对于维持生态系统平衡，提供生态服务功能和社会经济功能具有重要作用。

（1）加强野生动植物资源迁地保护体系建设。迁地保护是挽救濒危野生动植物资源的重要手段之一，对于一些数量特别稀少，仅仅依靠自然保护已经不足以保证本种延续的，处境非常危险的珍稀野生动植物，需要利用植物园、动物园、饲养场、水族馆等通过各种人工技术方法，进行繁殖和繁育，逐渐重新恢复和扩大野外种群。为了保护濒危野生动植物资源，在重点国有林区开展动物、植物、微生物和水生生物（包括海洋生物）等迁地保护物种的调查、整理、收集和编目工作，合理规划迁地保护设施的数量、分布及规模，构建迁地保护野生动植物资源体系。

（2）实施珍稀濒危野生动植物物种拯救和驯养繁殖。濒危物种是指在短时间内灭绝率较高的物种，种群数量已达到存活极限，其种群大小进一步减小将导致物种灭绝。近年来，随着重点国有林区人口扰动，经济活动的不断加剧，野生动植物物种资源及其栖息地受到了一定影响，种群数量逐渐减少，迫切需要实施珍稀濒危野生动植物物种拯救和驯养繁殖工程。就珍稀濒危野生动物而言，需要选择《国家重点保护野生动物名录》中的野生动物和省级珍稀濒危野生动物及其栖息地为保护对象，采取就地保护和人工繁育措施，实施珍稀濒危野生动物物种拯救工程，扩大其栖息地，确保其生存和繁衍。就珍稀濒危野生植物而言，选择列入《国家重点保护野生植物名录》《中国植物红皮书》中的野生植物物种、近年来通过调查明确的小种群植物以及东北地区省级植物物种及其栖息地为保护对象，通过建设自然保护区等就地保护措施，实施珍稀濒危野生植物物种拯救工程，扩大其栖息地，确保其生存和繁衍。

（3）强化生物物种资源出入境管理制度和监管体系。重点国有林区生物物种资源丰富，为了防止物种及遗传资源通过非正常途径流入国外，需要进一步加强进出境管理制度和监管体系建设。制定生物物种资源输出和引入的风险评估、许可制度以及出入境查验管理措施。以各类保护物种目录为基础，研究确定出入境查验对象和要求，建立生物物种资源出入境监管体系。加强生物物种资源远程鉴定技术研究和外来物种快速鉴定及监测技术研究等监管技术体系建设，提高口岸查验设施的配置，加强生物物种资源出入境检验鉴定实验室建设。

（4）外来入侵物种监测预警系统建设。目前，外来物种特别是外来有害物种对重点国有林区生态环境造成负面影响已成为不争的事实。加强外来入侵物种的监测、预警系统建设已成为保护重点国有林区生物多样性和改善生态环境的重要举措。今后需要进一步开发外来物种环境风险评估技术，建立外来物种环境风险评估制度；建立和完善口岸检疫设施，按地区、行业部门的需求建设引种隔离检疫圃与基地、隔离试验场与检疫中心；研究外来入侵物种危害机理，提出有效的监测预警机制和应急防治技术；建立外来入侵物种监测预警及应急中心与野外监测台站，形成全市性的监测预警及应急系统。

（5）加强野生动植物资源网络平台建设。为了掌握重点国有林区野生动植物资源的现状和分布规律，掌握野生动物疫源疫病和环境因素的现状，以及对野生动物疫源疫病实施有效防控和科学预警，加强野生动植物资源网络平台建设意义重大。当前乃至今后一段时期内，需要编制重点国有林区生物物种资源数据管理规划和计划，建设和完善生物物种资源信息网络系统；建立和完善各类生物物种资源数据库体系，建立省级生物物种资源公共信息网络、基础数据平台和野生动植物资源动态监测信息网络中心。

三、保育高保护价值生物多样性资源

高保护价值生物多样性资源是指由于具有很高的环境、社会、经济或景观价值而显著重要的资源。从高保护价值生物多样性资源的概念来看，其关注的是生物多样性为人类和大自然提供的价值和服务，重点讨论的是如何维持或提高生物多样性的这些特殊属性（即价值），并且充分考虑了当地人对生物多样性的需求。因此，保护高保护价值生物多样性资源，将有助于管理者实施合理的经营决策，确保人类活动能够保护生物多样性的环境与社会价值，不仅有利于保护日益缩减的宝贵资源，而且还可以解决与生物多样性相关的社会、经济和环境问题。因此，在重点国有林区，需要针对具有高保护价值的遗传资源、生物物种（例如东北虎、红松等）、生态系统、自然景观制定和实施相应的保护措施，加大抢救性保护力度，具有高保护价值的生物多样性资源得到保存和合理利用，为人类提供福祉。

四、制订和实施跨区域生物多样性保护行动计划

重点国有林区生物多样性丰富，为区域乃至国家的社会经济发展提供了持续不断的产品和服务。为了加强生物多样性保护，国家发布了生物多样性保护战略与行动计划，东北相关省（自治区）也按照战略与行动计划开展了相关保护工作，有些省份还制定了适合本省情况的保护行动计划。但是，由于生物多样性保护涉及面广，不能仅从行政区域角度开展独立的保护。为了更好地保护重点国有林区的生物多样性，需要建立跨区域生物多样性保护的协作平台，制订和实施《重点国有林区生物多样性保护战略与行动计划》。进

一步明确指导思想、战略目标和战略任务，在生物多样性保护关键区域基础上，划分出生物多样性优先保护区域，制定生物多样性优先保护领域和行动，主要包括生物多样性保护与可持续利用的政策与法律体系、资源调查与整合、保护方式、促进生物遗传资源及相关传统知识的合理利用与惠益共享、加强外来入侵物种和转基因生物安全管理、提高应对气候变化能力、科学研究和人才培养、公众参与机制与伙伴关系等。最后还要明确重点国有林区实施生物多样性保护行动计划的保障措施，主要包括组织领导、配套政策、能力建设、资金投入和国际交流与合作等。

第五节　完善城乡人居环境建设体系

城乡人居环境建设是重点国有林区加强生态体系建设改善民生的重要途径。随着城市化进程和社会主义新农村建设步伐加快，人们的生活质量需求变得越来越重要，满足不断增加的生活品质需求成为城乡人居环境建设的重要目标。因此，今后需要大力加快城市林业和乡村绿化美化建设，统筹和协调城乡人居生态环境建设。

一、大力发展城市林业

随着社会经济和城市化进程快速发展，以及全球气候变化等因素的影响，城市出现了热岛效应、城市内涝和大气污染等现实的环境问题，出现了城市灾害与风险问题。城市林业能够为解决上述“城市病”提供新的途径。城市林业是融林学、园林学、城市学于一体的新兴学科，属于社会林业的一种类型。自20世纪80年代末期，我国园林部门和林业部门就不约而同地分别提出要建设生态园林和发展城市林业，两者相互渗透，异曲同工，即园林向郊野发展，森林向城市靠近。随着我国经济社会持续快速发展和城市化水平不断提高，加快城市林业发展是建设现代城市不可缺少的重要内容，是经济社会发展的重要指标。城市林业以寻求森林生态价值、社会价值和公共卫生价值为目标，调节城市生态平衡，拓宽户外休憩空间，提高业余生活质量，满足城市居民走进大森林、回归大自然的物质文化需求，创造生态良好、有益健康的人居环境。

（1）选择开展城市森林规划。城市森林已成为衡量一个城市文明进步和可持续发展能力的重要指标。随着城市化进程的加速和城市环境问题的加剧，人们已越来越认识到城市森林在城市生态环境和可持续发展中的重要作用。目前，我国的一些城市已开始规划、实施城市森林、森林城市或生态城市的建设，如浙江省提出加快全省建设森林城市的步伐，海南、陕西等省制订了建设生态省的规划。今后需要根据重点国有林区城市群的发展特点和经济、环境状况，统一规划城市森林建设，并突出不同城市间的特点和功能，形成城区公园及园林绿地、河流道路林网、近远郊森林公园及自然保护区协调配置的城市森林生态系统，利用较少的森林建设用地获得较高的生态效益，充分体现城市森林的景观价值、保健价值、生态平衡价值以及城市的历史文化特色。

（2）注重城市森林建设中的植物选择与配置。在重点国有林区城市森林的建设中，在科学、合理的城市森林规划、布局的基础上，充分发挥各种森林植物在改善环境方面的功能是城市森林建设成功的关键，这其中包括城市森林植物的选择、植物的空间配置模式的建立、城市森林的经营管护等，而城市森林植物选择与应用是建立科学的、稳定的森林植物群落和森林生态系统的根本。在自然森林生态系统中，森林植物群落在物种组成上是丰富多样的，在群落的垂直结构上，乔、灌、草层次丰富，种类数量比例适当，因此能够最大效率地利用光能、土地资源等，在单位面积上获得最大限度的能量同化积累和生态效益的发挥。城市森林的植物配置中应充分考虑群落的稳定性、植物的多样性、群落生长势、群落外观、与周围环境功能的协调性以及乡土特色等指标，建立近自然的城市森林植物群落，发挥城市森林在改善城市生态环境，提高人们生活环境空间质量，满足人们身心健康需求的作用。

（3）开展创建森林城市活动。根据重点国有林区城市的资源禀赋，积极开展创建国家森林城市活动。国家森林城市是指城市生态系统以森林植被为主体，城市生态建设实现城乡一体化发展，各项建设指标达到国家林业局规定的标准并经国家林业主管部门批准授牌的城市。在重点国有林区创建国家森林城市是坚持科学发展观、构建和谐社会、体现以人为本，全面推进现代城市走生产发展、生活富裕、生态良好发展道路的重要途径；是加强城市生态建设，创造良好人居环境，弘扬城市绿色文明，提升城市品位，促进人与自然和谐，构建和谐城市的重要载体。在创建国家森林城市活动同时，需要制定重点国有林区或省级城市森林建设标准，并开展省级森林城市评比，促进不同层次的城市向生态建设和绿色转型方向发展。

（4）强化多维空间绿化和提高土地利用效率。随着城市化进程加快，城市绿化最大的难题是城区缺少土地，不能最大限度地满足城市居民对城市绿色空间的要求。为了解决城市居民对绿色空间日益增长的需求和城市土地资源稀缺、绿地成本攀高之间的矛盾，作为能够陶冶情操、有利于居民身心健康、推动社会进步、发挥城市多功能效应、树立良好城市形象的多维空间绿化成为国内外关注的焦点。重点国有林区在建设城市林业过程中，要大力推广多维绿化，通过屋顶绿化、垂直绿化、社区绿化等途径拓展绿色空间，促进解决城市绿化用地与建筑用地的矛盾，发挥多维绿色空间在缓解城市热岛效应、减轻太阳辐射、吸附粉尘、降低能源消耗方面的积极作用；

二、实施乡村绿化美化工程

随着现代社会的快速发展，人们对改善人居环境、提升生活品质、满足精神需求、维护身心健康的愿望日益强烈。为了满足这种新需求，林业建设必须坚持“两条腿”走路，在抓好深山远山造林绿化的同时，全面推进“身边增绿”，加强村庄绿化、校园绿化、矿区绿化，以及路边、渠边、河边、湖边绿化，大力推进“身边增绿”，实施乡村绿化美化工程，提升社会主义新农村建设的品位。

在重点国有林区的农村推进绿化美化工程是落实中央关于建设社会主义新农村建设的精神，改善农民生活，促进农业发展，惠及百姓生活的重大举措。按照“建立新机制、打造新产业、培育新农民、展示新风貌”的总体思路及“统筹兼顾、科学配置、综合治理”的原则，加快乡村绿化建设，全面推进新农村绿化美化。大力开展村民庭院绿化、街巷道路绿化、整体环境绿化、民俗旅游景点绿化、河渠水系绿化和村内集中绿地建设、环村林带建设，提升彩叶造林的生态功能，构建相互贯通、覆盖全面、功能协调的农村生态系统。在乡村绿化美化建设中，应当突出和构建点、线、面相互结合的生态系统网络，突出生物多样性和地方特色，形成一村一景、一村一品、一村一特的多元化格局；以乡土树种、乔木树种和防护型经济树种为主，实现生态效益与经济效益的多重功能；突出以人为本的绿化理念，着重强化村庄绿化的踏青赏花、遮阴纳凉、健身游憩功能，营造冬青夏花秋叶的优美景观效果。结合农业结构调整，大力推广林果、林药、林草、林粮栽植模式，切实使农民群众获得实惠，实现生态效益与经济效益协调发展。

努力创建特色园林小城镇，构建和谐人居环境。近年来，随着物质生活和文化生活水平的不断提高，人们越来越多地注意周围环境的改善。小城镇建设已经成为重点国有林区推进城市化进程和建设乡村绿化美化最具活力的组成部分和主导力量。建设和发展小城镇，不仅是实现城市化的重要途径，更是解决农业；农村、农民这一事关重点国有林区现代化建设根本问题的重大战略举措。一是坚持把小城镇绿化工作摆在突出的位置。在具体实施过程中，要抓领导、抓规划，夯实绿化工作基础；：要抓重点，抓关键，全面提高城镇绿化水平，坚持街、园、区、院一起抓，努力形成以镇区广场公园为景区，以街道绿化为骨架，以住宅小区、单位庭院绿化为基础的城镇绿化体系，形成共建共享新格局。二是打造宜居生态休闲环境。在重点国有林区范围内启动“一镇一园”工程，以重点乡镇为突破口，实施园林化乡镇建设，在此基础上全面推广，最终实现“一镇一园、一园一品”的乡镇生态休闲公园绿地体系。

塑造乡村文脉，升华乡村绿化美化韵味。森林是人类在劳动中学习知识、增长见识、美化心灵的家园。森林本身就是一部内容丰富、包罗万象的教科书，一座取之不尽、用之不竭的知识宝库。同时，森林以其独特的形态美、色彩美、音韵美、空气美，对人们的审美意识、性格情操起到了潜移默化的作用。森林文化是人类文明的重要内容。在重点国有林区开展乡村绿化美化时，要大力突出和体现乡村文化的内涵，在规划、设计和管理过程中都要体现民族特色、地方风俗和区域文化，提升乡村绿化美化韵味，这样才能满足农村、城镇居民对绿化美化、生态环境改善的需求，进一步推动社会主义新农村建设。

总之，建设完备的生态体系是绿色转型发展的应有之意。通过以天然林保护为主的森林生态系统建设、湿地生态系统建设和生物多样性保护，构建城乡协调的人居环境等途径，为实现绿色产业发展奠定丰厚的物质基础，提供丰富生态产品与服务供给，对于实现资源、环境与经济、社会的协调发展，具有极其重要的意义。

第四章　重点国有林区产业绿色转型

林业产业是一个涉及国民经济第一、第二和第三产业多个门类，涵盖范围广、产业链条长、产品种类多的复合产业群体，是国民经济的重要组成部分。林业产业作为重要的基础产业，除具一般产业的共同属性外，还具有资源的可再生性、产品的可降解性、经济生态社会三大效益的统一性等独有的特性。而这些特性与绿色发展的要求具有高度的一致性。努力推进林业产业的绿色转型，优化产业结构、塑造龙头企业、创造品牌产品、开辟市场领域、提升产业素质、增强竞争能力，是新时期国有林区产业发展的重要任务，也是构建发达的林业产业体系的必然要求。

第一节　产业转型的基本思路

统筹分析当前重点国有林区面临的机遇和挑战，结合当前国家经济社会发展布局和对林业发展的定位，提出产业转型发展的基本思路和布局构想。

产业转型发展的基本思路：坚持生态建设产业化、产业发展生态化的基本方针，以经济转型促进生态保护，加快转变经济发展方式，大力调整产业结构，实现“四个转变”’把握“五个关系”，构筑以生态为主导的现代林区绿色产业体系，构建富有活力的林区经济新框架，推动由林业经济向林区经济转型。

产业转型发展的布局构想：重点扶持发展森林培育业、园林绿化产业、林特经济产业等优势产业，大力发展森林生态旅游、绿色食品、北药开发、新能源等新兴产业，积极发展林矿产业、林业地产等替代产业，限制和淘汰森林资源消耗大、附加值低、竞争力不强的产业（如锯材、木片等）。按照集中布局，重点开发的原则，优化产业空间布局，形成以专业化分工网络为基础，各具特色、功能各异、具有比较优势的多空间产业集群。

一、推动实现四个转变

在重点国有林区实施产业绿色转型战略，要积极推动实现四个转变，即产业发展的驱动力要由行政推动为主向市场驱动为主转变；森林经营方式由粗放经营向集约经营转变；林业产业体系由分散化向集群化转变；林业产业经营主体由国有为主向投资主体多元化、多种经济成分并存转变。

（1）产业发展的驱动力要由行政推动为主向市场驱动为主转变。由于历史的原因，重点国有林区政企、政事不分的管理体制严重制约了产业市场发育，市场化滞后带来了经济增长与发展水平的滞后。今后需要通过深化改革，使林区企业真正成为市场的主体。同时，大力推进市场中介组织等社会化服务体系建设，特别要注意培育各类要素市场，健全产业市场体系，使重点国有林区产业发展的推动力由行政推动为主向市场驱动为主转变。

（2）资源开发利用由过度消耗森林资源的粗放经营向精深加工为主的集约经营转变。努力提升林产品的加工深度和产品层次，增加科技含量和附加值，走集约经营之路，将是应对资源危机、原材料紧张的根本出路所在。

（3）林业产业体系由分散化向集群化转变。今后产业发展方向需要由劳动密集型为主向资本、技术密集型为主转变，扶持传统优势产业，积极发展新兴产业，限制与生态保护相抵制的资源消耗型产业，通过大力调整产业结构，实现由产业分散化向产业集群转变。大力引进新技术、新产品，提高劳动者素质，提升精深加工水平，提高林产品附加值。同时，在市场开拓上，要逐步由初级市场向中高级市场转变，产品由生产性消费为主向生活性消费为主转变。

（4）林业产业经营主体由国有为主向投资主体多元化、发展混合经济转变。在资本运作上，要由内生资本为主向更加开放的外向型经济转变，投资主体和融资渠道构建必须坚持多种所有制形式并存、多渠道、多层次、多形式的原则，打破国有资本独大的局面，努力实现经营主体多元化，投资主体社会化，提升林业产业的市场化程度。在实现产业转型过程中，需要积极吸引社会资本尤其是民营资本，特别是外省乃至外国的技术、资金资本，以便开拓更广阔的要素市场，实现有效配置资源和市场，加速产业绿色战略转型的步伐。

二、正确把握五个关系

在重点国有林区产业转型过程中，需要把握好五个关系，即生态建设与产业发展的关系，增长速度与调整结构的关系，资本支撑与自主创新的关系，空间布局与发展时序的关系，政府引导与市场调节的关系。

（1）把握好生态建设与产业发展之间的关系。重点国有林区的资源危机和经济危机是制约社会绿色持续增长的主要因素，因此在产业绿色转型发展过程中，一定要把生态建设与产业发展、经济建设融为一体，实现“生态建设产业化，产业发展生态化”，实现改善生态和民生的双重目标。一方面要充分发挥比较优势，利用重点国有林区巨大的生态资产优势，通过高科技和实用技术的有力支撑，加大生物质能源林、碳汇林、生态旅游、林下经济等经济型生态产业的发展，不仅有利于保护和恢复生态环境，更有利于把产业发展融入生态建设中，促进当地经济持续增长。另一方面要充分发挥重点国有林区自然资源禀赋好、生态环境优良、劳动力资源丰富的优势，积极发展绿色、生态和大量吸纳就业的产业。同时，通过技术革新、资源整合和效率提高等方式，淘汰资源消耗大、产值低、竞争能力弱的产业，建立生态化产业体系，形成产业发展与生态建设相互促进、共同发展的良好局面。

（2）把握好增长速度与调整结构的关系。经济增长速度与经济结构调整，既存在共同点，又存在某些矛盾，它们的共同目标是为了实现国民经济较快发展，促进经济发展方式的转变，但是两者的侧重点又不同，经济增长关注的短期目标是一种战术性措施，结构调整关注的是长期目标，是一种战略性措施，有时它们之间还存在某些矛盾。当前，保持较高的林业产业增长速度是扩内需、保增长、惠民生的必然要求，而扩大产业规模和效益仍然是林业产业的重要命题，必须保持林业产业合理的增长速度，加快林业产业发展。同时，要处理好产业经济增长速度和产业结构的关系，不能只追求增长速度，而为落后企业、产能的继续发展留有空间。应重视产业结构调整，形成合理的区域产业结构，内部产业结构，一、二、三产之间的产业结构，产业投资结构和企业组织结构等；提高森林资源综合利用效率，促进产业经济快速增长，实现兴林富民，拉动区域经济发展。因此，重点国有林区在实现产业绿色转型发展过程中，必须处理好产业经济增长速度和产业结构的关系，把两者结合起来，促进经济发展速度、产业结构调整和经济效益的统一。

（3）把握好资本支撑与自主创新的关系。技术创新和资本市场实际上存在两个方面的互动关系：一方面，创新创业需要资本市场支持；另一方面，创新反过来也可以促进多层次资本市场的发展，进而促进金融体系改革，使国家和社会获得资本市场发展的收益。技术创新具有显著的外部经济性，创新经济推动资本市场发展就是这种外部经济性的体现。但在我国以往的政策研究设计中，仅仅强调了资本市场支持和促进创新这方面的作用，而缺乏如何以“创新经济”为手段促进我国资本市场发展的目的性考虑，从而导致了“创新需求”与“资本供给”的长期失衡。重点国有林区的资本支撑与自主创新是转变林业产业发展方式的两项关键措施，不可偏废。传统林业产业主要依靠土地、投资和劳动力等资源要素的支撑实现增长，现代林业产业必须依靠投资和科技驱动实现其新的增长。自主创新可以增强林业产业发展的核心竞争力，减轻产业发展对土地等资源的过度依赖。重点国有林区的资源质量不高，科技力量和产业技术体系也有待进一步发展，需要吸引更多资本进入林业产业的科研开发，促进基础研究和前沿高技术研究，扶持传统优势产业、培育发展战略性新兴产业，以“创新经济”为手段促进重点国有林区资本市场发展，从而反过来驱动自出创新的能力。

（4）把握好空间布局与发展时序的关系。林业发展布局是转变林业产业发展方式、推动科学发展的基础，其空间布局主要与自然地理、社会经济条件的差异性和资源禀赋和社会需求的多样性有关。合理的林业产业布局不仅能够提供持续的产品和服务，还能够发挥比较优势，带动区域经济发展。但是，产业布局应根据社会需求和现有基础，正确处理好不同产业发展形态的优先发展顺序，把空间布局与发展时序很好地结合起来，充分利用集聚区的土地、劳动力、资本、技术等生产要素和优化效应，按照“企业集中布局、产业集群发展、资源整合高效、功能综合实现”的模式，实现林业产业发展布局与时序的有机统一。

（5）把握好政府引导与市场调节的关系。加快经济发展方式转变，首先要明确界定企业与政府在市场经济中的地位和作用。企业是转变经济发展方式的微观主体，政府在转变经济发展方式中扮演着关键性角色。政府可以创造环境，提升企业活力，引导经济发展方式转变。企业要依照市场规律，适应经济发展方式转变，不断增强自我发展能力。加快转变重点国有林区林业产业发展方式，一方面要尊重市场经济规律，充分发挥市场的决定性作用，以增强微观经济效率和活力。另一方面要转变政府职能，加强社会管理和公共服务，提供公平环境，不断加强林业产业的调控和服务，及时制定和实施优惠的区域产业政策。

第二节　构建复合型林区产业体系

根据重点国有林区产业转型发展的总体思路，调整林业产业结构，确立复合型林区产业发展体系，即提升以森林资源培育产业、园林绿化产业、林特经济产业、林区采运产业、林区矿产业为主的第一产业体系，将其列有传统优势产业，并限制发展对生态保护相冲突的相关产业；强化以木材加工产业和林产化工产业为主的第二产业体系；促进以生态旅游产业、林区房地产业为主的第三产业体系；积极培育以绿色能源产业（风能、水电、生物质能源）、森林食品和绿色医药产业为主的战略新兴产业体系。

一、努力提升第一产业

（一）森林培育产业

森林资源是林业产业转型发展的物质基础，着力加强以森林资源培育为基础的第一产业，是支撑其他产业发展的基石。

（1）按照林业分类经营的要求，对公益林和商品林分别采取不同的经营方式和措施，引入培育森林资源、资源资本运作和区域经济发展的新观念，正确处理资源培育保护与开发利用的关系。国家级公益林区，以发挥生态效益为主，优先安排营造林任务，全面停止商业性采伐；地方公益林区，通过采取森林抚育和改培措施，培育功能完备的生态公益林；商品林区，通过采取造林、抚育、改培等措施，提高森林的经济效益，兼顾生态效益与社会效益。

（2）注重搞活商品林经营，探索用材林产业化发展、市场化经营和资本化运作的新机制，引入长期战略投资，加快资源培育速度。

（3）加强种子、苗木建设和种质基因库建设。利用东北地区优良的林木遗传资源，建立现代化的采穗圃、苗圃园区，为造林提供优质种苗；建立种质基因库，培育抗寒、抗旱和抗逆性强的优良品种。

（4）切实加强用材林基地建设。在商品林发展区域全面组织实施速生丰产用材林基地建设工程，加大对速生丰产林、工业原料林、大径材林、珍贵树种和经济林的培育力度，建设原料林基地和经济林基地，扶持营林业产业集群的发展。

(5) 加大碳汇林建设力度。争取建立中国绿色碳基金重点国有林区专项，并用其作为种子基金，加快碳汇林建设步伐。加快研究和融入碳交易活动中，使碳信用和碳市场发育成为培育碳汇林的动力。

(6) 加大对第一产业的投入比重，加速培育和保护森林资源，加强森林防火和病虫害防治，提高森林资源质量。

(二) 园林绿化产业

城市园林绿化是城市市政公用事业和环境建设事业的重要组成部分，园林绿化产业有其独特的产业特性，它涵盖了城市园林绿化建设、森林公园和风景名胜区的开发，以及城市园林景观资源的生态保护等。园林绿化产业同国民经济其他产业的不同之处在于可以有效地改善自然生态环境，降低经济发展对环境的破坏作用，保障居民身心健康，对人与自然的和谐发展有着巨大的促进作用。

为此，应大力发展花卉、苗木业。园林绿化产业所种植的花卉产品、林木产品、草皮产品等对城市废气的吸收与环境的净化起到重要作用，是城市生态系统的主体。花卉、苗木、草皮的品种和质量至关重要，需要联合相关科研院所开展品种选育，培养抗逆性强、视觉功能良好、生态效益高的植物材料。同时，需要根据区域差异和地方特色，规划建设具有代表性的花卉、苗木、草皮基地，使其成为北方重要的园林绿化原材料供应基地。

要积极探索发展园林绿化产业的新举措、新途径。

(1) 坚持绿色规划设计与施工建设。坚持绿色规划设计理念，坚持在保持原有地形地貌特征的基础上进行设计和施工建设，努力实现城市园林建设生态化、城市景观建设园林化的总体目标。

(2) 加强城市园林绿化的养护管理。园林绿化养护管理是指对植被、绿地等植物以及园林景观的养护与管理，是整个园林绿化工程中经常性的活动。园林绿化养护过程中需要坚持绿色管理理念，合理利用水资源。植物病虫害防治要以环境保护为前提，采取科学手段，协调使用化学防治和物理防治方法，不能因病虫害防治中使用非环保化学制剂而对环境造成破坏，努力达到园林植物病虫害的可持续控制，从而维护园林生态系统平衡。

(3) 加强园林绿化的废弃物管理。随着城市化发展与城市园林绿化产业的发展，城市园林绿化废弃物的有效管理显得越来越重要。正确有效地处理园林绿化废弃物，可以有效减少垃圾处理成本，节约有限的土地资源。

(4) 加强园林绿化设施维护。园林绿化设施是为市民服务的，要充分体现“以人为本”的发展理念。设施的设置要合理，与景观相协调，在数量和功能上不断满足市民的需求。

（5）举办园林绿化产业交易博览会，发展会展服务业。坚持每隔两年举办一次以园林绿化为主题的区域性乃至全国性交易博览会，并发展相关的会展服务业。这样不仅能够扩大影响力，推动园林绿化产业的蓬勃发展，而且有利于展示重点国有林区的魅力，成为吸引投资的引擎，从而拉动其他相关行业和社会经济发展。

（三）林特经济产业

重点国有林区的资源优势和区位特色为发展林特经济产业提供了基础。深度开发林特经济产业，不仅有利于发展循环经济，提高森林资源的保护和利用水平，而且对于优化林业产业结构，促进林区致富和发展替代经济具有现实而深远的意义。

（1）推行龙头带基地，基地带林户的模式，既与林特产品龙头企业配套，成为其原料基地，又能更好地带动林户致富。探索建立林特经济产业园区，充分利用林区丰富的自然资源，积极争取国家扶持政策，集聚资源要素，壮大产业群体，推动配套开发项目，避免大而全、小而全的低水平重复建设，结合各森工企业实际培育和发展各具特色的林特经济产业，进而为推动森工企业加快企强民富进程创造条件。

（2）根据区域分异和资源条件，整合优势资源，以基地建设为载体，以政策补贴为支撑，大力推动发展以种植业、养殖业、非木质产品采集业为主的林下经济，以养蜂、观蝶、观鸟为主的林上经济产业发展，突出绿色无污染、野生有营养、规模有特色的发展模式。扶持发展食用菌产业和特色山野菜产业，提高野生浆果产业化水平。种植业方面，积极发展以有机大豆为主的特色种植业，建设全国脱毒马铃薯繁种基地和无公害大豆等生产基地。在养殖业方面，发展貂、狐等珍贵皮毛动物和鹿、林蛙等特种经济动物，建设林区特色珍稀动物养殖基地。发展人工驯养繁殖野生动物业优势，走规模化、产业化发展道路。

（3）要加大要素投入，提高标准化生产水平和产品质量，打造具有地域特色的绿色品牌，形成具有一定规模的特产基地和加工企业，加快资源优势向经济优势、粗放经营向集约经营转变。

（4）要实施品牌战略，提升产品品质，增加品牌的市场冲击力，提高国内外市场占有率和回报率。加强产业与市场信息沟通，及时调整养殖规模。政府、行业协会应在维持产业健康良性发展过程中发挥政策制定、信息引导作用。

（四）林区采运产业

重点国有林区木材采运业的发展为人类社会经济发展提供了重要的物质基础。近年来，随着社会经济发展和人们环境保护意识的不断提高，以及维护国家生态安全的需要，重点国有林区实施了天然林保护工程，木材采运业日渐萎缩。同时，国家实施了森林抚育经营，在实施积极生态保护前提下，鼓励合理利用森林资源。因此，在满足森林可持续经营和环境保护前提下，森林采运业也将得到进一步发展。

（1）推行木材采运适度规模经营。通过林区职工合作社或农业合作社等途径，积极利用相关扶持政策培养木材采运大户，并积极向公司化运作方向发展。这样既提高采运效率，也可以更好地确保安全生产。

（2）要确保木材采运安全。木材采运是在露天、分散、大面积的环境条件下，用一定的机械和工具改变立木形态和木材位置移动的作业。因此，如何保证安全是采运作业的首要任务。采伐作业时采伐工人（包括外包工人）的健康和安全措施应至少符合《中华人民共和国劳动法》和《中华人民共和国劳动安全法》的国家最低要求，不应超时作业；为采伐工人提供性能良好的、必要的安全装备；制定相应的安全操作程序和紧急情况处理程序；所有采伐作业人员都要经过安全作业方法、紧急事件处理方法和正确使用安全作业装备的培训。伐后作业同样也应该注意生产安全。

（3）开展环境影响评估。根据森林资源的特性、采伐规模、采伐方式及作业方法等，在开展采伐活动之前结合伐区调查设计进行环境影响评估，并保留相关记录；环境影响评估的内容主要包括伐区的林地环境、采伐更新方式的可行性、采伐设备的环境影响、废弃物的处理，以及伐区作业对周边环境敏感区域与森林生态系统的影响；根据环境影响评估的结果调整森林采运作业方式，采取适用并且可行的规避和减缓措施，避免或尽量减少采运活动对森林生态环境的影响。

（4）规划设计和修筑合理的道路网络。林区道路网络状况直接影响采运作业的效率。在林区规划和修筑集运材道不合理时，特别是东北重点国有林区冬季的冻板道设计和修筑不够标准时，采伐严重地损害了森林生态环境。需要根据林道网密度理论进行林道规划设计，确定合理的林道网密度，作为加强林道网建设的依据。

（5）提高采运作业的效率。加强对采运工人的理论性和操作性培训，使他们掌握正确采运作业的流程和操作步骤，提高采运技能。对现有的陈旧的、效率低下的设备进行改造升级，同时引进生产效率高并有利于环境保护的采运设备，提高采运效率。

（6）通过改进采运作业技术，降低对环境和森林可持续经营的负面影响。森林生态采运就是一种比较有效的采运方式，能够按照森林生态学特性对伐区进行规划、设计、山场作业、组织管理等森林经营活动，把森林资源的优化利用和持续保护结合起来，以达到持续发展森林资源目的的一种森林经营方式，提高了木材资源的利用率。应当根据伐区地形情况，在林区道路、采运作业、采运机械设备和工艺方面选定最佳的作业方式。因地制宜，采取科学合理的采运方式和作业措施，尽量减少采运活动对生物多样性、野生动植物生境、生态脆弱区、自然景观、流域水量与水质、林地土壤生态环境和更新幼苗幼树的影响，保证森林生态系统功能得到快速恢复。

（五）林区矿产业

重点国有林区矿产资源丰富，林区矿产业一直以来在社会经济发展中占有重要地位。在实施产业转型发展过程中，需要建设矿产开发、有色金属冶炼为主体的产业集群。矿产业具有较高的需求收入弹性、增长率和技术进步率，同时也属于与生态保护相冲突的限制性产业。因此，必须充分做好资源的合理配置，加大科技支撑力度，改造传统设备和工艺，引进新的矿产开发途径，实行清洁生产，建设具有拉动地方经济发展的矿产开发龙头企业，形成产业集群，以便提高资源的综合利用水平和实现规模经济效益。

在保护生态的前提下，规模化开发硅藻土、白云石、镁、钼、镍等资源。大力发展羰基金属、铝镁合金、纳米碳酸钙、硅藻土高端产品等新材料产业。在引进吸收技术的基础上，开发羰基铁、羰基钴、羰基钼等新材料。严格控制新增钢铁生产能力，加速淘汰落后工艺、装备和产品，提高钢铁产品档次和质量。走精品化之路，延长产业链发展制造业。积极利用低品位铁矿资源，鼓励合作开发境外铁矿资源。提升煤炭生产技术水平，强化管理，改造和提升煤炭产业。加强煤炭资源勘探，统筹规划，合理开发，提高回采率，减少煤炭开采对生态环境的影响。调整改造重组中小煤矿，依法关闭不具备安全生产条件、破坏资源环境的煤矿。提高煤炭产业的资源利用率和环保水平。加强煤矿瓦斯综合治理，加快煤层气开发利用。加强煤炭清洁生产和利用，鼓励发展煤炭洗选及低热值煤、煤矸石发电等综合利用，开发推广高效洁净燃烧、烟气脱硫等技术。

要以保护重点国有林区生态环境为重点，淘汰关闭技术落后、污染严重、无后备资源的矿山开采和加工企业，逐步减少矿山的数量。禁止新建对生态环境产生不可恢复破坏性影响的矿产资源开采项目。在重点国有林区的自然保护区、森林公园、风景名胜区、地质遗迹保护区（地质公园）依法限制或者禁止开展矿产资源勘查开发活动。在生态功能区内发展矿产采掘业，要加强环境保护，提高区内矿山企业采选技术准入条件，强化土地复垦和环境整治义务。

要推动林业主管部门依法行政，从严把关，对勘查、开采矿藏占用重点国有林区林地的项目认真审查核实。对依据不足、条件不具备的勘查、开采矿藏项目不予审核审批。占用重点国有林区林地勘查、开采矿藏项目，其《使用林地可行性报告》要求具有甲级资质的林业调查规划设计单位编写，对项目是否符合矿产资源规划、履行矿产资源“招拍挂”（招标、拍卖、挂牌）、经营规模、选址依据、用地规模、对森林和生物多样性影响、生态安全、资金来源、补偿补助和人员安置、林业职工就业等内容进行分项说明。从严控制选矿厂、尾矿库等勘查、开采矿藏项目的附属配套工程占用公益林林地。采石、采砂、取土等不得占用公益林林地。

积极推进环保矿业试验区建设，打造环保型有色金属冶炼及能源转化基地。按照“整装勘查、系统规划、集约开发、稳步推进”的原则，采取开矿建厂与生态建设同步、矿产开采与加工利用配套的办法，按照林权、探矿权和采矿权“三权结合”的模式与专业化矿业公司合作。鼓励企业跨地区集团化重组，打造具有国际竞争力的企业。

二、着力强化第二产业

（一）木材加工业

发挥重点国有林区在传统产业方面的优势，继续做大做强木材加工业。

推进产权结构的调整和优化。对于经济规模小、生产技术落后、处于产品生命周期末端的木材加工企业，鼓励企业以市场为导向，以资本、技术为纽带进行联合重组，通过股份出售、转让等多种形式，使资源向有利于产业结构升级的方向转移，最大限度提高资源利用率，推进产权结构的优化。在整合现有林产加工业项目基础上，形成林产加工业生产的高科技含量、规模化经营、高效益产出的核心项目，加强新产品研发，扩大主导产品的生产规模和市场占有率。

坚持森林资源保护与利用的有机结合，以市场需求为导向，培育壮大科技含量高、附加值高、资源利用率高的林木精深加工产业。努力实现一体化经营，以市场为导向，大力发展林板一体化、林浆一体化，通过产权契约为纽带，优化产业链条，促进林业产业健康协调发展。提高采伐、造材、加工剩余物及废旧木质材料的综合利用水平，实现林木资源的多环节加工增值。延长林木加工产业链条，在林区形成初级产品、中端产品和高端产品各有侧重的产业链。通过培训、研修等形式大力提高林产加工业从业者的素质。

（二）林产化工产业

林业是重点国有林区的支柱产业，林产化工产业是提高森林资源利用率和延长林业产业链的有效途径。今后林产化工产业总的发展思路是重点按照产业布局区域化、资源供给基地化、利用方向高值化、生产工艺清洁化、生产装备节能化、产品加工精深化的要求，加快发展适合该区域化工产品的精深加工以及生物农药和生物新材料开发利用。

（1）大力发展化工原料林基地。通过调查规划发展不同品种的原料林基地，正确处理资源建设与合理利用之间的关系，确保原料供应半径。提高科技支撑力度，加强原料林培育技术和经营模式研究，提高单位面积的总生物量。

（2）调整和优化企业布局。根据现有林产化工企业的现状，整合资源，调整和优化企业布局，扩大企业规模，加大企业改造力度，形成拳头产业和龙头企业，提高市场竞争力。

（3）加强企业管理。为了改变现有企业固有的比较落后的管理模式，克服市场意识薄弱、盲目生产、无法适应现代市场机制的弱点，今后必须提高林产化工企业的管理能力，以建立现代企业制度为目标，强化内部管理，建立健全基础、质量、运营资金和成本管理，建立竞争和监督约束机制，提高企业的运作效率。

（4）提高产品质量。加强标准化生产和企业质量管理，限制和改造现有的高能耗、低效率的生产工艺，引进新的技术、设备和工艺，开发新产品，提高产品市场占有率和核心竞争力。

（5）加强企业“绿化”管理。林产化工企业的生产过程和加工剩余物往往伴随着“三废”和环境污染等问题，需要采取各种措施，加强领导和管理，使林产化工企业真正实现绿色转型和可持续增长。

三、大力促进第三产业

（一）扶持发展林区金融业

发挥林区闲置资金、民间资本的作用。随着国有林区森工企业经济效益逐年下降，企业业务往来减少，资金汇划业务明显减少，商业银行调整经营战略，机构撤并频繁，特别是离中心城市、中心乡镇距离较远的林业局所在地，金融机构网点不断减少。以林区中心城市牙克石市为例，1998 年年末机构网点共 192 个，截至 2006 年年底为 87 个（包括储蓄机构），减少了 100 多个服务网点。这使得金融服务功能得不到有效延伸，企业生产经营受到影响。在原有金融机构撤并的情况下，国有林区绿色转型发展的资金需求缺口越来越大，有必要根据林区实际和绿色转型发展战略，成立国有林区商业银行，加快地方性金融机构建设步伐，包括经营自主权较强的农村信用社，要积极服务国有林区的绿色产业。不断壮大资金实力，充分利用和发挥林区闲置资金和民间资本的作用。

1. 森工企业林区金融现状

随着国家天然林保护工程二期的逐步深入，吉林森工、龙江森工在林业转型过程中，已开始在林区金融产业进行了实践，取得了经验。

吉林森工于 2002 年起，在组建财务公司的框架下，在国有林区森工企业率先涉足林区金融领域，并逐步拓展范围，目前已囊括了银行业务、财务管理、融资融信、信托担保、小额贷款等金融业务。龙江森工集团内部和林口林业局、穆棱林业局、沾河林业局于 2012 年起，相继组建成立了担保公司、小额贷款公司。依托实力雄厚的龙江森工集团，坚持“立足林区，面向社会、诚信贷款、灵活高效”的经营理念，对森工企业内部企业和职工给予优惠政策，对社会企业和个人市场化经营，取得了较好的经济效益，在转型发展中进行了积极探索。

2. 发展金融产业在森工企业中的作用

发展金融产业既是国有重点林区转型发展的产业选择，又为林区转型发展创造有利的条件，发挥积极的作用。

（1）可以解决林区中小企业和职工全民创业资金的难题。放开社会外部的经营情况，单就森工企业内部来讲，林区企业、个人创业和银行之间借贷矛盾的日益冲突，在很大程度上阻碍了他们的发展。规模小、经济实力差、资信不高、融资渠道狭窄等都不利于在银行获得贷款。

（2）可以补充商业银行在市场经济发展中的信贷空缺。商业银行作为独立法人，依照《中华人民共和国商业银行法》《贷款通则》来运作，基本特征之一就是以盈利性、安全性、流动性为原则，这使银行在贷款业务中特别谨慎，尤其是在中小企业与全民创业贷款审批和利息利率上更是注重风险防控和利益追逐。而林区金融系统在保证风险防控的前提下，可以适当根据企业情况，在扶持全民创业和民营经济上突出服务民生措施，既可解决个人创业的资金需求，增强创业信心，又可实现林区稳定。

（3）可以加快林区经济发展。中小企业、民营经济是林区经济的重要组成部分。企业增收和职工致富是两个不可舍弃的目标，只有发展金融产业才能增强中小企业、民营经济的融资能力。筹措到足够的资金才能上项目，加快资源转化，拉长产业链条，推动经济快速发展。从一定意义上说，转型发展跨越经营最终还是要解决民生，民生好了，企业和林区经济才能不断增强。

（4）可以增强林区就业能力。中小企业和民营经济大多是粗放的劳动密集型产业，就林区就业方面，原始的木材生产的作用正在逐步减小，劳动力就业问题在未来几年将成为林区企业的一大难题，在就业人员、剩余劳动力、家属等亟须安置。解决这些问题的根本出路就在于广泛兴办以民营经济为主的中小企业，推动全民创业增收致富。资金制约这个最直接、最普遍的问题解决后，必将加快经济发展和就业问题的解决。

（5）可以促进森工林区产业发展。森工企业大部分都是技术落后、资产不良、技术含量低的企业，商业银行融资相对困难。涉足林区金融产业，以集团实力对接银行可以缓解上述问题；可分担社会及民间投资风险，促进中小企业和森工集团健康发展，同时能增加所在地财政收入。就目前国内经济来看，哪个地区的企业发展好，经济发展就好；中小企业和民营经济发展好，经济就发展更好。近年来，金融产业的发展促进了地方经济发展，满足了森工林区产业的发展需要，并提供了时代机遇。

（6）可以在社会上具有较好的信誉度。发展林区金融产业，开办国有森工金融产业，在社会上能够具有较好的信誉度，比民营金融公司更具备与商业银行合作的优越条件。授信额度高，能够广泛开展金融服务，取得更好的收益。

3. 林区金融产业发展趋势

森工企业转型发展就是要林区人民摆脱对森林的依赖，转向非林非木产业。大力发展林区金融产业，真正在林区转型发展中发挥作用，就需要国家在税收、授信、提高融资杠杆和机构定位等方面大力扶持。

从发达国家的经验来看，进军金融领域是企业转型升级的一个重要方向。据统计，世界500强企业中有80%已成功地实现了产业资本与金融资本的结合，其中关键的问题是如何把握两者之间的分寸。

吉林森工集团开始走现代服务领域产业金融板块的崛起之路。2010年吉林森工投资有限公司成立，2011年吉林森工融信控股有限公司成立，两公司与此前2002年成立的吉林森工财务有限责任公司同心协力，担当起保障集团经济持续稳健较快发展的重任。金融服务业是吉林森工集团的后起之秀，却大有超过木材生产、木材加工等传统森工主业之势。2011 年，吉林森工集团金融服务业净利润达 9022 万元，占集团净利润的 44.5%；2012 年继续走高，成为集团利润新的支撑点。这种先以实业为基础，再去拓展金融业务的方式，稳步地推进了实业与金融结合，进一步支撑了主业发展，平衡了二者之间的关系。有关专家评价，这种方式的企业转型具有开创性和前瞻性。吉林森工集团发挥业已形成的规模、品牌、产品优势，通过兼并、重组、加盟、整合等方式扩充实力，提高市场占有率，使自己在下一轮竞争中处于有利地位。

4. 扎实推进林区发展金融产业

林区金融产业是新兴的朝阳产业，是为林区经济建设服务的，是摆脱林区经济融资难困境的有效途径。在森工企业不断探索和实践中，森工金融产业显示出了强大的生命力，社会前景非常广阔。重点国有林区发展金融产业，应该结合国家推进金融改革的整体部署，统筹安排，扎实推进。

要积极创造条件推动林区金融产业健康发展。从监管层面，建议有关部门积极解决税收和与银行相比征信不对等、融资成本高、增资后后续资金不足等问题，促进林区金融产业快速发展。从林区金融企业自身层面，要针对经营过程中新风险、新问题不断凸显的状况，转变内控管理方式，突破风险控制瓶颈，明确相应职责权限，进一步完善事前防范、事中管控和事后纠错的风险控制体系，健全内部控制规范章程，以加强管理、保证安全、提高效益，确保稳健经营。

要积极发挥林区金融产业在推动转型发展中的作用。财务公司要继续发挥好金融服务功能，投资公司要坚持股权投资方向，在资本市场谋取效益，融信控股加大对外募集注册资本金，打造完整的资本运营产业链条。在此基础上，利用财务公司、投资公司、融信控股等金融平台，以重点项目为载体，对内加大自主品牌整合力度，实现集团品牌资源共享，对外通过加盟制与低成本扩张，扩充总量，优化结构。

（二）生态旅游产业

生态旅游是以丰富的自然和人文资源为依托，以满足人们求新、求知、求美、猎奇、探险、休闲、娱乐、健身等各种需求，保护自然，教育旅游者认识自然、了解保护自然与文化的重要性，促进当地经济发展为目的的一种旅游活动。重点国有林区具有丰富的旅游资源，但还没有形成旅游合力，有待进一步整体凝聚发展。

（1）整合旅游资源，加强战略规划。对重点国有林区的旅游资源进行调查、分类，整合现有的旅游资源，以国有林区为主体进行旅游战略规划，优化旅游产业结构，突出区域特色，发挥生态旅游的整体功能，形成多样性旅游格局。

（2）搭建旅游综合开发平台。以旅游开发区，滑雪小镇等为载体，尽快形成政府主导、企业运作的旅游开发格局。加大招商引资力度，引进有实力的旅游企业和旅行社，与国有森工企业优势互补，协作开发。

（3）深度开发具有特色的旅游产品。突出森林、湿地、草原和冰雪等林区特色旅游资源，构建区域旅游产业联盟，整体开发精品旅游线路。打造自然景观、人文景观、历史古迹等精品森林生态休闲线路，丰富休闲产品。充分利用森林的自然生态环境，开发攀岩、狩猎、音乐森林、童话森林、户外拓展运动、森林浴场等情景化的康体游乐项目。挖掘狩猎部落、民族文化、文化遗址、民俗风情等文化旅游资源，建设北方多民族、多文化生活体验基地。围绕边境景观、异域风情、界河等资源，发展边境旅游，建设边境观光基地。

（4）适度加强旅游景区的基础设施建设。以现有森林公园、湿地公园、风景名胜区和自然保护区为资源依托，加大区域旅游通道、重点旅游景区景点的道路建设，提高旅游中心城镇与景区、景点的通达水平。加快建设不同档次的星级宾馆、绿色环保酒店、经济型酒店、家庭旅馆以及商业服务、文化娱乐设施等，提高游客接待能力和服务水平。

（5）大力加强旅游产业的宣传和推广。通过电视、报刊、网络、新闻发布会、宣传广告牌等媒体，以及举办各种旅游节庆赛事和建设生态旅游博物馆等方式，大力宣传重点国有林区丰富的旅游资源、各具特色的旅游项目和集生态休闲与疗养于一体的生态旅游文化，扩大生态旅游产业的知名度和国际影响力，使之成为国内外知名的生态旅游目的地，建设避暑、度假、康体和健身等休闲旅游胜地。

（三）林区房地产业

重点国有林区实施以生态建设为主的发展战略以来，木材采伐量大幅度减少，相关的木材贮运、加工产业也大量缩减，出现贮木场、木材加工厂等大量闲置地、存量国有划拨地和租赁地。同时，为尽快改善国有林区职工居住和生活条件，加快社会主义新林区建设步伐，国家已经投入大量财力并制定了许多优惠政策，集中力量在国有林区开展棚户区改造。另外，重点国有林区还有大量富余职工、林业待业青年等劳动力资源。这些都为房地产开发提供了条件和机会，如何将这部分土地资产和劳动力资源进行盘活并带动相关产业发展是重点国有林区发展经济和促进就业应该关注的问题。

展望未来，将房地产开发打造成为国有林区转型发展的重要支柱产业大有可为。随着旅游业的发展和中心林场建设的推进，国有林区内大量的闲置土地特别是临近大型旅游区的原国有林区的闲置场址，完全可以盘活利用，统筹进行住宅地产、旅游地产、商业地产和文化地产的整体开发。还可以根据重点国有林区的实际情况，发展房地产业和相关的园林绿化、物业管理、二手房交易等配套产业，实现闲置土地的资源化利用和劳动力市场的部分转移，为实现重点国有林区绿色转型拓宽发展空间。在此基础上，通过在国有林区内部的练兵，积蓄力量，向国内各区域中心城市拓展，完全有可能将房地产业打造成为国有林区新的支柱产业。这样，通过房地产开发既可以实现土地资源的保值和增值，增加政府的财政和税收，又能对拉动地区经济发展、促进就业起到重要作用。

（四）林区商贸服务业

适应林区经济转型和社会发展需要，依托中心城市、小城市和重点镇，构建全方位、多层次、便捷的商贸物流网络体系。围绕林区特色产品，构建大型跨区域绿色食品交易市场、毛皮交易市场、北药产品集散市场、木材精加工产品和苗木交易市场，提升集聚辐射能力，形成全国林特产品集散基地。创新批发零售经销模式，培育壮大连锁经营、统一配送、电子商务等现代化经营模式。大力推进超市、便利店、专卖店、大卖场等新型业态向中小城镇延伸。加大物流基础设施建设力度，培育若干集运输、仓储、检验、包装等功能于一体的综合型物流企业。

四、积极培育战略新兴产业

（一）绿色能源产业

培育发展清洁绿色能源产业是加快重点国有林区实现绿色转型的重要内容。因地制宜发展生物质能、水电、风能和太阳能等新能源，切实提高清洁能源在林区能源生产和消费结构中的比例，解决林区替代能源的问题是今后发展绿色能源的方向。同时，生物质能是可再生的碳源，并可转化成常规的固态、液态和气态燃料，是解决未来能源危机最有潜力的途径之一。

依托林区丰富的自然资源，鼓励企业利用林业采伐和抚育剩余物、加工业废弃物、养殖业废弃物、林区灌木、秸秆和城市可燃垃圾等发展生物质能源。同时需要开展能源树种良种选育的科研攻关和推广应用，大力推广容器苗和实用造林技术，探索早产丰产的栽培管理模式，促进基地尽快产生经济收益。

积极争取国家专项资金扶持能源林示范基地建设，鼓励、支持和培育大型龙头企业或集团公司参与林业生物质能源产业，推动能源林基地建设规模化持续发展。开展生物质能转换技术高效利用研究，通过成果转化和推广，用以生产各种清洁燃料。

充分利用水能、风能和太阳能等资源，重点建设水利枢纽、水力发电、风力发电等工程，有效发挥防洪、发电和生态保护的多重功能。积极发展生物质能源和低碳产业，建立可再生能源试验区，促进生物产业快速发展。通过定期举办培训班和讲座等方式宣传绿色能源相关知识，鼓励人们节约资源、使用节能产品，推动全社会节能减排行动。

（二）森林食品产业

重点国有林区地域辽阔、资源丰富、动植物种类繁多，为发展森林食品产业提供了得天独厚的资源优势。

（1）整合资源，强化规划。根据重点国有林区资源分布特点和市场需求，做好跨区发展森林食品的规划，按系列、品种或品牌划分经营区，不做无序化生产加工，避免市场混乱，注重保护原产地价值，力争形成具有影响力的品牌效应和市场效应。

（2）注重建设绿色森林食品产业基地。森林和林地是森林食品的原产地，保护好原产地是确保生产绿色森林食品的基础。要加强管护，防止采矿、采石、采伐等人为生产活动对林地的破坏，防止水土流失和病虫害侵蚀，禁止有害生物和残留农药的危害，加强水源、土地等环境监测，保证森林食品的卫生安全。按照规模化、集约化、绿色化的发展方向，积极吸纳林区人口转移和劳动力就业，把重点国有林区建设成为我国北方绿色生态食品、特色畜禽产品生产和加工基地。

（3）提高森林食品精加工水平，延长产业链。大力推进绿色森林食品精深加工，组建绿色森林食品集团，增强产品竞争力，扩大市场占有率，提高产品附加值。以科技为先导，开拓创新，提高森林食品精深加工水平，由原料型利用向开发功能性森林食品转变。

（4）加强质量管理控制。通过实施森林食品标准化生产、认证、检测，加强监管，从生产源头上严把质量安全关，实现“从源头到餐桌”全过程的质量控制，使重点国有林区森林食品基地建设和产品认定工作与国际接轨。

（5）加大森林食品的宣传与交流力度。宣传交流是连接原料、加工、市场的链条中不可忽视的关键环节，要积极争取绿色食品、QS 等产品认证，充分利用各种新闻媒体，广泛宣传森林食品，引领现代社会消费，让人们逐步认识和了解森林食品，提高人们的消费品位。

（三）绿色医药产业

充分利用重点国有林区“绿色药库”资源优势，开展标准化种植和养殖，扩大规模，加大野生道地药材保护力度，建设北药特色原料供应基地。

从本区域的特色出发，对北药资源进行合理布局与规划，使北药资源基地相对集中并形成一定规模，形成刺五加、五味子、防风、龙胆草和鹿、蜂等具有代表性、具有一定规模和影响力的北药培植基地。

提高北药种植质量，减少环境污染对药材造成的负面影响，同时加强质量管理，提高北药资源培育，为北药产业化发展提供资源基础。

坚持用市场机制引导产业发展，加强自主创新和产品研发，积极与国内知名中药企业和科研院所开展技术合作，实现北药生产技术现代化、质量标准化、产品规模化和品牌化，加快北药产品结构升级，建设现代化的北药生产加工基地。

发展北药“种采加”一体化模式，依托重点国有林区的药材资源优势，积极发展龙头企业或集团公司，大力吸收就地劳动力并提供培训等，打造北药种植、养殖、采摘和加工产业链条。

第三节　推进林区产业发展的组织模式

推进复合型林业产业体系，必须调整所有制结构，理顺阻碍林业产业发展体制和机制，选择合适的组织形式整合产业内外部的资源，提高产业集聚度和扩大产品的核心竞争力。这是今后重点国有林区成功实现绿色转型的重要基础。

一、发展以大企业为核心的紧密型企业集团

面对重点国有林区产业规模小、品牌弱、收益少的特点，理顺经营管理体制，实施资源整合，推动做大做强是实现绿色林业产业增效计划的必由之路。绿色林业产业要形成大市场、强产业的格局，关键是要有主导产品和规模生产作保证。今后需要按照产业化经营的思路，创新经营模式，在抓好产业结构调整的同时，重点向规模化和集团化方向推进。

（一）完善现代企业制度，组建大型企业集团

企业集团是适应社会主义以市场经济发展和社会化大生产的客观要求而出现的一种具有多层次组织结构的经济组织形式。林业企业集团实际上是集林、工、商、贸于一体的深度化企业经营方式。

重点国有林区需要按产业组织理论，顺应市场经济的发展要求，通过组织结构上的大调整，向产业化、规模化和集团化方向发展。建立现代企业制度，真正理顺重点国有林区经营管理体制，实行政企分开、政事分开和事企分开。改制企业完成国有资产、国有职工身份“双退出”。

按《中华人民共和国公司法》组建新的法人治理结构，成为“四自一独”的市场经济主体。实施国有控股、员工持股，吸引国内外知名战略投资者入股的发展战略。对于经济规模小、生产技术落后、处于产品生命周期末端的林业企业，鼓励企业以市场为导向，以资本、技术为纽带进行联合重组，通过股份出售、转让等多种形式，使资源向有利于产业结构升级的方向转移，从而推进产业结构的调整和优化。

通过多种形式培育产业集团，以项目包装为载体，以政策机制为牵引，以优质服务为保障，不断加大招商引资力度，并积极鼓励上市融资，着力增强其核心竞争力，形成政府引导、协会组织、企业运作、农户参与的林业产业发展格局，重点扶持培育一批有市场竞争力、产业关联度大、带动力强的大中型林业产业龙头企业。

真正发挥龙头企业或产业集团在技术带动、规模生产推动、市场流通拉动方面的效果，提高标准化程度，加强企业之间在技术开发、市场营销、教育培训、法律咨询等领域的合作，不断增强绿色产业在国内外市场中的竞争能力。

（二）培育优势主导产业，开发知名“拳头”产品

具有地方特色的主导产业和“拳头”产品是增强市场竞争力的重要基础，在产业持续发展中具有重要引领作用。要鼓励和支持企业间强强联合，优化资源配置，形成绿色产业带和产业集群，培育一批具有重点国有林区原产地特色、竞争力明显的知名产业和产品，扩大主导产品的生产规模和市场占有率。

调整企业布局，集中力量建立大型企业园区。以资产为纽带，以企业集团的形式，按照专业化的分工原则，根据各地区比较优势、生产力储备以及开发环境，吸纳森林培育业、人造板、家具、造纸、装饰建材、森林食品、森林医药等为主的产业集群，形成科学合理的产业链。

着力打造一批森工企业集团的核心生产项目和名牌产品。重点国有林区的森工集团应充分发挥其在组织、协调方面的优势，在现有产业发展格局基础上，坚持抓住具有地方特色、发展后劲强劲、规模潜力大的绿色生产项目，将其作为具有带动区域经济发展的核心竞争力项目，实施名牌战略，打造拳头产品。

二、按产业或产品组建专业化公司

积极推进林业企业市场化运行机制的建立与实施，为产业结构的优化与调整提供有效的动力机制。如何根据林业产业发展的战略思路深化重点国有林区改革，针对不同生产经营内容，建立既适合内部要素组合、经营目标，又适应市场经济发展的企业组织模式和运行机制是今后需要大力探索的方向。根据重点国有林区的资源现状和社会经济发展的特点，由森工集团控股、各森工企业参股，按产业或产品组建专业化公司。条件成熟时，可以通过以行政划转、低成本收购、整体租赁等多种方式进行增资扩股，使之形成具有规模经济实力的“五个一体化”，即资源配置一体化、市场营销一体化、生产组织一体化、资本经营一体化、发展战略一体化的大型专业化企业，并积极创造条件跻身资本市场，成为上市公司，更好地推进林业产业绿色转型。

（1）组建和运行专业化财务公司、融信控股公司、担保公司、投资公司。一是组建财务公司，通过吸收集团内部存款，为森工集团发展所需资金提供筹措渠道，更好地保证森工集团的持续发展。财务公司可以积极创新，在集团外部资金筹集和运用上做文章，实行外延发展多角度出击。要“请进来”拓宽融资新途径，与商业银行开展合作，获得商业银行授信资金额度，有效地发挥财务公司作为森工集团融资平台的作用。要“走出去”拓展合作新领域，到金融市场发达地区拓展集团公司上下游企业业务合作，有效破解束缚公司发展的传统业务瓶颈。二是组建融信控股公司、担保公司，响应政府支持“三农”和中小企业发展的政策，把目标锁定在涉农、涉林中小企业上，与金融机构通力合作，创新业务品种，扎扎实实为农林业中小企业提供投、融资及担保服务，在有效地缓解中小企业融资担保困难的同时，取得良好经济收益，树立负责任的国有大型企业形象。三是组建投资公司，以风险投资基金、股权投资基金等形式搭建产业发展平台，培育创业企业，与创业板或目前国家正在推进发展的中小企业股份转让系统（即市场传闻已久的“新三板”交易模式）对接，孵化上市企业。集中投资于支柱产业或战略性接替产业，促进技术升级换代，改进生产组织流程，提升管理水平，使森工集团规模和效益得到快速扩张。

（2）组建和运行矿业专业化公司。重点国有林区既是国家生态安全重要保障区，也是全国资源枯竭型城市转型试点地区，还是国家找矿突破战略行动确定的重点成矿带之一，保护生态环境与利用矿产资源同等重要。作为矿产资源相对富集的地区，重点国有林区在林业主伐全面停止的情况下，发展矿业经济是提升区域经济总量，转变发展方式的现实选择需要通过努力，走上一条大力发展绿色矿业经济与生态经济共赢的发展道路。组建和运行矿业公司的基本做法是由森工集团组建成立矿业公司，将林权、探矿权和采矿权“三权”有机结合起来，充分发挥市场机制作用，完善矿业权市场和勘查服务市场，坚持“谁投资、谁受益”的原则，切实保护矿业权人的合法权益；严格执行国家生态环境保护规定，矿产资源勘查活动涉及自然保护区、重点国有林区，禁止社会资金进行商业性勘查，原则上只安排中央财政出资的、国家紧缺矿种资源的基础地质调查和矿产远景调查等公益性工作；探索投资主体多元化格局，实施国家项目资本金制度，政府提供无息贷款，整合矿权、技术和资本，积极引入国内外大的战略投资者，实现“大投入、大产出”，限制小规模、低效率企业，鼓励发展资金雄厚、技术力量强大的企业发展大项目。

（3）组建和运行房地产开发置业专业化公司。利用重点国有林区闲置的大量土地资源和剩余劳动力优势，抓住小城镇建设和棚户区改造的契机，组建国有独资的置业公司，专门从事房地产开发、房屋建筑施工工程承包、物业管理和二手房交易等业务。同时，引进多元化投资主体，与知名建筑企业合作成立置业公司控股或参股的（分）公司，包括建筑公司、园林绿化公司、物业管理公司、二手房交易公司。

（4）组建和运行木材生产经营专业化公司。重点国有林区的森工集团以出资人身份对从事木材生产、经营的企业进行重组合并，成立国有控股的木材生产经营集团公司，逐步实现集团公司人、财、物、供、产、销六统一。由森工集团推进实施以产权制度为核心的股份制改造，改变国有独资的单一产权体制，加大招商引资力度，吸引外部战略投资者入股，形成投资主体多元化、产权结构多元化的混合型木材生产经营龙头企业，强化木材生产和经营管理。积极会同国家林业主管部门和金融部门研究设立木材期货市场。为了完善木材价格市场，体现木材销售公开透明，增加市场份额，实现木材效益最大化，考虑在森工集团成立专业化子公司，包括木材采运公司、加工公司、销售公司等，实现木材生产和销售分离。同时，还应培植木材采运、加工大户，使他们根据市场规律进行运作。

（5）组建和运行林产工业经营专业化公司。整合龙头企业，依托木材加工业骨干企业，引入战略投资者，打破区域界限，实现资源整合，扩大规模，壮大林产工业龙头企业实力。真正发挥龙头企业在技术带动、规模生产推动、市场流通拉动方面的效果。在各集团公司层面统一品牌形象，统一营销网络，统一所属企业之间在技术开发等领域的合作，不断增强木材加工业在国内外市场中的竞争能力。

（6）组建和运行旅游专业化公司。重点国有林区的森工集团以出资人身份组建森林旅游有限公司，实现由现有行政性公司向经营性公司的转变。集团公司按区域发展一体化原则，用低成本收购与扩张方式，对林区其他重点旅游景点（区）资源产权吸收合并，或者引入知名旅游企业，成为控股于公司或分公司。在此基础上，旅游专业化公司进行股份制改造，资产重组、形成多种所有制、多元化投资的大型森林旅游集团公司，实现森林生态旅游业的统一规划、设计、开发和管理。首先需要积极争取将重点国有林区的旅游产、业纳入地方旅游产业的大盘子进行整体运作，与所属地方政府联合成立森林旅游宣传推动工作组。其次要以集团公司为主导，开展所属林区的资源调查、分类和整合。三是聘请专、业规划大专院校，整合并规划主林区的旅游资源，制定总体规划。四是在集团公司主导下，由成立的旅游专业化公司对旅游产业实行统一经营和开发。五是森林旅游宣传推动工作组统一推介、宣传重点国有林区的旅游产业，提高品牌知名度和国内外的核心竞争力。

（7）组建和运行林特产业经营专业化公司。积极培育和打造龙头企业，从森工企业集团公司层面，组建林特产品龙头企业，进行林特产品深加工、精加工，创造高附加值。在森工企业层面，结合其自身条件组建具有独特优势和特色的林特产品种养殖基地。

（8）组建和运行园林绿化经营专业化公司。与有实力的大型绿化园林企业合作，从森工集团层面组建园林绿化专业化公司，形成“拳头”优势、规模优势，推动绿化苗木产业的集约化发展，使之早日壮大成为森工企业新的替代产业。加强园林绿化苗木基地建设，建设集中化、规模化的绿化苗木基地，组建区域性苗木培育中心，为园林绿化产业发展提供依托。分梯次培育不同档次、不同品种、不同苗龄的种苗，更好地满足市场需求，推动园林绿化产业的可持续发展。加强园林绿化展示窗口建设，提升森工企业形象，沟通市场信息，推动产销衔接。

三、大力发展民营经济成分

重点国有林区林下资源十分丰富，包括森林食品、森林医药在内的各种林下经济产业引起了政府的高度重视，各种小型企业在开发林下资源方面如雨后春笋般涌现，林区职工也通过承包部分林地资源发展林下经济。但是，由于缺乏统一规划、没有形成竞争力的品牌、缺乏技术等原因，目前还处于一种低水平、重复、规模小的发展阶段，在采集业、种植业等林下经济方面还处于初级水平。

今后需要采取多元化经济发展战略，结合产业结构调整，引入非公有制经济，继续壮大个体私营经济发展规模，加强培育私营企业大户，走“龙头企业＋基地＋林户”的路子，推动国有林区经济协调发展。通过租赁、参股、控股、收购等多种方式进行国有森工企业改制，盘活国有资产存量，转换企业经营机制，着力培养一批经济实力强、技术层次高的大型民营企业集团公司。同时，通过股份制改造，引进知名战略投资伙伴，同时由森工集团下属森工企业参股成立分公司。以各森工集团为主导，联合下属森工企业参股组建的分公司进行产品深度开发，打造知名品牌，开拓市场，形成规模效益。由森工企业参股组建的分公司与林户进行期货产品买断、订单契约合同保底、产品或资产入股等多种形式的半紧密联合或股份合作，壮大集团公司整体实力，用龙头带基地，基地带林户的形式，形成投资主体和股权的多元化。在分公司主导下，结合林地、资金、技术、劳动力，争取出台各项优惠政策，支撑民营企业发展。积极探索采取专业农场模式，因地制宜发展包括各种种植业、采集业、森林食品和医药在内的林下经济。

四、建设林业产业园区

产业集群是现代经济发展的普遍现象，它是指集中于一定区域内的众多具有分工合作关系的不同规模的企业和与其发展有关的各种机构、组织等行为主体，通过纵横交错的网络关系联系在一起的一种新的经济组织形式，是对应于一定的区域而言，经济活动的一种空间集聚现象，是某一产业产供销的各种相关行为主体的经济组织系统。

从重点国有林区的实际情况来看，打造产业集群是提升林区综合竞争力的重要途径。发展产业集群对重点国有林区经济布局的合理化、优化资源配置、形成区域竞争优势和建立空间创新系统具有重要的意义。

打造产业集群的主要途径是将地方政府的政策优势和国有林区的森林资源、劳动力资源、闲置土地资源等丰富的资源优势结合起来，共同投资打造林业产业园区，建设专业化、有国际影响的批发交易市场，并建立相应的产品生产、加工基地和森林生态旅游基地。在空间布局上，要发挥各城镇及区域的产业基础和比较优势，建设各具特色的产业园区和产业集聚区，引导林区产业向各城镇和园区集聚。特色产业的精深加工、商贸、物流、信息、对外合作、旅游服务中心等主要在中心城市发展；中间产品加工、绿色农林产品加工业、特色商品的集散、旅游服务节点等要向小城市集聚；产业链初端环节、原材料供应、商贸集市要向重点镇集聚。

要分层次、分类别建立林业产业园区，引导园区提升产业层次，更好地发挥辐射带动作用。重点到林产工业发达地区去招商引资，吸引战略投资者以资金、技术、品牌、创新产品等方式进入产业园区。强力推行生态工业园建设模式，以规模经济的形式进行产业组织构建，通过规模经济及企业集聚发展循环经济和生态产业。通过引导，加强企业间的经济联系，促成园区内各企业间形成原料供应、产品加工、产品展销、服务管理、运输物流为一体，产业布局合理，产业化协作程度不断提升，配套功能齐全，产加销合作紧密的集群经济，推动重点国有林区林业产业绿色转型升级。

推进产业转型是重点国有林区可持续发展的根本出路。长期以来，由于受到体制机制的影响，我国重点国有林区的经营效益比较低下，严重地影响了重点国有林区的发展，迫切需要对重点国有林区的经营模式、产业结构、产业布局和产业体系进行改革，推进产业转型升级，以适应当前经济发展的需要，从而实现重点国有林区的整体绿色转型。

第五章　国有林区绿色转型发展的政策支持

任何经济的转型、改革与发展都需要配套政策的支持，国有林区也同样需要相应的配套政策促进绿色转型发展。政策支持是发展绿色经济的重要环境因素，通过确立和完善相应的财政政策、税费政策、金融政策、生态补偿金制度和森林保险制度来引导和促进国有林区的绿色转型发展。

第一节　国有林区绿色发展的财政政策

公共财政在经济发展方式转变中具有不可替代的绿色导向作用，是绿色经济发展的重要后盾。在西方发达国家开始逐渐弱化国有林的经济作用，转向主抓国有林的生态作用的同时，美国、加拿大、德国等国家的国有林的全部收支由财政预算以及林业部门统一核算自取自用；而日本、英国等国家的国有林的部门收支由财政预算以及林业部门统一核算，不足部分由专项财政补贴、贷款或公债予以解决。尤其是日本，通过法律形式促进相关财政预算的制订，《推进循环型社会形成基本法》的出台对日本政府在推进循环型社会中必要的财政措施做出了相应的规定。日本政府对相关经费的分配是非常细致的，正是由于日本政府对相关经费分配的周全、细致，才确保了绿色事业的发展，为绿色经济的发展提供了强有力的支持。对于我国，作为宏观调控的一种手段的公共财政政策，如何采取各种有力措施和做出相应的政策调整已是当前国有林区绿色转型发展所面临的一个紧迫课题。

一、国有林区资金支持现状与财政投入问题

目前，国有林区要实现绿色转型尚缺乏足够的资金支持，主要是因为从木材生产向生态建设转变的大背景下，国有林区当前自身的原始积累比较薄弱。首先，国有林区的主导产业为上游基础性产业，产品附加值远低于下游加工业，这是造成国有林区财力薄弱的根本原因。其次，国有森工企业，因顾及社会公益效益，要限制产品的生产，难以承受税收负担，多项税收只能减免。这种经济运行情况表明，国有森工企业不能按一般企业来对待。由其再负担林区社会职能更会加重企业负担。最后，由于国有森工企业比较效益差，市场竞争力弱，吸收各方资金的能力也很差，包括吸引外资，国有林区资金筹集渠道十分狭窄。国家虽然每年投入一定的天然林保护资金，但这部分资金只是补助性资金，根本无法替补木材禁伐后造成的资金缺口。实际上，国有林区向生态建设的转变大大提高了发展的机会成本。

我国的国有林业长期以来一直是按照以木材生产为中心的指导思想建立和发展起来的。随着经济发展，社会进步以及人民生活水平的不断提高，社会对整个林业的主导需求正逐步由单纯提供木材等林产品向主要发挥生态效益方向转变。在这种绿色转型发展的背景下，目前公共财政对国有林业的投入主要存在投入结构不合理和投入力度不足两大问题。

在财政投入结构方面，主要是与国有林区绿色转型发展不相符。目前国有林区的绿色转型发展强调非采伐型产业与经济的发展，向主要发挥生态效益方向转变，投入重点应更加侧重在绿色资源的培育、经营和保护，及其延伸的第三产业等。另外还表现在国家财政投入在行业和区域布局上对国有林区的忽视。虽然国有林为改善生态、美化环境和促进地方经济的发展做出了巨大贡献，但国有林所发挥的巨大的生态效益和社会效益，没有引起社会和决策部门的足够重视，致使扶持林区发展的配套政策不健全，许多强农惠农政策林场难以享受，与扶持农业农村农民的惠农政策相比较，国有林区和林场职工越来越被优惠政策“边缘化”。

在财政投入力度方面，尽管近年来逐步增加，但总体上仍然不足。林区开发建设时，在“先生产、后生活”思想的指导下，致使基础设施建设相当落后，并存在严重老化报废现象。由于国有林区管理建设自成体系，农村电网改造、村村通工程等都不包括森工企业。近年来，国家在林区棚户区改造、给排水、社会事业等方面加大了投入，但林区道路、污水治理等基础建设没有正常渠道。大兴安岭林区作为国家重点火险区，林道网密度只有 1.68m/

hm^2，远低于省 $3m/hm^2$、国家 $5m/hm^2$ 标准，许多地方出现防火“断头路”。全国国有林区现有林道等级不高，缺乏资金长期养护，致使存在大量险路危桥，部分采伐集材便道基本不能通行。此外，加快国有林区中幼龄林抚育，是提高林区生态保障功能和建设国家后备森林资源战略储备基地的重要举措，但由于资金投入有限，很多急需抚育的中幼龄林不能及时得到抚育。以大兴安岭林区为例，共有有林地面积 678.4 万 hm^2，其中中幼龄林面积占有林地面积 82.94%，而国家天保工程安排大兴安岭十年中幼林抚育任务为 2759 万亩，仅占中幼林面积的 32.81%。

二、绿色资本投资与公共财政

国有林区的绿色转型发展实质是以其绿色资源的投资为基础的，这符合绿色经济的基本特征——即强调自然资本的投资。联合国环境署（UNEP，2011）发布《迈向绿色经济：实现可持续发展与消除贫困的各种途径——面向政策制定者的综合报告》指出，绿色经济认可自然资本的价值并对自然资本进行投资。因为推动绿色发展，实现绿色增长，需要良好的生态环境承载力，需要足够的绿色资源能源支撑。因此绿色经济更加珍视自然资本及相应的投资，其绿色增长强调在经济增长过程中，对环境给予足够的关注。

林业既是重要的公益事业，又是重要的基础产业，具有生态、经济、社会和文化等多种功能。必须充分认识森林及林业在发展绿色经济、促进绿色增长中的重要作用，把发展现代林业作为发展绿色经济的重要保障，作为促进绿色增长的有效途径。原因包括四点：①森林资源是绿色增长的重要基础；②林业产业是绿色增长的重要支柱；③生态文化是推动绿色增长的重要力量；④发展林业是改善民生、推进绿色消费的重要途径。国有林区在绿色转型发展背景下，如何实现绿色资本的价值，如何引导对国有林这一非常有潜力的绿色资本的投资，财政政策作为一个重要的调控手段，其公共财政理论提供了良好的理论基础。

在市场经济条件下，市场机制发挥资源配置的基础作用，在社会公共需求领域，市场机制通常是无效的，必须借助市场机制之外的资源配置机制，也就是建立政府配置资源的机制。由于林业具有公共产品属性和外部性，而且林业生产周期长、见效慢、投资风险大，容易造成市场供需双方信息不对称；林业资源的稀缺性，容易造成短缺经济。这些都是林业发展中市场失灵的表现，要求政府构建公共财政支出体系就成为必然。因此，市场经济条件下林业需要政府的有效介入，强调财政政策在林业生态建设中的引导作用。

三、国有林区绿色转型发展的公共财政投入政策

根据以上公共财政理论和绿色经济的投资特征，国有林区绿色转型发展的公共财政投入政策需要明确以下三方面内容：首先要明确界定财政资金的投入对象或范围，再据此明确财政资金的投入方式，以及财政资金投入的主体与结构，这三方面内容构成了国有林区绿色转型发展的公共财政投入政策的基本构架。

（一）财政资金投入的对象或范围

根据公共财政理论，国有林区绿色转型发展的财政投入对象或范围，应该集中在公益性绿色工程，如天然林保护工程；绿色资源的培育与养护，如森林资源的培育、抚育、防护等经营活动；林区发展的基础设施建设，如林道网维护、基本道桥等交通建设；以及绿色科技创新等市场难以发挥作用的领域。

同时，根据联合国环境署（UNEP，2011）发布的绿色经济报告，绿色经济是寻求实现可持续发展与消除贫困的有效途径。因此财政支出也要考虑生态公益型林场转产停伐之后负债问题、职工分流安置问题、养老统筹保险等问题，不能让林区职工承担因生态建设带来的贫困。因此国有林区绿色转型发展的财政投入还需要贯彻财政部国家林业局出台的《国有贫困林场扶贫资金管理办法》（财农［2005］104 号）。

（二）财政资金投入的方式

财政资金投入有不同的方式或者手段，财政部财政科学研究所副所长苏明曾在中国绿色经济展望论坛上表示，在积极的财政政策下，对战略性新兴产业尤其是低碳产业“实施更加积极的财政政策”，包括投资补助、财政贴息、股份投资、财政支持担保、政府采购、税收等六大手段。

对于林业，补贴是常见的一种方式。大多数发达国家政府或多或少对森林提供一定的补贴，这一补贴经常被称为“森林激励（Forest lncentives）”，补贴往往以免费提供树苗、管理上的协助或者在资金上给予帮助的方式表现出来。资金补助是发达国家较为常用的补贴手段，这些国家具有一定的支付能力，况且对于一个成功的林业部门来讲，补贴是必要的。国有林区绿色转型发展过程中可以通过财政补贴激励林区对绿色资源的培育、抚育、养护等经营活动，促进森林资源的可持续经营与利用。国有林区还可通过财政补贴、林场自筹等措施逐渐改善各林场场部住房和办公条件，林区道路、防火和通讯设施等投资列入财政预算。在绿色科技创新、绿色产业发展方面，财政补

贴应发挥重要作用。通过财政补贴，对绿色产业在成长初期，特别是因新产品的研发而出现的暂时亏损，或新产品为打入国际市场而出现的暂时亏损予以财政补贴。除了财政补贴外，国有林区绿色转型发展的财政投入方式还有税收优惠、补偿、贴息、政府采购、财政支持担保等，在下面的内容中将具体涉及。

（三）财政资金投入主体与结构

国有林区绿色转型发展的财政投入主体或者来源主要是国家财政资金和地方财政资金，但来源结构上，一方面可提高国家财政的比例；另一方面，例如就黑龙江森工林区而言，希望国家降低黑龙江省天保工程地方财政配套比例。

第二节　国有林区绿色转型发展的税收政策

税收政策作为国家实行宏观经济调控的重要政策手段之一，对社会经济的综合协调发展有着重要影响。在当前我国大力提倡和发展绿色经济的条件下，为了更好地规范市场经济主体在能源使用和生态环境保护中的外部效应，促进绿色经济的顺利、协调发展，政府需要采取一系列经济、法律以及必要的行政手段来对此进行干预和调控，而税收政策将是政府推行绿色经济中最灵活、有效和重要的政策措施之一。国有林区作为一特定的区域、具有特殊的社会经济主体或市场主体、具有重要的绿色资源，因此更需要相应的税收配套政策来实现绿色转型发展。

一、绿色经济与税收政策

税收政策作为经济的一种调控手段，被认为可以通过运用税收政策，促进绿色经济的发展。政府应通过税收向可再生能源提供激励的方式实现资源节约和环境保护目标。例如，面临来自资源和环境压力，通过设置资源税，作为国家宏观调控的重要经济手段之一，在遏制资源浪费，治理环境污染，优化配置资源和可持续发展方面起到不可替代的重要作用。而早在20世纪70年代，西方发达国家就掀起了“绿色税收”改革的浪潮，“绿色税收”也称环境税收，为保护自然环境，合理开发利用自然资源，推进清洁生产，实现绿色消费而征收的税收。

不管是怎样的税收政策，针对绿色经济发展的要求，其绿色税收的政策思路一般都将从生态环境保护（绿色经济追求的是环境与经济的协调）、资源合理开发利用、生产环节的绿色化、消费的绿色化等一条产业链的这几个环节着手，进行税收优惠或扶持。另外，从税收调节的思路则都涉及课重税和减税免税两大方面（亦即重税和轻税之分），对传统高耗的产业或企业重税，对清洁能源等新兴产业或企业轻税；对绿色经济活动减税免税，对非绿色经济活动则课予重税等，从而引导企业的绿色经济和生产活动。例如，根据2008年实施的企业所得税相关法律法规，先行企业所得税有关绿色经济方面的政策主要包括以下几个方面：环境保护、节能节水相关政策，既包括对从事环境保护、节能节水的项目给予“三免三减半”优惠政策，也包括对企业购置并实际使用环境保护、节能节水专用设备给予税额抵免的优惠政策。资源综合利用相关政策，对符合《资源综合利用企业所得税优惠目录》规定生产的产品给予减征的税收优惠。其他方面的相关政策，包括对企业提取的用于环境保护、生态恢复等方面的专项资金的准予扣除政策，以及对高新技术企业的优惠税率、对研发费用的加计扣除、设备的加速折旧和公益性捐赠扣除等相关政策。

二、国有林区绿色转型发展的绿色税收政策

结合上述两种思路，总体上通过对国有林区内不同产业、企业和生产活动，按照不同税种，采取重税和轻税手段加以调节，初步形成国有林区的针对绿色转型发展的税收扶持政策体系，主要涉及以下几个方面。

（一）运用重税与轻税手段促进国有林区产业的绿化改造

在国有林区的产业发展方面的税收优惠政策。通过税收调节手段，加大国有林区林业产业的绿化改造。按照绿色转型发展的目标，国有林区必须摆脱以初级林产品为主导的地位，摈弃“资源型”“数量型”“外延型”“粗放型”的经济增长模式。因此通过对传统高耗的林业产业重税，对精深加工的林业产业减税轻税，引导国有林区的林业产业向节能低耗且林产品附加值高的，或不需要损毁林木资源的林业产业发展。

（二）加大国有林区绿色科技与研发环节的税收优惠力度

关于国有林区绿色科技和研发环节的税收优惠政策，可以通过大幅度减少绿色能源等技术企业和项目的税收，刺激国有林区林业相关企业的绿色科技和研发的投资。目前国有林区科技推广体系还很不健全，主要生产领域的科技水平仍停留在传统的常规技术范围内，主要产品的生产技术只相当于林

业发达国家20世纪50至60年代的技术水平。林业科技实力弱，高新技术应用很少。这方面美国和日本走在世界前列，其中蓝虹对奥巴马政府的绿色经济政策做了研究，他指出美国国家研究委员会、信息技术与创新基金会和美国商会都曾建议政府永久减免目前实施的研究与实验项目的税收，并扩大减免税收的研发项目的范围。他们的主要理由有两点，一是永久减免目前实施的研究与实验项目的税收，将给私人投资者带来更高的预期收益，这一点对于持续多年的研发项目尤为重要。关于研发项目税收减免有效性的综合研究表明，研发成本每降低10%便能刺激短期研发水平增长1%、长期研发水平增长10%。二是在支持私营部门开展研发活动方面，美国已落后于日本等主要经济体。20世纪80年代后期，美国曾是世界上研发项目税率最低的国家，但是到2004年，美国在研发税收减免方面的排名下降到了世界第17名，远落后于主要发达经济体。目前，美国对研发项目税收的减免比例从20%提高到40%，激发了更多的研发活动，提高了美国在主要发达经济体中的竞争力。同时，美国进步中心建议，政府还应该对参与在其他国家实施的示范项目的美国企业实行税收减免。这些国家为我国通过对国有林区实施税收扶持政策促进开展绿色经济科研和绿色技术研发提供了一定的经验。

（三）加强国有林区林木资源利用环节的税收优惠政策

关于国有林区林木资源利用环节的税收优惠政策，建议通过现有税收政策加大优惠力度，促进林木资源的合理利用。主要涉及增值税优惠，鼓励和支持国有林区企业积极进行林木资源的综合利用等方面。例如，可以坚持1995年财政部和国家税务总局发布的《关于对部分资源综合利用产品免征增值税的通知》（财税字［1995］44号）政策，对部分综合利用产品实施免征增值税的政策。其中对国有森工企业以林区三剩物和次小薪材为原料生产加工的综合利用产品，实行增值税即征即退办法。

（四）完善有关税种激励国有林区绿色转型发展

在增值税方面，建议在继续坚持原有优惠政策的同时，适当扩大其优惠范围，其中包括国有林区节能和新能源，如生物能源等方面的优惠政策，以及部分涉及生态环境保护等方面的优惠政策。

在消费税方面，坚持现有的有关环境保护和资源节约性产品的优惠政策，以及一次性木筷和木地板的征税。其中以动植物油为原料，经提纯、精炼、合成等工艺生产的生物柴油，不属于消费税征税范围，国有林区可以利用该政策发展精深加工林产品。

在营业税方面，国内营业税中缺乏与生态环境保护、节能等直接相关的政策，目前主要体现在技术转让和节能服务的优惠政策上。例如，对节能、生态环境保护方面的咨询、信息和技术服务，及节能环保型绿色建筑等方面，在营业税优惠政策中还没有体现。国有林区相关企业具有丰富林业生产和生态环境保护方面的经验和技术，这方面的技术输出和服务咨询，可以作为国有林区绿色经济发展的重要资源，在营业税方面可以实施优惠。另外，对于生态公益型林场由于减产或停伐之后，职工开展第三产业取得的收入，可以暂定几年免征营业税。

在出口退税方面，与绿色经济相关的政策主要是降低和取消“高能耗、高污染、资源型”产品的出口退税率。从2004年年底开始，采取了停止部分产品的加工贸易、降低部分产品的出口退税率、取消部分资源性产品的出口退税、控制部分资源性产品出口数量的政策。由于受到全球金融危机的冲击，我国出口下滑现象较为严重，从2008年下半年我国又提高了部分产品的出口退税率，但在总体上仍然保留了原有对“高耗能、高污染和资源性”产品的进出口税收政策。据此，通过出口退税的减少或取消，国有林区可进一步对高度依赖林木资源、高度消耗能源和高污染的产业和产品实施限制。

在进口税收方面，根据《关于调整大型环保及资源综合利用设备等重大技术装备进口税收政策的通知》规定，自2010年6月1日起，对符合规定条件的国内企业为生产国家支持发展的大型环保和资源综合利用设备，如大型清洁高效发电装备和大型环保及资源综合利用设备，免征关税和进口环节增值税。对属于国家产业结构调整指导目录鼓励类投资项目的部分进口自用设备，免征进口关税和进口环节增值税。国有林区相关企业可以进口林木等森林资源综合利用的相关设备。

在企业所得税方面，主要目的是通过对国有林区内开展绿色经济活动的林业企业实行企业所得税收优惠政策，减轻林业企业绿色发展的成本费用。

在资源税方面，一直被认为是现有税收体系绿化的重中之重。现有税收体系的绿化应当着重从资源税、消费税和增值税开始，特别是加快资源税的改革。针对国有林区，建议除了从矿产资源入手外，还应扩大征税资源范围，提高征收税率、实行差别税率，并且把水资源和森林资源的保护也纳入到税收调整的范围。

在环境保护税方面，也一直受到国家重视。“十二五”规划纲要中明确提出了要积极推进环境税费改革，选择防治任务繁重、技术标准成熟的税目开征环境保护税，逐步扩大征收范围，在该政策基础上，下一步的重点是研究环境税具体征收税种与征收办法。国有林区利用该政策，在“十二五”规划的推动下，依托林区丰富的森林资源和生态建设，积极争取有关森林生态的环境保护税的推进。

第三节　国有林区绿色转型发展的金融扶持政策

金融是信用货币的融通，在经济发展过程中也起到重要的杠杆作用，对绿色经济的发展和企业的转型有着重要的作用。甚至专家学者们倡导发展专门的绿色金融，其核心是通过金融政策实现绿色发展，并建议把它尽快列入国家环境保护标准制定的工作规划。可见绿色经济发展和企业转型中金融的重要地位，国有林区绿色转型发展过程中，需要金融政策对林业相关企业在发展方向上起引导、激励和制约等作用。特别是国有林区在资源型产业转型、建立现代企业制度和林业中小企业的发展过程中，客观上需要金融机构的进一步支持。

一、我国绿色经济发展与金融支持问题

截至2011年年底，仅国家开发银行（以下简称国开行）、中国工商银行、中国农业银行、中国银行、中国建设银行和交通银行等6家银行业金融机构的相关贷款余额已逾1.9万亿元。但我国绿色经济还处在起步阶段，现有金融支持与绿色经济发展的要求还存在很大差距，目前还存在着许多问题。这些问题对国有林区绿色转型发展的金融支持提出了挑战，但同时也为促进针对国有林区绿色转型发展的金融支持政策的制定提供了启示。

（一）政策体系缺失

从国家宏观政策层面看，除2000年中国人民银行和国家经济贸易委员会联合下发的《关于对淘汰的落后生产能力、工艺、产品和重复建设项目限制或禁止贷款的通知》之外，针对绿色经济发展，目前还没有专门的金融支持政策。没有明确规定绿色经济信贷项目的范围，对绿色经济项目的优惠信贷措施，以及商业性和政策性金融在支持绿色经济发展中的职责和定位等具体内容。尽管中国人民银行在每年制定的信贷增长指导意见中，都提出要加大对生态环境保护的信贷支持力度。但是，由于政策传导机制不畅等因素的制约，难以形成完善的促进绿色经济发展的金融政策体系，影响到金融促进绿色经济发展作用的发挥。从微观层面上看，目前，林业、环保、税务等部门

多采用返还费用、抵扣所得税、免征增值税等方式对企业发展绿色经济项目给予支持。但对金融部门支持绿色经济发展可能出现的风险缺乏相应的财政贴息等补偿政策，影响了金融部门支持绿色经济发展的积极性，造成在绿色经济发展支持上的商业信贷缺位。

（二）金融资源配置不均衡

首先是信贷支持高新技术产业和企业技术改造不力。目前，商业银行在贷款投向上偏重于垄断行业如电力、煤炭、石油等能源基础产业或基本建设项目，而与此相对应的是新建高新技术企业贷款和技术改造贷款投放明显不足，技术改造贷款规模和比重明显偏低。信贷支持不力，严重影响了产业升级和产品更新换代，影响了企业循环经济项目技术水平的提高。其次是行业集中度过高。商业银行信贷资金偏重于投向大企业、大项目，对中小企业发展绿色经济的信贷支持弱化。这使得贷款集中度过高，一旦市场环境发生变化或企业经营出现问题，都将增加银行风险。

2012 我国本土民间环保组织绿色流域、创绿中心、天津绿色之友等机构共同举办了以“绿色金融推动绿色经济”为主题的论坛，该论坛指出了过去 20 年中，气候变化、生物多样性丧失、资源能源短缺等生态危机，以及全球整个经济的危机正在加剧。尽管危机的起因不同，但却有相同的特征：即金融资本的配置不当。主要表现为大量资本倾注于不可持续的以化石能源为基础的高耗能、高排放的产业，忽视对气候变化减缓以及适应的投入。

（三）资金来源结构单一

财政投入严重不足。由于缺乏相应的激励和保障措施，很少有政府之外的资金投资于绿色经济项目。我国绿色经济投融资的资金主要靠财政注入，缺少社会财力的支持。由于财政收支矛盾尖锐，财政不得不优先保证基本职能的需要，从而导致财政预算无法拿出更多的资金作为绿色经济投融资资金；同时，绿色经济投融资缺乏市场性融资手段，不能适时吸收社会资金，致使绿色经济发展出现资金匮乏局面。这样就造成一些紧迫的问题难以解决，使绿色经济发展进程缓慢，与社会对生态环境改善、资源节约的要求有较大差距。

另外尽管我国绿色经济投资总量不断攀升，但占 GDP 的比例依然较低，与生态保护、控制环境污染、改善资源状况、提高经济效益的需求还有很大差距。绿色经济投入的力度还需要进一步加强。随着我国经济的不断发展，绿色经济投资需求总量也将呈上升趋势，这将导致绿色经济资金缺口不断增大。

二、国有林区绿色转型发展的金融扶持政策

上述问题是我国绿色经济发展金融支持的共同问题，但随着国家对绿色经济的重视，国有林区绿色转型发展也将获得前所未有的机遇，但要应对以上问题或挑战，各个层面还有很多工作要做，而且还需要除了国有林区有关部门外的其他部门的协调与合力推进。

（一）提高金融部门关于国有林区绿色转型发展的认识

首先要提高认识，并达成共识。即需要金融部门对国有林区生态建设、环境保护和社会问题具有足够的重视。长期以来，我国金融部门对生态环境和社会问题重视不够，有些银行和银行高层甚至根本就不知道生态环境和社会问题与银行业务相关，认为那是林业部门、环保部门及劳动和社会保障等部门的事情。我国的金融部门应该认识到，关注生态建设、环境保护与社会问题既是金融界的社会责任，也是与金融业务或银行业务密切相关的活动。只有提高金融部门这种认识，国有林区的生态建设、环境保护在林业产业或项目的融资中才能得到关注和获得资金。国际上的银行界，基本上形成了这样一种绿色信贷机制，即要求对项目提供信贷之前进行环境和社会综合评估。例如，在国际上通行的“赤道原则”，就明确要求金融机构在向一个项目投资时，要对该项目可能对环境和社会的影响进行综合评估，并且利用金融杠杆促进该项目在环境保护以及周围社会和谐发展方面发挥积极作用。国有林区的绿色转型发展可以吸收该原则的先进理念，利用金融杠杆促进国有林区的投融资项目在生态建设与环境保护，以及周围社会和谐发展方面发挥积极作用。

（二）积极利用国家促进林业企业“走出去”战略的金融扶持政策

林业企业“走出去”战略，国家林业局与国家开发银行于2012年9月18日签署了《开发性金融支持林业发展合作协议》。其中根据协议，“十二五”期间国开行将重点支持的领域之一就是加快实施林业“走出去”战略。作为我国中长期投融资主力银行，国开行近年来不断加大对林业领域的支持力度。截至2012年8月，该行累计发放林业贷款787亿元，余额超过389亿元，有力地支持了包括林业产业化龙头企业发展和林业企业“走出去”在内的林业经济发展领域，为我国林业发展做出了积极贡献。国有林区有条件的林业企业争取该扶持政策，充分利用在资金或信贷方面的支持，积极走出境外，参与境外林业合作。以内蒙古森工集团兴安国际贸易有限公司为例。2011年3月公司正式成立，标志着国有林区在发展外向型经济，调整产业结构、推动

经济转型方面开始迈入一个新阶段。因此，内蒙古森工集团应吃透国家促进林业走出去发展金融支持政策，积极主动与国家政策性银行深入研究合作措施，争取境外林业合作开发的中长期贷款支持及相关优惠政策落实，解决该公司运营以后资金的筹集问题，保证该公司顺利发展，不断扩大经营规模。目前，内蒙古森工集团已与国家开发银行进行协商，争取申请林业贴息贷款等信贷资金支持。贷款担保考虑与中国出口信用保险公司洽谈合作。

（三）完善现有林业金融扶持措施

林业是周期较长的产业，资金的投入期较长，建议结合绿色经济发展要求，完善现有金融扶持政策。如国家可考虑选择一部分国有林区内的产业发展项目如森林生态旅游开发等给予政策性信贷支持，一方面可考虑制定由国家政策性银行给予中长期低息贷款政策；另一方面可考虑制定由商业银行给予企业低利率商业贷款并由国家财政向银行贴息政策，加大贴息力度和延迟贴息年限。

（四）创新金融政策，拓宽资金来源渠道

1. 探索建立国有林区木材期货市场

木材是重要的自然资料，其供需变化与价格波动不仅影响诸多产业，也会影响我国林产业结构调整和国有林企业改革。目前开设木材期货的条件日益成熟，应通过开设木材期货，借用市场的力量稳定木材价格波动、调整木材供需平衡，为林产业募集资本和长期计划的信息。

随着经济的快速发展，我国对木材的需求不断增加，据估计，“十二五”期间我国商品木材的总需求量将达到3.5亿m^3，而国内供给量仅为2亿m^3左右。木材供需矛盾将随着我国人民生活水平的不断提高而日益加剧。众所周知，木材是多种产业的重要原材料，因此如何平抑木材供需矛盾导致的自身及后序产品的价格波动等问题，不仅关系到稳定整体经济波动，也关系到环境及林业资源的可持续发展。

我国林木资源的需求却与林木资源分布不同。我国中、东部地区人均收入及林木资源的后续产业的发展程度高于西部林木资源密集地区，对林木资源的需求也更为旺盛。由此导致木材交易市场也出现如黑龙江国际木材交易中心等资源地市场和上海的木材交易市场等流通地市场两大类。供需不平衡、交易分散为我国木材交易的重要特点。

20世纪90年代初我国的木材期货市场刚刚起步，由于各种原因导致这些木材期货市场并不活跃。结合我国林区实际，建议依照国际惯例，稳步建设、合理布局，建设一个木材期货市场。在发展国有林区木材期货市场之初，需要国家要加强管理，特别是在目前期货市场法规不健全，在我国期货交易法出台之前，可先行探索实践，并不断总结经验。

（1）林产品期货市场回顾。林产品期货指以林产品作为标的商品的期货，这里林产品包括木质林产品和非木材林产品，根据联合国粮农组织关于林产品的分类，木质林产品包括圆木、锯木、木制人造板、木材纸浆和纸、薪柴及木炭。我国1993年推出了木材胶合板期货，而且在1995年、1996年交易获得一定的成功，即使在1998年期货市场的整顿中，上海期货交易所的胶合板期货仍是我国保留的12个品种之一，但是，其后的多年，胶合板期货一直没有恢复上市，甚至2004年已经推出棉花、大豆及燃料油期货的情况下，胶合板期货却没有任何恢复交易的倾向。我国胶合板期货市场的发展实际上已经夭折了，林产品期货市场没有进一步的进展。

导致林产品期货夭折的原因可以归结为整体期货市场的不完善和产品自身的问题。我国期货市场上投机现象严重，套期保值者太少。由于交易的期货商品为进口的胶合板，与国内生产的胶合板价格关联度较低，国内生产企业本身很难充分利用期货市场进行保值，而国外生产企业限于我国政策，无法进入我国交易所进行交易，导致国外生产企业同样无法利用期货市场保值。因此，套期保值者的缺位必然导致这一市场的先天性缺陷，投机过剩，并最终走向关闭。就商品自身而言，我国林产品的现货市场发育不完全。以胶合板为例，胶合板企业不少，但是规模不大，质量不稳定，因而当时规定的交割商品为进口胶合板，主要是印尼的特定企业的胶合板，以及作为替代物的马来西亚的部分企业的胶合板。当时的商品进出口限制较多，存在大量的走私现象，甚至出现严重的进口批文等复印件与批文造假，导致现货市场上胶合板价格紊乱。此外，由上节我国期货市场发展数据可见，2002年以前我国期货市场整体低迷，这也是导致我国林产品期货失败的重要原因。

（2）开设木材期货的积极意义。我国正处于经济转型期，不仅面临产业结构及国有企业的改革等问题，同时也面临自然资源利用效果的转变问题，因此开设木材期货具有超常规的意义。期货市场具有规避价格风险、发现价格两大基本功能，并由此衍生出有利于市场供求和价格的稳定、节约交易成本、投资工具等功能，这些功能将对木材供需方及林产业（企业）产生巨大的影响。

首先，开设木材期货可以借助市场的力量发现合理的木材市场价格。在无摩擦的市场中商品价格由需求和供给决定，但在现实的市场中常存在各种摩擦，其中信息不对称是最典型最普遍的一种现象，木材市场更为如此。由于我国的集中的木材市场较多且分散，虽然一些市场借助网络平台发布供求信息，但这种信息与实际交易信息存在较大的偏离，缺乏统一的指导信息，木材期货将充当这一职能。此外，木材的生长周期较长，因此不仅受当期供给与需求的影响，也受未来预期（未来价格及供给与需求状况）的影响，木材期货能够更好地总结和反映市场参与者对未来的预期，为木材定价提供更多的市场信息。

其次，开设木材期货可以为木材需求企业及林产业提供规避价格风险的有效工具，合理制定各自的长期发展计划，提高资源的利用效率。木材需求企业可以通过木材期货固定未来的原材料成本，而林产业（企业）则可以确定未来产品的销售价格，并依据市场制定合理、可行、可持续发展的经营战略，以此促进、引导林产业体制改革。

再次，开设木材期货通过供需双方的跨期决策减少木材供给与需求波动。木材的生长周期决定了木材的供给具有较强的刚性，木材期货将大大增加木材供给的弹性，引导社会资源的优化配置。木材的需求企业，即资源导向型企业的附加值一般不高，所以意外的原材料价格波动不仅会影响自身的利润空间，也会影响下级产业链的需求，形成对木材需求的加速效应。木材期货将起到平抑木材需求波动的作用。

最后，开设木材期货可以使林产业获得更多的资金注入，合理利用社会闲置资金。林产业具有投资大、投资回收期长的特征，这也是林产业体制改革困难的原因之一。开设木材期货可以使林产业（企业）通过卖空的方式募集中长期投资的资本，减少产业发展的资本约束，制订合理、科学的生产计划，提高产业的盈利能力。

（3）开设木材期货品种的可行性。依据需求创造供给的古典经济学思想，成为期货商品的一般性条件主要包括如下几个方面：现货价格波动较大，吸引投机者实现套期保值；品质易于划分，质量可以评价；良好的现货基础，即现货市场接近完全竞争，现货交易活跃，较低的交割成本；一定长度的产业链以及适当的产业结构；适宜贮藏，一般至少 3 ~ 6 个月，甚至 1 年以上。因为木材作为原材料，处于产业链的前端，而且其适宜贮藏的特性不容置疑，所以木材能否成为期货，最主要的是上述一般性条件中的前三项。

一是现货价格波动。我国木材价格的发布系统仍不完善，部分木材交易市场通过自己的网站发布求购与出售价格，也有个别木材交易市场制定和发布综合木材价格指数。其中相对系统和完善的是鱼珠木材价格指数，借助鱼珠指数及部分市场发布的个别木材品种成交价格指数了解我国木材现货价格波动状况，研究证实，木材价格波动远大于现存期货的原生资产的价格波动，木材期货完全具有吸引投机者实现套期保值的特性。

二是原木供给与需求。原生资产的供给与需求是其衍生金融产品得以存在的重要基础，因此木材现货需求与供给决定木材期货能否存在。20 世纪 90 年代推出的胶合板期货之所以夭折，主要原因之一就是投机盛行而不是真正的风险规避动机的市场参与者。经过近 20 年的发展，我国木材市场发生了重要变化。首先，我国原木供给稳定增长。我国木材年产量在过去的 30 年里经历了 2 次大的周期，1981 ~ 1991、1991 ~ 2003，但在 2003 年之后持续增长，原木供给波动周期大为延长，即原木供给越来越稳定。反观木材的市场总需求，我们虽然难以用统计调查的方式进行分析界定，但是有理由相信木材总需求与国内生产总值具有相对稳定的联系，因为随着收入与生活水平的提高，如住房面积增加时，会派生出更多木材需求。快速增加着的木材需求和供给，使木材期货完全成为可能。

三是同质性。金融衍生品要求其原生资产具有同质性，即原生资产的品质便于划分与评价，因为只有这样才能对其定价，衍生品才能交易和存在。从这一意义上讲，同质性——品质的可划分性是木材能够成为原生资本的必要条件。国内外对木材品质的检验与划分的方法已经较为成熟，都有整套明确、可行的规定。如《针叶树木材缺陷——基本检量方法》（GBl55. 3 – 84）、《阔叶树木材缺陷——基本检量方法》（GB 44823. 3 – 84）分别对圆材、原木的等级评定、检量检验方面做出具体规定，对木材等级、各种缺陷及缺陷的允许限度做出了明确的定义。

木材品质的可划分性保证了木材完全可以成为实物金融衍生品的标的资产，从某些方面木材的品质可划分性更优于大豆等已经成熟的金融衍生品的原生资产。

（4）设立木材期货面临的困难与对策。虽然当前的经济条件较 20 世纪 90 年代发生了巨大的变化，但是设立木材期货仍面临很多困难，这些困难主要来自木材自身属性的约束和社会及经济发展的约束，主要表现在以下几个方面：一是木材并不满足严格的同质性条件。虽然国家已经制定法规划分木材的等级，但是木材品目众多，很难对每种木材制定品质划分标准。此外，划分品质的规定主要是物理外观的划分方式，而不是从内生质量划分——这一点有时非常重要。二是作为自然资源，木材不可能是无限供给，不具备理想的原生资产的性质。此外，林产品的成熟周期比较长，而且采伐与初级加工受自然条件的约束也较大，所以其供给弹性表现为较强的刚性。三是我国木材现货市场发展不充分。近年来虽然在主要产地和流通周转地陆续开设了一些木材市场，部分市场也提供了网络报价平台，但整体而言，我国木材现货市场零散且不规范，而且木材的主要供给方是大型林场等国有企业，不完全竞争市场的特点较为明显。四是我国整体期货市场发育较弱。实物金融衍生品的功能不仅是减少价格风险，也具有资源的跨期配置功能，因此也必然伴随着收益性问题。所以期货市场的成熟程度和参与者的活跃程度等必然对木材期货的发展产生巨大的影响。我国金融市场化程度较低，期货市场也处于初级阶段，这成为阻碍木材期货的因素之一。

基于部分林产品能够满足期货商品所需要的条件，而我国林业产业的发展也亟须推出林产品期货交易，因而我们有必要借鉴其他国家的经验以及其他期货品种的经验，用发展的眼光来看待这两个方面的问题。我们有必要以发展的视角探讨在目前条件下逐步引入林产品期货合约的路径。基于此，我们可以从如下几方面考虑木材期货：

①选择几种性质最好的木材作为原生资产，开设木材期货。

②加强林产业产业结构调整和林产品企业改革，将市场机制引入企业经营，通过制定合理的经营战略调和供给差距。

③大力发展木材现货市场。可以考虑由政府扶持在全国几大区建立集中的现货市场，当然交割地点可以分散。

④合理确定木材期货的推出时序。期货作为衍生产品与基础产品的发展是紧密相连的，任何一种期货品种的出现都是由于现实经济活动的实际需要，其出现的时序与现实经济发展的时序步调一致。可以考虑逐次开设林木期货品种，如胶合板期货，纸与纸浆期货，木材期货的先后顺序。

应该指出，木材期货的推出是加强金融市场改革的一个有机组成部分。公正合理的金融市场秩序，活跃的金融市场氛围，成熟的市场参与者，是木材期货成功的重要保障。

2. 拓宽直接融资渠道

通过研究直接融资渠道，逐步实现由完全依靠间接融资向直接融资和间接融资并重发展。包括大胆探索林业资产证券化，在条件成熟时争取发行公司债券、短期融资券、中期票据等类型企业债券，降低融资成本、积极推进中小企业股份转让系统或创业板上市。当国有林区绿色产业项目的经营发展达到一定规模成为完全成熟的产业时，还可以进一步考虑整合资源，争取上市，以发行股票来筹集长远资本。降低资产负债率和进一步降低融资成本。

第四节　国有林区的生态补偿制度

生态补偿（Eco－compensation）是以保护和可持续利用生态系统服务为目的，根据生态系统服务价值、生态保护成本、发展机会成本，综合运用行政和市场手段，调整生态环境保护和建设相关各方之间利益关系的制度安排。目前重点国有林区大部是国家划定为限制开发的森林生态功能区，区域主体功能是保障国家的生态安全，承担着国家重要的生态建设任务，其生态屏障地位及其重要。国有林区绿色转型发展过程中不但要发展经济，还要保护生态环境，况且保护生态环境是绿色经济发展的重要内容。自从控制国有林区的森林采伐之后，国有林区的森林发挥了重要的生态效益，为国家生态安全做出了重要的贡献，因此非常有必要建立健全国有林区生态公益林的生态效益补偿制度，为国有林区乃至整个国家的绿色转型发展提供良好的生态环境基础与保障。

一、国有林区生态效益补偿现状与问题

我国1998年修订的《中华人民共和国森林法》明确规定："国家设立森林生态效益补偿基金，用于提供生态效益的防护林和特种用途林的森林资源、林木的营造、抚育、保护和管理。"从此开始了森林生态效益有偿使用的制度建设。2001年启动11省（自治区）试点，2004年中央财政正式建立森林生态效益补偿基金并在全国实施；至2010年，全国共根据《国家级公益林区划界定办法》区划认定国家级公益林总面积18.67亿亩，对于属于集体和个人的国家级公益林，补偿标准由每亩5元提高到每亩10元，结合《天然林保护工程二期实施方案》，2012年补偿基金规模已经达到109.3亿元。但总体来看，目前的生态公益林补偿仍然存在许多问题，最为突出的就是补偿标准低、补偿范围窄、补偿资金来源单一。

我国森林生态效益的补助标准是每年75元/hm^2，但没有具体的定价标准。据非官方统计，若仅依据森林的营造和管护费用，生态林的营造至少需3529.5元/hm^2，而管护费用每年也至少需要150元/hm^2。从这个意义上说，我国的补偿标准过低，不能反映森林生态效益的价值，也达不到补偿的目的。以安徽省为例，2001年安徽省开展公益林补助试点，国有林场共划定生态公

益林面积248.5万亩，占国有林场林业用地面积的67.9%；有87个林场生态公益林比重超过60%，属于典型的生态公益型林场。当年国家对生态公益林的补助标准为每亩3.5元，而当时农民每亩土地承担农业税等40元左右。现在农业税费已经取消，而且农民种粮补贴每亩增收可达65~70元，加上免除的农业税，相比农民实际每亩增收100元以上，而同期国有林场公益林获得的直接补贴标准为每亩每年4.5元（2004年起执行），两相比较，生态公益林的补助标准太低。

森林资源生态效益补偿法律制度把补偿基金的主体仅限于国家和受益人，其他参与生态效益补偿的主体还包括国家大型水库、全国各类旅行社及从事其他旅游活动的单位和个人，大多数享受国有林生态效益的经济主体都游离于生态效益补偿主体之外。此种情况的长期存在将不利于国有林的发展，也严重违背社会公平原则。因此，能否将广大社会公众纳入生态效益补偿主体范围，将直接决定国有林生态效益补偿制度的成败。

二、完善国有林区生态效益补偿制度

国有林区生态效益补偿，属于区域生态补偿，其补偿机制或制度的建立对于解决国有林区与其他区域间的生态环境问题，保障生态环境安全和社会公平具有重要的意义。

（一）实行上下游补偿和机会成本补偿机制

国有林区一方面其森林大多数位于流域上游，另一方面林区由经济主导型向生态主导型发生了转变，因此关于国有林区的生态补偿可以从上下游补偿机制和机会成本补偿机制着手。重点国有林区是上游地区，但却处于生态脆弱，经济贫困，但又有特殊价值的地位。下游地区发展政策宽松，对流域污染的贡献较大，属于受益者。嫩江源头流域的近200万hm^2森林、湿地的生态功能有效发挥作用后，下游及流域的松嫩平原、呼伦贝尔大草原的人民生产生活得到保证，如大庆油田的注水和扎龙湿地补水工程用水均来自嫩江，松嫩平原的农业灌溉用水基本来自嫩江，充足的水源都来自源头的森林和湿地。因此，在上游地区完成生态保护责任的前提下，下游相对发展地区应通过合适的途径直接对特定上游地区进行生态补偿。受益的下游地区应该为大兴安岭重点国有林区提供必要的生态效益补偿资金，以确保生态保护与建设工作的健康开展。同时，国有林区主导功能的转变让其丧失了很多经济发展的机会，因此可以以补偿该机会成本为准，探索国有林区的机会成本补偿机制。

（二）加大财政投入，放宽补偿范围

根据统计，发达国家的环保投资已占其 GDP 的 1% ~2%，美国为 2%，日本为 2% ~ 3%，德国为 2.1%。近年来，我国环保投资虽有较强增长，但投资总量的不足仍阻碍着生态效益补偿机制的进一步完善和发展。纵观世界多个发达国家，无论是对国有林的扶持，还是对非国有林的补贴，各国均表现出极大的支持。相比之下，我国的同类支出远不能及。一般而言，财政投入与生态效益呈正相关。要促进我国国有林区生态效益补偿机制长足发展，加大财政投入是关键。生态补偿作为保护生态环境的一项经济手段，国外是 20 世纪 50 年代开始出现并逐步成为环境政策的一个重要领域。它是根据保护或破坏生态环境活动产生的环境利益来对利益主体的经济利益进行分配的制度安排。生态环境具有公共物品属性，政府应在生态补偿中起主导作用。因此从财政视角考察森林生态补偿机制建立，首先应改进公共财政对生态保护的投入机制，健全生态保护财政转移支付制度，确立转移支付的规模、对象与结构。

（三）多渠道筹集资金，多方式补偿

国有林区森林生态补偿需要可持续的补偿保障机制，建议通过市场化手段进行生态效益补偿创造条件。其中包括：扶持国有林区产业化，发展适合地区特色的林业产业，弥补一些地区因进行生态保护而丧失的其他产业发展机会；积极开发国有森林旅游，既可以满足人们的生态旅游需求，又可以筹集国有林生态效益的补偿资金等。

大力发展林碳经济，补偿林区碳效益。现在国际社会对碳经济的发展越来越重视，国家对碳经济的发展十分重视，目前已建立了省级碳经济交易市场。“十二五”规划显示，将要建立国内的碳市场，国有林区森林资源丰富，在森林保护，减少采伐方面做了巨大贡献，可以通过 REDD + 的途径发展碳经济。首先积极推进林区开展森林碳汇经济试点，研究出台鼓励林区发展碳汇经济的政策。

目前进行试点的区域生态补偿的主要方式一般可归纳为三种：一是财政转移支付；二是项目支持，包括对各种生态环境保护与建设项目、生态环境重点保护区域替代产业和替代能源发展项目，以及生态移民项目的支持；三是征收生态环境补偿税（费）。随着补偿机制的不断成熟，补偿形式将趋于多样化，如政策补偿、资金补偿和技术补偿等。政策补偿可以通过优惠的财税政策、投资政策、信贷政策等方式来体现；资金补偿可以财政转移支付、提供生态建设资金、帮扶资金等方式提供，还可通过融资、合资等方式提供；

技术补偿可通过人员培训、提供先进技术、协助提高教育水平等方式提供。

国有林区绿色转型是一项负责的系统工程，既需要广大林区务林人坚持不懈的努力，也需要地方政府积极的配合与支持，更离不开国家政策的大力扶持。重点国有林区开发建设多年来，已经为国家经济建设作出了巨大的贡献，由此也使国有林区不得不面对经济危困和资源危机。我国经济的持续快速增长，国家综合实力的不断增强，将是国有林区实现绿色转型发展的重要保障。

第六章　加强国土绿化
提升森林资源发展效益

突出民生林业　建设美丽壶关

山西省壶关县林业局　李爱民　梁军兵

近年来，山西省壶关县紧紧围绕“生态林业、民生林业”这一目标，坚持绿化与美化、生态与经济相结合的原则，科学制定林业发展规划，三年县政府累计投资3000余万元，实施了通道绿化增色、荒山绿化增效、村庄绿化提档、县城绿化添景等为重点的十大林业生态建设工程，全面推进绿色壶关、美丽壶关、产业壶关、平安壶关建设，全县林业生态建设步入持续快速发展快车道。

一、抓绿色壶关建设，攻难点力保覆盖率增加

壶关县按照“转变发展方式、促进绿色增长、繁荣生态文化、引领绿色生活”的生态建设理念，大力实施荒山绿化工程，实现了森林覆盖率年增加1个百分点的目标。一是以太行山绿化为重点，持续推进荒山造林工程。该县针对所剩荒山立地条件差、造林难度大的特点，采取“大坑整地、集土造林”的办法，改变造林小环境，提高树木成活率；所有林业重点工程全部进行了公开招标，造林工程资金分三年结算，既缓解了资金的压力，又起到了以机制带效益、强活力的作用。三年完成荒山绿化5.6621万亩，实现一次成活、一次成林、一次成景。二是以稳定林分结构为重点，实施低效林改造工程。实现森林生态、经济和社会三大效益的综合发挥，是造林绿化的目的所在。该县针对全县林分单一、“三防”压力重点的实际，坚持多树种科学组合、乔

灌合理配置，创新造林模式，完成低效林改造工程2万亩。一是生态主导型。就是在生态不稳定、水土易流失的沟坡地带，坚持种植根系发达、树冠浓密、生态功能强的树种，并进行乔灌混交，培育复层覆盖林分，着重发挥其防风、固沙、固氮和改良土壤的生态功能。二是生态景观型。就是在旅游景区、交通沿线荒山绿化中，充分利用现有的林中空地、林地边沿、火烧迹地和间伐后的林地，营造阔叶林，并根据各种树木在不同季节呈现不同颜色，科学组合，合理搭配，不仅与现有油松林逐步形成片、带状混交林，稳定林分结构，而且充分发挥了景观效益。三是生态隔离型。就是利用多树种的生物学特性和自然抗逆性原理，在林缘底部、边缘、中间和森林防护墙内外有计划地种植不同种类、不同生理特征的阔叶树种和灌木，达到防火防虫的功效。两项工程的实施，全县新增林地7万余亩，森林覆盖率由2010年47.6%增加到50.6%，净增3个百分点，先后获得“国家园林县城”、“全国绿色名县”、“全国生态文明先进县”等荣誉称号，特别是被省政府授予全省首批、全市唯一的“林业生态县”。

二、抓美丽壶关建设，全方位推进生态文明

该县按照“森林城市、园林乡村、生态通道”的总要求，大力实施县城绿化、村镇绿化、通道绿化为重点的身边增绿工程，创建森林通道、园林乡村、绿色单位活动，全力打造美丽壶关。一是县城增色提档工程。近年来，建成环城、环企林带100余km，公共绿地、游园、绿化小品100余处，栽植各种树木2000多万株，县城绿化率达到42.83%，绿地率达到35.66%，人均公共绿地面积达到20.96m^2，形成了绿在城中、人在绿中、人与自然充分和谐的格局。二是乡村宜居增绿工程。按照“因地制宜、突出特色”的原则，新建82个园林村，提高完善50个园林村，全部选择适合当地气候特点、节水耐旱的乡土树种进行高标准绿化，形成了各有特色的新景观，为做大做强生态旅游、提升城乡居民幸福指数奠定了基础。三是通道固碳增效工程。按照高品位设计、高质量施工的原则，单侧绿化宽度50m，对全长4.1km的城际路进行高标准绿化，栽植各类树木6.4万株，新建园林景点12万km，凸显植物层次和景观效果；对全长25.7km高速路两侧进行了山、路、田、村综合绿化、重点打造，完成两侧主林带绿化2170亩，新建景点6000余m^2，绿化荒山2000亩；对73.4km的石质旅游循环路，按照“宜行则行、宜片则片、增花增色”的原则，通过起石换土的特殊措施，种植连翘等各类树木5万余株，建设景点1000余m^2。通过立体化、宽林带绿化模式，全县打造了一批以环城

高速、长壶一级路、城际路、长平线等为标志的生态通道、景观通道、绿色通道，主要通道基本实现了绿色路、生态路、景观路的格局。

三、抓产业壶关建设，高质量发展民生工程

该县针对林业产业落后于林业生态建设、林业发展后劲不足的问题，近三年来把林业建设的重点放在了民生林业上，大力发展核桃、连翘为主的经济林产业，为实现“林业增效、农民增收”打下了坚实的基础。一是核桃园区建设工程。该县把干果经济林工程确定为示范工程，按照“集中连片、突出重点、园区带动、乡镇发展”的原则，全部选择适合本地生长的优质苗木，采用大坑、大肥、大水科学栽植技术，大力建设核桃基地示范园，以典型示范作用带动全县核桃经济林发展，新建核桃示范园6个，发展核桃经济林1.1万亩，为核桃产业发展打下了基础。二是连翘兼用林基地建设工程。在全县13个乡镇规划20处连翘兼用林基地，总面积达到8万亩，近三年已在林边空地、林间空地、路边空地、地边空地完成3.9万亩，走出一条不占用农田发展经济林的新路子。该工程已成为树掌、石坡、鹅屋等山区乡镇农民增收的一项支柱产业，以上3个乡镇仅采摘连翘平均每户年收入2000元以上。

四、抓平安壶关建设，多举措防范森林火灾

该县针对有林面积大、森林防火任务重的实际，在大力实施上山不带火、上地不点火、上坟不烧纸，万里防护墙、万枚红袖章、万亩隔离带，一县一个专业队、一乡一个灭火队、一村一个应急队、一户一个护林员、一处一个责任人、一村一个工作队“三三六”工作法的同时，启动了“全民培训、合格发证、持证作业”的全民培训活动。在抓好常规措施的基础上，从根本上入手，实施了三项治本工程，确保全县百万亩森林资源安全。一是营造生物隔离带工程。首先是充分利用现有的林中空地、林地边沿、火烧迹地和间伐后的林地营造阔叶林，与现有油松林逐步形成了片、带状混交林；其次不断对森林防护墙进行延伸、加固和提档升级，同时在防护墙内外营造30~50m的阔叶树林带300多条，面积达2万亩，形成了一墙一带双隔离、双保险，起到了较好的防范作用。二是清除火灾隐患带工程。针对山地相连、山路相连，林中有地、地中有林的实际，在认真总结森林防火工作经验教训的基础上，把清理林地边缘秸秆杂草作为森林防火工作头道工序，对距林边50m范围内的秸秆，采取粉碎旋耕、秸秆深埋、禽畜圈养转化、推广秸秆地暖和秸

秆气化灶等多种办法，最大限度消除火灾隐患，为保护生态安全发挥了积极的作用。三是建设防火通道工程。利用林中便道和村与村林地交界地，安排每年上级下达的间伐指标，将这部分空地的距离扩大至30m至50m，合理规划防火通道，累计完成防火通道100km，既起到了防火隔离带作用，又能缩短了到达火场的时间，实现火情早发现、快处置、重扑救。

适应新常态 迎接新挑战
努力开创林业生态建设新局面

山西省忻州市林业局 宁云楼

忻州是典型的生态脆弱区。去年以来，全市按照省政府“三加三不减”要求，围绕2015年全省造林绿化现场会，突出管用抓关键，破解难题抓落实，大准备、大规划、大整合、大工程，扎实推进“林业生态建设年”，呈现出四个同步、四个新，基本形成带、片、点、圈同步建设，生态、民生同步发展的新格局。

一、省市县同步规划，构建精品工程新格局

市委、市政府始终把林业生态建设摆在突出位置，2014年出台了《关于开展“林业生态建设年活动”的实施意见》，将2014、2015年确定为“林业生态建设年”。全市农村工作会议上，市政府与各县（市、区）长签订了目标责任书，并在忻州日报、电视台进行了公示。市委、政府主要领导深入偏关、繁峙、河曲、保德等县督导造林工作。先后在偏关、繁峙、忻府区召开了现场促进会，不断深化“三加三不减”措施，确保领导、责任、政策、资金、督查、考核“六到位”。省、市、县三级联动、同步规划、规模实施，着力构建带、片、点、圈同步建设新格局。提出了“围绕东西两山，大运、五保、灵河三条高速公路，黄河、汾河、滹沱河三条主要河流，着力构建吕梁山防风固沙生态圈、太行山水源涵养生态圈、南北两川生态经济圈”的精品工程大框架。以重点工程为抓手，2014、2015两年布局10万亩以上连片工程7处，5万亩以上工程6处，1万亩以上工程12处，山地森林公园5处，湿地公园3处。偏关县启动实施紫金山2.63万亩生态绿化工程和1.7万亩干果经济林建设工程，规模打造黄河流域生态治理大景观，老牛湾、乾坤湾、紫金山连片工程达到12万亩。保德县以贺家山绿化为龙头，建设黄土丘陵沟壑区多树种混交、多模式配套、规模连片10万亩的生态治理工程，延伸建设飞龙山、宝塔山山地公园；河曲县围绕县城、李家峁、神树咀和灵河高速、沿黄线、韩禹线“三点三线”布局生态经济综合治理工程，突出沿黄绿色水网、

滩地林网、通道绿色路网等三网组合的生态框架，全方位、大规模建设环城绿色生态圈。繁峙县综合治理北山10万亩工程。静乐、宁武、五寨、忻府区、五台连片工程均在万亩以上。带、片、点、圈同步治理，整村、整乡、整山系、整流域大规模推进，涌现出11处有规模、成体系、立体式的综合治理工程。

二、生态民生同步建设，探索提质增效新模式

我们积极探索脆弱地区林业生态建设的治理模式，坚持敬天为民理念，生态、民生同步建设，以培育示范基地为抓手，着力加快产业富民。全市采取“政府引导、农民主体、基地带动、园区建设、规模推进”的方式，在稳步发展仁用杏、核桃、红枣等传统干果经济林的基础上，注重发展玫瑰、文冠果、油用牡丹、沙棘、连翘等灌木经济林，新建和改建6个标准化园区和示范基地，着力扶持和培育了4个市场前景好、带动能力强的龙头企业。偏关县采取“县建片区、乡建基地，专业施工、保证成活、亩补二百、连补五年”的扶持政策，以天峰坪、万家寨、水泉、新关镇等为重点集中打造经济林连片工程，代县以鹿蹄涧为中心提升改造3万亩仁用杏基地。到2014年年底，全市干果经济林和灌木经济林总面积达到116万亩，规模在5万亩以上的县有10个；加工企业13家。

三、增景增绿同步发展，打造现代林业新景观

我们坚持增景增绿同步发展，以城周增园、通道增绿、村镇增景为重点，抓住全市集成创卫机遇，着力打造景观、通道、村庄、环城四位一体大框架，力争做到四个结合：生态林与经济林相结合，大面积增绿与小面积增景相结合，生态工程建设与生态旅游景点相结合，规模开发与林业适用技术相结合；务求达到七个突破：干石山上建屏障，土石山区见森林，丘陵沟壑建体系，缓坡农田建基地，平川盆地建林网，纵横三路建林带，城市近郊建公园。全市形成了偏关县乾坤湾、老牛湾、紫金山“两湾一山”12万亩景观绿化工程、保德县贺家山连片10万亩生态景观工程、河曲李家峁连片2.5万亩生态经济综合治理工程、河曲县沿黄河通道及环城林带34km绿化、静乐县风神山10万亩生态综合治理等精品亮点工程，打造了保德宝塔山公园、岢岚文昌公园、繁峙砂河北山公园三个山地公园，提升了保德飞龙山公园、岢岚南山公园、雁门关景区、定襄凤凰山公园、马营海湿地公园等五个景观园区。到

2014年年底，全市14个县（市、区）已有12个全部达到国家级卫生县城，县城绿化上升了一个新的台阶。

四、多种形式同步整合，形成生态忻州新合力

我们坚持边探索、边总结、边推广，克服财政紧张困难，积极探索多样化的造林绿化投入机制，采取政府投入、企业投资、公民义务、社会筹资等办法，多渠道、多元化筹措造林绿化资金，加大了对林业重点工程的投入力度，着力构建以政府主导、企业参与、市场运作、社会合力共建的林业投入新格局。宁武、静乐、繁峙、代县等县市组织资源型企业实施“企业林”，不断创新政府、企业有机结合的造林机制。繁峙、五台、五寨等县与五台山、管涔山国有林管理局开展了县局合作造林，忻府区与康培公司开展了县企合作造林。西部八县每县投入30万~50万元建设GPS巡护管理系统平台，着力提升科技护林水平。全市各级各部门对林业工作的重视程度达到了一个新高度。

立足生态优势 突出沁源特色

山西省沁源县林业局 张中武

沁源县地处太岳山东麓，山西省中南部、长治市西北部，因系沁河之源而得名。国土面积2548km²，辖5镇9乡254个行政村，总人口16万（其中农业人口14万）。县境四面环山，海拔最高2523m，最低939m，平均海拔1400m左右。全县森林面积226万亩、天然牧坡120万亩，占长治市森林资源总面积的45%，森林覆盖率达60%以上，居全省之首，是全国“油松之乡”，全国天然林保护示范县。境内有沁河、汾河两大水系，年平均径流量2.6亿m³，是山西相对富水区。拥有灵空山森林公园，特别是油松之王——“九杆旗”享誉全国。

进入新世纪以来，我们围绕国家天然林管护以及林权制度改革作了大量有益的探索。早在2001年，借鉴农村土地家庭联产承包责任制的成功经验，在全县范围内推行了以“两权分离、双层管护、权责明晰、绿中求富”为主要内容的天然林家庭托管制度，被国家林业专家称赞为“沁源模式”。2002年年底，在家庭托管的基础上，又借鉴现代企业股份制改革的做法，从集体林产权改革入手，按照“分股不分山、分利不分林”的林业产权改制办法，创造性地提出了集体天然林家庭股份托管新机制，实行了“股份制家庭托管”，实现了集体单一代表群众享有林木所有权向集体和群众共同享有林木所有权的产权转换。这一创新的资源管理模式，成为全国集体天然林保护的一大创举，得到了国家、省、市林业部门的充分肯定，并在全国林业资源管护工作研讨会上进行了经验介绍。这一机制的成功推行，改变了农民靠山吃山的观念，激活了林农爱林、护林的热情，有效缓解了林牧矛盾，彻底解决了天然林禁伐以来林区大县“国家、集体、个人”三者利益的冲突，达到了“国家得生态、农民得实惠”的双赢目标。

经过10年的不懈努力，天保管护面积由1988年的186.8万亩增加到219.52万亩，完成飞播造林7万亩、封山育林5.87万亩。全县累计兑现管护费1000余万元，各类森林、林木的活立木蓄积量由10年前的530万m³增加到782万m³，森林覆盖率由56%增加到60%以上。植被繁茂、林分稳定，气候湿润、水源涵养、生物多样。特别是沁河水源得到很好保护，水质稳定达到地表水Ⅲ类标准，成为山西省境内唯一没有被污染的河流。沁源相继荣获全国绿化模范县、退耕还林先进单位，山西省造林绿化先进县、森林防火先进县、保护森林和野生动植物资源先进集体等荣誉称号。

近年来，面对国际金融危机的严峻挑战，我们紧紧围绕全省“转型跨越发展”和市委“四化”战略部署，着力引深“六化建设”，强力推进“五大赶超”，团结带领全县人民，在应对挑战中转危为机，在开拓进取中增创优势，不断推进全县经济社会平稳较快发展。特别是面对林权改革确权到户之后，日益繁重的森林管护任务，我们认真落实天保政策，不断创新管护举措，倾力打造绿色沁源，林区面貌得到改观，林业产业、基础设施建设有序推进，极大地促进了林业事业的可持续发展。我们的主要做法是：

一、突出要务，扭住关键，坚定不移走科学发展之路

发展是时代的主题，是执政兴国的第一要务。沁源是资源大县、生态大县，尤以森林资源得天独厚。合理保护与开发利用林业资源必然成为促进林业事业科学发展的战略抉择。落实中央林业工作会议精神，巩固天保一期工程建设成果，实施保二期工程是我县义不容辞的责任。具体实践中，我县在天保工程一期基础上，不断创新改革，深化完善家庭托管机制，走出了一条独具特色的天保工程建设路子。

（一）赋予托管机制新内涵

“家庭托管”形式是委托，核心是管护，特点可以概括为四句话，“两权分离，双层管护，权责明晰，绿中求富”。两权分离，就是把资源所有权和管护经营权分离开来，在所有权不变的情况下，把管护责任委托到户，把责任指标延伸到人头、地块，明确管护对象，突出管护主体。双层管护，就是在管护经营中，集体宏观管护和农户个体管护统分结合，相互关联。权责明晰，就是以签订管护合同的形式，把国家、集体和农户三者在管护经营中的责任明确下来。绿中求富，就是允许农户在确保森林资源安全和持续增长的前提下，通过合理开发林下资源加快致富步伐。

（二）分享经营利润新比例

股份制家庭托管就是抓住林权这一核心，突出群众在生态建设中的主体地位，以股份制的形式把天然林50%的所有权交给全村广大农户，农户以户入股，分享50%的森林所有权，实现了集体单一代表群众享有森林所有权向集体和群众共同享有所有权的产权转换，让群众实实在在的产生拥有感和责任感，共同配合托管户完成管护任务。将来天保工程完成后，股民可以在商

品林经营中取得利润的50%作为分红，或共同享受国家提供的生态效益补偿。

（三）监督组织管理新办法

一是进行了认真细致的资源调查，从森林面积、蓄积和林分状况等方面掌握了资源现状，划分了股份制托管责任区。二是积极开展宣传发动，向群众讲明政策，亮明责任，说清利益，号召群众报名入股。三是按划分的管护责任区对股民进行了分组登记，发放了股民证。四是召开全体股民大会，公开选举出集体林股份制管理机构“集体林股份制家庭托管理事会”，负责全村森林资源的经营管理机构。五是由报名参加托管的农户公开竞标，全体股民投票选出托管户。六是由乡天保办统一加强对托管户的考核和监督，每半年进行一次股民评议和检查验收，合格后发放管护费。

二、立足管护，强化基础，坚定不移走安全发展之路

没有安全就没有发展。森林火险作为我县三大安全隐患之一，时刻考验着我们的林业管护体系。天保管护站、森林消防队、瞭望塔、设视频监控台等硬软件设施必然成为林业事业安全发展的重要保障。

（一）标准化建设管护站

天保工程集体管护站是森林资源各项管理措施的出发点，在森林防火、生态建设中发挥着重要作用。近年来，先后投入资金80多万元在天保工程区修建管护站14个，在至高点修建瞭望塔23个、设视频监控台20个。站内管护机构网络图、天保工程规划设计图、森林资源分布图、管护站工作职责、站长岗位责任制、专职护林员考核办法以及其他制度统一张贴上墙，所有管护情况一目了然。为各乡镇配备森林防火皮卡车和面包车28辆，作为流动的管护站极大地保护了我县的森林资源。全县共落实防火电话1300余部，为专职护林员、各乡镇巡逻人员均配备了对讲机和专用电话，使每个乡镇、每个行政村、每个自然村有一部专用固定防火电话，实现了从各级领导到自然村到护林员的无缝隙网络对接。

（二）军事化组建森林消防队伍

为有效应对天保工程实施以来日益严峻的防火形势，县领导高度重视，在总结经验教训，群防群治的基础上，通过财政拨款、私企参与、社会力量共同组建的模式，适时组建了一支人员精干、快速高效的森林消防专业队伍。采取“林业用人，企业用工”的办法，解决了消防员退役后的生存发展问题。目前，我县的森林消防专业队由100人组成，县财政投入1000万元购置了运兵车、水车、物资运输车、高压水泵、高压细水泡沫灭火系统、单兵电动高

压水枪、单兵往复式灭火水枪、油锯、风力灭火机、单兵便携式水袋、铁扫把、灭火弹以及GPS定位仪、防火服等精良的灭火器材和装备。

根据防火工作实际需要，从林学基础、机具使用维修、森林火灾的扑救到安全避险等一系列的森林火灾扑救知识对专业队队员进行了系统培训，并邀请省市有经验的专家授课10余次。同时，完善了森林消防专业队驻地改造建设工程，确保了日常的体能、技能训练。参照军事化标准规范了队员的日常管理和作战纪律，定期进行野外拉练和必要的扑火演练，使队员练就强悍的军事素质和精湛的扑火技能。2012年的3、4月份与省森林武警消防专业队携手进行实战演练，学习借鉴了成功的防火、扑火经验。

招得来是前提，留得住是保证，用得上才是关键。通过开展灭火实战演练、日常训练，充分发挥队员们的训练潜能，快速提高训练效率，不断提高消防队员的整体素质，实现人尽其才、物尽其用，真正解决了基层防火力量不足的现状，同时成为了林改稽查队伍的有力补充，对打击私挖乱采、乱占林地，提高全社会保护森林资源的意识具有重大意义。

（三）纵深化扩大防火宣传

累计建成天保宣传牌50个、跨路防火宣传牌3个、单臂立柱防火宣传牌20个，刷写防火标语2500条，全辖区主干道10块高标准宣传牌，自然村一村一块入林须知栏。县电视台、新闻中心开辟防火专栏，适时发布森林防火公益广告，利用手机信息平台适时发布预警信息。

（四）立体化构建管护网络新格局

严格的责任落实是搞好护林防火工作的关键举措。近年来，针对天干物燥、气温偏高、风多雨少的严峻形势，我们在继续推行万枚红袖章流动防火墙机制，完善了县四套班子领导、乡、村、户横向到边、纵向到底的四级森林防火包保责任体系；签订了森林防火县领导包乡（镇）、乡（镇）干部包村、村干部包户、党员干部包三种人（牛羊工，流动人员，痴、呆、傻人员）的“四级责任书”，形成了护林防火“人人肩上有担子，千斤重担大家挑”的责任体系，彻底杜绝野外违规用火行为。同时，积极推行持证上岗，对全县牛羊工统一进行照相、军训、建档、发证，实行持证上岗，并对全县托管户以乡镇为单位进行了军事化培训。特别是在特险期间，县林业局干部每天深入到山庄窝铺发放县长签发的封山禁火令，做到宣传不留盲区，教育不留盲点。县乡村层层成立防火 稽查队和巡逻队，在主要沟口、路口、山口、地头进行监控，并严格实行24小时值班制和零报告制度，一有火情，马上报告，果断处置。

三、着眼长远，挖掘资源，坚定不移走可持续发展之路

发展林业向生态要效益，这就必须放胆开拓发展空间，实出生态建设、挖掘林下资源。合理开发利用林下资源，发展森林旅游业，改变群众生产发展观念必然成为林业事业可持续发展的重要途径，也为县域经济社会的转型跨越发展提供了生态支撑。

（一）开发林下资源

实施家庭托管后，群众彻底改变了靠山吃木头的观念，将致富的门路从树上转到了林下牢固树立“大林业、大产业、大发展”的理念，坚持“龙头企业+基地+林农户”的产业化发展思路，着力建设乡土树种、名贵树种、特优种苗花卉、森林食品和药材等培育基地，大力发展林菌、林药、林禽、林畜等林地立体复合经济，让林下产业成为农民新的增收途径，努力形成采集山野资源100种，年采150万kg、产值750万元的采集产业规模。我县相继成立了青龙山庄绿色产品开发公司，灵空山绿色食品开发公司，采取市场联公司，公司联农户的经营模式，实现了对林产品进行精加工、分级包装、创造绿色品牌，全面提高了林下采集业的水平，提高了我县林下资源的开发能力和市场适应能力，形成了以短养长、以林养林的可持续发展局面，使我县林业步入了可持续发展快轨道。

（二）开发森林旅游资源

近年来，我县大力发展森林旅游事业，开发林业第三产业，通过引资招商，开辟了许多自然生态景观，形成了以圣寿寺、菩提寺、青龙沟流域、花坡亚高山草甸、沁河源头等为主的一系列森林旅游园区。每年可接待各类游客30万人次，旅游收突破亿元大关。山地自行车生态旅游项目建设，串联整合全县所有旅游资源，形成拳头优势，建成中国北方最大的具有国际水准的自行车运动基地和生态休闲旅游目的地，同时拉动产业结构调整和山区群众脱贫致富。

（三）组建林业专业合作社

大力推进集体林权配套改革，探索制定林权流转等配套政策，鼓励支持发展林农专业合作社，对内为社员提供产前、产中、产后服务，对外从事经营性业务，开拓林产品市场。积极培育市场前景广阔、关联度强、科技含量高、带动农户多、综合效益好的林业龙头企业，在政策、项目审批和服务等方面加大倾斜力度，促进发展壮大。目前，以“企业+基地+专合组织+农户”、“基地+专合组织+农户”、“专合组织+家户”等方式，先后组建了金

源农牧合作社、广润农林牧专业合作社、科贸薯业专业经济合作社等家425家种植专业合作社。涵盖中药材、金银花、苗木、林产品加工等林业产业，同时以“林果”、“林药”、“林禽”等模式发展林下经济。入社农户2000多户，经营林地面积2.9万亩，已进入初产期的专业合作社2011年产值超过5000万元。

（四）发展庄园经济

按照生态立庄、文化活庄、产业兴庄、科技强庄、资源富庄的原则，制定出台庄园经济发展规划，盘活农村闲置土地，用活现行土地政策，鼓励支持社会力量投资，因地制宜开发建设种、养、加、旅游、观光、休闲、度假等各类型农家庄园，去年一年重点打造20个精品庄园，使特色庄园成为惠及百姓的“便民银行”，带动5000多农村剩余劳动力人均年收入突破1万元，实现经济效益、社会效益和生态效益的有机结合。同时，在政策上给予倾斜、在资金上给予支持，激励煤焦企业，转变发展思路，投资非煤产业项目。推进以工哺农，建设生态庄园、发展绿色产业、实施造林绿化。沁新公司建成了绿泽苑苗木基地、李家庄生态庄园，明源公司铺开了300座蔬菜大棚，康伟公司投资开发了菩提寺旅游风景区。

四、统筹兼顾，利益共享，坚定不移走和谐发展之路

实施对林业资源的有效管护，除了依靠政策和法律之处，还必须有一套合理的利益共享分配机制。统筹兼顾，合理分配各方利益必然成为林业事业走和谐发展之路的核心所在。

（一）补偿与生态求合理

在天保一期的基础上，为规范和加强我县天然林资源保护工程二期森林生态效益补偿基金（以下简称财政补偿基金）管理，提高资金使用效益，我们力求建立平衡的生态效益补偿机制。国有的国家级公益林平均补偿标准为每年每亩5元，其中管护补助支出4.75元，公共管护支出0.25元；集体和个人所有的国家级公益林补偿标准为每年每亩10元，其中管护补助支出9.75元，公共管护支出0.25元。国有的公益林管护补助支出用于国有林场管护公益林的劳务补助、补植、抚育、小型管护设施的建设和一线管护设备的购置等支出。其中：用于公益林管护人员的劳务补助费，每年每亩平均3元。集体和个人所有的国家级公益林管护补助支出，主要用于集体和个人管护公益林的经济补偿。县级公益林管护补助支出，主要用于全县集体和个人所有的公益林的森林消防专业管护。

（二）产业与生态求平衡

要不断加强生态建设，抓住国家新增造林计划的机遇，充分发挥林业在改善生态环境、实现间接减排、应对气候变化等方面的重要作用，加强森林、草地资源保护和自然保护区建设，全面巩固封山禁牧、退耕还林、植树造林成果，大力实施造林绿化十大工程，完成通道绿化和补植补种300km、园林村庄106个、营造林6.5万亩，增加森林碳汇，提升生态效益，真正达到了“山上固本、身边增绿，抬头是绿、低头是景”的绿化效果。

（三）人居与生态求和谐

围绕“宜居和谐幸福新沁源”建设目标，继续实施造林绿化和天然林保护工程，狠抓矿山生态恢复治理，巩固和发展好小流域生态综合治理成果。狠抓节能减排，坚决淘汰落后产能，大力推广清洁生产、节能技术和节能环保服务、环保装备、环保产品。整合县域内煤层气、焦炉气等清洁能源，实现了县城集中供气，辐射重点乡镇。加大农村沼气和秸秆气化工程建设力度，提高城乡气化率。深化环境综合治理，推进污水处理设施配套，提高生活垃圾无害化处理水平，构建了全方位的污染防控体系，县城环境空气质量优良天数达360天以上，沁河地表水稳定达到国家III类水质标准，各项环保指标达到宜居水准。

总之，回顾我县天保工程实施的进展情况与林业建设工作，我们取得了一些成绩，得到了国家、省、市的多次嘉奖表彰，但是还有一定差距，仍需要不断完善、不断创新。在今后工作中，我们将以此次天保工程推进会议为契机，强管护增绿色，促生态求发展，为建设宜居和谐幸福新沁源做出应有的贡献。

加强生态建设　强化生态意识

黑龙江省饶河县林业局　姜兆忠　薛怀玉

生态文明建设，不同于传统意义上的污染控制和生态恢复，而是克服工业文明弊端，探索资源节约型、环境友好型发展道路的过程。生态文明建设不仅包括人类在生态问题上所有积极的、进步的思想观念建设，而且包括生态意识在经济社会各个领域的延伸和物化建设。

生态文化是人与自然和谐发展的文化。新世纪新阶段，人类已逐渐认识到长期对自然进行掠夺性索取、破坏必将遭受惩罚，一个从征服自然、破坏自然到回归自然、珍爱自然的新理念正在形成。全民生态意识觉醒之日，就是我国生态环境改善之时。因此，进行生态教育，提高人们对生态文化的认同，增强人们对自然生态环境行为的自律，牢固树立生态文化意识，是解决生态问题的一项重要举措。生态环境的优劣，反映着人们生态道德水准的高低；同时，人们生态道德水准的高低，也极大地影响着生态环境的优劣。生态道德驱动着人们的生态意识和行为的自觉性、自律性与责任感。加强生态道德教育，可以使人们自觉地承担保护生态环境的责任和义务，同一切破坏生态环境的行为作斗争。应广泛动员人民群众参与多种形式的生态道德实践活动，努力形成防止污染、保护生态、美化家园、绿化祖国的社会文明新风尚。

加强生态建设，维护生态，是二十一世纪人类面临的共同主题，也是我国经济可持续发展的重要基础。新世纪国家林业局通过系统整合，完成了林业生产力布局的战略性调整，确定了以大工程带动大发展的工作思路，全面启动了六大工程，实施了森林生态效益补偿基金制度，推动了林业五大转变，把林业改革与发展事业向前推进了一大步。

一、森林生态效益补偿基金实施范围

我县按照《国家级公益林划界办法》的要求，将县域内六个国有林场施业区内的森林、灌木林地和未成林造林地，共计 44.64 万亩，界定为国家级公益林，共分 3 个二级林种，一是沿乌苏里江边境线 10km 以内的森林、灌木林地和未成林造林地，二级林种为国防林，面积为 25.46 万亩；二是乌苏里江边一级支流一挠力河 2km 范围内的森林、灌木林地和未成林造林地，二级林种为水源涵养林，面积 2. 37 万亩，三是国家级东北黑蜂自然保护区内的森林、灌木林地和未成林造林地，二级林种为自然保护区林，面积 16. 81 万亩。

二、森林生态效益补偿基金实施的规模和任务

我县 2001 年纳入森林生态效益补助试点面积为 181005 亩，2006 年国家全面实施中央森林生态效益补偿基金工作，纳入森林生态效益补偿面积增加到 271995 亩，2009 年国家进行扩范，我县森林生态效益补偿面积为 27900 亩，截止到 2014 年我县纳入中央财政森林生态效益补偿面积为 446424. 1 亩。

三、森林生态效益补偿基金实施情况

（一）责任区的划定

1. 成立以主要领导、技术人员、现场员、档案员、会计等人员参加的责任区划分工作小组，实地划分责任区。

2. 要结合具体的山形、地貌、河流、沟系、道路、林班、小班界进，现地用 GPS 定点导线圈界。

3. 责任区与另一个责任区之间要有明显的界线，在界线转点或交汇处埋置界桩，界桩横断面边长 10cm，四方形，水泥混凝土构建，柱长 0. 6m，埋地下 0. 3m，露出地面 0. 3m，桩上涂白铅油，写红字，标明相邻责任区号。

（二）责任人的确定

1. 管护经营单位结合林场实际情况确定本林场的管护经营形式，将管护任务落实到山头、地块、人头。

2. 按照管护经营责任人的条件，出符合条件的人员，采取考试、竞标的方法确定管护责任人，在管护责任人的选确定上，要坚持“公开、公正、公平”的原则。

（三）国家级公益林管护经营合同的签定

1. 每年的 1 月 1 日各林场负责人与林业局负责人签订《中央森林生态效益补偿基金制度实施管理合同》。

2. 每年的 1 月 1 日各林场负责人与管护经营责任人签订《国家级公益林管护经营合同》，此合同一年一签，对认真执行合同，完成管护任务的人员，可以续签下一年合同，对因故意或重大过失而未按合同规定履行管护义务和责任的，不予兑现其管护工资并终止合同。

（四）管护责任区的检查验收

1. 检查验收内容

包括实施管理、资金管理、森林保护和森林培育四个方面。

2. 检查验收方法

采取全面检查验收的方法，在每年的12月份，对县属6个林场管护经营站的环境卫生、各项规章制度、图、表上墙情况情况；责任区有无扩地边、拱地头、乱砍滥伐、乱捕滥猎、挖砂取土现象；档案室内各项规章制度、图、表是否上墙，图、表、卡是否一致，室内卫生是否清洁；外业检查应在现地选择有代表性的标准地，标准地面积为0.1hm²。

3. 检查验收结果等级评定

（1）管护责任人的等级评定。检查验收结果共分四个等级，即优秀、良好、合格、不合格。检查验收打分达到95分（含95分）以上为优秀；达到90分（含90分）以上为良好；达到85分（含85分）以上为合格；低于85分为不合格。

（2）国有林场的等级评定。检查验收结果共分四个等级，即优秀、良好、合格、不合格。检查验收打分达到95分（含95分）以上为优秀；达到90分（含90分）以上为良好；达到85分（含85分）以上为合格；低于85分为不合格。

四、实施森林生态效益补偿基金制度取得的成绩

1. 森林资源

2006年全面实施中央森林生态效益补偿基金工作，我县停止一切采伐，只对国家级公益林进行更新造林，在郁闭度小于0.4的林分内采取冠下栽植红松的方法，形成针阔混交林，减少病虫害的发生，使林地充分发挥其经济效益和生态效益。

2. 社会公众的生态意识得以提高

在每个责任区的明显位置埋设管护牌，将管护措施、管护面积、管护时间等内容向社会公示，各国有林场在施业区的明显位置埋设或悬挂有关生态文明建设的标牌或条幅，利用电视、广播等媒体进行宣传，大大提高了社会公众人士保护森林，维护生态平衡，改善人类居住环境条件的思想意识。从而减少了乱砍滥伐、扩地边、拱地头、砍烧柴等现象，有林地面积、公顷蓄积呈现增长趋势。

推进生态文明建设，必须发挥人民群众的主体作用。没有人民群众的参

与热情和主体作用的发挥，生态文明建设将一事无成。应保证人民群众生态文明建设的知情权、参与权和监督权，让人民群众从生态文明建设中深切体会和明确认识自己的利益所在，从而激发其参与生态文明建设的热情。只有把生态建设和生态意识在经济社会各个领域的延伸和物化建设搞好，才能把生态文明建设彻底建设好。

实施森林增长工程　建设美好阜阳

安徽省阜阳市林业局　李文化　李继文

近年来，阜阳市各地按照省委、省政府实施千万亩森林增长工程的统一部署，进一步强化领导、精心组织、全面发动，迅速掀起春季植树造林高潮，全市森林增长工程建设取得显著成绩。

一、多措并举，狠抓工作落实

阜阳系平原农区，人多地少，生态脆弱，林粮矛盾突出，生态建设任务繁重。为进一步提高造林绿化水平，改善生态环境，提高农民收入，振兴农村经济，近年来，阜阳市委、市政府把林业作为阜阳经济发展的八大支柱产业之一，进一步加大林业生态建设力度和林业产业发展力度，相继实施了退耕还林、长防林、万里绿色长廊等重点林业建设工程，全市平原绿化取得显著成绩。近年来，市、县、区各级认真贯彻落实全省千万亩森林增长工程建设的战略部署，及时召开森林增长工程启动会议，成立工程建设领导组织，科学制定森林增长工程建设规划，出台具体实施意见，级级签订责任书，层层分解计划任务。同时，市、县（区）各级财政加大了财政扶持林业的力度：市财政每年安排800万元资金用于全市林业以奖代补，同时对阜阳市颍泉、颍东、颍州三区成片造林每年每亩给予100元补助；颍上县投资数亿元资金打造森林城市；太和县财政每年安排近亿元元专项资金，对全县成片造林进行以奖代补；阜南县整合资金1亿元，扶持晚秋黄梨发展；界首市市财政对土地流转发展林业大户，每亩给予300~500元一次性补贴；临泉县每年财政预算500万元资金用于奖励森林增长工程建设；颍泉区财政安排2000万元专项资金用于105国道景观林带建设，从而保障了造林绿化的资金来源。在造林绿化的关键时刻，市委、市政府连续召开森林增长工程建设现场会、调度会，组织高规格督查组，开展林业工作督查，全面部署、指导、督促森林增长工程建设，确保了全市森林增长工程建设的顺利实施。

二、狠抓重点，推进整体发展

阜阳市森林增长工程，建设项目多，任务繁重。为确保全面完成造林任务，各地坚持森林增长工程建设与水利兴修结合、与道路建设结合、与美好村庄建设结合、与农田整治结合、与城市园区建设结合的基本思路，充分利用农村“三线三边”等闲费地开展植树造林，有效破解了平原地区宜林地不足的难题。同时各地都因地制宜，狠抓重点，全面推进森林增长工程建设。颍上县高标准打造五里湖湿地公园、城北景区和八里河东西大道旅游景观带，大力推进森林城市创建，城市绿化又上新台阶；阜南县以杞柳和晚秋黄梨为重点，努力打造皖北柳编工艺品加工出口基地和晚秋黄梨生产基地；太和县大力发展林苗两用林及香椿、樱桃等特色经济树种，林业结构得到初步调整；颍泉区以105国道（阜太段）高标准长廊建设为重点，带动面上造林发展；界首市大力发展优质高效经济林和园林绿化树种，正在形成定向发展，加快推进的良好势头。

三、优化结构，实现规模化经营

为改变树种单一弊端，阜阳适当压缩了杨树的造林面积。据统计，近年来全市杨树造林面积占造林总面积的比重由往年的80%以上降到15%左右，有效扭转了“杨家将”一统天下的局面。与其同时，各地加大了泡桐、经济果木和园林绿化树种的造林比重，林种及树种结构得到了有效调整。为适度规模经营，阜阳市政府出台土地流转优惠政策，扶持企业、大户进行土地承包发展林业，一批企业、大户纷纷通过土地流转，投资发展经济果木林和园林绿化大苗培育。今颍上县引入外地十多家苗木公司和大户，在八里河东大道连片栽植林苗两用林，颍泉区以阳光花卉、远景农林、广运园林、永汇林业四大苗木生产企业为龙头，带动全区发展林苗两用林及花卉产业的发展，颍东区通过土地流转、大户承包方式，大力发展杜鹃、广玉兰、黄玉兰、合欢、紫荆、木槿等珍稀花木，为林业规模化集约化经营提供了有效保障。

四、部门配合，凝聚发展合力

在森林增长工程建设中，市、县（区）各有关单位和部门，从打造生态强市，建设生态文明的战略高度出发，积极参与，全力支持森林增长工程建设。市交通局、教育局和阜阳军分区、市总工会、团市委、市妇联等单位，主动会商市森林增长工程建设领导小组办公室和市林业局，共同研究制定各种纪念林营造方案，在全市各地积极创建“八一林”、“工会林”、“青年林”、“巾帼林”和“学子林”基地共24个，造林面积达2万多亩。发改、财政、水务、国土、农委、住建委、广电、金融等部门都各司其职、各负其责、通力协作，全力支持森林增长工程建设。各级林业主管部门也全力以赴，积极投入科技人员服务森林增长工程活动，切实抓好了规划设计、苗木选择、技术指导、林木管护等项工作。各群团组织发挥各自优势，积极做好各界群众的组织发动工作，主动参与植树造林，在全市上下形成了全党动手、全民动员、多方联动、合力推进森林增长工程植树造林的攻坚态势。

强化资源林政管理　推进林业科学发展

山东省蓬莱市林业局　卢成栋

资源林政管理工作作为林业工作中的重要组成部分，负责对森林资源的保护、培育、利用实施全过程的管理和监督，在推进林业实现跨越式发展的过程中有着十分重要的作用。资源林政管理工作如何围绕林业工作的重点，保护和发展林业生产力，实现可持续发展，是我们面临的新课题。

一、资源林政管理工作的主要成效

近年来，蓬莱市大力开展植树造林，加强森林资源保护，生态环境明显改善。全市资源林政管理工作进一步加强，全社会依法保护森林资源的意识普遍增强，资源林政管理工作得到了人民群众和社会各界的广泛关注和支持，成效日益显现。

（一）森林资源继续保持“双增长”

据森林资源更新资料显示，截止 2012 年底，全市林业用地面积达到 81.24 万亩，有林地面积达到 72.98 万亩，森林覆盖率达 46.87%，森林蓄积量达 57.29 万立方米。全市森林资源质量和数量继续保持“双增长”的良好态势，为林业发展和生态建设奠定了基础。

（二）林地保护和管理全面加强

2011 年，蓬莱市林业局着手开展林地利用保护规划编制工作，2013 年 4 月 5 日，蓬莱市人民政府对蓬莱市林地保护利用规划（2010 ~ 2020）进行批复（蓬政发［2013］22 号），标志着全市林地保护利用工作有了明确的执法依据和执法基础。自 2011 年，全市每年都开展保护和发展森林资源责任制工作，镇街政府主要负责同志是保护和发展森林资源的第一责任人，分管负责同志是保护和发展森林资源的主要责任人，以签定责任状的形式把森林覆盖率、森林保有量、采伐限额执行、林地保护管理等纳入政府年度目标考核体系，严格监督考核。市绿委相继出台《关于切实加强森林资源保护和管理工作的意见》《关于切实做好森林资源保护工作的通知》，印制并下发到各镇、村，增强了全市广大干部群众的森林资源保护意识。与此同时，全市加大了征占用林地案件的查处力度，进一步理顺了征用占用林地管理关系，明确了征用占用林地的审批程序和林业主管部门管理林地的职责权限。大面积毁林开垦得到有效遏制，林地保护和管理逐步加强，初步走上了规范化、法制化的轨道。

（三）森林资源监测防护体系日趋完善

全市成立50人的森林消防大队，下辖4个消防中队，机动范围覆盖全市林区每个角落，为了实现“打早、打小、打了”目标，近几年，蓬莱市加大了资金投入，先后投入资金300余万元，配备消防运兵车4辆，购进进口风力灭火机50余台、四轮机动灭火车7辆、二轮巡逻摩托车5辆、以及防火服、油锯、水枪、3号工具、灭火弹、照明灯等防火装备，完全满足森林火灾预防和扑救工作；蓬莱市拥有国家公益林168045亩，按照镇、街道公益林分布情况，本着突出重点，集中连片，统一规划的原则，按照每500～1000亩配备一名护林员的要求，共配有护林员264名，负责各自辖区内森林资源的监管和森林火灾报告、监控及扑救工作。每名护林员配备一部进口风力灭火机，一旦发现火情，尽快进行扑救，每人配备一部GPS定位手机，防火期内林业局安排专人通过定位手机对护林员的在岗在位情况进行不间断的检查，护林员管理工作日趋规范。

全市12个镇街及国有艾山林场均设有森林资源测报点，负责各辖区的人工造林（更新）实绩、森林采伐限额、征占用林地等专项核查及森林病虫测报，森林资源监测体较为完善系。

（四）森林采伐、木材运输管理进一步规范

林木采伐许可证、木材运输证全部实行网络化办理。凭证采伐、凭证运输和凭证经营（加工）木材，以及与采伐限额管理相关的制度和措施进一步健全，林木采伐及林地审批公示制已经全面普及。

（五）林业行政执法成效明显

随着资源林政管理的法律、法规、制度的健全和完善，资源管理水平和林政执法队伍的素质进一步提高。林政执法工作和保护森林资源专项行动取得了很大的成绩，依法查处了一大批破坏森林资源案件。2009年以来，全市共依法查处各类林业违法案件88起，全部为行政案件，行政处罚79人，为国家挽回经济损失28万元，有力维护了森林生态安全。

案件 类别 年份	小计	林政案件			林地案件	其他林政案件	违法主体		罚款数额
		盗伐	毁林	滥伐			集体	个人	
2009	17		9	7		1	3	14	15300
2010	8	1	2	4		1	1	7	3894
2011	18	2	6	8	2			18	83492
2012	19	2	9	6	2		1	18	62300
2013	26	1	12	8	3	2	4	22	115390
合计	88	6	38	33	7	4	9	79	280376

二、存在的主要问题

经过十多年来的艰苦奋斗，全市森林资源虽然有了很大的发展，但与国民经济和社会发展对林业的需求还有很大差距。主要表现在：

（一）森林资源总量不足，蓄积量增长缓慢

全市森林面积位居烟台市第4位，森林覆盖率比烟台市平均水平高4.37个百分点，但森林蓄积量仅为57.29万m^3，人均占有森林面积和蓄积也徘徊在较低水平，林地生产力低，全市林分平均每亩生产力仅为2.3m^3。同时，据统计，近年来全市人工造林面积突飞猛进，但最后成林的仅为84%左右，存在重造林、轻管护，边建设、边破坏的现象。

（二）森林资源结构不合理，可采资源日渐枯竭

全市森林资源主要以防护林、特用林、经济林三大林种为主，防护林主树种以松类、柏类及刺槐为主，林分结构单一，多为人工纯林、同龄林，混交比例过低，据统计，全市有林地全部为乔木林，面积为34225hm^2，其中纯林31385.36hm^2，占91.7%，混交林2839.64hm^2，占8.3%，生态保护功能较为脆弱；尤为突出的是林龄结构极不合理，幼、中龄林面积占36.69%，近、成、过熟林面积为21667.2hm^2，占63.31%。表面看可采资源似乎较多，但由于立地条件较差，管理粗放，树木生长缓慢，加之上世纪七八十年代的乱砍滥伐，近、成、过熟林中，可供开采的刺槐、黑松了了无几。农田林网中的阔叶树，因与村民的农田、果园为邻，不可避免地存在与农作物及果树争水、争肥、争光照等现象，影响作物收成及果品质量，于是出现大量毁树行为，农田林网损失殆尽。长此以往，再过三、五年多，全市将面临无大径阶材可采的尴尬局面。

（三）经济林管理水平良莠不齐，鲜见高附加值产品

蓬莱是全国优质酿酒葡萄之乡，优系红富士苹果产区。全市经济林以水果为主，主要树种有苹果、梨、葡萄、桃、李、杏、枣、柿、樱桃、山楂、板栗、核桃、石榴、无花果等。受管理水平限制，部分地段难以实现高产高效；受土地制约，农户分散经营，不利于规模化发展，不适合市场化需求；良种化进程滞后，形不成价格优势，经济效益偏低；管理科技含量不高，存在化肥农药残留，与发展绿色无公害食品、有机食品要求尚有差距。

（四）管理措施落实欠力，资源隐形消耗大

森林资源管理一直是全市资源林政管理的薄弱环节，面对出现的新情况、新问题，缺乏及时有效的应对措施：在采伐管理上，由于监督缺失，不能及时发现和制止超证采伐现象，受利益驱动，非法进行大树盗挖滥挖现象时有发生。在林木采伐更新上，缺乏行之有效的监管手段，致使采伐更新验收流于形式；在林地利用方面，非法占用林地和擅自改变林地用途等破坏森林资源案件时有发生，虽屡经打击，仍有继续蔓延的势头；在木材流通管理上，木材检查工作没有与时俱进，没有研究新形势下上路监管的执法流程和执法规范，存在畏难情绪，不仅丧失应有的监督职能，而且有损执法权威，造成大量资源和税费的流失；在经营加工管理上，因对木材经营加工单位监管不力，致使乱收乱购、非法经营加工现象时有发生。

这些问题的存在，不仅影响到林业生存和发展的空间，也将影响到全市国民经济和社会的可持续发展，实现林业的跨越式发展也就无从谈起，造成上述问题的主要原因：

1. 地方领导局部利益考虑的多、全局利益考虑的少，短期行为明显

少数领导干部法制观念淡薄，以权代法、以政代法，为了换取暂时的经济发展，不惜以牺牲森林资源、破坏生态环境为代价。为完成招商引资任务，不管森林资源存量的多少，不顾林地保护级别高低，实行地方保护，严重扰乱了森林资源的合理配置。同时，乱占林地和毁林开垦的歪风，屡禁不绝、屡刹不止，实事求是地讲与这些地方的政府重视不够、制止不力和地方保护主义严重有着很大关系。

2. 在落实保护和发展森林资源责任制方面，表面文章做的多、真正落实的少，工作缺少实效性

近几年来，中央及省、市各级党委政府就森林资源的保护管理出台了一系列法规和政策，但森林火灾、林地逆转等现象没有得到有效遏制，关键还是抓落实不够。一些地方和单位在贯彻落实党和国家保护管理森林资源的法律、政令上，往往是“以会议落实会议，用文件落实文件”，表面上轰轰烈烈，实际上收效甚微。

3. 在森林资源管护与发展的关系上，重造轻管，致使森林资源增长缓慢

我们知道造林要取得成效必须是“三分造，七分管”，可在有些镇街却是“七分造，三分管，甚至没有管”，片面追求造林数量增加，忽视造林质量提高，加之经营不合理，致使造林成效难以巩固。虽然造林绿化面积看似很大，但森林覆盖率却增长甚微。一些镇街在培育、发展森林资源时，忽视了对现有森林资源的保护管理。不合理的利用方式是造成森林资源质量下降的重要原因之一，在主伐和抚育采伐中普遍存在“采大留小”、“采好留坏”等单纯追求经济效益的倾向，致使珍贵树种、大径级林木日益减少，森林质量不断下降，生态功能日趋减弱。

4. 资源林政管理的基础设施落后，不适应新的形势发展的要求

全市 12 个镇街农业综合服务站中，只有 8 家配备专职林业干部，这些同志不但肩负植树造林、护林防火的艰巨任务，还要围绕党委政府中心工作，包村包片，从体力和精力上，难以适应新形势下林业工作的要求。基础设施薄弱致使一些基层资源林政管理的机构不稳定，人员变动频繁；同时由于缺乏培训，依法行政所需的执法水平和执法素质急待提高，现有执法队伍难以适应新时期林业发展的要求，需要切实加以调整、改革。

三、建议与对策

新时期，全市森林资源林政管理工作要以科学发展观为统领，以解决森林资源增长缓慢与社会对林业多种需求日益增长的这一主要矛盾为目标，全面提高森林资源林政管理水平，为实现蓬莱林业跨越式发展提供有力保障。重点应抓好以下几方面工作：

1. 加大森林资源培育力度

当前，资源林政管理工作必须把增加森林资源总量、提高森林资源质量作为新时期工作的一个根本目标，下最大的决心，采取超常规的措施和办法，努力解决当前森林资源总量不足、质量不高的问题。一是要认真处理好森林资源保护与发展的辩证关系，真正做到保护和发展森林资源“两手抓，两手都要硬”，在发展中加强保护，以保护促进发展。二是要在森林的培育和经营中，切实做到适地适树，良种壮苗，集约经营。要加强对现有林分的抚育，加快对低产林分和残次林分的改造，合理调整林种、树种和林龄结构，提高

森林质量。三是要切实加强森林资源的保护管理特别是林木采伐利用及林地保护管理。严格控制森林资源的不合理消耗，严禁在抚育采伐中搞“砍大留小”、“砍好留坏”，坚决杜绝对中幼林进行主伐利用。四是要切实加大对现有森林资源的管护力度，做到该封的要坚决封住，该禁伐的要坚决禁住。

2. 进一步规范林地管理

林地是发展森林资源的基础和根本，林地逆转是当前全市森林资源保护中最突出的问题，且有不断扩大和加剧的趋势。这个问题解决不好，在很大程度上将成为实现林业跨越式发展的的桎梏。一是要明确落实责任。要按照国发明电［1998］8号和国发［2001］2号文件的规定，把各级政府的主要领导作为林地保护和采伐限额管理的责任人，建立严格的责任追究制度。凡是出现林地逆转的，要坚决依法追究责任人的行政责任。二是要加大执法力度。要通过建立长效机制和适时开展专项行动等方式，重拳出击，严厉打击乱占林地、毁林开垦和超限额采伐的行为，坚决做到法律面前人人平等。三是要进一步抓好林地保护各项制度的落实。要加强征占用林地审核审批制度的实施与检查，真正把国家有关林地保护的法律、法规和政策规定落到实处，取得实效。从而使有林地逆转的现象得到根本遏制。

3. 继续深化森林资源管理改革

要解决全市森林资源保护和管理的问题，根本的一条还在于深化改革。要深化集体林权制度改革。要在不改变林地用途的前提下，本着有利于森林经营水平提高，有利于资源、资金、技术优化组合，有利于森林资源资产保值增值的原则，进一步稳定林地所有权，放活林地使用权，提高林地使用效率，发展林地生产力。要坚持“谁造谁有”的政策，促进林地所有权和林木所有权的分离，根据目前全市森林资源总量不足的客观现实，总体上对采伐限额要管严，这一点坚决不能动摇。对重点公益林原则上要坚决管死，不允许进行商业性采伐；对商品林特别是速生丰产林，要在总量控制、依法采伐的前提下，适当放活，尽量满足其采伐限额。

4. 要创新资源管理机制

在依法对森林资源保护、利用、更新实施管理和监督的过程中，建立有效的激励和约束机制。一是要运用物质利益原则，找准责、权、利的结合点，把蕴藏在全社会和广大人民群众中保护森林资源的积极性充分调动起来。广大人民群众依法保护森林资源、改善生态环境的强烈愿望和积极参与，是我们加强森林资源管理，打击破坏森林资源违法犯罪的动力源泉。在新时期，我们要努力把部门管理的力量与社会群众的保护力量很好地结合起来，使森林资源林政管理工作更具群众基础、更富生机活力，取得更大的实际效果。二是要在林业行政管理和执法队伍中建立激励和约束机制。对认真履行职责、严格管理、严格执法成绩突出的，要给予大力表彰；对工作拖沓、效率低下、敷衍塞责、完不成任务的，要批评教育，追究责任。

加快推进改革　激发林业发展活力

湖北省林业厅　刘新池　罗炎生

2015年是全面深化林业改革的关键之年，湖北将着力打好集体林权配套改革的攻坚战。

一、在坚持家庭承包经营长久不变的基础上，探索开展集体林地所有权、承包权、经营权“三权分离”

我们将进一步完善确权登记和颁证工作，落实和稳定家庭承包经营权，维护农民合法利益。重点在襄阳市、恩施市搞好集体林地所有权、承包权、经营权“三权分离”的改革试验。探索赋予经营权抵押、担保、贷款等更多权能，鼓励农民兴办林业专业合作社、家庭农场、股份合作林场等新型林业经营主体，扶持发展规模化、专业化、现代化经营。

二、引导森林资源规范有序流转

坚持森林资源流转遵循依法、自愿、有偿、平等、公开、诚实守信的原则，在不损害农民权益，不改变林地用途和性质，不破坏林业综合生产能力的情况下。探索建立农民承包林地经营权流转奖补制度，鼓励宜林荒山荒地、粗放经营的家庭承包林地向新型林业经营主体流转，鼓励发展专业大户、家庭林场、林业合作社、林业龙头企业等新型林业经营主体。积极培育林权流转市场，建立流转交易平台，健全流转制度，规范流转秩序，依法处理流转纠纷，为林业经营者提供高效便捷的服务。

三、鼓励社会力量投资林业发展

积极鼓励各种社会主体积极参与森林资源流转，投资发展森林资源培育、林下经济、生态休闲和养老、种苗花卉、木本粮油、特色经济林和林业碳汇。鼓励发展林业生态休闲业，依托森林景观资源，兴办“森林人家”。清理和规范行业准入限制，保障各种社会主体平等参与林业生态工程项目。在国家重点林业工程和地方造林绿化工程项目范围内的集体林地造林育林护林，经检查验收合格的，享受相关扶持政策。创新林产品流通模式，推进农超对接、农批对接、农社对接，积极发展林业合作社、订单式经销体系。积极引导林业合作社以产品和产业为纽带开展合作与联合，探索股份合作社、合作社联社、综合性合作社登记管理办法。通过投资补助、政府购买服务等形式，鼓励社会资本投资建设林权流转交易平台、提供社会化服务。

四、加快推进林业投融资改革

积极协调金融机构加大对林业的信贷投放，加大开展林权抵押贷款工作力度，简化审批程序，提供便捷服务，延长贷款期限。推广“免评估”小额林权抵押贷款和花卉、竹林抵押贷款，完善“林权证＋保单”抵押贷款模式。支持各类金融机构在林区设立林业金融专营机构，提供专业化林业金融服务。要进一步完善林业贷款贴息政策，特别是林权抵押小额贷款贴息政策。要加强林权抵押登记管理，协助金融机构搞好林权抵押贷款，防范信贷风险。

五、扩大全省森林保险试点范围

根据我省关于“逐步扩大畜产品和政策性森林保险试点范围”和省政府办公厅《关于加强支小支农金融服务促进实体经济健康发展的意见》中“扩大森林保险试点范围”的要求，我们将结合首批政策性森林保险试点工作的成功经验，争取2014年新增16个森林保险试点县。

六、大力发展林下经济规模经营

重点发展林药、林菌等林下种植业，适当发展林禽、林畜、林蜂等林下养殖业、“农家乐”、森林景观利用等森林旅游业和林下化工、生物质等非木质产品采集加工，立体开发森林资源，增加林农收入。大力发展林下经济规模经营，积极推广“公司＋合作社＋基地＋农户”的产业化经营模式，鼓励龙头企业通过订单保证林农林下产品销售，精深加工林下产品。建立政府引导，林农、企业和社会为主的多元化投入机制，吸引企业、民间资本参与林下经济发展。要搞好林下经济示范基地建设，充分发挥示范带动效应和林业龙头企业支撑平台作用，创品牌，扩规模，提高林业经营的组织化程度，实现林下经济的规模化、集约化、科学化、市场化经营。

七、探索林木采伐管理改革

深化集体林采伐管理改革试点。重点抓好南漳县全国森林采伐管理改革试点。一是简化森林采伐类型，放宽商品林采伐时间限制。林木采伐实行皆伐和择伐两种采伐类型限额管理总量控制，皆伐以采伐面积控制，抚育采伐和其他采伐（择伐）以采伐蓄积量控制。根据林农需求，随时可以申请采伐，对于采伐杨树、杉树等速生丰产林，林业部门应在采伐限额内优先安排采伐指标。取消采伐期限，鼓励成片采伐速生丰产林，提高经营水平。二是放宽商品林皆伐审批权限。按照采伐权限放宽商品林皆伐审批权限，简化皆伐林木中繁杂的审批环节，缩短审批时间，充分调动森林经营者发展林业的积极性。三是简化伐区调查设计。商品林皆伐 30 亩以下或择伐林木蓄积 30m^3 以下的实施简易伐区调查设计，超过以上采伐面积及公益林更新采伐的，进行伐区采伐作业设计，减少了林农采伐成本。四是采伐监督由采伐人在伐前、伐中、伐后自主管理。将以往林业部门对森林采伐实行“伐前设计、伐中检查、伐后验收”的过程，改为由采伐人在伐前、伐中、伐后自主管理，林业部门提供指导服务和监督管理。采伐人在实施采伐过程中出现的问题由其自行负责，即明晰管理责任，又减轻林业部门的管理难度。五是合理确定年度采伐指标，逐步实现采伐计划分解到户。各县市区林业部门按各镇（区）森林资源分布现状和森林经营者采伐需求申请，将年度采伐限额计划分解到镇（区），在确保林农生产生活所需木材供应的基础上确定年度木材生产计划指标；镇（区）根据各村采伐计划申请，将采伐计划分配至各村、组；村、组通过召开村民代表大会的形式，将计划分解到各户，并有逐户采伐计划分配公示记录，以接受群众监督。六是强化皆伐更新监督管理。为确保“采伐一片，更新一片，成活一片”的原则，皆伐规划林地上的林木实行“更新造林保证金”制度，由林业站负责皆伐更新监督管理，即森林经营者在申领采伐树种为杨树、松树的采伐证时，必须与林业站签订“造林更新承诺书”，向林业站交付“更新造林保证金”（收取标准为 50 元/亩），承诺在一定时间内完成更新造林任务，经验收合格的，全额退还保证金。验收不合格的，林业站提出造林整改意见，督促其实施更新造林，再次验收不合格的，保证金不予退还，由林业部门聘请人员进行造林，并对未更新造林地块及该经营户所有的下一年度采伐指标予以调控。

八、适时启动国有林场改革

2015 年，我们将按照国有林场生态公益功能定位，适时全面启动国有林场改革。现在正在做好准备工作，对人财物进行全面摸底登记并予以锁定。

进一步放活人工商品林的采伐管理，逐步放开商品林采伐审批，实现森林培育、经营良性循环。探索农民自用材采伐改革；进一步精简征占用林地和林木采伐申报资料，修改林木采伐技术规程，简化审批手续，减少审批环节，方便企业和群众。探索建立以固定检查为主，流动检查为辅，布局趋于合理，网络更加严密的木材运输检查体系。

强生态 惠民生
促进林业改革发展迈上新台阶

广西壮族自治区桂林市林业局 彭志明 宜春明

近年来，桂林市林业部门认真落实中央、自治区关于加强生态文明建设的决策部署，大力实施造林绿化，全面推进集体林权制度改革，加快发展林业产业，切实加强森林资源保护，有效促进农民增收，生态林业和民生林业建设取得明显成效。

一、林业建设主要做法及成效

（一）大力实施造林绿化，为美丽桂林构筑生态屏障

1. 认真实施林业重点营林工程。深入实施“绿满八桂”造林绿化工程，不断夯实美丽桂林生态屏障。2011～2014 年，全市共完成山上造林 187.64 万亩，通道绿化完成 595.16km，村屯绿化完成 627 个，城镇绿化完成 267.08 万 m^2，义务植树 4221 万株，各项指标均超额完成年度目标任务。2014 年，全市森林覆盖率达 70.80%，森林蓄积量达 1.042 亿 m^3，均位居全区前列。珠江流域防护林工程完成造林 14.4 万亩，封山育林 8.5 万亩；退耕还林工程完成造林 10.5 万亩，封山育林 3.5 万亩；石漠化综合治理工程完成造林 2.03 万亩，封山育林 57.34 万亩。各项重点营林工程完成率 100%。

2. 不断优化林种树种结构。引导扶持群众大力发展经济效益高、生态效益好的优质珍贵树种和名特优经济林，依托国有林场或专业种植大户，建设珍贵树种造林示范点 3 个。2011～2014 年，全市完成珍贵树种造林 7.98 万亩；完成油茶种植 12.81 万亩。2014 年 11 月 5 日至 6 日，国家林业局在桂林市召开油茶产业发展现场会，会议充分肯定了桂林生态建设取得的成效，会上灌阳县作了典型经验发言。

3. 积极提升城乡绿化美化水平。结合城乡风貌改造等活动，精心组织实施森林“八创”活动。2013 年，全市有 2 家单位荣获“全国绿化模范单位”，13 家单位获广西“森林城市”等系列荣誉称号。2014 年，全市有 4 个单位获广西“森林县城（乡镇、校园）”等系列称号。积极打造县乡林业“亮点工

程”，其中灌阳县分批分段实施“森林景观大道”、“景区绿化”等亮点工程；龙胜县实施了龙脊景区入口处绿化亮点工程；全州县、资源县分别实施了县城、乡镇绿化项目，县乡绿化、美化水平均得到大幅提升。

（二）不断提升产业质效，为建设林业强市提供支撑

1. 着力提升产业产值。2014 年，全市林业总产值达 496.25 亿元。以竹木加工为重点，提高产品附加值，延长产业链。全市木材加工和造纸业产值 195.91 亿元，人造板产量 121.25 万 m^3。以花卉苗木生产和森林旅游为依托，发展特色产业。全市花卉苗木产值 15.8 亿元，森林旅游收入 55 亿元。

2. 着力培育龙头企业。加强政策引导和服务监管，积极引导具备条件的企业申报自治区龙头企业。全市现有自治区现代林业龙头企业 16 家。桂林思源生态农业科技开发有限责任公司成为广西 6 家首批获得国家林业重点龙头企业称号的企业之一。全市年产值 2000 万元以上的规模林产企业达 60 家，其中亿元以上企业有 8 家。

3. 着力开展招商引资。2014 年，全市共开展招商引资林业项目 7 个，达成意向合同金额 13.38 亿元；招商引资林业新开工项目 4 个，总投资 1.18 亿元。实施品牌战略，不断提升全市林产品的知名度和市场竞争能力。积极组织企业参加中国东盟木制品专业展览会，有 4 个产品获得金奖、3 个产品获得银奖。

4. 着力打造产业集群。以桂林市区为中心的竹木加工贸易产业集群共完成木材加工交易 445 万 m^3；以灵川、临桂、永福、全州等四县为中心的人造板产业集群，全年人造板产量 120 多万 m^3；以兴安县为中心的竹制品加工产业集群，有毛竹加工企业 100 多家；以荔蒲县为中心的木衣架产业集群，年产各类竹木衣架 10 亿支。

（三）持续深化林权制度改革，为林业发展注入活力

1. 全面完成集体林权制度主体改革。2011 年，全市累计完成勘界面积 2804.08 万亩，占全市集体林地总面积的 96.49%；累计完成发证面积 2658.15 万亩，占全市集体林地总面积的 91.47%，共发放林权证 60 多万本。全市 12 县 5 城区集体林权制度主体改革全部通过自治区检查验收。

2. 积极拓展林权抵押贷款。大力协调金融机构，进一步拓展林权抵押贷款业务。全市新增林权抵押贷款 3.26 亿元，累计完成林权抵押贷款余额 7.92 亿元。

3. 全面开展政策性森林保险。密切配合财政、保险等部门，形成合力推动政策性森林保险工作。全市政策性森林保险投保面积 1501.8 万亩，理赔金

额达460万元。

4. 着力推进林业专业合作社建设。全市成立农民林业专业合作社122个，入社农户4667户，经营林地8.64万亩，销售收入1.88亿元。

5. 因地制宜推广林药、林禽、林菜等林下经济模式。2014年，发展林下经济面积664.52万亩，惠及林农152.85万人，投资林下经济建设的农民人均纯收入2335元，人均增收455.09元。争取自治区项目资金835万元，在11个县建立示范项目基地17个。“公司+基地+农户”市场化运作方式基本形成，灌阳、兴安、恭城等县林下经济发展初步构建“企业带大户、大户带小户、千家万户共参与”的发展格局，农民增收目标正在得以实现。2013年9月，全区深化集体林权制度改革会议在桂林成功召开。2013年11月，由联合国粮农组织主办、国家林业局承办的林业生产者组织国际会议在桂林成功召开。150名来自45个国家的代表在桂林实地考察林业专业合作社、林权管理服务中心和林下经济示范点，充分展示了桂林在集体林权制度改革中的成功经验。

（四）积极推进依法治林，为保护森林资源创造良好条件

1. 落实保护发展森林资源目标责任制。市与县（区）、县与乡（镇）签订了“十二五”期间林业生态保护和管理目标责任状，把森林覆盖率、森林保有量、采伐限额执行、林地保护管理等纳入政府年度目标考核体系，层层落实保护发展森林资源目标责任。不断完善生态保护机制，2012年，市林业局牵头完成了《中共桂林市委　桂林市人民政府关于进一步加强生态环境保护建设的决定》相关工作，并于7月2日由中共桂林市委员会、桂林市人民政府正式颁发。

2. 加强林地林木管理。2012年完成县级林地保护利用规划编制暨林地落界工作，通过了自治区林业厅检查组的检查验收，全市县级林地保护利用规划（2010~2020年）成果通过专家组初审；全市1300多万亩重点公益林纳入森林生态效益补偿范围，得到有效保护；采取主动服务、监管前置等措施严谨有序开展林地征占用审核审批，优先保障自治区统筹推进重大项目及市级跟踪重大项目用地，林地管理更趋规范；严格执行森林限额采伐制度，木材运输证和林木采伐许可证发证合格率达到98%以上；加强木材流通管理，木材检验管理工作逐步走向标准化、规范化、制度化。

3. 加强自然保护区建设。2011年，猫儿山国家级自然保护区获批加入世界生物圈保护区网络。2013年，全市已建成自然保护小区20个。猫儿山国家级自然保护区成为广西唯一的林业系统国家示范性保护区，总投资1979万元的猫儿山国家级自然保护区基础设施二期工程获得国家林业局批复同意实施。总投资 2600 万元的千家洞国家级自然保护区旅游基础设施工程建设项目完成投资 600 万元。花坪国家级自然保护区全面开展面积调整和实施社区共建项目编制申报工作；2014 年，广西银竹老山资源冷杉自治区级自然保护区申报国家级自然保护区已获国务院国家级自然保护区评审委员会评审通过。

4. 加强湿地保护。2011 年 11 月，“桂林临桂·2011 国际湿地文化节”在临桂县举行，期间开展了“桂林临桂·2011 国际湿地保护与发展高峰论坛”，专家学者共同研讨了会仙湿地生态保护与可持续发展；2012 年 2 月，国家林业局批复同意我市开展桂林会仙喀斯特国家湿地公园试点建设，编制完成了《广西桂林会仙喀斯特国家湿地公园保护与恢复工程建设项目可行性研究报告》，项目总投资为 1700 万元；2014 年，荔浦荔江国家湿地公园获国家林业局批准开展试点工作。2012 年中央财政湿地保护补助资金 200 万元项目建设完成，2014 年中央财政湿地保护补助资金 300 万元项目全面启动。

5. 加强漓江流域生态环境保护。2010 年，2011 年，分别启动了漓江绿化彩化花化果化“四化”工程和漓江源头造林绿化工程，持续增加漓江流域森林面积。2011 年 12 月，桂林市林业局编制完成了《桂林漓江沿岸森林生态景观建设总体规划》，计划用 9 年时间完成漓江干流和主要支流沿岸生态景观建设。2011 年，市林业局配合上级部门完成了《广西壮族自治区漓江流域生态环境保护条例》的制定工作，并自 2012 年 1 月 1 日起施行，对漓江水源林的保护起到进一步的推动作用，确保了漓江“一江清水、两岸秀色、三季有花、四时长青”。

6. 加强野生动物保护。组织森林公安、林政稽查支队，联合工商部门开展了一系列执法检查、专项打击行动，全方位强化候鸟等野生动物资源保护。加强野生动物疫源疫病监测，新增两个自治区级野生动物疫源疫病监测站，全市没有发生野生动物疫病情况。

7. 加强森林“三防”和山林纠纷调处工作。加强森林防火工作，2011～2014 年，全年共发生森林火灾 151 起，森林受害率 0.05‰。重点抓好春节、清明节和“两会”等重大节日及重点时段的森林防火工作。森林防火综合治理一期和二期项目通过了自治区的检查验收，三期项目获批建设资金 6828 万元。加强林业有害生物防治，林业有害生物防治目标管理全部达标。加大森林公安执法力度。组织开展严厉打击涉林犯罪的“春季破案战役”、“天网行动”、保护候鸟专项行动。2011～2014 年，全市森林公安破刑事案件 794 起，逮捕犯罪嫌疑人 507 人。查处林业行政案件 1610 起，行政处罚 1403 人次。积极调处山林纠纷，2011～2014年，全市林业部门共调解山林纠纷4962件，其中协议调解跨省纠纷2件，跨市2件，跨县（区）10件，有效地维护了社会和谐稳定。

8. 持续推进农村能源建设。“十二五”期间，实施“生态文明沼气池建设示范项目”建设，2011～2014年，共新建农村沼气池34990座，到2014年年底，累计建池60.88万座，适宜建池户入户率达到83.72%，提前实现林业“十二五”规划目标。2013年，恭城县开展沼气全托管服务公司化新试点取得新成效，“恭城模式”在全区农村能源经验交流现场会上获得好评和推广。桂林市林业局被自治区林业厅授予“全区农村能源建设突出贡献奖”。

（五）落实惠民政策，扎实推进民生林业建设

1. 抓好基础设施建设。2014年，全市森林公安派出所建设项目已建成并投入使用的项目13个，主体工程已建成进入装修阶段的项目2个，未开工项目3个。全市危旧房改造工程竣工1085户，正在施工501户，未开工31户。全市各县区木材检查站均已建成，站牌、路牌、标识牌“三统一”工作正在进展。

2. 抓好惠民政策落实。组织人员着手编印《桂林林业惠民政策便民手册》，及时发放给群众和服务对象，让群众和服务对象做政策的明白人、监督人。2011～2014年，全市共兑现森林生态管护补助基金45819.42万元，兑现率分别为83%、84.32%、87.82%、89.09%。2011～2014年，全市退耕还林工程项目政策补助资金共兑现21335.07万元，兑现率分别为81%、84.1%、94.5%、77.3%。

3. 抓好扶贫工作。2012～2013年，我局投入资金354.5万元，切实抓好全州县凤凰乡三塘村定点扶贫工作，取得了显著成效。2014年，我局投入123万元，对扶贫点全州县全州镇竹溪田村实施屯屯通道路硬化、户户通安全饮水等5项基础设施项目。组织干部职工100多人开展清洁乡村、送树苗等活动。正在筹集资金30万元用于种植100亩金槐、100亩甜橙等林业产业扶贫。我局曾连续两年荣获“自治区社会主义新农村建设指导员工作先进后盾单位”称号。2014年，我局扶贫工作获得市委市政府高度评价，在全市扶贫工作会议上作典型发言，并被桂林市唯一推荐为全国扶贫工作先进单位。

二、政策措施建议

1. 提高对水源林补偿标准，调动漓江沿岸保护水源林积极性，提升漓江流域森林质量。目前，国家对生态公益林每年补助14.75元/亩，群众管护积极性不高。建议上级财政每年安排一定费用作为漓江水源林保护区的补助经费。

2. 支持漓江流域和桂林山水生态保护工程建设。漓江流域和桂林山水生态保护工程主要包括漓江流域生态保护与基础设施建设工程、漓江风景名胜区保护与利用工程、全国生态文明示范市建设工程、兴安灵渠保护与修复工程四个子项目，计划总投资约1505亿元，目前各项目均已完成规划研究。实施漓江流域和桂林山水生态保护工程，对于加强漓江流域和桂林山水生态保护，实现桂林和广西旅游的可持续发展，建设桂林国际旅游胜地具有极其重要的意义。恳请自治区支持漓江流域和桂林山水生态保护工程建设，并纳入自治区“十三五”规划。

3. 充实林业干部队伍。鉴于桂林生态区位重要性，建议增加基层林业技术人员，充实林业队伍技术力量。切实解决林业干部职工财政供养问题，解除职工后顾之忧。

五抓五切保青山　事事落实见成效

贵州省水城县林业局　杨玉乾

水城县位于贵州省西部，全县总面积3584km²，辖20个乡、13个镇，总人口77万人，全县现有森林面积197.15万亩，森林覆盖率为36.63%，山高坡陡，森林植被较好，柴草茂盛，森林防火基础设施脆弱，农民传统生产用火意识根深蒂固，森林火灾隐患大，森林防火工作任务十分艰巨。去冬今春，我县气温骤升，持续高温干旱天气，森林火险等级持续偏高，加之去年的雪凝灾害，林区可燃物增多，森林防火形势严峻，全局干部职工看在眼里，急在心里，虽是如此，全局职工心往一处想，劲往一处使，下定决心打好2014年森林防火攻坚战，主要开展工作如下：

一、抓关键、切实加强组织领导

做好四项措施（组织、制度、责任、经费）不减弱。一是成立水城县林业局森林防火工作领导小组，认真贯彻落实上级森林防火的有关文件、会议和一系列指示精神，指导、协调、督促各乡镇和相关部门执行森林防火法律法规，落实防火措施，科学调度，组织扑救森林火灾。二是建立健全落实好各项防火责任制，出台了《水城县森林防火责任追究办法》，下发了《水城县人民政府办公室关于切实做好今冬明春森林防火工作的通知》，完善防火预案，加强防控，采取一切措施消除火灾隐患。三是严格执行森林防火行政首长负责制，层层签订森林防火目标责任状，把责任落实到人，把任务落实到山头地块，确保全县森林防火工作有人管、有人抓、抓落实。四是投入20余万元经费，购置防火设备、印发宣传材料、开设防火隔离带，重点林区、重点部位、重要时段增设护林员和森林防火协勤员，聘用30名森林消防队员，解决了县森林消防队人员不足的问题。

二、抓重点、切实搞好基础建设

把好四个环节（指挥、监控、调度、物资）不放松。一是建立了森林防火分级培训制度，林业局、林业站、护林员接受森林防火业务知识培训，熟练掌握科学指挥和安全避险等知识。制定落实《森林火灾事故应急救援预案》，发生火情后能按预案要求科学扑救，配备专职工作人员和办公通讯运输工具，指挥决策的地图等资料齐全，指挥调度记录规范，火灾接报及其扑救过程记录和案件资料及时建档。二是对春节、元宵等重要时段和重点部位采取封禁措施，全局干部职工放弃节假日，顾不上与家人团聚，连续工作不分昼夜，在重点部位设卡封禁，查堵火源火种，防止入山入林，坚决做到路口有人把，山头有人看，坟头有人守；加强生产用火管理，严格执行野外用火制度；严格管控高危人员，对小孩、痴呆、聋哑、精神病人等特殊群体逐一排查登记，明确监管责任人，落实监护责任，严格管控。三是严格落实领导带班和24小时值班制度，防火信息网和各类通讯工具畅通，及时报送火灾信息，为领导决策提供依据，上传下达，调度反馈火灾情况。四是配置防火运输车1辆、指挥车2辆，全县储备风力灭火机50台、油锯15台、水枪26台、砍刀50把、消防斧50把、二号扑火工具2000余把、望远镜10部、对讲机17部、手电筒30支（其中：警用手电筒10支）、防火服75套，全县33个乡镇均配备了风力灭火机1组（3台）以上，储备了一定数量的二号扑火工具，为全县33个乡镇、玉舍林场、杨梅林场配发防火专用车。

三、抓落实、切实做好火源管控

严格三清三查四不放。坚持“三清（清路、清山、清防火带）、三查”（查入山人员和车辆、查无证用火、查隐患）的火源监控格局，进入防火期前，我局组成了五个督查组，分赴33个乡镇和国有林场进行督查，清除路边易燃物品，清除山上和隔离带杂草，杜绝带火人员、车辆入山，消除施工单位火灾隐患，严禁一切违规用火，管住了火源，有效防止森林火灾的发生；坚持“事故原因不查清不放过，事故责任追究不到位不放过，整改措施不落实不放过，教训不吸取不放过”的四不放过原则，对失职、渎职的有关责任领导、责任人员和每起违章用火行为，都及时按照《水城县森林防火责任追究办法》严格追究责任，决不姑息、迁就、开脱，2014年10月1日以来，全县共发生森林火灾5起，无重特大森林火灾，无人员伤亡情况发生。

四、抓应急、切实保证队伍出动

做到一响（哨笛）二动（设备、人员）三到位（思想、行动、信息）。火警信息调度完毕，哨笛一响全局备勤职工、专业扑火队伍、设备、办案人员在半分钟内坐上防火运输车和办案车，在最短的时间赶到火灾现场。扑火队员带上扑火工具，服从安排，积极主动，冲锋战斗在第一线，与火灾战斗并随时将信息反馈指挥部。不够哪里发生火灾，我局全体职工与当地政府职工、民兵和群众并肩作战，苦苦奋战，他们累了就地休息，饿了就吃点馒头和饼干，面对火魔勇往直前，部分职工在扑火过程中顾不上山势的险恶和火势的凶猛，从岩石跳到土坡，从土坡攀登到悬岩，顾不上手脚摔伤，甚至来不及擦拭身上的血又继续投入火灾中，争分夺秒与火魔拼战，谁也顾不上吃一口饭，好好喝几口水。在大家的共同奋战下，消灭一个又一个火灾。在防火期特别是高火险期，大部分干部职工长期没有回家，“家里有事不能办，家人生病不能伴”，部分职工由于长期不回家，不被家人理解，被经常抱怨，有的家庭闹到要离婚的地步，这就是英勇的扑火英雄，舍小家顾大家，遇险不惧，冲锋在前，高标准地完成扑救任务，将每一起火灾损失降到最低限度，为保护全县人民生命财产和全县森林资源做出重大贡献。

五、抓成效、切实降低资源损失

保证三打（打早、打小、打了）二降（过火面积、损失面积）一稳升（灾后重建覆盖率）。进入防火期以来，由于受干旱气候的影响，我县森林防火工作形势十分严峻，森林火灾频发，我局抓住火灾早发现，火势小，尚未扩大蔓延的有利时机，将火灾扑灭在萌芽状态，把森林火灾损失（过火面积和损失面积）降到最低。

总之，由于全县森林防火基础脆弱，导致全县森林火灾频繁发生，全局干部职工虽做出了最大的努力，但是仍然给国家和人民财产造成部分损失，为了不辜负党和人民重托，我局积极组织编制了《水城县特大旱灾林业灾后恢复重建方案》，并积极争取项目，规划实施了火灾重建造林面积 2 万亩，将火灾损失降到最低限度，现已完成全部重建任务，确保我县森林覆盖率稳步提升，向党和人民交一份满意答卷。

加快造林绿化步伐
大力提升西秀区森林覆盖率

贵州省安顺市西秀区林业局　舒明玉

西秀区位于贵州省中部，是贵州省石漠化分布最广、程度最深、危害最为严重的区域之一，石漠化山地占全区国土面积的70%以上，2013年全区森林覆盖率仅为35.17%，在全省及全市均处于挂末水平。为实现全区森林覆盖率的提升，在区委政府的高度重视下，全区以围绕提升西秀区森林覆盖率为核心，打响了一场涵盖山上山下、城市乡村、道路河流、单位园区的造林绿化攻坚战。

一、大力开展县乡村造林绿化，坚持走林业生态产业化道路

西秀区现有林业荒山19.38万亩，为全面消灭林业荒山，我区将19.38万亩荒山全部纳入县乡村造林规划，通过三年的努力，使全区森林覆盖率提增7.57个百分点，其中2015年增加1.5个百分点、2016年增加3.1个百分点、2017年增加2.97个百分点。

按照贵州省县乡村造林绿化三年规划，2014年我区县乡村造林绿化任务为3.85万亩。结合县乡村造林绿化工作的开展，始终把兴林富民作为现代林业发展的根本宗旨，坚持即要绿水青山又要金山银山的思路，通过立足实际，找准产业，加快基地建设。一是大力发展金刺梨产业。通过成功示范种植，打造安顺金刺梨核心区规模化种植10万亩，建立金刺梨100亩以上示范基地10个，吸引外来资金在全市范围内建立金刺梨深加工企业5家，目前金刺梨种植面积已达6.5万亩，挂果面积1万余亩，年产金刺梨鲜果7500t，年产值1.5亿元；二是大力发展木本中药材种植。根据市委、市政府在全市范围内大力发展中药材黄柏产业建设目标20万亩，西秀区作为产业建设核心区，在2020年建成10万亩种植基地；依托国营林场丰富的林地资源，现已规模化种植中药材黄柏3000亩，并示范带动周边发展种植2000余亩。三是大力发展核桃产业。根据全省大力发展木本油料核桃产业建设要求，西秀区现已建成泡核桃基地1万亩，引种和建设采穗圃50亩，示范苗圃100亩，示范推广基

地建设500亩，同时，根据区委、区政府的要求，全区从2014年起到2015年将发展10万亩核桃，现已完成初期基地规划设计。四是大力发展经果林产业建设。通过近10年的努力，全区现已建成艳红桃基地1万余亩，冰脆李和晚熟脆红李基地5000亩，优质梨园3000亩，优质猕猴桃基地1000余亩，年产鲜果3万t左右，年产值1.1亿元。五是大力发展楠竹基地建设。西秀区蔡官镇通过引种示范栽培，现已成功种植楠竹5000余亩，根据蔡官镇人民政府楠竹发展规划，“十二五”期间在全镇范围内种植楠竹基地1万亩，并辐射周边乡镇发展楠竹种植，未来5年，有望建成西秀区最大的万亩楠竹观光园。五是紧紧抓住九龙山森林公园景区和国家级型江河湿地公园的辐射带动，大力发展休闲林业，努力拓展林业发展空间，实现林业战略性转变。建成双堡镇大坝村金刺梨科技示范园60亩、台湾桑葚示范园30亩、葡萄示范园20亩、清镇高速公路沿线晚熟脆红李示范园3000亩、宁谷镇下哨村艳红桃示范园500亩、岩腊乡箐口村优质梨示范园100亩、轿子山镇青山村猕猴桃示范园200亩、旧州镇陇灰村艳红桃示范园30亩、刘官乡大黑村金刺梨示范园80亩，打造一批集休闲、娱乐、旅游等为一体的林果科技示范基地。

二、向非林地发起进攻，在林业用地外索要森林覆盖率

由于地入中心城区，全区林业用地仅占国土面积的41%，即使林业用地实现全部绿化，森林覆盖率也只有41%。要实现森林覆盖率达50%至52%的目标，必须突破林业用地想办法，在开展县乡村造林绿化，全面消灭林业荒山和石漠化山地的同时，向非林地发起进攻，在非林地上索要9~11个百分点的森林覆盖率。

2014年8月11日，区委区政府组织召开了西秀区加快造林绿化步伐推进生态文明建设及捐资建绿大会，制定了向农耕地、道路、小区、广场、庭院、村寨、城镇、河道、湖岸、库区、园区、矿区等非林业用地要森林覆盖率的具体措施。

一是以创建国家、省级园林城市和“美丽乡村、四在农家”为契机，以道路、小区、广场、庭院、河道、湖岸等各类公共绿地为重点，下大力度推进城乡绿化美化进程，增加城镇绿地总量，力争到2017年实现城市绿化率达到40%的目标；集镇绿化覆盖率达到25%以上。年初，我区以狮子山、驼宝山为重点的山体公园、小型游园和生态保护山体开工建设，2014年8月，西秀区省级园林城市创建达标，全区城镇公共绿地总用地面积得到明显提升，目前城市绿化率已达到35%，较十二五期初提增了4个百分点。

二是大力开展耕地绿化。2014 年 11 月 24 日，区委书记罗建强到区林业局，就如何抢抓国家启动新一轮退耕还林工程机遇，积极争取新一轮退耕还林工程进行专题调研，要求国土、林业部门创新思路，积极想办法，紧紧抓住这一千载难逢的机遇，力争把西秀区 13.1 万亩 25 度以上陡坡耕地全部进行退耕还林。同时按照“规模做大，品质做优，效益做高”的思路，大力发展具有地方特色的金刺梨、核桃、晚熟脆红李、黄柏等特色经济林产业。2014 年，我区借助巩固退耕还林项目及中央现代财政农业发展资金，分别在杨武乡及沪昆、贵安大道沿线的耕地集中连片种植 2 万亩金刺梨及 0.7 万亩晚熟脆红李。

三是以“沪昆”高速两侧造林绿化为重点，同时加快“007”县道、“209 省道”、“屯堡”大道、“安普”、“安紫”等高速公路沿线两侧及贵安城市大道、久联大道、二环路等新增城市干道等绿化建设，实施生态景观走廊工程。

四是开展“四在农家·美丽乡村”小康村寨绿化行动，大力营造护寨林，按照人均不低于 3 株，户均不低于 10 株的标准进行村寨绿化；同时加大对居住小区、单位庭院、学校厂区的绿化美化力度，要求新建绿化率不得低于 30%，原建设区域绿化率不得低于 25%。

五是推进园区绿化，要求绿化与园区建设同步设计、同步施工、同步验收。到 2017 年，使西秀园区绿化覆盖率达到 35% 以上。

六是制定矿区绿化建设标准，围绕矿区生态恢复和生活区绿化美化，确保矿区绿化率达到 40% 以上。

七是大力开展河流两岸、库区山塘的水源涵养林、水土保持林与护岸林建设，加快推进“邢江河国家湿地公园”建设。到 2020 年，实现主要河流沿岸和湿地周围基本绿化。

三、加大森林资源管护力度，巩固造林绿化成果，着力解决建设边破坏的问题

针对西秀区的特殊区位，从加强林地管理，规范征（占）用林地审批程序，防止红线保护区域内的林地非法逆转，以及加强森林管护，预防重大森林火灾、强化林业执法，优化公益性岗位护林队伍等方面提出了具体要求。明确乡镇办党委、政府是森林资源管护及火烧、采伐迹地更新造林的责任主体，将森林覆盖率、林地保有量、森林火灾受害率三个指标纳入乡镇党政班子的目标管理和政绩考核体系，规定各乡镇的森林覆盖率每年必须增加 1 个

百分点以上、林地面积不能低于规定的保有量、年度森林火灾受害率控制在0.5‰以内。使“一分种、九分管”真正得以落实，森林资源得到切实保护。

四、构建造林绿化党政领导、全民参与、部门齐抓共管的长效机制

为改变长期以来一直认为造林绿化只是林业部门的事的看法，成立由区委、区政府主要领导任组长，区四大班子分管联系领导及工业园区分管领导任副组长，相关部门领导及乡镇负责人为成员的造林绿化领导小组，采取高位推动，全力推进；对各项建设任务明确了具体的责任部门，如各乡（镇）、办事处负责辖区内绿化造林任务的组织实施和森林资源管护，水利部门负责库区周边、河流两岸、小流域的绿化治理；交通部门负责道路绿化等。还将造林绿化纳入政绩考核体系，乡镇党委书记是第一责任人，乡镇长是直接责任人。突出调度、督查、考核、通报，强化各乡（镇）、办事处、各有关部门在加快造林绿化步伐推进生态文明建设中的责任。突出领导办点，示范带动，明确区级四大班子及各乡（镇）、办事处要在主要交通沿线领办示范点，引导带动面上造林绿化工作开展。

加大林业资源开发利用
提升林业资源发展效益

云南省永德县林业局　武文军　李自红

一、基本情况

永德县现有林地面积297.5万亩（含大雪山国家级自然保护区26.3115万亩，棠梨山县级自然保护区10.9995万亩，国营林场76215亩），占国土面积481.2万亩的61.82%，其中：公益林面积106.39万亩（国家级重点生态公益林94.95万亩，省级重点生态公益林11.44万亩），占林地面积的35.76%，商品林面积191.11万亩，占林地面积的64.24%。按林木所有权划分：国有林面积40.51万亩，集体林面积23.99万亩，私有林面积233万亩；按地类划分：有林地面积233.2万亩，疏林地面积0.8万亩，灌木林地面积52.9万亩，未成林造林地面积0.25万亩，宜林荒山荒地面积8万亩，无立木林地面积2.35万亩；有湿地面积3.8085万亩，占国土总面积的0.789%；有国家和省级重点保护野生物种75种、特有物种51种、新记录物种2种。2013年以来，全县“森林永德·十百千万”工程完成植树162.306万株，其中：县城完成植树1.7385万株；10个乡镇完成植树2.721万株；118个村（社区）完成植树5.2261万株；74201户农户完成房前屋后植树152.6204万株。目前，全县森林覆盖率达60.05%，森林年平均生长量26.742万m^3，活立木蓄积913.8万m^3，2014年预计林业总产值12亿元，农民人均林业收入2500元。

二、森林资源保护开发情况

在森林资源开发利用上，全县牢固树立“生态立县、绿色崛起”的发展理念，坚持以“百里坚果长廊”、“百里生态恢复示范带”、“百里药谷”和南汀河流域生态综合治理暨“三带”建设为抓手，以建设“森林永德”为目标，进一步加大森林资源开发利用，提升森林资源发展效益。

（一）立足资源优势，大力发展核桃产业

结合永德县气候条件和土地资源优势，在全县10个乡镇、111个行政村

大力发展核桃产业，全县核桃种植面积达100.92万亩，涉及7.1万户农户发展种植，占全县农业人口户数的92%，形成了羊勐线核桃生态经济林示范带，建成了乌木龙蕨坝、勐板户丫、德党茂梧和鸣凤山、崇岗大梁子山、大雪山蚂蝗箐6个万亩连片高优泡核桃示范基地。目前，核桃挂果面积40.5万亩，产量2.8万t，农业产值8.4亿元。

（二）围绕打造“万元山”，突出发展坚果产业

1991年永德县林业局从广东湛江引种坚果苗，种植成功后，2002年开始规模化种植，主要种植344、788、246、741、508、OC、H2等14个品种，截至目前，全县澳洲坚果累计种植面积达27.7381万亩（2014年完成种植7.67万亩，占市级任务7万亩的109.86%），投产面积3.58万亩，产量1500t，农业产值4500万元。2014年，全县紧紧围绕“百里坚果长廊”建设，着力在大雪山大棕箐打造10000亩坚果产业示范园、帮控山10000亩坚果产业示范园和1000亩苗木产业示范园，加快推进“云南坚果之窗”2000亩标准化坚果种植示范区建设，在崇岗乡忙蚌打造3400亩坚果精品庄园、大红山11000坚果咖啡示范园、马鞍山5000亩坚果咖啡示范园，在大雪山大红岩至大平掌打造10km生态景观带，形成了大棕箐、大红山和帮控山3个万亩连片澳洲坚果种植示范园区和忙蚌大岭岗山、马鞍山等8个千亩连片坚果种植示范园区，2013年12月，永德县被中国经济林协会命名为“中国澳洲坚果之乡”。

（三）发展苗木产业，夯实“森林永德”建设基础

为确保“森林永德”建设苗木调供，县人民政府出资组建了以培育坚果等经济林木为主的林产业开发有限公司，并在德党镇、永康镇、大雪山乡建成育苗基地745亩，完成育苗2330万株。同时，进一步创新育苗方式，在崇岗乡建成林苗一体化基地1000亩。引进了华顺园林绿化植物研发工程有限公司，在德党镇和永康镇建成以培育菩提榕树、红河榕、凤凰木等景观苗木为主的示范基地400亩，完成育苗320万株；引进以坚果良种繁育为主的云澳达公司，在大雪山乡建成澳洲坚果育苗基地200亩，完成育苗250万株。同时，坚持以市场为主导，以效益为核心，采取公司+基地+农户的模式发展苗圃基地17个，完成育苗732万株。

（四）加强保护开发，提升林业资源效益

围绕农户增收、林业增效、持续发展的目标，大力发展特色经济林木，合理开发保护珍稀林业资源。目前，全县共发展白花木瓜基地6.7万亩、橡胶基地4万亩、松脂基地38万亩、短周期工业原料林基地11.1万亩、珍贵用材林基地1.7万亩；巩固提升4.5万亩芒果基地，2014年7月永德县被中国果品流通协会命名为“中国芒果之乡”；进一步加大野生、散生诃子林 31.3 万亩保护与开发力度，完成了“永德诃子地理标志产品保护”和“中国诃子之乡”的申报工作。

（五）培育龙头企业，激发林业活力

全面深化集体林权制度改革，全县共完成林地确权 18.36 万宗，面积 186.85 万亩，发放林权证 84867 本，依法依规实施林权流转 15916 亩，林权抵押贷款面积 1.1 万亩，贷款金额 4250 万元。结合全县林业资源现状，加大林业龙头企业的培育和扶持力度，全县共有省级林业龙头企业 2 户、市级林业龙头企业 3 户；省级林农专业合作社 1 个、县级林农专业合作社 20 个；产业协会 55 个；林木板材加工等林副产品加工小微型企业 25 个。目前云南康伟生物有限公司已发展成为果汁汁饮料生产、林业“三剩物”生物质燃加工、林下中药材种植等为一体的现代林业龙头企业，公司 + 基地（林场）+ 林农的合作模式成为推动全县林业产业化发展的典型。

三、下步工作思路

围绕“全域森林化、城市园林化、道路林荫化、乡镇全绿化、村庄林果化、田园景观化”的目标要求，始终坚持保护与开发相结合，以“三个百里”为抓手，以全县 60 万亩“万元山”和 67.7 万亩“三带”建设为重点，采取林咖、核魔、林药等多种立体化种植模式，大力发展经济林业，到 2020 年，使核桃种植面积巩固在 110 万亩、产量达 10 万 t 以上，坚果种植面积达 50 万亩、产量达 7.5 万 t 以上，珍贵用材林达 8 万亩以上，速生丰产林基地达 30 万亩以上，苗木基地达 0.3 万亩以上。努力实现森林覆盖率达 70% 以上，林业农业总产值达 60 亿元以上，林农人均林产业收入达 1 万元以上目标。

一是突出“森林永德“建设。把“三个百里”作为“森林永德”建设的标志性工程来抓，着力打造全市一流的绿色经济示范带，实现生态效益、经济效益和社会效益相统一。加强以自然保护区为主的森林资源保护管理工作，有效制止乱砍滥伐等破坏生态的违法行为；坚持治水、治污、治山并举，重点加强南汀河流域永德段和永康河流域生态综合治理，抓实羊勐线、施孟线、振清线永德段二级公路两旁及面山生态修复，深入实施退耕还林、荒山造林、天然林保护、水土保持、小流域综合治理等工程，全面加强生态保护，有效巩固和提高森林覆盖率。

二是突出“三个百里”建设。坚持生态建设产业化、产业发展生态化，把“三个百里”建设作为生态特色产业开发的重要内容和“森林永德”建设的标志性工程来抓，着力打造全县典范、全市一流的绿色经济示范带，实现生态效益、经济效益和社会效益相统一。着力推进“百里坚果长廊”建设，精心布局“一廊两区四园”，以振清二级公路永德段为基准线形成“一廊”，在廊内建设忙蚌坚果精品庄园展示区、滇缅铁路遗址林果产品展示区，大雪山乡大棕箐示范园、帮控山示范园，崇岗乡大红山示范园、马鞍山示范园，着力在南汀河流域建成15万亩“百里坚果长廊”，到2020年，全县建成坚果基地50万亩以上，做强做大“中国澳洲坚果之乡”品牌；着力推进“百里药谷”建设，沿乌木龙、大雪山、班卡、崇岗一线规划发展生物药材及林下产业，实现10万亩药材连片种植；精心打造“航天育种庄园”、“山楂树庄园”、“百药天堂庄园”，将永德建成全市最重要的生物药业基地；着力推进“百里生态恢复示范带”建设，以崇岗至德党、永康至永甸二级路沿线为重点，结合不同路段的区域资源分布，科学合理布局芒果、坚果、核桃、板栗等产业，加快生态恢复示范带建设，实现产业开发与生态保护有机结合。

三是突出“万元山”建设。充分挖掘土地资源潜力，采取长短结合间套种等模式：在中高海拔1600m至2000m区域，实施“核桃＋魔芋”30万亩，到2020年，实现核桃年产量7万t，魔芋年产量60万t，产值达48亿元，单产16000元。在海拔1400m以下区域，实施“澳洲坚果＋咖啡”5万亩，到2020年，实现坚果年产量1.5万t，咖啡年产量7.5万t，产值达6.75亿元，单产13500元；实施“澳洲坚果＋中药材”10万亩，到2020年，实现坚果年产量3万t，坚果和中药材年产值达14亿元，单产14000元；实施“澳洲坚果＋珍贵用材林”10万亩，到2020年，实现坚果年产量3万t，坚果和珍贵用材林年产值达11.4亿元，单产11400元。实施“茶叶＋经济林”5万亩，实现茶叶年产量0.35万t，茶叶和经济林年产值达5.15亿元，单产10300元。同时，积极扶持倡导原生态林下养殖业，为万元山打造创造条件。

四是突出生态旅游建设。紧紧抓住大雪山国家级自然保护区生态旅游规划获国家林业局批准的有利时机，按照生态化、效益化、规范化要求，合理开发，分期实施，着力把大雪山国家级自然保护区打造成永德独具特色的旅游景区，成为推动永德旅游经济发展的引擎。认真做好棠梨山县级自然保护区森林公园规划建设，使之成为“绿色永德、湖滨城市、恒春古郡、大美胜地”品牌定位重要载体。同时，立足全县林业资源优势，积极培育和招商引进林产品精深加工、苗木等林业龙头企业，大力发展林下循环经济，延伸产业链条，努力实现农民增收、企业增效、林业增产的目标。

加强国土绿化　完善生态建设

西藏自治区谢通门县林业局　达　娃

2010年召开的“中央第五次西藏工作座谈会”是在我国全面建设小康社会进入关键时期、西藏跨越式发展进入关键阶段、反分裂斗争形势异常尖锐的情况下，党中央、国务院召开的专题研究西藏工作作出全面部署的一次十分重要的会议，此次会议认真总结中央第四次西藏工作座谈会以来西藏发展稳定取得的成绩和经验，全面分析西藏工作面临的形势和任务，明确当前和今后一个时期西藏工作的指导思想、目标任务和工作重点。谢通门县林业局认真领会会议精神，在中央第五次西藏工作座谈会召开以来，在上级业务主管部门的大力关心支持下；在县委、县政府的正确领导下，全局上下紧紧围绕林业生态文明建设，齐心协力、不断开拓创新，努力实现林业生态和经济效益最大化。为认真总结经验，为今后的林业发展奠定基础，现对“中央第五次西藏工作座谈会”召开以来我局开展的工作总结如下：

一、工作成绩

根据我县的实际情况，我局以构建“绿色通门、生态通门、和谐通门”为主题，以加强国土绿化、实施营林造林、开展生态资源保护为目标，不断改善生态环境、遏制水土流失、泥石流治理，强化提高林业的生态效益、经济效益和社会效益。

（一）造林绿化工作开展情况

重点区域造林工程、拉萨周边造林项目、防沙治沙工程、防护林建设工程等林业重大项目的实施，不仅增加了我县的林地面积，同时为全县社会经济的全面协调发展提供了有力的条件，为当地群众增加了经济收入。实现了很好的生态效益、经济效益和社会效益。

县林业局自2010~2014年以来，累计完成拉萨周边造林8000亩、拉萨周边封育11400亩、重点区域造林9244亩、退耕还林10784.5亩，防护林13720亩、防沙治沙15000亩、现成活率达80%以上。截至2013年，全县林地面积101818.005hm^2，森林覆盖率7.02%。

（二）巩固退耕还林成果后续产业完成情况

巩固退耕还林成果后续产业项目总投资555.89万元，其中：羊圈建设项目130座，投资384.31万元，以建设完成并交付给退耕农户使用；同时，开展实用技能培训和引导性培训并发放补贴15.2160万元，驾驶技术培训和厨师培训发放补贴33万元，2013年共培训63名退耕农民；在雅江北岸沿线投资15万元完成补植补造10000株。

（三）中央森林生态效益补助基金兑现情况

全县区划界定公益林57512.0hm^2，森林生态效益补偿基金实施对象是承担重点公益林管护的单位，包括自然保护区、国有林场分流安置人员、乡镇集体和个人的管护责任人。对获得补偿性支出的人员数和补偿额实行定额管理。2011年年中央森林生态效益补助基金244.05万元、2012年为241.1万元、2013年为253.92万元，资金都已足额发放，并对全县19个乡镇所有公益林都已签订了管护合同，落实了管护人员和管护责任。通过一年的管护，亩均林木蓄积量增加0.1～0.3m^3，郁闭度增加0.2左右，生态效益明显增强。

（四）野生动物肇事补偿基金兑现情况

近几年来，随着我县对野生动物保护力度的不断加强，人们保护野生动物的意识不断增强，生物多样性保护工作的推进，我县的生态环境和野生动物栖息地得到有效的保护，但是县域内部分野生动物破坏当地群众的生产生活及群众的粮食生产和畜牧业发展，使部分农牧民群众受到一定程度的损失。为使群众损失得到及时补偿，切实维护受损群众的利益，我县林业局工作人员把各乡镇上报肇事资金如实向上级业务部门申报损失情况，争取补偿资金。据统计，从2009年开始补偿野生动物肇事补助以来，共兑现野生动物肇事补偿基金1209.628余万元，及时的为受害群众补偿损失，也为我县一些重点野生动物资源得到恢复。

（五）林政资源保护

1. 加强野生动植物的保护。一是加强宣传教育，发放宣传资料《野生动物保护法》、《林地管理办法》、《退耕还林条例》等有关林业法律法规及退耕还林政策学习宣传教育活动，极大提高了农牧民群众对森林资源和野生动物的保护意识。二是开展执法综合培训，要求我局全体干部职工，树立克服困难的思想，发扬吃苦耐劳精神，积极努力工作，实施依法治林、科技兴林、人才强林战略，确保我县野生动植物资源得到有效保护。

2. 林木病虫害防治。2011年至2013年我县一小部分林地发生了林木病虫害，通过实施生物和药物防治，使林木病虫害得以有效防治，未造成蔓延和损害。

3. 加强森林防火工作。2010～2014 年以来，我局同 19 个乡（镇）签订“森林防火目标责任书”，并进入防火期后以藏汉两种形式发放防火通知，切实开展防火工作，层层制定责任，加大防火宣传力度。

二、转变作风，全面加强机关作风建设

加强思想政治建设，努力提高班子的凝聚力和战斗力。几年来，我局全体干部职工认真贯彻“三个代表”重要思想的要求，积极认真开展党的群众路线教育实践活动，使林业局从领导到一般干部都进行了政治理论和业务学习。通过学习，使大家深化了学习重要性的认识，切实端正了工作作风、思想认识，并自觉坚持业余学习与系统学习相结合，理论学习与工作实践相结合。通过认真学习，大家都做到了在政治上，思想上，行动上与党中央保持高度一致，做到了自觉带头贯彻党的方针、政策。进一步增强了林业局整个集体学法、守法的意识，有效地推进了依法行政，提高了执行政策、运用法律、法规的能力和水平。

三、反分裂斗争开展情况

反分裂斗争是一项长期、复杂的的任务，维护西藏的和谐稳定，要坚持把反分裂斗争摆在各项工作的首位，要从思想上、制度上重视反分裂斗争。我局始终坚持把反分裂斗争当做一项政治任务来抓，从加强组织领导、完善维稳工作措施，加强普法宣传教育和严格落实 24 小时值班制度等方面确保了单位内部及林区的和谐稳定。

四、林业发展存在的困难

1. 大部分林地土壤肥力不够，立地条件差、造林点水利基础设施薄弱，水源远，给造林成活率带来了一定影响，

2. 随着我县造林绿化面积的增多，在林木管护上需要更多的人力，管护难度进一步加大。

3. 生态效益补偿基金兑现过程中，个别乡（镇）原始资料不完整、建档不规范，有待进一步改善。

五、林业发展的意见建议

近年来，党中央、国务院对西藏林业生态建设高度重视，由于我区气候条件较差，干旱少雨，宜林地资源有限等原因，致使我县林业发展未能产业化、形成规模经济，但对调节气候、改善环境、防止水土流失等方面发挥了积极的作用，根据我县实际情况，对林业生态建设提出几点意见，一是要加大资金、科技投入，研究耐寒、抗旱的树种，提高林木的成活率；二是要加强林木的后续管理，坚持“三分种、七分管”的原则；三是要加强林业工作人员的知识培训，提高林业工作人员的工作技能。

多措并举切实做好
野生动物保护管理工作

西藏自治区双湖县林业局　才旺罗布　巴　桑　次仁洛珠

双湖县林业局在上级有关部门的有力指导、双湖县委县府的正确领导、双湖县各业务部门的大力支持和我局全体干部职工的精诚团结下，我局各项工作正常有序的开展，取得了一定的成绩，现将我局工作开展情况如下：

一、有力开展各项保护野生动物工作

我局在近几年一直加强野外巡逻，每年由双湖县人民政府大力支持与配合下，组织我局工作人员、各乡（镇）野保员，对羌塘国家级自然保护区、各乡（镇）、野生动物密集点及繁殖点开展不定期巡逻活动，对北部无人区开展为期15天左右、行程2219左右km的大型巡逻。通过巡逻对保护区内的野生动物种群数量、生存环境、生存状况有了更进一步的了解，与以往相比野生动物种群数量有一定增加，但也发现野生动物和家畜数量的增加使我区草场有一定退化现象。

二、野生动物肇事补偿填写工作健康有序开展

野生动物肇事补偿统计审查工作是我局一项非常重要的工作，也是关系民生和群众切身利益的大事。我局安排专人负责，严格按照《西藏自治区陆生野生动物造成公民人身伤害或者财产损失补偿办法》（第95号主席令）相关规定，要求各乡（镇）及时上报每季度肇事情况，确保漏报、少报、瞒报等现象，让每一位受野生动物肇事损失的群众都能得到应有补偿。根据统计，2011年双湖县陆生野生动物肇事共涉及31个村、1723户，共造成损失174.48万元。其中：人员受伤医疗费0.13万元；牲畜损失折人民币157.23万元；两龄以上绵羊2178只，两龄以下绵羊3190只；两龄以上山羊505只，两龄以下山羊1474只；两龄以上白绒山羊1600只，两龄以下白绒山羊852只；两龄以上牦牛12头，两龄以下牦牛46头；三龄以上家马7匹，三龄以下家马6匹。其他家具、储存食品、物资等损失折人民币17.12万元。2012年

双湖特别区陆生野生动物肇事共涉及29个村、涉及1983户，共造成经济损失169.09万元。其中，牲畜损失折人民币155.23万元；两龄以上绵羊2531只，两龄以下绵羊1275只。两龄以上山羊832只，两龄以下山羊340只。两龄以上白绒山羊547只。两龄以下白绒山羊250只。两龄以上牦牛237头。两龄以下牦牛179头。三龄以上家马21匹。三龄以下家马35匹。其他家具、储存食品、物资等损失折人民币13.86万元。

三、认真做好野生动物肇事补偿资金落实工作

根据2006年颁布的西藏自治区人民政府令第69号《西藏自治区重点陆生野生动物造成公民人身伤害和财产损失补偿暂行办法》，我县2010年的肇事补偿资金在2012年5月份已落实完毕，补偿资金共有1699207.4元；2011年野生动物肇事补偿资金共有1746900元、2012年野生动物肇事补偿资金共有1690800元，我局都已统计上报，待落实资金。

四、积极做好野生动物疫源疫病监测工作，及时落实好疫病防控经费

每年进入春季，各地候鸟也陆续来到我区，根据上级有关精神和要求，我局在每年及时组织工作人员开展野生动物疫源疫病监测工作，要求各乡（镇）及野保员加强野外巡逻，实行日报制度，有事报事，无事报平安。我局同时也向地区林业局实行日报制度。2012年年底，在我县各乡（镇），分别为南措镇、雅曲乡、协德乡、多玛乡等出现各级野生动物因山羊支原体肺炎亚种病原死亡现象，大多数为藏羚羊，在发现疫病的第一时间内，我局及时地向上级汇报并积极地组织开展蹲点工作，专门派出我局工作人员及野保员并雇佣当地牧民群众及车辆，经过经过所有工作人员积极努力下，在很短的时间内有效地控制了羌塘珍稀野生动物死亡现象，经我局对各乡（镇）在2012年野生动物疫源疫病防控工作所开支的经费进行了认真的统计和审核，为更好地开展以后疫病防控工作、调动牧民群众的积极性，我局以报告等形式向上级部门请求解决防控经费，及时落实了防控经费，落实情况如下：多玛乡4410元（包括劳务费和车费）；协德乡一村11110元整（包括劳务费和车费及车俩修理费）注：按照报告内容，我局考虑到本人实际，给乔多摩托车修理费2000元、协德乡三村13830元整（包括劳务费和车费），共计24940元整；南措镇共计82751元整（包括劳务费、车费、油费、车俩修理费及蹲点过程中上交的物资费）注：按照报告内容，我局考虑到本人实际，给聂扎

摩托车修理费1800元，上交物资的具体户名不详，根据情况合理分配；雅曲乡共计77750元整（包括劳务费、车费及车俩修理费）注：按照报告内容，我局考虑到实际，给四村战旗车维修费20000元、三村格桑战旗车修理费8000元、乡兽防站摩托车修理费1000元、野保员索次和乔珠摩托车修理费各3000元；巴岭乡9680元整（包括劳务费和车费），按照双湖县人民政府会议纪要［2012］18号文件内容，每人日补助标准为60元、摩托车为50元、车辆为100元，我局要求各乡（镇）严格按照文件要求，层层落实，专款专用，逐级负责人和落款人签字盖章后，及时把落实情况表原件上报给县财政局，复印件上报给县林业局，我局将继续做好野生动物疫病防控经费，把野生动物疫病死亡率降到最低点。

五、认真做好外来人员进入保护区的登记发证工作

双湖地大物博，自然资源和矿产资源都十分丰富，每年进入双湖保护区内旅游和探矿的外来人员极为较多。我局实行一把手负责制，对外来人员进行严格的资格审查，并安排专人负责登记发证、收取手续费等工作，经统计，2014年截止到目前我局在2011年外来人员进入保护区的旅游人数共有135人、车辆62辆；地质队考察人员共有252人、车辆共有81辆（小车66辆、大车15辆）；穿越人数共有100人、车辆共50辆小辆，收回手续费共有62150元；2012年外来人员进入保护区的旅游人数共有54人、车辆14辆；地质队考察人员共有224人、车辆（小车44辆、大车9辆）；穿越人数共有18人、车辆12辆（小车10辆、大车2辆），进行了详细的登记及检查工作，收回手续费共有37750元，全部都已上交县财政局；2013年至今进入保护区旅游人数共有61人、22辆车；穿越人员共有12人、6辆小车，地质考察人员共有135人、32辆车（24辆小车、8辆大车），收取手续费共有24700元，全部资金已上交给县财政局。

六、严肃处理野生动物捕杀案件

打击偷盗猎各级野生动物犯罪分子是我局要开展的一项重要工作，近几年内，我局管辖范围内共发生野生动物案件4起，即：2011年阿欧雪山处查获捕杀一只藏羚羊案（罚款20000元人民币）；协德乡查获捕杀一只藏羚羊案（罚款14000元人民币，没收作案工具两辆摩托车）；雅曲乡查获非法收购野生动物产品案（罚款2000人民币，没收作案工具一辆摩托车）；2012年3月

15日措折强玛乡查获非法收购野生动物产品的案件，案发后经野保员和各乡政府举报，我局立即组织相关工作人员赶赴现场，将嫌疑人抓捕归案，没收作案工具一辆摩托车、一辆大车，处罚金额共计为33735元。其中30%奖励给提供线索人员以外剩余的全部已上交给财政局。近几年共查处4起案件，全部处理为行政案件，我局按照相关法律程序对以上犯罪分子进行严肃处理并让他们深刻写检讨忏悔自己的过错，精心地教育和指导以后不准再出现这样的错误，罚款金额共计为78000元人民币，除21000元人民币奖励给提供线索人员外57000元全部已上交给县财政局。在2014年5月20号经群众举报，我局工作人员在县上查获一批非法出售、收购珍贵、濒危野生动物制品案件，涉及犯罪嫌疑人昂某、卓某、才某等三人，并把涉及非法出售珍贵、濒危野生动物制品案的两名犯罪嫌疑人卓某、才某进行依法起诉，涉及非法收购珍贵、濒危野生动物制品案的罪嫌疑人昂某正在依法查办中。

七、做好野保员工资落实及签订目标责任书工作

每年我局安排工作人员，前往双湖县各六乡（镇），与各乡（镇）签订《草原防火目标责任书》和《野生动物保护目标责任书》，与野保员签订《野保员巡逻任务目标责任书》、与政府签订《党风廉政建设责任书》、《预防道路交通事故目标责任书》及维护稳定相关目标责任书，在2013年协助县政府办与各乡镇签订《“十二五”期间保护发展林业资源目标责任书》，我局每年及时地完成各项目标责任工作并到年末验收上述签订的各项目标责任书规定的工作完成情况并对野保员进行了日常巡逻及监测方面的相关培训，同时发放年度野保员的工资，到目前我县共有53名野生动物检测员。

八、对口帮扶情况

我局对口村是措折羌玛乡二村，我局每年根据创先争优、强基惠民活动的精神，了解民情，调节矛盾，大力宣传和学习党的各项政策，慰问无低保、牲畜数量不达标、无劳动力、生活来源比较差的牧民发放大米、面粉、砖茶、酥油、清油等生活必需品。在2011年我局帮扶对口村委扶贫商店8000元人民币并用我局车辆把牧业产品的货物运输到那曲牧业市场，来回车辆油费全部由我局承担；在2012年我局帮扶资金共计为5160元人民币并给二村村委会赠送一台完好的电脑以便住村工作队开展各项工作，帮助村委会利用我局的车子把牧业产品的货物运输到那曲牧业市场，共行程1580km、油料费7508

元由我局来承担。2013 年到目前慰问资金为 3000 元人民币。

经过几年的努力，我局所开展各项工作取得了一定的成效，我县各级羌塘珍稀野生动物数量有了一定的增加、偷盗猎野生动物案子明显减少、野保员野外监测工作及野生动物统计方法提高，案子提供线索的速度提高，各乡镇人民政府统计野生动物肇事补偿上报申请程序及牲畜作价、其他东西的作价准确度明显的提高。

九、存在的问题及困难

1. 由于近年来保护野生动物工作得到了有效的改善，随之野牦牛、棕熊等各类珍贵野生动物数量不断增多，导致经常性地袭击和破坏等地牧民居住地，甚至对牧民人身安全造成直接危险，特别是棕熊肇事率极为高，在 2013 年和 2014 年被棕熊袭击而导致两人死亡，我县急需防棕熊网围栏项目。

2. 草场承包经营责任制的落实和完善不仅把草场分给了每一个牧户，而且基本上把原来草场由家畜和野生动物所共享的传统格局被打破。自 2004 年以来，如今羌塘草原上的大部分优质草场被围栏。草场承包责任制和围栏建设项目不仅萎缩了野生动物的生存空间，而且严重破坏了自然保护区的自然景观。然而，自然保护区管理条例以及相关政策和法律明确规定，在自然保护区内严禁和禁止任何破坏野生动物生境和自然景观的人为活动。大面积草场围栏导致野生动物的自然生存有了极大的破坏。据统计结果一天死亡野生动物 66.5（头，只，匹）大部分是草食动物藏羚羊，黄羊，藏野驴。网围栏破坏了藏羚羊搬迁途，破坏了各种野生动物的栖息地，自然的生态及科研效果有了很大的破坏。

作者简介：

才旺罗布，男，1957 年 9 月出生。现任西藏自治区双湖县政协副主席兼林业局局长。

改善生态民生
推进现代林业建设工作

西藏自治区林芝县林业局　尼玛次仁

林芝县地处念青唐古拉山与喜玛拉雅山与喜马拉雅山之间东部，雅鲁藏布江下游，受西风带气流与印席洋暖湿气流影响，境内气候温和干燥，日照充足，森林资源丰富，有林地面积462481hm^2，占全县总面积的55.34%。其中，森林288819hm^2，疏林地9801hm^2，灌木林地162950hm^2，无立木林地904hm^2。全县森林覆盖率为55.5%。全县有国家级森林公园1个（色季拉森林公园），国家级自然保护区1个（雅鲁藏布大峡谷保护区）。全县7个乡镇林区都纳入了森林生态效益管护范畴。

林芝县林业局现有46名干部职工（其中干部22人，工人24人），下设局办公室、生态办、森林公安局、森防办、签证室、苗圃、检查站、派出所。作为全县林业工作的主力军、先导者，深刻认识到林业是生态建设的主体，把建设森林生态系统、保护湿地生态系统、维护生物多样性的作为工作的重中之重，现将林业开展情况概述如下：

一、林业工作开展情况及取得的成绩

我局全体干部职工，切实以党的十八大精神为指导、以科学发展观为行动指南，不畏艰辛，不畏困苦，在不断的摸索和实践中，林芝县林业工作取得了一定的成绩。

（一）森防工作方面

我局把森防工作作为重中之重，认真执行森林防火行政领导负责制，层层落实《林芝县保护与发展森林资源目标管理责任书》，做到组织健全、指挥灵敏、反映快捷、领导有力；完善了局领导包片制度，加强林区巡逻。确保每一片林区每天都有人员参与巡逻检查。组建了森林防火突击大队，下设8个中队，共计400人，配备较精良的森防装备。在经费严重不足的情况下，每年划拨27万专项资金，用于突击大队队伍培训。同时积极与消防大队强强联合，以“家火、山火一起防”为目标，共同组建义务消防队，配备必要的森防器材和设备。采取上街、上路、上墙、上册、上电视、设法律咨询台等方式加强了宣传，切实强化了火源的管理。为增强防火宣传的直观性、启发性，让群众在日常娱乐生活中随时能够接受防火教育，起到潜移默化的宣传作用，我局特别制作了印生动的卡通防火漫画的扑克牌。同时在重点林区、重要沟口修建森防工作站和瞭望塔，给重点林区乡镇配备了森防消防车。在全局干部职工的不懈努力下，林芝县林业实现了多年零火灾的良好局面。

（二）林政工作方面

围绕生态屏障建设，坚持“依法治林，发展林业”的方针，切实加强了林政的管理力度，加大了林业执法监管力度。

1. 征占用林地方面。制定了《征占用林地管理办法》、林地征用审批审核的范围、程序，严格控制了森林资源流失现象，近年来平均每年出动林政人员 1500 余人次，车辆 400 余台次。对毁林开垦现象进行严肃查处，并按要求退回占用林地，足额收齐补缴四项林业费用。同时，切实落实林权界定和林权颁证工作，协调解决林权争议。

2. 木材流通方面。在木材流通领域监督和木材经营加工管理上规范了木材市场管理，加强对木材经营单位和个人实行不定期进行监督管理，有效的整治了木材领域中出现的“无证”、“超量”、“逃避检查”“票证不符”等违规现象。对木材加工点进行清理、造册登记，建立健全监督检查制度，防止违法收购和非法加工行为，维护林业生产和木材流通秩序。

3. 案件查处方面。我局一直严格遵守国家法律法规及规章制度，严厉打击犯罪分子。全力维护林区社会治安稳定严厉打击破坏森林和野生动植物资源违法犯罪活动，维护林区社会治安稳定，是各级森林公安机关的重要职责。截至目前，我局案件综合查处率为 100%。充分发挥职能作用，严厉打击各种毁林违法犯罪。2011 年 8 月林芝县建成西藏首个基层派出所——百巴森林公安派出所，并于 2013 年建成了鲁朗镇派出所。

（三）生态造林方面

1. 义务植树造林方面。我局每年积极宣传和营造义务植树造林声势，大力开展义务植树造林活动，每年全县义务植树造林面积达 1500 亩，义务植树造林的开展，提高了全社会植树造林绿化美化化环璋建设事业的发展，有力地推动了国土绿化和生态环境建设事业的发展，带动了部门绿化的发展，促进了社会主义精神文明建设。

2. 林业其他项目方面。积极争取林业项目，利用林业项目开展绿化造林活动。通过开展退耕还林工程、重点区域造林工程、义务植树造林项目、防沙治沙工程、森林抚育项目、森林生态效益补偿基金项目、荒山荒地造林工程、防护林营造工程、迹地更新工作、特种经济林项目等造林项目的实施，扎实的改进全县的生态环境，促使了全县森林资源呈现健康增长的状态，实现了社会和国民经济可持续发展的需要，既保护了本县的生态环境，又增加了当地农牧民的经济收入，恢复和增加了森林植被，维护了生态安全。

（四）野生动植物保护方面

1. 完善疫源疫病检测体系。野生植物疫源疫病监测站建设工程，有效防止了野生植物病菌的传播，提高了全县野生植物疫病监测和控制、预防能力的覆盖面，能快速监测出野生植物携带及其受侵染的疫源疫病种类。

2. 认真开展病虫害治理工作。切实教导林农、果农掌握常见病虫害的识别方法和防治措施，提高了林农、果农的技术水平，通过以点带面的作用，切实降低了林农、果农的经济损失。

3. 切实加强野生动物肇事补偿工作。进一步降低野生动物肇事造成农牧民群众的损失，有效维护受灾群众的利益。

二、积累的经验

（一）领导高度重视

县委、政府的高度重视下，我局把森防工作作为重中之重，加强领导，健全制度，认真执行森林防火行政领导负责制，层层落实《森林防火目标管理责任书》，并成立了以县长为组长、分管林业工作的副县长为常务副组长、政府班子成员为成员的森防指挥工作领导小组，在我局设立了领导小组办公室，专门负责各项具体工作。并根据森林防火工作需要，县森防指挥部制定了县级领导干部包片负责制度。

（二）经费保障有力

近年来，国家、上级部门、县政府不断加大了在生态造林方面的经费投入，以各造林项目为抓手，切实强化了全县林业的发展环境，促进经济发展与林业、资源、环境相协调。

（三）切实依法管理

我局狠抓林政管理工作，彻底铲除了非法带锯这个毒瘤。认真贯彻党的十八大精神，深入贯彻落实科学发展观，紧紧围绕森林公安工作会议和县委、政府中心工作，牢固树立“立警为公，执法为民”的思想，开展“规范执法行为，促进执法公正”全面加强队伍建设，思想作风建设和内部执法监督机制，全局民警立足本职、扎实工作，用实际行动有力地维护了我县的经济建设，确保了辖区内森林资源和野生动植物资源的安全。

三、存在的不足

作为基层林业单位，工作中仍存在许多不足之处。

（一）营林生态方面

每年上千万的造林项目中，涉及项目的前期准备、选址、规划、技术培训、项目实施、后期管理工作，我局技术力量相对薄弱，专业技术人员缺乏。由于，当地群众由于认识不够，对造林成果的管护不够，同时气候的恶劣导致了造林成活率的低下。

（二）林政、森防方面

由于林芝县地处地委行署所在地，人员复杂且流动性强，森林面积大，点多线长面广，林政、森防工作还存在一些隐患，宣传不够深入，投入不足，面不广。同时，林政执法环境差，存在执法压力大，且人员配置不足等问题。

（三）理论学习方面

虽然大家有学习的意识，但作为基层单位，文化水平参差不齐，对于国家政策的学习，掌握不够透彻。在围绕理论学习中存在的热点、难点、焦点问题开展研究不够，且缺乏必要持续的充电和知识更新。

（四）服务群众方面

我局的林业技术推广服务体系不健全，运行机制不灵活，思想认识不到位，重视不够，针对性不强，与服务对象面对面指导和交流不够。同时，推广服务方式方法创新不够，专业工作人员素质亟待提高。施设备陈旧落后，甚至缺乏必要的仪器设备，使日常的科技推广服务工作也难以开展。

四、对今后工作的思考及建议

近年来，我国林业建设进入了积极推进现代化的新阶段，为能进一步解放思想、开拓创新，进一步推动基层林业现代化发展，切实抓住这个战略机遇期。

（一）切实做好生态、民生的改善工作

作为基层林业单位，我们应该紧紧围绕生态文明建设，步步跟随国家方针政策，切实抓住林业转型升级的核心，从改善生态、改善民生两个方面着力，齐头并进。改善生态是林业工作的根本任务，林业是生态建设的主体，而森林作为陆地生态的主体，一个地区的森林状态好坏影响着这个地区的生态，而森林总量的增加、沙化的治理与防范是促使森林健康成长的关键。基层林业单位，应该要扎实完成每年的造林绿化任务，认真实施各防沙治沙项目，把改善生态作为林业工作首要任务，认真严谨的完成。改善民生是林业工作的最终目标，林业工作的落脚点是改善民生，为积极响应我党执政的根本出发点，始终树立服务群众的思想，通过建立健全我局林业技术推广服务体系，灵活其运行机制，确保该体系针对性强、且有与服务对象足够面对面指导和交流。切实将改善生态与改善民生作为我们工作的重点，协同推进，齐头并抓，让人民群众充分享受林业建设成果的同时，也让“生态林芝、绿色发展“的理念深入人心，激发广大群众对建设生态林芝的热情，形成全民生态的良好态势。

（二）大力推进林业工作现代化

推动林业现代化，需要我们看清形势、看准政策、大力创新。想要创新林业、带动发展，首先就应该拓宽产业规模，大力发展各林业产业，将单一的产业结构调整成多元化的产业结构。通过加大各林业产建设的力度，切实促进群众就业增收，拓展了林业发展空间，为“生态林芝”的建设创造了品牌和优势。其次，作为基层林业单位，我们是时刻面对着群众，这就要求我们应在大力拓展发展领域与空间的同时，自觉适应国家形势，紧盯国家方针，加强政策对接、搞好项目储备等工作。再来，林芝县作为林芝地区林业大县，本身拥有的林业资源就非常的丰富了，这就需要我们转变工作职能，强化执法监管职能，抓好资源保护和管理，深化林权改革、加强林权的管理，坚决做到林地资源不被非法侵占、使用。最后，推进现代化林业的重点，是要加强林业的科技创新，提高林业的科技水平，完善标准、技术等，充分发挥科技在转变林业发展方式、推动林业现代化的过程中的作用。

（三）扎实巩固群众路线成果

巩固群众路线成果，强化公仆意识，坚持联系群众，进一步密切同人民群众的血肉联系，就要求我们需要坚持经常深入一线，到山头地块开展调查研究，认真倾听一线干部职工和最基层群众的心声，深度分析、剖析，及时调整改进工作方法，提升整体工作水平；切实提高办文、办会、办事效率，力求写短文、说短话，少开会、开短会，充分利用现代信息技术和通讯手段，积极探索创新高效传达贯彻文件、会议的方式；进一步树立查实情、说实话、办实事的观念，加大对涉及群众切身利益的难点、热点工作推进力度，使林业工作真正经得起群众、实践和历史的检验；在工作总量增加的同时，更加注重质量效果，推动林业总量扩张向规模、质量协调同步发展。

在今后的工作中，我们将不断加强学习、认真总结经验、积极借鉴方法，进一步强化机遇意识，增强必胜信念，在林业工作繁重艰巨的任务和压力面前提振精气神，形成敢闯敢试、不怕困难，难中求进，奋斗不止的合力，最终推动林芝县林业又快又好的发展。

强化林业执法力度　加强森林资源保护

西藏自治区米林县林业局　杨　康

一、米林县林业事业工作现状

（一）认真落实森林防火工作，确保无林火发生

1. 及时开展1月、3月、5月森林防火宣传月宣传教育活动，对306省道，林区周边村庄、社区、林场内的居民、流动人员、施工人员、外来暂住人员发放《森林防火宣传手册》2000册，森林防火宣传环保袋500多条，森林防火宣传单1000多份。并要求全县8个乡镇借助驻村工作队，乡镇干部职工力量，深入本辖区各村委会面对面开展森林防火宣传教育工作，使宣传活动形式多样，宣传面达100%。

2. 林业部门坚持加大对林区和重点沟口的巡逻检查力度，形成森防巡逻值班制度和森林防火值班制度，确保手机24小时畅通，加深密度、深度、广度，开展林区火灾隐患排查工作。加大林区施工作业队监管力度，签订施工单位防火责任书9份、办理施工人员入林证73份。

3. 根据上半年召开的全区森林防火视频会议工作上各级领导对森林防火的安排部署精神，先后召开森林防火工作再动员再部署会4次，做进一步的强调和安排。

4. 进一步完善基层防火组织建设。目前有森林防火管护员16686人、乡林业监管员13人、村监管员105人。基层森林防火半专业应急队4个，共65人。各乡森林防火突击队8个，村委森林防火突击队67个，共2500人。

5. 完成县及8个乡镇乡、村级《森林防火目标管理责任书》的签订工作。签订《森林防火目标管理责任书》4类共3829份，其中县级1份、乡镇级8份、村级100份、各户3720份。

6. 加强森防器材的储备和检修工作，对现有的消防水车、抽水泵、水枪、塑料桶、油锯进行检查保养，目前有

塑料桶6057件，水枪3826套、油锯30把、砍刀100把、发电机6台、风力灭火机15台、指挥帐蓬3套、手台15部、铁锹1000把其中袖珍铁锹460把、接力塑料水管10件、布带水管50圈。各类水泵12台、二号工具550把、森防指挥车3台、牵引消防水车3台、消防车2台、牵引物资动输车

1台。

7. 对米林县森林重点火险区综合治理工程建设项目进行可行性研究报告，并对可行性研究报告进行了补充完善。目前正上报国家林业局待审。

8. 认真贯彻落实上级部门及县安委会关于安全生产和减灾防灾相关指示精神，制定和完善《米林县处置森林火灾应急预案》，《米林县火灾隐患排查方案》。

（二）打击林业违法行为，严格执法

林业违法犯罪活动一直是阻碍林业管理的“绊脚石”。林业行政部门集中采取重点突击、关键点蹲点的方法打击林业违法犯罪活动，收到了良好的效果。首先，有情必出，全力查处林业犯罪。自林业局设立林业违法犯罪举报电话以来，遵章守法的群众反映良好，纷纷积极主动的拨打举报电话进行检举，米林县林业局接到举报电话后，不分昼夜的赶往事发现场。积极利用法律手段打击犯罪活动。

1. 2014年上半年林业部门共查处各类林业案件9起，没收原木8方，锯材30.6方，下桨木1320根，挽回经济损失72100元，取缔非法带锯5台。办理征收占用林地手续8宗，35264.34亩，已办理4宗，正在办理4宗。征收森林植被恢复费743398元，林木林地补偿费120850元。兑现第一季度生态效益补偿费4901870元。

2. 2014年上半年森林公安查处林业案件。案件1起，没收下桨木160根。

（三）营造林绿化工程建设力度不断壮大

1. 2014年度重点区域造林工程：造林面积为2841.9亩，总投资为314.3049万元，已完成投资189.05万元。

2. 2013年度西藏生态安全屏障防护林造林工程：造林面积为2340亩，总投资为117万元，已完成投资11.7万元。

3. 2013年度退耕还林配套荒山荒地造林工程：造林1000亩，封山育林4000亩。总投资为58万元，已完成投资11.7万元。

4. 2013年度西藏生态安全屏障防沙治沙工程：封沙育草7500亩，砾石压沙6000亩，草方格沙障7500亩，挡沙堤0.755km，城镇居民沙害治理15000亩，城镇居民机固沙1950亩。总投资为971万元，正在办前置手续。

5. 米林县大花黄牡丹采种基地：项目建设总规模500亩。其中，生产工程占地477亩，辅助工程和基础设施占地23.0亩。拟建在米林县扎绕乡多卡村，国家投资为280万元。目前该项目正在招投标阶段。

6. 采购优良乡土核桃种子848斤，开展有良种培育，目前正在县中心苗圃进行培育，预计21200株。

二、存在的困难和问题

1. 部分乡镇对资源林政管理工作重视不够，认识不到位，对本辖区内发生的林业违法行为视而不见，不能主动配合林业部门的执法工作，实行举报、查报。到目前发生的林业案件均由林业部门在执法巡逻、检查时发现。

2. 林业营造林项目资金作业投入与项目设计资金存在差距，影响开工作业。

3. 林业工作量大，各项投入多，财政经费预算不能满足林业实际工作的需要。

三、对策与思考

1. 加强生态文明宣传，普遍提高群众的生态意识。通过各种媒体方式或典型示范方式普及生态科谱知识，对农牧民群众进行林业法律法规的宣传学习，提高群众的林业法制意识和对社会的责任感。

2. 加强执法力度，坚决制止乱砍滥伐现象。严格林木采伐管理制度，强化林木采伐源头管理，以制止非法征占用林地为重点，加强林地林权管理，从严查处毁林开垦，多占乱占等违法行为。同时，进一步加大对野生动植物保护的宣传力度，加强森林病虫害的综合治理。

3. 强化监管，充分发挥基层林业队伍的作用。加大山林巡护力度，对在山林巡护中发现的问题，及时上报有关部门进行处理，对无证采伐林木的违法行为，坚决予以制止，严防出现乱砍滥伐的现象，切实保护好森林资源，确保造林成果，实现森林资源永续利用。

多举措加强森林防火工作
实现29年无森林火灾

西藏自治区墨脱县林业局　白玛扎巴

我县森林防火面积共2463084hm^2，共7乡1镇，46个行政村，1931户，9706人，人均防火面积3806.538亩，长期以来，我县森林防火工作，在县委、县政府的正确领导和上级业务部门的指导下，通过多种举措森林防火工作取得了较好的成绩，实现了29年无森林火灾。这些成绩的取得，是县委、县政府和上级林业主管部门精心组织、周密部署、狠抓落实的结果，是有关单位和部门共同协作、齐抓共管的结果，也是森林防火战线广大干部职工和全县各族人民共同努力的结果。主要采取措施：

一、各级党委、政府对森林防火工作高度重视，落实了责任制

县委、县政府历来高度重视森林防火工作，始终把森林防火工作放在突出位置，加强领导，认真执行森林防火行政领导负责制，层层落实责任，使森林防火工作形成了齐抓共管的良好局面；县、各乡（镇）全面落实“森林防火工作实行各级人民政府行政领导负责制”和每年县政府与各乡镇签订《森林防火目标管理责任书》，切实履行职责，主要领导切实担负起第一责任人的责任，把森林防火列入了重要议事日程，周密部署，反复检查，狠抓各项措施的落实。我局多次下发关于做好节假日和特殊时期森林防火工作的通知，对国家和自治区领导及上级森防部门领导的指示及时进行传达和贯彻执行。

二、加强森林防火法律法规和相关知识的宣传教育、强化监督

我局每年利用各种节假日和法律宣传日，开展森林防火宣传活动，是几年来我县开展森林防火宣传教育的一条成功经验。在公路沿线、大小集镇共发放宣传材料6300余份，走村入户宣传教育，受教育农牧民群众25000余人次，我县森林防火指挥部在交通要道和入林路口专门增设了森林防火宣传牌，

跨公路宣传横幅，有效地形成了森林防火浓郁的舆论氛围。通过常年不断地反复宣传，增强了全社会的森林防火意识和法制意识。为全县森林防火工作顺利开展，奠定了良好的思想基础。

三、严格火源管理，有效发挥各部门协同作战能力

森林防火是一项涉及全社会，并需要全社会共同参与的工作。近年来，我县县委、县政府积极采取各项措施，做了许多实实在在的工作。不仅注重抓部署，抓安排，更注重抓检查，抓落实。一是检查基层森林防火工作落实情况，发现问题及时解决，努力把防火工作抓细抓实。二是我局始终把森林防火作为义不容辞的责任，积极为县森林防火工作出力献策。2013 年自治区林业厅，直接安排，分别在县城、德兴乡、达木乡，建立 5 个森林火险监测点，因此有效地提高了我县三个乡镇的管控力度。

四、坚持防火期值班带班制度，加强对林火的监控力度

加强值班制度，严格按照要求实行零汇报制度。在完全了解本辖区森林防火工作的前提下，每天下午 3：00 至 4：00 之间向森防办上报当天森防情况，有事必须报事，无事报平安；

五、完善森林防火设备

截至 2012 年我县累计争取森防物资共：29 台油锯，185 套消防服，1220 只消防水桶，290 套水枪，21 台水泵，1663 把铁锹，8 台风力灭火器，100 砍刀，100 消防斧，护林鞋 20 双，一辆森防车。

六、投入的资金和投入的人力

2008 年县财政投入 10 万元资金，完善我县森防设备，2012 年我局在地区林业局争取价值 56 万元森防物资。我局每年要求各村管护队员，在本辖区管护区进行巡山，每月巡山四到五次，2006 年以来共投入 35000 余人次，同时我局每年在春秋农忙之际，为避免出现野外用火不慎而引发事故，安排工作人员在公路沿线及存在安全隐患地段开展执法检查工作，累计投入 280 余人次，出动车辆 50 余次，全县以海拔高低和防火任务大小，区划防火区域，成立森防突击队，共建立森林防火突击队 5 个，管护队长共 64 名。

保护发展森林资源　促进现代林业建设

西藏自治区波密县林业局　张豪杰

波密，藏语称“博窝”，意为“祖先”，是吐蕃第一代藏王——聂赤赞普的出生地；位于西藏东南部，既是林芝地区东大门、周边邻县的重要中转站和物资集散地，又是318国道线上的交通枢纽和商贸重镇，在全区发展稳定格局中具有重要的战略地位；全县平均海拔3300m，县城驻地扎木镇海拔2720m，总面积近1.7万km^2，下辖10个乡（镇）、84个村委会、1个居委会，总人口3.3万，其中农牧民2.3万；境内动物、植物资源十分丰富，有一、二、三类受国家保护的野生动物80余种；植物资源达400余种，其中有天麻、虫草、松茸、灵芝菌、羊肚菌、三七、大黄等多种名贵林下资源；境内气候温和、风景秀丽、资源丰富，拥有全国最美原始森林——岗云杉林自然保护区，中国最美冰川——米堆冰川，最美国家地质公园——易贡国家地质公园等，享有“藏王故里、冰川之乡”之美誉。波密县是全区林业大县之一，有林地面积47.34万hm^2，占陆地面积的28.62%，森林面积36.04万hm^2，占林地面积的76.13%，森林覆盖率27.78%；活立木蓄积量1.15亿m^3，其中森林蓄积量约1.14亿m^3，占99.51%。

近年来，在区、地林业部门的大力支持下，波密县委、政府按照“建立国家重要生态安全屏障”和“继续着力加强生态保护”的总要求，认真贯彻中央、自治区和地区《关于加快林业工作发展的决定》，高度重视森林资源保护发展工作，把“生态立县”战略放在全县“六大战略”首位，提出了建设“生态大县、生态波密”的目标，形成了《中共波密县委员会　波密县人民政府关于加快林业发展工作的意见》，全力推进保护发展森林资源目标责任制建立和执行工作。先后荣获“全国林政管理先进县”、“全国绿盾二号行动先进集体”和“自治区森林防火先进县”等殊荣，4人次先后受到国家级表彰。

一、保护发展森林资源目标责任制建立和执行情况

一直以来，县委、政府高度重视保护发展森林资源工作，及时作出了“突出重点抓生态，全力以赴保资源”的战略决策，把森林资源保护与发展工作纳入了全县经济发展的重要议事日程，采取一系列措施，促进保护发展森

林资源工作。

（一）建立保护发展森林资源责任制

县委、政府对保护发展森林资源历来高度重视，做到有组织部署、有资金投入、有检查考核。专门成立了由政府县长任组长、分管林业副县长为副组长，林业及相关县直部门，各乡（镇）、各森工企业负责人为成员的领导小组。每年，县政府与各乡镇人民政府、森工企业、易贡茶场分别签订了《波密县森林资源保护和发展目标责任书》、《波密县森林防火目标责任书》，县林业局与各乡镇人民政府、森工企业、易贡茶场也分别签订了《波密县重点公益林管护目标责任书》，层层落实责任制。年底，我县组织检查组深入各乡镇、森工企业、易贡茶场进行森林资源保护和管理目标责任制的各项工作检查，总结经验，及时发现保护发展森林资源工作中存在的问题及隐患，及时下发了整改通知，限时整改。次年年初，再次组织纪检、监察、财政、林业等部门组成检查考核组，对各乡镇进行年度森林资源保护和管理目标责任制的考核，按考核实绩兑现奖惩，确保了保护发展森林资源目标责任制的贯彻落实。县政府重视对林业建设的投入，在财政十分困难的情况下，每年安排林业专项资金20万元用于林业建设。

（二）强化森林资源管理

我们始终坚持在发展中保护，把管理作为发展的首要前提。一是加大执法队伍建设。充分发挥各森防巡逻队作用，做好本辖区地面巡逻工作，跟踪检查管护员的上岗情况；负责本辖区的林政、森林防火工作，严厉打击各类林业违法现象。县人民检察院和法院分别设立了林业检查科和林业审判庭，使林政管理和森林公安执法力度不断加强。二是开展征占用林地清理整顿大检查专项行动。先后对波堆电站、古乡旅游、乡村道路、荒山耕地开发等林区项目严格实施征占用林地和森林采伐限额审批的管理，合理开发利用林地林木资源。截至目前，全县未发生一起非法征占用林地案件。三是开展专项严打行动。我们组织开展了“林业严打”专项整治行动，大力宣传《森林法》和《野生动物保护法》，采取定期、不定期、巡逻及埋伏等打击手段，有力打击非法运输、乱砍滥伐、非法捕杀、运输、贩买野生动物及其制品、违章用火等各类林业违法行为。四是加强生态公益林管护。大力宣传关于森林生态效益补偿基金政策，实行了集体管护方式，加大了各公益林区的管护力度。目前，各林区的管护力度有了明显的提高，各管护区境内以往滥砍、滥伐木料的村民，现全部变成护林、爱林、守林者。截至目前，全县实施生态公益林面积达595万亩，其中国家重点公益林193亩，地方重点公益林面积为402万亩。全县年管护资金达1785万元，受益面实现全覆盖。

（三）大力发展后备森林资源

为建设和完善森林生态体系，在保护好现有森林资源的同时，大力培育和发展森林后备资源。一是实施生态安全屏障保护规划，狠抓天然林保护、退耕还林、重点区域造林和迹地更新等生态工程，先后在易贡乡、易贡茶场、扎木镇、玉普乡等地实施防护林体系绿色工程；建立自然保护区1个。成功申报嘎朗国家级湿地公园，嘎朗村被评为“全国生态文化村”。二是狠抓退耕还林工程，截至目前，全县共完成退耕还林2060.8亩。三是开展义务植树。我们将义务植树列入年终考核范围内进行考核。同时，我县还将县直机关义务植树与扶贫开发相结合，开展核桃产业带示范基地建设，使全县广大农牧民群众看到了种植经济林所带来的好处，既美化了环境，又增加了经济收入。四是推进重点区域造林。重点区域造林地按三年承包制承包给当地老百姓，从造林到浇水、架设网围栏、后期管护均承包给所在地村委会负责，从而有效促进了造林地成活率、保存率、合格率，为当地群众增加了现金收入。五是加强迹地更新造林工作。县林厂、扎木林厂每年完成迹地更新造林任务1000亩。六是加强加强森林病虫害防治，及时严防布控措施，储备森林病虫害药物150箱，细化方案和措施，全面加强监测、防治力度，确保了森林资源安全。

（四）规范森林采伐及森林经营

一直以来，我们始终坚持在保护中求发展，把规范森林采伐和森林经营作为保护森林资源的有力举措。进一步完善各种规章制度，严格执行设计、采伐、加工、运输和更新等各环节的管理。一是以伐前作业设计、伐中检查和伐后验收为重点，努力提高伐区设计质量，严格伐区检查验收，严格管理伐区作业不规范、浪费森林资源现象。二是建立定期培训制度，森林采伐作业前对直接从事采伐作业的群众和管理人员进行严格培训，经考核合格获得上岗证后，方可从事采伐作业。三是大力规范采伐行为，严格执行“六定”方案，即：定地点、定树种、定采伐方式、定时间、定数量、定监督管理措施），实行“四统一”，即：统一管理、统一采伐、统一加工、统一运输。明确规定企业在采伐作业过程中不得出现“采好留坏”、“采大留小”、“丢件子”、伐桩过高等浪费资源现象和越界采伐等乱砍滥伐行为。四是建立健全林木采伐台帐制度。各森工企业从木材采伐、加工到销售环节，都要有规范、准确的台帐登记。非商品材（群众自用材）加工场点建立健全了木材进场、加工、出场台账制度。

（五）加强森林防火工作

我们始终坚持“森林防火责任重于泰山”的指导思想，全面加强森防工作。一是及时修订完善了《波密县森林火灾扑救预案》，做到了分工明确、责任到人，确保森防人员、资金、后勤、指挥“四到位”；二是把森防工作纳入社会治安综合治理范围，形成了“政府负全责、全民抓防火”的森林防火防范体系和全社会齐抓共管森防工作的良好局面。三是加强森防队伍建设，提高森防队伍素质。针对波密县森林防火队伍薄弱、基础力量不足、跟踪检查不到位等一系列问题，全面启动森防队伍建设实施方案，截至目前，全县已组建水泵队 2 个，共 60 人；组建灭火增援梯队 10 支，共 2000 人；组建义务扑火队 11 支，共 3400 人。组建公益林专业管护队 9 支，共 48 人，分别配备了必备器材。四是加强森防一线物资储备。进一步规范了器材仓库管理，实行专人负责、维修，建立了出入库档案，有效加强了森防后勤物资供应管理，为森林防火工作的顺利开展奠定了坚实的基础。五是开辟防火隔离带。结合全县防火区域内林情、社情复杂，火源点众多，道路四通八达，人员活动频繁，野外火源管理难度特别大的特点，聘请自治区林勘院对全县范围内林区与生活区交界处进行规划，开辟出专门的防火隔离带，把林区与生活区彻底分离。

二、存在的问题和不足

一是森林资源保护任务艰巨。乱砍滥伐林木、乱占滥用林地现象时有发生，加之我县地处 318 国道沿线，交通四通八达，给森林资源保护和管理工作带来了一定的困难。

二是森林防火形势严峻。受林种、地理位置、气候以及外来人员多等因素影响，我县林区仍存在一定的森林防火隐患，稍有不慎，随时可能对全县林业生态建设造成威胁。

三、今后努力方向

一是狠抓森林防火工作，确保林业生态安全。把森林防火工作作为当前头等大事来抓，做好野外火源管理，抓好森林防火工作问责制的落实，降低森林火灾发生率。

二是强化森林资源保护管理，维护林区秩序稳定。继续开展森林资源专项整治行动，清理木材加工厂，做好木材采伐管理，加大打击盗伐、偷运、乱砍滥伐木材等违法犯罪行为力度。

把握机遇　夯实基础
全力打造生态文明绿色新昌都

西藏自治区昌都市卡若区林业局　泽仁欧珠　吴卫国

昌都县位于西藏东部，地处横断山脉和三江，山高谷深、气候恶劣，森林覆盖率较低。在区林业厅和地区林业局的大力支持和县委、县府的正确领导下，自2002年以来，我县先后实施了退耕还林、重点区域造林、生态安全屏障防护林造林等一系列林业重点工程，通过这些工程建设，我县森林面积稳步增长、森林覆盖率不断、生态建设成效显著提高。截至目前，我县累计造林5441.176hm^2、封山育林16266.67hm^2、迹地更新380hm^2，森林面积达到538530.483hm^2、森林覆盖率达49.90%，树木绿化率54.91%，一个崭新的文明、绿色新昌都正逐步展现。主要做法有：

一、坚持目标导向、明确管理责任

目标引领方向，思路决定出路。我县紧紧围绕“十二五”发展规划和奋斗目标，在深入总结“十一五”工作经验的基础上，提出了“以全力打造生态文明绿色新昌都为目标，以生态建设提质、文化建设提升、群众生活提高为抓手，以退耕还林、生态公益林、天保工程建设为重点”的林业发展思路，同时紧紧依靠强基础惠民生和党的群众路线教育实践活动两个载体，不断创新形式，全力推动我县林业的大发展。为了确保目标实现，我县按照县、乡、村、自然村、护林员五级管理模式，层层进行动员、层层分解任务、层层签订目标责任书，实现了“山有人管、林有人护、火有人防、责有人担”的良好局面。

二、坚持能力建设，提升队伍素质

毛主席说“正确的路线政策决定以后，干部是决定的因素。”一是抓好班子建设。局党委班子重新分工，分解任务，明确重点，严格执行民主集中制的议事决策规则；二是抓好组织建设，深入开展学习型党组织建设、创造争优强基惠民、一坚定三忠于、党的群众路线教育实践等活动，充分发挥好基层党组织战斗堡垒作用和先锋模范作用；三是抓好素质建设，选派10余人次参加区内外业务培训和继续教育、组织业务骨干深入基层开展业务讲座，深入开展学习党的十八大、中央西藏工作座谈会和自治区昌都会议等活动，不断提升干部职工素质；四是专门给木检人员及管护人员印发标有藏、汉两种文字说明的《森林法》、《野生动物保护法》、《森林防火条例》、《森林病虫害防治条例》等，使他们能通过学习国家出台的各项办法、标准、程序，结合当地实际，落实管护责任。

三、坚持生态第一、全面加强管护

我县坚持“严格保护、科学经营、积极发展、持续利用”的思路，切实采取有效措施，全面加强森林资源管护。一是以退耕还林、公益林、重点区域建设等重点项目为支撑，大力推进植树造林、封山育林、中幼林抚育工作，稳步提高森林质量、改善林分状况。二是创新管护形式，建立起军、警、民联防管护体系和乡村共建共管机制，加强与森林武警、乡政府、村委会和护村队的联系，做到小事不出村、中事不出乡、大事不出县，从而降低了管护难度、提高了管护效率。三是强化森林公安和林政人员的联合执法，集中力量在全县范围内不定时的对林地征占、林木采伐和木材流通等方面进行专项检查，严厉打击了破坏森林资源的违法犯罪行为，确保了森林资源的安全。四是建立健全森林火灾应急预警制度，积极部署做好森林防火预防、应急演练、值班值守、零报告制度等工作，加大防火宣传力度，加强对高火险期、重点地段的督导检查，并在重点禁区设立防火执勤点。五是开展林业有害生物监测预报，配备专职监测人员，严密监控危险性林业有害生物的传播和蔓延，实现监测覆盖率达到100%。六是组织开展“天网行动”专项整治行动，严厉打击破坏野生动植物的违法行为，签订了《保护野生动物》协议3000余份、设立警示牌80个，在森林管护区317、214国道沿线建立生态保护大型宣传牌7个，中等的宣传牌105个，小型的宣传牌上千个，向农牧民发放《森林法》及《保护野生动物》读本10000余册，宣传单上万份。一年以前我县拉多乡境内还发现了雪豹的踪迹，这说明我县已初步形成了保护野生动植物的良好环境。七是坚持项目拉动战略，着力抓好项目储备、申报和实施工作，确保项目建设规范管理、资金安全运行。

四、坚持文化引领，推进生态文明

一是开展了以“保护生态环境，共建绿色昌都”为主题的“爱鸟周”和

“野生动物保护宣传月”活动，印发宣传单、宣传画3000份、挂历1300份、张贴宣传标语618条、印发工作手册3149本；二是蹲下身子深入基层，通过举办讲座等形式积极宣传《森林法》、《野生动物保护法》等有关林业法律法规和政策，增强广大农牧民群众生态文明意识和法律意识，确保森林资源管护宣传工作“有声有色有动作”，从而充分营造依法管护森林资源氛围；三是打造绿色家园，推进生态文化村建设。2014年城关镇小恩达村及嘎玛乡里土村被评选为2014年全国生态文化村，这两村生态环境良好、生态文化繁荣、生态产业兴旺、人与自然和谐，是我县生态建设的突出典范。

五、坚持民生优先，发展民生林业

人民群众的根本利益是林业发展的出发点和落脚点，我县始终把改善林区民生作为推进生态文明建设的首要任务，让生态建设者和保护者有效益、不吃亏、得实惠。一是努力提高群众收入，我县现有护林员3149名，人均7200元/每年，占家庭收入的25%以上，3149名护林员就代表了3149户家庭，占全县户数的40%，等于直接提高和改善了我县40%的家庭生活水平；二是大力支持安居工程，我县积极支持农牧民群众的住房改造，对每户改造户免费提供8～15m^3不等的木材补助，受益群众达97%以上；三是切实解决群众困难，由于我县实行严格的木材管控，给农牧民群众的生活带来了不便，为了解决这个问题，我局动员干部职工组织困难农牧民群众通过捡拾枯树败枝的方式为群众提供木材，确保他们正常过冬，同时也保护了森林资源。

虽然我局在过去几年里我县的林业工作取得了一定成效，但我县林业工作还面临严峻的考验和挑战，主要表现在三个方面：一是昌都地处横断山脉和三江，山高谷深、气候恶劣，冬季异常寒冷，且冬季较内地长，人们靠木材取暖御寒，要改变这一现象还需经历漫长的历程；二是木材价格的急剧上涨，趋势部分不法分子为谋取暴利不择手段的破坏森林资源；其三：基层缺乏专业技术人员。

针对以上存在的问题，我局相应提出三条建议：一是昌都取暖问题，或者利用新材替代工程，以减少人们对烧柴的需求；二是控制和降低木材市场价格，已达到遏制不法分子利用木材谋取暴利的行为；三是将林业经济发展纳入到政府经济预算中，选配专业性强的技术人员到基层，加强林业队伍力量的建设工作。

加强森林资源林政管理
做好现代林业建设工作

西藏自治区朗县林业局　尼　玛

朗县林业局以党的十八大、十八届三中、四中全会精神为指导，深入贯彻落实科学发展观，践行“三个代表”重要思想，在县委、政府高度重视和大力支持下，大力发展“一果两椒三桃”（苹果、花椒、辣椒、藏冬桃、核桃、葡萄）特色产业发展，全面推进防沙治沙、绿化造林、森林防火、林政管理等工作，取得了较好的成绩，现就我县林业工作经验交流如下。

一、森林防火

成绩：连续4年无森林火灾。

经验：在各级林业部门大力支持和各森林防火成员单位的共同努力下，县林业局多措并举，实现了4年无森林火灾的优异成绩。

一是落实森防责任。与各乡镇签订年度《森林防火目标管理责任书》，层层落实森林防火责任，明确了各乡镇书记为森林防火第一责任人，各乡镇长为主要负责人。每年年终召开全县森林防火工作会议，兑现《森林防火目标管理责任书》奖惩，通过奖惩机制提高全县参与森林防火工作的积极性。

二是大力度宣传森林防火。结合我县实际，制定了森林防火宣传图册和法律知识小册子，经常性到各乡镇、行政村开展宣传，积极参与县司法局、综治办组织的各项法律宣传，在高险期和高险区加大森林防火宣传力度，确保了森防意识深入人心，妇孺皆知。此外，在各重点林区沟口增设宣传牌，提醒过往人员注意森林防火。

三是制定各项工作方案。根据地区林业局和县安监局相关要求，制定我县《冬春森林防火实施方案》、《森林防火隐患排查方案》，保障各项制度到位，根据各项方案指令领导小组，推进森林防火工作有序开展。

四是落实值班报告制度。制定了由村、乡、县、地组成的四级森林防火逐级上报制度，采取零报告、日报告制度、领导带班值班制度，确保了全天候24小时信息畅通。

五是加强林区巡逻。充分运用森林生态效益补偿基金，使全县群众参与到森林防火工作中来，各行政村劳动力均为森林防火巡逻员，在重点林区沟口设立了固定的森防巡逻站，对进出林区人员进行登记管理，全社会参与森防工作，形成了我县森防巡逻网，使森防巡逻由点到面，实现全覆盖。

六是加强巡逻检查。我局对各乡镇、行政村进行不定期森林防火督查，并形成督查专报，对存在问题的乡镇及行政村进行通报批评，在防火期加强了林区尤其是林区施工队管理，进一步强化了施工人员森防意识。

七是加大森防物资储备。积极向上级林业部门争取森防物资，并为各乡镇配发一定量的森防物资，定期对森防仓库进行整理、打扫，检修森防器材，确保森防器材完好。

八是组建森防突击队。目前全县共有森防突击中队 6 个，突击分队 52 个，突击队人数总计 1821 人，对各突击分队队长开展年度培训，加强扑火救火技能。

二、绿化造林

成绩：群众参与植树积极性高涨，绿化面积显著提高，林业产业收入占收入比重明显增加。

经验：

（一）义务植树

2014 年在县政府“全县干部职工大干七天”决策下，我县义务植树工作掀起一波高潮，两年来，我县义务植树取得了惊人的成绩，也积累了丰富的经验。

一是种植。全县干部利用 7 天时间投入到义务植树工作中，严格按照“一种二踩三提苗”流程按时完成种植任务，两年共完成义务植树 4293 亩。

二是包片负责原则。各义务植树责任单位对本单位种植区负有管护和补植补造责任。

三是加大水利设施建设。在义务植树区安装 PE 管，确保了义务植树区水利设施全覆盖，为灌溉提供了条件。

四是定期组织各单位进行浇水。间隔为 15 天，根据季节和降水量适量增加和减少。

五是对植树任务进行考核。翌年初对上年义务植树成活率进行验收，验收情况进行通报，对未成活的要求补植补造，确保责任到位。

（二）经济林木

我县深挖核桃、花椒、藏冬桃产业发展潜力，做好市场调查，引导群众走向市场，进一步提高我县核桃、花椒、藏冬桃的知名度和竞争力，多渠道引进和整合资金，走“公司＋基地＋协会＋农户”的发展格局，做大、做强我县“一果两椒三桃”产业。

一是县委、政府高度重视经济林木特色产业发展。成立了以政府县长成燕同志为组长的核桃发展协会，为经济林木种植提供了组织领导。

二是选取本地优质苗进行栽植。苗木对本地土壤气候适应性较强，且延续了朗县传统林产品品质。

三是广泛宣传。朗县核桃三次被全国核桃协会分别评为金奖、二等奖和优秀奖，核桃品质佳，常有核桃研究机构至我县购买核桃，此外，我县积极开发各种林产品特产，拓宽了销售渠道，群众种植经济林木积极性高涨，自发自愿种植果树，我局大力支持群众发展林业经济，积极争取资金为群众发放苹果、核桃、藏冬桃、梨苗木，推进庭院经济发展。

四是争取项目，发展基地。争取到朗县木本油料核桃生产基地项目，目前该项目正在实施中，此外，在每年的重点区域造林项目中争取加入部分经济林木种植作业点。

（三）造林绿化过程中其他经验做法

我县实验性推进绿化造林，一方面是造林季节，我局于 2013 年和 2014 年开展秋季试种核桃 300 亩，成活率低，抽干现象很严重，另一方面是造林树种，造林树种上选择多元化，避免外来物种，2014 年我局在县城周边试种云杉 200 株，巨柏 300 株，目前已种植完毕。

三、惠农资金管理及兑现

取得的成绩：资金管理完善，登记到位，兑现及时到位

经验：为规范和加强林业资金管理，提高资金使用的透明度，我局高度重视，每次兑现林业资金都邀请县财政局、纪检委工作人员协同发放资金。强农惠农资金发放严格按照程序，首先在项目实施乡镇、行政村进行公示，公示完毕后由林业局建立补助兑现台账，各项目涉及乡镇兑现补助时需要涉及户提供身份证号码，由县纪委、财政、乡镇人民政府及行政村两委班子、涉及户共同参与，盖章签字后兑现补助。林业局要求在发放完强农惠农资金的十五天内必须现金发放到群众手中，并做好公示。此次检查发现各项资金均按要求及时足额发放到农户手中，严格执行专款专用，没有出现截留、挪

用等现象。

四、退耕还林

取得的成绩：完成退耕还林2415. 2亩，工作成绩显著，得到了区、地两级林业部门一致好评。

经验：在工程开展过程中，我县在未知中不断摸索，整理出一套属于我县的独特做法。

一是领导高度重视。退耕还林工程下达至我县之后，我县从政府到分管部门高度重视，县林业局安排专人负责，认真学习相关文件及工程设计文本，县政府对退耕还林实施作出指示，要求认真开展，实施进度及时汇报。

二是宣传到位。在开展退耕还林之前，我县对退耕还林政策进行了深入宣传，做到了农牧民群众人人皆知、家喻户晓，提高了农牧民退耕还林的积极性。为了保质保量完成退耕还林任务，提高退耕还林苗木成活率，朗县退耕办组织技术人员，深入各乡镇、村、户当中进行技术指导，规范栽植方法。

三是农牧民生态意识明显增强。广大干部群众进一步认识到退耕还林、改善生态的重要性，参与退耕还林和其他生态建设工程的积极性大大提高，加强生态建设和环境保护已成为全社会的共识。人民群众从连年遭受自然灾害的现实中体会到，生态环境恶劣是急需面对的一个大问题，因此，造林积极性空前高涨，社会各界都踊跃投入资金进行绿化造林，改善人居环境。

四是结合我县“一果两椒三桃”特色经济发展。工程实施时，刚好赶上我县提出发展“一果两椒三桃”特色产业发展，县委、政府在政策上给予了很大的支持，优质的土地加上优质苗木和辛勤管护，使得我县退耕还林取得了一定的成效。为确保退耕后造林一片成活一片，每年春、秋两季职能部门要组织项目区农民对退耕还林受损苗木、地块实行补植补造。

五是种植模式转变。以往的农田是青稞、油菜或辣椒等单一种植，退耕还林工程实施之后，在政策支持的范围内，通过不断探索创新，发展出土豆、辣椒、苜蓿草等多样性套种模式，一方面保持了水土流失，达到了退耕还林工程意义，另一方面增加了单位土地产量，提高了群众收入，真正使退耕还林成为一项惠民工程。

六是管理模式转变。以往的经济林木种植头重脚轻，种植初期群众积极性很高，对种植前景一片向往，到了后期管护期间，由于水利设施跟不上或者管护费用过低，往往出现无人管护的情况。而退耕还林工程实施后，原始的农田灌溉工程保证了水分供给，管护模式为谁家的地谁管，集体耕地由村集体承包给了个人，使得责任落实到户，而收获的果实由承包户享有。

七是发放补助及时。2003 开始，退耕还林粮食折现补助和现金补助在我县实施兑现，县林业局根据相关文件要求，及时足额兑现退耕还林补助，截至目前累计兑现上述两种补助 547.4251 万元。退耕还林补助发放严格按照程序，首先在项目实施乡镇、行政村进行公示，公示完毕后由林业局建立补助兑现台账，各项目涉及户建立分户卡片，兑现补助时需要涉及户提供身份证号码，有县纪委、财政、乡镇人民政府及行政村两委班子、涉及户共同参与，盖章签字后兑现补助。

八是自查验收严格。退耕还林工程实施完成之后，我县由县政府带头，组织林业部门、纪检部门、财政部门组成工程验收小组，对项目实施情况进行检查验收，验收过程较为严格，对成活率低的种植点要求限期补植，对种植苗木不符的要求更换，严格的验收保证了退耕还林工程顺利实施，效果显著。

探索野生动物保护机制
促进人与自然和谐相处

西藏自治区尼玛县林业局　次仁格力

近年来，尼玛县坚持以宣传教育为前提，以依法管理为手段，以加强自然资源保护、构建和谐生态环境为目标，在强化各项措施，制止各种违法行为的基础上，使自然保护区的自然资源得到有效保护，生态环境得到明显改善。

一、基本情况

尼玛县地处羌塘国家级自然保护区核心地带，是色林错国家级自然保护区重要保护区域。县域面积达 15 万 km^2。

（一）自然保护区和湿地公园情况

拥有国家级自然保护区 2 个、国家级湿地公园 1 个和自治区级湿地自然保护区 3 个。即：羌塘国家级自然保护区，色林错国家级自然保护区，昂拉错—马尔下错自治区级湿地自然保护区、扎日南木错自治区级湿地自然保护区、洞错自治区级湿地自然保护区。当惹雍错国家级湿地公园。昂拉措－马尔下错是我县独立的自治区级湿地自然保护区，当惹雍措是那曲地区唯一的国家级湿地公园。

（二）野生动植物资源基本情况

尼玛县境内栖息繁殖着国家一、二级重点保护动物 30 余种，主要有藏羚羊、雪豹、野牦牛、西藏野驴等。我县是野生动物种群数量分布最为广泛的县，也是高原生物多样性较为丰富的县之一，湿地面积约 53 万 hm^2，约占全地区湿地面积的 13%。

1. 野生植物及植被基本情况

根据调查和有关文献资料统计，我县范围内有苔藓植物 1 科 1 属 2 种，种子植物 30 科 92 属 152 种，其中，裸子植物 1 科 1 属 1 种，被子植物 29 科 91 属 151 种。按植物形状分，木本（灌木及亚灌木）6 种，其余包括苔藓植物在内的 148 种均为草本。

我县境内植被有落叶阔叶灌丛、草原、草甸、沼泽和水生植被等类型。其中落叶阔叶灌丛主要为变色锦鸡儿灌丛（Form. Caragana versicolor）；草原主要为紫花针茅草原（Form. Stipa purpurea），紫花针茅、藏沙蒿草原（Form. Stipa purpurea、Artemisia wellbyi），紫花针茅、矮火绒草草原（Form. Stipa purpurea、Leontopodium nanum），沙生针茅、藏沙蒿草原（Form. Stipa glareosa、Artemisia wellbyi），固沙草、沙生针茅草原（Form. Orinus thoroldii、Stipa glareosa），青藏苔草（Form. Carex moorcroftii），青藏苔草、紫花针茅草原（Form. Carex moorcroftii、Stipa purpurea）；草甸主要为青藏苔草、波伐早熟禾草甸（Form. Carex moorcroftii、Poa poiphagorum），青藏苔草、赖草草甸（Form. Carex moorcroftii、Leymus secalinus），扁穗草、赖草草甸（Form. Blysmus compressus i、Leymus secalinus），藏北嵩草草甸（Form. Kobresia littleidalei）；沼泽植被主要为海韭菜沼泽（Form. Triglochin matitima）；水生（沉水）植被主要为红线草群落（Form. Potamogeton pectinatus）。

2. 野生动物资源基本情况

我县境内脊椎动物共4纲19目40科70属99种，其中鱼纲1目1科1属2种；爬行纲1目1科1属2种；鸟纲12目27科51属72种；哺乳纲5目11科17属22种。

其中：国家I级重点保护的动物有胡兀鹫、黑颈鹤；雪豹、西藏野驴、藏羚、野牦牛6种。国家II级重点保护的动物有棕熊、猞猁、藏原羚、岩羊、盘羊、鸢、草原鹞、白头鹞、大鵟、草原雕、秃鹫、高山兀鹫、猎隼、红隼、藏雪鸡、长脚秧鸡、普通雕鸮、纵纹腹小鸮18种。国家保护的有益的或者有重要经济、科学研究价值的陆生野生动物有西藏沙蜥、红尾沙蜥、风头鸊鷉、普通鸬鹚、赤颈鸭、斑头雁、赤麻鸭、翘鼻麻鸭、红头潜鸭、白眼潜鸭、普通秋沙鸭、高原山鹑、蒙古沙鸻、白腰杓鹬、红脚鹬、白腰草鹬、渔鸥、棕头鸥、普通燕鸥、西藏毛腿沙鸡、雪鸽、岩鸽、灰斑鸠、山斑鸠、戴胜、云雀、角百灵、白鹡鸰、灰鹡鸰、黄头鹡鸰、黄鹡鸰、渡鸦、黄腹柳莺、黄眉柳莺、棕柳莺、黄嘴朱顶雀、大朱雀、朱雀、狼、沙狐、藏狐、香鼬42种。

3. 野生动物数量、分布、迁徙路径和规律基本情况

野生动物数量：藏羚羊10万余只，野牦牛3000多头，藏野驴5万匹，藏原羚3万余只，盘羊5千余只，岩羊3万余只，棕熊2000余只。

我县藏羚羊、藏原羚、藏野驴等食草类动物主要分布于吉瓦乡、尼玛镇、俄久乡、中仓乡、荣玛乡、文部乡、军仓乡、阿索乡。分布于我县尼玛镇2村那若塘（地名），尼玛镇10村（杂雄），吉瓦乡1村、2村、5村、7村的

藏羚羊，不存在迁徙行为。

我县迁徙的藏羚羊种群大体有三条迁徙路线：

第一条路线为：分布于尼玛镇北部、荣玛乡东北部的藏羚羊经觉母雪山，多杰迟布（山名）最终到达在色吾雪山和天水河周围一代进行产仔。

第二条迁徙路线为：阿索乡、文部乡、俄久乡经曲如桑、（地名）其加山、最终集中在色吾雪山和天水河周围一代进行产仔。

第三条迁徙路线为：军仓乡、中仓乡、荣玛乡西部经塔惹桑（地名）、塔加布（地名）、俄如杂嘎（地名），最终集中在色吾雪山和天水河周围一代进行产仔。

迁徙时间为每年 4 月中旬开始离开栖息地，前往色吾雪山和天水河周围一代进行产子，于当年 6、7 月份沿原迁徙路线返回栖息地，完成整个迁徙过程。

2013 年 6 月我县境内央视跟踪拍摄报道的藏羚羊产仔期数量就达 15 万只左右。在每年 11 ~ 12 月份交配，交配季节常可看到一只雄性带三五雌性成群觅食的景象。

野牦牛、藏野驴每年 9、10 月份进行交配，于次年 6、7 月份产子。

二、保护工作的主要经验

自开展野生动物保护工作以来，我县以资源保护为重点，多形式、多方法，全力推动野生动物保护事业健康有序发展。

（一）上下联动，建立保护体系

1. 强化组织领导

成立了以县长为组长的县级野生动物保护领导小组，各乡（镇）相应成立了乡级野生动物保护领导小组及村级野生动物保护领导小组，建立了以林业公安局为基础，形成了县、乡（镇）、村（居）和野保员齐抓共管的野生动物五级联保体系。

2. 落实野生动物保护绩效考核

将野生动物保护工作纳入了全县 14 个乡镇经济、综治考评重要内容。在每年经济工作会上，县长与各乡（镇）签订了目标管理责任书。

3. 严格落实目标责任制

每年县林业局深入到各乡（镇）、村（居）及牧户层层签订了加强野生动物保护及制品管理、木材运输及野生动物疫情监测、草原防火、野生动物肇事上报相关事宜目标管理等责任书。

4. 建立野生动物保护奖惩机制

县府每年都专门召开野保工作总结及安排会议，对野生动物保护工作做的较好的乡镇、村和个人进行了表彰，重点乡镇发放了野保经费，从而大大激发了基层干部和群众参与野保工作的积极性。

5. 严格野生动物产品管理

为了防止野生动物产品流入市场，我县积极发动群众，由野保员带头，将自然死亡的野生动物产品上交到林业部门，群众每年自愿上交的藏羚羊皮、头等野生动物产品约400余张。

（二）强化管理队伍建设，提高管理人员整体素质

近年来积极派人参加了各级林业主管部门举办的业务培训班，并采取邀请WCS、WWF专家来尼玛县讲座、以及派人去青海、广东等地考察学习的形式，极大的提高了管理人员的素质，并对基层135名野保员进行监测方法的培训工作，制定了相关的管理制度，大大提高了野保员的整体素质，为管护工作奠定了基础。

（三）加强基层监测人员队伍建设，提高野外巡护监测水平

目前，我县拥有保护区5个，野保员135名，隶属于这5个自然保护区。一是加大宣传力度，动员号召全民参与野生动物保护工作，把思想觉悟高、工作责任感强、有一点文化基础的青壮年吸收为野保员，壮大野保队伍，建立群众联防体系。截止目前全县共有野保员135名，群众志愿服务野生动物保护区人员60名，野保员平均年龄31岁。先后邀请WWF、WCS等保护组织专家以及本单位人员开展野保员野外监测培训班20余次，参训人员达1200余人次，通过监测能力培训和建立监测数据库的形式，一方面提高了野保员监测能力和水平，另一方面掌握了我县野生动物种群分布情况，为今后科研和决策提供了依据；二是每年年初与羌塘、色林错、昂拉错－马尔下错、洞错、扎日南木错等自然保护区聘用的135名野保员，逐一签订了为期一年的管护承包合同，划定了巡护范围和巡护面积，明确了工作任务及职责。建立了严格的绩效考评机制，对不胜任的野保员进行及时调换（目前已调换12名），有效的增强了野保员的工作责任感和使命感。并多方筹集资金给野保员配备了巡护摩托车42辆、望远镜67个、卫星好易通座机3部，每年专门安排经费3万元，用于野保员巡护设备的维修，通过这一系列举措，极大的提高了野保员巡护的积极性。

三、具体做法

近年来，我县野生动物保护工作主要从以下三方面入手：

（一）抓宣传，进一步提高群众保护、爱护的自觉性

为了提高群众保护生态环境和野生动物资源的意识，针对我县地广人稀，牧民群众居住极为分散的实际，我们始终将法制宣传作为野保工作的一项重要工作来抓，采取多种形式，广泛宣传了《中华人民共和国野生动物保护法》、《中华人民共和国自然保护区条例》等法律法规，普及了自然保护区和野生动物保护有关知识，在社会上产生了较大影响。

一是借每年的三月、六月、九月法制宣传月、周、日和五下乡活动以及尼玛县象雄文化艺术赛马节、各乡镇的赛马节、六一儿童节等群众聚集的契机，采取发放宣传资料、张贴藏汉文宣传海报、横挂宣传横幅、设立定点宣传咨询台以案说法等形式，对个体户和牧民群众进行了法制宣传教育，提高了群众的保护意识，扩大了社会影响。

二是印制宣传彩页，利用乡镇人大换届选举、走村入户发放野生动物肇事补偿资金等场合发放宣传材料，进行法制宣传。

三是开展生态保护知识宣传教育进校园活动，在县中学、县完小开展了生态保护知识讲座和宣传活动，组织在校师生开展野生动物保护知识竞赛和演讲比赛。通过以上举措极大的增强了全县人民的保护意识。

（二）抓执法，严厉打击盗猎野生动物有成效

近来我们依法加强了保护区进入人员的管理，并每年组织人员定期开展野外巡护工作。特别是每年组织两次以上大规模的深入羌塘国家级自然保护区巡护工作、圆满完成了“高原绿剑行动”、“藏羚羊保护行动”和“高原亮剑”等一系列巡护任务。截止目前共查处各类案件69起，其中刑事案件25起，林政案件44起，缴获国家一、二级野生动物皮张1758张，其中羚羊皮1346张；没收各类交通捕猎工具34台（辆），小口径自动步枪8支，子弹3500发，处理涉案人员120人，最高判处无期徒刑，累计刑期达61年。

通过保护，尼玛县境内的藏羚羊等珍贵濒危野生动物种群数量逐年上升，破坏野生动物资源的违法案件发案率逐年降低，破坏野生动物资源的犯罪行为已基本得到控制。藏羚羊等珍贵濒危野生动物种群数量正逐年上升，离尼玛县城约20km处，随处可看到藏羚羊等野生动物与人类和谐相处的景象。

（三）抓项目建设，促进自然保护区功能发挥有保障

通过实施羌塘、色林错国家级自然保护区和昂孜错－马尔下错自治区级湿地自然保护区项目建设，极大的改善了办公条件，加强了基础设施建设。目前全县共建有林业办公大楼一幢，野生动物救护站1处、管理站点9个、监测站2个、树立各保护区界碑界桩400多个，安装招鹰架160个、标示牌45个、树立因保护藏羚羊而牺牲的英雄罗布玉杰同志纪念碑1座。

（四）抓政策落实，确保野生动物肇事补偿工作显实效

1. 严明责任，确保一把手负总责

每年召开林业工作会议，与各乡镇负责人签订本乡镇本年度的野生动物肇事补偿工作目标责任书，明确责任，提高认识，严明申报和审核程序，确保野生动物肇事补偿工作落实到位。

2. 明确分工，确保专人负责

安排各乡镇野生动物肇事专职人员2名（主管为副科以上人员担任，专干人员为科员），并每年组织专职人员进行野生动物肇事补偿工作培训，加强野生动物肇事补偿工作各个环节的监管力度。

3. 多方合力，确保群众生命安全

在人员伤亡方面，我局与卫生等部门协调，对受伤人员采取免费送往拉萨治疗等优惠政策，使受害人的生命安全得到了有效的保障，同时对伤亡人员及其家属进行慰问，并及时做好思想工作，消除群众对野生动物的怨恨情绪。

4. 严格落实补偿资金，确保群众损失得到及时补偿

我局每年会同财政、纪检等部门，下到各村各户，严格按照主席令的要求，将补偿资金落实到人，切实做到民有所失，必有所补。从2006年野生动物肇事补偿工作开展以来，按照《西藏自治区陆生野生动物造成公民人身伤害或财产损失补偿办法》（95号政府令）进行核定，截至2013年年底，我县累计肇事补偿资金1786.66万元。

四、存在的问题

虽然我们在野生动物保护方面做了一些工作，取得了一定成绩，但我们清醒地认识到，这与上级的要求还有很大差距。主要表现在：

一是资金投入严重不足。尽管上级下拨了一定的专项经费，但难以维持基层监测人员的正常开支和工作的正常开展，自然保护区建设和发展难以同步进行，如；监测人员巡护摩托车的油料开支都是自行承担，并无相关经费。

二是在湿地补偿方面，由于没有相关补偿政策，致使湿地自然保护区的沼泽封育等项目实施困难大，群众不理解，参与积极性不高。

三是野生动物与家畜种间竞争加剧。由于食草类野生动物与家畜之间在食物选择方面存在重叠现象。致使两者对草场竞争加剧，加之，草原生态补助奖励补助机制实施后，群众家畜数量明显减少，可放牧草场同时也减少，在这种情况下，群众对食草类野生动物排斥心理加剧，为此请上级有关部门制定相关政策用于解决此类矛盾。

四是保护区管理水平不高，管理能力不强，管理手段落后，致使保护工作滞后，与野生动物保护及湿地保护工作的长远总体规划和发展的要求难以适应，建议上级主管部门多组织业务培训和学习，从而逐步提高保护水平。

做好基层林业工作　发展现代林业

西藏自治区察隅县林业局　边巴顿珠

察隅县林业局工作在县委、县政府的正确领导下，在地区林业局的大力支持和全社会的密切配合，我局坚持加强领导，加大投入，林业工作取得一定成效。

一、营林工作

1. 义务植树造林：2015年义务植树造林任务为200亩，栽植树种为苹果、梨子、核桃。实际共已完成207.5亩，完成率达100%。

2. 重点区域造林：2015年我县迹地更新和重点区域造林任务分别为500亩和5184.6亩，均已种植完成率达95%，种植地按设计书上的要求我县3乡3镇，树种均有油桐、油茶、苹果、花椒、梨、核桃等。

3. 察隅县2015年地区下达经济林木种植任务为1947.1亩，现基本已实施完成共2000亩（其中察瓦龙乡600亩、古拉乡290亩、上察隅镇840亩、竹瓦根镇60亩、下察隅镇130亩、古玉乡130亩）。

二、林政工作

一是宣传盗伐林木犯罪的危害，提升群众知晓率。我局充分利用“法制宣传日”加强在全县范围内对《森林法》的宣传力度，使广大群众知法、懂法、守法；先后在重点乡镇的主要路段悬挂宣传横幅3条，下发宣传单150余份。二是加大森林防火期间入林人员的管理力度，签订森林防火管理目标责任书及林业安全责任书，严格实行入林办证制度和登记制度。三是加大森林公安及各乡镇管护人员的巡逻力度，严厉打击各种林业违法犯罪行为。四是严格执行征占用林地的管理制度，规范林地审核审批手续，所有的林业建设工作均按照林业法规及相关条例进行管理。五是为了进一步加强林政管理，我局将全县容易出现林政案件的沟口、林区所在地乡镇，村名、小地名逐一登记造册，并不定期进行突击检查。

三、森林防火工作

1. 完善应急预案。进一步统一了思想认识、细化了工作任务、完善了应急预案，根据我县实际情况细化了应急预案，对全县各单位进行分工，做到了思想上不麻痹、工作上不放松、措施上不疏漏，应急预案更具有较强的操作性和实用性。

2. 进一步细化各项工作。一是对专业扑火队伍进行系统化培训。我局对专业扑火队伍进行模拟训练，确保一遇火情有队伍能及时出击并知道如何出击；二是做好各乡镇统计工作。我局对本单位及各乡镇的森防器材、车辆进行了详细的统计工作，对缺少的森防器材及时打报告给地区林业局，以应备各类突发事件，并对各乡镇烧香点、施工队伍、山上留守人员等一系列不利于森防工作的因素及进行了详细的统计，以便根据各乡镇不同情况具体安排部署；三是及时下发各类通知，督促各乡镇开展好森防工作。按照工作需求，前后分别对各乡镇下发了禁伐通知、森防器材保修通知、清林通知及禁止上山打猎、采挖树瘤子、焚烧秸秆等通知，要求各乡镇按照通知精神及时安排部署并上报工作信息，努力达到全方位清除森防隐患，不留死角、不出现盲区的效果。

3. 建立健全相关台账。完善了《森林防火隐患排查台账》及《安全生产隐患排查台账》，对各乡镇安全生产及森林防火的事故和隐患进行详细登记、给出整改意见并记录整改情况，督促各乡镇做好2015年森防工作。定期对各乡镇进行检查，对各别乡镇制度落实不到位，隐患排查台帐登记不详细，无明确登记隐患存在的地点及解决办法下发整改通知。

4. 及时召开森防会议及森防交流会。一是召开《察隅县2015年度森林防火会议》，会议学习领会了《自治区人民政府关于2014年冬季至2015年春季森林防火的命令》及自治区、地区森林防火会议和区、地视频会议精神文件精神，总结去年森防工作、安排2015年森防任务，并对在去年森防工作中表现好的同志进行表彰及兑现目标管理责任奖。二是当天下午召开林业交流会，吸取各乡镇、管护站在去年森防工作中的一些好的做法和经验予以发扬，找出各自工作中存在的问题予以改正，同时谈谈2015年的工作计划，确保2015年取得更好的成绩。三是派督导组成员赴各乡镇参加乡镇的森林防火工作会议，并在会后挑选局精干护林员对各乡镇护林队伍进行业务培训，让各乡镇护林队伍熟练掌握各类防火设备的使用方法。培训结束后督导组及乡镇领导还特意挑选实地让参加培训的护林队伍进行实战演练以检验培训成果。

5. 成立森林防火督查领导小组。召开森林防火工作会议，会议由县政府副县长夏先启同志主持，会议上对局里主要领导进行分工，要求每个局领导分管负责一个乡镇森林防火工作，对责任乡镇要不少于两天一次进行督导检查森林防火工作开展情况。

6. 尝试各类创新。在下察隅镇做试点把森林防火及林政工作纳入到村规民约中去，如果效果理想将在全县范围内推广此项工作。

7. 加大监管力度做到责任落实。要求各乡镇每天将护林员在岗情况，巡山巡逻情况，以书面形式报送林业局。村级护林员请假必须分管领导签字，乡镇级护林员必须书记或镇长签字；坚持落实24小时值班制度，县森防指挥部对各乡镇森防值班室不定期抽查，对电话无人接听，值班人员不在岗情况，在全县范围内下通报批评。

四、项目工作开展情况

2015年第一季度项目工作已完成及正在开展的工作内容是：

1. 完成西藏察隅慈巴沟国家级自然保护区三期基础设施工程建设项目的所有前置手续办理及上报国家发改委工作。

2. 完成察隅县苗圃建设工程的所有前期工作，并且已完成初步设计，现已招标完成，即将进行具体施工。

3. 查补已实施建设工程项目短缺前置手续。

4. 陆续办理一批其他小规模建设工程项目的前置手续。

5. 整理收集2011年林业国家级自然保护区70万元补助资金实施项目的竣工资料。

6. 整理收集2013年林业国家级自然保护区150万元补助资金实施项目的竣工资料。

7. 委托资质完备单位编制2014年林业国家级自然保护区200万元补助资金实施项目的实施方案。

五、下一步工作安排

（一）营林方面

1. 自查验收。2015年4～6月组织县造林绿化领导小组将对我县各乡（镇）造林绿化情况进行检查，对未能按要求完成任务的乡（镇）提出整改建议和限定整改时间。

2. 检查验收。2015 年 7 ~ 8 月地区林业局将组织相关人员对我县造林绿化情况进行复查验收，对造林成活率达到 85% 的乡（镇）兑现造林资金，重点对 2013 ~ 2014 重点区域年造林绿化补植补造工作进行检查验收。

3. 做好 2016 年重点区域造林地块设计和造林前期工作。

4. 开设技术培训班，培养技术人员，积极推广云南省先进的种植经验和科学化管理模式，将种植技术推广到群众中，把群众培养成种植核桃能手，因地制宜的发展立足本县经济稳步发展的核桃产业。

（二）林政工作方面

1. 继续加大宣传力度、严厉整治打击盗伐林木、扰乱林区社会治安的违法犯罪行为。一是对重点林区、重点沟口和频繁出现盗伐的林区进行全面清理整顿并宣传盗伐林木犯罪的危害，提升群众知晓率。我局充分利用“法制宣传日”加强在全县范围内对《森林法》的宣传力度，使广大群众知法、懂法、守法；利用宣传车进行巡回宣传，扩大群众的收听面；以板报、标语等形式进行宣传，大造宣传声势；利用典型案例教育广大群众，以案讲法，使群众真正明白盗伐林木对社会、个人造成的危害，让全县群众从思想上自觉抵制盗伐林木违法犯罪活动。二是为了进一步加强林政管理，我局将全县容易出现林政案件的沟口、林区所在地乡镇，村名、小地名逐一登记造册，并不定期进行突击检查。

2. 继续严厉打击非法运输木材的行为。为严厉打击各种涉林违法犯罪活动，严厉惩处涉林违法人员，我县通过以下措施来加以保证，一是充分发挥护林员熟悉当地情况的优势，扩大信息来源，加强源头管理；二是设立有奖举报制度，铺设线人，及时掌握线索，做有案必查、查必究；三是建立流动巡查制度，加强木材流动管理；四是加强对县城家木材经营公司木材来料加工厂的定期或不定期检查，进一步规范了木材经营企业的运营；五是坚持以事实为依据、坚持秉公执法；六是加强执法队伍的执法监督，确保执法人员依法执政，树立执法人员新形象；七是加强林业检查站检查力度，各检查站要求领导干部亲自带班，严厉打击无证运输、冲卡强运等非法偷运木材行为，发现一起查处一起。

（三）森林防火方面

1. 完善应急预案。进一步统一了思想认识、细化了工作任务、完善了应急预案，根据我县实际情况细化了应急预案，对全县各单位进行分工，做到了思想上不麻痹、工作上不放松、措施上不疏漏，应急预案更具有较强的操作性和实用性。

2. 加大宣传力度及森防检查。一是进一步加大森林防火宣传力度，在全县范围内定期利用广播电视、宣传车、森警中队宣传栏等途径各开展林业法律法规的宣传工作。重点宣传《森林法》、《森林防火条例》、《西藏自治区森林防火实施办法》等相关林业政策法规，提高各界人士法律意识，减少森林火灾及各类林业案件的发生。二是由局领导亲自带队每周不少于2次对各乡镇、主要沟口、施工单位进行森防检查，主要是检查各乡镇值班、巡逻情况及排查各施工队、家具店、带锯点的森防隐患及安全生产隐患，对发现的问题要求限时整改，并进行森林防火教育宣传。

3. 建立健全相关台账。完善了《森林防火隐患排查台账》及《安全生产隐患排查台账》，对各乡镇安全生产及森林防火的事故和隐患进行详细登记、给出整改意见并记录整改情况，督促各乡镇做好2015年森防工作。定期对各乡镇进行检查，对各别乡镇制度落实不到位，隐患排查台账登记不详细，无明确登记隐患存在的地点及解决办法下发整改通知。

（四）项目工作方面

1. 监督完成察隅县苗圃建设工程完成预期施工任务。

2. 与自治区发改委农经处保持不间断联系，及时跟踪掌握国家发改委对《西藏察隅慈巴沟国家级自然保护区三期基础设施工程建设项目可行研究报告》审批情况。

3. 开展2011年林业国家级自然保护区70万元补助资金实施项目和2013年林业国家级自然保护区150元万补助资金实施项目竣工资料的收集上报工作。

4. 委托资质完备单位开展并完成2014年林业国家级自然保护区200万元补助资金实施项目的实施方案编制工作并开展前期手续的办理工作。

5. 开展西藏自治区试点专业管护站站房和第一批专业管护站站房建设前置手续的办理。

6. 开展其他相关项目工作。

六、察隅县林业工作存在的问题、困难

1. 林政方面：人员紧张，目前只有3人。古玉一级木材检查站正在建设，2015年建成；察瓦龙一级木材检查站已建好；目前，检查站无编制，人员紧张，生活条件差，无电，无交通工具。

2. 森防方面：重点火险区综合治理项目，自治区林勘院已做前期设计，建议尽快立项实施；森防经费，乡、村一级森林防火设备紧缺（尤其是进口

水泵、森防巡逻车辆尤为紧缺），望上级部门给予解决。

3. 森林公安方面：建议设立察瓦龙、古玉、下察隅三个森林公安派出所，增加编制，配备人员。目前，我县森林公安工作人员有5人。

4. 慈巴沟国家级自然保护区方面：二期工程已验收，三期工程自治区林勘院已做设计，建议尽快实施；目前，保护区7个管护站，只有一个站有电，其余均无电，建议配备小型水利发电机或太阳能发电设备。

发展林下经济 助推农民增收

甘肃省天水市麦积区林业局 张 银

天水市麦积区位于甘肃省东南部，地处黄河、长江两大流域过渡地带，渭河中上游黄土丘陵沟壑区，属暖温带大陆性干旱、半干旱气候，适宜多种林果生长发育，是驰名中外的“花牛苹果”的故乡，是全省13个重点林区县（区）之一。现辖12镇5乡3个街道办事处，379个行政村，总人口63万，其中农业人口45万。全境总面积3480km^2，林业用地面积401.47万亩，森林覆盖率68%，活立木蓄积260.4万m^3。境内动植物种类繁多，木本植物达83科、221属、937种，依附植物群落生存的野生动物100多种，麝、锦鸡、牛羚、大鲵、熊等珍禽异兽12种。2014年，全区林果生产总值12.73亿元，农民人均纯收入4964元。

改革开放以来，麦积区委、区政府把发展林业产业作为振兴农村经济，促进农民增收的主要抓手，提出了“生态建设产业化、产业建设生态化”的林业产业发展思路，大力发展林业产业，在全区依托退耕还林、三北防护林、天然林保护等林业重点生态工程完成各类造林71.3万亩，建成花牛苹果、下曲葡萄、元龙花椒、东岔板栗、伯阳蜜桃、麦积核桃、甘泉樱桃、新阳红杏等各具地域特色的林果产业基地60.4万亩，带动建成了威龙葡萄、长城果汁、庄园葡萄、三发椒业等一批林果产品生产加工企业，基本形成了产、供、销、贮、运、加一体化的产业体系，林业产业取得了长足发展。但是林下大面积土地闲置，未得到充分利用，造成了林业资源的浪费。为此，近年来，麦积区结合林业生态工程建设与集体林权制度改革，倾注人力、物力、财力，统筹安排，精心组织，强化措施，狠抓落实，在干旱山区推广林草间作，在林区、林缘区推广林药间作，在景区依托林地发展森林旅游业，逐步把发展林下经济培育成为了带动全区经济发展和农民增收的新的增长点。

一、推动林下经济发展的主要措施

（一）统筹安排，科学规划

按照因地制宜，合理布局，突出特色，讲求实效的原则，把发展林下经济与农业结构调整相结合，与农业产业化相结合，与建设社会主义新农村规划相结合，多角度、深层次地挖掘林下经济的发展潜力，确立了林下经济发展的四种模式，引导林农积极发展林下经济。一是在麦贾公路沿线、麦积山风景名胜区，大力发展以“农家乐”为主的森林旅游；二是在中药材种植重点乡镇大力发展以柴胡、猪苓等中药材为主的林下种植业；三是在养殖业重点乡镇，依托优势，发展土鸡、牛、养等林下养殖业；四是在苹果、核桃等为主的果园中套种西瓜等经济作物。

（二）加强宣传，营造氛围

农民群众是发展林下经济的受益主体、实施主体，也是发展林下经济的主力军。麦积区通过组织现场参观、计算收入对比、举办政策讲座、开展科普宣传等方式，全面、深入、广泛的宣传发展林下经济的重要意义、先进技术、典型模式，推广林下经济发展的先进典型经验，营造了良好的社会舆论氛围，激发了广大农民群众投身林业开发建设的干劲和热情，进一步筑牢了发展林下经济的群众基础。

（三）整合项目，加大投入

麦积区把发展林下种植业、养殖业和发展以“农家乐”为主的森林生态旅游业纳入了经济发展总体规划，在引导农户自筹资金发展林下经济的同时，建立了相应的资金投入制度和项目扶持制度。每年整合林业、旅游、扶贫、畜牧、农业等方面的项目资金 1000 多万元，加大对发展林下经济的扶持力度，并建立林下经济发展示范点，带动全区林农积极开展林下经济发展，确保了森林资源持续健康发展，农民收入稳步增加。

（四）培育龙头，示范带动

区委、区政府积极创造条件，在贴息贷款、扶贫开发、种养补助等方面倾斜支持，采取“公司 + 基地 + 农户”的形式，积极培育生产大户、专业经济组织和龙头企业，发挥他们的示范和带动作用，推进规模化、基地化、集约化生产，推进林下经济向大规模、深层次发展。同时要求林业、科技、农业、畜牧、扶贫等部门根据各自实际，选择林下种养村、种养大户作为自己的基地或示范点，进行重点培育，促其上档次、成规模，催生扶强一批专业化林下经济龙头企业，带动了更多的群众投身于林下经济发展。

（五）积极推动，强化服务

区委、区政府对发展林下经济高度重视，将它作为发展循环经济、调整农村经济结构、节约林地资源、建设林业强区的重要举措来抓，实行目标管理责任制，，并多次召开发展林下经济发展观摩促进会，组织区、乡、村干部及群众代表参观学习，交流经验。同时，整合技术服务资源，由林业部门牵头，科技、科协及涉农部门参与，成立了专业技术服务队，狠抓技术培训，把实用技术送到田间地头，为农户提供全方位的技术指导服务，有力地推动了全区林下经济发展。

二、取得的成效

近年来，麦积区通过发展林下经济的实践和探索，不仅解决了林下大面积土地闲置造成的资源浪费问题，也使农民承包林地后，在较短的时间内获得了收益，初步实现了“生态受保护，农民得实惠”的目标，为林区稳定、林农增收奠定了基础。

据统计，截至2014年年底，全区实现林下经济总产值13135.9万元。其中：林下种植类林果面积8.606万亩，产值2610万元；林药种植15228亩，产值1370万元；林下种植山野菜、种草、套种经济作物等53007亩，产值2120万元。林下养殖类林禽养殖38.521万只（头），产值2717.4万元；林畜养殖0.962万头，产值1671.5万元；林下特种养殖0.21万只，产值21万元；养蜂等其他养殖1860箱，产值26万元；以“农家乐”为主的森林景观利用0.2075万亩，产值2600万元。

麦积区在探索发展林下经济方面取得了一定的成绩，但与新常态下建设现代林业的要求相比，还存在一定差距，今后将重点抓好以下几个方面。

一是加强生态建设，夯实林下经济发展的资源基础。坚持把植树造林和保护生态放在林业产业发展的重要位置，继续加强森林经营工作，不断提高森林资源的数量和质量。

二是继续深化配套改革，调动农民发展林下经济的积极性。深化集体林权制度综合配套改革，完善产业政策，拓宽融资渠道，健全森林保险制度，提高林业产业抗风险能力，不断发展壮大林下经济，农林牧复合经营，确保生态受保护、农民得实惠。

三是建设一批龙头企业，提高林下经济发展的组织化程度。积极组建各类专业合作社、行业协会、中介服务机构，形成企业+农户+基地的模式，提高林下经济发展的组织化程度。超前应对市场变化，指导林农有针对性地、有计划地发展林下经济。健全服务体系，为林下经济发展创造良好条件。

给力生态建设　再造灵秀尖扎

青海省尖扎县环境保护和林业局

2014年，黄南藏族自治州尖扎县环境保护和林业局以改善生态、改善民生为总任务，紧紧围绕打造“美丽尖扎”升级版，实施林业生态建设和保护重点工程，大力发展核桃等特色林产业，促进人与自然和谐发展。共完成人工造林5502.4亩，其中乔木林25000亩、经济林3002.4亩，完成核桃经济林补植补载任务6190亩。

一、努力开创林业工作新局面

尖扎县县政府坚持生态优先、效益兼顾的原则，制定了《保护母亲河黄河尖扎段特色林业建设总体规划》及8个详细规划，规划期9年，规划提出一轴（黄河金岸生态屏障轴线）、三带（水土保持屏障林带、道路防护林带、沿黄景观林带）、多景（南山生态休闲观光园、现代葡萄生态农业观光园、红旗村湿地生态观光园、措干口生态休闲观光园）、四区（坎布拉、康杨特色核桃种植区、马克唐特色大樱桃种植区、夏藏滩特色葡萄种植区、昂拉特色花椒种植区）、林网（贯穿于四区的农田林网防护林）、多点（现代有机核桃种植示范园、农林产业深加工工业园、特色农林产品交易中心、农林种苗繁育基地）的布局结构。尖扎县环境保护和林业局不断创新工作方式和方法，转思路，改机制。坚持城镇增绿。转变思路，优化布局。在巩固县城南山造林成果的基础上，进一步扩大了造林绿化成果。坚持农村增绿。推动村庄公共绿地建设、干道绿化和庭院绿化，积极改善农村人居环境；坚持带动群众增收。争取和落实核桃等经济林建设任务，努力拓宽农民群众增收渠道，努力实现“兴林富民”共赢目标。坚持调动职工和群众积极性。2014年，将经济林造林任务分解落实给乡镇，将生态林造林任务分解落实给国有林场等相关单位，林业主管部门负责督促落实，激发了广大职工和群众林业生态建设的积极性和主动性。

二、林业重点工程进展顺利

尖扎县城南山高标准造林工程。2014年在县城南山造林绿化面积2500

亩，其中。完成高标准造林750亩。工程总投资1250万元，其中造林工程投资240万元（含网围栏工程15万元），水利投资812万元，交通投资198万元。造林工程投资中林业项目资金102万元，生态功能区转移支付资金138万元。造林投资标准为3000元/亩，林业、水利、交通等部门齐抓共管，通力协作、彻底扭转了林业部门单打独斗的不利局面，配套完善了灌溉、道路、管护等设施。在县委、县政府的号召下，组织约2600名县直机关、省州驻县各单位职工、武警官兵、青年志愿者和青年学生在县城南山开展造林绿化义务植树活动，县四大班子主要领导率先垂范，共挖栽植穴8.25万个，加快了工作进度，为苗木栽植工作打下了良好基础。

县城南山造林采用水平沟结合穴状的整地方法，水平沟间距为3m，穴距为2m，初值密度为110株/亩，造林栽植的苗木以乡土树种为主，主要栽植了青海云杉、油松、侧柏、圆柏、白榆、青杨、山杏、白（紫）丁香、榆叶梅等树种，苗木规格起点高，针叶树苗高在121cm以上，阔叶树胸径在3cm以上，花灌木每丛10个分枝以上。树种栽植采用行间和株间混交方式，共栽植各类苗木8.25万株。主要附属设施有：标志牌两个，网围栏2800m，提灌站1座，大小蓄水池11个，压力管路5km，输水干支管31km，简易道路3km。

公益林造林项目。尖扎县2014年公益林造林任务为1400亩，其中700亩位于县城南山，另外700亩分别位于坎布拉林区、冬果林区和洛哇林区，主要栽植云杉、桦树等苗木。目前，苗木栽植工作和网围栏架设工作已全面完成。2014年度经济林造林项目。完成经济林造林任务3002.4亩，完成率100%，其中昂拉乡502.4亩，马克唐镇417亩，措周乡153亩，康杨镇1800亩，坎布拉镇130亩，主要栽植核桃、樱桃、苹果、杏树。社会主义新农村村庄绿化项目。2014年共争取社会主义新农村村庄绿化项目5个，分别是坎布拉镇下李家村、吉利村，康杨镇崖湾村、巷道村、昂拉乡尖巴昂村。目前，5个村庄绿化工程已全面完成。

补植补载情况。2011年巩固退耕还林成果沙棘基地建设问题小班面积为3783亩，目前共育苗1.5亩，计划秋季开展补植补栽工作。2012年核桃经济林建设问题小班面积为4765亩，现已完成2149.4亩，其中康杨镇1343亩、马克唐镇563亩、昂拉乡243.4亩。

三、三项措施可持续发展

为了确保森林资源的安全和可持续发展，尖扎县委、县政府高度重视，将森林资源管理工作纳入全县重点工作进行部署，林业主管部门积极落实，广大务林人员发扬冒“三伏”酷暑，顶“三九”严寒，穿梭于密林深山中，履行着他们平凡而神圣的职责，具体采取了三个方面的措施。

一是强化巡山查林，确保林区治安稳定。巡山查林是保护森林资源的一项基础性、日常性工作，也是贯彻执行森林法的主要措施、林区派出所组织林场护林队、各检查站负责人每月一次对每个林班内的盗伐、病虫害、开展巡山查林，对挖草药、采砂等破坏林木植被的情况进行全面巡查，一旦发现偷盗风倒木、枯死木等的行为进行严厉处罚，没收材料，并进行法制教育，同时扣发问题林班管护人员的责任工资。年内开展巡山查林90多次，发生林政案件12起，查处12起。

二是加强护林防火工作，确保森林资源安全。护林防火是贯彻执行森林防火条例等法律法规的具体举措。由林场护林队牵头，组建工作组深入林区各村社借召开群众会之机，广泛宣传森林法、森林防火条例等法律法规，累计召开防火会议70多次，发放防火知识宣传资料5000余份。通过广泛深入宣传，提高了林区群众爱林护林意识，增强了依法治林的观念。同时县主管局与各林场，林场与护林队，护林队与各村社，村社与农牧户层层签订护林防火责任书，落实任务，防火队员开展防火演练责任到人。近年来，未发生一起大的森林火灾，使森林资源得到持续发展。

三是为了使森林资源免遭病虫害侵袭，各林区设立3各监测点，及时掌握病虫害的动态，切实加强了病虫害监测预警和防控工作。一旦发生疫情，及时采取有针对性的措施进行防治。年内共组织200多名工作人员开展病虫害防治，防控面积达3.89万亩。

扎实开展林业项目工程建设 做好现代林业工作

青海省杂多县畜牧林业科技局 色 结 王成海

自2006年，西部大开发战略在青南牧区全面启动和实施以来，杂多县作为玉树州境内的一个纯牧业县，在经济发展十分落后，自然环境极为恶劣的条件下积极响应党和国家的号召，全县上下在县委、县人民政府的正确领导下，精诚团结，切实转变工作思路和观念，牢固树立“生态立县”思想，确立和推进了林业工作在社会经济发展中的重要地位。近10年来，按照国家林业局、青海省林业厅、玉树州林业局的相关工作安排和部署，杂多县畜牧林业科技局立足自身实际和现状，根据发展现代林业的要求，围绕创建“生态县、林业县”任务，以实现林业的跨越式发展为目标，积极争取林业项目建设和上级资金扶持，扎实完成了“十一五”、“十二五”建设规划安排的所有工作和建设任务，并取得成效，结束了杂多县长期以来在林业工作领域一片空白的局面。

一、杂多县基本情况

1. 地理位置：杂多县位于青海省南部、玉树藏族自治州西南，东和东南与玉树、囊谦两县毗邻，西靠唐古拉山地区，南和西南与西藏自治区昌都、那曲两个专区的丁青、巴青、聂荣、索县、安多等五县接壤，北靠治多县。东西长315km、南北宽190km，总面积30161km^2，平均海拔4290m，县城所在地萨呼腾海拔4060m。

2. 气候特点：受地理环境的影响，全年气候寒冷，无四季之分，只有平均气温大于0℃的暖季和平均气温小于0℃的冷季，暖季为6、7、8三个月，而冷季却长达9个月（9～5月），年平均气温为0.5℃，极端最低气温为-24.7℃，年平均降水量为538.8mm，多集中在6～8月份，年平均蒸发量为1450.0mm，年平均日照时数为2310.3h，年平均风速为2.4m/s，最大风速大于40m/s，年大风日数达120天，年无霜期为43天。由于常年气候变化无常，终年霜雪不断，暖季降水充沛无酷暑，冷季降水稀少且严寒多大风。气候高寒，属高原气候的干、湿季节分明的大陆性季风气候。近几年来，全球性的温室效应使青藏高原的气候变暖，降水量减少，大部分地区持续干旱，风沙日数增加，随之带来的土地沙化、水土流失、湖泊干枯、地下水位下降、草场退化等等现象，严重破坏了生态资源和生态环境，三江源地区人畜生存环境日益恶化。

3. 行政区划：杂多是一个纯牧业县，也是国家扶贫工程重点县之一。全县下辖7乡1镇31个村，110个牧业社（组）。31个村中，低收入贫困村5个，绝对贫困村23个，尚有贫困人口7297人。全县草场总面积为3549.3万亩，其中可利用草场2592.9万亩，截至2014年年底，全县各类牧畜存栏455758头（只）。

4. 资源分布：草山资源面积大，全县草场总面积为3549.3万亩。境内矿藏资源丰富，已初步探明的矿藏有金、铜、铁、水晶、玉石、煤等50余种。植物资源有冬虫夏草、雪山贝母、雪莲、秦艽、红景天等中药材，其中冬虫夏草以其独特的品位，享誉九洲。野生动物资源有野牦牛、黑颈鹤、白唇鹿、雪豹、麝、野驴、藏羚羊、黄羊、雪鸡等。水产资源有鲤鱼、水獭等。水利资源得天独厚，水电理论蕴藏量为105.89kw，太阳能资源相当丰富，年光照时数约1930～2370小时。

二、林地资源及林业专职机构状况

1. 林地资源分布：杂多县林地总面积为351万亩，其中有林地98.4万亩、宜林地215万亩。受地理条件的影响，全县地势较为平坦的西南地域多灌丛和灌木林，主要树种有山生柳、金露梅、银露梅、西藏沙棘等。而地势较为险峻，峡谷纵横的东北部地域、沿澜沧江流域地段多天然性乔木林、分布广，主要树种为西藏圆柏和山生柳，都是生长了千年以上的珍贵资源。近年来，西北林勘院、省林业厅等部门组织开展森林资源调查，通过实地调查，确定杂多的新增林地面积达198万亩。另外县委、县政府大力发展城镇绿化建设，增加了绿色资源和森林面积。

2. 林业职能机构：杂多县的县级林业主管部门为畜牧林业科技局，下属的林业机构为县森林公安分局和林业工作站，从事林业工作的在编工作人员共13人，其中森林公安分局7人，林业站6人。另外聘用专业技术人员6人，社会护林员220人。

三、工作措施与成效

十年来，杂多县科学分析新形势下林业的历史定位，谋划加快林业改革发展的长远大计，研究兴林富民的重大举措，推进集体林权制度改革工作，强化生态公益林管理和林区基础设施建设，确保了林业的快速发展。在具体工作中我们采取的主要措施是：

（一）积极争取，扎实开展林业项目工程建设

自西部大开发以来，我县抓住机遇，积极配套上级相关政策和措施，指定专人负责跑项、立项工作，大力实施“天然林保护”、“封山育林”、“湿地保护”、“公益林建设”、“森林防火”、“城镇绿化”等项目建设，加大了对森林资源的保护和投入力度，使林业基础设施和现有资源得到了较好的恢复和发展。同时，通过开展项目建设，增加了当地劳务付出，提高了群众收入。

（二）发挥职能作用，扎实推进林业工作法制化、规范化建设进程

结合杂多林业工作的实际情况，县畜牧林业科技局为带领森林公安、林业站等职能部门在加强自身业务学习、提高工作效率和办事水平的基础上不断探索完善源头管理新思路、新举措，确保林业工作规范有序进行，推进法制化和规范化建设进程。森林公安根据上级安排和部署，定期开展各项治理和严打专项行动，及时发现和解决在林业建设中出现的社会治安新情况、新问题，加大林业执法检查和打击力度，发挥了为林业改革和建设保驾护航的作用。林业站积极谋划全县林业工程建设计划，编制相关方案和作业设计，开展调查研究，了解民情民意，为县委、县政府在林业建设工作方面提供基础数据和基本依据，发挥了应有的职能作用。

（三）全力抓好资源保护工作

进一步做好生态公益林扩面和保护工作，真正发挥其生态屏障功能，维护森林生态安全。与此同时，进一步加强林地管理，及时调处山林纠纷，全面落实森林消防、林业有害生物防治等各项防控措施，做好涉林信访案件办理，促进森林资源依法得到保护，林区治安和谐稳定。

（四）认真抓好林业队伍建设

结合学习实践“科学发展观”、“三个代表”、“党的群众路线教育实践活动”等，以党风廉政建设和干部队伍教育为重点，积极征求群众意见和建议，并根据梳理出来的意见和建议，全面开展整改，逐一落实好整改措施，努力提高林业行业管理水平和林业队伍思想、作风、能力等方面素质，为现代林业建设提供坚强保证。

（五）认真抓好社会护林员的管理和培训

护林员队伍是保护森林和其他社会资源的一股重要力量，尤其护林员身处基层和一线，他们掌握的情况和信息往往是第一手的，最有依据性的。为切实加强对护林员的管理，提高他们的工作积极性和责任感，县畜牧林业科技局因地制宜，年内定期开展最少2起护林员业务知识培训班，并制定和完善护林员工作职责、护林员巡山制度、护林员绩效考核制度、护林员奖惩办法等规章制度，森林公安、林业站等部门对护林员日常巡山情况进行随时抽查和突袭检查，对不负责任、在工作中出现问题的护林员按相关规定及时进行处理，保证了护林员队伍的整体素质，发挥了协助林业部门，保护森林资源的重大作用。

（六）扎实开展了党的方针、政策和法律法规宣传教育工作

长期以来，杂多县畜牧林业科技局始终将党的各项方针、政策和法律法规的宣传教育作为林业工作的一项首要任务予以了常抓不懈，森林公安、林业站每年在开展法律法规宣传月活动的同时，定期赴各乡镇、各村社、山头地块逐户开展政策宣讲和法律知识宣传，使党的现行方针和政策家喻户晓、人人皆知，很大程度上提高了广大牧民群众的思想认识和法制观念，带动了他们参与和保护社会资源的积极性。

综合分析，近年来杂多林业工作所取的主要成效有以下两点：一是通过环境保护和林业项目工程的实施，澜沧江源头的生态环境得以恢复和保护，防止了水土流失。同时广大牧民群众的生态观念和保护意识得到很大提升，现代林业的主题地位也越来越突出。二是通过实施城镇绿化和绿化建设进学校、进寺院等项目，改善了广大居民的工作、生活和学习环境。另外，通过项目建设，林权制度改革，国家加大对林地的投入和补偿力度，增加了牧户收入，改善了生活条件。

四、下一步工作思路

2015年是全面贯彻落实党的十八届三中、四中全会的开局之年，也是“十三五”规划的开局之年。为全面做好和发展新时期的现代林业工作，杂多县畜牧林业科技局将继续深入贯彻和落实党在青南牧区的各项方针政策，按照国家林业局、省林业厅、州林业局对林业工作的总体要求，以建设三江源生态安全屏障和亮丽风景线为己任，紧紧围绕县委、县政府的中心工作，结合杂多实际，突出抓好以“围封”为主的森林资源保护工程、以城镇绿化、林业产业化建设、发展林下经济等为主的民生林业重点项目工程为突破口，通过创新机制、整合资源、有效利用、依法治林等一系列措施，全面推进林业生态和“美丽杂多”建设进程。重点要抓好以下几个方面的工作：

（一）以森林资源管护为重点，抓好项目建设

一是切实抓好天然林保护、封山育林建设，森林抚育试点项目和生态公益林建设等重点项目工程建设，确保各项惠民政策及时落到实处。二是切实加强森林资源管理。进一步加大源头治理的力度，规范木材采伐流通程序，重点抓好经营环节管理，提高行政执法效率，严格执行征占用林地年度定额管理制度，按要求完成森林资源复查和调查工作任务，建立健全森林资源数据库，加强森林资源信息化建设。三是着力加强湿地保护与恢复、落实三江源核心区自然保护区建设和野生动植物保护各项工作责任。四是切实抓好林业灾害应急防控，重点抓好森林防火、植物检疫和森林病虫害防治，确保森林资源和国土生态安全。五是以科技为支撑，抓好林业科技成果的推广运用。

（二）以创建生态文明城镇为目标，抓好造林绿化工作

一是明确创建和绿化任务。以科学发展观为指导，突出生态文明建设主题，严格按照国家生态文明城镇创建指标体系要求，不断创新工作思路，强化工作措施，加快推进林业生态体系、林业产业体系和生态文化体系建设。力争到2018年年底，全县造林和绿化面积4万亩，确保森林覆盖率达到40%以上。二是因地制宜，在气候条件适宜的乡镇、村社、牧户大力开展植树造林，抓好路边、沟渠及房前屋后绿化工作，提高森林覆盖面，积极构建山青水秀，花红柳绿的社会主义新牧区。

（三）以向上争取项目为重点，抓好林业项目建设

一是抓好已批项目的实施。重点抓好封山育林、森林防火、重点火险区治理、公益林建设等项目的实施。二是抓好项目的对上争取。重点抓好天保二期保护工程、核心区湿地保护项目、野生动植物监测点基础设施建设、森林公安“三基”建设项目等新项目的申报和争取工作。三是抓好林业项目优惠政策的落实。加大向上争取林业项目贴息贷款的优惠政策，切实解决牧民群众在生产生活中遇到的实际困难。

（四）以加强自身建设为重点，努力提升林业部门形象

1. 强化责任意识，提高工作效率。及时修订和完善各项规章制度，进一步强化工作责任意识，继续抓好机关效能建设，进一步提高机关管理水平和工作效率。

2. 强化公仆意识，提高目标水平。进一步转变工作作风，认真抓好林业系统先进典型人物的宣传和推介，让每名党员干部树立公仆、主人翁意识，在本职工作岗位上创先争优。

3. 强化节约意识，提高资金使用效益。严格按照林业项目资金管理“严管林、慎用钱、质为先”的原则，加大对林业项目资金的监管力度，并严格实行项目招投标和财务公开审计等制度，强化节约意识，提高资金使用效益。

4. 强化和谐意识，提高林业部门形象。切实加强领导班子的和谐团结，认真贯彻落实民主集中制原则，落实好班子成员集体议事和民主生活会制度，点搞好班子成员间的沟通，使班子成员在思想上合心，行动上合手，工作上合力，努力提高林业部门形象。

五、几点建议

1. 由于受地理和气候条件的制约，杂多的林业建设中无法实施大面积造林等项目建设，因此最主要的任务是保护好现有的天然资源，但按照杂多当前的实际森林资源状况，不管在专职机构、资金投入、交通工具、管护人员等方面都满足不了实际工作需求，建议上级部门根据实际情况加大资金投入，并增加机构工作人员。

2. 乡镇一级没有专门的林业机构，县森林公安、林业站工作压力大，管护难度大。建议上级尽快设立乡一级林业站，林业派出所等职能机构，落实工作责任和任务，发挥作用。

3. 加大对核心区自然保护区管护站点的利用力度，配备相应的工作设备和工作人员，落实经费，不要让其成为空架子。

4. 积极举办林业工作人员业务知识学习和培训班，开展异地观摩和学习，提高自身工作水平和业务能力，为贯彻实施好各项工作打下基础。

推行林权制度改革　促进玛多林业发展

青海省玛多县农牧林业科技局

玛多县隶属青海省果洛藏族自治州，是万里黄河流经的第一县，素有“黄河之源”、“千湖之县”、“格萨尔称王之地”、“中华水塔”美称，也是三江源国家级自然保护区最重要的核心区域之一。本地区拥有众多的雪山冰川，纵横交错的河流，星罗棋布的湖泊，广茂的草原，拥有大量的珍稀动物和植物，是高原生物的珍贵基因库，是生物多样性最集中的地区之一，独特的高原生态系统，组成了特殊的生态区位。

一、基本情况

（一）自然环境状况

1. 地理位置

玛多县辖属青海省果洛藏族自治州，位于青海省南部，果洛州西部，巴颜喀拉山北麓，北依积石山与布青山与海西蒙古族藏族自治州都兰县相接，东部与海南藏族自治州兴海县和果洛藏族自治州玛沁县毗邻，南与果洛州达日县和四川省石渠县接壤，西靠玉树藏族自治州曲麻莱县，西南以巴颜喀拉山为界，与玉树州称多县相连。南北宽约207km，东西长约228km，全县总面积25253km^2，占青海省土地总面积的3.3%，占果洛州土地总面积的20.8%。辖花石峡镇、玛查理镇、黄河乡、扎陵湖乡两乡两镇，26个牧业村和4个移民新村。

2. 地形地貌

玛多县属高平原地区，地势自西北向东南倾斜，海拔大部分在4200～4800m，地形起伏不大，相对平坦，西北高，东南低，山间有平坦地、沙漠地、沼泽地。黄河贯穿其中，四周有巴颜喀拉山、阿尼玛卿山和布青山环绕，巴颜喀拉山主峰为最高，海拔5266m，山顶终年积雪，发育有现代冰川。玛多地区占优势的地貌类型是宽谷和河湖盆地，多为断陷作用所形成。在盆地底处分布有残留的湖泊，在海拔4500m以上多为后质石山地，表面为黑灰色盖土、黑陀土、沙囊土与沙质覆盖，一般厚度为50cm，最厚达1m以上。

3. 草原植被及林地资源

玛多县为山地草原，多为草甸植被。草场地表疏松，植被稀疏，草皮层薄。在丘陵地带，扇穗茅为优势草种，风毛菊为主要的伴生草种，在山间宽谷平坦地，由于地形开阔，无阻分屏障，风蚀现象严重。我县天然草原面积3704.98万亩，其中可利用草场面积3378.84万亩。牧草主要有禾本科、莎草科等。各类牧草一般5月萌绿发芽，9月底枯萎，青旺期在7~8两月，草高10公分。

境内除天然灌木林有零星分布外无乔木生长，灌木林主要分布于黄河乡、花石峡镇、玛查理镇、扎陵湖乡等地海拔4300~4500m的阴坡，我县林业用地面积为49.26万亩，其中：灌木林地29.94万亩，宜林地19.32万亩。组成灌木林的优势种有高山柳、金露梅，伴生种有高山绣绒菊、鬼箭锦鸡儿等，灌木平均高30~70cm，盖度20%~40%，植被的原始性和脆弱性十分突出，部分地区仍保持原始灌丛景观。

4. 气候水文及土壤状况

玛多县属高寒草原气候，一年之中无四季之分，只有冷暖之别，冬季漫长而严寒，干燥多大风；夏季短促而温凉、多雨，年平均气温-4.10C，最冷的一月份为-16.80c，极端日最低温-48.10C，是青海省极端日气温最低的地方；最热的7月份为7.50C，极端日最高温22.90C，玛多高原白天日照射强，地面接收热量多，升温快，夜间晴朗，散热量大，温度急剧下降，气温日差较大。全年无绝对无霜期。大风日数多，从11月至次年4月最为频繁，年均降水量303.9mm，但年际变化大，最多的年份434.8mm，最少的年份84mm。大气中的含氧量仅为海平面的50%，气温低，日照强烈，水热同季，灾害频繁是其显著的气候特点。

由于气候严寒，土壤成土过程缓慢，发育不良。全县各类土壤土层厚20~70cm，平均38cm，土壤粗骨性强，绝大多数土壤含有较多石块，保水保肥能力差，土壤易流失和沙化，生产潜在能力低下，天然植被一旦破坏，恢复十分困难。

（二）社会经济状况

畜牧业是玛多县唯一的主导产业，是牧民群众赖依生存的基础。据统计，2014年年末全县共有牧户3952户，牧业人口11648人。年末全县共存栏各类牲畜131842头只匹，其中：马1504匹、牛58765头、羊71573只，分别占牲畜存栏总数的1.14%、44.57%、54.29%，适龄母畜68820头只匹，适龄母畜比例52.2%。年内共繁殖各类仔畜46075头只匹，成活各类仔畜40659头只，成活率为88.25%、繁活率为59.81%；年内成畜减损1908头只匹（其中：马14匹，牛686头，绵羊1176只、山羊32只）成畜减损率为1.49%。全年总增各类牲畜38751头只匹，总增率30.2%；出栏各类牲畜40700头只匹，出栏率31.7%；出售各类牲畜35920头只，商品率28%；牧民人均收入4606.5元。

二、林权制度改革情况

我县集体林权制度改革工作于2010年3月实施，全部按林改流程要求完成明晰产权、承包到户任务。在明晰产权的基础上，逐步完善各项配套政策措施，建立起集体林业发展的长效机制，达到资源增长、农民增收、生态良好的目标。

（一）改革确权认定林地面积

内业上图勾绘和面积核算工作全部按要求完成，外业勘界确权认定林地面积也行文报县政府批复（多政［2010］70号），我县林业用地面积为46.96万亩，其中：灌木林地27.63万亩，宜林地19.32万亩，新增灌木林地2.31万亩。其中黄河乡18.9万亩、花石峡镇24.77万亩、扎陵湖乡0.24万亩、玛查理镇3.04万亩。

（二）林改确权认定牧户

全县勘界28个村3412户，林地确权涉及牧户413户和各村公用草场。其中：黄河乡确权认定牧户113户，花石峡镇确权认定牧户256户，扎陵湖乡确权认定牧户6户，玛查理镇确权认定牧户38户。

（三）林改工作中采取的措施

1. 乡镇政府高度重视，积极配合林改工作，参与度较高。县、乡联合通过召开林改动员会、座谈会等形式宣传林改有关文件精神及相关政策法规，做到开展集体林权制度改革工作家喻户晓，深入人心。因我县地域广阔，牧户居住分散，通讯信息闭塞，为了将林权制度改革政策宣传到每家每户，县、乡、村林改工作组走帐串户、驻点包村加强宣传力度，积极营造林改氛围，通过广泛的动员宣传，广大牧民群众一致支持林改，全面参与林改。

2. 在开展外业调查摸底阶段，凡涉及牧民草场拥有灌木林地的，工作组全部进行了实地勘界，采取GPS辅助定位和现场勾绘宗地草图等方式，为林地确权认定打下坚实基础。

3. 工作组在勘界完成后，现场让每户户主出具草场使用证、身份证等证明，填写申请。在了解到原有草场使用证户主不在或死亡的情况下，采取了牧户家庭内部召开家庭会议，选出一名代表，签订林地权属认定书。同时，乡、村出具证明，并由牧户家庭成员签字画押，以确保该认定书的合理性与合法性；

（四）工作进展情况

我县集体林权制度改革工作重点就是认真落实改革配套政策，为签订管护合同和发放管护费打下坚实基础。全县413户林改牧户林权证全部发放，确权勘界43.92万亩，发证面积43.92万亩，发证率100%。并完善了涉及林改牧户档案的各项资料，复查林改牧户户主有否变更，开展了“回头看”等各项工作。

（五）林权制度改革中存在的困难

1. 因我县地域广阔，牧户居住分散，通讯信息闭塞。在复查林改牧户户主有否变更及复印身份证件多有不便，严重影响了工作进度。

2. 林改技术力量薄弱，信息不畅，缺乏必要的现代技术支撑。集体林权制度改革直接涉及群众的切身利益，因此在实地的区划界定中，不仅要求林改工作人员具备良好的业务技能，还必须认真细致的开展实地踏山认界和林界划定工作。从目前的情况看，我县林改技术力量总体薄弱，专业技术人员总量不足，业务拨尖人员更是少之又少，技术力量亟待加强。

3. 集体林产权不明，产权虚置现象严重，配套政策不完善。追溯我县林业改革的历史，由于我县林业工作起步较晚，缺乏技术人员和各种必要的技术手段，集体林界定工作中存在很多漏洞，导致国有林和集体林，林权不明，这给我县的林改界定工作带来巨大的困难。

加快推进生态文明建设　发展绿色富民产业

湖南省祁东县林业局　王新喜

祁东县位于湘中偏南，属低山丘陵地区，荒山坡耕地多，森林资源匮乏。全县土地总面积280万亩，林业用地面积为120.29万亩，其中有林地面积不足80万亩。近几年来，我县林业工作紧紧围绕“森林覆盖率和森林蓄积量双增长”的总体要求和发展“生态林业、民生林业”这一工作目标，按照“生态建设产业化，产业发展生态化”的发展思路，突出油茶、枣业两大产业，以通道绿化及通道两边宜林荒山绿化为重点，同步抓好秀美村庄建设、生态公益林保护建设、封山育林、低效林改造和幼林抚育等工作，全县生态建设有了长足发展，生态环境不断优化，环境质量明显提高。据十二五资源调查，我县森林覆盖率已达到38.04%。近几年来，县委县政府对祁东林业的发展高度重视，每年第一个常务会议就研究部署造林绿化工作，县林业局在县委县政府大力支持下，各项工作有序推进，取得了喜人的成绩。具体体现在以下几个方面。

一、着力生态修复，统筹推进城乡绿化，培育增加森林资源

一是狠抓裸露山地造林。为落实上级部门指示精神，进一步推进绿色祁东、美丽祁东建设，打造天蓝、地绿、水净、宜居的生态环境，祁东县拉开了打响绿化“裸露山地”歼灭战的序幕。重点突出高速公路及连接线、国道、省道、铁路及复线等交通主干道两旁第一层山脊及平地100m范围内的裸露山地造林。近五年，我县新增造林面积20万亩，以平均每年4万亩的速度持续增长，营造林面积创历史新高。

二是狠抓通道绿化建设。通道绿化为建设绿色祁东、美丽祁东提供了有力的生态支撑。为实现“人在绿中走、车在林中行”的全县通道绿化大网络格局，将祁东县通道沿线建设成为优良的生态线、靓丽的风景线和惠民的致富线，县委、县政府对通道绿化十分重视，采取“党委领导、政府推进、乡镇为主、部门联动、全民参与”的工作机制，决定用三年时间完成祁东县已建成通车的1276.4km衡枣高速公路及其连接线、湘桂铁路及复线、国道、省

道、城市外环线、县道和乡道等通道沿线两侧的造林绿化工作。在财政不十分宽裕的情况下，对通道绿化所需资金毫不吝啬，每年投入1000万元用于通道绿化建设，2014年，我县共完成通道绿化样板里程66.3km。2015年我县对S009线太和堂—砖塘—白地市段、S218线白地市—灵官—过水坪段、S317线河洲—归阳段、官家嘴—清水塘和灵官—石榴仙五条主干道路进行绿化，同时要求各乡镇、街道办事处至少完成10km绿化路段，共计完成绿化里程450km。

三是狠抓秀美村庄建设。为贯彻落实省、市“秀美村庄”建设精神，从2014年起到2016年，用三年时间完成全县910个行政村（居委会）的“秀美村庄”建设任务。即2014年完成全县910个村（居委会）“秀美村庄”建设规划，创建覆盖面要达到70%，即637个，每个乡镇至少要有两个村庄达到“秀美村庄”建设标准；2015年，要全面开展“秀美村庄”创建行动，即100%的村（居委会）参加创建活动，50%的村（居委会）即455个村（居委会）达到“秀美村庄”建设标准；2016年，要求90%的村（居委会）即819个村（居委会）达到“秀美村庄”建设标准。2015年，我县积极响应，迅速部署，全县25个乡镇（街道）、910个行政村（居委会）“秀美村庄”规划设计和实施方案全部制订完成并装订成册，已交县林业局绿化办公室备案，创建覆盖面已达到80%。到目前为止，共完成了455个“秀美村庄”建设任务，即50%的村达到“秀美村庄”建设标准，栽植樟树、桂花、栾树、桜树、柏树、油茶、枣树等各类苗木120万株。各乡镇党委书记、镇长相继完成了2个“秀美村庄”建设办点示范任务。

二、着力民生改善，充分释放改革红利，发展绿色富民产业

一是加快产业发展，实现林业富民。产业是发展民生林业的基石。我县认真落实在发展中保护，在保护中发展的原则，加快转变林业发展方式，不断做强林业产业、做大林业经济。一是做精做强特色优势产业。加快以油茶、枣业为主的经济林产业发展。县委县政府对油茶、枣业发展高度重视，出台了一系列扶持奖补政策，每年用“千万资金、千万项目”助推油茶和枣产业发展，全县油茶和枣业两个产业从无到有、从弱到强，已经发展成为全县农村经济增长板块的重要增长点。目前，全县枣树种植总面积达到6万亩，油茶种植总面积达到12万亩，建成了一批有特色、质量高、效益好的经济林基地；大力扶持家具产业发展，形成了以“开福”、“宏泰”、“宏尉”为龙头，

共计120多家入园企业的大型综合性市场——开福国际家具城。二是大力发展林下经济。重点发展以食用菌、山野菜为主的森林绿色食品种植业，以生态鸡、森林猪、土蜂为主的绿色肉蛋养殖业等。三是不断完善服务体系。结合林业发展特点，有序推进特色林业产业园区建设，拓展林产品市场，健全林业龙头企业和名优品牌认证体系，制定鼓励扶持政策，促进林业名优企业集聚集群。

二是深化改革创新，增加多重保障。一方面，继续深化集体林权制度改革，促进林地流转，坚持还林于民、还利于民的原则，完善承包经营为基础、多种经营形式并存、责权利相统一的集体林业经营体制，以“山定权、树定根、人定心”实现耕者有其山、耕山有其责、务林有其利、致富有其道，让广大林农充分享受到林业改革发展的成果，激发广大林农投身林业生态建设的热情。另一方面，大力推进林业科技创新，充分利用社会科技力量，采取科技示范、科技创业、优化产业链、加强培训、强化基础等多种措施，促进科技创新和成果转化，全面提高劳动者素质和林业生产水平，为民生林业加快发展提供持续动力支撑。

三、着力成果巩固，突出森林资源保护，维护森林生态安全

一是维护林政秩序。认真落实县级人民政府保护发展森林资源目标责任制，与各乡镇林业站签订目标责任状；集体林木材生产计划按上级要求及时进行申报、审核和备案，商品林主伐计划及时公开、到户率分别达到100%；积极开展林地清理整顿专项行动，实行限额采伐和补植补造制度，强化红线意识和底线思维，严格实行林地用途管制，最大限度地减少林地的流失。切实规范农村居民建房占用林地的申请、受理、审核工作。

二是强化野生动植物保护。通过开展形式多样、内容丰富的宣传教育活动，提高公民保护意识；规范野生动植物资源的行政许可管理，对无证经营的野生动植物经营户从严清理，不符条件的坚决取缔，符合条件的向省厅申请补办相关证件；组织森林公安、执法大队和森保站人员大力开展野生动植物管理执法检查，严厉打击乱捕滥猎、违法经营野生动植物及其产品的违法犯罪行为，通过专项执法检查，进一步促进了猎捕、驯养繁殖、经营利用野生动植物等环节的规范化管理，使野生动植物保护管理更加健康有序。

三是加强森林防火工作。为切实做好森林防火工作，县委县政府对森林防火工作高度重视，出台了一系列强硬措施。2013年出台了《祁东县森林防

火行政责任追究办法》，切实强化了领导责任，取得了很好的实际效果。但由于部分群众对森林防火思想认识不深，野外用火行为不够谨慎，森林火灾仍然是森林的最大敌人。为了严格管控野外火源，2014 年，县政府重拳出击，新制订了《祁东县野外用火行为管理实施办法》，并首次将公安机关纳入管理主体，对野外违规用火行为可以实施治安处罚，进一步强化了打击力度。为全面加强森林扑火队伍建设，依托县人武部民兵应急分队建设了一支 51 人的专业扑火队伍，并经常组织培训，令所有队员都能做到既懂安全扑火，又能组织指挥扑救。各乡镇、街道办事处也相应成立了一支 30 人以上的半专业扑火队，并组织了培训。近几年来，我县森林防火工作均取得了无重大森林火灾和无人员伤亡事故的好成绩，并且连续两年荣获全市第一名。

四是抓好林业有害生物防控。认真贯彻“预防为主，科学防控，依法治理，促进健康”的方针，科学防控林业有害生物，全面完成上级下达的各项防控指标。林业有害生物测报准确，预报及时，林业有害生物防控指标全面达标。每年，县林业局组织各乡镇技术人员对全县松林进行一次全面普查，排查可疑枯死松树。由于测报准确、有效防控，做到了有虫不成灾，林业有害生物成灾率为 0，远低于省市 4‰的目标。

五是加强湿地保护工作。为进一步保护我县湿地资源，改善湿地生态环境，我县建立了湘江湿地保护小区。湘江湿地保护小区总面积 1128. 8hm^2，自祁东县归阳镇狮子头起至常宁市松柏镇松杨村上游 2000m 处止，全程 80km。县林业局为湿地保护小区的行政主管部门，严格湿地保护小区内工程建设报、审批手续，严禁乱挖滥占保护小区内的湿地；加强对湿地保护小区的环保监督，确保水资源不受污染和破坏；加强对湿地保护小区内的野生动植物资源监测，合理保护和开发，实现湿地资源的可持续利用。

四、着力依法治林，严打涉林违法犯罪，提升林业治理能力

为强化林政资源管理，严厉打击破坏森林资源的违法犯罪活动，坚守森林资源保护红线，维护林业生态安全，祁东县林业局充分发挥行政执法利刃作用，扎实开展林业行政执法改革，取得了较好的成效。

一是整合执法资源，理顺执法关系，执法力度不断加强。森林公安局与行政执法大队成立联合执法小组，为加大打击力度，配合执法大队共同查处案件，乡、镇林业站站长也可以行使林业行政执法权，使我县林业行政执法力度得到持续加强。由于执法力度加强，打击处罚到位，广大企业和群众自

觉办理林业相关审批手续的主动性不断提高。

二是规范执法行为，强化执法监督，执法形象不断好转。一方面，为进一步规范执法行为，切实改进工作作风，优化发展环境，从 2014 年 6 月 1 日起，我县所有执法人员从事执法活动时，必须佩带执法记录仪记录全过程。另一方面，以“执法监督年”活动为契机，不断加强执法监督，提高办案质量。这样以来，县林业局逐步建立了一支廉洁公正、业务精通、素质过硬的执法队伍。使各类林业行政案件能及时有效查处，各类林业矛盾得到及时化解，林业上访案件明显减少。在行风评比中，社会和群众对林业行政执法满意度大大提高。

三是加强执法保障，严格管理队伍，执法水平不断提升。为优化办案环境，提高办公效率，县林业局从办公设施、办案经费、办案装备、福利待遇上，千万百计保障综合执法工作的需要。为提升队伍素质和执法水平，县林业局不断健全各项制度，严格管理队伍。通过加强素质教育，制定严格的考核措施，完善“两错追究”等制度，近两年来，我县林业行政执法工作没有一起“两错”案件发生，执法水平得到极大提高。

建设生态沐川　推进生态旅游

四川省沐川县林业局

地处四川盆地西南边缘沐川县，位于岷江、大渡河、金沙江三江的腹心地带，是长江上游重要的水源涵养区和生态屏障保护区。全县幅员面积 1408km^2，辖 19 个乡镇，196 个行政村，总人口 26 万，其中农业人口 21.8 万，山地占 97%，属典型的“以林为主”的山区县。县委、县政府坚持“生态崛起，绿色发展”，围绕“建设四川生态经济强县”、“中国西部优美乡村”发展总目标及“百亿林业县”奋斗目标，创新提出五位一体的“绿道沐川”生态旅游发展思路，推动林业经济发展方式转型和产业结构优化升级，实现了“大林业、大生态、大产业”向“强林业、强生态、强产业”的发展跨越。2014 年林业综合产值实现 47.72 亿元，占全县工农业总产值的 48%，农民人均出售林产品收入 5526 元，占人均现金收入的 43%。森林覆盖率，空气质量，居全省前列，尤以负氧离子为甚，空气负氧离子浓度平均达到 5690 个/cm^3，最高 35000 个/cm^3，盛誉为“天然氧吧”。2010 年，我县成功举办了“2010？中国沐川首届生态文化旅游节”；在第二届中国旅游精品国际推广盛会”上，沐川被授予“中国最佳绿色生态旅游名县”荣誉称号；“沐川草龙”获中国旅游交易会“有特色的旅游纪念工艺品”称号；2014 年全县旅游接待人数 95.2 万人次，实现旅游综合收入 5.8 亿元，创历史新高。

一、发展生态旅游的潜在优势

沐川县作为国家级生态示范区、中国绿化模范县、国家级林业科技示范县、四川省首个无公害农产品基地县和四川省现代林业产业深化提升县，具有发展生态旅游得天独厚的优势。

（一）整合项目，培育壮大森林资源

一是培育发展林竹资源。森林资源、生态资源既是山区县普遍具有的特殊优势，更是我县发展生态旅游的重要基础。2000 年以来，我县抓住以实施“两大工程”、林竹产业化扶贫、造林补贴试点等工程项目建设为契机，加快林业生态建设，积极培育林竹资源。至 2012 年，全县建成木质林 80 万亩，竹林 81 万亩，净增长 50 万亩；活立木蓄积达到 680 万方，净增长 400 万方；

森林覆盖率达到77.34%，净增长21.54%，实现了森林资源有林地面积、森林覆盖率、活立木蓄积持续快速增长。二是保护森林生态系统。森林生态系统功能逐步恢复，促进了生物多样性，形成了乔、灌、草结构比较合理，水保功能较强的林分，有包括桫椤、红豆杉、青钱柳等珍稀植物在内的乔木、灌木200余种，有慈竹、苦竹、楠竹、斑竹等竹子63种；野生动物物种数量和种群增加，有包括国家级保护动物棘蝮蛙、扭角羚羊、黑鹳、小熊猫、大鲵（娃娃鱼）等在内的野生动物上百种，多年不见的野生动物大熊猫、山鹧鸪、猕猴、黑熊、斑羚、野猪等已出现。三是培育保护珍贵树木。加强珍贵树木的培育保护，出台保护政策，严禁出境和违规采集，引导培育桢楠、香樟、桂花、美国红枫、日本樱花等珍贵树木苗木基地1.5万亩次，组织指导栽植绿化面积2.8万亩。四是培育发展生态食品加工业。扶持生态食品加工业发展，支持发展本地土特产笋虫、竹笋、蜂蛹、娃娃鱼、乌骨鸡、猕猴桃、甩菜、老腊肉等生态食品，引导支持生态食品加工企业申报创建省市、国家级名企和龙头企业，上挡升位，提升品牌。沐川乌骨黑鸡、“沐源川”牌金银花、“沐绿”牌苦笋获国家地理标志和有机食品认证，云雾食品公司的苦笋荣获第六届中国竹文化节参展产品金奖，红阳猕猴桃获得“四川省特色旅游产品”金奖。

（二）依托原生态，打造生态旅游美景

一是加强景区绿化管理，打造沐川竹海。竹海绿化按照“沐源丝路寻踪，沐川竹海休闲”的主题形象定位，严格景区林竹采伐管理，加强森林防火，积极挖掘古文化，重点挖掘南丝绸之路，依托原生态，打造以古寨子、古商道、古寺庙，原生态环境、原生态民居、原生态活动为主要内容的“三古三原”旅游景点。二是捆绑打造国家级森林公园。将凉风坳省级森林公园2.9万亩、五马坪林区2.8万亩和竹海景区1.5万亩资源整合，高标准规划，高起点建设，捆绑升级打造创建国家级森林公园，提高县域旅游经济实力。三是规范建设景区“林家乐”。抓住现代林业产业示范园区建设机遇，整合项目，鼓励支持建设规模化“林家乐”6家，在规范化、服务质量上加强引导，提升服务水平。

（三）林旅结合，“路园城”一体绿化

依托良好的森林资源和生态优势，按照“城乡一体、园城一体、景城一体”的城市绿化发展思路和“尊重自然、依山傍水，建设休闲养生绿城”的建设理念，实行文、旅、景、城资源大整合，着力打造“峨眉看仙山，乐山看大佛，沐川观竹海”的旅游环线和“观竹海、玩狩猎、品大鲵”的特色旅游。一是抓好公路沿线造林绿化和风貌改造。配合交通、水利、农业、扶贫等相关部门，抓好“213”线、“103”线、沐楠路和沐底路等公路沿线可视绿化和沿线道路、农房、乡村旅游点的风貌改造，指导修建林区生产便道800km。二是抓好竹博园建设。做好竹博园建设的规划、工作启动和招商引资工作，推进集竹类种植科研基地、竹博物馆、城市公园、旅游地产等功能为一体的“沐川·中华竹博园”建设。三是抓好城镇绿化提升。整合项目资金750万元，配合抓好城镇绿化提升改造工程，做好碧水丹霞工程绿化等工作，县城绿化覆盖率达到36%。

二、发展生态旅游面临的挑战

我县发展生态旅游，把生态旅游业做大做强做出特色，已具备了很好的自然环境、人文环境和政策环境，但也面临着严峻的挑战。

(一) 基础设施建设滞后

由于基础薄弱、财力有限，致使旅游的吃、住、行、游、购、娱六大要素发育不够健全，与旅游景点开发相配套的水、电、交通等基础设施建设仍需加大力度，有旅游无效益的状态严重影响着生态旅游的跨越发展，生态旅游的整体效益无法显现出来。

(二) 景区特色挖掘不够

特色是旅游的灵魂和生命。我县生态旅游必须找准和突出自身的特色，形成鲜明的、富有个性的旅游形象，但对游客有强大吸引力的旅游景点还不多。惟有重点挖掘培育景点特色文化内涵，展示沐川的历史文化、生态和民俗风情，促进整体形象的提升和旅游资源的整合，才能使生态旅游在我县经济发展中发挥先导作用。

(三) 旅游服务水平较低

从硬件方面来看，旅游住宿设施数量少，档次低，配套性差，全县只有一家星级酒店；旅游餐饮设施档次较低，卫生条件需进一步改善；旅游配套设施不健全。从软件方面来看：服务不规范，随意性大，服务质量不高，服务技能有待提升；服务内容简单化，缺乏个性化服务，不能满足不同旅游者的需求，尤其是缺少旅游信息咨询等动态服务。

三、发展生态旅游的策略与措施

生态旅游建设按照“大旅游、大市场、大产业”发展思路，充分依托沐川县境内生态资源优势，优化资源配置，创新经营管理理念，发挥生态旅游知名品牌效应，结合“两化”互动，念好“山水经”，打好“生态牌”，唱好“文化戏”。

（一）明确发展思路，把握发展方向

突出生态优势，精心打造生态观光、休闲度假、健康养生三大旅游品牌。继续深入发展竹生态游、森林度假游，把养生休闲避暑度假旅游作为我县旅游发展的方向和重点。在景点打造上沐川竹海景区突出天然氧吧，竹海观光养生旅游，重点挖掘古文化，如南丝绸之路，大力打造“三古三原”旅游产品，增加体验型、互动型、娱乐型的项目；五马坪特种旅游基地突出山地运动，野外健身休闲，依托丰富的森林资源，开发以狩猎、休闲度假为主；中华竹博园突出回归自然，森林生态旅游，以竹文化为主题，打造竹文化体验区；凉风坳森林公园抓好整体规划，突出打造好核心区域景点。

（二）优化发展环境，完善政策措施

结合“村村通”和林业扶贫开发等工程，抓好景区与主干道的连接线和景区间的道路建设，破解交通“瓶颈”，力争用3年左右的时间，建设一个外通内畅，安全快捷的旅游交通网络。制定出台财政、土地、金融、税费等方面的优惠政策，引导更多的社会资产投入旅游业，推动旅游企业上规模、上等级。鼓励和支持乡镇结合新农村建设、农村环境整治和扶贫开发，大力发展农业观光园和林家乐。灵活放宽土地政策，争取更多的旅游用地指标，吸引更多的客商来沐开发旅游。建议省、市、县对新办的生态旅游开发项目实行优惠税收政策。

（三）发展生态产品，争创知名品牌

食、住、行、游、购、娱”是构成旅游业的六大要素。沐川生态旅游的“游、娱、行”占80%，“食、购、住”仅占20%，比重明显偏小，尤其是“购”的环节特别薄弱，因此，应在“购”字上做文章，抓好林产品开发，争创知名品牌。一是开发绿色食品。对猕猴桃、娃娃鱼、笋虫、竹笋、蜂蛹、乌骨鸡、甩菜等生态食品进行广开发巧包装，使绿色食品尽快上品位、上规模，形成特色优势。二是开发生态产品。开辟具有地方特色、对游客产生吸引力又便于携带的纪念工艺品，如竹砚、根雕、竹制品及草编、藤编工艺，建设生态特色产品旅游购物一条街。三是加大林产品宣传力度。建好沐川生态旅游网站，通过新闻传媒，大力宣传沐川生态产品和生态旅游。

转变发展思路 强化抚育管护

宁夏回族自治区平罗县林业和城市管理局

2014 年，平罗县紧紧围绕建设和谐富裕文明幸福新平罗的发展目标，按照自治区大力推进“两屏两带”和“五大生态工程”的生态建设思路，转变发展理念、突出重点工程，扎实开展以主干道路、美丽乡村、防沙治沙为主要内容的植树造林和林木抚育管护工作。全县共完成营造林面积 49043.3 亩，义务植树 760.5 万株，完成自治区林业厅下达任务数的 122.6%，验收合格面积 46594.3 亩，合格率达 95%。其中，主干道路大整治大绿化工作在全区第三阶段观摩会议上作经验交流，得到了自治区领导的充分肯定。

在认真总结分析我县多年来生态林业建设经验教训的基础上，我们充分认识到育林对于生态林业可持续发展的重要性和紧迫性。2014 年，我们及时调整发展思路，将林木抚育管护工作与植树造林工作作为全县生态建设的两翼，同步安排、全面推进。

一、广泛宣传动员，全力为开展林木抚育管护工作营造声势

加强林木管护工作关键在广大干部群众的积极参与，为此，我县在组织领导和宣传动员上大做文章。一是落实主体责任到位。通过签订目标责任书，进一步明确了各乡镇和相关部门林木抚育管护的主体责任，并由县人大常委会主任亲自带队对各乡镇林木抚育管护开展情况进行专项督查、通报。二是开展观摩评比促劲。分别于春秋两季组织召开全县林木抚育管护工作现场推进会，通过现场观摩评比发现问题、查找差距、促进整改，有效提高了各乡镇、有林单位开展林木抚育管护工作的积极性和主动性。三是借助新闻媒体宣传造势。先后制作了“3.12 植树节公益宣传广告”、“依法查处毁林案件执法纪录片”、“臭椿沟眶象等林业有害生物防治专题片”等专题节目，在县电视台滚动播放，切实提高广大群众对开展林木抚育管护工作重要性认识，使植树造林、爱林护林意识进一步深入人心。

二、落实具体举措，林木抚育管护工作扎实开展

立足于确保造林成活率、保存率，提高林分质量和效益，切实巩固造

林绿化成果。2014 年，我们重点做了以下工作：一是深入以林木修枝为主的抚育工作。当前，我县一些主干林带、农田林网由于多年未开展修枝抚育，造成林相不整齐、林木干性差、生长不良、成林慢、质量差、效益低，还一定影响农作物生长，群众反映强烈。为此，我们结合自治区主干道路大整治大绿化工程实施，以主干道路沿线 500m 范围内的宽幅林带、农田林网为重点，认真开展林带灌水、林木修枝、涂红刷白、林带除草等抚育工作。尤其是林木修枝抚育工作的有效开展，有效改善了林分结构，提高了林相整齐度，有效提升了森林质量和效益。全年累计完成林木修枝抚育 131.4 万株、涂红刷白 106.7 万株，林带除草 1.09 万亩。二是以臭椿沟眶象为重点，扎实开展林业有害生物防治。针对 2014 年臭椿沟眶象危害较重的实际，及时召开全县臭椿沟眶象防治现场会，全力组织开展防治工作。采取打孔注药、人工绑扎隔离裙、树根埋药、药剂灌根、人工捕捉成虫等综合防治措施共防治臭椿沟眶象 14579 亩，防治工作取得明显成效。三是重点针对冬春季节贩卖大规格树木等违法犯罪现象，充分发挥森林派出所的作用，加大执法巡查力度，对典型案件在县电视台进行公开曝光、严打狠罚，共查处各类毁林案件 25 起，有效震慑了涉林违法犯罪分子。四是按照自治区林业厅统一安排，在黄河湿地保护林场林区开展了全区森林防火应急抢险模拟演练，进一步提高了森林火灾应急处置能力。全年未发生大的森林火灾事故。

三、保障措施到位，林木抚育管护长效机制不断健全

进一步修改完善了《平罗县植树造林管理办法》，将林木抚育管护工作与造林绿化按照同等比重列入各乡镇年度考核范围，进一步明确了各乡镇、相关部门开展林木抚育管护的主体责任。加强林木管护队伍建设。成立了平罗县森林派出所和林木抚育管护办公室；按照每两个行政村配备一名护林员的标准，增加乡镇护林员职数 28 名，并统一缴纳意外伤害保险。资金投入不足一直是制约我县林业生产的重要因素。2014 年，我们在充分用好天然林保护工程建设资金的同时，积极争取财政预算资金加大对林木抚育管护工作的投入力度，先后筹措资金 250 余万元，配套林带灌溉机井 36 眼、修建水利建筑物 105 座，购置拖拉机、水泵、油锯等林木抚育管护设施设备 142 台；为各乡镇拨付林木抚育管护补助资金 200 余万元，有效调动了各乡镇、有林单位开展林木抚育管护工作的积极性。

四、正视差距，深入谋划和不断开拓美丽平罗建设新篇章

回顾2014年，我县生态林业建设取得了一定成绩，但造林立地条件差、难度大，造林成活率保存率不高，林木抚育管护相对滞后，涉林执法难度加大等问题和挑战不容忽视。2015年，我县将认真贯彻落实本次会议精神，继续坚持突出重点、栽管并重的林业发展思路，着力在营林生产和森林抚育上实现新突破。一是以创建国家园林县城为抓手，继续抓好主干道路大绿化、美丽乡村、生态移民、防沙治沙和城市绿化等重点造林绿化工程的实施。计划完成营造林2.9万亩，实现森林资源的持续增长和生态环境的持续好转。二是持之以恒抓好森林资源管护和林木抚育工作。制定出台《平罗县林木抚育管护办法》，进一步建立健全林木抚育管护体制机制，推动森林抚育向纵深发展，弥补森林抚育历史欠账，切实巩固来之不易的造林绿化成果。

后　记

经过六个月的准备、筹划，《中国现代林业建设实务》一书将于2015年3月正式出版发行，我们由衷地感到欣慰。

在本书的编撰过程中，部分章节的内容参考了已公开的学术成果和研究资料。希望各界从事林业建设的专家、学者能对此书的出版给予关注和支持，并提出宝贵意见。

最后，我们要感谢本书编委会的所有成员，是他们对林业建设的支持和踊跃来稿，才使此书能够圆满完成如期出版。

本书编委会

2015年3月